HERMANN W. VON DER DUNK

Kulturgeschichte des 20. Jahrhunderts

Band 1

Hermann W. von der Dunk

KULTURGESCHICHTE DES 20. JAHRHUNDERTS

Aus dem Niederländischen
von Andreas Ecke

BAND I

DEUTSCHE VERLAGS-ANSTALT
MÜNCHEN

Der Verlag dankt der Stiftung für die Produktion und Übersetzung
niederländischer Literatur für die Förderung dieser Übersetzung.

Die Originalausgabe erschien 2000 unter dem Titel
»De verdwijnende hemel. Over de cultuur van Europa in de twintigste eeuw«
bei J. M. Meulenhoff bv, Amsterdam.

Für meine Frau
Für meine Kinder

Bibliographische Information Der Deutschen Bibliothek
Die Deutsche Bibliothek verzeichnet diese Publikation
in der Deutschen Nationalbibliographie; detaillierte
bibliographische Daten sind im Internet über
http://dnb.ddb.de abrufbar.

Typographie und Satz: BK-Verlagsservice, München
Gesetzt aus der Hoefler Text
Druck und Bindearbeit: Bercker, Kevelaer
Printed in Germany

ISBN 3-421-05604-8

Inhalt

Band 1

Einleitung 9

I Rückblick auf das neunzehnte Jahrhundert 13

1 Ein Jahrhundert der Expansion 13
2 Vom statischen zum dynamischen Weltbild 15
3 Zwei Traditionen 24
4 Der Umbruch in der zweiten Jahrhunderthälfte 32
5 Der moralische Maßstab 40
6 Ein Blick auf die Kunst 47
7 Ein Blick auf die Wissenschaft 53
8 Fortschrittsglaube und Pessimismus 59
9 Eine Momentaufnahme: die Schwelle des Jahres 1900 69

II Das Ende einer Epoche 76

1 Die Lebensverhältnisse – materieller Fortschritt 76
2 Monarchen und Höfe 86
3 Der Adel 93
4 Die Nachkommen des Bürgerstandes 106
5 Die Arbeiter und der Sozialismus 123
6 Die Kirchen in Defensive und Gegenoffensive 134
7 Die Frauenbewegung 143
8 Im Zeichen der Jugend 154
9 Die pädagogische Reformbewegung 161
10 Die Jugendbewegung 171
11 Das Vordringen des Sports und die Wiederentdeckung des Körpers 189
12 Kunst und die Menge 194

13 Die veränderte Wirklichkeit und die Rebellion gegen die etablierte Ordnung 204
14 Die neue Realitätsvorstellung in den Künsten 218

III Der Erste Weltkrieg 244

1 Der Hintergrund 244
2 Die Stunde des Nationalismus 258
3 Der Sozialismus am Scheideweg 263
4 Die Ideen von 1914 266
5 Die unerwartete Erfahrung des Krieges 276
6 Neue Gegensätze 286
7 Eine Bilanz des Krieges 290

IV Die zwanziger Jahre. Freiheit und Unruhe 308

1 Neuorientierung und chaotischer Beginn 308
2 Apokalyptische Stimmungen 322
3 Revolutionäres Morgenrot im Osten 335
4 Die Morgendämmerung eines neuen Menschen 359
5 Jugend gegen die verdorbene Gesellschaft 363
6 Pädagogik und Harmoniedenken 374
7 Die Naturwissenschaften: unsichtbar-sichtbare Macht 379
8 Die Künste in Turbulenzen 392
9 Die Musik 417
10 Stadtkultur und Hedonismus 420
11 Der Abbau des sexuellen Tabus 429
12 Mit den Augen des Films 442
13 Der Triumph des Schlagers 456
14 Masse und Mechanisierung als Krankheiten der Moderne 462
15 Das Unbewußte und die Ratio 479
16 Mystik und Primitivismus als Heilmittel gegen die Krankheit der Moderne 488
17 Religiöse Antworten auf die Moderne 493
18 Philosophie auf der Suche nach sich selbst 511
19 Zwischen Philosophie und Gesellschaft 539
20 Literatur: Distanz und Engagement 557
21 Literarische und wissenschaftliche Geschichtsschreibung 582

Anmerkungen 595
Personenregister 600

Band II

V Die dreissiger Jahre: Scheinparadiese und Ordnung 9

1 Der Faschismus als dritte Zukunftsperspektive 9
2 Nationalrevolutionäres Utopia 25
3 Der Nationalsozialismus 34
4 Die Juden und der moderne Antisemitismus 44
5 Messianismus und Heilsstaat 56
6 Im Bann des Erfolgs 65
7 Kultur unter dem Hakenkreuz 79
8 Von revolutionärer zu totalitärer Diktatur 100
9 Kultur unter Hammer und Sichel 114
10 Zwischenbetrachtung 127
11 Europa und die Diktaturen 145
12 Auf dem Weg in eine neue Kriegskatastrophe 166

VI Der Zweite Weltkrieg 179

1 Einleitung 179
2 Die deutsche Blitzstrategie 181
3 Wendepunkt und abnorme Allianz 187
4 Das andere Gesicht des Krieges 199
5 Der Völkermord an den Juden 207
6 Mittäter und Mitwisser 212
7 Der Krieg im allgemeinen Erleben 218

VII Ein gespaltenes Europa 241

1 Von einer abnormen Allianz zum Kalten Krieg 241
2 Die Auferstehung Westeuropas 263
3 Schreckensszenarien und Ernüchterung 281
4 Zunehmender Wohlstand 300
5 Kultur als Ware 318

6 Von der Philosophie zur Soziologie. Die Gesellschaft im Brennpunkt 339
7 Die ungreifbare Wirklichkeit in der Literatur 359
8 Die Künste: Experiment und Emotion 380
9 Osteuropa: Kultur im Dienst von Partei und Doktrin 399
10 Die unaufhaltsame Technik 428

VIII Kulturelle Turbulenzen 442

1 Fronten in Bewegung 442
2 Angriff auf die Autorität und sexuelle Revolution 453
3 Die Studentenrevolte 465
4 Die Entweihung der Künste 481
5 Das veränderte Normbewußtsein 498

IX Kultur ohne Kompass 507

1 Kalter Friede und Zusammenbruch des Sowjetimperiums 507
2 Gesellschaft in unfreier Freiheit 526
3 Gesellschaftskritik und Gegenkritik 548
4 Der Szientismus und seine Grenzen 566
5 Postmoderne, von der Wirklichkeit zum Text 578
6 Literarische Spiegel und Alternativen 596
7 Zersplitterung und Holismus 606
8 Angepaßte Geschichtswissenschaft 620

X Zu einer neuen Epoche 636

Anmerkungen 651
Literatur 658
Bildnachweis 681
Personenregister 682

Einleitung

Eine Geschichte der europäischen Kultur des zwanzigsten Jahrhunderts kann auf vielerlei Weise geschrieben werden, und jedes Konzept bleibt natürlich ein Versuch, etwas, das unendlich viele verschiedene Perspektiven bietet, in eine stringente Erzählung zu verwandeln. Zudem hat *Kultur* mehrere Bedeutungen. Bezeichnete man mit dem Wort im Lateinischen (*cultura*) ursprünglich den Anbau von Nutzpflanzen, wurde es schon bei Cicero und später seit der Aufklärung im übertragenen Sinne für geistige Leistungen des Menschen gebraucht, zunächst noch eingeschränkt auf ein spezielles Gebiet, die schöngeistige Literatur oder die Erziehung. Im neunzehnten Jahrhundert bezog man es aber auf alle höheren Äußerungen menschlichen Geistes, auf Künste, Wissenschaften, auch Rechtssysteme – als Gegenbegriff zu Primitivismus oder Barbarei. Die Bedeutung von »Kultur« war nicht überall die gleiche, und in manchen Sprachen gab es daneben das Wort »Zivilisation«; auch im Niederländischen verbindet man mit dem Ausdruck »Zivilisation« in der Regel eher den allgemeinen Entwicklungsstand einer Gesellschaft, mit »Kultur« die höheren ästhetischen und intellektuellen Ausdrucksformen des menschlichen Geistes. Gewöhnlich stellte man sich als Europäer hierbei das christlich-aufgeklärte Europa vor.

Unter dem Einfluß der (vor allem englischsprachigen) Anthropologie und Archäologie bekam aber das Wort »Kultur« im Laufe des zwanzigsten Jahrhunderts eine weiter gefaßte und zugleich sachlichere Bedeutung. Die stillschweigend akzeptierte Voraussetzung des Kulturbegriffs war die Vorstellung von einem Naturmenschen gewesen. Aber ein solcher Mensch – entweder in einer Art kindlichem Naturzustand lebend, wie Gott ihn auf die Erde gesetzt hatte, oder in brutalem raubtierhaften Kampf einer gegen den anderen – ist ein Mythos. Auch die ältesten uns bekannten Gemeinschaften lebten in einer Umgebung, die sie schon auf ihre ganz eigene Art gestaltet hatten, sie lebten in sozialen Bindungen und besaßen ritualisierte Umgangs- und Organisationsformen. Durch die Entdeckung der Höhlen von Lascaux wurden Ausdrucksformen bedeutender Kunst aus prähistorischer Zeit bekannt, kurz, die alte Gegenüberstellung vom zivilisierten und unzivilisierten Menschen überzeugte nicht mehr, und damit wurde auch die klare Abgrenzung strittig, aufgrund derer man spontan zwischen höheren und niedrigeren Erscheinungsformen von Kultur zu unterscheiden pflegte. Obwohl die meisten Menschen sofort einen qualitativen Unterschied zwischen der Matthäus-Passion und dem Schlager »Veronika, der Lenz ist da« erkennen werden, sind die Übergänge von hochstehender zu populärer Kunst, zu Unterhaltung und alltäglichen Lebensäußerungen fließend. Die Auseinandersetzung mit ganz andersartigen Völkern schärfte den Blick für Zusammenhänge zwischen dem Alltagsleben einer Gesellschaft, ihren Sitten und Normen, und ihren künstlerischen oder intellektuellen Äußerungen. Die Schlußfolgerung war unvermeidlich, daß auch die Kulturen Europas von solchen Zusammenhängen bestimmt sind, und dieser veränderten Sichtweise entsprechend definierte man Kultur nun als die Gesamtheit immaterieller, ja sogar materieller Ausdrucksformen, in denen eine Gesellschaft sich erkennt und von anderen unterscheidet.

Zweierlei wird hierbei deutlich. Ist der Abstand zwischen den beiden Extremen sublimer Kunst oder geistiger Leistungen einerseits und alltäglicher banaler Gefühlsäußerungen andererseits auch unverkennbar – angesichts der verschwimmenden Grenze zwischen den früher ohne Bedenken als »höher« oder »niedriger« eingestuften Kulturäußerungen wurde man in der Frage eines universell gültigen Maßstabs immer unsicherer, was zu einem weitgehenden Werterelativismus geführt hat. Dies hängt wiederum mit einer Entwicklung zusammen, die mehr als jede andere als der rote Faden angesehen werden kann, der sich durch die europäische Geschichte des zwanzigsten Jahrhunderts zieht: mit der Verschiebung des normativen Standards von dem einer Elite zu dem der breiten Mittelschicht. Sie war die direkte Folge eines Emanzipationsprozesses und einer Einebnung von Rangordnungen und Hierarchien, die wiederum entsprechende Konsequenzen haben mußten, was die Anerkennung ästhetischer und geistiger Hierarchien betraf. Dieses Verschwimmen der Normen ist damit selbst ein kulturelles Phänomen, und zwar eines von erster Ordnung. Charakteristisch für die Kultur des zwanzigsten Jahrhunderts ist deshalb auch die Auflösung von »Kultur« als exklusivem Bereich höherer geistiger Ausdrucksformen und ihre Umwandlung zur Gesamtheit aller menschlichen Äußerungen, die nicht ausschließlich einem rein materiellen Zweck dienen.

Der Einfluß der großen politischen und gesellschaftlichen wie wissenschaftlich-technischen Umwälzungen auf Denken, Moral und Lebensgefühl ist im zwanzigsten Jahrhundert so stark gewesen, daß alle kulturellen

Erscheinungen seine Spuren tragen, in jedem Fall aber ohne diese Einwirkung unverständlich bleiben. Der Hintergrund der einschneidenden politischen Entwicklungen durfte deshalb hier, zumindest was die Hauptlinien angeht, nicht fehlen. Eine Trennung zwischen Kultur und Gesellschaft ist künstlich, und somit ist diese Kulturgeschichte auch teilweise eine Gesellschaftsgeschichte.

Es gibt noch ein weiteres Problem. Das Substantiv »Kultur« suggeriert Einheit. Nur gibt es keinerlei Kriterien, nach denen eine solche Einheit aller Arten von Kunstäußerungen, wissenschaftlicher Leistungen und verschiedener Formen von Zerstreuung oder Unterhaltung nachzuweisen wäre, wie auch das Gegenteil nicht nachweisbar ist. Eine solche Konstruktion von Zusammenhängen entzieht sich wissenschaftlicher Beweisführung, und es gibt hier zahllose Möglichkeiten, vor allem bei der heutigen Dehnbarkeit des Kulturbegriffs. Ist es einerseits möglich, Parallelen oder Verwandtschaftsbeziehungen zwischen den unterschiedlichsten kulturellen Phänomenen zu erkennen (etwa zwischen den Naturwissenschaften und moderner Kunst oder der sozialen Mobilität innerhalb eines totalitären und eines demokratischen Systems), so gibt es doch andererseits auch beinahe astronomische Entfernungen (zum Beispiel zwischen der Welt eines Proust oder Musil und der Welt der Rolling Stones); hier muß also ein Mittelweg gefunden werden, und es sind mancherlei Mittelwege vorstellbar. Im Rahmen dieser Darstellung ist es natürlich unvermeidlich, ganze Gedankensysteme und geniale Kunstwerke, die zahllose Philosophieprofessoren und Literatur- oder Kunsthistoriker beschäftigt haben und noch lange beschäftigen werden, in einem einzigen Absatz oder auf einer einzigen Seite zu beschreiben; daß dies auf eine brutale Amputation hinauslaufen kann, ist niemandem deutlicher bewußt als mir. Wenn man aber so dazu angeregt wird, sich eingehender mit dem Gegenstand zu beschäftigen, kann dies mein Vorgehen in gewisser Weise rechtfertigen.

Ebenso heikel bleibt die Auswahl: Personen und Strömungen, Stile und Ereignisse werden vor allem dann behandelt, wenn sie mir für die Darstellung der charakteristischen Entwicklungen oder ihres politischen und sozialen Hintergrundes unentbehrlich erschienen. Die erwähnten Persönlichkeiten dürften allgemein zum klassischen Kanon der Künste und Wissenschaften gezählt werden, während andere große oder bekannte Namen fehlen. Daneben würde man oft gerne weniger Berühmten begegnen, die eigentlich auch

Aufmerksamkeit verdienen. Mir geht es auch so, und ich habe diese Lücke mit Bedauern erkannt. Mein Leitgedanke war jedoch, daß es nicht in erster Linie um eine Würdigung der Bedeutung einer Person als Künstler oder Wissenschaftler geht, sondern vor allem um deren Einfluß in der eigenen Zeit, also ihre Repräsentanz. Daß auch hierbei mein Urteil ein persönliches bleibt, versteht sich von selbst. Und daß ich trotz der heutigen Ausweitung und Unschärfe des Kulturbegriffs den Pionieren des Denkens und dem, was ich unter großer Kunst verstehe, in der Regel mehr Aufmerksamkeit gewidmet habe als der populären Kultur, verrät natürlich meine Überzeugung, daß es in der Tat gewaltige ästhetische und geistige Rangunterschiede gibt.

Vielleicht wird für künftige Generationen bei fortschreitender Auflösung der Normen die Vorstellung einer solchen Rangordnung jeden Sinn verlieren. Es gibt einige Anzeichen, die in diese Richtung deuten, wie die schnelle Vermehrung kultureller Allesfresser. Aber die Erkenntnis, daß es immer die Schöpfungen von hohem intellektuellen und ästhetischen Rang sind, die unserer Existenz einen Wert und etwas wie Helligkeit verleihen und den Horizont ins Unendliche erweitern, ist eine Errungenschaft, deren Verlust uns, wenn vielleicht auch in aller Zufriedenheit, zu geistigen Amöben schrumpfen ließe.

Da ein detaillierter Apparat den Umfang dieses Buches zu stark erweitern würde, sind die Anmerkungen sehr knapp gehalten. In der Bibliographie findet der Leser die relevante Literatur.

I

Rückblick auf das neunzehnte Jahrhundert

1 Ein Jahrhundert der Expansion

In dem Jahrhundert, das am 31. Dezember 1899 um zwölf Uhr mitternachts mit sonorem Glockendröhnen feierlich zu Ende ging, hatte sich das Gesicht der Welt drastischer verändert als in jedem anderen Jahrhundert seit dem Beginn unserer Zeitrechnung, ja vielleicht drastischer als in den vorangegangenen achtzehn Jahrhunderten zusammen. Wenigstens in Europa und wenigstens, was das Äußere des alltäglichen Daseins anging.

Wer im Jahre 1800 auf Reisen ging, tat dies zu Fuß, zu Pferd oder mit Pferd und Wagen, nicht anders als zur Zeit Julius Cäsars oder Karls des Großen. Schiffe waren zwar immer größer und schneller geworden, blieben aber abhängig von Wind und menschlicher Muskelkraft. Das erste Dampfboot, das diese jahrhundertealte Abhängigkeit überwinden sollte, war noch nicht zu Wasser gelassen, was jedoch schon sieben Jahre später geschah. Allerdings begann die Dampfmaschine in der Textilindustrie, in metallverarbeitenden Betrieben und in den Mehlfabriken den Arbeitern einen Teil ihrer Arbeit abzunehmen. Vorausschauenden Geistern eröffnete sich die Aussicht auf Produktion in unerhörter Geschwindigkeit und in unerhörtem Maßstab. Vorläufig spielte sich dies jedoch nur an wenigen Orten und in wenigen Ländern wie England ab. Für die Mehrheit blieb diese Möglichkeit im verborgenen. Gewiß, das Straßennetz war ständig verbessert und erweitert worden, was das Reisen vereinfacht und beschleunigt hatte. Städte waren gewachsen, handwerkliche Techniken verfeinert worden. Wenn aber ein Zeitgenosse von Augustus um 1800 für einige Zeit auf diesen Planeten zurückgekehrt wäre, würde er im ganzen, trotz einiger Verwunderung über Kleidung, Architektur, Wohnverhältnisse und noch allerlei andere Dinge, seine alte Erde erkannt haben. Selbstverständlich weiß dies niemand mit Sicherheit. Aber daß unser Lazarus hundert Jahre später das Gefühl gehabt hätte, auf einem fremden Planeten umherzuirren, ist kaum zu bezweifeln.

Im Laufe der Jahrhunderte hatte es in Europa ein stetiges Bevölkerungswachstum gegeben. Man schätzt die Einwohnerzahl dieses Kontinents gegen

Ende des zweiten Jahrhunderts auf ungefähr siebenundsechzig Millionen. Um 1300 waren es etwa dreiundsiebzig Millionen und im Jahr 1800 an die hundertsechzig Millionen.[1] Ein gewaltiges Wachstum, das allerdings erst im späten achtzehnten Jahrhundert nach jahrhundertelangen großen Schwankungen einsetzte, die durch Epidemien, Mißernten und Kriege verursacht waren. Trotz der Expansion einiger Großstädte vor allem in Westeuropa, wie London und Paris, lebte achtundneunzig Prozent der Bevölkerung noch auf dem Lande oder in Orten mit weniger als hunderttausend Einwohnern.

Landwirtschaft, Handwerk und Handel, dies waren unverändert die materiellen Pfeiler der Existenz, die Bereiche, in denen der weitaus größte Teil der Bevölkerung sein Brot verdiente. Die wichtigsten technischen Neuerungen seit der Antike und dem Mittelalter waren Buchdruck und Schießpulver. In der Verbreitung von geistigen Produkten und in der Perfektionierung von Techniken physischer Vernichtung hatte sich der Mensch als äußerst erfinderisch erwiesen. Wer schrieb, war nicht länger auf das Gedächtnis oder das Kopiergeschick anderer angewiesen; Gewehre und Kanonen, Dinge, von denen antike Feldherren nur hätten träumen können, machten das Schauspiel des Krieges um einiges eindrucksvoller als früher.

Hundert Jahre später aber, im Jahre 1900, war die europäische Bevölkerung weit mehr als doppelt so groß. Großbritannien, das 1800 etwa elf Millionen Seelen gezählt hatte, war nun bei siebenunddreißig Millionen angelangt. Frankreich war von achtundzwanzig auf neununddreißig Millionen geklettert, Deutschland von dreiundzwanzig Millionen auf sechsundfünfzig, Italien von achtzehn auf dreiunddreißig Millionen, die Niederlande von zwei auf fünf Millionen. Nicht nur London und Paris, auch Wien, Berlin, Rom, St. Petersburg und Moskau waren Millionenstädte oder im Begriff, es zu werden. Eisenbahnlinien, breite Kanäle, rauchende Schornsteine und zahlreiche Bergwerke hatten die Landschaft verändert. Dampfschiffe und Züge verdrängten Segelschiffe und Kutschen. Gaslaternen und Petroleumlampen hatten das Kerzenlicht schon lange ersetzt. Telegraf und Telefon machten Sonderkuriere und das zugehörige Netz von Wechselstationen mit schnellen Pferden überflüssig. Das Veloziped verwandelte städtische Straßen in Zirkuspisten. Die ersten Autos, kistenförmige Kutschen mit unsichtbaren, aber gut hörbaren Pferdestärken im Inneren, erwiesen sich als Fortbewegungsmittel, das noch mehr versprach. Die Maschine hatte das tägliche Leben vor allem in den Städten drastisch verändert. In den meisten Haushalten waren die Ergebnisse sichtbar: im Material, mit dem man umging, den Gebrauchsgegenständen, der Kleidung, den Arzneimitteln. Ein hoher Anteil von all dem stammte aus maschineller Fertigung, und dieser Anteil stieg von Jahr zu Jahr. Neben Holz, Eisen, Kupfer, Silber und Zinn gab es Stahl, Blech, Nickel, Zink, Email, neue Kunststoffe und Gewebe. Die Industrie drängte sich ins private Leben. Dies war die Folge einer Entwicklung, die nach allmählichem Anlauf in der ersten Jahrhunderthälfte in den Jahrzehnten nach 1860 eine sprunghafte Beschleunigung erfuhr. In den letzten vier Jahrzehnten hatte sich in dieser Hinsicht wiederum mehr verändert als in den sechs vorigen.

So gesehen verlief das neunzehnte Jahrhundert keineswegs einheitlich, was die Expansion der Bevölkerung und der Industrie anbelangt, sondern es läßt in seiner zweiten Hälfte ein deutliches Wachstum und den Beginn von etwas Neuem erkennen.

2 Vom statischen zum dynamischen Weltbild

Revolution und Romantik: Diese beiden Begriffe charakterisieren vielleicht prägnanter als jedes andere die heftige Turbulenz am Übergang vom achtzehnten zum neunzehnten Jahrhundert, der Periode, in der die politischen und kulturellen Strömungen, die Europa beherrschen sollten, sich herausbildeten. Die Begriffe sind inkongruent. Was sie bezeichnen – die politisch-gesellschaftliche Umwälzung einerseits und die Erneuerungen in den Künsten, Wissenschaften und der gesamten Kosmologie andererseits – spielt sich nicht auf der gleichen Ebene ab, aber es geht auch nicht um zwei völlig voneinander getrennte Sphären. Weder verhalten sie sich zueinander einfach wie »Taten« zu »Ideen«, noch handelt es sich um zwei Ausdrücke für die gleiche Erscheinung. Das Problem, auf das wir hier stoßen, ist unsere Neigung, eine einheitliche Wirklichkeit im Prisma der Sprache zu zerlegen, wie beim Licht durch Brechung Spektralfarben entstehen. Revolution und Romantik hatten ihre Wurzeln in der Aufklärung, die das religiöse Weltbild der Offenbarung und des Wunderglaubens allmählich durch den Glauben an die Vernunft, an kosmische Harmonie und rationale Ordnung ersetzt hatte. Dieses Weltbild der Aufklärung blieb aber noch in hohem Grade statisch. Persönlichkeiten wie Newton, Leibniz, Lagrange und Laplace gelten als die großen Repräsentanten einer Naturwissenschaft, die von einem absoluten Raum und einer absoluten Zeit als unwandelbarer Projektionsfläche für alle physikalischen Phänomene ausging. In diesem Kosmos ging nichts verloren. Das Wunder war durch eine endlose Kausalkette ersetzt worden, aber dies stand keineswegs im Widerspruch zum Glauben an einen Gott. Der Schöpfer als *prima causa* blieb genau wie im Christentum geradezu eine Denknotwendigkeit.

Verwoben mit dieser statisch-harmonischen Lehre war aber ein Fortschrittsglaube, wie er schon bei John Locke und in den englischen *Spectator*-Schriften zu Beginn des achtzehnten Jahrhunderts zum Ausdruck gekommen war und in der zweiten Jahrhunderthälfte von anderen unumwunden verkündet wurde, etwa von d'Alembert und vor allem von Condorcet in seiner *Esquisse d'un tableau historique des progrès de l'esprit humain* – aus dem Jahre 1794. Glaube an kosmische Harmonie und Fortschrittsoptimismus stehen in einem Spannungsverhältnis: Fortschritt bedeutet Bewegung, nach Leibniz einen *progressus ad infinitum*, womit die Geschichte zu einem fortwährenden Prozeß wurde, während kosmische Harmonie eine ewige feste Ordnung voraussetzt. Das Bild der statisch-mechanischen Natur, wie Newton es geprägt hatte, wurde also zersetzt, wenn auch der Fortschrittsgedanke auf die Vorstellung einer Rückkehr von einer aus der Bahn geratenen historischen Entwicklung zum wirklichen Plan der Natur und des Schöpfers hinauslaufen konnte. Der neue Entwicklungsgedanke wuchs noch innerhalb traditioneller Denkweisen.

Die Französische Revolution wäre ohne die Idee des Fortschritts dank einer Vernunft, die sich von Vorurteilen und unkritischem Autoritätsglauben befreit hat, undenkbar gewesen. Aus dieser Idee schöpften die führenden Köpfe des Widerstands gegen den nur unzulänglich funktionierenden Absolutismus und das feudale System ihre heilige Überzeugung und die politischen Ansprüche, die ihre Rebellion legitimierten. Nach dem Zusammenbruch der Monarchie schien plötzlich alles möglich: Ein Zeitalter der Gleichheit und Freiheit erschien wie Morgenglanz am Horizont, und symbolisch wurde ein neuer Kalender eingeführt und die Vernunft auf den Thron einer Gottheit erhoben. Dieser Rausch führte schnell zur berüchtigten Radikalisierung der Revolution, zum Terror der fanatischen Jakobiner, zu Rückschlag und Verwirrung, aus der schließlich das Imperium Napoleons hervorging, des Soldatenkaisers, des Sohnes und Totengräbers der Revolution, der ihre Prinzipien verbreitete und zugleich verwässerte, indem er sie mit den zeremoniellen Allüren des alten monarchischen Systems zu verbinden suchte. Man kann sich dieses ganze Drama, das auf dem Schlachtfeld von Waterloo endete, nicht vergegenwärtigen, ohne an die blutigen Exzesse der Schreckensherrschaft zu denken, an den Irrsinn der ständigen Exekutionen mit der Guillotine, an die vielen Tausend, die in den Napoleonischen Kriegen auf Schlachtfeldern von Spanien bis Rußland fielen oder für den Rest ihres Lebens zum menschlichen Wrack wurden, Jungen und Männer in ihren besten Jahren. Dazu kamen noch die Plünderungen und Verwüstungen, denen die Bevölkerung in vielen Ländern ausgeliefert war, so daß es allen, die noch ganz in der vorrevolutionären Ordnung verwurzelt gewesen waren, vorgekommen sein muß, als sei eine uralte Welt aus den Fugen geraten.

Man kann aber auch nicht über jenes andere hinwegsehen, das schließlich doch hinter all dem Unheil in eigenartigem Glanz fortwirkte: den Glauben an den Sieg allgemeiner Bürgerrechte und den Abbau der Ungerechtigkeiten des feudalen Systems. Das Feuer der Marseillaise verschmolz Freiheitspathos und Heroismus, himmlische und irdische Trompeten in nie gekannter Weise. Aller Pulverdampf der Feldzüge Napoleons konnte den wundersamen Glauben nicht ersticken, zu dem man sich in der ersten Stunde der Revolution bekannt hatte: daß die Menschheit an der Schwelle einer helleren Zukunft stehe. Blutvergießen und Idealismus dürfen beide nicht geleugnet werden, und die politischen Bewegungen und Ideen des neunzehnten Jahrhunderts blieben von diesem zwiespältigen Erbe bestimmt. Das Jahrhundert sollte auf politisch-gesellschaftlicher Ebene im Zeichen der Emanzipation des Bürgertums stehen, zunächst seiner angesehenen reichen Oberschicht, später auch breiterer Mittelschichten. Die Hoffnung und die Energie, die mit der Erklärung der Menschenrechte im Jahre 1789 und später mit der Einführung einer bürgerlichen Rechtsordnung in den von Frankreich abhängigen Ländern geweckt worden waren, konnten durch keine Verordnung und keinen Polizeiapparat mehr aus der Welt geschafft werden. In der doppelten Bewegung des Liberalismus und des Nationalismus, ursprünglich siamesische Zwillinge und Kinder der Revolution, nahm die Emanzipationsbewegung ihre politisch-ideologische Gestalt an. Die Geschichte des folgenden Jahrhunderts, des zwanzigsten, sollte hiervon ebenfalls ganz wesentlich beherrscht werden, und damit auch seine Kultur.

Der Liberalismus gründete sich auf den Glauben an Vernunft und Fortschritt und an die Freiheit des Individuums, die das Gesetz allen garantieren sollte. Er war eine Ideologie, die durch die Erfahrungen mit den revolutionären Schrecken gereift und zur Mäßigung gelangt war. Eigentlich sind hier vier verschiedene Wurzeln zu erkennen. Den Kern des Liberalismus bildete die Lehre von der Freiheit des einzelnen, in der sich die kosmische Ordnung widerspiegelte. Die Gesellschaft war die Summe autonomer Individuen. Einen ersten Anstoß hatte hier schon die Reformation gegeben, indem sie das Gewissen des einzelnen zum Schlachtfeld Gottes und Satans erklärte und damit der Kirche grundsätzlich die Eigenschaft der unverzichtbaren Führerin auf dem Weg zum Heil absprach. Indem der Protestantismus das Wort der Bibel über das Ritual der Liturgie stellte, trug er unabsichtlich zum Aufkommen einer textkritischen Wissenschaft und zur Aufklärung bei. Ein zweiter Anstoß war aus der Philosophie gekommen, als Descartes das Ichbewußtsein zum Ausgangspunkt aller Erkenntnis erklärt hatte; die Polarität von Ich und Welt, Subjekt und Objekt beherrschte fortan die philosophische Reflexion. Die späte Aufklärung wurde mit ihrem Fortschrittsglauben, den universellen Menschenrechten und dem Vertrauen auf die menschliche Vernunft unmittelbar zur nährenden dritten Wurzel des Liberalismus. Paradoxerweise ist eine vierte Wurzel im feudalen Ständestaat zu sehen, obwohl der Liberalismus es gerade auf diesen abgesehen hatte. Der Widerstand gegen den fürstlichen Absolutismus hatte jedoch schon seit dem sechzehnten Jahrhundert zu einer Art Konstitutionalismus der Stände geführt. Hierbei waren, unter anderem von Montesquieu, Theorien über einen Vertrag zwischen Obrigkeit und Untertanen und über die Machtverteilung innerhalb des Staates entwickelt worden, an die der Liberalismus anknüpfen konnte, zumal hier der Freiheitsbegriff schon eine Rolle gespielt hatte, wenn dabei auch eher an eine korporative als an individuelle Freiheit gedacht worden war. Schriftlich niedergelegte Verfassungen, die die Rechte aller garantieren und die Macht des Fürsten und des Adels beschränken, und frei gewählte Volksvertretungen, in denen die Besten und Fähigsten für die Interessen der Nation eintreten, die Regierungen kontrollieren und ihnen kritisch zur Seite stehen sollten, gehörten fortan zum Kern der liberalen Programme. Abschaffung aller Zölle und Zunftbeschränkungen und Einführung eines freien Marktes, in dem sich die aufkommende Industrie entfalten konnte, waren direkt damit zusammenhängende Wünsche. Es waren die intellektuelle Vorhut des Bürgertums – Gelehrte, Juristen, Publizisten und Künstler – und die Schrittmacher der Industrialisierung – Unternehmer, Fabrikanten, Ingenieure, Bankiers und Kaufleute –, die allerorten zu den wichtigsten Trägern dieses Liberalismus wurden. Je nach den Verhältnissen in den verschiedenen Ländern und dem jeweiligen System trat die liberale Bewegung mehr oder weniger radikal und militant auf. Wo Fürst und Adel noch nahezu die ganze Macht in ihrer Hand hielten und das Bürgertum auch ökonomisch verhältnismäßig schwach war, wurden die Liberalen auf jede Weise schikaniert, mit der Folge, daß die Bewegung dort, halb im Untergrund, einen konspirativen Charakter annahm, etwa in süd- und mitteleuropäischen Ländern. Und vor allem hierbei wurde die Verschmelzung des Liberalismus mit jener anderen Hinterlassenschaft der Revolution erkennbar, dem Nationalismus, der eine noch viel mächtigere Bewegung entfesseln und das neunzehnte und zwanzigste Jahrhundert wie keine andere politische und kulturelle Kraft beherrschen sollte.

Nationalismus kann ganz knapp als die Überzeugung umschrieben werden, daß jeder von Natur aus unlösbar mit seinem Volk verbunden ist und die Macht und Blüte seines Landes und Volkes deshalb über alle anderen Bindungen und gewiß über andere Länder zu stellen hat, so daß seine Handlungen im Politischen und Kulturellen der Größe seines Landes dienen. Dabei hat die Frage, in welchem Fall eigentlich von einem Volk zu reden sei, zu einer uferlosen Debatte geführt. Sprache, Kultur, historische Erfahrungen galten überall als wichtigste Kriterien der Bindung, aber nicht überall in der gleichen Gewichtung. Die Rolle des Staates bei der Entstehung einer einheitlichen Sprache war sehr unterschiedlich, denn eine Sprachgemeinschaft fiel nicht immer mit dem jeweiligen Staat und mit einer durch historische Traditionen und Erfahrungen definierten Gemeinschaft zusammen. Auch die Religion konnte beim Entstehen einer Kultur und eines Einheitsgedankens sowohl von grundlegender Bedeutung wie nebensächlich gewesen sein. Genauso uferlos ist deshalb auch die Auseinandersetzung über die Wurzeln und über eine Wertung des Nationalismus. Etwas anderes kommt aber noch hinzu: die Vorstellung der *Nation* im Sinne der politisch bewußten Gemeinschaft aller mündigen Bürger als Gleiche und als Träger dieser Gemeinschaft. Dies war das Neue, das Aufklärung und Revolution in die Welt gesetzt hatten; hierdurch richtete der Nationalismus sich zugleich zwangsläufig gegen Ständestaat und Absolutismus, und hierin unterschied er sich von der natürlichen Verbundenheit mit der heimatlichen Gegend oder dem Geburtsland, die die Menschen seit ältesten Zeiten hatten, dem Patriotismus, den schon die Antike besungen hatte und der ebenfalls keine höhere Tugend als das Opfer fürs Vaterland kannte. Die Vorstellung von einem Vaterland war jedoch nicht an die Idee einer politischen Gemeinschaft von Gleichen gebunden und schloß darum nicht notwendigerweise wie der Nationalismus ein Emanzipationsstreben ein. Hier liegt die Verbindung zum Liberalismus. Die Hindernisse waren am Anfang die gleichen. Beim Wiener Kongreß war Europa nicht nach dem nationalen und liberalen, sondern nach dem alten legitimistischen Prinzip geordnet worden. Nach dem nationalen Kriterium konnten in verschiedenen Ländern die Herrscher als »fremd« im Sinne von »nicht national« und ihre Herrschaft als »ausländische Unterdrükkung« betrachtet werden. Dies war in Italien, Polen und anderen mitteleuropäischen Ländern der Fall. Hier vereinigten sich liberale und nationale Bewegung, wobei sogar der einheimische Adel zusammen mit dem gehobenen Bürgertum die Opposition anführte.

Da aber der Nationalismus außer an Aufklärung und Revolution auch an den allgemeinen Patriotismus anknüpfte, an das starke »Wir-Gefühl«, das durch eine gemeinsame Sprache, Kultur und territoriale Verwurzelung entsteht, waren die Prioritäten zwangsläufig andere. Gerade durch dieses Wir-Gefühl appellierte er an ganz elementare Emotionen und konnte so größere Kräfte mobilisieren. Dabei sorgte die Romantik für ideelle Untermauerung und Legitimation. Als Romantik pflegt man gewöhnlich eine Weltdeutung, ein Lebensgefühl, einen Stil und eine Geisteshaltung zu bezeichnen, die etwa zwischen 1790 und 1830 in Erscheinung treten, zunächst in den Künsten, den Wissenschaften und der Mode, wobei Romantik nicht in jedem Falle klar von anderen Erscheinungen dieser Epoche zu unterscheiden ist, auch weil das sogenannte »Romantische« auf den verschiedenen Gebieten ganz verschieden sein kann. Vielleicht kommt man einem gemeinsamen Merkmal noch am nächsten, wenn man Romantik als Rebellion gegen den Zwang einer starren, klaren Form definiert – in den Künsten gegen den Klassizismus, in Philosophie und Wissenschaften gegen den Rationalismus und die mechanistische Denkweise, in der Mode gegen die raffinierte porzellanfigurenhafte Verfeinerung der Zopfzeit. Die Rebellion entsprang dem Glauben, daß das wirkliche Wesen der Natur und des Lebens Dynamik und Totalität seien, die sich nicht um Regeln kümmern: eine deutliche Reaktion auf das Ideal geometrischer Ordnung und den Zergliederungs- und Kategorisierungseifer der Aufklärung. Deren Annäherung an die Wirklichkeit und den Menschen war in hohem Grade diszipliniert, analytisch, systematisch und inventarisierend gewesen, die romantische eher überschwenglich, synthetisch, impressionistisch und mit einer Neigung zum Paradoxen. Statt der Transparenz des Kosmos betonten die Romantiker seine Rätselhaftigkeit.

Dies bedeutet nicht, daß die Romantik in allem eine Negation der Aufklärung gewesen wäre. In vielerlei Hinsicht differenzierte sich das Denken, so daß es eher zu einer Verschiebung als zu einer Wende kam. In der Naturgeschichte zum Beispiel führte die Kategorisierung und Systematisierung dazu, daß man die Rolle der einzelnen Organe innerhalb des Ganzen zu erforschen begann, was eine Veränderung der Perspektive und eine Akzentverlagerung bei der Gliederung des Stoffs bewirkte. So kamen Jean-Baptiste Lamarck, Félix Vicq d'Azyr und Peter Simon Pallas zu einer neuen Unterscheidung zwischen organischen und anorganischen Erscheinungen. Die inventarisierende Naturgeschichte wurde zur funktional orientierten Biologie. Dieser Ansatz mit seiner Ausrichtung auf das Organische ist charakteristisch für die neue Denkweise, und die Biologie ersetzte nun als Vorbild und als Metaphernvorrat für andere Gebiete des Denkens die Mechanik. In der Philosophie vollzog sich eine ähnliche Verschiebung. Die tonangebenden Denker des Jahrhundertbeginns, Fichte, Schelling und Hegel, gingen von Kant aus. Kant hatte gelehrt, daß die Apperzeption der Wirklichkeit von der Natur unseres Erkenntnisvermögens bestimmt wird. Auf dieses Axiom stützten sich die idealistischen Philosophen, die die Unterordnung der materiellen Welt unter das Bewußtsein betonten, womit die christliche Lehre von der untergeordneten Stellung des Stofflichen gegenüber dem Geist einen starken Rückhalt fand. Ihr großer erbitterter Feind Schopenhauer wollte ebenfalls Kants Philosophie als dessen Erbe vollenden. Er ging weiter und nannte nicht die Vernunft, sondern den Willen die gestaltende Kraft unseres Bewußtseins. Indem er den Willen an die Stelle der Vernunft setzte, stand Schopenhauer in einer entscheidenden Frage für den Übergang, ja den Umbruch des Denkens, denn hiermit ersetzte er eine auf die diskursive kritische Ratio gegründete Vorstellung von der Welt durch eine, die vom Willen, von Gefühlen und Trieben beherrscht wurde. Schopenhauer, der mit seiner Vorstellung des blinden, alles durchdringenden Willens das dynamische, überschwengliche, oft aber auch düstere Lebensgefühl der Zeit erklärte, war wie kein anderer der Philosoph des romantischen Weltbildes. Es ist bemerkenswert, daß die Romantik ihren im höchsten Grade charakteristischen Denker kaum zur Kenntnis nahm. Erst in der zweiten Jahrhunderthälfte setzte die enorme Wirkung von Schopenhauers Werk ein. Nicht er, sondern die idealistische Schule und vor allem Hegel beherrschten anfänglich das Terrain. Hegel war als Systemerbauer ein Erbe der Aufklärung, wenn sich bei ihm auch gleichzeitig der typisch romantische Hang zur Totalität zeigt. Auch in ihrem synthetisch-spekulativen Vorgehen unterschieden sich die idealistischen Philosophen von der empirisch-kritischen Methode Kants.

Das universalistische Menschen- und Geschichtsbild der Aufklärung machte in der Romantik ebenfalls eine Wandlung durch. Das Interesse an anderen Völkern und Rassen führte zwangsläufig dazu, daß man den Unterschieden besondere Aufmerksamkeit widmete. Dem romantischen Geist offenbarte sich gerade in ihnen der unermeßliche Reichtum der Schöpfung. Der Gedanke des deutschen Kulturphilosophen Herder, daß Völker lebendige Organismen mit einer eigenen Seele seien, sollte, von anderen weiter ausgeführt und popularisiert, das nationalistische Denken während des ganzen neunzehnten und auch noch im zwanzigsten Jahrhundert beherrschen. Herder hatte in diesem Zusammenhang auf die Bedeutung der Sprache als Ausdruck der Volksseele hingewiesen. Diese Vorstellung wirkte wie ein Auslöser der vor allem in Deutschland aufblühenden Sprachwissenschaft. Sprache wurde zu einem historischen Ordnungskriterium, denn Sprachverwandtschaft war nach der neuen Lehre ein Hinweis auf innere Verwandtschaft, und entsprechend der Metapher des lebendigen Organismus wurden Völker in der Geschichtsschreibung von nun an gewöhnlich auch in Analogie zu ihren Sprachen eingeteilt. Germanische, romanische, slawische oder semitische Sprachen galten als Kennzeichen besonderer Eigenschaften und rassischer Unterschiede. Diese Auffassung wurde dadurch gestützt, daß die alten religiösen Trennlinien ungefähr mit der neuen Einteilung von Sprachen und Rassen übereinstimmten: Die romanischen Völker waren überwiegend katholisch, die germanischen protestantisch, die slawischen zwar gemischt, aber mit einem mächtigen orthodoxen Stamm.

Die Sprachbewegung hatte ursprünglich auch eine emanzipatorische Tendenz. Von einer gebildeten bürgerlichen Oberschicht getragen, richtete sie sich gegen die Französisierung der Aristokratie, denn in ganz Europa kommunizierte diese Elite auf französisch. Demgegenüber verlieh man der eigenen Volkssprache den Nimbus des Wahrhaftigen, und die sprachliche Überfremdung wurde als Anzeichen der Dekadenz gedeutet, die man mit dem Leben des Adels assoziierte. So war es nur konsequent, daß in den Augen all derer, die nach 1815 die vorrevolutionäre Ordnung so weit wie möglich wiederherstellen oder bewahren wollten, der Nationalismus genauso gefährlich und verwerflich war wie der mit ihm untrennbar verbundene Liberalismus.

Das romantische Welterleben konnte jedoch auch ganz andere Strömungen begünstigen. Die Gegenbewegung zum Rationalismus konnte mit einem Wiedererstarken des Christentums und der Kirchen einhergehen, die durch Aufklärung und Revolution zurückgedrängt worden waren. Der Anteil der Konvertiten unter den Romantikern war beachtlich. Dies galt vor allem für den Katholizismus. Außerdem konnte der Kult mit allem, was dem Volkscharakter zugeschrieben wurde, auch auf einen antiemanzipatorischen Weg führen. Ein ganz wesentliches Merkmal der Romantik war bekanntlich die Entdeckung und Idealisierung des Mittelalters, der farbenfrohen Ständegesellschaft, und das lenkte den Blick zurück zur Einheit einer naiven Glaubensgemeinschaft voller Mystik, faszinierender Wunder und Poesie. Hier wird natürlich ein Widerspruch erkennbar. Eigentlich richtete der Romantiker sich gegen sich selbst. Einerseits verkündete er Individualismus und den Glauben an eine unendliche Entwicklung, an Ungebundenheit und die Rebellion gegen Regeln. Andererseits weckte das Stürmische des Zeitalters und der Zusammenbruch vertrauter Lebensformen und Traditionen den Wunsch nach einer neuen Geborgenheit. Diese konnte die katholische Kirche bieten, aber auch die Geschichte als eine zum kunstvollen Bild erstarrte Vergangenheit. Ruhelosigkeit war der Preis der ständigen Bewegung, und sie war in hohem Grade charakteristisch für das romantische Lebensgefühl und die Erfahrungen mit der Revolution. Die romantische Kunst – Gedichte, Lieder, Erzählungen und Märchen, aber auch Gemälde – war besessen von Themen wie Vergänglichkeit, Wahnsinn, Verfall, Ruinen, Nacht und Tod. Vom Drang zur Geborgenheit war es nur ein kleiner Schritt zum politischen Konservatismus, der in der Zeit der Romantik als antirevolutionäre historisch-politische Lehre Gestalt annahm: Ehrfurcht vor Geschichte und Tradition und die Anerkennung der Ungleichheit als eines der vielen Zeichen der Weisheit und des Farbenreichtums von Leben und Natur wurden grundlegende konservative Vorstellungen, die als erster der Ire Edmund Burke in Worte faßte. Persönlichkeiten wie Chateaubriand, de Maistre und de Bonald in Frankreich, Adam Müller und Gentz in Deutschland und von Haller in der Schweiz haben entscheidend zur Ausgestaltung einer konservativen Gesellschaftslehre beigetragen. Ein anderer ganz und gar romantischer Topos war hierbei hilfreich: die Betonung der organischen Sichtweise im Gegensatz zur mechanistischen. Der Kosmos war kein Uhrwerk – dies war das populäre Bild der Aufklärung gewesen –, sondern ein pochendes Herz.

3 Zwei Traditionen

Das Bewußtsein einer dynamischen Zeit, daß man sich also die Zeit als linearen Prozeß und nicht mehr als zirkulär, als ewige Wiederholung innerhalb einer festen Ordnung vorstellte, dies war ein wesentliches Ergebnis der stürmischen Veränderungen, zu denen Aufklärung, Revolution und Romantik ihren Beitrag geleistet hatten. Es bedeutete eine Historisierung des Weltbildes. Das neunzehnte Jahrhundert wurde so zum Jahrhundert der Geschichte – im weiten Sinn. Der Historisierung der Wirklichkeit konnte sich keine Wissenschaft entziehen. Die Erscheinungen wurden, auch in den Naturwissenschaften, mehr als zuvor in ihrem Werden erforscht. Das *Sein* der Dinge war ein *Gewordensein*. Ihre Entwicklung wurde Teil ihrer Essenz und war nicht länger Attribut. Der klassische, Heraklit zugeschriebene Ausspruch *panta rhei* (»alles fließt«) erhielt im allgemeinen Bewußtsein erst jetzt seine allumfassende Gültigkeit.

Die Reaktionen auf die Historisierung waren unterschiedlich. Zwei große ideologische Traditionen werden erkennbar, die in ständigem Kampf die politische und gesellschaftliche Entwicklung beeinflußt haben, wobei die eine mehr auf die Aufklärung zurückgeht, die andere mehr auf die Romantik. Allerdings kann eine Idee nicht immer nur einem der beiden Stammbäume zugeordnet werden, war doch die Romantik selbst sowohl Erbin der Aufklärung als auch Gegenbewegung. Bedeutsam war, daß die Ideologie an die Stelle der Religion trat. Ideologie ist vollauf säkularisierte Religion, die auf einen metaphysischen Ursprung und die Vorstellung von einer Offenbarung verzichtet. Sie ist eine Gesamtheit von Werten und Normen im Hinblick auf die Einrichtung der Gesellschaft. Sie bietet eine Richtschnur für das politische Handeln, und die wurde angesichts der Kräfte benötigt, die von der Revolution entfesselt worden waren und auf die keine Religion mit praktischen, konkreten Antworten reagieren konnte.

Zunächst gab es die Tradition, die an den Fortschrittsoptimismus und das rationale Menschenbild der Aufklärung anknüpfte, an den Glauben, daß die

Geschichte sich in einer aufsteigenden Linie bewege, wobei allerdings die Frage immer problematischer werden sollte, in welcher Hinsicht und auf welchem Gebiet diese Linie aufwärts führte. Die revolutionären Strömungen, aber auch der Liberalismus (der in manchen Ländern ja auch einen revolutionären Charakter hatte) stützten ihre Ideen auf den Fortschrittsglauben. Die Überzeugung, daß alle Menschen als vernunftbegabte Wesen prinzipiell gleichwertig sind – Kosmopolitismus und Humanismus –, und der Glaube an Befreiung im Materiellen und Geistigen bildeten den glühenden Kern dieser Aufklärungstradition, die mit dem Etikett »links« versehen wurde. In Westeuropa – Frankreich, England, auch Italien – hatte die Aufklärungstradition ihre stärksten Wurzeln. Die erkennbaren Gesetze des Universums galten nach Philosophen des achtzehnten Jahrhunderts wie Locke, Hume und Condorcet auch für den menschlichen Geist, und man nahm an, daß eine Analogie zwischen der physischen Natur und der menschlichen Psyche bestehe, oder sogar eine Art Symmetrie. In der radikalsten Form lief dies auf Monismus hinaus, wie in der materialistischen Philosophie von La Mettrie, Diderot und d'Holbach, die darlegten, daß der Geist einfach eine bestimmte Ausprägung der Materie sei. Hiermit eng verbunden waren oft ein entschiedener Atheismus und Feindschaft gegenüber der katholischen Kirche, die in Frankreich und Südeuropa ein so bedeutender Machtfaktor war. In den deutschen Ländern und in Skandinavien konnte der Materialismus nie wirklich Fuß fassen. Der dort dominierende Protestantismus provozierte nicht im gleichen Maße Widerstand. Eher bildete er einen Nährboden für das Gegenteil, die idealistische Philosophie, die wie das Christentum einen wesentlichen Gegensatz zwischen Geist und Stoff voraussetzte. Eine monistische Tendenz, die Auffassung, daß die Materie und der menschliche Geist oder die Gesellschaft grundsätzlich den gleichen Gesetzen unterliegen, blieb charakteristisch für die revolutionäre und linke Tradition.

Diese stand selbstverständlich auch an der Wiege des Sozialismus. Der Gedanke der Brüderlichkeit und das Ideal der Gütergemeinschaft gehen zwar auf frühchristliche Vorstellungen und, noch viel weiter, auf die Pythagoreer zurück. Es hatte auch immer wieder für kurze Zeit Experimente mit einer kommunistischen Gemeinschaft gegeben. Auf dem Höhepunkt der Revolution hatten Volkstribune wie Babeuf und Buonarroti leidenschaftlich versucht, das Gleichheitsprinzip in die Praxis umzusetzen. Dies war mißlungen. Der Fortschrittsglaube und das Menschenbild der Aufklärung boten aber die Grundlage für eine neue sozialistische Theorie, und in kleinen konspirativen Clubs wurde dafür gesorgt, daß die Glut des Kommunismus nicht erlosch. Zu den dort diskutierten und später am Schreibtisch ausformulierten Ideen gehörte nicht mehr nur die der Rechtsgleichheit, sondern auch die der ökonomischen Gleichheit. In Frankreich war der geniale Wirrkopf und Prophet eines industriellen Zeitalters, der Herzog von Saint-Simon – seinen Titel hatte er später als Anhänger der Revolution aufgegeben –, für eine ökonomisch orientierte Sozialpolitik nach dem Verschwinden der Stände eingetreten. In England predigte der geradlinige Moralist William Godwin die Abschaffung des Staates, um den Weg für eine Gemeinschaft vernünftiger, sittlich hochstehender Menschen frei zu machen. Viele sehen in ihm den Vater des Anarchismus, der Lehre, die Staat und Autorität grundsätzlich als unmenschlich verwirft. Um die Mitte des Jahrhunderts aber bekam die sozialistische Theorie deutlichere Umrisse, als die ersten Schatten der Industrialisierung auf den ärmeren Teil der Bevölkerung fielen. Der Reichtum der aufsteigenden Klasse von Bankiers und Fabrikanten in Ländern wie England und Frankreich (neben den immer noch mächtigen adligen Grundbesitzern) stand in grellem Kontrast zum Elend der unteren Schichten. Die Herausbildung eines neuen Standes von Arbeitssklaven – Handwerkern und Lohnarbeitern, die sich in den Industriezentren zusammenzudrängen begannen – zeigte deutlich, daß das gebildete Bürgertum nicht mehr für alle sprechen konnte, wie es den Liberalen noch selbstverständlich erschien. Das liberale Freiheitskonzept zeigte in einer Gesellschaft mit neuen und wachsenden ökonomischen Abhängigkeiten und Unterschieden eine häßliche Kehrseite: Es bedeutete für die Starken und Vermögenden die Freiheit, von den Schwächeren zu profitieren. Und so entstand die sozialistische Ideologie und Bewegung, die von der Annahme eines fundamentalen Gegensatzes zwischen den abhängig beschäftigten Handarbeitern und den Arbeitgebern ausging. Diese Polarität von Proletariat und Bourgeoisie wurde zum Erklärungsmuster für alles. Nicht Stände – eingeteilt nach erblichem Status, gesellschaftlicher Rolle oder Lebensstil –, sondern die nach ihrer ökonomischen Funktion unterschiedenen Klassen waren die neue Ordnungskategorie. Französische Reformer wie Proudhon und Fourier entwarfen Konzepte für eine sich selbst steuernde Gesellschaft, in denen die ästhetisch begründete Vorliebe für sehr praktische, mathematisch klare Schemata erkennbar wird, die sich bei Franzosen vor allem seit der Aufklärung immer wieder äußerte. Louis Blanc dagegen sah im Staat die für die Bekämpfung der Armut geeignete Instanz. Arbeitslosigkeit war nach seiner Auffassung die Hauptursache des Elends.

Anders entwickelte sich der Sozialismus in Deutschland mit seiner Vorliebe für das alles umfassende philosophisch untermauerte System – ein Unterschied, der damit zusammenhängt, daß Deutschland im Gegensatz zu Frankreich nicht von der historischen Erfahrung der Revolution geprägt war. Man hatte dort nie so nah an der Schwelle einer völlig neuen Welt gestanden und konnte nicht aus einer lebendigen Tradition revolutionärer Gefühle und Erfahrungen schöpfen. Die bedeutendste Persönlichkeit des Sozialismus, Marx, war Doktor der Philosophie und stammte aus der Schule Hegels. Er wurde jedoch zum großen Antagonisten der idealistischen Philosophie. Hegels Monismus des Geistes setzte er, unter dem Eindruck der neuen sozialen Mißstände, einen Monismus der Materie, der ökonomischen Verhältnisse entgegen. Diese bestimmten das Bewußtsein, und um den Menschen zu verändern, mußte man die sozialen Bedingungen ändern. Mit dem Bewußtsein zu beginnen, wie Hegel es tat, bedeutete, die Welt auf den Kopf zu stellen. Marx und seine Lehre sollten vor allem im folgenden Jahrhundert, dem zwanzigsten, ihre weltumspannende Bedeutung bekommen. Stärker als irgendeiner der vielen anderen sozialistischen Theoretiker hat Marx letztlich nicht nur den Sozialismus, sondern die ganze folgende Geschichte dauerhaft geprägt. Das bedeutet nicht, daß er auch in jener Zeit schon der dominierende Geist innerhalb der Bewegung war. Neben bekannten Persönlichkeiten wie Proudhon, Fourier, Blanc und Blanqui gab es die Russen Bakunin und Kropotkin, die später die anarchistische Abspaltung und Bewegung inspirieren sollten. In Deutschland genoß der charismatische Lassalle das größte Ansehen. Noch innerhalb der Ersten Internationale, die 1864 in London gegründet wurde, um die Arbeiterbewegungen zu vereinigen, gaben Marx und sein Alter ego Engels nicht den Ton an. Sie erlangten schließlich die Führung, indem sie alle Konkurrenten dank ihres überlegenen Intellekts und mit der Aggressivität ihrer schneidenden Polemik aus der Organisation drängten. Dies bedeutete zwar das Zerbrechen der Vereinigung, aber zugleich die Herausbildung eines geschlossenen orthodoxen Anhangs, der sich zu Marx' Lehre als neuem Evangelium bekannte. Der Sozialismus – ob es nun die französische, deutsche oder eine andere Variante war – wuchs in jedem Fall von einer Ideologie, die von meist bürgerlichen Intellektuellen am Schreibtisch ausgearbeitet worden war, zu einer politischen Bewegung heran, die in der zweiten Jahrhunderthälfte die Menschen, um die es eigentlich von Anfang an ging, zu mobilisieren und zu organisieren verstand: die Arbeiter, oder, in sozialistischer Terminologie, die Proletarier aller Länder. Wie beim Liberalismus war die Überzeugung, daß der Mensch im Innersten vernunftbegabt und deshalb verbesserungsfähig sei, die Kraft, die die sozialistische Bewegung begeisterte.

Eine Erbschaft der Aufklärung war beim Liberalismus wie beim Sozialismus auch das natürliche Bündnis mit der Wissenschaft. Hier zeigte sich allerdings ein Paradox in der Theorie: Auf der Suche nach Verbesserungen und Freiheit, entweder für das gebildete Individuum oder für die Masse der Werktätigen, stießen sowohl Liberale als auch Sozialisten auf die Frage nach Gesetzmäßigkeiten in den gesellschaftlichen Verhältnissen. Ohne Wissen hierüber war schließlich alles Fortschrittsstreben zum Scheitern verurteilt. Aber das vor allem von den Philosophen des Materialismus analog zur physischen Natur auf die Gesellschaft übertragene Axiom des Gesetzmäßigen hatte auch eine deterministische Konsequenz. Diese stand in einem Spannungsverhältnis zum Postulat der Freiheit – allerdings ein uraltes Problem. Auch in der Theologie war die Frage der Willensfreiheit und Verantwortlichkeit schon immer mit der Frage nach Gottes Allmacht und nach der Vorherbestimmung verwoben. In gewisser Weise umgingen Liberale und Sozialisten dieses Dilemma, indem sie Freiheit als das Freisein von äußeren, künstlichen Zwängen verstanden, die das Individuum oder auch eine ganze Klasse in ihrer natürlichen Entfaltung nach eigenen Gesetzen behindern konnten. Die Historisierung des Denkens festigte dennoch den Glauben an einen determinierten Geschichtsprozeß. Ein solcher Prozeß konnte, nach der Auflösung des statisch-zyklischen Geschichtsbildes mit seiner ewigen Wiederholung, von neuem Halt und Orientierung bieten. So ist auch die wachsende Bedeutung der ökonomischen Wissenschaft zu erklären, die ein Verständnis der verborgenen Maschinerie des Geschichtsverlaufs zu versprechen schien. Die Liberalen wollten die Aufgaben des Staates am liebsten auf die Aufrechterhaltung von Recht und Ordnung beschränken, um das freie Spiel der ökonomischen Kräfte nicht zu behindern. Deshalb hatten sie großes Interesse an einer Wissenschaft, die dieses »freie Spiel« untersuchte. Klassische Ökonomen wie Ricardo und Malthus in England hatten gelehrt, daß die Lohn- und Arbeitsverhältnisse genau wie das unaufhaltsame Bevölkerungswachstum in der Arbeiterschicht ehernen Gesetzen unterlagen.

So wurde ein deterministisches Verständnis von Geschichte gefördert. Für die sozialistischen Denker galt das gleiche, allerdings mit entgegengesetzter Moral und Intention. Die Überzeugung, daß der geschichtliche Prozeß von erkennbaren Gesetzmäßigkeiten bestimmt werde, war das Alpha und Omega von Marx' Philosophie.

So wurde das Jahrhundert der Historisierung des Weltbildes auch das der großen Geschichtsentwürfe und Systemerbauer. Wenn sich alles veränderte, dann doch nach bestimmten Prinzipien! Die Evolution hatte ein Ziel. Im teleologischen Charakter der philosophischen Systeme des neunzehnten Jahrhunderts wirkte die religiöse, die christliche Tradition noch fort, auf eine höhere Macht verweisend, die dem trüben menschlichen Dasein Sinn und Richtung gab. Diese Vorstellung forderte zu einer Einteilung des Geschichtsprozesses in bestimmte Phasen heraus, obwohl der Gedanke keineswegs neu war. Schon in der Antike gab es ihn in allerlei Varianten, wie der Lehre von den vier Zeitaltern (golden, silbern, bronzen und eisern). Während man dort aber eine Degeneration erkannte, gründeten sich die neuen Periodisierungen auf optimistische Erwartungen. Alles sollte besser werden. Nach der Aufklärung, dem großen Aufräumen der Revolution und vor allem angesichts der neuen, verblüffenden Möglichkeiten, die Dampfkraft und Maschine eröffneten, drängte diese Hoffnung mit Macht nach vorn.

Saint-Simon hatte eine Zukunft skizziert, in der die Führung in den Händen der Ingenieure liegen würde. Sein bedeutendster Schüler, Auguste Comte, entwarf eine Wissenschaft, die die Gesetzmäßigkeiten der Gesellschaft und ihre Evolution aufdecken sollte. Comte stammte aus der materialistischen Schule der Aufklärungstradition. Er verwarf alle metaphysische Spekulation und wollte rein empirisch vorgehen. »Erst die Fakten, dann die Theorie«, lautete der Grundsatz jenes Positivismus, zu dessen Begründer Comte wurde. Daß er sich selbst nicht genau an diese Methode hielt und noch nicht klar genug erkannte, daß auch Fakten erst durch eine Auswahl und vor dem Hintergrund eines theoretischen Axioms sichtbar werden, minderte den enormen Einfluß des Positivismus und seine fortdauernde Wirkung ebensowenig wie der Umstand, daß Comte von einer spekulativen Anschauungsweise ausging. Er unterschied eine theologische, eine metaphysische und eine »positive« Phase, in der jeweils der Priester, der Philosoph und der Wissenschaftler den Ton angaben, und gut anderthalb Jahrhunderte später kann man sagen, daß diese (selbstverständlich ganz globale) Phaseneinteilung als Beschreibung der großen Entwicklungslinien keineswegs schlecht war. Marx wählte nicht die unterschiedlichen Arten von Weltdeutung, sondern die Produktionsverhältnisse als Ausgangspunkt seiner Periodisierung und kam so zu einer feudalen, einer kapitalistischen und einer sozialistischen Gesellschaft. Liberale, Sozialisten und auch Anarchisten (die zwar Gleichheit predigten, aber anders als die Sozialisten den Staat sofort abschaffen wollten, von einem organisierten Klassenkampf nichts hielten und sich auch nicht eingehend mit den Gesetzmäßigkeiten der historischen Entwicklung beschäftigten) können trotz aller prinzipieller Gegensätze und erbitterter und bösartiger Konfrontation als gemeinsame Erben der Aufklärungstradition betrachtet werden. Sie gründeten ihre Ideologie und ihr Programm auf den Fortschrittsgedanken und ein grundsätzlich optimistisches, rationales Menschenbild.

Die andere Tradition, die der Romantik und einer religiösen, christlichen Gesinnung entsprang, verwarf dieses Menschenbild und den damit verwandten physischen Monismus und Rationalismus. Das bedeutet nicht, daß auch jeglicher Fortschrittsglaube abgelehnt worden wäre. Die Möglichkeiten, die Geschichte zu lenken, wurden jedoch geringer eingeschätzt, und das Verhältnis von Freiheit und Determination beurteilte man anders. Nicht gleichsam physikalischen Gesetzen, sondern höheren metaphysischen Mächten blieb der Mensch unterworfen. Wörtern wie »Gott«, »Schicksal«, »Vorherbestimmung« gab man den Vorzug vor »Evolution« oder »Gesetzmäßigkeit«. In Tradition und Geschichte sah man weniger von außen her zu untersuchende Objekte als den eigenen lebendigen Nährboden. Das Vergangene hatte hier seinen bis zur Revolution allgemein anerkannten normativen Charakter nicht verloren. Sowohl im politischen Konservatismus als auch in der christlichen Erneuerungsbewegung werden diese Grundhaltungen erkennbar. Bedeutsam war hierbei, daß zwischen Geist und Materie prinzipiell unterschieden wurde und daß somit die naturwissenschaftliche Denkweise keine Gültigkeit für die Geschichte besaß. Vor allem in Deutschland und anderen protestantischen Ländern, in denen das Luthertum mit seiner Trennung von Welt und Glaubensleben und auch die idealistische Philosophie den größten Einfluß ausgeübt hatten, fanden diese Vorstellungen Anklang. Ebenso bedeutsam war die Tatsache, daß das traditionelle christliche Weltbild in einer noch vorwiegend agrarischen oder halb feudalen Gesellschaft nicht so stark von einer zweckorientiert-rationalen Geisteshaltung zurückgedrängt worden war. Im Gedankengut der politischen Parteien, die den Liberalismus und später den Sozialismus bekämpften und die als »reaktionär«, »konservativ« oder »rechts« gelten, ist diese Gegentradition, die auch viel Antiaufklärerisches umfaßte, immer erkennbar. Was nicht heißt, das jeder, der dem rechten oder dem linken politischen Lager zugeordnet werden kann, auch all seine ideologische Nahrung ausschließlich diesseits oder jenseits der Grenze zwischen Aufklärung und Romantik gefunden hätte.

Von besonderer Bedeutung waren Individualismus und Historisierung des Denkens selbstverständlich für die Geschichtsschreibung selbst. Das Verhältnis zur Vergangenheit hatte sich in der Romantik verändert. Man studierte die Vergangenheit nicht mehr nur, um Erinnerungswürdiges zu sammeln, Lehren aus dem Lauf der Welt zu ziehen oder eine Dynastie oder ein Land zu verherrlichen. Das Vergangene in seinem Reichtum war der Ausdruck einer höheren Macht und deshalb mit Einfühlungsvermögen und Ehrerbietung zu behandeln. Es mußte vor allem mit seinem eigenen Maß gemessen werden. Damit wurde ein neuer Grundsatz eingeführt. Die Frage, nach welchen Kriterien er urteilen könne, sollte dem Historiker keine Ruhe mehr lassen. Er sollte nicht mehr aufhören, mit dem Problem von Distanz und Objektivität zu ringen. Die Forderung, die Geschichte ohne betontes Moralisieren zu erforschen und nicht nach den Normen der eigenen Zeit zu beurteilen, fand ihre einflußreichste Anhängerschaft im sogenannten Historismus, der vor allem in Deutschland, und von dort ausgehend, zu einer beispiellosen Blüte der Geschichtswissenschaft führte. In der Kontroverse zwischen Historismus und Positivismus kommt auch der Gegensatz der beiden Traditionen zum Ausdruck. Die Anhänger des Historismus – von denen Ranke der berühmteste wurde – verwarfen eine deterministische und generalisierend-systematische Betrachtungsweise. Sie erkannten zwar an, daß es möglicherweise in der Geschichte einen verborgenen Plan gebe, doch konnte dieser allenfalls auf eher intuitive Weise erschaut, nicht rational erklärt werden. Gott offenbarte sich eher in der unermeßlich reichen Schöpfung immer wieder neuer Individualitäten. Der romantische Kult des Individuellen, das sich jeder Generalisierung widersetzt, bestärkte viele auch in einer konservativen Einstellung. Auf jeden Fall waren die Historisten durchweg keine Freunde universeller abstrakter Prinzipien.

Alle hier skizzierten Veränderungen des Denkens und ideologischen Auseinandersetzungen spielten sich jedoch zunächst nur in den gebildeten und politisch interessierten Oberschichten ab und drangen nicht bis zur Basis der Gesellschaft. Der Ständestaat hatte eine tief in die Gemüter eingegrabene soziale und mentale Hierarchie geschaffen, und die noch überwiegend agrarische Wirtschaftsform war von der Revolution und den Napoleonischen Kriegen noch nicht entscheidend angetastet worden. Die ländliche Bevölkerung und die unteren Stände bewältigten Katastrophen und Veränderungen nach überlieferten christlichen Regeln und Normen als das ewige Elend, dem das Menschengeschlecht nun einmal ausgeliefert war, oder als Gottes Heimsuchung und Strafe für Sünden. Priester oder Pfarrer, Schulmeister und Honoratioren von Dorf oder Kleinstadt, wie Stadträte, Ärzte, Richter, Apotheker und die Minderheit der Gelehrten, blieben die Autoritäten, die erklären konnten, was sich ereignete. Neuigkeiten erreichten die meisten nicht nur über Zeitungen, sondern genausogut auf mündlichem Wege, mit aller Übertreibung und Einkleidung in stereotype Sprach- und Denkmuster, die dies mit sich bringt. Die Dynamik, die für das Jahrhundert so charakteristisch werden sollte, war in seiner ersten Hälfte noch keineswegs überall spürbar. Die stürmischen Bewegungen, die heute das Bild dieser Zeit bestimmen, waren vor allem ein Kampf im obersten Stockwerk des Gesellschaftsgebäudes. Natürlich gab es auch beträchtliche Unterschiede zwischen den westlichen Staaten, Teilen Deutschlands, Norditalien oder anderen kulturellen Zentren, in denen das aufgeklärte Bürgertum Bedeutung und Einfluß erlangt hatte, und den noch ausgesprochen feudalen und agrarischen Ländern Süd- und Osteuropas. Trotzdem gilt auch für den Westen, daß die neuen Ideen erst von der Jahrhundertmitte an zusammen mit der lawinenartigen Industrialisierung und Verstädterung die Gesellschaft in ihren Grundfesten erschüttern und verändern sollten.

4 Der Umbruch in der zweiten Jahrhunderthälfte

In der zweiten Hälfte des Jahrhunderts kam es zur Beschleunigung der Verstädterung und des Bevölkerungswachstums, zum unaufhaltsamen Vordringen der Maschine, zu Fortschritten in der Kommunikation und beim Transport durch die Einführung von Telefon und Telegraf, ein sich über den Kontinent ausdehnendes Eisenbahnnetz, das die Entfernung zwischen Stadt und Land schrumpfen ließ, und den Bau immer größerer Dampfschiffe.

Ein Massenproletariat bevölkerte nun nicht mehr nur England, sondern auch viele Städte auf dem Kontinent, Menschen, die zusammengedrängt in tristen, schmutzigen Elendsvierteln unter dem Rauch und Ruß der Fabriken lebten, in denen Männer und Frauen sechzehnstündige Arbeitstage in trostlosen, unhygienischen Räumen mit mechanischer Arbeit verbringen mußten, um nur die lebensnotwendigen Grundbedürfnisse zu befriedigen. Unterernährt, vergiftet von Staub und Gasen und ohne Erholungsmöglichkeit, waren sie gezwungen zu arbeiten, solange sie sich auf den Beinen halten konnten. Auch Kinder ab fünf oder sechs Jahren wurden dazu herangezogen; sie waren eine unverzichtbare Einnahmequelle. Doch die vielen Münder zehrten den mageren Gewinn gleich wieder auf. Man geriet in einen Teufelskreis von brutaler Aussichtslosigkeit. Alkohol und Bett boten in diesem Dasein die einzigen Freuden. Über dieses erbärmliche Leben, das selten länger als fünfzig bis sechzig Jahre dauerte und meistens noch erheblich kürzer war, sind wir durch die Literatur und durch historische Untersuchungen recht ausführlich informiert. Jedes Schulbuch weiß darüber zu berichten. Der himmelschreiende Kontrast zum Lebensstil des Adels, der Großgrundbesitzer, der reichen Unternehmer, Industriemagnaten und Bankiers, aber auch zum Leben eines großen Teils der Mittelschicht konnte vielen Zeitgenossen nicht entgehen. Angesichts all der neuen Theorien über Fortschritt und Gleichheit waren diese Zustände auch nicht selbstverständlich und ließen sich mit den schönen Erwartungen, die man in die Maschine und ihre Wohltaten gesetzt hatte, kaum vereinbaren.

Für die Sozialisten war dieser Kontrast die Achse ihrer Theorie und Strategie, die wie gesagt von Intellektuellen bürgerlicher Herkunft ausgearbeitet worden waren. Sie projizierten ihn als Klassenkonflikt auf die Vergangenheit zurück und folgerten, daß nur eine radikale Umkehrung der Klassenverhältnisse und eine Umverteilung der Güter oder aber Gütergemeinschaft den fatalen Teufelskreis des Elends durchbrechen könne. Der Arbeitersklave wurde für den Sozialismus zum Helden und freien Menschen der Zukunft. Die Liberalen brachte diese Misere in größere Schwierigkeiten. Eigentum und freie Entfaltung bildeten für sie die Grundlage einer gesunden Gesellschaft. Die entscheidende Frage war jedoch, inwieweit die Gleichheit vor dem Gesetz auch gleiche Chancen für den einzelnen mit sich brachte und inwieweit Armut als persönliche Schuld gelten durfte. Nach dem liberalen Menschenbild war jedes Individuum von Natur aus autonom und mit Eigenschaften begabt, die über seinen Lebensweg entschieden. Weil der Liberalismus die freie Entwicklung von Industrie und Unternehmertum angeregt hatte, ergab sich ganz von selbst wiederum eine Interessenverflechtung zwischen der neuen kapitalistischen Klasse und den liberalen Parteien. Das berühmte »Laissez-faire«, die Politik der »unsichtbaren Hand«, öffnete der industriellen Revolution das Tor schließlich ganz, nachdem Zölle und andere Regelungen aus dem Feudalzeitalter abgeschafft worden waren. In der zweiten Jahrhunderthälfte sahen Liberale darum im Sozialismus ihren größten Feind. Ständestaat und Absolutismus waren schließlich dort, wo liberale Verfassungen und Parlamente eingeführt worden waren, verschwunden oder hatten enge Fesseln angelegt bekommen. Eine Verletzung des Eigentums und gleiche Verteilung von Gütern bedeuteten aber nach traditioneller liberaler Doktrin eine Verletzung fundamentaler menschlicher Rechte, etwa des Rechtes auf den vollen Ertrag der eigenen Arbeit und Leistung, in denen das Individuum sich verwirklicht. Nur geriet dieses Prinzip in einen Konflikt mit dem gleichermaßen liberalen humanen Erbe, dem Ziel, die unteren, ungebildeten Schichten zu kultivierten Bürgern zu erheben. Abgesehen von den theoretischen und ethischen Aspekten konnten viele Liberale nicht die Augen vor den Folgen der vielgepriesenen Industrialisierung verschließen, die eher für eine Zunahme von Abstumpfung und Verrohung in den untersten Schichten sorgte. So zerfiel die liberale Bewegung in einen konservativen »rechten« und einen eher sozial ausgerichteten »linken« Liberalismus. Die erste Strömung hielt am freien Spiel der ökonomischen Kräfte und am Leistungsprinzip fest, die zweite trat für bestimmte soziale Hilfsmaßnahmen ein und wollte dem Staat mehr Befugnisse verleihen. Armut war für diese Liberalen weniger eine Folge persönlichen Versagens als bestimmter historisch-gesellschaftlicher Umstände.

All dies bedeutet nicht, daß die Frage der industriellen Sklaverei in dieser Epoche das Denken beherrscht hätte. Es gab andere Dinge, die die höheren Stände, aber auch die breiten Mittelschichten beschäftigten. Zudem hatte das Vordringen der Maschine auch für Unternehmer und Fabrikanten eine neue Art von Abhängigkeit geschaffen. Wollten sie sich im Strudel von Expansion und Konkurrenz behaupten, konnten sie auf billige Arbeitskräfte kaum verzichten. Dennoch wuchs auch in diesen Kreisen das Bewußtsein für die Unmenschlichkeit der Zustände. Robert Owen setzte sich als einer der ersten für ein System ein, das die Interessen der Arbeiter mit denen der Brotherren im Dienst allgemeinen Fortschritts verbinden sollte. Den ersten Platz im Alltagsbewußtsein der Allgemeinheit nahmen jedoch wie immer die politischen Ereignisse ein, vor allem die Kriege, aus denen neue mächtige Einheitsstaaten hervorgingen: ein vereinigtes Italien und ein vereinigtes Deutschland. Diese Kriege sind ohne die Kraft des Nationalismus nicht denkbar. Hatte sich ursprünglich in der Romantik und im Zeitalter der Revolution eine intellektuelle Vorhut des Bürgertums – Professoren, Publizisten, Studenten – zu diesem Glauben bekannt, in der zweiten Hälfte des Jahrhunderts wurde er zu einer Religion der breiten Mittelschichten. Die Idee der Nation als eines lebendigen Organismus oder einer großen Familie, von deren Macht und Blühen das Wohl jedes einzelnen abhing, besaß in einer Periode, in der die Welt derartig große Veränderungen erfuhr und alte Lebensweisen verschwanden, eine unwiderstehliche Überzeugungskraft. Neue Gegensätze zwischen Stadt und Land, alten und neuen Berufen, Klassen, Konfessionen, Ideologien oder politischen Überzeugungen verloren durch den Gedanken an die alle vereinigende und umfassende Nation und deren Ruhm ihre Schärfe. Sie verblaßten, sobald sich alle in den Dienst des nationalen Ideals stellten, was natürlich leicht dazu führte, daß man das Ausland als feindlich und fremd wahrnahm. Der Nationalismus schöpfte auch Kraft aus dem älteren Mythos einer ursprünglichen, reinen nationalen Gemeinschaft, die es wiederherzustellen galt. Jeder Nationalismus entdeckte einen Stammbaum, eine Mischung aus Fiktion, Legende und Geschichte. In der zweiten Jahrhunderthälfte bekehrten sich auch die Konservativen und die alten adligen Oberschichten zu diesem Glauben, weil der nationale Gedanke nun alle Stände und Klassen zu einer festen, unzerbrechlichen Einheit zusammenschmieden konnte, die dem einzelnen ein Gefühl der Sicherheit gab und revolutionäre Unruhe überflüssig machte. Der Nationalismus hatte sich somit zu einer »rechten«, sozial eher konservativen, da antirevolutionären Kraft gewandelt.

Dabei ließ er eine nach außen und eine nach innen weisende Stoßrichtung erkennen. Zunächst eine nach außen weisende, denn die Nation mußte sich im Kampf der Völker behaupten und ihren Ansprüchen Geltung verschaffen. Hierzu gehörte, daß man Gebiete beanspruchte, deren Bewohner zur eigenen nationalen oder sprachlichen Gemeinschaft zählten, wie die italienische *Irredenta*-Bewegung es tat. Es konnte auch bedeuten, daß man einen eigenen ethnisch homogenen Staat oder zumindest administrative Autonomie forderte, wie es in den weiträumigen multinationalen Reichen der Habsburgermonarchie, des osmanischen Sultanats oder des zaristischen Rußland geschah. Intern richtete sich der Nationalismus, indem er die Herstellung vollkommener Einheit forderte, gegen Gruppen, die, aus welchen Gründen auch immer, nicht zum wahren Kern der Nation gerechnet wurden, wie die Juden oder manchmal auch religiöse Minderheiten oder Immigranten. Sie galten als Gäste und konnten notfalls einen eigenen rechtlichen Status erhalten. Dieses Konzept der einheitlichen Nation bot vielen eine plausible Erklärung für Spannungen und Krisen, die nicht einem ausländischen Feind zugeschrieben werden konnten und meistens mit den gewaltigen Veränderungen zusammenhingen, die Folge der Verstädterung und Industrialisierung waren. Auch eine Niederlage gegen ausländische Widersacher konnte damit erklärt werden. Jeder verlorene Krieg, jede Niederlage der Nation setzt den psychischen Mechanismus in Gang, der zur Suche nach Verrätern oder Sündenböcken treibt.

Und hier lag auch der Ursprung des modernen Antisemitismus. Dieser hatte seine Wurzeln zwar in traditionellen judenfeindlichen Vorstellungen und im jahrhundertealten religiösen Antijudaismus der Kirche, ging aber auch auf in der Zeit der Romantik entstandene Theorien über Rassen und vorherbestimmte Volkscharaktere zurück. Tatsächlich kann schon das Ersetzen des religiösen durch das ethnische, rassistische Kriterium als Übergang zum modernen Antisemitismus betrachtet werden. Aber nun gab ihm das Modell der homogenen Nation neue und kräftige Nahrung, und in Ländern mit einer starken antijüdischen Tradition kam es deshalb zu einem ganz selbstverständlichen Bündnis zwischen Nationalismus und Antisemitismus. Die verschärfte Konkurrenz zwischen den Staaten als Folge der schnellen Industrialisierung führte ungefähr ab 1860 zu einem Kampf um Absatzmärkte und billige Rohstoffe, und eine Art von Expansionsneurose befiel die europäischen Mächte, die nun darin wetteiferten, ihr Einflußgebiet auszudehnen. Dabei richtete sich ihr Blick ganz von selbst auf Afrika, Südamerika und Asien, wo man keine starken Gegner zu fürchten brauchte. Dieser moderne Imperialismus verstärkte wiederum die nationalistische Leidenschaft, und diese die imperialistischen Neigungen. Eine Eigenart des Nationalismus ist nämlich eine tief wurzelnde Unzufriedenheit. Die Idee der Nation läßt viele Interpretationen zu. Das romantische Bild des Organismus schließt nicht aus, daß es wesentliche und weniger wesentliche Teile gibt, oder konzentrisch angeordnete Schichten, und deshalb kann immer eine Gruppe glauben, der wahre Kern der Nation oder ein reinerer Vertreter des Volkes als andere zu sein. Die konfessionellen, regionalen und sozialen Unterschiede sogar innerhalb einer sprachlich und ethnisch recht homogenen Nation boten unendlich viele Möglichkeiten, bessere Elemente von minderwertigen zu scheiden: Hier äußerte sich ein Unterscheidungsdrang, der sowohl mit einer konservativen als auch mit einer revolutionären Gesinnung zu vereinbaren war. Im zwanzigsten Jahrhundert sollte sich dies in vollem Umfang zeigen. Dem sozialistischen Ideal der Klassensolidarität setzten Konservative und Liberale die nationale Solidarität entgegen. Und es zeigte sich, daß diese eine größere Anziehungskraft besaß, sogar für Schwächere. Die Gemeinsamkeit von Sprache und Tradition, das Leben innerhalb derselben Region, die Arbeit, die Menschen aus verschiedenen Schichten regelmäßig zusammenführt, kurzum die alltäglichen Erfahrungen hatten auch für viele Arbeiter noch mehr Gewicht als ein Ideal von doch etwas theoretischem Charakter.

Auch bestimmte wissenschaftliche Theorien lieferten dem Nationalismus furchterregende Munition. Die rasche Industrialisierung, die imperialistische Expansion und die Beschleunigung auf dem Gebiet wissenschaftlicher und technischer Neuerungen stärkten in den Jahrzehnten nach 1870 das Selbstvertrauen und den Glauben an die Fähigkeit des Menschen, die Natur zu ergründen. Daraus entwickelte sich ein neues Ethos, eine Geisteshaltung, zu der gehörte, daß Leistung und Erfolg ein immer höherer Wert beigemessen wurde. Überproduktion und Arbeitslosigkeit verursachten jedoch Spannungen, noch verschlimmert durch die weltweite Depression, die 1873 einsetzte und bis ungefähr 1894 dauerte. In diesem Klima empfand das Bürgertum revolutionäre Ideen aus begreiflichen Gründen als verhängnisvolle Bedrohung. Als anarchistische Amokläufer in den achtziger Jahren dem System mit Bombenanschlägen auf hochstehende Persönlichkeiten ein schnelleres Ende bereiten wollten, war dies noch weniger geeignet, die Gemüter gegenüber revolutionären Idealen freundlicher zu stimmen.

Unter diesen Umständen wuchs die Empfänglichkeit für Theorien, die eine Erklärung, möglicherweise gar eine Rechtfertigung für die Veränderungen jener Zeit boten. Allergrößte Bedeutung erlangte das Werk Charles Darwins. Sein 1859 erschienenes Hauptwerk *Über die Entstehung der Arten* war ein vernichtender Angriff auf das konservativ-christliche Weltbild. Trotz Aufklärung und Revolution waren einige zentrale Bereiche dieses Bildes noch intakt. Darwins Theorie ist, was ihre gewaltige Stoßkraft und ihre Konsequenzen angeht, mit Kopernikus' Lehre vergleichbar, die dem geozentrischen Weltbild ein Ende bereitet hatte. Darwin tat das gleiche mit dem homozentrischen Weltbild, wenn man darunter die Vorstellung versteht, daß der Mensch, gemäß der biblischen Genesis, als Gottes Ebenbild und als von den Tieren grundsätzlich unterschiedenes Wesen geschaffen worden sei. Er räumte mit dem Schöpfungsmythos auf und setzte die Theorie eines Entwicklungsprozesses an dessen Stelle. Erforschte man die Vergangenheit der menschlichen Art, gelangte man zurück zu Übergangsformen zwischen dem Menschen und den höheren Tierarten. Für die Anthropologie war Darwin viel wichtiger als Marx. Dessen Lehre vom Klassenkampf als Agens der Geschichte entsprach nur einem Teilgebiet der Darwinschen Lehre vom Konkurrenzkampf aller biologischen Wesen als Weg der Verbesserung der Art. Konkurrenz erwies sich als Urprinzip allen Lebens. Obwohl sich Darwin als Biologe nicht näher mit sozialen Fragen beschäftigte, veränderte er nicht nur die Sicht der entfernten Vergangenheit, sondern ermöglichte auch neue Ausblicke in eine ferne Zukunft. Für den Gedanken, der Mensch sei sich selbst und seinem Ursprung »entfremdet«, war kein Platz mehr. Der Mythos des goldenen Zeitalters, der auch bei Marx in der Vorstellung von einer kommunistischen Urgemeinschaft noch in modernisierter Form herumgeisterte, war zerstört. Eine Verbesserung der menschlichen Art, dies konnte man aus Darwins Lehre folgern, war eine Folge des Untergangs minderwertiger Varianten. Eine stärkere Rechtfertigung des Leistungs- und Erfolgsprinzips war nicht denkbar. Ungleichheit und das Triumphieren der Stärksten waren die Voraussetzung des Fortschritts. Nicht, daß Darwin selbst solche simplen, eindeutigen Folgerungen gezogen hätte, aber er brachte andere auf diese Spur. Die Anwendung seiner Lehre auf die Gesellschaft, der sogenannte Vulgär- oder Sozialdarwinismus, legitimierte den harten Kampf um Absatzmärkte, Kolonien und Einflußsphären, nicht weniger aber die sozialen Unterschiede und Konflikte. Der Universalismus der Aufklärung und des frühen Liberalismus erwies sich als Utopie, denn die Existenz höherer und niedrigerer Klassen, höher- und minderwertiger Rassen war naturgegeben und förderte eine positive Selektion. Nicht nur Konservative, auch Liberale konnten – da sie mit den herrschenden Ständen eng verflochten waren oder die materiellen Interessen des kapitalkräftigen gehobenen Bürgertums teilten – diese Auffassungen sehr gut akzeptieren. Durch die Allianz von Liberalismus und Wissenschaft waren Liberale ohnehin zwangsläufig für Theorien empfänglich, die Gesetzmäßigkeiten der Gesellschaft aufdeckten.

Die vulgärdarwinistische Vorstellung von Fortschritt ließ also, anders als die ältere, wenig Raum für humanitären Idealismus. Sie war zum Teil auch aus der Romantik mit ihrem organischen Volks- und Rassenbegriff und dem Gedanken herzuleiten, daß Unterschiede zwischen Völkern und Sprachen aus Rassenunterschieden erwachsen und einen psychisch-biologischen Ursprung haben. Der Begriff »Rasse« hatte eine ziemlich vage Bedeutung, wirkte aber gerade deshalb sehr suggestiv, zumal er unverkennbare Unterschiede der Mentalität mit gleichermaßen unverkennbaren Unterschieden in Physiognomie, Hautfarbe und Körperbau in Verbindung brachte, was den willkommenen Eindruck eines logischen Zusammenhangs erweckte. Noch vor Darwin, im Jahre 1855, hatte der französische Graf de Gobineau ein sehr dickes Buch über die Ungleichheit der Rassen, gerade auch in geistiger Hinsicht, veröffentlicht. In diesem weitschweifigen, ungeordneten, aber von umfassender Bildung zeugenden Werk wurde die »arische Rasse« als die kreative Rasse schlechthin dargestellt. Diese hohe Wertschätzung ging auf die Zeit der Romantik zurück, als Sprachgelehrte nach einer gemeinsamen Ursprache gesucht hatten und Friedrich Schlegel die spekulative Theorie aufstellte, eine ursprünglich in Indien lebende »arische« Rasse sei auf Umwegen nach Skandinavien gelangt und von Norden her wiederum in Europa vorgedrungen. De Gobineau erreichte zwar kein breites Publikum. Das Bedürfnis nach wissenschaftlichen Ordnungskriterien und Erklärungen für nationale und kulturelle Unterschiede war jedoch groß, und in seiner Nachfolge wurden verwandte Vorstellungen an die Öffentlichkeit gebracht. Der marxistischen Lehre vom unvermeidlichen Klassenkampf setzte der Nationalismus die Lehre vom unvermeidlichen Kampf der Rassen entgegen, wobei die eigene Nation als Exponent der edelsten Rasse eine organische Einheit bildete.

Von großer Bedeutung war auch die Philosophie Herbert Spencers, die sich in mancher Hinsicht an Darwin anlehnte. Das dynamische Weltbild gelangte dank Spencers Evolutionslehre zu wissenschaftlicher Reife. Spencer suchte wie die älteren Monisten nach einem allumfassenden Gesetz und fand dies in der Evolution, die als Urgesetz in der Natur, aber auch in der Geschichte wirkte. Alles im Universum war der Evolution unterworfen, hierbei lösten Phasen der Integration und der Desintegration einander ab. Da

Spencers Evolutionslehre eine formalistische Theorie war, die verschiedene Ausarbeitungen und Auslegungen zuließ, konnte sie sowohl Fortschrittsglauben als auch pessimistische Auffassungen stützen. Soziologen wie Gaetano Mosca und Vilfredo Pareto stellten Theorien über die Unverzichtbarkeit von Eliten in der Geschichte auf. Nur dank führender Gruppen konnten Gesellschaften funktionieren, eine quasi empirisch-neutrale Feststellung, die trotzdem eine deutliche normative Tendenz hatte. Egalitäre Bewegungen (wie Kommunismus und Anarchismus) verfolgten ein unheilvolles Ziel. Mosca und Pareto standen in der liberalen Tradition, aber die Vorstellung, daß durch allgemeines Wahlrecht der unkultivierte Pöbel an die Macht kommen konnte, beängstigte sie, wie viele Liberale gegen Ende des Jahrhunderts. So zeichnete sich ein Umschwung ab: Die Liberalen, Anhänger der humanitären, kosmopolitischen Tradition der Aufklärung, wurden mit einem neuen Menschenbild konfrontiert, das sich gleichfalls auf rationales, wissenschaftliches Denken gründete, zugleich aber mit allen Idealen von Gleichheit und Freiheit, auf die die revolutionär Gesinnten sich weiterhin beriefen, kurzen Prozeß machte. Die Anhänger des Fortschrittsglaubens waren gespalten, denn Fortschritt konnte auch einen unvermeidlichen Prozeß der Auslese unter höheren und niederen Rassen, Völkern und Ständen, unter Herren und Sklaven bedeuten, und dies mußte illusionslos erkannt werden.

5 Der moralische Maßstab

Eine der Konsequenzen des liberalen Menschenbildes war die Forderung nach Verbreitung von Bildung und damit nach Ausbau des Bildungswesens. Je weiter die Sonne des aufgeklärten Denkens mit ihren Strahlen in die finsteren Winkel des Aberglaubens und der Unwissenheit vordrang, um so größer der Fortschritt. Es war ein Grundsatz der Aufklärung und des Liberalismus, daß zwischen höherer Bildung und Moralität ein enger Zusammenhang bestand. Das Böse war, wenn nicht ausschließlich, dann doch wenigstens zum Teil, die Folge von Unbildung und Unvernunft. Bei der erwähnten Diskussion über die Ursachen der Armut spielte dieser Grundsatz eine Rolle. Auch Gegner sozialer Hilfsmaßnahmen kamen immer wieder auf die Bedeutung von Bildung zurück. Hierin lag nach ihrer Ansicht die Lösung für das Problem der Verrohung und des Alkoholmißbrauchs beim Proletariat.

Nichts charakterisiert die Überzeugungen der sich herausbildenden Mittelklasse des neunzehnten Jahrhunderts besser als diese Symbiose von Moral, Bildung und Leistung. Und nichts schien so gut geeignet, sie zu bestätigen, wie die Triumphe der Wissenschaft und Technik, die eine Überlegenheit der europäischen Kultur erwiesen, der andere Völker nichts entgegenzusetzen hatten. Dank der Verbesserung des Schulwesens, deren Ergebnis schließlich die allgemeine Schulpflicht war, konnte Wissen schneller und umfassender von der geistigen Elite an das breite Mittelfeld weitergegeben werden, wie die starke Vermehrung von Zeitungen und Zeitschriften und das Wachstum des Buchmarktes zeigen. Auch die Erweiterung des Wahlrechts und das Aufkommen politischer Parteien trugen hierzu bei.

Angesichts der Zersetzung des konservativ-christlichen Weltbildes und des Ständestaates gab es ein Verlangen nach klaren Normen für die neue Gesellschaft, und dies äußerte sich in einer Moral, die man als »bürgerliche« bezeichnen kann. Es waren ja infolge der politischen Emanzipation und der industriellen Revolution vor allem die Bürger oder verbürgerlichte städtische Bevölkerungsgruppen, die der Kultur ihren Stempel aufdrückten. Der Terminus »bürgerlich« hat mehrere Bedeutungen und verschiedene Konnotationen. Im Mittelalter und allgemein in der Zeit des Ständestaates war der Bürger – als Einwohner einer Ortschaft mit Stadtrecht – selbstverständlich etwas ganz anderes als im neunzehnten Jahrhundert. Ein gemeinsames Merkmal bleibt aber, daß er sich als Stadtbewohner und Träger einer städtischen Rechtsordnung und in seinem städtischen Lebensstil von der Landbevölkerung und dem Adel unterschied. In diesem Sinn kann man vor allem die zweite Hälfte des neunzehnten Jahrhunderts als Blütezeit des Bürgertums bezeichnen, da ja die führenden Kräfte der neuen verstädterten und industrialisierten Gesellschaft in erster Linie die aus dem alten Bürgertum hervorgegangenen Schichten und Berufsgruppen waren (im Unterschied zu Adel, Arbeitern und Bauern). Die bürgerliche Moral also trug unverkennbar die Spuren der umwälzenden Befreiungsbewegung nach der Französischen Revolution. Ein aufwärts gerichteter Blick gehörte zu einem Emanzipationsstreben, das auch weiterhin vom Wunsch nach Vervollkommnung beflügelt werden sollte. Charakteristisch für diese Moral war nicht nur die erwähnte Verbindung von Wissen, Leistung und Sittlichkeit; nicht weniger war es die besondere Wichtigkeit, die der Disziplin im Zusammenhang mit dem Sittlichen beigemessen wurde. In einer berühmten Studie hat Max Weber vor fast einem Jahrhundert auf den Zusammenhang zwischen dem Aufkommen einer kapitalistischen Wirtschaft und dem kalvinistischen Arbeitsethos hingewiesen. Es bleibt plausibel, daß eine puritanische Mentalität, die zu Mäßigkeit und Fleiß verpflichtete, den geeigneten Nährboden für rationales Kalkül, Kapitalismus und Industrialisierung bot. Dank der Aufklärung und des Liberalismus kam hierzu noch das Ideal der Bildung und des Wissenserwerbs. Fleiß und Lernbegierde erhob man zu höchsten Tugenden, noch über Frömmigkeit. Faulheit wurde zu einem ans Kriminelle grenzenden Übel. Fortschritt hing schließlich von Arbeit und Erweiterung des Wissens ab. Nicht zufällig waren im Schulwesen »schlechte« und »dumme« oder »faule« Schüler Synonyme.

Moralischer Standard und Disziplin erlangten vor allem für jenes Gebiet Bedeutung, das schon vom Christentum als eigentlicher Urquell aller Sünde und tierischer Entartung erkannt worden war: die Sexualität. Die sittliche Norm des neunzehnten Jahrhunderts in diesem elementaren Bereich des menschlichen Daseins war ohne die Entwicklung im späten achtzehnten Jahrhundert nicht denkbar, als unter den höheren Ständen recht elastische und großzügige moralische Auffassungen vorgeherrscht hatten. Dieses Phänomen ist oftmals in einer herrschenden sozialen Schicht anzutreffen, die sich über das Gesetz erhaben fühlt und es somit eher als Instrument zur Aufrechterhaltung der bestehenden Ordnung betrachtet; zum Teil war es auch eine Folge des Umstands, daß die Ehe für den Adel vor allem Zweckehe war, nämlich eine politische und ökonomische Funktion erfüllte. Monogame Tugendhaftigkeit war damit nur schwer zu vereinbaren, und so war diese Periode auch das Zeitalter der Mätressen. In den Augen des Bürgertums und der niederen Stände waren sittliche Verkommenheit und schamloses sexuelles Betragen deshalb typische Attribute des Adels und ein Symptom seiner Dekadenz geworden, eine Vorstellung, die für die Verbreitung revolutionärer Ideen nicht ohne Bedeutung gewesen war, wie Beaumarchais' aufsehenerregendes Stück *Der tolle Tag oder Figaros Hochzeit* aus dem Jahre 1784 gezeigt hatte. Das Bürgertum leitete nicht zuletzt aus der Tatsache, daß es der christlichen Moral viel mehr Achtung erwies, sein Recht ab, sich gegen die herrschenden Stände zu erheben. Die Revolutionäre traten für Tugendhaftigkeit und sexuelle Disziplin ein, die mittlerweile vor allem eine bürgerliche Tugend war. In dieser Hinsicht proklamierten sie eine Wiederherstellung der Sittlichkeit und erwiesen sich als moralisch konservativ.

Was allerdings nicht heißt, daß die Verhältnisse in Wirklichkeit so eindeutig waren. Die Revolutionäre handelten im Namen von Freiheit und Moral und führten, in Übereinstimmung mit dem Menschenbild der Aufklärung, die Zivilehe ein, wobei Monogamie die anerkannte Basis der Gesellschaft blieb, die Ehe aber auf der natürlichen Zuneigung der Partner beruhen sollte und deshalb aufgelöst werden konnte. Die Restauration machte dies nach 1815 wieder rückgängig, aber mit der Wiedereinführung der sakramentalen Ehe als Grundlage der Ordnung, auch im Zusammenhang mit der christlichen Erneuerungsbewegung, lebte die doppelte Moral wieder auf. Zugleich hatte die Romantik, die als antibürgerliche Bewegung emanzipierter Intellektueller die Frau als Idol wie auch als geistig gleichwertige Partnerin verehrte, eine freiere Einstellung begünstigt. Auch wenn man es als Reaktion auf diese Entwicklung versteht, bleibt das Aufkommen des neuen Kults der Prüderie und der strengen Moral ein kompliziertes Phänomen. In der überall in Bewegung geratenen Gesellschaft wuchs fraglos ein Bedürfnis, dieses für jeden Menschen so wesentliche Gebiet eindeutigen Grundsätzen unterzuordnen. Zweifellos aber beruhte das Selbstbewußtsein der aufkommenden Mittelschichten auch auf ihrer Disziplin und ihrer Treue zu den traditionellen christlichen Geboten. Zudem waren schnelle Verstädterung und soziale Mobilität ein zusätzlicher Grund, auf strenge Normen Wert zu legen. Es ist keine Übertreibung zu behaupten, daß die erste Hälfte des zwanzigsten Jahrhunderts unter anderem noch durch die langwierige und mühsame Rebellion gegen diesen Moralkodex geprägt war, durch die Versuche, das große Tabu, mit dem die Sexualität belegt war, zu brechen. Die kapitalistische Wirtschaft erforderte Fleiß, Zucht, Mäßigung – seit langem Merkmale eines puritanischen Lebensstils. Sowohl nach theologischen als auch nach traditionellen medizinischen Vorstellungen führten Ejakulation und Orgasmus zu einem Verlust an Energie und einer Schwächung des Körpers. Einzig zum Zweck der Fortpflanzung war dies zu verantworten. Jeder Staat war schließlich daran interessiert, um der Macht willen seine Bevölkerung zu vermehren. Im Zeitalter des Nationalismus galt Fortpflanzung sowohl als christliche wie als nationale Pflicht. Was in einem anderen als dem ehelichen Bett vor sich ging, konnte dagegen nicht diesem Zweck dienen. Die zweckgerichtete Haltung, die in gewissem Grade für die kapitalistische und industrielle Wirtschaftsform notwendig war, wurde also auf das Geschlechtsleben übertragen. Verschwendung von Sperma war verwerflich, nicht nur weil es sündig, sondern auch weil es unökonomisch war, ein Verschleudern biologischen Kapitals. So bekräftigten medizinische Theorien die paulinische Verdammung der fleischlichen Lust. Charakteristisch hierfür war ein Buch von William Acton aus dem Jahr 1857, das jungen Männern den Rat gab, bis zum Umfallen zu schuften, um den Geschlechtstrieb im Zaum zu halten.

Die sexuelle Dressur beruhte zugleich auf einer scharfen Trennung von Mann und Frau und auf der Dominanz des Mannes. Für die Geschlechter galten verschiedene Verhaltensregeln, und man ließ es durchgehen, wenn der Mann Schleichwege fand und die strengen Gebote umging, während die Frau strikt im Gehege von Ehe, Haus und Kinderversorgung eingesperrt blieb. So wurde die von den christlichen Kirchen propagierte Rollenverteilung im Zeitalter der großen Säkularisation von neuem bestätigt, was angesichts der Verwischung anderer traditioneller Grenzlinien der Übersichtlichkeit und Ordnung zugute kam. Diente die Form der patriarchalischen Familie, in der der Vater ein Miniaturmonarch war, als Kompensation für die Aushöhlung der Monarchie und des Ständestaates im Großen? Wurden hier monarchistische Gefühle auf die Familie umgelenkt? In diesem Zusammenhang muß man auch fragen, vor welchen Bedrohungen sich diese Gesellschaft mit ihrem rigorosen Normensystem schützen wollte. War es die Angst vor der Revolution des Vierten Standes, vor Chaos und Verrohung, die der Kommunismus bringen würde? Daß es eine Beziehung zwischen der bürgerlich-liberalen Vorstellung vom Besitz als Voraussetzung individueller Entfaltung und der Monogamie gab, bedarf keiner Erklärung. Der Nationalismus hat diese Moral zweifellos gestärkt, denn die Nation als Überfamilie spiegelte sich in der kleinen Familie, und umgekehrt. Die Familie, wie die Nation ein organisches Ganzes, war der gesunde Kern der gesunden Nation. War das bürgerliche Patriarchat ursprünglich vielleicht ein Ersatz für den Absolutismus gewesen, der in den letzten Zügen lag, kann es gegen Ende des Jahrhunderts auch eine entgegengesetzte Wirkung gehabt haben: Die patriarchalische Familie sorgte für den Erhalt einer monarchischen Gesinnung, denn der Monarch war als Übervater für den Nationalismus unentbehrlich.

Um den Mann so wenig wie möglich in Versuchung zu führen, kam es zu jenem weitgehenden Neutralisieren und Verstecken des weiblichen Körpers, das spätere Generationen so belustigt hat. Eine anständige Frau existierte offiziell nur vom Kopf bis zur Taille. Die koketten Spitzenhöschen aus der Zeit der Romantik und des Biedermeier machten einer Masse bretthart gestärkter Röcke Platz, die den Leib der Dame in eine uneinnehmbare glockenförmige Festung verwandelten. Beine hatte sie nicht. Gesundheitliche und hygienische Probleme, die dies mit sich brachte, nahm man in Kauf. Die Verbannung des Sexuellen aus der Welt des Sichtbaren ließ das Ideal einer romantischen Liebe entstehen, die mit einem keuschen Kuß besiegelt wurde. Was die auf diese Weise in die Irre geführte junge Frau im Ehebett an Überraschungen und – auch ganz buchstäblich – Enthüllungen erwartete, führte oft zu entsprechender Verwirrung und psychischen Störungen. Bei dieser Scheinmoral mußte der Mann seinen Sexualtrieb im Bordell befriedigen. Die Prostituierte wurde zur unverzichtbaren Ergänzung einer von so viel Unnatürlichem geprägten Ehe, in der die Frau nur den reinen, naiven Engel spielen sollte und ansonsten lediglich für Nachkommenschaft zu sorgen hatte. Es entstand ein himmelweiter Abstand zwischen der untadeligen Frau, dem Treibhauspflänzchen für die Ehe, und der Prostituierten, der ehrlosen Hure, dem Symbol all dessen, was sündig und verwerflich war. Dies alles nun galt für die besseren Kreise, das gutsituierte Bürgertum, und auch dort waren Natur und gesunder Verstand oft stärker als engstirnige offizielle Konventionen. Bei den Arbeitern und in der Landbevölkerung konnte man sich solche komplizierten und auch kostspieligen Verdrängungsmethoden nicht leisten. Die Familien wohnten dicht zusammengedrängt, oft in einem Zimmer, die Frauen arbeiteten ebenfalls in der Fabrik oder auf dem Feld, und schon deshalb war die strikte Trennung und Rollenverteilung nicht zu verwirklichen. Weil aber das gehobene Bürgertum den Maßstab setzte, mußte sich jeder, der gesellschaftlich mitzählen und auf der Stufenleiter emporklimmen wollte, anpassen.

Eine der kulturellen Auswirkungen dieser Prüderie war die Entfernung von Anstößigem aus der Geschichtsschreibung und aus der Literatur und den Künsten. Dies muß in einem größeren Zusammenhang gesehen werden. Kein Nationalismus kommt ohne die Vergangenheit als Legitimation und Inspirationsquelle für den treuergebenen Bürger aus. Die Geschichte wurde als Vorgeschichte des Nationalstaates unentbehrlich, und sie mußte vor allem erkennen lassen, wer darin entscheidend gewirkt, wer eine lobenswerte und wer eine verderbliche Rolle gespielt hatte. Personen gerieten als Helden oder Übeltäter zwangsläufig in den Mittelpunkt des Interesses. Charakteristisch für diese heroisierende Sichtweise ist der bekannte Ausspruch des deutschen Historikers Treitschke: »Männer machen Geschichte«, zugleich bezeichnend für die maskulin geprägte Kultur. Es kam zu einer wahren Schwemme von Denkmälern großer Männer, und dies blieb nicht auf militärische oder politische Größen beschränkt. Auch Künste und Wissenschaften wurden nationalisiert und dienten der höheren Ehre des Vaterlandes, und so bekamen die Koryphäen des Geistes und der Musen ebenfalls ihr Postament. Auf Plätzen, in Parkanlagen und in Hallen erhoben sich, neben den behelmten und berittenen oder zumindest uniformierten Heroen mit stolzem Blick, die Künstler und Gelehrten mit kontemplativem oder visionärem Ausdruck, in der Hand eine Gänsefeder oder eine Papierrolle. Das Bild und das Werk der Großen der Geschichte und der genialen Künstler und Gelehrten dienten der Erbauung und wurden zu diesem Zweck der moralischen Norm angepaßt. Biographien säuberte man von unschicklichen erotischen Abenteuern oder Neigungen. Dichterische Werke unterzog man einer kosmetischen Behandlung, wobei anstößige Wörter oder Passagen gestrichen oder durch vielsagende Pünktchen ersetzt wurden. Nackte Skulpturen bekamen Wein- oder Feigenblätter, sofern sich die Kirche nicht schon in früheren Jahrhunderten alles Unbekleideten erbarmt hatte.

Eine beherrschte, antisinnliche Haltung äußerte sich deutlich sichtbar in der nüchternen, prosaischen Mode: dunkle Farben mit viel Grau für die Männer und für die Frauen Kleiderformen, die alle körperlichen Assoziationen so weit wie möglich ausschlossen, sowie ebenfalls am liebsten gedämpfte, diskrete Farbtöne. Wegen der großen Ausdehnung des verbotenen Gebiets mußten für beide Geschlechter besondere Verhaltensregeln entworfen werden. Vielen Männern bot die unterm Ladentisch verkaufte Pornographie eine Ergänzung zur gereinigten Literatur. Geschlechtskrankheiten als Folge des allgemein praktizierten Bordellbesuchs waren eine ständige Gefahr für junge Männer und ruinierten zahllose Leben, ohne daß über dieses Thema offen gesprochen werden konnte. Sie waren jedoch Wasser auf die Mühle der puritanischen Moralapostel und der Kirchen, die hier die strafende Hand Gottes erkannten. Die Verheimlichung machte eine Bekämpfung dieser als verhängnisvoll geltenden Krankheiten nicht einfacher.

Trotzdem hieße es, das Bild stark zu verzeichnen, wenn man aus all dem schließen würde, eine harmonische und gesunde bürgerliche Ehe habe es nicht oder nur ausnahmsweise gegeben. Wir berühren hier das grundsätzliche Problem, daß wir den Menschen nur in seiner historischen Erscheinung und nicht unabhängig davon erkennen. Jede Zeit verabsolutiert leicht ihre

Normen und ihr Menschenbild. Das Bürgertum des neunzehnten Jahrhunderts hat seinen moralischen Maßstab nicht nur geschaffen, sondern war auch dessen Produkt. Und das bedeutet, daß wegen der Selbstverständlichkeit und Verinnerlichung dieser Norm auch weniger verdrängt wurde, als wir aufgrund heutiger Auffassungen glauben. Nicht nur, weil es entsprechende illegale oder halb legale Auswege gab, sondern auch, weil man bestimmte Wünsche und Vorstellungen noch gar nicht kannte, oder nur in einer sublimierten Form, die als die natürliche galt.

6 Ein Blick auf die Kunst

Jede Zeit kennt gegensätzliche Tendenzen, weil jede geistige Strömung gewöhnlich eine Gegenströmung auslöst. Es ist wie ein unaufhörlicher Kampf ums Gleichgewicht. So wird auch die bürgerliche Kultur des späten neunzehnten Jahrhunderts nur unzulänglich charakterisiert, wenn man ausschließlich das Leistungsethos, das zweckorientierte Denken und die prüde Moral ins Licht rückt. Ebenso kennzeichnend waren – zur Kompensation der Disziplinierung – gerade das emotionale Pathos, das Theatralische und der Gefühlserguß, dort, wo er die strengen Anstandsnormen nicht verletzte oder wo er ins Erhabene gesteigert werden konnte, wie in den Künsten. So verhielt es sich schon bei der erwähnten neuen Religion des Nationalismus, die eine Möglichkeit bot, Emotionen auszuleben. Sehr deutlich erkennbar war es auch in der pompösen, zum Monumentalen strebenden Architektur oder in der Intimität des mit Plüsch, Samt und verschnörkelten Möbeln beladenen Interieurs, das mit seinem Übermaß an runden, weichen Formen vor allem behagliche Wärme und Schutz vor der harten Welt draußen versprach. Dabei wurde zugleich die Erinnerung an verflossene Zeiten einer aristokratischen Welt gepflegt, die Nüchternheit und Effizienz noch nicht zum Ideal erhoben hatte.

Um der prosaischen Dynamik der Industriegesellschaft ein schöneres und sanfteres Gesicht zu geben, wurde jene Vergangenheit im nun einsetzenden Aufschwung von »Neo«-Stilen zu neuem Leben erweckt. Hier mischte sich Nostalgie mit der Bewunderung alter Kulturformen, aber auch mit triumphierendem Selbstbewußtsein: konnte man doch alles vereinen, was frühere Zeitalter an Schönem hervorgebracht hatten. Die eigene Zeit war in dieser

Hinsicht Höhepunkt und Zusammenfassung der Vergangenheit. Natürlich nahmen auch die bereits erwähnten Veränderungen Einfluß auf Inhalt, Form und Funktion der Künste. Der Künstler betrachtete sich seit der Romantik als autonom und frei. Er stand nicht länger im Dienst von Fürst oder Kirche; seine Auftraggeber stammten zwar immer noch aus den wohlhabenden Kreisen, aber die Verbindung zu ihnen lockerte sich deutlich. Kunst wurde als besondere Kategorie vom Handwerk getrennt. Künstler waren genau wie Wissenschaftler Angehörige eines besonderen Standes; sie verhielten sich auch so und zählten sich nicht zum Bürgertum im engeren Sinn. Selbstverständlich wurden sie aber von bürgerlichen Normen geprägt und brachten diese in ihrer Ästhetik zum Ausdruck. In mancher Beziehung übernahm der Nationalstaat die Aufgaben von Kirche und Hof; Konzertsäle, Opernhäuser und Theater aus kaiserlichem oder königlichem Besitz gingen in Staatsbesitz über, um dem Bürgertum als Zentren der Erbauung und des Vergnügens zu dienen. Museen wandelten sich ebenfalls von fürstlichen Sammelstätten und Raritätenkabinetten zu öffentlichen Einrichtungen. Durch den Einfluß der Romantik war das Ansehen der Kunst außerordentlich gewachsen, sie gelangte aber auch infolge der Säkularisierung zu viel größerer Bedeutung, da sie (wie der Nationalismus) zum Teil die Funktion der Religion übernahm und auf ihre eigene Weise der Orientierung diente. Tatsächlich schlossen Kunst und Nationalismus oft ein Bündnis, das heißt, die Kunst stand auch im Dienst des Nationalbewußtseins, wenigstens wurde es von ihr erwartet. Schließlich war sie nach romantisch-nationalistischem Glauben die reinste und erhabenste Offenbarung des Nationalgeistes. Sie spielte in der großen Bildungsbewegung eine Hauptrolle und lenkte den Blick zum Himmel empor.

In der Architektur gelangte all das klar zum Ausdruck, da diese kostspieligste und am deutlichsten sichtbare Erscheinungsform einer Kultur auf kapitalkräftige Auftraggeber angewiesen war, und dies waren vor allem Staat oder Gemeinde. In ihren Bauwerken präsentieren sich Staat und Nation mit dem größten Nachdruck. Daher haben Herrscher seit ältester Zeit vor allem auf diesem Gebiet ihren Namen verewigen wollen. Die Architektur des späten neunzehnten Jahrhunderts offenbart mit ihren eklektizistischen Stilen sowohl die Historisierung des Weltbildes als auch den Hang zu pompöser Monumentalität als Gegengewicht zu Sachlichkeit, Arbeitsethos und dynamischem Zeitgefühl. Die Gebäude, die die neue Zeit erforderte, Bahnhöfe, Banken, Museen, Konzerthallen und Theater, aber auch große Bürogebäude und Warenhäuser, hatten als Erben von Kirchen, Palästen, Rathäusern, Lakenhallen und anderen Bauten, die in früheren Jahrhunderten der Obrigkeit und dem Gewerbe dienten, meist ein Gepräge, das dieses Erbe nicht verleugnete. Die übernommenen Formen und ästhetischen Maßstäbe hingen mit dem repräsentativen Charakter jener Vorbilder aus der Vergangenheit zusammen. Daneben kam es zu einer bemerkenswerten Expansion im Kirchenbau, zum Teil eine Folge des schnellen Bevölkerungswachstums, zum Teil eine christliche Gegenoffensive gegen Säkularisation und Rationalisierung; man bemühte sich, auf die Errichtung weltlicher Gebäude mit dem Bau neuer Gotteshäuser, vorzugsweise im neugotischen oder neuromanischen Stil, zu reagieren. Der Bedarf an Standbildern schließlich verschaffte den Bildhauern Arbeit und band viele von ihnen an den Staat.

Die Malerei war immer weniger kostspielig und darum unabhängiger gewesen. Obwohl Aufträge, bei denen es um die Darstellung der Nationalgeschichte in Sälen und Treppenhäusern ging, auch zu einer Einkommensquelle für Maler wurden, arbeiteten die meisten frei, für private Auftraggeber und für sich selbst. Zur Zeit der Romantik und später hatte man noch im traditionellen naturalistischen Stil gemalt; die Sehweise entsprach Grundprinzipien, die seit der Renaissance festlagen. Die Dinge, die man malte oder zeichnete, wurden wiedergegeben, wie sie sich dem Auge von einem festen Standort aus darboten, als einzelne Objekte in einem Raum, dessen Dreidimensionalität durch die perspektivische Darstellung suggeriert wurde. Es war die Widerspiegelung einer Realität, die aus einzelnen, definierbaren Dingen bestand. Veränderungen vollzogen sich dagegen in der Thematik, in den Techniken und im Empfinden. Hier hatte die Malerei immer den beweglichen Geist der Zeit offenbart. Aber in den letzten Jahrzehnten des neunzehnten Jahrhunderts vollzog sich eine Veränderung, die revolutionäre Folgen haben sollte, weil sich dabei allmählich eine neue Art des Sehens durchsetzte. Es war eine kleine Gruppe von Malern, vor allem Franzosen – Manet, Renoir, Degas, Pissaro, Monet –, die die Dinge nicht mehr als einzelne Objekte wiedergaben, sondern so, wie sie dem Auge unmittelbar erschienen, in ihrem Funkeln, in flüchtiger Sichtbarkeit als Teil eines vollständigen Eindrucks. Die sichtbare Welt war nicht mehr leerer Raum um feste Objekte, sondern die Objekte wurden zu sichtbaren Manifestationen des Raums. Diese Verschiebung, in der das Erleben einer dynamischen Wirklichkeit so deutlich zum Ausdruck kam, hing außerdem mit dem Aufkommen der Fotografie zusammen. Diese begann von der Malerei die Aufgabe einer möglichst exakten Abbildung der Dinge zu übernehmen.

Weil sie eingewurzelte und vertraute Vorstellungen von der sichtbaren Welt und unserer Art, sie zu sehen, erschütterte, wurde die bald als »Impressionismus« bekannte neue Richtung ein Musterbeispiel des Avantgardismus in der Kunst: eine kleine Gruppe von Künstlern, die gegen die herrschenden Auffassungen angeht und deshalb zunächst auf Ablehnung, heftige Kritik und Feindseligkeit stößt. An den Akademien herrschte noch uneingeschränkt die Tradition – Naturalismus oder Neoklassizismus. Der Avantgardismus war in dieser Form etwas Neues. Er wurde dadurch möglich, daß der Künstler über seine Rolle als dienstbarer Handwerker hinauswuchs und einen freien Beruf ausübte. So geriet er auf einen Platz außerhalb der bürgerlichen Gesellschaft und damit manchmal auch in Gegnerschaft zu ihr.

Auch die Entwicklungen in der Musik können nicht unabhängig von der sozialen Veränderung und Erweiterung des Publikums gesehen werden. Orchester und Chöre wurden größer, die Instrumente bekamen mehr Klangvolumen, auch für größere Säle. Es kam zu einer klanglichen Expansion und zu Experimenten mit Massenaufführungen, bei denen es vor allem um den Effekt ging. Dies waren die eher äußerlichen Aspekte. Darüber hinaus aber spiegelte sich die Dynamik des Lebensgefühls in der Musik am reinsten wider, da die Tonkunst von allen Künsten die innerlichste, am wenigsten materielle ist. Sie verbindet das Persönlichste mit dem Allgemeinen. Sie drückt im höchsten Grade persönliche Stimmungen und Emotionen aus und ist das Medium überindividueller Botschaften. Nichts eint so sehr wie gemeinsames Musizieren, bei dem das Individuelle emotional ins Gemeinschaftliche aufgenommen wird. Was dies angeht, stand die Musik vor allem im Dienst der Religion. Durch den Rückzug der Kirche konnte der Nationalstaat hier teilweise die Rolle des Dienstherrn übernehmen. Musik befriedigte auch weiterhin ein religiöses Bedürfnis. Sie bot einen inneren Zufluchtsort, und musikalisches Erleben trat zum Teil an die Stelle des religiösen. So ist es auch nicht verwunderlich, daß sich der Nationalismus der Musik bediente, und dies mit Erfolg: Ganz persönliche, unwiderstehliche Gemütsbewegungen wurden in Liedern und Märschen in massenhafte Bekundungen eines ergreifenden Gefühls der Zusammengehörigkeit umgesetzt.

Romantisches Lebensgefühl und Weltbild waren für keine andere Kunst von so entscheidender Bedeutung wie für die Tonkunst. Daß der große Philosoph der Romantik, Schopenhauer, die Musik als die Mutter der Künste betrachtete, ist alles andere als Zufall. Die Tonalität und die Gesetze der Harmonie, des Gleichgewichts und der Transparenz, die bis zu Beethoven Grundlage allen Komponierens gewesen waren, spiegelten die hierarchische Gesellschaft und die selbstverständliche Vorstellung, daß alle Dinge in eine statische kosmische Ordnung eingefügt seien. Der Terminus »Komposition« (Zusammensetzung oder -stellung) zeigt, daß man diese Kunst als das Zusammenführen einzelner Elemente nach bestimmten ästhetischen und tonalen Gesetzmäßigkeiten sah. Auch die heftigste Leidenschaftlichkeit wurde durch ihre Einbindung in einen Formtypus von allgemeiner Gültigkeit objektiviert, ja sogar aus diesem entwickelt. Mit Beethoven beginnt ein Umschwung; der Formtypus bleibt noch bewahrt, wird aber schon einem subjektivistischen Ausdruckswillen untergeordnet. Das Lied und neue Gattungen mit offenerer Form, wie etwa Phantasie, Etüde, Impromptu, erlangten als unmittelbarer Ausdruck von Stimmungen große Popularität. Der romantische Hang zur Totalität brachte Komponisten auch dazu, Poesie oder Malerei zu imitieren, das Visuelle mit dem Auditiven zu verschmelzen. Musik wurde vielfach Programmusik und malte in Klängen. Auch auf einer ganz anderen Ebene äußerte sich der romantische Individualismus: Während musikalische Aufführungen zu einem kollektiven, gleichsam religiösen Erlebnis werden konnten, entstand mit dem Aufkommen des Virtuosentums eine Hierarchie, die es zuvor nicht gab; Primadonnen hatte nur die Oper gekannt. Daß sich der Virtuose vom Komponisten löste, war eine romantische und postromantische Erscheinung. Im Zuge dieser Entwicklung entstand vom Ende des Jahrhunderts an noch ein eigenständiger Typus, der Dirigent. Beide, Dirigent und Virtuose, boten dem Publikum ein Gegengewicht zur Kollektivität, denn sie sind die außerordentlichen Individuen, mit denen es sich identifiziert, um verborgene Sehnsüchte auf sie zu projizieren. Sie spielen im Reich der Musik eine pseudomonarchische Rolle. Dies kam auch in der Art des Auftretens zum Ausdruck, in den Allüren. Abgesehen davon war die Autorität des Dirigenten aber auch ganz praktisch damit zu begründen, daß ein expandierender musikalischer Apparat nach Führung verlangte.

Der Ausdruck persönlicher Gefühle, die über die Form bestimmen, auch wo der Formtypus bewahrt bleibt, ist ein Kennzeichen der großen Musikwerke des neunzehnten Jahrhunderts. Die Komponisten erweiterten die

Möglichkeiten des tonalen Systems, arbeiteten mit Chromatisierung und mit Modulationen, die formale Fügungen verschleierten oder in reicher Klangfülle auflösten. Dennoch hielten sie an den Grundregeln fest. Keine Kunst entsprach in gleichem Maße dem Sublimierungsdrang der bürgerlichen Gesellschaft. Dies erklärt zum Teil die Popularität der Oper und die betäubende Faszination, die von den Werken Wagners und Verdis ausging, den beiden größten und in höchstem Grade charakteristischen Repräsentanten der Oper des neunzehnten Jahrhunderts. Hier fanden die Menschen, was sie als Ausgleich zu Arbeitsethos und Leistungsdruck suchten: Gefühlsergüsse, sublimierte, entsinnlichte Sinnlichkeit und Erotik in triumphaler Klangentfaltung voller Pathos und Machtphantasien. Im Falle Wagners und Verdis kam noch eine Verquickung mit dem Nationalgefühl hinzu, das für Deutschland und Italien, als Staaten die Nachzügler unter den Großen, nicht ohne Bedeutung für das Selbstbewußtsein war. Bei Wagner ist dies ganz deutlich erkennbar. Er propagierte bewußt eine deutsche Musik als Ausdruck des deutschen Wesens, und seine Musikdramen sollten die französische und italienische Operntradition überwinden. Zugleich verwirklichte Wagner auf seine Weise ein romantisches Ideal, indem er Drama und Musik, Wort und Klang verschmolz und in seiner Person Dichter und Tonkünstler vereinigte. Bei Verdi ist die Verbindung zum Nationalen weniger bewußt und gezielt gesucht, aber seine Werke verkörpern als Pendant zu den wagnerschen die sehr italienische extrovertierte Emotionalität und ganz natürliche Verbindung von Theater und Leidenschaft. Als gesellschaftliche Zentren für die gebildeten Kreise waren Opernhäuser und Konzerthallen exemplarisch für einen großbürgerlichen Lebensstil und das Bedürfnis nach Erbauung und Sublimierung.

Die Literatur hat die größte Nähe zur gesellschaftlichen Wirklichkeit, weil die Sprache diese Realität ohne Verhüllung in all ihren Facetten so wiedergeben kann, daß sie unmittelbar erkannt wird. Im neunzehnten Jahrhundert erlebten neben den älteren Gattungen Drama und Lyrik vor allem die Erzählung und der Roman eine besondere Blüte. Der Roman als Nachfolger des Epos hatte schon den Übergang von einer aristokratischen zu einer bürgerlichen Welt gespiegelt, indem er den Vers durch Prosa ersetzte. Dies wiederum hatte mit dem noch älteren Übergang vom Memorieren und Deklamieren literarischer Texte zur Lektüre zu tun, die sich dank der Verbreitung des Buches und allgemeiner Bildung in einem breiteren Publikum durchsetzte. Die offenere Form von Prosaroman und -erzählung spiegelte den Niedergang feudalhierarchischer Verhältnisse und der mit ihnen verbundenen statischen Ordnung, die ihre Entsprechung im metrisch gebundenen Vers hatte. Die rhythmische Wiederholung war dem Prozeß grenzenloser Veränderung gewichen.

Es würde unseren Rahmen sprengen und wäre natürlich ohnehin sinnlos zu versuchen, die Literatur eines ganzen Jahrhunderts mit wenigen Schlagworten zu charakterisieren. Auch bei den bildenden Künsten oder der Musik ist dies nicht möglich. Außerdem steht der Begriff »Jahrhundert« für eine allzu willkürliche Periodisierung, gerade angesichts der Entwicklungen in der zweiten Jahrhunderthälfte. Anders steht es um die seismographische Funktion der Kunst, ganz besonders der Literatur. Dort finden Erwartungen, Ängste, Spannungen, Ideale, allgemeine wie persönliche Götter und Götzen, kurz das Selbstbild eines ganzen Zeitalters am allerdeutlichsten ihren Ausdruck. Es sind die großen, einflußreichen Romane, die hier verborgene Schichten bloßlegen. Gerade in den Werken eines Dickens, Hugo, Flaubert, Zola, Turgenjew, Tolstoi und Fontane, um nur die allergrößten aus der zweiten Jahrhunderthälfte zu nennen – Dostojewski ist ein Sonderfall, da er erst im folgenden Jahrhundert wirklich entdeckt wurde –, werden die Gesellschaft, soziale Mißstände, psychische Konflikte und Deformationen in ein helles Licht getaucht, das den Verhaltenskodex und die Normen dieser Welt sichtbar macht. Die Kollision von Liebe und Standesverpflichtungen oder Moral ist ein immer wiederkehrendes Thema, wie auch das verbotene Verhältnis, das außereheliche Kind, der Skandal und seine Vertuschung. Bei der Bühnenkunst war es vor allem Ibsen, der bedeutendste europäische Dramatiker, der das Theater in ein Medium verwandelte, das erschütternde soziale und psychische Konflikte darstellte, wobei die neuesten wissenschaftlichen Theorien herangezogen wurden.

7 Ein Blick auf die Wissenschaft

Man kann sagen, daß es seit der Renaissance eine übernationale Gelehrtenrepublik gab. Diese trat in den folgenden Jahrhunderten vor allem außerhalb der Universitäten in Erscheinung. Noch im achtzehnten Jahrhundert wurden wissenschaftliche Kenntnisse vor allem über gelehrte Gesellschaften und Akademien weitergegeben, wobei sich der Schwerpunkt auf die Naturwissenschaften verschob, die einen mächtigen Aufschwung erlebten und die gesamte Kosmologie veränderten. Die wissenschaftliche und besonders die naturwissenschaftliche Gemeinschaft wuchs stetig. Unter dem Einfluß des revolutionären Frankreich und des napoleonischen Kaiserreichs mit ihrer antiklerikalen Politik nahm allgemein auch das Interesse des Staates an der Wissenschaft zu, was zur Einrichtung zahlreicher neuer Forschungsinstitute und zur Integration der wissenschaftlichen Elite in den akademischen Unterricht führte. Trotz erheblicher Unterschiede zwischen einzelnen Ländern wurden im neunzehnten Jahrhundert überall die Universitäten zu Zentren für alle Wissenschaften. Dabei entstanden eine gesicherte Basis für Gelehrte und Wissenschaftler und ein nie dagewesener Austausch von Wissen und Ideen. Daß man von nun an die beiden Bezeichnungen »Wissenschaftler« und »Gelehrter« benutzte, beweist schon die gewaltige Expansion des Wissenschaftsbetriebs. Der Begriff »Wissenschaft«, der zuvor die Gesamtheit des in Einzelgebiete aufgeteilten und dem Durchschnittsmenschen unzugänglichen Wissens abgedeckt hatte, verschmolz nun mehr und mehr mit den Naturwissenschaften und der Mathematik, die sich auf universal gültige Kausalität und experimentelle, rein empirische Forschung stützten. Der Zusammenhang zwischen aufgeklärtem, rationalem Weltbild, revolutionärem Denken und Naturwissenschaft zeigte sich am Durchbruch der Naturwissenschaften, als die Revolution die politischen und sozialen Verhältnisse veränderte. Wo Laboratorium und Experiment Buch und Katheder, überliefertes Wissen und alte Weisheit ersetzt hatten, sprach man fortan in erster Linie von »Wissenschaftlern«, während die anderen, etwa Theologen, Juristen, Historiker, Sprach- und Literaturkundige meist »Gelehrte« blieben. Gelehrsamkeit, Wissen, Bildung blieb für diejenigen, die in der Tradition der Humaniora standen, nicht nur Grundlage ihres Fachs, die geistige Tradition war auch dessen Gegenstand. Weil das Experiment, das der Erforschung des Materiellen dient, nicht zu ihrer Disziplin gehörte, wurde die Entfernung zu den Naturwissenschaften immer größer. Um diesen Gegensatz entwickelte sich eine Grundsatzdiskussion, denn hier ging es um die Frage nach dem Verhältnis von Geist und Materie, und die Anhänger einer monistischen Philosophie bekämpften die Vorstellung, es handle sich um zwei Gebiete, die grundsätzlich andere Methoden erforderten. Die Grenzlinie zwischen den beiden großen Traditionen der Aufklärung und der Romantik verlief quer durch die Geisteswissenschaften. Der Positivismus wurzelte in einer monistischen Philosophie und setzte sich das Ziel, den Abstand zu überbrücken und aus den Gelehrten Wissenschaftler zu machen, die sich die neuen Kriterien und Methoden aneigneten. Gegen diesen Anspruch erhob sich Ende des Jahrhunderts, hervorgegangen aus der Tradition des deutschen Idealismus, der Widerstand von Philosophen wie Windelband, Dilthey und später Rickert. Sie grenzten die Geistes- und Kulturwissenschaften von den Naturwissenschaften ab und verstanden die Geisteswissenschaften als Gebiet, das seine eigenen Methoden und Prinzipien hat, die sich vom experimentellen, streng logisch-kausalen Verfahren durch ein interpretierendes und hermeneutisches (also exegetisches, nach der Bedeutung suchendes) Denken unterscheiden. Nicht Erklärung, sondern Beschreibung und Sinndeutung stehen an erster Stelle, wenn natürlich auch das eine nie ganz vom anderen zu trennen ist.

Die revolutionären Verschiebungen im Universum der Wissenschaften, die den revolutionären Verschiebungen in Politik und Gesellschaft entsprachen, hatten auch weitreichende Folgen für die Lehrpläne von Universitäten und höheren Schulen. Bei der althergebrachten Einteilung hatte man zwischen praktischen und theoretischen Fächern unterschieden. Die drei praktischen Fakultäten, die theologische, juristische und medizinische, lieferten die unentbehrlichen Fachleute, die Hüter des geistigen und körperlichen Wohls und der öffentlichen Ordnung. Daneben kannten die Universitäten die sieben *Artes liberales*, die »freien Künste«, die keine klare gesellschaftliche Funktion hatten, sondern der Bildung dienten. Sie wurden wiederum in das *Trivium* (Grammatik, Dialektik und Rhetorik) und das *Quadrivium* (Geometrie, Arithmetik, Astronomie und Musik) unterteilt. Dieser Aufbau spiegelt das antik-christliche Weltbild und die klassische Tradition wider, die in verbalen Fähigkeiten, im Wort, den Schlüssel zu Kultur und Erkenntnis gesehen hatten. Auch hier hatte die Aufklärung einschneidende Konsequenzen. Die Verdrängung religiösen Denkens, das auf Offenbarung und Autorität gründete, durch kritisches, diskursives Denken führte dazu, daß der Sprache eine neue Rolle zugewiesen wurde. Im Verhältnis von *Trivium* und *Quadrivium* kam es zu einer Verschiebung, da in diesem traditionellen Fächerkatalog kein Platz für die Naturwissenschaften war, während gerade diese eine gewaltige praktische Bedeutung bekommen hatten. Die Universität des neunzehnten Jahrhunderts teilte deshalb das expandierende Reich ihrer

Fächer neu ein, wobei Mathematik und Naturwissenschaften (einst embryonal im *Quadrivium* enthalten) vollwertige Fakultäten neben der theologischen, juristischen und medizinischen wurden, während Teile des alten *Triviums* in den sprachlichen und historischen Fächern ein Zuhause fanden. Der spektakuläre Höhenflug der Naturwissenschaften bedeutete aber nicht, daß die Geisteswissenschaften fortan einen untergeordneten Platz eingenommen hätten. Im umfassenden Bildungsprozeß der Mittelschichten bekamen gerade diese Fächer im Hinblick auf die Erziehungsideale eine wesentliche Funktion. Alle Kultur fing schließlich mit dem Alphabet an. Die Verbreitung des Lesens in immer größeren Kreisen, die Zunahme des politischen Interesses unter dem Einfluß von Liberalismus und Nationalismus, der Parlamentarismus und das Aufkommen von Parteien förderten eine Kultur des Wortes und einen Hang zu umfassender Bildung, weil diese zu Ansehen verhalf. Die Geistes- und Kulturwissenschaften als Schatzbewahrer des menschlichen Geistes gewannen dadurch eher ein größeres Prestige, und die Gymnasien, Zugangsorte zur höheren Bildung, teilten dieses Ansehen. Die naturwissenschaftlichen Fakultäten und Fächer mußten als Neulinge oft erst noch um einen gleichwertigen Status kämpfen. Dieser ein wenig verschleierte Gegensatz konnte auch gesellschaftliche Implikationen haben, da junge Disziplinen gewöhnlich leichter zugänglich für aufsteigende soziale Schichten sind. Die Neigung zu sozialem und somit politischem Konservatismus war bei den sprachlichen und historischen Fächern in der Regel stärker, sowohl wegen der sozialen Herkunft ihrer Repräsentanten aus etablierten Gruppen als auch wegen ihrer Verwurzelung in klassischer Bildung und Christentum, und diese Neigung wirkte sich natürlich im Berufsleben weiter aus.

Die Naturwissenschaftler waren jedoch die Väter sowohl der technischen Triumphe, die das Leben so veränderten, wie des Fortschritts in der Medizin, der für die gesamte Bevölkerung unübersehbare Konsequenzen hatte. Dieser Fortschritt ging auf die Allianz der Naturwissenschaften, vor allem Chemie und Biologie, mit der Medizin zurück, und diese wurde jetzt zu einer vollwertigen empirisch-experimentellen Wissenschaft. Bedeutsam war auch die erwähnte Erweiterung des sozialen Reservoirs für den naturwissenschaftlichen Nachwuchs, denn hiermit entstand eine breite Basis von Forschern, die ihre nicht an eine Nationalsprache gebundenen Wissenschaften in permanentem internationalen Austausch von einem glücklichen Fund zum nächsten vorantrieben. Hinter all diesen Entdeckungen, die meistens mit einer Handvoll berühmter Namen verbunden werden, stand ein ganzes Heer von Forschern, sowohl professionellen Wissenschaftlern als auch Amateuren, die, besessen von unstillbarer Neugier, in hunderten kleiner Laboratorien oder sogar auf gewöhnlichen Dachböden oft unter Einsatz ihres Vermögens oder ihrer Gesundheit experimentierten. Hinter jedem gelungenen Versuch, der in wissenschaftlichen Zeitschriften beschrieben wurde und von dem schließlich die Öffentlichkeit erfuhr, steckten oft hunderte von mißglückten Experimenten, Fehlrechnungen und widerlegten Theorien. Der Abstand zwischen dem erfolgreichen, weltberühmten Wissenschaftler und dem eigensinnigen Phantasten, der, von niemandem ernstgenommen, unbekannt ins Grab sank, war gering, und auch der Zufall spielte dabei mit.

Der organische und dynamische Ansatz bei chemischen und biologischen Phänomenen, der unter anderem auf Lamarck zurückging, war zugleich Widerspiegelung und Bestätigung des dynamischen Weltbildes und erlaubte eine Beschleunigung des Fortschritts, die in der Weltgeschichte nicht ihresgleichen hatte. Die Entwicklung sowohl der chemischen als auch der botanischen Forschung kulminierte im Werk von Justus Liebig und seiner Theorie zum mineralischen Pflanzenstoffwechsel, die eine neue Art von Düngung ermöglichte. Die Entdeckung der Zelle, bei der Pflanze durch Matthias Schleiden, beim Tier durch Theodor Schwann, gab den Anstoß zu einer eingehenden Erkundung des menschlichen Körpers. Im Zuge dieser Entwicklung konnte Rudolf Virchow mit Methoden der Zellpathologie Krankheiten erklären, denen man zuvor ratlos gegenübergestanden hatte, wie Leukämie, Thrombose und Embolie. Mindestens ebensoviel Aufsehen erregten die Entdeckungen im bis dahin unbekannten Reich der Bakterien und Mikroben, mit denen für immer der Name des Physikers und Chemikers Louis Pasteur verbunden ist. Bei seinem Versuch, die Unmöglichkeit einer *Generatio spontanea* zu beweisen – um die heftig gestritten wurde und die natürlich auch für Theologie und Philosophie ein heißes Eisen war –, entdeckte Pasteur das Bakterium. Die jüngsten Plagiatsvorwürfe erinnern (unabhängig von der ethischen Frage) übrigens wieder daran, daß der Abstand zwischen dem vergessenen und dem berühmten Forscher, der in jedem Fall auf den Schultern anonymer Kollegen steht, verschwindend gering ist. Pasteurs Beweise für die Kontinuität des Lebens in chemischen Prozessen entsprachen nicht zufällig dem allgemeinen Prozeßdenken seines Jahrhunderts. In ihm lag der Ursprung seiner Hypothesen, und diese führten zu einer erneuten Bestätigung dieser Denkweise. Ein undurchsichtiger Schleier, der das wahre Gesicht einiger Krankheiten verhüllt hatte, war fortgerissen worden. Die Entdeckung des TBC-Bazillus durch Robert Koch im Jahre 1882 gehörte zu den sensationellsten in der jetzt zugänglichen Welt der Bakterien. Pasteurs Werk war zugleich ein neuer Schlag gegen die Theologie und den Schöpfungsmythos. Die auf biochemische Prozesse bezogene Kontinuitätslehre korrespondierte auffallend mit den Evolutionstheorien Darwins und Spencers im Hinblick auf Tiere und Menschen. Alle diese Entdeckungen hatten unmittelbar nutzbringende Konsequenzen für Ernährung und Hygiene.

Die Physik blieb nicht zurück, denn sie wurde vor allem zum Motor der industriellen und technischen Entwicklung mit ihrer explosionsartigen Beschleunigung. Während die Dampfkraft Industrie und Verkehrswesen revolutionierte und der Abbau des hierfür benötigten »schwarzen Goldes« in den Kohlerevieren zu drastischen Veränderungen der Landschaft und der demographischen Verhältnisse einiger Länder führte, ließ in den Laboratorien schon eine neue Zauberkraft ihre Wirkung erkennen, welche noch ganz andere Möglichkeiten schaffen sollte: die Elektrizität. Auch hier flossen verschiedene Forschungsgebiete und Theorien zusammen. Die Grundlage der Physik bildeten die Mechanik und die mathematische Beschreibung ihrer Gesetze, wie Newton, Lagrange und Laplace sie aufgestellt hatten. Ausgangspunkt war das universale Gesetz der Energieerhaltung. Hieraus wiederum entwickelte sich die Erforschung der Art, wie Energie umgesetzt werden konnte, etwa in Wärme. Ein besonderer Zweig der Physik beschäftigte sich mit den magnetischen Phänomenen, und dort entstand die Lehre vom Elektromagnetismus. Es war Michael Faraday, der 1831 zum ersten Mal mechanische Energie in elektrische umwandelte. Hierauf gründete wiederum James Maxwell 1873 seine Lehre von Elektrizität und Magnetismus und seine Lichttheorie, mit der er Lichtwellen als elektromagnetische Wellen beschrieb. Die Theorie befähigte ihn, die Ausbreitungsgeschwindigkeit des Lichts zu berechnen; sie wurde durch die Experimente von Heinrich Hertz bestätigt. Damit wurde die Erfindung der drahtlosen Telegrafie und des Radios möglich. Einen nicht weniger spektakulären Beitrag zu diesem Forschungsbereich erbrachten das Ehepaar Pierre und Marie Curie, die 1898 in Metall das Element Radium fanden, und Henri Becquerel mit seiner Entdeckung der Radioaktivität im Jahr 1896. Dieser stützte sich wiederum auf die Arbeit Wilhelm Röntgens, der ein Jahr zuvor eine eigenartige Strahlung beobachtet hatte, als er feststellte, daß bei elektrischen Entladungen manche Stoffe Fluoreszenz erzeugten. Nicht nur konnten diese Strahlen wie Lichtstrahlen auf fotografischen Platten Bilder hervorbringen, sie hatten auch die rätselhafte Fähigkeit, dicke Metallplatten zu durchdringen. Diese X-Strahlen, später Röntgenstrahlen genannt, die das sonst Unsichtbare sichtbar machen konnten, erwiesen sich als Schlüssel zu neuen, geheimnisvollen Welten und brachten unerwartete Möglichkeiten für die Medizin, nicht weniger aber auch für die Technik und ihre Fähigkeit, Naturgewalten zu entfesseln. Der Fortschritt in der Physik blieb nicht auf Westeuropa beschränkt, wo Frankreich, Deutschland und England vorangingen, gefolgt von einigen anderen Ländern wie den Niederlanden, Belgien, Italien und der Schweiz. Die Erfindung der modernen Glühlampe durch Thomas Edison im Jahre 1879 und der Bau einer elektrischen Beleuchtungsanlage 1882 in New York zeigten, daß die Elektrizität auch in Amerika mit ihrem Siegeszug begonnen hatte.

Dies alles war eine Jahrzehnte umfassende atemberaubende Erkundung der den Menschen umgebenden Natur; kleine, weit voneinander entfernt entspringende Bäche flossen zu einem mächtigen Strom zusammen, der immer weiter anschwoll und alles Land befruchten und umpflügen sollte.

8 Fortschrittsglaube und Pessimismus

Die Flut von Entdeckungen und technischen Erfindungen bedeutete natürlich eine starke Rechtfertigung für den Fortschrittsglauben. Wie schon erwähnt, war dieser mittlerweile nicht mehr unbedingt so universalistisch wie zur Zeit der Aufklärung. Darwinisten und Evolutionisten sahen in der Selektion und im Kampf zwischen Höher- und Minderwertigen das Grundprinzip und die treibende Kraft des Fortschritts. In den Jahrzehnten der gewaltigen Machterweiterung und kulturellen Expansion Europas war diese Theorie verführerisch. Die Erfahrung schien sie zu bestätigen. Umgekehrt rechtfertigte und erklärte die Theorie die Erfahrung. Und diese europäische Überlegenheit war der Wissenschaft und Technik zu verdanken. Die Maschine hatte im Fortschrittsglauben von Anfang an eine Rolle gespielt. Technischer und humanitär-ethischer Fortschritt galten als natürliche Einheit. »Je mehr Industrie und Ackerbau blühen, um so weniger kann der menschliche Geist in Fesseln gehalten werden, um so mehr ist man genötigt, dem Geist der Duldung Raum zu geben und wahre Moralität und Religiosität an die Stelle des Gewissenszwanges zu setzen«, hatte der einflußreiche Ökonom Friedrich List 1844 geschrieben.[2] Ein Musterbeispiel für frühliberalen Optimismus. »Jeder, der lesen und denken kann, muß volles Vertrauen darin setzen, daß endloses, immer rascheres Fortschreiten die Bestimmung der menschlichen Rasse ist«, verkündete *The Economist* 1851 anläßlich der ersten Weltausstellung in London.[3] Vor allem der Dampfzug wurde überschwenglich als eiserner Herold des Friedens und Fortschritts gefeiert, da er die Völker schneller zueinander führe. »Mit der endlosen Folge von Erfindungen und Entdeckungen und mit dem Wachsen der Institutionen hat sich der menschliche Geist notwendigerweise entwickelt und erweitert«, glaubte der amerikanische Ethnologe Lewis Morgan 1877.[4] Dies sind nur wenige Beispiele, Tropfen in einem Strom der Euphorie hinsichtlich des Werts von Maschine und Industrie, die imstande sein sollten, die Hauptursachen der Armut und des menschlichen Elends zu beseitigen.

Nun ist niemals genau zu bestimmen, wie repräsentativ dergleichen Äußerungen sind. Man kann nicht nur optimistische Aussagen auflisten, ohne daneben auch auf entgegengesetzte Erwartungen und Äußerungen der Besorgnis zu stoßen. Beides kann sich sogar bei ein und derselben Person abwechseln, je nach den Umständen. Dennoch kann man von einer Grundeinstellung sprechen, die, wie ein Grundton in der klassischen Musik, die Grundlage aller Ansichten zur Gesellschaft und ihrer Zukunft bildet, einer Einstellung, die unter dem Einfluß umwälzender Ereignisse und dem Heranwachsen neuer Generationen dann wieder wechseln kann. So war das Überlegenheitsgefühl, das durch den nicht abreißenden Strom von Erfindungen und die kolonialistische Expansion immer wieder bestätigt und gestärkt wurde, etwas wie ein Grundton des späten neunzehnten Jahrhunderts, jedenfalls in den maßgeblichen politischen und intellektuellen Eliten und im Bürgertum allgemein. Das Bewußtsein, so viel mehr zu wissen und zu können als die Vorfahren, mußte in Verbindung mit dem dynamischen Geschichtsbild und den hohen moralischen Forderungen einfach zu der Schlußfolgerung führen, daß man die Barbarei früherer Jahrhunderte in Europa für immer überwunden hatte. Die allmähliche Humanisierung der Gefängnisse und des Strafvollzugs, die Abschaffung der besonders grausamen Formen der Todesstrafe, der öffentlichen Hinrichtung und der Folter in den meisten zivilisierten oder sich für zivilisiert haltenden Ländern waren ein Beweis dafür, daß man eine höhere Kulturstufe erreicht hatte. Die weltweite Verurteilung und formelle Abschaffung der Sklaverei war eine logische Konsequenz dieser Entwicklung.

Aber die vorherrschenden lauten Stimmen des ungebrochenen Zukunftsvertrauens und der Selbstzufriedenheit, vielfach noch verstärkt durch Nationalstolz und nationales Sendungsbewußtsein, wurden unüberhörbar von einer kontrapunktischen Gegenstimme begleitet, mit pessimistischen Klängen, manchmal schlichtweg düsteren Zukunftsprognosen. So hatte man schon früh den angeblich selbstverständlichen Zusammenhang zwischen wissenschaftlich-technischem und humanitärem Fortschritt in Frage gestellt. Den berühmten französischen Historiker Michelet bewegten 1846 nicht nur die gewaltigen Möglichkeiten der Maschine, sondern ebensosehr das soziale Elend und die Erniedrigung, die sie den Arbeitern brachte.[5] Beim romantischen deutschen Nationalisten Ernst Moritz Arndt zeigt sich eine gefühlsbestimmte, konservative Reaktion, wenn er 1858 als sehr alter Mann fragt: »Wo wird bei allen Dünsten und Dämpfen und Eisenbahnen und ihren Etceteras von den unverwelklichen Erinnerungen und Gedenkzeichen der Menschen endlich noch etwas Festes übrig bleiben?«[6] Der geniale Dichter und Essayist Heine schrieb 1843 in einem Brief: »Während aber die große Menge verdutzt und betäubt die äußere Erscheinung der großen Bewegungsmächte [nämlich der Eisenbahnen, v.d.D.] anstarrt, erfaßt den Denker ein unheimliches Grauen, wie wir es immer empfinden, wenn das Ungeheuerste, das Unerhörteste geschieht, dessen Folgen unabsehbar und unberechenbar sind.«[7] Und der große französische Kulturhistoriker Ernest Renan höhnte 1855 anläßlich der Weltausstellung in Paris: »Diese Leute nehmen das Beiwerk der Zivilisation für die Hauptsache; wären sie vertrauter mit Geschichtsphilosophie, würden sie feststellen, daß sich die Vervollkommnung der Handwerkskünste mit einem deutlichen moralischen und intellektuellen Niedergang verbinden kann.«[8] Auf zwei Dinge vor allem richteten die Kulturpessimisten ihr Augenmerk: den Geist der Gewinnsucht und des Materialismus, der durch die Industrialisierung unaufhaltsam an Boden gewann, und die Nivellierung in einer verstädterten Gesellschaft. Natürlich hingen beide zusammen, wobei die Kritik sich einmal mehr gegen das eine, dann wieder gegen das andere richtete.

Die einschneidenden Veränderungen des Lebens in den größeren Städten mußten die Menschen erschüttern und nachdenklich stimmen. Die auffälligste und deshalb immer wieder hervorgehobene Veränderung war die Auflösung vertrauter sozialer Gruppen, innerhalb derer der einzelne gelebt hatte. Das Verschwimmen des Begriffs »bürgerlich« deutet hierauf schon hin. Die Sozialisten sprachen von »Bourgeoisie«, womit sie die kapitalistische Bürgerklasse meinten; dieser Terminus deckt aber längst nicht alles ab, was, abgesehen vom Proletariat, zur städtischen Bevölkerung gehörte. Das alteingesessene Bürgertum fühlte sich als Erbe des alten Bürgerstands, der sich von Adel und Landbevölkerung abhob; jetzt kamen Zuwanderer, in Wellen, die auch durch Geburtenüberschüsse auf dem Land bedingt waren. Fremde, das heißt Menschen aus anderen Regionen, zogen infolge der besseren Verbindungen und wegen der neuen Chancen und beruflichen Möglichkeiten in die Stadt. Die Stadt war das Tor zur Welt, zu Erfolg, Aufstieg und Reichtum. Neue Industrieregionen entstanden dort, wo Bodenschätze abgebaut wurden, etwa in den englischen Midlands um Birmingham und Manchester, im deutschen Ruhrgebiet, im französischen Lothringen, den Regionen von Lille und Charleroi oder in Oberschlesien. In den neuen Städten fehlten gewöhnlich ein Patriziat und eine alte Stadtkultur, in die sich auch die Neuankömmlinge hätten einfügen können. Diese Städte wirkten bald wie Agglomerationen ohne Kern. Überall aber wurde die moderne Stadt zu einem Schmelztiegel für Menschen verschiedener Herkunft. Der Zuwachs an neuen Berufen und die Liberalisierung des Marktes verhinderten die Bildung sozialer Gruppen im Sinne von Ständen, was ohnehin den liberalen Grundsätzen widersprochen hätte. Das Ergebnis war eine äußerliche Egalisierung und ein Verblassen traditioneller Standesmerkmale. Die Geschwindigkeit, mit der man neue Wohnviertel für die Zugewanderten errichtete, hatte zur Folge, daß für die weniger Vermögenden billige, triste, monotone Mietwohnungen gebaut wurden, für die Arbeiter und Armen sogar Hütten. Fließendes Wasser und andere sanitäre Einrichtungen fehlten. Da politische Instanzen keinen Einfluß nahmen, konnte hier von Weitblick und planmäßigem Vorgehen jahrzehntelang nicht die Rede sein. Dies galt aber in der Regel nicht für die repräsentativen Hauptstädte. Hier kam es in der zweiten Jahrhunderthälfte zu großangelegten Umbaumaßnahmen und zur Anlage großzügiger Boulevards oder imposanter Plätze, bei denen die Leidenschaft des Staates und des gehobenen Bürgertums für monumentale Repräsentation uneingeschränkt zu ihrem Recht kommen konnte. Paris war unter Napoleon III. das Musterbeispiel für eine drastische Umgestaltung des alten Stadtbildes.

Als schwerwiegendes Übel empfanden viele der in Massen Zugewanderten den Mangel an Kommunikation. Die schützenden Rahmen von Dorfgemeinschaft, Stand, Sippenverband und Familie waren weggefallen, damit aber auch bestimmte Verhaltensregeln. Der einzelne versuchte sich im Verlangen nach Sicherheit und Kontakt dem unbestimmten, schnell wechselnden alltäglichen Lebensstil anzupassen. Das Verschwinden von Konventionen rief jenes Gefühl der Oberflächlichkeit, Richtungslosigkeit und Nervosität hervor, das in kritischen Betrachtungen über die moderne Stadt zum Topos wurde. Dieses Bild wurde von früher unbekannten Erscheinungsformen der Armut und zuvor ebenso unbekannten psychischen Problemen bestimmt. Der Eindruck der Nivellierung entstand nicht nur wegen des Verschwimmens äußerlich erkennbarer Standesunterschiede und der neuen sozialen Mobilität, sondern auch, weil die Stadt durch die neuen Verkehrsverbindungen für alle zugänglich geworden war. Die Welt überschwemmte die Stadt, sie war einem unaufhörlichen Zustrom wechselnder Neuigkeiten und Neuankömmlinge ausgesetzt, und auch dies verhinderte die Bildung festerer sozialer Gruppen. Spezielle, anderen nicht zugängliche Kenntnisse waren immer das Attribut einer besonderen sozialen oder kulturellen Gemeinschaft gewesen. Neu und beängstigend war außerdem der Lärm, vor allem in der Gegend von Bahnhöfen und Fabriken. Man mag heute die panische Angst belächeln, die manche Menschen bei der Konfrontation mit Dampfkraft und Eisenbahn befiel, und all die Prophezeiungen einer ernsthaften Schädigung der Sinnesorgane durch dieses beispiellose Getöse. Als späte Erben einer durch und durch verstädterten Welt, die uns schon selbstverständlich geworden ist, sind wir seit Generationen so angepaßt, daß wir nicht mehr recht nachempfinden können, wie unsere Vorfahren vor anderthalb Jahrhunderten den Kontrast zur ruhigen vorindustriellen Welt erlebten.

Ein bedeutsames Merkmal der verstädterten Welt war die Herrschaft der Uhr. Sie sollte zu einer völligen Veränderung des Zeitgefühls und des Lebensrhythmus führen, was in ersten Ansätzen von der zweiten Jahrhunderthälfte an spürbar wurde. Fabriken, Gewerbebetriebe, Banken, Büros oder Schulen boten Dutzenden, bald Hunderten von Menschen Arbeit auf unterschiedlichem Niveau. Für übersichtliche Abläufe waren uniforme Arbeitszeiten Bedingung. Die Uhr bekam eine elementare Ordnungsfunktion, vor allem für den Zugverkehr. Sie regelte den komplizierten Mechanismus einer Großstadt, in der Tausende sich täglich fortbewegen mußten. Außerdem wurde sie zum Instrument der Effizienz und des Gewinns. Der Spruch »Zeit ist Geld« ist wie kein anderer bezeichnend für die kapitalistische Wirtschaft. Nach klassischer ökonomischer Theorie stand der Wert eines Produkts in direktem Verhältnis zur Arbeitsdauer. Die Maschine hatte nun das Arbeitstempo enorm in die Höhe getrieben, da für die Herstellung eines Produkts immer weniger Zeit benötigt wurde. Dadurch wurde aber die Zeit, entgegen einem naheliegenden Schluß, immer kostbarer. Eine größere Menge in einer bestimmten Frist produzierter Waren bedeutete einen Vorteil in der Konkurrenzschlacht, und dies war ausschlaggebend. So wurde Leistung bald mit der Uhr gemessen, und eine feste, oft geradezu minutiöse Tageseinteilung bekam für die Stadtbevölkerung wesentliche Bedeutung. Die Herrschaft der Uhr, die in Tyrannei ausarten konnte, erklärt den Eindruck der Hast, die zu einem Topos der Kritik wurde. Geschwindigkeit und Lärm wurden die auffälligsten negativen Begleiterscheinungen der modernen Welt.

Dennoch war die beklagte Nivellierung nicht so umfassend, wie hämische Zeitgenossen meinten. Sie konnten, ja mußten diesen Eindruck haben, weil sie mit zuvor unbekannten Gruppen konfrontiert wurden und alles an der Vergangenheit mit ihren typischen, sichtbaren Unterschieden maßen. Zunächst gab es die Gegensätze zwischen den Städten selbst. Alte Städte wie Residenzen, Verwaltungszentren, Handels- oder Hafenstädte, die in Jahrhunderten ein eigenes Gesicht bekommen hatten, ganz zu schweigen von Metropolen wie Rom, Paris, Berlin, Wien, London, Amsterdam, Brüssel oder Madrid, besaßen ganz andere Voraussetzungen zur Bewältigung des rasanten Wachstums als junge Industriestädte wie Manchester, Birmingham, Dortmund oder Lille. Man hat zwischen Produzenten- und Konsumentenstädten unterschieden. Aber in jeder Stadt mit mehr als hunderttausend Einwohnern, ob sie nun zum alten oder neuen Typus gehörte, entstanden Zentren, in denen die Verwaltung ihren Sitz hatte und die wichtigsten Gebäude zu finden waren, die einem repräsentativen, kirchlichen oder kulturellen Zweck dienten; in den alten Städten war dies gewöhnlich der Bereich um den alten Stadtkern, in dem schon Kirchen, Schloß oder Burg, Rathaus, Gerichtshof und Zunftgebäude standen. Außerdem entstanden die Viertel mit Geschäftsstraßen, zum Teil in einer Rangordnung von teureren und billigeren, wo das Kleinbürgertum wohnte, Ladenbesitzer, Handwerker und Gastwirte, und schließlich die vornehmen Stadtteile und die Armenviertel oder Slums. Die Entfernung zwischen den sozialen Extremen, den Stadtteilen, in denen sich hohe Verwaltungsbeamte, Bankiers, Unternehmer und Professoren niederließen, und den Arbeitervierteln, betrug manchmal nur einige Kilometer, aber auf dieser Strecke gelangte man von einer Welt in eine vollkommen andere. Einerseits helle, gepflasterte, manchmal von Bäumen gesäumte Straßen, Avenuen, Villen mit neoklassizistischen Fassaden und Portiken, versteckt in parkartigen Gärten hinter schmiedeeisernen Zäunen, wo Dienstmädchen mit weißen Hauben die Fragen der Besucher beantworteten, Villen mit einem gesonderten Eingang für Lieferanten und Hauspersonal. Andererseits schmale, dunkle Gassen oder schnurgerade Durchgänge zwischen Reihen von niedrigen, gleichförmigen Häuschen oder Hütten, die sich höchstens durch den Grad ihrer Verschmutzung unterschieden, ungepflasterte, verschlammte Straßen, auf denen sich stinkende Abfälle türmten, unter Fabrikschornsteinen, die den Himmel mit ihren schwarzen, grauen oder gelbbraunen Rauchfahnen verschleierten, beständig die Lungen vergiftend. Einerseits Herren und Damen, die sich in Kutschen fahren ließen und im Gehen von einer spürbaren Respektszone umgeben waren. Andererseits Männer und Frauen und, in den berüchtigten Armutsvierteln, was man Kerle und Weiber zu nennen pflegte, und Kinder mit verschmierten Gesichtern, im Straßendreck spielend. Wir kennen diese Bilder aus zahlreichen Romanen, Berichten und bildlichen Darstellungen empörter oder beunruhigter Zeitgenossen. Der Unterschied zwischen dem Arbeiter und dem Kleinbürger, zwischen diesem und dem großen Herrn war unmittelbar für jeden erkennbar, nicht nur an der Kleidung, sondern auch am Gesicht, an der ganzen Erscheinung, den Bewegungen und natürlich der Sprache. Eine Irrtum war kaum möglich. Auf der Straße, wo alle einander begegnen konnten, erkannte man ohne Mühe seinen sozialen Artgenossen. Daß der Eindruck einer weitgehenden Nivellierung entstehen konnte, bleibt dennoch begreiflich. Abgesehen vom Kontrast zur vertrauten farbenreichen Hierarchie der Vergangenheit spielten die Größe und Gleichförmigkeit vieler neuer Stadtteile eine Rolle. Ganze Straßenzüge, Häuserblocks oder Viertel glichen einander wie ein Ei dem anderen. Durch die unaufhörliche Zirkulation von Menschen und Ideen verblaßten die lokalen und regionalen Eigenheiten oder wurden von einer Schicht allgemeiner Verhaltensmuster überdeckt. Dank der verbesserten Kommunikation imitierte man einander schneller. Um den charakteristischen Stadtkern herum bildeten sich Vorstädte, die in ihrer geometrischen Schäbigkeit und Ödnis überall in Europa den gleichen Anblick boten.

Kritik an der materialistischen Mentalität kam vor allem von den Kirchen und allgemein von Leuten mit konservativer Einstellung. Bei den Kirchen wird die Verurteilung des Materialismus sogar zu einem festen Bestandteil der Predigt. Wir berühren hier den Kern der menschlichen Existenz. Es ist eine alte Erfahrung, daß Menschen in bedrängter Lage schneller religiös werden; zu allen Zeiten gab es zahllose Bekehrungen auf dem Sterbebett. Je unerträglicher oder kürzer das Dasein, desto stärker das Verlangen nach etwas hinter diesem Dasein. Den ständigen Bedrohungen, nicht nur Kriegen und Gewalt, auch Krankheit, Mißernten, Naturkatastrophen, verdankten die Kirchen und Priester zum Teil ihre Macht und Unverzichtbarkeit. Die Aussicht auf ein Jenseits lehrte Ergebung in Armut und schenkte Trost inmitten allen Elends. Dies war einer der wichtigsten Gründe dafür, daß revolutionäre Befreiungsbewegungen und kritische Geister in den Kirchen und dem von ihnen verkündeten Glauben regelmäßig Hindernisse für die Emanzipation gesehen hatten. Die Maschine, die den Lebensstandard immer größerer Bevölkerungsgruppen verbesserte, begann nun die Autorität der Kirchen zu untergraben. Wo Wohlstand und ein Gefühl der Sicherheit zusammen mit längerer Lebenserwartung normal wurden, drohte die Religion in den Hintergrund zu geraten oder zu einem leeren, konventionellen Ritus zu werden, ganz abgesehen von der Veränderung des Weltbildes durch den rationalen Geist, der mit fundamentalen Dogmen des Glaubens nicht zu vereinbaren war, aber die Gesellschaft immer stärker beeinflußte. Freilich handelt es sich hier nur um eine deutliche Tendenz und nicht um eine Entwicklung, die sich nach festen Gesetzmäßigkeiten vollzog. Die Kirchen hatten außerdem nicht nur die Aufgabe erfüllt, die Unglücklichen und Armen zu trösten, die im übrigen auch nicht immer identisch waren. Sie hatten wegen ihrer Verflechtung mit dem Herrschaftssystem auch die herrschenden Stände legitimiert und Gehorsam um den Lohn künftiger Seligkeit gepredigt. Ihre Allianz mit dem Staat und den Eliten war überdies durch persönliche Verflechtungen zwischen Adel und hohem Klerus gefestigt worden, oder dadurch, daß Adlige oft kirchliche Amtsträger waren. Unabhängig davon hatte es aber bei den Herrschenden auch ein starkes Verlangen nach höherer moralischer Rechtfertigung ihrer Macht gegeben. Mit dem gewaltigen Abstand zu den unteren Ständen konnte man, ohne psychisch Schaden zu nehmen, nur leben, wenn man durch fromme Demut gegenüber einer höheren Instanz ein gewisses Gleichgewicht wiederherstellte.

Die Aussicht auf wachsenden Einfluß der unteren Schichten dank erweitertem Wahlrecht und Schulpflicht rief gegen Ende des Jahrhunderts auch bei vielen ursprünglich liberal Gesinnten gemischte Gefühle hervor. Der Begriff »Masse« als Schreckgespenst begann ältere Bezeichnungen wie »Pöbel« oder »Volk« im Sinne von unzivilisiertem Plebs zu ersetzen. Der Pöbel, das waren die untersten Schichten in der hierarchischen Ständegesellschaft gewesen: Arme, Analphabeten, Almosenempfänger, Bettler, Vagabunden, asoziale Randfiguren. »Masse« war das Produkt der verstädterten Industriegesellschaft; das Wort bezeichnete eine unpersönliche, anonyme Menge auswechselbarer Individuen. Es hatte nicht nur soziale, sondern auch mentale Konnotationen. Die Masse denkt und reagiert uniform und besteht aus Menschen, die ihre eigene Identität gegen eine kollektive eingetauscht haben. Französische Soziologen wie Gabriel Tarde und Gustave Le Bon analysierten dieses Phänomen. Le Bons Charakterisierung der Masse verrät seine Angst vor einem Zeitalter, in dem sie das Sagen haben würde. Eine ganz andere Persönlichkeit, der Schweizer Kulturhistoriker Jacob Burckhardt, konservativer Bürger, aber Verehrer eines aristokratischen, aufs Ästhetische gerichteten Lebensstils, äußerte sich in nicht weniger düsteren Tönen über das, was die Menschheit erwarten könne. Er sah eine Zeit der *»schrecklichen Vereinfacher«* voraus, der Demagogen, eine Zeit, die eine Vulgarisierung und Verfälschung der Kultur mit sich bringen würde. Für die Theorien der schon erwähnten Soziologen Mosca und Pareto spielten verwandte Sorgen und eine Aversion gegen das Zeitalter der Masse gleichfalls eine wesentliche Rolle.

Einen Bannfluch von unerhörter Wucht schleuderte der Philosoph Nietzsche von seinen verschiedenen einsamen Zufluchtsorten in die Welt, das ganze Zeitalter hellsichtig entlarvend. Nietzsche betrachtete Schopenhauer als seinen Lehrmeister. Er wandte sich jedoch viel nachdrücklicher gegen die Aufklärungstradition und überdies sowohl gegen das diskursive, analytische Denken überhaupt als auch gegen das Christentum. Den Ursprung dieser verderblichen Irrtümer sah er schon im religiösen Spiritualismus des alttestamentarischen Judentums und in der Dialektik des Sokrates. Judentum, Christentum und aufgeklärter Rationalismus erscheinen in Nietzsches Sicht plötzlich als zusammenhängende Tradition, die die menschliche Natur deformiert habe. Nietzsche war eher ein unvergleichlicher Visionär von prophetischer Sprachgewalt denn ein Philosoph im üblichen Sinn, der aus besonderen Fragestellungen heraus ein System entwickelt. Er kann auch nicht ohne weiteres in die Schublade des Kulturpessimismus gesteckt werden, weil er auf seine revolutionäre Weise einen neuen Horizont für einen neuen Menschen skizzierte, wenn auch die Paradoxien und apodiktischen Urteile seiner flammenden Prosa vor allem Verwirrung stifteten. Auf jeden Fall verdiente der Fortschrittsglaube liberal-bürgerlicher wie sozialistischer Prägung in seinen Augen nichts als Abscheu und Verachtung. Nietzsches Wirkung sollte erst nach seinem Tod im Jahre 1900 voll und ganz spürbar werden, und wie kein zweiter, von Marx abgesehen, sollte er das Denken im folgenden Jahrhundert beeinflussen.

Eine besondere Art von Untergangsprophetie kam aus Rußland; man findet sie zum Beispiel bei Dostojewski und dem Geschichtsphilosophen Danilewski. Beide erwarteten den Verfall der europäischen Kultur, aber sie bedauerten das nicht. Im Gegenteil: Eine von Rußland und der slawischen Rasse ausgehende geistig-religiöse Wiedergeburt würde einen neuen Menschen hervorbringen und die materialistische, degenerierte Kultur des Westens verdrängen.

Das Ende des Jahrhunderts verlockte viele dazu, eine Bilanz zu ziehen. Aus dem gemischten Chor der Zurückblickenden wähle ich hier zwei unverkennbare Vertreter des Positivismus, der so eng mit den naturwissenschaftlichen Erfolgen und Triumphen verbunden war, die das Jahrhundert beherrscht hatten. Beide ließen sich kurz nacheinander vernehmen, allerdings keineswegs mit der gleichen Tendenz. Im Jahre 1898 veröffentlichte der Philosoph Ludwig Büchner *Am Sterbelager des Jahrhunderts*. Er war mit seinem Werk *Kraft und Stoff* (1855) bekannt geworden, in dem er eine konsequent materialistische Philosophie entfaltet hatte, die ihn wegen seines Atheismus die akademische Laufbahn kostete. Büchners Stimmung ist düster, denn er sieht die Tradition der Aufklärung mit ihrem Glauben an die Vernunft und eine kosmische Ordnung von reaktionären Strömungen bedroht. Vor allem Nietzsche übe einen verderblichen Einfluß aus, da er einen Irrationalismus verkündige, »der jeden wohldenkenden und vernünftigen Menschen zur Verzweiflung bringen muß«. Völlig anders, ganz erfüllt von Vertrauen auf den Sieg von Vernunft und Wissenschaft, zeigte sich der Darwinist Ernst Haeckel in seiner Schrift *Die Welträtsel* (1899). Hier faßte er die glänzenden Leistungen der Wissenschaft für ein breites Publikum zusammen. Die großen Entdeckungen des zurückliegenden Jahrhunderts sind für Haeckel das »Substanzgesetz«, also das Gesetz der Erhaltung von Energie und Materie, und das »Entwicklungsgesetz«. Der gesamte Kosmos, das Größte und das Kleinste, konnte dank dieser beiden Gesetze auf wenige Grundregeln zurückgeführt werden. Es gab eine allumfassende Einheit, und damit war die Lösung für eine große Zahl von Rätseln gefunden oder in greifbare Nähe gerückt. Philosophie und Naturwissenschaften fließen in einer großen Synthese zusammen. Haeckel leugnete zwar nicht das himmelschreiende Mißverhältnis zwischen dem wissenschaftlich-technischen Niveau und dem sozialen und moralischen Chaos, in dem die Menschheit noch lebte. Da aber eine positivistische Philosophie, der Monismus (der ja die Einheit von Geist und Materie erkennt) schließlich über Obskurantismus, Aberglauben und metaphysische Wahnideen siegen müsse, werde das Licht auch in die sozialen und ethischen Regionen vordringen. Die veralteten Vorstellungen von »Gott, Freiheit und Unsterblichkeit« würden einer tiefen Erkenntnis der Wunder der Natur weichen.

9 Eine Momentaufnahme: die Schwelle des Jahres 1900

Obwohl der Kalender seine numinose Bedeutung weitgehend verloren und eine formale Ordnungsfunktion bekommen hat – als Taktstrich im Strom der Zeit –, führt ein unausrottbares Verlangen nach bedeutungsvollen Zeichen schnell dazu, daß einer neuen Zeiteinheit, ganz gewiß dem Beginn eines Jahrhunderts, eine besondere Bedeutung zugeschrieben wird. Da die Jahrhundertwende für Europa mitten in eine Periode der Hochkonjunktur fiel, die 1894 begonnen hatte, eine Periode explosiver Entwicklungen, was wissenschaftliche Entdeckungen, Bevölkerungswachstum und die Ausbreitung von Städten anging, ist das Besondere an diesem Jahr 1900 eigentlich, daß man es überhaupt als so bedeutungsvolle Schwelle betrachtete. Vorausgegangen war noch eine Diskussion über die Frage, ob das neue Jahrhundert nun am 1. Januar 1900 oder am 1. Januar 1901 beginne, genau wie hundert Jahre später an der Wende zum einundzwanzigsten Jahrhundert, und beide Male wurde diese Kontroverse zugunsten der zweiten Null entschieden. Wenn man die allgemeinen politischen und staatlichen Verhältnisse, die auch das

Denken und die Kultur insgesamt entscheidend beeinflussen, als Kriterium wählt, dauert das neunzehnte Jahrhundert eher von 1814/15 bis 1914, vom Fall Napoleons, dem Ende einer revolutionären, stürmischen Epoche, bis zum Ersten Weltkrieg, der zum Startzeichen für ein neues Zeitalter extremer Turbulenzen und fundamentaler Umwälzungen werden sollte. Im August 1914 brach eine Welt zusammen, und zwar endgültig. Aber die Zeitgenossen hatten schon das Gefühl, eine Schwelle zu überschreiten, als die Glocken urbi et orbi verkündeten, daß der 1. Januar 1900 angebrochen sei.

Deswegen die Ausstellung von allem, was die Menschheit mittlerweile vermochte, als donnerndes Startsignal: die Weltausstellung in Paris. Sie war ein Symbol des Wettstreits der Nationen auf dem Gebiet neuer Maschinen und technischer Entdeckungen. Dieses ohrenbetäubende und blendende Spektakel demonstrierte den Glauben an die unbegrenzten Möglichkeiten des Menschen, die hier der Öffentlichkeit vorgeführt wurden, wobei man auch die Presse und die Werbung nutzte. Das vor allem war bezeichnend. Nicht zufällig hatte sich die Werbemanie zuerst und ganz ungehemmt in der ältesten Demokratie entwickelt, in Amerika. Symbolhaft war die Veranstaltung auch durch ihren globalen Charakter, der die Einheit der Menschheit demonstrieren sollte, doch nicht weniger auch Konkurrenz und nationale Gegensätze zeigte. Ein Vergleich mit den zehn vorangegangenen Weltausstellungen machte die gewaltigen technischen Fortschritte auf nahezu jedem Gebiet sichtbar.[9] 1889, als die Reihe ebenfalls an Paris gewesen war, hatte man das Sinnbild der modernen Gesellschaft, von dem diese auch ihr wichtigstes Adjektiv ableitete, nämlich einen Dynamo bewundern können, mit fünfhundert PS und einem Durchmesser von einem Meter. Im Jahre 1900 stand dort ein Ungetüm mit fünftausend PS und einem Durchmesser von zehn Metern.[10] Ein Kraftwerk produzierte Strom, der gebraucht wurde, um ein Gelände von fünfzig Hektar und außerdem eine Reihe von Gebäuden zu beleuchten, zahlreiche Maschinen, eine Kleinbahn und ein Riesenrad anzutreiben und noch einige zusätzliche Kraftakte zu vollbringen, die man mit offenem Mund bestaunte. Paris erstrahlte Abend für Abend in Wolken von Licht, und schon allein die Ausmaße des Ereignisses schließlich stellten alles in den Schatten, was man bisher erlebt hatte: reichverzierte Pavillons für Maschinenbau, Chemie, Elektrizität, Verkehrswesen, Textilindustrie, Landwirtschaft, Gartenbau, Forstwirtschaft, Bergbau, Heer und Flotte, Kolonialprodukte, Erziehung, Bildungswesen und Sport. Die Künste waren stark vernachlässigt, und die Religion fehlte ganz. Wer möchte, kann hier als Kommentar einfügen, daß die Maschine andere Gegenstände der Anbetung abgelöst hatte, womit das neue Jahrhundert gleich sein Gesicht zeigte. Gut dreiundachtzigtausend Einsendungen, etwa achtundvierzig Millionen Besucher, vierzig teilnehmende Nationen und ein Schlußbankett, bei dem man sehen konnte, wie zweiundzwanzigtausend französische Bürgermeister gleichzeitig dinierten, bewiesen überzeugend das Grandiose des Unternehmens. An entsprechenden Attraktionen und Vergnügungen im Umfeld der Ausstellung fehlte es natürlich auch nicht, und in den Pariser Theatern, Hotels, Restaurants und anderen Lokalen füllten sich die Kassen.

Dennoch war, was Sinn und Zweck angeht, das idealistische Motiv, das hinter jeder Weltausstellung gestanden hatte, nicht ohne Bedeutung: die Verständigung zu fördern und damit dem Frieden zwischen den Völkern zu dienen. Auch das erzieherische Element fehlte nicht. Es ging nach den Worten des Ministers Millerand, der das Fest eröffnete, um eine großartige Synthese und eine Bilanz dessen, was das vergangene Jahrhundert hervorgebracht hatte. Im Ausstellungskatalog nannte man es auf dem Gebiet der Entdeckungen und der Wissenschaften das reichste und glanzvollste, »das jemals die ökonomische Ordnung im Universum revolutionär verändert hat«, und drückte die Überzeugung aus, daß es für die Menschheit ein neues Zeitalter einleiten werde. Dies kann man nicht einfach als rhetorische Schaumschlägerei abtun. Rhetorik appelliert an allgemeine, tiefere Wünsche und Überzeugungen, wenn sie nicht lächerlich werden will. Die Ausstellung sollte eine visualisierte Enzyklopädie der Wissenschaft und Technik sein, und der aus sechsunddreißig Bänden bestehende Katalog brachte mit seinen Unterabteilungen und Klassen Ordnung in dieses Universum, ganz in der Tradition der ersten französischen Enzyklopädisten der Aufklärung, für die eine klare Systematik die primäre Voraussetzung für das Vordringen zur Wahrheit war. Erziehung und Bildung lassen den kultivierten Menschen in die Welt treten, und in dieser ganzen Verbindung von technischem Können und Erziehung, Idealismus und Materialismus im Dienst von Frieden und Fortschritt glühte noch der Funke des ursprünglichen Liberalismus. Daß die technischen Erfindungen nicht ausschließlich dem Frieden und der Humanität dienten, zeigten andererseits die neuen Kanonen mit drehbaren Geschütztürmen und zweihundert Kilo schweren Prachtexemplaren von Granaten, die auch im Militärischen glänzende Leistungen und Effizienz versprachen und sensationshungrigen Gemütern ein lustvolles Schaudern bereiteten. Gleichzeitig gingen ungefähr hundert Kongresse über die Bühne; auch dies bedeutete einen Austausch von Wissen, der quantitativ ohnegleichen war. Noch eine Verschiebung war bemerkenswert. Neben Großbritannien, das 1851 als erstes Industrieland noch Gastgeber und Spitzenreiter gewesen war, erwiesen sich nun Deutschland, aber auch Japan und die Vereinigten Staaten als mindestens gleichwertige Konkurrenten – ein erstes Anzeichen dafür, daß zukünftig nicht allein Europa tonangebend sein würde. Natürlich zog Frankreich als Organisator dieses wundersamen Spektakels alle Blicke auf sich, und die Franzosen konnten sich im Glanz ihrer großartig erleuchteten Hauptstadt sonnen, die wieder für einen Augenblick, wie 1700 und 1800, zu Zeiten Ludwigs XIV. oder des Konsuls Bonaparte, das Herz der zivilisierten Menschheit war. Die Anstrengung und Pracht hingen auch mit einem Prestigeverlust zusammen, der eine Folge der Niederlage von 1870/71 gegen die preußisch-deutschen Heere war und mit Skandalen im Inneren zu tun hatte, wie dem Fall Dreyfus, kurz *L'affaire* genannt. Diese Affäre war angesichts eines möglichen Boykotts der Weltausstellung sogar hastig zu einem scheinbar akzeptablen Ende gebracht worden. Selbstverständlich war die Ausstellung ein Hauptthema in der Weltpresse, und hier wurde auch Kritik hörbar – an ihrer Gestaltung als Jahrmarkt und Massenereignis und am protzigen Pseudobarock der Ausstellungspaläste und Pavillons, mit denen das bombastische Gepränge der nun vergangenen Epoche solche Triumphe feierte. Aber als eine der ganzen zivilisierten Menschheit gewidmete Ouvertüre des neuen Jahrhunderts war all dies nichtsdestotrotz ein gewaltiges und berauschendes Schauspiel.

Noch im gleichen Jahr entstanden jedoch in der Abgeschlossenheit und Stille von Laboratorium und Arbeitszimmer drei Arbeiten, die viel bedeutsamere Folgen für das neue Jahrhundert haben sollten als das Pariser Mammutspektakel, das Millionen in seinen Bann zog. In Berlin hielt der Physiker Max Planck einen Vortrag vor der Physikalischen Gesellschaft, in dem er seine Hypothese zur Quantenmechanik darlegte. Diese ermöglichte ein Verständnis von Phänomenen, die die klassische Mechanik und die Theorie des Elektromagnetismus nicht hatten erklären können, was in den folgenden Jahren zu einer Veränderung des physikalischen Weltbilds führen sollte. Natürlich war Planck nur ein Glied in einer ganzen Kette hervorragender Physiker, aber doch ein entscheidendes, da er den Weg für einen sensationellen Umbruch und für das spätere Atomzeitalter bahnte. Ebenfalls im Jahre 1900 veröffentlichte in Wien der Arzt und Psychiater Sigmund Freud seine *Traumdeutung*, eine Studie, in der er den Traum als Ventil für unverarbeitete oder verdrängte Frustrationen des täglichen Lebens darstellte, die in symbolischer Form erscheinen. Dieser Gedanke führte zum Entstehen eines neuen Menschenbildes, in dessen Mittelpunkt die Vorstellung steht, daß das Unbewußte eine ausschlaggebende Rolle spielt, eine Vorstellung, die im gerade beginnenden Jahrhundert weltweit Resonanz und Nachahmung finden sollte. Zunächst einmal hatte das Buch aber nur eine Auflage von sechshundert Exemplaren, und erst acht Jahre später war das letzte verkauft. Der erste Band der *Logischen Untersuchungen* des Philosophen Edmund Husserl, Gegenstück zu Freuds Lehre vom Unbewußten, ohne daß dies beabsichtigt gewesen wäre, erschien gleichfalls im Jahre 1900, und dieses Werk blieb nicht nur anfänglich in der Öffentlichkeit ganz unbeachtet. In begrifflich strengem Philosophendeutsch verfaßt und schwierig zu lesen, sollte es dennoch bahnbrechend für die Philosophie des neuen Jahrhunderts werden. Husserl unterschied scharf das Reich der Logik als etwas Zwingendes und Universelles von allen subjektivistischen oder psychologischen Theorien. Logische Gesetze sind nämlich nicht »wahr« oder »unwahr«, sondern sie »gelten«. Sie liegen allem konsistenten Denken zugrunde. Noch über Descartes' Position hinaus ging er bis zum Bewußtsein als allererstem Ausgangspunkt jeglicher Philosophie zurück und nannte die Wissenschaft vom Bewußtsein »Phänomenologie«. Er stellte die grundlegende Frage nach der Möglichkeit objektiver Aussagen überhaupt, eine Frage, die die wichtigsten Denker der kommenden Generationen nicht mehr loslassen sollte.

Natürlich fehlte es beim Überschreiten der Zeitenschwelle auch in den Zeitungen nicht an den bei dieser Gelegenheit obligatorischen Betrachtungen. Sie waren trotz des Triumphalismus der Weltausstellung keineswegs einmütig heiter gestimmt. In Europa herrschte zwar Friede, und die erste Friedenskonferenz, ein Jahr zuvor in Den Haag, schien ein Beweis für den Wunsch der Staaten nach Bewahrung des Friedens. Den Skeptikern, die das Ergebnis bedeutungslos fanden, konnten Optimisten entgegenhalten, daß auf jeden Fall ein erster Schritt auf dem Weg zu internationaler Zusammenarbeit getan sei: Die Mächtigen ließen doch allgemein ihren guten Willen erkennen. Andererseits hatte im fernen China der »Boxeraufstand« gegen die Fremdherrschaft und den zersetzenden Einfluß der Europäer begonnen, und in Südafrika brach der Burenkrieg aus, der in Europa, vor allem in der niederländischen und deutschen Öffentlichkeit, eine Welle antibritischer Emotionen auslöste. Spiegelglatt war der weite Horizont also nicht. Daß die Kirchen, anders als viele Publizisten, mit gemischten Gefühlen auf das vergangene Säkulum zurückblickten und voller Sorge in die Zukunft schauten, war verständlich. Sie repräsentierten einen geringeren Anteil der Gesamtbevölkerung als hundert Jahre zuvor, und sie mußten das neunzehnte Jahrhundert nicht nur als das der Dampfkraft, sondern auch als das einer schleichenden Entfremdung vom Christentum ansehen. Der Fels ewiger Wahrheiten, auf den auch sie gebaut waren, war immer heftiger erschüttert worden.

Der katholischen Kirche gelang es, da sie auf viele Jahrhunderte Erfahrung als überstaatliche Institution zurückblicken konnte, meistens recht gut, das Gleichgewicht zwischen Hinnahme und Verurteilung dieser Welt zu bewahren. Aber schon seit längerer Zeit hatte der Vatikan nicht versäumt, sich mit großer Eindringlichkeit gegen die Entwicklungen und den Geist zu wenden, die auch die Weltausstellung beherrschten. In der Enzyklika *Quanta Cura* mit der angefügten Liste der Irrtümer, dem *Syllabus Errorum*, hatte Pius IX. im Jahre 1864 unmißverständlich verurteilt, was der niederländische kalvinistische Dichter da Costa den »Geist dieses Jahrhunderts« genannt hatte. Bußpredigten fielen allerdings in den katholischen Kirchen gewöhnlich weniger lautstark aus als beispielsweise im niederländischen orthodoxen Protestantismus. Dies lag aber daran, daß die katholische Kirche immer über die stärkeren Sanktionsmittel verfügte, mit denen sie die Gläubigen vor falschem Denken schützen konnte. Die radikalste Maßnahme war die Verkündung des Dogmas der päpstlichen Unfehlbarkeit im Jahre 1870 gewesen, mit dem der Papst den Verlust seiner weltlichen Macht durch den Anspruch auf unbestreitbare und absolute geistliche Autorität zu kompensieren suchte.

Ein zeitlicher Querschnitt zeigt auch bei einer Beschränkung auf ein Jahr, wie stark das Gestern und das Heute, für den Zeitgenossen unsichtbar, miteinander verwoben sind. Für den einen schien der Himmel sich aufzuhellen, bedeuteten Technik und Wissenschaft eine Garantie für universalen Fortschritt, für den anderen waren sie eine Bedrohung alter Sicherheiten oder eine Fassade von Scheinhumanität, hinter der noch namenlose Kräfte sich rührten, die in der Zukunft für Überraschungen sorgen konnten. Das Denken und die Normen werden immer von Erfahrungen mit dem Vergangenen bestimmt. Wer gegen die Zeitgenossen gerecht sein will, muß natürlich ihre uns inzwischen bekannte Zukunft für einen Augenblick ausblenden. Da wir aber die Fortsetzung kennen, wäre es unaufrichtig und eine Art Selbstverstümmelung, diesen Vorteil an Wissen ganz zu verleugnen. Das Mißverhältnis zwischen den Erwartungen und Absichten der Zeitgenossen und den folgenden Geschehnissen erinnert gerade daran, daß wir selbst trotz unseres Wissensvorteils gegenüber früheren Generationen hilflos sind, wenn es darum geht, jene Kluft zwischen den Erwartungen und dem Künftigen zu überbrücken, die zur menschlichen Existenz gehört.

II

Das Ende einer Epoche

1 Die Lebensverhältnisse – materieller Fortschritt

Talleyrand wird der Ausspruch zugeschrieben, wer die Zeit vor der Französischen Revolution nicht gekannt habe, wisse nicht, wie süß das Leben sein könne. Die Generationen, die bewußt die Zeit vor dem Ersten Weltkrieg erlebten, haben das in verschiedenen Tonarten variiert: Wer die Epoche von etwa 1890 bis 1914 nicht bewußt erlebt habe, wisse nicht, wie sicher und geordnet die Existenz sein könne. Die Bezeichnung »Belle Époque«, die später aufkam, spricht für sich. Niemand hat dieses Gefühl deutlicher in Worte gefaßt als Stefan Zweig in seiner Autobiographie *Die Welt von gestern*, vor allem im Kapitel »Die Welt der Sicherheit«: »Alles schien auf Dauer gegründet. Jeder wußte, wieviel er besaß und wieviel ihm zukam, was erlaubt und was verboten war. Alles hatte seine Norm, sein bestimmtes Maß und Gewicht. Alles stand in diesem weiten Reiche fest und unverrückbar an seiner Stelle. Niemand glaubte an Kriege, an Revolutionen und Umstürze. Alles Radikale, alles Gewaltsame schien bereits unmöglich in einem Zeitalter der Vernunft.«[1]

Selbstverständlich ist dieses Bild nostalgisch gefärbt, und es zeigt vor allem nur einen kleinen Ausschnitt. Zweig spricht über die Welt der wohlhabenden, gebildeten Mittelschichten, speziell in der habsburgischen Doppelmonarchie, einem Staat, in dem die tiefen ethnischen und sozialen Gegensätze von der dominierenden deutschsprachigen Bevölkerung (zu der auch Zweig gehörte) und erst recht von der politischen und sozialen Elite im Alltag verdrängt und hinter einer Fassade aus farbenfrohem Traditionalismus versteckt wurden, in einer sozialen Ordnung von nahezu vollkommener Unbeweglichkeit. Der alte Kaiser Franz Joseph (1830 geboren) wurde zum Symbol für die in eine gewisse Liebenswürdigkeit gehüllte Erstarrung und für eine geronnene Vergangenheit. Daß er sich weigerte, seine Petroleumlampe gegen elektrische Beleuchtung einzutauschen, ist bezeichnend für sein ganzes Weltbild und seine Politik. Aber die Vorstellung von einer sicheren, da übersichtlichen Welt, in der jeder seinen Platz kannte, wurde im späteren Rückblick auch für das Bürgertum in den anderen Ländern zu einem Topos. Für die unteren Bevölkerungsschichten und für nationale Minderheiten war diese feste Ordnung in Wirklichkeit eher eine Mauer, die den Weg zu einem angenehmeren Leben versperrte. Für die zum Sozialismus bekehrten Arbeiter war die Sonne noch nicht voll aufgegangen, auch wenn die Nacht jetzt die längste Zeit gedauert hatte.

Aber was wichtiger ist: Das Bild wird durch den für Zweig wie für jeden seiner Generation unvermeidlichen Vergleich mit der Zeit nach 1918 bestimmt. Der Zeitgenosse, der diese Zukunft nicht kannte, hatte keineswegs das Gefühl, mit unerschütterlichen Sicherheiten in einer Welt der Gemütlichkeit und Trägheit zu leben. Im Gegenteil: Die Dynamik schien unbegrenzt, Veränderungen unaufhaltsam. Dies nährte unvermindert pessimistische Erwartungen, wobei der Verlust traditioneller Bindungen, die Vermassung und Nivellierung in einer verstädterten Gesellschaft und der Geist eines dumpfen, seelenlosen Materialismus als beunruhigendste Symptome gebrandmarkt wurden. Andere wiederum bestärkte es in ihrem euphorischen Selbstbewußtsein und Optimismus, aufgrund der scheinbar unangefochtenen Überlegenheit Europas und des fortgesetzten Höhenflugs der Wissenschaft, wie auch der ständig wachsenden technischen Fähigkeiten der Europäer. Diese beherrschten zusammen mit den USA, aber als offenkundiger Seniorpartner, dem Anschein nach politisch und ökonomisch immer noch die Welt. Warum sollten sie nicht, dank ihrer unvergleichlichen Kultur, auch weiterhin diese Führungsrolle spielen? Die Überlegenheit fand man allgemein selbstverständlich, und man verband sie auch mehr oder weniger unbewußt, an eine jahrhundertealte Tradition anknüpfend, mit der Aufgabe, die einzig wahre Heilslehre, das Christentum, zu verkündigen. Für viele kamen hier allerdings modernere, aus dem Darwinismus und der Anthropologie hergeleitete Theorien über die naturgegebene biologische und geistige Überlegenheit der weißen Rasse hinzu.

Die Vorstellung eines allumfassenden Fortschritts, jenes Erbe des neunzehnten Jahrhunderts, wurde vor allem an der Oberfläche, im Meßbaren, Sichtbaren, in den für alle zugänglichen und unmittelbar relevanten materiellen Bereichen immer wieder bestätigt. Hier darf man allerdings ein starkes regionales Gefälle nicht aus dem Blick verlieren: Die spektakulären Veränderungen, die man unter dem Begriff »Moderne« zusammenfassen kann, hatten vor allem in den westeuropäischen und deutschsprachigen Ländern sowie in

Norditalien stattgefunden. Wenn man weiter nach Osten kam, ins Zarenreich, das damals noch Polen und die baltischen Länder umfaßte, in die östlichen Territorien des Habsburgerreichs, in den Balkan, reiste man auch in der Zeit durch das letzte Jahrhundert zurück und landete in Regionen, in denen die modernen Entwicklungen noch nicht einmal begonnen hatten. In den westlichen Ländern und dem mächtigen deutschen Kaiserreich jedoch war alles in einer Bewegung begriffen, die wenigstens dem Anschein nach unaufhaltsam aufwärts führte.

Unter dem Druck der fortschrittlichen politischen Parteien und der öffentlichen Meinung, die sich über die Presse und über große Organisationen wie Gewerkschaften immer mehr Geltung verschaffen konnte, war das Wahlrecht ständig erweitert worden, und das allgemeine Wahlrecht für Männer war um die Jahrhundertwende in vielen Ländern verwirklicht oder in greifbare Nähe gerückt. Auch die allgemeine Schulpflicht war überall eingeführt worden. Beides stärkte auch in den unteren Schichten, bei Kleinbürgern und Arbeitern, das Gefühl, daß sie »dazugehörten« oder – was mindestens ebenso wichtig war – daß sie Anspruch darauf hatten dazuzugehören und daß ihre Interessen nicht übergangen werden durften. Die Parteien waren nun gezwungen, sich wenigstens der Form nach auch um die Gunst des kleinen Mannes, noch nicht der großen oder kleinen Frau, zu bemühen, wie sehr dieser kleine Mann auch von den Parteien abhängig blieb – nur zu seinem Vorteil, da diese ihm genau sagen konnten, was wirklich in seinem Interesse lag.

Vor allem ging es um das weitere Zurückdrängen der bittersten Armut und die Verbesserung der menschenunwürdigen Zustände in Fabriken und Armenvierteln. Der Staat war gezwungen, auch unter dem Druck der Gewerkschaften und der sozialistischen und sozialliberalen Parteien, die Sozialgesetzgebung zum Schutz der Schwachen zu erweitern, mit der man schon im vorigen Jahrhundert den Anfang gemacht hatte. Die Kaufkraft der Arbeiterschicht hatte sich schon seit ungefähr 1875 erhöht – selbstverständlich mit Schwankungen: in England, das um die Jahrhundertwende noch immer führend war, um vierzig Prozent, in Deutschland um zwanzig Prozent. So konnten die Arbeiter einen immer größeren Lohnanteil auch für anderes als Nahrungsmittel ausgeben, vor allem für Wohnen und Kleidung. Zum Teil lag dies an den niedrigen Preisen der wichtigsten Grundnahrungsmittel. Genauso bedeutsam war aber das Wachstum der Industrie, die die

Bevölkerung mit billigen Gebrauchsgütern und auch in großem Maßstab mit Dingen wie Seife und Schokolade versorgte. Die Zunahme der gesamten industriellen Produktion zwischen 1880 und 1913 wird auf das Dreifache des Wachstums der Weltbevölkerung geschätzt, und von dieser Masse maschinell produzierter Güter profitierten in erster Linie die modernen Länder, in denen natürlich auch die Industriezentren lagen. Die Verteilung geht daraus hervor, daß 1913 ungefähr sechsunddreißig Prozent der gesamten Industrieproduktion auf die USA entfielen und sechsunddreißig Prozent auf Deutschland, Frankreich und Großbritannien zusammen, während die restlichen achtundzwanzig Prozent fast vollständig auf die anderen europäischen Länder verteilt waren. Die Verbreitung all dieser Güter in immer weiteren Kreisen der Bevölkerung war auch schnelleren, ständig verbesserten Transportmöglichkeiten zu verdanken. Über Kaufhäuser in den Großstädten erreichte der Warenstrom auch die Wohnungen der weniger Begüterten, die sich früher nichts von alledem hatten leisten können.

Dank staatlicher Regelungen zur allgemeinen Gesundheitsfürsorge und Hilfsmaßnahmen von Gewerkschaften und Arbeiterorganisationen kam der sogenannte Armenarzt fortan auch zu Familien, die sonst nie einen Arzt zu Gesicht bekommen hätten. Das allgemeine Bildungsniveau stieg dank eines Rückgangs des Analphabetismus, durch Schulpflicht, Schulen für die Ärmeren und ein wachsendes Netz von Bildungseinrichtungen, Volkshochschulen, Lesesälen für Arbeiter und ähnlichem. Verbesserungen bei Ernährung und Kleidung, eine Erhöhung der durchschnittlichen Lebenserwartung und ein Zurückdrängen der Kindersterblichkeit, all diese Entwicklungen, die sich schon in den letzten Jahrzehnten des vorangegangenen Jahrhunderts abgezeichnet hatten, ließen das Leben auch für die unteren Bevölkerungsschichten allmählich erträglicher werden.

Besonders in England und Wales nahm die Sterblichkeit ab, schneller als in anderen Ländern. Dies hing auch mit einer Vergrößerung der Wohnfläche pro Kopf zusammen, die auf dem Kontinent gewöhnlich kleiner war. Vor allem in den jüngeren Industriestädten lebten Menschen in drangvoller Enge, mit entsprechenden Folgen, was Ansteckungsgefahr und Konflikte betraf. Darum war die durchschnittliche Lebenserwartung in den Großstädten immer noch deutlich niedriger als auf dem Land. Man hat beispielsweise berechnet, daß in Berlin um 1900 nur 318 von 1000 Menschen fünfzig Jahre alt wurden, während es in ganz Preußen 426 waren. In Paris lag die durchschnittliche Lebenserwartung noch bei achtundzwanzig Jahren, im Rest Frankreichs bei zweiundvierzig. Niederländer wurden durchschnittlich vierzig Jahre alt, in den Städten aber nur einunddreißig. In England war das Verhältnis ungefähr zweiundvierzig auf dem Land gegenüber achtundzwanzig in einer Industriestadt wie Manchester. Dennoch ist festzustellen, daß sich gerade in den modernen Städten durch den Ausbau des Gas- und Stromnetzes, der Wasserversorgung und Abwässerbeseitigung die hygienischen Verhältnisse im ersten Jahrzehnt des neuen Jahrhunderts zusehends verbesserten.

Der Zuwachs an schnelleren und billigeren öffentlichen Verkehrsmitteln und die weitere Verbreitung des Fahrrads sorgten an freien Tagen für einen massenhaften Auszug von Stadtbewohnern ins Umland, in die Natur, die nun eine ganz neue Wertschätzung erfuhr und ungekannte Anziehungskraft bekam. Grün stand mehr als je zuvor für Romantik, Freiheit und Gesundheit. Die Natur wurde für die Stadtbevölkerung Medizin, Trösterin, Zufluchtsort, ein Bereich der Erholung und des Vergnügens und auch eines sentimentalen Heimwehs nach etwas, das man verloren hatte. Für viele behielt dieses Verhältnis aber etwas Künstliches. Es war nicht immer die Stille, die Begegnung mit der freien Natur selbst, was man hier suchte, für die meisten war es ein vorübergehender Tausch des für sie unentbehrlichen alltäglichen Menschengewühls und des verrauchten Steingrau gegen eine Kulisse aus frischem Grün. Wer in der Stadt aufgewachsen war, konnte auf die Dauer kaum auf sie verzichten. Trotzdem begann der enge alltägliche Lebenskreis der Menschen mit niedrigem Einkommen, zu denen außer den Arbeitern auch Kleinbürger, Dienstpersonal, kleine Angestellte und Gewerbetreibende gezählt werden müssen, sich zu öffnen und Wege ins Hellere freizugeben.

Der Landbevölkerung, den Bauern, brachten all diese Neuerungen auch große Probleme. Der Import billiger landwirtschaftlicher Produkte sorgte gewöhnlich für niedrige Preise, und in verschiedenen industrialisierten Ländern drohten Bauern unter das Existenzminimum zu geraten. Dies verstärkte die Landflucht und löste Emigrationswellen aus, wobei vor allem Amerika das Ziel war. Wo noch mehr oder weniger feudalistische Verhältnisse herrschten, wie auf adligen Landgütern in Ostpreußen und allgemein in Osteuropa, war dieser Exodus auch durch die an Leibeigenschaft grenzende Abhängigkeit motiviert. Zwischen 1890 und 1914 erreichte die Emigration in die USA ihren Höhepunkt. Aus Großbritannien und Irland gingen an die sieben Millionen Menschen nach Übersee, aus Italien mehr als fünf Millionen und aus dem Habsburgerreich, Rußland und Polen ungefähr zwei Millionen. Nach wie vor blieb die Neue Welt, das Land der unbegrenzten Möglichkeiten, letzte Zuflucht und Auswanderungsziel für alle, die es in Europa nicht mehr aushielten.

Durch das schnelle Wachstum der Städte, sowohl räumlich als auch in der Einwohnerzahl, entstanden auch neue Arbeitsbereiche, auf dem Gebiet allgemeiner Dienstleistungen, bei der Polizei, bei der Stadtreinigung. Die Stadt wirkte wie ein Magnet. Sie war das Tor zu einem besseren Leben, zu ungeahnten Möglichkeiten. Sie war gleichbedeutend mit der »Moderne«, und mit diesem Begriff identifizierte man Großstadt und Stadtleben, das neben dem Zugang zu Allgemeinbildung und Kultur auch und vor allem Erlebnis, Abenteuer und Chancen auf Reichtum und gesellschaftlichen Aufstieg bedeutete. Viel wichtiger noch als die Emigration in andere Länder war deshalb auch die Mobilität innerhalb des Landes, nicht nur der Wechsel vom Dorf in die Stadt, sondern auch von einer Stadt zur anderen. Diese Mobilität verstärkte das Gefühl des Dynamischen, aber auch das der Unruhe. Das Milieu der Alteingesessenen – sowohl der Patrizier und angesehenen Familien als auch der Handwerker, Ladenbesitzer, kleinen Gewerbetreibenden und des Dienstpersonals –, die Umgangsformen, Sprache und Charakter der Stadt über Generationen geprägt hatten, verlor an Bedeutung, wenigstens in den ausgesprochenen Industriestädten, um deren Kern mit älterer Architektur man in immer weiteren Ringen neue Stadtteile errichtete. Dort schossen in den Millionenstädten die berüchtigten Mietskasernen aus dem Boden, schnell und billig hochgezogene, trostlose Riesenkästen von phantasieloser Eintönigkeit, in denen Hunderte von Familien wie in Kaninchenställen untergebracht werden konnten.

Es kam jedoch auch zu einer Gegenbewegung. Das Verlangen nach Geschwindigkeit und Effizienz bei der Massenproduktion industrieller Güter, bedingt durch gnadenlose Konkurrenz, hatte zwangsläufig zur Erforschung von Produktionsverfahren geführt, und damit entstand auch die Arbeitspsychologie. Man nahm die Wissenschaft zu Hilfe, um Produktivität und Rentabilität zu steigern. Die Theorien des Amerikaners Taylor, der das sogenannte Taylor-System begründete, hatten schon den Einfluß der psychischen Verfassung der Arbeiter auf die Produktionsleistung betont. Die Erkenntnis, daß Gesundheit und Arbeitsfreude unverzichtbare Voraussetzung für gute Arbeit sind, verbunden mit allgemeinen Grundsätzen der Humanität und dem Wunsch, das Leben der Arbeiter erträglicher zu machen, inspirierte nach der Jahrhundertwende auch Architekten dazu, ästhetisch ansprechende und den Anforderungen der Hygiene genügende Arbeiterviertel zu bauen, die zugleich die Harmonie und das Gefühl der Zusammengehörigkeit stärken sollten. Vom großen Berliner Humoristen und volkstümlichen Zeichner des Lebens in den Armenvierteln, Heinrich Zille, stammt die Äußerung: »Man kann mit einer Wohnung einen Menschen genauso töten wie mit einer Axt.« Er sprach aus der Erfahrung einer harten, armseligen Jugend. Nun baute beispielsweise Georg Metzendorf in den Jahren 1906/07 für die Arbeiter des Eisen- und Stahlgiganten Krupp in Essen die hochgelegene, mit viel Grün geschmückte Siedlung Margarethenhöhe.

Solche Initiativen konnten an eine Reformbewegung mit weiter gefaßtem Interesse anknüpfen, die verhindern wollte, daß die so überraschend schnell anschwellenden neuen Stadtagglomerationen zu ganz und gar unerträglichen Sammelplätzen von Häßlichkeit und Chaos verkämen. Vor allem, seit der Österreicher Camillo Sitte 1889 seine neuen Ideen zum Städtebau vorgestellt hatte, setzten sich viele führende Stadtarchitekten für eine geordnete und ästhetisch orientierte Baupolitik ein; die bisherige Praxis, bei der individuelle Unternehmer aufs Geratewohl entworfen und gebaut hatten, sollte durch großangelegte Planung abgelöst werden, abgestimmt auf das gesamte Stadtbild und mit einem Gefühl für stilistische Einheit. Auf jeden Fall bemühte man sich während der ersten Dekade des neuen Jahrhunderts in verschiedenen Großstädten, zunächst in Amerika und England, später vor allem in Deutschland und Österreich, in großem Maßstab um einen neuen Baustil, bei dem man einen Ausgleich zwischen ästhetischen, praktischen und sozialen Gesichtspunkten suchte. So entstanden zum Beispiel in Berlin durch Zusammenarbeit der Architekten Eberstadt, Möhring und Petersen statt der üblichen trostlosen Mietkästen große Häuserblöcke mit Grünflächen in den Innenhöfen, die wie öffentliche Anlagen wirkten. In Amsterdam waren es etwas später Berlage und de Klerk, die sich für Volkswohnbauten einsetzten, umfangreiche Blöcke in einheitlichem Stil, die den neuen Vierteln zu organischer Einheit verhelfen sollten. Vielfach griffen die bahnbrechenden Baumeister dabei auf alte Modelle aus früheren Jahrhunderten zurück, im Streben nach einer Synthese von Moderne und Tradition. Von ausschlaggebender Bedeutung war hierbei die Rolle der Behörden, etwa der

Stadtverwaltung, und der politischen Parteien, die letztlich über die Bereitstellung der Mittel entschieden. Immer mehr wurde man sich aber auch in diesen Kreisen eines Zusammenhangs zwischen den ästhetischen und sozialen Aspekten des Städtebaus bewußt. Durch das ständige Kommen und Gehen der Bewohner war mittlerweile der oft beschriebene und beklagte Eindruck des Unpersönlichen, Anonymen und Massenhaften vorherrschend.

Dennoch erweist sich dieses Bild bei näherem Hinsehen als trügerisch. Besser gesagt: Wie immer ist auch hier der Maßstab entscheidend, und als Maßstab wurde immer mehr eine idealisierte Vergangenheit herangezogen. Die verschiedenen Stände und Klassen lebten in Wirklichkeit in sehr deutlich getrennten eigenen Wohnvierteln, kauften in eigenen Läden, besuchten eigene Eßlokale und Vergnügungsstätten. Die Nivellierung war nur Schein, eine Täuschung, die auf dem Vergleich mit der älteren, farbenfrohen Ständegesellschaft beruhte. Im Grunde waren die Kontraste nach unserem heutigen Maßstab enorm, wenn sie sich auch, an der Vergangenheit gemessen, verringerten, und nur damit ist das Wehklagen über Nivellierung zu erklären. Außerdem zeigte sich, daß ältere Städte ein starkes mentales und soziales Integrationsvermögen besaßen. Sie behielten einen eigenen, unverwechselbaren Charakter, den gerade die unteren Mittelschichten prägten, diejenigen, die wegen ihrer Berufe, als Ladenbesitzer, Handwerker, Boten, Kutscher oder Fuhrleute, auf der Straße oder auf dem Markt täglich mit vielen in Berührung kamen, kurz, das »Volk«, das auch überall einen eigenen städtischen Patriotismus pflegte. In Städten wie Paris, Berlin, London, Amsterdam, Rotterdam, Hamburg, München, Köln und zahllosen anderen erhielt sich ein eigener Stil, eine typische Form der Kommunikation.

Vor allem äußerte sich das in der ursprünglichen lokalen Sprache, dem so farbenreichen, elementaren Niederschlag eines besonderen Charakters; diese Sprache stammte aus einer pränationalen Vergangenheit und war von der egalisierenden nationalen Kultursprache nicht völlig verdrängt worden. Als der Prozeß der Herausbildung einer nationalen Kultur voranschritt, nannte man diese Sprachvarianten herablassend »Dialekte«, womit man so etwas wie primitive Abweichung von der Norm meinte, eine Entstellung der ordentlichen Standardsprache, während sich, historisch betrachtet, vielmehr die Standardsprache als Synthese aus jenen Varianten entwickelt hatte. Genauso unverwechselbar war der Humor der Straße, der überall den besonderen Charakter und die Mentalität einer Stadt zum Ausdruck brachte.

Die sozialen und kulturellen Gegensätze blieben für jeden sofort und deutlich sichtbar und spürbar, und das bekannte Bild der völligen Verflachung und des Verlusts an Individualität konnte nur entstehen, weil die alten, vertrauten Merkmale dieser Unterschiede und Gegensätze verschwunden waren. Während sich einerseits die Voraussetzungen für soziale Mobilität und Emanzipation weiter verbesserten, schützten sich andererseits natürlich die etablierten und vermögenden Gruppen des Bürgertums gegen das drohende Eindringen von Aufsteigern aus einem niedrigeren Milieu und gegen die Entwertung ihrer Stellung, indem sie die Unterschiede in Verhalten, Kleidung, Eßgewohnheiten, Umgangsformen und Wohnstil desto nachdrücklicher betonten. So blieben die Kontraste gerade dadurch, daß sich die verschiedenen Gruppen in der Stadt zusammendrängten und traditionelle Grenzen und Aufstiegshindernisse beseitigt wurden, bewahrt und wurden oft noch verstärkt. Der wachsende Wohlstand ließ auch die Ansprüche steigen, und die gestiegenen Erwartungen erhöhten die Schwellen, die immer noch vor dem Aufstieg lagen. Und gerade die höheren Ansprüche bewiesen, daß es mit der jahrhundertealten Ergebenheit, der demütigen Hinnahme des Schicksals, das früher als gottgewollt gegolten hatte, bei den unteren Schichten und Ständen vorbei war. Dies lag vor allem an der Entfremdung von den Kirchen, die besonders bei den Arbeitern schnell vorangeschritten war. Die Berichterstattung billiger Zeitungen in Massenauflage sorgte dafür, daß auch die weniger Begüterten mehr und mehr an den Geschehnissen der großen Welt teilhatten und wußten, was vorging; die Presse erreichte auch die Kleinstädte und das Land.

Die allgemeine Schulpflicht bereitete den Standesunterschieden keineswegs ein Ende. Es gab Schulen in den Wohnvierteln der Unterschichten und Schulen in den teureren Gegenden, die selbstverständlich von Kindern eines ganz anderen Schlages besucht wurden. Es gab teure Privatschulen, und in den vornehmeren Kreisen war es auch noch lange üblich, Kindern erst zu Hause Privatunterricht erteilen zu lassen, um sie vor dem Umgang mit dem unkultivierten Pöbel zu bewahren. Die weiterführenden Schulen, Gymnasien und höhere Bürgerschulen, wurden zum größten Teil von Kindern aus den oberen Mittelschichten besucht. In Ausnahmefällen konnten durchaus auch Kinder von Arbeitern oder anderen Mittellosen dank besonderer Stipendien oder der Unterstützung durch einen Wohltäter weiterlernen, wobei es natürlich um ausgesprochen begabte Kinder ging. Die Schulsysteme der einzelnen Länder unterschieden sich übrigens stark. Dennoch blieb überall ein deutlich erkennbarer Zusammenhang zwischen dem sozialen Milieu und der Dauer des Schulbesuchs bestehen, und die Mehrheit der Kinder aus den unteren Schichten sprang nach dem obligatorischen Elementarunterricht, also ungefähr nach dem elften Lebensjahr, ab und nahm eine Berufsausbildung auf oder begann gleich zu arbeiten.

Trotz alledem hatte die allgemeine Schulpflicht insofern eine vereinheitlichende Wirkung, als der Unterricht überall im Zeichen einer Erziehung der Schüler zu national gesinnten, rechtschaffenen, fleißigen und gehorsamen Bürgern stand. Auch die unteren Schichten wurden damit ausdrücklich in die Nation einbezogen. Dies verstärkte den Eindruck einer umfassenden Einheit, während es doch zugleich die inneren Unterschiede und Gegensätze um so deutlicher erkennen ließ.

Zur Erhöhung des Lebensstandards trugen auch die zunehmende Geburtenregelung und Familienplanung bei. Eine kleinere Familie bedeutete größeren Wohlstand. Die englischen Mittelklassen hatten hier einen Anfang gemacht. Dank des medizinischen Wissens hatte man immer mehr Einfluß auf die Empfängnis, was noch zusätzlich wegen des enormen Rückgangs der Kindersterblichkeit erwünscht war. Bis 1900 war außer in Irland die durchschnittliche Kinderzahl in Europa schon von vier auf drei zurückgegangen. Nur so konnte man hoffen, die Chancen auf materiellen Wohlstand und sozialen Aufstieg zu nutzen, die sich mit der fortschreitenden Industrialisierung und den neuen Berufen boten. Mehr und mehr bemühten sich Eltern, ihren Kindern eine höhere Ausbildung zu ermöglichen, als sie selbst genossen hatten, mit allen finanziellen Konsequenzen. Die Kinder sollten es besser haben – eine Devise, die wie vielleicht nichts anderes den weitverbreiteten unterschwelligen Glauben an einen allumfassenden Fortschritt bezeugt, der hinter alltäglichen, augenblicklichen Sorgen und Schwierigkeiten verborgen liegt. In Frankreich beispielsweise war zwischen 1830 und 1910 die Geburtenrate von dreißig auf zwanzig Kinder je tausend Einwohner zurückgegangen. Von den achtziger Jahren an folgten Großbritannien, Schweden, Belgien, Dänemark und die Schweiz diesem Trend. In England schickten nach dem Education Act von 1902 immer mehr akademisch gebildete Eltern ihre Kinder auf die teuren und hochangesehenen Public Schools, die zuvor der Elite vorbehalten waren. Auch und gerade die unteren Mittelschichten strebten angesichts der sich bietenden Aufstiegschancen eine Beschränkung der Kinderzahl an. Die Bauern blieben nicht zurück. Vor allem in Frankreich wünschte man einen einzigen Sohn und nicht mehr, damit der meist kleine Grundbesitz nicht durch Erbteilung zersplittert würde. Gewöhnlich war die Kinderzahl dennoch in den unteren Schichten bedeutend höher als in den oberen. Bei den Arbeitern herrschte lange Zeit Widerwille gegen den Gebrauch von Verhütungsmitteln. Und auf dem Land war Kinderreichtum wiederum viel häufiger als in den Städten. Die Zahl außerehelicher Geburten ging zurück, weil Frauen besser aufgeklärt wurden. In den typischen Universitäts- und Garnisonsstädten blieben unerwünschte Schwangerschaften übrigens aus naheliegenden Gründen immer erheblich zahlreicher als in den Handels- und Industriezentren. Hierbei handelt es sich um einen pauschalen, vor allem auf Westeuropa bezogenen Überblick. Die Familienplanung wurde weiterhin auch von anderen Faktoren beeinflußt, etwa regionalen Traditionen und religiösen Normen und selbstverständlich auch durch medizinische Versorgung und hygienische Verhältnisse.

Daß sich die Lebensverhältnisse der Bevölkerungsmehrheit in West- und Mitteleuropa verbesserten und die allerschlimmsten Erscheinungsformen von Armut und Elend zurückgedrängt wurden, mochte die Vorstellung rechtfertigten, es gebe Fortschritt auf allen Gebieten; es konnte jedoch nicht die enormen Kontraste verdecken, die auch in dieser Epoche noch fortbestanden, ja die gerade um so deutlicher ins Bewußtsein gelangt waren, als die traditionelle Hinnahme von Standesunterschieden und notwendig erscheinenden Hierarchien im Schwinden begriffen war.

2 Monarchen und Höfe

Unveränderlich und unangefochten standen die Monarchen an der Spitze des Gesellschaftsgebäudes. Trotz aller Verschiebungen und der zunehmenden Politisierung der Nationen und obwohl die Grundsätze der Volkssouveränität und Demokratie für weite Kreise selbstverständlich waren, galt die Monarchie bis 1914 noch immer als die natürliche Staatsform, wenn sie auch mehr und mehr in einen konstitutionellen Rahmen eingefaßt war, der die Macht des Monarchen streng begrenzte. Auch hier waren aber auffällige Abstufungen von Westen nach Osten zu erkennen. Im Westen gab es die liberale Monarchie, in der das gekrönte Staatsoberhaupt die Exekutivgewalt mit einer gewählten Regierung teilte, die von einem starken Parlament kontrolliert wurde und zu Fall gebracht werden konnte. Der Monarch mußte sich deshalb ganz nach dem Kurs der Regierung richten, wie in Großbritannien, den Niederlanden, Belgien und den skandinavischen Ländern. In Deutschland und Österreich-Ungarn hatte der Kaiser noch größeren Spielraum gegenüber seiner Regierung, und im russischen Zarenreich herrschte faktisch eine Art aufgeklärter Despotismus. Frankreich und die Schweiz (und ab 1910 Portugal) waren die einzigen europäischen Republiken.

Zwischen der tatsächlichen politischen Macht und dem Ansehen des Monarchen lag aber auch in den liberalen Staaten noch ein weiter Abstand: Der Monarch blieb auch hier im Bewußtsein und vor allem im Empfinden der Allgemeinheit die wichtigste Person, das wahre Oberhaupt, Vaterfigur über all den einander ablösenden Politikern. Er war mehr als nur reines Symbol des Staates und der Nation, wie die liberale Staatsrechtstheorie es wollte. Gerade bei einfachen Leuten wuchs angesichts der Rationalisierung und Mechanisierung der Welt und der für sie undurchsichtigen Politik ein besonderes Verlangen nach dem romantischen Glanz und dem farbenfrohen Zeremoniell des Hofs. Tief eingewurzelte, vertraute Ansichten über eine naturgegebene hierarchische Ordnung verschmolzen mit einem Bedürfnis nach Sicherheit. Bei all den Veränderungen blieb das erbliche Königtum deshalb für das Volk ein vertrauter Fels in der Brandung. Solche Gefühle wurden durch die Erziehung in nationaler Gesinnung gepflegt und kräftig geschürt, wobei die Liebe zum Vaterland in ihrer Ritualisierung noch gleichbedeutend war mit Liebe zum Fürstenhaus, auch in den liberalen Monarchien. Die Nationalhymnen waren auf den Monarchen ausgerichtet. Treue zu ihm bedeutete naturgemäß Treue zum eigenen Volk. Die Engländer baten Gott in ihrer noch aus dem achtzehnten Jahrhundert stammenden Hymne, daß der König »victorious, happy and glorious« sein möge; sein Ruhm war der ihre. Die Niederländer sangen trotz ihrer republikanischen Vergangenheit in der offiziellen Hymne von ihrem Herzen, das »für Volk und König« glühe, und später von »Wilhelmus van Nassauwe«, dem großen Führer des Aufstands im sechzehnten Jahrhundert, der in diesem Lied in der Ichform spricht. Die Österreicher sangen seit den Tagen Haydns »Gott erhalte Franz den Kaiser«, und die Deutschen standen mit »Heil dir im Siegerkranz, Herrscher des Vaterlands« nicht zurück. Das Etikett »kaiserlich« oder »königlich« zierte zahlreiche Institutionen, Vereinigungen und Unternehmen als höchster Ehrentitel, war Qualitätsgarantie und Empfehlung. In der Armee pflegte man überall den Treueid auf den Monarchen und das Vaterland zu schwören. Regierungen nannten sich und ihre Vertreter »königlich«; in einigen Fällen tun sie dies noch heute.

Das persönliche Verhältnis zum Monarchen in früherer Zeit, als die Regierungen im Dienst des Herrscherhauses und nicht der Nation standen, ist in diesem Etikett erhalten, obwohl es schon seit Generationen im Widerspruch zur politischen Realität steht. Die Formel ist Relikt eines emotionalen Verlangens nach persönlicher Führung, nach Vater oder Mutter, die über Haus und Familie wachen. Der Monarch garantierte Kontinuität im Wirbel des politischen Spiels.

Die Kirchen waren mit der Monarchenverehrung völlig einverstanden und förderten sogar den Brauch, daß man bei offiziellen Anlässen zuerst Gottes Beistand für den Monarchen erflehte. Der alte Bund zwischen Thron und Altar wurde von beiden Seiten in Ehren gehalten. Beide erkannten, daß sie sich im Grunde in der Defensive befanden, gegenüber neuen gesellschaftlichen Kräften, der Durchsetzung eines wissenschaftlichen Weltbildes und den Ideen von Volkssouveränität und Demokratie.

Damit waren sie, als Symbole von Tradition und Bewahrung, Verbündete. Ein unkirchlicher Monarch wäre undenkbar gewesen, und seine Konfession war eine wesentliche Bedingung seiner Autorität, war höhere Weihe und Legitimation für sein Königtum. Der britische König war natürlich anglikanisch und sogar nach dem Gesetz Oberhaupt der anglikanischen Kirche, ein Oranier war niederländisch-reformiert, der deutsche Kaiser war als Hohenzoller und preußischer König so selbstverständlich protestantisch wie der Habsburger katholisch und der Zar russisch-orthodox. Ein Übertritt zu einer anderen Konfession, ein öffentliches Bekenntnis zum Unglauben oder zur Entfremdung von der Kirche hätten Position und Autorität des Monarchen ernsthaft gefährdet. Dergleichen war völlig indiskutabel.

Der Geburtstag des Herrschers war gewöhnlich ein Nationalfeiertag. Schüler hatten dann frei, und dieser beglückende Umstand war sehr geeignet, schon früh ihre Liebe zum Herrscher zu entfachen. In den Zeitungen waren königliche Reisen und Begegnungen, Hochzeiten und Begräbnisse selbstverständlich immer Schlagzeilen wert. Oft erregten sie in der Öffentlichkeit mehr Aufmerksamkeit als viele politisch bedeutendere Ereignisse. Für Politiker und Diplomaten konnte das ein Vorteil sein, weil sie dann, noch weniger behelligt von der Neugier der Presse und der Nation, im Stillen operieren konnten. Somit konnte der Monarch ihnen auch nützen, indem er alle Blicke von ihnen abzog und auf sich lenkte.

So verstanden die Monarchen selbst das natürlich nicht. Im Innersten betrachteten sie sich unverändert als die eigentlichen Hausherren, auch dort, wo sie sich mit der Beschneidung ihrer vormaligen Macht hatten abfinden müssen und sich faktisch nach dem Kurs von Regierung und Volksvertretung richten mußten. Sie fühlten sich als Vater oder Mutter »ihres« Volkes, und so gab es zwischen ihrer Auffassung und der vieler einfacher Leute in dieser Hinsicht kaum einen Unterschied. Dies lief auf ein verborgenes, gefühlsbetontes Bündnis gegen die Politiker, die Parteien, die politisch Mündigen und diesen ganzen Apparat des modernen Staates hinaus, auch wenn es nicht in politischen oder staatsrechtlichen Begriffen ausgedrückt werden konnte. Bei vielen Gelegenheiten offenbarte sich aber immer wieder das unterschwellige Selbstbild der Monarchen und ihre Überzeugung, daß sie als wahre Herrscher und ursprüngliche Besitzer des Staates und als Väter oder Mütter des Volkes auch viel besser nachempfinden könnten, was das Volk bewege, als die Herren Politiker, nach deren Pfeife sie laut Gesetz zu tanzen hatten. Das Selbstbild der Monarchen wurde durch das öffentliche Interesse und den Kult um ihre Person natürlich nur gefestigt. Zudem konnten sie die Geschichte als Zeugen anrufen. Es waren schließlich Fürsten gewesen, ihre leiblichen Vorfahren, die durch ihre Eroberungen, Verträge und Heiraten den existierenden Staaten Form verliehen hatten. Das kann jene unterschwellige Besitzermentalität erklären. Galt dies schon für die liberalen Monarchien des Westens, um wieviel mehr galt es dann für den deutschen und den habsburgischen Kaiser, ganz zu schweigen vom Zar. Hier war die Regierung ja auch staatsrechtlich noch ein Organ des Monarchen, auch wenn sie gleichermaßen auf die Volksvertretung angewiesen war. Deshalb sagten der deutsche und der österreichische Kaiser tatsächlich noch unverblümt »meine Regierung, mein Volk«, ja »meine Untertanen«. Die Verfassung sahen sie tief in ihrem Herzen als etwas Künstliches, eine modernistische Fassade, Konzession an den Geist der Zeit. Das frühere absolutistische Königtum von Gottes Gnaden blieb für viele die naturgegebene Ordnung, die durch den betrüblichen Verlauf der Geschichte und allerlei revolutionäre Wahnideen zerstört worden war.

Ihr Verhältnis zum modernen Nationalstaat blieb zwiespältig: Dieser Nationalstaat brauchte sie als sichtbares und majestätisches Symbol der Einheit – wobei die alte Bindung zwischen Herrscher und Untertanen und die Idee des Herrschers als Vater außerdem noch so lebendig waren, daß man an den Monarchen gar nicht vorbeikam. Der Nationalstaat hatte sich historisch aus der Monarchie von Gottes Gnaden entwickelt. Ihre Funktion als gleißende Spitze der Pyramide verband die Monarchen fest mit der Nation. Auf dieser Stellung beruhte nicht nur die Hausherrenmentalität, sondern auch, unlösbar damit verbunden, ein aufrechtes Gefühl der Verantwortlichkeit für »ihr« Volk. Das Staatsinteresse blieb auch ihr persönliches, und der Ruhm des Staates war ihr Ruhm, wie auch umgekehrt.

Andererseits wurzelte der Nationalismus in der Identifikation des politisch bewußten Bürgers mit seinem Staat, gemäß dem Naturrecht und den Ideen von 1789, wonach die gesamte Nation Trägerin der Souveränität zu sein hat. Der Nationalismus hatte deshalb insgeheim eine egalitäre, also antidynastische und antilegitimisitsche Tendenz. Nicht von ungefähr sahen die Monarchen während des neunzehnten Jahrhunderts im aufkommenden Nationalismus noch lange eine unsympathische, ja gefährliche Kraft. In der Idee des Nationalstaats steckte zumindest eine Kriegserklärung an den Ständestaat, und dieser war die historische Grundlage und Stütze des Königtums gewesen, das in einer grundsätzlich ständelosen Gesellschaft theoretisch zu einer Anomalie werden mußte.

In diesem Bewußtsein fühlten sich die Monarchen auch nach wie vor als Angehörige eines besonderen, hohen und übernationalen Kreises, erhaben über alle Barrieren zwischen den Nationen und all das nationalpolitische Gezänk der Niederungen. Durch zahlreiche Heiraten bildeten sie buchstäblich eine weitverzweigte Familie. Als Cousins und Cousinen duzten sie einander, und es verband sie eine gemeinsame Vergangenheit und die gleiche problematische Position im modernen Nationalstaat, also die gleiche Spannung zwischen ihrer nationalen und ihrer monarchischen Identität und Loyalität. Personifikation dieser überstaatlichen Beziehungen war die britische Königin Victoria (gestorben 1901), die man die Großmutter der europäischen Herrscherhäuser genannt hat und die tatsächlich im Zentrum eines Netzes familiärer Bindungen saß, das sich über ganz Europa ausdehnte.

Großbritannien und Deutschland gerieten als mächtige, konkurrierende Staaten und Nationen dabei immer offener miteinander in Konflikt. Wilhelm II. war jedoch nicht nur deutscher Kaiser, der in der Öffentlichkeit auch mit besonderem Nachdruck als solcher auftreten zu müssen glaubte, nämlich als schrill tönender Herold der deutschen Ansprüche und Interessen. Er blieb auch immer Enkel der britischen Königin, Sohn ihrer Tochter, Neffe seines diplomatischen Gegenspielers Edward VII. und Cousin von dessen Nachfolger George V. Er bewunderte die Engländer und betonte gegenüber Landsleuten bei zahlreichen Gelegenheiten seine Bindungen an England und seine halb englische Abstammung. In seiner Korrespondenz bediente er sich gern des Englischen und glaubte auch England viel besser zu kennen und zu verstehen als alle seine Minister. Dies führte unter anderem zur berüchtigten Daily-Telegraph-Affäre des Jahres 1908: In einem Interview für diese Zeitung stellte sich Wilhelm als Englands bester Freund in Deutschland dar und gab den Engländern ebenso taktlose wie unerwünschte Ratschläge. Die Folge war, daß er nicht nur die Engländer, sondern auch seine eigene Regierung und Nation, die seiner Meinung nach England nicht verstanden, gegen sich aufbrachte.

Diese persönlichen, überstaatlichen Beziehungen konnten unter bestimmten Umständen den Politikern nützen, und sowohl die Monarchen selbst als auch ihre Diplomaten wählten manchmal jene besonderen, für gewöhnliche Sterbliche gesperrten Pfade abseits der üblichen diplomatischen Wege. Noch in der großen Krise des Sommers 1914 versuchte Wilhelm, durch seinen persönlichen Einfluß den schwachen Zaren Nikolaus II. von einem gegen Deutschland gerichteten Kurs abzubringen; die entsprechende Korrespondenz zwischen »Willi« und »Nicki« ist in vertraulichem Ton gehalten. Vor allem der deutsche Kaiser neigte ja dazu, in erster Linie sich selbst, aber auch seinen königlichen Vettern die Rolle eines Deus ex machina anzudichten: Wenn sie sich nur einigten, würde das den Ausschlag geben können! Sicherlich ist diese maßlose Überschätzung der Macht und Bedeutung des Monarchen nicht nur auf Eitelkeit zurückzuführen, oder besser gesagt: Zum monarchischen Selbstbild gehörte auch ein aufrichtiges Gefühl gemeinsamer Verantwortung für das Schicksal der Völker und die Bewahrung des Friedens. Der besondere, erhabene Status der Monarchen wurde durch eine Heiratspolitik, die die Partnerwahl auf Angehörige regierender oder ehemaliger Fürstenhäuser und in jedem Fall auf den höchsten Adel einschränkte, sorgfältig konserviert. Da vor allem Deutschland Dutzende kleiner Fürstenhäuser hatte und man sich dort gewöhnlich wenig um Geburtenregelung kümmerte, gab es auf dem europäischen Markt vorläufig einen beruhigenden Vorrat an Heiratsfähigen beiderlei Geschlechts.

Der Hof war seit Jahrhunderten strahlender Mittelpunkt der Herrschaft gewesen. Er war sichtbare Macht. Auch nachdem diese Macht sich mehr und mehr auf die Kanzlerämter, Ministerien und Parlamente verschoben hatte, war der Hof als Hauptbrennpunkt politischer Handlungen, wo diese letztlich auch besiegelt wurden, unersetzlich. Gegenüber der visuell weniger markanten und eindrucksvollen Macht der Regierung blieb er mit seinem durch Tradition und Geschichte geweihten Zeremoniell und mit einem Stil, der für einen Herrscher als natürlich und angemessen galt, der Ort, an dem die Macht noch überzeugend strahlte, da sie hier anschaulich war. Der Hof erfüllte damit ein elementares Verlangen nach einer sichtbaren Hierarchie. Herrschaft hatte sich seit ältester Zeit in einer besonderen ästhetischen Form zu manifestieren. Diese sichtbare, glanzvolle Äußerung von Macht war in Wirklichkeit keine äußere Form und schon gar kein Ornament. Sie war selbst ein wesentlicher Teil der Macht in einer Welt, die die Unterscheidung zwischen sinnlich wahrnehmbarer und begrifflich abstrahierter Wirklichkeit gar nicht oder in sehr viel geringerem Grade kannte. Der Hof als solcher blieb deshalb trotz allem ein Kraftzentrum besonderer Art. Sein pompöses Zeremoniell ersetzte oder verdeckte den Verlust, den die wirkliche Macht hinnehmen mußte, als sie zum großen Teil auf ihre alten sichtbaren Attribute verzichtete. Wer am Hof verkehrte, hatte deshalb unvermindert das Gefühl, auf dem wahren Gipfel zu sein, wo das Vergangene in all seiner Größe noch gegenwärtig war: in den Sälen mit ihren Porträts der königlichen Vorfahren, ihren antiken Möbeln und Skulpturen, Wappen und Flaggen, diesen Relikten denkwürdiger historischer Ereignisse; in den prächtigen, oft aus früheren Jahrhunderten stammenden Livreen und Uniformen der mit viel Silber, Gold und Orden geschmückten Diener und höfischen Würdenträger, die sich nach besonderen Regeln der Vornehmheit und Zurückhaltung bewegten; in dem ganzen umständlichen Protokoll, das den Fremden oder Gast nur auf sorgfältig festgelegten Wegen und über Vorzimmer zu seinem Ziel – einer Begegnung mit dem Monarchen oder einem seiner Familienmitglieder – führte. Auch wenn man genau wußte, daß der Kurs der Politik mittlerweile anderswo festgelegt wurde – der Hof sorgte für die vertraute Farbenpracht und die unentbehrliche rituelle Weihe.

3 Der Adel

Wie die gekrönten Häupter bildete der europäische Hochadel noch eine überstaatliche Gesellschaft, und auch die Adligen glaubten, daß sie durch Geburt dazu bestimmt seien, den höchsten Rang in einer naturgegebenen menschlichen Hierarchie einzunehmen. Sollte diese auch offiziell nicht mehr gelten, war sie auch verborgen und nicht mehr in einer besonderen Rechtsordnung verankert, entband dies die Erben jener Rechtsordnung doch nicht von der Pflicht, die Erinnerung an eine naturgegebene gesellschaftliche Ordnung als hohes Ideal zu bewahren. Die Vorstellung einer Wiedergeburt, die Hoffnung, daß die frühere Hierarchie auf irgendeine Art wiederhergestellt würde, schwelte im Herzen vieler Adliger unter aller unvermeidlichen Anpassung an die Gegenwart weiter.

Es ist nicht einfach zu erklären, worauf die besondere, faszinierende Ausstrahlung des Begriffs »Adel« im Bewußtsein und Sprachgebrauch der Allgemeinheit beruht – gerade auch für die Nichtadligen. Adel steht allgemein für einen Vorzug, für hohen Rang. Adel verweist wie das Königtum (die höchste Sprosse der Adelsleiter) auf eine frühere Hierarchie, die einem menschlichen Ordnungsbedürfnis entspricht. Aber seine Faszination hängt auch mit unserer allgemeinen Neugier auf den Ursprung zusammen, weil wir annehmen, daß der Ursprung Sinn und Wesen aller Dinge offenbare. So kam es zur unwillkürlichen Verknüpfung von frühem Ursprung und hohem Rang, wie wir sie schon in der Antike überall antreffen. Rang führte seinen Wert auf diesen Ursprung zurück, und hier kam es immer zur Mythenbildung. Auch die Genealogie verdankt diesen Vorstellungen ihre Bedeutung. Die Abstammung sagt uns, wer wir sind, und ein langer Stammbaum (was natürlich heißt, daß der Stammbaum weit zurückverfolgt werden kann) erhöht den Wert des einzelnen, der dann nicht mehr nur er selbst ist, sondern gewissermaßen die ganze Schar seiner Vorfahren hinter sich versammelt. Hier liegt zweifellos der tiefere Grund für das verbreitete Interesse an Genealogie und dafür, daß man den Begriff »Adel« mit Autorität verband. »Adel« bedeutete schließlich in erster Linie einen hohen Rang dank eines langen Stammbaums, weil der bestimmte Vorzüge garantiert. Diese galten dabei als ein erbliches, also phylogenetisches, überindividuelles Merkmal: Durch die in Generationen gesammelte Erfahrung im Ausüben von Herrschaft entwickelt ein Stand schließlich auf die Dauer eine scheinbar angeborene Begabung und Eignung für Führungsfunktionen. Damit handelt es sich um einen Vorzug, der gerade kein individuelles Verdienst ist, sondern ein von höherer Hand zugeteiltes Gut. Daß man diesen Vorzug nicht sich selbst zu verdanken hatte, sondern seinen Ahnen, machte ihn so kostbar, denn die hohe Geburt war ein Geschenk, das nur höherer Fügung zu verdanken sein konnte. Willenskraft und Talent sind individuelle Eigenschaften, die grundsätzlich jeder besitzen konnte. Eine lange Reihe hochstehender und bedeutender Ahnen konnte nur eine kleine Minderheit vorweisen, und dies gab den Betroffenen leicht ein Gefühl des Auserwähltseins. Natürlich hatten ursprünglich und gerade zum Adelsstand in erster Linie auch außergewöhnliche Verpflichtungen gehört. Man mußte sich seinen Rang verdienen, indem man nach besonderen Regeln und Maßstäben lebte. Nicht zufällig lautet ein bekannter Spruch »Noblesse oblige«. Aber vor der Aufklärung und der Revolution trennte man das persönliche Verdienst nicht vom Stand, dem man angehörte. Es gab nun einmal höhere und niedrigere Ränge und Stände, und zu diesen gehörten Eigenschaften, die sich nicht auf einen anderen Stand übertragen ließen.

Je mehr der Adel an Macht und Bedeutung verlor, desto stärker betonte er das unpersönliche Prinzip der Abstammung, das in einer vom liberalen Bürgertum geprägten Welt, deren Normen auf dem Prinzip individueller Leistung beruhten, sein unveräußerlicher, geheimer Besitz war.

Die Vorstellung, die dem im wesentlichen unverminderten Anspruch des Adels auf die Führungsrolle zugrunde lag, die Idee einer erblich bedingten Eignung zur Herrschaft, enthält natürlich einen wahren Kern, auch wenn wir biopsychischen Determinismus verneinen. Es geht hier um die keineswegs eindeutige phylogenetische Prägung des einzelnen durch seine Herkunft. Durch den seit Generationen nie unterbrochenen Umgang mit Macht in der Form von Lehnsherrschaft und Grundbesitz, Rechtsprechung und militärischer Führung und den hiermit verbundenen Privilegien und Symbolen entwickeln eine Familie und ein Stand einen bestimmten Umgangsstil, einen Kodex bewährter Regeln als Niederschlag langer Erfahrungen, der dann zwangsläufig den Boden bildet, auf dem die junge Generation aufwächst, und die Normen prägt, die für ihre Erziehung gelten. Wer so geformt wird, bekommt einen gewissen mentalen Vorsprung vor den Außenseitern, die einen solchen Kodex erst noch entwickeln müssen. Während der unfähige Außenseiter aber auch nicht ohne weiteres die Gelegenheit bekam, Herrschaft auszuüben, war die Gesellschaft andererseits, wenn Selektion nach dem Leistungsprinzip fehlte, gegenüber den Nieten und Versagern im Adel viel wehrloser. Wobei noch hinzukommt, daß sich die sozialen Privilegien bei einer labilen oder unfähigen Person besonders verderblich auswirken können.

Im Mittelalter und noch in der frühen Neuzeit stimmten reale Macht und Status des Adels weitgehend mit seinem äußeren Auftreten überein. Als sich seine Macht und die Bedeutung seiner Stellung verringerten, wurde der Stil, die äußere Erscheinungsform, als Relikt und unentbehrliches Zeichen wahrhaft hohen Ranges um so nachdrücklicher gepflegt. So behielt der Adel nach eigener Einschätzung, dank des Stils und der Haltung aber auch in den Augen aufsteigender Gruppen, ein Privileg, das für keinen anderen erreichbar war und deshalb im Stillen um so höher veranschlagt wurde.

In dieser Identifikation des Adels mit besonderen Vorzügen verbirgt sich eine sehr deterministische Sicht des Menschen. Für eine Gruppe, die im Niedergang ist, wie es dem Adel vor allem nach der Revolution geschah, war die Vorstellung des Auserwähltseins ein Trost und ein Halt für das Selbstbewußtsein. Zugleich bedeutete dieses Vorrecht auch weiterhin, daß man seine angeborenen oder, besser gesagt, geschenkten Vorzüge auch beweisen mußte. Die Erziehung basierte auf dem Bewußtsein einer durch Gnade erlangten Ausgangsstellung wie auch einer Verpflichtung zu einer besonderen Lebenshaltung und entsprechendem Benehmen. Nietzsches bekannte Maxime »Werde was du bist« ist eine sehr aristokratische Devise; so konnte der Begriff Aristokratie (von griechisch aristoi, die Tüchtigsten) in der Neuzeit, dem liberalen, individualistischen Leistungsprinzip entsprechend, auch im übertragenen Sinne für einen rein kulturellen und geistigen Rang stehen.

Nun war der Adel zu einer stark gemischten Gesellschaftsgruppe geworden, da im Lauf der Jahrhunderte immer wieder neue Familien in den Adelsstand erhoben worden waren. So entstanden unvermeidlich feine und weniger feine interne Abstufungen und Trennungslinien, gerade weil der Begriff des Adels innig mit dem überindividuellen Kriterium der Abstammung verbunden war. Dies bedeutete nämlich letztlich, daß Adel eben nicht erworben werden konnte. An dieses interne Unterscheidungskriterium klammerte sich der alte Adel jedenfalls immer, um der Inflationierung entgegenzutreten und sich von den neu Geadelten zu distanzieren. Zugleich wurde es als vorwiegend internes Kriterium erst recht ungreifbar und somit auch unantastbar. So hatte es sich schon mit dem Gegensatz zwischen dem uralten Schwertadel und dem Beamtenadel verhalten, oder dem zwischen Hofadel und Landadel. Nobilitierungen durch die Monarchen als Anerkennung für Verdienste hatten aber im achtzehnten und neunzehnten Jahrhundert weiter zugenommen, und dadurch traten immer wieder neue Familien zu den älteren hinzu. Hiermit wollte man die Lücke schließen, die zwischen der wirklichen Macht und Stellung des Adels einerseits und den Standessymbolen wie Titel, Erscheinung und Stil andererseits als unvermeidliche Folge der gesellschaftlichen Veränderungen entstanden war. Aber innerhalb adliger Kreise bewahrte man ein sehr waches Bewußtsein für die vielen auf Abstammung und historischer Rolle beruhenden Unterscheidungen zwischen höherem und niederem, sehr altem, weniger altem und jungem Adel. Bei Heiraten blieben diese Unterschiede von Bedeutung, wenn diese auch allmählich abnahm und es – in dem einen Land eher als im anderen – zu Vermischung kam.

Eine deutlichere Trennungslinie zog man zwischen sich und dem Bürgertum, wenn auch gemischte Ehen schon im neunzehnten Jahrhundert nicht mehr überall ausgeschlossen waren. Der Adel insgesamt kultivierte in allen Ländern sein Standesbewußtsein und seinen eigenen Verhaltenskodex. Besondere Almanache wie der deutsche Gotha oder in England das Dictionary of Peers und die Register zu Baronetage und Landed Gentry informierten über Adelspersonalia. In Frankreich hatten die Revolutionen unauslöschliche Spuren hinterlassen, und obwohl die französische Aristokratie ihr Selbstbewußtsein und teilweise auch inneren Zusammenhalt und familiäre Exklusivität bewahrt hatte, waren in einem Almanach wie Tout Paris neben allen aristokratischen Geschlechtern auch alle reichen und angesehenen bürgerlichen Familien verzeichnet. Man hatte selbstverständlich die Familienbeziehungen zu kennen und genau zu wissen, wer auf dieser Leiter der Auserlesenheit höher oder tiefer stand. Das eifrige Bestreben, hinsichtlich dieses Netzwerks immer auf dem laufenden zu sein, war für manche, besonders unter den Damen, wesentlicher Bestandteil des Lebens.

Ursprünglich hatte der Adel sein Entstehen, seine Macht und sein Prestige hauptsächlich zwei Dingen zu verdanken: Kriegsdienst und Grundbesitz. Als Grundbesitzer waren Adlige, obwohl formell Vasallen der Krone, auf ihrem eigenen Territorium so gut wie souverän gewesen; sie hatten die Macht über die Einwohner und besaßen richterliche Gewalt. Dies verband auch noch den kleinsten Territorialherrn mit dem größten König, dem er dann wiederum im Heer diente. Diese zwei Eigenschaften prägten auch die Normen und den Lebensstil. Grundbesitz galt als ein unverzichtbares und typisches Attribut des Adels. Es gab die Erbgüter des ostelbischen preußischen Junkers, die Paläste und ausgedehnten Besitzungen des englischen Hochadels und die Landgüter des niederen, die teilweise schon uralten Schlösser der französischen Aristokratie, die Ländereien der spanischen und italienischen Edlen, und im agrarischen Osteuropa kam adligem Grundbesitz eine noch größere Bedeutung zu. Umfang und Wert des Grundbesitzes hatten sich durch die Verstädterung und Modernisierung im Westen stark vermindert, was bei vielen Familien sogar zu einer gewissen Verarmung geführt hatte. Diese Verluste hatte der Adel immer wieder mit hohen Positionen im Staatsdienst zu kompensieren versucht. Schon beim Hofadel des siebzehnten und achtzehnten Jahrhunderts hatte die Verlegung des Schwerpunkts begonnen. Angesichts der ursprünglichen Funktion des Adels als Kriegerkaste blieb aber vor allem der Offiziersdienst für Adlige angemessen, besonders für jüngere Söhne. Diese erbten zum Teil, beispielsweise in England, nicht den Titel und auch nicht immer die Rechte im Hinblick auf Grundbesitz und Einwohner. In den meisten Ländern waren die Offiziersposten deshalb auch zum größten Teil in der Hand von Adligen. Daneben war der diplomatische Dienst zu einer bevorzugten Domäne geworden, und auch dort dominierten, wiederum mit Ausnahme des republikanischen Frankreich, die Peers, Grafen und Barone; dies gilt sogar für die Niederlande mit ihrer ausgesprochen bürgerlichen Kultur, wo der Adel in der Vergangenheit nie eine solch beherrschende Rolle gespielt hatte wie in anderen Ländern. Außerdem hatten Adlige zahlreiche hohe Posten in der Verwaltung, auf nationaler wie auf lokaler Ebene, inne, etwa als Stadtrat oder Bürgermeister, oder in England als Amtsrichter. Weitaus die meisten Regierungschefs, wie der Premierminister in Großbritannien, der Reichskanzler im deutschen und habsburgischen Kaiserreich und der Erste Minister in Rußland, stammten aus dem Adel, meist aus dem Hochadel, und auch in Ländern wie den Niederlanden und Belgien war die Aristokratie in den Kabinetten noch geraume Zeit zumindest überrepräsentiert. Trotz all der liberalen oder vom Liberalismus inspirierten Verfassungen und Prinzipien war es auch in der so sehr verstädterten, auf Zweckmäßigkeit und Nutzen ausgerichteten Gesellschaft offenbar noch ziemlich selbstverständlich, daß die höchsten Staatsämter mit Adligen besetzt wurden, der alten, vertrauten Herrschaftselite, wenn diese Elite auch ständig durch Erhebungen verdienter Bürger in den Adelsstand erweitert worden war, so daß sich auch viele erst im neunzehnten Jahrhundert nobilitierte Familien darunter befanden. Das aus der Feudalzeit stammende Prinzip, nach dem Vorzüge und Verdienst zum Wesen des Adels gehörten, wurde auf diese Weise umgekehrt: Wer große Verdienste erworben hatte, sollte deswegen zum Adel gehören. Auch in der liberalen Bürgergesellschaft empfanden noch mehrere Generationen diese Verknüpfung als normal. Die traditionelle Identifikation des Adels und seines Lebensstils mit hohem Rang hatte nämlich die Mittelschichten stärker beeinflußt, als man angesichts der offiziell anerkannten Ideen der Rechtsgleichheit, bürgerlichen Mündigkeit und Emanzipation, der Bedeutung individueller Verdienste und der tatsächlich gewaltigen sozialen Verschiebungen vermuten könnte. Gerade hier zeigt sich jene seltsame Faszination, die vom Adel ausging, trotz des unverkennbaren Verlusts an politischer und ökonomischer Macht.

Der Prozeß der Aristokratisierung des Bürgertums ist alt, und im Ständestaat war das Streben des Bürgertums zum Adelsstand völlig konsequent. Aber auch im Jahrhundert des bürgerlichen Nationalstaats kam es zu Verbindungen zwischen großen Industriemagnaten, Unternehmern und Bankiers mit dem Adel, Verbindungen zwischen Kapital und Status, wobei der Adel seine schwache ökonomische Position verbessern konnte und zugleich leichter Anschluß an technische und organisatorische Entwicklungen der modernen Welt fand, während die Bürgerlichen diese Verbindung selbstverständlich als Erhöhung ihres Ranges und Ansehens begrüßten. Auch ohne direkte Bindungen zum Adel übernahmen aber die vermögenden und einflußreichen bürgerlichen Politiker, Industriellen und Bankiers gerne den aristokratischen Lebensstil, zum Beispiel, indem sie Land erwarben und sich als Grundbesitzer in Schlössern oder Schlößchen niederließen, mit allen dazugehörigen Adelsattributen, was Wohnstil und Gewohnheiten betraf, und mit Reiten und Jagen als bevorzugtem Sport. Wollte der Adel sein Standesbewußtsein und seine Exklusivität bewahren, war dennoch das unverminderte Festhalten an diesem Lebensstil eine Bedingung. Es gab einen charakteristischen adligen Verhaltenskodex.

Während das Bürgertum Träger eines rationalistischen, auf Effizienz und Funktionalität ausgerichteten Denkens gewesen war, wurzelten die Normen des Adels noch in einem Weltbild, in dem nicht der Nutzen, sondern der Stil und die klassische Virtù (jene Symbiose von Mut und Tugend) als Maßstab galten. Der moderne Utilitarismus galt hier als Kennzeichen einer vulgären

Geisteshaltung. Nicht Geld, sondern Grundbesitz war jahrhundertelang die wichtigste materielle Basis des Adels gewesen und war es noch – Grundbesitz als scheinbar unveränderliches natürliches Gut und Garantie des Wohlstands. So konnte eine Mentalität entstehen, bei der man die Sorge um Geldangelegenheiten und die damit verbundene ruhelose Aktivität für überflüssig hielt. Dergleichen verriet außerdem eine unschöne materialistische Einstellung. Materialismus wurde nicht mit Landbesitz, sondern mit Geld und beweglichen Gütern assoziiert. Der Erbe großen Grundbesitzes brauchte all das nicht und konnte seine Energie für anderes aufwenden. Man hatte alle Freiheit für das Kultivieren der schönen Form und jener männlichen Tugenden und Fertigkeiten, die ursprünglich zum Beruf des Kriegers gehört hatten. Darin erkannte der Adel seinen Lebenssinn. Der persönliche Wert des Edelmanns wurde außerdem an einem ebenso empfindlichen wie rigorosen Ehrbegriff gemessen, nicht am Prinzip der zielstrebigen, vernunftbestimmten Leistung. Zur Ehre gehörten Zuverlässigkeit, Anstand und persönliche Würde aufgrund der Anerkennung und Umsetzung eines überindividuellen Systems moralischer Regeln. Wer von Adel war, nahm deshalb auch kein Wechselgeld und sprach in Gesellschaft nicht über ordinäre Geldangelegenheiten. Als Nachfahre der Kriegerkaste mußte er tapfer sein, durfte die Gefahr nicht scheuen und hatte sich liebenswürdig und beherrscht zu verhalten, auch und gerade gegenüber Untergebenen.

Jagen und Reiten, die alten Privilegien der Aristokratie, gehörten nach wie vor zu ihren charakteristischen Liebhabereien, sogar in einem so bürgerlichen Land wie den Niederlanden. Das Reitpferd war schließlich das liebste und auffälligste Sinnbild des Adelsstandes. Der Aristokrat war von Natur aus ein Reiter (oder sollte es sein), denn der Reiter symbolisierte schon seit der Antike Herrschaft und Hoheit. Ganz buchstäblich: Wer im Sattel saß, war erhöht, wurde getragen und hatte dank seines Tieres einen großen Vorsprung an Geschwindigkeit und ursprünglich auch an Kampfkraft gegenüber dem mit Gepäck beladenen Fußvolk. Er zeigte seine Macht zunächst in der Unterwerfung des Pferdes unter seinen Willen, was ihn dann wieder zur Herrschaft über andere berechtigte. Nur Vermögende konnten sich außerdem ein Reitpferd leisten. Herrscher ließen sich deshalb auch ganz selbstverständlich auf diesem Symbol der Macht als Reiter abbilden, auch als das Pferd längst viel von seinem Wert für die Kriegführung und vor allem als schnelles und komfortables Transportmittel verloren hatte. Als elementare

Kunst körperlicher Machtausübung blieb das Reiten auch für die Söhne und Töchter des Adels ein selbstverständlicher Teil der Erziehung. Jetzt, da es nicht länger zum Beruf gehörte, wurde es besonders lieb und teuer, als der Sport, der noch etwas von der Exklusivität ausstrahlte, die das Reiten früher symbolisiert hatte. Natürlich waren es im Heer auch überall die Kavallerieregimenter, und meistens die ganz auserlesenen, in denen die Söhne des Adels ihren Platz fanden. Die Infanterie war für den gemeinen Mann.

Das erwähnte überstaatliche Standesbewußtsein, das auch ein Gefühl der Zusammengehörigkeit einschloß, blieb übrigens ein wenig theoretisch, weil der Lebensstil und vor allem die Stellung und der wirkliche Einfluß des Adels in den einzelnen Ländern sehr verschieden waren. Er war nun einmal überall fest mit der Tradition und Geschichte des Landes verwachsen. Gewöhnlich gilt dies um so mehr, je weiter wir vom hohen zum niederen Adel hinabsteigen, auch weil es auf der höchsten Ebene viel mehr gemischte Ehen gab (zum Beispiel englisch-deutsche, französisch-italienische oder französisch-spanische).

Wie kein anderer wußte der englische Adel seinen historischen Glanz und sein Prestige als geschlossene Gruppe an der Spitze der modernen Gesellschaft zu bewahren und galt deshalb auch dem kontinentaleuropäischen Adel meistens als beispielhaft in seinem Stil und unerschütterten Selbstbewußtsein. Großbritannien war schließlich die erste Weltmacht gewesen. Das glanzvolle Spektakel der enervierenden Pferderennen und die dazugehörigen exklusiven Jockeyclubs auf dem Festland wurden wie selbstverständlich vom Adel beherrscht und unterhalten, und man imitierte das englische Schauspiel, sogar in Frankreich mit seinem unübertroffenen Nationalstolz und seinem Mißtrauen gegenüber ausländischem Einfluß. All das ist besonders bemerkenswert, da England, wie kein anderer Staat, als Land des Parlamentarismus, der konstitutionellen Monarchie und liberaler Institutionen galt, die in ihrer Flexibilität dem Bürgertum politische Mitsprache ermöglicht hatten. Es liegt aber nahe, hier einen historischen Zusammenhang zu erkennen. Dank der Macht des Parlaments hatte der Adel seit dem späten siebzehnten Jahrhundert eine ungewöhnlich starke Stellung gegenüber der Krone erlangt, damit aber zugleich eine rechtliche Konstruktion geschaffen, die eine allmähliche Erweiterung des Mitspracherechts und der Macht um Gruppen unterhalb des Adels ermöglicht hatte. Dieser Prozeß war nicht ohne Konflikte und Widerstand von seiten des Adels verlaufen, wohl aber ohne Revolution oder Umbruch. Dadurch konnte sich der Adel in England trotz aller unvermeidlichen Konzessionen als respektierte Herrscherkaste behaupten. Diese Stellung festigte ein ganz auf die elitären Normen des Adels gegründetes Erziehungssystem, das allerdings Bürgerlichen nicht grundsätzlich versperrt war. In auserlesenen Schulen wie Harrow und Eton und an den Universitäten Oxford und Cambridge wurde auf einzigartige Weise eine politische und kulturelle Elite herangebildet, die geistig und sozial einen Zusammenhalt und eine Kollegialität ohne Beispiel erkennen ließ. Es waren dann wiederum besondere, erlesene Institutionen wie das Christ Church College in Oxford oder das Trinity College in Cambridge, vor allem aber Balliol, in denen die Kaste der politischen Führer herangezogen wurde. In den britischen Kabinetten saßen noch zu Beginn des Jahrhunderts in großer Mehrheit Peers, Earls und Marquesses, aus Familien, deren Mitglieder seit dem sechzehnten Jahrhundert – in manchen Fällen noch viel länger – nahezu ununterbrochen hohe Stellungen im Staat bekleidet hatten, als Minister, Gouverneure in den Kolonien oder hohe Befehlshaber in der Armee. Ein Sitz in einem der beiden Häuser des Parlaments gehörte erst recht zu den Selbstverständlichkeiten. Das Oberhaus blieb dabei ein starkes Bollwerk des Hochadels und sicherte dessen Einfluß. Das Wahlsystem förderte die Kontinuität, da Wahlbezirke häufig mehr oder weniger mit alten Adelsbesitztümern zusammenfielen. So konnte man von zweihundert hochstehenden Familien sprechen, die tatsächlich seit Generationen England regiert hatten, ein Kreis, in dem jeder mit jedem bekannt oder verwandt war.

Da Großbritannien um die Jahrhundertwende noch dazu als größtes Kolonialimperium im Zenit seiner Macht zu stehen schien und fast ein Viertel der Erdoberfläche an die britische Krone gebunden hatte, ist es verständlich, daß die adlige Herrscherkaste dieses Landes ein beispielloses und unerschütterliches Selbstbewußtsein zur Schau stellte, das bei den kontinentaleuropäischen Cousins und Cousinen sowohl Bewunderung als auch Neid erweckte. Und es war der englische Adel, sowohl der hohe wie auch der niedere (Gentry), der wie niemand sonst eine Schwäche für das Pferd hatte, alle Pferdesportarten pflegte und sich der Jagd als der großen, wahrhaft adligen Leidenschaft widmete. Viele Lords teilten ihre Zeit und Aufmerksamkeit zwischen dem Ministeramt oder anderen bedeutenden Regierungspflichten und ihren wertvollen Gestüten oder ihren Aufgaben bei den zahllosen Jagden und Pferderennen, diesen farbenfrohen, wirbelnden Festen von Mut,

Leidenschaft und Spannung. Mit unnachahmlicher Geringschätzung blickte der wahre Aristokrat und Führer auf die bürokratische Pedanterie und den Papierkram der Verwaltung herab; diese Dinge überließ er seinen Untergebenen, bürgerlichen Ehrgeizlingen. Zwar gehörten höhere Bildung und die Kenntnis der Klassiker und der Geschichte durchaus zur erwünschten Ausstattung eines Edelmanns, aber alles mit Maßen – außer der Jagd und dem Pferdesport natürlich. Lady Warwicks Ausspruch, demzufolge der Adel »did not want to be made to think«, galt gewiß für einen großen Teil und kennzeichnet auf jeden Fall eine stark antiintellektualistische Einstellung; man vertraute darauf, daß man wegen seiner unverändert starken sozialen Stellung nicht auf Hirnakrobatik angewiesen war. Dadurch, daß der Adel mit seinen Jagdpartien, Pferderennen und Festen regelmäßig ein einzigartiges, mit malerischen Ritualen inszeniertes Schauspiel bot, in das auch der Rest der Bevölkerung einbezogen wurde, akzeptierte man seinen Stil und sein Verhalten in breiten Schichten auch als unersetzlichen, unnachahmlichen Ausdruck der eigenen nationalen Kultur und Größe, abgesehen natürlich von den überzeugten Radikalen und Sozialisten samt deren Anhang.

In Deutschland, und vor allem in Preußen, war es dem Adel gelungen, die traditionellen Bastionen seiner Macht zu verteidigen. Aber der preußische Adel war durchweg viel weniger extrovertiert und auf öffentliche glanzvolle Darstellung bedacht als der englische. Er war außerdem viel einseitiger ausgerichtet, einerseits ganz nüchtern auf die sparsame Bewirtschaftung der eigenen Ländereien, andererseits auf die Armee. Das Offizierskorps war vom König seit jeher dem Adel als die ihm eigentümliche Domäne zugewiesen worden. Für den preußischen Adel gab es also nicht jenes andere wichtige Betätigungsfeld, das Parlament. Es fehlte deshalb eine über viele Generationen politisch geschulte aristokratische Kaste. Die Folge war, daß in den Augen eines preußischen Junkers – anders als bei den englischen Vettern – die Politik eher eine Art Fortsetzung des Militärischen zu sein schien. Über den preußischen Landtag und hier vor allem dank eines Wahlrechts, das dem Adel immer mindestens ein Drittel aller Sitze garantierte, behielt dieser in Preußen und somit indirekt auch im Kaiserreich einen kaum zu begrenzenden Einfluß auf die Politik, auch hinter der Fassade des Reichstags, für den allgemeines Wahlrecht galt (und der die Reichsregierung in Schwierigkeiten bringen konnte). Genau wie in Großbritannien besaß er außerdem in den konservativen Parteien eine starke politische Waffe. Das galt auch für den Adel in den anderen deutschen Ländern, wo er jedoch in der Vergangenheit mehr Terrain an die oberen Mittelschichten verloren hatte. In den Niederlanden gab es keinen Hochadel, und der niedere Landadel hatte nie Einfluß auf den durch und durch bürgerlichen, patrizischen Stil Hollands gehabt. Nur dadurch, daß er sich anpaßte und diesen Stil übernahm, hatte der Adel in der Politik weiterhin eine Rolle spielen können. Aber die »Jonkheren« und Barone blieben auch hier im diplomatischen Dienst und im Verwaltungswesen stark überrepräsentiert, vor allem als Bürgermeister. Gymnasium und Jurastudium (vorzugsweise in Leiden) blieben die üblichen Bildungswege für die adlige Jugend, und man bewahrte möglichst auch in der Heiratspolitik die Reinheit des Standes, was in Ermangelung historischer Größe zu einer leicht blasierten Vornehmheit führte. In den süd- und osteuropäischen Ländern war der Adel als Großgrundbesitzer und als politische Herrscherkaste noch beinahe übermächtig, weil Verstädterung und Industrialisierung und der damit einhergehende Aufstieg der Mittelschichten hier erst im Anfangsstadium waren.

Ganz allgemein kann man sagen, daß der Adel im Westen auf den tiefgreifenden Wandel zwiespältig reagierte. Es gab die unverkennbaren Antimodernisten und Reaktionäre, die sich wegen all dieser Veränderungen und neumodischen Emanzipationsparolen verbittert von allem Neuen abwandten und in eine Welt des Gestern zurückzogen, die sie nach wie vor als die einzig akzeptable und gerechte betrachteten. Mit dem Nationalstaat, seinen bürgerlichen Rechtsgrundsätzen und seinem Parlamentarismus konnten sie nicht ihren Frieden machen. Dies galt aus naheliegenden Gründen gerade für einen Teil der französischen Aristokratie, die in der Dritten Republik politisch kaltgestellt war und sich naturgemäß mit der katholischen Kirche im Zeichen eines scharfen Antirepublikanismus verbündete. Aber auch in anderen Staaten waren Adlige zu finden, die sich zumindest innerlich hinter einer grundsätzlichen Ablehnung der Moderne verschanzten.

Dennoch handelte es sich dabei um eine Minderheit. Die Mehrheit bemühte sich, durch realistische Anpassung an die veränderte Welt, von ihrer alten führenden Stellung im Staat so viel wie möglich zu bewahren. Nicht ohne Erfolg, wie der erwähnte Umstand zeigt, daß der Adel in herausragenden politischen, diplomatischen und militärischen Positionen stark überrepräsentiert war, gewiß in Ländern wie Großbritannien, Deutschland und dem Habsburgerreich. Außerdem aber entdeckte man auch die Vorzüge der modernen städtischen Kultur und ihres Angebots auf dem Gebiet der Künste und der raffinierten Vergnügungen. Es entstand ein urbaner Adel, der sich in den Metropolen niederließ, dort einen mondänen Lebensstil entwickelte und durch Zurschaustellung von Reichtum, Luxus und Eleganz beweisen wollte, daß er in der modernen Welt als Maßstab für Geschmack und Vornehmheit unentbehrlich sei. Manche sahen es als ihre Aufgabe, eine großzügige Begegnungsstätte für die kulturellen und politischen Eliten zu schaffen und in ihren Häusern Berühmtheiten aus verschiedenen Bereichen – Künstler, bekannte Publizisten und Wissenschaftler, Politiker und Industrielle – zusammenzubringen, wie Lady Warwick in London oder die Herzogin von Rohan in Paris. Es war eine Fortsetzung der alten Salonkultur, wobei die adligen Gastgeber oder Gastgeberinnen demonstrativ mit der antimodernistischen Tradition brechen wollten, in der man sich sonst in Adelskreisen heimisch fühlte. Es wurde auch üblich, Söhne eine Universität besuchen zu lassen; gängige Fächer waren vor allem Jura und Nationalökonomie, zum Teil auch Geschichte, Archäologie und klassische Sprachen: Schließlich blieb die Geschichte in einem sehr allgemeinen Sinn normativ und nährte das adlige Selbstbewußtsein. Die Berufe des Arztes, Anwalts oder Kaufmanns blieben als Broterwerb lange undenkbar.

Viele der jüngeren Adligen aber gerieten in ein Dilemma. Einerseits lag ihnen, schon durch ihre Erziehung, aus begreiflichen Gründen viel an einer Tradition und einem Standesbewußtsein, die sie zur wahren Elite der Nation bestimmten, andererseits verspürten sie aber die gleichfalls natürliche Neigung jeder jungen Generation, sich gegen die in ihren Augen altertümlichen, verstaubten Normen der Älteren aufzulehnen und mit ihrer Zeit zu gehen. So wählten sie die Rolle des Genußmenschen und des Dandy. Sie besaßen hierfür die nötigen Mittel, und ihre spätere Laufbahn erschien weitgehend gesichert und vorgezeichnet, entweder als Grundbesitzer – als Erbe von Landgütern – oder als Offizier oder Diplomat, dank eines Netzes von Beziehungen, das noch immer intakt war und in dem die richtige Heirat ein wichtiges Bindeglied bildete. Vor allem in England beschäftigten sie sich mit Sportarten wie Reiten und Jagd und mit dem Glücksspiel, aber auch auf dem Kontinent widmete man sich begierig diesen Liebhabereien. In Deutschland waren es einige vornehme Kurorte wie Wiesbaden und Baden-Baden, wo ein internationales adliges Publikum jeden Alters zusammenkam, um Vermögen und Gesundheit bei Roulette und anderen Glücksspielen zu riskieren und danach wenigstens die Gesundheit mit Quellwasser wiederherzustellen.

Weil man sich bei der Eheschließung noch hauptsächlich nach Standeserwägungen und dazu teilweise auch nach ökonomischen Beweggründen zu richten pflegte, blieben junge Männer am liebsten lange Junggeselle und unterhielten eine lockere Beziehung zu einem Mädchen bürgerlicher, oft kleinbürgerlicher Herkunft. In manchen Regionen, zum Beispiel in Österreich, war ein solches Verhältnis beinahe schon charakteristisches Merkmal des jungen Barons, der eine Stellung im Heer oder in der Staatsbürokratie innehatte. Für die Literatur war diese von vornherein als Intermezzo gedachte Liebesbeziehung eines ungleichen Paares ein ergiebiges Thema, etwa für Tolstois *Auferstehung*, Fontanes *Irrungen, Wirrungen* oder Schnitzlers *Liebelei*.

Verbindungen zwischen adligen und vermögenden, einflußreichen bürgerlichen Familien aus Kreisen der Industrie, des Handels und des Bankwesens wurden aber allmählich akzeptiert. In England war schon zu beobachten, daß Adlige im Versicherungswesen aktiv wurden. Auf dem Kontinent empfand man viel stärkeren Widerwillen gegen eine solche ökonomische Betätigung.

Trotz des unverkennbaren ökonomischen Abstiegs, eines besonders auf dem Kontinent spürbaren Rückgangs der Erträge aus den Landgütern, und obwohl die Dynamik der bürgerlichen Kulturoffensive und der politische Einfluß und die Macht von Parteien, die schon allein zahlenmäßig ganz von den breiten Mittelschichten getragen wurden und auf deren Interessen ausgerichtet waren, unaufhaltsam wuchsen, blieb der Adel mehr als bloß ein vertrautes, noch vielfarbig glitzerndes Ornament des Gesellschaftsgefüges. Tatsächlich war er dem Zentrum der Macht noch nah, und der Unterschied in Einkommen und Vermögen zwischen der Spitze der Gesellschaft und den Kleinbürgern – Angestellten, Ladenbesitzern, Grundschullehrern oder kleinen Beamten –, ganz zu schweigen von den Arbeitern und anderen sozial schwachen Gruppen, blieb gigantisch. Auch wo Progressivsteuern eingeführt worden waren, blieben diese begrenzt. So betrug das Jahreseinkommen einiger englischer Earls und Marquesses etwa hunderttausend Pfund, während die zweitausendfünfhundert übrigen Grundbesitzer unter den mehr als vierundvierzig Millionen Einwohnern Britanniens noch ein Einkommen von gut dreitausend Pfund hatten; dem standen viele Berufe mit einem Jahreseinkommen von fünfundsiebzig Pfund gegenüber, mehr als fünfzehn Millionen Menschen aber mußten mit fünfzig Pfund oder noch weniger auskommen. Und nochmals: England galt als das liberalste Land.

Noch hatten die mächtigen Erschütterungen den europäischen Adel nicht zu Fall gebracht, bei allen Veränderungen hielt er sich oben, unübersehbar und selbstbewußt, in der Überzeugung, daß es der Welt gar nicht besser gehen könne als mit ihm an der Spitze. Oder, um seine eigene Metapher zu gebrauchen: im Sattel.

4 Die Nachkommen des Bürgerstandes

Was Wohlstand, Berufe, Lebensstil, Verhalten und Normen angeht, war das alte Bürgertum – der ursprüngliche dritte Stand, der zum wichtigsten Träger und zur treibenden Kraft der industriellen Revolution und der Verstädterung wurde, während dieses Prozesses aber zunächst noch eine halbwegs zusammenhängende Klasse war – inzwischen in viele Gruppen zerfallen. Nicht einmal die oft vorgenommene Dreiteilung in eine gehobene, breite und untere Mittelklasse wird der Vielfalt gerecht. Die Frage ist ja, nach welchem Kriterium man eine genauere Einteilung vornehmen will. Der frühere »Stand« war durch die Verbindung eines besonderen Berufs und einer gesellschaftlichen Funktion mit einer eigenen festgelegten Rechtsordnung und einem besonderen System von Verhaltensregeln, Werten und Lebensstilen bestimmt gewesen. Zum Stand gehörte zugleich eine bestimmte Sprosse der Gesellschaftsleiter und damit ein bestimmtes Maß von Ansehen oder Macht. Im postrevolutionären Europa verloren die verschiedenen Aspekte, die zusammen einen Stand charakterisiert hatten, ihren Zusammenhang. Formal herrschte wenigstens in den westeuropäischen Ländern Rechtsgleichheit, und durch die Verstädterung und Industrialisierung hatte sich die tatsächliche Macht in ökonomischer und politischer Hinsicht verlagert. Mit dem Begriff der Klasse versuchte man zuerst eine neue Einteilung anhand der ökonomischen Verhältnisse und des Besitzes vorzunehmen. Die ökonomischen Verhältnisse schienen jetzt die treibende Kraft der Entwicklung zu sein. Der fortbestehende offensichtliche Zusammenhang zwischen politischem Einfluß und Vermögen schien die neue Klasseneinteilung zu rechtfertigen. Das Zensuswahlrecht bewahrte diesen Zusammenhang auch in den meisten Ländern bis zur Jahrhundertwende. Da wegen der schnell zunehmenden Spezialisierung auch Ausbildung und Spezialkenntnisse eine immer größere Rolle zu spielen begannen, entstanden aber auch auf diesem

Gebiet wieder neue Unterschiede. Weil nun gleichfalls ein Zusammenhang zwischen dem Grad der Ausbildung und der Kenntnisse und dem Grad des politischen Einflusses und des Wohlstands erkennbar war, schien der Begriff Klasse auch diesen Aspekt noch gut zu erfassen. Zu diesem Begriff gehörte, vor allem in der sozialistischen und marxistischen Theorie, die Vorstellung, daß Macht und Wissen letztlich von der Art abhängen, wie Menschen ihr Brot verdienen. So wurde der Klassenbegriff ein gängiges, praktisches Einteilungskriterium.

Neben »Bürgertum« war auch der Ausdruck »Bourgeoisie« aufgekommen, wiederum zuerst zur Kennzeichnung der reichen Oberschicht des früheren Bürgerstandes. Während dieses Wort im angelsächsischen Sprachgebrauch besonders für die Besitzenden und Großkapitalisten steht, bezeichnet es im Französischen allgemeiner die zugleich wohlhabenden und gebildeten, kultivierten bürgerlichen Oberschichten. Aber auch dieses Wort wurde in inflationärer Weise gebraucht, und man verwendet es oft ganz unbekümmert gleichzeitig im Sinne von »Bürgertum« oder »obere Mittelklassen«. Das einzige, was die bürgerliche Klasse oder Mittelklasse insgesamt verbindet, ist jedoch in Wahrheit ein negatives Kriterium: Man hat es weder mit Adligen noch mit Arbeitern oder Bauern und Knechten zu tun. Auch hinsichtlich der Gesinnung und politischen Parteinahme konnte von einer Einheit keine Rede sein. Nach der Einführung des allgemeinen Wahlrechts mußten alle Parteien, von verstockten Reaktionären und Konservativen bis zu Linksliberalen, in diesen wenig homogenen sogenannten Mittelklassen Anhänger gewinnen, und es gelang ihnen auch.

Wer den Klassenbegriff (seinem ursprünglichen Gehalt entsprechend) ausschließlich zur Bezeichnung der ökonomischen Funktion einer Gruppe gebrauchen will, kann in diesem Fall auch nicht von einer einzigen Klasse sprechen, nämlich einer durch die gleiche kapitalistische Mentalität und Aktivität charakterisierten Gruppe, wenn es um die Nachfolger des alten Bürgerstandes geht. Auch die bekannte Unterteilung in gehobene, breite und untere Mittelklasse, nach diesem ökonomischen Kriterium, suggeriert Einheiten, die es nicht gab. Nicht nur haben wir es innerhalb jeder Gruppe mit verschiedenen ökonomischen Funktionen zu tun – so umfaßt die untere Mittelklasse sowohl kleine Selbständige, Ladenbesitzer und Handwerker als auch Angestellte und Beamte. Was Menschen trennt und ihr Verhalten und Selbstbewußtsein prägt, hängt nicht allein von ihrem Einkommen ab und von der Art, wie sie es verdienen. Wenn wir aber den Klassenbegriff von diesem Kriterium lösen, bleibt die Frage, nach welchem anderen wir ihn dann anwenden sollen. Nach dem Kriterium der Macht und des Einflusses in der Politik? Soll man sich nach Wissen und Ausbildungsniveau richten und somit nach dem Einfluß auf die Richtung des Denkens und seine Veränderung? Nach dem Verhalten und den Umgangsformen, die wiederum ein Wert für sich sind, weil sie, unabhängig von tatsächlicher Macht oder vom Besitz, Status und Sozialprestige verleihen (ein Umstand, in dem man noch ein Fortwirken des Ständestaates erkennen kann)? Während Wissenschaftler – Soziologen, Historiker und Politologen – den Begriff der Klasse eingeführt haben und damit arbeiten, war offenbar im Bewußtsein der Allgemeinheit und in der Alltagskommunikation der alte Standesbegriff als Maßstab der Selbsteinschätzung noch quicklebendig; man sagte, jemand lebe »über seinem Stand« oder heirate »unter seinem Stand« oder »unstandesgemäß«.

Für die Praxis können wir die folgende schematische Unterscheidung vornehmen: Es gab eine Elite mit politischer oder administrativer Funktion (Regierungsmitglieder, Parlamentarier, Parteiführer, hohe Beamte und Leiter von Behörden), eine Elite im ökonomischen Bereich (Großunternehmer, Fabrikanten, Manager, Direktoren von Banken und Versicherungsunternehmen) und eine Bildungs- und Wissenselite (Wissenschaftler – hauptsächlich an Universitäten –, hohe Richter oder Publizisten und Journalisten mit Einfluß auf die öffentliche Meinung). Bei jeder dieser Gruppen kann man noch eine Abstufung nach Status und Einkommen oder Besitz durchführen. Zwischen einem Minister oder Spitzenbeamten in einer Metropole und dem Bürgermeister eines Ortes mit zweitausend Seelen lagen natürlich Welten, was Lebensumstände und Einkommen anging. Das gleiche gilt für die anderen Gruppen. Es gab an der Spitze gigantischer Betriebe die großen Unternehmer, die Tausende beschäftigten und die deshalb auch bezeichnenderweise Industriebarone genannt werden. Hier entstand schnell eine Art Dynastie (genau wie beim alten Lehnadel), wobei Besitz und Führung selbstverständlich in der Familie blieben, wie bei Krupp in Essen oder Schneider-Creusot mit dem Sitz in Paris. Wie schon erwähnt, legten sie sich in Wohnstil und Liebhabereien manchmal Adelsallüren zu, und sie unterhielten gern enge Beziehungen zum Adel, wenn sie dabei auch, zumindest in der ersten Generation, die hart arbeitenden, leistungsorientierten Bürger blieben, die sie von Haus aus waren. Der Umfang mancher

Industrieunternehmen und vor allem die einsetzenden Fusionen, die Bildung von Syndikaten, führten zwangsläufig dazu, daß sich ein Stab von Führungskräften zur Unterstützung des geschäftsführenden Eigentümers herausbildete, und so traten hochbezahlte moderne Manager, die bisweilen zu den eigentlichen Geschäftsführern wurden, und die Aufsichtsräte und Vertreter der Anteilseigner als eine ganz neue Gruppe hervor. In dieser vor allem entwickelte sich jene Mentalität, die durch das Streben nach Effizienz, durch großangelegtes Kalkulieren, eine letztlich immer auf Nutzen und Profit ausgerichtete Vorgehensweise, aber auch durch nie erlahmende Energie, Durchsetzungsvermögen und rücksichtslose Zielstrebigkeit charakterisiert ist. Da die Macht des Nationalstaates in erster Linie von seiner ökonomischen Potenz abhing, war diese Gruppe – auch wenn sie sich nicht direkt in die Politik einmischte – für die Regierungen und Parlamente eine Macht, an der niemand vorbeikam. Wegen des schnellen Wachstums des Bank- und Versicherungswesens waren deren Führungskräfte ebenfalls eine nicht zu unterschätzende Gruppe, die tatsächlich oft in enger Verbindung zu den Größen der Industrie stand. Gewöhnlich unterstützte diese reiche Spitzengruppe bürgerlicher Herkunft die konservativen oder rechtsliberalen Parteien, auf jeden Fall aber jene politischen Kräfte, die sicheren Schutz vor der gefürchteten Flut des Sozialismus zu bieten schienen. Sie hatte sich das liberale Leistungsprinzip auf ihre Fahne geschrieben, das schließlich ihrem Erfolg den Weg gebahnt hatte. Trotzdem konnte sich damit in einer späteren Phase auch schon eine Spur des traditionellen Geburtsstolzes und Standesdenkens vermischen, wie es die Neigung zum Bilden von Familiendynastien zeigt. Sofern diese kapitalistische Spitzengruppe in der Politik und auch im privaten Umgang eine Annäherung an die Großgrundbesitzer suchte oder selbst Grundbesitz erwarb, verstärkte sich diese Tendenz. Obwohl vor allem Energie, Spürsinn und Marktinstinkt unentbehrliche Eigenschaften waren, wenn man in diesen Bereichen Erfolg haben wollte, war es allein schon im Hinblick auf die notwendigen Beziehungen, auch was persönliche Förderung betraf, kaum möglich, auf ein gewisses Bildungsniveau zu verzichten. Das liberale Leistungsprinzip implizierte die Auffassung, daß Wissen Macht bedeutet. Wissen war zu einem neuen Wert geworden, aus dem im Laufe des neunzehnten Jahrhunderts auch neue und besondere Maßstäbe für Status abgeleitet worden waren: Bildung und Fachkompetenz.

Die beiden Eigenschaften darf man nicht verwechseln. Auf beiden Gebieten aber konnten sich die aufsteigenden Mittelschichten Geltung verschaffen. Zuerst war allgemeine, vielseitige Bildung ein unverkennbar bürgerliches Ideal. Das Unterrichtswesen stand in seinem Zeichen. Zum aufgeklärten, neuhumanistischen Menschenbild gehörte, daß allseitige, dem Reichtum der Kultur entsprechende Bildung als Merkmal eines voll entwickelten, kultivierten Menschen und als Zeichen der Freiheit und des Fortschritts galt. Damit wandte man sich gegen das traditionelle hierarchische Standesdenken wie auch gegen das mit ihm so eng verbundene Tugendregister des frommen Christen, das die Erziehung beherrscht hatte. Vor allem in Deutschland beeinflußte dieses Ideal das Unterrichtswesen, besonders das Gymnasium, aber im Grunde gehörte das Bildungsideal der aufsteigenden Mittelschichten ganz allgemein zum Kern des Liberalismus. Das deutsche Gymnasium wurde außerdem in vielen kleineren Nachbarländern Vorbild für höhere Schulen. Wegen des am klassischen Altertum orientierten Menschenbildes standen überall die klassischen Sprachen und die klassische Kultur im Mittelpunkt des Unterrichtsprogramms. Dennoch ist es auch kein Zufall, daß dieses universale Bildungsideal nirgends eine solche Faszination auf den Bürger ausübte wie in Deutschland, so daß hier der unübersetzbare Begriff »Bildungsbürgertum« aufkam. Daß der Bildungshunger des Bürgertums in Deutschland größer war als zum Beispiel in England oder Frankreich, hat man aus naheliegenden Gründen damit in Zusammenhang gebracht, daß in den meisten deutschen Ländern, gewiß aber in Preußen, die Monarchen und der Adel im neunzehnten Jahrhundert die Zügel noch fest in der Hand hielten und deshalb der politische Einfluß des Bürgertums geringer war als bei den westlichen Nachbarn. Damit bekam »Bildung« eine ausgesprochen kompensatorische Funktion; mit ihr konnte man sich gegenüber dem Adel deutlich profilieren. Daß die Ausbildung und das Interesse des preußischen Adels im Vergleich zum englischen und französischen einseitiger auf das Militärische ausgerichtet waren, kann diesen Kontrast zum Bürgertum noch verstärkt haben. Vor allem aber galt überall eine breite Allgemeinbildung als Voraussetzung für sozialen Aufstieg und für das Erlangen von Ansehen in einer Gesellschaft, die an den Fortschritt aufgrund von Leistungen der menschlichen Vernunft glaubte.

Das Schul- und Universitätswesen, das ursprünglich im Dienst des bürgerlichen Bildungsideals stand, brachte schließlich das moderne Spezialistentum hervor, jenen Typ von Spezialisierung, der an offiziell anerkannten Diplomen oder anderen Zeugnissen einer bestimmten Befähigung zu erkennen ist und Bedingung für das Ausüben des betreffenden Berufs war. Den Experten oder Fachmann grenzte man deutlich gegen den Laien, den Unbefugten, ab, und in jedem Beruf oder Fach strebte man danach, die Barriere zu erhöhen. Der Staat unterstützte dieses Bemühen, wenn auch in unterschiedlichem Maße und nicht überall zur gleichen Zeit, so daß der offiziell Diplomierte eine Monopolstellung erlangte. Ausbildung und Zeugnisse wurden zu einer Voraussetzung für den Aufstieg. So entstand das System der akademischen Grade und Diplome, der deutlichste Ausdruck des Leistungsprinzips. Der erworbene Grad war ein Nachweis des Könnens und des damit verbundenen Prestiges, und der Diplomierte erlangte einen besonderen Status. Sein Aufstieg führte über die höhere Schule, vorzugsweise das Gymnasium, und die Universität oder ein anerkanntes technisches Institut zu einem akademischen oder diesem verwandten Grad. Natur- und Geisteswissenschaftler, Juristen, Theologen, Ärzte, Architekten, Lehrer an höheren Schulen bildeten so eine Bildungs- und Leistungselite, und ihre Unentbehrlichkeit und ihr Ansehen drückten sich selbstverständlich auch in ihrem Gehalt aus. Auch höhere Regierungsbeamte können zu dieser Elite gezählt werden. In manchen Ländern, etwa Frankreich und Deutschland, hatte der Staat sehr tief in die Entwicklung des gesamten Bildungssystems eingegriffen und es seiner Kontrolle unterstellt. Regierungsbeamte und Richter mußten ein akademisches Jurastudium absolviert haben und anschließend ein Staatsexamen ablegen, um zu ihrem Amt zugelassen zu werden. Für Lehrer an höheren Schulen galt ähnliches.

Damit waren ihnen aber auch eine gute Stellung und entsprechende soziale Versorgung sicher. Welches Prestige der Lehrer an höheren Schulen im Unterschied zum Lehrer an Elementarschulen hatte, zeigten Titel wie Professeur oder Gymnasialprofessor und Studienrat. In den Niederlanden war ein akademischer Grad ebenfalls für zahlreiche höhere Ämter und für das Lehramt an den höheren Schulen erforderlich; erst später kamen rein praktisch ausgerichtete Mittelschulen auf. In England lag das Unterrichtswesen dagegen in der Hand verschiedener Körperschaften sowie kommunaler und privater Einrichtungen. Es gab kein vereinheitlichtes System von Examina und Graden, und für die Karriere waren noch eher das Sozialprestige besonderer Institute sowie Herkunft und Beziehungen ausschlaggebend.

So war überall eine neue Elite entstanden, die ihr Prestige und ihren Einfluß nicht unmittelbar Herkunft und Besitz, sondern ihrer Ausbildung zu verdanken hatte, eine Bildungselite, die zum Teil die Staatsverwaltung, zum Teil die höheren Bildungsinstitute bevölkerte und außerdem in freien Berufen wie Arzt, Anwalt, Journalist, Architekt oder Ingenieur ihren Einfluß geltend machte. Es kam zu einem Schneeballeffekt: Durch bessere Ausbildung und verlängerte Schulpflicht stieg allgemein das Wissensniveau, was zum Entstehen neuer Spezialgebiete führte, mit der Folge, daß der wissenschaftliche und technische Fortschritt wiederum ständig nach mehr Experten verlangte. Das Spezialistentum stand eigentlich im Widerspruch zum älteren universalen Bildungsideal, obwohl es seinen Ursprung im Streben nach Wissen hatte. Nicht allseitige Bildung als Voraussetzung harmonischer Selbstentfaltung, sondern gerade einseitige, aber gründliche Ausbildung in einem besonderen Fach waren sein Merkmal. Deshalb begann auch schon in der zweiten Hälfte des neunzehnten Jahrhunderts im Bildungswesen eine endlose Diskussion über die Frage, ob umfassende Bildung und Charakterformung oder die Spezialisierung Vorrang hätten. Die Debatte blieb zwar in der Theorie unentschieden, aber unter dem Druck der Gesellschaft, die ständig nach neuen Experten verlangte und neue Spezialgebiete hervorbrachte, verdrängte das Spezialistentum auf die Dauer das ältere Bildungsideal immer mehr, ein Prozeß, der bis heute unaufhaltsam fortschreitet.

Die Bildungselite war keineswegs mit der schon erwähnten Besitz- und Kapitalelite der Großindustriellen und Bankiers identisch. Obwohl auch für diese ein gewisses Bildungsniveau unentbehrlich war, standen hier doch andere, ganz auf die Praxis ausgerichtete, handfeste Fähigkeiten in höherem Ansehen, und Markterfolg zählte mehr als erworbene akademische Grade. Ähnlich wie beim Besitz kann man sich auch im Bereich der Bildung eine Abstufung vorstellen, in diesem Fall von der Ebene der am höchsten Graduierten und am besten Bezahlten, hohen Beamten, Richtern und Professoren, bis hinunter zu Menschen mit dürftigem Einkommen, Lehrern an Elementarschulen, kleinen Beamten, zum Beispiel bei Post und Polizei, oder Angestellten, die für ihre Arbeit nur einen bescheidenen Befähigungsnachweis brauchten.

Die schon erwähnte dritte Elite, die politische – Minister, Parteiführer, Parlamentarier –, wird gewöhnlich als gleich starke Gruppe neben die ökonomische Elite und die Bildungs- oder Berufselite gestellt. Die hohen Verwaltungs- und Regierungsbeamten, Bürgermeister und Richter könnte man außer zur Bildungselite auch zu dieser Gruppe zählen. Da ihre Arbeit unmittelbar im Dienst von Staat und Politik stand, unterschieden sich bei ihnen natürlich der Aufgabenbereich und die Arbeitsatmosphäre stark von denen der Wissenschaftler und anderen Akademiker und der erwähnten Freiberufler. Andererseits mußten auch sie fast ausnahmslos eine höhere und oft eine akademische Ausbildung absolvieren. Diese Elite und die Bildungselite hatten weiterhin eine gemeinsame Basis von Denkgewohnheiten und Wissen. Zu denen, die der Politik ihren Stempel aufdrückten, konnten jedoch auch Menschen gehören, die aus den besitzenden und kapitalkräftigen Kreisen und vor allem aus dem Adel stammten, der hier noch immer überrepräsentiert war.

Innerhalb der Bildungselite entstand noch eine charakteristische Sonderform, die unter dem Namen »Intellektuelle« oder auch »Intelligenz« einen festen Platz in unserem Sprachgebrauch erobert hat. Bei oberflächlicher Betrachtung scheint es sich um andere Wörter für dieselbe Gruppe zu handeln. Trotzdem decken sich diese beiden Begriffe nicht ganz mit dem der Bildungselite. Bei »Intellektuellen« und »Intelligenz« denkt man normalerweise weniger an Ausbildungsniveau und Fachwissen, an einen hochqualifizierten Beruf, als an eine geistige Haltung und Veranlagung.

Bei dem russischen Schriftsteller Turgenjew kam der Ausdruck »Intelligenzija« wahrscheinlich zum ersten Mal vor. Er ist nicht an einen bestimmten Beruf oder eine bestimmte Art des Broterwerbs gebunden. Genau wie das Wort »Intellektuelle« steht er für den Teil der Bildungselite, der sich in kritischer Reflexion mit den gesellschaftlichen und kulturellen Verhältnissen auseinandersetzt, sie kommentiert und sie eventuell auf diese Weise auch zu beeinflussen versucht, also Schriftsteller, Publizisten, Journalisten (falls sie das Niveau der Informationsbeschaffung übersteigen), wie auch ganz allgemein die Wissenschaftler, von denen der Stand des Wissens abhängt. Auch Politiker, Künstler und andere können, sofern sie eine derartige kritische Reflexion erkennen lassen, zu den Intellektuellen gezählt werden. Weil die Einflußsphäre des gedruckten Wortes, wegen der neuen Kommunikationsmöglichkeiten und Berufe, gewaltig gewachsen war, hatte die öffentliche Meinung auch für die Politik an Bedeutung gewonnen, und deshalb wiederum stieg die Zahl derjenigen rapide an, die es als ihre Aufgabe betrachteten, aufgrund ihrer Sachkenntnis oder als Vermittler der sich ständig weiter auffächernden Wissenschaften die Öffentlichkeit kritisch analysierend zu informieren und aufzuklären.

Soziologisch ist der Platz der Intellektuellen insofern mit dem der Künstler zu vergleichen, als sie sich gerne als innerlich unabhängige und freie Menschen sehen, die sich vom Rest abheben; vor allem von der großen Mehrheit, die ihr Brot im ökonomischen Sektor oder im Staatsdienst mit Verwaltung und Organisation verdient. Sie fühlen sich als eigener Stand, der den »Intellekt« repräsentiert wie der Künstler die Domäne des Ästhetischen. Zum Selbstbild beider gehört die Überzeugung, daß sie einen unabhängigen Kurs verfolgen, und darin sehen sie ihre Unentbehrlichkeit für das Ganze begründet. Wie bei der Kunst verschwimmen die Grenzen der »Intelligenz« ein wenig, allein schon deshalb, weil jene innere Unabhängigkeit eher Ziel und Ideal als Realität zu sein pflegt, zumal Intellektuelle auch verschiedenen Berufsgruppen angehören können, die wiederum ihre eigene geistige Welt und ihre eigene Ethik besitzen – dies gilt für den Bereich der Literatur oder für die Presse, für Wissenschaft und Politik. Darum steht der Intellektuelle in soziologischer Hinsicht manchmal, aber nicht immer, mit einem Bein in einer anderen Kategorie, so daß er sich nach zwei verschiedenen Verhaltensregeln zu richten hat. Hier spielen auch die nationalen Unterschiede eine Rolle. Akademiker an Universitäten zum Beispiel sind in vielen Fällen Staatsbeamte, wie in Deutschland, Frankreich und zum Teil auch in den Niederlanden, und in anderen Fällen nicht, wie in der angelsächsischen Welt.

Der Intellektuelle als kritischer, einigermaßen unabhängiger Beobachter, dessen Standesethos auf der Überzeugung beruht, sich vom normalen Standes- oder Klassenbewußtsein emanzipiert zu haben, ist ein Vermächtnis der Aufklärung. Man kann in den Philosophen des achtzehnten Jahrhunderts die ersten idealtypischen modernen Intellektuellen sehen, die sich unentwegt vermehrende Nachfolger hinterlassen haben. Die prägende Wirkung dieser Abstammung zeigt sich auch im heimlichen oder offenen didaktischen Ehrgeiz der Intellektuellen, in ihrer Rolle als selbsternannte geistige Führer. Dieser Ehrgeiz beruht letztlich auf dem Aufklärungsglauben an die Vernunft und das Argument als Mittel des Fortschritts. Das ist der Boden, auf dem Intellektuelle stehen, auch wenn sie sich leidenschaftlich gegen Aufklärung, Fortschrittsglauben und Rationalismus wenden. Nicht zufällig blieb dieser Nährboden bei der Mehrheit der Intellektuellen sichtbar.

Obwohl die offizielle Rechtsgleichheit und das Leistungsprinzip implizierten, daß grundsätzlich jeder auf dem Wege der Bildung nach oben kommen konnte, verhielt es sich in Wirklichkeit natürlich anders. Damit jemand erfolgreich die höhere Schule und eine höhere Berufsausbildung oder ein Universitätsstudium absolvieren konnte, war zweierlei wichtig: ein häusliches Milieu, das zu einem solchen Werdegang anspornte und in kultureller Hinsicht halbwegs zu ihm paßte, und die Mittel. Verschiedene Staaten, zum Beispiel Deutschland und Frankreich, versuchten mit Stipendien für Mittellose die sozialen Barrieren zu beseitigen. In anderen Ländern gab es private Institutionen und Fonds, die dem Begabten ohne Geld weiterhelfen sollten. Trotzdem blieb der Anteil der so Geförderten sehr gering, vor allem, weil das häusliche Milieu als sehr starke Bremse wirken konnte. Auf jeden Fall gab es offenbar noch bei jeder Bevölkerungsgruppe die deutliche Tendenz, zunächst sich selbst zu reproduzieren, was Berufe, Bildungsniveau und Mentalität anging. Das bedeutete, daß Gymnasium und Universität zum weitaus größten Teil wiederum von Nachkommen der Bildungselite besucht wurden. Auffällig war ursprünglich vor allem der hohe Anteil von Pfarrerskindern. Das Haus des protestantischen Theologen war in der ersten Hälfte des zwanzigsten Jahrhunderts Zuchtstätte für eine kulturelle Elite. Diejenigen, die aus Schichten mit niedrigerem Einkommen stammten, aber den Sprung nach oben wagten und schafften, waren vor allem Kinder von Volksschullehrern; das ist nicht verwunderlich, da man in diesen Familien ebenfalls dem Bildungsideal anhing. Dies galt sehr viel weniger für Kinder aus dem alten Mittelstand, zu dem Handwerker, Ladenbesitzer und kleine Kaufleute gehörten; hier begegnete man aus einer starken traditionalistischen Neigung all den modernen Entwicklungen und neuen Berufen mit Mißtrauen. Damit ist schon gesagt, daß bei den sogenannten breiten Mittelschichten, die hinsichtlich des Vermögens, der Ausbildung und des Status nicht zu den erwähnten Eliten oder dem »gehobenen Bürgertum« gehörten, wiederum deutlich zwischen altem und neuem Mittelstand zu unterscheiden ist.

Ganz allgemein kann man sagen, daß Angehörigen des neuen Mittelstandes, Angestellten und kleinen Beamten, viel mehr an Aufstieg gelegen war, was mit ihrer direkten Abhängigkeit von Vorgesetzten oder Geschäftsinhabern und der indirekten Abhängigkeit von Konjunkturschwankungen und politischen Machenschaften zusammenhängt. Hier herrschten das Leistungsprinzip und das Verlangen nach Status, der so notwendig für die Selbstachtung war, da die Arbeit selbst sich von der Person getrennt hatte. Man konnte sich mit ihr nicht identifizieren. Dagegen galten im alten Mittelstand, bei Handwerkern, Ladenbesitzern, Gastwirten, kleinen Kaufleuten und Händlern, noch die traditionellen Normen, die im Standesbewußtsein wurzelten. Dazu gehörte auch eine gewisse Berufsehre, die eine religiöse Grundlage hatte: Nicht auf Karriere oder Gewinn kam es in erster Linie an, sondern darauf, ob man ein guter Kupferschmied oder Gastwirt war und so seinen Platz in der Welt zu aller Zufriedenheit ausfüllte. Man hatte ein persönliches Verhältnis zu seiner Arbeit, mit der man sich identifizierte, und als sein eigener Herr fühlte man sich nicht als anonymes, austauschbares Rädchen im Getriebe eines unübersichtlichen Betriebs, wie der Angestellte und auch der Fabrikarbeiter, deren Arbeitssituation unter diesem wichtigen Aspekt vergleichbar war. Nicht umsonst kam für die Angestellten deshalb auch die Bezeichnung »Stehkragenproletarier« auf. Keine andere Gruppe des niederen Bürgertums war so versessen darauf, sich vom Proletariat abzuheben.

Beim alten Mittelstand war auch aus naheliegenden Gründen die Mobilität erheblich geringer. Hier war es noch üblich, daß die eigene Werkstatt, der eigene Gasthof oder Laden vom Vater auf den Sohn übergingen, was die Verwurzelung in einer Stadt oder einem Viertel mit besonderer Atmosphäre und eigenem Umgangston verstärkte. Die Übernahme hatte nicht nur eine ökonomische, sondern ebensosehr oder noch stärker eine emotionale Bedeutung: Man bewahrte auf diese Weise das Lebenswerk des Vaters, und dies stärkte die eigene Identität. Die Neigung zur Dynastiebildung bei den allerreichsten Industriemagnaten fand damit bei vielen Familien des alten bürgerlichen Mittelstandes eine merkwürdige Entsprechung.

Für den neuen Mittelstand galt dies nicht, und vor allem waren hier Aufstiegsdrang und Mobilität sehr ausgeprägt. Ein Aspekt der Mobilität war, daß man vorzugsweise Mietwohnungen bezog, während im alten Mittelstand der Besitz eines Hauses, das man oft selbst schon geerbt hatte, auch zum Selbstbewußtsein gehörte und wiederum die Bindung an Herkunftsort und Arbeit festigte. So konnte es zu einer gewissen räumlichen Trennung kommen, da der alte Stadtkern noch zum großen Teil von Angehörigen des alten Mittelstandes bewohnt war, die dort ihre eigenen Häuser besaßen, während Mietwohnungen in den neuen Vierteln entstanden, wenn dies auch gewiß keine allzu strikte Trennung war und die Verteilung von Land zu Land und manchmal von Stadt zu Stadt wechselte.

Bei dieser Vielfalt von Gruppen, die je nach Besitz und Einkommen, Bildung, Ausbildung, Stellung und Arbeit wiederum auf verschiedene Art unterteilt werden können, kann kaum von einer gemeinsamen Lebens- oder Denkweise oder einem Gruppenbewußtsein gesprochen werden, das bürgerlich zu nennen wäre. Der Abstand zwischen dem Industriemagnaten oder Millionär und dem Gemüsehändler oder Zimmermann in einem alten Stadtviertel, zwischen dem Minister, Parteiführer oder hohen Richter und dem Polizisten oder Postbeamten, zwischen dem Professor und dem Dorfschullehrer macht dies unmöglich. Solche Abstände gab es gleichzeitig in vielen anderen Bereichen: Kleidung, Wohnung, Umgangsformen, Zukunftserwartungen, Sprachgebrauch, Tageseinteilung, Geschmack und Vergnügungen. Der Abstand zwischen den beschriebenen Eliten und dem alten Adel war trotz dessen innerer Geschlossenheit auf all diesen Gebieten wesentlich geringer, und das gleiche gilt für die Distanz zwischen dem kleinen Beamten oder Angestellten und dem Facharbeiter. Trotzdem betonte gerade der Kleinbürger sehr eindringlich, was ihn vom Arbeiter unterschied – Normen und politische Einstellung. So verwundert es nicht, daß Abstufungen in Stil und Selbstbewußtsein quer durch alle Gruppen fühlbar und sichtbar blieben. Sie äußerten sich in der Art, wie man mit Messer und Gabel umging, wie man trank, wie man einander auf der Straße grüßte oder reiste. Die Eisenbahnen hatten fast überall vier Klassen: die vierte viehwaggonartig, ohne Sitzplätze, die dritte mit Holzbänken, die zweite gepolstert und die erste mit Samtverkleidung. Abgesehen vom Fahrpreis wäre es ganz undenkbar gewesen (wenn auch formal nirgends verboten), daß ein Schornsteinfeger oder Metzgergeselle in einem Coupé erster oder zweiter Klasse Platz nahm. Man hätte ihn sofort wegen unverschämten Verhaltens hinausgeworfen.

Daß es teure Hotels und Restaurants für die vornehme Oberschicht, weniger teure und elegante für die vermögenden Bürger (wie diffus dieser Begriff auch war) und Kneipen für den Kleinbürger oder Arbeiter gab, ist einleuchtend, aber zum ungeschriebenen Verhaltenskodex gehörte auch, daß man seinen Platz kannte, und den bestimmte nicht ausschließlich die Geldbörse.

Am deutlichsten zeigten sich die Unterschiede an den Wohnverhältnissen und Wohngebieten. Der viktorianische bürgerliche Sittenkodex, der auf dem Wunschbild der Reinheit und Intimität der Familie beruhte, die vor verderblichen Einflüssen der Außenwelt zu schützen war, setzte zugleich die strikte Trennung und auch räumliche Distanz von Wohnen und Arbeit voraus. Diese hatte dem patriarchalisch geführten Großhaushalt ein Ende bereitet. Notwendig war aber auch der entsprechende Raum, und zur idealen bürgerlichen Wohnung gehörte auf jeden Fall, daß die Bereiche Schlafen, Essen und Aufenthalt getrennt waren und daß jeder sein eigenes Bett hatte. Das war früher keineswegs normal gewesen, nicht nur für die Kinder. Die Moral gebot, daß Kinder von der Pubertät an nicht mehr bei den Eltern schliefen und Jungen und Mädchen nicht mehr zusammen. So konnte man das große Tabu und die Verdrängung des Körperlichen aufrechterhalten. Natürlich spielten auch neue hygienische Erkenntnisse eine Rolle, die besagten, daß Ansteckung und vor allem die Verbreitung von Geschlechtskrankheiten dadurch begünstigt wurden, daß viele Menschen auf engem Raum wohnten und schliefen, oft zu zweit in einem Bett. Auf jeden Fall fand man es erstrebenswert, daß auch innerhalb der Familie der eine nicht den Körper des anderen zu Gesicht bekam, oder doch so wenig wie möglich, und dies war letztlich vor allem eine Frage des Wohnraums und somit des Geldes. Sowohl vom hygienischen als auch vom moralischen Standpunkt aus war deshalb die Vierzimmerwohnung (wenn es Kinder gab) die Minimalforderung des bürgerlichen Wohnideals. Gerade hier erwiesen sich die Unterschiede als gewaltig, und Wohlstand und Status waren in erster Linie am Wohnraum erkennbar. Vor allem er demonstrierte das neue Standesbewußtsein. Die Wohlhabenden aus den verschiedenen Eliten sahen Häuser oder zumindest Wohnungen mit vielen Zimmern und getrennten Räumen oder Salons für Herren und Damen sowie Bereichen für das Dienstpersonal, das oft noch einmal drei, vier oder fünf Personen umfaßte, als unabdingbares Erfordernis. Dort wurde die Hausherrin noch von einer besonderen Haushälterin unterstützt oder vielmehr ersetzt, die eine höhere Position als das übrige Personal innehatte und es mit klirrendem Schlüsselbund dirigierte. Für die breite Mittelschicht kam dergleichen natürlich nicht in Betracht, aber ein Dienstmädchen gehörte schon zur erwünschten Ausstattung, am liebsten auch ein Kindermädchen. Das Kleinbürgertum, das sich all dies selten erlauben konnte, machte ein besonderes, feines Zimmer, das für mögliche Besucher immer sonntäglich auszusehen hatte, zum Statussymbol, und es war dieses feine Zimmer, das auch die aufsteigenden Arbeiter als erstes anstrebten, um zu beweisen, daß sie dem proletarischen Milieu entwachsen waren.

Bei den Kleinbürgern spielte sich das Familienleben gewöhnlich noch in der Küche ab. Kinder schliefen hier auch bei den Eltern, und in den unteren Schichten des Bürgertums sahen viele sich gezwungen, Untermieter zu nehmen. Alleinstehende hatten keine eigene Wohnung, und die Schlafunterkunft war in den Städten eine normale Erscheinung. Schon allein deswegen war die Splendid isolation der Familie nur für die höheren Klassen und Stände zu verwirklichen.

Eine Hierarchie aufgrund der drei entscheidenden Kriterien Herkunft, Besitz und Bildung war für jeden selbstverständlich und wurde respektiert, auch ohne formale Vorschriften. Sie waren überflüssig, weil derjenige, der die Normen verletzte, sich selbst aus der Gesellschaft ausschloß. Auch weiterhin war also das Leben jedes Menschen von Anfang an von den Standesunterschieden beherrscht, vom Respekt für die Höherstehenden, der Geringschätzung oder dem Mitleid gegenüber denen, die sozial tiefer standen. So sehr galt allgemein die Hierarchie als natürliche Ordnung, daß sie einem kaum bewußt wurde; eher fiel einem auf, daß die Hierarchie im Vergleich zu früher zumindest Verschiebungen und Absenkungen erkennen ließ.

Eine etwas eigenartige, nie gut einzuordnende Gruppe blieben die Künstler: die bildenden Künstler, Musiker, Schauspieler, Tänzer, Dichter und Schriftsteller, ob sie sich nun den höheren oder leichteren Musen verschrieben hatten. Wie schon erwähnt, gehörte es seit der Romantik zum Selbstbild des freien Künstlers und zu seiner Auffassung von »Freiheit«, daß er sich in Verhalten, Kleidung und Lebensweise betont vom normalen Bürger abgrenzte. Was die Herkunft angeht, waren die Künstler eine gemischte Gesellschaft; sie kamen aus allen Schichten des Bürgertums und zeigten deshalb natürlich noch oft die Spuren unterschiedlicher Erziehung, mit entsprechenden Gegensätzen in den Manieren. Bei den eher intellektuell Orientierten, wie den Schriftstellern, konnte die Betonung des Abstands zum Bürgertum zu einer bewußt kritischen Haltung führen. Hierin unterschieden sie sich wiederum nicht sehr von den freien Publizisten und Journalisten, die sich als öffentliche Volkserzieher betrachteten und es als ihre Berufung sahen, ganz allgemein Mißstände anzuprangern. Es ginge allerdings wieder zu weit, die Künstler auch in dieser Hinsicht als eine gleichgestimmte antibürgerliche Gruppe zu betrachten. Längst nicht alle betonten den Abstand, und gerade unter den Berühmtheiten findet man in allen Ländern Persönlichkeiten, die ganz bewußt einen großbürgerlichen, eleganten Lebensstil zur Schau stellten und sich als Auserwählte von den verschiedenen Eliten feiern ließen, was wiederum zwangsläufig zu einer Anpassung an diese Eliten führte. Grundsätzlich blieb auch der Künstler von seiner sozialen Herkunft geprägt, auch und gerade als Rebell. Was viele von ihnen äußerlich zu verbinden schien, ein kultiviert unbürgerliches Äußeres, verschleierte nur die Unterschiede zwischen Kindern von Kleinbürgern, Arbeitern oder Vermögenden.

Bauernkinder waren im Künstlermilieu jedoch gewöhnlich eine Seltenheit. Die Stadt – ob klein oder groß – war die wichtigste soziale Brutstätte auch für diese Gruppe. Daß viele Künstler gerade eine Leidenschaft für das Landleben und die Natur entwickelten, steht nicht im Widerspruch dazu, sondern ist eher sogar durch ihre städtische Herkunft zu erklären.

Gab es überhaupt noch etwas, was diese so vielfarbige und gegensätzliche Gruppe zusammenhielt, was die Nachfolger des alten Bürgerstandes verband? Vielleicht war es doch eine noch nicht verlorene Erinnerung an jene gemeinsame historische Herkunft und deren Vermächtnis. Man war ja weder von Adel, noch war man Bauer oder Arbeiter, und man sah oder wußte, daß allein das Leistungsprinzip und der Glaube an die permanente Veränderung der Gesellschaft den Boden bildeten, auf dem man Erfolg geerntet hatte oder in Zukunft würde ernten können. Allein die Anerkennung jenes Prinzips, das für alle theoretisch Gleichwertigkeit und tatsächlich Gleichheit vor dem Gesetz implizierte und garantierte, machte den Fortschritt möglich, den allgemeinen und den privaten im Sinne der Erhöhung des Status und der sozialen Stellung. An der Wiege der imponierenden Umwälzungen des neunzehnten Jahrhunderts hatte ein revolutionäres bürgerliches Prinzip gestanden, und insofern gehörte der unterschwellige Glaube an das liberale Prinzip der freien Selbstentfaltung und an das freie Spiel der Kräfte doch noch wie selbstverständlich zum Bürgertum – obwohl die Zweifel und Vorbehalte, das Verlangen nach Ordnung und der Wunsch, die Emanzipation anderer Gruppen zu bremsen, gegen Ende des Jahrhunderts gewachsen waren. Die Möglichkeit des Vorankommens war für einen selbst und erst recht für die Kinder grundsätzlich immer gegeben, und bei aller Zähigkeit der bestehenden sozialen Verhältnisse, wegen der so ungleichen Ausgangspositionen, was Milieu und Mittel anging, gab es eine ständige langsame Verschiebung zwischen den einzelnen Gruppen. Familienchroniken zeigen, wie oft im neunzehnten Jahrhundert die Kurve vom Großvater über den Vater zum Sohn ansteigt und wie viele einflußreiche und angesehene Persönlichkeiten, verfolgt man ihre Herkunft zwei oder sogar nur eine Generation zurück, aus sehr einfachen Verhältnissen stammen. Obwohl dies gewiß auch für Kinder aus Arbeiter-

oder Bauernfamilien galt, war die hemmende Wirkung des Milieus in diesem Fall stärker, auch wegen der vom Kleinbürgertum ganz bewußt vollzogenen Abgrenzung gegen das Proletariat und der Barriere zwischen Stadt und Land.

Aber unbestreitbar war es in der zweiten Hälfte des Jahrhunderts – im Zusammenhang mit dem Zerfallen des alten dritten Standes in all die hier beschriebenen Gruppen, dem Anbrechen der nächsten Phase der Industrialisierung, dem modernen Imperialismus und dem Aufkommen einer organisierten Arbeiterbewegung – auch zu einer Verhärtung und einem Drang nach sozialer Abkapselung gekommen. Einst hatte sich das liberale Bürgertum als Repräsentant und natürlicher Wegbereiter für die Emanzipation der gesamten Bevölkerung unter dem Banner von Freiheit und Fortschritt verstanden, aber dieser alte idealistische Geist war gewichen und hatte einem Denken Platz gemacht, das viel mehr durch Klassen- und Standesbewußtsein geprägt und auf die eigenen Interessen ausgerichtet war. Das gehobene Bürgertum gab sich Mühe, sich sozial vom mittleren abzugrenzen, und suchte in Lebensweise und Auftreten nun eher den Anschluß an die alten Oberschichten, die es zu Beginn des neunzehnten Jahrhunderts bekämpft hatte. Dies äußert sich darin, daß die liberalen Parteien und die liberale Ideologie innerhalb des politischen Spektrums von der linken zur rechten Seite rückten und dabei den neutralistischen Staatsbegriff zugunsten eines positiven aufgaben, das heißt, daß der Staat nicht nur eine regulierende Aufgabe haben sollte, sondern als Exponent bestimmter Interessen und einer bestimmten Moral angesehen wurde.

Als typisch bürgerlich gelten allgemein auch die moralischen Vorschriften und Tabus, vor allem in der Sexualität, der Familienkult und die deutliche Trennung der Rollen von Mann und Frau. Sie wurden als besondere Errungenschaften der Mittelklassen und als ihr Beitrag zur Kultur betrachtet.

Ferner gab es den Nationalismus. Auch er war zuerst ein städtisches und bürgerliches Phänomen gewesen. Für niemanden hatte er so sehr eine Integrationsfunktion erfüllt wie für die Mittelklassen, die durch ihn, quer durch alle Gruppen, wie durch eine neue Religion verbunden wurden. In der Nation fanden sie ihr großes und strahlendes Zentralgestirn, das all ihre Gegensätze und Konflikte verblassen ließ, weil die Nation allen das Gefühl gab, Kinder einer einzigen beglückenden königlichen Mutter zu sein. Bei den Arbeitern war das noch anders, vor allem bei den zum Sozialismus bekehrten, die gelernt hatten, im Staat ein Werkzeug der herrschenden ausbeutenden Klassen zu sehen, und für die Bauern blieb der Staat gewöhnlich in weiter Entfernung, eher eine vielleicht nützliche Einzäunung um ihr Dasein herum, das an eine Region und Heimatgegend gebunden war. Die Mittelklassen jedoch betrachteten sich – insofern waren sie die wirklichen Erben des alten dritten Standes – als Träger, Basis und zugleich als Seele der Nation und, noch allgemeiner, der Kultur.

Für das gebildete und kapitalkräftige gehobene Bürgertum war in diesem Zusammenhang noch eine andere Überzeugung selbstverständlich: Der Glaube an den Fortschritt war hier ungebrochen. Die anhaltenden Erfolge von Wissenschaft und Technik ließen keine andere Überzeugung zu. Schon seit 1880 suchten populärwissenschaftliche Veröffentlichungen in stetig wachsender Zahl die Kluft zwischen den Naturwissenschaften und dem interessierten gebildeten Publikum zu überbrücken. So entpuppte sich in Deutschland der Philosoph und Schriftsteller Wilhelm Bölsche nach 1900 als der große Popularisator eines positivistisch-materialistischen Weltbildes, das an den materialistischen Monismus Ernst Haeckels anknüpfte. In Zeitschriften wie *Die freie Volksbühne* und besonders *Die neue Rundschau* hielt er die lernbegierigen Leser auf dem laufenden – ein Beitrag zur Etablierung und Verbreitung einer in jeder Hinsicht stark positivistischen Kosmologie. In diesem geordneten Universum galten die Gesetze der Kausalität, die den Menschen befähigten, die blinden Naturkräfte immer mehr zu beherrschen. Das klare, mechanistische Weltbild, das auf Newton und Laplace zurückging, bildete zusammen mit dem Darwinismus und der Evolutionslehre die Grundlage dessen, was als die zeitgemäße Wahrheit galt, eine Wahrheit, die ältere metaphysische und religiöse Dogmen in den Augen jedes gebildeten Bürgers, der auf der Höhe der Zeit sein wollte, widerlegt hatte. Es war die gleiche Epoche, in der die Physik gerade die Grundlagen dieses Weltbildes mit ein paar revolutionären Gedanken zertrümmerte. Dies sollte jedoch erst später in all seinen Konsequenzen erkannt werden.

5 Die Arbeiter und der Sozialismus

Durch ihre körperliche Arbeit in Fabriken – wenn auch in Teilbereichen mehr und mehr auf mechanisches Bedienen von Maschinen beschränkt –, die Lohnarbeit und die Abhängigkeit vom Fabrikanten oder Unternehmer unterschieden sich die Arbeiter sowohl von allen Nachfahren des Bürgerstandes als auch von der bäuerlichen Bevölkerung. Dieses Massenproletariat der Arbeiter in den Städten war etwas, das mit der Industrialisierung in die Welt gekommen war, wenn man auch schon vorher von einem vierten Stand gesprochen hatte, zu dem die ungeschulten Handarbeiter, Knechte und Tagelöhner und außerdem Notleidende und Asoziale, der Bodensatz des Volks oder der Pöbel, gezählt wurden. Tatsächlich war aber das städtische Massenproletariat etwas Neues, dem die Zeitgenossen deshalb auch lange ein wenig ratlos gegenüberstanden und das die Bessergestellten als unentbehrlich, beklagenswert, bedrohlich oder minderwertig empfanden; es war eine bedrückende Last für das Gewissen, ein gewaltiges soziales Problem oder unvermeidliche Begleiterscheinung des ökonomischen und technischen Fortschritts. Infolge einer ganzen Reihe sozialer Maßnahmen und dank einer internationalen Periode der Hochkonjunktur ab etwa 1894 waren beim Industrieproletariat die besonders empörenden Mißstände, die um die Mitte des neunzehnten Jahrhunderts und noch lange danach die Gemüter bewegt und heftige Kontroversen ausgelöst hatten, verschwunden. Auch der Imperialismus und die Ausbeutung der unermeßlichen kolonialen Besitzungen hatten zu dieser Hochkonjunktur in den Mutterländern des Kolonialismus wie Großbritannien, Frankreich, Belgien, den Niederlanden und später auch Deutschland beigetragen, obwohl man darüber diskutieren kann, inwieweit dieser Beitrag allein materieller oder auch psychologischer Art war: Erwartungen und Einstellungen beeinflussen immer das ökonomische Geschehen und die Arbeitsverhältnisse, ja sie sind sogar ein Teil davon.

Bauverordnungen, Regelungen für eine Absicherung bei Krankheit und Unfall und für das Alter, die beginnende Kontrolle der Arbeitsbedingungen und der hygienischen Verhältnisse am Arbeitsplatz (auch aufgrund der neuen medizinischen Erkenntnisse), das fast vollständige Verbot der Kinderarbeit und die Einschränkung der Frauenarbeit, die Verkürzung der unmenschlichen Arbeitszeiten von teilweise vierzehn bis sechzehn Stunden, schließlich die Einführung des allgemeinen Wahlrechts für Männer und der allgemeinen Schulpflicht – all dies hatte in den Ländern, in denen die Modernisierung am weitesten fortgeschritten war, den Arbeiterfamilien doch etwas wie einen Weg gezeigt, der sie aus einem erbärmlichen Sklavendasein hinausführen konnte. Vor allem gab es, auch wo das Leben im Augenblick noch recht elend blieb, Hoffnung auf Veränderung. Genossenschaften und Selbsthilfeorganisationen von und für Arbeiterfamilien, einflußreiche große Gewerkschaften und die ebenfalls immer mehr Macht und Einfluß gewinnenden sozialistischen Parteien hatten einen wesentlichen Anteil an den Verbesserungen. Aber auch die fortschrittlichen sogenannten Links- oder Sozialliberalen aus den Mittelklassen und außerdem manche konservativen Gruppen setzten sich dafür ein, daß der Staat Maßnahmen zum Schutz der Arbeiter ergriff, um den unmenschlichen Zuständen, die doktrinärer Liberalismus und eine unkontrollierte Marktwirtschaft hatten entstehen lassen, ein Ende zu bereiten. Die Angst vor politischer Radikalisierung der Verelendeten, vor der Gewalt der Verzweiflung, war nicht ohne Bedeutung für diese Bemühungen. Allerdings gab es um die Jahrhundertwende kaum noch Anzeichen dafür, daß ein gewaltsamer Umsturz bevorstehen könnte.

Der Mythos der großen Revolution, die als Morgenröte einer neuen Welt kommen und dem kapitalistischen System mit all seinem Unrecht den Untergang bringen würde, war jedoch keineswegs tot. Radikale, sich orthodox-marxistisch nennende Gruppen innerhalb der sozialistischen Bewegung hielten in Strategie und Programm unverändert an der Notwendigkeit einer Revolution fest. Ebenso bemerkenswert war aber die stillschweigende, allmähliche Integration der großen Mehrheit der sozialistischen Parteien in das System. Dies äußerte sich in den revisionistischen Theorien von Marxisten wie Eduard Bernstein und später, nach der Jahrhundertwende, von Otto Bauer, Victor Adler und Rudolf Hilferding.

Sie leugneten die Notwendigkeit einer Revolution. Angesichts der gegebenen ökonomischen und politischen Verhältnisse glaubten sie die Lehre von Marx in wichtigen Einzelheiten revidieren zu müssen. Dessen Voraussage, daß der mittelgroße und kleine Betrieb von den großen Konzernen erdrückt und auch die Landwirtschaft ganz vom Großbetrieb beherrscht werden würde, zeigte sich von den ökonomischen Entwicklungen und den Statistiken widerlegt. Der Revision der Theorie entsprach eine Änderung der Strategie, der sogenannte Reformismus. Es schien nämlich um die Jahrhundertwende keineswegs mehr undenkbar, daß die kapitalistische Gesellschaft ganz allmählich zu einer sozialistischen umgebaut werden könnte. Die Erweiterung des Wahlrechts bot die Chance, unter Beibehaltung der parlamentarischen Spielregeln und der bestehenden politischen Konstruktion den Staat von innen her Stück für Stück zu erobern, da sich der Sozialismus auf die arbeitenden Massen stützte. Auch für diese Gemäßigten blieb aber die sozialistische Gesellschaft, in der alle Produktionsmittel Gemeinschaftseigentum sein würden – die Voraussetzung für das Verschwinden von Klassen, für Gerechtigkeit und wahre Gleichheit –, das unabänderliche Endziel all ihres politischen Strebens und Denkens.

Der erwähnte Integrationsprozeß vollzog sich daneben jedoch noch auf viel subtilere Weise, da sich vor allem die Arbeiter mit höherer Qualifikation in ihrer Mentalität zum (Klein-)Bürgertum hin entwickelten. Eine menschenwürdige Erziehung dank der allgemeinen Schulpflicht, dazu noch weiterführende Schulungen und Vortragsreihen, allerlei Bildungseinrichtungen wie Volksbibliotheken und Lesesäle, die Ermunterung zum Selbststudium – all dies sollte ja den Arbeiter zu einem kultivierten Wesen machen. Es war eine Voraussetzung für seine Anerkennung durch Staat und Gesellschaft. Auf diese Weise kam er jedoch zwangsläufig mit der bürgerlichen Kultur in Berührung, die er nach streng marxistischer Theorie nun gerade zu verwerfen hatte. Die erhöhte Chance eines sozialen Aufstiegs vom ungelernten Arbeiter zum Facharbeiter und danach zum kleinen Selbständigen untergrub gerade bei den Fähigeren und Aktiveren die Bereitschaft, sich den radikalen Genossen anzuschließen, die von Kompromissen nichts wissen wollten und sogar auf eine Zunahme von Konflikten und Not hofften, damit sie die große revolutionäre Explosion auslösen konnten. Der Sozialismus verleugnete also nie ganz seine sozialen und geistigen Ursprünge: Die großen sozialistischen Theoretiker, Strategen und Anführer stammten zum größten Teil aus den gebildeten Mittelklassen. Unter ihnen waren viele typische Intellektuelle, dialektisch geschult und in Philosophie und Geschichte belesen. Auch was die Kleidung und äußere Erscheinung anging, waren sie und all die bärtigen, würdigen patriarchalischen Bürgerherren austauschbar.

Die mit glühender Überzeugung verkündete Lehre von einer besonderen proletarischen Klasse und Kultur war aber trotz verdeckter Integration in das System nicht ohne Bedeutung. Sie stärkte das Selbstbewußtsein der organisierten Arbeiter und war eine Quelle des Vertrauens in die eigene Kraft, das immer eine Voraussetzung für Erfolg ist. Unermüdlich betonten die sozialistischen Führer die Bedeutung der internationalen Solidarität des Proletariats im Kampf gegen die besitzenden Klassen und den existierenden Staat, den sie als Instrument der kapitalistischen Ausbeuter ansahen. Um die Solidarität zu festigen, organisierte man regelmäßig große internationale Kongresse, und als Rahmen gab es die Assoziation der Zweiten Internationale, 1889 gegründet, nachdem die Erste infolge der inneren Auseinandersetzungen zwischen orthodoxen Marxisten und anderen zerfallen war. Gerade auf dem Kongreß, der im Jahre 1900 abgehalten wurde, trat jedoch das Dilemma, das durch die zunehmende Verflechtung der Arbeiterschaft und der sozialistischen Parteien mit der bestehenden Gesellschaft entstanden war, deutlich hervor. Nicht nur saßen Sozialisten in verschiedenen nationalen Parlamenten, auch ihre Beteiligung an der Regierung war nicht mehr undenkbar. Millerand war 1899 in Frankreich als erster Sozialist Minister geworden. Der Konflikt zwischen Gemäßigten, Revisionisten und Reformisten einerseits und Radikalen oder Orthodoxen andererseits flammte hier und bei allen folgenden Kongressen wieder auf. Die Radikalen fürchteten eine Einbeziehung in das parlamentarische System wie der Teufel das Weihwasser, weil die Bewegung auf diese Weise korrumpiert würde. Dies führte zu endlosen Debatten und Streitereien über Theorie, Strategie und Taktik, zu Abspaltungen und gegenseitigen Vorwürfen, wobei die Heftigkeit und Feindseligkeit der wechselseitigen Beschuldigungen das Gemeinsame, den Ursprung und die Ideale, oft verdeckten. Als Waffen dienten bösartige und polemische Kampfschriften, mit Darlegungen, in die man erstaunliche Mengen von Scharfsinn, Gelehrsamkeit und Leidenschaft investierte.

Außerdem aber zeigte sich bei diesen Gelegenheiten, welch große Bedeutung das Nationale hatte. Die sozialistischen Delegierten hatten es in ihrem Alltag mit ganz unterschiedlichen nationalen Verhältnissen, Traditionen und Einstellungen zu tun. Sie selbst waren davon geprägt. Der französische Sozialist konnte seine französische Eigenart sowenig verleugnen wie der Deutsche den Einfluß deutscher Verhältnisse. Für Niederländer, Belgier, Engländer, Italiener, Österreicher, Russen, Spanier und die Vertreter unterdrückter ethnischer Minderheiten wie Tschechen und Polen galt das gleiche. Besonders ausgeprägt war der Gegensatz zwischen den Deutschen wie Kautsky und Bebel und den Franzosen mit ihrem Führer Jaurès: Die Deutschen waren in marxistischem Denken geschult und von der Notwendigkeit überzeugt, der Praxis des Kampfes eine überzeugende theoretische Grundlage zu geben, während die Franzosen, angetrieben von einem universalen sozialen Humanismus, dazu neigten, theoretische Fragen der Aktion und dem Pathos der revolutionären Tat unterzuordnen. Sobald der Sozialismus von einer Philosophie zu einer politischen Kraft innerhalb der Gesellschaft geworden war, kam er nicht daran vorbei, sich den konkreten Umständen anzupassen. So war die soziale Frage in multinationalen Staaten wie dem Habsburgerreich oder dem Zarenreich unlösbar mit der nationalen Frage verknüpft, also mit dem Streben der verschiedenen ethnischen Gruppen, die ein Nationalbewußtsein entwickelt hatten, nach größerer Selbständigkeit, nach Autonomie oder Unabhängigkeit.

Die große Schwierigkeit war also diese: Was in einem bestimmten Augenblick für den Sozialismus als umfassende internationale Bewegung gut war, war nicht notwendigerweise auch gut für den Sozialismus in den Grenzen eines Nationalstaates – ein Problem, das die Neigung verstärkte, den eigenen nationalen Sozialismus mit dem allgemeinen zu identifizieren und in ihm den Wegbereiter zu sehen. Dadurch wurde es immer schwieriger, sich auf eine gemeinsame Strategie oder auch nur eine allgemeine Theorie zu verständigen. Die nationalen Gegensätze wirkten also im verborgenen fast von Anfang an wie ein Spaltpilz. So waren die englischen Sozialisten von Haus aus sehr pragmatisch eingestellt. Die Fabian Society, in der Intellektuelle wie Sidney und Beatrice Webb und der berühmte Schriftsteller George Bernard Shaw den Ton angaben, rechnete mit einer friedlichen Evolution, die in eine sozialistische Zukunft führen würde, mit einem allmählichen Absterben der kapitalistischen Wirtschaft. Die Fabians hatten dabei selbstverständlich die Tradition und die Verhältnisse ihres Landes im Sinn. Dort hatte der Staat der privaten Initiative immer viel Raum gelassen und die Rechte regionaler und anderer Körperschaften respektiert. Die Herrschenden hatten sich in der Vergangenheit gewöhnlich als flexibel genug erwiesen, um sich veränderten Umständen rechtzeitig anzupassen, wenn dies unbedingt notwendig war. Der Umstand, daß es seit der Reformation religiöse »Dissenters« und Sekten gab, hatte wie in anderen protestantischen Ländern, etwa den Niederlanden, zu einer gewissen pragmatischen Toleranz geführt, und damit war ein Nährboden für ethisch und religiös inspirierte Reformbewegungen entstanden. Der englische Sozialismus trat deshalb auch nicht in erster Linie mit großangelegten theoretischen Systemen in Erscheinung oder als straff organisierte politische Partei, sondern mit Genossenschaften und Gewerkschaften, die ganz konkrete und praktische Ziele hatten. Die deutschen Sozialisten, die es wegen einer absolutistischen Tradition, in der kein Platz für politische Initiativen aus der Bevölkerung war, mit einem starken Staat zu tun hatten, sahen sich gezwungen, eine quasiabsolutistische Gegentheorie und in organisatorischer Hinsicht einen Gegenstaat zentralistischer Prägung zu entwerfen. Nicht zufällig wurde die deutsche sozialdemokratische Partei zum Modell einer effizienten Parteiorganisation, und ebenfalls nicht zufällig bezeichnete man sie spöttisch als Spiegelbild des preußischen Staates und Heeres, mit ihrem maßgebenden Führer August Bebel als rotem Generalstabschef oder ungekröntem Monarchen. Bei den französischen Sozialisten äußerte sich die absolutistische und zentralistische Tradition des französischen Staates in ihrer Vorliebe für radikale Ideen und klare Systementwürfe. Aber anders als bei den in dieser einen Hinsicht verwandten Deutschen blieb der französische Sozialismus auch immer Kind der großen Revolution und ihrer Traditionen. Der ideologische Radikalismus war hier von einem Pathos durchtränkt, das der Geschichte Überzeugungskraft und Inspiration verdankte. Die lebendigen Erinnerungen an die historische Umwälzung von 1789 und der Mythos des großen Volksaufstands bestimmten den theoretischen und praktischen Ansatz des französischen Sozialismus. In Deutschland war die Revolution – 1848 – nun einmal in der Wiege gestorben. Der französische Sozialismus glich eher einem weitverzweigten Familienclan, der einen gemeinsamen Stammvater verehrt, der deutsche einer fest gefügten Familie, in der eine Meinungsverschiedenheit leichter zur Verstoßung des ungehorsamen Sohnes führt, weil die Ordnung bewahrt werden soll. Daß der Sozialismus in autokratischen Ländern wie Rußland, wegen der Unmöglichkeit irgendeiner politischen Einflußnahme durch die Bevölkerung und angesichts der gewaltigen Gegensätze zwischen Reich und Arm, einen sehr radikalen, fanatischen und unversöhnlichen Charakter entwickeln mußte und sich, gegenüber massiver Unterdrückung, nur von der Gewalt irgendeine Wirkung versprach, ist ebenfalls nicht verwunderlich. Es kam noch hinzu, daß man es im Zarenreich mit einem anderen Widersacher zu tun hatte; der bürgerlich-kapitalistische Staat, gegen den der Sozialismus im industrialisierten Europa zum Kampf rüstete, befand sich dort noch auf einer embryonalen Entwicklungsstufe. Der russische Sozialismus kam nach marxistischer Theorie in der noch agrarisch-feudalistischen Gesellschaft Rußlands um ein Stadium zu früh.

Und dennoch – trotz aller erbitterten Polemik und allem wütenden Streit unter den sozialistischen Anführern und Theoretikern und auch trotz schleichender Integration in die bestehende Gesellschaft – der Sozialismus hatte sich zur neuen Religion für Millionen entwickelt, die in den Kellern der Gesellschaft arbeiteten und vegetierten. Er wies einen Weg empor. Er war eine eschatologische Lehre, die wie eine rein religiöse Eschatologie auf der Erkenntnis der scharfen Kontraste menschlichen Daseins beruhte: So, wie es war, war es ganz und gar verwerflich, und darum war eine radikale Erneuerung notwendig. Analog zu den Weissagungen der biblischen Propheten würden dann alle Täler erhöht und alle Berge erniedrigt, die Mächtigen vom Thron gestoßen und die Niedrigen getröstet und erhöht werden. In dieser Verschmelzung des universalen eschatologischen Mythos mit diskursivem wissenschaftlichem Denken, der nahtlosen Verbindung des Emotionalen, der ewigen Hoffnung auf Verbesserung, mit der Ratio einer historischen Theorie, lag die historische Bedeutung von Marx und seiner Lehre, der erfolgreichsten und einflußreichsten Variante der sozialistischen Idee. Diese Synthese war zwar seit der Französischen Revolution bei allen radikalen Bewegungen erkennbar, bei Jakobinern, Kommunisten und Anarchisten verschiedenen Schlages. Aber niemand hat den eschatologischen Mythos in solch ein gut sitzendes modernes Gewand gekleidet wie Marx und seine Anhänger. So umfaßte die sozialistische Bewegung Menschen mit scharfem, dialektisch geschultem Verstand, leidenschaftliche und engagierte Reformer, die von Mitleid mit den Besitzlosen und Empörung über das Unrecht getrieben wurden, menschenfreundliche Moralisten und religiöse Visionäre, positivistische Atheisten und Volksprediger, rücksichtslose Barrikadenkämpfer, Fanatiker, die von terroristischen Aktionen fasziniert waren, und sanftmütige Weltverbesserer. Und für Millionen von Arbeitern wurde er zu einer neuen Weltkirche. Massenversammlungen mit Kampfliedern und Umzügen unter der roten Fahne gaben ihnen das Gefühl, zur weltumspannenden Familie der Unterdrückten zu gehören, die jetzt aber geschlossen und unaufhaltsam voranmarschierte, heraus aus der Nacht der Armut und Erniedrigung, der Morgenröte des sozialistischen Tages entgegen. Der aktuelle politische und soziale Kampf zehrte hier wie bei keiner anderen Bewegung von der ewigen Kraft der Hoffnung.

Während der Mythos der totalen Umwälzung einerseits mit Leidenschaft als inspirierende Vorstellung am Leben erhalten, andererseits von

Revisionisten und Reformisten mit ihrer pragmatischen Strategie als überholt zurückgewiesen wurde, war der Streik inzwischen zu einer gefürchteten Waffe geworden, eine Art Ersatz für die Revolution. Er brannte jedesmal den Gegensatz zwischen Arbeitgebern und Arbeitnehmern deutlich ins Bewußtsein. Hier konnte man einen empfindlichen Nerv des kapitalistischen Systems treffen. Der Streik verwandelte die Ohnmacht des Arbeiters in Macht. Aber er war auch ein Prüfstein der Solidarität und als solcher wiederum nicht ohne Risiko für den, der zu diesem Mittel griff. Mit harten Gegenmaßnahmen – Entlassung und Bußgeld – versuchten die Arbeitgeber, den Gewerkschaften und sozialistischen Parteien diese unangenehme Waffe aus der Hand zu schlagen. Nicht immer ohne Erfolg, vor allem, weil sie hierbei gewöhnlich Unterstützung beim Staat fanden. Das alte liberale Prinzip der staatlichen Zurückhaltung auf dem Gebiet der Wirtschaft, des Handels und der Industrie, das klassische Laissez-faire, wurde beim weiteren Fortschreiten der Industrialisierung zu einem Bumerang.

Die Macht des Staates beruhte auf der nationalen Wirtschaft, der Blüte von Privatwirtschaft und Industrie. Staat und Unternehmer waren aufeinander angewiesen. Die internationale Konkurrenz und der moderne Imperialismus, der neue Quellen des Reichtums erschloß, hatten die liberalen Parteien, als wichtigste Interessenvertreter der modernen Industrie und des Kapitals, immer mehr in die Arme des Staates getrieben, bei dem sie Unterstützung und Hilfe fanden. In Regierungen und Parlamenten waren diese Parteien Teil des Staates geworden. Eine Eigentümlichkeit des Liberalismus sollte deshalb künftig ein zutiefst zwiespältiges Verhältnis zum Staat und seinen Beamten sein: Zur Aufrechterhaltung von Recht und Ordnung und zur Wahrung der Besitzverhältnisse, zum Schutz gegen ausländische Konkurrenz und soziale Unruhen im Inland war ein starker Staatsapparat erwünscht – allerdings mußte er genug Spielraum lassen und Zurückhaltung üben, wo Unternehmer und Bankiers sich entfalten wollten. Und dies war umgekehrt auch wieder im Interesse des Staates, sofern es den Reichtum vermehrte. Der Streik war deshalb nicht nur zu einem Kampfmittel gegen die Arbeitgeber geworden, sondern er richtete sich auch gegen die nationale Wirtschaft und die ihr zugrundeliegende Ordnung. Er war eine Art Vertragsbruch und unterminierte das Rechtssystem. Der Staat reagierte in vielen Fällen dementsprechend. Er stand mit seiner Polizei und Justiz auf der Seite der Arbeitgeber. Umgekehrt erhielt der Streik als Revolutionsersatz für die Sozialisten eine beinahe mythische Bedeutung. Die neue Theorie des Anarchosyndikalismus sah im großen Generalstreik den Hebel, der die Gesellschaft aus den Angeln heben könnte. Wenn alle Räder stillstanden und alle Maschinen schwiegen, würden Barrikaden überflüssig sein. Georges Sorel, einer der großen Theoretiker der Anarchosyndikalisten, schrieb vom Mythos des Streiks als notwendiger Inspirationsquelle für die Arbeiterbewegung.

Da man in der Propaganda so demonstrativ gegen die bestehende bürgerliche Ordnung Front machte, blieb – trotz der stetigen Integration in die Gesellschaft – in den politischen Ansichten der Arbeiter, ihren sozialen Beziehungen, in Verhalten, Lebensstil und Selbstwahrnehmung noch eine deutliche Trennlinie zwischen Bürgertum und Proletariat erhalten. Sozialisten, Rote, galten in den gehobenen und unteren Mittelklassen und erst recht in den führenden Oberschichten als gefährliche Gesellen, die sich selbst aus der nationalen Gemeinschaft ausgeschlossen hatten, eine Meinung, die angesichts der manchmal so schrillen sozialistischen Propaganda nicht unverständlich war. Auch hier gab es im übrigen natürlich graduelle Unterschiede zwischen den einzelnen Ländern. Aber überall waren Arbeiter noch anders gekleidet, wohnten anders, lebten anders, sie bildeten also einen Stand und eine Klasse für sich. Es waren die Kleinbürger – und besonders das vielgestaltige Personal im Dienst von Industriebetrieben, Büros, Banken, öffentlichen und privaten Institutionen, also die Angestellten, auch die einfacheren Beamten oder die Volksschullehrer –, die den Abstand zu den Arbeitern in ihren politischen Ansichten und ihrem Verhalten so deutlich wie möglich betonten, gerade weil sie sich ebenfalls in einer abhängigen Position befanden, in Lohnarbeit. Nicht zufällig hieß diese Art Lohn »Salär«, »Gehalt« oder »Bezüge«, um den Unterschied erkennbar zu machen.

In der Fixierung der sozialistischen Theorie und Strategie auf den Arbeiter als den Helden der Zukunft und das Proletariat als wichtigste Klasse wurde diese Differenz auch von sozialistischer Seite ganz bewußt kultiviert. Diese Fixierung ist darauf zurückzuführen, daß die sozialistische Lehre, besonders die vorherrschende marxistische, in der Frühzeit der Industrialisierung entstand und ausformuliert wurde, als ein neuer Stand von Angestellten noch kaum existierte. Außerdem versperrten die rein ökonomische Interpretation historischer und sozialer Phänomene und der damit zusammenhängende starre Klassenbegriff den Blick auf die bedeutenden sozialen Verschiebungen. Die Frage ist nicht sinnlos, was wohl geschehen wäre, wenn der Sozialismus oder eine andere ideologische Bewegung es geschafft hätte, sowohl Arbeiter wie Angestellte, blaue und weiße Hemdkragen, in einer gemeinsamen revolutionären Massenbewegung oder Partei zu vereinigen und an die Stelle des starren Gegensatzes von Bürger und Arbeiter zum Beispiel den von Arbeitgeber und Arbeitnehmer im weiteren Sinne zu setzen. Im Grunde entsprach dies auch völlig der sozialistischen Gesellschaftsauffassung und Propaganda, und doch war es schwierig, die mentale Kluft zu überbrücken. Dies läßt aber darauf schließen, daß bestimmte Traditionen im Hinblick auf Standesbewußtsein, Status und Verhalten und außerdem die tief eingewurzelte Vorstellung, schmutzige Hände deuteten auf eine niedere Arbeit, schwerer wogen als eine doch schließlich vergleichbare ökonomische Abhängigkeit als Arbeitnehmer und Lohnempfänger. Die sozialistische Lehre war historisch auf ihre Weise ebenfalls das Kind der bürgerlichen Kultur, wenn auch im negativen Sinn: der rebellische Sohn, der sich gegen den dominanten Vater erhebt.

Der Sozialismus war zwar die Ideologie und die große Bewegung, die den Arbeitern ein politisches Bewußtsein geben wollte und sie organisierte, aber das bedeutet noch nicht, daß die sozialistischen Parteien und die Arbeiterklasse deckungsgleich gewesen wären. Noch war eine Minderheit unter den Arbeitern aufgrund ihrer Herkunft kirchentreu oder zumindest gläubig, wenn sich ihre Zahl auch sehr schnell verringerte. Obwohl man Sozialist werden konnte, ohne direkt mit dem christlichen Glauben zu brechen, verurteilte der Sozialismus doch deutlich die Kirchen und fundamentale Glaubenssätze, und so war die überwältigende Mehrheit seiner Anhänger, auch unter den Arbeitern, nicht mehr gläubig. Ihre Religion war der Sozialismus.

Trotzdem oder vielmehr gerade deswegen unternahmen sowohl die Kirchen als auch politische Parteien im letzten Viertel des neunzehnten Jahrhunderts Versuche, die Arbeiter vom Sozialismus fernzuhalten, der eine verderbliche Anziehungskraft besaß; als materialistische und atheistische Philosophie war er den Gläubigen ein Greuel. Die »christensozialistische« Bewegung, die in vielen Ländern aufkam, bekämpfte ebenfalls die liberalkapitalistische Wirtschaft und ihre Auswüchse, die ungezügelte, egoistische Gewinnsucht, die auf dem gekrümmten, schwitzenden Rücken des Arbeiters ausgelebt wurde. Auch auf dem Prinzip christlicher Nächstenliebe und Barmherzigkeit würde man schließlich eine neue, gerechte Gesellschaft aufbauen können, die dem Arbeiter wieder ein menschenwürdiges Dasein sicherte, so lautete die Botschaft. Überall waren Arbeitervereine auf konfessioneller Grundlage ins Leben gerufen worden, katholische wie protestantische. Das Bemühen, die Interessen der Arbeiter zu vertreten und bessere Lebensbedingungen zu schaffen, wurde hier aber vom Streben nach einer Hebung der Moral beherrscht. In moralischem Verfall und einer Verwilderung der Sitten sahen die Gläubigen die Hauptursache des Elends. So lehnte man auch Klassenkampf und Revolution als verabscheuenswerte Früchte der sozialistischen Irrlehre unmißverständlich ab. Den künftigen sozialen Staat stellte man sich weniger als Eigentum der arbeitenden Klasse vor, sondern als gerechten Vater. Nicht Klassendenken, sondern das traditionelle Standesdenken bildete die Grundlage der christlichen Sozialbewegung.

Auch diese war aber bestrebt, durch die Einrichtung von Lesesälen (selbstverständlich vor allem mit christlicher Lektüre), mit Aufklärungskursen zu Hygiene und anderem Wissenswerten für den Alltag und mit Unterstützungsfonds für Lernbegierige und Arbeiterkinder das Bildungsniveau unter den Arbeitern zu heben und ihnen Aussichten auf eine bessere Zukunft als anerkannte Bürger der nationalen Gemeinschaft zu eröffnen.

Trotz der Anstrengungen all dieser Parteien und Organisationen und auch trotz der erwähnten unverkennbaren Verbesserungen lebte der größte Teil der Arbeiter doch noch erheblich schlechter und in ärmlicheren Verhältnissen als die untere Mittelschicht. Große Familien, in engen, muffigen Wohnräumen zusammengezwängt, trostlose Mietskasernen in schmutzigen Armenvierteln, dies war das Normale, zumindest für die Ungelernten. Der Kneipe konnten die Männer nicht widerstehen, hier konnte man der fortwährenden Schinderei entfliehen. Die durchschnittliche Lebenserwartung lag trotz aller Fortschritte und der inzwischen üblichen Kontrolle der Arbeitsbedingungen und der Gesundheit wesentlich niedriger als bei der bürgerlichen Bevölkerung. Der durchschnittliche Arbeiter war in den meisten Ländern mager und klein, von deutlich kleinerem Wuchs als die Wohlhabenden, und da es an gesunder Bewegung und frischer Luft fehlte, gehörten ein eingefallener, schmaler Brustkorb, gelbgraue Gesichtshaut und frühes Altern noch zu den sichtbaren Merkmalen, an denen man den Arbeiter meistens sofort erkennen konnte.

6 Die Kirchen in Defensive und Gegenoffensive

Die Kirchen hatten zusehen müssen, wie der Boden, auf dem sie seit Jahrhunderten gestanden hatten, immer weiter einbrach. Dies lag am Vordringen der Wissenschaften, die das Weltbild veränderten. Ein Dogma nach dem anderen war im Laufe des neunzehnten Jahrhunderts weggeschwemmt oder unterhöhlt worden. Astronomie, Geologie und Paläontologie hatten das biblische Zeitpanorama über den Haufen geworfen. Evolutionslehre und Darwinismus machten endgültig kurzen Prozeß mit der Schöpfungsgeschichte samt Sündenfall und traditionellen Vorstellungen von der Bestimmung des Menschen. Die kritischen historischen Wissenschaften, die Kulturanthropologie, die Orientalistik und die vergleichende Religionswissenschaft unterminierten die Autorität der heiligen Texte noch mehr, indem sie nachwiesen, daß in ihnen zahlreiche Mythen zu finden sind, die auch in den Texten anderer Religionen vorkommen. Hiermit war die Überzeugung, die Bibel könne den höchsten Rang als einzige wahrhaftige Offenbarung und als authentische Wiedergabe von Gottes Wort beanspruchen, erschüttert. Und schließlich machte die historische textkritische Wissenschaft, wenn auch zunächst noch mit einer gewissen Vorsicht und Scheu, sogar die Evangelien und die Gestalt Jesu selbst zum Gegenstand ihrer Analyse. Es zeigte sich, daß die Entstehungsgeschichte der Bücher des Alten wie des Neuen Testaments viel unklarer war, als ihre Bezeichnung und die kirchliche Überlieferung glauben machen wollten. Damit wurde jedoch auch unmittelbar ihr Anspruch auf historische Glaubwürdigkeit in Frage gestellt. Daß Naturwissenschaften und Empirismus dem Wunderglauben schon längst den Garaus gemacht hatten, konnte den Zweifel noch zusätzlich erheblich verstärken.

Säkularisierung und Abwendung von der Kirche waren deshalb so sehr mit der Modernisierung verknüpft, daß man hier schon beinahe von Synonymen sprechen könnte. Man unterscheidet gewöhnlich drei Erscheinungsformen von Säkularisierung. Zunächst war in fast allen Ländern ein stetiger Rückgang des Kirchenbesuchs zu verzeichnen; dies betraf auch die Teilnahme an kirchlichen Ritualen wie Kommunion, Beichte und Konfirmation, wenn auch in viel geringerem Maße. Die Rituale hatten ja außerdem noch eine soziale Funktion, und dies galt vor allem für die Taufe, die allerdings als erster und wesentlicher Nachweis der Zugehörigkeit zur christlichen Kultur in den meisten Ländern noch Voraussetzung für die Anerkennung als vollwertiger Bürger und für die Zulassung zu bestimmten Tätigkeiten war; die Taufe sorgte auch weiterhin dafür, daß eine wichtige Trennungslinie, die man zwischen sich und den Juden oder Anhängern ganz anderer Religionen gezogen hatte, erkennbar blieb. Da war zweitens der unübersehbare Rückzug der Kirche aus allerlei Bereichen des öffentlichen Lebens, die sie früher in ihrer Obhut gehabt hatte; dies galt zum Beispiel für das Bildungswesen, das in die Hände des Staates übergegangen war. Kirchliche Feste und Veranstaltungen wurden von weltlichen und nationalen Festen in den Schatten gestellt, und seit der Französischen Revolution übernahm der Staat auch ganz allgemein organisatorische und pädagogische Aufgaben von der Kirche – noch abgesehen von der Liquidation kirchlichen Grundbesitzes und der Abschaffung kirchlicher Territorialherrschaft, mit der einen wichtigen Ausnahme des Vatikanstaats. Und schließlich fand innerhalb der Kirche selbst, in unvermeidlicher Anpassung an Veränderungen, ein Säkularisationsprozeß statt, auch unter staatlichem Einfluß, der sich in vielen Fällen auch auf die Anstellung und Ausbildung von Geistlichen erstreckte, übrigens vor allem in den protestantischen Ländern. Die katholische Kirche leistete als überstaatliche Institution, mit dem uralten Stuhl Petri als eigenem, politisch unabhängigen Zentrum, auf diesem Gebiet viel hartnäckigeren Widerstand.

Diese interne Säkularisation blieb allerdings sehr begrenzt und führte außerdem immer wieder zu Kontroversen und oft zu einem Bruch zwischen modernistischen und konservativen Kräften. Entscheidend war die schon erwähnte, im wesentlichen ganz und gar antimoderne Haltung der Kirchen, die sich mit aller Kraft den großen Umwälzungen zu widersetzen suchten – jener ständigen Erweiterung der Kluft zwischen dem neuen, naturwissenschaftlich, empirisch und rationalistisch fundierten Denken und dem traditionellen christlichen, dessen Grundlage Schöpfungsgeschichte, Sündenfall, Sintflut, Fleischwerdung Gottes in Christus, Kreuzestod und Erlösung, Auferstehung, Transsubstantiation und Wunderglaube waren. Zu den ersten Anzeichen dieser Spaltung muß man weit zurückgehen, bis zur Aufklärung, aber erst mußten doch Industrialisierung und Verstädterung und die damit einhergehenden sozialen Veränderungen die Voraussetzungen dafür schaffen, daß die erwähnten wissenschaftlichen Erkenntnisse die Fundamente der christlichen Lehre erschüttern konnten. Der Fortschrittsglaube, der von einer autonomen Vernunft des Menschen und dessen Fähigkeit zu Selbstentfaltung und unbegrenzter Wissenserweiterung ausging, ließ wenig

Raum für das Eingreifen einer höheren Macht, für Belohnung und Bestrafung durch einen allmächtigen Gott, dessen Wege unergründlich sind, Vorstellungen, die die Kirche als Führerin und Mittlerin unentbehrlich gemacht hatten. Dies erklärt, daß der Katholizismus, der sich auf diese Vorstellung des unverzichtbaren Mittlertums der Kirche gründete, hier noch viel heftigeren Widerstand leisten mußte als der Protestantismus. Nicht nur den Glauben und die Lehre, sondern die gesamte Institution sah man zu Recht in ihrem Kern bedroht, während der Protestantismus sich selbst grundsätzlich eher die Aufgabe eines Führers für das Gewissen des einzelnen, das über dessen Heil entschied, zugewiesen hatte. Und während die protestantischen Kirchen eng mit dem Staat in seiner Eigenschaft als zentraler Bewahrer von Recht und Ordnung verbunden gewesen waren, war die katholische Kirche Territorialmacht und kulturelle Macht gewesen und deshalb auch ganz mit dem Ständestaat verwachsen. Die Anpassung an den nachrevolutionären liberalen Staat nationaler Prägung war darum für sie eine noch viel schwerere und schmerzhaftere Operation.

Man kann noch von einer vierten Art von Säkularisation sprechen. Da die Kirche ihre Funktion als anerkannte und maßgebliche Hüterin der Moral immer weniger erfüllen konnte, hatte sich die Gesellschaft selbst, gerade im neunzehnten Jahrhundert, die christlichen Moralauffassungen zu eigen gemacht, und zwar vor allem diejenigen, die das Sexualleben und seine Tabuisierung betrafen, und diese zur allgemeingültigen bürgerlichen Norm für jeden wohlanständigen und rechtschaffenen Menschen erklärt. Die Gleichsetzung von Säkularisation und Modernisierung ist auch schon mit einem kleinen Fragezeichen versehen worden, weil bereits vor der industriellen Revolution und der Verstädterung gerade in manchen ländlichen Regionen, in Frankreich und Spanien zum Beispiel, eine Abwendung von der Kirche sehr verbreitet war. Die Ursachen für das Abbröckeln der kirchlichen Autorität in diesen Gegenden müssen jedoch in erster Linie in besonderen regionalen Verhältnissen gesucht werden; Korruption, Nepotismus und zunehmende Verflechtung des hohen Klerus mit der Oberschicht können eine Rolle gespielt haben, oder auch mangelnder Wille oder Unfähigkeit der Kirche, der bäuerlichen Bevölkerung in ihren ökonomischen und anderen Sorgen beizustehen. Diese Ausnahme spricht deshalb nicht gegen die Feststellung, daß erst die umfassende Modernisierung und Verstädterung dem unaufhaltsamen Säkularisierungsprozeß zum Durchbruch verhalfen.

So entstand für die Kirchen ein gewaltiges Problem: Wie war die immer deutlicher erkennbare Kluft zwischen Glauben und Wissenschaft zu überbrücken? Dieses Problem wurde unter anderem von dem Amerikaner Andrew Dickson White zur Sprache gebracht, in seinem Buch *A History of the Warfare of Science with Theology in Christendom* aus dem Jahre 1896. Während eine modernistische Strömung im Protestantismus und in geringerem Maße auch innerhalb des Katholizismus versuchte, zentrale Glaubenssätze durch eine eher allegorische Interpretation in Übereinstimmung mit dem neuen Weltbild zu bringen, blieb in beiden Konfessionen der Kurs der Mehrheit entschieden antimodern, und er war bei der katholischen Kirche wie gesagt viel härter als bei ihren Schwestern. Das Papsttum hatte nach dem Verlust seiner Territorialherrschaft im Jahre 1870 entschlossen versucht, seine Macht durch die Verkündigung des Dogmas der päpstlichen Unfehlbarkeit zu bewahren. Es folgten verschiedene Enzykliken, die den modernen Geist des verabscheuungswürdigen Materialismus, des Rationalismus und der Kritik an traditioneller Autorität heftig angriffen, wobei die Gläubigen schwerwiegende Konsequenzen zu erwarten hatten, Exkommunikation und Verdammnis, sollten sie ihre Herzen diesem verwerflichen Geist öffnen. Hierzu gehörte unter anderem das Lesen verbotener Bücher oder die Unterstützung politischer Parteien, die liberale oder sozialistische Ziele verfolgten. Der Index wuchs an. Andererseits hatte Papst Leo XIII. in seiner berühmten Enzyklika *Rerum novarum* aus dem Jahre 1891 von der Kirche mehr Verständnis für die bisher unbekannten sozialen Probleme gefordert, die im Zuge von Modernisierung und Industrialisierung entstanden waren, und er war darin für Zusammenarbeit zwischen Lohnherren und Lohnabhängigen und für eine Aktivierung der Arbeiter eingetreten. Damit hatte er gleichzeitig einen Damm gegen den freien Markt und das individualistische Konkurrenzprinzip des liberalen Kapitalismus wie auch gegen den atheistischen Sozialismus errichten wollen. Es hatte wie ein Rückzug ausgesehen, war aber eine geschmeidige Gegenoffensive gewesen. In der Enzyklika *Pascendi* verurteilte im Jahre 1907 sein Nachfolger, Pius X., jedoch die modernistische Theologie, die in der Kirche inzwischen an Bedeutung gewonnen hatte. Dreieinigkeitslehre, unbefleckte Empfängnis, Transsubstantiation bei der Kommunion und die Sakramente erlaubten keinerlei Diskussion oder vom Vatikan abweichende Interpretation. Der Papst bereitete dem sogenannten katholischen Integralismus den Weg, einer Bewegung, die alle politische und gesellschaftliche Zersplitterung überwinden und, ausgehend von dem einen wahren Grundprinzip der katholischen Heilslehre, nun wieder eine neue, von innerer Einheit geprägte Gemeinschaft unter kirchlicher Führung schmieden wollte. In der Wochenzeitung *Correspondenza Romana* und einigen anderen Zeitschriften kämpften die Integralisten, angeführt von U. Benigni und der römischen Gesellschaft *Sodalitium Pianum*, verbissen gegen Frauenemanzipation, Koedukation, Interkonfessionalismus, Laizismus und Syndikalismus. Mit seinen paranoiden Verdächtigungen und an Hexenjagden erinnernden Aktivitäten erreichte der Integralismus allerdings das Gegenteil dessen, was er beabsichtigt hatte, und brachte der Kirche mehr Schaden als Nutzen; 1925 sollte die erwähnte Gesellschaft schließlich vom Papst aufgelöst werden. Dies bedeutete nicht, daß damit auch integralistische Bestrebungen etwas subtilerer Art verschwunden wären. Auf jeden Fall hatte die katholische Kirche ihre Position als unerbittliche und harte Gegnerin sowohl des Liberalismus mit seinem Glauben an den freien kapitalistischen Markt und den Fortschritt als auch des gottlosen Sozialismus und Kommunismus unmißverständlich festgelegt.

Die protestantischen einschließlich der kalvinistischen Kirchen verfügten zwar nicht über diese starken Sanktionsmittel, aber sie versuchten ihre Schäfchen vor der Abkehr vom Glauben zu bewahren, indem sie eindringlich an ihr Gewissen appellierten und sie vor den Folgen der Sünde warnten. Besonders von den Kalvinisten wurden Theater- oder Opernbesuche und andere Vergnügungen als gefährliche Verlockung verteufelt. Auch das orthodoxe Judentum, das vielleicht noch mehr als die christlichen Kirchen in die Defensive geraten war, weil ihm durch die Emanzipation der Juden und die starke Neigung zur Assimilation und Integration in den Nationalstaat viele Fromme entzogen wurden, stemmte sich gegen bestimmte Erscheinungen der Modernisierung. Alle Kirchen waren sich grundsätzlich in der Verurteilung von Kneipenbesuch, Tanz und anderen Vergnügungen außer Hause einig und warnten vor ihnen. Dabei sorgten sie sich weniger um die Gesundheit als um die Moral. Trinken führte zur Verwilderung der Sitten, und Tanzen hatte eine aufreizende Wirkung. Hier spielte aber auch eine Rolle, daß die Gläubigen bei diesen Gelegenheiten mit Andersgläubigen oder Ungläubigen in Berührung kamen. Ganz allgemein sahen viele Geistliche in den neuen Möglichkeiten sonntäglichen Vergnügens – immer mehr Menschen auch aus den unteren Schichten konnten mit dem Fahrrad oder anderen neuen Transportmitteln ins Grüne fahren – bedenkliche Verlockungen, die vom Kirchenbesuch abhielten. So wurden nicht nur die Technik und der aufkommende Sport, sondern sogar die freie Natur selbst zu Konkurrenten.

War der Beruf des Geistlichen jahrhundertelang auch für Männer aus den unteren Bevölkerungsschichten das Mittel schlechthin gewesen, soziales Ansehen und, vielleicht mehr noch, Zugang zu Kultur und Bildung zu erlangen, seit die Schulpflicht eingeführt worden war und man die Chance hatte, über andere Ausbildungswege aufzusteigen, so hatte das Amt des Priesters oder Predigers dieses Vorrecht verloren. Dieser Verlust hatte allerdings zwei Seiten. Künftig wählten vor allem diejenigen diesen Weg, die eine wirkliche Berufung fühlten und das Priesteramt ohne pragmatische Motive anstrebten; der inneren Einheit von Glauben und Kirche konnte dies nur zugute kommen. Andererseits zeigte sich hier, daß die Kirche Terrain preisgeben mußte, und die Kluft zwischen der Kirche und der modernen Gesellschaft vertiefte sich. Für die Generationen, die in einem Staat aufwuchsen, der das gesamte Bildungs- und Erziehungswesen, die Justiz, die Kulturpolitik und die Wirtschaft regelte oder zumindest als höchste Instanz überwachte, für diejenigen, die Zeugen der ständigen wissenschaftlichen und technischen Fortschritte waren und deren tiefgreifende Auswirkungen auf ihr tägliches Leben spürten, konnte die Kirche nicht mehr die Instanz sein, die ihnen als Ratgeber in moralischen und auch praktischen Fragen in ihrem Alltag zur Seite stand.

Aber die Kirche und die Geistlichkeit sahen sich nach wie vor als eine solche Instanz, und sie versuchten unermüdlich, sich auf dem verlorenen öffentlichen Terrain als wahre Autorität in allen Fragen der Moral, des Lebenswandels, der Freizeitgestaltung und des Vergnügens, der Familie und Familienplanung Geltung zu verschaffen, erst recht aber hinsichtlich der politischen Gesinnung, wie ihre Verdammung der linken Parteien und Ideologien zeigte. Wieviel die Kirche von ihrer traditionellen Autorität und ihrem Einfluß auf das normale Alltagsleben bewahren konnte, war natürlich von Land zu Land verschieden, und besonders in südeuropäischen katholischen Ländern wie Spanien und Italien behielt sie, hinter der Fassade des neuen laizistischen Staates, immer noch eine beträchtliche Macht, die aus dem Leben des einzelnen nicht wegzudenken war. Aber auf die wesentlichen, großen Fragen, die sich den Menschen stellten – die soziale Frage und die Klassengegensätze, das Verhältnis zwischen Mann und Frau, die beschleunigte und verstärkte internationale Kommunikation, die soziale Mobilität und die damit für die Betroffenen so oft verbundenen, problematischen Veränderungen der Umgebung, der Beziehungen, des Status und der Arbeitsverhältnisse, die drohende Übervölkerung und die Auffassungen des Neomalthusianismus – auf all diese nun aktuellen Fragen hatte die Kirche im wesentlichen nur Antworten aus der Vergangenheit bereit. Vor allem erklang in allen Tonarten der bekannte Refrain, daß Mißstände und Elend (und gemeint waren die Mißstände und das Elend in den unteren Schichten der Bevölkerung) eine Folge von Sünde und Abwendung vom Glauben seien und als Strafe Gottes gesehen werden müßten. Nicht, daß diese Interpretation nirgendwo Zustimmung gefunden hätte. Nur bot sie für die konkreten Entscheidungen und Sorgen, die jeder Werktag brachte, wenig Hilfe. Dies mußte einfach dazu führen, daß die Kirche mit ihrer mahnenden Stimme im Alltagsbewußtsein eine immer geringere Rolle spielte und schließlich nur noch eine Institution für den Sonntag war.

Die Landbevölkerung blieb – und das galt auch für protestantische Regionen wie Skandinavien oder die Niederlande – dem Glauben wesentlich mehr verhaftet als die Menschen in den Städten; eine Bestätigung dafür, daß es einen Zusammenhang zwischen Moderne und Säkularisation und ganz allgemein jenes erwähnte Bündnis zwischen Kirchen, Dynastien und dem Adelsstand gab, ein Bündnis im Zeichen der Bewahrung. Auch das Verhältnis der Kirche zum Nationalstaat war nicht frei von verborgener Zwiespältigkeit, zumindest, was theoretische Aspekte dieses Verhältnisses angeht. Für die katholische Kirche galt dies wegen ihrer transnationalen Organisation und ihres universalistischen Charakters noch mehr als für die protestantischen Kirchen. Die lutherischen und kalvinistischen Kirchen hatten sich ja nur innerhalb bestimmter Staaten und unter deren Schutz entfalten und behaupten können, und so war das Gefühl historischer Verbundenheit mit dem jeweiligen Staat hier viel stärker ausgeprägt. Aber eigentlich hatten auch sie ein gespanntes Verhältnis zu einem Staat, der ihren Wirkungskreis immer mehr eingeengt und dabei vor allem die Erziehung – die Formung der Jugend, der potentiellen Gläubigen von morgen – in die Hand genommen hatte oder im Begriff war, dies zu tun. Im Grunde war der Staat seit der Revolution paganistisch, und seine Ansprüche mußten dem Frommen letztlich als Usurpation göttlicher Rechte erscheinen. Andererseits war der bestehende Staat offensichtlich ein Garant der Ordnung und einer gewissen Stabilität, und er trat der roten Revolution und der Anarchie entgegen. Obwohl Botschaft und Anspruch des Christentums universalistisch und mit der neuen nationalistischen Devise *right or wrong, my country* kaum in Übereinstimmung zu bringen waren, fanden der Nationalstaat und die etablierte Kirche in einem gewissen Sendungsbewußtsein zueinander, und man feierte die eigene Nation als Exponent der christlichen Kultur und Wegbereiterin für die Menschheit. Religiöse und ethnische, im Grunde rassistische Vorstellungen und Motive verschmolzen hierbei, denn die Europäer, oder allgemeiner die weiße Rasse, waren historisch gleichzeitig die Träger und Apostel der christlichen Kultur gewesen. Man mochte also den modernen Imperialismus von einem wahrhaft christlichen Standpunkt aus verurteilen, weil er die Gewinnsucht schürte, den Materialismus förderte oder sogar aus beidem entsprang und weil er Gewalt und Blutvergießen brachte, was angesichts der christlichen Ideale der Brüderlichkeit und des »Frieden auf Erden« grundsätzlich zu verabscheuen war. Dennoch trug er auch die christliche Kultur und den wahren Glauben zu den Ungläubigen oder den bedauernswerten Primitiven, die noch an böse und gute Geister glaubten.

Die katholische und protestantische Mission hatte der imperialistischen Politik zum Teil sogar den Weg bereitet, und die Kolonien boten zweifellos fruchtbaren Boden für die Heilslehre, so daß die Kirchen diese Gelegenheit mit beiden Händen ergriffen. Andererseits waren es Missionare, die das Interesse an den fremden Völkern, ihrer Sprache und Kultur weckten und gleichzeitig auch immer wieder gegen brutales Auftreten der kolonialen Machthaber gegenüber den sogenannten Eingeborenen und gegen eine einseitige, auf schamlose Ausbeutung ausgerichtete Politik protestierten.

Natürlich war auch die banale Tatsache von Bedeutung, daß Geistliche mehr und mehr in säkularisierten Nationalstaaten aufwuchsen und ebensosehr Franzose, Deutscher, Italiener oder Spanier waren wie ihre laizistischen Landsleute. So kam es in den etablierten Kirchen zu jenem heimlichen Verschmelzen von Nationalismus und Christentum, zu beider Vorteil, da die Kirchen Vaterlandsliebe zu einer in jeder Hinsicht christlichen Tugend, ja zu einem Gebot erklärten – was dann im Krieg dazu führte, daß die Priester in allen Ländern die Waffen segneten –, während umgekehrt der Nationalismus ohne Scheu an die religiösen Gefühle der Bevölkerung appellieren und sich auf Gottes besondere Sympathie und seinen Beistand berufen konnte. Da der Nationalismus selbst besonders für die Mittelklassen zu einer Art Glauben geworden war und im Bewußtsein dieser Gruppen eine religiöse Funktion erfüllte, wäre es für die Kirchen auch aus pragmatischen Erwägungen nicht ratsam gewesen, sich vom Nationalstaat und seinen Bestrebungen allzu deutlich zu distanzieren. Die Angst, noch mehr Kirchgänger zu verlieren oder sie, bei geteilter Loyalität, durch kirchliche Kritik am Staat in Gewissenskonflikte zu stürzen, sollte vor allem bei der katholischen Kirche in viel späterer Zeit eine Rolle spielen, als man sich mit einer modernen Diktatur von bis dahin unbekannter Art konfrontiert sah. Katholiken galten ohnehin in protestantischen Ländern leicht als illoyale Untertanen, die gezwungen waren, zwei Herren zu dienen. Obwohl der Nationalstaat die Kirche, wenn es um Bildungs- und Kulturpolitik ging, auch immer als heimliche Konkurrentin sehen mußte, ständig bereit, das einst kontrollierte und jetzt verlorene Gelände zurückzuerobern, schätzte er sie aus ordnungspolitischem Blickwinkel doch vor allem als stabilisierende Kraft, da sie die Menschen eher domestizierte und zu Folgsamkeit und Gesetzestreue verpflichtete, als sie zu Widerstand und Kritik anzustacheln.

Nicht ohne Absicht sprach ich von den etablierten Kirchen. Gerade deren konservative Haltung, bei der letztlich doch alles auf ein »Nein« zur modernen Welt hinauslief, förderte das Entstehen neuer religiöser Strömungen und Sekten, die die nach ihrer Ansicht wesentlichen christlichen Glaubenswahrheiten mit größerer Offenheit und einer positiveren Bewertung der Veränderungen in der Welt verbinden wollten. Der Modernismus in der Theologie, der katholischen wie der protestantischen, wurde schon kurz erwähnt; er wollte das naturwissenschaftliche Weltbild, den Darwinismus und den Evolutionismus mit dem Glauben in Einklang bringen, indem er die ganz und gar unhaltbaren Dogmen fallenließ und die wörtliche Interpretation der Bibel durch eine eher allegorische ersetzte, wie der weltberühmte Arzt, Theologe und Organist Albert Schweitzer, der Arzt von Lambarene, es tat.

Die kleinen, außerkirchlichen religiösen Strömungen, die am Ende des neunzehnten Jahrhunderts und dann vor allem nach der Jahrhundertwende aufblühten, kommen noch zur Sprache. Ihre Anziehungskraft zeigt, daß die beschriebene Entfremdung von der Kirche und die Säkularisation nicht ohne weiteres mit einem Rückgang religiösen Denkens oder mit dem Nachlassen des Verlangens nach einem religiösen Weltbild gleichgesetzt werden dürfen. Man kann hier ein auf den ersten Blick eigenartiges, aber im Grunde sehr begreifliches Paradox erkennen: Die Trennung von Kirche und Staat oder zwischen dem sonntäglichen Kirchenbesuch und dem normalen Alltagsleben all derer, die den etablierten Kirchen noch treu geblieben waren, führte zu einem Verflachen des Glaubens, zu bloßer Glaubensroutine. Der Form nach erfüllte man zu den vorgesehenen Zeiten seine Pflicht, hatte damit innerlich reinen Tisch gemacht und widmete sich anschließend wieder voll und ganz anderen Dingen. Diese Säkularisation im Sinne einer säuberlichen Trennung zwischen dem (gewöhnlich schmalen) Bereich des Glaubens und dem (viel breiteren) des normalen Lebens war also keineswegs auf diejenigen beschränkt, die sich von der Kirche abwandten. Sie betraf auch einen Teil derer, die der Kirche offiziell treu geblieben waren, vielleicht sogar einen großen Teil von ihnen. Die gesellschaftliche Bedeutung der Taufe und einiger anderer Rituale mußte ja auch eine solche bloß formale Treue festigen. Was mit den sehr persönlichen Gefühlen zu tun hat, ist natürlich nie meßbar. Wenn aber die wahre Säkularisation, so betrachtet, noch weit über die registrierte Unkirchlichkeit hinausgeht, so steht dem gegenüber, daß die moderne Welt mit ihrer technologischen Dynamik und ihren schnellen Veränderungen bei vielen Menschen wiederum das Verlangen nach religiösem Halt geweckt hat. Darauf gehen jene kleineren religiösen Bewegungen zurück, und hier wurde mit der bequemen pragmatischen Trennung zwischen Sonntagsfrömmigkeit und Alltagsunglauben, mit religiösem Trott und Gleichgültigkeit Schluß gemacht. Wie schon bei zahlreichen christlichen Sekten früherer Zeit gehörte zu diesem Sektierertum eine Intensivierung des Glaubens, der nun wieder das gesamte Leben seiner Anhänger prägte. Hierin lag schließlich die Legitimation der Abspaltung und des Erneuerungsstrebens.

7 Die Frauenbewegung

Das Verhältnis von Mann und Frau ist zu allen Zeiten ein wichtiges Thema, und jede Zeit hat sich auf ihre Weise damit auseinandergesetzt. Die scharfe Abgrenzung von Mann und Frau, die im neunzehnten Jahrhundert vor allem ein Merkmal der Mittelklassen gewesen war, stand an sich völlig in Übereinstimmung mit der christlichen Tradition, die in dieser Hinsicht wiederum vom patriarchalischen Judentum beeinflußt war. Die Frau war immer in erster Linie zur Versorgerin des Hauses und der Kinder bestimmt, während der Mann als der Ernährer galt. So hatte es auch die Kirche fortwährend mit Nachdruck gepredigt: Die Frau hat in der Gemeinde zu schweigen, hieß es (1. Korinther 14, 34), und der Mann ist das Haupt der Frau, die ihm untertan zu sein hat (Epheser 5, 22–23). Schon in der jüdischen Schöpfungsgeschichte erscheint die Frau als Ableitung des Mannes, ganz abgesehen von ihrer Rolle als seine Verführerin. Noch bis in unsere Tage hat sich diese normative Vorstellung vom Mann als Oberhaupt auch in der standesamtlichen Trauungsformel erhalten können. Neu war jedoch, daß die Frau, der Idealvorstellung der bürgerlichen Familie entsprechend, zu weitgehender Passivität und naiver Weltfremdheit verurteilt wurde, da das bürgerliche Heim als friedliche Oase des Familienlebens streng von der lärmenden, harten Außenwelt der modernen Stadt abgesondert war und weil der Mann, wegen der Dynamik und Unberechenbarkeit der kapitalistischen Wirtschaft, auch die Finanzen des Haushalts unter seine Fittiche nahm, während andererseits für die Arbeit im Haus Dienstpersonal engagiert wurde, als Status- und Standessymbol. Hatten die Frauen wohlhabender Bürger aus der aufkommenden Unternehmerelite noch in der ersten Hälfte des neunzehnten Jahrhunderts ganz selbstverständlich die Ärmel hochgekrempelt und das Dienstpersonal angeleitet, die Haushaltskasse verwaltet, außerdem oft noch ihre Männer bei der Geschäftsführung und anderen Tätigkeiten unterstützt, so waren diese Aufgaben in der zweiten Jahrhunderthälfte, zumindest für Frauen aus den gehobenen Mittelklassen, bei wachsendem Wohlstand weggefallen. Damit war die gesellschaftliche und moralische Gleichwertigkeit innerhalb jener traditionellen Rollenverteilung verschwunden, und das zu einem Zeitpunkt, wo das liberale Menschenbild gleichzeitig die Menschen allenthalben mit Begriffen wie Rechtsgleichheit, individuelle Autonomie, Emanzipation und Selbstentfaltung vertraut machte. Natürlich waren vor allem in den begüterten Kreisen die Frauen durch Zeitschriften und Literatur mit diesen Ideen in Berührung gekommen, auch wenn sie außerdem die echten Frauenzeitschriften lasen und das Genre des Frauenromans goutierten, wo andererseits wieder die Eigenart einer weiblichen Welt betont und kultiviert wurde. Die Kirche, die ihrerseits die Frau nach wie vor zur Hüterin von Küche und Kindern bestimmte, hatte in diesen Kreisen gerade an Autorität verloren. Wie schon erwähnt, galt dies alles nicht oder zumindest viel weniger für die Arbeiter und die bäuerliche Bevölkerung, wo die Frauen weiterhin ins Arbeitsleben einbezogen waren. Dort hatte auch, wegen der einfachen, wenn nicht ärmlichen Wohnverhältnisse und der Unentbehrlichkeit der weiblichen Arbeitskraft, der viktorianische Reinheitskult, der die Frau als liebes, makelloses Wesen idolisierte und ihr auf sexuellem Gebiet ein anderes Gefühlsleben und eine andere Norm als den Männern diktierte, nicht so recht Fuß fassen können. In Adelskreisen hingegen hatte man am eigenen traditionellen Standesdenken festgehalten und weniger Verlangen nach dieser romantischen Sublimierung des Verhältnisses zwischen den Geschlechtern verspürt. Es war die Situation in den gehobenen Mittelklassen, die eine Bewegung zur Befreiung der Frau entstehen ließ; die Frau sollte die Rolle des passiven, naiven Engels überwinden, und die des Haustiers, das von einem überaktiven, resoluten Mann gehätschelt wurde.

Hier zeichneten sich schon bald verschiedene Strömungen ab, da das Bild der Frau widersprüchlich und auch unter Frauen selbst umstritten war. Der Kern des Problems – das keineswegs zeitgebunden war – kann knapp in zwei einander ergänzenden Fragen zusammengefaßt werden: Ist die Frau von Natur aus nicht nur physisch, sondern auch psychisch auf den Kontrast zum Mann festgelegt oder ist dieser Gegensatz teilweise gesellschaftlich und historisch bedingt und somit künstlich und nichts weniger als notwendig und gesund? Soll die Frau nach Gleichheit im Sinne vollständiger Anerkennung ihres eigenen, spezifischen, dem der Männer entgegengesetzten Wesens in sozialer, juristischer und moralischer Hinsicht streben, oder bedeutet Gleichheit – abgesehen von den rein biologischen Unterschieden – auch die Austauschbarkeit der Rollen im privaten und öffentlichen Bereich? Nicht, daß man dieses Problem gleich in aller Klarheit formuliert hätte, aber hinter den verschiedenen Strömungen mit ihren gegensätzlichen Bestrebungen innerhalb der Frauenbewegung bleibt es erkennbar. Denn die praktische Frage war nicht zu umgehen, ob die Frau den Kontrast selbstbewußt betonen oder als typisch männliches Trugbild (das zugleich dazu diente, die männliche Überlegenheit zu bestätigen) überwinden sollte. Die Schwierigkeit lag vor allem darin, daß eine Betonung des Gegensatzes aus einem starken weiblichen Selbstbewußtsein heraus – wobei die traditionelle männliche Vorstellung mit geänderten Vorzeichen übernommen wurde – wiederum zu der Frage führte, ob die Andersartigkeit der Frau nicht die Ausübung typisch männlicher Tätigkeiten ausschloß, die andererseits aufgrund des Gleichheitsprinzips für sie zugänglich sein mußten.

Man hat hier drei Richtungen unterschieden.[2] Es gab eine pragmatische und moderate Strömung, die in erster Linie für eine Verbesserung der sozialen Position der Frau kämpfte, indem sie sich für bessere Ausbildung einsetzte; Frauen sollten soziale Aufgaben auf besonderen, der Natur der Frau angemessenen Gebieten der Wohltätigkeit und Fürsorge übernehmen. Dabei ging es auch um die Bekämpfung der so erniedrigenden Prostitution. Die Absicht war nicht so sehr, sich gegen den überkommenen Gegensatz der Geschlechter zu wenden, als die schmerzlichsten Konsequenzen der zweitrangigen Stellung zu beseitigen, die der Frau zugewiesen worden war. Daneben gab es die radikale, politische Bewegung, die sich für Rechtsgleichheit und vor allem für das Frauenwahlrecht einsetzte. Diese Bewegung hat durch die Aktionen der kämpferischen, von E. Pankhurst geführten Suffragetten, die ab 1900 auch auf der Straße für das Stimmrecht (lateinisch *suffragium*) stritten und dabei ihre Regenschirme als Waffe gegen Polizisten einsetzten, Furore gemacht und weltweit Aufmerksamkeit erregt. Schließlich ist die weniger aufsehenerregende, aber nicht weniger bedeutsame Richtung zu nennen, die das bürgerliche Bild der gleichsam ungeschlechtlich-reinen Frau angriff; Frauen sollten gegenüber dem Mann ihre eigene Sexualität selbstsicher bejahen und erleben.

In erster Linie ging es der gesamten heterogenen Bewegung jedoch um die soziale oder politische und rechtliche Anerkennung der Frau und ihrer spezifischen Qualitäten als gleichwertige, aber nicht gegen den Mann austauschbare Partnerin. Gerade das bekannte Kontrastbild rechtfertigte es, daß die Frau für ihre eigenen Rechte eintrat. Kennzeichen ihres Wesens waren Wärme, Gefühl und eine engere, instinktive Verbundenheit mit dem Leben und der Natur, während der Mann für den kühlen Intellekt, für Berechnung und Distanz stand. In dieser Hinsicht gab es vorläufig wenig Unterschiede zwischen der männlichen und der weiblichen Sichtweise, und die Frauenbewegung setzte sich auch noch nicht zum Ziel, daß Frauen beruflich überall in die Spuren des Mannes treten sollten. Erst später im zwanzigsten Jahrhundert sollte gerade die Gültigkeit jenes Kontrastbildes bestritten werden.

Trotzdem gehörte sowohl zur radikalen politischen als auch zur eher vitalistischen und antiasketischen Richtung eine deutliche Korrektur des gängigen Bildes vom Gegensatz der Geschlechter. Rechtsgleichheit und Frauenstimmrecht würden zwangsläufig dazu führen, daß Frauen politischen Einfluß bekämen, und dies bedeutete, daß auch die bisher ausschließlich für Männer bestimmten Gebiete des Wissens und der Bildung für Frauen zugänglich werden müßten. Und hieraus folgte wiederum, daß bestimmte, nur Männern vorbehaltene Berufsausbildungen auch Frauen offenzustehen hätten. Dies war eine Konsequenz, zu der sicher nicht alle Anhänger der politisch aktiven Frauenbewegung sofort gelangt sein werden, aber sie war in gewissem Sinne zwingend; die Entwicklung mußte unaufhaltsam hierhin führen. Dies stand in gewissem Widerspruch zu den Vorstellungen der anderen Strömung, die gerade die Besonderheit und Unentbehrlichkeit der gesellschaftlichen Rolle der Frau betonte. Auch diese vitalistische Bewegung sah, anknüpfend an eine lange Tradition, vor allem auf dem Gebiet der Wohltätigkeit, Fürsorge und selbstverständlich der Kindererziehung Berufe und gesellschaftlich bedeutsame Aufgaben, die die Frauen aus ihrer erniedrigenden Passivität befreien konnten. Die vitalistische Strömung hat ihrerseits die Vorstellung vom Geschlechtergegensatz verändert, indem sie die Frau in erotischer, sexueller Hinsicht als vollkommen autonom und gleichwertig neben den Mann stellte, wenn hierbei auch der Unterschied zwischen der weiblichen und der männlichen Natur gerade hervorgehoben wurde.

Die eher pragmatische und moderate Strömung, die nur für mehr Anerkennung der typisch weiblichen Eigenschaften und Aufgaben eintrat, konnte hierbei auch auf das Verständnis der Kirchen zählen, und so entstand eine konfessionelle Frauenbewegung, die den Frauen, ausgehend vom bekannten Kontrastbild, humanitäre Aktivitäten zuweisen wollte, die man ohnehin besser Frauen anvertraute. Wie immer bei umfassenden Erneuerungsbewegungen, schloß die pragmatische, moderate Haltung natürlich eine bewußte Ablehnung der radikalen politischen Strömung ein; die Suffragetten übernahmen ja die typisch männlichen ungesitteten Angewohnheiten und verleugneten ihre wahre, sanftmütige Natur. Dennoch lehnte der Klerus in manchen Ländern, zum Beispiel Frankreich, mehr politische Rechte für Frauen nicht einmal grundsätzlich ab, weil gerade die Frauen die treuesten Anhänger der Kirche waren. So waren aus verwandten Gründen auch die Konservativen keine Gegner einer Ausweitung des Wahlrechts auf die unteren Bevölkerungsgruppen, in denen sie viele Anhänger besaßen.

Die Frauenbewegung war in Amerika entstanden und von dort im letzten Viertel des neunzehnten Jahrhunderts nach Europa gelangt, zunächst nach England. Daß in einer Gesellschaft wie der amerikanischen, mit ihrer (was die weiße Bevölkerung anging) schon recht fortgeschrittenen Egalisierung, die Stellung der Frau in sozialer und politischer Hinsicht eher diskutiert wurde, läßt sich denken, aber auch in Europa fanden die ersten Kampagnen für gleiche politische Rechte und für die Zulassung zu Berufsausbildungen schnell Widerhall.

So entstanden um 1890 die ersten Organisationen der Frauenbewegung, und die ersten Kongresse zur Emanzipation der Frau wurden abgehalten. Zuvor hatten einzelne Frauen versucht, den silbernen Käfig zu öffnen, indem sie zum Beispiel besseren Unterricht nahmen und studierten. Hier ging es um Dinge, die jedes Mädchen und jede Frau unmittelbar betrafen, um Rechte, die sichtbar und doch unerreichbar in nächster Nähe lagen. Aus dem Streben nach sozialer Befreiung und Anerkennung entwickelte sich schon bald folgerichtig der Kampf um die allgemeine politische Gleichstellung und das Wahlrecht. In den Niederlanden gelang es Aletta Jacobs schon 1871, zu Lehrveranstaltungen an der Universität Groningen zugelassen zu werden, und im Jahre 1878 wurde sie die erste Ärztin. In Frankreich waren Frauen seit 1868 im Prinzip zur Universität zugelassen, und andere Länder folgten zögernd. Aber in vielen Fällen bedeutete dies nicht mehr als die Möglichkeit zu hospitieren, ohne Zulassung zum Examen, da Mädchen kein Gymnasium oder Lyzeum besuchen durften und höchstens eine unzulängliche Vorbildung erwerben konnten: in Frankreich auf einer besonderen Art von Mädchenlyzeum, in Deutschland auf der »höheren Töchterschule«, in den Niederlanden auf der mittleren Mädchenschule. Noch 1898 verbot ein niederländischer Minister die Gründung eines Mädchengymnasiums.

Um die Jahrhundertwende war die Rolle der Frau in nahezu allen westeuropäischen Ländern (wo man ja auch dem viktorianische Ideal der bürgerlichen Familie besonders freudig nachgeeifert hatte) auf jeden Fall zu einem höchst aktuellen Thema geworden, dessen Bedeutung allgemein anerkannt wurde, und nach englischem Vorbild formierten sich die Suffragetten, um mit Demonstrationen und zorniger Agitation auf Straßen und Plätzen das Frauenwahlrecht zu erkämpfen. Norwegen und Dänemark gingen hier voran und bewilligten es schon vor dem Ersten Weltkrieg. Die Sowjetunion führte es 1917 ein. Schweden und Deutschland folgten gleich nach dem Krieg im Jahre 1919 (wie die USA), die Niederlande ebenfalls 1919, Großbritannien 1928, während Frankreich und Belgien erst nach dem Zweiten Weltkrieg und die Schweiz erst in den achtziger Jahren so weit waren. So wichtig es auch ist, das Wahlrecht kann dennoch nicht als einziger Maßstab für die Emanzipation der Frau gelten.

Die formale politische Gleichstellung konnte den Blick auf die tatsächliche soziale Position der Frau verstellen; ihr Einfluß in der Familie, über Verbände oder allerlei Mittel der Meinungsbildung und Information in der Öffentlichkeit war wieder ein Faktor für sich. Wo sie gewohnt war, wie selbstverständlich dem Mann zu folgen, änderte daran auch das Wahlrecht noch wenig, und wo man schon akzeptierte, daß sie eine selbständige Position einnahm, mochte die Zuerkennung des Wahlrechts sogar wie eine nebensächliche Formalität erscheinen. Aber vor allem konnte keine Rede davon sein, daß sich durch die Einführung des Frauenwahlrechts auch der Rest der Gesetzgebung, die von der Führungsposition des Mannes ausging, verändert hätte.

Als Bewegung, der es um die Befreiung aus der Zwangsjacke der viktorianischen Moralvorstellungen ging, war die Frauenbewegung auch deutlich von den Mittelklassen geprägt, besonders von Frauen aus dem gehobenen Bürgertum. Und sie war anfänglich auch wie selbstverständlich vor allem auf die Befreiung der Frau bürgerlicher Herkunft, der achtbaren Dame von Stand, ausgerichtet. Während der Mißbrauch von Frauen als billige Arbeitskräfte in den Fabriken allgemein verurteilt wurde, was auch schon zu entsprechenden gesetzlichen Beschränkungen geführt hatte, ging es nun umgekehrt gerade um das Recht der Frau, einen Beruf auszuüben und so ihre Abhängigkeit vom Mann zu überwinden. Auch weil Dienstmädchen, Kindermädchen, Wäscherin, Köchin und Näherin zu Ausstattung und Status der Dame aus gutem Hause gehörten – wenigstens für die Frau des Bankdirektors, des Großunternehmers, des hohen Staatsbeamten oder des Professors – und es dieser ermöglichten, sich künstlerischen oder philanthropischen Aktivitäten zu widmen, wollte man in diesen Kreisen von einer Einschränkung der Frauenarbeit in den unteren Klassen anfänglich nichts wissen. Die englische Women's Liberal Federation wandte sich 1895 noch heftig gegen das Verbot der Frauenarbeit, unter dem zweifellos sehr liberalen Motto, daß das Recht auf Arbeit ein wesentliches Element der Freiheit sei.

So bildete die sozialistische Frauenbewegung wiederum einen eigenen Zweig. Daß der Sozialismus mit seiner fundamentalen Gleichheitslehre bei seinem Angriff auf die kapitalistisch-bürgerliche Klasse und den gesamten Komplex ihrer Normen auch auf das Thema der Beziehung zwischen Mann und Frau gestoßen war, läßt sich denken. In dieser Hinsicht waren die Sozialisten und Marxisten treue Nachfahren der französischen Revolutionäre, die sich auch mit diesem Problem herumgeschlagen hatten. Nun galt für die Arbeiterfrauen wie gesagt nicht das gleiche wie für die Damen aus den vermögenden bürgerlichen Kreisen. Sie gehörten vielmehr zum am schlimmsten ausgebeuteten und geschundenen Teil des Proletariats, und das Verbot der Frauenarbeit war für die Sozialisten ein notwendiger Schritt auf dem Weg zur »Expropriation der Expropriateure« gewesen, der Enteignung der Enteigner, wie Marx es genannt hatte. Andererseits bedeutete Gleichheit auch für sie, daß Frauen arbeiten und Geld verdienen durften. Hier lag nun ihr Dilemma. Ein anderes und wesentlich dringlicheres Problem war strategischer Natur: Was hatte Vorrang, der Kampf um die Gleichstellung der Frau oder der Kampf für die sozialistische Gesellschaft, in der sich dann von selbst auch die vollständige Emanzipation der Frau ergeben würde?

Hierbei zeigten sich zwei interessante Phänomene. Der Unterschied von Mann und Frau – schließlich keine bürgerliche Erfindung des neunzehnten Jahrhunderts – stellte den sozialistischen Mann vor die Frage, ob er in erster Linie Mann oder Sozialist sei, und da er außerdem noch mit der christlichen Kultur und ihren Werten aufgewachsen war, hielt er in dieser Hinsicht, oft eher intuitiv, aber deshalb in Wirklichkeit nur um so stärker, an der traditionellen Rollenverteilung fest, auch da bei allmählicher Verbürgerlichung stillschweigend bürgerliche Normen akzeptiert oder übernommen wurden. Auf jeden Fall unterschied sich die Familie des sozialistischen Führers oder Theoretikers (der ja wie etwa Marx und Engels tatsächlich selbst bürgerlicher Herkunft war), im täglichen Leben nicht so sehr vom patriarchalischen Muster, wie in der sozialistischen Propaganda später behauptet wurde. Auch hier war es recht normal, daß der Mann dank seiner Ausbildung und physischen Kraft Familienoberhaupt war.

Das gleiche trifft auf die große Masse der Arbeiterfamilien zu, auch wenn die Frauen hier gewöhnlich viel mehr leisteten und ihren Männern gegenüber selbstbewußter auftraten, wie es auch in der bäuerlichen Bevölkerung – und vor der Industrialisierung ganz allgemein, wenn auch mit klarer Rollenverteilung – der Fall war. Obwohl die Frauenbewegung grundsätzlich mit der sozialistischen Ideologie zu vereinbaren, ja sogar folgerichtig aus dieser herzuleiten war, blieb die sozialistische Frauenbewegung hinsichtlich der Strategie und der Prioritäten gespalten. Außerdem waren es natürlich wieder allein die Männer, die im Sozialismus den Ton angaben, und es galt die Devise, daß der Kampf für die Gleichstellung der Frau dem Kampf für eine sozialistische

Gesellschaft unterzuordnen sei. Das hatte schon für Marx und Engels gegolten, und es galt für Bebel und die sozialistischen Führer nach der Jahrhundertwende, wenn sich auch Bebel, Léon Blum und andere zusätzlich für die Gleichstellung von Mann und Frau einsetzten. Darin war ihnen der große Philosoph des Liberalismus, John Stuart Mill, übrigens schon mit seiner Studie *The Subjection of Women* aus dem Jahre 1869 vorangegangen.

Dieses ganze Problem entsprach dem des allgemeinen Wahlrechts, wobei das Frauenwahlrecht dem Wahlrecht für Männer ebenfalls klar untergeordnet wurde. Letzteres stand oben auf der Tagesordnung. Dennoch fand die Frauenfrage in sozialistischen Kreisen schon früh als selbstverständlicher Bestandteil der Gesamtideologie viel Beachtung, und man widmete ihr zahlreiche Publikationen, von denen Bebels *Die Frau und der Sozialismus* aus dem Jahre 1883 zu den bekanntesten und maßgeblichsten gehörte.

Die Frage nach der Rolle und (als Grundfrage) nach dem Wesen der Frau geriet also nach der Jahrhundertwende in den Mittelpunkt des allgemeinen Interesses. Dies führte allerdings auch zu stark antifeministischen Reaktionen. So gab es zunächst einmal die instinktive, spontane Abwehrreaktion auf die ungewöhnlichen Ansprüche der Frauenbewegung; sie äußerte sich im bekannten Spott über diese kämpfenden, Steine werfenden, aggressiven Mannweiber, die auch zum Gegenstand vieler Karikaturen wurden. Der »Blaustrumpf« – die gelehrte, natürlich immer bebrillte und grundsätzlich reizlose, geschlechtslose alte Jungfer – war schon seit langem ein Symbol der unweiblichen Frau, die vergebens ein Mann zu sein versuchte. Innerhalb der Frauenbewegung wurde von Anfang an aus verständlichen Gründen nun gerade der Abstand zu diesem Bild durch bewußtes Hervorheben der Weiblichkeit im Äußeren, in der Mode und im Verhalten betont: Auf die berühmten und bewährten Waffen der Frau, ihren Charme und ihre Verführungskunst, durfte auf keinen Fall verzichtet werden. Sie waren immer noch wesentlich wirkungsvoller als der Regenschirm.

Wie zu erwarten, erschienen aber auch ernstgemeinte wissenschaftliche Publikationen mit Theorien, die eine biopsychische Minderwertigkeit der Frau erweisen sollten, wie etwa *Über den physiologischen Schwachsinn des Weibes* von dem Neurologen P. Möbius (1900). Das berühmte Werk Otto Weiningers aus dem Jahre 1903, *Geschlecht und Charakter*, behandelt ebenfalls den naturgegebenen scharfen Gegensatz und verrät Bewunderung des Männlichen. Offenbar löste der Vormarsch der Frau noch eine andere Angst aus, nämlich die, daß sie bald ihre wichtigste Aufgabe als Mutter vernachlässigen würde, mit verheerenden Folgen für die Bevölkerung und vor allem für die Angehörigen der besseren Stände, deren Zahl ohnehin prozentual schon so stark zurückging. Auch das eugenische Motiv tauchte auf.[3] Von weiblicher Seite wurde übrigens ebenfalls vor dem feministischen Weg gewarnt, der zur Verleugnung des Wesens und der Bestimmung der Frau führe, wie in dem vielgelesenen und in mehrere Sprachen übersetzten *Buch der Frauen* von Laura Marholm (1894) dargelegt wurde: Gerade in dem Zeitalter, in dem die männliche Ratio, das aufs Äußerliche gerichtete Leistungsprinzip und die Entfremdung von der Natur so sehr vorherrschten, sei die Frau als Inbegriff der Wärme, des Gefühls und der Innerlichkeit der notwendige und heilsame Gegenpol.

Man kann darüber streiten, ob nun diese ganze Diskussion und die feministischen Aktionen in der Öffentlichkeit um 1900 und später dazu führten, daß sich die Position der Frau im täglichen Leben spürbar änderte. Alltagsdokumenten kann man zahllose Beispiele als Beweise für die eine These wie auch für ihr Gegenteil entnehmen, wobei die bekannten Unterschiede zwischen den einzelnen Ländern das Bild noch zusätzlich komplizieren. Entscheidend ist auch, von welcher Seite man sich der Frage nähert. Wer die Gegenwart als Ausgangspunkt wählt, wird vor allem Kontinuität und die Trägheit der Veränderung hinter all der feministischen Aktivität in der Öffentlichkeit sehen. Koedukation gab es nur in Volksschulen, und in vielen Fällen, besonders, wenn es sich um katholische Länder oder Schulen handelte, wurde schon dies als sehr unmoralisch und fatal betrachtet. Die Trennung der Geschlechter war daher schon vom sechsten oder siebten Lebensjahr an, in anderen Fällen ab dem zehnten oder zwölften, für jeden selbstverständlich und prägend. Mädchen aus besseren Kreisen besuchten nach der Volksschule besondere Mädchenschulen, die ihnen vor allem Allgemeinbildung, Sprachen- und Literaturkenntnisse vermitteln sollten, aber gewiß nicht zur Vorbereitung auf eine Berufsausbildung oder auf die Universität gedacht waren.

Gängige Berufe blieben Kindergärtnerin, Volksschullehrerin, Krankenschwester, Gouvernante oder Lehrerin an einem der erwähnten mittleren Mädcheninstitute; nach und nach kamen auch Stellen in modernen, großen Ladengeschäften hinzu, hauptsächlich in der Konfektionsbranche, oder auch der Beruf der Sekretärin. Eine Stellung als Dienstmädchen blieb etwas für Mädchen aus den untersten Schichten des Bürgertums und für Arbeiter- oder Bauerntöchter. Nach wie vor hatte die unverheiratete junge Frau in den Augen des Normalbürgers etwas Bedauernswertes. Es gab auch weiterhin ein typisches Männermilieu, auch außerhalb der beruflichen Sphäre, männliche Domänen der Freizeit, die besonderen Klubs, die Kneipen und den Sport, wo Frauen nichts zu suchen hatten, wie ja auch in den besseren Bürgerhäusern besondere Rauchzimmer für die Herren vorgesehen waren. Und obwohl Frauen allmählich in höhere Bildungsinstitute und sogar zur Universität vordringen konnten, blieb dies in den Augen der großen Mehrheit ein seltsames und fragwürdiges Phänomen, und die Frau in den akademischen Berufen – Arzt, Rechtsanwalt, Richter, Wissenschaftler, Regierungsbeamter, Ingenieur oder Architekt – war noch ein weißer Rabe, wenn sie überhaupt zugelassen wurde.

Die verheiratete Frau war selbstverständlich Hausfrau und ohne Beruf. Nur im Künstlermilieu wurde die Kreativität der Frau schon seit langem akzeptiert: Als Sängerin, Tänzerin, Schauspielerin, auch als Zirkusartistin, war die Frau natürlich immer unentbehrlich gewesen; es gab auch Pianistinnen, aber noch selten Geigerinnen oder Cellistinnen. Als Autorin und als Malerin war die Frau im neunzehnten Jahrhundert auch schon in Erscheinung getreten, allerdings betrachtete man sie hier eher als Ausnahme unter vielen männlichen Kollegen. Mädchen durften abends und teilweise auch tagsüber nicht ohne Begleitung das Haus verlassen, und für die große Mehrheit der Frauen aus allen bürgerlichen Schichten war die Sexualität zwar nicht mehr das schreckliche Reich des Verderbens, das sie für ihre Mütter und Großmütter gewesen war, blieb aber zumindest ein gefährliches Gebiet, auf das man sich nicht ohne ernsthafte Heiratsabsichten begeben durfte. Diejenigen, die hier freieren Ansichten huldigten, betrachtete man auch nicht mehr als perverse Übeltäter und als Gefahr für die öffentliche Ordnung, wohl aber als seltsame Vögel, die Anstoß erregten und sich außerhalb der ungeschriebenen Anstandsnormen bewegten. Gewöhnlich hatte man es dann mit Künstlerkreisen zu tun, und in diesem Fall wurde die freie Liebe oder anderes ungewöhnliches Verhalten als etwas, das nun einmal zum typischen Milieu der Bohemiens gehörte, mit einer Mischung aus mitleidigem Kopfschütteln und amüsiertem Entsetzen akzeptiert. Ein anständiges Mädchen trank jedoch kein Bier, pfiff nicht vor sich hin, rauchte nicht, las keine Bücher, in denen Sexualität freimütig behandelt wurde, am besten überhaupt keine Bücher über allzu problematische Fragen, die nachdenklich oder grüblerisch stimmten. Es werden zweifellos nicht wenige Mädchen gewesen sein, die diese Anstandsnorm übertraten, und sie wurden immer zahlreicher, aber die Norm blieb trotzdem unvermindert gültig.

Die Großeltern dieser Mädchen oder jungen Frauen hätten dies alles ganz anders gesehen. Sie hätten sich über die viel freieren Umgangsformen gewundert, wenn nicht geärgert, über das Verhalten in Gesellschaft, wo Mädchen sich auch ungefragt ins Gespräch mischen durften, wo sie Meinungen zu Politik und Gesellschaft und zur neuesten Literatur äußerten. Die Großmütter wären über die Mode erstaunt gewesen, die den Körper nicht mehr völlig verhüllte wie eine verbotene Frucht, über die Pläne der Mädchen, die eine Berufsausbildung absolvieren, ja am liebsten studieren wollten, sofern sie intelligent waren oder es zu sein glaubten. Auch betätigten sich manche schon sportlich, zum Beispiel mit Tennis oder Radfahren, was sehr unweibliche Kleidung erforderte, die eine Generation zuvor größten Anstoß erregt hätte. Auf jeden Fall war nach der Jahrhundertwende die Erwartung durchaus realistisch, daß die Zukunft der Frau neue Möglichkeiten und eine andere gesellschaftliche Stellung bringen würde. Was nicht heißen soll, daß sich auch alle Frauen ständig und intensiv mit diesen Fragen beschäftigt hätten.

8 Im Zeichen der Jugend

Genau im Jahre 1900 erschien in Schweden ein Buch, das innerhalb weniger Jahre in zahlreichen Übersetzungen Furore machte. Sein Erfolg scheint das Vorherrschen einer ganz bestimmten Mentalität im zwanzigsten Jahrhundert schon anzukündigen, denn es hieß: Das Jahrhundert des Kindes. Autorin war die Feministin und Pädagogin Ellen Key. Sie trat mit einem ebenso energischen wie geradlinigen Plädoyer dafür ein, das Kind nicht mehr als unvollkommenen und fragmentarischen Erwachsenen zu betrachten und ständig in seine Entwicklung einzugreifen, bis hin zum Einsatz körperlicher Gewalt, sondern es als gleichwertig anzusehen, als jemanden, der von ganz eigener Art ist. Die andersartige Natur des Kindes und nicht die des Erwachsenen müsse der Ausgangspunkt für die Erziehung eines neuen und glücklicheren Geschlechts sein, das den Aufgaben des neuen Jahrhunderts gewachsen sein sollte. Um diesen neuen Menschen ging es, und darum durften sich, so die Autorin, Erbkranke und Kriminelle nicht fortpflanzen. Key gehörte zu jenem Flügel des Feminismus, der die Frau gerade in ihrer Andersartigkeit anerkannte und sich gegen Frauenarbeit wandte, die doch nur Zeichen der Versklavung war. Die Frau mit ihrer Veranlagung zu menschlicher Wärme und zur Intuition war die ideale Erzieherin des Kindes.

Keys Buch fiel natürlich nicht vom Himmel. Sie selbst verwies auf illustre Vorgänger wie Montaigne, Rousseau, Goethe und Spencer. Aber der Fanfarenklang des Titels paßte zum Augenblick des Erscheinens. Die Autorin spürte, daß die Jahrhundertwende der geeignete Moment war, um für eine radikale Neubewertung des Kindes einzutreten – wer jetzt Kind war, würde im neuen Jahrhundert aufwachsen. Der enorme Erfolg des Buches gab ihr jedenfalls Recht und half, die neuen Anschauungen zu verbreiten.

Daß man sich den besonderen psychischen Eigenschaften des Kindes zuwandte, hatte mit dem wachsenden Interesse an der Jugend und ihrer Lebensphase ganz allgemein zu tun. Die enorme Wertschätzung der Jugend sollte für die Kultur des zwanzigsten Jahrhunderts von entscheidender Bedeutung sein. Sie sollte ganz verschiedenen Lebensbereichen ihren Stempel aufdrücken und vor allem in den industrialisierten Ländern den Geschmack und die Normen beeinflussen. Diese Entwicklung war in erster Linie eine Folge der längeren Ausbildungszeit aufgrund der höheren Anforderungen, vor die sich die Mittelklassen in der urbanisierten Welt gestellt sahen. Deswegen verbrachten ja die städtischen Jugendlichen einen großen Teil ihrer Zeit mit Altersgenossen außerhalb des Elternhauses. Dies schuf zwangsläufig eine Bindung, wobei eine natürliche, die ganze Generation einschließende Gruppensolidarität gegenüber den Ausbildern, den Lehrern, entstand: Man sah eine Art Polarität, die dem Begriff der Generation existentiell und sozial einen neuen Inhalt gab. Etwas völlig anderes kam noch hinzu: Da die durchschnittliche Lebenserwartung beträchtlich stieg, galt hohes Alter immer weniger als etwas Außergewöhnliches, während zugleich der einst feste Glaube an ein individuelles Fortleben nach dem Tod zu schwinden begann. Je sicherer dieses Dasein in materieller Hinsicht dank Wissenschaft und Technik wurde, desto weniger empfanden die Menschen es als Anlauf zur Ewigkeit, sondern eher als das einzige Dasein, dessen man gewiß sein konnte, und diese einzig gewisse Existenz war der Zeit unterworfen, die ihr enge Grenzen setzte. Jugendlichkeit bedeutete jetzt vor allem, daß man noch viel Zeit hatte. Sie stand für einen Aufschub des Endes und für Entscheidungsfreiheit.

Schließlich hing die Glorifizierung der Jugend auch damit zusammen, daß die Natur immer mehr aus der verstädterten Welt verschwand. Auf das Gefühl der Entfremdung in einer Gesellschaft, die von unpersönlichen Organisationen wie Parteien, Gewerkschaften, Konzernen und Großbetrieben geprägt wurde, auf den Eindruck, daß Sprache und Denken immer abstrakter wurden, auf die asketische kapitalistische Arbeitsmoral und die Unterdrückung von allem, was einen Anflug von Triebleben und Sinnlichkeit hatte, konnte man eben auch mit einer Verherrlichung der Jugend reagieren. Sie entsprang der gleichen erneuerten Faszination für die biologischen und animalischen Kräfte und der gleichen Sehnsucht nach den verborgenen Quellen des Lebens als Gegengift und Heilsbringer, die so charakteristisch für den Vitalismus und den Antipositivismus waren, die zur gleichen Zeit in der Philosophie und den Künsten aufkamen.

Die Jugend war zwar jahrhundertelang als die Lebensphase besungen worden, in der Lebensgenuß, Schönheit und auch Gesundheit ihren Höhepunkt erreichten, aber in Wirklichkeit hatte man sie auch immer mit Zügellosigkeit und ökonomischer Nutzlosigkeit assoziiert. Sowohl in gesellschaftlicher als auch in psychologischer Hinsicht hatte man Jugend auf ein Vorstadium des Erwachsenenalters reduziert. Kinder aus den unteren Schichten mußten so schnell wie möglich selbständig werden und Geld verdienen, als Hilfe und vor allem Altersversicherung der Eltern. Das Wort »Kinderarbeit« im Sinne eines verwerflichen Mißstands kannte man nicht. Außerdem gab es in früheren Jahrhunderten nichts, was dem Familienkult des neunzehnten Jahrhunderts ähnlich gewesen wäre.

Ab ihrem zehnten oder elften Lebensjahr, wenn nicht früher, wurden Jungen gewöhnlich in die Lehre geschickt und Mädchen im Haushalt und bei der Kinderversorgung eingesetzt. Auch in den höheren Ständen wurden die männlichen Jugendlichen als junge Erwachsene betrachtet und in ihre zukünftigen Aufgaben eingeführt, und mit achtzehn hatte man durchweg den Erwachsenenstatus erreicht, von Ausnahmen und Schwankungen abgesehen. So verbarg sich Jugend, was äußere Erscheinung, Kleidung, Verhalten und tägliche Arbeit anging, oft hinter der Haltung und der Maske des Erwachsenseins, wie die zahllosen alten Porträts von Jugendlichen aus höheren Ständen deutlich erkennen lassen, wenn man auch für das Gemälde eine stilisierte Haltung, eine Pose einnahm – diese Tatsache an sich offenbart schon die herrschenden Normen. Der Weg zur Selbständigkeit, die zwangsläufig zu einer Anpassung und zur Übernahme des Verhaltens und der Denkweise der Erwachsenen führte, wurde so kurz wie möglich gehalten.

Vollständig ignorieren konnte man den besonderen Charakter von Kindheit und Pubertät natürlich nie, und so ist auch von Zeit zu Zeit immer wieder eine Art von spezieller Jugendkultur erkennbar. Aber kaum jemals würdigte man die Jugend als einzigartiges Lebensalter mit einem eigenen Wert. Eher suchte man nach einer Möglichkeit, die Jugendlichen so problemlos wie möglich durch diese irritierende, aber unvermeidliche Lebensphase zu bringen und sie in die Gesellschaft einzugliedern. Darum beschäftigte man sich in allen Epochen ständig mit dem Problem der Erziehung, wobei das Ziel unverändert blieb: den Heranwachsenden nach den herrschenden Normen zu einem rechtschaffenen, frommen und nützlichen Mitglied des betreffenden Standes und der jeweiligen ethnischen Gruppe zu formen.

Nicht zufällig hatte die Erziehungsfrage zur Zeit der Aufklärung wegen des sich verändernden Menschenbildes besondere Aufmerksamkeit gefunden. Die menschliche Natur schien viel mehr Möglichkeiten zu umfassen, war in höherem Grade formbar und lenkbar, als man angenommen hatte. Der Pädagogik wurde damit eine Aufgabe zugewiesen, die für die Bildung und das zukünftige Heil des Heranwachsenden von entscheidender Bedeutung war. Mit Rousseau und Pestalozzi begann die systematische Suche nach der besten pädagogischen Methode und nach dem wahren Lehrmeister, Führer und Bildner des noch ungeformten jungen Menschen.

Nach wie vor ging man bei dieser Suche von der Unselbständigkeit und Abhängigkeit des Kindes aus. Die Romantik, ihr Geniekult und ihr neues, dynamisches Zeit- und Geschichtsbewußtsein führten allerdings zu einer weiteren Veränderung: Jugend stand nun noch in ganz anderer Hinsicht für Zukunft, nämlich als Versprechen des Fortschritts. Der Weg der Menschheit führte aufwärts. Theoretisch bedeutete dies einen ersten Angriff auf die Autorität der älteren Generation, da diese ja noch aus einem weniger aufgeklärten Stadium stammte. Der Zerfall der Ständegesellschaft bot gerade der jungen Generation bürgerlicher Herkunft ungeahnte Chancen, gab den Blick auf eine glanzvolle Zukunft frei; die wichtigsten Exponenten des Sturm und Drang, der Frühromantik und Romantik waren in den Zwanzigern, so daß man diese Strömungen schon ausgesprochene Jugendbewegungen nennen könnte. Das Bewußtsein, die Jugend zu repräsentieren, erfüllte mit Stolz und wirkte inspirierend. Zum ersten Mal traten Studenten nach 1813 als besondere politische Kraft in Erscheinung, nämlich in den deutschen Burschenschaften, die unter dem schwarzrotgoldenen Banner für nationale Einheit und Demokratie kämpften. In den dreißiger und vierziger Jahren des neunzehnten Jahrhunderts entstanden dann in vielen europäischen Ländern revolutionäre Bewegungen, die sich mit dem Attribut »jung« schmückten – wie Mazzinis Giovine Italia oder das Junge Deutschland –, einem Attribut, das noch ein Jahrhundert früher dem Ruf der Bewegung eher abträglich gewesen wäre. Es waren vor allem junge Intellektuelle aus den aufstrebenden Mittelklassen, die als Repräsentanten und Künder des Fortschritts, eines kommenden Zeitalters allgemeiner weltweiter Verbrüderung und Befreiung, eines wahren Frühlings der Völker, voller Verachtung und Spott auf die Älteren herabblickten, die man nur allzuleicht mit dem Geist der Restauration in Verbindung brachte. Und die hatte schließlich die Ideale der Revolution verraten.

In seinem Roman *Väter und Söhne* aus dem Jahre 1862 hat Iwan Turgenjew die russische Variante dieses künftig immer wieder behandelten Gegensatzes dargestellt. Die Väter fühlen sich hier deutlich unterlegen und verneigen sich in beinahe demütiger Bewunderung vor ihren viel gebildeteren und klügeren Söhnen, die eine neue Zeit personifizieren, in die sie selbst nicht mehr passen. Die Söhne blicken ungeduldig auf die sentimentale Anhänglichkeit der Alten herab, im stolzen Bewußtsein, daß die Zukunft ihnen gehört. Zweifellos eine sehr russische Version, denn hier können in den menschlichen Beziehungen unbändige Bekundungen der Zuneigung und unbarmherzige Roheit ganz nah beieinander liegen; zudem flammte der missionarische Eifer eines revolutionären Radikalismus in der jungen Intelligenzija des feudal-autokratischen Zarenreichs heftiger als anderswo auf.

Denn anderswo wurde diese Entwicklung, besonders in einer auf die Revolutionswellen von 1848/49 folgenden Gegenbewegung, durch die bürgerliche Moral und ihren Normenkanon wieder abgeschwächt, wenn nicht erstickt. Gerade weil man Jugend, wie schon immer, mit Sexualität, Sinnlichkeit und unbesonnenem Tatendrang assoziierte, erschien diese Lebensphase einer Gesellschaft, die allenthalben das viktorianische Keuschheits- und Sittlichkeitsideal predigte, ganz besonders bedenklich; zugleich mußte das Jugendalter, gemessen am asketischen Arbeitsethos und Bildungsdrang der aufsteigenden Mittelklassen, als ineffiziente Anlaufphase gelten. Der junge

Mann, vor allem wenn er zu wohlhabenden Kreisen gehörte, versuchte künftig, der Kleidung und allgemein der äußeren Erscheinung nach, möglichst früh wie ein älterer Mann auszusehen. Der Bart setzte sich durch, als Zeichen der Männlichkeit, aber auch der Reife. Die Idee der patriarchalischen Familie, in der sich alle Macht auf den Vater konzentrierte, konnte den Jüngling dazu motivieren, sich rasch aus der Abhängigkeit und der untergeordneten Stellung zu befreien, in der er im Vaterhaus lebte, am besten, indem er selbst in einer eigenen Familie die Stellung des Patriarchen einnahm.

Aber die patriarchalischen Verhältnisse und die väterliche Attitüde konnten für den Sohn begreiflicherweise auch eine verborgene Provokation enthalten. Obwohl man der Wirklichkeit Gewalt antäte, wollte man im Verhältnis von Vater und Sohn im neunzehnten Jahrhundert ausschließlich Konflikte und Gegensätze erkennen, gab es schon deutlich mehr Konfliktstoff als früher. Dies hatte mehrere Ursachen. Die schnellen Veränderungen in Alltag und Arbeitsleben führten zwangsläufig dazu, daß bestimmte Gebräuche und Traditionen ihren Sinn verloren. Durch die neuen Möglichkeiten sozialer Emanzipation und die Verbesserungen im Bildungswesen stiegen viele Söhne auf der Gesellschaftsleiter höher als ihre Väter, und es war vor allem nicht mehr so selbstverständlich, daß der Sohn beruflich in die Fußstapfen des Vaters trat. Der Vater war deswegen seltener als früher der bestmögliche Lehrmeister für den Sohn, und dadurch erschien sein Machtanspruch insgesamt weniger naturgegeben, was wiederum dazu beitrug, daß er diesen Anspruch um so energischer gegenüber einem sich emanzipierenden Sohn zu verteidigen suchte. Auf jeden Fall wurde der Gegensatz von Vater und Sohn in der Literatur um die Jahrhundertwende und danach zu einem gängigen Thema, wobei meistens, anders als bei Turgenjew, der Vater als der autoritäre, tatkräftige und bedrohlich wirkende Pol dem idealistischen, sensiblen Sohn gegenübersteht, wie bei Thomas Mann in *Buddenbrooks* (1901), Reinhard Sorge in *Der Bettler* (1912), Walter Hasenclever im Drama *Der Sohn* (1914) und später wieder bei Arnold Bronnen in *Vatermord* (1920) oder Jakob Wassermann in *Der Fall Mauritius* (1928). Der Sohn, die junge, aufrichtige Generation, ist es, mit der sich die Autoren identifiziert, sie ist die hoffnungsvolle Zukunft im Gegensatz zu den verhärteten und in Heuchelei erstarrten Älteren.

In der Psychologie Freuds erhielt die Polarität von Vater und Sohn im gleichen Zeitraum eine zentrale Stellung. Für Freud lag hier der Schlüssel zur Erklärung ganz elementarer psychischer Störungen. Der Gegensatz war für ihn letztlich nicht sozialer, sondern biologisch-sexueller und inzestuöser Natur: Der Sohn will im Verhältnis zur Mutter den Platz des Vaters einnehmen. Vater und Sohn sind darum heimliche Rivalen, und hieraus entwickelt sich der Ödipuskomplex. Dieser Begriff wurde in der ganzen Welt der populärste aus Freuds Lehre. Später sollte Freud in diesem Konflikt sogar den Ursprung der großen alten Mythen und auch der Religion und des Monotheismus an sich sehen; er entwickelte sich immer mehr vom klinischen Psychiater zum Anthropologen und Kulturphilosophen. Der Vatermord war Freud zufolge nicht nur als heimlicher Wunsch im Sohn gegenwärtig, ein Vatermord hatte in der Urzeit auch wirklich stattgefunden, und sowohl das Schuldgefühl wegen dieser Untat und die hieraus erwachsende Vaterverehrung, die der Sühne diente, als auch der folgende Wiederholungszwang wirkten im Unbewußten von Generation zu Generation fort. Wir hätten es hier also mit einem nicht nur biologisch, sondern sogar phylogenetisch determinierten Komplex zu tun. In seiner Abhandlung über primitive Rituale, *Totem und Tabu* (1921), verknüpfte Freud den Kult des heiligen Totemtiers mit jener Bluttat der primitiven Horde in einer nebulösen Vorzeit.

Es kam also allerlei zusammen, was für die Wandlung in der Einschätzung des Jugendalters eine Rolle spielte. Diese Wandlung vollzog sich außerdem auf verschiedenen Gebieten, die auf den ersten Blick wenig miteinander zu tun haben: In der psychologischen Wissenschaft, in der man die verschiedenen Lebensphasen noch ganz vom positivistischen Ansatz aus untersuchte, waren maßgebende Forscher wie Wilhelm Wundt auch dahin gekommen, das Jugendalter deutlicher von anderen Lebensphasen zu unterscheiden und es genauer zu analysieren; eine ähnliche Entwicklung vollzog sich in der eher praktisch und auf die Gesellschaft ausgerichteten Pädagogik – hier knüpfte der Bestseller Ellen Keys an – und schließlich in der Jugend selbst, die nach der Jahrhundertwende Freiraum und ein Recht auf ihren eigenen Lebensstil zu beanspruchen begann und die Jugendbewegung ins Leben rief. Mit ihr sollte sie einen höchst charakteristischen und unverwechselbaren Beitrag zur Belle Époque und zur Kultur des zwanzigsten Jahrhunderts leisten.

9 Die pädagogische Reformbewegung

Was die pädagogische Erneuerungsbewegung mit der eigentlichen Jugendbewegung verband, war in erster Linie die gemeinsame Kritik an einem zu einseitigen, ganz an intellektuellen Leistungen orientierten Menschenbild.

Erziehung und Unterricht waren immer entschiedener in den Dienst des liberalen Wissensideals und der puritanischen Moral mit ihrer selbstverständlichen, strengen Geschlechtertrennung gestellt worden. Der Schwerpunkt des Lehrplans lag ganz auf dem Wissen und damit auf intellektuellen Fähigkeiten, die neben der Sittlichkeit der einzige Maßstab für Einschätzung und Beurteilung des Kindes waren. Schulpflicht und Bevölkerungswachstum hatten in den meisten Ländern zu einer gewissen Einförmigkeit des Lehrprogramms geführt; es gab eine einheitliche Unterrichtsmethode, die als die effizienteste und praktischste galt, während es früher in den viel kleineren Schulen und vor allem bei der häuslichen Unterweisung, wie sie in der Oberschicht noch lange normal gewesen war, einen bunteren und individuellen, auf den einzelnen Schüler abgestimmten Unterricht gegeben hatte. Vom Schüler wurde neuerdings erwartet, daß er wie eine Art Registriergerät funktionierte, das man systematisch mit standardisierten Daten fütterte. Es kam ausschließlich auf seine rezeptiven, nicht auf seine kreativen Fähigkeiten an. Selbständigkeit oder etwas wie selbsttätiges Lernen konnte dabei kaum toleriert werden. Die Lehrer wiederum schrumpften auf diese Weise leicht zu lustlosen, schwerfälligen Automaten, die jede Originalität, die sich bei ihren Schülern regen mochte, als Bedrohung für ihre Autorität empfanden und im Keim erstickten. Körperstrafen waren dabei in allen Ländern in den unteren Klassen völlig normal.

Gewiß nicht zufällig kann man in zahlreichen Biographien oder Autobiographien von Berühmtheiten lesen, daß der Held als Kind ein mäßiger oder schlechter Schüler war. Auf die Dauer wurde dies beinahe zu einem leicht stereotypen Attribut des großen Mannes, und bei manchen dieser Geschichten ist deshalb ein gewisses Mißtrauen angebracht. Dennoch mußten die Monotonie vieler Unterrichtsstunden und die Starrheit des Lehrplans oft vor allem bei den mit Phantasie und Originalität Begabten Widerwillen und heimlichen Widerstand hervorrufen. Auf jeden Fall lassen die Schulerinnerungen der Generationen vor dem Ersten Weltkrieg gewöhnlich das Bild grauer, unpersönlicher Anstalten entstehen. Die Schule hatte für viele etwas Bedrohliches an sich, und diese Empfindung wurde durch das Massive der dunklen Gebäude und die dumpfe Atmosphäre der Klassenräume noch verstärkt, deren Fenster in manchen Ländern gewöhnlich auch noch verhängt waren, so daß die Schule an ein Gefängnis erinnerte. Noch nach Jahren spukte die Schule als Angstsymbol durch die Träume vieler Erwachsener. Lehrer, die es verstanden, ihre Schüler zu begeistern, waren seltene Ausnahmen in einer Masse blutloser Repetierautomaten. Das liberale Ideal der Individualität wurde durch die Fixierung auf Nützlichkeit und Wissensanhäufung verdrängt. Die Zentralisierung und Homogenisierung des Schulsystems gehörte aber überall zum Prozeß der nationalen Integration und entsprach den Anforderungen der verstädterten Industriegesellschaft, wobei sich der Staat bemühte, um der Einheit willen alte regionale Unterschiede zu beseitigen. Aber auch der Wunsch, mehr soziale Gleichheit zu schaffen und ein Gemeinschaftsgefühl entstehen zu lassen, um hiermit wiederum der Stärke und Einheit der Nation zu dienen, war für die Bildungspolitik gewiß nicht ohne Bedeutung. Ziel der gesamten Erziehung blieb es, national denkende, fleißige, wohlanständige Bürger heranzuziehen. Wie wir gesehen haben, standen auch das häusliche Leben und die Verherrlichung der Familie in den breiten Mittelschichten in diesem Zeichen.

Gegen einseitigen Unterricht und eine ausschließlich leistungsorientierte Pädagogik, für die Schüler leere Gefäße waren, ordentlich aufgereiht, um vom Lehrer täglich mit Lernstoff gefüllt zu werden, wandte sich nun eine starke pädagogische Reformbewegung. Zwei Prinzipien hatten deren wichtigste Exponenten vor Augen: eine viel stärker auf die Lebenswirklichkeit und auf die menschlichen Beziehungen ausgerichtete Charakterbildung und die freie Selbstentfaltung des einzelnen. Diese beiden Ziele stehen allerdings in einem Spannungsverhältnis. Dabei geht es letztlich um das Menschenbild als Ganzes, vor allem um die Frage, ob der Mensch von Natur aus ein soziales Wesen ist oder ob man es bei ihm in diesem Zusammenhang immer mit kultureller Prägung zu tun hat, was auf die Unterdrückung oder zumindest Zügelung elementarer Kräfte hinausliefe. Was genau hat das edle, aber vage Ideal der freien Selbstentfaltung zum Inhalt? Die Antwort hängt von eben diesem Menschenbild ab. Geht es um einen aristokratischen Individualismus, der in Nietzsches Gebot »Werde der du bist« so deutlich anklingt, wie auch in Bergsons Lehre von der offenen Moral, die das kreative Individuum selbst schon in sich trägt? Die Verwirklichung dieses aristokratischen Individualismus gerät mit dem Ideal einer an der Gesellschaft orientierten sozialen Einstellung in Konflikt, es sei denn, daß man diese soziale Orientierung als wahre Natur des Menschen auffaßt. Dies tat zum Beispiel der anarchistische Philosoph Kropotkin, der deshalb auch Darwins Theorie des egoistischen »Struggle for life« verwarf. Auch den zur gleichen Zeit in der Kunst in Erscheinung tretenden Expressionisten fehlte das Bewußtsein dieser Spannung nicht ganz. Der ungehemmte Ausbruch des Ich wurde hier von manchen als Befreiungstat für die ganze Menschheit gerechtfertigt. Für die Pädagogik hatte aber dieses Problem viel größeres Gewicht, da sie sich, wie schon immer, unmittelbar vor die Frage gestellt sah: Welche Art Mensch wollen wir heranbilden?

Die Schwierigkeit, beide Ziele – das soziale und das individualistische – zu vereinen, hielt man jedoch eben nicht für unüberwindlich. Bei allen Unterschieden zwischen den tonangebenden Reformern, was Herkunft, Hintergrund und theoretischen oder praktischen Ansatz betrifft, gab es doch etwas, das diese Bewegung einte, nämlich einen allem zugrundeliegenden Optimismus und Glauben an die harmonische Anlage der menschlichen Natur, darum auch Glauben an den Fortschritt und den Auftrag, den die Pädagogik hier zu erfüllen habe. Etwas Optimismus und ein gewisses Vertrauen in die Verbesserungsfähigkeit der menschlichen Art muß allerdings auch jeder Pädagoge mitbringen, der an seine Arbeit glaubt.

Die Wurzeln dieser Reformbewegung liegen also in der Aufklärung. Wie die Jugendbewegung trug sie auf ihre Weise die Fackel des Fortschrittsglaubens weiter, der in der bestehenden Gesellschaft mittlerweile weitgehend mit rein technischem Fortschritt verknüpft war und mit Machtstreben und Leistungsdenken verschmolz. Die Reformbewegung, die sich gegen solche Pervertierungen wandte, stimmte hierin auch mit der großen antipositivistischen Bewegung überein, und sie war mit der Lebensphilosophie verwandt, die Intuition und Gefühlsleben rehabilitierte, wenn auch die meisten pädagogischen Pioniere gerade von positivistischem Denken ausgingen und der Pädagogik eine wissenschaftliche, empirische Grundlage geben wollten. Aber sie teilten nicht die Neigung zum Pessimismus, die bei vielen Denkern der antipositivistischen Strömung auffällt. In ihren Zielen und ihrer Arbeit kam es eher zu einer eigenartigen Verschmelzung von Antimaterialismus und Antipositivismus mit dem alten, aufklärerischen und liberalen Humanismus. Man könnte sagen, daß der unerschütterliche Fortschrittsglaube, der sie beseelte und ihren Anstrengungen den unverkennbaren Schwung eines mitreißenden Idealismus gab, sie gegen die bedrohlichen Tendenzen der Enthumanisierung und Abstumpfung immunisierte. Hierin lag vielleicht der wichtigste kulturelle Beitrag der Reformbewegung. Sie war international. Philosophen, Psychologen und Schulpraktiker reichten sich hier die Hand und beeinflußten sich gegenseitig. Daß manche dabei von einer wissenschaftlichen Position, andere von praktischer, alltäglicher Erfahrung ausgingen und außerdem alle in unterschiedlichen nationalen Milieus arbeiteten, erklärt natürlich allerlei Unterschiede; die Unzufriedenheit mit dem bestehenden Unterrichtswesen und das Gefühl, daß dieses in entscheidender Hinsicht versagte, waren aber offensichtlich universal.

Der amerikanische Philosoph John Dewey hatte 1900 das Buch *The School and Society* veröffentlicht, das zum Teil auf den Erfahrungen mit der experimentellen Schule beruhte, die er drei Jahre zuvor in Chicago als eine Art pädagogisches Laboratorium gegründet hatte. Als Philosoph und Schüler von William James kam Dewey von einem streng wissenschaftlichen Denken, ja von einer typisch positivistischen Haltung aus zu seinen pädagogischen Aktivitäten. Die naturwissenschaftliche Methode war für ihn die selbstverständliche und einzige wirklich wissenschaftliche Methode, und die Vorstellung einer grundsätzlichen Verschiedenheit von Geistes- und Naturwissenschaften wies er zurück. Daß dieser Philosoph indirekt auch für die europäische Schulbewegung Bedeutung erlangen sollte, war aber nichts weniger als ein Zufall.

Dewey sollte in den USA im zwanzigsten Jahrhundert außergewöhnlich einflußreich sein. Er verkörperte einen ganz und gar amerikanischen Geist, der sich stark vom kontinentaleuropäischen unterschied. Charakteristisch für diesen Geist und somit für Dewey selbst (wie auch seinen Lehrmeister James) war der unverblümte Pragmatismus der noch vergleichsweise jungen amerikanischen Pioniergesellschaft, der es in ihrem beispiellosen Selbstvertrauen gelang, die Grenzen der Zivilisation immer weiter auszudehnen und sich einen riesigen Kontinent zu unterwerfen. Die Eigenschaften des typischen Abenteurers und Pioniers – ein rauher Individualismus gepaart mit Freiheitsdrang, gesunder praktischer Verstand und somit Widerwillen gegen abstraktes Theoretisieren – kann man auch im Pragmatismus Deweys wiedererkennen. Eine solche Philosophie mußte zwangsläufig in eine Anleitung zum praktischen Handeln münden. Es kam schließlich nicht auf die Konstruktion eines Systems, sondern auf die Praxis an. So verwarf Dewey auch den metaphysischen Wahrheitsbegriff, der seit Platon und dann wieder seit der Scholastik das europäische Denken beherrscht hatte: Nicht Wahrheit sei für den Menschen von Bedeutung, sondern ein auf erfolgreiches praktisches Handeln ausgerichtetes Denken. Eine Theorie, die dieses »erfolgreiche Nachforschen« ermöglicht, ist also besser als eine, die dies nicht kann. Dank des Experiments macht unserer Wissen Fortschritte, und nur so wird eine Wirklichkeit, die nicht statisch, sondern in ständiger Entwicklung ist, für uns greifbar. Es ist nicht schwierig, in dieser Lehre den Geist einer Nation zu erkennen, die ständig expandiert und deren Ansichten auf den optimistischen Vorstellungen der Aufklärung beruhen, auf den Prinzipien der Vernunft und der Demokratie und dem Glauben an den Fortschritt. Auch Dewey ging von diesen Prinzipien aus, die in der Idee einer feststehenden universalen Moral und dem Glauben an eine universale Vernunft wurzeln, der jedoch so selbstverständlich ist, daß er gar nicht erst zur Diskussion steht. So erweist sich Deweys Wahrheitsrelativismus als nur scheinbarer Relativismus, und die fest verankerte absolute Moral unterscheidet den amerikanischen Pragmatismus von viel radikaleren europäischen Strömungen, deren Angriffe sich gegen die Grundlagen von Tradition und Morallehre richten; sie erklärt auch, daß er verhältnismäßig flach und einfach wirkt. Für die Schulbewegung war Dewey jedoch gerade wegen seiner pragmatischen Grundsätze und seines Fortschrittsglaubens ein wertvoller Verbündeter. Die Schule, so lehrte er, durfte kein fertiges Wissen weitergeben, sondern mußte dem Kind helfen, Probleme selbständig zu lösen. Mit dieser Fähigkeit allein sei der Dynamik der Gesellschaft und des Lebens überhaupt angemessen zu begegnen. Zu erwerben sei sie am besten im Gruppenverband, damit das Kind lernte, mit anderen zusammenzuarbeiten.

Im gleichen Maße, wie Deweys Hintergrund unverkennbar amerikanisch war, war der des bayrischen Pädagogen Georg Kerschensteiner deutsch. Dieser war zunächst Mathematiklehrer und später Schulinspektor in München, kam also aus der Schulpraxis, aber er verband diese Erfahrungen mit naturwissenschaftlichem Denken und dem neuhumanistischen Bildungsideal, das seit Wilhelm von Humboldt ein Leitbild für die bürgerliche Erziehung gewesen war. War es Humboldt noch um den universal gebildeten Menschen nach griechischem Vorbild gegangen, erkannte Kerschensteiner, daß all die gewaltigen Umwälzungen zwei entscheidende Ergänzungen oder

Änderungen des Leitbildes notwendig machten: Die Orientierung an der Gemeinschaft hatte bei Humboldt keine Rolle gespielt, und der hohe Grad der Spezialisierung und Professionalisierung ließ die Universalität auch als Erziehungsideal illusorisch erscheinen. Hier wurde Kerschensteiner von der Ethik Friedrich Wilhelm Foersters beeinflußt, der wahre Selbstentfaltung als harmonische Verbindung des Individuellen mit den Interessen des Staates sah. Kerschensteiner wurde der Vater der Berufsschule, in der die Schüler so früh wie möglich eine spezifische Fachausbildung mit breiterer Bildung verbinden sollten. Dies bedeutete auch, daß neben dem theoretischen Lernstoff praktische Fertigkeiten in den Lehrplan gehörten. Wie der Amerikaner Dewey die Gesellschaft im Blick hatte, galt das Interesse des Deutschen Kerschensteiner dem Staat, in den der Erwachsene sich schließlich einfügen würde. Der Staat war hier nicht so sehr Träger von Macht als vielmehr die unentbehrliche höchste Verwirklichung der Einheit und hatte so auch eine ethische Bedeutung. Der Unterschied zwischen der egalitären amerikanischen Pioniergesellschaft und der in Hierarchien gewachsenen deutschen Gesellschaft könnte kaum deutlicher zum Ausdruck kommen. Kerschensteiner stieß mit seiner Reorganisation auf den zu erwartenden Widerstand. Seine Stellung verlieh ihm aber entsprechenden Einfluß, und seine zahlreichen Veröffentlichungen erreichten auch die ausländischen Kreise, die die gegenwärtigen Verhältnisse ändern wollten. Obwohl er Erfahrungen als Lehrer besaß, entwickelte er seine Reformideen als Inspektor außerhalb der Unterrichtspraxis.

Ganz anders war dies bei zwei Männern, die einer jüngeren Generation angehörten, Hermann Lietz und Paul Geheeb. Sie kamen nicht von der Naturwissenschaft oder Medizin her, sondern von den Geisteswissenschaften. Beide hatten in den neunziger Jahren an der Universität Jena studiert, wo ein Jahrhundert zuvor Fichte gelehrt hatte, und das war kein Zufall. Der idealistische Philosoph Fichte ist fraglos eine der markantesten Persönlichkeiten der deutschen Romantik, aber zugleich eine der Gestalten, die besonders widersprüchlich und schwierig einzuordnen sind. Seine Lehre umfaßte Elemente, die ganz verschiedenartige geistige Strömungen sich zu eigen machen konnten. Er hatte die idealistische deutsche Philosophie und die strenge kantische Ethik mit einem neuhumanistischen Menschenbild und leidenschaftlichem nationalen Pathos verschmolzen, mit einem tüchtigen Schuß »völkisch«-romantischen Denkens. Deutschland war dazu ausersehen, den neuen Menschen zu verwirklichen, den freien, autonomen Menschen nach griechischem Vorbild, der gleichzeitig eine höhere moralische Ordnung verkörperte. Sowohl kosmopolitische Neuhumanisten als auch stramme Nationalisten konnten sich auf Fichte berufen, von dessen hochgestimmtem Idealismus (im doppelten Sinne) der deutsche Nationalismus die höheren Weihen empfing. Beeindruckt von Rousseau und Pestalozzi, war schon Fichte dafür eingetreten, Schulen auf dem Land, in der freien Natur, einzurichten; hierin sah er eine Voraussetzung für die Entwicklung des freien, unverdorbenen Menschen.

Lietz und Geheeb beeindruckte Fichtes Lehre tief, wie auch der Geist, aus dem diese entsprang. Sie sahen, daß im Bildungswesen ihrer Tage das alte humanistische Bildungsideal einseitigem Wissensdrill geopfert wurde, weit abseits von der vielfältigen Wirklichkeit. Die Schule sollte dagegen eher als eine Art Mikrokosmos die Gesellschaft abbilden. Beide sahen in experimentellen Landschulen, Internaten, in denen die Kinder mit den Lehrkräften zusammenleben, die richtige Lösung. Die bekannte englische Boardingschool gab hier Anregungen, was allerdings nicht für ihre strenge Disziplin und ihren elitären Charakter, die Körperstrafen und die aristokratischen Allüren gilt. Cecil Reddies Schule Abbotsholme wurde gerade in jenen Jahren zu einem ersten Beispiel für eine im demokratischen und humanistischen Geist reformierte Institution dieser Art. Lietz gründete, nachdem er erst schon mit Geheeb in Jena an einer Art Versuchsschule für nervenkranke Kinder gearbeitet hatte, im Jahre 1898 im Harz die erste Landschule, die Pulvermühle, die als eine solche kleine Welt für sich gedacht war. In den folgenden Jahren gründete er mehrere ähnliche Schulen, »Landerziehungsheime« genannt. Da es nach anfänglicher Zusammenarbeit zum Streit zwischen Lietz und Geheeb kam, gründete Geheeb 1906 seine eigene Landschule, Wickersdorf, zusammen mit einer der führenden Persönlichkeiten der Jugendbewegung, Gustav Wyneken. Als dieser die Institution allzusehr den spezifischen Idealen der Jugendbewegung dienstbar machen wollte, zog sich Geheeb zurück und gründete 1910 die Odenwaldschule, die nach dem Ersten Weltkrieg sehr bekannt werden sollte. Während Lietz mehr und mehr einen autoritären Stil einführte und vor allem auch eine ausgeprägt nationalistische Gesinnung mit antisemitischem Einschlag in seine Schulen hineinbrachte, ging es Geheeb um eine Erziehung in kosmopolitischem und humanistischem Geist. Wiederum im Gegensatz zu Lietz, der nach englischem Vorbild Jungenschulen wollte, befürwortete Geheeb prinzipiell die Koedukation, und er sorgte dafür, daß auf eine für diese Zeit ungewöhnlich offene Weise über Sexualität gesprochen wurde, was ihm den Ruf eines wilden Revolutionärs eintrug. Nach seiner Einschätzung war es von entscheidender Bedeutung, soziale Barrieren und das traditionelle Machtgefälle zwischen Lehrer und Schüler zu beseitigen, und als erster auf dem Kontinent führte er das Duzen ein, was natürlich in der englischsprachigen Welt ein kleineres Problem war.

In dem niederländischen Volksschullehrer Jan Ligthart begegnen wir einem Mann, der wiederum einen völlig anderen Hintergrund und andere Einstellungen besaß, der weder Wissenschaftler oder Philosoph noch Professor oder Staatsbeamter war. Mehr als alle anderen Reformpädagogen entwickelte er seine Ideen aus der täglichen Unterrichtspraxis, und er hat sie auch nie zu einer Theorie ausgearbeitet, sehr zum Kummer späterer Bildungsexperten. Von einfacher Herkunft, in Amsterdam in einer großen, armen Familie aufgewachsen, beschränkte er sich auf seine eigene bescheidene Schule. Aber die neuen Unterrichtsmethoden und der andere pädagogische Ansatz, die er hier einführte, sollten auf die Dauer bis weit über die Landesgrenzen hinaus Aufmerksamkeit erregen. Als Ellen Key seine Schule besuchte, soll sie ausgerufen haben: »Hier ist mein Ideal verwirklicht«, worauf Ligthart antwortete: »Meines noch nicht ganz.«

Auch er wandte sich gegen die einseitige, rein verstandesmäßige Schulung. Die »schulgerichtete Schule« sollte durch die »Lebensschule« ersetzt werden. Wie schon der Name seiner Zeitschrift *School en leven* zeigt, repräsentierte er auf seine Weise die neue pädagogische Tendenz: Man hielt es für das Wichtigste, dem Kind zu geben, was es für das »wirkliche Leben« brauchte, wobei der Begriff »Leben« einen unverkennbar vitalistischen Gehalt bekommen hatte – »Leben« stand für Fülle, Natur, Schöpferkraft und Gefühl, für heilsame Gegenkräfte zur Verstädterung, die den Menschen von seinen Wurzeln trennte. Niemand setzte sich so klar für eine gefühlsbetonte, untheoretische Erziehung ein wie Ligthart, der gern von einer »Herzenspädagogik« sprach. Gewiß hängt dies auch mit einer christlichen Denkweise und Tradition zusammen, die in den Niederlanden zu dieser Zeit noch viel tiefere Wurzeln hatten. Wegen des intuitiven, unprogrammatischen Charakters seiner Aktivitäten war die Bedeutung Ligtharts und seiner »Nieuwe-schoolbeweging« eher die eines inspirierenden Vorbilds und Pioniers.

Anders verhielt es sich beim Werk Maria Montessoris, die durch den auf ihren Ideen basierenden Schultyp von allen Reformpädagogen dieser Zeit den größten Einfluß erlangte. Montessori kam von der Psychiatrie her. Darum hatte sie sich mit psychisch gestörten Kindern beschäftigt, und von der italienischen Regierung war sie beauftragt worden, Lehrer für die Erziehung dieser besonderen Gruppe auszubilden. Es war ganz natürlich, daß ihre Erfahrungen mit anormalen Kindern sie dazu brachten, Unterrichtsmethoden für normale Kinder zu studieren. Als Ärztin und Dozentin an der Universität Rom erkannte sie unmittelbar die Notwendigkeit, die kleinen Kinder in den Armenvierteln von der Straße fernzuhalten, und hier konnte sie ihre Erkenntnisse in die Praxis umsetzen. So erschien 1909 ihr Buch *Il metodo della pedagogia scientifica applicato all'educazione infantile nelle case dei bambini* (dt. 1913 als *Selbsttätige Erziehung im frühen Kindesalter*, 1969 als *Die Entdeckung des Kindes*), mit dem sie schnell international bekannt wurde; hier legte sie das theoretische Fundament für die Montessori-Schulen, die vor allem nach dem Ersten Weltkrieg in vielen europäischen Ländern und in Amerika entstanden. Kern ihrer Theorie war die Auffassung, daß man im Unterricht von der individuellen motorischen Entwicklung des Kindes ausgehen müsse. An die Stelle des Unterrichts in riesigen Klassen setzte man Kleingruppenunterricht, wobei das selbsttätige Lernen im Mittelpunkt stand; das Kind sollte den Lehrstoff und seine eigenen Probleme selbst entdecken. Das Unterrichtsmaterial und die Umgebung sollten die natürliche Aktivität des Kindes wecken. Kleinere, helle Klassenräume mit freundlich wirkendem Mobiliar wurden über offene Durchgänge miteinander verbunden, was auch den Kontakt zwischen älteren und jüngeren Kindern ermöglichte; dies sollte die gleichfalls ununterbrochene biologisch-psychische Entwicklung des Schülers widerspiegeln.

Die Montessori-Methode trug deutliche Spuren ihres Entstehens als medizinisch-biologische Entwicklungslehre, die sich hauptsächlich am drei- bis sechsjährigen Kind orientierte. Aus der Montessori-Schule auf Vorschulniveau entwickelte sich schließlich in der Praxis der entsprechende weiterführende Unterricht, wie sich aus dem kleinen Kind das ältere entwickelt. Später wurde kritisiert, daß man die Aufmerksamkeit etwas einseitig auf das Individuelle und Motorische richtete, wodurch die musischen Gebiete und auch das Soziale vernachlässigt wurden. Da Montessoris Theorie auch klare praktische Richtlinien für die Planung von Schulen enthielt, hat ihr Werk aber in hohem Maße dazu beigetragen, außer neuen pädagogischen Ideen auch einen neuen Typ von Schule zu verbreiten, wodurch es in der Reformbewegung eine Hauptrolle spielte.

In mancher Beziehung mit Montessori vergleichbar war der Belgier Ovide Decroly. Auch er war ein Mediziner, den die Arbeit mit zurückgebliebenen Kindern in die Pädagogik verschlug. Wie Kerschensteiner und Montessori war auch er im staatlichen Dienst mit der Aufsicht über das Schulwesen betraut, wodurch er dessen Mängel erkannte und zum Reformer wurde. 1907 gründete er in Brüssel die Schule L'Ermitage, um dort seine Vorstellungen zu verwirklichen. Medizinisch-wissenschaftliche und praktisch-pädagogische Ziele kamen also auch bei Decroly zusammen, und es ist schwierig zu sagen, was hierbei letztlich dominierte. Auf jeden Fall sollte der Unterricht auch nach seiner Auffassung auf den psychologischen Erkenntnissen zur Entwicklung des Kindes basieren und es systematisch auf das spätere Leben vorbereiten. Nur in kleinen Schulen war es möglich, dem Kind die hierfür notwendige Aufmerksamkeit zu widmen. Außerdem sollten die Kinder mit der Natur in Berührung kommen, Schulen gehörten also aufs Land oder an den Stadtrand.

Überblickt man die Reformbewegung insgesamt, verblüfft die Tatsache, daß im gleichen Zeitraum in ganz verschiedenen Ländern Pädagogen mit ungleichem Hintergrund und unterschiedlicher Ausbildung im wesentlichen den gleichen Standpunkt vertraten und das Unterrichtswesen auf der Grundlage eng verwandter Prinzipien reformieren wollten. Daß sie sich gegenseitig beeinflußten, war eher Folge als Ursache dieser Übereinstimmung in den wesentlichen Fragen. Allen ging es darum, eine von ihnen erkannte Kluft zwischen der bestehenden Drill- und Paukschule und der gesellschaftlichen Wirklichkeit zu überbrücken und die Kinder mit allen Aspekten des menschlichen Daseins vertraut zu machen. Also mußte man seine Aufmerksamkeit auch der körperlichen Arbeit zuwenden, neben den Fächern, die auf den Intellekt ausgerichtet waren. Der Gedanke der Gleichwertigkeit aller Arbeit implizierte Kritik an der bürgerlichen Leistungs- und Statusgesellschaft. Die hier erkennbare, ausgesprochen soziale und demokratische Tendenz äußerte sich auch darin, daß man die Bedeutung der sozialen Orientierung in der Charakterentwicklung betonte. In alldem wirkte der Drang »zurück zur Natur«. Die Devise Rousseaus wurde jetzt in einem Dogma konkretisiert, über das sich die Reformpädagogen weitgehend einig waren: Nur inmitten der Natur und nicht in der Großstadt konnte ein gesundes Kind heranwachsen. Obwohl die Ausgangspositionen der Pioniere weit voneinander entfernt lagen, wurde schon bald eine auffällige Annäherung erkennbar, wenn auch nicht in jeder Hinsicht. Während die Erziehung bei den meisten einen kosmopolitischen Einschlag hatte, legten andere, wie zum Beispiel Lietz, immer mehr Wert darauf, den vollwertigen Menschen im Dienst der Nation heranzuziehen. Es war ein altes Problem: Universalismus und Nationalismus wurzelten beide in der Französischen Revolution, und dieser Zusammenhang wurde nun aufs neue erkennbar. Ebenso zwiespältig kann man das Verhältnis der Reformbewegung zur Moderne nennen. Einerseits offenbarte sich in der Ablehnung der städtisch-industriellen Gesellschaft eine gegen die Moderne gerichtete, romantische Tendenz – auf die Natur, auf den Zugang zu den Quellen des Lebens legte man sehr viel Wert. Andererseits gab es den enthusiastischen Fortschrittsglauben, die idealistische Ausrichtung auf die Zukunft und bei vielen den ganz unromantischen, positivistischen pädagogischen Ansatz.

Es blieb eine Bewegung heftig umstrittener Pioniere, die noch keineswegs in der Lage waren, dem Unterricht, wie er sich für die überwältigende Mehrheit der Schüler gestaltete, ihren Stempel aufzudrücken. Aber ihre Vorstellungen entfalteten trotzdem ganz allmählich ihre Wirkung auf das pädagogische Denken, und nach dem Ersten Weltkrieg sollte eine zweite Gruppe von Reformpädagogen die Fackel weitertragen, wie die Amerikanerin Helen Parkhurst mit ihrem Daltonplan, Rudolf Steiner mit den anthroposophischen Waldorfschulen, Peter Petersen in Deutschland mit dem Schulmodell Jena-Plan, in den Niederlanden Kees Boeke mit seiner Schule De Werkplaats und Lew Wygotsky mit seinen Veröffentlichungen und Reformvorschlägen in der Sowjetunion. So sollte ein ganzes Netz von Schulen entstehen, die von den gleichen Grundgedanken geprägt waren.

10 Die Jugendbewegung

Was als Jugendbewegung in die Geschichte eingegangen ist, darf nicht mit den zahlreichen, zum Teil schon viel früher entstandenen Jugendorganisationen oder Jugendvereinen verwechselt werden, die von Erwachsenen gegründet worden waren. Die eigentliche Jugendbewegung konnte entstehen, weil der Begriff »Jugend« einen neuen Sinn bekommen hatte: »Jugend« war eine einzigartige Eigenschaft, sie war eine besondere Lebensphase, und sie war die Trägerin einer hoffnungsvollen Zukunft, die sich deutlich von der harten, nüchternen und poesielosen Welt der Erwachsenen unterschied. Aber andererseits hatte doch die Welt der Erwachsenen günstige Bedingungen für das Entstehen der Jugendbewegung geschaffen, nicht nur im dialektischen Sinn – als Provokation und als Sinnbild dessen, was bekämpft und überwunden werden mußte –, sondern auch dadurch, daß sie ihr entscheidende Impulse gab und ihr die wesentlichen Werte vermittelte, an denen sie sich orientieren sollte. Der Protest gegen die bürgerliche Kultur war ja ein zutiefst bürgerliches Phänomen: Die Kritik an der Verdinglichung der menschlichen Existenz, am Materialismus und an der Herrschaft der Technik und die Klage über den Verlust höherer Werte gehörten zum Standardrepertoire der Bildungselite, besonders bei den Vertretern der Geisteswissenschaften, bei Professoren, Literaten und Gymnasiallehrern, die ihren Status und ihre Domäne durch den Zuwachs an technischen Fächern bedroht sahen. Ein großer Teil der Erzieher der Jugend lehrte sie also, direkt oder indirekt, daß man sich in einer moralischen Krise befand und daß Modernisierung auch Degeneration und Verwahrlosung bedeutete. Die Jugendlichen, die sich gegen diese Gesellschaft abgrenzen wollten, nahmen sich im Grunde solche Lehren auf ihre Art sehr zu Herzen, ohne sich dessen immer bewußt zu sein und auch ohne daß ihre Erzieher dies immer erkennen konnten.

Charakteristisch für die Jugendbewegung war, daß sie größtenteils von den Jugendlichen selbst ins Leben gerufen und geführt wurde. Erwachsene blieben Außenstehende. Die internationale pädagogische Reformbewegung hatte sich, von neuen psychologischen Erkenntnissen ausgehend, auf Schule und Unterricht konzentriert. Aber nun stellte sich auch noch die Frage, was die Jugend in ihrer Freizeit tun sollte, und wegen des Rückgangs der Kinderarbeit und angesichts der Möglichkeiten und Verlockungen des Lebens in der modernen Stadt stellte sie sich mit größerer Dringlichkeit als zuvor. Die Katholiken besaßen seit jeher Klosterschulen und Internate, in denen die Schüler in einer geschlossenen Gemeinschaft Tag und Nacht unter frommer und strenger Aufsicht standen. Die bekannten englischen Internatsschulen (die ursprünglich aus Klosterschulen hervorgegangen waren) hatten das Problem auf ähnliche Weise angepackt, wenn auch mit einem ganz anderen pädagogischen Ideal vor Augen: Man wollte nicht mehr eine Glaubenselite, sondern eine nationale und politische Elite heranziehen. Manche Reformer, wie Lietz und Geheeb, waren mit ihren Landschulen diesem englischen Vorbild gefolgt, wiederum mit unterschiedlichen Idealvorstellungen.

Ging es um die alte Frage, wie die kommende Generation geformt werden sollte, so galt für den Staat in der zweiten Hälfte des neunzehnten Jahrhunderts, daß Erziehung in erster Linie im Zeichen der Nation und des Nationalbewußtseins stehen mußte. Für die Kirchen hatte selbstverständlich die Erziehung zum gläubigen Christen Vorrang, und die Konkurrenz zwischen Staat und Kirche im Hinblick auf das Unterrichtswesen führte in den meisten Ländern zu einem langen, verbissenen Tauziehen. Hierbei nahm der Staat, vor allem in den protestantischen Ländern, der Kirche mehr und mehr die Kontrolle über das Schulwesen aus der Hand, getreu den Prinzipien des Liberalismus, wenn man auch wie selbstverständlich daran festhielt, daß der Unterricht eine allgemein christliche Grundlage haben sollte. Die Kirchen reagierten in vielen Ländern mit der Gründung von Jugendvereinen, katholischen wie protestantischen, die Jugendliche in der Freizeit zusammenbrachten, um ihren Tatendrang in nützliche Bahnen zu lenken, vor allem auf eine Weise, die in moralischer und religiöser Hinsicht vertretbar war. Geselligkeit und soziale Kontakte in vernünftiger gemeinschaftlicher Betätigung – Gesang, Erkundung der Natur und Gedankenaustausch im Diskussions- und Lesekreis – waren die Mittel, mit denen man gefährliche Verlockungen, vor allem Alkohol und Tanz, fernhalten wollte. Daß die Geschlechter strikt getrennt blieben, verstand sich von selbst, und so gab es die protestantischen »Christlichen Vereine Junger Männer« und entsprechende Vereine für junge Mädchen, bei den Katholiken die bewährten Marianischen Kongregationen, die St.-Josephs-Gesellenvereine und das Kolpingwerk, die St.-Aloysius-Bruderschaften und zahlreiche Jungfrauenkongregationen. Die Führung lag überall in den Händen von Erwachsenen, und die meisten Vereine wurden von den Kirchen aufmerksam beobachtet.

Natürlich beschäftigte das Problem aber auch diejenigen, die weniger an einer frommen als an einer national denkenden, gesunden und kräftigen Jugend interessiert waren. Sie gingen weniger von christlichen Werten als von modernen wissenschaftlichen Theorien und einem popularisierten Darwinismus aus. Zu den großen Gefahren des Stadtlebens zählten sie nicht nur Alkohol und aufreizende Verlockungen, Sittenlosigkeit und Abfall vom Glauben, sondern sowohl physische als auch psychische Verweichlichung und Degeneration. Vor allem deshalb sollte die bürgerliche Stadtjugend wieder durch körperliche Übung abgehärtet werden und innige Verbundenheit mit der Natur erleben. Hier zeigte sich einmal mehr, welche Rolle der Kolonialismus und die anthropologische Forschung spielten, durch die Europäer mit ganz andersartigen Völkern in Berührung kamen. So ist es auch kein Wunder, daß diese Gedanken vor allem in Ländern mit Kolonialbesitz entstanden, in England und Frankreich, später in Deutschland, den Niederlanden und Belgien. In den USA und in Kanada war schon die Bewegung der Woodcraft Indians aufgekommen; dies waren von Abenteuerlust getriebene Jungen, die das spannende Zusammenleben unter primitiven Bedingungen ohne allen modernen Komfort genossen und sich in elementaren, lebensnotwendigen Fertigkeiten übten. Ähnliche Scout-Organisationen waren danach auch in England gegründet worden. Vor allem die amerikanische Bewegung inspirierte den britischen General Robert Baden-Powell. Er war als Berufssoldat in den britischen Kolonien gewesen und hatte im Burenkrieg bei der Verteidigung von Mafeking Ruhm erworben. Diese Erfahrungen brachten ihn dazu, anknüpfend an das amerikanische Vorbild, ein Trainingsprogramm für Jungen zu entwerfen – unter anderem für die Young Men's Christian Association und die Boys Brigade –, um eine größere Reserve wehrhafter Männer heranzubilden. 1908 erschien sein Buch *Scouting for Boys*, in dem er sein Programm vorstellte. Es wurde ein internationaler Erfolg, ein Beweis dafür, daß seine Ideen einem weitverbreiteten Bedürfnis entsprachen. So entstand aus Trainingslagern die Pfadfinderbewegung, die auch auf dem Kontinent nachgeahmt wurde und viele Anhänger fand. Baden-Powell wollte in erster Linie gesunde junge Männer heranziehen, die geeignet waren, weltweit für die Interessen des britischen Empire einzutreten. Seine Pfadfinderbewegung war militärisch und nationalistisch geprägt. Sie rekrutierte ihre Mitglieder in den besseren Kreisen, vor allem den gehobenen Mittelklassen, in denen sowohl die nationale Gesinnung als auch das Verlangen nach einem Gegengewicht zur Stadt und zum technisierten Leben am stärksten ausgeprägt waren. Sie war antisozialistisch. Was die Pfadfinderbewegung im Ursprungsland kennzeichnete, prägte auch die Bewegungen in anderen Ländern: der Respekt vor nationalen Symbolen – hierzu gehörten der Treueschwur auf Gott, Herrscher und Vaterland und der Flaggengruß –, die Herkunft der Anhängerschaft aus dem bessergestellten, national gesinnten Bürgertum und eine quasimilitärische Hierarchie, in der Erwachsene die Oberaufsicht hatten. Das Naturerlebnis und das Kultivieren von Gemeinschaftssinn und Abenteuergeist verband man mit betont patriotischer Haltung. Auf die Dauer sollte sich der Akzent verschieben: Bürgerliche Tugenden im weiteren Sinne, soziale Einstellung und persönliche Widerstandskraft wurden das Ideal, wobei gemeinschaftliche sportliche Freizeitgestaltung den Rahmen bildete; aber die ursprüngliche Prägung verschwand nicht ganz. Noch nach dem Zweiten Weltkrieg sollte die Pfadfinderbewegung vor allem Jugend aus den besseren Kreisen anziehen. All dies galt insbesonders für die protestantischen nordeuropäischen Länder. In katholischen Ländern und in Mittel- und Osteuropa hatte Baden-Powells Jugendbewegung viel weniger Erfolg, weil die katholische Kirche ihre Gläubigen fest an der Hand hielt und vorzugsweise in ihre eigenen Vereinigungen schickte. Trotzdem hatte auch hier fast jedes Land irgendwann eine Pfadfinderorganisation, sogar das orthodoxe Rußland.

Bei allen bisher erwähnten Organisationen einschließlich der Pfadfinderbewegung ging es jedoch nicht um Protest gegen die bestehende Ordnung, sondern eher um den Versuch, bestimmte, als negativ empfundene Folgen der Verstädterung und vermeintliche Degenerationserscheinungen zu überwinden. Rückkehr zur Natur faßte man weniger als Selbstzweck oder als Voraussetzung für eine neue Kultur auf, sondern eher als wertvolle Ergänzung zu einer einseitig verstandesmäßigen Erziehung, als unverzichtbar, wollte man im Dienst der Nation eine gesunde und kräftige Jugend heranziehen. Die Bindung zwischen Jugendlichen und Erwachsenen sollte eher vertieft werden. Geschlechtertrennung blieb auf jeden Fall selbstverständlich. Sie galt als Fundament von Anstand und Sittlichkeit.

Dagegen gingen die verschiedenen Gruppen der Jugendbewegung unmittelbar aus der Jugend selbst hervor. Mit ihrer ausgeprägten Abneigung gegen die Welt der Erwachsenen waren sie ein Phänomen, das zuerst in Deutschland entstand. Nirgends klang das »Zurück zur Natur« so lebendig und laut wie dort. Das hing zweifellos mit dem Umstand zusammen, daß sich Modernisierung und Industrialisierung nirgendwo sonst in so atemberaubender Geschwindigkeit vollzogen hatten. Diese leidenschaftliche Hinwendung zur Natur war nun durchaus ein Protest gegen die verstädterte Gesellschaft, der sich allein schon darin äußerte, daß man als typisch modern-dekadent abgestempelte Genußmittel wie Alkohol und Tabak tabuisierte. Sie hatten in einer Bewegung, die nach Reinheit und Natürlichkeit strebte, nichts zu suchen.

Am Anfang war diese Bewegung ein Mittel der Flucht aus einer Welt steifer Förmlichkeit und Disziplin, sie war spielerisch und betonte ihre Exklusivität ohne missionarische Ambitionen; später setzte sie sich zum Ziel, die Kultur in neuromantischem Geist zu erneuern. Zumindest der Ansatz hierzu war erkennbar. Da es eher um eine ganz bestimmte Atmosphäre, um Stimmungen und intensive Gefühlserlebnisse als um ein konkretes Programm ging, blieb es letztlich bei einem Ansatz. Aber dieser hat mindestens zwei bis drei Generationen in ihrem Gefühlsleben und ihren Einstellungen stark beeinflußt. Wer einmal in den Jahren seiner größten Empfänglichkeit ins Bad dieser Jugendbewegung eingetaucht war, den sollte diese Erfahrung für sein ganzes Leben prägen.

Es begann in Berlin-Steglitz, kaum zufällig also in der von protestantischen Mittelschichten geprägten Vorstadt einer großen Metropole, unter Jugendlichen aus einigermaßen gebildetem bürgerlichen Milieu. Die Initiatoren, der junge Student Hermann Hoffmann und der Gymnasiast Karl Fischer, unternahmen ab 1896 mit einer Gruppe von Schülern Wanderungen, auf denen man die ländliche Umgebung erkundete. Daß die Führung hierbei in den Händen junger Männer lag, die kaum älter waren als die Gymnasiasten selbst, machte die Sache besonders spannend und verlockend. Teilnehmer dieser zwanglosen Unternehmungen schlossen sich im Jahre 1901, jetzt eindeutig unter Fischers Führung, zu einer zielbewußten Gruppe zusammen, die unter dem Namen Wandervogel in vielen deutschen Städten Nachahmer fand, so daß schon nach wenigen Jahren ein ganzes Netz von Gruppen entstanden war, die alle dem gleichen Vorbild folgten und sich als Glieder der großen gemeinsamen Wandervogelbewegung sahen. Sie hatten sich zwar zu einem Dachverband mit einem Gesamtvorstand zusammengeschlossen und hielten über eigene Mitteilungsblättchen und Broschüren engen Kontakt, bewahrten dabei aber zugleich ihren lokalen und individuellen Charakter. Hier lag natürlich gleich ein Problem, das den ganzen Wandervogel als Organisation betraf. Es war die bekannte Ambivalenz: Man verlangte nach Einheit und hierarchischer Ordnung und zugleich nach Individualität und Autonomie. Die Bewegung blieb, was ihre Anhängerschaft angeht, eindeutig städtisch und bürgerlich geprägt, und auch das Protestantische dominierte weiterhin. Nach eigener Einschätzung dagegen verhalf sie der ganzen Jugend zu ihrem Recht, ermöglichte ihr das Ausbrechen aus der verstädterten und naturfernen Zivilisation der Erwachsenen. Diese hatten in der Bewegung grundsätzlich nichts zu suchen. Das Alter der Jungen lag ungefähr zwischen zwölf und neunzehn Jahren. Als Gruppenführer traten bisweilen auch etwas ältere Studenten auf, aber sie blieben eine Minderheit.

Nun war völlige Isolierung natürlich unmöglich; schon in finanzieller Hinsicht war Unterstützung von außen unentbehrlich, und so entstanden allmählich die sympathisierenden Elternvereinigungen hinter der Bewegung. Auch fortschrittliche Pädagogen begannen sich für sie zu interessieren und wurden indirekt einbezogen. Dennoch kann man sagen, daß kein überzeugenderes Beispiel für eine echte Jugendkultur denkbar wäre. Das Bewußtsein jenes einzigartigen gemeinsamen Besitzes – Jugend – bestimmte wie auch bei früheren Formen von Jugendkultur das Selbstgefühl, die Identität. Aber dieses Bewußtsein war hier mit Idealen verknüpft, deren Bedeutung weit über all das hinausging; diese Ideale hoben die Bewegung deshalb auch über andere historische Erscheinungsformen von Jugendkultur hinaus.

Am Anfang stand das begeisternde gemeinschaftliche Naturerlebnis mit tagelangen Wanderungen, besonderer Kleidung, Zeltlagern und dazugehörigen Ritualen, Lagerfeuer und Gesang, wobei die Gitarre zum bevorzugten Instrument wurde. Hier äußerte sich die Ablehnung des urbanen Milieus, aus dem die Anhänger fast ausnahmslos stammten. Gemeinschaftserlebnis und Naturerlebnis waren nicht zu trennen. Dies implizierte allerdings viel mehr, als man zunächst erkannt haben dürfte. Es war Sehnsucht nach vorindustriellen Verhältnissen und Werten. Die Natur und die offene Landschaft waren für die Stadtjugend ja auch lebendige Zeugnisse einer unversehrten Vergangenheit, ein noch erhaltenes Beispiel dafür, wie früher alles gewesen sein mußte. Dies erklärt das Interesse an bunter Folklore, Volksliedern und -tänzen und natürlich vor allem an der Erfahrung der Verbundenheit innerhalb einer kleinen, homogenen Gemeinschaft. Wenn die Jugendbewegung einen wichtigen Beitrag zur Wiederentdeckung der Vergangenheit erbracht hat, der sie nachtrauerte, lag er tatsächlich auf folkloristischem Gebiet. Mit dem berühmten Zupfgeigenhansel, einer Sammlung alter Volkslieder (mit Gitarrenbegleitung), hat der Wandervogel sich sein bekanntestes Denkmal gesetzt. Die Sammlung machte weit über den Wandervogel hinaus Furore und sorgte allgemein für ein Wiederaufleben des Volkslieds. Solche Interessen stärkten zwangsläufig auch das Gefühl der Verbundenheit mit der Landschaft, ihren Bewohnern und deren Bräuchen; man identifizierte sich mit der eigenen Region, und Region im weiteren Sinne war auch das Vaterland.

Die Jugendbewegung betrachtete sich selbst als völlig unpolitisch, gerade weil man »Politik« mit der kranken Erwachsenenwelt verband. Ihr Beispiel zeigt jedoch, daß auch eine unpolitische, ja antipolitische Bewegung im Zeitalter zunehmender Politisierung der gesamten Bevölkerung nicht daran vorbeikommt, Farbe zu bekennen, allein schon, weil andere sie zu vereinnahmen suchen.

Die Eigenart der Bewegung betonte und kultivierte man natürlich in hohem Maße. Hierzu gehörte schon die recht einheitliche, für das Leben in der Natur geeignete Kleidung – kurze Hosen, weite Kragen und typische Wandererausstattung –, wobei die Pfadfinderbewegung inspirierend wirkte. Gitarre oder Mandoline waren unveränderliche musikalische Attribute, so unverzichtbar wie Gewehr oder Säbel für den Soldaten. Man führte außerdem eine besondere, straffe Rangordnung ein, die auf mittelalterliche Vorbilder zurückging, unter anderem auf die Scholare, die umherziehenden Studenten. Für Neulinge gab es eine Probezeit. Der Gruppenleiter, der »Führer«, besaß unbedingte Autorität. Als eigener Gruß wurde das »Heil« eingeführt. Als Emblem tauchte auch das Hakenkreuz auf, ein altes mythologisches Lichtsymbol. Altgermanische Rituale wie die Sonnwendfeier paßten voll und ganz zu dieser rückwärtsgewandten Sehnsucht nach den reinen Quellen der eigenen Art, die in vormoderner Zeit zu suchen waren.

Daß man aus den ungewöhnlichen Umgangsformen und der besonderen Lebensweise einen Kult machte, also die Exklusivität so eifrig betonte, stand – wie oft in der Geschichte – nicht im Widerspruch zu universalistischen Idealen. Wie die auserwählte Schar des biblischen Gideon sich erst einmal absondern mußte, um das ganze israelische Volk zu retten, so isoliert sich manche Gruppe, die einmal die ganze Menschheit glücklicher machen will. Denn zweifellos fühlte man sich, trotz aller Verherrlichung des ganz persönlichen Naturerlebens und des vertrauten Zusammenseins, als Verkünder eines Ideals, für das man eintreten mußte. Nicht nur wegen der sozialen Homogenität des größten Teils der Anhängerschaft, die aus einem städtischen und gebildeten Milieu stammte, sondern auch wegen der Hinwendung zu einer als »rein« betrachteten Vergangenheit war man anfällig für nationalistische Vorstellungen von Reinheit. Der Schritt vom »Volk« zum »Völkischen«, von der Sympathie für etwas, das man als Schlichtheit des Volkes idealisiert, zu Theorien über gewissermaßen phylogenetisch determinierte Unterschiede zwischen dem eigenen Volk und den anderen, ist nicht besonders groß. Solche Theorien waren keineswegs eine Erfindung der Jugendbewegung, aber diese erwies sich, dank ihrer Neigung zur Exklusivität und ihrer nostalgischen Ideale, dafür als empfänglich. Ausgesprochen völkisch-rassistische Autoren vom Schlage eines Langbehn, Lagarde und Houston Stewart Chamberlain gehörten zu den vielgelesenen Autoren. Der pangermanische Alldeutsche Verband versuchte die Bewegung vor seinen Karren zu spannen.

Natürlich konnte sich der Wandervogel auf die Dauer den Einflüssen der Außenwelt, den Diskussionen und Strömungen seiner Zeit, nicht verschließen. Aufgrund späterer Erfahrungen hat man auf einen nationalistischen Einschlag hingewiesen, und auch der Begriff »reaktionär« taucht in kritischen Analysen auf. Dazu ist allerdings zu sagen, daß auch eine kosmopolitische und humanistische, ja pazifistische Strömung nicht fehlte, zu der auch eine der prominentesten Persönlichkeiten, der schon erwähnte Gustav Wyneken, zu zählen ist, und er war keineswegs der einzige. Was den Ursprung und die Anfangsjahre des Wandervogels angeht, muß man ihn eher als einen Schmelztiegel sehen. Hier gab es Ansätze zu völlig gegensätzlichen Entwicklungen und ideologischen Richtungen, bunt gemischt, wie es zum Alter der Anhängerschaft paßte. Was alle verband – der gemeinsame Protest, das Abenteuer der Selbständigkeit, des freien Lebens in der Natur, all dies durchtränkt vom Bewußtsein des eigenen Jungseins und der Verantwortung für die Zukunft – verschleierte zunächst die Ansätze zu einer Spaltung. In dieser Hinsicht spiegelte die Jugendbewegung die Gesamtheit der vielfältigen Bewegungen, deren Gemeinsamkeit der Protest gegen das Bestehende war. Trotz stetigen Wachstums – 1913 gab es ungefähr hunderttausend Wandervögel – umfaßte die Bewegung alles in allem doch nicht viel mehr als fünf Prozent der deutschen Jugend.

Die wichtigsten Spannungen können auf drei Probleme zurückgeführt werden. Aus der romantischen Hinwendung zu den Ursprüngen von Land und Volk und zur reinen Vergangenheit konnte leicht die Forderung erwachsen, auch die eigene Gruppe national »rein« zu erhalten, und dies führte praktisch unmittelbar zu Antisemitismus. Zweifellos spielte hier der Einfluß von Studenten eine Rolle, die erlebten, daß Juden an den deutschen Universitäten in dieser Zeit mehr und mehr aus den Studentenvereinigungen ausgeschlossen wurden, und die diese Entwicklung begrüßten. Viele Wandervogelgruppen lehnten die Zulassung von Juden ab, worauf diese eine besondere jüdische Jugendorganisation gründeten. Sie betonten ihrerseits eine eigene nationale Identität und orientierten sich am Zionismus. Die antisemitischen Satzungen wurden aber längst nicht von allen Gruppen des Wandervogels übernommen.

Ein zweites Problem ergab sich, als die erste Generation der Anführer allmählich das Alter von zwanzig bis zweiundzwanzig überschritt. Sie hatten die Bewegung zu deutlich geprägt und waren vor allem selbst viel zu sehr mit ihr verwachsen, um noch einfach Abschied nehmen zu können. Von ihrer nun erreichten gesellschaftlichen Position aus wollten die älteren Führer den Geist und die Ideale der Jugendzeit verbreiten, wodurch sie zwangsläufig mit der jungen Generation in Verbindung blieben. So entstand eine kopflastige Veteranenjugend. Hier zeigte sich, daß »Jugend« inzwischen viel mehr war als nur eine Lebensphase. Sie war fortan eine Weltanschauung und Lebenshaltung, unabhängig vom tatsächlichen Alter. Die schwärmerische Zukunftsgläubigkeit und der naive, aber so aufrichtige Idealismus der Jugendzeit durften nicht verraten und von der Skepsis, dem Zynismus oder dem Egoismus verdrängt werden, die für das Erwachsenenalter typisch waren. Unabhängig von der konkreten Ausrichtung des Idealismus stand »Jugend« für unaufhörliche Erneuerung, Elan und Aufwärtsbewegung. Hier gab es Berührungspunkte mit dem Futurismus, aber auch mit der pädagogischen Reformbewegung. Es war ganz natürlich, daß die ehemaligen Jugendführer ihre Arbeit im pädagogischen Bereich fortsetzten, wo sie ihre nostalgischen Empfindungen in praktische, zukunftsorientierte Aktivitäten umsetzen und so ihre Jugend, zu Idealismus geronnen, konservieren konnten. Nicht nur Wyneken, auch viele andere fanden auf diesem Weg zur Pädagogik, und die Reformbewegung der zwanziger Jahre wurde zum großen Teil von ehemaligen Wandervögeln getragen und vorwärts getrieben, die auf diese Weise die Fackel ihres jugendlichen Enthusiasmus weiterreichten.

Ein drittes heikles Problem war das Verhältnis der Geschlechter. Die Jugendbewegung war aus Aktivitäten hervorgegangen, die normalerweise Jungen vorbehalten waren. Viele hielten diese Beschränkung für unbedingt notwendig, um den besonderen Geist der Kameradschaft und Abenteuerlust zu bewahren. Die körperlichen Anstrengungen des Lager- und Wanderlebens galten als praktisches Argument für den Ausschluß von Mädchen. Hier waren allerdings auch homoerotische Gefühle im Spiel, und sie wurden in dieser Atmosphäre leicht geweckt. Daß der Wandervogel (wie noch andere reine Jungenorganisationen) einen homoerotischen Einschlag hatte, wäre noch viel klarer in Erscheinung getreten, nicht zuletzt für die Mitglieder selbst, wenn Homosexualität nicht das größte Tabu überhaupt gewesen wäre. Erst später sollte einer der Anführer, Hans Blüher, ästhetisierend über dieses Phänomen schreiben. Inzwischen waren aber in der jungen Generation viele Mädchen herangewachsen, die, beeinflußt von der Frauenbewegung, nun auch für sich mehr Freiheit und Selbständigkeit forderten. Das stellte die Jugendbewegung vor ein neues Problem, und die Meinungen prallten hart aufeinander. Trotz des Widerstandes eines misogynen Flügels, zu dem der genannte Blüher gehörte, nahmen die meisten Gruppen um 1911 auch schon Mädchen auf. Dies aber machte unbeaufsichtigtes gemeinsames Zelten selbstverständlich gleich zu einem Problem. Hier ging es um etwas ganz Wesentliches: Daß man sich von bürgerlichen Konventionen und einem prüden oder heuchlerischen Moralkodex befreien wollte, bedeutete nämlich keineswegs, daß man auch die moralischen Normen abgelehnt hätte, die der gesamten europäischen Kultur auf diesem Gebiet zugrunde lagen. Auch die Kinder waren von ihnen geprägt. Das Verlangen nach Reinheit und Aufrichtigkeit verpflichtete einen sogar eher zu beweisen, daß man sich auch und gerade auf sexuellem Gebiet an jene Normen hielt. Darin, daß man auf das einfache Leben und auf Abhärtung so viel Wert legte, offenbarte sich ebenfalls eine Gesinnung, die mit der christlich-bürgerlichen Moral übereinstimmte und gerade von den Kirchen und von Kulturkritikern ständig propagiert worden war. Selbst das bürgerliche Leistungsdenken beeinflußte zumindest die Pfadfinderbewegung, wirkte aber, etwas weniger offensichtlich, auch auf den Geist der deutschen Jugendbewegung. Was die Sexualität angeht, zeigte die Jugendbewegung deshalb – wenigstens theoretisch – eine fast asketische Haltung, die zur romantischen Idealisierung der Vergangenheit und der Natur paßte. Man umging das Problem, indem man die sexuelle Beziehung sublimierte oder, besser gesagt, offiziell etwas ganz anderes an ihre Stelle setzte, nämlich die natürliche (asexuelle) Kameradschaftlichkeit zwischen den Geschlechtern. Eine ähnliche Lösung des sexuellen Problems finden wir auch bei den Reformpädagogen und im Sozialismus. Gerade vom Standpunkt einer solchen Ethik aus betrachtete man ja die Koedukation als vertretbar. Deren Anhänger befürworteten keineswegs sexuelle Freiheit. Die gleichen Ansichten spielten in der Diskussion um die Aufnahme von Mädchen eine große Rolle.

Weitere Gegensätze kamen hinzu. Es war nicht zu übersehen, daß sich die Anhängerschaft des Wandervogels allmählich veränderte. Das typische Mitglied war bald nicht mehr der verträumte, introvertierte Gymnasiast, sondern der mehr der Gesellschaft zugewandte, politisierende Student. Es kam zu einer Entfremdung zwischen dem sowohl ausgesprochen rebellischen als auch autoritären Fischer und einem Teil der Bewegung, der inzwischen mehr Jugendliche angehörten, die zu Kompromissen bereit waren. Zwangsläufig ergaben sich auch Rivalitäten zwischen den Anführern, was zur Abspaltung eines »Altwandervogels« führte. Wegen solcher Spaltungserscheinungen rief man im Jahre 1913 die gesamte Bewegung zu einer Massenversammlung auf dem Hohen Meißner bei Kassel zusammen, um den künftigen Kurs festzulegen und Gegensätze auszugleichen, besonders den zwischen völkisch-nationalistischen und kosmopolitisch-liberalen Gruppen. Hier vor allem spielte noch einmal Wyneken als Anführer des kosmopolitischen und humanistischen Flügels eine dominierende Rolle. Die Versammlung (die nicht zufällig an das Wartburgfest von 1817 und das Hambacher Fest von 1832 erinnerte, jene legendären Bergfeste einer idealistischen, rebellierenden Jugend) hatte allerdings, was den Ausgleich anging, kaum greifbare Ergebnisse zu verzeichnen. Es zeigte sich hinterher, daß die Spaltung schon viel zu weit fortgeschritten war, und es ging den Beteiligten weniger um konkrete Aktionen als darum, erneut eine Atmosphäre innerer Verbundenheit zu schaffen. In dieser sah man ja das Wesentliche und Unverwechselbare der ganzen Bewegung. Der Kriegsausbruch im Jahr darauf sollte zudem alle Zukunftserwartungen zunichte machen. Die Zusammenkunft hatte aber psychologische Bedeutung, da alle noch einmal von einer eigenartigen, rauschhaften Begeisterung erfaßt wurden, die hier gleichermaßen vom verklärenden Rückblick auf die idealistischen Anfänge wie vom Glauben an die Unzerstörbarkeit jener Ideale gefärbt war. In der Erinnerung aller Teilnehmer bekam die Versammlung eine einzigartige mythische Aura, die auch auf ihr künftiges Verhalten wirkte, ein letzter Glanz vor unerwartet hereinbrechendem Dunkel.

In Frankreich trat so etwas wie ein Jugendbewußtsein wiederum auf ganz andere Weise in Erscheinung; hier kam es nicht zu einer vergleichbaren Massenbewegung städtischer Jugend, abgesehen von den Pfadfindern, die auch hier mit mehreren Organisationen vertreten waren. Aber die typisch französische Protestbewegung blieb auf eine kleine elitäre Gruppe von Zwanzigjährigen beschränkt, auf junge Intellektuelle, Studenten und Literaten. Fast ohne Ausnahme stammten sie aus der gebildeten Oberschicht, und außerdem hatten sie Paris als Basis, wie alle kulturellen Strömungen in Frankreich.

Ihr Protest war untrennbar mit dem Verlangen nach allgemeiner nationaler Wiedererweckung verbunden. Anders als die deutsche Jugendbewegung mit ihrer Neigung zu Eskapismus und Sektenbildung kehrten sie der Welt nicht den Rücken, sondern konfrontierten sie geradewegs mit ihrem aggressiv verfolgten Ziel der nationalen Erneuerung. Nun gab es solch ein ausgeprägtes Nationalbewußtsein auch innerhalb des Wandervogels, aber dies blieb ein kulturromantischer Nationalismus: ein Kult des Volkscharakters, der Herkunft und der Heimatlandschaft. Baden-Powells Pfadfinderbewegung war schon viel aggressiver, ihr Ziel war die physische und geistige Wehrhaftigkeit der britischen Rasse, der es nun einmal vorbestimmt war, ein Weltreich zu beherrschen. Der französische Jugendprotest stand dagegen im Zeichen des alles überschattenden nationalen Traumas, der Demütigung von 1870/71 – des verlorenen Krieges gegen Preußen –, und des fanatischen Willens, Frankreichs Größe wiederherzustellen. Die Beschränkung der Protestbewegung auf eine politisch bewußte, gebildete Elite hing auch mit dem französischen Schulsystem und der weitgehenden Geschlossenheit der patriarchalischen Familie zusammen: Hier hatten nicht schon ältere Heranwachsende, die noch die Schule besuchten, sondern erst Studenten die Freiheit, die notwendig war, um selbständig Gruppen zu bilden. Man organisierte sich auch nicht richtig; worauf es ankam, war eine geistige Gegenbewegung, eine neue Philosophie und Geisteshaltung, und sie wurde vor allem von jungen Literaten getragen. Diese Form des Protests war typisch französisch, denn hier war es Tradition, daß große kulturelle Veränderungen im ununterbrochenen intellektuellen Gedankenaustausch innerhalb einer literarischen Elite in Gang kamen und erkennbar wurden, einer Elite, die man als Erbin der aufklärerischen »Philosophes« sehen kann. Als Repräsentantin der französischen Kultur besaß sie die unantastbare, alle revolutionären Stürme überdauernde Autorität einer Gruppe intellektueller Mandarine, die der Nation immer wieder signalisierte, wo man sich gerade befand und wohin der Weg führte. Diese kulturelle Elite, die es verstand, Philosophie und Literatur zu einer Einheit zu verschmelzen, gehörte für die Franzosen schon zur nationalen und kulturellen Identität. Selbstverständlich war sie auch das Forum für jegliche Artikulation von Protest.

Begleitet von einem lauten Fanfarenstoß betrat der rebellierende Geist die Szene, bezeichnenderweise mit einer einzigen Publikation des Jahres 1912, *Les jeunes gens d'aujourd'hui*. Formal handelte es sich um eine Enquete der Pariser Zeitung *L'Opinion*, die zwei junge Intellektuelle, Henri Massis und Alfred de Tarde, unter Achtzehn- bis Fünfundzwanzigjährigen an einigen Eliteschulen, universitären Fakultäten und Grandes Écoles durchgeführt hatten – die Auswahl beschränkte sich also auf eine Gruppe, die als künftige geistige Blüte der Nation galt. Die Repräsentativität war deshalb auch begrenzt. Die beiden gaben das Ergebnis unter dem Pseudonym Agathon heraus. Im Grunde machte das Zwiegespann aber aus den wiedergegebenen Meinungen ein Manifest, das im Namen der jungen Generation gegen die Älteren wütete. Mit der älterer Generation aber war nicht einfach eine etwas vage Vorstellung von der verstädterten bürgerlichen Gesellschaft ganz allgemein gemeint, sondern man konzentrierte die Kritik sehr deutlich auf die liberale akademische Führungsschicht, also die eigenen Lehrmeister, und darüber hinaus auf die Dritte Republik, die man für den Niedergang Frankreichs verantwortlich machte und des Verrats an seiner Größe bezichtigte. Symbolfiguren dieser akademischen Führungsschicht und des verachtenswerten Geistes von Intellektualismus, Skeptizismus und Normenrelativismus waren der Soziologe Durkheim, Historiker wie Seignobos, Aulard und Lavisse und die Väter des republikanischen Geistes von 1871, Ernest Renan, Hippolyte Taine und Anatol France, dieser große Vertreter eines skeptischen Humanismus, der um 1900 im Zenit seines schriftstellerischen Ruhmes stand. Sie hätten sich der Übernahme fremder Werte schuldig gemacht, hätten sich als Handlanger des deutschen Geistes, des Siegers von 1871, erwiesen, konnte man nun hören. Die junge Generation aber verlangte das reine Frankreich zurück, denn die Gesundung Frankreichs und die Gesundung der Kultur überhaupt seien natürlich dasselbe. »Als wir bei unseren Lehrmeistern das Prestige geistiger Autorität suchten und um Hilfe riefen, um uns selbst zu finden, was fanden wir? Eine leere Wissenschaft, pedantischen Materialismus, eine skeptische Forschungsmode, die erniedrigt und klein macht«, hieß es vielsagend in einem der Beiträge.[4] Diese von der Wissenschaft enttäuschte, ungeduldige Jugend verkündete die Notwendigkeit, wieder an die heroische, religiös geprägte Vergangenheit mit ihren festen Werten anzuknüpfen. Sterilem Denken, Wissenschaft und Rationalismus setzte sie Handeln, Gefühl und Intuition entgegen. Nach ihrem Selbstporträt im Agathon-Manifest zu urteilen, unterschied sie sich durch ein neues, stolzes Selbstbewußtsein von der defätistischen und pessimistischen Vätergeneration. Nicht in sentimentaler Naturverbundenheit und im einfachen

Leben sahen diese jungen Intellektuellen das wichtigste Heilmittel gegen die gesellschaftlich bedingte Degeneration, sondern in körperlicher Übung und Kräftigung, und sie betonten den Vorrang des Sports gegenüber der Arbeit im Studierzimmer. Als ihre geistigen Führer betrachteten sie den Philosophen Bergson und den Sozialphilosophen Georges Sorel, der sich mit seinen Abhandlungen über die Unverzichtbarkeit der Gewalt und über den Mythos als Triebkraft allen Handelns einen Namen gemacht hatte. Aber ihre Helden waren hauptsächlich einige Schriftsteller, die sich entschieden von dem abgewandt hatten, was sie als verderblichen Geist des Rationalismus und Skeptizismus empfanden, und die sich nach der Wiederherstellung des traditionellen, ruhmreichen katholischen Frankreich sehnten, eines Frankreich, das an Gott und die Monarchie glaubte. Es waren Maurice Barrès, Charles Péguy und Charles Maurras, der führende Kopf der rechten nationalistischen Action Française, kurz und gut, auserlesene Führer des antirepublikanischen Lagers. Bergson meinte nach der Lektüre der Agathon-Enquete voller Begeisterung: »Wir erleben eine große und tiefgreifende Veränderung im Denken der heutigen Jugend.«[5]

Den antibürgerlichen Rebellengeist und das Verlangen nach neuer Sinngebung und hehren Idealen teilte die Agathon-Gruppe mit der Jugendbewegung in anderen Ländern, aber sie verband all dies nahtlos mit dem politischen Streben nach nationaler Erweckung, als deren streitbarer Verkünder man sich präsentierte. Daher auch der ausgesprochen kriegstreiberische Einschlag, der Ruf nach aktivem Kampf, die Verherrlichung des Krieges – wobei man natürlich einen Revanchekrieg gegen die deutschen Barbaren im Sinn hatte. Solche Vorstellungen waren schon vor 1912 verbreitet. Ernest Psicharis 1913 erschienenes Buch *L'appel des armes*, das diesen Gefühlen ganz offen und in scharfem Ton Ausdruck verlieh, entstand auch in dieser Zeit. Aber nach der Veröffentlichung der Agathon-Schrift erschienen massenweise Pamphlete, in denen die gleichen Ideen verkündet wurden. Das Agathon-Manifest hatte wie ein Brennglas gewirkt: Auffassungen, die unter jungen Intellektuellen verbreitet waren, wurden plötzlich zu einem Bild der geistigen Verfassung dieses Milieus zusammengefügt. Hier erkannten sich viele wieder, und das löste die Zungen.

Die große Mehrheit der französischen Jugend, auf dem Land und in Kleinstädten, ganz allgemein die Jugend außerhalb von Paris, Bauern- und Arbeitersöhne, Jungen aus allen Gruppen der Mittelklasse, die sozialistischen Jugendlichen, sie alle kamen hier nicht zu Wort, und die Enquete gibt deshalb nur die Stimmung einer kleinen Minderheit wieder. Weil die intellektuellen Mandarine solches Prestige besaßen, fand diese Minderheit in Frankreich aber sehr viel Beachtung. Sie sehnte sich offensichtlich nach der großen Kraftprobe, der Revanche gegen Deutschland. Als der Krieg zwei Jahre später ausbrach, eilte sie begeistert zu den Waffen, in der Überzeugung, daß ihre Stunde, die Stunde von Frankreichs Auferstehung, geschlagen habe.

Dem Gefühl, als junge Generation eine durch Erstarrung gekennzeichnete Ordnung beseitigen zu müssen, mit Krieg als Kampf- und Heilmittel, wurde vor allem in Italien Ausdruck verliehen. Und auch hier tat dies eine Bewegung von Jugendlichen aus einem ausgesprochen bildungsbürgerlichen Milieu mit literarischen Neigungen. Wie die französische Protestbewegung war sie verbittert über die Rolle, die ihr Land in der Welt spielte, und äußerte die Sehnsucht nach einem nationalen Erwachen. Der älteren Generation, die das Sagen hatte, warf man vor, Italiens Größe verspielt zu haben. Die ältere Generation stand hier für das parlamentarische System, dessen politische Praxis von einer Art pragmatischem Kuhhandel zwischen den großen Parteien, den Liberalen, Katholiken und Sozialisten, geprägt war, ein System, das nach 1900 von Giovanni Giolitti verkörpert wurde. Obwohl es Giolitti durch seine flexible und pragmatische Politik gelang, im ersten Jahrzehnt den allgemeinen Wohlstand beträchtlich zu heben, den Analphabetismus stark zurückzudrängen und die Modernisierung des Landes auf vielen Gebieten mit Erfolg voranzutreiben, ja sogar die internationale Position Italiens faktisch zu stärken, konnten seine Politik und die Art, wie das System funktionierte, nicht das glühende Verlangen nach Ruhm und glanzvollen Taten stillen, das die Jugend in den vermögenden Kreisen bewegte. Wie die bürgerliche Jugend überall, war sie im Geist des Nationalismus erzogen, des Stolzes auf das eigene Volk, der von einer Aura aus schönen, romantischen Bildern und Worten umgeben war. In der Realität dagegen fanden diese Jugendlichen eine korrupte Verwaltung, Langeweile, Abstumpfung und zügellose Gewinnsucht vor, besonders dort, wo die Industrialisierung einen starken Aufschwung erlebte – ein Italien, das wenig mit der Vorstellung zu tun hatte, die ihnen vermittelt worden war. Junge, ehrgeizige Literaten wie Giovanni Papini und Guiseppe Prezzolini agitierten mit ihren Zeitschriften *Leonardo* (1903–07) und vor allem *La Voce* (ab 1908) wütend und mit beispiellosem rhetorischen Ungestüm im Namen der Jugend gegen die bestehende Ordnung und verliehen damit der Unruhe und dem Widerwillen Ausdruck, die unter jungen Intellektuellen verbreitet waren. Wie bei der Agathon-Gruppe richtete sich die Kritik gegen die Erzieher, gegen die Disziplin einer auf das Sammeln von Fakten ausgerichteten Bildung, gegen alles, was sie als steriles Denken, Feigheit und Schlaffheit ihrem Ideal des Aktivismus und der Tatkraft gegenüberstellten. Vermutlich spielte dabei im Hintergrund auch noch ein nationales Trauma eine Rolle, nämlich das Scheitern kolonialer Expansionsbestrebungen, das durch die schwere Niederlage bei Adowa im Jahre 1896 besiegelt worden war; andererseits lehnte man auch die fanatische nationalistische Bewegung Corradinis, die diese Schmach wettmachen wollte, als typisch bürgerlich ab. Man wollte keine banalen politischen Aktivitäten; Erhabenes, eine geistige Regeneration hatten die Begeisterten sich in den Sinn gesetzt. Gabriele d'Annunzio, der in seiner Lyrik ein neues italienisches Heldengeschlecht besang, eine künftige, stolze Aristokratie, wurde für die meisten zum Heros. Aber auch der Neoidealismus des Philosophen Benedetto Croce war für manche eine Inspirationsquelle, da Croce auch Positivismus und Materialismus bekämpfte und als Hegelianer die Lehre von der Souveränität des Geistes vertrat. In diesem Klima kam der Futurismus Marinettis auf. »Unsere Jugend ist unser revolutionärer Glaube, hier liegt unsere Rettung«, hieß es in *Giovine Italia*, der Zeitschrift der Jugendföderation.[6] Wahrscheinlich identifizierte man nur in Italien revolutionäre, geistige und seelische Erneuerung so selbstverständlich mit der eigenen, jungen Generation (den in den achtziger Jahren Geborenen) und andererseits Verfall, Stupidität und Verlogenheit mit allen, die über dreißig waren. Die Jugend, die die künftige große Veränderung bringen würde, sah sich selbst als echte Elite, in deren Händen die Führung liegen sollte. Die Theorien von Soziologen wie Gaetano Mosca und Vilfredo Pareto über die Unentbehrlichkeit und schöpferische Kraft von Eliten waren auf fruchtbaren Boden gefallen. Für die jungen Himmelsstürmer aus begüterten Kreisen gehörte die Verachtung der dummen Masse zu ihrem Selbstbewußtsein. Die enormen sozialen Gegensätze in Wohlstand und Bildung machen dies übrigens verständlich; der Kontrast zwischen dem Norden und dem Süden war groß, und Analphabetismus war immer noch verbreitet, wenn er auch in der Zeit zwischen 1900 und 1915 von etwa fünfzig auf siebenunddreißig Prozent zurückging.

Im ganzen blieb es doch bei unausgegorenen, leicht fragwürdigen rhetorischen Ergüssen. Man forderte die ruhmreiche Tat, brachte aber nichts hervor, das praktischen Reformansätzen ähnlich gewesen wäre. Im Grunde schlug man nur wild mit Worten um sich. Das konnte auch kaum anders sein, aber da man andererseits so lautstark verkündete, daß es nur auf Willenskraft und Taten und nicht auf irgendwelche Dogmen, Ideologien oder spießige Programme ankomme, lag eine gewisse Ironie darin, die den meisten entging. Einige, zum Beispiel Prezzolini, gelangten immerhin noch zu einer etwas nüchterneren Haltung. Von direkter revolutionärer Aktion hielt er nichts. Die italienische Jugend sollte sich auf technischem Gebiet qualifizieren. Eine auf diese Weise modern ausgebildete, kompetente Generation müßte dann überall die Führung übernehmen, in der Verwaltung, im Staat, in den Gewerkschaften, in Banken und Betrieben. Die Begeisterung für Technik und Sport hatten diese jungen Italiener mit der rebellischen französischen Jugend gemeinsam.

Die nach Taten und Ruhm lechzende intellektuelle Avantgarde mußte allerdings noch auf eine günstige Gelegenheit warten. Und die sah sie, genau wie die Agathon-Gruppe und viele in der deutschen und englischen Jugendbewegung, im großen Krieg. Nur schien dieser bei seinem Ausbruch im Jahre 1914 noch an Italien vorbeizugehen. Die Regierung Giolittis wählte die Neutralität, weil das Land in einem Krieg wenig zu gewinnen, dagegen vielleicht viel zu verlieren hatte. Wichtige territoriale Ansprüche oder unmittelbare Bedrohungen gab es nicht. So kam es, daß die jungen Rebellen sich sofort für eine Intervention auf der Seite der Entente einsetzten. Der Krieg als Befreiung, als Stunde der Jugend und der Regeneration, diese Chance durfte man nicht verpassen. Neutralität war die Sache der alten Säcke. Marinetti verkündete es Ende 1914 in einem Manifest: Der Krieg würde der Herrschaft der Konservativen, der *passatisti*, ein Ende bereiten. Nur der Krieg könne den menschlichen Geist verjüngen und anstacheln, könne vom Gewicht der Alltagslast befreien, verleihe selbst Schwachsinnigen Talent! 1915, als sich die von Salandra geführte Regierung Vorteile von einem Anschluß an die Entente versprach, bekam die protestierende Jugend, was sie sich gewünscht hatte.

11 Das Vordringen des Sports und die Wiederentdeckung des Körpers

Daß sich die Jugend als besondere, selbstbewußte Gruppe innerhalb der Gesellschaft manifestierte, wurde in hohem Maße begünstigt vom Aufkommen und der Verbreitung eines Phänomens, das wie kein anderes dazu angetan war, den Wert von Gesundheit und körperlicher Kraft, diesen Attributen der Jugend, als ebenbürtig mit Bildung und intellektuellen Leistungen hervorzuheben: des Sports. Sein Erfolg wiederum war vor allem drei Faktoren zu verdanken: dem Nationalismus oder dem nationalen Integrationsprozeß, der Verstädterung und der Emanzipation der Mittelschichten. Nicht zufällig waren diese auch wieder für die Verbreitung und Popularisierung des Sports am wichtigsten.

Sport war seit jeher eng mit dem Krieg verbunden gewesen, war notwendige Vorbereitung auf das Kriegshandwerk und somit vor allem eine Liebhaberei des Adels. Reiten, Jagen und Fechten, diese exklusiven adligen Vergnügungen, erinnerten auch im Zeitalter des Schießpulvers und der Söldnerheere deutlich an ihre alte Funktion. Sportlicher Wettkampf war nichts anderes als gebändigter, unblutiger Krieg, wie man auch den Krieg als extreme Variante des sportlichen Wettkampfs bezeichnen kann, nur daß es dabei nicht um einen goldenen Pokal, sondern um Land, Macht und möglicherweise um die Existenz einer Dynastie oder sogar eines Volkes ging. Der Wert eines Heeres hing unter anderem auch von der physischen Kondition und Ausdauer seiner Soldaten ab, so daß körperliches Training für die moderne nationale Armee wichtig war. Daher die Wellington zugeschriebene Bemerkung, die Schlacht von Waterloo sei auf den Sportplätzen von Eton gewonnen worden. Das mag für sich betrachtet zwar eine ziemlich verzerrte Vorstellung von den tatsächlichen Ereignissen im Kampf gegen Napoleon gewesen sein, aber sie ist kennzeichnend für die Sicht der englischen Aristokratie. In England hatte man schon früh die Bedeutung des Leistungssports für die Elite erkannt. Hierbei ging es um Charakterbildung. Die angesehenen Public Schools hatten dazu beigetragen, dieses Erziehungsideal und die elitären Normen zu verbreiten. Sport lehrte die Jungen Teamgeist, Solidarität, Selbstbeherrschung, lehrte sie Schläge einzustecken und machte sie hart, wie zum Beispiel beim Rugby und Boxen. Zudem entstand die moderne Idee der Nation in der gleichen Zeit, in der auch Neoklassizismus und Neuhumanismus aufkamen. So ist zu erklären, daß das griechische Schönheitsideal, das Ideal der Harmonie von Körper und Geist, diejenigen ansprach, für die eine starke, blühende Nation das höchste irdische Ziel war. Das galt besonders für Deutschland, wo die Erziehung seit dem frühen neunzehnten Jahrhundert stark vom Neuhumanismus geprägt war. Unter dem Einfluß des griechischen Ideals wurde das Turnen hier zu einer Nationaltugend. Irgendwie diente es dem Vaterland, so empfanden es sogar diejenigen, die Patriotismus nicht im gleichen Maße mit Gymnastik identifizierten, wie der exzentrische, vollbärtige »Turnvater« Friedrich Jahn es getan hatte. Es war aber kein Zufall, daß seine Turnbewegung in der Epoche der Napoleonischen Kriege gleichzeitig mit der nationalen Einigungsbewegung aufkam, und sie erlangte eine nicht unwesentliche Bedeutung für das Nationalbewußtsein. Das Turnen wurde für die deutschen national gesinnten Mittelklassen der Sport schlechthin, weil andere Disziplinen zunächst noch im Ruf standen, ein Privileg des Adels oder aber undeutscher Import zu sein.

In der englischsprachigen Welt hatte man schon seit dem achtzehnten Jahrhundert große Pferderennen veranstaltet, zunächst als aristokratische Vergnügungen, aber sie wurden mehr und mehr zu einem Schauspiel für breite Schichten der Bevölkerung, vor allem wegen der Wetten, die den unteren Klassen sogar Aussichten auf Extraeinnahmen boten. Von England aus eroberte der Rennsport im neunzehnten Jahrhundert den Kontinent, so daß auch das höchst elitäre Polo hier Fuß fassen konnte. Während diese Vergnügungen für die einfacheren Leute nicht mehr als spannende Schauspiele waren, die man von einem Platz hinter dem Zaun aus verfolgte, wurde der Fußball, der ebenfalls in England in der zweiten Jahrhunderthälfte aufkam, zu einem typischen Volksvergnügen, bei dem auch die Arbeiterjugend mitmachen konnte. 1867 wurde die Football Association gegründet, und 1888 spaltete sich hiervon ein professioneller Fußballbund ab. Gleichzeitig wurde in den vermögenden Klassen das Tennis immer beliebter. So kann man, leicht schematisierend, von einer sozialen Rangordnung im Sport sprechen: vom adligen Pferdesport und der Jagd über das Tennis für das begüterte Bürgertum zum Fußball als Massenvergnügen für das Volk. Ein Arbeiterjunge spielte nicht Tennis und ritt nicht, ein Bürgersohn ging nicht auf die Jagd, und ein junger Baron spielte nicht Fußball. Diese soziale Rangordnung galt für die betreffenden Sportarten auch auf dem Kontinent noch lange Zeit, betraf aber vor allem die Sportler selbst. Denn schon kam es zu einer klaren Trennung zwischen aktiver und passiver Beteiligung am Sport. Nicht nur die Pferderennen waren beliebt, vor allem der Fußball wurde zu einem Spektakel, das immer mehr Menschen faszinierte, wenn man sich auch noch in erster Linie für die sportlichen Leistungen des eigenen Standes interessierte. So gab es in England schon vor 1914 Fußballwettkämpfe, die vor einer großen, nach Tausenden zählenden Zuschauermenge ausgetragen wurden.

Das Fahrrad, das um die Jahrhundertwende auf dem Kontinent populär wurde, machte den Sport zu einer Freizeitbeschäftigung für breite Schichten der Bevölkerung. Das Fahrrad durchbrach alle sozialen Schranken. Es hatte keine Vergangenheit, die es an bestimmte Stände gebunden hätte. Es verhalf jedem zu einem neuen Bewußtsein der Macht über Zeit und Raum, bewies, daß auch die einfacheren Leute mit einem modernen technischen Gerät umgehen konnten, erweiterte ihre Möglichkeiten, stärkte ihre Gesundheit und brachte sie an die frische Luft. Beim Fahrrad kamen also körperliche Bewegung und moderne Technik zusammen. Auch die ersten Liebhaberinnen fanden sich bald. Dies trug zu einer allmählichen Veränderung der Mode bei, so heftig zunächst auch der Widerstand war, als die jede Bewegung behindernden weiblichen Gewänder zu verschwinden begannen.

Selbstverständlich war die Verbreitung bestimmter Sportarten ursprünglich auch durch die unterschiedlichen geographischen Gegebenheiten bedingt, aber dank der besseren Reisemöglichkeiten und des Tourismus, der in den wohlhabenden Kreisen aufkam, vollzog sich hier schon eine erste Internationalisierung, etwa beim Skisport und natürlich beim Schwimmen und anderen Wassersportarten.

Während die Bedeutung des Sports für die physische Kondition der männlichen Jugend und die Kampfkraft der Armee schon früh von Militärs und Politikern erkannt worden war, bekam er nun auch eine wichtige Funktion als Ausgleich für einen Mangel an körperlicher Bewegung, da die Maschine körperliche Arbeit zurückdrängte und die meisten Menschen den ganzen Tag in geschlossenen Räumen arbeiteten – eine Folge der Verstädterung. Medizinische und pädagogische Erkenntnisse ergänzten das wachsende Bedürfnis nach Vergnügen und Spannung, das besonders in den Mittelschichten dank verbesserter Arbeitsbedingungen entstanden war. Sicherlich aber paßten das schnelle Vordringen und die Aufwertung des Sports sehr gut zu anderen Zeiterscheinungen, welche man ganz allgemein als Reaktion auf die Urbanisierung und die asketische Arbeitsmoral deuten kann: den Vitalismus und die Faszination, die von allem ausging, was mit Natürlich-Biologischem zu tun hatte, und schließlich den Antiintellektualismus, welcher nicht zuletzt bei denen, die selbst zu den Intellektuellen zählten, Philosophen, Pädagogen und Wissenschaftlern verbreitet war. Das gesteigerte Interesse für alles, was zur Jugend gehörte, hatte eine allmähliche Enttabuisierung der Körperlichkeit zur Folge, die sich allerdings sehr langsam vollziehen sollte, wie die sich abwechselnden Moden bezeugen. Die Instanzen, die sich für die öffentliche Moral verantwortlich fühlten – die Kirchen, der Staat, die traditionellen Schulen –, und natürlich die älteren Generationen leisteten in ihrer Sorge um die Sittlichkeit und in ihrer Angst vor allem Aufreizenden und vor sexueller Freizügigkeit erbitterten und zähen Widerstand gegen jegliche weitere Entblößung des menschlichen Körpers. Was unterhalb des Halses und oberhalb des Knies lag, war bis zum Ersten Weltkrieg bei Männern wie bei Frauen Sperrgebiet, auch auf den Sportplätzen.

Vor allem Pferderennen, Radrennen, Fußball, Tennis – die spannendsten und aufregendsten Sportarten, die große Mengen von Zuschauern anzogen – erlangten in sozialer Hinsicht enorme Bedeutung. Der Leistungssport wurde zu einem nationalen und sozialen Schmelztiegel, obwohl die verschiedenen sozialen Gruppen noch lange ihre spezifischen Vorlieben bewahrten. Aber der Leistungssport einte und entzweite zur gleichen Zeit, so daß er auch für den Zuschauer, der sich mit einer der Parteien identifizieren konnte, zu einem Ventil für Emotionen und Tatendrang wurde. Damit entstand auf die Dauer ein ganz neuer Typ des Idols: der große, erfolgreiche Sportheld. Zunächst stand er verhältnismäßig weit unten in der allgemeinen Wertehierarchie, denn über diese bestimmten noch die gesellschaftlichen Oberschichten, die Eliten. Herrscher und Staatsmänner thronten nach wie vor ganz oben, in ihrem Ruhm und Ansehen allenfalls von den Helden des Geistes gefährdet – genialen Künstlern, Dichtern, Gelehrten und Erfindern oder Entdeckern. Dann folgten die Größen des Podiums und der Bühne, Dirigenten, Sängerinnen und Sänger, Virtuosen oder Schauspieler, ein Kreis, der den unteren Gesellschaftsschichten aber noch verhältnismäßig fremd blieb. Mit dem Sporthelden, der diese Rangordnung verändern sollte, verhielt es sich anders. Er gehörte auch den unteren Klassen. Er glänzte durch körperliche Leistung und stand damit all denen näher, die keine höhere Ausbildung genossen hatten. In ihm erkannten sie sich wieder. Nur in der englischsprachigen Welt hatte die Integration des Sports in die traditionelle Erziehung

William Turner (1775–1851), *Die letzte Fahrt der Téméraire*, 1839

Caspar David Friedrich (1774–1840), *Das Eismeer*, um 1823/1824

Eugène Delacroix (1768–1863), *Die Freiheit führt das Volk*, 1830

Adolph von Menzel (1815–1905), *Eisenwalzwerk*, 1875

Karikatur von Charles Darwin (1809–1882)

Giuseppe Verdi (1813–1901)

Richard Wagner (1813–1883)

Enrico Caruso (1873–1921)
als Radames in der Oper *Aida*

Lilli Lehmann als Brunhilde in der Oper
Walküre aus dem *Ring des Nibelungen*

Claude Monet (1840–1926), *Die Kathedrale von Rouen am Morgen*, 1894

Die Industriellenfamilie Krupp von Bohlen und Halbach
in ihrer Villa in Badenweiler, um 1880

Robert Koch (1843–1910)

Louis Pasteur (1822–1895)

Thomas Edison (1847–1931)

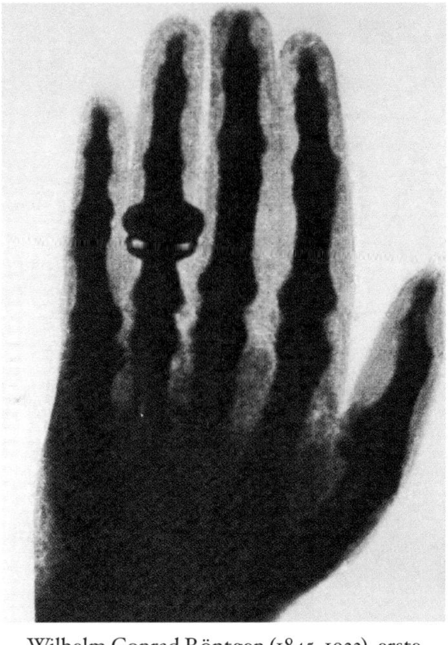

Wilhelm Conrad Röntgen (1845–1923), erste Röntgen-Aufnahme von seiner Hand, 1895

Blick auf Gebäude der Weltausstellung in Paris, 1900

Cinq Centimes

ERNEST VAUGHAN

JEUDI 13 JANVIER 1898

L'AURORE

Littéraire, Artistique, Sociale

Directeur ERNEST VAUGHAN

Téléphone : 102-88

J'Accuse...!

LETTRE AU PRÉSIDENT DE LA RÉPUBLIQUE

Par ÉMILE ZOLA

LETTRE À M. FÉLIX FAURE

Président de la République

Monsieur le Président,

Me permettez-vous, dans ma gratitude pour le bienveillant accueil que vous m'avez fait un jour, d'avoir le souci de votre juste gloire et de vous dire que votre étoile, si heureuse jusqu'ici, est menacée de la plus honteuse, de la plus ineffaçable des taches?

Vous êtes sorti sain et sauf des basses calomnies, vous avez conquis les cœurs. Vous apparaissez rayonnant dans l'apothéose de cette fête patriotique que l'alliance russe a été pour la France, et vous vous préparez à présider au solennel triomphe de notre Exposition universelle, qui couronnera notre grand siècle de travail, de vérité et de liberté. Mais quelle tache de boue sur votre nom — j'allais dire sur votre règne — que cette abominable affaire Dreyfus! Un conseil de guerre vient, par ordre, d'oser acquitter un Esterhazy, soufflet suprême à toute vérité, à toute justice. Et c'est fini, la France a sur la joue cette souillure, l'histoire écrira que c'est sous votre présidence …

Titelblatt der Zeitung *L'Aurore* mit Emile Zolas Artikel »J'accuse«, 13. Januar 1898

Henri de Fantin-Latour (1836–1904), *Coin de table (französische Dichter an einem Tisch)*, 1872

Sigmund Freud (1856–1939)

Edmund Husserl (1859–1938)

Max Planck (1858–1947)

Albert Einstein (1879–1955)

Friedrich Nietzsche (1844–1900)

Rasentennis, Karikatur von Th. Th. Heine

Radfahrerin um 1900

Louis Bleriot, 1872–1936, französischer Flugpionier, mit dem Kunstflieger Adolphe Pegoud (rechts)

Straßenpropaganda für das Frauenwahlrecht, London, 1908

Mitglieder der Wandervogelbewegung

Titelblatt der Zeitschrift *Der Blaue Reiter*, 1911

Wassily Kandinsky (1866–1944), erstes abstraktes Aquarell (ohne Titel), 1910/1913

Karl May (1842–1912)

Hedwig Courths-Maler (1867–1950)

James Joyce (1882–1941)

Marcel Proust (1871–1922)

schon früher zu einer höheren Wertschätzung der sportlichen Leistung geführt. Schwache Schüler und Studenten konnten ihr Ansehen erhöhen, wenn sie sich beim Rugby, beim Boxen oder anderen Sportarten auszeichneten, die Muskelkraft und Kampflust erforderten.

Natürlich sprach der Sport wiederum in erster Linie die Jugend an. Für den heranwachsenden Jungen mit seiner natürlichen Bewunderung für Kraft und Männlichkeit wurde der Sportheld zum wahren Nachfahren des tapferen Ritters oder unerschrockenen Abenteurers, denen er nur noch in romantischen Büchern begegnete. So stärkte der Sport das Selbstbewußtsein der Jugend und verbesserte ihr Image. Hier war sie sich einer Überlegenheit gegenüber den Älteren gewiß, die durch nichts in Frage gestellt werden konnte, und die neue Selbstsicherheit wurde noch zusätzlich durch die allgemeine Aufwertung und Ästhetisierung von Jugend und Vitalität unterstützt.

In nicht geringerem Maße trug der Nationalismus zu ihrer Rechtfertigung bei. Der Zusammenhang zwischen Sport und Nationalbewußtsein wurde in England daran erkennbar, daß man dem Leistungssport im Hinblick auf Charakterbildung und körperliches Training, die man für eine nationale Elite als wesentlich erachtete, in den Public Schools und später im gesamten Schulsystem einen außerordentlich hohen Rang zuerkannte. In Deutschland sollte das Turnen weniger den spannenden Wettkampf als die persönliche Disziplinierung im Dienst des Ganzen fördern. Es liegt nahe, hier auch noch einen Zusammenhang mit dem preußischen militaristischen Geist zu vermuten, der weniger die individuelle Initiative und den Ehrgeiz des einzelnen schätzte – selbst wenn sich diese, wie beim englischen Leistungssport, innerhalb eines Gruppenverbandes entfalteten – als die vollendete Gruppendisziplin und die Unterwerfung unter einen Willen, wie die turnerischen Massenvorführungen sie erforderten.

In Frankreich kam es zu einer bemerkenswerten Verbindung des Sports mit der modernen Technik. Hierzu trug nach dem Fahrrad vor allem die Luftfahrt bei. Die Verwirklichung dieses jahrhundertealten Menschheitstraums in der Zeit nach 1900 konnte mehr als irgend etwas anderes ein Gefühl von Macht verleihen und, auch in ganz wörtlichen Sinn, erhebend wirken. Dem verletzten französischen Nationalstolz öffnete sich hier ein neuer Raum, in dem man das auf dem Schlachtfeld von Sedan verlorene Prestige zurückgewinnen konnte: »Wer Herr der Luft sein wird, wird Herr der Welt sein«, prophezeite Clément Ader, einer der Luftfahrtpioniere.[7] Sport,

Technik und Nationalismus bildeten in Frankreich eine Trias, wenn es darum ging, eine neue, selbstbewußte Jugend zu verkünden, die sich ganz dem Dienst an Frankreich und der Wiederherstellung seines alten Ruhmes weihen würde, einer Jugend, wie sie im Agathon-Manifest hervorgetreten war. Der Zusammenhang von Sport und Krieg war für diese jungen chauvinistischen Intellektuellen offensichtlich. Die Verherrlichung körperlicher Kraft und Gewandtheit durch die neue Generation war auch eindeutig ein ideologischer Angriff auf das, was man als einseitig intellektualistischen und skeptizistischen Geist der Dritten Republik betrachtete. Sie, die Jungen, so stellte einer der Befragten der Agathon-Enquete fest, »lieben die Energie, die Tat, die Kraft, die Zähigkeit und die Männlichkeit. Sie sind ›sport‹, wie sie es nennen, in schlechtem Französisch übrigens«.[8] Worte, die im italienischen »Futuristischen Manifest« nicht deplaziert gewesen wären und die den inneren Zusammenhang zwischen dem Aufstieg der Jugend, dem Vordringen des Sports und dem Aufkommen der antirationalistischen, vitalistischen Bewegung in Philosophie, Literatur und Kunst offenlegen.

12 Kunst und die Menge

Jetzt, da der Analphabetismus, zumindest im größten Teil Europas, stark zurückgedrängt war, da Künste, Musik und Literatur für die Massen in den Städten viel besser erreichbar waren, vollzog sich eine auffällige Trennung. Der Unterschied zwischen dem, was künftig große oder ernsthafte Kunst und Literatur genannt wird, und der populären Kunst wurde zu einem Kennzeichen der Kultur des neuen Jahrhunderts. Der Abbau alter Ungleichheiten und Hierarchien führte zum lautlosen Entstehen von neuen und anderen. Die Musen teilten sich fortan in Schwer- und Leichtgewichtlerinnen. Auch dieser Prozeß hatte schon im neunzehnten Jahrhundert begonnen, und auch in diesem Fall war die Säkularisation, der Rückzug der Kirchen aus dem Alltagsleben, eine der Hauptursachen. Ihr Rückzug hatte nämlich dazu geführt, daß die Kunst zum Teil bestimmte Aufgaben der Religion – Weltdeutung, Trost und Stärkung gegen Alltagssorgen – übernommen hatte. Aber zugleich war sie für Entspannung, Vergnügen und Genuß da. Hier boten sich der Bevölkerung in den urbanisierten Regionen, dank Zeitungen und Lesesälen, Theatern, Konzerthallen und Museen, inzwischen mehr Möglichkeiten, was das Verlangen nach Ablenkung und Unterhaltung wiederum verstärkte. So weit war es bei der Landbevölkerung noch keineswegs. Bei den Bauern wurde der Tag nach wie vor vom Rhythmus der Natur und ihren Anforderungen beherrscht. Deshalb konnten auch die Kirchen hier noch lange eine starke Verteidigungslinie halten, die das Eindringen der Künste und mancher städtischer Neuerungen verhinderte.

Da in den Städten das gedruckte Wort auch in den unteren Schichten das gesprochene Wort verdrängte – das mündliche Erzählen, das einen während und nach der Arbeit, an freien Tagen und an langen Winterabenden im Familienkreis oder im Wirtshaus unterhalten hatte –, und auch weil Öl- und Petroleumlampen durch bessere Beleuchtung ersetzt wurden, nahm Unterhaltungsliteratur, die keine besonderen Anforderungen an Bildung, Geschmack und Denkvermögen stellt, einen gewaltigen Aufschwung. Sie übernahm die Funktion des Erzählens und wirkte entspannend. Zu diesem Zweck führt sie den Leser in eine Welt, in der er sich heimisch fühlt. Dort gelten die vertrauten Normen und die gängigen moralischen Maßstäbe, so daß diese Welt für jeden ohne Mühe wiederzuerkennen ist. Sie entspricht festen Klischees. Die Unterhaltungsliteratur bestätigt das gewohnte Weltbild und bejaht die bestehenden Verhältnisse. Sobald sie diese in Frage stellt, kann sie keine Entspannung mehr bieten. Sie will aber mit der Welt versöhnen. Deshalb siegt am Ende immer das Gute, und die Geschichte findet ein glückliches Ende. Die anfängliche Ungewißheit im Hinblick auf einen guten Ausgang erzeugt aber eine erregende Spannung. Sie ist so angenehm, weil der Leser insgeheim schon vermutet, daß alles glücklich endet. Es gibt schließlich eine gerechte Weltordnung, und dazu gehört, daß am Ende so oder so die Tugend belohnt und die Schlechtigkeit bestraft wird. Viele populäre Romane haben deshalb auch eine didaktisch-moralisierende Tendenz. Sie spiegeln den Geist der Zeit wider, den Glauben an die Segnungen der Zivilisation und an die Möglichkeit eines besseren Lebens für die Schwachen. Es gilt eine Art stillschweigender Übereinkunft zwischen Autor und Leser. Ein Autor, der dem Leser das glückliche Ende vorenthält, verstößt gewissermaßen gegen diese Übereinkunft. Daß der Leser auf die Erfüllung seiner Erwartungen vertrauen darf, ist für die Unterhaltungsliteratur unabdingbar. Zur Ablenkung gehört aber auch die Möglichkeit, den täglichen Sorgen zu entfliehen. Die Welt des populären Buchs darf nicht zu sehr an das nervenaufreibende Alltagsleben erinnern. Sie erfüllt vielmehr in gewisser Weise Wunschträume des

Lesers, da er sich hier mit ganz andersartigen Figuren identifizieren kann. Daher spielen die Geschichten meistens in einem farbenfrohen oder reichen Milieu, wie es aus der Froschperspektive erscheint. Fürsten, Grafen und Gräfinnen oder zumindest Menschen aus begüterten Bürgerfamilien dienen als Helden und Heldinnen. Daß sich hierunter genausogut Lumpen und Schurken befinden und daß auch die Hochgestellten leiden müssen, entspricht wiederum dem allgemeinen Gerechtigkeitssinn. Die Unterhaltungsliteratur wird deshalb auch keine heiklen politischen oder sozialen Probleme behandeln, die mit dem Bedürfnis nach Entspannung und Flucht nicht zu vereinbaren wären, es sei denn, sie würden historisch derart verfremdet, daß Analogien zu aktuellen Problemen nicht mehr erkennbar sind. Sie beschäftigt sich vor allem mit Zeitlosem, Allgemein-Menschlichem, mit Liebe, Ehebruch und Ehekrisen, Unehrlichkeit und Verbrechen, all dies in einer Inszenierung, bei der regionale oder historische Attribute nebensächlich sind und nichts zum Verständnis beitragen, so daß die Personen in einem universalen und deshalb vertraut wirkenden Zusammenhang auftreten.

Unterhaltungsliteratur, das ist in erster Linie der in anspruchsloser, konventioneller Prosa geschriebene Roman, der auf das Bildungsniveau, die Interessen und die psychischen Bedürfnisse eines breiten Durchschnittspublikums abgestimmt ist. Durch den Aufschwung des Pressewesens wurde der Fortsetzungsroman in Zeitungen und Wochenblättern ein gewaltiger Erfolg. Grundsätzlich erreichte die Zeitung nun alle Haushalte, und sie war preiswert. Außerdem versorgten Lesesäle und Leihbüchereien das Publikum in großem Umfang mit Lektüre. Bei den Romanen entstanden schon bald verschiedene Genres, die auf bestimmte Gruppen mit besonderen Wunschträumen und Identifikationsbedürfnissen ausgerichtet waren. Es gab die typische Frauenlektüre, den Frauenroman, oft mit stark moralisierender Tendenz. Einer der ersten dieser Art war *East Lynne* aus dem Jahre 1861, von Mrs. Henry Wood. Der enorme Erfolg forderte zur Nachahmung heraus, und in den folgenden Jahrzehnten vergrößerte sich das Angebot. In England wurde Mary Braddon zu einer vielgelesenen Autorin, während in Frankreich die sogenannte Bibliothèque Rose bald jedem ein Begriff war. In Deutschland brach Hedwig Courths-Mahler zu Beginn des zwanzigsten Jahrhunderts mit ihren zweihundert Romanen alle Rekorde: Ihre Geschichten, die im Adelsmilieu spielen und nach einem festen Schema mit einer begrenzten Anzahl von Stereotypen gefertigt sind, bieten eine endlose Reihe gleichartiger Themen und bestätigen die gängigen Vorstellungen. Eine Art Leib-und-Magen-Blatt fast aller Schichten des deutschen Bürgertums war ab 1872 *Die Gartenlaube*, eine Zeitschrift, in der die Frauenromane Eugenie Marlitts und Nataly von Eschstruths erschienen. Vor allem in ihnen wurde ein Weltbild verbreitet, das von unerschütterlichen moralischen Prinzipien geprägt war. Charakteristisch war eine Neigung zum Rückzug in die behütete familiäre Sphäre, eine Vorliebe für Behaglichkeit und kultivierte Umgangsformen, weitab von der alltäglichen politischen Betriebsamkeit. Männer und Frauen wurden in all ihren Stärken und Schwächen ganz genau so dargestellt, wie sie nach den gängigen Vorstellungen zu sein hatten. Das gab einem das beruhigende Gefühl, daß hinter den ruhelosen, schnell wechselnden Zeiten eine unvergängliche Ordnung herrschte.

Außerdem kamen die typischen Dienstmädchenromane auf, in denen die Liebeskummertränen fließen durften, die Abenteuer- und Ritterromane für Jungen und die Kriminalromane für jeden, der raffinierte Puzzles, Spannung, Gefahr und den sicheren Triumph der Gerechtigkeit über das Verbrechen liebte; denn der intelligente Detektiv stand auch immer im Dienst des Guten.

Die beiden zuletzt genannten Genres fanden zuerst in der englischsprachigen Welt viel Anklang. Als ein Genre für sich, das mehr als jedes andere ein Kind der modernen Reproduktionstechniken war, kam die Bildgeschichte auf, der Comic, dessen Siegeszug im zwanzigsten Jahrhundert durch die ganze Welt führen sollte. Er war eine Nachfolgerin des alten bebilderten Kinderbuchs. Ursprünglich für Jugendliche gedacht, schlug er später alle Altersgruppen in seinen Bann, gerade weil er das Kind im Erwachsenen anspricht – was diesem nicht unbedingt bewußt ist –, die nie beseitigten Reste des Infantilen und die lieben Erinnerungen an die Kinderzeit, in der die Welt noch einfach zu sein schien. Er bot und bietet deshalb ein Gegenbild zu einer komplexen Wirklichkeit und eine Möglichkeit, dieser zu entfliehen. Es ist schließlich vor allem das Bild, das ganz unmittelbar und mit elementaren Mitteln auf das Bewußtsein einwirkt. Es erfordert nur geringe geistige Anstrengung, und darum entsprach der Comic mehr als alles andere dem Wunsch, Spannung mit Entspannung zu verbinden. Besonders die Arbeiterjugend verschlang schon bald dieses neuartige Medium, bei dem Wort und Bild einander unterstützen und dadurch ihre Wirkung erhöhen. Es war Frank Richards, der mit seiner Bildgeschichte über die Abenteuer der Greyfriars, Schüler einer fiktiven Public School, als erster auf diesem Gebiet Furore machte, wobei von dem begüterten Milieu der Helden noch ein zusätzlicher Reiz ausging. Der größte Reiz der Geschichte lag allerdings darin, daß sie eine pubertäre Aufsässigkeit verherrlichte, die sich gegen die langweilige Elterngeneration und deren Bevormundung richtete. Obwohl jugendliche Aufsässigkeit an sich als etwas Normales und als amüsantes Phänomen einer Übergangsphase erscheint, als etwas im Grunde Harmloses, und so auch gewöhnlich in der populären Jugendliteratur dargestellt wird, kann sich in ihr auch eine Tendenz zu ernsteren Formen von Protest offenbaren. Es ist dann nicht abwegig, hier einen Zusammenhang mit dem verbreiteten Jugendkult und mit der Betonung des Gegensatzes zwischen den Generationen zu erkennen. So hat man im Hinblick auf den Einfluß der Greyfriars bemerkt: »Greyfriars gab uns einen Moralkodex. Jemanden, der die alte Schule verehrte, traf es als ein seltsamer Schock, wenn ihm dämmerte, daß er selbst einer der ›gewöhnlichen Kerle‹ war, die von allen in Greyfriars so sehr verachtet wurden. Im Laufe der Jahre bestimmten diese einfachen Geschichten das Denken einer ganzen Jungengeneration.«[9] In Italien waren es Emilio Salgaris Seeräubergeschichten und in Frankreich Michel Zévacos Geschichten mit heroischen Ritterabenteuern, die reißenden Absatz fanden. Der meistgelesene und international bekannteste Autor von Abenteuergeschichten ist wahrscheinlich Karl May. Er machte sich den Umstand zunutze, daß Entdeckungsreisen und kolonialistische Expansion ganz allgemein das Interesse an fernen Ländern und Völkern geweckt hatten, und ließ seine Geschichten am liebsten in außereuropäischen Regionen unter Naturvölkern spielen, vor allem unter Indianern. Karl May, der ebenfalls am laufenden Band Romane produzierte und dessen gesammelte Werke fünfundachtzig Bände umfassen, hat Jungen etlicher Generationen Helden gegeben, die sich durch Mut, Klugheit und Kraft auszeichneten, und ihre Phantasie und ihre Wunschträume mit seiner Verbindung von Exotischem und Kriegsromantik beflügelt, die einen so wohltuenden Kontrast zur Welt des Geldes und der Maschine bildete.

Der Einfluß der Unterhaltungsliteratur und besonders der Jugendliteratur auf die Entwicklung elementarer Vorstellungen und Idealbilder wird allzuleicht unterschätzt, und die traditionelle Literaturgeschichte hat sich immer am liebsten auf der Ebene der großen Schriftsteller bewegt und sich auf das konzentriert, was man ernsthafte oder »richtige« Literatur nennt.

Dennoch beeinflußt die große Literatur die Mehrheit der Bevölkerung nur sehr indirekt, über eine gebildete Oberschicht, die hier gewissermaßen als Filter wirkt, und von jeder sozialen Stufe zur jeweils niedrigeren nimmt auch noch ihr indirekter Einfluß ab. Zudem lasen auch die Angehörigen dieser Oberschicht in ihrer Kindheit und Pubertät, also in den Jahren, in denen Bücher die tiefsten Eindrücke hinterlassen können, nicht Zola, Flaubert, Tolstoi oder Fontane, sondern Frank Richards und Karl May. Und auch eine Mary Braddon, Marlitt oder Courths-Mahler, deren leicht verdauliche Lesekost von Millionen konsumiert wurde, müssen das Welt- und Menschenbild ihrer Leser und vor allem ihrer Leserinnen, die nicht viel anderes lasen, stark beeinflußt haben, gerade weil sie das vertraute Bild nicht antasteten. Diese Lektüre befreite für einen Augenblick aus der Tretmühle, wobei sie die Sensationslust befriedigte, die moralischen Normen aber bestätigte.

In der Musik vollzog sich eine vergleichbare Trennung von ernster und leichter Muse. Wegen des Verkümmerns der alten Volksmusik wuchs das Verlangen nach neuen Arten unterhaltender Musik mit eingängigen Harmonien und sangbaren Melodien. Seit jeher hatte das Lied, mehr als irgend etwas anderes, die einfachen Menschen in Kummer und Not getröstet und ihnen ein Gefühl der Befreiung gegeben. Die Musik für Konzertsaal und Oper, aber auch die für den vertrauten häuslichen Kreis, die Kammermusik, war spätestens seit der Romantik ganz auf den freien Künstler und sein eigenes Gefühlsleben ausgerichtet. Die immer raffinierteren harmonischen und rhythmischen Ausdrucksmittel, die die Komponisten hier gebrauchten, stellten ungewohnte und höhere Anforderungen an das Ohr. Aber vor allem waren es die religiösen Elemente der Musik, der Ausdruck von heftigen Leidenschaften, von Schmerz und Verlangen nach Läuterung und Erlösung, die das gebildete Publikum in den großen Werken so sehr faszinierten und in ihren Bann schlugen; andererseits wuchs deshalb das Bedürfnis nach einem Ausgleich durch weniger spannungsgeladene Musik. Wagner, Brahms, Verdi, Tschaikowski, Bruckner, Mahler und Debussy forderten den ganzen Menschen, konfrontierten ihn mit dem Ernst und dem Abgründigen der Existenz. Es gab jedoch nicht nur das Verlangen nach Musik als Religion, auch Musik als Entspannung wurde gewünscht, und so kamen die Operette und vor allem das Kabarett in Mode, und Chansons oder Schlager sollten das Volkslied als alltägliches Mittel der Aufmunterung auf der Straße und bei der Arbeit schon bald ersetzen.

Das Aufkommen neuer Genres wurde auch dadurch begünstigt, daß in Großstädten die Zahl der Vergnügungsstätten für große Bevölkerungsgruppen – wie Cafés, Kneipen und andere Treffpunkte für Zerstreuungen aller Art – schnell zunahm. Hier waren Kabarett- und Revueaufführungen möglich, bei denen ein farbenfroher Sprühregen rasch vorbeihuschender Darbietungen auf das Publikum niederging, Liedchen, Tanznummern, kleine pointierte Sketche, ein Gemisch aus Theater, Nachmittagskonzert und Clownerie. Später gingen hieraus wiederum das Varieté und die Music-Hall hervor. Kabarett und Revue waren zunächst um die Mitte des neunzehnten Jahrhunderts im Pariser Künstlermilieu aufgekommen. Das Kabarett erfüllte dort oft die gleiche Funktion wie die Satire. Es stellte, wenigstens zu Beginn, mit seinen oft scharfen, zugleich kritischen und komischen Kommentaren zu aktuellen Ereignissen einen gewissen intellektuellen Anspruch an das Publikum. Es setzte voraus, daß man mehr oder weniger über augenblickliche Vorgänge im Bilde war. Der Kabarettist war eine moderne Version des mittelalterlichen Vaganten und vor allem des Hofnarren, der freimütig die Unzulänglichkeit der menschlichen Natur und der Gesellschaft tadelt und Mißstände anprangert, womit er Unzufriedenheit oder heimlicher Verbitterung ein Ventil bietet, sein Publikum aber durch seinen unbekümmerten und komischen Ton auch mit unangenehmen oder traurigen Wahrheiten versöhnt. Indem er diese lächerlich macht, nimmt er ihnen den Stachel. Dabei muß er allerdings zwei Bedingungen erfüllen, damit man ihn toleriert: Seine Kritik muß die Menschen zum Lachen bringen (wodurch sie unschädlich wird), und sie muß im Rahmen der üblichen Vorstellungen bleiben. Der Kabarettist bringt nur zum Ausdruck, was eigentlich schon jeder weiß und denkt.

Die Revue war gewöhnlich eher auf ein breiteres Publikum ausgerichtet und intellektuell weniger anspruchsvoll, aber bei beiden Genres – die Grenzen verschwimmen oft – ging es um das Vergnügen eines meist bunt gemischten Publikums, und die Distanz zu diesem Publikum wurde bewußt so weit wie möglich verringert. Daß Kabarett und Revue ihren Ursprung im Milieu der Pariser Boheme hatten, erklärt noch anderes, was zu ihrer großen Popularität beitrug: die Umgehung oder Entlarvung des bürgerlichen Moralkodex, die Vorliebe für Erotik und den frivolen Ton, die Neigung, sich hart an der Grenze der Sperrzonen zu bewegen, am Rande der Tabus. Politisches Tagesgeschehen und Sexualität sind ihre unerschöpflichen Quellen.

Zum Zentrum von Kabarett und Revue wurde nach 1880 in Paris vor allem Montmartre mit dem Klub »Le Chat Noir« und den berühmten Folies-Bergère, wo die ersten großen Revuen inszeniert wurden. Von Frankreich aus verbreitete sich die Revue in den achtziger und neunziger Jahren in England, den Niederlanden und Belgien, Deutschland und Österreich. In den Niederlanden wurde die erste Revue im Jahre 1889 aufgeführt; bezeichnenderweise hieß sie *Naar de Eiffeltoren* (Zum Eiffelturm). Das eigentliche Kabarett begann dort 1895 mit den Auftritten von Eduard Jacobs, der es aus Paris mitgebracht hatte. Wie sehr er mit seinen Frechheiten das wohlanständige, an derartiges nicht gewöhnte holländische Publikum in Harnisch brachte, kann man aus der Reaktion Herman Heijermans schließen, dieses großen Anwalts der Armen und Unterdrückten und Kritikers des kapitalistischen Bürgertums: »Lauter, ordinärer, schmieriger plärrt die liederliche Gemeinheit in dem niedrigen Raum. Es ist eine angefaulte Nachahmung des Pariser Kabaretts, mit Absicht so schlüpfrig wie nur möglich ... ein Schwein, das im Misthaufen wühlt, ist appetitlicher als dieser Jacobs, der sich Abend für Abend in erotischen Bestialitäten suhlt.«[10]

Für Revue- oder Kabarettaufführungen galt das ungeschriebene Gesetz, daß die dargebotenen Emotionen wiedererkennbar und von universalem Charakter zu sein hatten. Was man erwartete, war kein passionierter Individualismus, der mit- und emporreißen will und sich selbst allzu ernst nimmt, sondern der bescheidene Anspruch, einfach nur den gewöhnlichen Gefühlen und Gedanken gewöhnlicher Menschen eine Stimme zu geben. Gefühlen, die mangels individueller Ausdrucksmöglichkeiten meistens in vorgefertigten Formen, in Klischees, geäußert werden. Der Komponist der Operette und der Texter und Komponist der Revue verwenden, manchmal auf raffinierte Art, genau diese Klischees, damit sich der Zuhörer in den Gefühlsregionen, in die er versetzt wird, gleich heimisch fühlen kann. Auch hier geht es um Varianten des Allgemein-Menschlichen, Liebe und Ehebruch, Täuschung und Eitelkeit, und alles wird vor einem Hintergrund aus heiteren oder komischen Versatzstücken demaskiert. Dazu gab man noch einen kräftigen Schuß Kritik an sozialen oder politischen Zuständen. Ein konstanter Unterton von gutmütigem Spott und Sorglosigkeit nahm dieser Kritik jedoch ihre Schärfe. Noch besser konnte sich das Publikum wiedererkennen, wenn man, vor allem im Kabarett, bewußt auf ausgesprochen lokale Besonderheiten und Ereignisse anspielte, was die Attraktivität nur erhöhte. Im allgemeinen übernahmen Chansonsänger und Revuekünstler die alte Aufgabe des Hofnarren. Aber der wichtigste Grund für das rasche Aufkommen dieser Genres und den überwältigenden Erfolg, der sich bald einstellte, war eben doch, daß man hier leicht seine vertraute Welt wiedererkennen konnte und daß alltägliche Emotionen und Vorstellungen angesprochen wurden. Auf diese Weise zeigten die populären Genres sich solidarisch mit breiten Bevölkerungsschichten, die nun Zugang zu den neuen Vergnügungsstätten gefunden hatten.

Man kann diese Popularisierung der Künste auch Demokratisierung nennen, eine Art Ausgleich für die aristokratisch-elitäre Entwicklung, die die Kunst seit der Romantik durchgemacht hatte. Die Revue- und Chansonsänger und -sängerinnen bildeten bald eine neue Klasse von Publikumslieblingen, neben den Primadonnen der Oper. Yvette Guilbert in Paris, Marie Lloyd in London, Cläre Walldorff in Berlin, Alexander Givardi in Wien, J. H. Speenhoff und später Louis Davids in den Niederlanden sind einige von vielen. In ihren Liedchen erkannten sich breite Bevölkerungsschichten, sie wurden gesungen, gesummt und gepfiffen, im Haus von Dienstmädchen und Anstreichern, auf der Straße von den Metzgerjungen und im Park vielleicht von einem einsamen Flaneur oder einem betrunkenen Studenten, der wiederum in seinem Korps auch über ein besonderes Repertoire von Studentenliedern verfügte. Ansprechender noch als die Operette, die ja auf der Bühne eines Theaterraums, mit der dabei unvermeidlichen Distanz zum Publikum, aufgeführt wurde, war die Revue, die wegen der bunten Folge kurzer Nummern besonders unterhaltsam und eingängig war.

Ab 1895 kam noch ein völlig neues, aufregendes Unterhaltungsmedium hinzu: der Film, die kinetische oder bewegte Fotografie. 1874 hatte der englische Fotograf Eadweard Muybridge mit vierundzwanzig hintereinandergeschalteten Kameras zum ersten Mal die Bewegungen eines galoppierenden Pferdes festgehalten. Thomas Edison konstruierte dann 1893 unter Verwendung eines Rollfilms aus Zelluloid einen Guckapparat, das »Kinetoskop«, worauf die Brüder Lumière wiederum ein Projektionssystem mit schrittweisem Bildtransport erdachten, um die bewegten Bilder des Guckkastens auf eine Leinwand projizieren zu können. Damit war der Kinematograph geboren. 1895 fand die erste Vorführung dieser sensationellen Erfindung vor Publikum statt, in den Niederlanden war es 1896 so weit, und im gleichen Zeitraum verbreiteten sich diese und ähnliche Apparate auch in anderen europäischen Ländern und in Amerika. Bedingt durch das Projektionsverfahren wirkten Bewegungen zunächst noch etwas ruckartig. Anfänglich drehte man oft Trick- und Naturaufnahmen, hielt Alltagsszenen und aktuelles Tagesgeschehen fest, aber es gab auch schon kurze Spielszenen, und aus den USA kamen bald sogar die ersten Zeichentrickfilme. Um 1910 wurden in den USA, in Frankreich und Italien die ersten Spielfilme gedreht, womit der unaufhaltsame Siegeszug einer neuen Kunstform begann. Inzwischen hatte die neue Erfindung sich zu einem Volksvergnügen entwickelt, und die Vorführräume, Vorläufer des Kinos, wurden in den größeren Städten zu einer neuen Attraktion. In den Anfangsjahren war der Film aber vor allem noch eine technische Sensation und wurde als solche wahrscheinlich eher mit den faszinierenden Tricks von Illusionisten verglichen. Das frühe Kino schien mit dem Zirkus und auch der Kaffeehausrevue enger verwandt zu sein als mit dem Theater, um so mehr, als es noch keinen Tonfilm gab. Deshalb war der Film noch in erster Linie ein Mittel der Unterhaltung für die Jugend und für die unteren Klassen. Die besseren Kreise nahmen ihn nicht ernst, schließlich war man vom Theater anderes gewöhnt, und diesen Maßstab legte man auch an den Film an. Auch inhaltlich mußte einen der frühe Film mit seinen kurzen, burlesken, skizzenhaften Szenen, die vor allem auf den Geschmack von Jugendlichen und auf schlichtere Gemüter abgestimmt waren, in dieser Geringschätzung bestätigen. Doch kam mit Schauspielern wie Max Linder, der als erster immer wieder »seinen Typ« verkörperte – Hauptfiguren, die alle dem gleichen, unverwechselbaren und unveränderlichen Typus angehörten –, schon kurz vor dem Ersten Weltkrieg der populäre Filmstar auf, ein neuer, bald gefürchteter und schließlich siegreicher Konkurrent für den Theaterschauspieler. Linder wurde zum Vorbild für Charlie Chaplin, der in der ersten Jahrhunderthälfte zu beispiellosem weltweiten Ruhm kommen sollte. Der italienische Spielfilm *Quo vadis?* aus dem Jahre 1912 wurde ein enormer Erfolg und war ein entscheidender Schritt auf dem Weg des Films zu einem anspruchsvolleren Publikum und zu seiner Anerkennung als unersetzliches Medium für eine neue Art von Illusion.

13 Die veränderte Wirklichkeit und die Rebellion gegen die etablierte Ordnung

Zu Beginn des Jahrhunderts entstand ein neues Bild von der Natur. Eine neue, universale geistige und mentale Reaktion auf die etablierte, sogenannte bürgerliche Ordnung der kapitalistischen Industriegesellschaft zeichnete sich ab. Ihre Anfänge lagen noch im letzten Viertel des neunzehnten Jahrhunderts, aber nach der Jahrhundertwende offenbarten sich die unerwartete Tiefe und die bestürzenden Konsequenzen des neuen Denkens. Dabei ging es (wie immer) zunächst nur um einen kleinen Teil der Bevölkerung, eine Avantgarde in Kunst und Wissenschaft und unter den Intellektuellen. Die große Mehrheit berührte all dies nicht oder erst ganz allmählich, und sie bekam nur fragmentarisch etwas davon mit. Sensible und scharfsinnige Denker aber trieb die ungewöhnlich schnelle Veränderung der Welt zu einer kritischen Prüfung überkommener Denkweisen. Im Hintergrund der europäischen Gesellschaft der Belle Époque, die vor Selbstbewußtsein und Glauben an die eigenen Kräfte und Möglichkeiten zu bersten schien, vollzog sich in diesen Jahrzehnten eine tiefgreifende Umwälzung. Dabei wurden das vertraute Bild der Wirklichkeit und hergebrachte Vorstellungen vom Stellenwert und von der Bestimmung des Menschen vollständig zertrümmert, und was man jahrhundertelang als Dogma betrachtet hatte, was selbstverständliche Gewißheit gewesen war, galt plötzlich nicht mehr. Als man dem Ideal des alten romantischen Liberalismus – einem Staat von kultivierten, sich selbst regierenden Bürgern, einer Welt, in der ein vernünftiger, freier und aufgeklärter Mensch leben würde – näher als je zuvor gekommen zu sein schien, zeigte sich, daß in diesem Ideal bisher unerkannte Gefahren und Risiken lauerten. Diese geistige Umwälzung sollte das Gesicht des Jahrhunderts zeichnen. Was ihre Konsequenzen und ihre Radikalität angeht, gleicht sie den dramatischen Umbrüchen von Renaissance und Aufklärung, und aus unserer heutigen, durch geringe Distanz bedingten Perspektive scheint sie beide noch deutlich zu übertreffen. Denn zur Quintessenz dieser geistigen Revolution gehörte, daß man die Annahme, man habe es mit einer innerlich zusammenhängenden und widerspruchsfreien, von unveränderlichen Gesetzen bestimmten, objektiven Wirklichkeit zu tun, als unhaltbar fallen ließ. Fortan wird, was man als das Widersinnige, Zerrissene und Ungreifbare der Existenz wahrnimmt, zu einer Art Grundton der Kunst und des Denkens, wo zuvor der Versuch einer Sinngebung oder das Streben nach Katharsis vorgeherrscht hatten. Der Versuch einer Beschreibung dieser großen Umwälzung konfrontiert uns unmittelbar mit einer Kernfrage der Kulturgeschichte, nämlich, ob wir bestimmte Beziehungen nicht erst nachträglich herstellen und etwas als zusammenhängende Bewegung sehen, was, vor allem für die Zeitgenossen, keineswegs miteinander verbunden war. Es gibt keine rationalen Kriterien, um zu entscheiden, ob eine synoptische Betrachtungsweise oder eine, die keinerlei Regelmäßigkeiten gelten läßt, die angemessenere ist. Aber auf jeden Fall hat die synoptische Betrachtungsweise einen höheren Erklärungswert als eine Sehweise, die sich scheut, Zusammenhänge zu erkennen.

Die offenkundigste Ursache jener Umwälzung war die Entwicklung in den Naturwissenschaften und in der von ihr geschaffenen modernen Technik. Während beide im Hinblick auf die Herrschaft des Menschen über die Natur, die Materie, anscheinend unaufhaltsame Fortschritte gemacht hatten, brachten andererseits diese Fortschritte neue Ungewißheit und neue Rätsel, die gerade das Bild der Natur, das die Grundlage des Fortschritts gewesen war, wieder in Frage stellten.

Es waren zuerst die Vorstellungen von Zeit und Raum, die eine revolutionäre Änderung erfuhren. Die Zeit ist seit jeher ein Phänomen, mit dem sich jeder täglich konfrontiert sieht, weil es sein Leben ordnet und beherrscht. Seit Augustinus dem Rätsel der Zeit in so prägnanten Worten Ausdruck verliehen hatte – sie sei kein Geheimnis, solange man nicht nach ihr frage, und ein unlösbares Geheimnis, sobald man es tue –, hatten sich natürlich Philosophen und Theologen ständig mit ihr beschäftigt. Außerdem war »Zeitgewinn«, im Sinne einer schnelleren Abwicklung aller unbedingt notwendigen Arbeiten, im praktischen Handeln immer ein wichtiges Ziel, und die Macht und Überlegenheit von Staaten und Völkern beruhten zu einem wesentlichen Teil auf einer effizienten Nutzung der Zeit. In Kriegen gab sie genauso oft den Ausschlag wie die quantitativen Kräfteverhältnisse. Benjamin Franklins berühmter Ausspruch »Zeit ist Geld« brachte das kapitalistische bürgerliche Arbeitsethos, das im – hauptsächlich kalvinistischen – Glauben an die Berufung des Menschen zur Arbeit wurzelte, kraftvoll zum Ausdruck. Das Vordringen der Maschine brachte dann wahrhaft üppigen Zeitvorteil, der sich selbst jedoch gleich wieder aufhob, da die Maschine kein Monopol blieb und auch die jeweilige Konkurrenz die nächste Geschwindigkeitsstufe erreichte. Die Beschleunigung des Transports, der Kommunikation und der Produktion führte durch eine Art Bumerangeffekt nicht zum angestrebten Zeitgewinn, sondern gerade zu ständiger Zeitnot. Man mußte die erhöhte Geschwindigkeit einhalten, und der Fabrikant, der in der kürzesten Zeit die meisten Waren auf den Markt brachte, der General, der am schnellsten seine Truppen verschieben konnte oder die Gewehre mit der höchsten Feuergeschwindigkeit zur Verfügung hatte, der Importeur, der das gewünschte Produkt am schnellsten liefern konnte, oder der Journalist, der als erster eine sensationelle Neuigkeit in Erfahrung brachte, waren die Erfolgreichsten und somit die Besten. Schnelligkeit, die zuvor oft einen rein spielerischen, ästhetischen Wert gehabt hatte, wurde mehr denn je zu einer ganz praktischen und ökonomischen Tugend. Wer sich nicht anpaßte, hatte das Nachsehen. So kam der Begriff »Hektik« auf, denn in der Hast und im Gehetztwerden sah man die typischsten Merkmale der neuen Zeit, die man bald auch auf klischeehafte Weise mit diesen Begriffen charakterisierte. Der Amerikaner George Beard wies 1881 in seinem Buch *American Nervousness* darauf hin, welch bedenkliche Folgen die Tyrannei der Uhr und der Geschwindigkeit in den Industriestädten hatten: Eine Verspätung von ein paar Minuten konnte die Hoffnungen für ein ganzes Leben zunichte machen, schrieb er.[11]

Der internationale Verkehr, vor allem auch der Gebrauch von Telegraf und Telefon und die Organisation der Arbeit in Betrieben mit Hunderten, wenn nicht Tausenden von Arbeitskräften machten klarere Regelungen für die regional und lokal noch ganz unterschiedlichen Uhrzeiten dringend erforderlich. Nicht nur bei den Eisenbahnen und Postgesellschaften forderte man, vor allem in England, eine Homogenisierung der Zeit. Auch führende Militärs wie der greise Preuße Moltke wiesen angesichts der Bedeutung schneller Mobilmachung auf diese Notwendigkeit hin.[12]

Ab 1880 unternahm man Versuche zu einer einheitlichen Standardisierung der Zeit. 1884 wurde bei einer internationalen Konferenz in Washington eine Einteilung der Welt in von Osten nach Westen verlaufende Zeitzonen festgelegt, mit einer fiktiven Grenzlinie zwischen dem äußersten Osten und dem äußersten Westen im Pazifik und dem Nullmeridian auf der Länge von Greenwich. Andererseits machten diese Bemühungen die Gebundenheit der Zeit an den Ort und damit wiederum die tatsächliche Unmöglichkeit eines Zeitstandards, bei dem alle Orte gleichberechtigt waren, der Öffentlichkeit bewußt. Die Abhängigkeit der Uhrzeit und des Kalenders von der geographischen Position wurde auf einmal für alle sichtbar. Erst 1913/14 sollten in den westeuropäischen Ländern alle internen regionalen Zeitunterschiede beseitigt sein. In Rußland hielt man sogar weiterhin am julianischen Kalender fest, der dreizehn Tage hinter dem gregorianischen zurückblieb. Bei einer Konferenz in Paris unter Vorsitz von Präsident Poincaré einigte man sich im Jahre 1912 auf eine Weltzeituhr und auf die mittlere Sonnenzeit des Nullmeridians als Weltzeit. Durch das Aufkommen der drahtlosen Telegrafie wurde die Standardisierung technisch möglich, aber vorher herrschten, besonders in Frankreich selbst, noch ziemlich chaotische Verhältnisse. Sogar innerhalb der Niederlande gab es um die Jahrhundertwende noch unterschiedliche Zeiten. Die eigene Zeit sah man auch als Ausdruck der eigenen Identität und des Nationalstolzes, und dies erklärt, daß man in vielen Ländern und Regionen auf das Ansinnen, sich einem zentralistischen, einheitlichen System zu unterwerfen, das sich nach der geographischen Position des englischen Greenwich richtete, mit Abwehr reagierte. Es ist ein Beweis dafür, daß »Zeit« immer viel mehr ist als etwas, das man mit technischen Mitteln vergleicht und vereinheitlicht, weil dies für Arbeit und Kommunikation notwendig ist. Sie ist vom persönlichen Erleben des Daseins nicht zu trennen.

Nun war man in der Physik seit Newton von der Vorstellung einer absoluten Zeit und eines absoluten Raumes ausgegangen. Zeit und Raum waren feste, ewige Größen, von denen man sich vorstellte, daß sie leer seien und dann mit Ereignissen und Objekten »gefüllt« würden. Für Newton und seine Anhänger war die Zeit außerdem etwas gleichsam Stoffliches, insofern sie annahmen, daß sie aus unzähligen unendlich kleinen Augenblicken zusammengesetzt sei, aus Teilchen gewissermaßen, analog zu den Atomen, die die Materie bilden. Gegen diese Theorie wandte sich 1882 der Wiener Physiker und Philosoph Ernst Mach. Begriffe wie »absolute Zeit« und »absoluter Raum« hielt er von seiner materialistischen Position aus für metaphysische Trugbilder. Nur Empirie, Sinneserfahrung, könne die Grundlage für sinnvolle Aussagen sein. Die genannten Begriffe aber entziehen sich der Sinneswahrnehmung und sind laut Mach darum wissenschaftlich sinnlos. Untrennbar mit der Vorstellung von Zeit verbunden ist die Vorstellung von Bewußtsein. Ganz analog zu Newtons Zeitvorstellung hatte David Hume gelehrt, daß das Bewußtsein aus einer Reihe einander abwechselnder, getrennter Vorstellungen bestehe, und dies galt allgemein als selbstverständlich. Der amerikanische Philosoph William James verwarf diese Idee. Es gebe nur einen kontinuierlichen Strom ineinander verfließender Bewußtseinszustände. Dies bedeutete, daß auch die Zeit nicht die Summe unzähliger, für sich genommen unteilbarer Augenblicke war. Ihr Wesen war das ununterbrochene Fließen, und sie konnte nicht in statische Gedankeneinheiten zerlegt werden.

Der entscheidende Schlag kam jedoch von seiten der Physik, die sich auf die Trias von Theorie, Beobachtung und Experiment gründete. Es war die ab 1905 in einigen aufsehenerregenden Artikeln vorgestellte Relativitätstheorie Albert Einsteins, die noch auf ganz andere Weise und auf ganz anderem Wege die alten newtonschen Fundamente des physikalischen Weltbildes zertrümmerte.[13] Einstein, stark von Mach beeinflußt, hatte sich mit dem Problem der Lichtgeschwindigkeit beschäftigt. Die Physiker waren hier zunächst noch von einem newtonschen konstanten Raum ausgegangen. Diese Vorstellung widersprach jedoch der experimentell festgestellten konstanten Lichtgeschwindigkeit. Das Licht eines Sterns müßte ja die Erde früher erreichen, wenn sich diese dem Stern nähert, und später, wenn sie sich von ihm entfernt. Es hatte sich herausgestellt, daß dies nicht der Fall war. George Fitzgerald und Hendrik Antoon Lorentz formulierten dann die wichtige Hypothese, nach der Körper in der Bewegungsrichtung kontrahieren, und Lorentz ließ in seiner Theorie auch schon die Vorstellung einer von Raum und Bewegung unabhängigen Zeit fallen. Hieraus zog Einstein seine weitreichenden Folgerungen im Hinblick auf den Zeit- und Raumbegriff, die untrennbar sind. Es gibt keine Möglichkeit, eine absolute Bewegung festzustellen. Zeitmessung ist abhängig von einem Koordinatensystem, wie Einstein es mit einem treffenden Beispiel veranschaulicht: Für jemanden, der in der Mitte eines fahrenden Zuges ein Lichtsignal aussendet, wird dieses genau gleichzeitig Spitze und Schluß des Zuges erreichen; für jemandem, der dem Zug vom Bahnsteig aus nachblickt, erreicht das Signal früher den Schluß des Zuges, der dem Licht entgegenfährt. Dies bedeutet die Relativierung der Gleichzeitigkeit. Sein Schluß lautet: Zeit ist relativ, abhängig vom Ort im Raum und dem jeweiligen Bezugssystem der Beobachtung. Es gibt also mehrere Zeiten. Einsteins revolutionäre Theorie, deren Wirkung man immer wieder mit der kopernikanischen Wende vier Jahrhunderte zuvor verglichen hat, war in ihren Einzelheiten und Implikationen nur für die Experten ganz verständlich und erreichte die gebildete Öffentlichkeit, wie alle neuen (natur)wissenschaftlichen Theorien, auf dem Umweg der popularisierenden Vermittlung. Trotzdem kann man durchaus sagen, daß die Relativierung der objektiven newtonschen Zeit auf der Ebene der Alltagserfahrung schon vorbereitet worden war, durch die erwähnten Erfahrungen im Bereich von Verkehr und Handel. Es war auf der Erde gleichzeitig Morgen, Mittag, Abend und Nacht.[14] Andererseits konnte man sich dank des Telefons an zwei Orten zugleich wähnen. Es ist merkwürdig: Als man in der Physik zur Annahme einer Relativität der Zeit, eines Nebeneinanders verschiedener Zeiten im Universum gelangte, wurde auf der Erde, gerade wegen der Erfahrungen mit dem Zeitchaos, das Ziel einer Vereinheitlichung der Zeit verfolgt, wobei die vielen verschiedenen regionalen Zeiten so weit wie möglich angeglichen wurden. Es war, als ob man die neuen physikalischen Erkenntnisse in der Praxis widerlegen wolle!

Durch die Beschleunigung auf dem Gebiet des Transports und der Kommunikation schien vor allem der Raum zu schrumpfen – ein Eindruck, den natürlich die aufkommende Luftfahrt noch gewaltig verstärken sollte. Zeitgewinn war Bezwingung des Raumes, was den geheimnisvollen, engen Zusammenhang zwischen den beiden Phänomenen erneut offenbarte. Die Zeit scheint hinzuzugewinnen, was der Raum abgeben muß, aber weil unser Zeiterleben in hohem Maße vom Raum abhängt, von unserer Bewegung im Raum, wird uns dies nur in geringem Maße bewußt. Eher schien die Zeit zusammen mit dem Raum zu schrumpfen, und auf jeden Fall veränderte sich die Vorstellung von beiden.

Auch im Hinblick auf den Raum lösten neue physikalische Erkenntnisse, die wiederum im Werk Einsteins kulminierten, eine Umwälzung aus. In der Mathematik war schon im neunzehnten Jahrhundert die euklidische Geometrie ins Wanken gebracht worden. Es zeigte sich, daß bestimmte Gesetze, zum Beispiel das, nach dem die Summe der Winkel jedes Dreiecks hundertachtzig Grad beträgt, nicht stimmten. Im Jahre 1901 kam der französische Mathematiker Henri Poincaré zu dem Schluß, daß auch die Auffassung, es gebe einen einzigen, dreidimensionalen, homogenen Raum, nicht haltbar sei. Er stellte fest, daß die Vorstellung vom Raum von der Sinneswahrnehmung abhänge und daß es somit verschiedene Räume gebe, je nachdem, ob wir vom Gesichtssinn, vom Bewegungsempfinden oder vom Tastsinn ausgehen. Seine Theorie fand bei dem russischen Physiologen Elias Cyon und dem deutschen Biologen Jakob von Uexküll starken Rückhalt. Vor allem Uexküll konnte nachweisen, daß verschiedenartige Tiere auch verschiedenartige Raumvorstellungen haben, je nach ihrer physiologischen Ausstattung.[15] Der newtonsche absolute Raum – der für Kant wie die absolute Zeit eine apriorische Anschauungsform war, die unsere Erfahrung ermöglicht – erwies sich damit als Vorstellung, die dem Menschen eigentümlich ist, bedingt durch seine physiologischen Eigenarten. Von Uexküll widersprach hier auch Darwin: Tiere paßten sich nicht ihrer Umwelt an, sondern ihre Vorstellung von dieser Umwelt passe sich ihren Organen an.

In der Physik kämpfte man schon lange mit der Frage, wie Licht und Elektrizität sich in einem vollkommen leeren Raum fortbewegen können und wie Körper, die im Raum weit voneinander entfernt sind, einander beeinflussen. Man hatte dies zu erklären versucht, indem man annahm, es gebe eine unsichtbare, flüssige Substanz, die den Raum füllt, den »Äther«. Eine Lösung des Problems wurde dadurch möglich, daß die Physik zu einer neuen Vorstellung von Materie gelangte, die nun als Erscheinungsform von Energie aufgefaßt wurde – ein Anschlag auf das vielleicht wichtigste Fundament des alten Weltbildes. Der englische Physiker Joseph Thomson widerlegte im Jahre 1897 die Lehre von der kleinsten Masse, indem er nachwies, daß das Atom aus einem Teilchensystem mit einem Energiekern besteht. Die Unterscheidung zwischen Materie und leerem Raum wurde damit fragwürdig, Materie konnte als Energie und damit als Eigenschaft des Raumes gesehen werden. Schließlich brachte Einstein die Reihe der aufsehenerregenden Erkenntnisse zu einem Höhepunkt, indem er zeigte, daß das Universum aus vielerlei Energiefeldern besteht und daß Raum nichts Absolutes ist, sondern von der Beobachtungsposition abhängt. Der alten, tief verwurzelten Vorstellung einer festen kosmischen Hierarchie – mit einem »Oben«, einem Himmel, den man immer wieder mit dem Hellen, Göttlichen, Guten assoziierte, und einem »Unten«, das für Finsternis, Gottlosigkeit und das Böse stand – wurde jetzt erst buchstäblich der Boden entzogen. Daß die Erde rund ist, war mittlerweile auch sinnlich erfahrbar, und hierzu kam jetzt noch die physikalische Theorie, nach der man sich das Universum multidimensional vorzustellen hatte.

Theoretisch war die Vorstellung der Stofflichkeit der Materie, der Dinghaftigkeit der Welt, die seit den alten Griechen selbstverständlicher Ausgangspunkt des Nachdenkens über die Natur und alles Seiende gewesen war, nicht mehr zu halten. Theoretisch, denn daß die Kluft zwischen dem theoretischen Weltbild der Physik und dem Alltagsweltbild, das das Denken und das Gefühlsleben beherrscht, immer weiter wuchs, weil die physikalischen Erkenntnisse und Folgerungen das menschliche Vorstellungsvermögen überstiegen und schließlich teilweise nur noch in der Geheimsprache abstrakter Formeln ausgedrückt werden konnten, war ein Umstand, der für das neue Jahrhundert genauso charakteristisch sein sollte wie das neue physikalische Weltbild selbst.

Dennoch gibt es eine auffällige Entsprechung zwischen der Zertrümmerung des festgefügten Weltbildes durch neue Theorien und dem Zerfall der traditionellen, hierarchischen Gesellschaftsordnung.[16] Dieser Prozeß hatte früher eingesetzt als die physikalische Revolution, denn wir können die Französische Revolution als seinen Auslöser betrachten. Gerade in den Ideen der Aufklärung ist, auf der Ebene der Philosophie, ein erster Ansatz zur Veränderung des gesamten Weltbildes zu erkennen. Denn der späteren Relativierung von Zeit und Raum, die nicht als absolut gedacht werden können, sondern vom Beobachter als zentralem Punkt abhängen, entsprachen Relativierungen auf dem Gebiet des Gesellschafts- und Menschenbildes. Zunächst betonte man, dem liberalen, individualistischen Menschenbild entsprechend, die Abhängigkeit der Gesellschaft vom autonomen Subjekt als ihrem Zentrum, was die überkommene Ordnung in Frage stellte. Aber durch die zunehmende Emanzipation und Demokratisierung verschwand nicht nur die hierarchische Ordnung, vielmehr zeigte sich, daß das autonome Individuum auch abgesehen von Hierarchien auf vielfältige Weise von seiner Umgebung abhing, womit die Vorstellung der Autonomie wieder hinfällig wurde. Hier vollzog sich die Relativierung also in zwei Schritten. Die physikalische Theorie der Relativität von Zeit und Raum hatte auf der Ebene des Sozialen eine bemerkenswerte Analogie. Der französische Soziologe Émile Durkheim kam aufgrund seines Studiums primitiver Gemeinschaften zu der Schlußfolgerung, daß Raum- und Zeitkonzeptionen sozial determiniert seien. Dies ergänzte die erwähnte Theorie des Biologen von Uexküll. Dank der Kulturanthropologie hatte man ja Kenntnisse vom Raum- und Zeitbegriff ganz andersartiger Völker wie etwa der Zuñi-Indianer gewonnen. Bei vergleichenden Untersuchungen erwies sich die Vorstellung eines allgemeingültigen, transkulturellen Maßstabs als illusorisch. Man konnte die Normen und das Denken einer anderen Kultur nur an der eigenen Kultur messen, und diese Einsicht gab dem Kulturrelativismus gewaltigen Auftrieb.

Die Historisierung des Denkens einschließlich des Nachdenkens über die Geschichte, das Vergangene, darf in diesem Zusammenhang ebenfalls nicht unterschätzt werden. Auch ihre Wurzeln liegen, wie schon erwähnt, in der späten Aufklärung, als man soweit war, die Menschheit aller Epochen als ein Ganzes und folglich auch die Vergangenheit als eine kontinuierliche Entwicklung aufzufassen. Da man die Geschichte als einen unwiederholbaren Prozeß zu sehen begann, wurden schließlich auch Glaube und Wahrheit historisiert, das heißt, daß sie ihre absolute, außerhalb des Geschehens liegende metaphysische Grundlage verloren. Ihre wirkliche Basis lag offenbar in der Geschichte und in der jeweiligen, besonderen Kultur selbst. Auch Wahrheit konnte man nicht mehr als etwas vom Standort des Individuums Unabhängiges auffassen.

Das gleiche galt auch für die Moral. Der geniale, jung gestorbene französische Philosoph Jean-Marie Guyau legte in seinem Buch *Esquisse d'une morale sans obligation ni sanction* (1885) dar, daß die Vorstellungen von Gut und Böse nicht aus einer angeborenen Vernunft – die einer metaphysischen Domäne angehört – abgeleitet werden könnten, wie Kant es getan hatte. Was gut war, konnte nie unabhängig von einer konkreten Situation und Handlung beurteilt werden. Blutrache zum Beispiel war für bestimmte Völker ein unbedingtes Gebot und folglich eine gute Tat! Guyau prophezeite in *L'irréligion de l'avenir* auch das Absterben der Religion, die ja Voraussetzung jeder Moral war, die den Anspruch auf absolute Gültigkeit erhob. Der Gedanke, daß das Zeitalter der Religion zu Ende sei und daß die exakten Wissenschaften künftig der Menschheit die Richtung weisen würden, war keineswegs neu. Guyau knüpfte hier an den Positivismus und an die Ideen an, die Saint-Simon und Auguste Comte schon in der ersten Hälfte des neunzehnten Jahrhunderts verkündet hatten.

Immer mehr setzte es sich durch, Ideen und Ansichten der Vorfahren nicht – wie in der Epoche der Aufklärung – in scheinbar zeitunabhängiger Konfrontation mit den eigenen Ideen und Normen zu studieren und zu interpretieren, sondern vor ihrem eigenen historischen Hintergrund. Es war besonders Wilhelm Dilthey, der die Historizität aller Erscheinungen und Äußerungen der Kultur als neues Kernproblem empfand, das andere philosophische Fragen in den Schatten stellte, und er rang mit dem sich hier unausweichlich ergebenden Relativismus im Hinblick auf Wahrheit und Moral. So gelangte er zu der bekannten Dichotomie von positivistischen Naturwissenschaften und Geisteswissenschaften. Diese konnten sich nicht auf unveränderliche Gesetzmäßigkeiten stützen und versagten, wenn sie sich ausschließlich auf der logischen und rationalen Ebene bewegten.

Einfühlungsvermögen, Intuition und Sympathie waren unverzichtbar, um das Menschliche zu ergründen. Als Denker, der von der Tradition der systematischen deutschen Philosophie geprägt war, suchte Dilthey die große Ergänzung zu Kant, einen Kontra-Kant oder ein Kant-Komplement, und bemühte sich, als Antwort auf die Kritik der reinen Vernunft nun eine umfassende »Kritik der historischen Vernunft« zu entwickeln. Ein beeindruckender Plan, der jedoch wegen der Unvereinbarkeit der streng rationalen Methode und des antirationalistischen Gehalts scheitern mußte. Diltheys Einfluß blieb auf Philosophen und Historiker beschränkt. Für das breite Publikum ein Unbekannter, war er dennoch in hohem Grade repräsentativ für bedeutende Verschiebungen im Denken seiner Zeit.

Das Wissen über die Vergangenheit vermehrte sich enorm. Es war geradezu, als versuchte man, das Tempo der modernen Welt zu verlangsamen, ihrer Dynamik und dem neuen Zeiterleben, das mit ihr verbunden war, etwas entgegenzusetzen, indem man sich viel intensiver als bisher mit den Kulturschätzen der Vergangenheit auseinandersetzte. Dies schien in all der rasenden Erneuerung einen gewissen Halt zu bieten. Die Geschichtswissenschaft hatte im neunzehnten Jahrhundert unerhörte Fortschritte gemacht, in der Breite (bei der Erschließung von Quellen) wie auch in der Tiefe (was die sorgfältige und kritische Sichtung und Verwertung des Materials angeht). Sie hatte die alte Verbindung zur fiktionalen Literatur durchtrennt und wollte nichts anderes sein als eine Wissenschaft, die gesicherte Erkenntnisse über die Vergangenheit gewann. Aber infolge der gewaltigen Vermehrung des historischen Wissens und der Erleichterung des Zugangs zu den Kulturschätzen früherer Zeiten lief man Gefahr, sich entweder von der Vergangenheit abzuschneiden, sie zu einem ungeheuren Museum zu machen, sie zu mumifizieren, oder unter ihrer Last begraben zu werden. Gegen diese »Hypertrophie« der Geschichtswissenschaft hatte sich Nietzsche in seinem berühmten Essay *Vom Nutzen und Nachteil der Historie für das Leben* gewandt, in dem er außerdem die Gefahren einer rein »antiquarischen« Historie ins Visier nahm, die zur Flucht vor der Wirklichkeit und zu Lebensfeindlichkeit und Sterilität führen kann. Auch hier wurde wieder ein bemerkenswertes Paradox erkennbar: Nie hatten sich mehr Möglichkeiten der Imitation geboten, und nie war Epigonentum eine so große Versuchung gewesen, während andererseits seit der Romantik gerade die Originalität als eines der wichtigsten Kriterien für die Beurteilung von Kunst, Literatur und Wissenschaft galt. Und es liegt nahe, eine Beziehung zwischen der Verführung zur Imitation und der Allgegenwärtigkeit des Vergangenen einerseits und der Forderung nach Ursprünglichkeit andererseits zu sehen. Wie auch ein Zusammenhang zwischen dem Bildungsideal, also der Hinwendung zur Kultur vergangener Epochen, und der Dynamik einer Gesellschaft bestand, die sich immer schneller von dieser Vergangenheit entfernte.

Die antiquarische Haltung zur Vergangenheit und die Neigung, sie als ungeheures Magazin für Kulturgüter zu betrachten, als ein Warenhaus, in dem das gegenwärtige Geschlecht sich nach Herzenslust bedienen durfte, fanden ihren deutlichsten, für alle sichtbaren Ausdruck in den architektonischen »Neo«-Stilen, die gerade in den letzten Jahrzehnten des neunzehnten und im ersten des zwanzigsten Jahrhunderts überall das Stadt- und Landschaftsbild prägten: Neuromanik, Neugotik, Neoklassizismus, Neubarock, Neorenaissance, und diese wiederum oft noch kombiniert. Man konnte alles bauen, was man wollte, und man konnte schneller und großzügiger bauen als die Meister, die man nachahmte. Der berühmte Superlativ der historisierenden Architektur ist das oberbayrische Schloß Neuschwanstein, dieses an Zuckergebäck erinnernde Wunderwerk, das sein mittelalterliches Gepräge der romantischen Schwärmerei König Ludwigs II. verdankt. In Wien entstanden am Ring nebeneinander einige repräsentative Gebäude – Parlament, Rathaus, Universität und Oper – jeweils in einem anderen Neo-Stil: Neoklassizismus, Neugotik, Neorenaissance beziehungsweise Neubarock. In Budapest konnte man in einem für die Tausendjahrfeier der ungarischen Nation neu gestalteten Park noch einmal alle wichtigen Baustile bewundern, die es im Laufe der Jahrhunderte in Ungarn gegeben hatte, ein Beweis für die beispiellose Anpassungsfähigkeit der zeitgenössischen Baumeister. Gerade die reich gewordene bürgerliche Oberschicht ließ sich gerne Häuser oder schloßähnliche Bauwerke in verschiedenen Neo-Stilen errichten, Gebäude mit klassizistischen Säulenportiken, barocken Kuppeln oder gotisierenden Türmchen, als Zeichen ihres verfeinerten Geschmacks und ihrer Lebensart – zugleich waren sie prunkvolles Gegengewicht zum modernen Leben mit seiner ungeheuren Beschleunigung und zur zweck- und gewinnorientierten kapitalistischen Sachlichkeit.

Von der Philosophie ging ein weiterer Angriff auf das gewohnte Denken aus. In Philosophie, Literatur, den bildenden Künsten und der Musik äußerten sich die Rebellion und die Haltung, die man gegenüber der neuen Ungewißheit einnahm, jeweils auf eine andere, besondere Weise. Aber als etwas allen Gemeinsames kann man den Angriff auf eine Tradition sehen, die als hohl, steril, materialistisch und altersschwach empfunden wurde. Eine Einstellung, für die man den Begriff »antibürgerlich« prägte, einte viele der Kritiker und Neuerer. Die antitraditionalistische Rebellion nahm sehr verschiedenartige Formen an. Überall jedoch offenbarte sich ein ungeduldiges Verlangen nach allem, was man als antirationalistisch, elementar, biologisch-vital, organisch oder ursprünglich betrachtete, also nach allem, was noch nicht von Menschenhand und Menschengeist vergewaltigt und den vor allem materiellen Interessen des Menschen dienstbar gemacht worden war. Angesichts der Spezialisierung in den Wissenschaften und der Herrschaft des Leistungsdenkens in der Erziehung und im Berufsleben rief man nach einer Rückkehr zur Einheit, zum ganzen, natürlichen Menschen.

Weit über die Grenzen der Philosophie im engeren Sinne hinaus wurde Friedrich Nietzsche im neuen Jahrhundert die große Herausforderung. Er wurde ein geistiges und moralisches Ereignis von ungewöhnlicher Tragweite. Wie in der Physik der newtonsche Kosmos zertrümmert wurde, so wurde hier die überkommene Moral, das Christentum und die rationalistische Denkweise niedergemäht. Teils literarisch-essayistischen, teils visionären Charakters und oft von prophetischem Ton erfüllt, enthielt Nietzsches Werk ein ganzes Magazin explosiver Gedanken und Denkmöglichkeiten mit unvorhersehbarer Wirkung in den verschiedensten Richtungen, und sie konnten sehr unterschiedlich interpretiert werden, auch was die Konsequenzen für das Handeln anging. Sowohl radikal-revolutionäre als auch entschieden antimodernistische, konservative Geister sollten sich auf Nietzsche berufen. Während sich die meisten akademisch geschulten Philosophen insofern noch in den traditionellen Bahnen Kants und Hegels bewegten, als sie sich vor allem mit dem Bewußtsein, mit Logik und Erkenntnistheorie beschäftigten und schlüssige Systeme zu entwerfen versuchten, in einer abstrakten Sprache, die ihr Werk für den Nichteingeweihten meist unzugänglich machte, wirkte die in ebenso apodiktischem wie künstlerischem Stil geschriebene, von heftiger Leidenschaft durchglühte Prosa Nietzsches noch auf ganz anderes als das Denken, sie sprach gerade das Empfinden an. Verherrlichung des Willens, Aufruf zu stolzer, selbstbewußter Annahme des Ego und seiner Leidenschaften, die von einem pervertierten Moralismus verteufelt worden waren, Verachtung des sklavenhaften, konformistischen Herdenmenschen, das alles konnte man in Nietzsches Schriften entdecken, und es hatte eine befreiende Wirkung auf eine Generation, die unter dem Druck der überall gegenwärtigen Vergangenheit und ihrer Normen litt und sich zugleich auf den ständigen, schnellen Wandel einstellen mußte, der zudem noch die Autorität des Vergangenen besonders fragwürdig erscheinen ließ.

Die Verherrlichung des Lebens, der ungezügelten, elementaren Naturkräfte gerade im Menschen selbst, auf die sich dank Nietzsches Philosophie eine neue Morallehre gründete und zu der auch die Ablehnung des positivistischen Rationalismus und des liberalen Fortschrittsglaubens gehörte, denen Nietzsches Verachtung galt, wirkte in einer etwas diffusen Strömung fort, die man noch am treffendsten bezeichnet, wenn man sie mit dem Etikett »Vitalismus« versieht.

Inhalt bekam dieser Vitalismus vor allem durch die schon beiläufig erwähnte »Lebensphilosophie« des französischen Philosophen Henri Bergson. Dieser wandte sich sowohl gegen die (besonders an deutschen Universitäten vorherrschende) Philosophie des Neuidealismus und Neukantianismus als auch gegen den Positivismus und den Materialismus, die blind oder unempfänglich für die irrationalen Domänen des menschlichen Geistes sind. Besonders das Phänomen der Zeit war für Bergson in diesem Zusammenhang ein zentrales Problem. Die Vereinheitlichung der Zeit in der Industriegesellschaft und der Geschwindigkeitszwang hatten schon seit den achtziger Jahren dafür gesorgt, daß das Interesse am Zeitproblem zunahm. Jetzt, da die objektive mathematische Uhrzeit das Leben immer mehr beherrschte, beschäftigten sich Psychologen und Psychiater plötzlich mit dem subjektiven Zeiterleben, das sie als wesentlichen Bestandteil des Bewußtseins erkannten. Anormale psychische Erscheinungen hingen oft eng mit einem gestörten Zeitbewußtsein zusammen. Der schon erwähnte Guyau, der Psychiater Pierre Janet und experimentelle Psychologen wie Gustav Fechner und Wilhelm Wundt erforschten den psychischen Ursprung unseres Zeitbewußtseins und die Art, wie wir Zeit erfahren, mit naturwissenschaftlich fundierten Beobachtungs- und Meßmethoden, noch vor der revolutionären Veränderung der Zeitvorstellung in der Physik, und auch ganz unabhängig von dieser.

Bergson, der sich mit Nachdruck gegen die »Zeit-ist-Geld«-Mentalität der mechanisierten Welt wandte, unterschied eine objektiv meßbare, me-chanische Zeit, *temps*, von einer innerlich erlebten, gefühlsmäßigen, die er *durée* nannte. In dieser, der subjektiven Zeit, äußert sich der organische Lebensstrom. Während der Verstand die Zeit aus platten Nützlichkeitserwägungen in künstliche, zähl- und meßbare Stücke hackt, können wir die tieferen Lebenskräfte nur intuitiv erfahren. Die auf den Rationalismus und Positivismus zurückzuführende Mechanisierung des Daseins hat den Menschen verformt.

Die Philosophie sollte ihre Augen wieder dem Unmeßbaren, dem Fließenden und Organischen der Zeit und der Wirklichkeit öffnen. Der Irrtum der herrschenden philosophischen Tradition lag in der Annahme, die Wirklichkeit mit einer Methode logisch-abstrakter Beweisführung ergründen zu können. Man kann sich ihr jedoch nur durch Intuition und mit Hilfe von Bildern annähern. Bergson hob hervor, daß alles immer im Werden sei, daß die Wirklichkeit als Aktivität und dynamische Entwicklung und nicht als statischer, unveränderlichen Gesetzmäßigkeiten unterworfener Kosmos begriffen werden müsse. Hierbei betonte er den Gegensatz zwischen der Materie, dem toten Stoff, und dem Leben, dem ewig sich bewegenden geistigen Element.

Nicht weniger Eindruck machte seine Morallehre. Hier unterschied er zwischen einer gesellschaftlichen, »geschlossenen« Moral, nämlich den herrschenden Normen, die dem Zweck der Regelung des sozialen Lebens dienten, und einer »offenen« Moral, die sich keinen Regeln unterwarf, sondern aus der kreativen Persönlichkeit entsprang und die bedeutenden Individuen zu ihren schöpferischen Leistungen brachte. Daß sowohl Schopenhauer als auch Nietzsche in der Philosophie Bergsons weiterwirkten, ist deutlich erkennbar, und auch, daß er der verbreiteten Unzufriedenheit mit dem herrschenden Wertesystem, das von Leistungszwang, Konformismus und Egalisierungstendenzen geprägt war, geistige Nahrung gab. Besonders zwei seiner Thesen – daß Leben in Wirklichkeit Aktivität sei und daß die schöpferischen Kräfte sich immer aus der Zwangsjacke eines überkommenen Moralkodex befreien – konnten vielerlei Protest- und Erneuerungsbewegungen als Legitimation dienen. Der Begriff *élan vital*, Lebensdrang, wurde für eine junge Generation, die sich aus einer als beengend empfundenen Tradition zu befreien versuchte, zu einer erregenden Zauberformel.

Es ist schwer, den direkten Einfluß Nietzsches und auch Bergsons genau zu ermessen. Wer wurde durch die Lektüre ihrer Werke beeinflußt, und wer kam über popularisierende oder zusammmenfassende Schriften anderer mit ihnen in Berührung? Wie Nietzsche schrieb auch Bergson einen großartigen Stil, so daß seine Werke eine wesentlich anziehendere Lektüre waren als die vieler akademisch geschulter Denker. Zwischen dem antirationalistischen Gehalt der Lebensphilosophie und diesem anschaulichen Stil bestand natürlich ein enger Zusammenhang. Dennoch dürfen wir – ohne den direkten oder indirekten Einfluß von Bergsons Werks zu unterschätzen – nicht vergessen, daß die Opposition gegen Positivismus und Materialismus, die als typisch bürgerlich galten, eine viel breitere Basis hatte. Die Gedanken, die Bergson formulierte und ausarbeitete, waren mit Vorstellungen verwandt, die auch außerhalb seiner eigenen Sphäre verbreitet waren. Dies gilt besonders für künstlerische und literarische Kreise.

14 Die neue Realitätsvorstellung in den Künsten

Bei den Veränderungen in den Künsten müssen zwei verschiedene Ebenen unterschieden werden: Auf der geistigen Ebene offenbarten sich die Wandlungen des Weltbildes, und zwar in der Art, wie sich Künstler und Schriftsteller mit der Funktionsweise unseres Bewußtseins auseinandersetzten, besonders, was das Erleben von »Zeit« und »Raum« angeht. Um eher Äußerliches geht es bei der Frage nach dem Platz des Künstlers in der sich schnell verändernden Gesellschaft. Vor welchen neuen Herausforderungen standen die Künste, und wer forderte sie heraus? In erster Linie die Naturwissenschaft. Sie hatte die Materie gewissermaßen aufgelöst, und der Mikrokosmos offenbarte sich als Welt einer bisher unbekannten Art, als Welt von Strukturen und Mustern. Außerdem die Fotografie, die den Blick für Einzelheiten schärfte und eine neue Sehweise förderte, während sie die traditionelle, exakte Abbildung der Objekte durch die Malerei überflüssig machte. Zugleich spürte man die Last der Vergangenheit, da die Kunst früherer Zeiten so zugänglich und gegenwärtig war wie nie zuvor, was die Gefahr des Epigonentums mit sich brachte. Das Wahrnehmbare wurde immer mehr als äußerer Schein empfunden, und dem Künstler mußte es um die dahinter liegenden Geheimnisse gehen. In diesem Zusammenhang stellte sich auch die Frage nach seiner gesellschaftliche Rolle. Nicht, daß diese Probleme für jeden Künstler bedeutsam gewesen wären oder daß jeder sie im gleichen Maße als drängend empfunden hätte, aber ihr direkter oder indirekter Einfluß ist unverkennbar.

In welchem Grade Zeit und Raum nun als problematisches Thema empfunden wurden, zeigt sich bei den großen Romanautoren. Bei der herkömmlichen Art des Erzählens verlief die erzählte Geschichte nach dem Muster der chronologischen Ereignisfolge (wie die Zeit der newtonschen Physik) in einer Richtung, vom Früheren zum Späteren. Auch partielle Abweichungen zersetzten dieses Grundmuster nicht. Dies sollte sich verändern.[17] Der polnisch-englische Schriftsteller Joseph Conrad unterbrach bisweilen schon den normalen Zeitstrom, um einen einzelnen Augenblick ausführlich zu schildern. In seinem Roman *The Secret Agent* von 1907 will ein Anarchist Greenwich – das Symbol der standardisierten Zeit und der geographischen Ordnung – in die Luft sprengen. Bei Marcel Proust wird die Unwiederholbarkeit der vergangenen Zeit als persönlicher Verlust empfunden, und der Versuch, den verlorenen Schatz wiederzufinden, ist das zentrale Thema seines Riesenromans *Auf der Suche nach der verlorenen Zeit*, dessen erster Band 1913 erschien. Zufällige Sinneseindrücke erwecken das Vergangene im Bewußtsein des Ich-Erzählers wieder zum Leben, so daß er sich für einen Augenblick dem unbarmherzigen, unumkehrbaren Vergehen der Zeit zu entziehen scheint. So vermeidet Proust die Gefahr einer sterilen Erinnerung, wie Nietzsche sie kritisiert hatte. Die lebendige Erinnerung wird Gegenwart und hebt die Zeit auf. Die obsessive Beschäftigung mit dem Problem der Zeit und die Konzentration auf das eigene Bewußtsein schließt die Auseinandersetzung mit der lärmenden Außenwelt und ihren sozialen Fragen aus; ihr Eindringen in diese Welt hätte wie eine vulgäre Taktlosigkeit gewirkt. Die Welt des Erzählers ist eine im höchsten Grade dekadente und hypersensible, in der man sich den Luxus leisten kann, nur die subtilen persönlichen Beziehungen und eigenen Empfindungen zu analysieren. In dieser Welt, das zeigt Proust, ist das wirkliche Leben etwas Unerreichbares. Der radikalste Revolutionär unter den Neuerern, der Ire James Joyce, brach ganz mit der hergebrachten Romanform, zu der eine feste Erzählperspektive und ein geordneter zeitlicher Ablauf gehörten. Diese Art des Erzählens weicht ja von der wirklichen Funktionsweise des Bewußtseins ab, das assoziativ und sprunghaft Eindrücke und Erinnerungen vermischt. Sein größter Roman *Ulysses* (1914–19 geschrieben) ist der erste, der aus nichts anderem besteht als diesem jede zeitliche und auch sprachliche Ordnung durchbrechenden Bewußtseinsstrom. Neu war auch die große Präzision, mit der hier die Simultanität verschiedener Erlebnisse und Ereignisse wiedergegeben wird, womit eine Diskrepanz zwischen der Lesezeit und der erzählten Zeit entsteht, und zwar in Umkehrung des üblichen Verhältnisses, bei dem manchmal Monate oder gar Jahre in wenigen Sätzen oder auf ein paar Seiten zusammengefaßt werden, so daß die Lesezeit nur einem kleinen Bruchteil der erzählten Zeit entspricht.

Die Vorstellung, daß die Sprache in hohem Grade das Denken und das Bewußtsein bestimmt und daß eine Überwindung des konventionellen Denkens mit einem ganz neuartigen Gebrauch sprachlicher Mittel beginnen muß, war schon einer Gruppe von Lyrikern der Zeit nach 1880, den sogenannten Symbolisten, vertraut gewesen und hatte ihre Dichtung geprägt. In der Zeit, in der Joyce schrieb, sollte diese Vorstellung bei einer Gruppe rebellischer Lyriker und Erzähler, die sich »Futuristen« nannten, sogar zu einem rabiaten Zerbrechen üblicher Satzstrukturen führen. Den Lyrikern ging es allerdings nicht um eine möglichst genaue Beschreibung unseres Bewußtseins – hierin ist *Ulysses* nämlich von beinahe wissenschaftlich anmutender Exaktheit –, sondern eher um einen so weit wie möglich spontanen Ausdruck ihres Ego und ihrer Emotionen. Die durften nicht in das Korsett syntaktischer und anderer grammatischer Regeln gezwängt werden.[18] Die Futuristen gehörten zu einem Flügel der großen Protestbewegung, der noch zur Sprache kommen wird. Was das Experimentieren mit neuen sprachlichen Mitteln angeht, gibt es jedoch Gemeinsamkeiten mit der bewußt deformierten, assoziativen Prosa von Joyce.

Das eigenartige Mißverhältnis zwischen realer Lesezeit und erzählter Zeit hat auch Thomas Mann beschäftigt. In seinem Roman *Der Zauberberg* (entstanden 1913–24) tritt die subjektive Diskrepanz zwischen der erlebten Zeit, der *durée* Bergsons, und der objektiven *temps* deutlich zutage. In dem Schweizer Sanatorium, in dem die Handlung spielt, herrscht ein besonderes, zeitloses Zeitgefühl, und drei Urlaubswochen werden fast unbemerkt zu sieben Patientenjahren. Im *Doktor Faustus*, Manns spätem Roman, dessen Anfänge sich aber bis ins Jahr 1905 zurückverfolgen lassen, greifen die Ebenen des Erzählens, also des fiktiven Erzählers Zeitblom, und des Erzählten, des Lebens Adrian Leverkühns, Gegenwart und Vergangenheit, immer wieder ineinander, und der Autor gibt dieser Verschränkung noch einen besonderen Akzent, indem er den Zeithintergrund seines eigenen Schreibens, den Zweiten Weltkrieg, auch zur Gegenwart des fiktiven Erzählers macht, so daß sein bedrohliches Dröhnen das Erzählen grundiert. Anders als Joyce blieb Mann allerdings bei der üblichen geordneten Erzählweise. Der Autor stand noch in der Tradition des Romans, die auf die großen Realisten des neunzehnten Jahrhunderts – wie Turgenjew, Tolstoi, Flaubert, Zola oder Fontane – zurückgeht, Autoren, für die eine objektiv erkennbare Wirklichkeit selbstverständliche Grundlage ihres Schreibens war. Besonders Zola und Fontane stellten Menschen noch so exakt wie möglich innerhalb ihres sozialen Milieus dar. Thomas Mann nahm eine Zwischenstellung ein, insofern, als er sich der Problematik einer Unterscheidung zwischen objektiver Realität und subjektivem Erleben deutlicher bewußt war. Vor allem faszinierte ihn aber die Frage nach der Rolle des Schriftstellers und Intellektuellen in der modernen Welt. Durch die Verknüpfung mit dieser Frage wurde der Gegensatz von Künstler und Bürger für Mann zu einem drängenden Problem. In formaler und sprachlicher Hinsicht blieb er Traditionalist, aber mit einer Neigung zu ironischem Archaisieren, die erkennen läßt, daß er sich jener ambivalenten Zwischenposition bewußt war.

Im verhältnismäßig schmalen Werk Franz Kafkas wurde gerade die Wirklichkeit selbst zum Rätsel.[19] Die Grenze zwischen Phantasie und Realität verschwindet. Seine Figuren bewegen sich im Zwielicht eines halluzinatorischen Zwischenreichs, der Tyrannei ungreifbarer Mächte ausgeliefert, wie Josef K. in Der *Proceß* (1914/15 entstanden) oder Gregor in *Die Verwandlung* (1915). Kafka gehörte zu einer jüngeren Generation, und sein postumer Einfluß kam außerdem erst nach dem Zweiten Weltkrieg voll zur Geltung, als der Umbruch in der Wahrnehmung von Realität, der sich in der Literatur nach der Jahrhundertwende vollzog, aufgrund der neuen dramatischen Erfahrungen volle Resonanz gefunden hatte. Gerade die Diskrepanz zwischen Kafkas sachlicher Prosa, die der trockenen Feder eines pedantischen österreichischen Kanzleibeamten hätte entstammen können, und der absurden Wirklichkeit, die er heraufbeschwört, diese unwirkliche Verbindung schien auf die Wirklichkeit des totalitären Staates mit seinem Terror vorauszudeuten, und dies verlieh seinem Werk postum magische Wirkung.

Die Übergänge zwischen Realität und Wahn wurden auch zu einem Thema des Dramas. Hier wirkte der Schwede August Strindberg bahnbrechend. Strindberg, ein selbstquälerischer Mensch, hatte als naturalistischer Autor begonnen, in der Nachfolge Ibsens und der französischen Romanautoren, die bürgerliche Heuchelei anprangerten. Aber in Stücken wie Nach *Damaskus* und *Ein Traumspiel* fehlt nicht nur die aristotelische Einheit von Ort und Zeit, es gibt nicht einmal mehr Personen, die als Individuen erkennbar wären. Sie sind eher Verkörperungen von Seelenzuständen. Strindberg distanzierte sich von der Vorstellung einer konsistenten, deutlich umrissenen Persönlichkeit mit einem klar ausgeprägten Charakter – einer Vorstellung, die für das Drama seit der Renaissance zu den selbstverständlichen Grundlagen gehört hatte. Das Individuum war eher ein veränderliches, fließendes Ganzes, oder vielmehr kein Ganzes, sondern eben etwas Veränderliches und Fließendes. Bei der Vermischung von Realität und Traum ist auch wieder der Faktor Zeit von Bedeutung. Im *Traumspiel* wird der normale zeitliche Ablauf verändert und umgekehrt. Ein Mann wartet jahrelang auf die geliebte Frau, bis seine Haare grau werden. Dann ist er auf einmal wieder ein Kind auf der Schulbank. Strindberg wollte hier die Logik des Traums darstellen. Alles ist möglich, denn die Gesetze von Zeit und Raum sind aufgehoben.

Noch viel rigoroser sollte die Grenze zwischen Wirklichkeit und Wahn später im Werk des Italieners Luigi Pirandello niedergerissen werden, was für seine Figuren Persönlichkeits- und Identitätsverlust bedeutet. Strindberg bereitete aber schon den Weg für ein Theater, das nicht mehr die bekannte Wirklichkeit darstellen, sondern die konventionellen Vorstellungen entlarven und lächerlich machen wollte. Hierzu gehörte auch der Angriff auf den bürgerlichen Moralkodex. Strindberg ging es vor allem um das Geschlechterverhältnis, und hier äußern sich in seinen Stücken oft sein Frauenhaß und seine Frauenangst. Der expressionistische Dichter Georg Kaiser ging in seinem Drama *Die jüdische Witwe* (1911) schon so weit, die biblische Erzählung von Judith voller Hohn zu entlarven: Ihre heroische Tat entsprang ganz einfach sexueller Frustration, und sie ist nicht befriedigt, als das Volk sie ausgelassen feiert, sondern erst, als der Hohepriester ihr gibt, was ihr immer gefehlt hat.[20] Zuvor hatte schon der jüdische Arzt Arthur Schnitzler mit seinen Stücken *Reigen* und *Liebelei* Wien schockiert. Im *Reigen* behandelte er in melancholischer Offenheit das Thema des Geschlechtstriebs, der sonst üblicherweise mit dem Feigenblatt der romantischen Liebe bedeckt wurde, in *Liebelei* die Tragik einer Liebschaft zwischen einem einfachen Mädchen und einem Studenten und Offizier von Stand, dessen Abenteuer mit einer verheirateten Frau aus seinem eigenen Milieu mit einem Duell und seinem Tod endet. Der geniale Rebell Frank Wedekind trieb es noch ärger. Behandelte er in dem Stück *Frühlings Erwachen* ganz offen den Zusammenstoß von jugendlicher Erotik mit der Scheinheiligkeit der Erwachsenen, so brachte er in den Lulu-Dramen das Milieu von Prostitution und freier Liebe auf die Bretter.

Was Sprache und Form angeht, bewegten sich Schnitzler und Wedekind aber noch auf vertrautem Boden. Erst etwas später, nach dem Ersten Weltkrieg, sollte man vermehrt den Versuch unternehmen, das Drama zum Medium einer anderen Realitätsvorstellung zu machen.

In den bildenden Künsten dagegen kam es nach der Jahrhundertwende schon bald zu einem Erdrutsch allergrößten Ausmaßes und – da diese Künste sich nun einmal an das Auge wenden – zur sichtbarsten Abkehr vom Gewohnten. Die Malerei hatte noch mit dem besonderen Problem zu kämpfen, daß ihre bisher wichtigste Funktion, die Abbildung der sichtbaren Welt, von der Fotografie übernommen wurde. Für die Auftraggeber war die Abbildung – von Gesichtern, Gebäuden, Landschaften oder mythologischen oder historischen Szenen – immer die wichtigste Aufgabe des Malers gewesen. Noch dazu waren nun dank der ständig verbesserten Reproduktionstechniken Kunstwerke der Vergangenheit immer leichter erreichbar. Jeder konnte sich Leonardo da Vincis *Abendmahl* oder Raffaels *Sixtinische Madonna* ins Wohnzimmer hängen. Wie in der Literatur begann man deshalb in der Malerei, einerseits der subjektiven Wahrnehmung erhöhte Aufmerksamkeit zu schenken, andererseits den objektiven Eigenschaften der Welt des Sichtbaren, die durch die Naturwissenschaften eine neue Dimension erhalten hatten.

Die französischen Impressionisten, die Haager Schule und der Deutsche Max Liebermann hatten seit den achtziger Jahren die Wahrnehmung in den Mittelpunkt des Interesses gerückt. Dieser Ausrichtung verdankten ja die Impressionisten ihren Namen. Hierbei war man aber auch mit dem Phänomen der Zeit und der Veränderlichkeit des Wahrgenommenen konfrontiert worden. Auf den ersten Blick hatten es die bildenden Künste nur mit dem Raum zu tun. Sie standen außerhalb der Zeit. Sie konnten versuchen, etwas sich Bewegendes – einen kämpfenden Krieger, ein galoppierendes Pferd – abzubilden, aber nur, indem sie einen bestimmten Augenblick der Bewegung einfroren und ihr somit ihre Essenz nahmen, die Veränderung. Der tanzende Bauer bei Jan Steen, der sprudelnde Bach bei Ruysdael, sie blieben unverändert, fest und klar. Die Impressionisten konnten dieses Urgesetz naturgemäß auch nicht aufheben, aber sie erzeugten die Illusion der Veränderung, indem sie dem Abgebildeten beim Malen jenes Funkeln und Glitzern gaben, das durch den Wechsel von Lichtreflexen verursacht wird und somit zum Sehen als Vorgang in der Zeit gehört. Sie ersetzten Klarheit und scharfe Konturen, die das Ergebnis einer synthetisierenden Operation des Auges oder vielmehr des Gehirns sind, durch Unschärfe und ein Spiel von Nuancen im Farbenspektrum. Vor allem Claude Monet war fasziniert vom Phänomen der Veränderung. Ihm gelang es wie keinem anderen, die Flüchtigkeit des Augenblicks spürbar zu machen. Mittags- oder Abendlicht sind in seinen Landschaftsbildern keine zufälligen Nebensächlichkeiten, sondern wesentliches Element ihrer Schönheit und ihres Zaubers. Man spürt, daß gleich alles wieder anders sein wird, man weiß, wie schnell die Atmosphäre sich verändern kann, und ist versucht, einen Blick auf die Uhr zu werfen.

Der Wunsch, vom tatsächlichen Sinneseindruck auszugehen, führte in einem weiteren Schritt zur Suche nach den objektiven physikalischen Gegebenheiten, die der Wahrnehmung zugrunde liegen. So lösten die Maler Georges Seurat und Paul Signac, die sogenannten Pointillisten, das Bild in ein Gewirr von Farbpunkten auf, um den Eindruck des Flimmernden wiederzugeben, aber auch, um sich in ihrer Maltechnik an der physikalischen Erkenntnis zu orientieren, daß jeder Farbeindruck auf der Synthese reiner Grundfarben beruht. Eine ganz andere Art von Übereinstimmung mit naturwissenschaftlichen Erkenntnissen charakterisiert das Werk Paul Cézannes. Er gehörte noch zur Generation der Impressionisten, war aber ihr Gegenpol, da er gerade das Zeitelement, die bewegliche Oberfläche, ignorierte und sich auf die Struktur der Objekte konzentrierte. Ob es um den Berg Saint-Victoire, ein Farbmuster im Laubwerk oder die Anordnung von Äpfeln in einer Schale ging, er sah in den Dingen Varianten eines unstofflichen, rhythmisch geordneten Raumes, und auch dieser Raum, das, was zwischen den Objekten liegt, gehörte zur visuellen Realität. Er sah den Raum nicht mehr als leer, und damit entsprach seine Sehweise dem, was die Physiker über den Raum des Universums feststellten. Cézanne vernachlässigte das Zufällig-Zeitliche und Subjektive zugunsten des inneren, unveränderlichen Musters hinter dem äußeren Schein. Dies führte zu einer der wissenschaftlichen Begriffsbildung verwandten Abstraktion und zu einer Transparenz, die beinahe eine rein geistige zu sein schien. Damit war der Weg für die künstlerische Wende bereitet, die sich nach der Jahrhundertwende vollzog und noch viel mehr Bestürzung hervorrief. Die Maler wollten jetzt erreichen, daß man die Wirklichkeit auf eine völlig andere Weise sah als in der traditionellen Malerei und der Fotografie.

Hier können wir zwei Schwerpunkte unterscheiden: das Bestreben, den visuellen Schein zu zerstören, und das Bestreben, die Kunst von ihrer Bindung an die Materie zu befreien. Wie sich manche Romanautoren von der üblichen eindimensionalen Erzählweise abwandten, so verließen die Maler den festen Standort und brachen bewußt das seit der Renaissance selbstverständliche Gesetz der Perspektive, das dazu zwang, das Wahrgenommene aus einer einzigen Richtung wiederzugeben.[21] Der Bekannteste und Fruchtbarste von allen sollte Pablo Picasso werden, dessen Name zu einem Begriff für alles wurde, was in der Kunst als exzentrisch, revolutionär und spektakulär angesehen wurde. Picasso und seine Mitstreiter malten Gesichter, Körper und Gegenstände häufig multiperspektivisch, in Vorder- und Seitenansicht zugleich, zusätzlich sogar mit dem eigentlich unsichtbaren Inneren, und reduziert auf die charakteristischen Linien, wie in Kinderzeichnungen. Sie wollten die Dinge also so darstellen, wie sie eigentlich sind, und nicht, wie wir sie wahrnehmen. Auch hier liegt ein bewußter Bruch mit einer bekannten Ordnung und visuellen Hierarchie zugunsten einer neuen Realitätswahrnehmung vor, die so chaotisch wie relativistisch wird, da verschiedene Standorte auf einmal eingenommen werden, im Raum und folglich auch in der Zeit.

Dieser Ansatz ermöglichte den nächsten Schritt, mit dem man sich noch weiter vom vertrauten Äußeren der Dinge entfernte. Die Objekte wurden, wie es bei der Bearbeitung von Materialien im Laboratorium oder in der Fabrik geschieht, in ihre Grundbestandteile zerlegt, analysiert und eventuell wieder zusammengesetzt. Damit war die nichtgegenständliche Kunst geboren. Der Künstler spielte nicht mehr die Rolle des staunenden Schülers der Natur, sondern die des autonomen Schöpfers, der das Material seiner Phantasie unterwirft. Hierin lag jedoch auch eine eigenartige Ambivalenz: In ungezügeltem Subjektivismus verbanden sich Ichbesessenheit und Freiheitsverlangen, aber ein anderer Aspekt war das beinahe wissenschaftliche Bemühen, der Essenz der Dinge hinter dem täuschenden Schein des Äußeren näherzukommen. Ein repräsentatives Manifest dieses Bemühens und der Tendenz zur Entmaterialisierung war der Essay *Über das Geistige in der Kunst* (1910) von Wassily Kandinsky. Im gleichen Jahr malte Kandinsky auch sein erstes abstraktes Aquarell, das als erstes Werk der abstrakten Malerei in die Geschichte eingegangen ist. Die Benennung war ungewöhnlich, denn sie stand für ein Programm. Sie gab nicht wie sonst üblich an, was das Gemälde darstellte, sondern benannte den Stil. Dieser war zugleich der Gegenstand. Der Maler schlüpfte in die Rolle des klassifizierenden Kunsthistorikers. Dabei offenbarte er die allgemeine Historisierung des Denkens und ließ erkennen, wie schwer die Last der Tradition war, von der er sich befreien mußte, indem er seinem Werk gleich seinen Platz in der Kunstgeschichte zuwies und den Beginn eines neuen Zeitalters verkündete. Die Neigung zum Formulieren eines Programms und zum Werben von Mitstreitern wurde dadurch verstärkt, daß das kaufkräftige Publikum gewöhnlich noch die überkommene Manier erwartete. An den staatlich finanzierten Kunstakademien galten die traditionellen Normen des naturalistischen oder idealisierend klassizistischen Stils. Angesichts der Aufregung und der wütenden Kritik, die den Aufbruch der impressionistischen Avantgarde begleitet hatten, neigten Maler dazu, sich miteinander zu solidarisieren und Gruppen zu bilden, die sich gegen die konformistische Mehrheit abgrenzten, und so entstanden in den Künsten programmatische Richtungen.

Als man den gewohnten Formen der Abbildung den Kampf angesagt hatte, kam es ab etwa 1905 zu einer geradezu explosionsartigen Vermehrung von Stilen und von Gruppen, in denen sich Künstler unter einer gemeinsamen Flagge gegen die traditionalistischen Auffassungen zusammenschlossen – wenn auch immer mehr oder weniger locker und mit nachdrücklicher Betonung der Freiheit und Individualität jedes einzelnen. Das Zeitalter der »Ismen« war in der Kunst angebrochen – zunächst mit Expressionisten, Pointillisten, Fauvisten, Kubisten, Futuristen, Konstruktivisten und schließlich Surrealisten.[22] Die Maler experimentierten, getrieben von einer wilden Phantasie, auf beispiellose Weise mit Farben und Formen, ähnlich wie Naturwissenschaftler in ihren Laboratorien, manchmal in bewußter Anknüpfung an physikalische Erkenntnisse über die Materie, die Natur des Lichts und die Gesetze des Sehens. Über den Begriff »Expressionismus«, der manchmal auf die nach 1900 einsetzende Neuerungsflut insgesamt, und nicht allein auf die bildenden Künste, sondern auch auf Literatur und Musik angewendet wird, ist viel gestritten worden.[23] Gehört der Wunsch nach Ausdruck nicht schließlich zum Wesen aller Kunst?! Hatten nicht in der Vergangenheit immer wieder Künstler die wirklichkeitsgetreue Nachahmung dem Ausdruck einer bestimmten Idee, die dem Bild seine Kraft verlieh, untergeordnet? Waren Hieronymus Bosch, Grünewald, El Greco und Goya deshalb nicht schon Expressionisten? Was die Maler nach 1900 auszeichnete, ist erstens die sehr bewußte programmatisch-theoretische Ausrichtung, zweitens der gezielte Angriff auf die Tradition der Nachahmung oder Widerspiegelung der Natur, durch den, drittens, diese Natur zugunsten der Phantasie oder der Emotionen deformiert wurde, wobei man unendlich weit über das Werk mancher älterer Künstler hinausging. Dieser Deformation lag ein Prinzip zugrunde: Die Zerstörung überholter Sehgewohnheiten sollte einen neuen Zugang zu den Dingen öffnen. Grelle, glühende Farben, karikaturhafte Formen oder harte, aggressiv wirkende Linien sollten dem Sehen wieder etwas von dem kindlichen Staunen und der ursprünglichen Lebensfrische zurückgeben, und vor allem sollten die Farben, die für sich sprachen und den Objekten nicht nur anhafteten, anerkannte Ausdrucksmittel werden. Vincent van Gogh und Paul Gauguin waren die großen Wegbereiter dieser Kunstrichtung gewesen. Vor allem van Gogh sorgte für eine neue Sehweise. Eine unerhörte subjektive Besessenheit durchdringt alles, was er malte, ob es nun ein Paar verschlissener, schmutziger Schuhe oder ein winddurchwühltes Weizenfeld mit flatternden Krähen war. Die Dinge werden zu Symbolen innerer Leidenschaften, aber diese werden – und hierin liegt van Goghs rätselhafte Magie – von den sichtbaren Dingen entfacht, die er so unmittelbar wie möglich zu uns sprechen läßt. Es ist, als riefen seine Gemälde uns wütend zu: »Ihr habt noch niemals wirklich gesehen, was ein Apfelbaum oder ein hölzerner Bauernstuhl eigentlich sind!« Vielen Expressionisten ging es nicht nur um das Ausleben von Emotionen, sondern gerade auch um ein tieferes Erfühlen der sichtbaren Erscheinungen. Jan Sluyters hat in seinem *Amstelveense weg* das Blattwerk nicht einfach nur gemalt, sondern er läßt uns mit den scheinbar maßlos aufgetragenen dicken grünen Farbwolken die Kraft grünen Laubs spüren. In Paris versammelte Henri Matisse einige Künstler um sich und organisierte 1905 im Salon d'Automne eine Ausstellung ihrer Werke, bei der einem fassungslosen Publikum ihr neuer provozierender Stil vorgestellt wurde. Außer Matisse traten hier besonders Maurice de Vlaminck, André Derain und Robert Delaunay hervor. Matisse nannte seine Mitstreiter »les Fauves«, »die Wilden«. Ihnen schlossen sich dann Georges Braque, Raoul Dufy und Kees van Dongen an. Zum Teil ging es ihnen um das Zerlegen von Objekten in Muster oder rhythmisch gegliederte Figuren, also in ihre wahrnehmbaren Grundformen. Der Einfluß der Technik, die ja auch die Entwicklung einer neuen Sehweise wie bei den Kubisten begünstigte, war unübersehbar. Nach dem Vorbild Cézannes gingen Maler wie Picasso und Braque auf Grundformen wie Kubus, Kegel und Zylinder zurück. Außer in Paris bildeten sich in Deutschland, in Dresden und München, Zentren radikaler Erneuerung, und niederländische Künstler wie Sluyters und Leo Gestel wurden von den Fauves inspiriert. Der radikalste Revolutionär von allen war sicher Piet Mondrian, dessen Farbkompositionen die Künstlergenerationen nach dem Zweiten Weltkrieg ungewöhnlich stark beeinflussen sollten.

In Dresden schlossen sich die Architekturstudenten Ernst Ludwig Kirchner, Karl Schmidt-Rottluff und Erich Heckel im Jahre 1906 zur Gruppe *Die Brücke* zusammen. 1911 bildete sich in München auf Anregung Kandinskys und Franz Marcs die Künstlergemeinschaft *Der Blaue Reiter*. Neben Ausstellungen dienten Kalender, Zeitschriften und Flugblätter den Avantgardisten zur Propagierung ihrer Kunst. Sie bildeten eine internationale Truppe, wenn ihre Hauptstützpunkte zunächst auch Paris, München und Dresden waren. Aber neben Franzosen und Deutschen hatten Niederländer, Belgier, Spanier, Skandinavier und Russen wesentlichen Anteil an der großen Umwälzung. Man denke nur an Kees van Dongen, James Ensor, Edvard Munch und Marc Chagall, die inzwischen, einer paradoxen Terminologie zufolge, zu den unbestrittenen »Klassikern der Moderne« gehören.

Äußerst ehrgeizig war der Futurismus, der in Italien um 1909 Furore zu machen begann. In diesem Jahr veröffentlichte der Dichter Filippo Marinetti das erste *Futuristische Manifest*, in dem er ein neues Zeitalter und eine Verjüngung der italienischen Kultur ankündigte. Italienische Künstler waren in besonderem Maße von Unzufriedenheit und Verbitterung ergriffen. Nirgendwo sonst lastete eine jahrhundertealte, ruhmvolle Kunsttradition so schwer auf den Schultern einer jungen Generation, nirgendwo wirkte sie so entmutigend wie hier, und die Erkenntnis, daß Italien trotz seiner nationalen Einigung nicht zu einer erstrangigen europäischen Macht geworden war, gab dieser Unzufriedenheit zusätzliche Nahrung. So verband sich Protest gegen die Gesellschaft mit Chauvinismus. Viele Künstler waren sich darüber einig, daß Italien zumindest auf dem Gebiet der Kultur wieder eine Führungsrolle spielen müsse. Die Futuristen verherrlichten Dynamik und Geschwindigkeit als eigenständige Werte von höchstem Rang. Auf dem Weg in die Zukunft war die Technik für sie eher eine Verbündete als eine Bedrohung. »Ein aufheulendes Auto ist schöner als die Nike von Samothrake«, behauptete Marinetti provokativ. Der Futurismus zeichnete sich vor allem durch die Lautstärke seines propagandistischen Pathos und seine von Nationalismus durchtränkte Anmaßung aus, besonders bei Marinetti selbst, der in Frankreich wie auch in Deutschland seine Manifeste veröffentlichte und nicht müde wurde zu verkünden, daß das Zeitalter einer neuen Kultur schon angebrochen sei. Auf diese Weise und mit seiner Lyrik übte er, wenn auch nur kurzfristig, starken Einfluß aus. Sein exklamatorischer Stil – unzusammenhängende, wie Ausrufe wirkende Einzelwörter, vorzugsweise Substantive und unflektierte Verben – fand bei manchen Dichtern Nachahmung, die auf der Suche nach neuen Ausdrucksmöglichkeiten waren, zum Beispiel bei Paul van Ostaijen. Es war ein Stil, der schockieren sollte, man brach mit der säuberlich geordneten Syntax, die man als Zeichen bürgerlicher Mittelmäßigkeit verachtete. Wie die Maler grelle, unvermischte Farben übergangslos nebeneinandersetzten, so traktierten expressionistisch-futuristische Dichter das Publikum mit verbalen Explosionen und Schreien. Das eine wie das andere war eine Kriegserklärung an alles Brave und Konventionelle. Wie Joyce empfand man die Sprache als Problem. Schon seit 1880 waren die französischen Symbolisten – Dichter wie Rimbaud, Verlaine und Mallarmé –, angeekelt von dem, was sie als leere Geschwätzigkeit des liberalen Bürgertums empfanden, zu einem Wortgebrauch übergegangen, der vom Herkömmlichen abwich. Während Dichter immer in geordneter Sprache, dem Kommunikationsmittel schlechthin, Inhalte vermittelt hatten, betonte Mallarmé, daß Sprache zunächst einmal aus Wörtern bestehe; er wollte das Wort, das nicht mehr dem Gedanken unterworfen sein sollte, befreien. Die Analogie zur Befreiung der Farbe von ihrer Bindung an die Objekte ist augenfällig. Noch eine andere Neuorientierung war bei Mallarmé bemerkenswert: Er legte teilweise nicht auf den Klang des Wortes, sondern auf seine visuelle Form den größten Wert. Er kümmerte sich um kleinste Einzelheiten der grafischen Gestaltung seiner Gedichte, denn seine Lyrik hatte einen Sinn, der sich nur dem Auge erschloß. Der leere Raum zwischen Zeilen oder Wörtern hatte wesentliche Bedeutung. Damit bewegte sich diese Lyrik auf die bildende Kunst zu und entfernte sich vom Ursprung aller Sprache und Dichtung, dem Sprechen oder Rezitieren. Das Vordringen des gedruckten Wortes war natürlich eine Voraussetzung für eine derartige Verschiebung.

In ihrem Protest gegen die herrschenden ästhetischen Normen wurden die Künstler offenkundig von der Lehre Nietzsches, Bergsons und des Vitalismus beeinflußt.[24] Diese Gemeinsamkeiten führten auch zu vielfältigem Gedankenaustausch zwischen bildenden Künstlern, Dichtern und Musikern in Zeitschriften wie *Der Sturm* oder *Die Aktion*, und sie verliehen dieser Bewegung eine breite Grundlage und auch Zusammenhalt, so daß sich die Entfernung zwischen den Künsten verringerte, ganz in Übereinstimmung mit der alten, von den Romantikern so geliebten Vorstellung ihres tiefen inneren Zusammenhangs.[25] So wie Mallarmé grafische Lyrik schrieb, so versuchten Maler wie Kandinsky, Chagall und Paul Klee, die harmonischen Gesetzmäßigkeiten der Musik in Farben wiederzugeben und die Farben und Formen aus ihrer Bindung an die Gegenstände zu befreien. Ihr Ideal waren Kompositionen mit reinem Linien- und Farbenspiel. Die niederländische Malerin Jacoba van Heemskerck gab ihren Gemälden sogar eine Opusnummer, auch bei gegenständlichen Bildern. Eine »Tulpenvase« aus dem Jahre 1913 wurde Opus 1. Besonders der Futurismus führte dank Marinetti Dichter und bildende Künstler zusammen. Manche brachten es in mehreren Fertigkeiten zur Meisterschaft. Klee spielte auf professionellem Niveau Violine, Kokoschka und Schönberg schrieben Theaterstücke, Schönberg malte außerdem, Boccioni und andere Futuristen traten als Bildhauer, Grafiker und Schriftsteller hervor.

In der Bildhauerei und der Architektur kamen die revolutionären Umwälzungen erst etwas später, während des Ersten Weltkriegs und danach, richtig in Gang. Das hing möglicherweise damit zusammen, daß diese Künste eine etwas andere Funktion und eine andere materielle Grundlage haben, besonders die Architektur. Der Architekt baut unmittelbar für andere, die in seinen Schöpfungen wohnen oder täglich mit ihnen konfrontiert werden. Darum sind ihm gewisse Beschränkungen und Rücksichten auferlegt. Trotzdem war unter Architekten schon im neunzehnten Jahrhundert eine kraftvolle Reformbewegung entstanden, die neben ästhetischen auch soziale Absichten und hygienische Zwecke verfolgte: Es ging um gesündere, weniger trostlose Häuser für die Unterschichten und um Stadtplanung im großen Maßstab und in charakteristischem Stil. Die Bahnbrecher auf diesem Gebiet, wie Camillo Sitte in Wien und Berlage und de Klerk in Amsterdam, rechneten (wie viele andere) hierbei mit der Verzierungsmanie und den »Neo«-Stilen des Großbürgertums ab. Mehr als irgendein anderer Künstler hat es der Architekt mit dem Raum zu tun, und dieser erhielt nun eine andere Funktion. Er wurde nicht länger als uninteressante Leere aufgefaßt, sondern bekam, wie bei Cézanne, eine aktive Rolle zugeteilt. Vor allem, was die Inneneinrichtung anging, war das wohlhabende Bürgertum von einem wahren Horror vacui beherrscht gewesen. Es war, als äußerte sich die prüde

Angst vor Nacktheit in einer Abneigung gegen kahle Stellen in den Wohnräumen und als habe man deshalb ein allgemeines Verhüllungsgebot erlassen. Auch hiergegen wandten sich die Architekten jetzt. Glatte Wände, Licht und freier Raum gehörten zum neuen Ideal und sollten den Dschungel aus verschnörkeltem Mobiliar, Plüsch und schwerem Stoff verdrängen, der einer früheren Generation ein Gefühl von Intimität und Behaglichkeit gegeben hatte. Vor allem der Wiener Adolf Loos brach mit seinen Bauwerken und in seinen Schriften gnadenlos den Stab über die historisierenden Stile, und er schockierte das Wiener Bürgertum mit Häusern, die streng und nüchtern wirkten, ohne irgendwelche Schnörkel oder Umrahmungen, die diese Strenge gemildert hätten. Die Form des Gebäudes sollte ausschließlich seiner Funktion dienen. Das Werk späterer Architekten wie Le Corbusier, Ludwig Mies van der Rohe, Bruno Taut und Walter Gropius wurde von Loos entscheidend beeinflußt. In ihrer Vorliebe für elementare Formen zeigte sich ihre Verwandtschaft mit den kubistischen Malern. Einige Bildhauer, zum Beispiel der Russe Alexander Archipenko und der Italiener Umberto Boccioni, bemühten sich, genau wie die Maler, im starren Material ihres Handwerks Bewegung und das Vergehen der Zeit wiederzugeben.[26] Die Bewegung drückten sie aus, indem sie verschiedene Stellungen des Körpers kombinierten. Archipenko gab dem Raum eine wesentliche Funktion, wenn er zum Beispiel den Kopf einer Figur zwischen ihren erhobenen Armen wegließ, und Boccioni erzeugte durch die Darstellung mehrerer Stadien der Bewegung den Eindruck des Eilens. Nicht zufällig erkennt man in dieser Figur eine Parodie auf die berühmte Nike von Samothrake.[27]

Gegen die prunkvolle Ästhetik der großbürgerlichen Welt wandte sich auf ihre ganz besondere Art eine internationale Bewegung, die vom Ende des neunzehnten Jahrhunderts bis ungefähr 1910 die europäische Architektur, aber auch die dekorativen Künste, die Möbelgestaltung und die Buchkunst beherrschen sollte und als Jugendstil bekannt wurde, da der neue Stil in der Zeitschrift *Die Jugend* vorgestellt wurde, die der Illustrator Otto Eckmann ab 1896 in München herausgab. In Frankreich sprach man zur gleichen Zeit von Art Nouveau, und in Wien gründeten Architekten wie Joseph Olbrich und Josef Hoffmann zusammen mit dem Maler Gustav Klimt 1897 die »Sezession«, eine Gruppe, die sich ausdrücklich vom herrschenden Stil »trennte« und deren Formprinzipien mit denen verwandt waren, die in Frankreich und Deutschland Beifall fanden. Auch in Belgien, den Niederlanden und anderen Ländern setzten sich diese Neuerungen schnell durch. Ihr Kennzeichen war eine Vorliebe für antinaturalistische, stilisierte Ornamente, meist von zarten Pflanzen und Blüten inspiriert, und eine stark asymmetrische, übermütig verzierte Architektur. In dieser Hinsicht bildete der Jugendstil einen Übergang zur sachlichen Strenge und Zweckgebundenheit, die den Baustil des zwanzigsten Jahrhunderts kennzeichnen sollte. In der Vorliebe für spielerische Motive und Anspielungen auf Naturformen kann man zugleich eine gegen die Industriegesellschaft gewandte Ästhetik erkennen. Charakteristisch war auch der phantasievolle Gebrauch vielfältiger Materialien, und hier bewegten sich die Künstler ebenfalls auf verschiedenen Gebieten, wie zum Beispiel der belgische Architekt Henry van de Velde, der auch Möbel und Plakate entwarf.[28]

In der Musik kam es im gleichen Jahrzehnt zu einem ebenso drastischen Bruch mit der Tradition wie in den bildenden Künsten. Musik hat insofern eine größere Bedeutung für das gesellschaftliche Leben, als sie nicht nur auf ein Publikum, sondern auch auf Ausführende angewiesen ist. Sie erfordert unmittelbare Aufmerksamkeit, bringt Menschen zusammen, und sie erklingt zu einer bestimmten Zeit und innerhalb eines bestimmten Zeitraums, während ein Bild und eine Skulptur eine schweigende, einsame, aber dauerhafte Zierde sind. Musik ist deshalb auch eher von unmittelbaren Reaktionen abhängig. Wenn die Gegenwart des Vergangenen irgendwo überwältigend war, dann hier. Schon im neunzehnten Jahrhundert waren die Klassiker zu gefürchteten Konkurrenten der lebenden Komponisten geworden, anders als in früheren Jahrhunderten, als man normalerweise nur zeitgenössische Musik spielte. Durch die Ausweitung des Konzert- und Opernbetriebs hatte die Bekanntheit der Klassiker nur noch zugenommen. Die großen Komponisten der Jahrhundertwende und der Jahre danach, Mahler, Richard Strauss, Elgar, Puccini, Rachmaninow, Debussy oder Ravel, führten neue Ausdrucksmittel ein, andere harmonische und rhythmische Effekte, andere Klangfarben, vor allem durch einen neuartigen Gebrauch von Schlagwerk und Blasinstrumenten. Dennoch setzten sie die Tradition insofern fort, als das tonale System immer noch hinter ihren oft überraschenden und gewagten Einfällen und hinter allem Dissonanten erkennbar blieb und das Bett des musikalischen Stromes bildete.

Dies änderte sich, als der Österreicher Arnold Schönberg, im wesentlichen Autodidakt, um 1909 in einigen Kompositionen ganz mit der Tonalität brach. Dieser Bruch läßt sich mit dem Aufgeben der festen Perspektive bei den Malern oder der syntaktischen Ordnung bei manchen Dichtern vergleichen. In der Zeit vom Beginn des Ersten Weltkriegs bis zum Jahre 1921 erarbeitete Schönberg ein neues Tonsystem, das System der Zwölftonmusik, und er traktierte den Hörer mit nie gehörten Klangverbindungen, die nichts mehr mit dem zu tun hatten, was man bislang unter Musik verstanden hatte. Wer sich gelehrt ausdrücken möchte, spricht gern von der »Emanzipation der Dissonanz«. Traditionell wurde die Dissonanz letztlich immer in eine Konsonanz geführt, ihre Spannung aufgelöst, und darin spiegelte die Musik ein bestimmtes Lebensgefühl und eine allem zugrundeliegende Kosmologie. Hierauf beruhte zum Teil ihre Macht. Der Wechsel von Spannung und Entspannung, die Auflösung von Disharmonie in Harmonie, vor allem am Schluß, symbolisierte das leidvolle und unbeständige irdische Leben, das in den Frieden und die Ruhe der göttlichen Ewigkeit mündet. Die Erhöhung der Spannung, das Verzögern oder Verhüllen der zu erwartenden Auflösung waren Kennzeichen der Musik seit der Romantik. Die Vorliebe für Alterationen, enharmonische Umdeutung und Chromatik, die zu einem ganz allmählichen Zerfall der tonalen Harmonik führen sollte, entsprang in erster Linie rein innermusikalischen, kompositorischen Erwägungen. Dennoch ist die Versuchung groß, hier einen Zusammenhang mit dem Zerfallen der festen kosmologischen und auch gesellschaftlichen Ordnung zu sehen. Auch bei größerer tonaler Ambivalenz, bei teilweiser Verschleierung tonaler Beziehungen und bei schwebender Tonalität blieb es anfänglich immer noch dabei, daß harmonische Spannung letztlich aufgelöst wurde. Wagner erhöhte diese Spannung mit seiner leittönigen Harmonik schon bis zum Äußersten, wobei in raffinierter Modulation ein Spannungsklang in den anderen übergeht. Was in einer Tonart tonales Zentrum war, erweist sich als Spannungselement der folgenden, in einem unendlich scheinenden Prozeß, auch wenn Wagner dieses verwirrende Spiel gebraucht, um der Lösung der Spannung am Schluß um so stärkere Wirkung zu verleihen. Aber bei Schönberg ist die Spannung nicht auf eine Auflösung hin angelegt. Jede Erwartung wird enttäuscht, Überraschung und Spannung sind permanent. Die Dissonanz herrscht bis zum Schluß. Außerdem verschwand ein zweites Grundprinzip der europäischen Musik, die rhythmische und metrische Symmetrie, die man als einen weiteren Verweis auf eine grundlegende Ordnung ansehen konnte. Komponisten wie Anton Webern und Alban Berg wurden die wichtigsten Neuerer in Schönbergs Spuren. Bemerkenswert ist, daß Schönberg eigentlich die große Tradition vor der drohenden Gefahr eines Zerfalls retten wollte, aber glaubte, dies nur durch die Einführung eines neuen Tonsystems und einer völlig neuartigen Kompositionstechnik tun zu können. Er war sich des Zusammenhangs der Künste deutlich bewußt, arbeitete eng mit Kandinsky und dem Blauen Reiter zusammen und band einige Kompositionen an Gedichte Stefan Georges, der die Idee des Dichters als des strengen Hohenpriesters der Schönheit zu einer Religion erhoben und hier seine Berufung erkannt hatte.

Eine außergewöhnliche, befruchtende Wirkung auf die gesamte Erneuerungsbewegung in den Künsten hatte der Kontakt mit anderen, teilweise »primitiven« Völkern, eine Folge des Kolonialismus.[29] Bei diesen Völkern konnte man Heilmittel für die als dekadent empfundene eigene Zivilisation mit ihrem Epigonentum finden, hier konnte man lernen, die Dinge wieder mit dem unbefangenen Blick des Kindes zu sehen. Natürlich hatten Europäer schon in früheren Epochen bei außereuropäischen Völkern Inspiration gefunden und Wertvolles entdeckt, das als Ausgleich für Unzulänglichkeiten der eigenen Kultur geschätzt wurde. Im achtzehnten Jahrhundert hatten Persien und China viel Bewunderung geerntet, und die Beschreibung der christlichen Kultur aus der Perspektive der fremden Kultur, etwa in fiktiven Briefen, war für Intellektuelle ein Mittel der indirekten Kritik gewesen. In der Romantik hatte besonders Indien eine starke Faszination ausgeübt, die nie ganz erloschen war, vor allem, was die östliche Mystik als Heilmittel gegen Rationalismus und Materialismus angeht. In all diesen Fällen hatte die Sympathie aber einer Kultur gegolten, die als hochstehende und verfeinerte gerühmt wurde. Jetzt knüpfte man dagegen eher an den bekannten Mythos des »edlen Wilden« an. Es war die ungebrochene Kraft der unzivilisierten Völker in ihren Kunstäußerungen, in Musik und Tanz, die für eine heilsame Erneuerung sorgen konnte, und hier entdeckte man nun Afrika und seine schwarzen Völker.

Bei den futuristischen Dichtern äußerte sich diese Leidenschaft für den ursprünglichen Menschen in der Vorliebe für unzusammenhängende, an elementare Kindersprache erinnernde Ausrufe, bei den Malern in der kindhaften Verzerrung der Perspektive, der Vereinfachung der Formen oder den grellen Farben. Vor allem das Werk Paul Gauguins, der zeitweise auf Tahiti lebte, trug dazu bei, daß exotische Kunst immer mehr Bewunderer fand. Wichtig war auch die Bekanntschaft mit dem japanischen Holzschnitt, der mit seiner expressiven Linienführung dem neuen Ideal entsprach und die Illusion räumlicher Tiefe durch perspektivische Darstellung, also den verachteten »trügerischen Schein«, nicht kannte.[30] Die Zweidimensionalität der Fläche durfte nicht kaschiert werden, eher mußte man das Flächige in seinem Eigenwert noch betonen, wie es Cézanne, auch hierin ein Bahnbrecher, schon vorgeführt hatte. So entging die Kunst der Gefahr sklavischer Naturnachahmung. Vor allem Holz- und Linolschnitt wurden populär. Anders als bei Radierung und Lithographie zwang die Starrheit des Materials nämlich zu markanter, kräftiger Linienführung.

In der Musik erlangten bestimmte Arten afroamerikanischer Musik bleibenden Einfluß. Ihre Kennzeichen waren stampfende, gleichmäßig dröhnende Rhythmen und freie melodische Improvisation in den Oberstimmen, mit melodischen Ausbrüchen als Ausdruck von Aggression, Schwermut oder Schmerz. Besonders der Jazz sollte nach dem Ersten Weltkrieg von Amerika aus zum triumphierenden Konkurrenten der europäischen Musik werden. Zwar hatten sich Komponisten immer von der Volksmusik inspirieren lassen, die der musikalischen Gefühlswelt besonders der ländlichen Bevölkerung Ausdruck verlieh. Aber diese Volksmusik war im Laufe des neunzehnten Jahrhunderts infolge der Verstädterung und des Niedergangs der bäuerlich-dörflichen Kultur mit ihren Festen und Ritualen, die ihr Nährboden gewesen war, zum großen Teil verkümmert. Deshalb fanden die Komponisten jetzt eher bei exotischen Völkern jene von elementaren Emotionen gespeiste Spontaneität, die eine Verjüngung der Musik bewirken sollte. Allerdings gab es auch in bestimmten europäischen Regionen, zum Beispiel in Rußland und Ungarn, auf dem Balkan und in Spanien, noch eine ursprüngliche Volksmusik, Quellen, aus denen die Komponisten dankbar schöpften. Das meiste Aufsehen erregte die Übernahme primitiver Elemente bei dem in Paris lebenden Igor Strawinsky. Sein Ballett *Le sacre du printemps*, bei dem es um archaische Frühlings- und Fruchtbarkeitsrituale geht, gibt das Überhitzte und Orgiastische dieser Opferfeier mit einer durch aufpeitschende, ekstatische Rhythmen und durch Dissonanz gekennzeichneten Musik wieder, um den Hörer die hier wirkenden Urkräfte empfinden zu lassen, die alle zivilisatorische Verfeinerung zu verhöhnen scheinen. Zwar hatte schon Richard Strauss in seiner Oper *Salome* (1905) mit den Passagen, in denen er sexuelle Triebhaftigkeit in schrillen Klängen ausdrückte, die Grenzen des Schicklichen überschritten, und während der Uraufführung war es teilweise recht turbulent zugegangen, aber die

Premiere von *Le sacre du printemps* im Jahre 1913 wurde zu einem aufsehenerregenden Skandal, bei dem es im Zuschauerraum des vornehmen Pariser Theaters zu Handgreiflichkeiten kam. Bei aller Sensationslust protestierte das elegante Publikum dennoch, wenn es mit solcher musikalischer und szenischer Gewalttätigkeit konfrontiert wurde.[31]

Im Grunde war der Import archaischer Stilelemente ein Versuch, die Historisierung der Künste durch einen weiteren Schritt der Historisierung zu überwinden, wobei man anthropologische Erkenntnisse heranzog. »Zurück zur Naivität des Ursprungs«, lautete die keineswegs naive Devise. Von der primitiven Kunst unterschieden sich die Werke der Kunsterneuerer durch ihr intellektuelles Raffinement. Außerdem kam es in ihnen zwangsläufig zu einer Verbindung der primitiven Elemente mit europäischen und mit den ganz andersartigen neuen Techniken. Hier wird eine gewisse Zwiespältigkeit der gesamten Erneuerungsbewegung erkennbar: Durch die Rückgewinnung einer unmittelbaren Beziehung zu den Dingen wollte man sich von der Last der Tradition und der bürgerlichen Kultur befreien, versuchte diese Beziehung aber andererseits durch einen Sieg über die Materie und durch Vergeistigung herzustellen, wobei man die Wissenschaft zur Verbündeten und sogar zur Führerin machte. Die Sehnsucht nach dem mythischen Erleben stand in direktem Zusammenhang mit einer Zukunftsgläubigkeit, mit der die Rebellen sich als Erben des neunzehnten Jahrhunderts erwiesen.

Bei dieser Zukunftsgläubigkeit ging es um mehr als um die Erneuerung der Künste. Viele Künstler sahen in der Kunst die Ankündigung eines neuen Menschen. Sich selbst betrachteten sie als Avantgarde der Gesellschaft insgesamt. In der futuristischen Zeitschrift *L'Acerba* behauptete Boccioni 1913 triumphierend, die futuristischen Maler könnten die große dynamische Verwirklichung der Revolution erreichen. Dies war nicht nur Ausdruck starker Gefühle, hier schwang eine messianische Botschaft mit. Der idealistische Fortschrittsglaube dieser Vorkämpfer unterschied sich allerdings deutlich von dem des Positivismus, denn dieser gründete sich auf die wissenschaftliche Überlegenheit Europas. Der Messianismus einte Künstler verschiedener Gebiete. Auch in Blättern wie *Der Sturm* von Herwarth Walden (der stark von Marinetti beeinflußt war) oder *Die Aktion*, wie auch in zahlreichen Äußerungen und Publikationen von Kandinsky, Marc, Klee oder Schönberg wurde dieses Sendungsbewußtsein unüberhörbar und voller Enthusiasmus verkündet.

Darin offenbart sich eine neue Auffassung von der Stellung des Künstlers. Daß er sich selbst – seit der Romantik – als freie und autonome Persönlichkeit definierte, die über die Konventionen und Pflichten der Bürgergesellschaft erhaben war, wurde von der Gesellschaft allgemein akzeptiert. Aber die Ausdehnung der staatlichen Einflußsphäre und die zunehmende Politisierung der Gesellschaft im neunzehnten Jahrhundert wie auch das Aufkommen des Nationalismus gefährdeten diese Unabhängigkeit immer mehr. Die Folge war zunächst, daß Künstler sich nach Kräften wehrten und versuchten, zwischen der Kunst und der lärmenden, banalen Gesellschaft eine deutliche Grenzlinie zu ziehen. Dies macht die seit den achtziger Jahren zu beobachtende Flucht vieler Künstler in einen verfeinerten Ästhetizismus deutlich. Der Künstler diene, so lautete ein neues Credo, ausschließlich der Kunst und der Schönheit. Er sei ein Erwählter und müsse seinen Tempel vor der Entweihung durch die ordinäre Welt bewahren. Kunst wurde zu einem Refugium für subtile Geister und ersetzte die Religion – dies war eine Kunstauffassung, deren Grundprinzip in der berühmten Devise »L'art pour l'art« ausgedrückt ist.

In der Abkehr von der Welt gelangte mancher zu einer fast mystischen Geisteshaltung, so etwa der belgische Dichter Maurice Maeterlinck, der großen Einfluß auf die französischen Symbolisten hatte. Andere nahmen den Weg zum Hedonismus und zu einem pseudoaristokratischen Kult des Ego, wie Oscar Wilde und die »Décadents«, so benannt wegen dieser Haltung, die eine zynische und nihilistische Grundstimmung verdecken konnte. In den Niederlanden wurde der gegen die Gesellschaft gewandte Ästhetizismus von den sogenannten »Tachtigers« verkörpert, einer Dichtergruppe der achtziger Jahre, vor allem von Lodewijk van Deyssel und Willem Kloos, dessen Überzeugung, es gehe um »den allerindividuellsten Ausdruck der allerindividuellsten Gefühlsregung«, für sich spricht. Der Künstler des »L'art pour l'art« sprach sich selbst eine besondere Art von Adel zu. Die Kehrseite aber war hochmütige Selbstisolation. Gegen diese Absonderung und die esoterische Nabelschau wandte sich die neue Generation der Jahrhundertwende. Sie wies dem Künstler wieder eine soziale Rolle zu und wollte ihn in die Gemeinschaft zurückführen, Engagement war nicht mehr unter seiner Würde. Deshalb empfand man das Verhältnis von Künstler und Bürger von neuem als drängendes Problem. Im Frühwerk Thomas Manns ist diese Polarität eines der wichtigsten Themen.

Der Messianismus vieler Expressionisten hängt mit dieser Umorientierung zusammen. Bei den meisten ergab sich aus der antibürgerlichen Aufsässigkeit zwangsläufig eine politische Einstellung, die als links zu bezeichnen ist. In der Literatur war die sozialkritische Strömung ohnehin nie ganz verschwunden. Das Werk Ibsens, des berühmtesten europäischen Dramatikers der zweiten Jahrhunderthälfte, stand im Zeichen der Demaskierung der bürgerlichen Heuchelei und der psychischen Konflikte, die dieser entsprangen. Ibsen war von einer »L'art pour l'art«-Haltung meilenweit entfernt. Nach seinem Vorbild hatten Dichter wie Gerhart Hauptmann oder Herman Heijermans ab 1890 ihre sozialkritischen Stücke geschrieben, vitale Bühnenkunst von großer Überzeugungskraft. Viele sympathisierten mit dem Sozialismus oder Marxismus, den kämpferischsten Parteien der Linken, zum Beispiel Maxim Gorki in Rußland, William Morris in England, Herman Gorter und Henriëtte Roland Holst in den Niederlanden. Andere zog der Anarchismus mit seiner Verherrlichung der individuellen Freiheit an, etwa den Maler Pissarro und den Schriftsteller Émile Verhaeren. Auch die pazifistische Bewegung stieß unter Künstlern auf Sympathie. Vorbild war hier der große Leo Tolstoi, der schließlich sogar die schriftstellerische Tätigkeit seinen radikalen christlich-pazifistischen Prinzipien geopfert und, voller Zorn über die Schlechtigkeit der Welt, am Ende seines zweiundachtzigjährigen Lebens ein trübseliges, einsiedlerhaftes Dasein gefristet hatte. Das Verlangen nach einem Idealismus der Tat trieb den niederländischen Autor Frederik van Eeden zu seinem Experiment mit der freien kommunistischen Kommune Walden in Laren, das unter den gegebenen Umständen scheitern mußte, da es den Beteiligten sowohl an Realitätssinn als auch an Einmütigkeit fehlte und es keine Unterstützung von außen gab. Viele Künstler sahen dagegen gerade in völliger politischer Enthaltsamkeit eine Voraussetzung dafür, daß die Kunst und ihre Propheten ihre gesellschaftliche Mission würden erfüllen können.

Picasso hat 1923 einmal die völlige Autonomie der Kunst, in diesem Fall des Kubismus, betont. Inzwischen hatten nämlich gelehrte Kommentatoren scharenweise zur Feder gegriffen, um dem Modernismus in der Kunst interpretierend, analysierend, erklärend und charakterisierend zu Leibe zu rücken.[32] All das Suchen nach Zusammenhängen – mit Mathematik, Naturwissenschaften, Psychoanalyse und so weiter – sei Unsinn, »Literatur« und überflüssiges Theoretisieren, so Picasso. Der Künstler beschäftige sich nur mit Fragen der Form, der Farbe, Fragen, die ihn ihrer Natur nach fesseln, und Kunst entstehe ausschließlich in der Auseinandersetzung mit Kunst und künstlerischen Problemen! Eine Aussage, der zweifellos die meisten Künstler aus vollem Herzen zustimmen werden. Was einen Künstler inspiriert und bewegt, weiß er selbst am besten, und es gibt unzählige Beispiele dafür, daß Künstler sich in nichts von alldem wiedererkennen, was man ihnen andichtet. In den zahlreichen Schriften von Meistern der Avantgarde und in ihrer Korrespondenz stehen Kunstfragen mit direktem Bezug zur Praxis im Vordergrund. Es riecht dort nach Farbe, Leinöl, Terpentin, Tusche oder Schleifstaub. Bei manchen finden sich aber durchaus auch eingehende kunstphilosophische und theoretische Betrachtungen, und viele Künstler waren offensichtlich sehr gut darüber informiert, was sich in der Wissenschaft, der Philosophie oder der Politik ihrer zeit tat.

Aber gerade weil Maler, Bildhauer oder Komponisten in erster Linie von ganz spezifischen Fragen bewegt werden, die sich aus dem Stoff, aus dem Handwerk selbst ergeben, sind Übereinstimmungen zwischen den verschiedenen Umwälzungen, die sich nach der Jahrhundertwende in den Naturwissenschaften, der Philosophie, der Literatur, den bildenden Künsten und der Musik vollzogen, nur um so auffälliger: Überall wird eine traditionelle Ordnung in Frage gestellt, die auf einer einstmals unbezweifelten Grundüberzeugung beruht hatte, nämlich daß die Welt aus fest umrissenen, objektiv erkennbaren Dingen bestehe, Substanzen in einem sie umgebenden leeren Raum, und daß die Zeit als gleichmäßiger Strom dahinfließe, wobei man sich diese wiederum als etwas Räumliches vorstellte. Das war ein ehrfurchtgebietendes Weltall, aber mit einer deutlichen Entwicklung von einem Ende zum anderen. In der jüdisch-christlichen Religion gab es eine viel konkretere Vorstellung, aber auch diejenigen, die sich von ihr abgewandt hatten – Humanisten, Atheisten, Agnostiker, Darwinisten, Materialisten, Positivisten unterschiedlicher Ausrichtung –, hatten noch an dem festgehalten, was man das Denkschema, die Grundüberzeugung der europäischen Tradition nennen könnte, an der Überzeugung nämlich, daß es eine Wirklichkeit gebe, die objektiver Erkenntnis zugänglich ist. Diese Möglichkeit des Erkennens war die Garantie für Fortschritt, für die Vermehrung des Wissens und die Ausweitung der Herrschaft über die Materie. Sie implizierte außerdem, daß es unverrückbare Wahrheiten geben mußte und somit auch universal gültige Normen im Hinblick auf Gut und Böse. Die bildenden Künste und die Literatur hatten diese objektive Wirklichkeit gewissermaßen im Spiegel der jeweiligen Zeit aufgefangen. Bei allen Unterschieden zwischen den Epochen hatte der Bezug zu einer vertrauten Welt nie ganz gefehlt, und die Musik hatte auf harmonischen und rhythmischen Prinzipien beruht, die einen harmonischen, gleichgewichtigen Kosmos gespiegelt hatten. Aber die gültige Moral war, vor allem von Nietzsche, angegriffen worden. Wahrheit und Moral erwiesen sich als historisch bedingt. An Schopenhauer anknüpfend, hatte auch Nietzsche das Primat des Willens und der Triebe verkündet, und Bergson hatte in einer etwas milderen und freundlicheren Variante dieser Philosophie die Intuition über die Ratio gestellt. Die umfassende, alle möglichen Phänomene betreffende Historisierung des Denkens, die schon im neunzehnten Jahrhundert begonnen hatte, kulminierte damit in der Relativierung von Wahrheiten und Normen. Materie wurde in der Physik nun als Energie aufgefaßt. Es zeigte sich, daß Zeit und Raum vom Standort des Beobachters abhängig waren, und, nach Erkenntnissen von Biologen, auch vom Organismus der jeweiligen Tierart, so daß man es keineswegs mit einer einzigen Zeit und einem einzigen Raum zu tun hatte. Im neuen Roman wurde die übliche Zeitfolge aufgelöst, denn Zeit war schließlich nur subjektiv erfahrbar. In Joyces Roman des Bewußtseinsstroms war die Sprache nicht mehr Trägerin eines geordneten Gedankengangs. Symbolisten und Futuristen wollten das Wort von seiner dienenden Funktion im Satzgefüge erlösen und erklärten es zum autonomen Mittel spontanen Gefühlsausdrucks. Die Auflösung hierarchischer Ordnung innerhalb einer Realität, die man schließlich als chaotisch empfinden mußte, führte wiederum dazu, daß die Grenze zwischen Realität und Traum verschwand. In der Musik verließen Schönberg und seine Nachfolger das hierarchisch geordnete tonale System. Die bildenden Künste wollten nicht mehr die Welt nachbilden, schon gar nicht aus einer festen Perspektive, sondern zeigten verschiedene Blickwinkel und Augenblicke zugleich, um die Illusion zu zerstören. Farbe und Form wurden autonom. Bei Malern erlangte der Raum als rhythmisierendes Element des Bildaufbaus Bedeutung, und Bildhauer und Architekten machten den Raum zum suggestiven Bestandteil ihrer Skulpturen oder Bauwerke, gerade so, als sei er Materie, während die Physiker seit Einstein Materie als Erscheinungsform von Energie und damit als eine Eigenschaft des Raumes auffaßten. Eine Parallele hierzu ist das Bestreben mancher Dichter, die Stille zwischen den Wörtern grafisch als Abstand wiederzugeben. Komponisten wie Webern schienen das Verhältnis von Klang und Stille sogar beinahe umzukehren, wenn Klänge zu einer Unterbrechung und zu einem Attribut der Stille wurden (wie bei Cézanne manchmal die Gegenstände ein Attribut des Raumes zu sein scheinen), wenn man hier auch gleich hinzufügen muß, daß Stille von Komponisten der Vergangenheit auch als sehr suggestives Ausdrucksmittel gebraucht wurde. Daß man sich des größeren Zusammenhangs der Künste bewußt war, äußerte sich im auffälligen Bemühen vieler Künstler um Annäherung und Verbindung der verschiedenen Disziplinen.

Die Verwandtschaft all der Umwälzungen auf so weit voneinander entfernten Gebieten braucht dem subjektiven Empfinden der Betroffenen, daß sie, wie Picasso meinte, ganz unabhängig von aller Theorie und von anderen Einflüssen, ausschließlich oder in erster Linie mit Problemen ihres Fachs beschäftigt waren und durch die Arbeit von Fachkollegen inspiriert wurden, keineswegs zu widersprechen. Diese Verwandtschaft zeigt vielmehr, daß alle Wissenschaften und Künste auch in einer gemeinsamen Realitätsvorstellung wurzeln, die jedem selbstverständlich erscheint, da er sie von Kindesbeinen an in sich aufnimmt. Die großen Veränderungen in der Gesellschaft und in den Künsten und Wissenschaften, die diese Vorstellung zersetzten, betreffen letztlich alle, auch wenn sie für jeden einzelnen zuerst auf seinem eigenen Fachgebiet sichtbar werden. Das Verschwinden des vertrauten Himmels der Religion und der Physik und die Zersetzung der hergebrachten Ordnung konnten als ungeheure Befreiung empfunden werden, als Durchbruch zu ungeahnten Lebenskräften und Möglichkeiten. Sie konnten auch Angstvisionen von apokalyptischen Ausmaßen hervorrufen. Die Avantgardisten verteilten sich auf beide Richtungen. Johannes der Täufer kam, den Messias anzukündigen, aber auch Kassandra erhob ihre Stimme und warnte vor dem Untergang, den sie in all den revolutionären Ideen und Taten schon vorgezeichnet sah. Mit dem ungezügelten Ausleben der Gefühle, dem Kult des Ich und der Verherrlichung elementarer Triebe und Emotionen trat man dem Eroberungszug der seelenlosen Maschine sowie der Bedrohung des individuellen Freiraums entgegen, die von der Politisierung und Emanzipation der Masse und der Ausdehnung der staatlichen Einflußsphäre ausging. Die Zersetzung wesentlicher Teile dessen, was seit dem sechzehnten und siebzehnten Jahrhundert das Fundament der Wissenschaften gewesen war, führte zum Verlust vertrauter positiver Gewißheiten, und das konnte eine Hinwendung zum Ego und seinen Emotionen auslösen. Sie waren die Gewißheit, an die man sich halten konnte, wenn die sogenannte objektive Außenwelt ungreifbar wurde und die Gesellschaft noch unter der Glasglocke überholter Normen und Konventionen gefangensaß.

Es konnte aber auch leicht geschehen, daß schrilles Pathos und übertriebener, ja hysterischer Überschwang ins Werk von Expressionisten, Futuristen und anderen selbstsicheren Bilderstürmern eindrangen, die sich als Verkünder der Zukunft präsentierten. Vor allem, als die großen Pioniere einmal eine Bresche in das herrschende Weltbild geschlagen hatten und sich eine neue Sehweise durchzusetzen begann, tauchten Horden von Epigonen auf, die von der ästhetischen Revolution profitierten. Als die erste Bestürzung und Verwirrung nachgelassen hatten, zeigte sich ja, daß die radikale Erneuerung durchaus einem Gefühl der Übersättigung entgegenkam, das in gebildeten Bevölkerungsgruppen vorherrschte, dem Verlangen nach einem neuen, unbefangenen Blick auf die Welt, das der Überfütterung mit dem Bekannten und Klassischen entsprang. Die Deformation der Gegenstände durch die Maler regte die Phantasie an und forderte das Auge des Betrachters heraus, der unbewußt Ergänzungen auf der Grundlage des ihm Bekannten vornehmen mußte oder durch das Ungewohnte der Darstellung auf neue Aspekte der Dinge aufmerksam wurde. Auf den Brettern des expressionistischen Theaters appellierte man an die Einbildungskraft des Publikums. All dies waren Neuerungen, die dazu beitrugen, daß die Kunst im zwanzigsten Jahrhundert weiterhin ihre große Bedeutung für das Leben der Menschen behalten sollte, und die das Verhältnis zur Welt veränderten.

Daß man den Künstler zum völlig autonomen Schöpfer erklärte, dessen Werk reiner Ausdruck seiner Seelenregungen ist und der deshalb auch allein nach seinem eigenen, selbst gesetzten Maßstab beurteilt werden darf, sollte gewaltige Konsequenzen haben und zu einer neuen Auffassung des Phänomens Kunst führen. Die Eiferer unter den Neuerern verwarfen die Vorstellung, daß Kunst einen Bezug zu einer wiedererkennbaren Wirklichkeit außerhalb der Kunst (oder in der Musik zu einer harmonischen Ordnung) haben müsse, als bürgerlich-konservativ oder gar reaktionär. Das verursachte tiefe Verunsicherung und Verwirrung des Publikums, weil das Kriterium dafür, was Kunst ist, auf diese Weise vom Kunstwerk zum Rezipienten verlegt wurde. Dessen Einstellung und die jeweilige Situation sollten bestimmen, ob ein Objekt Kunst sei – oder einfach eine aufgerissene Wand aus Eisenblech oder eine Fläche mit schwarzen und roten Streifen. Auch das große, unlösbare ästhetische Problem, das die Kunst des zwanzigsten Jahrhundert kennzeichnen sollte, hat seine Wurzeln in den Entwicklungen des Jahrzehnts vor dem Ersten Weltkrieg.

III

Der Erste Weltkrieg

1 Der Hintergrund

Der Ausbruch des großen Krieges im August 1914, der sich später als Weltkrieg und noch viel später, zur Zeit des nächsten, als Erster Weltkrieg dem Gedächtnis der Menschheit eingeprägt hat, wird allgemein als Zäsur angesehen, die das Ende einer Epoche markiert. Bei einer nachträglichen Anordnung des Stoffs greifen Historiker dankbar auf solche Ereignisse zurück, so auch hier. Über die Bedeutung dieses Krieges, auch für die europäische Kultur, ist man sich weitgehend einig: Er wurde eine Kraftprobe, wie die Welt sie noch nicht gesehen hatte. Er war der erste große Zusammenprall von Industrienationen; Millionen Soldaten wurden eingesetzt, moderne Waffentechnik ermöglichte eine beispiellose Feuerkraft, und mit der Zeit wurde ein großer Teil der Zivilbevölkerung auf irgendeine Weise in die Kriegführung einbezogen. Die ungeheuren Verluste und Kraftanstrengungen verlangten nach einer Rechtfertigung, für die auf beiden Seiten eine fanatische Kriegspropaganda zu sorgen hatte, die den Feind als Inkarnation des Bösen erscheinen ließ. Hinterher zeigte sich, daß dieses Armageddon dem tief verwurzelten Fortschrittsglauben und Kulturoptimismus der europäischen Völker einen irreparablen Schaden zugefügt hatte, und es sollte offenbar werden, daß hier die Ursprünge von Revolutionen lagen, von ganz neuartigen Massenbewegungen, Ideologien und Formen staatlicher Tyrannei, wie man sie in der Geschichte zuvor nicht gekannt hatte.

Als man die historische Zäsur an dieser Stelle setzte, hat man allerdings lange Zeit eines übersehen: Viele Zeitgenossen, die zu den kulturellen und politischen Eliten gehörten, hatten spätestens seit etwa 1910 das Gefühl, daß ein neuer Abschnitt begonnen habe, daß sowohl in der Kultur als auch in der Politik große Veränderungen ins Haus stünden. Der Kriegsausbruch fiel mitten in eine Zeitenwende, die von fieberhafter Unruhe gekennzeichnet war. Zahlreiche Anstrengungen wurden unternommen, die neuen Kunstauffassungen zu propagieren – mit Manifesten, Kundgebungen, neuen Zeitschriften, Ausstellungen –, und sie verhalfen dem Expressionismus im weiteren Sinne in diesen Jahren zum Durchbruch. Das war ein bedeutsamer Umschwung, zu dem die Veränderung des Menschenbildes und die revolutionäre Wandlung ästhetischer, aber im Zusammenhang damit auch ethischer Normen gehörte, die schon beschrieben wurde. Aus all den zeitgenössischen Äußerungen spricht die Überzeugung, daß man schon eine Schwelle überschritten hatte. Man sah sich am Beginn einer neuen Epoche.

Vor allem das Jahr 1913, das später als »das letzte Jahr« in die Geschichte eingegangen ist – das letzte einer Friedensepoche – wirkte damals eher wie ein erstes Jahr, ein Anfang, denn man wurde Zeuge aufregender Ereignisse, die sich in bemerkenswerter Weise häuften. In Deutschland hatte man geräuschvoll den hundertsten Jahrestag des entscheidenden Sieges in den Befreiungskriegen gegen Napoleon mit der Enthüllung des Leipziger Völkerschlachtdenkmals begangen, eines kolossalen, mausoleumartigen Massivs, entworfen von einem gewissen Bruno Schmitz. (Dieser hatte übrigens den 1897 ausgeschriebenen Wettbewerb gar nicht gewonnen, war aber von Kaiser Wilhelm II., der sich auch in Geschmacksfragen als Autorität fühlte, protegiert worden.) Auch die Niederlande feierten frohgemut, wenn auch weniger bombastisch und ohne dabei ein ähnlich ungeschlachtes steinernes Monstrum zu hinterlassen, den hundertsten Jahrestag ihrer Befreiung von den Franzosen. Der Schatten der Vergangenheit, des legendären korsischen Gewaltherrschers, ging noch einmal für kurze Zeit um und gab dem Nationalgefühl etwas Euphorisches. Die Zukunft wiederum – und zwar eine Zukunft, auf die sich viele Hoffnungen richteten – schien mit der großangelegten internationalen Friedenskonferenz von Rotterdam, bei der man fast tausend Teilnehmer zählte, und später mit der Eröffnung des Friedenspalastes in Den Haag schon begonnen zu haben. Die Niederlande konnten sich für kurze Zeit internationaler Aufmerksamkeit erfreuen, und gerade hier wurden hochgespannte Erwartungen geweckt; man hoffte, im anbrechenden Zeitalter einer friedlichen Weltordnung eine achtbare Rolle zu spielen, wie sie, zufällig oder nicht, im gleichen Jahr von dem Völkerrechtler Cornelis van Vollenhoven skizziert wurde. Auch die Kundgebung der deutschen Jugendbewegung auf dem Hohen Meißner sollte die Erwartung einer schöneren Zukunft bekräftigen, deren Trägerin diese von idealistischem Geist erfüllte Jugend sein würde.

Obwohl sich die ganze Tragweite der Ereignisse jenes schönen, sonnigen Sommers von 1914 erst im historischen Rückblick offenbarte, war auch den meisten Zeitgenossen sofort klar, daß etwas völlig Neues begonnen hatte, das ungeheuerliche Konsequenzen haben würde. Plötzlich zeigte sich, daß die allgemein erwartete große Wende ein ganz anderes Gesicht hatte. Hier stößt man auf einen eigenartigen Widerspruch, der allerdings oft in den Reaktionen auf große Umwälzungen erkennbar ist: Der Krieg lag schon lange in der Luft, und dennoch kam er unerwartet. Er lag in der Luft: Seit den neunziger Jahren hatten sich bei den europäischen Großmächten immer deutlicher zwei antagonistische Blöcke herausgebildet. Die sogenannten »Mittelmächte«, das deutsche Kaiserreich und die habsburgische Doppelmonarchie, bildeten mit Italien als etwas unberechenbarem Bündnispartner, der in vielem ganz andere Interessen hatte als diese beiden, den »Dreibund«. Diesem standen Frankreich und das Zarenreich gegenüber. Und Großbritannien, das seine Handlungsfreiheit seit Generationen bewahrt und sich vertraglich an niemanden gebunden hatte, war nach der Jahrhundertwende Frankreich und Rußland immer näher gerückt. Die kolonialen Konflikte mit Frankreich hatte man vorläufig beigelegt, während die Gegensätze zu Deutschland sich ständig weiter verschärft hatten. Dies lag am kräftigen Wachstum der industriellen und ökonomischen Macht des Kaiserreichs und seinen hiermit zusammenhängenden imperialistischen Ambitionen, die die britische Vormachtstellung ernsthaft bedrohten. Der schnelle, vom deutschen Kaiser befohlene Aufbau einer modernen, kampfstarken Flotte durch Admiral Alfred von Tirpitz mußte von Großbritannien als besonders provokative Gefährdung seiner traditionellen Überlegenheit zur See aufgefaßt werden. Mehrmals schon, bei der ersten Marokkokrise von 1905/06, der Bosnienkrise 1908 und der zweiten Marokkokrise 1911, waren gefährliche Situationen entstanden, in denen Deutschland und Frankreich im Zusammenhang mit ihren nordafrikanischen Kolonialprojekten, Österreich und Rußland wegen ihrer Position auf dem Balkan hart aneinandergeraten waren.

1911 hatte es nach der provokativen Entsendung eines deutschen Kriegsschiffs in den marokkanischen Hafen Agadir für einen Augenblick schon so ausgesehen, als stehe ein Krieg vor der Tür. Ab 1912 herrschte in verschiedenen Regionen des Balkans tatsächlich Krieg, erst zwischen dem geschwächten Osmanischen Reich und den Balkanstaaten, dann zwischen diesen Staaten selbst. Daß im Jahre 1914 eine lange Friedensepoche zu Ende ging, gilt also nicht ohne Einschränkung. Aber der Balkan, mit seiner teils türkisch-islamischen, teils griechisch-orthodoxen Kultur, seiner chaotischen ethnischen Zersplitterung und seinen uralten, für Außenstehende undurchsichtigen Feindschaften, gehörte im Bewußtsein der anderen Nationen nur rein geographisch zu Europa und stand abseits von der eigenen Zivilisation.

Auf jeden Fall hatten diese Krisen deutlich gezeigt, daß ein bewaffneter Konflikt zwischen den Großen sehr wohl denkbar war. Einerseits gab es Bemühungen um eine internationale Rechtsordnung, und sowohl die beiden großen Friedenskonferenzen als auch die Einrichtung eines internationalen Schiedsgerichtshofs in Den Haag nährten die Überzeugung, daß es künftig möglich und unerläßlich sein müsse, Konflikte zwischen zivilisierten Nationen ohne Blutvergießen zu lösen, eine Überzeugung, der man vor allem in den liberalen Oberschichten der angelsächsischen Welt zuneigte. Ein Beispiel für diesen Optimismus war ein Bestseller des pazifistischen Journalisten Norman Angell, *The Great Illusion*, der 1910 erschien und eine Millionenauflage erreichte. Krieg, so argumentierte der Autor, sei auch und vor allem aus ökonomischen Gründen sinnlos geworden. Das kapitalistische System verlange friedliche Verhältnisse. Auf dem Kontinent andererseits herrschte allgemein, auch unter Politikern, eine eher nüchterne und realistische Einschätzung mit darwinistischem Einschlag vor. Diesen Vorstellungen entsprechend betrachtete man Krieg als ein natürliches, zu den biologischen und psychischen Anlagen des Menschen gehörendes Phänomen. Dies nicht anzuerkennen, hieße, sich einer gefährlichen Illusion zu überlassen. Nicht nur in den militärischen Führungsstäben der Großmächte wurde das Dogma der Unvermeidlichkeit bewaffneter Konflikte akzeptiert. Auch unter Politikern und in der öffentlichen Meinung spielte diese Vorstellung eine Rolle, wenn auch kaum zu bestimmen ist, wie stark ihr Einfluß wirklich war. Wer Krieg ganz allgemein und theoretisch als eine Art Naturerscheinung akzeptiert, muß außerdem noch lange nicht überzeugt sein, daß der Krieg auch tatsächlich vor seiner eigenen Tür steht.

Regelmäßig erschienen Publikationen über den »künftigen Krieg«. Das größte Aufsehen erregte sicherlich *Deutschland und der nächste Krieg* von dem deutschen Major und Strategieexperten Friedrich von Bernhardi, ein Buch, das 1913 herauskam und ebenfalls zum Bestseller wurde. Der Autor, der mit dem extrem nationalistischen, pangermanischen Alldeutschen Verband sympathisierte, entwarf darin ein sehr expansionistisches Programm unter dem fatalistischen Motto »Weltmacht oder Untergang«: Ausschaltung Frankreichs (des »Erbfeinds«), koloniale Eroberungen und eine mitteleuropäische

Föderation, natürlich unter deutscher Führung, das war für Bernhardi die einzig realistische Alternative zum Niedergang Deutschlands. Inwieweit diese Vorstellungen, in etwas gemäßigterer Form, auch in Berlin beim Generalstab und vor allem in der politischen Führung das Denken bestimmten, bleibt umstritten. Wenn man dort auch sicherlich nicht in Szenarien dachte, die von einem solchen entschiedenen Entweder-Oder ausgingen, war die Vorstellung, daß Deutschland bedroht sei und irgendwann gezwungen sein könnte, seine Interessen durch einen Präventivkrieg zu verteidigen, auch in der politischen Publizistik sehr verbreitet. Und auch die Auffassung, daß man keine Wahl habe, daß man durch die Eigendynamik der ökonomisch-politischen Entwicklungen gezwungen sein werde und somit auch völlig berechtigt sei, seinen Einflußbereich zu vergrößern, war dort nicht unbekannt. Geschichtsphilosophische Theorien über einen unvermeidlichen Aufstieg und Niedergang großer Reiche konnte man zur Unterstützung noch mit heranziehen. Nach deren Kriterien war Deutschland, als Nachzügler unter den Großen, eine junge Nation, genau wie Italien. Auf jeden Fall waren England und Frankreich alte Staaten, die ihre hegemonialen Ansprüche würden abtreten müssen. Somit schienen auch höhere, gleichsam historisch-biologische Gesetzmäßigkeiten eine deutsche Machterweiterung zu legitimieren. Den jungen Völkern gehörte nun einmal die Zukunft. Besorgnis wegen eines drohenden Niedergangs und die Überzeugung, daß man den Wind der großen Entwicklungen im Rücken habe, wirkten hier zusammen und konnten dazu führen, daß man außenpolitisch die Muskeln spielen ließ.

In Wien wurde die Stimmung von mindestens ebenso großer, latenter Sorge um die Zukunft des Reiches beherrscht, dessen Zusammenhalt nicht nur durch äußere Mächte, sondern auch durch immer selbstbewußter und ungeduldiger auftretende nationale Minderheiten – Polen, Tschechen, Slowaken, Ungarn, Slowenen, Kroaten, Serben und andere – von innen her bedroht war. Eine Flucht nach vorn, in diesem Fall zum Beispiel gegen Serbien, das ein Unruheherd war und deshalb als permanente Gefahr galt, lag hier noch näher. Aber die einzige Option war dies sicherlich nicht. Ein großangelegtes Programm innerer Reformen konnte die Entwicklung noch in gute, friedliche Bahnen lenken, und die Überzeugung, daß man auf diesem Weg sei, verbreitete sich gerade immer mehr.

Aber auch bei den anderen Nationen gab es Angst vor Niedergang und Machtverlust. Hinter der beeindruckenden Fassade des unangreifbar wirkenden britischen Weltreichs war bei den Eliten das unbehagliche Gefühl, die Tage des höchsten Glanzes seien gezählt, durchaus nicht unbekannt, und vor allem waren die Politik Deutschlands und sein ökonomisches Wachstum beunruhigende Vorzeichen. In Frankreich gehörte die Überzeugung, daß das Land durch den Verlust Elsaß-Lothringens verstümmelt sei und es auch ewig bleiben werde, wenn man diese Region nicht zurückerlangte, zu den Fundamenten des nationalen Katechismus fast aller Parteien. Wie sich die Sache ohne einen bewaffneten Konflikt noch jemals zum Guten wenden sollte, blieb ungewiß. Der Revanchegedanke war nach der Jahrhundertwende für rechte, nationalistische Kreise und deren junge Anhänger ein selbstverständlicher Glaubensartikel. Ohne Revanche war die Zukunft öde und leer. Im Zusammenhang mit alledem war ein verbissener Rüstungswettlauf zwischen den Großmächten in Gang gekommen, der zu den gleichzeitigen Versuchen der Diplomatie, eine neue Form internationaler Zusammenarbeit mit dem Ziel der Friedenssicherung zu entwickeln, nicht recht passen wollte.

Widerhall hatte die Vorstellung eines kommenden Krieges aber nicht nur innerhalb der politischen und militärischen Kreise gefunden, die sie von Amts wegen berücksichtigen mußten und sie in ihre Überlegungen einbezogen. Zu den im vorigen Kapitel beschriebenen Veränderungen in Philosophie, Literatur und den Künsten, die man als Reaktion auf die Industrialisierung und die Entwicklung der bürgerlichen Gesellschaft verstehen kann, gehörte auch, daß man besonders bei den Vitalisten und mehr noch bei den italienischen Futuristen aus Übersättigung durch die vielen Ideologien und philosophischen Systeme von einer Sehnsucht nach Taten, Gefahr und Heldentum ergriffen war: Nur im Kampf und in der Tat konnte der Mensch sich ganz verwirklichen. Dies wurde zu einem Glaubensbekenntnis, das auf die jüngere, aus wohlhabenden bürgerlichen Kreisen stammende Intellektuellengeneration eine gewaltige Anziehungskraft ausübte. Der Expressionismus in den Künsten appellierte mit seiner leidenschaftlichen Verherrlichung der Zügellosigkeit und des Affekts, seiner Rebellion gegen alle konventionelle Disziplin, seiner revolutionären Haltung – wie individualistisch und antipolitisch diese immer sein mochte – auch an eine Aggressivität, die nicht auf grelle Farben oder wilden Rhythmus in Wörtern oder Klängen beschränkt zu bleiben brauchte. Der Krieg wurde als apokalyptische Vision heraufbeschworen, aber auch zu etwas Heiligem erklärt, zum notwendigen reinigenden Feuer, aus dem eine neue Menschheit hervorgehen sollte. Das aufsehenerregende Gedicht »Der Krieg« von dem jungen Dichter Georg Heym, 1911 (dem Jahr der Agadir-Krise) veröffentlicht, ist in dieser Hinsicht bemerkenswert. Wie in einem expressionistischen Gemälde wird hier das Verheerende und Vernichtende der Katastrophe heraufbeschworen. Bei den Expressionisten war »Sturm« ein Schlüsselwort; es war nicht nur der Name einer deutschen Zeitschrift, sondern wurde auch als Metapher für heilsame revolutionäre Veränderung und Dynamik sehr beliebt, und wer es in diesem Sinne gebrauchte, dachte dabei natürlich an die Erstarrung und den Stillstand, die man überall zu erkennen glaubte und die man verabscheute. Außerdem war mit dem Wort die Vorstellung der wilden, geheimnisvollen Naturkraft und ihrer reinigenden Wirkung verbunden. In diesen Vorstellungen wurde der Krieg stark ästhetisiert, und man schrieb ihm eine quasireligiöse Funktion im Sinne Nietzsches zu. Dabei hatten viele expressionistische Künstler eigentlich eine ausgesprochen kosmopolitische Einstellung, und ihre Opposition gegen die bürgerliche Welt richtete sich auch gegen den gewöhnlichen bürgerlichen Nationalismus. Bei Zeitschriften wie *Die Aktion*, *Forum* oder *Weiße Blätter* war eher eine pazifistische Tendenz erkennbar. Daß sich eine Neigung zur hochgestimmten Würdigung des Krieges als ästhetisches Phänomen mit vulgären chauvinistischen Emotionen verbinden konnte, war unter veränderten Umständen allerdings keineswegs ausgeschlossen.

In manchen Ländern war eine solche Verbindung schon erkennbar. In Frankreich zum Beispiel war bei der intellektuellen Jugend, die in »Agathon« ihr Sprachrohr gefunden hatte, die Bewunderung für den Krieg als ästhetisches Phänomen mit dem kämpferischen Nationalismus von Autoren wie Péguy, Maurras oder Barrès verschmolzen. In der englischen Literatur war ein künftiger Krieg ebenfalls ein beliebtes Thema, wobei sich die Phantasie der Autoren vor allem an der Vorstellung einer deutschen Invasion entzündete.[1] Der bekannte Essayist Herbert George Wells hatte schon 1898 in einem der ersten Science-Fiction-Romane, *The War of the Worlds*, das Bild eines grauenvollen künftigen Krieges entworfen – allerdings in phantastischer Verfremdung –, obwohl der Autor in anderen Zukunftsentwürfen eher zum alten Fortschrittsoptimismus neigte. Die künstlerische Avantgarde der sogenannten Vortizisten vertrat in der Zeitschrift *Blast* vitalistische und radikal antibürgerliche Auffassungen, die denen des Agathon-Manifests verwandt waren, und bekannte sich zu einem heftigen Verlangen nach Abenteuer und Gewalt. Wie zu erwarten, machte sich der Nationalismus diese

Neigung vieler Intellektueller und Autoren, den Krieg und die Tat zu verherrlichen, zunutze. Er konnte ihren literarischen, romantischen Vorstellungen Stoßkraft und eine deutliche Richtung geben. So war im antibürgerlichen Lager der ungeduldigen bürgerlichen Jugendlichen, die von glühender Sehnsucht nach Taten erfüllt waren, das – keineswegs unbewußte – Verlangen nach dem Krieg als dem großen befreienden Abenteuer gewachsen.

Um diese Mentalität richtig einzuschätzen, dürfen wir zwei Tatsachen nicht aus dem Blick verlieren: Erstens waren die Angehörigen der jungen Generationen, zumindest ihre überwältigende Mehrheit, in eine vom Nationalismus geprägte Gesellschaft hineingewachsen und im nationalistischen Geist erzogen worden. Der Geschichtsunterricht in den Schulen stand im Zeichen des Stolzes auf die Nation und die ruhmreichen Taten der Väter und Vorväter, während die Jugend selbst keinen einzigen europäischen Krieg auch nur aus der Ferne miterlebt hatte, abgesehen von den jüngsten Balkankriegen, die aber für die bürgerliche europäische Jugend nicht wirklich zählten. Und die kolonialen Eroberungsfeldzüge fanden in weit entfernten Regionen statt, hatten aber andererseits wiederum das Verlockende eines exotischen Abenteuers und gingen für die überlegenen Weißen grundsätzlich gut aus. Der Krieg wurde zwangsläufig um so stärker romantisiert, je länger der Frieden andauerte und der Krieg in die Vergangenheit rückte. Höchstens mit Ritter- und Abenteuerromanen konnten Jungen diesen Mangel ein wenig ausgleichen.

Damit ist schon die zweite Erklärung für dieses heftige Verlangen nach Kampf angesprochen, und sie gilt nicht nur für die junge Generation, sondern auch für die ältere, einschließlich fast aller Militärs und Politiker: Welches Bild man sich vom Krieg machte, hatte natürlich entscheidenden Einfluß auf die Kriegsbereitschaft. Dieses Bild wird immer von den Erinnerungen an den letzten Krieg gefärbt. Der Firnis der Romantisierung, der hier nach längerer Zeit aufgetragen wird, nicht zuletzt bei den Gedenkfeiern im Zeichen der nationalen Einheit, sorgte dafür, daß man beim Gedanken an Krieg eine schnelle Folge erregender Feldschlachten und glänzender Operationen vor Augen hatte, die in einen entscheidenden Schlag mündeten. Auch weil das Bild von den kolonialen Eroberungszügen beeinflußt war, hieß Krieg zwangsläufig Angriff. Die Generäle waren beinahe überall auf Offensive eingestellt, und dem entsprachen ihre strategischen Pläne. Berüchtigt sollten die Worte des deutschen Kronprinzen zum Kriegsausbruch werden: Es werde »ein frischer fröhlicher Krieg« sein, eine Art muntere Jagdpartie. Von der Herrenreiterperspektive und burschikosem Stumpfsinn bestimmt, spiegelten sie dennoch eine arglose Vorstellung wider, die weit verbreitet war.

Wie immer gab es auch andere Stimmen. Besonders bemerkenswert war die eines gewissen Johann von Bloch, der schon in einem 1899 in Berlin erschienenen sechsbändigen (und deshalb vermutlich kaum gelesenen) Werk voraussagte, daß künftige Kriege lang und äußerst blutig sein würden, geprägt von tagelangen Schlachten ohne Terraingewinn und von Stellungskämpfen in Grabensystemen, und daß es keine eindeutigen Sieger mehr geben werde.[2] Ein mißachteter und vergessener Prophet! Und natürlich war allen, die einigermaßen mit moderner Waffentechnik vertraut waren, klar, daß die Vernichtungskraft der Waffen enorm zugenommen hatte. Diese Einsicht begründete andererseits gerade die Annahme, daß ein bewaffneter Konflikt nur von kurzer Dauer sein könne.

Welches Bild man sich vom Krieg machte, ist für die endlose Diskussion über die Schuldfrage von Bedeutung, zu der es später in der Geschichtswissenschaft kommen sollte. Diese ist hier im Augenblick noch nicht an der Reihe. Gegen die von den Entente-Mächten erhobene Beschuldigung, daß Deutschland und seine Verbündeten den Krieg vorsätzlich begonnen hätten, wehrte man sich auf der deutschen Seite natürlich voller Empörung und wies Rußland und England die Hauptschuld zu. Langfristig kam es zu einer gewissen Übereinstimmung darüber, daß alle – um es mit den viel zitierten Worten Lloyd Georges, des Hauptorganisators der britischen Kriegführung, zu sagen – in den Krieg »hineingeschlittert« seien. Der Ausbruch des Weltkriegs also ein erbärmliches Versagen der Diplomatie und, da eigentlich niemand den Krieg wollte, ein ungeheurer Verkehrsunfall! Durch diese Interpretation wurde der Sommer 1914 zum Symbol für verhängnisvolle internationale Mißverständnisse, so daß man später in Krisensituationen immer wieder warnend auf ihn verwies. Aber auch wenn wir solche Mißverständnisse zwischen den Regierungen und schwere Fehlkalkulationen, besonders in Berlin, als Faktoren gelten lassen, auch wenn wir die Beteuerungen der höchsten Verantwortlichen, daß sie keinen Krieg wollten, ernst nehmen – auch dann geht der Schluß, daß wir es hier mit einem katastrophalen Verkehrsunfall zu tun haben, mit einem Mechanismus, der den Betroffenen, als er einmal in Gang gesetzt war, keine Alternativen mehr ließ, an etwas Wesentlichem vorbei: Ausschlaggebend sind immer die Prioritäten. Daß die höchsten Verantwortlichen eigentlich keinen Krieg wollten, sagt an sich noch nichts. Es geht um die Frage, was sie noch weniger wollten und ob der Krieg in ihren Augen die allergrößte Katastrophe war. Dies war eben nirgendwo der Fall. Für alle gilt, wenn auch in unterschiedlichem Maße, daß es Wünsche oder Befürchtungen gab, die gegenüber dem Wunsch nach Verhinderung des Krieges Priorität hatten, zum Beispiel die Erhaltung der eigenen Einflußsphäre und der eigenen Machtposition, wozu auch gehörte, daß Ehre und Status nicht angetastet werden durften, und die Angst, vom Gegner im Rüstungswettlauf überholt zu werden. Das Bild vom Krieg, die Erwartungen und Voraussagen der Militärexperten, die gewöhnlich auf eine offensive Strategie setzten und daher auf eine schnelle Entscheidung vertrauten – den ruhmvollen Ausgang, an dem sie von Berufs wegen nicht zweifeln durften –, spielten bei all diesen Erwägungen in ihrer Gesamtheit eine entscheidende Rolle. Außerdem muß man noch fragen, welchen Krieg man unbedingt verhindern wollte. Was Wien und auch Berlin angeht, ist in der hitzigen historischen Diskussion recht überzeugend nachgewiesen worden, daß man nach dem Attentat auf den österreichischen Thronfolger in Sarajewo eine begrenzte Strafaktion gegen Serbien für notwendig hielt. Und wenn beide Regierungen auch eine Ausweitung des Konflikts zu verhindern hofften, waren sie doch offensichtlich bereit, jedes Risiko einzugehen.

Dabei spielte nun der Gedanke an einen Präventivschlag eine bedeutende Rolle, weil Berlin eine für Deutschland ungünstige Verschiebung der militärischen Kräfteverhältnisse erwartete. Nicht weniger bedeutsam war die erwähnte fatalistische Vorstellung, daß ein Konflikt trotz allem auf die Dauer unvermeidlich sei und es folglich darum ging, dieses Unvermeidliche im günstigsten Augenblick anzugehen. Dieser Fatalismus spielte sicher bei allen Beteiligten eine Rolle, auch in Paris, Sankt Petersburg und London. Aber die Angst, den richtigen Augenblick zu verpassen, wurde in Berlin und Wien beinahe zu einer Obsession, und dies hing mit dem größeren politischen Einfluß der Militärs zusammen. Kurz und gut, der Vergleich mit einem Verkehrsunfall bleibt zu sehr an der Oberfläche und wird dem Umstand, daß es bei allen politischen Erwägungen eine erkennbare Hierarchie und vor allem deutliche Prioritäten gab, nicht gerecht.

Und dennoch kam der Kriegsausbruch unerwartet. Wenigstens für die überwältigende Mehrheit der Bevölkerung in allen Ländern. Auch das Attentat von Sarajewo am 28. Juni 1914 schien zunächst keineswegs das Signal für den Beginn einer großen Katastrophe zu sein. Schließlich waren auch früher schon Angehörige von Herrscherhäusern, sogar Monarchen, ermordet worden, ohne daß dies einen politischen Flächenbrand ausgelöst hätte, und die Täter waren immerhin formal österreichische Untertanen. Folglich schien es sich in erster Linie um eine innerstaatliche Angelegenheit zu handeln. Die vorigen Krisen hatten viel gefährlicheren Zündstoff enthalten, weil es dabei zu fast direkter Konfrontation zwischen den großen Antagonisten gekommen war, wobei es noch dazu um sehr begehrte Einflußgebiete und entsprechendes Prestige ging. Es dauerte einen Monat, bis die Doppelmonarchie ihre definitive Entscheidung bekanntgab, nach ununterbrochenen intensiven Konsultationen mit dem großen deutschen Verbündeten und fieberhaftem Austausch von Telegrammen und Noten innerhalb der gesamten europäischen Diplomatie und auf der Ebene der inoffiziellen internationalen Beziehungen. Angesichts dieses verhältnismäßig langen Anlaufs hat natürlich die Frage, ob der Krieg nicht hätte verhindert werden können, etwas besonders Beklemmendes. Wer diese Frage bejaht, kann auf all die Chancen für eine andere Wendung der Dinge verweisen, die sich in den drei, vier Wochen ergeben hatten, als vor allem zwischen London, Berlin und Sankt Petersburg die Drähte glühten und man sich intensiv über die Möglichkeit einer Vermittlung oder einer internationalen Konferenz der betroffenen Staaten beriet. Und für Wien war das scharfe Ultimatum an Serbien vom 23. Juli, das den verhängnisvollen Mechanismus der Bündnisverpflichtungen und Mobilmachungen erst in Gang setzte, offensichtlich keineswegs die einzige denkbare Antwort, wenn man für sie so viel Zeit brauchte. Es sah vielmehr danach aus, als sei man nach gründlichen internen Beratungen dahin gekommen, die Gelegenheit zur Abrechnung mit dem lästigen Nachbarland zu ergreifen, die das Attentat einem bot. Diese Reaktion war also nicht die einzig folgerichtige und nicht so gut wie unvermeidlich, sondern ein sorgfältig berechneter Zug. Es gab Wahlmöglichkeiten.

Andererseits kann man wiederum gerade in der Langsamkeit der Entwicklungen und der Möglichkeit von Alternativen eine Bestätigung dafür sehen, daß hier ein verhängnisvoller Automatismus ablief, in den die politischen Führer hineingeraten waren und der ihnen offensichtlich keinen Ausweg ließ: Alles Zögern und Schwanken half ja nicht gegen den übermächtigen Sog der Ereignisse, und die Versuche, eine Explosion der Gewalt zu verhindern, scheiterten an den harten Fakten der politischen Konstellation.

Man kann dies in einer etwas veralteten, metaphysisch-idealistischen Ausdrucksweise als höhere Gewalt oder Verhängnis, in moderner, positivistischer Terminologie als strukturell programmierte Entwicklung bezeichnen, wobei der eine Ausdruck letztlich so wenig sagt wie der andere. Aus heutiger Perspektive erinnern die Beteiligten eher an Fliegen auf einer Fensterscheibe, die vergebens nach einer Öffnung suchen und nicht merken, daß die Tür daneben offensteht. Aber dies gilt für jede Zeit, da das Denken und Handeln jeder Generation von einem Horizont von Gewißheiten und festen Werten begrenzt wird.

Fest steht jedenfalls, daß für Wien – angesichts der vorherrschenden Überzeugung, daß die Zeit gegen die Doppelmonarchie arbeite und unberechenbare Veränderungen im Inneren drohten – eine militärische Strafaktion gegen Serbien letztlich die höchste Priorität hatte, als vielleicht letzte Rettung vor dem gefürchteten Machtverlust. Das »Jetzt oder nie« gab offenbar den Ausschlag. Und für Berlin hatte der Erhalt des alten Verbündeten und seines Status den höchsten Stellenwert. Wobei unter Historikern zweierlei noch immer heftig umstritten ist: erstens, ob die deutsche Regierung Wien noch zu diesem harten Kurs ermutigt hat, und zweitens, ob für sie das »Jetzt-oder-nie«-Motiv nicht auch im Hinblick auf das für die Zukunft befürchtete militärische Übergewicht Frankreichs und Rußlands und die eigenen expansiven Ambitionen eine Rolle spielte. Für Sankt Petersburg hatte wiederum die Unterstützung Serbiens die höchste Priorität, weil man auch hier schließlich überzeugt war, sich keinen weiteren Prestigeverlust erlauben zu können, nachdem man 1905 den Krieg gegen Japan schmählich verloren und in der Bosnienkrise von 1908 Österreich nachgegeben hatte. Ein erneutes Nachgeben wurde unberechenbare Folgen für Rußlands Position auf dem Balkan haben, während die revolutionären Kräfte im Inneren von einem solchen Gesichtsverlust profitieren würden. Für Paris lagen die Karten verhältnismäßig einfach, man konnte mit einem gewissen stoischen Fatalismus die Entscheidungen der anderen abwarten. Wenn es zwischen Rußland und Deutschland zum Krieg kam, blieb nur eine einzige Möglichkeit, und die schon beinahe mythische Revanche stand vor der Tür. Lief alles noch einmal glimpflich ab, war für Frankreich noch nichts verloren. Ausschlaggebend war vielleicht die Haltung Londons – ausschlaggebend, weil Großbritannien formal am wenigsten gebunden war. Deshalb blieb auch für Berlin die entscheidende Frage, wie London handeln würde, im ungewissen. Auch London hatte jedoch letztlich seine Prioritäten. Eine zweite Niederlage Frankreichs würde für Großbritannien nicht hinnehmbar sein, das war im Grunde schon lange ausgemacht. Dieser Gefahr zu begegnen, war also vordringlich. Die Entscheidung wurde zusätzlich noch durch den deutschen Angriff auf Belgien erleichtert, der für den britischen Generalstab keineswegs überraschend kam. Die brutale Verletzung der belgischen Neutralität ließ London jetzt gar keine andere Wahl. Aber bei der Beschreibung dieses ganzen Mechanismus von Aktionen und Reaktionen dürfen wir nicht vergessen, daß es um Prioritäten ging, die durch die damaligen Normen und Denkweisen vorgegeben waren, wobei das Bild vom Krieg ein Faktor war, der nicht mißachtet werden darf.

Die Presse und die Bevölkerung in Europa waren im großen und ganzen über diese Hintergründe informiert, aber natürlich nicht über die Details und Feinheiten all dessen, was in den Palästen, Regierungsämtern und Botschaften hinter verschlossenen Türen erwogen wurde. Zwischen Regierung und Presse gab es durchweg noch einen beträchtlichen Abstand, sogar in den liberaleren Staaten. Die hartnäckige und freimütige Art des Umgangs mit Politikern, die sich Journalisten in der zweiten Jahrhunderthälfte erlauben sollten, war undenkbar. Pressekonferenzen kannte man nicht. Der einzige Ort, an dem sich ein Staatsmann für seine Politik zu verantworten hatte, war das Parlament. Das Verhältnis zwischen Politikern und Presse war trotz aller liberalen Reformen und Bürgerrechte noch in hohem Maße von der Vorstellung bestimmt, daß es hier einen Stand der Herrschenden gebe, der Eingeweihten, und dort einen Stand der Regierten und somit Unwissenden. Dies galt um so mehr, als ein sehr hoher Anteil der höchsten Ämter und diplomatischen Posten noch in der Hand von Adligen war, die sich seit jeher mit dem Stand der Regierenden identifizierten, außer in der französischen Dritten Republik. Gerade die oppositionelle Presse war, wenn es um politische Hintergründe ging, gewöhnlich eher auf Spekulationen und scharfsinnige Kombinationen angewiesen. Direkte Informationen bekam sie kaum, wenn es natürlich auch undichte Stellen, Indiskretion und Bestechung gab, die wohl zeitlose Erscheinungen sind. Es war für die Regierungen viel einfacher als im späteren Rundfunk- und Fernsehzeitalter, die für die Bevölkerung bestimmten Informationen zu filtern. In den Krisenwochen, also zwischen dem Attentat von Sarajewo und Ende Juli, Anfang August, als endlich wie Entladungen eines Gewitters, das lange in der Luft gelegen hat, die gegenseitigen Kriegserklärungen hereinbrachen – Österreichs an Serbien, Rußlands an Österreich, Deutschlands an Rußland, Frankreichs an Deutschland, Deutschlands an Belgien und schließlich Englands an die Mittelmächte –, in jenen Wochen davor blieb das Bild für Nichteingeweihte verworren, und die Regierungen waren eher darauf aus, die Gemüter zu beruhigen. Von den eigenen Vermittlungsversuchen machte man viel Aufhebens, und alle betonten selbstverständlich ihre glühende Friedensliebe. Dies trug dazu bei, daß die Mobilmachungsbefehle und gleich darauf die Kriegserklärungen auf das Gros der Bevölkerung schließlich doch wie ein Schlag wirkten – abgesehen von einer Minderheit von tiefer Eingeweihten oder scharfsinnigen Beobachtern. Aufgrund der offiziellen, auch von der Presse übernommenen Version der Ereignisse, war man einhellig der felsenfesten Überzeugung, daß die Schuld allein beim anderen lag, der vorsätzlich, im Zuge eines unheilvollen Komplotts, den eigenen Staat überfallen wollte. Mit dem Krieg nahm man also nur das elementare Recht auf Selbstverteidigung wahr: Die Engländer und die Franzosen waren überzeugt, Deutschland verfolge ganz offen die Absicht, Europa zu unterwerfen. Die Deutschen waren genauso überzeugt, daß die Entente eine »Einkreisung« geplant habe, um Deutschland zu strangulieren und ihm seinen rechtmäßigen Rang zu nehmen. Österreicher sahen eine serbisch-russische Intrige mit dem Ziel, die Doppelmonarchie zu vernichten. Die Serben sahen, daß Österreich ihren Staat liquidieren wollte, und die Russen betrachteten die Politik der Mittelmächte als Versuch, das Zarenreich erneut zu demütigen.

Die Überraschung erklärt den Rausch von Chauvinismus und Kriegsbegeisterung, der jetzt die Menschen in allen betroffenen Ländern und besonders in den Hauptstädten ergriff – ein Erlebnis, das für die Zeitgenossen unvergeßlich blieb. In den Tagen der Mobilmachungen war die Spannung, waren Hoffnung und Furcht natürlich überall sehr deutlich zu spüren gewesen, aber als die Würfel dann gefallen waren, schien sich eher eine ungeheure Erleichterung der Massen zu bemächtigen als Verzweiflung oder Pessimismus. Mit den Bildern dieser Tage – jubelnde Menschenmengen bei strahlendem Sommerwetter auf den Straßen der Hauptstädte, junge, lachende Soldaten, mit Blumen an Helmen und Gewehren, winkende Mütter und Bräute, die ersten Züge in Richtung Front vollgeschmiert mit martialischen Parolen, als hätte man den Sieg schon in der Tasche, weil die Feinde im Grunde nur Schwächlinge wären – mit diesen Bildern hat sich der »August 1914« unauslöschlich ins Gedächtnis eingegraben – nicht nur in das Gedächtnis der Zeitgenossen, sondern auch in das der mitunter etwas verwunderten Nachwelt. Wie alle Bilder zeigen auch diese nur einen kleinen Ausschnitt. Es waren buchstäblich Momentaufnahmen. Die Atmosphäre des Rausches war sehr fotogen, aber das heißt nicht, daß die Bilder inszeniert worden wären.

Wie ist diese Begeisterung, die fast ohne Unterschied in allen kriegführenden Ländern herrschte, zu erklären? Zweifellos darf man den Anteil der Selbstbetäubung an dem großen Rausch nicht vergessen, etwas, das sich auch in dem jungenhaften Draufgängerton der Parolen äußert und zur Stimmung unter jungen Männern paßt, die sich zu einer gefährlichen Unternehmung aufmachen. Es ist wie Pfeifen im dunklen Wald. Und dies gilt im großen und ganzen sicherlich auch für die Massen, die sich überall zusammendrängten. Aber da war noch mehr.

2 Die Stunde des Nationalismus

Wenn sich jemals zeigte, mit welch berauschender Kraft der Nationalismus Menschen vereinen kann, dann in diesen Wochen. Im vitalistischen Denken bedeutete Krieg Erneuerung und Heilung einer degenerierten Nation, aber diese Idee war natürlich typisch für höher Gebildete und fand nur bei Intellektuellen und Studenten Anklang. Der großen Mehrheit wird sie nicht viel gesagt haben. Allerdings war auch diese mit einem romantisierten und heroisierten Bild vom Krieg aufgewachsen, wie es in Jungenbüchern, vor allem aber in der Schule vermittelt wurde. Überall wurden regelmäßig zum Gedenken an die ruhmreichen Siege der nationalen Vergangenheit Feiern mit Flaggen, Musik und dröhnenden Ansprachen begangen, und Stadträte, Lehrer und Professoren ergriffen dann mit beiden Händen die Gelegenheit, in der Öffentlichkeit ihren glühenden Patriotismus und ihre Beredsamkeit, diesen anerkannten Nachweis von Gelehrsamkeit, herauszustellen. Diese Rituale mußten bewirken, daß sich heranwachsende Kinder, vor allem Jungen, unter »Krieg« in erster Linie ein Ereignis von großartiger Dramatik vorstellten, bei dem die männlichen Tugenden sich entfalten konnten. Er verhalf den Teilnehmern zu unsterblichem Ruhm und Schülern später zu einem schönen, feierlichen Gedenktag. Das Blutige daran verlieh der Sache noch zusätzlichen Reiz. In Versen und in Liedern, die man seit Generationen gesungen hatte, wurde auch der Tod fürs Vaterland verherrlicht, als Pflicht, ja eigentlich sogar als das schönste Los, das einem Mann zuteil werden konnte: »Kein schön'rer Tod ist in der Welt, als wer vom Feind erschlagen«, wie ein deutsches Soldatenlied zu erzählen wußte. Das mußte wunderschön sein, auf dem grünen Gras in freier Natur!

In beiden deutschsprachigen Kaiserreichen gehörten die farbenfrohen Paraden und Aufmärsche – mit den Garderegimentern in ihren bunten Uniformen, mit flatternden Fahnen und schmetternder Blasmusik, vor allem aber der Reiterei auf ihren glänzenden Pferden – für den Bürger und nicht weniger für das bürgerliche Mädchen zu den festlichsten Augenblicken. Sie hatten, zumindest in den protestantischen Regionen, das Schauspiel der Prozessionen und anderen kirchlichen Zeremonien verdrängt, dabei aber auch etwas von deren religiös-ästhetischer Bedeutung angenommen. Auch im republikanischen Frankreich war die Armee von einem Glorienschein umgeben, den ihr die Niederlage von 1870/71 keineswegs genommen hatte. Dafür haftete zu viel alter Ruhm, zu viel, das lieb und teuer war, an den Fahnen und malerischen Uniformen. Gegenüber dem langweiligen bürgerlichen Grau und Schwarz der Politiker wirkten die grellen, fröhlichen Farben der Armee besonders festlich. Die Uniform verlieh ihrem Träger ein außerordentliches Maß an ästhetischer Wirkung und Würde, gerade weil sie den einzelnen entindividualisierte und in einem größeren Ganzen aufgehen ließ. Dazu kam ihre unleugbare erotische Anziehungskraft, die letztlich darauf zurückging, daß die Soldatentracht heimlich an Gefahr und Tod erinnerte. Eros und Thanatos waren darin eins, dafür hatte man von jeher ein sicheres Gespür gehabt. All dies bot reichliche Entschädigung für die Disziplinierung, die Austreibung des Individuellen und die Verpflichtung zum Einsatz des Lebens. Die Uniformen und ihre Farbkombinationen symbolisierten die Nation, das Eigene, genau wie Flaggen und Embleme, ja noch mehr als diese, denn sie waren lebendige Symbole. Die Feuerkraft der modernen Waffen sollte dieser Farbenpracht allerdings ein schnelles Ende bereiten. An der Front war jetzt nicht mehr Erkennbarkeit, sondern Tarnung geboten. Gegen die Nivellierung und Verarmung auf diesem Gebiet, gegen den Übergang zu Graugrün oder Khaki erhob sich, wie zu erwarten, viel emotional gefärbter Widerstand. Dies betraf in Frankreich vor allem die Abschaffung der roten Hose, die im ganzen neunzehnten Jahrhundert weltbekanntes Erkennungszeichen des französischen Soldaten gewesen war. »Die rote Hose, das ist

Frankreich!« erklärte der Kriegsminister erregt, als diese Frage aufs Tapet gebracht wurde.

Wir haben zuvor den Nationalismus als ein vor allem bürgerliches und städtisches Phänomen beschrieben, als Ideologie, die in der Epoche stürmischer Industrialisierung und schnellen sozialen Wandels zu einer Pseudoreligion geworden war. Im Nationalismus – zu dem sich ursprünglich, zur Zeit der Romantik, vor allem Intellektuelle bekannt hatten, da er ihrer Idee der Nation als organischer Einheit entsprach – fanden die Massen im Gedränge der modernen Stadt, aus traditionellen Bindungen gelöst, einen neuen Glauben, der sie auch deshalb ansprach, weil er im Unterschied zum Christentum nicht in Widerspruch zur modernen Wissenschaft geriet. Im Gegenteil.

Die von Historikern und Soziologen hervorgebrachte Literatur zum Nationalismus ist unübersehbar. Dabei sind Definitionen des Begriffs und Interpretationen des Phänomens »Nationalismus« in verwirrender Vielfalt entstanden, und das gleiche gilt für den Begriff der Nation. Niemand, der sich mit dem Thema beschäftigt, kann daran vorbeigehen, allerdings ist es an dieser Stelle nicht möglich, sich auf die theoretische Diskussion einzulassen.

Unmittelbare Konsequenzen des Nationalismus sind missionarischer Eifer und Expansionismus. Wenn die Verhältnisse ein Ausleben dieser Neigungen nicht erlauben – zum Beispiel bei kleinen, schwachen Staaten –, versucht der Nationalismus sich damit zu behelfen, daß er die Tugenden der eigenen Nation hoch über die der anderen stellt. In Konfliktsituationen wird er immer zur Aggression gegen die anderen Nationen neigen. Nationalismus ist deshalb auch mehr als eine Ideologie, wie Sozialismus oder Kommunismus. Er gründet sich nicht auf ein rational untermauertes und argumentativ zu stützendes System von Überzeugungen, etwa im Hinblick auf eine bestimmte anzustrebende Gesellschaftsordnung. Er beruht auf der naturgegebenen emotionalen Bindung des einzelnen an sein Land und seine Kultur und auf den Vorbehalten gegenüber dem Fremden, dem anderen. Diese Gefühle werden mit einem Gemisch von Ideen aufgeladen, zu denen Vorstellungen über die Vortrefflichkeit des eigenen Wesens und über den Kontrast zu den anderen gehören, wie auch die Lehre, daß alle Interessen dem nationalen Nutzen zu weichen haben. Im Unterschied zum Begriff der Klasse, mit dem man die sozialen Gegensätze in abstrakte Kategorien umsetzt (wobei andere Bindungen nicht berücksichtigt werden), appelliert der Begriff der Nation viel stärker an elementare, durch Sprache, Umwelt und traditionelle

Lebensformen bedingte Gefühle der Zusammengehörigkeit, die auf die Idee der Nation übertragen werden. Dahinter steht das vertraute Urmodell der Familie, die Jung und Alt vereinte und zugleich von einer harmonisierend wirkenden Hierarchie geprägt war. Ein solches Urmodell, das jedem einleuchtete, fehlte dem Klassenbegriff. Entscheidend war aber außerdem, daß der Staat erkannte, welche Bedeutung die Idee der Nation hatte, und all seine Macht und seine Möglichkeiten einsetzte, um die Bevölkerung im nationalen Geist zu erziehen. Daß der Nationalismus die Funktion einer Religion erfüllte, zeigen sowohl die nationalen Rituale und Symbole, Feste und Gedenktage, Flagge und Hymne, als auch die charakteristischen Metaphern, wobei das »Vaterland« oder die heilige Zweiheit von »König und Vaterland« in direkter Beziehung zu Gott und unter dessen besonderem Schutz stand. Im altbekannten Erwähltheitstopos waren im Grunde schon religiöse und nationale Elemente verschmolzen. Das Vaterland: La France, Deutschland, Great Britain, Holland oder Nederland – diese Namen weckten Affekte, zu denen Rührung, sublimierte Liebesgefühle, Opferbereitschaft und der Wille zu asketischer Selbstverleugnung gehörten, durchaus vergleichbar mit den Gefühlen, die die Namen von Christus, Maria und den Heiligen bei den Gläubigen weckten. Ganz neu war das alles nicht: Seit frühesten Zeiten war die Bindung des einzelnen an das eigene Volk und die eigene Gemeinschaft etwas gleichsam Natürliches, und vor allem in Kriegssituationen überwog sie alles andere, so daß es zu Ausbrüchen von Patriotismus und Fremdenhaß kam. Vaterlandsliebe galt als die höchste Tugend. *»Dulce et decorum est pro patria mori«*, hatte schon Horaz gesungen. Aber erst der Zerfall der Ständegesellschaft und die Politisierung der Bevölkerung bereiteten der modernen Idee der Nation den Weg. Auf jeden Fall zeigte sich jetzt, da der Gedanke an die Nation in der Stunde der großen Konfrontation diesen beispiellosen nationalen Einheitsrausch hervorrufen konnte, in welchem Maße die »Nation« als höchster Wert im Laufe des neunzehnten Jahrhunderts andere Werte verdrängt hatte.

Daß die Regierungen in den Wochen oder Tagen, die dem Kriegsausbruch vorangingen, gezielte Kriegspropaganda betrieben hätten, kann man nämlich schwerlich behaupten, wenn ihre Informationspolitik natürlich auch sehr einseitig war. Was seine Spontaneität angeht, war der Gefühlsüberschwang der Bevölkerung aber unverdächtig, ganz im Gegensatz zu den Jubel- und Beifallskundgebungen, die später von diktatorischen Regimes inszeniert werden sollten. Die nationale Gesinnung ließ gar keinen anderen Schluß zu als den, daß das Recht auf der Seite des eigenen Volkes war.

So eilten außer den Wehrpflichtigen auch Tausende von Freiwilligen zu den Fahnen, sowohl alte Veteranen als auch junge Studenten und sogar Schüler. Auffallend war dabei der hohe Anteil von Jungen aus der Jugendbewegung und von jungen, vor allem avantgardistischen, Künstlern – ein Anzeichen dafür, daß man in diesen so sehr von Idealismus durchdrungenen Kreisen den Krieg als einmalige Chance zur Läuterung einer als krank und korrupt betrachteten Welt sah. Dabei waren viele ganz und gar nicht von Haß oder fanatischem Chauvinismus erfüllt. Der Soldat wurde beneidet und glücklich gepriesen, nicht zuletzt von den Jungen, die noch zu jung für den Krieg waren und von denen einige ihre Enttäuschung darüber, daß sie nicht mitdurften, in Versen verewigten. In England, wo es noch keine Wehrpflicht gab, wurde Lord Kitchener, maßgeblicher Befehlshaber und populärer Held des Burenkrieges, zum Kriegsminister ernannt und mit der Aufstellung einer Armee beauftragt, die zum größten Teil aus Freiwilligeneinheiten gebildet werden mußte, den »Kitchener Armies«. Auf großen Plakaten wandte er seinen martialischen Kopf und seinen ausgestreckten Zeigefinger allen jungen Männern zu und rief: »Dein König und Vaterland brauchen Dich!« Damit stieß er nicht auf taube Ohren. Mit Krieg wurde in England, anders als auf dem Kontinent, auch der Leistungssport assoziiert, was geeignet war, vertraute Empfindungen hervorzurufen. Besonders in den Industriegebieten, den Midlands, meldeten sich ganze Fußballmannschaften, die dann auch geschlossen in die Armee aufgenommen wurden, wobei man es mit dem Mindestalter von achtzehn Jahren nicht immer so genau nahm. Hier handelte es sich vor allem um Jungen aus der Arbeiterklasse.

Auch in diesem Fall waren es manchmal weniger Nationalismus oder Haß, die die Jungen zu ihrem Schritt bewogen, als Verlangen nach Abenteuer und Spannung, die der Krieg versprach. Für jemanden, der vom Leben hauptsächlich zwölfstündige, monotone Arbeitstage in der Fabrik und kargen Lohn zu erwarten hatte, bedeutete das Soldatenleben Befreiung und Abwechslung. Auch aus anderen Schichten meldeten sich sehr viele Freiwillige im Gruppen- oder Mannschaftssverband, Gruppen, die durch familiäre oder freundschaftliche Beziehungen verbunden waren, oder Gruppen, die sich in Universitäten, Schulen oder anderen Ausbildungsinstituten gebildet hatten. Sie wurden als deutlich erkennbare Einheiten, benannt nach ihrer jeweiligen Institution oder Region, in die Armee aufgenommen. Dies waren die sogenannten »Pals Battalions«. Allerdings war es in allen Armeen üblich, bei der Zusammenstellung der Einheiten die Herkunft zu berücksichtigen, um das Zusammengehörigkeitsgefühl zu stärken. So gab es im deutschen Heer noch ganz selbstverständlich bayrische, hessische oder württembergische Regimenter, und bei den anderen war es ebenso. Auf diese Weise förderte man außerdem eine gewisse, für die Moral sehr nützliche Rivalität zwischen den verschiedenen Einheiten, den Drang, sich in Tapferkeit und Heldentum vor den anderen auszuzeichnen.

3 Der Sozialismus am Scheideweg

Nichts erwies die überwältigende Macht des Nationalismus in diesen Tagen so überzeugend wie die Haltung der sozialistischen Mehrheitsparteien in Europa. Trotz des Reformismus und obwohl sie de facto aus taktischen Gründen am parlamentarischen Spiel teilnahmen, waren sie überall noch prinzipiell Gegner des Systems. Sie hielten an ihrem Ziel einer rein sozialistischen Gesellschaft fest und hatten auf zahlreichen Kongressen den Krieg als Ausfluß des kapitalistischen Imperialismus verurteilt. Krieg läge nicht im Interesse der Arbeiterlasse. Das internationale Proletariat würde gemeinsam streiken, um ihn unmöglich zu machen, so lautete eine Parole, die man oft hören konnte und die von vielen übernommen wurde. Noch 1912 war bei einem internationalen Kongreß in Basel eine Resolution verabschiedet worden, in der man den Krieg ächtete und den Generalstreik für den Fall forderte, daß er ausbrechen sollte. So kam es auch während der Julikrise 1914 bei den Sozialisten auf internationaler Ebene zu hektischer Aktivität und häufigen Konsultationen. Bei einem sozialistischen Kongreß in Paris rief der große, kämpferische Humanist und Sozialist Jean Jaurès, im Bewußtsein, daß es fünf vor zwölf war, beschwörend aus: »Nieder mit dem Krieg, Krieg dem Kriege!« Er bewog die Partei zur Annahme einer Resolution, in der sie deutlich ihre Ablehnung des Krieges erklärte und erneut den Streik in Aussicht stellte, von dem man sich so viel versprach.

Die große, von den Sozialisten seit Jahren vorausgesagte Herausforderung der internationalen Arbeiterklasse und ihrer Lehre durch den Staat der Besitzenden und vom Besitz Korrumpierten stand vor der Tür. Jetzt mußte sich erweisen, daß man auf die notwendige, alle nationalen Grenzen überschreitende Solidarität der Arbeitenden und Ausgestoßenen zählen konnte, die man seit Generationen gefordert und gepredigt hatte, in Hunderten von Manifesten und Ansprachen, in scharfsinniger theoretischer Analyse und mit leidenschaftlichem Pathos, in allen Sprachen, in vielen Ländern, und gerade in denen, die jetzt am meisten betroffen waren. Es hatte geradezu symbolische Bedeutung, daß der Mann, der dem Krieg öffentlich eine verzweifelte und leidenschaftliche Kriegserklärung entgegengeschleudert hatte, zwei Wochen später, am 31. Juli 1914, von einem Nationalisten erschossen wurde – zur Zeit der Mobilmachungen, als er gerade Ministerpräsident Viviani persönlich noch zu einer Intervention hatte bewegen wollen, die die russische Mobilmachung verhindern sollte. Mit Jaurès' Körper brach der weltweite pazifistische Sozialismus zusammen, das Vermächtnis des kämpferischen, humanen Fortschrittsoptimismus des neunzehnten Jahrhunderts. Nicht, daß Jaurès am Lauf der Dinge etwas hätte ändern können. Er hatte genug einflußreiche Kampfgenossen in anderen Ländern, die das auch nicht mehr vermochten. Sein Tod offenbart nur gleichsam physisch die ganze Ohnmacht des internationalen Sozialismus gegenüber dem Nationalstaat und seiner Ersatzreligion.

Denn entscheidend war natürlich, daß der Nationalismus nicht nur die antisozialistische Religion der Mittelklassen, sondern auch die des Staates mit seinem gesamten Machtapparat war. Diesem Staat und seinen Gesetzen konnten die sozialistischen Parteien im Grunde nur Empfehlungen und leidenschaftliche Aufrufe entgegenstellen. Daß es nicht trotzdem zu einmütigem Protest und einem allgemeinen Verweigerungsaufruf kam, hatte hauptsächlich zwei Gründe, einen äußeren, praktischen, und einen inneren, mentalen. Erstens riskierte jeder Kriegsdienstverweigerer sehr schwere Strafen. Gewissensgründe wurden nirgendwo anerkannt. Ein Streik war faktisch offene Rebellion und erforderte, wenn man sich gegen die Staatsmacht durchsetzen wollte, einen regelrechten Aufstand. Zudem waren – und das ist hier das Wesentliche – auch Sozialisten, was Sprache, Kultur, Lebensweise und Mentalität anging, Kinder ihres Landes. Trotz ihrer theoretischen Klassensolidarität, trotz der tiefen Kluft, die sie von den bürgerlichen Klassen trennte und sie in den Augen vieler Bürger zu halben oder wirklichen Volksverrätern stempelte, waren sie doch ein Teil der Nation und mit all den zähen emotionalen und praktischen Banden des Alltagslebens an sie gebunden.

Auf theoretischer Ebene hatte sich dies darin geäußert, daß auch der Sozialist seiner eigenen Nation beim Marsch in das erträumte Land der sozialistischen Zukunft gewöhnlich eine besondere Rolle zusprach. Schon darin zeichnete sich eine unterschwellige Verschmelzung sozialistischer Ideen und patriotischer Gefühle ab. In der Verwirrung der Julikrise glaubte man leicht, daß die Schuld in erster Linie bei den anderen lag, und vor allem *wollte* man es auch in den Reihen der Sozialisten gerne glauben. Und wenn man jetzt, in der Stunde des Kampfes, zur Nation stand, würde dies für die Zukunft der Partei und ihre Chancen im eigenen Land nur günstig sein, die sozialistischen Reihen stärken und vor allem das Märchen vom sozialistischen Vaterlandsverräter ein für allemal widerlegen.

Aber auch unabhängig von diesem taktischen Gesichtspunkt hatte der Sieg des Vaterlandes Vorrang. Zwar war es keineswegs so, daß die sozialistischen Parteien und ihre Führer das quälende Dilemma nicht erkannt hätten, daß es nicht zu heftigen internen Debatten über den richtigen Kurs gekommen wäre, daß es keine Prinzipientreuen gegeben hätte, die jegliches Gefeilsche mit dem politischen Gegner ablehnten. Letzten Endes jedoch gab die Bindung an das Vaterland den Ausschlag. Unaufhaltsam senkte sich die Waagschale hin zur bedingungslosen Unterstützung der eigenen Regierung und des eigenen Landes. Mitten in der sofort aufgeflammten nationalistischen Hysterie war ein anderer Kurs eigentlich undenkbar. Und so stimmten die sozialistischen Mehrheitsparteien für die Kriegsanleihen. Die Gegenleistung der anderen Parteien war, daß sie die ausgestreckte Hand ergriffen. Überall kam es zu einem Burgfrieden. Die Zeitschrift *La Guerre sociale* von Gustave Hervé erschien bald unter dem Namen *La Victoire*. Es war wieder einmal Wilhelm II., der das zur Situation passende geflügelte Wort schuf, und diesmal gab er die Gefühle treffend wieder: »Ich kenne keine Konfessionen mehr, ich kenne keine Parteien mehr, ich kenne nur noch Deutsche!«

Eine Minderheit von Linksradikalen, meist der orthodox-marxistische Flügel, blieb bei ihrem Nein. Die Spaltung der Sozialisten, die daraus folgte, sollte während des Krieges und vor allem danach weitreichende Konsequenzen haben. In der Stunde der nationalen Verbrüderung und Hurrastimmung in Deutschland, Frankreich, England, Österreich und Rußland machte man sich darüber erst einmal keine Gedanken.

4 Die Ideen von 1914

Gewöhnlich sind es die Gebildeteren, die Zeugnisse ihrer Empfindungen hinterlassen. Dies gilt auch für den Rausch des August 1914. Das Jubelgeschrei kam in erster Linie von den oberen Schichten. Das heißt aber gewiß nicht, daß der Begeisterungsausbruch auf eine Elite oder das Bürgertum beschränkt gewesen wäre. Der Eindruck allgemeiner Verbundenheit quer durch alle sozialen Schichten war stark und überall spürbar. Für einen Augenblick schienen tatsächlich alle – wie nie zuvor und auch niemals wieder – zu einer großen nationalen Familie vereinigt.

Schul- und Wehrpflicht hatten für eine gewisse Annäherung zwischen Jugendlichen gesorgt. Aber es waren vor allem die Gebildeteren, die den Taumel in Worte faßten und den Späteren ein Bild von ihm vermittelt haben – das Bild einer rauschhaften Betäubung, die jegliches kritische, nüchterne Nachdenken zunächst einmal nahezu unmöglich machte. Das Ideal der wahren nationalen Gemeinschaft, in der alle sozialen Unterschiede und Gegensätze weggeschmolzen sein würden, jenes Ideal der höheren Einheit, das den Nationalismus des neunzehnten Jahrhunderts inspiriert hatte, schien tatsächlich für einen wunderbaren Augenblick Wirklichkeit geworden zu sein. So jedenfalls empfanden es die Zeitgenossen, ein Anzeichen dafür, wie übermächtig das psychische Bedürfnis nach einer solchen Einheit war.

Die Intellektuellen – Autoren, Künstler, Publizisten, die Spitze der Bildungselite – griffen vor allem im ersten Kriegsjahr überall zur Feder, um ihren Beitrag zum Kampf beizusteuern. Ihr Eifer hatte mehrere Gründe: Er beruhte auf dem traditionellen Anspruch des Intellektuellen, für das Volk die Rolle eines geistigen Führers und Deuters der Ereignisse zu spielen, und seinem schlechten Gewissen, weil er eine privilegierte Stellung einnimmt, befreit von schwerer, schmutziger Arbeit, aber auch frei von der Verantwortung der Politiker und Militärs. Dies galt für die älteren Intellektuellen, die keinen Kriegsdienst mehr abzuleisten brauchten. Wir haben schon erwähnt, daß unter den jungen Freiwilligen gerade der Anteil von Studenten und Künstlern, künftigen Kulturträgern, besonders hoch war. Hierbei darf man übrigens die großen Unterschiede zwischen den Ländern nicht übersehen. In England und Frankreich, wo der Politisierungsprozeß in den Mittelklassen viel früher begonnen und ihnen mehr Einfluß verschafft hatte als bei den Mittelmächten, empfand man die Trennung von Geistesleben und Machtpolitik auch als weniger scharf. Besonders im deutschen Kaiserreich aber gab es diesen Abstand zwischen Geist und Macht, und dies erklärt, daß die Intellektuellen sich gerade hier veranlaßt fühlten, sich auf ihre Weise am Kampf zu beteiligen.

Der Krieg wurde in beiden Lagern fast vom ersten Augenblick an als ein Ringen dargestellt, bei dem nicht weniger als die Existenz der Nation auf dem Spiel stand. Eine überwältigende Mehrheit zweifelte nicht daran, daß der Feind das Ausbrechen des Krieges verschuldet hatte. Und diejenigen, die es doch taten, zögerten nicht, auch universale Rechtsprinzipien dem unterzuordnen, was sie jetzt als höheres Recht betrachteten, das Lebensrecht der Nation. Der Krieg war also notwendig, und er würde überdies ganz allgemein eine reinigende Wirkung haben, auch bei der eigenen nationalen Gemeinschaft. Gerade im Hinblick auf viele Gebildete und Künstler wäre es kurzsichtig, die Kriegsbegeisterung allein auf wilde chauvinistische Haßgefühle zurückzuführen. Nicht der Kampf gegen ein bestimmtes Volk, sondern der Krieg als Vater schöpferischer Kräfte wurde gefeiert, wenn sich auch in die Euphorie, der diese Deutung des Krieges entsprang, schon bald viel hemmungslose nationalistische Wut mischen konnte. Religiöse und biologistische, vulgärdarwinistische Vorstellungen vermengten sich hier. Manche kamen von dieser Haltung schnell wieder ab, bekämpften den Krieg als verbrecherische Torheit, wurden überzeugte Pazifisten und suchten den Kontakt zu Gleichgesinnten im anderen Lager, wie Stefan Zweig und Romain Rolland, der sich 1915 mit seinem Buch *Über dem Getümmel* sehr nachdrücklich vom Freund-Feind-Denken distanzierte. Auch Frederik van Eeden spielte in dieser pazifistischen Bewegung eine Rolle. Wegen der Neutralität der Niederlande erschien er dafür natürlich besonders geeignet. Noch einige andere Schriftsteller hielten sich fern vom großen Sturm. Aber selbst von Dichtern, denen Nationalismus ganz fremd war oder die ausgesprochen antinationalistisch eingestellt waren, wie Hermann Hesse und Rainer Maria Rilke, die sich sonst immer fern von den Emotionen der Masse hielten, sind aus diesen ersten Augusttagen Äußerungen überliefert, mit denen sie in das überwältigende Fortissimo des chauvinistischen Chors einstimmten. Man darf natürlich nicht vergessen, daß der einzelne auch keine andere Wahl hatte als Zustimmung und innerliche Anpassung – vor allem, wenn er eingezogen wurde – oder geistige Isolation.

In England und Frankreich galt es gleich als ausgemacht, daß der Krieg dem hemmungslosen Machtstreben Deutschlands zuzuschreiben sei. Die

Verletzung der belgischen Neutralität und das brutale Vorgehen des deutschen Militärs gegen belgische Zivilisten, die man der Sabotage verdächtigte, die Exekution von Geiseln, die Zerstörung Löwens und vor allem das Niederbrennen der weltberühmten Bibliothek als Vergeltungsmaßnahmen für Widerstandsaktionen gleich in den ersten Kriegsmonaten erweckten weltweit Abscheu und lösten einen Sturm der Entrüstung aus. Die britische Kriegserklärung schien dadurch noch nachträglich voll und ganz gerechtfertigt zu werden. Das Vorgehen der Deutschen warf, so schien es, plötzlich ein neues und sehr ungünstiges Licht auf die deutsche Geschichte insgesamt. Offensichtlich verbarg sich unter der dünnen Schicht der Zivilisation noch ein übermächtiger *furor teutonicus*. Alle Symptome für Eroberungsdrang, die in der Vergangenheit aufgetreten waren, der Glaube an eine Politik von Blut und Eisen und alldeutsche Expansionsbestrebungen, schienen auf einmal logisch zusammenzuhängen, und mit Bestürzung stellte man fest, daß die deutsche Kultur mit der hier erkennbaren Tendenz vollkommen übereinzustimmen schien. So führte J. W. Allen in seinem Buch *Germany and Europe* Nietzsche als Kronzeugen dafür an, daß Deutschland sich von der europäischen Zivilisation und Moral abgewandt hatte. Nietzsche, hier unter anderem als Prophet der »blonden Bestie« zitiert, der Historiker Treitschke, Verherrlicher der Bismarckschen Machtpolitik, und die Alldeutschen haben laut Allen den deutschen Staat und seine politischen Führer mit ihren Ideen vollständig indoktriniert.[3] Natürlich wurde das schon erwähnte Buch von Bernhardi als Trumpfkarte ausgespielt, denn in ihm verriet sich die wahre deutsche Natur. Zu den maßgeblichen englischen Schriftstellern, die den Krieg in einen umfassenden historischen Zusammenhang stellten, gehörte auch der Erzähler und streitbare Essayist Gilbert Keith Chesterton, der schrieb: »Wir kämpfen für Vertrauen und Verständigung zwischen allen Menschen, für alles, was das Leben zu etwas Besserem als einem allgemeinen Alptraum macht«.[4] Ähnliche Gedanken wurden auch 1915 in *Between St. Denis and St. George* von Ford Madox Ford entwickelt.[5] In Frankreich publizierte Émile Boutroux, der vor allem Treitschke als geistigen Vater unverblümter Machtpolitik darstellt, 1915 *L'Allemagne et la Guerre*.[6] Boutroux, Kenner der deutschen Kultur, nimmt eine Unterscheidung vor, die im Laufe des zwanzigsten Jahrhunderts, erst außerhalb Deutschlands, viel später auch in Deutschland selbst, zu einem gängigen Topos werden sollte. Zwischen dem Deutschland von Leibniz, Kant und Goethe und dem Bismarcks und der Machtpolitik muß deutlich unterschieden werden; es gibt ein gutes, humanes und ein schlechtes, amoralisches Deutschland, und darum gilt: »Unsere Sache ist nicht nur gerecht, sie geht alle Völker an, die leben wollen«.[7] Besonderes Gewicht hatte natürlich das Urteil Bergsons, der hinter den anderen nicht zurückstand, als es darum ging, das Bild eines feindlichen Volkes von Barbaren zu beschwören. Frankreichs Sache hingegen sei »die der Menschlichkeit selbst«.[8] Das ist nur eine kleine Auswahl aus einem reichen Angebot. Zivilisation gegen Barbarei, so lautete die Botschaft, und sowohl britische als auch französische Autoren stellten ihre Nation als Repräsentantin und Beschützerin einer universalen Ordnung und einer Tradition der Humanität wie auch als Dienerin des Fortschritts dar. Auffällig ist, daß die Agitation sich fast ausschließlich auf Deutschland konzentrierte. Die Doppelmonarchie, die immerhin formell, mit ihrem Ultimatum, die Lunte ans Pulverfaß gelegt hatte, schien in diesem Ringen zwischen Gut und Böse lediglich die Rolle eines Büttels zu spielen. Daß der russische Verbündete hingegen innerhalb einer Allianz im Namen von Liberalität und Fortschritt eine etwas merkwürdige Figur abgab, wurde natürlich in den deutschen Erwiderungen prompt angemerkt. Die recht einseitige Ausrichtung der Propaganda ist jedoch leicht zu erklären. Abgesehen vom Überfall auf Belgien war die allgemeine Überzeugung entscheidend, daß Deutschland der wichtigste Gegner war, der eine reale Bedrohung für den Westen darstellte, nicht die unübersichtliche Donaumonarchie, deren Interessen außerdem die der Entente nicht unmittelbar berührten. Somit waren auch die theoretischen Betrachtungen und Zukunftsvorstellungen, mit denen die Intellektuellen das gegenwärtige Geschehen einzufangen versuchten, von den konkreten Machtverhältnissen geprägt.

Daß renommierte britische und französische Publizisten Deutschland unverblümt der Barbarei bezichtigten, brachte natürlich die deutschen Intellektuellen massenhaft in Aufruhr. Am härtesten traf sie der auf das Vorgehen in Belgien bezogendene Vorwurf der Unmenschlichkeit, den man nach den Exekutionen von Zivilisten und dem Brand von Löwen erhob. Dieser Vorwurf mußte die deutsche kulturelle Elite, aufgewachsen im festen Glauben an die einzigartige Bedeutung Deutschlands als Kulturnation, als Land von Dichtern, Denkern und Gelehrten, mitten ins Herz treffen. In der felsenfesten, aber etwas voreiligen Überzeugung, daß die Beschuldigungen auf infamen Lügen beruhten, schleuderte man der Welt ein von dreiundneunzig berühmten Gelehrten unterzeichnetes Manifest entgegen, dessen Titel schon den flammenden Protest ausdrückte: *Es ist nicht wahr*. Voller Empörung wies man jede einzelne Beschuldigung zurück. An der Aufrichtigkeit der Unterzeichner ist nicht zu zweifeln. Gerade das macht dieses Dokument zu einem Beispiel dafür, zu welcher politischen Naivität der Nationalismus auch bei Geistes- und Wissenschaftskoryphäen führen konnte. Diese Naivität war im kaiserlichen Deutschland wegen der traditionellen klaren Trennung von Kultur und Politik gewöhnlich größer als in den westlichen Staaten, obwohl die chauvinistische Erregung offensichtlich auch dort nicht wenig Geistesschwäche verursachte. Die deutschen Professoren aber verdankten ihr gesellschaftliches Prestige gerade dieser strengen Trennung und ihrer apolitischen Haltung, die zu ihrem Selbstbild gehörte. Die Unantastbarkeit ihrer Autorität in der Wissenschaft war gewissermaßen der Lohn für ihre politische Enthaltsamkeit und dafür, daß sie die genauso unantastbare Autorität des Staates und seiner Diener akzeptierten. Im Grunde konnte also von politischer Neutralität keine Rede sein, vielmehr war eine nationale und konservative Gesinnung ganz selbstverständlich. Viele waren Mitglied einer der zahlreichen rechten nationalen Verbände. Es war ihre Dankesbezeugung gegenüber einem Staat, der sie als Wissenschaftler verwöhnte und ihnen freie Hand ließ. Aber in der Krise sahen sie sich angesichts ihres Sozialprestiges schon bald verpflichtet, als Mentoren des Volkes und starke Stütze des Staates das Wort zu ergreifen.

In der Flut der deutschen Publikationen wurde schon von der ersten Stunde an sichtbar, was als »die Ideen von 1914« in die Geschichte eingegangen ist, eine Formel, die der Theologe und Philosoph Ernst Troeltsch 1916 als erster anwandte.[9] Auch von den Deutschen wurde gleich eine tief in der Geschichte wurzelnde Polarität zwischen Deutschland und »dem Westen« (mit anderen Worten: der Entente) skizziert. Neuidealistische Philosophen wie Eucken, Natorp und Scheler, maßgebliche Soziologen wie Sombart und Simmel, Schriftsteller wie Thomas Mann und Gerhart Hauptmann, Lyriker wie Stefan George, der schon genannte Troeltsch und sein Freund, der Historiker Meinecke, sie alle fühlten sich dazu bewogen, Deutschlands Kampf einem höheren Ziel zu weihen und ihn mit der Aura historischer, ja metaphysischer Notwendigkeit zu umkleiden. Und die hier Genannten sind nur die Bekanntesten.

Was hat man sich unter den »Ideen von 1914« vorzustellen? Im Zentrum stand der Gedanke, daß der große Krieg die innere Läuterung der Nation, die Überwindung von Materialismus, geistiger Erstarrung und kleinlichem Egoismus bringen könne, wobei man ihn gleichzeitig als Bewährungsprobe für das deutsche Wesen, das unverwechselbare Eigene der deutschen Kultur in ihrem Zusammenstoß mit westlichen Werten sah. Dennoch waren die Werte, die Deutschland repräsentierte, für die ganze Menschheit bedeutsam. Die für das andere Lager so selbstverständliche Identifikation der eigenen Interessen mit denen der Menschheit, die universalistische Tendenz, war hier allerdings viel weniger ausgeprägt. Ganz fehlte sie dennoch nicht, jedenfalls nicht bei allen. Wenn hier die Verteidigung des Eigenen stärker betont wurde, lag das auch daran, daß gerade der Universalismus als typisches Produkt eines anmaßenden, oberflächlichen und verwässerten westlichen Humanismus galt. Welche jene hohen deutschen Werte, für die man in den Kampf zog, nun eigentlich waren, bleibt jedoch vage, und dies gilt vor allem für das überall beschworene »deutsche Wesen«. Den Gegensatz zum Westen hat man seither immer wieder mit verschiedenen Begriffspaaren zu fassen versucht: Aufklärung und Romantik, Rationalismus und Irrationalismus, bürgerlich-humanistischer Moralismus und aristokratisches Ethos, Materialismus und Heldentum, Utilitarismus und Dämonie, mechanistisches und organisches Denken, Extravertiertheit und Innerlichkeit. Auf deutscher Seite versah man natürlich all das mit einem positivem Vorzeichen, was im Westen ein negatives hatte. In der Geschichtsschreibung hat der so formulierte Antagonismus tiefe Spuren hinterlassen.

Dieser Gegensatz schien durch die spätere Entwicklung bestätigt zu werden, ja es sah so aus, als würde er sich noch gewaltig verschärfen, und der Gedanke einer abweichenden deutschen Entwicklung, eines typischen »Sonderwegs«, sollte in der zweiten Jahrhunderthälfte zu einem Topos der Geschichtswissenschaft werden. Die Schwierigkeit liegt wie immer darin, daß all die genannten Begriffe eine mehrdimensionale Wirklichkeit auf etwas Zweidimensionales reduzieren. Auch unübersehbare Unterschiede werden mit einer solchen Typologie nie auf ganz befriedigende Weise erfaßt, weil es sich nicht um absolute Gegensätze wie Feuer und Wasser handelt, sondern vielmehr um eine jeweils andere Zusammenstellung und Gewichtung all der einzelnen Erscheinungen in den verschiedenen Kulturen und Gesellschaften. Spuren der genannten unterschiedlichen Traditionen und Denkweisen kann man auf beiden Seiten finden, aber ihre Bedeutung und ihre normative Kraft sind jeweils verschieden. Uns geht es aber im Augenblick nicht um die

Angemessenheit und den Wert des Schemas vom »Sonderweg«, sondern um die Überzeugungskraft, die es schon bald entfaltete. Es diente dem Versuch, die eigene Identität zu bestimmen, man entwarf damit ein Bild der eigenen Kultur, um es später immer wieder bestätigt zu finden.

Auf deutscher Seite wurde dieser ganze Katalog von Gegensätzen in dem Begriffspaar von (deutscher) Kultur und (westlicher) Zivilisation zusammengefaßt. Mit diesem Gegensatzpaar sollte der gesamte Antagonismus ausgedrückt werden können. Die bekannteste Ausarbeitung dieser Vorstellungen findet man wohl in Thomas Manns umfangreichem, gequältem Essay *Betrachtungen eines Unpolitischen*, mit dem sich der Autor während der Kriegsjahre abmühte, aber die Unterscheidung von Kultur und Zivilisation war unter Intellektuellen nach 1914 schon bald Allgemeingut. Die Vagheit der typisch deutschen Werte und vor allem jenes »deutschen Wesens«, das den gewaltigen Kampf und die Kraftanstrengung auf deutscher Seite rechtfertigen sollte, war für die Zeitgenossen keineswegs ein Problem, weil sie sich gleich etwas darunter vorstellen konnten und es bei ihnen sehr deutliche Assoziationen weckte. In Wörtern wie »innerlich«, »wahr«, »tief«, »heldenhaft«, »rein«, die in diesem Zusammenhang ständig auftauchen und auch schon in der Jugendbewegung eine so große Rolle spielten, kommt vor allem eine Ablehnung der Moderne, der liberalen, kapitalistischen bürgerlichen Gesellschaft und ihrer Mentalität, zum Ausdruck, wie sie sich auch im Kaiserreich sehr schnell herausgebildet hatte.

Hinter der Idee des deutschen Wesens ist als normatives Bild das stark romantisierte Zeitalter des Rittertums mit seinen besonderen männlichen Tugenden erkennbar. Bedeutend war aber auch der Einfluß eines lutherischen Pietismus, der die Reinheit und Religiosität des Individuums einer Welt des äußeren Scheins, des Geldes und des Erfolgs gegenüberstellt. Nicht zufällig wurde der Krieg in romantische Metaphern gekleidet, auch von den Politikern, allen voran Wilhelm II., der gerne über sein »scharfes Schwert« schwadronierte und sich in wagnerischer Ritterrüstung porträtieren ließ, was noch zur Archaisierung des Kriegsbildes beitrug. Das Luthertum galt seit der Romantik auch als urdeutscher Protest gegen Rom und den Katholizismus, in dem man gerade jene Verflachung und Materialisierung des Glaubens erkannte, die man unter Berufung auf die eigene Innerlichkeit bekämpfte. Luthers Reformtheologie hatte immensen Einfluß auf die deutsche idealistische Philosophie, die 1914 noch immer das akademische Feld beherrschte, und es war kein Zufall, daß sich gerade die Neuidealisten unter den Philosophen unverzüglich mit solchem Eifer aufmachten, die deutsche Sache zu verteidigen. Doch Nietzsche und der Vitalismus ließen sich mindestens ebensogut mit dem deutschen Wesen in Einklang bringen, und zwar besonders mit dem aristokratischen Ethos des Ritters. Charakteristisch war in diesem Zusammenhang auch die Naturverehrung, als Reaktion auf Industrialisierung und Verstädterung, wobei das vorindustrielle Wertesystem als das ursprüngliche und deutsche beschworen wurde, im Unterschied zum modernen, das man mit dem Westen, besonders mit England, assoziierte.

Bei den Intellektuellen war es üblich geworden, die Trennung zwischen den beiden Bereichen zu bedauern, die sie »Geist« und »Macht« nannten, eigentlich also die zwischen dem Bildungsbürgertum und dem Bismarckschen Staat seit 1866. Sie litten unter dieser Trennung, und der Gegensatz zwischen »Geist« und »Macht« oder auch »Wort« und »Tat« war in der deutschen Literatur und Kulturkritik ein beliebtes Thema. Der Philosoph Rudolf Eucken erhob 1914 als einer der ersten seine Stimme. Er war in jener Zeit eine internationale Berühmtheit und der einzige deutsche Denker, der den Literaturnobelpreis bekommen hatte (1908). Eucken erklärte den Krieg zur großen Bewährungsprobe der deutschen Innerlichkeit; nun müßte sich erweisen, ob Deutschland seinen Auftrag in der Welt erfüllen würde.

Sein Kollege Paul Natorp, der mit der Jugendbewegung sympathisierte, sah den »Tag der Deutschen« in der Geschichte gekommen. Deutschland gehörte das Reich der Zukunft und der Jugend. Durch Natorps Zutun kam es auch zu einer wahren Fichte-Renaissance. Kurz zuvor hatten sich die Befreiungskriege von 1813 zum hundertsten Mal gejährt, und dies galt als ein Zeichen dafür, daß die Zeit reif war für eine Wiederentdeckung Johann Gottlieb Fichtes, der damals Idealismus mit politischem Engagement und Nationalismus vereint und die französische Herrschaft scharf verurteilt hatte. Max Scheler pries den Krieg lautstark als höchste Kulturäußerung, die die besten Kräfte im Menschen freisetze. Frieden dagegen bringe nur Bequemlichkeit und vulgären Utilitarismus hervor, verkündete er 1916 in *Über Gesinnungs- und Zweckmilitarismus*. Daß Scheler sich hiervon später sehr deutlich distanzierte, beweist nur die narkotisierende Wirkung des Kriegsausbruchs, die bei vielen noch ein bißchen länger anhielt. Kann man diesen und anderen, nicht erwähnten Kommentaren einen zivilisierten Ton und intellektuelles Niveau nicht absprechen, so gilt dies keineswegs für das gehässige und bösartige Pamphlet *Händler und Helden* (1915) des bekannten Soziologen Werner Sombart. Dieser stellt dem edlen, heldenmütigen deutschen Geist das niederträchtige, nur auf Geld versessene, vulgäre England gegenüber, auf eine Weise, die nicht schlecht zum späteren Propagandastil eines Goebbels gepaßt hätte. Vielleicht eine Entgleisung, die dann allerdings bezeichnend ist für den inzwischen erreichten Grad von Hysterie. Daß etwas Derartiges nicht nur einem führenden deutschen Gelehrten passieren konnte, bewies ein britischer Bischof, der verkündete, die Vertilgung der »Hunnen« sei ein gottgefälliges Werk.

Auf beiden Seiten beschwor man also den Geist eines Kreuzzugs, und die Kirchen beteiligten sich nach Kräften daran. Mit großer Eindringlichkeit versicherten Bischöfe, Priester und Pastoren den Männern, die an die Front gingen, wie auch der zurückbleibenden Bevölkerung, sie könnten dessen getrost sein: Gott sei mit ihnen und werde den Tapferen niemals im Stich lassen. Und überall segneten sie die Waffen, in festem Vertrauen darauf, daß diese – für eine gerechte Sache – sehr viele Feinde zerschmettern würden. Der Bischof von London, Monsignor Winnington-Ingram, der sich offenbar nicht allein auf die Befehle der Militärs verlassen wollte, gab den ausrückenden Männern zur Sicherheit noch eine fromme Botschaft mit auf den Weg: »Tötet Deutsche! Tötet sie nicht um des Tötens willen, sondern um die Welt zu retten ... tötet die guten wie die bösen ... tötet den jungen Mann wie den alten ... tötet jene, die sich freundlich unserer Verwundeten annahmen, wie jene Teufel, die den kanadischen Sergeant gekreuzigt haben ... jeder, der in diesem Kampf fällt, ist ein Märtyrer!«[10] Wie zu erwarten, gab es genug Geistesverwandte unter seinen Kollegen im eigenen und im feindlichen Lager.

Auffällig ist auch, daß auf beiden Seiten schon sehr bald die gegnerische Partei genau dieser primitiven Haßgefühle bezichtigt wurde. Auf deutscher Seite veröffentlichte man fleißig Übersichten über die krassesten Karikaturen von »Hunnen« und »Barbaren« aus französischer und englischer Kriegspropaganda. In Frankreich und England wollte man da nicht zurückstehen und zeigte der eigenen Bevölkerung eine Blütenlese der haßverzerrten, absurden Fratzen, die offenbar auf deutscher Seite ein beliebtes Mittel zur Darstellung der feindlichen Völker waren. »Blinder Haß« als Beweis für Niveaulosigkeit und Primitivität gehörten also zum erstarrten Bild des Feindes. Charakteristisch für die eigene Geisteshaltung sollte es dagegen sein, daß man die ritterliche Achtung für den Gegner zu bewahren versuchte! Es handelte sich im Grunde eine verfeinerte Form der Dämonisierung des Gegners, allerdings konnten beide Seiten nicht verhindern, daß die anderen jede Menge hetzerisches Material vorlegten, mit dem sie den Vorwurf bösartiger Haßpropaganda erhärten konnten.

Ein besonderes Phänomen, der spontanen Begeisterung der gebildeten Mittelklassen zu verdanken, war eine Flut von Kriegslyrik schon bald nach dem ersten Geschützfeuer. Diese Poesie blieb nicht den professionellen Dichtern vorbehalten, und natürlich kam der weitaus größte Teil nicht über das Niveau klischeehaften, schwülstigen Gereimes hinaus. Aber das Phänomen charakterisiert sowohl die bürgerliche Kultur als auch das literarisch-ästhetische Bild vom Krieg, das im gebildeten Bürgertum offenbar existierte. Außerdem gehörte es einfach zur nationalistischen Gesinnung. Patriotische Lieder und Gedichte zählten ja seit jeher zu den wichtigsten Ausdrucksformen des nationalistischen Credos und waren sein allerstärkster Trumpf, da sie sich unmittelbar an das Gefühl wenden und mitten ins Herz treffen. Besondere Ereignisse forderten dazu heraus, sie in Versen zu besingen. Auf diese Weise konnte man seine Bildung unter Beweis stellen und sich ein kleines Quentchen Unsterblichkeit sichern. Seit Generationen wurde der Krieg romantisiert und ästhetisiert, und so war es auch selbstverständlich, nationale Gesinnung mit Liedern und Versen zu assoziieren. Darum ist es nicht verwunderlich, daß jetzt, da der große Schicksalstag angebrochen war, die erhitzten Gemüter gerade hier ein Ventil suchten und dem Papier einen ersten geistigen Beitrag zum Kampf anvertrauten. Für Deutschland wird, in quantitativer Hinsicht vermutlich unerreicht, der Ertrag des Monats August 1914 auf grob gerechnet fünfzigtausend Kriegsgedichte geschätzt, die bei Zeitungsredaktionen eingingen. Ein schwer zu übertreffendes Musterbeispiel für versifiziertes Zähneknirschen produzierte Max Lissauer in seinem *Haßgesang gegen England* mit dem berüchtigten Refrain: »Wir lieben vereint, wir hassen vereint,/Wir haben alle nur einen Feind: England.« Die spätere Papierknappheit hatte auch ihre guten Seiten.

5 Die unerwartete Erfahrung des Krieges

Die einseitig offensive Orientierung in allen Generalstäben, die Ausrichtung auf eine schnelle Überrumpelung des Feindes, erweckte auch allenthalben die Illusion, daß nach wenigen Monaten alles vorbei sein werde: Die britischen Soldaten nahmen an, daß sie »zu Weihnachten« wieder zu Hause sein würden. »Wenn die Blätter fallen«, verkündete Wilhelm II.

Der Verlauf des Überfalls auf Belgien und die anfänglichen Erfolge der deutschen Armeen, die nach dem berühmten Schlieffenplan vorgingen, schienen ihm beinahe recht zu geben. Den Franzosen gelang es aber unter der Führung des alten Marschalls Joffre gerade noch rechtzeitig, ihre ebenfalls ausschließlich auf Angriff ausgerichteten Streitkräfte für die Defensive umzugruppieren und im September in der Marneschlacht den endgültigen deutschen Durchbruch zu verhindern. Der Bewegungskrieg erstarrte in den folgenden Herbst- und Wintermonaten zum Stellungskrieg, der vier Jahre lang das Geschehen im Westen bestimmen sollte. Es war ein Krieg, wie man ihn zuvor nicht gekannt hatte: Armeen in Millionenstärke, die sich mangels Festungen in der Erde verschanzten, um jede feindliche Offensive brechen zu können, aber auch mit der Absicht, irgendwann selbst wieder in die Offensive zu gehen. Denn der Entscheidungsangriff, der große Durchbruch, blieb für die Armeeführungen beider Seiten letztlich das einzige Ziel, so sehr war das gesamte strategische Denken auf die Offensive festgelegt. Die meisten britischen Generäle zum Beispiel waren adlige Kavallerieoffiziere, die nur in den Kolonien Kampferfahrung gesammelt hatten. Der britische Oberbefehlshaber Sir Douglas Haig, dessen Vorstellungen ganz von Militäraktionen in den Kolonien geprägt waren, glaubte auch in Flandern auf ähnliche Weise vorgehen zu können. Er vertrat die Ansicht, das Maschinengewehr werde stark überschätzt, und lancierte die bemerkenswerte physikalische Theorie: »Eine Gewehrkugel hat nicht die Kraft, ein Pferd zu stoppen.« Weder mit Armeen in Millionenstärke noch mit der vernichtenden Feuerkraft der modernen Artillerie hatten die militärischen Führer die geringste Erfahrung, und so hatten sie diese Faktoren auch nicht berücksichtigt. Und gerade diese Feuerkraft machte den Angriff nach der traditionellen Methode, mit stürmender Infanterie, zu einer wahren Schlächterei. Das Bild vom Krieg, das die zum größten Teil unerfahrenen, blutjungen Soldaten, vielfach Freiwillige, im Kopf hatten, war das von siegesgewiß angreifenden Regimentern unter wehenden Fahnen, wie sie es von Historiengemälden kannten. Ihre Offiziere hatten ihnen den festen Glauben eingeimpft, daß der Wille und die Tapferkeit allein schon über den ängstlichen Feind triumphieren würden. So stürmten sie, durch Musik aus dem Hintergrund noch zusätzlich angefeuert, in den Ebenen Flanderns und Nordfrankreichs nach vorn. Zu Tausenden konnten die Verteidiger sie aus ihren Stellungen heraus wie Hasen abknallen. An der Somme waren es vor allem die Generäle der Entente, wie der britische General Haig, bei Verdun der deutsche Generalstabschef Falkenhayn, die auf solche Weise ganze Regimenter in den Tod jagten, in den Granatenhagel und ins Feuer der feindlichen Maschinengewehre. Da der große Angriff mit stunden-, manchmal tagelangem Artilleriefeuer auf die feindlichen Stellungen vorbereitet wurde, um deren Verteidigungskraft zu brechen, was kaum in ausreichendem Maße gelang, richteten die Granaten auch in den Schützengräben schreckliche Blutbäder an. So weit das Auge reichte, verwandelte sich die Umgebung in eine entwaldete, verkohlte Kraterlandschaft, ohne daß sich die Frontlinie wesentlich verschob. Die Soldaten lebten, oft mehrere Meter tief eingegraben, in höhlenartigen Unterständen. Extreme Niederschlagsmengen verwandelten in Flandern 1915 und 1916 den Boden in dicken Morast, in dem Männer, Pferde und Fahrzeuge steckenblieben. In den unterirdischen Behausungen waren Nässe, Schlamm, Schimmel, feuchtes oder faulendes Stroh, Ratten und Läuse normal. Das starre Denken der militärischen Oberbefehlshaber, die trotz der Opfer weiterhin am Endziel der großen Offensive festhielten, führte 1916 zu den Schlächtereien bei Verdun, wo die deutsche Heeresleitung eine Entscheidung erzwingen wollte, und an der Somme, wo die Briten die gleiche Absicht verfolgten und wo in wenigen Wochen für einen vorübergehenden Geländegewinn von ein paar Kilometern Hunderttausende fielen, ohne daß damit etwas erreicht worden wäre. Als besonders schlimm wird die Wirkung der Granatsplitter in den Gräben beschrieben, die dort vor allem viele grauenhafte Kopfverletzungen und Gesichtsentstellungen verursachten.

Das Ausmaß und die entsetzliche Brutalität dieser Kriegführung bewirkten eine immer weiter zunehmende Entfremdung zwischen den Stäben, die von ihren sicheren Hauptquartieren aus die Operationen leiteten, und den Frontsoldaten. Das gleiche gilt für das Verhältnis zwischen den Stabsoffizieren und den Frontoffizieren, die mit ihren Mannschaften in den Gräben lebten. Es kam zu einer ungeheuren Bürokratisierung der Kriegführung, die Befehlshaber dachten in bloßen Zahlen, es ging nur noch um Mengen von Männern, Pferden, Waffen, Munition und Transportmitteln. An der Front wurde der Kampf ebenfalls entpersonalisiert, allerdings auf eine etwas andere Weise: Der Feind war unsichtbar geworden, der Krieg mechanisiert, ein unfaßbarer, gnadenloser Vernichtungsvorgang, der sich unabhängig von menschlichem Wollen zu vollziehen schien. Nicht kämpfende Soldaten, sondern die Technik – in Form von Artillerie- und Handgranaten, Maschinengewehren, Flammenwerfern, Minen, sogar Phosgen und Senfgas – brachte aus der Entfernung Tod und Verstümmelung und verwandelte Männer in der Blüte ihrer Jahre in Torsos.

Hinsichtlich der Art und Weise, wie all dies erlebt und verarbeitet wurde, spielte es eine große Rolle, welcher Generation die Betroffenen angehörten. Das gilt natürlich immer, bei einer solchen Katastrophe aber noch viel stärker. Wir können die männlichen Kriegszeitgenossen grob in vier Generationen einteilen: diejenigen, die vor 1870 geboren waren und folglich für den Fronteinsatz nicht mehr in Frage kamen (allenfalls für bestimmte Dienste in der Heimat), die ältere Frontgeneration der ungefähr zwischen 1870 und 1885 Geborenen, die junge Frontgeneration, geboren zwischen 1885 und 1902, und die Generation, die noch nicht eingezogen werden konnte. Natürlich war in Belgien und Nordfrankreich, in Ostpreußen und (dem damals noch russischen) Polen, in Galizien und im slowenisch-kroatischen Österreich die gesamte Zivilbevölkerung, alt und jung, von der Gewalt betroffen.

Es machte einen Unterschied, ob man als Erwachsener, der im Berufsleben gestanden hatte und Familienoberhaupt war, in den Krieg ging, oder als Jugendlicher, als Student, als Junge, der mitten in der Ausbildung war oder sogar direkt von der Schulbank kam, wie viele Freiwillige. Stellte man sich vor, nach Beendigung des Krieges einfach sein altes Leben weiterzuführen, oder schien die Zukunft völlig offen zu sein? Die Älteren (und dies gilt ganz sicher für die Generation ab Mitte vierzig, die nicht mehr an die Front mußte) waren in der Regel mental und sozial fest in der Vorkriegswelt verwurzelt. Sie konnten noch versuchen, die neue Erfahrung in ein gefestigtes Weltbild einzuordnen, dessen Normen schon ganz und gar Teil ihrer Persönlichkeit geworden waren. Bei den Jüngeren, die man auch die »echte« Kriegsgeneration nennt, war ein solches Gerüst von Normen und Einstellungen viel weniger entwickelt. Für sie vor allem bedeutete die Kriegserfahrung einen revolutionären Umbruch, eine unbarmherzige Zerstörung des Weltbildes, an dem sich ihre Erziehung orientiert hatte. Erst später sollte sich in aller Deutlichkeit zeigen, welche Folgen dies hatte.

Zunächst hielten viele gerade unter den Jüngeren noch krampfhaft an der idealisierten Vorstellung vom Krieg fest, die ihnen vermittelt worden war. Das galt natürlich vor allem für die Gebildeteren, die Studenten und Freiwilligen, von denen in Deutschland viele aus der Jugendbewegung kamen, in England aus dem elitären Milieu junger Literaten oder aus der Aristokratie und in Frankreich aus dem Kreis der jungen Intellektuellen, die gegen die etablierte Ordnung rebellierten. Sie alle hatten den Krieg als Notwendigkeit begrüßt, als reinigenden Sturm. Sie zwangen sich dazu, die erschütternde Frontrealität durch eine heroisierende Brille zu sehen. Ohnehin bot ihnen die Sprache vorerst gar keine anderen Mittel als die der Ästhetisierung und Literarisierung, um ihre Erlebnisse in Worte zu fassen. Zahlreiche Briefe und Berichte zeugen von dem heftigen inneren Kampf, den besonders die von edlen ethischen Motiven bewegten Idealisten unter ihnen durchstehen mußten, wenn sie die Schrecken noch mit ihrem Glauben in Einklang bringen und ihren früheren Werten treu bleiben wollten. Sie versuchten, das Granateninferno, in das sie geraten waren, als Bewährungsprobe zu sehen, bei der sich die Wahrheit und Kraft ihrer Überzeugung erweisen mußten. Überflüssig zu sagen, daß die Reaktionen individuell sehr unterschiedlich ausfielen, je nach dem Hintergrund und der Persönlichkeit des einzelnen. Von großer Bedeutung war natürlich auch die nationale Kultur. Weil in England die Wehrpflicht erst 1916 eingeführt wurde, bestand das Gros der Truppen bis dahin aus Freiwilligen, die vielfach mit der Unbekümmertheit des Sportlers und von Neugier erfüllt nach Frankreich ausgerückt waren. In ihrem Fall tritt die Desillusionierung besonders deutlich hervor. Viel Beachtung fanden hier junge Schriftsteller, die in der Tradition eines verfeinerten, prätentiösen Ästhetizismus aufgewachsen waren, erzogen in Oxford, Cambrigde oder den angesehenen Public Schools, auf jeden Fall meist in weitem Abstand zur Masse und ihren vulgären Sorgen und Freuden.

In der französischen und deutschen Armee war die junge intellektuelle Elite zwar unter den Freiwilligen stark überrepräsentiert, blieb aber in einem riesigen Truppenaufgebot, das alle sozialen Gruppen umfaßte, eine Minderheit. Trotz nationaler und sozialer Unterschiede sind einige Gemeinsamkeiten zu erkennen: Die extreme Anspannung wegen der permanenten Lebensgefahr führte unmittelbar zu besonders intensivem Zeit- und Naturerleben. Jeder Tag zählte dreifach, und die Natur – die ersten Sonnenstrahlen, die durch Morgennebel dringen, blühende Bäume am Wegrand, der Mond über einem zart schimmernden Fluß – bot als das Unvergängliche inmitten menschlicher Raserei in nie gekanntem Maße Trost und einen starken Halt. Anders als die chauvinistischen Verseschmiede hinter ihren Schreibtischen, die den Federhalter mit einem Gewehr verwechselten, fanden viele junge Soldaten, auch die Einfacheren unter ihnen, Worte, die von echter Ergriffenheit zeugten, wenn sie diese Schönheitserfahrung zwischen Gefahr und Vernichtung in Tagebüchern oder Briefen festzuhalten suchten. Sehr unterschiedlich war dagegen die Haltung zum Glauben. Während bei vielen eine gesteigerte Religiosität und die Ergebung in eine höhere Fügung zum Ausdruck kommen, äußert sich bei anderen herbe Desillusionierung. Oft wird das Christentum verworfen, das man mit den sinnlosen Schrecken nicht mehr in Einklang bringen konnte. Nach der Schlächterei an der Somme habe er nicht mehr an einen Gott glauben können, bekannte ein britischer Soldat. Unter den jungen französischen, deutschen und britischen Intellektuellen und Künstlern wurde vor allem in den ersten beiden Kriegsjahren durch die unbesonnene Offensivtaktik der militärischen Führer ein irrsinniges Blutbad angerichtet. So schreibt ein Zeuge, daß ein deutscher General den jungen Bataillonen bei seiner Ansprache vor dem Angriff bei Ypern im November 1914 versicherte, die feindlichen Stellungen seien schon geräumt, man brauche nur nach vorn zu stürmen, um sie ruhmvoll einzunehmen, es gebe keinen Grund für Angst![11] Nur wenige Soldaten überlebten den Sturmangriff.

Die Unterschiede der kulturellen Traditionen bleiben trotzdem in vielen Kriegsberichten erkennbar. Ein Vergleich britischer und deutscher Frontbriefe ist hier aufschlußreich. Bei den Deutschen berührt einen der oft religiöse und philosophische Tonfall, die unermüdliche Suche nach einem tieferen Sinn hinter dem Wahnsinn, die Neigung, bei dieser Suche auch die großen Klassiker der Literatur zu bemühen, kurz und gut, alles, was die auf »Bildung« ausgerichtete Erziehung erkennbar werden läßt. Die Briten wirken eher stoisch, schlagen einen unbekümmerten, bagatellisierenden Ton an, pflegen also das bekannte Understatement, und sie plaudern über Trivialitäten, um ihre Nächsten zu blenden. Wenn aber die Wahrheit zum Vorschein kommt, dann ohne jede Beschönigung, bitter und illusionslos.

In dem Maße, wie der Krieg sich in die Länge zog und durch den Starrsinn der Armeeführungen in aussichtslosen, vernichtenden Schlagabtausch ausartete, blätterten im Laufe der Jahre 1915 und 1916 bei den meisten die Reste der übernommenen heroischen Schablonen ab, und man nahm das Geschehen mit immer größerer Erschütterung wahr. Der Krieg war anders! Es waren vor allem junge, anfangs begeistert zu den Waffen geeilt Dichter, in deren Sprache sich diese Wende spiegelt.

Am Anfang standen Dichter wie der Engländer Rupert Brooke, ein Repräsentant der jungen sogenannten Georgian Poets. Sein Gedicht »The Soldier« beginnt mit den vielzitierten Versen: »*If I should die, think only this of me: That there's some corner of a foreign field that is forever England.*« Brooke stand noch ganz im Bann der Euphorie des August 1914. Durch die nach seinem Tod 1915 herausgegebenen Kriegssonette wurde er für kurze Zeit zum Idol seiner Generation, er entsprach dem Urbild des schönen, anbetungswürdigen Kriegshelden und Kriegspoeten. Aber da er während der Dardanellenexpedition an einer Infektion starb, hat er den wirklichen modernen Krieg eigentlich nicht erlebt. Die Umsetzung von Gewalt in berauschenden Rhythmus und fröhliche Bilder finden wir unter anderem auch bei dem jungen Charles Hamilton Sorley: »*All the hills and vales along, Earth is bursting into song/And the singers are the chaps, who are going to die perhaps./O sing, marching men, till the valleys ring again.*« Klänge, wie man sie allgemein erwartete und gern hörte. Es kam noch hinzu, daß die Wortwahl durch die spezifisch britische Auffassung vom Krieg als einer Art von hartem Sport und durch die letztlich puritanische Tradition des Understatement bestimmt wurde. Darauf, daß man Krieg mit Sport assoziierte, wodurch der Krieg auch für viele Arbeiterjungen etwas Verlockendes bekommen hatte, habe ich schon hingewiesen. Ein aufsehenerregendes Beispiel für diese Verknüpfung war ein Vorfall bei der großen Somme-Offensive im Juli 1916, als ein Captain Wilfred Neville einen Fußball in Richtung der deutschen Linien schoß, um dem Angriff auf diese Weise etwas Spielerisches zu geben, und in der Hoffnung, daß seine Männer, indem sie dem Ball nachrannten, ihre Angst vergessen würden. Es scheint kein einmaliges Ereignis gewesen zu sein.

Mit Dichtern wie Wilfred Owen, Siegfried Sassoon, Robert Graves oder Edmund Blunden, die den Krieg zu Anfang auch noch im konventionellen Ton besungen hatten, setzte sich um 1916 eine andere Sichtweise durch. Wie Owen schrieb: »Vor allem geht es mir nicht um Poesie. Mein Thema ist Krieg und Mitgefühl für die Opfer des Krieges. Die Poesie ist im Mitgefühl.« Eine neue Kriegsdichtung kam auf, die nicht voller Überschwang den Kampf feierte, sondern Wahrnehmungen so realistisch wie möglich in ihrer sinnlichen Unmittelbarkeit wiedergeben wollte. Es sind sowohl gegen den Krieg gerichtete als auch antipoetische Äußerungen. »Kriegsdichtung« wurde zu einem in sich widersprüchlichen Begriff. Die Ästhetisierung des Grauenhaften im Gedicht empfand man nun als Lüge. Mit Dichtung im üblichen Sinn konnte man die Absurdität des modernen Krieges nicht mehr erfassen. Von Sassoon erschienen 1917 und 1918 *The Old Huntsman* und *Counter Attack*. Nach Ansicht Sassoons, der im Geist der Gentry erzogen und mit Reiten, Jagd und Golf aufgewachsen war, ist Heldentum genau das Richtige für die Konversation unter Zivilisten.[12] Seine Soldaten sind verzweifelte, orientierungslose, verstörte Kreaturen, die sich durch Dreck und Morast quälen, »zerfressen von Tod«, die Generäle dagegen ignorante Schwachköpfe: »*Good morning, good morning, the General said / When we met him last week on our walk to the line. / Now soldiers he smiled at, are most of'em dead/And we're cursing his staff for incompetent swine.*«[13] Trotzdem war man, um die erschütternden Eindrücke festzuhalten, auf die Sprache angewiesen. Charakteristisch ist eine Mischung aus roher, anschaulicher Direktheit und Sarkasmus gegenüber der schockierten, braven Gesellschaft, die an ihrem alten, lügenhaften Wertesystem festhält und sich weigert, der Realität ins Auge zu sehen. Wenn zum Beispiel Isaac Rosenberg in einem Gedicht schildert, wie die Hirnmasse eines Mannes dem Sanitäter ins Gesicht spritzt und wie ein Wagenrad im Rollen den Kopf eines Gefallenen zerteilt, sind das Kriegsbilder, die man aus Gedichten bis dahin nicht gewohnt war. Natürlich verbergen Sarkasmus und provozierende Direktheit kaum die rasende Verzweiflung. Was wie Realismus aussieht, war eine Maske. Eigentlich handelt es sich um Expressionismus einer neuen Art, der hier noch am besten die Aufgabe eines Ventils erfüllen konnte. Erst Jahre später sollten diese Schriftsteller ihre Kriegserinnerungen in Prosa festhalten: Blunden in *Undertones of War* (1928), Graves in *Goodbye to All That* (1929), Richard Aldington in *Death of a Hero* (1929) und Sassoon in *Memoirs of an Infantry Officer* (1930).[14] Das Gedicht stellt im Hinblick auf emotionale Verarbeitung und Reflexion des Geschehenen nicht die gleichen hohen Anforderungen wie eine zusammenhängende Erzählung in Prosa. Aber im Gedicht spürt man eher den heißen Atem des Augenblicks.

Bei französischen und deutschen Autoren vollzog sich ab 1915 ebenfalls eine Wende von konventionellem, heroischem Kriegspathos zum Versuch, die Realität der Schützengräben mit neuen Sprachmitteln wiederzugeben, und genau wie ihre britischen Kollegen empfanden sie das Ergebnis gewöhnlich als unzulänglich, den Versuch als aussichtslos. Von Autoren wie Maurice Barrès, Ernest Psichari oder Charles Péguy hatte man noch ausschließlich Fanfarenklänge nationaler Leidenschaft vernommen, und auch Dichter wie Edmond Rostand, Paul Adam oder Henry Bataille stimmten mit ein und wüteten gegen »die deutsche Barbarei« – es waren nicht zufällig ältere Autoren, die zuletzt genannten zu alt für die Front.[15] Seit 1915 aber erschienen Texte, die den Krieg schildern sollten, wie man ihn wirklich erfuhr.

Bahnbrechend war *Das Feuer* von Henri Barbusse (1916), das erste große Kriegsbuch, das die Schleier der romantisierenden Verfälschung zerriß. Auch Barbusse hatte 1914 noch einen tieferen Sinn im Kampf gesehen, eine Mission Frankreichs. Nun schreibt er desillusioniert und voller Verachtung über den dumpfen, dröhnenden Chauvinismus der Presse und über die militärische Bürokratie im Hinterland, für viele eine Zuflucht, um dem Dienst an der Front zu entgehen. Der Krieg ist nichts anderes als schmutzig.[16] Ebenfalls 1916 veröffentlichte André Spire die Gedichtsammlung *Et j'ai voulu la paix*, die nur in England erscheinen durfte, und 1917 brachte Louis Delluc einen Roman mit dem Titel *La guerre est morte* heraus – es waren Zeugnisse einer Wende, und längst nicht die einzigen. Das satirische Wochenblatt *Le Canard enchaîné*, das ab 1917 erschien, nahm offen den Kampf mit der »Lügenpropaganda« auf, die der Nation immer neue Wahnbilder vorgaukelte.

Bei den Deutschen wurde der Krieg von Schriftstellern wie Heinrich Mann, Franz Werfel, Fritz von Unruh, Ernst Toller, Hugo Ball und Leonhard Frank restlos entheroisiert, Autoren, von denen einige 1914 ebenfalls noch in den kämpferischen Lobgesang des Krieges eingestimmt hatten, die aber durch ihre Fronterfahrungen zu überzeugten Pazifisten bekehrt worden waren. Richard Dehmel, poetischer Herold eines dröhnenden Hurrapatriotismus, hatte sich 1914 im Alter von einundfünfzig als Freiwilliger gemeldet und damals noch gesungen: »Steh auf, wieder auf, glanzvoller Tag/Granatendonnertanz, Schlag auf Schlag/Und Lerchenjubel im Blauen.« Desillusioniert und verbittert zog er sich jedoch zurück, als sein Idealbild des Krieges in Fetzen gegangen war, und 1918 sprach er in einer Publikation mit dem gar nicht unpassenden Titel *Lichter Augenblick* vom »Weltkriegswahnsinn«.

Viele der Jüngeren, die jetzt am eigenen Leibe erfuhren, wie grundfalsch und überholt das Kriegsbild ihrer Schulzeit gewesen war, versuchten noch am Katharsisgedanken festzuhalten, auch wenn das, was sie als Prüfung für ihre

Überzeugungen und ihren Glauben ansehen wollten, inzwischen eine unendlich viel schrecklichere Gestalt angenommen hatte, als sie sich jemals hätten vorstellen können. In dem Helden seines 1916 erschienenen Buches *Der Wanderer zwischen beiden Welten* idealisiert Walter Flex, der dann 1917 selbst fiel, seinen gefallenen Freund Ernst Wurche. Dieser – der typische Idealist aus der Jugendbewegung – versucht in den Trümmern seiner alten geistigen Welt eine neue zu finden. Einen Halt bietet hier die kameradschaftliche Verbundenheit. Diese Art der Sinngebung ist nicht ganz neu, und bei Flex wird ein romantisches Bild von Heldentum bewahrt, wenn auch befreit von den billigen Klischees der Vorkriegszeit. Der mechanisierte, entpersönlichte Krieg wird jedoch so weit wie möglich in vertraute Schemata von Gemeinschaftsgefühl und religiös-metaphysischer Sinngebung eingepaßt und auf diese Weise wieder zu etwas gemacht, das man zu kennen glaubte. Man spürt das Bemühen, die Kontinuität bestimmter Gefühlswelten und Denkmuster der Vorkriegszeit zu wahren, und Flex hört bis zum Schluß nicht auf, an den höheren moralischen Auftrag Deutschlands zu glauben. Sein Werk ist mehrdeutig, aber doch eher eine neue Art von Rechtfertigung des Krieges als eine Anklage.

Dagegen verkünden die zuvor genannten Schriftsteller gerade den Bruch mit jener Welt der Vorkriegszeit. Wie bei ihren englischen Geistesverwandten äußert sich dies entweder in einer expressionistischen Form der Anklage, im rauhen Aufschrei, oder in ätzendem Sarkasmus. Bei Anton Schnack heißt es in seinem Gedicht *Verdun* aus dem Jahre 1916, das bis 1919 nicht veröffentlicht werden durfte: »Sein Name: Schmerz, Verblutung, tausendfacher Tod, Geschwür, Mordstätte, Grab, Gemetzel, böses Labyrinth.« Hugo Ball parodiert dagegen in seinem *Totentanz*, ebenfalls aus dem Jahre 1916, das fröhliche Soldatenlied *So leben wir alle Tage* mit beißendem Spott: »So sterben wir, so sterben wir, so sterben wir alle Tage«, um zu schließen: »Wir danken dir, wir danken dir / Herr Kaiser für die Gnade, / Weil du uns zum Sterben erkoren hast …« Die bittere Abrechnung mit dem großen Betrug der nationalistischen Parolen und der ganzen Scheinkultur war für viele ein Schritt auf dem Weg zu einer pazifistischen oder sozialistischen Einstellung. Von metaphysischen Deutungen wollten sie nichts wissen, weil sie darin nur wieder eine neue Tarnung für eine brutale, sinnlose Wirklichkeit sahen. Diese radikalen Kulturkritiker sollten darum auch erst über ihre Beobachtungen schreiben, als die große Schlächterei zu Ende war, zum Beispiel von Unruh in *Opfergang*, Frank in *Der Mensch ist gut* und Toller in *Die Wandlung*, im Jahre 1919 erschienen.

Der Katharsisgedanke konnte auch anders interpretiert werden: Durch den Schrecken vorangetrieben, gelangte man zu einem neuen Ethos, indem man in dem Geschehen, das gemessen an der traditionellen Moral sinnlos war, einen anderen und neuen Sinn entdeckte. Die Vorstellung einer Kontinuität wurde auch in diesem Fall verworfen. Das war bei Ernst Jünger der Fall, der 1920 seine Kriegstagebücher unter dem Titel *In Stahlgewittern* herausgab. Darin beschreibt Jünger einerseits Krieg ganz ohne die konventionellen Schablonen, andererseits aber führt er eine neue Art von Ästhetisierung ein, denn dank des Blickwinkels eines scheinbar neutralen Beobachters und der Ausschaltung jeglicher menschlicher Emotionen erlangen Tod und Greuel eine eigentümliche, sterile Schönheit. Nach dem neuen Ethos, das Jünger hier verkündet, stellen entpersönlichter Krieg und Technik mit ihrem ganzen Vernichtungspotential eine Herausforderung dar, sie verlangen nach einem neuen Typus Mensch. Die traditionelle Moral muß hier versagen, die neue ruft nach dem kaltblütigen, harten Kämpfer.

Was Jünger hier tat, wenn er die Schönheit der Technik auch in ihrer vernichtenden Kraft verkündete, blieb jedoch Verherrlichung kriegerischen Heldentums, wenn auch in einem nüchternen, an den modernen Krieg angepaßten Stil. Von den älteren Sängern des Heldenmutes, die hinter ihren Schreibtischen in Klischees schwelgten, unterschied ihn, daß er sich schon als Gymnasiast im Drang nach Abenteuer zur Fremdenlegion absetzte und als Frontoffizier großen Mut zeigte; er wurde viele Male verwundet. Er beweist, daß die gleichen Schrecken unterschiedlich wahrgenommen werden konnten. Er konnte sie allerdings nur deshalb auf seine Weise sehen, weil er tief im Innern von einem Soldatenethos geprägt war, das historische Wurzeln hatte. Mit seiner Romantisierung der Technik stand er nicht allein, wie sich später zeigen sollte, als sich die graugelben Pulverdämpfe endgültig gelichtet hatten. Viel später leisteten vor allem Werner Beumelburg mit *Gruppe Bosemüller* (1930) und Hans Zöberlein in *Glaube an Deutschland* (1931) wieder einen Beitrag zur Verherrlichung des Krieges. Auch aus den Versen, die Börries von Münchhausen, Kavallerist bis auf die Knochen, 1919 unter dem Titel *Abgesessen* veröffentlichte, ist ein ungeschwächter Glaube an die soldatischen Werte herauszuhören.

In Frankreich erschienen während des Krieges weiterhin Romane, die Durchhalten und Stolz propagierten. Beispiele sind *Gaspard* von René Benjamin (1915) oder *Bourru* von Jean des Vignes Rouges (1916).[17]

6 Neue Gegensätze

Die Kriegserfahrung ließ nun ganz neue und andere Gegensätze aufbrechen. Zuerst wuchs der Abstand zwischen den Frontsoldaten und der eigenen Bevölkerung im Hinterland. Regierungen und Armeeführungen waren überall darauf bedacht, die Moral ihrer Nation durch unentwegt optimistische, vor Selbstvertrauen strotzende Berichterstattung aufrechtzuerhalten, bei der man am konventionellen Bild des Krieges festhielt. Die stereotypen Wendungen auf den endlosen, schwarz umrahmten Gefallenenlisten, wie »den Heldentod fürs Vaterland gestorben« oder »für König (oder Kaiser) und Vaterland«, daneben manchmal auch noch »für Christus«, konnten Hinterbliebenen die Vorstellung eines sinnvollen Todes vermitteln, eines Opfers für eine heilige Sache. Der kniende, behelmte Soldat, in frommem Gebet versunken, war ein beliebtes Bildchen, das diesen Glauben noch zusätzlich stärken konnte. Im Zusammenhang mit diesen Vorstellungen ist auch zu verstehen, daß in Deutschland das Mittelalter aufs neue populär wurde, ebenso die Gotik, die schon seit der Romantik infolge eines höchst kuriosen Mißverständnisses als Verkörperung des wahrhaft deutschen Geistes verherrlicht worden war. Feldpost stand in der Regel unter Zensur, die allerdings recht locker war. Aber davon abgesehen konnten und wollten viele ihren Familien gar nicht die Wahrheit sagen. Die Erkenntnis, daß es praktisch unmöglich war, diese Wahrheit den Daheimgebliebenen begreiflich zu machen, und der Wunsch, die Eltern oder Ehefrauen zu beruhigen, ergänzten einander.

Dank zahlreicher Frontbriefe, die nach dem Krieg veröffentlicht wurden, und auch durch nicht veröffentlichtes Material sind wir über den Charakter dieser Mitteilungen recht gut informiert. Auf jeden Fall gelang es offenbar, in allen Ländern dafür zu sorgen, daß bei der Bevölkerung zu Hause das traditionelle Bild des Krieges noch halbwegs intakt blieb. Die militärische Führung, amtliche Stellen und die Presse schöpften dabei einträchtig aus derselben Quelle heroischer Klischees. So konnten auch neue Mythen entstehen, wie zum Beispiel in Deutschland der Mythos des flämischen Langemarck, wo sich Tausende von jungen Freiwilligen, zum größten Teil Studenten, im Herbst 1914 jubelnd auf den Feind gestürzt hatten, voller Begeisterung ihr Blut fürs Vaterland opfernd! Eine Geschichte, die sich nach dem Krieg in nationalistischen und militaristischen Kreisen hartnäckig halten sollte und großartig ins Repertoire der Heldenverehrung paßte. Daß bei Langemarck

Tausende fielen (aufgrund fehlerhafter Informationen ins feindliche Feuer gejagt), ist wahr. Jubel und Gesang fügte man in den Redaktionen hinzu. Der Frontsoldat spürte immer deutlicher, daß er seine Erfahrungen Außenstehenden nicht vermitteln konnte. Zwischen seinem Krieg und dem Krieg, wie er offiziell und auch von der Familie und der Bevölkerung zu Hause gesehen wurde, tat sich ein Abgrund auf. Noch Jahre nach Kriegsende fühlten sich die meisten Frontsoldaten offenbar nicht in der Lage, zu Hause über ihre tatsächlichen Erfahrungen zu sprechen, da sie fürchteten, auf eine Mauer des Unverständnisses zu stoßen. Hier drängt sich ein Vergleich mit der Isolation überlebender Lagerinsassen auf, die später mit ihren Erfahrungen aus einer auch in ethischer Hinsicht noch gräßlicheren Welt ebenfalls allein blieben.

Die beschriebene Entfremdung erklärt die starken Bindungen unter den Frontkämpfern, eine in dieser Form neue Art von Kameradschaftlichkeit, die die Frontgenerationen für den Rest ihres Lebens prägen und zu einer unsichtbaren Gemeinschaft zusammenschmieden sollte. Die absolute Herrschaft des Zufalls, der den einen verschonte und den anderen im nächsten Augenblick vernichtete, machte viele zu Fatalisten, weckte aber bei den Überlebenden auch Schuldgefühle, das bekannte »Warum er und nicht ich?«, das zu einer moralischen Verpflichtung wurde: Niemals aufzuhören, die Erinnerung an die Gefallenen wachzuhalten, war die einzige Rechtfertigung dafür, selbst mit dem Leben davongekommen zu sein. So war die Fronterfahrung die unsichtbare Wunde des späteren Lebens. Die Fronturlauber fühlten sich zu Hause in ihrer alten Umgebung wie Fremde. Viele sehnten sich sogar zurück in die Hölle der Schützengräben, verlangten nach dem Zusammensein mit ihren Kameraden in der ständigen Todesgefahr, die jetzt zu ihrer Welt geworden war. Das Absurde wurde normal. Die Übergänge zwischen kameradschaftlicher Zuneigung und Homosexualität oder zumindest homoerotischen Affekten waren in dieser Männergesellschaft fließend, und Homosexualität spielte hier zwangsläufig eine gewisse Rolle. Dabei ging es häufig einfach um einen Ersatz für die Frau, jedenfalls in den vordersten Linien. Hinter der Front blühte schließlich wie in jedem Krieg das Bordellwesen. Die individuellen Reaktionen auf das Frontleben und die tödliche Gefahr waren aber auch im Hinblick auf die Sexualität sehr unterschiedlich. Bei einigen kam es zu einem völligen Erlöschen des Sexualtriebs, bei anderen weckten die Kämpfe in manchen Augenblicken aggressive Impulse und Phantasien, die einen unverkennbar kompensatorischen Charakter hatten.

Auch die Rolle der Prostituierten war sehr unterschiedlich. Diese konnte, ob sie nun durch Druck oder Zwang oder aber »freiwillig« zur Prostituierten geworden war, einfach nur banales Sexualobjekt sein, bisweilen war sie jedoch ein zwar flüchtiger, aber doch echter Trost und auch als Mensch ein Ersatz für die abwesende Frau oder Braut.

Je mehr sich die Kampfhandlungen festliefen, desto mehr vertiefte sich die schon erwähnte Kluft zwischen Front und Etappe, was die Soldaten in den Gräben in eine ausweglose, irrwitzige Lage brachte. Man führte ein beinahe zeitloses Dasein, zu dem man vom unergründlichen Willen unsichtbarer, hochdekorierter Herrscher verdammt worden war und in dem sich Todesangst mit lähmender Langeweile und ödem Alltagstrott abwechselte. Der Zynismus, der die Stimmung unter diesen Bedingungen beherrschen mußte, wurde von den Briten sehr treffend in einem Lied ausgedrückt, das sie nach den Massenschlächtereien an der Somme nach der Melodie des bekannten Liedes »*Auld lang syne*« sangen. Die Erklärung für all das war ganz einfach: »*We're here because we're here, because we're here, because we're here*.«

Auf beiden Seiten kam es bei einer unbekannten Zahl von Soldaten zu Nervenzusammenbrüchen, den *Shell-shocks*. Wer psychisch zusammenbrach, wurde medizinisch behandelt. Viele Ärzte und Psychiater setzten dabei drastische Mittel ein, zum Beispiel Elektroschocks, damit die Patienten so schnell wie möglich wieder eingesetzt werden konnten. Kriegspsychiatrie und -medizin standen in erster Linie im Dienst des vaterländischen Kampfes und nicht des Menschen. Da Fälle von Kriegspsychose oder *Shell-shock* von militärischen Instanzen diskret verschleiert wurden, sind wir auf diesem Gebiet vielfach noch auf Vermutungen angewiesen, auch was Zahlen angeht. Auch die regelmäßig vorkommenden Selbsttötungen wurden verschwiegen, und eine Schätzung ist schwierig. In noch viel höherem Maße gilt dies für die Fälle von Desertion und Meuterei, die man natürlich entschlossen und konsequent vertuschte. Deserteure wurden selbstverständlich überall erschossen, und daß ihre Zahl vor allem in den letzten Jahren in die Tausende ging, erst recht, wenn man die Fälle in der Entente und bei den Mittelmächten zusammenzieht, steht fest. Bei den Franzosen wurden ab 1916 Wellen von Desertionen und Meutereien zu einer ernsthaften Gefahr für die Kampfkraft der Armee und damit für Frankreich. Nur durch brutales und gnadenloses Vorgehen gegen die betreffenden Soldaten und Einheiten und eine Reorganisation in Regierung und Armeeführung war diese Gefahr abzuwenden.

So übernahm im November 1917 schließlich der alte Linksradikale Clemenceau, der als »Tiger« gefürchtet war, die Führung in Paris und regierte mit eiserner Hand (wobei er auch innerhalb des Hauses immer Handschuhe zu tragen pflegte).

Das Leben der Stabsoffiziere und der Angehörigen der wachsenden Militärbürokratie weit hinter der Front stand in grellem Kontrast zum Elend in den Gräben. In der Etappe gediehen fast zwangsläufig Zynismus und moralische Verkommenheit. Die Berichte über Gelage mit gutem Essen und exquisitem Wein und über Orgien in den Kreisen der höheren Ränge erreichten auch die vorderen Linien. Aber man war machtlos in seiner Verbitterung. Die Frontoffiziere dagegen fühlten sich nicht nur für die Disziplin, sondern auch für das Leben ihrer Mannschaften verantwortlich, und in manchen Fällen entstand eine eigenartige, gefühlsgeladene Vater-Sohn-Beziehung. Ein englisches Gedicht spiegelt dies wider, indem es ausdrückt, daß die abwesenden Väter den Soldaten im Angesicht des Todes weniger nah sind: »*For they could only see the little helpless babies and the young men in their pride./They could not see you dying, and hold you while you died.*«[18]

Unter den gegebenen Umständen entwickelte sich schon bald so etwas wie Solidarität zwischen den Frontkämpfern der zwei feindlichen Lager. Zahlreich sind auf beiden Seiten die Zeugnisse dafür, daß vom Haß oft nur wenig blieb. In den Schützengräben wußte man, daß der andere der gleichen dreckigen Trostlosigkeit preisgegeben war und höheren Führern nur als Kanonenfutter diente. Es kam vereinzelt zu erstaunlichen Verbrüderungen, man tauschte Essen und Zigaretten oder vereinbarte zu Weihnachten stillschweigend eine kurze Kampfpause. Dann waren es natürlich wieder die höheren Militärs, die der Sache ein Ende bereiteten. Für viele waren deshalb bald nicht mehr die offiziellen Gegner, sondern das militärische System und der Krieg als solcher der eigentliche Grund allen Übels. Es verbreitete sich, wenn auch noch nicht im gleichen Maße wie nach dem Krieg, der Gedanke, daß die Söhne zu Unzähligen von der Generation der Väter zur Schlachtbank geführt worden seien. Während die Frontoffiziere gewöhnlich recht jung waren, lag die operative Führung selbstverständlich überall in den Händen älterer bis alter Herren, was diese Vorstellung bestätigte. Als Beispiele mögen die wichtigsten Befehlshaber dienen, die die Kämpfe im Westen leiteten. Im Jahre 1914 war Hindenburg siebenundsechzig, Foch dreiundsechzig, Joffre zweiundsechzig, Pétain achtundfünfzig und Haig und Falkenhayn dreiundfünfzig. Ludendorff war mit seinen neunundvierzig Lenzen der Benjamin. Als Clemenceau im Jahre 1917 die Regierung übernahm, war er fünfundsiebzig. Diese Männer verfügten über das Leben von Jungen, die ihre Söhne oder fast schon ihre Enkel hätten sein können; man kann ihnen nicht vorwerfen, daß sie knauserig damit umgegangen wären.

So wurde das alte Motiv des Vater-Sohn-Konflikts auf eine neue Weise ausgeformt, die zu mythologischer Deutung verführen konnte. Es ist nicht verwunderlich, daß junge Schriftsteller als erste den Krieg aus diesem Blickwinkel sahen. Im nationalistischen Topos von der männlichen Jugend, die ihr Leben »auf dem Altar des Vaterlandes opfert«, war der Bezug zu Religion und Mythos ohnehin schon deutlich genug gewesen. Wilhelm II. brachte diese Auffassung noch im niederländischen Exil in seinen Memoiren zum Ausdruck, wenn er die »herrliche Jugend« pries, die bereit gewesen war, für das Wohl von Kaiser und Vaterland zu sterben.

Die Neigung zu mythischem Denken und erst recht zur Legendenbildung wurde aber auch durch eine geistige Isolation verstärkt, die das Höhlenleben in den Unterständen mit sich brachte. In den Schützengräben hielt man alles für wahr, was nicht gedruckt war, lautete ein Bonmot. Berühmt wurde im Lager der Entente die Legende um die goldene Marienstatue auf der Basilika von Saint-Albert, die nach einem deutschen Treffer waagerecht nach vorne hing, so daß es aussah, als erbarmte sich die Muttergottes der Soldaten zu ihren Füßen. Wo jederzeit der Tod zuschlagen konnte, siegte das Verlangen nach Zeichen aus einer höheren Welt über alle rationalen Einwände. Die Statue hielt in ihrer segnenden Haltung lange durch, aber gegen eine weitere Granate zog sie schließlich doch den kürzeren.

7 Eine Bilanz des Krieges

In der kollektiven Erinnerung wird das Bild eines Krieges immer verzerrt, teils unbewußt, teils in bewußter Manipulation. Während der Kämpfe werden die eigenen Verluste ausnahmslos bagatellisiert und die des Feindes übertrieben, um die eigene Moral zu heben.

Die Gesamtzahl der Toten des Ersten Weltkriegs wurde später auf zehn Millionen geschätzt. In jedem Land rückte man, wenn man ein offizielles Bild des Krieges entwarf, die eigenen Gefallenen in den Vordergrund. So entsprach man dem elementaren Verlangen, eine moralische Schuld abzutragen, denn die Gefallenen waren schließlich für das eigene Volk getötet worden. Die noch größere Zahl der Lebenden, die verstümmelt, für immer entstellt oder psychisch geschädigt waren, wurden eher als häßliches, unliebsames Vermächtnis des Krieges betrachtet – vor allem die zuletzt genannte Kategorie – und aus der offiziellen Erinnerung verbannt. Desertion und Kriegspsychose wurden geheimgehalten und tabuisiert. Die Erfahrung der Schrekken sollte in der Literatur ihre besonderen Ausdrucksformen finden, genau wie die entgegengesetzten Erfahrungen von Heldentum und von Stolz auf die Tapferkeit im Dienste des als heilig geltenden Vaterlands. Das Töten von Gegnern, logisches Komplement zu den eigenen Verlusten und immer Teil des Frontlebens, bekam einen etwas versteckt gelegenen Raum im Haus der persönlichen Erinnerung zugewiesen. Für viele war der Krieg nicht nur Inferno, sondern auch Abenteuer, Spannung oder Befriedigung aggressiver Neigungen gewesen. Das zuletzt Genannte wagt sich allerdings nur unter falschen Namen hervor. Das Fortwirken der Kriegserfahrung in den tieferen psychischen Regionen bei den Millionen von Betroffenen entzieht sich unserem Blick.

Noch nie waren so viele Länder, auch außerhalb Europas, in einen mörderischen Kampf verwickelt gewesen, weswegen auch schon früh die Bezeichnung »Weltkrieg« aufkam. Für Europa hatte der Krieg, was die politischen Verhältnisse und die Beziehungen der Staaten angeht, vor allem drei weitreichende Folgen: Das Zarenreich, dieser ungeheure, für Europäer immer ein wenig undurchschaubare Riese an der Flanke, der hinter dem modernen Europa zurückgeblieben war, halb europäisch, halb fremder Nachbar und Exponent des Ostens, sowohl Brücke nach Asien als auch Barriere zwischen den Kontinenten, war zusammengebrochen. Nach seinem Fall hatte schließlich ein revolutionärer Stoßtrupp – die Bolschewisten als moderne Version der Jakobiner – die Macht ergriffen. Diese verkündeten eine vollkommen neue Ordnung, und das war die erste Phase einer sozialen und ideologischen Umwälzung, die die gesamte Welt verändern sollte. Im Augenblick stand aber noch nicht fest, ob es Lenin und seinen Bolschewisten gelingen würde, sich in dem blutigen Chaos zu behaupten, und auf jeden Fall war Rußland als politische Macht vorerst weggefallen. Der Osten war noch weniger greifbar als je zuvor. Die dortigen Umwälzungen bedeuteten für alle, die sich in irgendeiner Weise der bestehenden Ordnung verbunden fühlten, sie zumindest nicht völlig vernichtet sehen wollten, tödliche Gefahr und Untergang, und für die anderen, die allein von einer solchen neuen Welt noch Heil erwarteten, messianisches Morgenrot.

Außerdem hatten die Vereinigten Staaten zum ersten Mal aktiv und militärisch in Europa eingegriffen, was den Ausschlag zugunsten der Westmächte gegeben hatte. Daß nun Söhne Amerikas auf Frankreichs Boden begraben lagen, gab der großen transatlantischen Nation ein Mitspracherecht in europäischen und globalen Angelegenheiten, und dies bedeutete das Ende der selbstverständlichen Vorherrschaft Europas. Aber nicht nur das amerikanische Eingreifen, auch der hohe Anteil der eingesetzten Soldaten aus dem gesamten britischen Empire und den französischen Kolonien bewies, daß europäische Mächte ohne Hilfe von außen nicht mehr auskommen konnten. Wegen der Unverzichtbarkeit von Rohstoffen aus anderen Weltregionen für die Kriegführung und die Versorgung hatten die Kämpfe eine globale Dimension bekommen. Dies zeigte sich schließlich auch daran, daß Japan, seit 1905 die neue Großmacht im Osten, als Verbündeter der Entente und der Vereinigten Staaten im Hintergrund mitgewirkt hatte. Wenn es auch um einen ausgesprochen europäischen Machtkonflikt gegangen war, erwies sich jetzt das europäische Hegemonialstreben als Bumerang. Der europäische Imperialismus, der unermeßliche Gebiete außerhalb Europas unterworfen und abhängig gemacht, damit aber auch dafür gesorgt hatte, daß Europa wiederum von diesen Gebieten abhängig geworden war, hatte so zur Unterminierung der eigenen Macht beigetragen. Auch in dieser Hinsicht war der Erste Weltkrieg eine Zäsur und ein Wendepunkt.

Für das Hinterland hatte die beispiellose Kraftprobe an den Fronten weitreichende Folgen. Der Ausgang des Krieges hing mehr als je zuvor von der Technik, der Industrie und der gesamten Wirtschaft der Länder ab. In diesem Krieg zählten nicht ausschließlich oder in erster Linie die üblichen strategischen und taktischen Gesichtspunkte und die Truppenstärke, also das rein Militärische, sondern im gleichen Maße die Rohstoffreserven und das industrielle Leistungsvermögen. Neben den Generälen wurden die Ingenieure, Wissenschaftler und Industriellen unentbehrlich. So hatte zum Beispiel Walther Rathenau, einer der bedeutendsten deutschen Industriellen und Manager, schon Ende 1914 die Gründung einer Zentralstelle für Rohstoffwirtschaft initiiert. Als studierter Chemiker hatte er entdeckt, daß die Heeresleitung, die ausschließlich in klassischem strategischen Denken geschult war, die Beschaffung von Salpeter vernachlässigt hatte. Ohne diesen unverzichtbaren Bestandteil von Explosivstoffen hätte das deutsche Heer vermutlich schon im Frühjahr 1915 keine Munition mehr gehabt. Dank Rathenaus Organisation konnte der Mangel an Salpetersäure behoben werden. Dem bekannten Chemiker Fritz Haber, der Ammoniak aus Stickstoff und Wasserstoff synthetisierte, wofür er später den Nobelpreis bekam, war es zu verdanken, daß man aus diesem synthetischen Produkt wiederum die für die Munitionsherstellung wesentlichen Nitrate gewinnen konnte.[19] Man kann hier die Frage stellen, was wohl ohne diese beiden bedeutenden Juden – der erste wurde später von nationalistischen Fanatikern ermordet, der zweite noch später vom nationalsozialistischen Regime vertrieben – im entscheidenden Augenblick aus der Kriegführung Deutschlands geworden wäre.

In diesem Krieg gaben Flugzeuge und Aufklärungsballons den Kämpfen buchstäblich eine dritte Dimension. In einer späteren Phase wurde an der Westfront auch der Panzer eingeführt. Zusätzlich zur Artillerie mit ihrer immer größeren Zerstörungskraft setzte man Giftgas als bis dahin unbekannte, unheimliche Massenvernichtungswaffe ein. Es zeigte sich, daß außer Ingenieurskunst und Physik auch die Chemie für eine Kriegführung, bei der es auf möglichst große Zerstörungskraft ankam, unverzichtbar war. Die Wirtschaft richtete man immer mehr auf die Bedürfnisse der Kriegführung aus. Wissenschaftliche und technische Experten wurden gewöhnlich als unentbehrlich vom Kriegsdienst freigestellt. Weil der internationale Handel teilweise zum Erliegen kam und in verschiedenen Ländern die Rohstoffe und Grundnahrungsmittel knapp wurden, führte man dort ein Rationierungssystem ein. Dies brachte eine – zum Teil ungewollte – Zunahme staatlicher Macht und eine Ausweitung der Staatsbürokratie mit sich, die mit ihren Verordnungen und Regelungen mehr als je zuvor in das tägliche Leben eingriff. Das war vor allem in den kontinentaleuropäischen Ländern zu spüren, die vom überseeischen Import abgeschnitten waren. Unentbehrliche Produkte – Seife, Zucker, Kaffee, Fette, Papier – wurden durch Surrogate ersetzt. Zuckerrüben traten immer häufiger an die Stelle von Kartoffeln, Gemüse und Brot oder ergänzten die viel zu schmalen Portionen. Luxusartikel und feinere Kleidungsstoffe verschwanden oder wurden für die allermeisten unbezahlbar. Normale Brennstoffe, Kohlen und Öl, wurden knapp und durch minderwertige Erzeugnisse ersetzt. Andererseits bewährten sich der verblüffende Erfindungsreichtum und die fortgeschrittenen Fähigkeiten der Wissenschaft und Technik gerade auf dem Gebiet solcher Imitate und Ersatzprodukte.

Was das Alltagsleben anging, brachte der Krieg also für Millionen von Haushalten deutlich spürbare Verschlechterungen. Die Blockade Deutschlands und seiner Verbündeten durch die Entente hatte beträchtliche Auswirkungen und wurde auf die Dauer sogar zu einem kriegsentscheidenden Faktor. Auch wo keine Kämpfe tobten, wurde die Bevölkerung, vor allem in den Städten, jeden Tag daran erinnert, daß Krieg herrschte – ganz abgesehen von den ständigen Verlusten an den Fronten, den gefallenen Männern, Söhnen und Brüdern.

Die Angst um die Nächsten, die an der Front waren, hing wie ein Damoklesschwert über den Köpfen, auch wenn man versuchte, diese Angst zu vergessen. Durch die Abwesenheit der Männer gewann die Frau an Bedeutung. Die Frauenemanzipation wurde deshalb durch den Krieg stark beschleunigt. Frauen übernahmen auf vielen Gebieten die Aufgaben von Männern, in Fabriken, Büros, Läden, in der kommunalen Verwaltung, als Schaffnerinnen bei Eisenbahnen und Straßenbahnen. Dabei bewiesen die Frauen, daß sie viel besser den Platz des Mannes einnehmen konnten, als man – in traditionellen Vorstellungen von einer naturgegebenen Rollenverteilung befangen – für möglich gehalten hatte. Dies wirkte sich auch auf die Mode aus. Die Tendenz zur Befreiung des Körpers aus dem Korsett schwerer, undurchdringlicher Hüllen, die schon in der Vorkriegszeit die Mode verändert hatte, wurde erheblich verstärkt. Allein schon die Männerarbeit erforderte eine andere Kleidung. Unabhängig davon war bei vielen Frauen ein deutlich gesteigertes Selbstbewußtsein im Hinblick auf ihren Körper erkennbar, und eine Neigung zu Verhaltensweisen, die man früher als unsittlich oder frivol empfunden hätte. Dies hing mit dem gewaltigen Frauenüberschuß zusammen, der vor allem nach dem Krieg noch jahrelang die demographischen Verhältnisse in den kriegführenden Ländern kennzeichnen sollte. Es hing auch damit zusammen, daß Tausende von Ehen für lange Zeit unterbrochen oder auf gewaltsame Weise beendet wurden. Wie sich an der Front aus einem kameradschaftlichen Verhältnis häufig homoerotische Beziehungen entwickelten, begünstigte die demographische Verzerrung zu Hause das Entstehen lesbischer Liebesbeziehungen. Außerdem führte die lange Abwesenheit der Männer dazu, daß viele Verlobungen gelöst wurden und viele Ehen zerbrachen.

Auffällig ist in diesem Zusammenhang das allerdings altbekannte Phänomen der Beziehungen zwischen Frauen und feindlichen Soldaten in besetzten Gebieten, das seine Entsprechung in den Beziehungen zwischen Frauen und Kriegsgefangenen im Hinterland hat. Der Reiz des Ungewöhnlichen, Exotischen und noch dazu – aus politischem und nationalem Blickwinkel – Verbotenen oder Verwerflichen, Mitleid, ein heimlicher Wunsch, sich an Mann oder Frau zu rächen, all das konnte hier mitspielen und mit erotischen Empfindungen verschmelzen. Es scheint geradezu, als habe man beweisen wollen, daß das Erotische immer die größte Macht ist, die ruhmreich über alle Katastrophen, alle nationalen Pflichten und alle Normen triumphiert.

Die zahllosen Einschränkungen und Opfer, die immer mehr Menschen in den kriegführenden Ländern abverlangt wurden, konnte man nur rechtfertigen, indem man den Kampf entweder – wie bei den Briten und später den Amerikanern – als notwendig für die Rettung der Zivilisation oder – wie bei den Mittelmächten, den Franzosen und selbstverständlich den Belgiern – als unabdingbar für die Bewahrung der eigenen Nation darstellte. Die Dämonisierung des Feindes, die im Rausch des August 1914 und bei den skizzierten »Ideen von 1914« schon eine so große Rolle gespielt hatte, blieb auch für die Fortsetzung des Krieges unentbehrlich. Und wiederum hat man es nicht einfach mit raffinierter Lenkung der öffentlichen Meinung durch die Regierungen zu tun. Obwohl die Feldpost einer gewissen Kontrolle unterworfen war, gab es keine systematische Pressezensur. Auf französischer wie auf deutscher Seite durften einzelne literarische Zeugnisse von der Front, die allzu kühn deren Schrecken enthüllten und flammenden Protest gegen das sinnlose Töten erhoben, zwar nicht veröffentlicht werden, andererseits konnten aber ausgesprochen pazifistische und rebellische Zeitschriften weiterhin ungestört erscheinen, wie zum Beispiel *Die Aktion* von Franz Pfemfert oder in Österreich *Die Fackel*, in der Karl Kraus mit tödlicher Feder die Kriegführung attackierte. Wenn es um literarische oder künstlerische Formen von Kritik ging, etwa im Theater oder in der bildenden Kunst, herrschte auch wenn diese Kritik nicht gerade zahm war, weitgehende Toleranz.[20] Der Staat unterschied klar zwischen der Domäne der Politik einerseits und der Literatur oder Kunst andererseits. Was dort geschrieben oder sonstwie zum Ausdruck gebracht wurde, lag für Regierungen und Staatsapparat ein wenig außerhalb ihres gewohnten Gesichtskreises und Arbeitsgebiets, in einer Zone, in der eine gewisse Narrenfreiheit galt. Die Bedeutung ideologischer

Indoktrination sollte erst durch eine nachfolgende Politikergeneration voll und ganz erkannt und gewürdigt werden. Diese Liberalität im Hinblick auf das kritische Wort herrschte gerade auch in Staaten wie Deutschland und Österreich-Ungarn, in denen der Parlamentarismus und die Politisierung des Bürgertums noch weniger selbstverständlich waren als im Westen. In den Augen der alten Oberschichten und der militärischen Führung waren kritische Journalisten eher unbedeutendes Ungeziefer. Verstießen dagegen Soldaten, oft Jungen einfacher Herkunft, gegen die Disziplin, wurden sie sofort schwer bestraft, was in ernsten Fällen bedeutete, daß sie ohne Pardon erschossen wurden.

Natürlich betonten Staatsoberhäupter, Minister und ihre Sprecher in Reden und Proklamationen die Bösartigkeit des Gegners und seine finsteren Absichten, aber gleichzeitig wurden sie selbst in dieser Richtung vorangetrieben, von einer öffentlichen Meinung, die nichts anderes hören wollte, und einer erregten nationalistischen Presse, die auch ganz ohne entsprechende Direktiven nichts lieber tat, als den Feind zu einem Monster zu machen. Deshalb blühten die Legenden und Greuelgeschichten. In Deutschland ging das Gerücht um, die Belgier würden deutschen Gefangenen die Augen ausstechen, und man machte viel Aufhebens davon, daß die Franzosen dunkelhäutige Soldaten aus den Kolonien einsetzten, Senegalesen und Marokkaner: animalische Rohlinge, denen man sofort bestialische Kampfmethoden zuschrieb, die es unter zivilisierten Völkern nicht geben durfte. In Großbritannien dagegen (und später in Amerika und Kanada), wurde verbreitet, auf dem Marktplatz von Brüssel seien belgische Kinder im Beisein des deutschen Kaisers verstümmelt worden, der sich an diesem Anblick geweidet habe, und hartnäckig hielt sich die Legende über einen von den Deutschen gekreuzigten Kanadier. Dies paßte dann wieder vortrefflich zum Kreuzzugsgedanken, der vielen Predigern dazu diente, dem Krieg einen höheren Sinn zu verleihen. Hurra und Halleluja lagen nah beieinander in vielen blutdürstigen Predigten, in denen man das Töten möglichst vieler Feinde zu einer frommen Pflicht erklärte.[21]

Die Dämonisierung des Gegners hatte eine noch viel verhängnisvollere Konsequenz: Je zahlreicher die Opfer – vor allem die Hunderttausende, die bei den Zermürbungsschlachten seit 1916 ihr Leben ließen, bei Verdun, an der Somme und in Westflandern –, um so verbissener hielten Regierungen und vor allem Armeeführungen am Endsieg als notwendigem Kriegsziel fest. Nur eine entscheidende Verbesserung der eigenen strategischen Position und politischen Macht am Ende des Krieges konnte diesen ungeheuren Blutzoll rechtfertigen. Wozu hatte man sonst gekämpft und einen großen Teil der männlichen Jugend in den Tod geschickt?! Für Franzosen, Briten und natürlich Belgier war kein Friedensschluß akzeptabel, der nicht die Befreiung ganz Frankreichs und Belgiens garantieren und eine Wiederholung der deutschen Aggression definitiv unmöglich machen würde. Für die Franzosen kam noch die Forderung nach der Rückgabe Elsaß-Lothringens hinzu, die aus politischen und emotionalen Gründen gar nicht zur Diskussion stand. Bei den Deutschen war es, im Gegensatz zur Entente, die Oberste Heeresleitung, das ruhmreiche Duo Hindenburg-Ludendorff, die ab 1916 faktisch den Kurs bestimmte, und diese Militärs hielten wiederum keinen Friedensschluß für akzeptabel, zu dem nicht die Annexion eines französischen Grenzstreifens gehören würde, während man für Belgien mindestens die Rolle eines Satelliten im Sinn hatte, um die deutsche Machtposition unangreifbar zu machen. Hierüber herrschte übrigens keineswegs Einigkeit zwischen den Militärs und politischen Kreisen. Der Reichstag hatte im Juli 1917 mit großer Mehrheit eine Resolution angenommen, in der die Aufnahme von Friedensverhandlungen und der Verzicht auf jegliche Annexion empfohlen wurde. Aber die Oberste Heeresleitung legte hiergegen ihr Veto ein, und Kaiser und Regierung gaben ihr nach. Aus taktischen Gründen wollte sich die deutsche Regierung deshalb nie zum künftigen Status Belgiens äußern, und eine klare Aussage hierzu war wiederum für die Entente eine unerläßliche Vorbedingung für die Aufnahme von Friedensverhandlungen. So gerieten Regierungen und Armeeführungen in einen Teufelskreis: Immer mehr Opfer waren notwendig, wollte man einen Sieg erkämpfen, und nur der Sieg konnte die günstigen Friedensbedingungen garantieren, die notwendig waren, um all die Opfer nachträglich zu rechtfertigen.

Die Politiker bekamen auf diese Weise die Folgen ihrer eigenen Politik und der Fanatisierung der Bevölkerung zu spüren. Nachdem sie den Feind als Verkörperung des Bösen hingestellt hatten, konnten sie der eigenen Bevölkerung kaum mit einem Kompromißfrieden kommen, durch den alles beim alten geblieben wäre. Ein treffendes Beispiel ist die Lage des britischen Premiers und Kriegsführers Lloyd George, der im Dezember 1918 direkt nach der deutschen Kapitulation die Parlamentswahlen gewonnen hatte – unter anderem dank des Versprechens: »Die Deutschen werden bezahlen und den Kaiser aufhängen.« Wilhelm II. galt infolge der Kriegspropaganda bei der englischen Bevölkerung als Hauptkriegsanstifter. Lloyd George wußte es natürlich besser, und er war vor allem viel zu sehr Realist, als daß er sich von Rachegefühlen oder naivem Moralismus hätte leiten lassen, aber er war nachträglich bis zu einem gewissen Grade Gefangener seiner eigenen Wahlparolen.

Das Ende kam, zumindest für die Massen hinter der Front, trotz allem noch unerwartet. Nachdem in Rußland im März 1917 die Revolution begonnen hatte und schließlich, nach dem bolschewistischen Staatsstreich im November, die russische Front zusammengebrochen war, hatten die Deutschen im Februar 1918 in Brest-Litowsk einen für das geschlagene Riesenreich vernichtenden Frieden diktieren können, der Deutschland in Mittel- und Osteuropa plötzlich eine beispiellose Machtposition verschaffte. Stand jetzt, da mit dem Zweifrontenkrieg Schluß war, nicht ein vollständiger deutscher Sieg in Aussicht? An der Westfront hatte Ludendorff, militärisch der führende Kopf, im Frühjahr 1918 deshalb mit einer letzten mörderischen Offensive den Sieg zu erzwingen versucht. Auch dieser Versuch war jedoch schließlich gescheitert, nicht zuletzt dank der frischen amerikanischen Truppen, die inzwischen die erschöpften Armeen der Entente verstärkten.

Im Spätsommer konnten diese zu einem großangelegten Gegenangriff übergehen, und obwohl die deutschen Linien letztlich mit knapper Not standgehalten hatten, geriet die Oberste Heeresleitung in Panik, denn der Durchbruch stand unmittelbar bevor. Ludendorff ließ jetzt plötzlich seine hohen Forderungen im Hinblick auf einen Friedensschluß fallen und drängte auf die sofortige Aufnahme von Verhandlungen, bevor es tatsächlich zu einer militärischen Niederlage kommen würde. Mittlerweile hatte die Doppelmonarchie, für die wegen der allgemeinen Kriegsmüdigkeit und der nicht aufzuhaltenden inneren Auflösung eine Fortsetzung des Kampfes unmöglich geworden war, unabhängig von den Verbündeten Friedensverhandlungen aufgenommen, was die deutsche Position natürlich stark schwächte. So war es nicht verwunderlich, daß die Alliierten, die jetzt eine vollständige Niederlage Deutschlands in greifbarer Nähe sahen, nicht bereit waren, in Verhandlungen einzutreten, deren Grundlage die berühmten vierzehn Punkte des amerikanischen Präsidenten Wilson vom Januar 1914 sein sollten. Wilson war für einen Kompromißfrieden ohne Annexionen eingetreten; dieser Vorschlag war für die Deutschen natürlich jetzt, da ein Sieg unmöglich geworden war, ein verlockender Ausgangspunkt. Der Austausch von Schriftstücken zog sich hin, während die Fronten für den Augenblick wieder stabilisiert zu sein schienen und die Forderungen der deutschen Heeresleitung entsprechend härter wurden. Gleichzeitig aber schwirrten überall Gerüchte über ein bald zu erwartendes Ende der aussichtslos gewordenen Schlächterei. Unter diesen Umständen waren die erschöpften deutschen Truppen immer weniger bereit, den Kampf fortzusetzen und weitere Menschenleben zu opfern, und pazifistische Ideen gewannen an Boden. Bei einer Flotteneinheit in Kiel weigerten sich Anfang November die Matrosen, erneut auszufahren. Jetzt überkam die Heeresleitung Angst vor Meuterei in viel größerem Maßstab. Sie forderte sofortigen Waffenstillstand, als sich Ludendorff nach einem Nervenzusammenbruch Hals über Kopf nach Schweden abgesetzt hatte und sich im Heer Auflösungserscheinungen zeigten. Weil die Alliierten deutlich gemacht hatten, daß sie mit der jetzigen Regierung nicht verhandeln wollten, wurde Wilhelm II. zur Abdankung gezwungen und emigrierte in die Niederlande. In Berlin übernahmen in der allgemeinen Verwirrung die Sozialdemokraten die Führung und riefen am 9. November 1918 zunächst einmal die Republik aus; am 11. November wurde bei bedingungsloser Kapitulation Deutschlands der Waffenstillstand erklärt. Damit war alles zu Ende.

Wegen der Schnelligkeit und verwirrenden Gleichzeitigkeit der Ereignisse im deutschen Hauptquartier in Spa und in Berlin, die dem Anschein nach in wenigen Tagen dazu führten, daß Deutschland sich nach vier Jahren beispiellosen, mörderischen Ringens auf Gnade und Ungnade ergab, sollte von Anfang an ein gewaltiger Schatten über der politischen Zukunft liegen. Die Undurchsichtigkeit dieser Ereignisse für den Außenstehenden und die Bevölkerung insgesamt löste in Deutschland schon bald eine Flut kontroverser Interpretationen aus, und die historische Forschung sollte jahrzehntelang im Zeichen einer hitzigen Diskussion über die wirklichen Ursachen dieser in Rätsel gehüllten Niederlage stehen. Und noch immer kann man nicht von allgemeinem Konsens sprechen. Da der Waffenstillstand geschlossen wurde, noch bevor es zu einer offenkundigen militärischen Niederlage Deutschlands gekommen war – die Front verlief nach wie vor tief im französischen und belgischen Gebiet –, bestand eine nach gewöhnlichen Maßstäben unlogische Diskrepanz zwischen der scheinbaren militärischen Lage und der harten Forderung nach bedingungsloser Kapitulation als Voraussetzung für den Waffenstillstand. In Wirklichkeit erklärt natürlich gerade der Umstand, daß die Kraft des deutschen Heeres noch nicht gebrochen zu sein schien, diese Forderung der Alliierten. Dadurch konnte aber auf deutscher Seite alles, was unvermindert nationalistisch gesinnt war, besonders die Militärs, verkünden, durch pazifistische und bolschewistische Machenschaften sei die Widerstandskraft geschwächt und eine Revolution entfesselt worden, während außerdem die Entente das Vertrauen Deutschlands im Hinblick auf angemessene Friedensvereinbarungen mißbraucht und dem wehrlosen Land 1919 schließlich den harten Frieden von Versailles diktiert habe. Die gutgemeinten, vielzitierten Worte, die der neue sozialdemokratische Reichskanzler Friedrich Ebert vor den Truppen sprach – die deutschen Soldaten seien »im Felde unbesiegt« heimgekehrt –, waren Wasser auf die Mühle des nationalistischen und rechten Lagers. Die These vom Verrat war die einzige plausible Erklärung für alle, die den Gedanken einer Niederlage an sich schon unerträglich fanden und nach wie vor fest davon überzeugt waren, daß Deutschland überlegene Kräfte besaß und moralisch im Recht war. Nicht der Allmächtige, sondern Satan und seine Werkzeuge sind schließlich verantwortlich, wenn der Gerechtigkeit Gewalt angetan wird! Die Auflösungserscheinungen im Heer und, nach der Kapitulation, die rasche Bildung von Soldatenräten nach bolschewistischem Vorbild schienen die Verschwörungstheorie zu bestätigen.

Hartnäckig übersehen wurde dabei die Tatsache, daß diese Auflösungserscheinungen (und die Meuterei in Kiel) nicht die Ursache, sondern die Folge des Vorgehens von Oberster Heeresleitung und Regierung waren. Um die Schmach einer Niederlage abzuwenden und vor allem ihre eigene Ehre zu wahren, hatte die militärische Führung die Regierung plötzlich energisch zu Verhandlungen gedrängt, denen sie sich zuvor immer entschieden mit dem Argument widersetzt hatte, daß sie den Sieg erringen könne. Der Generalstab wälzte sein Versagen also auf die Politiker ab, und daß er dies tun konnte, lag an den eigenartigen politischen Strukturen des Kaiserreichs, in dem der Generalstab und die Offizierskaste insgesamt noch eine besondere, privilegierte Stellung innehatten. Sobald die Oberste Heeresleitung die militärische Lage weniger düster beurteilte, erschwerte sie die Verhandlungen wieder. Da sich in den ausgebluteten deutschen Divisionen inzwischen Friedenshoffnungen verbreitet hatten, konnte die Enttäuschung, als das ersehnte Ende doch wieder ausblieb, pazifistische Vorstellungen reifen lassen und Widerspruchsgeist wecken. Wegen der Undurchsichtigkeit dieses ganzen Hergangs konnte später die sogenannte Dolchstoßlegende entstehen, nach der das tapfer kämpfende Heer von der Revolution einen Dolchstoß in den Rücken empfangen hatte. Möglich war das alles nur wegen der besonderen Macht und Stellung des Offizierskorps – einem Vermächtnis des alten Preußen, weshalb sich eben dieses Offizierskorps nach wie vor als der wahre Kern des Staates betrachtete. Die Erhaltung dieser Kaste hatte Priorität vor dem Wohl der Nation. So sollte das neue Deutschland mit der Hypothek eines Mythos belastet werden, der seinerseits auf die politischen Strukturen des Kaiserreichs als des Erben des alten Königreichs Preußen zurückging.

Die Bilanz des Krieges war, an Kriegen der Vergangenheit gemessen – und die Vergangenheit ist für den Zeitgenossen der einzige Maßstab – niederschmetternd: ungefähr zehn Millionen Gefallene und viele Millionen Invaliden in allen kriegführenden Ländern – Blinde, Verkrüppelte, Arm- und Beinlose, Männer mit Hirnverletzungen oder geschädigten inneren Organen. Millionen aus dem Kriegsdienst entlassener Soldaten, die jahrelang in einer Realität von mechanisierter Vernichtung, harter Disziplin, Langeweile, Abstumpfung, Entbehrung und kameradschaftlicher Zuneigung auf der hauchdünnen Grenzlinie zwischen Leben und Tod gelebt hatten und sich jetzt wieder an ein normales Dasein gewöhnen mußten, das aber auch nicht mehr das normale Leben von früher war. Wenn die Älteren schon ihre alte Arbeit wiederaufnehmen konnten, war diese nach all den Erfahrungen anders, weil sie selbst andere geworden waren. Und die Jüngeren mußten sich noch einer schulmäßigen Berufsausbildung unterziehen, obwohl sie als Knaben in den Krieg gegangen und als Männer, durch Schrecken gereift und gezeichnet, wieder aus ihm zurückgekehrt waren.

Als einer der bemerkenswertesten Aspekte erscheint im Rückblick die Diskrepanz zwischen der vorherrschenden Mentalität und Denkweise einerseits, gerade bei den militärischen und politischen Führern, und der neuen Kriegsrealität – den Millionenheeren und der durch fortgeschrittene Technik ins Ungeheure gesteigerten Zerstörungskraft – andererseits. Höchstens rein theoretisch hatten die Generäle mit diesen Dimensionen der Kriegführung rechnen können. In ihrem Festhalten an Konzepten und Strategien aus der Vergangenheit wurden sie ihrerseits vom Ausmaß und der Kompliziertheit des Geschehens überwältigt. Dies kann zum Teil damit erklärt werden, daß viele der wichtigsten Befehlshaber, wie erwähnt, recht alt waren, was wiederum auf die Starrheit des hierarchischen Systems zurückzuführen ist. Da es aber – ungeachtet des chauvinistischen Heldenkults um Heerführer wie Pétain, Foch oder Hindenburg – im Grunde niemandem gelang, das Kriegsgeschehen seinen Vorstellungen entsprechend zu lenken, wirkte der Krieg noch unpersönlicher. Er war zu einem unheilvollen Prozeß geworden, der sich rücksichtslos und unabhängig von menschlichem Wollen an allen, von den Niedrigsten bis zu den Höchsten, zu vollziehen schien. Eine Täuschung natürlich: Es waren die starren Normen und Vorstellungen, was nationales Interesse, unverzichtbares Prestige und militärische Strategie anbelangte, die wie eiserne Ringe um den Köpfen der führenden Persönlichkeiten lagen und ihnen die Sicht nahmen.

Innerhalb der Armee waren jedoch bestimmte soziale und mentale Grenzlinien verschwunden. Sie hatte Männer aus den unterschiedlichsten Bevölkerungsschichten in der Gefahr vereint, und in dieser Hinsicht hatte der Krieg einen emanzipatorischen Effekt gehabt, auch was das Hinterland anging. Er hatte aber auch neue Gegensätze entstehen lassen, zum Beispiel zwischen den häufig recht alten Rechenkünstlern an ihren Generalstabskarten und den jungen Offizieren und Soldaten in Schlamm und Schutt. Er war, mehr als frühere Kriege, zu einer nationalen Angelegenheit, einer Angelegenheit jedes einzelnen geworden und vor allem auch offiziell dazu erklärt worden. Gleichzeitig aber zählte der einzelne als Person in Wirklichkeit überhaupt nicht, sondern war zu einer Nummer geworden, einer zu vernachlässigenden Größe, einem anonymen Atom, austauschbar gegen Millionen anderer Atome. Zwischen der allgemeinen Emanzipation und der Vorstellung vom Bürger als einem mündigen Individuum mit unveräußerlichen Rechten einerseits und dieser Nivellierung und Unterdrückung des Individuellen andererseits bestand ein Kontrast, der psychisch viel schwerer zu ertragen und zu bewältigen war als der Gegensatz zwischen dem gewöhnlichen Dasein und der Soldatenexistenz in früheren Zeiten, als die Armeen noch zum großen Teil aus unmündigen, oft halb analphabetischen Untertanen, Bauernjungen, Handlangern, Knechten, Abenteurern und Streunern bestanden und in der Gesellschaft große Standesunterschiede die Norm waren. Vor allem hieran lag es, daß dieser Krieg einen beispiellosen Kulturschock auslöste und einem mörderischen Anschlag auf den Fortschrittsglauben und den europäischen Stolz auf die eigene Zivilisation gleichkam.

Dennoch dürfen die gewaltigen Unterschiede in den psychischen und intellektuellen Reaktionen nicht unberücksichtigt bleiben. Generation, Milieu und persönlicher kultureller Hintergrund können diese Gegensätze erklären. Ganz allgemein können wir zwischen drei unterschiedlichen Arten von Reaktionen differenzieren. Zunächst einmal gab es die Pazifisten, die im Krieg nichts anderes als eine menschenunwürdige, abscheuerregende Verirrung sahen, die sich niemals wiederholen durfte, und ihre Reihen waren in der letzten Kriegsphase erheblich gestärkt worden. Diese Einstellung implizierte die Überzeugung, daß der Krieg unnatürlich sei und abgeschafft werden könne, weil er abgeschafft werden mußte. Was die Ursachen des Krieges angeht, konnten die Ansichten dann natürlich auseinandergehen. Wer im kapitalistischen System als solchem oder im Chauvinismus die wirkliche Ursache sah, wurde bald Sozialist oder Kommunist und versprach sich die Lösung der entscheidenden Probleme von einer sozialistischen oder kommunistischen Gesellschaft. Die bolschewistische Revolution schien vielen ein Signal zu sein. Dies bedeutete dann allerdings wieder, daß unter Umständen Gewaltanwendung notwendig sein würde. Diejenigen, die aus Prinzip Pazifisten waren, lehnten diesen Weg selbstverständlich ab und erhofften sich Fortschritte durch systematische Aufklärungsarbeit, die ein neues Bewußtsein schaffen sollte. Bei einigen verschmolz diese Vorstellung mit ausgesprochen christlichen Ideen, und sie trachteten nach einer religiösen Erneuerung als einziger Rettung. Sie hofften darauf, daß eine innere Bekehrung einen neuen, geläuterten Menschen hervorbringen würde.

Das Verlangen, den Krieg zu bannen, war selbstverständlich viel weiter verbreitet und beherrschte auch die Diplomatie, in dem Sinne, daß die führenden Politiker jetzt die Verhinderung von Kriegen als eine ihrer wichtigsten Aufgaben betrachteten und die Friedensverträge und die neue politische Ordnung Europas im Hinblick darauf konzipierten. Der wichtigste Repräsentant dieser Politik war der amerikanische Präsident Wilson. Der Völkerbund, zu dessen Gründung es vor allem durch Wilsons Initiative und Einfluß kam, sollte in erster Linie dem Ziel dienen, Kriege unmöglich zu machen. Natürlich kann man darauf hinweisen, daß derartige Bemühungen auch in der Vergangenheit immer nach großen Kriegen unternommen worden waren. Die jetzige Katastrophe jedoch hatte ein solches Ausmaß gehabt, daß diese Bemühungen nun als unendlich viel dringlicher empfunden wurden und darum auch mehr Resonanz gefunden hatten. Stärker internationalistisches Denken und die Ablehnung von Nationalismus und Chauvinismus als Triebfedern des Krieges gehörten zu dieser neuen Geisteshaltung und bestimmten die Aktivitäten zahlloser Politiker, die sich zum Sprachrohr weit verbreiteter Ansichten machten.

Wenn die Kriegserfahrung also einerseits den Willen und die Entschlossenheit stärkte, eine Wiederholung der Katastrophe zu verhüten, und ganz allgemein politisches Bewußtsein förderte, so überwogen doch bei vielen Menschen tiefe Resignation, Pessimismus, eine Aversion gegen alles Politische. In ihren Augen hatte alles, was geschehen war, eher die Sinnlosigkeit der Existenz und die Hohlheit der überkommenen Moralvorstellungen bestätigt. Nihilismus und Hyperindividualismus waren dann die Antwort, eine Haltung, die sich vor allem viele Intellektuelle und Künstler zu eigen machten oder von ihnen repräsentiert wurde.

Schließlich gab es noch eine dritte bedeutsame Richtung, für die nun gerade charakteristisch war, daß man Nationalismus und Gewalt nicht verwarf, da der Krieg die Verbundenheit mit der Nation und dem eigenen Volk gestärkt hatte. Diese Verbundenheit war das einzige, was dem Leben Sinn und Inhalt gab, sie allein konnte ja all das Erlittene rechtfertigen und ihm sogar eine höhere Weihe verleihen. Für diese Kategorie war der Gedanke, daß all die Kraftanstrengung, der Mut, die Schrecken und die Unterdrückung des eigenen elementaren Lebenswillens umsonst gewesen sein sollten, unerträglich. Gerade die Größe des Opfers machte ein unerschrockenes Glaubensbekenntnis notwendig. Das Opfer war der Prüfstein für Vaterlandsliebe. Während manche die Gewalt weiterhin sublimierten und ihr einen höheren, metaphysischen Sinn zuschrieben, war für andere, gewöhnlich die schlichteren Gemüter, klar bewiesen, daß Gewalt die wahre Triebkraft des Lebens und der Geschichte war. Sie konnten dabei, wenn sie schon ein Bedürfnis nach intellektueller Legitimation hatten, an den Vulgärdarwinismus und die Theorie des »Überlebens des Stärkeren« anknüpfen. Nicht im System oder im Nationalismus lag also für sie das wahre Übel. Das Übel war identisch mit dem Feind oder mit den vermeintlichen Verrätern und all denen, die die nationale Sache im Stich gelassen hatten. Die mörderische Normalität des Lebens an der Front mit ihrer Spannung und Todesverachtung hatte sie so stark deformiert, daß sie für ein anderes Leben ungeeignet geworden waren. Die Gewöhnung an Gewalt und Totschlag führte bei vielen zu einer tiefen Verachtung von Humanität und Friedfertigkeit, in denen sie Symptome von Verweichlichung und Degeneration sahen, eine Tarnung für Feigheit.

Das nationalistische Fieber, das infolge der Kriegspropaganda und ideologischen Fanatisierung noch gestiegen war, hatte aber vor allem viele von denen befallen, die nicht an der Front gewesen waren – ein häufig vorkommendes Phänomen. Der Nationalismus bekommt dann eine kompensatorische Funktion und muß bei denen, die weniger Opfer gebracht haben, ein Schuldgefühl tarnen. Einen besonders scharfen Beigeschmack von Verbitterung und Ranküne hatte all dies natürlich bei den Verlierern, denn gerade sie mußten sich gegen den unerträglichen Gedanken wehren, daß alles umsonst gewesen sein sollte.

Trotz dieser augenfälligen Gegensätze kann man durchaus sagen, daß der Krieg in vielen Ländern eine etwas unbestimmte revolutionäre Stimmung erzeugt hatte, gewiß nicht nur unter den organisierten Arbeitern, sondern in weiten Bevölkerungskreisen. Eine bolschewistische Revolution oder ein vergleichbarer Umsturz wurde zwar von der Mehrheit der Mittelklassen heftig abgelehnt, aber daß der Krieg eine emanzipatorische Wirkung gehabt hatte, zeigte sich daran, daß die Autorität und der Status der alten Eliten und die Reste feudaler Verhältnisse jetzt in den Augen vieler diskreditiert waren. Dies hängt sicherlich auch mit der schon erwähnten, oft mehr oder weniger unbewußten Vorstellung zusammen, daß man es hier mit einem Vater-Sohn-Konflikt zu tun hatte, einem Gegensatz zwischen den Generationen, wobei die alte Generation die junge geopfert hatte. Auch und gerade in den unvermindert nationalistischen Mittelklassen machte sich das Gefühl breit, daß die alten Eliten versagt und ihr Recht auf Herrschaft und Führung verwirkt hatten. Der Gedanke an weitreichende soziale und politische Reformen und Veränderungen war viel weiter verbreitet als nur im traditionell linken Lager oder unter sozialistischen Arbeitern. Auch außerhalb dieser Kreise hielt man unter Umständen sogar einen Umsturz für notwendig, wenn auch keinen sozialistischen oder bolschewistischen. Die Gesundung der Nation und die Wiederherstellung ihres Status schienen nur durch eine nationale Revolution möglich zu sein. In dieser Situation waren also die Mittelklassen, ohne daß ihnen dies ganz bewußt gewesen wäre, auf der Suche nach neuen Autoritäten.

Die Soldaten, die die Kämpfe an der Front überlebt hatten, waren so oder so für immer gezeichnet. Das galt vor allem für die Jüngeren, die Jahrgänge zwischen etwa 1885 und 1902. In angloamerikanischen literarischen Kreisen nannte man sie bald die »lost generation«, eine Bezeichnung, die von der Dichterin Gertrude Stein eingeführt worden war. Gemeint war eine Generation, die das Gefühl hatte, daß ihr Leben durch einen abnormen, grausamen Eingriff verpfuscht war. Um freilich nachträglich eine bestimmte Generation wirklich als »verlorene« charakterisieren zu können, müßten wir bestimmte feste Maßstäbe im Hinblick auf den Sinn der Geschichte und des historischen Prozesses besitzen, die es nicht gibt. Die verdeckte Voraussetzung dafür, daß man eine Generation so bezeichnet, ist eine teleologische Betrachtungsweise, ein überlebtes Fortschritts- und Kontinuitätsdenken, zu dem es gehörte, das man jeder Generation und jedem Individuum eine »Aufgabe« oder »Funktion« zuschrieb, ein ganz bestimmtes Lebensziel, das der Kriegsgeneration nun genommen war: Sie hatte man, im Gegensatz zu anderen Generationen, um die Hoffnung auf ein sinnvolles Dasein gebracht!

Als Ausdruck einer subjektiven Interpretation charakterisiert diese Bezeichnung die Stimmung und das Lebensgefühl unter den Intellektuellen einer jungen Generation, die mit den festen moralischen Maßstäben und dem heiteren Selbstvertrauen und Pflichtgefühl einer älteren erzogen worden war. Diese ältere Generation war noch ganz im neunzehnten Jahrhundert verwurzelt, wurde von der jüngeren jetzt aber unbewußt als Vergleichsmaßstab herangezogen. Soweit die von dieser Stimmung beherrschte junge Generation von Intellektuellen ihr Lebensgefühl und ihre Enttäuschung in Kunst und Literatur zum Ausdruck brachte, ist sie aus der Kultur der zwanziger und dreißiger Jahre nicht wegzudenken, womit sie aber, objektiv betrachtet, ihre Selbstcharakterisierung als »verloren« im Sinne von »unfruchtbar« und »ziellos« widerlegt hat.

Auch die häufig gebrauchte Phrase »Die Besten sind gefallen« verrät entweder naive Sentimentalität oder ein verkapptes militaristisches Ethos: »Die Besten« sind dann zwangsläufig die Tapfersten, diejenigen, die ihre Pflicht gegenüber der Nation erfüllten. Unter den Überlebenden sind nach dieser Auffassung gerade die Feiglinge und Drückeberger und die physisch Minderwertigen, die ausgemustert worden waren. Die These hat damit auch einen politischen Gehalt. Gerade im Ersten Weltkrieg herrschte aber an der Front mehr als je zuvor der blinde Zufall, eine Folge der Perfektionierung von Waffen, die über große Entfernungen hinweg wirkten. Viele wurden getötet oder verstümmelt, ohne je einen einzigen feindlichen Soldaten gesehen zu haben. Angesichts der Entpersönlichung des Krieges zählten Angst oder Mut nicht immer im gleichen Maße wie früher, als Mann gegen Mann kämpfte.

Allerdings haben wir es, objektiv betrachtet, tatsächlich mit einer Generation zu tun, in die der Krieg gräßliche Lücken gerissen hatte. Wer heute die Gedenkstätten des Ersten Weltkriegs besucht, Paschendael, Ypern, Langemarck, Verdun, oder auch die an der österreichisch-italienischen Front, in

Ostpreußen und Galizien, wo die vielen Tausenden von Gefallenen in endlosen Reihen unter völlig gleichförmigen, unpersönlichen weißen Kreuzen liegen, von neuem zu Nummern reduziert, wer die Mauern der Mausoleen sieht, von oben bis unten mit den Namen der Gefallenen bedeckt, von denen die weitaus meisten noch keine dreißig und viele noch keine zwanzig Jahre alt waren, kommt an der Frage nicht vorbei – einer niemals zu beantwortenden Frage –, was dieser ungeheure Aderlaß für die Zukunft der europäischen Kultur bedeutet hat, wieviel Talent, künstlerisches, literarisches, wissenschaftliches, politisches Talent, hier vernichtet wurde, das nie ganz zur Entfaltung gekommen ist oder dessen Wirken vorzeitig, mitten in seinen besten Jahren, gewaltsam beendet wurde. Dichter wie Rupert Brooke, Wilfred Owen, Isaac Rosenberg, Charles Sorley unter den Engländern, Autoren wie Charles Péguy, Alain-Fournier, Ernest Psichari, Jean-Marc Bernard oder Guilleaume Apollinaire (der nach Jahren an den Folgen einer Verwundung starb) bei den Franzosen, der österreichische Dichter Georg Trakl, bahnbrechende expressionistische Maler wie August Macke und Franz Marc, deutsche Dichter wie Ernst Stadler oder Alfred Lichtenstein, sie alle geben, was jene Frage angeht, einen ersten Hinweis. Und sie haben immerhin noch Werke hinterlassen, die ihre Namen der Vergessenheit entreißen. Unsere Enzyklopädien und biographischen Wörterbücher, unsere Übersichten über Literatur, Kunst und Wissenschaften und nicht zuletzt auch über die wichtigen politischen Persönlichkeiten würden ohne diesen Krieg anders aussehen und viele andere, uns heute unbekannte Namen enthalten, soviel steht fest.

IV

Die zwanziger Jahre: Freiheit und Unruhe

1 Neuorientierung und chaotischer Beginn

Der Krieg war zu Ende und die Welt untergegangen. Gleichzeitig war sie aber noch unübersehbar gegenwärtig. Man stand einer neuen Wirklichkeit gegenüber und mußte eine neue Welt und vor allem ein neues Europa auf den Ruinen des alten aufbauen. Die folgende Epoche steht deshalb auch ganz im Zeichen der Reaktionen auf die Katastrophe, der politischen, kulturellen, psychischen und geistigen Reaktionen. »Eine Generation, die noch mit der Pferdebahn zur Schule gefahren war, stand unter freiem Himmel in einer Landschaft, in der nichts unverändert geblieben war als die Wolken, und in der Mitte, in einem Kraftfeld zerstörender Stürme und Explosionen, der winzige gebrechliche Menschenkörper.«[1] So beschrieb der Essayist, Philosoph und Kritiker Walter Benjamin, einer der scharfsinnigsten Denker der nächsten Jahrzehnte, kurz und bildkräftig das innere Panorama nach dem Ende des Krieges.

Für die Kriegsgeneration hörte der Krieg nicht auf, Gegenwart zu sein, auch wenn man ihm energisch den Rücken kehrte und sich der Zukunft zuwandte. Er blieb die große Zäsur, und für viele bedeutete er die Entlarvung der Kultur des neunzehnten Jahrhunderts, die Widerlegung des Fortschrittsoptimismus und des Glaubens an das ethische Potential der menschlichen Natur, das Ende des europäischen Sendungsbewußtseins und Überlegenheitsgefühls. Wenn man das Bild des neunzehnten Jahrhunderts nachträglich, von den persönlichen, noch ganz frischen Erinnerungen beherrscht, einseitig verschönerte, so zeigt das nur, wie stark man den Kontrast plötzlich empfand. »Bis zum großen Krieg hätten nur wenige der Ansicht widersprochen, daß der zivilisierte Mensch sehr viel humaner geworden sei, sehr viel mitfühlender gegenüber dem Leiden anderer, und somit viel gerechter, selbstbeherrschter und weniger roh in seinen Vergnügungen und in seinem Zorn«, schrieb der britische Theologe William Ralph Inge 1922 in seinem Essay *The Idea of Progress*. Aber nach dem Krieg habe sich deutlich gezeigt: »Weder Wissenschaft noch Geschichte geben uns irgendeine Berechtigung zu glauben, daß die Menschheit Fortschritte gemacht habe, außer in der Anhäufung von Wissen und Erfahrung und Mitteln der Existenzsicherung (...) primitive Barbarei hatte nur geschlummert, bereit, beim ersten Schlag der Trommel zu unverhüllter Grausamkeit angestachelt zu werden.«[2]

Einige hatten ihre Fronterfahrungen schon während der letzten Kriegsjahre in Worte gefaßt, in Gedichten, zynisch oder grell expressiv, vereinzelt auch in Romanen, wie Barbusse, der die ungeheuerliche Realität hinter der für die Öffentlichkeit errichteten heroischen Fassade beschrieb. Kurz nach Kriegsende folgten andere. Roland Dorgelès schilderte in *Lex croix de bois* (1919) das Leben einer kleinen Gruppe in den Schützengräben. Weitere Bücher von ihm, wie *Le cabaret de la belle femme* (1919) und *Le réveil des morts* (1923), zeigen, daß der Krieg ihn nicht mehr losließ. Auch Léon Werths *Clavel soldat* (1919), Alan Patrick Herberts *The Secret Battle* (1919) und Siegfried Wegelebens Erinnerungen *Das Felderlebnis* (1921) gehörten zu dieser ersten Welle. Der Amerikaner Edward Cummings behandelte in *The Enormous Room* (1922) eine andere, außergewöhnliche, absurde Kriegserfahrung, nämlich das Leben in einem französischen Lager für politische Gefangene, in dem er gelandet war. Die meisten und vor allem die meistgelesenen Kriegsromane sollten aber erst in der zweiten Hälfte der zwanziger Jahre erscheinen. Ein Jahrzehnt nach Kriegsende rollte die große Welle allmählich heran, mit Werken wie Robert Graves' *Goodbye to All That* (1929), Siegfried Sassoons *Memoirs of an Infantry Officer* (1930), Frank Richards *Old Soldiers Never Die* (1933), Richard Aldingtons *Death of a Hero* (1929) oder Erich Maria Remarques *Im Westen nichts Neues* (1929), einem Roman, der ein Welterfolg und einer der Bestseller des Jahrhunderts wurde. Unter den wichtigeren Texten waren auch noch zwei französische. Jean Gionos *Die große Herde* (1931) und vor allem Louis-Ferdinand Célines *Reise ans Ende der Nacht* (1932).

Gewöhnlich werden Kriegsromane als ein Genre für sich betrachtet. Da aber der Krieg auf völlig verschiedene, ganz individuelle Weise erlebt wurde, ist der literarische Ausdruck auch so unterschiedlich, daß eine genaue Definition des Genres schwierig bleibt. Nicht jedem Autor kam es dabei auf eine realistische, mehr oder weniger autobiographische Wiedergabe des Kriegsgeschehens an. In *Drei Soldaten* des Amerikaners John Dos Passos (1921) geht es zum Beispiel eher um den Konflikt zwischen dem Künstler als Individuum und der erbarmungslosen Gesellschaft. Der Krieg konnte als Anlaß oder Hintergrund für die Auseinandersetzung mit einem ganz anderen Problem dienen, ganz abgesehen von den großen Unterschieden zwischen den Bildern, die von den einzelnen Autoren entworfen wurden. Neben den Romanen, die in erster Linie die schreckenerregenden oder die trivialen Aspekte des Soldatenlebens schildern und mit romantischen Klischees abrechnen sollen – und hierzu gehören die oben erwähnten –, gab es auch weiterhin heroisierende Darstellungen. Rudolf Binding zum Beispiel, außer Schriftsteller auch Pferdezüchter und Reiter, unbeirrbarer Bewunderer des aristokratischen Lebensstils, blieb einem traditionalistischen deutschen Soldatenethos treu, und sein Buch *Aus dem Kriege* (1925) zeigt, genau wie die von Ernst Jünger und Walter Flex, daß der Krieg auch ganz anders erlebt werden konnte. Freilich entscheidet nicht zuletzt das jeweilige Niveau darüber, ob wir ein Buch zur Literatur oder zur Reportage zählen, aber es versteht sich von selbst, daß auch diese Grenze häufig verschwimmt.

Die meisten verschwiegen ihre ganz persönlichen Erfahrungen, bewahrten sie, ob sie wollten oder nicht, an einem sicheren Ort, verdrängten sie bei ihrem Suchen nach der verlorenen Normalität. Mit den Daheimgebliebenen konnten und wollten sie darüber nicht sprechen. Der Abstand war zu groß geworden. Viele von denen, die erst spät über ihre Erfahrungen schrieben, brauchten offensichtlich eine Phase mehr oder weniger bewußter Verarbeitung des Erlebten und eine gewisse Distanz, um ihre eigene Wahrheit ordnen und zu Papier bringen zu können. Vielleicht schien ihnen auch, als sie zu schreiben begannen, die Zeit gekommen, das Weiterwuchern dessen zu bekämpfen, was sie als Verfälschungen und Mißdeutungen betrachteten. Dabei kann auch zunehmende Neugier der Gesellschaft mitgespielt haben – zumindest bei den Verlegern –, das Verlangen, die nicht zu übersehende Mauer des Schweigens zu durchbrechen. Außerdem bringt in gewisser Weise ein Roman den anderen hervor, es entsteht ein Schneeballeffekt. Hierzu kam es erst ab 1928/29.

Der große innere Abstand zu den Daheimgebliebenen erklärt auch, weshalb die Frontkameradschaft für Angehörige dieser Generationen so wichtig blieb, die Verbindung mit denen, die das gleiche erlebt hatten. Die Frontkämpfer von 1914–1918 bildeten mental eine im Alltag verborgen bleibende Gemeinschaft für sich, zumindest trugen sie ein gemeinsames psychisches Erkennungszeichen, das sie von den übrigen unterschied. Es war eine unsichtbare, übernationale Solidarität, die auch die einfachen Soldaten der ehemals feindlichen Armeen einschloß. Es kam noch hinzu, daß man überall die gleichen materiellen und praktischen Sorgen hatte, so daß die ehemaligen Frontkämpfer bei Siegern wie Besiegten gleichermaßen zu einem wichtigen politischen und ökonomischen Faktor wurden. Diejenigen, die im Kampf für das Vaterland ihre Gesundheit verloren hatten, ihre Arme oder Beine, die Blinden und Krüppel, die nie mehr ein normales Leben führen konnten und gewöhnlich nicht mehr in der Lage waren, ihr Brot zu verdienen, waren auf die nationale Gemeinschaft angewiesen. In jedem beteiligten Land bildeten sich schon bald nach Kriegsende Veteranenverbände, die für die Interessen dieser Kameraden eintraten und für angemessene Unterstützung kämpften. Kriegsinvaliden wurden zum schlechten Gewissen der Nation, die am liebsten vergessen wollte und mehr als genug mit aktuellen Sorgen zu tun hatte. Auch weil halbwegs adäquate materielle Hilfe für all die Millionen kaum möglich war und die geistigen und körperlichen Schäden nicht wiedergutgemacht werden konnten, unternahmen die Staaten mit der Institutionalisierung von Gedenkritualen Versuche der Kompensation. Das Standbild des unbekannten Soldaten wurde zum geheiligten Symbol für all die einfachen, anonymen Opfer, die Männer, die die eigentliche Last getragen und das Letzte geopfert hatten, deren Namen aber, anders als die der militärischen Führer und Staatsmänner, nicht in den Geschichtsbüchern prangen würden. Daß man diesem Symbol Ehre erwies, war künftig bei hohen Staatsbesuchen und an Gedenktagen fester Bestandteil des Zeremoniells. Dabei neigten die gekrönten und ungekrönten Staatsführer vor dem Symbol der Namenlosen einen Augenblick still das Haupt, zum Zeichen, daß sie ihre Macht und verantwortliche Stellung der nationalen Gemeinschaft verdankten und sich dessen bewußt waren. Wie jedes religiöse Ritual solcher Art legitimierte dies dann zugleich wieder ihre Führungsrolle, in ihren eigenen Augen und denen der Bevölkerung. Gedenktage zu begehen, die Soldatenfriedhöfe zu pflegen und Standbilder und Ehrenmale zu errichten, wurde zu einer nationalen Pflicht. So ehrte die Nation ihre toten oder verstümmelten Söhne, und auf diese Weise wurden auch immer wieder die verborgenen Bande zwischen den Veteranen und zwischen ihnen und ihrem Wohn- oder Geburtsort gefestigt. Kein Land kam an Frankreich heran, was die Zahl der Denkmäler anging, es gab sie 1922 schon in 38 000 Gemeinden.[3] Nicht die Heerführer wurden hier in Bronze oder Stein verewigt, sondern der einfache Soldat, der »Poilu«, oder auch die trauernde Witwe mit Kindern. In den anderen Ländern, Deutschland, Belgien, Großbritannien, war es ebenso.

Durch Trauer und Gedenken wurde der Krieg nachdrücklich demokratisiert; mehr als je zuvor war er die Sache aller gewesen. Außer dem Gedenken an den Schrecken wurden so auch patriotische Gefühle lebendig gehalten, bei den Besiegten auch der Gedanke an Revanche. Der Anblick eines solchen Denkmals oder das Erlebnis einer Gedenkfeier können individuell ganz unterschiedliche Assoziationen und Empfindungen wecken, auch in verborgenen Regionen der Psyche. Dies gilt um so mehr, als diese Monumente die Soldaten, auch die Sterbenden, gewöhnlich ganz nach klassizistischer Tradition auf eine Weise darstellten, daß sie in keiner Weise schockierten oder das ästhetische Empfinden beleidigten, sondern vielmehr suggerierten, der Soldat sei mit seinem Opfertod versöhnt gewesen. Nicht pazifistischer Protest, sondern Ergebung, wenn nicht gar Ermahnung zur Vaterlandsliebe war das, was sie ausdrückten. Künstler, die das Abstoßende und Erschütternde darstellten, kamen für die offizielle Ritualisierung der Trauer nicht in Betracht. Alle Unterstützungsmaßnahmen des Staates oder privater Einrichtungen verhinderten jedoch nicht, daß viele Veteranen an den Bettelstab gerieten. In Frankreich, Deutschland, Großbritannien, Belgien, Österreich und Italien war der Krüppel, der Kriegsinvalide, in den nächsten zwei Jahrzehnten in den Städten, auf Plätzen und am Straßenrand, ein vertrauter Anblick.

Bei den Friedensverhandlungen in Versailles, Saint-Germain, Neuilly und Trianon im Jahre 1919 bemühten sich die Politiker monatelang mit ganzen Mannschaften von Beratern und Experten, Juristen, Ökonomen, auch Ethnologen, in Kommissionen und Unterkommissionen, die schwere Aufgabe einer Neuordnung zu bewältigen. Es war, als hätte man für den Versuch, nach dem Inferno des modernen Krieges wieder etwas wie Kontinuität herzustellen, ganz bewußt diese grandiosen historischen Paläste gewählt, als würde man all den ungetrübten Glanz und den Ruhm der französischen Vergangenheit als inspirierende, heilbringende und beschützende Macht anrufen, damit die große, mühevolle Arbeit gelingen konnte. Vor allem für die Franzosen selbst war dies von Bedeutung. Ihr Land hatte (zusammen mit Belgien) am schwersten gelitten, und so sahen sie den großen Krieg und sein Ergebnis vor allem als ihren Krieg und ihren Sieg. Dem ungeheuren Ausmaß des Weltkrieges entsprach jetzt der beispiellose Umfang der Friedensverhandlungen, bei denen zweiunddreißig Nationen vertreten waren. Normative Ideale der Verhandlungen waren die Souveränität der Völker, Demokratie, Gleichheit, nationales Selbstbestimmungsrecht und eine internationale Rechtsordnung, die den Frieden sichern sollte. Hierbei war deutlich die Handschrift Amerikas zu erkennen. Gerade der zuletzt genannte Punkt, die internationale Rechtsordnung, war ein zentrales Anliegen des amerikanischen Präsidenten Wilson, der auch zum engagiertesten Befürworter und in vieler Hinsicht zum geistigen Vater des Völkerbundes wurde, obwohl die Idee einer solchen Institution natürlich auch in Europa, besonders in Großbritannien, ihre Anhänger hatte. In der Vergangenheit hatte es schon viele Ansätze zur Gründung einer Friedensorganisation gegeben, mit der man die Anarchie der Staaten bezwingen wollte, aber der Völkerbund wurde die erste internationale Organisation, die aktiv im Namen aller friedliebenden Völker über den Frieden wachen und böswillige Ruhestörer bestrafen sollte.

Ein altes Ideal schien endlich Wirklichkeit zu werden. Die berühmte Devise, nach der dieser größte aller Kriege der letzte sein sollte, ein »Krieg, um Krieg zu beenden«, durfte nicht nur ein Schlachtruf gewesen sein, sondern hatte vorweggenommen, was man jetzt verwirklichen würde. Die Friedensregelungen insgesamt erlangten so eine ganz besondere ethische Bedeutung. Für den presbyterianischen Pfarrerssohn Woodrow Wilson, der amerikanischen Fortschrittsglauben und christliches Sendungsbewußtsein in seiner Person vereinte, sollte der Völkerbund zum Sitz des Weltgewissens selbst werden. Die angloamerikanische Synthese von christlicher Ethik und aufklärerischem Universalismus machte es möglich, einfache moralische Kriterien zu finden, nach denen man Gute und Böse unterscheiden konnte. Hier wirkte auch noch die hitzige Kriegspropaganda nach, die den Kampf als Ringen zwischen Licht und Finsternis dargestellt und damit vor allem in der angelsächsischen Welt an vertraute religiöse Vorstellungen, Empfindungen und Werte appelliert hatte.

Zum ersten Mal hatte die Alte Welt die Hilfe der Neuen Welt in Anspruch nehmen müssen, und eine Folge war, daß jetzt nicht nur die politischen Prinzipien Amerikas großen Einfluß gewinnen konnten, sondern in noch höherem Grade die amerikanische Kultur. Amerika, wie die Vereinigten Staaten gewöhnlich genannt werden – bisher der ferne Zufluchtsort und das freie Land der letzten Hoffnung für alle, die in Europa keine Zukunft mehr sahen –, war von jetzt an das Modell einer modernen Gesellschaft und Schrittmacher für die anderen. Es wurde zum Symbol für die »Moderne«. Diese Vorstellung umfaßte unbegrenzte technisch-wissenschaftliche Dynamik, Geschwindigkeit, liberal-kapitalistische Marktwirtschaft, Werbung,

Massenkultur und Massenunterhaltung, Sportleidenschaft und Rekordbegeisterung sowie unbekümmerten stilistischen Eklektizismus, der nach einem traditionellen Stilbegriff nichts anderes als Stillosigkeit sein konnte. Darum war Amerika ein Symbol, das in Europa im gleichen Maße Kritik, Widerwillen oder gar Abscheu hervorrief, wie es Bewunderung erweckte und zur Nachahmung anregte. Der Ausdruck »Amerikanismus« kam auf, hauptsächlich zur abschätzigen Etikettierung aller Äußerungsformen der genannten Phänomene. Amerika sollte Europa nach dem Ende der Mammutkonferenz enttäuscht und gereizt den Rücken kehren. Die amerikanischen Politiker hatten sich nämlich beim Versuch, ihre so einfachen und pragmatischen Ideale zu verwirklichen, die Zähne ausgebissen – an der unflexiblen, ganz auf nationale Interessen ausgerichteten Politik der viel weniger idealistischen europäischen Politiker, die durch ihre Erfahrungen mit langjährigen, voller Verbitterung ausgetragenen Machtkonflikten geprägt waren, vor allem aber an der Komplexität der Probleme selbst.

Amerika sollte sich im folgenden Jahrzehnt politisch wieder in eigensinnigem Isolationismus verschanzen. In Europa war es fortan als der große Lieferant des jeweils Neuesten auf dem Gebiet der Technik, des Konsums und der Unterhaltung gegenwärtig. Und es behielt seinen Ruf als Land, in dem man schnell Karriere machen und reich werden konnte. So waren die zwanziger Jahre eine Zeit, in der Amerika zum dritten Mal von den Europäern entdeckt wurde (nach dem Zeitalter des Kolumbus und dem des Unabhängigkeitskrieges), und jetzt mit bleibenden und weitreichenden Folgen. Es lag künftig nicht mehr in weiter Ferne, sondern gleich neben Europa, als völlig gleichwertiger Partner und als Großmacht, die – auch wenn sie sich vorübergehend desinteressiert zeigte – auf jeden Fall in alle politischen Erwägungen einbezogen werden mußte. Treibende Kraft der Weltpolitik war nicht mehr Europa allein.

Die politische Landkarte war am Ende der Friedensverhandlungen völlig verändert und wesentlich weniger übersichtlich. Die Zahl der Staaten hatte sich beträchtlich erhöht, vor allem durch den Zerfall der Habsburger Doppelmonarchie und die Niederlage Rußlands. Polen war wiedererstanden, da nun die drei Mächte, die es in der Vergangenheit unter sich aufgeteilt und besetzt hatten, alle zu den Verlierern gehörten. Böhmen, Mähren und die Slowakei wurden zur Republik Tschechoslowakei vereint, auf dem Balkan entstand als Nachfolger des kleinen Serbien das viel größere Jugoslawien, das mehrere Völker umfaßte, von denen Serben und Kroaten die stärksten und dominierenden waren. Im Nordosten wurden aus der Konkursmasse des Zarenreichs drei unabhängige baltische Republiken gebildet, und auch Finnland trat jetzt als eigenständiger Staat in Erscheinung. Von der glanzvollen alten Donaumonarchie blieb nur ein Fragment, eine recht kleine deutschsprachige Republik mit der Metropole Wien als kulturellem und politischem Wasserkopf, eine Erinnerung an entschwundene Größe, eine Königin, die ihr Reich verloren hatte. Außerdem wurden, auch im Zusammenhang mit der Schaffung all der neuen Staaten, einschneidende Grenzkorrekturen auf Kosten der Verlierer vorgenommen.

Leitgedanke für diese komplizierte und ingeniöse Neuordnung war die Selbstbestimmung nach dem Nationalitätenprinzip. Hiermit huldigte man zwar auch Wilsons vierzehn Punkten, vor allem aber war dies die einzige Konsequenz, die man aus der Entwicklung eines ganzen Jahrhunderts ziehen konnte, in dem das Selbstbestimmungsrecht der Völker zum obersten, naturgegebenen Leitprinzip und zum Endziel der internationalen Ordnung erklärt und als solches auch mehr und mehr akzeptiert worden war. Während der letzten Kriegsjahre hatten die mittel- und osteuropäischen nationalen Befreiungsbewegungen schnell an Stärke und Selbstbewußtsein gewonnen, und ihre politischen Organisationen wurden zu natürlichen Verbündeten der Entente. Für die Politiker der Alliierten war deshalb auch jedes andere Leitprinzip für die Neuordnung des Kontinents ausgeschlossen, abgesehen davon, daß niemand ein anderes Prinzip hätte nennen können, bei dem man auf die Zustimmung und die Unterstützung der Völker und der öffentlichen Meinung zählen durfte, nachdem das alte dynastisch-legitimistische Prinzip viel von seiner Gültigkeit verloren hatte.

Noch etwas anderes war von Bedeutung. Es gab ein Land, das nicht an den Konferenztischen vertreten war, weder als Sieger noch als Besiegter, und das trotzdem eine Rolle als stiller Partner im Hintergrund spielte. Dies war das revolutionäre Rußland Lenins und des Bolschewismus. Im Jahre 1919 wütete dort ein Bürgerkrieg, und es war noch keineswegs entschieden, wer am Ende triumphieren würde. Die Bolschewisten hatten aber der gesamten liberal-kapitalistischen Welt den Krieg erklärt, und sie hatten sich, wie die französischen Revolutionäre mehr als ein Jahrhundert zuvor, selbstbewußt an die Völker der Erde gewandt, an den revolutionären Willen der arbeitenden Klassen appelliert und dabei auch das Selbstbestimmungsrecht der

Völker und die Befreiung von kolonialer Unterdrückung proklamiert. Eine gefährliche Herausforderung. Wilson hatte deshalb im Januar 1918 seine vierzehn Punkte, auch mit einem Seitenblick auf den Bolschewismus, als liberale Alternative formuliert. Diese Herausforderung war ein zusätzlicher und nicht unwichtiger Grund für die versammelten Politiker, am Nationalitätenprinzip festzuhalten.

Es sollte sich nur als verhängnisvoll erweisen, daß dieses Prinzip erstens nicht konsequent zu verwirklichen war und zweitens mit andersartigen Leitsätzen in Konflikt geriet, die auf praktischen, aber mindestens ebenso überzeugenden Erwägungen beruhten, Erwägungen, die Machtverhältnisse, strategische, ökonomische und geographische Verhältnisse betrafen. Die Idee des homogenen Nationalstaates war verlockend, tatsächlich aber auch gleichermaßen utopisch. Im Westen Europas hatten sich zwar in den vergangenen Jahrhunderten Staaten mit einer gemeinsamen, dominierenden und von allen akzeptierten Kultur und Sprache herausbilden können. Die regionalen Eigenarten und sprachlichen Abweichungen hatten hier das Entstehen eines Nationalbewußtseins, das an die herrschende Kultur und Sprache gebunden war, nicht verhindert. In Mittel- und Osteuropa war es zu dieser Staatenbildung nicht gekommen. Dort war auch ein Nationalbewußtsein, das auf Sprache, Kultur, Religion und Geschichtsvorstellungen beruht – also auf dem, was nach unserer Auffassung eine ethnische Gruppe kennzeichnet –, nicht auf die Bewohner eines bestimmten geschlossenen Territoriums beschränkt. In den neuen Staaten wohnten aus diesem Grunde – wie auch in manchen älteren, etwa Ungarn und Rumänien – bedeutende ethnische Minderheiten, die sich nicht mit dem Nationalstaat identifizieren konnten. Man war natürlich gegenüber diesen – hier ja nicht einmal verborgenen, sondern offen zutage liegenden – Problemen nicht blind gewesen, und in die Friedensvereinbarungen waren deshalb Bestimmungen aufgenommen worden, die die Minderheiten in den neuen Staaten vor Anschlägen auf ihr Selbstwertgefühl und ihre Freiheit schützen sollten. Die Praxis erwies sich wie immer als wesentlich widerspenstiger. Die Idee des Nationalstaates, die schließlich Ursprung und Legitimation dieser neuen Staaten war, kollidierte eben mit dem Anspruch von Minderheiten auf Sonderrechte und Autonomie, weil diese der Stärke und dem Ansehen des Staates abträglich zu sein schienen. Tatsächlich war hier von Anfang an eine Unmenge Konfliktstoff angehäuft: Dies galt für das Bildungswesen, das den künftigen Staatsbürger formen sollte, die Amtssprache, die Rechte von Gemeinden und Regionen, die Verteilung der Mittel oder die Kriterien für Ernennung und Beförderung von Amtsträgern. Es war nahezu unmöglich und auch undenkbar, daß die herrschende Bevölkerungsgruppe, die sich als rechtmäßige Trägerin und Eigentümerin des Staates betrachtete, bei all den Problemen in der täglichen Praxis nicht ihren eigenen Interessen den Vorrang geben würde. Hier waren also schon von vornherein Frustration und nagende Unzufriedenheit der Schwächeren angelegt. Gefährlich war der Konfliktstoff vor allem dort, wo sich eine Minderheit dem Staatsvolk eines Nachbarlandes zugehörig fühlte, zum Beispiel bei Deutschen in Polen, Deutschen, Polen und Ungarn in der Tschechoslowakei, Ungarn in Rumänien, Weißrussen in Polen, Italienern in Jugoslawien oder Tirolern in Italien. Die Verwirklichung des Nationalitätenprinzips war gar nicht möglich, ohne es ständig zu durchbrechen. Das war das eine Problem.

Das andere war, daß Abweichungen vom Nationalitätenprinzip noch aus ganz anderen, aber auch sehr gewichtigen Gründen unvermeidlich waren. Im ausgebluteten und erschöpften Frankreich hatte man, auch wenn man es nicht offen eingestand, nur allzu deutlich erkannt, daß man Deutschland allein niemals hätte besiegen können, und so wollte Frankreich vor allem die Gewähr, daß eine derartige Kraftprobe künftig ausgeschlossen sein würde. Es bestand entschieden und hartnäckig auf einer drastischen Beschneidung von Territorium und militärischem Potential des deutschen Reiches. Dies bedeutete, daß Deutschland Gebiete an Polen und die Tschechoslowakei abtreten mußte – aus strategischen und ökonomischen Gründen, die dem Selbstbestimmungsrecht zuwiderliefen. Die wichtige Stadt Danzig, zu neunzig Prozent deutsch, konnte allerdings kaum Polen zugesprochen werden. Sie wurde zu einer »Freien Stadt«, einem Freistaat unter dem Schutz des Völkerbundes. Da Polen aber einen Zugang zur Ostsee haben sollte, bekam es einen Korridor, der Ostpreußen von Deutschland trennte. Dies war eine Konstruktion, die zwar nicht unbedingt zu einem Konflikt führen mußte, wohl aber dauerhaftes, gutes Einvernehmen zwischen beiden Ländern voraussetzte. Das galt ohnehin ganz allgemein für Nachbarn beiderseits der neu geschaffenen Grenzen.

Wenige Friedensregelungen der europäischen Geschichte sind deshalb auch auf soviel Kritik gestoßen, sind nachträglich so geschmäht und verwünscht worden wie die von 1919/20. Pfuscharbeit, weder Fisch noch Fleisch, geprägt von stahlharter Machtpolitik, ja von revanchistischem Geist, vermischt mit unrealistischem Doktrinarismus und humanitären Parolen!, lauteten die Vorwürfe. Frankreich, verkörpert in der markanten Persönlichkeit des alten, unerbittlichen Kriegsführers Clemenceau, und die Vereinigten Staaten, personifiziert in der Gestalt des zähen Idealisten Wilson, symbolisierten für Zeitgenossen und Nachwelt die beiden Gegenpole. Nicht ganz zu Recht, aber auch nicht völlig zu Unrecht, wie meistens bei dieser Art vereinfachender Vorstellungen, zu denen es gehört, daß man Personen zu Inkarnationen politischer Richtungen stilisiert. Als besonders provozierend empfand man offensichtlich, daß in den Friedensbestimmungen hohe universalistische Ideale mit kleinlichen nationalen Interessen verschmolzen waren. Da es den Siegern nicht möglich war, die anerkannten Prinzipien konsequent zu verwirklichen, boten sie den Staaten und Völkern, denen sie im Augenblick ihren Willen aufzwingen konnten, eine Blöße. Die oft geäußerte Behauptung, daß dieser Friedensschluß auch gar keinen Frieden habe bringen können und daß er schon den Keim einer künftigen Katastrophe, noch größer als die zurückliegende, in sich getragen habe, wird durch die Ereignisse der Folgezeit eindrucksvoll gestützt. Manche haben jedoch zu Recht darauf hingewiesen, daß wir uns die Sache zu einfach machen, wenn wir nachträglich die uns bekannte Entwicklung als unvermeidlich betrachten, während es in Wirklichkeit durchaus Chancen für eine friedlichere Zukunft gab, weil die »Friedensmacher« die Schwierigkeiten gewissenhaft berücksichtigt und in ihr kompliziertes Werk allerlei Sicherheitsvorkehrungen eingebaut hatten. Das uralte, unlösbare Problem der Geschichtsschreibung!

Hier nur drei kleine Randbemerkungen zu dieser bodenlosen Debatte. Erstens war die Zukunft für die Zeitgenossen wie immer in Schleier gehüllt und offen: Es war eine Zukunft, die eine Vielzahl denkbarer Entwicklungen enthielt, Ängste, Möglichkeiten und Wünsche, die nicht miteinander vereinbar waren, und dies bestimmte das Denken und Handeln. Zweitens: Bei aller naheliegenden Kritik an den Friedensregelungen muß man auch die Frage stellen, welche Alternativen es gab. War denn, angesichts der ungeheuren Aufgabe und des begrenzten Spielraums der Beteiligten, etwas anderes als ein Kompromiß zwischen allgemeinen, moralisch begründeten Leitprinzipien und handfesten, gewöhnlichen Sonderinteressen denkbar? Jene Leitprinzipien waren zur Legitimation des Vertragswerks unverzichtbar, außerdem, um den Völkern wieder ein wenig Vertrauen zu ihren Führern einzuflößen, aber vor allem, um das Versprechen einzulösen, daß all die schrecklichen Opfer nicht umsonst gewesen sein sollten. Die Einzelinteressen waren ebenso legitim, und zwar aus den gleichen Gründen, denn die maßgeblichen Politiker waren in erster Linie für das Wohl und Wehe des eigenen Landes verantwortlich. Deshalb nahmen sie schließlich an den Verhandlungen teil. Auch wenn sie sich aufrichtig bemühten, das nationale mit dem internationalen Interesse zu verbinden, war diese Verbindung aus jeder nationalen Perspektive eine andere. Mit anderen Worten: War überhaupt – wenn man die damalige Situation nicht nur theoretisch, vom Schreibtisch des Historikers aus, beurteilt – ein Friedensschluß denkbar und möglich, der die erwähnten Probleme hätte vermeiden können? Auf jeden Fall läßt sich sagen: Auch wenn keine Regelung die Ursachen für Streitigkeiten und Konflikte hätte beseitigen können (und unsere Aufzählung war längst nicht vollständig), bräuchten wir deshalb noch nicht die Möglichkeit einer längerfristigen friedlichen Entwicklung von vornherein auszuschließen. Ansätze hierzu hat es oft gegeben. Allerdings hätte eine solche Entwicklung von allen Beteiligten ein hohes Maß an Weisheit erfordert, an Geduld, Friedfertigkeit, Kompromißbereitschaft, Immunität gegen Prestige- und Statusdenken, an Entschlossenheit, dem Eigennutz und anderen grundlegenden Motiven politischen Handelns zu widerstehen, und an Mut, den Gegnern im Inneren die Stirn zu bieten und dabei möglicherweise die eigene Stellung aufs Spiel zu setzen. Unter den damaligen Umständen und vor allem angesichts des Zwangs der herrschenden Normen war das eine gewaltige Aufgabe, und insofern war eine friedliche Entwicklung äußerst unwahrscheinlich!

Fragen wir, drittens, nach dem tieferen Grund dafür, daß im wesentlichen andere und bessere Friedensregelungen unmöglich waren, stoßen wir auf den Mangel an politischem Spielraum und an Handlungsfreiheit bei den beteiligten Politikern und Diplomaten. Jeder sah sich dadurch, daß er als Vertreter seines Landes zu agieren hatte, vor unüberwindliche Hindernisse gestellt, und auch die gegensätzlichen Interessen aller, die wegen der Opfer ihres Volkes ein Mitspracherecht zu haben glaubten, setzten enge Grenzen. Der Mangel an Spielraum war also letztlich sowohl auf den Umfang des Krieges und die Vielzahl der beteiligten Staaten als auch auf die Entwicklung der parlamentarischen Demokratie zurückzuführen, die wachsende Macht der Parteien und die zunehmende Politisierung der Bevölkerung. Politik fand mehr und mehr auf dem Markt der allgemeinen Meinungsbildung statt, der von emotionaler Rhetorik beherrscht wurde. Geheime Kabinettspolitik hinter verschlossenen Türen, bei der persönliche Beziehungen eine große Rolle spielten, war dadurch unmöglich geworden, sie wurde sogar als Ursache von Kriegen und allem Elend betrachtet und etwa auch von Wilson, aus dem Blickwinkel der amerikanischen Tradition, verworfen. Es war beinahe ein Dogma des Progressivismus und der linken Parteien auch in Europa, daß die Demokratie Kriege zwangsläufig unmöglich machen oder zumindest das Anzetteln von Kriegen erheblich erschweren würde, gerade weil Kriege immer im Interesse der Herrschenden und auf Kosten des Volkes geführt worden waren. Niemand hatte, nach dieser Argumentation, soviel Interesse am Frieden wie der kleine Mann, die Masse, die immer die Rechnung begleichen mußte. Eine Theorie, die, wie schon angedeutet, durch nichts so deutlich bewiesen schien wie durch die ungeheure Katastrophe, zu der es gerade gekommen war. Eines der Prinzipien, für die Wilson sich einsetzte, war deshalb auch die Beendigung des Zeitalters der Geheimdiplomatie, dieses vermeintlichen Ursprungs von Krieg und Unheil.

Es zeigte sich, daß auch dieses Prinzip nicht konsequent zu verwirklichen war. Während des Krieges war es zwangsläufig zu geheimen Zusagen und Absprachen gekommen, die jetzt berücksichtigt werden mußten. Eine dieser Absprachen betraf zum Beispiel die Region Fiume, die wider Erwarten nicht Italien zugesprochen wurde, zur wütenden Empörung der italienischen Nationalisten. Dadurch, daß die Friedensverhandlungen, der Ausweitung des Krieges entsprechend, einen so gewaltigen Umfang angenommen hatten, waren jetzt auch die politischen Entscheidungsprozesse in sehr viel höherem Grade als je zuvor eine öffentliche Angelegenheit. Dadurch war jedoch wiederum der Schutz jener Diskretion weggefallen, die dem Staatsmann früherer Zeiten Bewegungsfreiheit garantiert hatte. Die geheime Kabinettspolitik, in die nur ein kleiner Kreis von Mächtigen einbezogen war, hatte auch pragmatisches, nüchternes und rationales Handeln und schnelle Entscheidungen ermöglicht. Im Vergleich zu einem Napoleon III., Gladstone, Disraeli oder Bismarck waren auch so starke und populäre Persönlichkeiten wie Clemenceau und Lloyd George und die anderen politischen Führer des Jahres 1919 in einer schwächeren Position.

Sie waren abhängiger von ideologischen und parteipolitischen Konzeptionen und von der öffentlichen Meinung. Sie mußten in einem Netz von Selbstverständlichkeiten operieren, das zwar zum Teil gar nicht sichtbar war, sie aber dennoch stark einengte und in eine bestimmte Richtung zwang, das Kompromisse unvermeidlich machte und die Zahl echter Alternativen stark reduzierte. Es zeigt sich, daß die Friedensregelungen, deren Unzulänglichkeiten aus einiger Entfernung so deutlich sichtbar waren und sind, aus großer Nähe betrachtet, wenn wir die Arbeit der zahlreichen Delegationen aufmerksam verfolgen, keineswegs die schlechteste Auswahl aus einem begrenzten Angebot realisierbarer Möglichkeiten waren. So gesehen können wir unmöglich viel mehr Gewißheit haben als die, daß im Jahre 1919 Chancen auf einen dauerhaften Frieden zwar nicht völlig fehlten, wohl aber sehr stark gefährdet waren, trotz der so weit verbreiteten Sehnsucht nach Frieden, die in der Devise »Nie wieder Krieg« emphatisch zum Ausdruck gebracht wurde. Dies war nicht nur überall die Devise der seit jeher und grundsätzlich pazifistischen Kreise. Es gab auch Optimisten, wie den bekannten englischen Autor Wells. Hatte er früher einmal mehr oder weniger spielerisch ein Schreckbild zukünftiger Kriege entworfen, so hatte ihn doch die Tatsache, daß die Wirklichkeit seinen Phantasien nun schon recht nahe gekommen war, offenbar keineswegs entmutigt. Oder vielmehr, gerade weil die Wirklichkeit des Krieges die Schreckensvision einholte, stellte er seine geschmeidige Feder in den Dienst des Friedens, mit Büchern wie *The Peace of the World* (1915) und *The War that Will End War* (1921).

In der Bevölkerung überwog aber das Gefühl, daß man hiervon noch weit entfernt war. Von einer Situation, wie man sie mit dem Wort »Frieden« zu verbinden pflegte, wobei man natürlich an das normale Leben der Zeit vor 1914 dachte, konnte vorerst nicht die Rede sein. Zunächst einmal waren da Hunderttausende von entlassenen Soldaten, die nach Hause strömten und sich wieder an eine Normalität gewöhnen mußten, die für sie keine mehr war. Manchmal waren sie ihren Familien, ihren Frauen oder Bräuten entfremdet. Sie trugen andere Bilder und Erinnerungen mit sich, die durch ihre Träume spukten. Viele mußten feststellen, daß andere ihren Platz in der Familie oder im Arbeitsleben eingenommen hatten. Und auf dem Kontinent herrschte lange Zeit Mangel an den allernotwendigsten Dingen. Der internationale Handel, der in der Vorkriegszeit geblüht hatte, Import und Export von Lebensmitteln und anderen Gütern, war vollständig durcheinandergeraten (auch infolge der Blockade gegen die Mittelmächte) und kam nur mühsam wieder in Gang. Das bedeutete für die Millionen Haushalte der breiten Masse, daß sie noch täglich mit den Nachwirkungen des Krieges zu kämpfen hatten. Vor allem galt dies für die Verlierer, Deutschland und das neue, verstümmelte Österreich. 1918 und 1919 waren Jahre, in denen Unterernährung, ja sogar Hunger, weit verbreitet war, und die Zahl der Erkrankungen und die Sterblichkeit nahmen entsprechend zu. Dann kam 1919 zu alledem noch als wahre Naturkatastrophe eine der schwersten Grippeepidemien, die es in Europa in der Neuzeit gegeben hat. Zweifellos hing deren Ausmaß noch mit dem Krieg zusammen, der die Widerstandskraft geschwächt hatte. Die Zahl der Opfer lag weltweit bei ungefähr zwanzig Millionen. Es war, als wollte die Natur das Werk des Krieges vollenden und zeigen, daß ihre Mittel dem effizienten menschlichen Vernichtungspotential in nichts nachstanden. In der Geschichte jener Jahre ist dies ein vernachlässigtes Kapitel – diese plötzliche und ungeheure Vermehrung von alltäglichen Sorgen und persönlichem Leid.

2 Apokalyptische Stimmungen

Wie die Periode vor 1914 als Zeitalter der Sicherheit und Stabilität und als *Belle Époque* in die Geschichte eingegangen ist, so hat man später das neue Jahrzehnt, die zwanziger Jahre, in der kollektiven Erinnerung mit vibrierender Kreativität, befreiter Phantasie, Experimentierfreudigkeit und Dynamik verbunden. Etiketten wie *Roaring Twenties* oder *goldene zwanziger Jahre* rufen die Vorstellung eines funkelnden, kaleidoskopischen Panoramas wach, wobei man dann vor allem an Literatur, Kunst, Technik, Unterhaltung und Sport denkt. Politik, Ökonomie und soziale Verhältnisse bleiben bei dieser Vorstellung unterbelichtet. In der Kultur sah man sich von Konventionen befreit, die man als muffig empfand und für deren Kennzeichnung wieder einmal das so wunderbar vielseitige Adjektiv »bürgerlich« gebraucht werden konnte. So sind es auch die Repräsentanten der oben erwähnten Bereiche einschließlich Unterhaltung und Sport, die das Erinnerungsbild beherrschen, unterstützt von Erfindungen wie Film, Fotografie, Tonträgern und Rundfunk, die seit dem Ersten Weltkrieg zum ersten Mal in großem Umfang festhalten konnten, was früher für die Nachwelt unwiderbringlich verloren war.

Jeder Versuch, den Geist einer bestimmten Periode einzufangen, muß natürlich auf eine sehr selektive Darstellung und stark persönlich gefärbte Vereinfachung hinauslaufen, und die Menschen jener Zeit würden sich in dem so entstandenen Bild kaum wiedererkennen. Sie kannten das Folgende nicht, das für uns der Maßstab ist, wenn wir uns unser Bild machen. Außerdem war der Abstand zwischen den verschiedenen nationalen Kulturen und Traditionen sehr groß und wurde als so selbstverständlich betrachtet, daß gerade die Selbstverständlichkeit, mit der jeder in seinem Denken und Urteilen, bewußt oder unbewußt, von der eigenen nationalen Kultur ausging, wieder eine Gemeinsamkeit war. Zugleich gab es aber auch die internationalen Kontakte und Bewegungen – in den Künsten und den Wissenschaften –, es gab ähnliche Veränderungen in den sozialen Verhältnissen, im Alltagsleben der Völker, bei den Umgangsformen, in der Mode vor allem, Gemeinsamkeiten, die die nationalen Unterschiede auf einer anderen Ebene (nennen wir sie eine »höhere«, weil allgemeinere) abbauten oder sogar verwischten. Sucht man nachträglich nach Ausdrücken, die, soweit das möglich ist, das Charakteristische des Stils im kulturellen Leben, im Empfinden und Denken jener Jahre treffen und erfassen, drängen sich die Wörter »Unruhe« und »Überschwang« auf.

Unruhe und Überschwang äußern sich auf ganz verschiedene Weise, auch bei diametral Gegensätzlichem, auf den unterschiedlichsten Gebieten. So kann man sagen, daß in diesem sehr weiten Sinne Expressionismus der übliche Stil und die übliche Lebenshaltung war – Expressionismus in einem viel weiteren Sinn als dem eines besonderen Stils in den Künsten. »Das Fließende, Flutende der Zeit wurde ein Grunderlebnis«, schrieb der Philosoph Otto Bollnow. Die selbstverständlichen Gewißheiten, der feste Boden, auf dem die Menschheit gestanden und auf dem die Fundamente der Kultur geruht hatten, war verschwunden. Dies war ein verzerrtes Bild, und die Verzerrung war zum Teil auf Nostalgie zurückzuführen, zum Teil aber auch gerade darauf, daß die Zeit vor 1914 von einer selbstbewußten, rebellischen künstlerischen Vorhut als steril, dekadent und unwahrhaftig geschmäht worden war. Nach allem, was man inzwischen erlebt hatte, war diese Epoche nun geradezu zum Inbegriff von Ruhe und Sicherheit geworden. Die Verzerrung änderte jedoch nichts an der Echtheit dieses neuen Gefühls von Ruhelosigkeit und der ungeheuer schockierenden Desillusionierung, die die Ursache der Ruhelosigkeit war und selbst wiederum in Freiheitsdrang umschlagen konnte. Der Schock der Desillusionierung führte zu einer heftigen Reaktion. Die überkommenen Vorstellungen von der Welt, von Moral, Anstand, Fortschritt und Kultur waren schwer erschüttert worden. Und deshalb dienten jetzt die Ekstase, das Fortissimo, die Hyperbel, das Überschreien, die emotionale Explosion als Ventile für dieses Lebensgefühl, und sie wirkten am überzeugendsten. Das galt für die Lyrik und das Drama, für die kleinere Prosa und viele Romane, für die bildenden Künste, die Musik, aber auch für die Kunst- und Literaturkritik; sogar in der Philosophie kann man Spuren davon entdecken. In der Sprache, dem allgemeinsten und für alle unverzichtbaren Kommunikations- und Ausdrucksmittel, griff der Superlativismus um sich, der aus der Alltagssprache bald auch in die Sprache der Publizistik vordrang und den Sprachstil der Politik zu prägen begann.

Das Fieberhafte wurde normal. Es wäre sehr kurzsichtig, diese erhöhte Temperatur, diesen Kult des Überschwangs, der ganz unabhängig von Tendenz und Inhalt war – Freiheitstaumel, Verbrüderungspathos, Hoffnung, Verzweiflung, Ikonoklasmus, Hohn, Zynismus, Aggression –, aus der Perspektive einer späteren Zeit mit ruhigerem Puls als gekünstelt und falsch abzutun. Gewiß sank diese Expressivität oft zu einer bloßen Pose herab, zu einer bestimmten Umgangsform, zu der es gehörte, daß das Kühlere weder akzeptiert noch verstanden wurde. Es gibt jedoch keinen Grund, den Stil einer Zeit nicht als Ausdrucksweise anzuerkennen, die den betreffenden Generationen selbstverständlich und somit auch die angemessenste war. Außerdem war das Bedürfnis nach dem emotionalen Fortissimo auch durch den schnellen, unaufhaltsamen Vormarsch der Technik, das Entstehen einer metallenen Welt der Apparate, zu erklären, und in diesem Sinne war es auch ein Bedürfnis nach Kompensation. Dabei konnte man im Kielwasser der Vorkriegs-Avantgarde fahren, die sowohl Freiheit für das Individuum als auch ein neues Gemeinschaftsgefühl gesucht hatte.

Die so gegensätzlichen unmittelbaren Reaktionen auf den Krieg konnten erst nach dessen Ende in aller Deutlichkeit erkennbar werden: Der heftige Schock hatte bei vielen Intellektuellen und Künstlern zu Nihilismus und Orientierungslosigkeit geführt. Zugleich aber ertönte der Ruf nach einer radikalen geistigen Wende, wobei man pazifistische oder sozialrevolutionäre Ideale oder eine Verbindung von beidem im Sinn hatte. Der Gedanke fand ebenfalls vor allem unter den Gebildeteren Resonanz, zumindest versuchten Menschen aus diesen Kreisen, die Wende zu vollziehen und diesen Gedanken zu verbreiten. Und schließlich gab es auch einen durch den Krieg noch zusätzlich angefachten, hitzigen Nationalismus, für den die Macht des eigenen Staates und die innige Verbundenheit mit dem eigenen Volk als Halt und verpflichtende Bindung für den einzelnen in dem Maße an Bedeutung gewonnen hatten, wie andere Bindungen, religiöse oder ethische, unglaubwürdiger geworden waren.

Daß ein Gefühl von Frieden und Ruhe überhaupt nicht aufkommen konnte, lag nicht in erster Linie an den Bestimmungen der Friedensverträge und deren komplizierter Umsetzung, die Jahre beanspruchen sollte und noch viel mühevoller war als die Aushandlung der Verträge. Es lag vor allem daran, daß der Schatten einer großen künftigen Revolution über Europa hing, die von den Politikern und Diplomaten bei den Friedenskonferenzen und von einem großen Teil der Bevölkerung, nicht nur in den Oberschichten und Führungskreisen, als das Ende aller Zivilisation betrachtet und entsprechend gefürchtet wurde. Andere Gruppen dagegen, organisierte Arbeiter, radikale Sozialisten und Marxisten, auch viele entlassene Soldaten ohne eigentliche marxistische Schulung, viele Intellektuelle und Angehörige der kulturellen Elite, sahen ihr als etwas Unvermeidlichem und Notwendigem entgegen.

Eine apokalyptische Stimmung war weit verbreitet. Keineswegs alle sahen aber die kommende Revolution als eine bolschewistische oder marxistische. Es ging um viel mehr. Viele ergriff das Gefühl, daß die Menschheit nach der Katastrophe des Krieges am Scheidewege angekommen sei, und jetzt war die Wahl entscheidend wie niemals zuvor: Endgültiger Rückfall in die Barbarei oder die Ankunft eines neuen, geläuterten Menschen! Dieses zweifellos religiös gefärbte, eschatologische Denken hatte sich, wie schon erwähnt, unter Künstlern und Intellektuellen und auch in der Jugendbewegung schon vor 1914 verbreitet, aber durch den Krieg und die Erfahrungen der Nachkriegszeit hatte es neue, unerhört starke Impulse erhalten. Die lange erwartete Stunde der großen, alles verschlingenden und erneuernden Wende schien unaufhaltsam zu nahen. Natürlich war die bolschewistische Oktoberrevolution in Rußland (die nach dem gregorianischen Kalender dreizehn Tage später, Anfang November 1917, stattgefunden hatte) eine Sensation ersten Ranges. Obwohl einige Reporter und politische Kommentatoren gleich die enorme historische Bedeutung der Ereignisse erkannten, hatte sich diese Erkenntnis in Europa erst im Herbst 1918, in der Zeit des Zusammenbruchs der Mittelmächte, allgemein durchgesetzt. Die Revolution trieb die apokalyptische Stimmung zu einem neuen Höhepunkt. Kommunistisch-bolschewistische Thesen und revolutionäre Parolen hatten schon in den dramatischen Herbstmonaten in den völlig entmutigten und erschöpften Armeen kursiert. Nahezu gleichzeitig mit dem Sturz der Hohenzollern, der Kapitulation und der Proklamation der Republik waren in Deutschland Soldatenräte, die sich nach russischem Vorbild Sowjets nannten, wie Pilze aus dem Boden geschossen. Eine Wiederholung der russischen Revolution, bei der die gemäßigten, bürgerlich-liberalen Gruppen schließlich von den radikalen Marxisten und Revolutionären verdrängt wurden, lag in der Luft. In vielen Großstädten herrschte eine Atmosphäre allgemeiner Erregung, des Aufruhrs. Deutschland schien Anfang 1919 mit der kommunistischen Spartakistenbewegung in Berlin und anderen Städten auf eine Radikalisierung im Sinne der Bolschewisten zuzusteuern. Den Sozialdemokraten, die vorläufig die Regierung übernommen hatten, standen die teilweise spontan, aus der Masse heraus gebildeten Soldatenräte und die Kommunisten gegenüber, die sich an Lenin orientierten. In München gab es Anfang 1919 für einige Wochen eine von radikalen Revolutionären ausgerufene Räterepublik, nachdem der Pazifist und Sozialist Kurt Eisner, der in Bayern zunächst eine gemäßigte sozialistische Regierung geführt hatte, von einem rechten Gegner ermordet worden war. In dieser Räterepublik hatten pazifistische Intellektuelle wie die Journalisten Gustav Landauer und Erich Mühsam und der expressionistische Schriftsteller Ernst Toller vorübergehend die Führung. Einen Augenblick schien alles auf den Kopf gestellt, und dies erschreckte all diejenigen nur noch mehr, die sich vor allem nach Ordnung und Sicherheit sehnten, auch wenn sie von der Notwendigkeit von Reformen überzeugt waren. Das galt auch für die gemäßigten Sozialisten. So wurde die Räterepublik, in der es in einer Panikstimmung zu wilden Exekutionen gekommen war, bald von hart vorgehenden Heereseinheiten zerschlagen, was auch die meisten Sozialdemokraten und erst recht die große Mehrheit des Bürgertums erleichtert aufatmen ließ. Um die Ordnung bewahren und blutige Zusammenstöße verhindern zu können, hatte die republikanische Regierung in Berlin sofort Kontakt zur alten Führung des Heeres aufgenommen, das jetzt quasi als schwerer bewaffnete Polizei fungierte.

Es gärte auch in vielen anderen Ländern, in denen das bolschewistische Vorbild kämpferische, fanatische Anhänger fand. In Ungarn entstand unter Béla Kun ein kommunistisches Regime nach leninistischem Muster. Selbst in den abseits stehenden, friedlichen und ruhigen Niederlanden war es zu einem Vorfall gekommen, der einen Sturm im dort sonst immer so ruhigen Wasserglas ausgelöst hatte, als der bekannte Anführer der Sozialisten, Troelstra, im November 1918 – den Aufruhr in Deutschland vor Augen –

verkündete, die Revolution stehe vor der Tür. Ein Augenblick unerhörter Aufregung für ein an dramatische Ereignisse kaum gewöhntes Land. Die revolutionären Ideen blieben ja auch keineswegs auf die Länder der Verlierer beschränkt, wenn sie natürlich auch dort, wo man nun feststellen mußte, daß alles umsonst gewesen war, den meisten Widerhall fanden. Aber auch in der Entente gärte es unter den Soldaten und in der Zivilbevölkerung. Die einfachen Leute fühlten sich schnell als Opfer undurchsichtiger Machenschaften der Mächtigen und Reichen. Allerdings ist es schwierig festzustellen, welche Gruppen in welchem Grade von dieser revolutionären Stimmung erfaßt waren. Der Gedanke, daß die alten Oberschichten, die Politiker und Militärs, versagt hatten und daß jetzt Hunderttausende Familien die Rechnung bezahlen und um ihre gefallenen Väter, Söhne und Brüder trauern mußten, konnte den Schluß nahelegen, daß das überkommene System nicht getaugt habe und daß zumindest einschneidende Reformen fällig seien. Dies war ein Schluß, zu dem vor allem viele Jüngere aus gebildetem Milieu und die traditionellen Anhänger der linken Ideologien und Gruppen kamen. Während bei den Verlierern am Anfang tatsächlich linke, sozialistische und kommunistische Parteien viel Zulauf hatten, deuteten die Wahlergebnisse und das Kräfteverhältnis der Parteien bei den Siegern und in den neutralen Ländern schon bald nicht mehr auf eine bevorstehende sozialistische Machtübernahme hin. Es waren eher die nationalistischen Parteien, die Konservativen oder Rechtsliberalen, die sich erfolgreich als Garanten für Ordnung und den Schutz des Vaterlandes darstellen konnten, weil sie an den Chauvinismus und das Sicherheitsbedürfnis, also an vertraute Empfindungen des Durchschnittsmenschen, appellierten. Aus den Nachkriegswahlen gingen die Sozialisten im Westen keineswegs als die großen Gewinner hervor.

Die Ende 1918 und in der ersten Hälfte des Jahres 1919 weit verbreitete Erwartung, daß die bolschewistische Revolution von Rußland aus auf den Westen übergreifen würde, führte also in Wirklichkeit dazu, daß das Gegenteil des Erwarteten eintrat. Weil man die Wahrscheinlichkeit eines Übergreifens für recht hoch hielt, konnten alle, für die der Bolschewismus den Untergang der Zivilisation bedeutete, sehr wirkungsvoll das Bild dieses leibhaftigen Teufels auf die Leinwand der kollektiven Phantasien projizieren. So wurden schließlich, trotz aller Unzufriedenheit, große Teile der Mittelklassen schnell und ganz wie von selbst wieder den konservativen Parteien in die Arme getrieben. Schon bald nach all diesen Ereignissen haben deshalb viele Historiker, vor allem linke und progressive, erklärt, die Wahrscheinlichkeit einer Revolution sei recht gering gewesen und maßlos übertrieben worden, auch und besonders, was Deutschland anging: Die Revolution sei nur ein Schreckgespenst, das von der Reaktion mit viel demagogischem Aufwand dazu benutzt wurde, den am Besitz hängenden Mittelklassen Schrekken einzujagen! Wie groß die Wahrscheinlichkeit wirklich war, ist aber nicht nachzuvollziehen. Gerade weil sie von vielen für recht hoch gehalten wurde – nicht zuletzt von den bolschewistischen Führern in Rußland selbst und von allen ihren Anhängern –, löste sie entsprechende Angst aus, die dann selbst wiederum zu einer realen politischen Gegenkraft wurde. Die drohende Revolution brachte mithin sofort Abwehrkräfte hervor, wie Krankheitserreger die Bildung von Antikörpern auslösen. Trotzdem kann man aus dieser Reaktion schließen, daß die Mehrheit der breiten Mittelschichten einer Revolution, die nach russischem Vorbild die Besitzverhältnisse rücksichtslos auf den Kopf stellen wollte, eigentlich nichts abgewinnen konnte und hier keine potentiellen Träger einer solchen Umwälzung zu finden waren. Das machte es den konservativen und rechten Parteien möglich, auf so wirkungsvolle Weise das Schreckgespenst der Revolution zu beschwören. Womit nicht gesagt werden soll, daß sie selbst es nur als Schreckgespenst sahen; wenigstens zu Beginn war ihre Angst echt.

Wenn sich aber schließlich auch zeigte, daß eine bolschewistische Revolution außerhalb Rußlands ausgeschlossen war – abgesehen von Ansätzen, über die man nirgendwo hinauskam –, nahm dies jener Stimmung, die viele Intellektuelle, Schriftsteller und Künstler, also einen bedeutenden Teil der kulturellen Elite beherrschte, nicht das Apokalyptische. Wir haben gesehen, daß die avantgardistischen Bewegungen in Kunst und Literatur, vor allem die Expressionisten, schon vor dem Krieg, da sie überall Erscheinungen einer geistigen Krise und sich ausbreitender Auflösung erkannten, eine große kulturelle Wende erwarteten und sich selbst als die Propheten, Priester, Führer und Vorkämpfer dieser Erneuerung sahen. Darin bestand nach Auffassung vieler die größte Aufgabe des Künstlers. Wir haben auch gesehen, daß man den Krieg deshalb in diesen Kreisen zunächst als Signal der großen Wende willkommen hieß – obwohl man sich ursprünglich immer gegen alles abgegrenzt hatte, was man als Bürgerlichkeit und national-bürgerliche Werte verabscheute. So wurde im Taumel des nationalistischen Gemeinschaftspathos, zu dem auch ein sehr euphorisches, idealistisches Sendungsbewußtsein gehörte, für einen Augenblick der Gegensatz zwischen Künstler und Bürgertum verschleiert.

In Deutschland hatten manche sogar gemeint, der wahre Sinn des Krieges liege in der Möglichkeit, daß er der neuen Kunst, die zugleich die neue Kultur war, zum Sieg verhelfen würde. Der machtpolitische Konflikt war nur das äußere Symptom, die materielle Außenseite, der Vordergrund des großen Prozesses. So hatte der Kunstkritiker Fritz Cáhen die zweifellos originelle These verkündet, daß es eigentlich gar nicht um Sarajewo oder die Neutralität Belgiens gehe, sondern um den deutschen Expressionismus.[4] Auch wenn diese Erklärung unter Politikern, Militärs und Historikern meines Wissens wenig Anhänger gefunden hat, ist sie nicht untypisch für das unpolitische Denken, das in der kulturellen Elite Deutschlands vorherrschte, und für ihre idealistisch-metaphysischen Neigungen. Dazu kam dann noch etwas, das bei den Künstlern nicht auf Deutschland beschränkt war, nämlich ein ausgeprägtes Sendungsbewußtsein und eine nicht geringe Überschätzung ihrer gesellschaftlichen Bedeutung.

Aber nach ein bis zwei Jahren wurden viele von maßloser Enttäuschung ergriffen, gerade in der künstlerischen und intellektuellen Avantgarde, die diese Enttäuschung besonders hart treffen mußte. Der Krieg hatte sich nicht als Heilkur, als Medizin gegen die geistige und moralische Krise erwiesen, sondern als ihre schrecklichste Erscheinungsform und als Steigerung, wie man sie nie für möglich gehalten hätte. So kam es, daß diesen Enttäuschten jetzt die große Wende, die Revolution in einem überpolitischen, kulturellen und moralischen Sinn, erst noch bevorzustehen schien.

Gleich im Jahre 1919, als die Pulverdämpfe sich gerade erst lichteten, mitten im Chaos und in den Erschütterungen beinahe revolutionärer Ereignisse, erhielt die apokalyptische Stimmung gewissermaßen eine intellektuelle Legitimation. In diesem Jahr erschien ein deutsches Buch, das wie kein anderes Aufsehen erregen und die Gemüter bewegen sollte, ein Buch, das offenbar schon allein mit seinem suggestiven, unheilverkündenden Titel in einem Brennpunkt zu vereinigen und auszudrücken schien, was verschwommen und unausgegoren bereits in zahllosen Köpfen vorhanden war, und das wie ein Blitz wirkte, der die dunkle Szene plötzlich grell beleuchtete und die Einzelheiten in ihrem Zusammenhang für viele sichtbar machte. Deshalb ist es aus der Kultur und vor allem der Kulturgeschichte des folgenden Jahrzehnts, als Selbstanalyse und Ortsbestimmung dieser Kultur, nicht wegzudenken; ebensowenig wie Swifts *Gullivers Reisen* oder Rousseaus *Emile* aus der Literatur des achtzehnten Jahrhunderts oder Erasmus' *Lob der Torheit* aus der Renaissance. Bei diesem Vergleich geht es nicht um die Qualität, sondern um die Wirkung auf die Kultur der jeweiligen Zeit. Gemeint ist *Der Untergang des Abendlandes*, erster Band, von Oswald Spengler. Niemand hatte von diesem Mann je etwas gehört, aber schon nach kurzer Zeit waren sechshunderttausend Exemplare seines Buches verkauft, und in Europa kannte jeder, der in intellektueller Hinsicht etwas auf sich hielt, den Namen des Autors. Daß ein sehr dickes kulturphilosophisches Werk, dessen Stil man keineswegs klar und flüssig nennen kann, zu einem so erfolgreichen Bestseller wird, kommt ziemlich selten vor, und hinsichtlich des Erfolgs wurde Spenglers Opus zu einem Vorläufer anderer vielgelesener und berühmter Kulturdiagnosen: Ortega y Gassets *Der Aufstand der Massen* (1930), Huxleys *Schöne neue Welt* (1932) oder Huizingas *Im Schatten von morgen* (1935). Aber Spengler blieb unerreicht, was die Resonanz seiner Botschaft angeht. Vermutlich waren es gar nicht so viele, die sich wirklich durch den Dschungel seiner Darlegungen gekämpft, die ihn von Anfang bis Ende gelesen haben, aber das verringerte seine Wirkung nicht. Die Hauptthese löste sich vom Text und erreichte das gebildete Publikum in zugespitzter und konzentrierter Form über Rezensionen und Kommentare. Zwei Faktoren kommen zusammen, die diese gewaltige Wirkung erklären können. Erstens natürlich der Zeitpunkt des Erscheinens, wobei nicht Berechnung, sondern der Zufall den Ausschlag gab, denn Spenglers dicker Wälzer war das Ergebnis jahrelangen, keineswegs immer zielgerichteten philosophischen Brütens, und er erschien zum ersten Mal in einer kleinen Auflage im Frühjahr 1918 in Wien. Erst ein Jahr später, als das Buch in München herauskam, begann sein Siegeszug. Wenn man zwischen der Niederlage Deutschlands und Spenglers Untergangstheorie eine Beziehung herstellt, was natürlich naheliegt, wird man also der Intention des Autors, der zur Zeit seines Schreibens noch einen deutschen Sieg erwartete, nicht gerecht.

Zweitens waren Tendenz und Stil des Werks entscheidend. Spengler erklärt gleich zu Beginn, mit der bekannten, ein wenig forcierten Selbstsicherheit des genialen Autodidakten, daß hier zum ersten Mal eine wissenschaftlich fundierte Analyse der Gesetzmäßigkeiten vorgenommen werde, denen Kulturen unterworfen seien, eine Analyse, die darum auch Voraussagen für die Zukunft ermögliche. Nun hatten ja von Augustinus bis Marx

Theologen und Denker schon eindrucksvolle historische Panoramen entworfen, die Vergangenheit, Gegenwart und Zukunft umfaßten. Auch Spenglers suggestive Grundvorstellung von Kulturen als gleichsam biologischen Organismen war nicht neu. Neu war allerdings der Versuch einer systematischen Beschreibung von Wachstum, Blüte und Verfall aller Kulturen nach einem inneren, von vornherein festgelegten Ablaufschema. Neu war die konsequent durchgeführte Typologie von Kulturen als hermetisch geschlossenen Einheiten, in denen sich alle Erscheinungsformen aus einem Urprinzip entfalten, in gewisser Weise analog zur Morphologie in Goethes Pflanzenlehre. Auch daß diese an sich sehr leicht faßliche Theorie mit Fakten von überwältigender Fülle gestützt wurde, war neu, wobei sich der Autor mühelos auf den unterschiedlichsten Gebieten des menschlichen Geistes bewegte, quer durch alle Jahrhunderte und alle großen Kulturen, und immer wieder verblüffende Verbindungen herstellte und Zusammenhänge sichtbar machte. Neu war schließlich auch, daß die Theorie den Anspruch erhob, ausschließlich das Ergebnis empirischer historischer Forschung zu sein und nur auf Fakten zu beruhen, so daß sie als geschichtswissenschaftlicher Entwurf und nicht als spekulative Philosophie aufzufassen sei. Dies galt auch für die zentrale These, die Schlußfolgerung des ganzen Riesenwerks, nämlich daß unsere Kultur, die europäische, zum Untergang verurteilt sei. Sie habe schon das Endstadium der Degeneration erreicht, ein Stadium, das Spengler mit der Bezeichnung »Zivilisation« charakterisiert. Diese Zivilisation zeichne sich durch Epigonentum und geistige Erschöpfung aus. Hier ist also noch deutlich eine Gemeinsamkeit mit den »Ideen von 1914« erkennbar, zu denen in Deutschland die Vorstellung eines Gegensatzes von Kultur und Zivilisation gehörte. Nur wird dieser Kontrast bei Spengler von einem räumlichen, geographischen (zwischen Deutschland und dem Westen) zum Gegensatz zwischen zeitlich aufeinanderfolgenden Phasen in einem Evolutionsprozeß, wobei der geographische zweitrangig wird oder sogar verschwindet. Der Autor sagt aufgrund dieses Ablaufschemas eine Phase neuer Barbarei und despotischer Herrscher voraus, die er Zeitalter der Caesaren nennt.

All dies wurde in apodiktischem Stil vorgetragen, mit der Strenge und dem Pathos eines Propheten, der sich allerdings in den Laborkittel des modernen positivistischen Wissenschaftlers gehüllt hatte. Auch mit seinen wirkungsvollen Gedankenblitzen, seiner Tiefgründigkeit und mit einer zugleich barocken, kämpferischen und metaphernreichen Sprache erfüllte das Werk das heftige Verlangen nach einer Orientierungshilfe, die sich an Herz und Verstand zugleich wandte: eine Predigt, die wissenschaftliche Exaktheit ausstrahlte. Denn Spengler betonte immer wieder, daß wir der Geschichte illusionslos, ohne verfälschende, idealistische oder moralistische Brille, in ihre unbarmherzigen Augen blicken müssen. Damit traf er genau die Stimmung einer desillusionierten Generation, die nach einer neuen Haltung gegenüber der Wirklichkeit suchte.

Das Werk wurde in Fachkreisen bis auf vereinzelte Ausnahmen – wie den Althistoriker Eduard Mayer oder den recht ambivalent reagierenden Huizinga – heftig kritisiert. Man lehnte es als pseudowissenschaftlichen Humbug ab. Schließlich verstieß Spengler schamlos gegen alle gängigen Normen fachlicher Selbstdisziplin und akademischer Zurückhaltung, die nirgendwo so unantastbar wie in der deutschen Wissenschaft waren. Aber alle Detailkritik konnte die Wirkung seiner Thesen zu Dekadenz und Kulturverfall und des bedrohlichen Bildes, das er heraufbeschworen hatte, nicht abschwächen. Die von ihm so eindringlich beschriebenen Symptome – nivellierte Massengesellschaften, vor sich hin vegetierend in den scheußlichen Steinwüsten von Ballungsgebieten, gewaltige Reiche, von erbarmungslosen Herrschern gelenkt, das unheimliche Vordringen fremder Rassen – waren große, drängende Probleme und mußten einfach die Gemüter bewegen.

Spenglers Werk kann zwei unterschiedlichen Traditionen zugeordnet werden – und auch hierin liegt eine Erklärung für seine Wirkung. Erstens gehörte es natürlich in die bekannte, jahrhundertealte Reihe eindrucksvoller Untergangsprophezeiungen, die besonders leicht in einer Zeit als dramatisch empfundener Umbrüche entstehen. Als Prophezeiung hatte es selbstverständlich eine Form, die seiner Zeit angepaßt war, in der religiöse oder spekulativ-metaphysische Visionen nicht mehr gefragt waren und nur eine auf positivistisch-empirischer Forschung basierende Lehre ernst genommen wurde. Daß die Historikerzunft dem Werk nun gerade in dieser Hinsicht die Seriosität absprach, konnte seine Überzeugungskraft für Außenstehende nicht schmälern. Als ob sich das gebildete Publikum für die Fachzeitschriften interessiert hätte! Zweitens zeugte das Werk von einer Tendenz, die vor allem in Deutschland zu erkennen war, der Neigung zu einer Art antiromantischer Romantik. Etwas einfacher ausgedrückt: Hier war das Bestreben erkennbar, das Vermächtnis der Romantik durch bewußtes – und darum leicht gezwungen wirkendes – Akzeptieren, ja Verherrlichen der Moderne zu übertrumpfen. Unter Moderne verstand man eine von der Nüchternheit des Technischen beherrschte Welt, und zu ihr gehörte Verachtung von Empfindsamkeit, gehörten Illusionslosigkeit und das Verwerfen jeglicher Metaphysik und aller (wiederum als bürgerlich apostrophierten) moralischen Konventionen. Die Romantik – zum Sinnbild für hochgestimmte Ideale, für träumerisches, poetisches Welterleben und für Gefühlswärme stilisiert – wurde als naive und völlig unangemessene Geisteshaltung verurteilt. Daß diese Neigung zu antiromantischer Romantik gerade in Deutschland ausgeprägt war, hing damit zusammen, daß die Kultur hier so stark und tief wie sonst nirgendwo von der Romantik beeinflußt war, so daß gerade das unverwechselbar und typisch Deutsche an ihr auch das eigentlich Romantische war.

Spengler zeigte sich als Fatalist. Jedenfalls versicherte er, daß es ihm um nichts anderes gehe als um wissenschaftliche, auf empirischer Forschung beruhende Diagnose. Nicht mehr und nicht weniger, und ohne Rezepte. Was die Menschheit mit diesen Erkenntnissen anfing und welche Folgerungen sie aus ihnen zog, stand auf einem anderen Blatt. Natürlich war das nur Schein. Einmal davon abgesehen, daß jeder Kulturphilosoph mit seinem Werk belehrend wirken will, implizierte seine Theorie zumindest, daß Europa und besonders Deutschland, da sie nun wußten, was sie zu erwarten hatten, besser daran tun würden, sich auf das Unvermeidliche einzustellen, um wenigstens würdig und stilvoll unterzugehen. Im Grunde liegt hierin das Widersinnige jedes historischen Determinismus, der einerseits die Menschen lenken will, für den andererseits aber eine solche Lenkung sinnlos und überflüssig ist, schließlich ist die Entwicklung ja festgelegt und das subjektive menschliche Wollen den höheren Gesetzmäßigkeiten unterworfen. Spengler war politisch auch keineswegs so konsequent enthaltsam. Nicht ohne Schadenfreude demaskierte er das humanistisch-liberale Menschenbild und den Fortschrittsglauben. Damit drückte er auf jeden Fall zugleich die Überzeugung aus, daß Demokratie und Parlamentarismus auf einer törichten Illusion beruhten, weil sie das wahre Wesen des Menschen, seine Raubtiernatur, verkannten. Man konnte in alledem eine Verherrlichung von heroischem Nihilismus erkennen, obwohl Spengler auch die antidemokratischen Parteien von Weimar aus seiner philosophischen Turmperspektive als unreife Dilettanten abtun sollte.

Bitterer, schärfer, aggressiver noch als bei Spengler war die apokalyptische Vision in einem Werk zum Ausdruck gekommen, das etwas früher erschienen war, schon während des Krieges, das aber als verspieltes satirisches Drama schon allein wegen seines monströsen Umfangs von mehr als siebenhundert Seiten längst nicht soviel Resonanz fand und bei weitem nicht so bekannt wurde. Titel und Inhalt ließen aber ebenfalls an Deutlichkeit nichts zu wünschen übrig: *Die letzten Tage der Menschheit*. Das Stück entstammte der gefürchteten scharfen Feder des Wiener Kulturkritikers Karl Kraus, der schon daraus vorlas, als der Kampf noch andauerte. Anders als Spengler, der als Wissenschaftler und Seher, über das Getümmel erhaben, die vom Persönlichen ganz unabhängigen Gesetze der Weltgeschichte aufdeckt und ihren Rhythmus analysiert, führt Kraus gnadenlos seine Zeitgenossen vor: Politiker, Kapitalisten, Journalisten, Generäle ... ein unerschöpflicher Vorrat an Hohlköpfen und Machtbesessenen, denen er voller Hohn ständig Zitate in den Mund legt und deren jämmerliche Trivialität er durch eine virtuose Imitation ihres Jargons entlarvt. Er gebraucht die Sprache als Mittel der tödlich peinlichen Enthüllung, als perfekten Lügendetektor. So selbstzufrieden, wissenschaftlich distanziert und kühl Spengler sich gibt, so leidenschaftlich und grimmig ist Kraus. Aus dieser Grundstimmung heraus unternimmt er den Versuch, sein Publikum wachzurütteln. Für ihn ist der Krieg kein Naturphänomen, sondern Folge des Imperialismus, und so bringt er in einer langen Reihe von Szenen Grausamkeit und Stumpfsinn unsäglichen Grades auf die Bretter. Kraus war kein Marxist. Niemand hat den Kern des marxistischen Determinismus besser getroffen und rücksichtsloser freigelegt als er, der ihn sarkastisch als eine Methode charakterisierte, die Entwicklung vorauszusagen und hinterher zu erklären, warum die Voraussage nicht eingetroffen sei. Er bot auch weder Rezept noch Ausweg. Er war ein genialer Negativist, dessen Kritik den Boden unter den Füßen der Zeitgenossen aufwühlte, der boshafteste, aber auch scharfsinnigste aller Zeit- und Kunstkritiker seiner Epoche, zumindest im deutschen Sprachgebiet. Kaum eine geistige Strömung war sicher vor seinen Pfeilen. Ziele seiner Attakken in der Zeitschrift *Die Fackel*, die er seit 1911 nur mit eigenen Beiträgen füllte, waren vor allem Österreich und die Presse als Inbegriff von Banalität, Konformismus und Verlogenheit. Sein Einfluß als zorniger Kämpfer gegen Sprachverderb und verquastes Denken ist bei einer kleinen Schar prominenter Publizisten und Schriftsteller noch später erkennbar.

Mit der originellen Montagetechnik seines Stücks, einem verspielten Wirrwarr von Persiflagen, Dokumentationen, Liedchen und Aphorismen, hat er andere stark beeinflußt; Brechts Theater zum Beispiel ist ohne Kraus nicht denkbar. Die formlose Form – Theater, das kein Theater ist, sondern zwischen Fiktion und Fakten balanciert und sich in erster Linie an Intellektuelle wendet – macht allerdings verständlich, daß dieses Werk nicht so ein Riesenerfolg werden konnte wie das Buch von Spengler. Dem breiten Publikum bot Kraus nicht das, wonach es verlangte: Hier gab es keine überindividuellen historischen Mächte und Prozesse, die zu gelehrten Betrachtungen und Diskussionen einladen können, sondern eine mißratene Menschenbrut, die sich selbst, in einem unvermeidlichen, zum Dauerzustand gewordenen Krieg, durch moralische und intellektuelle Verstümmelung zugrunde richtet.

Die Apokalypse, die bei Spengler in den verschiedenen Stadien, in denen sie sich vollzieht, etwas Gewaltiges und Großartiges ist, hat bei Kraus allen Glanz verloren und ist nichts anderes mehr als ein entwürdigender, erbärmlicher Bankrott.

3 Revolutionäres Morgenrot im Osten

Gewöhnlich gehörte zu dieser apokalyptischen Stimmung die Suche nach einem Ausweg. So erklärt sich die gewaltige Faszination, die von den revolutionären Ereignissen in Rußland ausging, denn sie erschienen vielen Denkern in Europa als sichtbare Symptome der großen Wende. Hier stoßen wir auf ein Phänomen, das künftig für die westliche Kultur charakteristisch und außerordentlich bedeutsam sein sollte: die progressive Einstellung, die für einen sehr großen Teil der kulturellen Elite, der Künstler und Intellektuellen, selbstverständlich wurde, gerade und vor allem in Westeuropa! Bekannt wurde der Spruch: *Der Geist steht links*. Später sollte er in Deutschland noch einen speziellen Sinn bekommen, aber ganz allgemein galt er für die meisten Länder. Besonders in England und Frankreich gehörte »linke« Gesinnung schon beinahe zur normalen, sozusagen traditionellen Haltung eines jeden, der sich für einen unabhängigen Intellektuellen, Schriftsteller, Publizisten oder Künstler hielt.

Schon vor 1914 war ein tieferer Zusammenhang zwischen den avantgardistischen Strömungen in Kunst und Literatur und einer antibürgerlichen und somit auch rebellisch-revolutionären Einstellung erkennbar. Sympathie für die linken politischen Parteien, vor allem für den Sozialismus, war hier also in gewissem Grade vorgeprägt. Wir haben schon gesehen, daß sich um die Jahrhundertwende, als man dem puren Ästhetizismus, dem Ideal des L'art pour l'art, abgeschworen hatte, zahlreiche Künstler, wenn sie sich gesellschaftlich engagieren wollten, dem Sozialismus oder Anarchismus annäherten, den Bewegungen, die für Zukunft, Gleichheit, Frieden und Verbrüderung standen. Inzwischen schien der Krieg in empörendem Ausmaß die Verdorbenheit und hoffnungslose Dekadenz der bestehenden Gesellschaft erwiesen zu haben. Damit, daß Sozialisten und Marxisten diese Gesellschaft als bürgerlich, liberal und kapitalistisch charakterisierten und zugleich verurteilten, trafen sie offenbar den Kern, auch was die negative Determiniertheit anging. Seit der Romantik gehörte ein freier, autonomer Status zum Ideal des Künstlers und Dichters, und seitdem kämpften diese mit dem Problem einer genaueren Ortsbestimmung. Da große Kunst eine quasireligiöse Bedeutung erlangt hatte, betrachteten sich vor allem im späten neunzehnten Jahrhundert viele gefeierte Künstler als Angehörige eines besonderen Standes, eines geistigen Adels, der Durchschnittsbevölkerung nicht zugehörig und somit auch über sie erhoben, und einige wurden auch in Übereinstimmung mit diesem Bild als Fürsten in einem Reiche ewiger Schönheit gefeiert. Die Künstler der avantgardistischen Strömungen, vor allem Futuristen, Kubisten und Expressionisten, wandten sich, jeder auf seinem Gebiet, gegen die Tradition, aber die Vorstellung, daß der Künstler und der Dichter die Rolle eines Führers zu spielen hätten, übernahmen sie gerade deshalb mit um so größerer Leidenschaft. Für manche wurde aus der Führerrolle schon beinahe ein neues Priestertum auf dem Weg in eine bessere Welt. Und was die Intellektuellen betrifft, kann man feststellen, daß viele es nach der Katastrophe des Krieges und angesichts des gerade in ihren Kreisen herrschenden Nihilismus als ihre Aufgabe betrachteten, den Funken des Fortschrittsglaubens und des Vertrauens in die Vernunft aus der Asche zu retten und aufs neue zu entfachen. Es war ihre Raison d'être, ihre Berufung, es gehörte zu ihrer Selbstdefinition als Intellektuelle. Dies erklärt, daß für sie die Neigung zu allem, was als links und progressiv galt, etwas gleichsam Naturgegebenes war. Diese Neigung konnte jetzt vom Bolschewismus noch einen zusätzlichen erregenden Impuls erhalten. Womit sich Künstler und Intellektuelle also wieder sehr deutlich von der Mehrheit der Bevölkerung unterschieden, die nach 1918 die konservativen Parteien unterstützte und damit in den meisten Ländern den von vielen erwarteten großen Durchbruch des Sozialismus verhinderte.

Die Sympathie und Bewunderung, die viele Intellektuelle Lenin und Sowjetrußland entgegenbrachten, haben später, angesichts der Entwicklung des Kommunismus unter Stalin, wiederholt Verwunderung und scharfe Kritik ausgelöst. Man darf hier aber die Grundregel, die für unsere Haltung und die Verteilung von Sympathie und Antipathie auf dem Gebiet der Politik gilt, nicht aus dem Blick verlieren: Bei einer politischen und ideologischen Entscheidung geht es immer um Prioritäten. Letztlich ist es in den meisten Fällen, psychologisch gesehen, weniger die Begeisterung für eine bestimmte Richtung und Ideologie als die Empörung über bestimmte Mißstände und der Widerwille gegen ihre wirklichen oder vermeintlichen Verursacher, einschließlich der Wortführer der diesen nahestehenden politischen Gruppen, die unsere Prioritäten und Entscheidungen bestimmen. Was für die Haltung und die politische Stellungnahme der Künstler und Intellektuellen den Ausschlag gab, war Empörung über die als bürgerlich, kapitalistisch, ungerecht, heuchlerisch und beschränkt abgestempelte Gesellschaft, deren Verderbtheit sich im Krieg und durch den Krieg auf ungeheuerliche Weise bestätigt hatte, es war jene apokalyptische Stimmung, die Überzeugung, daß die Menschheit zugrunde gehen werde, wenn sie sich nicht völlig veränderte, und es war gewiß auch die ein wenig verschwommene und unbestimmte gesellschaftliche Stellung dieser Gruppen, die bei vielen Gewissensbisse verursachte, was wiederum zum Entstehen eines Sendungsbewußtseins führen konnte.

Vor allem die Ausdrücke »Bürger« und »bürgerlich«, im Sinne »kapitalistischer Bourgeoisie« standen schon seit dem vergangenen Jahrhundert bei Intellektuellen und Künstlern, die etwas auf sich hielten, für alles, was verachtenswert war. Jeder, der mit dem Geist des Bürgertums und der bürgerlichen Gesellschaft scharf ins Gericht ging, durfte grundsätzlich auf das wohlwollende Interesse dieser Kreise zählen. Das Nahen eines neuen, segenbringenden Millenniums ist ein alter eschatologischer, also religiöser Topos, der durch den Fortschrittsglauben der Aufklärung eine neue Erscheinungsform angenommen hatte. Diese Erwartung glimmt wahrscheinlich bei jedem Menschen, jenseits des normalen Denkens und der gewohnten Wirklichkeitserfassung, in den Tiefen des Geistes, um in einer revolutionären Situation, in der alles Bestehende ins Wanken zu geraten scheint und in der es ist, als würde die Wolkendecke des Alltäglichen aufreißen, plötzlich aufzuflammen. Diese Verbindung von Hoffnung und Abscheu gegenüber dem Bestehenden erklärt, daß man sich über das augenscheinlich völlig Neue Illusionen machte. Und bei manchen führte dies zu hartnäckiger Kurzsichtigkeit auf einem Auge, in diesem Fall dem linken. Um so mehr, als eine einmal voller Überzeugung eingenommene Position oder ein Glaubensbekenntnis einem auch eine bindende Verpflichtung zur Solidarität auferlegt. Diese wird dann zu einem psychischen Hindernis für jede Korrektur oder Wendung.

Der russische Bürgerkrieg, der offen bis Ende 1920 wütete und in dem beide Seiten, die roten Revolutionstruppen und die weißen Truppen der Konterrevolution, barbarische Gemetzel anrichteten und in ungeheurem Ausmaß Grausamkeiten gegen die Bevölkerung begingen, führte auch im Westen zu wachsender Polarisierung und erschwerte, auch weil es an objektiver Berichterstattung fehlte, ein ausgewogenes Urteil. Wie immer neigte jeder dazu, alles durch die ideologisch gefärbte, schwarze oder rosa Brille zu sehen. Und das sollte so bleiben.

Lenins Staatsstreich und die Proklamationen, die den Völkern Befreiung von Ausbeutung, Kolonialismus und Imperialismus ankündigten, hatten von Anfang an auch unter ausländischen Zeugen dieser Ereignisse Sympathie erwecken können. Viele der Sympathisanten wurden zu überzeugten Kommunisten, wobei in der Regel schon eine starke Prädisposition gegeben war. Was dann bei allen Anhängern oder zumindest revolutionär Gesinnten Zorn erregte, war die Intervention des Westens. Ursprünglich motiviert durch den Wunsch, den Zusammenbruch der russischen Front zu verhindern, bekam diese Strategie nach dem Waffenstillstand im Westen ab November 1918 einen ganz anderen Charakter. Bis dahin mußte man in den Ländern der Entente die Bolschewisten als Verräter ansehen, wenn nicht gar als direkte Handlanger der deutschen Heeresleitung, denn diese hatte ja, in der Hoffnung, indirekt den militärischen Zusammenbruch Rußlands herbeizuführen, Ende März 1917 Lenin in einem versiegelten Eisenbahnwaggon von der Schweiz nach Schweden gebracht, von wo aus er unmittelbar nach Rußland weiterreiste. Er sollte jene deutsche Hoffnung auch nicht enttäuschen. Die deutsche Kapitulation hatte jedoch eine völlig andere Situation geschaffen. Die antibolschewistische Politik der siegreichen Entente-Politiker Clemenceau, Poincaré und Lloyd George, ihre Unterstützung der konterrevolutionären Generäle, Denikin, Wrangel, Judenitsch und Admiral Koltschak, versetzte jetzt, da der »eigene« Krieg vorbei war, alle, die Sozialisten waren oder mit dem Sozialismus in einem weiten Sinne sympathisierten, in helle Empörung. Unter Künstlern und Intellektuellen steigerte sich hierdurch die neugierige Anteilnahme an dem unerhörten Experiment, das in dieser so fernen östlichen Weltgegend angestellt wurde. In England ergriffen der Schriftsteller Arthur Ransome und der vermögende Baron Philips Price, beide hoch angesehene Persönlichkeiten – Price war Gründer eines linksliberalen, pazifistisch angehauchten Clubs, dem prominente Intellektuelle wie der Philosoph Bertrand Russell und der Historiker George Trevelyan angehörten – in dem nicht weniger angesehenen *Manchester Guardian* entschieden Partei für die Bolschewisten. In den Vereinigten Staaten fand Lenin sogleich in Publizisten wie John Reed und Max Eastman und dem durch seine Stellung im Roten Kreuz einflußreichen Raymond Robins überzeugte Anhänger, die seine Politik verteidigten.[5] Die Mitglieder der intellektuell mindestens so prestigeträchtigen englischen Fabian Society, George Bernard Shaw und das Ehepaar Webb, wiederum Russell, Wells, Harold Laski, um nur die bekanntesten Briten zu nennen, blickten voller Erwartungen und Hoffnungen nach Rußland.

Nirgendwo fanden jedoch die russischen Ereignisse mehr Resonanz als in Frankreich. Dies hatte zwei Gründe. Erstens war Rußland seit langem Verbündeter Frankreichs gewesen, wobei man in Frankreich das Zarenreich, das man als eine Art kulturellen und politischen Satelliten betrachtete, ganz allgemein als den unentbehrlichen fernen Gegenspieler Deutschlands und des germanischen Expansionismus gewürdigt hatte. Zweitens und vor allem wurde aber die russische Revolution gleich als historische Nachfolgerin der Französischen aufgefaßt, wobei auch Lenin und die Bolschewisten selbst von Anfang an diesen Vergleich anstellten. Immer wieder tauchten in ihren eigenen Interpretationen Vergleiche mit aufgeklärten Aristokraten, Girondisten und Jakobinern auf, und sie gebrauchten das klassisch gewordene Schema der revolutionären Phasen, um ihre Strategie zu rechtfertigen. Angesichts der enormen Bedeutung der revolutionären Tradition und der Mythologisierung der Revolution für die gesamte französische Kultur, und besonders für den Stand der Intellektuellen und ihre Identität, ist die außergewöhnliche Empfänglichkeit für die Ereignisse in Rußland verständlich. Man empfand die Revolution als französischen Exportartikel.[6] Die russische Revolution lenkte den Blick zurück auf die eigene vertraute Geschichte, und ein bißchen konnten Franzosen sich sogar als die historischen Paten empfinden. Für französische Intellektuelle hatte die französische revolutionäre Tradition einen ebenso hohen Anteil am Entstehen des Bolschewismus wie der deutsche Marxismus. Dies erklärt, zum Teil wenigstens, die besondere Bedeutung, die der Kommunismus in Frankreich künftig haben sollte, und die kommunistische Orientierung so vieler Koryphäen auf dem Gebiet der Kultur. Die beiden damals maßgeblichen französischen Revolutionshistoriker Alphonse Aulard und Albert Mathiez interpretierten die russischen Ereignisse gewissermaßen von Amts wegen ganz in Analogie zu dem berühmten historischen Drama, dessen Studium sie ihr Leben gewidmet hatten. Aulard als Anwalt Dantons, sein scharfer Kontrahent Mathiez als der von Robespierre. Mathiez schloß sich dann auch der neuen kommunistischen Partei an, während Aulard mit der Radikalisierung mehr Schwierigkeiten hatte. Trotzdem verteidigte auch er den roten Terror als unvermeidlich, da er durch die Konterrevolution ausgelöst worden sei, die für ihn ebenfalls das Gewalttätige der französischen Revolutionäre, zum Beispiel Dantons, erklärte.

Beifall für den Bolschewismus kam auch bald von Berühmtheiten wie Romain Rolland, der während des Krieges als überzeugter Pazifist ein wenig in die Isolation geraten war, jetzt aber andere bekannte Persönlichkeiten an seiner Seite fand, zum Beispiel André Gide und den großen alten Mann des französischen literarischen Olymps, Anatole France. Nach einem in politischer Hinsicht sehr wechselhaften Lebenslauf – 1871 hatte er, als Freund des bonapartistischen Generals Boulanger, seinem glühenden Haß auf die nach seinen Worten irrsinnige und verbrecherische Pariser Kommune freien Lauf gelassen, sich danach aber zum demokratischen Sozialismus bekehrt – war France allmählich zur Verkörperung eines skeptischen Humanismus geworden. Mit mildem Spott kritisierte er jeglichen penetranten Radikalismus von links oder rechts. Sein Ansehen wurde im Jahre 1921 durch die Verleihung des Nobelpreises noch erhöht. Daß gerade dieser skeptische Geist seine Sympathie für den jungen Bolschewismus bekundete, konnte zu denken geben und tut es noch. Für viele war er der typische Erbe der literarischen Tradition großer französischer Skeptiker von Rabelais über Montaigne, Molière und Voltaire bis Renan. Man konnte sich fragen, ob und inwieweit seine politische Haltung nicht logischerweise auch die ihre gewesen wäre. Als 1920 in Frankreich eine kommunistische Partei gegründet wurde, erklärte sich

France solidarisch, Mitglied wurde der inzwischen Sechsundsiebzigjährige jedoch nicht, im Unterschied zu anderen Autoren, wie etwa Henri Barbusse. Dieser schrieb auch für die neue kommunistische Zeitung *L'Humanité*.

Auch in Deutschland zeigten zahlreiche Schriftsteller und Künstler spontane Begeisterung für das bolschewistische Ideal, darunter einige der Autoren, die den Krieg und den preußischen Militarismus scharf verurteilt hatten – Ernst Toller, Arnold Zweig, Lion Feuchtwanger –, und bald auch der junge Dichter Bertolt Brecht und der Regisseur Erwin Piscator, um hier nur einige zu nennen, die für Dutzende mehr oder weniger Gleichgesinnte stehen. Auch Heinrich Mann, der ein Kenner und Bewunderer Frankreichs war und sich der skeptisch-humanistischen Aufklärungstradition besonders nah verwandt fühlte, begrüßte das neue System, was sicher durch seinen Widerwillen gegen den Militarismus und Nationalismus und das verkrampfte Kleinbürgertum Deutschlands zu erklären ist, die er in seinen Romanen *Professor Unrat* (1905) und *Der Untertan* (1918) gebrandmarkt hatte.

Versucht man die hochgespannten Erwartungen all dieser Persönlichkeiten zu verstehen, so muß man bedenken, daß sich der Kommunismus mit Nachdruck als den wahren Erben der Aufklärung und des Humanismus und Pazifismus darstellte, was insofern auch plausibel wirkte, als sich das kommunistische Gleichheitsideal und der Marxismus insgesamt sehr gut in die Tradition des Fortschrittsdenkens einfügen ließen. Daß die Bolschewisten ihr Versprechen sofort wahrgemacht und den Krieg entschlossen beendet hatten, obwohl sie dabei eine schlichtweg katastrophale militärische Niederlage in Kauf nehmen mußten, war verblüffend und in der ganzen Weltgeschichte ohne Beispiel. Es konnte und mußte als sprechender Beweis ihrer Prinzipienfestigkeit, was die Verurteilung des Krieges anging, auf Pazifisten gewaltigen Eindruck machen.

Durfte man, nach einer solchen, nie dagewesenen Demonstration prinzipientreuer Friedenspolitik, nicht auch glauben, daß sich eine wirkliche Wende vollziehen könnte?! Wie meistens gab es hier eine komplexe Wechselwirkung. Da zahlreiche illustre Gestalten, die als Idealisten und Pazifisten bekannt waren, zahlreiche Persönlichkeiten, die fest in der großen humanistischen Tradition verwurzelt waren – sämtlich keine Unbekannten im Reich des Geistes, der Literatur und der Künste –, spontan ihre Sympathie für den Kommunismus bekundeten oder sogar in die neu gegründeten kommunistischen Parteien eintraten, konnte es so aussehen, als sei das humanistisch-pazifistische Element innerhalb des Kommunismus gestärkt, was dessen Anziehungskraft wiederum vermehrte. Persönliche Beziehungen und Freundschaften spielen bei der Entscheidung für eine politische Richtung eine nicht zu unterschätzende Rolle – ein oft noch vernachlässigter Aspekt. Wichtige kulturelle Zentren, vor allem Paris, waren Zufluchtsorte für junge russische Künstler und Intellektuelle geworden, die vor dem Zarenregime geflohen waren. Viele hatten in der Heimat Kontakte zu den illegalen sozialdemokratischen oder revolutionären Gruppen unterhalten oder in ihnen sogar eine aktive Rolle gespielt. In Paris wohnten für kürzere oder längere Zeit Dichter wie Alexander Blok, Andrej Belyj, Sergei Jessenin, Alexej Tolstoi und Ilja Ehrenburg, die ihrerseits wiederum mit Künstlern wie Picasso, Léger, Modigliani, Zadkine, Archipenko oder dem Dichter Apollinaire in Verbindung standen. Die literarisch-künstlerische Szene der Stadt war international. Es war fast selbstverständlich, daß die Revolution für diese jungen russischen Avantgardisten erst einmal die große Befreiung bedeutete. Daß auch über dieses Netz persönlicher Beziehungen bei ihren westlichen Kollegen freundliche Anteilnahme an der Revolution geweckt wurde, ist nicht weiter verwunderlich.

Die bolschewistischen Führer gingen davon aus, daß die Weltrevolution vor der Tür stehe, und wandten sich mit ihren Manifesten von Anfang an ganz bewußt an das internationale Proletariat und alle, die außerhalb Rußlands als Feinde der bestehenden Gesellschaft galten. Im Jahre 1919 war in Moskau die Dritte Internationale, die sogenannte Komintern, gegründet worden, und die unter ihrer Aufsicht stehenden neuen kommunistischen Parteien in den verschiedenen europäischen Ländern erkannten natürlich, wie wertvoll Sympathiebekundungen maßgeblicher Kulturträger in Europa und besonders im siegreichen westlichen Lager sein konnten. Unermüdlich appellierten sie an die hier verbreiteten humanistischen und pazifistischen Neigungen und Ideale, besonders in ihrer Terminologie, bei der Wahl von Namen für ihre Zeitschriften und von Schlagworten für ihre Aktionen. Der Kommunismus und das bolschewistische Regime stellten sich auf diese Weise als eine ausgesprochen kosmopolitische Bewegung dar, die einzige, die wirklich die ganze Menschheit vertrat, so wie sich mehr als ein Jahrhundert zuvor die französischen Revolutionäre präsentiert hatten.

Das Bild des neuen Sowjetrußland, das vorerst noch hart um seine Existenz kämpfen mußte und dessen Sieg noch zweifelhaft war, blieb trotz alledem, gerade durch die Bürgerkriegswirren und die blutige Gewalt auf beiden Seiten, sehr unscharf und vieldeutig. Schon bald wurde das vielleicht entscheidende Problem sichtbar: das Verhältnis zur Demokratie. Zur Philosophie der Aufklärung und zum Fortschrittsglauben gehörte das Ideal der Freiheit. Fortschritt ohne Freiheit war selbstverständlich ein logischer Widerspruch. Aber schon in der Strategie von Marx und Engels und in ihrer Doktrin vom Klassenkampf war dieses Freiheitsideal in den Hintergrund geraten, und damit war das große Problem nicht mehr zu umgehen. Lenin und seine bolschewistische Partei hatten sich – schon lange vor der Revolution – als unerbittliche Gegner jeder Form von demokratischem Sozialismus und Reformismus zu erkennen gegeben, denn die Bereitschaft, den revolutionären Kurs aufzugeben, war in ihren Augen nichts anderes als Verrat am Marxismus und am Proletariat. Dadurch, daß die sozialistischen Mehrheitsparteien die Kriegspolitik der Regierungen unterstützt und Burgfrieden mit den politischen Gegnern geschlossen hatten, war das Schisma noch vertieft worden. Die Gründung der Komintern und der kommunistischen Parteien bedeutete oder vielmehr bestätigte den endgültigen Bruch, den Abschied vom Sozialismus des neunzehnten Jahrhunderts als der großen gemeinsamen Bewegung für die Unterdrückten. Von jetzt an gab es zwei miteinander verfeindete sozialistische Bewegungen. Jede beanspruchte für sich, den wahren Sozialismus zu repräsentieren. Außerhalb Sowjetrußlands nannte man die Anhänger der Komintern jetzt Kommunisten, und die Bezeichnung Sozialisten wurde für die reformistischen Sozialdemokraten reserviert. Alle, für die der Sozialismus Hoffnung für die Zukunft und Garantie des Fortschritts war, sahen sich deshalb früher oder später vor die Frage gestellt, ob und inwieweit sie das demokratische Prinzip dem Endziel beider sozialistischer Bewegungen, der Verwirklichung der klassenlosen Gesellschaft, unterordnen wollten. Das Dilemma war keineswegs neu, aber es ging jetzt nicht mehr bloß um theoretische Strategiefragen, um Meinungsverschiedenheiten, die an Schreibtischen und auf Kongressen ausgetragen wurden, sondern um aktive Politik, um Entscheidungen mit weitreichenden Konsequenzen.

In der politischen Praxis kam es deshalb auch zu ständigen Auseinandersetzungen, Spaltungen und Revisionen früher eingenommener Standpunkte. Bitterer Ernst wurde es schon im Dezember 1917, als Lenin mit harter Hand die anderen Parteien aus der verfassunggebenden Versammlung trieb, in der die Bolschewisten in der Minderheit waren, und besonders den als bürgerlich gebrandmarkten größten Konkurrenten, die Sozialrevolutionäre, ausschaltete.

Das Vorgehen der Bolschewisten weckte die Empörung des auch im Westen berühmten Dichters Maxim Gorki. Dieser leidenschaftliche Vorkämpfer für die soziale Revolution und die Befreiung der Armen und Geknechteten tat sich immer wieder sehr schwer mit dem Kurs Lenins und des Bolschewismus. Später, zu Zeiten Stalins, sollte er zum Aushängeschild und literarischen Säulenheiligen des Systems modelliert werden. 1922 appellierte er aber noch an westliche Schriftsteller wie Anatole France und Romain Rolland, gegen die offizielle Verurteilung der Sozialrevolutionäre, der großen alten Konkurrenten der Bolschewisten, zu protestieren. Lenins Entscheidung gegen jede Form parlamentarischer Demokratie und für die Einparteiendiktatur war jedenfalls seit Dezember 1917 klar erkennbar.

Als der Krieg im Westen vorbei war, wurde Sowjetrußland das Ziel sympathisierender oder zunächst nur neugieriger Besucher aus dem Westen. Die Liga für Menschenrechte, eine humanistische linke Gesellschaft, widmete in den Jahren 1918/19 der Entwicklung in Rußland besondere Diskussionsveranstaltungen mit französischen Augenzeugen. Diese hielten mit ihrer Kritik am diktatorischen Vorgehen Lenins nicht hinter dem Berg, allerdings neigten viele von ihnen dazu, auch die chaotische Situation und die Bedrohung durch eine reaktionäre Gegenoffensive dafür verantwortlich zu machen. Die bolschewistischen Autoritäten gaben sich große Mühe, ihren westlichen Gästen alles recht zu machen und sie davon zu überzeugen, daß man hier gerade dabei war, das Utopia der Zukunft zu schaffen. An dieser Strategie sollten sie in den kommenden Jahrzehnten festhalten. Damit führten die Bolschewisten etwas Neues ein: auf die breiten Massen zielende Propaganda als fester und wesentlicher Bestandteil der Politik. Obwohl die Beeinflussung dieser Massen, des »Volkes«, natürlich immer wichtig gewesen war und durch die Politisierung der Gesellschaft und vor allem die Erweiterung des Wahlrechts ständig an Bedeutung gewonnen hatte, hatte sich bei der politischen Elite, den Entscheidungsträgern, immer noch ein Rest von Standesbewußtsein erhalten, der die Entwicklung von Strategien systematischer, auf Durchschnittsmenschen zielender Propaganda bremste. Die bolschewistischen Führer aber ließen bei ihrer Propagandapolitik außerdem noch erkennen, daß sie einen scharfen Blick für die Bedeutung von Kulturträgern hatten.

Für viele Künstler und Schriftsteller war es noch etwas ziemlich Ungewöhnliches, daß ein Staat ihnen solche Ehren erwies und daß sie von Mächtigen empfangen wurden, die mit ihnen ernsthafte Gespräche führten, wie Lenin und andere es taten. So ist es nicht verwunderlich, daß ihre Reaktionen häufig sowohl von Idealismus und Glauben an die Richtigkeit des von den Bolschewisten eingeschlagenen Weges als auch von persönlichem Ehrgeiz und von Eitelkeit bestimmt waren. Bei vielen kannte vor allem die Bewunderung für Lenin keine Grenzen. Es war die Kombination von Staatsmann und Intellektuellem, von entschlossenem Handeln und klarer wissenschaftlich-politischer Analyse, die ihnen so imponierte. Sie konnten in ihm deshalb auch einen der Ihren sehen, einen Mann, der ihre Sprache sprach. Zweifellos war er in dieser Hinsicht eine neue Erscheinung am politischen Horizont, die mit dem herkömmlichen Bild der Mächtigen in Europa nicht übereinstimmte: ein Mann, der, auch nachdem er die Macht erobert hatte, seinen illustren Gästen im Gespräch als Gleichen begegnete, sie ganz und gar ernst zu nehmen schien und allem Prunk abgeneigt war. Einen Augenblick schien er dem alten Ideal des Denkers auf dem Thron zu entsprechen, zumindest ein genialer Vorläufer einer intellektuellen Elite zu sein, die in Zukunft die Führung innehaben würde, ein hoffnungsvolles Vorzeichen für die Emanzipation der Kulturträger! Anatole France nannte ihn den größten Russen seit Peter dem Großen, und er stand mit dieser Einschätzung keineswegs allein. Lenin bedeutete für viele den Triumph des Intellekts, des klaren Verstandes, über das engstirnige, selbstsüchtige Machtstreben, das in den Augen der progressiven Intellektuellen seit jeher die Politiker angetrieben hatte. Die gefeierte amerikanische Tänzerin Isidora Duncan, die kurz mit dem russischen Dichter Jessenin verheiratet war, schrieb 1921 in *L'Humanité*, in Rußland ereigne sich das größte Wunder, das der Menschheit seit zweitausend Jahren widerfahren sei.[7]

Doch gab es neben denen, die uneingeschränkt zu Anhängern Lenins und zu überzeugten Proselyten wurden, offensichtlich auch von Anfang an Nüchterne und Wachsame, bei denen mit Schmeichelei und selektiver Information nichts auszurichten war. Russell und Wells waren 1919 die ersten renommierten Besucher. Bei ihren Begegnungen mit dem Sowjetführer enthielten sie sich, trotz all ihrer Sympathie für die Revolution, nicht der Kritik. Wells plädierte für eine schrittweise Einführung des Sozialismus, und auch Russell bemängelte, in Publikationen wie *Russia in the Shadows* und *The*

Practice and Theory of Bolsjevism, die Ungeduld der Revolutionäre.[8] Pragmatismus und optimistisches Vertrauen auf eine gesunde Evolution, beide typisch britisch und durch historische Erfahrungen begründet, prallten hier ganz offenkundig mit dem russischen Katastrophendenken zusammen, das durch eine Geschichte der scharfen Kontraste und der Extreme geprägt war. Was Lenin von den väterlichen Ratschlägen und der gutgemeinten Kritik, die er in jenen Gesprächen zu hören bekam, gehalten hat, läßt sich leicht erraten. Russell prophezeite sehr hellsichtig, daß Rußland statt einer echten Demokratie eine Art napoleonisches Regime zu erwarten habe.

Längst nicht alle Besucher erwiesen sich jedoch als so nüchtern. Der Philosoph und Journalist Henry Noel Brailsford zum Beispiel, der 1920 Rußland besucht hatte, verteidigte Lenins brutale Ausschaltung der anderen revolutionären Gruppen. Von 1922 bis 1926 gab er das sozialistische Blatt *The New Leader* heraus, dessen Titel schon Brailsfords Überzeugung zum Ausdruck bringt: Eine parlamentarische Demokratie ist nicht der Weg zum Heil, zumindest nicht in Rußland! Ein anderer früher Besucher, der deutsche Journalist Arthur Holitscher, Mitarbeiter der satirischen Zeitschrift *Simplicissimus*, urteilte dagegen sachlicher: »Ich suchte in Rußland eine Religion, und ich fand eine Partei.« Die Bolschewisten seien weder Engel noch Teufel.[9] Dennoch ließ sich Holitscher vom Vorsitzenden der Komintern, Sinowjew, in ein Komitee berufen, das unter Künstlern und Intellektuellen im Ausland Propaganda für das Sowjetsystem machen sollte. Diesem Komitee gehörte auch der expressionistische Künstler und Karikaturist George Grosz an, der so schonungslos wie kaum ein anderer die kapitalistische Gesellschaft demaskierte und ihre Nachtseite sichtbar machte. Schon in den ersten Reaktionen der Anhänger begannen sich jedoch Gegensätze und Meinungsunterschiede abzuzeichnen, die mit denjenigen korrespondierten, die gleichzeitig zur Spaltung der sozialistischen Bewegung in Sozialdemokraten und Kommunisten nach neuem leninistischem Muster führten. Da in den ersten Jahren nach der Revolution unklar war, wohin genau der Weg Rußlands führen würde, ist es verständlich, daß diese Grenzlinien noch keineswegs deutlich zu erkennen waren, besonders nicht für die Betroffenen selbst.

Schon bald begegnete man jenem Phänomen, das bald – zuerst vom zweiten Mann des bolschewistischen Regimes, Leo Trotzki – mit der Bezeichnung »Fellow-traveller« versehen werden sollte. Es war der Sympathisant, ein typischer linker Intellektueller, der aber nicht in die kommunistische Partei eintrat, gewöhnlich, weil er sich nicht an die Parteilinie binden und nicht der straffen Parteidisziplin unterwerfen wollte, wie sie schon kurz nach der Gründung der Komintern überall eingeführt wurde. Dafür konnte es unterschiedliche Gründe geben: daß man nicht bereit war, seine individuelle Freiheit, das kostbarste Gut des wahren Intellektuellen und Künstlers, aufs Spiel zu setzen; daß man wenig Neigung verspürte, ständig politisch aktiv zu sein; daß man Vorbehalte gegen den Parteikurs hatte, während es zur Mitgliedschaft gehörte, Richtigkeit und Weisheit dieses Kurses nie in Zweifel zu ziehen... all dies konnte einen dazu bringen, einen gewissen Abstand zu wahren, trotz unverminderter Abneigung gegen das sogenannte bürgerlich-kapitalistische System, trotz ungebrochenen Glaubens an das kommunistische Ideal und die Sowjetunion als Vertreterin dieses Ideals und als einzige Alternative. Die Gruppe der Fellow-travellers war eine ziemlich bunte Gesellschaft, und natürlich gab es auch solche, die eine Zeitlang Parteimitglied waren (womit das Etikett natürlich nicht mehr paßte), aber aus unterschiedlichen Gründen wieder austraten oder zum Teil auch wegen Ungehorsam oder Widersetzlichkeit ausgeschlossen wurden. Manche bewegten sich in einer Region zwischen dem leninistischen Kommunismus und den sozialdemokratischen Parteien. Die eiserne Parteidisziplin in der Komintern konnte sogar dazu führen, daß überzeugte, orthodoxe Marxisten es vorzogen, außerhalb der Partei zu bleiben.

In den ersten chaotischen Jahren der Sowjetunion war es jedoch kaum möglich, diese Zusammenhänge mit all ihren Konsequenzen richtig einzuschätzen. Die Parteidoktrin mit ihrem Grundsatz »Wer nicht für mich ist, ist gegen mich« brachte aber bald die Künstler und Intellektuellen in Rußland selbst in eine arge Zwangslage, der niemand entkommen konnte. Es bildete sich eine Gruppe von Fanatikern, die das Schaffen einer proletarischen Kunst im Dienste des kommunistischen Systems als einzige Aufgabe des Künstlers sahen. Ihre Vorstellungen nahmen schon den späteren sogenannten »sozialistischen Realismus« vorweg, der den Schriftsteller nur als Ingenieur der für die künftige Gesellschaft zu formenden Seele gelten lassen wollte. Das bolschewistische Regime selbst hielt sich bei den hitzigen Debatten über diese Fragen zu Beginn eher zurück, wahrscheinlich auch, weil es ernstere Sorgen hatte, solange noch der Bürgerkrieg tobte. Diese Zurückhaltung konnte bei Außenstehenden wiederum die Unsicherheit vergrößern. Jessenin verkündete in diesem Zusammenhang, daß er der Revolution alles geben wolle, nur nicht die Leier des Dichters!

Gerade hier lag für alle Künstler und Intellektuellen das entscheidende Problem. Wenn sie, als überzeugte und leidenschaftliche Anhänger der Idee einer kommunistischen Zukunft, in ihrer Kunst nichts anderes als einen Beitrag zur Revolution sehen wollten, stellte sich letztlich doch die Frage, wer bestimmte, in welcher Form und auf welche Weise sie ihre Aufgabe zu erfüllen hatten: eine externe, politische Instanz wie die Partei oder sie selbst? Hier lag die Grenze. Wer sie überschritt, ließ seine individuelle Freiheit zurück. Wenn viele schließlich doch diesen Schritt taten und sich den Parteidirektiven, auch auf kulturellem Gebiet, unterwarfen, so deshalb, weil sie glaubten, tatsächlich ihre Individualität dem großen Ganzen unterordnen zu müssen, gerade weil sie im egoistischen Individualismus eine Ursache für die Entartung der liberal-kapitalistischen Gesellschaft sahen.

Die Sympathisanten außerhalb Rußlands hatten dagegen noch die Möglichkeit, sich dieser Zwangslage einigermaßen zu entziehen, indem sie die Unterschiede zwischen Rußland und ihrer eigenen Nation hervorhoben. Bewunderung für Lenin und den Bolschewismus im fernen Rußland war das eine. Ob man bereit war, das dortige System zu übernehmen, ob man der gerade gegründeten kommunistischen Partei im eigenen Land ebensoviel Begeisterung entgegenbrachte, war etwas anderes. Niemand drückte das prägnanter aus als ein Mitarbeiter der Zeitschrift *Die Weltbühne*, Adolf Grabowsky, der im Jahre 1925 schrieb, daß die Bolschewisten in Rußland großartige Arbeit leisteten, daß aber ihr System zu Europa passen würde wie eine Drehorgel in ein Kammerorchester.[10] Einen Mann wie Anatole France konnten Ärger und Zorn über die Gesellschaft zu der Aussage bewegen, daß er die Revolution akzeptiere, auch wenn ihm gesagt werde, daß sie Leiden bringe, obwohl er das Leiden hasse. Aber mehr noch hasse er Mittelmaß und Sterilität. Wenn man ein Zeitalter der Gerechtigkeit wolle, müsse man in Kauf nehmen, was der Verwirklichung dieses Zieles diene: Unrecht, Grausamkeit und Blutvergießen.[11] Der Stoßseufzer läßt erkennen, was der tiefere Grund dafür war, daß europäische Intellektuelle von der Revolution, auch in ihrer bolschewistischen Gestalt, so fasziniert waren und daß die russischen Ereignisse eine so gewaltige Ausstrahlung hatten. France entschied sich 1923 aber schließlich doch für das »Cartel des Gauches«, die Koalition von Radikalen und Sozialdemokraten, die einen typisch französischen Zweig der linken Tradition repräsentierte. Eine ähnliche Haltung zeigten die britischen Fabians, die Webbs und Shaw, die den Bolschewismus lobten, aber, was England anging, am demokratisch-parlamentarischen Weg festhielten. Inzwischen hatte Lenins Regime allerdings schon weitere untrügliche Beweise seines diktatorischen Charakters erbracht. Daß sich die Komintern als einzigen legitimen Vertreter von Fortschritt und künftigem Heil betrachtete, zeigte sich, als sie auf Veranlassung Trotzkis die Parteimitgliedschaft für unvereinbar mit der Zugehörigkeit zur schon erwähnten Liga für Menschenrechte erklärte. Die Spaltung der sozialistischen Bewegung in Komintern und sozialdemokratische Parteien bot außerdem im Westen eine Alternative, wobei man auch die Spaltung noch immer als vorläufige ansehen konnte. Zwei der prominentesten und maßgeblichsten Führungspersönlichkeiten im orthodox-marxistischen Lager, Karl Kautsky und Rosa Luxemburg, leidenschaftliche Kämpfer gegen jeglichen Reformismus und kompromißlose Verfechter eines revolutionären Kurses, hatten nämlich mit Lenins Politik gebrochen, weil dieser der Demokratie den Todesstoß versetzt und damit die wahre sozialistische Revolution verraten habe. So zeigten gerade sie auf eindrucksvolle Weise, wie tief der Bruch war und daß es hier um etwas Grundsätzliches ging. Sie entschieden sich, als für einen Augenblick die Wellen der Revolution nach Europa herüberzuschlagen schienen, für einen sozialdemokratischen Weg zum Sozialismus, wenn sie auch andererseits nicht nachließen, die sozialistischen Mehrheitsparteien als schwächliche und korrupte Abtrünnige zu bekämpfen.

Daß es zwischen den verschiedenen sozialistischen Gruppen, die sich jetzt, vor allem in den Ländern der großen Verlierer – Deutschland und dem ehemaligen Habsburgerreich –, gebildet hatten, zu gegenseitigen Verdächtigungen, ja zu verbissenen Kämpfen kam, ist nicht nur typisch für den Sozialismus, sondern für jede große, der Zukunft zugewandte revolutionäre Bewegung, von dem Augenblick an, da sie ihre theoretischen Grundsätze und Ideale verwirklichen, ihre Pläne in Handlungen umsetzen muß. Die Spaltungsmanie des Sozialismus ist in dieser Hinsicht eine moderne Variante der Sektenbildung innerhalb der großen revolutionären Bewegung, die Europa vier Jahrhunderte zuvor erlebt hatte, des Protestantismus. Im Sozialismus verbarg sich schließlich, trotz des aufklärerisch-rationalistischen Gehalts und des hohen Stellenwerts der Theorie, ein sehr religiöses, irrationalistisches Element. Er war für viele die große Alternative zum Christentum geworden – nach dem Krieg noch viel mehr als zuvor, da sich die Kirchen nun in solchem Grade mit dem Nationalismus und dessen Kampf um den Sieg identifiziert hatten. Die bolschewistische Revolution sprach dabei sehr alte mystische Vorstellungen an: vom großen Licht und Heil aus dem Osten, das die verdorbene Menschheit retten würde. Den europäischen Intellektuellen waren diese Ideen seit der Romantik nicht unbekannt gewesen, mal waren Indien, mal China, dann wieder Rußland als Quellen des Heils gefeiert worden. Was Rußland anging, konnte man wiederum an die russisch-orthodoxe Vorstellung anknüpfen, Moskau werde das Dritte Rom sein, als wahrer Erbe des Urchristentums, dessen Ursprünge im Osten lagen. Dieser alte Topos schließlich war mit den messianischen Vorstellungen des im neunzehnten Jahrhundert aufkommenden Panslawismus verschmolzen. So konnte Lenins Bolschewismus nicht nur verblüffend einfach als erster Schritt auf dem Weg zu einem universalen kommunistischen Paradies gedeutet werden, sondern, gewissermaßen in einer tieferen Schicht, auch als Triumph und Rechtfertigung des Panslawismus, dessen Geist der große Gegenpol des westlichen Denkens und der »degenerierten westlichen Zivilisation« sein sollte, der große Erlöser der Menschheit. Die Polarität von Westen und Osten war dann nicht nur die von Kapitalismus und Sozialismus, sondern man konnte ihr auch einen ganz anderen Inhalt und Sinn geben: Es ging um den Antagonismus von materialistischer, rationalistischer Verflachung und religiöser, metaphysischer Tiefe. In dem Kulturphilosophen Danilewski und auch in Dostojewski hatte die panslawistische Heilsidee schon vielbeachtete Verkünder gefunden. Nicht zufällig sollte Dostojewski gerade in den folgenden Jahrzehnten für viele westliche Intellektuelle, bei ihrer Suche nach neuen Orientierungsmöglichkeiten und Gegenkräften zur Moderne, zur großen Entdeckung werden. In erster Linie lebte diese Heilsidee natürlich unter den russischen Revolutionsanhängern auf. Was hierbei gleich sichtbar – und verständlich – wird, ist das merkwürdige Umschlagen von Kosmopolitismus und Universalismus, die von den Bolschewisten so deutlich herausgestellt wurden, in einen neuen russischen Chauvinismus. Auch diese auf den ersten Blick widersinnige Verschmelzung von Sozialismus und nationalem Sendungsbewußtsein war schon lange vor dem Krieg in den sozialistischen Bewegungen der verschiedenen Länder zu beobachten gewesen. Auf jeden Fall gab es etliche ideelle Anknüpfungspunkte, die es erlaubten, Lenin und den Bolschewismus – was immer man von den konkreten Details und Besonderheiten seiner Politik halten mochte – in einen erhabenen welthistorischen oder sogar religiös-metaphysischen Zusammenhang einzuordnen. Dadurch konnten sie auch für Naturen mit romantischer Veranlagung und religiösen Neigungen, aber wenig Affinität zu politischen und praktischen Fragen eine unbestimmte emotionale Anziehungskraft besitzen. Hin- und hergerissen zwischen den unterschiedlichsten Deutungen, zwischen Bewunderung und Hoffnung einerseits und Bestürzung über alle Beweise für die schonungslose Intoleranz des Regimes andererseits, blieb jedenfalls ein beachtlicher Teil der Intellektuellen und Künstler vom Bolschewismus fasziniert. Apokalyptische Erwartungen wurden entsprechend verstärkt.

Für die künstlerische Avantgarde besaß der junge Sowjetstaat noch eine besondere Anziehungskraft, da er anfangs auch ideale Bedingungen für das Experimentieren mit neuen Kunstformen bot. Zwischen politisch-sozialer Revolution und revolutionärer Kunst besteht ein tiefer und unmittelbarer Zusammenhang, wenigstens in der ersten Stunde, wenn zwischen den Trümmern des Alten für einen Augenblick in der Ferne ein unbekanntes Reich allgemeiner Freiheit sichtbar wird. Dieser Zusammenhang hatte sich auch bei der Französischen Revolution schon gezeigt. Die bolschewistische Revolution schien für den Künstler die reizvolle und begehrte Rolle des Pioniers und Führers auf dem Weg in die Zukunft vorgesehen zu haben, und damit innerhalb der Gesellschaft einen festen Platz und eine Funktion, die sonst niemand erfüllen konnte. Sie konnte ihn aus seiner fragwürdigen Isolation befreien. Außerdem bedeutete die gewaltige Veränderung der Welt für den Künstler, daß er sich entweder von selbst veränderte oder versuchen mußte, dies zu tun, und daß sein neues Wirklichkeitsverständnis nach neuen Formen und Ausdrucksmitteln verlangte.

Obwohl für Lenin alle Kunst im Dienst der proletarischen Gesellschaft zu stehen hatte, also grundsätzlich »antibürgerlich« sein mußte, ließ er den Künstlern zumindest am Anfang freie Hand. Was zur Folge hatte, daß umgehend Gegensätze zwischen doktrinären und weniger doktrinären Künstlern aufbrachen und sich entsprechende Parteien bildeten. Zumindest in der Stunde des Aufbruchs und aus der Perspektive des Auslands wurde dies jedoch durch den aufsehenerregenden, stürmischen Aufschwung moderner Stile weitgehend in den Hintergrund gedrängt. Expressionismus, Kubismus, Futurismus, Surrealismus in den bildenden Künsten, und manches davon auch in Lyrik und Drama – all dies kam zwar aus dem Westen, wurde importiert von exilierten russischen Künstlern, die nach der Oktoberrevolution zurückkehrten, aber diese machten nun wiederum großen Eindruck auf die gleichgesinnten ausländischen Kollegen. Während das breite Publikum in deren eigenen Ländern größtenteils noch eine abweisende Haltung gegenüber den neuen Strömungen einnahm, schienen die Bolschewisten die großen Förderer ihrer Kunst zu sein, und ihr Staat das Paradies für den Avantgardismus. Nach der Beschreibung des Schriftstellers Ehrenburg glich Moskau im Mai 1918 einer wilden kubistischen Ausstellung: Überall waren Flächen – Mauern mit abgeblätterter Farbe, Fassaden von Häusern, sogar von klassizistischen Gebäuden – mit Quadraten, abstrakten Ornamenten und verrückten Grimassen bemalt.[12] Die Repräsentanten der klassischen Kunst hatten laut Ehrenburg nach der Revolution vielfach ihre Koffer gepackt und waren in den Westen gegangen.

In den ersten Jahren, als noch der Bürgerkrieg tobte, erlebte neben den bildenden Künsten vor allem das Theater im Sog der Revolution einen gewaltigen Aufschwung. Zahlreiche umherziehende Schauspieltruppen boten den Menschen auch in kleineren Provinzstädten Ablenkung von ihren täglichen Sorgen, von Hunger und Kälte. Zwischen Realität und Fiktion, zwischen Revolution und Theater konnten die Grenzen auf verblüffende Weise verschwimmen, und dies enthüllt die verborgene Übereinstimmung zwischen dem Revolutionär, der im Grunde auch immer eine Rolle spielt und die Wirklichkeit zu inszenieren versucht, und dem Schauspieler, der eine fiktive Wirklichkeit erlebbar macht und sein Publikum daran teilhaben lassen will. Prominente Regisseure wie Meyerhold und Jewreinow schienen mit ihren beispiellosen Masseninszenierungen in Moskau und Petrograd, an denen Hunderte von Schauspielern beteiligt waren, Lenin, Trotzki und andere Revolutionsführer imitieren zu wollen.[13] Sie führten gleichsam eine Schattenrevolution auf, fast synchron mit der wirklichen, und auch was Inhalt und Tendenz anging, waren ihre Vorstellungen, in denen der heroische Kampf des Volkes für eine bessere, sozialistische Welt besungen wurde, eine Apotheose der wirklichen Revolution. Ebensosehr verschwamm die Grenze zwischen dem pathetischen revolutionären Redner und dem Dichter, der mit wilder, kämpferischer Gebärde seine Verse deklamierte.

Zum bekanntesten und wirkungsvollsten Autor, zum Inbegriff des revolutionären Dichters, wurde Wladimir Majakowski. Lyrik und Drama waren für ihn nichts anderes als kämpferischer Aufruf, Appell zum Handeln. Der schrille, explosive Stakkato-Stil, von den Futuristen in die Dichtung eingeführt – oft eher Reihungen von Ausrufen als Konstruktionen nach grammatischen Regeln –, erschien ihm dafür geeignet. Der Dichter als Volkstribun! So trat er selbst als Rezitator auf. Expressionismus und Revolution wurden zu einer natürlichen Einheit. Dichtung war soziale Agitation – darin lag ihre einzige Legitimation. Persönliche Empfindungen und Innerlichkeit hatten hier nichts zu suchen. Der Dichter war nur Sprachrohr des Proletariats. Das Ideal der vollkommenen Verschmelzung von Dichter und Publikum im Dienst der Revolution bestimmte auch seinen Wunsch, daß der Text des Dramas – zum Beispiel der von *Mysterium buffo*, einer Art Allegorie auf die Revolution, die von all seinen Stücken das meiste Aufsehen erregte – nur als Entwurf und Anregung dienen solle. Da es um die Darstellung eines dynamischen Prozesses ging, mußte der Entwurf immer wieder diesem Prozeß angepaßt und mit neuem Inhalt gefüllt werden. Das Drama sollte eine von Fall zu Fall wechselnde Gestalt haben, ähnlich wie ein vorgegebenes musikalisches Thema in der Improvisation. Die ideologische Doktrin implizierte eine neue Konzeption und eine neue Form von Theater. Majakowski – und seine Mitstreiter – rechneten nachdrücklich mit der gesamten traditionellen russischen Dichtung ab.

Diese Auffassungen konnten auch anderswo Expressionisten, Futuristen und verwandten Neuerern bei ihrer Suche nach völlig anderen Perspektiven und einer nichtbürgerlichen Basis für die Kunst Lösungen bieten, die sie noch dazu in die Lage versetzten, alles überflüssige Alte auf einen Streich auszumerzen. Einen Augenblick schien es, als würde in Sowjetrußland die Kunst tatsächlich zur Kunst des Volkes. Eine besonders verlockende Aussicht, bedenkt man, wie groß die Entfernung zwischen der Kunst von Avantgardisten unterschiedlicher Prägung und dem Geschmack des breiten Publikums war, das diesen nur allzuoft die Anerkennung versagte. Noch 1925 schien eine internationale Ausstellung in Paris zu bestätigen, daß Sowjetrußland, was die Modernität und die faszinierenden Experimente in den Künsten anging, Vorbild war.

Beispielhafte Neuerungen blieben aber nicht auf die Künste beschränkt. Auch auf einem ganz anderen Gebiet schien sich Rußland durch die magische Wirkung des beherzten bolschewistischen Eingriffs verwandelt zu haben: von einer rückständig-dumpfen Gesellschaft, die in ihrer Entwicklung mindestens um ein halbes Jahrhundert hinter Europa zurückgeblieben war, zur freiesten und fortschrittlichsten überhaupt. Die neuen Machthaber – auch hierin Nachahmer der französischen Revolutionäre – begannen bald mit zahlreichen traditionellen Institutionen aufzuräumen. Zuerst verordneten sie die prinzipielle Gleichstellung der Frau. Der Marxismus verurteilte ihre überkommene Rolle in der Ehe als Form von Sklaverei und ökonomischer Ausbeutung. Tatsächlich wurden aber Frauen schon im zaristischen Rußland in der gebildeten Oberschicht als hochqualifizierte Angehörige bestimmter Berufsgruppen in höherem Maße akzeptiert als im Westen. Auch die Sexualität sollte befreit und aus ihrer Bindung an Produktions- und Klassenverhältnisse gelöst werden. Was die Institution der Ehe anging, befanden sich die Marxisten offenbar immer in einem gewissen Zwiespalt. Marx und vor allem Engels hatten, wenn sie sich einmal hierzu äußerten, die monogame Ehe als natürlich bezeichnet. Die Bolschewisten schafften nun beinahe von einem Augenblick auf den anderen die orthodox-kirchliche Eheschließung ab. Hierzu gehörte auch, daß man Ehescheidung enorm vereinfachte – im Grunde war sie nur noch ein reiner Verwaltungsakt – und daß die Frau als vollkommen gleichwertiger Partner anerkannt wurde. Da die Kinder in der kommunistischen Gesellschaft dem Staat gehören und vom Staat versorgt werden sollten, fiel ein Pfeiler der traditionellen Ehe weg, die man jetzt sogar als ein Hindernis für diese Art von staatlichem Engagement ansehen konnte. Trotzdem hielt auch Lenin letztlich an der Ehe fest, wenn er sie auch als rein zweckmäßigen Bund betrachtete, der aufgrund natürlicher gegenseitiger Zuneigung geschlossen wurde und dessen Auflösung möglich sein mußte, wenn es an Zuneigung fehlte. Daß diese Gesetzgebung umgehend eine Scheidungswelle auslöste und ein sehr unstetes und wechselhaftes Familienleben förderte, läßt sich denken, obwohl vor allem auf dem Lande, wie ebenfalls zu erwarten, tief eingewurzelte religiöse Gefühle und Bräuche noch als Hemmnis wirkten. Das größte Aufsehen erregte ein Gesetz von 1920, das den Schwangerschaftsabbruch erlaubte, sofern er, aus medizinischen Gründen, unter Aufsicht eines vom Staat autorisierten Arztes durchgeführt wurde. Hiermit wurde die Freiheit der Frau auf eine Weise anerkannt, die im Rest Europas bei den Massen nur Bestürzung hervorrufen konnte – Abscheu in den kirchlichen und konservativen Kreisen und Bewunderung bei allen, die in sexuellen Fragen eine un- und antikonventionelle Einstellung hatten. Außerdem wurden das Justizwesen und vor allem das gesamte Bildungswesen reformiert, wobei man entschlossen alle Standesunterschiede beseitigte. Man nahm tatsächlich ein gigantisches Bildungsprogramm für das ganze Volk in Angriff. Das Prinzip der Chancengleichheit und der Bezahlung und Beförderung nach Leistung und Begabung schien in dem Riesenland, das gerade auch hierin noch so weit zurückgeblieben war, in nie gekanntem Umfang verwirklicht zu werden. So waren es auch keineswegs nur Künstler, die fasziniert beobachteten, was sich hier abspielte. Sowjetrußland sollte bei den vielen, die davon überzeugt waren, daß nur die große geistige Wende Europa würde retten können, noch lange als gelobtes Land der Freiheit und des Fortschritts gelten.

Dennoch war das hier skizzierte Bild der bolschewistischen Revolution und des Bürgerkrieges, wie es die Anhänger und Bewunderer im Westen hatten, von Anfang an höchst einseitig, beeinflußt durch die propagandistische Ausschmückung der Ereignisse, bei der man sich populärer Vorstellungen und Denkschemata bediente. Außerdem wurde das Land zu sehr mit den großen Kulturzentren St. Petersburg und Moskau identifiziert. Darüber, was sich anderswo abspielte, und ganz allgemein über Einzelheiten des Geschehens war man infolge der revolutionären Wirren und des Bürgerkriegs nur sehr unzureichend, wenn überhaupt, informiert. Über dem Horizont leuchtete Morgenröte. Die schwarzen Wolken entgingen den Blicken.

Lenin und die Seinen hatten sich mit ihrem Staatsstreich auf geschickte Weise an die Spitze einer Revolution gesetzt, die wegen der Komplexität der Entwicklungen und wegen der großen Gegensätze zwischen den Motiven der Beteiligten in eine Sackgasse geraten war, so daß sich ein Machtvakuum gebildet hatte.[14] Im Grunde richteten sie sich vom ersten Augenblick an gerade gegen die Parteien, die in den Sowjets die Mehrheit hatten, die Sozialrevolutionäre und Menschewisten, und damit gegen die gewählten Vertreter von Bauern und Arbeitern. Lenins Politik beruhte vollständig auf dem Grundsatz, daß allein die bolschewistische Partei als Speerspitze der Revolution die Arbeiter und Bauern repräsentieren konnte – auch gegen die Arbeiter und Bauern und ihre Repräsentanten. In der gegebenen Situation bedeutete dies, daß alle Machtmittel rücksichtslos eingesetzt werden mußten, um die Konkurrenz auszuschalten und die öffentliche Meinung zu manipulieren.

Im Bewußtsein seiner Minderheitsposition legte Lenin schonungslose Radikalität an den Tag. Die zwei wesentlichen Elemente seiner Strategie waren die schon erwähnte vollständige Identifikation der Sache des Proletariats und der Revolution mit dem Bolschewismus – ganz gleichgültig, was die Massen wollten, wobei jede Alternative sofort als schändlicher Verrat gebrandmarkt wurde – und die Unerbittlichkeit des Vorgehens gegen alle Gegner. Im Grunde gehörte zur leninistischen Version des Bolschewismus (ursprünglich war Lenin auch in der Parteispitze in einer Minderheitsposition) ein Menschenbild, das von einer äußerst elitären Perspektive und größter Verachtung für die existierende Menschheit bestimmt war, einschließlich der Vorstellung, daß das Proletariat aus hirnlosen Herdentieren bestehe. Kein Preis war zu hoch, wenn man die neue sozialistische Gesellschaft und den neuen sozialistischen Menschen schaffen wollte. Im Gegenteil, je gründlicher die gegenwärtige Welt zertrümmert wurde, desto besser für die künftige. Dies galt nicht zuletzt für die Morallehre, die als Ausdruck bürgerlicher Sentimentalität auf den Müllhaufen der Geschichte gehörte. Lenin und die Seinen verkündigten für den neuen Menschen auch eine neue Antimoral. Daraus folgte logischerweise, daß die brutalste Gewalt gegen die Widersacher auch die beste war. Schon in den ersten Monaten wurde eine besondere Polizeieinheit unter der Leitung von Felix Dserschinski aufgestellt, die Tscheka (ab 1922 GPU), das unentbehrliche Terrorinstrument der Revolution. Bevor die weißen Armeen im Jahre 1919 mit ihren Gegenangriffen begannen, waren schon Zehntausende mit oder ohne Schnellverfahren als Konterrevolutionäre, Mietlinge der Bourgeoisie oder Abweichler exekutiert worden – der Terror richtete sich im gleichen Maße gegen die Arbeiterräte wie gegen die Sozialrevolutionäre oder die Liberalen. Die prekäre Lage der Bolschewisten noch Monate nach dem Staatsstreich und die allgemeine Verrohung und Entmenschlichung der Bevölkerung als Folge von Krieg und Revolution können das Ausmaß der Gewalt und ihre theoretische Legitimation teilweise erklären. Zugleich entsprach diese Gewalt aber auch dem leninistischen Programm der vollständigen Unterwerfung des Volkes unter die Minderheitsdiktatur der Partei.

Außer mit ihren Konkurrenten, den populären Sozialrevolutionären und demokratischen Gruppen, hatten es die Bolschewisten auch mit der Masse der Bauern zu tun – ungefähr fünfundachtzig Prozent der russischen Gesamtbevölkerung –, die das Land in Besitz genommen hatten und von denen sie im Hinblick auf die Versorgung der Städte abhängig waren. Der politische Machtkampf zwischen den revolutionären Parteien, der sich in erster Linie in den Großstädten abspielte, wurde ja noch von dem alten, aber zähen Konflikt von Stadt und Land überlagert, einer Folge der Urfeindschaft zwischen der Agrarbevölkerung und dem Staat samt seinen Beamten, die sich in alles einzumischen pflegten. Realistisch wie er war, hatte Lenin die revolutionäre Neuverteilung des Landes, nach der Vertreibung oder Abschlachtung der Großgrundbesitzer, vorerst gebilligt. Aber im Laufe der Jahre 1919 und 1920 entwickelte sich in einer weitgehend anarchischen Situation, als die russische Wirtschaft fast völlig zusammengebrochen war und in den Städten Hunger herrschte, ein erbarmungsloser Krieg zwischen den bolschewistischen Truppen und der Landbevölkerung, die sich der Requirierung von Nahrungsmitteln widersetzte. Es kam zu einer Reihe größerer und kleinerer Aufstände, die brutal niedergeschlagen wurden. Auch jetzt waren es Zehntausende, die ermordet oder verstümmelt wurden. Es ist unmöglich, dabei immer zwischen dem institutionalisierten, zweckgerichteten Terror des Regimes und der Eigendynamik einer völlig entmenschlichten Soldateska zu unterscheiden. Jedenfalls kam es auf diese Weise zur Konfrontation zwischen dem bolschewistischen Staat und den Bauern, die von nun an als größte Bedrohung und als Hindernis für den Aufbau einer kommunistischen Gesellschaft angesehen werden konnten. Einen besonderen Krieg führte das Regime im Jahre 1919 gegen die Kosaken in der Donregion. Als kleine selbständige Grundbesitzer und als geschlossene ethnische Gemeinschaft mit zaristischer Gesinnung konnten sie für die Bolschewisten schließlich nur der Klassenfeind sein. Nach einer ersten Welle von Terror, Verhaftungen und Zwangsmaßnahmen schlossen sich die kriegerischen Kosaken den weißen Truppen als Bundesgenossen an. Dieser Krieg, der innerhalb des gesamten Bürgerkriegs eine Sonderstellung hat, führte auf beiden Seiten zu wahren Paroxysmen von Barbarei.

Kosakenbrigaden unter ihrem Anführer Petljura massakrierten außer Kommunisten oder als Kommunisten Verdächtigten vor allem auch Juden, die sie als die natürlichen Verbündeten der Bolschewisten betrachteten. Der Kampf endete 1920 mit der gnadenlosen Ausmerzung der Kosaken als Volksgruppe. Diese Vernichtung war jedoch, wie alle inzwischen bekannten Fakten belegen, von vornherein geplant gewesen.[15] Der rote Terror unterschied sich vom weißen alles in allem durch das systematische Vorgehen und die Ausrichtung auf das Ziel einer planmäßigen Umgestaltung der gesamten Gesellschaft. Im Vorgehen gegen die Don-Kosaken-Gemeinschaften kann man ein erstes Beispiel für Massendeportationen aufgrund der Verbindung ethnischer mit sozialen Kriterien sehen. Ein großer Teil der Kosaken wurde in nördliche Regionen deportiert und landete in Arbeitslagern.

Die Exekutionen waren wiederum nach Zehntausenden zu zählen. Das bolschewistische Regime, mit Lenin als unangefochtenem Führer, erwies seine Radikalität und Prinzipientreue also nicht nur bei der Reform der sozialen Verhältnisse, der Umverteilung des Besitzes, in der Kulturpolitik, als Anreger für Avantgardismus und Experimente und beim Entwerfen eines künftigen Heilsstaates und eines neuen Menschen. Auch mit einem Terrorsystem, das in seiner Rücksichtslosigkeit alle Unterdrückungsmethoden früherer Staaten hinter sich ließ, brachte es etwas Neues in die Welt. Das bolschewistische übernahm das zaristische System mit Geheimpolizei, Straflagern und Verbannung, aber unter ihm wurde es um ein Vielfaches schlagkräftiger und mörderischer. Der jakobinische Terror, in seiner Verbindung von Erneuerungsdrang und Guillotine ein Vorläufer, verblaßte neben dem bolschewistischen, was das Ausmaß und die Zielstrebigkeit anging. Neu waren Geiselnahmen in großem Umfang, Konzentrationslager für Tausende, auch wegen Platzmangels in den Gefängnissen, und Deportationen mit einem hohen Anteil von Todesopfern (dreißig bis fünfzig Prozent). Neu war die in den eigenen Reihen gepredigte Antimoral, die Härte und Rücksichtslosigkeit zu revolutionären Tugenden erklärte, Humanität dagegen zu einer Degenerationserscheinung, Relikt einer unwürdigen Vergangenheit.

Einige Fragen müssen letztlich offen bleiben: Bis zu welchem Grade kann der Umstand, daß das ganze Land von revolutionären Umwälzungen auf allen Gebieten betroffen war und vielfach weitgehende Anarchie herrschte, diesen Terror und seine theoretische Rechtfertigung erklären? Inwieweit waren die Doktrin und die tatsächliche Politik der Bolschewisten ein Ergebnis der historischen Konstellation? Kann man sagen, daß sich hier auch eine typisch russische Tragödie des Extremismus in Wort und Tat abspielte? Darf man die Greueltaten der Truppen beider Seiten, die zum Teil aus verrohten Abenteurern und notorischen Kriminellen zusammengesetzt waren, auch als Ausbruch destruktiver Urtriebe deuten? War hier eine ihren eigenen Gesetzen unterworfene Gewaltspirale entstanden, die sich die Bolschewisten zunutze machten? Auf jeden Fall erwiesen sie sich, was die Einschätzung der Lage und ihr entschlossenes Reagieren anging, als überlegen.

Trotz verwirrend widersprüchlicher Berichte erfuhr man im Westen manches über die Greuel, und für die Mehrheit in den Mittelklassen und Oberschichten in Europa war Bolschewismus künftig ein Synonym für barbarische Entmenschlichung. Man machte sich ein Bild, von dem eine schaurige

Faszination ausging: Was man sich vorstellte, war nichts weniger als die Vernichtung von Zivilisation und Menschlichkeit.

4 Die Morgendämmerung eines neuen Menschen

Auch unabhängig von den Erwartungen, die die bolschewistische Revolution weckte, waren Bewegungen auf dem Vormarsch, die von apokalyptischen Vorstellungen geleitet waren. Bei einigen kam es zu einer Vermischung pazifistisch-sozialistischer und religiöser, insbesondere christlicher Ideen. Es handelt sich um verhältnismäßig kleine Gruppen, die auch einen sehr begrenzten Einflußbereich besaßen. Dennoch sind sie charakteristisch für die Atmosphäre der Zeit. Die Bezeichnung »apokalyptisch« ist angemessen, soweit diese Gruppen eine radikale Wende für notwendig hielten und erwarteten. Sie versuchten diese Wende grundsätzlich auf friedliche Weise herbeizuführen, durch innere Bekehrung. Die pazifistische Bewegung besaß ihre Wurzeln in Großbritannien, und von dort aus hatte sie im Laufe des neunzehnten Jahrhunderts auch den Kontinent und Amerika erfaßt. Auch während des Krieges hatte sie ihre Basis in der angelsächsischen Welt – und, was bemerkenswert ist, außerdem in den neutralen Ländern wie den Niederlanden, also gerade da, wo Krieg, dank der geographischen Lage und der machtpolitischen Konstellation, in der jüngeren Vergangenheit weniger selbstverständlich gewesen war, so daß die Armee im Bewußtsein der Nation einen weniger wichtigen Platz einnahm und Antimilitarismus nicht so leicht mit schändlichem Landesverrat gleichgesetzt wurde.

Die Wurzeln des Pazifismus lagen in christlichen Sekten, die sich vor allem in den protestantischen angelsächsischen Ländern und in den Niederlanden hatten entfalten können. All diese Sekten rechtfertigten ein eigensinniges und normabweichendes Verhalten und legten nicht viel Wert auf die Institution der Kirche, wohl aber auf das persönliche Gewissen. Besonders die Quäker predigten einen grundsätzlichen Pazifismus und verwarfen jede Form von Gewalt, nicht nur die kriegerische. Von Anfang an hatte aber auch der Sozialismus einen ausgesprochen pazifistischen Einschlag gehabt. Daß viele Sozialisten vor allem in England und den Niederlanden aus dem Milieu christlicher Sekten stammten, spielte dabei fraglos eine Rolle. Krieg war ja nach der sozialistischen Theorie die natürliche Konsequenz des imperialistisch-kapitalistischen Systems und des bürgerlichen Nationalstaates. Sowohl Rosa Luxemburg als auch Lenin hatten als sozialistische Autoritäten diesen Lehrsatz aufs neue verkündet. Daß die sozialdemokratischen Parteien in dieser Frage aber niemals einen ganz eindeutigen Standpunkt einnahmen und sich nie einigten, daß sie schließlich sogar den Krieg akzeptierten, hatte viel Enttäuschung und Wut verursacht und, wie erwähnt, dazu beigetragen, daß es zu dem großen Schisma gekommen war. Dennoch bestand weiterhin eine geistige Affinität zum Pazifismus. Für die englische Labour Party wie auch für die niederländische SDAP blieb der Krieg im Grunde ein Phänomen des Kapitalismus. Nach 1916 hatte sich pazifistisches Gedankengut auch in Deutschland, Frankreich und anderen kontinentaleuropäischen Ländern viel stärker verbreitet, besonders unter Künstlern und Schriftstellern, aber auch in der Jugend. Romain Rolland, Stefan Zweig, Frederik van Eeden, Leonhard Frank, Heinrich Mann, Albert Einstein – um nur die Bekanntesten zu erwähnen – waren unideologische Pazifisten, die sich nicht an eine (sozialistische) Partei und ihr Programm banden. Für viele andere ließ sich Pazifismus aber mit revolutionärem Sozialismus vereinbaren, bald sogar mit Kommunismus oder Bolschewismus. Daß man an eine grundsätzlich pazifistische Haltung appellierte, war deshalb von Beginn an fester Bestandteil der bolschewistischen Werbestrategie und äußerst wirkungsvoll. Die entscheidende Frage war schließlich, ob die Ablehnung von Krieg und jeder Form von Gewalt mit politischen und sozialen Zielen verbunden werden mußte. Den unideologischen Pazifisten und denjenigen, die sich ganz dem Pazifismus widmeten, ging es ausschließlich um die Abschaffung von Militär und Krieg, und man könnte dies ihre »Ideologie« nennen. Die Vernichtung des bürgerlich-kapitalistischen Systems sahen sie nicht als Voraussetzung dafür an, sie hatte keine Priorität, wenn auch für die meisten zweifellos ein Zusammenhang zwischen diesem System und dem Übel des Krieges bestand. Natürlich gab es auch überzeugte Liberale, die keineswegs der Auffassung waren, daß Frieden und kapitalistisches Wirtschaftssystem einander ausschlossen, im Gegenteil. »Vrede door Recht« (»Frieden durch Recht«) – eine niederländische Vereinigung der Vorkriegszeit – war zum Beispiel eine eindeutig liberal geprägte Gruppe, in der Herren aus begüterten Kreisen das Sagen hatten. Für sie war Frieden nicht durch entschiedene Opposition gegen die Nationalstaaten und ihre Politik erreichbar, sondern ausschließlich über ein internationales Rechtssystem, das von den Staaten selbst getragen werden mußte.

Alles hing davon ab, was man als wahren Ursprung des Krieges ansah. Die Antwort auf diese Frage entschied auch über die Haltung. Dabei ging es für die Pazifisten im Grunde um ein altes, heiß diskutiertes Problem: Geht die gesellschaftliche Veränderung der des Menschen voraus – das war bekanntlich der Ausgangspunkt des Marxismus – oder folgt sie zwangsläufig auf die innere Verwandlung des Menschen? Von letzterer Überzeugung ging ein eher christlich inspirierter Pazifismus aus, der sich auf den Jesus der Bergpredigt berief, alles politische Agieren mit den üblichen Organisationsformen und Taktiken ablehnte und die Wende durch Bekehrung herbeiführen wollte. Die Vorstellung, daß man vor einer entscheidenden Wende stehe, dieser vertraute religiöse Topos, war gerade unter denjenigen weit verbreitet, die nicht vom Marxismus, sondern aus dem Milieu christlicher Sekten kamen. Nicht Enttäuschung über den Sozialismus, sondern Enttäuschung über das Versagen der Kirchen, des etablierten Christentums, war der wichtigste Auslöser für ihre Hinwendung zum Pazifismus. Hierin waren ihnen schon die Tolstoianer der Vorkriegszeit vorangegangen, ein 1897 gegründeter Bund von Anhängern des großen russischen Schriftstellers. Dieser hatte in seiner letzten Lebensphase einen radikalen christlichen Pazifismus verkündet und der Gesellschaft als Einsiedler entschlossen den Rücken gekehrt. Gerade in den neutralen Niederlanden, die das Gemetzel als Zuschauer erlebt hatten, meldeten sich Persönlichkeiten wie Bart de Ligt, Lodewijk van Mierop, J. Hugenholtz und Kees Boeke zu Wort, die aus der glücklichen Neutralität die Verpflichtung herleiteten, sich aktiv für einen radikalen Pazifismus und Antimilitarismus einzusetzen. Die in so hohem Grade christlich und auch theologisch geprägte niederländische Tradition und das hiermit verbundene Sendungsbewußtsein spielten dabei sicherlich eine Rolle. Im übrigen kam es aus naheliegenden Gründen zur Zusammenarbeit zwischen den verschiedenen pazifistischen Bewegungen, obwohl auch dies immer wieder neue Abspaltungen zur Folge haben konnte. An Organisationen, deren Ziele und Aktivitäten einander manchmal überschnitten oder die aneinander vorbei arbeiteten, herrschte jedenfalls kein Mangel.

So war in England gleich im Jahre 1914 die »Fellowship of Reconciliation« gegründet worden, die in erster Linie gegen die allgemeine Wehrpflicht kämpfte. Nach dem Krieg zu einer internationalen Gesellschaft umgeformt, versuchte sie zu einem Zentrum für Begegnungen zwischen Pazifisten zu werden und mit Kongressen, Informationsveranstaltungen und schriftlichem Material die internationale Verbrüderung zu fördern. Ähnliche Arbeit leisteten die Internationale Antimilitaristische Vereinigung und eine Sozialistische Internationale Vereinigung. Neutrale Länder wie die Niederlande und die Schweiz waren für Begegnungen günstig, weil hier der emotionale Abstand zwischen ehemaligen Feinden leichter überbrückt werden konnte. Diese Aktivitäten waren wenigstens zu Beginn von hochgespannten Erwartungen getragen. Man glaubte an eine bevorstehende radikale Wende, und manche Prophezeiungen erinnerten ein wenig an Johannes den Täufer. Das Königreich Gottes schien wieder einmal nahe zu sein. Man kann das natürlich leicht als weltfremde Träumerei abtun. Es erscheint aber weniger absurd, wenn wir bedenken, daß auch die bolschewistischen Führer, und mit ihnen Tausende von Anhängern in allen Ländern, noch bis 1920/21 eine Weltrevolution erwarteten, die schließlich ein Königreich des Proletariats und der verstaatlichten Produktionsmittel bringen würde. Und einem Mann wie Lenin wird gewöhnlich ein gehöriges Maß an unerbittlichem Realismus nicht abgesprochen. Religiöse, mystische Heilserwartungen wirken vor diesem Hintergrund allgemeiner geistiger Unruhe weniger absurd. Obwohl die Tagungen und Publikationen den pazifistischen Gedanken lebendig erhielten und ihm auch immer wieder neue Anhänger gewannen, erreichte man doch nur eine kleine Minderheit. Die Repräsentanten der Nationalstaaten und weitaus die meisten Parteien sahen im Pazifismus einen bedrohlichen Anschlag auf den Gedanken der nationalen Sicherheit, denn hierzu gehörte die Überzeugung, daß eine Armee unverzichtbar sei. Außerdem herrschte unter den Pazifisten selbst Uneinigkeit über die Strategie und über die Frage, ob jede Art von Gewalt überwunden werden könne.

Daß eine apokalyptische Stimmung aber tatsächlich weit verbreitet war, zeigt auch das wiederbelebte große Interesse an östlicher Mystik, indischer und chinesischer Weisheit oder, in Deutschland, an mittelalterlichen Mystikern wie Seuse und Meister Eckhart. Und wie zu erwarten, kamen auch allerlei chiliastisch gefärbte, sektiererische Bewegungen auf, angeführt von exaltierten Individuen, denen plötzliche Erleuchtung zuteil geworden war. Viel Aufsehen erregte zum Beispiel die »Neue Schar« des Handwerkers Muck-Lamberty, der in den Jahren 1919/20 singend und springend durch Thüringen zog, Vorträge hielt und die große Heilung der menschlichen Seele ankündigte. Muck predigte Gütergemeinschaft, Vegetarismus, Abstinenz und ein heiteres Gemüt als zuverlässiges Rezept gegen den Verfall der Gesellschaft.

Auf jeden Fall lockte er mit seinem leicht faßlichen Evangelium Tausende an, und man mußte ihm für sein Massenpublikum, wenn auch widerstrebend, Kirchen zur Verfügung stellen. Es sah so aus, als hätte man es mit einer zeitgenössischen Variante der Wiedertäufer zu tun. Auch in seiner Neigung, Frauen höchstpersönlich durch Beischlaf zu erlösen, wirkte Muck-Lamberty wie eine Reinkarnation Jan van Leidens, des »Königs von Zion«, obwohl diese Behandlungsmethode seiner Bewegung letztlich nicht zum Nutzen gereichte und ihn selbst in Konflikt mit den Behörden brachte, die an der Wirksamkeit des Heilverfahrens zweifelten und ohnehin von seiner Erlösungsbotschaft weniger beeindruckt waren.[16] Wenn die Neue Schar ihre Anhänger auch in verschiedenen sozialen Gruppen rekrutierte, waren es doch kaum Menschen aus gebildeten Kreisen, etwa Studenten, sondern vor allem die eher schlichten Gemüter, die hinter dieser Pforte das Heil suchten.

Im Laufe der Jahre 1920/21 wurde immer klarer erkennbar, daß die Revolution nicht von Sowjetrußland auf Europa übergreifen und daß in absehbarer Zeit auch keine andere universale Wende eintreten würde. Allmählich schwanden damit zwangsläufig die apokalyptischen Erwartungen, auch unter denen, die nicht in erster Linie vom Bolschewismus inspiriert waren. Man mußte sich schon darauf einstellen, daß die umfassende Erneuerung der Welt und die Verwirklichung des Friedens langwierige Prozesse sein würden, die geduldige Aufklärung und pädagogische Anstrengungen zur Veränderung des Denkens erforderten. Das Ideal wirkte unvermindert inspirierend, aber man sah es nüchterner, und zugleich begann es ein wenig zu verschwimmen. Und so entstanden wiederum ganz von selbst Berührungspunkte zwischen den leidenschaftlichen Weltverbesserern und der pädagogischen Reformbewegung.

5 Jugend gegen die verdorbene Gesellschaft

Auch für die pädagogische Reformbewegung war die Kriegserfahrung von weitreichender Bedeutung. Der gebrochene oder zumindest schwer angeschlagene Idealismus der Jugend und besonders der Jugendbewegung mußte wiederhergestellt werden. Es war wichtig, der Jugend den Glauben an die Zukunft zurückzugeben, und somit hatten pädagogische Reformen nur an Bedeutsamkeit gewonnen. Der Gedanke, daß jede Veränderung der Menschheit bei der Jugend beginnen müsse – ein Gedanke, der vor dem Krieg nur für eine kleine Schar von Idealisten selbstverständlich gewesen war, diese aber schon zu konkreten Reformen angeregt hatte –, fand jetzt unvergleichlich viel mehr Resonanz und besaß größere Überzeugungskraft.

Die Jugendbewegung war als Nährboden für diese Ideen besonders wichtig. Dies galt vor allem wieder für Deutschland. Unter denen, die es als ihre Aufgabe ansahen, die alten Ideale zu erneuern, waren viele überlebende Mitglieder der Jugendbewegung, die sich nach den Prüfungen der Front als geläutert betrachteten. Auch während des Krieges hatten sie ihr Ziel nicht aus den Augen verloren, und viele hatten sich zu Jugendführerorganisationen zusammengeschlossen, die nur aus Soldaten bestanden.[17] Von diesen Gruppen konnte man jetzt hören, die Jugend habe im Kampf ihren Wert bewiesen und damit das Recht auf geistige Führerschaft erworben. So kam es übrigens zu einem Bruch zwischen den ehemaligen Soldaten und denen, die nicht an der Front gewesen waren. Und es kam schon bald zu neuen Spaltungen, quer durch alle Gruppen, Spaltungen, die auf tieferliegende Gegensätze zurückzuführen waren, Meinungsverschiedenheiten hinsichtlich der Ideale selbst. Schon im Wandervogel waren diese Gegensätze sichtbar geworden. Auf dem Hohen Meißner hatte man versucht, sie zu überbrücken, und deshalb alles getan, um noch einmal das Feuer des alten romantischen Idealismus zu entfachen. Wirklich gelungen war das nicht. Die Unterschiede traten immer klarer hervor. Für die »völkisch« gesinnten Nationalisten stand die nationale, alles Fremde ausschließende Gemeinschaft, der man aufgrund der »Rasse« oder des »Blutes« angehörte, an erster Stelle. Juden hatten nach diesen Anschauungen in der Bewegung nichts zu suchen, auch nicht im neuen, reinen, idealen Deutschland. Andere dagegen neigten weniger dazu, die große Erneuerung mit der Genesung Deutschlands gleichzusetzen, sondern sahen sie als etwas Übernationales. Ein wichtiger Streitpunkt war auch, inwieweit man sich mit Politik abgeben sollte.

Allen gemeinsam war die Überzeugung, daß die Hinfälligkeit des alten Systems erwiesen war und daß die alte Elite durch ihr Versagen auch ihr Recht auf Führerschaft verspielt hatte. Der Zusammenbruch wurde deshalb auch allgemein begrüßt. Eine weitere Gemeinsamkeit war die Abneigung gegen den Parlamentarismus mit seinen Parteien und seinem Lobbyismus und gegen einen liberalen Kapitalismus, der nur den heiligen Mammon anbetete. Die Erneuerung mußte eine vollständige und vor allem eine rein geistige und innerliche sein. Eine Gemeinsamkeit war schließlich auch die

Überzeugung, daß die Gesellschaft von einer kulturellen Elite geführt werden müsse. Die charismatische Persönlichkeit an der Spitze der Gruppe, der Führer, galt als die unverzichtbare Kraftquelle. Soziale Unterschiede durften im Prinzip keine Rolle spielen. In Wirklichkeit aber hielt die Jugendbewegung, die immer ausgesprochen bürgerlich gewesen war (und meistens sogar weitgehend auf die höheren Mittelklassen beschränkt), hinsichtlich ihrer Vorstellung von der Kultur und den hohen Werten, für die sie eintreten wollte, wie selbstverständlich am bildungsbürgerlichen Kulturideal fest.[18] Daß jetzt für eine Jugend, die sich als geläutert sah, die Führerschaft beansprucht werden konnte, deutet auf einen ganz allgemeinen, nicht auf die Jugend beschränkten, tiefgreifenden Wertewandel hin. Die Reformpädagogen und die Jugendbewegung, aus der die meisten Reformer auch hervorgegangen waren, bieten mit ihren Auffassungen nur die anschaulichsten Beispiele für diesen Wandel. Das gesamte Denken im Europa der Nachkriegszeit war sehr stark von zwei allgemein anerkannten – und deshalb oft stillschweigend vorausgesetzten – Grundüberzeugungen geprägt: daß ein neuer Mensch notwendig sei, und zwar der »ganze« Mensch, der alle seine Möglichkeiten wieder zu einer harmonischen Ganzheit verbinden würde, und daß die Jugend als erlösende Kraft wirken könne. Die Neubewertung der Jugend und der Jugendphase hatte mit der Jahrhundertwende eingesetzt, aber erst nach dem Krieg wurden die genannten Grundüberzeugungen Allgemeingut. Sie verbanden Mächtige und Machtlose, Politiker und Philosophen, Künstler und Publizisten, Linke und Rechte, Gläubige und Ungläubige. Der Philosoph und Pädagoge Eduard Spranger erregte 1924 mit seinem Buch *Die Psychologie des Jugendalters* sehr viel Aufsehen, weil er der allgemein empfundenen Faszination des Phänomens Jugend gewissermaßen eine wissenschaftliche Grundlage gab. Daß er, wie ihm später vorgeworfen wurde,[19] die Bedeutung der Jugend verabsolutierte und daß er zu sehr als universale Erscheinung auffaßte, was auch zeitgebunden und gerade für eine besondere historische Konstellation in Europa charakteristisch war, bestätigt nur die außergewöhnliche Bedeutung des Jugendkults als Kennzeichen der gesamten Nachkriegsphase.

Zwischen diesem Jugendkult und dem Verlangen nach einem neuen, »vollständigen« Menschen gab es einen engen Zusammenhang. Es war die Jugend, die auch das Ideal des neuen Menschen würde verwirklichen müssen. »Jugend« stand mehr als je zuvor für Hoffnung und Morgenröte. Daß man nach dem »ganzen Menschen« verlangte, schloß natürlich die Annahme ein, daß der gegenwärtige Mensch unvollständig sei – eine für diese Zeit im höchsten Maße charakteristische Annahme, die den unterschiedlichsten Zeitdiagnosen und Philosophien zugrunde lag und ein wesentliches Merkmal des Menschenbildes in der Industriegesellschaft war (und ist). Es fällt nicht leicht, genau anzugeben, was man sich unter der Unvollständigkeit und damit unter einer Wiederherstellung des »ganzen« oder »vollständigen« Menschen vorstellte. Auf jeden Fall hatte man als Vorbild für die ersehnte Erneuerung ein Bild vom Menschen vergangener Zeiten vor Augen, das stark romantisiert war. Dabei verschmolz das neuhumanistische Ideal, das auf der Vorstellung vom klassisch-griechischen Menschen beruhte, das Ideal der Harmonie von Geist und Körper, mit dem Glauben an die Harmonie des organisch Gewachsenen und dem Bild der vorindustriellen Gesellschaft, in der die Menschen noch in enger Verbindung zur Natur standen und in kleinen übersichtlichen Gemeinschaften lebten. Diese im Grunde agrarische und feudale Gesellschaft bewertete man, da sie jahrhundertelang weitgehend unverändert bestanden zu haben schien, als »organisch« oder »normal«, im Gegensatz zur modernen Welt, die als »unnormal« und »unorganisch« galt. Die Spezialisierung, das Leistungsstreben und die hohe Qualifizierung, die in dieser Welt erforderlich waren, das Leben in der modernen Stadt, der gewaltige Umfang, den die ökonomischen Prozesse erreichten, das Vordringen zweckgerichteter Vernunft in alle Lebensbereiche – das alles faßte man, oft rein intuitiv und vage, als Ursache für den Verlust von Ganzheit auf – wobei ja die Vorstellung von verlorener Ganzheit selbst sehr unbestimmt war –, und es diente als Erklärung für alles Unheil. Daß hier zwei Mythen miteinander verschmolzen – der neuhumanistische und der Mythos der vorindustriellen Gesellschaft –, kann vielleicht erklären, daß das Ideal des »ganzen« Menschen eine so unwiderstehliche Anziehungskraft hatte. Wir haben schon gesehen, daß es in der Vorkriegszeit die Reformpädagogen beflügelte und ihre Ideen prägte. Es wirkte, in weniger klarer, aber deshalb nur um so faszinierenderer Form, auch auf die Ideale des Wandervogels.

Der Soziologe Ferdinand Tönnies hatte schon im Jahre 1887 ein Buch veröffentlicht, in dem er die moderne atomisierte *Gesellschaft*, ein Konglomerat ausschließlich durch rationale Interessen und Nützlichkeitserwägungen verbundener Individuen, der *Gemeinschaft* gegenüberstellte, der festen, durch Glauben und Bräuche zusammengehaltenen Gruppe in der agrarischen Welt.

Dieses Werk war damals weitgehend unbeachtet geblieben. Jetzt wurde das von Tönnies skizzierte Kontrastbild auf einmal für viele zu einer Offenbarung, die das bisher Undurchsichtige erklären konnte und zeigte, worum es letztlich ging. Der harmonische, ganze Mensch war der Mensch, der verlorengegangen war. Wie man ihn wiedererstehen lassen könnte, darüber gingen die Meinungen allerdings weit auseinander. Hierzu gab es tiefgründige, teilweise stark metaphysisch gefärbte philosophische Theorien, es gab neuhumanistische Programme und auch entsprechende Institutionen wie zum Beispiel die während des Krieges gegründete School voor Wijsbegeerte (Schule für Philosophie) in Amersfoort, die praktische reformpädagogische Arbeit und die Aktivitäten der Jugendbewegung und anderer Jugendverbände in vielerlei Schattierungen. Bei all diesen Bewegungen erkennen wir als gemeinsames Element die Suche nach der verlorenen menschlichen »Ganzheit«. Den meisten, und ganz gewiß den Reformpädagogen und der Jugendbewegung, ging es darum, den Menschen wieder mit der Natur und einer natürlichen Lebensweise vertraut machen. Nicht nur sein Intellekt, auch sein Charakter sollte zur Entfaltung gebracht werden. Dieses Denken hatte auch eine ausgesprochen antikapitalistische und antirationalistische Tendenz. Kapitalismus und Technik gehörten zu den Hauptursachen der Entfremdung. Die neuen politischen Bewegungen, die bald durch ihre beispiellose Wirkung auf die Massen von sich reden machten und das Bild Europas einschneidend verändern sollten, sind ohne diesen Jugendkult und den Mythos des neuen Menschen, den sie sich mit viel politischem Instinkt zunutze machten, kaum denkbar.

Gerade der Krieg, der als eine verhängnisvolle Abwandlung des alten Vater-Sohn-Konfliktes gedeutet werden konnte, hatte den Gegensatz zwischen der Jugend und den Älteren verschärft. Es war die männliche Jugend ab achtzehn Jahren, die in allen Ländern den höchsten Blutzoll entrichten mußte und in die das Gemetzel die größten Lücken gerissen hatte. Angesichts all der kahlköpfigen, weißbärtigen, korpulenten alten Herren, die im Krieg die politischen und militärischen Führer gewesen waren, mußte der uralte mythologische Topos von Vater Kronos, der seine Söhne verschlingt, auf Literaten anregend wirken und wurde, etwa in der englischen Literatur, zu einer oft und auf eindrucksvolle Weise verwendeten Metapher. Hierzu wird später noch etwas mehr zu sagen sein. Die Jugend konnte jedenfalls ihren Anspruch auf zukünftige Führerschaft zusätzlich noch aus solchen Vorstellungen ableiten.

Die Wirklichkeit sah von Anfang an völlig anders aus. Nach wie vor lag die Macht in den Händen der gleichen älteren Herren, die jetzt die Friedensregelungen festlegten und die Politik der Nachkriegszeit beherrschten, im Inneren wie im Äußeren. Die Revolution war abgewehrt worden. Konservative Parteien, oder, in Deutschland und Österreich, die gemäßigten Sozialisten, die sich auf die Masse der Bevölkerung stützten, die Mittelklassen und die Mehrheit der organisierten Arbeiter und der Arbeiterorganisationen hatten das Sagen. Nicht zufällig finden wir deshalb in den radikalen Parteien einen höheren Anteil von Jugendlichen und jungen Erwachsenen. Hierin unterschieden sich die Sozialisten oder Sozialdemokraten mit ihren etablierten Kadern aus der Vorkriegszeit von den Kommunisten, denen sich gerade Jüngere anschlossen. Die bekannte, gern zitierte Regel, daß Jugend zum Extremismus neige, kann hierbei ebensogut umgedreht werden: Meistens bieten die neuen, revolutionären Parteien, deren Positionen und Interessen noch nicht so festliegen, den Jüngeren nämlich mehr Spielraum und Einflußmöglichkeiten. Die Überalterung der Sozialdemokratie sollte in der gesamten Zeit zwischen den Weltkriegen eine der Hauptursachen ihrer Schwäche gegenüber dem Extremismus von links wie von rechts sein. Auch außerhalb Deutschlands, in England, Frankreich, den Niederlanden, eigentlich überall, war diese Überalterung ein Problem des Sozialismus. Nur waren in den anderen Ländern die festen politischen Strukturen nicht so stark zersetzt wie bei den großen Verlierern, so daß der Extremismus weniger Chancen bekam.

Der Krieg hatte dazu geführt, daß die Jugend ein politisches Bewußtsein entwickelte, und diese Politisierung sollte für die Jugendbewegung der zwanziger Jahre charakteristisch werden. Sie blieb nicht mehr die Bewegung, die sich abgeschlossen und – in ihrer Abneigung gegen die verstädterte Welt der Erwachsenen – ihre eigene romantische Idylle der Reinheit und der Liebe zu den Schönheiten der Natur gesucht hatte. Sie wollte die künftige Gesellschaft gestalten. Das hatte zwangsläufig auch eine tiefgreifende Veränderung ihrer Ideale und ihrer ganzen Mentalität zur Folge. Was dies angeht, treten allerdings die nationalen Besonderheiten wieder deutlich hervor. Da in Deutschland das alte System, das Kaiserreich, zusammengebrochen war und man sich an ein völlig neues gewöhnen mußte, die parlamentarische Republik von Weimar, konnte die Jugend vor allem hier das Gefühl haben, daß man in eine völlig offene Situation, ja in einen wilden Strudel geraten sei – viel eher als die Jugend der siegreichen Länder, in denen trotz allem die staatliche Ordnung erhalten geblieben war. Dieser allgemein als gewaltsam empfundene Bruch war die Ursache dafür, daß gerade das Deutschland der neuen, unerfahrenen Weimarer Republik und die Republik des drastisch amputierten Österreich für neue Ideen und Experimente in allen Bereichen so außergewöhnlich empfänglich waren. Die Kehrseite ihrer politischen Schwäche war, daß sie auf dem Gebiet der Kultur zu einem besonders interessanten Versuchsgelände wurden, auch für Ausländer.

Vor allem in der deutschen Jugendbewegung waren in der ersten Verwirrung nach der Niederlage gleich allerlei revolutionäre Parolen und Erwartungen aufgekommen. Wie kurz erwähnt, hatte sich schon eine Spaltung in rechts-nationalistische und linke Gruppen vollzogen, und auf die linken machten jetzt bolschewistische oder zumindest radikalsozialistische Vorstellungen großen Eindruck. Ohnehin hatte es schon während des Krieges, über die pazifistisch und sozialistisch angehauchte Zeitschrift *Aufbruch*, Kontakte zwischen diesem Flügel und linken Journalisten wie Gustav Landauer gegeben (später einer der Führer der kurzlebigen Münchener Räterepublik). Es kam umgehend zu neuen Spaltungen wegen der bekannten Frage: Politik oder keine Politik? Während eine Mehrheit noch versuchte, an der romantischen, unpolitischen Wandervogel-Idee festzuhalten, drifteten andere jetzt eindeutig ins sozialistische oder sogar kommunistische Lager, näherten sich zumindest einem von beiden an und knüpften Kontakte. Auf der anderen Seite steuerten die Gruppen, deren Wandervogel-Romantik einschließlich des Kults mit den alten deutschen Bräuchen und Volksliedern sich immer mehr zu einer Blut-und-Boden-Mystik entwickelt hatte, zum rechten Rand. So strömten Hunderte aus der Jugendbewegung zu den Freikorps, den unmittelbar nach dem Krieg gebildeten, von ehemaligen Offizieren geführten Militäreinheiten, die (von der Republik geduldet, ja oft sogar unterstützt) die deutschen Ostprovinzen sichern und gegen Ansprüche Polens verteidigen wollten. Hier war ja noch keine definitive Grenzregelung vorgenommen worden, und das gleiche galt für das Baltikum, wo seit jeher eine dominierende deutschsprachige Minderheit lebte. So konnten beide Seiten versuchen, durch schnelle Infiltration die Politiker in Versailles vor vollendete Tatsachen zu stellen. Die Freikorps wurden gleich zum Kern einer chauvinistischen und revanchistischen Soldateska, die nicht bereit war, Niederlage, Gebietsverluste und republikanische Staatsform hinzunehmen, und in der ehemalige Soldaten, die den Weg zurück ins normale Leben nicht mehr finden konnten oder wollten, auf ihre

Weise heimlich den Krieg fortsetzten. Antisemitismus und scharfer Antibolschewismus waren für viele Angehörige der Freikorps selbstverständliche Glaubensartikel und untrennbar miteinander verknüpft.

Trotz dieser Spaltung hielten beide Richtungen doch an bestimmten gemeinsamen Idealen fest. Gebrauchen wir unsere ein wenig abgegriffenen Standardetiketten »rechts« und »links«, erfassen wir nur die halbe Wahrheit, und nicht einmal das, worauf die Betroffenen am meisten Wert legten. Was allen viel bedeutete, war die Besiedlung unerschlossener Landstriche durch Gemeinschaften in Form von Kommunen. Die Naturverbundenheit und das Ideal der Gemeinschaft, verknüpft mit der Idee einer deutschen Mission im Osten – die vom Gedanken an Kolonisierung und Christianisierung durch mittelalterliche Ritterorden romantischen Glanz erhielt –, machten dieses besondere Projekt für alle sonst so gegensätzlichen Gruppen reizvoll. In gewissem Umfang verwirklicht wurde die Idee nur in der sogenannten »Bewegung« Eberhard Arnolds, die von ihrem Gründer schließlich nach Amerika verlegt wurde, einer Gemeinschaft auf kommunistischer Grundlage, die viel mit den israelischen Kibbuzim gemeinsam hatte.[20] Andere, besser zu verwirklichende Projekte waren Lager, in denen Jungen, in wenigen Fällen auch Mädchen, manuelle Fertigkeiten erwarben, um so wieder mit Natur, Handwerk und Landwirtschaft vertraut zu werden; auf diese Weise wollte man eine Brücke zur vorindustriellen Vergangenheit schlagen. In der Pfadfinderbewegung hatte dieses Ideal schon früher eine Rolle gespielt. Es war ein untrügliches Zeichen des ausgeprägt städtischen und bürgerlichen Ursprungs sowohl der Jugend- als auch der Pfadfinderbewegung, die auch jetzt noch so gut wie keine Arbeiter- oder Bauernjungen in ihren Reihen hatten und deren Ideale folglich auch ganz auf die städtische Jugend der Mittelklassen abgestimmt waren.

Besonders in den eher »völkisch« ausgerichteten Gruppen waren außerdem noch reichlich abstruse Vorstellungen verbreitet. Hier gab es viel unreife Schwärmerei für vermeintlich Germanisches, mit pseudogermanischen Ritualen und Symbolen und allerlei obskurem Hokuspokus. Die Tendenz dieses wirren Denkens war auf jeden Fall immer die gleiche: Deutschland brachte etwas Eigenes, unvergleichlich Wertvolles in die Welt, und die deutsche Rasse mußte von Fremdem gereinigt werden. Der Bund der Atamanen war der einflußreichste Repräsentant dieser Richtung mit ihrer halb mystischen, halb nationalistisch-rassistischen Weltsicht. Je größer das Quantum an phrasenhaftem Nonsens, desto größer der heilige Ernst und die Hingabe, und insofern waren auch diese ziemlich bizarren Ideen symptomatisch für die geistige Unsicherheit und Orientierungslosigkeit der Gesellschaft insgesamt und auf ihre Weise charakteristisch für jene Jahre.

Nach der ersten Phase des apokalyptischen und revolutionären Denkens wuchsen aber aus der alten Bewegung neue, große, straff organisierte Jugendverbände hervor. Hierbei wurden die Politisierung und die Veränderung der Ideale und der Mentalität deutlich sichtbar. »Bund« wurde zu einem magischen, halb religiösen Begriff (mit einem deutlichen Bezug zur Bibel). Der Individualismus und die verhältnismäßig lockere Organisation des Wandervogels mußten in den neuen Bünden strengerer Disziplin und einem hierarchischen Aufbau weichen. Hier wirkte sich die Fronterfahrung der Älteren aus. Der einzelne mußte ganz in seiner Gruppe aufgehen, mußte sich ihr und ihrem Führer unterordnen. Der Geist wurde martialischer. Nicht mehr freies, ungezwungenes Wandern und Zelten standen im Mittelpunkt, sondern die gemeinsame sportliche Betätigung und Schulung, der Wettkampf mit teilweise militärischen Zügen. Die Tradition von Volkslied und Gitarre, die eine so idyllische Atmosphäre geschaffen hatte, empfand man jetzt als verweichlicht und weltfremd, und an ihre Stelle trat die Verherrlichung männlicher Tugenden, Wehrhaftigkeit und Opferbereitschaft für eine gemeinsame, überindividuelle Sache. Mit ihren Versammlungen, Umzügen und Märschen mit Flaggen und Trompetenmusik zeigte diese Jugend, daß sie entschieden ihren eigenen Platz innerhalb der Gesellschaft und nicht außerhalb von ihr beanspruchte. Das bedeutete noch nicht, daß die Bünde sich als politische Kraft fühlten – als künftige Elite hingegen sahen sie sich gewiß. Die allgemeine Jugendverehrung bestärkte sie in dem Empfinden, der edelste und schönste Teil der Nation zu sein. Im Grunde wollten sie sich aus den politischen Auseinandersetzungen der linken und rechten Parteien noch immer heraushalten. Sie verachteten das ganze in ihren Augen törichte politische Theater – was auch damit zusammenhängt, daß in den Bünden nach wie vor Jugendliche aus bessergestellten Kreisen dominierten –, und all das sollte nach der ein wenig überspannten Vorstellung vieler dieser Jugendlichen durch die innige Verbundenheit in der Gemeinschaft, im heiligen »Bund«, überwunden werden.

Man kann also ebensogut von einer Politisierung wie von einer Entpolitisierung der Jugend sprechen: Politisierung in dem Sinne, daß sie sich bewußter mit der Gesellschaft auseinandersetzte und allerlei Vorstellungen zur künftigen Gestalt dieser Gesellschaft und ihrer eigenen Rolle entwikkelte, Entpolitisierung, soweit sie die aktuelle Politik mit Parteien, Wahlen und allem, was damit zusammenhing, für wertlos hielt und ihr voller Geringschätzung den Rücken kehrte.

Der alte Streitpunkt Sexualität blieb ein heißes Eisen. Im Grunde waren aber die Bünde auf ein rein männliches Ideal ausgerichtet; Mädchen hatten ihre eigenen Verbände, die meist im Schatten der männlichen blieben. Nur die liberalen, humanistischen Vereinigungen akzeptierten gemischte Gruppen. Das homoerotische Element des alten Wandervogels blieb in den Bünden erhalten. Was das ästhetische Ideal anging, vollzog sich allenfalls eine gewisse Verschiebung. Nicht der empfindsam-romantische Adonis, sondern der heroische, stolze Achill wurde zum Idol, manchmal in seiner nordischen Gestalt, dem blonden Wikinger. Für die Kirchen blieb dies eine heikle Sache, und schnell konnte der Vorwurf der Homosexualität erhoben werden. Auch in dieser Hinsicht hat die Frontkameradschaft im Geist der Jugendbünde deutliche Spuren hinterlassen.

Welche Bedeutung die Jugend inzwischen erlangt hatte, zeigt die Tatsache, daß alle politischen Parteien und gerade auch die Kirchen ihre eigenen Jugendorganisationen hatten, die nach dem Vorbild der Bünde aufgebaut waren. Hier ging es um die Jugend als Erbin der jeweiligen Tradition oder des Glaubens. Obwohl die geistige und sittliche Bildung deshalb das wichtigste Motiv war, so wie früher bei den meisten traditionellen Jugendorganisationen, waren Konzessionen an das so stark gewachsene Selbstbewußtsein der Jugend unvermeidlich. Auch dabei spielte das Beispiel der freien Bünde eine große Rolle, sogar was die Werte und Vorbilder angeht. So sind auch hier ähnliche Verschiebungen zu beobachten, hin zum Ideal muskulöser Männlichkeit, zu einer positiven Bewertung von Kampf und militärischer Disziplin, zur Verachtung von Sentimentalität. Die Kriegserfahrung machte eine Revision der Idole notwendig. In den katholischen Bünden ersetzte man das alte Jünglingsidol des keuschen Sebastian mit seiner süßlichen Schönheit durch das des strahlend triumphierenden Michael. Die Marienverehrung wurde weitgehend durch einen stärker auf Christus ausgerichteten Kult verdrängt. Die freien Bünde blieben nach Zahl ihrer Mitglieder, verglichen mit den Verbänden der Arbeiterjugend und den kirchlichen Jugendorganisationen, katholischen wie protestantischen, deutlich in der Minderheit. Aber als treibende Kraft und Vorbild brachten sie die allgemein akzeptierte Überzeugung, daß es mehr als je zuvor auf die Jugend ankam, vor allem wenn man den neuen Menschen und die Befreiung aus der gegenwärtigen Beklemmung suchte, am deutlichsten zum Ausdruck.

Da in Deutschland Gesellschaft und republikanische Staatsform im Bewußtsein der großen Mehrheit weit voneinander entfernt waren und keinen inneren Zusammenhang besaßen, keine historisch bewährte Einheit bildeten, konnte hier in dem Vakuum, das beide trennte, eine starke, selbstbewußte Jugendbewegung aufkommen. Sie bot der heranwachsenden Generation in geistiger und sozialer Hinsicht eine Heimat, die in der Welt der Erwachsenen so nicht mehr zu finden war, weil diese Erwachsenen selbst desorientiert und heillos miteinander zerstritten waren. Das war in den Ländern, in denen es nicht zu einem so dramatischen Bruch gekommen war, natürlich anders. Deshalb blieben dort die Jugendbewegung und die traditionellen Jugendorganisationen, trotz aller Gegensätze zwischen den Generationen und obwohl die auch dort selbstbewußter gewordene Jugend Kritik an der Gesellschaft übte, eher in den Bahnen der Tradition. Sofern es auch hier überspannte Ideen und revolutionäre Hoffnungen gab, blieben sie auf kleine extreme Gruppen beschränkt, prägten aber nicht das Denken in den Jugendverbänden, außer in denen, die direkt von den kommunistischen oder revolutionären Parteien ins Leben gerufen wurden. Überall aber, zum Beispiel auch in den von starken Erschütterungen verschonten Niederlanden, hatten die Jugendorganisationen jetzt eine viel bedeutendere Stellung innerhalb der Gesellschaft. In England, wo es ja schon die dominierende und weiter wachsende Scout-Organisation mit ihrem typisch britisch-nationalistischen Charakter gab, gründete John Hargrave im Jahre 1920 die Gruppe Kibbo Kift, die viel Aufsehen erregen sollte (im Altenglischen bedeutete der Name »Beweis für große Kraft«).[21] Hargrave strebte ähnlichen Idealen nach wie die deutschen Jugendbünde mit ihren Schulungslagern. Durch ein Leben unter primitiven Bedingungen würde eine starke und geistig gesunde Rasse herangezogen werden, glaubte Hargrave, und im besonderen schwärmte er von dem Gedanken, auf diese Weise werde das Zusammengehörigkeitsgefühl der alten Stammesgemeinschaft wiedererstehen. Auch die 1925 gegründete Gruppe Woodcraft Kindred sollte dieses Ideal verwirklichen. Während die Geschlechtertrennung gerade in England und bei den Scouts bisher selbstverständlich gewesen war, weil man meinte, eine Mischung gefährde unweigerlich die erwünschte Entfaltung der männlichen Tugenden, der Härte und Wehrhaftigkeit, führte Hargrave zum ersten Mal gemischte Gruppen ein. Seine romantischen Vorstellungen fanden übrigens in Deutschland mehr Resonanz. Gerade weil der Krieg die englische Gesellschaft viel weniger erschüttert hatte, so daß man dort für revolutionäre Ideen weniger empfänglich war, waren Strömungen dieser Art exzentrischer und in ihrem ganzen Ansatz naiver als in Deutschland und blieben eine Randerscheinung. Das traditionsreiche, berühmte System der elitären Internatsschulen war nach wie vor intakt und nahm einer selbständigen Jugendbewegung, aber auch Reformpädagogen, die die Welt, oder in diesem Fall England, verändern wollten, viel von ihrer Anziehungskraft. Auch hier blieben bürgerliche Jugend und Arbeiterjugend noch streng getrennt. Die sozialistische Jugendbewegung war – anders als später in den Niederlanden die AJN – schwach, verglichen mit den bürgerlichen Scout-Verbänden, die Millionen umfaßten.[22] Aber für eine wachsende Zahl Jugendlicher aus der Arbeiterschaft und den Mittelklassen wurde die Zugehörigkeit zu einer dieser Organisationen eine intensive persönliche Erfahrung, die sie für ihr weiteres Leben prägte. Der Jugendkult an und für sich war eine universale Erscheinung. Dies gilt auch für die hiermit so eng zusammenhängende pädagogische Reformbewegung, obwohl von Deutschland, wegen der erwähnten besonderen Bedingungen, vielleicht auch auf diesem Gebiet noch besondere Impulse ausgingen.

6 Pädagogik und Harmoniedenken

Die beherrschende Persönlichkeit der liberal-humanistischen Richtung der alten Jugendbewegung, Gustav Wyneken, der zusammen mit Paul Geheeb schon 1906 in Wickersdorf eine freie Landschulgemeinschaft gegründet hatte, verkörperte sowohl Jugendbewegung wie Reformpädagogik und wurde zum Bindeglied zwischen beiden. Vom zuständigen sozialdemokratischen Minister in Preußen wurde er jetzt beauftragt, ein Reformprogramm für das gesamte Schulwesen zu entwerfen. Wyneken ging die Sache auf radikale Weise an. Nicht nur Koedukation und völlige Gleichstellung der Geschlechter auf allen Gebieten, sondern auch weitgehende Demokratisierung mit einem Mitspracherecht der Schüler über gewählte Schulparlamente gehörten zu seinem Entwurf. Dieser löste natürlich wütende Proteste aus, unter den

Lehrern, aber auch in den antidemokratischen, national gesinnten Jugendbünden mit ihrem ausgeprägten hierarchischen Denken und ihrem Ideal einer charismatischen Führerschaft. Wyneken wurde seines Amtes enthoben, aber seine alte Wickersdorf-Schule, in der er seine Prinzipien in die Praxis umgesetzt hatte, war schon zum Keim neuer Reformbestrebungen geworden. Jetzt wurde die Odenwaldschule bekannt, die der Wickersdorfer Paul Geheeb 1910 gegründet hatte. Auch Geheeb dachte kosmopolitisch, ging aber dennoch wie selbstverständlich vom deutschen Idealismus und Neuhumanismus aus. Platon, Kant, Goethe, Humboldt und Fichte waren an seinem pädagogischen Firmament die Fixsterne, an denen die Jugend sich orientieren sollte. Hier erkennen wir leicht das Ideal des »ganzen« Menschen, das nur in der Bindung an hohe Kultur und Natur (in diesem Fall das Odenwaldgebiet) Wirklichkeit werden kann. Koedukation und Mitsprache der Schüler waren auch an dieser Schule eingeführt, Diskriminierung aufgrund von Rasse oder sozialer Herkunft prinzipiell ausgeschlossen.[23]

Das war auch ganz im Sinne der New Education Fellowship, die nach 1918 von England aus aktiv wurde, sich aber ganz bewußt international ausrichtete und ein Forum für die fortschrittlichen Schulpädagogen der Welt sein wollte. Neben englischen Reformern wie Wyatt Rawson und Beatrice Ansor gehörte die Schweizerin Elisabeth Rotten zu den führenden Persönlichkeiten, und die Vereinigung hatte bald Sektionen in vielen Ländern und organisierte regelmäßig internationale Kongresse. Da es ihr in erster Linie auf den Austausch von Ideen und Erfahrungen ankam, gab es kein konkretes Programm, das wegen des internationalen Charakters der Vereinigung auch nur sehr schwierig zu entwickeln gewesen wäre. Wie bei der Jugendbewegung und ihren Verbänden waren aber auch in der pädagogischen Reformbewegung sehr unterschiedliche ideologische und politische Möglichkeiten angelegt. In Deutschland zeigte sich dies zum Beispiel bei Hermann Lietz, der in seinem Reformstreben zunächst mit Geheeb verbunden gewesen war. Seine Landschulen waren aber später immer mehr von hierarchischem und nationalistischem Denken geprägt. Auch Peter Petersen, der auf der Grundlage seiner Erfahrungen mit einem pädagogischen Laboratorium in Jena ein von der konventionellen Fächereinteilung abweichendes Schulmodell entwickelte – den sogenannten Jena-Plan –, hatte im Grunde einen nationalistischen Ansatz: Es ging ihm um die Möglichkeit, eine echte deutsche Volkskultur zu schaffen, eine deutsche Volksgemeinschaft.[24] Die Überwindung von Klassengrenzen und die Erziehung des jungen Menschen zum sozial empfindenden Glied einer harmonischen Gemeinschaft, die man sich als organische vorstellte – ein Prinzip, das für alle Reformer Gültigkeit hatte –, konnten folglich sowohl einem kosmopolitischen als auch einem ausgesprochen nationalistischen Ideal dienen. Daß die Meinungen außerdem in zahlreichen konkreten Fragen auseinandergingen, versteht sich von selbst. Besonders die Idee der geschlossenen Gemeinschaft, wie sie in Wickersdorf oder der Odenwaldschule realisiert war, wurde kritisiert. Man durfte die Jugend nicht isoliert in einem künstlichen Milieu erziehen, hieß es; die Schule mußte ihren Platz mitten in der Gesellschaft haben. Mindestens ebenso umstritten und heikel war die Frage der künftigen kulturellen Elite. Da allein schon aus finanziellen Gründen viele der recht teuren freien Schulen hauptsächlich für Kinder der Bessergestellten in Frage kamen – Arbeiter- und Bauernkinder besuchten selbstverständlich die kostenlosen oder billigen öffentlichen Schulen –, hatten diese Einrichtungen zwangsläufig einen gewissen elitären Einschlag, der ihre Schüler von anderen unterschied. Die Internatsschule mußte die Heranbildung einer Elite begünstigen. Bei ihrem Urmodell, der englischen *Boarding School*, an der sich auch die Reformer auf dem Kontinent orientiert hatten, war dies auch das erklärte Ziel gewesen. Nicht immer verfolgten die Reformer jetzt noch entsprechende Absichten, aber ganz bedeutungslos geworden waren die elitären Vorstellungen nicht. Wir stoßen hier auf ein Phänomen, das wir schon von vielen Bünden der Jugendbewegung kennen, die sich als Humus für die künftige nationale Führungsschicht betrachteten. Dem Pädagogen Kurt Hahn, der in Salem eine bekannte Internatsschule gründete, ging es um eine neue kulturelle Aristokratie. Hier war das englische Urmodell als Inspirationsquelle im Hintergrund deutlich erkennbar, denn für Hahn war eine der Ursachen für das politische Versagen des deutschen Kaiserreichs das Fehlen einer echten, auf das parlamentarische Geschehen vorbereiteten Führungsschicht, die der englischen vergleichbar gewesen wäre. Allerdings dachte Hahn als (völlig assimilierter) Jude kosmopolitisch und stand völkisch-nationalistischem Mystizismus fern.

Ein besonderer Sproß an diesem Stamm der pädagogischen Reformbewegung waren die anthroposophischen Schulen, wie die Freie Waldorfschule, die ganz nach der Lehre Rudolf Steiners konzipiert waren. Wenn die Idee des »ganzen«, harmonischen Menschen und eine organische Weltanschauung irgendwo den gesamten Unterricht und die Erziehung beherrschten, dann war es hier der Fall. Intellektuelle, musische und handwerkliche Fächer wurden miteinander verschmolzen und an den psychologischen Entwicklungsprozeß des Kindes und Jugendlichen – nach Steiners strengem System – angepaßt. In der Überwindung konventioneller Grenzlinien, was den Stoff und was die Schüler angeht, fand das anthroposophische Weltbild seinen Ausdruck. Man verwarf das rationalistische wissenschaftliche Denken, da es zu einer unnatürlichen Zergliederung und somit zu einer völlig falschen Auffassung der Wirklichkeit geführt habe. Was statt dessen zurückgewonnen werden mußte, war die Erkenntnis der organischen Einheit aller Erscheinungen als Spiegelungen einer höheren geistigen Welt. Hierzu gehörte auch die bewußte Mischung von Kunstformen, von Ausdrucksmitteln wie Klang, Farbe und Tanz, die das Wachsen von Körper und Seele widerspiegelten. Steiners Ideen werden noch in einem anderen Zusammenhang zur Sprache kommen. Seine Pädagogik ging viel direkter als die der anderen Reformer aus einem geschlossenen philosophischen System hervor. Sie setzte zwangsläufig die weitgehende Akzeptanz der anthroposophischen Lehre voraus, und dies führte dazu, daß die sogenannten »freien« Waldorfschulen im Gegensatz zu den anderen progressiven Bildungsanstalten ganz selbstverständlich zu Einrichtungen der Anthroposophen wurden und dadurch eine sehr homogene wie auch ausgesprochen exklusive Gemeinschaft bildeten. Trotzdem sind die Leitprinzipien der Reformbewegung – Antirationalismus, Streben nach organischer und harmonischer Entfaltung, bewußter Bruch mit schematischer Klasseneinteilung und konventionellem Aufbau des Lehrstoffs, Erweiterung des Lehrplans um musische und handwerkliche Gebiete – auch hier voll und ganz gültig, nur eben fest eingebunden in die anthroposophische Weltanschauung. In dieser Hinsicht gehörten Steiners freie Schulen aber gleichzeitig in die Kategorie von Bildungsanstalten, deren Unterrichtsplan auf konfessioneller Dogmatik beruhte, so daß sie einen Platz für sich einnahmen.

Sowohl die Jugendbewegung mit ihren Bünden als auch die pädagogische Reformbewegung, diese beiden Strömungen der Vorkriegszeit mit gemeinsamem Ursprung, erlangten in den zwanziger Jahren eine gewaltige gesellschaftliche Bedeutung. Und dabei zeigte sich, daß die dynamischen Entwicklungen, die auf gemeinsame Impulse und Ideale zurückgingen, immer wieder verschiedene und sogar entgegengesetzte Richtungen nahmen. Der neue »ganze« Mensch, der im Gegensatz zum unvollständigen Menschen der verstädterten Industriegesellschaft wieder organisch mit der Natur verbunden sein würde, die auf innerer Übereinstimmung beruhende Gemeinschaft als Gegenpol zu der vom Zweckdenken beherrschten Gesellschaft – diese Ideale konnte man ausdrücklich mit Zukunft und Blüte des eigenen Volkes identifizieren, man konnte sie mit geheimnisvollen, von Blut und Rasse bestimmten Kräften und Vorzügen verknüpfen, mit hierarchischer Ordnung, charismatischer Führerschaft und Heldentum, aber sie waren auch mit eher liberalen und kosmopolitischen Neigungen zu vereinbaren, mit Pazifismus oder Gesellschaftsidealen sozialistischer Prägung. Das »Zurück zur Natur« im Sinne von Wigwamzelten, Kochen auf Holzkohlenfeuer und Roden von Waldgelände konnte mit Begeisterung für Platon, die idealistische Philosophie und die neuhumanistische Idee des allseits gebildeten Bürgers einhergehen. Und verschiedene dieser Elemente konnten wiederum in wechselnder Zusammenstellung auftreten. Man kann heute zwischen harmlosen und verhängnisvollen Mythen unterscheiden, aber damals wirkten sie alle inspirierend. Die Wirklichkeit, auf die alle auf ihre Weise reagierten, war nicht die uns inzwischen bekannte Zukunft, sondern die den Zeitgenossen bekannte unmittelbare Vergangenheit: der Krieg, männerverschlingend, wie kein homerischer es je gewesen war! Eine Gesellschaft, die auf falschen Werten und Voraussetzungen basiert hatte, denn wie hätte es sonst zu dieser Katastrophe kommen können?!

Daß man alles völlig anders anpacken mußte, wenn man die Krise überwinden wollte, war ein durchaus gesunder Gedanke. Die Utopie verleiht dem Menschen Tatkraft. Viele Jugendführer und Pädagogen waren zweifellos ganz erfüllt von Ideen und vom Glauben an den Sinn ihres Wirkens, den Sinn der Geschichte und ihrer Nation. Die meisten dieser Bewegungen sind deshalb auch bis heute noch vom Glanz des Idealismus umgeben. In diesem Glauben an den neuen Menschen und der Suche nach dem Weg zu diesem Ziel, gerade nach der ungeheuren Eruption vernichtender Gewalt, spiegelt sich auch der tiefe gesellschaftliche Wandel: Man hatte die Vorstellung, daß die alten Eliten zusammengebrochen seien, daß die Zukunft nun in den Händen ganz neuer Gruppen liege und daß »die Besten« (was auch immer man darunter verstand) jetzt alle Möglichkeiten hätten, sich aber auch ihrer Verantwortung nicht entziehen dürften. Diejenigen, die einer jungen Generation angehörten und auf die etwa zwischen ihrem zwölften und zweiundzwanzigsten Lebensjahr das Klima der Jugendbünde und des pädagogischen Reformeifers wirkte, sollten immer die Spuren dieser Erfahrungen zeigen, auch in einer ganz anderen Umbruchzeit.

7 Die Naturwissenschaften: unsichtbar-sichtbare Macht

Alle gesellschaftlichen Erscheinungen, die unter den weiten Begriff der »Moderne« fallen, bleiben völlig unverständlich ohne die unvergleichlichen, explosionsartigen Fortschritte der Naturwissenschaft, der großen Mutter der Technik und der Erfindungen, die aus dem Alltagsleben nicht mehr wegzudenken sind. Die Naturwissenschaft besetzt jetzt innerhalb der Kultur eine Schlüsselstellung. Während das ständig wachsende Gebiet der Geisteswissenschaften schon über Auffassungsvermögen und Blickfeld des einzelnen weit hinausgeht, ist beim naturwissenschaftlichen Universum, das sich in diesem Jahrhundert mit rasender Geschwindigkeit ausdehnt – Physik und Chemie, Medizin, Biologie, Geologie, Astronomie und alle neuen Zwischengebiete und Abzweigungen –, schon längst jeder Versuch einer Übersicht, die den Entwicklungen gerecht wird, absurd. Dies ist ein Reich, in dem sich heute auch die herausragenden Experten nur auf ihrem kleinen Spezialgebiet auskennen. Dem breiten Publikum sind nur die wichtigsten oder besonders revolutionären Theorien und Entwicklungen bekannt, in Schlagworten und in drastisch vereinfachter und popularisierter Form, die wiederum nach dem Urteil Sachkundiger oft fehlerhaft und verzerrt ist. Wenn Kultur und gegenseitige Befruchtung zum Teil auf Kommunikationsstörungen und Mißverständnissen beruhen, gilt dies auch für die Naturwissenschaften und ihre Rezeption durch Laien. Und von diesen gibt es nirgendwo so viele wie hier. Statt eine Beschreibung geben zu können, ganz zu schweigen von einer Erklärung, kommt der Außenstehende gewöhnlich nicht weiter als bis zu einer rudimentären Aufzählung der wichtigsten Fakten und bekanntesten Namen. Wesentliche Feinheiten, Berechnungen und theoretische Grundlagen bleiben für ihn im Dunkeln. So ist die Macht der Naturwissenschaften für die meisten deutlich erkennbar, gleichzeitig bleiben aber ihr eigentliches Wesen und ihre Problematik unbegreiflich und im Dunkeln. Als der Physiker Ernest Rutherford, dem 1919 die erste künstliche Kernreaktion gelingen sollte, während des Ersten Weltkriegs als Berater der britischen Regierung einmal eine Sitzung versäumte und deswegen gerügt wurde, donnerte er los: »*Was ich getan habe, ist wichtiger als euer ganzer Krieg*!«[25] Der Kontrast zwischen der lange Zeit unbemerkten, im verborgenen geleisteten Forschungsarbeit und ihrer dramatischen Fernwirkung ist typisch für die Naturwissenschaften.

Daß der einzelne in diesem Jahrhundert das Gebiet, das sein Leben so stark beeinflußt, nicht einmal mehr annäherungsweise überblicken kann, wird verständlicherweise immer wieder als bedenklich und beunruhigend empfunden. Das Gefühl der Macht, das die Naturwissenschaft verleiht, schlägt in ein Gefühl der Ohnmacht um, sobald mangels Wissens niemand mehr die Reichweite dieser Macht einschätzen kann – ein Paradox, das schon im neunzehnten Jahrhundert sichtbar wurde und in jedem Jahrzehnt des zwanzigsten weiter an Bedeutung gewann. Hier können deshalb auch nur einige Andeutungen an die permanente Gegenwart jener Heere von Wissenschaftlern erinnern, die meist im Hintergrund bleiben, in den Laboratorien, wo sie experimentieren und ihre folgenschweren Schlüsse ziehen.

Wie keine andere Gruppe bildeten die Naturwissenschaftler schon früh eine internationale Gemeinschaft, wobei neben Europa im neunzehnten Jahrhundert Amerika zu einem zweiten Zentrum wurde. Daß die Naturwissenschaften die nationalen Grenzen überschreiten, ist eine natürliche Folge ihrer im Vergleich zu den Humanwissenschaften viel höheren Objektivität. Hinsichtlich der physikalischen Natur gibt es eine universale Solidarität des Homo sapiens, die auf einer grundsätzlichen Distanz zu seinem Objekt beruht. Zwischen sich und der ganzen übrigen Natur zieht er unwillkürlich eine Grenze. In seinem Verhältnis zur Materie ist seine Vernunft, grundsätzlich wenigstens, verhältnismäßig frei von den moralisch, kulturell, religiös oder national bestimmten Grundeinstellungen und den Affekten, die in den Humanwissenschaften zwangsläufig seine Vorstellungen färben und seine Denkrichtung festlegen. Die Struktur von Kristallen bleibt die gleiche, ob sie nun in England, Deutschland oder Amerika untersucht wird. Quecksilber reagiert unter den gleichen Bedingungen bei sehr niedrigen Temperaturen in Leiden nicht anders als in New York oder Paris. Diese Distanz und der hohe Objektivitätsgrad bestimmen auch das Verhältnis zur sogenannten nichtmenschlichen belebten Natur, dem Gebiet der Biologie. Die internationale Kommunikation, die den schnellen Austausch von Informationen und Forschungsergebnissen ermöglicht – über die dafür unentbehrlichen Vereinigungen, über Kongresse und Zeitschriften –, erklärt das hohe Tempo der Entwicklung. Wie zu erwarten, wurden Englisch, Deutsch und Französisch die üblichen Verkehrssprachen. Der Abstraktionsgrad der Darstellungen und die Fachterminologie, die auf dem vertrauten griechisch-lateinischen Erbe der europäischen Sprachen beruht, vereinfachten die Verständigung noch zusätzlich. Waren die Naturwissenschaften in den Jahrhunderten zuvor noch eine Sache genialer, eigensinniger Einzelgänger gewesen, führten die fortschreitende Aufsplitterung der Forschungsbereiche in neue Spezialgebiete und der notwendige Einsatz immer komplizierterer und teurerer Apparatur zu einer Verlagerung des Schwerpunkts vom individuellen Forscher auf das Team, wie sie in den zwanziger und dreißiger Jahren deutlich erkennbar wird. An die Stelle des noch einfach ausgestatteten privaten (Zimmer-)Laboratoriums trat das mit hochentwickelten Instrumenten versehene Institut, in dem schließlich Dutzende von Wissenschaftlern die Arbeit einzelner, prominenter Forschungsleiter unterstützen und ergänzen. Immer häufiger steht hinter den bekannten, mit dem Nobelpreis oder anderen Auszeichnungen geehrten Persönlichkeiten ein ganzes Heer namenloser Kollegen und Hilfskräfte. Immer häufiger auch können Zufall oder pures Glück darüber entscheiden, wem das Resultat der Arbeiten zugeschrieben und wessen Name mit dem gesamten Forschungsvorhaben verbunden wird. Trotzdem: In der Zeit zwischen den Weltkriegen ragen die bahnbrechenden Forscher noch sehr deutlich aus der Menge heraus. In Europa bleiben England, Deutschland und Frankreich die wichtigsten Zentren, was auch mit der Größe der Länder zusammenhängt, also mit den zur Verfügung stehenden materiellen Mitteln wie auch dem größeren Reservoir an Forschern. Die Niederlande, Belgien, die Schweiz, Skandinavien und Rußland spielen aber im internationalen Wissenschaftsbetrieb ebenfalls eine bedeutende Rolle. Seit dem Ersten Weltkrieg war es normal, daß Naturwissenschaftler, vor allem sehr viele Physiker und Chemiker, nicht mehr zu rein wissenschaftlichen Zwecken, sondern für die Industrie und die Institute für angewandte Naturwissenschaften forschten. Ihr Wissen und ihre Forschung wurden unmittelbar der Wirtschaft dienstbar gemacht und waren somit oft auch Waffen im Konkurrenzkampf. Auf diese Weise schlichen sich auf Umwegen irgendwann wieder nationale oder andere Interessen, also das subjektive Element, in die Wissenschaft ein. Vor allem die Regierungen erkannten, in welchem Maße die Wissenschaft über die Vermittlung der Technik zur Macht des Staates beitrug. Während der Krieg einerseits die internationale wissenschaftliche Kommunikation unterbrochen hatte – der drastische Rückgang an Veröffentlichungen und der Stillstand im Kongreßbetrieb, der gerade für die Naturwissenschaftler wichtig gewesen war, machen dies erkennbar –, hatte er andererseits wie immer die Erfindungsgabe gefördert. Dies zeigen vielerlei Surrogate für knappe Nahrungsmittel, für Seife und Brennstoffe, vor allem aber die Verbesserung der Waffentechnik. Die Feindseligkeit hatte auch von vielen Wissenschaftlern Besitz ergriffen. So verweigerte die *Association internationale de physique pure et appliquée* unter dem Druck von Franzosen und Engländern nach Kriegsende deutschen Kollegen noch jahrelang die Aufnahme. Andererseits bemühten sich einzelne Forscher auf beiden Seiten, die unterbrochenen Verbindungen wiederherzustellen. Wissenschaftler aus neutralen Ländern spielten dabei eine Vermittlerrolle. Große Bedeutung für die Physik erlangten die internationalen Kongresse, die der belgische Industrielle Solvay finanzierte.

Die Naturwissenschaften mögen sich durch ihren hohen Objektivitätsgrad, den sie der Trias Beobachtung, Theoriebildung und Experiment verdanken, von den Humanwissenschaften unterscheiden, absolut ist diese Objektivität nicht. Beobachtung und Experiment, die das harte empirische Fundament bilden, haben immer ihren Platz innerhalb eines bestimmten Denkmusters und gehen immer von einer spezifischen Fragestellung aus. Die beobachteten Phänomene erscheinen gewissermaßen auf einer von Tradition und Kultur präparierten intellektuellen Projektionsfläche des Forschers. Sie werden einem Denkmuster eingefügt, damit man sie verstehen und mit ihnen arbeiten kann. Dies geschieht in erster Linie unter Zuhilfenahme von Metaphern – auf dem Weg der sprachlichen Konstruktion von Analogien zu vertrauten Vorstellungen. Darauf ist auch das Gebäude der abstrakten Sprache mathematischer Formeln aufgebaut; sie ist unverzichtbar für die Wiedergabe dessen, was jenseits der Grenzen der Sprache und gewöhnlich auch jenseits der Grenzen des normalen Vorstellungsvermögens liegt. Man denke an Wörter wie »Welle« oder »Reiz«, die sich als unentbehrlich erwiesen, wenn es um die Beschreibung der Gesetze von Licht, Elektrizität und Schall ging. Außerdem ist keine Forschung ohne die Bildung von Theorien möglich, die dem Forscher die Richtung vorgeben. An der Theorie orientiert er sich, wenn er beobachtet und experimentiert – um die Theorie zu bestätigen oder sie zu widerlegen und durch eine andere, einen besseren Wegweiser, zu ersetzen. Daran zeigt sich schon, daß auch naturwissenschaftliche Theorien keine absolute Gültigkeit besitzen. Die Objektivität ist eine bedingte. Die Phänomene können aus einem anderen Blickwinkel ein anderes Gewicht und Aussehen bekommen, da sie in einen anderen Zusammenhang eingefügt oder mit anderen Phänomenen verknüpft werden, wie es zum Beispiel geschah, als das Newtonsche physikalische Weltbild durch das moderne, das man vor allem mit dem Namen Einstein verbindet, ersetzt wurde. Hierdurch wurden die früheren Beobachtungen und Experimente als solche nicht falsch, aber ihr Platz und ihre Bedeutung innerhalb des Ganzen änderte sich, da Newtons Welt – künftig als festes Inertialsystem bezeichnet – in einen viel weiteren Kosmos von Systemen eingeordnet wurde. Auch kann in der naturwissenschaftlichen Theoriebildung in einer bestimmten Kulturphase eine Analogie zum Denken in ganz anderen Bereichen sichtbar werden. Man erinnere sich noch einmal an die erwähnte Theorie der Relativität von Raum und Zeit, Masse und Energie und die gleichzeitige Relativierung von »Wahrheit« oder das Aufgeben des festen Beobachtungsstandpunkts in der Malerei oder im Roman. Gerade weil hier nicht von einer direkten Beziehung oder direkter gegenseitiger Beeinflussung gesprochen werden kann, da es um unendlich weit voneinander entfernte Fachgebiete und Persönlichkeiten geht, sind die Analogien auffällig – aber zunächst einmal auch nicht mehr als das. Bei einem flüchtigen Blick auf die Naturwissenschaften fällt noch ein weiteres bemerkenswertes Phänomen auf: Einerseits vollzieht sich unaufhaltsam der erwähnte Prozeß der Spezialisierung und Zersplitterung, aber dieser löst wiederum eine Gegenströmung neuer Synthesen und Fusionen aus, wodurch die klassischen Abgrenzungen durchbrochen werden. Die alte Einteilung der Physik zum Beispiel – in Mechanik, Akustik, Wärmelehre, Optik und Elektrizität – war bald überholt. Die prominentesten Physiker der Zeit nach der Jahrhundertwende, Lorentz, Fitzgerald, Planck, Einstein, Rutherford, Nernst, Marie Curie, Bohr, Sommerfeld oder Perrin, leisteten gerade auf den unterschiedlichsten Gebieten Bahnbrechendes. Man kann hier sehen, wie eins ins andere greift und im Dialog eine gewaltige Bewegung entsteht, bei der jedes Teilgebiet mit allen anderen zusammenhängt und alle sich gegenseitig beeinflussen, wie in der Natur selbst.

Der stärkste und entscheidende Anstoß war von der Physik gekommen. Er wirkte in Chemie, Medizin, Biologie und Astronomie fort und führte zum Entstehen neuer Spezialgebiete wie physikalischer Chemie, Molekularbiologie, Pharmakologie und Astrophysik. Alle Neuerungen gingen auf das Vordringen in die verborgenen Bestandteile der Materie zurück. Dabei wurde der gewohnte Dualismus von Masse und Energie, die Unterscheidung zwischen korpuskularen und unstofflichen Elementen, fragwürdig, oder man mußte sich ihn ganz anders als bisher vorstellen. Dank der technischen Perfektion optischer Instrumente konnte die Materie in beiden Richtungen, in Richtung des unbeschreiblich Großen und des unbeschreiblich Kleinen, bis weit über die Grenzen des normalen Wahrnehmungs- und Vorstellungsvermögens hinaus erforscht werden, von Gasnebeln und Galaxiensystemen bis zu Bakterie und Atom. So erschloß die Erfindung des Elektronenmikroskops durch Ernst Ruska im Jahre 1933 den Mikrokosmos der Viren und Bakterien, und das Phasenkontrastmikroskop des niederländischen Physikers Frits Zernike öffnete den Biologen buchstäblich die Augen. Das physikalische Wissen über die Materie und besonders die chemische Spektralanalyse verhalfen Geologen und Paläontologen auf einmal zu einem Maßstab, mit dem sie das Alter von Erdschichten und Gesteinen ermitteln konnten. So entstand ein ganz neues Bild der Naturgeschichte und der Entwicklung des Lebens auf der Erde. Dies gab wiederum der Biologie einschließlich der Evolutionslehre entscheidende Anregungen. Molekularbiologische Forschung wurde für die Bakteriologie und die Zellpathologie bedeutsam. Medizin war ohne Chemie bald undenkbar, und die Grenzen der rein theoretischen Forschung auf beiden Gebieten verschwammen. Aber nur die spektakulärsten Resultate all dieser Entwicklungen fanden in der Öffentlichkeit Beachtung. Die meisten wurden erst nach einiger Zeit und in kleinen Schritten Teil der allgemeinen Vorstellung von der Welt, die sie so stark veränderten.

Als eines der aufregendsten Daten in den Annalen der Wissenschaft erscheint im Rückblick zweifellos der 29. März des so turbulenten Jahres 1919, als jeder in Europa ganz und gar im Bann revolutionärer Unruhen, allerlei apokalyptischer Visionen und der Folgeerscheinungen des Krieges war. An diesem Tag gab es eine totale Sonnenfinsternis. Fotos, die von der westafrikanischen Insel Príncipe und dem brasilianischen Sobral aus von zwei Expeditionen unter der Leitung des englischen Astronomen Arthur Eddington aufgenommen wurden, bestätigten die allgemeine Relativitätstheorie Einsteins von 1915/16; ein Exemplar der schriftlichen Ausarbeitung dieser Theorie war während des Krieges, 1918, nach England geschmuggelt worden. Die von Einstein berechnete Ablenkung des Lichts bestimmter Sterne im Gravitationsfeld der Sonne konnte anhand dieser Fotos vollständig bestätigt werden. Berühmt als Vorbild wissenschaftlicher Unbestechlichkeit wurde in diesem Zusammenhang Einsteins Äußerung, er werde seine Theorie nur aufrechterhalten, wenn sie auch experimentell bewiesen werden könne. Hierfür mußte man eben auf Sonnenfinsternisse warten. Bei den Sonnenfinsternissen von

Georges Seurat (1859–1891), *Badeanstalt in Asnières*, 1883/1884

Paul Cézanne (1839–1906), *Stilleben mit Äpfeln und Orangen*, um 1895 bis 1900

Umberto Boccioni (1882–1916), *Urformen der Bewegung im Raum*, 1913

Dortmund Zeche Zollern II/IV, Jugendstil

Ehemalige Kunstgewerbeschule Bauhaus, Van-de-Velde-Bau, Weimar, 1904–1906

Ermordung des österreichischen Thronfolgerpaares am 28. Juni 1914 in Sarajewo

Rekrutierungsplakat der britischen Armee, um 1914

August 1914: Deutsche Truppen werden auf dem Weg zur Front im Bahnhof verabschiedet

Italienischer Schützengraben

Otto Dix (1891–1969), *Die Skatspieler (Kartenspielende Kriegskrüppel)*, 1920

Erster Weltkrieg, Westfront 1918, Einschlag schwerer Granaten

Käthe Kollwitz (1867–1945), »Nie wieder Krieg«,
Plakat zum Mitteldeutschen Jugendtag in Leipzig, August 1924

Vladimir I. Lenin (1870–1924)

München, 1919: Räterepublik, Truppenschau der Roten Armee

BULLETIN

DADA

SALON DES INDÉPENDANTS
GRAND PALAIS DES CHAMPS-ÉLYSÉES
(Avenue d'Antin)

Jeudi le 5 Février à 4 h. 1/2

Matinée
MOUVEMENT DADA

FRANCIS PICABIA
manifeste lu par 10 personnes
GEORGES RIBEMONT-DESSAIGNES
manifeste lu par 9 personnes
ANDRÉ BRETON
manifeste lu par 8 personnes
PAUL DERMÉE
manifeste lu par 7 personnes
PAUL ELUARD
manifeste lu par 6 personnes
LOUIS ARAGON
manifeste lu par 5 personnes
TRISTAN TZARA
manifeste lu par 4 personnes et un journaliste

Nº 6

Prix: 2 fr.

écrire
à
tristan
tzara
32,
Avenue
Charles
Floquet
Paris
(VIIe)

Toutes les femmes sont décorées de la Légion d'honneur, les hommes portent cet insigne à leur boutonnière.
Francis Picabia le loustic.

PROGRAMME de la MATINÉE DU
Mouvement Dada le 5 février 1920

Titelblatt der Zeitschrift *Dada*, 1920

Martin Buber (1878–1965)

Martin Heidegger (1889–1976)

Bertrand Russell (1872–1970)

Ludwig Wittgenstein (1889–1951)

John Heartfield (1891–1968), Fotomontage, dreißiger Jahre

Das Bauhaus in Dessau, gebaut 1925/26 nach Plänen von Walter Gropius

René Magritte (1898–1967),
Le Chef d'œuvre ou les Mystères

Joan Miró (1893–1983),
Femme et oiseau devant la lune

Filmszene aus *Wege zu Kraft und Schönheit – Ein Film über moderne Körperkultur* von Nicholas Kaufmann und Wilhelm Prager, 1926

Szene aus dem Film *Metropolis* von Fritz Lang, 1926

Marlene Dietrich in dem Film *Der blaue Engel*, 1930

Pablo Picasso (1881–1973), *Die drei Musikanten*, 1923

Piet Mondrian (1872–1944), *Komposition A*, 1920

George Orwell (1903–1950)

André Gide (1869–1951)

Robert Musil (1880–1942)

Virginia Woolf (1882–1941)

1922 und 1929 wurde das Ergebnis von 1919 erneut bestätigt. Die Krümmung der Lichtstrahlen wich nur minimal von der von Einstein theoretisch ermittelten ab, und dieses Ergebnis machte ihn mit einem Schlag weltberühmt, er wurde zu einem Begriff wie kein anderer Wissenschaftler im zwanzigsten Jahrhundert.

Einsteins Relativitätstheorie, die aus der Beschäftigung mit den Problemen der Elektrodynamik hervorgegangen ist, und Plancks Quantentheorie, das Ergebnis von Forschungen zur Thermodynamik und zur statistischen Mechanik – Theorien, mit denen die Namen eines Dutzends anderer großer Forscher wie Lorentz und Ehrenfest oder der des Mathematikers Minkowski verbunden bleiben – werden gewöhnlich als die beiden revolutionären Durchbrüche schlechthin und als Grundlage der theoretischen Physik betrachtet. Beide Konzeptionen bildeten das Gerüst für die Erforschung des Atoms, das Eintauchen in den Mikrokosmos der Materie, auf den sich ab den zwanziger Jahren, als die internationalen Kontakte wiederaufgenommen wurden, die wichtigsten physikalischen Forschungsvorhaben konzentrierten. 1911 hatte Rutherford als erster ein Atommodell entworfen, in dem diese kleinste bekannte (»unteilbare« = atomare) Einheit als Spiegelbild der größten Einheit des Sonnensystems mit seinem solaren Kern und den diesen umkreisenden Planeten erschien. Einen zweiten entscheidenden Schritt tat der dänische Physiker Nils Bohr, der 1912 Rutherfords Modell genauer ausarbeitete und der Atomphysik den Weg ebnete, die bald große Fortschritte machen sollte. Von ausschlaggebender Bedeutung für seine Theorie waren die Versuche von James Franck und Gustav Hertz. Mit der weiteren Entwicklung verbindet man eine ganze Reihe bedeutender Persönlichkeiten: Außer Bohr, Rutherford und Einstein sind dies vor allem de Broglie, Schrödinger, Born, von Laue, Heisenberg, Lise Meitner und Otto Hahn. Letzterer entdeckte 1938 die Möglichkeit der Uranspaltung, womit ein neues Gebiet erschlossen wurde, mit ungeheuren Konsequenzen. All dies war ein Prozeß unaufhaltsamer Wechselwirkung von immer weiter in die Tiefe reichenden Hypothesen, die experimentell überprüft wurden, einander korrigierten und anregten, wobei früher eingenommene Standpunkte wieder verschoben werden mußten, und natürlich waren daran noch weit mehr herausragende Forscher als die hier erwähnten beteiligt.

Die Entwicklungen in der Medizin, die untrennbar mit der Entschlüsselung der Materie durch Physik und Chemie und mit der Verbesserung der entsprechenden Instrumente verbunden waren, gingen den Durchschnittsmenschen natürlich am meisten an. Die Chirurgen, im Krieg die gefragtesten Spezialisten, konnten auch dank der Fortschritte in der Anästhesie im Ersten Weltkrieg bestimmte Operationen schon besser ausführen, die bei früheren Kriegen zu gräßlichen Schlächtereien wurden, bei denen immer ein Teil der Verwundeten unter dem Messer starb. Es gab einen beeindrukkenden Zuwachs an medizinischen Spezialgebieten, vor allem Histologie, Mikrobiologie, Endokrinologie, Immunologie, Serologie und Pharmakologie: Der menschliche Körper wurde immer detaillierter in all seinen Bestandteilen und Funktionen erforscht. Erneut kündigt sich eine widersprüchliche Entwicklung an. Bei all den offenkundigen Verbesserungen, die diese Spezialisierung mit sich brachte, bestand die Gefahr, daß man den Patienten immer mehr als Summe von Einzelteilen und Funktionen auffaßte, daß für den behandelnden Spezialisten das geschädigte Organ oder System zum Pars pro toto wurde. Dagegen wandte sich eine neuhippokratische Strömung, die betonte, daß Körper und Geist eine unauflösbare, wenn auch unklare und geheimnisvolle Einheit bilden, und sich für eine psychosomatische Denkweise einsetzte. Mit weiter fortschreitender Spezialisierung und auch Technisierung der Medizin sollte die hier zutage tretende Spannung in der zweiten Jahrhunderthälfte noch viel stärker werden. Da der Mensch durch das Vorherrschen des medizinischen Spezialistentums auf eine Art Puzzle und auf die Summe von Funktionen reduziert zu werden drohte, fanden in uralten Traditionen wurzelnde naturheilkundliche Lehren und die Homöopathie wieder Beachtung, oft verbunden mit religiösem Sektierertum. Auch asiatische Praktiken, wie die chinesische Akupunktur, weckten immer größeres Interesse. Es waren Alternativen, die für die etablierten Schulmediziner auf Quacksalberei hinausliefen und entsprechend heftig angegriffen wurden.

Diese Spannung hat aber ihren Ursprung in einem viel tiefer liegenden Problem, bei dem es letztlich um das Menschenbild insgesamt geht: in dem alten Gegensatz zwischen positivistisch-materialistischer und antipositivistischer Denkweise, zu der eine grundsätzliche Unterscheidung zwischen Geist und Materie gehört, auch wenn man annimmt, daß beide auf einer höheren Ebene eine Einheit bilden. Daß gerade in nonkonformistischen religiösen Strömungen und unter denjenigen, die gegen die Mechanisierung der modernen Welt protestierten, Interesse für alternative Heilmethoden aufkam, ist deshalb auch nicht verwunderlich. Der Gegensatz offenbarte sich vor allem, wenn es um die Übergangsbereiche zwischen dem Körperlichen und dem Psychischen ging, wie in der Neurologie und Psychiatrie. Diese hatte sich aus der Neuropathologie, von einem mechanistischen Ansatz her, entwickelt. Wilhelm Griesinger hatte in der ersten Hälfte des neunzehnten Jahrhunderts gelehrt, daß Geisteskrankheiten Hirnkrankheiten seien. Dementsprechend halten sie einen körperlichen (physisch-materiellen) Ursprung. Die einflußreiche Schule Wilhelm Wundts, die in der zweiten Jahrhunderthälfte der Psychologie und der Psychiatrie als eigenen Spezialgebieten den Weg bereitete, gründete sich auf diese materialistisch-positivistische Basis. Sie nahm an, daß psychische Phänomene somatisch bedingt seien, und orientierte sich deshalb bei ihren Methoden an der experimentellen Physik. Als maßgeblicher Repräsentant dieser Schule nach der Jahrhundertwende beherrschte Emil Kraepelin bis weit in die zwanziger Jahre die klinische Psychiatrie nahezu in ganz Europa. Durch systematische Untersuchung Tausender von Fällen gelangte er zu einer umfassenden Klassifikation von Geisteskrankheiten auf der Grundlage von Übereinstimmungen in den Symptomen und den Krankheitsverläufen. Der Patient war dabei für den behandelnden Arzt nichts als ein Objekt. Dieser positivistische Geist hatte auch die Kriegspsychiatrie beherrscht. Ihre rabiate Methode, bei der direkte physische Eingriffe im Mittelpunkt standen, war darauf ausgerichtet, bei Soldaten die Symptome eines psychischen Zusammenbruchs schnell zu beseitigen.

Und doch hatte sich daneben eine andere Strömung behaupten können, die die Psyche nicht als Anhängsel des Körpers betrachtete, sondern ihr einen eigenen, wenn auch nicht unbedingt unabhängigen Bereich zusprach. Auf diesen Ansatz ging die Behandlung von Hysterie durch Hypnose zurück, wie sie auf spektakuläre Weise und mit viel Sinn für Effekte von Jean Martin Charcot im Pariser Hospital La Salpetrière praktiziert wurde. Der Glaube an die therapeutische Wirkung von Hypnose setzte den Gedanken voraus, daß psychische Leiden auf psychischem Wege geheilt werden könnten. Bei Charcot war auch Sigmund Freud in die Lehre gegangen. Der Schweizer Eugen Bleuler, der sich zur selben Zeit mit dem Phänomen der Schizophrenie beschäftigte, stellte fest, daß gleiche Störungen längst nicht immer gleiche Ursachen haben, wodurch die mechanistische Sicht Kraepelins und seiner Schule in Frage gestellt wurde. Bleuler gehörte dann auch zu den ersten

Anhängern der revolutionären psychoanalytischen Lehre, die Freud ab 1900 in einigen aufsehenerregenden, anfänglich aber von der psychiatrischen Zunft auch wütend angegriffenen oder so weit wie möglich ignorierten Veröffentlichungen vorstellte. Freud wurde in den zwanziger Jahren zum wichtigsten Gegenspieler der positivistischen klinischen Psychiatrie. Seine Wirkung und die Psychoanalyse kommen noch zur Sprache.

Die Psychoanalytiker, die Freud und anderen folgten (zu ihnen gehörte der Philosoph Karl Jaspers, der als Psychiater begann), trugen dazu bei, daß sich eine andere Einstellung gegenüber dem Patienten durchsetzte. Er wurde vom bloßen Objekt zum menschlichen Wesen, das bei der eigenen Behandlung sogar Helfer und Gesprächspartner war. Da man den einseitig somatischen Ansatz ablehnte oder eine radikale Wende vollzog und körperliche Leiden auf psychische Ursachen zurückführte, kann die Psychoanalyse auch nicht mehr direkt den Naturwissenschaften und ihren Methoden und Fragestellungen zugeordnet werden.

Mit dem Phänomen der Geisteskrankheiten hing aber ein noch viel komplexeres und ernsteres Problem zusammen, mit dem wir das Gebiet der Vererbungslehre, also der Genetik und Mikrobiologie, betreten. Auch hier wird wieder der größere Zusammenhang hinter den verschiedenen Disziplinen erkennbar. Evolutionslehre und Darwinismus hatten den Menschen, den Homo sapiens, schon seiner einzigartigen Stellung innerhalb der Schöpfung beraubt und ihn, wenn auch als höchste Spezies, in einen Prozeß der Selektion unter animalischen Wesen eingeordnet, der sich über Hunderttausende von Jahren erstreckte. Nach dem Vorbild Lamarcks waren auch die Darwinisten von der Erblichkeit erworbener Eigenschaften ausgegangen – als Erklärung der Weiterentwicklung und des Überlebens der Besten durch Anpassung an die Umwelt. Um 1900 wurde aber diese Theorie in der Biologie heftig attackiert, und zwar im Zusammenhang mit der sogenannten »Wiederentdeckung der mendelschen Gesetze« genannt hat. Ob der lange Zeit vergessene Mönch Gregor Mendel (1822–1884) die Ergebnisse seiner Kreuzungsversuche mit Erbsen in den sechziger Jahren wirklich als Beweis für allgemeine Gesetze aufgefaßt hat, ist umstritten. Auf jeden Fall hatte er nachgewiesen, daß Veränderungen der Art ausschließlich die Folge einer Kombination der in den Zellkernen festgelegten Erbanlagen und nicht irgendeiner Anpassung oder erworbenen Eigenschaft sein können. Der Botaniker Hugo de Vries stieß bei seiner Arbeit (unabhängig von zwei anderen Forschern, Correns und Tschermak) auf Mendel und verhalf ihm zu weltweiter Anerkennung als Vater der Vererbungsgesetze. Seine eigene berühmte Mutationstheorie besagte, daß Veränderungen der Art nur als Folge plötzlicher Änderungen in den Genen auftreten, die die Erbanlagen weitergeben. Die ganze Vererbungsdiskussion war dank der Fortschritte in der Zytologie möglich geworden, eines wichtigen Teilgebietes der Mikrobiologie. Um 1920 wurde die Bedeutung der Chromosomen als spezifische Träger der Erbanlagen im Zellkern erkannt.

Aber die seit Darwin in den Wissenschaften akzeptierte Einordnung des Menschen in den gesamten Evolutionsprozeß führte natürlich auch zu einer Übertragung der Vererbungsdiskussion aus der Biologie auf Medizin und Anthropologie, vor allem im Hinblick auf Geisteskrankheiten und Anomalien. Die Idee einer gezielten Verbesserung der Rasse, die Eugenik, wird später im Zusammenhang mit den rassistischen und vulgärdarwinistischen Theorien zur Sprache kommen. Auf jeden Fall sind diese Vorstellungen von den Entwicklungen und Erkenntnissen in der Psychiatrie, der Genetik und Mikrobiologie nicht zu trennen. Nie gekannte Eingriffe in die menschliche Natur wurden denkbar, wenn man von der Grundannahme ausging, daß die Psyche erblich determiniert sei und nur über genetische Manipulation verändert werden könne. Die Popularisierung und Verzerrung wissenschaftlicher Erkenntnisse hat nirgendwo derart unheilvolle, grausige Konsequenzen gehabt wie hier, an der Schnittstelle von Evolutions- und Vererbungslehre, Mikrobiologie, Anthropologie und Vulgärdarwinismus.

Die neuen Erkenntnisse der Geologie, die ihrerseits dem physikalischen Wissen über Radioaktivität und neuen, auf Erdschichten anwendbaren Meßtechniken zu verdanken waren, erwiesen, daß die erdgeschichtlichen Zeiträume viel größer waren als bisher angenommen: Es ging um Millionen von Jahren. Diese Einsichten begünstigten in den dreißiger Jahren das Aufkommen des Neodarwinismus. Die großen Linien der Evolution konnten jetzt deutlicher herausgearbeitet werden, und dies blieb nicht ohne Einfluß auf die Abstammungslehre. Darwin, von Mendel in der Biologie ein wenig in den Hintergrund gedrängt, kehrte zurück, und man versuchte sogar eine Synthese beider Theorien. Die Bedeutung der Selektion wurde von neuem nachgewiesen. Die kleinen Variationen, die durch Selektion entstehen, konnten nach den neuen Auffassungen in den Vererbungsprozeß eingehen. Die Idee, daß sich all die zahllosen Arten schließlich doch über komplizierte schrittweise Abspaltungen aus wenigen einfachen Grundformen entwikkelt haben, setzte sich durch. Es entstand das Bild einer gewaltigen Kette, die vom Anorganischen zur Vielfalt des Organischen reichte, eine Vorstellung, die natürlich die biblische Schöpfungsgeschichte endgültig ins Reich der Mythologie verwies. Andererseits befriedigt die Idee der einen, alles enthaltenden Urquelle jeglichen Lebens in hohem Grade ein altes religiöses wie auch ein ästhetisches Verlangen nach Einfachheit.

Neben dem Darwinismus und der Vererbungslehre war in der Biologie und der Psychologie die Verhaltensforschung aufgekommen, die den Akzent auf die Wechselbeziehung des (tierischen oder menschlichen) Individuums mit seiner Umgebung legte. Für die Entwicklung dieser Forschungsrichtung waren die Theorien des Zoologen Uexküll von großer Bedeutung. Danach bildet jedes lebende Wesen seine eigene Umgebung mit sich selbst als Mittelpunkt. Die Umgebung ist an seine Organe angepaßt und nicht umgekehrt, eine Auffassung, die natürlich auch hinsichtlich des menschlichen Bewußtseins und seiner Fähigkeit, eine absolute Wirklichkeit und universal gültige Wahrheit zu erkennen, erregende Folgerungen nahelegte. Was dies angeht, ist die Verwandtschaft der Theorie Uexkülls mit Einsteins Relativierung des physikalischen Raumes und der physikalischen Zeit nicht zu übersehen. Legendär wurde in der Verhaltensforschung das Experiment des Russen Pawlow mit einem Hund, der nach langem Training auf ein Glockenzeichen genauso reagierte wie auf den Geruch von gebratenem Fleisch, da dieser Geruch immer gleichzeitig mit dem Glockenzeichen wahrnehmbar gewesen war. Die Verhaltensforschung hatte deshalb auch eine widersprüchliche Wirkung. Dadurch, daß man das individuelle Lebewesen zum Ausgangspunkt der Beobachtung und Theoriebildung wählte, stieg sein Wert. Das Tier – vom Cartesianismus und positivistischen Materialismus vorwiegend als seelenloses Objekt betrachtet – bekam menschliche Züge. Seine Reaktionen konnten zunächst einmal nur aufgrund ihrer Analogie zum menschlichen Verhalten beschrieben und interpretiert werden. Es erhielt gewissermaßen ein wenig Seele zurück. Aber auch eine andere Schlußfolgerung lag nahe, nämlich, daß Tiere und vielleicht auch Menschen durchaus formbar und manipulierbar sind. Nicht ihre materielle, biologische Ausstattung, sondern die Reize ihrer Umgebung bestimmen ihr Verhalten, zumindest sind sie zur Erklärung unverzichtbar. Die Philosophie, die diesen Auffassungen zugrunde liegt, kann man als eine Form von Behaviorismus bezeichnen.

Das Individuum im Sinne einer autonomen Kerneinheit (mit einer Seele oder Psyche) wird hier als Fiktion aufgefaßt. Empirisch erforscht werden können lediglich seine Reaktionen und Verhaltensweisen, und nur sie bieten deshalb eine zuverlässige wissenschaftliche Grundlage. Sicherlich ist es nicht möglich, die gesamte Verhaltensforschung auf diese Grundüberzeugungen zurückzuführen. Es ist jedoch kein Zufall, daß der Behaviorismus in Philosophie und Psychologie vor allem in Amerika sehr populär wurde, weil er die Möglichkeit implizierte, die Zukunft bewußt zu gestalten, und somit eine Perfektionierung verhieß, die zum amerikanischen pragmatischen Fortschrittsglauben gehört. Genauso begierig sollte seine Botschaft in der Sowjetunion aufgenommen werden. Sie paßte zum Marxismus und seiner Lehre, daß der Mensch in erster Linie das Produkt der Umstände, der Klasse und des Milieus sei. Und der Machbarkeitsgedanke sprach selbstverständlich niemanden so stark an wie die bolschewistischen Führer, die eine neue Gesellschaft und einen neuen Menschen schaffen wollten.

Diese kurzgefaßte Skizze der Entwicklung in den Wissenschaften zeigt nur die auffälligsten Gipfel dieses für den Laien kaum zugänglichen Gebirges. Und je mehr Spezialisten es gibt, desto mehr Laien gibt es auch! Aber im Hinblick auf drei Probleme, die für die gesamte Kultur wesentliche Bedeutung haben, durfte eine solche Skizze nicht fehlen. Erstens hat sich gezeigt, daß der große alte Gegensatz zwischen Positivismus und Antipositivismus, zwischen materialistisch-monistischer und dualistischer Weltanschauung, zwischen Rationalismus und Irrationalismus, der in der europäischen Kultur, in Philosophie, Ideologien, Literatur und Künsten, eine so große Rolle spielte, auch und sogar in den Naturwissenschaften in einigen Grundsatzdiskussionen erkennbar ist. Die Evolution des physikalischen Weltbildes, gestützt auf Beobachtung, Theorie und Experiment, führte zwar dazu, daß man den Geheimnissen der Materie auf die Spur kam, aber auf eine Weise, die das Geheimnis nur verschob. Quantentheorie und Mutationstheorie zum Beispiel – so weit sie auch voneinander entfernt sind – führten das Unerklärliche ein, den Sprung als unentbehrliches Glied in der Kausalkette, auf der alles wissenschaftliche Denken beruht.

Das zweite – und im allgemeinen Bewußtsein viel gewichtigere – Problem war, daß der Raum, den der Mensch innerhalb der Evolution, und der Raum, den die Erde im Weltall einnimmt, ganz ungeheuerlich verkleinert wurden, ja auf ein winziges Maß zusammenschrumpften. Durch Mikrophysik und

Astronomie wurden die Umrisse ehrfurchtgebietender, unbekannter Welten sichtbar. Raum und Zeit boten nicht mehr den vertrauten Anblick, nahmen aber zugleich Ausmaße an, die nur noch in abstrakten Formeln angegeben werden konnten. Das Schrumpfen des Menschen blieb aber in erster Linie ein theoretisches Problem.

Drittens hatten die wissenschaftlichen Entwicklungen nämlich die bekannten Auswirkungen auf die Alltagswirklichkeit: Was die Bevölkerung als erstes merkte, war, daß die Naturwissenschaften den Menschen vor allem über die Technik in die Lage versetzten, die Materie, seine unmittelbare Umgebung, immer fester in den Griff zu bekommen. So war der Mensch zur gleichen Zeit kleiner und größer geworden. Trotz der neuen Fernsichten, die ihm die Wissenschaft bot, blieb er für sich selbst das Zentrum des Universums, der Punkt, um den sich alles in seinem Dasein drehte.

8 Die Künste in Turbulenzen

Nirgendwo offenbart sich die Kultur einer Epoche der Nachwelt so deutlich wie in den Künsten. Bauwerke, Gemälde und Skulpturen, literarische Werke und Kompositionen bleiben rein materiell unveränderlich, bleiben, was sie sind; da sich höchstens unsere Rezeption der Werke verändert, machen sie uns auch die Unterschiede zwischen Vergangenheit und Gegenwart bewußt.

Die apokalyptisch-revolutionäre Stimmung und dann das Suchen nach dem gesunden, »ganzen« Menschen der Zukunft kommen in den Künsten deutlich zum Ausdruck. Hier finden wir das alles beherrschende Bemühen, die Aufgabe des Künstlers und sein Verhältnis zur Wirklichkeit neu zu bestimmen, hier hört man den Ruf nach Überwindung der Zersplitterung der Künste, nach Synthese und organischer Einheit. Natürlich wurden auf die gleichen Grundfragen die unterschiedlichsten Antworten gegeben. Das für die Vorkriegszeit charakteristische Gewirr von Stilen und programmatisch ausgerichteten Bewegungen wurde eher noch dichter, zumal es die Künstler zwang, mehr als je zuvor über ihre Position nachzudenken. So kann es leicht geschehen, daß das Gemeinsame verwischt wird. Niemand war sich des scheinbar Chaotischen der Situation so bewußt wie die Künstler selbst, und gerade das verstärkte ihr Verlangen nach einer Zukunft von harmonischer Einheit, nach der segenbringenden Synthese. Charakteristisch für die jetzt angebrochene Periode war außerdem nicht nur, daß die Stellung der Künste im gesellschaftlichen Ganzen zur Diskussion stand, sondern auch, daß die Grenzen dessen, was als Kunst galt, verschwammen.

Kunst und Handwerk hatten sich seit der Romantik immer weiter voneinander entfernt. Da sich die Kunst als Verbündete der Religion verselbständigt hatte und für das gebildete Bürgertum selbst eine Art Religion geworden war, die geistige Erhebung mit ästhetischem Genuß verband, konnte sich das Bürgertum hier gegen das weniger gebildete Volk abgrenzen. Dieses hatte schon immer seine eigenen Vergnügungen und auch eigene ästhetische Ausdrucksformen gehabt, die als »Volkskunst« klassifiziert wurden: verzierte Gebrauchsgegenstände, Bauernmöbel und Keramik, Volkslieder und -tänze, mündlich überlieferte Märchen und Geschichten.

Trotzdem waren die Übergänge noch lange fließend gewesen. Als aber immer weitere Bevölkerungskreise vom Bildungsdrang erfaßt wurden und die Kunst eine religiöse Aura bekam, wuchs das Verlangen nach einer klaren ästhetischen Wertehierarchie, die damit gleichzeitig eine ethische Funktion als Maßstab für Bildung bekam. Hier lag ein auffallender Widerspruch: Einerseits ging es darum, neue Gruppen an der Kunst teilhaben zu lassen und die noch Ungebildeten entsprechend zu erziehen, andererseits führte die allmähliche Emanzipation der Masse mit ihrem wachsenden politischen Bewußtsein wiederum dazu, daß die Oberschichten einen stärkeren Drang verspürten, sich auf diesem Gebiet von den anderen abzuheben. So entstand ein neuer Kultur- und Kunstbegriff. Höhere oder wahre Kunst wurde – als sublimster Ausdruck von Kultur – im späten neunzehnten Jahrhundert immer nachdrücklicher von Volkskunst oder populärer Kunst unterschieden, die keinen Anspruch darauf hatte, zur Kultur gezählt zu werden. In den Künsten, der Literatur und der Musik wurden die klassischen Meister der Vergangenheit kanonisiert, und man paßte ihr Bild dem Bildungsstandard und den moralischen Normen der eigenen Zeit an. Es kam zu einer großen Säuberung – zunächst in den Biographien und Werken –, wobei anstößige Texte oder Vorstellungen entschärft oder auf oft unfreiwillig komische, gequälte Weise zurechtinterpretiert wurden, um den naheliegenden Eindruck schnell zu verwischen. Auch bei Aufführungspraxis und Kunstpräsentation wurde eine Reinigung vorgenommen: Daß bei Konzerten ernste, geistig hochstehende Musik unbekümmert mit populären Nummern vermischt wurde, nach dem kommerziellen Prinzip »für jeden etwas«, hörte jetzt auf. Eine Beethoven-

Symphonie ertrug nicht länger die Nachbarschaft von »No man can love like an Irishman«, und einen Rubens oder Tizian hängte man in den Museen nicht mehr zwischen präparierte Vögel, Fossilien oder alte Rüstungen. In früheren Jahrhunderten und noch bis ins neunzehnte Jahrhundert hatte daran niemand Anstoß genommen.[26] Ebenso bedeutsam war der Ruf nach Authentizität: Texte waren heilig, Kürzungen waren erlaubt, nicht aber eigenmächtige Improvisationen von Schauspielern. In der Musik herrschte größere Freiheit. Bearbeitungen von Partituren nach zeitgenössischem Geschmack waren keineswegs verboten, ganz abgesehen von der althergebrachten, gängigen Praxis, für Dilettanten oder Anfänger und für das häusliche Musizieren Auszüge oder vereinfachte Fassungen von Musikwerken anzufertigen.

So entstand, als Folge einer gewaltigen Erweiterung des Publikums und des Verschwimmens der Gegensätze und Grenzlinien zwischen den sozialen Gruppen, eine neue ästhetische Hierarchie mit der von jetzt an gängigen Aufteilung: Es gab die große, ernsthafte Kunst, die in Anknüpfung an die Tradition noch Autonomie beanspruchte, als Erbin oder Stellvertreterin der Religion, als Repräsentantin ästhetischer Werte und Wahrerin ästhetischer Gesetze, die Kunst also, die geistige Anforderungen stellte. Und es gab die leichte Kunst, die nur unterhalten und die Alltagswirklichkeit nicht sublimieren, sondern sie vergessen oder durch schalkhafte Parodie erträglicher machen wollte. Auch hier gilt natürlich, daß sich die Grenzlinie bei näherem Hinsehen als sehr elastisch und verschiebbar erweist und daß es immer Übergänge und Mischformen gibt.

Schönheitserleben ist etwas höchst Individuelles, zugleich aber auch durch Traditionen und Konventionen beeinflußt. Zu einem wichtigen Kriterium für die mit solchem Nachdruck vorgenommene ästhetische Wertung wurde zweifellos die Einmaligkeit und Unverwechselbarkeit des Kunstwerks. Was in Massen und von vielen hergestellt werden konnte, galt selbstverständlich nicht als Kunst. Das bedeutete auch – und hier erkennt man wieder die gewaltige Nachwirkung der Romantik –, daß das rein technisch-handwerkliche und darum leicht reproduzierbare Artefakt, auf welchem Gebiet auch immer, keine Kunst war, sofern nicht ein individuelles und unverwechselbares Element vorherrschte. Nur durch dieses wurde ein Werk beseelt, ganz buchstäblich: ein Gefäß für die Seele.

Auf den Gegensatz, um den es uns hier geht, den zwischen ernster und leichter Muse, legte man aber gerade deshalb Wert, weil sich der althergebrachte Gegensatz innerhalb des Publikums – auf der einen Seite das vornehme, gebildete Bürgertum, auf der anderen Seite die ungehobelte Masse – durch beschleunigt fortschreitende Emanzipation entschärfte. Zugleich jedoch ging diese Emanzipation mit einer tiefen Krise in der Kunst selbst einher, weil diese ihr traditionelles Publikum zu verlieren begann: nach dem Adel und der Geistlichkeit das gebildete, wohlhabende Bürgertum.

Zweifellos spürten viele Künstler, daß die Krise in den Künsten mit diesen sozialen Veränderungen zusammenhing. Die Radikalen sahen in der traditionellen Bindung des Künstlers an das Bürgertum das Grundübel und erhofften daher Befreiung aus den kapitalkräftigen Armen des Publikums, das die Künste ihrer Meinung nach korrumpiert hatte. Aber alle spürten auch, daß der Ursprung der Krise im belastenden historischen Erbe lag. Daher die avantgardistische Umwälzung, die sich seit der Jahrhundertwende vollzog. Das neue Weltbild hatte viele dazu gebracht, sich der Wirklichkeit auf andere Art anzunähern, wobei man mit vertrauten Formen gebrochen hatte, vor allem aber mit der Grundüberzeugung, daß Kunst in irgendeiner Weise auf die Wirklichkeit verweisen müsse, wie sie sich normalen Sinnen gewöhnlich darbot. Aber die experimentellen Richtungen der Vorkriegszeit hatten den Abstand zum breiten Publikum, das in ihren Hervorbringungen keine wiedererkennbare Welt sehen konnte, vergrößert. Dieses Publikum sah sein Verlangen eher durch die Kunstwerke in den traditionellen und vertrauten Stilen des Klassizismus und Naturalismus erfüllt.

Allmählich vollzog sich hier jedoch in den gebildeten Schichten eine bemerkenswerte und auffällige Wandlung. Während die Kunstkritiker und die große Mehrheit des kunstbegeisterten Publikums die Avantgardisten zunächst voller Empörung als Pfuscher, Wahnsinnige oder sittenloses Volk beschimpft hatten – das begann schon bei Manet, Cézanne und van Gogh – führte die Eruption neuer Stile nach 1900 zu einer veränderten Haltung: Was man gestern noch allgemein verworfen hatte, wurde heute als bahnbrechend und originell gerühmt. Die Impressionisten waren von verketzerten Sonderlingen inzwischen zu anerkannten großen Meistern aufgestiegen. Ihre Gegner hatten sich unsterblich blamiert. So etwas mußte das kunstbegeisterte Publikum auf die Dauer unsicher und vorsichtig machen. Obwohl die jetzt folgenden Wellen experimenteller Stile – Expressionismus, Fauvismus, Kubismus, Futurismus, Konstruktivismus, Verismus, Surrealismus – zunächst auch wieder Bestürzung hervorriefen und auf viel Kritik und Ablehnung stießen, wurde es immer üblicher, seine moderne Einstellung, seinen Kunstverstand und seine Bildung zu beweisen, indem man das Neueste auf jeden Fall »interessant« fand. So brauchte man nicht zu befürchten, sich vor der Nachwelt zu blamieren. Außerdem gaben Kunstkritiker mit ausführlichen Kommentaren und Erläuterungen gelehrte Hilfestellung für den Kunstgenuß. Durch Begeisterung für die neuesten Ismen zeigte man, daß man auf der Höhe der Zeit war und daß man sich als kunstverständige Elite wiederum von der trägen Masse unterschied, die am Konventionellen festhielt: Gemälden, die Gegenstände wirklichkeitsgetreu wiedergaben, Melodien, die man nachsingen oder wenigstens behalten konnte, weil sie auf dem tonalen System basierten, Romanen in normaler Umgangssprache, deren Geschichte sich ordentlich an die chronologische Abfolge hielt und in denen es um erkennbare Dinge ging! So konnte sich eine kunstbegeisterte Oberschicht dank der sich immer mehr durchsetzenden Einteilung der Künste in ernste und leichte wieder gegen die bequeme, stumpfsinnige Herde abgrenzen, die dem Bekannten hinterhertrottete. Da aber die neue Kunst das natürliche Verlangen nach Entspannung und Vergnügen nicht mehr vollauf befriedigen konnte, verschloß sich die Oberschicht keineswegs ganz den eingängigen Genres, die sie dann aber als für Massenkonsum geeignete und bestimmte Kunst von der höheren abgrenzte. Trennung von schwererer und leichterer Kunst also, bei zunehmender sozialer Vermischung des Publikums und als Gegengewicht zu dieser Vermischung!

Während das, was man unter leichter Muse verstand, seit den zwanziger Jahren die breite Bevölkerung erreichte, über Radio, Grammophon, Kino, Volkstheater und Revue, Kaffeehaus und Tanzlokal auch zu den einfachen Leuten kam und dadurch eine vereinheitlichende Wirkung auf die Gesellschaft hatte, Bankiers und Briefträger, reiche Witwen und ihre Dienstmädchen mit der gleichen Kost versorgte, erreichte die Kunst, die sich als ernsthafte verstand, im Grunde nur ein erlesenes Publikum. Ich habe schon kurz auf dieses Paradox hingewiesen: Viele Künstler empfanden sich als Revolutionäre, als radikale Neuerer, und brachen mit der gesamten überlieferten Kunst, weil diese allzusehr auf die Elite, die Bourgeoisie, ausgerichtet gewesen war, während sie selbst der ganzen Bevölkerung und vor allem den weniger Begüterten dienen wollten. Gerade ihr Bruch mit der Tradition entfremdete sie aber von der Masse, und sie wurden, mehr als ihre geschmähten Vorgänger, zum exklusiven Besitz einer dünnen Oberschicht, die durch diese Exklusivität sogar ausgesprochen snobistisch werden sollte. Und was die Bestimmung ihrer eigenen Rolle und Position sowie der Rolle der Kunst in der Gesellschaft angeht, blieben gerade diejenigen, die von der Idee der Autonomie beherrscht waren, tief in der großen Tradition des neunzehnten Jahrhunderts verwurzelt.

Die Ernüchterung nach dem Rausch von 1914 hatte schon während des Krieges im künstlerischen Milieu nicht nur Antikriegsliteratur und leidenschaftliche Anklagen in verschiedener Form entstehen lassen, sondern auch eine exzentrische Bewegung, die alle bekannten kulturellen und künstlerischen Werte ganz und gar verwarf und sich in einen ausgesprochenen Nonsens-Nihilismus flüchtete: Dada.

Das Wort »Dada« – eine Buchstabenfolge, die Assoziationen mit Babygebrabbel, einer plumpen Art, auf Dinge hinzuweisen, oder auch mit Ausdrucksformen primitiver Kunst auslösen kann – hatte man einer der vielen Legenden zufolge gefunden, indem man an beliebigen Stellen in ein Buch hineinstach, und es stand für eine Künstlervereinigung und ihre Aktionen. Das war in Zürich im Jahre 1916. Auch Dada fiel nicht vom Himmel, sondern war durch die 1914 in New York ausgestellten Antikunst-Kreationen und ersten Collagen des Franzosen Marcel Duchamp, avantgardistische Kriegserklärung an alle Konvention, schon vorbereitet worden. In der neutralen Schweiz bildete sich in den folgenden Jahren eine kleine internationale Gruppe von Künstlern, die dort ihre Zufluchtsstätte gefunden hatten. Schon mit dem Namen Dada nahmen sie gleich jede ernsthafte Terminologie und Zielsetzung, ja die Sprache als solche aufs Korn. In ihr lag schließlich nach Ansicht dieser Wortfinder der Ursprung des großen Irrglaubens, die Welt sei ein geordnetes und faßbares Ganzes. Initiatoren waren der Rumäne Tristan Tzara und deutsche Emigranten wie Richard Hülsenbeck, Hugo Ball, das Ehepaar Goll, der Elsässer Hans Arp und der Niederländer Otto van Rees. Zentrum war der satirisch-literarische Klub Cabaret Voltaire, hier entstanden auch die Zeitschrift *Dada* und die wilden Manifeste, die man bald in die Welt schleuderte. Duchamp und seine New Yorker Mitstreiter schlossen sich den Ansichten Dadas an. Die Dadaisten, wie sie bald hießen, propagierten eine reine Protest- und Unsinnsphilosophie, eine Philosophie angeblich vollkommener Ungebundenheit. Sie attackierten die Künste, auch die ausgesprochen avantgardistischen Richtungen wie den Expressionismus, der ihnen noch viel zu zahm war und den sie als verkappte bürgerliche Kunst anprangerten, da er an eine sinnvolle Aufgabe der Kunst glaubte, an einen Auftrag, zum Wohle der Menschen zu wirken. Die Welt war absurd, und mit dieser Erkenntnis konnte man nur leben, wenn man diese Welt lächerlich machte, veralberte, persiflierte und auf den Kopf stellte. Der Dadaist durfte nichts ernst nehmen, auch nicht sich selbst. »Wer Dada ist, ist gegen Dada, wer gegen Dada ist, ist Dada«, dekretierte Tzara. Womit der Dadaismus gleich seine eigene Doktrin entwarf. Indem er sich selbst und seine Unsinnsbotschaft lächerlich machte, nahm Dada sich wieder todernst, und dies war die Voraussetzung für Zusammenhalt und gezielte Aktivitäten. Die Dadaisten, die jede Ordnung und damit auch die kleinste Spur von Tradition, gleich auf welchem Gebiet, als Symptom von Hohlheit und Unaufrichtigkeit angriffen, wählten bei ihren Äußerungen bewußt einen verletzenden, provozierenden Ton, um den »Bourgeois« in Harnisch zu bringen, einen Stil, den sie mit den revolutionären Pamphleten kommunistisch-bolschewistischer Machart gemeinsam hatten und der später noch von ganz anderer Seite nachgeahmt werden sollte. Als Ausdruck der ohnmächtigen Wut über das von den Mächtigen angerichtete Blutbad ist diese verbale Aggression allerdings verständlich. Der Abscheu gegen jede Bindung an die Vergangenheit brachte die Dadaisten dazu, den Augenblick, die Dynamik, das Flüchtige der Existenz zu verherrlichen, also wieder einmal konsequent das Ungreifbare als das einzig Greifbare zu feiern. Veränderung um ihrer selbst willen. Oder, wie es in einem dadaistischen Manifest hieß: »Dadaist sein heißt, sich von den Dingen werfen lassen, gegen jede Sedimentsbildung sein, ein Moment auf einem Stuhl gesessen, heißt, das Leben in Gefahr gebracht haben.«[27]

Der Dadaismus hatte eine mehr literarische und eine mehr visuell-bildnerische Richtung, er äußerte sich in absurden oder nur für Eingeweihte zugänglichen Artikeln und Versen und in ebenso absurden Gebilden, die für das Auge bestimmt waren, und alles sollte in erster Linie die übliche Kunst verhöhnen. Trotzdem war die Bewegung noch manchen Rebellen aus der Vorkriegszeit, etwa den Futuristen, eng verwandt und wurde von ihnen inspiriert. Nicht zufällig sympathisierten Leute wie Picasso, Kandinsky und Marinetti mit ihr und schrieben für *Dada*. Der Bruch mit dem Bestehenden ist niemals so unbedingt, wie man gerne vorgibt. So war die Clownerie letztlich nur eine Fassade, hinter der sich revolutionäre Absichten verbargen.

Dies sollte sich nach dem Krieg zeigen. In den Jahren 1918/19 verteilte sich die Kerngruppe von Zürich aus in verschiedene Richtungen. Manche, wie Hülsenbeck, gingen nach Berlin, wo die große Revolution in der Luft hing. Linke Künstler mit ausgesprochen revolutionären Neigungen, zum Beispiel George Grosz, schlossen sich an. In Köln entstand um Hans Arp und Max Ernst ein Kreis, der sich hauptsächlich auf dem Gebiet der bildenden Künste betätigte, während in Paris der eher literarisch ausgerichtete Zweig für die erwünschte Aufregung sorgte. Hier waren es Schriftsteller wie André Breton, Louis Aragon und Philippe Soupault, die den Dadaismus im Jahre 1918 mit ihrem Blatt *Littérature* einführten. In Hannover arbeitete der Maler, Bildhauer und Dichter Kurt Schwitters, der sich ebenfalls als Dadaist sah und wiederum Kontakt mit Theo van Doesburg und der 1917 entstandenen niederländischen Gruppe De Stijl hatte. Alles in allem handelte es sich um eine recht kleine Schar um vier Zentren (nach Zürich), aber sie war unübersehbar. In den Jahren 1918 bis 1922 erregten die Dadaisten mit ihren geräuschvollen Aktionen und ihren Ausstellungen auf jeden Fall als Enfants terribles in der internationalen Kunstwelt viel Aufsehen. Sie trugen dazu bei, daß sich eine aufgeregte Diskussion über Kunst und ästhetische Normen und Maßstäbe entwickelte, die sie ja vorsätzlich mit Füßen traten. So beschleunigten ihre Aktivitäten die Zersetzung üblicher Auffassungen und verstärkten die Neigung zum Experiment.

Vor allem die Berliner Dadaisten wurden zu Anhängern des Bolschewismus. Die Künstler George Grosz, Wieland Herzfelde und John Heartfield und der Theaterregisseur Erwin Piscator traten 1919 sofort in die kommunistische Partei ein. Mit ihren Zeitschriften und Manifesten hielten sich die Berliner eng an die bolschewistischen Vorstellungen von einer neuen proletarischen Kunst. In bissigem Ton griffen sie die Vorkriegsexpressionisten als verkappte Bürgerliche an ganz im Sinne von Lenins Verunglimpfung der Sozialdemokraten. Als 1919 bei Straßenkämpfen in Dresden ein Gemälde von Rubens durch Kugeln beschädigt wurde, appellierte Oskar Kokoschka, inzwischen Professor an der dortigen Kunstakademie, an die Bevölkerung, unbedingt die großen Kunstschätze zu verschonen, die in deutscher Obhut waren. Damit hatte er Öl ins Feuer gegossen. Als ob die Kunstbolschewisten nur hierauf gewartet hätten, reagierten sie sofort mit einem wütenden Angriff auf diesen korrupten Handlanger der kapitalistischen Bourgeoisie: In den fetten Schenkeln von Rubens' Fleischbergen seien Einschußlöcher – so war zu vernehmen – schließlich um einiges weniger schlimm als in der Brust Tausender Arbeiter.[28] »Es kann gar nicht ›Kultur‹ genug vernichtet werden wegen der Kultur. Es können gar nicht ›Kunstwerke‹ genug zerstört werden wegen der Kunst«, hieß es in einem anderen Pamphlet.[29] Schließlich ging es nicht um die materielle Gestalt der großen Kunstwerke, sondern um ihren ewigen Geist! Dada vollzog hier eine scharfe Wendung von der ursprünglich laut verkündeten Weigerung, an irgend etwas zu glauben, außer an den eigenen Unglauben, zum kommunistischen Glauben an die proletarische Zukunft. Der moderne Narr, der alles verspottete, war zu einem fanatischen, doktrinären Bilderstürmer geworden. Aber im Grunde bedeutete die bolschewistische Revolution für diese Dadaisten nur die Sinngebung und Orientierung, nach der sie sich im verborgenen vermutlich immer gesehnt hatten.

Bei einem dadaistischen Kongreß in Paris im Jahre 1922 kam es zu einer Spaltung, und die Gruppe zerstreute sich. Bretons erstes *Manifest des Surrealismus* von 1924 betrachtet man als die programmatische Schrift, die das Ende der eigentlichen Dada-Bewegung markiert. Ihre wichtigsten Repräsentanten hatten sich weiterentwickelt. Ohne Dada ist der Surrealismus jedoch kaum denkbar, und sosehr Dada auch durch seinen Kult der Absurdität, seinen Narzißmus und seine Selbstüberschätzung dazu verurteilt war, sich selbst zu verbrennen, er bleibt ein bemerkenswertes Zeugnis der ungeheuren Orientierungslosigkeit und der bitteren Desillusionierung, deren Ursache das Zusammenbrechen eines ganzen kulturellen und politischen Wertesystems war. Als Symptom eines tiefer liegenden Nihilismus hatte er Berührungspunkte mit Strömungen und Stimmungen weit außerhalb seines unmittelbaren künstlerischen Wirkungskreises. Zwischen dem heiligen Ernst der Vorkriegsavantgardisten mit ihrem Versuch, die konventionellen Stile zu überwinden, und der hemmungslosen, zynischen Clownerie Dadas lag eine niederschmetternde Erfahrung, lagen das verwüstete flämische und nordfranzösische Land und Myriaden von Leichen.

Hinter all den oft in schneidendem Ton geführten Debatten und dem harten Zusammenprall von Prinzipien und Bewegungen, die in den zwanziger Jahren das Reich der ernsthaften Künste beherrschen sollten, können wir vier verschiedene Grundauffassungen erkennen. Auf einer höheren Ebene bleiben sie durch die gemeinsame Überzeugung verbunden, daß die Welt nach einer neuen, anderen Kunst verlange. In den bildenden Künsten kommt all dies vielleicht am deutlichsten zum Ausdruck, und sie mögen deshalb hier auch als Ausgangspunkt und Beispiel dienen.

Welche vier Grundauffassungen über das Wesen der Kunst sind gemeint? Da gab es erstens die Ansicht, daß die Kunst die sichtbare materielle Realität niemals kopieren dürfe, sondern durch sie hindurchstoßen müsse, daß die Essenz, die eigentliche Wirklichkeit, hinter den Dingen in einer rein geistigen Sphäre liege. Aus dieser Auffassung ging die abstrakte Kunst hervor, wie vor allem Kandinsky sie propagiert hatte. Als von dieser abgeleitet kann man die konstruktivistische Richtung betrachten, die, inspiriert von Naturwissenschaften und Technik, das Äußere der Erscheinungen auf seine Grundstrukturen wie die reinen geometrischen Formen reduzieren wollte. Obwohl diese Kunst in ihren Ergebnissen ebenfalls abstrakt ist, ging es hier – zum Beispiel bei den Kubisten und der »Stijl«-Gruppe – nicht um das »Geistige«, etwas Innerliches und in hohem Grade Individuelles, sondern um die materiellen Erscheinungen. Eine zweite Richtung suchte, an den Naturalismus anknüpfend, in erster Linie wieder die Gegenstände – eine Reaktion auf den wilden, ichbesessenen Expressionismus. Die Kunst sollte sachlich werden, und man wollte sie fest im Boden des handwerklichen Könnens verankern. Seinen reinsten Ausdruck fand dieses Streben in der Neuen Sachlichkeit und in der Philosophie des Architekten Gropius und des Bauhauses. Einer dritten Strömung ging es vor allem um eine Entlarvung der Wirklichkeit, wie wir sie zu sehen gelernt haben, nicht indem man sie auf geometrische Grundformen, Flächen und reine Farben reduzierte, sondern dadurch, daß man ihren logischen Zusammenhang zerstörte und auf phantastische Art rekonstruierte und, inspiriert vom Reich der Träume und unbewußten Impulse, alternative Wirklichkeiten entwarf. Dies war, was die Surrealisten taten, Maler wie Max Ernst, De Chirico, Magritte, Masson, Miró, Delvaux und Dalí. Die erkennbaren und exakt dargestellten Gegenstände der normalen Wahrnehmung konnten offensichtlich ebensogut Elemente einer verrückten, aberwitzigen oder auch magischen, unergründlichen Welt sein. Die konventionelle Logik war keineswegs selbstverständlich. Und schließlich gab es die typische Tendenzkunst, die den Künstler ausschließlich als Verkünder einer sozialen Botschaft gelten ließ. Stilmittel und Technik hatten als solche keinen eigenen Wert, ihr Wert war abhängig von ihrer Überzeugungskraft im Dienst dieses Anliegens. Hier übernahm Sowjetrußland eine Führungsrolle. Bekannte Vertreter dieser Richtung sind Grosz, Heartfield und Seiwert.

Obwohl sich immer wieder Grüppchen von Künstlern bildeten, die sich einen bestimmten Grundsatz zu eigen machten und ihre Vorstellungen beispielsweise in einer Zeitschrift verbreiteten, sich oft aber auch wieder im Streit trennten, und obwohl man erregte Diskussionen führte und sich gegenseitig verketzerte, waren die verschiedenen Ausgangspunkte und Grundsätze in der künstlerischen Praxis nicht immer so scharf getrennt. Zwischen Expressionismus, abstrakter Kunst und Surrealismus gab es viele Berührungspunkte, und bei manchen Künstlern, vor allem den Bekanntesten, ist eine Vermischung oder Verschiebung der für eine bestimmte Richtung charakteristischen Merkmale zu erkennen. Wie schon bei den Avantgardisten der Vorkriegszeit kam hier noch das Bestreben hinzu, auch die Grenzen zwischen den Künsten zu durchbrechen oder die Künste zu verschmelzen. Der Bildhauer Ernst Barlach und der Maler Kokoschka schrieben Theaterstücke, Salvador Dalí drehte Filme. Schriftsteller wie Breton und Aragon schrieben umfangreiche Texte über Malerei.

Bei dieser gemeinsamen Suche nach neuen Formen und Ausdrucksmöglichkeiten spiegelten auch die Künste, jede auf ihre Art, die hier skizzierten unterschiedlichen Grundauffassungen. Zugleich wurden sie aber durch Techniken wie Fotografie und Film, die jetzt einen spektakulären Aufschwung erlebten, und durch neue Materialien und technische Möglichkeiten für die bildenden Künste und das Theater beeinflußt. So wurde der Ruf nach dem Experiment noch lauter, und der Bruch mit der Tradition erhielt eine zusätzliche Rechtfertigung. Die Dadaisten hatten mit der Collage schon einen Anfang gemacht, einer Erfindung, die viel Aufsehen erregte. Dieses Mixtum compositum aus Farbe, Leim, Leinwand, Schnur, Blech, Ton und allem möglichen anderen, das zwischen Zwei- und Dreidimensionalität, zwischen Gemälde, Fotografie, Bühnendekoration, Zeitungsausschnitt und Zusammenstellung von »Objets trouvés« schwankte, war eine provozierende Demonstration vollkommener künstlerischer Ungebundenheit und der Manipulierbarkeit von Gegenständen. Die Collage war natürlich auch eine Verspottung aller überkommenen handwerklichen Spezialisierung und des damit verbundenen künstlerischen Spezialistentums. Der größte Tausendkünstler von allen, Picasso, war Maler, Grafiker, Bildhauer, Keramiker, Bühnenbildner, Objektkünstler und Weber, und er brillierte in verschiedenen Stilen, die die gängigen Kategorien von Kunsthistorikern und -kritikern durcheinanderbrachten. Andere, etwa Ernst, Masson, Miró oder Dalí, standen ihm aber kaum nach. Gleichzeitig war dieser enorme Gewinn an Ausdrucksmitteln auch ein ebenso großes Hindernis, er erschwerte die Überwindung des Chaos von Stilen und

Grundsätzen. So neutralisierten die zentrifugalen wieder die zentripetalen Kräfte. Diese gab es nämlich durchaus, denn man strebte nach Einheit, nach dem Übergreifenden, einem Stil, der sich in allen Künsten manifestierte – für viele war dies ein Zukunftstraum.

Eines war dabei fast allen gemeinsam: Die ausgeprägte Egomanie, der Kult mit den eigenen Emotionen, der den Expressionismus der Vorkriegszeit prägte, erschien nach der Kriegserfahrung unglaubwürdig und hohl. Der Dichter Bertolt Brecht hatte das zum Ausdruck gebracht, als er sagte, der Krieg sei der »große praktische Anschauungsunterricht für ein neues Sehen der Dinge«.[30] Man sah die Welt in der Tat anders! So wurde »Wahrhaftigkeit« zum Schlüsselbegriff und zum Wahlspruch. Die Zerstörung des Scheins wurde zum ersten und höchsten Gebot. In Manifesten und Programmen der bildenden Künste und der Literatur und in persönlichen Äußerungen von Künstlern und Schriftstellern steht dieses Streben nach Wahrhaftigkeit immer wieder an erster Stelle. Die Welt von gestern, sie war Symbol für Heuchelei und bloßen Schein, und was den wichtigsten künstlerischen Bewegungen jetzt ihren Antrieb gab, bleibt ohne diese Grundüberzeugung unverständlich. Vom eigenen festen Willen zur Wahrhaftigkeit war man zweifellos aufrichtig überzeugt, aber gerade der Nachdruck, mit dem er beteuert wurde, offenbart auch eine gewisse Naivität. Man war sich nicht darüber im klaren, daß ein solch lautstarkes Bekenntnis gleichzeitig immer auch auf Selbsttäuschung hinausläuft. Hier, in diesem Mangel an Selbstkritik, ganz zu schweigen von Selbstironie, liegt offenkundig die größte Schwäche der Kunstrevolutionäre. Daß sie diese Schwäche mit der Jugendbewegung teilen, ist charakteristisch für das gesamte geistige Klima der Zeit. Die Ausdrucksmittel der Vorkriegszeit, die große, ekstatisch gesteigerte Gebärde, verschwanden nicht, dienten aber nicht mehr dazu, die eigenen Seelenregungen zu feiern. Es ging jetzt um die Darstellung überindividueller und gesellschaftlicher Kräfte und Gegenstände.

Für die Lyrik blieb das Hyperindividualistische dagegen unverzichtbare Grundlage. Sie ist schließlich, zusammen mit der Musik, die im höchsten Grade innerliche Ausdrucksform, kann sich am leichtesten von materiellen und gesellschaftlichen Gegenständen und Bindungen befreien. Der provozierende, zur Manie gewordene Stil der Futuristen und, in deren Kielwasser, der Dadaisten, mit dem wilden Schrei, in dem Emotionen unkontrolliert hervorbrechen, fand zwar noch Anhänger, aber er war zu künstlich, zu sehr bloße Mode geworden, um irgend etwas Bleibendes zu hinterlassen. Vielleicht noch eindringlicher als andere Literaturformen vermittelt die bedeutendste Lyrik auf ihre eigene Weise das Gefühl der Verlorenheit in einer unbegreiflich gewordenen Welt, ein Gefühl der Verzweiflung, Wut, Angst und Verlassenheit. Repräsentativ hierfür war der Zyklus *Das Wüste Land* (1922) von Thomas Stearns Eliot. Hinter der vermeintlichen Ordnung der Zivilisation erkennen die Dichter ungreifbare dämonische Mächte. In Deutschland hatte man schon etwas früher Hölderlin wiederentdeckt. Der hypersensible Dichter des Unerreichbaren, der in die Regionen der Ekstase vorgedrungen war, wurde für eine prätentiöse ästhetische Elite zum Antiidol, das sie den Weimarer Klassikern, den Göttern des Bildungsbürgertums, entgegensetzten. Dichter, die die Grenzen des normalen Bewußtseins durchbrachen, Baudelaire und Rimbaud, gelangten jetzt wieder zu Einfluß und wirkten auf eine Lyrik, die wie die Gedichte Georg Trakls, eines Kafka der Lyrik, in überwältigenden visionären Bildern die Existenz als ein Rätsel aus unentzifferbaren Hieroglyphen erscheinen läßt. Bei dem viel intellektuelleren Gottfried Benn, im Brotberuf Arzt, geht es vor allem um die heftige Ablehnung der rationalen, naturwissenschaftlichen Denkweise und ihrer Implikationen, einer Denkweise, die in Benns Augen den modernen Menschen geprägt und verfälscht hat. Aber diese Ablehnung entspringt distanzierter Analyse, einer ganz antiromantischen Haltung, und hierin ist Benn mit Jünger verwandt. Aus seinem Werk spricht ein kaum verhohlener Nihilismus. Andere, wie Franz Werfel, suchen dagegen aus einer von Warmherzigkeit und pazifistischem Engagement bestimmten Haltung heraus nach einer neuen religiösen Deutung der Krise. Schuld und Erlösung werden hier wieder zu zentralen Themen, und Werfel verherrlicht in seinen Gedichten aus dieser Zeit mit unverfälschtem expressionistischen Pathos die Verbundenheit unter Menschen und das Geschenk des Lebens. Wegen seiner Vorliebe für ein Übermaß an leicht brünstig wirkenden »O«-Ausrufen sprach man sogar spöttisch von einer »O-Mensch-Mode«. Eine 1920 veröffentlichte Anthologie zeitgenössischer deutscher Gedichte trug den ausdrucksvollen Titel »Menschheitsdämmerung«,[31] auch sie ein Zeichen für die apokalyptische Stimmung. Die Skala reichte vom Visionären oder Kosmisch-Religiösen bis zu echtem Aktivismus im kommunistischen Sinn, wie bei Johannes R. Becher, und zusammengehalten wird das Ganze durch das allen gemeinsame Gefühl, an einer Schwelle zu stehen.

Einige Künstler bewog ihr sozialrevolutionäres Engagement, das teilweise noch aus der Zeit der dadaistischen Bewegung stammte, zu heftigen Angriffen auf die Vorstellung eines autonomen Künstlertums, das nicht dem Ideal der Revolution und dem Kampf der Verdammten dieser Erde diente: Männer, die sich der kommunistischen Partei angeschlossen hatten oder mit ihr sympathisierten, wie Grosz, Herzfelde, Heartfield und Seiwert. Sie kamen zu dem Schluß, daß Kunst im üblichen Sinne überflüssig sei, ganz gewiß jeder Naturalismus, der versuche, die Wirklichkeit nachzuahmen. »Wer wissen will, wie die Welt aussieht, geht ins Kino, nicht in eine Ausstellung«, schrieb Grosz.[32] Aber auch eine sogenannte reine (abstrakte) Kunst war nach seiner Ansicht Unsinn, all diese Farbflächen oder geometrischen Figuren der Kubisten und Konstruktivisten – selbstgenügsamer künstlerischer Luxus! Nur eine gesellschaftliche Führungsrolle konnte Kunst in seinen Augen noch rechtfertigen. Mit seinen giftigen Karikaturen des Bürgertums, in denen er Heuchelei, Habsucht und (verborgene) sexuelle Triebhaftigkeit darstellte, ist Grosz als Grafiker und Zeichner unverwechselbar. Kunst ist bei ihm ausschließlich entlarvende Illustration. Die Angreifer führten einen Zweifrontenkrieg, denn jede klassizistische oder naturalistische, also typisch reaktionär-bürgerliche Tradition ließ man noch viel weniger durchgehen als abstrakte und konstruktivistische Kunst. Sofort gingen aber die Verteidiger des Avantgardismus und der Eigenständigkeit der Kunst auf die Barrikaden. Sie waren nicht weniger links oder sozialrevolutionär gesinnt, aber das kleinliche Programm der Aktivisten und die Schwärmerei um die »proletarische Kunst« der Zukunft im Stil des Russen Bogdanow waren ihnen zuwider. Arp, Schwitters, Tzara und van Doesburg schossen zurück: »Proletarische Kunst« sei Unsinn, da die Kunst allen gehöre und nicht einer bestimmten Klasse. Kein übler Einfall war, auf die zu erwartende Verbürgerlichung des Proletariats hinzuweisen, das sich möglicherweise nicht einmal mehr als »Klasse« würde sehen können.[33]

Aber im Kampf gegen den naturalistischen »Schein«, jenes verächtliche Ideal der »bürgerlichen«, »reaktionären« Kunst, waren sie alle vereint. Dieser Kampf führte auch beim Theater zu spektakulären Veränderungen. Es bot sich auch wie kaum eine andere Kunstform dafür an. Das Streben nach einer Einheit der Künste fand hier ein fruchtbares Versuchsgelände: Literatur, Bildkunst, Farb- und Klangeffekte, Bewegung als Handlungselement, manchmal Tanz, alles wurde eingesetzt. Einerseits konnte dank der fortgeschrittenen Beleuchtungs- und Bühnenbildtechniken die Nachahmung der Realität, der Schein, in ungeahntem Maße vervollkommnet werden. Andererseits wehrte sich die neue Kunstideologie gerade hiergegen; ein weiterer Aspekt war die Konkurrenz des Films, der in der Nachahmung und Vorspiegelung von Realität unerreichbar war.

In mancher Hinsicht war Deutschland auf diesem Gebiet Pionierland. Das Theater als Institution der Volkserziehung war ein alter, ja klassischer Gedanke. Aber das naturalistische Drama mit seiner Konzentration auf individuelle, psychologische Konflikte entsprach besonders dem Interesse und dem Geschmack des gehobenen Bürgertums, und in seinem Zentrum standen auch hauptsächlich Konflikte in diesem Milieu. Die bürgerliche Schicht erkannte sich darin wieder. Das soziale Drama, wie es unter anderem Heijermans in den Niederlanden und Hauptmann in Deutschland eingeführt hatten, überwand diese thematische Beschränkung schon, blieb aber ausgesprochen naturalistisch: Nur durch möglichst genaue Nachahmung der Realität konnte es sein soziales Anliegen mit der erwünschten Überzeugungskraft vorbringen. Dies änderte sich jetzt. Das teilweise noch in der Vorkriegszeit entstandene Werk Georg Kaisers hatte nicht nur eine deutliche revolutionäre Tendenz, der Autor wollte mit seiner heftig erregten Sprache auch schockieren und mobilisieren. Unter dem Einfluß des revolutionären Sowjettheaters und vor allem durch das Engagement des Regisseurs Erwin Piscator kam es zu Versuchen mit dem sogenannten Agitproptheater, mit dem man das Publikum in erster Linie zum revolutionären Evangelium bekehren wollte. Piscator fügte in seine Inszenierungen später auch Filmfragmente ein, um das Theater mit Hilfe des neuen konkurrierenden Mediums zu beleben. Außerdem sollte sich, wie bei Majakowski und Meyerhold, vor allem das Verhältnis zwischen Schauspielern und Publikum ändern: fort mit dem tiefen Graben, der Bühne und Saal immer getrennt hatte und das Geschehen auf den Brettern, im Bühnenlicht, zu einem wirklichen Schau-Spiel machte, das der Zuschauer im schützenden Dunkel seines Platzes neutral und ruhig an sich herankommen lassen konnte! Der Zuschauer mußte aus seinem ästhetischen Dösen aufgescheucht und aktiviert werden! Wie Kaisers Stücke hatte *Masse Mensch* von Ernst Toller (demselben, der zur Spitze der kurzlebigen Münchener Räterepublik gehörte) schon eine revolutionäre Tendenz. Arnolt Bronnen stellte zwar in *Vatermord* noch einen ganz und gar individuellen, psychologischen Vater-Sohn-Konflikt dar, dieser stand aber zugleich für den Gegensatz von Reaktion und Revolution. Hier kam auf der Bühne die Stimmung einer ganzen Generation zum Ausdruck, wie sie auch in Fritz von Unruhs Erzählung *Opfergang* spürbar wird.

Aber es war Bertolt Brecht, der revolutionäre Ideologie und revolutionäres Theater vereinte und mit seinen teilweise in Zusammenarbeit mit Piscator eingeführten Neuerungen den größten Einfluß ausüben sollte. Brecht erteilte illusionistischem Bühnenerlebnis und individuellen Bühnenfiguren eine Absage. Das Publikum sollte sich in jedem Augenblick der Tatsache bewußt sein, daß es nur einem Spiel folgte. In seinen repräsentativsten Stücken waren die Figuren deshalb auch allgemeine Typen, »der Sänger«, »die Hausbesitzerin«, »der Soldat«, eher Holzschnitte als gemalte Porträts. Die Schauspieler zeigten sehr deutlich, daß sie nur eine Rolle spielten. Bühnenbild und Inszenierung dienten ebenfalls der Verfremdung. In dieser Hinsicht führten sie fort, was mit dem expressionistischen Bühnenbild und seiner Neigung zur Verformung – perspektivischen Unstimmigkeiten, schiefen, abfallenden Flächen und Bühnenaufbauten – begonnen hatte. Die Figuren traten in einer fremdartigen, beinahe gespenstischen Welt auf. Auch hierin lag aber eine Aufforderung an den Zuschauer, mitzudenken und die Moral des Stücks auf die Wirklichkeit zu beziehen. Bewußt knüpft Brecht an alte Formen primitiven, moralisierenden Volkstheaters und an das chinesische Theater mit seinen einfachen Requisiten und seiner schematischen Typologie an. Die deutliche Betonung des Rollenspiels diente nicht nur der Illusionszerstörung, sondern implizierte auch eine psychologische Aussage, die vor allem in *Mann ist Mann* erkennbar ist: Der Mensch spielt gesellschaftliche Rollen, und die sind austauschbar, wie er selbst austauschbar ist. Hier wird die Manipulierbarkeit des modernen Massenmenschen demonstriert; wobei die unfreiwillige Ironie darin steckt, daß dieses Phänomen zum ersten Mal im Totalitarismus Sowjetrußlands, das zumindest anfangs auch für den Marxisten Brecht das gelobte Land war, voll zur Geltung kommen sollte. Der Überzeugungskraft seiner raffiniert konstruierten Stücke kam es nur zugute, daß Brecht mit jeglichem hohlen Pathos brach. Er zeichnete sich durch einen exakten, sachlichen Stil aus, der sich eher an der Umgangssprache der Reportage als an anspruchsvoller, den Klassikern verpflichteter Prosa orientierte; oft wurden Lieder im Stil von Bänkelsängern in die Stücke eingefügt. Was diesen Stil angeht, gab es Berührungspunkte mit Künstlern, die in ihrer Reaktion auf den Expressionismus eine Rückkehr zu den Dingen, zu Objektivität und Realismus predigten.

Die »Neue Sachlichkeit« genannte Stiltendenz verbindet man vor allem mit dem Bauhaus in Weimar, später in Dessau, und seinem Gründer, dem Architekten Walter Gropius. Das Staatliche Bauhaus, durch Zusammenlegung einer Kunstgewerbeschule und einer Kunstakademie entstanden, bot Gropius und seinen Mitstreitern die Gelegenheit, das Ideal einer neuen, die verschiedenen bildenden Künste verbindenden Stileinheit zu verwirklichen: Architekten, Dekorateure, Bildhauer, Maler, Möbelgestalter und viele verschiedene Handwerker – sie alle wurden für das Bauen gebraucht. Kunst und Handwerk konnten wieder zusammengeführt werden, und dies würde den Künstler aus seiner Isolation befreien. Schönheit und praktischer Nutzen, so die Auffassung, gehörten zusammen, und nur, was eine Funktion hatte, konnte auch den höchsten ästhetischen Normen genügen. Es war eine Rückkehr zur großen vorromantischen Kunsttradition. Für die Praxis ergab sich daraus die Forderung nach einem schlichten Stil, und hierzu gehörte auch, daß die unterschiedlichen Elemente und Gegenstände aufeinander abzustimmen waren. Da es Gropius gelang, einige prominente Künstler wie Kandinsky, Klee oder Kokoschka als Mitarbeiter zu gewinnen (die in ihrem Werk ursprünglich von ganz anderen Grundsätzen als handwerklicher Sorgfalt und ästhetischer Schlichtheit ausgegangen waren), wurde das Bauhaus in mehrfacher Hinsicht vielseitiger. In den zwanziger Jahren wurde es zum Symbol für ein neues Zukunftsideal: eine Synthese der verschiedenen Künste und Handwerke, die auch eindeutig soziale Aspekte hatte. Die neue Einheit von Künstler und Handwerker stand für eine Überwindung von Standesgrenzen, ein neuer Stil sollte auch an der Wiege eines neuen Menschen stehen. Die Gemeinsamkeiten mit der Jugendbewegung und der Reformpädagogik waren den Beteiligten deutlich bewußt. Die unteren Klassen hatten ebenfalls ein Anrecht auf eine geschmackvoll gestaltete Umgebung, und schon deshalb war es notwendig, allen überflüssigen, geldverschlingenden Schnickschnack auszumerzen. Auch ganz unabhängig von der Bauhausbewegung strebten Künstler nach neuer Objektivität. Der Maler Max Beckmann plädierte im Jahre 1920 für eine unsentimentale Rückkehr zu den Dingen, einen neuen Naturalismus, den man, um dem Wahrheitswillen schon im Namen Ausdruck zu geben, »Verismus« taufte.

Der Wunsch nach Überwindung der manchmal von Größenwahn bestimmten Innenschau der Expressionisten äußerte sich noch in einer weiteren Strömung. Es gab nicht nur das Ideal einer von Schlichtheit und

Solidität bestimmten funktionellen Kunst; viele Künstler waren seit dem Kubismus und der abstrakten Malerei der Vorkriegszeit von den vermeintlichen Gesetzmäßigkeiten in oder hinter der Welt der Objekte fasziniert. Ungefähr zu der Zeit, als in der neutralen Schweiz die heftige Dada-Rebellion losbrach, hatte sich in den neutralen Niederlanden die nach ihrer Zeitschrift benannte Gruppe De Stijl gebildet, deren wichtigste Mitglieder die Architekten Theo van Doesburg, Gerrit Rietveld und Jacobus J. P. Oud und die Maler Piet Mondrian und Bart van der Leck waren. In ihrem ersten Manifest von 1917 erklärten sie ein wenig kryptisch: »Es gibt ein altes und ein neues Zeitbewußtsein. Das alte richtet sich auf das Individuelle. Das neue richtet sich auf das Universale.«[34] Das war natürlich vieldeutig, aber bei De Stijl besagte es letztlich, daß jeder Bezug zur wahrnehmbaren Welt zu vermeiden sei. Es ging nur um die Urelemente, die Primärfarben, die geometrischen Grundformen, besonders die Gerade. Dieser asketische Reduktionismus ließ freier Wahl oder individuellem Empfinden keinen Raum. Auch die Natur fegte man beiseite, da man meinte, sie korrumpiere in ihrer Launenhaftigkeit die höheren geistigen Prinzipien. Hier gab es Berührungspunkte mit Kandinskys bekanntem Manifest, aber man hat zu Recht darauf hingewiesen, daß auch der strenge niederländische Kalvinismus und die flache, von geraden Linien durchzogene niederländische Landschaft in der Theorie der Stijl-Gruppe durchschimmern.[35] In ihrer Neigung, alles auf wenige klare Grundprinzipien zurückzuführen, hat man die Spuren der rationalen »geometrischen« Methode Spinozas erkannt. Auch diese Gruppe sah ihre Aktivitäten offenkundig als Beitrag zur Schaffung eines neuen, harmonischen Menschen und zum Sieg der universalen Vernunft über das Chaos. Anders als der lärmende Dadaismus blieb sie aber lange Zeit weitgehend isoliert und unbekannt.

Der Schwerpunkt des sozialrevolutionären Theaters, der kulturbolschewistischen Programmatik und der antiexpressionistischen, Sachlichkeit und Objektivität propagierenden Bewegungen lag in Deutschland. Dagegen verbreitete sich der Surrealismus, für den die sichtbare Realität nur ein Schleier war, hinter dem sich ein unerforschtes Reich von Träumen und magischen Kräften verbarg, vor allem von Frankreich aus, seit sein maßgeblicher Wortführer, André Breton, das erste surrealistische Manifest herausgegeben hatte. Auch die meisten wichtigen Repräsentanten dieser Richtung kamen aus den romanischen Ländern, aus Frankreich, dem französischsprachigen Teil Belgiens, Spanien und Italien. Schließlich zeigte sich aber, daß der Surrealismus internationale, ja globale Bedeutung erlangen sollte. Wie bei anderen Ismen haben wir es hier mit einem Etikett zu tun, das nicht zur Vielfalt des Bezeichneten paßt; denn »Surrealismus« ist kein fest umrissener Stil, obwohl er nach Bretons Vorstellungen eine ausgesprochen programmatische Bewegung, ja eine Art Partei sein sollte. Neben komischen und absurden Provokationen, dem Angriff auf überkommene Meinungen und Werte, also dem, was er von Dada übernommen hatte, gehörte zum Surrealismus der Wunsch das, was ihm als täuschende Oberfläche der Welt galt zu durchdringen, und vor allem war er besessen vom Paranormalen, Magischen, dem Traum, der Hypnose, dem Unbewußten, von allem, was eine auf materiellen Fortschritt und Erfolg fixierte Gesellschaft verdrängt, verleugnet und ignoriert hatte. Hierin liegt zweifellos seine größte Bedeutung und seine stärkste Faszination: Er stellte die Grenzen der Normalität zur Diskussion, ja die Vorstellung von Normalität überhaupt. Vor allem Freud und seine Lehre vom unbewußten Triebleben beschäftigten die surrealistischen Künstler stark und wurden durch sie bekannt. Breton war fasziniert von Alchimie, Astrologie, allem Esoterischen, das von der utilitaristisch ausgerichteten Gesellschaft geringschätzig beiseite geschoben worden war.

Hatte Dada noch eine nihilistische Pose und pubertäre Aufsässigkeit zelebriert, so ging es den Surrealisten um eine Erweiterung des Bewußtseins, eine Werterevolution und – wie so vielen anderen hier Genannten – letztlich um einen neuen Menschen. Sie wollten die Kunst aber nicht in den Dienst eines politischen Systems oder des Klassenkampfs stellen. Kunst hatte eher eine therapeutische Funktion, wie die Psychiatrie, aber in einer umfassenderen Sphäre, und sie ging dabei andere Wege.

Obwohl es außer Breton noch andere Schriftsteller wie Soupault, Aragon und Crevel waren, die über einige Zeitschriften als Initiatoren und Sprecher hervortraten, hat der Surrealismus in den bildenden Künsten und im Film seine tiefsten Spuren hinterlassen. Es kam noch hinzu, daß der literarische Flügel, auch wegen der dirigistischen Allüren Bretons, am Ende in Zwietracht auseinanderfiel. Breton betrachtete sich als Gründer der Bewegung, der auch über das Programm zu bestimmen hatte, und dekretierte schließlich, in neuen Blättern wie *La Révolution surréaliste* (1925) und später sogar *Le Surréalisme au service de la Révolution* (1933), Politisierung und Anschluß an den Kommunismus.[36] Wer sich weigerte, wurde nach inzwischen bewährtem kommunistischen Brauch ausgeschlossen, womit es um die programmatische Einheit geschehen war. In dieser stark programmatisch-ideologischen Ausrichtung der literarischen Surrealisten lag ihre Schwäche. Intellektualistische Reflexion und Prinzipienreiterei hatten bei ihnen zu sehr Vorrang gegenüber dem Schöpferischen. Bei den bildenden Künstlern war das viel seltener der Fall, und es waren außerdem gerade diese Surrealisten, die die üblichen Begrenzungen niederrissen und sich oft als Schriftsteller, Maler, Bühnenbildner und Filmschaffende entfalteten. Diese Kombination war ebenfalls Teil ihrer Philosophie. Die traditionellen Kunstmittel empfand man als unzulänglich. Experimentierfreude und theoretische Maximen gingen hier Hand in Hand.

Dennoch bleibt es bemerkenswert, daß der Surrealismus die Literatur nie so beherrschen konnte wie die bildenden Künste. Unter den großen literarischen Werken lassen einige allenfalls Spuren von surrealistischem Einfluß erkennen, andere sind davon ganz unberührt geblieben. Das gilt auch für die wichtigsten Lyriker. Valéry, Rilke, George sind ebensowenig Surrealisten wie die bedeutendsten Prosaschriftsteller Proust, Joyce, Gide, Thomas Mann, Kafka, Hesse, Musil, Broch, Eliot oder Hamsun. Sie alle gehörten außerdem einer älteren Generation an. Daß der surrealistische Film, was seine Bedeutung angeht, zwischen der Literatur und den bildenden Künsten dieser Bewegung anzusiedeln ist, weist vielleicht den Weg zu einer Erklärung. Der Film verbindet Handlung und Bild, der Tonfilm auch Wort und Bild. Die Sprache bleibt nicht nur ein Instrument der Kommunikation, sondern gerade wegen dieser Funktion auch an Regeln gebunden, die die Übermittlung von Inhalten gewährleisten. Wie nichts anderes ist sie Werkzeug des ordnenden Denkens. Sogar das Unsinnige kann nur in verständlichen Wörtern ausgedrückt werden. Unlogische Sprache, verworrenes oder »irres« Reden, ist aber im Grunde Antisprache, und deren Möglichkeiten sind schnell erschöpft. Der futuristisch-dadaistische Versuch, mit unverbundenen Ausrufen oder bizarren Lautverbindungen Emotionen zu erwecken oder Bilder zu evozieren, blieb letztlich eine schwache, zur Unfruchtbarkeit verurteilte Nachahmung der Musik. Die Sprache kann zwar magische Bilder heraufbeschwören, aber doch nur dank grammatischer Gesetze. Die bildenden Künste haben diesen Umweg nicht nötig. Ein Kennzeichen des Unbewußten und Nichtrationalen ist, daß es noch nicht in Sprache umgesetzt wurde. Es tritt zunächst als Bild zutage. Deshalb lag hier für die surrealistische Malerei ein unvergleichlich viel reicheres und größeres Gebiet zur Erforschung bereit, und dazu kam noch der Reichtum an unterschiedlichen Materialien und Techniken, die es für den Schriftsteller nicht gibt. Er muß sich auf das Wort beschränken.

Ein Duchamp verfolgte mit seinen aufsehenerregenden banalen Collagen in erster Linie noch eine provokative Absicht, in der Art der Dadaisten. Er wollte die erhabene Kunst und ihre Gläubigen lächerlich machen, indem er etwa ein Urinoir als Ausstellungsobjekt deklarierte. Mit Francis Picabia bemalte er eine Reproduktion der Mona Lisa – dieses Heiligenbildes der Kunstgeschichte und vieler Generationen von Kunstverehrern – mit Schnurrbart und Spitzbärtchen. Seine Collagen waren vor allem ein Protest gegen die »Scheinrealität« der Kunst, wie bei Schwitters und anderen: warum, statt unechter, nämlich gemalter Objekte wie Streichholzschachteln oder Lappen nicht gleich die echten Gegenstände in Natura?! Wobei die völlig willkürliche und unsinnige Kombination der Objekte das träge, vom Konventionellen betäubte Hirn des Kunstliebhabers wachrütteln sollte.

Inwiefern waren die Surrealisten aber Revolutionäre, wie Breton und andere behaupteten? Schon immer waren große Künstler, viele Maler, vom Unsichtbaren hinter dem Sichtbaren fasziniert, vom geheimnisvollen, unbekannten Ursprung phantastischer Träume, Ängste und nichtrationaler Kräfte. In Bosch, Grünewald, El Greco oder Goya fanden die Surrealisten Vorläufer, aber die technologische Revolution forderte sie zu dem Versuch heraus, die normale Wirklichkeit zu überwinden, ja zu negieren, womit sie weit über die Älteren hinausgingen. Bemerkenswerter Anreger war der griechisch-italienische Maler Giorgio de Chirico mit seiner Pittura metafisica. De Chiricos Welt ist eine unmittelbar wiedererkennbare Welt, zugleich aber ein unheimliches Spiegelbild der normalen, geradezu wie eine ausgegrabene tote Stadt: lange Schatten, von denen auf eine unsichtbare, tiefstehende Sonne zu schließen ist, leere Gebäude, die keine klare Funktion haben, wie zufällig nebeneinanderliegende Gegenstände, alles in eine beklemmende Stille gehüllt, die gerade deshalb wie die Stille vor einer ungeheuren Explosion wirkt, vor einer drohenden kosmischen Katastrophe – in dieser Hinsicht ist hier der sogenannte magische Realismus eines Albert Carel Willink schon vorweggenommen. Bei Malern wie Max Ernst und René Magritte ist die – durchaus beabsichtigte – Schockwirkung stärker, weil sie die sichtbare Realität in einzelne Bestandteile zerlegen und diese auf absurde Weise wieder zusammensetzen. Magritte treibt seinen Spaß mit der konventionellen

Rezeptionshaltung, indem er seinen Werken völlig sinnwidrige Titel gibt. Wegen der außergewöhnlichen Faszination, die das Unbewußte auf sie ausübte, propagierten manche Surrealisten eine sogenannte »automatische« Arbeitsweise. Um wirklich in die nichtrationalen Regionen hinabzugelangen, versuchten sie, soweit wie möglich unbewußt zu malen, spontan inneren Regungen folgend, ähnlich wie Vorschulkinder oder psychiatrische Patienten. Dabei ließen sie sich gern durch allerlei Material-Experimente inspirieren. Max Ernst wurde bekannt für seine »Frottage«- und »Grattage«-Techniken: Bei der Frottage preßte er Papier auf verschiedenartige Unterlagen mit prägender, zum Teil reliefartiger Struktur, die er dann mit Graphit durchrieb, oder er übertrug auf die Unterlage aufgebrachte Farbe durch Reiben, bei der Grattage legte er Leinwand mit willkürlich aufgetragenen Farbschichten auf die Unterlage und schabte anschließend die Farbe ab. In beiden Fällen entstanden unerwartete Figuren und Muster. Die gemischten Materialien selbst führten ihm die Hand. Die Ergebnisse erinnerten an das Material des psychologischen Rorschachtests, und ihre Interpretation war der Ausgangspunkt für die weitere Bearbeitung. André Masson vermischte Sand und Leim auf Leinwand, um sich von den Ergebnissen inspirieren zu lassen. Vor allem er und der Spanier Joan Miró experimentierten mit dieser »automatischen« Kunst. Bei Dalí, der von allen Surrealisten am meisten Aufsehen erregte, sind die unterschiedlichen Intentionen, die für diese Bewegung charakteristisch sind, oft unentwirrbar miteinander verschlungen: Provokation durch widersinnige Umkehrung oder Zerlegung der Realität sowie durch das Brechen von vor allem sexuellen Tabus, etwa durch eine gigantische Masturbationsphantasie; Verhöhnung der Logik; Beschwörung einer magischen Traumwelt, gewissermaßen wie unter Hypnose gemalt, aber, wie auch bei anderen Surrealisten, in technischer Perfektion. Die realistische Detailwiedergabe – bei Körpern oder Gerippen, bei geschmolzenen Uhren oder Kothaufen auf Bürgersteigen – steht gerade wegen ihrer Präzision in besonders scharfem Kontrast zur Verformung und Unsinnigkeit des Ganzen. Bei all diesen Versuchen stieß man allerdings auf die unverrückbaren Grenzen des Bildes und der bildenden Künste: Ihnen fehlt die Dimension der Zeit, also die Bewegung, die gerade bei Traumbildern so wesentlich ist. Dies erklärt Dalís Aktivitäten auf dem Gebiet des Films, dieses neuen Mediums, das Bild und Bewegung kombinieren kann. Für viele Avantgardisten, die eine Synthese der verschiedenen Künste anstrebten, waren solche neuen Kombinationsmöglichkeiten ein wichtiges Motiv für die Beschäftigung mit der Technik. Mit dem Spanier Luis Buñuel drehte Dalí Ende der zwanziger Jahre surrealistische Filme, die die bewegliche Traumwelt wiedergeben sollten, wie *Der andalusische Hund* und *Das goldene Zeitalter*.

Schon vorher waren surrealistische Filme gedreht worden, unter anderem von Man Ray. Noch früher entstanden in Deutschland einige aufsehenerregende Produktionen von Robert Wiene, Friedrich Wilhelm Murnau, Fritz Lang und Arthur von Gerlach – *Das Kabinett des Dr. Caligari*, *Nosferatu – eine Symphonie des Grauens*, *Dr. Mabuse, der Spieler* und *Vanina* –, die schon ausgesprochen surrealistische Züge hatten. Es waren filmische Kreationen, die im Grunde an die Tradition der literarischen Horrorerzählung anknüpften, der Schauer- und Gespenstergeschichte, die in der Romantik aufgekommen war und unter anderem auch bei E. T. A. Hoffmann und später bei Edgar Allan Poe eine wichtige Rolle spielte. Die fotografische Technik konnte das Unwahrscheinliche auf den ersten Blick glaubwürdig scheinen lassen und damit seine suggestive Kraft vergrößern. Gerade der Film, der ein Ereignis vollkommen wirklichkeitsgetreu in Form einer sich bewegenden Fotografie festhält – wobei man anders als bei naturalistischer Malerei oder beim naturalistischen Drama nicht von »Nachahmung« sprechen konnte, weil der Film ja eigentlich nur die Bilder wiedergab, die die Kamera sah –, gerade der Film also wurde in den Händen der Expressionisten und Surrealisten ein besonders wirksames Mittel zur Verformung und Demaskierung der Wirklichkeit. Dies war zugleich ein Triumph der Phantasie, die hier die Technik unterwarf. Deshalb waren die Surrealisten, Maler wie Filmemacher, vom Technischen so fasziniert. Die Verbindung von Technik und provozierender Phantasie bot ihnen ungeahnte Ausdrucksmöglichkeiten. In den erwähnten deutschen Filmen ging es um menschliche oder quasimenschliche Monster und deren Greueltaten, und zweifellos sollten sie auf ihre Weise die Fassade von Zivilisation und ausgehöhlter Moral niederreißen und die Menschen in die verborgenen Abgründe ihrer Seele blicken lassen. Natürlich hatten Schauerroman und -geschichte auch immer diese Funktion erfüllt. Sie dienten zugleich als Ventil für verbotene Begierden und Triebe, die so auf harmlose Weise ausgelebt werden konnten, was auch und in erster Linie für den Autor selbst gilt. Nur unaufrichtige, beschönigende Literatur- oder Kunstgeschichte kann über diesen Aspekt hinweggehen. Die Fixierung auf einen fast übermenschlichen Verbrecher in einigen der sensationellsten deutschen Filme dieser

Zeit und die Faszination, die offensichtlich von diesem satanischen Tyrannen ausging, bleiben bemerkenswert. Die weit verbreitete Sehnsucht nach dem neuen Menschen und nach einem charismatischen Führer oder Erlöser konnte sich hier auf ein pervertiertes Idol richten, den großen, teuflischen Hypnotiseur.[37] Nicht weniger auffällig ist bei Künstlern wie Ernst, Masson und Dalí in ihren teilweise halluzinatorischen Phantasien das obsessive Interesse für sadistische Monster, vorweltliche Tiere, Menschen mit Raubvogelköpfen und mancherlei Symbole blutiger Sexualität.

Die meisten Surrealisten waren in politisch-ideologischer Hinsicht, wie beinahe alle Avantgardisten, revolutionär gesinnt. Da sie sich gegen das rationale und auf Nützlichkeit gerichtete Denken wandten, lehnten sie den Funktionalismus ab, der ja die Gerade bevorzugte, dieses Symbol für Vernunft, Effizienz und die Unterwerfung der Natur durch den Menschen. Sie hatten eine Vorliebe für das Fließende, Ungreifbare, die krumme Linie, quallenartige Körper und glitschige Puddingsubstanzen. Auch bei den surrealistischen Skulpturen überwiegen die runden, wogenden, weichtierhaften Formen, die unverkennbar sexuelle Assoziationen auslösen, wenn nicht gleich eindeutig erotische Posen dargestellt wurden. Die Frau ist dabei eher grausames, dämonisches Wesen als idealisiertes Objekt der Begierde. Immer wieder erscheinen Erotik und Sadismus als Zwillinge. Der Film *Der andalusische Hund* beginnt mit einer Szene, in der ein Mann ein Rasiermesser schärft, das anschließend langsam durch das Auge einer Frau gezogen wird. Was in der Literatur immer noch durch die Phantasie des Lesers ergänzt werden mußte, was im Gemälde erstarrt und zeitlos und deshalb auch bis zu einem gewissen Grade transformiert wirkte, wodurch ein gewisser Abstand geschaffen wurde, konnte im Film als realer Vorgang wiedergegeben werden, der sich direkt vor den Augen des Zuschauers abspielte. So wurde die Ablehnung der Wirklichkeitsimitation durch Kunst dadurch neutralisiert, daß man diese ungeheuren technischen Möglichkeiten der »Nachahmung« im Sinne von Wiedergabe nicht ungenutzt lassen wollte. Daß die Surrealisten so sehr von einer halluzinatorischen Wirklichkeit fasziniert waren, deutet eher auf eine Affinität zur Romantik als zur Aufklärung mit ihrem Optimismus und Humanismus. Zwar sah und sieht man den Bruch der überkommenen Tabus gern als Streben nach Befreiung des Menschen durch Enthemmung – daher die Vorliebe für die beiden in der offiziellen Kultur mit dem schwersten Tabu belegten Bereiche, Sexualität und Zerstörungstrieb. Aber zum Teil war die

Beschäftigung mit diesen Themen natürlich eine Rationalisierung innerer Impulse, es ging, wie bei allen Schöpfungen, gleichzeitig um Selbstbefreiung, die in der Theorie als Beitrag zum Fortschritt sublimiert werden konnte. Auch in der Neigung, sich vom Unbewußten lenken zu lassen, verbirgt sich ein sehr bewußtes Element. Die Naivität ist nur vorgetäuscht. Die Stärke der Wirkung ist gerade darauf zurückzuführen, daß das obsessive Interesse für Sexuelles, Grausamkeit und Sadismus bei vielen Surrealisten oder für ein satanisches Monster, wie in den erwähnten Filmen, echt und authentisch war. Viele Surrealisten waren eigentlich Illustratoren, im Gegensatz zu den Impressionisten und Expressionisten. Nur zeigen ihre Illustrationen keine wahrnehmbare, vertraute Welt, sondern die Gegenwelt von bizarrer Phantasie, Bedrohung, Angst und Wahnsinn. Viel von ihrem Werk ist auch Parodie der kanonisierten großen Kunst. Der einer späteren Generation angehörende Isländer Erró (eigentlich Gudmundur Gudmundsson) malte etwa einen zweiten »Schrei«, wobei er eine Kopie des bekannten Gemäldes von Munch um eine zweite schreiende Figur ergänzte. Indem man berühmte Kunstwerke in Einzelelemente zerlegte und diese in Collagen oder Gemälde einfügte, verhöhnte man die Tradition, aber heimlich bekannte man sich damit auch zu der Überzeugung, daß Kunst im üblichen Sinn nicht mehr möglich sei. In dieser Hinsicht war der Surrealismus zugleich ein einziger satirischer Epilog auf die Kultur.

Allerdings kann längst nicht alles, was die bekannten Surrealisten malten, als surrealistisch bezeichnet werden. Picasso war nicht der einzige, der mit vielen verschiedenen Stilen experimentierte. Von Miró und Masson gibt es Werke, die, nach dem Vorbild von Paul Klee, auch die Möglichkeiten einer symbolischen Zeichensprache ausloten. Figuren werden zu Hieroglyphen und stellen eine Verbindung zu uralten Kulturen her. Klee versuchte, mit einem von Stimmungen geleiteten Farben- und Figurenspiel eine Brücke von der Malerei zur Musik zu schlagen. Bei Marc Chagall liegt es wiederum näher, eine Beziehung zur Lyrik zu erkennen, wenn er innere Erlebnisse und Eindrücke durch kindlich-naive Symbole oder Illustrationen ausdrückt.

9 Die Musik

Bei der Musik waren die Voraussetzungen andere als bei den bildenden Künsten. Diese im höchsten Maße geistige und unmittelbar mit der Innenwelt verbundene Kunst, zu deren Wesen es gehört, daß sie die unaussprechlichen und nichtrationalen menschlichen Empfindungen ausdrückt, hätte durch etwas wie Surrealismus nichts Neues hinzugewinnen können. Das heißt jedoch nicht, daß in der Welt der Tonkunst keine Widerspiegelung, keine Spuren der großen Bewegungen in den Schwesterkünsten zu erkennen wären. Der rabiate Bruch mit der jahrhundertealten Tonalität und der traditionellen rhythmisch-metrischen Symmetrie – bei Schönberg, Berg, Webern und Nachahmern wie Hanns Eisler – und die aufsehenerregende Einführung primitiver Klänge und vor allem Rhythmen bei Strawinsky entsprachen den revolutionären Umwälzungen in den anderen Künsten. Sie zeigen, daß auch die Musik in die große Turbulenz hineingezogen wurde und daß die Komponisten nicht weniger eifrig nach neuen Wegen und Ausdrucksformen suchten. Daß die Avantgardisten, wie schon erwähnt, das Verlangen hatten, die alten Begrenzungen zu durchbrechen, begünstigte außerdem in vielerlei Hinsicht eine Annäherung und sogar praktische Zusammenarbeit. Beim Theater, dem Tanz und der Oper war diese Vorgehensweise schon seit langem normal, und zu diesen bekannten Kunstformen gesellte sich jetzt noch der Film. Filmregisseure erkannten bald, daß die Musik wie nichts anderes geeignet war, Stimmungen zu erzeugen und die suggestive Kraft des Sichtbaren zu erhöhen. So kamen auch die Komponisten direkt mit der linken, revolutionären Bewegung in Berührung. Manche arbeiteten eng mit Dichtern und Theaterreformern zusammen und stellten damit ihre Kunst in den Dienst der Sozialkritik, wie zum Beispiel Berg mit seiner Oper *Wozzek*. Eisler und Kurt Weill wurden dem breiten Publikum vor allem durch ihre Musik zu Stücken von Kaiser und Brecht bekannt. Mindestens im gleichen Maße wie Brechts Text war es in der *Dreigroschenoper* oder in *Der Jasager* die Musik Weills, die sich mit ihren herben Dissonanzen und markanten harten Rhythmen einprägte und dafür sorgte, daß die Aussage auch ihren Weg in die Herzen fand. Die unwiderstehliche, belebende und mobilisierende Kraft der Musik, die auch Massen narkotisieren kann, ist seit jeher von allen weltlichen und kirchlichen Mächten und Instanzen erkannt worden. Nun stärkten auch die Komponisten mit ihrem Werk die Reihen derer, die der Kunst eine klarere soziale Funktion und eine andere und breitere gesellschaftliche Basis geben wollten; der Opernkomponist oder der Komponist von Begleitmusik zu Theaterstücken muß selbstverständlich mit Inhalt und Tendenz des Textes einverstanden sein. Die Einführung oder Übernahme von harter, quälender Dissonanz, von Archaismen oder von Elementen, die man primitiven Gesellschaften zuschrieb, impliziert bewußten Protest gegen die Klangfülle und Klangschönheit einer Musik, die auf ihr Publikum, das aus den höheren Schichten stammte, eher harmonisierend und tröstend wirkte. Auch in der Musik kann man andererseits eine Entsprechung zum Verismus und zum neuen Verlangen nach Sachlichkeit erkennen: in der Rückkehr zu einer strengen absoluten Musik, die vor allem auf Bach zurückging, wie bei Paul Hindemith, obwohl dieser sich mit seiner Musik zu Kokoschkas Text *Mörder, Hoffnung der Frauen* und später mit seiner Oper *Mathis der Maler* auch auf dem anderen Gelände bewegte.

Im Reich der Klänge können wir bei allen Neuerungen zwei verschiedene Richtungen unterscheiden. Einerseits führte die avantgardistische Abneigung gegen den spätromantischen Gefühlsausdruck und die Harmonik, die dessen Grundlage bildete, zu den atonalen Experimenten, die eine musikalische Entsprechung zur abstrakten, nichtgegenständlichen Malerei und Skulptur bildeten und mit denen man völlig unbekannte und unvertraute Klangwelten betrat. Andererseits begann eine Suche nach dem, was man die musikalischen »Urformen« nannte; sie waren in alter Volksmusik und bei primitiven Kulturen zu finden.

Während die atonalen Experimente zwangsläufig zur Auflösung erkennbarer musikalischer Gestalten und Strukturen führten, so daß man sich immer weiter vom normalen Hörer entfernte, versuchten Komponisten mit dem Rückgriff auf »Urformen« eher, den Abstand wieder zu verringern und Boden unter die Füße zu bekommen, wobei manche von ihnen Elemente aus der experimentellen und aus archaisch-primitiver Musik kombinierten, zum Beispiel Strawinsky. Außerdem blieb Richard Strauss auch in der Zeit zwischen den Weltkriegen sehr produktiv und wurde, als letzter großer Repräsentant der spätromantischen Tradition, vom Publikum gefeiert. Im Grunde war er jedoch eher ein Vollender, mit dem eine Epoche ihren Abschluß fand, als ein Wegbereiter. Dagegen zeigte vor allem der Ungar Béla Bartók, welche Inspirationsquellen noch auf dem Gebiet der alten Volksmusik mit ihren ausdrucksstarken melodischen und rhythmischen Eigenheiten lagen. Auch durch diese Mittel fand er zu seinem ganz charakteristischen, strengen und schlichten Stil, dem alle billigen Effekte und äußerlicher Aufwand fremd waren. Neben dem Volkslied boten aber auch Unterhaltungsmusik und Jazz Elemente, mit denen man Brücken zum Publikum schlagen konnte. Nicht nur Strawinsky, auch Komponisten wie Milhaud und Honneger bedienten sich dieser Mittel.

Erkundungen im Atonalen, Reinigung der Musik von romantisch-sentimentalem Ballast (oder was man dafür hielt!), Aufwertung elementarer Urformen in Melodik und Rhythmus, sporadische Übernahme leichter und gefälliger, aber auch vertrauter klassischer Klänge – all dies findet sich in einer Musik, deren Schöpfer sich als rechtmäßige Erben und Erneuerer der großen, weiterhin als Maßstab geltenden Tradition und zugleich als ihre Überwinder und Antipoden betrachteten. Dabei wußten sich einige im Opern- und Konzertbetrieb mit Erfolg neben den Großen der Vergangenheit zu behaupten – dies hatten Strawinsky und Strauss, so gegensätzlich sie sonst waren, gemeinsam. Den größten Teil aller Programme füllten hingegen die älteren Meister von Bach bis Mahler. Mehr noch als im vergangenen Jahrhundert waren es die Ausführenden, die Dirigenten und Virtuosen, die beim großen musikbegeisterten Publikum im höchsten Ansehen standen. Die zwanziger und dreißiger Jahre waren die Glanzzeit der berühmten Dirigenten, und diese erwarben ihren Ruf in erster Linie als Interpreten der bekannten klassischen und romantischen Musik. Toscanini, Bruno Walter, Weingartner, Furtwängler, Mengelberg, Klemperer, Kleiber, Fritz Busch, Stokowski, sie waren die hellsten Sterne am musikalischen Firmament, zusammen mit einer Elite von Instrumentalisten, den Pianisten Cortot, Schnabel, Myra Hess, Gieseking, Backhaus, Horowitz und Edwin Fischer, den Geigern Thibaud, Huberman, Kreisler, Flesch, Adolf Busch, Enescu und Yehudi Menuhin als Wunderkind, den Cellisten Casals und Piatigorsky, während Wanda Landowska dem Cembalo wieder zu Ehren verhalf und damit auch einen wichtigen Beitrag zur Bach-Renaissance leistete sowie Bemühungen um eine »authentische« Wiedergabe älterer Musik förderte. Der große Leipziger Kantor, der im romantischen neunzehnten Jahrhundert etwas im Schatten der Wiener Klassik gestanden hatte, sollte nach und nach zum allerhöchsten Rang im Reich der Klänge aufsteigen.

10 Stadtkultur und Hedonismus

Die Suche nach ganz neuen Wegen und Ausdrucksformen in der Kunst war im Grunde etwas, das jenseits des Horizonts der großen Bevölkerungsmehrheit vor sich ging. Die Künstler bildeten eine ziemlich dünne Oberschicht und waren in ihrer Epoche nicht ohne weiteres repräsentativ für das kulturelle Klima insgesamt – trotz der revolutionären Einstellung, die bei vielen Avantgardisten als Reaktion auf eine Kunst zu verstehen ist, die in ihren Augen zu sehr exklusiver Besitz der begüterten Oberklassen gewesen war. Ich habe schon daran erinnert, daß sie durch diese Reaktion paradoxerweise den Abstand zur Masse der Bevölkerung eher vergrößerten. Es kam zu einer immer deutlicheren Trennung von ernsthafter und populärerer, leichter Kunst. Die eine fesselte eine gebildete Elite, die andere war etwas für die Allgemeinheit. Diese Trennung gilt jedoch nur für die zeitgenössische avantgardistische Kunst. Die große Kunst der Vergangenheit hingegen wurde mehr und mehr von breiteren Bevölkerungsschichten rezipiert, zuerst die bedeutenden klassischen und romantischen Komponisten, daneben aber auch, dank der billigeren und verbesserten Reproduktionstechniken, die Meister der Malerei und die wichtigsten Schriftsteller. Schon seit dem späten neunzehnten Jahrhundert wurden die Werke der großen Dichter in erschwinglichen Volksausgaben herausgebracht, was ganz dem liberalen Bildungsideal entsprach. Hierbei ging es in erster Linie um Erziehung im nationalen Geist und um die Schaffung einer nationalen Identität. Außerdem wurde aber von einem kultivierten Bürger erwartet, daß er die Klassiker der Weltliteratur kannte, deren Werke nun auch überall in Übersetzungen auf den Markt kamen. In diesem Bildungsprozeß, durch den die breiten Mittelklassen und die Arbeiter allmählich immer mehr an Kultur im engeren Sinne teilhatten, wurden der Geschmack und die ästhetischen Normen des Bürgertums, also die Vorliebe für die klassizistischen und naturalistischen Stile, auf die aufsteigenden Schichten übertragen. Es war die Kultur der höheren Klassen, die den einfachen Leuten bei ihrem Streben nach kultureller Vollwertigkeit ganz selbstverständlich als Maßstab vor Augen stand. Wie früher einmal das gehobene Bürgertum den Stil eines allmählich an Bedeutung verlierenden Adels kopiert hatte, so übernahmen jetzt die unteren Mittelklassen und die Arbeiter zu einem großen Teil den bürgerlichen Geschmack.

Es ist kaum möglich, einen Zuwachs an Bildung in breiten Bevölkerungskreisen in Prozenten auszudrücken, und auf diesem Gebiet sind noch zu wenig Detailuntersuchungen durchgeführt worden. Die Auflagenhöhe von Büchern oder Zeitungen ist ein nützlicher Hinweis, sagt aber noch nicht alles über den tatsächlichen Einfluß. Abgesehen von Spengler und vielleicht noch Wells gab es unter den schreibenden Kulturpessimisten keine wirklichen Bestsellerautoren. Hinweise auf kulturelle Interessen können auch Ausstellungen geben. Bei einer großen allgemeinen Ausstellung zeitgenössischer Kunst, die 1930 in München stattfand, gehörten offenbar von den tausend beteiligten Künstlern nur zwei Prozent zu den Avantgardisten, mit einem Anteil von fünf Prozent an der Gesamtheit der ausgestellten Werke.[38] Die Jugendbewegung fand ihre Anhänger inzwischen schon in einem nach unten hin breiter werdenden sozialen Reservoir. Trotzdem blieb sie, wie schon erwähnt, in erster Linie noch eine Bewegung der Mittelklassen, und das gleiche gilt für die soziale Basis der Reformpädagogik.

Aber die Folgen des vom Krieg ausgelösten Erdrutsches waren natürlich bis in den letzten Winkel der Gesellschaft spürbar. Vor allem zeigte sich, daß jetzt die Entwicklungen, die schon in der Vorkriegszeit zu einer Verringerung sozialer Abstände geführt hatten, stark beschleunigt wurden. Wenn es auch nicht dazu kam, daß die große Revolution im kommunistisch-bolschewistischen Sinn Europa in Brand setzte – die alten traditionellen Autoritäten hatten fraglos Schaden erlitten, und die Autorität an sich hatte etwas von ihrem Nimbus verloren. In vielen Ländern stieg die Kriminalität sprunghaft an. Der Krieg hatte die Anstandsnormen zerrüttet und, angesichts all der Toten, die zu beklagen waren, auch die Gewaltschwelle gesenkt. Man hat bemerkt, daß neben den überkommenen sozialen Gegensätzen neue entstanden, die im Alltagsleben die alten überlagerten und sogar zeitweise an ihre Stelle traten – Gegensätze zwischen den Generationen, zwischen Männern und Frauen (durch die Emanzipation der Frauen und ihr Vordringen auf den Arbeitsmarkt), zwischen Kriegs- und Inflationsprofiteuren und -geschädigten.[39] Das galt übrigens für manche Länder, für die großen Verlierer mehr als für andere. Im großen und ganzen verstärkte sich dennoch sehr deutlich die Tendenz zum Ausgleich sozialer Gegensätze. Die Trennung von Öffentlichkeit und Privatsphäre, von Arbeitswelt und Familie, die vor 1914 noch ein Kennzeichen der höheren Klassen gewesen war, wurde jetzt zur Normalität. Heimarbeit war nicht mehr zeitgemäß, sie wurde schlecht bezahlt, während die Arbeit in der Fabrik immer mehr soziale Sicherheit bot. Arbeiter und Angestellte der freien Wirtschaft hatten feste Arbeitszeiten, feste Löhne oder Gehälter, genau wie Beamte, Lehrer oder Verwaltungspersonal. Ihr Familienleben bekam allmählich mehr Ähnlichkeit mit dem der besseren Kreise. Nur für das Dienstpersonal gab es nichts dergleichen. Dienstmädchen und andere Hausangestellte blieben weiterhin wie selbstverständlich unverheiratet, und man erwartete, daß sie Teil oder Anhängsel der bürgerlichen Familie blieben.

Innerhalb der Arbeiterschaft waren andererseits die Unterschiede zwischen Facharbeitern und Ungelernten so groß, daß die von Sozialismus und Kommunismus beschworene und zum Dogma erhobene Solidarität immer mehr zum Mythos wurde. Das gilt auch für die internationale Solidarität, vor allem angesichts der Tatsache, daß auch die Arbeiter in den verschiedenen nationalen Kulturen verankert waren. Inwiefern dies auch ein Grund dafür war, daß der revolutionäre Durchbruch ausblieb, ist schwer zu sagen. Die Zerrissenheit der Linken war gewiß ein Grund, und sie ist von der Zersplitterung der Arbeiterschaft nicht zu trennen. Die besser Ausgebildeten und die Älteren mit einigermaßen sicheren Stellungen im Betrieb wählten in der Regel die sozialdemokratischen Parteien, also gemäßigte Sozialisten, die Jüngeren und die Ungelernten mit niedrigeren Löhnen überwiegend die Kommunisten.

Was die Bevölkerung in den Städten angeht, begünstigte das Ende des Krieges und seiner politischen und sozialen Nachwehen das Entstehen einer hedonistischen Einstellung. Dies galt vor allem für den neuen Mittelstand – Angestellte, kleine Beamte und Verwaltungspersonal. Da diesen Gruppen so etwas wie das traditionelle Berufsethos des alten Mittelstandes fehlte, nahm besonders bei ihnen die Orientierungslosigkeit zu. Der Verlust alter Gewißheiten, bei vielen auch von materiellen Sicherheiten, das Gefühl, in einer Zeit rasender Veränderung und sich überstürzender Ereignisse zu leben, die schon die allernächste Zukunft zu etwas vollkommen Ungewissem zu machen schienen – all dies führte dazu, daß diejenigen, die noch einmal davongekommen waren, jetzt in vollen Zügen das Heute genießen wollten. Es lag eine Stimmung in der Luft wie nach einem schweren Gewitter, wenn für kurze Zeit wieder die Sonne scheint. So wurde das Carpe diem zu einer einleuchtenden praktischen Lebensregel. Das Gesagte gilt allerdings in erster Linie für die Städte, besonders die sehr großen. Es gilt nicht für die Landbevölkerung, die Bauern, und nur in viel geringerem Maße für die Länder, die nicht in den Krieg hineingezogen worden waren, wie die Niederlande. Dort blieb das Alltagsleben noch viel mehr in den vertrauten Bahnen, wenn auch nicht alle Stürme vorbeizogen. Wenn man zum Beispiel die niederländische Geschichte dieser Zeit von innen her betrachtet, sind auch wichtige Veränderungen zu erkennen: Allgemeines Wahlrecht, Verhältniswahlrecht, Sozialgesetze und die Beendigung des Kampfs um das Schulwesen läuteten eine neue Epoche ein. Aber im Vergleich zu den am Krieg beteiligten Nationen, ganz zu schweigen von den neugebildeten Staaten in Mittel- und Osteuropa, blieben die Niederlande ein ziemlich ruhiges Gewässer.

In den Weltstädten – an erster Stelle Berlin, Paris und Wien – kam es zu einer gewaltigen Eruption von Hedonismus, man fieberte nach Vergnügen und Unterhaltung, nach dem Neuen und Sensationellen. Man wollte vergessen und vor allem nachholen, mit beiden Händen greifen, was das kurze Dasein an köstlichen Genüssen zu bieten hatte. Und auf einmal zeigte sich, das dies unverhofft viel war, dank einer sprunghaften Vermehrung von technischen Erfindungen und Konsumgütern, die das Leben verschönten, und dank des Angebots an Vergnügungsmöglichkeiten. Jetzt vor allem machte sich der Einfluß der Neuen Welt bemerkbar, der »Amerikanismus«. In den USA hatten Großindustrielle wie Ford schon früh erkannt, wie wichtig es war, daß die weniger Begüterten, die Arbeiter, zu Käufern ihrer Waren wurden. Sie wandten sich deshalb mit ihren Produkten auch ganz bewußt an diese breiten Schichten, stellten sich auf ihren Geschmack ein und appellierten an ihre Sehnsüchte; hierzu gehörte ein Trommelfeuer von Werbung, die mehr Komfort und ein unbeschwertes, glücklicheres Leben versprach. Der Superlativ war dabei unverzichtbar und drang auf diesem Weg unaufhaltsam in den allgemeinen Sprachgebrauch vor. Und Europa erwies sich als gelehriger Schüler. Der Film begann auf breiter Front seinen siegreichen Vormarsch, wenn auch noch als schwarzweißer Stummfilm. Der Jazz eroberte im Sturm die öffentlichen Vergnügungsstätten. Jazzbands nach amerikanischem Vorbild verdrängten vielfach die traditionellen Kaffeehausensembles oder wurden zu gefürchteten Konkurrenten. Hitzige Tänze übten eine elektrisierende Wirkung aus, gerade durch ihren Kontrast zu den konventionellen, disziplinierten Tänzen, die noch unter Moralzensur standen und die sinnliche Erregung auf einem niedrigen, kontrollierbaren Stand halten sollten. Das intime Geschiebe bei neuen Tänzen wie dem Foxtrott, mit dicht aneinandergepreßten Körpern, war eine verlockende Alternative. Die erotische Natur des Tanzes, der aus orgiastischen Feiern hervorgegangen war, offenbarte sich durch die Bewegungen der tanzenden Körper jetzt viel deutlicher als zuvor.

Der Sport schließlich wurde für Millionen zu einem unentbehrlichen Teil ihres Lebens – er bot Entspannung, Freude, Flucht aus der grauen Eintönigkeit des Arbeitsalltags, außerdem aber auch zunehmend berufliche Möglichkeiten; mit Sport konnte man Geld verdienen, berühmt werden, ein Held. Bei Pferde-, Auto- und Motorradrennen, bei Boxkampf und Fußball wurden bald schon Millionenbeträge umgesetzt. Da hinter den Kulissen ein ganzes Heer von Managern und Leitern, Trainern, Ärzten, Betreuern, Stallburschen, Mechanikern oder anderen Helfern gebraucht wurde, entwickelte sich der Sport zu einem neuen bedeutenden Arbeitsfeld. All dies hatte weitreichende Konsequenzen, auch ökonomische. Sportbekleidung wurde in der Textil- und Schuhindustrie zu einer eigenen Branche. Sportartikel, deren Fertigung spezialisierte Hersteller erforderte, waren bald gewinnbringende Massenprodukte. Die Anlage von Sportplätzen, der Bau von Schwimmbädern, Rennbahnen und Tribünen oder Hallen, die Tausenden Platz boten, oft am Rande der Großstadt, veränderte das Landschafts- oder Stadtbild. Das Wochenende brachte bald regelmäßig wahre Völkerwanderungen, da die Menschen in Massen zu den Schauplätzen der aufregenden Spektakel – Fußballspielen und anderen Wettkämpfen – und wieder zurück strömten. Dies machte wiederum Maßnahmen auf dem Gebiet des Verkehrs notwendig, den Ausbau der öffentlichen Verkehrsmittel und die Anlage neuer Zufahrtsstraßen. Und nicht zuletzt brachte dieses Wochenendvergnügen einen gewaltigen Konsumanstieg bei Getränken und Speisen, während der Sportveranstaltungen oder danach. Bier und andere Getränke flossen in Strömen durch heisergebrüllte Zuschauerkehlen, und viele neue Lokale wurden in unmittelbarer Nähe der Sportstätten eröffnet. All das zusammen zeigt beispielhaft, was für eine Kettenreaktion ausgelöst werden kann, wenn nur ein einziges Gebiet menschlicher Aktivität viele in seinen Bann zu ziehen beginnt, eine Kettenreaktion, die sich auf die gesamte Wirtschaft auswirkt und zahlreiche Berufszweige und Branchen aufblühen läßt! Als Massenphänomen bot Sport auch soziale Erfahrungen von höchster Bedeutung und hatte eine stark egalisierende Wirkung – wenn auch manche Sportarten, wie schon erwähnt, lange noch Spuren ihrer ursprünglichen Bindung an einen bestimmten Stand zeigten. Das galt nicht für die neuen Sportarten, die ein Produkt der Technik waren, wie Auto-, Motorrad- oder Fahrradrennsport; sie waren erst entstanden, als die eigentlichen Stände schon weitgehend aufgelöst waren. Welche soziale Bedeutung der Sport hatte, zeigen auch die rasche Vermehrung und das Wachstum der Sportverbände und -vereine, die aktive und passive Sportfreunde umfaßten. Neben den politischen Parteien, Gewerkschaften, Wirtschaftsverbänden und kirchlichen Gemeinschaften gehörten sie von jetzt an zu den wichtigsten Organisationen, die in der neuen Gesellschaft Menschen vereinten und ein Gruppenbewußtsein, ein Wir-Gefühl, entstehen lassen konnten.

Das Verhältnis von Sport und Technik war etwas kompliziert. Einerseits begünstigte gerade die Industrialisierung in hohem Maße das Aufkommen des Sports als gesundes Gegengewicht zur Mechanisierung des Lebens, denn beim Sport konnten viele ihre natürlichen körperlichen Kräfte entfalten, in besserer Luft als in Maschinenhalle oder Büro. Andererseits schufen aber neue technische Erfindungen – Auto, Motorrad und Flugzeug – viele Möglichkeiten, typische Eigenschaften des Sportlers wie Schneid, Ehrgeiz, Reaktionsschnelligkeit, Kampflust und Durchhaltevermögen zu demonstrieren. Das Machtgefühl, das die Beherrschung der Maschine verlieh, das Gefühl des Sieges über Zeit und Raum, das waren psychische Wirkungen, die ganz denen des eigentlichen Sports entsprachen. Und da es auch hier um einen Wettkampf oder Leistungssteigerung ging – auch wenn dabei keine körperliche Kraft aufzuwenden war –, boten die nervenaufreibenden technischen Sportarten ein ähnliches Erlebnis wie die nichttechnischen, ja sie boten insofern einen noch größeren Reiz, als die Risiken und Gefahren größer waren. All diese Dinge waren wie gesagt nicht völlig neu, aber in den zwanziger und dreißiger Jahren kam es zu einer gewaltigen Beschleunigung dieser Entwicklung, die sich im Grunde noch heute fortsetzt; vieles von dem hier Gesagten gilt in noch viel höherem Maße für den Rest des zwanzigsten Jahrhunderts.

Die Popularität des Sports wurde durch zwei Medien gefördert: Presse und Rundfunk. Zweck der Presse war seit jeher und ist nach wie vor Information. Aber welche Art Information und für wen? Bis weit ins neunzehnte Jahrhundert wandte sich die Presse ganz selbstverständlich an die Gebildeten, und bei der Auswahl der Information hielt man sich an das, was ein kultivierter Bürger nach allgemeiner Überzeugung zu wissen hatte. So ging es in erster Linie um die aktuellen politischen und wirtschaftlichen Fragen, in Beilagen auch um Wissenschaftliches und Künstlerisches. Bis 1914 war das im wesentlichen so geblieben. Neben den Tageszeitungen und Wochenblättern in Massenauflage gab es, auch schon seit zwei Jahrhunderten, spezialisierte Periodika für einen ausgesuchten Leserkreis, Jahrbücher und Zeitschriften mit ausführlicheren und mehr in die Tiefe gehenden Informationen zu einem bestimmten Gebiet. Nach 1918 setzten sich allgemein zwei Dinge durch, die die Tagespresse immer stärker verändern sollten: Werbung und Fotografie. Außerdem hatte sich durch gesellschaftliche Emanzipationsprozesse und andere Umwälzungen der Kanon dessen, was als wichtig galt, gewandelt. Die Erweiterung der Informationspalette erzwang einen viel knapperen Schreibstil, weil die Zeitungen sonst aus allen Nähten geplatzt wären. Die Beschleunigung der Nachrichtenübermittlung (unter anderem durch Telefon und Telegraf) ermöglichte es, immer schneller über immer mehr Ereignisse zu berichten, und so setzten sich Schlagzeilen durch, an denen sich der Leser schnell und leicht orientieren konnte. All diese Neuerungen begünstigten auch das Aufkommen von Sportrubriken, später sogar gesonderten Sportausgaben, mit deren Hilfe auch diejenigen, die nicht dabeigewesen waren, nachträglich die spannenden Einzelheiten genießen konnten. Noch realistischer wurde das alles durch die Fotografie. Natürlich waren die skizzierten Veränderungen der Presse nicht nur für den Sport bedeutsam. Die Werbung wurde im Konkurrenzkampf der modernen Gesellschaft auf fast jedem Gebiet zu einer unentbehrlichen Waffe – in erster Linie für die Wirtschaft. Dadurch entstand für die Presse eine neue, unschätzbare Einnahmequelle, die sie andererseits zwang, ihr Erscheinungsbild noch stärker zu verändern. Die Folgen der neuen, durch grafisch-visuelle Mittel hergestellten Verbindung von Information und Werbung werden leicht unterschätzt, wie auch die Folgen einer – mit dem Einsatz dieser Mittel zusammenhängenden – Gewichtsverlagerung zwischen den verschiedenen Rubriken und somit zwischen den entsprechenden Gebieten des öffentlichen Lebens. Daß sich das Bild, das der Durchschnittsbürger von der Welt hatte – »Bild« im wörtlichen und im übertragenen Sinne – auf diese Weise veränderte, liegt auf der Hand.

Revolutionäre Folgen hatte außerdem das Aufkommen des Rundfunks, ungefähr ab 1920, als in einigen Ländern, Frankreich, Deutschland und Großbritannien, die ersten Programme ausgestrahlt wurden. In den späten zwanziger und in den dreißiger Jahren wurde das Rundfunkgerät für Millionen zu einem kostbaren Besitz, der auch ein von Eintönigkeit oder Isolation geprägtes häusliches Leben fröhlicher machen konnte. Dank der Radioreporter, die am Ort des Geschehens in höchster Erregung Fußballspiele und andere Wettkämpfe schilderten, übertrug sich die Spannung, die am Rande der Sportplätze oder in den Stadien herrschte, auch auf die Hörer in kleinen Wohnzimmern. Außerdem brachte der Rundfunk jetzt Musik und gesprochenes Wort im Grunde überallhin, vor allem die leichte Muse, Kabarett, Operetten- und Unterhaltungsmusik. Genau wie der Film wurde dieses neue Medium, als Produkt der modernen Technik, von den gebildeten Schichten zunächst eher als kurioses Volksvergnügen betrachtet, ungeeignet für die traditionellen höheren Ausdrucksformen der Kunst. Das ist verständlich, auch wegen der Kinderkrankheiten der neuen Erfindung, als die wiedergegebenen Klänge noch ein schriller, verzerrter Abklatsch der ursprünglichen waren, was vom Hörer viel Konzilianz verlangte. Erst nach einem weiteren Entwicklungsschritt wurde der Rundfunk auch der Übertragung ernster Musik für würdig erachtet.

Es waren die neuen, revolutionären politischen Bewegungen und nicht die etablierten Parteien, es waren Bolschewisten und bald Faschisten und Nationalsozialisten, die als erste die immense Bedeutung von Film und Rundfunk als Propagandainstrument erkannten. Sport, Presse, Rundfunk und Film hatten, auch dadurch, daß sie miteinander in Beziehung standen, alles in allem eine egalisierende Wirkung, die kaum hoch genug einzuschätzen ist. Man kann hier auch von Demokratisierung sprechen. Die neuen Tempel des Hedonismus, wie Kino, Bar, Revue, Varieté, Kabarett, Tanzsaal, Boxhalle und Sportarena, waren für jeden zugänglich, und dort konnte man die vielen Alltagssorgen, Inflation und Existenzängste für Augenblicke vergessen. Was hier geboten wurde, erreichte zehn-, wenn nicht hundertmal soviel Menschen wie die avantgardistische Kunst. Nur beim Publikum der älteren Institutionen Theater, Konzertsaal und Oper blieben je nach Repertoire und Programm soziale Unterschiede noch deutlich erkennbar. Wer die größeren Städte besuchte, begegnete von jetzt an all diesen neuen Erscheinungen auf Schritt und Tritt. Bis tief in die Nacht konnte er überall die flammende Leuchtreklame sehen, die den Menschen in grellen Farben eine Fülle von Erlebnissen und Lust versprach. Exotische Namen wie Excelsior, Luxor, Palace, Belle Vue, Bella Vista, Monte Casino, Monte Carlo, Palermo oder Hermitage erweckten vor allem in den nördlichen Ländern Vorstellungen von Gegenden unter südlicher Sonne, und so ließen sie das Abenteuer, das den Durchschnittsmann und die Durchschnittsfrau innen erwartete, noch verlockender erscheinen. Nicht nur Vergnügungsstätten, auch Hotels schmückten sich künftig mit solchen fremden und gerade darum vielversprechenden Lauten. Ein Recht auf Stunden voll ungehemmtem Lebensgenuß hatten nicht mehr nur die höheren Klassen.

Die ganze Vergnügungsindustrie und die Genußsucht wurden zu einem Kennzeichen der Metropole und jeder Großstadt. Man identifizierte sie beinahe mit der Moderne. Und diese Moderne bedeutete sowohl Progressivität, Glauben an Technik und Erfindungsgeist sowie Befreiung von veralteten Auffassungen als auch Nivellierung und Anonymität, weil der einzelne in der Masse der Gleichgesinnten verschwand. Aber im individuellen Erleben stand das Gefühl der Freiheit an erster Stelle. Freiheit nicht so sehr im Sinne eines erhabenen politischen Ideals wie im neunzehnten Jahrhundert – mit dem allgemeinen Wahlrecht, der Gleichheit vor dem Gesetz, gewählten Parlamenten und Regierungen, die dem Parlament Rechenschaft schuldeten, waren die wichtigsten Forderungen des politischen Liberalismus mittlerweile erfüllt –, sondern Freiheit im Alltäglichen und Persönlichen, Freiheit für den eigenen Körper mit all seinen Fähigkeiten, Abschaffung des Kanons asketischer Normen, den die Älteren geschaffen hatten, Freiheit im Genuß. Der erwähnte Jugendkult hing natürlich mit alldem unmittelbar zusammen, wie auch mit dem Carpe-diem-Gefühl, diesem durch den Krieg und seine Nachwehen hervorgerufenen, so überwältigenden Gefühl der Veränderlichkeit und Flüchtigkeit des Daseins. Durch das Verblassen des christlichen Jenseitsglaubens in weiten Teilen der Bevölkerung hatte sich – hierauf habe ich schon hingewiesen – der Wert des Jugendalters, in dem man noch Zeit und Zukunft besaß, erhöht. Die Idee der Sünde und der Glaube an Hölle und Fegefeuer, den die katholische Kirche predigte, verloren in den jüngeren Generationen ihre bedrückende Macht.[40]

Gerade dabei trat sehr deutlich zutage, welchen Geltungsverlust die alten Autoritäten auf fast allen Gebieten hatten hinnehmen müssen; dies galt auch für Religion, Justiz und Politik. Und dieser Geltungsverlust führte dazu, daß die Autorität des Alters, der grauen Haare, schwand. Sport und Jugendverherrlichung förderten sich wechselseitig. Die Mode wurde hiervon unmittelbar beeinflußt. Nach dem Krieg änderte sie sich ganz plötzlich: Sie verlor ihre Funktion als Zensorin, war nicht mehr Ausdruck der Scham und diente nicht mehr der Verleugnung des Körpers, besonders des weiblichen, sondern konnte ihn ungehindert ins beste Licht rücken. Schon vorher hatten sich neue Schönheitskriterien durchgesetzt, wobei wiederum die Jugend Modell stand. Künftig war Schlankheit das Ideal, wie auch eine sonnengebräunte Haut, als Zeichen dafür, daß man sich viel im Freien aufhielt oder Sport trieb. Früher hatte gebräunte Haut vor allem bedeutet, daß man zu den unteren Ständen gehörte, Bauern und anderen, die im Freien arbeiten mußten, während weiße Haut auf ein behütetes Dasein und auf Verfeinerung schließen ließ und darauf, daß man grobe Arbeiten von anderen verrichten ließ. Wer dick und schwer war, hatte reichlich zu essen, war also vermögend. Magerkeit deutete auf Armut hin. Im großen und ganzen war es jahrhundertelang so gewesen. Jetzt war dick häßlich, und die neue Mode hob Unterschiede viel deutlicher hervor, machte die Schönen schöner und die Häßlichen häßlicher. Frauen näherten sich auch in Mode und Umgangsformen den Männern an, indem sie das Haar kurz trugen, rauchten und von der Kleidung alles wegschnitten, was die freie, natürliche Bewegung behindern konnte. Aber sie betonten ihr Geschlecht, indem sie durchsichtige oder fleischfarbene Strümpfe trugen, und Kleider, die ihre Beine bis zum Knie und bei besonderen Gelegenheiten schon bis über das Knie freiließen, Kleider und Kostüme mit tiefem Rückenausschnitt, die ihre Mütter zum Erröten brachten und noch für ihre Großmütter unvorstellbar gewesen wären, als schamloser Ausdruck von Laszivität und unmoralischem Lebenswandel.

11 Der Abbau des sexuellen Tabus

Die Veränderung des großen Tabus, mit dem der intimste Lebensbereich des Menschen belegt ist, die Sexualität und alles, was mit ihr zusammenhängt, gehört zum verborgenen Kern der »Moderne« als Idee. Da sich nach der Jahrhundertwende immer mehr Widerstand gegen Prüderie und die sie begleitende Doppelmoral geregt hatte, waren die Auffassungen über Sexualität schon etwas liberaler, die Normen etwas großzügiger geworden. Der schwere Vorhang, der diesen Lebensbereich abtrennte und die Neugier noch zusätzlich anstachelte, hatte allerdings immer Löcher gehabt. Die Pornographie blühte, man verkaufte sie unterm Ladentisch und in den Gassen gewisser Stadtviertel. Es gab jene anzüglichen Witze, die in feiner Gesellschaft vielsagend als typische »Herrenwitze« bezeichnet wurden. Was die Frauen sich darunter vorstellten, bleibt unklar, aber vermutlich kamen sie der Wahrheit ziemlich nah. Allmählich waren die Gucklöcher größer geworden. Die krude Wirklichkeit des Frontlebens mit seinen Soldatenbordellen und homosexuellen Beziehungen hatte die Hemmungen bei den Jüngeren zum Teil schon weggespült. Nach dem Krieg kam der Normenwandel erst richtig in Gang. Hatten wenige unerschrockene Autoren wie Arthur Schnitzler und vor allem Frank Wedekind vor dem Krieg durch ihren freimütigen Umgang mit der Sexualität noch Skandale verursacht, wagten sich jetzt schon deutlich mehr Schriftsteller, auf literarischem oder eher populärem Niveau, an eine offenere Behandlung des Themas heran.

Es handelt sich um einen gewaltigen, umfassenden Wandlungsprozeß, der bis weit in die zweite Jahrhunderthälfte andauern sollte. Immer wieder kam es zu einer ruckartigen Anpassung von Normen an die veränderten Umstände, wurden Schamgrenzen überschritten, die vorher als unverletzlich galten. Versuche, diesen Prozeß umzukehren, also den alten Normen wieder Geltung zu verschaffen, gelangen nur sporadisch und vorübergehend oder nur bei ganz bestimmten Gruppen, ohne daß dies an der Gesamttendenz zu einem immer offeneren, unbekümmerten öffentlichen Umgang mit der Sexualität etwas geändert hätte. Man kann hierin eine Entsprechung zum Ausgleich sozialer Gegensätze sehen, zum Abbau der Standesunterschiede, jenem Prozeß, der vor allem das Bürgertum, den Träger jener Kultur der Prüderie, in einer klassenlosen Gesellschaft aufgehen ließ. Schrittweise entwickelte sich eine völlig andere Haltung zur Sexualität, und den Anstoß zu dieser Entwicklung gaben die Frauenemanzipation, die Fortschritte in der Medizin und die Aufwertung der Jugend. Alle drei Faktoren führten in schwer zu beschreibender Wechselwirkung schließlich zur allmählichen Befreiung der Sexualität aus der dunkelsten Tabuzone der Gesellschaft.

Die Frauenbewegung hatte mit ihrer Forderung nach Gleichwertigkeit der Geschlechter und Mündigkeit der Frau die klassische bürgerliche Ehe in Frage gestellt, zu der die Passivität und Unselbständigkeit der weiblichen Hälfte gehört hatte, deren Naivität auch noch als Tugend und ideale Eigenschaft gepriesen wurde. Der erste Schritt auf dem Wege zu einer gleichwertigen Stellung der Frau war natürlich, daß sie besser aufgeklärt wurde und daß man mit der berüchtigten Doppelmoral Schluß machte. Während der Mann vor der Heirat schon einige »Erfahrung« sammeln durfte, und während es ihm auch danach noch stillschweigend verziehen wurde, wenn er die Monotonie der ehelichen Verbindung ab und zu mit einem Seitensprung brach, bedeutete ein Fehltritt der Frau unaussprechliche Schande und Erniedrigung und konnte zur Verstoßung durch den Gatten führen. Daß ein solcher Fehltritt dann oft auch noch Folgen in Form einer Schwangerschaft hatte, machte die Frau noch verwundbarer.

Das Ergebnis war, daß die Zahl der Schwangerschaftsabbrüche in beunruhigender Weise anstieg, besonders im gehobenen Bürgertum. Einen gewissen Anteil könnte man als halblegal bezeichnen, die Fälle, in denen Ehepaare, die keine oder unzureichende Verhütungsmethoden angewandt hatten, keinen Familienzuwachs wünschten. Gesetzlich war Schwangerschaftsabbruch überall streng verboten und mußte deshalb geheim bleiben. Der Rückgang der Geburtenzahl gerade in den höheren Schichten deutet darauf hin, daß man die Familiengröße aus ökonomischen Gründen beschränken wollte, die auch einen kulturellen Hintergrund hatten: Man wollte seinem Kind, soweit es eben ging, eine gute, also auch teure Ausbildung ermöglichen. Aber in den weitaus meisten Fällen waren Schwangerschaftsabbrüche die Folge von außerehelichem Verkehr, oder die betroffenen Frauen waren unverheiratet oder darauf angewiesen zu arbeiten. In allen Städten war deshalb ein Stand von geschäftstüchtigen professionellen Hebammen damit beschäftigt, diese Arbeit mit mehr oder weniger Erfolg diskret zu erledigen: Der Volksmund nannte sie trocken und zynisch »Engelmacherinnen« – sie schickten die Seelen der Ungeborenen direkt in den Himmel.[41] Es war ein einträglicher Beruf. Um die Jahrhundertwende wurde in Berlin der Fall einer Frau bekannt, die zweihundert Mädchen vom Land in ihr Fach eingeführt hatte. In Paris hatte eine »La mort aux gosses« genannte Wochenpflegerin ungefähr bei zweitausend Frauen Abtreibungen vorgenommen. In vielen bevölkerungsreichen Ländern gab es jährlich Tausende Abtreibungen, und darunter waren dann auch immer wieder Fälle mit tödlichem Ausgang infolge gräßlicher Pfuscherei.

Neben diesem Mißstand, der überall in lautes Schweigen gehüllt war, war auch die Blüte des Bordellwesens eine zwangsläufige Folge der offiziellen Moralgebote. In der bäuerlichen Bevölkerung mit ihrer viel weniger verkrampften Einstellung zu biologischen Phänomenen wuchs eine Jugend auf, die gegen mehr Offenheit und freie Liebe nichts einzuwenden hatte. Dies zeigt schon die große Besorgnis der Kirchen, der katholischen wie der protestantischen, die wegen der zunehmenden Sündhaftigkeit gerade dieses an sich treuesten und gläubigsten Teils der Bevölkerung Alarm schlugen. Mädchen vom Lande wurden zum Inbegriff zügelloser Sinnlichkeit und Schamlosigkeit. Nach Aussage eines englischen Polizeiinspektors übertrafen die Zustände in seinem Dorf alles, was er in den schlimmsten Armenvierteln Londons erlebt hatte: »Sie leben wie die Schweine, große Jungen und Mädchen, Mütter und Väter, alles schläft miteinander...«[42] Inwieweit der Umstand, das es die Landjugend immer mehr in die Städte zog, auch zur fortschreitenden Unterminierung des moralischen Standards beigetragen hat, ist noch nicht näher untersucht worden, aber daß er keine Rolle gespielt haben sollte, ist wohl kaum denkbar.

Dies alles brachte es mit sich, daß man allmählich mit immer weniger Scheu über freie Liebe sprach. Frankreich nahm bei der erwähnten Geburtenregelung den ersten Platz ein, und dort war auch die freie Liebe schon zu einem politischen Thema geworden. Der Sozialist Charles Albert propagierte sie; gegenüber einer Verbindung, die ganz auf ökonomischer Ausbeutung beruhte, gab er ihr den Vorzug. In der völligen Gleichheit von Mann und Frau sah er die Voraussetzung für die ideale Ehe, wie man sie in der künftigen sozialistischen Gesellschaft verwirklichen würde. Es entstand eine regelrechte Bewegung für eine Änderung der bestehenden Gesetze. Der Schriftsteller Marcel Prévost hatte mit seinem 1894 veröffentlichten Roman *Les demi-vierges* über das Leben junger Pariser Damen schon viel Staub aufgewirbelt und ehrbare Familienväter und -mütter in Unruhe versetzt. Auch in England ertönte der Ruf nach einer Reform der Ehe und einer Veränderung der Ehemoral auf der Grundlage natürlicher Gleichheit; mit diesem Engagement ist der Name des anglikanischen Priesters E. Carpenter verbunden.[43]

Eine wichtige Rolle spielte außerdem die Ausbreitung von venerischen Krankheiten, vor allem der Syphilis, was wiederum direkt mit dem Umfang des Bordellwesens zusammenhing. Die zu Beginn des Jahrhunderts ermittelten Daten waren ziemlich beunruhigend. In Deutschland hatte der Sexologe Iwan Bloch 1908 sein vielgelesenes Buch *Das Sexualleben unserer Zeit* veröffentlicht – was die Anlage des Werks und die schockierenden Ergebnisse angeht, ein früher Vorläufer des berühmten amerikanischen Kinsey-Reports von 1951.[44] Nach den angeführten statistischen Daten wurden in Preußen an einem einzigen Tag schon 41 000 Geschlechtskranke behandelt, davon 11 000 wegen Syphilis. Laut Bloch, der sich hier wiederum auf Untersuchungen eines gewissen A. Blaschko stützte, waren in Preußen 28, in Berlin 142, in Städten mit mehr als 100 000 Einwohnern 58 von tausend Menschen infiziert. In jedem Jahr zogen sich offenbar zwanzig Prozent der jungen Menschen zwischen zwanzig und dreißig Jahren eine venerische Erkrankung zu. Andere statistische Untersuchungen kamen besonders für die Frauen – Frauen, die in Bars und Restaurants, in Läden und Fabriken arbeiteten, Dienstmädchen, Näherinnen, Künstlerinnen, Hausfrauen, Bauernmädchen und andere – zu sehr detaillierten und beängstigenden Ergebnissen. Diese Veröffentlichungen waren höchst alarmierend. In Ländern wie Frankreich und England waren die Verhältnisse kaum anders. So wurde zwangsläufig von medizinischer Seite die Forderung nach besserer Aufklärung erhoben, und auch dies brachte das Tabu ins Wanken. Das, worüber man nicht sprach, war jetzt notgedrungen zur Sprache gebracht worden, von Medizinern, aber auch mit dem Einverständnis des Staates. Um der Volksgesundheit willen war Handeln dringend geboten. Bessere Aufklärung paßte aber schließlich auch zu der großen, umfassenden Kulturoffensive, die untrennbar mit dem wissenschaftlichen Fortschritt verbunden war. Wissenschaftliche Erkenntnisse durften und konnten einem gebildeten Publikum nicht vorenthalten werden. Daß sie mit den ebenfalls als Hauptmerkmal von Kultur geltenden Anstandsnormen in Konflikt gerieten, war ein gewaltiges Problem und verzögerte ihre Wirkung. Um so mehr, da die Wissenschaftler selbst natürlich nicht abseits dieser Normen oder über ihnen standen, sondern in ihrer geistigen Haltung und in ihrem Sprachgebrauch ebensosehr von ihnen geprägt waren. Und doch zwangen ihnen ihr Wahrheitsstreben und die unstrittigen empirischen Daten, auf die sie mit der Nase gestoßen wurden, Erkenntnisse auf, die diese Normen untergraben mußten. Deshalb konnte das Durchsikkern dieser Erkenntnisse letztlich nicht verhindert werden. So kam es, daß das große Tabu auch von der medizinischen Wissenschaft einen kräftigen Stoß erhielt. Es war eine unvermeidliche Konsequenz jener wissenschaftlichen Kulturoffensive und der Sorge um die Volksgesundheit.

Umwälzend und bahnbrechend wie keine andere Sexuallehre sollte schließlich die des Wiener Arztes Sigmund Freud sein. Aber seine aufsehenerregenden *Drei Abhandlungen zur Sexualtheorie* von 1905 stießen zunächst auf eine solche Mauer des Widerstands und der Empörung, sogar innerhalb der eigenen Zunft, daß sie noch nicht einem größeren Kreis bekannt wurden. Es war noch zu früh. Dagegen war *Die sexuelle Frage* des Schweizer Psychiaters Auguste Forel, ebenfalls aus dem Jahre 1905, ein vielgelesenes Werk, das mit seiner vorsichtig abwägenden und zurückhaltenden Behandlung des heiklen

Themas dem Leser noch nicht zuviel abverlangte und deshalb dazu beitrug, daß die Auffassungen auf diesem Gebiet moderner und toleranter wurden. Nach der Katastrophe jedoch war die Allgemeinheit offenbar empfänglich für Freuds Sexuallehre, seine Stunde war gekommen. Als einer der Geister, die für die Kulturgeschichte des zwanzigsten Jahrhunderts am allerbedeutsamsten waren, wird Freud in einem anderen Zusammenhang noch zur Sprache kommen. Natürlich war es alles andere als Zufall, daß gerade seine Theorie zur Sexualität so großes Aufsehen erregte und daß künftig sein Name und sein Werk besonders von seinen Gegnern unmittelbar mit dem Sexuellen in Verbindung gebracht wurden. Wovor man immer die größte Scheu empfunden und was man immer mit größter Behutsamkeit umschrieben hatte, der Geschlechtstrieb, wurde von Freud als Libido zur alles beherrschenden verdeckten Triebkraft der menschlichen Existenz erklärt. Schlimmer noch, was als widernatürliche Anomalie galt – inzestuöse Neigung, Homosexualität, Exhibitionismus, Fetischismus –, war in der menschlichen Natur angelegt und wurde nur durch eine artspezifische organische Entwicklung in der Wachstumsphase normalerweise unterdrückt. Als er bei seinen Patienten nach den Ursachen von Hysterie und Neurosen suchte, stellte Freud fest, daß sie eine Folge früher traumatischer sexueller Erfahrungen waren. Offenbar spielte die Sexualität bei psychischen Anomalien eine entscheidende Rolle, und diese Entdeckung brachte ihn schließlich zu der Auffassung, daß die Rolle der Sexualität bei normalen Menschen ebenso entscheidend sei. Eine Theorie, nach der jeder Mensch grundsätzlich eine Anlage zur Perversität hat, mußte aus nicht ganz unverständlichen Gründen nicht nur auf Unglauben und Kritik stoßen, sondern vor allem Wut und Empörung auslösen. Als bei einem psychiatrischen Kongreß in Hamburg im Jahre 1910 jemand Freuds Theorie zur Sprache brachte, fuhr der Vorsitzende mit der Bemerkung dazwischen, daß dies kein Thema für eine wissenschaftliche Tagung sei, sondern ein Fall für die Polizei.[45] Obwohl diese Meinung ohne Frage noch von vielen innerhalb und erst recht außerhalb der Zunft geteilt wurde, war Freuds Lehre nach 1918 durchaus zu einem Thema geworden, und nicht nur für die Psychiatrie.

Schließlich machten sich all die wissenschaftlichen Erkenntnisse auch in der Reformpädagogik bemerkbar, in toleranteren Auffassungen, die schon vor dem Krieg zu einem Normenwandel und zur Forderung nach mehr Offenheit geführt hatten. Es sollte Schluß sein mit aller Geheimnistuerei um das Geschlechtliche, das man fortan als die natürlichste Sache der Welt ansah und aus dem dunklen Schatten des christlichen Sündenstigmas holen wollte. Der entblößte Körper, so argumentierte man, würde seinen ungesunden Reiz verlieren, wenn man ihn als das Normalste und Selbstverständlichste betrachtete. Er würde dann auch weniger eine Quelle des erotischen als des ästhetischen Genusses sein. Aus dieser Theorie ging der Nudismus hervor. Eine »Freikörper«- oder Nacktkultur-Bewegung kam auf, die vor allem mit Tanz und Gymnastik die Empfänglichkeit für die Schönheit des menschlichen Körpers wecken und frivole Hintergedanken bannen wollte. In vielen progressiven Schulen vertrat man, in unterschiedlichem Grade, eine Erziehungstheorie, die auf diesen Gedanken beruhte. Nun bedeutete Koedukation allerdings nicht die Einführung gemischter Nacktkultur-Gruppen. Zeitungsberichte über nackte Jungen und Mädchen, die zusammen turnten oder Hand in Hand durch die grünen Fluren hüpften, hätten diese Schulen doch allzusehr ins Gerede gebracht. In der Jugendbewegung mit ihrer ideologisch gefärbten Naturverbundenheit hegte man ebenfalls den Wunsch, das Geschlechterverhältnis gewissermaßen zu neutralisieren. Von dem Grundsatz ausgehend, daß das Natürliche nicht das Sündhafte, sondern gerade das Reine sei, meinte man, freimütiger Umgang werde auch die gegenseitige Achtung fördern und der beste Schutz gegen Laszivität und Ausschweifungen sein.

Hier gerieten die Reformer allerdings in ein eigenartiges Dilemma: Die konventionelle Moral an sich verwarfen sie ja keineswegs, zum Teil hatten sie sogar eine leicht asketische Einstellung übernommen, die in ihrem Ideal der »Reinheit« zutage trat. Reinheit bedeutete Mäßigung, als etwas von der Natur selbst Verordnetes. Sie erwarteten, daß diese Reinheit durch offenen Umgang mit den natürlichen Phänomenen zu erreichen sei. Aber in der Praxis kämpften sie doch ständig mit der Frage, wie weit sie die Zügel schießen lassen konnten, um einerseits das natürliche Gleichgewicht und natürliche Harmonie herzustellen, andererseits aber zu verhindern, daß die Natur mit den Heranwachsenden durchging.

Ein weiterer Abbau des sexuellen Tabus vollzog sich aber vor allem in der gewaltig expandierenden Vergnügungsindustrie. Hier wurden die anerzogenen Schamgefühle ganz bewußt verletzt, man hatte eine Vorliebe für das Frivole, verachtete Konventionen und rebellierte heftig gegen alles, was Elternhaus und Schule auf diesem Gebiet an Normen vermittelten. 1912 war in den berühmten und vor allem berüchtigten Folies Bergères in Paris zum ersten Mal eine völlig nackte Frau ins Rampenlicht getreten. Nur für eine Minute, aber in der Sittengeschichte sollte diese Minute Epoche machen. Ab 1918/19 kam wiederum in Paris und später in Berlin zur Freude vieler die Nacktrevue auf. In London war zunächst bei exklusiven Vorführungen die Zurschaustellung unbekleideter Frauen gestattet, sofern sie sich nicht bewegten. Sie waren als Standbilder zu betrachten, womit sie zum Reich der Kunst gezählt werden konnten, in dem Nacktheit als rein ästhetisches Phänomen erlaubt war.[46] Nun handelte es sich dabei um ein teures Angebot für eine kleine bevorzugte Minderheit. In sozialer Hinsicht war diese allerdings ziemlich gemischt. Der Krieg und mehr noch seine ökonomischen Folgeerscheinungen wie zum Beispiel der Schwarzhandel hatten in vielen Ländern eine neue Kaste von Profiteuren nach oben gebracht, Neureiche, die begierig den Luxus und äußerlich auch den Lebensstil der älteren Oberschichten übernahmen, ohne den Hintergrund an Erziehung und Bildung, der bei diesen als unentbehrliche Ergänzung galt. Historisch war das natürlich nichts Neues. Jetzt traten gerade diese plötzlich reich gewordenen Schwarzhändler und Spekulanten in ihrer maßlosen Vergnügungswut besonders auffällig in Erscheinung. Sie waren die Produzenten und die dankbarsten Konsumenten des Vergnügungsbetriebs, wahrscheinlich in dem vagen Gefühl, daß sie ihren Reichtum und ihre Stellung, die sie schnell und dank außergewöhnlicher Umstände erworben hatten, bei einem neuerlichen Umschwung auch ebenso schnell wieder verlieren könnten. Der Schwarzhändler symbolisierte im öffentlichen Bewußtsein bald die Schattenseiten der hedonistischen Kultur. Er wurde zum Sinnbild für Zynismus, moralische Verkommenheit und brutale Ausbeutung. So prangte er in den satirischen Bildern von Künstlern wie Frans Masereel, Otto Dix, George Grosz und Ádámos von Székely als leicht wiedererkennbarer, fester Typus: immer mittleren Alters, kahlköpfig und fett, mit Schweinsäuglein, dicker Zigarre, goldener Uhrkette und Gamaschen, ein rosa Schwein als kapitalkräftiger Herr verkleidet, am liebsten mit Prostituierten auf dem Schoß.

Zwar hatten die Wiederentdeckung des Körpers im Zusammenhang mit Sport und Jugendkult und direkt oder indirekt auch der Krieg dazu geführt, daß sich in der Sexualität tolerantere Auffassungen verbreiteten, doch hierbei ist ein wichtiger Unterschied zu beachten: Einerseits gab es fraglos einen echten Normenwandel, andererseits hatte man auch einfach weniger Skrupel, die Normen und das Schamgefühl bewußt mit Füßen zu treten. In diesem Fall akzeptierte man die konventionellen Grenzen nämlich noch, und das Verlockende war gerade ihre Verletzung. Hier liegt auch der Unterschied zwischen Pornographie und dem, was in der Literatur »erotischer Realismus« genannt wird, zum Beispiel dem aufsehenerregenden Roman *Lady Chatterley* (1928) von dem englischen Schriftsteller David Herbert Lawrence. Dabei geht es nicht darum, mit Hilfe eines verbalen Tricks, eines Euphemismus, das Literarische vom Obszönen zu trennen. Zur Pornographie gehört der bewußte Verstoß gegen Anstandsnormen, und ihr größter Reiz liegt in diesem Verstoß. Der Pornograph selbst erkennt diese Normen an, und er wendet sich an die, die sie ebenfalls anerkennen. Er verkauft Verbotenes. Die Voraussetzung ist, daß es tatsächlich verboten bleibt. Der sogenannte erotische Realismus verschiebt nun gerade die Grenzen und erklärt das Verbotene zum Natürlichen, so daß er ihm den Reiz des Sündigen nimmt. In einer Gesellschaft, in der das Sexuelle in all seinen Erscheinungsformen ein ebenso unverfängliches Thema für das Gespräch im Friseursalon wäre wie das Wetter oder die öffentlichen Verkehrsmittel, wäre Pornographie überflüssig.

In zweierlei Hinsicht waren die Voraussetzungen für eine allgemeine Lokkerung der Normen und vor allem für größere sexuelle Freizügigkeit günstiger als in der Vorkriegszeit: Erstens war man inzwischen bei der Bekämpfung der venerischen Krankheiten überraschend erfolgreich, und zweitens waren die Menschen durch die Kriegserfahrung geprägt. Die Syphilis, von allen Begleiterscheinungen der freien Liebe am meisten gefürchtet, konnte man dank einer sensationellen Entdeckung des Serologen Paul Ehrlich und des Bakteriologen Sahachiro Hata in den Griff bekommen. Sie hatten 1909 das Mittel Salvarsan entwickelt, das jetzt unter dem Namen Ehrlich Hata 106 auf den Markt kam. Da es diese Wundermedizin gab, hatten junge Männer und Frauen eine Sorge weniger. Auch gegen andere verbreitete Geschlechtskrankheiten waren Mittel gefunden worden, zum Beispiel gegen den Tripper, dessen Erreger, die Gonokokken, schon 1879 von Albert Neisser entdeckt worden waren. Was dieses Leiden für viele Tausende in der Blüte ihrer Jahre bedeutet hatte, kann man ahnen, auch wenn es nirgends dokumentiert wurde. Hatte also die Wissenschaft im Hinblick auf gesundheitliche Gefahren die größten Hemmnisse für ein freizügiges Sexualverhalten beseitigt, durch die Kriegserfahrung war, zumindest bei einem beträchtlichen Teil der unmittelbar Beteiligten, auch die moralische Hypothek abgetragen worden.

In seiner berühmten *Sittengeschichte des Weltkrieges* (1930) entwarf der Berliner Psychiater und Sexologe Magnus Hirschfeld ein ungeschöntes Bild der Zustände an der Front und im Hinterland samt ihrer psychischen Folgen.[47] Die Armeeführungen waren zunächst noch in der gängigen Vorstellung befangen, daß erzwungene sexuelle Enthaltsamkeit Disziplin und Pflichtgefühl stärken werde. Sie erkannten aber bald, daß sie eher ganz und gar unerwünschte Folgen hatte, Selbstbefriedigung oder homosexuelle Handlungen. Wie ein Soldat zynisch sagte: »Früher war meine Frau meine rechte Hand, jetzt ist meine rechte Hand meine Frau.«[48] Darum wurden überall Soldatenbordelle eingerichtet. Wegen der Angst vor Geschlechtskrankheiten unterwarf man aber Soldaten und Prostituierte einem ganzen System von Vorschriften und Kontrollen, und das bedeutete eine ernüchternde Banalisierung des Sexuallebens, zusätzlich zu der Gefühllosigkeit und Vulgarität, mit der das Thema in der Männergemeinschaft ohnehin meist behandelt wurde. Obszöne Witze und Gespräche waren übliche Mittel, die Todesangst zu kompensieren. All das führte bei sensiblen Männern zu Impotenz, bei anderen gerade zum Verlust jeglicher Sensibilität, und manche verloren alle Hemmungen. Natürlich entziehen sich diese intimen Folgen des Krieges größtenteils der historischen Kenntnis, obwohl Hirschfeld hier schon viel ans Licht bringen konnte. Eine große Zahl von Ehen ging wegen der langen Trennung in die Brüche. Die alleingelassenen Frauen hatten oft neue Liebhaber gefunden; auch lesbische Verhältnisse nahmen zu. Die Heimkehrer fanden andere Ehefrauen vor als die, die sie gekannt und nach denen sie sich jahrelang gesehnt hatten. Das Wiedersehen wurde für beide zu einer schmerzlichen Enttäuschung. Auch hier lag zweifellos ein wichtiger Grund für den Ansturm auf Bars, Tanzlokale und Revuen (mit oder ohne Nacktheiten), wo sich hoffnungslose oder zynisch gewordene Frustrierte zu entschädigen suchten. In diesem Milieu blühte auch der Rauschgifthandel, vor allem mit Kokain, Heroin und Morphin.

Neben den gewöhnlichen Bordellen und den raffinierteren Etablissements, wo Tanzfeste und Vorstellungen der Tarnung des eigentlichen Zwecks, des heterosexuellen Verkehrs, dienten, erlebte auch die homosexuelle Prostitution in den zwanziger Jahren einen gewaltigen Aufschwung; das Angebot an Lustknaben war groß. Vor allem Berlin galt bald als Mekka der Homosexuellen, obwohl der berüchtigte Paragraph 175 des Strafgesetzbuches homosexuellen Verkehr unter Strafe stellte. Für Ausländer, vor allem Engländer und Amerikaner mit Geld, wurde die deutsche Hauptstadt zu einem beliebten Reiseziel und Aufenthaltsort, weil in ihren eigenen Ländern rigide puritanische Maßstäbe galten. Einige wissenschaftliche Veröffentlichungen und die erwähnten Fronterfahrungen sorgten dafür, daß sich besonders bei der Einstellung zur Homosexualität, der man bisher mit dem allerstärksten Abscheu begegnet war, Veränderungen ankündigten.

Nichts war während des neunzehnten Jahrhunderts so gründlich aus dem Blickfeld der Gesellschaft entfernt worden wie die Homosexualität. Man wählte verschleiernde Bezeichnungen wie »Sodomie« oder »widernatürliche Unzucht«, und damit pflegte man das Thema gleich unter den Teppich zu kehren, wenn es sich schon nicht mehr totschweigen ließ. Da man das Menschenbild in der Geschichtsschreibung und in der biographischen Literatur allgemein der zeitgenössischen Prüderie angepaßt hatte, war auch Homoerotik in Gegenwart und Vergangenheit überall verschwiegen oder ausgetrieben worden, sie existierte einfach nicht. Nun war die natürliche Veranlagung eines nicht unerheblichen Teils der Menschheit nicht dadurch aus der Welt zu schaffen, daß man sie als perverse Anomalie bezeichnete. Sie war eine Tatsache, die es immer wieder schwer machte, das forcierte Schweigen durchzuhalten, schon allein weil Homosexuelle durch die Tabuisierung leichter als andere erpreßbar waren. Das Wissen um ihre Veranlagung konnte zu einer vor allem in politischer Hinsicht gefährlichen Waffe werden, so daß eine Berufung auf wichtige Posten ein Risiko bedeutete. Hier ist nicht der Ort, auf die interessante Frage einzugehen, ob Homosexualität in bestimmten Epochen und in bestimmten Gesellschaften weiter verbreitet ist als in anderen, weil sie eher toleriert wird, oder ob der Eindruck täuscht und sie dann nur deutlicher hervortritt, weil sich mehr Menschen zu ihrer Veranlagung bekennen. Die unübersehbare Wellenbewegung bei der Verbreitung von homosexuellem Verhalten vollzieht sich nur an der Oberfläche. In der Tiefe geht es auch um die persönliche Bereitschaft, sich für eine bestimmte Einstellung zu entscheiden, und diese Bereitschaft hängt von den geltenden Normen ab. Die Entscheidung, den Normen zu trotzen, kann durchaus mit der sozialen Position zusammenhängen. Die Neigung zum Normverstoß ist vor allem bei einer sozialen Elite zu erkennen, und entsprechend sensationell sind folglich auch eventuelle Konsequenzen.

Seit der Belle Époque schienen sich jedenfalls Skandale wegen Homosexualität in höheren und höchsten Kreisen zu häufen. Dies waren aber nur die Fälle, die in der Öffentlichkeit für Erregung sorgten. Bedeutsamer war, was sich im Hintergrund abspielte: Es gab immer mehr Vereine, spezielle Bars, Klubs, Tanzlokale, in denen Männer einander trafen, und zwar in erster Linie Männer aus den Oberschichten, denn auch die Tarnung war oft eine Frage des Geldes. Daß verbotene Früchte die teuersten sind, ist eine alte Erfahrung. Diese Entwicklung vollzog sich vor allem in Metropolen wie London, Paris, Wien oder Berlin, da es dort besonders einfach war, anonym zu bleiben. 1895 hatte es schon die tragische Affäre um Oscar Wilde gegeben, eine Folge der ungeheuerlichen Scheinheiligkeit, die in den etablierten Kreisen Englands vorherrschte und die angesichts der so verbreiteten, kaum verdeckten Homoerotik in den Ritualen und Umgangsformen der angesehenen Public Schools und anderen Internaten besonders kraß erscheint.

Später wurde Deutschland durch den Skandal um Philipp zu Eulenburg in Aufruhr versetzt, den vertrauten Freund Wilhelms II., der von dem bissigen Publizisten Maximilian Harden in seiner gefürchteten Zeitschrift *Die Zukunft* homosexueller Handlungen beschuldigt wurde. Wie Wilde unternahm Eulenburg zunächst den verzweifelten Versuch, sich durch einen Meineid zu retten, so daß er, als dies aufgedeckt wurde, in eine noch erbärmlichere Lage geriet. Hatte der Versuch, Wilde sozial und moralisch zu stigmatisieren, um die Ehre der englischen Elite vor Befleckung zu bewahren, noch Erfolg gehabt, die Eulenburg-Affäre war von Anfang an eine ganz und gar politische Angelegenheit, da Harden und andere beweisen wollten, daß der Kaiser von einer Kamarilla von Perversen umgeben sei. Wegen des verdächtigen Beigeschmacks, den der Begriff Perversion in der Öffentlichkeit hatte, konnte er auf wirkungsvolle Weise mit der unheimlichen Vorstellung einer Verschwörung verknüpft werden. Homosexuelle schienen als Ausgestoßene ein internationales Netz zu bilden, das sie befähigte, die gesunde Ordnung zu zersetzen. Sie wurden, auch im Zusammenhang mit ihrer tatsächlichen Erpreßbarkeit, von Demagogen gern mit Freimaurern und Juden in einen Topf geworfen, die man auch immer wieder zu Urbildern des Verschwörers stilisierte, der mit seinen undurchsichtigen, teuflischen Machenschaften das Wohl der Gesellschaft in Gefahr bringt. Kurz vor Ausbruch des Krieges hatte es in Österreich noch den Spionagefall des hohen Stabsoffiziers Redel gegeben, der wegen seiner Veranlagung unter Druck gesetzt worden war, damit er Rußland Informationen zuspielte. All diese Affären trugen jedenfalls dazu bei, daß allmählich sogar über dieses Problem, das zuvor mit einer undurchdringlichen Mauer des Schweigens umgeben gewesen war, öffentlich debattiert wurde. Der österreichische Sexologe Richard von Krafft-Ebing hatte sich schon 1886 als einer der ersten an das gefährliche Thema herangewagt, mit einer ausführlichen Übersicht über die Varianten anormalen Sexualverhaltens.[49] Für den Autor stand offenbar außer Frage, daß Homosexualität krankhaft sei, eine Anomalie. Er wies aber darauf hin, daß die gleichgeschlechtliche Liebe als solche nicht gefährlicher sei als die zwischen Mann und Frau. Zwar waren Homosexuelle nach seiner Einschätzung überspannter und labiler und neigten dazu, den Geliebten in absurdem Grade anzubeten, aber er plädierte dafür, die Strafbarkeit aufzuheben. Der weitaus größte Teil der Bevölkerung sah jedoch in Homosexualität weiterhin ein strafwürdiges Vergehen und eine bedenkliche Anomalie. Grundsätzlich änderte sich an dieser Wertung auch in den zwanziger Jahren wenig, aber in den Kreisen, die den Hedonismus als neue Religion annahmen, wurde es genau wie im Falle anderer Formen der Sexualität üblich, sich um die Norm nicht zu kümmern. Das Thema wurde auch in der Literatur nicht mehr grundsätzlich umgangen.

Der vor allem in Großstadt und Metropole weit verbreitete Verstoß gegen die verachteten Konventionen und Verhaltensregeln früherer Generationen und die fieberhafte Jagd nach Abwechslung und Genuß dienten zweifellos sowohl der Befreiung des Individuums aus unnatürlichen Fesseln als auch der Flucht aus einer chaotischen Gegenwart. Diese Modeerscheinung löste aber nach anfänglicher Fassungslosigkeit auch hartnäckigen, erbitterten Widerstand aus. Bloßer Neid bei denjenigen, die sich das alles nicht leisten konnten, verschmolz oft mit ehrlicher Empörung oder Beunruhigung über soviel Freizügigkeit und Zügellosigkeit. Auf jeden Fall wurde die Metropole mehr als je zuvor zum Symbol von Dekadenz und Genußsucht. Dort hatte offenbar eine sehr gemischte Kaste schnell reich gewordener Spekulanten, Ausbeuter, Betrüger und Lüstlinge das Sagen, auf Kosten der ehrbaren, hart arbeitenden einfachen Leute. Daß die Metropole außerdem einen stark kosmopolitischen Charakter hatte, daß dort auch viele Ausländer mit gut gefüllter Brieftasche in den Genuß des reichen Angebots kamen und auch die Vergnügungsindustrie, vor allem was Tanz und Musik anging, international war, gab diesem Bild noch zusätzlich etwas Beunruhigendes. Das galt nicht nur für die großen Kriegsverlierer, mit Städten wie Berlin, Hamburg, München oder Wien, wenn dort auch die Vorstellung, daß man dreisten ausländischen Profiteuren wehrlos ausgeliefert sei, allein schon wegen der schwachen Landeswährung besonders weit verbreitet war. Aber es gab auch sehr viele Franzosen, die Paris, neben Berlin das Zentrum der hedonistischen Kultur und des Kosmopolitismus schlechthin, voller Verbitterung als degenerierten internationalen Basar betrachteten. Überall waren es hauptsächlich Amerikaner mit reichlichem Vorrat an harten Dollars, die den reichen Ausländer verkörperten. Die nach wie vor puritanischen Auffassungen und die Prohibition im eigenen Land lockten viele von ihnen in das um so vieles tolerantere Europa.

12 Mit den Augen des Films

Zur erfolgreichsten und aufregendsten Unterhaltung für die vielen Millionen Menschen in den Städten wurde der Kinobesuch – und das schon bald in allen Bevölkerungsschichten. Der Film läutete zusammen mit dem Rundfunk eine neue Kulturepoche ein. Er brachte einen neuen Künstlertypus hervor, eine neue Kategorie von Berühmtheit: den Filmstar. Das Leinwandidol sollte auf die Dauer die alten Idole der Bühne – Sänger, Tänzer und Schauspieler – an Bekanntheit überflügeln, denn der Film konnte viel größere Massen anziehen als Theater, Konzert und Oper. Das hatte zunächst ganz praktische Gründe. Ein Film kann vervielfältigt und deshalb immer wieder und an zahllosen Orten zur selben Zeit vorgeführt werden. So war der Umsatz unvergleichlich viel größer, und eine Kinokarte konnte darum billiger sein als ein Theater- oder Konzertbillett. Außerdem zog das Theater eher die wohlhabenderen und höheren Schichten an, wenn es auch das typische Volkstheater für die einfacheren Leute gab, das – wie Puppenbühne und Jahrmarktstheater – Menschen ohne allzuhohe Ansprüche mit derb-komischen Schwänken unterhielt. Die Emanzipation der unteren Klassen, vor allem der Arbeiter, war noch nicht so weit fortgeschritten, daß Theater- und Opernbesuch bei ihnen schon zu den normalen Ausgehgewohnheiten gehört hätten. Auch dies erklärt, daß es die Menschen in solchen Massen ins Kino zog, besonders, da der Film anfänglich, als verbesserter Guckkasten, in dem man bewegliche Figuren bewundern konnte, eher in die Kategorie der Jahrmarktssensationen zu gehören schien. Daher der zunächst zweifelhafte Ruf des Kintopp, als man ihn als Attraktion für kindliche Gemüter, einfaches Volk und Vagabunden betrachtete.[50]

Zwangsläufig paßte sich der frühe Film inhaltlich noch lange diesem Publikum an. Fast schien es, als würde die spontane Verblüffung, die am Anfang von den beweglichen Bildern ausgelöst wurde, sich auch auf den Inhalt auswirken. Denn gezeigt wurden vor allem irreale und bizarre Handlungen, groteske oder komische Situationen. Der berühmte Slapstick wurde geboren. Außerdem wurden die amerikanischen Wildwestfilme populär, die den Cowboy als rauhbeinigen und von Abenteuern umwitterten Helden in Europa einführten. Auch waren schon 1913 die ersten Verfilmungen von Kriminalerzählungen entstanden, und dieses Genre eroberte jetzt von den USA aus den alten Kontinent. Ein neuer Held machte seine Aufwartung, und er war genau wie der Cowboy von seinem Geburtsland und dessen nationaler Kultur geprägt.

Daß der Kriminalroman in England aufgekommen war und in der angloamerikanischen Welt zu voller Blüte gelangte, war kein Zufall. Der Detektiv repräsentiert ja den Glauben an das erfinderische Individuum, an den überlegenen Intellekt, der dank der Vernunft ganz allein und aus eigener Kraft alle Rätsel löst, außerdem natürlich immer auf der Seite der Moral steht und das Verbrechen besiegt. Am liebsten handelt er auf eigene Faust, unabhängig vom Staat und seiner offiziellen Ordnungsmacht, der Polizei, die, schwerfällig und ungeschickt, wie sie nun einmal ist, gegenüber dem klugen Einzelgänger den kürzeren zieht. Das Heil kommt immer von der furchtlosen, unabhängigen Person, niemals vom Staat – dieser amerikanische Glaubenssatz sollte hier verkündet werden. Der Detektiv verkörpert deshalb zugleich den optimistischen Glauben an Fortschritt, menschliche Vernunft und Einfallsreichtum, der zu den Fundamenten der westlichen Demokratie gehört. Das Leben besteht aus einer Reihe von Problemen, die aber immer lösbar sind. Diese felsenfeste Überzeugung – noch ein Vermächtnis des englischen Empirismus der Aufklärungszeit –, bildete auch die Grundlage der amerikanischen Weltanschauung und ihres frohgemuten Pioniergeistes. Beim Cowboy lag das Hauptgewicht auf individuellem Mut, körperlicher Kraft und Kämpfermentalität – mit einer gewissen Schießwütigkeit –, beim Detektiv, seinem urbanen Bruder, auf den intellektuellen Fähigkeiten. In jedem Fall konnte man sich darauf verlassen, daß alles gut ausgehen würde.

Das bewegliche Bild, so zeigte sich sofort, hatte eine ihm eigene, zuvor unbekannte Art, sich der Wirklichkeit anzunähern. Es ermöglichte eine staunenerregende Verbindung von Foto und Erzählung. Damit wurde die

Zeit ins Bild gebracht, das Urelement, das Literatur und Musik immer von der bildenden Kunst unterschieden hatte. Außerdem konnte die Kamera den Einzelheiten plötzlich eine unerwartete Bedeutung verleihen. Was sie in den Blick nahm, wurde wichtig, und man nahm es auf einmal anders wahr. Die Gegenstände erlangten eine schweigsame, aber gerade darum magische Beredsamkeit, wenn sie in entscheidenden Augenblicken ins Bild kamen: eine verlassene Straße, ein verfallenes Haus, Spiegelbilder im Wasser oder auf Fensterscheiben, die leergetrunkene Tasse oder der Aschenbecher mit Zigarettenstummeln auf dem Tisch, der Hut am Kleiderständer – alles konnte veranschaulichen oder darauf hindeuten, daß sich der Mensch in einem Universum befand, in dem alle Dinge eine geheimnisvolle Bedeutung hatten. Während sich das Theater wegen seiner Abhängigkeit vom Wort immer auf der Ebene des Bewußtseins bewegen muß, konnte der Film jetzt unbewußte Schichten ansprechen und damit eine Wirklichkeit beschwören, die dem Drama und sogar dem Roman unzugänglich blieb. Andererseits verführte gerade diese Möglichkeit Filmemacher leicht zum Gebrauch billiger, dick aufgetragener Symbolik, und oft verwechselte man Kitsch mit Tiefsinn.

Erst ganz allmählich sollte der Film das ihm eigene, autonome Gebiet entdecken, dieses Zwischenreich mit seiner Symbiose von Visuellem und Literarischem. Für die filmische Darstellung von Geschichten, die schnell an die Stelle der ersten unzusammenhängenden Bildfolgen traten, wählten die Regisseure Theaterschauspieler, was ja auch das Nächstliegende war. So konnte es leicht passieren, daß sich der Film zu fotografiertem Theater entwickelte: Die Schauspieler taten vor der Kamera einfach, was sie auch vor dem Publikum zu tun pflegten. Einige Versuche in dieser Richtung hatten jedoch keinen Erfolg. Verfilmtes Theater blieb allzu deutlich ein Ersatz, vor allem, solange es noch reines Schau-Spiel war, da man auf die Stimme verzichten mußte, das wirkungsvollste Instrument des traditionellen Schauspielers. Trotzdem waren die Auffassungen der Filmemacher noch längere Zeit vom Theater beeinflußt. Da sich der Tonfilm erst ab 1928 durchsetzte, war man selbstverständlich erst einmal ganz auf das Pantomimische angewiesen, die Gebärde, die das Wort ersetzte. Allenfalls konnte man die Handlung durch kurze, eingeschobene Lesetexte verdeutlichen. Da beim Theater gerade in dieser Zeit der Expressionismus und die antinaturalistische Verfremdung ihre Blüte erlebten, stand diese Beschränkung dem Erfolg des Films auch nicht im Wege, im Gegenteil, denn der Stummfilm mit seinem

Schwarzweißbild sorgte schon von Natur aus notgedrungen für eine gewisse Verzerrung der Wirklichkeit. Die unvermeidliche Beschränkung führte zu einer beinahe geistreichen Art von Verfremdung – komisch, karikierend oder didaktisch-belehrend.

Zuerst begannen sich in den skandinavischen Ländern, in Frankreich, Amerika und Italien auch Theaterleute für das neue Medium zu interessieren, und sie erkannten, daß mehr daraus zu machen war als platte Volksbelustigung. Der noch in der Vorkriegszeit gedrehte Film *Quo vadis* gab das Signal. Aus Dänemark kamen Produktionen, mit denen man ebenfalls höhere Ziele verfolgte und in denen die filmischen Möglichkeiten einer neuen Auffassung der Wirklichkeit erkundet wurden – die Anfänge des Films für ein gebildetes, intellektuelles Publikum! Mittlerweile war in kirchlichen und pädagogischen Kreisen eine Bewegung entstanden, die sich gegen die Flut vulgärer filmischer Machwerke wandte. Ihr bereitete vor allem der verderbliche Einfluß auf Jugendliche ernste Sorgen, der von alldem ausgehen mußte, was auf der Leinwand an roher Gewalt und Verbrechen dargeboten wurde.[51] Es ist schwer einzuschätzen, inwieweit diese moralisierende Kritik zu einer Entwicklung beigetragen hat, durch die allmählich die Alleinherrschaft von Slapstick und Western überwunden wurde.

Ein wichtiger Grund dafür, daß sich die Mächtigen für den Film zu interessieren begannen, war, wie bei vielen neuen Erfindungen, der Krieg. Als erste hatten die Amerikaner begriffen, welche Möglichkeiten der Kriegspropaganda sich hier boten. Sowohl in den Ländern der Entente als auch in neutralen Ländern konnten amerikanische Filme ab 1917 (dem Jahr des amerikanischen Kriegseintritts) wirksam den Haß auf Deutschland schüren, und die deutsche Heeresführung erkannte, daß sie hier nicht zurückstehen durfte. Ludendorff selbst gab den Auftrag zur filmischen Gegenpropaganda, und so wurden die kriegführenden Länder in den letzten Kriegsjahren mit Machwerken überschwemmt, in denen Statisten in der Uniform des Feindes unausgesetzt barbarisches Verhalten an den Tag legten oder sich schmachvoll den immer wieder siegreichen eigenen Truppen ergaben. In Deutschland wurde die 1917 gegründete UFA (Universum Film AG) dank dieser Kriegsfilmproduktion zur größten Filmgesellschaft. Sie war deshalb von Anfang an von nationalistischem Denken geprägt und produzierte vorzugsweise Filme, in denen die traditionellen deutschen Kulturwerte – Respekt vor dem Staat, der Monarchie, Soldatentum und Soldatenehre – und konventionelle Bürgertugenden – Vaterlandsliebe, Pflichterfüllung, Fleiß und romantische Liebe – eine wesentliche Rolle spielten.

Nach dem Krieg konnte sich in den großen europäischen Ländern schnell eine echte Filmindustrie entwickeln, und nirgendwo war der amerikanische Einfluß so deutlich erkennbar wie hier. Nichts symbolisierte auch im Empfinden und Bewußtsein der Masse die Moderne so sehr wie dieses neue Medium. Hollywood, ein vorher unbekannter Flecken, wurde dank seiner Lage im sonnigen Kalifornien, die ganzjähriges Filmen ermöglichte, zur Weltfilmmetropole und gerade in Europa zu einem Begriff. Der Name stand für unablässige Filmproduktion, die im Prinzip alle Bevölkerungsgruppen mit dem versorgte, was sie jeweils bevorzugten, wobei kommerzielle und nicht künstlerische Gesichtspunkte ausschlaggebend waren. Das bedeutete, daß man sich in erster Linie auf den Geschmack und die Gefühlswelt der breiten Masse einstellte. Gigantische Produktionsgesellschaften wie Paramount, Fox und Metro-Goldwyn überschwemmten auch den europäischen Markt mit ihren Erzeugnissen, und es gelang ihnen immer wieder, europäische Filmleute, Schauspieler und Regisseure, nach Amerika zu holen. Auch in Organisation und Technik wurden sie zu Vorbildern ihrer europäischen Schwestern, die in diesem Konkurrenzkampf meistens unterlagen. Und sie exportierten auf diese Weise amerikanische Werte und amerikanischen Geschmack.

Für die weitverbreitete Gier nach Vergnügen und heiterer Ablenkung bot das Kino bald die ideale Befriedigung. Natürlich stellten sich die Filmleute darauf ein. Dennoch ist hier ebensowenig das Vorherrschen einer inhaltlichen oder stilistischen Strömung zu erkennen wie in der Literatur oder den anderen Künsten. Das Medium eignete sich so gut wie jedes andere für die gegensätzlichsten moralischen oder ideologischen Aussagen. Daß der Film expressionistische und surrealistische Künstler faszinierte und sie zu einer Reihe aufsehenerregender Experimente anregte, ist schon zur Sprache gekommen. Hier knüpften die Filmemacher – Regisseure, Drehbuchautoren, Kameraleute und Schauspieler – an avantgardistische und revolutionäre Gedanken an. In der Geschichte des experimentellen Films dieser Epoche sind es die Werke von Man Ray, Buñuel, Dalí, Murnau, Lang, Wiene und Gerlach, die am meisten Furore gemacht haben. Man ließ sich von den nie gekannten Möglichkeiten, die das Medium bot, zur eindringlichen Visualisierung phantastischer Traumbilder und alptraumhaften Grauens inspirieren, wie bei den erwähnten Filmen *Das goldene Zeitalter*, *Der andalusische Hund*, *Caligari*, *Mabuse* und *Nosferatu*. Sicher wollte man auch in die psychischen Regionen des Verdrängten hinabtauchen, allerdings darf das therapeutische Anliegen nicht überbewertet werden: Das vorrangige Motiv bleibt auch hier die rein künstlerische und technische Erfindungsfreude der Filmleute.

Den Schöpfern der expressionistischen Filme ging es darum, eine tiefere Wirklichkeit hinter der äußeren erkennbar zu machen. Es ist bemerkenswert, wie sie dabei die Kamera, die doch an die realen sichtbaren Gegenstände gebunden ist, dazu gebrauchten, diese Gegenstände als Symbole erscheinen zu lassen. Licht und Schatten, alte Häuser, unheimliche Gassen, dunkle Keller, aber auch gewisse Landschaften waren bevorzugte Mittel, eine bestimmte Atmosphäre zu schaffen und das Äußere transparent zu machen. Dabei verwendeten die Regisseure manchmal absichtlich unverkennbar künstliche Kulissen, als wollten sie ausdrücken, daß die sichtbare Wirklichkeit nicht die eigentliche sei und durch eine künstliche, die erst das Wesentliche offenbart, ersetzt werden müsse.[52] In Schweden entdeckten Regisseure wie Victor Sjöström und Mauritz Stiller als erste den Symbolwert der Landschaft, die als schweigende Mitspielerin bisweilen sogar in einer Hauptrolle einbezogen wurde, ähnlich der Funktion, die später beim Tonfilm die Musik bekommen sollte. Außerdem paßt es sehr gut zu dem Bestreben, eine zweite, geheimnisvoll-magische Realität hinter der alltäglichen heraufzubeschwören, daß Regisseure gern auf alte Sagen oder Legenden zurückgriffen, die sich für eine verfremdende Vereinfachung der sichtbaren Wirklichkeit und zum Ausdruck eines ungewöhnlichen geistigen Gehalts eigneten. Beispiele hierfür sind Paul Wegeners und Carl Boeses Film *Der Golem, wie er in die Welt kam* (nach einer alten jüdischen Legende aus Prag) oder die erwähnten Filme über satanische Unholde.

Der Film eignete sich mindestens ebenso gut wie die Literatur zur Sozialkritik und deutlicher politischer Stellungnahme. Vor allem konnte er ein solches Anliegen direkt und mit mehr Überzeugungskraft vorbringen und ein breiteres Publikum erreichen. Ein Buch konnte man zuklappen, aber wer einmal im Kino saß, war dem Film ausgeliefert. So wurde dieser zu einem äußerst wirksamen Mittel der Gesellschaftskritik, der Anprangerung von Mißständen. In diese Kategorie gehört eine Vielzahl sehr beliebter Filme, die ganz selbstverständlich für die Schwachen, die Stiefkinder der Gesellschaft, und gegen die herrschende Ordnung Partei ergriffen. In Europa war in den zwanziger Jahren der deutsche Film mit Regisseuren wie Murnau, Ernst Lubitsch, Lang und Georg Wilhelm Pabst bahnbrechend, und eine bedeutende Gruppe von Produktionen stand – so als wollte man ein Gegengewicht zu den UFA-Filmen mit ihrer konservativen Moral schaffen – im Zeichen sozialen Engagements. In Frankreich sollte vor allem René Clair mit Filmen wie *Paris qui dort*, *Un chapeau de paille d'Italie* und, nach Einführung des Tonfilms, *Sous les toits de Paris* bekannt werden. Ihm ging es, anders als seinen deutschen Kollegen, meistens um eine leicht ironisch gefärbte, realistische Darstellung einer alltäglichen Wirklichkeit, in der französischen Tradition eines ganz bewußt nicht moralisierenden, verspielten Skeptizismus. Die deutschen Regisseure dagegen knüpften insofern an die Literatur mit didaktischer, linker Tendenz an, als ganz allgemein die Neigung erkennbar ist, Mißstände, soziale Not, die Probleme des kleinen Mannes oder der kleinen Frau, der Unterschichten oder der Menschen am Rande der Gesellschaft auf die Leinwand zu bringen. Die Kritik konnte sich gegen die herrschende Ordnung, die bestehende Ungleichheit und Ungerechtigkeit wenden. Ebensogut konnte aber ein Bild der modernen Welt entworfen werden, das das Beängstigende oder Verwirrende ihrer Dynamik, die Entmenschlichung durch die Technik, die Vermassung und die Verlorenheit des einzelnen hervorhob. Vor allem hierfür schien der Film – selbst ein Produkt dieser modernen Welt – wie nichts anderes geeignet zu sein: Er konnte direkt den Schauplatz wechseln und dasselbe Geschehen von unterschiedlichen Seiten zeigen, mit raschen Einblendungen arbeiten und so auch Gegenwart und Vergangenheit, Realität, Traum oder Phantasie vermischen. Eingeblendete Erinnerungen gaben dem Film oft zwangsläufig einen versteckten nostalgisch-konservativen Beiklang, aber auch der gehörte zu einem großen Teil dieser Gesellschaftskritik. Zu einem bevorzugten Thema wurde zum Beispiel die Straße: als Sinnbild der modernen Stadt, der Ruhelosigkeit und Unbehaustheit. Die Straße, die allen und niemandem gehört, die sich mit stiefmütterlicher Gastfreundlichkeit der Obdachlosen und Ausgestoßenen annimmt, gleichzeitig aber auch diejenigen zum Abenteuer verlockt, deren Gefühl sich gegen bürgerliche Behaglichkeit und Fadheit sträubt. Die Straße auch als Weg und als Reise, die nirgendwo hinführen und damit ihren ursprünglichen Sinn verloren haben. Die bewegliche Kamera konnte die Unruhe und Verlorenheit viel deutlicher spürbar machen als Drama oder Roman, und so wurde die Straße in vielen Filmen zur eigentlichen Hauptdarstellerin. Ein anderes Thema, von dem seit jeher, wie zu erwarten, eine romantisch gefärbte Faszination ausging, war die Prostituierte, die entweder als beklagenswertes Opfer einer harten, genußsüchtigen Gesellschaft oder als Muster wahrer Menschlichkeit gegenüber der scheinheiligen Welt dargestellt wird. Und natürlich gab es eine Kategorie von Filmen, deren Geschichte sich um den bekannten Gegensatz von Jung und Alt oder Sohn und Vater drehte, wobei die Jugend im Grunde immer die unverfälschten Werte und die aufrichtigen Gefühle repräsentiert, auch wenn sie augenscheinlich gegen die herrschende Moral rebelliert.

Außerdem entdeckten Kameraleute die Natur, die Landschaft, und so wurde nicht nur in Deutschland der »Heimatfilm« geboren. Die Natur – nicht so sehr als symbolhafte Mitspielerin in einem menschlichen Drama, sondern als vertraute, beständige Ordnung hinter und jenseits der zerrissenen Menschenwelt – konnte der Stadtbevölkerung ein Gefühl des Friedens und der Ruhe geben, und der Film war geeignet, aufs neue den Blick für ihre Schönheit zu schärfen. Er knüpfte hier an einen Trend in der Fotografie an, den Versuch, mit fotografischen Mitteln das Gefühl für die Schönheit der Natur wachzurufen, wie ihn zum Beispiel Albert Renger-Patzsch, ein bahnbrechender Naturfotograf, mit seinem Bildband *Die Welt ist schön* unternahm.

In der Literatur zur Filmkunst schenkt man Aufmerksamkeit vor allem den Filmen mit ausgesprochen künstlerischem und intellektuellem Anspruch, die sich auf einer Linie mit dem Avantgardismus in den Künsten befinden. Dies kann aber leicht zu einer Verzerrung des Bildes führen und uns vergessen lassen, daß daneben ein Vielfaches an Filmen auf den Markt kam, mit denen man keineswegs so hohe Ziele verfolgte, sondern die einfach nur der Unterhaltung und Entspannung dienen sollten. Wegen des raschen Wachstums der Filmindustrie verschob sich das Gewicht noch weiter in dieser Richtung. Und es waren diese billigen Streifen, die für volle Kassen sorgten und in allen Kinos liefen. Gerade hier gab Hollywood die Richtung vor. Das bedeutete, daß man sich an Geschmack und Normen der Durchschnittszuschauer anpaßte, die ins Kino gingen, um vergnügte oder spannende Stunden zu verleben, und nicht so sehr wegen einer moralischen oder ideologischen Aussage. Natürlich liegt hier ein Problem: das des Verhältnisses von Nachfrage und Angebot auf kulturellem Gebiet, der Beziehung zwischen Normen und Geschmack der großen Mehrheit und der Art, wie diese gerade durch die Bücher und Filme, die auf den Markt kommen, festgelegt oder zumindest stark beeinflußt werden. Obwohl man hier nicht einfach von einseitigem Einfluß – der Produzenten auf das Publikum – sprechen kann, bleibt das Publikum doch in hohem Grade abhängig von dem, was angeboten wird, und deshalb werden sich seine Auffassungen anpassen.

Was die Prägung des vorherrschenden Weltbildes angeht, wurde der Film durch seine Popularität zu einem Faktor, der nicht unterschätzt werden darf. Vor allem nach dem Aufkommen des Tonfilms sollte er Millionen Menschen für einige Stunden aus ihrer eigenen in eine fiktive Wirklichkeit versetzen, mit einer suggestiven Kraft, mit der er die seit jeher bekannte bunte Scheinwelt des Theaters und der Oper weit übertraf. Das mag zunächst unverständlich erscheinen. Warum kann die körperliche Gegenwart lebendiger Personen auf der Bühne nicht im gleichen Maße die Illusion von Authentizität hervorrufen wie die Bilder des nicht Gegenwärtigen, nur Gefilmten, auf der Leinwand? Das Theater kann schließlich auch eine starke Illusionswirkung erzielen. Man kann sich aber des Eindrucks nicht erwehren, daß die Kraft des Theaters auf diesem einen besonderen Gebiet – der täuschenden Echtheit, der Glaubwürdigkeit und Vollkommenheit der Illusion – wegen der noch größeren Kraft des Films nachgelassen hat. Mit anderen Worten: Ein Publikum, das den Film kennt, ist im Theater weniger bereit, sich täuschen zu lassen. Das hat nichts mit der Frage nach dem künstlerischen und kulturellen Wert zu tun. Diese gehört auf eine andere Ebene, und der Film hat ja, wie sich deutlich gezeigt hat, das Theater keineswegs überflüssig machen oder gar zugrunde richten können. Nur was diesen einen Aspekt angeht – die glaubwürdige Nachahmung der Wirklichkeit –, ist die ältere Kunst unterlegen. Das bleibt um so bemerkenswerter, als das moderne Theater dank der Technik, vor allem der Beleuchtungstechnik, eine viel stärkere Illusionswirkung als die Bühne in früheren Jahrhunderten erreichen kann, als man den Kulissen noch deutlich ansah, daß sie gemalt waren, und dem Donner oder Sturm anhörte, daß er im Hintergrund von Hilfskräften hervorgebracht wurde. Aber in der Welt des Theaters gewann gerade in dieser Periode die Strömung an Einfluß, die ganz bewußt mit dem naturalistischen Ideal brach. Es scheint naheliegend, die Ablehnung der Illusion als Reaktion auf den erfolgreichen Konkurrenten zu interpretieren. Diese Auffassung wird jedoch dadurch widerlegt, daß die antinaturalistische Bewegung aufkam, bevor der Film mit der Einführung des Tons, was die realistische Wirkung angeht, seine höchste Perfektion erreichte. Und den surrealistischen und expressionistischen Filmemachern ging es überhaupt nicht um realistische Wiedergabe. Der ältere Slapstick war eher als Karikatur gedacht. Dennoch besitzt die Kamera dank ihrer offensichtlichen Objektivität eine einzigartige Überzeugungskraft. Sie hält mit rein technischen Mitteln fest, was sie sieht, und die dadurch beim Zuschauer unmittelbar ausgelöste Reaktion entspricht mehr oder weniger der Empfindung, daß das, was er sieht, anders als beim gemalten Bild, genau so gewesen sein muß – da es sonst nicht hätte aufgenommen werden können. Es ist merkwürdigerweise der technische Umweg, die Indirektheit des Bildes, die seine Glaubwürdigkeit erhöht. Das liegt vor allem daran, daß auf der Leinwand ausschließlich die Filmwirklichkeit existiert, die dank der Möglichkeiten der Kamera noch in viel höherem Grade »lebensecht« wirken kann als die Wirklichkeit auf der Bühne. Diese bleibt ein Ausschnitt aus der Wirklichkeit des Zuschauers, die auch immer den Saal, die anderen Zuschauer, die Vorhänge, also all das umfaßt, was nicht direkt zum Spiel gehört. Anders gesagt: Daß das Bühnengeschehen Fiktion ist, bleibt dem Zuschauer gerade deshalb bewußt, weil es für ihn ganz eindeutig Teil seiner gegenwärtigen Situation in ihrer Gesamtheit ist. Die Filmaufnahme dagegen stellt eine Verbindung zu einer nicht gegenwärtigen Wirklichkeit her, die deshalb vollständiger wirkt. Zwischen der Situation des Filmzuschauers im dunklen Saal und dem, was sich auf der Leinwand abspielt, besteht kein direkter Zusammenhang, und dies kommt der Illusionswirkung zugute. Sie wurde durch die Möglichkeit der Detailaufnahme noch gewaltig gesteigert. Die Aufmerksamkeit des Zuschauers wird präzise und ausschließlich auf das gelenkt, worauf es dem Regisseur ankommt. Die Mimik, die bestimmte Emotionen verrät, kann so stark vergrößert wiedergegeben werden, daß für einen Augenblick nichts anderes existiert als die erschrocken blickenden Augen, das wutverzerrte Gesicht oder die zitternden Lippen eines Menschen. Und nicht nur das: Die Kamera entdeckte die immense Symbolkraft von Einzelheiten und Gegenständen, von rauschenden Bäumen, Spiegelungen im Wasser, einer nervös klopfenden Hand oder brutal trampelnder Stiefel. Gegenstände mit symbolischer Bedeutung, die der Maler immer in die Gesamtkomposition hatte integrieren müssen, konnte der Kameramann dank der Möglichkeit, Bildausschnitt, Blickrichtung und Perspektive zu verändern, in einem bestimmten Augenblick zum ausschließlichen Objekt der Wahrnehmung machen. Das bedeutete vollständige Kontrolle über den Zuschauer, was die Lenkung der Aufmerksamkeit angeht, und zugleich erleichterte es die Konzentration. Diese einfachen und elementaren Tatsachen können helfen, die Magie der Leinwand zu erklären. Die scheinbare Objektivität des Kameraauges wurde zu einem wirksamen, ja unfehlbaren Mittel, den Zuschauer dem Diktat des Filmemachers zu unterwerfen und ihm dessen subjektive Anschauungsweise aufzuzwingen.

Außer für spannende Abenteuer, halsbrecherische Kraftakte oder komische Situationen eignete sich der Film hervorragend für erotische Szenen. Die Enttabuisierung bewirkte auch hier einen Dammbruch, und die Welle der Sexfilme trug wiederum kräftig zu einer weiteren Senkung der Schamschwelle bei. Jetzt konnten Tausende in der Betrachtung von Filmschönheiten beiderlei Geschlechts und im Miterleben ihrer Abenteuer erotische Ersatzbefriedigung finden. Die Skala reichte von ziemlich platten bis zu raffinierten Machwerken, und der Zuschauer konnte ohne weiteres zum Zeugen überlebensgroß wiedergegebener intimer Szenen werden. Das aber setzte die Instanzen in Bewegung, die sich seit jeher und auch weiterhin für die Sitten und die öffentliche Moral verantwortlich fühlten – Staat und Kirchen. Staatliche Stellen ergriffen Prüfungs- und Zensurmaßnahmen, und vor allem wurden Verbote für Minderjährige erlassen. Daß die Stars während der Vorstellung nicht gegenwärtig waren (anders als beim Theater), verstärkte im Grunde nur noch ihre Ausstrahlung. Das Idol war in unerreichbarer Ferne.

Die erste Generation der Filmschauspieler kam vom Theater. Die anderen Möglichkeiten und Gesetzmäßigkeiten des Films forderten aber auch von den Darstellern andere oder zusätzliche Fähigkeiten. Das Aussehen, das Erscheinungsbild wurde wichtiger, allein schon, weil das scharfe Auge, anders als das des Theaterbesuchers in der Tiefe des Zuschauerraums, der Kamera unbarmherzig durch Schminke und künstliche Schönheitsmittel hindurchsieht. Noch wichtiger war, daß die Kamera hautnah an den Darsteller herankommen und ihn so auch bei sehr persönlichen Reaktionen ertappen konnte; kleinste Reflexe, ein bösartiges Lächeln, das über sein Gesicht huschte, Schweißtropfen auf seiner Stirn – alles konnte sie in starker Vergrößerung festhalten. Das zwang Schauspieler, die immer gewöhnt gewesen waren, ihre Emotionen gewissermaßen vergrößert darzustellen und ihre Stimmkraft und ihre Gebärden auf die Wirkung im Saal zu berechnen, zu einem ganz anderen Stil, zur Zurückhaltung und zum Subtilen, zum Ersetzen des üblichen expressiven Forte durch ein unaufdringliches Piano. Die alte Übertreibung wirkte jetzt unnatürlich und lächerlich. Ganz allmählich entwickelte sich eine neue Spieltechnik, die auf die Dauer wiederum das Theater beeinflussen sollte, so daß sich auch dort ein viel unaufdringlicherer und subtilerer Stil durchsetzte. Charakteristisch für den Film wurde aber vor allem die Identität von Darsteller und Dargestelltem, bis hin zu minimalen Äußerlichkeiten. Der Filmschauspieler identifizierte nicht sich mit einer vom Textautor geschaffenen Person, sondern er identifizierte, auch nach dem Aufkommen des Tonfilms, die von ihm darzustellende Person mit seinem eigenen Ich. Beim Theater kannte man zwar den Hamlet eines Joseph Kainz, Alexander Moissi, Eduard Verkade oder Louis Bouwmeester, aber es blieben doch Varianten der gleichen Figur. Eine Greta Garbo, eine Marlene Dietrich oder ein Valentino wurden viel zu sehr eins mit ihren Rollen, als daß bei einer anderen Besetzung nicht auch ein völlig anderer Film herausgekommen wäre, so überdeutlich waren ihr Äußeres, die nur ihnen eigene Mimik, das unverwechselbare, individuelle Fluidum ihrer Person im Bild.

Obwohl bei vielen die Bindung an das Theater erhalten blieb und die bedeutenden Filmschauspieler der ersten Generation auch bekannte Theaterdarsteller waren, kam es doch bald zu einer klaren Trennung. Der erste weltberühmte Filmstar im eigentlichen Sinne, schon während des Krieges für unzählige Männer Idol und Ziel ihrer Sehnsüchte, war die dänische Schauspielerin Asta Nielsen. In den zwanziger Jahren brachte vor allem Hollywood neue Weltstars wie die Schwedin Greta Garbo und den italienisch-amerikanischen Schauspieler Rudolph Valentino hervor – für Millionen Männer und Frauen das unerreichbare erotische Ideal. Inzwischen hatte die Filmindustrie erkannt, daß sie sich an die üblichen moralischen Standards halten mußte – auch um den Film von dem zweifelhaften Ruf, in den er anfangs geraten war, zu befreien und ihn zu einem allgemein anerkannten Massenmedium zu machen. Mehr noch – der Film konnte gerade zum wirksamsten Gegengift gegen Zügellosigkeit und schockierende revolutionäre Auffassungen zur Sexualität werden. Auch was das Kino angeht, rief der Hedonismus vom ersten Augenblick an in allen Ländern scharfe Gegner auf den Plan, eine Gegenbewegung, die die Wiederherstellung der traditionellen Normen predigte. Besonders Hollywood bekam es mit dem amerikanischen Puritanismus zu tun, und so entstanden neben den vulgären Machwerken, in denen sich alles um platt Sexuelles drehte, Filme, die dem Publikum eine schöne, heile Welt vorsetzten, in der die Menschen, ihre Liebesabenteuer, ihre Freude und ihr Schmerz dem Erlaubten entsprachen. Mit Vorliebe ließ man die Geschichten in exotischen Ländern oder im Milieu der Bessergestellten spielen (wie bei den älteren populären Damen- und Familienromanen), unter elegant gekleideten hübschen Frauen und leidenschaftlichen Liebhabern, in geschmackvollen Landhäusern und in schöner Natur, also in einer Umgebung, in der es sich gut leben ließ und in der außerdem die vertrauten Normen galten, so daß das Gute schließlich immer siegte. Durch die Identifikation konnte der Zuschauer seine Sorgen vergessen. Er ging mit dem Gefühl nach Hause, daß die Welt eigentlich wieder so war, wie sie sein sollte. Daß die angebeteten Filmidole in ihrem Privatleben oft keineswegs diesem schönen Bild entsprachen, mußte verheimlicht werden. Es blieb nicht immer verborgen, und Hollywood wurde auch in dieser Hinsicht führend: Die sexuellen Abenteuer, Skandale, Ehescheidungen und psychischen Zusammenbrüche seiner idealisierten Stars bildeten für die Boulevardpresse einen unerschöpflichen Vorrat an sensationellem Stoff.

Neben all diesen Produkten behauptete sich auch der unverwüstliche amerikanische Slapstick, dank komischer Talente wie Harold Lloyd, Buster Keaton und vor allem dank des genialen Charlie Chaplin. Die Filmtechnik machte es ja möglich, ganz unwirkliche und komisch-bizarre Szenen ins Bild zu setzen, in denen Menschen blitzschnell rückwärts liefen oder halsbrecherische Kunststücke an der Fassade eines Wolkenkratzers vollführten. Chaplin war eine Klasse für sich und wurde weltweit ein Begriff, er war wahrscheinlich der populärste und bekannteste Filmstar der ganzen Epoche. Der Zerrspiegel, den er der Welt vorhielt, der kleine Mann in der Gestalt des Tramp, des Landstreichers mit dem goldenen Herzen, der am Ende immer alle Hindernisse überwindet, brachte das Publikum quer durch alle Schichten und Nationalitäten zum Lachen, auf Kosten der Schlechten und Reichen. Das Komische verband sich mit dem Guten, und diese Verbindung verschaffte dem Zuschauer die besondere Genugtuung, die zu allen Zeiten die Karikatur und den Witz mit ihrer demaskierenden Funktion so beliebt gemacht hatten, denn sie entschädigten den kleinen Mann für seine Ohnmacht. In Filmen wie *Moderne Zeiten*, *Lichter der Großstadt*, *Goldrausch* und vielen anderen wurden auch die kapitalistische Gewinnsucht oder die Schattenseiten der Industrialisierung angeprangert, aber auf versöhnliche Weise. Durch Chaplin-Filme wurde niemand zum Revolutionär, wenn er es nicht schon gewesen war. Trotz der sehr angloamerikanischen sentimentalen Moral, die zu seinen Filmen gehörte, war ihre Botschaft doch universal genug, um die ganze Welt zu unterhalten.

Das Aufkommen des Tonfilms führte von 1929 an zu einer tiefgreifenden Umwälzung, über die nicht alle Filmemacher glücklich waren. Sie brachte zwangsläufig eine Verschiebung auf Kosten des Bildes und damit möglicherweise insofern eine Verflachung, als jener Bereich des Unsagbaren und Unbewußten, den einige der kreativsten Regisseure und Kameraleute für sich entdeckt hatten, vom Dialog verdrängt wurde. Obwohl der Dialog in eine visualisierte Erzählung eingebettet blieb und in vielen Filmen auch weiterhin eine untergeordnete Rolle spielte, während die stummen Bilder, Mimik, Umgebung und Lichteffekte dominierten, war im großen und ganzen eine Akzentverlagerung nicht zu übersehen, und wahrscheinlich war sie auch unvermeidlich. So wurde der Film als Konkurrent des Theaters noch stärker, weil er sich ihm mit der Aneignung des Wortes annäherte. Dessen Bedeutung wurde teilweise wieder herabgesetzt, da im Bereich des Tons noch eine andere Macht aufgeboten werden konnte: die Musik. Sie war bald unentbehrlich, bestimmte die Atmosphäre im gleichen Maße oder stärker noch als das Bild.

Dies bedeutete, daß der Film künftig eine weitere Gruppe von Künstlern anzog. Neben dem Drehbuchautor, dem Kameramann und dem Regisseur konnte der Komponist dem Werk seinen Stempel aufdrücken, und bald waren es oft gerade die Melodien, die der Kinobesucher mit nach Hause nahm und die in seiner Erinnerung an den Film das Dauerhafte waren. Daß dadurch die filmspezifische Beredsamkeit des Bildes an Bedeutung verlor, ist nicht zu leugnen. Wegen der Erweiterung der Mittel und der Perfektionierung der Wirklichkeitsnachahmung beim Tonfilm wurden an die Phantasie des Zuschauers nur noch minimale Anforderungen gestellt. Auch hatte sich der Nutzen des Films für wirkungsvolle politische, moralistische oder ideologische Propaganda entsprechend erhöht.

Das Aufkommen des Tonfilms in Europa fiel zufällig mit einem weltweiten politischen und ökonomischen Umbruch zusammen. Die große Weltwirtschaftskrise, die im Oktober 1929 am sogenannten Schwarzen Freitag auf dramatische Weise mit dem katastrophalen New Yorker Börsenkrach einsetzte, war sein deutlichstes Symptom. Die Krise sollte einerseits dazu beitragen, daß der Film immer häufiger für Propaganda und ideologische Indoktrination jeder Art eingesetzt wurde. Andererseits wuchs, angesichts der weitreichenden Folgen der Depression für fast alle Bevölkerungsschichten, das Bedürfnis nach wohltuender Betäubung. Das galt besonders für den schwer getroffenen Mittelstand. Nichts war für die Flucht vor den materiellen Sorgen des Alltags besser geeignet als das Kino: Der Film konnte die Menschen in eine romantische Traumwelt eintauchen lassen. Und im jetzt gefragten reinen Unterhaltungsfilm hielt der Sänger als neues Filmidol Einzug. Das sentimentale Liebesmärchen wurde um gefühlvolle Songs, Chansons oder Schlager bereichert. Manchmal wurde die ganze Geschichte im Grunde nur zusammengeschmiert, um dem populären Gesangsidol, wie etwa Richard Tauber mit seiner samtenen Tenorstimme, die Gelegenheit zum Singen zu geben, damit er, am besten vor dem Hintergrund einer bezaubernden Landschaft, das Publikum mit seinen Schmachtfetzen in Verzückung versetzen konnte. So verband sich dieses Genre des neuen Tonfilms mit der leichten Muse der Musik.

Aber in der Symbiose von Bild, Bewegung und Ton, die dem Film eine so große suggestive Kraft verlieh und ihn, was die Wirklichkeitsnachahmung angeht, unerreichbar machte, liegt auch der Grund dafür, daß er vergänglicher ist als das Drama. Gerade das vollkommene Verschmelzen von Rolle und Schauspieler, von Inhalt und visueller Darstellung drückt jedem Film den Stempel seines Geburtsjahres auf. Ihm fehlt die verborgene Wechselwirkung zwischen Text und Spielern beim Theater, die es möglich macht, daß jahrhundertealte Texte immer wieder neu, im Geist der jeweiligen Zeit, zum Leben erweckt werden können. So wird der Film durch seine technische Vollkommenheit, viel mehr als die traditionellen Bühnenkünste, zu einem Dokument, in dem die unverwechselbare Atmosphäre seiner Zeit festgehalten ist, aber er altert auch schneller.

13 Der Triumph des Schlagers

Die für unsere Epoche so charakteristische Spaltung der Künste in das, was man im allgemeinen unter ernsthafter und unter populärer Kunst versteht, wurde durch die hedonistische Stadtkultur der Nachkriegszeit enorm vertieft. Die Veränderungen der ästhetischen Normen, ausgelöst durch die avantgardistischen Strömungen, hatten weitverbreitete Unsicherheit verursacht. Das zeigt auch die mühsame Suche nach befriedigenden Bezeichnungen für diese unterschiedlichen Arten von Kunst. Ausdrücke wie »große« oder »wirkliche Kunst« sollen den Unterschied zu »Kleinkunst« oder »leichter Muse« betonen. Es war unbestreitbar ein Vakuum entstanden, da das breite Publikum den Ausdruck von Schönheitserleben und Empfindungen, den es von der traditionellen Kunst gewöhnt war, in den avantgardistischen Experimenten nicht mehr finden konnte. In diesem Vakuum entfalteten sich mit gewaltigem Erfolg die leichten Musen. Neben den seit langem existierenden literarischen Hervorbringungen – Kolportageroman, Thriller, Kriminalroman, Abenteuer- und Liebesgeschichte, in alltagssprachlichem Stil geschrieben und ohne besondere Ambitionen, was geistige Tiefe angeht – erlebten jetzt entsprechende musikalische Genres einen gewaltigen Aufschwung. Dies war vor allem technischen Erfindungen zu verdanken, dem Rundfunk und dem Grammophon. Das Bild der zwanziger Jahre wäre nicht vollständig ohne dieses charakteristische Detail – das Chanson, den Schlager, den zeitgenössischen Erben des Volkslieds, der das moderne Lebensgefühl zum Ausdruck brachte. Mehr als irgend etwas anderes befriedigte der Schlager ein allgemeines Bedürfnis. Er strebte nicht nach moralisierender Deutung der Existenz. Er wollte keine Mißstände anprangern und an das Gewissen appellieren. Eher wollte er den Menschen mit der bösen Wirklichkeit versöhnen, indem er sie ins Komische zog und als bedeutungslos erscheinen ließ. Auch der hochmütig subjektivistische Ton der zeitgenössischen Lyrik war ihm fremd. Er behandelte mit Absicht, ungeniert und immer geradeheraus, das Triviale und entfernte sich nicht weit von der Mentalität der einfachen Leute. Seine universale Botschaft lautete ganz einfach: So ist die Welt! Und er verkündete sie mit eingängigen, sangbaren Melodien zu flotten Texten, nicht ohne eine gesunde Dosis Selbstironie, und begleitete seine eigene, oft so dick aufgetragene Rührseligkeit mit einem Augenzwinkern. Diese Sentimentalität wurde glaubwürdig, da sie gleichzeitig Sentimentalität persiflierte. Der Schlager besang, was Durchschnittsmenschen am liebsten fühlen und denken würden, wenn die Scham sie nicht daran hinderte. Seine Melodien blieben ganz im Rahmen der konventionellen Harmonik, waren voll von Reminiszenzen an klassische Werke und variierten Bekanntes aus dieser Sphäre. Schon allein dadurch ließ er eine vertraute Gefühlswelt lebendig werden, die untergegangen war, aber dank der bewußten, leicht ironisierenden Imitation wieder akzeptabel wurde. Und die Texte hielten sich sprachlich an Zeitung und Fortsetzungsroman. Es war alltägliche Prosa in Reimen.

Die tieferen Gründe für die Durchsetzung und den weltweiten Erfolg des Schlagers liegen im Untergang der Stände, der Demokratisierung und der Verbreitung von Bildung in breiten Bevölkerungsschichten. Das alte Volkslied, das Freud und Leid und das Lebensgefühl dieser breiten Schichten (also des »Volkes«) ausdrückte, hatte seine eigentliche Funktion verloren, weil es schon lange kein »Volk« in diesem Sinne mehr gab. Es gab nur die sich selbst als solche definierenden »unteren Klassen«, die an der Bildung und Kunst der Oberschichten teilhaben wollten. Die Wiederentdeckung und Aufwertung von Volkslied und Volkstanz, vor allem in der Jugendbewegung, entsprangen Nostalgie und romantischem Protest gegen die Moderne. Sie hatten eine deutlich ideologische Tendenz, und es waren die gebildeten Kreise, nicht das »Volk«, die sich von dieser Erneuerung eine heilsame Wirkung versprachen. Das Vakuum konnte auf diese Weise nicht gefüllt werden, oder nur für eine dünne Oberschicht. Ein Lied, das die Emotionen und das Lebensgefühl der neuen ständelosen Massen in den Städten ausdrückte, gab es nicht, und so wurden anspruchslose Chansons und Schlager zum neuen Lied.

Es entstammte dem Dreistromland von Operette, Kabarett und Revue, aber seinen gewaltigen Aufschwung in den zwanziger Jahren verdankte es drei technischen Innovationen, außer Rundfunk und Schallplatte ab 1929 auch dem Tonfilm. Durch die Kombination der drei Medien konnte das neue Lied, das ursprünglich immer auf der Bühne vorgetragen wurde (und später im Kino erklang), zigtausendfach in Wohnzimmern, Bars, Tanzlokalen und Kneipen reproduziert werden. Menschen aus allen Schichten und Gruppen sangen, pfiffen und summten den Schlager, zu Hause und im Freien, wie man es früher mit beliebten Opernthemen von Weber, Verdi oder Bizet gemacht hatte. Das neue Lied erreichte Hunderttausende, und auch nationale Grenzen spielten keine Rolle mehr. Der Schlager wurde dank Rundfunk und Film zum großen Demokratisierer auf dem Gebiet des »Gefühls«. Er überbrückte Klassenunterschiede, auch wenn er vor allem den städtischen Mittelklassen gehörte.

Seine Schöpfer, Komponisten und Texter, kamen häufig aus der Welt des Varietés und der Revue. Sie faßten ihre Arbeit in erster Linie als Broterwerb auf und nicht als Kunst in irgendeinem höheren Sinn, obwohl die Kunst für manche von ihnen gewiß das gelobte Land war. Aber die besten waren unbestreitbar wirkliche Könner, voller spritziger und gelegentlich genialer Einfälle. Wovon sie sich bei ihrer Arbeit leiten ließen, war eine – manchmal von Zynismus geprägte – nüchterne Einschätzung der Sehnsüchte des breiten Publikums, und sie hatten notgedrungen einen sicheren Blick für das Kommerzielle; schließlich saßen ihnen Filmproduzenten und Manager im Nacken, die sich ihrerseits in einem internationalen Konkurrenzkampf behaupten mußten. Oft waren sie auch nur geschickte Arrangeure – und betrachteten sich selbst als solche –, die unbekümmert Werke und Einfälle anderer für ihre Zwecke bearbeiteten und keinerlei Anspruch auf künstlerische Ursprünglichkeit erhoben.

Die Operette war im neunzehnten Jahrhundert in Paris aufgekommen, und man verbindet sie immer noch vor allem mit Jacques Offenbach. Im zwanzigsten Jahrhundert wurde aber Wien zur eigentlichen Operettenmetropole. Die leichten und einprägsamen Melodien dieses Genres waren jetzt um so willkommener, als bei der großen Oper, spätestens nach Wagner und Verdi, immer Komplizierteres zu hören war. Opern von Strauss, Leoncavallo und Puccini, ganz zu schweigen von Janáček, Debussy und Strawinsky, eigneten sich nicht so sehr zum Nachsingen oder -pfeifen beim Hausputz. Vor allem Franz Lehár eroberte die Herzen, vor dem Krieg schon mit *Die lustige Witwe* (1905) und *Der Graf von Luxemburg* (1909), und *Das Land des Lächelns* von 1923 fand nicht weniger Anklang. Neben ihm sorgten Oscar Straus mit *Ein Walzertraum* (1907), Emmerich Kálmán mit *Die Czardasfürstin* (1918) und der bei weitem Fruchtbarste von allen, Robert Stolz, unter anderem mit *Der Tanz ins Glück* (1921), für die leicht konsumierbare Musik, nach der die Menge jetzt verlangte. Stolz sollte fünfzig Operetten schreiben, und er versorgte ab 1930 auch den Tonfilm mit zahllosen Melodien, deren Bruchstücke man nicht nur im deutschsprachigen Raum, sondern bald auch weit von dort entfernt auf den Straßen hören konnte.

Daß Wien zur Stadt der Operette wurde, lag – abgesehen von der großen musikalischen Tradition und dem musikbesessenen Wiener Publikum – nach dem Krieg auch an der ganz besonderen Atmosphäre der österreichischen Metropole. In der Hauptstadt des ehemaligen Habsburgerreichs erinnerte ja nach 1918 alles an den Glanz und die Würde, die jetzt unwiderruflich Geschichte waren. Der vorletzte Monarch, der alte Kaiser Franz Joseph mit seinem weißen Backen- und Schnurrbart, entwickelte sich zur teuren Vaterfigur, zum Symbol für den verlorenen Glanz, für gemütliche Urbanität und beglückendes Zeremoniell. Er und seine Epoche wurden jetzt – durch wehmütige Erinnerung verklärt – zu einem beliebten Gegenstand von Literatur,

Operette und Film. So konnte die Vergangenheit als Märchen wiederaufleben, als Wunschtraum, für den die Operette eine hervorragend geeignete Ausdrucksform war. Mehr als Revue und Kabarett mit ihrem Anteil an Intellektualität, kritischem Geist und der dazugehörigen Schärfe lieferte die Operette Wiener Machart für Durchschnittsmann und -frau genau die Lieder, die das Gefühlsvakuum füllen konnten. Mit ihrer Mischung aus Sentimentalität, Eleganz und Leichtherzigkeit und ab und zu einer Dosis Nostalgie gab sie wie kein anderes Genre die ganz besondere Stimmung des Danach wieder, des Epilogs zu etwas Unvergleichlichem. Sie bediente sich auf spielerische Weise der so geliebten klassischen Klänge, ohne Bruch oder Experimente, anspruchslos, aber sehr gekonnt. Offensichtlich brachte die Wiener Operette eine allgemein verbreitete, wehmütige Sehnsucht nach der guten Zeit vor 1914 zum Ausdruck. Dies erklärt ihren weltweiten Erfolg.

Operette, Song, Chanson und Schlager hatten folglich dem Tonfilm schon den Weg geebnet, und die Regisseure fanden unter den Operettenmusikern und Revuekünstlern ihre wichtigsten Helfer. Diese – Textschreiber, Komponisten und Arrangeure – blieben für das Publikum künftig im Schatten der Sänger und Filmstars, und vor allem der Musikfilm trug dazu bei, daß die beliebten Erfolgsnummern untrennbar mit ihren Interpreten verknüpft wurden. Nicht Ralph Benatzky, Robert Gilbert, Bruno Balz, Fritz Rotter, Werner Richard Heymann oder Fritz Löhner alias Beda waren die Berühmtheiten, deren Gesicht und Stimme jeder kannte, sondern Marlene Dietrich, Lilian Harvey, Renate Müller, Marika Rökk, Hans Albers, Willy Fritsch, Jan Kipura und Heinz Rühmann, und später vor allem die Schwedin Zarah Leander. Sie wurden ab den frühen dreißiger Jahren für Millionen die neuen Idole, Nachfolger von Nielsen, Garbo und Valentino.

Der Anstoß kam wieder einmal aus den Vereinigten Staaten, aber es waren hauptsächlich deutsche und österreichische Filmleute, die die amerikanischen Einfälle übernahmen und vervollkommneten und die in Europa erfolgreichsten Produktionen auf den Markt brachten. Berlin wurde jetzt zur Metropole des Films. Vor allem dank der amerikanischen Pionierleistung behielten Filme und Texte auch einen kosmopolitischen Einschlag. Erfolgreiche amerikanische Songs erreichten in übersetzten und leicht angepaßten Versionen das europäische Filmpublikum, wie zum Beispiel der Schmachtfetzen »Sonny Boy« des Filmstars Al Jolson. Große Begeisterung erweckte ab den frühen zwanziger Jahren die schwarze Tänzerin und Revuekünstlerin Joséphine Baker, die bei ihren Tourneen einen ganz neuen Stil und neue Tänze wie den Charleston einführte. Ihr Song »Yes, we have no bananas« wurde in der deutschen Version »Ausgerechnet Bananen« des Textarrangeurs Beda einer der bekanntesten Schlager jener Tage.

Das Verlangen nach einer sorgenfreien, romantischen Traumwelt, das mit der Not der großen Depression ab 1929 zusammenhängt, erklärt zweifellos den überwältigenden Erfolg von allerlei Machwerken, die eine Synthese von Film und Operette bildeten, etwa *Im weißen Rößl* (1930) mit Musik von Benatzky und Text von Gilbert oder *Die drei von der Tankstelle* mit Willy Fritsch und Heinz Rühmann (1930), Musik von Heymann und Text wiederum von Gilbert. Der Film, dessen Popularität schließlich alles in den Schatten stellte, war *Der Kongreß tanzt* (1931) mit Harvey und Fritsch. Das von Heymann komponierte und von Harvey gesungene Lied »Das gibt's nur einmal, das kommt nicht wieder« eroberte auf einen Schlag die Herzen von Menschen aus allen Schichten, da es die allerbanalste Wahrheit durch die geniale Art, wie sie verkündet wurde, in etwas Höheres zu verwandeln schien. So erhielt das Motiv der Vergänglichkeit durch diesen Schlager eine fast unvergängliche Prägung. Mit dem ein Jahr zuvor uraufgeführten Film *Der blaue Engel* – Text und Musik von Friedrich Hollaender – begann die Karriere von Marlene Dietrich, die wie keine andere Schauspielerin die kühle, unnahbare und deshalb unwiderstehliche Verführerin darzustellen wußte. Dieser Film, der auf Heinrich Manns sozialkritischem Roman *Professor Unrat* basierte, erhielt so auch einen etwas ernsteren Beiklang. Im Mittelpunkt steht eigentlich der Untergang eines kleinbürgerlichen Schuldespoten (gespielt von Emil Jannings), der zugrunde geht, weil er den Versuchungen der modernen Welt erliegt.

Die Schlager- und Chansontexte sind im übrigen wie die Melodien, zu denen sie gesungen werden, von sehr unterschiedlicher Qualität, die Skala reicht von ungenießbarer Rührseligkeit bis zu geistreichen und witzigen Versen, in denen die Sorgen und Wunschträume der einfachen Leute besungen und die moralischen Klischees des Bürgers persifliert werden, womöglich auch mit frivolen sexuellen Anspielungen. Diese Verschmelzung des Braven und Altmodischen mit dem Gewagten konnte unwiderstehlichen Charme haben. Mit dem Film hatte der Schlager aber auch das Flüchtige gemeinsam, gerade weil er den Menschen eine Zeitlang unentwegt im Ohr lag: Er ist in hohem Grade charakteristisch für einen bestimmten historischen Augenblick. Ein langes Leben bescherte ihm die Manie dieses Augenblicks nicht, wenn sich auch manche Melodien zäh behaupten konnten. Heymanns Lied »Das ist die Liebe der Matrosen« aus dem Film *Bomben auf Monte Carlo* mit Hans Albers (1931) schaffte es sogar, zu einem offiziellen französischen Marinemarsch zu werden, mit dem Text »C'est nous, les gars de la marine«. Auch wird berichtet, daß die sowjetischen Truppen, als sie in einer späteren, grauenvollen Zeit Berlin besetzten, von Lautsprecherwagen aus »Das gibt's nur einmal« durch die verwüsteten Straßen schallen ließen – ein Lied, das zur Zeit der Naziherrschaft verboten war –, wodurch die Menschen begriffen, daß alles vorbei war, und aus ihren Kellern krochen.[53]

In dieser Zeit der sozialen und politischen Umwälzungen, die in der Literatur verewigt wurden und die hinterher unser Bild der Epoche prägten, waren es für Millionen Menschen Song, Chanson und Schlager, die ihre Sorgen erträglicher machten und ihrem Alltag für Augenblicke etwas Unbeschwertes gaben. Die Beschreibung eines aufkommenden Gewitters wäre nicht vollständig ohne das Tschilpen und Zwitschern der umherflatternden Spatzen.

14 Masse und Mechanisierung als Krankheiten der Moderne

Schon gegen Ende des neunzehnten Jahrhunderts hatte man, auf der Suche nach einer zusammenfassenden Bezeichnung für die gewaltigen Veränderungen der Epoche, die materiellen wie die immateriellen, das Wort »Moderne« gebraucht. Unaufhaltsamer Fortschritt der Wissenschaften und der Technik, soziale und geistige Mündigkeit, Befreiung aus dem Korsett starrer Traditionen, das Ende blinder Unterwerfung unter stumpfsinnige Macht, selbstbewußte, heitere Ausrichtung auf die Zukunft, dynamisches Stadtleben mit all seinen Möglichkeiten, unaufhörliche Erkundung von Neuland – all das wurde auch schon früher mit dem Adjektiv »modern« verbunden. Für diejenigen, die all diese Erscheinungen als untrügliche Zeichen großen Fortschritts betrachteten, gewann das Adjektiv geradezu magische Bedeutung; »moderne« Einstellungen und Haltungen galten ihnen als die richtigen und zukunftsweisenden. Der Ausdruck selbst war allerdings viel älter. Er war schon im späten siebzehnten Jahrhundert in Frankreich aufgekommen und bezeichnete zunächst eine literarische Strömung, die *modernes*, die sich gegen die Nachahmung der antiken Autoren, der *anciens*, wandten. Das ursprünglich neutrale Adjektiv *moderne* (gegenwärtig, neu) bezeichnete bei den Parteigängern der *modernes* etwas Positives, Überlegenes. Das Neue war das Bessere, und das Adjektiv behielt, auch wenn man es auf die oben erwähnten Phänomene anwandte, für viele diesen positiven Beiklang. Wie viele neue Wörter, die zunächst nur von bestimmten Gruppen gebraucht werden, sollte es sich aber so einbürgern, daß auch diejenigen, die von all den Entwicklungen weniger begeistert waren, es übernahmen, aber in neutralem Sinn oder sogar als Ausdruck der Mißbilligung.

So war der Kampf gegen die Moderne aus der modernen Kultur bald nicht mehr wegzudenken. Die Kritiker und Feinde der sogenannten modernistischen Verirrung propagierten selbst oft wiederum einen anderen Erneuerungsweg, gewissermaßen eine andere Moderne. Sie konnten sich also den unentbehrlichen Ausdruck »modern« aneignen und auf ihre eigenen Ziele anwenden. Das terminologische Durcheinander war nicht gering, um so mehr, als die Meinungen darüber, was genau eigentlich das Wesen der modernen Welt ausmache, wo ihre Ursprünge lägen und welche Traditionen für die modernen Entwicklungen verantwortlich zu machen seien, auseinandergingen. Die Begriffe »modern« und »Moderne« sind dehnbar und schillernd, für die einen umfassen sie alles Gute, Gesunde und Erstrebenswerte, für die anderen alles, was falsch und verderblich ist. Modernismus und Antimodernismus sind Haltungen, für die jeweils bestimmte zusammenhängende Denkmuster und Wertvorstellungen charakteristisch sind. Diese sind aber nur zum Teil Gegenpole, sie können sich teilweise auch überschneiden. Antimodernisten und Modernisten standen einander manchmal frontal gegenüber, manchmal eher quer zueinander. Die »Moderne« als dynamische Welt von Technik und Industrialisierung, städtischem Leben, Emanzipation, Avantgardismus und der Wissenschaft als Fortschrittsvehikel erzeugte selbst eine Gegenkraft, eine Art Modernismus, der sich gegen die Moderne wandte. Deshalb können wir uns hier nicht mehr an die bekannte schematische Zweiteilung aller kulturellen Strömungen in modern-progressive gegenüber antimodern-reaktionären halten, bei der alles säuberlich in zwei Schubladen untergebracht wird. Das bedeutet aber auch wieder nicht, daß diese Zweiteilung in jeder Hinsicht unbrauchbar wäre.

Zu Vitalismus und Lebensphilosophie, Reformpädagogik und Jugendbewegung und zum Avantgardismus in den Künsten gehörte eindeutig der Protest gegen ganz wesentliche Aspekte der Moderne. Sie assoziierten die von

Rationalität beherrschte, auf Nutzen und Profit ausgerichtete Gesellschaft und den Positivismus der Wissenschaften mit dem Bürgertum, und der »Bürger« stand für erstarrte, verstaubte Traditionen, für die Vergangenheit. Jede dieser Bewegungen verherrlichte auf ihre Weise das Irrationale, die Instinkte und die Natur. Aber während es die avantgardistischen Künstler, soweit sie gesellschaftliches Engagement predigten, ins Lager der Linken zog, erwiesen sich Jugendbewegung und Reformpädagogik in dieser Hinsicht als gespalten, und die Lebensphilosophie wurde zur Grundlage konservativen Denkens. An sich waren sie aber alle antitraditionalistisch, ausgesprochen zukunftsorientiert und in diesem Sinne »modern«.

Kritik an der Moderne konnte eben auch von der politisch-ideologisch progressiven Seite kommen. Der überzeugte Zionist Max Nordau (1849–1923) hatte schon 1892 ein zweibändiges Werk mit dem vielsagenden Titel *Entartung* veröffentlicht. Später sollten ganz andere diesen Begriff nur allzugern übernehmen. Zufall war das allerdings nicht, und ebensowenig nur ein Mißverständnis. Für Nordau war die Moderne eine Geisteskrankheit, eine Art Hysterie und allgemeine kulturelle Degeneration. Der Verlust fester transzendenter Bindungen und Werte habe dazu geführt, daß auf allen Gebieten gewissenlose, durchtriebene Gesellen, die das verführerische Schlagwort »modern« im Munde führten, nach oben kämen und Karriere machten. Es würden keine Maßstäbe mehr anerkannt, nach denen man schön und häßlich, Kultur und Schund unterscheiden könne: Das gerade Neueste sei das Beste! Eine mehr als deutliche Verurteilung des Avantgardismus in den Künsten, sogar bevor dessen Zeit wirklich gekommen war, und zwar von einem Mann, dem es darum ging, das Erbe der Aufklärung, den Kompaß der Vernunft und einer universalen Moral im Sinne des großen Immanuel Kant zu bewahren. Die späteren Kritiker des Avantgardismus, der sich ja erst nach der Jahrhundertwende voll entfaltete, waren oft ebenso wie Nordau von liberalem, neuhumanistischem Geist erfüllt und das genaue Gegenteil von Reaktionären oder Obskurantisten. Aufgewachsen mit den klaren ästhetischen Normen des Klassizismus (die den Idealen des Neuhumanismus entsprachen), konnten sie nicht akzeptieren, daß Kunst nichts mit Schönheit und Schönheit nichts mit Ethik zu tun haben sollte. Was diese entscheidende Frage der Kunstphilosophie und Ästhetik angeht, fanden die Gegner des Avantgardismus als großen Verbündeten auch den scharfen, verbitterten Karl Kraus auf ihrer Seite. Dessen Dauerkrieg gegen die Verhunzung der Sprache war auch ein Kampf gegen den Normenverfall in der Literatur und in der Kunst im allgemeinen. Und Kraus, wir haben es gesehen, gehörte zugleich zu den unbarmherzigsten Kritikern der bürgerlichen Gesellschaft, ihrer Machthaber und nicht zuletzt ihres Krieges; politisch war er also eher progressiv.

Kulturkritik und Antimodernismus ganz anderer Art repräsentiert Otto Weininger, genau wie Kraus ein völlig säkularisierter österreichischer Jude. Sein 1903 erschienenes Buch *Geschlecht und Charakter* erregte gewaltiges Aufsehen. Es gehört in die lange Reihe düsterer Kulturdiagnosen, und in mancher Hinsicht nahm es Spengler vorweg. Nur war bei Weininger alles etwas einfacher, naiver, wilder, aber auch persönlicher und leidenschaftlicher. Einem althergebrachten Denkmuster entsprechend, führt er alle Entwicklungen auf eine elementare Polarität zurück: Die Menschheit werde vom Gegensatz zwischen männlichem und weiblichem Prinzip beherrscht, wobei das erste die schöpferische und gestaltende Kraft der Geschichte ist, das zweite die passive und auflösende. Nicht unbegreiflich, daß Weininger im Ruf steht, ausgesprochen misogyn zu sein. Aber es handelt sich natürlich um idealtypische Charakterisierungen, denn in jedem Individuum wirken beide Prinzipien – ein Gedanke, dessen Durchsetzung sich nicht zuletzt der fortschrittlichen Sexologie jener Zeit verdankt. Allerdings geht es bei Weininger nicht um bloße Metaphorik, und er knüpft das Biologisch-Sexuelle an die »Rasse«. So schlägt er eine Brücke zwischen Sexologie und Rassismus, wobei offensichtlich die Theorien Gobineaus und ähnliche Lehren, die damals das gebildete Publikum beschäftigten, Pate gestanden haben. Die arische Rasse repräsentiert für Weininger nämlich wie keine andere den männlichen Typus, die jüdische den weiblichen, und es ist die Vorherrschaft des Weiblichen und des Jüdischen in der modernen Kultur, was deren Degeneration verursacht hat: »Unsere Zeit, die nicht nur die jüdischeste, sondern auch die weibischeste aller Zeiten ist; die Zeit für welche die Kunst nur ein Schweißtuch ihrer Stimmungen abgibt«, so charakterisiert er seine Gegenwart.[54] Das klingt nicht gerade schmeichelhaft, und es erinnert entfernt schon an die Zivilisationslehre Spenglers, obwohl es diesem fernliegt, derart ungeniert Begriffe wie »jüdisch« und »weibisch« miteinander zu verbinden oder auf die Zivilisation anzuwenden. Weininger brachte eine verbreitete Katerstimmung auf sehr plastische Weise zum Ausdruck. Obwohl auch die Ausdrücke »arisch« und »jüdisch« hier nicht ohne weiteres wörtlich verstanden und auf die tatsächlichen »Arier« und Juden bezogen werden dürfen, mußten für Weininger doch die Juden von Natur aus viel empfänglicher für das weibliche, auflösende Element sein, sonst hätte er diese Benennung nicht gewählt. So ist Weininger auch ein Beispiel für besonders ausgeprägten jüdischen Antisemitismus, den »Selbsthaß«, wie der jüdische Philosoph Theodor Lessing das Phänomen nennen sollte. Dieser Selbsthaß wurde bei Weininger noch durch seine homosexuelle Veranlagung verstärkt, die ja nach damals gängiger Auffassung ein Symptom für die Vorherrschaft des Weiblichen war. Daß diese tragische Gestalt die Konsequenzen aus der eigenen Lehre zog und Selbstmord beging (in Beethovens Sterbehaus!), ist nicht verwunderlich. Sein Einfluß, besonders in Kreisen der Wiener Intellektuellen, war indessen sehr groß, und mit seiner Diagnose und Charakterisierung des Modernismus als Krankheit erweist er sich als einer der ersten, die auf ihre Weise der Kultur des zwanzigsten Jahrhunderts ihren Stempel aufdrücken sollten.[55]

Es waren in dieser als »modern« charakterisierten Welt vor allem zwei Erscheinungen, die mißbilligt wurden und als Krankheitssymptome galten: die Vermassung der Gesellschaft und die Mechanisierung des Daseins, also die Auswirkungen der Technik auf den menschlichen Geist. Die Vermassung war in erster Linie auf das Kultivierungs- und Emanzipationsstreben und das gewaltige Bevölkerungswachstum zurückzuführen. In Europa, um dies kurz in Erinnerung zu rufen, hatte sich die Bevölkerung zwischen 1800 und 1920 verdoppelt, von etwa hundertfünfzig auf dreihundert Millionen.[56] Die Technik wiederum hatte den Prozeß der Mechanisierung ausgelöst. Bei der antimodernistischen Kritik ging es deshalb begreiflicherweise oft um zwei als zusammenhängend betrachtete Krankheiten, wobei manche die Vermassung, andere wieder eher die drohende Entmenschlichung durch die Technik zum größeren Übel erklärten.

Daß die unteren Klassen mündig wurden und an Bedeutung gewannen, hatte schon seit längerer Zeit besorgte und warnende Reaktionen hervorgerufen: Die weitere Verbreitung von »Kultur« würde zwangsläufig zu deren Vulgarisierung und Verfall führen. Die Generation der maßgeblichen Kritiker der Moderne hatte schon vor 1914 ihre Stimme erhoben, aber gerade jetzt fanden ihre Diagnosen unter den Intellektuellen starken Widerhall. In dieser Hinsicht gehört jemand, der später als geistiger »Vorläufer« angesehen wird, immer mehreren Zeitaltern an, und oft sogar nicht in erster Linie seiner eigenen Zeit. Auch was die Warnung vor der Masse angeht, hatte der große Umstürzer Nietzsche mit seiner Idee einer geistigen Aristokratie und seinem Ekel vor der Herdenmentalität der schlechter Gestellten einen entscheidenden Anstoß gegeben. Vor allem der französische Soziologe Gustave Le Bon aber hatte dem Begriff »Masse« mit seinem einflußreichen Werk *Psychologie der Massen* aus dem Jahre 1895 Bedeutung verliehen. Unter »Masse« verstand man seither in intellektuellen Kreisen die anonyme, nivellierte Menschenanhäufung der Städte, unkritisch und leicht zu beeinflussen, ohne eigenen Stil, angetrieben von unbewußten Emotionen. Masse war der Gegenpol zur Persönlichkeit, dem kreativen, aufgeklärten Individuum. Sie unterschied sich als sehr modernes Phänomen auch vom »Volk« im herkömmlichen Sinn. »Volk« war die Sammelbezeichnung für die farbenfrohe Gruppe der unteren Stände, für den breiten Sockel der Gesellschaftspyramide im alten Ständestaat, überwiegend noch analphabetisch, ohne politischen Einfluß, ungehobelt, aber gutmütig, verwurzelt in seinen eigenen Sitten und Traditionen.

Schon vor der Jahrhundertwende war in einigen fundierten Studien das Bild der Elite als des notwendigen Gegenpols zur Masse entworfen worden, etwa von dem Schweizer Vilfredo Pareto und dem Italiener Gaetano Mosca. Beide waren noch Vertreter des großbürgerlichen Liberalismus, den die inzwischen deutlich erkennbaren Konsequenzen des Gleichheitsstrebens das Fürchten gelehrt hatten. Nach Pareto und Mosca hatte der deutsch-italienische Soziologe Robert Michels die Unausweichlichkeit der Elitebildung nachgewiesen, und zwar anhand der deutschen sozialdemokratischen Partei – angesichts der sozialistischen Gleichheitsideologie, zu der die politische Praxis zunächst in so deutlichem Widerspruch stand, ein besonders pikantes und überzeugendes Beispiel. Michels wies in seiner scharfsinnigen Analyse auf die Veränderlichkeit von Eliten hin: Die Vorstellung statischer, fester Elitetypen, die einander periodisch abwechseln – eine Vorstellung, von der vor allem Pareto ausging –, war viel zu simpel. Immer wieder entstanden neue Eliten, die sich mit den älteren vermischten. Michels betonte die Unverzichtbarkeit einer Oligarchie, auch und gerade in den modernen, großen politischen Organisationen. Ohne Führung und Führer ging es nicht.

Betrachtet man die Folgerungen, zu denen die wichtigsten dieser Werke gelangen, zeigt sich, daß bei allen Unterschieden eine weitere Politisierung und Emanzipation breiter Bevölkerungsschichten entweder als illusorisch oder aber als verhängnisvoll dargestellt werden. So hatten diese Theorien schon vor 1914 dazu beigetragen, daß sich in den Sozialwissenschaften die Vorstellung eines »Masse« genannten Molochs herausbildete, der die Zukunft beherrschen würde.

Hier muß auch das Werk eines berühmten französischen Autors erwähnt werden, das ebenfalls die Vorstellung von der Masse beeinflußte, nämlich das Werk Georges Sorels, besonders seine Studie *Über die Gewalt* von 1908. Sorel, der den Nationalismus der jungen französischen Intellektuellen am Vorabend des Krieges inspiriert hatte, war von anderen Voraussetzungen ausgegangen und hatte völlig andere Motive als die erwähnten Soziologen. Sein Werk ist widersprüchlich wie nur wenige andere und verursacht immer wieder Verwirrung und Streit über seinen Standpunkt.[57] Deshalb hat er ganz gegensätzliche ideologische Strömungen beeinflußt, so daß er bis heute als schwer greifbare, schillernde Gestalt erscheint. Den bürgerlichen Liberalismus, den Fortschrittsglauben und die gesamte Aufklärungstradition betrachtete er jedenfalls als Verirrungen.

Sorel war vom Anarchismus Proudhons beeinflußt, der den bourgeoisen kapitalistischen Staat verabscheute und die Kommune als Basis einer künftigen Gesellschaft ansah. Auch der Kulturpessimismus und die Forderung nach geistiger und moralischer Regeneration im Spätwerk Renans beeindruckten ihn. Er bewunderte Marx wegen der Ankündigung eines zukünftigen Heilsstaates und der Art, wie er das Proletariat zu vereinen und für den großen Kampf zu mobilisieren wußte, lehnte aber seine ökonomische Theorie und vor allem seinen Determinismus grundsätzlich ab. Dagegen rühmte er, an Nietzsche anknüpfend, den Willen und die Tugenden des Kriegers und ein aristokratisches Ethos als Heilmittel gegen die – auch von ihm als typisch bürgerlich angesehene – Dekadenz und Verweichlichung. Mit der Lebensphilosophie Bergsons hatte er die Ablehnung des wissenschaftlichen Positivismus und des Rationalismus und die Rehabilitierung der biologischen, irrationalen Kräfte gemeinsam. Ausgehend von dieser Mischung sehr heterogener Vorstellungen, einer Art romantisch-heroischem Anarchismus, setzte er seine Hoffnungen auf eine syndikalistische Revolution – einen von den Gewerkschaften ausgerufenen Generalstreik, der den bürgerlichen Staat zerstören und den Weg hin zu einer neuen Ordnung auf der Basis der Kommune bereiten sollte. Später, als er erkannte, daß er mit seinem Glauben an die Gewerkschaften auf ein lahmes Pferd gesetzt hatte, richtete er seine Hoffnung eher auf eine militante, im Namen des Volkes handelnde antidemokratische Bewegung, und als der Stern Mussolinis im Aufgehen war, sah er in ihm den Mann, der die große, vor allem moralische und geistige Wiedergeburt bringen würde. Wegen seines Antiliberalismus und der Verherrlichung martialischer Tugenden in seinem Werk wurde er im chauvinistischen Kreis um Péguy, Maurras und die rechtsextreme Action Française, mit denen er sympathisierte, zu einer Vaterfigur, zu »Père Sorel«. Den größten Einfluß erlangte er mit seinem sicherlich auch fragwürdigsten Buch, dem oben erwähnten, in dem die Gewalt als etwas Notwendiges und moralisch Gerechtfertigtes verteidigt wird. Es bleibt die Frage, ob Sorel dabei nicht nur ganz bestimmte und auch an bestimmte Zwecke gebundene Formen von Gewalt im Sinn hatte – was ihm möglicherweise so selbstverständlich erschien, daß er gar nicht darauf einging. Daß sein Text in dieser Hinsicht keine klaren Einschränkungen vornimmt und deshalb sehr vieldeutig ist, bleibt unumstritten.

In dem erwähnten Buch, in dem das Ziel der großen moralischen Regeneration immer den Hintergrund der Argumentation bildet, spielt nun auch die Masse eine entscheidende Rolle. Nicht so sehr als negative Kraft, als unkultivierte, dumme Menge, sondern als der große schlafende Körper, der wachgerüttelt werden muß, da er ein unverzichtbares Werkzeug für jede bedeutende historische Bewegung ist. Es geht Sorel eigentlich nicht um die Frage, wie die Masse zu bändigen oder zu zähmen ist, sondern wie sie für ein großes Ziel mobilisiert werden kann. Hierzu stellt er eine originelle Theorie auf: Das einzige Mittel ist der Mythos. Nur der Mythos, der das Bild einer besseren Zukunft oder einer höheren Wahrheit entwirft, kann Menschen in Bewegung setzen, nicht Argumente oder ein ideologisches Konzept auf rationaler Grundlage. Die Masse hört nicht auf die trockene Vernunft, sondern reagiert, wenn an ihr Gefühl appelliert wird, und dies kann nur das Bild eines Mythos, der damit eine religiöse Funktion übernimmt. Obwohl Sorel in seinem antipositivistischen, von der Verherrlichung des Gefühls bestimmten Denken die irrationalen Triebkräfte der Masse als positive Eigenschaft würdigte, festigte er auf diese Weise das Bild eines von Leidenschaften und blinden Instinkten angetriebenen Monstrums. Er gab Anweisungen dafür, wie dieses Monstrum am besten zu lenken sei.

Einen ganz besonderen Platz unter den besorgten Diagnostikern in der Zeit um den Ersten Weltkrieg nahm Walther Rathenau ein. Er war kein gelehrter Schriftsteller, oder, besser gesagt, nicht in erster Linie Schriftsteller, sondern ein Mann der Praxis. Chemiker, Ökonom, Großindustrieller, Manager, in vielen leitenden Positionen der deutschen Wirtschaft tätig, schwerreicher Sohn des Gründers der mächtigen AEG, außerdem aber sehr musisch veranlagt, kontemplativ, ungemein belesen, kurz und gut, ein universaler Geist, ein Intellektueller von außergewöhnlichem Format. Als Jude – wenn auch vollkommen säkularisiert und assimiliert – gehörte er zugleich einer gesellschaftlich noch nicht vollständig akzeptierten Minderheit an. Der äußeren Erscheinung nach ein vornehmer Herr, war er nicht ohne menschliche Tragik, da er unversöhnliche Gegensätze in sich vereinte: Er war Bewunderer Preußens, ganz verwachsen mit der deutschen Kultur und dabei als Jude doch nicht akzeptiert, Repräsentant der dynamischen Welt von Großkapital und Technik und zugleich anspruchsvoller Ästhet, Literat und Kunstliebhaber, dessen Herz dem klassischen Erbe gehörte. So wurde er gewissermaßen durch die eigene innere Zerrissenheit zum Kulturkritiker, anders als die Theoretiker, die von außen an ihren Gegenstand herangingen. Als Praktiker wollte er auch Lösungen bieten, und er war nicht frei von missionarischen Ambitionen – als »Christus im Frack« wurde er einmal charakterisiert, und dies traf recht gut die Zwiespältigkeit seiner Persönlichkeit.

Es waren vor allem drei Bücher, in denen Rathenau seine Gedanken entfaltete: *Zur Kritik der Zeit* (1912), *Zur Mechanik des Geistes* (1913) und *Von kommenden Dingen* (1917). Das alles überschattende Problem ist für ihn die Mechanisierung der Welt, die den Menschen selbst zu schädigen droht. Er erklärt sie damit, daß der Bevölkerungszuwachs im neunzehnten Jahrhundert auch eine bessere Bewirtschaftung aller Ressourcen notwendig machte und so zur Schaffung rationeller Organisationsformen zwang. Der Bevölkerungszuwachs selbst war die Folge eines gewaltigen Prozesses, in dem die nördliche germanische Rasse mit der älteren südlichen Rasse verschmolz, was einen besonderen Typus hervorbrachte, den utilitaristischen Angsttypus, das Gegenstück zum heroischen Muttypus. Dies war eine Idee, an der Rathenau sehr hing und die er schon früher verkündet hatte. Der Versuch, menschliche Persönlichkeiten auf wenige einfache psychische Grundtypen zurückzuführen, war an sich sehr alt, wie schon die von Hippokrates vorgenommene Einteilung in vier Grundtemperamente, den vier »Körpersäften« entsprechend, beweist. Immer wieder und bei den unterschiedlichsten Denkern, auch im neunzehnten Jahrhundert, macht sich dieses Verlangen nach einer Rubrizierung bemerkbar, wobei die Zweiteilung bevorzugt wird. Wir haben es bei Weininger gesehen.

Für Rathenau war der entscheidende Gegensatz, der die Entwicklung bestimmt, nicht der zwischen Individuum oder Elite und Masse, sondern zwischen Seele und Ratio. Rathenau war kein sehr origineller oder tiefer Denker, aber auf dem Gebiet der Ökonomie und Organisation ein scharfsinniger und wacher Analytiker von ungewöhnlichem Weitblick. Man muß nur versuchen, seine Analysen von den kulturphilosophischen Ideen, mit denen er sie durchtränkte, zu trennen. In klarem, elegantem Stil geschrieben, sehr ausgewogen und ohne Zurschaustellung von Gelehrsamkeit, enthalten seine Bücher ein eklektisches kulturphilosophisches Menü, das gerade wegen dieses Eklektizismus charakteristisch für den geistigen Horizont der Zeit ist. In seiner Konzeption des heroischen Typus und in der antiutilitaristischen Tendenz ist unschwer der Einfluß Nietzsches und der Lebensphilosophie zu erkennen, und mit seiner Bewunderung für die blauäugige und blonde germanische Rasse war er ganz in den damals vor allem in Deutschland verbreiteten anthropologischen Klischees befangen. Was überrascht – und nicht gerade mit solchen Sympathien übereinstimmt, die ihn eher als Neuromantiker und Sozialdarwinisten ausweisen –, ist seine Lösung für das Problem der Mechanisierung von Mensch und Kultur: Auflösung der bestehenden Klassengesellschaft und Emanzipation des Proletariats. So ist wiederum zu erklären, daß viele in Rathenau einen verkappten Sozialisten oder nach 1918 sogar einen Bolschewisten sahen. Ganz zu Unrecht, denn er verwarf den Sozialismus gerade, weil er in seinen Augen einseitig materialistisch und damit »seelenlos« war und außerdem nur eine Klasse an die Stelle der anderen setzen wollte. Er dagegen plädierte für die Abschaffung privater Monopole und des Erbrechts und für die Verschmelzung von Bürgertum und Arbeiterschaft in einer wirklich klassenlosen Gesellschaft. Der augenfällige Kontrast dieser Theorien zu seinem Reichtum, zu seiner Stellung und weltmännischen Erscheinung kann zum Teil die heimliche Reserve erklären, mit der man ihm begegnete – ganz abgesehen von antisemitischen Anfeindungen. Rathenau paßte in kein Schema, weder war er von ganzem Herzen konservativ-romantisch, noch dachte er im üblichen Sinne revolutionär und sozialistisch, vielmehr wählte er aus dem Gedankengut entgegengesetzter Richtungen, was seinen Überzeugungen entsprach.

In seinem Buch *Die neue Wirtschaft* aus dem Jahre 1918 sagte er das Verschwinden der proletarischen Klasse ohne Revolution oder ökonomische Katastrophen voraus. Wenn man von der unvermeidlichen, durch die damalige Konstellation bedingten Einengung des Blickfeldes und von Irrtümern in Einzelheiten absieht, ist nicht zu leugnen, daß er die großen Linien der sozialen und ökonomischen Entwicklung, wie sie sich schließlich in den westlichen Ländern vollziehen sollte, klar vorausgesehen hat. Daß er in der jungen Weimarer Republik in die Politik eintrat, erst als Wirtschafts-, dann als Außenminister, wurde ihm zum Verhängnis. Als Verfechter eines pragmatischen Versöhnungskurses und als Jude war er das Ziel nationalistisch-antisemitischer Agitation; im Juni 1922 schließlich wurde er im Alter von fünfundfünfzig Jahren ermordet.

Unter den Kulturkritikern seiner Zeit bleibt er, auch aus späterer Sicht, ein Sonderfall: von beispielloser Vielseitigkeit, brillant, sehr national fühlend, aber gerade in chauvinistischen Kreisen verhaßt, als überzeugter Assimilant und Antizionist wiederum vom jüdischen Lager bekämpft. Ein Mann, dessen Bild auf der Schnittfläche sehr unterschiedlicher Fachgebiete und ideologischer Welten verschwimmt – hier drängt sich ein Vergleich mit Sorel auf –, in all diesen Bereichen respektiert, aber ohne große Sympathie hervorzurufen. Die Spannung zwischen dem Mann der Praxis, dem Manager und Ökonomen einerseits und dem Ästheten mit kulturphilosophischem Missionsdrang andererseits, vermochte er nicht auszugleichen. Deshalb bleiben seine Betrachtungen über das Reich der Seele, das die Mechanisierung des Daseins überwinden muß, allzusehr auf das Erbauliche beschränkt, eine intellektuelle Geste, so ernst es ihm auch damit war. Bei alledem gibt es auch unübersehbare Berührungspunkte zwischen Rathenaus Denken und dem solch erklärter Feinde der Demokratie wie Alfred Schuler und Ludwig Klages, die in der Aufklärungstradition und den positivistischen Wissenschaften das größte Übel sahen.

Schuler, ein etwas undurchsichtiger Münchener Einzelgänger, hat offenbar trotz seiner Isolation einige andere Denker, wie Spengler und Klages, inspiriert. Sein fragmentarisches Werk, von dem der Öffentlichkeit kaum etwas bekannt wurde, war ein ebenso originelles wie chaotisches Gemisch aus Nietzsche, Bachofen und rassistischen Ideen. Er war besessen von Theorien über die mystische Bedeutung des Blutes und sah sich selbst als Mythenforscher. Nietzsche noch radikalisierend, verwarf er das Christentum und seine gesamte Moral als widernatürliche Irrlehren. Dem damals noch weitgehend unbekannten Schweizer Johann Bachofen verdankte er die Vorstellung, daß die Geschichte von der Polarität des weiblichen und des männlichen Prinzips bestimmt werde. Das Weibliche stand hier nun für den Stoff, das Männliche für den Geist. In der Geschichte offenbarte sich das Ringen der beiden Prinzipien im siegreichen Kampf des Patriarchats gegen das ursprüngliche Matriarchat. Bei Bachofen und bei Schuler, der sich ihm auch hierin anschloß, kam es zu einer bemerkenswerten Umkehrung der üblichen Wertung: Platonismus, Christentum und die gesamte idealistische Philosophie hatten den Geist als das höhere, göttliche Prinzip dem Materiellen als dem niedrigeren gegenübergestellt. Hier aber bedeutete »Stoff« soviel wie »Natur« und »ursprüngliche Lebenskraft«, deren Symbol die Frau als Mutter war. »Geist« stand für das Negative, nämlich den Eingriff des Intellekts, symbolisiert durch den Mann in seiner Rolle als aktiver Verfertiger und als Vergewaltiger. Daß Bachofens Theorie im neunzehnten Jahrhundert entstand, in dem die Polarität von Mann und Frau so stark wie nie zuvor betont wurde und sich im höchsten Grade patriarchalische Rechtsordnungen entwickelten, war natürlich kein Zufall. Für Schuler war diese Polarität eine brauchbare, in vieler Hinsicht erhellende Konzeption, auf deren Grundlage er die verabscheuenswerte, von Technik und Positivismus beherrschte moderne Gesellschaft demaskieren konnte. Er propagierte eine Art unbeschränkten Pansexualismus als Weg zur Befreiung – einer Befreiung geradezu kosmischen Ausmaßes – und bewunderte das kaiserliche Rom gerade wegen seiner Dekadenz: Die gewöhnlich scharf verurteilte Immoralität war für ihn eher ein Zeichen der Empfänglichkeit für das wahrhaft Natürliche, die Lebenskräfte. In ihr äußerte sich eine höhere, kosmische Wirklichkeit. Schuler pries auch voller Überschwang die Jugend und die Homoerotik der antiken Kultur, und er rühmte die antike Welt wegen ihrer gewaltigen Menge an Jünglingen was etwas seltsame demographische Vorstellungen verrät.

Viel bedeutender war der seinerseits stark von Bachofen, Schuler und der gesamten Lebensphilosophie inspirierte Klages – kein Mythograph, sondern ein Denker mit kohärenten Anschauungen. Sein lebensphilosophischer Ansatz offenbarte sich in seiner Lehre von der Seele als dem »Sinn« des Leibes, dem tieferen Lebensprinzip, dessen lebendige Erscheinung der Leib ist. Der »Geist«, also der Intellekt, zerbricht diese natürliche und harmonische Einheit. Infolge seiner Einwirkung erlebt das Bewußtsein die Welt nicht mehr als organisches Ganzes, sondern als etwas Zerfallenes, in Bildern, die nur Bruchstücke zeigen. Hierin stimmt er bis zu einem gewissen Grade mit Bergson überein. Klages entwarf auf der Grundlage seiner Lehre vom organischen Leib-Seele-Zusammenhang eine Charakterkunde, in der auch die Graphologie eine bedeutende Rolle spielte. Seine Philosophie hat er vor allem in dem Buch *Der Geist als Widersacher der Seele* von 1929 dargelegt. Es ist ein einziger Angriff auf die Tradition der Aufklärung und den Positivismus, für die auch hier wieder der Begriff »Geist« im Sinne des lebensfeindlichen Prinzips steht. Die Kultur habe unter der Herrschaft des Geistes, der Ratio und ihrer Werke, die Verbindung zu den unbewußten, elementaren und religiösen Kräften, zum Reich der Seele, verloren. Klages' Hauptthese erinnert stark an die Ideen Rathenaus, der ebenfalls Geist und Seele als gegensätzliche Prinzipien darstellte.

Daß sich nach 1918 vor allem in Deutschland einflußreiche Persönlichkeiten so scharf gegen Vermassung und Mechanisierung wandten, hängt damit zusammen, daß der Zusammenbruch der alten Ordnung, die Auflösung und Verwirrung auf allen Gebieten hier besonders intensiv erlebt wurden. Durch den plötzlichen Übergang vom Kaiserreich zur demokratischen Republik im Zeichen einer bestürzenden Niederlage war der Bruch hier so deutlich spürbar wie nirgendwo sonst. Aber Besorgnis angesichts der aktuellen Entwicklungen und Abneigung gegen die Massenkultur waren natürlich nicht auf Deutschland beschränkt.

Unter den Werken jener Zeit, die die Massenkultur verurteilen, ist wohl keines bekannter als der Bestseller *Der Aufstand der Massen* des Spaniers José Ortega y Gasset, ursprünglich eine Reihe von Zeitungsartikeln aus den Jahren 1926 bis 1929, und in keinem fällt die Verurteilung schärfer aus. Das Buch sollte einige Jahre später in zahlreichen Übersetzungen erscheinen und in ganz Europa Furore machen, nicht zuletzt dank des Titels, der nicht weniger die Phantasie erregte und an die Sensationsgier appellierte als Spenglers *Untergang*. Allerdings hatten Ortega und Spengler nicht viel mehr gemeinsam als die Popularität, die der Untergangsprophet im zwanzigsten Jahrhundert so schnell erlangte. Ortega grenzte sich auch bewußt gegen den älteren Kollegen ab, um Vergleiche von vornherein zu verhindern. So tiefgründig und metaphernreich Spenglers mit phantasievollen und gewagten Thesen überfrachtetes Werk ist, so unkompliziert, klar und geradlinig sind Ortegas Ausführungen. Sicherlich hat dies etwas damit zu tun, daß Ortega seine Thesen zunächst in einer Tageszeitung veröffentlichte, aber die Gegensätzlichkeit der beiden Bücher deutet auch auf einen Unterschied zwischen deutscher und romanischer Rhetorik hin: Jene will imponieren, diese will mitreißen. Auch Ortegas geistiger Hintergrund ist ein völlig anderer. Wie bei Pareto und Mosca liegen seine Wurzeln im Liberalismus, und auch ihm geht es um die Gefährdung des freien, autonomen Individuums, in seinem Fall der intellektuellen Elite, durch die stumpfsinnige Masse. »Die Eliten sind Individuen oder Individuengruppen von spezieller Qualifikation, die Masse ist die Gesamtheit der nicht besonders Qualifizierten.«[58] Der Masse stehen die Minderheiten der schöpferischen Menschen gegenüber, die sich an höhere Werte gebunden fühlen. Der Massenmensch dagegen ist in jeder Hinsicht Konformist und kennt nur materielle Befriedigung. Dank der Technik und des mittlerweile erreichten Lebensstandards fällt ihm zu, was frühere Generationen erarbeitet haben, und all das betrachtet er in seiner dumpfen Bequemlichkeit als etwas Selbstverständliches. Ortega bringt hier die moderne, weit fortgeschrittene Spezialisierung mit der Barbarei der Masse in Verbindung. Der Spezialist trägt zum technischen Fortschritt bei; eine weitere Folge seiner spezialisierten Arbeit ist, daß die Gesellschaft immer komplexer wird, aber er hat auch immer weniger Überblick. Er kennt seine Wurzeln nicht mehr und wird zu einem Kulturbarbaren. Eine Rettung gibt es nur, wenn die schöpferischen Persönlichkeiten, die gebildeten (liberalen) Minderheiten, die Herrschaft übernehmen. Bolschewismus und Faschismus sind für Ortega Verirrungen, gefährliche Konsequenzen des Aufstands der Massen.

Sein Buch ist eine didaktisch sehr gelungene, popularisierende Synthese liberaler, vom Leistungsethos bestimmter Theorien und negativer Charakterisierungen der Masse, wie sie seit Nietzsche und Le Bon üblich waren. Der Gegenbegriff zur Masse ist die Persönlichkeit, der autonome, freie Mensch nach klassischen und liberalen Vorstellungen. Auch Anklänge an Bergsons Lebensphilosophie sind erkennbar. Die unverbindliche Allgemeinheit seiner Rhetorik verhüllt indessen viele Widersprüche und Probleme und läßt unterschiedliche Interpretationen zu. In zweierlei Hinsicht läßt Ortega aber keine Mißverständnisse aufkommen: Die Masse beherrsche die gegenwärtige Gesellschaft, und dies sei ein Unglück. Genauso entschieden verwirft er alle mystifizierenden romantischen Theorien zu Rasse und Volkscharakter und deren angeblich geschichtsbestimmender Kraft, die gerade für konservative Kulturkritik oft charakteristisch sind. Seine These, daß Nation, Sprache und Kultur das Produkt des Staates und der Geschichte sind, und nicht umgekehrt, ist sogar bemerkenswert modern. Fünfzig oder sechzig Jahre später wäre sie von den Historikern zustimmend aufgenommen und als richtungsweisend erkannt worden. Ebenso aktuell klingt sein Plädoyer für ein einiges Europa – alle nationalen Kulturen sind in erster Linie europäische Kulturen.

Massengesellschaft und Mechanisierung als Ursache kulturellen und moralischen Niedergangs, als Kennzeichen der Moderne im negativen Sinn, dies war das Thema zahlreicher kritischer Betrachtungen, von denen hier nur noch zwei kurz erwähnt werden sollen, schon wegen des Ansehens ihrer Autoren, der eine Philosoph von maßgeblichem Einfluß, der andere international bekannter Historiker, Karl Jaspers und Johan Huizinga. Beide drängte es zu einer umfassenden Analyse ihrer Zeit.

Jaspers, zunächst Psychiater, entwickelte sich in den zwanziger Jahren mit Martin Heidegger zum wichtigsten Philosophen des sogenannten Existentialismus, der, vor allem von Kierkegaard und Nietzsche inspiriert, die Einheit von Denken und Sein betonte. Damit wandte er sich gegen eine Philosophie, die er als Exerzierübung des Denkens betrachtete, ausgerichtet auf zeitlose, objektive Fragestellungen und Antworten und vollkommen losgelöst von der Person, eine Philosophie, wie sie in Deutschland als Neuidealismus, Neukantianismus und Neuhegelianismus an den Universitäten vorherrschte. Nur im vollen Bewußtsein und in der Bejahung der eigenen, in jedem Sinne geschichtlichen Existenz kann man Philosophie treiben, so lautete die neue, provozierende Devise. Daß sich diese Philosophie kaum ohne die Erfahrung des Krieges und des Zusammenbruchs einer alten Ordnung entwickelt hätte, liegt klar auf der Hand. Und daß Jaspers sich 1931 mit seinem Buch *Die geistige Situation der Zeit* der aktuellen Lage zuwandte, entsprach der Überzeugung, daß die akademische Selbstisolation des Philosophen im Elfenbeinturm abzulehnen sei.

Die aktuelle Lage hatte inzwischen durch die Weltwirtschaftskrise und das Aufkommen radikaler politischer Bewegungen am linken und rechten Rand, vor allem in Deutschland, ein bedrohliches Gesicht bekommen. Jaspers' Ausführungen verleugnen nie den disziplinierten Lehrer, der sich seiner Verantwortung als Bewahrer wissenschaftlicher Ernsthaftigkeit und Sorgfalt bewußt ist. Von dramatischer Rhetorik und sensationellen Thesen, die sein Werk zu einem Bestseller hätten machen können, hält er nichts, er beschränkt sich auf eine tiefschürfende, breit angelegte Untersuchung der Konstellation. Als Analyse war das Werk dem allermeisten auf diesem Gebiet weit überlegen. Jaspers war ein viel zu disziplinierter Denker, um sich die oberflächlichen Verallgemeinerungen und die journalistische Effekthascherei zu erlauben, von denen auch Ortegas Werk nicht frei war. Er hütet sich vor monokausalen Erklärungen. »Masse«, so lehrt er, ist eigentlich ein leerer Begriff, Masse als solche ist eine Menge ohne Eigenschaften. Sie kann ganz verschiedene Gesichter haben, abhängig von Funktion und Kontext. Jedes Individuum ist heute in mancher Hinsicht Masse, in anderer wiederum nicht.[59] Die nach dem Vorbild Le Bons immer wieder angeprangerten negativen Eigenschaften der Masse sind also nur ein Aspekt unter mehreren. Dennoch ist das glitschige Weichtier Masse auch für Jaspers ein höchst bedeutsames Phänomen der modernen Welt, und er sieht einen direkten ursächlichen Zusammenhang zwischen Masse und Technik. Sie haben einander hervorgebracht, und die eine hat den Aufstieg der anderen begünstigt. Auch Jaspers geht es darum, daß der freie, bewußt handelnde einzelne den Mut haben muß, sich gegenüber der Masse zu behaupten. Das typisch Deutsche seines geistigen Hintergrundes offenbart sich, wenn er dem Staat oder auch einem starken Führer theoretisch eine positive Ordnungsfunktion zuweist, obwohl er in beiden Fällen nicht an die Realisierbarkeit seiner Vorstellungen glaubt. Seine Führer- und Staatsidee ist eine neuhumanistische Utopie – sehr weit entfernt von dem, was zu jener Zeit in Wirklichkeit aufkam. Die pessimistische Tendenz des Werks war nicht zu verkennen. Auf allen Gebieten schließlich herrscht Chaos, im Materiellen und Geistigen, da alle Bindung an Tradition und Ordnung verlorengegangen ist. Jaspers' Analyse nahezu aller Bereiche des kulturellen und politischen Lebens scheint darauf hinzudeuten, daß alle Auswege versperrt sind. Da er aber als Philosoph zugleich lehrt, daß der Mensch auch sich selbst und seine Situation niemals ganz erfassen kann und frei einer offenen Zukunft gegenübersteht, fällt schließlich doch noch ein Hoffnungsstrahl durch einen schmalen Spalt. Jaspers' Ethos wehrt sich gegen seine eigene düstere Analyse.

Mit seinem Buch *Im Schatten von morgen* von 1935 ist Huizinga international bekannt geworden, wie Spengler und Ortega. Das Werk, innerhalb kurzer Zeit in neun Sprachen übersetzt, wurde ebenfalls zu einem Bestseller. Huinzingas Name, durch sein Buch *Herbst des Mittelalters* schon recht bekannt, wurde nun zu einem Begriff. Dies ist dem farbenreichen, von innerer Erregung zeugenden Stil seiner Darlegungen zu verdanken, die sich, trotz aller Gelehrsamkeit und der Genauigkeit der Beobachtung, letztlich eher an das Herz als an den analysierenden Verstand wandten. Und es ist dem klaren Bild zu verdanken, das Huizinga entwirft, ohne sich in Widersprüche zu verwickeln und ohne seine harten Urteile abzuschwächen. Wie Jaspers' Denken seine typisch deutsche, philosophische Grundlage offenbart, ist bei Huizinga die typisch niederländische, theologische Grundlage unverkennbar. Staat oder Führergestalt als Wiederhersteller der Ordnung kommen für ihn nicht in Betracht. Das Gleichgewicht zwischen dem Geistigen und dem Materiellen ist gestört, und dort liegen die Wurzeln des Übels, ein Gedanke, der noch deutlich vom christlich-theologischen Erbe beeinflußt ist. Heilung kann deshalb auch nur von einer vollständigen geistigen Erneuerung kommen, fast ist man geneigt zu sagen, von einer »Bekehrung«. Huizinga mag innerhalb der niederländischen Kultur dem Liberalismus viel näher stehen als dem Kalvinismus, aus einer internationalen Perspektive betrachtet, sieht es anders aus. Als Holländer verwirft er jede anti- oder undemokratische Richtung und Staatsform. Seit Ortegas und Jaspers' Bücher entstanden waren, hatte sich der Vormarsch der Diktaturen fortgesetzt, und auch die Brutalisierung innerhalb des totalitären Staates war 1935 viel weiter fortgeschritten. Gerade dies schien Huizingas Urteil über die Vermassung, den Materialismus der großen Mehrheit und die Herrschaft der Technik zu bestätigen. Es sind vor allem die Vulgarisierung und Stillosigkeit der Masse, die er ausführlich behandelt und die er beklagt, und der Moralist ist dabei vom Ästheten nicht zu trennen. Seine meist niederländischen Kritiker haben dies gleich beanstandet, denn Huizinga gab auf diese Weise deutlich zu erkennen, daß auch er scharf zwischen Masse und Elite unterschied und der sozialen Emanzipation gegenüber Vorbehalte hatte. Hierin kann man aber die alte, auch sehr holländische oligarchische Tradition erkennen: Es ist die vornehme, gebildete Oberschicht, die das Volk repräsentiert. Huizingas ausgeprägtes Standesbewußtsein fiel im Ausland viel weniger auf und erregte dort keinen Anstoß. Um so stärker beeindruckte das düstere Zeitbild, das er entwarf und dem die Autorität des berühmten Historikers besondere Überzeugungskraft verlieh, nach seinen eigenen Worten eine »Diagnose des geistigen Leidens unserer Zeit«.

Trotz der erwähnten Unterschiede gingen all diese Autoren bei ihrer Kritik an der Moderne, die sich vor allem (aber keineswegs ausschließlich) auf Vermassung und Mechanisierung konzentrierte, von einem mehr oder weniger verborgenen Maßstab aus: der Vergangenheit. Sie ist der entscheidende Maßstab, da sie als Bild bewußt oder unbewußt immer gegenwärtig ist und deshalb nicht nur das rationale und moralische Urteil beeinflußt, sondern auch an das Gefühl appelliert. Außerdem offenbart sich hier die unwiderstehliche Neigung zur Konstruktion von Polaritäten, wenn es darum geht, die Kultur der eigenen Zeit zu analysieren und eine Diagnose zu erstellen. Immer wieder wird versucht, alle Befunde auf eine solche Polarität als Ausgangspunkt für eine Erklärung zurückzuführen. Es ist die jeweilige inhaltliche Füllung, die den Autor und den Geist der Zeit charakterisiert. In all den erwähnten Betrachtungen stößt man deshalb auch auf einen fundamentalen Gegensatz, einen negativen und einen positiven Pol: Der Masse steht entweder die Elite oder das autonome Individuum, die Persönlichkeit, gegenüber; dem Geist – im Sinne der Ratio, des kalkulierenden Verstandes – die Seele; dem utilitaristischen Menschen der heroische; dem männlichen das weibliche Prinzip. Für alle hier genannten Zeitkritiker ist es die Vorherrschaft des negativen Pols, die das Wesen der Moderne ausmacht.

15 Das Unbewußte und die Ratio

Schon Lebensphilosophie und Vitalismus waren ein deutlicher Protest gegen Mechanisierung und Vermassung, ein Protest, der allerdings nicht mehr eine traditionelle religiöse, christliche, sondern eine ganz diesseitige Grundlage hatte. Die genannten Kulturkritiker gingen ebenfalls von einer solchen weltlichen, nämlich soziologischen oder philosophischen Basis aus, wenn auch bei Huizinga das christliche Vermächtnis als Maßstab noch durchaus eine Rolle spielt. Mechanisierung und Vermassung wurden aber auch als Erscheinungsweisen eines noch allgemeineren, für die Moderne charakteristischen Prozesses verstanden, den man »Rationalisierung« der Welt genannt hat, in einem vom üblichen Sprachgebrauch abweichenden, umfassenden Sinn: Rationalisierung als Durchsetzung der Ratio auf allen Gebieten, oder, um eine bekannte Formulierung des großen Soziologen Max Weber zu gebrauchen, als »Entzauberung«, also als Verdinglichung, Verschwinden des transzendenten Hintergrundes, Austreibung des Wunders. Für die meisten der erwähnten Kulturkritiker waren der Prozeß der Rationalisierung und die Mechanisierung mehr oder weniger identisch, auf jeden Fall aber war die Mechanisierung logische Konsequenz der Rationalisierung. Einige, zum Beispiel Sorel und vor allem Klages und Schuler, vertraten einen streitbaren

Antirationalismus. Natürlich war dies nichts anderes als romantische Sehnsucht nach einem verlorenen Paradies, die auch die Vertreibung aus dem Paradies voraussetzte und insofern ein ausgesprochen intellektuelles und nachromantisches Phänomen war.

Viele gerieten hier aber in einen Zwiespalt: Was die Kontrolle und Lenkung der Entwicklung anging, glaubten sie nicht ausschließlich auf vitale Kräfte, auf die einseitige Verherrlichung von Gefühl und Instinkten und auf eine Rückkehr zu vormodernen Werten vertrauen zu können. Sie schwankten zwischen dem Widerwillen gegen die alles erfassende Rationalisierung und dem Glauben an die Vernunft und die empirische Wissenschaft als einzigen verläßlichen Wegweisern. Die Entwicklung war schließlich nicht umkehrbar. Der Widerstand gegen die umfassende Verdinglichung und ihr gleichzeitiges unaufhaltsames Fortschreiten sind das große Paradox in der Kultur des zwanzigsten Jahrhunderts. In diesem weiten Sinne war die Rationalisierung letztlich eine Folge der Aufklärung, des Triumphs der empirischen Wissenschaften sowie des Glaubens an die autonome menschliche Vernunft. Sie löste eine umfassende geistige Gegenbewegung aus, in deren Verlauf man begann, die irrationalen Kräfte und Regionen der menschlichen Natur zu entdecken und ihnen von neuem Aufmerksamkeit zu schenken. Während einerseits Nietzsches Feststellung, daß Gott tot sei, endlos wiedergekäut wurde, bemühte man sich unentwegt und intensiv, diesen verlorenen Gott oder die entschwundenen Götter wiederzufinden und in eine transzendente Dimension vorzudringen. Diese Suche ist mit der Rationalisierung untrennbar verbunden, war aber viel weniger auffällig. Sie ist in einer tieferen Bewußtseinsschicht begründet, von der aus der Prozeß der Rationalisierung als solcher erst wahrgenommen werden konnte. Bevor wir uns dieser Suche auf dem Gebiet der Religion zuwenden, müssen wir erst andere Erscheinungsformen der großen Gegenbewegung behandeln.

Eine januskopfige Gestalt, die auf diesem Gebiet alle anderen in den Schatten stellte, war Sigmund Freud. Die Bedeutung seines Werks ist kaum hoch genug einzuschätzen. Seine Arbeit war im Grunde eine einzige ununterbrochene Kraftanstrengung im Dienst der Vernunft, der Versuch, das Widervernünftige zu bezwingen, indem man es zum Gegenstand der Wissenschaft macht. Dies bedeutete aber auch, daß er nach dem Vorbild Schopenhauers, Nietzsches und vor allem auch Le Bons die elementare Kraft des Irrationalen und seinen Einfluß auf die Ratio hervorhob. Damit bezeugte er wider Willen die verborgene Macht des Unterbewußtseins oder Unbewußten (wie dieser Bereich vor allem in der Psychoanalyse genannt werden sollte) und wurde zu einem der wichtigsten Gewährsleute der antirationalistischen und antipositivistischen Bewegung, die er immer wieder mit Argumenten versorgte. Freud ist schon kurz im Zusammenhang mit seiner Theorie zur Bedeutung der Libido und seinem Angriff auf das gesellschaftliche Tabu der Sexualität zur Sprache gekommen. In den zwanziger Jahren kam es zum großen Durchbruch der anfänglich in wissenschaftlichen Kreisen mit großer Empörung bekämpften Psychoanalyse und der Lehre vom Unbewußten. Auch für sie hatte der Krieg den Boden vorbereitet: Wenn man ihnen gegenüber jetzt in weiten Kreisen aufgeschlossen war, dann nicht zuletzt, weil der Krieg auf so schmerzhafte Weise gezeigt hatte, wie schlecht es um die menschliche Fähigkeit stand, das Weltgeschehen einer universalen Moral und Vernunft gemäß zu lenken. Die Fanatisierung des Kampfes infolge der Kriegspropaganda konnte als Beweis dafür angesehen werden, daß es die Triebe waren, die den Menschen beherrschten. Offensichtlich hatte er sich selbst nicht in der Hand. Wir haben gesehen, daß deshalb in den Künsten, vor allem bei den Surrealisten, das Interesse an den noch unerschlossenen psychischen Regionen erwacht war, daß sie Freud auf ihre Weise als Bundesgenossen aus der Wissenschaft willkommen hießen und sich in seine Veröffentlichungen vertieften. Das Unbewußte, das immer schon, vor allem aber seit der Romantik, Künstler, Dichter und Philosophen fasziniert hatte, wurde also von dem Wiener Arzt keinesfalls »entdeckt«. Aber es wurde dank Freud und der Psychoanalyse von jetzt an zu einem Begriff, zu einer zentralen Vorstellung und einem wesentlichen Gegenstand der Psychologie von Tokio bis Los Angeles, nicht nur in Fachkreisen, sondern auch im breiten Publikum. Niemand hat im zwanzigsten Jahrhundert das allgemeine Menschenbild so stark beeinflußt wie Freud. Die Psyche als ein Gebäude mit drei Stockwerken – die unbewußte Domäne der Triebe, des Es, die bewußte des sozialisierten, aktiven Ego und darüber das Reich des autoritären Gewissens, der verinnerlichten Moral, des lenkenden Über-Ich – dies war die Vorstellung, zu der er die Theorien und Erkenntnisse aller illustren und weniger illustren Vorgänger auf diesem Gebiet umschmolz, ein Bild von genialer Einfachheit, das deshalb geradezu berauschende Möglichkeiten für die Deutung vieler Phänomene eröffnete. Kants Ethik, der kategorische Imperativ, Schopenhauers Lehre vom Willen als alles beherrschender Urkraft, Nietzsches

Gegenlehre von einer Moral als bewußtem Lebenswillen und seine Verurteilung der konventionellen Moral als Pervertierung der menschlichen Natur, Le Bons Theorie der Masse, die von blinden Leidenschaften angetrieben wird – all diese Ideen konnte man in dem Dreierschema wiederfinden, klar geordnet und an der Stelle, die ihnen offenbar zukam.

So ist es auch kein Zufall, daß Freud oft mit Marx und Darwin in einem Atemzug als einer der Urväter des modernen Menschen- und Weltbildes genannt wird. Wie für Marx das Individuum vor allem von den ökonomischen Verhältnissen, von Geschichte und Klassenkampf geformt war, für Darwin von der biologischen Evolution, der Selektion im Kampf ums Dasein, so war es für Freud von der ewigen Spannung zwischen Libido, rational bestimmter Anpassung und Moral oder Gewissen geprägt. Der dynamischen Theorie von Marx, die das Historische, und der Theorie Darwins, die das Evolutionäre betonte, stellte er eine statische, ahistorische Theorie entgegen, die von einer unveränderlichen Psyche ausging. War die Religion laut Marx Opium für das Volk und ein Instrument in den Händen der herrschenden Klassen, so war sie für Freud ein infantiles Relikt, und die Gottesvorstellung befriedigte das kindliche Bedürfnis nach väterlicher Autorität. Darwin hatte sich eigentlich nicht direkt mit den gesellschaftlichen Konsequenzen seiner rein biologischen Theorien beschäftigt. Durch die Übertragung seiner Evolutions- und Selektionslehre auf die menschlichen Verhältnisse schuf der Sozialdarwinismus jedoch ein äußerst einflußreiches Modell, für viele eine Alternative zum Marxschen Entwurf. Es liegt nahe, rückblickend nach Freuds Verhältnis zu diesen beiden großen Vorgängern zu fragen. Da sich alle drei aber mit völlig verschiedenen Wissenschaftsgebieten beschäftigten und von entsprechend gegensätzlichen Ansätzen ausgingen, da sich Marx in erster Linie als Philosoph, Ökonom und Sozialreformer, Darwin als Biologe und Freud als Arzt und Psychiater betrachtete, lag eine Verbindung auch wieder nicht so nahe. Marx und der Marxismus waren für Freud ziemlich irrelevant. Weder ist irgendein Einfluß nachweisbar, noch deutet etwas auf eine Auseinandersetzung Freuds mit dem Marxismus hin. Er wollte schließlich vor allem individuelle Menschen heilen, und nicht die Gesellschaft. Weniger eindeutig ist das Verhältnis zu Darwin. Als moderner Wissenschaftler akzeptierte Freud selbstverständlich die Evolutionslehre, und in mancher Hinsicht kann man ihn auch ohne weiteres als Darwinisten bezeichnen, aber er sah den Darwinismus offensichtlich nicht als Herausforderung oder als

Alternative zu seiner eigenen Philosophie, obwohl der Evolutionsgedanke durchaus Fragen im Hinblick auf das ausgesprochen ahistorische Menschenbild aufwerfen kann, auf dem die Psychoanalyse und Freuds gesamte Kulturtheorie beruhen.

Während sich Freud vom Neurologen zum Psychiater und schließlich, zur Zeit des Krieges und später, immer mehr zum Kulturphilosophen entwickelte, bewegte er sich ständig in auffälliger Weise zwischen Empirie und Positivismus einerseits und Irrationalismus und Mythos andererseits, also zwischen den beiden Polen des modernen Denkens, hin und her. Seine Lehre von der Macht der Libido und des Unbewußten versorgte die antipositivistische Bewegung mit Argumenten, um so mehr, als er andererseits ja anscheinend – und nach eigener Überzeugung – als strikt empirischer Naturwissenschaftler und positivistischer Forscher zu seinen Theorien gelangt war. Es kann kein Zweifel daran bestehen, daß er als völlig säkularisierter Jude, der auch jede andere dogmatische Religion als archaisches Relikt radikal verwarf, in Ratio und Wissenschaft die einzigen zuverlässigen und akzeptablen Instanzen sah, die in Zukunft den rechten Weg weisen konnten. So gehörte er auch unzweifelhaft zu den Erben der Aufklärung. Sein ganzes Werk war nicht etwa darauf ausgerichtet, die unbewußten Kräfte und Leidenschaften nach Art des Vitalismus zu verherrlichen oder zum Gegenstand eines Kults zu machen, sondern vielmehr darauf, sie zu bezähmen, indem er sie in das helle Licht des analysierenden Bewußtseins zog. Niemand war mehr als Freud vom Drang zu rationaler Erklärung besessen, und die gesamte Psychoanalyse beruhte letztlich auf der Grundüberzeugung, daß auch im Reich des Unbewußten eine Ordnung herrscht, deren Logik der Analytiker entdecken kann. Nur dadurch kann dieser seine Patienten zum Beispiel von ihren Phobien befreien, die grundsätzlich eine auffindbare, logische Ursache haben. Nach Freuds Definition der Wissenschaft war es deren Aufgabe, einzig die Wahrheit zu suchen und Illusionen zu zerstören. Mit seiner unbarmherzigen Aufdeckung von Illusionen, anscheinend von nichts als Wahrheitsdrang getrieben, war er ein Muster an wissenschaftlichem Anstand und Mut.

Darum waren aber sein Menschenbild und sein Ansatz noch nicht, wie er glaubte, rein naturwissenschaftlich und auf das empirisch Gegebene gegründet. Die Psychoanalyse wurde deshalb auch nicht nur von der Seite der Kirchen und der Religion heftig angegriffen, im Zusammenhang mit der Entheiligung von Werten oder wegen der Libidotheorie, sondern auch von der

Philosophie kam fundamentale theoretische Kritik. Erstens entzieht sich die Psychoanalyse grundsätzlich dem Experiment und damit einer einwandfreien Überprüfung. Dieser Vorwurf kam von dem rationalistischen Philosophen Karl Popper, der ihr deswegen auch die Wissenschaftlichkeit absprach. Ein anderer Vorwurf lautete, Freuds psychologischer Ansatz sei gerade materialistisch, denn er versuche sich psychischen Phänomenen mit Hilfe von Metaphern anzunähern, die er aus der Mechanik entlehnt habe und unkritisch verwende. Außerdem lasse er sich bei seiner Erkundung der verborgenen Regionen von intuitiven Assoziationen leiten, so daß nur durch die Phantasie hergestellte Beziehungen und wirkliche Kausalbeziehungen nicht mehr unterscheidbar seien. Und schließlich wurde auf eine ganz wesentliche Beschränkung des Erkenntniswerts der Psychoanalyse hingewiesen: Dieses ganze Gebäude errichtete Freud im Grunde auf Beobachtungen, die er ausschließlich bei der Behandlung von Patienten aus einem ganz bestimmten, nämlich wohlhabenden, bürgerlichen Milieu gemacht hatte. Er ließ sich dazu verleiten, psychische Leiden und Anomalien, die in erster Linie für dieses soziale Milieu und für diese Epoche mit ihrer extremen Prüderie und der Tabuisierung alles Sexuellen charakteristisch waren, zu verabsolutieren und von ihnen unbekümmert auf die menschliche Psyche im allgemeinen zu schließen. Auf diesen ahistorischen Zug habe ich schon hingewiesen. Daß Freud deswegen die universale Bedeutung der Sexualität gewaltig überschätzte, daß seine intensive Beschäftigung mit dem Vater-Sohn-Verhältnis und die berühmte, in diesem Zusammenhang entwickelte Theorie vom Ödipuskomplex auf stark zeitgebundenen Beobachtungen beruhten, steht fest, und höchstwahrscheinlich haben hier auch verborgene, sehr persönliche Erfahrungen eine Rolle gespielt. Unübersehbar ist in der ganzen Theorie auch seine Ratlosigkeit im Hinblick auf die Frau. Freuds Theorie war eindeutig auf ein maskulines Bewußtsein ausgerichtet, und angesichts der Tatsache, daß die meisten seiner Patienten neurotische oder psychotische Damen waren, zeigt dies, in welchem Grade er durch seine eigene Biographie und auch durch Dinge beeinflußt war, die mit seiner jüdischen Herkunft zusammenhingen – nicht zuletzt im Hinblick auf den Vater-Sohn-Konflikt, der bei ihm eine so bedeutende Stelle einnimmt. Das Streben nach rationaler Klarheit verleitete Freud auch dazu, in seinem späteren kulturphilosophischen Werk seine auf das Individuum bezogenen Theorien allzu unbekümmert auf die Gesellschaft insgesamt und auf die Geschichte anzuwenden. Dies führte zu spekulativen, unhaltbaren Theorien und gewagten Vereinfachungen, mit denen er sich gerade sehr weit von aller Empirie und allem eigentlich Wissenschaftlichen entfernte. So sah er schließlich die gesamte Kultur als Manifestation des kollektiven Über-Ich, unverzichtbar, um die destruktiven Triebe im Zaum zu halten, ohne sie aber je ausschalten zu können. Der Kampf zwischen den destruktiven Kräften und der Moral, der Humanität, kann kein Ende finden, die Spannung ist nicht auflösbar.

Alle Einwände konnten aber das Grandiose und Visionäre dieses Konzepts nicht beeinträchtigen und nicht verhindern, daß Freuds Werk gewaltigen, anhaltenden Einfluß gewann. Er bereicherte die Humanwissenschaften um einen Ansatz und eine Perspektive, durch die, sofern man die jenseits des Empirischen liegenden Voraussetzungen und die metaphorischen Grundlagen akzeptierte, Einblicke in zuvor vernachlässigte oder im Halbdunkel verborgene Regionen der menschlichen Natur möglich wurden.

Nicht zuletzt infolge der heftigen Angriffe entwickelten sich Freuds praktizierende Anhänger unter seiner Führung zu einer Art Partei, die den Charakter einer Sekte annahm, mit den sektentypischen Zügen: zunehmendem Doktrinarismus und Banalisierung der Lehre. Die Einfachheit und Überzeugungskraft des freudianischen Menschenbildes mußten vor allem auf viele schlichte Gemüter verführerisch wirken, die plötzlich den Schlüssel zur Erklärung und Einordnung aller psychischen Probleme in der Hand zu haben glaubten. Dies nahm schon einer der frühesten Kritiker, Karl Kraus, mit seiner Bemerkung aufs Korn, die Psychoanalyse sei jene Geisteskrankheit, für deren Therapie sie sich halte. Schriftstellern bot Freud psychologisches Material von hoher Brisanz, und seine Spuren sind in zahlreichen Romanen nachzuweisen. Die Einseitigkeit und besonders die fatale Selbstüberschätzung der Psychoanalyse konnten bedeutenden Denkern jedoch nicht entgehen. So hat André Gide in seinen Romanen die erstickende Wirkung einer unbarmherzigen Durchleuchtung hervorgehoben, die dem Individuum seinen letzten, lebenswichtigen Unterschlupf nimmt. Der Psychoanalytiker entwickelt sich hierdurch nur allzuleicht zu einem tyrannischen Ordnungshüter der menschlichen Seele. Und er verwechselt schnell die gelehrte Etikettierung von Störungen mit ihrer Heilung.

Freuds anfänglicher Musterschüler, der Schweizer Carl Gustav Jung, der zum Nachfolger Freuds als Vorsitzender der psychoanalytischen Vereinigung prädestiniert schien, baute auf Freuds Lehre auf, entwickelte sich später aber auch zum Gegner. Vor allem ersetzte der von Hause aus protestantische Jung die Libidotheorie, für alle konservativen und kirchlichen Kreise der ärgste Stein des Anstoßes, durch eine Theorie des kollektiven Unbewußten, subindividueller Kräfte, die der ganzen Menschheit gemeinsam sind und von denen auch der einzelne in seinen Emotionen und Reaktionen abhängt. Der Geschlechtstrieb, für Freud eine nicht weiter aufzulösende Einheit, Basis der Psyche jedes Individuums, wurde von Jung in seiner Bedeutung stark abgeschwächt, als etwas, das von den noch tiefer gelegenen kollektiven Mächten ausgeht, wobei halb versunkene allgemeine Urbilder und Erinnerungen wirksam werden. Zweifellos hatte Jung hier eine Schwäche der freudianischen Philosophie erkannt. Diese blieb bei der individuellen Psyche mit ihren Leidenschaften als einer Art innerster Kerneinheit stehen, ohne noch weiter nach dem Ursprung dieser Psyche und ihrer Eigentümlichkeiten oder nach einer transzendenten Dimension zu fragen – in dieser Hinsicht war sie typisch positivistisch und sogar materialistisch. Indem Jung den Schwerpunkt vom individuellen zum kollektiven Unbewußten verschob, öffnete er aber auch spekulativen, magischen Vorstellungen, die sich noch mehr als Freuds individuell ausgerichtete Psychoanalyse jeder empirischen Kontrolle entzogen, Tür und Tor. Was dies betraf, gab es eine Verbindung von Jung zu Bachofens Vorstellungen von der verborgenen Wirkung männlicher und weiblicher Pole und zum Antipositivismus Schulers und Klages'. Jung schuf nicht nur Raum für einen religiösen Ansatz, den Freud dezidiert ausgeschlossen hatte, sondern auch für Obskurantismus. Er stärkte von der Psychologie aus (anders als Freud) ganz bewußt die antipositivistische Bewegung und trug dazu bei, daß kollektive Erscheinungen, Überlieferungen, Volk und Rasse, in denen das Individuum seinen Platz fand, erhöhte Aufmerksamkeit und Wertschätzung erlangten. Auf diese Weise entsprach Jungs Ansatz dem Verlangen nach neuem Halt in einer Gemeinschaft, einem Verlangen, das der verbreiteten Orientierungslosigkeit entsprang. Auch bei Freud selbst fehlten jedoch Ansätze zu einer solchen Entwicklung nicht, und zwar im Zusammenhang mit der Evolutionstheorie, als deren Anhänger er sich erwies. Allerdings favorisierte er dabei Lamarck, der – anders als Darwin – seine Theorie nicht auf die Prinzipien der Selektion und Anpassung gründete, sondern annahm, erworbene Eigenschaften seien erblich, und hierin liege die Erklärung für Evolution und Fortschritt. Freud übernahm diese Vorstellung in seine bemerkenswerten Theorien über kollektive

Traumata und Schuldgefühle. Das bedeutete: Ein uraltes Verbrechen, in diesem Fall ein Vatermord, bleibt als unverarbeitetes Trauma auch in allen späteren Generationen gegenwärtig und erklärt somit einerseits den neurotischen Wiederholungszwang, andererseits das latente Schuldgefühl, das wiederum kollektive Neurosen verursacht.

In einer anderen Richtung wurde Freuds Psychologie von Alfred Adler weiterentwickelt, der nicht wie Jung unbewußt-kollektive, sondern soziale Aspekte einbezog und die Grenzen der Lehre auf dieser Seite durchbrach. Die persönlichen und wissenschaftlichen Auseinandersetzungen zwischen Freud, Jung, Adler und anderen sind in diesem Zusammenhang nicht weiter von Bedeutung. Es entstand ein breites Spektrum gegensätzlicher psychologischer Schulen, aber vor allem erreichten dank Freud, seinen Mitstreitern und Gegnern psychologische Theorien und Begriffe das gebildete Publikum, die Literatur und die Künste. Der Freudianismus wurde als Ersatz für die Religion und für politische Ideologien selbst zu einer Art Philosophie, die die menschliche Psyche als Basis und Erklärung für Glauben, Weltanschauung und Handlungen in den Mittelpunkt rückte. Daß sowohl die etablierten Kirchen als auch Repräsentanten politisch-ideologischer Strömungen die Psychologie, und besonders die Psychoanalyse, als Nachfolgerin oder Ersatz für Religionen und Ideologien, als gefährliche Konkurrentin betrachteten, die die eigene Autorität untergrub und den eigenen Wahrheitsanspruch in Frage stellte, und sie deshalb wütend bekämpften, ist daher nicht verwunderlich.

Auf sozialistischer und marxistischer Seite waren die Reaktionen sehr unterschiedlich. Da Adler schon eine Sozialpsychologie entwickelt hatte, die Milieu und Lebensumstände als wichtige Faktoren anerkannte, lagen hier Möglichkeiten, eine Brücke zum Freudianismus zu schlagen und ihn in die marxistische Theorie einzufügen. Die Synthese von Marx und Freud sollte eine faszinierende Herausforderung bleiben. Dies galt vor allem für Denker jüdischer Herkunft. Daß Juden sowohl in der sozialistisch-marxistischen Bewegung als auch in der psychoanalytischen Psychiatrie überrepräsentiert waren, ist ein bemerkenswertes Phänomen. Gerade für die emanzipierten und säkularisierten Juden waren es auf politischem Gebiet der Marxismus und in der Wissenschaft der Positivismus und die Psychoanalyse, die sich als geistige Wahlheimat anboten. Darin, daß in beiden Fällen die Begründer selbst jüdischer Herkunft waren, darf man getrost anderes als bloßen

Zufall sehen. Der hohe Anteil von Menschen jüdischer Herkunft erklärt, daß zunächst der Marxismus und Sozialismus allgemein und dann auch die Psychoanalyse bald als die jüdischen Bewegungen schlechthin galten. Der Psychiater Erich Fromm und der Philosoph Herbert Marcuse sollten später die Bekanntesten unter denjenigen sein, die Marxismus und Freudianismus zu verbinden suchten, aber sie waren natürlich längst nicht die einzigen. Sobald der Marxismus nicht mehr nur Theorie war, eine philosophische Lehre, sondern sich in praktischer kommunistischer Parteipolitik konkretisierte, wurde sein Verhältnis zur freudianischen Psychologie schwieriger. Die in ihr angelegte Untergrabung jeglicher Autorität, ihre antireligiöse und somit allgemein antiideologische Tendenz, die psychoanalytische Entlarvung jeder Art von Doktrinarismus als Neurose, all das konnten Kommunisten nicht tolerieren. Dies galt natürlich in noch höherem Maße für politische Bewegungen und autoritäre Regime christlich-reaktionärer oder faschistischer Prägung. Deren Wut auf die Psychoanalyse konnte sich bis zur Weißglut steigern, sobald sie auch noch zusätzlich durch Antisemitismus motiviert war.

16 Mystik und Primitivismus als Heilmittel gegen die Krankheit der Moderne

Ein wesentliches Merkmal der großen Bewegung gegen »Rationalisierung« und Mechanisierung war das Interesse, ja die Begeisterung für die Mystik des Ostens, für archaische und primitive Kulturen. Hier offenbart sich eine bemerkenswerte Widersprüchlichkeit des Modernismus. Es waren nämlich vor allem die Avantgardisten, wie niemand sonst Künder von Moderne und Erneuerung in den bildenden Künsten und der Musik, die in ihrem Aufbegehren gegen abgenutzte Konventionen und sterilen Akademismus gerade in jenen Kulturen inspirierende Impulse suchten und fanden. Daß der Osten, vor allem die östliche Mystik, hier als Medizin gegen den Rationalismus der westlichen, europäischen Kultur eine Rolle spielte, war nichts Neues. Seit dem frühen achtzehnten Jahrhundert, seit Montesquieus *Persischen Briefen*, hatte sich eine entsprechende Tradition entwickelt. Während Autoren des achtzehnten Jahrhunderts vor allem von Persien und China fasziniert waren, kamen in der Romantik Indien und seine Mystik ins Bild. Im ganzen neunzehnten Jahrhundert übte der Osten eine magische Anziehungskraft auf

Kulturkritiker und überhaupt auf Denker aus, die die fortschreitende Rationalisierung beunruhigte.

In die antimoderne Bewegung der zwanziger Jahre paßte auch die große Dostojewski-Mode. Die Empfänglichkeit für die Psychologie Dostojewskis, der wie kein anderer von den pathologischen Erscheinungen des Geistes, von Leiden, Grausamkeit und Trieben fasziniert war, wuchs gerade in der Zeit, als auch die moderne Psychologie und der Freudianismus aufkamen, und sie wurde dadurch noch gesteigert. Außerdem gab es aber jenen Dostojewski, der scharf mit Rationalismus, Utilitarismus und dem westlichen Einfluß auf Rußland ins Gericht gegangen war, der demgegenüber die Größe der russischen Seele – das hieß: mystischer Religiosität – gepriesen und sich zur Heilslehre des Panslawismus bekannt hatte, von dem er sich die Geburt eines neuen Menschen erhoffte. Der Schöpfer von Gestalten wie Raskolnikow und den Brüdern Karamasow drängte Turgenjew und Gogol ein wenig in den Hintergrund und verkörperte künftig zusammen mit Tolstoi den Gipfel der kanonisierten russischen Romankunst, für viele den Gipfel der Romankunst schlechthin. Zugleich wurde es üblich, ihn Nietzsche an die Seite zu stellen, wiederum als unerreichten Diagnostiker der Psyche und Entlarver des Rationalismus.

Die Popularität Dostojewskis hing damit zusammen, daß viele Intellektuelle neuerdings wieder von Rußland und dem Osten fasziniert waren. Schon die Revolution und die bolschewistischen Experimente hatten den Reiz Rußlands erhöht. Was von dort kam, erfüllte für viele auch die Funktion eines Gegenmittels gegen die Amerikanisierung und alles, was man dazu rechnen konnte. Russische Musiker und Tänzer hatten das Publikum schon nach der Jahrhundertwende mit folkloristischen Motiven, Volksliedern und Tänzen aus ihrer Heimat bekannt gemacht. Von diesen hatte sich Strawinsky vor allem in seiner Vorkriegsperiode inspirieren lassen, sie beherrschten zum Beispiel sein aufsehenerregendes *Sacre*-Ballett. Der gefeierte Choreograph und Impresario Sergei Diaghilew schöpfte aus ihnen, und dank seiner Inszenierungen machte das russische Ballett Furore. Auch ein anderer berühmter Erneuerer der Tanzkunst, Émile Jaques-Dalcroze, bediente sich dieser Mittel. Außer dem archaischen Vermächtnis Rußlands führten aber europäische Künstler auch japanische, indonesische – besonders javanische –, malaiische und schließlich vor allem afrikanische Ausdrucksformen ein. Gauguin und die Kubisten in den bildenden Künsten, Strawinsky, Mussorgski, Debussy,

Ravel, Puccini, Milhaud, Poulenc, Honegger und Hindemith in der Musik, sie alle machten in unterschiedlichem Maße von exotischen, archaischen und »primitiven« Stilformen und Motiven Gebrauch. Natürlich muß man bei alledem zwischen den – oft mit dem Interesse an Mystischem zusammenhängenden – östlichen und den afrikanischen Einflüssen, zwischen Orientalismus und Primitivismus unterscheiden, obwohl man diesen Unterschied in der damaligen Begeisterung für das Exotische längst nicht immer für wichtig hielt. Die östlichen Kulturen, denen man sich zuwandte, waren vor allem alte Hochkulturen. Außer Indien hatten (besonders in Frankreich) schon immer Ägypten und Persien als Märchenwelt der tausendundein Nächte große Anziehungskraft besessen. In allen Fällen war aber der tiefste Beweggrund der gleiche: Mystik, östliche Religiosität (russisch-orthodoxe, hinduistische oder buddhistische) und archaische und »primitive« Ausdrucksformen betrachtete man als unverzichtbar für eine Erneuerung der Künste. Während des Krieges und danach verschob sich das Interesse auf das, was damals »Negerkultur« genannt wurde. Man feierte diese als reinsten Ausdruck echter Vitalität, magischer Urkräfte und eines ursprünglichen Verhältnisses zur Natur. Man importierte sie nicht nur direkt aus Afrika, sondern im gleichen Maße, zusammen mit vielem anderen Amerikanischen, aus den Vereinigten Staaten. So begann auch der unaufhaltsame Siegeszug des Jazz in Europa.

Seit jeher galt der Orient als Wiege der Menschheit und vor allem der menschlichen Kultur. Orientalismus und Primitivismus waren auch Suche nach dem Ursprung. Man nahm ohne weiteres an, der »primitive« Mensch sei dem Ursprung und damit der wahren menschlichen Natur näher. Die Faszination, die vom »Ursprünglichen« ausging, äußerte sich auch in der Thematik vieler Werke. So schrieb zum Beispiel Darius Milhaud, sicher nicht unbeeinflußt vom sensationellen *Sacre*, im Jahre 1923 sein Ballett *La création du monde*. Viele entwickelten eine Vorliebe für märchen- und legendenhafte Themen, Magie und Zauberei. In der Musik begann der Rhythmus, nach dem Vorbild des Jazz und sogenannter »Negermusik«, das heißt afroamerikanischer Musik, eine dominierende Rolle zu spielen. In der Harmonik war das Zeitalter der Dissonanz angebrochen. Manche sprechen in diesem Zusammenhang auch von harmonischer Anarchie. Vorherrschend war jetzt aber in vielen musikalischen Werken der Rhythmus: hart und stampfend, als Demonstration barbarischer Animalität, die man als erfrischend empfand. Entsprechend wuchs die Bedeutung des Schlagwerks und der Blechblasinstrumente in den Partituren der betreffenden Komponisten.[60] Außerdem griffen manche, etwa der proteische Strawinsky, aber auch Hindemith, auf die Musik des Mittelalters, auf Palestrina und auf Bach zurück.

Beim Tanztheater kam das Interesse an archaischen Kulturen schon darin zum Ausdruck, daß der russische Star Nijinski Abbildungen auf griechischen Vasen zum Vorbild für die Kostüme und für die statischen Posen seiner Tänzer wählte. Von besonderer Bedeutung war hier die Wiedereinführung der Maske.[61] Die Maske, so charakteristisch für viele primitive Rituale und magische Handlungen, schaltete das Individuelle aus, transformierte es in einen klar umrissenen, allgemeinen Typus. Zumindest lag hierin jetzt ihre größte Anziehungskraft. Die Maske drückte die feste Bindung des einzelnen an etwas Höheres aus. Sie evozierte eine überindividuelle, ewige Ordnung mit fest umrissenen Figuren und Figurenkonstellationen, Konflikten und Polaritäten. Engel und Dämonen, Heilige und Teufel, Weise und Toren, Mächtige und Arme – die Welt wurde dank dieser Schematisierung einfacher und übersichtlicher. Die Maske wurde so auch zu einem Mittel, mit dem man sich deutlich gegen Naturalismus und Hyperindividualismus abgrenzte. Sie war statisch, unbeweglich, brachte Ruhe in das nervöse Dasein. Und vor allem war sie natürlich ausgesprochen antipsychologisch. Gefesselt von primitiven Ausdrucksformen und Symbolen, waren gerade viele avantgardistische Künstler, auch von der Maske und dem schematisierten Weltbild fasziniert, das deren Gebrauch ursprünglich zugrunde gelegen hatte – Strawinsky, Schönberg und Hindemith nicht weniger als Picasso, Kokoschka, Léger, Macke und die Surrealisten. Dieses Interesse führte über Afrika in einem Bogen zurück in die Vergangenheit Europas, wo der feststehende Typus, und die Maske als dessen Ausdruck, im Mittelalter und in der frühen Neuzeit ebenfalls sehr gebräuchlich gewesen waren. Die Commedia dell'arte und das bekannte clowneske Paar von Harlekin und Pierrot sprachen nun auf einmal wieder viele Künstler an und wurden zu einer wichtigen Inspirationsquelle. Hierzu paßte auch das wiederaufgelebte Interesse an Marionetten. Das Mechanische gewährleistete ein höheres Maß an Objektivität und eine getreuere Verwirklichung der Intentionen des Dramenautors oder Opernkomponisten als der Schauspieler oder Sänger, der unwillkürlich, meist aber sogar ganz bewußt und absichtlich, seine Persönlichkeit in eine Rolle einbrachte und sie ganz individuell interpretierte. Auch die Marionette war unpersönlich und unveränderlich und ließ beim Publikum keine naturalistische Illusion aufkommen. Der deutsche Maler und Theatermann Oskar Schlemmer, der vom Expressionismus kam, arbeitete zum Beispiel mit Masken und Marionetten. Zusammen mit Hindemith und dem Textdichter Franz Blei führte er 1920 die für Marionetten geschriebene Oper *Das Nusch-Nuschi* auf. So brachte die Faszination, die vom Primitiven, vom Ungeschliffenen, Barbarischen und Vitalen ausging, manche Künstler dann doch wieder zur Technik, zu Mechanismen und Apparaten, die von menschlicher Erfindungsgabe zeugten, aber auch ein Mittel zur Überwindung des Subjektivismus waren. Es gab zweifellos eine Verwandtschaft zwischen dem mechanischen Rhythmus, dem Wiederholungszwang, der in den animistischen beschwörenden Ritualen, in Tanz, Musik und rituellen Spielen zum Ausdruck kommt, und dem Automatischen von Maschinen und Apparaten. Viele Komponisten, vor allem Ravel, ließen sich deshalb gern vom objektivierenden, antiromantischen Charakter mechanischer Glockenspiele und anderer Erfindungen dieser Art inspirieren. Auf diese Weise konnte auch der Einfluß des ausführenden Künstlers mit all seinem Eigensinn wieder eingeschränkt werden. Zu dieser Tendenz paßte das Pianola, für das man sich jetzt immer mehr interessierte. Manche glaubten an eine zukünftige Musik, die ausschließlich von Maschinen reproduziert werden könnte – im Grunde kündigte sich hier schon die Jahrzehnte später aufkommende elektronischen Musik an.

Im Jahre 1925 gab es in Paris das erste große schwarze Tanztheater, die *Revue nègre*, mit Joséphine Baker. Mehr als irgend etwas anderes löste diese Revue eine wahre »Negerkunst«-Manie aus, auch dank der begeisterten, ja fanatischen Propaganda der vermögenden Engländerin Nancy Cunard. Von Paris aus verbreiteten sich diese Art des Tanzes und die schwarze Musik in ihrer amerikanischen Variante im Rest Europas. Natürlich handelte es sich, auch angesichts der Tatsache, daß die Baker fast nackt auftrat, im Grunde um einen Angriff auf die europäischen Konventionen, besonders im Begreich der Sexualität. Das Exotische machte diese Freiheit andererseits wieder akzeptabel und milderte den Schock bei einem Teil des Publikums.

17 Religiöse Antworten auf die Moderne

Die Lage der Kirchen und der christlichen Theologie, die sich seit langem in der Defensive gegenüber allen Erscheinungen der Moderne befanden, hatte sich durch Krieg und Revolution nicht verbessert. Im Zusammenhang mit der allgemeinen Säkularisation darf man aber zwei Tatsachen nicht aus den Augen verlieren. Das Christentum hatte die europäische Kultur jahrhundertelang in solchem Maße geformt, daß sein Einfluß weit über den Glauben und die Bindung an eine Kirche hinausging. Moral, Normen, Bräuche, Traditionen und kollektive Erinnerungen waren vom christlichen Vermächtnis geprägt. In der Sprache – und dies gilt für fast jede europäische Sprache, wenn vielleicht auch in unterschiedlichem Grad – gibt es eine Fülle von Wörtern, Begriffen, Metaphern, Redewendungen, Ausrufen und Flüchen, die aus dem christlichen Glauben stammen. Jeder verwendet sie, ob gläubig oder nicht. Zahlreiche alltägliche und auch amtliche Handlungen (wie das Ablegen eines Eides) setzten ursprünglich den Glauben voraus. Das Gesicht der Städte und Dörfer, ja ihre ganze Anlage, war gar nicht ohne Kirchen vorstellbar. Kirchtürme waren die vertrautesten Wahrzeichen, charakteristische Orientierungspunkte für alle, auch wenn sie bisweilen schon von Fabrikschornsteinen überragt wurden. In katholischen Gegenden wimmelte es von Klöstern, Priesterseminaren, Kapellen, Kruzifixen und Marien- und Heiligenbildern, an Wegkreuzungen oder auch im freien Feld. Nationalflaggen, Familienwappen, Wahlsprüche und Embleme verwiesen auf den Glauben, auf bedeutsame Ereignisse, die mit ihm zusammenhingen, oder auf christliche Legenden. Das Kreuz wiederholte sich als Symbol oder Ornament in unzähligen Varianten an Gebäuden und auf Gebrauchsgegenständen. Nicht nur die Zeitrechnung, auch der Jahreskalender offenbart mit seinen Feiertagen, in vielen Ländern auch mit Karneval und besonderen kirchlichen Festen, seinen christlichen Ursprung; kurz und gut: Der Lebens- und Arbeitsrhythmus fast der gesamten Bevölkerung richtete sich nach einem ursprünglich christlichen Schema. Die Säkularisation hatte sich darauf noch kaum ausgewirkt. Bei der amtlichen Einteilung und Registrierung der Bevölkerung setzte man nach wie vor für jeden Menschen die formale Zugehörigkeit zu einer Konfession voraus. In manchen Ländern, in denen die Kirchen über den Staat finanziert wurden oder werden, hatte dies auch steuerrechtliche Gründe. Für den Zugang zu zahlreichen Ämtern und zum Staatsdienst waren formale Konfessionszugehörigkeit und Taufe Bedingung. Das war das eine.

Das andere war die Tatsache, daß ein sehr hoher Anteil der Menschen auf dem Lande, im alten städtischen Mittelstand und im Adel der Kirche treu geblieben war. Gläubigkeit war hier zugleich (und in vielen Fällen vielleicht vor allem) ein Zeichen von Vertrauenswürdigkeit, Teil der sozialen Identität oder Attribut der Zugehörigkeit zu einem bestimmten Stand. Sie hatte eine unverkennbar soziale Funktion und war Teil des durch Gruppenzugehörigkeit festgelegten Lebensstils. Gerade dies deutete aber wiederum auf eine wesentliche Schwäche und auf eine Ursache der Glaubenserosion hin: die in zunehmendem Maße nur noch formale, äußerliche Bedeutung der Religion, ihre Aushöhlung und Wandlung zur bloßen gesellschaftlichen Konvention. Der Bund von Krone und Altar war zur Allianz von Staat und Kirchen geworden, und gerade diese Verbindung, die den Kirchen natürlich Unterstützung und Schutz garantierte, sollte ihnen jetzt in moralischer Hinsicht schaden: Sie hatten sich während des Krieges mit ihrem ganzen Repertoire energisch in den Dienst der nationalen Sache gestellt und den Soldaten himmlischen Beistand zugesichert. Die Sieger konnten in ihrem Sieg noch eine Bestätigung für Gottes Gerechtigkeit sehen, aber die Besiegten standen hier doch vor großen Schwierigkeiten. Auch unter den Siegern gab es viele, denen es widerstrebte, wenn der Glaube zur Rechtfertigung des Krieges herhalten sollte. Die Millionen von Toten und Verstümmelten wollten einfach nicht recht zur verordneten Dankbarkeit passen. Die Kritik richtete sich vor allem gegen die protestantischen Kirchen, die sich seit jeher viel stärker mit dem Nationalstaat identifiziert hatten. Die katholische Kirche konnte schon wegen ihres überstaatlichen Charakters einen größeren Abstand zum Staat wahren. Außerdem hatte sich der Papst noch bei allerlei Friedensbemühungen als Vermittler erwiesen.

Zweierlei konnte besonders den protestantischen Kirchen vorgeworfen werden: Sie hatten mit ihrem aktiven Beitrag zur Kriegspropaganda die zentrale Botschaft des Evangeliums verraten, und sie hatten sich zum Sprachrohr eines angeblich christlichen Gottes aufgeworfen, den sie aber in Wirklichkeit, indem sie seinen Segen für die eigenen Waffen herabflehten, zum Knecht und Werkzeug nationaler Interessen degradierten. Daß es dazu auch innerhalb der Kirchen Meinungsverschiedenheiten gab und daß Geistliche höherer und niederer Ränge längst nicht immer und überall diesem Kurs zugestimmt hatten, daß es also, genauer betrachtet, falsch ist, von »der Kirche« wie von einem monolithischen Block zu sprechen, änderte nichts am vorherrschenden Eindruck ihrer Unfähigkeit, das Blutbad zu verhindern. Die Kirche hatte kein nennenswertes Gewicht zugunsten von Frieden und Versöhnung in die Waagschale geworfen, sondern sich vielmehr häufig vom aufgepeitschten Chauvinismus mitreißen lassen. Kurz und gut, hinsichtlich ihres Sinns und der Legitimität ihres weiterhin aufrechterhaltenen Anspruchs, die Menschen zu ihrem Segen zu bevormunden, hatte sie einige Skepsis aufkommen lassen.

All dies trug natürlich dazu bei, daß sich unter Theologen und im nachdenklicheren Teil der Geistlichkeit Unsicherheit und nagende Zweifel breitmachten. Bolschewismus und Sozialismus kamen als schreckenerregende Bedrohungen von außen noch hinzu. Wegen seines betonten Atheismus wurde vor allem der Bolschewismus als neuerlicher satanischer Angriff auf Gottes Kirche dargestellt, unendlich schwerer und gefährlicher als die Ausbrüche gottloser Ketzerei in ferner Vergangenheit. Während in der katholischen Kirche der sogenannte Modernismus vom Vatikan kurzerhand gebannt und seine Vertreter exkommuniziert wurden, plagte sich die protestantische Theologie ganz unverhohlen mit der Aufgabe, die immer größere Kluft zwischen christlichem Glauben und modernen wissenschaftlichen Erkenntnissen zu überbrücken. Die entscheidende Frage war schließlich immer wieder, ob und inwiefern es auf den Buchstaben oder auf den Geist des Evangeliums und der Botschaft Jesu ankam. Diese Unterscheidung selbst war allerdings für das orthodoxe Denken schon ein Irrtum, weil Geist und Wort gerade eine untrennbare Einheit bildeten und der Geist sich nicht anders als in dem einmal für alle Zeit niedergeschriebenen Wort hatte offenbaren können und wollen.

Als Gegenströmung zu diesem rigiden Denken hatte sich, angeregt von dem Theologen Schleiermacher, schon in der zweiten Hälfte des neunzehnten Jahrhunderts der sogenannte »Kulturprotestantismus« entwickelt. Die Anhänger dieser Richtung unterschieden zwischen dem unvergänglichen Kern des Evangeliums, besonders der Ethik Jesu, und der historischen Form dieser Botschaft – der eschatologischen Stimmung, den Bildern und Wundererzählungen –, die durch die einmalige Konstellation und einen zeitgebundenen Denkhorizont bedingt war. Es war ein von aufklärerischem und liberalem Denken geprägtes, liebenswürdiges Christentum, dessen Gottesbild – wie zu erwarten – das Bild des kultivierten Menschen widerspiegelte. Dies bedeutete eine Vermenschlichung der Gottesvorstellung, die wiederum mit einer entsprechenden Vermenschlichung der Jesusgestalt einherging, wie zum Beispiel bei Renan und im zwanzigsten Jahrhundert bei Albert Schweitzer. Jesus als Mensch, nicht als auf wunderbare Weise fleischgewordener Gott oder Logos, dies war eine für den modernen Verstand leichter zu akzeptierende Vorstellung. Hierbei stellte die modernistische Theologie auch den gläubigen Menschen in den Mittelpunkt. Dessen religiöses Verlangen ist die Voraussetzung dafür, daß Gott sich zu erkennen gibt, und dies geschieht im Bewußtsein des religiösen Menschen. Es ist offensichtlich, daß die historische Bibelkritik, das moderne naturwissenschaftliche Denken insgesamt und das liberale Menschenbild hier Pate gestanden haben und daß diese Auffassung mit ihnen zu vereinbaren war. Andererseits war der Kulturprotestantismus auch für eine sehr weitgehende Relativierung der Evangelientexte aufgeschlossen, so daß sich die Frage stellen konnte, warum man überhaupt noch an der Vorstellung einer einmaligen Offenbarung als Ausgangspunkt festhielt und wo die Grenze dessen lag, was man noch als Christentum bezeichnen konnte. Eine andere Gefahr dieser »Rationalisierung« und Historisierung des Neuen Testaments lag, angesichts der weitgehenden Identifikation der Kirche mit dem Staat und seiner Politik, in der Möglichkeit des Mißbrauchs. Das Evangelium konnte auf diese Weise wie ein Kleidungsstück umgearbeitet werden, wenn die Zeitumstände es verlangten. Auch Nationalismus, Militarismus und Imperialismus konnten mit Bibeltexten ihre Blöße bedecken, und sie taten es, mit Hilfe vieler eifriger Prediger.

In dieser Situation der Unsicherheit und des Zweifels brachte der protestantische Schweizer Theologe Karl Barth 1922 seinen *Römerbrief* heraus, der wie ein Trompetenstoß wirkte. Die Schrift war die zweite, völlig umgearbeitete Fassung eines weitgehend unbeachtet gebliebenen Kommentars von 1919. Das, womit Barth die theologische Zunft hier überraschte, sollte in den kommenden Jahrzehnten die Diskussion beherrschen und immer wieder für neue Aufregung sorgen. Barth erklärte Gott zum vollkommen Unzugänglichen und Absoluten, das sich dem kleinen menschlichen Verstand und Urteilsvermögen grundsätzlich entzieht. Der Mensch sei nichts gegenüber Gottes Allmacht, die hier ihre milde Liberalität wieder ablegte und ihre alttestamentliche Unergründlichkeit wiedererlangte. Was auch immer seine theologischen Argumente für die These von Gottes völliger Unzugänglichkeit waren, für alle, Gläubige und Ungläubige, war klar erkennbar, daß Barth hier ein vertrautes Bild zertrümmerte: das Bild eines christlichen Gottes, der von allen Parteien ständig als Helfer im Unglück und als Galionsfigur des jeweiligen Staatsschiffs in Anspruch genommen wurde und über dessen Absichten man orakelte, als käme man geradewegs von einer Audienz bei ihm. Das Bild, das Barth entwarf, war erhaben und zugleich unendlich weit entfernt, menschlichem Zugriff entzogen. Gott war das ganz andere. Barth hielt dabei am Dogma von Gottes eindeutiger Offenbarung, seiner Fleischwerdung in Jesus, fest. Das Bild schien glaubwürdig angesichts der Ausbrüche irrsinniger Gewalt, die man erlebt hatte und noch erlebte. Gott stand fern von alledem und weit darüber, und dieser Gedanke wirkte in gewissem Sinne befreiend auf Menschen, die die Vorstellung von Gottes Anteil an den menschlichen Konflikten in völlige Ratlosigkeit gestürzt hatte. Vor allem aber bot Barth die Festigkeit des Dogmas, nach der sich ein großer Teil der Gläubigen sehnte. Viele innerhalb der protestantischen Kirchen begrüßten Barths kompromißlose Lehre; dies war die erlösende Stimme, auf die man lange gehofft hatte. In seiner großen Dogmatik arbeitete er seine sogenannte »dialektische Theologie« weiter aus. An Gott, als das ganz andere, konnte man sich nicht wenden, aber seine einmalige Offenbarung in Jesus war das Fenster in der undurchdringlichen Mauer und bedeutete sowohl Gnade und Erlösung als auch Urteil über den Menschen und seine Verurteilung. Dies war das Dialektische. Man hat diese These auch so verstanden, daß Barth mit ihr im Grunde die gesamte Theologie ablehnte, soweit sie sich nicht strikt auf die Auslegung der Offenbarung beschränkt.[62] Sie hatte den Blick ausschließlich auf dieses eine große Fenster zu richten.

Mit diesem heftigen Angriff auf den Kulturprotestantismus und auf jede Historisierung des Evangeliums, diesem unerbittlichen »Zurück zur Schrift« im Geiste Luthers und vor allem Calvins, entsprach Barth dem schon bekannten Verlangen nach Halt und nach einem überzeitlichen Maßstab, in diesem Fall innerhalb der Theologie. Zugleich implizierte seine Lehre auch eine Verurteilung der katholischen Kirche wegen ihres Anspruchs, Sprachrohr des Heiligen Geistes zu sein. Seine Theologie ist sehr deutlich von einem negativen und illusionslosen Menschenbild geprägt, dessen Herausbildung durch die jüngsten Entwicklungen gefördert worden war, von der Vorstellung einer verödeten Welt und von bohrendem Zweifel am Sinn der Existenz, der, wenn es ihn gibt, der Erkenntnis grundsätzlich nicht zugänglich ist – Gedanken, wie sie unter anderem von Kierkegaard und Nietzsche geäußert worden waren. Dieses nihilistische Dunkel ist bei Barth die Voraussetzung für den erlösenden Lichtstrahl des Wortes. Der extreme Gegensatz verlangt nach einem strengen Dogma als Schutz vor dem Nichts. Das Dunkel legitimiert den Glauben an die Unerreichbarkeit Gottes, die die einzige Gewißheit bietet. Wem diese Rückkehr zu einem doktrinären Schriftglauben nicht mehr möglich war, der konnte bei Barth natürlich keinen Ausweg aus der gegenwärtigen Zwangslage der Theologie finden.

Barths absolutistische Haltung reizte auch zum Widerspruch. Besonders zwei Persönlichkeiten erlangten in der protestantischen Theologie Bedeutung, weil sie einen anderen Weg wiesen. Einer der Gegner Barths war Paul Tillich. Sein Ausgangspunkt war ein religiös fundierter Sozialismus, und er trat zunächst für ein Christentum ein, das sich um die Bekämpfung der irdischen Mißstände bemühen sollte. Später, nach dem Krieg, an dem er als Feldgeistlicher teilgenommen hatte, wurde er auch von der Existenzphilosophie Heideggers beeinflußt. Dies hing auch mit der apokalyptischen Stimmung der frühen zwanziger Jahre zusammen, die den religiösen Sozialismus prägte. Tillich, der hier an Kierkegaard anknüpfte, ging es um die große transzendente Wende, das Einbrechen des Überirdischen in die Trivialität des Historischen, den Augenblick der Wahrheit, in dem die menschliche Existenz mit der Kraft des Numinosen konfrontiert wird. Hierin lag für ihn die aktuelle Bedeutung Jesu und seiner Verkündigung. Die von Tillich gegründete Zeitschrift hieß deshalb auch *Kairos*, was auf den Augenblick der religiösen Umkehr und Erneuerung zielte. Das bedeutete aber auch, daß er anders als Barth den Menschen in seiner Verlorenheit und Endlichkeit, den einzelnen, der durch die Erfahrung des Metaphysischen wachgerüttelt wird, in den Mittelpunkt seines Denkens stellte. Tillich sah außerdem in der Religion die bindende Kraft und das Fundament der Kultur. Er wandte sich also gegen die Auffassung von Kultur als etwas Eigengesetzlichem, mit der Religion als nur einem unter anderen kulturellen Phänomenen. In seinen Augen verhielt es sich umgekehrt, war die Kultur eher die Form, in der die Religion sich verwirklicht, oder sie sollte es sein. Diese Vorstellungen fanden in Amerika, wohin er 1934 emigrierte, mehr Resonanz als in Europa.

Der andere Opponent, Rudolf Bultmann, war zunächst Anhänger Barths. Später sollte er sich zu seinem bedeutendsten Gegner entwickeln, da gerade er eine Brücke von der christlichen Lehre zum modernen Denken zu schlagen suchte. Darum trennte er, wiederum den Vorstellungen des liberalen Kulturprotestantismus entsprechend, die überzeitlichen Aspekte der Jesusgestalt und die Ethik des Neuen Testaments nachdrücklich vom Wunderglauben und von apokalyptischen Vorstellungen, die er als Mythen auffaßte. Bultmann sollte die Theologie allerdings erst nach dem Zweiten Weltkrieg mit seiner Entmythologisierung des Evangeliums in Erregung versetzen.

Letztlich konnten all diese gelehrten Diskussionen im Protestantismus das Blatt nicht wenden, in dem Sinne, daß sie für einen neuerlichen Zustrom zu den Kirchen gesorgt hätten. Diejenigen, die der Kirche schon den Rükken gekehrt hatten, werden weder durch die Neoorthodoxie Barths und seiner Anhänger noch durch den Kairos-Gedanken und die Kulturtheorie Tillichs bekehrt worden sein. Allerdings konnten sie einem Teil der Gläubigen neuen Halt bieten, während sich die Modernisten nach wie vor mit dem Versuch eines Ausgleichs zwischen Glauben und wissenschaftlichem Weltbild abmühten.

Die deutlichste Gegenposition zu Barth und seinem Gottesbegriff nahm der jüdische Philosoph Martin Buber ein. Innerhalb des religiösen Judentums vollzog sich seit der Aufklärung ein vergleichbarer Säkularisationsprozeß. Dieser wurde durch die gleichzeitige gesellschaftliche Emanzipation und Assimilation, durch die sich die Tendenz zur Abwendung von der Religion verstärkte, noch erheblich beschleunigt und kompliziert. Das streng orthodoxe Judentum vergrößerte merklich den Abstand zur modernen Welt, während die liberale Richtung im Grunde mit ähnlichen Schwierigkeiten zu kämpfen hatte wie der christliche Modernismus. Zusammen mit dem jung verstorbenen Philosophen Franz Rosenzweig wurde Buber zum wichtigsten Anreger einer religiösen Erneuerung des Judentums. Der wahre Quell der Erneuerung war für ihn der osteuropäische Chassidismus, eine mystische, antiformalistische und gegen die buchstäbliche Befolgung des Gesetzes gerichtete Strömung, die auf die Weisheitslehre einer charismatischen Persönlichkeit des achtzehnten Jahrhunderts zurückging, des Rabbiners Israel ben Eliezer mit dem Beinamen Baal Schem Tov. Für Buber war Gott gerade die ansprechbare Wesenheit schlechthin. Der einzelne hat die Möglichkeit der persönlichen Anrufung, und Gott offenbart sich ihm im Dialog. Es ist die Begegnung mit den Dingen, auch die Begegnung der Menschen untereinander, die in Bubers Philosophie und seinen Schriften, wie der Titel seines vielgelesenen Buches *Ich und Du* von 1923 schon zeigt, eine zentrale Stelle einnimmt, als Widerspiegelung der Begegnung mit dem Überirdischen.

Wie sehr die Überzeugungskraft des christlichen Glaubens nachgelassen hatte, was seine von den etablierten Kirchen, seinen traditionellen und offiziellen Repräsentanten, verkündigte Form angeht, erweist am deutlichsten die große Zahl religiös-weltanschaulicher Gruppen und Sekten, die teilweise schon im neunzehnten Jahrhundert aufgekommen waren und nach dem Ersten Weltkrieg, vor allem in den protestantischen Ländern, viele Anhänger gewannen. Dabei spielte die angelsächsische Welt eine besondere Pionierrolle. Sie war seit jeher ein fruchtbarer Boden für religiösen Pluralismus und für Sektierertum gewesen, was wiederum durch die parlamentarisch-demokratische Tradition und die frühe Entstehung eines starken Bürgertums mit kapitalistischer Wirtschaftsweise und eher individualistischer Mentalität begünstigt worden war. Wo die katholische Kirche als Macht, die das religiöse Leben beherrschte, unangefochten blieb, wie in Südeuropa, konnten diese neuen Bewegungen offenkundig nicht so leicht Fuß fassen. Der Katholizismus entsprach ja viel mehr dem so elementaren Bedürfnis nach konkreten, sichtbaren Erscheinungsformen des Heiligen und Überirdischen in der Welt, und er schenkte den Gläubigen Rituale, die die altbekannte beruhigende Wirkung der magischen Beschwörung hatten. Sein Marien- und Heiligenkult mit dem dazugehörigen Wunderglauben, sein Reliquienfetischismus, die Sakramentenlehre, die Feste und farbenfrohen Zeremonien boten der suchenden Seele inneren Halt und praktische Anleitung. Die geistliche Macht als stellvertretende höchste Autorität beschränkte die individuelle Freiheit, gab aber durch diese Beschränkung gleichzeitig Rückhalt. Zweifellos trug der Mangel an patriarchalischer, autoritärer Führung und an konkreten, umsetzbaren Erlösungsrezepten beim Protestantismus, der viel höhere Grad der Verinnerlichung des Glaubens, zum Aufblühen abweichender Strömungen bei.

Charakteristischerweise waren die meisten dieser religiösen Bewegungen wiederum ausgesprochen doktrinär und missionarisch. Der einzelne hatte sich der Autorität des charismatischen Führers zu unterwerfen und sich vollkommen in dessen Willen zu ergeben. Auf jeden Fall boten sie entsprechende konkrete Verhaltensregeln, einen klar vorgezeichneten Weg für das tägliche Leben, der für ihre Anhänger ein Zeichen der Auserwähltheit war. In vielen Fällen handelte es sich um ganz offensichtlich vom Christentum und der Bibel inspirierte Sekten, gegründet von einer prophetischen Führerpersönlichkeit, die eine eigene, abweichende Deutung der Bibel verkündete. Dabei stoßen wir fast immer auf den klassischen Topos der plötzlichen Bekehrung, des berühmten »Damaskus«-Erlebnisses, bei dem der Begründer dank eines ganz bestimmten Ereignisses schlagartig den rechten Weg zum Heil erkennt. Dies ist ein mythisches Element vieler religiöser Erneuerungsbewegungen. Bei einigen anderen Strömungen ist der Einfluß östlicher Weisheit oder Mystik wahrnehmbar, bisweilen synkretistisch mit Christlichem verbunden.

Eine bedeutende Kategorie bildeten die eschatologischen Gemeinschaften. Daß die allgemeine apokalyptische Stimmung, zu deren säkularer Form die Erwartung der großen bolschewistischen oder einer andersartigen Revolution gehörte, auch der rein religiösen Endzeiterwartung neue Nahrung geben würde, war zu erwarten. Der Chiliasmus, die alte, auf die Offenbarung des Johannes zurückgehende christliche Vorstellung von der bevorstehenden Wende, war nie ganz verschwunden. Immer wieder konnten gegenwärtige Katastrophen und dramatische Ereignisse leicht als Mahnzeichen an der Wand gedeutet werden. So waren im neunzehnten Jahrhundert in England und Schottland die katholisch-apostolischen Gemeinden gegründet worden, die für die nahe Zukunft die »Parusie« erwarteten, die im Neuen Testament angekündigte Wiederkunft Christi; hierbei stützten sie sich ausschließlich auf bestimmte Bibelstellen. Eines ihrer Ziele war die Beendigung des großen konfessionellen Schismas. Sie unterschieden zwischen der prophetischen und der apostolischen Berufung: Berufung zur wahrhaftigen Auslegung der Schrift und zur darauf beruhenden Erkenntnis der Zukunft und Berufung zur Verkündigung der wahren Lehre. Auch auf dem Kontinent konnten sie ihre Anhängerschaft in vielen Ländern ständig vergrößern. Das gleiche galt für die Adventisten. Von den Vereinigten Staaten aus, die von Anfang an ein geeigneter Zufluchtsort für europäische Sekten gewesen waren, begannen sie, schon um die Mitte des neunzehnten Jahrhunderts, mit ihrer eifrigen Missionsarbeit. Sie stellten vor allem die Bedeutung der Sabbatfeier heraus. Sie war die Bedingung dafür, daß man beim bevorstehenden Weltengericht zu den Auserwählten gehören würde. Dies implizierte eine scharfe Verurteilung der Kirchen, die den Sonntag heiligten. Der Papst wurde – nicht zum ersten Mal – mit dem Antichrist gleichgesetzt. Daß sich mehrere sehr exakte Berechnungen des Augenblicks der Wiederkunft Christi als falsch erwiesen und das vorausgesagte Ende nicht kommen wollte, konnte die Überzeugung der Anhänger nicht schwächen. Die Auslegung der entsprechenden Bibelstellen wurde immer wieder auf manchmal sehr einfallsreiche Weise korrigiert. Sowohl katholisch-apostolische Gemeinden als auch Adventisten können angesichts ihrer sehr engen und in wesentlichen Fragen von der kirchlichen Lehre abweichenden Bibelinterpretation als moderne Varianten der alternativen Strömungen im frühen Christentum angesehen werden, die bei den ersten wichtigen Konzilien als gefährliche Irrlehren verdammt worden waren.

Zur aktivsten und fanatischsten dieser chiliastischen Bewegungen wurde die Sekte der Zeugen Jehovas, entstanden aus einer Gruppe, die sich von den amerikanischen Adventisten abgespalten hatte. Ihr Begründer Charles Russell erwartete wie die Adventisten zunächst die Wiederkunft Christi für das Jahr 1874, dachte aber dabei nicht an Parusie im wörtlichen Sinne, an fleischliche Wiederkehr, sondern an eine unsichtbar-geistige Parusie. Mit einer kleinen Gruppe von Gleichgesinnten um die Zeitschrift *The Herald of the Morning* gründete er 1876 einen Kreis für Bibelstudien, und nun überschwemmten sie die Welt mit Büchern, Zeitschriften und Pamphleten, um sie vom Anbruch der Endzeit zu überzeugen. Diese war nämlich 1874 schon angebrochen, mit der unsichtbaren Wiederkunft Christi, die im Jahre 1914 (nach vierzig Jahren, der heiligen Zeitspanne) in eine sichtbare übergehen würde. 1878 hatte Russell die Zeitschrift *Zion's Watch Tower* gegründet, die Mutter des späteren *Wachtturm*. Auch dank eigenen Kapitals hatte er eine Propagandaorganisation gründen können, die von Pittsburgh aus, dem Zentrum der Bewegung, sehr professionell und erfolgreich geführt wurde und von jetzt an auch Europa unablässig mit Traktaten und Artikeln bombardieren sollte. Außerdem bereisten Russell selbst und sein schnell wachsendes Heer von Missionaren unermüdlich beide Kontinente, um dort bei Massenversammlungen aufzutreten. Statt des Königreichs Gottes war 1914 der Krieg gekommen, und Russell räumte ein, daß hier ein Irrtum im Spiel gewesen sein mußte, ohne natürlich am Kern seiner Aussage etwas zu ändern. Nach seinem Tod kurze Zeit darauf übernahm Joseph Franklin Rutherford die Leitung. Er nahm einige entscheidende Veränderungen vor, besonders in der Organisation, die jetzt streng zentralistisch wurde und unter der diktatorischen Führung eines kleinen Direktoriums stand, das über ein hierarchisches System von ihm ernannter Funktionäre den Kurs bestimmte. Die Wachtturm-Gesellschaft, erst eine spezielle Verlags- und Vertriebsorganisation, wurde zur Zentrale des Ganzen.

Bei einem Kongreß in Ohio im Jahre 1931 wurden die verschiedenen Einzelorganisationen, die bis dahin auch unterschiedliche Namen gehabt hatten, zu einer Gesellschaft mit dem Namen Jehovah's Witnesses verschmolzen. Die Verbreitung ihrer Botschaft und die Werbung von Anhängern blieben die Hauptziele, und dieser offene missionarische Eifer trug der Gesellschaft bei Außenstehenden einen zweifelhaften Ruf ein. Die Botschaft war eine eigene Variante der altbekannten Lehre, nach der die Erde Schauplatz des Kampfes zwischen Gott-Jehova und Satan ist und die ganze Menschheitsgeschichte als Manifestation dieses Ringens verstanden werden muß; jedes Ereignis hat einen bestimmten Sinn in diesem Kampf. Konflikte zwischen Russell und der Kirche hatten zur Folge, daß ihm und seinen Anhängern auch die Institution der Kirche als verworfen galt. Das künftige Heil, das die wahren Gläubigen erwartete, wurde in leuchtenden Farben gemalt. Bedingung für die Erlösung und Pflicht jedes Gläubigen war es, materielle Güter, Nationalismus und Militarismus und irdische Genüsse wie Alkohol zu verschmähen und unbeirrbar die nahe Endzeit zu verkündigen. So wurde im Grunde jedes Mitglied zwangsläufig Werber und Missionar, und über ein strenges Kontrollsystem wurde es in die Pflicht genommen. Es ist nicht zu bestreiten, daß die Gewißheit des bevorstehenden Heils den Anhängern die heitere Kraft verlieh, die sie brauchten, um die durch ihre radikale Protesthaltung ausgelösten Repressalien und Anfeindungen zu ertragen. Da sie den Kriegsdienst prinzipiell verweigerten und den Nationalstaat bekämpften, handelten sie sich zahlreiche Schwierigkeiten ein, setzten sich Strafen und in diktatorischen Staaten harter Verfolgung aus, riskierten dort sogar ihr Leben. Aber die Anziehungskraft der so simplen Erlösungsbotschaft, in Verbindung mit einer sehr effektiven, undurchschaubaren und autoritären Organisation, sorgte für unablässigen Zuwachs, trotz aller Repression. Für 1918 schätzt man die Zahl der Aktiven noch auf knapp viertausend, vor allem in den Vereinigten Staaten und England, während sie 1928 bei 31 000 und im folgenden Jahrzehnt bei etwa 47 000 lag. Danach kam es zum eigentlichen Durchbruch: Nach dem Zweiten Weltkrieg, im Jahre 1948, schätzte man die Heerschar auf ungefähr 230 000, und sie agierte mittlerweile in zweiundfünfzig Ländern.

Es entstanden noch zahlreiche kleinere chiliastische Bewegungen, die wiederum jeweils eine besondere bibelchristliche, aber un- oder antikirchliche frohe Botschaft verkündigten, wie die in der Schweiz von A. Freytag begründete »Kirche des Reiches Gottes«, die vorwiegend deutsche »Tempelgemeinschaft« unter der Führung von Chr. Hoffmann und die »Philadelphiagemeinschaft«. Recht verbreitet waren die »Pfingstkirchen«, eine ziemlich heterogene Gruppe, die in vielen Ländern, zum Teil unter verschiedenen Namen, aktiv war. Gemeinsam war ihnen die »Geisttaufe«, bei der die Mitglieder die Ausgießung des Heiligen Geistes erfuhren und dadurch zu einem neuen Menschen wurden. In vielen Fällen ging damit, ganz dem Evangelium entsprechend (Apostelgeschichte 2, 4), das Zungenreden in einem Zustand der Verzückung einher. Charakteristisch für die Pfingst- oder Auferstehungkirchen war, daß diese durch die Geisttaufe bewirkte Metamorphose durch intensive mentale Übung vorbereitet und erleichtert werden konnte. Sie war nicht ausschließlich eine Erfahrung, die dem Menschen dank der göttlichen Gnade plötzlich von außen her zuteil wurde. So ergab sich für die Anhänger die nicht ganz zu leugnende Möglichkeit der falschen Ekstase oder der Sinnestäuschung, und es war nicht unbedingt leicht, zwischen göttlicher Inspiration und psychotischem Wahn zu unterscheiden.

Zu den chiliastischen Tendenzen paßte auch das Wiederaufleben des alten, okkulten Rosenkreuzerordens. Nach der christlich-gnostischen Lehre, die seine geistige Grundlage bildete, würde der Mensch, erlöst aus seinem falschen Dasein, wieder zur höheren natürlichen Ordnung zurückkehren. Dabei versprach man sich von der Astrologie wichtige Hinweise für den Weg zur Erlösung und zur erwarteten »Transfiguration«, dem Übergang zu jener höheren Ordnung.

Von größerem Einfluß war die »Christian-Science«-Bewegung Mary Baker-Eddys. Nach einer Periode schwerer Krankheiten und einer wundersamen Heilung veröffentlichte Baker 1875 ein Buch über ihre visionäre Erkenntnis der kosmischen Harmonie. Es war geradezu eine Art Lehrbuch, in dem sie die Abhängigkeit des Stofflichen von geistigen Kräften und seine Überwindung durch diese Kräfte erklärte. Die Verbindung von Verkündigung und medizinischer Therapie machte ihre Lehre schon bald außergewöhnlich beliebt. Genau wie die anderen hier erwähnten Figuren suchte sie, von nie erlahmender Tatkraft erfüllt, mit Erfolg die Öffentlichkeit. Besonders der 1908 gegründete *Christian Science Monitor*, ein Blatt, das auch dem Weltgeschehen viel Aufmerksamkeit widmete, soliden Journalismus bot und deshalb auch außerhalb der Anhängerschaft einen guten Ruf erwarb, machte ihre Bewegung und ihre Ideen bekannt. Nach Baker war die Ursache allen Elends in der Welt ein falsches Verständnis der Wirklichkeit, und rechte Empfänglichkeit für die göttliche Offenbarung würde das Böse, Sünde und Krankheit, ja sogar den Tod besiegen können. Krankheit entsprang einer verkehrten mentalen Einstellung, einer Illusion, hervorgerufen durch ein falsches Lebensbewußtsein. Baker unterschied deutlich zwischen dem historischen Jesus und Christus als Symbol und Idee der erlösenden Geisteskraft; Jesus war nur der glaubwürdigste Repräsentant dieser Kraft. Damit verwarf sie das grundlegende christliche Dogma der Gottgleichheit Jesu und des Kreuzestodes als Sühneopfer. Christian Science war nicht nur Wissenschaft, sondern es wurde auch eine Glaubensgemeinschaft dieses Namens aufgebaut, in der die Bücher und Aussagen Bakers sakrosankte Gültigkeit besaßen. Ihr Tod (1910, im Alter von neunundachtzig) wurde als äußerlicher Übergang in eine andere Seinsform interpretiert, allerdings ist diese Auffassung so alt wie die Religiosität selbst.

Eine andere Strömung, die auch in Europa Anhänger fand, die Mazdaznan-Bewegung (Mazdaznan bedeutet »Meister des Guten«), war von östlichen Religionen beeinflußt. Im neunzehnten Jahrhundert hatte ein junger tibetischer Mönch sie nach Amerika gebracht, und von dort aus drangen ihre esoterischen Logen in andere Länder vor. Vorstellungen aus der uralten Lehre Zarathustras und des Zenbuddhismus wurden zu einem Heilsprogramm verschmolzen. Dieses Programm sollte für den einzelnen, aber auch für die Völker gelten, die alle ihren eigenen Platz und ihre eigene Aufgabe hatten. Unter Berufung auf die Offenbarung Zarathustras betrachtete man die weiße Rasse als auserwählt, als Wegbereiterin; Rassenmischung galt als Übel. Diese Theorie darf dennoch nicht mit vulgärdarwinistischen, biologistischen Rassenvorstellungen verwechselt werden. Die Mazdaznan-Bewegung war im Grunde pazifistisch. Viel Aufmerksamkeit schenkte man der individuellen Selbstvervollkommnung und Reinigung nach dem Vorbild östlicher Weisheitslehren. Der Schwerpunkt lag dabei allerdings auf Gesundheit, besonderer Ernährung und Achtsamkeit dem eigenen Körper gegenüber als Mittel der Selbstentfaltung, was viele, wie zu erwarten, zu einseitiger Schwärmerei für Vegetarismus, Reformkost und Homöopathie brachte, zur Konzentration auf eine bestimmte Ernährungsweise, die die ursprünglichen Absichten in den Hintergrund drängte.

Mystik und Denken des Ostens beeinflußten auch drei Bewegungen, die danach strebten, eine neue, universale Weltreligion durch eine Verschmelzung der bestehenden Religionen – besonders der großen – zu einem höheren Ganzen zu schaffen. Dies galt zunächst für den Bahaismus, der im neunzehnten Jahrhundert in Persien aus der islamischen Sekte des Babismus um den Stifter Bab hervorgegangen war. Dessen Nachfolger nannte sich Baha'u'llah (»Glanz Gottes«), und er verkündete aufgrund seiner Visionen von Gottes Herrlichkeit und Liebe das neue Zeitalter einer Weltreligion als Vollendung aller früheren Religionen, deren Stifter er als prophetische Vorläufer betrachtete. Im Grunde stimmten sie alle überein, nur in der Form und in Äußerlichkeiten unterschieden sich die Lehren von Moses, Jesus, Mohammed, Buddha, Zarathustra und anderen. Ein ausführlicher Katalog von Tugenden, nach denen der Mensch zu streben hat – vor allem Liebe zu Gott –, und Brüderlichkeit, die alle Klassen, Rassen und Völker gleichermaßen umfaßt, bildeten die geistige Grundlage der Lehre. Die größte Anziehungskraft des Bahaismus lag aber darin, daß auf dieser Grundlage eine neue universalistische Weltordnung aufgebaut werden sollte. Sie entsprach dem göttlichen Entwicklungsplan, wie er Baha'u'llah offenbart worden war. Lösung der sozialen Probleme, eine Einheitssprache, Gleichheit von Mann und Frau, Weltfrieden, Auflösung der veralteten kirchlichen Institutionen, dies waren einige der Forderungen, die die Propheten des Bahaismus erhoben, wobei sie auch energisch auf die Mächtigen in verschiedenen Ländern einzuwirken suchten, damit diese ihr Teil zur Entstehung der verkündeten Zukunftsordnung beitrugen. Auch hier also eine chiliastische Konzeption. Die Bahaisten geizten nicht mit schrecklichen Drohungen für den Fall, daß die Menschen, vor allem die Großen der Erde, in ihrer törichten Verblendung verharren würden. Obwohl der Bahaismus Organisationen in der ganzen Welt hat, blieb der Schwerpunkt doch der arabische Raum.

Nach einer Synthese der verschiedenen Weltreligionen strebte außerdem die eher an Indien orientierte Sufi-Bewegung des Mystikers Inayat Khan, die 1927 gegründet wurde. Bei ihren Aktivitäten weniger auf Weltliches ausgerichtet als der Bahaismus, mystischer, friedfertiger, vertrat sie einen ausgeprägten religiösen Synkretismus. Bei ihren liturgischen Versammlungen wurden die heiligen Texte aller großen Religionen studiert. Die Bewegung forderte nicht die Auflösung der Religionen, sie sah sich eher als Filter oder Schmelztiegel, nicht so sehr als Nachfolger und Vollender. Sie betonte den ästhetischen Charakter des Universums, das nach ihrer Vorstellung aus Schwingungen besteht und als musikalische Harmonie aufgefaßt werden kann.

Auf der Mystik des Ostens und besonders auf der Reinkarnationslehre beruhte auch die viel einflußreichere Theosophie. Die Theosophische

Gesellschaft war 1875 in New York von der Russin Helena Blavatsky gegründet worden. In ihrem Buch *The Secret Doctrine* von 1889 hatte sie ihre wichtigsten Vorstellungen dargelegt. Ausgehend vom Studium der bestehenden Religionen, wollte die Theosophie auch eine höhere Erkenntnis der metaphysischen Wirklichkeit erlangen und auf diese Weise die bis dahin unverständlichen Naturgesetze erklären. Die Theosophie machte keinen Unterschied zwischen Klassen oder Rassen, diese gehörten schließlich nur zu den niederen Erscheinungsformen. Es war vor allem Annie Besant, die mit unbändiger Tatkraft die Expansion der Theosophischen Gesellschaft entscheidend vorantrieb und ihr Gesicht prägte. Zunächst Freidenkerin und Sozialistin, entdeckte sie in der östlichen Mystik und in der Theosophie die überzeugende Zukunftsperspektive einer künftigen höheren Weltordnung. Um auf diese hinzuarbeiten, gründete sie 1911 eine besondere Gemeinschaft, den »Orden des Sterns im Osten«, und verkündete das Kommen eines auserwählten Weltenlehrers als Zeichen der Wende. Als messianische Erscheinung und als Künder eines neuen Zeitalters des Friedens begrüßte sie den jungen hinduistischen Prinzen Krishnamurti, der auf ihr Betreiben zum Führer und zur Seele des Ordens erklärt wurde. Es bildete sich eine internationale Krishnamurti-Gemeinde mit einem Zentrum im niederländischen Ommen. Der jugendliche Erlöser betonte jedoch immer stärker die Bedeutung der individuellen Reifung und des inneren Wachstums und wies deshalb auch alle überspannten Erwartungen zurück. Vor allem lehnte er jede Organisation und den damit verbundenen doktrinären Kollektivismus ab, und so löste er 1929 auch den Orden auf, allerdings hielt er als reisender Lehrmeister eine Schar von Jüngern in seinem Bann, die nach heiterer Weisheit und Vervollkommnung strebten.

Auf die Theosophie gingen außerdem die Vorstellungen des schon erwähnten Österreichers Rudolf Steiner zurück, der sich 1913 wegen seiner Bedenken gegen Besants Kurs und ihren Messianismus von den Theosophen trennte und die Anthroposophische Gesellschaft gründete. Er verstand seine Anthroposophie nicht als Religion oder Gegenpol des modernen wissenschaftlichen Denkens, sondern als Korrektiv und vor allem als Ergänzung, als nächsthöhere Stufe: Positivismus und Rationalismus verkannten den geistigen Ursprung alles Seienden, und die etablierten Wissenschaften hatten eine Zerstückelung der höheren Einheit in der Wissenschaft herbeigeführt. Steiner entwickelte eine holistische Konzeption, bei der Geist und Körper,

Wissenschaften, Künste, Landwirtschaft, Pädagogik und soziale Aspekte ein großes Ganzes bildeten; Ausgangspunkt war der Gedanke, daß alles einen gemeinsamen immateriellen Ursprung habe. Steiner predigte nicht die apokalyptische Wende oder die Auflösung der empirischen Wirklichkeit, er sah diese eher als ein bestimmtes Stadium des Übergangs zu höheren geistigen Sphären. Durch Übung konnten Menschen sogar über ihren gegenwärtigen physisch-psychischen Stand hinaus zu einer solchen höheren Bewußtseinsstufe gelangen. Für seine Lehre des gestuften Entwicklungsprozesses griff Steiner auf pantheistische Ideen und die Morphologie Goethes zurück. Er verband sie allerdings mit Christologie. Jesus war für ihn die Offenbarung des geistigen Christusprinzips, also die Manifestation der höheren Wirklichkeit.

Anders als die bisher erwähnten Propheten und Verkünder neuer Heilsbotschaften entwarf Steiner ein sehr detailliertes pädagogisches und soziales Programm zur Verwirklichung eines ganzheitlichen Daseins und zur Überwindung fachlicher Zersplitterung und materialistischer Ausrichtung des Denkens. Er akzeptierte auch moderne Erkenntnisse, versuchte sie aber in seine Lehre von der umfassenden Einheit und der Priorität des Immateriellen einzufügen. Damit begab er sich zwangsläufig wieder auf ein Gebiet jenseits der Empirie. Für ihn war dies kein Hemmnis: Er hielt gerade auch transempirische oder paragnostische Erfahrung für möglich. Bei der Ausarbeitung dieser Gedanken mußte er jedoch in okkultistische und spiritualistische Regionen gelangen. Außerdem vermischte er seine Konzeption mit biologischen Rassentheorien, die in allzuhohem Grade zeitgebunden waren. So wurde die Anthroposophie zu einer etwas hybriden Lehre, zusammengesetzt aus empirischer Wissenschaft, gnostischer Philosophie und einer Portion Okkultismus. Andererseits war es wahrscheinlich gerade diese spezifische Kombination, die Steiners Lehre für viele anziehend machte und ihr Überzeugungskraft verlieh, und über die Reformpädagogik vergrößerte sie ihren Einflußbereich, vor allem in den protestantischen Ländern. Obwohl sie keine Sekte sein wollte, entwickelte sie in der Praxis doch einige sektiererische Züge. Steiner galt auf allen Gebieten als die sakrosankte Autorität und als der große Lehrmeister.

Hat es Sinn, in der recht abwechslungsreichen Landschaft dessen, was von manchen »kleine Religionen« genannt wird, nach dem Gemeinsamen zu suchen? Die Gläubigen sind grundsätzlich davon überzeugt, daß keine

Darstellung eines Außenstehenden dem wirklichen Wesen ihrer Religion gerecht wird, sondern immer zu einer – unter Umständen sogar boshaften – Karikatur gerät. Das bedeutet: Man muß glauben, um urteilen zu können! Und damit steht das Urteil von vornherein fest. Man kann einen Glauben nicht gleichzeitig von innen und von außen betrachten, um seinen Wert und seine Wahrheit zu erkennen, der Glaube selbst ist ja der Maßstab. Deshalb endet dort auch jede Diskussion. Die vergleichende Religionswissenschaft kann nie in den Tempel selbst vordringen. Allerdings kann der Außenstehende – ausgehend von seiner eigenen Überzeugung – durchaus einige allgemeine Merkmale skizzieren.

Die verschiedenen Gründerpersönlichkeiten, die von ihren Proselyten als Propheten, sakrosankte Führer und Quell der neu entdeckten Wahrheit verehrt wurden, kamen in der Regel selbst aus einem sehr gläubigen Milieu, das – ob es nun ein christliches, muslimisches oder anderes war – oft auch einen sehr doktrinären Charakter hatte. Ihre Entwicklung zum Begründer einer neuen Glaubensgemeinschaft war das Ergebnis eines heftigen Ringens mit dem ursprünglichen Glauben. Dazu kam gewöhnlich noch eine traumatische Erfahrung – oft Krankheit und unerwartete Heilung –, die als Ursache plötzlicher Bekehrung angesehen wurde, also die Bedeutung eines Damaskus-Erlebnisses bekam, zumindest in der nachträglichen Interpretation. Die neuen Lehrmeister stammten aus ganz unterschiedlichen sozialen Milieus, aber ihre Lehre stieß doch in erster Linie in den Mittelklassen auf Resonanz, in einigen Fällen sogar besonders in den eher wohlhabenden und gebildeten Schichten, einschließlich adliger Kreise. Die Bauern, die Landbevölkerung allgemein, waren offenbar weniger empfänglich für ein solches neues Evangelium, das schnell etwas Exklusives bekam – zunächst, ohne daß man dies wünschte, da die Botschaft selbst in fast allen Fällen eine ausgesprochen universale Tendenz hatte und an die ganze Welt gerichtet war. Bei der Landbevölkerung hatten die traditionellen, etablierten Kirchen ihre Autorität noch zu wahren gewußt. Etwas ähnliches galt für die Masse der Arbeiter, die ihrerseits im Sozialismus oder Kommunismus ihre ideologische Heimat gefunden hatten. In den Mittelschichten mit ihren sehr gegensätzlichen Gruppen des alten und neuen Mittelstandes und in den gebildeten Eliten war offensichtlich das Verlangen nach neuen religiösen Antworten auf die drastischen Umwälzungen am größten. Zwar gehörten gerade auch Gleichheit und das Ende aller sozialen Mißstände wie selbstverständlich zum Programm der Heilslehren, aber in ihrer Allgemeinheit und Unverbindlichkeit ließen sie in dieser Hinsicht zu viele Fragen offen. Trotzdem gab es durchaus Berührungspunkte mit dem Sozialismus und Kommunismus. In gewissem Sinne war der pseudoreligiöse, visionäre Einschlag des Sozialismus, das Prophetische, ein Ausgleich zur akademisch trockenen, rationalistischen Theorie mit ihrem wissenschaftlichen Gebaren. So ist zu erklären, daß der Sozialismus für viele durchaus mit irgendeiner Art von religiöser Prophetie zu vereinbaren war, wenn dies auch wieder in erster Linie für die Gebildeten und Intellektuellen galt.

Die »Rationalisierung« der Welt und die entsprechende Schwächung der etablierten Religionen führte nicht nur zum Aufblühen sektiererischer Glaubensgemeinschaften, sondern ließ, wiederum vor allem in den gehobenen Mittelklassen und in der Jugend aus den begüterten Oberschichten, auch das Interesse am Paranormalen – an Wünschelrutengehen, Spiritismus, Hypnose, Telepathie und Paragnosie – wiederaufleben. Das Glaubensvakuum verlangte nach Ausfüllung, und dieses Verlangen bereitete allerlei Formen von Aberglauben den Weg, deren halb spielerischer Charakter gewissermaßen eine schamhafte Tarnung für unterschwellige Unsicherheit und Beunruhigung war. Aberglaube stand schließlich im Widerspruch zu modernem, aufgeklärtem Denken. Aber bestimmte Relikte magischer Handlungen und Vorstellungen – Auf-Holz-Klopfen, die unheilvolle Bedeutung der Zahl 13 und bestimmter Daten – waren im alltäglichen Leben noch lebendig, gerade dort, wo man mit dem traditionellen Glauben gebrochen hatte. Hellseher, Handleser, Medien, Magnetiseure oder Astrologen fanden oft noch in den höchsten Kreisen eine dankbare Kundschaft. Allerdings kann die Unterscheidung zwischen sogenanntem »Aberglauben« und »Glauben« nicht den Anspruch auf objektive Gültigkeit erheben. All die gewöhnlich mit dem Etikett »Aberglauben« versehenen Vorstellungen und Verhaltensweisen zeigen, daß die Erklärungen eines reinen Positivismus oder wissenschaftlichen Empirismus zu viele Fragen unbeantwortet lassen, weil auch die in spektakulärer Weise expandierenden Naturwissenschaften und die Technik nicht die Grenze überschreiten können, hinter der das Geheimnis beginnt. Gerade diese Expansion kann es eher noch als notwendig erscheinen lassen, das numinose Unbekannte über magische Handlungen und Beschwörungen zu versöhnen oder milde zu stimmen. Dies war der Ursprung aller Magie, auf die auch die etablierten Religionen bei ihren Ritualen nicht verzichten konnten.

18 Philosophie auf der Suche nach sich selbst

Religion und Philosophie waren seit der Antike die beiden Bereiche, in denen nach Antworten auf die letzten Fragen gesucht wurde. Man kann die Sache auch umkehren und sagen, daß wir solche Fragen religiöse oder philosophische Fragen zu nennen pflegen – egal von wem, wo und wie sie gestellt werden. Religion und Philosophie haben darum in jeder Kultur eine besondere Bedeutung, denn sie offenbaren, woran sich Menschen in Situationen äußerster Spannung, Angst, Not oder Trauer klammern, wenn die gewöhnlichen Sorgen und Verhaltensregeln keine Rolle mehr spielen. Sie sind Zwillinge und Rivalinnen. Sinn und Bedeutsamkeit der Religion liegen nicht nur darin, daß sie die durch Ratio oder Empirie bestimmte Grenze des Erkennbaren, die die Philosophie üblicherweise zieht, überschreitet, sondern auch in der Verkündigung, die zu ihrem Wesen gehört. Sie fragt nicht: Was können wir wissen?, sondern sagt: Dies müssen wir glauben! Sie will demnach beantworten, was für die Philosophie unbeantwortbar ist. Das bedeutet, daß ihre Antworten auch einer anderen Kategorie angehören. Sie wendet sich nicht an den Verstand, sondern an den Menschen in seiner existentiellen Befindlichkeit. Es ist zwar zwischen Religion und Philosophie zu einer Art stillschweigender Übereinkunft hinsichtlich der Aufgabenverteilung gekommen, da aber die Grenze zwischen Denken und Glauben selbst schemenhaft und umstritten ist, gibt es auch regelmäßig Konflikte. Die Religion fühlt sich dann von der Philosophie behindert und bedroht, und die Philosophie wirft der Religion vor, daß sie sich nicht auf ihr abgestecktes Territorium beschränkt. Im Grunde betrachtet nämlich eine die andere mit ihren heimlichen Ansprüchen und ihrem Wahrheitskonzept als illegitim.

Es gibt außerdem noch einen Unterschied auf einer ganz anderen Ebene: Die Religion tritt auf zweierlei Weise in Erscheinung. Als klar umrissenes Bekenntnis, auf feste Dogmen gegründet, hat sie naturgemäß einen apostolischen Auftrag. Da sie sich als den besten, gewöhnlich sogar als den einzigen Weg zu Wahrheit und Seligkeit sieht und sehen muß – ein Glaube, der gleichwertige Alternativen anerkennt, ist kein echter Glaube mehr! –, ist sie verpflichtet, ihre Wahrheit zu verkünden, ihre Botschaft zu verbreiten, Menschen zum Heil zu bekehren und vor dem Verderben zu bewahren. Sie wendet sich in diesem Fall an viele. Daneben ist Religion aber auch immer wieder die Sehnsucht des einzelnen nach dem sogenannten Überirdischen, gerade darum als innere Erfahrung und inneres Bekenntnis etwas ganz Persönliches, das vielleicht die Angehörigen einer kleinen esoterischen Gemeinschaft miteinander verbindet. Nicht Bekehrung, sondern individuelle Kontemplation, oft eindeutig mystischen Charakters, ist hier das Wesentliche. Eine solche Religion oder religiöse Praxis führt gewöhnlich auch zu einer ausgesprochen weltabgewandten, einsiedlerischen Existenz. Die apostolischen, auf massenhafte Bekehrung abzielenden Religionen wenden sich dagegen an ein ganzes Volk, wenn nicht gar an die ganze Menschheit. Darum müssen die Glaubensartikel und Dogmen allgemeinverständlich sein, zumindest aber in leicht faßliche Bilder umgesetzt werden können, damit sie jeden ansprechen. Diese Form von Religion ist nach außen gerichtet, sucht den Kontakt zur Straße, errichtet deutlich sichtbar ihre Symbole und Wahrzeichen. So bringt fast jede Religion eine Organisation hervor, eine Kirche. Sie hat besondere Verwalter, Diener und Sprecher. Als Institution ist sie ein gesellschaftliches Phänomen von entscheidender Bedeutung für die Kultur und ihre Geschichte.

Die Philosophie, im Sinne einer mit gedanklicher Arbeit vollzogenen, systematischen Suche nach wahren Erkenntnissen in Hinsicht auf die gesamte Wirklichkeit, ist dagegen auf eine Nische der Gesellschaft beschränkt. Sie hat sich immer schon an den einzelnen gewandt. Sie ist die Sache einer kleinen intellektuellen Elite, sucht nie den Kontakt zur Straße und bleibt für die Menge unsichtbar. Man kann sich kaum längere Zeit in einem Land aufhalten, ohne auf irgendwelche Ausdrucksformen von Religion zu stoßen. Was Philosophen tun, bleibt demjenigen verborgen, der sich nicht ganz bewußt auf ihr Gebiet begibt. Ihre Ideen erreichen gewöhnlich sogar die Gebildeteren nur indirekt und gefiltert. Wenn wir die Religion das Kardiogramm einer Kultur nennen könnten, wäre die Philosophie das Enzephalogramm.

Im Zusammenhang mit der Darstellung der philosophischen Strömungen und Schulen ergibt sich ein Problem, das bei der Beschreibung der sektiererischen Religionen schon kurz zur Sprache kam: Der Gegensatz zwischen Innen- und Außensicht ist nicht zu überbrücken. Jeder Philosoph und jede Philosophie beginnen bei einer Nullposition. Sie fragen zunächst nach den Fundamenten, und auf ihnen errichten sie ihr Gebäude, systematisch oder nicht. Jede Philosophie fragt, ausgehend von ihren Fundamenten, nach dem Ganzen; jeder Philosoph sieht durch sein Fenster die Welt, und außerdem alle anderen Philosophien. Er kann zwar für den anderen, der ihn von seinem Fenster aus sieht, zum Objekt werden, aber der Beschreibende ist seinerseits wieder potentiell Objekt für den Philosophen, den er beschreibt, und so ist auch seine Beschreibung nichts Allgemeingültiges. Jede Philosophiegeschichte und erst recht jede knappe Übersicht wird deshalb zu einem Spaziergang, der uns an Fassaden vorbeiführt, ohne daß wir ein Gebäude betreten. Täten wir dies, müßten wir unseren Spaziergang jedesmal, mit anderen Augen, von vorne beginnen. Deshalb kann man bei einer unparteiischen Beschreibung niemals mehr tun, als mit den Nägeln ein wenig an den Fassaden zu kratzen. Dringt man tiefer in eines der Gebäude ein, wird man sich schnell in ihm niederlassen. In diesem Moment wird jede Philosophiegeschichte selbst Philosophie. Wenn es hier auch nur um einen kurzen Überblick über die wichtigsten Strömungen geht, und ausschließlich im Hinblick auf ihren Platz in der Kultur ihrer Zeit, das grundsätzliche Problem läßt sich nicht verschleiern.

Obwohl die Philosophie, soweit es ihr Ziel ist, denkend die Realität zu ergründen, anders als das Christentum niemals von den Wissenschaften unterminiert zu werden drohte, wurde sie von deren Entwicklung selbstverständlich berührt. Sie hatte zusätzliche Konkurrenten bekommen. Die Naturwissenschaften, die Geschichtswissenschaft, Soziologie, Anthropologie und Psychologie schlossen ja implizit und manchmal auch sehr explizit eine eigene Interpretation der Wirklichkeit als ganzer ein, und sie bewegten sich damit auf dem traditionellen Territorium der Philosophen. Bisher sind schon mehrmals der zunehmende Wahrheitsrelativismus und die Historisierung des Denkens seit der Französischen Revolution und der Romantik erwähnt worden. Viele empfanden diese Relativierung und Historisierung verständlicherweise als problematische Entwicklung mit ungeheuren Konsequenzen. Das bezog sich auf eine Denkweise und eine Strömung in allen historischen Disziplinen, die als »Historismus« in die Wissenschaftsgeschichte eingegangen sind. Der »historische Prozeß«, die »Evolution«, »Zeit« und »Zeitgeist« waren dabei fundamentale, nicht weiter zu analysierende oder transzendentalphilosophisch herzuleitende Größen. Sie lagen gewissermaßen als fortgleitende Schicht unter allen kulturellen und sozialen Erscheinungen. Die Geschichtsphilosophie Hegels, die soziologische Theorie und der Positivismus Comtes, der historische Materialismus von Marx und schließlich der Darwinismus und die Evolutionslehre seien hier noch kurz als die wichtigsten Schrittmacher für die Historisierung des Denkens in Erinnerung gebracht. Die Historisierung war gar nicht von den Historikern im engeren Sinne ausgegangen; diese gerieten genau wie andere in ihren Sog. Unter ihren Augen stieg der Wert ihres Arbeitsgebietes, der Geschichte, viel höher, als ihnen selbst zunächst klar wurde. Der Philosoph Wilhelm Dilthey war einer der ersten, die sehr deutlich die Konsequenzen aus dieser Historisierung zogen und den Historismus zur Grundlage jeder Philosophie erklärten – er bevorzugte nicht zufällig die weniger prätentiöse und etwas unverbindlichere Bezeichnung »historische Weltanschauung«: »Die Relativität jeder Art von menschlicher Auffassung ist das letzte Wort der historischen Weltanschauung, alles im Prozeß ist fließend, nichts bleibend.«[63] Der lange Zeit wenig beachtete Dilthey, wegen der gewaltigen Ausstrahlung des Phänomens Nietzsche immer etwas vernachlässigt, gehört zu den bedeutendsten Denkern seiner Zeit. Betraf der Relativismus für Dilthey noch in erster Linie epistemologische und methodologische Fragen, für den von ihm stark beeinflußten Theologen und Philosophen Ernst Troeltsch wurde er – nach den Erfahrungen des Weltkriegs und der jüngsten Umwälzungen – zugleich ein großes moralisches Problem. Davon zeugt sein Werk *Der Historismus und seine Probleme* aus dem Jahre 1922.

Natürlich kann man darauf hinweisen, daß für die Philosophen der jeweilige Stand der Wissenschaft immer die Grundlage bildete, auf der sie weiterbauen mußten, im Unterschied zu den Theologen. Aber der spektakuläre Aufschwung der Wissenschaften brachte es mit sich, daß diese jetzt nicht mehr die fügsamen und untertänigen Wasserträger von einst waren. Die Revolutionen in den Naturwissenschaften, vor allem der Physik, hatten das rein physikalische Weltbild drastisch verändert und damit auch fundamentalen Begriffen aus dem festen Repertoire der Philosophen – Zeit, Raum, Kausalität, Determination, Materie, Energie, Zufall und Notwendigkeit – einen neuen Gehalt gegeben, und hiervon konnten die entsprechenden philosophischen Vorstellungen nicht unberührt bleiben. Vielleicht noch schwerer wogen bestimmte Konsequenzen, die aus Erkenntnissen der Biologie, Psychologie, Soziologie und Anthropologie zu ziehen waren, weil diese Wissenschaften nicht nur die physische Welt erforschten, sondern auch die psychisch-geistige, wie Biologie und Psychologie, oder sich ganz auf menschliche Gemeinschaften konzentrierten, wie die schnell an Einfluß gewinnenden Gesellschaftswissenschaften. Damit kamen sie alle den Philosophen direkt ins Gehege. Sie konfrontierten sie von neuem mit der Frage: Was ist die gesicherte, nicht mehr hinterfragbare Grundlage, auf der die Philosophie ihre Gedankengebäude errichtet? Inwieweit entscheidet diese Grundlage über das Ergebnis?

Seit Descartes hatte sich die europäische Philosophie besonders dem Denken selbst zugewandt, also der Erkenntnisfähigkeit – eine Entwicklung, die mit Kant und dem Kantianismus ihren Höhepunkt erreichte. Die Erkenntnisfähigkeit im unpersönlichen, allgemeinen Sinn, ganz unabhängig von individuellen psychologischen Eigenschaften, war der selbstverständliche Ausgangspunkt gewesen, die Nullposition, bei der die Philosophie ansetzte. Aber diese Nullposition drohte verschoben zu werden, zunächst einmal von der medizinischen Wissenschaft, der Neurologie und Psychiatrie, und zwar aufgrund ihrer Forschungen zu geistigen Anomalien. Die Untersuchung des kausalen Zusammenhangs zwischen physischen und psychischen Erscheinungen bedeutete schon einen Angriff auf die – auch und besonders vom Christentum gepredigte – Autonomie des Geistes, des Bewußtseins. Vor allem Freud trug dann dazu bei, daß sich die Psychiatrie auf das Gebiet der allgemeinen Psychologie und der Kulturphilosophie begab, da er den Gegensatz von Anormalem und Normalem relativierte und psychische Kräfte und Mechanismen auch in der historischen Entwicklung auf der kollektiven Ebene diagnostizieren zu können glaubte. Die Psyche und ihre verschiedenen Schichten, das Bewußtsein und das Unbewußte, wurden im Freudianismus zum Ausgangspunkt für Erklärungen auch auf dem Gebiet der Geschichte und Kultur und damit zur Basis einer alternativen Philosophie. Aber schon vor dem großen Wiener hatte die Psychologie bei der Historisierung des Denkens eine Rolle gespielt. Positivisten wie der englische Kulturhistoriker Henry Thomas Buckle und der deutsche Historiker Karl Lamprecht hatten den Zeitgeist und die kollektive psychische Verfassung als Faktoren eingeführt, die zur Analyse und Erklärung von Kulturäußerungen dienen sollten. Durch die Kulturanthropologie und ihre Forschungen zu anderen Kulturen war außerdem die Vorstellung erschüttert worden, die europäischen Begriffe und Werte besäßen universale Gültigkeit. Marxismus und Evolutionismus, die sich auf die ökonomischen Verhältnisse oder die biologische Entwicklung konzentrierten, hatten wieder eine andere Nullposition festgelegt. Die Zoologie hatte entdeckt, daß es bei Tieren ganz andere Arten von Bewußtsein gab, so daß auch die Verabsolutierung des menschlichen Bewußtseins nicht mehr haltbar war. Konsequenterweise konnte man die Philosophen mit ihren Systemen nicht mehr einem erhabenen Reich des

Geistes und des reinen Denkens zuordnen. Es zeigte sich vielmehr, daß sie auf besondere Weise durch ihre Psyche, die historische Konstellation und eine bestimmte evolutionäre Phase konditioniert waren: Wie Platon ein Beispiel für das griechische Denken in seiner Einmaligkeit war, so waren es Hume für die britische und Kant für die deutsche Aufklärung. Damit wurde der Wahrheitsgehalt ihrer Lehre historisiert, und als drängende, dauerhaft gültige Herausforderung verlor sie an Kraft.

Die Kernfrage nach der Nullposition, dem Beginn aller Philosophie, mußte deshalb von neuem mit Nachdruck gestellt werden, die Frage nämlich: Wo beginnt Philosophie, und was genau ist Philosophie? Wollten die Philosophen die große europäische Tradition nicht untergehen lassen und wollten sie ihre Arbeit legitimieren, dann mußten sie zeigen, daß sie keine Psychologen, Biologen, Soziologen oder Anthropologen zu werden und diesen Wissenschaftlern nicht das letzte Wort zu überlassen brauchten. Sie mußten deutlich machen, daß es unterhalb dessen, was die Wissenschaften als Grundlage voraussetzten, noch etwas Tieferes gab, die Grundlage der Philosophie. Mit dem Einfluß der Philosophie auf die Kultur ist es jedoch eine schwierige Sache: Die Fernwirkung, der postume Einfluß, spielt hier in der Regel eine größere Rolle als auf anderen Gebieten. Vieles in der Philosophie erreicht wegen seiner Unzugänglichkeit eine breitere Öffentlichkeit nur indirekt und gefiltert. Hierbei war nun auch noch von ausschlaggebender Bedeutung, ob man in einem philosophischen Werk Antworten auf drängende, beklemmende Fragen und eine Richtschnur für das eigene Leben erkennen konnte, ob es einem verbreiteten intellektuellen Verlangen entgegenkam. Die Generation, die inzwischen durch all die Erfahrungen von Krieg, Zusammenbruch und Verlust bis ins Innerste geprägt war, fühlte sich nicht besonders von der Frage angesprochen, ob die Realität (also auch jene Erfahrungen) unabhängig von unserem Bewußtsein existiere oder Teil unseres Denkens sei, oder wie Kants transzendentale Philosophie methodologisch eingegrenzt werden müsse. Man verlangte nach einer Philosophie, die die Alltagswirklichkeit und die Auseinandersetzung mit ihr nicht vollständig ignorierte. Das erklärt die Ausstrahlung der Lebensphilosophie im Sog Nietzsches und Bergsons, die des Marxismus und schließlich der in den zwanziger Jahren Bekanntheit erlangenden Existenzphilosophie. Es waren deshalb auch diese drei Strömungen, die in der Kultur ihrer Zeit die deutlichsten Spuren hinterließen.

Nun ist Philosophie keine normale Wissenschaft. Sie ist weniger, da sie nicht auf der festen Grundlage empirischen Spezialwissens ruht, und sie ist mehr, da sie die Grundlage aller Wissenschaft zu ihrem Gegenstand macht und so über die Wissenschaft hinausgeht. Als universitäre Disziplin hat sie aber akademischen Status, so daß man von einer etablierten, gewissermaßen anerkannten Philosophie sprechen kann. Diese blieb nicht von der Krankheit jeder durch formale und offizielle Anerkennung etablierten Wissenschaft verschont: einem gewissen inzestuösen Spezialistentum. In Deutschland, noch immer das Land mit der maßgeblichen philosophischen Tradition schlechthin, galt dies für Idealismus und Neukantianismus. Dessen wichtigste Repräsentanten, Hermann Cohen und Paul Natorp in Marburg und Wilhelm Windelband und Heinrich Rickert in Heidelberg und Freiburg, beschäftigten sich hauptsächlich mit den Konsequenzen der naturwissenschaftlichen Forschung im Hinblick auf die Erkenntnisfähigkeit und die Begriffsbildung, Fragen, die dem Kantischen Ansatz entsprachen und angesichts ihres hohen Abstraktionsgrades ohne jeden Zusammenhang mit dem Zeitgeschehen zu sein schienen – womit die Bedeutung dieser Probleme für die Philosophie nicht geleugnet werden soll. Der Abstand zum Uneingeweihten wurde aber so nur vergrößert, und dieser Abstand galt als Kennzeichen ernsthafter, über das Alltagsgetümmel erhabener Philosophie. Windelband und Rickert machten sich außerdem mit ihrem wichtigen Beitrag zur aktuellen Diskussion über das Verhältnis der Geistes- und Naturwissenschaften einen Namen. Entsprechend der Zweiteilung, die schon Dilthey vorgenommen hatte, wiesen sie den Kultur- oder Geisteswissenschaften einen eigenen Platz gegenüber den exakten Disziplinen zu. In ihren eigentlich philosophischen Werken hielten sie sich aber ganz an Ansätze und Fragen, wie sie für den Idealismus typisch sind.

Vielfältiger war die Fragestellung im Werk von Ernst Cassirer. Obwohl er als Neukantianer begonnen hatte, verließ er die traditionellen, tief eingefahrenen Spuren: Während sich die Philosophie seit Descartes methodisch vor allem, wenn nicht ausschließlich, an der Mathematik, der Logik und dem naturwissenschaftlichen Empirismus orientierte, erkannte er auch die Bedeutung des umfassenderen kulturellen Substrats, besonders die entscheidende Rolle der Sprache und der Symbole, deren sich die Sprache und somit auch die Philosophie immer bedienen.

Daneben gab es noch die Philosophen, die sich in Anknüpfung an eine ebenfalls alte Tradition eher der Totalität der Wirklichkeit zuwandten und gegenüber all den Strömungen, die ausschließlich das empirisch Gegebene, die sichtbare Realität, gelten lassen – Positivismus, Pragmatismus, Marxismus und naturwissenschaftlicher Empirismus – die Metaphysik rehabilitieren wollten, wie zum Beispiel Samuel Alexander und Alfred North Whitehead sowie Nicolai Hartmann. Whitehead, der noch in einem anderen Zusammenhang erwähnt werden wird, attackierte das, was man die Grundlage des Cartesianismus nennen kann und worauf die gesamte moderne europäische Philosophie und auch der Kantianismus und Idealismus beruht hatten: die Aufspaltung der Wirklichkeit in Subjekt und Objekt, Ich und Welt. Er stand damit nicht allein. Dies war eines der Hauptprobleme im philosophischen Diskurs, und in dieser einen Hinsicht stimmte Whitehead mit der gleichzeitigen Phänomenologie Husserls überein. Er bewegte sich jedoch auf einer Ebene, die weit vom Alltäglichen entfernt war, und das gleiche gilt für Hartmann und dessen umfassendes Modell der Strukturen des Denkens und des Seins, das für die kleine Schar von Kennern und Auserwählten von großer Bedeutung war.

Einer der bahnbrechenden und zumindest indirekt einflußreichsten Denker war zweifellos Edmund Husserl, der Begründer der sogenannten Phänomenologie, wenn sein schwer zugängliches Werk auch der breiteren Öffentlichkeit unbekannt blieb.[64] Die Phänomenologie, wie er sie verstand, wandte sich gegen Idealismus und Neukantianismus und ihren Subjekt-Objekt-Gegensatz. Husserl betonte die unauflösliche Einheit der Wahrnehmung und des wahrgenommenen Phänomens; das eine kann nicht ohne das andere existieren, und so dürfen sie auch nicht unabhängig voneinander gedacht werden, da es keine subjektive Wahrnehmung ohne objektiven Inhalt geben kann. Ich und Welt konstituieren sich gegenseitig. Der stärkste Impuls ging aber vielleicht von seiner Logiktheorie aus, niedergelegt in seinem Werk *Logische Untersuchungen*, dessen erster Band 1900 erschien und das im Hinblick auf seine Bedeutung mit den beiden anderen wissenschaftlichen Meilensteinen der Jahrhundertwende verglichen wurde, Plancks Quantenhypothese und Freuds *Traumdeutung*.[65] Husserl setzt hier dem mittlerweile alles erfassenden Wahrheitsrelativismus Grenzen; er weist darauf hin, daß wir es bei der Logik mit einem Reich unveränderlicher, universaler Gesetze zu tun haben, unabhängig von historischen und individuellen Einflüssen. Logische Gesetze und Schlüsse sind nicht wahr oder unwahr, sondern sie gelten, und sie bedingen eine objektive Denkstruktur. Zwischen dem Inhalt einer

Aussage, der von Subjektivität und psychischen oder historischen Faktoren gefärbt ist, und der Form der Aussage muß klar unterschieden werden. Die Form richtet sich nach allgemeinen Gesetzen, die Grundlage und Voraussetzung aller Kommunikation und allen Denkens sind und denen sich niemand entziehen kann. Damit wandte Husserl sich unter anderem gegen die Psychologisierung der Philosophie, und er schlug eine Brücke zum Phänomen der Sprache; die Sprachstruktur mit Subjekt und Prädikat bildet den Ausgangspunkt jedes verständlichen Gedankengangs. Hier bekam die Philosophie wieder Boden unter die Füße. Von dieser Ausgangsbasis aus operierend, konnte sich der Philosoph gegen Psychologie und Soziologie behaupten.

In der antipsychologischen Tendenz lag auch eine Gemeinsamkeit zwischen Husserls Phänomenologie und der Existenzphilosophie, der neuen Richtung, die neben Lebensphilosophie und Marxismus in den zwanziger Jahren auch außerhalb der weitgehend geschlossenen Mauern der akademischen Philosophie von sich reden machte. Wie die meisten Etiketten ist die Bezeichnung »Existenzphilosophie« eine Notlösung. Da das Werk eines bedeutenden und einflußreichen Denkers immer der Versuch ist, ein System zu entwerfen, das alle für wesentlich gehaltenen Probleme in einer Synthese zusammenführt, ähnelt es weniger dem Glied einer Kette – wenn es auch in zweidimensionalen Übersichten notgedrungen so dargestellt wird – als einem dreidimensionalen Körper wie einer Kugel, die an vielen Stellen mit anderen Kugeln in Berührung kommt. So haben die zwei wichtigsten Repräsentanten der Existenzphilosophie der zwanziger und dreißiger Jahre, Jaspers und Heidegger, trotz ihrer Zusammenarbeit als Weggefährten und trotz gegenseitiger Beeinflussung, ganz unterschiedliche geistige Wurzeln und Intentionen, und sie sind von ganz unterschiedlichem Charakter als Stilisten und als Personen. Was sie einte, war vor allem die starke Unzufriedenheit mit einer Philosophie, die sich mit ihren Fragestellungen hoch oben im Elfenbeinturm einschloß. Auf diese Weise wurde sie ihrer Aufgabe als Führerin genausowenig gerecht wie die Religion, jener Aufgabe, die beide seit jeher legitimiert hatte. Diagnosen einer turbulenten Zeit und einer vom Krieg aufgewühlten Gesellschaft kamen von anderer Seite: von Außenseitern, einer neuen, hybriden Spezies von Kulturphilosophen und sozialkritischen Literaten wie Sorel, Spengler, Ortega, Rathenau und Klages! Sie schrieben verständlich und behandelten offenkundig relevante Probleme. Um es kurz und vereinfacht zu sagen: Jaspers und Heidegger waren sich darin einig, daß die

Philosophie den Elfenbeinturm verlassen und ihre distanzierte Haltung aufgeben müsse. Sie sollte nicht Aussagen über die Wirklichkeit machen, sondern diese Wirklichkeit zum Ausgangspunkt nehmen. Sie konnte im Grunde auch nichts anderes tun, wollte sie wahrhaftig sein, denn auch der Philosoph ist in seinem Denken an eine bestimmte Lebenssituation gebunden, und für Jaspers und Heidegger war es eine Illusion zu glauben, man könne diese Situation gleichsam von außen analysieren. Der Philosoph hatte nicht neben der trivialen Alltagsrealität zu stehen, sondern mitten darin.

Von entscheidender Bedeutung war hier vor allem die Entdeckung des nahezu vergessenen dänischen Denkers Søren Kierkegaard. Im Hinblick auf das, was Intellektuelle in der Nachkriegszeit bewegte, war diese Wiederentdeckung beinahe ebenso bedeutsam wie die Dostojewskis. Wie der russische Autor sollte Kierkegaard künftig oft zusammen mit Nietzsche als großer und unwiderstehlicher Entlarver des selbstgenügsamen liberalen Fortschrittsoptimismus und einer samtweichen christlichen Ethik genannt werden. Der sonderbare, grüblerische Däne hatte dabei vor allem an die Philosophie gedacht, die ihre in Systeme gefaßten Erkenntnisse wie von einem Schiedsrichtersitz herab verkündete. Nur von der konkreten, bedrängenden Situation aus, die den Menschen mit seiner Nichtigkeit und Verlorenheit konfrontiert, hat dieser zu denken, aus seiner Urangst heraus. Aber vor allem hat er seiner Verantwortung entsprechend zu handeln, denn der Mensch muß wählen. Sein Los ist seine Freiheit, und sie ist eine unbarmherzige Freiheit der Wahl, der er nicht ausweichen darf. Angesichts dieser beängstigenden Freiheit konnte laut Kierkegaard (in dieser Hinsicht war er ein Vorläufer Barths) einzig der Glaube Rettung bringen. Die Wiederentdeckung seines Buches mit dem provozierenden Titel *Entweder-Oder* (1843) war vor allem dem katholischen Kulturphilosophen Theodor Haecker zu verdanken, und man kann Kierkegaard seit dieser Neuentdeckung den Urvater der aufkommenden Existenzphilosophie nennen. Es entbehrt nicht der Ironie, daß die beiden am meisten gefürchteten Kämpfer gegen einen bequemen und unaufrichtigen Moralismus, Nietzsche und Kierkegaard, die die Tat, die Entscheidung und das Risiko der Wahl verherrlichten, sich selbst ein rein kontemplatives Dasein fern von der Gesellschaft und ihren Anforderungen erlauben konnten. Wobei Kierkegaard eigentlich ein Doppelleben führte und seine wirklichen Ansichten verbarg.

Eigenartigerweise kam Jaspers von der Psychiatrie her zum existentialistischen Denken. Die Psychiatrie öffnete ihm die Augen dafür, in welchem

Maße der Mensch geistig konditioniert ist. Die mit dieser Erkenntnis einhergehende Gefahr des Relativismus brachte ihn dazu, nach höheren Orientierungspunkten zu suchen und die Psychologie als Grundlage der Philosophie abzuweisen. Jaspers war nämlich vor allem Moralist und insofern Kantianer, als er immer die Verantwortung und Freiheit des Menschen betonte, der die Möglichkeit hat, seine eigene Konditioniertheit zu überwinden. Er ist potentiell immer mehr, als er selbst erfassen kann, und deshalb muß auch jede Philosophie offen bleiben, denn sonst wird sie als geschlossenes System wieder zu einem endlichen Objekt. Jaspers sprach in diesem Zusammenhang gern von dem »Umgreifenden«, dem, was sich dem Denken entzieht, da es sowohl den Denkenden als auch seinen Gedankeninhalt umfaßt. So zeigt sich, daß Jaspers auch in dieser Hinsicht von Kant und der Vorstellung des Subjekt-Objekt-Gegensatzes ausging. Dies und eine starke ethische Motiviertheit seines Denkens unterschied ihn von dem viel fatalistischeren, indifferenten Heidegger. Sein Moralismus ließ Jaspers gegen die Kathederphilosophie aufbegehren. Dabei ging esihm, der selbst ein distanzierter Professor war, nicht so sehr um bestimmte gesellschaftliche Reformen. Engagement und Partizipation hatten für ihn eher eine andere Bedeutung, sie waren Voraussetzungen wirklicher Philosophie. Nur wenn der Mensch seine begrenzte persönliche Existenz in ihrer unvermeidlichen Gebundenheit an die historische Situation vollkommen akzeptiert, kann ihm der Sprung in die Freiheit, der Durchbruch, gelingen. Daß Jaspers bei alledem als eigentliche Aufgabe des Philosophen die eines Mentors sah, erinnert an Platon.

In Martin Heidegger begegnen wir dem am meisten diskutierten und dem umstrittensten Denker des zwanzigsten Jahrhunderts. Zweifellos hat er wie kein anderer in seiner Zeit die Philosophie bewegt. Für die einen ist er der tiefgründigste Denker des Jahrhunderts, für die anderen der größte Täuscher und ein genialer Taschenspieler und Mystifikator. Heidegger war Schüler (später Nachfolger) Husserls, aber er entfernte sich schließlich meilenweit von dessen Phänomenologie.[66] Was ihn mit Husserl verband, war die Ablehnung der psychologischen Richtung und des Cartesianismus und Kantianismus, die die Welt in ein »Innen« und »Außen« aufspalteten, und schließlich auch Husserls Konzept einer Ebene, auf der ewige feste Denkgesetze (die logischen) gelten. Der von Haus aus katholische Heidegger, der aus einfachen Verhältnissen stammte und zunächst eine Jesuitenschule besucht hatte, fand hier einen festen Boden, der in gewissem Sinne eine Alternative zu der unveränderlichen Wahrheit bot, wie die Kirche sie lehrte. Aber unter dem Einfluß Nietzsches und Kierkegaards rüstete er sich bald zum Angriff auf die gesamte Tradition von Aufklärung und Rationalismus mit ihrer Trennung von Subjekt und Objekt, durch die die Einheit von Mensch und Welt, von Denken und Sein aufgelöst worden war. Er verwandelte Husserls Phänomenologie in Ontologie, die Frage nach dem Sein, auch hier seine katholische Herkunft nicht ganz verleugnend: Die neuthomistische Theologie war nämlich in hohem Grade ontologisch, das heißt auf ewige Seinsformen ausgerichtet. Heidegger beschuldigte die Philosophie im Grunde, das Denken gewaltsam vom Sein getrennt zu haben, von der lebendigen Wirklichkeit in ihrer ganzen Fülle. Die ursprüngliche Einheit fand er bei den Vorsokratikern und bei Dichtern wie Hölderlin; sie spielen in seinem Denken eine wichtige Rolle. Die moderne Philosophie dagegen hatte sich nach seiner Ansicht in blutloser, entfremdender Begrifflichkeit eingeschlossen. Sie mußte von neuem im Sein verankert werden, in der menschlichen Existenz als ganzer. Hier liegt die erwähnte Übereinstimmung mit Jaspers, das »Existentialistische« seiner Philosophie.

Aber Heidegger ging viel weiter als sein älterer Kollege und tat dabei einen Schritt, der die beinahe magische Faszination erklärt, die von seinem Werk ausging und ausgeht, wie auch die scharfe Kritik, die es auslöste: Um die verdorrten Begriffe einer Philosophie, die nach seiner Auffassung jeden direkten Kontakt mit der Wirklichkeit verloren hatte, wieder mit Leben zu füllen, gebrauchte er eine neue Sprache, wobei er nach ursprünglichen Wortbedeutungen und älteren Ausdrücken suchte und sich auch bewußt an dichterische Sprache anlehnte. Im Hinblick auf seinen Versuch, die gängigen Wörter durch andere – oft selbstgeschaffene – zu ersetzen, die das bis dahin Unsagbare sagbar oder zumindest gefühlsmäßig erfaßbar machen könnten, betrachtete er das normale Streben nach sprachlicher Genauigkeit und Klarheit eher als Hemmnis, denn er sah hier die Gefahr einer Verflachung und Verfälschung. Dies erklärt seinen berühmten Stil, der mit seiner absichtlichen Verfremdung, dem Vermeiden gebräuchlicher Wendungen und dem Pathos magischer Beschwörung oft virtuoser Schaumschlägerei verdächtig ähnlich sieht – eine Konsequenz seines paradoxen Bemühens, das Undenkbare zu denken und das Unsagbare zu sagen. Sein Hauptwerk *Sein und Zeit* von 1927, in dem er mit der Philosophie und dem Denken überhaupt, wie sie sich seit Platon entwickelt hatten, scharf ins Gericht ging, löste – ob es nun auf Zustimmung oder

Ablehnung stieß – ein kleines philosophisches Erdbeben aus. Seine Aussage und seine Implikationen können in diesem Rahmen ebensowenig behandelt werden wie die anderer wichtiger Werke der Philosophie. Bekannt und populär wurden einige der Hauptthesen, unter anderem, daß der Mensch in diese Existenz geworfen sei, die mit dem Tod ihr Ziel erreiche, wobei mit dem Sein auch die Zeit verschwinde. Beide seien im Grunde identisch. Die Urfrage war für Heidegger, der hierbei an seine Interpretation der frühen griechischen Denker anknüpfte, die Frage nach dem Sein als solchem, die Frage: Wie ist es zu erklären, daß es überhaupt etwas gibt und nicht vielmehr nichts? Mit anderen Worten: Das Nichts wäre eigentlich das zu Erwartende, und um dieses Nichts, das für Heidegger hinter dem Sein verborgen liegt – von manchen als Äquivalent oder Chiffre für Gott aufgefaßt –, dreht sich sein wesentliches Denken und Werk. Es war transzendentaler Nihilismus. Dies erklärt zum Teil die Unruhe, die er auslöste und auslösen wollte. Bei der Nachkriegsgeneration war angesichts der herrschenden Verwirrung ein etwas verschwommener Nihilismus eine verständliche Reaktion und hatte etwas Verführerisches. Besonders ansprechend war darum Heideggers These, daß der moderne Mensch seine Verbindung zum wahren Sein verloren habe. Er lebe ein flaches Scheindasein als Produkt der Gesellschaft, als unpersönliches Wesen, als ein »man«. Er müsse sich dieser Hülle entledigen und dem wahren Sein wieder die Gelegenheit geben, sich zu entfalten, indem er sich ganz und gar der Erfahrung der Schutzlosigkeit, Verlorenheit und Rätselhaftigkeit seiner Existenz öffne. Dies waren Vorstellungen, die nicht zuletzt wegen ihrer Unbestimmtheit und Vieldeutigkeit ungeheuer ansprechend wirkten und auch an die christlich und überhaupt religiös motivierte Verurteilung der Moderne erinnerten. Mit der Unterscheidung zwischen oberflächlichem Dasein und wahrhaftem Sein, der »Existenz« – im Grunde also zwischen Schein und Sein – führte Heidegger allerdings durch die Hintertür eine neue Art von Transzendentalismus ein, den er, wie Nietzsche, in der traditionellen Philosophie als verhängnisvollen Irrtum verurteilte. Heidegger bot der hungrigen Nachkriegsgeneration, die auch seine eigene Generation war, auf jeden Fall keine tröstlichen, einfachen und deshalb verdächtigen Antworten. Andere wichtige Erklärungen für seine Wirkung liegen darin, daß er die Grundlagen der etablierten Philosophie, auch in sprachlicher Hinsicht, radikal in Frage stellte, Rationalismus und Aufklärung, die inzwischen für viele fragwürdig geworden waren, demontierte und unermüdlich nach dem Ursprung der Sprache und somit auch des Denkens suchte. Die Originalität und Undurchsichtigkeit seiner Prosa stieß nicht ab, im Gegenteil, das Unverständliche fesselte, deutete auf ungeahnte Tiefe, ließ Raum für verschiedene Interpretationen und rehabilitierte das Poetische, nicht nur als ästhetisches Phänomen, sondern als Lebensgefühl, das dem rein Verstandesmäßigen überlegen schien. In dieser Hinsicht erfüllte diese Prosa die Funktion heiliger liturgischer Texte.

Bei seinem Forschen nach dem Ursprung suchte Heidegger in der Philosophie, was Künstler mit ähnlichen Motiven in archaischen oder »primitiven« Kunstäußerungen suchten. Gemeinsam war allen die antizivilisatorische Irritation. Und noch eine Übereinstimmung gab es: Wie die expressionistischen und abstrakten Maler die sichtbare Wirklichkeit zerlegten, um über die Verfremdung einen Schock auszulösen, den sie als Voraussetzung für eine Wahrnehmung der Dinge mit neuen Augen, für eine Überwindung der Sehroutine betrachteten, wollte Heidegger mit seinem ungewöhnlichen, verfremdenden Sprachgebrauch schockieren, um nach der Zerstörung des Gewohnten sprachlich wieder ganz von vorne anzufangen. Wenn er lehrte, daß glaubwürdige Philosophie einzig und allein aus der gesamten persönlichen Lebenssituation erwachsen könne, da der Philosoph sein Ich ja nicht vorübergehend wegschließen kann, daß der einzelne gewissermaßen zu seiner einmaligen historischen Existenz verurteilt sei und sich voll und ganz auf die Konfrontation mit dieser Situation einlassen müsse, dann appellierte dies in seiner suggestiven Vagheit wirkungsvoll an die Gefühle einer Generation, die so in ihren Narben und bestürzenden Erfahrungen einen wertvollen Besitz erkennen konnte, der ihnen bei der Suche nach Wahrheit nützlich sein mußte. Diese Philosophie verlangte keine Selbstverleugnung.

Die Verbindung eines transzendentalen Nihilismus mit der Verabsolutierung der endlichen historischen Situation, in der sich jeder befindet oder in die jeder »geworfen« ist – vorgetragen in einer Prosa, die im Streben nach Vermeidung der abgenutzten, blutleeren Begriffe auch Rätselhaftes und Nebulöses nicht scheut – konnte auch einen bedenklichen geistigen Kurzschluß auslösen, wie sich in einer bestimmten historischen Situation noch zeigen sollte. Dadurch, daß sie grundsätzlich die Trennung von Philosophie und Dichtung aufhob, und damit zugleich die von Philosophie und konkreter Lebenssituation, gelangte die Existenzphilosophie Heideggers zu nachhaltiger Wirkung, besonders in Frankreich, wo sie später dank Gabriel Marcel, Jean-Paul Sartre und dem jung verstorbenen Albert Camus eine zweite

Blüte erlebte und zur philosophischen Mode einer anderen Kriegsgeneration wurde.

In die entgegengesetzte Richtung, fort von der persönlichen Existenz in ihrer Gebundenheit an die spezifische Situation, steuerten die Philosophie des Neopositivismus und Neorealismus und die formale Logik. Die wichtigsten Zentren waren die angelsächsische Welt und Wien. Für diese Strömungen blieben Logik und Mathematik, gerade wegen ihrer Klarheit und Abstraktheit, ungetrübt von subjektivistischen oder literarischen Beimengungen, die einzigen zuverlässigen methodischen Grundlagen und Ausgangspunkte für das Denken. Aussagen und Erkenntnisse, die nicht logisch zwingend und völlig objektiv waren, gehörten nicht in die Philosophie. Ob man sich damit, was ja unvermeidlich war, fern von den Interessen einer breiteren Öffentlichkeit bewegte, unter Umständen im kleinen esoterischen Kreis, war für die Repräsentanten dieser Richtungen grundsätzlich irrelevant. Die Leitfrage ihres Werks ist die nach Sinn und Möglichkeit stichhaltiger Aussagen über die Wirklichkeit. Bei der Suche nach dem absolut Gültigen wurde allerdings zunächst einmal die Idee der Objektivität und der absoluten Gültigkeit selbst unter die Lupe genommen und in Frage gestellt. Der Relativismus wurde auf diesem paradoxen Wege eher verstärkt als abgeschwächt.

Mit dieser Suche nach dem absolut Gültigen, bei der man von einer ganz anderen Seite her die Wurzeln unseres Denkens und Bewußtseins freilegte, knüpfte man unter anderem an eine Entwicklung in der Mathematik des neunzehnten Jahrhunderts an, nämlich an die Korrektur der klassischen euklidischen Geometrie durch Mathematiker wie den Russen Nikolai Lobatschewski und den Ungarn Janós Bolyai.[67] Der französische Philosoph Émile Boutroux bestritt 1874 in seinem großen Werk zur Kontingenz der Naturgesetze, daß diese notwendigerweise so sein müssen, wie sie sind. Es gebe keinen zwingenden Grund anzunehmen, daß sie nicht auch ganz anders hätten sein können. Der französische Mathematiker und Philosoph Henri Poincaré legte dar, daß wissenschaftliche, auch mathematische Grundüberzeugungen nicht absolut gültig seien, sondern Annahmen und Übereinkünfte, bei denen auch pragmatische Erwägungen und das Streben nach Einfachheit eine Rolle spielten. Damit erhob sich die Frage, ob es überhaupt sinnvoll war, bei der Erforschung der Natur von der Existenz objektiver Gesetzmäßigkeiten auszugehen. Erwies sich die Annahme derartiger Gesetze nicht als ein Rest der alten Metaphysik, die, wie Kant nachgewiesen hatte, grundsätzlich spekulativ war?! Was diese Frage angeht, war der österreichische Physiker und Philosoph Ernst Mach von großer Bedeutung. Unter dem Eindruck der neuen physikalischen und mathematischen Erkenntnisse hatte er einen radikalen Materialismus entworfen. Wie Richard Avenarius bekämpfte Mach alles, was nach seiner Auffassung an metaphysisches Denken grenzte, als unwissenschaftlich und deshalb auch als sinnlos für die Philosophie. Diese hatte sich eng an die Naturwissenschaft als einzige zuverlässige Führerin anzuschließen: Mach zufolge können wir nicht mehr leisten, als die Phänomene exakt zu beschreiben, und die sogenannten Naturgesetze sind deshalb auch nur ökonomische Gedankenkonstruktionen, Vereinfachungen von praktischem Nutzen, dürfen aber nicht den Anspruch erheben, auf irgendeine absolute Ordnung zu verweisen. Mach gilt als ein geistiger Vater des philosophischen Neupositivismus, der mit der Forderung des älteren Positivismus, sich ausschließlich an die »positiven« Fakten zu halten, erst auf wirklich radikale Weise ernst machte. Hierzu gehörte der in den späten zwanziger Jahren entstehende »Wiener Kreis«. Ein größerer Kontrast zur Existenzphilosophie Heideggers, die etwa zur gleichen Zeit Furore machte, ist kaum denkbar. Bedeutende Vertreter dieser verhältnismäßig geschlossenen Gruppe waren Moritz Schlick, Otto Neurath und vor allem Rudolf Carnap.

Auch für die Neupositivisten des Wiener Kreises war starke Unzufriedenheit der Anstoß zur Neuorientierung – Unzufriedenheit mit einer Philosophie, die, anders als die Naturwissenschaften, im Grunde keine Fortschritte mache, sondern mit viel verbalem und spekulativem Aufwand auf der Stelle trete, was vor allem auf die dauernde direkte oder indirekte Ansteckung mit metaphysischem Denken zurückzuführen sei. Die Philosophie sei offensichtlich auf einem Irrweg. Sie müsse aufhören, mehr oder weniger anmaßende Aussagen über die Wirklichkeit selbst zu machen, und statt dessen den Sinn und die Kohärenz solcher Aussagen und Fragestellungen überprüfen. Schlick erklärte den Unterschied zwischen sinnvollen und sinnlosen Aussagen folgendermaßen: Sinnvoll ist eine Aussage nur, wenn sie kontrollierbar ist und richtig oder falsch genannt werden kann. Damit wurde jegliche Metaphysik unerbittlich als spekulative Philosophie verbannt. Philosophie bedeutet also in erster Linie Beschreibung von Wissenschaft, Prüfung und Auswahl von Fragestellungen, Argumentationsanalyse. Eine anscheinend um einiges bescheidenere, aber lohnendere Aufgabe als die ihr bisher zugeteilte. Kein System, keine großangelegte Synthese, sondern mikroskopisch genaue Analyse! Mit diesem Ansatz ging man also noch weiter zurück als zu der Frage nach dem Sein oder dem Bewußtsein, nämlich zur Frage nach der Möglichkeit und dem Sinn dieser Fragen an und für sich. Hierbei bezog Carnap die Sprache, das primäre Instrument aller Fragen, in die Untersuchung ein. Ohne Sprachanalyse keine Philosophie! So stieß er, allerdings aus der entgegengesetzten Richtung kommend, auf das gleiche elementare Medium allen Denkens wie Heidegger. Aber während sich dieser vor allem dem Ursprung der Sprache und der Poesie zuwandte, um so einen neuen Zugang zu den Dingen zu finden, dachte Carnap an den Gebrauch eines anderen Instruments, einer wissenschaftlichen Meta- oder Kunstsprache, um der verhängnisvollen Subjektbindung zu entgehen. Hier berührten sich die Vorstellungen des Wiener Kreises mit denen einer britischen Strömung.

Die Idee einer quasimathematischen Formelsprache war nämlich alt. Sie war schon vor der Jahrhundertwende von dem lange unbekannt gebliebenen Gottlob Frege in seinem wegweisenden mathematisch-philosophischen Werk eingeführt worden. Zu besonderer Bedeutung gelangte sie in einer Richtung, die zum Teil mit dem Neopositivismus und britischen Neorealismus zusammenfiel, der sogenannten formalen oder mathematischen Logik. Freges Ideen wurden zum Ausgangspunkt für ein Werk zweier bereits erwähnter britischer Philosophen, Whitehead und Russell, nämlich für die schon 1910 erschienenen *Principia mathematica*. Dieses Werk wird gewöhnlich als Grundlage des Logizismus betrachtet. Wie bei Carnap ging es hier um ein System von Symbolen und quasimathematischen abstrakten Formeln, mit dessen Hilfe objektiv korrekte von unsinnigen Aussagen unterschieden werden können, nur aufgrund der logischen Struktur, ganz unabhängig vom Inhalt. Während Whitehead später ein ausschließlich auf die Naturwissenschaften und die formale Logik gegründetes Denken als zu beschränkt empfand und die Metaphysik nicht mehr als illegitim betrachtete, lehnten Russell und der dritte wichtige Repräsentant der mathematischen Logik und des Neorealismus, George Edward Moore, konsequent jede Philosophie ab, die den vom naturwissenschaftlichen Erkenntnishorizont und der logisch-mathematischen Methode begrenzten Bereich verließ. Von allen hier Erwähnten wurde Russell der bekannteste und meistgelesene Autor, weniger durch seine mathematisch-philosophischen Studien, die nur für eine kleine Schar von Auserwählten verständlich waren, als durch seine exzentrische Persönlichkeit und sein starkes politisches Engagement als leidenschaftlicher Pazifist. In vielen seiner populäreren Veröffentlichungen führte er eine spitze Feder, sie sind geistreich und zeugen von einem unbefangenen Blick.

Als echter Bilderstürmer leugnete Russell den Sinn jedes Begriffs, der mehr oder weniger in den Bereich des Idealismus gehört, und hierzu zählte er nicht nur den Begriff des Geistes oder des Ich, sondern auch den der Materie: Real sind nur die Sinneseindrücke, und was über dieses rein Empirische hinausgeht, gehört ins Reich der Fabel. Damit vertrat er nicht nur eine extreme Gegenposition zu jeder Religion oder Gottesvorstellung, sondern auch zu Platons Ideenlehre und zu Kants Grundgedanken der apriorischen, aller Sinneswahrnehmung zugrunde liegenden Anschauungsformen und Kategorien. Dieser entschiedene Gegner des philosophischen Idealismus war ein bemerkenswerter, unerschrockener Repräsentant eines sozialen Idealismus, und zwischen diesen beiden Standpunkten gibt es einen tieferen Zusammenhang. Die großen Parolen – Nation, Rasse, Ehre, Kultur, Mission –, mit denen das politische und gesellschaftliche Leben durchtränkt war, und ihre propagandistische und ideologische Funktion provozierten Russell: Er wollte zeigen, daß solche Allgemeinbegriffe keinen Wirklichkeitsgehalt haben und sich nicht, wie man vorgab, auf konkrete Größen beziehen. Mit anderen Worten: Philosophischer Idealismus, Religion und Ideologien, die Herrschaft legitimieren, wirken im geheimen zusammen. Auf jeden Fall gelangte Russell zu einer eindeutig nominalistischen Position (unsere allgemeinen Begriffe sind nur Gedankenkonstruktionen, und es gibt keine ihnen entsprechende Realität). Im Grunde war er ein echter Nachfahre der Aufklärung in ihrer englischen Variante. In ihm verband sich gesellschaftliches Engagement mit Atheismus, ja mit der Leugnung jeglicher Transzendenz – eine Verbindung, die nicht ungewöhnlich war und ist. Ohne Gott und Jenseits wird ja eine ungerechte Gesellschaft unerträglich. Die Alternative zu völligem Nihilismus war die Idee möglichen Fortschritts in der Welt. Russell und Moore gingen wie selbstverständlich von einer universalen Moral und einer Wertehierarchie als Richtschnur für die menschliche Existenz aus. Nur mußten diese Moral und diese Werte, sollten sie mehr als der Ausdruck eines banalen Utilitarismus sein, transempirische Wurzeln haben, was dem so nachdrücklich verfochtenen Empirismus widersprach. Russell wandte sein logizistisches Denken auch ganz konsequent auf die Gesellschaft an, wobei die Geradlinigkeit dieses Denkens leicht in Naivität umschlug und zu absonderlichen Folgerungen führen konnte.

Vom Logizismus ging auch ein Denker aus, der postum zu Weltruhm gelangen und als wahrer Antipode und Rivale seines Altersgenossen Heidegger von manchen als größter Philosoph des Jahrhunderts betrachtet werden sollte: Ludwig Wittgenstein. Für eine kulturgeschichtliche Darstellung ist es ein Problem, daß sein verhältnismäßig schmales, aber ungewöhnlich kompaktes, in apodiktischem Stil geschriebenes Œuvre zu seinen Lebzeiten nur einem kleinen Kreis bekannt war; erst nach seinem Tod erkannte man weltweit seine ganze Bedeutung. So gehört Wittgenstein in zwei verschiedene Epochen, womit er allerdings kein Einzelfall ist. Zwischen seinen beiden Hauptwerken, *Tractatus logico-philosophicus* von 1922 und *Philosophische Untersuchungen*, postum im Jahre 1953 erschienen, liegt nicht nur eine lange Periode der Schweigsamkeit, was Veröffentlichungen angeht, vielmehr kritisiert er im zweiten Werk gnadenlos die Hauptaussagen des ersten. Daß bedeutende Denker nicht ihr Leben lang am selben Standpunkt haften, ist nichts Besonderes, aber wenige sind so unerbittlich aufrichtig mit sich selbst ins Gericht gegangen. Wittgenstein, der aus einer sehr reichen Wiener Familie jüdisch-protestantischer Herkunft stammte, war nach England gegangen, um bei Russell und Moore zu studieren. Sein *Tractatus* stand ganz im Zeichen der Frage nach den logischen Kriterien sinnvoller, präziser Aussagen über die Welt. In seinen Augen hatte die gesamte existierende Philosophie ausgedient, da sie gerade an dieser Frage, die im Hinblick auf jede Aussage die wesentliche ist, vorbeiging. Berühmt wurde der Schlußsatz, der mehr als irgendein anderer für Wittgensteins streng asketische, von eitler Effekthascherei freie Haltung charakteristisch ist: »Wovon man nicht sprechen kann, darüber muß man schweigen.« Er selbst glaubte hier die endgültige Lösung für die Probleme der Philosophie gefunden zu haben, bis er diese Lösung wieder ebenso unumwunden verwarf. Sein Denken kreiste bei der zentralen Frage nach der Möglichkeit absolut gültiger Aussagen um das Sprachproblem als der philosophischen Frage par excellence. Hierbei näherte er sich nicht nur den englischen Vertretern des Logizismus, sondern auch einer älteren kontinentaleuropäischen Strömung, die ebenfalls die immense Bedeutung dieses Problems erkannt hatte.

Obwohl Philosophen früherer Jahrhunderte keineswegs blind für das Sprachproblem gewesen waren, hatten ihm im neunzehnten Jahrhundert weder Idealismus noch Positivismus Beachtung geschenkt. Es war ein Außenseiter, der Journalist und Publizist Fritz Mauthner, der es im Jahre 1901 mit seinem Buch *Beiträge zu einer Kritik der Sprache* wieder aus der Versenkung holte. Von den maßgeblichen Philosophen wurde das Buch lange mißachtet.[68] Was Mauthner vorschwebte, war letztlich eine kritische Sprachphilosophie in Analogie zu Kants Vernunftkritik. Mauthner erwies sich als radikaler Nominalist, und ähnlich wie bei Russell kann hier Verärgerung über die herrschende ideologische Mode mit ihren bombastischen Begriffen eine Rolle gespielt haben.[69] Allgemeinbegriffe – so Mauthner, ganz im nominalistischen Geist – sind Gedankenkonstruktionen, und bei allen philosophischen Diskussionen geht es um Wörter. Für eine zuverlässige Beschreibung der Wirklichkeit ist die Sprache ungeeignet, allerdings kann sie Emotionen auslösen. Sie ist ein dichterisches, literarisches, kein wissenschaftliches Werkzeug. Vor allem aber dient sie der Kommunikation. Damit gehört sie zum spezifischen Rüstzeug des Menschen und ist unentbehrlich für die Gattung. Mauthner hob das alte Problem hervor, das schon Herder und Humboldt erkannt hatten: Es ist nicht möglich, die individuelle Auffassung von Wörtern, die genaue Vorstellung, die man mit einem Wort verbindet, zu kontrollieren. Letztlich kommt es aber auf die Handlungen an, die nur aus der sprachlichen Kommunikation erwachsen können, und dies macht Kontrolle im Grunde irrelevant.

Jemand, der sich in seinen Veröffentlichungen auf ganz andere Weise unaufhörlich mit Sprache auseinandersetzte, war Karl Kraus.[70] In Wien, wo Wittgenstein aufwuchs, war er der Literaturpapst, oder besser gesagt: der Luther der Literatur und des Sprachgebrauchs, der erbarmungslos hohle Großsprecherei, Schwulst und Klischees entlarvte. Seine Diagnose der alltäglichen Verunreinigung der Sprache und somit auch des Denkens war für eine kleine intellektuelle Elite eine Offenbarung. Sie schärfte ihr den Blick für den Zusammenhang zwischen Sprachgebrauch, Stil und moralischer und psychischer Disposition. Denn die resignative Schlußfolgerung Mauthners konnte die Philosophen, die auf der Suche nach der Möglichkeit zuverlässiger Realitätsbeschreibung waren, nicht wirklich befriedigen. Wittgensteins *Tractatus* war, vereinfacht ausgedrückt, der Versuch, durch eine Analyse der Sprachstruktur, gewissermaßen von innen her, die Möglichkeiten und Grenzen der Sprache zu erkunden, also das Verhältnis zwischen den Dingen und unserer sprachlichen Abbildung dieser Dinge. Dabei wurde er weniger von Russell und Moore als vom Werk der Physiker Heinrich Hertz und Ludwig Boltzmann beeinflußt. Boltzmann hatte nämlich in seinen *Vorlesungen über die Prinzipe der Mechanik* nachgewiesen, daß es eine Entsprechung zwischen den Modellen oder Sprachbildern der Theorie der mechanischen Gesetzmäßigkeiten und den realen Verhältnissen gab. Anders gesagt: Eine Realität, die von der Theorie nicht anders als in sprachlichen Bildern beschrieben wurde, stimmte, wie auf experimentellem Wege nachgewiesen worden war, tatsächlich mit der Theorie überein. Wittgensteins Versuch, die Entsprechung zwischen sprachlicher Abbildung und Realität im allgemeinen zu untersuchen und ihre Grenzen zu bestimmen, sollte jede Menge Mißverständnisse auslösen, nicht zuletzt bei Russell und Moore, die nach Wittgensteins eigener Aussage das Wesentliche nicht verstanden hatten. Daß seine Gedanken den Wiener Kreis ansprechen mußten, versteht sich von selbst. Trotzdem blieb eine gewisse Distanz bestehen, was zum Teil mit Wittgensteins autistischer, übersensibler Persönlichkeit zu tun hatte.

In seinem postum erschienenen Werk betonte er die Bindung des Denkens an die Sprache und die Unmöglichkeit, sich aus dieser Bindung zu befreien, etwa mittels einer formalistischen Metasprache wie bei Carnap und in der Logistik. Er vertrat nun die Ansicht, die Sprache könne nie sich selbst zum Objekt machen. Auch stellte er jetzt die Forderung nach exakten Definitionen in Frage. Mit jedem Wort verbinden sich Konnotationen und Assoziationen, die sich einer solchen Definition entziehen. Die Bedeutung eines Wortes kann nur über den jeweiligen Kontext und den tatsächlichen Gebrauch des Wortes in der Sprache bestimmt werden. Der späte Wittgenstein hat also Neopositivismus und -realismus hinter sich gelassen. Mit Russell verband ihn eine besondere Rigorosität in moralischen Fragen. Aber während sie sich bei dem Atheisten Russell in politischem, besonders pazifistischem Engagement äußerte, setzte Wittgenstein sie immer wieder auf sehr persönliche Weise um – in das asketische Leben eines Heiligen im Geiste Tolstois, dessen radikale Lebenshaltung und Prinzipien ihn sehr beeindruckten. Letztlich erwies sich dieser Agnostiker als tief religiös.

Philosophie, so habe ich gesagt, sucht in jeder Zeit von neuem nach der Nullposition oder der Grundlage des Denkens, weil die bisherigen Grundlagen offensichtlich nicht mehr zufriedenstellend sind. Sie muß immer wieder von vorne anfangen. Das bedeutet, daß sie auch ihren eigenen Platz und ihren Auftrag immer wieder von neuem bestimmen muß. Unter den vielen so gegensätzlichen Strömungen, die in der Philosophie der zwanziger und dreißiger Jahre das Terrain beherrschten, sind die Existenzphilosophie

Heideggers einerseits und die mathematische Logik und der Neorealismus oder Neopositivismus Russells oder des Wiener Kreises andererseits hinsichtlich der Frage, was Philosophie ist und was Philosophieren sein sollte, die beiden Extreme. Auf den ersten Blick scheint es bei Heidegger auf der einen und bei Russell und Carnap auf der anderen Seite um zwei verschiedene Aktivitäten zu gehen. Wittgenstein steht eher etwas abseits. In seinem Opus postumum rechnet er im Grunde mit der Philosophie als solcher ab. Obwohl zwischen der Existenzphilosophie und dem Neopositivismus und verwandten Strömungen astronomische Entfernungen zu liegen scheinen, drängt sich die Frage auf, ob trotzdem etwas wie ein gemeinsamer Ausgangspunkt zu erkennen ist. Um es stark vereinfacht auszudrücken: Beide gingen auf jeden Fall von der Überzeugung aus, daß die Philosophie bei ihrer Suche nach einem Fundament gerade ihre allererste Voraussetzung und ihr unverzichtbares Werkzeug, die Sprache, übergangen hatte. Das Sprachproblem entpuppte sich als Grundproblem der Philosophie. Die Sprache ist schließlich das Instrument, mit dem auch jedes Nachdenken über die Erkenntnisfähigkeit und das Denken selbst beginnt, sofern dabei Kommunikation irgendeine Rolle spielt. Dies galt zugleich für all die Wissenschaften, die sich auf das Territorium der Philosophen begeben hatten, für Psychologie, Soziologie, Anthropologie und Biologie. Und damit stellte sich die Frage nach dem Verhältnis von Sprache und Wirklichkeit. Hier nun gingen der Neopositivismus einschließlich der verwandten Strömungen und die Existenzphilosophie genau entgegengesetzte Wege.

Für die Neopositivisten und ihre Weggefährten ging es im Zusammenhang mit der philosophischen Urfrage, wie Kant sie formuliert hatte (was können wir wissen?) um die erneute Abgrenzung eines Bereichs, in dem absolute und objektive Gewißheit erreichbar war. Allein die Ratio in ihrer reinsten Form, der Logik, war als Maßstab akzeptabel und konnte solche Gewißheit verschaffen, und die primäre Sinneswahrnehmung war der einzige mögliche Ausgangspunkt. Die Naturwissenschaften und die Mathematik waren hier das Vorbild. Wenn man diesen Maßstab an die Philosophie anlegte, gelangte man zu dem Schluß, daß die Philosophie und ihr sprachliches Instrument versagt hatten, da weitaus die meisten Behauptungen und Aussagen der Philosophen bis jetzt rational-logische und irrational-spekulative Elemente vermischten oder, wie man es nun ausdrückte, daß sie voller metaphysischer und somit per definitionem unkontrollierbarer und unwissenschaftlicher Relikte steckten. Zu diesen metaphysischen Relikten konnte sogar die Idee unveränderlicher Gesetzmäßigkeiten in der Natur gezählt werden, da ja nun das euklidische und das newtonsche System den Status des absolut Gültigen verloren hatten. Mit anderen Worten: Die Suche der Neopositivisten und der verwandten Strömungen nach vollkommener Gewißheit engte das Gebiet der Gewißheiten drastisch ein und führte zu dem Schluß, daß das Universum ebensogut vom Zufall wie von Gesetzmäßigkeiten und Ordnung beherrscht sein konnte. Aussagen über die Wirklichkeit, die nicht überprüfbar oder logisch konsistent sind, wurden damit als bedeutungslos aus dem Reich der Philosophie verbannt. Die logische Datenanalyse konnte hier die Spreu vom Weizen trennen und falsche Gewißheiten entlarven. Da aber die Sprache ihrer Natur nach ein ambivalentes, subjektiv geprägtes Verständigungsmittel ist, sah man eine formalisierte, quasimathematische Metasprache als geeignetes Mittel, derartige gedankliche Trübungen nachzuweisen.

Für die Existenzphilosophie, wie vor allem Heidegger sie vertrat, war Erkenntnis des Wirklichen dagegen nicht über rationale Operationen zu erlangen, die zu einer Art objektiver Gewißheit führen, sondern durch den Abbau des gesamten hergebrachten Denkinstrumentariums und ein neues Erleben der Urangst und des Ur-Erstaunens über das Sein als solches. Die Philosophie hatte versagt, gerade weil sie die Sprache als ein so gut wie objektives Präzisionsinstrument hatte gebrauchen wollen. Dadurch versperrte sie den Zugang zu einem wahrhaften Erleben der Wirklichkeit. Andererseits konnte diese eigentliche Wirklichkeit nur sichtbar werden, wenn es gelang, der Sprache neue Transparenz zu verleihen. Nicht die abstrakte, reduktionistische Sprache der (Natur-)Wissenschaften, sondern die mit Sinnlich-Konkretem durchtränkte dichterische Sprache konnte die Tiefendimension hinter der Fassade der gewöhnlichen Wirklichkeitsvorstellungen erkennbar machen. Während sich die Sprache nach Russells, Carnaps und zunächst auch Wittgensteins Auffassung in der Philosophie ganz auf das Sagbare und logisch Denkbare zu beschränken hatte, war es für Heidegger legitim, über sie den Zugang zu dem dahinter gelegenen Unsagbaren zu suchen.

In der extremen Gegensätzlichkeit dieser beiden Denkrichtungen tritt aber wieder eine ältere Polarität in Erscheinung, nämlich die von Aufklärung und Rationalismus auf der einen und Romantik und Irrationalismus auf der anderen Seite. Es ist kein bloßer Zufall, daß die Repräsentanten des Neopositivismus und -realismus und der mathematische Logik oder diejenigen, die diesen Strömungen nahestanden, in ihrer politischen Einstellung gewöhnlich eine Affinität zu Fortschrittsoptimismus und eher der Linken zuzurechnenden, demokratischen Auffassungen erkennen ließen, verbunden mit einer antireligiösen oder zumindest areligiösen Haltung. Religiosität galt ihnen als psychisches Relikt von Illusionismus und Mystizismus, die oft im Dienst reaktionärer Kräfte stehen, und war damit verdächtig. Ein humanistisches Ethos trat an die Stelle des Glaubens an Gott und Unsterblichkeit. Dagegen appellierte Heideggers Existenzphilosophie an irrationale und romantische Vorstellungen und ließ sich gut mit Konservatismus und Religiosität vereinbaren.

Dies soll allerdings nicht heißen, daß von einem direkten kausalen Zusammenhang zwischen Philosophie und politischem Engagement gesprochen werden könnte. An und für sich implizierten weder Neopositivismus noch Existenzphilosophie schon bestimmte Ansichten zu politischen und gesellschaftlichen Fragen. Allerdings war die unerbittlich strenge Eingrenzung eines Gebiets der Logik, Ratio und Wissenschaft durch den Neopositivismus und verwandte Strömungen ganz offensichtlich auch eine Warnung vor jeder Art von mystifizierendem Denken. Diese Philosophie war ja nicht zuletzt eine Reaktion auf solches Denken. Auf Gesellschaft und Politik übertragen, entsprach diese Haltung doch vor allem einer sozialkritischen Einstellung und der Entscheidung für die ethische und rationale Klarheit und Einfachheit der Utopien, die das Ideal der progressiven Bewegungen waren. Bei der Existenzphilosophie verhielt es sich etwas komplizierter. Daß sie auch mit einer linken, ja sogar sozialrevolutionären Haltung zu vereinbaren war, beweisen französische Existentialisten wie Sartre und Camus. Auch Herbert Marcuse, der Apostel einer viel späteren gesellschaftskritischen Studentenbewegung, entstammte der Schule Husserls und Heideggers.

Die Philosophen waren also trotz der Expansion konkurrierender Wissenschaften keineswegs überflüssig geworden. Sie hatten überzeugend nachgewiesen, daß sie noch immer etwas anderes und etwas mehr zu sagen hatten, gerade weil sie keine Spezialisten waren, die die Welt durch die dicken Brillengläser ihrer Spezialgebiete sahen. Dies bedeutet nicht, daß man deshalb auch eine starre Grenze zu allen Spezialgebieten gezogen hätte. Es blieben hybride Übergangsgebiete, besonders in der Anthropologie. Die Soziologie, der Marxismus und die politisch-gesellschaftlichen Theorien, die man gewöhnlich als Ideologien bezeichnet, verlangen in diesem Zusammenhang eine gesonderte Behandlung. Die Anthropologie – im ganz allgemeinen Sinne die Wissenschaft vom Menschen – hatte sich zwar ursprünglich vor allem mit eher äußeren, physischen Eigenschaften des Menschen beschäftigt und wurde seit ihrem Aufkommen im achtzehnten Jahrhundert zunächst Völker- und Rassenkunde genannt, umfaßte später aber auch die Erforschung der biologisch-genetischen Entwicklung der Gattung. Daß sie deshalb auch die kulturellen und schließlich die kollektiv-psychischen Aspekte nicht außer acht lassen konnte, versteht sich von selbst. Bei der vergleichenden Forschung zu Rassen und Völkern kam man ganz von selbst auch dazu, Denkweise, Religion und Moral zu vergleichen, und so entstand im neunzehnten Jahrhundert die Kulturanthropologie, die einen so wesentlichen Beitrag zur Historisierung des Denkens, also auch der westlichen Philosophie leistete. Die Historisierung bedeutete zusammen mit der Evolutionslehre und dem biologischen Menschenbild – der Auffassung, daß der Mensch als das am höchsten entwickelte und spezialisierte Säugetier anzusehen ist – natürlich eine nicht zu unterschätzende Herausforderung für die Philosophie, was die Kernfrage nach der Grundlage oder der Nullposition des Denkens angeht. Allerdings konnten die Philosophen dieser Herausforderung mit dem Hinweis darauf begegnen, daß die Anthropologie (genau wie alle anderen Wissenschaften) ein Produkt des menschlichen Geistes, des Denkens, der Erkenntnisfähigkeit und der Sprache ist, all dessen, was zum Gebiet der Philosophie gehört, daß es also unbestreitbar die Philosophen sind, die den Schlüssel besitzen und auf deren Schultern die anderen stehen. Viele ließen sich deshalb auch nicht in ihrer Ansicht beirren, daß die Philosophie weiterhin den Vorrang behaupten könne. Einige nahmen jedoch die Herausforderung an und versuchten mit der sogenannten philosophischen Anthropologie eine Philosophie zu entwickeln, deren Ausgangspunkt die Evolutionslehre und die anthropologische Auffassung des Menschen als biologische Spezies ist.

Den entscheidenden Schritt machte der von Husserls Phänomenologie, aber auch von der Lebensphilosophie beeinflußte Max Scheler. Er wandte sich besonders gegen eine akademische Philosophie, die sich ganz auf erkenntnistheoretische Fragen beschränkte und sich damit vor dem Leben verschloß. Kennzeichen des Menschen waren für den religiösen, mit dem Katholizismus sympathisierenden Scheler seine ethische Sensibilität und sein Streben nach ewigen Werten. Dieses Thema stand im Mittelpunkt seiner Lehre. Angesichts von Krieg und Elend betonte er, daß die Philosophie den ganzen Menschen, auch seine Emotionen und seine Moral, in ihre Betrachtung einbeziehen müsse. Damit näherte er sich in einer Hinsicht der Existenzphilosophie, insofern nämlich, als auch für ihn der einzelne ein in ständigem Werden begriffenes Wesen ist, das sich in der Welt existentiell verwirklichen muß. In diesem Zusammenhang spielte in seinem Denken der Begriff der »Person« eine entscheidende Rolle. Mit »Person« meinte er den Menschen als geistiges Wesen, das all seine Fähigkeiten, die biologischen wie die intellektuellen, in den Dienst seines Ethos stellen kann. Für Scheler gab es eine grundsätzliche Trennung von Natur und Geist. So sah er die Anthropologie vor allem wegen der Tendenz, den Menschen von einem biologistischen Standpunkt aus als Spezies unter anderen Arten in den großen Entwicklungsprozeß einzuordnen, als Herausforderung. Die philosophische Anthropologie, wie Scheler sie entwarf, machte es sich zur Aufgabe, den Platz des Menschen innerhalb der Natur zu bestimmen, wobei gerade der Vergleich mit anderen Lebensformen unverzichtbar war. Das ist ein Aspekt, dem weder Neukantianer noch Neopositivisten, Existentialisten oder Metaphysiker besondere Aufmerksamkeit schenkten, da sie ganz auf den Menschen selbst und seinen Denkhorizont ausgerichtet waren. Ein Problem sah Scheler auch im Nebeneinander verschiedener Menschenbilder, des philosophischen (selbst wiederum ein Spektrum unterschiedlicher Bilder), des theologischen und des biologisch-evolutionären; sein Ziel war eine Synthese. Darin kann man auch gleich die Schwäche seines Ansatzes erkennen, da es hier letztlich um nicht miteinander zu vereinbarende Größen geht, gerade weil jede Betrachtungsweise einen anderen axiomatischen Ausgangspunkt hat, eine andere Grundlage. Eine Mischung oder Harmonisierung verschiedener Grundlagen ist deshalb unmöglich, sie steht schon im Widerspruch zum Begriff der Grundlage. Sie führt unwiderruflich zur Verflachung, dem bekannten *vitium originis* jeder Art von Synkretismus in Philosophie oder Religion. Schelers Axiom, die absolute Verschiedenheit von Geist und Materie, wurzelte im christlich-theologischen Menschenbild. Dieses bestimmte auch seine Sicht der Evolution. Der Mensch, so lehrte er, ist nicht allein die höchste Stufe in einem Evolutionsprozeß, sondern mit dem Menschen kommt es zu einem Sprung. Im Menschen offenbart sich nämlich etwas völlig Neues und etwas, das grundsätzlich anders ist, der Geist. Der Mensch ist sich seiner selbst bewußt, und er ist in der Lage, die Gleise der biologischen

Determination zu verlassen. Allerdings wirkt sich sein tierischer Ursprung noch stark aus und beherrscht ihn häufig sogar, der Geist ist schwach. Scheler konnte in dieser Hinsicht Freuds Libidotheorie weitgehend zustimmen, aber er teilte nicht Freuds Resignation. Vielmehr knüpfte er an einen Gedanken Hegels an, wenn er annahm, es vollziehe sich ein fortschreitender Prozeß der Vergeistigung der Materie, eine gegenseitige Durchdringung von Geist und Stoff.

Zu seinen beiden wichtigsten Nachfolgern als Repräsentanten einer philosophischen Anthropologie wurden Helmuth Plessner und Arnold Gehlen, die beide von Schelers Axiom ausgingen, nämlich dem wesentlichen, also qualitativen Unterschied zwischen Mensch und Tier. An Hand neuer empirischer Erkenntnisse der Biologie und Paläontologie arbeiteten sie den Unterschied deutlicher heraus. Auf diese Weise boten sie der Philosophie gewissermaßen Rückendeckung, da sie die Position des Menschen im gesamten biologischen Entwicklungsprozeß bestimmten. Plessner betonte, das menschliche Bewußtsein sei ein Ausnahmefall, die Fähigkeit des Menschen, sich selbst aus einer gewissen Distanz als Objekt zu sehen, sei einmalig. Er habe nicht nur ein Bewußtsein, sondern anders als selbst die am höchsten entwickelten Tierarten wisse er auch, daß er es habe.[71] Man könnte sagen, daß die philosophische Anthropologie auf diese Weise ein materialistisch-biologistisches Menschenbild, dem die Philosophie bisher noch Raum geboten hatte, ausschließen wollte.

Daß der Abgrund zwischen modernen Wissenschaften wie Anthropologie und Evolutionsbiologie einerseits und der christlichen Dogmatik andererseits unüberbrückbar geworden war, zeigte sich vielleicht am deutlichsten im Werk des Jesuiten Pierre Teilhard de Chardin. Als Paläontologe und katholischer Priester wurde er unerbittlich mit diesem Antagonismus konfrontiert. Die intellektuelle Schizophrenie katholischer Wissenschaftler, die dieser unüberbrückbare Gegensatz verursachte, sofern sie nicht abtrünnig wurden, war für ihn eine Mahnung und trieb ihn zu dem Versuch, Katholizismus und Evolutionismus zu versöhnen; hierin sah er seine eigentliches Lebensaufgabe. Als anerkannter Forscher entwarf er in seinem (erst 1955 erschienenen) Hauptwerk *Der Mensch im Kosmos* ein umfassendes Panorama des Evolutionsprozesses vom einfachen Urstoff, vom Anorganischen zum Organischen und in ständiger Verfeinerung und Differenzierung der Arten bis zu den Primaten und schließlich zum Menschen. Im Prinzip fußte dieses

Konzept auf üblichen, rein biologisch-evolutionistischen Theorien. Selbst die These eines Sprungs zwischen dem, was Teilhard Biosphäre und Noosphäre nennt – zwischen den höchsten Primaten und Homo sapiens, dessen Bewußtsein eine andere Qualität haben soll –, stand nicht grundsätzlich im Widerspruch zu einer Anthropologie, wie sie von Plessner und Gehlen erarbeitet wurde. An diesem Punkt angekommen, übernahm aber der gläubige Christ die Feder des Paläontologen. Dieses ganze Modell war nämlich für Teilhard eine Beschreibung der Außenseite. Im Inneren wirke die geistige Kraft, die den ehrfurchtgebietenden Prozeß der Differenzierung und Verfeinerung nach einem schon im Urstoff vorhandenen Prinzip gesteuert haben müsse. Diese Kraft habe sich in Christus in ihrer Vollendung offenbart, und durch ihn könne sich die Menschheit weiterentwickeln und zu einer neuen, höheren Seinsform gelangen. Christus als die »Achse« der Evolution, als geistiger Ausgangs- und Zielpunkt, dies bedeutete eine im Grunde pantheistische Transformation und Enthistorisierung der Christusgestalt. Grundlegend neu war diese Christologie nicht. Man kann darin sowohl uralte gnostische Ideen als auch moderne Varianten solcher Vorstellungen erkennen, wie etwa Rudolf Steiner sie entwickelte, aber für die katholische Kirche war eine solche Auffassung natürlich unerträglich. Mindestens ebenso unerträglich war, daß Teilhard die Evolutionslehre akzeptierte, so daß dem Christentum sein Kern – Schöpfung des Menschen nach Gottes Ebenbild, Sündenfall und Erlösung durch einen historischen Jesus und dessen Kreuzestod – genommen wurde. Das Böse verlor seinen transzendenten Status. So kam es tatsächlich dahin, daß Teilhards Hauptwerk und alle seine Schriften, die über rein paläontologische Forschung hinausgingen und sich dem großen Problem des Verhältnisses zwischen christlichem Dogma und Evolutionslehre stellten, auf den Index gesetzt wurden. Erst nach seinem Tod sollte die Welt Kenntnis von ihnen erlangen. In der Enzyklika *Humani generis* hat Papst Pius XII. im Jahre 1950 den Antagonismus von Katholizismus und Naturwissenschaft aufs neue feierlich bestätigt. Andererseits widersetzten sich Anthropologen und Paläontologen der Vermischung von empirischer Wissenschaft und mystischem Glaubens. Von beiden Seiten aus war die Brücke, die Teilhard aus diesen beiden nicht kombinierbaren Materialien errichtet hatte, unpassierbar.

19 Zwischen Philosophie und Gesellschaft

Karl Marx hatte im Jahre 1846 mit der berühmten letzten seiner *Thesen über Feuerbach* – »Die Philosophen haben die Welt nur verschieden interpretiert, es kömmt darauf an, sie zu verändern« – knapp und treffend wie niemand sonst einen entscheidenden Unterschied angesprochen: den zwischen Nachdenken über die Welt und Handeln in der Welt, wobei »Welt« im zweiten Fall notwendigerweise gleichbedeutend mit »menschliche Gesellschaft« ist. Man kann jedoch mit dem gleichen Recht sagen, daß Marx diesen Unterschied verwischt hat, da er ohne weiteres von zwei Voraussetzungen ausging, die für die Philosophie nun gerade offene Fragen sind. Diese Voraussetzungen waren erstens, daß die Welt verbessert werden muß, und zweitens, daß sie verbessert werden kann. Das Beispiel zeigt allerdings, daß die Philosophie potentiell Handlungsanweisungen einschließt, vor allem aber, daß alle Anschauungen in gesellschaftlichen Fragen und somit auch das Streben nach Veränderung auf eine philosophische Grundlage als Ausgangspunkt und Rechtfertigung kaum verzichten können.

Die Grundüberzeugung, daß die Welt verbesserungsfähig sei, war seit der Französischen Revolution charakteristisch für die wichtigen politischen Strömungen – auch dies ein Phänomen, das mit der Säkularisation zusammenhängt. Ob sie nun als reaktionäre, konservative, liberale, sozialistische oder anarchistische Bewegungen von sich reden machten, alle gründeten ihr Programm auf eine zusammenhängende gesellschaftlich-politische Theorie oder sahen sich veranlaßt, ihren Aktivitäten eine solche Theorie zur Rechtfertigung unterzuschieben. So kam der Begriff »Ideologie« auf. Ursprünglich hatten Philosophen wie Antoine Destutt de Tracy darunter eine systematische Wissenschaft von den philosophischen Ideen verstanden; jetzt sollte sich die Bedeutung verschieben. Zuerst hatte Napoleon das Wort »Ideologe« verachtungsvoll auf weltfremde Theoretisierer angewandt, und in konservativen Kreisen gebrauchte man es dann hin und wieder, um es den als Modernisten verhaßten liberalen Theoretikern um die Ohren zu schlagen. Marx verstand unter »Ideologie« eine Weltanschauung, die einem durch die Interessen und Normen der sozialen Klasse getrübten Bewußtsein entspringt. Dies ist ein falsches Bewußtsein, das die historische Realität nicht objektiv sehen kann, sondern nur verzerrt durch das eigene, von der Klasse bedingte Denken. In seiner Zeit zielte er damit auf die Bourgeoisie und ihre

Auffassungen zu Gesellschaft und Politik. In dieser negativen Bedeutung sollte sich das Wort dann allgemein durchsetzen, nicht nur im sozialistisch-marxistischen Lager. Bezeichnete man eine Weltanschauung als »Ideologie« oder bestimmte Ansichten als »ideologische Elemente«, so meinte man Vorstellungen oder Ideen, die, auch wenn versucht wird, dies zu verschleiern, einem klassenbedingten Bewußtsein entspringen und deshalb die Realität entstellen, irreal sind – eine Auffassung von Ideologie, die auch heute noch vor allem in linken, besonders marxistischen Kreisen gängig ist. Die Schwäche dieser Unterscheidung zwischen objektivem und getrübtem Denken ist evident, und sie hängt eng mit einem der wichtigsten Streitpunkte zusammen, dem marxistischen Objektivitätsbegriff. Wer bestimmt, was objektiv ist? Für Marx war dies kein Problem. Da er im Klassenkampf, der immer wieder aus dem Widerspruch zwischen Produktivkräften und Produktionsverhältnissen erwächst, das den gesamten historischen Prozeß bestimmende Gesetz erkannt zu haben meinte, war es nach seiner Auffassung jeweils die aufsteigende Klasse der Unterdrückten, der die Zukunft gehörte und die das Gesetz des Geschichtsverlaufs auf ihrer Seite hatte. Deshalb konnte sie die historische Realität klar beurteilen: Sie brauchte keine Interessen, im Sinne gefestigter Eigentums- und Herrschaftsverhältnisse, zu verteidigen. In seiner Zeit galt dies für das Proletariat und die Doktrin des Proletariats, den Sozialismus. Nun konnte aber der Einwand nicht ausbleiben, daß auch diese Doktrin – trotz des unverkennbaren Problems von Menschlichkeit und Moral unter den bestehenden Verhältnissen – Ausdruck von Klasseninteressen sei, daß also der Ideologiebegriff selektiv angewandt werde oder die Doktrin insgesamt anfechtbar sei. Es war der marxistische Revisionist Eduard Bernstein, der als einer der ersten die Konsequenz aus dieser fragwürdigen Auffassung von Objektivität zog: Da jeder Standpunkt, gerade nach korrekt marxistischem Denken, klassenbedingt ist, gibt es keinen Grund, den Sozialismus nicht als Ideologie zu bezeichnen. Er ist eine in Ideen gefaßte Interpretation der Fakten mit den dazugehörigen Schlußfolgerungen. Auch eine richtige Erkenntnis der Realität nimmt in unserem Geist eine von Ideen bestimmte Form an, so Bernstein. Damit wurde Ideologie zu einem weitgehend neutralen Begriff. Man bezeichnet mit dem Wort ganz allgemein ein auf die Gesellschaft bezogenes System von Werten und Ideen, eine Mischung von Philosophie und politisch-gesellschaftlicher Standortbestimmung. Dabei spielen gewöhnlich auch verdeckte Interessen materieller oder anderer Art mit – ein

Phänomen, das in der Vergangenheit nie eine so bedeutsame Rolle gespielt hatte wie in der modernen Gesellschaft. Da in dieser niemand ohne Interessen ist (im weitesten Sinne des Wortes), die immer mit seinem Stand oder seiner Klasse zusammenhängen, wird jede zusammenhängende politisch-gesellschaftliche Reflexion und Anschauungsweise ideologisch.

In diesem Übergangsbereich ist der Marxismus insofern wiederum das im höchsten Grade hybride Phänomen, als er offensichtlich sowohl Philosophie als auch Ideologie war. Er war eine Philosophie, die – der von Marx formulierten Forderung entsprechend – als Ideologie ein Urteil über die Gesellschaft implizierte, zum Handeln aufrief und in eine politische Bewegung mündete. Bei den Konflikten und Spaltungen innerhalb dieser Bewegung ging es immer wieder um die Anpassung der Theorie an die aktuelle Situation und die Anpassung dieser Situation an die Theorie, in einer Wechselwirkung, bei der Ursache und Wirkung nicht mehr unterscheidbar sind. Der philosophische Ursprung des Marxismus blieb im Verlangen nach theoretischer Fundierung allen Handelns erkennbar, das nirgendwo so stark war wie hier. Aber die unvermeidliche Entwicklung des Marxismus als Philosophie zum Marxismus als politische Bewegung machte es auch angesichts aller sich daraus ergebenden heftigen Konflikte und Parteispaltungen notwendig, deutlich zwischen reiner Philosophie und dem Kurs und Handeln der politischen Parteien zu unterscheiden. Die große Spaltung und die bolschewistische Revolution führten dazu, daß man den Begriff »Marxismus« nach dem Krieg in erster Linie mit den kommunistischen Parteien verband. Diese hatten sich zu seinen wahren und legitimen Repräsentanten erklärt, wobei die dominierende Persönlichkeit und die Machtposition Lenins eine entscheidende Rolle spielten. Die sozialdemokratischen Parteien betrachteten sich zwar in ihrer großen Mehrheit (eine Ausnahme ist England) auch immer noch als aufrichtige Erben von Marx und stützten sich auf seine Lehre, allerdings im revisionistischen Geist; denn sie hatten diese Lehre im Hinblick auf eine Reihe theoretischer und strategischer Fragen korrigiert und sollten sie immer wieder korrigieren.

Als Philosophie wird der Marxismus »historischer Materialismus« oder »dialektischer Materialismus« genannt und präsentiert sich auch selbst unter diesen Namen. Die Verfeinerung zum dialektischen Materialismus war vorwiegend das Werk von Engels, der Marxens grundlegende Ideen zu der Lehre von einem dialektischen Entwicklungsprozeß der Welt insgesamt erweitert und sie auch in philosophischer Hinsicht exakter, nämlich systematischer ausgearbeitet hatte: Den historischen Materialismus bezeichnet man seit Engels allgemein als die speziell auf die Geschichte angewandte Ausarbeitung des dialektischen Materialismus.

Marx hatte bekanntlich den Idealismus seines Lehrers Hegel umgekehrt: Nicht das Bewußtsein bestimmt das Sein, sondern das gesellschaftliche Sein das Bewußtsein. Der Stoff ist das Primäre, der Geist geht aus der Materie hervor. Die materielle Wirklichkeit ist also objektiv gegeben und ganz unabhängig vom menschlichen Wahrnehmungsvermögen. Aber die Vorstellung einer Dialektik des Entwicklungsprozesses hat Marx aus Hegels Lehre übernommen. Dieser Prozeß bewegt sich in Gegensätzen, die in einem bestimmten Augenblick zu Krise und Umbruch führen, wodurch auf einer höheren Stufe ein neuer Konflikt seinen Ausgang nimmt, weil jede Erscheinung ihre Negation oder ihr Gegenteil schon in sich trägt. Jede herrschende Klasse würde dieser Dialektik entsprechend unvermeidlicherweise ihren Gegner großziehen und damit ihren eigenen Untergang herbeiführen. Auf die historische Epoche des industriellen Kapitalismus angewandt, bedeutete dies: Die kapitalistischen Ausbeuter würden von den Ausgebeuteten, dem Proletariat, entthront werden, und die Arbeiterklasse würde nach einer unvermeidlichen diktatorischen Übergangsperiode die endgültige klassenlose Gesellschaft verwirklichen, womit der dialektische Prozeß faktisch sein Ende fände. Es war diese Verbindung einer mit empirischen Daten gestützten Geschichtsdeutung mit chiliastischer Verkündigung, dieses von der Wissenschaft beglaubigte Versprechen, was dem Marxismus seine außergewöhnliche Anziehungskraft und Dynamik verlieh. Natürlich warf diese Verbindung sehr schwierige Fragen auf. Wie Hegel ließ Marx den historischen Prozeß in eine Zukunft der Freiheit münden, was bei ihm nicht völlige Durchdringung der stofflichen Welt durch den Geist bedeutete, sondern menschenwürdiges, harmonisches Dasein, dank Gütergemeinschaft und der Abschaffung jeglicher Ausbeutung. Er hat allerdings immer davon abgesehen, diese Vorstellungen zu präzisieren; es ging in erster Linie um den Weg zu diesem Endstadium. Hegelianismus und Marxismus standen somit auch ganz in der christlichen eschatologischen Tradition: Die Geschichte bewegt sich auf ein Endziel zu, sie hat einen Sinn, ist final determiniert. Das ist eine Vorstellung, die in der jüdisch-christlichen europäischen Kultur beinahe zu einer selbstverständlichen Grundüberzeugung geworden war. Auf diese Vorstellung ging auch Marxens Konzeption der

Objektivität zurück, in philosophischer Hinsicht die größte Schwäche, da sie sich auf einen offenkundigen Zirkelschluß stützt: Die Klasse des Proletariats ist als Trägerin der Zukunft fähig, die Realität objektiv zu erkennen, darum erkennt sie, daß sie Trägerin der Zukunft und deshalb auch nicht in subjektivem Klassendenken befangen ist, sondern objektiv! Anders und schärfer formuliert: Ihr subjektives Klassenbewußtsein deckt sich mit dem objektiven Geschichtsprozeß. Was den ebenso offenkundigen Widerspruch zwischen der Erwartung einer freien, klassenlosen Gesellschaft und der dialektischen Notwendigkeit und Gesetzlichkeit des ewigen Klassenkampfs angeht, konnte vom Marxismus entgegnet werden, daß die gesunden ökonomischen Verhältnisse nach der Abschaffung der Ausbeutung einen neuen Typus von Menschen hervorbringen würden. Dies brauchte also der Lehre des historischen Materialismus nicht zu widersprechen.

Außergewöhnliche, fast unwiderstehliche Überzeugungskraft sollte Marxens Schema von Basis und Überbau erlangen. Über der materiellen Basis der Gesellschaft und von ihr abhängig bilden sich die kulturellen Erscheinungen, staatliche und soziale Organisationen, Künste, Wissenschaften, Religionen, Rechtsordnungen, das Denken, und dieser sogenannte Überbau spiegelt die Basis und ihre Wandlungen. Die Bedeutung dieser Theorie lag in der Fragestellung, der geänderten Blickrichtung. Wenn sie das materialistische Axiom akzeptierten, besaßen Historiker und Soziologen ein Erklärungsmodell für kulturelle Phänomene, die man jetzt auf jeden Fall aus einer neuen, überraschenden Perspektive sehen konnte. Das Bild von Basis und Überbau entsprach nämlich ganz elementaren Vorstellungen. Es zeigte sich jedoch, daß die Vorstellung vom ursächlichen Zusammenhang zwischen Basis und Überbau in vielen Fällen allzu simpel war und zu stark verzerrenden Erklärungen führen mußte. Engels hatte daraus schon die notwendigen Konsequenzen gezogen und das Modell verfeinert, vor allem hatte er die Vorstellung eines einfachen Kausalnexus in der Richtung von der Basis zum Überbau relativiert. Die kulturellen, geistigen Erscheinungen, so der spätere Engels, haben durchaus auch eine eigene Dynamik und können unter Umständen sogar auf die materielle Basis, die ökonomischen Verhältnisse, zurückwirken. Dennoch sah auch er weiterhin in den Veränderungen an der Basis die eigentlichen Ursachen für die großen Entwicklungen.

Daß die meisten Historiker und auch viele Soziologen zur Zeit von Marx und bis weit ins folgende Jahrhundert weitgehend unempfänglich für diese

Theorie blieben, lag daran, daß sie aus naheliegenden Gründen Marxens Philosophie mit der revolutionären kommunistischen Bewegung identifizierten, und auch daran, daß sie den Materialismus grundsätzlich ablehnten. Der geistige Hintergrund gerade der maßgeblichen Historiker war ausgesprochen nationalistisch, zum Teil waren sie zugleich konservativ oder christlich ausgerichtet, und historischer Materialismus und Kommunismus galten als antinational und antichristlich und waren somit indiskutabel. Dennoch sollte das Basis-Überbau-Modell ganz allmählich auch außerhalb des eindeutig sozialistischen Lagers über die Soziologie in die Geschichtswissenschaft Eingang finden. Es lieferte Konzeptionen und Erklärungsmöglichkeiten, die man nicht ignorieren konnte, wollte man sich als Wissenschaftler nicht auf die Position eines starren und ebenso doktrinären Antimarxismus zurückziehen. Zumindest wurde es nach der Jahrhundertwende zu einer Herausforderung, der sich jeder seriöse Historiker oder Soziologe stellen mußte.

Viel größere Schwächen des historischen Materialismus waren die Diagnose der gegenwärtigen Situation und die damit zusammenhängenden Vorhersagen für die Zukunft. Die von Marx vorhergesagte dialektische Konfrontation von unabwendbarer Verelendung auf der einen und Kapitalkonzentration und -akkumulation auf der anderen Seite, Voraussetzung der großen revolutionären Explosion, war ausgeblieben, wenigstens in der deutlichen und dramatischen Ausprägung, die der Doktrin gemäß zu erwarten war. Die Reaktion auf diese Schwäche waren Revisionismus und Reformismus, zugleich Gründe des großen sozialistischen Schismas. Ganz im Widerspruch zu den vermeintlichen Gesetzen des Geschichtsprozesses stand auch, daß die Revolution schließlich nicht in den am höchsten entwickelten kapitalistischen Ländern ausgebrochen war, sondern im erst halb industrialisierten Zarenreich, in dem die Massen der Bauern und nicht die Industriearbeiter das mächtigste revolutionäre Potential bildeten.

Ausschlaggebend war hier das Wirken Lenins, als politischer Stratege und als Ideologe. Ohne sich von Marx und Engels als den wahren Lehrern und Urvätern des Marxismus loszusagen – dafür waren sie in der gesamten Bewegung zu sehr als Autorität anerkannt, ja kanonisiert –, unterzog er ihre Lehre einer tiefgreifenden Revision, vor allem im Hinblick auf die russischen Verhältnisse. Zunächst betonte Lenin die Bedeutung der Partei als unverzichtbarer revolutionärer Avantgarde. Sie mußte das Proletariat führen und sein Klassenbewußtsein zur Entwicklung bringen. Außerdem wies er, als der

Untergang des kapitalistischen Systems immer weiter auf sich warten ließ, auf die Bedeutung des Imperialismus hin, dem Marx und Engels noch wenig Beachtung geschenkt hatten. Dank des Imperialismus nämlich hatte das kapitalistische System seinen Bestand vorläufig noch sichern und die Arbeiter irreführen und korrumpieren können. Infolge der Ausbeutung der Kolonien konnten die Löhne steigen, und die vorhergesagte Verelendung blieb aus. Was seine Imperialismustheorie angeht, hat Lenin einem aufsehenerregenden Buch des britischen Ökonomen John Atkinson Hobson viel zu verdanken, der schon im Jahre 1898 auf den Zusammenhang zwischen Kapitalismus und Imperialismus aufmerksam gemacht hatte. In Lenins Hand wurde die These von der Korruption der Arbeiter zu einer gefürchteten Waffe gegen den Reformismus der Sozialdemokratie. Aus der Imperialismustheorie leitete er den Lehrsatz vom »schwächsten Glied« ab: Die Kette der kapitalistisch-imperialistischen Mächte würde gerade im rückständigsten und nicht im fortschrittlichsten Staat zerbrechen. So wurden die Entwicklung in Rußland und schließlich die Revolution von 1917 theoretisch mit der Marxschen Prognose in Einklang gebracht. Der Revisionismus Lenins – in Wirklichkeit nicht weniger tiefgreifend als die nach offizieller Sprachregelung revisionistischen Korrekturen an Marx – machte zweierlei erkennbar. Erstens die Elastizität des historischen Materialismus, seine Eignung für pragmatische Anpassung: Immer wieder konnten erhebliche Veränderungen vorgenommen werden, ohne daß die Ideologie ihre Glaubwürdigkeit verlor, da tragende Säulen stehenblieben. Zweitens zeigten sich Lenins außergewöhnlicher politischer Scharfsinn und seine geniale Fähigkeit, Theorie und Praxis aufeinander abzustimmen. Daß es, zumindest im Rückblick, einfach ist, das Sophistische seiner Argumentation zu entlarven, ändert nichts an der tatsächlichen Überzeugungskraft, die sie in der damaligen Situation besaß. Die furiose Emphase, mit der Lenin seine Lehre als orthodox-marxistische dem sogenannten Revisionismus gegenüberstellte, hing natürlich damit zusammen, daß seine eigene Abweichung von der reinen Lehre mindestens ebenso ketzerisch war.

Wenn Lenin auch vor allem als Stratege wirkte, so gab es doch rein philosophische Probleme, denen er ebensowenig ausweichen konnte. Seit den Tagen von Marx hatte die Naturwissenschaft den Begriff »Materie« völlig umgewandelt. Lenin erkannte selbstverständlich, daß hierdurch die Fundamente des historischen oder dialektischen Materialismus erschüttert werden konnten. In der Auseinandersetzung mit dem Materialismus und Empiriokritizismus Machs und Avenarius' und deren russischer Anhänger gab er dem Begriff eine viel weitere Bedeutung: Materie ist nicht nur »Stoff« im gewöhnlichen, banalen Sinn, sondern die gesamte objektive, physische Wirklichkeit, sogar einschließlich aller Kulturäußerungen und geistiger Hervorbringungen. Das Bewußtsein bleibt für Lenin ein physiologisches Phänomen; es ist ein Produkt und eine Eigenschaft der Materie. Damit ergab sich natürlich das Problem, daß es doch wieder zwei Arten von Materie geben mußte. Der Unterschied zwischen menschlicher Reflexion, dem Nachdenken über die Dinge, und den Dingen selbst, zwischen einem Rockefeller und einem Goldbarren, konnte nicht als belanglos vom Tisch gewischt werden. Lenin erklärte diesen Unterschied mit der Dialektik der Evolution, ihrem Fortschreiten von niedrigeren zu höheren Seinsformen, das zu einem qualitativen Umschlag führte. Das Bewußtsein, als letztes Stadium dieser Evolution, war dann auch immateriell. Wie dieses Immaterielle trotzdem noch eine Funktion der Materie und ihr Produkt sein konnte, bleibt natürlich ein Rätsel, verborgen hinter der verschleiernden Metapher des qualitativen Umschlags.

Ein anderes, altbekanntes Problem war das Verhältnis von Willensfreiheit und Vorbestimmung, das nirgendwo so deutlich hervortrat wie im Marxismus. Hierbei ging es keineswegs um eine rein theoretische Frage. Wenn der historische Materialismus die objektive Gesetzmäßigkeit der Entwicklung aufgedeckt hatte und daraus den Schluß zog, daß der Untergang des Kapitalismus unabwendbar war, wozu dann noch alle Anstrengungen, um das Klassenbewußtsein des Proletariats zu entwickeln? Höchstens konnte man wie eine geschickte Hebamme die Geburt des Neuen erleichtern, aber nicht wesentlich beschleunigen und erst recht nicht verhindern. In diesem Sinne hatte Marx die Frage auch beantwortet. Wenn aber der Mensch als Helfer notwendig war, um die Entwicklung zu steuern, konnte diese nicht völlig determiniert sein. Marx selbst hatte revolutionäre Aktionen wiederholt als törichte Kinderei abgetan, weil die ökonomischen Verhältnisse ihren eigenen inneren Gesetzen folgen und nach seiner Auffassung noch nicht reif für den Umbruch waren. Hier lag die Kernfrage, auch für den Hegelianismus: Verschaffen sich die Gesetze der Geschichte unabhängig von den individuellen menschlichen Plänen und ohne menschliches Zutun Geltung, über autonome Mechanismen, oder bedienen sie sich dialektisch des menschlichen Bewußtseins und Strebens? Die zweite Möglichkeit würde logischerweise implizieren, daß objektive Erkenntnis dieser Gesetzmäßigkeiten unmöglich ist. Der Mensch kann nicht zur gleichen Zeit auf dem Spielfeld der Geschichte als Mitspieler agieren und außerhalb des Feldes als Zuschauer das Spiel beobachten. Wenn sich aber die gesetzmäßigen historischen Veränderungen auf dem Weg über das menschliche Bewußtsein, das Subjekt und seine Intentionen, vollziehen – wie es Hegel lehrte und wie es Marx mit seiner These von der Determiniertheit des Bewußtseins durch die gesellschaftliche Basis zu bestätigen schien –, kann es natürlich kein rationales Kriterium geben, nach dem zu entscheiden wäre, welche Deutung der Entwicklung die richtige ist. Es gibt höchstens eine rein pragmatische Lösung: Recht hat derjenige, der den größten Erfolg hat. Die Geschichte gibt die Antwort, denn welches die richtige Auffassung ist, erweist der Geschichtsverlauf selbst! Hier liegt der entscheidende Punkt verborgen, wo Determinismus und Voluntarismus ineinander übergehen. Zu einer solchen Vermischung kommt es in jeder Ideologie und jeder Doktrin, die bewußt eine Geschichtskonzeption entwirft und, von dieser ausgehend, zum Handeln aufruft, aber beim Marxismus spitzt sich das Problem zu, da er den Anspruch erhebt, objektive Wissenschaft zu sein. Lenin und andere marxistische Denker haben sich aus dieser Klemme mit einer bekannten Scheinlösung befreit: Wahre Freiheit ist Einsicht in die Notwendigkeit, mit der sich der historische Prozeß vollzieht. Dies war eine Auffassung von Freiheit, die im Grunde schon die alte christliche Theologie vertreten hatte, wenn sie die wahrhafte Freiheit des Christenmenschen als Ergebung in Gottes Willen definierte. Der dialektische Materialismus ersetzte Gott einfach durch »historische Gesetzmäßigkeit«. Lenin lehrte, der Mensch könne die Naturgesetze seinen Zwecken dienstbar machen. Es blieb jedoch unklar, ob er dabei auch an die Gesetze des historischen Prozesses dachte. Auf jeden Fall war all sein Handeln als Politiker darauf ausgerichtet, das Proletariat zu einer klassenbewußten Einheit zusammenzuschmieden. Der Philosoph und Ideologe stand im Dienst des Revolutionärs und Staatsmannes.

Der gordische Knoten des Determinismusproblems, den Lenin schließlich als ein Alexander der Revolution entschlossen durchhieb, hat andere natürlich auch weiterhin beschäftigt. Da der Marxismus-Leninismus zur kanonisierten Lehre der kommunistischen Parteien geworden war, diese aber bald innerparteilich einen diktatorischen Kurs einschlugen und keine Abweichungen duldeten, entwickelte sich zwangsläufig bei Philosophen und Theoretikern ein heterodoxer Marxismus, nämlich, wenn sie Marxens System zum Ausgangspunkt nahmen und die Grundlagen akzeptierten, seine Gedanken aber selbständig, nicht der Parteilehre gemäß, weiterentwickelten. Um es von der offiziellen leninistischen Doktrin zu unterscheiden und um Verwirrung durch die Konnotationen des Wortes »marxistisch« zu vermeiden, wird das Werk dieser Theoretiker auch kritische Sozialphilosophie genannt. Es handelt sich um eine Richtung, die mit ihrer ausgesprochen sozialen Orientierung eine Brücke zwischen Philosophie und Gesellschaft bildete und deshalb zu Einfluß gelangte. Wegen dieser Brückenfunktion wandelte sich die sozialkritische Philosophie zwangsläufig zu Soziologie, und ihre wichtigsten Repräsentanten kann man genausogut philosophische Soziologen nennen. Sie zeigten, daß die marxistischen Ansätze doch sehr fruchtbar waren und beinahe unbegrenzte Möglichkeiten boten, wenn es um die Erklärung und analytische Beschreibung von Geschichte und Kultur, Religion, Künsten, Wissenschaften, ja sogar von Sport und Unterhaltung ging. Bei sehr unterschiedlichen Interessen war den sozialkritischen Denkern gemeinsam, daß sie mit wachsamem Auge Ideen, Werte, Ideale und alle möglichen Kulturäußerungen im Hinblick auf ihre mögliche Tarnfunktion und auf verdeckte konservative Sedimente analysierten. Gemeinsam waren ihnen auch die Sensibilität gegenüber sozialer Ungerechtigkeit und der Glaube an die Möglichkeiten autonomer menschlicher Ratio, an die Vernunft als Kompaß des Fortschritts. Insofern kann man in ihnen wahrhafte Erben der Aufklärung sehen. Natürlich konnten ihre politischen Sympathien nur den linken Parteien gehören. Ihr Hauptproblem war und blieb das schon erwähnte Dilemma, vor dem die Intellektuellen nach der bolschewistischen Revolution insgesamt standen, die Entscheidung für Freiheit oder für Diktatur im Dienste des Fortschritts. Da auch die sozialistischen Parteien noch den Marxismus als Grundlage ihrer politischen Weltanschauung betrachteten, boten sie denen, die die Unvereinbarkeit von leninistischem Kommunismus und Freiheit des Denkens erkannten, zumindest eine Alternative für die politische Praxis.

Die beiden wichtigsten Fragen, denen sich eine marxistische Philosophie angesichts der realen Entwicklungen stellen mußte, können, stark vereinfacht, wie folgt formuliert werden: Erstens – führte die Entwicklung noch immer aufwärts, zu einem sinnvollen Endziel? Zweitens – wie war das Verhältnis von Überbau und Basis genau zu beschreiben, inwieweit konnte man an der Auffassung festhalten, die geistigen und kulturellen Erscheinungen spiegelten das ökonomische Fundament? Letztere war wiederum von einer verwandten Frage nicht zu trennen, nämlich der nach dem Verhältnis von Bewußtsein und Realität, Objektivität und Subjektivität, Individuum und Gesellschaft. Natürlich beschäftigten sich die marxistischen Theoretiker daneben mit zahlreichen anderen Problemen, aber bei den hier genannten Fragen ging es um die Quintessenz der marxistischen Philosophie, sie waren die Probe auf ihre Gültigkeit.

Die Fortschrittsidee, die angesichts der Katastrophe des Ersten Weltkriegs so fragwürdig geworden war, sollte später vor allem von Ernst Bloch in seinem originellen, während des Zweiten Weltkriegs geschriebenen Buch *Das Prinzip Hoffnung* auf eine völlig andere Ebene gehoben werden.[72] Der rote Faden dieses in literarischer und gedanklicher Hinsicht reichen Buches ist die Idee der Zukunft, im Sinne von Hoffnung, als der großen inspirierenden Kraft und als Bezugspunkt des menschlichen Denkens und der menschlichen Schöpferkraft, auch in der Kunst. In dieser Hinsicht könnte man Blochs Werk den philosophischen Antipoden der Lehre Heideggers nennen, in der die Zukunft eine ebenso mächtige Kraft ist, aber als »Sorge«, und ausgerichtet auf den Tod. Was Blochs Transformation der marxistischen Fortschrittsidee, ursprünglich der Gedanke ganz konkreten historischen Fortschritts, zur Idee eines ahistorischen, in den Individuen und der Gesellschaft wirksamen, spirituellen Prinzips angeht, ist eine eigenartige Parallele nicht zu übersehen. Was hier stattfand, war eine Entmythologisierung des Marxismus, die in gewisser Weise der Entmythologisierung des christlichen Dogmas verwandt ist; dort bedeutete Entmythologisierung, daß man Menschwerdung Gottes und Auferstehung nicht mehr als etwas Reales auffaßt, sondern symbolisch oder metaphorisch versteht, so daß »Christus« zum Namen eines ewigen spirituellen Prinzips, einer überzeitlichen göttlichen Kraft wird.

Der Ungar Georg Lukács wurde durch seine Arbeiten auf einem anderen, zuvor vom Marxismus noch etwas vernachlässigten Gebiet bekannt, dem unüberschaubaren Feld der Künste, der Literatur und der gesamten Ästhetik; damit, daß er sie aus marxistischer Perspektive behandelte, sollte er zum Anreger für viele andere werden. Natürlich spielte hier das Problem von Überbau und Basis eine entscheidende Rolle. Lukács stieß auf die naheliegende Frage, von welchem Standpunkt aus das Verhältnis von Bewußtsein und klassenbedingten Faktoren objektiv zu analysieren wäre. Die Annahme, es gäbe ein alternatives proletarisches Klassenbewußtsein, hatte sich schließlich inzwischen als voreilig erwiesen, wie allein schon das große Schisma des Sozialismus und die Anpassung der Sozialdemokratie zeigte: Der Kapitalismus hatte das Bewußtsein aller Klassen geprägt und verfälscht. Wie das notwendige alternative Klassenbewußtsein entwickelt werden könnte, blieb aber letztlich unklar. Auf jeden Fall war Lukács sensibel für das große Problem, daß der Marxismus selbst als Produkt einer Kultur betrachtet werden konnte, die von der kapitalistischen Wirtschaftsform nicht zu trennen war.

Zum Zentrum einer ausgesprochen sozialkritischen Richtung der Philosophie wurde das Institut für Sozialforschung in Frankfurt, das ab 1931 von Max Horkheimer geleitet wurde; 1938, im Exil, trat auch Theodor W. Adorno dem Institut bei. Beide gingen von Marx und auch von Hegel aus, erweiterten diese allgemeine Grundlage aber erheblich. Dies bedeutete zunächst, daß zwar auch nach ihrer Einschätzung die gesellschaftliche Entwicklung dialektisch von Antagonismen bestimmt wurde, aber von Antagonismen in einem weiteren Sinne, nicht nur Klassengegensätzen. Vor allem die Wechselwirkung und Verflechtung von materiellen und immateriellen Faktoren weckten ihr Interesse. Zu ihrem sowohl anregend wie provozierend wirkenden Ansatz gehörte, daß sie jede monokausale Interpretation, also auch das Modell des einfachen Kausalnexus in der Richtung von Basis zu Überbau, als überholte Simplifizierung betrachteten und nichtmarxistische soziologische und auch psychologische Erkenntnisse in die Theorie zu integrieren versuchten, besonders Freudianismus und Psychoanalyse. In ihren oft subtilen und scharfsinnigen, kritischen Reflexionen war aber der marxistische Grundton immer herauszuhören: In den gesellschaftlichen Gegensätzen sahen sie Ergebnisse einer Polarität von konservativen und progressiven Kräften, sozialer Fortschritt war für sie ein ethisches Gebot, das den Hintergrund aller ihrer Diagnosen bildet, und die Auswirkungen auf die Zukunft waren der Maßstab für ihr Urteil über gegenwärtige Entwicklungen. Deshalb wandten sie sich auch grundsätzlich und in scharfer Form nicht nur gegen alles, was nach reaktionärer Politik oder Ideologie aussah (das war selbstverständlich), sondern auch und vor allem gegen den Historismus und gegen einen Positivismus, der die Gesellschaft von einem neutralen, objektiven Standpunkt aus analysieren wollte. Für den Historismus war es ja vor allem in Deutschland charakteristisch, daß man alle historischen Erscheinungen als individuelle, durch die einmalige Konstellation bedingte Phänomene darstellte, denen keine generalisierende oder moralisierende Betrachtungsweise gerecht wurde. Dies bedeutete, daß man den Lauf der Geschichte gewissermaßen respektvoll akzeptierte, aber auch – dies war die Konsequenz – den jeweiligen Sieger, den Staat, die Nation, die herrschenden Eliten. Was den Positivismus angeht, so widersprach sein Objektivitätsbegriff dem des Marxismus: Nach orthodox-marxistischem Grundsatz war die einzig denkbare Objektivität die des proletarischen Standpunkts, des Standpunkts der im Werden begriffenen Wirklichkeit, und das hieß, daß diese Objektivität mit den subjektiven Interessen des Proletariats zusammenfiel und kämpferisches Engagement forderte. So sollten Horkheimer und Adorno auch immer wieder jeden soziologischen oder historischen Ansatz attackieren, bei dem man von einem Objektivitätsideal ausging, das mit dem marxistischen nicht zu vereinbaren war, auch wenn es nur um theoretische Modelle und Arbeitshypothesen ging, denn das marxistische war unlösbar mit dem Kampf für die Emanzipation der Schwachen und mit der Vorstellung der Finalität verbunden. Die Leidenschaft, mit der sie all das zu entlarven versuchten, was in ihren Augen Selbstbetrug, platter Eigennutz, Heuchelei oder falsches ideologisches Bewußtsein und Illusionismus war, bildete zumindest ein Gegengewicht zu den konservativen Kräften und dem bornierten Nationalismus, die im Deutschland der Weimarer Republik so stark waren. Dies trug allerdings auch dazu bei, daß das Frankfurter Institut in der akademischen Welt vorläufig weitgehend isoliert blieb und oft verteufelt wurde, um so mehr, als Horkheimer und Adorno Juden waren. Die Denkanstöße, die sie gaben, sollten erst Jahrzehnte später, unter völlig anderen Bedingungen, ihre Wirkung auf die Gesellschaft entfalten.

Marx und die auf dem Marxismus beruhende Soziologie (denn darum handelte es sich letztlich bei der historisch-materialistischen Sozialphilosophie) waren natürlich eine gewaltige Herausforderung für die Soziologie insgesamt. Wie kein anderer erkannte Max Weber die Konsequenzen dieser Herausforderung; als intellektuell überragende Persönlichkeit erlangte er auch weit über die Soziologie hinaus großen Einfluß. Die Bedeutung Webers ist kaum zu überschätzen, es ist aber auch schwierig, seine Position und Wirkung präzise zu beschreiben. Er war sowohl Nachfolger von Marx, an dessen Werk er anknüpfte, als auch sein bedeutendster Antipode, der ihn in vieler Hinsicht korrigierte; er war Denker und Gelehrter mit einem geradezu universalen, in seiner Zeit beispiellosen Wissenshorizont, gleichermaßen Soziologe wie Jurist, Ökonom, Historiker, Religionssoziologe und Anthropologe. Aber seine Wirkung beschränkt sich ganz auf die Wissenschaft und kann deshalb nicht mit der von Marx, Nietzsche, Darwin oder (um in Webers eigener Zeit zu bleiben) Freud verglichen werden, die jedem einigermaßen gebildeten Bürger weltweit ein Begriff waren, weil das Menschen- und Weltbild des zwanzigsten Jahrhunderts gar nicht denkbar ist ohne ihr Werk. Wenn auch, was man davon kannte, sehr stark popularisiert war, simplifiziert, oft auch polemisch verzeichnet und mißbraucht, wie es bei einem Werk, das auf Umwegen Millionen Menschen erreicht, unvermeidlich ist. Was Marx angeht, kam noch die unerhörte machtpolitische Stoßkraft hinzu.

Dieser Unterschied in der Ausstrahlung verweist auf ein faszinierendes Phänomen: die Spannung zwischen Imagination und Empirie, visionärer Synthese und rationaler Analyse, die auch immer eine Spannung zwischen dem ästhetischen und dem ethischen Prinzip impliziert. Die visionäre Synthese, die sich für den Entwurf eines Gesamtbildes eignet und die dem Werk eines Marx, Darwin, Nietzsche und Freud zu seiner gewaltigen Ausstrahlung und damit auch seiner banalisierenden Popularität verhilft, ist immer mit enormer Vereinfachung und einer Selektion des Stoffs nach hierarchischen Gesichtspunkten verbunden. Es war diese Vereinfachung, gegen die sich Weber wehrte, weil sein wissenschaftliches Ethos ihm dies gebot, und er setzte ihr seine Analyse entgegen. Das minderte die suggestive Wirkung und stand einer Verbreitung und Popularisierung seiner Ideen entgegen. Er war weniger an einem ästhetisch befriedigenden Ergebnis als an der Entwicklung eines zuverlässigen gedanklichen und methodischen Instrumentariums interessiert, an Kategorien und Maßstäben, die eine sinnvolle Ordnung des historischen Stoffs ermöglichten. Deshalb blieben sein Werk und sein Name außerhalb der Fachkreise und der Wissenschaften allgemein weitgehend unbekannt. Er hat auch bei seinem frühen Tod, 1920, im Alter von sechsundfünfzig Jahren, kein abgeschlossenes Œuvre hinterlassen. Das Hauptwerk *Wirtschaft und Gesellschaft* blieb unvollendet. Seine gesammelten Werke umfassen Studien zu den unterschiedlichsten Themen, von altindischer Mythologie und antiker Sklavenhalterwirtschaft bis zu preußischer Kolonisationspolitik und geschichtstheoretischen Fragen. In einem kompakten, spröden, streng sachlichen Stil verfaßt, ist ihm aller literarische Ehrgeiz, ja überhaupt Sorge um die Form gänzlich fremd. Aber in diesem Werk zeigt sich eine unvergleichliche Sachkenntnis und vor allem die überragende Fähigkeit, zum Kern vorzudringen und die Grundproblematik jedes Themas beherzt anzupacken. So gelang es ihm, überzeitliche gesellschaftliche Strukturen und Mechanismen zu skizzieren, die hinter der Mannigfaltigkeit der geschichtlichen Wirklichkeit liegen. Nicht im Entwerfen des großen Gesamtbildes oder Systems, sondern in der Formulierung eines abstrakten Instrumentariums der Strukturierung lag seine außergewöhnliche Stärke. Deshalb birgt sein Werk einen Schatz an Erkenntnissen und Ideen, die sich als immens fruchtbar erweisen sollten, sowohl für die Methode als auch für Vorstellungen und Begriffe des geschichtswissenschaftlichen und soziologischen Denkens; ein Beispiel ist seine Konzeption des »Idealtypus« als Modell und theoretischer Maßstab.

Betrachtet man sein Werk und seine Person insgesamt, drängt sich wie bei nur wenigen anderen außergewöhnlichen Erscheinungen das Bild eines Torsos auf, gigantisch in der Anlage, wie ein Torso Michelangelos. Aber dieser Torso läßt etwas wie innere Notwendigkeit erkennen, durch die er sich über das Fragmentarische oder letztlich Mißglückte vieler anderer Gestalten erhebt. Das Fragmentarische in Leben und Werk Max Webers hat etwas Symbolisches, denn es steht für die wachsende Schwierigkeit, im zwanzigsten Jahrhundert noch zu einem geschlossenen Weltbild zu gelangen, das auch den Anforderungen der modernen Wissenschaften gerecht werden und ihre Erkenntnisse integrieren kann. In Webers Geist und Persönlichkeit wurde die Spannung zwischen nüchterner Wissenschaftlichkeit und Engagement, zwischen Ratio und Moral durch sein starkes intellektuelles Verlangen nach Wahrheit bis zum Äußersten erhöht. Und dabei trat die Unmöglichkeit einer harmonisierenden Synthese und eines großangelegten Systems klar zutage. Weber wurde zum Inbegriff wissenschaftlicher Integrität, da er mit großer Strenge die Grenzen markierte, innerhalb derer die Wissenschaft zu agieren hat, und zwischen Wissenschaftsethos und praktischem Lebensethos unterschied. Er sah sich nicht als Philosoph. Die Vermutung liegt nahe, daß er gerade wegen jener unauflösbaren Spannung die Philosophie verdächtigte, einem überholten, illusionären Ideal der Totalität nachzujagen, während die moderne Wissenschaft nach seiner Auffassung nur über Fragen und nicht über Antworten tiefer in die Realität eindringen kann. Die Spannung, die seiner asketischen Haltung etwas Exemplarisches gibt, hing unmittelbar mit seiner Verwurzelung in der deutschen Nationalkultur zusammen.

Weber hatte politische Ambitionen, aber sein Wandel vom kritischen Imperialisten zum kritischen Liberaldemokraten und vor allem seine Unfähigkeit, in der Öffentlichkeit die für einen Politiker unverzichtbaren Konzessionen zu machen und das Verlangen nach wohlfeilen Vereinfachungen und Mythen zu befriedigen, verhinderten eine politische Karriere.

Die wichtigsten Impulse, die von Weber ausgingen, waren von zweierlei Art. Der eine hängt mit der Gegenposition zur marxistischen Lehre und der Korrektur des Schemas von Basis und Überbau zusammen. Weber war vom Neukantianismus beeinflußt, besonders von Rickert und dessen Beschäftigung mit dem Problem der Werte, die für das menschliche Bewußtsein von so wesentlicher Bedeutung sind. Außerdem beeindruckte ihn das 1902 veröffentlichte große Werk *Der moderne Kapitalismus* des angesehenen Soziologen Werner Sombart. Sombart öffnete ihm die Augen für einen anderen Ansatz als den des Marxismus. In einer berühmten Studie stellte Weber die These auf, der Kapitalismus sei ohne eine bestimmte Mentalität und ohne ein bestimmtes Wertesystem, die der Kalvinismus geschaffen hatte, nicht denkbar gewesen. Nicht ökonomische Gegebenheiten, sondern eine neue Moral hat den Kapitalismus hervorgebracht oder hatte zumindest einen bedeutenden Anteil an seinem Entstehen.[73] Die Religion ist nicht einfach nur Spiegel oder Hervorbringung sozialer Verhältnisse, sondern sie kann diese als autonome Macht auch formen. Auch das Individuum ist nicht ausschließlich Produkt seiner Klasse und seines Milieus, sondern es kann innerhalb eines von den allgemeinen Umständen und der Gesamtentwicklung vorgegebenen Rahmens bestimmen, welche von einer Reihe denkbarer Möglichkeiten schließlich verwirklicht wird. Immer wieder machte Weber die komplizierte Wechselwirkung zwischen mentalen, religiösen und ökonomischen Faktoren sichtbar und entlarvte damit jede Theorie, die hier generalisierende monokausale Erklärungen bot, als wissenschaftliche Kinderei. Natürlich verfehlte dies nicht seine Wirkung auf die kritische Sozialphilosophie.

Das zweite Problem, bei dem Weber für viele Wissenschaftler zu einer Art Leitstern wurde, war die so aktuell gewordene Frage der Objektivität, die zugleich mit der Frage nach Funktion und Sinn der Humanwissenschaften und dem Problem des Wissenschaftsethos zusammenhing. Angesichts offener Ideologisierung und mehr oder weniger verdeckter Vermischung von Sachlichkeit und Ideologie in den Sozialwissenschaften forderte er die unbedingte Trennung von Aussagen über die Realität und wertender Beurteilung.

Wissenschaft hatte sich ausschließlich um die Beschreibung des empirisch Gegebenen zu bemühen. Sie konnte und sollte objektiv Mittel des Handelns zeigen, aber niemals die Ziele des Handelns bestimmen. Weber verfocht keineswegs Neutralismus und politische Enthaltsamkeit, wohl aber die Trennung der Rolle des Wissenschaftlers von der des handelnden Menschen, der am Geschehen beteiligt ist. Die (Sozial-)Wissenschaften hatten folglich allein die Aufgabe eines Werkzeugs zu erfüllen, keine moralische Aufgabe. Nicht zu unrecht hat man – wegen des Dualismus von scharfem Beobachter und leidenschaftlichem Mitspieler in Webers eigenem Wesen – in dieser strengen und grundsätzlichen Begrenzung des wissenschaftlichen Gegenstandsbereichs auch den Ausdruck von Selbstdisziplinierung gesehen. Die Schwäche dieses Objektivitätsideals ist klar erkennbar: Eine Analyse und erst recht eine narrative Beschreibung sind immer auf die Sprache mit ihren wertenden Konnotationen und unbewußten Wirkungen angewiesen, und nicht zuletzt deshalb bleiben sie auch abhängig vom Denkhorizont des jeweiligen Forschers, von der historischen Konstellation seiner Zeit. Aber mit seiner Forderung, in der Geschichtswissenschaft und Soziologie von den Handlungen, den Intentionen und, besonders im Hinblick auf Zweck und Mittel, den rationalen Auffassungen der handelnden Personen als einzig legitimen Gegenständen auszugehen, hat Weber alle von außen herangetragenen holistischen oder metaphysischen Erklärungen und alle Taschenspielerei mit Begriffen wie »Volksgeist«, »Schicksal«, »Vorsehung« oder »Sinn der Geschichte« – Fiktionen, die oft als gleichsam individuelle Mächte dargestellt wurden – als Humbug aus der Wissenschaft verbannt. Damit setzte er der Wissenschaft in der Frage, was sie kann und was nicht, eine strenge Norm. Er wurde zur Verkörperung eines modernen wissenschaftlichen Ethos, indem er in gewissem Sinne die Marxsche These umkehrte: Wer die Welt verändern will, hört damit auf, Wissenschaftler (oder Philosoph) zu sein.

Webers kompromißlose Trennung von Ratio und Ethos verweist, was ihre Konsequenzen angeht, auf ein noch viel komplexeres Problem der gesamten modernen Wissenschaft, eher noch der Natur- als der Sozialwissenschaften, die Weber hauptsächlich im Sinn hatte: Inwieweit darf der Wissenschaftler die Augen vor den Folgen seiner Arbeit verschließen? Inwieweit kann und darf er diese Frage bei seinen Forschungen ignorieren und sich damit in den Forscher und den verantwortlichen Bürger aufspalten? Zu Webers Lebzeiten waren diese Probleme in den Naturwissenschaften noch nicht so deutlich sichtbar, wie sie es mit Atomenergie und gentechnischer Manipulation werden sollten. Was Weber bei den Sozialwissenschaften vermißt hatte, die Beschränkung auf rein rationale, nur auf den Erkenntniszweck gerichtete Forschung, ohne Berücksichtigung der gesellschaftlichen Konsequenzen, sollte deshalb für die Naturwissenschaften auch problematischer werden. Hinsichtlich des Grundproblems besteht aber letztlich nur ein gradueller Unterschied zu den Sozialwissenschaften.

Webers Objektivitätsauffassung konnte in der Nachkriegssituation leicht Mißverständnisse und Irritation verursachen. Wie es schien, stand sie in einem scharfen Kontrast zur gerade jetzt und besonders von der Jugend so eifrig betriebenen Suche nach Orientierung und Lebenssinn und zum tiefen Groll der national gesinnten Gruppen in Deutschland – vor allem, da Weber als engagierter Liberaldemokrat an der Verfassung der jungen Republik mitgearbeitet hatte und eine charismatische Persönlichkeit war. Deshalb wurde ihm von Eduard Spranger, einem der Anreger der Reformpädagogik und der Jugendbewegung, vorgeworfen, er entmutige die junge Generation und versage ihr, wonach sie verlange. Mit seiner Forderung nach wertfreier Wissenschaft diene er nur dem Geist des Relativismus.

Dadurch, daß er in der Theorie rationale Forschung und politisch-ideologische Intentionen so scharf getrennt hatte (in der Praxis konnte auch er natürlich die unlösbare Verbindung des Wissenschaftlers mit dem engagiert Handelnden nicht leugnen), mußte Weber die von Spranger kritisierte Tendenz in der Soziologie tatsächlich verstärken. Diese Entwicklung erreichte mit dem Werk des deutschsprachigen Ungarn Karl Mannheim ihren Höhepunkt. Mannheim ging es darum, eine Soziologie des Wissens zu entwickeln. Er wollte die Kausalbeziehung zwischen unseren Denkformen und dem Umfang unseres Wissens einerseits und dem gesellschaftlichen Hintergrund andererseits aufdecken. Sein Hauptwerk *Ideologie und Utopie* (1929) war ebenfalls eine bedeutende Auseinandersetzung mit dem Marxismus, da Mannheim alles Denken als ideologisch und gesellschaftlich bedingt ansah und zugleich deutlich machte, daß eine Bewegung, die die Gesellschaft verändern will, zwangsläufig von einer Utopie ausgehen muß. Die Wahrheitsfrage wurde völlig historisiert, und der Soziologe wurde im Grunde zum distanzierten Beobachter gemacht, der die wechselnden Wahrheits- und Realitätsauffassungen registriert. In dieser Hinsicht kann man in Mannheim den

Soziologen sehen, der die entsprechende Linie im Werk Webers konsequent weitergezogen hat. Daß er von links wie von rechts, von marxistischer wie von konservativer Seite, scharf kritisiert wurde, als gefährlicher Zersetzer der Normen und Verfechter eines durchgedrehten Relativismus, kann kaum überraschen. Aber das große Problem der »Standortgebundenheit« allen Denkens, das er, auf den Spuren Webers, sichtbar gemacht hatte, konnte man nicht mehr einfach übergehen.

20 Literatur: Distanz und Engagement

Für die Autoren war die politisierte Gesellschaft eine besondere Herausforderung. Da die Sprache allen gehört, steht die Literatur ihrer Natur nach der Gesellschaft näher als die anderen Künste. Die Sprache ist von der Gesellschaft und ihren Veränderungen abhängig, und es war seit jeher Aufgabe des Autors, sein Teil zu der Vorstellung beizutragen, die man sich von der Welt macht. Wegen der Sprache kann er auch von allen Künstlern am wenigsten all das verleugnen, was ihn an sein Land bindet, und in diesem Sinne ist die Literatur unter allen Künsten die im höchsten Grade nationale, und auch die am stärksten zeitbedingte. Das Spektrum der Reaktionen auf Vermassung und Mechanisierung war sehr breit, es reichte von entschiedener Ablehnung und tiefem Widerwillen bis zu starkem sozialen und politischen Engagement. Nun hat ein literarisches Werk, ob Gedicht oder Roman, natürlich viele Facetten, je bedeutender es als Kunstwerk ist, um so mehr. Es kann auf vielerlei Weise gelesen werden, und so versteht es sich von selbst, daß das Verhältnis der Literatur zur Gesellschaft, um das es hier geht, nur einer unter all den möglichen Gesichtspunkten ist. Die Behandlung kann keinen Anspruch auf eine ausreichende Würdigung oder vollständige Auslotung der Autoren und ihres Werks erheben.

Das wahrscheinlich deutlichste Nein zu Masse und Massenkultur kam von dem Kreis um den deutschen Dichter Stefan George. Hier prägte die Ablehnung der Massenkultur den gesamten Lebensstil, die Sprache und die äußere Erscheinung. Wie kein anderer vertrat George die Idee des Dichters als eines Hohenpriesters; der Künstler sollte Verkünder einer höheren Ordnung der Schönheit sein, und diese Idee versuchte er in seinem Werk und Leben zu verwirklichen. Im Gegensatz zu Avantgardisten und Expressionisten lehnte er gesellschaftliches Engagement des Künstlers prinzipiell ab: Dergleichen konnte für ihn nur heißen, daß der Künstler sich prostituierte und seine höhere Bestimmung verriet. Als Dichter stark von Mallarmé und als Denker von Nietzsches Ideal der Aristokratie beeinflußt, verwandelte er das Prinzip des L'art pour l'art in eine neue Religion. Die Kunst stand in einem unüberbrückbaren Gegensatz zur banalen Gesellschaft mit ihrem von ordinärem Materialismus bestimmten, kurzlebigen Wahn, und sie hatte sich ausschließlich nach den unveränderlichen, ewigen Normen des Schönen und Wahren zu richten. Das Ästhetische war identisch mit dem Ethischen. Der Künstler stand notwendigerweise außerhalb und über der Gesellschaft. Daß George damit implizit auch die Tradition der Aufklärung, des Fortschrittsglaubens und des Positivismus ablehnte, steht außer Frage. Seine Ästhetik war vor allem vom antiken Griechenland geprägt.

Ganz im Sinne des Neoklassizismus sah er dort die göttlichen Urbilder am reinsten verwirklicht. Vielleicht hing dies auch mit seiner katholischen Herkunft und der Empfänglichkeit der katholischen Theologie, besonders der Scholastik, für das in der griechischen und römischen Antike und den romanischen Kulturen erkennbare Formgefühl in einem allgemeinen Sinn zusammen, der Vorliebe für die klare architektonische Struktur. So erkannte er auch in manchen Erscheinungen des Mittelalters Offenbarungen jener ewigen Symbole, vor allem in der Gestalt Dantes. Ein heimlicher Drang, sich dem großen Italiener anzunähern, auch im Äußeren, der Physiognomie, ist bei George kaum zu übersehen. Den genannten Prinzipien entsprechend schloß er alles Individuell-Biographische aus seiner Dichtung aus. Sie diente einzig dem Ziel, Zeugnis abzulegen von einem überzeitlichen Kosmos der Schönheit und Wahrheit, und dies implizierte vernichtende Kritik an der zeitgenössischen Kultur. Nur eine Poesie von formaler Strenge, der wie gemeißelt wirkende Vers, kam für eine Dichtung in Frage, deren Schöpfer den subjektivistischen Ausdruck von Stimmungen voller Verachtung ablehnte. Soweit George seine überindividuelle Verskunst als Abwandlung griechischer Chorgesänge, der Psalmen oder liturgischer Gesänge verstand, sollte sie in erster Linie Hymne, Anrufung und feierliche Beschwörung sein. In seiner 1892 gegründeten Zeitschrift *Blätter für die Kunst* hatte er für Geistesverwandte ein neues Forum geschaffen. Es paßte zu seinem elitären Stil, daß er seinen Gedichten später durch eine besondere Schrift und die Eliminierung von Großbuchstaben und Interpunktion auch visuell ein ungewöhnliches Gepräge gab.

Mit dieser strengen Prinzipientreue, dieser Selbstgewißheit und der entsprechenden Überzeugungskraft übten seine Person und sein Werk auf sensible, Orientierung suchende Menschen eine magische Anziehungskraft aus. Chaos und massenhafte Flucht in den Hedonismus schufen in der Zeit nach 1918 dafür ein günstiges Klima. Es gelang George, eine erlesene Schar von Proselyten um sich zu versammeln. Es waren meist Jüngere, die in seinem Ideal das Heilmittel gegen die Profanierung der Künste durch die Massenkultur sahen. Was sie anzog, war fraglos vor allem die Verkündigung unvergänglicher Wahrheits- und Schönheitsnormen, die in so deutlichem Kontrast zum Relativismus und Stilwirrwarr der Zeit stand. Mit seinen Auffassungen entsprach George dem dringenden Wunsch, wieder festen Boden unter die Füße zu bekommen. Sein Kreis hatte unverkennbare Züge einer esoterischen Loge. So artete die Verehrung seiner Person leicht in einen regelrechten Kult aus, und das elitäre Kunstideal in schwärmerischen Ästhetizismus. Der Zusammenhalt wurde durch einen homoerotischen Einschlag noch gefestigt, Neigungen, die über das hellenische Schönheitsideal sublimiert werden konnten. George selbst nannte man gewöhnlich »Meister«, die anderen sahen sich als »Jünger«, und bei ihrem Umgang mit ihm hing etwas wie Weihrauchduft in der Luft, der auch ihrem vom Meister inspirierten poetischen Werk anhaftet – es ist feierlich, narzißtisch, euphorisch und ohne eine Spur von Humor oder Relativierung.

Georges Werk und Kunstphilosophie entsprachen einem religiösen Verlangen. Dies erklärt ihre anziehende Wirkung auf Persönlichkeiten, die alles andere als Möchtegernliteraten waren, zum Beispiel Friedrich Gundolf, Ernst Bertram, Friedrich Wolters, Ernst Kantorowicz und Karl Wolfskehl, namhafte Gelehrte und Schriftsteller. Auch der gefeierte österreichische Dichter Hugo von Hofmannsthal stand eine Zeitlang im Bann Georges. Dessen diktatorische Haltung – er war bedingungslose Anerkennung seiner Autorität und seiner Prinzipien gewohnt – schloß allerdings die Duldung einer zweiten Berühmtheit aus. Hiermit hing es sicherlich auch zusammen, daß Rainer Maria Rilke eine gewisse Distanz wahrte, trotz unverkennbarer Verwandtschaft und Sympathie. Auch für Rilke war Dichtung Ausdruck einer unvergänglichen kosmischen Ordnung. Er suchte die klösterliche Abgeschiedenheit. Aber er war eher der Mystik zugewandt, viel introvertierter und – auch in der Sprache seiner Lyrik – empfindsamer als der auf prophetische Verkündigung ausgerichtete, virile und doktrinäre George, und so war er weder für die Rolle des Gurus noch für die des Jüngers geeignet.

Bemerkenswert war die Anziehungskraft des George-Kreises auf jüdische Intellektuelle. Sie hing damit zusammen, daß diejenigen unter ihnen, die ganz mit der deutschen Kultur verwachsen waren, hier eine geistige Heimat finden konnten, die eine Alternative zu politischem Engagement, ob sozialdemokratisch oder marxistisch, oder zum wissenschaftlichen Positivismus und zum Humanismus bot, also zu dem, was für jüdische Intellektuelle gewöhnlich Endpunkt ihrer Emanzipation war. Und natürlich war sie auch eine Alternative zum Zionismus. Bei George fanden sie eine antimodernistische Weltanschauung, eine neue Religion, die aber nicht den Antisemitismus und Rassismus übernahm, der die antimodernistische Lehre und Ästhetik so leicht infizieren konnte. George orientierte sich an der lichterfüllten Welt von Hellas und Rom und hatte kein Interesse an einem atavistischen Germanenkult.

Das bedeutet nicht, daß es keine Verbindungslinien vom George-Kreis mit seiner Anbetung männlicher Schönheit zum Kult mit der reinen germanischen Rasse gegeben hätte, der in letzter Konsequenz antijüdisch war. Auch dieser Kult hatte eine klassizistische Ästhetik als Grundlage. Der Schritt von einem rein geistig-ästhetischen zu einem vulgären biologistischen Rassenbegriff war für manchen nicht groß. Das war auch der Fluch der Rassenidee Nietzsches. George selbst war in seiner antipolitischen Askese konsequent. Jede Art von Nationalismus, für ihn nur Ausdruck von Borniertheit, lehnte er ab. Sein Kunstideal war übernational. Er unterhielt Kontakte zu dem Niederländer Albert Verwey und auch zu französischen Dichtern, unter anderen Paul Géraldy. Er übersetzte französische und italienische Lyrik, und daß Hölderlin, jener einsame Poet, der Hellas anbetete und besang, als einer der größten deutschen Dichter wiederentdeckt wurde, war zu einem großen Teil ihm zu verdanken. Versuchen, ihn vor den Jauchekarren einer rassistischen und nationalistischen Politik zu spannen, widersetzte er sich, und 1933 verließ er Deutschland erzürnt und enttäuscht.

Es war also nur konsequent, daß es zum Bruch mit zwei Anhängern kam, die sich als ausgesprochene Antisemiten erwiesen, Schuler und Klages. Komplizierter war das Verhältnis Spenglers zu George. Als Solist und Prophet sui generis wahrte Spengler gegenüber jeder anderen Führergestalt eine gewisse Distanz. George und seine Anhänger waren für ihn Neuromantiker, und als solche lehnte er sie ab, aber andererseits wies sein Werk, was die negative Zeitdiagnose und das aristokratische Ideal angeht, viele verwandte Züge auf.

Die Norm einer strengen und stilisierten Kunst bei George und seinen Jüngern war eine unzweideutige Antwort auf die moderne Massenkultur und das Wertechaos. Verwandte Auffassungen – verwandt, soweit es um das unbeirrte Festhalten an der Autonomie der Kunst als eines Reichs der Schönheit und somit auch am Bild des außerhalb und über Gesellschaft und Masse stehenden Dichters ging – waren natürlich viel weiter verbreitet. Dies gilt zum Beispiel für die niederländischen Dichter Verwey und vor allem Pieter Cornelis Boutens, die in der Tradition der »Tachtigers«-Gruppe standen. Da aber den neutralen Niederlanden die Erschütterungen durch den Krieg erspart geblieben waren und sich dort auch die Modernisierung viel langsamer vollzog, war die niederländische Gesellschaft vorläufig noch nicht in vergleichbarem Maße in Bewegung geraten, und so stand der Autor unter keinem so starken Zwang, eindeutig seinen Standort zu bestimmen und zu legitimieren.

Der Politisierung der Bevölkerung allgemein entsprach in Kunst und Literatur die Neigung zur Gruppenbildung, wie wir sie schon bei den Avantgardisten deutlich erkennen konnten. Gerade der Wunsch, dem Individualismus des Künstlers einen Freiraum zu erhalten, zwang dazu, sich zu Gruppen zusammenzuschließen, die sich bis zu einem gewissen Grade gegen die Außenwelt abgrenzten, auch wenn man nicht gleich eine Glaubensgemeinschaft nach dem Muster des George-Kreises bilden wollte. In England wurde Gruppenbildung dadurch begünstigt, daß es hier nach wie vor Institutionen gab – einige renommierte Public Schools und die Universitäten Oxford und Cambridge –, in denen politische, wissenschaftliche und auch literarische Eliten herangebildet wurden. Dort fanden Geistesverwandte schon früh zusammen, wie zum Beispiel die Autoren Christopher Isherwood, Wystan Hugh Auden und Stephen Spender. Alles in allem war die Entfernung zwischen Schriftsteller und Gesellschaft in den großen westeuropäischen Ländern, besonders in England und Frankreich, nie besonders groß gewesen. Die parlamentarische oder republikanische Staatsform hatte politisches Engagement des Intellektuellen gefördert. Der Schriftsteller wurde deshalb viel mehr als im deutschsprachigen Kulturraum als kritischer Kommentator akzeptiert, seine Einmischung war selbstverständlich. Daß sich die tonangebenden britischen und französischen Schriftsteller der zwanziger und dreißiger Jahre in ihren Romanen und Erzählungen direkt oder indirekt mit den großen politischen und sozialen Problemen auseinandersetzten, war deshalb nicht verwunderlich.

In England war der Schriftsteller, der etwas auf sich hielt, nicht nur ganz selbstverständlich auch Kritiker, zu seiner Rolle gehörte auch eine gewisse Verspieltheit, ein humoristischer oder satirischer Ton. Der verbale Schlagabtausch, hierin stimmte man allgemein überein, gehörte einfach zum Stil einer gebildeten Oberschicht und konnte deshalb deren Selbstbewußtsein indirekt nur stärken, er förderte die Identifikation mit der nationalen Kultur. Der Stil des Parlaments, wo man einander mit geschliffener Rhetorik unbarmherzig zusetzen konnte, dabei aber immer ungeschriebene Gesetze der Ritterlichkeit und des Anstands beachtete, übte hier einen gewissen Einfluß aus. Spott, Demaskierung und Sarkasmus blieben spielerisch. Es war politisches und soziales Engagement von einer Position aus, die allein schon im Hinblick auf Werdegang und Bildungsgrad gerade bei den engagiertesten Schriftstellern die einer Elite war. Eine Folge des Krieges, der einen so gräßlichen Tribut gefordert hatte, war in intellektuellen und literarischen Kreisen eine sehr rebellische Haltung gegenüber der Vätergeneration, deren Symbolfigur in der Literatur Rudyard Kipling war, der Sänger Britanniens, seiner Größe und seiner Sendung.[74] Nirgendwo sonst wurde der Gedanke, daß die Alten für ihren engstirnigen Imperialismus die Jugend hatten abschlachten lassen, so deutlich ausgesprochen wie hier. In den Augen vieler Briten hatte der Krieg nämlich nicht unmittelbar der Verteidigung des eigenen Landes gedient, und so konnte man vor allem hier den Eindruck haben, daß das Blutbad überflüssig gewesen sei.

Die junge intellektuelle Oberschicht, zu einem großen Teil in Oxford oder Cambridge ausgebildet, reagierte auf die Entwicklungen der Nachkriegszeit auf zweierlei Weise. Manche wandten sich voller Geringschätzung und Ekel von der immer stärker politisierten Gesellschaft ab. Sie ergaben sich einem extremen Ästhetizismus, einem Lebensstil, zu dem Flucht in eine Phantasiewelt und kunstvolle Verfeinerung gehörten, zum Zeichen dafür, daß die vulgäre Realität für sie keine Wirklichkeit sei. Sie sammelten Kunstwerke (wenn ihr Vermögen dies erlaubte), schrieben Verse und Essays, bereisten Italien und Griechenland, vermischten in ihrer Kleidung und ihrem Auftreten Theater und Wirklichkeit, kurz, sie zogen sich in eine Welt der schönen Formen zurück. Dies war allerdings auch eine bewußte Kultivierung des Pubertären, Verlängerung des Studentendaseins. Es war jener dekadente Dandyismus, der nicht zuletzt durch den Einfluß des genialen Oscar Wilde, des Dandys par excellence, in diesem Milieu zur Tradition geworden war. Man kann darin eine ganz besondere, sehr britische und snobistische Variante der kontinentaleuropäischen Jugendbewegung sehen. Charakteristisch war auch ein ausgeprägter homosexueller Narzißmus, der sich jedoch von dem des George-Kreises dadurch unterschied, daß er sich nicht mit dem Glauben an eine erhabene Berufung verband und auf Sublimierung verzichtete. Dieser Narzißmus war eher von Resignation und Zweifel durchdrungen, die sich hinter spielerischer Maskerade und zynischer Haltung verbargen, vor allem, wenn eigentliches schöpferisches Vermögen fehlte. Die Verherrlichung und Stilisierung von Jugend und (männlicher) Schönheit, Kern und Rechtfertigung des Dandyismus, und die provozierende antibürgerliche und antikonventionelle Erotik wurden bei zunehmendem Alter zwangsläufig problematisch. Wer keinen anderen Weg der Sinngebung fand, mußte als Epilog auf sich selbst verwelken. Die Flucht in eine selbstgewählte Vergangenheit, vorzugsweise die fiktive der klassischen Mythologie, in der man die Bilder und Symbole zur Kostümierung des eigenen Daseins fand, war ein Scheinausweg und mußte in leeren Manierismus ausarten.

Die Stärkeren sahen in politischem Engagement einen Weg und suchten Anschluß an radikale Strömungen. Noch immer galten Sozialismus und Kommunismus als die Bewegungen, auf deren Seite man das England hohler bürgerlicher Konventionen am wirksamsten bekämpfen konnte. Isherwood, Auden und Spender wurden zu politisch engagierten Schriftstellern; die beiden Letztgenannten nahmen später auch am Spanischen Bürgerkrieg teil. Wie andere aus dem Dandymilieu sympathisierten sie mit dem Marxismus und prangerten in ihrem Werk Englands soziale Mißstände an. Ein anderer Autor aus diesem Kreis snobistischer Studenten, Evelyn Waugh, entwickelte sich zu einem rabiaten Konservativen, er war antisemitisch, Anbeter der Macht, Bewunderer Mussolinis und Francos. Ein exzentrisches Verhalten einschließlich des Saufens, das zum elitären Ritual und Rollenspiel gehörte, war bei Waugh unlösbar mit seiner ganzen Person und seinem Leben verbunden. Sein Werk spiegelt die Welt in karikaturistischer Verzerrung wider; es ist bevölkert von Idioten und komischen Sonderlingen. Im Grunde verbarg sich hinter dem bunten Treiben seiner clownesken oder bizarren Figuren die Hoffnungslosigkeit eines sinnentlehrten Daseins.

Eine bedeutendere und kompliziertere Persönlichkeit war George Orwell, der viel später mit seiner Zukunftsvision *1984*, diesem Schreckensbild eines modernen Staatsmolochs, der jede Freiheit und Menschlichkeit erstickt, weltbekannt werden sollte; mit ihr gesellte er sich zu Wells, Huxley und anderen Autoren, die eine bedrohliche Zukunft schilderten. Orwell wurde, obwohl er schon in jungen Jahren politisch aktiv war, erst nach seinen Erfahrungen in den indischen Kolonien zu einem entschiedenen Gegner des britischen Imperialismus und zum Anhänger eines nicht parteigebundenen Anarchismus. Von starrer Doktrin hielt er gar nichts, und er erkannte mit scharfem Blick den Despotismus einer zur Staatslehre erklärten Befreiungsideologie, der sich hinter den humanistischen Parolen der Kommunisten verbarg. Auch er sollte, wie so viele europäische Intellektuelle, später in Spanien gegen die Reaktion kämpfen, und seine Reportage *Mein Katalonien* aus dem Jahre 1938 zeichnete sich durch nuancierte Darstellung und einen klaren Blick für die komplizierten politischen Verhältnisse aus.

Die tiefe Unzufriedenheit mit England, die Ruhelosigkeit der Autorengeneration der Nachkriegszeit und ihre Suche nach neuen Möglichkeiten der Sinngebung äußerten sich in einer auffälligen Reise- und Migrationsmanie. Allerdings war diese gerade unter Schriftstellern ein gesamteuropäisches Phänomen. Die bedeutendsten hielten sich vorzugsweise im Ausland auf. Frankreich, Italien, der Süden allgemein war seit jeher als Exilheimat bei britischen Autoren beliebt. In den zwanziger und dreißiger Jahren lebten viele auch längere Zeit in Deutschland. Vor allem von der Metropole Berlin ging eine starke Anziehungskraft aus. Die Herausforderung der modernen Welt war dort intensiver zu erleben, der Pulsschlag schneller. Durch das kritische soziale und politische Engagement und die Fixierung auf spezifisch britische Verhältnisse kam das Werk der meisten dennoch nicht über eine Ebene hinaus, auf der es zu sehr von den Zeitumständen und den persönlichen Reaktionen der Autoren bestimmt war. Künstlerisch sehr viel anspruchsvoller und von viel größerer Tiefe, was wesentliche Fragen der menschlichen Existenz angeht, war das Werk von David Herbert Lawrence, vielleicht nicht zufällig ein Autor, der abseits der literarischen Szene und ihrer Denk- und Verhaltensmuster zur Literatur gefunden hatte. Durch die Intensität seines so persönlichen Kampfes mit den herrschenden Konventionen und der gesellschaftlichen Hierarchie und seine Rebellion gegen die sexuellen Tabus erhebt sich sein Werk auf eine Ebene, auf der es nicht mehr um nationale Eigentümlichkeiten, sondern um Allgemein-Menschliches geht. In Romanen wie *Söhne und Liebhaber* (1913), *Liebende Frauen* (1920) und vor allem *Lady Chatterley* (1928) brach er bestehende Tabus auf eine nicht nur für britische Verhältnisse beispiellos gewagte Art. Das zuletzt genannte Buch löste einen Skandal aus und konnte jahrzehntelang nur in einer zensierten Version erscheinen. Es wurde zum Musterbeispiel für den erotischen Realismus in der Literatur. Lawrence war der am wenigsten britische Autor auf der Insel. Bei ihm findet sich keine Spur von geistreich-spielerischem Ton und einer Neigung zu humorvoller Karikatur – seit Dickens Kennzeichen und schließlich typischer Manierismus eines großen Teils der englischen Prosa. Eher war er den Neuromantikern verwandt, die gegen die Auswüchse der vom Verstand dominierten Kultur aufbegehrten. Er war auf der Suche nach den mystischen Urkräften des Lebens, die sich ihm vor allem in der Sexualität zu offenbaren schienen, seine Sympathie gehörte der Lebensphilosophie und keineswegs der Aufklärungstradition.

Dandyismus und Ästhetizismus als Visitenkarte einer künstlerischen Elite, die sich, angewidert von der Massenkultur, vom Durchschnittsbürgertum und der Menge fernhielt, waren auch in Frankreich keineswegs unbekannt. Persönlichkeit und Werk eines der bedeutendsten Wegbereiter der modernen Literatur, Marcel Proust, sind von ihnen geprägt. Bei ihm sind dieser Dandyismus und Ästhetizismus unlösbar mit einer nie gekannten Sensibilität und Bewußtseinsverfeinerung verbunden. Paris war als die Metropole der Mode und als Norm des Geschmacks immer von einer besonderen Aura umgeben gewesen. Dieser Ruhm blieb der Stadt auch nach 1918 erhalten, wenn sie auch ihren Rang fortan in mancher Hinsicht mit Berlin und Wien teilen mußte. Während aber der britische Dandyismus ein ausgesprochen nationales Phänomen war, das trotz seiner Sonderstellung eng mit dem nationalen Bildungssystem und dem exklusiven »Oxbridge«-Studentenmilieu zusammenhing, war der französische oder besser gesagt Pariser Dandyismus internationaler, wie auch das Pariser Künstlermilieu. Künstler wie Picasso, Strawinsky, Archipenko, Dadaisten und Surrealisten ganz unterschiedlicher Herkunft beherrschten hier die Szene. In den Vorkriegsjahren waren vor allem der schon erwähnte russische Choreograph und künstlerische Tausendsassa Diaghilew und sein Startänzer Nijinski die Idole der Künstlerszene und des Dandyismus gewesen. Mit ihren Ballettinszenierungen, zu denen Musiker wie Ravel und Strawinsky Kompositionen lieferten, konnten sie die Begeisterung des Publikums zur Hysterie steigern. Was Valentino für den Film werden sollte, war Nijinski für den Tanz. Dennoch war Jean Cocteau, abgesehen von Proust, der einzige bedeutende französische Schriftsteller, der als Repräsentant des französischen Dandyismus gelten kann. Wie sein Freund Diaghilew war er künstlerisch ungewöhnlich vielseitig. Daß sich ein Künstler, der sich als modern betrachtete, oft auf vielerlei Gebieten betätigte, als Schriftsteller, Schauspieler, Maler, Bildhauer, Filmemacher und möglichst auch als Kunstkritiker, haben wir schon gesehen.

Für die bedeutendsten Autoren war dieser ausgeprägte Ästhetizismus mit seinen Dandy-Allüren und entsprechender exklusivistischer Isolation keine überzeugende Antwort auf die Moderne mehr. Dies zeigt sich zum Beispiel bei Paul Valéry, der anfangs noch in der Tradition des Symbolismus stand, dann aber die reine Poesie und die ganz und gar ästhetische Weltbetrachtung zugunsten der Prosa einer kritischen Essayistik aufgab, mit der er sich der modernen Gesellschaft zuwandte. Zwischen der nur einem Form- und Schönheitsideal verpflichteten Dichtung, der er sich gewidmet hatte, und der Welt der Kartelle und Gewerkschaften bestand nach seinem Empfinden eine allzu tiefe Kluft. Der apollinische Ton bekam etwas Unaufrichtiges, und Valéry reagierte sehr konsequent. Ein vergleichbarer Fall war Hofmannsthal, vergleichbar insofern, als er im Alter von siebzehn Jahren unter dem Pseudonym Loris mit einem Schlag als Wunderkind der Dichtung berühmt geworden war. Der anfangs so frische Quell seiner melodischen Lyrik sollte jedoch versiegen. Nach einer psychischen Krise – als er erkannte, daß er nicht auf Dauer einzig den Bewegungen der eigenen Seele, wie sie einmal gewesen war, dichterischen Ausdruck verleihen konnte, was man aber offenbar von ihm erwartete – brach der Österreicher nicht so radikal mit seiner Vergangenheit wie Valéry. Hofmannsthals späteres Werk, unter anderem Opernlibretti, konnte jedoch eine gewisse Schwäche nicht verbergen: Offenbar gelang es ihm nicht, den narzißtischen Ästhetizismus zu überwinden, der kaum noch eine glaubwürdige Haltung gegenüber den drängenden Fragen der veränderten Welt war.

Anders als in England gab es in Frankreich einen Chauvinismus, der als vollkommen salonfähig und achtbar galt, wie Werk und Wirkung von Schriftstellern wie Barrès und Péguy auch nach 1918 zeigen. Der Autor und Intellektuelle konnte aber künftig den tiefen Riß, der quer durch die französische Gesellschaft lief, nicht mehr außer acht lassen, den Riß zwischen zwei historisch-ideologischen Traditionen: der des rechten, katholischen, monarchistischen Frankreich und der des linken, revolutionären und antiklerikalen. Natürlich entstünde ein Zerrbild, würde man die Literatur einfach entsprechend dieser Zweiteilung gliedern. Aber in den Reaktionen der

Schriftsteller auf die moderne Welt spielen die Herkunft aus einem der beiden Lager und somit auch die Haltung zu dieser Herkunft, Rechtfertigung oder Protest, immer eine Rolle. Das Werk Paul Claudels und Paul Bourgets stand im Zeichen ihrer Bindung an das katholische, konservative Frankreich. Zu den Krankheiten der Moderne zählten sie als erste und als tiefste Ursache allen Übels die Abwendung vom Glauben. Eine Wende zum Guten konnte deshalb auch nur dank einer religiösen Wiedergeburt kommen, die zugleich eine katholische Wiedergeburt war. Auch Georges Bernanos trat für die Werte und Traditionen dieses religiösen Frankreich ein. Er kam aus dem ausgesprochen nationalistischen Lager der Action Française, brach aber später mit Maurras. Trotzdem standen für ihn die richtigen Antworten auf die Herausforderungen der modernen Welt fest: Frömmigkeit, Ergebung in Gottes Willen, dazu ritterliche Tugenden und Heldentum. Für den katholischen Romantiker Bernanos waren dies keine antiquierten, leeren Phrasen.

Der größte literarische Repräsentant des anderen Frankreich, des Frankreichs der Aufklärung und Humanität, in dieser Hinsicht ein Nachfolger von Anatole France, war André Gide – auch insofern ein Repräsentant dieser anderen Tradition, als sich sein Humanismus in Skepsis und Ironie hüllte. Gide erlag zunächst, wie seine ganze Generation, der Faszination des Symbolismus, der Suche nach den höheren Ideen hinter der sichtbaren materiellen Wirklichkeit. Aber immer mehr faszinierte ihn diese Wirklichkeit selbst, der wirkliche Mensch als psychologisches und soziales Phänomen. In der Behandlung dieses Phänomens zeigte er eine virtuose Variationsfähigkeit. Aber der rote Faden in diesem ansonsten aus vielfarbigen Fäden locker gewebten Werk ist sein Agnostizismus, zu dem der Kampf gegen Konventionen, auch und vor allem moralische, und gegen Doktrinarismus gehört. Natürlich richtete sich dieser Kampf vor allem gegen das katholische Frankreich, gegen Orthodoxie und politische Reaktion. Treffend charakterisierte er bereits im Titel seines Romans *Die Falschmünzer* von 1926, was er bekämpfte: geistige und ethische Falschmünzer, die nach einer starren Doktrin und Moral leben. Vielleicht noch rücksichtsloser entlarvte er diesen Typus in *Die Schule der Frauen* aus dem Jahre 1929. Trotz seines Wahrheitsskeptizismus glaubte Gide politisch nicht abseits stehen zu dürfen, dafür war seine Aversion gegen das Frankreich des Imperialismus und der religiösen Orthodoxie zu stark. Auch er gehörte nach 1917 zu den vielen, die der Bolschewismus faszinierte. Er wurde zwar kein Parteimitglied, aber doch Kommunist oder sympathisierte zumindest mit dem Kommunismus. 1936 wurde er als einer der berühmtesten westlichen Autoren in der Sowjetunion mit großen Ehren empfangen, aber er ließ sich letztlich nicht einlullen, offenbar blickte er doch hinter die Fassade. Der Stalinismus war für ihn erledigt. Dies paßte zu seiner Überzeugung, Grundlage einer aufrichtigen Lebenshaltung könne einzig die Inkonsequenz sein. Hierin erwies er sich auf jeden Fall als konsequent.

Ein beeindruckender Vertreter dieses linken Engagements in einer jüngeren Generation von Franzosen war André Malraux. Auch er stand anfänglich noch unter dem Bann von Ästhetizismus und Individualismus. Das Thema des Verhältnisses von Individuum und Gesellschaft sollte der rote Faden in seinem Œuvre bleiben. Durch Erlebnisse in China hatte er jedoch eine kritische Einstellung gegenüber der europäischen Kultur entwickelt und die Wichtigkeit revolutionärer Bewegungen erkannt. Malraux sollte seitdem Bedeutung und Wert des Individualismus relativieren und die Notwendigkeit betonen, ihn in den Dienst von Humanität und Gemeinschaft zu stellen, der *Fraternité*; diese wurde zu einem Schlüsselbegriff. In seinem bekanntesten Buch, *La condition humaine* (dt. So lebt der Mensch) von 1933, spricht er von der großen humanen Revolution. Er wurde Kommunist, wahrte aber eine gewisse Distanz zur Partei, kämpfte in Spanien gegen Franco und wurde schließlich Anhänger und Mitarbeiter De Gaulles.

Es war ein in vieler Hinsicht bezeichnender geistiger Werdegang, verweist er doch auf ein großes Dilemma, vor dem so mancher Autor stand. Für viele Schriftsteller war das wesentliche Problem, das ihr Werk beherrschte, nach wie vor das Verhältnis zwischen ihrer Person und der Welt. Dies war das große Erbe der Romantik. Malraux entschied sich genau wie Gide für das politische Engagement als einzig angemessenen Weg, diese alte Spannung zu lösen. Für einen Gegner der politischen und geistigen Reaktion des konservativen Frankreich konnte dies nur bedeuten, daß er sich dem Lager der Linken anschloß, von dem der Kampf für die Werte der Humanität scheinbar am wirkungsvollsten geführt wurde. Sobald aber dieses Lager die Humanität und die Freiheit des Individuums wieder in Gefahr brachte, wurde diese Entscheidung fragwürdig. Das führte in der politischen Praxis zu einem gewissen Schwanken und zu Wendungen, die opportunistisch wirken konnten. Schon bei Gide zeigte sich dies, und es kann auch Malraux' späteres Umschwenken erklären.

Andere wiederum nahmen angesichts dieses Dilemmas eine hyperindividualistische Haltung ein und wählten ein Leben in einsiedlerischer Zurückgezogenheit, fern vom Weltgetümmel. Für sie bedeutete Aufrichtigkeit in der Kunst auch weiterhin Ausdruck des subjektiven Erlebens, mit dem letztlich alles beginnt, auch jede Vorstellung von der Welt. Wie schon bemerkt, wählte man in diesem Fall vor allem die Lyrik, die subjektive Gattung schlechthin. Daß aber auch im Ausdruck des Individuellen zwangsläufig der Geist der jeweiligen Zeit enthalten ist, schon allein in der Sprache, den Metaphern, wenn auch in mehr oder weniger gefilterter Form, versteht sich von selbst.

Ziemlich konsequent in seiner Entscheidung für ein solches Eremitendasein war Hermann Hesse, der für immer aus Deutschland ins Tessin emigrierte. Hesses dortige Lebenseinstellung könnte man als neuromantische bezeichnen, später hatte sie auch einen ausgesprochen mystischen Einschlag. Natürlich kann man die Blickrichtung auch umkehren und aus dieser Haltung seine Flucht in die Abgeschiedenheit eines Schweizer Dorfes erklären. Hesses entschiedene Ablehnung der politisierten Gesellschaft äußerte sich auch deutlich in seinem Abscheu gegen Militarismus und Nationalismus. Aber aktiver Pazifismus, zu dem sich andere Schriftsteller und Künstler in ihrem Werk bekannten und dem sich manche auch als politisch Handelnde verschrieben, hätte für Hesse bedeutet, sich allzuweit auf die politischen Streitereien der europäischen Gesellschaft einzulassen. Sein Werk ist beherrscht von der Sehnsucht, über die eigene Gefühlswelt zu einer höheren Ebene zu gelangen und in einer höheren Einheit aufzugehen. Wie sehr dieses Werk den Empfindungen vor allem jüngerer Menschen und ihrem quasireligiösen Verlangen nach überzeitlichen Werten und Orientierungspunkten entsprach, zeigt die Begeisterung, mit der Erzählungen wie *Demian* oder *Siddhartha* aufgenommen wurden. Die 1922 erschienene »indische Dichtung« *Siddhartha*, deren Held einen indischen Weg zu innerem Frieden und persönlicher Vervollkommnung geht, wurde in vierundzwanzig Sprachen übersetzt und machte den Autor weltberühmt.

Hesse knüpfte auf seine ganz eigene Weise an eine europäische Tradition an, die spätestens seit der Romantik lebendig war: die Darstellung einer bewunderten östlichen Kultur als Gegenpol zur eigenen, wozu auch Kritik am Christentum gehörte. Auch das alte (übrigens nicht zuletzt christliche) Motiv von Schuld und Erlösung stand bei Hesse im Mittelpunkt, in der Gestalt eines Helden, der nach verzweifelter Glücksuche in Luxus und weltlichen Freuden bekehrt wird und schließlich in einem einfachen Dasein Frieden findet. Eine persönliche Variante von Tolstois Leben und Werk. Die starke Resonanz bewies, daß diese Tradition und die Thematik der Heimsuchung und Läuterung die Jugend nach wie vor ansprachen, in diesem Zeitalter der Massenkultur und Mechanisierung vielleicht sogar mehr als zuvor.

Die Versuchung, sich als Künstler um der persönlichen Reinheit willen entschieden jeder Beschäftigung mit politisch-gesellschaftlichen Fragen zu enthalten, blieb ohne Frage groß. Trotzdem fanden sehr viele diese Enthaltung nicht mehr zeitgemäß. Die Erkenntnis, daß die Politisierung der Gesellschaft auch den Künstler, ganz gewiß aber den Autor betraf und eine Positionsbestimmung verlangte, spielte im Avantgardismus eine wichtige Rolle. Manche hatte diese Erkenntnis sogar zu aktiven Anhängern der Revolution gemacht. Und diejenigen, die im Krieg gewesen waren, konnten diesen unsagbar gewalttätigen Eingriff in ihr Leben nie ganz aus ihrer Erinnerung tilgen.

Wer nicht die Position des Eremiten außerhalb oder über der Gesellschaft einnehmen konnte oder wollte, identifizierte sich deshalb aber noch längst nicht immer mit den großen politischen und ideologischen Strömungen. Die Vorstellung vom großen Dichter »über dem Getümmel« war im deutschsprachigen Raum wegen des tiefen Grabens zwischen Macht und Kultur tiefer verwurzelt als im Westen. Es fällt auf, daß ein ausgeprägter künstlerischer Dandyismus in Deutschland keine Tradition hatte und sich auch jetzt nicht entwickelte. Vielleicht hängt dies damit zusammen, daß die Rolle des Schriftstellers und Intellektuellen als eines gesellschaftskritischen und doch vollkommen akzeptierten Angehörigen eines besonderen Standes hier nicht vorgesehen war. Und deshalb fehlte das spielerische Element, dessen Voraussetzung und Grundlage, wie in England, ein unstrittiger nationaler Konsens hätte sein müssen. Der deutsche Ästhetizismus verwandelte sich sogleich in eine tiefernste Philosophie oder führte zu neuromantischer Abkehr von der Gesellschaft. Was blieb übrig, wenn man diese beiden Alternativen oder auch die dritte Möglichkeit – direktes politisches Engagement auf der linken oder rechten Seite – verwarf? Vielleicht hängt es mit dieser Problematik zusammen, daß gerade hier zwei monumentale Werke entstanden, die man auch als Versuch auffassen kann, mit der eigenen Zeit ins reine zu kommen, Werke, die ein umfassendes Zeitpanorama entwerfen und im

Zeichen eines ausgeprägten Krisenbewußtseins stehen. So schnell das eine zu Ruhm gelangte und so viele Leser es ansprach, so unzugänglich war das andere, das lange auch weitgehend unbekannt blieb. Das Ergebnis der inneren Auseinandersetzung mit der Moderne war in beiden Fällen ein in jedem Sinne intellektueller Roman – wenn wir darunter einen Roman verstehen, in dem ideologische oder philosophische Fragen im Vordergrund stehen. Gemeint sind *Der Zauberberg* von Thomas Mann (1924) und *Der Mann ohne Eigenschaften* (erschienen ab 1930) von Robert Musil.[75]

Das bekannte Motiv des Verhältnisses von Ich und Welt war für Thomas Mann zunächst in seiner romantischen Ausprägung als Gegensatz von Künstler und Bürger bedeutsam. Dem entsprach ein innerer Zwiespalt, von dem sein früheres Werk sehr stark geprägt war, ja der im Grunde für seine ganze Entwicklung und sogar seine äußere Erscheinung bestimmend sein sollte. Der Künstler zwängte sich in die beengende Hülle des (wohlhabenden) Bürgers mit der Arbeitsdisziplin des Beamten. Wir sind Thomas Mann allerdings schon begegnet, als es um die Aufregung unter den deutschen Intellektuellen zur Zeit des Krieges und ihren Beitrag zur Rechtfertigung der deutschen Kultur ging: In seinem großen Essay *Betrachtungen eines Unpolitischen* vollzog er schon die Hinwendung zur Welt. Er bekannte sich zu der Überzeugung, daß der Künstler keinen Platz gegenüber und außerhalb der Gesellschaft mehr einnehmen könne und dürfe, daß irgendeine Art von Engagement für ihn unumgänglich sei. Der Erste Weltkrieg bedeutete somit auch für Thomas Mann eine Zäsur und das Ende einer Epoche. Wenn er hieraus künftig die notwendigen Konsequenzen zog, so tat er es vermutlich nicht ohne innere Qual, aber ein Eremitendasein und rigorose Isolation wären noch viel weniger seine Sache gewesen. Die alte Polarität von Künstler und Bürger wurde in seinem Werk allmählich von einer anderen in den Hintergrund gedrängt, oder besser gesagt, er wendete sie ins Ideologische und Politische. Hatte er sich in seinem grüblerischen Kriegsessay noch als erbitterter Feind des Westens gezeigt, der, ganz im Geiste deutscher konservativ-romantischer Vorstellungen, scharf mit Demokratie und Aufklärung ins Gericht ging, wurde er jetzt schon bald zum Anwalt der Republik, zumindest äußerlich. *Der Zauberberg* kann als allegorische Abrechnung mit der bürgerlichen Epoche der Vorkriegszeit gelesen werden (wie bei jedem wahren Kunstwerk gibt es selbstverständlich noch viele andere Deutungsmöglichkeiten!). Mit dem Ausbrechen des Krieges endet die Handlung. Und im Mittelpunkt des Buches steht genau jene Polarität, die seinen Autor seit 1914 immer stärker beschäftigte: nicht mehr die von Künstler und Bürger, sondern die von Aufklärung und Romantik. Hier stehen sich Demokratie, Humanismus und Fortschrittsoptimismus auf der einen und Irrationalismus, Intoleranz, Pessimismus und Dämonie auf der anderen gegenüber, verkörpert in Settembrini und Naphta, deren endlose Streitgespräche sich um diesen Gegensatz drehen. Natürlich ist der Zweikampf der beiden Herren ein Abbild des inneren, den der Autor mit sich selbst führte und immer führen sollte, eines Zweikampfs, der für ihn auf einer höheren intellektuellen Ebene auch unentschieden blieb. Aber er erkannte immer klarer, daß im Politisch-Gesellschaftlichen die Konsequenzen des einen Standpunkts unaufhaltsam in den Abgrund führten. Daher seine Entscheidung für den anderen, für Humanität und Demokratie, auch als Bedingung für die Freiheit des Künstlers.

Der gigantische Romantorso Robert Musils mußte vermutlich schon von seiner Tendenz und Anlage her unvollendet bleiben. Denn der Held Ulrich sieht sich in eine Welt hineingesetzt, in der er keinen Standpunkt wählen, keine klaren Entscheidungen mehr treffen kann: Ob es um Technik geht, um Sport, Wissenschaft, Kunst, Philosophie oder Politik – auf allen Gebieten bewegt er sich, ohne eine eindeutige Identität oder Lebenssinn finden zu können. Er hat keine Eigenschaften mehr und repräsentiert damit das richtungslose Individuum in einer Gesellschaft ohne eine Wertehierarchie, die klare Entscheidungen für bestimmte Bindungen ermöglichen und rechtfertigen könnte. Sein unverbindliches Experimentieren mit Haltungen und Standpunkten wird auf einen historischen Hintergrund projiziert: die Spätphase der Habsburgermonarchie, »Kakanien« mit seiner Fassade ebenso komplizierter wie leerer Rituale und gesellschaftlicher Aktivitäten, die die verräterischen Risse im Gebäude einer zum Untergang verurteilten Welt verbergen. Auch bei Musil sind die Ereignisse von 1914 der Schlußstrich unter der erzählten Geschichte und natürlich auch unter der Welt, die er beschreibt. Dieses Reich war inzwischen ja tatsächlich Vergangenheit, aber Musil dachte nicht daran, es nostalgisch zu verklären und es als heile Welt der gegenwärtigen gegenüberzustellen. Vielmehr gebrauchte er es gewissermaßen als Palimpsest, als Unterlage für sein Bild der Moderne und ihrer Werteanarchie. Thomas Mann entwarf eine geschlossene Sanatoriumswelt, die in ihrer krankhaften Isolation zugleich die normale Gesellschaft spiegelte und so deren eigenen krankhaften Zustand indirekt sichtbar machte. Er orientierte sich dabei an üblichen Erzählmustern und verdichtete die intellektuelle Problematik zu einer deutlichen Polarität, von zwei Antagonisten bis an die Grenze des Schematischen verkörpert. Diese Anlage stand nicht im Widerspruch zu klarer formaler Gestaltung. Musils moderne Welt war pluriform. Dies war ja ihr Schicksal, und es war die Quintessenz des Ganzen. Eine klare Form und eine konventionelle Erzählstruktur hätten im Widerspruch zur Unübersichtlichkeit seiner Welt gestanden, und im Grunde konnte er solches Material nicht in eine Form pressen. Diese innere Formlosigkeit, der monströse Umfang, die Tatsache, daß die Personen letztlich Gestalt gewordene Gedankenexperimente bleiben – all dies erklärt, daß man das Buch als unzugänglich empfand und es lange unbekannt blieb. Lag der Akzent bei Thomas Mann noch eindeutig auf »Roman«, bei Musil lag er ebenso eindeutig auf dem »Intellektuellen«. Bemerkenswert ist Musils positives Verhältnis zur Technik. Das Verhältnis zur Technik war und ist für die moderne Literatur von grundlegender Bedeutung. Als eins der wesentlichen Merkmale der Moderne und als Ursache der Mechanisierung war der ganze Bereich »Technik« etwas, zu dem viele Autoren ein äußerst ambivalentes Verhältnis hatten. Für Ästhetizismus und Neuromantik bildete das Technische den Gegenpol zu ihren Werten. Bei Kritik an der Moderne stand es gewöhnlich im Mittelpunkt. Viele, die nicht eindeutig Grausen oder Antipathie zu erkennen gaben, blieben dem Technischen gegenüber doch unsicher, sie hatten keine Beziehung und keine besondere Affinität zu diesem Bereich.

Aber es gab auch sehr positive Einstellungen zur Technik als Fatum und wesentlichem Teil der modernen Welt. Ein frühes Beispiel hierfür war schon der Kriegsroman Jüngers, der in der mechanisierten Vernichtung ein neues Heldentum und eine neue Ästhetik entdeckt hatte. Dies bedeutete eine Romantisierung des Antiromantischen, der Welt aus Stahl und Gummi. Schon früh hatten die Futuristen in ihrer exaltierten Weise die Schönheit der Technik besungen. So hielt die Technik selbst in den Wortschatz und die Metaphorik der Lyrik Einzug. Auden und einige seiner Geistesverwandten nannte man spöttisch *Pylonpoets*, als sie in ihren Gedichten von Telegrafenmasten und anderen technischen Gegenständen zu sprechen begannen. Auch im lyrischen Werk Benns spielte die Technik eine wichtige Rolle. Für Musils Helden ist der Beruf des Ingenieurs nicht mehr indiskutabel, sondern eine menschliche Möglichkeit neben anderen.

Ein Autor, der sich als Mensch und Schriftsteller sehr stark von Musil unterschied, aber, was die Einstellung zur modernen Technik angeht, auffällig mit ihm übereinstimmte, war Henry de Montherlant. Dieser französische Adlige, der gegen das katholische Milieu seiner Jugend rebellierte und sich vom Glauben abwandte, war außerdem besessen vom Sport, einer anderen charakteristischen Erscheinung der modernen Gesellschaft. Bis dahin war der moderne Sport in der Literatur nur als eine beliebige Aktivität unter anderen vorgekommen. Im Grunde wurde er von den Schriftstellern gar nicht als etwas wahrgenommen, das einen eigenen Wert hatte und das Leben prägen konnte wie Kunst, Politik, Wissenschaft oder Krieg, etwas, das mehr gewesen wäre als Zeitvertreib und Unterhaltung. Für Montherlant wurde Sport zu einer Berufung, so sinnvoll oder sinnlos wie andere. Und während Musil schließlich betonte, es gebe keine Möglichkeit der Wahl oder der persönlichen Sinngebung, kam Montherlant, zum Beispiel in seinem Buch *Aux fontaines du désir* von 1927, zu dem bitteren Schluß, daß keine Wahl in moralischer Hinsicht irgendeiner anderen vorzuziehen sei. Sein Werk ist am Ende von ironischer Relativierung und Desillusionierung geprägt, angesichts der Überzeugung, daß der einzelne nur Spielball der Umstände sei. Damit wird auch jedes politisch-ideologische Engagement als Täuschung bewertet und abgelehnt. Für den Schriftsteller und Flieger Antoine de Saint-Exupéry, der in seiner Leidenschaft für die Fliegerei dem sportbegeisterten Montherlant ähnelte, war die moderne Technik dagegen ein Mittel, das in den Dienst der Verbrüderung und eines universellen Humanismus gestellt werden kann – er teilte noch den Glauben des neunzehnten Jahrhunderts an die Maschine als Vehikel des Fortschritts. Das Flugzeug wird zu einem lebendigen Wesen, das auch entsprechende Zuneigung weckt. Wie Jünger sollte Saint-Exupéry später in *Flug nach Arras* (1942) den mechanisierten Krieg als ein Geschehen schildern, in dem die Frage nach Ergebnis oder Sinn sinnlos wird, weil ein Sinn allenfalls in der heroischen Opferbereitschaft des einzelnen liegen kann. Ganz anders als bei Jünger ist das Heldentum aber für ihn kein Wert an sich, und er schwelgt auch nicht in ästhetischer Sublimierung von Gewalt und Blutvergießen, sondern findet über die Opferbereitschaft zu einem Gefühl übernationaler Solidarität.

Der aggressivste Rebell gegen Existenz und Gesellschaft, Enfant terrible unter den Autoren, war Louis-Ferdinand Céline (eigentlich Destouches). Gezeichnet von seinen Kriegserfahrungen, machte er sein ganzes Werk zur provozierenden und zynischen Demonstration der Sinnlosigkeit, Grausamkeit und Verlogenheit der Welt. Hinter dem Autor dieser bitteren Bekenntnisse verbarg sich ein praktizierender Arzt, der mit zorniger Empörung gegen das Leid kämpfte, vor allem das der Armen. Mitleid war, was den Autor wie den Menschen antrieb, aber es schien für ihn auch eigentlich grundloses, instinktives Mitleid zu sein, Mitleid wider besseres Wissen, das an der Sinnlosigkeit der Existenz nichts ändern konnte. Célines bekanntester Roman, *Reise ans Ende der Nacht* (1932), war wie seine Erzählungen in hohem Grade autobiographisch. Seine Aufsässigkeit äußerte sich auch in einer plebejischen, unliterarischen Sprache, durch die er, abgesehen von seinem ungewöhnlichen Leben nahe am Rande der Gesellschaft, in der französischen und europäischen Literatur einen eigenen Platz einnimmt. Ein Besuch der Sowjetunion, den er als wohlwollender Beobachter unternommen hatte, holte ihn unsanft aus seinen kommunistischen Träumen. Später landete er mit seiner Vorliebe für Extreme beim Faschismus und löste mit gehässigen, unverhohlen antisemitischen Äußerungen Aufregung und Empörung aus. Vermutlich sollten auch diese Zurschaustellung eines kruden Rassismus und seine ungenierte Kollaboration mit Frankreichs Feind im Grunde eine Provokation sein, die sich gegen das kultivierte liberale, konformistische Bürgertum richtete. All diese Exzesse gingen auch über das rein Verbale nicht hinaus, sorgten indessen in literarischen Kreisen und in der Nachwelt für entsprechende Verwirrung und Uneinigkeit hinsichtlich der moralischen Bewertung des Autors. Céline blieb sich treu, als Provokateur, der es auf jede Art von Konformismus abgesehen hatte, vor allem den humanistisch-liberalen, als der »tollwütige Hund« der französischen Literatur, wie er sich selbst mit grimmigem Stolz nannte.

Die Frage ist, ob in der Haltung der Schriftsteller zur Welt, wie sie nach der Katastrophe des Krieges erschien, etwas wie eine Gemeinsamkeit zu erkennen ist, etwas Unverwechselbares in der Thematik, der Stimmung, dem Ausdruck, das gewöhnlich »Zeitgeist« genannt wird. Die anscheinend unendliche, auch durch die Unterschiedlichkeit der nationalen Kulturen bedingte Vielgestaltigkeit der Literatur kann einen solchen Versuch aussichtslos erscheinen lassen. Natürlich drängt sich einem gleich der Begriff »Krisenbewußtsein« auf, nur wird er inflationär gebraucht und allzuleicht auf jede unruhige Periode der neueren Geschichte angewandt. In diesem Fall äußerte sich aber in der Auffassung, ein unheilvoller historischer Bruch trenne das »Heute«, das 1914 oder 1918 begann, von der ganzen Geschichte, tatsächlich ein Bewußtsein, auf das der Ausdruck paßt. Man hatte das Gefühl, man sei aus einem großen historischen Kontinuum hinausgeschleudert worden, aus einem Geschichtsprozeß, den man sich als sinnvolles Ganzes vorstellen konnte. In der Vergangenheit hatte es eine religiöse und metaphysische Projektionsfläche für solch ein sinnvolles Ganzes gegeben, aber sie war durch die jüngsten Umwälzungen zerstört worden. Geschichte und Tradition bildeten nicht mehr den selbstverständlichen, deutlich erkennbaren Hintergrund des Denkens und Urteilens. Sie boten keine Orientierung mehr, wie noch für die Autoren des neunzehnten Jahrhunderts. Was die Sensibelsten schon damals und dann vor allem nach der Jahrhundertwende erahnt hatten, war jetzt auf jeden Fall reale Gegenwart.

Der Generationsunterschied, der im Hinblick auf die Verarbeitung des Krieges und besonders der Fronterlebnisse so bedeutsam war, machte sich natürlich auch in der Literatur bemerkbar. Die älteren Autoren wie Gide, Proust, Thomas Mann, Hesse, Claudel, Valéry, Rilke oder George, von denen einige schon vor dem Krieg berühmt geworden und die außerdem nicht Soldat gewesen waren, konnten versuchen, die Katastrophe, ganz als sei sie wie bei einem Meteoriteneinschlag durch Einwirkung von außen hervorgerufen worden, in die Vorstellung einer höheren Kontinuität zu integrieren, eine Vorstellung, die zum Teil in ihrem eigenen Leben und Werk verankert war. Für die Jüngeren, die ungefähr um 1890 oder später Geborenen, fiel die Kriegserfahrung mit ihren Anfängen als Autoren zusammen, wenn nicht gar das Verlangen zu schreiben unmittelbar auf diese Erfahrung zurückging. Ihr Werk war die Antwort. Für sie war nicht nur die Integration der Katastrophe in ein Kontinuum unmöglich – schon die Idee eines abgeschlossenen Werkes als Spiegel eines ebenso abgeschlossenen und vollständigen Weltbildes erschien ihnen angesichts des historischen Bruchs illusorisch. Der große Roman des neunzehnten Jahrhunderts korrespondierte als Panorama des Menschlichen und der Gesellschaft noch mit den großen geschichtsphilosophischen Entwürfen und Systemen und dem Glauben an einen zielgerichteten Prozeß. Zwar hatte sich das Ganze dramatisch verändert, aber der Weg der Entwicklung schien doch erkennbar zu sein. Die Älteren hatten diese Überzeugung noch nicht endgültig verloren. Bei den Jüngeren war von einer solchen Gewißheit nichts mehr übrig, und das äußerte sich auch in Form und Sprachstil. Der allwissende Erzähler, der von einem festen olympischen Standort aus seinen Stoff, dem göttlichen Schöpfer ähnlich, ordnet und präsentiert, wurde von einem Erzähler abgelöst, der selbst auf der Suche ist, der sich der Vielzahl möglicher Perspektiven ohne erkennbare hierarchische Ordnung bewußt ist. Das Erzählen ohne festen Standort und somit auch ohne die Begrenzung auf eine einzige, geordnete, objektive Wirklichkeit war jedoch nicht auf die Autoren der jungen Generation beschränkt. Neben Mann, Hesse und dem ebenso berühmten norwegischen Autor Knut Hamsun, die noch an die Tradition des allwissenden Erzählers anknüpften, stehen ebenfalls aus dieser älteren Generation stammende Autoren wie Gide und Proust, die eine unveränderliche Perspektive gerade als problematisch empfanden. Nach ihrer Auffassung mußte der Roman eine Vielzahl von Perspektiven aufweisen. Bahnbrechend war vor allem Joyce als Gestalter einer chaotischen Perspektivenvielfalt, die einer jüngeren Autorengeneration angesichts der Erfahrungen des Krieges und der Nachkriegsturbulenzen realistisch erscheinen mußte. Wie die Philosophie war die Literatur fasziniert vom Problem der Sprache, der Frage, inwieweit die Sprache Realität wiedergeben kann oder sie zwangsläufig verformt. Auch für den Schriftsteller, der sich intensiv mit diesem Problem beschäftigte, bedeutete dies das Ende jedes naiven Realismus und der Illusion einer einfachen Entsprechung von Wort und Wirklichkeit. An die Stelle der traditionellen, einfachen Erzählstruktur traten Montagetechniken, die Einführung unterschiedlicher Standorte, Veränderung der chronologischen Ordnung, zum Beispiel durch Vermischung von Erinnerung und gegenwärtigem Geschehen. Dabei machte sich auch der Einfluß des Films mit seinen Rückblenden und Detailvergrößerungen deutlich bemerkbar. Außerdem strebte der Autor jetzt immer mehr danach, den Leser mit dem Schreibprozeß selbst zu konfrontieren, um ihn die komplizierte Entstehung des Wirklichkeitsbildes miterleben zu lassen.

Im Werk von Virginia Woolf spielen diese Techniken eine große Rolle, wobei teilweise Joyce ein Vorbild gewesen sein mag. In ihrem Roman *Jacobs Raum* (1922) geht es um die Schwierigkeit, einen Roman zu schreiben, ein Thema, das auch Gide schon behandelt hatte. In *Mrs. Dalloway* (1925) spielt das Experimentieren mit den unterschiedlichen Perspektiven mehrerer Personen eine noch größere Rolle und bewirkt, daß die dargestellte Welt ihren inneren Zusammenhang verliert. Außerdem beschreibt Woolf die Konventionen der bürgerlichen Gesellschaft als erbärmliches Feigenblatt. Diese Schriftstellerin, deren Interesse auch besonders der Rolle der Frau und deren Emanzipationsstreben galt, gehörte schon zu einer Übergangsgeneration.

Dies gilt auch für Alfred Döblin mit seiner eindrucksvollen kaleidoskopischen Realitätsdarstellung, die der von Joyce ähnlich ist. Zunächst Anhänger des Expressionismus im Kreis um Herwarth Walden und dessen *Sturm*, hatte auch Döblin kurze Zeit zu den engagierten Kämpfern für das Rätesystem gehört. Mit seinem späteren Meisterwerk *Berlin Alexanderplatz* (1929) schuf er einen exemplarischen Stadtroman, der dank der Montagetechnik das Glitzernde und die anarchistische Atmosphäre der modernen Metropole lebendig vor Augen führt. Döblins anarchistische Auffassungen werden hier schon deutlich relativiert. Der proletarische Held macht eine Entwicklung vom kriminellen Rebellentum zur gesellschaftlichen Angepaßtheit durch, wobei eine gewisse moralistische Tendenz spürbar ist, so daß dieses Werk auch in die Reihe der großen Bekehrungsgeschichten paßt. Döblin, Arzt wie Céline, wurde anders als dieser trotz seiner gesellschaftskritischen Haltung nicht zum aggressiven Rebellen und Provokateur. Er war jüdischer Herkunft, wurde später zwar Katholik, blieb im Grunde aber ein halbherziger Gläubiger, voller Verlangen nach religiösem Halt, aber skeptisch und abweisend gegenüber Dogmatismus und Ideologie. In der deutschen Literaturszene der zwanziger und dreißiger Jahre war er zusammen mit Brecht unter den Neuerern dieser Übergangsgeneration am einflußreichsten.

Ebenfalls katholischer Konvertit jüdischer Herkunft, aber von völlig andersartigem Geist beseelt, war ein österreichischer Autor und Kulturphilosoph, dessen Werk wie das seines Landsmanns Musil zu seinen Lebzeiten nur literarischen Feinschmeckern bekannt war und auch später nie ein breites Lesepublikum erreichte, obwohl man ihn mittlerweile zu den großen Klassikern des Jahrhunderts zählt: Hermann Broch. Er hatte sowenig wie Musil irgendeine Affinität zu rebellischem oder zynischem Avantgardismus, und auch für ihn war, was man unter dem Begriff Modernismus zusammenfaßt, keineswegs ein Ausweg aus der schweren Krise, sondern gerade eines ihrer Symptome und unlösbar mit ihr verbunden. Der 1931/32 veröffentlichte Roman *Die Schlafwandler* ist wie die sehr viel später entstandenen Romane *Der Tod des Vergil* und *Der Versucher* und sein essayistisches Werk von großer gedanklicher Tiefe. Broch macht letztlich den Bankrott der Religion für das Aufkommen von Nihilismus und Anarchie verantwortlich. Anders als Thomas Mann und Gide, die – soweit ihr Werk eine sozialphilosophisch-ideologische Orientierung erkennen läßt – dem rebellischen Nihilismus eine Art skeptischen Humanismus entgegenstellen, anders auch als Claudel, der sich allein vom katholischen Glauben Heil versprach, glaubt Broch, nur ein neues religiöses Bewußtsein könne den Modernismus überwinden, der für ihn ein offenkundiges Krankheitszeichen ist. Insofern gab er der katholischen Kirche mit seiner Bekehrung eher einen Vorschuß auf die Zukunft, als daß er sich ihr als der Mutterkirche in den Schoß geworfen hätte. Seine Haltung war die eines Wartenden, und für ihn stand seine Zeit im Zeichen der Vorläufigkeit und des Übergangs. Er sah sie sowohl als eine post- wie auch als protoreligiöse. Ebenso deutlich wie Musil erkannte Broch, wie tief die Desorientierung und Zerrissenheit der Menschen waren und daß alle üblichen Lösungsversuche und Reaktionen auf Illusionen beruhten. Und wie für Musil war für Broch eine eigenartige Janusköpfigkeit charakteristisch, beide waren sowohl Künstler wie Wissenschaftler oder Philosoph. In gewissem Sinne ist die Zwiespältigkeit ihrer Person und ihres Werks symbolisch: In der Annäherung an die Wirklichkeit war die Beschränkung auf ein einziges geistiges Prinzip, einen Ansatz – entweder den des Künstlers oder den des Philosophen oder Wissenschaftlers – offenbar nicht mehr möglich. Weder der Autor noch der Wissenschaftler allein schienen dieser Aufgabe gewachsen. Vielleicht empfand Broch die innere Zwiespältigkeit noch stärker, da er im Gegensatz zum eher intellektualistischen Musil ebensosehr Lyriker wie Prosaist war. Dieser poetischere Ton hängt auch mit Brochs unverkennbar religiöser Grundstimmung zusammen, die beim Agnostiker Musil fehlt.

Was das neue chaotische Bild der Realität angeht, so war es einer der älteren, schon vor 1914 bekannten Autoren, der jetzt wie kein zweiter von der Vorstellung einer ungreifbaren Wirklichkeit besessen war: Luigi Pirandello. Vor allem mit seinen beiden Dramen *Sechs Personen suchen einen Autor* (1921) und *Heinrich IV.* (1922) gehört er zu den großen Neuerern der Bühne. Er nutzte die Möglichkeiten des Theaters auf unvergleichliche Weise, um die Problematik von Schein und Wirklichkeit darzustellen. Die Realität wird, vor allem in *Heinrich IV.*, als Fiktion entlarvt, und die Fiktion erweist sich als Realität, in einer derart beunruhigenden Umkehrung, daß beide Stücke zunächst wütenden Protest auslösten. Die Zuschauer fühlten sich an der Nase herumgeführt; so eindringlich und verwirrend war das Spiel mit der Realität, daß es ihnen den Boden unter den Füßen wegzuziehen schien.

Für die Jüngeren wurden Parteilichkeit, Engagement, die bewußte Entscheidung für eine Richtung zum Gebot der Stunde. Die olympische, distanzierte Haltung des Erzählers, der sich die Rolle eines göttlichen Statthalters anmaßte, gab man auf. Wer Engagement für illusionär hielt und ablehnte, betonte die Absurdität der Existenz oder nahm eine zynische Haltung an, die natürlich ein zutiefst verletztes moralisches Empfinden verriet. Diese heimliche Verletzung bestimmte den Ton, das expressionistische Pathos, den provozierenden Stil, die didaktische Tendenz, das geradezu wütende Bemühen, den Leser rücksichtslos mit einer Wirklichkeit zu konfrontieren, der man alle verschönernden Hüllen entrissen hatte. Er sollte sie so wahrnehmen, wie der Autor sie sah – als eine häßliche, manchmal einfach nur widerwärtige, modernde und stinkende Welt.

Eine andere Möglichkeit war, aus neuromantischer Abneigung gegen die Moderne die Vergangenheit zu verklären. Deshalb kann es auch kein Zufall sein, daß der historische Roman in den zwanziger und dreißiger Jahren eine ungeahnte Blüte erlebte, vor allem im Deutschland der Weimarer Republik, wo der historische Bruch am deutlichsten spürbar war. Es war ein Versuch, den Riß zwischen Gegenwart und Vergangenheit zu überbrücken, Kontinuität wiederherzustellen. Der historische Roman versuchte, konstante und universale menschliche Eigenschaften und Probleme in ihrer jeweiligen historischen Verkleidung zu erkennen. Mit dieser Art des Romans konnte man zweierlei Absichten verfolgen, und deshalb besaß er auch doppelte Anziehungskraft: Gelang es, das Bild einer anderen Zeit lebendig werden zu lassen, konnte dies die eigenen, gegenwärtigen Normen und Probleme relativieren, und es konnte die zeitlosen Konstanten sichtbar machen und damit die verlorene Kontinuität. Außerdem konnte der historische Roman natürlich als wirksame Maskierung für politische oder ideologische Kritik dienen. Daß er als Genre in einer früheren Epoche aufgekommen war, die ebenfalls vom Bewußtsein eines historischen Bruchs, vom Eindruck der Diskontinuität und deshalb vom Verlangen nach Wiederherstellung des großen Zusammenhangs beherrscht war, nämlich der Romantik, kann kaum Zufall sein. Wie damals entsprach er auch jetzt dem Wunsch, feststehende Werte hinter der verworrenen gegenwärtigen Entwicklung zu erkennen. Die historischen Romane von Ina Seidel, Werner Bergengruen, Lion Feuchtwanger und Bruno Frank und von dem Engländer Hugh Walpole fanden deshalb auch ein großes und dankbares Publikum. Daß der historische Roman die Funktion eines Heilmittels gegen die moderne Zerrissenheit und Orientierungslosigkeit erfüllte, zeigt vor allem das Werk der norwegischen Autorin Sigrid Undset, das zu einem nicht geringen Teil im Mittelalter spielt, wie ihre bekanntesten Romane, die Trilogie *Kristin Lavranstochter* (1920–22). Das Mittelalter ist hier (wie in der Romantik) die Epoche festen Glaubens und der Verbundenheit mit dem Ewigen, ein Zeitalter, das die später auch zum Katholizismus bekehrte Undset dank großen Einfühlungsvermögens und historischen Wissens lebendig werden läßt. Im wesentlichen war die historische Welt in all diesen Büchern trotz des Versuchs, den zeitlichen Abstand und die Andersartigkeit der historischen Situation zu betonen, vertraut und wiedererkennbar. Die Wirklichkeit wurde in traditioneller Erzählweise dargestellt. Das Bild einer objektiven Wirklichkeit blieb im historischen Roman erhalten, im Gegensatz zu den literarischen Werken, die objektive Wirklichkeit gerade in Frage stellten und den Schwerpunkt auf das subjektive Bewußtsein verlegten, so daß die eigene Zeit durch die komplizierte, vielfache Brechung und Zerstückelung im Grunde weniger greifbar und fremder wirkte als das vierzehnte Jahrhundert bei Sigrid Undset oder das Zeitalter der Französischen Revolution bei Ina Seidel.

In diesem Kapitel sind in erster Linie die Autoren erwähnt worden, deren Werk inzwischen zum Kanon der bedeutenden europäischen Literatur gezählt wird. Was »bedeutende« oder »echte« Literatur ist, bleibt dabei immer strittig, da die Antwort von subjektiven Maßstäben abhängt. Kriterien wie gedankliche Tiefe, gelungene Form, Anschaulichkeit, Schönheit oder Kraft der Sprache, Originalität der Gedanken, Reichtum der Phantasie, sie alle werden, in wechselnden Nuancen und Kombinationen, bei der Rezeption und Bewertung eine Rolle spielen, sie bleiben aber auch einfach Wörter – dehnbar und kaum zu greifen. Außerdem ist zu fragen, welche Instanz hier entscheiden soll. Die Literaturkritiker betrachten sich selbst als zuständiges Gericht. Sie sind zweifellos eine Macht, die zunächst über die Aufnahme eines Werkes entscheidet, über den Anfangserfolg. Ihre Bedeutung nahm zu, je stärker das Angebot an neuen Büchern und damit auch das Bedürfnis des Publikums nach Orientierungshilfe wuchs. Erstens aber herrscht unter Rezensenten gewöhnlich keineswegs Einmütigkeit; zweitens erweist sich regelmäßig, daß ihr zeitbedingter Horizont und persönlicher Geschmack sie zu einem Urteil verleiten können, das nur sehr kurzen Bestand hat; und drittens läßt sich das interessierte Publikum nicht ausschließlich von der Kritik leiten, sondern es folgt auch seinem eigenen geheimnisvollen Gespür für das, was es in einem bestimmten Augenblick braucht. Unabhängig von der selbstsicheren Riege der professionellen Gutachter trägt die direkte, persönliche, ganz alltägliche Kommunikation unter Lesern ebenfalls zur Bildung eines Urteils bei, das nicht immer mit dem der Kritik übereinstimmt. Manchmal ändern die Literaturkritiker ihre Meinung, wenn ein Werk beim Publikum anhaltenden Erfolg hat. In anderen Fällen bekommen sie (oder einige von ihnen) schließlich recht und die lesende Mehrheit unrecht, in dem Sinne, daß erst eine folgende Generation den Wert oder umgekehrt die Vergänglichkeit eines Werkes erkennt. Der Kanon bleibt dennoch unaufhörlich in Bewegung. Wenn man vom Sonderfall des historischen Romans absieht, gehörten die hier genannten Schriftsteller bis auf ganz wenige Ausnahmen (Musil und Broch) in ihrer eigenen Zeit zwar zu den von der Kritik am höchsten bewerteten, aber deshalb noch nicht immer zu den meistgelesenen Autoren. Dafür stellten sie in der Regel zu hohe Anforderungen an den Durchschnittsleser, der in der Literatur vor allem Entspannung, also die gefahrlose Spannung des entfernten Zuschauers suchte, und die Bestätigung vertrauter Werte. Nicht zufällig wurde einer der historischen Romane, Ina Seidels *Das Wunschkind*, 1930 in Deutschland zum meistverkauften, meistgelesenen und auch meistgeliebten Buch.

21 Literarische und wissenschaftliche Geschichtsschreibung

Vom populären historischen Roman, der sowohl dem Wunsch nach sichtbarer Kontinuität als auch dem nach Ablenkung von der beunruhigenden Gegenwart entsprach, war es nur ein kleiner Schritt zu einem anderen Genre, das sich jetzt großen Interesses erfreute: der zum Teil in Romanform geschriebenen literarischen Biographie, der sogenannten *Vie romancée* mit fließenden Übergängen zum »biographischen Roman«. Biographie und Autobiographie waren seit der Antike bekannte und beliebte Formen der Geschichtsschreibung gewesen. Die Nacherzählung eines Lebens verweist auf das, was für jeden so elementar und gleichzeitig so überwältigend ist wie nichts anderes – die eigene Existenz, ausgespannt zwischen Geburt und Tod. Sie ist die grundlegende Ausdrucksform, wenn es darum geht, sich selbst über die eigene Existenz Rechenschaft abzulegen. Jede Biographie (und Autobiographie) ist auch ein Spiegel, in dem man sich selbst wiedererkennt. Natürlich spiegelt dieses Genre außerdem das Menschen- und Geschichtsbild der jeweils eigenen Zeit. Die neue Bezeichnung *Vie romancée* soll den

Unterschied zur wissenschaftlichen Biographie betonen, die zuverlässig ist, weil sie sich streng an die Quellen hält und alles Fiktive oder Spekulative meidet. Deshalb drückte die Bezeichnung zunächst auch ein abfälliges Urteil aus. Die literarische Biographie will in erster Linie ein überzeugendes und farbenreiches Porträt des Helden entwerfen, wobei es nur um dessen Person und Psyche geht. Sie ordnet die dokumentierten Fakten der plastischen Darstellung unter, für die sie sich bewährter literarischer Mittel bedient. Die Abgrenzung von der wissenschaftlichen Biographie bleibt jedoch problematisch, vor allem wegen des zwiespältigen Charakters der Geschichtsschreibung selbst, in der akribische wissenschaftliche Forschung unlösbar mit zusammenfassendem, ordnendem Erzählen verbunden ist, das nie ohne literarische Mittel und eine gewisse Einbildungskraft, also nie ganz ohne Subjektives möglich ist. Biographien aus früheren Jahrhunderten, bei denen der Schwerpunkt zwangsläufig auf der literarischen Gestaltung lag, weil die Quellenkritik noch in den Kinderschuhen steckte, müßten hiernach auch mit dem Etikett *Vie romancée* versehen werden.

Der Erfolg von *Vie romancée* und biographischem Roman deutet auf etwas hin, das als Mangel der wissenschaftlichen Biographie empfunden wurde und mit der Professionalisierung der Geschichtsschreibung zusammenhängt. Im neunzehnten Jahrhundert hatte sich diese immer mehr von einer hauptsächlich literarischen Tätigkeit zu einem eigenständigen Fachgebiet entwickelt, mit besonderen Anforderungen an den Wahrheitsgehalt ihrer Aussagen und mit eigener Methodik. Historiker wurden zu Fachwissenschaftlern, deren Ausbildung sich an diesen Normen orientierte und die für das historische Wissen der Gesellschaft verantwortlich waren. Sie gingen von der Grundüberzeugung aus, daß die Vergangenheit allein in den Quellen zu finden sei und daß, wenn man sich auf möglichst viele Fakten stützte, deren Zuverlässigkeit kritisch zu prüfen war, die historische Wahrheit ans Licht gebracht werden könne. Aber auch nur dann. Der große französische Historiker Fustel de Coulanges brachte es auf den Punkt: Geschichte »besteht wie alle Wissenschaft aus dem Ermitteln von Fakten, ihrer Analyse, ihrem Vergleich und dem Nachweis von Beziehungen«. Da die Quellen zur unverzichtbaren, ja im Grunde einzigen akzeptablen Grundlage seriöser Geschichtsschreibung wurden, wechselten die Historiker von ihren Schreibtischen in die Archive und Bibliotheken, in denen alle Arbeit ihren Ausgang nehmen mußte. Der Schwerpunkt verschob sich somit allmählich von lebendiger Darstellung zur systematischen Suche nach Dokumenten und ihrer gewissenhaften Auswertung. Die Fußnote, mit der man Rechenschaft über die Grundlagen seiner Behauptungen ablegte, setzte sich durch. Mit alledem wurde es für die Fachhistoriker immer schwieriger, unbekümmert und mit kräftigem Pinselstrich das farbenfrohe und lebendig-warme Porträt zu malen, das man sich von ihnen erhoffte; sie durften nichts hinzufügen, was in ihren Quellen nicht zu finden war. Verstöße gegen dieses strenge wissenschaftliche Gebot waren jedoch auch für den Fachhistoriker nicht zu vermeiden, weil er sich mit jeder Interpretation und mit der Darstellung größerer Zusammenhänge auf das Gebiet des Unbeweisbaren begibt. Es ging in der Praxis also um Gradunterschiede, und dies galt und gilt im Grunde sogar für die Unterscheidung zwischen historischem Roman und wissenschaftlicher Geschichtsschreibung. Fakten und Fiktion deutlich zu trennen, kann nicht immer im gleichen Maße gelingen. Jene Gradunterschiede nun hingen weitgehend von der jeweiligen Intention ab. Bei dem, was *Vie romancée* oder biographischer Roman genannt wird, geht es um ein Porträt, das in seiner inneren Geschlossenheit und literarischen Überzeugungskraft dem traditionellen Roman gleichkommen soll, weshalb man auch die Einfügung nicht dokumentierbarer Elemente nicht scheut, eventuell sogar ganz bewußt von Fiktivem Gebrauch macht, vor allem im Zusammenhang mit dem niemals ganz erschließbaren Innenleben des Helden. Dennoch ist der Vorwurf, daß der Autor es mit der historischen Wahrheit demnach nicht allzu genau nehme, nicht berechtigt – jedenfalls nicht grundsätzlich. Seit Aristoteles stellte man sich ja die Frage, ob die sogenannte »historische Wahrheit« mit den verifizierten Fakten identisch sei. Nach dem wissenschaftlichen Kriterium konnte historische Wahrheit auf jeden Fall nur sein, was mit den Fakten übereinstimmt und nicht im Widerspruch zu ihnen steht. Aber selbst dieses scheinbar so klare und deutliche Kriterium erwies sich bei genauerer Betrachtung als dehnbar und subjektiv. Zumindest die besten Autoren der *Vie romancée* waren überzeugt, daß man die Persönlichkeit des Helden nur dann wirklich zum Leben erwecken könne, wenn man mit psychologischer Intuition über das, was die Quellen hergaben, hinausgehe. Der Biograph, der sich ausschließlich an Dokumentiertes hielte, würde nur eine graue Bleistiftskizze und kein lebensechtes Gemälde anfertigen. Und als Bleistiftskizze – subtil, vorsichtig, zurückhaltend, mit unbestimmten Umrissen und viel Weiß – mußte der Durchschnittsleser die wissenschaftliche Biographie im

Vergleich zu den kraftvollen, plastischen Farbporträts der *Vie romancée* und des biographischen Romans empfinden.

Ob nun André Maurois über Shelley und Disraeli schrieb, Romain Rolland über Beethoven und Michelangelo, Lytton Strachey über große Viktorianer und Königin Victoria, Emil Ludwig über Napoleon, Wilhelm II. und Goethe, Stefan Zweig über Maria Stuart, Marie-Antoinette, Fouché und Balzac, Egon Caesar Corti über Metternich, Kaiserin Elisabeth und Franz Joseph, Theun de Vries über Rembrandt oder Adrianus Michael de Jong über Bredero, ob man ihre Werke eher der *Vie romancée* oder eher dem biographischen Roman zuordnet, es war eine internationale Schar vielgelesener Autoren, die mit begeisterndem Schwung ein lebensechtes Bild historischer Gestalten schufen, das sich Millionen Lesern unauslöschlich einprägte und dadurch, wie der historische Roman, ihr Geschichtsbild entscheidend prägte, mehr als die wissenschaftliche Geschichtsschreibung. Natürlich gibt es hier deutliche Unterschiede, was das literarische Niveau und die psychologische Tiefe angeht – und den Respekt vor den Quellen. Einer der erfolgreichsten zum Beispiel, Emil Ludwig, gehörte auch zu denen, die beim Arrangement der Fakten zum Nutzen des literarischen Effekts die wenigsten Skrupel hatten.

Es war ein wichtiges Merkmal der literarischen Biographie – eines, das sie besonders deutlich von der wissenschaftlichen unterschied –, daß der historische Hintergrund, um das Porträt so stark wie möglich zur Geltung kommen zu lassen, nur in knappen Strichen angedeutet wurde oder sogar weitgehend fehlte. Der Held bewegte sich als autonome Persönlichkeit durchs Leben, von Zeitgenossen umgeben wie der Hauptdarsteller auf der Bühne von den Mitspielern. Ausschlaggebend war der Gedanke, daß das Leben einer außergewöhnlichen Persönlichkeit als Kunstwerk aufgefaßt werden könne. Ein solches Leben war auf eine höhere Einheit, eine Art von Erfüllung hin angelegt, wenn ihm nicht gar eine höhere Gesetzmäßigkeit innewohnte, und dem verdankte der Held seine sowohl ästhetische wie paradigmatische Bedeutung, die der Biograph herausarbeiten sollte. Damit war auch gleich das Kriterium für die Stoffauswahl festgelegt: Das (nach Ansicht des Biographen) Charakteristische wurde oft vergrößert dargestellt, um jene Einheit des Lebenskunstwerks erkennbar zu machen. So befriedigte dieses Genre in hohem Maße das Verlangen nach Sinngebung. Es rehabilitierte die Person, die in der realen Gegenwart auf eine Nummer reduziert zu werden schien.

Die Verwissenschaftlichung der Geschichtsschreibung führte zu einer allmählichen Veränderung ihrer gesellschaftlichen Funktion und zu ihrer Entfernung vom breiten Publikum. Denn wenn bei dem so weitverbreiteten Krisenbewußtsein, dem beherrschenden Gefühl, es habe einen historischen Bruch gegeben, die beklemmende Frage nach Möglichkeiten einer Deutung und Sinngebung aufkam, richtete sich diese dann nicht logischerweise zuerst an die Historiker, die von Berufs wegen die Schlüssel zur Vergangenheit bewahrten? Waren sie deshalb nicht zugleich die geeigneten Diagnostiker der eigenen Zeit, die sich in der Vergangenheit spiegelt und umgekehrt die Vergangenheit immer wieder in anderem Licht sieht, sie in diesem Sinne einer Revision unterzieht? Das Bedürfnis nach einer solchen Revision ist um so dringender, je mehr die Menschen vom Gefühl beherrscht werden, turbulenten Veränderungen ausgeliefert zu sein. Das Geschichtsbild früherer Generationen verliert dann schneller an Überzeugungskraft.

Es fällt nun auf, daß die Fachhistoriker nach dem Ersten Weltkrieg dieser Herausforderung ziemlich hilflos gegenüberstanden. Sie sahen sich mit der Tatsache konfrontiert, daß die großen, für ein breites Publikum verständlichen und faszinierenden Versuche der Sinngebung, der unerschrockenen Diagnose der eigenen Zeit – die natürlich ohne den historischen Hintergrund nicht möglich ist –, in erster Linie von Außenstehenden kamen, wie etwa von Spengler, Wells oder Ortega. Als einziger Historiker sollte sich später Huizinga, noch dazu jemand aus den neutralen, verschont gebliebenen Niederlanden, an eine solche umfassende Diagnose heranwagen. Das Zurückschrecken der Historiker vor dieser Aufgabe war eine Folge der Verwissenschaftlichung, die vor allem die Verpflichtung mit sich brachte, sich auf beweisbare, auf Quellen gestützte Aussagen zu beschränken. Sie hatte außerdem dazu geführt, daß man sich jetzt innerhalb der Zunft gegenseitig streng kontrollierte. Zusammen mit der stetig anschwellenden Masse an Material und Literatur verstärkte dies wiederum zwangsläufig die Tendenz zur Spezialisierung und damit auch zur Vorsicht und zur Entwicklung des kurzsichtigen Blicks, der allem Spezialistentum eigen ist. Großartige historische Panoramen und pathetisch-beschwörende Zeitdiagnosen sind nur durch drastische Vereinfachungen und einen großzügigen Umgang mit Details möglich. Der Abstand zwischen Archiv und Schreibtisch war größer geworden, und man hatte Bedenken, sich allzuweit von den Quellen zu entfernen. Je mehr man über die Vergangenheit erfuhr, desto weniger war sie mit kühnen Behauptungen und plastischen Bildern in Übereinstimmung zu bringen. Das Gros der Fachleute stand der selbstsicheren makroskopischen Herangehensweise eines Spengler und anderer deshalb auch skeptisch, wenn nicht rundweg ablehnend gegenüber, wie die meisten von ihnen natürlich auch die belletristische Biographie ablehnten, die unbekümmert mit den Fakten umgeht. Zwischen historischer Forschung und Geschichtsschreibung war durch all das eine gewisse Spannung entstanden, und deshalb zeichnete sich jetzt eine Aufgabenteilung ab: Ein großer Teil der Historiker beschäftigte sich mit Detailforschung, Analyse und Verifizierung von Fakten, während die Ergebnisse von anderen in breit angelegten Gesamtdarstellungen verarbeitet wurden. Und zwischen diese und das Publikum schoben sich allmählich noch die populärwissenschaftlichen und belletristischen Autoren, die Geschichte vor allem als spannende und unproblematische Erzählung präsentierten.

Daß die Fachhistoriker auf die Herausforderung durch die schockierenden Ereignisse nicht wie erwartet reagieren und nicht mit visionären Antworten aufwarten konnten, diese vielmehr anderen überlassen mußten, hing auch damit zusammen, daß die Verwissenschaftlichung des Fachs zu einer scheinbar strengen Trennung von Geschichte und Zeitgeschehen oder Politik geführt hatte. Das Bemühen um Objektivität, das zum Credo der wissenschaftlichen Geschichtsschreibung geworden war, verbot hier jede Vermischung. Meistens aber war diese Trennung nur Illusion. Eine Vermischung war schließlich unvermeidlich, weil Geschichte immer durch die Brille der Gegenwart gesehen wird, woraus sich die Notwendigkeit der Revision ergibt. Allerdings bremste das Objektivitätsgebot offenes Engagement.

Etwas anderes war aber noch wichtiger: Geschichtswissenschaft ist nicht denkbar ohne einen Orientierungspunkt, etwas, das ihr eine Richtung vorgibt und eine Aufgabe zuweist. Im neunzehnten Jahrhundert waren der Staat beziehungsweise die Nation zum Orientierungspunkt geworden. Auch die Verwissenschaftlichung des Fachs war hiervon nicht zu trennen. Historiker waren zu Wissenschaftlern im Dienst des nationalen Gedankens geworden oder strebten diese Rolle an, oft sahen sie sich als Träger des Nationalbewußtseins. Ihr Fach war eine der unverzichtbaren Stützen des Nationalismus. Die meisten hatten es als ihre hohe und verantwortungsvolle Aufgabe betrachtet, das Selbstbewußtsein der Nation mit Hilfe einer Vergangenheit, die man zur Vorgeschichte der Gegenwart machte, einer Art Introduktion, zu formen und zu veredeln. Folgerichtig war Geschichte, entsprechend dem Aufbau des Nationalstaats und dem Dogma, demzufolge Staat und Nation deckungsgleich zu sein hatten, ganz selbstverständlich in erster Linie politische Geschichte und Staatengeschichte. Es waren die großen dramatischen Ereignisse, der Machtkampf zwischen den Völkern und ihren Führern, die handelnden Persönlichkeiten, die im Brennpunkt des Interesses standen, und vor allem hier suchte man auch die Erklärungen für den Geschichtsprozeß. Die ältere dynastische Geschichte hatte man dabei zur Geschichte der Nation erweitert und auch die Heldenverehrung nationalisiert. Dieser Ansatz führte zwangsläufig dazu, daß alles hervorgehoben wurde, was auf Kontinuität hindeutete, ganz in Übereinstimmung mit dem Fortschrittsglauben und der Vorstellung von einem fortlaufenden sinnvollen Prozeß. Ökonomische und kulturelle Fragen galten als zweitrangig, obwohl es inzwischen auch spezialisierte Zweige der Geschichtswissenschaft gab, die sich mit ihnen beschäftigten. Die sozialistisch-marxistische Geschichtsschreibung führte andere Grundsätze als die der national gesinnten ein. Sie bemühte sich auch, der Marxschen Lehre entsprechend, um eine Akzentverlagerung und trat für den sozialgeschichtlichen Ansatz ein, der ebenfalls die Geschichte der niederen Stände berücksichtigt. An den Universitäten, den Festungen der Wissenschaft, dominierte jedoch überall die nationale Perspektive, bei Konservativen wie Liberalen. In den meisten Ländern waren die Professoren faktisch Staatsbeamte. Nicht zufällig stand die Sozialgeschichte bei den tonangebenden Historikern noch lange im Ruf, sozialistische (und somit antinationale) Geschichte zu sein. Volk und Masse sah man als passiv und anonym, als Hintergrund für das Spiel der politischen Eliten und ihrer Führer. Dieses Spiel blieb auch noch der Ausgangspunkt für alle Beschreibungen und Erklärungen des Weltkriegs. Seit die Historiker zu wissenschaftlichen Repräsentanten des nationalen Gedankens geworden waren, fielen für die meisten von ihnen Sinn und Legitimation ihres Fachs an sich mit dem Nationalen zusammen. Diese nationale Ausrichtung mußte allerdings charakteristische Unterschiede zur Folge haben, die sich aus der Verschiedenheit der nationalen Kulturen ergaben. Den Repräsentanten der Verlierer des Krieges fiel außerdem eine andere Aufgabe zu als denen der Sieger oder Neutralen.

In Österreich hatte die ganze Kultur nach 1918 viel von einem Epilog; auch die Geschichtsschreibung stand im Zeichen schwermütiger Resignation, war doch mit dem alten Staat das untergegangen, woraus die Historiker Kraft und Selbstvertrauen hätten schöpfen können. In der deutschen Geschichtsschreibung – wie die deutschen Geisteswissenschaften insgesamt international von besonderem Ansehen – war vor allem nach der von oben her vollzogenen staatlichen Einigung der Staat als geradezu sakrosankte Einrichtung zum Orientierungspunkt schlechthin geworden, man verschmolz die Geschichte des Staates mit der älteren Geschichte der Dynastien. In England und den Niederlanden wiederum lag der Schwerpunkt ganz auf den Parteien, seit jeher Träger des politischen Lebens. Der Staat und die Gesellschaft mit ihren Parteien wurden dort als verschiedene geschichtliche Größen in natürlicher Symbiose betrachtet, mit der Folge, daß es unterschiedliche, von der jeweiligen Parteiideologie bestimmte Traditionen nationaler Geschichtsschreibung gab: in England die Whig- gegenüber der Tory-Historiographie, in den Niederlanden die liberale neben der protestantischen und katholischen, in Belgien die liberale gegenüber der katholischen, wobei es im Umkreis der *Vlaamse beweging* auch erste Ansätze einer flämischen Geschichtsschreibung gab. In Frankreich wiederum war auch dieses Gebiet von der zweifachen Tradition beherrscht, und in der Dritten Republik dominierte die republikanische, antiklerikale Geschichtsauffassung über die katholisch-royalistische. Nach 1918 spielte bei den Reaktionen der Historiker natürlich auch wieder die Generation eine Rolle. Für die Älteren, die Jahrgänge vor 1880 ohne die Erfahrungen der Front, war es noch am leichtesten, den Krieg in ihr Geschichtsbild zu integrieren, und in den zwanziger Jahren waren sie es, die als akademische Lehrer maßgebend waren.[76]

Bei den deutschen Historikern hatte die übliche Staatsverherrlichung, die hier einfach zu ihrem Fach gehörte, starke Vorbehalte gegen den Positivismus bedingt, der erstens hauptsächlich französischen Ursprungs und zweitens auch auf gesellschaftliche Fragen ausgerichtet war, weshalb man ihn leicht mit linken, antinationalen Strömungen in Verbindung brachte. Dem Positivismus stellten sie den Historismus als überlegene, typische Schöpfung deutschen Geistes entgegen. Nach dem Vorbild der Romantik und des Erzvaters Ranke ging es ihnen darum, die individuellen Erscheinungen und Entwicklungen zu erkennen, die den Geschichtsverlauf bestimmten, wobei das Adjektiv »individuell« auch auf Staaten, Nationen oder Ereigniszusammenhänge angewandt wurde. Hierin, und in ihrem Etatismus, offenbarte sich noch etwas anderes: die protestantisch-idealistische Tradition. Ihre Staatsverherrlichung war die säkulare Version des alten festen Bundes von Thron und Altar, bei dem der Landesherr auch Haupt der Kirche gewesen war. Diese idealistische Tradition erklärt das Mißtrauen gegenüber der naturwissenschaftlichen Methode, wie der Positivismus Comtes und seiner Geistesverwandten sie verfocht, wozu auch die Formulierung allgemeingültiger Gesetzmäßigkeiten gehörte. Dahinter witterten deutsche Historiker, als Erben des Protestantismus, zu dessen Grundüberzeugungen der Vorrang des Geistes gegenüber dem Stoff zählt, ein verachtenswertes materialistisch-mechanistisches Weltbild. Vereinzelte Anhänger des Positivismus wie Karl Lamprecht waren deshalb unter deutschen Kollegen heftig umstritten und weitgehend isoliert. In Ländern wie England und Frankreich gab es viel weniger Vorbehalte gegen eine gesellschaftsorientierte, eher positivistische Geschichtswissenschaft, allein schon, weil es wegen der früheren und weiter fortgeschrittenen Emanzipation und Politisierung der Mittelklassen nie zu einer solchen Staatsanbetung gekommen war.

Es fällt auf, daß der Weltkrieg im Grunde wenig an diesem Grundmuster änderte. Die Mehrheit der professionellen Historiker, das heißt vor allem die Hochschullehrer, die mit der Ausbildung der zukünftigen Akademiker betraut waren, hielt an der nationalen Tradition der Vorkriegszeit fest. Als verheerender Zusammenprall der Nationalstaaten bestärkte der Krieg schließlich auch die Historiker überwiegend in ihrer nationalen Grundeinstellung. Angesichts des Bündnisses, das Geschichtswissenschaft und Nationalstaat im neunzehnten Jahrhundert geschlossen hatten, wäre es für sie gewesen, als würden die Fundamente ihres Fachs erschüttert und sein Sinn in Frage gestellt, hätten sie die Geschichte nicht mehr auf die eigene Nation bezogen. Die Bindung an die Nation war so stark und selbstverständlich, daß sich sogar die sozialistisch-marxistischen Historiker meist auf das eigene Land konzentrierten. Ein praktischer Grund war natürlich, daß die Quellen in den nationalen Archiven für alle buchstäblich das Nächstliegende waren. So blieb Geschichte überwiegend nationale Geschichte, ganz gleich, welche ideologische Orientierung darüber hinaus noch eine Rolle spielte. Und sie blieb auch jetzt in erster Linie politische Geschichte.

Ein Thema gab es, bei dem die Trennung von Geschichte und Zeitgeschehen vollständig aufgehoben wurde, das die Historiker unmittelbar forderte und ihnen Gelegenheit gab, den Nutzen ihrer Wissenschaft für Staat und Gesellschaft nachzuweisen: die Geschichte des zurückliegenden Kriegsdesasters selbst. Vor allem die berüchtigte Schuldklausel, Artikel 231 des Versailler Vertrags, in dem Deutschland und seine Verbündeten für den Ausbruch des Krieges verantwortlich gemacht wurden, bedeutete für die Zunft eine direkte Herausforderung, zumal diese Schuldzuweisung das moralische Fundament für die enormen Reparationsforderungen der Alliierten war. Wie es im Interesse der Entente lag, anhand der Quellen die Rechtmäßigkeit dieser Beschuldigung zu beweisen, lag es im Interesse Deutschlands, den Nachweis ihrer Unrechtmäßigkeit zu erbringen. Bei dieser zeitgeschichtlichen Streitfrage ging es nicht zuletzt um bedeutende materielle und politische Belange, so daß sie die Gesellschaft der betroffenen Nationen auch abgesehen vom moralischen Aspekt unmittelbar berührte. Die mit der Demokratisierung zusammenhängende Ideologisierung des Kampfes, auf die wiederum die Auswüchse der Kriegspropaganda zurückzuführen waren, führte nun dazu, daß man wie nie zuvor die Unterstützung der Geschichtswissenschaft in Anspruch nahm. Daß der Verlierer die Rechnung bezahlte, war nichts Neues. Mit dem daran geknüpften Schuldbekenntnis des Verlierers, das die Rechnung rechtfertigen sollte, war jedoch ein bislang unbekanntes moralisches Element in die Politik eingeführt worden. Dies sollte ein Zeichen für den großen zivilisatorischen Fortschritt sein: Die zivilisierte Welt würde Kriegsanstifter künftig bestrafen. Aber gerade die Einführung des moralischen Gesichtspunkts löste tiefe Empörung aus, schürte die nationalistische Leidenschaft und stand einer Annäherung und wirklichem Frieden im Wege. So wurde die »Schuldfrage von 1914« in der historischen Diskussion das Thema, um das in diesem Jahrhundert am heftigsten gestritten und das so ausführlich wie kein anderes behandelt werden sollte, als bedeutungsvolles Symbol des historischen Bruchs, als unheilkündender Stern am Himmel des Jahrhunderts, trotz neuer Katastrophen. Historiker waren als scheinbar objektive Hauptzeugen ihres Staates und ihrer Regierung unentbehrlich geworden. Schon vor Kriegsende waren von den Regierungen Weißbücher herausgebracht worden, die die Schuldlosigkeit der eigenen Seite beweisen sollten. Jede Veröffentlichung, gewöhnlich mit reichem Quellenmaterial gespickt, provozierte die entsprechende Gegenveröffentlichung, und es kam zu einer wahren Flut von Memoiren von Diplomaten und Militärs. Auch dies trug dazu bei, daß die politische Geschichte als Geschichte der großen politischen Ereignisse das am meisten beachtete Gebiet blieb. Nach wie vor glaubte man hier Aufschluß über die verborgenen Mechanismen des historischen Geschehens zu finden.

Für die Verlierer des Krieges ergaben sich dabei die größten Schwierigkeiten. Man neigte nämlich seit dem vergangenen Jahrhundert allgemein dazu, den Lauf der Geschichte als einzige große Theodizee zu sehen, und diese Vorstellung war durch die Niederlage fragwürdig geworden. Gerade deutsche Historiker, die nach der staatlichen Einigung mit der Idee eines sinnvollen Geschichtsprozesses aufgewachsen waren, standen jetzt vor dem Dilemma, entweder am Sinn der Geschichte oder an der Gerechtigkeit der nationalen Sache zweifeln zu müssen. Wie zu erwarten, hofften die meisten, dem Dilemma zu entgehen, wenn es ihnen gelang, diese beiden Vorstellungen doch wieder, aus einem neuen Blickwinkel, miteinander in Einklang zu bringen, aber das war eine heikle Aufgabe. Es war schwierig, die Weimarer Republik in ihr traditionelles Wertesystem und ihre Deutung des historischen Prozesses zu integrieren, und bei der Frontgeneration (den zwischen 1880 und 1900 Geborenen) gab es bald einen tiefen Gegensatz zwischen den Nationalen, die all die Veränderungen mehr oder weniger scharf ablehnten, und den Kritischen, den Linksgerichteten, die zu einer Revision des traditionellen Bildes kamen. Gerade diese Gruppe gehörte aber immer noch nicht zur anerkannten akademischen Zunft. Wer als Alternative zur vorherrschenden national-konservativen Sichtweise eine liberale, demokratische Geschichtsauffassung vertrat, wurde ignoriert. Den Geschichtsphilosophen Theodor Lessing brachte die Katastrophe dazu, in seinem berühmten Buch *Geschichte als Sinngebung des Sinnlosen*, das zuerst 1916 und in einer stark veränderten zweiten Fassung 1927 erschien, das ganze fest eingewurzelte Rechtfertigungsdenken als solches kritisch zu durchleuchten. Aber Lessing blieb für die Historikerzunft ein ketzerischer Anarchist, den man keiner ernsthaften Entgegnung für würdig hielt. Das Gros bewegte sich zwischen verbittertem oder trotzigem Festhalten an den überkommenen Werten und Standards und vorsichtiger Neuorientierung. Jeder radikale Bruch mit der Tradition wurde verdammt, er galt als Zeichen von Opportunismus und Halbherzigkeit, wenn nicht gar als geistiger Verrat. Der nicht zu leugnenden Kurzsichtigkeit und den Fehlern in der Strategie des kaiserlichen Deutschland stellte die Mehrheit die raffinierte Einkreisungsstrategie der Entente und das Unrecht von Versailles gegenüber.

Was die Länder der Entente angeht, so schien die historische Kontinuität nicht so sehr in Frage gestellt worden zu sein; das eigene System hatte schließlich triumphiert. Darum war es noch leichter, in den vertrauten Bahnen des nationalen Denkens zu bleiben. Dennoch führten die gesellschaftlichen Veränderungen auch hier dazu, daß sich allmählich die kritischen Stimmen mehrten. Man wandte sich gegen die übliche einseitige Konzentration auf Staat und Politik und die ebenso einseitige Auffassung der Geschichte als Aufeinanderfolge von Ereignissen auf der höchsten Ebene und strebte nach einer Erweiterung des geschichtswissenschaftlichen Horizonts. Vor allem in Frankreich führte diese Unzufriedenheit zum Aufkommen einer neuen Richtung, der es auf den Zusammenhang aller gesellschaftlichen Phänomene ankam. Der Anstoß ging, wie so oft, von einem halben Außenseiter aus, dem philosophisch orientierten Henri Berr und seiner *Revue de Synthèse historique*, einer Zeitschrift, die schon im Jahre 1900 ins Leben gerufen worden war. Aber es waren vor allem zwei Historiker, Lucien Febvre und Marc Bloch, die in den dreißiger Jahren mit ihrer 1929 gegründeten Zeitschrift *Annales* einen neuen Weg einschlugen. Hierzu gehörte – mittlerweile in der Geschichtswissenschaft keine Seltenheit, damals aber noch ziemlich ungewöhnlich – eine rücksichtslose polemische Offensive, bei der man die vorherrschende Richtung der Unwissenschaftlichkeit bezichtigte.[77] Hinter der Kritik an den etablierten Historikern, die sich vor allem für den Staat und seine Institutionen und für die großen Ereignisse interessierten, steckte das Gefühl, daß sich die Geschichtswissenschaft auf diese Weise dem Leben entfremdete und immer mehr dazu neigte, die verstaubten Bestände der riesigen Archive, diese mumifizierte und noch dazu fragmentarische Vergangenheit, mit dem wirklichen Leben historischer Epochen zu verwechseln. Der Vorwurf war, wie üblich beim Angriff auf vorherrschende Auffassungen, stark übertrieben, aber die *Annales*-Historiker sollten tatsächlich eine gewaltige Erweiterung des Fachs bewirken; dabei wurden vor allem Geographie, Demographie, Ökonomie und Kultur zu völlig gleichwertigen Forschungsgebieten. Daß sie die Geschichtswissenschaft auf diese Weise für Nichtfachleute interessanter machten, kann man allerdings nicht behaupten. Im Gegenteil, die wichtigen neuen Perspektiven und Erkenntnisse und das Bemühen, alle Gebiete menschlicher Aktivität im Gesamtzusammenhang zu erforschen, machten weitere Spezialisierung notwendig, so daß es immer schwieriger wurde, noch ein plastisches Gesamtbild zu entwerfen. Häufig trat die systematische und thematische Ordnung des Stoffs an die Stelle der vertrauten Chronologie, die das gebildete Publikum mit dem Begriff »Geschichte« assoziierte. Auch weiterhin erreichten die eher konventionellen, erzählenden Historiker, die in erster Linie die politischen Ereignisse beschrieben, also die von der *Annales*-Schule ein wenig verächtlich als *Histoire événementielle* bezeichnete Geschichtsschreibung, die meisten Leser, und so blieb sie es auch, die bestimmte, woran die gebildete Öffentlichkeit und die Schuljugend beim Wort »Geschichte« als erstes dachte.

Sofern man sagen kann, daß die etablierten, an den Universitäten arbeitenden Historiker in den zwanziger Jahren irgendwelchen Einfluß darauf hatten, wie der Krieg und der historische Bruch in der Gesellschaft verarbeitet wurden, erreichten sie vor allem, daß das Nationalgefühl noch gestärkt und, selbst in eher linksgerichteten Kreisen, die Vorstellung gefestigt wurde, die Historie sei Geschichte von Nationen.

Anmerkungen

I Rückblick auf das neunzehnte Jahrhundert

1 Angaben nach Armengaud.
2 List, S. 237 f. Zitiert nach van der Pot, Bd. I, S. 159.
3 Nach van der Pot, Bd. I, S. 119.
4 In: »Ancient Societies or Researches in the Lines of Human Progress«. Nach van der Pot, Bd. I, S. 160.
5 Michelet.
6 E. M. Arndt, »Meine Wanderungen und Wandelungen mit dem Reichsfreiherrn vom Stein«. Zitiert nach van der Pot, Bd. I, S. 177.
7 H. Heine, Lutezia. Berichte über Politik, Kunst und Volksleben. Leipzig 1959. S. 226.
8 Renan, Bd. II, S. 241. Nach van der Pot, Bd. I, S. 166 f.
9 Eine großartige Übersicht findet man bei Romein 1967, Bd. I, S. 347 f.
10 Diese und die folgenden Angaben stammen auch aus Romein 1967, S. 350.

II Das Ende einer Epoche

1 Zweig, S. 14 f.
2 Vgl. Nipperdey 1990, S. 82.
3 Vgl. Steinmetz.
4 Zitiert nach Wohl, S. 7.
5 Übersetzt nach Wesseling 1969, S. 75.
6 Zitiert nach Wohl, S. 164.
7 Übersetzt nach Wesseling 1969, S. 79.
8 Übersetzt nach Wesseling 1969, S. 75.
9 Robert Roberts, The Classic Slum. Salford Life in the First Quarter of the Century. In: Tannenbaum, S. 236.
10 Übersetzt nach: Kamertjeszonde. Zitiert in NRC Handelsblad, 10. 3. 1905. Henk van Gelder, Cultureel Supplement, S. 7.
11 Beard, S. 193. Auch bei Kern, S. 15.
12 Siehe Kern, S. 269 f.
13 Besonders in: Zur Elektrodynamik bewegter Körper (1905), Zur Theorie der Brownschen Bewegung (1906), Zur Theorie der Lichterzeugung und Lichtabsorption (1906), Relativitätsprinzip und die aus demselben gezogenen Folgerungen (1907). Später vor allem in Formale Grundlage der allgemeinen Relativitätstheorie (1914).
14 Siehe Kern, S. 110 f.
15 Von Uexküll, passim.

[16] Kern, passim, vor allem S. 2 f.
[17] Zur Bedeutung von Zeit und Raum vor allem Kern, S. 9 f. und S. 131 f.
[18] Vgl. Richard, S. 7.
[19] Siehe Arnold, S. 129.
[20] Vgl. Steffens, S. 157.
[21] Siehe Richard. Hierin auch W. Dieter Dube.
[22] Zur Einführung Passeron.
[23] Das klassische Standardwerk ist das 1907 erschienene Buch von Albert Soergel, Im Banne des Expressionismus. Vgl. Richard, S. 129.
[24] Vgl. auch hierzu die sehr erhellenden Ausführungen von Kern, besonders S. 24–26, 120–123 und 182–184.
[25] Richard, S. 15.
[26] Siehe Kern, S. 159.
[27] Siehe Pischel, 1997, S. 665.
[28] Siehe unter anderem Tschudi Madsen, Hofstätter und Schmutzler.
[29] Zur Bedeutung des Primitivismus und zu archaischer Musik vgl. Watkins.
[30] Vgl. van der Grinten.
[31] Vgl. Watkins.
[32] Picassos Bemerkung ist bei Kern zitiert, S. 147.

III Der Erste Weltkrieg

[1] Siehe Ferguson, der auf S. 1 f. eine größere Zahl derartiger Texte nennt.
[2] Bloch, passim.
[3] Allen, passim.
[4] Übersetzt nach Chesterton, S. 15.
[5] Vgl. Klein, S. 37–53.
[6] Boutroux, passim.
[7] Übersetzt nach Boutroux, S. 39.
[8] Übersetzt nach Bergson, »La force qui s'use et celle qui ne s'use pas«, in: La Signification de la Guerre.
[9] In: Baron.
[10] Übersetzt nach Brainton, S. 207.
[11] Vgl. Fiedler, S. 50.
[12] Siehe Wohl, S. 99.
[13] Wohl, ebd.
[14] Siehe Wolfswinkel. Auch bei Wohl und Fussell.
[15] Siehe Decandin, S. 143.
[16] Vgl. Field.
[17] Siehe Klein, S. 47.
[18] Aus einem Gedicht von E. A. Mackintosh, der später selbst fiel. Siehe Wolfswinkel.

[19] Vgl. Snelders, S. 72.
[20] Siehe Zuckmayer, S. 207.
[21] Tatsächlich erschienen unter dem Titel Hurra und Halleluja die Kriegspredigten eines Berliner Hofpredigers. Vgl. Kortner, S. 165.

IV Die zwanziger Jahre. Freiheit und Unruhe

[1] Walter Benjamin, Erfahrung und Armut. In: Gesammelte Schriften, Bd. II, 1, Aufsätze, Essays, Vorträge. Hg. von Rolf Tiedemann und Hermann Schweppenhäuser. Frankfurt 1991 (stw 932). S. 214.
[2] Übersetzt nach van der Pot, Bd. 1, S. 274.
[3] Siehe Perrot, Bd. 5, S. 176.
[4] Vgl. Segal, 1996, S. 168.
[5] Siehe Caute, 1973, S. 17.
[6] Anschaulich dargestellt bei Furet, Kapitel 3.
[7] Siehe Caute, 1973, S. 33.
[8] Zu diesen und den folgenden Angaben vgl. Caute, 1973, S. 19.
[9] Siehe Caute, 1973, S. 31.
[10] Originalzitat bei Caute, 1973, S. 203.
[11] Originalzitat bei Caute, 1973, S. 29.
[12] Ehrenburg, S. 342.
[13] Siehe Huppert, S. 260.
[14] Eine hervorragende Darstellung dieser Zusammenhänge findet sich bei Werth, S. 64.
[15] Siehe Werth, S. 112.
[16] Vgl. Laqueur, 1978, S. 133.
[17] Zu diesem Problem findet man wichtige Hinweise bei Fiedler, S. 37 f.
[18] Vgl. Fiedler, S. 64 f.
[19] Diese Vorwürfe kamen unter anderem von dem Soziologen H. Schelsky, s. J. van Hessen in Rijntjes, S. 97.
[20] Siehe Laqueur 1978, S. 135 f.
[21] Laqueur 1978, S. 153 f.
[22] Siehe Gillis, S. 147 f.
[23] Vgl. Shirley, S. 37 f.
[24] Siehe M. Mattijssen, »P. Petersen«, in: van der Meer und Bergman, S. 126.
[25] Übersetzt nach Gerlach, S. 468.
[26] Aufschlußreich ist hier die Darstellung von Levine, passim.
[27] Manifest von 1918. In: Schneede, S. 22.
[28] Siehe Schneede, S. 50.
[29] Das Pamphlet stammt von Franz Seiwert, zitiert nach Schneede, S. 60.
[30] Zitiert nach Schneede, S. 9.
[31] Siehe hierzu Martini.

32 Schneede, S. 127.
33 Ebd.
34 Zitiert bei Jaffé 1974, S. 130.
35 Ebd.
36 Siehe Passeron, S. 10 f.
37 Siehe hierzu Kracauer.
38 Vgl. Peukert, S. 168.
39 Peukert, S. 50.
40 Vgl. hierzu Perrot, Geschichte des persönlichen Lebens, Bd. 5, S. 327.
41 Siehe Frischauer, S. 277.
42 Frischauer, S. 297.
43 Frischauer, S. 288.
44 Frischauer, S. 278.
45 Siehe Morus, S. 337.
46 Siehe Morus, S. 322.
47 Hirschfeld, passim.
48 Zitiert bei Frischauer, S. 314.
49 Richard von Krafft-Ebing, Psychopathia sexualis unter besonderer Berücksichtigung der conträren Sexualempfindung, siehe Frischauer, S. 182.
50 Vgl. Kracauer, S. 11.
51 Kracauer, S. 13.
52 Hierzu J. Mitry in: Richard, S. 213.
53 Siehe Pacher, S. 180.
54 Weininger, S, 441.
55 Vgl. Beller, S. 67, außerdem Janik/Toulmin, S. 71.
56 Vgl. Armangaud, S. 108.
57 Siehe Barth 1959.
58 Ortega y Gasset, S. 9.
59 Jaspers 1932.
60 In diesem Zusammenhang habe ich Watkins viel zu verdanken.
61 Siehe Watkins.
62 Siehe Sperna Weiland 1979, S. 202.
63 Zitiert nach Störig, S. 566.
64 Als Jude wurde Husserl in Deutschland nach 1933 isoliert, aber sein Archiv konnte nach Löwen überführt werden, wo sein gewaltiger, teilweise noch unveröffentlichter Nachlaß heute verwahrt wird.
65 Störig, S. 585.
66 Sehr informative Studien zu Heidegger sind die Bücher von Steiner und Safranski.
67 Siehe Störig, S. 648.
68 Siehe Janik/Toulmin, S. 121.
69 Ebd., S. 122.
70 Ebd., S. 255.

71 Siehe Störig, S. 617.
72 Geschrieben 1938–1947, erschienen erst viel später (Frankfurt 1953–1959).
73 Siehe Weber, Asketischer Protestantismus und kapitalistischer Geist (Archiv für Sozialwissenschaft und Sozialpolitik 20/21, Tübingen 1905).
74 Siehe hierzu Green.
75 Einen Vergleich beider Werke findet man bei Lantink.
76 Siehe den Boer 1987.
77 Ebenda.

Personenregister

Acton, William 44
Adam, Paul 230
Ader, Clément 194
Adler, Alfred 487
Adler, Victor 124
Adorno, Theodor 550 f.
Alain-Fournier (Henri Alban Fournier) 307
Albers, Hans 460, 462
Albert, Charles 432
Aldington, Richard 282, 309
Alembert, Jean-Baptiste Le Rond d' 16
Alexander, Samuel 518
Allen, J. W. 268
Angell, Norman 247
Annunzio, Gabriele d' 187
Ansor, Guillaume 375
Apollinaire, Guillaume 307, 342
Aragon, Louis 399, 402, 410
Archipenko, Alexander 231, 342, 565
Aristoteles 584
Arndt, Ernst Moritz 61
Arnold, Eberhard 370
Arp, Hans (Jean) 397, 399, 405
Auden, Wystan Hugh 561, 563, 573
Augustinus 205, 330
Augustus, Kaiser 13
Aulard, Alphonse 184, 340
Avenarius, Richard 526, 546

Babeuf, François-Noël 25
Bach, Johann Sebastian 418 f., 491
Bachofen, Johann Jakob 472 f., 486
Backhaus, Wilhelm 419
Baden-Powell, Robert 174 f., 183
Baker, Joséphine 461, 492
Baker-Eddy, Mary 504 f.
Ball, Hugo 283f., 397
Balz, Bruno 460
Balzac, Honoré de 585
Barbusse, Henri 283, 309, 341
Barlach, Ernst Heinrich 402
Barrès, Maurice 185, 250, 283, 566
Barth, Karl 496–499, 520
Bartók, Béla 418
Bataille, Henry 283
Baudelaire, Charles 404
Bauer, Otto 124
Beard, George 206
Beaumarchais, Pierre-Augustin C. de 42
Bebel, August 126, 128, 151
Becher, Johannes R. 404
Beckmann, Max 408
Becquerel, Henri 58
Beethoven, Ludwig van 51, 393, 466, 585
Bely, Andrej 342
Benatzky, Ralph 460 f.
Benigni, Umberto 138
Benjamin, René 286
Benjamin, Walter 308
Benn, Gottfried 404, 573
Berg, Alban 233, 417
Bergengruen, Werner 580
Bergson, Henri Louis 162, 185, 216–220, 229, 240, 269, 468, 516
Berlage, Hendrik Petrus 82, 230
Bernanos, Georges 567
Bernard, Jean-Marc 307
Bernhardi, Friedrich von 247 f., 268
Bernstein, Eduard 124, 540
Berr, Henri 593
Bertram, Ernst 559
Besant, Annie 507
Beumelburg, Werner 285
Binding, Rolf 310
Bismarck, Otto von 268, 273, 320
Bizet, Georges 458
Blanc, Louis 26 f.
Blanqui, Louis-Auguste 27
Blaschko, Alfred 432
Blavatsky, Helena 507
Blei, Franz 492
Bleuler, Eugen 387
Bloch, Ernst 549
Bloch, Iwan 432
Bloch, Johann von 252
Bloch, Marc 593
Blok, Alexander 342
Blüher, Hans 181
Blum, Léon 151
Blunden, Edmund 281 f.

Boccioni, Umberto 230 f., 236
Boeke, Kees 171, 361
Bogdanow, Alexander 405
Bohr, Niels 383, 385
Bollnow, Otto Friedrich 323
Bölsche, Wilhelm 122
Boltzmann, Ludwig 530
Bolyai, Janós 528
Bon, Gustave le 67, 467, 475, 477, 480, 482
Bonald, Louis G.A. de 23
Born, Max 385
Bosch, Hieronymus 226, 412
Boulanger, Georges-E.-J.-M. 340
Bourget, Paul 567
Boutens, Pieter Cornelis 561
Boutroux, Émile 268, 525
Bouwmeester, Louis 453
Braddon, Mary Elizabeth 196, 199
Brahms, Johannes 199
Brailsford, Henry Noel 346
Braque, Georges 227
Brecht, Bertold 335, 341, 403, 407, 417, 578
Bredero, Gerbrant 585
Breton, André 399 f., 402, 409 f., 412
Broch, Hermann 411, 578 f., 582
Broglie, Louis-Victor de 382
Bronnen, Arnolt 159, 406
Brooke, Rupert 281, 307
Bruckner, Anton 199
Buonarotti, Filippo Michele 25
Buber, Martin 499
Büchner, Ludwig 68
Buckle, Henry Thomas 515
Bultmann, Rudolf 498 f.
Buñuel, Luis 414, 446
Burckhardt, Jacob 67
Burke, Edmund 23
Busch, Adolf 419
Busch, Fritz 419

Cäsar, Julius 13
Cáhen, Fritz 329
Calvin, Johannes 497
Camus, Albert 524, 534
Carnap, Rudolf 526 f., 531 ff.
Carpenter, E. 432
Casals, Pablo 419
Cassirer, Ernst 517
Céline, Louis-Ferdinand (Destouches) 309, 574 f., 578
Cézanne, Paul 224, 227, 230, 235, 241, 395
Chagall, Marc 228, 230, 416
Chamberlain, Houston Stewart 179
Chaplin, Charlie 203, 454
Charcot, Jean Martin 387
Chateaubriand, François-René de 23
Chesterton, Gilbert Keith 268
Chirico, Giorgio de 401, 412
Cicero 9
Clair, René 448
Claudel, Paul 567, 576, 578
Clemenceau, Georges 289 f., 318, 320, 338
Cocteau, Jean 565
Cohen, Hermann 517
Comte, Auguste 29, 212, 513, 590
Condorcet, Marie-Jean-A.-N. de 16, 25
Conrad, Joseph 219
Corradini, Enrico 187
Correns, Carl Erich 389
Corti, Egon Cäsar Graf 585
Cortot, Alfred 419
Costa, Isaac da 74
Courths-Mahler, Hedwig 196, 199
Crevel, René 410
Croce, Benedetto 187
Cummings, Edward Estlin 309
Cunard, Nancy 492
Curie, Marie 58, 383
Curie, Pierre 58
Cyon, Elias 209

Dalí, Salvador 401 f., 413 ff., 446
Danilewski, Nikolai J. 68, 350
Dante Alighieri 558
Danton, Georges Jacques 340
Darwin, Charles 37 ff., 58, 68, 163, 210, 389, 482, 486, 552
Davids, Louis 202
Debussy, Claude 199, 232, 459, 490
Decroly, Ovide 170
Degas, Edgar 49
Dehmel, Richard 283
Delaunay, Robert 227
Delluc, Louis 283
Delvaux, Paul 401
Denikin, Anton I. 338
Derain, André 227
Descartes, René 18, 73, 515, 517
Destutt de Tracy, Antoine-L. C. 539
Dewey, John 164 ff.

Deyssel, Lodewijk van 237
Diaghilew, Sergei 489, 565 f.
Dickens, Charles 53, 565
Diderot, Denis 25
Dietrich, Marlene 453, 460 f.
Dilthey, Wilhelm 55, 212 f., 514, 517
Disraeli, Benjamin 320, 585
Dix, Otto 436
Döblin, Alfred 578
Doesburg, Theo van 399, 405, 409
Dongen, Kees van 227 f.
Dorgelès, Roland 309
Dos Passos, John 309
Dostojewski, Fjodor 53, 68, 350, 489, 520
Dserschinski, Felix 356
Duchamp, Marcel 397, 412
Dufy, Raoul 227
Duncan, Isidora 345
Durkheim, Émile 184, 211

Eastman, Max 339
Eberstadt, Rudolf 82
Ebert, Friedrich 300
Eckhart, Meister 362
Eckmann, Otto 231
Eddington, Arthur 384
Edison, Thomas 59, 202
Edward VII., König 91
Eeden, Frederik van 238, 360
Ehrenburg, Ilja 342, 352
Ehrenfest, Paul 385
Ehrlich, Paul 437
Einstein, Albert 208 ff., 240, 360, 383 ff., 390
Eisler, Hanns 417
Eisner, Kurt 326
El Greco 226, 412
Elgar, Edward 232
Eliot, Thomas Stearns 404, 411
Elisabeth, Kaiserin von Österreich 585
Enescu, George 419
Engels, Friedrich 27, 145, 150 f., 343, 354, 541–545
Ensor, James 228
Erasmus, Desiderius 330
Ernst, Max 399, 401 f., 412 f., 415
Erró (Gudmundur Gudmundson) 416
Eschstruth, Nataly von 197
Eucken, Rudolf Christoph 270, 273
Eulenburg, Philipp zu 440

Falkenhayn, Erich von 277, 289
Faraday, Michael 58
Febvre, Lucien 593
Fechner, Gustav 216
Feuchtwanger, Lion 341, 580
Feuerbach, Ludwig 539
Fichte, Johann Gottlieb 21, 166 f., 273, 375
Fischer, Edwin 419
Fischer, Karl 176, 182
Fitzgerald, George Francis 208, 383
Flaubert, Gustave 53, 199, 221
Flesch, Carl 419
Flex, Walter 284, 310
Foch, Ferdinand 289, 302
Foerster, Friedrich Wilhelm 166
Fontane, Theodor 53, 105, 199, 221
Ford, Henry 423
Ford, Madox 268
Forel, Auguste 433
Fouché, Joseph 585
Fourier, Charles 26 f.
France, Anatole 184, 340 f., 344 f., 348, 567
Franck, James 385
Franco, Francisco 563, 568
Frank, Bruno 580
Frank, Leonhard 284 f., 360
Franklin, Benjamin 205
Franz Joseph, Kaiser 77, 459, 585
Frege, Gottlob 527
Freud, Sigmund 73, 159 f., 387 f., 410, 433 f., 480–487, 515, 518, 537, 552
Freytag, Alexandre 503
Fritsch, Willy 460 f.
Fromm, Erich 488
Furtwängler, Wilhelm 419
Fustel de Coulanger, Numa Denis 583

Garbo, Greta 453, 460
Gauguin, Paul 227, 235, 489
Gaulle, Charles de 568
Geheeb, Paul 166 ff., 173, 374 f.
Gehlen, Arnold 537 f.
Gentz, Friedrich von 23
Georg V., König 91
George, Stefan 234, 271, 557–561, 563, 567, 576
Géraldy, Paul 560
Gerlach, Arthur von 414, 446
Gestel, Leo 228
Gide, André 340, 411, 487, 567 f., 576 ff.
Gieseking, Walter 419

Gilbert, Robert 460 f.
Giolotti, Giovanni 186, 188
Giono, Jean 309
Givardi, Alexander 202
Gladstone, William Ewart 320
Gobineau, Joseph Arthur de 39, 465
Godwin, William 26
Goebbels, Joseph 274
Goethe, Johann Wolfgang von 155, 268, 331, 375, 508, 585
Gogh, Vincent van 227, 395
Gogol, Nikolai 489
Goll, Iwan und Claire 397
Gorki, Maxim 238, 344
Gorter, Herman 238
Goya, Francisco de 226, 412
Grabowsky, Adolf 348
Graves, Robert 281 f., 309
Griesinger, Wilhelm 387
Gropius, Walter 231, 401, 408
Grosz, George 346, 399, 401, 405, 436
Grünewald, Matthias 412, 226
Guilbert, Yvette 202
Gundolf, Friedrich 559
Guyau, Jean-Marie 212, 216

Haber, Fritz 293
Haeckel, Ernst 68, 122
Haecker, Theodor 520
Hahn, Otto 385
Hahn, Kurt 376
Haig, Douglas 276 f., 289
Haller, Carl Ludwig von 23
Hamsun, Knut 411, 577
Harden, Maximilian 440
Hargrave, John 373 f.
Hartmann, Nicolai 518
Harvey, Lilian 460 f.
Hasenclever, Walter 159
Hata, Sahachiro 437
Hauptmann, Gerhart 238, 270, 406
Haydn, Joseph 87
Heartfield, John 399, 401, 405
Heckel, Erich 228
Heemskerck, Jacoba van 230
Hegel, Georg Wilhelm Friedrich 21 f., 27, 215, 513, 537, 542, 547, 550
Heidegger, Martin 476, 498, 519–524, 527, 529, 532 ff., 549
Heijermans, Herman 201, 238, 406
Heine, Heinrich 61
Heisenberg, Werner 385
Heraklit 24
Herbert, Alan Patrick 309
Herder, Johann Gottfried 22, 530
Hertz, Gustav 386
Hertz, Heinrich 58, 531
Hervé, Gustave 266
Herzfelde, Wieland 399, 405
Hess, Myra 419
Hesse, Hermann 267, 411, 569, 576 f.
Heym, Georg 250
Heymann, Werner Richard 460 ff.
Hilferding, Rudolf 124
Hindemith, Paul 418, 490 ff.
Hindenburg, Paul von 289, 297, 302
Hirschfeld, Magnus 438
Hobson, John Atkinson 545
Hoffmann, Christoph 504
Hoffmann, E. T. A. 414
Hoffmann, Hermann 176
Hoffmann, Josef 231
Hofmannsthal, Hugo von 559, 566
Holbach, Paul H. T. d' 25
Hölderlin, Friedrich 404, 522, 560
Holitscher, Arthur 346
Hollaender, Friedrich 461
Honegger, Arthur 490
Horaz 261
Horkheimer, Max 550 f.
Horowitz, Vladimir 419
Huberman, Bronislaw 419
Hugenholtz, J. B. Th. 361
Hugo, Victor 53
Huizinga, Johan 330, 332, 476–479, 586
Hülsenbeck, Richard 397, 399
Humboldt, Wilhelm von 165 f., 375, 530
Hume, David 25, 208, 516
Husserl, Edmund 73, 518 f., 521 f., 534 f.
Huxley, Aldous 330, 564

Ibsen, Henrik 53, 221, 238
Inayat Khan, Hazrat 506
Inge, William Ralph 308
Isherwood, Christopher 561, 563

Jacobs, Aletta 148
Jacobs, Eduard 201
Jahn, Friedrich Ludwig 190
James, William 164, 208

Janáček, Leos 459
Janet, Pierre 216
Jannings, Emil 461
Jaques-Dalcroze, Émile 489
Jaspers, Karl 388, 476 ff., 519–522
Jaurès, Jean 127, 263f.
Jessenin, Sergei A. 342
Jewreinow, Evreinov 353
Joffre, Joseph J. C. 276, 289
Jolson, Al 460
Jong, Adrianus Michael de 585
Joyce, James 219 f., 229, 240, 411, 577 f.
Judenitsch, Nikolai, N. 338
Jung, Carl Gustav 485 ff.
Jünger, Ernst 285, 310, 404, 574

Kafka, Franz 221, 404, 411
Kainz, Joseph 453
Kaiser, Georg 222, 406, 417
Kálmán, Emmerich 459
Kandinsky, Wassily 225, 228, 230, 234, 236, 398, 401, 408 f.
Kant, Immanuel 21 f., 210, 212 f., 215, 268, 375, 464, 481, 515 f., 521, 525, 528, 530, 532
Kantorowicz, Ernst 559
Karl der Große 13
Kautsky, Karl 126, 349
Keaton, Buster 454
Kerschensteiner, Georg 165 f., 170
Key, Ellen 154, 160, 168
Kierkegaard, Søren 476, 497, 520, 522
Kinsey, Alfred Charles 432
Kipling, Rudyard 562
Kipura, Jan 461
Kirchner, Ernst Ludwig 228
Kitchener, Lord Horatio Herbert 262
Klages, Ludwig 472 ff., 479, 486, 519, 560
Klee, Paul 230, 236, 408, 416
Kleiber, Erich 419
Klemperer, Otto 419
Klerk, Michel de 82, 230
Klimt, Gustav 231
Kloos, Willem 237
Koch, Robert 58
Kokoschka, Oskar 230, 399, 402, 408, 418, 491
Koltschak, Alexander V. 338
Kolumbus, Christopher 314
Kopernikus, Nikolaus 38
Kraepelin, Emil 387
Krafft-Ebing, Richard F. J. von 441
Kraus, Karl 295, 334 f., 464 f., 485, 530
Kreisler, Fritz 419
Krishnamurti, Prinz 507
Kropotkin, Piotr A. 27, 163
Kun, Béla 326

Lagarde, Paul Anton de 179
Lagrange, Joseph Louis 15, 58
Lamarck, Jean-Baptiste P. A. de Monet 21, 57, 388, 486
La Mettrie, Julien Offray de 25
Lamprecht, Karl 515, 590
Landauer, Gustav 326, 369
Landowska, Wanda 419
Lang, Fritz 446, 448
Langbehn, Julius 179
Laplace, Pierre Simon de 15, 58, 122
Lassalle, Ferdinand 27
Laski, Harold Joseph 339
Laue, Max T. F. von 385
Lavisse, Ernest 184
Lawrence, David Herbert 437, 564 f
Leander, Zarah 460
Leck, Bart van der 409
Le Corbussier (Charles-Édouard Jeanneret) 231
Léger, Fernand 342, 491
Lehár, Franz 459
Leibniz, Gottfried Wilhelm von 15 f., 268
Leiden, Jan van 363
Lenin, Vladimir I. 292, 315, 326, 337 ff., 343–346, 348 f., 350 ff., 354–358, 360, 362, 399, 541, 544–547
Leo XIII., Papst 137
Leoncavallo, Ruggiero 459
Lessing, Theodor 466, 592
Lichtenstein, Alfred 307
Liebig, Justus 57
Lietz, Hermann 166 f., 171, 173, 375
Ligt, Bart de 361
Ligthart, Jan 168
Linder, Max 203
Lissauer, Max 275
List, Friedrich 60
Lloyd, Harold 454
Lloyd, Marie 202
Lloyd George, David 252, 297, 320, 338
Lobatschewski, Nikolai I. 525
Locke, John 16, 25

Löhner, Franz 460
Loos, Adolf 231
Lorentz, Hendrik Antoon 208, 383, 385
Lubitsch, Ernst 448
Ludendorff, Erich F. W. von 290, 297 ff., 445
Ludwig, Emil 585
Ludwig II, König 214
Ludwig XIV, König 72
Lukács, György 549 f.
Lumière, Auguste M. L. N. und Louis J. 202
Luther, Martin 272, 497, 530
Luxemburg, Rosa 349, 360

Mach, Ernst 207 f., 526, 546
Macke, August 307, 491
Maeterlinck, Maurice 237
Magritte, René 401, 412
Mahler, Gustav 199, 232, 419
Maistre, Joseph-Marie de 23
Majakowski, Wladimir 352 f., 406
Mallarmé, Stéphane 229 f., 558
Malraux, André 568
Malthus, Thomas Robert 28
Manet, Edouard 49, 359
Mann, Heinrich 283, 341, 360, 461
Mann, Thomas 159, 220 f., 237, 270, 272, 411, 571 ff., 576 ff.
Mannheim, Karl 556
Marc, Franz 228, 236, 307
Marcel, Gabriel 524
Marcuse, Herbert 488, 534
Marholm, Laura 152
Marie Antoinette, Königin 585
Marinetti, Filippo Tommaso 187 f., 228, 230, 236, 398
Marlitt, Eugenie 197, 199
Marx, Karl 27, 29 f., 38, 68, 124, 129, 150 f., 330, 343, 354, 468, 482, 487, 513, 539 ff., 541–548, 550 ff.
Masereel, Frans 436
Massis, Henri 184
Masson, André 401 f., 413, 415 f.
Mathiez, Albert 340
Matisse, Henri 227
Maurois, André 585
Maurras, Charles 185, 250, 469, 567
Mauthner, Fritz 529 f.
Maxwell, James Clerk 58
May, Karl 198 f.
Mayer, Eduard 332
Mazzini, Giuseppe 158
Meinecke, Friedrich 270
Meitner, Lise 385
Mendel, Gregor 388 f.
Mengelberg, Willem 419
Menuhin, Yehudi 419
Metternich, Klemens, W. N. L. von 585
Metzendorf, Georg 82
Meyerhold, Vsevolod E. 352, 406
Michelangelo 553, 585
Michelet, Jules 61
Michels, Roberto 467
Mierop, Lodewijk van 361
Mies van der Rohe, Ludwig 231
Milhaud, Darius 419, 490
Mill, John Stuart 151
Millerand, Alexandre 71, 126
Minkowski, Hermann 385
Miró, Joan 401 f., 413, 416
Möbius, Paul Julius 151
Modigliani, Amedeo 342
Möhring, Bruno 82
Moissi, Alexander 453
Molière (Jean-Baptiste Poquelin) 340
Moltke, Helmuth K. B. Graf von 206
Mondrian, Piet 228, 409
Monet, Claude 49, 224
Montaigne, Michel de 155, 340
Montesquieu, Charles-Louis de 18, 488
Montessori, Maria 169 f.
Montherlant, Henri Million de 574
Moore, George Edward 527–531
Morgan, Lewis Henry 60
Morris, William 238
Mosca, Gaetano 40, 67, 187, 467, 475
Muck-Lamberty, Friedrich 362 f.
Mühsam, Erich 326
Müller, Adam Heinrich 23
Müller, Renate 460
Munch, Edvard 228, 416
Münchhausen, Börries von 285
Murnau, Friedrich Wilhelm 414, 446, 448
Musil, Robert 11, 411, 571–574, 578 f., 582
Mussolini, Benito 469, 563
Mussorgski, Modest 489
Muybridge, Eadweard 202

Napoleon III. 62, 320
Napoleon Bonaparte 16 f., 70, 189, 245, 539, 585

Natorp, Paul 270, 273, 517
Neisser, Albert 437
Nernst, Walther Hermann 383
Neurath, Otto 526
Neville, Wilfred 281
Newton, Isaac 15 f., 58, 122, 207, 383
Nikolaus II., Zar 91
Nielsen, Asta 453, 460
Nietzsche, Friedrich 67 f., 95, 162, 213, 215–219, 229, 240, 250, 268, 273, 467 f., 471 ff., 475 f., 480 f., 489, 498, 514, 516, 520, 522 f., 552, 558, 560
Nijinski, Waslaw 491, 565
Nordau, Max 464

Offenbach, Jacques 459
Olbrich, Joseph Maria 231
Ortega y Gasset, José 330, 474 f., 477 f., 519, 586
Orwell, George 563 f.
Ostaijen, Paul van 229
Oud, Jacobus J. P. 409
Owen, Robert 34
Owen, Wilfred 281, 307

Pabst, Georg Wilhelm 448
Palestrina, Giovanni Pierluigi da 491
Pallas, Peter Simon 21
Pankhurst, Mrs. Emmeline 146
Papini, Giovanni 186
Pareto, Vilfredo F. D. 40, 67, 187, 467, 475
Parkhurst, Helen 171
Pasteur, Louis 57 f.
Pawlow, Iwan P. 390
Péguy, Charles 185, 250, 283, 307, 469, 566
Perrin, Jean Baptiste 383
Pestalozzi, Johann Heinrich 157, 167
Pétain, Philippe 289, 302
Peter der Große, Zar 345
Petersen, Peter 171, 375
Petersen, Richard 83
Petljura, Symon 357
Pfemfert, Franz 295
Piatigorsky, Gregor 419
Picabia, Francis 412
Picasso, Pablo 225, 227, 238, 241, 342, 398, 402, 416, 491, 565
Pirandello, Luigi 222, 579
Piscator, Erwin 341, 399, 406 f.
Pissarro, Camille 49
Pius IX., Papst 74
Pius X., Papst 137
Pius XII., Papst 538
Planck, Max 72, 383, 385, 518
Platon 165, 375, 378, 516, 521 f., 528
Plessner, Helmuth 537 f.
Poe, Edgar Allen 414
Poincaré, Henri 209, 525
Poincaré, Raymond 207, 338
Popper, Karl 484
Poulenc, Francis 490
Prévost, Marcel 432
Prezzolini, Giuseppe 186, 188
Price, Philips 339
Proudhon, Pierre-Joseph 26 f., 468
Proust, Marcel 11, 219, 411, 565, 576 f.
Psichari, Ernest 185, 283, 307
Puccini, Giacomo 232, 459, 490

Rabelais, François 340
Rachmaninow, Sergei V. 232
Raffael 223
Ranke, Leopold von 31, 589
Ransome, Arthur 339
Rathenau, Walther 292, 469–472, 474, 519
Ravel, Maurice 232, 490, 565
Rawson, Wyatt 375
Ray, Man 414, 446
Reddie, Cecil 167
Reed, John 339
Rees, Otto van 397
Remarque, Erich Maria 309
Rembrandt 585
Renan, Ernest 61, 184, 340, 468, 496
Renger-Patzsch, Albert 449
Renoir, Auguste 49
Ricardo, David 28
Richards, Frank 197, 199, 309
Rickert, Heinrich 55, 517, 554
Rietveld, Gerrit 409
Rilke, Rainer Maria 267, 411, 559, 576
Rimbaud, Arthur 229, 404
Robespierre, Maximilien de 340
Robins, Raymond 339
Rohan, Herzogin von 104
Rökk, Marika 460
Roland Holst, Henriëtte 238
Rolland, Romain 267, 340, 344, 360, 585
Rolling Stones, The 11
Röntgen, Wilhelm Conrad 58
Rosenberg, Isaac 282, 307

Rosenzweig, Franz 499
Rostand, Edmond 283
Rotten, Elisabeth 375
Rotter, Fritz 460
Rousseau, Jean-Jacques 155, 157, 167, 170, 330
Rubens, Peter Paul 394, 399
Rühmann, Heinz 460 f.
Ruska, Ernst A. F. 384
Russell, Bertrand 339, 345 f., 527–533
Russell, Charles Taze 502 f.
Rutherford, Joseph Franklin 502
Rutherford, Ernest 379, 383, 385
Ruysdael, Jacob van 223

Saint-Exupéry, Antoine de 574
Saint-Simon, Henri de 26, 212
Salandra, Antonio 188
Salgari, Emilio 198
Sartre, Jean-Paul 524, 534
Sassoon, Siegfried 281 f., 309
Scheler, Max 270, 273, 535 ff.
Schelling, Friedrich von 21
Schlegel, Friedrich 39
Schleiden, Matthias Jakob 57
Schleiermacher, Friedrich 495
Schlemmer, Oskar 492
Schlick, Moritz 526
Schmidt-Rottluff, Karl 228
Schmitz, Bruno 245
Schnabel, Arthur 419
Schnack, Anton 284
Schnitzler, Arthur 105, 222 f., 430
Schönberg, Arnold 230, 232 ff., 236, 240, 417, 491
Schopenhauer, Arthur 21 f., 51, 67, 217, 240, 480 f.
Schrödinger, Erwin 385
Schuler, Albert 472 f., 479, 486, 560
Schwann, Theodor 57
Schweitzer, Albert 142, 496
Schwitters, Kurt 399, 405, 412
Seidel, Ina 580 ff.
Seignobos, Charles 184
Seiwert, Franz Wilhelm 404 f.
Seurat, Georges 224
Seuse, Heinrich 362
Shaw, George Bernard 127, 339, 348
Shelley, Percy Bysshe 585
Signac, Paul 224
Simmel, Georg 270
Sinowjew, Grigori J. 346
Sitte, Camillo 82, 230
Sjöström, Victor 447
Sluyters, Jan 227 f.
Sokrates 67
Solvay, Ernest 382
Sombart, Werner 270, 274, 554
Sommerfeld, Arnold J. W. 383
Sorel, Georges 131, 185, 468 f., 472, 479, 519
Sorge, Reinhard 159
Sorley, Charles Hamilton 281, 307
Soupault, Philippe 399, 410
Speenhoff, Jakob Hendrik 202
Spencer, Herbert 39 f., 58, 155
Spender, Stephen 561, 563
Spengler, Oswald 330–335, 421, 465, 472, 474, 477, 519, 560, 586 f.
Spinoza, Benedictus de 409
Spire, André 283
Spranger, Eduard 365, 556
Stadler, Ernst 307
Stalin, Josef 337, 344
Steen, Jan 223
Stein, Gertrude 305
Steiner, Rudolf 171, 376 f., 507 f., 538
Stiller, Mauritz 447
Stokowski, Leopold 419
Stolz, Robert 459
Strachey, Lytton 585
Straus, Oscar 459
Strauss, Richard 232, 235, 418 f., 459
Strawinsky, Igor 235, 417 ff., 459, 489, 491, 565
Strindberg, August 221 f.
Stuart, Maria 585
Swift, Jonathan 330
Székely, Ádámos von 436

Taine, Hippolyte 184
Talleyrand, Charles Maurice 76
Tarde, Alfred de 184
Tarde, Gabriel 67
Tauber, Richard 456
Taut, Bruno 231
Taylor, Frederic Winslow 81
Teilhard de Chardin, Pierre 537 f.
Thibaud, Jacques 419
Thomson, Joseph John 210
Tillich, Paul 498 f.
Tirpitz, Alfred von 246
Tizian 394

Toller, Ernst 283 f., 326, 341, 406
Tolstoi, Alexej N. 342
Tolstoi, Leo 53, 105, 199, 221, 238, 489, 531, 570
Tönnies, Ferdinand 366 f.
Toscanini, Arturo 419
Trakl, Georg 307, 404
Treitschke, Heinrich von 45, 268
Trevelyan, George Macaulay 339
Troelstra, Pieter Jelles 326
Troeltsch, Ernst 270, 514
Trotzki, Leo 346, 349, 352
Tschermak, Erich 389
Tschaikowski, Peter Iljitsch 199
Turgenjew, Iwan 53, 113, 158 f., 221, 489
Tzara, Tristan 397 f., 405

Uexküll, Jakob Johann von 209 ff., 390
Undset, Sigrid 581
Unruh, Fritz von 283, 285, 407

Valentino, Rudolph 453, 460, 565
Valéry, Paul 411, 566, 576
Velde, Henry van der 232
Verdi, Giuseppe 52, 458 f.
Verhaeren, Émile A. G. 238
Verkade, Eduard 453
Verlaine, Paul 229
Verwey, Albert 560 f.
Vicq d´Azyr, Félix 21
Victoria, Königin 90, 585
Vignes Rouges, Jean des 286
Vinci, Leonardo da 223
Virchow, Rudolf 57
Viviani, René 264
Vlaminck, Maurice de 227
Vollenhoven, Cornelis van 245
Voltaire (François Marie Arouet) 340
Vries, Hugo de 388
Vries, Theun de 585

Wagner, Richard 52, 199, 233, 459
Walden, Herwarth 236, 578
Walldorff, Cläre 202
Walpole, Hugh Seymour 580
Walter, Bruno 419
Warwick, Lady 102, 104
Wassermann, Jakob 159
Waugh, Evelyn 563
Webb, Sidney und Beatrice 127, 339, 348
Weber, Carl Maria von 458
Weber, Max 41, 402, 479, 551–557
Webern, Anton 233, 241, 417
Wedekind, Frank 222 f., 430
Wegeleben, Siegfried 309
Wegener, Paul 447
Weill, Kurt 417
Weingartner, Felix Paul von 419
Weininger, Otto 151, 465 f., 470
Wellington, Arthur Wellesley 189
Wells, Herbert George 250, 321, 339, 345, 421, 564, 586
Werfel, Franz 283, 404
Werth, Léon 309
White, Andrew Dickson 137
Whitehead, Alfred North 518, 527
Wilde, Oscar 237, 440, 562
Wilhelm II, Kaiser 90 f., 245, 265, 272, 276, 290, 298 f., 440, 585
Willink, Albert Carel 412
Wilson, Woodrow 298, 303, 313, 315 f., 318, 320
Windelband, Wilhelm 55, 517
Winnington-Ingram, Arthur Foley 274
Wittgenstein, Ludwig 529–533
Wolfskehl, Karl 559
Wolters, Friedrich 559
Wood, Mrs. Henry 196
Woolf, Virginia 577
Wrangel, Peter N. 338
Wundt, Wilhelm 160, 216, 387
Wygotsky, Lew S. 171
Wyneken, Gustav Adolf 167, 179 f., 182, 374 f.

Zadkine, Ossip 342
Zarathustra 505 f.
Zernike, Frits 384
Zévaco, Michel 198
Zille, Heinrich 82
Zöberlein, Hans 285
Zola, Émile 53, 199, 221
Zweig, Arnold 341
Zweig, Stefan 76 f., 267, 360, 585

HERMANN W. VON DER DUNK

Kulturgeschichte des 20. Jahrhunderts

Band II

Hermann W. von der Dunk

KULTURGESCHICHTE DES 20. JAHRHUNDERTS

Aus dem Niederländischen
von Andreas Ecke

BAND II

DEUTSCHE VERLAGS-ANSTALT
MÜNCHEN

Der Verlag dankt der Stiftung für die Produktion und Übersetzung niederländischer Literatur für die Förderung dieser Übersetzung.

Die Originalausgabe erschien 2000 unter dem Titel »De verdwijnende hemel. Over de cultuur van Europa in de twintigste eeuw« bei J. M. Meulenhoff bv, Amsterdam.

Für meine Frau
Für meine Kinder

Bibliographische Information Der Deutschen Bibliothek
Die Deutsche Bibliothek verzeichnet diese Publikation in der Deutschen Nationalbibliographie; detaillierte bibliographische Daten sind im Internet über http://dnb.ddb.de abrufbar.

Typographie und Satz: BK-Verlagsservice, München
Gesetzt aus der Hoefler Text
Druck und Bindearbeit: Bercker, Kevelaer
Printed in Germany

ISBN 3-421-05604-8

Inhalt

Band 1

Einleitung 9

I Rückblick auf das neunzehnte Jahrhundert 13

1 Ein Jahrhundert der Expansion 13
2 Vom statischen zum dynamischen Weltbild 15
3 Zwei Traditionen 24
4 Der Umbruch in der zweiten Jahrhunderthälfte 32
5 Der moralische Maßstab 40
6 Ein Blick auf die Kunst 47
7 Ein Blick auf die Wissenschaft 53
8 Fortschrittsglaube und Pessimismus 59
9 Eine Momentaufnahme: die Schwelle des Jahres 1900 69

II Das Ende einer Epoche 76

1 Die Lebensverhältnisse – materieller Fortschritt 76
2 Monarchen und Höfe 86
3 Der Adel 93
4 Die Nachkommen des Bürgerstandes 106
5 Die Arbeiter und der Sozialismus 123
6 Die Kirchen in Defensive und Gegenoffensive 134
7 Die Frauenbewegung 143
8 Im Zeichen der Jugend 154
9 Die pädagogische Reformbewegung 161
10 Die Jugendbewegung 171
11 Das Vordringen des Sports und die Wiederentdeckung des Körpers 189
12 Kunst und die Menge 194

13 Die veränderte Wirklichkeit und die Rebellion gegen die etablierte Ordnung 204
14 Die neue Realitätsvorstellung in den Künsten 218

III Der Erste Weltkrieg 244

1 Der Hintergrund 244
2 Die Stunde des Nationalismus 258
3 Der Sozialismus am Scheideweg 263
4 Die Ideen von 1914 266
5 Die unerwartete Erfahrung des Krieges 276
6 Neue Gegensätze 286
7 Eine Bilanz des Krieges 291

IV Die zwanziger Jahre. Freiheit und Unruhe 308

1 Neuorientierung und chaotischer Beginn 308
2 Apokalyptische Stimmungen 322
3 Revolutionäres Morgenrot im Osten 335
4 Die Morgendämmerung eines neuen Menschen 359
5 Jugend gegen die verdorbene Gesellschaft 363
6 Pädagogik und Harmoniedenken 374
7 Die Naturwissenschaften: unsichtbar-sichtbare Macht 379
8 Die Künste in Turbulenzen 392
9 Die Musik 417
10 Stadtkultur und Hedonismus 420
11 Der Abbau des sexuellen Tabus 429
12 Mit den Augen des Films 442
13 Der Triumph des Schlagers 456
14 Masse und Mechanisierung als Krankheiten der Moderne 462
15 Das Unbewußte und die Ratio 479
16 Mystik und Primitivismus als Heilmittel gegen die Krankheit der Moderne 488
17 Religiöse Antworten auf die Moderne 493
18 Philosophie auf der Suche nach sich selbst 511
19 Zwischen Philosophie und Gesellschaft 539
20 Literatur: Distanz und Engagement 557
21 Literarische und wissenschaftliche Geschichtsschreibung 582

Anmerkungen 595
Personenregister 600

Band II

V Die dreissiger Jahre: Scheinparadiese und Ordnung 9

1 Der Faschismus als dritte Zukunftsperspektive 9
2 Nationalrevolutionäres Utopia 25
3 Der Nationalsozialismus 34
4 Die Juden und der moderne Antisemitismus 44
5 Messianismus und Heilsstaat 56
6 Im Bann des Erfolgs 65
7 Kultur unter dem Hakenkreuz 79
8 Von revolutionärer zu totalitärer Diktatur 100
9 Kultur unter Hammer und Sichel 114
10 Zwischenbetrachtung 127
11 Europa und die Diktaturen 145
12 Auf dem Weg in eine neue Kriegskatastrophe 166

VI Der Zweite Weltkrieg 179

1 Einleitung 179
2 Die deutsche Blitzstrategie 181
3 Wendepunkt und abnorme Allianz 187
4 Das andere Gesicht des Krieges 199
5 Der Völkermord an den Juden 207
6 Mittäter und Mitwisser 212
7 Der Krieg im allgemeinen Erleben 218

VII Ein gespaltenes Europa 241

1 Von einer abnormen Allianz zum Kalten Krieg 241
2 Die Auferstehung Westeuropas 263
3 Schreckensszenarien und Ernüchterung 281
4 Zunehmender Wohlstand 300
5 Kultur als Ware 318

6 Von der Philosophie zur Soziologie. Die Gesellschaft im Brennpunkt 339
7 Die ungreifbare Wirklichkeit in der Literatur 359
8 Die Künste: Experiment und Emotion 380
9 Osteuropa: Kultur im Dienst von Partei und Doktrin 399
10 Die unaufhaltsame Technik 428

VIII Kulturelle Turbulenzen 442

1 Fronten in Bewegung 442
2 Angriff auf die Autorität und sexuelle Revolution 453
3 Die Studentenrevolte 465
4 Die Entweihung der Künste 481
5 Das veränderte Normbewußtsein 498

IX Kultur ohne Kompass 507

1 Kalter Friede und Zusammenbruch des Sowjetimperiums 507
2 Gesellschaft in unfreier Freiheit 526
3 Gesellschaftskritik und Gegenkritik 548
4 Der Szientismus und seine Grenzen 566
5 Postmoderne, von der Wirklichkeit zum Text 578
6 Literarische Spiegel und Alternativen 596
7 Zersplitterung und Holismus 606
8 Angepaßte Geschichtswissenschaft 620

X Zu einer neuen Epoche 636

Anmerkungen 651
Literatur 658
Bildnachweis 681
Personenregister 682

V

Die dreißiger Jahre: Scheinparadiese und Ordnung

1 Der Faschismus als dritte Zukunftsperspektive

Der Faschismus erscheint im Rückblick als der zweite große, die Gesellschaft bis ins Mark treffende Kulturschock des zwanzigsten Jahrhunderts. Ohne ihn und seine jahrzehntelange Nachwirkung ist die europäische Kultur in der zweiten Jahrhunderthälfte nicht zu verstehen. Der Faschismus hat das Menschenbild gewandelt – auf andere Weise und vielleicht noch einschneidender als der Erste Weltkrieg, anders auch als die kommunistischen Systeme nach sowjetrussischem Vorbild. Diese standen am Ende des mehrere Generationen währenden Kampfes einer Massenbewegung, ob sie nun als logische Konsequenz oder als verhängnisvolle Verfälschung der Ideologie und Verrat an der Bewegung zu sehen sind, worüber von Anfang an heftig diskutiert wurde. Der Faschismus war eine Überraschung. 1918 hatte jeder Kenner der Politik vorausgesagt, daß der Zusammenstoß von rechts und links, von Bewahrung und Revolution, die Zukunft beherrschen werde, und als einzige Alternative zur liberal-kapitalistischen Ordnung westlicher Prägung galt der Sozialismus oder der Kommunismus. Es kam anders. Die Literatur über den Faschismus hat inzwischen einen gigantischen Umfang erreicht, und fast jede Sichtweise kann von einer anderen Position aus angegriffen werden, allein schon, weil sich die Experten auf ganz unterschiedlichen Ebenen bewegen, je nachdem, ob sie Faschismus als politisches, ideologisches, soziologisches oder psychologisches Phänomen auffassen oder ihn unter moralischen Gesichtspunkten betrachten. Außerdem kam es zu einer auffallenden Verschiebung, denn beim Wort »Faschismus« wird im allgemeinen nicht mehr an den ursprünglichen Faschismus gedacht, sondern an den deutschen Nationalsozialismus. Es sind die Untaten des Nationalsozialismus, die den enormen Kulturschock ausgelöst, dabei auch den ursprünglichen Faschismus ganz in den Schatten gestellt und das Bild, das man sich von diesem macht, entscheidend verändert haben. Die Frage, ob dieser ursprüngliche Faschismus oder irgendeine Form von Faschismus den Keim des Nationalsozialismus in sich trägt, bleibt spekulativ, und daß der

Faschismus ohne seine deutsche Ausprägung soviel Aufmerksamkeit gefunden hätte, ist unwahrscheinlich – steht man doch allgemein ganz im Banne dessen, was der Nationalsozialismus angerichtet hat. Und die Frage, ob dieser nur eine radikale Art von Faschismus war, bringt uns an die Grenze unseres historischen Erkenntnisvermögens. Aber ob wir sie nun als zweieiige, eineiige oder siamesische Zwillinge oder vielleicht gar nicht als Blutsverwandte betrachten – sie sind durch die Geschichte eng verbunden. Sie haben diesen Bund selbst gewollt und gesucht und teilen deshalb auch das Los, von der Nachwelt als verwandte Bewegungen gesehen zu werden. Zum besseren Verständnis müssen wir noch einmal kurz zu den politischen Entwicklungen und der gesamteuropäischen Konstellation zurückkehren, die den Faschismus und den Nationalsozialismus möglich gemacht haben und ihre gewaltige Anziehungskraft erklären.

Um die Mitte der zwanziger Jahre schienen die direkten Nachwirkungen des Ersten Weltkriegs überwunden. Man gewöhnte sich an die neuen politischen Verhältnisse, die sich anscheinend einigermaßen stabilisierten. Die meisten Menschen nahm der Alltag wieder in Beschlag. Innere Angelegenheiten und allerlei Skandale sorgten für größere Schlagzeilen. Die günstige Gelegenheit für eine große Revolution, möglicherweise nach russischem, bolschewistischem Vorbild, war nach 1922/23 überall vorbei, die apokalyptische Stimmung war verflogen. Nach dem Sieg der Alliierten war die parlamentarische Demokratie nach westeuropäisch-amerikanischem Muster zum Modell für ganz Europa geworden, wobei Wahlrecht in vielen Ländern dank der veränderten Stellung der Frau jetzt auch Frauenwahlrecht bedeutete. Die parlamentarische Demokratie war aber in den westlichen Ländern das Ergebnis eines Entwicklungsprozesses, der sich über Generationen, ja zum Teil über Jahrhunderte hingezogen hatte. Nur ganz allmählich hatten Bürgertum und Mittelklassen insgesamt an Macht und Einfluß gewinnen können (in einigen Fällen nicht ohne dramatische, blutige Umwälzungen) und so die Auflösung des Ständestaates herbeigeführt. In den westeuropäischen Ländern, die an der erblichen Monarchie festgehalten hatten – vor 1914 waren Frankreich, Portugal und die Schweiz die einzigen Republiken Europas –, war der Monarch schließlich nur noch würdevolles Hoheitssymbol der Nation, die Flagge, die die politische Windrichtung anzeigte.

Die mittel-, ost- und südeuropäischen Länder mußten diese Entwicklung jetzt im Eiltempo nachholen. Da die Mittelschichten dort nur wenig Erfahrung mit einem funktionierenden parlamentarischen System hatten und in manchen Ländern, vor allem in Osteuropa, auch ökonomisch noch nicht zum wichtigsten Träger der Volkswirtschaft geworden waren, verlief dieser Prozeß nicht ohne größere Schwierigkeiten, und das konnte kaum anders sein. Es kam noch hinzu, daß man sich gerade dort auch an neue Grenzen, ja sogar an den neuen Status einer jetzt anerkannten Nation gewöhnen mußte. Die hierarchisch-patriarchalischen Verhältnisse hatten über Jahrhunderte das Verhalten, die Umgangsformen, die ganze politische Kultur viel zu nachhaltig beeinflußt, als daß die neue parlamentarische Ordnung nun gleich von allen als vernünftig und natürlich hätte begrüßt werden können. Dies galt nicht nur für die alten Oberschichten, sondern auch für große Teile der Bevölkerung auf dem Land und in den Städten. Außerdem waren die sozialen Gegensätze tief und unübersehbar. So kam es, daß die Vermögenden – sowohl ländliche Großgrundbesitzer als auch Bankiers und Unternehmer, aber auch höhere Beamte, Professoren und Gymnasiallehrer – und die kleineren Sparer, wie Handwerker und Ladenbesitzer, die zur Altersversorgung und für ihre Kinder einen bescheidenen Besitz erworben hatten, eine Revolution, die ihnen das alles nehmen würde, fürchteten wie den Leibhaftigen. Die Berichte über die Greuel des russischen Bürgerkrieges und das Vorgehen der Bolschewisten schürten die Angst vor der roten Gefahr. Andererseits blieb für das Gros der Arbeiter und in manchen Regionen auch für die bäuerliche Bevölkerung eine radikale Umverteilung von Kapital, Besitz und Land weiterhin das große Ziel. Wegen der scharfen sozialen Gegensätze mußte auch die parteipolitische Polarisierung stärker ausgeprägt sein, als sie es im Westen gewöhnlich war. Die Entwicklung einer parlamentarischen Demokratie, die, wenn sie einigermaßen funktionieren soll, auf die Einhaltung bestimmter Spielregeln politischen Tauziehens und die Beschränkung auf hauptsächlich verbalen Schlagabtausch zwischen den unterschiedlichen Interessengruppen angewiesen ist, wurde dadurch erschwert. Hier muß man sofort hinzufügen, daß dieses Tauziehen auch in Ländern mit langer parlamentarischer Tradition oft ziemlich heftig war und daß es fast überall Gruppen gab, die an der Tauglichkeit des Systems zweifelten. Da es immer um die Suche nach einem Gleichgewicht zwischen den gegensätzlichen Interessen geht, im Materiellen wie Immateriellen, und die Waage so gut wie nie im Gleichgewicht ist, bedeutet auch Demokratie niemals völlige Harmonie und Zufriedenheit, und sie kann dies nicht bedeuten.

In manchen mittel- und osteuropäischen Ländern kamen zu den schärferen sozialen Kontrasten noch das ethnische Problem und die Minderheitenfrage hinzu. Durch die Proklamation des Selbstbestimmungsrechts nach dem Nationalitätenprinzip traten die ethnischen Gegensätze schärfer hervor, und besondere Ansprüche ethnischer Gruppen erschienen legitimer als vordem. Der Nationalismus, der zu einem Bindemittel, einer integrativen Kraft, geworden und für viele an die Stelle der Religion getreten war, hatte sich, wie erwähnt, infolge des Krieges verstärkt. Pazifismus und Internationalismus waren zwar mit ihrer Devise »Nie wieder Krieg!«, als man unmittelbar unter dem Eindruck des aussichts- und sinnlos fortgesetzten Blutvergießens stand und in den Jahren 1918/19 unter den direkten Folgen litt, bei vielen Menschen spontan auf Resonanz gestoßen, auf längere Sicht konnten sie jedoch keinen Einfluß gewinnen. Sie blieben auf kleine, meistens intellektuelle, künstlerische oder sektiererische Gruppen beschränkt. Wie ist das zu erklären? Für die meisten hatte die Verbundenheit mit der eigenen Nation Priorität, sie erschien als das Natürliche, war bedingt durch die Alltagsrealität: die Menschen, mit denen man umging, die Lebensweise, die Arbeit, die Sprache. Die Ziele des Internationalismus waren schöne, verschwommene Zukunftsträume, aber ohne Bedeutung für den Kampf ums tägliche Brot oder die Karriere. Außerdem war Nationalismus als affektives Gruppenbewußtsein, als Wir-Gefühl, so unentbehrlich wie das Brot, psychisch um so bedeutsamer, je bedrohter und hilfsbedürftiger man sich als einzelner fühlte. Wo die erwähnten ethnischen Konflikte schwelten, konnte der Nationalismus deshalb leicht zu einem Fieber werden.

Die Angst vor einem Umsturz hatte in vielen der neuen Staaten die reaktionären Kräfte und rechten Parteien gestärkt. Wo es keinen Monarchen mehr gab, aber auch dort, wo er von jetzt an nicht mehr Kopf, sondern nur noch Sprachrohr der Regierung war, blieb ein emotionales wie praktisches Bedürfnis nach jemandem, der ihn ersetzen und die alte monarchische Rolle der Vaterfigur spielen konnte. Das formale parlamentarische System mit seinen streitenden und einander diffamierenden Parteien war verwirrend. Es schien allen, die Angst vor einer Revolution hatten, als Damm gegen die rote Flut wenig zuverlässig. So trat in einigen Ländern, unterstützt von den alten Autoritäten und der Armee – diesem letzten Pfeiler von Macht und Ordnung –, ein starker Mann auf, der eine fast monarchische Position einnahm oder sogar erklärtermaßen den Platz für einen künftigen Monarchen freihielt. Dies war in Polen, Ungarn, Rumänien, Spanien, Finnland und Portugal der Fall. Auch in den drei kleinen baltischen Republiken behielt hinter der Fassade des parlamentarischen Systems eine alte herrschende Kaste über beinahe diktatoriale Regierungen alle Fäden fest in der Hand. Durch Wahlmanipulationen und die Besetzung der entscheidenden Ministerposten – Inneres, Justiz, Polizei, Verteidigung – konnten die alten von den Militärs unterstützten Eliten dafür sorgen, daß ihre Parteien die Regierung übernahmen und an der Macht blieben. In der gesellschaftlichen Alltagsrealität zählten außerdem wie seit jeher die patriarchalischen Verhältnisse und der traditionelle Respekt vor den höheren Ständen. Wenn die Spannungen allzusehr wuchsen, nahm man Zuflucht zu Notstandsverordnungen, die der Regierung Sonderbefugnisse gaben und ihr ermöglichten, das Parlament auszuschalten. So konnte die formale Abschaffung eines fast noch feudalen Systems, wenn sich der Wandel abrupt vollzog, leicht das Aufkommen einer starken Führerfigur zur Folge haben. Deren Macht gründete sich weniger auf eine quasi mystische Vorstellung der Auserwähltheit durch Geburt als auf den Anspruch, die wahren Interessen des Staates zu vertreten, die man noch mit denen der höheren Stände gleichsetzte. Kurz und gut, die parlamentarische Demokratie war in Wirklichkeit offensichtlich nicht die einzige Alternative zum Kommunismus.

Während diese verhältnismäßig autoritären Regime im Grunde die alte halbfeudale Ordnung hinter einer parlamentarischen Fassade bewahrten, kam in Italien im Jahre 1919 eine Bewegung auf, die völlig andere Wurzeln hatte. Hier nagten schon seit längerem schwere Frustrationen an der nationalen Selbstachtung, jedenfalls bei den kulturellen und politischen Eliten, weil Italien trotz der neugewonnenen Einheit und der ruhmvollen jahrhundertealten Kultur nicht zu den wirklichen Großmächten zählte. Der Futurismus, ja die Avantgarde allgemein waren hier zum Teil von dieser Unzufriedenheit bestimmt und wollten der Nation wieder zu Stolz und Selbstbewußtsein verhelfen. Aber die Ursachen der Probleme lagen tiefer. Italien war in mindestens zwei Teile zerfallen: den industrialisierten Norden, der in jeder Hinsicht zum modernen Europa gehörte, und den agrarischen, halbfeudalen Süden, der um ungefähr ein Jahrhundert hinterherhinkte. Die Monarchie, Import aus Sardinien, war nie tief im Volk verwurzelt gewesen, und die Zentralgewalt war schwach. Angesichts der Gegensätze zwischen Arm und Reich, zwischen den Ständen und zwischen den Regionen kam

Metternichs berüchtigter, überheblicher Ausspruch »Italien ist nur ein geographischer Begriff« ein Jahrhundert später der Wahrheit immer noch sehr nah, trotz der nationalen Einigung unter der Trikolore. Die nicht gerade ruhmreichen militärischen Leistungen bei den kolonialen Abenteuern nagten zusätzlich am Selbstbewußtsein. Viele sahen deshalb den Weltkrieg als Chance für Italien, eine vollwertige Rolle als großer Staat zu spielen, wenn man sich nicht abseits hielt.

Einer derjenigen, die für eine Intervention eintraten, war der führende Sozialist Benito Mussolini. Seiner Ansicht nach mußte der Sozialismus jetzt seine internationalistischen Grundsätze aufgeben, wenn er sich in Italien durchsetzen wollte. Dies führte zu einer Spaltung der sozialistischen Bewegung. Obwohl sich das Land trotz eines Bündnisses mit den Mittelmächten auf die Seite der Entente, der späteren Sieger, geschlagen hatte, war das Ergebnis des Krieges für viele enttäuschend – ein Zeichen dafür, daß hinter der nationalen Frustration ein tiefes Unbehagen steckte, das mit den erwähnten inneren Verhältnissen zusammenhing, denn immerhin erhielt Italien beim Friedensschluß einen Teil der begehrten Territorien (Südtirol und Istrien), und der Erzfeind Österreich wurde zurechtgestutzt und endgültig unschädlich gemacht. Nach Kriegsende meldeten sich überall Gruppen zu Wort, die drastische Veränderungen forderten, im feudalen Süden Landreform, im Norden eine sozialistische Republik. Die Gewerkschaften und die Reihen der Sozialisten bekamen starken Zulauf. Auf der anderen Seite hatten Offiziere und entlassene Soldaten, die der Regierung Schwäche und Schlimmeres vorwarfen, auf eigene Faust paramilitärische Einheiten gebildet – *Squadri* genannt –, um eine Machtübernahme der linken Parteien zu verhindern und, davon unabhängig, bei Gelegenheit den zum Lebensinhalt gewordenen Krieg fortzusetzen. Als der gefeierte patriotische Dichter Gabriele d'Annunzio, ein nationales Idol, mit einer Handvoll jugendlicher Abenteurer Fiume besetzte, das dem neugebildeten jugoslawischen Staat zugesprochen worden war, erhitzte das die Gemüter noch zusätzlich. Die ganze Aktion erwies sich eher als Tragikomödie, und die begeisterten Kämpfer mußten die Stadt schließlich wieder räumen, aber als Ausdruck eines romantischen Heldentums machte sie großen Eindruck, zumal der Anführer ein lorbeergekrönter Dichter war. Auf eine aus gewalttätigen Verbänden bestehende Bewegung, die Italien wieder groß machen wollte, mußte sie aufputschend wirken.

Mussolini hatte zuvor, im März 1919, schon seine eigene Partei gegründet, die dem Sozialismus eine nationale Ausrichtung geben sollte. In der Folgezeit gelang es ihm, die wilde und dynamische Squadri-Bewegung, die auf ihre Weise für eine nationale Erneuerung eintrat und, um Sozialisten und Kommunisten auszuschalten, das Land mittlerweile sehr wirkungsvoll terrorisierte, seinen Zwecken dienstbar zu machen. In vielen Regionen herrschte regelrechte Anarchie mit Mord und Totschlag, wobei paramilitärische Schwarzhemden von der Unterstützung durch konservative Kräfte und oft genug von der toleranten Haltung der Polizei und der antisozialistischen Parteien profitierten. Die Angst vor einer Revolution von links war hier natürlich ein wichtiger Faktor. In einer derartigen turbulenten Situation kommt es immer auf die Erwartungen an. Die Prognose ist selbst eine politische Kraft. Historiker, die später nachzuweisen versuchen, daß die Wahrscheinlichkeit einer solchen Revolution angesichts der Macht der Gegenseite – Adel, liberales Bürgertum, katholische Kirche und Bauern – und vor allem wegen des demokratischen Charakters der sozialistischen Partei eigentlich gering gewesen sei, übersehen diese Tatsache, ob nun der Nachweis an sich überzeugend ist oder nicht. Mussolini, der immer mehr als überzeugter Nationalist und weniger als Sozialist in Erscheinung trat, bildete aus den noch halb demobilisierten nationalistischen Schlägern der Squadri seine *Fasci di combattimenti*, eine Art Parteiarmee. Mit viel Gespür für theatralische Gesten und Mythenbildung wurden diese schwarzuniformierten Sturmtruppen zu Nachkommen der historischen römischen Liktoren ernannt.

Was bald als Faschismus bekannt werden sollte, war also in Wirklichkeit das Ergebnis einer alles andere als geradlinigen Entwicklung, in deren Verlauf die gewalttätige, dynamische Squadri-Bewegung mit ihrem nationalen Erneuerungsstreben und der sozialistische Dissenter Mussolini einander fanden. Man kann genausogut sagen, daß dieser von den Anführern der Squadri als Führer verpflichtet wurde, wie es richtig ist, daß er die Schlägertrupps an sich band, auch um sie zu bändigen. Nicht ohne taktische und opportunistische Wendungen wurde er am Ende zum *Duce*, und damit war der Faschismus als politische Bewegung geboren. Ein großes, starkes Italien als würdiger Erbe des legendären römischen Imperiums war von jetzt an das große Ziel. Voraussetzung war eine neue Ordnung auf halb sozialistischer, halb korporativer Grundlage. Der weichliche liberale Parlamentarismus hatte sich für diese ruhmreiche Aufgabe als untauglich erwiesen, und sowohl der Kapitalismus, die Plutokratie, als auch der Kommunismus mußten erledigt werden. So ungefähr lautete das neue Evangelium, das Mussolini schließlich als das seine verkündigte. Dennoch wollte er zuerst noch innerhalb der Grenzen des parlamentarischen Systems agieren, und er schloß Zusammenarbeit mit anderen Gruppen nicht aus, zumal konservative Kreise aus Adel und Bürgertum ihrerseits bald erkannten, wie nützlich diese faschistische Partei mit ihrer nicht gerade sanftmütigen Soldateska war – als Damm gegen die gefürchtete kommunistische Springflut.

Unterdessen hatten Mussolinis Scharen immer mehr Zulauf bekommen, da sie als einzige eine überzeugende Alternative zu einem »roten« Italien boten und eine würdige Zukunft versprachen. So konnten die Faschisten schließlich auch eine außerparlamentarische Aktion wagen und die Macht übernehmen, ohne auf nennenswerten Widerstand zu stoßen. Der berühmte »Marsch auf Rom« im Oktober 1922 wurde mit sicherem Gespür für Propaganda zum Triumph entschlossenen Handelns erklärt, obwohl die Aktion als solche keine große Bedeutung hatte, sondern eher die rituelle Inszenierung war, die eine politische Intrige begleitete. Aber Mussolini nutzte geschickt – nicht als erster allerdings – die Möglichkeit der Mythologisierung mit Hilfe eines großen, angeblich analogen historischen Ereignisses: Cäsar hatte abermals den Rubikon überschritten! Das war die für viele so berauschende Ästhetisierung moderner Politik. Daß er bei der Gelegenheit mit der ziemlich prosaischen Eisenbahn anreiste, änderte nichts an der inspirierenden Wirkung dieser Vorstellung.

Es war ein als Staatsstreich inszenierter Regierungswechsel. Mussolini wurde ganz legal vom König zum Regierungschef ernannt, und er sah keinen Grund, die Monarchie, die ohnehin keine nennenswerte Bedeutung hatte, abzuschaffen. Angesichts dieses Monarchen, wegen seiner ungewöhnlich kleinen Statur auch äußerlich eine nicht gerade majestätische Erscheinung, konnte niemand darüber im Zweifel sein, wer hier der wahre Erbe der Cäsaren war. Nicht ohne einiges Zögern führte Mussolini in den folgenden Jahren eine Art Revolution von oben durch. Andere Parteien wurden aufgelöst, die Gewerkschaften ebenfalls, es gab strenge Zensur, und all das wurde begleitet von gezielter, unaufhörlicher staatlicher Propaganda. Politische Gegner, vor allem Sozialisten und Kommunisten, verschwanden als Staatsfeinde im Gefängnis. Im Zuge dieser Verhaftungsaktionen wurde im Jahre 1924 der Sozialist Giacomo Matteotti ermordet. Die Folge war gewaltige Erregung innerhalb und außerhalb Italiens; die scharfen Proteste im Inland zeigten auch, daß freie Meinungsäußerung noch nicht ganz erstickt war. Allerdings ist die Tat als deutliches Zeichen dafür, daß die Faschisten vor kriminellen Methoden nicht zurückschreckten, in die Literatur zum Faschismus eingegangen. Es ist jedoch unwahrscheinlich, daß Mussolini über die Mordabsicht informiert war und daß ihn die Tat besonders gefreut haben könnte. Auch bei seinem diktatorischen Kurs wurde er vermutlich von seiner radikalen Anhängerschaft, den alten Squadri, vorangetrieben. Er konnte das Pferd nur reiten, wenn er die Zügel nicht allzu straff anzog. Auf jeden Fall wurde der neue faschistische Staat ein Einparteienstaat, im wesentlichen auf korporativer Basis. Die Wirtschaft wurde in Sektoren eingeteilt, innerhalb deren Arbeitgeber und Arbeitnehmer zusammen große Korporationen unter direkter staatlicher Aufsicht bildeten. All das konnte nicht ohne einen ausgedehnten Polizeiapparat geschehen, unverzichtbarer Stützpfeiler jeder starken Obrigkeit und jeder Diktatur. Besondere Aufmerksamkeit schenkte dieser neue Staat der Erziehung in militant-faschistischem Geist. Staat und Partei wurden eins; in dieser Hinsicht kopierte man Lenins Vorbild. Ein sehr geschickter Schachzug war Mussolinis Verständigung mit der einzigen Macht Italiens, die sich seit jeher als unbesiegbar erwiesen, deren Autorität alle Stürme überstanden hatte und die aus dem Leben der Bevölkerung nicht wegzudenken war: der katholischen Kirche. Im Konkordat aus dem Jahr 1929 wurde vereinbart, daß die Kirche auf Einmischung in die Politik verzichten und der Staat den religiösen Bereich respektieren werde. Dank dieser pragmatischen Trennung von Irdischem und Überirdischem konnte man theoretisch zugleich aktiver Faschist und gläubiger Katholik sein. In der Praxis war natürlich alles etwas komplizierter, und vor allem das Unterrichtswesen blieb ein Zankapfel. Aber beide Parteien zeigten sich flexibel genug, um es nicht zu einer harten Konfrontation kommen zu lassen, die einen irreparablen Bruch herbeigeführt hätte.

Europa verfolgte dieses Schauspiel mit gemischten Gefühlen – Befremden, Abscheu, Empörung, aber ebensogut auch Respekt und Bewunderung. Vorerst schien es sich um ein vereinzeltes Experiment zu handeln. Es war nicht zu übersehen, daß die italienische Bevölkerung von einem neuen Geist erfüllt war, und dieser Faschismus bedrohte die bestehende Ordnung auf jeden Fall viel weniger als Lenins Bolschewismus mit seiner universalen Revolutionsidee. Er hatte vielmehr einem nahezu anarchistischen Land eine feste Ordnung gegeben. Zum ersten Mal funktionierte der Staatsapparat und fuhren die Züge pünktlich – Ausländer und später auch Historiker wurden nicht müde, diesen bemerkenswerten Umstand zu erwähnen.

Bei alledem ist Folgendes von Bedeutung. Zunächst einmal war der Faschismus ein Ergebnis des Machtstrebens unterschiedlicher, ursprünglich keineswegs gleichgesinnter Bewegungen und nicht einfach die Realisierung eines fertigen Konzepts, auch wenn er hinterher als etwas Einheitliches erscheint. Er war vor allem eine Form von Hypernationalismus, Nationalismus in einer bisher unerreichten kritischen Phase. Er wollte einen starken Staat, und Voraussetzung dafür war eine andere soziale Ordnung, weil die bisherigen Eliten und ihr System versagt hatten. Und schließlich war Gewalt als Mittel zu diesem Zweck nicht nur erlaubt, sondern geboten. Damit führte der Faschismus eine neue Moral ein, durch die er sich vom traditionellen Nationalismus, der die Gewalt zumindest nicht zu einem grundsätzlich positiven Prinzip erklärt hatte, unterschied. Logischerweise lag dieser Moral die Überzeugung zugrunde, daß die Demokratie und die humanen Werte, auf denen sie beruhte, nichts taugten. Sie standen der Aufzucht einer heroischen Rasse im Weg. Dasein heißt Krieg. Krieg erfordert eine disziplinierte Armee und diese wiederum einen Feldherrn. Das Führerprinzip, Gegenpol der Demokratie, war geboren.

Hinter diesem Programm steckte natürlich viel mehr. Besser gesagt: Es war die simple politische Kristallisation und Artikulation einer Mischung verschiedener Ideen, Emotionen und Erfahrungen. Mussolini, ein gebildeter und belesener Journalist, war als Exsozialist mit Marx vertraut, außerdem mit Nietzsche und Sorel. Das zielbewußte Handeln und das so geschickte, entscheidende Eingreifen Lenins beeindruckten ihn ungeheuer. Sie entsprachen Nietzsches Verachtung heuchlerischer christlicher Moral, seiner Lehre vom Recht des Starken, und Sorels Theorie vom Mythos, der notwendig sei, um die Masse in Bewegung zu setzen, wie auch seiner Überzeugung, daß Gewalt ein legitimes Mittel sei. Die Idee des heldenhaften Kriegers als eines Gegenbildes zum liberal-humanen Bürger konnte gerade den Italiener an vertraute Vorstellungen von der römischen Antike erinnern, sie erschien dann als neue Variante des klassischen Ideals der *Virtù*. Antihumanismus und Antimoralismus lagen als neue Morallehre, zu der auch die vulgärdarwinistische Theorie vom Lebensrecht des Stärkeren gehörte, in der Luft. Der Krieg konnte als Bestätigung all dieser Vorstellungen gedeutet werden. Er hatte, wie jeder Krieg, eine drastische Senkung der Gewaltschwelle herbeigeführt und für Millionen Männer, teilweise noch halbe Kinder, das Töten von Feinden zur heiligen Pflicht gemacht. Wer sich dem entziehen wollte, wurde selbst erschossen. Bei den vielen ehemaligen Offizieren und Soldaten, die sich nach Kriegsende im normalen Leben nicht mehr zurechtfanden, konnten sich leicht Verbitterung und Aggression aufstauen. Hier gab es ein dringendes Verlangen nach einem Sündenbock, einem neuen Feind, wie auch nach neuem Halt. Mit anderen Worten: Der Krieg und seine Folgeerscheinungen schufen eine Situation, in der bestimmte Theorien unterschiedlicher Herkunft, die unter Intellektuellen schon viel länger in Umlauf waren, einander zu etwas Neuem ergänzen und dem aufgestauten Zerstörungsdrang entwurzelter Männer Sinn und Richtung gaben. Einem Teil dieser Männer waren natürlich Ursprung und Charakter dieser Ideen völlig gleichgültig. Es reichte, daß man ihnen wieder einen greifbaren Feind vorführte, ihre kollektive Gewalttätigkeit damit zu einer Tugend machte und ihnen für die Zeit, da der Feind vernichtet sein würde, ein besseres Leben in Aussicht stellte. Auf andere, Nachdenklichere, wirkten vor allem das Programm und die neue Lehre selbst anziehend. Sie kämpften nicht um des Kämpfens willen, sondern begeisterten sich für die Idee einer besseren Zukunft, eines großen, mächtigen Italien.

Da zur faschistischen Lehre aber die Verherrlichung des Kampfes als der wahren Bestimmung des Menschen gehörte – nicht nur als Mittel, sondern gerade als Sinn der Existenz –, konnten Mittel und Zweck leicht ineinander verfließen und waren dann kaum mehr zu unterscheiden. Der Faschismus predigte – auf der Grundlage dessen, was er von Nietzsche und Sorel übernahm – den Vorrang des Willens. Auch dies war letztlich eine Reaktion auf die Vermassung, die den einzelnen angeblich zu einer anonymen Existenz in einer nivellierten Gesellschaft verurteilte. Die Verherrlichung des Willens kann sogar als ein Beweis für individualistische Elemente im Faschismus gelten. Mit ihr appellierte er schließlich an das Gefühl persönlicher Freiheit, obwohl man damit über theatralische Formen von Selbstbetrug kaum hinauskam. Der Faschismus wollte keine neue Ideologie sein, sondern Antiideologie, fleischgewordener Dezisionismus und Voluntarismus, und er nannte sich bewußt eine »Bewegung«, um seine Dynamik zu betonen und um auszudrücken, daß er nicht an der Erstarrung leide, die jedes festgelegte Programm verursacht. Der programmatisch-ideologische Charakter der Parteien sei ja gerade eine der Degenerationserscheinungen des bürgerlichen

Staates und des Parlamentarismus! Von diesem Standpunkt aus konnte man sogar den Marxismus als ausgesprochen bürgerlich-dekadentes Phänomen diffamieren.

Wir können in diesem bunten Gemisch von Ideen ohne Mühe die Widersprüche sichtbar machen, und man hat dies in zahllosen Studien auch von Anfang an getan. Zunächst einmal kamen die Faschisten, entgegen ihrer Lehre, nicht an der Bildung einer Partei und somit am Entwurf eines politischen Programms vorbei, so unvollständig und vieldeutig es auch sein mochte. Das war das Schicksal aller, die in der politisierten Gesellschaft politisch eine Rolle spielen wollten – etwas, womit sich im Jahrhundert zuvor Konservative und später sogar Liberale schwergetan hatten: Auch vorgebliche Antiideologie wurde zu Ideologie, und um das Land von den Parteien zu säubern, mußte man selbst erst eine Partei bilden. Der Faschismus begann deshalb seinen Vormarsch auch trotz allem als Partei, die für seine Anhänger zum selbstverständlichen Orientierungspunkt wurde, und er behielt die wesentlichen organisatorischen Kennzeichen einer Partei. Indem man diese Aspekte als irrelevant darstellte, berücksichtigte man auf geschickte Weise Irritationen, die weit verbreitet waren, besonders bei der Jugend.

Und damit kommen wir zu einer anderen Quelle, aus der der Faschismus schöpfen konnte: der Jugendbewegung. Positivismus, Verwissenschaftlichung der Gesellschaft, und in direktem Zusammenhang damit blutleeres Theoretisieren und Diskutieren, wie es zum Parlamentarismus zu gehören schien, waren auch typische Lieblingsthemen der Jugendbewegung, und all diese Erscheinungen, gegen die man einen tiefen Widerwillen empfand, galten als Übel, die man wie immer mit der bürgerlichen Gesellschaft und der älteren Generation identifizierte. Ungeduldiger jugendlicher Aktivismus stand hier einem System gegenüber, zu dem komplizierte Debatten und ein zivilisierter Stil gehörten. Die brutalen Schlägertrupps bestanden aus jungen Männern. Mussolini und seine Mitstreiter erklärten den Faschismus vor allem zur Bewegung der Jugend und damit zur Bewegung der Zukunft. Zur Parteihymne machte man ein Lied mit dem Titel *Giovinezza*. Abgesehen davon, daß der Faschismus der Verbitterung und Aggressivität vieler Sympathisanten Ausdruck verlieh und Aktivismus heroisierte, verkündete er also den Glauben an die Jugend und die Zukunft, einen Glauben, der jene anderen Züge in ein goldenes Morgenlicht tauchen konnte. Und damit knüpfte er wiederum an den spezifisch italienischen Futurismus an. Nicht zufällig gehörten Marinetti und andere dieser Richtung zu seinen Anhängern. Dies galt noch für andere Prominente aus der kulturellen Elite, die hier zumindest für einige Zeit den einzigen richtigen Weg zu erkennen glaubten, der zwischen der Skylla eines vergifteten liberalen Parteiensystems und der Charybdis einer bolschewistischen Revolution hindurchführen konnte, wie zum Beispiel der Philosoph Benedetto Croce, der später zu den entschiedenen Gegnern gehören sollte. Was von vielen Historikern als theoretisch-ideologische Schwäche aufgefaßt wird, der Mischmasch von Ideen und die bombastische Leere der Parolen, die an primitive Emotionen appellierten, war gerade die Stärke des Faschismus.

Verglichen mit dem Marxismus – und auf diesem Vergleich beruht die Kritik gewöhnlich – macht der Faschismus als Lehre allerdings eine klägliche Figur. Neben den analytischen, mit zwingender Logik argumentierenden, wissenschaftlich untermauerten Ausführungen Lenins sind die späteren Manifeste Mussolinis nichts als hochtrabende Rhetorik. Aber das beweist nur, daß solche intellektualistischen Maßstäbe hier völlig deplaziert sind. Und nicht nur das – sie verstellen die Sicht auf die in der Gesellschaft, besonders damals, wirkenden Kräfte und auf die menschliche Natur. Gerade weil der Faschismus sich nicht an den Verstand, sondern an die Emotionen wandte, brachte er Tausende in Bewegung; für den Nationalsozialismus gilt dies in noch höherem Maße. Man hat den Faschismus etwas überheblich als bloße Antibewegung und Antiideologie charakterisiert, die nichts als eine Reaktion auf den Marxismus gewesen sei.[1] Aber was ist damit gesagt? Einerseits impliziert eine solche Aussage Bagatellisierung, andererseits und gleichzeitig Entlastung: Der Faschismus habe keine eigene Substanz, sei nur Echo, und die Verantwortung für sein Aufkommen müsse letztlich dem Kommunismus zugewiesen werden. Ohne Bedrohung durch den Kommunismus kein Faschismus und Nationalsozialismus! Bei diesem Gedankengang übergeht man die banale Tatsache, daß jede politisch-ideologische Bewegung zunächst eine Reaktion darstellt – dies gilt genauso für den Marxismus beziehungsweise den Kommunismus – und daß im Faschismus, besonders aber im Nationalsozialismus, nicht nur antikommunistische Ideen, sondern auch noch ganz andere Vorstellungen und aus tieferen Regionen kommende Emotionen Ausdruck fanden. Der Kommunismus und die bolschewistische Revolution mögen den direkten Anstoß gegeben haben – der Weltkrieg hatte als Geschehen, das Männer zu solchen Reaktionen veranlassen konnte, sicher eine ebenso große Bedeutung.

Das faschistische Italien schien indessen die Möglichkeit einer dritten Staats- und Gesellschaftsform zu beweisen: undemokratisch, militant, weder liberal-kapitalistisch noch kommunistisch. Die alten Oberschichten – Adel, Großgrundbesitz und Großkapital – mußten sich anpassen und die politische und ökonomische Führerschaft des Duce und der Partei akzeptieren, ohne aber einen Umsturz oder Enteignungen größeren Ausmaßes befürchten zu müssen. Der Staat bekämpfte mit Erfolg die festverwurzelte Korruption, und der Verlust an Freiheit wurde durch Formen des Kollektivismus kompensiert, die neues Selbstvertrauen schenkten.

Noch dazu schien der Faschismus – und dies unterschied ihn von den noch halbfeudalen Diktaturen in mittel- und osteuropäischen Ländern oder von Spanien und Portugal – ganz entschieden auf der Seite der Moderne zu stehen. Die Identifikation mit der Jugend war kein bloßer Propagandatrick. War nicht überall eine neue Jugend im Kommen, auf der Suche nach neuen Idealen, abgehärtet durch das Stahlbad von Krieg, Desillusionierung und Nihilismus, unsentimental, gestählt, ohne jede Neigung zu romantischem Individualismus, eine Jugend, die sich begeistert dem Sport und der Technik zuwandte und dort ein antiromantisches Heldentum fand, das ihrem Dasein wieder Sinn gab, ganz im Geist von Schriftstellern wie Ernst Jünger? Die Fasci waren eindeutig Kinder des modernen Krieges und hatten ihre Lektion gelernt. Es waren motorisierte, militärisch gedrillte und uniformierte Einheiten, überwiegend sehr junge Männer, die der Dreiheit von Maschinengewehr, Lastwagen und Telefon ihre Schlagkraft und Überlegenheit verdankten. Dabei hatte die Uniform eine nicht zu unterschätzende ästhetisch-erotische und ethische Bedeutung. Vor allem die Militäruniform war immer ein Symbol für kämpferische Männlichkeit und für Potenz gewesen, und sie war ein Symbol für Kollektivität. Sie schaltete das Individuum zugunsten des Ganzen aus. Damit diente sie auch dazu, das Wir-Gefühl zu stärken, das dem einzelnen Schutz bot. Gemeinschaftsgefühl und Gemeinschaftsidealismus, die in der Jugendbewegung den ursprünglichen romantischen Individualismus, vor allem nach der Kriegserfahrung, verdrängt oder überlagert hatten, konnten also in der faschistischen Partei mit ihrer besonderen Uniform und ihren Flaggen voll und ganz zu ihrem Recht kommen. Viel mehr als das Programm oder die politischen Ziele waren es diese Dinge, die dank ihres sinnlichen Eindrucks unmittelbar wirkten. Das Aufkommen des Sports hatte das Interesse am Körper enorm gesteigert, ja einen neuen Körperkult entstehen lassen, vor allem hatte der Sport dieses Interesse und diese Verehrung des Körpers auch legitimiert, und natürlich spielte Sexualität dabei eine wesentliche Rolle. Wenn die Affinität des Faschismus zur Moderne irgendwo deutlich zum Ausdruck kam, dann in dieser Verbindung von Militarismus, Sport und Technik, die Mussolini und seine Schwarzhemden zur Schau stellten, ganz anders als die älteren bürgerlichen Parteien. Der Duce als Erbe der antiken Imperatoren, in Uniform, hoch zu Roß, das markante Kinn erhoben, und auf der anderen Seite die liberalen und sozialistischen Politiker mit Schlapphut, dunklem Anzug und steifem Kragen, einen Regenschirm statt eines Schwertes in der Hand ... ein solcher Kontrast konnte seine ästhetische Wirkung nicht verfehlen, auch außerhalb Italiens! Dieses Bild war natürlich eine Konstruktion von Presse und Propagandaapparat, aber auch darin erwies sich die Modernität des Faschismus, der den kaum zu überschätzenden Einfluß derartiger Bilder und Vorstellungen auf die moderne Masse, also die Bedeutung des »Image«, erkannt hatte. Dabei verband die Propaganda das Moderne, besonders die von der Technik ausgehende Faszination, mit romantisch-historischen Klischees, auch in ihren Hymnen auf Flugzeug und Motorrad. Mit beidem sprach man die Abenteuerlust der jungen Generation an, während man zugleich an vertraute Vorstellungen erinnerte. Im Gegensatz zum proletarischen Äußeren, das die Anhänger des Kommunismus gern mit Arbeitermütze und offenem Kragen betonten, wirkte die schwarze, quasimilitärische Uniform als Symbol klassenübergreifender, kriegerischer Kameradschaft und harter Männlichkeit besonders auf die bürgerliche Jugend anziehend. Da den Schwarzhemden nun die Aufgabe zukam, Partei und Land zu schützen, konnte man sie sogar als eine Art von modernem Adel feiern, dessen ursprüngliche Funktion sie übernommen hatten. Dieser Vergleich wurde auch bald gezogen, und bei den Nationalsozialisten und ihrer SS sollte der Aspekt später noch deutlicher hervorgehoben werden. Jedenfalls kann hier die Erklärung dafür liegen, daß sich auch Söhne aus adligen Kreisen und den alten Eliten instinktiv zu diesen motorisierten Parteirittern hingezogen fühlten, abgesehen davon, daß gerade sie den Faschismus nicht nur als Bollwerk gegen die rote Revolution, sondern auch als Feind der liberalen, kapitalistisch-bürgerlichen Kultur begrüßten.

Die Demonstration von Männlichkeit war nicht bloß rituelles oder ästhetisches Beiwerk: Die faschistische Gesellschaft war allein schon wegen ihrer Ursprünge, die in Krieg und Squadri-Bewegung lagen, ausgesprochen maskulin. Die Faschisten gingen von der Vorstellung einer natürlichen Polarität von Mann und Frau aus, und das bedeutete faktisch eine Rückkehr zur Vergangenheit. In dieser Hinsicht harmonierte der Faschismus mit dem Katholizismus, der den Frauen nach wie vor Küche und Kinder als angemessenen Bereich zuwies.

All das mußte viele auch außerhalb Italiens nachdenklich stimmen, vor allem angesichts der Art, wie nicht nur die neuen, sondern auch die älteren parlamentarischen Demokratien mit den Nachkriegsproblemen kämpften. Gerade Intellektuelle und Künstler waren in hohem Maße empfänglich für neue Sinngebungsmöglichkeiten, für die Idee eines neuen Menschentyps. Viele hatten ihre Hoffnung auf Sozialismus und Revolution gesetzt. Das Ausbleiben des ersehnten Umbruchs und die Spaltungen innerhalb der sozialistischen Bewegung konnten nun manche durchaus dazu bringen, nach einem anderen Weg zu suchen. Und wie der Faschismus selbst unterschiedliche Traditionen, Ideale und Emotionen verschmolz, so konnte man sich auch aus ganz unterschiedlichen Gründen zu ihm hingezogen fühlen, zumal er auf verschiedenen Ebenen attraktiv wirkte, auf der Ebene des Politischen, der Ideologie, des Ästhetischen oder des Psychischen. Wobei Verärgerung über die Schwerfälligkeit des parlamentarischen Systems mit seinen Lobbys und Interessengruppen kein unbedeutendes Motiv war. Die politische Mündigkeit des Durchschnittsbürgers ging im Grunde kaum über das freie Wahlrecht hinaus, und zwischen Wahlrecht und wirklichem politischen Einfluß standen das komplizierte Parteiensystem und ein undurchsichtiger Beamtenapparat, während die Überfülle an politischen Meinungen und ideologischen Zielen verwirrend und entmutigend wirkte. Bedeutete die Aufnahme in eine umfassende, von einem einzigen Geist beseelte Bewegung und Partei, die auch tatsächlich die Macht besaß, im Grunde nicht sogar stärkere Einbeziehung ins politische Geschehen und mehr Mitsprache? Und war es nicht so, daß die sozialen Unterschiede in diesem Fall unwichtig wurden oder verschwanden? Da Mussolini selbst ein enttäuschter oder auf seine Weise revisionistischer Marxist war, konnte der Faschismus für manche auch eine verbesserte Version des Sozialismus sein, und für andere wiederum gab er dem Nationalbewußtsein und dem Gemeinschaftsgefühl eine modernere, soziale Note. Italien schien eine neue, dritte Zukunftsperspektive zu eröffnen.

2 Nationalrevolutionäres Utopia

Der Faschismus in Italien war fraglos von den Besonderheiten der italienischen Verhältnisse geprägt, dennoch äußerten sich in ihm Ideen, die nicht nur hier eine Rolle spielten, und Tendenzen, die auch anderswo in Europa erkennbar waren – in den meisten Ländern, besonders im Westen, nur in kleinen, recht exzentrischen Gruppen am Rande der politischen Arena, in Deutschland und auch in Österreich dagegen aus naheliegenden Gründen in viel einflußreicheren Kreisen. Wie in Italien hatte sich hier eine moderne Gesellschaft entwickelt, aber noch keine als selbstverständlich empfundene parlamentarische Tradition, und so war es auch nicht zu einer Politisierung der breiten Mittelschichten gekommen, die der in den westlichen Ländern vergleichbar gewesen wäre. Beide Länder waren außerdem die großen Verlierer. Österreich, zurechtgestutzt zu einem kleinen, rein deutschsprachigen Staat, stand nicht mehr wie früher im Mittelpunkt des internationalen Interesses, Deutschland, noch immer Großmacht, aber durch harte Friedensbedingungen gedemütigt, dagegen um so mehr. Vor allem hier gehörten Not und Auflösungserscheinungen zu den Folgen des Krieges, und gleichzeitig mußte man sich (wie in Österreich) an eine neue republikanische, demokratische Staatsform gewöhnen. Schwerer als irgendwo sonst wog das Problem der Millionen von entlassenen Offizieren und Soldaten, die aus ihrem normalen Leben und ihrer Laufbahn herausgerissen waren und hier nun in dem Bewußtsein lebten, daß alles umsonst gewesen war. Die Dolchstoßlegende erschien als plausible Erklärung für die Niederlage und konnte wie ein Pflaster auf der Wunde des beschädigten Nationalgefühls wirken. Die Nation war gespalten, die Gegensätze waren andere als in Italien, aber keineswegs weniger scharf. Für die Mehrheit des seit jeher so mächtigen Beamtenapparats, für die konservativen und nationalen Parteien, für die überwiegend noch adlige Offizierskaste war die demokratische Republik ein vom Feind aufgezwungenes Monstrum. Die die Republik stützenden Parteien, vor allem die Sozialdemokraten und die katholische Zentrumspartei, repräsentierten für sie nicht das wahre Deutschland. Opposition, vor allem gegen Sozialismus und Republik, galt in rechten Kreisen als vaterländische Pflicht. Die Extremisten fanden Gewalt gegen die sogenannten Verräter gerechtfertigt, und in den ersten Jahren wurde das Land von einer Welle politischer Morde heimgesucht, zu neunzig Prozent von Rechten an linken Politikern oder anderen als links geltenden Personen verübt.

Mindestens im gleichen Umfang wie in Italien und sicherlich mehr als anderswo setzte sich hier nach dem Krieg die Vorstellung fest, daß es einen historischen Bruch gegeben habe, und ebenso verbreitet war deshalb die Sehnsucht nach einer neuen Welt, wie zu erwarten vor allem in der Jugend. Daß sich bei den Jugendbünden die Gegensätze zwischen einer linken, internationalistischen oder sozialistischen und einer rechten, nationalistischen Richtung verschärften, bedeutet nicht, daß es keine Gemeinsamkeiten in der Vorstellungswelt und auf einer tieferen, emotionalen Ebene gegeben hätte. Begriffe wie »Revolution« und »Sozialismus« hatten eine magische Ausstrahlung, und mit ihnen assoziierte man keineswegs nur die bolschewistische Revolution oder den Marxismus der sozialistischen Parteien. Vielmehr war in den Bünden und bei einigen politischen Publizisten und engagierten Literaten die Idee eines anderen, »wahren« Sozialismus lebendig, und die Vorstellung von einer größeren geistigen Revolution, neben der die bolschewistische allenfalls wie ein erstes Signal oder eine Generalprobe erschien. Als rein materialistische Lehren wurden Marxismus und Sozialismus in diesen Kreisen verworfen.

Das gilt auch für die Idee des Klassenkampfs, weil sie Spaltung und Polarisierung brachte, wo Einheit geboten war. Sozialismus sollte die ganze Volksgemeinschaft einen oder, besser noch, wiedervereinigen: Die rückwärtsgewandte Sehnsucht nach der vorkapitalistischen Gesellschaft, die man als organische Gemeinschaft darstellte, spielte bei dieser Konzeption eine nicht zu unterschätzende Rolle, was nicht ausschloß, daß man die Disziplin, den Kampfgeist und die Geschlossenheit der organisierten, marxistisch ausgerichteten Arbeiterbewegung sehr zu schätzen wußte und auch glaubte, vom Bolschewismus Lenins lernen zu können. Entscheidend war jedoch, daß es schließlich mindestens im gleichen Maße um die Erneuerung Deutschlands ging und daß die Idee des wahren Sozialismus und der geistigen Wende unlösbar mit der Vorstellung verbunden war, Deutschland habe eine Mission als große Alternative zum westlichen liberalen Kapitalismus zu erfüllen. Die Ideen von 1914 – deutsche Kultur im Gegensatz zu westlicher Zivilisation, heroischer Menschentyp oder Krieger gegenüber materialistischem Menschentyp oder Kaufmann – wirkten hier ganz offensichtlich noch fort. Die übliche Unterscheidung von rechts und links, bei der man »rechts« mit »nationalistisch« oder »konservativ«, »links« mit »sozialistisch« oder »fortschrittlich« gleichzusetzen pflegt, ist hier sinnlos. Sie verdeckt nur die tieferen geistigen Schichten. In der neuen, chaotischen Situation waren die gewohnten Grenzlinien zum Teil nur noch schwer erkennbar.

In diesen Bemühungen, Sozialismus und Nationalismus zu einem national ausgerichteten Sozialismus zu verbinden – zunächst auch erklärtes Ziel Mussolinis und der Faschisten –, wurde der historische Ursprung des Nationalismus wieder erkennbar. Er war zur Zeit der Französischen Revolution als Ideologie einer Befreiungsbewegung aufgekommen, die sich gegen die herrschenden Stände richtete. Das Ideal einer geistigen und sozialen Erneuerung war im Nationalismus, wenn auch unterschwellig, immer lebendig geblieben, eng verbunden mit dem Glauben an die nationale Mission, den man auch als neue Variante der uralten Vorstellung vom auserwählten Volk sehen kann. Diese Verbindung implizierte aber zumindest die Möglichkeit einer Öffnung gegenüber dem Sozialismus. Das Verhältnis von Sozialismus und Nationalstaat war nämlich immer sehr ambivalent gewesen. Der Marxismus hatte zwar den Nationalstaat als Ausbeuterstaat verurteilt, den Internationalismus zur Standardkonfession der sozialistischen Parteien erhoben und die »Solidarität des Proletariats« auf seine Fahnen geschrieben, dennoch wiesen viele Sozialisten, zunächst einmal Marx und Engels selbst, ihrem eigenen Land die Hauptrolle bei der künftigen Revolution und Befreiung zu. Dieser Missionarismus war dem des Nationalismus verwandt, und hier gab es von Anfang an eine affektive Verbindung. Außerdem hatte es trotz der offiziellen internationalistischen Rhetorik immer national orientierte Strömungen innerhalb des Sozialismus gegeben, beeinflußt von Persönlichkeiten, die der Verwirklichung des Sozialismus im eigenen Land absoluten Vorrang gaben. Als bestes Beispiel dafür konnte nach 1917 die kunstvolle Verbindung von Sozialismus und russischem Nationalismus durch Lenin und die Bolschewisten gelten, obwohl Lenin die bolschewistische Revolution nur als Auftakt zur internationalen ansah. Und dabei hatte er den Blick besonders auf Deutschland gerichtet.

Die Idee der einzigartigen Bestimmung Deutschlands hatte Wurzeln, die tief in die Vergangenheit reichten. Am Anfang stand die Erinnerung an das Heilige Römische Reich, das wiederum einen universalen Auftrag als Erbe des legendären römischen Imperiums und zugleich als weltliche Verkörperung des Christentums erfüllt hatte. Das Deutschland von 1871 galt als sein Nachfolger, als das zweite Reich, und in diesem Begriff »Reich« schwang noch etwas von der religiösen, messianischen Berufung mit, etwas von umfassender Erneuerung, die zugleich Wiedererlangung von alter Größe und Heiligkeit bedeutete. Der Zusammenbruch des Reiches im Jahre 1918 konnte nun als die ganz große Herausforderung aufgefaßt werden – und als Zeichen dafür, daß die Zeit für eine grundlegende Erneuerung gekommen war. Der Weg war frei. Dies war Deutschlands historische Chance, die große Revolution zu vollenden und den verdorbenen kapitalistischen Liberalismus des Westens, an den die Sieger gekettet waren, zu überwinden. Die Niederlage wurde auf diese Weise zu einer Art geheimer Gnade umgedeutet, die zugleich ein Auftrag war. In den Jugendbünden und der jüngeren Kriegsgeneration (den Kriegsteilnehmern Anfang Zwanzig) vermischten sich nationalistische und revolutionäre Neigungen und verstärkten einander. Den marxistischen Sozialismus lehnte man scharf ab, weil er internationalistisch ausgerichtet war und weil man ihn immer in einen kausalen Zusammenhang mit Pazifismus, Niederlage und nationaler Schande brachte. So entstand hier die Idee eines nationalen Bolschewismus oder nationalen Sozialismus, der sich sowohl gegen die Reaktionäre richten sollte, die das Rad der Entwicklung zurückdrehen und die Monarchie wiedereinführen wollten, als auch gegen diese Republik, die man einschließlich der gern als materialistisch und schlaff geschmähten Sozialdemokraten als bürgerliches und westlich-liberalistisches System verabscheute. Da waren Lenin und die Bolschewisten aus anderem Holz geschnitzt! Für manche dieser Sozialrevolutionäre war Lenin weniger der Marxist als die Verkörperung des historischen russischen Sendungsbewußtseins, das im spezifisch Russischen immer das Gegengift gegen die Krankheit des Westen gesehen hatte. Der Bolschewismus konnte als eher äußerliches Zeichen für das große Erwachen Asiens aufgefaßt werden, man ordnete ihn in die Tradition des Panslawismus ein. Und so gab es auch ideelle Verbindungslinien vom Nationalbolschewismus zum Dostojewski-Kult und sehr konservativen Denkern, die den russischen Schriftsteller vor allem als Repräsentanten eines tiefreligiösen Bewußtseins verehrten, das eine Gegenkraft zu Rationalismus und gesellschaftlichem Verfall sein sollte. Die entschiedene Abwendung vom Westen bedeutete für sie folglich auch Annäherung an den Osten, an Rußland, das sie in mancher Hinsicht als verwandt empfanden. Denn auch Rußland repräsentierte nach ihrer Auffassung wie Deutschland das Reich der Seele und tiefer Gläubigkeit, während der Westen von Ratio und seichtem Utilitarismus beherrscht war.

Hier spielte nun noch eine weitere, mit dem Sendungsbewußtsein zusammenhängende Theorie eine Rolle, die auch schon vor 1914 unter politischen

Publizisten in Umlauf gewesen war, eine Theorie über Machtverhältnisse, bei der man auf den populären Vulgärdarwinismus zurückgriff. Dabei ging es um die Vorstellung, es gebe einen natürlichen Gegensatz zwischen sogenannten jungen Staaten, die ihre große Zeit noch vor sich hätten, und alten, deren Zeit abgelaufen sei. Deutschland war wie Italien, Japan und Rußland Musterbeispiel einer jungen Nation – spät (wieder-)vereinigt und zur Großmacht aufgestiegen, ohne ausgedehnten Kolonialbesitz. England und Frankreich als reiche Kolonialmächte waren Inbegriff des Alten und Satten. Auch die Niederlande, Spanien und Portugal gehörten nach diesem Kriterium zu den altersschwachen Nationen. Erkannte man hier obendrein einen Gegensatz zwischen besitzlosen und besitzenden Staaten, konnte man in ihm eine Analogie zum Klassengegensatz sehen. So fand in dem Zusammenhang auch Lenins Doktrin, nach der sich die unterdrückten, kolonisierten Völker gegen die imperialistischen Mächte verbünden mußten, viel Resonanz. Dabei dachte er zwar in erster Linie an Asien, aber nach Versailles hatten es die Nationalbolschewisten leicht, jener Theorie über alte und junge Nationen entsprechend, Deutschland zu den Unterdrückten zu zählen. So gesehen, war das Land der natürliche Verbündete eines Sozialismus im weiten, nichtmarxistischen Sinn, und die Zukunft gehörte den besitzlosen Nationen ebenso wie den besitzlosen Klassen. Ganz unabhängig von diesen optimistischen makrohistorischen Theorien hatten Deutschland und Rußland ganz handfeste gemeinsame Interessen, und vor allem in deutschen Offizierskreisen betrachteten viele, angesichts der restriktiven Bestimmungen des Versailler Vertrags, eine geheime Zusammenarbeit mit der Sowjetunion als verlockende Möglichkeit, ein Gegengewicht zum dominierenden Westen zu bilden. Bei alledem gingen politisches Kalkül und ideelle Gesichtspunkte, jugendliches Sendungsbewußtsein und machtpolitische Erwägungen eine Verbindung ein. So nahmen Angehörige des Heeres auch tatsächlich Kontakt zu den revolutionären Nationalbolschewisten und zur Roten Armee auf. Was das Verhältnis zur Sowjetunion und zur Kommunistischen Partei Deutschlands anging, schwankten revolutionär gesinnte Publizisten und Jugendbünde zwischen fasziniertem Interesse und Ablehnung, die sich sogar bei derselben Person auf eigenartige Weise vermischen konnten. Was all die Gruppen einander näherbrachte, war die antiwestliche Haltung und der Abscheu gegen den bürgerlichen Liberalismus. Deutschland war wie ein riesiger Kessel, gefüllt mit einem brodelnden Gemisch aus alten und neuen Ideen und Zukunftsvisionen.

Man konnte schon im Werk Spenglers Gedanken zu Deutschlands heroischer, nämlich antibürgerlicher und antidemokratischer Zukunft finden. In seinem Buch *Preußentum und Sozialismus* aus dem Jahre 1920 hatte er eine Art Staatssozialismus propagiert. Preußen als disziplinierter Beamten- und Soldatenstaat war Vorbild für einen künftigen disziplinierten Arbeiterstaat, in dem die großen Industriemagnaten als Generäle das Heer der »Arbeitersoldaten« lenken würden. Auch die Schriften Ernst Jüngers und die seines Bruders Friedrich Georg enthielten inspirierende Gedanken, wenn es um den zukünftigen Menschen ging, eine Synthese von Soldat und Arbeiter. Hierfür war Deutschland das geeignete Laboratorium. Ernst Jüngers *Der Arbeiter* von 1932 war stark von Spengler beeinflußt. Er skizzierte hier einen totalitären Staat, in dem alles im Dienst des technischen Fortschritts und der Expansion stehen würde, ganz im Sinne seiner Voraussage, der Technokrat werde der Mensch der Zukunft sein. Kampf bedeutete hier folglich Konkurrenz und Wettstreit um technische Überlegenheit. Wegen des klaren, durchgeistigten Stils konnte man leicht übersehen, daß die Aussage eigentlich recht platt materialistisch war. Daß bei Jünger die Maschine, auch als ästhetischen Genuß bereitendes Objekt, im Mittelpunkt stand, erzeugte die Illusion von Realismus und verfehlte vor allem bei der jüngeren Generation, die einen Weg aus dem Nihilismus suchte, nicht seine Wirkung.

Romantischer Reichsmythos und Glaube an die besondere Bestimmung Deutschlands – beides wurde von niemand anderem mit soviel Überzeugung vertreten wie von dem Sonderling Arthur Moeller van den Bruck. Von ihm stammt auch ein Begriff, den nach seinem Tod eine andere politische Bewegung übernehmen sollte, um ihrer Herrschaft die erwünschte historische Aura und Legitimation zu verschaffen: Im Jahre 1923 erschien Moellers Buch *Das Dritte Reich*. Es war ein alter religiöser Topos, den der Autor hier verwendete. Das künftige dritte Reich würde zur Vollendung bringen, was mit den zwei früheren begonnen hatte, und der große Antipode des Westens und seiner seelenlosen Zivilisation sein. Moeller hatte lange in Paris gewohnt, und dort war seine tiefe Abneigung gegen den Westen entstanden. Er hatte mit den von ihm herausgegebenen Dostojewski-Übersetzungen und mit Artikeln über den russischen Autor entscheidend zu dessen plötzlicher Wiederentdeckung in Deutschland beigetragen. Moeller, der auch die Zeitschrift *Das Gewissen* edierte, befürwortete eine neue nationalbolschewistische Ordnung, obwohl für ihn die ökonomischen und sozialen Probleme weniger bedeutsam waren als die Vision einer geistigen und religiösen Erneuerung auf der Grundlage der Verbundenheit durch das Blut. In der mystischen deutschen Seele und im deutschen Blut lägen die heilenden Gegenkräfte zum geistig-biologischen Verfall. Als verdeutschte Version des panslawistischen Chiliasmus übte Moellers Gedankenwelt auf die nach neuen Wegen suchenden Nationalrevolutionäre und Jungkonservativen starken Einfluß aus.

Der Strudel, in den die Menschen und damit auch das Denken im Deutschland der Nachkriegszeit geraten waren, brachte eine Vielzahl von Gruppen und Splitterparteien hervor, die einander suchten und inspirierten, sich dann wieder entzweiten oder zerfielen. Aber alle, die der hier skizzierten Richtung zuzurechnen sind, waren auf der Suche nach dem heilbringenden »deutschen Wesen«, beseelt vom Glauben an Deutschlands einzigartige Bestimmung, Nationalismus und Sozialismus zu versöhnen. Im kommunistischen Lager beobachtete man diese Strömung, besonders die eigentlichen Nationalbolschewisten, sehr aufmerksam, und mehrmals gab es auch Annäherungsversuche. Jemand, der im Grunde zwischen der ganz internationalistisch ausgerichteten und auf Moskau fixierten KPD und den Nationalrevolutionären stand, war Ernst Niekisch. Er gehörte zu denjenigen unter den Kommunisten, deren Ziel ein eigenständiger Kommunismus blieb, denn er sah die Gefahr einer Erstarrung als Folge der eisernen Parteidisziplin innerhalb der Komintern. Seine Vermittlungsversuche scheiterten jedoch am üblichen Gezänk über prinzipielle und theoretische Fragen wie auch über Taktik und Strategie. Für die kommunistische Parteiführung waren die Nationalbolschewisten letztlich nur von Interesse, weil sie der Partei Zugang zu gesellschaftlichen Gruppen verschaffen konnten, die man aus der bürgerlichen Front zu lösen hoffte. Ihre Ideen als solche stießen auf Ablehnung. Auf der anderen Seite wog bei manchen Nationalrevolutionären, vor allem aber bei den romantischen Jugendbünden, letztlich der Abscheu gegenüber dem Kommunismus, wie er von der Komintern und den moskautreuen Parteien repräsentiert wurde, schwerer als alle taktischen Kunstgriffe und Spekulationen. Aber trotz des nationalistischen Missionseifers, der nicht frei von Mystizismus und unbestimmten rassistischen Beiklängen war, wollten diese Gruppen auch nichts mit dem Faschismus zu tun haben, der als opportunistisch und bürgerlich und als Verbündeter des Kapitals galt.

Die Zahl der Anhänger der nationalrevolutionären Jungendbünde schwankte stark, und diese bildeten in der Weimarer Republik nur eine kleine Minderheit der Jugendorganisationen, deren Mitgliederzahl 1930 auf fast vier Millionen der insgesamt neun Millionen Jugendlichen zwischen vierzehn und einundzwanzig Jahren geschätzt wurde.[2] Von diesen vier Millionen gehörten etwa zweihundertfünfzigtausend zu den Jugendverbänden der politischen Parteien und nicht mehr als fünfzehntausend zu den Bünden, in denen die erwähnten Ideen kursierten. Allerdings sagen diese Zahlen nicht alles über die tatsächliche Verbreitung und den Einfluß jener Vorstellungen und noch weniger über das tatsächliche revolutionäre Potential aus. Auf jeden Fall handelte es sich immer nur um einen kleinen Teil der Jugend, gewöhnlich aus bürgerlichem Milieu, und um 1930 schon um eine Nachkriegsgeneration. Die Anhänger der nationalrevolutionären Utopien waren entweder Jugendliche mit einer Neigung zu überspannten, idealistischen Vorstellungen, aus einem gebildeten Milieu und selbst mit entsprechendem Bildungsniveau, aber ohne politische Erfahrungen oder Verbindungen, oder es waren Literaten und Intellektuelle, die keinen Kontakt zur breiten Masse hatten und sich auch nur an ein gebildetes Publikum wandten.

Dies galt auch für die Publizisten, die am Ende der zwanziger Jahre, als die Republik in eine schwere ökonomische und politische Krise geriet, die Zeitschrift *Die Tat* herausgaben: Hans Zehrer, Ferdinand Fried und Giselher Wirsing. In ihnen kann man das zweite und letzte Aufgebot des revolutionären Nationalismus oder Nationalbolschewismus sehen. Mit dieser Strömung hatten sie gemeinsam, daß sie den internationalistischen Parteikommunismus entschieden ablehnten, sich aber auch deutlich gegen den nun bedrohlich erstarkenden Faschismus wandten. Dem Kreis der *Tat*-Herausgeber ging es um konkrete Dinge. In der Zeitschrift und in anderen Veröffentlichungen traten sie für einen autoritären Staat und für Planwirtschaft ein, für die Abschaffung privater Monopole und Trusts, ja der gesamten kapitalistischen Wirtschaftsform. Voraussetzung dafür wiederum war Autarkie, die Deutschland von der Weltwirtschaft unabhängig machen würde, auch als Bedingung für politische Macht. Die Sowjetunion, die von den ökonomischen Schwankungen und der Krise des internationalen Systems nicht betroffen war, bewies den Wert der Autarkie. Der Reichsmythos und die bekannten Vorstellungen von der Bestimmung Deutschlands, eine deutsche Revolution, die einen neuen Menschentyp, den »Arbeitersoldaten«, hervorbringen würde, und besonders die entschiedene Ablehnung des Westens, dieses Symbols von Liberalismus und Kulturverfall – das waren vor allem für Zehrer die wesentlichen Dinge, Gedanken also, die schon die früheren Nationalrevolutionäre bewegt hatten und auch jetzt unter Lesern mit einer gewissen Bildung und unter Jugendlichen Resonanz fanden.

Man hat diese diffuse Strömung später mit dem Begriff »konservative Revolution« in Verbindung gebracht. Er stammt aus einer Rede, die Hugo von Hofmannsthal 1927 an der Universität München hielt.[3] Hofmannsthal sprach zur studentischen Jugend über eine große, verborgene Gegenbewegung zur jüngeren europäischen Entwicklung, die er, den inzwischen hinlänglich bekannten antimodernistischen Auffassungen entsprechend, als einen Zersetzungs- und Zerfallsprozeß charakterisierte. Vor allem in den deutschen Ländern rege sich Widerstand, gebe es jenes unablässige Suchen nach dem Absoluten, das Nietzsche das Kennzeichen des heroischen, höherstehenden Menschen genannt hatte, einen produktiven Anarchismus, der aber unverzichtbar sei. Diese Gegenbewegung war dem Redner zufolge die Vorbereitung für eine nationale geistige Wiedergeburt, für die in erster Linie die Jugend gefordert war, eine »konservative Revolution«, wie Europa sie noch nicht erlebt hatte. Hofmannsthal, ein feinsinniger Ästhet mit dandyhaften Zügen, bewegte sich hier in der erhabenen Sphäre allgemeiner kulturhistorischer Betrachtungen, ohne dabei konkret Politisches im Sinn zu haben. Mit dem Ausdruck »konservative Revolution« wollte er die paradoxe Synthese revolutionärer und konservativer Ideen benennen. Dahinter steckte die Erkenntnis, daß die traditionellen Werte und Bindungen, auf die es ihm ankam, nur dann überleben und zu neuer Blüte gelangen konnten, wenn sie sich als revolutionär darstellten. Er hatte »Revolution« hier in übertragener Bedeutung und als rhetorisches Mittel gebraucht, das auf die jungen Zuhörer abgestimmt war. Außerdem hat man es nicht mit einem klar eingegrenzten Bestand an traditionellen Werten zu tun; hier konnten die Meinungen sehr weit auseinandergehen. Was Hofmannsthal mit ausladender Geste als konservativ-revolutionäre Gegenbewegung beschrieb, umfaßt bei genauerer Betrachtung Nietzsche, Bergson und die Lebensphilosophie ebenso wie die Vorstellungen Rathenaus und Klages', Elemente Spenglerscher Zivilisationstypologie und schließlich Gedanken, denen wir in der Literatur bei zahlreichen herausragenden Schriftstellern begegnen, zum Beispiel im Werk Hermann Hesses, Hermann Brochs und Thomas Manns. Kurz und gut, man könnte hier die ganze romantische, antiaufklärerische Tradition anführen. Der ältere Ausdruck »weißer Revolutionär« für denjenigen, der durch einen gewaltsamen Umbruch das Rad der Geschichte zurückdrehen will, bezeichnete das gleiche Paradox, wobei man allerdings an ganz gezielte politische Aktivitäten und Programme dachte, während sich Hofmannsthals Neuprägung auf eine geistige und mentale Gegenbewegung bezog, die auf den unterschiedlichsten kulturellen Ebenen erkennbar werden konnte. Nun ist nicht zu übersehen, daß die Nationalrevolutionäre dieser antiaufklärerischen Tradition geistig sehr viel zu verdanken hatten. Ebenso deutlich zeigt sich jedoch ihre Entfernung zu den hier erwähnten Schriftstellern, was das Milieu und vor allem die politischen Ambitionen und die Ausrichtung auf politisches Handeln betrifft. Die Schriftsteller waren nicht an Aktionen und Programmen, sondern an einer umfassenden Kulturdiagnose interessiert, die allerdings als geistige Grundlage für eine Art von Nationalsozialismus oder -bolschewismus und als Rechtfertigung für kompromißlosen Kampf gegen Liberalismus, Kapitalismus und parlamentarische Demokratie aufgefaßt werden konnte.

Obwohl es durchaus Verbindungen zwischen nationalrevolutionären Kreisen und den militanten und extrem nationalistischen Freikorps gab, kam es nicht zur Zusammenarbeit, zur Bildung einer Dachorganisation oder Partei, wie der nationalrevolutionäre Politiker Mussolini sie mit Hilfe der Squadri als Basis für seinen Faschismus gegründet hatte. Mit diesem Faschismus wollten die deutschen Nationalbolschewisten nun gerade nichts zu tun haben. Sie waren zu sehr Publizisten, Intellektuelle oder schwärmerische Jugendliche bürgerlicher Herkunft, um Straßenkämpfer mobilisieren zu können. Bei den Freikorps dagegen gab es ähnlich wie bei den faschistischen Schlägertrupps ein Reservoir von Entwurzelten und Enthemmten, eine Soldateska, die wegen der in Militärkreisen üblichen Verachtung für Intellektuelle, für politische Programme und alles Theoretisieren nicht zu den nationalbolschewistischen Ideologen fand. Es schien jemand zu fehlen, der beide Kräfte, die schreibenden Hände und die bewaffneten Fäuste, im großen Stil vereinen konnte.

3 Der Nationalsozialismus

Indessen war in München im turbulenten Jahr 1919 ein Verein gegründet worden, der bald zur Plattform für eine solche Figur werden sollte: die Keimzelle der Bewegung und der Partei, die ab 1920 als Nationalsozialistische Deutsche Arbeiterpartei (NSDAP) bekannt wurde. Name und Parteiprogramm zeigten, daß man auch hier eine Synthese von Nationalismus und Sozialismus anstrebte. Es bleibt die Frage, inwiefern dies nicht auch ein taktischer Zug war, wie bei den italienischen Faschisten. Sollte dies so sein, zeigt es auf jeden Fall, welchen propagandistischen Wert eine solche Synthese in jener Zeit besaß. Es war der Mann, der bald die Führung übernahm – Österreicher, früherer Bohemien, damals Exsoldat, Adolf Hitler –, der dafür sorgen sollte, daß die kleine Partei politische und schließlich weltgeschichtliche Bedeutung bekam. Eine Parallele zu Mussolini ist auffällig: Hitler gab entwurzelten, von chauvinistischer Enttäuschung und Verbitterung erfüllten Männern – sozial und mental der gleiche Typus, der in Italien die Squadri-Bewegung und in Deutschland die Freikorps prägte – eine politische Richtung, ein Programm. Anders als Mussolini, der im öffentlichen Leben schon als einflußreicher Publizist und Parteipolitiker in Erscheinung getreten war, gehörte er selbst zu dieser Kategorie. Als Demagoge mit beispielloser dämonischer Ausstrahlung brachte er die Verbindung zur Straße zustande, die die nationalrevolutionären Literaten nicht herstellen konnten. Das war ein Grund dafür, daß die »Nazis«, wie man die Partei bald nannte, von diesen intellektuellen Publizisten abgelehnt wurden. Die Bewegung war ihnen zu vulgär, stammte sie doch aus dunstigen Bierkellern, in denen verbitterte Kleinbürger auf den Tisch schlugen, wenn sie lautstark ihrer Frustration Ausdruck gaben. Zwischen den bald schon braun uniformierten und mit dem Hakenkreuz, dem uralten indischen Sonnensymbol, gekennzeichneten Schlägern, die sich nach dem Vorbild der Squadri überall Kämpfe mit den Kommunisten lieferten, und den nationalen Theoretikern oder den Jugendbünden schienen noch Welten zu liegen. Den Nationalbolschewisten war das Programm der Nazis außerdem zu undurchsichtig, noch dazu halb kapitalistisch, und die Organisation zu kleinbürgerlich. Der geistige Abstand erschwerte noch lange jede Annäherung. Trotzdem gelang es Hitler, eine in nationalistischen Kreisen verehrte, einflußreiche Persönlichkeit kurze Zeit für seine Zwecke einzuspannen. Wie Mussolini von d'Annunzios Ruhm profitierte, so profitierte Hitler vom Ruhm Ludendorffs. Zweifellos vom italienischen Vorbild inspiriert, wagten Hitler und seine Mitstreiter im November 1923 schließlich ebenfalls den Griff nach der Macht. Es war ein regionales, auf Bayern beschränktes Unternehmen. Im Gegensatz zum »Marsch auf Rom« war es ein echter revolutionärer Putschversuch, und er scheiterte kläglich. Hitlers Los und das seiner Partei, die nun aufgelöst wurde, schien damit besiegelt, und in den folgenden Jahren, als der Faschismus in Italien Staat und Gesellschaft umformte, blieb die 1925 neugegründete Nazipartei in Deutschland eine Randerscheinung.

Es waren die Jahre einer beginnenden Erholung, was die wirtschaftliche Lage wie die Position Deutschlands auf der internationalen Ebene angeht, auch dank der Politik Gustav Stresemanns. Nach dem Tiefpunkt von 1923, der französischen Besetzung des Ruhrgebiets, heftigen Unruhen und einer katastrophalen Inflation, durch die Tausende ihr Vermögen verloren, schlug auch international die Stimmung allmählich um. Amerika, der größte Gläubiger, konnte nicht zulassen, daß Deutschland vollständig ruiniert wurde und im Chaos versank, und Frankreich war in Gefahr, sich zu isolieren. Nach dem Sturz des störrischen, unerbittlichen Poincaré, der zum Symbol der harten Linie von Versailles geworden war, verfolgte Aristide Briand eine flexiblere, auf Annäherung ausgerichtete Politik, die sich Stresemann zunutze machte. Die 1925 ausgehandelten Locarnoverträge zu einem europäischen Sicherheitssystem hatten für Deutschland eine Bedeutung, die weit über die konkreten Regelungen, unter anderem zum Status des Rheinlands, hinausging; die positiven Seiten wie auch das Offene und Fragwürdige der Regelungen spielen in diesem Zusammenhang weiter keine Rolle. Für die nationalistischen und antidemokratischen Strömungen in der Weimarer Republik war jedenfalls eine weniger günstige Zeit angebrochen.

Die in der historischen Fachliteratur eingehend diskutierte Frage, wie gut die Aussichten auf eine Stabilisierung des Systems gewesen wären, wenn nicht das Zusammentreffen mehrerer ungünstiger Umstände den Feinden der Republik wieder starken Auftrieb gegeben hätte, kann nie zufriedenstellend beantwortet werden. Ebenso schwierig bleibt es, den Beginn der entscheidenden Veränderungen genau zu datieren. Im Jahre 1929 gab es allerlei unübersehbare Anzeichen für wachsende Spannungen, vor allem im Zusammenhang mit dem amerikanischen Youngplan. Dieser sah eine Neuregelung der deutschen Reparationszahlungen vor, verteilt auf die Zeit bis 1988, wobei die Jahresraten stark herabgesetzt und die ausländischen Kontrollen abgeschafft werden sollten. Der größeren Freiheit des deutschen Staates, was die Zahlungsbedingungen anging, stand die Verlängerung seines Status als Schuldner gegenüber. Das führte wieder zu starker politischer Erregung. »Verlängerung der Sklaverei!« tönte es aus der nationalistischen Ecke. Die heftige Agitation gegen diesen Plan und damit auch gegen die Regierung brachte die rechten antidemokratischen Parteien einander näher. Aber wie groß ihre Chancen hierdurch auch geworden sein mochten, der aller Wahrscheinlichkeit nach entscheidende Schlag kam von außen. Der unerwartete Zusammenbruch der New Yorker Börse am 24. Oktober 1929 – ein Börsenkrach ohne Beispiel – hatte katastrophale Auswirkungen auf die gesamte Weltwirtschaft, für die der amerikanische Finanzmarkt immer bedeutsamer geworden war. Betroffen waren die meisten europäischen Länder, aber kein Land im gleichen Maße wie Deutschland, erst seit kurzem in der Anfangsphase einer Stabilisierung und Gesundung. Schon mit der Inflation von 1923/24 hatte die Bevölkerung einen schweren Schlag hinnehmen müssen. Der Export brach zusammen, die Staatsschulden wuchsen besorgniserregend, die Arbeitslosenzahl stieg sprunghaft an und betrug nach drei Jahren gut sechs Millionen. Das trieb die Wähler, vor allem den durch die Inflation verarmten Mittelstand und die Arbeiter, jetzt wirklich in großer Zahl zu den Parteien, die eine radikale Veränderung zu ihrem Ziel erklärt und die Demokratie als schlechte Staatsform diffamiert hatten. Die Kommunisten wurden zu einer bedeutenden Kraft, bald aber am äußersten rechten Rand von den Nationalsozialisten überholt, die im Herbst 1930 auf einen Schlag zur zweitstärksten Partei im Reichstag wurden (hinter der SPD), und 1932, nach einer Periode von schwelendem Bürgerkrieg, Straßengefechten, turbulenten Wahlkämpfen und überstürzten Regierungswechseln, zur stärksten. Das Land war inzwischen in einen Zustand geraten, in dem es auf normalem parlamentarischem Weg nicht mehr zu lenken war. Nur mit Hilfe von Notverordnungen des steinalten Reichspräsidenten Hindenburg, dieses nationalen Monuments aus dem Weltkrieg, konnten die Kabinette noch regieren. Hitler hatte inzwischen dazugelernt und wollte auf legalem Wege an die Macht kommen – genau wie seinerzeit Mussolini. Angesichts der drohenden Unregierbarkeit des Landes und der Furcht vor einer Revolution wurde er schließlich von der reaktionären Gruppe, die in Berlin im Kreis um Hindenburg zuletzt formal die Macht besaß, zum Kanzler ernannt. Man schrieb den 30. Januar 1933.

Eine Palastintrige als Folge von Rivalität innerhalb der Regierungsspitze, die Unmöglichkeit, mit Unterstützung der Parteien im Reichstag zu regieren, und die Angst vor Bürgerkrieg und Kommunismus, all dies ist in Hunderten von Büchern beschrieben und analysiert worden. Ausschlaggebend war aber gewiß, daß Hitler und der Nationalsozialismus trotz konjunktureller Schwankungen in nur drei Jahren Millionen von Unzufriedenen und Verarmten mobilisierten. So wurden sie zu einem Machtfaktor, an dem in einer modernen Gesellschaft wie der deutschen niemand mehr vorbeikam, wenn es auch gerade bei der letzten der zahlreichen Wahlen einen kleinen Rückschlag gab und der Partei der finanzielle Bankrott drohte. Es ist kaum vorstellbar, daß die Kräfte, die Hitler und seine Mitstreiter inzwischen in Bewegung gesetzt und auf wahrhaft revolutionäre Weise organisiert hatten, vom Zentrum der Macht noch fernzuhalten gewesen wären, auch wenn jene Intrige nicht stattgefunden hätte oder anders verlaufen wäre – es sei denn durch eine wunderbare, plötzliche Veränderung der gesamten Situation. Weder die verantwortliche Clique noch Hindenburg sahen Hitler gern an der Macht, aber gegenüber Sozialismus oder Kommunismus erschien er ihnen schließlich als das kleinere Übel. Als sie nicht mehr weiterwußten, versuchten sie ihn durch Einbindung in ein überwiegend konservatives Kabinett zu vereinnahmen und auf diese Weise zu zähmen. Aber bei der Allianz zwischen reaktionären Oberschichten und unruhigen antisozialistischen Mittelklassen – einer Konstellation, in der bei einem halbfeudalen System (wie in Osteuropa oder auch Spanien) noch die konservative Elite das Steuer in der Hand behalten konnte – mußte sich die Waage in einem hochindustrialisierten, modernen Land wie Deutschland nach der Seite desjenigen neigen, in dem die Massen ihren Mann sahen. Die Unverfrorenheit und Geschwindigkeit, mit der Hitler und seine Mitstreiter innerhalb weniger Monate ihre reaktionären Partner überrumpelten und schließlich wie Spinnweben von sich abwischten, läßt nur den Schluß zu, daß sie, was auch immer die Erklärung sei, innerhalb der alten Elite gar keine gleichwertigen Gegenspieler mehr hatten. Im Bewußtsein der Kräfte, die hinter ihnen standen, entwickelten sie eine brutale Tatkraft und rücksichtslose Zielstrebigkeit. Dank des spektakulären Reichtagsbrandes im ersten Monat nach seinem Amtsantritt, propagandistisch ausgeschlachtet als Beweis für die Gefahr eines kommunistischen Staatsstreichs, schaffte es Hitler, diktatorische Vollmachten zu erlangen, den Reichstag und die anderen Parteien auszuschalten, die Gewerkschaften aufzulösen und durch eigene Parteiorganisationen zu ersetzen. Als Hindenburg 1934 starb, ein Greis, dessen Weltbild 1914 erstarrt war und der schon längst nicht mehr begriff, was vor sich ging, ließ Hitler sich auch zum Staatsoberhaupt erklären. Das Heer, im Grunde die letzte unabhängige Macht im Staat, wurde durch einen Treueid an seine Person gebunden.

Nach dem Vorbild des »Duce« hatte er sich »Führer« nennen lassen, und dieser Name ersetzte als Symbol einer neuen Zeit und einer neuen Art von Herrschaft seine amtlichen Titel. Die Namengebung war also keineswegs eine reine Äußerlichkeit, sondern sollte zum Ausdruck bringen, daß Hitler als aus dem Volk hervorgegangene Verkörperung des Volkswillens etwas anderes als ein gewöhnlicher Regierungschef sei und damit auch über dem politischen Apparat stehe: sakrosankt und frei dank seiner höheren Berufung und durch diese legitimiert als die personifizierte Bestimmung des deutschen Volkes. Staatsoberhäupter, die nicht durch Erbfolge an die Macht gelangen, werden gewählt; ein Führer wird einfach von einer höheren Macht als Messias zu den Menschen gesandt.

Was sich in den dreißiger Jahren in Deutschland vollzog, war die Errichtung einer Diktatur, wie im faschistischen Italien der zwanziger Jahre, aber weitaus gründlicher und radikaler. Anders als in Italien fehlten der formale Rahmen einer traditionellen Monarchie und das geistige Gegengewicht einer starken Kirche als mäßigende Kräfte. Und während Mussolini erst noch einen starken Staatsapparat aufbauen mußte, konnte Hitler den diszipliniertesten und funktionstüchtigsten der Welt übernehmen. Für das Heer, diesen wesentlichen Stützpfeiler aller Staatsmacht, galt das gleiche, wenn auch das deutsche bei Hitlers Machtübernahme infolge der Friedensbestimmungen noch drastisch beschnitten war, ein Hemmnis, das er schon bald beseitigte, wodurch er natürlich die herzliche Sympathie der Offiziere gewann. Das nationalsozialistische Deutschland wurde in wenigen Jahren zu dem, was man mit dem Ausdruck »totalitärer Staat« umschrieben hat, zu einem Staat, wie er in den dreißiger Jahren sonst nur in Gestalt der Sowjetunion unter Stalin existierte. Vom faschistischen Italien unterschieden sich beide Länder durch die höhere Intensität von Indoktrination und Propaganda und vor allem durch das viel größere Ausmaß des Terrors gegen Regimegegner oder Gruppen, die als Feinde galten. Dadurch wurde (soweit das theoretisch zu bestimmen ist) das Ziel des totalitären Staates – ein ganzes Volk zu einem Block uniform denkender und fühlender, gehorsamer Regimeanhänger umzuschmieden – im nationalsozialistischen Deutschland wie in der kommunistischen Sowjetunion in höherem Grade verwirklicht als im faschistischen Italien. Während dort unliebsame Elemente in einem normalen Gefängnis landeten oder in einem Straflager, das sich davon nicht wesentlich unterschied, gehörten zur Errichtung der deutschen Diktatur von Anfang an barbarische Mißhandlungen in Polizeikellern und Lagern, durch die Tausende zu Tode kamen und ebenso viele physisch oder psychisch gebrochen wurden. Soweit in aller Kürze die Fakten, was Aufkommen und Etablierung des Nationalsozialismus angeht; eine Entwicklung, die allerdings bei einer Beschränkung auf die äußeren Fakten kaum angemessen zu beschreiben ist.

Wie beim Faschismus ist zu fragen: Was war dieser Nationalsozialismus, und wieso konnte er Deutschland erobern? Von welchen Vorstellungen und Zielen wurde er geleitet, und wer war empfänglich dafür? Wie in Italien lief hier eine ganze Reihe unterschiedlicher Linien zusammen, aber es waren keineswegs die gleichen. Wenn die Ur-NSDAP einer der Versuche war, eine nationale deutsche Form von Sozialismus zu entwickeln, dann hatte sich diese Idee gleich zu Beginn, spätestens seit Hitler das Heft in die Hand genommen hatte, unlösbar mit einem »völkischen« Mystizismus verbunden, den es in Italien, überhaupt in Südeuropa, so nie gegeben hatte. Die Idee des »Volkes« als einer durch Sprache, Rasse und Blutsverwandtschaft verbundenen und fest im heimatlichen Boden verwurzelten Gemeinschaft hatte schon seit der deutschen Romantik eine ganz besondere emotionale Bedeutung. In dieser Auffassung des »Volkes« offenbarte sich ein antimodernes Empfinden, zu dem Abneigung gegen die Industrialisierung, die Aufklärung, Frankreich und die romanische Kultur und andererseits die Verherrlichung der agrarischen Gesellschaft wie auch der germanischen Abstammung gehörten. Gleichzeitig hatte diese Vorstellung aber auch einen emanzipatorischen Gehalt: Das Volk stand als etwas Unverdorbenes und »Reines« den Reichen und Kapitalisten gegenüber. In dieser Hinsicht konnte sich völkische Gesinnung mit sozialistischen Neigungen verbinden, wobei Sozialismus hier wieder in einem weiten Sinne aufzufassen ist, nicht als der Sozialismus des Marxismus, des Klassenkampfs und des Proletariats, sondern als eine die ganze Volksgemeinschaft erfassende Erneuerung und als Herrschaft dieser Gemeinschaft, die man sich gleichsam als eine große Familie vorstellte. Dieses völkische Denken betonte fast zwangsläufig die Bedeutung der Rasse, denn »Reinheit« des Volkes war hier nichts anderes als biologische Reinheit. Und damit war es nur noch ein kleiner Schritt zum obersten und wichtigsten Glaubensartikel des völkischen Rassismus: dem Antisemitismus.

Bei Hitler trat der Antisemitismus von Anfang an praktisch an die Stelle des sozialistischen Elements, und er stand für ihn im Mittelpunkt. Wie niemand sonst hat Hitler in der turbulenten Zeit völliger Orientierungslosigkeit nach 1918 (antisemitischen) Rassismus, Antibolschewismus und Nationalismus zu einem einzigen Glaubensbekenntnis verschmolzen. »Nationalismus« bedeutet in seinem Fall erst einmal Kampf gegen »Versailles«, gegen die Demokratie von Weimar und für ein mächtiges Deutschland. Dieses politische Bekenntnis mit seiner deutlichen Benennung der Schuldigen und seinem scharfen Kontrast von Guten und Bösen war leicht faßlich und hatte eine sehr suggestive Wirkung, während klare Konzepte oder konkrete Angaben zu Taktik und Strategie völlig fehlten. Besser gesagt: Das vorläufige Programm und die Strategie waren Propaganda, das Gewinnen von Anhängern und die Ermunterung aller Gleichgesinnten zu aggressivem und bedenkenlosem Vorgehen gegen die verachtenswerten Gegner.

Hitler sprach im wesentlichen drei verschiedene Gruppen an, die wir uns wie konzentrische Kreise um die Nazipartei vorstellen können: erstens diejenigen, die sich zu allen »völkischen« Glaubensartikeln bekannten (denn es handelte sich nicht um ein Programm im üblichen Sinne), dann alle, denen es besonders um den Kampf gegen die Republik und die Friedensbestimmungen von Versailles ging, und schließlich all diejenigen, die auf jeden Fall den Kampf gegen das »Diktat« von Versailles für das Alpha und Omega einer vernünftigen deutschen Politik hielten, ohne daß sie Hitler in den anderen Punkten – dem antisemitischen Rassismus und der Ablehnung der Republik – zustimmten. Und gegen »Versailles« war die überwältigende Mehrheit des deutschen Volkes. In Hitlers Bekenntnis gab es also fast nichts, dem überhaupt niemand beipflichten konnte – eine Tatsache, die von ausschlaggebender Bedeutung für seinen späteren Durchbruch war. Zu Beginn zog er nur fanatische Antisemiten und Antibolschewisten unter den Deklassierten an und den Typus, der in den Freikorps sein Lebensziel suchte und Rache für den »Novemberverrat« forderte. Daraus formierte er seine SA (Sturmabteilung): junge Arbeitslose, gewöhnlich aus dem Arbeitermilieu. Diese Gruppen bildeten den harten Kern der Nazis, die alte Garde, noch bis 1929. Bis zu jener Zeit prägten sie das Gesicht der Bewegung. Als infolge der weltweiten Depression die Wirtschaft zusammenbrach, bekam diese Bewegung plötzlich gewaltigen Zulauf aus anderen Bevölkerungskreisen, und dadurch veränderten sich teilweise auch ihr Charakter und Erscheinungsbild.

Mit den Faschisten hatten die Nationalsozialisten die Verachtung für Moral, Humanismus, liberale Demokratie und theoretische Konzepte gemeinsam, und wie die Faschisten glaubten sie an die Gewalt und das Recht des Stärkeren, dachten dezisionistisch, verherrlichten die Tat. Während der italienische Diktator diese Lehre noch mit dem theatralischen Stil des klassischen Helden- und Virtù-Ideals verband, war für Hitler im Grunde alles ein rein biologisches Phänomen, vulgärdarwinistischen Anschauungen entsprechend, der ewige Kampf zwischen den Arten, und das bedeutete: Völkern oder Rassen. Theoretisch weniger versiert und interessiert als Mussolini, hat er allerdings die Formulierung einer Art von Lehre weitgehend Anhängern überlassen. Vor allem Alfred Rosenberg versuchte in seinem Buch *Der Mythus des 20. Jahrhunderts* (1930), dem Nationalsozialismus eine salonfähige Theorie zu geben, die in erster Linie auf rassistischen Gedanken beruhte, während Hitlers *Mein Kampf* (1925) eher eine Ausarbeitung seiner Reden war, eine Mischung aus einer für Propagandazwecke mythologisierten Autobiographie, Glaubensartikeln und allgemeinen historisch-politischen Betrachtungen. Mit verblüffender Offenheit nennt er dabei einige Zielvorstellungen: Wiederherstellung des deutschen Territoriums, ja Ausdehnung, vor allem Eroberungen im Osten, Entfernung aller fremden Elemente aus dem »Volkskörper«, Vernichtung des Bolschewismus und seiner Wurzel, des internationalen Judentums.

Wie beim Faschismus ist es beim Nationalsozialismus nicht möglich, einen Kern, eine »Essenz«, herauszuarbeiten, so groß auch die Versuchung immer wieder gewesen ist. Es ist schon allein deshalb nicht möglich, weil sich Ideologisch-Politisches und psychisch und sozial Bedingtes hier auf komplexe Weise überlagern. Außerdem vollzog sich eine Verschiebung bei der Anhängerschaft wie auch bei den Schwerpunkten der Lehre und der Zielvorstellungen. Dennoch gab es Kontinuität, bestimmte gleichbleibende Merkmale. Der Nationalsozialismus war wie der Faschismus unmittelbarer Ausdruck eines hypertrophen Nationalismus – in dieser Form eine Folge des Krieges –, eines Nationalismus, der als Ventil für Frustrationen und Aggressionen dienen konnte, da er jedes Mittel für erlaubt erklärte, wenn es nur um den Dienst an der Nation ging. Und wie die Faschisten konnten die Nazis an verschiedene Denker einer antihumanistischen Gegenmoral anknüpfen. Ohne den vorausgegangenen Zerfall der bürgerlichen Ordnung und ohne den Nihilismus, der aus den Trümmern hervorging, ist der Erfolg der Bewegung nicht zu verstehen. Zertrümmert wurden ja auch ethische Normen der Kultur, Normen, die bestimmte, offenbar in der menschlichen Natur angelegte Triebe gezügelt oder kanalisiert hatten. Der Krieg hatte das Gewaltpotential freigesetzt und den entfesselten Kräften zugleich eine Richtung gegeben, und diese Steuerung fiel nach der Demobilisierung weg. Da aber der Nationalismus auch eine religiöse Funktion bekommen hatte, konnten sich in der hypertrophen Form, die er nach der Katastrophe annahm, aggressive Impulse und Idealismus verbinden. In vielen Fällen ist kaum zu entscheiden, was hierbei überwog.

Vor dem Hintergrund des nihilistischen Kahlschlags unter den traditionellen Werten verbanden sich in diesem hypernationalistischen Bekenntnis verschiedene Elemente: die antihumanistische Antimoral und das Verlangen nach einem neuen Menschen und einer neuen Ordnung, das einer apokalyptischen Stimmung entsprang, wobei die suggestive Wirkung von Begriffen wie »Revolution« und auch »Sozialismus« ebenfalls eine Rolle spielte. Hiermit hing der Ruf nach einem starken Mann zusammen, nach einem Erlöser, der den neuen Heilsstaat bringen würde. Dies bedeutete, daß der Führer, seine Person und seine Vorstellungen, auch die ganze Bewegung prägten, im Falle Hitlers noch mehr als bei Mussolini. Dabei darf man aber nicht vergessen, daß sie nur Erfolg haben konnten, weil sie auf Resonanz stießen und ihrerseits weitverbreitete Gefühle und Vorstellungen artikulierten.

Und hier wiederum unterschied sich der Nationalsozialismus vom Faschismus: Hitler konnte in Deutschland an eine Tradition mit ausgesprochen antimodernistischen Zügen anknüpfen, die es in Italien nicht gab, er radikalisierte diese Tradition im Sinne des Vulgärdarwinismus und führte dabei letztlich alles auf einen elementaren biologischen Kampf zwischen Rassen zurück. Deutschland als Herz und als Kernland der germanischen Rasse, der heldischen und schöpferischen Rasse schlechthin, müsse einen Kampf auf Leben und Tod gegen die schmarotzende jüdisch-semitische Rasse aufnehmen, die sich zu allen Zeiten wie ein Parasit in anderen Völkern festgesetzt habe. Hiermit verband sich bei Hitler die Vorstellung, der Bolschewismus sei ein Werk des Judentums, und darum nahm auch der Antimarxismus in seiner Lehre von Anfang an einen viel bedeutenderen Platz ein als bei dem ehemaligen Sozialisten Mussolini. Durch die Niederlage und die Dolchstoßthese bekamen Antisemitismus und Antibolschewismus in Deutschland eine besondere Brisanz, die sie in Italien nicht haben konnten, da die nationale Enttäuschung dort von anderer Art war. Auf drei Linien, die im Nationalsozialismus zusammenliefen, muß ich in diesem Zusammenhang noch näher eingehen. Die erste, ganz wesentliche, der erwähnte Rassismus und Antisemitismus, fehlte beim italienischen Faschismus. Die zwei anderen, der Glaube an einen möglichen künftigen Heilsstaat und die messianische Erwartung, spielten auch in Italien eine wichtige Rolle. In allen drei Fällen handelt es sich um Traditionen und Vorstellungen, die nicht auf Faschisten oder Nazis zurückgehen und die es auch außerhalb Deutschlands und Italiens gab, die aber hier plötzlich entscheidende Bedeutung erlangten.

4 Die Juden und der moderne Antisemitismus

Der Platz und die Bedeutung der Juden in der europäischen Kultur sind nach dem, was das nationalsozialistische Regime in den dreißiger und vierziger Jahren des vorigen Jahrhunderts an Grauenvollem angerichtet hat, ein äußerst sensibles Thema. Die Juden waren jahrhundertelang die anderen gewesen, von denen das Christentum sich abgegrenzt hatte, so daß auch das Eigene deutlicher sichtbar wurde, und umgekehrt galt das gleiche, denn natürlich sind die europäischen Juden nicht ohne die christliche Umwelt denkbar, die sie abwechselnd abstieß und anzog. Nach der von Hitler und seinem Regime herbeigeführten katastrophalen Wendung in diesem Verhältnis ist auch die gesamte frühere Geschichte in ein anderes Licht geraten. Ob sich hier wirklich eine Wendung vollzog, ob diese Katastrophe etwas Neues war oder eher der dramatische Höhepunkt einer langen, von alten Vorstellungen und alter Feindseligkeit bestimmten Entwicklung, ist eine heftig umstrittene Frage. Auf jeden Fall aber ist das, was unter dem Hakenkreuz geschah, nicht von seiner Vorgeschichte zu trennen, die nicht nur zur deutschen, sondern zur europäischen Geschichte gehört.

Die Ursprünge dieser Entwicklung sind eng mit denen des Christentums selbst verknüpft, das unmittelbar aus dem Judentum hervorging: Das Urchristentum war ja zunächst eine jüdische Sekte. Jesus von Nazareth, der Heiland der Christen, war vom orthodoxen Judentum als falscher Messias zurückgewiesen und verurteilt worden. Sein Tod am Kreuz und die Tatsache, daß das Christentum Ergebnis einer Rebellion gegen den alten Glauben war, führten zu einer besonders scharfen Abgrenzung, und für die spätere Kirche wurden die Juden als »Christusmörder« zum verfluchten Volk schlechthin. Aber die geheime Verbindung war nie ganz zu durchtrennen, da die Urchristen nun einmal Juden gewesen waren und die Gestalt Jesu unlösbar mit der jüdischen messianischen Tradition verbunden hatten. Auch die Kirche erkannte das Volk Gottes des Alten Testaments an, das ja als Vorläufer des Neuen in die kanonisierte Heilige Schrift aufgenommen wurde. Immer gab es in der christlichen Lehre diese verborgene Nahtstelle, die das im Grunde ambivalente Verhältnis zum Judentum und die Hartnäckigkeit und Intensität des Antijudaismus erklären kann, den die Kirche zu allen Zeiten predigte. Das Christentum blieb die Religion des rebellischen Sohnes, die zu ihrer Legitimierung eine besonders harte Verurteilung des Vaters brauchte und diesem Vater ganz selbstverständlich Haß auf den abtrünnigen Sohn unterstellte. Daß die Juden einen tödlichen Haß auf die Christen haben mußten, war nämlich der zentrale Glaubensartikel des Judenhasses, der damit zu einer gerechtfertigten Reaktion wurde. In der Diaspora lebten die Juden als eine sehr kleine Minderheit, die sich durch ihr unerschütterliches Festhalten am mosaischen Gesetz, der Tradition und dem Gedanken des auserwählten Volkes immer deutlich von der Mehrheit unterschied und als Stachel im Fleisch der Christenheit besonderen Regelungen unterworfen war. So konnte ein negatives Stereotyp des Juden entstehen, was durch die erzwungene berufliche Spezialisierung in Handel und Geldwesen noch gefördert wurde.[4] Dennoch gab es keine konstante oder in allen Regionen im gleichen Maße herrschende Feindseligkeit. Es gab Länder, in denen Judenhaß keine Rolle spielte, und andere, in denen er von Zeit zu Zeit, vor allem in Krisensituationen, zu blutigen Gewalttaten und Pogromen geführt hatte oder zu stark diskriminierender Gesetzgebung. Nachdem die Juden im sechzehnten Jahrhundert von der Iberischen Halbinsel vertrieben worden waren (sofern man sie nicht unter Zwang christianisiert hatte), lebte die große Mehrheit, etwa fünf Millionen, in Osteuropa, hauptsächlich in Polen, Galizien, der Ukraine und Ungarn, wo sie eine weitgehend geschlossene Gemeinschaft mit unverkennbaren Besonderheiten bildeten, und außerdem in deutschen und westeuropäischen Ländern, in denen sie vor allem aus Handel und Geldwesen nicht wegzudenken waren. In diesen Ländern betrug ihr Anteil an der Gesamtbevölkerung übrigens höchstens ein Prozent, gewöhnlich war er noch erheblich geringer. Allerdings konzentrierte sich die jüdische Bevölkerung immer mehr auf einige Großstädte wie Prag, Wien, Berlin, Amsterdam, London, Hamburg, Köln, Frankfurt oder Antwerpen, wo ihr Anteil deshalb auch viel höher war.[5] Obwohl das Entstehen einer antijüdischen Mentalität nicht unbedingt von der Anwesenheit von Juden in der betreffenden Region abhing, gab es eine ausgesprochen judenfeindliche Haltung doch hauptsächlich dort, wo die jüdische Minderheit eine gewisse Rolle spielte, und dort kam es auch zu sporadischen Gewaltausbrüchen. Trotzdem galt theoretisch, nach dem entscheidenden religiösen Kriterium, ein zum Christentum bekehrter Jude nicht mehr als Jude. In der Praxis war es häufig anders. Das kulturelle Erbe und anthropologisch-mentale Besonderheiten, die die isolierte jüdische Minderheit auszeichneten, da es nicht zur Vermischung mit den anderen kam, verschwanden nicht auf einen Schlag allein durch die Taufe. Das trug dazu bei, daß auch christianisierte Juden längst nicht überall als wirkliche Christen akzeptiert wurden.[6]

Im Laufe des achtzehnten und neunzehnten Jahrhunderts bekam der uralte Antijudaismus ein anderes Gesicht, was auf bestimmte Entwicklungen im Zeitalter der Aufklärung zurückzuführen ist und auch als Reaktion auf die Emanzipation der Juden vor allem nach der Französischen Revolution verstanden werden kann. Die Emanzipation hatte buchstäblich wie auch im übertragenen Sinne das jüdische Ghetto geöffnet. Da aber die Juden jetzt gleiche Bürgerrechte erwerben konnten und mehr Berufe ausüben durften, kam es auf manchen Gebieten zu einem Zustrom neuer Konkurrenten, der wieder zu Feindseligkeit führte. Während das religiöse Kriterium immer mehr an Gewicht verlor, fand man nun andere Kriterien, nach denen man Menschen unterscheiden konnte. Zur Zeit der Aufklärung und der Romantik kamen anthropologische Theorien auf. Die Sprache bekam eine besondere Bedeutung als Ausdruck des Volkscharakters, und überall begann man auch von germanischen, romanischen, semitischen und slawischen Völkern oder Rassen zu sprechen, als man die Unterscheidung zwischen den entsprechenden Sprachgruppen einführte. Von hier stammten die neue Bezeichnung und das neue Kriterium, das künftig die Feindseligkeit gegenüber Juden begründen sollte: Juden oder »Semiten« unterschieden sich nach diesen Theorien nicht nur oder in erster Linie durch ihren Glauben von der übrigen Bevölkerung, sondern durch ihre Rasse. Taufe und Bekehrung konnten daran nichts ändern. Als die Juden nach und nach zu normalen Bürgern werden konnten und ihre äußeren Kennzeichen wie Ghettoleben, Kleidung, Sprache und berufliche Spezialisierung – Folgen der jahrhundertelangen Apartheid – allmählich zu verschwinden begannen, wurden sie von neuem stigmatisiert, jetzt aufgrund sogenannter angeborener Eigenschaften der Rasse. Die neuen anthropologischen Theorien griffen auf das ältere negative Stereotyp zurück und versahen es mit einer moderneren Erklärung.[7]

Dieses Rassenkriterium war nicht völlig neu. Und gerade für die Juden selbst war eigentlich nicht der Glaube, der Gehorsam gegenüber dem Gesetz, sondern die Abstammung entscheidend, denn sie bestimmte, wer zu Gottes Volk gehörte. Jude war nach dieser Lehre, wer von einer jüdischen Frau geboren wurde. Die Genealogie also grenzte das Volk ab, das sich durch sie von allen anderen unterschied. Allerdings war der moderne Antisemitismus undenkbar ohne den alten Antijudaismus, der das Bild »des Juden« – Todfeind des Christentums und Diener Satans, krummnäsiger Unmensch und durchtriebener Wucherer – tief ins Bewußtsein vieler Nichtjuden geprägt hatte, dort, wo elementare Vorstellungen von Gut und Böse herrschen. Auf unzähligen Gemälden und anderen Abbildungen des Leidens und der Kreuzigung Christi, von den größten Kunstwerken bis zu naiv-kitschigen Machwerken in Dorfkirchen, war dieser üble Typ dargestellt, roh und dämonisch. Er gehörte zum festen Bildprogramm der religiösen Phantasie und war Millionen von Kindheit an vertraut. Aber der Antisemitismus war, wie gesagt, ebenso durch die neuen Rassentheorien und das gewachsene Interesse an biologischen Faktoren und erblichen Eigenschaften bestimmt, die den Menschen nach neuen wissenschaftlichen Erkenntnissen in hohem Grade determinierten.

Im neunzehnten Jahrhundert fielen die Emanzipation der Juden und die Überwindung der Ghettogrenzen mit gewaltigen gesellschaftlichen Veränderungen, der industriellen Revolution und der Verstädterung zusammen. Formale Rechtsgleichheit bedeutete keineswegs, daß auch die sozialen Barrieren verschwanden. Sowohl alte Vorurteile als auch neue rassistische Vorstellungen und die Furcht vor Konkurrenz hielten sie instand. Bestimmte Berufsstände und -bereiche waren Juden nach wie vor verschlossen, wie zum Beispiel ganz allgemein das Handwerk, die Landwirtschaft – also die traditionellen Berufe –, die Armee, der Staatsdienst und die Diplomatie. Dies galt für West- und Mitteleuropa. Eine Ausnahme war Frankreich, das Mutterland von Revolution und Rechtsgleichheit, wo Juden auch Soldaten und Beamte werden konnten. In Osteuropa gab es für die Juden kaum so etwas wie Emanzipation, und dort lebten und arbeiteten sie auch weiterhin als eindeutig erkennbare, geschlossene Minderheit in ghettoartigen Verhältnissen und bewahrten deshalb ein ausgeprägtes religiös-nationales Identitätsgefühl. Auch in West- und Mitteleuropa waren aber in der Regel gerade die Berufe und Stellungen, die seit jeher ein hohes gesellschaftliches Prestige hatten, zunächst noch nicht zugänglich, in Deutschland zum Beispiel das Professorat. Die Folge all dieser Behinderungen war zwangsläufig, daß Juden in großer Zahl die freien Berufe oder die neuen Tätigkeitsfelder ohne lange Tradition und entsprechende Standesschranken wählten und Anwälte, Ärzte, Journalisten, Ingenieure, Künstler oder Unternehmer wurden. Außerdem blieben sie selbstverständlich in Handel und Bankwesen, wo sie lange Erfahrung besaßen und Besitz und internationale Verbindungen aufgebaut hatten, stark überrepräsentiert. Nun brachten es die erwähnten gesellschaftlichen Veränderungen aber mit sich – eine natürlich unvorhersehbare Entwicklung –, daß gerade diese Berufe und Bereiche einen stürmischen Aufschwung nahmen und immer wichtiger wurden. Die traditionellen Tätigkeitsfelder erlebten einen entsprechenden Rückgang, zumindest verloren sie gegenüber den anderen an Gewicht. Bankwesen und Handel, Unternehmertum und technische Fachkompetenz wurden zu den Triebkräften der Industrialisierung, und immer mehr sollten sich im öffentlichen Leben die freien Berufe Geltung verschaffen. Es kam noch etwas hinzu, das man kaum als irrelevant betrachten kann, obwohl es nicht exakt zu bestimmen ist: eine auffallende Befähigung von Juden für diese im Aufstieg begriffenen Berufszweige. Bei Handel und Geldgeschäften war dies angesichts ihrer jahrhundertelangen Spezialisierung nicht verwunderlich, aber ihre bemerkenswerte Kreativität und ihr Erfolg auf intellektuellem Gebiet, in den Wissenschaften, der Literatur, im Journalismus und in der Musik – und zwar in allen Ländern, die ihnen die Chance zum Ausbrechen aus dem Ghetto gaben –, scheinen mit der ganz spezifischen jüdischen Kultur und mit ihrem langen Minderheitendasein zusammenzuhängen. Diese Kultur – geprägt von einem bildlosen Monotheismus, von der hierbei im Mittelpunkt stehenden Gesetzesauslegung, dem Talmud und dem gelehrten Rabbinertum – förderte abstraktes Denken und größte Hochachtung vor dem Intellekt. Die jüdische Identität wurzelte in der Thora, dem Wort, das in dieser Hinsicht das gemeinsame Territorium ersetzte. Der Minderheitenstatus, der Zwang, sich innerlich gegenüber einer oft feindlich gesinnten und physisch überlegenen Umwelt zu behaupten, und die Notwendigkeit, sich um der Selbsterhaltung willen äußerlich anzupassen, mußten den Wert dieser intellektuellen Ausrichtung noch erhöhen. Durch diese Traditionen und Erfahrungen und die entsprechende Erziehung wurde offenbar ein Potential an geistiger Beweglichkeit und Kreativität erzeugt, das sich nach dem Fall der Ghettomauern voll entfalten konnte. Auf jeden Fall ist es auffällig, daß Juden auch im intellektuellen Bereich überrepräsentiert waren und noch dazu sehr oft zur Spitze gehörten. Politisch fühlten sie sich aus naheliegenden Gründen zu den Parteien hingezogen, die allgemeine Emanzipation und individuelle Freiheit auf ihre Fahnen geschrieben hatten, den Liberalen und später auch den Sozialisten und Kommunisten. Darum gab es auch hier, vor allem bei Sozialisten und Kommunisten, unverhältnismäßig viele jüdische Theoretiker und Publizisten. Für Juden, die sich vom alten Glauben losgesagt hatten, wurden entweder Sozialismus und Marxismus oder die moderne Wissenschaft, Aufklärung, Positivismus und Glaube an die Ratio zur neuen Religion.

All das führte dazu, daß man zwischen der Emanzipation der Juden einerseits und der Modernisierung der Gesellschaft und dem Vordringen von Liberalismus und Sozialismus andererseits einen Kausalzusammenhang herstellte. Alle, die in diesen Entwicklungen eine Bedrohung sahen, weil sie ideologisch oder ökonomisch in die Defensive gedrängt wurden oder zu werden glaubten (was in diesem Fall auf das gleiche hinauslief), neigten leicht dazu, die Juden als Ursache und vor allem als Nutznießer der bedrohlichen Modernisierung zu betrachten. Das war der Boden, auf dem der Antisemitismus gedeihen konnte, nicht allein in Deutschland. Der Kampf gegen die Juden verband sich mit dem Kampf gegen die Moderne und den Kapitalismus – oder zumindest ihre unliebsamen Aspekte. Nicht ganz zufällig hatte man Juden zuerst in Frankreich, wo ihre Emanzipation am weitesten fortgeschritten war, als Nutznießer von Liberalismus und Kapitalismus und als verborgene Macht hinter den Kulissen angegriffen.[8] Nach 1870 machte sich aber auch in anderen Ländern eine stärkere antisemitische Strömung bemerkbar. Dieser Antisemitismus äußerte sich verbal in Pamphleten und Zeitungsartikeln, auch in einigen gewalttätigen Zwischenfällen, vor allem aber darin, daß man immer öfter Vorbehalte dagegen hatte, Juden zu bestimmten Kreisen, Institutionen und Vereinigungen zuzulassen, was in Deutschland zum Beispiel für Studentenverbindungen galt. Damit wurde Antisemitismus zu einem politischen Thema. Dies hing wiederum mit dem Ansteigen des nationalistischen Fiebers zusammen; der Nationalismus erhielt in dieser Zeit mehr als zuvor die Funktion, nationale Einheit herzustellen.[9] Zahlreiche Krisenerscheinungen, politische wie ökonomische, wurden darauf zurückgeführt, daß die ideale homogene Nation noch nicht verwirklicht war. Juden wurden als Angehörige einer engen internationalen Interessengemeinschaft dargestellt, die deshalb kaum oder überhaupt nicht zu national denkenden Staatsbürgern werden konnten. Antisemitische Einstellungen gab es übrigens bei den unterschiedlichsten Gruppen, sie bildeten eine buntgemischte Gesellschaft. Für die Kirche galt immer noch, daß Juden durch die Taufe aus ihrem verworfenen Dasein erlöst werden konnten. Von der Kirche abgesehen, reichte das Spektrum von denjenigen, die beschleunigte und verstärkte Assimilierung forderten, also einen radikalen Bruch mit der jüdischen Tradition und Kultur, bis zu Gruppen, die Juden als fremde Rasse bezeichneten, die eben wegen ihrer Andersartigkeit niemals integriert werden könne. Dabei berief man sich in der antisemitischen Argumentation auch auf vulgärdarwinistische Vorstellungen vom natürlichen Kampf der (menschlichen) Arten und auf eine populäre biologische Theorie, die lehrte, daß Rassenmischung immer schädlich sei. Einzelne, wie der französische Anthropologe George Vacher de Lapouge, äußerten sogar beiläufig den Gedanken, man solle die Juden als schädliche Rasse am besten ausrotten. Andere plädierten dafür, sie aus Europa oder aus dem eigenen Land zu vertreiben.[10] Hierbei handelte es sich allerdings um die extremen Ansichten einer kleinen Anzahl von Publizisten. In den meisten antisemitischen Schriften stand die Warnung vor der angeblichen Macht und dem verhängnisvollen Einfluß der Juden an erster Stelle, und manchmal empfahl man eine neue Art von Apartheid. Dabei waren vor allem die assimilierten und säkularisierten Juden Zielscheibe der Kritik. Beurteilte man sie nach dem nationalistisch-rassistischen Kriterium, konnte man ihnen vorwerfen, daß sie ihr Volk verleugneten und ihren Ursprung zu verbergen suchten, was sie gefährlicher als die frommen Juden machte, die ihrer Eigenart treu blieben.

Es waren sehr unterschiedliche Kreise, die sich für diese antisemitischen Ideen und Parolen empfänglich erwiesen. Erstens war bei der Landbevölkerung, vor allem in katholischen Regionen, und in den unteren städtischen Mittelschichten das negative Stereotyp nie verschwunden, wenn dies auch nicht unbedingt zu tätlicher Feindseligkeit führen mußte. Daß Juden von Natur aus »anders« seien – klein, schlau, laut und immer auf ihren Vorteil bedacht – galt als ausgemacht, und jeder, der diesem Bild entsprach, war ein Beweis. Jede Abweichung galt als Ausnahme oder wurde nicht zur Kenntnis genommen. Wo diese Einstellungen herrschten, stieß antisemitische Agitation auf Resonanz: in einem christlich-konservativen, ländlichen Milieu mit feudalen Verhältnissen, wo die Moderne als Bedrohung empfunden wurde, und auch in den unteren, durch die ökonomischen und sozialen Verschiebungen in Bedrängnis gebrachten städtischen Mittelschichten, den gleichen, die auch für nationalistische Parolen besonders empfänglich waren. Ein Nährboden für Antisemitismus waren in Deutschland ab den achtziger Jahren des neunzehnten Jahrhunderts auch die Universitäten, im besonderen die Studentenverbindungen.[11] Dies hing mit einer Verschlechterung der Zukunftsperspektiven bei bestimmten Berufen, also mit Konkurrenzangst zusammen, gerade angesichts des schnellen Zustroms jüdischer Studenten und der bedeutenden Rolle jüdischer Wissenschaftler. Unter diesen Umständen konnten Politiker den Antisemitismus als ein Thema entdecken, mit dem man Wähler aus verschiedenen Bevölkerungsgruppen lockt. Er wurde zu einem taktischen Mittel konservativer Parteien. Da die Auswüchse des Kapitalismus mit jüdischem Einfluß in Zusammenhang gebracht wurden, hieß nach einer für jeden Wähler begreifbaren Logik Kampf gegen diese Mißstände zugleich Kampf gegen jüdischen Einfluß. Zum Ideal einer christlich-sozialen Gesellschaft, der Alternative zum Sozialismus, gehörte deshalb auch die Überzeugung, daß man der Emanzipation der Juden und ihrer Aufnahme in die nationale Gemeinschaft entgegentreten müsse.

Gab es also eine unbestreitbare Zunahme des Antisemitismus und kam es auch in bestimmten Bereichen zu einer Erhöhung der sozialen Schwelle für Juden, so setzte sich doch keine einzige Partei in ihrem Programm zum Ziel, die rechtliche Gleichstellung wieder abzuschaffen. Die antisemitische Strömung stieß außerdem auf entschiedenen Widerstand, nicht nur bei Liberalen und Sozialisten. Vielen fortschrittlich und humanistisch Denkenden galten die antisemitischen Veröffentlichungen als verachtenswert und primitiv.[12]

Die Reaktionen auf jüdischer Seite fielen unterschiedlich aus. Neben der orthodoxen entstand eine liberale Richtung innerhalb des gläubigen Judentums. Eine große Zahl vor allem gebildeter und wohlhabender Juden strebte nach vollständiger Assimilation. Man empfand das Land, in dem die Familie manchmal schon seit Generationen ansässig war, als Vaterland, die Landessprache als Muttersprache. Die Bedeutung des Hebräischen als Kultsprache, die auch das Bewußtsein eines jüdischen Volkes lebendig erhalten hatte, nahm mit fortschreitender Säkularisierung ab. Angehörige jüngerer Generationen verstanden es nicht mehr, wenn sie nicht gläubig waren. Dennoch gab es bei den meisten so etwas wie eine doppelte Identität, bei deutschen Juden nicht anders als bei französischen, niederländischen oder englischen. Schon wegen der gesellschaftlichen Barrieren und weil sie von den anderen als »Jude« oder »Israelit« bezeichnet wurden, fühlten sie sich, auch nachdem sie dem Glauben einschließlich der Rituale abgeschworen hatten, weiterhin als Juden, als Angehörige einer Minderheit, verbunden durch Herkunft, Schicksal und Status. Hierbei wird die traditionelle Selbstdefinition nach dem genealogischen Kriterium auch bei den Assimilierten und Ungläubigen noch eine Rolle gespielt haben. Die Zunahme von Antisemitismus verstärkte das Gefühl der Verbundenheit und hielt auch überzeugte Befürworter der Assimilierung aus Gründen der Solidarität und des Anstands davon ab, vollständig mit ihrem Judentum zu brechen. Jüdisch-christliche Ehen blieben Ausnahmen, wenn ihre Zahl auch kontinuierlich anstieg. Viele hielten noch an bestimmten jüdischen Bräuchen als letzter Erinnerung an ihren Ursprung fest. Für die zum Christentum Bekehrten galt dies nicht. In manchen Ländern, zum Beispiel in Frankreich und dem Habsburgerreich, konnten sie das Adelsprädikat erwerben. Es entstanden jüdische Einrichtungen und Verbände, die gerade die Interessen der liberalen, assimilierten Juden vertraten, was natürlich wieder dazu beitrug, daß diese sich ungeachtet ihrer Integrationsbemühungen weiterhin als besondere Gruppe profilierten. Trotz all der Symptome eines wiederbelebten, virulenten Antisemitismus wurde vor allem bei der älteren Generation liberaler Juden das Vertrauen auf den Fortschritt, der schließlich die vollständige Aufnahme in die nationale Gemeinschaft bringen würde, nicht erschüttert, auch nicht in Deutschland. Der assimilierte, gebildete jüdische Mittelstand fühlte sich mit der deutschen Kultur innig verbunden. Die klassische Literatur, die Philosophie, die Musik hatten keine größeren Bewunderer, keine besseren Kenner und Adepten als die Juden. Aus der Sicht des Auslands waren sie ausgesprochen überzeugende Vertreter deutscher Kultur.[13]

Der Antisemitismus löste aber vor allem bei einer jüngeren Generation Juden eine Gegenbewegung aus, die ab 1896/97 mit dem Zionismus kulturelle und politische Schlagkraft bekommen hatte.[14] Mit dem Ziel, einen eigenen jüdischen Staat in Palästina, dem gelobten Land, zu errichten, war der Zionismus die Reaktion auf den europäischen Nationalismus, ein jüdischer Nationalismus, der viel von seinem Vorbild und Antipoden übernahm: Die Juden sollten sich wieder ihrer Eigenart als besonderes Volk bewußt werden; hierbei argumentierte man mit Theorien, die vom herrschenden Rassismus und Biologismus herstammten, allerdings mit anderen Vorzeichen. Die Zionisten bildeten ebensowenig eine homogene Gruppe wie die Assimilierten und Gläubigen.[15] Im Gegensatz zu den Assimilierten waren sie jedoch überzeugt, daß eine Integration in die Gesellschaft des jeweiligen Landes nicht möglich, aber auch nicht wünschenswert sei. Ihr Verhältnis zum Rabbinertum und zur Orthodoxie war kompliziert. Für das orthodoxe Judentum gilt das alte Dogma, demzufolge die Errichtung eines weltlichen jüdischen Staates unerlaubt ist, weil das Kommen des Messias die Voraussetzung für das Wiedererstehen Israels sei. Obwohl das Bewußtsein von einer Schicksalsgemeinschaft und einem besonderen historischen Platz nicht verschwand, war das Judentum in sehr gegensätzliche Gruppen gespalten; was religiöse, politische und ideologische Überzeugungen anging, nicht weniger aber in sozialer und nationaler Hinsicht. Es gab den Gegensatz von Arm und Reich, von Gebildeten und Proletariat, aber auch den zwischen west- und osteuropäischen Juden und, kaum weniger ausgeprägt, zwischen all den nationalen Kulturen, denen sich Juden zugehörig fühlten, wobei dieses Zugehörigkeitsgefühl manchmal schwerer wog als die jüdische Identität. Selbstverständlich waren sie über Generationen immer mehr mit ihrem Gastland verwachsen, so daß der Ausdruck »Gastland« das Verhältnis nicht mehr richtig wiedergab, außer in den Augen von streng orthodoxen Juden und Antisemiten. Der Dichter Heine und der Komponist Mendelssohn gehörten zum Pantheon der deutschen Klassiker, und Dutzende von jüdischen Namen waren aus Künsten und Wissenschaften nicht mehr wegzudenken.

Auf der Flucht vor Pogromen in Rußland waren seit den achtziger Jahren und nach der Jahrhundertwende ungefähr 2 750 000 Juden in den Westen emigriert, von denen sich ein kleiner Teil in Deutschland, vor allem in Berlin, niedergelassen hatte, hauptsächlich Menschen aus den unteren Mittelschichten und dem Proletariat. Da sie aus einer weitgehend geschlossenen Gemeinschaft kamen, mit einer eigenen Kultur und dem Jiddischen als Umgangssprache, bildeten sie einen scharfen Kontrast zu den wohlhabenden, emanzipierten Juden des Westens, deren Muttersprache die jeweilige Landessprache war. In der Physiognomie und im Äußeren überhaupt entsprachen viele von ihnen dem bekannten Stereotyp des Juden, und das machte sie beim etablierten jüdischen Bürgertum nicht gerade beliebt, auch weil man eine Bestätigung des negativen Bildes und damit weiteren Auftrieb für die Antisemiten fürchtete, was, wie sich zeigen sollte, nicht unbegründet war. Dennoch gab es vor 1914, wenn man eine Bilanz zog, keinen Grund, die Zukunftsperspektiven für Juden im deutschen Kaiserreich negativer zu beurteilen als in anderen Ländern wie etwa Österreich oder auch Frankreich, das wenige Jahre zuvor noch durch die Dreyfus-Affäre bis in seine Grundfesten erschüttert worden war, ganz zu schweigen von Osteuropa, wenn die Aussichten in Deutschland vielleicht auch weniger günstig waren als in den Niederlanden, Italien oder Skandinavien.[16]

Was beim Ausbruch des Ersten Weltkriegs geschah, schien denjenigen recht zu geben, die eine völlige Verschmelzung der Juden mit den Deutschen für möglich hielten. Im Rausch des August verblaßten auch hier für einige Zeit alle Unterschiede. Juden standen den anderen an Begeisterung in nichts nach, meldeten sich freiwillig an die Front und waren genauso tapfer. Aber in den späteren Kriegsjahren kam es zu einem Umschwung; von neuem machte sich Antisemitismus bemerkbar, gerade in Kreisen der Militärs. Der Grund läßt sich nur erraten. Da der erwartete schnelle Sieg ausblieb, stellte man wie üblich die Frage nach den Schuldigen, und gerade die Heeresleitung brauchte Sündenböcke. So wurde im Heer die folgenschwere Unterstellung in Umlauf gebracht, die Juden entzögen sich der Wehrpflicht. Zum negativen Stereotyp gehörte ja die Überzeugung, daß Juden feige seien, keine Helden, sondern Händler – genau entsprechend der Zweiteilung, die der bekannte Soziologe Werner Sombart in seinem gegen England gerichteten Haßpamphlet popularisiert hatte. Was diesen Eindruck scheinbar rechtfertigte, war die Tatsache, daß in den Berufsgruppen, deren Angehörige als unabkömmlich vom Kriegsdienst freigestellt wurden, Juden aus den erwähnten Gründen manchmal überrepräsentiert waren. Daß der Munitionsnachschub des deutschen Heeres nur dank der Erfindung der Ammoniaksynthese durch den jüdischen Chemiker Fritz Haber gesichert werden konnte und daß die Organisation der gesamten Rohstoffwirtschaft die Idee des jüdischen Industriellen und Ökonomen Rathenau war, vergaß man lieber.[17] Gerade daß man in diesen entscheidenden Dingen offenbar vom jüdischen Ingenium abhängig war, hat bei denen, die über solche Zusammenhänge informiert waren, wie etwa Ludendorff, antijüdischen Groll möglicherweise noch verstärkt. Das Vordringen auf russisch-polnisches Gebiet brachte deutsche Soldaten obendrein in Berührung mit umfangreichen, geschlossenen jüdischen Gemeinschaften und einem jüdischen Proletariat, das eher dem alten Klischee von der andersartigen Rasse entsprach, was antijüdischen Emotionen zusätzlich Nahrung gab.

Hatte man sich zunächst mit öffentlichen Beschuldigungen noch zurückgehalten, so ließen Niederlage und Dolchstoßlegende unter verbitterten Militärs und Chauvinisten nach 1918 den schwelenden Haß voll ausbrechen. Dabei war vor allem die verbreitete Vorstellung von Bedeutung, Sozialismus und Kommunismus, die man für die Niederlage verantwortlich machte, seien von Juden beherrscht. Hitler und seine Getreuen machten das zu einem zentralen Glaubensartikel, den sie den Menschen einzuhämmern suchten: Die »Novemberkatastrophe« (Niederlage und Revolution von 1918), die Hitler immer wieder als Ereignis von mythischen Dimensionen heraufbeschwor, sei das Werk des internationalen Judentums, das er deshalb auch zum wahren Erzfeind des deutschen Volkes erklärte. Das Judentum, das in diesem Entwurf geradezu satanische Züge bekam, trat in zwei Verkleidungen auf, nämlich als Kapitalismus der jüdischen Plutokratie und als Marxismus und Bolschewismus. Wall Street/New York und Moskau waren die Zentren der jüdischen Weltmacht. Durch die simple Verschmelzung dieser beiden extrem antagonistischen Systeme zu einer einzigen teuflischen jüdischen Weltverschwörung konnte sich Hitler als Kämpfer gegen Kommunisten wie auch gegen Geldsäcke, korrupte Kriegsgewinnler und Reaktionäre empfehlen. Im Bild des Juden, wie er es entwarf, verbanden sich die alten Stereotypen mit den neueren biologistischen und vulgärdarwinistischen Theorien. »Der Jude«, der früher als Satansknecht galt, wurde jetzt in Anpassung an das moderne Denken als gefährlicher Bazillus dargestellt, der den gesunden Volkskörper infizierte. Katastrophen, für die man keine Erklärung hat und von denen man sich kein rechtes Bild machen kann, geben gewöhnlich Verschwörungstheorien reichlich Nahrung, und seit dem späteren Mittelalter waren die Juden als über Europa zerstreute Minderheit ohne territoriales Machtzentrum bestens geeignet, das unheimlich-geheimnisvolle Objekt dafür abzugeben. Solche Theorien tauchten jetzt in modernisierter Form wieder auf, vor allem dank einer 1905 von der zaristischen Geheimpolizei zurechtgebastelten Fälschung, den sogenannten »Protokollen der Weisen von Zion«. Die Schrift sollte beweisen, daß die Juden beim ersten zionistischen Kongreß im Jahre 1897 einen Geheimplan zur Eroberung der Weltherrschaft entworfen hätten. Die Entlarvung dieser ziemlich primitiven Fälschung im Jahre 1921 änderte nichts daran, daß sie in vielen Sprachen verbreitet wurde. Zu gut war sie geeignet, die paranoiden Vorstellungen zu bestätigen, die zum antisemitischen Verfolgungswahn gehörten und auch einen wesentlichen Glaubensartikel in Hitlers Bekenntnis bildeten.

Der vulgärste Antisemit in Hitlers Partei, Julius Streicher, appellierte mit seinem Hetzblatt *Der Stürmer* an die primitivsten Instinkte, indem er nach einem bekannten psychischen Mechanismus alle möglichen sexuellen Perversionen auf »den Juden« projizierte. Damit bot er kleinbürgerlichen Wunschträumen und Frustrationen ein Ventil. Eine ähnliche Funktion hatte auch schon die alte Vorstellung vom Juden als Hostienschänder und als bluttrinkendem Schlächter christlicher Kinder gehabt, die darüber hinaus den tieferen Zusammenhang zwischen dem Religiösen und dem Erotisch-Sexuellen sichtbar machte. Dem Motiv des Juden als Schänder christlicher oder, wie man es im zeitgenössischen Jargon ausdrückte, »arischer« Mädchen konnte man dank Rassen- und Vererbungslehre einen pseudowissenschaftlichen Hintergrund geben. Hitler selbst war etwas weniger ordinär in seinen Mitteln, aber gleichermaßen von Haß besessen. Das Bild vom Juden, das er entwarf, besaß eine gewisse Wandlungsfähigkeit; mal trat der Rassen- und Blutschänder, dann wieder die Abstraktion »Judentum« verschwommen, aber mit suggestiver Kraft in den Vordergrund, je nachdem, was gerade opportun war. Obwohl er in *Mein Kampf* eine teilweise Vernichtung der Juden, da sie die biologische Substanz der Nation vergifteten, als wünschenswert darstellte, indem er bedauerte, daß eine solche Vernichtung unterblieben sei, hielt er, taktisch geschickt, bei öffentlichen Auftritten mit seinen Plänen hinter dem Berg. In seinen Tiraden konzentrierte er sich eher darauf, ein dämonisches Bild vom Juden zu beschwören, und sprach nicht von konkreten Maßnahmen, sondern nur ganz allgemein davon, daß die jüdische Macht zerstört werden müsse. Solange er noch nicht mehr als ein provinzieller Agitator und Führer einer ziemlich obskuren kleinen Partei war (also bis 1928/29), war diese Frage möglicherweise auch für ihn selbst noch nicht vordringlich.

5 Messianismus und Heilsstaat

Neben dem modernen Antisemitismus schöpfte der Nationalsozialismus noch aus zwei ganz anderen Quellen. Wie Mussolinis Faschismus war er nicht nur das Produkt nationaler Erbitterung und paranoider Verschwörungsideen, sondern im gleichen Maße auch das einer apokalyptischen Stimmung, zu der die Erwartung eines gewaltigen revolutionären Umbruchs gehörte, die vor allem in den jüngeren Generationen verbreitet war. Ohne diesen Hintergrund sind das Aufkommen der Nationalsozialisten und ihr Durchbruch zur Macht nicht zu verstehen. Die Braunhemden sahen sich selbst, wie die Schwarzhemden südlich der Alpen, als Speerspitze der Jugend, gerichtet gegen die angeblich verkalkten Parteien und den Liberalismus, den man üblicherweise mit jenen identifizierte. Man kann das natürlich im Falle Hitlers wie auch Mussolinis als geschickten propagandistischen Schachzug abtun, aber diese Interpretation greift zu kurz. Die Propaganda konnte hier ihre Wirkung entfalten, weil die Nazis – vielleicht nicht gleich in ihren ersten Jahren, aber auf jeden Fall vom Beginn der großen Depression an – in der festen Überzeugung handelten, daß sie die Jugend repräsentierten und deren Ideal der selbstbewußten geschlossenen Gemeinschaft, zu dem man sich auch in den Jugendbünden voller Begeisterung bekannte, gegen einen halbherzigen, ratlosen Individualismus ins Feld führten. Diese Überzeugung gab ihnen eine erstaunliche Energie, und so bestätigten sie von neuem das alte Paradox, nach dem Erfolg die allerbeste Voraussetzung für Erfolg ist. Ab 1928/29 waren es die jungen Wähler unter dreißig, denen sie ihre enormen Stimmengewinne zu verdanken hatten. Als Hitler bei einem seiner berühmten rednerischen Exzesse, die Augen theatralisch in den Himmel gerichtet, mit sich überschlagender Stimme brüllte, das Schönste von allem sei, daß diese Jugend »ganz uns gehört«, war das keine leere Prahlerei. Der Republik war es nicht gelungen, die jungen Generationen für sich zu gewinnen. Als die revolutionären Hoffnungen von 1919/20 verflogen waren, hatten die Jüngeren der offiziellen Politik und den Wahlurnen zum großen Teil enttäuscht den Rücken gekehrt und die Jugendbünde als ihrer Meinung nach geeignetes Terrain für ihre Aktivitäten gewählt. Aber wegen der starken Zersplitterung und der Verschwommenheit oder Überspanntheit vieler Programme und Parolen war aus den Bünden schließlich keine einige politische Bewegung hervorgegangen. Das kann erklären, daß die Jugend, als sich der Himmel plötzlich verfinsterte, zu dem Mann strömte, den man zunächst meist als Biertischdemagogen einer Pöbelpartei abgetan hatte, der sich aber zumindest all die Jahre treu geblieben war und, kompromißlos und fanatisch wie kein zweiter, dem ganzen System den Untergang geschworen hatte.

Mit der nationalrevolutionären Hoffnung auf den Umbruch und das künftige irdische Himmelreich war auch die Sehnsucht nach dem starken Mann verbunden. Kein Heilsstaat ohne das Kommen eines Erlösers. Ohne diesen Messianismus wäre auch der Erfolg all der religiösen Bewegungen und Sekten mit ihren Gurus und sakrosankten Anführern kaum denkbar gewesen. Sogar in christlich-sozialistischen und pazifistischen Kreisen spürte man ein solches heimliches Verlangen, wobei man freilich an einen neuen, Frieden bringenden Christus dachte. In säkularisierter Version stellte man sich ihn als den künftigen großen Führer vor, und in dieser Gestalt spukte das romantische Traumbild durch die Jugendbewegung. Ein außergewöhnlicher Politiker, der sich revolutionär gebärdete, konnte sich dies zunutze machen, und es konnte geschehen, daß man ihn schon als den erwarteten Heilsbringer betrachtete. Sowohl die enorme Wirkung Lenins, vor allem auf westliche Intellektuelle, als auch der Nimbus Mussolinis, der sich ja geschickterweise Duce nannte, sind nicht zuletzt dieser Erwartung zu verdanken. Der Soziologe und Essayist Siegfried Kracauer hat auf ein bemerkenswertes Phänomen hingewiesen: das abschreckende Spiegelbild des Messias im Expressionismus, besonders im deutschen Film, in dem die Vision eines satanischen Hypnotiseurs, eines dämonischen Superverbrechers, ein bevorzugtes Thema war, das offenbar viele beschäftigte, sei es auch nur als spielerisches Experiment.[18]

Weil in Deutschland alle traditionellen Landesfürsten so plötzlich verschwunden waren und man sich an das Schauspiel einer Demokratie mit ihren vielen Parteien und irritierend häufig wechselnden Gesichtern nur langsam gewöhnte, war man hier für den Kult der starken Persönlichkeit und des Helden besonders empfänglich. Im politischen Gefühlsleben war ein Vakuum entstanden. Solche Verehrung konnte ebensogut den Großen in Kunst und Wissenschaften wie historischen Helden gelten. Hier spielten Vorstellungen der Romantik wie auch des Liberalismus insofern eine Rolle, als diese in der Persönlichkeit unabhängig von ihrer Umgebung eine freie, weitgehend autonome Kraft sahen. Das neue Interesse an bedeutenden Individuen war in gewissem Sinne eine Reaktion auf ein Menschenbild, das sich in der Sozialwissenschaft und im Marxismus entwickelt hatte. Die großen Unabhängigen konnten angesichts des schwer angeschlagenen nationalen Selbstbewußtseins tröstend und ermutigend wirken. Auch die Popularität des historischen Romans und der Biographie hing ganz offensichtlich mit der Neigung zur Heldenverehrung zusammen. Obwohl in erster Linie die Großen der eigenen Nation – Luther, Friedrich der Große, Scharnhorst, Gneisenau, Bismarck, aber auch Goethe und Nietzsche – in den Brennpunkt des Interesses rückten, hatte dieser Kult auch eine europäische Dimension. Vor allem Napoleon wurde als eine Art universaler Heros gewissermaßen für dieses Pantheon annektiert, wobei man fast schon vergaß, daß er kein Deutscher gewesen war. Die eingewurzelte monarchische Tradition und der preußische Militarismus mit seinem Kadavergehorsam und seinem Ethos bedingungsloser Unterwerfung unter den höchsten Befehlshaber waren ein guter Nährboden für dieses Verlangen nach dem großen Helden. Zweifellos warteten viele zumindest unbewußt auf den starken Mann, offen war allerdings die große Frage, wie dieser aussehen würde. Er konnte ein Heiland sein, aber auch ein Antichrist oder ein Monster, wie sie in der Literatur und im Film dieser Zeit eine gewisse Rolle spielten.

Hitler sah sich, wie einige Äußerungen vermuten lassen, ganz zu Beginn seiner politischen Laufbahn eher als Künder und Vorläufer eines nationalen Retters. Aber als er nach dem mißlungenen Staatsstreich seine Partei in den Jahren ab 1925 neu aufgebaut und sich dabei als Politiker erwiesen hatte, der seinen Konkurrenten innerhalb der NSDAP in jeder Hinsicht überlegen war, wurde er immer mehr von seinem persönlichen Missionsdrang beherrscht und angetrieben. Besonders sein ergebenster und gerissenster Propagandist, Joseph Goebbels, baute konsequent und wirkungsvoll den Mythos des Führers auf: Hier war der Mann, auf den Deutschland gewartet hatte![19] Bis er die Macht eroberte, war er dies nur für eine Minderheit. Nicht nur seine politischen Gegner auf der linken Seite nahmen ihn zunächst nicht wirklich ernst; für die konservative und reaktionäre Elite war er erst auch nicht mehr als ein Demagoge, den sie nach Möglichkeit für ihre eigenen Zwecke benutzen wollten. Der Erfolg hatte jedoch einen Dominoeffekt und erschutterte die Gewißheit von immer mehr Menschen und Gruppen, die Hitler zunächst abweisend gegenüberstanden. Das Regime konnte obendrein in den ersten Jahren auf großartige Erfolge verweisen, die zwar nicht nur der eigenen Politik, sondern auch der Vorarbeit mancher Politiker der Weimarer Republik zu verdanken waren, aber trotzdem kaum geleugnet werden konnten.[20] Dies gilt etwa für den schnellen Rückgang der Arbeitslosigkeit (wenn die offiziellen Zahlen auch geschönt waren), die Aufhebung der Restriktionen von Versailles und die unverkennbare internationale Anerkennung Deutschlands als Großmacht, obwohl es 1933 aus dem Völkerbund ausgetreten war und den Abrüstungsgesprächen schroff den Rücken gekehrt hatte. Gegenüber Hitlers Taktik, schnell vollendete Tatsachen zu schaffen und anschließend neue Verhandlungen anzubieten, erwies sich das Ausland als ebenso ratlos, wie seine Gegner im Inland es angesichts seiner Überrumpelungstaktik vor 1933 gewesen waren. Als er dann 1935 die allgemeine Wehrpflicht einführte, seine Truppen 1936 entgegen den Bestimmungen von Versailles ins Rheinland einmarschieren ließ und 1938 schließlich den ganz großen Coup landete, indem er ohne einen einzigen Schuß zuerst Österreich und anschließend – mit Billigung der Ententemächte, die einen neuen Krieg fürchteten – das zum größten Teil deutschsprachige Sudetenland annektierte, konnten in Deutschland auch viele, die anfangs gezweifelt und eine reservierte Haltung eingenommen hatten, dem großen Mythos nicht mehr widerstehen: All die verblüffenden Erfolge, begleitet von unaufhörlicher dröhnender Propaganda unter Goebbels Regie, machten einen so überwältigenden Eindruck, daß Hitlers Bild mit dem des messianischen Führers verschmolz. Alte romantisch-religiöse Vorstellungen von der Wiederkunft Barbarossas und des universalen deutschen Reiches waren über die glorreichen Zwischenstadien Friedrichs des Großen und Bismarcks auf einmal Wirklichkeit geworden! Auch Intellektuelle konnten sich nur mit Mühe der Anziehungskraft einer solchen Geschichtsdeutung entziehen, die verborgene Saiten zum Schwingen brachte, da sie einen erhabenen historischen Sinn zu offenbaren schien. Der Mythos des Führers konnte viel Unerquickliches im Alltag wiedergutmachen, Enttäuschungen im Kampf um Posten und Einfluß oder Ärger über kleine Parteibonzen. »Die Partei« wurde für die Bevölkerung bei Unzufriedenheit zu einer Art Blitzableiter. Ihr gab man die Schuld an allen Übeln. Der Führer dagegen entwickelte sich zum großen Steuermann über dem politischen Getümmel, von Mißständen und Schweinereien dort unten nicht unterrichtet, ganz in Anspruch genommen von seinem erhabenen Auftrag und seinen Visionen. Dieses völlig verzeichnete Bild verdankt seine Entstehung einer Vermischung des Anbetungsbedürfnisses, das einen großen Abstand zwischen den gewöhnlichen Sterblichen und dem Gesalbten schafft, mit dem modernen demokratischen Emanzipations- und Gleichheitsgedanken, der diesen Abstand wieder überbrückt, um die Identifikation mit dem Führer zu ermöglichen. Hitler selbst betonte wie seine propagandistischen Helfer immer wieder seine bescheidenen Anfänge als einfacher Soldat, der, einzig beseelt von seiner grenzenlosen Liebe zu Volk und Land, aus der namenlosen Masse emporgestiegen war, ein Mensch wie alle und doch wie kein anderer! Dieses Bild entsprach zugleich dem des Helden vieler braver, konventioneller Kinderbücher. Auch die religiöse Wurzel dieser Vorstellungen, das *Ecce-homo*-Motiv, trat hier zutage. Den wahren Erlöser erkennt man an seiner bescheidenen Herkunft; die Funktion des Stalls von Bethlehem hatten diesmal die Schützengräben. Der Mythos ist das beste Beispiel dafür, welche Macht das offizielle Bild über die individuelle Wahrnehmung haben kann, wenn der einzelne mit den Augen der Gemeinschaft zu sehen beginnt. Ohne die Kraft eines weitverbreiteten messianischen Wunschtraums ist der Erfolg des Führermythos nicht zu erklären. Von wesentlicher Bedeutung für diesen Mythos war dennoch auch Hitlers hypnotische Wirkung. Sie machte blind für das ebenso Dämonische wie Vulgäre seiner Persönlichkeit. Hinzu kommt noch, daß die Propagandisten, Hitler und Goebbels an erster Stelle, nicht nur als raffinierte Manipulatoren anzusehen sind. Sie manipulierten zwar gerissen und mit viel Gespür für den richtigen Effekt, aber auf einer anderen Ebene waren auch sie selbst im Banne ihres eigenen Mythos.[21]

Kein Erlöser ohne die Vorstellung von einem Tausendjährigen Reich. Als geschichtliches Phänomen dieser nicht gerade bescheidenen Größenordnung pflegten Hitler und die Nazipropaganda ihr neues Deutschland der Bevölkerung zu präsentieren. Der religiöse Chiliasmus wurde wörtlich übernommen. Auch hier kamen im Nationalsozialismus mehrere Linien zusammen. Ausschaltung aller, die man für die Niederlage verantwortlich machte, Abschaffung der Demokratie, Wiederherstellung von Deutschlands Größe und Macht, das waren nur die unmittelbar angestrebten Ziele. Der sozialrevolutionäre Einschlag blieb erkennbar, obwohl die Nazis in dieser Hinsicht weniger deutliche Vorstellungen als die Faschisten hatten. Zur völkischen Weltanschauung gehörte das Ideal einer Gemeinschaft, in der es so etwas wie Stände oder Klassen nicht geben konnte. In der SA und unter ihren Führern kursierten zudem ausgesprochen revolutionäre Wunschvorstellungen, und man betrachtete Hitlers Machtergreifung als den Beginn einschneidender sozialer Veränderungen auf Kosten der alten Oberschichten. Es waren gewalttätige Männer aus einfachem Milieu, der alte Kern der Bewegung, mit einem tiefen, ererbten Widerwillen gegen die besseren Kreise, die Reichen und ewigen Profiteure. Jetzt wollten sie auch den Lohn für ihre Mühen. Beim Machtwechsel war lautstark die »nationale Revolution« ausgerufen worden, die allen inneren Gegensätzen ein Ende bereiten würde. Es war rhetorische Schaumschlägerei, auch dazu bestimmt, den Blikken der Masse den schon bald entfesselten Terror zu entziehen: Terror gegen politische Gegner, in Polizeikellern und in den ersten Konzentrationslagern, zum Teil als Belohnung für die SA, die mit ihren Knüppeln jetzt auf wehrlose Gefangene losgelassen wurde und von dieser Gelegenheit Gebrauch machte, wie man es in der zivilisierten Welt noch nicht erlebt hatte. Für Hitler selbst war das sozialrevolutionäre Element in erster Linie von propagandistischem und taktischem Wert, und mit einem Massaker an den selbstbewußten und unzufriedenen SA-Führern am 30. Juni 1934 wurde denen, die nach wie vor einen wirklichen sozialen Umbruch herbeiführen wollten, ein Ende bereitet. Womit Hitler sich die konservativen Kreise und die Armeeführung verpflichtete, die im Millionenheer der SA einen furchterregenden Konkurrenten gesehen hatten.

Um so dringlicher wurde es nun, da eine echte Revolution verhindert worden war, die angeblich wiedergeborene Volksgemeinschaft zu beschwören. Es gelang dem Regime, mit einer Reihe von Initiativen und Organisationen – Beispiele sind das Winterhilfswerk, der obligatorische Arbeitsdienst, die aufwendigen Baumaßnahmen und nicht zuletzt die Hitlerjugend, der alle nicht verbotenen Jugendbünde einverleibt wurden – ein Gefühl nationaler Zusammengehörigkeit zu schaffen und dabei Klassen- und Standesgegensätze auszugleichen oder propagandistisch umzudeuten. Bauern, Arbeiter und Handwerker wurden überschwenglich als Träger der gesunden Volksgemeinschaft gefeiert, und dies führte eine kollektive Euphorie herbei, die einfachen Leuten das Gefühl gab, auf der Gesellschaftsleiter emporgeklettert zu sein, und die Angehörigen der höheren Schichten versöhnlich stimmte, weil ihr Besitz und ihr alter Status erhalten blieben, wenn sie das Spiel mitspielten, was die meisten auch taten. Sie hatten keine wirkliche Alternative, und das Ideal der Volksgemeinschaft hatte auch für die gebildeten Oberschichten etwas Verführerisches und konnte ihr soziales Gewissen beruhigen. Es vollzog sich offensichtlich doch etwas wie eine soziale Revolution, wenn auch eine andere als die kommunistische oder von den SA-Truppen gewünschte. Über Parteiorganisationen konnten plötzlich Leute Macht erlangen, die in der bürgerlichen Statuskultur, die auf Schul- und Hochschulabschlüsse soviel Wert legte, auch noch in der Weimarer Republik nie eine Chance gehabt hätten.

Die Kehrseite dieses Ideals war das Rassenprinzip, das Juden und andere als nichtgermanisch und artfremd Eingestufte unerbittlich aus der nationalen Gemeinschaft ausstieß. Der Kontrast und das schreckliche Feindbild waren Voraussetzung für das Verbundenheitsgefühl. Inwieweit diese instrumentale Funktion des Antisemitismus von den Naziführern selbst erkannt wurde, bleibt strittig. Manchen von ihnen einschließlich Hitler konnte sie kaum ganz verborgen bleiben, aber sie wußten eben auch sehr gut, daß dieser Glaubensartikel das Herzstück ihrer Lehre war, und so glaubten sie daran mit einer Gewißheit, die sich selbst ständig verstärkte.

Das Ideal einer rassereinen Volksgemeinschaft paßte aber auch zu einer ganz anderen Denkrichtung, die unmittelbar mit dem darwinistischen Selektionsprinzip und biologischen Vererbungstheorien zusammenhing: zur Lehre von der genetischen Verbesserung des Menschen durch bewußte Steuerung der Fortpflanzung, zur Eugenik. Gründe für das Aufkommen dieser Richtung schon gegen Ende des neunzehnten Jahrhunderts waren vor allem zwei Entwicklungen gewesen: das beunruhigend schnelle Bevölkerungswachstum, das den Unterklassen zugeschrieben werden konnte, und, dies eher in den Mittel- und Oberklassen, eine Zunahme der Zahl von Geisteskranken, »Schwachsinnigen« und kriminell Veranlagten, was man auf Alkoholismus und Geschlechtskrankheiten zurückführte. Man entwarf düstere Prognosen für den Fall, daß sich diese Gruppen ungehindert fortpflanzen sollten. Etwas wie freiwillige Geburtenbeschränkung oder diszipliniertes Sexualverhalten sei bei den geistig Behinderten am allerwenigsten zu erwarten. Aber auch das unbegrenzte Wachstum des Proletariats im Verhältnis zu den besseren Ständen bedeute einen qualitativen Rückschritt der menschlichen Rasse! Die Angst vor zunehmender Degeneration hatte auch ganz unabhängig von biologischen Theorien bei den kulturpessimistischen Prognosen eine Rolle gespielt, die vor einem künftigen Zeitalter der Massen warnten und die Notwendigkeit einer starken Elite betonten. Die Degenerationstheorie schien kaum mit dem darwinistischen Selektionsprinzip vereinbar, nach dem die von Natur aus Starken und Gesunden die besten Fortpflanzungsaussichten haben. Dieser Widerspruch war nun nach Ansicht mancher Anthropologen darauf zurückzuführen, daß man, von einer humanistischen Philosophie geleitet, die Schwachen und Minderwertigen schützte und damit der Natur ins Handwerk pfuschte. Unter Berufung auf Nietzsche konnte man diesen Humanismus als schädlichen Irrtum angreifen. Der Zoologe und Philosoph Ernst Haekkel hatte schon 1886 Darwins These vom »Struggle for Life« auf den Kampf zwischen Völkern übertragen. Der eigentliche Begründer der Eugenik war aber der englische Anthropologe Francis Galton. In seinem Buch *Inquiries to Human Faculty* von 1883 ging es um die Erblichkeit von Geisteskrankheiten. Später griff er dabei auf die einige Jahrzehnte zuvor von dem österreichischen Mönch und Botaniker Gregor Mendel bei der Kreuzung von Erbsen und Bohnen entdeckten Erblichkeitsgesetze zurück. Auch diese wurden nun auf den Menschen angewandt. Um die Jahrhundertwende propagierten Anhänger der Eugenik in verschiedenen Ländern die Sterilisation von Schwachsinnigen. Der bekannte Schweizer Psychiater und Sexologe Auguste Forel hatte damit schon 1892 begonnen. In verschiedenen Veröffentlichungen wurde natürliche Selektion als Bedingung für eine Verbesserung der Rasse genannt. So betonte zum Beispiel der englische Physiologe John Haycraft 1893 den Nutzen von Infektionskrankheiten, die die Schwachen ausschalten.[22] Eugenik wurde im Jahrzehnt vor dem Ersten Weltkrieg zu einem Thema, das auch außerhalb der Wissenschaft immer mehr Interesse fand. Es entstanden Vereinigungen, die sich der Eugenik widmeten. Bei Kongressen und in medizinischen, biologischen und psychiatrischen Veröffentlichungen wurden Möglichkeiten der Rassenverbesserung erörtert. Man bediente sich dabei auch der Geschichte, berief sich auf Sparta und andere historische Beispiele dafür, daß ein Volk analog zum Verhalten bestimmter Tierarten die Schwachen ausgeschaltet habe. Die medizinische Wissenschaft verfügte inzwischen über die Mittel dazu. Dabei ging es in erster Linie um die Sterilisation geistig »Minderwertiger« wie auch Krimineller, da man von der Erblichkeit entsprechender Anlagen ausging. Es war eine internationale Bewegung.

Nach dem Ersten Weltkrieg nahm das Interesse an eugenischen Maßnahmen stark zu. Das Gemetzel hatte gerade unter den Starken und Gesunden gewütet, während Männer mit Gebrechen nicht an die Front brauchten, was den Satz »Die besten sind gefallen« zu bestätigen schien. Ab den zwanziger Jahren führte man in mehreren Ländern bei beiden Gruppen, geistig Behinderten und Kriminellen, die als psychiatrische Fälle galten, Zwangssterilisationen durch. Diese Maßnahmen wurden auch aus Rücksicht auf die betroffenen Angehörigen nicht an die große Glocke gehängt, und die genauen Zahlen sind noch immer nicht bekannt. Für die Vereinigten Staaten wird die Gesamtzahl auf vierzigtausend geschätzt, ohne die sogenannten kriminell Veranlagten, aber auch in der Schweiz, in Schweden, Finnland und anderen europäischen Staaten erlaubte das Gesetz Zwangssterilisationen, und sie wurden auch durchgeführt. In Deutschland stand das Thema regelmäßig auf der Tagesordnung medizinisch-psychiatrischer Kongresse, und in den zwanziger Jahren kam es zu heftigen Debatten, bei denen die Vertreter humaner und christlicher Prinzipien und die Anhänger der neuen Antimoral, die nun als ursprüngliche und natürliche proklamiert wurde, aufeinanderprallten.

Hitler hatte sich schon in *Mein Kampf* als Vulgärdarwinist extremer, völlig skrupelloser Art gezeigt. Sein Antisemitismus und all seine Rassenideen hingen eng mit dem Glauben an rein biologische Gesetzmäßigkeiten hinter allem Geschehen zusammen, und die Wissenschaft schien ihm die Mittel zur Verfügung zu stellen, mit denen er sein Ziel, eine Nation nur vom edelsten Blut, verwirklichen konnte. Der Heilsstaat des Nationalsozialismus war in dieser Hinsicht zugleich das Produkt der eugenischen Selektionslehre. Das romantisch-völkische Ideal wurde auf den harten Stamm moderner biologischer Theorie und medizinischer Technik gepfropft.

6 Im Bann des Erfolgs

Apokalyptische Erwartungen, der Mythos der großen Revolution, des künftigen Heilsstaats und des erlösenden großen Führers, dies waren die ideellen, pseudoreligiösen Quellen, aus denen Faschismus und Nationalsozialismus schöpften, und bei letzterem kam als wesentliches Element noch der völkische Antisemitismus hinzu, das radikal biologistische Grundprinzip des erträumten idealen Staates. In all diesen Ideen kann man vulgarisierte Varianten von Vorstellungen erkennen, die schon viel länger kursierten und die man in den unterschiedlichsten philosophischen und wissenschaftlichen Theorien finden konnte, bei Marx, Nietzsche, Sorel und Lenin, bei Rassisten wie Gobineau und Houston Stewart Chamberlain und sogar bei dessen Schwiegervater Richard Wagner, bei Mythenforschern wie Alfred Schuler, Soziologen wie Tönnies und Sombart, bei völkischen Publizisten wie Julius Langbehn und Paul Lagarde und auch bei Biologen wie Haeckel, Galton und vielen anderen. Eine unendlich vielgestaltige Gruppe, und all diese Vorstellungen waren nicht nur in Italien und Deutschland verbreitet. Auch der Bolschewismus verdankte ihnen, natürlich mit Ausnahme der rassistischen Lehren, zum Teil seine gewaltige Anziehungskraft auf Intellektuelle. Hier waren uralte religiöse Motive im Spiel, die sehr elementaren psychischen Bedürfnissen Ausdruck verliehen.

Diese Vorstellungen fanden in Deutschland und Italien nun plötzlich viel mehr Resonanz als in den Ländern, in denen die politische Kontinuität weitgehend gewahrt werden konnte und der Nationalstolz nicht so verletzt war. Sie verschmolzen hier mit dem Hypernationalismus, sorgten gewissermaßen für das Ideal und die höhere Rechtfertigung, die jedes politische Programm brauchte. Faschisten und Nationalsozialisten nannten ihren Glauben »Weltanschauung«, im Unterschied zur »Ideologie«, dieser verachtenswerten intellektualistischen Konstruktion in der Art des Liberalismus und Marxismus. Außerdem appellierte der Nationalsozialismus mit seiner völkischen Mythologie an antimodernistische und nostalgische Gefühle, die vor allem in den durch Krieg und Inflation stark verarmten und in Bedrängnis gebrachten Mittelschichten auflebten. Und dies stand nur scheinbar im Widerspruch zu der Tatsache, daß er sich als Bewegung der Jugend ausgab. Gerade die Jugend fühlte sich von den etablierten Kräften im Stich gelassen und vermischte in ihren Zukunftsträumen nostalgische Romantik mit revolutionärer Ungeduld. Antibürgerlich in ihrem Selbstbild und ihren Anschauungen, aber ausgesprochen bürgerlich, was Herkunft und Erziehung anging, war diese Jugend von jenen unteren Mittelschichten nicht so weit entfernt, daß sie sich in einer Krisensituation nicht von der gleichen politischen Partei angezogen fühlen konnte.

Dieser ganze Komplex von Vorstellungen kann eine Erklärung für das Aufkommen und den Erfolg des Nationalsozialismus sein und ist auch oft zur Erklärung herangezogen worden. Aber bei alledem geht es natürlich nur um die ideelle Seite. Ohne positive oder als positiv dargestellte und akzeptierte Ziele ist nun einmal kein Erfolg möglich. Es spielte aber zwangsläufig auch die Rationalisierung von Impulsen aus ganz anderen psychischen Schichten eine Rolle – sozialen Ressentiments, Rachedurst, Zorn über vermeintliches Unrecht, Aggressionen –, die in einer solchen Weltanschauung ihre Rechtfertigung fanden. Was hier primär, was sekundär war, ist in vielen Fällen nicht zu unterscheiden. Die starke Resonanz ist aber mindestens im gleichen Maße durch die direkten politischen Ziele zu erklären, die Hitler unermüdlich verkündete: Vernichtung der Parteiendemokratie, ein starkes Deutschland, Tilgung der Schmach von Versailles und Bestrafung der Verantwortlichen.

Die Bewegung hatte ihre Wurzeln im Milieu verbitterter, durch die Fronterfahrungen verhärteter und brutalisierter ehemaliger Soldaten, die nur in einer Fortsetzung des Krieges mit anderen Mitteln sinnvolle Politik und auch eine persönliche Perspektive sehen konnten. Hitler war, anders als Mussolini, selbst ein Produkt dieses Milieus, und als Demagoge von unvergleichlicher Besessenheit verstand er es, diesem Wust von Leidenschaften und Wünschen eine Richtung zu geben. Seine vulgärdarwinistische Antimoral, für die alle gängigen moralischen Normen widernatürlich waren, Humanität eine krankhafte Verirrung, Gewalt dagegen unentbehrliches Mittel im ewigen Krieg ums Dasein, prägte auch von Anfang an den Geist dieser Bewegung und bedingte ihren beispiellos aggressiven Charakter. Mit sicherem Blick erkannte Hitler, daß Angst ein mindestens ebenso starkes Motiv wie Idealismus ist und daß der Erfolg der Bewegung von einer Propaganda abhing, die immer wieder Versprechungen und Drohungen miteinander verband. Darum trat die Nazibewegung erst als Pöbelpartei wild gewordener Biertischredner und militärisch gedrillter Sturmtruppen in Erscheinung. Die SA-Truppen, die mit ihren Knüppeln Kommunisten angriffen, aber auch jeden anderen provozieren und zusammenschlagen konnten, der ihnen aus irgendeinem Grunde nicht genehm war, hatten die italienischen Faschisten als Vorbild, waren aber dank deutscher Offiziere aus den Freikorps besser ausgebildet. Ein anderes Vorbild waren die Kommunisten mit ihrer aggressiven Taktik. Hitler kopierte sie bewußt einschließlich des leuchtenden Rots als Symbolfarbe, nur daß er das von einem verwandten österreichischen Grüppchen übernommene Hakenkreuz hinzufügte. Den Kommunismus propagandistisch kopieren und übertrumpfen, das war Hitlers Strategie. Dennoch war der Nationalsozialismus Nachahmung und zugleich Perfektionierung des Faschismus insofern, als es auch für ihn in erster Linie gerade nicht Ideen und Konzepte waren, worauf es in der Politik ankam, sondern Rituale und visuelle Symbolik.

Was dies anging, hatte Hitler ein untrügliches Gespür für die Tatsache, daß die Versachlichung der modernen Gesellschaft ein emotionales Vakuum geschaffen hatte, indem sie der Macht immer mehr von ihren farbenfrohen Attributen nahm, die sie in der Feudalgesellschaft und später noch zur Zeit der Monarchie gehabt hatte. Die Ästhetisierung der Macht mit moderneren Mitteln, mit Emblemen, Flaggen, Uniformen und Aufmärschen, sollte als ein Machtfaktor für sich eine wichtige Rolle spielen, sie trug zu den Erfolgen der Partei bei, da die etablierten Parteien dem wenig entgegenzusetzen hatten, und ermöglichte es ihr, die orientierungslosen Massen fest in den Griff zu bekommen. All das war von ausgesprochen militaristischem Charakter, hatte aber dadurch für die deutsche Bevölkerung etwas Vertrautes und erinnerte sie an vergangenen Glanz.

Im Heer und in reaktionären Kreisen erkannte man schon bald, daß der rabiate Demagoge und seine terroristischen Braunhemden nützlich sein konnten. Als wirksame Waffe gegen die rote Revolution wurden sie deshalb auch finanziell unterstützt. Andererseits mußten die brutalen Methoden der Nazis, das Gangsterhafte der Kreise um Hitler und dessen Redestil mit vorhersehbaren Höhepunkten von Gebrüll und theatralischer Empörung auch hier für entsprechende Vorbehalte sorgen. Und bei allen demokratisch Gesinnten, von Gruppen rechts des Zentrums bis zum linken Rand, erregte er Abscheu, doch begegnete man ihm lange auch mit Verachtung und sogar mit Spott. Hitlers Laufbahn hat man nicht zu Unrecht als Laufbahn eines allzulange Unterschätzten beschrieben: Ein sonderbarer Bohemien und Autodidakt ohne irgendwelche Befähigungsnachweise konnte doch niemals mehr sein als Handlanger der nationalen Reaktion!

Da es hier natürlich nicht um eine ausführliche Darstellung der Geschichte Hitlers und des Nationalsozialismus gehen kann, müssen wir uns auf zwei Fragen konzentrieren: Wie war der Durchbruch möglich, nachdem die Nazis jahrelang ein Randphänomen geblieben waren, das die meisten nicht ernst genommen hatten – nicht, wenn sie mit ihnen politisch mehr oder weniger sympathisierten, und erst recht nicht, wenn sie sie wegen ihrer Ideologie und aus moralischen Gründen verabscheuten? Und außerdem: Wie reagierten Deutschland und dann Europa, als Hitler 1933 an die Macht gekommen war?

Der unverkennbare Zusammenhang zwischen der großen weltweiten Depression, dem Zusammenbruch der deutschen Wirtschaft und dem folgenden spektakulären Durchbruch der Nazipartei deutet darauf hin, daß Hitler für diejenigen, die ihm nun plötzlich ihre Stimme gaben, in erster Linie derjenige war, der ihnen Arbeit und eine bessere Zukunft versprach und mit offenbar unwiderstehlicher Überzeugungskraft eine leicht faßliche Erklärung für alles Unglück bot. Es waren Wählerstimmen, die er der Verzweiflung verdankte, vor allem von Jüngeren und Menschen aus den unteren Mittelschichten, Angestellten, die keine Alternative und keine Zukunft mehr sahen und ein kommunistisches Deutschland fürchteten. Viele, vor allem unter den Arbeitern, schwankten auch zwischen den Roten und den Braunen, die sich in ihren Angriffen auf die Republik gegenseitig zu übertreffen suchten. Aber hier zeigte sich Hitler als Organisator, Propagandist und Redner seinen kommunistischen Konkurrenten bei weitem überlegen. Es ist die Frage, inwieweit seine Wähler die gesamte nationalsozialistische Lehre akzeptierten, aber angesichts des besonderen Gewichts, das Hitler und seine Mitstreiter jetzt auf die unmittelbar drängenden Probleme und die eigenen vielversprechenden Lösungsvorschläge legten, spielte das zweifellos für sehr viele überhaupt noch keine Rolle. Was für die meisten jetzt zählte, war in der Reihenfolge der Wichtigkeit (soweit man sich dessen bewußt war) Arbeitsbeschaffung, Kampf gegen den Kommunismus, Wiederherstellung von Deutschlands Macht durch einen starken Staat und einen starken Mann und dann erst die anderen, eher theoretischen und ideellen Fragen, Volksgemeinschaft und Reinheit der Rasse. Hierbei darf man nicht vergessen, daß es den Nazis bei freien Wahlen trotz allem nie gelang, mehr als ungefähr siebenunddreißig Prozent aller Stimmen zu gewinnen (im Juli 1932). Sie waren inzwischen zwar stärkste Partei, aber dreiundsechzig Prozent der Wahlberechtigten entschieden sich noch immer für andere Parteien, und dreißig bis vierzig Prozent dieser Wähler wiederum waren erklärte Gegner Hitlers. Solche Zahlen bleiben freilich als Indikator dafür, was Menschen eigentlich denken und wollen, an der Oberfläche, dürfen aber als Zeichen augenblicklicher Kräfteverhältnisse trotzdem nicht außer acht gelassen werden, gerade im Hinblick auf die weitere Entwicklung. Bevor Hitler Reichskanzler wurde, blieb er für einen beträchtlichen Teil der Bevölkerung ein etwas exzentrischer und suspekter Demagoge und die Nazis eine Partei lärmender Rowdies.

Dies sollte sich gleich in den ersten Jahren des sogenannten Dritten Reiches gründlich ändern. Die unerwarteten Erfolge des neuen Regimes, im Inneren wie in der Außenpolitik, habe ich schon als einen wichtigen Grund hierfür genannt, aber daß sich die Massen Hitler so bemerkenswert schnell ergaben, Menschen aus allen Bevölkerungsschichten, bedarf noch weiterer Erklärungen. Führer und Drittes Reich paßten ganz offensichtlich in die Erwartungsschablone, die zum Messianismus und der Hoffnung auf den Heilsstaat gehörte, obwohl sich die meisten wahrscheinlich den neuen Heiland und sein Kommen etwas anders vorgestellt hatten. Sah man jetzt aber alles im Licht der neueren Ereignisse, schien auf einmal die historische Kontinuität wiederhergestellt, hatte die deutsche Geschichte wieder einen erkennbaren Sinn. In der von Haus aus sehr national gesinnten akademischen Jugend war es schon früher zu einer deutlichen Verschiebung in Richtung der Nazipartei gekommen. Von dem Augenblick an, als die große Krise das Land heimsuchte, begrüßte man in Studentenkreisen Hitler als den Mann der jungen Generation. Daß es sich bei dieser Jugend inzwischen um eine spätere als die junge Frontgeneration handelte, war dabei nicht ohne Bedeutung. Die Jahrgänge ab 1901 waren dadurch geprägt, daß sie den Krieg als Kinder erlebt hatten, und so mischten sich gerade bei ihnen häufig Eifersucht auf die Frontkämpfer und der Wunsch, es diesen eines Tages an Heldenmut gleichtun zu dürfen. Das galt für alle betroffenen Länder, und es erklärt, zusammen mit der ernüchternden Erfahrung, daß die große Revolution ausblieb, den verstärkten Nationalismus und das Gefühl, daß die Falschen am Ruder geblieben oder ans Ruder gekommen waren, beides im gedemütigten Deutschland noch viel mehr als anderswo.

Aber bei dem inneren Richtungswechsel hin zum Naziregime, den ab 1933 der weitaus größte Teil nicht nur der Gesamtbevölkerung, sondern gerade der kulturellen Elite in raschem Tempo vollzog, spielte noch etwas anderes mit hinein. Erstens hatte sich an der unpolitischen Einstellung des Bildungsbürgertums, das seit jeher Politik und Kultur strikt trennte, grundsätzlich nichts geändert; unter anderem deswegen hatte die erste deutsche Demokratie mit ihrem vielfältigen Parteiensystem für diese Gruppe zumindest etwas Künstliches behalten, und die Krise brachte dann die Hilflosigkeit der Demokratie an den Tag. Natürlich steckte man hier in einem Teufelskreis, denn diese Hilflosigkeit hing ja gerade mit den starken antidemokratischen Strömungen und einem Mangel an Vertrauen zusammen. In den anderen westlichen Staaten, die ebenfalls von der Depression heimgesucht wurden, konnte sich die Demokratie schließlich behaupten, obwohl auch dort die antidemokratischen Gruppen stärker wurden, vor allem in Frankreich. Wenn Hitler verkündete, der Staat von Weimar sei gescheitert, war er selbst eine der Ursachen, und in der Krise eine sehr wichtige. Die unpolitische Einstellung setzte einen starken Staat voraus, der für Ruhe und Ordnung sorgte. Wer diesen starken Staat repräsentierte, genoß allein deswegen schon Respekt, und wenn man den meisten Weimarer Politikern diesen Respekt nie von ganzem Herzen entgegengebracht hatte, lag das am demokratischen System, das seiner Natur nach die Macht des Staates begrenzte. Ab Januar 1933 repräsentierte Hitler den Staat, und dies brachte viele Zweifel und Vorbehalte gegen seine Person zum Verschwinden: Er verschaffte der Staatsmacht auf beispiellose Weise Geltung. Zunächst hatte die Überzeugung geherrscht, ein fanatischer Demagoge könne niemals Regierungschef sein. Da er es jetzt aber war, kam es zu einem Umschlag und war man plötzlich davon überzeugt, daß er dann auch mehr als ein fanatischer Demagoge sein müsse oder sich doch bald die Hörner abstoßen werde. Der Gedanke, daß der Staat in die Hände eines von Grund auf diabolischen Egomanen fallen könnte, war mit dem Bild der deutschen Geschichte und des sakrosankten Staates nicht zu vereinbaren. Die Haltung des Bildungsbürgertums und der kulturellen Elite war hier zutiefst ambivalent. Grundsätzlich empfanden sie Geringschätzung für den Autodidakten, und so war auch der braune Demagoge für sie eigentlich nur ein politischer Dilettant. Aber in der hoffnungslosen Situation waren sie für den Messianismus empfänglicher als je zuvor. Vor allem bei Akademikern und allgemein bei Intellektuellen spielten hier auch heimliche Unsicherheit und schlechtes Gewissen eine Rolle, und diejenigen, die den Kommunismus verabscheuten, waren deshalb für die Idee der Volksgemeinschaft und der Verbrüderung mit den unteren Schichten empfänglich, die sie als durchaus akzeptable nationale Alternative zur kommunistischen Revolution empfanden. Da sich die Nazibewegung mit unvergleichlichem propagandistischem Getöse zur Volksbewegung erklärte und die nationale Revolution verkündete, konnten Angehörige der kulturellen Elite das Gefühl haben, daß sie selbst dazu beitrugen, die soziale Spaltung zu überwinden, und zum ersten Mal wirklich am Geschehen beteiligt waren, wenn sie sich einreihten. Immer von dem Wunsch beseelt, die Zeichen der Zeit zu erkennen, waren Intellektuelle jetzt in großer Zahl bereit, ursprüngliche Bedenken zu unterdrücken.

Zweifellos verbreitete sich eine Art von Schizophrenie in der Bevölkerung, ein Charakteristikum des totalitären Staates, der dem einzelnen nur die Wahl läßt, für oder gegen ihn zu sein. Die Nazis erklärten ja gleich nach der Machtübernahme ganz offen, daß sie mit jedem Gegner kurzen Prozeß machen würden, wie Hitler es angedroht hatte. Dies war die Kehrseite der gewaltigen Propagandaoffensive, mit der die neue Volksgemeinschaft verkündet wurde. Über das, was in den ersten jetzt errichteten Konzentrationslagern geschah, zynisch »Umerziehungslager« genannt, gab es Vermutungen, denn in Äußerungen aus jener Zeit begegnet man regelmäßig entsprechenden Anspielungen, obwohl von Amts wegen auf strenge Geheimhaltung geachtet wurde und für alle Beteiligten Redeverbot galt. Wie die SA mit Gegnern umzugehen pflegte, war mit Absicht nie verschleiert worden. Die

Verbreitung von Angst blieb ein wesentliches Mittel der Bekehrung zur neuen Lehre, und ein Teil des frenetischen Jubels bei den Massenkundgebungen, die die Partei ständig organisierte, entsprang einem Drang zur Anpassung, also der Angst, die viele mit Jubel zu übertönen versuchten. Außerdem brachte die Bekehrung zum überzeugten Nationalsozialisten handfeste Vorteile, vor allem, da nun in vielen Bereichen die Gegner des Regimes und obendrein die Juden ausgeschaltet wurden und den Weg für Parteianhänger frei machten.

Diese Mischung aus Heilserwartung, Opportunismus, traditionell unpolitischer Einstellung, heimlicher Angst und Karrieredenken führte in großen Teilen der Bevölkerung die schnelle Bekehrung herbei, die man im Gemeinschaftsverband mit echter Begeisterung erlebte. Diese Mischung macht es aber auch schwierig, die Anhängerschaft, die sich ab 1933 so außerordentlich vergrößerte, sozial und mental auf einen gemeinsamen Nenner zu bringen. Erwerbslose Arbeiter und Angehörige der durch die Inflation schnell proletarisierten Mittelschichten, hauptsächlich aus einem protestantischen oder nichtkonfessionellen Milieu, bildeten das Gros der Anhänger der ersten Stunde. Das streng katholische und traditionell sozialistische Lager waren offenbar ein stärkeres Hemmnis, aber sowohl Nazis wie Nazigegner kamen in allen Schichten und Gruppen vor.

Der Nationalsozialismus war auch eine Emanzipationsbewegung, allerdings von ganz eigener Art. Ganz offensichtlich war für viele die Aussicht auf entscheidende soziale Verbesserungen, auf Umverteilung und Entmachtung der Reichen verlockend. Für die SA war eine solche Revolution das Endziel. Das Schlagwort »Volksgemeinschaft«, ja die Propaganda insgesamt implizierte die Apotheose des kleinen Mannes, der sich nun dank der Partei als großer Mann und Kern der Nation fühlen durfte. Aber Nationalsozialismus bedeutete auch Emanzipation des Ressentiments, Emanzipation der Entwurzelten, die auf Gewalt schworen und zum Teil unbewußt auf Rache aus waren nicht nur an den zu Feinden Abgestempelten, sondern an der gesamten Kultur, ihren Normen und allen, die sie repräsentierten. Deshalb war er zugleich und seinem Ursprung nach Befreiung und Durchbruch eines durch Kultur bisher gebändigten Gewaltpotentials und eines unverfälschten Plebejertums. Und hypernationalistische, rassistische und andere Theorien und Parolen dienten auch dazu, das Öffnen der menschlichen Kloake unter dem Pflaster der Zivilisation zu legitimieren. Der Nationalsozialismus war

– auch als Ergebnis des nicht verwirklichten demokratischen Gleichheitsideals – eine Protestbewegung, wie sie erst im zwanzigsten Jahrhundert dank der Politisierung der Massen möglich wurde. Hitlers Erfolg schien die Richtigkeit der neuen aggressiven Antimoral zu bestätigen. Diese Kehrseite der Emanzipation blieb nach außen hin verschleiert, zum Teil auch im Inneren, im Selbstbild des Nationalsozialismus. Wirklich verleugnen konnte die Bewegung ihren Ursprung aber nie. Neben Hitler waren es Nihilisten, amoralische Technokraten der Macht oder Mythomanen (oder eine Kreuzung von alledem), die die höchsten Positionen einnahmen – Göring, Goebbels, Himmler, Röhm, Frick, Hess, Rosenberg, Streicher –, und eine ganze Horde von Parias, begabte Gangster wie Heydrich und manche SA-Führer, denen sich jetzt die Gelegenheit bot, Karriere zu machen, Macht zu erlangen, über die etablierten politischen und sozialen Eliten zu triumphieren, und die hier das dazu passende Credo fanden. So waren die Bestialitäten in den Lagern und Polizeibunkern von Anfang an auch nicht bloße Exzesse, vielmehr äußerte sich in ihnen ein Wesenszug des Nationalsozialismus.

Dennoch hatten diejenigen, die über die Partei nach oben gespült worden waren, oft ein sehr ambivalentes Verhältnis zu den höheren Schichten und ihrer Kultur. Der besonders revolutionär gesinnte Teil der Bewegung war bei der blutigen Aktion gegen Strasser und Röhms SA Ende Juni 1934 ausgeschaltet worden. Der Rest bestand weniger aus echten Revolutionären als aus kleinbürgerlichen Aufsteigern und war darauf bedacht, den alten Eliten gleichzeitig zu imponieren und sie in Stil und äußerer Erscheinung zu kopieren. Sie brachten den überlieferten kulturellen Werten sowohl Geringschätzung als auch heimlichen Respekt entgegen, und diese Zwiespältigkeit blieb charakteristisch für die neue Kultur des Dritten Reiches, die eine nationalsozialistische Kultur werden sollte, was bedeutete, daß sie reiner Ausdruck der edlen Natur der germanischen Rasse zu sein hatte. Die Schwierigkeit dabei blieb, daß die Vorstellung von dieser edlen Natur notwendigerweise ziemlich verschwommen war. Letztlich lief alles darauf hinaus, daß Menschen nichtgermanischer Abstammung (also vor allem Juden) zwangsläufig nichtgermanische Kultur hervorbrachten und umgekehrt. Kultur, Künste und Wissenschaften faßte man somit im Grunde als genetisch determiniert auf. Ob ein kulturelles Phänomen rein oder verfälscht war, hing von der Rasse dessen ab, der es hervorbrachte. Es war die extreme Vulgarisierung von Theorien über die innere Beziehung von Geist und Körper, Kultur und Rasse, die seit der

Aufklärung in der Anthropologie, der Kulturphilosophie und der Biologie – in Darwinismus und Vererbungslehre – auf ganz unterschiedlichem Niveau in Umlauf waren, gewöhnlich auf konkrete wissenschaftliche Fragestellungen bezogen.

Hier ergab sich nun gleich die zweite Schwierigkeit, nämlich, wie die Rasse eindeutig festgestellt werden konnte. Alle Theorien erwiesen sich für eine einwandfreie Diagnose als zu unzuverlässig. Es entwickelte sich eine intensive Rassenforschung, Gelehrte oder Personen, die als solche auftraten, bemühten sich, über Schädelmessungen und andere Untersuchungen zu mehr Klarheit zu gelangen. Vor allem Himmler und die SS betrachteten die Zucht einer germanischen Edelrasse durch Paarung von Individuen des hochgewachsenen, blonden, blauäugigen, dolichozephalen Typs als ihre spezifische Aufgabe. Die Unzulänglichkeit des Rassenbegriffs erwies sich aber schon bei der Registrierung von Juden. Sogenannte Volljuden definierte man als diejenigen, die vier als Juden registrierte Großeltern hatten. Damit griff man mangels besserer Definitionsmöglichkeiten im Grunde auf das religiöse Kriterium zurück. Getaufte Großeltern, die man von Amts wegen als Christen registriert hatte, waren schließlich nach dem rassischen Kriterium nach wie vor Juden, nach der bürokratischen Definition waren sie es nicht mehr.

Die Presse wurde schnell und gründlich der Zensur unterworfen und gleichgeschaltet, wie auch alle eindeutig politischen und gesellschaftlichen Organisationen, Rundfunk, Arbeitnehmer- und Arbeitgeberverbände, Jugendbünde und ähnliches. Wie aber das Regime die alten politischen Institutionen am Anfang beibehielt und Funktionsträger, soweit sie sich nicht als Gegner erwiesen hatten, auf ihren Posten beließ, ihre Macht dann allmählich aushöhlte, indem es hinter dieser Kontinuität vortäuschenden Fassade neue Institutionen schuf und mit ehrgeizigen Parteigenossen besetzte, ging es auch im kulturellen Sektor vor. Nach der rüden Entfernung von Juden und sozialistisch oder demokratisch gesinnten Personen kam es zu einem allmählichen Vordringen von Parteianhängern und nationalsozialistischem Gedankengut. Von entscheidender Bedeutung war hier auch der Beruf. In den rein kulturellen Sektoren gab es oft anders als in der Politik noch einen gewissen Freiraum, wo man scheinbar wie bisher weiterarbeiten konnte (vorausgesetzt natürlich, man enthielt sich jeglicher Kritik an den neuen Machthabern).

Bedeutsam war bei all diesen Vorgängen auch die Haltung der Kirchen. Nach wie vor waren sie nach eigener Auffassung und in den Augen der Gläubigen der höchste und ausschlaggebende geistige Wegweiser. Sie sorgten dafür, daß die christliche Offenbarung in der Finsternis des Irdischen ihr Licht scheinen ließ. Es liegt nahe zu fragen, wie die Botschaft des Evangeliums, die zu verkündigen allgemein von den Kirchen erwartet wurde, mit der nationalsozialistischen Antimoral zu vereinbaren war. Obwohl es zunächst gerechtfertigt scheint, an die Haltung der Kirchen grundsätzlich den höchsten Maßstab anzulegen, weil ihr eigener Anspruch und ihr Auftrag diesen schon implizieren, stehen wir hier vor einem komplizierten Fall. Die Botschaft des Evangeliums ist im Laufe der Jahrhunderte ständig Gegenstand neuer Interpretation und scharfer Kontroversen gewesen. Das Christentum als Idee und als Erlösungsreligion war nie mit den unterschiedlichen christlichen Konfessionen und deren Dogmen identisch, und etwas völlig anderes waren gesellschaftliche Haltung und Funktion der Kirchen. Deren Geschichte ist zugleich die Geschichte des Ringens ihrer Vertreter um die rechte Verkündigung, ihrer Spaltungen und bitterer, blutiger Konflikte zwischen den verschiedenen Richtungen. Es ist die Geschichte des Gegensatzes zwischen dem Christentum als Idee oder Auftrag und dem Verhalten und der Funktion von Christen in der Welt. Um sich die Möglichkeit der Verkündigung zu erhalten, hatten die Kirchen immer und überall in den unterschiedlichen ethnischen Kulturen, aus denen sie auch ihre Repräsentanten rekrutierten, Wurzeln geschlagen, und nachdem die etablierten kirchlichen Institutionen jahrhundertelang mit Ständestaat und Monarchie verbunden gewesen waren, schlossen sie im neunzehnten Jahrhundert ein Bündnis mit dem Nationalstaat. Ihre Reaktion auf den Nationalsozialismus darf deshalb auch nicht in erster Linie an den mehrdeutigen, ideellen christlichen Prinzipien gemessen werden (dann allerdings wäre es einfach, in jedem Fall das Versagen der Kirchen festzustellen), vielmehr muß man diese Reaktion gerechterweise aus der Geschichte der Kirchen und ihrer Verflechtung mit der modernen Gesellschaft heraus verstehen.

Entscheidend war hier die umfassende Säkularisation, die sie seit dem neunzehnten Jahrhundert immer weiter in die Defensive gedrängt hatte. Mit den »weltlichen Religionen«, Humanismus, positivistischen Wissenschaften, Nationalismus und anderen Ideologien, war eine starke Konkurrenz erwachsen, die sie aus gesellschaftlichen und vor allem auch geistigen und moralischen Positionen vertrieben hatte. Eine gewisse Elastizität und eine Politik des Gebens und Nehmens gegenüber den weltlichen Mächten war für die etablierten Kirchen zu allen Zeiten eine Frage der Selbsterhaltung gewesen. Deutschland war mehr als die meisten Länder historisch von der großen religiösen Spaltung gezeichnet, was die Position der Kirchen gegenüber der Nation noch zusätzlich komplizierte. Die lutherische Kirche hatte sich immer eng mit dem (preußischen) Staat verbunden gefühlt und die etatistischen Auffassungen unterstützt. Ihre antipäpstliche Haltung war mit dem deutschen Nationalismus verschmolzen, so daß Luther vielfach nicht so sehr als religiöser Reformator verehrt wurde, sondern eher als der große germanisch-nationale Kämpfer gegen die alte römische Tyrannei. Diese Vermischung von Nationalgefühl und Antipapismus im deutschen Protestantismus hatte schon im Kaiserreich dazu geführt, daß manche mit dem Gedanken eines deutsch-germanischen Christentums kokettierten, das von der paulinisch-jüdischen Tradition gereinigt wäre; Vorstellungen, wie sie sich etwa bei Paul Lagarde finden – eine sonderbare Mischung von christlicher und germanischer Mythologie. Es war eine Welt, die vor allem in den Opern Wagners, durch die sinnliche Magie von Klang, Wort und Gebärde, viele faszinierte. Und wegen der Faszination, die von dieser Mischung aus Christusmythos und rassistischer Erlösungslehre ausging, waren wiederum viele anfällig für Sympathie mit dem Dritten Reich, das ja schon als Begriff in eine mythologische Genealogie paßte. Laut Houston Stewart Chamberlain, einem von denen, die den Nationalsozialismus mit ideologischem Material versorgt hatten, war Jesus ein nach Palästina verirrter arischer Prophet.

Die katholische Kirche war, unter anderem gerade wegen dieser Allianz zwischen Protestantismus und deutschem Nationalismus, in einer schwierigeren Lage. Als überstaatliche Institution konnte sie leicht als antinational dargestellt werden. Bismarcks Kulturkampf war noch nicht in Vergessenheit geraten. Die Vergötterung des Staates, der Etatismus, gehörte zu den Modernismen, die sie als fundamentale Irrtümer bekämpfte. Auch der Nationalismus stand eigentlich im Widerspruch zu ihrer universalistischen Ausrichtung und Haltung. Andererseits durfte sie die Gläubigen nicht in Gewissenskonflikte bringen, indem sie sie vor die Wahl zwischen Glauben und Patriotismus stellte. Anders als im faschistischen Italien, wo wegen der althergebrachten, unangefochtenen Katholizität der Bevölkerung ein Gefühl natürlicher Harmonie zwischen Katholizismus und Vaterlandsliebe vorherrschte, mußte das deutsche Episkopat eine problematische Konstellation und die heimlichen Spannungen zwischen Kirche und Staat berücksichtigen. Auch wenn die Abwendung vom Glauben weniger schnell voranschritt als bei den Protestanten, war sie schon ein Anlaß zu größter Sorge. Allzu offene Opposition gegen das Regime oder Verurteilung seiner Ideologie war ein zu großes Risiko und kam nicht in Frage. Ausdrückliche Einmischung in die Politik widersprach außerdem grundsätzlich der Rolle der Kirche als Repräsentantin überzeitlicher Werte. Dennoch distanzierte sich die katholische Kirche von Anfang an auf unterschiedliche Weise von dem, was sie als modernes Heidentum abstempelte. Vielen Gläubigen konnte nicht verborgen bleiben, daß zwischen ihrem Glauben und dem Nationalsozialismus ein Abgrund lag. Nun galt dies natürlich auch für die Protestanten, trotz allem, was hier gesagt wurde. Das Evangelium mit dem Nationalsozialismus in Einklang zu bringen, erforderte schon eine sehr energische und dabei vor allem selektive Transformation seiner Botschaft. Obwohl die protestantische Kirche wegen ihrer Geschichte und Tradition noch weniger als ihre katholische Schwester auf Opposition gegen den Staat vorbereitet oder überhaupt dazu fähig war, konnte auch ihren Gläubigen der unüberbrückbare Gegensatz zwischen christlichen Prinzipien und Nazismus, der rohen Gewalt in Wort und Tat, nicht entgehen. Und doch war angesichts der alten Frage, was eigentlich die Essenz der christlichen Lehre sei – wegen der vielen Unstimmigkeiten und Widersprüche in Texten und Überlieferung –, auch ein Schwanken möglich. Der revolutionäre Messianismus der Nazibewegung, die völkische Mythologie, die Forderung nach Opferbereitschaft und Unterordnung des einzelnen unter das Ganze, die Verachtung für den liberalen Individualismus, all dies waren ja Aspekte, in denen die Kirchen doch wieder ihr eigenes Gedankengut erkennen konnten und die sie unsicher machten. Und mit der Akzeptanz von Gewalt, wenn sie nur dem Vaterland diente, taten sie sich nicht besonders schwer, wie sich in der Zeit des Ersten Weltkriegs gezeigt hatte. Dennoch, einen Anteil an der inneren Opposition gegen das Regime (eine genaue Schätzung ist schwierig) hatten neben den politisch Motivierten, vor allem Sozialisten und Kommunisten, auch Gläubige, die durch ihre christlichen Prinzipien zu dieser Haltung gedrängt wurden. Bei einem kleinen Teil, Laien wie Geistlichen, führte dies schließlich zu aktivem Widerstand. Es blieben jedoch wenige.

Das Bemühen um eine erträgliche Form von Anpassung und somit Hinnahme der neuen Machthaber erschien den Kirchen noch als die sinnvollste Strategie. Sie brauchte Mißbilligung und gut getarnte Verurteilung besonderer Einzelheiten noch nicht auszuschließen. Aber angesichts der Einschüchterung und des Terrors, die vor offen widersetzlichen Geistlichen nicht haltmachten, war die Möglichkeit verdeckter Opposition auf die Dauer doch nicht viel mehr als eine Fiktion. Der Zustand der Unsicherheit wurde vom Regime systematisch aufrechterhalten, es äußerte sich nur unklar, und Hitler verschleierte seine Endziele im Hinblick auf die Kirchen. Auch hier sorgte das Regime für das bewährte Wechselbad aus unverhüllten Drohungen und beruhigenden Erklärungen, wobei es dann das Gemeinsame hervorhob. Was dies angeht, gab es tatsächlich etwas, das für die Kirchen, besonders für den Vatikan, von außerordentlicher Bedeutung war und ihr Bemühen um Einvernehmen mit dem Regime erklärt: die tiefe Angst vor der großen Revolution und der Abscheu vor dem atheistischen Bolschewismus. Wer diese satanische Macht so fanatisch bekämpfte wie Hitler und die Seinen, konnte nicht ganz und gar böse sein! Und im rabiaten Antisemitismus der Nazis konnten und mußten die Kirchen eine Fortsetzung des Antijudaismus sehen, den sie selbst jahrhundertelang zum Teil ihrer Botschaft gemacht hatten. Die Rassenlehre und die gewalttätigen Methoden mochten sie verabscheuen, aber die antijüdischen Vorstellungen und negativen Stereotypen, die dahintersteckten, waren dem christlichen Denken durchaus vertraut. So blieb es bei gelegentlichen, vorsichtigen Äußerungen der Mißbilligung oder vagen, mehrdeutigen Aussagen. Aber nirgendwo ließ sich die Kirche als Institution, weder die katholische noch die protestantische, mit deutlichem Protest vernehmen. Wer sich an antijüdischer Hetze und entsprechenden Aktionen beteiligte, brauchte keine kirchlichen Sanktionen zu fürchten, sofern ihm noch an dieser Institution und am christlichen Glauben gelegen war.

Der Vatikan schloß 1933 ein Konkordat mit Hitler – auch wegen der erwähnten Sorgen und taktischen Erwägungen des deutschen Episkopats – und war damit der erste ausländische Staat, der mit dem Regime ein Bündnis einging. Das Vorbild Mussolinis war dabei nicht ohne Bedeutung. Was die katholische Kirche anging, war somit nun doch eine Brücke zu den neuen Machthabern geschlagen, die auch dazu beitragen konnte, mögliche Gewissenskonflikte bei den einzelnen Katholiken zu mildern. Der Abgrund schien nicht mehr unüberwindbar. Einzelne konkrete Folgen dieser Entwicklung werden später noch zur Sprache kommen. Innerhalb des Protestantismus war sowohl der theologisch-dogmatische als auch der individuelle Spielraum für eine Positionsbestimmung größer, denn hier hatte es immer viel mehr Diskussionen und Kontroversen um die richtige Auslegung und die Quintessenz des Evangeliums gegeben als im Katholizismus. Aus einer nationalistischen Strömung, die ein spezifisch deutsches, »völkisches« Christentum anstrebte, war schon in den zwanziger Jahren die Kirchenbewegung »Deutsche Christen« hervorgegangen, angeführt von Bischof Ludwig Müller, einem erklärten Anhänger des Nationalsozialismus, der im Hakenkreuz eine Verbesserung des Kreuzes zu sehen schien. Natürlich fand diese Richtung als einzige im Protestantismus die volle Anerkennung und Unterstützung des Regimes. In Opposition zu Reichskirche und Deutschen Christen bildete sich eine Strömung, für die Christentum und Nationalsozialismus unvereinbar waren, die »Bekennende Kirche« um Martin Niemöller als der herausragenden Persönlichkeit. Niemöller wurde verhaftet, und viele Anhänger waren als politische Gegner starkem Druck und auch Verfolgung ausgesetzt. Trotzdem versuchte man, halb im Untergrund, die Gemeinschaft zu erhalten und dem Glauben treu zu bleiben.

Im großen und ganzen waren die Kirchen offensichtlich weder bereit noch fähig, entschieden und wirksam zu opponieren. Sie waren gelähmt durch ihre Bindung an Staat und Nation, ihre defensive Ausgangsposition, die sie dazu brachte, aus taktischen und strategischen Gründen viele Konzessionen zu machen, ihre innere Unsicherheit und Uneinigkeit in mancherlei Fragen – und durch die Anziehungskraft der neuen Heilslehre. Als Organisationen, als etablierte Institutionen waren sie kein Gegengewicht. Was nicht ausschließt, daß christliche Grundsätze bei vielen Gläubigen die Bekehrung zum Nationalsozialismus erschwert oder verhindert haben. Und dabei konnten einzelne Geistliche, die persönlich für ethische und religiöse Werte eintraten, als Helfer und Wegweiser oft die Rolle spielen, der die Kirchen als Ganze und viele ihrer Vertreter, auf allen Stufen der Hierarchie, nicht gewachsen waren.

7 Kultur unter dem Hakenkreuz

Die Weimarer Republik mochte beim ausgesprochen nationalistischen und konservativen Teil der Bevölkerung, wenn auch mit gewissen Schwankungen, unbeliebt gewesen sein, die Künstler, Literaten, Wissenschaftler, die Angehörigen der kulturellen Elite allgemein, hatten sich uneingeschränkt entfalten können. Es wurde sehr bald deutlich (wem es nicht schon vorher klar gewesen war), daß sich dies mit Hitlers Herrschaft ändern würde. Die sogenannte nationale Revolution sollte ja auch eine Revolution des nationalen Geistes sein. Antijüdische Maßnahmen, Boykottaktionen, bei denen man auch schon mit großer Brutalität vorging, Entlassung und Vertreibung von Juden auch im kulturellen Sektor führten zu konstanter Abwanderung ins Ausland. Und etliche nichtjüdische Nazigegner schlossen sich den Juden an. Außer den vielen jüdischen Gelehrten und Künstlern, unter ihnen eine große Zahl berühmter Persönlichkeiten – Albert Einstein, Fritz Haber, Lise Meitner, Max Born, Ernst Bloch, gefeierte Musiker wie Bruno Walter, Arthur Schnabel, Otto Klemperer, Emanuel Feuermann, Szymon Goldberg, der Theaterreformer Max Reinhardt –, verließen im Laufe weniger Jahre engagierte linke Schriftsteller wie Döblin, Brecht, Toller und Leonhard Frank das Land, gleich zu Beginn auch Thomas und Heinrich Mann, Künstler wie Kokoschka, Klee und Gropius, Musiker wie Hindemith, die Brüder Fritz und Adolf Busch, der Dirigent Erich Kleiber, der Schauspieler Albert Bassermann, der Filmstar Marlene Dietrich – um wenigstens einen Bruchteil zu nennen. Es vollzog sich ein Exodus von Koryphäen, ein Aderlaß des Talents, wie Europa ihn kaum je zuvor erlebt hatte. Jedenfalls nicht in einem solchen Tempo. Was die Sowjetunion betrifft, so verteilten sich Auswanderung und Verbannung bedeutender Künstler und Gelehrter seit der Revolution über einen viel längeren Zeitraum. Der engagierte Pazifist Carl von Ossietzky, Chefredakteur der renommierten *Weltbühne*, wurde 1933–1936 in mehrere Konzentrationslager verschleppt und starb 1938 an den Folgen der Mißhandlungen. Den ihm 1936 zuerkannten Friedensnobelpreis durfte er nicht annehmen. Auch der anarchistische Journalist Erich Mühsam, 1919 Mitglied der Münchner Räteregierung, gehörte zu den Tausenden von kommunistischen oder anderen linken Gegnern, die der Rache der Nazis zum Opfer fielen und in Lagern gefoltert und ermordet wurden. Zwei der berühmtesten Künstler blieben in Deutschland, der Dichter Gerhart Hauptmann und der Komponist Richard Strauss, beide um die siebzig. Aber die Emigration und das Arbeitsverbot für Hunderte, die der Kultur in allen Bereichen ihren Stempel aufgedrückt hatten, veränderten die kulturelle Landschaft völlig.

Für ein rassereines nationalsozialistisches Deutschland, das von einem einzigen Geist durchdrungen sein sollte, war die Schaffung einer nationalen germanisch-deutschen Kultur Voraussetzung. Trotz aller Verschwommenheit und aller Widersprüche hatte dieses Ideal einige charakteristische Merkmale. Wegen des Führerprinzips und der beherrschenden Rolle Hitlers wies dessen persönlicher Geschmack auch hier in vieler Hinsicht die Richtung, zumal er sich für einen verhinderten Maler, für einen verkannten Künstler hielt und sich deshalb als Experte fühlte. Zu den Merkmalen der idealen Kultur gehörte Volkstümlichkeit. Das heißt, daß Kunst in der Vorstellung der Nationalsozialisten weitgehend der traditionellen, naturalistischen entsprach, einer Kunst, wie breite Bevölkerungsschichten sie im Jahrhundert zuvor bei ihrem Aufstieg zu einer höheren Kultur- und Bildungsstufe kennen- und verehren gelernt hatten. Wahre, aus dem Volk hervorgehende Kunst sollte mit dem Geschmack und den ästhetischen Normen des Volks übereinstimmen. Kunst sollte unterhalten, mit dem Dasein versöhnen und so auch implizit die existierende Ordnung bejahen. Hier lag die direkte Verbindung zur Politik. Experimente bedeuteten Abweichung vom Vertrauten und erzeugten Unruhe und Unsicherheit, die einer Diktatur nicht nützlich sein konnten. Der Zusammenhang zwischen Expressionismus, ja Avantgardismus ganz allgemein, und antibürgerlichem Protest oder revolutionärer Gesinnung erwies das deutlich genug. Außerdem ging das Ideal der Volkstümlichkeit auf die Romantik mit ihrer nostalgischen Verherrlichung der Vergangenheit zurück. Das hatte sich auch schon in der Jugendbewegung gezeigt. Der Schönheitsbegriff entsprach eindeutig dem des Neoklassizismus, der wiederum im neunzehnten Jahrhundert Grundlage des bürgerlichen humanistischen Erziehungsideals gewesen war und damit auch für die aufsteigenden Gruppen, die an der Kultur teilhaben wollten, zum Maßstab für wahre Kunst wurde. So verschmolzen in der nationalsozialistischen Vorstellung von Kunst Klassizismus und Romantik. Diese Verbindung kann man als Widerspiegelung der für die Nazibewegung ebenso charakteristischen Verknüpfung der straffen militärischen Disziplin und des Führerprinzips mit der Dynamik des kollektiven revolutionären Rausches sehen. Angesichts der enormen Bedeutung, die der Nationalsozialismus dem Ästhetischen, vor allem der Sichtbarkeit von Macht und Eintracht beimaß, repräsentierten die bildenden Künste als diejenigen, die buchstäblich ins Auge springen, für ihn besonders deutlich entweder eine gesunde (nämlich vertraute, dem konventionellen Geschmack des Durchschnittsmenschen entsprechende) Kunst oder aber eine ungesunde und beunruhigende.

Die Architektur, die seit jeher von spezieller Bedeutung für die Physiognomie der Herrschaft gewesen war, wurde zu einem Lieblingskind des

Regimes. In den gigantischen neoklassizistischen Bauten, die Hitler von seinem Architekten Albert Speer entwerfen ließ, konnten sich der Expansions- und Machtdrang und die eschatologischen Ideen des Nationalsozialismus ungehemmt ausleben. Der künftige Heilsstaat erhob sich hier auf dem Papier als megalomanes Universum aus Beton. Abgesehen von einer gewaltigen Arena für die Parteitage und einzelnen anderen Gebäuden als kleiner Vorgeschmack dieses Reiches und seines Stils blieb es bei Entwürfen. Für Bildhauerei und Malerei galt ebenfalls eine naturalistisch-klassizistische Norm, nach der die Gegenstände auf eine dem Durchschnittsmenschen bekannte und vertraute Weise abzubilden waren. Hier vor allem traf der Bannfluch des Regimes die Kunst der Moderne: Jede Art experimenteller oder abstrakter Kunst, Expressionismus, Dadaismus und Surrealismus, praktisch die gesamte Avantgarde seit der Jahrhundertwende, wurde als entartet verteufelt, als Import eines fremden, dekadenten Geistes. Demonstration und Höhepunkt dieser Kulturpolitik war die große Ausstellung »Entartete Kunst« im Jahre 1937. Dort war das Werk der bedeutendsten Repräsentanten der Moderne als abschreckendes Beispiel für Antikunst zu besichtigen. Von den lebenden deutschen Künstlern waren unter vielen anderen Kokoschka, Klee, Grosz, Dix, Kirchner, Schmidt-Rottluff, Otto Müller, Beckmann, Nolde, der Bildhauer Barlach und die engagierten Ankläger des sozialen Elends und des Krieges wie Käthe Kollwitz betroffen, also eine Elite von internationalem Ruhm. Ihr Werk verschwand aus der Öffentlichkeit. Es wurde zum Teil vernichtet, zum Teil ins Ausland verkauft. Die Beschaffung von Devisen war nicht weniger wichtig als die ästhetischen Grundsätze. Die Betroffenen durften nicht mehr als Künstler arbeiten, und die Museen wurden konsequent gesäubert. Diejenigen, die sich an die anerkannten volkstümlichen Normen hielten, wurden dagegen vom Regime gefördert und stolz als Vertreter eines reinen nationalen Geistes präsentiert. Das galt vor allem für ungeschlachte neoklassizistische Bildhauerei, die andererseits keineswegs eine Erfindung des Nationalsozialismus war.

Auch hier fällt wieder die Verwandtschaft mit dem faschistischen Italien auf. Nur war der Rückgriff auf den Klassizismus als Ausdruck nationalen Geistes dort historisch sehr viel besser zu rechtfertigen als in Deutschland. Die Germanen boten in dieser Hinsicht nun einmal weniger inspirierende Anknüpfungsmöglichkeiten als die Griechen und Römer. Die Gotik, die in der Zeit der Romantik – zu Unrecht – als Ausdruck eines urdeutsch-mittelalterlichen Geistes gefeiert worden war, kam wegen ihrer engen Verbindung mit dem Christentum, dem Katholizismus, als Modell kaum in Frage. Das heidnische Altertum und der Cäsarenkult waren hier um einiges besser geeignet. Inhaltlich war natürlich jede Form von Gesellschaftskritik, die Darstellung von sozialen Mißständen, Armut, Kriegsgreueln oder apokalyptischen Angstvisionen tabu. Ein Regime, das sich als Verwirklichung des Tausendjährigen Reiches feierte, konnte keine alternative Apokalypse in der Kunst gebrauchen. Schon deshalb nicht, weil man in diesem Tausendjährigen Reich vielleicht auch eine Verwirklichung ebenjener Angstvisionen sehen konnte. Die programmatische Kunst sollte dagegen das gesunde, alltägliche Leben und die anheimelnde Schlichtheit des Volkes, am besten des Bauernvolkes, darstellen oder, noch besser, die heroische Schönheit des Kriegers und des Kampfgetümmels.

In der Literatur hatte schon 1933 eine erste radikale Säuberung stattgefunden. Auf keine Weise konnten sich ja unliebsame Meinungen und Ideen und ein kritischer oppositioneller Geist so deutlich und direkt äußern wie über das Wort. So kam es im Mai 1933 zu den Bücherverbrennungen, bei denen vor allem nazistische Studenten und Jugendliche die Bücher jüdischer Autoren aus Gegenwart und Vergangenheit und Bücher von Autoren, deren Werk linke, pazifistische oder ausgesprochen »undeutsche« Gedanken zum Ausdruck brachte, in die Flammen schleuderten, dabei mittelalterlich anmutende Exorzismusformeln rufend. Es war ein Feuerspektakel, das in erster Linie eine rituelle Funktion hatte und als freiwillige, ja spontane Aktion des Volkes inszeniert wurde. Längst nicht alle Autoren, denen die Ehre des Bannfluchs zuteil wurde, verschwanden auch sofort aus den Buchhandlungen – abgesehen von den jüdischen Schriftstellern, immerhin auch schon mehr als ein Dutzend. Auf die Dauer aber hatten die Deutschen kaum die Möglichkeit, das Werk ihrer größten zeitgenössischen Autoren zu lesen.

Bei der Musik war alles etwas komplizierter. Wenigstens gab es ein einfaches Kriterium, an das sich die Säuberer halten konnten: Jüdische Komponisten waren verboten, rückwirkend bis Mendelssohn Bartholdy, und das gleiche galt für diejenigen, die offen mit linken revolutionären Ideen und Bewegungen sympathisiert hatten. Damit verschwanden auch wieder einige der bedeutendsten Avantgardisten und Modernisten aus dem Repertoire, zum Beispiel Schönberg, Hindemith, Weill und Eisler. Was die Grenzziehung zwischen dem Schädlichen und dem Gesunden, dem Kosmopolitischen und dem Nationalen anging, gehörten die Abneigung gegen experimentelle und unverkennbar von exotischer Musik inspirierte Klänge und eine Vorliebe für das Traditionelle und Vertraute zum Maßstab der Volkstümlichkeit. Ein historisierender Komponist wie Carl Orff, der von traditionellen Mitteln ausgiebig Gebrauch machte, durfte sich deshalb auch des Wohlwollens der Machthaber erfreuen. Der Berühmteste von allen, Richard Strauss, erwies sich als kühl berechnender Opportunist mit der Haltung des Olympiers; gleichmütig ließ er sich als Aushängeschild gebrauchen, wenn er sich auch weigerte, seine guten Beziehungen zu jüdischen Künstlern abrupt abzubrechen oder musikalisch irgendwelche Konzessionen zu machen. Ein Fall für sich war der im Unterhaltungssektor so populäre Jazz. Als ausgesprochen undeutsche, dekadente Negermusik, importiert von jüdischen Profiteuren – so wurde er offiziell charakterisiert –, sollte auch er von den Bühnen und Tanzböden, aus Film und Rundfunk verbannt werden. Dies erwies sich jedoch in der Praxis als recht schwierig, zumal der Jazz rhythmisch und harmonisch die gesamte Unterhaltungsmusik beeinflußt hatte. Der wichtigste Mann der Kulturpolitik, Propagandaminister Goebbels, erkannte sehr deutlich die außerordentliche psychologische Bedeutung der Unterhaltung und die Gefahr allzu rigoroser Eingriffe in diesem Bereich, die die Bevölkerung dem Regime entfremden konnten. So übte man sich in einer gewissen Flexibilität. Die Bewahrung eines unpolitischen Freiraums, in dem scheinbar alles beim alten blieb, war also nicht ausschließlich auf Widerstände gegen den Versuch zurückzuführen, der ernsten und leichten Muse rein germanisches Blut in die Adern zu pumpen. Zum Teil wurde der totalitäre Griff auch ganz bewußt etwas gelockert, weil er sonst erstickend gewirkt hätte.

Ich habe schon darauf hingewiesen, daß die Hitlerdiktatur wie die Diktatur Stalins viel mächtiger war und viel weniger Skrupel hatte als das Regime Mussolinis. Dieses war weniger »totalitär«, vielleicht nicht einmal in seinen Zielen, sicherlich aber in der Praxis. Der Ausdruck ist jedoch auch im Falle Deutschlands irreführend.[23] Wenn man meint, daß sich das Leben ab 1933 mit einem Schlag verändert hätte, macht man sich ein falsches Bild von der Alltagswirklichkeit, wie sie von den meisten Menschen erlebt wurde. Das normale Leben ging in vieler Hinsicht einfach weiter. Die Entfernung der Juden aus Wirtschaft und Kultur vollzog sich bis zum großen Pogrom im November 1938, der sogenannten Kristallnacht, hauptsächlich hinter verschlossenen Türen, auf bürokratischem Wege, über einen nicht abreißenden Strom diskriminierender Verordnungen. Ausnahme war ein gewalttätiger Boykott im April 1933, bei dem es zu Mißhandlungen, Verhaftungen und zur Verwüstung und Schließung jüdischer Geschäfte durch SA-Rowdies kam. Der Anteil der jüdischen Minderheit an der Gesamtbevölkerung belief sich auf ungefähr 0,7 Prozent. Das bedeutete natürlich, daß die Mehrheit der nichtjüdischen Deutschen persönlich kaum mit Juden zu tun hatte und deshalb auch nicht viel von ihrer Ausschaltung zu merken brauchte. Auf offizieller Seite ließ man es hier bewußt bei summarischen Informationen. Wegen des ungenügend entwickelten politischen Bewußtseins blieb auch jetzt noch bis in die obere Mittelklasse hinein die Trennung zwischen persönlichem Leben oder Arbeit einerseits und Politik andererseits in gewissem Grade erhalten, obwohl die Politik immer weiter in den persönlichen Bereich eindrang. Viele waren unaufhörlicher Propaganda und ständigem Druck ausgesetzt, der sie dazu bewegen sollte, den staatlichen Organisationen beizutreten, die zugleich Parteiorganisationen waren. Das Vordringen überzeugter Nazis in die zahlreichen Sektoren des gesellschaftlichen Lebens vollzog sich teilweise nur allmählich, besonders wenn es sich um ganz unpolitische Bereiche handelte. Von straffer Koordination, einer ausgearbeiteten Strategie, kann hier keine Rede sein. Die Vorstellung, es habe sich um ein monolithisches System gehandelt, ist in der historischen Forschung widerlegt worden. Vielmehr gab es ein permanentes administratives Chaos und erbitterte Kompetenzstreitigkeiten zwischen den einzelnen Instanzen der Partei.

Jedenfalls blieb das Werk aller klassischen und lebenden Autoren, auch der ausländischen, zunächst erhältlich, sofern sie nicht auf dem Rassenindex standen. Zum Repertoire der Theater, Konzertsäle und Opernhäuser gehörten nach wie vor die Großen von einst und jetzt, wiederum abgesehen von Juden und politisch Verfemten und Modernen wie Strawinsky oder Hindemith. Zum Teil wurden Werke allerdings von unliebsamen Stellen gesäubert. Wenn es also auch Beschränkungen gab, so gab es andererseits eine Kulturoffensive, die auf breite Bevölkerungsschichten zielte. Die Partei brachte, hauptsächlich über die Organisation »Kraft durch Freude«, Millionen zum ersten Mal in ihrem Leben mit Kunst, mit Theater und Musik in Berührung, organisierte Ausstellungen, bot Unterhaltungsmöglichkeiten und Ferienreisen. Indoktrination und Volksbildung gingen hier, für die Betroffenen oft nicht erkennbar, Hand in Hand. Mit seinem sicheren Gespür für Propaganda erkannte das Regime gleich zu Beginn die große Bedeutung des Films als des wirksamsten Massenmediums. Daß der Tonfilm gerade begonnen hatte, die Massen zu begeistern, traf sich gut. Seit den Depressionsjahren um 1930 gab es eine Neuerungswelle, zunächst mit Musikfilmen, in denen populäre Schlager eine wichtige Rolle spielten; jetzt wurde die Produktion noch erheblich gesteigert, und die Publikumslieblinge genossen jede Form von Begünstigung, sofern sie nicht aus politischen oder rassischen Gründen ausgeschaltet worden waren. Die UFA mit ihrer nationalen und konservativen Orientierung war eine geeignete Verbündete für diese Kulturpolitik. Es wurden unter Mitwirkung renommierter Schauspieler auch Filme gedreht, die der rassistischen Propaganda dienten, aber sie hatten nur mäßigen Erfolg, und so blieb ihre Zahl sehr begrenzt. Der größte Teil der traditionellen Spielfilme, auch amerikanischer Herkunft, lief einfach weiter. Entsprechendes gilt für die reine Tanz- und Unterhaltungsmusik und das Kabarett, wenn sich dieses natürlich auch strikt auf unpolitische Themen beschränken mußte, also nur ziemlich fade Kost bieten konnte.

Von einem Kulturbetrieb, der auf allen Gebieten vollkommen vom Nationalsozialismus durchtränkt gewesen wäre, wie der Ausdruck »Totalitarismus« suggeriert, kann folglich nicht die Rede sein. Aber gerade daß die Prägung des kulturellen Lebens durch den Nationalsozialismus Grenzen hatte und daß die Parteimaschinerie unzulänglich funktionierte, trug paradoxerweise zur festen Verankerung des Regimes und zur Verhinderung von Protest bei. Die Normalität wurde schleichend und von innen her ausgehöhlt. Außerdem aber inszenierten die Machthaber unermüdlich Kundgebungen und allerlei Rituale mit Fahnen und Musik, Totengedenken, nationale Feiertage, Parteitage, Einweihungsfeierlichkeiten, Fackelzüge, Sportwettkämpfe, um die Bevölkerung abzulenken, zu unterhalten und zu beeindrucken. Und eine Unzahl von Rednern, durchweg uniformierte Miniaturhitler, dank der Partei oft aus bescheidenen Verhältnissen plötzlich nach oben katapultiert, imitierte das martialische Auftreten und Gebrüll des großen Vorbilds an der Spitze. Dieser Stil wurde gewissermaßen zum formellen Kommunikationsstil auf allen Ebenen der Hierarchie. Kaum zu überschätzen ist in diesem Zusammenhang die Bedeutung der Hitlerjugend, der einzigen anerkannten Jugendorganisation, in der alle anderen aufgegangen waren, die nicht einfach verboten wurden. In ihr diente letztlich alles der Erziehung zum bedingungslos ergebenen Nationalsozialisten: Rassereinheit, Entschlossenheit, militärische Disziplin und Führerprinzip, Opferbereitschaft im Dienst von Führer und Volk waren heilige Grundsätze. Sie waren eingebettet in ein umfangreiches Programm, das viele Ideen, Grundsätze und Traditionen der älteren Jugendbewegung, der Pfadfinderbewegung und in bestimmten Einzelheiten sogar der pädagogischen Reformbewegung aufnahm: gemeinsames Zelten, Singen und Naturerlebnis, Fürsorgearbeit, Gemeinschaftsgeist und vor allem bewußte Verschmelzung aller Klassen und Stände, eine deutliche Betonung der Gleichheitsidee, und auch dies wieder verbunden mit einem Zeremoniell, das Militärisches und Religiöses vereinte. Gitarre und Blockflöte wurden reibungslos durch Trommel und Dolch ersetzt. Für einen erheblichen Teil der Jugendlichen bedeutete die Mitgliedschaft zweifellos die willkommene Gelegenheit, einem engen häuslichen Milieu zu entrinnen, und erste Bekanntschaft mit politischem und sozialem Engagement, wobei der Tatendrang gleich zielbewußt kanalisiert wurde.

Das Kunst- und Kulturideal unter dem Hakenkreuz war wie im faschistischen Italien ausgesprochen maskulin. Die staatlich geförderte Kunst hatte eine Vorliebe für den muskulösen männlichen Akt: Kriegerfiguren mit quadratischem Brustkasten, kantigem Kinn und Kiefer und mit abweisendem, hartem Blick. Mit der Frau wußte man wenig anzufangen. Das Ideal des germanischen Mädchens lief letztlich auf eine andere Art von Jüngling hinaus: streng, keusch und unnahbar, und das außerdem noch propagierte Ideal der besonders mütterlichen Frau war in ästhetischer Hinsicht problematisch. Im kleinbürgerlichen Milieu, dem die volkstümlichen Normen des Nationalsozialismus entstammten, galten noch die überkommenen sexuellen Tabus. Hierauf nahm der strenge, kühle Neoklassizismus Rücksicht. Die ideale junge Frau sollte im Grunde einerseits ein Mann ohne dessen Männlichkeit und andererseits eine Frau sein, die ihre Weiblichkeit verleugnete. Das Ergebnis dieser verlogenen Erotik und des germanischen Heldenkults waren Kunstprodukte, mit denen der Neoklassizismus zu regelrechtem Kitsch absank. Darunter ist hier ein Produkt zu verstehen, das vorgefertigte und bewährte Formen der Kunst übernimmt, um so auf einfache Weise einen ästhetischen Effekt oder eine starke Gefühlswirkung nur um ihrer selbst willen zu erzielen. Kitsch verwechselt den Effekt von Kunst mit dem Ursprung von Kunst.

Ebenso flach waren die verherrlichenden Darstellungen von Szenen aus dem täglichen Leben des Volkes, die realistisch sein sollten, aber durch die besondere Betonung von Gesundheit, Harmonie und Arbeitsfreude nur eine Scheinrealität schufen. Hier ist die Ähnlichkeit mit dem sogenannten sozialistischen Realismus auffallend, der etwa zur gleichen Zeit in der Sowjetunion aufkam. Beide Fälle zeigen auf bestürzende Weise, daß staatlich gelenkte Kunst, Kunst als Vehikel der Ideologie und als pädagogisches Instrument einer Diktatur, schnell zur banalen Illustration der Lehre degeneriert, gleichgültig, ob es sich um eine völkisch-nationalsozialistische oder proletarisch-kommunistische handelt; sie zeigen, was geschieht, wenn Kunst ihre Autonomie verliert.

Aber auch wenn die Bilanz der nationalsozialistischen Kunst kläglich ausfällt, ist damit noch nicht alles gesagt. Zwischen dem, was als entartet galt und verboten war, und den geistlosen Machwerken im Dienst der nationalsozialistischen Mythologie gab es ein Gebiet, in dem sich ein zeitgenössischer Naturalismus entfalten konnte, an ältere Traditionen anknüpfend und handwerklich gekonnt, in Opposition zu jeder Art von Avantgardismus, aber auch ohne ideologische Hintergedanken. Hinter der Verteufelung der dominierenden Strömungen, der entschieden antimodernistischen Kunstpolitik des Nationalsozialismus steckt ein grundsätzliches Problem. Daß die Kunst der Avantgarde, daß Expressionismus und Surrealismus trotz des sozialrevolutionären Anspruchs und Standpunkts vieler ihrer bedeutendsten Repräsentanten gerade die breite Masse, die an den klassischen und naturalistischen Kunstformen festhielt, überhaupt nicht ansprachen, daß sie vielmehr zum Besitz einer neuen, oft snobistischen Oberschicht wurden, zeigt das Problematische des modernen ästhetischen Relativismus, der dem Wahrheitsrelativismus in den Wissenschaften entspricht. Die traditionellen Normen waren mit dem Aufkommen abstrakter und surrealistischer Stile hinfällig geworden. Aber die Rebellion gegen erstarrtes akademisches Epigonentum hatte wiederum zur Folge, daß nun das Experiment als solches zum Maßstab wurde. Letzte Konsequenz der Ichbesessenheit der Expressionisten und des Hangs zum Anarchischen und Irrationalen bei vielen Surrealisten war die Abschaffung von Normen überhaupt, und damit wurde auch der Scharlatanerie oder dem Rückfall in Puerilität Vorschub geleistet. Die Grenze zwischen Kunst und beliebiger Spielerei mit Material verschwand, wie am anderen Ende des Spektrums die Grenze zwischen Kunst und Kitsch. Bei der Nachahmung primitiver Kunst konnte man leicht übers Ziel hinausschießen und geistig wieder am Nullpunkt ankommen.

Es war dieser Zug des Avantgardismus und der modernen Kunst, die primitivistische Regression, was schon um die Jahrhundertwende von einigen

Kulturkritikern heftig attackiert worden war, zum Beispiel von Max Nordau und Karl Kraus, die sich, noch ganz von der pessimistischen Fin-de-siècle-Stimmung beherrscht, gegen Dekadenz und Mystifizierungstendenzen wandten. Und Kraus ist der letzte, den man als Beispiel für reaktionäres kleinbürgerliches Denken und Kunstverständnis anführen kann. Naturalismus und Neoklassizismus der Nazikunst waren jedoch keine überzeugenden und fruchtbaren Alternativen zu den verurteilten Strömungen. Sie konnten es nicht sein, weil sich wirklich großes und ursprüngliches Talent keiner auferlegten Doktrin unterwerfen oder anpassen läßt. Es war das Mittelmaß, das sich dafür eignete. Vieles, wenn nicht das meiste von dem, was aus den Ateliers von Künstlern kam, die sich im neuen Geist zu schaffen bemühten, war abgestandener Akademismus, manchmal Kitsch, manchmal auch unfreiwillig komisch. Aber dadurch wird nicht automatisch alles rehabilitiert, was die Nazis verbannt hatten. Das Urteil der Nachwelt wird heute auf diesem Gebiet vielfach durch politische und moralische Normen mit umgekehrten Vorzeichen getrübt.

Die Literatur bot – auch nachdem sie rassisch gesäubert worden war – mehr Spielraum und die Möglichkeit des Ausweichens ins Doppelbödige. Viele, die schon vor 1933 bekannt waren, konnten weiterhin veröffentlichen, wenn sie auch Verbeugungen vor dem Regime machen und natürlich alles vermeiden mußten, was Anstoß erregen konnte. Die meisten paßten sich an oder verbargen sich hinter subtiler Mehrdeutigkeit. Andere schwammen mit dem Strom und erkannten im Nationalsozialismus plötzlich die Verwirklichung dessen, was sie sich eigentlich schon immer gewünscht hatten. In Schriftstellern, die seit jeher einen gewissen Konservatismus und innige Verbundenheit mit nationalen Traditionen, Landleben und Natur oder die Neigung zu Mystizismus und Heldenverehrung hatten erkennen lassen, konnte das Regime grundsätzlich Anhänger seiner Blut-und-Boden-Ideologie und somit willkommene Verbündete sehen. Der wichtigste, Ernst Jünger, wahrte (im Gegensatz zu seinem Bruder Friedrich Georg) kühle Distanz, obwohl sein Werk, wie das anderer erklärter Verächter des Parlamentarismus, dazu beigetragen hatte, die geistigen Fundamente der Weimarer Republik zu untergraben. Der Notwendigkeit, Farbe zu bekennen, wichen viele aus, indem sie sich ganz in Naturromantik, Religiosität oder erhabene Regionen des Symbolischen zurückzogen. Hier gab es zahllose Möglichkeiten. Dabei lebte auch der alte pietistische Kult der Innerlichkeit wieder auf. Die Flucht aus der harten Welt in ein Reich reiner Geistigkeit konnte ein Ausweg sein; manche sahen hier eine Möglichkeit, unbehelligt weiterzuschreiben, wie zum Beispiel Hans Carossa, Rudolf Binding, Gertrud von Le Fort und Werner Bergengruen. Andere, wie Ernst Wiechert, der schwermütige Dichter des einfachen Lebens in der Natur, gerieten schließlich doch noch in Konflikt mit dem Regime. Bemerkenswert war der Fall Gottfried Benn. Für ihn, den herausragenden avantgardistischen Lyriker und zynischen Verächter des Glaubens und aller Ideologie, war es offenbar nicht schwer, das Regime zu ertragen. Einem Nihilisten seines Formats war in der Politik ohnehin alles gleichgültig.

In den Wissenschaften lagen die Dinge kaum anders. Das Gros der Akademiker war seit jeher unpolitisch. Das hieß, daß sie viel für einen starken Staat übrig hatten, der Stabilität garantierte und damit auch Forschung und Lehre sicherte, und dies bedingte notwendigerweise eine konservativ-nationale, antidemokratische Grundhaltung. Außerdem verdankten sie der traditionellen Hierarchie ihren eigenen Status in Universität und Wissenschaft. An der nationalen Hysterie zur Zeit des Ersten Weltkriegs hatten sie maßgeblichen Anteil gehabt, und inzwischen wurden die Lehrstühle mit Angehörigen der Frontgeneration besetzt, für die Deutschlands Niederlage eine traumatische Erfahrung war. Zweifellos begrüßte ein beträchtlicher Teil der Wissenschaftler die Ablösung der schwachen Demokratie durch eine starke autoritäre Regierung. Während die meisten in den Nazis zunächst eine Bande von Krawallmachern sahen, die allerdings für die schmutzige Arbeit, das Aufräumen mit dem Kommunismus, sehr nützlich waren, wuchs mit der Bedeutung und Macht Hitlers auch ihr Respekt. Die schon erwähnte innere Unsicherheit und Zerrissenheit der intellektuellen Elite im Hinblick auf ihre soziale und politische Rolle verstärkte den Drang zur Unterordnung unter eine starke Staatsgewalt, wenn dadurch ihr Status nicht weiter bedroht wurde.

Die geschmeidige Anpassung der Intellektuellen und Akademiker verdient besondere Beachtung, weil diese Gruppen immer und in jeder Gesellschaft Anspruch auf geistige Führerschaft erheben. Aber in Deutschland war dieser Anspruch mehr als in anderen Ländern mit der weit fortgeschrittenen Spezialisierung verknüpft. Fachkompetenz war ein Wert an sich und hatte ihr eigenes Ethos. Deshalb waren Spezialistentum und Fachkompetenz nicht mehr an irgendeine universale Moral gebunden, und das bedeutete, daß sie leicht in den Dienst des Staates gestellt werden konnten, der selbst wiederum einen Wert für sich repräsentierte und seine eigene, unabhängige Moral besaß. Hiermit hängt auch der besondere Respekt der Wissenschaftler vor dem Erfolg zusammen – Erfolg nicht nur als Zeichen einer höheren Fügung, sondern auch als sichtbarer Beweis für politische Kompetenz. Da das Hitlerregime Messianismus und Gewalt auf beispiellose Weise verband, lag es nahe, sich in erster Linie an das Messianische zu halten, das die Anpassung legitimieren konnte. Außerdem schuf die Vertreibung der Juden Platz für andere. Die Tatsache, daß Juden in der Wissenschaft überrepräsentiert waren, hatte nämlich gerade im akademischen Milieu schon seit längerem dem Antisemitismus Nahrung gegeben, der sich jetzt so hemmungslos wie nie äußern konnte, da er mit der großen, vom Regime lauthals verkündeten nationalen Wiedergeburt in Einklang stand.

Durch die Vertreibung jüdischer und anderer Wissenschaftler bekamen Nullen, die sich als glühende Nationalsozialisten entpuppten, eine Chance, aber die Unterwanderung vollzog sich in Wellen, und die übrigen konnten zum Teil noch länger die Illusion hegen, ihr Fach könne aus der Politik herausgehalten werden. In manchen Sektoren verschwand der Freiraum nie vollständig. Eine unkritische, neutrale Haltung genügte dem Regime jedoch nicht, gerade wenn es um die kulturellen Eliten ging. Ziel war deshalb auch, die Wissenschaften inhaltlich so weit wie möglich zu nazifizieren. Dies stieß allerdings in mancher Hinsicht auf Schwierigkeiten, und einige Wissenschaften boten hierfür bessere Voraussetzungen als andere. Die Geisteswissenschaften, vor allem die Geschichte, aber auch Literaturwissenschaft und Kunstgeschichte, Philosophie, Anthropologie und Soziologie, waren ihrem Wesen nach am anfälligsten, da sie viel mehr als die an Objektivität orientierten Naturwissenschaften von ideologischen und weltanschaulichen Ausgangspositionen abhängen. Deshalb gehörte und gehört die Möglichkeit des freien Dialogs gerade in den Geisteswissenschaften zu den Voraussetzungen der Immunisierung gegen Dogmatismus und Borniertheit. Ihnen fehlen die unerbittlichen Prüfungsinstanzen Experiment und Empirie, die Verirrungen sofort entlarven würden.

Und gerade darum war es hier schwieriger, nationalistische und rassistische Gesichtspunkte einfach als abwegig und irrelevant auszuschließen. Diese Gesichtspunkte waren insofern für die Geisteswissenschaften in hohem Grade relevant, als die Frage nach ihrem Wahrheitsgehalt und wissenschaftlichen Wert inhaltlich zum Gebiet dieser Wissenschaften gehörte, so daß man das Thema nicht immer umgehen konnte. Wie sich Wissenschaftler jahrhundertelang mit der Formel *Soli deo laus* als fromme Christen ausgewiesen hatten, so diente in wissenschaftlichen Veröffentlichungen jetzt der Hinweis auf rassistisch-völkische Prinzipien als Zeichen des rechten Glaubens. Bei manchen blieb es bei der rein zeremoniellen Geste (die auch als solche zu erkennen war), bei anderen stand das ganze Werk mehr oder weniger im Dienst des Nationalsozialismus. Wie in der Literatur gab es hier ein breites Spektrum von Möglichkeiten. In vielen Fällen ist schon das Erscheinungsjahr ausschlaggebend für die Tendenz einer Veröffentlichung. Um einen Ausspruch Talleyrands zu variieren: Wissenschaftliche Wahrheit war jetzt eine Frage des Datums.

Die überwiegend national-konservativ orientierten Historiker gerieten noch mehr als andere in die Versuchung, die Herrschaft Hitlers, auch wenn sie Vorbehalte hatten, in das einzufügen, was sie als große Linie der deutschen Geschichte sahen, vor allem wegen seiner Erfolge im Verhältnis zum Ausland. Die Voraussetzungen waren günstig: Historismus und Hegelianismus neigten zur Staatsvergötterung, zu einer weltlichen Art von Theodizee und zur Trennung von Moral und Macht – oder vielmehr zur Postulierung von zweierlei Arten von Moral – und boten entsprechende Möglichkeiten, sich mit dem Dritten Reich innerlich zu arrangieren oder es gar mit Nachdruck als historische Notwendigkeit hinzustellen. Einige maßgebliche Historiker wurden zu offenen Anhängern des Regimes.

Als die Expansionspläne Hitlers ans Licht kamen, erkannten manche darin die Auferstehung einer Idee des Mittelalters, der universalistischen Vorstellung vom Heiligen Römischen Reich deutscher Nation. Die Perspektiven, die sich einem national fühlenden Herzen hier eröffneten, brachten Bedenken gegen bestimmte Methoden und als Schönheitsfehler des Regimes verharmloste Aspekte leicht zum Schweigen. Den Liberalen, die Weimar akzeptiert hatten, fiel es schwerer, die Diktatur zu rechtfertigen, aber dank der unerschöpflichen Deutungs- und Sinngebungsmöglichkeiten, die Geschichte immer bietet, konnte man auch allerlei Gutes an ihr entdecken, besonders solange die sichtbare Wiederherstellung von Deutschlands Macht ohne Krieg gelang. Als Alternative zu Beifall und Mitläufertum blieb außerdem kaum etwas anderes, als sich vorsichtig im Schatten zu halten, wollte man nicht Entlassung oder Schlimmeres riskieren. Einige wenige wählten schließlich diese Form heimlicher Distanz und schweigender Opposition. Auch in Literaturwissenschaft und Kunstgeschichte konnte völkisch-rassistisches Denken an eine ältere Tradition der Verherrlichung von Volk und Volkscharakter anknüpfen.

Die Anthropologie wurde durch das, was sich Rassenkunde nannte, zurechtgebogen oder, besser gesagt, ersetzt. Für den Nationalsozialismus war sie die unantastbare Grundlage des gesamten wissenschaftlichen Denkens, das ja schließlich durch die Rasse bestimmt wurde. Am besten, von einem rein wissenschaftlichen Standpunkt aus betrachtet, erging es bei alledem noch der Soziologie: Sie wurde praktisch abgeschafft. Sie galt als undeutsche, jüdische Erfindung. Die wichtigsten Sozialwissenschaftler emigrierten in die USA. Daß die Soziologie, wie sie sich entwickelt hatte, für die Nazikultur inakzeptabel war, lag nicht allein an der führenden Rolle jüdischer Soziologen. Jede rationale Analyse gesellschaftlicher Verhältnisse und gesellschaftlichen Verhaltens bedeutete Vernichtung des Bodens, auf dem Mythen gedeihen, und Freilegung der sozialen Mechanismen, denen Faschismus und Nationalsozialismus ihren Erfolg verdankten. Daß die allgemeine Soziologie noch dazu viel dem Marxismus schuldete und dieser selbst eine Art von Soziologie war, konnte den Widerwillen nur verstärken.

Die Psychologie schließlich war eine ähnliche Bedrohung für jedes Regime, das sich auf die Indoktrination der Massen stützte. Freud und seine Lehre waren mit einem besonderen Bann belegt, weil die Psychoanalyse eine »jüdische« Erfindung war und das Reich des Unbewußten und der Triebe durchleuchtete, hiermit aber wesentliche Tabus brach, die für die faschistische und nationalsozialistische Herrschaft gerade wegen ihrer Manipulationsmethoden unverzichtbar waren. Außerdem konnte man sich der Sympathie der bürgerlichen Kreise sicher sein, die den Freudianismus seit jeher als unmoralisch diffamierten. Psychologie ist Konkurrentin und zugleich Antipodin von Propaganda. Sie hatte deshalb für das Regime in erster Linie eine dienende Aufgabe zu erfüllen, es bei der Lenkung der Masse und der Heranzüchtung eines erwünschten Menschentyps zu unterstützen. Nur die experimentelle Psychologie, die die Beziehung zwischen physiologischen Impulsen und psychischen Reaktionen erforscht, hatte eine Existenzberechtigung, ein Gebiet, dem jede Diktatur aus naheliegenden Gründen besonderes Interesse entgegenbringt.

Die Auswanderung jüdischer Wissenschaftler und ihre Vertreibung durch das Regime – nach der Annexion Österreichs im Jahre 1938 kamen unter anderem Freud, Carnap und Neurath hinzu – beraubte die akademische Welt eines großen Teils ihrer damaligen Koryphäen und dazu noch künftiger Größen wie Popper, Plessner und Elias. Die Zahl der entlassenen Hochschullehrer – unter denen auch einige offenkundige Nazigegner nichtjüdischer Herkunft waren – wird auf fünfzehn Prozent geschätzt (im Jahre 1936 kamen 1145 Entlassungen auf 7979 Dozenten). Bei den Naturwissenschaften war ungefähr jeder fünfte betroffen, unter ihnen wiederum eine große Zahl von Nobelpreisträgern.[24]

Zwei auf ihrem Gebiet renommierte Persönlichkeiten dagegen bekundeten 1933 offen ihre Sympathie für Hitler. Bei dem bekannten Staats- und Völkerrechtler Carl Schmitt war das nicht verwunderlich. Schmitt hatte sich schon immer als scharfer Gegner der gesamten Aufklärungstradition, des Liberalismus, des Parlamentarismus, der Demokratie und somit auch des Staates von Weimar gezeigt. Er wurde zum Anwalt und aggressiven Verkünder eines Völkerrechts, das nicht auf abstrakte universale Prinzipien, sondern auf den Volkscharakter gegründet sein sollte. Unter Berufung auf das Selbstbestimmungsrecht trat er für geschlossene Territorien der verschiedenen Ethnien ein, was natürlich die Idee eines »Großdeutschen Reiches« rechtfertigen sollte. In der Frage der Minderheiten blieben seine Forderungen verschwommen.

Überraschender war die Reaktion des Philosophen Martin Heidegger. Auch er begrüßte die nationalsozialistische Umwälzung als notwendige Revolution. Die entscheidende Frage bleibt, ob diese Deutung der Geschehnisse, dieser Messianismus, eine Konsequenz aus Heideggers Philosophie war. Es ist kaum möglich, die Frage zu verneinen: Sein antizivilisatorisches, gegen Rationalismus und Aufklärung gerichtetes Denken – vor allem seine Auflehnung gegen die Trennung von Denken und Leben, die Forderung nach Verankerung der individuellen Existenz in der konkreten historischen Situation, dies in Verbindung mit seiner Affinität zum Landleben, zur fruchtbaren Erde, zu den chthonischen Elementen – all das machte ihn empfänglich für Blut-und-Boden-Mystizismus. So kam er zu dem Schluß, daß ein besonderer historischer Augenblick angebrochen sei, der vom Philosophen als solcher erkannt werden müsse. Wie bei Benn zeigte sich auch bei Heidegger, daß die Verneinung des Humanismus, der beiden als illusionär galt, einen Pakt mit dem Nationalsozialismus möglich machte. Der einzelne, der Heidegger zufolge vor dem Nichts steht, in einer unendlichen Leere, fand jetzt plötzlich in der zu neuem Leben erwachten Volksgemeinschaft eine Heimat. Eine logische Konsequenz seiner Philosophie war dies allerdings nicht, aber es deutet auf eine verborgene Nabelschnur zwischen seinem ganzen Denken und seiner Herkunft hin. Vielleicht hoffte der Philosoph zunächst, wie andere Antipoden von Aufklärung und Rationalismus, zum Beispiel Spengler, zum geistigen Mentor der Bewegung werden zu können. Später umgab er sich, enttäuscht wie andere mit ähnlichen messianischen Erwartungen, mit einem undurchsichtigen Schleier aus hochmütiger Distanziertheit. Daß die Existenzphilosophie keineswegs zwangsläufig eine solche Haltung zur Folge haben mußte, bewies Karl Jaspers, der sich, auch wegen seiner jüdischen Frau, aber ebensogut aufgrund seines unerschütterlichen humanistischen Ethos nach seiner Entlassung aus der Öffentlichkeit zurückzog.

Offensichtlich waren aber nicht nur die Geisteswissenschaften und ihre Repräsentanten anfällig für nationalsozialistisches, rassistisches Denken. Die Naturwissenschaften waren keineswegs immun. Angesichts ihres viel größeren Abstands zu ideologischen Fragen ist dies besonders bemerkenswert. Auch hier war schon früher der Boden für außerwissenschaftliche Einflüsse bereitet worden, die jetzt mehr Gewicht bekamen. Die vom Krieg verursachte nationalistische Bewußtseinsverengung hatte vor den Wissenschaften nicht haltgemacht. Nicht nur waren Physiker und Chemiker 1914-1918 für die Kriegsindustrie unentbehrlich gewesen und hatten, auch wenn es um die Verbesserung der Waffentechnik ging, ihre Kompetenz ganz selbstverständlich in den Dienst ihres Landes gestellt, auch nach dem Krieg beendeten sie die Feindseligkeiten nicht. Deutschen und österreichischen Wissenschaftlern wurde von ihren Kollegen aus den Ländern der Entente noch lange der Zugang zu den internationalen Fachorganisationen verwehrt. Die Atmosphäre war nachhaltig vergiftet. Prominente niederländische Physiker, angeführt von dem weltbekannten Hendrik Antoon Lorentz, versuchten zusammen mit ihren skandinavischen Kollegen vergebens, diesen Bann aufzuheben. Die niederländische physikalische Gesellschaft trat deshalb im Jahre 1923 der Union internationale de physique pure et appliquée nicht bei. In diesem nicht gerade internationalistischen Klima war auf deutscher Seite wiederum das chauvinistische Fieber unter den Gelehrten gestiegen. Aber der mittlerweile berühmteste unter ihnen wurde paradoxerweise jetzt gerade für die Nationalisten zur Zielscheibe, da er zugleich Jude und Pazifist war. Diese Kombination machte Einstein für alle, die der – auch unter

Intellektuellen grassierenden – Verrats- und Verschwörungspsychose erlagen, zu einer undeutschen Figur. Seine Relativitätstheorie war wie jede revolutionäre wissenschaftliche Theorie zunächst bei einem Teil der Zunft auf Zweifel, Vorbehalte und Kritik gestoßen. Angesichts seiner Herkunft und politischen Position führte dies zu einer Spaltung, und zwei führende deutsche Physiker, Philipp Lenard und Johannes Stark (beide Nobelpreisträger), versuchten sogar, Einsteins Theorie als typisch jüdische, mit unverfälschter deutscher Physik nicht zu vereinbarende Irrlehre darzustellen. Zu dieser Zeit wollten die maßgeblichen deutschen Naturwissenschaftler, mit Männern wie Max Planck an der Spitze, mit diesen ganz offensichtlich von Antisemitismus beeinflußten Thesen und der Vermischung von Politik und reiner Wissenschaft noch nichts zu tun haben. Bis 1933 blieb Deutschland gerade in den Naturwissenschaften international führend. Außer Planck und Einstein gab es Haber, Born, Max von Laue, Lise Meitner, Otto Hahn, Erwin Schrödinger, James Franck, den Mathematiker Richard Courant, eine Elite von außergewöhnlicher Bedeutung. Auf keinem anderen Gebiet hatte die Austreibung des jüdischen Elements für das Dritte Reich solche Folgen, verringerte sie doch gerade seine technisch-industrielle Potenz und damit indirekt seine Machtmittel. Der einflußreiche Industrielle Carl Bosch machte Hitler darauf aufmerksam, daß die Emigration jüdischen Talents für Deutschland verhängnisvolle Folgen habe; Hitler blieb jedoch unbeeindruckt und starrsinnig und meinte, daß man dann eben ohne Physik und Chemie zurechtkommen müsse.[25] Die meisten der Vertriebenen gingen in die Vereinigten Staaten, wo einige einen wichtigen Beitrag zur Entwicklung von Kernwaffen leisteten. Das Naziregime konnte immerhin dankbar auf jene früheren Kampfschriften zurückgreifen, die eine deutsche Physik im Unterschied zu einer jüdischen proklamiert hatten.

Schließlich gab es noch ein Gebiet, auf dem die nazistische Lehre weitreichende, grauenvolle Folgen haben sollte: die Eugenik. Hier unternahm man ganz bewußt den Versuch, durch Ausschaltung der geistig und physisch »Minderwertigen« eine starke Rasse heranzuzüchten. Nicht nur fanden die Befürworter erzwungener Sterilisation von Kriminellen und Menschen mit geistigen Anomalien jetzt in Hitler die höchste Autorität auf ihrer Seite. In seinem hemmungslosen Vulgärdarwinismus ging Hitler viel weiter und erwies sich auch auf diesem Gebiet als derjenige, der mit beispielloser Radikalität die brutalsten Vorstellungen und Vorschläge umzusetzen suchte, die je am Schreibtisch entworfen und in irgendeinem Zusammenhang – gewöhnlich ohne Gedanken an eine mögliche Verwirklichung – vorgebracht worden waren. Die angestrebte starke Rasse der Zukunft, Kreuzung von Held und Raubtier, sollte von den Schwachen und ökonomisch Unbrauchbaren befreit werden. Diese zu sterilisieren, reichte nicht. Als menschlicher Ausschuß, unnütze Esser, waren sie aus dem Weg zu räumen. Allerdings glaubte man, daß die Nation für diese »Euthanasie«-Pläne vorläufig noch nicht reif sei, daß eine solche Aktion höchstwahrscheinlich nicht nur von den Angehörigen der Patienten, sondern auch von der Öffentlichkeit trotz aller Indoktrination nicht akzeptiert würde und daß vor allem die Kirchen sich ihr widersetzen könnten. Mit der Ausführung dieser Pläne im großen Maßstab, der geheimen Tötung von Patienten psychiatrischer Einrichtungen und Bewohnern von Behindertenheimen, wartete Hitler bis zum Krieg, der als dramatische Ablenkung zur Tarnung dieses wie auch eines anderen, noch viel größeren Massenmordes bestens geeignet war.

Herausragende Mediziner fanden sich jedoch bereit, an dem streng geheimen Projekt mitzuarbeiten. Sie teilten die Auffassung, daß es hier um menschlichen Ausschuß ging, der allein als Material für die Wissenschaft, für Vivisektion und andere sonst an Tieren durchgeführte Versuche, irgendeinen Wert haben konnte. So rechtfertigten sie Experimente, die den Tod der Opfer oder Verstümmelungen zur Folge hatten. Die nationalsozialistische Doktrin setzte somit moralische, humane Prinzipien außer Kraft, die ein verborgenes Allmachtsgefühl, das in der Wissenschaft, auch in Medizin und Psychiatrie, neben der Wißbegier latent vorhanden ist, immer unter Kontrolle gehalten hatten. Das Sprichwort »Wissen ist Macht« sollte hier mit äußerster, brutaler Konsequenz bewahrheitet und zugleich pervertiert werden. Die Unmenschlichkeit im Dienste der künftigen Menschheit verselbständigte sich noch dazu, ging über das hinaus, was scheinbar durch den Zweck legitimiert war, und wucherte wie ein Krebsgeschwür fort. Noch mehr als die kritiklose Bereitwilligkeit, mit der sich Geisteswissenschaftler, offen für diese neuartige Allianz von Wahnideen und Macht, vom Regime vereinnahmen ließen, offenbaren die »Euthanasie«-Praktiken, wohin wissenschaftliche Hybris führen kann, wenn sie um der Erkenntnis willen den Kompaß des Gewissens über Bord wirft.

Ein nie ganz verschwundener unpolitischer Bereich als Rückzugsgebiet für Künstler und Wissenschaftler, denen der Nationalsozialismus zuwider war, als Zufluchtsort, der einen letztlich trügerischen Schutz vor totalitären Ansprüchen gewährte; der erzwungene Exodus eines beträchtlichen Teils der kulturellen Elite, wobei oft zweit- oder drittrangige Figuren an die Stelle anerkannter Koryphäen traten; die Bereitschaft der meisten Künstler, dem Regime zu dienen; die ebenso bemerkenswerte Empfänglichkeit von Wissenschaftlern einschließlich Naturwissenschaftlern für die nationalsozialistische Doktrin – dies war in groben Zügen das Bild der deutschen Kultur im Dritten Reich.

Offensichtlich machte die Nazifizierung Fortschritte. Zum Teil lag dies an Hitlers Erfolgen, die seine messianische Ausnahmestellung glaubwürdig erscheinen ließen. Das unaufhörliche propagandistische Trommelfeuer blieb nicht ohne Wirkung und machte auch viele von denen mürbe, die sich zunächst skeptisch oder reserviert gezeigt hatten. Der freie, wirklich private Bereich verengte sich ohnehin ständig, während der Zugriff des Staates und der Partei über soziale Kontrolle immer fester wurde. Die alltäglichen Beziehungen und ganz besonders der Konkurrenzkampf wurden politisch infiziert. Kompetenz und Leistung konnten gegen lautstarkes, großsprecherisches Bekennen des nationalsozialistischen Glaubens leicht den kürzeren ziehen. Parteimitgliedschaft wurde zum Vehikel des Aufstiegs. Die Folge war, daß in allen Sektoren der plebejische Bodensatz, der wohl in jeder Gesellschaft tief unter einer Schicht von Konventionen und Anstandsnormen verborgen ist, nach oben geschwemmt wurde. Die Antimoral rechtfertigte alles. Denunziation zahlte sich auf jeden Fall aus. All dies wurden typische Begleiterscheinungen der modernen Diktatur. Zugleich wuchs eine Jugend heran, der man in der Schule von Anfang an den nationalsozialistischen und rassistischen Katechismus eintrichterte. Sie lernte und wußte nichts anderes, als daß der Nationalsozialismus die einzige wahre Weltanschauung war, alle seine Gegner aber verbrecherischer Abschaum. Sicherlich waren längst nicht alle Lehrer überzeugte Nazis; den obligatorischen Katechismus zu relativieren oder zu umgehen, wurde aber immer schwieriger und riskanter. Es bleibt schwer einzuschätzen, welche Folgen all dies für den persönlichen Bereich hatte, da hier nicht von einer unveränderlichen Haltung für oder gegen das Regime gesprochen werden kann. Daß offene Kritik lebensgefährlich war, hatte aber jeder begriffen. Sich von der Begeisterung anstecken zu lassen und an die neuen Parolen zu glauben, war dann von allen Möglichkeiten noch die beruhigendste und vorteilhafteste.

In der Geschichtsschreibung ist wiederholt ein Unterschied zwischen Nazis und dem deutschen Volk gemacht worden. Dieses soll angeblich durch »die Nazis« – einen Haufen gerissener Gangster – auf raffinierte Weise unterworfen und verführt worden sein.[26] Diese Trennung zwischen den Verführern und ihren dummen Opfern ist jedoch nicht haltbar, denn »die Nazis« waren keine Gattung für sich. Sie gingen aus der Bevölkerung hervor, zunächst noch als besondere Gruppe, und sie verschmolzen mit der Bevölkerung, wurden selbst die Bevölkerung in dem Maße, wie ihre Anhängerschaft wuchs, als sie schließlich die Macht erlangt hatten. Diese Verschmelzung veränderte das Ganze. Die Bewegung, ursprünglich von nationaler Frustration angetrieben, appellierte in erster Linie an ähnliche Gefühle. Sie weckte nicht nur nationale, sondern auch soziale Ressentiments und hat dies nie zu verbergen gesucht. Sie appellierte aber zugleich an den messianischen Glauben, aus dem das Ressentiment seine Rechtfertigung herleitet, und dadurch konnte sie eine unvergleichliche politische und ideologische Kraft entfalten. In psychologischer Hinsicht gab es bei der Anhängerschaft allerlei Abstufungen: Es gab aufrichtige Idealisten, die sich vom Volksgemeinschaftsideal und den Gleichheitsparolen blenden ließen, stramme Fanatiker, die sich voller Überzeugung zu der neuen Antimoral bekannten, und natürlich die niemals fehlenden glatten, dreisten Karrieristen. Bei alledem erfuhr die deutsche Nation eine Wandlung, zu erklären durch eben jene Antimoral, welche Härte, Kampfwillen, Fanatismus, Opferbereitschaft und Unterwerfung unter den Willen von Führer und Volk zu den höchsten Tugenden erhob, dabei aber auch zuvor bezähmte destruktive Triebe freisetzen konnte. Die öffentlichen Umgangsformen spiegelten den herrschenden Geist, eine Art schrille Siegesgewißheit, und die Gesichter nahmen für den offiziellen politischen Gebrauch einen Ausdruck von grimmigem Stolz an. Dieser ganze Prozeß ist jedoch ohne das diabolische Phänomen Hitler nicht denkbar. Er war es, der all die heterogenen Elemente, die ungeheuren nationalen und sozialen Ressentiments, aber auch die Sehnsucht nach Erlösung und Heil, zu einer Einheit verschmolz und in Aktionen umsetzte. Wie Hitler ohne die besondere Konstellation in Deutschland nicht denkbar gewesen wäre, so wäre das, was daraus hervorging, ohne Hitler nicht möglich gewesen.

8 Von revolutionärer zu totalitärer Diktatur

Die Tendenz zur nationalistischen Diktatur war nach den zwanziger Jahren auch außerhalb Italiens und Deutschlands zu erkennen. Die Große Depression und der Zusammenbruch der Weltwirtschaft zwang die Staaten, sich in erster Linie dem eigenen Schutz zu widmen. Diese Entwicklung verstärkte allenthalben die Fixierung auf das nationale Interesse, auch in den seit langem gefestigten parlamentarischen Demokratien. Wo das System noch auf schwachen Füßen stand, wuchs das Verlangen nach dem starken Mann und dem mächtigen Staat. Während in Italien der Faschismus und in Deutschland der Nationalsozialismus aufkamen, die ohne den Kommunismus und die Furcht vor einer drohenden bolschewistischen Revolution nicht möglich gewesen wären, während in einigen anderen Ländern reaktionäre, mehr oder weniger diktatorische Regime an die Macht kamen, ebenfalls durch die Angst vor einer Revolution begünstigt, zeichnete sich in der Sowjetunion, dem Herd dieser gefürchteten Revolution, die Entwicklung zu einem ausgesprochen totalitären System ab.

Die Bolschewisten hatten ja alle konkurrierenden revolutionären Gruppen, so auch die Sozialrevolutionäre, die eigentlichen Repräsentanten des Volkes einschließlich der Massen der Bauern, mit rücksichtsloser Gewalt ausgeschaltet. 1921 hatte Lenin in Kronstadt noch einen Aufstand von Matrosen – seinen alten Hilfstruppen, die sich jetzt seiner Minderheitsdiktatur widersetzten – niedergeschlagen. Dieser Aufstand war die letzte sichtbare Rebellion des revolutionären Idealismus und des Geistes der ursprünglichen Sowjets, der an der Basis gebildeten Räte. Von da an war die Partei, ganz nach Lenins Doktrin, der einzige und allmächtige Repräsentant der arbeitenden Klasse. Mit der bekannten Transformation der Marxschen »Diktatur des Proletariats« in die »Diktatur der Partei« als »Speerspitze der Revolution« knüpfte Lenin an eine ganz bestimmte geistige Tradition der russischen Intellektuellen des neunzehnten Jahrhunderts an. Diese Tradition ging auf den gescheiterten Dekabristenaufstand gegen Zar Nikolaus I. im Jahre 1825 zurück. Die »Intelligenzija« – eine sehr dünne städtische Oberschicht von Gebildeten teils adliger, teils bürgerlicher Herkunft – kultivierte seitdem eine mehr oder weniger offen rebellische Haltung gegenüber der autokratischen Herrschaft. Sie fühlte sich als die aufgeklärte Instanz, die am besten geeignet war, sich der analphabetischen Massen anzunehmen und für ihre Interessen einzutreten. Geistig und sozial grenzte sie sich jedoch gegen diese Masse ebenso scharf ab wie gegen das zaristische Regime und seine Handlanger. Sie war von elitärem Bewußtsein erfüllt, ihre Sonderstellung war ihr etwas Selbstverständliches, und ihr von liberalen Ideen inspirierter Widerstand darf nicht mit dem Streben nach völliger Emanzipation der Ungebildeten verwechselt werden. Auch diese charakteristische Geringschätzung der unteren Schichten hatten Lenin und die bolschewistischen Führer geerbt.

Formal war die kommunistische Partei zwar nach einem repräsentativen Prinzip aufgebaut: Ausgehend von der Basis wurden die jeweils höheren Organe gewählt, bis zur Spitze, dem Zentralkomitee, aus dem wiederum das kleine Politbüro als tatsächliche Regierung gewählt wurde. In Wirklichkeit war dieses die Machtzentrale, von der aus die niedrigeren Instanzen gelenkt und instruiert wurden, so daß die Wahlen zu Ritualen herabkamen, deren Ergebnis im voraus feststand. Bis zu einem gewissen Grad war dies wegen der Kriegs- und Bürgerkriegssituation zunächst unvermeidlich. Allerdings war diesem System ein argumentativer Politikstil eigentümlich. Darin ist noch das Erbe des Marxismus und der Theorie- und Philosophiebesessenheit der russischen Intelligenzija erkennbar. Unter Berufung auf die Doktrin als die für alle Entscheidungen unverzichtbare Legitimierung mußte die Führung ihre Politik nämlich den unteren Instanzen gegenüber immer wieder als einzig richtige darstellen. Dadurch wurde die Praxis unlösbar mit der Theorie verbunden. Die kommunistisch-leninistische Strategie blieb somit an die Kunst der Marx-Exegese gekoppelt. In dieser Hinsicht glichen die Parteikongresse kirchlichen Konzilien. Grundsätzlich gab es zwar die Möglichkeit der Diskussion, aber sie war, von der Parteispitze abgesehen, praktisch bedeutungslos. Opposition wurde sofort unterdrückt. So entartete der argumentative Politikstil schließlich zu einer für das kommunistische Regime charakteristischen Sophistik, zu einem Mittel ideologischer Diffamierung und Hexenjagd, wobei nicht das Argument die Machtposition, sondern die Machtposition das Argument legitimierte. Wer die Macht innehatte, war damit auch allein zur richtigen Auslegung der Lehre befähigt. Das Ideal hatte sich in sein Gegenteil verkehrt, die Ratio war zur Sklavin der Macht geworden. Dennoch konnte der Stil vor allem Außenstehende leicht täuschen, allem einen demokratischen Anstrich geben und eine auf Vernunft gegründete Politik vorspiegeln. Die Räte, einst Plattformen einer breiten revolutionären Bewegung, wurden zu machtlosen Ausführungsorganen degradiert, die nur Pateidirektiven umzusetzen hatten.

Als die erwartete Weltrevolution ausblieb, verschob sich für das bolschewistische Regime zwangsläufig der Schwerpunkt der Politik. Priorität hatte nun allein der Wiederaufbau des völlig zerrütteten, verarmten Riesenlandes. An die Stelle der internationalen Ausrichtung mußte die Konzentration auf die eigene Nation treten. Um der ökonomischen Sanierung willen proklamierte Lenin als der große Pragmatiker, der er auch war, die sogenannte Neue Ökonomische Politik (NEP). Dabei wurden auf niedrigem Niveau ein bescheidener kapitalistischer Handel und ein offener Markt erlaubt. In der Parteihierarchie war Lenin der unbestrittene Führer. Er blieb aber ein aus Prinzip asketischer Revolutionär, insofern als er Personenkult und Zurschaustellung von Macht ablehnte. Sie widersprachen dem sozialistischen Gleichheitsprinzip. Lenin legte wahrscheinlich um so mehr Nachdruck auf die Wahrung dieses Prinzips, was das Gebiet des Zeremoniellen und Formellen anging, je mehr sich in Wirklichkeit alle Macht auf die Parteiführung, also auf ihn selbst, konzentrierte, so daß von irgendwelchem demokratischen Verfahren bald keine Rede mehr sein konnte. Aber jeder, mächtig oder nicht, wurde einfach »Genosse« genannt. Daß er in sich den intoleranten, unerbittlichen Ideologen mit dem überlegenen politischen Strategen vereinte, macht Lenin zu einer wohl einmaligen historischen Erscheinung. Im Jahre 1923 wurde er jedoch durch eine Gehirnblutung weitgehend ausgeschaltet, und 1924 starb er. Schon während seiner Krankheit begann hinter den Kulissen ein verbissener Machtkampf.

Dabei hatte der zweite Mann, Leo Trotzki, die besten Aussichten. Erstens war er der großartige Organisator der Roten Armee, der auf seine Erfolge im Bürgerkrieg und dann im Krieg gegen Polen in den Jahren 1920/21 verweisen konnte. Zweitens war er in intellektueller Hinsicht nach Lenin die stärkste Persönlichkeit und ein brillanter, charismatischer Volkstribun. Vielleicht war es zum Teil dieser Ruf und zum Teil die Überschätzung seiner Position durch ihn selbst und andere, was dazu führte, daß sich unter den höchsten Parteiführern eine Front gegen ihn bildete. Dabei entpuppte sich der Generalsekretär der Partei, der Georgier Josef Stalin (eigentlich Dschugaschwili), als der letztlich gefährlichste Konkurrent. Als Parteiorganisator direkt unter Lenin hatte er hinter den Kulissen enorme Macht erwerben können, vor allem, nachdem Lenin sich weitgehend zurückziehen mußte. Im entscheidenden Augenblick schloß er sich den beiden anderen Kandidaten für die Nachfolge Lenins, Grigori Sinowjew und Lew Kamenew, an, und es gelang den dreien, Trotzkis Stellung in der Partei zu untergraben.

Später hat man die Eroberung der Macht durch Stalin, wie im Falle Hitlers, dem Umstand zugeschrieben, daß er zunächst unterschätzt wurde. Er war weder ein mitreißender Redner noch ein versierter Polemiker oder ein scharf analysierender, theoretisch geschulter Denker wie Lenin und die anderen bolschewistischen Führer. Bäuerlicher Herkunft, antiintellektualistisch, war er jedoch ein hervorragender und geduldiger Organisator mit unvergleichlichem taktischem Gespür und Machtinstinkt. Anders als Mussolini und Hitler, aber auch Trotzki, drängte er sich nicht als Primadonna und Blickfang in den Vordergrund.[27] Seine Fähigkeit zur Täuschung erwies sich später als tödliche Waffe, denn hinter seiner anfänglichen Mäßigung und Zurückhaltung verbargen sich Abgründe von rücksichtsloser Herrschsucht, von Durchtriebenheit und Berechnung. Stalin ging es nie um das Äußere, sondern immer um die Essenz der Macht, und Macht übte er wie wahrscheinlich kein anderer in diesem Jahrhundert aus. Lenin muß zuletzt die gefährlichen Ambitionen seines Schützlings durchschaut haben. In seinem Testament empfahl er seine Ablösung. Dank Sinowjew und Kamenew, die vor allem Trotzki fürchteten, entging Stalin dieser Gefahr, und das Testament wurde geheimgehalten. Beim Tauziehen im höchsten Gremium brach nun aber ein neuer Gegensatz auf: zwischen Sinowjew und Kamenew einerseits, die als Orthodoxe auf die Weiterführung der Landreform im kommunistischen Geist drängten, womit sie schließlich wieder Trotzki auf ihrer Seite hatten, und andererseits dem sogenannten rechten Flügel, Nikolai Bucharin und Alexei Rykow, die verhindern wollten, daß man die Bauern gegen Partei und Staatsführung aufbrachte, und dafür eintraten, an der NEP festzuhalten. Stalin schloß sich jetzt diesen beiden an. Daß hierbei eher taktische als theoretische Erwägungen den Ausschlag gaben, scheinen die späteren Ereignisse zu erweisen. Denn nachdem die »linke Troika« in diesem Konflikt den kürzeren gezogen hatte und 1927 schließlich auch aus der Parteiführung entfernt worden war, kam es zur Entfremdung zwischen Stalin und Bucharin. Wieder saß der Generalsekretär dank seines gerissenen Manövrierens schließlich am längeren Hebel. Und als er seine Kontrahenten aus der Parteiführung verdrängt hatte, führte er das »linke« Programm aus und machte der NEP ein Ende.

Seine Position war in dieser Zeit, um 1928/29, schon so gut wie unangreifbar geworden, da die wichtigen Posten in der gesamten Parteihierarchie inzwischen von seinen Anhängern besetzt waren. Gegenstand all der Konflikte war – äußerlich – die politische Strategie, wobei der Streit über theoretische Argumentation ausgetragen wurde, die allmählich zur Lenin-Exegese wurde, ähnlich wie bei Fragen religiöser Orthodoxie. Immer berief man sich auf Lenin, auch auf der höchsten Ebene, um Entscheidungen durchzusetzen und Opponenten zu verketzern. Auch Stalin mußte sich auf diese Autorität berufen, und hierin unterschied sich seine Karriere wesentlich von der Mussolinis und Hitlers, die als Führer auch die höchste Autorität in ihrer Partei waren, ausdrücklich durch das messianische Führerprinzip legitimiert. Dieses fehlte im Marxismus-Leninismus (es sei denn, man bezog es auf die Partei als Ganze). Stalins Macht blieb theoretisch eine von der höchsten Autorität abgeleitete Macht. Er trat als der treue Schüler Lenins auf und räumte seine Konkurrenten im Namen des Lehrmeisters aus dem Weg. Das soll nicht heißen, daß seine Strategie ausschließlich von Opportunismus und nicht auch von tieferen Motiven bestimmt gewesen wäre. Im Verhältnis zu Trotzki und dem linken Flügel war auch ein mentaler Gegensatz im Spiel. Trotzki hatte, als das schnelle Übergreifen der Revolution auf Europa ausgeblieben war, an der internationalistischen Linie festhalten wollen, wenn es auch Stalin war, der ihm die alte Parole von der »permanenten Revolution« aus der vorrevolutionären Zeit zuschrieb, vor allem um gegen ihn zu polemisieren. Nach Trotzkis Ansicht sollte die Sowjetunion ihre Außenpolitik auch weiterhin auf dieses Ziel ausrichten, eine Auffassung, die für die erste, internationalistisch orientierte Generation der Bolschewisten charakteristisch war. Von dieser Generation unterschied sich Stalin durch seinen anderen Hintergrund, und zweifellos spielte dies bei seinem Kampf gegen Trotzki und später gegen die anderen Führer eine Rolle. In den Machtkonflikten äußerte sich der Gegensatz zwischen den (oft jüdischen) westlich-international ausgerichteten Intellektuellen der revolutionären Avantgarde und dem autochthonen georgischen Russen. Nach Trotzkis Fall sorgte Stalin dafür, daß die Parole »Aufbau des Sozialismus in einem Land« ausgegeben wurde. Der Aufbau einer kommunistischen Sowjetunion hatte absoluten Vorrang, und Stalin selbst blieb immer äußerst skeptisch, was die revolutionären Aussichten in anderen Ländern anging. Die Komintern wurde noch mehr als zuvor zu einem Werkzeug, das den Interessen der Sowjetunion und nicht in erster

Linie denen der anderen kommunistischen Parteien dienen sollte. Rechtfertigung dieses Kurses war der Gedanke, daß die Stärke und die Blüte Rußlands, das jetzt zum Mutterland des Sozialismus erklärt wurde, unabdingbare Voraussetzungen für eine zukünftige Weltrevolution seien. Diese blieb theoretisch auch weiterhin das Ziel, auf das sich die Geschichte nach einer inneren Gesetzmäßigkeit unaufhaltsam zubewegte. Aber der Verlauf dieses Weges und die Dauer blieben unbestimmt.

Mit der Eroberung der Macht durch Stalin, die sich geräuschlos in mehreren Schritten vollzog, war somit eine deutliche Akzentverlagerung vom Internationalen zum Nationalen verbunden, eine Nationalisierung des Marxismus-Leninismus auch im übertragenen Sinne. Das einzige direkte Ziel war vorerst, das rückständige Land zu modernisieren, was Industrialisierung im großen Maßstab und vor allem Aufbau der Schwerindustrie bedeutete, die für eine moderne Großmacht unverzichtbar war. Außerdem war die Industrialisierung nach der marxistischen Theorie Voraussetzung des Sozialismus. Zugleich mußte sie mit einer vollständigen Kollektivierung der Landwirtschaft verbunden werden; in dieser Hinsicht herrschte weitgehende Übereinstimmung. Stalin wollte offensichtlich das revolutionäre Programm, dessen Verwirklichung Lenin unter dem Zwang der Notsituation aufgeschoben hatte, konsequent durchführen. Die Frage war, wie schnell und mit welchen Methoden diese großangelegte Reform in Angriff genommen werden sollte. 1928 wurde der erste Fünfjahresplan sowohl für die schnelle Industrialisierung als auch die Kollektivierung der gesamten Landwirtschaft in Kraft gesetzt.

»Kollektivierung« ist ein farbloser, neutraler Ausdruck für eine der radikalsten und gewaltigsten Umwälzungen des Jahrhunderts, die für Millionen zu einer schrecklichen Tragödie wurde. Nicht in dem Programm als solchem, das allerdings schon ungemein kühn und ehrgeizig war, sondern in seiner drakonischen, rücksichtslosen Durchführung drückte Stalin der Zwangskollektivierung seinen persönlichen Stempel auf. Auch viele, die hinsichtlich des Zieles völlig mit ihm übereinstimmten, verblüffte seine erbarmungslose, brutale Methode. Wenn man von irgend jemandem in der modernen Geschichte sagen kann, daß er zur Erreichung seines Zieles über Leichen ging, und zwar Millionen, war es Stalin. Bei dieser Operation sollte sich die Neigung zum Extremen, Gewaltsamen, Gigantomanischen, die sich in der Kultur und Geschichte Rußlands mit seinen unermeßlichen Räumen und seinem unerschöpflichen Reservoir an Menschen wiederholt zeigt, in einem Ausmaß verwirklichen, das kaum seinesgleichen hat. Hier vollzog sich ein Umsturz auf Befehl, in gewissem Sinne die zweite Revolutionsphase, die zwar nicht so auffällig und in den Augen der Welt längst nicht so dramatisch war und auch nicht die gleichen politischen Auswirkungen hatte wie die erste, aber das Land und die gesamte Gesellschaft noch gründlicher verändern sollte.

Der Bauer, der *Muschik*, ist die typischste Erscheinung des russischen Volkes und seiner Kultur genannt worden, er war eine charakteristische Gestalt der russischen Literatur.[28] Die gewaltsame Umformung des Bauern zum Arbeiter eines agrarischen Staatsbetriebes war, was Kultur und Mentalität der Landbevölkerung anging, nicht weniger als eine Operation am Herzen des gewaltigen Landes. Um die gesamte Landwirtschaft kollektivieren zu können, mußten gut hundertzwanzig Millionen Bauern enteignet und ungefähr fünfundzwanzig Millionen Höfe in Kooperativen, Sowchosen und Kolchosen, verwandelt werden. Und das innerhalb weniger Jahre. Wo Lenin und andere an Jahrzehnte gedacht hatten, ordnete Stalin ein von niemandem erwartetes Tempo an. War diese Hast einzig durch ökonomische Erwägungen begründet, oder diente sie zugleich und vielleicht vor allem der Stärkung des zentralen Machtapparates, weil nun eine gewaltige, pyramidenförmige Organisation von Kontrolleuren und ausführenden Kräften aufgebaut werden mußte, mit der die Partei das Land noch fester in den Griff bekam? Dienten die rigorosen, mörderischen Normen zugleich einer Selektion, bei der unliebsame Elemente unter allerlei Vorwänden ausgeschaltet werden konnten, oder beruhten sie auch auf einer grotesken Verkennung der Realität durch die Führung, auf einem ebenso primitiven wie vermessenen Machbarkeitsdenken? Die Abschaffung des selbständigen Bauernstandes war eine Forderung, die aus der marxistisch-leninistischen Doktrin folgte. Aber in der Praxis wurde sie zu einem nicht geringen Teil zu physischer Vernichtung nach dem Vorbild der Aktion gegen die Kosaken in den Jahren 1919/20. Waren die ärmsten Bauern nach hartem Druck noch zum freiwilligen Zusammenschluß unter Führung der Partei bereit, bei den mittleren und reichen Bauern war zäher Widerstand zu erwarten. Stalin bediente sich eines inzwischen bewährten Argumentationsmusters: Die wohlhabenden Bauern erklärte man zu einem besonderen Stand, dem der Kulaken, und somit zu einer Art kapitalistischer Ausbeuterklasse.[29] Damit eröffnete er einen regelrechten Vernichtungskrieg gegen alle, die als Kulaken abgestempelt wurden.

Dazu gehörte die Deportation von ungefähr zwei Millionen Bauern nach Sibirien oder Zentralasien, wobei ein hoher Anteil (bei manchen Deportationen dreißig Prozent) durch Hunger oder Krankheit ums Leben kam. Es erhob sich verzweifelter Widerstand, der dann mit militärischer Gewalt niedergeschlagen wurde. Die genaue Zahl aller Opfer der Vernichtungsoperation, einschließlich derer, die bei militärischen Aktionen getötet wurden oder in den Lagern und bei Deportationen umkamen, ist nicht mehr zu bestimmen. Sie liegt wahrscheinlich bei etwa einer Million.[30] Ungefähr sechs Millionen Menschen kamen bei einer schrecklichen Hungersnot ums Leben, die in den Jahren 1932/33 ihren Höhepunkt erreichte, als unmittelbare Folge forcierter Kollektivierungen, vor allem in der Ukraine.[31] Eine andere Folge war, daß die verzweifelten Bauern einen großen Teil des Viehbestandes lieber töteten, als ihn in die Hände des Staates und seiner Kommissare fallen zu lassen, für die Wirtschaft eine Katastrophe, die noch eine Generation lang nachwirken sollte. Die Hungersnot war nur zum Teil Folge der übereilten und forcierten Neuerungen. In der Ukraine wurde sie bewußt verlängert und verschlimmert, also in gewisser Weise inszeniert, da sie so als natürliche Verbündete bei der Liquidierung des Bauernstandes mithelfen konnte. Stalin ging es auch darum, die nationale Identität der Ukraine auszulöschen, deren Träger und Verkörperung der Bauernstand war. Hierzu gehörte außerdem ein Angriff auf die orthodoxe Kirche, die auf der Seite der gläubigen Bauern stand und ihnen Halt bot. Kirchen wurden geschlossen und Priester verhaftet. Umfangreiche Getreidelieferungen ins Ausland wurden einfach aufrechterhalten, während Hunderttausende, vom Kind bis zum Greis, ausgehungert umherzogen und in Dörfern oder am Rande der Landstraßen krepierten, nachdem man ihre Vorräte requiriert hatte, um die geforderte Quote zu erfüllen. Der Wert eines Menschenlebens sank auf Null. Es kann kaum ein Zweifel bestehen, daß die gleichen ökonomischen Resultate hätten erzielt werden können, ohne daß dabei mehr als ein kleiner Bruchteil der tatsächlichen Opfer umgekommen wäre. Es handelte sich also im Grunde um Massenmorde in einer neuen Dimension, auch wenn dabei sowohl die Natur als auch der Faktor »höhere Gewalt« und mangelhafte Organisation (zum Beispiel bei den Deportationen) eine Rolle spielten und zur Verschleierung dienten.

Da die Sowjetunion international stark isoliert war und alle Informationen streng zensierte, blieb das, was sich in jenen Jahren im Inneren des Landes vollzog, für die Außenwelt unklar, wenn auch manchmal Nachrichten nach außen drangen. Die Notstandsgebiete wurden militärisch vollständig abgeriegelt. Das Regime leugnete die Katastrophe hartnäckig, und im Inland wurde jede Erwähnung als niederträchtige Verleumdung bestraft. Der offiziellen Darstellung zufolge schlossen sich die Bauern freiwillig den Staatsbetrieben an, mit Ausnahme der Kulaken. Für Stalin waren alle katastrophalen Auswirkungen der Kollektivierung einfach auf bösen Willen und Sabotage zurückzuführen. Trotz dieser Auswirkungen, deren Ausmaß irgendwann auch abgebrühte, stramme Parteimitglieder zu erschüttern begann, setzte er die Kollektivierung mit gnadenloser Entschlossenheit fort, die seine Autorität und Macht letztlich nur stärkte. Festigung seiner Macht war auch das Ergebnis der zur gleichen Zeit in Angriff genommenen Industrialisierung, die das Land mit einem Schlag in die vorderste Reihe der modernen Industrienationen bringen sollte. Dies war die zweite Hälfte der staatlich befohlenen und gelenkten nationalen Metamorphose. Auch hier ein rücksichtsloser Zwang zur Eile. In riesenhaftem Ausmaß durchgeführte Arbeiten zum Bau von Kanälen und Fabriken, teilweise unter extremen äußeren Bedingungen, richteten Tausende zugrunde. Dabei handelte es sich oft um Zwangsarbeiter, von denen die Lager inzwischen einen unerschöpflichen Vorrat bereithielten. Nichterfüllung der hochgeschraubten Anforderungen wurde als Sabotage betrachtet und erbarmungslos bestraft. Was Stil und Organisation dieses Unternehmens angeht, weckt es Assoziationen zu den riesigen Sklavenheeren orientalischer Despoten und Pyramidenbauer in geheimnisvoller frühgeschichtlicher Zeit. Von der Zwangskollektivierung unterschied es sich durch die selbstverständliche Zustimmung, der sich die Industrialisierung in weiten Bevölkerungskreisen erfreute, durch eine entsprechende Opferbereitschaft, die allgemein als patriotische Pflicht galt, und Stolz angesichts dieser als notwendig betrachteten rabiaten Modernisierung. Die massive ideologische Propaganda stieß hier auf eine spontane Aufgeschlossenheit in allen Bevölkerungsschichten. Den Millionen Toten und Gefangenen standen die Millionen gegenüber, die an den großen Fortschritt glaubten und dabei selbst Karriere machen konnten.

Dies war die andere Seite, die nicht vernachlässigt werden darf, wenn man die Entwicklung besser verstehen will. Wie beim Faschismus und Nationalsozialismus wurde an idealistische und religiöse Gefühle appelliert, und die Verkündigung des kommenden Heilsstaates gehörte zur machtvollen Botschaft von Marxismus und Kommunismus an alle Bedürftigen. Lenin und die Bolschewisten hatten sie übernommen und in eine feste Form gegossen. All ihr Handeln einschließlich des Terrors schien im Zeichen dieses Endziels zu stehen, und das erklärt die Faszination, die vom Bolschewismus ausging, auch im Westen. Die Verbindung der kommunistischen Idee mit dem panslawistischen, spezifisch russischen Sendungsbewußtsein wurde durch Stalins Parole vom »Sozialismus in einem Land« nur noch enger. Wenn es um die Deutung und Rechtfertigung dieser Revolution von oben mit ihrem ungeheuren Tribut an Menschenleben ging, spielte die Propaganda nun in unverkennbar nationalistischer Tonart. Die Sowjetunion mußte die kapitalistischen Staaten übertrumpfen. Ihr gehörte die Zukunft als Anführerin auf dem Weg ins gelobte Land des Kommunismus. Mit diesem Appell an nationale Gefühle näherte sich das stalinistische Regime im Laufe der dreißiger Jahre immer mehr dem Faschismus und Nationalsozialismus an. Es brachte bei der Bevölkerung ähnliche Saiten zum Schwingen, wenn bei alledem auch das marxistische, internationalistische Idiom beibehalten wurde.

Unverzichtbar für jede Diktatur ist seit jeher das Feindbild. Wie der Nationalsozialismus das Schreckgespenst eines satanischen Judentums und Bolschewismus beschwor, so betonte die Sowjetführung unermüdlich die Bedrohung durch Wühlarbeit und teuflische Anschläge von Kapitalismus und Reaktion. Wegen der Isolation, in der das Gros der Bevölkerung lebte, konnten sich solche Vorstellungen allgemein durchsetzen, auch unter Intellektuellen. Zusammen mit einem glühenden Patriotismus und der messianischen Erwartung kann dies die Bereitschaft erklären, immer wieder geduldig die schwersten Lasten zu tragen und unvorstellbare Opfer zu bringen. Eine tief im russischen Volk verwurzelte Religiosität und fromme Ergebenheit traten hier in neuer Gestalt in Erscheinung. Der Patriotismus hing auch mit einer eigenartig ambivalenten Haltung gegenüber dem Westen zusammen, einer Mischung aus Bewunderung, Minderwertigkeitsgefühlen und Widerwillen. Indem sie pausenlos das Element des Wettkampfs betonte, das Versprechen, in der Modernisierung des Landes diesen arroganten Westen zu überflügeln, berührte die Propaganda eine besonders empfindliche Saite. Bei alledem erwies sich Stalin wiederum als äußerst gerissener Taktiker, kam er doch immer wieder der Kritik zuvor, indem er die Schuld an den sogenannten Auswüchsen seines rigorosen Programms auf Untergebene abwälzte. In der Kaltblütigkeit, mit der er sich ernsthaft kompromittierter Helfer und treuer Funktionäre, die nur seine Direktiven ausgeführt hatten, im richtigen Augenblick zu entledigen wußte, war er unübertroffen. Damit kommen wir zu einem der besonders charakteristischen Züge der stalinistischen Diktatur, durch den sie sich auffällig von der faschistischen und nationalsozialistischen unterschied: der Säuberungsmanie.

Eine ihrer Wurzeln lag im Marxismus selbst. Die unlösbare Verbindung von Theorie und politischer Agitation hatte bei Marx und Engels schon zur Trennung von Orthodoxen und Heterodoxen und zur Diffamierung abweichender Meinungen geführt. Was sich damals noch auf die verbale Ebene beschränkt hatte, wurde mit Lenin bitterer Ernst. An die Stelle der Spaltungen und Polemiken, die immer eine Begleiterscheinung der revolutionären marxistischen Bewegung gewesen waren, trat, sobald Lenin die Macht erobert hatte, die gewaltsame Unterdrückung von Opponenten. Allerdings ging es dabei um Personen oder Gruppen, die sich der Diktatur der kommunistischen Partei als solcher widersetzten. Der Kampf um die Macht, der sich nach seinem Tod innerhalb der Partei abspielte, führte zunächst nur zur Absetzung und rein politischen Ausschaltung der Verlierer. Ab 1928/29, mit dem Beginn der Revolution von oben und der Niederlage der letzten Rivalen Stalins, begann jedoch eine neue Phase. Es war unvermeidlich, daß die katastrophalen Auswirkungen des Fünfjahresplans innerhalb der Partei Kritik und Opposition provozierten. Stalin nahm dies zum Anlaß, ab 1934 in einer Reihe von Prozessen sowohl seine alten Konkurrenten als auch andere unliebsame Parteimitglieder höherer und höchster Ränge wegen verräterischer Handlungen anklagen und hinrichten oder im günstigsten Fall verbannen zu lassen. Im Zuge dieser spektakulären Säuberungen wurden außerdem Tausende aus ganz anderen Bevölkerungsgruppen abgeurteilt. Insgesamt – betroffen waren alle Ränge der Partei – gab es fast siebenhunderttausend Exekutionen, am Ende in den meisten Fällen ohne formale Verurteilung.[32] Dabei kam schließlich auch die Armeeführung an die Reihe, die lange noch eine einigermaßen selbständige Stellung innerhalb des gesamten Systems hatte behaupten können.

Die mit viel publizistischem Aufwand inszenierten Prozesse gegen die prominenten Parteimitglieder boten der Welt ein völlig neuartiges Schauspiel: Die Angeklagten, denen Spionage, konterrevolutionäre Aktivitäten, Verschwörung gegen die Regierung und noch andere Schurkereien zur Last gelegt wurden, gestanden fast ausnahmslos und beschuldigten sich selbst laut und in aller Öffentlichkeit der niederträchtigsten Motive und Vergehen. Dabei war die Absurdität der Anklage in vielen Fällen evident. Es war eine abstoßende Darbietung, zu erklären nur mit der Anwendung raffinierter psychischer und physischer Foltermethoden. Persönlichkeiten, durch die harte Realität bolschewistischer Politik gestählt, erschienen als gebrochene Menschen vor ihren Richtern, verwandelt in apathische Kreaturen, weich wie Butter in den Händen ihrer Ankläger. Trotzdem mußte gerade das Unerhörte dieser Vorgänge Verwirrung stiften, auch im Ausland. Die Inszenierung sollte als abschreckendes Beispiel dienen, außerdem aber entsprang sie dem theoretisch-ideologischen Legitimierungszwang des Marxismus-Leninismus, dem sich auch das stalinistische Regime nicht entziehen konnte. Der Despotismus mußte sich ständig als orthodoxe Glaubenslehre präsentieren. Zweifellos konnte die Bevölkerung durch die Selbstbeschuldigungen, gerade weil es dabei um so verachtenswerte Handlungen ging, zum größten Teil von der Richtigkeit der Anklage überzeugt werden. Man hielt die Strafen für verdient und im Falle von Verbannung oder Gefängnis noch für einen Beweis der Humanität und Großmut des Regimes. Daß gerade hochgestellte Personen hingerichtet wurden, verfehlte außerdem nicht den erwünschten psychologischen Effekt. Das ewige, tiefverwurzelte, oft mit Neid verbundene Mißtrauen des Volkes gegenüber den Mächtigen, in diesem Falle den stolzen Parteibonzen mit ihren Machenschaften, schien sich hier als berechtigt zu erweisen, zugleich aber gelang es auf diese Weise, Empörung zu besänftigen und Rachegelüste zu befriedigen. Es war beruhigend festzustellen, daß die Regierung und besonders der Genosse Stalin Schuldige ohne Ansehen der Person bestrafte. Für all die Fehlschläge und Mißstände wurden gleich Sündenböcke gefunden, und dies stärkte die Solidarität zwischen Führung und Masse. Außerdem dienten die Inszenierungen, auch gegenüber dem Ausland, der Ablenkung von der ungeheuren Zahl von Exekutionen im Hintergrund.[33]

Anders als der Nationalsozialismus, dessen Führerprinzip theoretische Rechtfertigung überflüssig machte, richtete sich der Stalinismus gerade gegen die eigenen Kinder, die eigene Partei. Für Hitler gab es nach der einen blutigen Abrechnung mit den SA-Führern im Jahre 1934 nur noch äußere Feinde – wirkliche oder vermeintliche. Anhänger und Parteimitglieder waren als solche nicht bedroht und allenfalls in einen unblutigen Konkurrenzkampf verwickelt. Außerdem beruhte Hitlers Autorität innerhalb der Partei auf seinem Charisma. Bei Stalin gab es solche Sicherheit für Anhänger nicht, man könnte beinahe sagen, es konnte sie grundsätzlich nicht geben. Der eigentliche Grund für die Säuberungen lag darin, daß seine Alleinherrschaft letztlich illegitim war. Er hatte sie nicht als der Messias der Partei, sondern als Musterschüler des Messias in verbissenem Kampf gegen die anderen Schüler erlangt und mußte sich auch weiterhin auf den großen Meister berufen. Deshalb rottete er den gesamten Kader der alten Revolutionäre und Jünger Lenins aus, die Zeugen seiner Usurpation. Die verborgene Furcht vor innerparteilicher Rebellion, die Hitler in dieser Form nicht kannte, bestimmte bis zum Schluß Stalins Verhalten und verstärkte noch das Bedürfnis nach permanenter, eingehender theoretischer Rechtfertigung. Dies führte dazu, daß die Ideologie vollständig pervertiert und das Vokabular seines ursprünglichen Sinns beraubt wurde.

Im gesamten Land verbreitete sich nach diesen blutigen Säuberungswellen eine Atmosphäre großer Unsicherheit, ja atemloser Angst, die aber auch ein natürliches Gegengift gegen Byzantinismus und rücksichtsloses Karrierestreben war. Das Ausmaß des Terrors war unbekannt und unvorstellbar, der Terror an sich konnte jedoch kaum unbemerkt bleiben. Um 1937 waren viele Millionen Menschen (manche Schätzungen kommen auf ungefähr acht Millionen) in den Straflagern, und die Zahl der Hingerichteten lag, alle Prozesse zusammengenommen, bei Hunderttausenden.[34] Daß die Beschuldigungen oft einfach erfunden waren, verbreitete Nervosität und Schrecken, denn die gefürchtete Geheimpolizei GPU, die 1934 im »Volkskommissariat für Innere Angelegenheiten« (NKWD) aufging, konnte nicht nur offenkundige, sondern auch nach Ansicht des Regimes potentielle Opponenten und ihre gesamte Familie verhaften. Das System sozialer Kontrolle verwandelte sich in ein unsichtbares, die gesamte Gesellschaft durchdringendes Netzwerk von Zuträgern. Denunziation wurde zur nationalen Pflicht und Tugend. Vor allem aus Angst hielt man verbissen an dem Glauben fest, daß sich die Anklagen tatsächlich gegen Volksfeinde richteten, wie die Propaganda immer behauptete. Was dem Terror noch zusätzlich eine ganz ungeheuerliche Dimension gab, war ein besonderes Kontrollmittel der Zentralgewalt, die Festsetzung von Quoten für zu verhaftende und zu erschießende Feinde. Dadurch hatte man die untergeordneten regionalen Exekutivorgane fest in der Hand. Wer die Quoten nicht erfüllte, setzte sich selbst gleich dem Verdacht der Unzuverlässigkeit aus. Aus Gründen der Selbsterhaltung versuchten untergeordnete Funktionäre, durch besonders fanatische Verfolgung vermeintlicher Gegner jeglichem Argwohn von vornherein zu entgehen, so daß die Höhe der Opferzahl nicht allein auf das Konto der Führung geht. Diese hatte jedoch die teuflische Dynamik erst entfesselt.

Das funktionierte auf allen Ebenen. Die Diktatur verstärkte den krampfhaften Anpassungsdrang und sorgte dafür, daß genau wie in Nazideutschland Geltungsdrang, Haßgefühle und persönliche Feindschaften ungehemmt ausgelebt werden konnten. Will man den Erfolg des Despotismus Stalinscher Prägung erklären, muß man aber noch einen weiteren Faktor berücksichtigen. Für die unteren Schichten, vor allem die Arbeiter, war die Partei von den späten zwanziger Jahren an auch das Vehikel der Emanzipation schlechthin, in noch höherem Grade, als es die NSDAP in Deutschland war. Zur Emanzipation wiederum gehörten außer Qualifizierung und sozialem Aufstieg auch Politisierung und ideologische Schulung. So war an Universitäten und vielerlei Ausbildungsinstituten in den zwanziger und dreißiger Jahren dank staatlicher Stipendien eine neue Klasse gut ausgebildeter Menschen von einfacher Herkunft herangewachsen, die in der alten bürgerlichen Elite von Fachleuten ihren Konkurrenten und natürlichen sozialen Feind sah. Gehorsam gegenüber der Parteilinie und erfolgreiche Laufbahn waren für Millionen ein und dasselbe. Der Ausdruck »Totalitarismus« im Sinne der Allgegenwart des Staates und seiner Glaubensgebote im Alltags- und Arbeitsleben und der Lenkung des Denkens und Fühlens nach einem festen Schema ist deshalb auch eher auf die Sowjetunion als auf Nazideutschland anwendbar. Zu erklären ist dies sowohl durch die größere Isolation und Entfernung vom Rest Europas als auch dadurch, daß der Bildungsstand der breiten Masse niedriger war und daß dem Regime viel mehr Zeit für die Formung eines neuen Menschentyps zur Verfügung stehen sollte.

Die geforderte vollständige Identifikation mit der Parteiführung lief im Grunde auf eine Art Gehirnamputation bei der Bevölkerung hinaus. Zu diesem Zweck ersetzte man die formale und offizielle Parteidiktatur leninistischen Stils im Laufe der dreißiger Jahre durch überschwengliche Verehrung der Person Stalins. Auch dies war letztlich ein Mittel zur Rechtfertigung seiner usurpatorischen Stellung. Er fühlte sich nun stark genug, die Rolle des Meisterschülers Lenins gegen die seines gleichwertigen Nachfolgers zu tauschen. Die gigantischen Umwälzungen waren sein persönliches Werk. Auch in dieser Hinsicht stand der Personenkult um Stalin als großen Führer, unvergleichliches Genie und allwissenden Vater der Völker schließlich nicht mehr hinter dem nazistischen Hitlermythos zurück, der zur gleichen Zeit Millionen in seinem Bann hielt und ihnen den Blick auf die Wirklichkeit verstellte.

9 Kultur unter Hammer und Sichel

Die Wende von der revolutionären zur totalitären Phase der Sowjetunion manifestierte sich – »selbstverständlich«, muß man auch hier wieder sagen – in der gesamten Kultur. Die rigorose Ausschaltung und Unterdrückung jeder Art von politischer Opposition führte zwangsläufig dazu, daß sich die Zensur auch der Künste und Wissenschaften bemächtigte. Das gehörte zur Idee des Heilsstaates, die Gleichheit auch im Denken und Fühlen implizierte. Was für das Naziregime das Ideal einer germanischen Volkskultur war, wurde für Sowjetrußland das Ideal einer sozialistischen proletarischen Kultur. Die Vorstellung, daß Kultur nichts anderes als eine Art Abguß des Volkes und des Volkscharakters zu sein habe, war beiden Regimes gemeinsam, auch wenn sie »Volk« unterschiedlich definierten: Nazideutschland als Blutsgemeinschaft, Sowjetrußland als Summe der Arbeiter und Bauern.

In den Künsten hatte die bolschewistische Revolution als große Kriegserklärung an die bürgerliche Kultur zunächst einen wahren Freiheitstaumel ausgelöst, und alles, was sich in künstlerischer Hinsicht für fortschrittlich hielt, glaubte im Osten hoffnungsvolles Morgenrot zu sehen. Dieser Avantgardismus paßte zur traditionellen Opposition gegen den Zarismus, die schon während des ganzen neunzehnten Jahrhunderts zum russischen Intellektuellen und Schriftsteller gehört hatte. Dennoch war diese berühmte Intelligenzija mehrheitlich für die bürgerlich-liberale Februarrevolution und nicht für den bolschewistischen Staatsstreich gewesen.[35] Am Anfang waren auch noch unterschiedliche revolutionäre Vorstellungen und Ideale in Umlauf. So machte sich eine religiöse Strömung bemerkbar, in der auch das mystische slawisch-russische Sendungsbewußtsein wieder auflebte. Zu einem der wichtigsten Anreger wurde hier der Philosoph Nikolai Berdjajew. Ursprünglich mehr oder weniger marxistisch geprägt, gründete er nach der Revolution eine Akademie für freies Geistesleben; in der Folgezeit erwies er sich, offensichtlich von Dostojewski beeinflußt, immer deutlicher als christlich-sozialer und ausgesprochen antimaterialistischer Denker. Die Freiheit der Person und der Vorrang des Geistes vor dem Körper wurden zu den Kerngedanken seiner Lehre. 1922, als Lenin und seine Anhänger im Begriff waren, die Entwicklung vollständig unter ihre Kontrolle zu bringen, wurde er verbannt und emigrierte wie viele der enttäuschten Intellektuellen in den Westen. Die Bolschewisten stützten sich seit jeher nicht auf Experten, die höheren Berufe, eher auf die unteren Schichten. In der Partei waren Menschen mit höherer Bildung deutlich unterrepräsentiert.[36] Aber man benötigte sie für den Aufbau des Landes, wie man zaristische Offiziere für den Aufbau der Roten Armee brauchte und in großer Zahl einsetzte. Um sie zu kontrollieren, hatte man ihnen einen kommunistischen Funktionär an die Seite gestellt. Die Parteiführung blieb auch gegenüber den höheren Berufsgruppen mißtrauisch, und in den Jahren 1921-1923 gab es viele Anklagen und auch Exekutionen wegen konterrevolutionärer Aktivitäten. Doch der endgültige Sieg der Bolschewisten ließ eine fragile Interessengemeinschaft zwischen der Partei und den unentbehrlichen Fachkräften entstehen. Die großangelegten Modernisierungspläne eröffneten gerade Technikern und Naturwissenschaftlern sehr verlockende Perspektiven.

Akademiker und Studenten, überwiegend bürgerlicher Herkunft, waren nach 1917 jedoch antibolschewistisch eingestellt. Die maßgeblichen wissenschaftlichen Institutionen (wie etwa die Akademie der Wissenschaften) blieben in den ersten Jahren noch verhältnismäßig unabhängig, und ihre Publikationen waren nicht marxistisch ausgerichtet. Zwar verstärkten die Partei und ihr für Kultur zuständiger Mann, Lunatscharski, allmählich den Druck auf Wissenschaftler, um sie zur Anpassung an die marxistischen Prinzipien zu zwingen. Trotzdem stand die Partei vor der großen Schwierigkeit, daß sie für die Ausbildung proletarischer Wissenschaftler – »proletarisch«, was die soziale Herkunft und die Überzeugungen anging – auf bürgerliche Lehrer und Dozenten angewiesen war.[37] Wer der Partei beitrat, konnte dabei noch hoffen, den Bolschewismus vielleicht zu reformieren und zu liberalisieren. Noch schien die Zukunft unterschiedliche Möglichkeiten bereitzuhalten. Auf jeden Fall aber mußte das sehr bescheidene intellektuelle Niveau vieler Parteimitglieder der Führung Sorgen bereiten: »Wenn wir in Rußland nur die Lichter brennen ließen, die unserem Denken entsprechen, würden wir in völliger Dunkelheit versinken«, so die zynische Bemerkung eines niedergeschlagenen Lunatscharski.[38]

Hoffnungsvoll und offen schien die Zukunft einige Jahre lang vor allem für die Künstler. Mit dem gewaltigen Aufschwung künstlerischer Experimente und moderner Ismen auf allen Gebieten, vor allem in Moskau und Petrograd, entsprach das erste Jahrzehnt ihren Erwartungen. Stand für Lenin und die Seinen auch fest, daß Kunst der Revolution zu dienen habe, ja daß wahre Kunst künftig proletarische Kunst sein werde, hatte man es zunächst doch den Künstlern selbst überlassen, das Ideal genauer zu definieren. Hier war es folglich schon bald zu Diskussionen und Kontroversen gekommen, wobei die Gruppe der doktrinären Parteianhänger von Wladimir Majakowski angeführt wurde, dem revolutionären Dichter par excellence. Auch Alexander Blok und die Futuristen begrüßten den bolschewistischen Kurs, während die sogenannten Symbolisten Gegner Lenins waren. Dialektischer Materialismus als Grundlage allen Denkens und aller Dichtkunst war kaum mit der symbolistischen Ausgangsposition zu vereinbaren, nämlich mit der Vorstellung von der sinnlich wahrnehmbaren materiellen Welt als Vordergrund und Außenseite geistiger Kräfte. Auch die erwähnte religiös-apokalyptische und zugleich ausgesprochen antiwestliche Strömung hatte Anhänger unter den Schriftstellern. Persönlichkeiten wie Alexei Tolstoi, Sergei Jessenin, Andrej Belyj, Ossip Mandelstam, Boris Pasternak, die Lyrikerin Anna Achmatowa, ganz zu schweigen von Maxim Gorki, standen der revolutionären Entwicklung dagegen durchaus nicht ablehnend gegenüber, wenn sie auch den agitatorischen Fanatismus Majakowskis mißbilligten. So bildeten sich zahlreiche Autorenverbände, die keineswegs alle kommunistisch waren. Sich der Partei enger anzuschließen, bot jedoch viele materielle Vorteile, die in den Jahren des Bürgerkriegs, der Armut und des Hungers nicht zu verachten waren. Von 1919 an begannen sich auch betont proletarische Verbände von Bauern- und Arbeiterschriftstellern Gehör zu verschaffen. Sie vor allem drängten auf die Verwirklichung einer Literatur im reinen kommunistischen Geist, wobei Rivalität mit anderen Gruppen und der Wunsch, eine Monopolstellung zu erlangen, eine wesentliche Rolle spielten. Angesichts des Niveauverlusts waren Lenin und die Partei vom fanatischen Eifer ihrer dichtenden Anhänger durchaus nicht immer begeistert. Sie erkannten, daß eine parteitreue kulturelle Elite nicht aus dem Boden zu stampfen war. Die Einsicht, daß man auf die alten Kulturträger vorerst nicht verzichten konnte, bestimmte die Kulturpolitik noch bis weit in die zwanziger Jahre. Die eingeführte Zensur war in erster Linie negativ: Antimarxistische Literatur war verboten, traditionelle neutrale wurde dagegen toleriert. So konnte die Revolution zum Thema der Romane von Schriftstellern wie Isaak Babel und Boris Pilnjak werden, ohne aufdringliche ideologische Tendenz, vielmehr als ergreifendes, überwältigendes Geschehen ganz im Geist von Tolstois *Krieg und Frieden*. Wenn sich auch die verschiedenen Splittergruppen und Verbände laut über die Frage stritten, was proletarische Kunst zu sein habe und welches die sozialen Verpflichtungen des Schriftstellers seien, hatte man zunächst die Freiheit, diese Verpflichtung unterschiedlich zu interpretieren. Ab 1927/28 – nicht zufällig nach der Ausschaltung des linken Flügels in der Parteispitze – wurden die Daumenschrauben angezogen. Schriftstellern wie Pilnjak machte man klar, daß sie bestimmte unliebsame Äußerungen widerrufen mußten, wenn ihre Bücher weiter erscheinen sollten. Und Pilnjak widerrief. Wer sich den Realitäten nicht fügte, durfte nicht mehr veröffentlichen und konnte sich auch nicht mehr sicher fühlen.

Nach Stalins großer Wende und mit seiner Alleinherrschaft begann auch den Künsten ein eisiger Wind ins Gesicht zu wehen. Im Jahre 1934 organisierte Andrei Schdanow, der neue Mann für Kultur, den ersten allgemeinen Schriftstellerkongreß, auf dem das Programm des »Sozialistischen Realismus« verkündet wurde. Man verlangte von den Schriftstellern, daß sie sich ganz der marxistisch-leninistischen Doktrin, wie die Partei sie auslegte, unterwarfen, und sie hatten künftig selbst über die korrekte Gesinnung zu wachen. Ein Schriftsteller hatte eine Art geistiger Ingenieur im Dienste des Staates und der sozialistischen Erziehung zu sein. Die neue Linie hatte zur Folge, daß einige der prominentesten Schriftsteller, Jessenin, Pasternak und Achmatowa, praktisch sofort zum Schweigen gebracht wurden. Majakowski beging aus Verzweiflung über die Wendung der Dinge Selbstmord. Viele verschwanden in Gefängnissen oder Lagern und kehrten nie mehr zurück, wie zum Beispiel Mandelstam und Babel. Der berühmte Regisseur Wsewolod Meyerhold wurde zu Tode gefoltert. Wieder andere, Konstantin Stanislawski und Autoren wie Vladimir Nabokov und Dmitri Mereschkowski, waren noch rechtzeitig in den Westen emigriert. Es kam zu einem wahren Kahlschlag in der kulturellen Elite, vergleichbar mit dem ungefähr gleichzeitigen Exodus von Talent aus Deutschland, nur gelang in Rußland weniger Künstlern die Flucht. Das hing damit zusammen, daß die Kriterien der Zensur viel weniger durchschaubar und berechenbar waren, und dies wiederum mit dem anderen Charakter von Stalins Regime, das – angesichts seines usurpatorischen Ursprungs – jede wichtige politische Entscheidung noch eigens theoretisch rechtfertigen mußte. Abweichungen vom orthodoxen Kurs wurden deshalb sofort bestraft. Der Marxismus-Leninismus war aber auch ein viel stärker theoretisch fundiertes und in sich viel schlüssigeres System als das, was als faschistische oder nationalsozialistische Weltanschauung galt. Die Folge war, daß der Spielraum eher kleiner, die Wahrscheinlichkeit aber, gegen einen bestimmten Glaubensartikel zu sündigen, angesichts der reichen Auswahl an marxistischen Ketzereien – Revisionismus, Reformismus, Trotzkismus, linkes oder rechtes Abweichlertum – viel größer war. Natürlich führte diese Politik wie in Deutschland zur Spaltung der Literaten in die Verstoßenen, die sich – wenn sie nicht in den Kellern des NKWD oder den Lagern verschwanden, manchmal für immer – in Schweigen hüllen mußten, und die Anpasser, wie Alexei Tolstoi, Ilja Ehrenburg und der Autor des später weltberühmten Romans *Der stille Don*, Michail Scholochow, der sich sogar als Lobredner des Regimes entpuppte. Auch der Schriftsteller Alexander Fadejew besang den neuen Sowjetmenschen, und eine ganze Schar kleinerer Talente, die gehorsam mit dem Wind segelten, konnte Karriere machen.

Das gleiche galt für die bildenden Künste und die Musik. Statt des Ausdrucks »entartet« war in der Sowjetunion eine lange Liste diffamierender Vokabeln in Gebrauch: »bürgerlich«, »dekadent«, »konterrevolutionär«, »revisionistisch«, »symbolistisch« oder »formalistisch«. Das offizielle Kunstideal, der »Sozialistische Realismus«, war in manchen Zügen dem völkischen, nazistischen sehr ähnlich. Stalins persönlicher Geschmack, der wie im Falle Hitlers zur sakrosankten Kunstnorm wurde, war im Grunde ebenso konventionell, Ausdruck einer biederen bürgerlichen Kunstanschauung aus dem neunzehnten Jahrhundert. Immer wieder mischte er sich in künstlerische und literarische Fragen ein, und sein Eingreifen entschied über das Schicksal eines Werks und seines Urhebers. »Realismus« stand für einen Naturalismus, der mit dem der offiziellen Kultur des Dritten Reiches vergleichbar war. Kunst hatte nach der Parteilehre ausschließlich die vertraute Wirklichkeit in ihrer revolutionären Veränderung darzustellen: in erster Linie das Leben des Volkes, der Industrie- und Landarbeiter.

Russische Architekten und bildende Künstler gehörten zur Zeit der Revolution und in den ersten nachrevolutionären Jahren zu den fortschrittlichsten der europäischen Avantgarde. Wie die Bauhausgruppe bemühten sie sich, Kunst und Kunsthandwerk zu verbinden, und viele der Einflußreichsten waren Architekten, Dekorateure, Graphiker, Bildhauer und Kunsttheoretiker zugleich. Der prominente Künstler Kasimir Malewitsch entwarf kühne, an abstrakter Kunst orientierte Architekturmodelle, und Wladimir Tatlin wollte ein Monument für die Dritte Internationale errichten, das den Eiffelturm (damals mit seinen dreihundert Metern noch der höchste Turm der Welt) überragen sollte. Diese Gigantomanie, den Architekturphantasien Hitlers und Speers verwandt, sollte später auch die Periode der Stalinschen Diktatur kennzeichnen. Machtbewußtsein, besser gesagt, das Bedürfnis, Macht und Prestige zu demonstrieren, hat sich selten so unverhohlen, naiv beinahe, in den gewaltigen Dimensionen der Entwürfe geäußert, die ein Zeichen von Überlegenheit sein sollten. Größe wurde als etwas rein Materielles verstanden. Das begann schon während der Revolution. Paläste zur Feier von Revolution, Proletariat und sozialistischer Eintracht sollten die alten feudalen und bürgerlichen Bauten, Paläste und Schlösser vor allem an Höhe und Breite übertrumpfen, in der Anzahl der Meter. Berühmte ausländische Künstler wie zum Beispiel Le Corbusier und niederländische Architekten waren willkommen. Eine Ausstellung zeitgenössischer Architektur, die 1927 in Moskau stattfand, war noch eine Demonstration internationaler Verbundenheit und gegenseitiger Inspiration in der modernen Baukunst. Von dieser Zeit an wurden jedoch von höherer Stelle immer nachdrücklicher Bedenken gegen die utopistische und experimentelle Richtung angemeldet. Alles sollte am besten noch kolossaler, zugleich aber wieder klassischer werden, wie im Jahre 1931 Boris Lofans Pläne für den Sowjetpalast in Moskau. Die Architektenverbände wurden in jenen Jahren zu einer straff zentralistischen Organisation unter Leitung der Partei zusammengefaßt.

In den bildenden Künsten wurde vor allem auf dem Gebiet der Illustration und des Plakats viel Originelles geschaffen. Das gleiche gilt für die politische Karikatur, wenn auch die sozialistische Lehre und das Regime tabu waren. Die Verhärtung der Kulturpolitik führte auch hier zur Auswanderung von Künstlern, die nicht bereit waren, sich zu unterwerfen. Chagall hatte man schon früher vertrieben, auch Archipenko und Zadkine arbeiteten schon längst im Westen. Dennoch ging die Gegenbewegung zum gerade in der Sowjetunion zunächst so üppig blühenden Avantgardismus auch auf Impulse zurück, die aus den Künsten selbst kamen. Es gab eine gewisse Übersättigung und Ermüdung nach all den Experimenten, ein Verlangen, wieder stärker an die Tradition anzuknüpfen, das nicht allein auf den straffen

Dirigismus des neuen Parteikurses zurückzuführen ist. Besser gesagt: Die Kunstpolitik des Regimes war nicht nur theoretisch-ideologisch bestimmt, sondern sie war auch Ausdruck des Geschmacks und Empfindens einer ästhetischen Gegenströmung, und zwar einer naturalistischen. Die Porträtkunst zum Beispiel konnte davon in gewissem Sinne profitieren. Ergebnis der Erhebung des »Sozialistischen Realismus« zur Leitlinie waren die bekannten, mit viel Pathos gemalten historischen Szenen; Themen waren vorzugsweise die Revolution, der Sieg der Bolschewisten, die Partei und die ruhmvollen Leistungen des fleißigen Volkes. Und diese Machwerke erinnerten an die romantisch-nationalistischen Bilder, die in früheren Zeiten dem Geschichtsunterricht Glanz verleihen sollten. Auf diese Weise wurde der Realismus verfälscht; in seinem Licht verwandelte sich die Realität in ein rosiges Utopia. Die Darstellung diente schließlich allein dem Zweck, die Segnungen des Sowjetstaates zu verewigen. So entstanden all die Gemälde mit fröhlichen, wohlgestalteten Sowjetmenschen, die unter blauem Himmel säen, mähen und ernten, daß es eine wahre Lust ist, die mit blitzenden Traktoren die fruchtbare Erde bearbeiten oder andächtig den inspirierenden Worten eines Genossen und Führers lauschen, am liebsten Lenin oder Stalin selbst. Kurz und gut: eine Welt von unendlich monotoner Harmonie und aufdringlichem Optimismus – immer und überall dämmert hier eine sozialistische Zukunft voller Wohlstand und Glück herauf! Der Traktor wurde zum Sinnbild des technischen Fortschritts im Zeichen von Hammer und Sichel.

In der Tonkunst gab es eine Bewegung zur Förderung einer neuen proletarischen Musik, aber sie brachte keine aufsehenerregenden Ergebnisse. Eine Reihe herausragender Musiker verließ das Land, wie Sergei Rachmaninow, Leopold Auer, vorübergehend auch Prokofjew, außerdem Virtuosen wie Horowitz und Jascha Haifetz. Die modernen Komponisten hatte man in den zwanziger Jahren gefeiert; Schönberg, Strawinsky und andere standen regelmäßig auf den Programmen. Aber inwiefern konnte dies nun auf westlich-bürgerlichen und somit verwerflichen Einfluß hindeuten?

Im Vergleich zum Naziregime mit seinen simplen Kriterien (verboten war Musik von Juden, »Negern« oder atonalen Avantgardisten) stand das Sowjetregime hier tatsächlich vor größeren Problemen. War doch sein Fortschrittsdogma sehr viel schwieriger mit dem Kampf gegen Avantgardismus und Modernismus zu vereinbaren. Der vielleicht bedeutendste Komponist, Dmitri Schostakowitsch, provozierte mit seiner 1934 uraufgeführten Oper

Lady Macbeth von Mzensk die Kulturwächter der Partei. Im Jahre 1936 wurde die Oper verrissen, da sie angeblich zu westlich-formalistisch war. Auch die weniger ruhmvolle Rolle der Arbeiter in diesem Stück war ein Stein des Anstoßes. Der Komponist beugte sich der Kritik. Für sein angepaßtes, traditionalistisches symphonisches Werk wurde er mehrmals ausgezeichnet, aber die herben, bitteren Klänge und der manchmal satirische Ton seiner Musik verraten die Wunden der Seele und eines Geistes, der von einer unerbittlichen Macht in Fesseln geschlagen worden war.

Seit jeher gab es in Rußland eine unermeßlich reiche Volksmusik, unerschöpfliche Inspirationsquelle für die russischen Komponisten. Die Versuche, echte proletarische Volksmusik zu schaffen, eine Synthese aus den vielen ethnischen Musikkulturen von Finnland bis zum Kaukasus, dem Ideal eines umfassenden Sowjetstaates entsprechend, haben letztlich nicht zu überzeugenden Ergebnissen geführt. Nachdem der Boden, auf dem früher all jene Traditionen gediehen – das Volk, wie es einmal gewesen war –, so rigoros umgepflügt worden war, hatte er viel von seiner Fruchtbarkeit verloren.

Nicht anders als den Künstlern erging es den Wissenschaftlern. Wahre Wissenschaft konnte nur marxistische Wissenschaft sein und hatte deshalb ausschließlich auf den ideologischen Grundlagen des Marxismus-Leninismus zu beruhen. Wie in Deutschland hatte diese Forderung für die Naturwissenschaften noch die geringsten Konsequenzen. Der obligatorische dialektische Materialismus brauchte die Forschung und sogar die Theoriebildung in Physik, Medizin und Mathematik nicht unbedingt zu behindern, zumindest war er mit der üblichen Forschung noch einigermaßen zu vereinbaren. Außerdem war der Staat viel zu sehr auf die Naturwissenschaften als Grundlage der Technik und somit auch der Modernisierung angewiesen, als daß er es riskiert hätte, den Fortschritt durch irgendwelche Eingriffe ernsthaft zu gefährden. Anders bei der Biologie, weil es hier einen Übergangsbereich zu den Humanwissenschaften gibt. Der marxistische Materialismus und das dialektische Prinzip schlossen bestimmte biologische Theorien und Ansätze prinzipiell aus. Im Gegensatz zu seinen Kollegen in den übrigen Naturwissenschaften war es dem Biologen nicht möglich, einerseits gehorsam der Lehre zu folgen, sich andererseits aber innerhalb seines Fachgebiets ungehindert zu bewegen. Der junge überzeugte Kommunist Trofim Lyssenko wurde ab 1936 zur großen Autorität der sowjetischen Biologie. Er lehrte, daß Pflanzen in einer anderen Umwelt auch andere erbliche Eigenschaften entwickeln könnten – eine sehr willkommene Untermauerung der marxistischen Philosophie. Seine Theorie wurde keineswegs allgemein anerkannt, später sogar klar widerlegt, aber in der Sowjetunion war er noch bis zu Stalins Tod der unfehlbare Papst.

Die neue Klasse von Fachkräften, die die Partei im ersten Jahrzehnt nach der Revolution in den unteren Bevölkerungsgruppen rekrutiert hatte, bestand mittlerweile zum größten Teil aus technisch-naturwissenschaftlichen Experten, geschult sowohl in marxistischer Ideologie als auch in ihrem eng umrissenen Spezialgebiet, so daß sie ohnehin nicht so leicht der Versuchung ausgesetzt waren, die allgemeinen dogmatischen Grundlagen in Frage zu stellen. Wegen der naturgegebenen sozialen und mentalen Distanz zur älteren Expertenkaste war diese Klasse für die Partei auch ein willkommenes Reservoir sowohl an Fachleuten, die innerhalb der Wissenschaften die orthodoxe Theorie gegenüber Kritikern oder Abweichlern vertreten konnten, als auch an Denunzianten und Kontrolleuren.

Ein Kapitel für sich ist die Medizin und besonders die Psychiatrie. Freuds Psychoanalyse wurde vom Sowjetstaat ebensowenig akzeptiert wie von den Nazis. Abgesehen von der Konzeption des Unbewußten als Triebkraft des Denkens und Handelns, die für das Regime äußerst bedenklich sein mußte, stand sie grundsätzlich im Widerspruch zur marxistischen Ausgangsposition. Wie in Deutschland setzte man Ärzte und Psychiater im Terrorapparat ein; manche Gefangenen wurden in Irrenanstalten gebracht und mit Hilfe von Experten zu Patienten gemacht oder als Patienten behandelt.

Natürlich waren es auch in der Sowjetunion die Sozial- und Geisteswissenschaften, die unmittelbar und am gründlichsten von der Zensur kontrolliert wurden. Hier errichtete die marxistisch-leninistische Doktrin, durch die stalinistische Auslegung und Strategie noch erheblich verschärft und verengt, unüberwindliche Sperren, und jeder Versuch, sie zu umgehen, galt als Ketzerei und wurde bestraft. Für die Geschichtswissenschaft war das System der grundlegenden Erklärungen und Deutungen durch die Doktrin unverrückbar festgelegt. Hier ging es einzig noch darum, die vom historischen Materialismus skizzierten Gesetzmäßigkeiten auf die Vergangenheit anzuwenden. Geschichtsforschung hatte immer und immer wieder die Richtigkeit der Lehre zu demonstrieren, der Lehre vom Klassenkampf als Agens der Entwicklung, von der Unvermeidlichkeit des Triumphs des Sozialismus und von der Abhängigkeit des ideellen Überbaus von der materiellen Basis, eventuell auch ihrer Wechselwirkung. Dennoch konnten innerhalb dieses streng abgegrenzten Gebietes die unvermeidlichen Meinungsverschiedenheiten über die exakte Anwendung der Axiome in der konkreten Forschung entstehen. Ältere Historiker emigrierten während und nach der Revolution, aber Lenins wichtigster Anhänger, Pokrowski, glaubte auf die sogenannten bürgerlichen Fachkollegen vorerst noch nicht ganz verzichten zu können. So blieben bis etwa 1928 auch nichtmarxistische Historiker im Dienst. Auch hier war die Zensur vor allem negative Zensur, schrieb also nur vor, was verboten, aber nicht, was geboten war. Das Vordringen kommunistisch geschulter Historiker innerhalb der Zunft brachte während jener Jahre die Gleichschaltung aller Einrichtungen mit sich. Widerspenstigen machte man wegen konterrevolutionärer Aktivitäten den Prozeß, und sie verschwanden aus dem Wissenschaftsbetrieb. Die meisten paßten sich an. Bei akademischen Diskussionen berief man sich von nun an überall auf die Partei, ja man wandte sich sogar an die Partei, um den eigenen Standpunkt sanktionieren zu lassen.[39]

Ebenso wichtig waren für das Regime die Soziologen, aufgrund ihres Fachs die geeigneten Lehrer der Orthodoxie. Dies galt besonders für das Spezialgebiet der agrarischen Soziologie. Allerdings blühte hier eine verdächtige Richtung mit einer populistischen Tendenz, deren Wurzeln noch in der Partei der Sozialrevolutionäre lagen, den gefährlichsten unter Lenins früheren Konkurrenten. So kam es im Zusammenhang mit den Kollektivierungen auch zu einer brutalen Säuberung, und viele Anhänger dieser populistischen Richtung wurden liquidiert.

Im Rahmen der großen Säuberungen ging man vor allem im Jahre 1937 mit einer Welle von Prozessen überall gegen weniger gefügige Wissenschaftler vor. Historiker, Ökonomen und Linguisten, die sich nicht in ausreichendem Maße an Stalins Lieblingstheorien hielten, wurden als Abweichler verurteilt. Herausragende Ingenieure der Luftfahrtindustrie, führende Statistiker, die ihre Ergebnisse nicht den Auffassungen der Partei anpaßten, wurden entfernt, exekutiert oder eingesperrt. Je größer die wissenschaftliche Reputation eines Forschers, um so verdächtiger war er – auch wegen seiner größeren Unabhängigkeit von den dekretierten Auffassungen.

Auch in den Wissenschaften waren schließlich alle neutralen, nicht ausgesprochen marxistischen oder parteihörigen Institutionen und Personen, die man wegen des Mangels an qualifizierten Kräften noch bis zur großen stalinistischen Wende toleriert hatte, verschwunden oder der rigorosen Parteizensur unterworfen und gleichgeschaltet. Wissenschaftliche Debatten waren von jetzt an in hohem Grade politisiert. Man forcierte das Tempo des sozialen Umbaus, indem man nach festen Quoten immer mehr Jugendliche aus Arbeiterfamilien auf Universitäten und Hochschulen schickte. Die Verdrängung der älteren, von Haus aus bürgerlich-liberalen Fachleute durch diese neue Expertenkaste, die forcierte Emanzipation unter Vormundschaft der Partei, all das hatte jedoch erstens ein Absinken des allgemeinen Bildungsniveaus innerhalb der Eliten und unvermeidlich auch intellektuelle Verarmung und kleinkariertes Denken zur Folge, zweitens hemmungslosen Opportunismus und die Entwicklung einer Ellbogenmentalität. Wieder drängt sich der Vergleich mit den Folgen der Hitlerdiktatur auf. Ideologischer Fanatismus oder schlaue Anpassung waren eher eine Garantie für eine erfolgreiche Laufbahn als Talent oder Leistung. Einen Unterschied darf man aber nicht unberücksichtigt lassen: Erstens hatten die unteren Schichten, Arbeiter und Bauern, in Rußland einen unvergleichlich viel höheren Anteil an der Gesamtbevölkerung als in Deutschland, wo es eine umfangreiche Mittelklasse und eine breite gebildete Oberschicht gab, und zweitens war im Sowjetstaat auch die absolute Zahl der Betroffenen um ein Vielfaches höher. Alle Veränderungen – die Emanzipation und die mit ihr verbundene Umwälzung, der soziale und mentale Bruch – waren deshalb viel drastischer und hatten vor allem ein ganz anderes Ausmaß.

Von Anfang an, vor allem aber unter Stalins Diktatur, waren noch zwei weitere Dinge charakteristisch: Alles – die Arbeit, das gesamte gesellschaftliche Leben und somit auch der offizielle Sprachgebrauch – stand im Zeichen des Kampfes; die Sprache war mit militaristischen Bildern und Begriffen durchtränkt. Die Idee des Kampfes, im besonderen die des Klassenkampfes als Triebkraft allen Geschehens, gehörte bereits zur marxistischen Geschichtsphilosophie. Unter Lenin lautete die Parole dann Kampf gegen die Konterrevolution, die Bourgeoisie, den Imperialismus, die Populisten, die Menschewisten und Heterodoxen. Als Stalin die Macht erobert hatte, kam noch der Kampf gegen Trotzkisten, Rechtsabweichler, Kulaken, Spione, Saboteure, Volksverräter und andere, immer neue Arten von Ketzern hinzu. Der Vorrat an gefährlichen Feinden und entsprechenden Etiketten war unerschöpflich. Diese zum größten Teil fiktive Hydra war eine unverzichtbare Stütze der Diktatur und des Machtapparats, Rechtfertigung des NKWD und seiner Praktiken, der Straflager mit ihren Millionen von Zwangsarbeitern. Aber auch die gewaltigen Reformen im Inneren, die Industrialisierung und Modernisierung, die ins sozialistische Paradies emporführten, wurden als eine Form von Krieg dargestellt, und Partei und Bevölkerung waren Soldaten im Dienst der großen Sache. Sie kämpften an der Front des Fortschritts. Leistungen in Industrie und Landwirtschaft galten als militärische und wurden entsprechend honoriert, und die Tapfersten und Fleißigsten erklärte man zu Helden, wobei es Helden unterschiedlichen Grades und Kalibers gab, größere und kleinere. Es entstand eine ganze Hierarchie von Auszeichnungen, ganz wie in der Armee und im zaristischen Beamtenapparat. Der asketisch-proletarische Stil aus den Revolutionstagen und der Zeit Lenins wich einem militärischen oder pseudomilitärischen mit entsprechenden Orden und Rängen. So manifestierte sich die nationale Wende unter Stalin nicht nur in der Außenpolitik, sondern gleichermaßen in der äußeren Erscheinung der Gesellschaft und in den Umgangsformen.

Das zweite bemerkenswerte Phänomen, in direktem Zusammenhang mit all den Verdächtigungen und Beschuldigungen wegen verräterischer Gesinnung oder ketzerischer Ideen, war der nie abreißende Strom von Reuebekenntnissen und Selbstanklagen. Fast kein Bereich blieb davon völlig verschont. Auch dieses Phänomen war in der älteren russischen Tradition mit ihrer ausgeprägten Religiosität nicht unbekannt gewesen. Flehende Bittbriefe an die zaristischen Autoritäten und Besserungsgelöbnisse von Verurteilten oder Verbannten, die Neigung zu grenzenloser Selbsterniedrigung, ein brutaler psychischer Flagellantismus, all dies gehörte zu den Eigentümlichkeiten, durch die sich Rußland schon zu früheren Zeiten vom Rest Europas, vor allem dem Westen, unterschieden hatte. Dabei spielten zweifellos auch die enormen sozialen Gegensätze eine Rolle: Was nach westlichen Maßstäben hemmungsloser Byzantinismus ist, wurde durch sie gefördert. Schließlich war noch kein Jahrhundert vergangen, seit man die Leibeigenschaft formal abgeschafft hatte. Das Gegenstück zu diesem Masochismus war der schrille Ton der Anklage. Dieser war allerdings zweifellos schon durch den agitatorischen Stil von Marxismus und Kommunismus eingeführt worden, nicht zuletzt durch den Stil von Erzvater Marx selbst. Man wollte provozieren, indem man ganz bewußt die guten Manieren des Bürgertums mißachtete und gegen seine Anstandsnormen verstieß, und so hatte die rohe, unverblümte Beschimpfung immer schon zum Ton der Polemiken gehört. Die Beschimpfung wurde nun in einer höchst vulgären Variante kultiviert. Kein Bild aus der Sphäre von Abfall, Gestank und Fäkalien schien zu schäbig, um die Verächtlichkeit der Beschuldigten und ihrer Taten zu charakterisieren. Dabei kam es vor, daß sich die Parteien in ihrem Erfindungsreichtum gegenseitig zu überbieten suchten.

Im Zuge der rücksichtslosen Knebelung von Künsten und Wissenschaften, der Beseitigung der letzten Freiräume, wurde auch das gesamte Unterrichtswesen immer mehr von restaurativen Bestrebungen geprägt. Nach der Ausrottung der ursprünglichen revolutionären und leninistischen Parteikader wurden die Uhren zurückgestellt; nun ging es vor allem darum, den Kindern Liebe zum Vaterland und seinen reichen Traditionen beizubringen. Der Marxismus als Grundlage und Rahmen aller Erziehung stand einer neuerlichen Würdigung der russischen nationalen Geschichte nicht im Wege. Nach der gründlichen Vernichtung des Bauernstandes und seiner Kultur, der Seele des alten Rußland, schien der Weg für eine Wiederherstellung bestimmter äußerer Formen und Werte dieser Vergangenheit frei zu sein, nun allerdings auf dem harten Betonboden der inzwischen vollzogenen Modernisierung, weshalb die Gefahr einer wirklichen Restauration geringer war; mögliche Träger einer solchen Entwicklung existierten nicht mehr oder waren unschädlich gemacht.

Ein lästiges Problem für das Regime blieb die orthodoxe Kirche, ursprünglich die geistige Heimat gerade für die überwältigende Mehrheit der unteren Stände, die die Partei zu repräsentieren behauptete. Während des Bürgerkrieges waren Tausende von Priestern verhaftet, mißhandelt oder ermordet worden, und es war in großem Umfang zur Schließung, Plünderung und Verwüstung von Kirchen – als den Bollwerken der Konterrevolution – gekommen. Das Ergebnis der offiziellen Trennung von Staat und Kirche unter dem neuen Regime war formal eine der faschistischen und nationalsozialistischen Praxis vergleichbare Situation: Die Kirche mußte sich strikt jeglicher politischer Einmischung enthalten und durfte keine antibolschewistischen Anschauungen vertreten. Das war natürlich praktisch unmöglich, denn der Gegensatz zwischen der Religion und dem bolschewistischen Atheismus, den man zur Grundlage der sozialistischen Gesellschaft erklärt hatte, war unüberbrückbar. Die taktische Klugheit und Kooperationsbereitschaft der geistlichen Führung und auf der anderen Seite die Erkenntnis, daß man die Massen nicht abrupt zum Abfall vom Glauben zwingen konnte, ohne sich zusätzliche Probleme zu schaffen, sorgten aber dafür, daß man gegenüber der Kirche eine Politik der Duldung auf Widerruf praktizierte. Trotzdem eröffnete das Regime immer wieder großangelegte Offensiven – Verhaftungen, Verurteilungen, Schließung Hunderter von Kirchen –, um die Domäne der Kirche weiter einzuengen. Tausende von Priestern ohne Einkünfte zogen schließlich als mehr oder weniger illegale Volksprediger durch das Land. Trotz eines drastischen Rückgangs des Kirchenbesuchs konnte von einer wirklichen, endgültigen Abwendung vom Glauben noch keine Rede sein, vor allem nicht bei der Landbevölkerung.

Ein unentbehrliches Gegengewicht zur Dressur in allen Bereichen des Denkens und Verhaltens und ein Element der Staatsreligion, die der Marxismus-Leninismus inzwischen geworden war, bildeten die quasireligiösen Zeremonien und Rituale, die den unterdrückten christlichen Glauben ersetzen sollten: An Gedenktagen wie der Feier der Oktoberrevolution und am 1. Mai wurden die Massenaufmärsche mit roten Fahnen und Spruchbändern zu Prozessionen, bei denen man statt der überlebensgroßen Heiligenbilder und geweihten Reliquien Porträts der neuen Heiligen Marx, Engels, Lenin und Stalin umhertrug, Bilder in riesenhaftem Format. Das von Alexei Schtschussew im Jahre 1930 auf dem Roten Platz in Moskau erbaute Leninmausoleum, in dem der einbalsamierte Körper lag, wurde für alle parteitreuen Kommunisten der Welt und jeden anständigen Sowjetbürger zum Mekka oder Jerusalem des heiligen Grabes. Natürlich entging einigen Anhängern nicht die bittere Ironie: »Das unsterbliche Genie als Wachspuppe in einem gläsernen Sarg … er, der den Massen eingehämmert hatte, ›Religion ist Opium für das Volk‹, und da hat er, wie um es zu verhöhnen, seinen Körper als Reliquie zur Schau gestellt«, schrieb einer der Besucher.[49] Ob der dort Aufgebahrte der große Führer selbst oder ein Replikat war, wurde ein beliebter Gegenstand heimlicher Spekulationen, vor allem im Westen.

10 Zwischenbetrachtung

Die Entstehung und Etablierung totalitärer Regime hat in der europäischen Kultur solch tiefe Spuren hinterlassen, daß wir diesem Prozeß besondere Aufmerksamkeit schenken mußten. Diese Regime versuchten ja auch Künste und Wissenschaften vollständig zu unterwerfen. Im faschistischen Italien gelang dies ansatzweise, im nationalsozialistischen Deutschland in hohem

Grade und im stalinistischen Sowjetrußland fast vollkommen. Die Fragen, die all dies aufgeworfen hat, haben sich im Laufe der Zeit immer wieder verändert. Heute stellt man sie auf der Grundlage eines Wissens, das die Zeitgenossen noch nicht hatten, und von einem Standpunkt aus, den sie nicht einnehmen konnten, weil sie die Folgen nicht kannten. Wir neigen dazu, ein innerlich zusammenhängendes Ganzes zu sehen, wo sie diffuse Erscheinungen und Entwicklungen im Anfangsstadium und mit unterschiedlichen Zukunftsmöglichkeiten wahrnahmen. Die Spuren und Narben, die die europäische Kultur davongetragen hat, sind später tiefer und auffälliger geworden, als sie es damals waren.

Nun fragen wir in erster Linie nach Erklärungen für das Ungewöhnliche, das nicht Selbstverständliche. Die drängendste Frage im Zusammenhang mit diesen Diktaturen ist deshalb heute, wie ihr Entstehen und ihr vorübergehender ungeheurer Erfolg zu erklären sind. Ein kurzer Blick auf die Geschichte lehrt jedoch, daß nicht parlamentarische Demokratie, sondern autokratische Herrschaft, sakrosankte Monarchen, Alleinherrscher, Despoten – ob sie an bestimmte Regeln und Traditionen gebunden waren oder nicht – bis zur Aufklärung das Normale waren. Erst die allgemeine Verbreitung des Glaubens an universale Naturrechte und an die grundsätzliche Gleichwertigkeit der Menschen hat dies verändert. Dennoch bestand in bestimmten emotionalen Schichten des Bewußtseins offenbar auch weiterhin das Bedürfnis nach einer Vater- oder Mutterfigur als Beschützer und Leitstern, ein Bedürfnis, das sich vor allem in schwierigen und unruhigen Zeiten regte. Aber bei der Frage nach einer Erklärung für die hier behandelten Diktaturen denken wir heute zwangsläufig und in erster Linie an das Leiden, das sie verursacht haben, ein Leiden, das – zumindest, was seine Dimensionen angeht – alles in den Schatten stellt, was uns die Geschichte in dieser Hinsicht überliefert hat. Die Frage lautet dann: Hat man dieses Leiden damals nicht wahrgenommen, weil es hinter anderen, und zwar verführerischen und begeisternden Seiten dieser Diktaturen verborgen blieb? Hat man es vielleicht nicht als Übel betrachtet? Hat man es bewußt als unvermeidliches Mittel zu einem erhabenen Zweck in Kauf genommen? Oder hat man es vielleicht sogar gewollt?

Es war Freud, der in seinem Buch *Das Unbehagen in der Kultur* schon eine an Deutlichkeit nicht zu übertreffende Antwort gab, noch bevor jene diktatorischen Systeme die Menschheit mit dem Problem konfrontiert hatten. 1930, als es erschien, war Hitler noch nicht an der Macht, der Ausbau von Stalins totalitärem Staat noch nicht abgeschlossen und vor allem für das Ausland noch kaum durchschaubar. Und Mussolinis Diktatur, eher ein moderner populistischer Polizeistaat, stellte die Welt noch nicht vor jene Abgründe, die sich später auftun sollten. Der Todes- und Zerstörungstrieb, so der skeptische Weise aus Wien, ist ein unausrottbarer menschlicher Urtrieb, der durch den Zivilisationsprozeß nur gezähmt und unterdrückt wird. Diese Zivilisation bleibt jedoch eine verhältnismäßig dünne Schicht über der Lava wilder Aggressivität, die jeden Augenblick wieder durch sie hindurchbrechen kann, ein Gedanke, der bei Freud angesichts der Erfahrungen des Ersten Weltkriegs gereift war. Seine Psychologie des Individuums übertrug er dabei mechanisch auf das Kollektiv, das er als vergrößertes Individuum ansah. Neu war dieses Menschenbild nicht. Den Gedanken, daß der Mensch in seinem Urzustand eine Art Wolf gewesen sei – *homo homini lupus* – und daß ein allgemeiner Krieg, ein *bellum omnium contra omnes*, geherrscht haben würde, hätte nicht ein mit Machtmitteln ausgestatteter Staat mit harter Hand eine allgemeingültige Ordnung durchgesetzt, finden wir schon im siebzehnten Jahrhundert, zum Beispiel bei Thomas Hobbes. Und auch er griff auf ältere Vorstellungen zurück. Es ist nicht übertrieben zu behaupten, daß sich dieses düstere Menschenbild durch die Jahrhunderte als Kehrseite des hellen Bildes vom menschlichen Streben nach dem Guten und Schönen und von der höheren Bestimmung des Menschengeschlechts gehalten hat. Auch die christliche Vorstellung von der Sünde hatte hier ihre Wurzeln. Daß der Mensch »zum Bösen neigt«, war sogar für die Philosophen der Aufklärung ein Gemeinplatz. Zugleich aber galt als ausgemacht, daß Moral, Zivilisation, Rechtsordnung, Gesetze und Erziehung in der ganzen Geschichte gerade dazu da waren, diese Neigung zum Bösen – ob sie nun zur ursprünglichen menschlichen Natur gehörte oder nicht – zu bekämpfen und zu bezwingen. Diejenigen, die von dieser Neigung beherrscht wurden, nannte man Kriminelle. Hatte man seit jeher gemeint, daß sie bestraft und aus der Gemeinschaft entfernt werden müßten, so war gegen Ende des neunzehnten Jahrhunderts die Auffassung verbreitet, daß man sie eher als geistig Kranke ansehen könne, was Konsequenzen für den Umgang mit ihnen und für die gesamte Rechtsprechung implizierte.

Es ist offensichtlich, daß die übliche Gleichsetzung des Verbrecherischen mit dem Abnormen angesichts der Terrormethoden der modernen Diktaturen und ihrer vielen Millionen Anhänger und Handlanger völlig an der Realität vorbeigeht. Und nicht nur auf diesem Gebiet. Das Grundproblem ist, daß in der Politik auf der Ebene der kollektiven Beziehungen immer schon eine andere Moral als die individuelle galt, und zwar gerade, weil diese individuelle Moral auf ein schützendes Dach, eine Rechtsordnung, angewiesen ist. Diese kann es aber ohne Machtinstrumente nicht geben, und hierin ist das Verhängnis schon angelegt. So hat der Staat seit jeher Macht- und Zerstörungstriebe kanalisiert, der Gemeinschaft dienstbar gemacht oder auf den Feind umgelenkt und sie damit nicht nur legitimiert, sondern sogar ausdrücklich zur Tugend erhoben und Pflichten aus ihnen abgeleitet. Er appellierte an diese Triebe, vor allem in jedem Krieg, wenn das Tötungsverbot in sein Gegenteil verkehrt wurde. Mit einem gewissen Recht kann man auch Freuds These umkehren und sagen, daß Pflichtgefühl, Idealismus, Opferbereitschaft und Mut unter Umständen nicht ohne eine Beimischung von Aggressivität und Haß auskommen. Der Erste Weltkrieg hat dies mit seiner Explosion von Chauvinismus in einem beispiellosen Ausmaß demonstriert. Haß auf etwas, das als schlecht gilt, ist gut, aber er bleibt Haß. Deshalb können menschliche Affekte als solche kaum gut oder schlecht genannt werden, sobald es um eine überindividuelle Ebene geht. Sie sind zwiespältig, und letztlich ist beides in ihnen angelegt.

Die Entstehung totalitärer Systeme und ihre kulturelle Dominanz passen zu dem viel allgemeineren Prozeß der Politisierung der Gesellschaft, also der Emanzipation, und zur Lehre von der Volkssouveränität, dieser aufklärerischen Lehre par excellence, die zur Grundlage der modernen Demokratie geworden war. Die Vorstellung, daß der Heilsstaat im Bereich des Möglichen liege, war der Keim der Ideologien, die zum Totalitarismus führen sollten. Was man sich nun unter diesem Heilsstaat vorstellte – ob man nur an die Größe der eigenen Nation dachte, wie beim Faschismus, ob hierzu auch die Herrschaft einer bestimmten Rasse gehörte, wie beim Nationalsozialismus, oder die einer Klasse, wie beim Marxismus-Leninismus – ist eine andere Frage. Aber woher kam das Bedürfnis nach diesen Ideologien? Die Emanzipation und alles, was man Fortschritt nannte, war von einem Kahlschlag unter den alten Hierarchien und religiösen Werten begleitet, auf denen die Ständegesellschaft beruht hatte. Die parlamentarische Demokratie wiederum blieb von der Dissonanz von Gleichheitsprinzip und Realität geprägt. Der Nationalismus diente deshalb vielfach als Heilmittel, da er auf einer affektiven Ebene alle wieder vereinte und die Gegensätze verdeckte. Er war zu einer neuen Religion geworden, die die kollektiven Emotionen ansprach, indem sie eine deutliche Vorstellung vom Guten (dem Eigenen, Nationalen) und Schlechten (dem Fremden, Feindlichen) vermittelte. Dies implizierte die Möglichkeit, die Liebes- und Haßgefühle im Dienst des Guten zu mobilisieren, an die auch die Religion so gern appellierte. Als Alternative zum Nationalismus waren der Sozialismus und Kommunismus aufgekommen, die der Polarität von Gut und Schlecht mit all ihren affektiven Implikationen durch die Übertragung auf die Besitzverhältnisse einen neuen Inhalt gaben und die Gottheit Nation durch die Gottheit Klasse ersetzten. Grundsätzlich zumindest, denn wie schon angedeutet, beeinflußte das nationale Prinzip in Wirklichkeit auch die sozialistischen Bewegungen, und der Bolschewismus hatte russisch-nationale Züge. Wichtig ist aber, daß durch den Ersten Weltkrieg, seine politischen und sozialen Auswirkungen und die Senkung der Gewaltschwelle ein Klima entstanden war, das die Rechtfertigung von Aggression und Haß als Tugend, ja Pflicht im Dienst der Nation oder der unterdrückten Klasse begünstigte. Mehr als zuvor, weil man in der kollektiven Desorientierung auch mehr als zuvor nach einer Leitlinie, einem Halt und einem Ziel verlangte. Außerdem war die Aggressivität während des Krieges und durch ihn dem eisernen Zwang der militärischen Disziplin unterworfen worden. So trug die unerbittliche Hierarchie von Befehl und Gehorsam in der Armee gewissermaßen dazu bei, die Gewalt zu kultivieren und zu veredeln. Diese Verbindung von Aggressivität mit militärischer Zucht und militärischer Erscheinung war vor allem für die faschistische und nationalsozialistische Bewegung charakteristisch. Hierdurch stellten sie sich selbst unmittelbar in die Tradition des Soldaten und der Armee, des starken Armes der Nation, der die nationalen Interessen verteidigte. Die moralische Verwirrung trat, obwohl sie überall zu erkennen war, dort am deutlichsten und quälendsten in Erscheinung, wo das vertraute politische und soziale Gerüst auf besonders abrupte und gewaltsame Weise niedergerissen worden war. Aber der Ärger über den Parlamentarismus mit seinen Interessenkonflikten, dem ewigen Gefeilsche um Macht und der unvermeidlichen rhetorischen Schaumschlägerei war allgemein verbreitet, auch in Ländern mit einer langen parlamentarisch-demokratischen Tradition.

Bolschewismus, Faschismus und Nationalsozialismus waren vom Emanzipationsstreben nach oben gespült worden, während gleichzeitig weitgehende moralische und geistige Desorientierung um sich griff. Sie warben mit den verlockenden Bildern des Messianismus und des Heilsstaates. Als diese Bewegungen einmal an der Macht waren, verschoben sich jedoch für ihre Führer die Prioritäten. Erhaltung und Erweiterung der Macht wurde jetzt zum eigentlichen Ziel, die Ideologie allmählich zum Mittel. Es blieb aber schwierig, dies zu durchschauen. Die Bewegungen versprachen eine bessere Zukunft, und dies erklärt einen bemerkenswerten Aspekt, nämlich ihre besondere Affinität zur modernen Technik. Diese Affinität hatte zwei Seiten. Erstens knüpften die Regime an die traditionelle Vorstellung vom logischen Zusammenhang zwischen Technik und Fortschritt an. Im ganzen neunzehnten Jahrhundert war die Technik das sichtbarste Zeichen dieses Fortschritts gewesen. Ein Staat, der auf technischem Gebiet führte, war damit auch auf dem Weg in die glanzvolle Zukunft weit vorangekommen, war Anführer des Fortschritts. Das war der überzeugende Gedanke, der hinter Stalins gigantischer Umwälzung steckte und in seinen Augen und zweifellos auch für einen großen Teil seiner Millionen Anhänger die ungeheuren Opfer rechtfertigte (deren Ausmaß zum größten Teil unerkannt blieb). Außerdem aber bedeutete Technik natürlich Macht. Dies war die andere, ebenso wichtige Seite. Darum ist es nicht verwunderlich, daß eine Partei, die grenzenlose und totale Macht wollte, auch eine außergewöhnliche Beziehung zur Technik entwickelte. Die durch Machtwillen erhöhte Empfänglichkeit der Faschisten und Nationalsozialisten für alles Technische hatte viel zu ihrer Anziehungskraft, vor allem bei der Jugend, und zu ihrem Image als Repräsentanten der Moderne beigetragen. Was das so rückständige Rußland betrifft, so bedurfte die Glorifizierung all dessen, was mit der modernen Technik zusammenhing, gar nicht erst einer besonderen Motivation. Auf die Triumphe der Technik ging auch die Vorstellung zurück, daß alles machbar sein müsse, eine Vorstellung, die auf niemanden eine so berauschende Wirkung ausübte wie auf totalitäre Bewegungen. Sie sollte außerdem einem scheinbar sachlichen Denken in abstrakten Größen, in bloßen Quantitäten und Zahlen Vorschub leisten. Auf einem solchen Denken beruhte schließlich die Idee der gelenkten Wirtschaft, der Vier- oder Fünfjahrespläne, die unter Stalin am konsequentesten und rigorosesten umgesetzt wurde. Die fürchterlichen Folgen hängen sehr eng mit der völligen Verdinglichung und Quantifizierung von Menschen zusammen, die zu toten Zahlen auf den Tischen von Parteifunktionären aller Ränge reduziert wurden. Für die Verantwortlichen bedeutete dies zugleich Tarnung des Leidens, das nun hinter Zahlen verschwinden konnte – ein Phänomen, das später bei den Massenmorden der Nazis eine noch größere Rolle spielen sollte. In der Sowjetunion wurden bei den Säuberungswellen sogar im voraus Quoten für Verhaftungen oder Exekutionen festgesetzt. Damit löste das technokratisch-quantitative Denken die Strafe völlig von der Schuldfrage ab.

Der künftige Heilsstaat war keineswegs für alle bestimmt, sondern in einem Fall für die Arbeiterklasse, in den beiden anderen für die eigene nationale Gemeinschaft, in Deutschland außerdem noch für die eigene überlegene Rasse. Damit benannten alle Diktaturen auch gleich den Feind, den Repräsentanten des Bösen: entweder die kapitalistische Bourgeoisie oder alle, die angeblich der Emanzipation und Macht der Nation beziehungsweise der edleren Rasse im Wege standen. Dazu zählten für Faschisten und Nationalsozialisten ursprünglich auch die alten Oberschichten, weil diese ihre Pflichten versäumt hatten und als korrupt oder degeneriert hingestellt werden konnten. Sie sollten von frischen, unverdorbenen Kräften aus dem Volk abgelöst werden, und zu diesen durften sich bei Faschisten und Nationalsozialisten vor allem die einfachen Leute und auch Deklassierte zählen, die in der Partei eine Rolltreppe für sozialen Aufstieg und Karriere erkannten. Auch darin hatten sie viel mit den Bolschewisten gemeinsam, nur daß diese über der Rolltreppe das marxistische Banner entfalteten und von der Emanzipation der Arbeiterklasse sprachen. Aber Faschisten und Nationalsozialisten ließen in Theorie und Praxis Raum für eine Zusammenarbeit mit den alten Oberschichten, wenn diese sich der neuen Ordnung fügten, was sie mangels Alternativen auch schnell und bereitwillig taten. Hier spielte auch eine Rolle, daß Faschisten und Nationalsozialisten es mit einer modernen Gesellschaft und breiten, gebildeten Mittelklassen zu tun hatten, während die Bolschewisten in einem rückständigen Land an die Macht kamen, dessen alte Oberschicht verjagt oder entmachtet war.[41] Die Auserwählten – Klasse, Nation oder Rasse – erwartete Gleichheit im gelobten Land der Zukunft, und die Regime nahmen, sobald sie an der Macht waren, die Verwirklichung des Heilsprogramms energisch in Angriff. Mussolini blieb dabei gemäßigt, weil konservative Kräfte und Kirche in Italien noch einen nicht zu unterschätzenden Machtfaktor darstellten. Ob allein diese Gegengewichte Ursache seiner Mäßigung waren (die sich darin äußerte, daß wirklicher Terror fast ganz fehlte), ist eine Frage, auf die die Geschichte keine Antwort gibt. Zum

Ausgleich verlegte sich der Duce auf theatralisches Pathos. Lenin, durch eine Revolution und einen Staatsstreich gewaltsam an die Macht gelangt, ging auch gewaltsam gegen alle seine Gegner vor, um den Weg zum Heilsstaat frei zu machen, und bei Stalin führte dies schließlich zur Konstruktion immer neuer Gegner und zu einer Vervielfältigung des Terrors. Auch Hitler betrachtete die Gewalt von Anfang an als unverzichtbare Begleiterin auf dem Weg in den künftigen Heilsstaat, wobei, anders als bei Stalin, der Erzfeind unveränderlich und deutlich festgelegt war: die jüdische Rasse in ihrer sowohl bolschewistischen als auch »plutokratischen«, also kapitalistischen Verkleidung!

Überall jedoch war das Verlangen nach einer autoritären Heilandsgestalt, das wegen des Autoritätsvakuums so stark geworden war, mit dem Gleichheits- und Emanzipationsideal vermischt. Der neue Führer war nämlich ein einfacher Mann, der aus dem Volk, der Gemeinschaft, emporgestiegen war. Er wurde darum zum Vorbild für alle, zugleich auch zum Identifikationsobjekt, ein Durchschnittsmensch in vergrößernder Projektion und ein außergewöhnliches Genie. Obwohl das Führerprinzip bei Faschisten und Nationalsozialisten Teil der Doktrin war, betonten sie gleichzeitig, vor allem zu Beginn, immer die einfache Herkunft und die natürliche Verbundenheit des Führers oder Duce mit dem Volk. Und obwohl andererseits bei den Bolschewisten alle Genossen in proletarischer Verbundenheit vereint waren, gab es nur einen, der als Inkarnation der revolutionären Bewegung die Wahrheit verkörpern konnte. Etwas ganz Wesentliches war in allen Fällen der absolute Gegensatz zwischen den Auserwählten und den Verdammten. Da diese definitionsgemäß dem Heil der anderen im Weg standen, war ihre Ausschaltung ein Gebot der Logik, Voraussetzung für das Glück, auf das die Auserwählten schließlich ein Recht hatten.

Dieses suggestive Bild, das die Masse für die Idee des Heilsstaates und des großen Führers gewinnen konnte, erklärt jedoch längst nicht alles. Je nach den Umständen konnte es in der Praxis mehrere Wege in das gelobte Land geben, und dieses hatte für die Jünger vielerlei Gesichter. Hier geraten wir in einen Wirrwarr ganz unterschiedlicher, psychisch, sozial oder national bedingter Haltungen und Verhaltensweisen. Für manche stand das Endziel – die bessere Zukunft, die solidarische Gemeinschaft – im Vordergrund, für andere die Aussichten auf eine erfolgreiche Laufbahn im Zeichen des Regimes, und wieder andere versprachen sich von diesem Heilsstaat eine Gelegenheit, mit Saboteuren oder Feinden abzurechnen, die dem eigenen

Glück im Wege standen. In diesem Fall ging es um einen Freibrief für Rache. Dies war vor allem möglich, weil aggressive Neigungen auf einmal als Tugend galten, da sie der großen Sache dienten, oder gar im Sinne der Antimoral als lobenswertes Zeichen von Überlegenheit. In all diesen Fällen war aber die individuelle Wahrnehmung sehr selektiv, zumal die Regime – und hier muß wieder hauptsächlich an die Sowjetunion und Deutschland gedacht werden – durch strenge Zensur aller Nachrichten und ein unablässiges propagandistisches Trommelfeuer eine Art geistiger Taubheit verursachten.

Die Propaganda, die im zwanzigsten Jahrhundert eine so verhängnisvolle Wirkung entfalten sollte, war das gemeinsame Kind von Emanzipation und Ideologie. Von Anfang an diente sie den Interessen der politische Parteien, die gezwungen sind, Anhänger zu gewinnen; dies galt auch und gerade für die parlamentarische Demokratie. Natürlich ist Politik immer Manipulation. Der Bürger des modernen Staates wurde ständig mit einer Welt konfrontiert, die über seinen persönlichen, vertrauten Gesichtskreis, seinen Erfahrungshorizont, weit hinausging. Immer mehr von dieser Welt war nur noch indirekt zugänglich, über Zeitung und Rundfunk, und wurde so zu einer Welt der Information, also einer Welt aus Sprache. Hier lag das Brachland, das jede Partei zu ihrem eigenen Nutzen kultivieren konnte. Die Partei konnte dem Bürger zeigen, wie er die Dinge sehen mußte, sie konnte sich an der Formung seiner Sprachrealität beteiligen. Schon in der liberalen Demokratie mit ihrem allgemeinen Wahlrecht war deshalb das Phänomen der Propaganda im Keim enthalten. Allerdings gab es bei den ausgesprochen bürgerlichen Parteien, bei Konservativen und Liberalen, im neunzehnten Jahrhundert noch ein gewisses Standesbewußtsein, das sie davon abhielt, bei den unteren Ständen mit ihren Anschauungen hausieren zu gehen. Man vertraute ganz selbstverständlich auf die eigene Autorität und ein universales Wertesystem. Anders lag dies bei den Sozialisten, die die Machtlosen und Geknechteten um ihre Fahne scharen mußten und hierbei ganz auf die werbende Kraft des Wortes angewiesen waren. Aber erst die revolutionären Bolschewisten und dann die Faschisten und Nationalsozialisten sollten die unvergleichliche, narkotisierende Macht des Wortes als Instrument der politischen Manipulation voll und ganz nutzen. Da ihr Ziel alle Mittel rechtfertigte, waren auch Lüge und Täuschung legitim. Sie dienten der Konstruktion einer eigenen Wirklichkeit.

Damit wurde eine hochempfindliche Stelle der ganzen modernen Kultur berührt: der Wahrheitsrelativismus. Wenn Intellektuelle, Philosophen und Schriftsteller mit der Frage nach der Erkennbarkeit der Wirklichkeit rangen und sich fragten, ob Sprache diese Wirklichkeit adäquat wiedergeben könne, war dies nicht ein Freibrief dafür, die Sprache für die Konstruktion einer Wirklichkeit zu gebrauchen, die mit den eigenen Begierden und Zielen übereinstimmte? Wenn die Wahrheit der Erkenntnis nicht zugänglich war, warum sollte man dann nicht selbst eine Wahrheit herstellen, die wenigstens nützlich war, eine rein instrumentelle Wahrheit? Natürlich handelte es sich hier um eine Verflechtung von Betrug und Selbstbetrug. Alles Handeln und die Ideologie der totalitären Systeme richtete sich ja gerade ausdrücklich gegen diesen Skeptizismus und die Verunsicherung, die so charakteristisch für die Moderne waren. Sie verdankten ihre Überzeugungskraft den absoluten Gewißheiten, die sie verkündeten, wobei sie von jener allgemeinen Verunsicherung profitierten, denn auch diese sorgte dafür, daß die Grenze zwischen Wahrheit und Lüge verschwamm. So wurde die Sprache und damit die Wahrheit von den Diktaturen ganz und gar zum Werkzeug der Macht degradiert. Genauer betrachtet, waren die totalitären Regime auf das Wort gegründet. Das Wort war nicht Wiedergabe der Wirklichkeit, sondern die Wirklichkeit wurde zur Wiedergabe des Wortes. Und deshalb war letztlich nicht die Gewalt, sondern die Propaganda – oder die von ihr verformte Wirklichkeit – der allerwichtigste Stützpfeiler der Macht, die ihrerseits wiederum die Gewalt legitimierte. Dank der Zensur entstand eine in festgelegten Begriffen und Parolen erstarrte Scheinwelt. In dieser Scheinwelt war logischerweise alles gut, was das Regime tat und vorschrieb. Damit wurden denen, die die angeordneten Maßnahmen durchzuführen hatten, mögliche Skrupel oder Bedenken genommen. Sowohl die Führer als auch ihre Anhänger waren in dieser künstlichen Scheinwelt festgelegter Begriffe eingeschlossen, so daß ihre Wahrnehmung, da es an persönlichem, direktem Kontakt mit der vollständigen Wirklichkeit fehlte, auf die Dauer fragmentarisch wurde. Die Korrumpierung des Wortes brachte zwangsläufig eine Korrumpierung von Denken und Emotionalität mit sich, die ohne freie Sprache verdorren. Diese Korrumpierung der Sprache und die von ihr vorgespiegelte Scheinwelt waren die unheilvollsten Folgerscheinungen des Totalitarismus. Sie waren auch die Voraussetzung für den Terror, der auf diese Weise unkenntlich gemacht wurde. Gefangene wurden in Deutschland in »Schutzhaft« genommen, um sie vor dem »Volkszorn« in Sicherheit zu bringen, was eine gerichtliche Untersuchung überflüssig machte. Lager dienten der

»Umerziehung«. Später sollte im Zusammenhang mit den Massenmorden ein ganz spezifisches Vokabular entwickelt werden. In der Sowjetunion sorgte die marxistisch-leninistische Dialektik für einen unerschöpflichen Vorrat an Argumenten für Unterdrückungsmaßnahmen und an Etiketten für die jeweiligen Gegner und Opfer.

Deshalb gilt im Hinblick auf die Terrorpraktiken: Jeder wußte, daß es Straflager gab, und konnte vermuten, daß dort hinter Mauern und Stacheldraht Ungewöhnliches geschah, und jeder konnte sich dank der sprachlich geschaffenen Scheinrealität mit dem Gedanken trösten, daß alles schon nicht so schlimm sein werde oder daß das negative Bild eine Erfindung der feindlichen Propaganda sei, auf die man nicht hereinfallen durfte, oder daß die Gefährlichkeit der Gefangenen ein besonders strenges Vorgehen erforderte. Dies galt vor allem für die Bevölkerung im stalinistischen Rußland, wo man ja »ordentliche« Prozesse inszenierte, die die schändlichsten Vergehen ans Licht zu bringen schienen. Daß die Humanität noch zum Image des Marxismus und Sozialismus gehörte, etwas, das die stalinistische Ideologie und Propaganda dankbar aus dem sozialistischen Erbe übernommen hatte, erleichterte es zusätzlich, In- und Ausland in die Irre zu führen, obwohl Viktor Serge, einer der Verstoßenen, schon um 1936 die Existenz eines umfangreichen Systems von Straflagern bekanntmachte. In Nazideutschland lag die Sache etwas anders. Härte und Verachtung weichlicher Humanität wurden ganz offen als lobenswerte Eigenschaften des neuen Menschen propagiert, und Hitler und seine wichtigsten Gefolgsleute hatten kein Geheimnis daraus gemacht, daß sie mit ihren Feinden nicht sanft umgehen würden, wenn sie erst an der Macht waren. Die Methoden, die von den bolschewistischen Führern in internen, vertraulichen Direktiven angeordnet wurden, waren für die Naziführer deshalb ein Aspekt ihrer Politik, den zu verheimlichen sie sich viel weniger Mühe gaben. Außerdem gelang es sowohl Nazideutschland als auch Sowjetrußland, das, was sich in den Kellern von Gestapo oder GPU und in den Lagern abspielte, zu tarnen, indem sie internationalen Kommissionen einige Male ein zu diesem Zweck schnell errichtetes Musterlager zeigten, ein potemkinsches Dorf, an dem nicht so sehr viel auszusetzen war. Ansonsten umgab ein Ring des Schweigens diese unheimlichen Orte. Opfer und Bewacher waren verpflichtet, den Mund zu halten, und das taten sie. Die einen, um zu überleben, die anderen wegen ihres Postens und vielleicht auch, weil das, was in den Lagern geschah, auf sie selbst als Mittäter ein zweifelhaftes Licht geworfen hätte. Dennoch kursierten von Anfang an, besonders im Ausland, Berichte über den Terror, sowohl über den roten schon unter Lenin als auch über den braunen unter Hitler. Weil es aber vor allem die Gegner des jeweiligen Regimes waren, die diese Informationen verbreiteten, herrschten Zweifel und Skepsis, auch bei einem Teil der Presse und der Öffentlichkeit im Ausland. Wer sofort bereit war, den Berichten über bolschewistische Untaten Glauben zu schenken, dem fiel es oft schwerer, auch Informationen über die nazistischen für wahr zu halten, und umgekehrt. Die Feindschaft und der ideologische Antagonismus der beiden Systeme führten auch in den neutralen Ländern, was die Beurteilung solcher Nachrichten anging, leicht zu Spaltungen und zu Parteilichkeit.

In den achtziger Jahren des vorigen Jahrhunderts ist in der Geschichtsschreibung eine Debatte über den Ursprung des Terrors entbrannt, der sogenannte Historikerstreit.[42] Den einzigen unanfechtbaren, objektiven Maßstab kann hier die Chronologie bieten: Der bolschewistische Staatsstreich fand Ende 1917 statt, und der systematische rote Terror begann im Sommer 1918. Die italienischen und deutschen nationalistischen Schlägertrupps, die Squadri- und SA-Soldateska, wurden 1919 aktiv, in unmittelbarer Reaktion auf die Aktionen der Kommunisten. Daß die Informationen über die Praktiken, zu denen die Bolschewisten 1918 übergegangen waren, hierbei ein Auslöser gewesen sind und allgemein die Furcht vor dem Kommunismus enorm verstärkt haben, ist eine durchaus plausible Annahme. Dazu ist noch anzumerken, daß der rote Terror einerseits systematisch vom Regime, also von seiten des Staates, organisiert wurde, daß das Regime aber andererseits bis 1920 noch in einem Kampf auf Leben und Tod mit den Konterrevolutionären stand, und in einem Bürgerkrieg, in dem die Gegner Greuel mit Greueln beantworteten. Erst ab 1920 wurde der Terror zu einem Instrument, das nicht mehr durch eine revolutionäre Situation zu rechtfertigen war. Die faschistische und nationalsozialistische Gewalt begann wild und unsystematisch von unten her und richtete sich gegen den Staat. Sie hatte ihre Ursprünge in einer revolutionären Situation, wenn es auch nicht zu einem Bürgerkrieg kam. In Italien wurde die Gewalt dann im faschistischen Staat einigermaßen gebändigt, wenn sie auch als Druckmittel immer gegenwärtig blieb. In Deutschland flammte sie in den Krisenjahren 1929 bis 1933 wieder auf und wurde danach wie in der Sowjetunion vom Staat selbst als systematisierter Terror ausgeübt und perfektioniert. Hitlers Behauptung, er habe viel von den Kommunisten gelernt, war zweifellos ernst gemeint und bezog sich sowohl auf die Propagandamethoden als auch auf den Terror. Es gibt auch Hinweise darauf, daß sich die Gestapo- und SS-Führung nach 1933 Informationen über die russischen Straflager beschaffte. Aber von diesem Zeitpunkt an gab es zum Teil Einflüsse in umgekehrter Richtung: Was in den Nazilagern geschah, ging der Säuberungsmanie Stalins voraus, die Ende 1934 nach dem immer noch etwas mysteriösen Mord an dem hohen Parteifunktionär Kirow einsetzte, dann aber ein solches Ausmaß erreichte und so lange anhielt, daß die deutsche sogenannte »Nacht der langen Messer« dagegen verblaßte.[43] Die Vernichtung und Deportation der Kulaken begann wiederum etwas früher und erreichte 1933 ihren Höhepunkt. Was die Lager angeht, gab es im großen und ganzen noch einen Unterschied: Während die bolschewistischen Straflager Arbeitslager waren, in denen unmenschliche Bedingungen, schwere Arbeit, Hunger und Krankheit die Gefangenen ständig dezimierten, fielen in den Nazilagern viele Häftlinge grausamen Mißhandlungen zum Opfer. Die oft sinnlose Arbeit war dort eher Vorwand und Mittel der Quälerei als in der Sowjetunion, wo man das Sklavenheer bei gigantischen Modernisierungsprojekten einsetzte, so daß die Ausrottung der Gegner gewissermaßen Teil eines größeren, vernünftigen Plans war, etwas, worauf die Nazis verzichteten. Dies gilt aber nicht für die typisch stalinistische Liquidationsepidemie innerhalb der eigenen Partei.

Auf jeden Fall gibt es einen Unterschied, der auch die Verschiedenheit in den Reaktionen des übrigen Europa erklärt. Das Zukunftsideal der klassenlosen Gesellschaft, das der Bolschewismus verkündete, schloß im Prinzip alle Menschen ein. In diesem Totalitarismus schienen auch Alternativen angelegt zu sein, die Möglichkeit einer Wandlung zu mehr Humanität, rein theoretisch zwar, aber eben doch vorstellbar, und dies wirkte wie ein entfernter Lichtschimmer in der schwarzen Nacht der stalinistischen Realität. Denn tatsächlich ging die Diktatur davon aus, daß jeder weitgehend durch seine Klasse determiniert sei. Daher waren von der Ausrottung des Klassenfeindes in erster Linie Menschen aus Fleisch und Blut und nicht ihre sozialen Attribute betroffen. Das nazistische Prinzip der Selektion nach der Rasse galt hingegen für alle Zukunft und ließ den Stigmatisierten keine Hoffnung mehr, wenn sie nicht sogar von vornherein zur Ausrottung bestimmt waren. Der Bolschewismus wurzelte in einer langen europäischen Tradition, deren Anfänge in der Französischen Revolution und der Aufklärung liegen. Er ging in direkter Linie auf das sozialistische Evangelium für die Unterdrückten dieser Erde zurück, und man konnte ihn als dessen Ziel, als eine erste Verwirklichung auffassen. Dieser historischen Genealogie verdankten Lenin und die Bolschewisten einen gewaltigen Vorschuß an Sympathie und Vertrauen bei vielen Anhängern des Befreiungsevangeliums. Dieses blieb auch für die Diktatur Stalins das ideologische Aushängeschild, das, was aller Propaganda zugrunde lag, die unverzichtbare Rechtfertigung auch für den Terror. Durch die Diktatur wurde zwar in Wirklichkeit das alte Ideal pervertiert. Seit Lenins Machtergreifung stand das Handeln der Bolschewisten ständig im Widerspruch zum ursprünglichen, humanen Kern ihres eigenen Ideals. Daß sie sich aber bei allem auf dieses Ideal beriefen, konnte die Anhänger sogar außerhalb der Sowjetunion leicht irreführen, auch wegen der grenzenlosen Elastizität der marxistisch-leninistischen Dialektik, die unter Berufung auf die historische Notwendigkeit auch weiß als schwarz und schwarz als weiß zu verkaufen verstand. Es kam noch hinzu, daß Sowjetrußland weit entfernt war und aus der Sicht des Auslands immer von einem etwas mysteriösen Schleier umgeben, es war grandios und halb barbarisch zugleich, auf jeden Fall nicht mit normalen Maßstäben zu messen.

Einerseits blieben hierdurch das Ausmaß und die Intensität des Terrors verborgen, was es ausländischen Sympathisanten leichtmachte, ihn zu leugnen oder zu bagatellisieren. Andererseits akzeptierte man auch eher, daß der außergewöhnliche und imponierende Kraftakt der Modernisierung auch außergewöhnliche Mittel erforderte. Und außerdem: Rußland war nun einmal anders! Vor allem unter Stalin, der sich völlig auf den Aufbau im Inneren konzentrierte, gehörte es nicht wirklich zu Europa. Die politische Isolation des Staates vergrößerte noch die Entfernung und erklärt die besondere Widersprüchlichkeit der Informationen.

Faschismus und Nationalsozialismus hatten hingegen keine Tradition universaler Ideen. Sie waren nicht so leicht in die politische Landschaft einzuordnen. Geistig wurzelten sie in einer Mischung aus antiaufklärerischem Denken und Romantik, ihr Handeln war vom Chauvinismus und der Kriegserfahrung bestimmt und eine Reaktion auf den Kommunismus und Bolschewismus. In intellektueller Hinsicht boten sie keine mit dem Marxismus vergleichbare, ausgearbeitete Theorie. Sie hatten kein erklärungsmächtiges Entwicklungsschema, das Vergangenheit, Gegenwart und Zukunft umfaßte und als scheinbar objektive Richtschnur für das Handeln und als diagnostisches Instrument dienen konnte. Sie hatten keinen historischen Horizont, allenfalls konnten sie eine recht eintönige Geschichte von aufsteigenden und untergehenden Völkern und Rassen bieten. Das war eine Schwäche. Aber angesichts der Übersättigung mit Theorien, des Skeptizismus und Nihilismus, auch unter Intellektuellen, und des Verlangens nach Taten und nach Vereinfachung war es auch ihre Stärke. Im Gegensatz zu den Bolschewisten handelte Hitler in vollkommener Übereinstimmung mit seinen Worten und seinem Programm. Die Radikalität dieses Programms wurde als taktisches Mittel oder als bloße Prahlerei eines politisch Unreifen aufgefaßt, und eine Verwirklichung schien unwahrscheinlich. Gleichzeitig verstand er es, seine Gegner und das Ausland immer wieder durch Gesten und Äußerungen zu verwirren, die sie in ihrer Hoffnung, sein Radikalismus möge nur Rhetorik sein, bestärkten. Auch hier erwies sich die Primitivität der Taktik letztlich als Stärke, weil man solch plumpe Täuschungsmanöver für undenkbar hielt. Anders als die Sowjetunion lag Deutschland in der Mitte Europas, es war nahe, gehörte (wie Italien) ganz selbstverständlich zur europäischen Kultur. Gerade deshalb reagierte man zunächst mit ungläubiger Bestürzung auf den Terror, der aus historischem Blickwinkel unwahrscheinlicher und absurder als der russische erschien. Obwohl Politik und Stil der Naziführer sofort bewiesen, daß hier ein ganz neuer Menschenschlag in der politischen Arena angetreten war – skrupellose, von Machtbewußtsein strotzende Figuren, die ihre Herkunft aus der enthemmten Soldateska oder aus dem Bodensatz des rebellisch gewordenen Bürgertums nicht verleugneten , schien es unvorstellbar, daß sie durch ihre Umgebung, die Angehörigen der alten Elite, nicht gezähmt werden könnten – eine Hoffnung, die besonders diese Elite selbst, anders als in Rußland ja nicht durch eine wirkliche Revolution beseitigt, noch lange hegte. Aus all diesen Gründen war es, was Deutschland anging, am Anfang eher möglich, sich über die wahre Natur des Regimes zu täuschen. Die Gewalttätigkeit des Hitlerregimes war dennoch kein Geheimnis. Die Emigration bekannter Künstler und Wissenschaftler, die ersten Übergriffe gegen Juden und politische Gegner und Maßnahmen zu ihrer Entrechtung lösten in der internationalen Presse sofort heftige Reaktionen aus. Im Gegensatz zur Sowjetunion, die sich in außenpolitischer Hinsicht abseits hielt, ging Hitler auch das Ausland unmittelbar an. Alle, die seine früheren Äußerungen ernst nahmen, sahen in ihm eine Bedrohung für den Weltfrieden. Auch darin unterschied er sich nicht nur von Stalin, sondern auch von Mussolini.

Weil wir bei der Frage, wie die Entstehung und Etablierung dieser totalitären Regime zu erklären seien, von unserer Kenntnis der Folgen ausgehen, ist es verführerisch, bei der Suche nach einer Anwort auf Späteres vorzugreifen. Aber bei diesem Rückblick auf die dreißiger Jahre müssen die späteren Ereignisse gerechterweise noch ausgeklammert werden. Die Frage ist, was die damaligen Zeitgenossen wissen und sehen konnten. Auf der ihnen bekannten Vergangenheit beruhte ihre Vorstellung von dem, was möglich war. Vom Staat systematisch ausgeübter Terror mit Folterungen, wie die zivilisierte Welt sie in den letzten Jahrhunderten nicht mehr gekannt hatte, allenfalls in Situationen revolutionärer Gewalt, das Einsperren von Menschen unter Umgehung des Gesetzes, ohne Gerichtsprozeß und Urteil, Menschen, die geprügelt wurden, bis sie bewußtlos oder tot waren, sadistische Methoden, zu denen es gehörte, daß Opfer stundenlang mißhandelt wurden, verstümmelt, aufgehängt, in Urin oder Fäkalien gestoßen und auf jede Weise erniedrigt, all dies waren Dinge, für die es in der damaligen politischen Realität Europas keinen Platz zu geben schien, außer vielleicht in surrealistischen Phantasien von Autoren und Filmemachern. Phantasien, die andererseits aber etwas von dem andeuten, was in einer Gesellschaft im verborgenen doch vorhanden ist.

Es gibt noch einen weiteren, letzten Aspekt, wahrscheinlich den allerwichtigsten, wenn auch zugleich den trivialsten. Vielleicht ist ihm deshalb bei den vielen Erklärungsversuchen und Überlegungen im besonderen zu der Frage, wie man den Terror der Diktaturen akzeptieren konnte, immer zu wenig Beachtung geschenkt worden. Mag auch die Ideologie Millionen angezogen und ihr Blickfeld verengt haben, so daß sie die Realität äußerst selektiv wahrnahmen, ausschlaggebend für ihre Reaktion und ihr Verhalten war die Macht des Staates. Wer diese Staatsmacht einmal in Händen hatte und es schaffte, Kontrollinstanzen wie Parlament und Justiz auszuschalten oder zu lähmen, war dank der Instrumente des modernen Staatsapparates weitgehend unantastbar geworden, es sei denn, seine Gegner hätten ihre Zuflucht zu einem bewaffneten Aufstand genommen. Die Übernahme der Staatsmacht aber spielte (und spielt) sich nicht in der Öffentlichkeit und vor den Augen des ganzen Volkes ab. Das Entscheidende geschah (und geschieht immer) im nichtöffentlichen Raum, im verhältnismäßig kleinen Kreis der unmittelbar Beteiligten. Sogar bei einer Revolution oder einem Staatsstreich kommt es in einem eng begrenzten Personenkreis zur entscheidenden Übernahme oder Eroberung der Macht, im Inneren zentraler Regierungsgebäude – der Befehlsstelle des Kapitäns, von der aus das Staatsschiff gelenkt wird. Dies galt für die Machtergreifung der Bolschewisten.

Faschisten und Nazis gingen den in formaler Hinsicht legalen Weg, auch wenn Mussolini mit seinem »Marsch« eine Dosis revolutionäres Theater hinzufügte. Bei alledem funktioniert der moderne Staatsapparat, vor allem wenn die Kontrollinstanzen ausgeschaltet sind, wie ein gigantischer Hebel. Von der höchsten Befehlsstelle aus werden die Bewegungen von allen Instanzen der Machtpyramide aufgenommen und verstärkt weitergegeben. Auch deshalb erscheint der Mann an der Spitze, der Diktator, aus der Entfernung immer gewaltig vergrößert. An seiner entscheidenden Machtübernahme ist trotzdem nur eine begrenzte Zahl von Trägern der Staatsgewalt beteiligt, alte und neue. Die Bevölkerung als Ganze bleibt ausgeschlossen. Von jenem Augenblick an ist aber die Macht eine Realität, die jeden angeht und mit der jeder rechnen muß. Nicht die Ideologie, nicht die in der Literatur und auch die hier so ausführlich behandelten, von den Mächtigen propagierten Vorstellungen sind es, die den einzelnen dann praktisch vollständig beherrschen. Was seinem Verhalten und Denken die Richtung vorgibt, sind in erster Linie sein natürliches Eigeninteresse und somit auch seine Fähigkeit, sich an die Macht anzupassen. So kam es, daß sich die große Mehrheit in allen Bevölkerungsschichten, sowie die Diktatur Realität geworden war, dieser Diktatur auch fügte. Wenn heute die Frage gestellt wird, wie man ihre unmenschliche Seite akzeptieren konnte, übersieht man diese elementare Abhängigkeit vom Staat und seiner Macht. Gerade, wer nicht zu den Begeisterten gehörte, die dem Regime in den Sattel geholfen hatten, fühlte sich deshalb auch nicht für das verantwortlich, was jetzt im verborgenen möglicherweise an schrecklichen Dingen geschah. Der Selbsterhaltungsinstinkt sorgte für eine bruchstückhafte Wahrnehmung und die Bereitschaft, den Staat in einem günstigen Licht zu sehen. Dies erleichterte die für die menschliche Psyche so wesentliche Aussöhnung mit der Wirklichkeit.

Dabei verdient die Wissenschaft noch besonderes Interesse. Hier geht es schließlich um ein Kernproblem der Wissenschaften und des modernen, auf diesen Wissenschaften fußenden Weltbildes. Es wäre zu einfach, die Unterwerfung der Mehrheit der Wissenschaftler unter die ideologischen Dogmen der Diktatur – der stalinistischen, nationalsozialistischen oder faschistischen – einzig mit dem normalen Verlangen nach Anpassung, also mit dem Selbsterhaltungstrieb oder (wenn man es weniger wohlwollend sehen will) mit Opportunismus, zu erklären. Zweifellos gaben diese in vielen Fällen den Ausschlag. Triviale Motive wie persönlicher Ehrgeiz, Neid und die Gelegenheit, durch die Demonstration der rechten politischen Gesinnung Karriere zu machen, bestimmten ganz offensichtlich die Arbeit und das Verhalten vieler Männer der Wissenschaft, vor allem von zweit- und drittrangigen Talenten, die auf einmal ihre Chance witterten. Und bei der jungen Garde spielte schon die Erziehung im Geist der neuen Lehre eine Rolle. Daß all dies dem Niveau schadete und viele Unfähige nach oben kommen ließ, blieb sogar den Herrschenden nicht verborgen und bereitete ihnen manchmal Kopfzerbrechen. Ein viel interessanteres Phänomen ist jedoch die längst nicht immer erzwungene oder durch starken Druck herbeigeführte Wende im Verhalten fähiger Wissenschaftler, anerkannter Experten, die, offensichtlich beeindruckt von den überall verkündeten Dogmen und der so massiv propagierten neuen Denkweise, schwankten und ihre Theorien revidierten oder anpaßten. Zwei mal vier blieb zwar weiterhin acht, und Wasser hörte auch unter einer Diktatur nicht auf, bei Erhitzung zu verdampfen. Aber wie erwähnt, erwiesen sich die Naturwissenschaften nicht auf allen Gebieten als immun. In der Physik und der Biologie zum Beispiel konnten ernsthafte Kontroversen durch ideologisch infizierte Axiome ausgelöst werden, die auf die Relativität der scheinbar universalen Grundlage der Naturwissenschaften hindeuten. Auch jetzt, da die gegen die Relativitätstheorie opponierende sogenannte deutsche Physik oder die Genetik Lyssenkos seit langem allgemein als Irrtümer gelten, ist das eigentliche Problem nicht aus der Welt. Sogar in den Naturwissenschaften konnte es offenbar Kontroversen geben, bei denen andere als rein rationale, fachimmanente Argumente ins Spiel kamen. Die offensichtlich metawissenschaftliche Grundlage von Fächern wie Soziologie, Psychiatrie und Psychologie, Kunst- und Literaturwissenschaften, Philosophie und Geschichte machte einen Eingriff durch vom Staat diktierte Dogmen noch viel leichter, eine Veränderung des Fachs, die bewies, wie zeitgebunden die Fundamente dieser Wissenschaften sind, in welchem Maße Macht und Erfolg das wissenschaftliche Denken beeinflussen können. Hochspezialisierte Experten, Mediziner, Psychiater, Historiker, akzeptierten Ausgangspunkte und Richtlinien eines Dilettanten, weil dieser Hitler oder Stalin hieß und die Macht besaß. Denn es wäre ein Irrtum, an der Aufrichtigkeit zu zweifeln, mit der viele Fachleute damals ihre Meinung änderten und auch glaubten, was sie behaupteten, auch wenn manche ihre Richtungsänderung später als unvermeidliche und nicht ernst gemeinte Konzession zu bagatellisieren suchten. Nicht eine autonome, innere Entwicklung des Fachs, sondern der historische Prozeß, die Niederlage der Systeme, entschied darüber, welche Strömung sich schließlich durchsetzte.

11 Europa und die Diktaturen

Die Entwicklungen in Deutschland und Sowjetrußland versetzten ganz Europa in Erregung. Deutschland ging die anderen dabei am meisten an: in der Mitte Europas gelegen, nach seiner Niederlage künstlich zurechtgestutzt und darum versessen auf eine Korrektur der Verhältnisse, ob diese nun mit friedlichen Mitteln zu erreichen war oder nicht. Daß Hitler auf einem friedlichen Wege bleiben würde, erschien vielen angesichts seines agitatorischen Auftretens und seiner Vergangenheit recht zweifelhaft. Vor allem in den Kreisen der Linken hielt man es nahezu für undenkbar. Auch Mussolini ließ nach der Etablierung des faschistischen Staates und angesichts der Verschiebung in den Machtverhältnissen während der dreißiger Jahre erkennen, daß es ihn nach territorialer Expansion gelüstete. Er begann mit der alten Liste der Irredenta zu wedeln – einer nationalistischen Bewegung, die die Eingliederung von Regionen mit italienischem Bevölkerungsanteil außerhalb Italiens forderte – und erklärte das Mittelmeer einstweilen zum *Mare Nostrum*. Frankreich und Großbritannien, die wichtigsten Hüter des Status quo von Versailles, ängstigten sich nach ihren Erfahrungen mit den militärischen Leistungen Italiens deswegen noch nicht allzusehr. Weil sie aber den italienischen Diktator als Gegenkraft zu Hitler brauchten, brachte sie sein wachsender Appetit in eine mißliche Lage – vor allem als er die alten kolonialen Wunschträume zu verwirklichen begann und 1935 die günstige Gelegenheit ergriff, Abessinien zu unterwerfen. Die allgemeine Empörung über den ungleichen Kampf zwischen Panzern und berittenen Bogenschützen zeugte von einer gewissen Gedächtnisschwäche und war nicht frei von Heuchelei. Mussolinis Abenteuer war nichts anderes als eine verspätete Variante des modernen Imperialismus, den vor allem England und Frankreich, aber auch andere europäische Mächte in einer früheren Epoche in viel größerem Umfang eingeführt hatten. Abessinien war ein despotisch regiertes, rückständiges Land mit einer feudalen Herrscherkaste, schwelenden Stammeskonflikten und Sklaverei. Dem Modell einer westlichen Demokratie entsprach es noch weniger als das faschistische Italien. Aber in der Weltpolitik hatte sich das Blatt gewendet. Die alten Kolonialmächte befanden sich nach dem Ersten Weltkrieg nicht mehr in einer Phase der Expansion, sondern der Sicherung ihres Besitzes. Es gab sogar Ansätze zu einer Emanzipation der kolonisierten Völker, erstens, weil man sich den allgemein anerkannten universalen Normen entsprechend um eine Humanisierung der Kolonialherrschaft bemühte, und zweitens, weil bei den betroffenen Völkern der Drang nach Selbstbestimmung erwachte. So sahen die saturierten Mächte in ihrer defensiven Position die italienische Unternehmung als Rückfall in das Zeitalter schamloser Raubgier, das sie selbst inzwischen hinter sich hatten. Aber all das komplizierte die Angelegenheit und schwächte ihre Position sowohl in politischer als auch in moralischer Hinsicht – man denke an das Gleichnis vom Splitter in des Bruders Auge und dem Balken im eigenen. Außerdem herrschte Streit zwischen England und Frankreich, weil die Franzosen wegen des Flottenvertrags, den die Briten mit Hitler geschlossen hatten, verstimmt waren. Sie hatten wenig Lust, London bei einem eventuellen harten Vorgehen gegen den italienischen Diktator zu unterstützen. So beschränkten sich die Westmächte, hin- und hergerissen zwischen prinzipieller Verurteilung der Aggression und ihren politischen und ökonomischen Interessen, zusammen mit dem Völkerbund auf halbherzige Sanktionen. Die Folge war, daß sie Mussolini unweigerlich Hitler in die Arme trieben.

Stalin hatte vorerst alle Hände voll mit dem Aufbau des Sozialismus und den gigantischen Umwälzungen im Inneren zu tun. Dennoch war auch seine Gegenwart dank der moskauhörigen Komintern, den kommunistischen Parteien, die dem liberal-kapitalistischen System grundsätzlich feindlich gegenüberstanden und es bekämpften, nicht zu übersehen.

Charakteristisch für die Atmosphäre in Europa nach dem Schock der Depression und dem Zusammenbruch der Weltwirtschaft war eine weitverbreitete Katerstimmung, vor allem im Hinblick auf die parlamentarische Demokratie und die Zukunft des liberalen Kapitalismus. Das Vertrauen in beide war schwer erschüttert; die Wirtschaftskrise hatte die beängstigende Instabilität des Systems offenbart. Nur die Sowjetunion war von der weltweiten Epidemie verschont geblieben, was marxistisch-kommunistischen Theoretikern und allen, die den Kapitalismus verwarfen, das Rückgrat stärkte. Vor allem verstärkte die Depression die Bindung an das eigene Land als einzigen Halt. Mit dem Liberalismus war auch der Individualismus der zwanziger Jahre in Mißkredit geraten. Bei Kulturkritikern wie Huizinga tauchte der Gedanke einer neuen Elite auf, einer Aristokratie des Geistes, bei Jaspers der einer neuen Führergestalt. Karl Mannheim veröffentlichte im Jahre 1935 (in dem auch Huizingas *Im Schatten von Morgen* erschien) die scharfsinnige Analyse *Mensch und Gesellschaft im Zeitalter des Umbaus*, in der er auf das Spannungsverhältnis zwischen Individualismus und Laissez-faire-Liberalismus auf der einen und der Notwendigkeit einer Steuerung und einer Art von Kollektivismus auf der anderen Seite hinwies. Kurz und gut, es gab allgemein eine Sehnsucht nach Ordnung, Stabilität, Kollektivismus und auch Heldentum im Dienste eines größeren Ganzen, nach allem, was dem verlorenen einzelnen Schutz bieten konnte. Die Arbeitslosigkeit schien ein Übel, das zum Wesen des Kapitalismus gehörte. So verschoben sich auch die moralischen Normen. »Recht auf Arbeit« wurde jetzt, da sich Millionen in ihren besten Jahren überflüssig fühlen und ihr Leben als sinnlos betrachten mußten, etwas immer Ernsteres und Dringlicheres. Es war deutlich erkennbar, daß die sozialen Hilfsmaßnahmen der demokratischen Staaten völlig unzulänglich waren. Was das anging, war das Beispiel, das der Faschismus mit seiner erfolgreichen Bekämpfung der Arbeitslosigkeit und dem Korporatismus gab, durchaus ernst zu nehmen.

Typisch für diese depressive Stimmung war der Schriftsteller Pierre Drieu la Rochelle mit seinem 1931 veröffentlichten Buch *L'Europe contre les patries*, einem heftigen Angriff auf die parlamentarische Demokratie, die er für die allenthalben herrschende Schlaffheit und Lähmung verantwortlich machte. Nur Kommunismus und Faschismus hätten eine überzeugende Antwort darauf zu bieten. In *Socialisme fasciste* wiederholte Drieu im Jahre 1934 seinen Angriff mit noch größerer Vehemenz; im Grunde handelte es sich um eine neue Version der apokalyptischen Erregtheit nach dem Krieg. Es mußte eine Revolution kommen, und sie würde eine soziale und nationale sein: »In den Augen der russischen und italienischen oder deutschen Jugend fallen die Interessen von Nation und Revolution zusammen.«[44] Er selbst sollte später die Seite des Nazismus wählen und (wie Céline) seine haßerfüllte antisemitische Hetze auf die Spitze treiben. Dennoch war Drieus Philippika charakteristisch für das Denken vieler Intellektueller, die zwischen den beiden großen Antagonisten schwankten, denn beide waren antibürgerlich. Die

Überzeugung, daß eine neue Ordnung notwendig sei, gehörte fast schon zum Status des Intellektuellen. Dem berühmten boshaften Querkopf Shaw fiel es nicht schwer, als Sozialist sowohl Mussolini und Hitler als auch Stalin wegen ihrer Tatkraft zu bewundern. Die faszinierende Wirkung, die diese modernen Diktatoren auf einen Teil der Intellektuellen ausübten, verweist auf zwei Eigenschaften, die für Angehörige dieser Gruppe charakteristisch sind. Erstens ist sie ein Zeichen für die heimliche Bewunderung, die der Intellektuelle dem Mann der Tat entgegenbringt und somit auch der Macht, dem Gegenpol zu seiner eigenen Domäne, der des Geistes. Zweitens kann ihn seine naturgemäß rationale Orientierung leicht in die Versuchung bringen, allem einen höheren Sinn zu verleihen; er sucht dann hinter der Macht und dem Erfolg eine Notwendigkeit, erkennt sogar ein historisches Grundmuster, das dem konventionellen, von biederer Moral bestimmten Denken noch verborgen bleibt. Und so lag der Schluß nahe, daß das Zeitalter des liberalen Individualismus vorbei sei, was auch noch einen gewissen masochistischen Reiz hatte, weil dieser liberale Individualismus die Heimat der Intellektuellen war.

Nichts konnte die Krise des liberalen Kapitalismus überzeugender vor Augen führen als die Entwicklung in jenem Land, das anerkanntermaßen die wichtigste Bastion dieses Kapitalismus war, den Vereinigten Staaten von Amerika. Dort hatte der neue Präsident Franklin D. Roosevelt, gleichzeitig mit Hitler im Januar 1933 an die Macht gelangt, den *New Deal* eingeleitet, einen staatlichen Eingriff in die Wirtschaft des heiligen freien Unternehmertums: Der Staat trat selbst als Unternehmer auf und ergriff eine Reihe sozialer Maßnahmen. Nicht von ungefähr war Roosevelt in den Augen seiner Gegner ein Kryptosozialist, der die fundamentalen Werte der Nation unterminierte. Wenn man auch mit größerem Recht dargelegt hat, daß der New Deal gerade die Essenz des Kapitalismus, das private Unternehmertum und den freien Markt, gerettet und einen viel radikaleren Kurs überflüssig gemacht hat, daß der Kapitalismus die Krise nur überleben konnte, weil man eine begrenzte Intervention des Staates erlaubte, so ändert das doch nichts daran, daß hier etwas Spektakuläres geschah, das irgendwie das Ende einer bis dahin prinzipiell liberalen Wirtschaft markierte. Auch die Idee einer korporativen Ordnung stieß bei denen, die über all diese Dinge nachdachten, auf Interesse. Sie sprach vor allem konservative und katholische Denker an. Der Korporatismus schlug eine Brücke in eine vorindustrielle Zeit, erinnerte an das farbenfrohe Zunftwesen, das Mittelalter, religiösen Gemeinschaftsgeist. Die katholische Kirche hatte schon immer den liberalen Individualismus verurteilt; schließlich war die Philosophie des Liberalismus ein Frontalangriff auf das Herzstück der katholischen Lehre, die Bindung des einzelnen an die Glaubensgemeinschaft und an die Kirche als Weg zum Heil. In ihrem Kampf gegen die Mentalität von Profitgier und Materialismus, diesen üblen Früchten des Liberalismus, fand sie die protestantischen Kirchen an ihrer Seite. Mussolinis Italien mit seinem korporativen System erschien nun in einem günstigeren Licht, erst recht nach dem Konkordat von 1929, und nicht nur bei Katholiken. Was bedeuteten der in beunruhigender Weise anschwellenden Masse von Arbeitslosen und Verelendeten – Arbeitern und Menschen aus dem Mittelstand, Bauern, die ihre Produkte nicht mehr verkaufen konnten – Freiheit, Demokratie, das Recht, Parteien zu wählen, die doch nur hilflos vor sich hin pfuschten und kein Mittel gegen das Elend fanden?! In einer derart bedrängten Lage pflegen sich die Prioritäten drastisch zu verschieben.

Auch auf der sozialistischen Seite kamen Vorstellungen auf, die eine Alternative zur marxistischen Klassenkampfdoktrin sein konnten, dieser ein wenig verblühten proletarischen Schönheit, die man nicht ständig präsentieren konnte. Ein Pionier war hier zum Beispiel der Belgier Hendrik de Man. Bis 1933 hatte er in Deutschland als sozialistischer Theoretiker, Philosoph und Psychologe gelehrt. Danach spielte er in seinem Heimatland eine herausragende Rolle als Politiker. Sein »Plan van de Arbeid« aus dem Jahre 1935 hatte innerhalb des Sozialismus enormen Einfluß. De Man brach entschlossen mit dem marxistischen Dogma vom Klassenkampf. Die Bollwerke des Kapitalismus, vor allem die Banken, sollten verstaatlicht werden, und neutrale Staatsorgane, die auch unabhängig von den Parteien sein mußten, sollten regulierend in den Wirtschaftsprozeß eingreifen, um eine gerechtere Verteilung von Einkommen und Arbeit zu garantieren. Nationale Planwirtschaft als Rezept gegen die bekannten Mißstände, dies war, etwas vereinfacht dargestellt, die Essenz seines Werkes! Auch hier also eine Wirtschaftsordnung auf nationaler Grundlage, jeder Art von liberalem Kapitalismus diametral entgegengesetzt, aber ohne die klassische sozialistische Fixierung auf das Proletariat als Kern. Hier war ganz selbstverständlich die gesamte Nation das Subjekt, der Staat bildete das Gerüst. Die internationalistisch-revolutionären Obertöne waren weggefallen.

Zwischen sozialistisch-nationalen, korporativen und faschistischen Wirtschaftsentwürfen gab es also Berührungspunkte, deren Einzelheiten hier weiter nicht von Bedeutung sind. Es geht um das wachsende Verlangen nach einem starken kollektivistischen System, das dem Individuum Schutz bot, nachdem es durch die Depression so erbarmungslos den eisigen Winden der Konjunktur ausgesetzt worden war, hinter denen man zyklische Gesetzmäßigkeiten zu erkennen glaubte. Wenn man alles aus diesem Blickwinkel betrachtete und zweifelte, ob die parlamentarische Demokratie der Krise gewachsen sei, konnte das, was in Italien und Sowjetrußland und sogar in Deutschland geschah, nachdenklich stimmen. Vielen, auch Demokraten, kam leicht der Gemeinplatz vom Hobeln und den Spänen über die Lippen, wenn auf die rauhen und gewalttätigen Methoden verwiesen wurde.

Nicht nur die Bolschewisten hatten ihre Fellow-travellers. Auch die Faschisten fanden Sympathisanten in anderen Ländern, wobei sich die meisten weniger an Deutschland als an Italien orientierten. Was sie bewegte, war eine ähnliche Aversion gegen Parteiendemokratie und Liberalismus, waren verletztes Nationalgefühl, Sehnsucht nach Taten und nach Einigkeit und die zu alledem gehörenden, bekannten Argumente und Ideen. In sozialer Hinsicht waren es sehr gemischte Gruppen, je nach den nationalen oder auch regionalen Verhältnissen: geistig Heimatlose, sozial aus dem Gleis Geratene oder ökonomisch Bedrängte aus Arbeiterkreisen oder dem Mittelstand, rebellische Intellektuelle, vereinzelte Abenteurer oder verirrte Aristokraten mit verschwommenen Ideen, verunsicherte oder einfach verbitterte Offiziere. Ein ebenso vielfältiges Gemisch von Nationalismus, Enttäuschung, politischem Ehrgeiz oder Reformwillen waren die individuellen Motive, sich einer solchen Bewegung anzuschließen. Zum Teil waren es Menschen, die vom Sozialismus enttäuscht waren oder zwischen Kommunismus und Faschismus geschwankt hatten, bei anderen wiederum gaben Kommunistenhaß und -furcht gerade den wichtigsten Anstoß.

So bildeten sich in den Niederlanden die »Nationaal-Socialistische Beweging« (NSB) Anton Musserts und die »Schwarze Front« Arnold Meijers, in Belgien die »Rexisten« unter Léon Degrelle und der flämische »Verdinaso« Joris van Severens, in England die Faschisten Oswald Mosleys, in Frankreich François de la Rocques Orden »Croix de Feu« und Jacques Doriots »Parti Populaire Français«, in Spanien die »Falange« José Primo de Riveras (Sohn des Diktators der Jahre 1923–1929). In Ungarn gab es die Bewegung der »Pfeilkreuzler« unter Ferenc Szálasis, später in Rumänien die »Eiserne Garde« Corneliu Codreanus, in Norwegen die Faschistenpartei Vidkun Quislings und in Finnland die »Lapua«-Bewegung. Sie alle waren keine Massenparteien, die als solche schon eine Bedrohung für das System darstellten, aber sie hatten einen Kern von einigen tausend fanatischen, ruhelosen Anhängern und in den konservativen Oberschichten und in der Armee Sympathisanten und Geldgeber. Wo man wegen des Verfalls der traditionellen Autorität und Disziplin beunruhigt war, neigte man leicht dazu, in diesen chauvinistischen, straff organisierten, streitbaren Kommunistenfressern nützliche Handlanger zu sehen. Ihre Bedeutung und ihre Aussichten auf einen Durchbruch waren in Staaten mit einem noch nicht sehr stabilen parlamentarischen System wie Spanien oder den osteuropäischen Ländern erheblich größer als in Westeuropa. Wo die sozialen Gegensätze am schärfsten waren und mithin auch die Furcht vor dem Kommunismus am tiefsten saß, wurden die Faschisten als Speerspitze im Kampf gegen den verabscheuten gottlosen Bolschewismus von der Kirche unterstützt. Auch prominente Politiker und Persönlichkeiten aus den politischen oder kulturellen Eliten, die von der Übernahme irgendeiner Art von Faschismus für das eigene Land nichts hielten, zeigten Respekt, ja Bewunderung für die verblüffenden Veränderungen, die sowohl der italienische als auch der deutsche Diktator bewirkten. Daß ein Staatsmann und Kriegsführer von außerordentlichem Ruf wie Lloyd George Hitler ohne unmittelbaren Anlaß seine Aufwartung machte und den Führer für seine Leistungen rühmte, daß sogar dessen späterer großer Gegner Winston Churchill sich einmal dazu hinreißen ließ, seinem Land für Notsituationen einen solchen Retter zu wünschen, sagt einiges über die Unsicherheit, die sich auch in einem Land wie England mit solch starkem historischen Selbstbewußtsein und Überlegenheitsgefühl in den frühen dreißiger Jahren offenbaren konnte.

Von ausschlaggebender Bedeutung für die Haltung und das Denken der politischen und kulturellen Eliten war aber schließlich die ideologische Polarisierung, die besonders nach Hitlers Machtergreifung die europäische Bühne beherrschte. Vor allem die Diktaturen in Deutschland und der Sowjetunion mochten einander auf eigenartige Weise spiegeln, sie mochten, was die Machtstruktur und die Methoden geistiger Dressur anging, heimliche Zwillinge sein, in erster Linie waren sie offensichtlich Todfeinde. Die ideologische Wahrheit des einen Regimes implizierte die vollständige Negation der ideologischen Wahrheit des anderen, und es waren die gegenseitigen Beschimpfungen und haßerfüllten Anklagen, die einen großen Teil der Angehörigen der genannten Eliten in zwei entgegengesetzte Lager auseinandertrieben. Während Faschismus und Nationalsozialismus, unter anderem als Gegenbewegung zum Kommunismus entstanden, von Anfang an dessen Vernichtung auf ihre Fahnen geschrieben hatten, zauderten die Sowjetunion und ihr Werkzeug, die Komintern, mit einer ebenso deutlichen Antwort. Die Ursachen dieses Zögerns lagen in der marxistisch-leninistischen Doktrin. In ihr war nämlich der Faschismus nicht vorgesehen, sondern nur der Zusammenstoß zwischen bürgerlichem Kapitalismus und proletarischem Sozialismus; und nachdem sich Lenin und die Bolschewisten zu den einzigen rechtmäßigen und wahren Vertretern des Sozialismus erklärt hatten, gehörten alle, die von ihrer Linie abwichen, für Moskau zwangsläufig zum feindlichen Lager – ohne Rücksicht auf ihre subjektive Einschätzung und Absicht, denn es gab schließlich keinen objektiven historischen Standpunkt außer dem leninistischen. Das galt vor allem für den sozialistischen Reformismus, den großen Verräter der Revolution, der damit *nolens volens* als Sklave der Bourgeoisie und ihrer Interessen im feindlichen Lager gelandet war. Die gehässigsten Streitschriften richteten sich gegen die Sozialdemokratie, gegen die untreuen Brüder. Für diesen Kampf war die Komintern dressiert worden, und es machte offensichtlich Mühe, das tief eingegrabene polemische Geschütz anders auszurichten. Die zweifache Stoßrichtung des Faschismus und Nazismus vor allem in ihrer Frühzeit, der Phase ihrer antibürgerlichen Rhetorik, ihr vom Kommunismus übernommener Agitationsstil und ihr rebellischer Anhang, all das brachte den marxistischen Philosophen Ernst Bloch anfangs dazu, in Hitler und seiner Bewegung eine Art »schiefe(n) Statthalter der Revolution« zu sehen.[45] Das wertvolle revolutionäre Potential, so Bloch, hatte sich dabei leider fest mit dem Pöbel und kleinbürgerlichem Ressentiment verbunden. Die offizielle Version der Kommunistischen Partei lautete weiterhin, daß es sich beim Faschismus um eine neue Variante des sozialdemokratischen Irrwegs handelte, den Versuch der herrschenden Klassen, das Volk mit einer grellen populistischen Maske zu täuschen. Wollte man an der leninistischen Polarität festhalten – und durch sie fand die bolschewistische Diktatur nicht nur theoretisch, sondern auch realiter ihre Daseinsberechtigung –, mußte man den Faschismus schon in das mittlerweile recht komplexe Mosaik des Kapitalismus einfügen. So prägte man das Schlagwort »Sozialfaschismus«, ein dehnbarer Begriff für so etwas wie einen getarnten Kapitalismus und Imperialismus, der als Köder für diejenigen diente, die vom rechten kommunistischen Wege abgekommen waren; als schändlichste Häretiker aber bekamen die Sozialdemokraten auch weiterhin die volle Ladung ab. Diese von Moskau über die Komintern diktierte Strategie hatte zum Triumph Hitlers beigetragen. Für die mächtige Kommunistische Partei Deutschlands hatte nämlich der Kampf gegen die Republik und die Sozialdemokratie höchste Priorität gehabt. In diesem Kampf war sie wiederholt als taktische Verbündete der NSDAP aufgetreten, wenn man sich auch auf der Straße mit unvermindertem Eifer gegenseitig die Köpfe blutig schlug.

Das heißt nicht, daß sich marxistische Theoretiker nicht intensiv mit diesem unerwarteten Gegner beschäftigt hätten. Ich habe schon Bloch genannt, der zu den scharfsinnigsten Kommentatoren gehörte. Die meisten Deutungsversuche blieben jedoch in den Grenzen der Doktrin gefangen, und dies bedeutete, daß sie dem Faschismus und Nazismus eigene Wurzeln und jegliche Eigendynamik absprachen. Sie konnten nur im Dienst einer anderen Macht stehen. Am brauchbarsten war die Agententhese: Hitler und seine Braunhemden waren nichts anderes als die vorgeschobenen Handlanger des Großkapitals. Die kommunistische Propaganda beruhte bei den deutschen Wahlen in den Krisenjahren ganz auf dieser These, die auch für Plakate wie geschaffen war: Fette, sichtlich zufriedene Bankiers als Drahtzieher hinter dem possierlichen, uniformierten kleinen Schreihals Adolf Hitler. Dieses Mißverständnis beruhte auf der einfachen und trivialen und dennoch auch in psychischer Hinsicht bedeutsamen Tatsache, daß man nicht zwei Feinde gleichzeitig vertragen, keinen ideologischen Zweifrontenkrieg führen kann; eine Tatsache, auf die sowohl die politische Praxis als auch die Propaganda Rücksicht nehmen muß. So ordnete man Faschismus und Nationalsozialismus dem altbekannten Feind zu. Dennoch stammten die ersten wichtigen soziologischen Analysen des Faschismus und Nationalsozialismus von Marxisten. Als Feinde dieser Bewegungen erkannten sie mit geschultem Blick den spezifisch kleinbürgerlichen Einschlag und die besondere Empfänglichkeit des Stehkragenproletariats. Ihre soziologische Deutung, wie bruchstückhaft und überspitzt sie auch sein mochte, schimmert deutlich in allen späteren seriösen Faschismustheorien durch, bis auf den heutigen Tag. Dabei leugneten oder vernachlässigten sie den Unterschied zwischen Faschismus und Nationalsozialismus. Früher und konsequenter als andere gebrauchten sie »Faschismus« als Oberbegriff, eine Vereinfachung, die mit der Neigung zusammenhing, alle Phänomene in die hauptsächlich vom soziologischen Klassenverständnis ausgehende Theorie einzufügen. Faktoren, die zum sogenannten »Überbau« gerechnet wurden, wie Ideen und Intentionen, betrachtete man als zweitrangig. Die Folge war eine bemerkenswerte Blindheit gegenüber dem charakteristischsten Zug, der Hitler von seinem italienischen Kollegen unterschied, seinem Rassismus und Antisemitismus. Dieses Rassenkriterium überlagerte ihr eigenes Klassenkriterium auf eine Weise, daß es sowohl ihre Theorie als auch ihre praktische Strategie durcheinanderzubringen drohte. Darum wurde es immer wieder bagatellisiert und als Mittel der Ablenkung von den wahren Gegensätzen dargestellt. Zweifellos hatte dies auch mit dem hohen Anteil von Juden in den eigenen Reihen zu tun. Man durfte die Einheit des Kommunismus nicht dadurch gefährden, daß man die Juden als bevorzugte Opfer des Feindes heraushob; dies hätte wiederum das jüdische Identitätsgefühl – eine Gefahr für das kommunistische Klassenbewußtsein und die ausschließliche Bindung an die Partei – erhalten oder stärken können. Dieser Argwohn gegenüber den Juden sollte bei Stalin später sogar zu einer ausgesprochen judenfeindlichen Haltung werden, wobei hier durchaus traditionelle, tief im Volksdenken verankerte antisemitische Vorstellungen eine Rolle gespielt haben können. Aus all diesen Gründen hat der Kommunismus mehr als irgend etwas anderes dazu beigetragen, daß Hitler und die Seinen zu Anfang unterschätzt wurden. Noch lange sollten die Kommunisten behaupten, sein Sieg werde den Untergang des Kapitalismus beschleunigen, weshalb er im Grunde ihren Interessen diene. Hitler als historischer Wegbereiter Stalins – eine pikante dialektische Variante ihrer eigenen Agententhese!

Die Komintern befand sich gerade in den Jahren von Hitlers Aufstieg in jener Phase der internen Umbildung und rigorosen Disziplinierung, die mit Stalins Machtergreifung in Moskau begonnen hatte. Hierzu gehörte die Ächtung aller Anhänger seiner alten Rivalen, der Trotzkisten, Sinowjewisten, Bucharinisten und all der anderen. Weil die ausländischen kommunistischen Parteien nicht im unmittelbaren Machtbereich des Kreml lagen, wurden Abweichler oder Verdächtige, um sich zu verantworten, möglicherweise auch unter einem falschen Vorwand, nach Moskau gerufen, wo sie abgeurteilt wurden oder einfach verschwanden.[46] Einige wurden auch im Ausland von NKWD-Agenten aus dem Weg geräumt. Genaue Informationen zum Schicksal vieler Opfer fehlen, und die Zahlen sind noch umstritten, aber alles in allem wurden Hunderte von überzeugten Kommunisten liquidiert oder aus der Politik entfernt. Unter ihnen waren zahlreiche der prominentesten und aktivsten Anhänger und Leninisten der ersten Stunde, wie der Vorkämpfer der ungarischen Revolution, Béla Kun, der Deutsche Willi Münzenberg, ein ebenso genialer wie durchtriebener Propagandaspezialist und gleichwertiger Gegenspieler von Goebbels, noch dazu unermüdlicher Organisator des kommunistischen Apparats in Westeuropa. Außerdem gehörten kommunistische Führer wie Franz Neumann, Ignaz Reiss und Rudolf Klement zu den Opfern.[47] Stalins Arm reichte bis zur anderen Seite des Ozeans, wie schließlich sein verbannter Erzfeind Trotzki im Jahre 1940 in Mexiko erfahren mußte. Es ist denkbar, daß auch diese konsequente interne Säuberung neben den gleichzeitigen Modernisierungsoperationen im Inland ganz oben auf der Agenda der Sowjetführung stand, wodurch sich eine deutlichere Konfrontation mit dem Faschismus verzögerte.

Aber als Hitler fest im Sattel saß, vor allem nach der Ausschaltung des revolutionär gesinnten SA-Flügels, als sich durch seine ruhelose Aktivität außerdem die internationalen Kräfteverhältnisse zu ändern begannen, reifte in Moskau die Einsicht, daß die größte Gefahr von Berlin ausging und daß man nun besser versuchen sollte, zusammen mit den westlichen Demokratien eine gemeinsame Abwehrfront gegen den unberechenbaren Hasardeur und den auch anderswo aufkommenden Faschismus zu bilden. Ab 1934 gab die Komintern eine neue Parole aus, die für lange Zeit unwiderstehliche Anziehungskraft besaß: Antifaschismus. Der Antifaschismus sollte alle vereinen, die in den braunen und schwarzen Diktaturen und Bewegungen die größte Bedrohung für die Menschheit sahen. Dies war ein Appell an alle demokratischen Parteien. In gewissem Sinne machte Hitler es ihnen leicht, hatte er doch immer schon Bolschewismus und liberale Demokratie in einen Topf geworfen und zusammen als den großen Feind des Nationalsozialismus gebrandmarkt. Die Kommunisten versuchten jetzt als erstes die Brücke zu den Sozialisten (Sozialdemokraten) wiederaufzubauen und eine Allianz in Form einer linken Koalition, einer »Volksfront«, zu schaffen. Der Begriff »Antifaschismus« war, da er deutlich auf einen gemeinsamen Todfeind verwies, sehr geeignet, die Gegensätze innerhalb des Bündnisses in den Hintergrund zu drängen, besonders das äußerst heikle Problem der Demokratie – zumal die Sowjetunion

1936 eine neue Verfassung erhielt, die rein formal verhältnismäßig demokratisch wirkte, wenn man nicht erkannte, daß sie bloße Fassade war. Sie konnte ein zusätzlicher Grund sein, diesen Punkt als untergeordnet anzusehen.

Die Kursänderung blieb nicht ohne Wirkung und trug in ganz Europa zur Polarisierung bei. Da für die konservativen und rechtsliberalen Parteien, wie auch für die Kirchen, Kommunismus und Bolschewismus die große Bedrohung für die christliche Kultur blieben, neigten sie überwiegend dazu, in Mussolinis Faschismus, aber auch – trotz aller Bedenken – in Hitler ein Bollwerk gegen die rote Revolution zu sehen. Zumindest waren viele bereit, erst einmal abzuwarten, ob er nicht harmloser war, als zunächst angenommen, zumal man in Berlin mit sanfter Stimme von Frieden sprach. Auch die Tatsache, daß Berlin vorerst den alten Diplomatenapparat behielt, hatte eine beruhigende Wirkung. Auf diesem Parkett hatte man es noch nicht oder nicht in erster Linie mit den echten Nazirowdies zu tun. Auf der anderen Seite bekamen nun durch den Antifaschismus alle Linksorientierten, nicht nur die progressiven und sozialistischen Parteien, sondern auch Pazifisten, kosmopolitische und humanistische Persönlichkeiten, die zu Anfang Sympathie für die Revolution empfunden hatten, wie auch die wirklichen Fellow-travellers in den intellektuellen und künstlerischen Eliten wieder festen Boden unter die Füße. Ernsthafte Zweifel, Enttäuschung oder Empörung angesichts der Entwicklung in der Sowjetunion, hatten zuvor dieses Lager gespalten. Hitler sorgte für klare Verhältnisse und die moralische Gewißheit, die ein deutlich konturierter Feind verschafft. Antifaschismus bedeutete außerdem keineswegs, daß man nun notwendigerweise alles billigte, was in Sowjetrußland geschah. Auf jeden Fall war aber die Rangordnung der Prioritäten wiederhergestellt, und dies war für die Haltung vieler Intellektueller und Prominenter im Bereich der Kultur von großer Bedeutung.

Diese Polarisierung wurde durch die spanische Tragödie – den Bürgerkrieg 1936-1939 – auf unvorhergesehene, dramatische Weise verschärft. Spanien war durch seine ganz spezifische Geschichte geprägt, durch Jahrhunderte arabischen Einflusses auf seine Kultur und durch eine katholische Kirche, die infolge ihrer Frontstellung einen besonders schroffen, militanten Fanatismus entwickelt hatte. Außerdem gab es in diesem Land tiefe Gegensätze zwischen den Regionen, die zum Entstehen offen oder mehr oder weniger verdeckt agierender separatistischer Bewegungen führen konnten. Auch die sozialen Gegensätze waren groß. Als Gegenkraft zu den feudalen, eng mit der Kirche verbundenen höheren Ständen war eine mächtige sozialistische Bewegung aufgekommen, die sich zum Teil auf Landarbeiter und Bauern, zum Teil auf das junge Industrieproletariat stützte; besonders stark war sie in Katalonien. Aber es war eine Bewegung, die auch wieder tief gespalten war in Anarchisten, Anarchosyndikalisten, Sozialdemokraten und Marxisten. Im bürgerlichen Lager standen wiederum Royalisten unterschiedlichen Schlages Republikanern gegenüber. Im Grunde stand das Land ständig am Rande der Anarchie. Es bildeten sich gewalttätige Trupps faschistischer oder linker Prägung, wiederholt kam es zu blutigen Zwischenfällen und Massakern auf beiden Seiten und zu Putschversuchen rechter Gruppen in der Armee. Bei den Wahlen 1936 gewann wie in Frankreich eine breite Volksfront, ein Ergebnis, das allerdings angesichts des undurchsichtigen und nicht sehr vertrauenswürdigen Wahlsystems von den Gegnern angefochten wurde. Das rechte Lager, die katholische Kirche und die einflußreichen alten Oberschichten fanden die Entwicklung alarmierend; die Atmosphäre war gespannt. Der radikale linke Flügel steuerte auf eine allgemeine Landreform zu, und in manchen Regionen begannen extremistische Gruppen zusammen mit aufständischen Bauern einstweilen mit Enteignungen. Gewalttätige Jugendbanden machten die Straßen unsicher. Innerhalb der republikanischen Regierung herrschte Uneinigkeit, und es fehlte ihr an Autorität. Im Juli 1936 brach schließlich bei den Truppen in Marokko ein Aufstand aus, dem sich schnell antirepublikanische Einheiten der Armee im Mutterland anschlossen. Die Militärs unter Führung von General Franco hatten die Kirche und die alten Mächte an ihrer Seite, und Franco verbündete sich außerdem mit den Falangisten, den spanischen Faschisten, die dem Aufstand eine modernistische ideologische Note verliehen.

Die Rebellion nahm eine entscheidende Wendung, als Mussolini und etwas später Hitler militärisch zugunsten der Aufständischen eingriffen. Sie schickten Flugzeuge, Transportfahrzeuge, Waffen und schließlich sogar Soldaten. Damit bekannten sie sich gegenüber Europa ganz offen zu so etwas wie internationaler faschistischer Solidarität. Die Sache Francos – nicht ganz korrekt bezeichnete man die Aufständischen nun allgemein als »die Falange« – war auch die ihre! Von diesem Augenblick an wurde das ein wenig abseits gelegene Spanien plötzlich zum Brennpunkt der großen Gegensätze und der Bürgerkrieg zu einem unheilverkündenden Ereignis von paradigmatischer Bedeutung.

Wahrscheinlich hat die militärische Unterstützung wesentlich zum Sieg Francos beigetragen, wenn dies auch nicht zu beweisen ist. Daß sie seine Seite in einer entscheidenden Phase erheblich gestärkt hat, da sie ihm ermöglichte, Truppen schnell und in großer Zahl zu verschieben, ist sicher. Die Republik, die international anerkannte, rechtmäßige Regierung, mußte ohne ähnlich starke und effiziente militärische Hilfe auskommen. Grund war die Furcht der Westmächte, die Entwicklung könne außer Kontrolle geraten und zu einem größeren Krieg führen. Was die internationale Lage anging, waren die Zukunftsaussichten um vieles düsterer geworden, sowohl wegen Mussolinis Krieg in Abessinien im Jahre 1935 als auch wegen der schnellen Wiederbewaffnung Deutschlands, die kaum als harmloses Arbeitsbeschaffungsprogramm gedeutet werden konnte. Und im März 1936 hatte Hitler das entmilitarisierte Rheinland besetzt – eine noch provozierendere Mißachtung der Bestimmungen von Versailles. Zu einer bewaffneten Gegenaktion kam es aber nicht. Großbritannien, noch im Schatten der Depression und mit einer starken linken Strömung, die sich entschieden gegen Aufrüstung wandte, zeigte schon seit längerem kaum Bereitschaft, sich auf einen rigorosen antideutschen Kurs festzulegen, wie Frankreich ihn wünschte, und Frankreich selbst, im Inneren gespalten, war auf einen Konflikt nur unzureichend vorbereitet. Daß ein militärisches Eingreifen dem aggressiven Kurs Hitlers gleich zu Beginn ein Ende bereitet hätte, ist keineswegs so sicher, wie man später – bei der Suche nach der verpaßten Chance, den deutschen Diktator noch rechtzeitig zu bändigen – oft behauptet hat. Zu dieser Annahme neigten auch viele Historiker. Man berief sich dabei auf die deutschen Generäle und auf Hitler selbst, der hinterher von einem gefährlichen Wagnis sprach und meinte, daß er bei einem Eingreifen Frankreichs einen Rückzieher hätte machen müssen. Eine solche Äußerung darf jedoch nicht überbewertet werden. Als alles vorbei war, machte sie sich propagandistisch sehr gut, bewies sie doch, daß der mutige Führer große Risiken einzugehen wagte voller Vertrauen auf die Vorsehung, die ihn nicht im Stich lassen würde – ein Vertrauen, das nicht enttäuscht wurde. Da man nun auch die heikelste Situation gut überstanden hatte, brauchte man vor nichts mehr Angst zu haben! Ein Gedanke, der auch Hitlers Selbstbewußtsein schmeichelte, deshalb aber noch nicht als Beweis für die Richtigkeit der Theorie gelten kann. Man vergißt, daß ein solcher Konflikt in der modernen Gesellschaft und für einen Staat mit parlamentarischem System nicht einfach nur ein militärischtechnisches Problem ist (so günstig die Aussichten für die Westmächte vielleicht auch waren). Der moralische Standpunkt der Öffentlichkeit, die Auswirkungen auf die Weltmeinung sind nicht zu unterschätzende Faktoren. Die Bemerkung des britischen Lords Philip Lothian, Hitler habe nur seinen eigenen Hinterhof besetzt, so als ob die Engländer Portsmouth einnehmen würden, läßt deutlich erkennen, wie fragwürdig die Legitimation eines bewaffneten Vorgehens (nach Art des französischen, 1923 bei der Besetzung des Ruhrgebiets) in den Augen der Welt gewesen wäre. In Paris fühlte man sich, was auch immer hier den Ausschlag gegeben hat, nicht stark und einmütig genug, um ohne Rückendeckung und auf die Gefahr, sich zu isolieren, die Initiative zu ergreifen.

Was Spanien angeht, so entschieden sich die Großmächte nach mühsamen Beratungen, vor allem auf Betreiben Großbritanniens, für die Nichteinmischung. Italien und Deutschland, Mitunterzeichner dieser Vereinbarung, taten so, als wäre ihre Hilfeleistung davon gar nicht betroffen; sie setzten sie einfach fort und behaupteten, es handele sich um den Einsatz von Freiwilligen. Da sich die Westmächte zurückhielten – London legte ebenso wenig Wert auf ein sozialistisches oder kryptokommunistisches wie auf ein faschistisches Spanien, und Paris gab mit sehr gemischten Gefühlen nach, weil es auf England angewiesen war – konnte die Sowjetunion als einziger Freund der Republik und einzige aktive antifaschistische Macht auf der spanischen Bühne auftreten. Aber ihr Beistand konnte natürlich wegen der extrem weiten Nachschubwege und anderer logistischer Probleme militärisch in keiner Hinsicht die italienische und deutsche Hilfe für Franco aufwiegen. Rußlands Unterstützung konnte nur propagandistischen und symbolischen Wert haben; eigentlich brachte sie aber nur Moskau Vorteile. Ein umfangreiches militärisches Engagement oder gar ein Konflikt waren das letzte, was der Kreml zur Zeit gebrauchen konnte. Dagegen bot die Intervention die Gelegenheit, auch im weit entfernten Spanien die Kominternparole der antifaschistischen Front auszugeben und zugleich das gespaltene linke Lager besser in den Griff zu bekommen. Es ist kaum zweifelhaft, daß dieser Aspekt für Stalin in diesem Augenblick am allerwichtigsten war.[48]

Inzwischen zerfleischte der Bürgerkrieg das unglückliche Land. Die Regierungstruppen – zusammengesetzt aus Republikanern, Sozialisten, Syndikalisten, Anarchisten und Kommunisten, zwischen denen wenig Einvernehmen herrschte – standen Francos disziplinierter Streitmacht mit dem harten Kern der Berufssoldaten und den Falangisten gegenüber, unterstützt von der Kirche und den reaktionären Oberschichten.[49] Auf beiden Seiten kam es zu Paroxysmen grauenhafter Gewalt. Schätzungen zufolge haben beide Lager, abgesehen von den Opfern der Kampfhandlungen, jeweils etwa fünfzigtausend ermordete Zivilisten auf dem Gewissen, Frauen und Geistliche eingeschlossen. Es gab Szenen bestialischer Grausamkeit, wie sie sich auch während des russischen Bürgerkrieges abgespielt hatten. Menschen wurden lebendig verbrannt, enthauptet oder erwürgt, viele erst noch verstümmelt, bevor man sie abschlachtete. Der eher planlose Terror der Linken richtete sich besonders gegen Geistliche, niedere und höhere, darunter auch einige Bischöfe. Nonnen wurden zu Hunderten vergewaltigt und dann umgebracht. Der rechte Terror zeichnete sich in der Regel eher durch organisiertes und zielbewußtes Vorgehen aus, mit gnadenlosen Massenhinrichtungen, auch Folterungen, sobald eine Stadt oder Region erobert war. Der entfesselte Haß zeigte deutlich, daß die kollektive Raserei, wenn sie die Kämpfenden in einer Gewaltsituation erst einmal ergriffen hatte, keine Grenzen mehr kannte.

Wegen der heterogenen Zusammensetzung der republikanischen Armee und des Fehlens einer straffen Führung war der anfängliche Vorteil der zahlenmäßigen Überlegenheit bald zunichte gemacht. Die Gegensätze innerhalb der Linken verschärften sich, und hierbei spielten die Komintern und die Kommunisten dank der Intervention und der Unterstützung Moskaus eine ausschlaggebende Rolle. Das Hilfskorps, das die Sowjetunion schickte, bestand zum größten Teil (nach manchen Schätzungen zu drei Vierteln) aus Agenten und Beratern.[50] Die spanische kommunistische Partei bildete eine kleine Minderheit im Lager der Republik, wo Sozialisten, Syndikalisten und auf dem radikalen Flügel vor allem Anarchisten die meisten Anhänger hatten und die Bevölkerung repräsentierten. Aber es gelang ihr, die Regierungskoalition immer mehr zu infiltrieren. Im Hintergrund der Kampfhandlungen und der spektakulären Gewaltexzesse des Krieges gegen Franco spielte sich ein interner, erbitterter Kampf zwischen den von Stalin und der Komintern unterstützten und gelenkten Kommunisten und den übrigen Gruppen ab. Das Kriegsmaterial aus Rußland landete fast ausschließlich in den Händen der Kommunisten, und diese setzten es nicht nur gegen die Falangisten, sondern genauso gegen die anarchistischen und syndikalistischen Truppen ein, denen es schon bald an Waffen und Munition fehlte, während Franco von

Italien und Deutschland mit modernem Material versorgt wurde. Außerdem fand nun, im Schatten des Krieges, eine großangelegte Säuberung innerhalb der eigenen Reihen statt, nach dem Muster der Säuberungswelle, die zu jener Zeit die Sowjetunion selbst überrollte.[51] »Heute kämpfen wir gegen Burgos [das Hauptquartier Francos], morgen müssen wir gegen Moskau kämpfen, um unsere Freiheit zu verteidigen«, schrieb der italienische anarchistische Philosoph Camillo Berneri.[52] Das Problem war, daß man dies eigentlich schon »heute« tun mußte. Den Kommunisten gelang es schließlich durch ihre zielbewußte und skrupellose Infiltrationspolitik und auch dank der zunehmenden Uneinigkeit ihrer Konkurrenten, die zentrale Machtposition im republikanischen Lager zu erobern, eine Position, die in keinem Verhältnis zu ihrer tatsächlichen Repräsentativität stand.

Die innere Zerrissenheit trug nicht gerade zu einer wirksameren Verteidigung gegen die Rebellen bei. Franco rückte unaufhaltsam vor und errichtete 1939 nach dem vollständigen Sieg seine Herrschaft, im Grunde keine faschistische, sondern eine reaktionär-militärische Diktatur, gestützt von der Kirche. Franco war alles andere als ein populistischer Ideologe mit missionarischem Gehabe. Er war ein unerschütterlicher, kühler Realist und ein willensstarker, fähiger Manipulator und Machtpolitiker im Dienst von Tradition und Konterrevolution. Mit allen Gegnern, die ihm in die Hände fielen, wurde konsequent und gnadenlos abgerechnet. Die Zahl der Hingerichteten lag wahrscheinlich bei annähernd hunderttausend (die genauen Zahlen sind, wie bei fast allen Diktaturen, kaum zu ermitteln, und die Berechnungen weichen stark voneinander ab). Allein in Madrid gab es bis zu zweihundertfünfzig Exekutionen täglich. Dazu kamen noch Hunderttausende von Gefangenen und die Exilierten.[53] All das zusammen war ein Aderlaß, der im Verhältnis zur Bevölkerungszahl nicht hinter dem zurückstand, was sich in Rußland während des Bürgerkrieges und unter dem leninistischen und stalinistischen Regime abgespielt hatte.

Für Europa bedeutete dieser Krieg erstens das Schauspiel eines enthemmten Fanatismus, von dem dank eines ganzen Heeres von Reportern und Freiwilligen aus vielen Ländern, dank Fotos und Filmmaterial viel mehr an die Öffentlichkeit gelangte als von ähnlichen Greueln des russischen Bürgerkrieges. Zeugen und Teilnehmer waren von nun an durch jenes unsichtbare Band verbunden, das man den Spanischen Bürgerkrieg nennt. Zweitens machten die Intervention der Achsenmächte und die Beteiligung der Komintern und der Sowjetunion dieses ursprünglich nationale spanische Drama zu einem Ereignis von europäischer Bedeutung. Mussolini schickte ungefähr fünfzigtausend Mann, Hitler etwa zehntausend, neben Waffen und anderer materieller Unterstützung. Blankes Entsetzen verursachte die rücksichtslose Bombardierung des Städtchens Guernica durch deutsche Flugzeuge, denn es zeigte beispielhaft, mit welchen Schrecken der moderne Luftkrieg eine wehrlose Bevölkerung bedrohte. Die Reaktionen offenbarten aber auch das Problem, das die Wahrnehmung des Spanischen Bürgerkrieges bis in die jüngste Zeit bestimmt hat: Infolge der ideologischen Polarisierung verlieh man jeder Untat der Gegenseite aus dem eigenen ideologischen Blickwinkel bewußt oder unbewußt eine propagandistische Funktion. »Guernica« stand für die mörderische Barbarei des Faschismus – der Symbolwert des Ereignisses wurde von den Kommunisten und der Komintern gleich erkannt, und sie schlachteten es erfolgreich aus. Besonders durch das spanische Drama war »Faschismus« zu einem Oberbegriff geworden, unter den nun auch der Nationalsozialismus fiel. Die symbolische Bedeutung verdankte Guernica nicht zuletzt dem gleichnamigen Gemälde von Pablo Picasso, dieser ekstatischen Darstellung grausamen Leidens in einer grausamen modernen Welt.

Vor allem bei den linksorientierten Intellektuellen im Westen verbreitete sich das Gefühl, daß sich im Spanischen Bürgerkrieg etwas Beispielhaftes ereignete, der Zusammenprall von Faschismus und Antifaschismus, daß der Faschismus seine Maske fallengelassen hatte und sich als tödliche Bedrohung für die Zivilisation erwies. Für viele stand dabei Antifaschismus zugleich für Demokratie, und der Kampf wurde so auch zum Kampf für oder gegen die Demokratie, eine Auffassung, mit der die Komintern keine besonderen Schwierigkeiten hatte. Wie in den Flitterwochen der Revolution konnten die Kommunisten angesichts der faschistischen Gewalt wieder ihre idealistischen und humanistischen Ursprünge in Erinnerung bringen. Es steht außer Zweifel, daß diese Ursprünge für getreue Parteimitglieder auch im Westen immer noch die Essenz des Kommunismus waren und ihr Verhalten motivierten. Für andere erschienen die Sowjets und ihre Anhänger nun wegen der Schwärze der Gegenpartei zumindest in einem milderen Licht. Spanien brachte viele linksgerichtete Kämpfer zusammen. Die Komintern nahm energisch die Bildung internationaler Brigaden in die Hand und bediente sich propagandistisch wie auch organisatorisch geschickt des Kreuzzugsgedankens und des moralischen Appells; auch die Intellektuellen waren gefordert, die Demokratie aktiv und nicht nur mit der Feder zu verteidigen. Aus allen Himmelsrichtungen strömten Freiwillige herbei, alles in allem meldeten sich an die zwanzigtausend, vor allem Veteranen im Kampf gegen Faschismus und Nationalsozialismus, die meisten aus Frankreich, Deutschland und Österreich. Ungefähr achtzig Prozent kamen aus dem Arbeitermilieu, und sechzig Prozent der Arbeiter waren treue Kommunisten. Von den übrigen wurde etwa jeder zweite unter dem Eindruck des Kampfes Kommunist.[54] Sehr beachtlich war der Anteil der Intellektuellen, Schriftsteller und Künstler. Obwohl sie natürlich eine kleine Minderheit bildeten, waren sie es, die den Gedanken des antifaschistischen Kreuzzuges verbreiteten, um so mehr, als sie zum größten Teil keine doktrinären Parteimitglieder waren. Vor allem in England und Frankreich engagierten sich Intellektuelle in großer Zahl, auch aus Protest und Empörung, weil der eigene Staat sich ängstlich abseits hielt. Zu dieser Begeisterung für die Sache der Republik gehörte auch das Gefühl, stellvertretend Verantwortung übernehmen zu müssen. Das Engagement war ein offenes Bekenntnis: Die literarische und künstlerische Elite stand an der Seite des Fortschritts und der sozialen Gerechtigkeit den Mächten der Reaktion und der Finsternis gegenüber. Dieses Glaubensbekenntnis ersetzte bei vielen Intellektuellen den konventionellen Glauben. Unter den Schriftstellern, die auf der Seite der Republik kämpften, finden wir Auden, Isherwood, Spender und Orwell, Malraux und Saint-Exupéry, Koestler und Hemingway, Aragon, Éluard, Tzara und Vittorini. Nach einer 1937 in England unter Schriftstellern und Publizisten durchgeführten Umfrage waren fünf (darunter Blunden und Waugh) für Franco. Sechzehn (unter anderem Eliot, Charles Morgan, Ezra Pound und Wells) wollten keinen Standpunkt beziehen, und rund hundert waren für die Republik.[55] Großen Einfluß auf die literarische Szene in England hatten der pazifistische, linksgerichtete Verleger Victor Gollancz und dessen Left Book Club. Daß gerade Gollancz Kontakte zur kommunistischen Partei unterhielt, ist eines der vielen Beispiele dafür, daß es der Komintern im Westen gelang, ein humanistisch-pazifistisches Gesicht zu zeigen und sich zahlreichen fortschrittlichen Intellektuellen als bester Vertreter eines kosmopolitischen Idealismus zu präsentieren.[56] Auch wenn die Verteilung in anderen Ländern nicht so extrem ungleich war, ein Zeichen für einen allgemeinen Trend in der kulturellen Elite war dieses Ungleichgewicht durchaus, wenn auch vor allem in Westeuropa. Die von der Komintern ausgegebene Devise »Antifaschismus« sollte dank Mussolini und Hitler wie ein Fanfarenstoß wirken, der die Intellektuellen aufweckte. Die Überzeugung, daß »der Geist« links stehe, schien selten eine deutlichere Rechtfertigung erfahren zu haben. Wobei dieser linke Geist offenbar zugleich in die Gefahr geriet, gegen den eigenen Willen in Richtung eines anderen Totalitarismus abzugleiten, eine Gefahr, die viele nicht erkannten. Die Kriegserfahrung bereicherte die Literatur um Werke wie Hemingways Roman *Wem die Stunde schlägt*, *Die Hoffnung* von Malraux, *Mein Katalonien* von Orwell und Audens Gedicht »Spanien«. Zahlreiche junge Spanienkämpfer sollten später eine bedeutende Rolle in der Politik spielen, besonders in den sozialistischen oder kommunistischen Parteien – zum Beispiel Tito, Pietro Nenni, László Rajk, Walter Ulbricht und Willy Brandt. Viele wurden aber für das stalinistische Regime, dessen Vorgehen gegen die Unorthodoxen so deutlich paranoide Züge hatte, gerade wegen ihrer Teilnahme am antifaschistischen Kampf zu Verdächtigen.

Aus den Erfahrungen in Spanien zogen die Beteiligten nachträglich übrigens ganz unterschiedliche Konsequenzen. Viele aus dem intellektuellen oder künstlerischen Milieu standen ihrer Natur nach den freien Anarchisten ohne Parteibindung am nächsten. Sie kamen in der Überzeugung nach Spanien, daß hier eine breite linke Protestbewegung alle im Zeichen von Antifaschismus und Demokratie vereinen werde. Nicht nur die Greuel und die chaotischen Zustände, die sie aus der Nähe erlebten, zerstörten viele idealistische Illusionen. Auch die Machenschaften der Kommunisten wirkten auf so manchen ernüchternd, zum Beispiel auf Malraux, der sich künftig deutlich vom diktatorischen Kurs der Partei distanzieren sollte, oder Orwell, einen Geistesverwandten der Anarchisten, der für das antifaschistische Lager eine ebenso resignierte wie illusionslose Bilanz zog. Gerade die Erfahrungen mit der Politik der Komintern in Spanien hat eine Reihe von treuen Anhängern und Sympathisanten endgültig der Sowjetunion entfremdet und sie zu einem prinzipiell demokratischen Kurs bekehrt. Und dennoch hat der Kontrast zwischen der Passivität der westlichen Staaten und der Hilfe aus dem fernen Rußland – trotz ihres symbolischen Charakters und ihrer Doppelbödigkeit – nicht seine Wirkung verfehlt. Die Sowjetunion fand neue Sympathisanten, wo sich ältere von ihr abzuwenden begannen. Die Antifaschismusparole behielt im Milieu der Linken ihre starke Überzeugungskraft, so daß sie die anderen Aspekte in den Hintergrund drängte. Die vor allem in Frankreich und England sehr ausgeprägte Empfänglichkeit für diese Parole sollte manchen noch zu einer Entscheidung ganz eigener Art bewegen: nicht für den offenen Kampf Seite an Seite mit der Arbeiterklasse, sondern für subtile Konspiration im Dienst der Sowjetunion als Mutter des Fortschritts, etwas, das offenbar standesbewußte junge Intellektuelle besonders ansprach. So sollte ein dandyhafter, sehr elitärer Kreis von Cambridge-Absolventen, aufgewachsen im Milieu der linksstehenden, pazifistischen Bloomsbury-Gruppe – einem Milieu, in dem ein Geist der Rebellion gegen Tradition und etablierte Mächte herrschte –, schließlich dazu kommen, für Moskau zu spionieren. Die Anziehungskraft des Abenteuerlichen und Ungewöhnlichen und jugendlicher Protest gegen Konvention und öden Konformismus, intellektuelle Arroganz, die den ausgetretenen Kriegspfad verachtet, und dazu noch Idealismus – all dies zusammen kann einen Harold Philby, Guy Burgess, Anthony Blunt und Donald Maclean zu dem gewagten Spiel bewegt haben, mit dem sie sich für alle Zeit der Sowjetunion auslieferten.[57]

Den tiefsten Eindruck hinterließ das spanische Drama aber durch das Bild der Schrecken und der Entmenschlichung auf beiden Seiten. Außer der Verfinsterung des internationalen Horizonts trug dieses Bild wesentlich zum verbreiteten Kulturpessimismus bei. Es war auch bei ausgeprägter Parteilichkeit kaum möglich, die gegenseitige Barbarisierung zu übersehen. Einer von denen, die hiervon Zeugnis ablegen wollten, war Georges Bernanos mit seinem 1938 veröffentlichten Buch *Die großen Friedhöfe unter dem Mond*. So sollten auch längst nicht alle Intellektuellen Partei ergreifen. Die Vorstellung eines kommunistischen Spanien war für viele, gerade im Hinblick auf die Rolle der Sowjetunion, ebenso abstoßend wie die eines faschistischen. Paul Claudel, der als leidenschaftlicher Katholik vor allem die Raserei gegen Priester und Nonnen sah, schrieb sein *Aux martyrs espagnols*. In der internationalen Presse gingen die Meinungen weit auseinander, und die rechten, nationalistischen und katholischen Blätter machten zum größten Teil kein Hehl aus ihrer Sympathie für Franco. Dies bedeutete nicht immer Begeisterung für den Faschismus oder gar den Nationalsozialismus, wie auch Parteinahme für die Republik keineswegs bedeuten mußte, daß man überzeugter Anhänger des Kommunismus oder gar des Stalinismus war. Charakteristisch für die verschärfte Polarisierung war dennoch die Neigung, klare Prioritäten zu setzen.

Von 1938 an geriet das Geschehen in Spanien jedoch immer mehr in den Schatten der hektischen Aggressivität Hitlers, der Deutschland inzwischen für stark genug hielt, um seine Endziele verwirklichen zu können.

12 Auf dem Weg in eine neue Kriegskatastrophe

Wer im Spanischen Bürgerkrieg ein unheilverkündendes Vorzeichen gesehen hatte, ein dunkles Spiegelbild der Kräfte, die Europa teilten, sollte bald recht bekommen. Wie immer hatte aber das Gesicht der Zukunft eine helle und eine dunkle Hälfte. Der Schriftsteller und Philosoph Sartre sprach rückblickend von dem tiefen Einschnitt des Jahres 1940 im Denken seiner Generation, die noch an ewigen Fortschritt und Frieden geglaubt habe.[58] Es bleibt die Frage, wie verbreitet ein solcher Glaube außerhalb der Kreise progressiver westlicher Intellektueller war und ob dieses Bild nicht außerdem nostalgisch gefärbt ist. Zudem kannte Sartre, wie die meisten Franzosen, ausschließlich Frankreich. Genauso irreführend ist der Rückblick, bei dem man die Kenntnis des Späteren zurückprojiziert, als hätte man schon vorausgesehen, was die Menschheit erwartete. Trotzdem zeugen viele Berichte und Kommentare aus den späten dreißiger Jahren von Beklommenheit und Besorgnis.

Anders als der Erste Weltkrieg kam der Zweite nicht als überraschender Zusammenbruch der internationalen Diplomatie. Noch viel weniger wurde er bei seinem Ausbruch von der Bevölkerung, von Publizisten, Dichtern und Philosophen begeistert und erregt gefeiert. Diesmal gab es auf den Straßen keine jubelnden Menschenmengen, die lachenden Soldaten Blumen zuwarfen, als seien sie schon siegreich heimgekehrt. Diesmal also keine törichte Verwechslung des Anfangs mit dem Ende eines Krieges. Eher kam er für wache Zeitgenossen als die befürchtete Folge einer sich ständig verschärfenden Krise. Anders als 1914 wußte jeder, was Krieg im Zeitalter moderner Waffentechnik bedeutete. Niemand konnte sich dabei noch ernsthaft Vorstellungen von einem romantischen Heldentum ergeben. Anders als im Falle des vorigen sollte nach dem Ende dieses Weltkrieges auch keine heftige Debatte über seine Ursachen entstehen. Zwar stand die Erklärung des Hitlerregimes in diametralem Gegensatz zu der seiner Gegner, aber für alle Beteiligten war dies so selbstverständlich und vorhersehbar, daß es keinerlei Bedeutung hatte. Für die spätere Geschichtsschreibung gibt es keine Schuldfrage, die auch nur im entferntesten mit der des Jahres 1914 vergleichbar wäre. Sofern sich eine gelehrte Diskussion über Ursprung und Verantwortlichkeit entwickelte, bezog sie sich auf eine makrohistorische Ebene, nicht auf die konkreten Ereignisse oder auf Handlungen und Verantwortung bestimmter Personen. Hierüber bestand Klarheit, und dies von Anfang an. Nach der Katastrophe gab es für alle, Sieger und Verlierer, nur einen unmittelbaren Anstifter, auch wenn man sich noch über die Rolle der anderen streiten konnte, über ihre Mitverantwortung oder ihren Anteil daran, daß dieser eine hochkommen und sich immer mehr Spielraum schaffen konnte.

Hitler hatte nie verheimlicht, daß er der Ordnung von Versailles ein Ende machen wollte, und im November 1937 hatte er in einem kleinen, geschlossenen Kreis von hohen Politikern und Offizieren sein Programm offengelegt: Wiederherstellung der einstigen Grenzen Deutschlands, Vereinigung mit Österreich, anschließend Ausdehnung nach Osten, um dem deutschen Volk den erforderlichen »Lebensraum« und die Rohstoffe zu verschaffen, die ein nach außen geschlossenes, weitgehend autarkes Imperium brauchen würde. Bestimmend für dieses Konzept waren die Erfahrungen mit der Blockade durch die Entente im Ersten Weltkrieg, der Verlust des Kolonialbesitzes und Hitlers Rassendoktrin. Die osteuropäischen, slawischen Völker waren als minderwertige Rasse der deutschen, germanischen Herrschaft zu unterwerfen. Was diese kontinentale Expansion anging, so schwebte ihm in noch vagen Umrissen ein Arrangement mit der »vollwertigen« Rasse Großbritanniens vor, dessen Empire er, wenigstens vorläufig, respektieren wollte. Trotzdem war ihm klar, daß seine Pläne ohne Krieg kaum zu verwirklichen waren. Nicht nur war er gern bereit, diesen Blutzoll zu bezahlen; entscheidend war auch, daß er einen Konflikt wollte. Als Politiker und als Vulgärdarwinist war er das Produkt des Krieges, der Fronterfahrung und des Traumas der Niederlage. Diese Schmach mußte getilgt, das Stück mußte noch einmal gespielt werden. Dies war seine Art, die Erfahrungen zu verarbeiten. Und in seiner biologistischen, ganz auf den Konflikt zwischen Völkern und Rassen zugespitzten Lehre war der Krieg etwas Natürliches und Gesundes, außerdem gab er ihm selbst die Gelegenheit, sich voll zu entfalten. Ohne Kampf mußte die starke Rasse verkümmern. In dieser Hinsicht hat niemand mit seiner ganzen Laufbahn und seinem ganzen Wesen so beispielhaft Freuds Theorie vom Zerstörungs- und Todestrieb verkörpert wie Hitler.

Der Zweite Weltkrieg war deshalb eine Fortsetzung des Ersten, der gewaltsame Versuch einer Korrektur, sowohl politisch als auch mental, sofern man sagen kann, daß Hitler und der Nationalsozialismus eine Folgeerscheinung der deutschen Niederlage waren. Dieser Zusammenhang ist in der Geschichtsschreibung kaum angezweifelt worden, was nicht bedeutet, daß der eine Krieg auch unvermeidlicherweise zum zweiten führen mußte. Jedes Drama bietet verschiedene Möglichkeiten für eine Fortsetzung. Die Verantwortung für 1939 kann deshalb auch nicht auf die Politiker von 1919 abgewälzt werden. Hitlers vollständiges Programm umfaßte viel mehr als nur jene Revision von Versailles, die er in der Öffentlichkeit ständig verkündete. Diese Erkenntnis war es, was die Westmächte schließlich dazu brachte, sich einer weiteren Expansion in den Weg zu stellen. Dadurch, daß Hitler einen konventionellen politischen und nationalen Machtkonflikt in einen Kreuzzug verwandelte, dessen Motive in einer rassistischen Lehre lagen, zerbrach, was man als Kausalkette zwischen dem Ersten und dem Zweiten Weltkrieg auffassen konnte. Als ideologische Konsequenz des Nationalsozialismus war der Zweite darum etwas Neues, wenn er auch zugleich noch den Charakter eines normalen politischen Machtkonflikts hatte, der den Ausgangspunkt und den Rahmen bildete.

Mit atemberaubender Geschwindigkeit folgte ein Schlag auf den anderen. Im März 1938 wurde Österreich besetzt. Zum ersten Mal wandte man hierbei wirksam die Strategie der sogenannten fünften Kolonne an: Das Naziregime bediente sich einer geistesverwandten ausländischen Partei, um die internen Spannungen in dem anderen Land zu verschärfen und später seine Intervention als Hilfe für eine unterdrückte Bewegung auszugeben. Unter starkem Druck von außen und innen – das Naziregime verstieß hier auf schamlose Weise gegen alle diplomatischen Gepflogenheiten – kapitulierte das Regime des Kanzlers Schuschnigg. Da der »Anschluß« blitzschnell vor sich ging und kein einziger Schuß fiel, war das Ausland überrumpelt, wie bei der Besetzung des Rheinlands. Aber so krude diese Aktion auch war, die Vereinigung der beiden deutschsprachigen Staaten konnte noch mit dem Selbstbestimmungsrecht und dem Nationalitätenprinzip gerechtfertigt werden. Österreich hatte sowohl 1919 als auch 1931 einen solchen Anschluß selbst gewollt, und nur das Veto der alten Ententemächte hatte ihn verhindert. 1938 würde sich jedoch ohne jeden Zweifel ein großer Teil der Österreicher (wie viele, ist schwer zu sagen), hätten sie die freie Wahl gehabt, unmißverständlich gegen die Aufnahme in das nationalsozialistische Deutschland gewandt haben. Von den Propagandabildern der Massen, die deutsche Truppen jubelnd willkommen heißen, dürfen wir uns nicht täuschen lassen.

Ein ähnliches Problem ergab sich auch noch im Fall von Hitlers nächstem Opfer, der Tschechoslowakei. Diesmal wurde die deutschsprachige

Minderheit im Sudetenland für Berlin zum Hebel, mit dem sie den Staat ins Wanken bringen konnte. Die Annexion bestimmter Grenzgebiete konnte ja noch als Wiederherstellung des Territoriums des Kaiserreichs gerechtfertigt werden (was wiederum nicht für den »Anschluß« Österreichs galt!). Als im Herbst 1938 klar wurde, daß die Tschechen sich nicht einfach zu fügen beabsichtigten, zog der Schatten des Krieges über einem bangenden Kontinent herauf. Das militärische Bündnis der Tschechen mit Frankreich wurde nun zum Bumerang. Die Tage Clemenceaus und Poincarés waren schon lange vorbei, und die Polarisierung hatte das Land gespalten. Für das nationalistische rechte Lager waren Volksfront und Kommunismus der große Feind. Deutschland, der klassische Gegner, und der Faschismus weckten in diesen Kreisen eher Bewunderung. Ohne Großbritannien konnte Frankreich keinen Konflikt riskieren, und die Briten wiederum hatten formal keine militärischen Verpflichtungen. In England war eine Revision von Versailles schon seit längerem nicht mehr tabu. Außerdem konnte man ohne Unterstützung des Commonwealth keinen Krieg beginnen, und es war fraglich, ob die inzwischen viel selbständigeren und selbstbewußteren Länder der Gemeinschaft bereit sein würden, ihre Söhne für den Erhalt zweifelhafter europäischer Grenzregelungen zu opfern. Kurz und gut, eine ganze Reihe von Abhängigkeiten lähmte London und Paris, noch abgesehen von der wirtschaftlichen Depression und dem hiermit zusammenhängenden Widerstand der linken Parteien gegen Wiederaufrüstung. Der Völkerbund – im Prinzip die Institution, die wie keine andere dazu berufen war, eine solche Krise zu bewältigen – hatte mit immer größeren Schwierigkeiten zu kämpfen. Die Vereinigten Staaten, der große Inspirator, verfolgten schon lange einen isolationistischen Kurs, und die Roosevelt-Regierung konzentrierte sich ganz auf das Projekt des New Deal. Sowohl Mussolinis Angriff auf Abessinien als auch der japanische Eroberungskrieg in China hatten erwiesen, daß dieser permanente Mammutkongreß an einem Mangel an Entscheidungsfähigkeit litt. Angesichts dieser Konstellation und der Aussicht auf einen Luftkrieg, der auch die Insel zerstören konnte, war es nicht unbegreiflich, daß London und vor allem der britische Premier Chamberlain noch eine gütliche Verständigung mit dem Diktator zu erreichen suchten. Dessen Forderungen im Hinblick auf die Sudetendeutschen lagen noch innerhalb der Grenzen einer akzeptablen Revision von Versailles. Durfte man diese Chance vergeben und eine ungeheure Katastrophe mit Millionen von Toten, auch unter der eigenen Bevölkerung, heraufbeschwören, weil man einer deutschsprachigen Minderheit nicht erlauben wollte, sich dem großen Mutterland anzuschließen? Auf diese sachlichen Gesichtspunkte konnte man den Konflikt ja reduzieren, wenn man den ungewöhnlichen und recht unerfreulichen Stil des Mannes in Berlin und seine demagogischen Tiraden einmal außer Betracht ließ. Mußte man nicht um jeden Preis ein diplomatisches Fiasko wie im Jahre 1914 vermeiden?

So führten die Versuche Londons, den Frieden zu retten, an denen sich Paris bereitwillig beteiligte, im September 1938 zum Münchener Abkommen. Die umstrittenen Gebiete sollten an Deutschland abgetreten werden. Unter starkem Druck Frankreichs und Großbritanniens gaben die Tschechen, die zu den Verhandlungen nicht eingeladen waren, schließlich nach, um einen Weltenbrand zu verhüten. Den begrenzten österreichisch-serbischen Konflikt von 1914, in den die anderen hineingezogen worden waren, hatte man als abschreckendes Beispiel vor Augen. Dank der Vermittlung Mussolinis hatten die Westmächte Hitler im letzten Augenblick an den Konferenztisch holen können. Dieser konnte sich kaum weigern, bekam er doch nun auf einem silbernen Tablett angeboten, was er gefordert hatte. Das Münchener Abkommen ist zu einem Begriff geworden. Es hat sich dem Gedächtnis der Menschheit als Beispiel für Nachgiebigkeit gegenüber einem Erpresser und feigen Verrat an einem kleinen Verbündeten angesichts einer brutalen Drohung eingeprägt. Es war der dramatische Höhepunkt der Politik des Appeasement, des britisch-französischen Versuchs einer friedlichen Konfliktregelung, den man vor allem mit dem Namen Chamberlain verbindet. Diese Politik war faktisch eine Mischung aus rationaler Konzeption und nervöser Improvisation, mit der man die Gefahr zu bannen suchte. Ausgangspunkt war die Auffassung, die Forderungen Berlins seien an und für sich verständlich und eine Revision der alten Regelungen unvermeidlich. Großbritannien war, mit Frankreich als Sekundant, die Macht, die am ehesten eventuelle Veränderungen auf friedliche Weise herbeiführen konnte. Bei der konservativen britischen Elite spielte auch das Verlangen eine Rolle, den Einfluß der bösen Sowjetunion einzudämmen. Daß manche – angesichts des spanischen Konflikts – im stillen an eine Konfrontation zwischen den beiden totalitären Systemen dachten, die sie nicht ungern gesehen hätten, ist naheliegend, aber wer in diesem machiavellistischen Hintergedanken das wahre Motiv der Appeasementpolitik sieht, verkennt, daß sie nicht von schlauer Berechnung, sondern in erster Linie von Kriegsangst bestimmt war. Obwohl das Münchener Abkommen (außerhalb Deutschlands) von vielen als bedenkliche Kapitulation oder Schlimmeres, als ehrlose und betrügerische Machenschaft, verurteilt wurde, herrschten in ganz Europa in den unmittelbaren Reaktionen Erleichterung und Dankbarkeit vor, und der britische Premier wurde überall als Friedensstifter bejubelt. Chamberlain, später vielgeschmäht als Symbol der Schwäche, war in diesem Augenblick repräsentativ für die Mehrheit seiner Zeitgenossen.

Das Verhängnisvolle war, daß die theoretisch vernünftige und von Verantwortungsbewußtsein bestimmte Appeasementpolitik von falschen Prämissen ausging. Man verkannte die aggressive Besessenheit Hitlers, für den erstens eine Revision von Versailles nur ein Vorwand und ein erster Schritt auf dem von zügellosem Eroberungsdrang vorgezeichneten Wege war und der hierbei zweitens einen gewalttätigen Konflikt als Prüfung für die heldenhafte Herrenrasse suchte. Man erkannte nicht, daß sein ungewöhnlicher und vulgärer politischer Stil unmittelbar mit seinen größenwahnsinnigen Zielen zusammenhing, und versuchte, obwohl man immer wieder schockiert war, sein Auftreten als bloße Äußerlichkeit von rationalen Absichten zu trennen. Dieser Irrtum ging noch auf etwas anderes zurück: den Abgrund zwischen einer traditionellen politischen Elite, für die noch die konventionellen Normen des Rechts und Anstands galten, und jener Ausgeburt nihilistischer Rebellion, dem Nazidiktator, der sich um all das nicht scherte. Für ein solches Phänomen gab es im Weltbild dieser Elite noch keinen Platz. Verhängnisvoll war auch, daß man sich zu einer möglichen Revision der Bestimmungen von Versailles erst bereit fand, als man es nicht mehr mit einem Stresemann, sondern mit einem Hitler zu tun hatte, so daß man, statt vernünftig verhandeln zu können, auf die erpresserische Drohung gegen die Tschechen reagieren mußte. Die Rationalität der Appeasementpolitik war deshalb von Anfang an verfehlt. Dies sollte sich auch gleich erweisen: Hitler fühlte sich keineswegs als der Triumphator, den die ganze Welt und auch die spätere Geschichtsschreibung in ihm sah. Der Plan, die Tschechoslowakei mit Gewalt zu zerschlagen – sein Herzenswunsch –, war durch das Abkommen erst einmal vereitelt. Bekam er doch jetzt freundlich angeboten, was er sich mit Waffengewalt hatte nehmen wollen. Er war beinahe ebenso frustriert wie sein Opfer. Aber lange konnte er die Enttäuschung nicht ertragen. Im März 1939 marschierten doch noch deutsche Truppen in Prag ein.

Diesmal diente ein verschärfter und von Berlin kräftig angeheizter Konflikt zwischen Tschechen und Slowaken als Vorwand für die Besetzung. Ergebnis waren die Annexion Tschechiens und die Gründung einer slowakischen Satellitenrepublik, und wieder hatten die anderen keine direkte Handhabe: Im Vertrag von München waren keine Sanktionen für den Fall einer Verletzung vorgesehen.

Trotzdem läutete diese Aktion eine Wende ein. Die Empörung der Öffentlichkeit über Hitlers offenkundigen Bruch einer Vereinbarung, die noch mit revisionistischen und ethnologischen Argumenten zu rechtfertigen gewesen war, zwang London zu einer Kursänderung. Die Appeasers fühlten sich betrogen und schmählich bloßgestellt. Unverzüglich gab Großbritannien Polen eine Beistandsgarantie. Schließlich bot die deutsch-polnische Grenze gleichfalls genug Anlaß für Streitereien, und dieses Problem gehörte nun wieder zu den anfechtbaren territorialen Regelungen von Versailles. Der britische Schritt war deshalb auch weniger von politisch-pragmatischem als von moralischem und exemplarischem Charakter. London mußte auf den demütigenden Affront reagieren und hoffte, den Diktator so von weiterer einseitiger Aggression abzuhalten. Dieser aber hatte durch seine Handlungen immer wieder bewiesen, welche Geringschätzung er für die in seinen Augen dekadenten Demokratien empfand. Als er im Laufe des Jahres 1939 den Streit mit Polen schnell verschärfte, erwartete er, daß sie wieder klein beigeben würden. Der Konflikt, den er wollte, sollte möglichst begrenzt bleiben, und obwohl er einen allgemeinen Krieg keineswegs scheute, gab er zweifellos einer Reihe einzelner, auf eine Region beschränkter Schläge den Vorzug. Er war indessen nicht der einzige, der an der Standhaftigkeit des Westens zweifelte. Auch Stalin, bei all diesen dramatischen Ereignissen abseits geblieben und auch sorgfältig abseits gehalten, zog aus »München« und dem Folgenden seine Schlüsse.

Die Sowjetunion hatte seit 1936 im Völkerbund die »kollektive Sicherheit« als Mittel gegen Aggressoren zu ihrer Devise gemacht. Damit gab sie sich als treue Repräsentantin der ursprünglichen Idee des Völkerbundes und der Friedenspolitik, und während der tschechischen Krise sagte Moskau dem Westen für den Fall, daß er Prag Beistand leisten würde, Unterstützung zu. Wiederum eine propagandistisch nützliche Geste, die nur ein begrenztes Risiko bedeutete. Schließlich war die Haltung des Westens weitgehend vorhersehbar, es gab viele praktische Schwierigkeiten, wenn man den Tschechen über die dazwischenliegenden Länder zu Hilfe kommen wollte, und »militärischer Beistand« war ein dehnbarer Begriff. Trotzdem hob sich diese Haltung aus dem Blickwinkel des Widerstands gegen Hitlers Expansionismus positiv von der englischen und französischen ab. Aber »München« war für Stalin ein bedenkliches Indiz für eine gegen Moskau gerichtete Zusammenarbeit, und die Zerschlagung der Tschechoslowakei bestätigte seinen Argwohn, daß man Hitler grünes Licht für eine Expansion nach Osten gab. Der Gedanke eines feindlichen Bündnisses von Kapitalismus und Faschismus paßte außerdem gut zur marxistisch-leninistischen Doktrin und zur Agententhese. Die westliche Intervention im russischen Bürgerkrieg und die hartnäckige Isolationspolitik gegenüber der Sowjetunion hatten den Einkreisungs- und Verschwörungstheorien im Kreml reichlich Nahrung gegeben. Obwohl manche Einzelheiten noch ungeklärt sind, besteht kein Zweifel, daß es Stalin war, der jetzt das Ruder herumwarf, und im August 1939 kam es zum sensationellsten Überraschungscoup des Jahrhunderts: dem deutsch-sowjetischen Nichtangriffspakt, der in einem geheimen Zusatzprotokoll auch die Aufteilung Polens und die Abgrenzung von Einflußsphären regelte. Die Erzfeinde Hitler und Stalin Arm in Arm, Nationalsozialismus und Kommunismus als Partner – das war ein Knalleffekt, es war politischer, vor allem aber ideologischer Machiavellismus und Zynismus von solcher Art, daß die Welt einen Augenblick den Atem anhielt.

Dieses widernatürliche Bündnis zeigte, bis zu welchem Grade die Ideologie in einem totalitären Staat zum bloßen Machtinstrument werden konnte. In der Propaganda präsentierte man die verblüffende ideologische Wendung auf beiden Seiten als meisterhaften taktischen Zug im Dienste der historischen Mission. Was nach der Lehre gut für die Sowjetunion war, war auch gut für den Weltkommunismus, und was Nazideutschland diente, diente zwangsläufig auch einer Herrschaft der arisch-germanischen Rasse. Wegen des Hitlermythos war es allerdings für einen Nazi einfacher als für einen treuen Kommunisten, diese Wende seiner Regierung als genialen politischen Schachzug zu begrüßen. Schließlich war der Führer die einzige Quelle der ideologischen Wahrheit. Für die Komintern und die gläubigen Parteimitglieder, die in allen Ländern den Antifaschismus auf ihre Fahnen geschrieben hatten, war Moskaus Wende ein harter Brocken, der sie in einen Gewissenskonflikt brachte. Zunächst waren Verwirrung und Ratlosigkeit deshalb auch groß, wenn auch offene Kritik und Zweifel an der Weisheit der Führung tabu blieben. Beiden Regimes wurde aber eine positive Darstellung ihrer Politik dadurch erleichtert, daß man es in Europa eigentlich nicht mit einem ideologischen und politischen Dualismus zu tun hatte, sondern mit einer Trias: liberaler Demokratie, faschistischer oder nazistischer Diktatur und kommunistischer Diktatur. In diesem Dreiecksverhältnis waren deshalb theoretisch auch immer drei Kombinationen möglich – jeweils zwei gegen einen. Der Feind war auswechselbar. Ein Zusammenschluß der demokratischen Staaten und der Sowjetunion zu einer gemeinsamen Front unter dem Banner des Antifaschismus war in den zurückliegenden drei Jahren schließlich in zaghaften Ansätzen steckengeblieben. Das Mißtrauen gegenüber dem Bolschewismus mit seinen Infiltrationsmethoden saß bei den Westmächten zu tief. Ihre Appeasementpolitik als Alternative und als Ansatz zur Bildung einer antibolschewistischen Front zusammen mit den faschistischen Diktatoren war dann wegen Hitlers hemmungslosen Expansionsdrangs ebenfalls gescheitert. Jetzt, da mit dem Vertrag zwischen Nazis und Sowjets die dritte Möglichkeit realisiert wurde, konnten sich beide Regime auf die ebenfalls grundsätzliche, bekannte Feindschaft berufen, die zwischen ihnen und dem dritten System herrschte. Bei dem einen hieß dieses System dekadente liberale Demokratie, bei dem anderen kapitalistischer Imperialismus. Das Etikett »bürgerlich« vervollständigte das Feindbild in beiden Fällen. Partei und Medien mußten deshalb in Deutschland wie in der Sowjetunion nur zum Teil umdenken und konnten gleich einen alten, vertrauten Gegner aus der Schublade holen.

Für den Rest Europas war es offensichtlich, daß die Kriegsgefahr durch diesen Pakt ganz erheblich zunahm, auch ohne daß man von der vereinbarten Aufteilung Polens wußte. Hitler hatte den Rücken frei. Kaum hatte er den Vertrag mit Stalin in der Tasche, stellte er Warschau in bezug auf die umstrittenen Gebiete ultimative Forderungen. Begleitet wurden sie von der schon bewährten Propagandahetze. Statt von tschechischen Greueln war nun auf einmal von polnischen Greueln an der deutschen Minderheit die Rede. In Erwartung eines erneuten Rückziehers der Briten und Franzosen steuerten Hitler und sein Außenminister Ribbentrop zielbewußt auf den militärischen Konflikt mit Polen zu. Nur so war die mit der Sowjetunion vereinbarte Aufteilung des Landes zu realisieren. Die verzweifelten Vermittlungsbemühungen vor allem Londons hatten deshalb keine Chance. Als am 1. September 1939 deutsche Truppen die polnische Grenze überschritten –

nach einem typischen Ganovenstreich, einem angeblichen polnischen Überfall auf eine deutsche Sendestation, inszeniert mit Gefangenen in polnischen Uniformen –, war für die Regierung Chamberlain auch endgültig eine andere Grenze verletzt. Der Gewalt erneut nachzugeben, kam aus moralischen und politischen Gründen nicht mehr in Frage. Nach der britischen Kriegserklärung hatte auch Frankreich keine andere Wahl, als zu folgen.

Es ist bemerkenswert, daß alle Propaganda aus Berlin bei den Deutschen keine chauvinistische Begeisterung entfachen konnte. Weil die Nationalsozialisten den Krieg konsequent zum Teil ihrer Doktrin gemacht hatten, schien die nationalistische Leidenschaft von den Herzen in die Propagandafabrik des Staates gewechselt zu sein. Der spontane, ohne jegliche Indoktrination entstandene Rausch des August 1914 wiederholte sich nicht. Überall sprachen Ergebenheit, dumpfer Fatalismus, Ernst und Sorge aus den Gesichtern, in Deutschland kaum weniger als in Polen, Frankreich und Großbritannien. Der Krieg hatte sich im Bewußtsein der überwältigenden Mehrheit von einer heroischen Prüfung und Herausforderung für jedes patriotische Herz in eine düstere Notwendigkeit verwandelt, der jeder unterworfen war.

Natürlich wäre es auch hinsichtlich dieses Kriegsausbruchs nicht gerechtfertigt, die öffentliche Meinung als etwas Einheitliches darzustellen. Die ideologische Polarisierung, das manichäische Denken, das im Westen für die einen Antibolschewismus und für die anderen Antifaschismus zum beherrschenden Merkmal des politischen Glaubensbekenntnisses gemacht hatte, wurde durch den Hitler-Stalin-Pakt verändert oder in Frage gestellt. Und nun zeigte sich, daß die Dinge nicht so einfach lagen, wie dieser Manichäismus suggerierte. Zwischen den seit jeher antikommunistischen, also konservativen, rechtsliberalen und konfessionellen Parteien und Blättern und den überzeugten Faschisten oder Nazianhängern gab es einen deutlichen Abstand. Gerade die Bindung an den Nationalstaat hatte bei dem als »rechts« einzustufenden Lager dazu geführt, daß man nun endlich in Hitlers aggressivem Kurs die größte unmittelbare Bedrohung sah. Das verabscheute stalinistische Regime, das jetzt auch noch mit den Schauprozessen seinen zutiefst verdorbenen Charakter offenbart hatte, war weit weg und hatte fürs erste eine vorsichtige Außenpolitik betrieben. Für das sogenannte linke Spektrum dagegen, Sozialdemokraten, Fellow-travellers und Kommunisten, zu denen ein großer Teil der europäischen Intellektuellen zu zählen war, blieb die Sowjetunion auch weiterhin entweder eine Landmarke der Hoffnung, das große sozialistische Vaterland, oder trotz aller Bedenken angesichts der stalinistischen Methoden zumindest ein aufrechter antifaschistischer Staat. Die jüngste Annäherung zwischen Berlin und Moskau führte bei den entschiedenen Anhängern Moskaus weniger dazu, daß man an der Richtigkeit der eigenen Überzeugung zu zweifeln begann, als daß man Erklärungen und Entschuldigungen für diese Kehrtwende des Kreml suchte. Und für die faschistischen Minderheiten galt das gleiche im Hinblick auf die Wende Berlins. Am meisten fühlten sich diejenigen bestätigt, die sich nicht von der Polarisierung hatten anstecken lassen, insofern, als für sie der wahre Gegensatz der zwischen Zwang und Freiheit, Totalitarismus und Demokratie geblieben war. Die Annäherung der Diktatoren war in ihren Augen nur ein Beweis dafür, daß beide Systeme im Kern zynisch und infam waren.

Daß für viele die ideologischen Fronten durcheinandergerieten, ergab sich aus dem, was ich die Trias politisch-ideologischer Systeme genannt habe. Konservative, »rechte« und progressive, »linke« Gruppen waren sich aber einig in ihrem Abscheu vor Terror und Unterdrückung. Der Gedanke der Demokratie mochte in den dreißiger Jahren öfter einer unruhig flakkernden, schwachen Flamme geglichen haben, erloschen war diese Flamme nicht. Wie tief die natürliche Angst vor einer neuen Kriegskatastrophe auch saß – daß die Westmächte den Handschuh schließlich doch noch aufgenommen hatten, wurde (außerhalb der Diktaturen, in denen die Zensur die öffentliche Meinung an der Kandare hielt) von der Mehrheit als unvermeidliche Antwort auf eine Politik der Überrumpelung und Vergewaltigung betrachtet, die, soweit man sich erinnerte, unter zivilisierten Nationen ohne Beispiel war. Im allgemeinen wurde nun auch, anders als im Jahr zuvor, die Appeasementpolitik abgelehnt, da nun so deutlich zutage getreten war, daß sie auf Illusionen beruht hatte.

Das bedeutet nicht, daß es nur um den grundsätzlichen Konflikt zwischen liberaler Demokratie und nationalsozialistischer Diktatur gegangen wäre. Dieser Antagonismus ermöglichte zwar eine überzeugende Sublimierung; er trat an die Stelle des nationalistischen Bekenntnisses, das 1914 für die entsprechende Sublimierung gesorgt hatte. Die Motive der Westmächte lagen jedoch nicht allein in dieser ideellen Auseinandersetzung. Handelte es sich also letztlich doch um einen konventionellen Machtkonflikt? Der Streit zwischen Deutschland und Polen – formell der Anlaß für Hitlers Angriff, wenn auch, wie wir heute wissen, nur ein Vorwand – ging direkt auf die Ordnung von Versailles zurück, die inzwischen auch dem Westen anfechtbar erschien, zumindest London. Wirksame Hilfe für Polen war kaum möglich und wurde auch nicht geleistet. Für eine großangelegte Offensive in Hitlers Rücken waren weder Frankreich noch England gerüstet. Auch wurden sie nicht unmittelbar bedroht. Die Beistandsgarantie für Polen hatte also nur eine präventive Funktion, und diese hatte sie nicht erfüllt. Die zwei Mächte erklärten dennoch den Krieg, weil Hitlers Expansion die Machtverhältnisse so einschneidend zu verändern drohte, daß sie auch ihre eigene Position ernsthaft schwächen würde. Hier ging es also um einen klassischen Machtkonflikt. Außerdem aber erklärten sie den Krieg, weil die Grundsätze einer internationalen Rechtsordnung, die auf der Glaubwürdigkeit der Staaten, auf der völkerrechtlichen Grundregel *pacta sunt servanda* beruht, immer wieder mit Füßen getreten worden waren. Ihre Politik war folglich durch Sorge um ihr Prestige und durch moralische Erwägungen motiviert, und beide Motive hingen eng zusammen. Und vor allem hierin offenbarte sich, welche Bedeutung in einem demokratischen Land der öffentlichen Meinung zukam, die zumindest in England eine weitere Kapitulation vor der rohen Gewalt nicht geduldet hätte.

Dennoch bleiben Hitlers bis 1939 so leicht errungene Erfolge unerklärlich, wenn man nur – wie es vielfach geschieht – den eindrucksvollen Kontrast zwischen seinem tatkräftigen Vorgehen und der Schwäche und Wankelmütigkeit seiner Gegenspieler betont. Wenn er sich auf besonders geschickte Weise eine bestimmte Konstellation zunutze gemacht hat, so konnte er dies nur, weil diese Konstellation durch unübersehbare Risse in den internationalen Beziehungen gekennzeichnet war, Risse, in denen er sein Brecheisen ansetzen konnte. Die Regelung der Minderheitenfrage und der damit zusammenhängenden Grenzen in den Versailler Verträgen hatte auch in Polen, Ungarn, Rumänien und Italien zu tiefer Frustration geführt. Hitlers Forderungen ließen diese Wunden bei den kleinen Nachbarn wieder heftiger brennen und stießen hier deshalb auf Sympathie. Bei der Zerschlagung der Tschechoslowakei hatten Polen und Ungarn prompt ihren ethnischen Anteil an der Beute beansprucht und auch erhalten. Und schließlich war es für Stalin ein wichtiger Aspekt, daß nicht der Westen, sondern nur Deutschland der Sowjetunion wieder zu jenen Territorien verhelfen konnte, die früher Teil des Zarenreichs gewesen waren – das Baltikum, der östliche

Teil Polens und Bessarabien. Kurz und gut, jeder, der den staatlichen Status quo verändern wollte, konnte in Mittel- und Osteuropa auf Unterstützung und Beifall zählen. So war es auch kein Zufall, daß hier der Nationalismus in seiner faschistischen Form am meisten Anklang fand und daß man sich die Erfüllung seiner Wünsche von Berlin und nicht von London oder Paris versprach. Zudem konnten sich die Sowjetunion und Deutschland auch in einer Hinsicht als Verwandte fühlen: Sie waren die beiden großen Verlierer des Ersten Weltkriegs. Das hatte bereits in der Anfangszeit Sowjetrußlands zu jener paradoxen geheimen Zusammenarbeit zwischen preußischen Offizieren und der Roten Armee geführt, den zwei Extremen von rechts und links. Eigentlich hatte schon das seltsamste aller denkbaren Verschwörerduos hier die Richtung vorgegeben, Ludendorff und Lenin, der starrste, reaktionärste Militarist, Stratege des Krieges, und der radikalste Revolutionär, Stratege der Politik. Die Ideologisierung der Politik durch die totalitären Diktaturen wurde durch die unveränderlichen territorialen Gegebenheiten und geopolitischen Faktoren, die jeder Staat berücksichtigen mußte, immer begrenzt und oft sogar neutralisiert.

Als der Krieg ausbrach, war den meisten klar, daß damit das Schicksal von Millionen Männern und aller Wahrscheinlichkeit nach auch das von Millionen Frauen und Kindern besiegelt war. Die Frage war nur noch, wer zu den Opfern gehören würde.

VI

Der Zweite Weltkrieg

1 Einleitung

Nicht nur gab es in den Umständen des Kriegsausbruchs und der Art, wie Europa ihn erlebte, einen deutlichen Unterschied zwischen dem Ersten und dem Zweiten Weltkrieg, auch die Bedeutung des Krieges für die Kultur sollte eine andere sein. Im Ersten Weltkrieg war es nach den Wellen chauvinistischer Hysterie vor allem die Demaskierung des Krieges, die zu schmerzhafter Desillusionierung führte. Neu war die Mobilisierung der gesamten Bevölkerung, auch der Frauen in der Heimat, im Dienst der nationalen Sache. Trotzdem blieb jene unüberbrückbare Kluft, die Frontkämpfer aufgrund ihrer Erfahrungen von der Bevölkerung im Hinterland trennte, und sie erklärt den starken Zusammenhalt der ehemaligen Soldaten, den Kult der Kameradschaft. Als allgemeiner Kulturschock setzte der Erste Weltkrieg eine historische Zäsur von allergrößter Bedeutung.

In dieser Hinsicht bot der Zweite Weltkrieg keine so große Überraschung mehr. Die alte Frontgeneration war noch überall präsent: die Männer zwischen ungefähr vierzig und fünfundsechzig, also gerade die, die in allen Bereichen die führenden Positionen innehatten. Außerdem waren in den dreißiger Jahren allerlei Szenarien denkbarer Kriegsschrecken verbreitet worden, und dank der Reportagen über die jüngsten Kriege in China oder Spanien, dank Fotografie und Film, konnte sich auch der Durchschnittsbürger ein realistisches Bild machen. Neu sollte vor allem das Ausmaß des Luftkrieges sein. Die vernichtenden Bombenangriffe trafen die gesamte Bevölkerung und brachten die Hölle der Front in die Städte. Aber auch dies hatte man, zumindest theoretisch, vorausgesehen. Diese Angst war gerade ein Motiv der britischen Appeasementpolitik gewesen; die See gewährte ja im Verhältnis zu früher viel weniger Schutz. Der Film *The shape of things to come* nach Wells' gleichnamigem Buch hatte die Schrecken des Luftkrieges plastisch dargestellt.[1] Die Phantasie war der Wirklichkeit auch hier einen Schritt voraus, wie schon mit den dämonischen Superverbrechern des expressionistischen Films. Allerdings sollte die Realität schließlich all diese

Entwürfe und Vorstellungen von Künstlern und Militärspezialisten wieder zu farb- und ausdruckslosen Skizzen werden lassen.

Wirklich neu und deshalb von mindestens ebenso einschneidender Bedeutung für das Erleben und die spätere Auseinandersetzung mit dem Erlebten sollte aber noch eine ganz andere Seite des Krieges sein: Millionen Menschen in fast ganz Europa machten die Erfahrung einer Besetzung durch ein diktatorisches Regime, das sich aller denkbaren Zwangsmittel bediente – Indoktrination, Propaganda, Unterdrückung und Terror. Neu war noch ein anderes Phänomen, das im nachhinein mehr als alles andere die kollektive Erinnerung an diesen Krieg beherrschen sollte: der kaltblütig organisierte Genozid, der im Schatten des Krieges an Millionen Menschen verübte Mord. Hierin lag schließlich auch eine moralische Provokation, die selbst vom Ersten Weltkrieg nicht ausgegangen war. Auch psychologisch wurde hier eine neue Dimension sichtbar. Deshalb hat der Zweite Weltkrieg in der Erinnerung, in der Literatur und in der allgemeinen Vorstellung immer zwei ganz verschiedene Seiten, wodurch er beinahe etwas Schizophrenes bekommt: einerseits der dramatische Verlauf eines gigantischen militärischen Ringens, das in Umfang und technischen Mitteln alles je Dagewesene übertraf einschließlich der Schrecken, die der Bombenkrieg der Zivilbevölkerung brachte, und andererseits das verborgene Inferno äußerster Grausamkeit, die systematische Ausrottung von Millionen in Vernichtungslagern.

Der weitgehend fatalistischen Bevölkerung fehlte auch die Begeisterung für den Krieg. Die »Ideen von 1914« fanden keine Fortsetzung in irgend etwas wie »Ideen von 1939«, und es gab kein Verlangen, in Lobgesängen hundertfach die Vaterlandsliebe zu beschwören. Dies war insofern bemerkenswert, als es jetzt, viel eher als 1914, tatsächlich um eine Konfrontation zwischen zwei gegensätzlichen Wertordnungen und Systemen ging, Diktatur und parlamentarische Demokratie. In Deutschland war die große Überlegenheit des eigenen nationalsozialistischen Systems zwar ein Schwerpunkt der Propaganda und der offiziellen Doktrin, aber gerade dies erstickte jede selbständige oder spontane Äußerung oder machte sie überflüssig. Bei den Alliierten dagegen herrschten bei Kriegsanfang Zweifel an der Unfehlbarkeit des eigenen Systems, bei den linken wie bei den rechtsextremen Gruppen. Und während die Öffentlichkeit in Großbritannien zumindest der Meinung war, daß man Hitler nicht länger ungestraft weitermachen lassen durfte, gab es in Frankreich sogar in dieser Frage Unsicherheit, so sehr beherrschten Unlust, innere Zerrissenheit und Mangel an Selbstvertrauen das Land. Hier sah man in dem ganzen Konflikt vor allem eine stumpfsinnige Notwendigkeit am Werk, die hinzunehmen war, da überzeugende Alternativen fehlten.

Auch in strategischer Hinsicht unterschied sich der neue Krieg erheblich vom vorigen – nicht nur durch die selbstverständlichen Fortschritte der Waffentechnik, die größere Zerstörungskraft und den massenhaften Einsatz von Panzern und Flugzeugen, sondern vor allem durch einen viel dramatischeren und dynamischeren Verlauf und die Beweglichkeit der Fronten. Dies lag in erster Linie an dem von den Deutschen eingeführten »Blitzkrieg« – schnellen, auf wenige Punkte konzentrierten Angriffen unter Einsatz des gesamten technischen Potentials –, der an die Stelle der Abnutzungsschlachten trat, wie sie in den Jahren 1915 bis 1918 geführt worden waren. Strategisch und taktisch war man in diesem Krieg auf beiden Seiten wesentlich erfindungsreicher und phantasievoller. Bemerkenswert ist außerdem, daß sich die politischen Führer viel mehr in die Kriegführung einmischten und nicht daran dachten, sie allein den militärischen Experten zu überlassen, ein Unterschied, der im Zusammenhang mit dem eben genannten zu denken gibt. Diktatoren wie Hitler und Stalin hatten die Leitung der Operationen ständig fest in der Hand, und auch die Führer der parlamentarischen Demokratien, besonders Churchill, mischten sich regelmäßig in rein militärische Angelegenheiten ein. An der Spitze verschwamm die Grenze zwischen Politikern und Militärs.

2 Die deutsche Blitzstrategie

Angesichts der vielen Überraschungen und außergewöhnlichen Wendungen im Verlauf der militärischen Operationen darf eine kurze Skizze hier – anders als bei dem so viel statischeren Ersten Weltkrieg – nicht fehlen. Polen, für Hitler der gesuchte unmittelbare Anlaß zum Losschlagen, wurde von der motorisierten, perfekt ausgebildeten »Wehrmacht« in kaum zwei Wochen überrannt. Die polnische Armee hatte noch berittene Regimenter, Reminiszenz an eine entschwundene Epoche, in den Kampf geschickt – gegen Panzer. Durch den schnellen deutschen Vormarsch sahen sich die Sowjets genötigt, noch früher als erwartet einzugreifen, um sich ihren im Ribbentrop-Molotow-Protokoll festgelegten Anteil an Polen zu sichern. Nach außen wurde diese Aktion von der Propaganda Moskaus als Maßnahme zum Schutz gegen die faschistischen Horden dargestellt. Nach der stürmischen Eröffnung schien erst einmal eine lange Winterpause einzutreten. An der Westfront geschah nichts, und man sprach hier von einem Scheinkrieg, einem *Phoney war*. Die Aufmerksamkeit Europas wurde viel stärker vom russisch-finnischen Krieg beansprucht, zu dem es gekommen war, als die Finnen den Forderungen Moskaus – Grenzkorrekturen und andere Konzessionen, die Stalin aufgrund seiner Vereinbarungen mit Hitler verlangte – nicht nachkommen wollten. Der ausdauernde und hartnäckige Widerstand ihrer Armee brachte den Finnen weltweit Sympathie. Freiwillige aus vielen Ländern eilten in den hohen Norden, und für einen Augenblick schien Stalin, durch seinen Pakt mit Nazideutschland in den Augen von Demokraten noch zusätzlich kompromittiert, dem Westen eine viel überzeugendere Verkörperung des Bösen zu sein als Hitler. Mit Schadenfreude registrierte man die schlechten Leistungen der Roten Armee, die man wohl zu Recht auf die aberwitzige Liquidierung praktisch der gesamten militärischen Führung zurückführte, die kurz zuvor stattgefunden hatte. Erst im Frühjahr 1940 mußte Finnland den russischen Forderungen nachgeben.

Mit dem seltsamen Ausbleiben anderer Kriegshandlungen (manche begannen sich schon zu fragen, ob man überhaupt im Krieg war) war noch im selben Frühjahr Schluß. In einer überraschenden Blitzaktion besetzten die Deutschen zunächst Dänemark und Norwegen. Als die Alliierten sich kaum von diesem Schlag erholt hatten, bekamen sie es im Mai mit der vollen Stärke und Schlagkraft der deutschen Wehrmacht zu tun, die innerhalb von anderthalb Monaten die Niederlande, Belgien und Frankreich überrannte. War die rasche Ausschaltung der Niederlande und Belgiens noch kein so großes Wunder, der Zusammenbruch Frankreichs war für die Welt ein Schock. Was seinen Ruhm und sein Image als Militärmacht anging, hatte das Land immer noch von seinem zähen Durchhalten im Ersten Weltkrieg gezehrt; nur scharfsichtige Beobachter konnten die großen Veränderungen und die tiefe politische Misere hinter diesem überholten Bild ganz ermessen. Die berühmte Maginotlinie – jener für unüberwindbar gehaltene Befestigungsgürtel, benannt nach dem gleichnamigen Minister – erschien beinahe als Symbol der französischen Gesellschaft in ihrer Passivität und mit ihrer Neigung, den politikmüden Kopf in den Sand ihres historischen nationalen Ruhms zu stecken. Aber sogar die Pessimisten wurden vom Lauf der

Ereignisse überrascht. Frankreichs erschreckende Niederlage wird heute im allgemeinen zwei entscheidenden Faktoren zugeschrieben. Der eine war die Erstarrung der militärischen Führung, die sich auf die Maginotlinie und die überholten Rezepte des vorigen Krieges verließ und in strategischer und organisatorischer Hinsicht weit hinter den Deutschen zurückgeblieben war, deren dynamischen Panzer- und Luftwaffenoperationen sie nichts entgegenzusetzen hatten. Als entscheidend erwiesen sich nicht die zahlenmäßigen Kräfteverhältnisse und die Qualität der Ausrüstung, sondern die überlegene deutsche Führung und ihr unerwarteter Angriff über die Ardennen. Der zweite Faktor war ein mentales Problem. Frankreich war durch eine ernste politische und ideologische Spaltung gezeichnet. Es gab keinen deutlich umrissenen gemeinsamen Feind. Das politische System mit seiner schwachen Exekutive funktionierte schlecht. Und gerade die Armee war demoralisiert, angeschlagen durch Korruption im Offizierskorps, und der Abstand zwischen Offizieren und einfachen Soldaten war groß. Insofern spiegelte die erstarrte militärische Führung die tieferen Ursachen der Schwäche wider, an der die Dritte Republik litt. Wie meistens in solchen Fällen gab es in der katastrophalen Springflut Inseln ernsthaften Widerstandes und individuellen Mutes, mit geschickten und fähigen militärischen Führern. Auch sie wurden jedoch in der allgemeinen Auflösung weggeschwemmt. Hitler zeigte sich bei der französischen Kapitulation für seine Verhältnisse gemäßigt; schließlich hatte er den Ausgang des Ersten Weltkriegs in diesem Punkt befriedigend korrigiert. Anders als bei den früheren Opfern seiner Offensiven blieb ein Teil des Landes formal unabhängig unter einer neuen autoritären Regierung mit Sitz in Vichy. Deren Galionsfigur und Präsident, der vierundachtzigjährige Marschall Pétain, im Jahre 1916 der Held von Verdun, wurde jetzt in der politischen und moralischen Verwirrung für die Mehrheit der Franzosen zur Vaterfigur und zum nationalen Symbol. Das Vichy-Regime, in dem hauptsächlich Pierre Laval den Ton angab, ein politisches Chamäleon und ein gerissener Manipulator, blieb ein Satellit Deutschlands.

Bei alldem gab Mussolini noch ein ganz besonderes Beispiel eines ebenso schamlosen wie letztlich verhängnisvollen Opportunismus. Zunächst hatte er sich dem Drängen Hitlers, gleich gemeinsame Sache mit Deutschland zu machen, noch vorsichtig widersetzt. Aber nach den Triumphen seines Diktatorfreundes glaubte er, die Würfel seien gefallen, was nicht unverständlich ist, und so fiel er Frankreich noch kurz vor dem Zusammenbruch in den Rükken, um sich beizeiten einen Teil der Beute zu sichern. Im Frühjahr 1939 war ihm in einer Situation, die wegen Hitlers Vorgehen von wachsenden Spannungen bestimmt war, noch die Annexion Albaniens gelungen. Mit seinem Eintritt in den großen Krieg verknüpfte er sein Schicksal nun aber endgültig mit dem Hitlers.

Da Hitler jetzt die dominierende Machtfigur auf dem europäischen Kontinent war, sah er eigentlich keinen Grund, nicht zu einem Vergleich mit Großbritannien zu kommen, und im Juli gab er London auf seine Weise ein unmißverständliches Signal. Aber dort hatte gerade in den unheilvollen Maitagen nach Chamberlain, der politisch und physisch am Ende war, Winston Churchill die Zügel in die Hand genommen, der Mann, der schon vor Jahren Hitler zur größten Gefahr erklärt hatte, obwohl er als eingefleischter Antibolschewist bekannt war. Für Churchill stand indessen fest, daß mit Hitler kein Frieden möglich sein würde und daß es deshalb notwendig sei, den Nazismus zu vernichten. Dieses Ziel war wegen seiner Einfachheit und deutlichen Eingrenzung besonders geeignet, höchste Priorität zu erlangen und alle psychischen, moralischen und politischen Kräfte zu bündeln. Das galt nicht zuletzt für Churchill selbst. In diesem Kampf verkörperte er auf außergewöhnliche Weise die Seele der britischen Nation und ihren Willen, sich der Übermacht des Diktators und dessen neuer Ordnung nicht zu beugen. Großbritannien war isoliert und militärisch in einer äußerst heiklen Lage, aber jetzt war einer jener Augenblicke gekommen, in denen ein einziger Mann zur Verkörperung einer allgemeinen Stimmung wird und die anderen mitreißen kann. Daß es im Land immer noch Appeasement-Anhänger gab, die an einen Vergleich dachten, änderte nichts am Umschlagen der Stimmung bei der großen Mehrheit, die in Churchill mit seiner besonderen Ausstrahlung den Führer fand, den sie im Augenblick brauchte. Bis dahin hatte man den Krieg ohne Begeisterung geführt, und die Motive waren eine Mischung aus verletztem Ehrgefühl – ging es doch (wie im Fall Polen) um die Glaubwürdigkeit britischer Garantien –, Protest gegen die Verletzung der internationalen Rechtsordnung und sicherlich nicht zuletzt dem Interesse an einem Gleichgewicht der Kräfte gewesen; jetzt aber nahm er für die Briten den Charakter eines echten Überlebenskampfes an. Hier darf man auch den ideologisch-moralischen Aspekt nicht unterschätzen: Erst jetzt, da Großbritannien in Europa zum letzten verteidigungsfähigen Bollwerk der parlamentarischen Demokratie geworden war, ging es auch ganz offensichtlich um die Frage, ob die europäische Zukunft dem Totalitarismus der Nazis oder der Demokratie gehören würde. So empfand es auch ein großer Teil der Bevölkerung in den inzwischen von Hitlers Armeen besetzten Ländern. Im übrigen war die britische Position ja tatsächlich keineswegs hoffnungslos; schließlich war die Überlegenheit zur See ungebrochen, der gewaltige Gürtel des Commonwealth mit all seinen Ressourcen schlang sich um die ganze Welt, und bei einem direkten Angriff auf Großbritannien konnte man auf die Hilfe Amerikas hoffen. Daß man all dies wußte, war natürlich von entscheidender Bedeutung für die Moral.

Als sich gezeigt hatte, daß Großbritannien mit Churchill an der Spitze keinen Kompromiß schließen würde, bereitete Hitler eine Invasion vor, aber in der erbitterten Luftschlacht im Sommer und Herbst 1940 gelang es der deutschen Luftwaffe nicht, die Kampfkraft der Royal Air Force zu brechen. Damit fehlte die wichtigste Voraussetzung für eine Landung. Auch die schweren Bombenangriffe konnten die Moral der Bevölkerung nicht schwächen. Inzwischen nutzte Stalin die Gelegenheit, seinen Machtbereich auszuweiten. Die drei baltischen Republiken wurden rasch der Sowjetunion einverleibt, wie Bessarabien, das man Rumänien wegnahm; diese Territorien gehörten zu der mit Berlin vereinbarten Einflußsphäre und zählten als Teile des Zarenreichs für Stalin zu den Irredenta. Die Annexion folgte dem von Nazideutschland erfolgreich erprobten Muster: Moskau machte sich innere Konflikte des betroffenen Landes zunutze und stachelte die Kommunisten zu entsprechender Agitation und hohen Forderungen an, um dann als vom Volk zu Hilfe gerufener Befreier einzugreifen und das formale Gesuch der linken Parteien um Aufnahme des Landes in das sozialistische Mutterland zu bewilligen. Gemäß der Parteidoktrin vertraten die Kommunisten die Interessen der Bevölkerung. Da die baltischen Republiken keine Demokratien waren, sondern von halbdiktatorischen Regimen mit faschistischen Zügen regiert wurden, die sich auf eine dünne Oberschicht stützten, bedeutete der Wechsel für die unteren Schichten, daß man korrupte einheimische Tyrannen gegen eine ausländische totalitäre Diktatur tauschte.

Inzwischen reifte bei Hitler schon der Plan für jene Konfrontation, die für ihn im ideologischen und existentiellen Sinn die wesentliche war, die Konfrontation mit dem Bolschewismus, in seinen Augen der Brutherd des verhaßten Judentums und asiatischer Barbarei. Sein ausschließlich taktisch motivierter Pakt mit Moskau hatte dieses Endziel seiner ganzen Laufbahn und Sendung nicht aus seinem Kopf vertrieben. Danach würde er mit den angelsächsischen Völkern, wenn diese sich immer noch als unbelehrbar erwiesen, besser verhandeln oder aber abrechnen können. Daß sich Japan mittlerweile der Achse Berlin–Rom angeschlossen hatte, öffnete seiner gigantomanischen Phantasie großartige Perspektiven. Aber die Verwirklichung dieser grandiosen Ziele wurde noch für Augenblicke durch lästige Alltagsgeschäfte verhindert. Sein Verbündeter Mussolini, der ein wenig in seinen Schatten geraten war, hatte von Albanien aus einen Krieg mit Griechenland begonnen. Mussolinis Italiener waren aber nicht die Legionen des großen Cäsar, sondern wurden auf recht schmachvolle und für den Diktator peinliche Weise zurückgeschlagen, und mehr als das. Zugleich hatte sich Jugoslawien nach einem Putsch im Frühjahr 1941 plötzlich aus den Armen Berlins losgerissen. Die Deutschen reagierten schnell und rigoros. Das ganze Land wurde nach einer alles niederwalzenden Blitzoffensive besetzt, und gleich darauf eilte die Wehrmacht den in die Enge getriebenen Truppen Mussolinis in Griechenland zu Hilfe. Dieser Macht konnten die Griechen nicht mehr standhalten, nicht einmal mit der Unterstützung einer britischen Armee. Nach der Kapitulation der letzten griechischen Einheiten im Mai 1941 bemächtigten sich die Deutschen auch noch der Insel Kreta und machten damit der britischen Herrschaft im Gebiet des östlichen Mittelmeeres ein Ende. Nach diesen Offensiven, die von neuem die Unbesiegbarkeit der deutschen Armeen, auch im Kampf gegen britische Streitkräfte, bestätigt hatten, war Hitler praktisch auch Herr auf dem Balkan und in Südosteuropa. Die strategisch und ökonomisch so entscheidende Macht Großbritanniens im Nahen Osten war ins Wanken geraten. Vom italienischen Libyen aus konnte Ägypten angegriffen werden, und hier war es schon zu italienisch-britischen Kampfhandlungen gekommen; diesmal hofften die Italiener auf bessere militärische Leistungen. Aber Hitler hatte kostbare Zeit bei der Vorbereitung seiner großen Unternehmung gegen die Sowjetunion verloren – eine Verzögerung, die sich als verhängnisvoll erweisen sollte. Nicht im Mai, sondern erst im Juni 1941 war die gewaltige Streitmacht, die man zu diesem Zweck aufgeboten hatte und zu der auch verschiedene Verbündete beitrugen, bereit zum Angriff.

3 Wendepunkt und abnorme Allianz

Mit dem Angriff auf die Sowjetunion am 22. Juni – einem ominösen Datum, dem ersten Tag von Napoleons großem Abenteuer des Jahres 1812 – änderten sich Ausmaß und Charakter des Krieges. Es war ein entscheidender Wendepunkt. So überraschend er für die Bevölkerung zunächst auch war, der Zerfall dieses widernatürlichen Bündnisses erschien doch als etwas, das eigentlich hatte kommen müssen. Die vertraute, vorübergehend aber ernsthaft gestörte ideologische Ordnung mit ihrer Polarität von Faschismus oder Nazismus und Kommunismus war auf jeden Fall wiederhergestellt. Für alle Kommunisten war dies die Erlösung aus einer propagandistisch schwierigen Lage. Überall hatte ihre Presse den Krieg bisher als typischen imperialistischen Bruderkrieg hingestellt, aus dem sich der wahre Sozialist herauszuhalten hatte. In einigen Fällen, so in Frankreich, hatte man sogar vom Widerstand gegen die Deutschen abgeraten. Entsprechend den Richtlinien aus Moskau im Zusammenhang mit dem Pakt vom August 1939 war in der Regel auch jegliche Kritik an Deutschland unterblieben. Jetzt aber hatte sich der Krieg durch den verräterischen Angriff auf das Mutterland des Sozialismus wie durch Zauberhand in den großen Kampf für die Freiheit der Völker und den Fortschritt und gegen die faschistische Tyrannei verwandelt, und die Kommunisten sollten mit allen zusammenarbeiten, die dieses Ungeheuer bekämpften. Auf deutscher Seite fehlten Argumente für den abrupten Bruch des Bündnisses. Sogar auf die bekannten fadenscheinigen Vorwände verzichtete man jetzt, abgesehen von der grotesken Behauptung, Hitler sei einem geplanten Überfall der Sowjets gerade noch zuvorgekommen.[2] Es sieht eher danach aus, daß der Führer nach all seinen Triumphen eine plausible Begründung seiner Unternehmungen kaum mehr für nötig hielt, waren diese doch durch seine Sendung und seine geniale Intuition ausreichend gerechtfertigt. Seine charismatische Autorität hatte infolge des Kriegsverlaufs nur noch zugenommen. Auch in rein militärstrategischen Fragen hatte er entgegen den Bedenken der Experten recht bekommen (so etwa beim Frankreichfeldzug). Künftig sollte er sich blindlings auf das Gefühl seiner Unfehlbarkeit, gepaart mit Verachtung für die Berufsoffiziere, verlassen. Der neue Kampf wurde von Berlin lautstark zum Kreuzzug gegen den jüdischen Bolschewismus erklärt, zu einem Kreuzzug im Namen der europäischen Zivilisation und unter deutscher Führung. Neben den Deutschen kämpften Finnen, Balten, Italiener, Rumänen, Ungarn und Freiwillige aus den besetzten Ländern.

Obwohl von verschiedenen Seiten eindringlich vor einem bevorstehenden Überfall gewarnt worden war und obwohl dem Angriff über mehrere Wochen gewaltige, durch nichts zu verheimlichende Aufmärsche und Truppenkonzentrationen an den Grenzen vorangegangen waren, wurde Stalin völlig überrascht. Er, von dem es hieß, daß er niemandem vertraue, und der systematisch seine treuesten Mitarbeiter des Verrats beschuldigt und liquidiert hatte, er hatte ausgerechnet Hitler, dem am wenigsten Vertrauenswürdigen, der wie kein anderer jedes Rechtsprinzip und jede gültige Norm mit Füßen trat, aufs Wort geglaubt. Psychologisch ein bemerkenswertes Phänomen.

Es war ein historischer Augenblick, der vor allem später immer wieder Kommentatoren dazu verführt hat, die Beschreibung der Ereignisse kurz für scharfsinnige Betrachtungen und Spekulationen zu unterbrechen, weil hier ein scheinbar freier und ohne Not gefaßter Entschluß einen unumkehrbaren Prozeß mit einer ganzen Kette unabwendbarer Folgen ausgelöst hat. Hierbei besteht aber eine Gefahr: Man übersieht leicht, daß die Tragweite einer Entscheidung den Handelnden in einem solchen Augenblick noch weitgehend verborgen bleibt und daß Faktoren, die wir später als sekundär betrachten, in jener Situation als ausschlaggebend galten. Dies zeigt sich vor allem im Zusammenhang mit der entscheidenden Haltung Großbritanniens: Churchill stellte sich sofort auf die Seite Sowjetrußlands; berühmt ist seine Äußerung, er würde, wenn Hitler die Hölle überfiele, dem Teufel seine freundlichsten Empfehlungen übermitteln lassen. Plastischer hätte er nicht ausdrücken können, welches die Prioritäten waren. Angesichts der Folgen dieser Entscheidung konnte sich später die Frage aufdrängen, ob dies alles so selbstverständlich war. Zweifellos war im Westen, auch in Großbritannien, mancher der Meinung, wenn man schon nicht die günstige Gelegenheit nütze, zu einem Vergleich mit Nazideutschland zu kommen, solle man zumindest Sowjetrußland seinem Schicksal überlassen. Die Rolle des lachenden Dritten, die Stalin ganz ohne Scheu gespielt hatte, als die Demokratien in höchster Not waren, hätte dank einer glücklichen Wendung Großbritannien übernehmen können. Hier wird jedoch zweierlei übersehen. Erstens: Daß Churchill sich ganz und ausschließlich auf die Vernichtung Hitlers als des größten, die ganze Welt bedrohenden Übels konzentrierte, war psychisch, propagandistisch und politisch die Kraftquelle, aus der er und die britische Nation den Willen zum Widerstand schöpften. Eine solche Mobilisierung aller geistigen und materiellen Mittel konnte nicht wie in einer Diktatur per Dekret abgeblasen werden. Diese vollständige Ausrichtung auf den einen Feind implizierte logischerweise, daß jeder Gegner Hitlers willkommen war. Zweitens wurde die Kraft der Roten Armee nach den Säuberungen und den nicht sehr beeindruckenden Leistungen im Krieg gegen Finnland gering eingeschätzt, nicht nur von Hitler, auch im Westen. Die russische Niederlage schien unabwendbar, aber je länger die Sowjets Widerstand leisten konnten, desto besser war es für die Briten. Drittens blieb Hilfe für Rußland wegen der sehr begrenzten britischen Mittel vorerst etwas höchst Theoretisches. So wurde Churchills Erklärung in der erhitzten Atmosphäre des Krieges und angesichts der immer deutlicher erkennbaren Unterdrükkung in den von den Nazis besetzten Ländern auch nicht als große Überraschung oder als problematischer Schritt empfunden. Hitler hatte somit die großen Antagonisten vereint. Die antifaschistische Front, die Moskau und die Komintern in den dreißiger Jahren nicht hatten errichten können, oder allenfalls bei progressiven Intellektuellen, war dank des braunen Diktators zustande gekommen. Dies hat manchen (vor allem auf deutscher Seite) dazu gebracht, hier die entscheidende Zäsur in Hitlers Laufbahn zu sehen: Bis zu diesem Augenblick hatte er dank der Kombination von Schwäche, Uneinigkeit und angeschlagener Moral bei seinen Gegnern und dank seiner eigenen, mit genialem taktischen Verständnis und Wirklichkeitssinn verbundenen Kühnheit beispiellosen Erfolg. Aber er verspielte seine glänzende Machtposition wegen Wahnvorstellungen und Phantomen, irrationalen Zielen – wie einer erbarmungslosen Rassenselektion –, die noch dazu verbrecherisch waren. Hierzu muß man wiederum sagen, daß die Zäsur nur aus einer rationalen, späteren Perspektive, die nicht die Hitlers sein konnte, zu erkennen ist. Für ihn konnte es sich nur um einen äußerlichen, graduellen Übergang handeln. Ziel war die Verwirklichung der Ideen und die Erfüllung der messianischen Erwartung, die die Grundlage der gesamten Nazibewegung und ihrer Doktrin bildeten. Außerdem hatten Hitlers Untergebene vor allem in Polen schon mit der Umsetzung seines rassistischen Programms begonnen. Seine Erfolge sind vom Ergebnis des Krieges nicht zu trennen, weil jenes Endziel, das nur aus taktischen Gründen verschleiert wurde, die Kraft war, die ihn vorantrieb. Das Gewalttätige seines Zieles und seiner Methoden, die am Anfang gerade eine so überrumpelnde Wirkung hatten und zu all jenen Triumphen führten, entsprang einer einzigen Quelle. Und schließlich zeigte sich das bekannte Phänomen, daß Aggression und Erfolg irgendwann Gegenkräfte mobilisieren und Gegner eines ganz anderen Formats auf den Plan rufen. All dies macht Spekulationen darüber, was hätte geschehen können, wäre Hitlers weiteres Handeln von Realismus und Selbstbeherrschung bestimmt gewesen, wie zum Beispiel bei Bismarck, letztlich sinnlos.

Vorerst stellte sich diese Frage auch noch nicht. Die völlig überrumpelten Sowjets mußten vernichtende Schläge hinnehmen, Millionen Soldaten fielen in die Hand der Deutschen, und der deutsche Vormarsch schien unaufhaltsam. Auch hier verführt die historische Konstellation zu einigen Randbemerkungen. Die Bevölkerung in großen Teilen der westlichen Sowjetunion (Weißrußlands und der Ukraine) hatte während der Revolution und vor allem bei Stalins gewaltsamer Kollektivierung und Industrialisierung einen furchtbaren Blutzoll entrichtet; bei einem gewissen Entgegenkommen des Besatzers, in dem viele Menschen einen potentiellen Befreier sahen, hätte man diese dem Regime vermutlich leicht abspenstig machen können. Hitler blockierte jedoch diesen vielversprechenden Weg, indem er den Krieg aus Prinzip zum radikalen Kampf der Rassen erklärte und die Bevölkerung als minderwertiges Menschenmaterial behandelte, das nicht zum Verbündeten taugte, sondern nur als Sklavenreservoir in Betracht kam. So ließ er der Bevölkerung keinen anderen Ausweg als Widerstand und Partisanenkampf, trieb sie also in die verhaßten Arme Moskaus zurück und sollte auf diese Weise sehr viel zur Rettung des stalinistischen Regimes in seiner schwersten Stunde beitragen. Stalin wiederum stellte sich geschickt auf dieses erbarmungslose Vorgehen ein. Er rief nicht den Krieg der Ideologien aus, sondern den »Großen vaterländischen Krieg« gegen unmenschliche Eindringlinge, und damit weckte er die patriotischen Gefühle, die im ganzen Volk schon immer so stark gewesen waren. Nicht sein Regime, sondern Mütterchen Rußland war plötzlich in Gefahr, und dieser Gedanke wurde zur Quelle außergewöhnlicher Opferbereitschaft und Leidensfähigkeit.

Wegen eines extrem frühen und strengen Winters kam der deutsche Angriff zum Stillstand. Jetzt sollte sich erweisen, daß man sowohl den Raum als auch das Klima und nicht zuletzt die unermeßlichen russischen Reserven unterschätzt hatte. Weder Moskau noch Leningrad konnten eingenommen werden. Zum ersten Mal stieß die Wehrmacht auf Widerstand, den sie nicht brechen konnte. Über dem mörderischen Ringen auf den eisigen

Ebenen tauchte der Schatten Napoleons am russischen Winterhimmel auf. Die Position des deutschen Diktators verschlechterte sich stark, als er auch noch Amerika unter seinen Gegnern fand. Im Fernen Osten hatten sich die Spannungen zwischen Japan und den Vereinigten Staaten verschärft, und am 7. Dezember 1941 kam es mit dem unerwarteten japanischen Blitzangriff auf die amerikanische Flottenbasis Pearl Harbour zur Entladung. Hitler, der sich mit dem Land der aufgehenden Sonne verbündet hatte, zögerte nicht, sondern erklärte Amerika sofort den Krieg. Roosevelt hatte sich schon seit längerem als überzeugter Gegner der faschistischen Diktatoren gezeigt und die Briten materiell in solchem Umfang unterstützt, daß ohnehin nur formell von Neutralität gesprochen werden konnte. Diese Entwicklung bedeutet, daß Hitlers Reich zu Beginn des Jahres 1942 zwar den größten Teil Europas umfaßte und daß das militärisch schlagkräftige Japan auf seiner Seite stand, aber auch, daß er die drei größten Mächte der Welt zu Gegnern hatte. Trotz einer erneuten Offensive, bei der die deutschen Truppen 1942 bis in den Kaukasus vorrückten, und trotz einer Reihe blendender Erfolge der Japaner, die ganz Südostasien überrannten, rückte für die Alliierten ein Endsieg in den Bereich des Möglichen. Sowjetrußland hatte sich militärisch erholt und ergriff die Initiative. Bei Stalingrad fügte die Rote Armee im Winter 1942/43 der Wehrmacht in der größten Feldschlacht aller Zeiten ihre größte Niederlage zu. Amerika wiederum sollte sein unermeßliches technisch-industrielles Potential in immer größerem Umfang mobilisieren und damit den Ausschlag geben.

In den folgenden Jahren drängte die weltumspannende militärische Gegenoffensive der großen Allianz (inzwischen zu Lande, zu Wasser und in der Luft überlegen) die Streitkräfte der Achsenmächte Schritt für Schritt zurück. Die Engländer und Amerikaner, die sich in Europa auf den Luftkrieg und Bombenangriffe auf deutsche Städte beschränkt hatten – Angriffe von immer größerer Zerstörungsgewalt –, waren Ende 1942 in Nordafrika gelandet, um erst einmal das französische Kolonialreich (soweit es die mit den Deutschen kollaborierende Vichy-Regierung anerkannte) zu besetzen; es sollte als Sprungbrett für einen Angriff auf Südeuropa dienen. Als Gegenkraft zu Vichy hatte General Charles de Gaulle 1940, unmittelbar nach der Kapitulation Frankreichs, in London eine Art Regierung des nationalen Widerstandes gegründet, die den Kampf fortgesetzt hatte und sich jetzt den Angelsachsen militärisch anschloß. Auf die Kapitulation der Vichy-Franzosen in Afrika reagierten die Deutschen mit der schnellen Besetzung des restlichen Frankreich; dies war das Ende des Vichy-Regimes. Als die alliierten Armeen im Sommer 1943 mit dem Angriff auf Italien begannen, brach das in militärischer Hinsicht überall versagende, schwer angeschlagene Regime Mussolinis zusammen, und eine neue Regierung bot den Alliierten Verhandlungen an. Der abgesetzte Diktator wurde später von den Deutschen aus der Gefangenschaft befreit und sollte noch bis Kriegsende an der Spitze einer Marionettenregierung unter deutschem Schutz ein politisches Schattendasein führen. Beim totalen Zusammenbruch im Jahre 1945 wurde er von italienischen Partisanen hingerichtet. Der klägliche Niedergang des Duce – in den zwanziger und dreißiger Jahren die erfolgreiche, vielbewunderte Autorität einer neuen Ordnung, ein Gegen-Lenin und Inspirator des Faschismus in ganz Europa – ist letztlich einer grenzenlosen Ruhmsucht und Eitelkeit zuzuschreiben, die sich hinter der Fassade heroischer Theatralität verbargen. Sie verführten ihn dazu, sein Schicksal mit dem des besessenen Megalomanen Hitler zu verknüpfen, im Gegensatz zu dem kühlen Realisten Franco, der auf der Hut blieb und sich Versuchen seiner ehemaligen Helfer, ihn zu Abenteuern zu verlocken, immer unzugänglich zeigte. Einen Weg zurück gab es für den italienischen Bluffer nicht mehr, nachdem er sich einmal für den Krieg entschieden hatte.

Da die italienische Kapitulation zu einer schnellen Besetzung durch deutsche Truppen führte, wurde das Land doch noch zum Schauplatz eines verbissenen Kampfes zwischen den sehr langsam vordringenden alliierten Armeen und der Wehrmacht. Für Hitler gab es jetzt, da die Initiative überall auf seine Gegner übergegangen war und er in die Defensive gedrängt wurde, nur noch eine Strategie: Widerstand bis zum Äußersten, immer und überall, ohne Rücksicht auf den Tribut an Menschenleben und ohne Rücksicht auf eine mögliche Verschlimmerung der eigenen Lage. Damit wiederholte sich in seiner Person, allerdings in enorm vergrößertem Maßstab, im Grunde die prinzipienstarre Haltung der militärischen Führer im Ersten Weltkrieg. Dahinter steckte die Erkenntnis, daß sein gewaltiger Plan und seine Mission gescheitert waren. Sein vulgärdarwinistischer Glaube und sein Radikalismus, für den es nur Triumph oder Untergang gab, schlossen auch jetzt, da sich das Kriegsglück gegen ihn wandte, jeglichen Kompromiß aus. Er dachte nicht daran, zwischen seinem eigenen Schicksal und dem Deutschlands einen Unterschied zu machen. Ganz unabhängig von Hitlers persönlicher Untergangsmanie, die immer mehr von ihm Besitz ergriff, hatten auch die Alliierten seit Januar 1943 durch Roosevelt jeden Kompromißfrieden ausgeschlossen. Der amerikanische Präsident wollte eine Wiederholung von Wilsons Politik des Jahres 1918 verhindern. Dessen berühmte Vierzehn Punkte hatten schließlich die Deutschen getäuscht und zu Verwirrung, zum Aufkommen von allerlei Beschuldigungen gegen den Westen und zur Entstehung der Dolchstoßlegende beigetragen, und auch das war eine Saat, die später im Nationalsozialismus aufging. Roosevelts Erklärung war aber zugleich eine Folge der allgemeinen Fanatisierung und Radikalisierung des Denkens, die der Krieg und Hitlers Eroberungen bewirkt hatten. Außerdem sollte sie als Bindemittel für die große Allianz dienen. Ganz überflüssig war das nicht.

Das seltsame Bündnis zwischen den Westmächten und der Sowjetunion, zwischen parlamentarischer Demokratie und kommunistischem Totalitarismus, das der deutsche Diktator möglich gemacht hatte, war von Anfang an nicht ohne Risse. Stalin verdächtigte seine Partner, in der Hoffnung auf einen Zermürbungskrieg zwischen Deutschland und der Sowjetunion mit Absicht ihre Unterstützung zu verzögern. Daß die Errichtung einer zweiten Front im Westen so lange aufgeschoben wurde, schrieb er nicht allein technischen Problemen zu. Im Vergleich zum Titanenkampf der Sowjetunion und den Verlusten und Zerstörungen, die Rußland erlitt, war der westliche Beitrag lange Zeit geringfügig. In Stalins Augen war dies Absicht. Wie er nicht ausschloß, daß die anderen einen Separatfrieden schließen könnten, so mußte man in London und Washington damit rechnen, daß sich Moskau aus der bedrückenden Lage befreien würde, sobald Berlin ansprechbar schien. Einzelne vorsichtige Signale sandte der Kreml tatsächlich 1942 und 1943 über Schweden nach Deutschland aus. Hitlers fanatische Kreuzzugsidee machte jedoch jeden Vergleich vollkommen unmöglich.

Im Juni 1944 konnten die Amerikaner und Briten dank ihres überwältigenden technischen Potentials und der inzwischen erlangten Luftherrschaft endlich eine großangelegte Invasion an der französischen Küste durchführen. Es war eine lange angekündigte Operation, die inzwischen aber eine andere Bedeutung bekommen hatte. Sie war jetzt nicht mehr nur die von Stalin mit Nachdruck geforderte militärische Entlastung seiner Armee – die deutsche Hauptmacht sollte ohnehin auch weiter an der Ostfront konzentriert sein. Durch eine erfolgreiche Gegenoffensive war das sowjetische Territorium mittlerweile zum größten Teil zurückerobert worden, und die Rote

Armee schickte sich an, in die angrenzenden Länder vorzurücken. Damit stellte sich zwangsläufig die Frage nach den künftigen Friedensregelungen und dem Einfluß der beteiligten Parteien aufgrund ihres Beitrags zum Sieg. Churchill war mit seinem Eintreten für militärische Operationen auf dem Balkan, die der Roten Armee dort und in Mitteleuropa den Weg abschneiden sollten, auf unerbittlichen Widerstand der Amerikaner gestoßen. Die Armeen des Westens sollten von Italien und Frankreich aus den Deutschen auf den Leib rücken, die sich überall bis zum Äußersten verteidigten.

Daß man mit der Invasion gewartet hatte, bis die technische Überlegenheit in jeder Hinsicht gesichert war, offenbarte auch, wodurch sich die Kriegführung der angelsächsischen Demokratien von der Kriegführung der Diktaturen unterschied: Das Risiko wurde stärker begrenzt, das Leben des einzelnen hatte einen höheren Wert. Dies spielte für Hitler nicht die geringste Rolle, er forderte immer wieder Aufopferung bis zum letzten Mann, denn es ging ihm um das Schauspiel eines heldenhaften Kampfes und um die Verlängerung seiner Herrschaft. Gegen den Rat der Militärs verweigerte er strategische Rückzugsbewegungen, die auch Menschenleben geschont hätten. Soldaten wurden zu bloßem Kanonenfutter, wie in den Zermürbungsschlachten von 1915 bis 1918, nur daß diesen ein anderes militärisches Konzept zugrunde lag, ein erstarrtes strategisches Denken, das ganz auf den erhofften entscheidenden Durchbruch fixiert war. Der Führer dachte in anderen Kategorien, ihm ging es um ein massenhaftes Opfer, eine Götterdämmerung, den totalen Untergang, wenn der totale Sieg unmöglich war. Aber auch für Stalin spielten Zahlen von Gefallenen keine andere als eine ökonomische Rolle. Dem Mann, der selbst Millionen als Feinde seines Regimes hatte deportieren oder umbringen lassen, machten gewaltige Verluste weniger zu schaffen als seinen Verbündeten.

Als den Alliierten schließlich der Ausbruch aus ihrem Brückenkopf in der Normandie gelang, war der völlige militärische Zusammenbruch Deutschlands nicht mehr abzuwenden. Frankreich und Belgien wurden noch im Herbst 1944 befreit, und die Amerikaner und Briten erreichten deutsches Gebiet, während im Osten die Rote Armee in gewaltigen Offensiven unaufhaltsam nach Westen vordrang, durch Polen in den Osten Deutschlands, nach Ungarn und Rumänien. Auf dem Balkan war die deutsche Position nicht zu halten. Jugoslawien wurde zum größten Teil von eigenen Partisanenarmeen befreit, und in Griechenland entstand nach dem Abzug der Deutschen eine turbulente, bürgerkriegsartige Lage, in der die monarchistischen Kräfte mit britischer Unterstützung die Macht erringen konnten. Eine überraschende Offensive in den Ardennen zeigte im Winter noch einmal, welch erstaunliche militärische Schlagkraft die in den letzten Zügen liegende deutsche Armee immer noch besaß, aber diese Verzweiflungstat war das letzte Aufflackern eines für Deutschland in jeder Hinsicht hoffnungslosen Kampfes. Wegen der totalitären Diktatur unterschied sich nun aber nicht nur der Beginn, sondern auch das Ende des Krieges sehr von dem des vorigen. Eine militärische Führung, die den sinnlosen Kampf beenden wollte und konnte, um die Ehre der Armee zu retten und eine offenkundige Niederlage zu vermeiden, gab es diesmal nicht. Hitler war kein Ludendorff und auch kein Mussolini. Es gab in seinem Reich keine selbständigen Organe oder Kräfte, die seinen Amoklauf noch aufhalten konnten. Deshalb hatte sich eine Verschwörergruppe aus Offizieren und Politikern gebildet, die den Tyrannen aus dem Weg räumen wollte. Als Hitler bei einem Bombenattentat am 20. Juli 1944 auf wundersame Weise verschont blieb, war auch dieser konspirative Weg versperrt. Die Verschwörer wurden so grausam als möglich hingerichtet. So kämpften die Deutschen in dumpfer Resignation weiter, wobei man nun noch die letzten menschlichen Reserven mobilisierte, Schüler und alte Männer, bis sich die amerikanische und die Rote Armee im Frühjahr 1945 mitten in Deutschland begegneten, ein großer Teil der Städte durch Bomben in Trümmerhaufen verwandelt war und die Russen die Hammer-und-Sichel-Fahne auf dem Berliner Reichstag gehißt hatten. Im benachbarten Bunker unter seiner verwüsteten Hauptstadt hatte Hitler kurz zuvor mit einigen Getreuen Selbstmord begangen.

Die Niederlage war vollkommen. Aus der ganzen Geschichte ist keine größere Niederlage bekannt, und abgesehen von Hitlers halsstarriger Politik war dies auch den Alliierten zuzuschreiben, die an der Forderung nach bedingungsloser Kapitulation festhielten. Deshalb führten die Versuche eines der mächtigsten Nazis, des SS-Führers Himmler, hinter dem Rücken Hitlers noch im letzten Augenblick mit den Westmächten zu verhandeln, zu nichts. Die Hoffnung, mit Amerikanern und Briten zu einem Vergleich zu kommen, als sich die Rote Armee Deutschland näherte, und unter Berufung auf die bolschewistische Gefahr den Westen wieder gegen den Osten ausspielen zu können, lag nahe. Goebbels hatte in seiner Propagandastrategie schon längst die antibolschewistische Karte gezogen und sie dem Westen deutlich gezeigt. Der Gegensatz zwischen den Alliierten war zu offensichtlich, um auf den Versuch zu verzichten, davon zu profitieren. Ob auch Hitler sich diese Option offenhalten wollte, ist unklar. War die Ardennenoffensive, waren vor allem die gefährlichen Angriffe seiner neuen Raketenwaffen V1 und V2 auf England sein Versuch, Amerikaner und Briten zur Einsicht zu bringen? Eine abschließende Antwort wird zwar nie möglich sein, aber angesichts seiner fatalistisch-selbstmörderischen Haltung ist es nicht wahrscheinlich. Dagegen klammerte er sich noch krampfhaft an die Hoffnung, die Gegner im letzten Augenblick mit einer vernichtenden Wunderwaffe in die Knie zwingen zu können. Als er von der Bühne verschwunden war, brachen auch gleich die letzten Reste des Dritten Reiches, Partei und Armee, zusammen, und im Mai war der Krieg in Europa zu Ende.

Was hier in groben Zügen beschrieben wurde, ein Krieg voller Dynamik und Gegensätze – auf die blitzartige Eroberung halb Europas folgten schrittweiser Niedergang und vernichtende Niederlage –, war ein viel bewegteres und dramatischeres Schauspiel als der Erste Weltkrieg. Trotzdem bleibt eine solche knappe Skizze immer fragwürdig. Was keine Übersicht über die militärischen Operationen zeigen kann, ist das millionenfach erlebte Drama von Todesangst und Todesverachtung, Mut, Leiden und Ausdauer, spektakulären Aktionen, hervorragenden technischen Leistungen, Erfindungsreichtum auf dem Gebiet von Waffenentwicklung, Abhörmethoden, Täuschungsmanövern, gewagten Unternehmungen in der Luft, zu Wasser und in den Bergen, von den eisigen Ebenen Nordrußlands bis zur Wüste unter der Sonne Nordafrikas oder den Felsen des Kaukasus. Und ich habe mich auf den Krieg in Europa beschränkt; der Kampf im Pazifik und in Asien mußte ausgeklammert werden. Was als Operation in militärischen Begriffen beschrieben werden kann, was theoretisch an den Schreibtischen und Karten der politischen und militärischen Führer entworfen wird, zerfällt in der Wirklichkeit des Schlachtfeldes in unzählige persönliche und Gruppenerlebnisse, in ein kaleidoskopisches Gewirr individueller Perspektiven und Erfahrungen. Es erweist sich als Wirklichkeit, die gar nicht als etwas Einheitliches wiederzugeben ist. Deshalb zerfällt auch das Bild des Krieges in viele Kriegsbilder, die völlig gegensätzlich sein können, in manchmal diametral entgegengesetzte Erfahrungen, die nur zu einem kleinen Teil ihren Niederschlag in der Literatur, in Memoiren, Filmen und der Geschichtsschreibung finden. Für jeden war der Krieg, wie er ihn innerhalb seines begrenzten Gesichtskreises erlebt hat, der wirkliche Krieg. Und so konnte Krieg Todesangst bedeuten und alptraumhafte Szenen, aber auch Stolz auf militärische Leistungen, Siege, gewagte Aktionen und kameradschaftliche Verbundenheit. Der Wert von individuellen Erfahrungen und die moralische Qualität des persönlichen Verhaltens sind dabei unabhängig vom Recht oder Unrecht der Sache, den höheren Zielen, denen der einzelne diente. Das ist das große Problem. Jede Staatsmacht appelliert in jedem Krieg zwangsläufig sowohl an Jagd- und Mordinstinkte als auch an Idealismus, Solidarität und Hilfsbereitschaft des einzelnen. Wenn der einzelne Soldat zusammen mit Tausenden anderen vor einen Wagen gespannt wird, dessen Fahrtstrecke und Ziel er nicht erkennen kann, beschränkt sich seine persönliche Verantwortung darauf, seine kleine Aufgabe so gut wie möglich zu erfüllen. Mut, Kühnheit und Selbstlosigkeit konnten auf dieser untersten, individuellen Ebene bei allen Parteien und in allen denkbaren Situationen vorkommen, genau wie Feigheit und Brutalität. Kurz, wer die Geschichte des Krieges schreibt, wird und kann niemals dem gerecht werden, was Millionen Betroffener und Beteiligter getan und im Innersten empfunden haben.

Allerdings ist es ein Unterschied, ob Grausamkeit und individuelle Aggressivität die Folge allgemeiner Brutalisierung waren, die ein Krieg verursacht, oder ob es sich um ein Verhalten handelte, das von oben, von der Führung und der Doktrin befohlen, zur Pflicht und zum Teil des Kampfes erklärt wurde, wie bei dem Rassenkrieg, den Hitler in Polen und der Sowjetunion führte. Dabei mißachtete er bewußt die gültigen Normen der Kriegsführung und die Bestimmungen der Genfer Konvention zur Behandlung von Kriegsgefangenen und einer feindlichen Bevölkerung. Das unmenschliche Vorgehen löste logischerweise unmenschliche Reaktionen der Partisanen und der Roten Armee aus. Diese nahm bei ihrem Vormarsch durch den Osten Deutschlands in Richtung Berlin und Elbe seit Ende 1944 wild und hemmungslos Rache – an der Zivilbevölkerung mit Vergewaltigungen, Plünderungen und Totschlag –, Rache für die zahllosen systematischen Massaker, die sowohl von SS-Einheiten und speziellen »Einsatzgruppen« als auch von Teilen der regulären Wehrmacht in der Sowjetunion verübt worden waren. Alle gefangengenommenen kommunistischen Kommissare der Roten Armee waren sofort erschossen worden. Millionen von russischen Kriegsgefangenen wurden ausgehungert, etwa drei Millionen russische Soldaten kamen in den Gefangenenlagern durch Krankheit oder Erschöpfung ums Leben. Stalin antwortete, indem er später seine vordringenden Truppen auf furchtbare Weise Rache nehmen ließ und ihnen die deutschen Frauen als Beute versprach. Ein Aufruf des Autors Ilja Ehrenburg zur gnadenlosen Bestrafung der gesamten deutschen Bevölkerung zeigt, welchen Haß die Praktiken von SS, »Polizei«-Truppen und Wehrmachtseinheiten in der Sowjetunion ausgelöst hatten.

Auf eine andere Weise unmenschlich waren die Bombenangriffe. In dieser Frage gab es noch keine gültigen internationalen Konventionen. Görings Luftwaffe hatte hier mit massiven Angriffen auf Städte wie Warschau (1939), Rotterdam (1940), Coventry (1940), Belgrad (1941) und London (während des ganzen Krieges) den Anfang gemacht. Als die Alliierten die Luftherrschaft erlangt hatten, ab 1941, schlugen sie mit doppelter und dreifacher Wucht zurück. Nur ganz wenige der größeren deutschen Städte blieben verschont. Dank der vielen Luftschutzbunker blieb die Zahl der Opfer verhältnismäßig gering, aber die Bomben verwandelten Innenstädte in absurd anmutende Mondlandschaften, Ebenen mit steinernen Gerippen und Schuttbergen. Die Bombenangriffe auf Hamburg und Dresden, bei denen gewaltige Feuerstürme entstanden, so daß Mensch und Tier in der sengenden Hitze umkamen, außer Einheimischen auch Tausende von Flüchtlingen, ragen als größte Schrecken aus der langen Liste heraus. Dies ist ein weiteres Beispiel für die Entmenschlichung, die Hitlers Kriegführung verursachte, auch bei seinen Gegnern, die ihn im Namen von Freiheit, Demokratie und Humanität bekämpften. Das Verbrecherische seines fanatischen Destruktivismus war im höchsten Grade ansteckend.

Die Bombenteppiche haben auf beiden Seiten die Kriegsproduktion nicht nennenswert beeinträchtigt, wenn sie natürlich auch Schaden anrichteten. Aber sogar in Deutschland, das bei weitem die schwersten Angriffe auszustehen hatte, erreichte die Waffenproduktion 1944 eine Rekordhöhe. Letztlich waren die Angriffe hauptsächlich gegen die Zivilbevölkerung gerichteter, eskalierender Terror mit dem Ziel, die Moral des Feindes zu brechen. Und ebensowenig, wie es den Deutschen 1940/41 gelang, die Moral der britischen Bevölkerung wesentlich zu schwächen, glückte dies den Briten und Amerikanern in den folgenden Jahren bei der deutschen Bevölkerung. Die sinnlose Zerstörung jahrhundertealter Kulturdenkmäler, Kirchen, Paläste oder Wohnhäuser, trug verhältnismäßig wenig zur militärischen Entscheidung bei und verfehlte die beabsichtigte psychologische Wirkung. Sie diente der Stärkung der eigenen Kampfmoral und als Ventil für aufgestaute Emotionen. Der Bombenterror, der alle ohne Unterschied traf, führte eher zu größerer Solidarität bei der leidenden Stadtbevölkerung. Mit den Mauern aus Stein konnten hier auch soziale Mauern verschwinden, die Menschen voneinander getrennt hatten.

Andererseits gab es einen neuen, auffälligen Gegensatz zwischen dem nervenzehrenden Leben in vielen Städten, inmitten von Schuttbergen, mit Sirenengeheul, Explosionen, Toten und Verwundeten, und dem vergleichsweise friedlichen Leben auf dem Lande, wo man noch glauben konnte, man wäre vom Krieg gar nicht betroffen. Für die überwältigende Mehrheit hatte der Krieg zwei völlig verschiedene Seiten, die Niederlagen und Triumphe des eigenen Landes, die großen Entwicklungen, die man über Zeitung und Rundfunk verfolgen konnte, und die alltägliche Wirklichkeit, wie man sie aus nächster Nähe selbst erlebte. Und je gefährlicher und bedrückender diese wurde, um so mehr konnte das Gesamtgeschehen an Bedeutung verlieren.

»Alle Schrecken aus allen Zeitaltern kamen zusammen, und nicht nur Armeen, sondern Völker wurden mitten hineingestoßen. Europa und große Teile Asiens und Afrikas wurden zu einem einzigen gewaltigen Schlachtfeld, auf dem nach Jahren des Kampfes nicht Armeen, sondern Nationen zusammenbrachen und flohen.«[3] So hatte Churchill den Ersten Weltkrieg seinerzeit charakterisiert. Für den Zweiten galt dies in noch höherem Maße, und daß der Autor jener Zeilen jetzt als einer der Hauptakteure am Geschehen beteiligt war, zeigt, unter welch unglückseligem Stern das Handeln eines Menschen steht, der in einem großen historischen Konflikt eine Machtstellung innehat. »Als alles vorbei war«, so hatte er damals mit einem ironischen Seufzer der Erleichterung geschlossen, »waren Folter und Kannibalismus die beiden einzigen Mittel, deren Anwendung die zivilisierten christlichen Nationen sich versagt hatten; und dies waren Mittel von zweifelhaftem Nutzen.« Im Zweiten Weltkrieg wurde das Versäumte nachgeholt.

4 Das andere Gesicht des Krieges

Der Terror in den besetzten Gebieten, die Konzentrationslager und Massenmorde des Nationalsozialismus bildeten die Rückseite, das schreckliche andere Gesicht des Zweiten Weltkrieges, und sie hingen eng mit seinen tieferen Ursachen zusammen, obwohl sie in keiner direkten Beziehung zu den militärischen Operationen zu stehen schienen. Es handelte sich jedoch um einen Krieg, bei dem es nicht nur um die Macht einer Nation ging, sondern auch um eine bestimmte Ordnung und um fundamentale Werte. Die nationalsozialistische Diktatur konnte nicht anders, als ihr System auch den Ländern aufzuzwingen, die von den deutschen Armeen erobert wurden. Für sie gab es keine andere Herrschaftsform, und sie konnte keine Freiheiten dulden – etwa Meinungsfreiheit, politische Parteien, unabhängige Gewerkschaften, unzensierte Presse und unzensierten Rundfunk –, die in Deutschland selbst abgeschafft waren. Zu ihrem totalitären Charakter gehörte es, daß sie sich auch nicht mit der in einem Krieg üblichen Besatzungspraxis begnügte, bei der man sich auf das Verbot aller Aktivitäten beschränkte, die der Besatzungsmacht schaden konnten. Nazideutschland führte den Krieg nicht nur, um seine Macht auszuweiten, sondern auch für seine Rassenlehre und seine antidemokratischen Prinzipien. Es benutzte die faschistischen oder nationalsozialistischen Bewegungen überall, um eine neue europäische Ordnung auf autoritärer und rassistischer Grundlage zu errichten. Diese Ordnung war die ideologische Legitimation der deutschen Oberherrschaft. Die vielen faschistisch-nazistischen Miniaturführer in den einzelnen Ländern, wie Quisling, Mussert und Degrelle, sollten bestenfalls Marionetten sein, und auf jeden Fall waren sie treue Vasallen des einen großen Führers in Berlin. Manche, wie Anton Mussert in den Niederlanden, wiegten sich zwar in der Illusion, ihr Land und ihre Partei könnten in dem künftigen »Großdeutschen Reich« eine einigermaßen selbständige Position einnehmen; sie stellten sich dieses Reich als eine Art germanische Konföderation unter Führung Deutschlands vor. Dieser Gedanke war nicht mehr als ein ideeller Köder gewesen. Die politische Verwirklichung der neuen Ordnung blieb ohnehin wegen des Krieges und der für Deutschland immer schlechteren Aussichten zum größten Teil Zukunftsmusik.

Allerdings wurde mit dem Versuch ein Anfang gemacht, die biologischen Grundlagen des neuen germanischen Riesenreiches zu schaffen, wie man sie sich aufgrund der Rassenlehre vorstellte. Vor allem der SS-Führer Himmler war von dieser Idee erfüllt und wollte die SS zum Träger des künftigen Imperiums machen. In seinem eigenartig verdrehten Denken vermischten sich popularisierte biologische Vorstellungen zur Formbarkeit der Art mit romantischem Puerilismus zum Ideal einer modernen Aristokratie, die sich durch Rassereinheit auszeichnete. Die SS sollte zu einem Ritterorden mit eigenem strengen Ehren- und Verhaltenskodex werden. Tatsächlich nahm man die Zucht der wertvollen Rasse in Angriff. Junge SS-Männer, die dem Rassestandard entsprachen, also blauäugig und hochgewachsen waren, wurden ausgewählt, um mit Frauen, die die gleichen Anforderungen erfüllten, ein Kind zu zeugen. Dies geschah im »Lebensborn«, in eigens zu diesem Zweck gegründeten Zentren, einer Art von Ordensburgen. Die Ehe als überholte bürgerliche Institution war hier fehl am Platz, Mutter und Kind Besitz des SS-Ordens, der für deren Erziehung und Wohl verantwortlich war. Es ist nicht undenkbar, daß Himmler hierbei auch durch bestimmte Praktiken in der Sowjetunion angeregt worden war, denn dort wurden Kinder aus Gruppen, die man als soziale oder ethnische Einheit liquidierte, vom Staat in orthodox leninistisch-stalinistischem Geist aufgezogen. Himmlers Züchterleidenschaft beschränkte sich grundsätzlich nicht auf Deutsche. Er dachte konsequent in übernationalen rassistischen Kategorien. Man hielt es allerdings für ratsam, dieses Unternehmen noch nicht an die große Glocke zu hängen; es wurde ziemlich diskret organisiert. Man nahm an, daß die Mehrheit der Bevölkerung noch zu sehr in konventionellen bürgerlichen Auffassungen befangen war, als daß sie Gestüte für Edelgermanen wirklich zu schätzen gewußt hätte. Zumindest von seiten der Kirchen war Protest zu erwarten, und in Hitlers Schema war die große Konfrontation und Abrechnung mit den Kirchen auf die Zeit nach dem Sieg verschoben. Ein Anflug von Geheimnis paßte im übrigen gut zu Himmlers besonderer Vorliebe für esoterisch-elitäre Praktiken. Die Kehrseite der biologischen Selektion war die Ausrottung der minderwertigen Menschenarten, und es war vor allem die Erfüllung dieser in seinen Augen notwendigen Bedingung des künftigen Heilsstaates, worauf Himmler als treuer Jünger Hitlers die größte Sorgfalt und Energie verwandte. Wie sein Meister betrachtete er dieses Projekt, das auf die Liquidierung von Millionen Menschen hinauslief – Juden, slawischen und kommunistischen Intellektuellen, »Zigeunern« und psychiatrischen Patienten –, als integralen Bestandteil des Krieges, als den nach innen gerichteten Krieg, der für Deutschlands Endsieg notwendig war.

Die nationalsozialistische Politik in den besetzten Ländern verstärkte überall die Spaltung in Anhänger des Regimes und die Mehrheit der Bevölkerung. Es gab noch Unterschiede in der Intensität der Propaganda, je nachdem, ob Hitler ein Gebiet als germanisch betrachtete und die Bevölkerung ihrer Natur nach für geeignet hielt, zum Nationalsozialismus bekehrt zu werden, wie in Skandinavien und den Niederlanden. Auf jeden Fall war die

Herrschaft nirgendwo auf bloße militärische Besetzung oder wirtschaftliche Ausbeutung beschränkt, sondern griff tief in die nationale Rechtsordnung ein. Die Folge war überall wachsender Widerstand, den man durch harte Maßnahmen zu ersticken versuchte. In allen Ländern operierten »Polizei«- und SS-Einheiten und bedienten sich ihrer bewährten Methoden.

Die Behandlung der Bevölkerung in Polen und in der Sowjetunion, der Doktrin zufolge als slawische Rasse minderwertig, unterschied sich von Anfang an grundsätzlich vom Umgang mit der Bevölkerung in Westeuropa. Schon gleich nach der Eroberung und Besetzung Polens im Herbst 1939 begannen Sondereinheiten, Juden und Intellektuelle zusammenzutreiben und in Ghettos und Lagern einzusperren, und diese Aktionen waren mit Massenhinrichtungen verbunden. Ziel war es, die Polen auf den Stand eines unterentwickelten Volkes zurückzubringen, das nur als Sklavenreservoir dienen konnte. Nach dem Angriff auf die Sowjetunion im Juni 1941 wurde diese Strategie systematischer Ausrottung in noch viel größerem Umfang angewandt. Außer gegen die Juden richtete sie sich auch gegen die bolschewistischen Parteikader. Hinter der vorrückenden Wehrmacht, manchmal auch unter Beteiligung der Wehrmacht, wurden regelmäßig ungeheure Massaker verübt. Im gesamten Gebiet des besetzten Kontinents, von Westeuropa bis zum Baltikum, Polen und dem Balkan, wurde ein der Normalbevölkerung verborgenes Netz Dutzender Konzentrationslager aufgebaut. Sie waren die unverwechselbaren sinistren Erkennungsmale des Dritten Reiches. Hier versuchte man politische Gegner und Unbotmäßige – Sozialisten, Kommunisten, Angehörige des Widerstandes, aber auch Homosexuelle – systematisch geistig und körperlich zu brechen. Was die SA in Dachau und Oranienburg begonnen hatte, wurde in hundertfachem Maßstab perfektioniert. Obwohl auch jetzt offiziell niemand, weder Gefangene noch Bewacher, irgend etwas im Zusammenhang mit den Zuständen in den Lagern verraten durfte, gab es, wie schon seit 1933, Andeutungen und Vermutungen, und gerade dies war beabsichtigt, diese Kombination von krampfhaftem Schweigen und unheimlichen Gerüchten war ein besonders wirksames Mittel der Einschüchterung. Aufgrund von illegal erhaltenen Informationen entstand auch in der Bevölkerung ein unbestimmtes Bild von Orten, an denen schauerliche Dinge geschahen.

Trotzdem sollte das, was die alliierten Armeen entdeckten, als sie ab Ende 1944 den Deutschen von Osten und von Westen her ein Gebiet nach dem anderen entrissen, die schlimmsten Vermutungen noch weit übertreffen. Als Hitlers Reich zusammenbrach, tat sich eine Hölle auf. Ein Schauder des Entsetzens ergriff die Welt angesichts der Bilder von ausgemergelten, zum Skelett abgemagerten, entstellten Gefangenen und der aufgestapelten Leichen, die die Befreier vorfanden. Nie zuvor hatte die Menschheit einem solchen Grauen Auge in Auge gegenübergestanden, und auch sein Ausmaß war neu. Fotografie und Film hielten die Bilder in unbarmherziger Schärfe fest. Augen, die eine andere Art von Wirklichkeit gesehen hatten, starrten aus tiefen Höhlen den Betrachter an. Und als wäre all das noch nicht entsetzlich genug, wurde hinter diesen für immer gezeichneten Gesichtern noch etwas anderes sichtbar, das Grauenhafteste von allem, die systematische Ermordung von fünf bis sechs Millionen Juden und einigen hunderttausend Sinti und Roma, zum Teil in speziell zu diesem Zweck gebauten Gaskammern. Auschwitz, das größte Vernichtungslager, wurde nach dem Krieg in der ganzen Welt zum Symbol dieses Völkermordes, weil es Ende 1944 als erstes von den Sowjets befreit worden war. Erst in den folgenden Jahren wurden die anderen Todesfabriken bekannt, deren Spuren die Täter zum Teil noch hatten beseitigen können – Treblinka, Majdanek, Sobibór, Bełżec und Chełmno. Namen, die sich als Chiffren für das Infamste, das Menschen je erdacht haben, unauslöschlich dem Gedächtnis einprägen sollten. Nach aller Gewalt, wie man sie an der Front und in den bombardierten Städten erlebt hatte, war die Aufdeckung dieser Unterwelt noch ein besonderer Schock. Was man in der jüngsten Geschichte bisher als gelegentliche Ausbrüche von Barbarei unter besonderen Umständen oder als Werk eines außergewöhnlichen Schurken betrachtet hatte, war hier offensichtlich zu einem System von professionellem Sadismus ausgebaut worden. Es warf die Frage auf, wie menschliche Wesen zu Derartigem fähig sein konnten.

War es schon den Frontsoldaten des Ersten Weltkriegs schwergefallen, über ihre Erfahrungen zu sprechen, weil es den Daheimgebliebenen ohne eigene Kenntnis dieser anderen Welt an Empfänglichkeit fehlte, so war es jetzt für die Überlebenden der Lager erst recht unmöglich, den Abgrund der Erlebnisse zu überbrücken, der sie von den anderen trennte. In den großen Kriegsverbrecherprozessen, die die Sieger in den Nachkriegsjahren einleiteten, mußten ehemalige Gefangene als Zeugen auftreten, und sie waren es, die die ersten Berichte gaben, manchmal erst unter Druck. Viele sollten erst nach längerer Zeit, meist Jahrzehnte später, ab den sechziger und siebziger Jahren, in der Lage sein zu schildern, was sie erlebt hatten.

Trotzdem gab es von Anfang an eine Flut von Literatur zu diesem Thema. Waren zunächst viele Veröffentlichungen von der emotionalen Erschütterung beherrscht, von Anklage, Trauer und dem Verlangen, die Erinnerung an die Opfer lebendig zu halten, so setzte sich daneben auch bald eine unterkühlte, eher analytische Betrachtungsweise durch. Nicht die Identifikation mit den Opfern stand dabei im Vordergrund, das Moralische, der Versuch, Zeitgenossen und Nachwelt unauslöschlich einzuprägen, was hier geschehen war, sondern das Bemühen, Einblick in die Funktionsweise des Terrorregimes und in Psyche und Motive der Täter zu gewinnen. Besonders im Zusammenhang mit der heute als Holocaust oder Shoah bezeichneten Ermordung von mehr als achtzig Prozent der europäischen Juden kam es zu einer Kontroverse über die Frage, ob hierbei ein gleichsam distanziertes, objektivierendes Verfahren wie bei anderen historischen Phänomenen noch angemessen sei, ob dabei die moralische Dimension, das Gedenken, auf das die Ermordeten ein Recht haben, nicht zu sehr in den Hintergrund gerate. Den einen erschien die objektive Haltung, die kühle Analyse unangemessen: Nur eine eindringliche Vergegenwärtigung des Geschehens könne eine deutliche Vorstellung von seiner Ungeheuerlichkeit vermitteln und damit die Entschlossenheit bewirken, die notwendig sei, um jede Wiederholung auszuschließen. Andere lehnten gerade die eindringliche, suggestive Beschreibung als völlig inadäquat ab, da diese unvermeidlich in leere Rhetorik umschlagen müsse. Wer die Greuel der Lager nicht erlebt habe, könne sich auch nicht das Recht anmaßen, sie mit literarischen Mitteln zu schildern. Vielmehr sei ein schlichtes, zurückhaltendes Verfahren das einzig angemessene und wegen der Ausschaltung von Emotionen und allem Subjektiven auch das wirksamste.

In den historischen Veröffentlichungen wurden allmählich die Umrisse der Lagerwelt erkennbar, und dabei offenbarten sich zuvor unbekannte Züge der menschlichen Natur. Innerhalb dieses geschlossenen Universums bildeten sich unter den Häftlingen besondere Hierarchien. Das gesamte System beruhte (wie im Prinzip das ganze Gefängniswesen) auf dem Gegensatz von Bewacher und Gefangenem, hier aufgrund der Doktrin von Anfang an zum Gegensatz zwischen höher- und minderwertigen Menschentypen, zwischen Herrschern und Sklaven verschärft. Sklaven aber, die sich strafbar gemacht hatten und entsprechend zu behandeln waren. Das Lager galt als Teil des Krieges gegen den politisch-ideologischen oder den biologischen Feind, der das Regime oder die eigene Rasse bedrohte, und den Bewachern wurde eingeschärft, daß sie an einer Art Front stünden, wo jegliches Mitleid unangebracht und äußerste Härte geboten sei im Interesse des Fortbestandes des eigenen Volkes. Durch bestimmte allgemeine Vorschriften, extrem niedrige Rationen, kümmerliche sanitäre Einrichtungen und Übervölkerung wurden grundsätzlich Rahmenbedingungen geschaffen, die die Gefangenen zu primitivster, wenn nicht tierischer Lebensweise verurteilten. Diese mußte zu tödlicher Erschöpfung und Krankheit führen. Unter solchen Bedingungen hatten Lagerkommandanten und Wachpersonal aus ihren Gefangenen maximale Arbeitsleistungen herauszuholen und für militärische Disziplin zu sorgen, und jeder Tote war nach der diesem ganzen Strafsystem zugrundeliegenden Logik ein Feind weniger. All das war das Werk von Spitzenfunktionären in der Hierarchie der SS und der Polizei, die letztlich unter dem Befehl Himmlers und (bis zu seinem Tod im Jahre 1942) Heydrichs standen. Unter diesen Voraussetzungen und angesichts der ideologischen Rechtfertigung konnten sich an der »Front« selbst, beim Wachpersonal in den Lagern, leicht alle beim Menschen vorkommenden sadistischen Eigenschaften entfalten. Im Bewußtsein ihrer – auch beim niedrigsten Rang – absoluten Macht über ein minderwertiges Opfer begingen Bewacher unter dem Vorwand der Bestrafung für Ungehorsam alle denkbaren Mißhandlungen. Es setzte sich ein Umgang mit den Gefangenen durch, bei dem man bewußt auf die psychische Vernichtung des Opfers, auf seine Vernichtung als menschliches Wesen abzielte. War dies gelungen, bestätigte es dann wieder die Überzeugung, daß man es mit subhumanen Kreaturen, mit »Untermenschen« zu tun habe. Gleichsam zur Rechtfertigung und in Entsprechung zum eigenen System schuf die Lagerleitung aber überall eine Hierarchie unter den Gefangenen selbst. Man erdachte Ränge und Privilegien, die dann dem Rang des SS-Mannes als Spitze der Pyramide zusätzliche Würde verliehen. Hierbei zeigte sich die korrumpierende Wirkung der Macht. Oft imitierten die Privilegierten ihre Meister in Brutalität und Rücksichtslosigkeit. So herrschte in diesem absurden Universum eine ansteckende Antimoral der Gewalt, die auch die Opfer infizieren konnte. Natürlich lautete das erste Gebot: Überleben. Dies konnte letztlich sogar bedeuten, daß man nur noch daran dachte, den nächsten Tag oder auch nur die nächste Stunde zu erleben, zu welchem Preis und auf wessen Kosten auch immer. Es zeigte sich aber, daß perfekt organisierter Terror nicht nur seine Opfer korrumpieren, sondern auch Gegenkräfte wekken kann. In einigen Fällen bildete sich unter den Gefangenen ein Hilfsnetzwerk, mit dem Ziel, Schwache zu schützen und einen Mindeststandard von Menschlichkeit auch noch im innersten Kreis der Hölle zu bewahren. Privilegierte Gefangene nutzten ihre Position gegenüber den Herrschern des Lagers oft auch, um andere zu retten. All diese Aspekte, die ein ganz neues, vielfach gebrochenes Licht auf die menschliche Natur warfen, sollten erst im Laufe der Zeit in der unendlich vielgestaltigen Literatur der Überlebenden erkennbar werden.

Die Zustände waren nicht in allen Lagern gleich. Ebensowenig kann man alle Bewacher über einen Kamm scheren. Auch hier gab es in der Praxis Unterschiede, und nicht alle Wachleute zeigten sich permanent als Schinder, wenn sie natürlich auch nichts an den Grundbedingungen ändern konnten, die die Lager zu Stätten des Schreckens machten. Auf jeden Fall aber war Entmenschlichung bei ihrer Funktion unvermeidlich, und keine geringe Rolle spielte hierbei die soziale Kontrolle, da man der Härte einen hohen Wert beimaß. Menschlichkeit wurde als Weichlichkeit verurteilt – ein von der höchsten Spitze, Hitler selbst, bis zu den unteren Funktionärsrängen unaufhörlich gepredigtes Prinzip. Man setzte Hilfskräfte aus nahezu allen besetzten Ländern ein, zum Teil Freiwillige, die sich an Grausamkeit keineswegs von den Deutschen und Österreichern unterschieden und diese in manchen Fällen noch zu übertreffen versuchten, wie etwa Letten und Ukrainer beim Mord an Juden. Dieses ganze System wurde in der Praxis durch eine Mischung aus teuflischer Berechnung, sozialer Kontrolle und den materiellen Bedingungen bestimmt. Mit seiner strengen, militärisch-hierarchischen Ordnung beruhte es auf dem Prinzip der indirekten Verantwortung. Für die höchsten Autoritäten blieb alles ziemlich abstrakt, eine Sache von Zahlen. Hitler selbst hat niemals ein Lager gesehen, er besuchte ja nicht einmal eine bombardierte Stadt. Himmler unternahm eine einzige Inspektion, die ihm Übelkeit verursachte. Die Lagerkommandanten befanden sich auf einer Zwischenebene, allgemeinen Richtlinien und materiellen Bedingungen unterworfen, auf die sie nicht immer Einfluß hatten. Diejenigen, die unten die blutige und schmutzige Arbeit verrichteten oder von besonderen Gefangenen verrichten ließen, beriefen sich wiederum auf höheren Befehl. Die Ansporung zur Härte konnte in diesem System sehr leicht jede Form individueller Grausamkeit anfachen. Indem man sich auf Pflichtbewußtsein und Befehl berief, konnte man das Ausleben bestialischer Triebe kaschieren. Wer entsprechende Neigungen hatte, kam in diesem Gewerbe ganz von selbst voran. Andere paßten sich an, aus opportunistischen oder anderen Erwägungen (Freistellung von der Front). Es sind einzelne Fälle von Verweigerung aus Gewissensgründen bekannt. Ein großer Teil der Wachleute ist in dieses System hineingeraten, ohne daß sie vorher gewußt hätten, was genau ihre Aufgabe war. Bei vielen entwickelten sich ein gespaltenes Bewußtsein und zweierlei ethische Maßstäbe: Sie verrichteten ihr Büttelgeschäft unter Ausschaltung jeglichen Gefühls, als notwendigen, unerfreulichen Auftrag, eventuell noch mit einem gewissen Eifer, um Lob zu ernten. Außerhalb ihres ekelhaften Dienstes blieben sie korrekte Bürger. Das traditionelle deutsche, vor allem preußische Pflichtethos und die militärische Befehlsstruktur trugen dazu bei, daß man Pflichterfüllung als solche, unabhängig vom Inhalt und den moralischen Aspekten, als positive Eigenschaft würdigte. So besänftigte man das Gewissen; in diesem Denken stand Gebot gegen Gebot. Auch bei der Behandlung der Gefangenen gab es in der Regel Abstufungen, die festen Regeln folgten. Gewöhnliche Kriminelle erhielten in vielen Fällen Führungsposten. Die Juden zählte man als gefährlichste Feindrasse von Anfang an zur niedrigsten Kategorie.

5 Der Völkermord an den Juden

Die Ausschaltung der Juden aus dem kulturellen und wirtschaftlichen Leben Deutschlands hatte sich ab 1933 in mehreren Wellen vollzogen. Auf den ersten Boykott im April 1933, der mit Gewalttätigkeiten einherging – und im Ausland viel Aufregung verursachte –, folgte eine Periode, in der man immer neue administrative Anordnungen erließ, um die Ausschaltung zu verwirklichen; Höhepunkt waren die Nürnberger Gesetze von 1935. Gab es auch die üblichen antisemitischen Tiraden in der Propaganda und in vielen Reden der Naziführer, so machte man doch von diesen konkreten Maßnahmen wenig Aufhebens. Die Entfernung der Juden aus dem Kulturleben, die skrupellose Bereicherung auf Kosten von Juden, deren Betriebe, Läden, Büros und Verlage enteignet wurden, das Verbot von Zeitungen und Zeitschriften in jüdischem Besitz – all das zusammen war ein Prozeß von höchst bürokratischem Charakter, der sich über mehrere Jahre hinzog. Dies konnte sowohl der breiten Öffentlichkeit als auch vielen Juden Sand in die Augen streuen: Die schrittweise Legalisierung der Diskriminierung mit neuen Verordnungen und

Gesetzen, in traditionellem Beamtenjargon verfaßt, beruhigte das Gewissen vieler, und die Betroffenen klammerten sich gewöhnlich an die Hoffnung, daß die letzte Maßnahme auch die letzte bleiben werde. Das Vertrauen darauf, daß sich der deutsche Rechtsstaat nicht völlig liquidieren lassen werde, saß tief. Den meisten konnte das allmähliche Verschwinden der Juden aus allen wichtigen Sektoren der Gesellschaft zwar nicht entgehen, aber diese Frage wurde durch aufregende Ereignisse auf der internationalen Ebene immer wieder in den Hintergrund gedrängt. Indessen nahm die Emigration zu.

Trotz dieser Atmosphäre allmählicher Entrechtung war das große Pogrom vom 9. und 10. November 1938, wegen der gewaltigen Mengen von Scherben zynisch als »Reichskristallnacht« bezeichnet, noch überraschend gekommen. Anlaß war das Attentat des siebzehnjährigen Herschel Grynszpan auf einen deutschen Diplomaten in Paris. Er hatte seine Eltern rächen wollen, polnische Juden, die mit mehr als zehntausend Leidensgenossen von deutschen Behörden nach Polen ausgewiesen worden waren, denen Polen aber die Einreise verweigert hatte, so daß sie unter erbärmlichen Bedingungen tagelang im Niemandsland herumgeirrt waren. Mit Hitlers Einwilligung wurde Grynszpans unglückliche Tat vor allem von Goebbels – dem daran lag, seine durch allerlei Affären etwas geschwächte Position wieder zu verbessern – als Vorwand benutzt, um im ganzen Reichsgebiet (zu dem inzwischen auch Österreich und das Sudetenland gehörten) Terroraktionen gegen die Juden zu entfesseln. Mehr als zweihundert Synagogen wurden in Brand gesteckt, jüdische Läden und Warenhäuser zerstört und Tausende von jüdischen Männern mißhandelt, in Lager verschleppt oder erschlagen. Es war eine Gewaltorgie, die das Ausland schockierte, offenbar aber auch in Deutschland selbst bei einem Teil der Bevölkerung Niedergeschlagenheit auslöste, während andere offen ihrer Schadenfreude Ausdruck gaben. Gewiß betrachtete ein großer Teil der Bevölkerung die Ausschaltung der Juden, auch infolge der ununterbrochenen antisemitischen Agitation, als gerechtfertigt. Eine Aktion, zu der Brandstiftung und Gewalttätigkeit gehörten, widersprach aber dem für die Mehrheit zur zweiten Natur gewordenen Gefühl für Ordnung und Disziplin. Auf jeden Fall war sie ein deutliches Signal dafür, daß Juden nicht mehr sicher waren. Die Auswanderung nahm panikartige Formen an. Sie wurde jedoch dadurch erschwert, daß viele Länder Juden nur sehr widerwillig aufnahmen, wobei vor allem ökonomische, aber auch politische Motive und Antisemitismus im Spiel waren.

Für Hitler war die Vernichtung des Judentums von Anfang an unlösbar mit seiner vermeintlichen Sendung verbunden, eine Voraussetzung für Deutschlands künftige Größe. So war es nach seiner innersten Überzeugung nur logisch, sie als ein Kriegsziel zu betrachten, weil er in »Juda« den Urfeind hinter allen gegen Deutschland gerichteten feindlichen Kräften sah. Anfang 1939 hatte er in diesem Zusammenhang in einer Rede vor dem Reichstag noch einmal betont, daß ein künftiger Krieg das Ende der jüdischen Rasse in Europa bedeuten werde. Daß sich die Westmächte seiner Expansion widersetzten, schrieb die Propaganda wie alles Übel selbstverständlich jüdischem Einfluß zu, womit auch gleich die Frage nach der Kriegsschuld beantwortet war. Rein theoretisch konnte man Hitlers Drohung noch als metaphorische Äußerung verstehen in dem Sinne, daß er das Judentum als den politischen und sozialen Faktor vernichten wollte, der es in seinen Augen offenbar war, analog zur Vernichtung der bürgerlichen Klasse oder der Kulaken als Kategorie durch den Bolschewismus und Stalinismus. Was er androhte, hätte auch noch auf die Ausweisung aller Juden aus Deutschland oder Europa hinauslaufen können. Die Politik des Regimes wirkte etwas zwiespältig, da Hitler bei den zuständigen Instanzen und unter seinen Paladinen lange einen Wildwuchs unterschiedlicher Strategien duldete. Die Massenemigration wurde gefördert, gleichzeitig aber auch wieder durch zahlreiche Schikanen behindert, so daß nicht deutlich zu erkennen war, ob man die Juden nun loswerden oder nur gründlich ausnehmen wollte. Wiederholt hatte Berlin die Bildung einer jüdischen Kolonie, zum Beispiel auf Madagaskar, erwogen. Auch die Idee, Juden gegenüber dem Ausland, besonders Amerika, als Tauschobjekt zu benutzen, tauchte auf. Diese Doppeldeutigkeit – entweder wünschte man, vom biologistisch-rassistischen Standpunkt aus, die Austreibung, ja eine Ausmerzung der Juden, oder, vom praktisch-ökonomischen Standpunkt, vor allem ihre Ausbeutung – hat in der Geschichtsschreibung zu vielen Diskussionen und zu der Theorie geführt, Hitler selbst habe lange Zeit nicht gewußt, was er wollte. Angesichts seiner Laufbahn, seiner Methoden und seiner Denkweise, dieser Mischung von zielbewußtem und haßerfülltem Fanatismus und taktischer Wendigkeit, drängt sich aber die Schlußfolgerung auf, daß für ihn in dieser Grundfrage nur eine einzige Lösung annehmbar war, er aber die Entscheidung instinktiv vor sich her schob, bis es auch für ihn keine Alternativen mehr gab.

Der Krieg gegen den Bolschewismus und die Vernichtung des europäischen Judentums bildeten in seinen Augen eine Einheit, und der Krieg schuf die Situation, in der die radikale Ausführung des Plans möglich wurde. Außerdem zog die spektakuläre Kriegsgewalt im Vordergrund der Bühne erfreulicherweise alle Blicke auf sich und lenkte Öffentlichkeit und Ausland ab. Nachdem man in Polen schon 1939/40 Ghettos gebildet und mit der Exekution von Juden begonnen hatte, gingen im Sommer 1941 in der Sowjetunion Sonderkommandos (gewöhnlich SS-Einheiten und die »Einsatzgruppen« des »Sicherheitsdienstes« und der »Sicherheitspolizei«) zu Massenmorden gewaltigen Ausmaßes über. Es gibt deutliche Hinweise darauf, daß dies für Hitler die Einleitung zur völligen physischen Ausrottung der Juden war.[4] Sie paßte zur Idee der Rassenverbesserung und der Ausscheidung minderwertiger Arten.

Und hier lag auch der Zusammenhang mit der Liquidierung psychiatrischer Patienten, die als »nutzlose Esser« galten. Diese zum Zweck der Täuschung als »Euthanasieprogramm« bezeichnete Operation war ein Vorgeschmack auf die Vernichtung der Juden. Der entsprechende Befehl, der einzige vom Diktator je unterzeichnete, war nicht zufällig zu Beginn des Krieges erlassen worden.[5] Obwohl es sich um eine Geheimoperation handelte, erweckte der Tod so auffällig vieler Patienten bei den entsetzten Familien Argwohn. Als 1941 die Wahrheit durchsickerte, raffte sich der Münsteraner Bischof Galen zu einer ungewöhnlich offenen Protesterklärung auf, die große Aufregung verursachte. Die Aktion wurde formell abgebrochen. In dieser Angelegenheit konnte man keine Unruhe und keinen kirchlichen Widerstand gebrauchen. Aber in aller Stille machte man weiter. Die Gesamtzahl der Opfer lag am Ende zwischen siebzig- und hunderttausend.[6]

Im Herbst 1941, als man in Rußland schon den größten Teil der Juden in Massenexekutionen ermordet hatte, begannen die Deportationen aus Deutschland und später aus den besetzten Gebieten in Lager in Tschechien, Polen und dem Baltikum. Das Programm der vollständigen Ausrottung wurde im Januar 1942 auf der von Heydrich geleiteten Wannsee-Konferenz festgelegt. Millionen, denen man vorspiegelte, sie würden in Arbeitslager oder Ghettos gebracht, wurden aus den Ländern, in denen inzwischen die Hakenkreuzfahne wehte, zumeist in Viehwaggons unter erbärmlichen Bedingungen in den Osten deportiert. Ein Teil wurde zunächst als Arbeitssklaven eingesetzt. Die Schwächeren kamen gewöhnlich nach rascher Selektion direkt in die Gaskammern. Seit Ende 1941 waren die Organisatoren des Massenmordes auf Tötung mittels Giftgas als effizienterer und diskreterer Mordmethode umgestiegen. Auch hier hat es sich als schwierig erwiesen, die Zahl der Ermordeten exakt zu berechnen, aber die meisten Schätzungen kommen auf ungefähr sechs Millionen.

Außer als Arbeitssklaven wurden Deportierte auch als Objekte medizinischer Experimente benutzt. Man setzte sie extremen Temperaturen aus oder gab ihnen Injektionen, die Krankheit oder Entstellungen verursachten. So hatten einige der Todesstätten ihr Laboratorium für Menschenversuche, bei denen Ärzte sorgfältig die Folgen ihrer Eingriffe registrierten. Die Industrie, wie etwa der Chemiegigant I. G. Farben, wurde nicht nur eingeschaltet, um das Heer billiger Arbeitssklaven zu nutzen, sondern auch, um soweit möglich aus den täglich anfallenden Leichenbergen Profit zu schlagen. Man verarbeitete Knochen, Menschenhaar, Haut und Fett zu Gebrauchsartikeln wie Seife. Alle Besitztümer der Ermordeten, Gold und andere wertvolle Gegenstände, wurden eingezogen. Himmler und die SS-Führung wollten aus diesem Imperium der Lager zugleich eine Art anthropologisches Versuchsfeld und einen mehr oder weniger autarken Staat im Staate machen, als erste Verwirklichung des künftigen Reiches, dessen Grundlage die Selektion, die rigorose Trennung von höher- und minderwertigen Rassen bilden sollte. Daß dazu die Degradierung der niedrigsten zu tierischem Material und Gebrauchsgütern für die höchste Rasse gehörte, zeigten sowohl der Einsatz der Gaskammern als neues Vernichtungsmittel als auch die Verarbeitung von Körperteilen, die aus dem Massenmord eine Form von industrialisiertem Kannibalismus machte.

Die Verbindung von Mordgier und Experimentierdrang brachte etwas Neues zutage: heimliche Neugier auf die Macht des Bösen, ihre Reichweite und ihre Möglichkeiten im Zeitalter des modernen, technischen Menschen. Hierdurch unterschieden sich diese Massenmorde von anderen in der Geschichte, auch von denen anderer Diktaturen, bei denen es nur darum ging, Menschen aus dem Weg zu räumen. Diese auf das Äußerste gerichtete Neugier konnte sich durchaus mit einer auf den Kopf gestellten Moral und einem perversen Idealismus tarnen; die obersten Verantwortlichen führten dann sich und ihren Untergebenen vor Augen, all dies sei notwendig für Deutschland – mehr noch: für die Verbesserung der menschlichen Art. Bezeichnend ist in diesem Zusammenhang Himmlers Aussage, die SS vollbringe mit der Ausrottung der Juden ein schweres, aber großes Werk, das die Welt nicht begreifen werde, aber gerade darin liege ihr unvergänglicher Ruhm.[7] Hier handelt es sich offenkundig um die larmoyante Travestie eines bekannten religiösen Topos: Das Licht scheint in der Finsternis, aber die Finsternis hat es nicht begriffen. Es sei wichtig, stellte der SS-Führer fest, bei dieser unangenehmen Arbeit anständig geblieben zu sein. Es gibt keinen Grund zu bezweifeln, daß er und viele seiner Untergebenen dies ernst meinten, was keineswegs ausschließt, daß er sich auf einer tieferen Ebene der Infamie seiner Taten bewußt war. Aber das Bewußtsein, in einem bestimmten Augenblick die absolute Macht zu besitzen, wirkt narkotisierend. Dies galt auch für die beteiligten Industriellen und Mediziner. Die Legitimation, die die SS in der Idee eines künftigen rassereinen Imperiums fand, lag für die Unternehmensführer in effizienter, billiger Kriegsproduktion und für die Mediziner in der Wissenschaft.

Als die Rote Armee sich näherte, wurden die Lager schnell geräumt, Spuren hastig verwischt und die noch lebenden Insassen in mörderischen Fußmärschen Richtung Westen getrieben; auch hierbei kam wieder ein großer Teil durch Erschöpfung ums Leben oder wurde umgebracht. Das ganze Ausrottungsprogramm war geheim. Hitler als Urheber beschränkte sich darauf, mündlich den allgemeinen Auftrag zu erteilen. Er und die Zuständigen unter ihm wollten offenbar keine Aufregung in der Bevölkerung riskieren, die sie noch nicht für reif genug hielten, und fürchteten die Reaktionen der Welt und den Nutzen, den die Propaganda ihrer Gegner daraus schlagen würde; ein offenkundiger Beweis dafür, daß sie sich der Ungeheuerlichkeit ihres Ausrottungsprojekts voll bewußt waren. Außerdem durften die Opfer nicht gewarnt werden. Ihre Täuschung war eine wichtige Voraussetzung für den erfolgreichen Verlauf des Programms, denn in allen besetzten Ländern mußten die Juden verhaftet und für die Deportationen zusammengezogen werden. Angesichts dessen stellte sich nach dem Zusammenbruch des Dritten Reiches die Frage, wie geheim der Millionenmord wirklich hatte bleiben können.

6 – Mittäter und Mitwisser

Bei der Frage, wer von der Judenvernichtung gewußt hat, stößt man auf einige Schwierigkeiten. Wegen der beachtlichen Zahl der unmittelbar an der Vernichtung Beteiligten war es unvermeidlich, daß ab und zu etwas durchsickerte. Der bürokratische Apparat bediente sich zwar konsequent eines Verschleierungsjargons, mit dem Begriff »Endlösung« als Krönung, aber den meisten SS-Leuten höherer Ränge war klar, wie diese »Lösung« aussah. Manche drängte es in vertraulichen Briefen oder Gesprächen zu einer Andeutung, wobei Gewissensnot oder aber Stolz auf die eigene Härte ein Grund sein konnte. Bei den Vergasungen kam man mit einer Handvoll SS-Leuten aus, die alles, was mit der Beseitigung der Leichen zusammenhing, von Gefangenen erledigen ließen. Bei den Massenexekutionen war das anders. Alles in allem muß man mit einigen tausend Tätern und Augenzeugen rechnen (nicht nur Deutschen). Außerdem gab es all die Tausende im SS- und Gestapo-Apparat, die zumindest vermuteten, was der Endzweck der Deportationen war. Allerdings kannten nur die Organisatoren an der Spitze das gesamte Programm, und nur sie konnten seinen Umfang überblicken. Was genau außerhalb des Kreises der verantwortlichen Instanzen und Mordkommandos an dunklen Gerüchten in Umlauf war, ist kaum zu ermitteln. Aus drei Gründen ist es dennoch wahrscheinlich, daß ein hoher Anteil der Bevölkerung (wie hoch er war, bleibt ungewiß) nicht wußte, was geschah: Erstens gab es in offiziellen Verlautbarungen höchstens Andeutungen über Ghettos im Osten als Ziel der Deportationen, und von den Deportationen selbst lenkte man soweit wie möglich ab, wenn sie der Öffentlichkeit natürlich auch nicht ganz verborgen bleiben konnten. Bis sich die Niederlage deutlich abzeichnete, mißtraute nur eine Minderheit mit kritischer Einstellung grundsätzlich der offiziellen Berichterstattung. Zweitens gehörten Bombenangriffe und Gefallene zur alltäglichen Kriegsrealität, davon waren alle unmittelbar betroffen, und angesichts dieser Gewöhnung an Tod und Verderben war man, auch unter dem Einfluß der Haßpropaganda, nicht sensibel für das Los der Juden und nicht sehr daran interessiert, was genau mit ihnen geschah. Drittens hatte dieses geringe Interesse einen weiteren Grund in der allgemeinen Neigung, Schlimmes zu ignorieren. Man weiß dann eben nicht alles, was man wissen kann.

Auch in anderen Ländern wußte man nicht genau, was der Endzweck der Deportationen war, und dies galt nicht zuletzt für viele der Juden selbst. Allerdings waren sie sich darüber im klaren, daß sie ein hartes Schicksal erwartete, und viele versuchten unterzutauchen. Die nichtjüdische Bevölkerung reagierte ganz unterschiedlich. Außer denen, die Mitgefühl empfanden und zu helfen versuchten, gab es die Verräter, und die Mehrheit blieb passiv, mit den eigenen Sorgen beschäftigt. Die Zahl der Überlebenden ist von Land zu Land sehr verschieden, je nach den Möglichkeiten der Flucht oder des Untertauchens, aber auch abhängig davon, wie weit sich die eigenen Behörden den Forderungen der Deutschen anpaßten. In manchen Fällen haben sie bei der Jagd auf Juden und bei den Deportationen mitgewirkt. Nicht immer war Antisemitismus der Grund. Eine legalistische Einstellung (wie in den Niederlanden), Gleichgültigkeit und Naivität spielten eine ebenso große Rolle. Wo es eine Tradition des Ungehorsams gegenüber den feindlichen Autoritäten gab (wie in Belgien oder Frankreich), war die Hilfe für die Verfolgten wirksamer. Auch die Besatzungspolitik war nicht überall die gleiche. Das französische Vichy-Regime gab sich alle Mühe, obwohl es formell unabhängig war, nicht hinter den Maßnahmen der Besatzer zurückzustehen. In Italien und Dänemark konnte der größte Teil der Juden gerettet werden. In den Niederlanden nicht, obwohl es dort viel weniger Antisemiten gab als in anderen Ländern, zum Beispiel Frankreich.

Eine besondere, die ganze Operation mit einem bürokratischen Schleier umgebende Täuschungstaktik schlugen die Verfolger mit der Gründung von sogenannten Judenräten ein. Zu Mitgliedern ernannten sie Personen, die sie als maßgebliche Führer und Vertreter der Juden ansahen. Ihr Antisemitismus beruhte nämlich auf der Grundüberzeugung, daß die Juden als besondere Rasse auch ein besonderes, zusammenhängendes Volk bildeten, ungeachtet aller Unterschiede zwischen Gläubigen und Ungläubigen, Zionisten und Assimilierten und den verschiedenen Nationalitäten, Unterschieden, die der Lehre zufolge nur die tiefere, feste Einheit des ewig feindlichen »Juda« verdeckten – anders konnte es ihrer Vorstellung nach gar nicht sein. Die Räte dienten als Mittlerinstanzen zwischen den Autoritäten und der jüdischen Bevölkerung. Man machte sie zu Werkzeugen, betraute sie mit der Registrierung und mit der Organisation der Deportationen. So verrichteten die Judenräte einen Teil der Vorbereitungsarbeit und bürgten zugleich für einen reibungslosen Ablauf. Auf die Opfer konnte ihre scheinbar vermittelnde Position beruhigend wirken.

Diese Funktion haben die Räte überall erfüllt, zum größten Teil den Absichten der Naziinstanzen entsprechend. Sie beteiligten sich an der gesamten Organisation, sie trugen dazu bei, daß die Unglücklichen zusammengezogen werden konnten und sich ruhig verhielten. Man rebellierte nicht. Das hat vor allem später, als der Zweck der Deportationen bekanntgeworden war, scharfe Kritik ausgelöst, vor allem natürlich von seiten der Juden und Israels: Dank der Räte hätten sich die Juden wie gefügige Schafe zur Schlachtbank führen lassen. Die Philosophin Hannah Arendt sollte die Judenräte zwei Jahrzehnte später der Kollaboration beschuldigen.[8] Ohne die Räte wäre nach ihrer Ansicht die Zahl der Ermordeten erheblich niedriger gewesen. Die Kritik ist naheliegend. Das Bild von Lämmern, die ihrem Schlächter noch die Hand mit dem blutigen Messer lecken, drängt sich auf. Außerdem ist die Beschuldigung nicht zu widerlegen, die Mitglieder der Räte hätten sich, in einigen Fällen zumindest, auf Kosten der anderen den Deportationen zu entziehen versucht. Auf jeden Fall bedeutete ihre Arbeit als Hilfskraft für sie selbst einen Aufschub. Hier ist allerdings zweierlei zu bedenken. Erstens war das Judentum aufgrund der weitgehenden kulturellen Assimilierung und Zersplitterung keine Einheit, die man hätte mobilisieren können, um mit einer gewissen Erfolgsaussicht Widerstand zu leisten. Nicht von ungefähr kam es erst 1943 zu einer solchen Widerstandsaktion im Warschauer Ghetto, wo eine solche Einheit, eine Einheit der Verzweiflung, von den Verfolgern zustande gebracht worden war. Außerdem lebte in Osteuropa noch ein Judentum mit ausgeprägtem Bewußtsein eigener Identität, und hierauf beruhte die Bereitschaft zur Rebellion. Anderswo gab es nur die Wahl zwischen Gehorsam und Sabotage. Alternativen hatte man nicht. Was die Juden nach offizieller Sprachregelung erwartete (Konzentration in Ghettos und Arbeitslagern), konnte man immer noch für wahrscheinlicher halten als direkte, massenhafte Vernichtung, trotz allem, was man schon erlebt hatte. Ging man von diesem verhängnisvollen Irrtum aus, konnte Zusammenarbeit als das kleinere Übel erscheinen, während Verweigerung als Widerstandshandlung ausgelegt worden wäre mit schlimmen Folgen für die Beteiligten und für den Rest. Sie hätte den Verfolgern eine Rechtfertigung für gnadenlose Repressalien gegeben. Zweitens hoffte man dadurch, daß man selbst die Organisation in die Hand nahm, brutales Vorgehen der SS und der Polizei zu verhindern. Daß hierbei Selbstbetrug, der Selbsterhaltungstrieb und Eitelkeit im Spiel waren, liegt auf der Hand, aber angesichts der Zwangslage, in der sich alle Juden befanden, kann man dies nicht mit sonstiger Kollaboration auf eine Stufe stellen. In vielen Fällen beruhte das Handeln der Räte auf illusionären Vorstellungen, falscher Hoffnung (auf ein schnelles Ende des Krieges), Angst und Eigennutz, die sich bei Menschen in lebensgefährlichen Situationen unentwirrbar verflechten können; sie handelten nicht als freiwillige Hilfskräfte bei einer Vernichtungsaktion, die damals noch außerhalb des Vorstellbaren lag. Im übrigen blieben sie selbst am Ende auch nicht verschont. Daß sie ihren Verfolgern die Arbeit erleichtert haben, daß sie zur Täuschung beitrugen und damit vielleicht auch zu einer Erhöhung der Opferzahl, ist wahr, ebenso wahr ist aber, daß sie dies in den meisten Fällen nicht erkannten. Man muß zwischen ihrer – objektiv betrachtet – unheilvollen Rolle und ihrer subjektiven Schuld unterscheiden. Wegen des fortdauernden Schweigens aller deportierten Juden müssen sie die grauenhafte Wahrheit allmählich erkannt haben. Da war es zu spät. Die These, bei einer Weigerung der Räte, die ihnen zugedachte Rolle zu spielen, hätte die Katastrophe nicht dieses Ausmaß erreicht, bleibt Spekulation. Wenn man annimmt, jeder habe von Anfang an gewußt, daß auf die Deportierten die Gaskammern warteten, kann man die Mitglieder der Räte nur als Henkersknechte bezeichnen. Da dies aber nicht der Fall war, da sie noch glauben konnten, daß die Bedingungen in den Lagern zwar hart, aber nicht unbedingt mörderisch sein würden, konnten sie hoffen, den Deportierten durch Mitarbeit ihr Los zu erleichtern. Deshalb muß man die Räte in erster Linie als Opfer ihrer illusionären Vorstellungen und ihrer Zwangslage ansehen. Da aber bei jedem einzelnen der Knäuel aus bewußten und unbewußten Motiven nicht zu entwirren ist, greift hier jedes verallgemeinernde Urteil zu kurz.

Seit dem Sommer 1941 erreichten Berichte über Massenexekutionen und später über die Vergasungen auch die Alliierten. Sie erreichten auch den Vatikan, die höchste moralische Autorität für die Millionen Katholiken in der ganzen Welt. Die Informationen stammten von Widerstandsorganisationen, die im Untergrund arbeiteten, und von einzelnen Menschen, die der Hölle entkommen waren. Aber erkennbare Reaktionen blieben aus. Weder die Regierungen noch Papst Pius XII. nahmen die Berichte zum Anlaß für irgendwelche Aktionen oder Äußerungen. Man gab keine entsprechenden Informationen an die Massenmedien, benutzte sie nicht für die Kriegspropaganda als zusätzliches Argument für die Vernichtung des Nationalsozialismus, nicht als Warnung für die Juden oder als Anlaß, Deutschland mit Repressalien zu drohen. Die katholische Kirche protestierte nicht, wie es bei der Tötung von psychisch Kranken und Behinderten geschehen war. Die Lager und Vernichtungsstätten wurden nicht bombardiert. Aber auch jüdische oder zionistische Institutionen, die ebenfalls über Informationen verfügten, schlugen nicht Alarm.

Erst viel später hat dieses Schweigen Fragen aufgeworfen, und das späte Erstaunen wirft selbst wieder neue Fragen auf. Warum wurde kaum reagiert, und warum fand man es offenbar jahrzehntelang nicht merkwürdig, daß kaum reagiert worden war? Die zweite Frage gehört zum Problem der Auseinandersetzung mit dem Krieg und damit in die Nachkriegsperiode, in der diese Auseinandersetzung und die Erinnerung Teil der Kultur wurden. Hier ist die erste Frage von Bedeutung. Eine einfache und befriedigende Erklärung ist nicht möglich. Wir müssen uns mit einigen Fakten und Vermutungen behelfen, die das Schweigen zum Teil erklären können. Erstens begünstigt jeder Krieg die Entstehung von Gerüchten und Sensationsgeschichten, so daß bei den Führungsinstanzen die Skepsis wächst. Die Ungeheuerlichkeit der Berichte konnte leicht dazu führen, daß man an ihrer Glaubwürdigkeit zweifelte. Diese Reaktion entsprach derjenigen bei der Bevölkerung in Deutschland und in besetztem Gebiet. Zweitens erinnerte man sich an die ungezügelte Kriegspropaganda des Ersten Weltkriegs, und man wollte sich nicht erneut blamieren. Dies kann auch im Zusammenhang mit dem dritten Faktor eine Rolle gespielt haben: Die Empfänger der Berichte (das waren nicht die höchsten Instanzen selbst) haben nicht alles weitergegeben. Als vierter Faktor kamen noch antisemitische Einstellungen innerhalb der Bürokratie hinzu, die wiederum zum Teil mit einem fünften Problem zu tun hatten, nämlich den politischen und wirtschaftlichen Folgen jüdischer Masseneinmigration im Nahen Osten und den Schwierigkeiten, die diese den Briten bereiten konnten. Informationen über die Geschehnisse an die Öffentlichkeit zu geben, hätte für die Alliierten bedeutet, sich zusätzliche moralische Verpflichtungen und politische Probleme aufzuhalsen. So trennte man das Thema Juden lieber von den nationalen und allgemeinen Kriegszielen ab, auch um den Eindruck zu vermeiden, man werde von einem »internationalen Judentum« an der Leine gehalten, wie die Nazipropaganda ständig verkündete. Es ist denkbar, daß diese Gesichtspunkte auch bei der rein militärischen Strategie eine Rolle gespielt haben, so daß man das Bombardieren von Lagern nicht für angebracht hielt. Außerdem spricht vieles dafür, daß man aus diplomatischen Gründen auch auf jüdischer Seite Zurückhaltung üben wollte. Von der Sowjetunion wurde das Phänomen Judentum als solches aus ideologischen Gründen grundsätzlich ignoriert. Man kannte nur Opfer des Faschismus. So blieb es auf seiten der Gegner Hitlers bei einzelnen Rundfunkberichten über Vergasungen und Exekutionen, ansonsten beließ man es bei allgemeinen Andeutungen über Greueltaten und nannte Juden nur beiläufig als eine der betroffenen Gruppen.

Für das Schweigen des Papstes und der Kirche waren zwei Faktoren bestimmend: die alte Angst, Katholiken – vor allem die deutschen – in einen Loyalitätskonflikt zu bringen, und der Antikommunismus. Deshalb wollte Pius XII. einen Konflikt mit Hitler während dessen sogenanntem Kreuzzug gegen den Bolschewismus vermeiden. Das geistige Klima, das der jahrhundertealte Antijudaismus der Kirche geschaffen hatte, war keine günstige Voraussetzung für eine Intervention der Kurie; wegen der Juden wollte man sich nicht unbedingt in Schwierigkeiten bringen. Hilfe und Proteste kamen allerdings von einzelnen Priestern. Überall spielten somit als Gründe für Schweigen und Untätigkeit die Unzulänglichkeit der Information, Unglauben und unterschiedlichste Interessen eine Rolle, und all das in enger Verflechtung.

7 Der Krieg im allgemeinen Erleben

Viel mehr noch als der Erste Weltkrieg drang dieser Krieg in das private Leben der Menschen ein. Europa wurde bis auf ein paar neutrale Staaten – Schweden, die Schweiz, Spanien und Portugal – in kriegführende und besetzte Länder gespalten. Die Gefahr aus der Luft machte theoretisch jeden Ort unsicher, im Wirklichkeit galt dies aber vor allem für die Großstädte und die wichtigen Verkehrsverbindungen. Und massiven Bombenangriffen waren auf die Dauer nur England und Deutschland ausgesetzt. Auf dem Land, in den Dörfern, ging das normale Leben häufig noch unverändert weiter, und es gab sogar Regionen, die vom Krieg bis zum Schluß nicht berührt wurden. Zwischen Stadt- und Landbevölkerung entstand vor allem in den letzten Kriegsjahren dort, wo Mangel und Hunger zuschlugen, eine tiefe Kluft. Allerdings veränderten Flüchtlinge und Evakuierte aus den Städten auch das Gesicht so mancher ländlichen Region.

Daß der Krieg im Leben von Millionen noch viel gegenwärtiger war als in den Jahren 1914 bis 1918, hatte, abgesehen von seinem größeren Umfang, auch mit dem Rundfunk zu tun. Schon in den dreißiger Jahren hatte dieses Medium mehr als irgend etwas anderes dazu beigetragen, daß man sich nun allgemein mit dem Weltgeschehen beschäftigte, da das Radio jedem die täglichen Ereignisse frisch ins Haus brachte. Das gesprochene Wort erreichte die Menschen schneller als das geschriebene, auf direktem Weg. Auch das Aufkommen der Wochenschau im Kino hatte Anteil an dieser Entwicklung.

Dank Bild und Ton war die Politik auf eindringlichere Weise und gewissermaßen körperlich präsent, und all dies erhöhte wiederum das Tempo der Entscheidungen. Es waren die Diktaturen, die als erste den unschätzbaren propagandistischen Wert von Rundfunk und Film erkannt und beide vollständig in den Dienst ihres Manipulationsapparats und somit ihrer Macht gestellt hatten. Was Lenin und Mussolini begonnen hatten, sollte Hitler dank des Rundfunks vervollkommnen. Natürlich erhöhte der Krieg die Bedeutung von Rundfunk und Film für die Meinungsbildung in der Öffentlichkeit und für die Moral, und das erste, was das deutsche Regime überall einführte, wo es die Macht bekam, war eine strenge Zensur einschließlich des Verbots, »Feindsender« zu hören. Hierzu gehörten in den besetzten Gebieten auch die Sender der aus dem Land vertriebenen Regierungen, die zum größten Teil in England Zuflucht gefunden hatten. So entwickelte sich im Äther ein Schattengefecht mit Störtechniken, die einen klaren Empfang verhinderten. Dennoch war Kontrolle hier viel schwieriger als bei der Presse. Für die feindliche Bevölkerung bestimmte Sendungen waren ein fester Bestandteil der Propaganda. Die schnelle Nachrichtenübermittlung hat jedoch nicht verhindern können, daß ständig Gerüchte in Umlauf kamen. In Augenblikken gespannter Erwartung erreichte die Flut der Gerüchte gewöhnlich einen Höchststand. Dann konnten Wunschdenken oder Panik leicht jede klare Überlegung ausschalten, und ein höheres Bildungsniveau schützte keineswegs immer vor Leichtgläubigkeit. In den unterworfenen Ländern führten Zensur und Nazipropaganda zwangsläufig dazu, daß die gewöhnlich deutschfeindliche Bevölkerung dem gedruckten Wort nicht glaubte und deshalb auch zu Spekulationen neigte. Anders als 1914 fehlte zu Beginn des Zweiten Weltkriegs der nationalistische Rausch, aber in dem Maße, wie der Krieg sich ausweitete, verstärkte sich die Polarisierung wieder, allerdings nicht so sehr im Sinne eines Kampfes »Vaterland gegen Vaterland«, eher stand sie im Zeichen des Gegensatzes von Diktatur und Demokratie. Freilich fehlte auch hier nicht eine Beimischung von nationalem Empfinden; das eigene Land stand auch jetzt selbstverständlich mit dem Guten im Bunde. Aber es hatte sich doch eine Verschiebung vollzogen: Immer mehr stellte man offiziell die Eigenart der Gesellschaft und ihre Werte als das in den Vordergrund, worum es in diesem Kampf eigentlich ging. Und dieser Kampf für oder gegen jene neue Ordnung, die auf Selektion und Hierarchisierung nach dem Rassenprinzip beruhte, wurde immer mehr zur moralischen und ideellen Rechtfertigung des Konflikts. In Presse und Rundfunk wurde der Feind von der Propaganda zum Teil in einer Weise beschuldigt und beschimpft, die noch übertraf, was man aus dem Ersten Weltkrieg gewöhnt war.

Allerdings muß man hier auf einen wichtigen Unterschied hinweisen. Hitlers Regime und seine Doktrin waren eine beispiellose Provokation, ein Frontalangriff auf die humanen und moralischen Prinzipien, von denen die Kultur durchtränkt und geformt war. Die nationalsozialistische Antimoral, die Gewalt im Namen der höherstehenden Herrenrasse ausdrücklich rechtfertigte, war für jenes andere Gesicht des Krieges verantwortlich, das der Erste Weltkrieg nicht gezeigt hatte. Die Alliierten, die das Nazireich bekämpften, verteidigten deshalb außer ihren nationalen Interessen tatsächlich universale Werte, viel mehr als irgend jemand zwischen 1914 und 1918. Nicht, daß sie durch die Radikalisierung des Kampfes nicht auch infiziert worden wären. Auch bei ihnen kam es zu einer allgemeinen moralischen Verhärtung und einer Senkung der Gewaltschwelle. Wie immer in einem existentiellen und blutigen Konflikt gaben zwangsläufig die skrupellosen und brutalen Methoden die Richtung vor. Aber angesichts des Terrors der Nazidiktatur und ihrer Massenmorde kann man die alliierte Kriegspropaganda schwerlich der Verfälschung oder der Dämonisierung des Feindes bezichtigen. Diesmal übertraf die Wirklichkeit auch noch die schwersten Beschuldigungen und Verdächtigungen.

Das spätere Bild des Krieges und die späteren Versuche der Auseinandersetzung mit dem Krieg in der Literatur, Geschichtsschreibung und den Künsten weichen wie immer vom unmittelbaren Erleben in einer noch unabgeschlossenen Gegenwart ab. Da unsere direkten Reaktionen auf das aktuelle Geschehen durch unser erstarrtes Bild der Vergangenheit bestimmt sind, hat der Krieg die Kultur erst im nachhinein tief geprägt. Denn während er noch andauerte als unüberschaubares Geschehen mit offenem Ende und unbekannten Folgen, schützte man sich mit einem Abwehrsystem von gängigen Begriffen und historischen Mustern, in die man ihn einzufügen versuchte. Daß es sich als unmöglich erwies, den Ersten Weltkrieg in traditionelle, vertraute Schemata einzuordnen, war das, was nach 1914 die besonders sensiblen und wachen Gemüter so erschüttert hatte. Während des Zweiten Weltkriegs war es auch nicht so, daß die Künste, die Literatur und der Film von Anfang an weitgehend vom Krieg beherrscht gewesen wären. Man stellte die Uhren nicht sofort um.

Natürlich führte der Kriegszustand äußerlich zu drastischen Einschränkungen auf allen Gebieten, auch bei Theater, Konzertleben und Kabarett. Männer verschwanden in der Armee oder in den Fabriken, und wieder mußten Frauen sie ersetzen. Gebäude wurden geschlossen, beschlagnahmt oder zerstört. Die obligatorische Verdunklung (wegen der Luftangriffe) hüllte schließlich sogar jahrelang den größten Teil des Kontinents, kriegführende und besetzte Länder, nach Sonnenuntergang in Dunkelheit. Der Krieg war nicht nur im übertragenen, sondern auch im wörtlichen Sinne eine dunkle Zeit. Für den Kultur- und Vergnügungsbetrieb hatte dies selbstverständlich weitreichende Konsequenzen. Hier kam es teilweise zu einem Stillstand, während in einigen Ländern und Städten Vergnügungsstätten noch lange florierten. Die Regierungen, auch die Diktaturen, erkannten die psychologische Bedeutung der Künste und vor allem der Unterhaltung für die Moral der Bevölkerung. Hier sprangen nun Rundfunk und Film in die Bresche; sie wurden unentbehrlich. Mit einer Handvoll Künstler konnte man Millionen unterhalten, an der Front so gut wie in den Städten. Während der internationale Verkehr und der kulturelle Austausch zum Erliegen kamen und vor allem zwischen Kontinentaleuropa einerseits und Großbritannien und den überseeischen Gebieten andererseits unüberwindliche Barrieren entstanden, weckten die Einschränkungen bei der jeweiligen Bevölkerung ein Gefühl engerer Zusammengehörigkeit. Natürlich wurde dies wesentlich durch das gemeinsame Feinbild begünstigt – entweder das des deutschen Aggressors oder das von Deutschlands Gegnern.

Nie waren Kunst und Unterhaltung, die ernsteren und die leichteren Musen, so kostbar wie unter diesen bedrückenden Umständen: als Rettungsanker, Wegweiser, Zuflucht, Schlupfwinkel, Betäubungsmittel oder geistige Nahrung. In ihrer Sehnsucht nach unveränderlichen Werten, an die sie sich in der stürmischen Gegenwart klammern konnten, waren Menschen für die großen Werke der klassischen Kunst, der Musik, des Theaters, der Literatur empfänglicher als je zuvor, zumal die Museen ihre Kostbarkeiten gewöhnlich in Luftschutzkellern aufbewahren mußten. Wegen der Einschränkungen war das Interesse an Konzerten und Theatervorstellungen besonders groß. Dieser zunehmende Kulturhunger wurde durch den materiellen Mangel, selbst durch den leiblichen Hunger, keineswegs zum Verschwinden gebracht. Aber genauso unentbehrlich, vor allem für die breite Masse, war die populäre Kunst. Kabarett und Varieté hatten schwer darunter zu leiden, daß die Menschen viel weniger ausgehen konnten. Um so mehr sorgten deshalb Rundfunk und Film für Vergnügen und Ablenkung.

Trotz der unendlichen Vielfalt individueller Erfahrungen gab es einen grundsätzlichen Unterschied zwischen der Art, wie man den Krieg in Großbritannien erlebte, das keine fremde Okkupation mit entsprechend drastischem Eingriff in die eigene Gesellschaft und ihre Traditionen kannte, und den Erfahrungen der Bevölkerung auf dem besetzten Festland. Und auf dem Kontinent wiederum gab es ganz allgemein einen Unterschied zwischen dem Krieg, wie man ihn in den besetzten Ländern erlebte, und den Kriegserfahrungen in Deutschland und bei seinen Verbündeten. Obwohl sich die deutsche Besatzungsmacht überall auf Faschisten, Sympathisanten oder Opportunisten in verschiedenen Schichten der einheimischen Bevölkerung stützen konnte, war die große Mehrheit in ihrem Herzen entschieden deutschfeindlich und hoffte auf die Niederlage Deutschlands. Je deutlicher sich diese abzuzeichnen begann, desto stärker nahmen auch überall Widerstand und Sabotage zu. Das hatte härtere Unterdrückung und erbarmungslose Repressalien zur Folge, die dann nach dem ehernen Gesetz der Gewalt den Widerstand weiter verstärkten und den Haß schürten. Trotz aller Unterschiede zwischen den so gegensätzlichen Ländern und Bedingungen war dieses Muster überall anzutreffen. Obwohl die Mehrheit den Krieg einfach nur zu überstehen versuchte, so gut es eben ging, und sich lieber nicht an gefährlichen Aktionen beteiligte, verschärfte sich doch der Gegensatz zu denen, die offen mit dem Besatzer zusammenarbeiteten oder sympathisierten, zu erbitterter Feindschaft, die sich nach Kriegsende allgemein in rascher Aburteilung der Schuldigen und in Racheaktionen entladen sollte.

Künste und Unterhaltung boten auf jeden Fall ein Refugium, das nie völlig von Krieg und Politik beherrscht wurde. So war das Leben in der Kriegszeit auch nicht nur ein einziges Chaos und Elend. Eine solche Vorstellung verzerrt eine Wirklichkeit, die unendlich viel farbiger und reicher an Nuancen war – ein Umstand, dem man nach Kriegsende in der Literatur und allgemein in der Auseinandersetzung mit dem Krieg vor allem zu Beginn nicht gerecht wurde.

Die Filmproduktion, die für das Dritte Reich von Anfang an als Teil des Indoktrinationsapparats von größter Bedeutung war, wurde fast bis zum bitteren Ende aufrechterhalten und gefördert. Der deutsche Kultur- und Propagandaminister Goebbels erkannte sehr deutlich die Wichtigkeit der

Unterhaltung im weitesten Sinn als Beitrag zu einer zufriedenen Grundstimmung. Schon 1933 hatte er den deutschen Filmleuten gesagt, daß ein gewisses Maß an Bewegungsfreiheit erhalten bleiben solle, da man nicht gut von früh bis spät nur »in Gesinnung machen« könne.[9] Der unpolitische und inhaltlich anspruchslose Unterhaltungsfilm war in den dreißiger Jahren unter der Diktatur das bevorzugte Mittel der Ablenkung. Die fröhliche Energie des Songs oder Schlagers mit seinen anspruchslosen Texten und beschwingten oder sentimentalen Melodien konnte für Augenblicke allen Zwang oder Kummer vergessen machen. Er bedeutete für Millionen an der Front und hinter der Front, zwischen Bombensplittern und Feuern ein kurzes Aufatmen, er verwies auf eine heile Welt und die Sehnsüchte und Empfindungen der gewöhnlichen Sterblichen, zeitlos in ihrer Banalität. Natürlich setzte das Regime dabei seine kulturpolitischen Grundsätze durch: Jazz und alle Klänge oder Texte, die nicht mit den völkisch-germanischen Normen und den als wahrhaft deutsch gepriesenen Tugenden zu vereinbaren waren, wurden eliminiert. Trotzdem haben Künstler immer wieder solche Elemente eingeschmuggelt, spürten sie doch deutlich, daß man das Publikum nicht mit Machwerken mitreißen konnte, die, dem offiziellen Standard entsprechend, von konventioneller Biederkeit trieften. Sogar Goebbels wußte die Anziehungskraft eines beschwingteren, moderneren Stils zu schätzen, einer Musik, wie sie aus der angelsächsischen Welt trotz allem über den Äther herüberwehte. In den besetzten Ländern versuchte die Unterhaltungsindustrie die eigene Tradition in Text und Musik so gut es eben ging mit den Direktiven zu verbinden.

Bisweilen erlangte ein Lied seine Popularität auf seltsamen Wegen. Unausgesprochen war der Krieg immer als Folie präsent, auch für augenzwinkernde Anspielungen. Texte, die an sich simpel und harmlos waren, bekamen durch ihn plötzlich einen doppelten Boden. Dies gilt zum Beispiel für ein Lied aus einem im August 1939 herausgebrachten deutschen Film mit dem populären Schauspieler Heinz Rühmann: »Das kann doch einen Seemann nicht erschüttern«. Zunächst machte es keinen besonderen Eindruck. Als aber im Oktober (der Krieg war inzwischen ausgebrochen) ein britisches Schlachtschiff bei Scapa Flow von einem deutschen U-Boot in den Grund gebohrt wurde, dessen Besatzung als einzige Schallplatte dieses Lied an Bord hatte, bekam es auf einmal eine markante Bedeutung, als Aufputschmittel für die Kampfmoral. Nach der triumphalen Rückkehr wurde es prompt zum Kriegsschlager der deutschen Marine, und im Rundfunk richtete man ein Programm mit Wunschkonzerten für die Wehrmacht ein. Fast bis zum Kriegsende konnten die deutschen Soldaten, über ganz Europa verteilt, in den russischen Ebenen und den norwegischen Bergen, in der tunesischen Wüste oder im Kaukasus, auf und über dem Ozean und im Mittelmeer zu bestimmten Zeiten ihre Lieblingslieder hören, die sie für wenige Augenblicke ihre mißliche Lage vergessen ließen. Die schwedische Diva Zarah Leander mit ihrer tiefen, sinnlichen Stimme, eine hinreißende Verführerin, wurde zur angebeteten Nachfolgerin Greta Garbos und Marlene Dietrichs. Ihre Schnulze »Ich weiß, es wird einmal ein Wunder geschehn« aus dem Film *Die große Liebe* stammt aus dem Jahr 1942, als die Welt alles andere als eine passende Kulisse für derartige Romantik war, sich aber mehr als je zuvor nach ihr sehnte.

Der deutlich erkennbare Kontrast zwischen Illusion und Wirklichkeit erhöhte die Empfänglichkeit für die raffinierte, augenzwinkernde Anspielung. Das Unglaubwürdige der Scheinwelt war manchmal sehr dick aufgetragen, und gerade darin lag der Reiz. Der Selbstbetrug war harmlos, weil bewußtes Spiel. Die Krönung des Genres war aber unbestritten »Lili Marleen«, von der samtenen Altstimme Lale Andersens gesungen. Wie kein zweites Lied hörte man es in allen Kasinos und Soldatenkantinen in ganz Europa, und schließlich wurde es sogar von den Truppen der Alliierten übernommen. Als musikalisches Maskottchen wurde »Lili Marleen« eins mit der Kriegssituation, mit dem Geruch von Uniformen, Leder und Benzin, es verknüpfte persönliche Erfahrungen mit dem zeitlosen Refrain von Abschied und wehmütigem Verlangen. Selten hat ein so alltägliches Motiv eine solch berauschende Wirkung gehabt wie dieses Lied inmitten der trostlosen, rauhen Wirklichkeit des Krieges.

Der Unterschied zwischen dem, was man ernsthafte Kunst zu nennen pflegt, und der sogenannten populären Kunst – wegen des Fehlens feststehender, objektiver Kriterien immer eine strittige Unterscheidung – trat in diesen Jahren besonders klar hervor: Stand der Zweck der Ablenkung und Entspannung im Vordergrund, ging es also darum, den Krieg für Augenblicke vergessen zu machen, oder war die geistige oder ästhetische Auseinandersetzung mit dem Krieg das Wesentliche? Die leichte Muse, die das erste wollte, war für die Regierungen als Verbündete weniger problematisch als die ernste. Dies galt besonders für die Nazidiktatur, die, wenn es um das Bild der Wirklichkeit ging, keine eigenständige Konkurrenz dulden konnte. Vor allem aber sorgte die Unterhaltung für das psychische Gegengewicht zum Ernst der Zeit. Deshalb wurde der Unterhaltungsbetrieb auch noch unter den schlimmsten Umständen gefördert. Man filmte, komponierte und bastelte raffinierte oder frivole Texte, auch wenn die Sirenen heulten und Bomben fielen. Der niederländische, aber in Deutschland auftretende Sänger Johannes Heesters hat später über diese Unterhaltungsindustrie geschrieben: »Unsere Arbeit war die verlogenste, die es in jener Zeit gab. Wir spielten heile Welt in Frack und Abendkleid. Aber andererseits gab es noch immer ein riesiges Publikum, das inmitten der Not und des Elends in den Kinos Vergessen und Zerstreuung suchte und von uns, den Protagonisten des Musiktheaters, nichts anderes als Gesang und Tanz und Heiterkeit erwartete.«[10]

Ging es hier um Flucht aus der Realität oder ihre Bagatellisierung, so versteht sich von selbst, daß auf die ernste Literatur der gewaltige Schatten des Krieges fiel. Hier gibt es einen Unterschied zwischen Literatur, die direkt vom Krieg oder der Besetzung handelte, und den Werken – Romanen, Gedichten, philosophischen Abhandlungen –, in denen seine Spuren zwar von grundlegender Bedeutung sind, die aber über die unmittelbare Wiedergabe oder Reaktion hinausgehen. In ihnen ist der Krieg eher Teil einer Problematik, die sehr viel mehr umfaßt. Er erscheint als Folge des Totalitarismus oder moralischer Degeneration, einer geistigen Krise, und wird zum Symbol der Absurdität der Existenz. Ohne das Nachwirken und Fortwirken dieser Katastrophe sind die Literatur und die Kultur im Europa der Nachkriegszeit nicht denkbar.

Bei der Kriegsliteratur im eigentlichen Sinn kann man von zwei Gruppen oder Arten sprechen. Dies hängt mit den zwei Gesichtern des Krieges zusammen. Es entstanden Romane und Selbstzeugnisse zum Krieg im engeren, nämlich militärischen Sinne, wie sie auch während und nach dem Ersten Weltkrieg geschrieben worden waren, Geschichten über Kriegsgewalt und Frontleben, ergänzt um die neue Erfahrung der Bombenangriffe. Und auch jetzt wurden diese Geschichten teilweise in einem heroischen Ton erzählt. Solange der Kampf andauerte, war den Regierungen überall an einer solch ermutigenden Sicht gelegen, die Durchhaltewillen und Selbstvertrauen stärken konnte. Die fanatische Propaganda eines Goebbels, die den Krieg grundsätzlich nur als großartiges, erhebendes Heldenspektakel, eine Art Wagnerische Götterdämmerung darstellte, verbannte radikal jede andere Auffassung aus der Öffentlichkeit in die Illegalität; tatsächlich galt ja der leiseste Zweifel am deutschen Sieg als Hochverrat und wurde gleich mit Gefängnis oder sogar mit dem Tod bestraft. Da die gesamte Erziehung im Dritten Reich im Zeichen der Verherrlichung von Krieger, Heldentum und Kampf stand, konnte in den genehmigten Veröffentlichungen auch kein anderes Bild erscheinen, und die Bücher, in denen die Zustände an der Front während des Ersten Weltkriegs auf ernüchternde Weise beschrieben wurden, waren verboten. Der soldatische Geist, dessen Tradition in Deutschland viel weiter zurückreichte als bis zum Dritten Reich, sollte aber auch nach Kriegsende, nach der Niederlage, noch so manches Buch beherrschen. Obwohl auch auf der Seite der Alliierten, solange der Krieg andauerte, Reportagen und Berichterstattung dem Zweck dienten, den Durchhaltewillen und die Kampfbereitschaft zu stärken, und deshalb auch die Entstehung heroisierender Vorstellungen begünstigten, blieb hier grundsätzlich ein gewisser Freiraum für persönliche Auseinandersetzung mit dem Krieg und für nüchterne Selbstzeugnisse.

Die bahnbrechende Bedeutung der neuen Literatur und der neuen Wirklichkeitsdarstellung nach dem Ersten Weltkrieg lag in der Demaskierung des modernen Krieges, der zynischen oder empörten Zerstörung der romantisch-heroischen Aura, die ihn in der nationalistischen Literatur umgab. In dieser Hinsicht brachte die Literatur über den Zweiten Weltkrieg nichts wirklich Neues. Was Autoren wie Barbusse, Graves und Remarque geleistet hatten, war darin nicht zu übertreffen. Andererseits war die Kriegserfahrung als solche für die neue Generation frisch und authentisch. Der surrealistische Film und die surrealistische Phantasie hatten diese Wirklichkeit schon vorweggenommen. Vor allem der Spanische Bürgerkrieg hatte einen tiefen Eindruck hinterlassen. Für Künstler und Schriftsteller war er eine Demonstration der modernen Kriegsschrecken. Ein Beispiel ist die mitten im Krieg, 1943, erschienene Novelle *Wir sind Utopia* des katholischen deutschen Autors Stefan Andres, in der Spanien den Hintergrund bildet. Da der Zweite Weltkrieg zu Beginn wegen der flexiblen militärischen Operationen einen ganz anderen Charakter hatte, wurde in der Literatur der Spanische Bürgerkrieg als Modell erst in einem späteren Stadium verdrängt, vor allem seit 1941, als die Kämpfe in Rußland begannen.

In dem kurzen Roman *Flug nach Arras* schrieb Saint-Exupéry 1942 über den Zusammenbruch Frankreichs. In schlichtem Stil stellt er hier den vollkommen sinnlosen Automatismus des militärischen Apparats dem Mut und der Opferbereitschaft des einzelnen, des Piloten, gegenüber. Allein dieser einzelne ist es, der einer völlig durcheinandergeratenen Welt durch sein humanes Heldentum noch einen Wert verleiht. Der Roman, der auf bittere Weise ein Bild von der Demoralisierung und dem Chaos im damaligen Frankreich entwirft, erhebt auch Anklage im Namen einer betrogenen Jugend und knüpft hiermit an die ältere Kriegsliteratur an. Das Flugzeug wird dabei zum Symbol des nach Wahrheit suchenden einzelnen, hoch über den irdischen Stumpfsinn erhaben. Saint-Exupéry macht die Diskrepanz zwischen den kollektiven Normen und dem persönlichen Ethos und Verhalten sichtbar. Dieses findet seine Rechtfertigung in sich selbst und im Einsatz für den anderen. Die Diskrepanz zwischen dem Recht oder Unrecht der Sache, für die man kämpfen muß, und der persönlichen Haltung war auch schon im Zusammenhang mit dem Ersten Weltkrieg thematisiert worden, unter anderem von Ernst Jünger, der einen heroischen Nihilismus verkündet hatte. Während die Darstellung des Konflikts aber bei Jünger zugleich eine ausgesprochen antiliberale und antihumanistische Tendenz hat, ist sie bei Saint-Exupéry in eine humanistische Ethik eingebettet, ein bei Intellektuellen charakteristischer Unterschied zwischen der französischen Aufklärungstradition und dem romantischen Erbe der Deutschen. In der Verlagerung des Ethos und der Sinngebung vom Ganzen auf das Individuum steckte Protest gegen die Ideologisierung der Gesellschaft und gegen jeglichen Totalitarismus, der keine Norm gelten läßt, die nicht voll und ganz dem politischen Ziel dient, und die Moral zum bloßen Werkzeug degradiert.

Kriegsromane im eher traditionellen Sinn hat vor allem die deutsch-russische Front mit ihren beispiellos mörderischen Kämpfen hervorgebracht. Auf russischer Seite erschien schon 1944 Konstantin Simonows Stalingrad-Roman *Tage und Nächte*, während Alexander Fadejew den Partisanenkampf beschrieb. Auch Alexei Tolstoi und andere wählten als packendes und populäres Thema den »Großen vaterländischen Krieg«, wie der Krieg nach einem Beschluß ex cathedra fortan genannt wurde. Das taktische Umschalten des Stalinregimes von doktrinärem Leninismus auf Patriotismus angesichts der ungeheuren Heimsuchung brachte eine vorübergehende Liberalisierung mit sich, von der Künste und Literatur profitierten. Die Romane beschränkten sich auf eine mehr oder weniger realistische Schilderung der Kämpfe und des menschlichen Verhaltens, teilweise mit heroisierendem Beiklang. Über Sinn und Notwendigkeit des Krieges, der vom deutschen Aggressor entfesselt worden war, konnte nicht der geringste Zweifel bestehen. Dank des barbarischen Vorgehens der Deutschen konnte das Regime die tief verwurzelte Vaterlandsliebe und Opferbereitschaft mobilisieren. Die Frage nach dem Sinn des Krieges an und für sich und vor allem nach der Diskrepanz zwischen der individuellen Moral und dem System, die im Westen besonders von französischen Autoren gestellt wurde, fehlte hier. Angesichts der ideologischen Kanalisierung des Denkens mußte sie fehlen, genau wie in Deutschland.

Den Versuch einer streng sachlichen und unparteiischen Darstellung unternahm der deutsche Globetrotter Theodor Plievier mit seiner vielgelesenen Trilogie *Stalingrad* (1946), *Moskau* (1952), *Berlin* (1954). Der linksorientierte Schriftsteller, 1933 aus Deutschland emigriert, war später im Komitee Freies Deutschland aktiv, das 1941 unter sowjetischer Schirmherrschaft in Moskau gegründet wurde, um Propaganda für ein kommunistisches Deutschland zu machen. Plievier schrieb seine Bücher auf der Grundlage authentischer Zeugnisse beider Parteien. Das Werk wurde zu einer Mischung aus Epos, Geschichtsschreibung und Reportage. Dadurch ist es charakteristisch für eine auffällige Verschiebung innerhalb der Gattung des Romans. Unter dem Eindruck eines aktuellen Geschehens, das dank der ungeahnten Fülle an Informationen und dokumentarischem Material geradezu erdrückend wirkte, näherte sich der Schriftsteller, wenn ihm eine ästhetische oder intellektuelle Gestaltung der Erfahrungen nicht möglich war, immer mehr dem Reporter an. Auf diesem Weg waren Hemingway und andere Autoren als Augenzeugen des Spanischen Bürgerkriegs schon vorangegangen.

Daneben entstand aber Literatur, die sich mit dem anderen Gesicht des Krieges beschäftigte. Besatzung und Terror hatten der bekannten Wirklichkeit eine neue Dimension hinzugefügt. Es war die Perspektive der Unterworfenen und des Widerstandes, aus der die interessantesten Bücher geschrieben wurden, die zu noch unbekannten psychologischen und ethischen Fragen vordrangen.

Vor allem in Frankreich, wo die Intellektuellen als Erben und Siegelbewahrer der Revolution seit jeher überwiegend zur Linken gehörten, wurde der Widerstand, die Résistance, zu einer Erfahrung von existentieller Bedeutung, die auch die Nachkriegsliteratur beherrschen sollte. Während die große Mehrheit der Bevölkerung, Politiker, Verwaltungsbeamte, Militärs und vor allem Konservative und Katholiken, das kollaborierende Vichy-Regime unterstützten, schlossen sich viele Sozialisten und (seit Juni 1941) auch Kommunisten dem Widerstand an. Der Anteil der Intellektuellen und Schriftsteller war hoch. Tonangebende Surrealisten – die wichtigsten lebten in Paris – hatten sich schon viel früher innerhalb der Linken engagiert, wie etwa Louis Aragon und Paul Éluard. Sie hatten im Spanischen Bürgerkrieg selbstverständlich die Seite der Republik gewählt und wurden jetzt im Widerstand aktiv. Von Éluard erschien der Gedichtband *Au rendez-vous allemand*, in dem es noch um den Spanischen Bürgerkrieg ging, Aragon gab das Blatt *Ce soir* heraus, mit Éluard zusammen die Untergrundzeitschrift *Les Lettres Françaises*. Aragons Angriffe, ganz im kommunistischen Geist, richteten sich nach wie vor gegen das, was man die verrottete Bourgeoisie nannte; dieses Feindbild bildete das unvermeidliche Gegenstück zu der Überzeugung, daß die Zukunft dem Proletariat gehöre. Außerdem aber bewirkte der Krieg bei ihm eine eigenartige nationale Wende. Als Lyriker kehrte der frühere Bilderstürmer als verlorener Sohn, der nun zur strengsten klassischen Tradition bekehrt war, zu den gängigen Formen französischer Poesie zurück, und neben seinen Seitenhieben gegen die morsche Gesellschaft stand ein Werk, in dem das Idealbild der französischen Nation als etwas ganz Neues und Reines seine Auferstehung erlebte, das dem einzelnen emotionalen Halt geben konnte. In seiner Widerstandslyrik äußerte sich vor allem der Schmerz über Frankreichs Niedergang, so daß er als der Widerstandsdichter par excellence gefeiert wurde. Auch Éluard verband kommunistische Gesellschaftskritik mit einer humanistischen Aussage. Vieles von seiner Kriegslyrik hat eine Liebesbeziehung zum Thema; diese übersteigt bei ihm aber das Individuelle und wird zum Symbol für die Liebe zur Menschheit. Tzara, der frühere Prinz des Dadaismus, hatte sich ebenfalls während der spanischen Wirren in die Gefahr gestürzt und ihre Schrecken 1939 in *Midis gagnés* beschrieben. Als Widerstandskämpfer veröffentlichte er unter dem Pseudonym Tristan die Gedichtsammlungen *Terre sur terre* und *Le signe de vie* (1946), in denen er in einer Katastrophenstimmung schwelgt; hier kehrt die apokalyptische Welle der zwanziger Jahre zurück. Aragon, Éluard und Tzara waren typisch für die wilden, antibürgerlichen Rebellen, die zunächst im Dadaismus und Surrealismus ihre künstlerische Protestform suchten, damit aber nach einiger Zeit nicht weiterkamen und sich dann im Geist der Revolution politisch engagierten. So schlossen sie sich den Kommunisten an – die einen früher (Aragon schon 1927), die anderen später (Éluard und Tzara während des Krieges) –, deren Kampf gegen den Faschismus für sie zugleich Kampf gegen die bürgerliche, kapitalistische Gesellschaft blieb; eine Entwicklung, die viele Surrealisten durchliefen. Was den Ausgangspunkt der dadaistischen und surrealistischen Bewegung gebildet hatte, die Überzeugung, daß die gegenwärtige Kunst vollständig bankrott sei und deshalb totale Freiheit proklamiert werden müsse, schlug, einem bekannten psychischen Mechanismus entsprechend, in Empfänglichkeit für Dogmatismus in extrem autoritärer Ausprägung um, den Dogmatismus der marxistischen Fortschrittslehre. Für viele lag hier offenbar die einzige Quelle der Wahrheit und die letzte sichere Zuflucht des Humanismus, wo die heilige Flamme der Revolution noch brannte.

Die Surrealisten bildeten jedoch in den dreißiger Jahren keineswegs mehr eine homogene Gruppe, vor allem nicht in politischer Hinsicht. Insofern blieben sie ihrem leidenschaftlichen Individualismus treu. Daß sie sich über immer mehr Länder verteilten, zu denen jetzt auch Amerika gehörte, begünstigte noch die Entstehung von Meinungsverschiedenheiten. So hatte ihre bekannte Zeitschrift *Minotaure* im Widerspruch zur Haltung vieler Surrealisten unmißverständlich die stalinistischen Mammutprozesse verurteilt.[11] Der deutsche Angriff auf Frankreich trieb viele erst in den unbesetzten Süden, und von dort emigrierten einige in die USA. Breton und Künstler wie Dalí, Ray oder Ernst konnten so dem Krieg entkommen. Miró malte von jetzt an in Spanien, Magritte im besetzten Belgien. Die so unterschiedlichen Schicksale blieben natürlich nicht ohne Einfluß auf das Werk. Breton zum Beispiel bezog als erklärter Antikommunist von Amerika aus entschieden Stellung gegen Anhänger des Kommunismus wie Aragon und Éluard. Die Erfahrung der Besatzung bewog aber in der Regel diejenigen, die in Frankreich oder einem anderen europäischen Land geblieben waren, zu politischem Engagement, und dies bedeutete gewöhnlich Sympathie für die Kommunisten. Schließlich verbanden diese den in den Augen vieler überzeugendsten kämpferischen Antifaschismus mit antibürgerlicher Rhetorik. Zwischen jüngeren Künstlern, die sich um die Zeitschrift *La Main à Plume* geschart hatten, der niederländischen Künstlergruppe Reflex und dem tschechischen Kreis Ra kam es während des Krieges zu Kontakten.[12] Der Übergang vom Surrealismus zu politischem Aktivismus im kommunistischen, antifaschistischen Sinn war somit auf kulturellem Gebiet eine der Folgen der Besatzung, und manche landeten auf diese Weise im aktiven Widerstand. Das rücksichtslose Besatzungsregime, unter dem sie leben mußten, und die Notwendigkeit eines ebenso unerbittlichen Kampfes gegen den Besatzer verstellte ihnen den Blick auf die Zustände im fernen stalinistischen Rußland und machte viele blind für die Unmenschlichkeit dieses Systems. Offenbar konnte die Überzeugung von der Absurdität der Welt so manchen ausgerechnet zum Kniefall vor einer doktrinären Lehre bringen, die nun gerade für jedes gesellschaftliche Phänomen und den ganzen Lauf der Geschichte eine schlüssige Erklärung bereithielt; dies galt jedoch, wie sich schon bei Breton zeigte, nicht für alle Surrealisten.

Es war Albert Camus, mehr Denker als die anderen, der sich am eindringlichsten mit der Frage beschäftigte, wie sich der Mensch in einer unbegreiflichen Existenz behaupten könne, ohne den von allen Totalitarismen feilgebotenen, verlockenden, aber falschen Gewißheiten in die Falle zu gehen. Der Ausweg, den er suchte, deutet übrigens auf eine Verwandtschaft zu Henry de Montherlant und Antoine de Saint-Exupéry: Es ging um die menschliche Würde, die sich im Kampf gegen das Unmenschliche offenbarte und zum Handeln aufrief! So kam auch er ab 1943 in Kontakt mit dem aktiven Widerstand. Umgekehrt beeinflußte der Widerstand sein Werk und Denken. Zunächst stand er noch ganz im Bann der Absurdität, die das Dasein beherrscht, wie sein Roman *Der Fremde* aus dem Jahre 1942 zeigt. Er beschreibt hier das krasse Mißverhältnis zwischen einem Mord und dem Täter, der das Verbrechen fast zufällig, in gewissem Sinne gegen seinen Willen und auf jeden Fall unabsichtlich begeht. Die Sinnlosigkeit der Tat steht in scharfem Kontrast zur herrschenden Moral der Gesellschaft und ihrer zuständigen Instanzen, für die es keine anderen als die gängigen, konventionellen Erklärungen geben kann; diese Konstruktionen sind rational, aber völlig falsch und unsinnig, und schließlich wird der Täter wegen vorsätzlichen Mordes verurteilt und hingerichtet. Die Erfahrung der Besatzung macht sich hier noch kaum bemerkbar; was Camus faszinierte, war das Absurde, es ging ihm darum, eine deplazierte Rationalität zu entlarven. Dennoch hat er, ohne das damals schon erkennen zu können, eine Frage angeschnitten, die gerade durch die totalitären Regime eine historisch ganz neue Bedeutung bekommen sollte. Es ist die Frage nach dem Verhältnis von Tat und Täter und der persönlichen Verantwortlichkeit des Täters für sein Vergehen. Dies ist ein schönes Beispiel dafür, daß bei großer Literatur der Reichtum an Bedeutungen, auch künftigen, weit über das hinausgeht, was der Autor im Augenblick des Schreibens erahnen kann, weil sie Überzeitliches berührt, das sich immer wieder in unvorhersehbaren Varianten offenbart. Durch die Erfahrungen des Widerstandes sollte Camus dennoch zu einer anderen Fragestellung gelangen. In seinem bekanntesten Roman, *Die Pest*, der 1947 erschien, geht es um die Opferbereitschaft des einzelnen im Dienste der Menschlichkeit. In dieser Opferbereitschaft liege jetzt, da die Mythen des Christentums und die modernen Ideologien entlarvt sind, die einzige Antwort auf die Sinnlosigkeit der Existenz. Eine von der Pest heimgesuchte Stadt, Oran, erscheint in diesem Roman als Sinnbild für den vom Krieg heimgesuchten Kontinent und die Menschen, die dort als Geiseln eingeschlossen sind, mit unverkennbaren Anspielungen auf Verhaftungen, Widerstand und Lager. Auch im Hinblick auf Camus kann man deshalb von einer Wende sprechen, bei der sich ein rebellischer Individualismus zu Humanismus wandelt, zum Einsatz für den Kampf gegen das Leiden; dieser Kampf ist nicht auf das Trugbild eines künftigen Heilsstaates ausgerichtet, sondern sein Wert liegt in ihm selbst. Camus läßt hier keinen Zweifel an der Absurdität des Daseins aufkommen, aber die Moral ist autonom und entfaltet ihre eigene Kraft.

Mit der Erfahrung von Besatzung und Widerstand hängen auch Entwicklung und Werk Jean-Paul Sartres eng zusammen. Er war existentialistischer Philosoph, marxistischer Publizist, Roman- und Bühnenautor, ein intellektueller Tausendkünstler, und in der Nachkriegsperiode auch dank seiner virtuosen Beherrschung unterschiedlicher literarischer Genres die am meisten diskutierte und einflußreichste Persönlichkeit am Firmament des französischen Geistes. Seine magische Anziehungskraft auf die akademische Jugend ist mit der Heideggers in Deutschland nach dem Ersten Weltkrieg vergleichbar. Mit dem charakteristischen Unterschied, daß sich Heidegger als akademischer Philosoph in die Unzugänglichkeit des tiefsinnigen Denkers hüllte und sich nur an eine kleine erlesene Schar wandte, während Sartre dank seiner schriftstellerischen Tätigkeit ein viel breiteres Publikum erreichte. Ein weiterer Unterschied ist der zwischen dem deutschen Spezialistentum und dem französischen Intellektualismus, zwischen der in Deutschland üblichen Trennung von Denker und Schriftsteller und ihrer Verschmelzung, wie sie seit dem achtzehnten Jahrhundert für die literarische Tradition Frankreichs charakteristisch war. Sartres philosophisches Hauptwerk *Das Sein und das Nichts* erschien 1943 und ist unter anderem eine Reaktion auf die Katastrophe von 1940. Sartre war stark von Kierkegaard, Jaspers und Heidegger beeinflußt; als radikaler Atheist lehrte er, daß der Mensch nicht in ein sinnvolles Universum gesetzt, sondern zur Freiheit »verurteilt« sei. Freiheit bedeutet dabei soviel wie Ratlosigkeit und Verlorenheit, da es keinerlei Kompaß gibt. Deshalb muß der Mensch selbst seiner Existenz durch sein Handeln immer wieder von neuem Sinn verleihen; sonst gibt es nichts, woran er sich klammern könnte. Diese These kann man als eine Transposition, als philosophische Verarbeitung und Verabsolutierung einer persönlichen Erfahrung betrachten, Sartres Erfahrung des Zusammenbruchs einer vertrauten Welt, also Frankreichs. Für ihn ist dieser Zusammenbruch ein Beweis dafür, daß die Werte und Traditionen dieser Welt nichts taugten. Der Mensch muß in seinem Handeln von einer moralischen und existentiellen Nullposition ausgehen. Aber er muß Entscheidungen fällen, muß wählen, zum Beispiel in der Isolation und den tödlichen Gefahren, in die der Widerstandskämpfer geraten kann. Eine moralische Richtschnur kann er dabei einzig in seinem Ich und in den anderen finden. Die vielfältigen Implikationen und auch alles Widersprüchliche in Sartres Philosophie müssen hier ausgeklammert bleiben. In diesem Zusammenhang geht es um den Einfluß seiner Erfahrungen mit der Besatzung und dem Widerstand, der Résistance, auf sein Sinngebungskonzept; der Widerstand verleiht einer von Natur aus sinnleeren Existenz Sinn. Womit Sartre, im Widerspruch zu seinem angeblichen Nihilismus und Agnostizismus, wie Camus ein humanistisches Ethos als überindividuelle Macht anerkennt. Hiermit rechtfertigte er auch seine politische Aktivität im Geiste des Kommunismus. Besatzung und Terror haben in den Theaterstücken, die nach dem Krieg Furore machen sollten, ihren Niederschlag gefunden, zum Beispiel in *Die Fliegen*, *Das Spiel ist aus*, *Bei geschlossenen Türen* und vor allem *Tote ohne Begräbnis*, Stücken, die noch während des Krieges entstanden sind.

Andererseits war sein Werk nicht ausschließlich eine Auseinandersetzung mit den Erfahrungen der Besatzung, sondern auch ganz allgemein mit dem unerschöpflichen Thema des zerfallenden bürgerlichen Wertesystems und des Niedergangs der idealistischen Philosophie. So steht auch nicht fest, daß die Résistance-Erfahrungen Sartre zu der für ihn entscheidenden Frage nach dem Verhältnis des Ich zum anderen und nach wirklicher Sinngebung für eine an sich sinnlose Existenz gebracht haben; wahrscheinlich haben sie dieser Frage jedoch mehr Dringlichkeit und Tiefe verliehen. Für seine Ausstrahlung und die Aufnahme seines Werkes durch die junge Kriegsgeneration waren die Erfahrungen der Besatzung vermutlich noch wichtiger als für das

Œuvre selbst. Weder Sartre noch Camus kannten übrigens Gefängnis oder Lager von innen. Sartres kurze Kriegsgefangenschaft war damit nicht vergleichbar.

Unter den zahlreichen Selbstzeugnissen von Opfern aus verschiedenen Ländern, Menschen, die Kerker und Todeserwartung kennengelernt hatten, gab es viele Gedichte. Weil von der poetischen Form ein besonderer Glanz ausgeht, hatte sich in der Vergangenheit auch der Hurrapatriotismus immer gern dieser Gattung bedient. Das Ergebnis hatte gewöhnlich nur den Glanz von billigem Flitter, denn aus der Verbindung von Poesie und Nationalismus gingen ganz und gar hohle und bombastische Machwerke hervor. Aber die Einsamkeit des Kerkers, die Todesangst und die Verlassenheit des Individuums konnten Versen eine besondere Wahrhaftigkeit und schonungslose Intensität verleihen. Offensichtlich war der Glanz der poetischen Form in der Nacht der Verzweiflung wie ein Lichtschein, der es dem Betroffenen möglich machte, sich über seine Lage zu erheben und sein Dasein auf eine für die Mächte, die ihn in ihren Klauen hatten, unerreichbare Ebene zu versetzen. Auch Menschen, die sonst vielleicht niemals ein Gedicht geschrieben hätten, sahen das Gedicht jetzt als die angemessenste Form für den Ausdruck ihrer Empfindungen, als etwas Tröstliches. In den Niederlanden wurde das Gedicht »Die achtzehn Toten« von Jan Campert im Untergrund und nach dem Krieg zum bekanntesten Widerstandsgedicht, repräsentativ für die Stimmung und die Gefühlswelt breiter Bevölkerungsschichten. Der Autor starb übrigens nicht im Gefängnis, wo das Gedicht entstanden war, sondern später in einem Lager. Eine besondere Stellung unter Gedichten dieser Art nehmen die *Moabiter Sonette* ein, auch weil sie nicht aus der Widerstandsbewegung eines besetzten Landes, sondern vom Angehörigen einer deutschen Widerstandsgruppe stammen, Albrecht Haushofer. In der Todeszelle geschrieben, wurden die Gedichte nach Haushofers Hinrichtung, von seinen Händen umklammert, gefunden. Es ist Lyrik, die buchstäblich an der Grenze des Daseins geschrieben wurde, in einer strengen klassischen Form, die wie ein schützender Panzer wirkt, unter dem doch die zitternde Angst und Erregung des Verurteilten erkennbar sind. Diese Form ist auch ein Symbol für Haushofers Versuch, sich über die Verzweiflung und das Grauen zu erheben und auf einer höheren Ebene die Kraft zur Ergebung zu finden. Erste, schon aus dem Jahre 1945 stammende Zeugnisse der Schrecken von Bergen-Belsen sind die später in *Amor fati* gesammelt herausgegebenen Aufsätze des jüdischen Niederländers Abel Herzberg, hervorstechend durch die Verbindung von Realismus und Distanz. Herzberg begnügt sich nicht mit einer Anklage und gnadenlos entlarvenden Porträts der Mörder, sondern sucht nach Erklärungen, die er nur in allgemeinen Bedingungen der menschlichen Existenz zusammen mit den besonderen Bedingungen der Epoche zu finden vermag, die den Nazismus und seine Wahnsinnstaten möglich machten. Schon 1939 erschien *Der Totenwald* von Ernst Wiechert, der kurze Zeit Gefangener in Buchenwald gewesen war – ein bemerkenswertes Buch, auch weil Wiechert eigentlich in der Tradition der ausgesprochen antimodernistischen, sogar leicht völkisch angehauchten Landschafts- und Heimatliteratur stand. Im Jahre 1946 kamen postum die Gedichte des hingerichteten Theologen Dietrich Bonhoeffer heraus: *Auf dem Weg zur Freiheit; Gedichte aus Tegel.* Den weitaus größten Anteil an der Literatur zum Widerstand und zu den Lagern hatten begreiflicherweise die unterdrückten Völker, und hier bilden die jüdischen Autoren wiederum eine Gruppe für sich.

In seinem 1948 veröffentlichten Roman *Pastorale 1943* entwirft der niederländische Schriftsteller Simon Vestdijk ein Bild des Widerstandes und der Atmosphäre eines besetzten Landes, aber mit der inzwischen distanzierten Haltung des Romanautors, dem es um das Erfassen einer komplexen Wirklichkeit geht. Der Roman *Die Dunkelkammer von Damokles* von Willem Frederik Hermans aus dem Jahre 1958 gehört dagegen zu einer Kategorie von Literatur, der es nur vordergründig um den Widerstand geht; er bildet hier eher den Anlaß, die viel weiter reichende Frage nach dem Verhältnis des Menschen zur Wirklichkeit zu stellen. Die Ausnahmesituation, die Widerstandskämpfer zwang, ihre Identität zu ändern und Befehle von manchmal anonymen oder verkleideten Personen entgegenzunehmen, eignete sich hervorragend für den Versuch, die verwirrende Ähnlichkeit von Täuschung und Wahrheit sichtbar zu machen und zu zeigen, daß Aufrichtigkeit und verräterisches Verhalten unter bestimmten Bedingungen austauschbar sind. Das von Kafka eine Generation zuvor in Büchern wie *Der Proceß* und *Das Schloß* geschaffene Universum beängstigender Mächte und ungreifbarer Instanzen, denen der einzelne ausgeliefert ist, so daß er schließlich ohne Schuld für schuldig befunden wird, ist bei Hermans die Realität von Besatzung und Widerstand. Anders als bei den genannten französischen Autoren, die schließlich alle zu einem humanistischen Ethos als einziger noch brauchbarer Richtschnur für das menschliche Handeln gelangen und dann gewöhnlich auch eine revolutionäre Haltung einnehmen, wird in der absurden Welt des niederländischen Autors keine solche Konsequenz gezogen. Er knüpft eher an Pirandello an, der schon in *Sechs Personen suchen einen Autor* und *Heinrich IV*. die Frage nach dem Verhältnis von Wirklichkeit und Schein gestellt hatte. Auch dort wird der Leser oder Zuschauer insofern in die Irre geführt, als diese Frage schließlich ohne klare Antwort bleibt.

Während die bewußte Auseinandersetzung mit Krieg und Terror vor allem die Literatur der Nachkriegszeit prägt, sind unmittelbare Reaktionen in den zahlreichen oder vielmehr zahllosen Tagebüchern, Briefen und Selbstzeugnissen von Opfern, Zeugen und Tätern, Besatzern und Unterdrückten aus nahezu allen betroffenen Ländern – und aus ganz verschiedenen Bevölkerungsschichten – zu finden. Wenn natürlich auch der Anteil der Schreiberfahrenen höher ist, zeigt dies doch deutlich, welche Fortschritte in der Bildung es gegeben hatte. Dieses starke Verlangen, ganz genau – in manchen Fällen Tag für Tag – festzuhalten, was man erlebte, weist darauf hin, daß sich viele Zeitgenossen der Außergewöhnlichkeit ihrer Erfahrungen deutlich bewußt waren. Bei Personen in führenden Stellungen spielt dabei auch das Bedürfnis nach Rechtfertigung oder Erklärung ihres Verhaltens eine Rolle. Das galt besonders für Amtsträger und Verwaltungsbeamte in den besiegten Ländern, die unter der deutschen Besatzungsmacht arbeiteten, die sie als Feind betrachteten.[13] Die Schwierigkeiten und Zwangslagen, die sich dabei ergaben, weil Zusammenarbeit mit dem Besatzer im Interesse des eigenen Volkes unvermeidlich war, zugleich aber der deutschen Kriegführung nützte und Deutschland stärkte, während andererseits Sabotage und Widerstand auch dem Interesse des eigenen Volkes dienen konnten, werden in diesen Selbstzeugnissen manchmal auf eindringliche Weise sichtbar. Das Buch *Bürgermeister in der Besatzungszeit* von Boot kann als beispielhafte Darstellung einer solchen Zwangslage genannt werden: Die Grenzlinie zwischen Handlungen, die der eigenen Seite dienten, und Handlungen, die dem Feind nützten, konnte oft verschwimmen.

Zeugnis abzulegen, so genau wie möglich, wurde vor allem für Opfer etwas wie ein höherer Auftrag, der ihnen durch die befreiende Wirkung des Wortes zugleich die Kraft zur Selbstbehauptung geben konnte. Das bloße Registrieren gab dem sinnlosen Leiden einen paradoxen Sinn, der in der genauen Beobachtung des Bösen liegt: Das Böse wird ins Gedächtnis der Menschheit gebrannt, die deshalb der Wahrheit über sich selbst nicht mehr ausweichen und sich nicht in gnädiges Vergessen flüchten kann. Selten ist die Bedeutung des Tagebuchs und somit der Sprache als Mittel der Objektivierung, das den Schreibenden befähigt, Distanz zum eigenen Elend zu gewinnen und einen moralischen Auftrag zu erfüllen, so überzeugend demonstriert worden wie in den Tausende von Seiten umfassenden Tagebüchern des Romanisten Victor Klemperer.[14] Sie wurden erst postum, ein halbes Jahrhundert nach dem beschriebenen Zeitraum, herausgegeben. Als Jude verlor er seine Professur in Dresden, aber dank seiner Ehe mit einer »arischen« Frau entkam er ganz knapp der Deportation, was allerdings bis zum letzten Augenblick keineswegs sicher war. Unter den zahllosen Selbstzeugnissen, die einen das Geschehen hautnah erleben lassen, Tagebüchern und Briefen von Menschen, die der Vernichtung am Ende nicht entkommen sind,verdienen die Aufzeichnungen und Briefe der Niederländerin Etty Hillesum besondere Erwähnung.[15] Sie sind ein Dokument des inneren Kampfes einer jungen Frau, ihres Bemühens, das Ende zu akzeptieren, das sich schließlich als unabwendbar erweist. Anders als bei Klemperer steht hier nicht der Wille zu genauem Registrieren des Geschehens für die Nachwelt im Vordergrund, sondern die Frage nach dem Wert der eigenen Persönlichkeit, die Frage, ob sie im Angesicht des Leidens der Gefahr entgehen kann, sich selbst und ihren Glauben zu verlieren.

Auffällig ist das Verlangen nach Dokumentation bei den Verfolgern selbst – SS-Leuten, Angehörigen der Polizei, Soldaten –, die als Täter an Massenmorden und Mißhandlungen beteiligt waren oder zu Augenzeugen wurden. Fotos und Filme, zum Teil heimlich aufgenommen, haben Grauenhaftes festgehalten, das nicht für die Öffentlichkeit bestimmt war. Auch einige Briefe und Tagebücher zeigen Bruchstücke des Ungeheuerlichen, gesehen mit den Augen der Täter. Für dieses zunächst erstaunliche Verlangen, die eigenen Taten zu dokumentieren, gibt es zwei verschiedene psychologische Erklärungen: Erstens konnte sich hier in provozierender Prahlerei eine Art Stolz äußern; dieser gründete sich auf die gleiche pervertierte Moral, die auch in der geheimen, von Himmler im Oktober 1943 in Posen vor SS-Offizieren gehaltenen Rede zum Ausdruck kam. Es war der Stolz, eine ungewöhnliche, aber notwendige Arbeit getan zu haben, die Arbeit der biologischen, der rassischen Reinigung im Dienst von Führer und Vaterland. Die Täter waren durch die Doktrin in solchem Grade deformiert worden, daß sie die bisher gültige Moral als etwas Unzeitgemäßes, ja als bürgerliche Sentimentalität verachteten. Diese Haltung, Folge jahrelanger ideologischer Indoktrination und, bedingt durch den Krieg, der Gewöhnung an Gewalt, war aber noch nicht vollständig verinnerlicht. Vieles deutet darauf hin, daß es sich hier eigentlich um eine Maske handelte, die mancher unter massivem kollektiven Druck aufgesetzt hatte, da es ihm an politischer Reife, an Persönlichkeit fehlte. Ein Indiz hierfür ist die Tatsache, daß vom Augenblick der Kapitulation an alle fanatischen Nationalsozialisten von der Erdoberfläche verschwunden zu sein schienen und daß so gut wie niemand mehr die Ausrottungspolitik und die Bestialitäten der Lager grundsätzlich verteidigte. Zugleich konnte bei manchen der eingeschliffene Dokumentationseifer des Beamten mitspielen, der es für seine Pflicht hält, unter allen Umständen pedantisch festzuhalten, wie er seinen Auftrag erfüllt, gleichgültig, ob es dabei um die Verteilung von Schuhen oder um die Ausrottung von Menschen geht. Die andere Erklärung lautet, daß die Täter trotz aller ideologischen Schulung und aller Propaganda das Bewußtsein für die Ungeheuerlichkeit dessen, was sie sahen oder taten, noch nicht verloren hatten. Das Verlangen nach einer Entlastung des Gewissens wird meistens der wahre Grund dafür gewesen sein, daß jemand sein Schweigen brach.

Daß sich der Zweite Weltkrieg auf beinahe jedem Gebiet von früheren Kriegen, den Ersten Weltkrieg nicht ausgenommen, durch seine andere Größenordnung unterscheidet, zeigt sich also auch bei diesen Selbstzeugnissen. Und während in der Vergangenheit in erster Linie Politiker, Diplomaten und Militärs ihre Sicht des Krieges beschrieben, außer ihnen noch Schriftsteller und Journalisten, zeigten jetzt die Aussagen von Menschen aus den unterschiedlichsten sozialen Schichten, wie weit der Prozeß politischer Bewußtwerdung vorangeschritten war. Es fühlten sich ja keineswegs nur Intellektuelle, Dichter, diejenigen, die vom Wort lebten oder leben wollten, dazu getrieben, ihre Erlebnisse, Ängste und Zweifel, ihre Beunruhigung, ihre Bestürzung oder ihr Entsetzen dem Papier anzuvertrauen. In vielen Fällen war nicht einmal eine Veröffentlichung beabsichtigt, und sehr vieles ist deshalb auch erst postum, manchmal nur zufällig, entdeckt und publiziert worden. Daß noch mehr in privaten Archiven liegt, ungelesen, auf Speichern, in Kellern, in Koffern oder vergessenen Schubladen, scheint gewiß. Die Resonanz auf Veröffentlichungen hing vom Zufall und den jeweiligen Umständen ab. All dies veränderte den Literaturbegriff: Zur Literatur zählte man nun auch formal und stilistisch ganz gewöhnliche Selbstzeugnisse, die von dramatischen oder schrecklichen Dingen berichteten, gesehen mit den

Augen von Menschen, die repräsentativ für die Mehrheit waren. Das Tagebuch eines Mädchens, das in Amsterdam untergetaucht war, schließlich aber verraten wurde und nach Deportation ums Leben kam, sollte wegen seines verhältnismäßig frühen Erscheinens, 1948, zu Weltruhm gelangen. Anne Frank ist seither ein Begriff. Die Autorin, ein frühreifes, ansonsten aber normales Mädchen – frühreif vielleicht aufgrund der besonderen Umstände – hatte freimütig über ihre alles andere als außergewöhnlichen Probleme, Träume und Sehnsüchte geschrieben, und es ist höchst ungewiß, ob sie unter gewöhnlichen Bedingungen auch berühmt geworden wäre. Der weltweite Erfolg ihres Tagebuches ist einerseits auf ihren frühen Tod zurückzuführen, durch den sie in die Kategorie der jungen Opfer gehört, die unser Gewissen und Empfinden in besonderem Maße berühren, und andererseits auf die frühe Veröffentlichung. Seine Lektüre war für Millionen die erste Begegnung mit dem Phänomen »jüdisches Opfer«. Der Schneeballeffekt der Werbung, der für unsere Kultur charakteristisch ist und sie prägt, besorgte den Rest. Außerdem wurde dem Leser das Schlimmste erspart, da Anne Frank, als sie ihr Tagebuch führte, noch nicht das Inferno der Lager erlebt hatte. Das machte die Lektüre erträglicher; sie konnte eher Rührung als Entsetzen hervorrufen. Obwohl später bedeutendere Tagebücher von größerer gedanklicher Tiefe veröffentlicht wurden (wie etwa das erwähnte von Etty Hillesum), blieb Anne Franks Position als inzwischen institutionalisiertes internationales Symbol unangefochten. Es ist bittere Ironie, daß ihr die künftige Berühmtheit, von der sie geträumt hatte, ja sogar weltweiter Ruhm, ausgerechnet durch ihren Tod zuteil wurde, der die erträumte Zukunft zunichte machte.

Der Krieg hat auch als Hintergrund die Atmosphäre vieler Romane und Erzählungen bestimmt, die an sich andere Probleme zum Thema hatten. Ein berühmtes Beispiel ist der letzte große Roman Thomas Manns, *Doktor Faustus*. Die Lebensgeschichte eines Tonkünstlers, der einen Pakt mit dem Teufel schließt, um seine Schöpferkraft wiederzuerlangen oder zu erhalten – in dieser Hinsicht repräsentativ für das spätbürgerliche Lebensgefühl des Autors, dessen Werk immer wieder um Themen wie Epigonentum, Dekadenz, Krankheit und Labilität des Künstlers kreiste –, wird mit dem Geschehen der Kriegsjahre verflochten, in denen Thomas Mann es schrieb. Das geschieht über einen Erzähler, einen Freund des Helden, der als Alter ego des Autors die Geschichte vor dem Hintergrund des aktuellen turbulenten Kriegsgeschehens niederschreibt. Der Tonsetzer muß seine Produktivität schließlich mit Wahnsinn bezahlen; hier hat unter anderem Nietzsche Modell gestanden. Thomas Mann bedient sich eines säkularisierten, an das moderne Weltbild angepaßten Teufels unter anderem in Gestalt einer durch Syphilis verursachten Geisteskrankheit. Aber auf einer höheren Ebene steht diese modernisierte Version des Faust symbolisch für Deutschland, das einen Pakt mit der braunen Teufelsbrut geschlossen hatte, um ein mächtiger Staat sein zu können, und das, während der Autor im amerikanischen Exil an diesem Buch arbeitete, seinem Untergang entgegenraste.

Benedetto Croce (1866–1952)

Hugo von Hofmannsthal (1874–1929)

Mussolini und die italienischen Faschisten übernehmen die Macht: Marsch auf Rom, 28. Oktober 1922

Beisetzung des von italienischen Faschisten ermordeten Giacomo Matteotti (1885–1924)

Das Vertragswerk von Locarno wird am 1. Dezember 1925 in London unterzeichnet

Propagandaplakat zur Reichstagswahl im März 1933

Reichstagsbrand, 27. Februar 1933

Reichsparteitag in Nürnberg

Albert Speer, Entwurf der Stadt Germania: Brandenburger Tor, Führerpalast, Große Halle

Berlin, Pariser Platz, während der Olympischen Spiele 1936; Skulpturen von Eberhard Encke

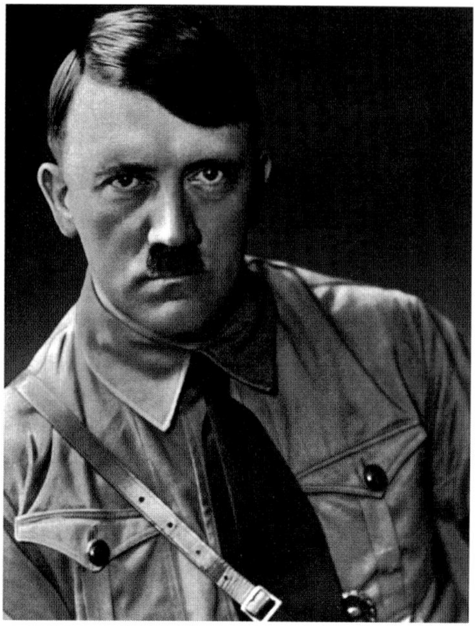

Adolf Hitler (1889–1945)

Josef Stalin (1879–1953)

Winston Churchill (1874–1965)

Franklin D. Roosevelt (1882–1945)

Spanischer Bürgerkrieg (1936–1939): jubelnde Falangisten auf einem Lastwagen

Francisco Franco bei Beobachtungen in einer Frontstellung während des Spanischen Bürgerkriegs

Salavador Dalí (1904–1989), *Vorahnung des Bürgerkriegs*, 1936

Paul Éluard (1895–1952)

Louis Aragon (1897–1982)

Albert Camus (1913–1960)

Jean-Paul Sartre (1905–1980)

Russisches Propagandaplakat: »Frauen, ihr seid jetzt frei!
Helft uns, den Sozialismus aufzubauen!«, 1926

Boris Pasternak (1890–1860)

Ossip Mandelstam (1891–1938)

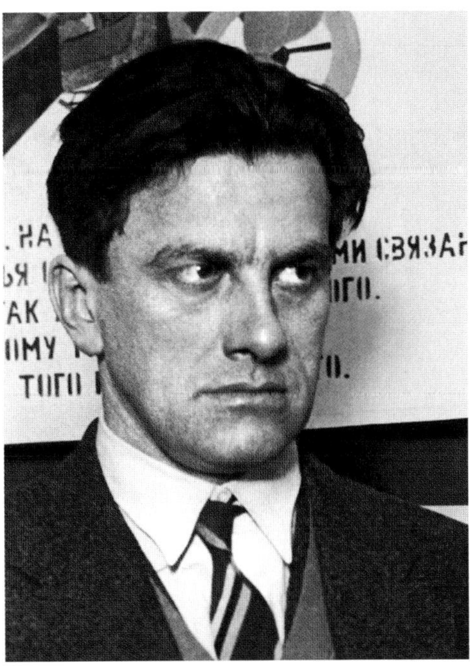

Wladimir Majakowski (1893–1930)

Anna Achmatowa (1889–1966)

1. September 1939: Überfall auf Polen. Deutsche Soldaten zerbrechen einen Schlagbaum in der Nähe von Sopot

Dresden nach dem Luftangriff vom 13. Februar 1945

SA und SS rufen zum Boykott jüdischer Geschäfte auf, 1933

Nach dem antijüdischen Pogrom vom 9. November 1938: zerstörte Fensterscheiben jüdischer Geschäfte

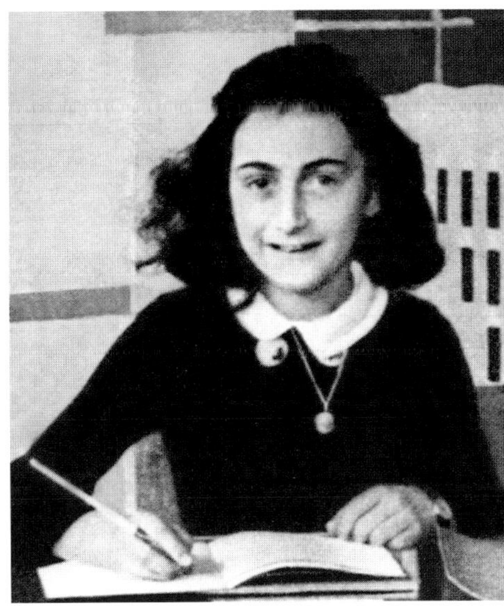

Anne Frank (1929–1945)

6. Juni 1944: Britische Truppen landen in der Normandie

Nach der Kapitulation, Mai 1945: Sowjetische Soldaten hissen auf dem Dach des Reichstags die rote Fahne

14. August 1941: US-Präsident Roosevelt und der britische Ministerpräsident Churchill treffen sich an Bord des britischen Schlachtschiffes »Prince of Wales« und verkünden die »Atlantik-Charta« mit Prinzipien für eine Nachkriegsordnung

Die Staatschefs Winston Churchill, Harry S. Truman und Josef Stalin anläßlich der Potsdamer Konferenz am 2. August 1945

Kurz vor der Urteilsverkündung: die Anklagebank des Nürnberger Hauptkriegsverbrecherprozesses, 1946

Plakat »Freie Bahn dem Marshallplan«, 1948–1952

»Luftbrücke« 1948/1949: amerikanische Transportflugzeuge versorgen das eingeschlossene Berlin

VII

Ein gespaltenes Europa

1 Von einer abnormen Allianz zum Kalten Krieg

Der Krieg, der mit dem vollständigen Zusammenbruch des Dritten Reiches endete, hatte im Materiellen wie Immateriellen bis dahin unbekannte Verheerungen angerichtet. Im Vergleich hierzu verblaßten die Verluste durch den Ersten Weltkrieg, die selbst schon beispiellos gewesen waren. Die Gesamtzahl der Toten wird auf fünfundvierzig bis fünfzig Millionen geschätzt, für Europa vierzig Millionen, das Fünf- beziehungsweise Vierfache des Blutzolls, den der Erste Weltkrieg gefordert hatte. Bombenangriffe und mörderische Gefechte hatten Dutzende von Großstädten in Ruinenfelder verwandelt. Am schwersten war die Sowjetunion heimgesucht worden, mit etwa zwanzig Millionen Toten und gut siebzigtausend Städten und Dörfern, die durch deutsche Angriffe und auch infolge der russischen Strategie der verbrannten Erde zerstört worden waren.[1] In Deutschland waren vierzig Prozent aller Häuser zerstört, in einigen Großstädten sogar achtzig Prozent. In Großbritannien betrug der Anteil dreißig und in Frankreich zwanzig Prozent.[2] Dieses Ergebnis entsprach dem heimlichen Wunsch der Naziführer und dem pueril-theatralischen Zug, der dem Nationalsozialismus von Anfang an eigen gewesen war, vor allem Hitler: Wenn ihnen der Sieg nicht beschieden war, wollten sie zumindest für eine dramatische Katastrophe, ein beeindruckendes Schauspiel des Untergangs in Trümmern und Flammen sorgen, das die Welt so schnell nicht vergessen sollte. Dies war auch ein Weg, Unsterblichkeit zu erlangen. Goebbels hatte, im gewohnten bombastischen Stil, etwas Derartiges sogar ausdrücklich angekündigt.[3] Es gelang ihnen allerdings nicht, die Welt oder auch nur Deutschland so zuzurichten, daß sie für Jahrzehnte wüst und leer blieben. Die Regenerationsfähigkeit einer modernen Gesellschaft, die über ein ungeahntes technisch-wissenschaftliches Potential verfügt, gab offenbar doch den Ausschlag gegenüber der Vernichtungskraft des Krieges und der Regie des geschlagenen, von Rache besessenen Diktators. Im Augenblick ihres Untergangs jedoch schienen die Nazis der Verwirklichung ihres Ideals recht nahe gekommen zu sein: Viele

Millionen Menschen jeder Nationalität und sozialen Herkunft waren ins Elend gestürzt worden, hatten Hab und Gut verloren, zogen als zerlumpte Obdachlose ziellos durch Europa, mit zerrütteter Gesundheit, ihrer Angehörigen beraubt; nicht selten war ihr Leben eher ein Vegetieren, bei dem nichts anderes zählte als die nächste Mahlzeit und eine Schlafstelle für die Nacht. Die offizielle Bezeichnung *Displaced persons* wurde nach der deutschen Kapitulation bald zu einem Begriff und zum Synonym für rechtlose, überflüssige Existenzen. Hunderttausende dieser völlig mittellosen, vertriebenen oder aus Lagern befreiten Menschen wurden von den Siegermächten, beim Versuch, das Chaos einigermaßen in den Griff zu bekommen, zunächst wieder in Lagern gesammelt; die dortigen Zustände unterschieden sich in manchen Fällen nur dadurch von den deutschen Lagern, daß die systematischen Quälereien fehlten.

Im Zusammenbruch des Nationalsozialismus hat sich übrigens, nach all den blendenden Triumphen und seiner titanischen Machtentfaltung, wieder sein Ursprung offenbart: der Zerstörungstrieb aus der Bahn geratener, von Ressentiments beherrschter Existenzen und ihr unterschwelliger Haß auf die Zivilisation und ihre geistigen und moralischen Werte. Dieser Zerstörungstrieb hatte sich zwar mit einem messianischen Mythos und mit verführerischen pseudowissenschaftlichen Theorien verbinden können – Mythen, an die Menschen durchaus aufrichtig glauben konnten. Dennoch war er in der Lehre und im ganzen System immer als Grundimpuls wirksam und beschleunigte am Ende den Fall. Es schien, als habe Hitler letztlich nichts anderes als diesen Fall gewollt, unter einem Zwang, der stärker war als sein bewußtes Wollen und seine Lebensenergie.

Angesichts der Katastrophe gelangte man allenthalben zu dem Schluß, daß man bei der Regelung der internationalen Beziehungen von Grund auf neu beginnen müsse. Wie 1918 hatte man das Gefühl, dieser Krieg müsse der allerletzte gewesen sein. Und wie damals sprach die amerikanische Regierung, noch mit Roosevelt an der Spitze, im Namen aller, die so dachten, und trat in dieser Hinsicht in die Fußstapfen Wilsons, der in seiner Zeit eine bessere Welt, eine Welt des Friedens und der Freiheit, verkündet hatte. Die Alliierten hatten den Völkern der Welt schon während des Krieges, vor allem auf Initiative des amerikanischen Präsidenten, in mehreren Erklärungen ein Konzept für eine solche Zukunft vorgestellt, einen Gegenentwurf zur faschistisch-nationalsozialistischen Zukunft – zuerst in der Atlantikcharta, die

Roosevelt und Churchill im August 1941 vereinbart hatten (als sich Amerika noch gar nicht im Krieg befand!). Die Sowjetunion hatte ihr Einverständnis erklärt, da es sich um eine ganz allgemeine, wohlklingende Grundsatzerklärung handelte, die noch auf ganz unterschiedliche Weise konkretisiert und interpretiert werden konnte. Den Völkerbund hatte man nach seinem offenkundigen Versagen in aller Stille aufgelöst, und schon in der Phase der Kapitulation Deutschlands waren in San Francisco als neue Weltorganisation die Vereinten Nationen gegründet worden – Roosevelts und Amerikas liebstes Kind. Der plötzliche Tod des Präsidenten im April 1945, noch vor den Gründungsfeierlichkeiten, hatte zwar einen Schatten auf dieses Ereignis geworfen, änderte aber nichts an der Tatsache, daß die historische Stunde Amerikas gekommen war. Als einer der Hauptakteure sehr viel stärker in den Krieg einbezogen als 1918, mußten die Vereinigten Staaten hier eine einmalige Chance für die Erfüllung ihrer großen historischen Mission sehen, die Welt mit den amerikanischen Freiheiten zu beglücken, eine Chance, wie sie sich noch nie ergeben hatte. Noch war der Krieg gegen Japan nicht zu Ende, aber am amerikanischen Sieg war nicht mehr zu zweifeln, und gerade dieser Kampf war vor allem eine Sache der Vereinigten Staaten, mit dem britischen Commonwealth als Juniorpartner. Das verschaffte Amerika eine unvergleichlich viel stärkere und einflußreichere Position, als es sie je gehabt hatte.

Als Deutschland im Mai 1945 kapitulierte, konnten die geplagten, von Friedenssehnsucht beherrschten Völker Bilder der siegreichen Militärs aus Ost und West sehen, Eisenhower, Montgomery und Schukow als lächelnde Kriegskameraden, Seite an Seite. Und bald sah man auch die politischen Führer bei der Potsdamer Konferenz, im Zentrum und auf den Trümmern des zerschmetterten Nazireiches: Stalin, Churchill, an dessen Stelle bald der neue Premier Attlee trat, und der frischgebackene amerikanische Präsident Truman. Die beiden Neulinge, die sich in ihre Aufgabe erst noch hineinfinden mußten, neben dem alten Diktator: Es konnte für einen Augenblick so aussehen, als sei dies symptomatisch für die Unbeständigkeit der demokratischen Regierungen im Gegensatz zur Stabilität der unbeirrbaren Sowjetführung. Was die optimistischen Erklärungen angeht, die für die Öffentlichkeit bestimmt waren, so mußte jeder Mensch mit halbwegs empfindlichem Gehör die harten Dissonanzen in diesem Konzert heraushören. Daß Allianzen im Streit auseinanderbrechen, sobald der Gegner besiegt ist und die Verteilung der Beute ansteht, ist nichts Besonderes, eher scheint es eine historische Gesetzmäßigkeit. Aber im Falle des Westens und der Sowjetunion handelte es sich um einen fundamentalen Antagonismus, und das Bündnis war von Anfang an vom Bewußtsein dieses Antagonismus und von unterschwelligem Mißtrauen geprägt. Je deutlicher sich der Sieg abzeichnete, um so klarer waren auch die unüberbrückbaren Gegensätze in allen entscheidenden Fragen zutage getreten. Im Vergleich dazu hatte 1919 in Versailles, was politische und gesellschaftliche Grundsatzfragen anging, unter den Siegern weitgehende Einigkeit bestanden. Bei den Gipfelkonferenzen der Staatschefs der drei kriegführenden Großmächte in Teheran (Dezember 1943) und Jalta (Februar 1945) hatte man um des gemeinsamen Kampfes und der Kampfmoral willen die heikelsten Probleme teils hinter schön formulierten Solidaritätserklärungen verborgen und teils vor sich her geschoben. Es wäre falsch, hier einfach von bewußter Irreführung zu sprechen. Man befand sich mitten in stürmischen Entwicklungen, im Zusammenhang mit dem Krieg gab es noch zahlreiche unberechenbare Faktoren, und der Kampf gegen Deutschland war das erste und allerwichtigste Ziel. Man durfte die Gegensätze nicht allzu stark betonen, schon deshalb nicht, weil der Feind auf das Zerbrechen der Allianz spekulierte. In der Geschichtsschreibung ist das später, als man Hitlers Niederlage als selbstverständliches Faktum voraussetzen konnte, zuwenig beachtet worden. Ein gewisser Optimismus im Hinblick auf ein mögliches gutes Einvernehmen, auch in der Zukunft, war psychologisch notwendig, um den Kampf durchzustehen. Dennoch zeichnete sich immer deutlicher ab, daß jeder Sieger dort, wo er die Macht besaß, sein eigenes Gesellschaftssystem einführen würde. Das war unvermeidlich, jedenfalls ist nicht ohne weiteres erkennbar, wie die Dinge sich anders hätten entwickeln können.

Es war nicht zu bestreiten, daß die Sowjetunion bei weitem den höchsten Tribut entrichtet und jahrelang mörderische Schläge ohnegleichen hingenommen hatte. Allein in der Schlacht um Stalingrad waren mehr Russen gefallen als Amerikaner im gesamten Krieg. Entgegen der Erwartung oder Hoffnung von vielen war die Sowjetunion nicht zusammengebrochen, im Gegenteil. Als sich das Blatt gewendet hatte, auch dank des unerschöpflichen Reservoirs an Menschen und Rohstoffen, hatte die Rote Armee Hitlers Wehrmacht aus Ost- und Mitteleuropa vertrieben und die Hauptstadt des Reiches erobert. Kein Staatsmann hätte es unter diesen Umständen versäumt, seinen Partnern die Rechnung zu präsentieren und entsprechenden

Einfluß zu fordern. Ebensowenig wie die Deutschen konnten die Sowjets in den Territorien, die sie besetzten, irgendeine Form von liberalem und demokratischem System dulden, das nur eine ständige Provokation für ihre Staatsdoktrin dargestellt und ihre Macht untergraben hätte. Und Stalin erwies sich ganz als der Mann, der in der Lage war, alle nur denkbaren Vorteile aus der starken Position zu ziehen, in die er durch den Kriegsverlauf geraten war. Das bedeutete, daß Moskau überall dort, wo die Rote Armee jetzt stand, das Sagen hatte, allen Grundsatzerklärungen zu freien Wahlen und zum Selbstbestimmungsrecht der Völker zum Trotz. Da nach der leninistischen Doktrin allein die kommunistische Partei die wahren Interessen des Volkes vertreten konnte, verstanden die Sowjets unter Demokratie die Ausschaltung aller antikommunistischen Kräfte. So konnten auch Wahlen nach ihrer Auffassung erst stattfinden, wenn die sogenannten Volksfeinde mundtot gemacht und der Sieg der Kommunisten sichergestellt war. Die Strategie war grundsätzlich überall die gleiche: Es wurde dafür gesorgt, daß die in Moskau geschulten nationalen kommunistischen Komitees im eroberten Land die zentralen Positionen in die Hand bekamen und über ein sorgfältig aufgebautes Netzwerk Gewerkschaften und andere gesellschaftliche Organisationen infiltrierten. Zu Anfang schlossen sie Koalitionen mit anderen Parteien nicht aus, womit sie gegenüber den westlichen Partnern, was demokratische Grundsätze betraf, den Schein wahrten. Aber jeder echte Widerstand gegen den kommunistischen Kurs wurde schnell mit den bewährten stalinistischen Methoden gebrochen. Unabhängige Persönlichkeiten wurden als Konterrevolutionäre oder Faschisten gebrandmarkt oder verschwanden spurlos. Da von der Roten Armee in Besitz genommene Territorien sofort hermetisch abgeriegelt wurden, konnte sich die Außenwelt kein klares Bild machen, was die Ungewißheit und Unruhe verstärkte. Churchill sprach im Frühjahr 1945 suggestiv von einem »eisernen Vorhang«, der mitten in Europa gefallen sei, vom Baltikum bis Triest – ein Bild, das schon Goebbels gebraucht hatte und das recht genau die Lage wiedergab, die von jetzt an ein halbes Jahrhundert lang herrschen sollte. Im Hinblick auf das wichtigste der von den Sowjets eroberten osteuropäischen Länder, Polen, hatten sich die Standpunkte von Anfang an als unvereinbar erwiesen, und der Westen hatte sich mit vagen Zusagen Stalins zur Tolerierung einer Koalitionsregierung begnügen müssen. Man stand hier, wie überall in Ost- und Mitteleuropa, vor vollendeten Tatsachen. Die Sowjets hatten von neuem den östlichen Teil Polens annektiert (wie im Pakt mit Hitler vereinbart) und beanspruchten deutsche Gebiete östlich von Oder und Neiße als Entschädigung für das neue Polen, das auf diese Weise unweigerlich zu einem Satelliten Moskaus werden mußte.

Als hartgesottener Machtpolitiker und illusionsloser Realist ging Stalin davon aus, daß man Europa, den tatsächlichen Machtverhältnissen entsprechend, in Einflußsphären aufteilen werde. Er hatte deshalb auch kein Interesse daran, sich in die Politik der Amerikaner und Briten in ihrem Machtbereich einzumischen, und nahm an, hierbei handle es sich um eine stillschweigende Übereinkunft auf Gegenseitigkeit. Die Amerikaner wollten aber eine universelle demokratische Ordnung ohne Einflußsphären. Das Ergebnis hätte nur eine liberale Pax Americana sein können – wie die Briten früher eine Pax Britannica angestrebt hatten –, auch was die gesamte europäische Wirtschaft betrifft, deren Grundlage dann ein bis zu einem gewissen Grade kapitalistischer Freihandel bilden mußte. Hauptsächlich Roosevelt glaubte die Sowjets hierfür gewinnen zu können, und deshalb legte er soviel Wert auf die Grundsatzerklärungen. Churchill und die Briten waren weniger naiv, aber sie waren auch immer abhängiger von ihrem mächtigen transatlantischen Partner geworden, und so schlossen sie sich dessen Forderungen an, wenn sie sich auch nicht so viele Illusionen über eine Bekehrung der Russen zu Demokraten im westlichen Sinne machten. Darum versuchte der britische Premier zugleich insgeheim, mit Stalin zu klaren Vereinbarungen zu kommen, war er doch davon überzeugt, daß eine Aufteilung Europas in Einflußsphären unvermeidlich sei. Im Grunde fuhr er einen eigenen Kurs zwischen nüchterner Machtpolitik im Sinne Stalins und demokratischem Universalismus im Sinne Roosevelts und der Amerikaner. Das hat die Verwirrung in gewisser Weise noch vergrößert und vor allem Illusionen geweckt. Nach Jalta wurde bald klar, daß sich die Sowjets um jene allgemeinen Erklärungen kaum kümmerten, zumal Stalin glaubte, daß sie ohnehin nur rhetorische und propagandistische Bedeutung hätten, bestimmt für die Öffentlichkeit in den westlichen Ländern; in dieser Meinung war er noch von Roosevelt selbst bestärkt worden, der alles tat, um den Kremlherrscher für sich zu gewinnen. Als man in Potsdam zusammentraf, hatten sich die Spannungen angesichts des sowjetischen Vorgehens, das die Amerikaner nun als Verstoß gegen die Vereinbarungen betrachteten, schon beträchtlich erhöht.

Von Historikern ist viel über das schnelle Zerbrechen des Bündnisses, über Ursachen und Schuld geschrieben worden. Selten war das Mißverhältnis zwischen der Realität und allgemeinen Erklärungen zu einer Zukunft des Friedens und der harmonischen Zusammenarbeit schneller zutage getreten, und selten war es krasser gewesen als jetzt. Selten sollte offizielle Freundschaft so rasch in unverhüllte erbitterte Feindschaft umschlagen, die sogar das Schreckgespenst eines neuen Krieges heraufbeschwor. Im Mittelpunkt der historischen Diskussion steht die Jalta-Konferenz, deren Vereinbarungen sich als entscheidend für die Machtverhältnisse der Nachkriegszeit erwiesen, so entscheidend wie die Tatsache, daß andere, eigentlich notwendige Vereinbarungen nicht getroffen wurden. Für amerikanische und andere westliche Historiker, auch für osteuropäische Emigranten, wurde vor allem Roosevelt zur Zielscheibe der Kritik. Man warf ihm vor, er habe Osteuropa an Stalin verschachert und damit die Spaltung des Kontinents und die unerhörte Expansion des Kommunismus erst möglich gemacht. Verteidiger des damals schon offensichtlich kranken und erschöpften Präsidenten haben entgegnet, daß nicht die Vereinbarungen, sondern ihr offener Bruch durch Stalin die Ursache des Konflikts gewesen sei, daß die Regelungen außerdem noch allerlei Fragen offenließen, und vor allem, daß der noch nicht erkämpfte Endsieg Priorität gehabt habe. Dies sei auch der Grund dafür gewesen, daß Roosevelt die Sowjetunion für den Krieg gegen Japan gewinnen wollte, und für seine Bereitschaft, Stalins Zusage dann wiederum mit Entgegenkommen auf anderen Gebieten zu honorieren. Daß sich diese Hilfe später als überflüssig erweisen sollte, da Amerika Japan durch den Einsatz der Atombombe im August 1945 sofort in die Knie zwang, daß Roosevelt also einen schlechten Tausch machte, war in Jalta noch nicht absehbar. Man rechnete noch mit einem schweren Kampf gegen das Reich der aufgehenden Sonne. Andere haben argumentiert, ein Bruch sei angesichts des alten fundamentalen Antagonismus von Ost und West ohnehin unvermeidlich gewesen, die Rolle der handelnden Personen, ob sie sich nun Illusionen hingaben oder nicht, dagegen von untergeordneter Bedeutung. In jedem Fall wäre es zur Konfrontation zwischen dem liberalen kapitalistischen System und der kommunistischen Diktatur gekommen, wie schon in der Vergangenheit, vor ihrem unnatürlichen Bündnis.

Diese These ist tatsächlich kaum anzufechten: Beide Systeme vertraten eine universalistische Lehre und hatten universalistische Ansprüche. Beide betrachteten eine Welt, die nicht nach ihrem Ebenbild geformt war, als unvollkommen, und im Grunde hätten sie sich auf die Dauer gar nicht mit der Existenz einer anderen Gesellschaftsordnung abfinden können. Für Amerika und den Westen blieb die weltweite Verbreitung der liberalen kapitalistischen Demokratie das natürliche Endziel der Geschichte, im gleichen Maße, wie für die Sowjetunion und ihre Anhänger die kommunistische Gesellschaft. Stalin ergriff natürlich die Gelegenheit, innerhalb des gewaltigen von seinen Armeen eroberten Gebietes seine Herrschaft und sein System zu etablieren, verzichtete aber ganz im Sinne seiner pragmatischen Aufteilungspolitik auf universalistische revolutionäre Proklamationen, wie Lenin sie 1917 in die Welt geschleudert hatte – schon allein, weil sein Vertrauen in spontane revolutionäre Bewegungen gleich null war; sie paßten nicht zu der zentralistischen Machtstruktur, auf der seine Position und die der Sowjetunion beruhte. Um die Verbreitung des Kommunismus dort zu fördern, wo Moskau keine Macht hatte, gab es andere Methoden – Infiltration feindlicher Organisationen und Machtzentralen, fünfte Kolonnen, auf die Massen ausgerichtete Propaganda. Vor allem aber mußte man ganz genau auf die unvermeidlichen Krisensymptome des Kapitalismus achten und entsprechend handeln, um dessen Untergang zu beschleunigen. Obwohl dieses Endziel unverzichtbarer Bestandteil der Ideologie und des marxistisch-leninistischen Kalenders blieb, deutet viel darauf hin, daß der alte Diktator dies tatsächlich als Zukunftsmusik betrachtete. Vorrang hatten die Konsolidierung und der Ausbau seines Systems innerhalb des Gebietes, das seine Armeen, im Grunde dank Hitlers Aggression, schließlich besetzt hatten. Dagegen versuchten die Amerikaner gerade jetzt, alle für ihre universalistische Ordnung zu gewinnen, die auch das Ideal der meisten westeuropäischen Länder war. Anders als Stalin betrachteten sie tatsächliche Macht nicht als Vorbedingung für die Verwirklichung oder Verbreitung ihres Ideals, so sehr glaubten sie an die Überzeugungskraft und Überlegenheit ihrer demokratischen Idee und ihrer Normen.

Im Grunde haben die Westmächte in Jalta nichts an Stalin verschenkt, was dieser nicht de facto schon besaß. Außerdem hatten sie sich gerade erst vom Schrecken der überraschenden deutschen Ardennenoffensive erholt, während die Rote Armee auf der ganzen Linie vorrückte. Es gab für sie zwei Möglichkeiten: Sie konnten die Aufteilung Europas in Einflußsphären offen akzeptieren und das Recht des anderen anerkennen, in seiner Sphäre zu tun, was er für richtig hielt, oder versuchen, die Sowjets zur Übernahme der universalistischen Prinzipien des Westens zu bewegen. Das erste wäre letztlich nichts anderes als unerträglicher, zynischer Verrat am Geist des Kampfes gegen die Hitlertyrannei und an den ideellen Zielen gewesen, die Washington und London den kämpfenden Völkern als leuchtendes Zukunftsbild und zur Rechtfertigung all ihrer Opfer vor Augen gehalten hatten. Vor allem die Tausende polnischer Freiwilliger, die auf der Seite des Westens gegen Deutschland und für ein freies demokratisches Polen gekämpft hatten, hätten sich schändlich betrogen gefühlt. Eine solche Politik war im Zeitalter der Politisierung und Ideologisierung der Massen vollkommen unmöglich geworden. Jenes Zukunftsideal hatte auch die Regierungen und Führer selbst beeinflußt, und gerade die Amerikaner konnten es jetzt unmöglich eiskalt verleugnen. Also mußte man zwangsläufig den zweiten Weg wählen, aber dies bedeutete, daß man auf die freiwillige Mitarbeit der Sowjets angewiesen blieb. Dies war der Grund, weshalb Roosevelt und die Amerikaner auf die allgemeinen Grundsatzerklärungen soviel Wert legten; sie sollten eine Art moralische Garantie bieten, wo die eigene Macht nicht ausreichte. Zweifellos machte sich der Präsident hier Illusionen. So ausgeprägt seine Aversion gegen Hitler gewesen war, so gründlich irrte er sich in Stalin; sicherlich spielte ihm hier auch seine Eitelkeit einen Streich, denn offenbar überschätzte er seine persönliche Wirkung auf den Diktator. Dennoch wäre unter den gegebenen Umständen für die westlichen Verbündeten ein anderer Kurs, da sie auch Rücksicht auf die Weltmeinung nehmen mußten, kaum möglich gewesen. Was man nicht oder nicht klar genug erkannte, war die Tatsache, daß die Sowjets die Grundsatzerklärungen erstens – ihrer Gewohnheit entsprechend, solche Erklärungen zu instrumentalisieren – als bloße Propaganda auffassen und zweitens anders interpretieren konnten. Inwiefern sie hierbei ihre Partner bewußt getäuscht haben, ist unklar. Auf jeden Fall glaubten die westlichen Staatsmänner angesichts der verbalen Übereinstimmung das Beste hoffen zu dürfen, so daß sie dann im abweichenden Vorgehen der Sowjets einen schnöden Vertrauensbruch sahen. Die dritte Möglichkeit – offene, harte Konfrontation, ein *Showdown*, falls Stalin nicht einlenkte – kam in dieser Endphase des Titanenkampfs gegen Deutschland weder politisch noch militärisch, noch psychologisch in Frage. Das war keine reale Möglichkeit.

Im Grunde ist es deshalb nicht richtig zu sagen, der Westen habe in Jalta Verrat begangen oder sich auf einen gewissenlosen Kuhhandel eingelassen. Diese Beschuldigung war eine emotionale Reaktion, sie ging auf eine sehr begreifliche tiefe Enttäuschung und Verbitterung zurück, vor allem bei vielen Osteuropäern. Die Teilung Europas war eine Tatsache, die sich zwangsläufig aus dem Verlauf des Krieges und aus den militärischen Kräfteverhältnissen ergab. Osteuropa konnte seiner geographischen Lage wegen nur durch die Rote Armee von der deutschen Herrschaft befreit werden. So tauschte es eine Diktatur gegen die andere. Allenfalls konnten die von westlicher, vor allem amerikanischer Seite geweckten Erwartungen diese Realität verdecken oder schönen. Berechtigt waren solche Erwartungen nicht, wie die Monate nach Jalta zeigen sollten. Wobei es von untergeordneter Bedeutung ist, ob der Westen bei einer anderen Politik in manchen Fragen vielleicht etwas mehr hätte erreichen können. Da Churchill, der sich über Stalin weniger Illusionen machte, bei dieser und bei anderen Gelegenheiten offen mit dem Sowjetdiktator aneinandergeriet, wurde gleich erkennbar, wo Moskau unter keiner Bedingung zu irgendwelchen Konzessionen bereit war, weil sie nach seiner Auffassung seine Machtposition gefährdet und seine Ordnung untergraben hätten.

In Potsdam ließ man die wichtigsten Frage offen. Mit dem besiegten Deutschland konnte man keinen Frieden schließen; es gab keine deutsche Regierung. Man war sich darüber einig, daß der Nationalsozialismus samt all seinen Gesetzen und Institutionen und der deutsche Militarismus mit Stumpf und Stiel ausgerottet werden mußten und daß sich alle Verantwortlichen für ihre Verbrechen vor Gericht verantworten sollten. Die noch von Hitler eingesetzte Regierung Dönitz wurde deshalb auch unverzüglich verhaftet. Das Land sollte vorläufig von den Siegern gemeinsam regiert werden, in deren Kreis jetzt (vor allem auf Drängen der Briten) auch Frankreich als vierter Partner aufgenommen wurde. So kam es zu jener bemerkenswerten Degradierung eines großen besiegten Volkes, zu jenem Zustand vollkommener politischer Unmündigkeit, der ohne Beispiel war. Er war jedoch eine unausweichliche Folge der verhängnisvollen, bis zum bitteren Ende unlösbaren Verflechtung dieses Volkes mit dem Naziregime. Über die wichtigsten anderen Fragen konnte man sich dagegen nicht einigen: weder über die Reparationen, die Deutschland aufzuerlegen waren, noch über die Grenzen des Landes, die formal bei einem Friedensschluß mit einer künftigen deutschen Regierung festgelegt werden sollten. Die Sowjets hatten unverzüglich damit begonnen, aus ihrer Besatzungszone alles fortzuschaffen, was sie gebrauchen konnten – ganze Fabriken wurden nach Rußland gebracht, zum

Teil einschließlich der Techniker –, womit sie eine gemeinsame Reparationspolitik von Anfang an unmöglich machten. Dieses rabiate Vorgehen war bis zu einem gewissen Grade verständlich, weil das wichtigste deutsche Industriezentrum, das Ruhrgebiet, dem Westen in die Hände gefallen war und die Russen nicht sicher sein konnten, daß man ihnen bei seiner Verwaltung vollständiges Mitspracherecht zubilligen würde, während sie aus den ungeheuren Zerstörungen im eigenen Land das Recht ableiteten, den größten Anteil an deutschen Reparationszahlungen und deutschen Gütern zu beanspruchen. Indem sie zu ihrer eigenen Sicherheit in ihrer Zone vollendete Tatsachen schufen und keinen Einblick in den Umfang ihrer Beute gewährten, verstärkten sie den Argwohn der Westmächte, die nun immer weniger bereit waren, ihnen aus ihren eigenen Zonen noch zusätzliche Reparationslieferungen anzubieten. Außerdem befürchtete der Westen, ein völlig zerrüttetes und verarmtes Deutschland werde eine leichte Beute für den Kommunismus sein, und da man sich auch an die Misere der Reparationszahlungen in den zwanziger Jahren erinnerte, waren Amerikaner und Briten darauf bedacht, allzu hohe Reparationsleistungen zu verhindern; diese durften auf keinen Fall einen solchen Umfang erreichen, daß sie selbst – das heißt ihre Steuerzahler – für den Unterhalt der deutschen Bevölkerung sorgen müßten. Deutschland sollte darum so schnell wie möglich wieder genug produzieren und exportieren können, ungeachtet seiner Verpflichtung, den angerichteten Schaden wiedergutzumachen. Dieser Schaden war jedoch, auch im Vergleich zum Ersten Weltkrieg, wegen der großangelegten Raubzüge und der rücksichtslosen Ausbeutung der unterworfenen Völker einfach ungeheuerlich und im Grunde gar nicht mehr zu beziffern, und der einzige gangbare Weg war deshalb, das Land auf unbestimmte Zeit zu ständigen Lieferungen und Reparationszahlungen zu verpflichten, die es verkraften konnte, ohne in eine Katastrophe zu stürzen. Ein großer Teil der deutschen Bevölkerung lebte ja seit dem Zusammenbruch schon am Rande des Existenzminimums oder sogar darunter – eine Situation, die durch die Zerstörungen noch verschlimmert wurde, denn in den Städten hausten in der ersten Zeit Tausende von Menschen dichtgedrängt in Bunkern oder Verschlägen unter Trümmerhaufen. Es kam noch hinzu, daß ungefähr zwölf Millionen Deutsche aus den jetzt Polen und der Tschechoslowakei zugeteilten Gebieten vertrieben wurden, was mit viel Gewalt einherging. Der Haß, den das deutsche Regime durch seine Untaten geweckt hatte, entlud sich in Racheakten.

Daß der bedeutendste Teil der alliierten (vor allem amerikanischen) Hilfslieferungen – Nahrungsmittel und andere lebensnotwendige Dinge – zunächst an die Länder ging, die von den Deutschen besetzt und ausgeplündert worden waren und in denen ebenfalls Mangel und Not herrschten, verstand sich von selbst. So fuhr jeder Sieger fast von Anfang an in seiner Zone seinen eigenen ökonomischen und bald auch politischen Kurs. Dabei wartete man formell das Zustandekommen eines gemeinsamen Plans ab, aus dem dann doch nichts wurde – unter anderem gerade weil jeder schon sein eigenes Süppchen kochte, mit der Einschränkung, daß sich die drei Westalliierten in den Hauptfragen weitgehend einig waren. Eine gemeinsame Verwaltung kam nicht zustande, weil sie in dieser Frage immer wieder in Konflikt mit den Sowjets gerieten. Zusätzliche Komplikationen entstanden dadurch, daß sich die Franzosen querlegten: Sie wollten überhaupt keine Einheit Deutschlands, diese war aber ein Ziel, an dem die drei anderen zumindest grundsätzlich festhielten.

Eines wenigstens stand für die Sieger felsenfest: Deutschland durfte Europa nie wieder in blutiges Elend stürzen; in dieser Hinsicht waren sich Ost und West einig. Einen ähnlichen Schwur hatten zu ihrer Zeit auch die Sieger in Versailles getan, aber diesmal war die Forderung um einiges überzeugender zu begründen, hatte man doch ein unendlich viel gefährlicheres, aggressiveres und rücksichtsloseres Deutschland erlebt. Man verfügte nun auch über alle Machtmittel, um das militärische Potential des Landes endgültig zu vernichten. Außerdem wollte man das deutsche Volk in demokratischem Geist erziehen, sobald alle Schuldigen bestraft und aus der Gesellschaft entfernt waren. Dieses »Entnazifizierungsprogramm«, die gezielte Umerziehung eines ganzen Volkes durch andere, war in diesem Sinne auch ohne Beispiel in der Geschichte. Ein erster zaghafter Ansatz war schon darin zu erkennen gewesen, daß die Entente 1918 ihren Willen erklärt hatte, allein mit einer demokratischen Regierung zu verhandeln. Damals war auch schon der Begriff »Kriegsverbrecher« aufgekommen. Kaiser Wilhelm II. hatte sich als solcher vor Gericht verantworten sollen – es kam nicht dazu, weil die Niederlande sich weigerten, den Flüchtling auszuliefern. Dieses Vorhaben war aber schon ein deutliches Anzeichen dafür, daß der Westen eine universelle demokratische Ordnung anstrebte, bei der alle Staaten allgemeingültigen Normen unterworfen sein sollten. Es war ein Anzeichen für den sich unaufhaltsam vollziehenden Übergang zu einem Zeitalter der Ideologisierung, die mit den totalitären Regimen bald ihren Höhepunkt erreichen sollte. Jetzt, 1945, schien die Gelegenheit gekommen, eine solche demokratische Ordnung zu verwirklichen. Die totale militärische Niederlage hatte die Deutschen den Siegern vollkommen ausgeliefert, und die Aufdeckung der Untaten, die Tausende von ihnen in ihrer aller Namen begangen hatten, verursachte moralische und geistige Desorientierung und Ziellosigkeit. Die westlichen Alliierten stießen aber auf den Widerstand der Sowjetunion, die nun ebenfalls ihre Chance erkannte, in Deutschland ihre eigene Ordnung einzuführen. Für Moskau stand nach wie vor fest, daß Faschismus und Nazismus Seitentriebe des Kapitalismus seien und daß nur ein kommunistisches Deutschland eine Garantie für eine wirkliche Wiedergeburt bieten könne. Am schwersten wog hier der Wunsch der Sowjetunion, sich durch einen möglichst breiten Gürtel befreundeter – und das konnte nur heißen: kommunistischer – Staaten gegen jede Art von westlicher Aggression zu sichern. Die Interventionsversuche von 1919-1920, die polnische Invasion von 1921 und schließlich der deutsche Überfall konnten leicht als Symptome des unversöhnlichen Gegensatzes von Kapitalismus und Kommunismus aufgefaßt werden. Stalin interpretierte die Geschichte von seinem Standpunkt aus. Pax Americana bedeutete zwangsläufig auch die Einführung einer liberalen kapitalistischen Ordnung, die eine Bedrohung für das Sowjetimperium und seine geschlossene Planwirtschaft bedeutete. Hier stießen zwei universalistische Gesellschaftsideale aufeinander, der wichtigste Grund dafür, daß eine gemeinsame Verwaltung nicht zustande kam und Deutschland in zwei Teile zerfiel. Von zweitrangigen Einzelheiten abgesehen, ist deshalb eine klare Schuldzuweisung problematisch. Jeder sah im Vorgehen des Gegenspielers einen mutwilligen Expansionsversuch. Hier liegt auch die Ursache für die Verwechslung von Schuld oder Unschuld im Sinne moralischer und demokratischer Normen mit Schuld oder Unschuld im formalen und rein politischen Sinn, wenn es um die Ursachen jener Konfrontation geht – eine Verwechslung, die übrigens in der westlichen Geschichtsschreibung häufig vorkommt. Sie wurde gewiß noch durch die jüngsten Erfahrungen mit Hitler begünstigt, denn Aggressivität und Expansionismus identifizierte man jetzt automatisch mit einer Diktatur.

Was nach dem Ersten Weltkrieg nicht möglich gewesen war, geschah jetzt. Man brachte die Führer des Dritten Reiches vor einen Gerichtshof, der als internationaler bezeichnet wurde, in Wirklichkeit aber ganz in der

Hand der drei Sieger und Frankreichs war. Von den prominenten Nazis hatten Hitler, Goebbels und Himmler Selbstmord begangen. Die meisten anderen hatte man dingfest machen können. Mit den Nürnberger Prozessen begann ein neues Kapitel der internationalen Rechtsgeschichte und Politik, in dem klar das Streben nach einer universellen Ordnung erkennbar wurde. Der Prozeß gegen die Hauptkriegsverbrecher sollte der erste in einer langen Reihe sein. Der Ausdruck »Kriegsverbrecher«, 1918 und gewiß in bezug auf Wilhelm II. völlig deplaziert, wurde jetzt zu einem festen Begriff. Aus rein juristischer Sicht war dies nicht ganz unproblematisch. Erstens ist die Definition schwierig. Gewalt, also auch die Vernichtung von Gegnern, ist seit jeher eine mehr oder weniger natürliche Folgeerscheinung von Machtpolitik, so daß fast zwangsläufig ideologische, nationale und andere sehr unterschiedliche Normen darüber bestimmen, was man als gerechtfertigt und was als verbrecherisch ansieht. Hier gibt es immer ein Grenzgebiet, zumal »Krieg« als solcher ein Ereignis ist, bei dem Gewalt und Tod Normalität sind. Trotzdem hat man sich auf international gültige Regeln und Kriterien geeinigt, die zwischen Gewalt und Gewalt unterscheiden und nach denen man fortan bestimmte Gewalttaten gegen Wehrlose als Verbrechen klassifizieren und bestrafen konnte. Ein zweites Problem der Prozesse gegen die Mächtigen des Dritten Reiches war der alte, feste Rechtsgrundsatz *nulla poena sine lege* (keine Strafe ohne Gesetz). Hier wurden Personen teilweise für Taten verurteilt, die von der internationalen Gemeinschaft vorher nicht formal als Kriegsverbrechen gebrandmarkt worden waren. Dennoch wurden die Prozesse in der Welt überwiegend als gerechtfertigt und notwendig begrüßt. Das allgemeine Rechtsgefühl konnte hier keine formalen juristischen Argumente akzeptieren, und diese haben auch kaum eine nennenswerte Rolle gespielt. Das Entsetzen angesichts der Entdeckungen in den Lagern und all der anderen Untaten, die das Nazireich in Europa begangen hatte, ließ den Ruf nach Abrechnung und Strafe laut werden. Die Massenmorde und Grausamkeiten gingen über alles, was man bisher an Gewalttätigkeit gekannt hatte, so weit hinaus, widersprachen so offenkundig elementaren Geboten der Menschlichkeit, daß ein vorheriges Verbot als überflüssig betrachtet wurde. Außerdem mußte für die Zukunft eine Norm gesetzt werden, um jegliche Wiederholung zu verhindern. Anfechtbar blieb die Form allerdings insofern, als Anklage und Rechtsprechung in der Hand der Sieger blieben. Ein wirklich internationaler Gerichtshof (an dem auch andere, zum Beispiel neutrale Länder beteiligt gewesen wären) hätte theoretisch den Vorzug verdient und dem Anspruch des Hofes, die ganze Menschheit und nicht nur die Sieger zu vertreten, mehr Glaubwürdigkeit verliehen. Ideal wäre es sogar gewesen, auch einen deutschen Richter einzusetzen, um den Vorwurf, hier werde Siegerjustiz geübt, von vornherein zu entkräften. Dieser Gedanke hatte jedoch wegen der Empörung und des Mißtrauens, mit denen man dem deutschen Volk begegnete, das allgemein für mitschuldig befunden wurde, keine Aussicht auf Verwirklichung; außerdem war gerade die deutsche Justiz so mit dem Dritten Reich verwoben, daß ein deutscher Richter, wenn er sich schon bereit gefunden hätte, seine früheren Herrscher zur Verantwortung zu ziehen, für seine Landsleute eher ein Nestbeschmutzer und Verräter als ein Vertreter Deutschlands gewesen wäre. Die Verteidigung der Angeklagten dagegen lag in der Hand deutscher Anwälte, was den Gegensatz der Parteien noch zusätzlich betonte. Daß die Sieger den Prozeß ganz in die Hand nahmen, kann man auch mit dem Argument rechtfertigen, daß sie es gewesen waren, die Europa befreit hatten. Ohne ihre Anstrengungen und Opfer hätte es niemals zu einer solchen Abrechnung kommen können. Die Verflechtung von Recht und Machtpolitik gehörte damit zu den Grundbedingungen der Prozesse.

Schwerer als diese Schönheitsfehler, die sich zwangsläufig aus der Situation ergaben, wog etwas anderes, und auch dies war ein Grund, weshalb die siegreichen Staaten die Sache fest in der Hand behalten wollten. Das Naziregime galt als zusammenhängendes Ganzes, und bei der Anklage ging man von dem Gedanken aus, daß all seine verbrecherischen Handlungen ebenso zusammenhingen. An sich war diese Auffassung zu rechtfertigen, aber man hatte es in Wirklichkeit doch mit ganz unterschiedlichen Aspekten und fließenden Übergängen zu normaler Machtpolitik zu tun. Man beschuldigte das Regime erstens der Aggression und zweitens vieler Verbrechen gegen die Menschlichkeit. Beide Anschuldigungen waren richtig, gehörten aber verschiedenen Kategorien an. Die Kriegsschuld lag diesmal tatsächlich eindeutig bei Berlin, bei Hitler. Diese Anklage war für die Alliierten die wichtigste. Dennoch ist nicht zu übersehen, daß Hitler seine aggressive Politik nicht im luftleeren Raum betrieben hatte, daß bei unbefangener historischer Analyse dieser Politik auch die anderen Parteien einbezogen werden müßten – Großbritannien und Frankreich, die jahrelang die deutschen Aktionen hingenommen und den Diktator in München noch bei seinem expansionistischen Vorgehen unterstützt hatten, und die Sowjetunion, die mit ihm einen Pakt zur Aufteilung Osteuropas geschlossen und ihm den Rücken freigehalten hatte, bis sie selbst seiner Aggression zum Opfer fiel. Viele hatten mit dem Führer Verträge geschlossen und freundschaftlich mit ihm verhandelt. Man hatte das Regime keineswegs wie einen Aussätzigen behandelt, und dies wäre auch gar nicht möglich gewesen. In der internationalen Politik gelten notwendigerweise andere Maßstäbe als vor Gericht. All das bedeutete aber, daß man sich eigentlich auch mit heiklen Fragen nach der Mitverantwortung anderer Staaten für Hitlers Erfolge hätte beschäftigen müssen, und dies verhinderte eine offene Behandlung der Schuldfrage, auch wenn die Richtigkeit der Anschuldigung an sich bewiesen werden konnte. Noch heikler war der Umstand, daß sich unter den Anklägern selbst eine totalitäre Diktatur mit einem ausgedehnten Netz von Straflagern befand, wenn auch das Ausland keine genauen Informationen über den Umfang und die Zustände besaß. Der Prozeß war deshalb von zwiespältigem Charakter: Der humane, ethische Maßstab hatte sich unter dem Gewicht der politischen Interessen verbogen.

Trotz dieser offenkundigen Unvollkommenheiten kamen die Prozesse einem starken Verlangen nach Gerechtigkeit entgegen, das man in allen Ländern empfand, die unter Krieg und Fremdherrschaft gelitten hatten. Sie gehörten zur Einlösung des Versprechens, daß künftig eine universelle Rechtsordnung die Welt vor Aggression und Unmenschlichkeit schützen und Verbrecher zur Verantwortung ziehen werde. Sie waren ein erster Ansatz zur Verwirklichung dieses Ideals, schufen einen Präzedenzfall und setzten damit den Kurs fest. Sie entsprachen einem elementaren Rechtsgefühl, unabhängig von der Frage, ob Anklage und Urteil in jedem einzelnen Fall befriedigend oder gerecht waren. Außerdem aber – und hierin lag ihre größte historische Bedeutung – konnte man sich durch eine Flut von Dokumenten und dank der zahlreichen Zeugen, Opfer wie Täter, zum ersten Mal ein Bild vom Ausmaß der Greueltaten, von der Funktionsweise des ganzen Systems und vom Charakter der Verantwortlichen machen – ein schockierendes Bild. Nie zuvor hatte die Welt so ungehindert einen Blick hinter die Kulissen eines Regimes werfen können.

Ein bemerkenswerter Aspekt war die würdelose Art, wie die gefallenen Machthaber ihren Glauben verleugneten. Außer Göring wollte niemand Verantwortung übernehmen, fanatisch den Nationalsozialismus verteidigen oder stilgerecht die Rolle des besiegten Helden und Märtyrers spielen. Im Gegenteil, alle fühlten sich getäuscht, waren machtlos gewesen, hatten unter Zwang gehandelt und betrachteten sich als unschuldig. Macht und Erfolg hatten offenbar all diese Männer, die sich jetzt als graues Mittelmaß präsentierten, in solchem Maße betäubt, daß jegliches Gefühl für ethische Normen ausgeschaltet war. Eigentlich verstanden sie gar nicht so recht, warum man sie jetzt für Taten zur Verantwortung zog, die sie nur als eine Form von Politik aufgefaßt hatten, da der moralische Aspekt nicht in ihren Kompetenzbereich fiel. An ihrem exponierten Ort demonstrierten diese entthronten Nazigrößen, was für nahezu die gesamte deutsche Bevölkerung galt: Mit Hitlers Tod und dem Zusammenbruch des Dritten Reiches schien sich der Nationalsozialismus verflüchtigt zu haben, als sei er eine kollektive Sinnestäuschung gewesen, ein eigenartiger Rausch. Dabei waren zweifellos viele durchschnittliche Deutsche aufrichtig überzeugt, daß sie getäuscht worden seien. Die Aufdeckung all jener Untaten bedeutete auch für sie einen Schock. Man hatte eigene Sorgen gehabt, hatte von möglichen unangenehmen Dingen nichts wissen wollen oder Angst gehabt, zuviel über sie zu erfahren, und dieses Gemisch von Gefühlen, vor allem aber die soziale Kontrolle und weitgehender Konformismus als Folge politischer Unmündigkeit hatten Millionen wehrlos gegenüber der Propaganda gemacht und so zu einer systematischen Bewußtseinsverengung beigetragen. Jetzt, da die braunen Götzen, die offenbar doch nicht aus massivem Stahl bestanden, in Scherben gefallen waren, wirkte der gleiche elementare Drang zur Anpassung an die Situation und an die herrschenden, siegreichen Mächte, der früher so viele für den Nationalsozialismus gewonnen hatte.

Die Säuberung des politischen Apparates wurde von den Alliierten mit den besten Absichten in Angriff genommen, war sie doch die Voraussetzung für eine demokratische Neuordnung. Das Vorhaben stieß jedoch auf nahezu unüberwindliche praktische Schwierigkeiten. Man konnte die prominenten Nazis aburteilen, wie in Nürnberg. Der Prozeß gegen die Hauptkriegsverbrecher endete mit einer Reihe von Verurteilungen zum Tod durch den Strang und einigen Gefängnisstrafen für die weniger Belasteten. Es gab sogar drei Freisprüche, ein Beweis dafür, daß man trotz allem nicht von einem normalen, ordnungsgemäßen Verfahren hatte abweichen wollen. Man konnte dann weitere Personen, die offenkundig Kriegsverbrecher und Massenmörder waren, zu fassen versuchen, um sie entsprechend zu bestrafen. Schwieriger wurde es bei all den Millionen im diplomatischen Dienst, in Wehrmacht, Verwaltung, Industrie, Justiz, Polizei und Bildungswesen, in den verschiedenen Sektoren des Kulturbetriebs und des öffentlichen Lebens ganz allgemein: Wie sollte man feststellen, wer Nazi gewesen war, und vor allem, in welchem Grade er sich irgendwelcher Verbrechen schuldig gemacht hatte und ob er ausgeschaltet werden mußte. Man hatte es hier mit einem unendlich komplizierten, breiten Spektrum mit fließenden Übergängen zu tun, und die Parteimitgliedschaft erwies sich schon bald als unzulängliches Kriterium. Der Kern des Problems war natürlich – anders als in den besetzten Ländern wie Frankreich, den Niederlanden oder Norwegen –, daß in Deutschland ein ganzes Volk und nicht nur eine klar erkennbare Minderheit durchleuchtet werden mußte, ein Volk, das zwölf Jahre lang durch Tausende von groben und feinen Fäden mit seinem Regime verknüpft gewesen war und deshalb nicht so einfach in Nazis und Nazigegner eingeteilt werden konnte. Hätte man eine radikale Säuberung vornehmen und im öffentlichen Leben ausschließlich diejenigen dulden wollen, die erwiesenermaßen Antifaschisten waren, hätte man den größten Teil der administrativen, ökonomischen und intellektuellen Eliten ausschalten müssen, die, wenn sie sich nicht mehr oder weniger angepaßt oder sogar irgendwann Hitlers Herrschaft ganz offen begrüßt hatten, zumindest auf keinen Fall Widerstand geleistet oder offen Kritik geäußert hatten. Ein solcher Aderlaß war unmöglich. Er hätte außerdem in weiten Teilen der Bevölkerung Verbitterung ausgelöst und jede Chance einer wirklichen demokratischen Erneuerung, die vom deutschen Volk selbst ausgehen mußte, von vornherein zunichte gemacht. So blieben die Entnazifizierungsmaßnahmen in den westlichen Zonen zwangsläufig halbherzig. Viele, die hohe Positionen bekleidet oder auf andere Weise ihre nationalsozialistische Gesinnung offenbart und entsprechend gehandelt hatten, wurden vorübergehend aus der Öffentlichkeit oder von ihren Posten entfernt, wobei auch manch fragwürdige Entscheidung fiel. Die Besatzungsmächte waren jedoch in der Verwaltung und zur Aufrechterhaltung der Ordnung auf erfahrene Kräfte angewiesen, und eine gewisse personelle Kontinuität war vor allem auf unteren Ebenen unvermeidlich.

Die Sowjets machten sich die Sache in ihrer Zone einfacher, ihren Kriterien für Faschismus entsprechend. Schon recht früh ließen sie politische Parteien zu, vorausgesetzt, daß sie sich als rechtschaffen antifaschistisch in ihrem Sinne, also als links, als sozialistisch oder kommunistisch, ausweisen konnten, und das gleiche galt für Personen, die irgendeine Rolle im öffentlichen Leben spielen wollten. Schnelle Bekehrungen zur neuen Ordnung waren dabei für sie kein Problem, sofern es sich nicht offenkundig um führende Nazis oder Kriegsverbrecher handelte, die rasch abgeurteilt und ausgeschaltet wurden. Durch allmähliche Kollektivierung von Landwirtschaft und Industrie schwächten oder vernichteten sie die ökonomisch selbständigen Mittelklassen und bereiteten die Übernahme der Führung durch die Kommunistischen Partei vor. Von Anfang an waren darum Menschen aus der sowjetischen Besatzungszone massenweise in den Westen übergesiedelt, vor allem diejenigen, die sich von der sowjetischen Herrschaft nicht gerade eine rosige Zukunft versprachen. Weil die Sowjets den Gedanken eines ungeteilten Deutschland noch nicht endgültig aufgegeben hatten, verfolgten sie zunächst aber in kultureller und politischer Hinsicht noch einen gemäßigten Kurs. Was die Verwirklichung dieser Einheit anging, wurden die Aussichten allerdings mit jedem Monat schlechter, auch weil die deutsche Frage mit der Gesamtsituation zusammenhing.

Für Europa galt schließlich das gleiche: Es zerfiel oder war schon vor dem Ende des Krieges zerfallen. In Rumänien, Bulgarien, Ungarn und Polen wurden die nichtkommunistischen Parteien schnell kaltgestellt, ihre Führer als Konterrevolutionäre oder Faschisten verhaftet; in manchen Fällen veranstaltete man umfangreiche Schauprozesse nach bewährtem Moskauer Modell, in anderen wurde sogar darauf verzichtet. Die linken Koalitionen, die zunächst toleriert worden waren, ersetzte man bis Ende 1947 durch Einheitsparteien stalinistischer Prägung, nachdem man die Wahlen zugunsten der Kommunisten manipuliert hatte, die von Anfang an alle entscheidenden Positionen besetzten. In der Tschechoslowakei, seit jeher das am deutlichsten westlich ausgerichtete der Länder, die von der Roten Armee besetzt worden waren, konnte sich zunächst noch ein verhältnismäßig demokratisches System behaupten. Das war unter anderem der flexiblen Politik des Präsidenten Edvard Beneš zu verdanken, dem es rechtzeitig gelungen war, eine entsprechende Übereinkunft mit Stalin zu treffen. Ein kaum getarnter Staatsstreich bereitete dieser Situation aber im Februar 1948 ein Ende, und von jetzt an konnte sich das Land der eisernen Umarmung des stalinistischen Osteuropa nicht mehr erwehren. Ein Sonderfall war Jugoslawien. Dort hatte eine kommunistische Partisanenbewegung unter Führung von Josip Broz, genannt Tito, nach der Vertreibung der Deutschen die Macht übernommen. Er nahm gegenüber dem Kreml eine unabhängige Position ein, und dies führte 1948 zu einem Konflikt: Tito wurde als Ketzer und Abtrünniger aus der großen, von Moskau geführten kommunistischen Familie, dem Kominform (der Nachfolgeorganisation der Komintern), ausgestoßen und gebannt. Sein Staat, ethnisch ein Flickenteppich, durch diktatorische Autorität und Herrschaft geschickt zusammengehalten, blieb neutral und sollte auf dem gespaltenen Kontinent künftig eine wundersame Ausnahmeerscheinung sein.

Das Vorgehen der Sowjets wurde im übrigen auch durch die Verhältnisse innerhalb der osteuropäischen Länder und durch bestimmte historische Faktoren begünstigt. Erstens hatten sich nämlich Rumänien und Ungarn auf die Seite Hitlers geschlagen und konnten somit als faschistische Feinde behandelt werden. In den dortigen Widerstandsbewegungen dominierten natürlich die linken Gruppen und Kommunisten. Polen hatte in London eine Exilregierung nationalistischer, rechter Prägung gehabt. Zwischen ihr und Moskau war es, was kaum überraschen konnte, zum Bruch gekommen, und dies machte es Stalin leichter, in Polen nach seinen Vorstellungen zu verfahren. Von nicht zu unterschätzender Bedeutung war aber vor allem, daß es in den genannten Ländern niemals eine wirkliche Demokratie westlichen Typs gegeben hatte. Sie tendierten zu einem rechten, reaktionären oder faschistischen Kurs, um ein Bollwerk gegen soziale Umwälzungen und den Bolschewismus zu errichten. Damit gaben sie der Auffassung Moskaus Nahrung, daß nur der Sozialismus, also der Kommunismus, Schutz gegen den Faschismus garantiere und daß eine radikale interne Säuberung notwendig sei. Die bald beginnende Unterdrückung aller freiheitlichen Ansätze in Politik und Kulturbetrieb, die unheimliche Art, Gegner kaltzustellen und plötzlich verschwinden zu lassen, das schon bekannte Schauspiel der offensichtlich von Anfang bis Ende inszenierten Schauprozesse gegen Prominente, mit Anklagen wegen verräterischer Handlungen und mit Hinrichtungen – all das zeigte deutlich, daß in diesen Ländern die eine totalitäre Diktatur durch eine andere ersetzt wurde, auch wenn man überall den Anschein zu erwecken suchte, man verschaffe nur dem Willen des Volkes Geltung. Die unübersehbare Präsenz der Roten Armee, die mit ihrem Sieg über Deutschland den Ruf erworben hatte, die stärkste der Welt zu sein, und jetzt mit Hunderten von Panzerdivisionen mitten in Europa stand, trug dazu bei, im noch vom Krieg geschwächten Westeuropa ein bedrückendes Gefühl der Bedrohung zu wekken. Trotzdem war das Vorgehen der Sowjets unter anderem auch durch den

Bruch mit dem Westen und durch Stalins Argwohn bestimmt, der Westen kehre wieder zu den Einkreisungsversuchen der Vorkriegszeit zurück, und dieser Argwohn wurde durch den Umstand, daß Amerika vorerst als einzige Macht über eine Atombombe verfügte, gewiß nicht gemindert.

Eine bedrohliche Atmosphäre breitete sich auf dem Kontinent aus. Ohne amerikanischen Beistand glaubte man sich in Westeuropa verloren. Großbritannien war erheblich geschwächt aus dem Krieg hervorgegangen, und Frankreich war nach seinem Debakel kein militärischer Faktor von Bedeutung mehr. Zum Programm des Kommunismus dagegen gehörten nach wie vor Weltrevolution und Welteroberung, wie man sich nun wieder erinnerte, und niemals schienen seine Aussichten so günstig wie jetzt. Moskau, so glaubte man, hatte diese Pläne nur vorübergehend auf Eis gelegt, um seinen Beitrag zur gemeinsamen Kriegsanstrengung zu erbringen. Diese Annahme wurde durch das, was sich in Osteuropa abspielte, voll und ganz bestätigt. Die Ost-West-Gespräche waren in allen wichtigen Fragen heillos festgefahren, und bald setzte sich im Westen die Überzeugung durch, daß nur erneute Aufrüstung und entschiedene Machtdemonstration die Sowjets von weiterer Expansion abhalten und möglicherweise zu einer flexibleren Haltung bringen können. Allerlei Zwischenfälle verschärften die Spannungen. Die Amerikaner, enttäuscht und verbittert über das, was sie als Verrat der Russen auffaßten, warfen das Ruder herum. Washington gab sein ursprüngliches Vorhaben auf, rasch zu demobilisieren und ganz auf die UN-Organisation als Wahrerin einer demokratischen Weltordnung zu vertrauen, und da man zu der Überzeugung gelangt war, daß der Kommunismus auch Amerika bedrohe, entschied man sich, die Führungsrolle in der westlichen Welt zu übernehmen, die Großbritannien nicht mehr spielen konnte. Mit der Atombombe hatten die Amerikaner eine furchtbare neue Waffe in der Hand, die sie militärisch erst einmal unangreifbar machte, aber die befürchtete kommunistische Infiltration Europas nicht hätte verhindern können. Schon Ende 1946 entschieden sie, daß Westdeutschland nicht mehr als Feind, sondern als künftiges Bollwerk gegen die kommunistische Bedrohung zu betrachten sei. Sie brachten ihre Verbündeten dazu, diese Auffassung zu übernehmen, und so wurde der Wiederaufbau Westdeutschlands energisch in Angriff genommen. Damit war nun logischerweise jede Chance einer Zusammenarbeit mit Moskau bloße Fiktion geworden, und als man die drei westlichen Zonen vereinigte und 1948 eine neue Währungseinheit einführte, beantworteten die Sowjets diese Maßnahmen mit der Abriegelung aller Verbindungen nach Berlin, obwohl die Stadt unter gemeinsamer Verwaltung der Siegermächte stand. Eine gefährliche militärische Konfrontation lag in der Luft, aber die Amerikaner demonstrierten ihre erstaunlichen technischen Fähigkeiten, indem sie die eingeschlossene Stadt auf dem Luftweg versorgten; diese Luftbrücke hielten sie gut ein Jahr instand, bis die Sowjets nachgaben und die Blockade aufhoben.

Die entschlossene Kursänderung der Amerikaner galt für ihre gesamte Politik in der ganzen Welt. Man kann sie mit einer Enttäuschung erklären, die nicht frei von einer gewissen Panik war. Aber das galt auch für Westeuropa, das allein nicht in der Lage gewesen wäre, einem Angriff aus dem Osten zu widerstehen. Auf jeden Fall stand für Washington fest, daß nur ein wirtschaftlich gesundes Europa die rasche Ausbreitung des Kommunismus aufhalten könne. Darum wurde 1947 ein gigantisches wirtschaftliches Wiederaufbauprogramm in Angriff genommen, der Marshallplan (benannt nach seinem Initiator, dem damaligen amerikanischen Außenminister). Aus taktischen Gründen hatte man auch die osteuropäischen Länder zur Teilnahme aufgefordert, die aber von Moskau untersagt wurde. Das Hilfsprogramm sah nämlich vor, daß man zuerst die wirtschaftlichen Verhältnisse des eigenen Landes offenlegte, um den Bedarf nachzuweisen, und man wäre auf jeden Fall vom amerikanischen Dollar abhängig geworden, eine Aussicht, die für Moskau inakzeptabel war, weil auf diese Weise letztlich die geschlossene kommunistische Planwirtschaft insgesamt gefährdet und unterminiert worden wäre.

Etwa zur gleichen Zeit sahen sich die Vereinigten Staaten gezwungen, in Griechenland die Rolle des so gut wie bankrotten Großbritannien zu übernehmen; dort war mit britischer Unterstützung ein rechtes, monarchistisches Regime an die Macht gekommen, das jetzt von den linken revolutionären Kräften weggeschwemmt zu werden drohte. Washington sprang in die Bresche, um ein Abgleiten Griechenlands ins kommunistische Lager zu verhindern, und verkündete bei dieser Gelegenheit, daß Amerika es als seine Pflicht betrachte, allen von »undemokratischen« (also kommunistischen) Umtrieben bedrohten Staaten zu Hilfe zu kommen. Diese sogenannte Truman-Doktrin war eine Grundsatzerklärung von historischer Bedeutung. Mit ihr hat Amerika prinzipiell jeglichem Isolationismus abgeschworen und sich verpflichtet, weltweit zugunsten der Demokratie zu intervenieren. Sie war eine deutliche Manifestation des westlichen, amerikanischen Universalismus, der jetzt dem kommunistischen Universalismus der Sowjets den Handschuh hinwarf. Die Spaltung war auf allen Gebieten endgültig, der fundamentale Antagonismus unverhüllt zutage getreten, und in diesem Jahr 1947 sollte auch (dank des amerikanischen Journalisten Walter Lippmann) ein Begriff aufkommen, der die Situation prägnant charakterisierte: Es war zu einer Konfrontation gekommen, die alle Merkmale eines wirklichen Krieges trug, außer daß (noch) nicht geschossen wurde. Es herrschte »Kalter Krieg«.

2 Die Auferstehung Westeuropas

Die drohende Konfrontation zwischen dem liberalen Westen und dem kommunistischen Osten warf schon von 1947 an ihre Schatten auf Politik und öffentliche Meinung, weil man einen neuen Krieg keineswegs für unwahrscheinlich hielt. Die Nachkriegszeit sollte aber außerdem noch von zwei anderen Phänomenen geprägt sein: der Atombombe und der weltweiten revolutionären Bewegung kolonisierter Völker, die sich der Vormundschaft oder Herrschaft europäischer Mächte entledigen wollten. Auch dies war eine Folge des Zweiten Weltkriegs: Europa war nicht mehr das Machtzentrum der Welt. Die Vereinigten Staaten und die Sowjetunion hatten den Kampf entschieden und waren als die großen Sieger aus ihm hervorgegangen, während der angeschlagene alte Kontinent in machtpolitischer Hinsicht in die Zweitrangigkeit abgerutscht und von beiden abhängig geworden war. Man sprach zwar zunächst noch von den »großen Drei«, aber das neue Wort »Supermacht« wurde nur für Amerika und die Sowjetunion gebraucht, und damit gab man die wirklichen Kräfteverhältnisse auch korrekt wieder. Der Dekolonisationsprozeß hatte natürlich schon viel früher begonnen, aber die für alle so überraschende Schwächung der europäischen Kolonialmächte öffnete nun alle Schleusen, und der Unabhängigkeitskampf griff unaufhaltsam von einem Land auf das nächste über. Staaten wie Frankreich, die Niederlande, Belgien oder Portugal, die selbst von einer stärkeren Macht überrannt und besetzt worden waren oder – wie das neutrale Portugal – auf der internationalen Bühne schon lange durch Unsichtbarkeit glänzten, hatten den Status und das Prestige, auf denen ihre Macht zum Teil beruht hatte, restlos verloren. Wer sich selbst nicht verteidigen kann, kann auch andere nicht beherrschen. Das in den europäischen Ländern so tief eingewurzelte Überlegenheitsgefühl verhinderte allerdings die Erkenntnis dieser einfachen Wahrheit. Auch die Parteien und Gruppen in Europa, die für eine Änderung des Verhältnisses zu den Kolonialvölkern und einen selbständigen Status plädierten, wurden von der Kraft der aufkommenden nationalrevolutionären Bewegungen und dem Tempo dieser Entwicklung überrascht. Gerade die Niederlage und die Erniedrigung, die die Kolonialmächte selbst erlitten hatten, weckten das Verlangen, das Selbstvertrauen und das Prestige der Nation wiederherzustellen. Außerdem glaubte man auf die Ressourcen der Kolonien jetzt, da das Mutterland geschwächt war, weniger denn je verzichten zu können. Die Entkolonisierung und das Entstehen Dutzender neuer souveräner Staaten in Asien und Afrika sollten in den kommenden Jahrzehnten die Weltkarte und den Status Europas so drastisch verändern, wie es sich nach dem Ende des Krieges wahrscheinlich niemand hatte vorstellen können; was das betraf, hatten die Propheten versagt. Vorläufig blieben Ausmaß und Bedeutung dieser Umwälzungen für die europäischen Völker auch noch teilweise hinter den drohenden Wolken verborgen, die sich direkt über ihren Köpfen zusammenballten.

Mit der Atombombe war es anders. Die Bomben von Hiroshima und Nagasaki – noch kurz vor dem Ende des Krieges, gewissermaßen zwei Minuten vor zwölf – waren eine unmißverständliche Warnung an die Menschheit: Von jetzt an besaß sie eine Waffe, mit der tatsächlich fast alles Leben auf der Erde ausgerottet werden konnte. Damit war nach Jahrhunderten der Entwicklung von Vernichtungsinstrumenten eine völlig neue Stufe erreicht, der Krieg bekam eine so entsetzliche Dimension, daß im Vergleich dazu sogar das gerade erlebte Bombeninferno zu verblassen schien. Dies galt erst recht, als man erkannte, daß die von der neuen Waffe freigesetzte Strahlung außer der direkten Wirkung auch unberechenbare langfristige Auswirkungen auf die Gesundheit haben konnte. All dies drang verhältnismäßig rasch ins öffentliche Bewußtsein. Zunächst wurde der beklemmende Eindruck in Westeuropa teilweise dadurch neutralisiert, daß vorerst nur die Amerikaner über diese monströse Waffe verfügten, was angesichts der Furcht vor der Roten Armee in gewissem Grade beruhigen konnte. Experten wiesen darauf hin, daß die Kräfte, die durch die Kernspaltung entfesselt werden konnten, auch ungeahnte Möglichkeiten für eine nutzbringende Anwendung boten und ältere Energiequellen ersetzen könnten. Auf jeden Fall bedeutete das so dramatische Jahr 1945 auch in dieser Hinsicht eine Zäsur, denn mit ihm begann eine neue technisch-naturwissenschaftliche Epoche, das Atomzeitalter. Den denkenden Zeitgenossen war dies durchaus bewußt, sosehr sie auch von all den anderen politischen Problemen in Anspruch genommen wurden.

Die politische Spaltung durch den Kalten Krieg sollte auch eine kulturelle Spaltung herbeiführen. Es gab von nun an zwei Europas, getrennt durch den Eisernen Vorhang. In Westeuropa vollzog sich in den kommenden Jahrzehnten eine Entwicklung, die im Mai 1945, angesichts der Trümmerberge, der zerstörten Straßen, Eisenbahnlinien und Brücken und der abgemagerten, hohläugigen Menschen in verschlissenen Kleidern, wohl niemand erwartet haben dürfte. Es handelt sich hier um eine jener sonderbaren Paradoxien, an denen die Geschichte so reich ist: Der schwerste Anschlag auf die europäische Gesellschaft führte nach drei bis vier Jahren ausgeprägten Mangels zu einer Periode von Wohlstand und Hochkonjunktur, wie man sie noch nie erlebt hatte. Wieder drängt sich ein Vergleich mit der Zeit nach 1918/19 auf: Nicht nur war das Chaos jetzt viel größer und entmutigender, auch die politischen Voraussetzungen für eine Erholung schienen erheblich schlechter zu sein, da es zwischen den Siegern innerhalb von zwei Jahren zu einer harten Konfrontation kam, die eine allgemeine Friedensregelung unmöglich machte. Die Institutionen, die man geschaffen hatte, um das Versprechen internationaler Friedenssicherung einzulösen, die Vereinten Nationen und ihre vielen Sonderorganisaionen wie UNRRA (für internationale Flüchtlingshilfe) oder UNESCO (für internationalen kulturellen Austausch), konnten das Blatt nicht wenden. Trotz der Verfinsterung des politischen Horizonts bemühten sie sich eifrig um internationale Zusammenarbeit und Annäherung, aber ihre hoffnungsfrohen Stimmen wurden schon bald durch die Kakophonie des Ost-West-Konflikts übertönt.

Gerade die augenscheinlich so gewaltigen Nachteile entpuppten sich aber als unerwartete Vorteile. Die materiellen Zerstörungen bargen Chancen für eine Modernisierung, bei der man die Fortschritte in Wissenschaft und Technik in vollem Umfang nutzen konnte. Dies bedeutete eine Umkehrung des bekannten Gesetzes vom bremsenden Vorsprung. Die Bedrohung aus dem Osten war eine völlig andere und viel massivere als nach dem Ersten Weltkrieg, und gerade darum hatte sie Amerika mit seinem ganzen militärischen Potential und seinen gewaltigen Ressourcen mobilisiert, die jetzt zum Nutzen Westeuropas eingesetzt wurden. Aber noch etwas anderes spielte eine Rolle: Sowohl in Amerika als auch in Europa lag die Führung in der Hand einer Generation, die die Große Depression und die wirtschaftliche Not der dreißiger Jahre erlebt und daraus Lehren gezogen hatte, die sie jetzt anzuwenden suchte.[4] Zu diesen Lehren gehörte, daß der Staat auf wirtschaftlichem und sozialem Gebiet eine aktivere Rolle spielen mußte. Die Theorie des englischen Ökonomen John Maynard Keynes, der schon nach dem Ersten Weltkrieg hierfür plädiert hatte, schien durch die Geschichte weitgehend bestätigt worden zu sein. Die Furcht vor einer möglichen Rückkehr der Wirtschaftsprobleme nach Kriegsende, vor allem der Arbeitslosigkeit, saß tief bei dieser Generation. Auf diesem Gebiet ist die Kontinuität einer Entwicklung erkennbar, die in der Vorkriegszeit begonnen hatte: Die Tendenz zu einer gesteuerten Wirtschaft, einer Planwirtschaft als Heilmittel gegen die Krise, war in den dreißiger Jahren immer stärker geworden, und der Krieg hatte sie nicht beendet. Die faschistisch-nazistischen Regime waren in wirtschaftlicher Hinsicht die großen Vorbilder gewesen, und ihre Anziehungskraft hatte zum Teil hierauf beruht. Was die allgemeine ökonomische Entwicklungstendenz angeht, waren sie trotz aller ideologischen und politischen Gegensätze den demokratischen Staaten verwandt. An dieser allgemeinen Tendenz hatten auch das Blutvergießen und der Ausgang des Krieges nichts geändert.

Krieg und Kriegswirtschaft hatten staatliches Eingreifen zwangsläufig noch gefördert. Obwohl auch Stimmen nicht fehlten, die eine Rückkehr zu einem liberalen freien Markt befürworteten, blieben sie deutlich in der Minderzahl. In den besetzten Ländern hatte sich der Wunsch nach nationaler Zusammenarbeit verstärkt, eine Reaktion auf die Heimsuchungen der Unterdrückung und des Krieges. Das bedeutete, daß jetzt möglichst viele Parteien am Wiederaufbau mitwirken sollten und man darum auf allen Seiten hinsichtlich der ökonomischen Grundsätze zu Konzessionen bereit war. Im Grunde entschieden sich die Staaten überall für eine Art soziale Marktwirtschaft.[5] Dazu gehörte freie Konkurrenz, so daß man von Privatinitiative, Einfallsreichtum und Leistungsstreben profitieren konnte, während der Staat andererseits für eine gerechtere Verteilung des Reichtums sorgte und regulierend in die Preis- und Lohnentwicklung eingriff. In manchen Fällen neigten die Regierungen stärker zu einer umfassenden Planwirtschaft (am meisten Großbritanniens Labourregierung), in anderen eher zu einem freien Markt (wie bald schon in Westdeutschland und in Amerika selbst), aber die grundlegende Entscheidung für einen Mittelweg zwischen liberalem Kapitalismus und Sozialismus und das sachliche, unideologische Denken waren überall gleich. Die ewigen Reibereien und Konflikte zwischen den Parteien beschränkten sich auf die politische Bühne, Auseinandersetzungen, die noch stark vom Erbe der Parteien, von antiquierter Rhetorik und nicht mehr zeitgemäßem Denken geprägt waren, manchmal auch nur Lärm, der für die Öffentlichkeit und die jeweilige Anhängerschaft bestimmt war. Aber die Arbeitgeber sahen nun im Staat einen unentbehrlichen Helfer und Verbündeten; die Sozialisten wiederum, Gewerkschaften und Arbeitnehmer, hatten sich von den Resten ihres Dogmatismus aus der Vorkriegszeit verabschiedet. Die Erfahrungen der Depression, die abschreckenden Beispiele des Totalitarismus und nicht zuletzt die Notlage, in der man sich gerade befand, förderten auf allen Seiten Pragmatismus, eine kooperative Grundhaltung und Kompromißbereitschaft.

Von einer revolutionären Stimmung wie ein Vierteljahrhundert zuvor war deshalb auch wenig zu spüren. Der Mythos der heilbringenden Revolution war gänzlich von der Sowjetunion annektiert und in das stählerne leninistisch-stalinistische Korsett eingezwängt worden, das mittlerweile alle kommunistischen Parteien trugen. Diese Parteien hatten sich massiv in den antifaschistischen Widerstandsbewegungen der besetzten Länder engagiert und damit ihre Isolation überwunden. So war auch manchen progressiven, linken Gruppen der Gedanke an eine neue Volksfront durchaus nicht fremd gewesen, und auch über diese Kreise hinaus hatte die Sowjetunion während des Krieges dank ihres heroischen Kampfes viel Sympathie erworben. Daß nach dem Ende des Krieges soziale Reformen fällig waren, ein weiterer Abbau der Bastionen sozial privilegierter Gruppen, galt in breiten Kreisen als ausgemacht. Der triumphale Erfolg der Labour Party bei den britischen Wahlen kurz nach dem Sieg war ein bemerkenswertes Signal für diese Tendenz – schließlich schickte man damit keinen Geringeren als den großen, populären Kriegspremier Churchill nach Hause. In Frankreich und Italien zählten die Kommunisten zu den größten Parteien und gehörten der Regierung an. Die Furcht, der Kommunismus könne sich wie ein Steppenbrand ausbreiten, hatte ja in hohem Maße zu Amerikas neuer aktiver Europapolitik beigetragen, und die nun zu beobachtende Tendenz schien solche Sorgen zu bestätigen. Aber anders als nach dem Ersten Weltkrieg hatten sich die sozialistischen Parteien inzwischen die Hörner abgestoßen und von revolutionären Idealen und doktrinärem Marxismus verabschiedet. Schließlich hatte sich auch die Position der Arbeiter stark verändert, und der Kontrast, der sie früher so deutlich als besondere Klasse kennzeichnete, hatte viel von seiner Schärfe verloren. Außerdem waren die Sozialisten weitgehend mit den parlamentarischen Systemen verwachsen. Zu dieser Integration hatten in der Zeit zwischen den Weltkriegen die Entwicklungen in der Sowjetunion und die erbitterte Fehde mit dem Kommunisten ihr Teil beigetragen. Jetzt bereitete aber vor allem das Vorgehen der Sowjets in Osteuropa möglichen Illusionen über eine erneute Annäherung schnell ein Ende und brachte die sozialistischen Parteien überall zur Zusammenarbeit mit anderen Parteien, denn es ging um den Erhalt der Demokratie. Das wurde auch für sie zur Hauptsorge, drohte doch von neuem eine totalitäre Diktatur. Die schockierenden Erfahrungen mit Nazideutschland wurden zwangsläufig auf die Sowjetunion projiziert und trugen damit zu einer Änderung der Prioritäten bei. So hat die entschiedene Ablehnung des Kommunismus, den man zwei Jahre nach Kriegsende auch im Lager der Sozialisten als gefährliche Vorhut Moskaus und Wegbereiter des sowjetischen Expansionismus betrachtete, den Konsens und die Kooperationsbereitschaft in den westlichen Ländern erheblich gestärkt.

Nicht nur fehlte jeglicher revolutionäre Chiliasmus. Nach dem Untergang der faschistischen und nationalsozialistischen Regime mit ihren pseudoreligiösen Ansprüchen ließ man sich in den von Haus aus konservativen politischen Kreisen, als man Programme entwickelte, die der Masse politische Orientierungsmöglichkeiten bieten konnten, wieder von den vertrauten christlichen Werten inspirieren. Die klägliche Hilflosigkeit der Kirchen gegenüber den Diktaturen und, schlimmer noch, die schändliche Kollaboration, derer sie sich teilweise schuldig gemacht hatten, führten nicht, wie man vielleicht hätte erwarten können, zu einer allgemeinen Abwendung vom Christentum; viele kamen eher zu dem Schluß, daß die Politik christlicher oder das Christentum politischer werden müsse, und vor allem, daß Christentum und Demokratie sich verbrüdern müßten und aufeinander angewiesen seien. Und so entstanden in verschiedenen Ländern Parteien, die sich christlich-demokratisch nannten und als Alternative zu den Sozialisten präsentierten. Der Begriff »christlich« blieb allerdings so dehnbar und verschwommen, wie er es immer gewesen war, seit man versucht hatte, Politik mit christlichen Geboten und der christlichen Lehre zu verbinden. Er stellte vor allem einen Bezug zum traditionell kirchennahen und gläubigen Milieu und den dort geltenden Normen her. Von großer Bedeutung war, daß hier ein neues Zusammengehörigkeitsgefühl der Konfessionen zum Ausdruck kam. Der ökumenische Gedanke, das Bewußtsein der gemeinsamen Fundamente und der Notwendigkeit, eine gemeinsame Front gegen areligiöse Kräfte zu bilden, ließ angesichts der nun drohenden Gefahren die Gegensätze verblassen. So konnten die neuen Parteien die Gläubigen und eher konservativ denkende Menschen sammeln, die politisch heimatlos geworden waren.

Der allgemeine Wille zur Zusammenarbeit, den Erfahrungen der Depression wie der Furcht vor Diktatur und Kommunismus zu verdanken, war auf jeden Fall eine günstige Voraussetzung für die sinnvolle Verwendung der Milliarden, die der Marshallplan zur Verfügung stellte. Es kam noch hinzu, daß der Krieg wie immer der technischen Entwicklung kräftige Impulse gegeben hatte; die technischen Fortschritte und der zu Rüstungszwecken vorangetriebene Ausbau der Industrie kamen jetzt dem Wiederaufbau zugute. Was von Ökonomen die zweite industrielle Revolution genannt wird – der Übergang von der Mechanisierung zur Automatisierung –, sollte in den fünfziger Jahren schnell von den Vereinigten Staaten auf Westeuropa übergreifen. Nicht nur der Marshallplan ermöglichte diese Revolution, sondern vor allem auch technische und organisatorische Innovationen, die man von Amerika übernahm. Ökonomen weisen in diesem Zusammenhang auf zwei Faktoren hin, die sich als bedeutsam erweisen sollten. Die Industrie verpflichtete von jetzt an nach amerikanischem Vorbild in großem Umfang Wissenschaftler. Ganz neu war das zwar auch in Europa nicht, aber nun entwickelte sich eine feste Bindung zwischen Naturwissenschaft und Industrie, zwischen Theorie und Praxis, und diese sollte den technischen Fortschritt gewaltig vorantreiben.[6] Was wissenschaftliche Entdeckungen und Innovationen anging, konnten die Laboratorien von Industriebetrieben durchaus mit den Universitäten konkurrieren, zumal die Industrie über das Geld für teure technische Ausrüstung verfügte. Außerdem übernahmen immer mehr Unternehmen die amerikanische Organisationsstruktur, und dies bedeutete, daß eine besondere Klasse professioneller Manager mit Führungsaufgaben betraut wurde. All diese Faktoren zusammen werden zur Erklärung dafür angeführt, daß gleich nach der Überwindung des Chaos und der schlimmsten Not eine Periode wirtschaftlichen Wachstums begann, eines Wachstums, das dank verstärkter sozialpolitischer Anstrengungen und regulierender Maßnahmen der

Mehrheit der Bevölkerung zugute kam. Es gab einen Überschuß an Arbeitskräften, so daß die Gewerkschaften ihre Lohnforderungen mäßigen mußten. Vollbeschäftigung wurde ja für die Regierungen, denen die Probleme der dreißiger Jahre eine Warnung waren, zum wichtigsten Programmpunkt überhaupt. Die entscheidende Wende kam 1947 mit dem Marshallplan, denn er beseitigte den drückenden Mangel an Dollars, der die europäischen Länder gehindert hatte, die für den Wiederaufbau benötigten Güter zu importieren. Ein drohender wirtschaftlicher Zusammenbruch war abgewendet. Zehn Jahre nach dem Ende des größten aller Kriege erlebten in Westeuropa so viele Menschen wie nie zuvor soviel Wohlstand wie nie zuvor.

Diese unerwartete wirtschaftliche Blüte, ermöglicht durch den Strom amerikanischer Dollars und die Übernahme amerikanischer Technik und amerikanischer Organisationsformen in der Industrie, ließ eine bemerkenswerte neue Variante des Fortschrittsglaubens aufkommen, allerdings eine ganz und gar materialistische: die Wachstumseuphorie. Seit dem Ende des achtzehnten Jahrhunderts hatte die industrielle Produktion beständig zugenommen, allerdings mit zyklischen Schwankungen. In Europa hatten die Weltkriege und die Große Depression eine Verlangsamung des Wachstums verursacht, vor allem im Vergleich zu den Vereinigten Staaten. Dieser Rückstand erklärt nach Ansicht von Sachverständigen das spektakuläre Wachstum, das in der Nachkriegszeit einsetzte.[7] Was die Wachstumszahlen anging, überholte Europa die Vereinigten Staaten, und die Kurve stieg steiler an als je zuvor. Das blieb nicht ohne Folgen für die Zukunftserwartungen und die ökonomische Theoriebildung.

Der Kausalzusammenhang zwischen materiellen Zerstörungen und materiellem Gedeihen, zwischen Rückstand und erfolgreicher Modernisierung offenbarte sich am eindrucksvollsten in dem Land, das bei Kriegsende in jeder Hinsicht gelähmt und politisch wie militärisch zerschlagen war, außerdem bald unwiderruflich gespalten – in Deutschland. Das große Land in der Mitte Europas war zum bloßen Objekt der internationalen Politik geworden, entmündigt, ohne Verfügungsgewalt über sich selbst – eine Lage, neben der die von 1918 im Rückblick geradezu rosig erscheint und die nach allen traditionellen Maßstäben ein beispielloser, von grenzenloser Ohnmacht und Erniedrigung gekennzeichneter Tiefpunkt der nationalen Geschichte war. Die Spaltung und Machtlosigkeit sollten sich nun aber für die Bevölkerung im Westteil gerade als Segen erweisen. Als Frontterritorium an der Grenze zum kommunistischen Osteuropa erlangte das Land für den Westen, vor allem die Amerikaner, eine ganz besondere Bedeutung. Nach deren Ansicht hätten nirgendwo sonst Chaos und Not als natürlicher Nährboden für revolutionäre Aktivitäten, die wiederum eine kommunistische Intervention nach sich ziehen konnten, so katastrophale Folgen gehabt wie hier. Man zog daraus die notwendigen Konsequenzen: Die Reparationsleistungen wurden nach ein bis zwei Jahren abgebaut, auf jeden Fall nahm man eine Kursänderung vor und ordnete die Reparationen einer Politik unter, die auf eine Stärkung der Position des Westens gegenüber den Sowjets ausgerichtet war. Die Westdeutschen, die selbst vorerst keine Machtpolitik betreiben durften, konnten sich im Schutz der alliierten Vormundschaft mit um so mehr Energie auf den Wiederaufbau stürzen, unterstützt durch amerikanische Dollars. Auch als im Herbst 1949 die Bundesrepublik gegründet wurde, blieb dieser Staat politisch noch unter der Vormundschaft der drei Westalliierten. Ein weiterer Umstand, der zunächst das Elend noch vergrößerte, sich bald aber in einen Vorteil verwandelte, war die Flucht Tausender aus dem Osten, die eine Reserve an Arbeitskräften bildeten, unter ihnen Menschen mit höherer Qualifikation und vor allem die so dringend benötigten Facharbeiter. Fleiß, Tatkraft und Organisationsvermögen, Eigenschaften, durch die sich die Deutschen, vom Arbeits- und Leistungsethos geprägt, seit jeher ausgezeichnet hatten, haben zweifellos zu dieser erstaunlichen Erholung beigetragen. Dies gilt auch für die soziale Marktwirtschaft von Ludwig Erhard, die eine außergewöhnlich stimulierende Wirkung hatte und die genannten Qualitäten voll zur Entfaltung kommen ließ. Gewiß hatte diese gewaltige Entladung von Energie auch einen tieferen, kollektiv-psychologischen Grund: das Verlangen, der Vergangenheit, der Katastrophe, dem unseligen Dritten Reich, das dieses deutsche Volk durch seine Untaten so sehr in Mißkredit gebracht hatte, schnell und energisch den Rücken zu kehren. Psychologisch gesehen, handelte es sich um eine entschlossene Flucht nach vorn. Das Ergebnis von alledem war, daß es in der Bundesrepublik in den fünfziger Jahren zu einer Hochkonjunktur kam, die weite Teile der Bevölkerung geradezu als ein »Wirtschaftswunder« empfanden, so gut die Experten dieses Wunder auch erklären konnten. Während der große Verlierer des Krieges schon nach anderthalb Jahrzehnten, was Produktionskapazität, moderne Arbeitsmethoden und Nationaleinkommen anging, zu den führenden Ländern gehörte, kämpfte der einzige westeuropäische Sieger, Großbritannien, mit den Problemen, die ein im wesentlichen unverändertes und darum veraltetes Wirtschaftssystem und eine entsprechende Mentalität verursachten. Man war zurückhaltend, wenn es darum ging, in Innovationen zu investieren, und die mächtigen Gewerkschaften hielten am gewohnten Kampf gegen das Großkapital fest. Da Großbritannien noch dazu wegen des Krieges gewaltige Schulden hatte, außerdem vielfältige politische Verpflichtungen, während seine koloniale Macht weiter verfiel, wurde es von den kontinentaleuropäischen Ländern überholt. Seine glänzende imperiale Vergangenheit, sein Sieg, seine Pflichten, all dies erwies sich in psychologischer Hinsicht als Bremse, denn es verstellte den Blick auf die Notwendigkeit politischer und wirtschaftlicher Reformen und Anpassungen, wie die anderen Länder sie vornahmen. Trotzdem hatte auch Großbritannien Anteil am allgemeinen Wachstum und der wirtschaftlichen Aufwärtsentwicklung, wenn es auch nicht mehr zu den führenden Ländern gehörte.

Daß sich die Lebensverhältnisse der Mittelklassen verbesserten, stimulierte überall die industrielle Produktion. Vor allem Autoindustrie, Baubranche und Elektroindustrie profitierten von der gestiegenen Kaufkraft, und als Schrittmacher zogen sie die anderen Branchen mit. Stagnation der Produktionssteigerung wurde undenkbar, ganz zu schweigen von einem Rückgang, und das ließ eine neue ökonomische Denkweise aufkommen. Wachstum wurde etwas Selbstverständliches. Der Grad des Wachstums wurde zum neuen Maßstab, und man sprach nicht mehr von einer Krise oder Depression, sondern einer Rezession, das heißt einer Verlangsamung des Wachstums. Nicht gleichbleibendes Wachstum, sondern zunehmendes Wachstum der Produktion und des Gewinns wurde zur Norm – eine Denkweise, die sich erst nach den sechziger Jahren ändern sollte. Die Lehre vom heilsamen, ja notwendigerweise zunehmenden Wachstum wurde zu einem Wesensmerkmal jener Periode. Ein Zeitalter unbegrenzter technischer und wirtschaftlicher Expansion schien bevorzustehen. Wachstum wurde zum elementaren Lebensprinzip erklärt, es wurde zum Synonym für Fortschritt – eine Vorstellung, die tief im amerikanischen Denken verwurzelt war und jetzt von den westeuropäischen Ländern übernommen wurde, die ihren Lehrmeister darin fast noch übertrafen. Das Wachstum der Produktion war im übrigen ein weltweites Phänomen, und neben Westeuropa und Amerika gehörte bald auch der andere große Verlierer, Japan, zu den wirtschaftlich stärksten Ländern. Aber auch die kommunistischen Staaten hatten an der materiellen Aufwärtsentwicklung Anteil; wegen des früheren Rückstandes und langjähriger Stagnation war das Wachstum der Produktion sogar besonders groß. Der Lebensstandard blieb allerdings spürbar hinter dem des Westens zurück.

Diese günstige materielle Entwicklung Westeuropas, die in einem so eigenartigen Kontrast zu den gleichzeitigen politischen Spannungen und den Sorgen stand, die der Kalte Krieg verursachte, wurde noch zusätzlich durch eine engere politische und wirtschaftliche Zusammenarbeit im Zeichen der europäischen Idee gefördert. Es war eine der auffälligen Veränderungen, die diese an Veränderungen so reiche Nachkriegszeit prägen sollten. Neu war die Idee nicht. Ihre Wurzeln reichen sogar weit zurück, in die für Menschen des zwanzigsten Jahrhunderts fast legendäre Vergangenheit des Mittelalters, des christlichen Abendlandes und des universalistischen Reiches. Immer wieder hatten weitblickende, phantasievolle Denker im Zeitalter der entstehenden Nationalstaaten und ihrer Kriege für eine überstaatliche Ordnung plädiert, wobei sie sich an der Vorstellung von Europa als geographischer und kultureller Einheit orientiert hatten. Es gab verschiedene Motive, eine solche Ordnung zu entwerfen, politische und moralische. Sowohl den Gedanken eines politischen Bundes, der Ordnung und Stabilität garantieren würde, als auch den eines ewigen Friedens auf der Grundlage universeller Rechtsprinzipien hatte man vorgebracht. Während ursprünglich vor allem eine äußere Bedrohung – durch den Islam, die Türken – wiederholt so etwas wie Zusammengehörigkeitsgefühl geweckt hatte, waren es später besonders die innereuropäischen nationalen Konflikte, die das Verlangen nach einem beständigen europäischen Friedenssystem aufkommen ließen. Durch den Ersten Weltkrieg hatte dieses Verlangen neue Impulse bekommen. Die Idee einer europäischen Gemeinschaft hatte, wie schon immer, zwei Seiten: das praktische, politische Ziel innerer Stabilität und inneren Friedens verband sich mit dem Gedanken, Europa bilde eine kulturelle (ursprünglich religiöse) Einheit. Auch in den zwanziger Jahren spielten beim Wiederaufleben der europäischen Idee nicht nur die noch frischen Eindrücke des Krieges eine Rolle, sondern auch die Furcht vor dem Bolschewismus, also die Vorstellung der bedrohten Zivilisation. Namhafte Persönlichkeiten der kulturellen Elite wie Julien Benda, Ortega, Huizinga, Stefan Zweig, Rolland, Hofmannsthal, der Schweizer Historiker und Politiker Carl Jacob Burckhardt, Heinrich und Thomas Mann und der Soziologe Alfred Weber (Bruder von Max) erhoben immer wieder ihre Stimme, um vor allem die Intellektuellen, die Verantwortlichen im Reich des Geistes, daran zu erinnern, daß man auch und in erster Linie Europäer war. Ein leidenschaftlicher Europaschwärmer, Graf Coudenhove-Kalergi, selbst von multinationaler Herkunft, hatte 1924 eine paneuropäische Bewegung gegründet und sich seitdem als unermüdlich herumreisender Apostel für eine europäische Föderation eingesetzt. Später, 1929, hatte der französische Außenminister Aristide Briand im Völkerbund die Idee einer europäischen Föderation zur Sprache gebracht. Außerdem waren in mehreren Ländern kleine Vereinigungen entstanden, deren Ziel es war, diesen Gedanken zu propagieren, und es erschienen etwa fünfzig Bücher zu diesem Thema.[8] All diese Anläufe blieben jedoch Randerscheinungen ohne politische Bedeutung und tiefgreifenden Einfluß, idealistische Unternehmungen nobler Geister ohne Macht, und Briands Initiative war sogleich in den Fluten der Depression und des aufkommenden Faschismus und Totalitarismus untergegangen, die für solche Pläne keinen Raum mehr ließen. In Europa triumphierte der Nationalismus.

Nichts zeigt vielleicht deutlicher die gewaltigen Veränderungen der politischen Normen und Emotionen als das Wiederaufleben der europäischen Idee nach 1945 und die Resonanz, die sie nun fand. Diesmal waren es nicht nur einzelne Koryphäen im Reich der Kultur oder begeisterte Eiferer, sondern einflußreiche Politiker und große Teile der politischen und wirtschaftlichen Eliten, die die Bedeutung dieser Idee herausstellten. Schon in den Widerstandsbewegungen hatte man sich intensiv mit der Frage der europäischen Nachkriegsordnung beschäftigt und dabei auch die Idee der europäischen Einheit wiederbelebt. Es herrschte die unausgesprochene, oft aber auch deutlich artikulierte Grundüberzeugung, daß der Nationalismus eine der Ursachen der Weltkriege gewesen sei. Diese Kriege konnte man – auch angesichts der jetzigen Übermacht Amerikas und der Sowjetunion – als europäische Bruderkriege und Höhepunkte einer langen Periode europäischer Selbstzerfleischung charakterisieren. Wenn die Europäer nicht in die Zweitrangigkeit absinken wollten, war ein Zusammenschluß notwendig, und dazu mußte der Nationalismus überwunden werden. Dieses ganz allgemein verbreitete Gefühl erhielt durch ein drängendes Problem noch zusätzliche Nahrung, durch die deutsche Frage. Auch hier wurde die Gegenwart von der Vergangenheit beherrscht. Schließlich konnte der rasch aufflammende Ost-West-Konflikt die Furcht vor einem möglichen Wiedererstarken Deutschlands nicht gleich beseitigen. Was dies anging, durfte man die bitteren

Lehren der Geschichte kein zweites Mal ignorieren. Die gerade erst empfangenen Wunden waren noch zu frisch und zu tief. Eine Art europäischer Bund würde jedoch die Möglichkeit bieten, Deutschland von Anfang an fest an die anderen Staaten zu binden und so zu überwachen. Im Herbst 1946 propagierte Churchill (inzwischen Privatmann ohne Ämter) in Zürich öffentlich die Idee der Vereinigten Staaten von Europa. Frankreich und Deutschland, die alten Erzfeinde, sollten ihre stabile Achse bilden. Wenn sie Partner würden, hätte man dem Problem der nationalen Rivalitäten gleich die schärfste Spitze genommen. Die Stimme des westlichen Staatsmannes mit der größten Autorität fand natürlich in der Öffentlichkeit ein besonders starkes Echo. Mindestens ebenso viel Gewicht sollte die Auffassung der Amerikaner haben: Vom Standpunkt ihrer eigenen Geschichte und ihres föderativen Systems erschien die nationale Zersplitterung und Uneinigkeit innerhalb Europas ohnehin als ein etwas merkwürdiges Phänomen und als Zeichen von Rückständigkeit. Nicht nur verbal ermutigte Washington die Versuche, so etwas wie Vereinigte Staaten von Europa zu schaffen; der Marshallplan war ganz bewußt auch als Mittel konzipiert, innereuropäische Zusammenarbeit zu erzwingen, denn die Gesamtmittel sollten von allen Ländern zusammen auf der Grundlage eines gemeinsamen Planes verteilt werden.

Die europäische Idee bekam durch den Kalten Krieg schon bald einen zusätzlichen, ganz speziellen Sinn. War es ursprünglich – der historischen Tradition dieser Idee, einer Reaktion auf die Feindseligkeiten zwischen den Nationen entsprechend – um die Befriedung und Ordnung ganz Europas gegangen, so machte der Eiserne Vorhang solche Pläne fast schon vom Augenblick der deutschen Kapitulation an zur bloßen Illusion; aber nicht nur dies: Das neue Sowjetimperium gab den europäischen Einigungsbestrebungen auch eine andere Richtung. Es ging nun nicht mehr nur um die Neutralisierung Deutschlands, sondern mehr und mehr auch um eine Antwort auf die Politik Moskaus, um Schutz. Diese Bedeutung hatte die europäische Idee schon für Churchill, und die Amerikaner dachten gleichfalls in diese Richtung. So kam es, daß man mit Europa bald nur noch Westeuropa meinte, also das Gebiet westlich des Eisernen Vorhangs. Diese Umdeutung der ursprünglichen europäischen Idee und dieser Kurswechsel trugen sehr viel zu den ungeahnten Erfolgen bei: der Gründung politischer und wirtschaftlicher Institutionen auf europäischer Ebene und Zusammenarbeit auf vielerlei Gebieten mit einer Intensität und in einem Umfang, wie man sie nie zuvor gekannt hatte. Bei alledem bewahrte die europäische Idee aber weiterhin ihren doppelten Sinn: Neben dem erklärten Ziel einer stärkeren politischen und militärischen Position – dem machtpolitischen Aspekt, der bald dominierte und der größte Anreiz zur Schaffung gemeinsamer Organe war – gab es das ältere Ideal der kulturellen Einheit, bei dem man weniger an gemeinsames wehrhaftes Auftreten nach außen hin als an mentale und kulturelle Annäherung und Verbrüderung dachte. Für viele verbanden sich die beiden Bedeutungen des Begriffs »Europa« auf fruchtbare Weise.

Als die europäische Idee zum Gegenstand der politischen Diskussion wurde, ab 1946, fand sie vor allem in Westdeutschland und Frankreich starke Resonanz. Den Deutschen gab sie die Möglichkeit unverdächtiger politischer Aktivität und darüber hinaus ein neues Ideal, mit dem sie sich identifizieren konnten, da der Ruf Deutschlands durch das Hitlerregime besudelt war und jeglicher Nationalismus die anderen sofort alarmiert hätte. Als Europäer war man nicht mehr in erster Linie Deutscher. Für den Staatsmann, der der Politik der Bundesrepublik seit ihrer Gründung seinen deutlichen Stempel aufdrückte, den ersten Bundeskanzler Konrad Adenauer, war die europäische Idee die Lösung für die Aufgabe, den jungen und so fragilen Staat fest an die westlichen Länder zu binden und unter den Schutz des mächtigen Amerika zu stellen. Abwehr des Kommunismus und rasche wirtschaftliche Erholung hatten für diesen nüchternen und von Grund auf realistischen Politiker Vorrang vor allem Einheitsstreben oder nationalen Empfindungen. Für den katholischen Rheinländer waren außerdem eine entschiedene Ausrichtung auf den Westen und im besonderen eine Annäherung an Frankreich nichts Abwegiges. Für Frankreich war die europäische Idee besonders anziehend, weil ein vereinigtes Westeuropa ein kontinentaleuropäisches Gegengewicht zur angelsächsischen Hegemonie schaffen konnte, wobei Frankreich als Anführer innerhalb des Bundes nach seinem tiefen Fall auch wieder die Rolle spielen konnte, die ihm historisch gesehen zustand. Als geeignetes Mittel, das ewig gefährliche Deutschland an die Kandare zu nehmen, war ein solcher Bund speziell für Frankreich interessant. Da die Deutschen zwar unentbehrlich waren, aber als Volk, das in seiner politischen Bewegungsfreiheit vorläufig eingeschränkt blieb, für eine Führungsrolle nicht mehr in Frage kamen, fiel der erste Platz naturgemäß Frankreich zu. Die Briten hatten nämlich von Anfang an zu verstehen gegeben, daß sie eher wohlwollende Partner oder Geburtshelfer als Mitglieder dieses neuen Europa sein wollten. Bei einigen anderen westeuropäischen Ländern fiel die Idee auf fruchtbaren Boden. Für die kleineren, wie die Niederlande, Belgien und Luxemburg, bedeutete eine überstaatliche Ordnung einen gewissen Schutz, und vor allem in den Niederlanden hatte der Gedanke eines internationalen Rechtssystems seit jeher viele Anhänger, weil man den Expansionsdrang der großen Länder fürchtete. Daß eine Einigung Westeuropas die intelligenteste Weise war, die deutsche Frage zu entschärfen, machte die Idee auch hier besonders anziehend. In gewissem Sinne hatten die Niederlande, Belgien und Luxemburg Ende 1946 mit der Einigung auf eine Zollunion (Benelux) schon ein Beispiel für enge Zusammenarbeit gegeben.

Angesichts der vom Sowjetimperium ausgehenden Bedrohung, der wirtschaftlichen Erfordernisse und des Drucks, den die Amerikaner ausübten, kam es zwischen Frankreich, Italien, der Bundesrepublik Deutschland und den Beneluxländern zu fester Zusammenarbeit im Rahmen ständiger politischer Gremien, einer Zusammenarbeit, die zwar die nationale Souveränität der Beteiligten formell nicht berührte, tatsächlich aber die Regierungen immer mehr zur Rücksichtnahme auf ihre Partner zwang, ihre Bewegungsfreiheit auf unauffällige Weise also durchaus einschränkte; es war eine Partnerschaft, die schon den Keim einer überstaatlichen europäischen Gemeinschaft enthielt. Die bedeutendste Maßnahme war die Gründung der Montanunion im Jahre 1951. Durch sie wurde die gesamte Kohlen- und Stahlproduktion – wichtigste Grundlage der Kriegsindustrie – überstaatlicher Verwaltung unterstellt und so der Macht der Regierungen entzogen; damit hatte man jedem theoretisch noch möglichen Konflikt zwischen Frankreich und Deutschland von vornherein die schärfste Spitze genommen. Die enge Zusammenarbeit zwischen beiden Staaten, die nun zusammen tatsächlich die Achse des neuen kleineuropäischen Bündnisses bildeten, bedeutete angesichts ihrer Geschichte eine sensationelle Wende, die zeigt, wie sehr sich die europäischen Verhältnisse verändert hatten – um so mehr, als diese enge französisch-deutsche Allianz in der neuen Konstellation kaum noch als so sensationell empfunden wurde. Die traditionellen Empfindlichkeiten und machtpolitischen Rivalitäten zwischen den beiden Ländern waren wie weggeschmolzen. Auf beiden Seiten hatten die maßgeblichen Politiker erkannt, daß man völlig andere Prioritäten setzen mußte. Was die entschlossenen Gründer der Montanunion wie die Franzosen Monnet und Schuman, der Belgier Spaak, der Niederländer Stikker und der deutsche Bundeskanzler

Adenauer noch nicht absehen konnten, war, daß aufgrund der wissenschaftlichen und technischen Fortschritte Kohle und zum Teil auch Stahl für einen künftigen Krieg von weit geringerer Bedeutung sein würden. Im Zeitalter der Kernenergie und Elektronik hatte ironischerweise gerade dieses nun beseitigte Problem seine frühere Brisanz verloren.

Dennoch brachten die neuen europäischen Institutionen und Räte für die beteiligten Staaten weitreichende Änderungen mit sich, und der entschlossene Abbau der Grenzen zwischen den Mitgliedsstaaten hatte günstige Auswirkungen vor allem auf die Wirtschaft und die politischen und kulturellen Beziehungen. Offenkundige Krönung dieser Annäherungsbemühungen war die Gründung der Europäischen Wirtschaftsgemeinschaft im Jahre 1957, bei der die Schaffung eines gemeinsamen Marktes beschlossen wurde. Noch umfaßte diese Gemeinschaft nur einen Kern Westeuropas. Die skandinavischen Länder hingen sehr am Gedanken der Selbständigkeit, die Schweiz an ihrer Neutralität, die sie sogar während des jüngsten Weltenbrandes hatte wahren können, und die Iberische Halbinsel war wegen ihrer diktatorischen, profaschistischen Regime politisch und moralisch in weitgehende Isolation geraten. Ein Beitritt kam deshalb nicht in Frage.

Der Kern Europas als politische und wirtschaftliche Einheit: Was man hier erreicht hatte, war historisch gesehen, auch im Vergleich zu älteren Plänen und vergeblichen Bemühungen, etwas Neues und Außergewöhnliches. Zu verdanken war dieses Ergebnis einer besonderen Bedrohung und der Erkenntnis, daß Europa als Ganzes durch seine Schwächung und Zerrissenheit vom Abstieg bedroht war. Die Einigung trug sehr viel zu der unerwarteten wirtschaftlichen Blüte bei, und so ist die westeuropäische Geschichte der Nachkriegsjahre ein treffendes Beispiel für eine segensreiche Entwicklung, die aus bedrohlichen Umständen erwächst. Durch diese Fortschritte verlor der europäische Gedanke für die Bevölkerung jedoch zugleich seinen inspirierenden Glanz. Notwendigerweise hatten sich Politiker und eine Beamtenkaste der Idee angenommen und arbeiteten am weiteren Ausbau der Gemeinschaft. Mit den neuen Organisationen und der institutionalisierten Zusammenarbeit hatte sie ihre vordringlichste Aufgabe erfüllt. So sollten in den späten fünfziger und in den sechziger Jahren, als man sich wieder sicherer fühlte und in ungleich größerem Wohlstand lebte, von neuem Gegensätze zwischen allgemein europäischen und nationalen Interessen zutage treten, Interessen, die in den ersten Jahren der Verwirrung und Furcht noch parallel liefen.

War dieses Westeuropa, wie es in den fünfziger Jahren als politischer und wirtschaftlicher Kern zustande kam, gemessen an der ursprünglichen europäischen Idee auch nicht mehr als ein Pars pro toto, in zweierlei Hinsicht war es dennoch vom historischen Vermächtnis geprägt. Daß man im Bemühen um ein Bündnis und einen festeren Zusammenschluß wie selbstverständlich den europäischen Gedanken und den Namen »Europa« zur Legitimation und als Inspirationsquelle wählte, beweist schon die Bedeutung der Geschichte als Maßstab und Wegweiser für die Zukunft. Im Wiederaufleben der europäischen Idee offenbart sich das Verlangen, an eine entfernte, große, halb legendäre Vergangenheit anzuknüpfen. In dieser Vergangenheit hatte die Idee auch schon die defensive Funktion gehabt, die sie jetzt durch den Kalten Krieg bekam. Wie Europa einst als christliches Abendland der Bedrohung durch den Islam gegenübergestanden hatte, so sah es sich nun mit der Bedrohung durch den Sowjetkommunismus konfrontiert. Die Analogie ging aber darüber hinaus. Besonders in katholischen Kreisen, die immer in überstaatlichen Kategorien gedacht hatten, verbanden sich das Bild Europas und das Bild des christlichen Abendlandes, und die europäische Bewegung bekam eine christliche, vor allem katholische Aura. Es kam zu einer eigenartigen Verschiebung in der parteipolitischen Landschaft. Während die Sozialisten naturgemäß immer ihre internationale Verbundenheit und Brüderlichkeit betont hatten und deshalb von den rechten Parteien in der Vergangenheit oft als vaterlandslose Gesellen abgestempelt worden waren, entpuppten sich jetzt die christlich-demokratischen und die eher konservativen Parteien, früher die Stützen des Nationalstaates, als die eifrigsten Anhänger und Propagandisten des europäischen Gedankens, in dem sie das geeignete Mittel gegen Nationalismus und nationale Engherzigkeit sahen. So wurde eine europäische christlich-demokratische Union gegründet. Europa als überstaatliche, christlich geprägte kulturelle Einheit wurde zum neuen Ideal, das man gleichermaßen dem Nationalismus wie dem Kommunismus entgegensetzte. Auf der anderen Seite sahen die sozialistischen Parteien – jetzt, da sie fast überall Regierungsbeteiligung erreicht hatten, da die Politik auf eine staatlich gelenkte Wirtschaft hinsteuerte und die Auswüchse des freien kapitalistischen Marktes bekämpfte – im Nationalstaat das geeignete politische Terrain für weitere soziale Reformen. In vielerlei Hinsicht hatten sie deshalb auch mehr Vorbehalte gegen eine Übertragung von Macht auf überstaatliche Organe. Bei dieser Konstellation konnten zwei Leitgedanken miteinander in Konflikt geraten: einerseits Demokratie und soziale Gleichheit und andererseits Überwindung des Nationalismus durch die europäische Föderation. Die europäischen Institutionen vergrößerten wieder den Abstand zwischen den politischen Eliten und der Bevölkerung, was auf die Dauer ebenso unausweichlich zu einer Schwächung der nationalen Volksvertretungen führen mußte. Das war ein wichtiger Grund dafür, daß die europäische Idee für viele Menschen ihre Anziehungskraft verlieren sollte, obwohl dieselben Menschen die materiellen Errungenschaften und andere Annehmlichkeiten, die ihnen vor allem seit der Gründung der Europäischen Wirtschaftsgemeinschaft zugute kamen, schon bald als Selbstverständlichkeiten betrachteten. Von Anfang an bestanden natürlich Meinungsverschiedenheiten in der Frage, wie die europäische Einheit am besten zustande zu bringen sei. »Föderalisten«, die sie auf juristisch-politischem Weg über die Regierungen und Parlamente verwirklichen wollten, standen »Funktionalisten« gegenüber, die eher von der Basis aus zu operieren gedachten, mit intensiverer Zusammenarbeit in wirtschaftlichen und anderen Netzwerken, so daß die Einheit schließlich das zwangsläufige Endergebnis eines Reifungsprozesses sein würde. Außerdem war noch die allerwichtigste Frage zu klären: Wie weit sollte die Integration gehen, welche Form sollte sie annehmen – Union, Föderation oder Konföderation –, und welche Rolle und welchen Stellenwert würden schließlich die Nationalstaaten haben, was würde aus ihrer Selbständigkeit, ihren besonderen Kulturen, Traditionen und Rechtsstrukturen werden? Hier lagen die heikelsten Probleme, und sie sollten immer deutlicher zutage treten, je weiter der Integrationsprozeß voranschritt und die Souveränität und Macht der Mitgliedsstaaten einschränkte. Aber trotz aller bisweilen tiefgreifenden oder sogar unüberbrückbaren Differenzen zwischen Optimisten und Skeptikern, Befürwortern und Gegnern einer weitergehenden Vereinigung, trotz aller Kritik an bestimmten Auswirkungen des gemeinsamen Marktes und anderer Fusionen gab es vorerst keine Parteien oder Politiker, die offen für eine Auflösung der Gemeinschaft eingetreten wären, für eine Wiederherstellung der Vorkriegsverhältnisse, ein Zurückdrehen der Uhren. Daß dies die unverzichtbaren materiellen Vorteile und Errungenschaften gefährdet hätte, darüber war man sich allgemein im klaren.

3 Schreckensszenarien und Ernüchterung

Der Krieg, die so schnell aufflammende Feindseligkeit zwischen den westlichen Staaten und Sowjetrußland, die Möglichkeit eines dritten Weltkrieges mit einem Einsatz der Atombombe und schließlich der empfindliche Machtverlust Europas waren Anlaß genug für neue düstere Prognosen. Im Vergleich zu den ausschweifenden Visionen eines Spengler oder Kraus und der eschatologischen Erwartung einer großen Wende war die jetzige Untergangsstimmung aber prosaisch. Diesmal zeigte sich am europäischen Horizont keine gewaltige Revolution, die faszinieren und als Schreckbild oder als Signal für das Nahen einer neuen Welt und eines anderen Menschen gesehen werden konnte. Dieser Mythos war entlarvt, denn was der Schoß der bolschewistischen Umwälzung schließlich hervorgebracht hatte, erteilte eine ganz andere Lektion. Auch die Anhänger des Sowjetsystems waren inzwischen überzeugt, daß die Entwicklung keine Sprünge mache und daß alles, ehernen Gesetzen folgend, im rechten Augenblick geschehe. Hochgespannte Erwartungen galten im kommunistischen Lager nicht nur als unangebracht, sondern sogar als unverzeihliche Verirrung. An die Stelle des Glaubens war der Gehorsam gegenüber der Partei getreten. Der erregte Expressionismus, der nach dem Ersten Weltkrieg stilistisch und inhaltlich für viele literarische Äußerungen und auch die Zukunftsvisionen charakteristisch war, hatte an Überzeugungskraft verloren, vielleicht auch, weil die Wirklichkeit ihn übertroffen hatte, und diese mahnte eher zu einer gewissen Bescheidenheit, wenigstens zu Skepsis im Hinblick auf die Fähigkeit des Menschen, den Lauf der Dinge zu ergründen. All die mit solcher Selbstsicherheit entworfenen Panoramen, die Zukunft und Vergangenheit entschleiern sollten, hatten die Entwicklung nicht beeinflussen oder aufhalten können; tatsächlich hatten sie nicht überzeugend vorhergesagt, was mit der Menschheit seitdem geschehen war. Jetzt dagegen distanzierte man sich von den geschlossenen, deduktiven Gedanken- und Geschichtssystemen, die im neunzehnten Jahrhundert ihre Glanzzeit erlebt, aber auch im zwanzigsten noch lange vorgeherrscht hatten, und diese Distanz sollte zur intellektuellen Grundhaltung der Nachkriegsperiode werden. Sie wurde zum heimlichen Ausgangspunkt des Denkens und Theoretisierens und sollte allmählich immer deutlicher Philosophie und Literatur, Künste und Sozialwissenschaften prägen. Vor allem in Literatur und Kunst kam es zu resignierter Abkehr von der abgerundeten, großen Form, vom Endgültigen und Vollendeten, das mit der Vorstellung eines geschlossenen Kosmos und eines ordnenden allmächtigen Schöpfers übereinstimmte. Die Realität hatte sich als unergründlich und unzusammenhängend erwiesen, bestenfalls als unfertig, und deshalb konnten und durften auch Kunst und Literatur nicht mehr das harmonisch abgerundete, vollständige Kunstwerk anstreben, das man nun eher als unwahrhaftig und realitätsverzerrend ansah. Autoren und Künstler und nicht weniger ihr Publikum waren fasziniert vom Fragmentarischen, vom Unvollkommenen und Unverbindlichen, vom Experiment. Abkehr vom Holismus wurde zum Gebot von Ehrlichkeit und Glaubwürdigkeit.

Trotzdem konnten die Verhältnisse zu Beginn des Kalten Krieges auch wieder das Aufkommen von Endzeitvorstellungen begünstigen: Europa – für Europäer naturgemäß der Nabel der Welt – war verwirrt, erschöpft und der Macht der beiden antagonistischen Großmächte USA und Sowjetunion ausgeliefert. Die ganze Geschichte schien plötzlich auf ein Duell hinauszulaufen, auf einen Endkampf zwischen diesen beiden Giganten. Jeder von ihnen repräsentierte ja eines der beiden Systeme, die sich als zwangsläufiges Ergebnis des gesamten Emanzipationsprozesses des vergangenen Jahrhunderts herauskristallisiert hatten, sich aber gegenseitig ausschlossen. Niemals schienen Macht und Ideologie so vollkommen miteinander verschmolzen wie jetzt, so daß die großen Antipoden vor allem als ideologische Feinde erschienen und sich nach außen auch als solche darstellten. Die Einfachheit dieses Antagonismus, der keine Alternativen mehr ließ, wirkte so suggestiv wie beklemmend. Am Ende mündete die Weltgeschichte, nach vielen Irrtümern und Abwegen wie dem unseligen Intermezzo von Faschismus und Nationalsozialismus, unaufhaltsam in die entscheidende Endrunde, wie bei zwei Schwergewichtsboxern im Kampf um den Weltmeistertitel nach der Ausschaltung aller Konkurrenten. Nun erinnerte man sich natürlich gleich wieder an alte Prophezeiungen aus dem neunzehnten Jahrhundert, nach denen Amerika und Rußland die beiden maßgeblichen Weltmächte der Zukunft und Träger gegensätzlicher Ordnungen sein würden, wie zum Beispiel im Werk Alexis de Tocquevilles.

In gewissem Sinne fand Spengler einen Nachfolger in dem englischen Historiker Arnold Toynbee, dessen Riesenwerk *A Study of History*, an dem er seit den dreißiger Jahren arbeitete, jetzt großes Aufsehen erregte. Allein der Titel zeigt aber schon deutlich den Unterschied in Anspruch und Tonart.

Auch Toynbee beschreibt eine Aufeinanderfolge von Kulturen, die gewissen Gesetzmäßigkeiten des Wachstums, der Blüte und des Zerfalls unterworfen sind, aber er hält sich dabei viel enger an die Erkenntnisse der historischen Wissenschaft und stützt sich auf eine viel breitere empirische Grundlage. Der eher moralistisch und religiös als philosophisch orientierte Engländer vermeidet den spekulativen Tiefsinn Spenglers. Seine Darlegung bleibt zurückhaltend und transparent, sie zeichnet sich eher durch gut nachvollziehbare Schlußfolgerungen als durch einzigartige Geistesblitze aus. Dank seines weiteren historischen Blickfeldes unterscheidet Toynbee viel mehr Kulturen, und das von ihm entworfene Panorama ist reicher an Nuancen. Trotzdem hält auch er an der Vorstellung bestimmter Gesetzmäßigkeiten fest, die schließlich den Verfall jeder Kultur herbeiführen. Die europäische, von Antike und Christentum geprägte Kultur habe ihre Zeit gehabt. Es sei denn – dieses ewige »es sei denn« schimmert fast in jeder pessimistischen Prognose plötzlich auf, wie das schwache Licht am Ende eines Tunnels –, es käme zu einer radikalen religiösen Wende. Damit verläßt der gläubige Toynbee zuletzt doch noch den Boden seiner historisch-empirischen Methode. Im übrigen schwankt er zwischen einem in gewissem Sinne rückwärtsgewandten, christlich-europäischen und einem auf die Zukunft ausgerichteten, universalistischen Sendungsbewußtsein, das sich mit der Erwartung einer neuen Weltkultur verbindet. Wie Spengler erntete Toynbee neben dem Beifall eines tief beeindruckten Publikums natürlich auch Kritik von seiten der Fachhistoriker. Am heftigsten wurde er von dem Historiker Pieter Geyl angegriffen, der gerade Toynbees empirische Basis als scheinempirisch entlarvte und ihm vorwarf, die Fakten in seine schon vorgefertigte Theorie hineingezwängt und dabei alles vernachlässigt zu haben, was seine Folgerungen hätte widerlegen können. Das ist in der Geschichtswissenschaft ein altbekannter Vorwurf, und er trifft die Achillesferse jeder historischen Theorie, die aus dem Wirrwarr des Geschehens große Linien herausarbeitet, um bestimmte Gesetzmäßigkeiten aufdecken zu können. Dennoch war es eher so, daß man Toynbees kolossalem Kulturpanorama Respekt und Bewunderung zollte, als daß es eine düstere Stimmung verbreitet hätte. Dafür war das Werk wieder zu sehr Kulturgeschichte und Wissenschaft, trotz des emotionalen Beiklangs, und zuwenig beschwörende Jeremiade. Aber es ist Ausdruck einer Herbststimmung des Autors, für die nach der Katastrophe und angesichts des machtpolitischen Niedergangs Europas, nicht zuletzt des britischen Weltreichs, viele Europäer anfällig waren. Bei dem Kulturhistoriker Jan Romein dagegen äußerte sich eher eine Frühlingsstimmung, die seinem dialektischen marxistischen Denken entsprach. Die Zukunft gehört der Arbeiterklasse und jetzt auch den kolonisierten Völkern, wie er in seinem Buch *Das Jahrhundert Asiens* prophezeite. Im Hinblick auf Europa unterschied sich seine Diagnose nicht wesentlich von der des Engländers.

Für die Nachkriegsjahre charakteristischer als Toynbees Art, in einer großangelegten Gesamtschau der Geschichte die Frage nach der Zukunft unserer Kultur zu behandeln, waren Visionen eines totalitären Staates, einer modernen, kafkaesken Version des allesverschlingenden Leviathan, wie ihn Hobbes drei Jahrhunderte zuvor skizziert hatte. Die Erfahrungen mit den faschistischen und nazistischen Diktaturen und der Herrschaft Stalins, der jetzt halb Europa in seiner Macht hatte, verliehen diesen Visionen ihre Überzeugungskraft. Da gab es zum Beispiel, in gewisser Weise anknüpfend an Huxleys *Schöne neue Welt*, Orwells phantasievolles Schreckensszenario *1984* aus dem Jahre 1949 (geschrieben 1948, daher, als Umkehrung, die Jahreszahl des Titels). Nach dem Prager Staatsstreich und der Strangulierung der tschechischen Demokratie – 1948, genau zehn Jahre nach dem berüchtigten Münchener Abkommen – gab es kein Zurück mehr auf dem Weg in den kalten Krieg. Orwell skizzierte eine fiktive Gesellschaft, in der der einzelne Tag und Nacht unter Kontrolle steht, degradiert zum willenlosen Automaten. In diesem monströsen Zukunftsstaat, der unbarmherziger und raffinierter wirkt als die von Spengler prophezeiten Cäsarenreiche, gibt es spezielle Ministerien für Liebe und Wahrheit, die Haß und Lüge dekretieren. Besonders eindrucksvoll waren die Bücher von Zeugen, teils ehemaligen Kommunisten, deren Schreckensbilder den unverkennbaren Geruch der Authentizität hatten. Der Ungar Arthur Koestler hatte schon 1941, nach seinem Bruch mit dem Kommunismus, in dem Roman *Sonnenfinsternis* seine Erfahrungen mit dem System und die Verhörmethoden bei den monströsen Schauprozessen plastisch beschrieben. Der Zeitpunkt der Veröffentlichung war ungünstig; Europa hatte im dramatischen Jahr 1941 andere Sorgen. Nach dem Krieg jedoch war man für sein Anliegen in hohem Grade empfänglich, auch für die Gedanken anderer bekannter Autoren wie Gide, Silone und Spender, die in dem von Koestler 1950 herausgegebenen Sammelband *The God that Failed* von ihren desillusionierenden Erfahrungen mit dem Kommunismus berichteten. Zu einem sensationellen Bestseller wurde für kurze Zeit ein Buch über das stalinistische System, das der in den Westen emigrierte Autor Viktor Krawtschenko 1946 veröffentlichte: *Ich wählte die Freiheit*. Ein in düstersten Farben gemaltes Bild des Untergangs ist der 1952 erschienene Roman *25 Uhr* des Rumänen Virgil Gheorghiu. Der Autor, der sowohl faschistische als auch kommunistische Regime persönlich kennengelernt hatte, verkündete das nahe Ende der Menschen in Ost und West, hatten doch alle einen Zustand vollkommener Entmenschlichung erreicht, die einen durch grausame Tyrannei, die anderen durch perfekte, effiziente Mechanisierung. Laut Gheorghiu ist es schon zu spät (wie es auch der Titel ausdrückt) – eine Einschätzung, durch die sein ziemlich dick aufgetragener Pessimismus wieder an Überzeugungskraft verliert. Warnende Stimmen, Veröffentlichungen, in denen sich die Angst vor dem totalitären kommunistischen Staat mit einer allgemeinen Katastrophenstimmung verband, paßten zu dem Klima, das der Kalte Krieg und die Atombombe nach der kurzlebigen Friedenseuphorie geschaffen hatten, einem Klima, das von 1946/47 an immer mehr von dem entschiedenen antisowjetischen Kurs geprägt wurde, den Amerika und unter seinem Einfluß auch die westeuropäischen Staaten eingeschlagen hatten.

Von Frankreich aus verbreitete sich in den späten vierziger Jahren der Existentialismus als intellektuelle Mode, die vor allem von der jungen Generation Besitz ergreifen sollte. Sartre wurde zum neuen Guru, mit Camus auf einem ehrenvollen zweiten Platz. Dieser Existentialismus war etwas anderes als die deutsche Existenzphilosophie, die in den zwanziger Jahren aufgekommen war; seine Anziehungskraft beruhte zumindest auf anderen, zum Teil sogar entgegengesetzten Akzenten. Was sich die junge Kriegsgeneration von Sartres Philosophie aneignete, war vor allem die Erkenntnis, daß jede traditionelle religiöse oder metaphysische Autorität notwendigerweise scheitern müsse. Dieses Scheitern war Voraussetzung für eine Existenz in Wahrhaftigkeit, das heißt im Bewußtsein der absoluten Freiheit als Auftrag und als Schicksal. Nur der einzelne konnte seiner Existenz Sinn verleihen. Damit wurde Rebellion gegen jede Art von Autorität legitimiert, gegen weltliche oder transzendente, in- oder ausländische, und zwar Rebellion aus Prinzip. Diese Philosophie konnte den Zusammenbruch des alten Frankreich erklären, sie konnte der Résistance und dem Antifaschismus heroischen Glanz verleihen, sie konnte einen sogar den geistigen und moralischen Kahlschlag, den man um sich herum wahrnahm, als günstige Voraussetzung für einen eigenen Weg begreifen lassen. Sie reduzierte die überlieferten Weisheiten und Gebote von Kirche und Gesellschaft auf ein Nichts und gab einer jungen Generation damit allen Freiraum, den sie brauchte, wenn nicht gar einen Vorsprung. Und sie war, wie Sartres eigenes Beispiel zeigte, durchaus mit der traditionellen linken und revolutionären Gesinnung zu vereinbaren, die schon fast zum Erkennungszeichen des französischen Intellektuellen geworden war. Immer noch stand Kommunismus hier für streitbare Humanität, und das freie, ganz auf sich gestellte Individuum fand im Kampf gegen die Besitzenden und für eine gerechte, humane Gesellschaft Halt. Auch außerhalb Frankreichs fanden der Freiheitsexistentialismus Sartrescher Prägung und Camus' Theorie des Absurden Widerhall, vor allem in der gebildeten akademischen Jugend, und auch aus den gleichen Gründen, wenn es auch anderswo nicht zu dieser typisch französischen Verbindung von Humanismus und Sympathie für den Kommunismus kam. In Sartres Theaterstücken erreichte der Existentialismus ein viel breiteres Publikum, als es bei einer philosophischen Lehre gewöhnlich der Fall ist. Er hatte keinen Konkurrenten. Die Resonanz, die so stark war, daß man von einer intellektuellen Mode sprechen konnte, kann aber auch erklären, daß sich eben diese existentialistische Mode verhältnismäßig schnell wieder verflüchtigte. Dieses Denken bot in der ersten Zeit der Orientierungslosigkeit eine erregende Deutung von Mensch und Welt, aber ebensowenig wie fast jede andere Philosophie (außer dem Marxismus) konkrete Leitlinien für das Handeln und die Entscheidungen junger Menschen, die verlorene Jahre einholen wollten oder noch am Beginn einer Laufbahn standen – außer, wenn man sich tatsächlich nach Sartres Vorbild zum Marxismus oder Kommunismus bekehrte. Außerhalb Frankreichs und Italiens war diese Wahl aber wegen des eskalierenden Ost-West-Konflikts und des Stalinismus schon bald tabu.

Und auch in diesen Jahren der Erschütterung machte sich wieder das Generationsproblem deutlicher als sonst bemerkbar. Nimmt man eine grobe Einteilung vor, kann man sagen, daß wie immer die Generation der Vierzig- bis Sechzigjährigen die Führungspositionen in Politik, Wirtschaft und Wissenschaften innehatte. Es waren Menschen, die vor allem durch die Erfahrung der Depression und der Arbeitslosigkeit geformt waren und beim Aufkommen der Diktaturen faschistischer, nationalsozialistischer oder kommunistisch-stalinistischer Prägung Anhänger, Gegner oder Zuschauer gewesen waren. Sie alle waren während des Krieges gesellschaftlich etabliert gewesen, ob nun in hoher oder niedriger Position. Sofern sie zu den einflußreichen oder mächtigen Eliten ihres Landes gehört hatten, waren sie kein unbeschriebenes Blatt. Das galt grundsätzlich natürlich für jeden aus dieser Generation. Wenn sie in den faschistischen oder nationalsozialistischen Bewegungen eine aktive Rolle gespielt oder während des Krieges mit ihnen kollaboriert hatten, gehörten sie jetzt zu denen, die in politisch-ideologischer und in moralischer Hinsicht auf das falsche Pferd gesetzt hatten, wobei es zwischen dem ideologischen und dem moralischen Aspekt einen unheilvollen Zusammenhang gab und gibt. Verständlicherweise hatten sie – soweit sie nicht wegen ihrer Rolle im Krieg verfolgt oder aus dem öffentlichen Leben entfernt wurden – vor allem die Neigung, zu vergessen, der peinlichen Vergangenheit den Rücken zu kehren, sich den neuen Machtverhältnissen und den neuen politischen Normen anzupassen. Bei den von den Deutschen besetzten Ländern galt dies für eine kleine Minderheit, in Deutschland, Italien und einigen mit ihnen verbündeten Ländern für die Mehrheit der Bevölkerung. Diejenigen, die gegen die Diktaturen gekämpft hatten, und die Massen in den Ländern, die gegen Deutschland Krieg geführt hatten, wollten dagegen nun zumindest die richtigen Lehren aus der Geschichte ziehen. Sie hatten die Katastrophe nicht verhindert, waren also offensichtlich nicht wachsam genug gewesen. Ein vages Gefühl kollektiven Versagens und damit auch der Verantwortlichkeit gegenüber der Jugend, die nun vor diesem gewaltigen Scherbenhaufen stand, die Überzeugung, daß man aufgrund der eigenen Erfahrungen zur Wachsamkeit verpflichtet sei und eine geistige Führungsrolle zu übernehmen habe – all das bestimmte das Handeln dieser Generation, die jetzt auf allen Gebieten die höchsten Positionen innehatte. In den Reaktionen des Westens auf die Politik Sowjetrußlands wirkten sich ganz offensichtlich die Erfahrungen mit Hitler aus. »München« war die eindringliche Mahnung in den Köpfen aller, die fortan in Washington, London, Paris und anderswo in jeder politischen Krise die Strategie festlegten. Konzessionen gegenüber einem Diktator waren von Übel und vergrößerten nur die Gefahr; nur energisches Vorgehen konnte retten. Aber auf allen Ebenen des politischen und gesellschaftlichen Lebens zeigten sich die Schatten der jüngsten Heimsuchungen, denn nun wurde alles, was weit nach rechts tendierte, schnell als faschistisch oder nazistisch gebrandmarkt und damit aus dem Kreis der Anständigen ausgeschlossen. Vor allem jedoch suchte man nach Werten, die als Kompaß dienen konnten, die halfen, die Demokratie zu schützen, und die vor den Irrungen des Totalitarismus bewahrten.

Die Gründung der christlich-demokratischen Parteien war schon ein Ergebnis dieser Suche. Die Kirchen meldeten sich zu Wort, zugleich von Scham wie von dem unveränderten Drang nach väterlicher Seelsorge und Bevormundung bewegt. Sie betonten von neuem die zeitlose Gültigkeit und Aktualität der christlichen Glaubenswahrheiten im Gegensatz zum Götzendienst der modernen Diktaturen und zum Glauben an die Allmacht des Staates. Wie schon gesagt, schlossen sie nun ein enges Bündnis mit der parlamentarischen Demokratie, was zuvor keineswegs in allen Ländern selbstverständlich gewesen war. Gegen den Kollektivismus, den man vor allem als Kennzeichen der totalitären Systeme verurteilte, richtete sich auch eine zum Teil vom Christentum, zum Teil vom Humanismus inspirierte geistige Strömung, die gewöhnlich als »Personalismus« bezeichnet wird. Es ging um ein Heilmittel gegen den bedenklichen Kollektivismus, aber der Begriff »Individualismus« wurde von vielen zu sehr mit der liberalen, kapitalistischen Profitmentalität identifiziert. Unter »Personalismus« dagegen verstand man die Entwicklung des einzelnen zur verantwortungsvollen und unabhängigen Persönlichkeit, auch als Grundstein einer demokratischen Gesellschaft. Kein völlig neuer Gedanke, denn schon bei Ortega, Jaspers und einigen anderen sind wir diesem Ideal begegnet. Zu den vielgelesenen Repräsentanten dieses Personalismus gehörte der schweizerisch-französische Autor Denis de Rougemont; sein schon 1936 erschienenes Buch *Penser avec les mains* stieß jetzt in weiteren Kreisen auf Resonanz und erreichte in Übersetzungen viele Länder. Rougemont hatte geschrieben, daß die Menschen den Glauben an den Teufel verloren hätten, so daß er viel Macht über sie bekommen habe, eine Variation von Baudelaires Ausspruch, der größte Trick des Teufels sei es, uns weiszumachen, daß es ihn nicht gebe. Gerade nach den jüngsten Erfahrungen mußte ein solches Bild ansprechen. Der unverkennbar religiöse, christliche Unterton bestimmte Rougemonts locker und eingängig geschriebene Kulturdiagnose wie auch seine Tiraden, die sich nicht nur gegen den Totalitarismus richteten, sondern auch gegen die materialistische Demokratie des Westens und die totale Nivellierung; dieser Unterton bestimmte auch seinen Aufruf zu verantwortlichem persönlichem Handeln, zur Risikobereitschaft nach dem Vorbild Christi. In Deutschland rief der vom Katholizismus geprägte Kulturphilosoph Romano Guardini, früher Mitglied der katholischen Jugendbewegung, ebenfalls dazu auf, die Person wieder in den Mittelpunkt zu stellen und angemessen zu würdigen. In seinem Buch *Das Ende der*

Neuzeit aus dem Jahre 1950 lehrte er, es gebe einen Gegensatz zwischen der »Person« und dem »Individuum«. Letzteres, Produkt der Kulturgüter und der Gesellschaft, müsse überwunden werden, damit der Mensch, auf die nackte Existenz zurückgeworfen, wieder in direkten Kontakt mit Gott und mit seinem Auftrag kommen könne. Der Personalismus entwarf ein sehr vieldeutiges, aber gerade deshalb anziehendes, pädagogisch angehauchtes Menschenideal, das nicht nur christliche und humanistische Kreise ansprach, sondern auch Sozialisten, die sich von der marxistischen Orthodoxie und dem doch etwas farblosen Materialismus befreien wollten. All dies gilt vor allem für die Älteren, die Generation, die jetzt die politische und gesellschaftliche Führung innehatte oder übernahm und sich auch vom Verlangen nach geistiger Erneuerung und vom Wunsch, Versäumtes nachzuholen, leiten ließ.

Kennzeichnend für die Generation, die bei Kriegsende verhältnismäßig jung gewesen war, im großen und ganzen die Menschen unter dreißig, waren Argwohn gegenüber großen idealistischen Parolen und Widerwillen gegen Politik und Ideologie. Diese Generation war für die Politik der Vorkriegszeit nicht verantwortlich zu machen. Erzogen in einem Land mit parlamentarischem System oder indoktriniert und gedrillt in einem diktatorischen Staat, hatte sie in keiner Hinsicht eine Wahl gehabt. Als Werkzeug des Regimes konnten sich im nachhinein vor allem die Jüngeren um und unter zwanzig mit einigem Recht von den Älteren getäuscht fühlen. Natürlich hing dies auch davon ab, welche Rolle die Jüngeren selbst gespielt hatten, aber Orientierungslosigkeit war sehr verbreitet und in gewisser Weise eine natürliche Folge der Ereignisse. So gab es jetzt nichts, was mit der idealistischen Jugendbewegung der zwanziger Jahre vergleichbar gewesen wäre. Diejenigen, die der Jugendbewegung der Vorkriegszeit angehört hatten, waren inzwischen müde und ergraut, und die Bewegung als Ganze war erheblich diskreditiert durch die Art, wie Faschismus und Nationalsozialismus sie pervertiert und vor ihren Karren gespannt hatten. Auch die junge Kriegsgeneration hatte allgemeinen Nachholbedarf, aber ihr ging es weniger um politische Grundsätze oder die Wiederherstellung ethischer Normen als um ganz Praktisches, Persönliches: Man wollte in erster Linie verlorene Ausbildungszeit einholen, eine sichere Laufbahn einschlagen, eine Familie gründen. Manche wandten sich deshalb von Europa ab, das seinen Kindern so wenig Sicherheit geboten hatte und auch jetzt eine so wenig aussichtsreiche Zukunft zu versprechen schien. Es kam zu einer Welle der Emigration nach Amerika, Kanada, Australien und Neuseeland. Dort gab es Raum genug, dort, so hoffte man, konnte man in einem jungen Land ein neues Leben aufbauen. Es waren sowohl idealistische als auch pragmatische Motive, die die Auswanderer über die Ozeane trieben.

Unter ihnen waren die Juden eine besondere Gruppe. Wer die Shoah überlebt hatte, Menschen aus den Lagern und diejenigen, die sich der Deportation hatten entziehen können, indem sie untergetaucht waren oder eine falsche Identität angenommen hatten – ein erschütternd kleiner Anteil des europäischen Judentums –, stand vor einer großen Leere. Fast jeder hatte Angehörige verloren, oft die gesamte Familie, und all seinen Besitz. Ihren Platz in der Gesellschaft hatten andere eingenommen, nicht nur in Deutschland, sondern auch in allen von den Deutschen besetzten Ländern. Dieses außergewöhnliche Schicksal hatte überall in Europa einen Abstand zwischen ihnen und der übrigen Bevölkerung geschaffen. Das brauchte nichts mit Antisemitismus zu tun zu haben, sondern war in erster Linie auf das andere Schicksal zurückzuführen, das in der Alltagswirklichkeit für Distanz sorgte. Diese Situation konnte bei den Nichtjuden allerdings zu Verhaltensweisen führen, die vor allem von den Opfern als antisemitisch empfunden wurden. Viele Nichtjuden waren ganz einfach nicht gewillt, Besitz und Position, die sie inzwischen erlangt hatten, wieder aufzugeben. Nicht immer (vor allem nicht in den besetzten Ländern) waren ihnen diese durch eigene Machenschaften zugefallen. Deshalb fühlten sich die Nutznießer nicht ohne weiteres als die Verursacher des Elends. Hier offenbarte sich ein elementarer Egoismus, der sich jedoch zu seiner Rechtfertigung auch antisemitischer Klischees bedienen konnte. Umgekehrt konnten diese Klischees auch wieder jenen Egoismus anfachen. Außerdem gab es wie zu jeder Zeit die Versuchung, Opfer für schuldig oder mitschuldig zu halten, was das eigene Gewissen entlastete – ein unentwirrbarer psychischer Knäuel, aber all dies verstärkte bei den Überlebenden des Völkermordes die Enttäuschung, verletzte sie nur noch mehr und trieb sie von neuem in die Isolation. So kam es zur Massenemigration nach Palästina, wo die Zionisten inzwischen mit doppelter Entschlossenheit ihren Kampf für einen eigenen jüdischen Staat führten, einen Kampf, dessen Ergebnis schließlich die Gründung Israels im Jahre 1948 war.

Während nach dem Ersten Weltkrieg der Begriff »verlorene Generation« aufgekommen war, sprach der deutsche Soziologe Helmut Schelsky jetzt von der »skeptischen Generation«. Hier darf man allerdings die bedeutenden nationalen Unterschiede nicht übersehen. Die Unterschiede zwischen den nationalen Kulturen und Traditionen und die gegensätzlichen Erfahrungen mit Krieg und Besatzung bedingten auch ganz verschiedene Reaktionen.

Als Lehre, die auch angesichts des wenig inspirierenden Vorbilds der Älteren einen Bruch mit deren Traditionen auf überzeugende Weise rechtfertigte, indem sie die Sinnlosigkeit der gesamten Wirklichkeit zum Ausgangspunkt des Denkens machte, konnte der französische Existentialismus nicht nur in Frankreich, sondern auch in Ländern wie den Niederlanden und Belgien für einige Zeit die jungen Intellektuellen in seinen Bann schlagen. Weil die kommunistische Partei in diesen Ländern jedoch unter den Intellektuellen nie so viele Anhänger gefunden hatte wie in Frankreich, blieb der Existentialismus hier ein intellektueller Habitus ohne politische Bedeutung. In England war man verhältnismäßig unempfänglich für die Lehre des Pariser Gurus. Die pragmatische und utilitaristische angelsächsische Mentalität wirkte wie ein Puffer. Außerdem fehlte das Bewußtsein einer nationalen Katastrophe. Hatten die britischen Institutionen und die britische Gesellschaft nicht von neuem ihre Tauglichkeit und Widerstandskraft bewiesen? Jetzt kam es darauf an, sich nach bewährtem Rezept geschmeidig an eine sich wandelnde Welt anzupassen. Die Machtübernahme durch Labour war ein Zeichen dieser Elastizität auf politischem und sozialem Gebiet. Eine gewisse Erschöpfung, nicht nur materiell, wirtschaftlich, sondern auch intellektuell, war allerdings unverkennbar. Erst eine spätere, während des Krieges oder danach geborene Generation sollte in England kulturell für gehörige Aufregung sorgen und einiges in Bewegung bringen.

Ganz anders lagen die Dinge im geteilten Deutschland, dem großen Verlierer, der noch dazu moralisch stigmatisiert war. Hier herrschte eine beispiellose geistige Orientierungslosigkeit. Die meisten Angehörigen der Generation der Entscheidungsträger hatten auch das Aufkommen und den Triumph des Nationalsozialismus bewußt erlebt, und ihr Leben war auf vielerlei Weise eng mit der Diktatur verknüpft gewesen. Leugnung, Verdrängung, Bagatellisierung oder Rechtfertigung dieser Verstrickung waren hier eine recht häufige Reaktion – verständlich bei denjenigen, die sich nicht von allem hatten fernhalten können oder sich nicht überzeugend als Regimegegner ausweisen konnten, tatsächlich also bei der großen Mehrheit der politischen, wirtschaftlichen und kulturellen Eliten. Ich habe schon die bemerkenswerte Tatsache erwähnt, daß vom fanatischen Nazismus nichts übriggeblieben schien, was irgendeine politische Bedeutung gehabt hätte: keine freikorpsartigen Soldatenorganisationen, kein Wehrwolf (die von den Naziführern vor dem Zusammenbruch erdachte Untergrundbewegung, die sie wie ein verstecktes Wolfsjunges zurücklassen wollten), niemand, der zum höheren Ruhm des Hakenkreuzes den Märtyrer spielen wollte, wie man es hätte erwarten können. Es entstanden zwar Veteranenverbände ehemaliger Offiziere und SS-Leute, und hier kursierten im geschlossenen Kreis noch die alten Ideen, beobachtete man die neuen Entwicklungen mit Gefühlen der Verbitterung und des beleidigten Stolzes, zumal der Nationalismus hier ungebrochen war. Man blieb jedoch mehr oder weniger im Abseits; solche Vereinigungen mußten sich, wenn sie überhaupt existieren wollten, zurückhalten und sich bemühen, nicht ins Rampenlicht zu geraten – zum Teil wegen der Alliierten, die das gesamte öffentliche Leben kontrollierten, und wegen des wachsamen Auslands, zum Teil aber auch, weil sich im Land selbst, bei den neuen Parteien, bei allen Verantwortlichen, in den Medien und in der Öffentlichkeit rasch die Erkenntnis durchsetzte, daß nur konsequente Abkehr vom Nationalsozialismus und die Entwicklung demokratischer Einstellungen aus dem tiefen Tal herausführen konnten. Diese Erkenntnis war das Ergebnis praktischer, wirtschaftlicher und moralischer Erwägungen in kaum durchschaubarer Mischung. Das war ein grundlegender Unterschied zur Zeit von Weimar; für so etwas wie eine Dolchstoßlegende war kein Platz mehr. Schon bald sollte der Begriff »Stunde Null« aufkommen, der sowohl für den absoluten Tiefpunkt als auch für einen Startpunkt stand, für den Neubeginn. Die jüngere Generation, die schon ganz im Dritten Reich aufgewachsen war, konnte sich mit einigem Recht getäuscht fühlen. Im großen und ganzen zerfiel sie in das Lager der Skeptischen, die vorerst aller Politik den Rücken kehrten, und die Gruppe derer, die sich nach neuen ideellen Orientierungspunkten sehnten und für ein neues demokratisches System einsetzen wollten, waren sie doch aufrichtig entsetzt über die Untaten des Dritten Reiches. Bei den echten Antifaschisten (vielen alten Sozialisten und anderen, die in Lagern gelandet waren) und auch bei einem Teil der zuletzt genannten Gruppe von Jüngeren, bei allen, die nach einem wirklichen Neuanfang verlangten, führte die inkonsequente und unzulängliche Ausschaltung alter Nazis zu Enttäuschung und Resignation. Das gleiche galt für die wenigen zurückgekehrten Emigranten. Die meisten Exilierten, vor allem die Juden, waren in ihrem neuen Heimatland inzwischen eingebürgert, und sie konnten ihrem ersten Heimatland nicht vergeben, was es angerichtet hatte. Ein kleiner Teil stellte sich allerdings den Besatzungsmächten als Deutschlandkenner zur Verfügung, was die Kluft zwischen ihnen und der deutschen Bevölkerung nicht gerade kleiner machte. Das Vorhaben, das politische und öffentliche Leben gründlich von allen zu säubern, die im Dritten Reich eine wichtige Position innegehabt hatten oder an den Verbrechen des Regimes beteiligt gewesen waren, war an zwei Faktoren gescheitert. Erstens mußten die Besatzungsmächte auf erfahrene Verwaltungsbeamte und Funktionsträger anderer Bereiche zurückgreifen, um die Ordnung zu bewahren, Verordnungen auszuführen, das öffentliche Leben wieder in Gang zu bringen und Industrie und Wirtschaft zu fördern. Angesichts der engen Verflechtung all dieser Gruppen mit dem Naziregime war eine sorgfältige Trennung von Belasteten und Unbelasteten so gut wie unmöglich, so umfangreich die Entnazifizierungsverfahren auch waren. Als zweiter Faktor kam der vom Kalten Krieg bedingte antikommunistische Kurs hinzu, vor allem bei den Amerikanern. Insgeheim wurden deshalb zuweilen ehemalige Gestapoagenten und andere frühere Funktionäre als professionelle Kenner und Gegner des Bolschewismus verpflichtet und den Säuberungsverfahren entzogen, wobei die Autoritäten der alliierten Verwaltung, Militärs und Geheimdienste einander teilweise in die Quere kamen und bekämpften. Manche von denen, die in den Konzentrationslagern Grausamkeiten und Massenmorde begangen hatten, konnten mit Hilfe amerikanischer Geheimdienste und kirchlicher Organisationen entkommen, meist mit einer neuen Identität versehen. Vor allem Staaten Südamerikas wurden beliebte Zufluchtsländer. Wer sich (ob reumütig oder nicht) zum Glauben der Mutterkirche bekehrt hatte, wurde ins Ausland geschmuggelt, teilweise mit Wissen des Vatikans. Außerdem gab es bei aller Bereitschaft zu politischer Erneuerung in den Generationen, die das Hitlerregime getragen und ihm gedient hatten, auch eine Art Solidarität. Man deckte einander, getreu dem Grundsatz »eine Hand wäscht die andere«. Die meisten konnten es sich nicht leisten, gegenüber ihren Landsleuten als politische Sittenrichter oder Inquisitoren aufzutreten. Dies galt besonders für die Justiz, also gerade die Instanz, die von den Alliierten einmal die Aufgabe übernehmen mußte, Schuldige aufzuspüren und abzuurteilen. Vorerst herrschte in Westdeutschland und in der jungen Bundesrepublik zweierlei Geist: Einerseits gab es aus Angst vor dem Kommunismus und ganz einfach um der Selbsterhaltung willen viel Bereitschaft zu politischer Erneuerung im demokratischen Sinn und zur Anpassung an die amerikanische Führungsmacht, andererseits versuchte man die Vergangenheit zuzudecken, neigte zum Verdrängen und Verschweigen, zumindest bei den tonangebenden Schichten. Zudem verwandelten sich die Besatzungsmächte in den Jahren 1946/47 unmerklich in Schutzmächte – besonders aber seit der Berliner Blockade 1948/49. Der Ost-West-Konflikt führte dazu, daß sich in der Haltung der Bevölkerung gegenüber den westlichen Siegern auf eigenartige Weise Kritik und Rechthaberei mit Bereitschaft zur Zusammenarbeit, ja sogar mit einer gewissen Sympathie mischten. Manche sahen im Kalten Krieg insgeheim eine Rechtfertigung ihrer eigenen nationalsozialistischen Vergangenheit: Schließlich hatten sie als erste die bolschewistische Gefahr erkannt und bekämpft, und in dieser Hinsicht fühlten sie sich den in ihren Augen naiven Alliierten überlegen.

Soweit das Dritte Reich, die Niederlage und die Frage von Kollektivschuld und kollektiver Verantwortung die Gemüter ernsthaft beschäftigten, wurde »die Nazizeit« vorzugsweise als eine Art übermenschliche, beinahe metaphysische Katastrophe aufgefaßt, als ein dramatisches Verhängnis, das über das deutsche Volk gekommen war. Unerklärlich war dies nicht, denn man hatte täglich die zerstörten Städte vor Augen, litt zunächst Mangel an allem und hatte Millionen von Gefallenen und Vermißten zu beklagen. Diese Dinge berührten den Durchschnittsbürger mehr als das, was Deutsche in anderen Ländern angerichtet hatten. Auch bei dieser Art der Auseinandersetzung mit der Vergangenheit waren es in erster Linie Angehörige der älteren Generation, die sich zu Wort meldeten. Zum Teil deutete man das deutsche Schicksal als Symptom einer umfassenden Kulturkrise. Auf jeden Fall dominierte die Neigung, die katastrophale Entwicklung auf eine höhere Ebene zu verschieben, so daß die Rolle, die jeder einzelne gespielt hatte, an Bedeutung verlor: Schließlich waren alle auf ihre Weise Opfer eines dämonischen Verführers geworden oder, was noch beeindruckender wirkte, Opfer eines unergründlichen Schicksals. So konnte die Katastrophe umgedeutet werden: Deutschland war es auferlegt worden, eine Judasrolle zu spielen – die dem nationalen Selbstgefühl insgeheim sogar schmeicheln konnte –, um stellvertretend für den allgemeinen moralischen Verfall zu büßen. Es war ein Geschwür am Leib der Menschheit, aus dem der Eiter der Krise ausgetreten war. Autoren wie Reinhold Schneider und Romano Guardini, die in diesem Zusammenhang an die alten christlichen und besonders katholischen

Vorstellungen von Schuld und Sünde anknüpften, wandten sich vor allem an die Jugend. Schneider sah die deutsche Schuld schon fast als ein Vorrecht, weil sie gerade wegen ihrer Schwere zu entsprechend gründlicher Buße und Bekehrung führen konnte.[9] Hierin kann man auch eine deutsche, religiöse Variante des Existentialismus erkennen: Der Wille zur Läuterung entsprang dem Bewußtsein völliger Nichtigkeit, der Erkenntnis, einen beispiellosen Tiefpunkt erreicht zu haben. Maßgebliche Theologen wie Karl Barth und Rudolf Bultmann sprachen auch immer wieder von der allumfassenden Krise, der menschlichen Verlorenheit, der Abwendung von Gott als Ursachen der Katastrophe. Diese Mahnungen und Deutungen konnten dadurch, daß sie das Geschehen auf eine sehr hohe, ja erhabene Ebene projizierten, entlastend wirken, auch wegen des vertrauten Motivs von Schuld und Buße, in dem man die Lage Deutschlands wiedererkennen konnte.

Was sich den Augen der Welt so noch nie dargeboten hatte, diese Konfrontation eines ganzen Volkes mit der Frage von Kollektivschuld und kollektiver Verantwortung und mit Greueln, die in seinem Namen und von Personen aus seiner Mitte begangen worden waren, regte aber auch zu Untersuchungen psychologischer, historischer und ethischer Fragen an, die geradezu Erkundungszüge in geistigem und moralischem Neuland waren, etwas, woran die anderen Nationen keinen Bedarf hatten, weil sie nicht so hart mit der Nase auf ihr eigenes Versagen gestoßen wurden. Während viele Durchschnittsmenschen dazu neigten, dem Geschehenen eine Art religiöse Färbung zu geben und es letztlich einem gleichsam metaphysischen Verhängnis zuzuschreiben, dem die deutsche Geschichte angeblich unterworfen war, erhoben sich einige Intellektuelle deutlich über dieses Niveau. Im Jahre 1945 hatte nämlich die nach Amerika geflohene norwegische Schriftstellerin Sigrid Undset die Untaten der Deutschen ausdrücklich mit einem spezifischen deutschen Charakter in Verbindung gebracht – eine Äußerung, mit der sie eine Mehrheit der Intellektuellen in der ganzen Welt repräsentierte.[10] Einem solchen Determinismus widersprach der Philosoph Karl Jaspers: Er lehnte ihn ab, weil auf diese Weise jede bessere Zukunft für die Deutschen ausgeschlossen wurde, allerdings erklärte er die unbedingte Anerkennung der Schuld und Verantwortung zur Voraussetzung für eine Wandlung. In seinem Buch *Die Schuldfrage* aus dem Jahre 1946 unterschied er zwischen direkter Schuld und Verantwortung – Schuld im eigentlichen Sinne könne nur eine persönliche sein, Verantwortung sei tatsächlich kollektiv. »Schuld« in einem höheren Sinne, erklärte er, sei einfach die Tatsache, daß man überlebt hatte. Damit faßte er als einer der ersten das in Worte, was später als Überlebensschuld bei zahlreichen Hinterbliebenen von Ermordeten und auch von Gefallenen Reuegefühle auslösen sollte, die bohrende Frage: Warum sie und nicht ich?! Auffälligerweise waren es vor allem die Opfer und die unverdächtigen Gegner des Nazismus (wie Jaspers selbst), die sich als anfällig für diese Empfindungen erwiesen, nicht die Massen von Anhängern, Mitläufern oder Passiven. Deren Gefühle kamen eher in Thornton Wilders Theaterstück *Wir sind noch einmal davongekommen* aus dem Jahre 1942 zum Ausdruck, das 1945 ein großer Erfolg wurde. In diesem Stück überwindet der Mensch am Ende eine ungeheure Häufung von Schicksalsschlägen, es ist eine Lektion in unverwüstlichem amerikanischen Optimismus und Selbstbewußtsein. Erleichterung, mit dem Leben davongekommen zu sein, war ja bei den meisten Deutschen die unmittelbare Reaktion. Die erste Voraussetzung dafür, daß Deutschland eine Zukunft haben konnte, war dagegen für Jaspers (und er war nicht der einzige) die volle Anerkennung der beispiellosen Untaten, die Deutschland auf dem Gewissen hatte.

Hier stellte sich nun die Frage nach zuverlässigen Wegweisern für die Zukunft. Der christliche Personalismus eines Guardini oder die theologischen oder kulturpädagogischen Betrachtungen eines Barth oder Theodor Litt, die moralische Selbstbesinnung forderten, verlegten das Problem der Sinngebung entweder auf die ganz persönliche oder gerade auf eine universelle Ebene. Die eigene Tradition und Geschichte waren als Orientierungshilfen für die jüngeren Generationen äußerst fragwürdig geworden; darum bot die europäische Idee für manche eine Kompensation. Aber für die Älteren, die sich nach wie vor als Mentoren sahen, war es nahezu unmöglich, im Hinblick auf den Aufbau eines neuen demokratischen Deutschland auf eine eher nationale Orientierung zu verzichten. Zu sehr waren sie noch von einer nationalen Perspektive bestimmt. Nun gab es spätestens seit den Tagen von Weimar die These von den zweierlei Deutschland, dem demokratischen und liberalen, das 1848 und danach mehrmals Schiffbruch erlitten hatte, und dem autoritären und militaristischen, das dank Bismarck das andere verdrängt hatte. Auch und gerade bei den Emigranten und im Ausland hatte dieser Gedanke seit 1933 Anklang gefunden. Das »gute Deutschland« war nach Hitlers Machtergreifung im Exil oder im Untergrund. Diesen Gegensatz, eine beliebte und tröstliche Konstruktion, nannte nun der nach Amerika emigrierte Thomas Mann bei einem Vortrag im Jahre 1945 einen Scheingegensatz. Das »gute« und das »böse« Deutschland seien eins, miteinander verflochten nach den Gesetzen einer dämonischen Dialektik entsprechend der Aussage seines letzten Romans *Doktor Faustus*. Dabei konnte der Autor der Neigung nicht widerstehen, die deutsche Misere doch wieder als Ergebnis eines übermenschlichen Verhängnisses aufzufassen, obwohl er selbst vor der Gefahr einer solchen Dämonisierung gewarnt hatte, die im Grunde nur schmeichelhaft sein konnte und die Verantwortung auf Mächte irgendwo über den Wolken abwälzte. Der genannte Gegensatz bildete auch den Ausgangspunkt eines Büchleins, das der alte Friedrich Meinecke, Nestor der deutschen Historiker, im Jahre 1946 veröffentlichte, *Die deutsche Katastrophe*. Darin nimmt der Vierundachtzigjährige Abschied von seinem eigenen Herkunftsland, dem Deutschland Bismarcks, in dem für ihn nun doch die Anfänge der katastrophalen Entwicklung liegen. Ihm stellt er das Deutschland der Kultur, das Deutschland Goethes als Vorbild gegenüber. Nur dies könne die Deutschen wieder auf den rechten Weg bringen. Das Buch war der Versuch einer historischen Ortsbestimmung und auch ein Versuch, in der deutschen Geschichte eine Kontinuität sichtbar zu machen, die immer vernachlässigt worden war. Nicht die Jüngeren, sondern der älteste deutsche Historiker nahm als erster die Herausforderung an.

Als der Psychiater Alexander Mitscherlich zusammen mit Fred Mielke 1949 einen Bericht über die medizinischen Experimente in den Lagern veröffentlichte – Anlaß war der Kriegsverbrecherprozeß gegen die beteiligten Ärzte im Jahre 1946 –, stieß er damit noch durchgängig auf Ablehnung. Mitscherlich, der aus der psychoanalytischen Schule Freuds kam, hatte den Stier bei den Hörnern gepackt und erklärt, daß die bestialische Verirrung ihrem eigentlichen Wesen nach nicht nur mit der Nazilehre zusammenhänge, sondern auch mit einer Tradition naturwissenschaftlich-medizinischen Denkens, für die der Patient weniger Mensch als Objekt im Dienst des wissenschaftlichen Fortschritts sei. Eine solche Anschauung brachte natürlich die Ärztezunft auf die Barrikaden, und genau wie ein halbes Jahrhundert zuvor Freuds Theorie wurden Mitscherlichs Folgerungen als schändliche Diffamierung und Verleumdung abgetan. Erst später sollten seine Analysen Beachtung finden. Er hatte die spezifisch deutsche Schuldfrage teilweise auf eine universelle Ebene verlegt, und dies sollte auch anderswo auf heftigen Protest stoßen.

Anders als in Deutschland gab es in Italien keine Stunde Null, keine vergleichbare Säuberung, keine Umerziehungsmaßnahmen und keinen absoluten moralischen und geistigen Tiefpunkt. Dies hing damit zusammen, daß Italien noch vor dem Beginn des alliierten Angriffs im Jahre 1943 das Mussoliniregime selbst zu Fall gebracht und gleich darauf kapituliert hatte, worauf es von Hitler und seiner Armee als verräterischer Überläufer behandelt worden war und in den letzten beiden Kriegsjahren das Los der anderen besetzten Länder geteilt hatte, soweit es nicht schon von den britischen und amerikanischen Armeen erobert worden war. Dadurch war es vom Verbündeten als letzter Staat zum Opfer des Nationalsozialismus geworden. In gewisser Weise hatte Italien mit dieser Wende gezeigt, daß es nicht mehr mit dem faschistischen Regime identifiziert werden konnte.

Außer diesem eher an der politischen Oberfläche liegenden Unterschied, der weitreichende Konsequenzen für die politische Rolle Italiens und seine Zukunft im allgemeinen haben sollte, spielte der ebenfalls nicht unwesentliche Unterschied zwischen Faschismus und Nationalsozialismus eine Rolle. Den Faschisten konnte man keine Massenmorde zur Last legen, ihre Gegner waren keinen blutigen Ausrottungsmaßnahmen zum Opfer gefallen. Die Sieger sahen keinen Grund, Umerziehungsparolen auszugeben. Auch die Mehrheit der Italiener schien den Faschismus inzwischen zu verurteilen, obwohl, solange Mussolini Erfolg hatte, nicht zu erkennen gewesen war, daß sie gegen seine expansiven Unternehmungen ernsthafte Bedenken gehabt hätten. Ausschlaggebend war die Tatsache, daß Italien keine Militärmacht war, die Europa bedrohen konnte und deshalb ein für allemal unschädlich gemacht werden mußte. Aus all diesen Gründen kam es nicht zu einer gründlichen, systematischen Säuberung, als man erst einmal eine Handvoll prominenter Faschisten bestraft hatte. Nicht moralische Orientierungslosigkeit, sondern Ernüchterung und eine gewisse Resignation, die sich aus realistischer Einschätzung der Lage ergab, kennzeichneten die Stimmung. Man sah im allgemeinen weder Grund zu eingehender kollektiver Auseinandersetzung mit einer schändlichen nationalen Vergangenheit noch zu Stolz und Befriedigung. Vielleicht hat auch dies dafür gesorgt, daß man in Italien, vor allem in der Literatur, einen zugleich bemerkenswert scharfen wie melancholischen Blick für die allzumenschlichen Unvollkommenheiten entwikkelte, für die schmerzliche Kluft zwischen ehrgeizigem Streben und Wirklichkeit, über die nur der Humor hinweghelfen kann. Wieder hatte Italien auf der Weltbühne nicht die eindrucksvolle Rolle gespielt, die den Nationalisten in einem Land mit so bedeutender Kultur und Geschichte angemessen erschien. Weil es zu keiner radikalen Abrechnung mit der Vergangenheit kam und sich die alten Übel – die Vetternwirtschaft, die starken regionalen Gegensätze und eine korrupte Verwaltung – wieder bemerkbar machten, konnten sich bald auch wieder neofaschistische Grüppchen ungeniert betätigen. Auf der anderen Seite gab es eine starke kommunistische Partei, auf die jede Regierung Rücksicht nehmen mußte und die vor allem auf lokaler Ebene viel Macht besaß. Wegen der unverändert starken sozialen Kontraste und angesichts der Tatsache, daß die wohlhabenden Oberschichten weitgehend mit dem Faschismus kollaboriert hatten, waren die Kommunisten für breite Bevölkerungsschichten und besonders für die Ärmeren nach wie vor die einzige Partei, von der man wirkliche Verbesserungen erwarten konnte. Wie in Frankreich blieb dem Kommunismus in Italien noch etwas von seiner ursprünglichen humanistischen Aura erhalten, die auf Intellektuelle so anziehend wirkte.

In den kleineren westeuropäischen Ländern wie den Niederlanden, Belgien, Dänemark und Norwegen herrschte vor allem die Erkenntnis, daß eine unabhängige, von nationalen Traditionen und Ambitionen bestimmte Rolle endgültig der Vergangenheit angehöre. Auch um das Eigene zu bewahren, ganz sicher aber für den materiellen Wiederaufbau mußte man Schutz unter einem größeren Dach suchen. Diese als zwingend empfundene politische und ökonomische Notwendigkeit ließ auch den Bereich der Kultur nicht unberührt. Die westlichen Alliierten, die man als Befreier gefeiert hatte, vor allem Amerika, wurden durch den Kalten Krieg schon bald auf Dauer zu Verbündeten, und die politische Bindung und ökonomische Abhängigkeit führten auch dazu, daß man überall den Lebensstil und die Normen der angelsächsischen Welt übernahm. Sie wurden maßgebend.

Aus all diesen Gründen ließ Europa westlich des Eisernen Vorhangs nach und nach einige gemeinsame Merkmale erkennen, die in den fünfziger Jahren die gesamte Kultur einschneidend verändern sollten. Trotz der nationalen Unterschiede entwickelte sich so etwas wie ein westeuropäischer Lebensstandard. Die von Amerika geführte militärische Allianz als Schutz gegen die bedrohliche Macht der Sowjetunion und ihrer Satelliten, der erstaunliche, durch den Marshallplan ermöglichte materielle Aufschwung seit 1947/48, die Gründung gemeinsamer europäischer Institutionen, durch die sich die Mitgliedsstaaten enger aneinander anschlossen als je zuvor – all dies bedingte auch eine größere kulturelle Einheit. Nationale Eigentümlichkeiten einschließlich nationaler Probleme konnten sich noch am besten in den Künsten halten, besonders in der Literatur. In Politik, Wirtschaft, Alltagsleben und Wissenschaften dagegen vollzog sich eine tiefgreifende Internationalisierung.

4 Zunehmender Wohlstand

Das spätere Bild der Periode, in der Westeuropa wiedererstand – also grob gesagt das der fünfziger Jahre –, unterscheidet sich stark von dem Bild, das man sich in der Zeit selbst machte. Das liegt in diesem Fall vor allem an dem schon erwähnten Kontrast zwischen den beängstigenden Prognosen und Vorstellungen von einer neuen Katastrophe, der von Skeptizismus und Pessimismus beherrschten Stimmung, die sich schon bald nach dem Krieg in den politischen und kulturellen Eliten verbreitete, und andererseits an den schließlich erzielten Erfolgen einer sehr zielstrebigen, realistischen Politik westlicher Zusammenarbeit, europäischer Einigung und innerstaatlichen Burgfriedens zwischen den Parteien. Es waren Erfolge, die zu der unerwarteten wirtschaftlichen und politischen Wiederauferstehung beitrugen. So hat sich später, zumindest in der populären Vorstellung, das Bild einer Ära der Stabilität, Ordnung, Übersichtlichkeit und klaren Machtverhältnisse durchsetzen können – mit Stagnation auf sozialem und kulturellem Gebiet, wo eine restaurative, patriarchalische Gesinnung vorherrschte, als Schattenseite. Die düsteren Farben übernahm man ungewollt von der Sowjetpropaganda, die von Anfang an ein Bild des Westens als eines imperialistischen und reaktionären Systems entworfen hatte. Der Ost-West-Konflikt schuf klare politische und ideologische Fronten, die auf beiden Seiten die Manövriermöglichkeiten erheblich einschränkten, was vor allem im Rückblick auch als Vorteil erscheinen konnte. Die politische Arena war übersichtlich geworden, und innerhalb jedes Lagers herrschte Einmütigkeit in allen grundsätzlichen Fragen. Spätere Generationen haben bei alledem jedoch übersehen, daß das, was als Stabilität, Übersichtlichkeit und Einmütigkeit erscheint, auf der durchaus gerechtfertigten Angst vor einer Weltkatastrophe beispiellosen Ausmaßes beruhte, weil niemand garantieren konnte, daß der Kalte Krieg nicht zu einem heißen werden würde. Als die Sowjetunion ab 1949 über die Atombombe verfügte und damit klar wurde, daß die Atomrüstung atomare Angriffe unmöglich machte (solange man davon ausgehen durfte, daß man es nicht mit wahnsinnig gewordenen Führern zu tun hatte), erwies sich gerade die Gefahr, daß der Atomkrieg ausbrechen könnte, als die beste Garantie dafür, daß er nicht ausbrach. Und was die Verhältnisse im Inneren angeht – die später angeprangerte restaurative und konservative Geisteshaltung –, so darf man nicht vergessen, daß der Erfahrungshorizont und die Maßstäbe der Zeitgenossen immer vom Vergleich mit ihrer Vergangenheit abhängen, nicht von der Folgezeit, die die Nachwelt überblickt. Gemessen an dieser Vergangenheit, lebte man in einer dynamischen Phase voller Umbrüche.

Als nach ungefähr zwei Jahren in den westeuropäischen Ländern (mit Ausnahme Deutschlands) die schlimmste materielle Not und andere Widrigkeiten überwunden waren, hatte man keineswegs das Gefühl, in einer von Askese und altmodischen Auffassungen beherrschten Gesellschaft zu leben, im Gegenteil. Vielmehr schlugen vor allem die Kirchen, aber auch maßgebliche Pädagogen und Kulturphilosophen wie gewohnt Alarm wegen Normenverfalls und Verwilderung in der Jugend, die ja in einer Welt von Krieg und Gewalt aufgewachsen war. Diese Klage gründete sich allerdings mehr auf gefühlsmäßige Erwartungen als auf objektive Fakten. Charakteristisch, zumindest für die tonangebende Jugend der Mittelklassen, im großen und ganzen die Jugendlichen und jungen Erwachsenen unter fünfundzwanzig, waren eher der schon erwähnte Skeptizismus oder die Ausrichtung auf ganz praktische Ziele, eine erfolgreiche Laufbahn und soziale Sicherheit, und Abneigung gegen jeden himmelstürmenden Idealismus. Der Mangel an Idealismus wiederum wurde ihr von den Älteren zum Vorwurf gemacht, die natürlich in verklärender nostalgischer Stimmung an die Jugendbewegung und die Träume ihrer eigenen Jugend in den zwanziger Jahren zurückdachten. Kirchen und politische Parteien, christliche und sozialdemokratische, knüpften wieder an die Tradition ihrer Jugendorganisationen aus der Vorkriegszeit an, und auch die Pfadfinderbewegung war aktiv und konnte einen Teil der Jugendlichen, wie früher vor allem aus der Mittelklasse, an sich binden. Von unwiderstehlicher Ausstrahlungskraft war bei all diesen Jugendorganisationen, die sich so weit wie möglich in den alten Gleisen bewegten, wenig zu spüren, ganz zu schweigen von revolutionärer Unruhe. Insofern trugen sie tatsächlich zu einer passiven, traditionalistischen Haltung bei, die alle Besorgtheit wegen angeblicher Verwilderung Lügen strafte. Entscheidend war aber, daß die Jugendorganisationen deshalb auch keinen besonderen Einfluß auf die Kultur hatten. Ihr Stil, ihre Rituale und Ideen hatten sich inzwischen überlebt. Für die aktuellen, brennenden Probleme – die Verteidigung der freien Welt gegen die kommunistische Bedrohung, die europäische Einigung, internationale Zusammenarbeit – waren sie kein geeignetes Forum. Vorläufig bildeten sie aber ein Hindernis für das Aufkommen einer alternativen, rebellischen Jugendbewegung.

Zu den brennenden Problemen gehörte vor allem die Verteidigung dessen, was man jetzt allgemein die freie Gesellschaft nannte. Gerade hier wird ein bemerkenswerter Kontrast erkennbar. Das westeuropäische Selbstbild, soweit es sich in Kommentaren zum aktuellen Geschehen und in Situationsanalysen in der Presse und einschlägigen Veröffentlichungen offenbarte, war noch bis weit in die fünfziger Jahre zumeist von einem Mangel an Selbstvertrauen gekennzeichnet. Ganz unverständlich war das nicht. Trotz entschiedener Heroisierung der nationalen Widerstandsbewegungen in allen von den Deutschen unterdrückten Ländern, einer Heroisierung, die dem verletzten Nationalstolz wieder aufhelfen sollte, von offizieller Seite gefördert und aktiv unterstützt, trotz der damit zusammenhängenden, ebenfalls gerne propagierten Vorstellung, daß »man« – Franzosen, Belgier, Niederländer, Norweger – sich zu den Siegern rechnen dürfe (wenigstens tat man so), erkannte man nur allzu deutlich, daß die Befreiung vom Nationalsozialismus der großen Allianz und nicht eigener Kraft zu verdanken war. Nur den Franzosen gelang es, diese bittere Wahrheit dank der hartnäckigen und geschickten Prestigepolitik Charles de Gaulles und der Bereitschaft der Amerikaner und Briten, Frankreich schließlich als vierte Macht am Tisch der Sieger Platz nehmen zu lassen, weitgehend zu verdrängen. Was den Franzosen half, war das vertraute Selbstbild, das Bild einer einzigartigen Großmacht, das nationale Überlegenheitsgefühl, genährt von dem unentbehrlichen und unwiderstehlichen Mythos der *Grande Nation*, den de Gaulle nach seiner Rückkehr an der Seite der Alliierten mit unerschütterlicher Überzeugung und viel Pathos lebendig hielt – ein Trostpflaster, das die Mehrheit der Franzosen nur allzugern annahm. Es gelang auf diese Weise, die Vorstellung, nicht Vichy und Pétain, sondern de Gaulle in London habe das wahre Frankreich repräsentiert, für Jahrzehnte zum offiziellen Geschichtsbild zu erheben. Das war ein Bild, das mit der Realität recht wenig zu tun hatte, vor allem, was die höheren Verwaltungsbeamten, die katholische Kirche und die politischen und ökonomischen Eliten angeht. Jedenfalls konnte niemand behaupten, auch nicht in Frankreich, daß die europäischen parlamentarischen Demokratien in der Konfrontation mit den Diktaturen eine rühmliche Rolle gespielt hätten. Zu alledem kam jetzt noch die Auflösung der alten Kolonialreiche. Diesem Gefühl der eigenen Schwäche und den langsamen und mühsamen Entscheidungsprozessen, die einer freien, demokratischen Gesellschaft eigen sind, stand in der Vorstellung der Öffentlichkeit die kommunistisch-stalinistische Diktatur gegenüber, in der alle mit einer Stimme sprachen und mit einem Gehirn dachten, ein monolithischer Moloch, ein System von überlegener Effizienz. Es war eine Vorstellung, die offensichtlich auch bewußt genährt wurde, damit sie eine mobilisierende Wirkung entfalten konnte – insofern war die Aufregung bis zu einem gewissen Grade inszeniert –, trotzdem aber durch die unaufhaltsame, systematische Stalinisierung der osteuropäischen Länder bestätigt wurde. Vor allem die nach berüchtigtem Vorbild inszenierten Schauprozesse gegen politische Gegner, die man aufrührerischer Umtriebe beschuldigte, wie etwa den ungarischen Kardinal Mindszenty, prägten sich den Menschen ins Gedächtnis und ließen das Regime noch düsterer erscheinen. Unentwegt wurde geklagt, daß der Westen der aggressiven marxistisch-kommunistischen Ideologie und Strategie keinen gleichwertigen, einheitlichen und selbstbewußten Glauben gegenüberstellen könne. Dieses Minderwertigkeitsgefühl wurde durch mehrere Spionageaffären noch genährt: Atomforschungsgeheimnisse und andere wichtige Informationen waren den Sowjets zugespielt worden, zum Beispiel von dem Ehepaar Rosenberg, Klaus Fuchs und den Cambridge-Spionen Philby, Maclean und Burgess. Das bestätigte den Eindruck, raffinierte kommunistische Infiltrierung bis in höchste Kreise sei dabei, das westliche System erfolgreich zu unterminieren. So kam es in Amerika zu der demagogischen Hexenjagd des Senators McCarthy, einer Jagd auf alle, die nur irgendwelcher Sympathien für das linke Lager bezichtigt werden konnten. Der Nährboden, auf dem allein eine solche Hysterie gedeihen konnte, war die weitverbreitete Angst. Der Exkommunist Whittaker Chambers, Kronzeuge im Prozeß gegen den des Verrats verdächtigten hohen Beamten Alger Hiss, formulierte es deutlich: Dem Westen fehle ein Glaube, die Voraussetzung für den Kampf gegen jenen anderen Glauben.[11] Nicht zufällig kam dieser Vorwurf und die Forderung nach einem neuen festen Glauben von vielen ehemaligen Kommunisten, die als »Experten« natürlich eine besonders aufmerksame Zuhörerschaft fanden. Die unverminderte Empfänglichkeit für düstere kulturhistorische Betrachtungen erklärt auch den kurzlebigen und doch bemerkenswerten Erfolg, den in den Niederlanden ein Buch wie *Revolution der Einsamen* aus dem Jahre 1953 haben konnte, in dem der Soziologe Pieter Jan Bouman auf suggestive Weise Episoden des zwanzigsten Jahrhunderts Revue passieren läßt, die ein Bild von der Verlorenheit des heutigen Menschen vermitteln. Das Buch erreichte dreiunddreißig Auflagen, obwohl es recht subjektiv und eigentlich nicht viel mehr als ein impressionistischer Bilderreigen war. Außer Bouman oder Orwell, Koestler und Gheorghiu mit ihren Untergangsszenarien gab es die politischen Experten, die darauf hinwiesen, daß der Kreml nach wie vor das Endziel der Weltrevolution verfolge und daß der sowjetischen Politik eine sehr zielbewußte und ausgeklügelte langfristige Strategie zugrunde liege. Im Vergleich hierzu wirkte die Politik Amerikas, das sich erst noch an seine neue weltpolitische Rolle gewöhnen mußte, zunächst wenig einheitlich, naiv, idealistisch und unsicher, schließlich war Washington abhängig vom Kongreß, den Parteien und der öffentlichen Meinung und hatte mit internen Meinungsverschiedenheiten zu tun. Dieses suggestive Bild – ausgekochte Kremlstrategen gegenüber braven, kurzsichtigen Demokraten, die im Westen die Politik bestimmten – entsprach auf jeden Fall dem populären Schwarzweißdenken. Von großem Einfluß auf die Einschätzung der russischen Politik war eine 1946 veröffentlichte Analyse des amerikanischen Rußlandkenners George Kennan, an der sich dann der amerikanische Containment-Kurs (die gezielte Eindämmungspolitik) orientierte. Kennan betonte immer wieder, daß man die Zielstrebigkeit der sowjetischen Politik nicht aus dem Blick verlieren dürfe, die sich aller denkbaren taktischen Mittel wie unerwarteter Wendungen und bewußter Täuschung bediene. Die gesamte Politik des Westens stand bald im Zeichen der Furcht vor dem Kommunismus und des Kampfs gegen den Kommunismus. Dies galt auch für die sozialistischen Parteien. Wer sich nicht bedingungslos hinter diese Politik stellte, machte sich verdächtig. Die Amerikaner knüpften ihre Unterstützung an eine Bedingung: entschlossenen Antikommunismus – und dies führte dazu, daß die großen kommunistischen Parteien in Frankreich und Italien nicht länger an der Regierung beteiligt wurden.

Zu Beginn der fünfziger Jahre kam auch der Begriff des Totalitarismus in Politik, Sozialwissenschaften und Geschichtsschreibung in Gebrauch.

Völlig neu war er nicht. Schon im Vokabular der Nazipropaganda hatte der Begriff »total« eine wichtige Funktion erfüllt. Der Nationalsozialismus hatte sich gerühmt, eine Bewegung von »totalem«, »radikalem«, kompromißlosem Kampfeswillen zu sein, und sich damit als harten, betont männlichen Antipoden des weichlichen, schlaffen westlichen Liberalismus dargestellt. Der Begriff des »totalen Krieges« war in der militärischen Theorie sogar noch viel älter und hatte nicht zufällig die Entwicklung des Begriffs »total« beeinflußt, der im Dritten Reich eine viel weitere Bedeutung bekam und schließlich auf alles Denken und Handeln angewandt wurde. Das erreichte Anfang 1943, nach Stalingrad, mit Goebbels' theatralischer Ankündigung des »totalen Krieges« seinen Höhepunkt. Die Beschreibungen des Stalinismus bei Koestler und anderen Renegaten wie auch in Orwells *1984* sollten die »totale Macht« des Staates veranschaulichen. Auch der Vergleich der Diktaturen faschistisch-nazistischer und kommunistisch-leninistischer Prägung war seit den dreißiger Jahren kein unbekanntes Thema. Aber erst jetzt wurde eine Theorie des Totalitarismus entwickelt, die dem totalitären Staat feste Umrisse gab und ihn als Gegenmodell der pluralistischen Demokratie darstellte, wobei die Betonung der Verwandtschaft zwischen den Diktaturen Hitlers und Stalins den Schluß nahelegte, daß die Demokratie nach wie vor bedroht sei, hatte doch die Niederlage Hitlers nur zu einem beängstigenden Machtzuwachs Stalins geführt. Ein solches Modell entwarf vor allem die nach Amerika emigrierte jüdische Philosophin und Soziologin Hannah Arendt mit ihrer tiefschürfenden Studie *Elemente und Ursprünge totaler Herrschaft* aus dem Jahre 1955.[12] Sie beschrieb hier die Mechanismen der Ausübung totaler Herrschaft. Der israelische Historiker Jacop Laib Talmon suchte in seinem Buch *Die Ursprünge totalitärer Demokratie* nach dem gemeinsamen historischen Ursprung von Nazismus und Stalinismus.[13] Beide Werke waren allerdings eher symptomatisch für eine Anschauung, deren Entwicklung durch den Kalten Krieg begünstigt worden war, als daß sie selbst, außerhalb wissenschaftlicher Kreise, das Denken nennenswert beeinflußt hätten. Die Bedeutung von Hannah Arendts Werk wurde erst später erkannt, aber wie immer fand manches von der neuen theoretischen Fundierung des Totalitarismusbegriffs auch seinen Weg ins Bewußtsein der Öffentlichkeit. Es entsprach dem Verlangen nach der Bildung einer geistigen und ideologischen Front als unverzichtbarer Voraussetzung für den militärischen und politischen Zusammenschluß des Westens gegen das Sowjetimperium. All dies sind Indizien für die Beunruhigung und für ein Gefühl der Unsicherheit und des Mangels an Selbstbewußtsein und Kampfbereitschaft gegenüber einem tödlichen, in vieler Hinsicht als überlegen geltenden Gegner, die in Westeuropa im ersten Nachkriegsjahrzehnt das Klima in Politik und Öffentlichkeit bestimmt haben.

In dieser von Besorgnis gekennzeichneten Atmosphäre vollzogen sich jedoch gleichzeitig tiefgreifende Veränderungen, die sehr eng mit dem auf wundersame Weise zunehmenden Wohlstand zusammenhängen. Es stellt sich die Frage, wie ernst man jene Äußerungen und Klagen über die Schwäche des Westens und seinen Mangel an geistigen Abwehrkräften nehmen muß, wie angemessen sie eigentlich waren. Natürlich gibt es immer eine Kluft zwischen der Wirklichkeit als Ganzer und einem Extrakt dieser Wirklichkeit, wie er gewöhnlich in Kommentaren und Zeitanalysen erscheint und sich auf diese Weise zum gängigen Bild der Zeit entwickelt. Zwischen den alarmierenden Diagnosen und dem gleichzeitigen politischen und ökonomischen Vorgehen der Regierungen und verantwortlichen Parteien, das sich durch Pragmatismus, Illusionslosigkeit und Entschlossenheit auszeichnete, gab es eindeutig einen Kausalzusammenhang. Was für die Zukunft die größte Bedeutung hatte, waren der Wohlstand und die gesellschaftlichen und kulturellen Veränderungen, und sie sollten auch das spätere Bild dieser Periode prägen.

Diese Veränderungen standen im Zeichen dessen, was man als Amerikanismus umschreiben kann. Wir sind diesem Begriff schon in den zwanziger Jahren begegnet. Damals sollte er das hektische und dynamische Leben charakterisieren, das als Kennzeichen der modernen Welt galt und dessen herausragende Merkmale die Anbetung von Technik und technisch-materiellen Neuerungen und die selbstverständliche Gleichsetzung dieser Neuerungen mit Fortschritt und Glück waren. Daß die Wahl des Begriffs »Amerikanismus« auf einer Verallgemeinerung beruht und nicht all dem gerecht wird, was sich in den Vereinigten Staaten auf kulturellem Gebiet ereignet, ist ebenso offensichtlich wie die Tatsache, daß im europäischen Amerikabild, wie es sich seit Tocqueville allmählich entwickelt hatte – von vielen anderen, unter anderem auch Huizinga, ergänzt –, immer wieder die gleichen Eigentümlichkeiten hervortraten.[14] Die französischen Autoren Aron und Dandieu sprachen vom entwurzelten Amerikaner, der nur produzieren und spekulieren könne.[15] Was diesen Lebensstil in den Augen von Europäern auszeichnete, war in erster Linie eine unbekümmerte, direkte Art, an die Dinge heranzugehen und sich dabei niemals von geschlossenen Türen aufhalten zu lassen, ein Mangel an Diskretion und der optimistische Glaube an den Erfindungsgeist des Menschen und seine Fähigkeit, mit dem Materiellen auch die Bereiche des Immateriellen zu erobern und nach seinen Vorstellungen zu formen. In der Zeit zwischen den Weltkriegen war der Einfluß dieses Amerikanismus allerdings noch durch ein ausgeprägtes europäisches und nationales Überlegenheitsgefühl und durch eine moralisch und religiös motivierte Abneigung der Eliten begrenzt worden – Abneigung gegen den Materialismus und die oberflächliche Erfolgs- und Profitmentalität. »Amerika«, das waren nach den gängigen Vorstellungen auch scheußliche Slums, häßliche Riesenstädte und Gangsterwesen, personifiziert in der Gestalt Al Capones. Vor allem Chicago wurde zu einem Begriff, den man mit den beiden zuletzt genannten Phänomenen verband.

Dieser Widerstand schmolz, als der Kalte Krieg den Schutz Amerikas notwendig machte und die westeuropäischen Länder nur dank großzügiger amerikanischer Hilfe ihre materielle Misere überwanden. Die Amerikaner hatte man schon als Befreier mit Jubel empfangen, und sie hatten sich als freigebige, Zigaretten und Schokolade verteilende, kinderliebe Soldaten erwiesen, lässige, Kaugummi kauende Jungen, die eine Uniform trugen – ein auffälliger Kontrast zum europäischen Soldaten, besonders dem deutschen. Trotzdem gab es zunächst auch noch Vorbehalte gegen den Amerikanismus, vor allem in konservativen und christlichen Kreisen, wo man sich immer in besonderem Maße für das kulturelle Erbe verantwortlich fühlte. In der ersten Zeit nach Kriegsende war das ganze Ausmaß des europäischen Niedergangs und der Entkolonisierung noch nicht ins Bewußtsein der Öffentlichkeit gedrungen. Noch zweifelte man auch in politischen Kreisen, ob Amerika geeignet sei, als der große Gegenspieler der Sowjetunion in die Arena zu treten, und ob es sich nicht erneut in Isolationismus verschanzen würde. Als aber zunächst die Verabschiedung des Marshallplans und dann die Gründung der Nordatlantikpakt-Organisation (NATO) im Jahre 1949 erwiesen hatten, daß Amerika tatsächlich mit Entschlossenheit die Führung übernahm, verschwand dieser traditionelle, kulturbedingte Antiamerikanismus bemerkenswert schnell. Die politische, auch militärisch überlegene Führungsmacht wurde, wie es in der Geschichte schon immer gewesen war, auch bei Normen, Geschmack und Werten zum Vorbild. Auch jetzt war es wieder Frankreich, das noch eine gewisse Distanz zu wahren suchte, sowohl aus machtpolitischen Erwägungen als auch aufgrund seines traditionellen Selbstbewußtseins. Der überwältigenden Anziehungskraft, die Kultur und Lebensstil Amerikas auf Westeuropa ausübten, hatte es jedoch, besonders was die Wirkung auf die anderen Länder anging, nichts Gleichwertiges entgegenzusetzen.

Wichtigstes Merkmal der jetzt beginnenden erdrutschartigen Veränderungen war die rasche Verbreitung aller Neuerungen, nicht nur der technischen, sondern auch der kulturellen, beim größten Teil der Bevölkerung. Es war die Tatsache, daß die Massen an dem neuen Wohlstand teilhatten und sich die verschiedenen sozialen Gruppen, sogar Mittelstand und Arbeiter, im Lebensstandard, in der Kleidung und überhaupt im Äußeren einander annäherten. Dies galt nicht überall im gleichen Maße und auch nicht für jedes Gebiet. In Frankreich und vor allem in Italien verschwanden die Standesunterschiede noch keineswegs, und auch anderswo verdeckte die zunehmende äußere Uniformität mentale Gegensätze, eine ältere soziale Hierarchie, die sich auch weiterhin vor allem in den Umgangsformen offenbarte. Dennoch sollten die Emanzipation und die Zunahme der sozialen Mobilität der Unterschichten – ein Prozeß, der sich über viele Generationen erstreckte und in der Zeit zwischen den Weltkriegen vor allem in Westeuropa schon deutliche Fortschritte gemacht hatte, auch wenn er ab und zu stagnierte – jetzt eine starke Beschleunigung erfahren. Fast überall wurde die Schulpflicht bis zum sechzehnten Lebensjahr ausgedehnt. Außerdem wurden die sozialen und medizinischen Vorsorgemaßnahmen erheblich erweitert, dies galt auch für die gesetzliche Kranken-, Alters-, Invaliditäts- und Arbeitslosenversicherung. In einigen Ländern wurde ein nationaler Gesundheitsdienst für kostenlose Behandlung eingerichtet, wie etwa der National Health Service im von Labour regierten Großbritannien. Die Gesundheit der Bürger zählte jetzt zu den allgemeinen Staatsinteressen. Obligatorische Untersuchungen und Kontrollen in Schulen, in vielen Institutionen und für Angehörige zahlreicher Berufe, gründliche medizinische Aufklärung, zum Teil über staatliche Einrichtungen, zum Teil über die Presse und andere Medien, all dies verstärkte allgemein das Interesse am körperlichen Wohlergehen.

Während sich nach dem Ersten Weltkrieg die Städter in einen hedonistischen Vergnügungsrausch gestürzt hatten, konnte man sich jetzt die Welt der Unterhaltung und der Sensationen teilweise direkt ins Haus holen, und nicht nur in der Stadt. Zeitschriften und Rundfunk erlangten für die Allgemeinbildung der Bevölkerung mindestens ebenso große Bedeutung wie die verlängerte Schulpflicht. Eine wichtige Errungenschaft war zum Beispiel das für ein breites Publikum erschwingliche Taschenbuch, das immer mehr Verlage in hohen Auflagen auf den Markt brachten und mit dem sie fast alle denkbaren Gebiete abdeckten, von klassischer Literatur bis zum Kriminalroman oder sensationellen Thriller, von populären philosophischen oder theologischen Abhandlungen zu Erziehungs- und Gesundheitsratgebern, Kochbüchern oder Do-it-yourself-Anleitungen. Hier machte sich der gewaltige Einfluß der amerikanischen Kultur bemerkbar, schon in der Idee des Taschenbuchs selbst und in seiner Gestaltung, aber auch in dem außergewöhnlich hohen Anteil der aus dem Englischen übersetzten literarischen, wissenschaftlichen oder technisch-informativen Werke. Auf diese Weise wurde man wie von selbst allmählich mit amerikanischen Gewohnheiten und Denkweisen vertraut. Ebenso deutlich zeigte sich dieser Einfluß in den Wochenblättern und den populären Illustrierten; diese vor allem servierten dem Leser ein appetitliches Menü aus Tatsachen und Klatsch über Prominente, Sportneuigkeiten, Wissenswertem aus der Technik, Erotischem und speziellen Rubriken für wissenschaftliche Entdeckungen und medizinische und psychologische Ratschläge, all das aufgepeppt mit reizvollen Farbfotos und pointierten Überschriften: die Welt im Kleinen, allgemeinverständlich und schnell zu konsumieren! Europäische Vorläufer wie die französische *Marie Claire* oder das deutsche Blatt *Die Woche* konnten es mit neuen, nach dem amerikanischen Prinzip »Information als Sensation« gestalteten Zeitschriften nicht mehr aufnehmen, und Wochenmagazine wie *Time* und *Life* machten überall Schule. Rudolf Augsteins *Spiegel*, der schnell berühmt wurde, sollte von allen europäischen Nachahmungen des *Time*-Magazins und überhaupt von allen seriösen Zeitschriften den größten, auch politischen, Einfluß erlangen. Wochenzeitschrift und Illustrierte boten auf ihre Weise zeitsparende Möglichkeiten, den Horizont zu erweitern. Außerdem brachte der Rundfunk viel Information. Wissenschaftliche Fortschritte auf technischem und medizinischem Gebiet gingen alle an, und dank all dieser Informationsquellen erreichte auch dieses Wissen die Menschen schneller als je zuvor.

In zweierlei Hinsicht reichte der amerikanische Einfluß noch tiefer. Erstens gelangten viele amerikanische Wörter in die westeuropäischen Sprachen, die mit ihnen zwangsläufig auch ein wenig amerikanisches Denken und Empfinden übernahmen. Zum Teil handelte es sich um Wörter für neu eingeführte materielle Güter, für die es kein eigenes Wort gab, zum Teil aber auch um Ausdrücke und Fachbegriffe aus den Wissenschaften und der Alltagskommunikation, die über Dokumentarfilme, Fernsehen und Gedrucktes verbreitet wurden. Das amerikanische Englisch wurde zur unangefochtenen Weltsprache, zur *Lingua franca*, die im achtzehnten und neunzehnten Jahrhundert das Französische gewesen war, denn es war jetzt die Sprache der dominierenden und damit normativen Macht. Die Aufnahmebereitschaft war allerdings von Land zu Land verschieden. Obwohl die Franzosen spöttisch von ihrem *Franglais* sprachen, blieb gerade das Französische wegen des ausgeprägten, vom Staat noch durch unterschiedliche Maßnahmen gestärkten Sprachbewußtseins resistenter als die Sprachen kleinerer Länder. Vor allem Niederländer durchsetzten ihren Wortschatz immer mehr mit amerikanischen Ausdrücken, die als Zeichen für eine moderne Einstellung und für Anpassung an die neue Zeit galten. Zweitens begann man sich jetzt nach amerikanischem Vorbild intensiv mit Imagepflege zu beschäftigen. Dieses Phänomen hängt eng mit der Demokratie und mit der kapitalistischen, profit- und erfolgsorientierten Gesellschaft insgesamt zusammen, die in allen Bereichen auf Werbung angewiesen ist, nicht nur für Waren, sondern auch für Politik, Religion, Kunst, Sport und Gesundheit, für alles, was für ein glückliches Leben notwendig ist oder für notwendig gehalten wird. Nicht, daß dieses Phänomen für Europa etwas ganz Neues gewesen wäre. Aber die Imagepflege hatte in den Vereinigten Staaten, als Einwanderungsland ein gewaltiger ethnischer Schmelzofen, noch eine zusätzliche, integrierende Funktion: Sie sollte nationale und mentale Einheit herstellen. Ihre Grundlagen waren natürlich ausgesprochen amerikanische Werte, der optimistische Fortschrittsglaube und die ständig verkündete Überzeugung, daß das Leben ein schönes und glückliches Abenteuer sein könne. Daher die aufdringliche Fröhlichkeit in Wort und Bild, gleichgültig, um was es ging. Das für die Öffentlichkeit bestimmte Gesicht sollte unaufhörlich mit strahlendem Lächeln die amerikanische frohe Botschaft verkünden. Auch in Europa mußte sich von jetzt an der Politiker, zu dessen Aufgaben in der parlamentarischen Demokratie das Gewinnen von Stimmen gehört, dem Volk als fröhlicher Mensch präsentieren, und das prägte die öffentlichen Gesichtszüge des Staatsmannes. Das entweder ruhige Würde, stolze Entschlossenheit oder grimmige Willenskraft ausstrahlende Antlitz des Monarchen oder Diktators, das früher Vertrauen oder Begeisterung geweckt hatte, verschwand und machte der nach transatlantischem Vorbild immer gutgelaunten und lässig winkenden Führergestalt Platz, einem Menschen wie du und ich. Das breite Lächeln wurde auch in Europa zum notwendigen Attribut jedes öffentlichen Gesichts, das in das Schußfeld der Kameras geriet, ob es sich nun um einen Politiker, einen Wirtschaftsführer oder einen Sportchampion handelte. Immer versprach es, daß alles ein gutes Ende nehmen werde, oder kündigte eine erfreuliche Nachricht an. Nach den tausendfach fotografierten offiziellen Gesichtern einflußreicher oder mächtiger Personen zu schließen, war die Menschheit in der jetzt angebrochenen Epoche so fröhlich wie nie zuvor.

Eine Flut von technischen Geräten überschwemmte den Markt, automatisierte den Alltag und sorgte für Mobilität ungeahnten Ausmaßes. Da guter Absatz für die Industrie Wachstum bedeutete, dieses Wachstum wiederum Arbeitsplätze schuf und damit die Kaufkraft der Bevölkerung erhöhte, entstand eine Spirale des Wohlstands. Soweit die Kaufkraft noch hinter dem verlockenden Angebot zurückblieb, kam der Verkäufer dem Kunden bei den besonders teuren und begehrenswerten Dingen mit einem ganzen System von Abzahlungsregelungen entgegen, so daß eine weitere Steigerung des Absatzes gewährleistet war. Waschmaschine und Kühlschrank veränderten den Haushalt und damit die Arbeit der Hausfrau, die jetzt mehr Zeit für anderes hatte. So wurde die außer Haus arbeitende Frau etwas Normales. Neue Kunststoffe, Nylon, Perlon, Dralon und vor allem Plastik ersetzten ältere, weniger praktische und teurere Stoffe und Materialien. Der Besitz eines Telefons wurde zur Normalität; es beschleunigte die alltägliche Kommunikation in gleichem Maße, in dem Postkarte und Brief an Bedeutung verloren. In den fünfziger Jahren verbreitete sich auch das Fernsehgerät sehr stark und verdrängte im Alltag vieler Menschen das Radio. Die Langspielplatte ermöglichte es, längere Musikstücke ohne Unterbrechung zu hören, und dieser Vorteil führte in Verbindung mit ständig verbesserter Aufnahmetechnik zu einer explosionsartigen Steigerung der Nachfrage nicht nur nach der leichten Muse oder nach Jazz, sondern gerade auch nach den klassischen Werken.

Die spektakulärste Umwälzung vollzog sich jedoch dank Moped und Auto auf dem Gebiet des Verkehrs. Als das Auto für die Mittelklassen erschwinglich wurde, führte dies wiederum ab der zweiten Hälfte der fünfziger Jahre zum Aufkommen des Massentourismus. Die Zahl der Autos verdoppelte sich bis 1960 und noch einmal im folgenden Jahrzehnt, in einigen Ländern war der Zuwachs noch höher.[16] Von Anfang an profitierte der Tourismus von der engeren Zusammenarbeit der meisten westeuropäischen Länder, vor allem als 1957 die EWG geschaffen wurde, so daß umständliche Verfahren vereinfacht und die Grenzkontrollen gelockert wurden. Gerade die fortschreitende Automatisierung des Alltags ließ die Unterschiede zwischen den Ländern schwinden und erleichterte das Reisen. Urlaub im Ausland war für breite Bevölkerungsschichten von jetzt an normal, und bei der Wahl der Reiseziele wurde man immer anspruchsvoller. Andererseits blieb der Eiserne Vorhang eine fest geschlossene Grenze, die sich nur für bestimmte Kategorien von Menschen und auch für diese nur nach amtlichen Scherereien und strengen Kontrollen öffnete. In Osteuropa frei zu reisen, war für Westeuropäer unmöglich. Die Regime schrieben bis in alle Einzelheiten vor, was wann besichtigt werden durfte, und amtliche Begleiter bewachten die Reisenden auf Schritt und Tritt, um persönlichen Kontakt mit der Bevölkerung zu verhindern. Im Westen dagegen löste die motorisierte Reiselust eine Kettenreaktion immer neuer Angebote und Einfälle aus. Camping wurde zur Mode; es war billig und roch außerdem nach gesundem, einfachem Leben im Freien, was als Abwechslung zum immer komfortableren Alltagsleben auch eine Art von moralischer Befriedigung verschaffen konnte. So antibürgerlich das Zelten einmal gewesen war, ein von jugendlicher Schwärmerei und Naturromantik geprägtes Erlebnis, so unromantisch wurde es jetzt, eine Unternehmung für die ganze Familie. Überall gab es Campingplätze, immer häufiger mit sanitären Einrichtungen und später auch mit Läden und Restaurants. An die Stelle der ursprünglichen Primitivität, die einen gewissen Charme gehabt hatte und Menschen mittleren Alters einen Anflug von Jugendlichkeit geben konnte, trat nach und nach immer größerer Komfort, so daß sich das Camping auf die Dauer dem Leben im Hotel annäherte. Ein bemerkenswerter Aspekt dieses ganzen Treibens um Auto und Camping war auch, daß die Älteren daran teilhaben konnten, so daß auf diese Weise häufig die familiäre Zusammengehörigkeit gestärkt wurde. Trotz allem ließ die Befriedigung des Reisetriebes auch weiterhin deutliche traditionsbedingte Unterschiede erkennen, besonders beim Campingtourismus. Die nördlichen Völker, Niederländer, Deutsche und Skandinavier, waren am meisten unterwegs, allein schon wegen des Klimas. Südeuropäer reisten weniger, aber sie waren auch weniger wohlhabend, so daß der Tourismus dort noch eher den Begüterten vorbehalten war. Franzosen blieben im eigenen Land, was nicht zuletzt mit einer konservativeren Einstellung im Hinblick auf Eßgewohnheiten und Alltagsleben zu tun hatte. Der Flugverkehr blieb keineswegs zurück, wenn er auch vorerst nur etwas für die Bessergestellten war. Der Krieg hatte in der Luftfahrt für gewaltige technische Verbesserungen gesorgt; vor allem die Einführung des Radars hatte eine umwälzende Veränderung bewirkt, die viel zur Luftüberlegenheit der Alliierten beigetragen hatte. Natürlich kamen diese Verbesserungen jetzt auch der zivilen Luftfahrt zugute. Schnellere, größere und komfortablere Flugzeuge konnten teilweise Hunderte von Passagieren befördern, brachten sie innerhalb eines halben Tages von Europa nach New York, und das Fliegen verlor viel von seiner ursprünglichen, abenteuerlichen Beschwerlichkeit. Das Reisen per Schiff nach Amerika und in andere Kontinente, in den vierziger Jahren noch das übliche, wurde in den späten fünfziger und in den sechziger Jahren immer mehr durch den Luftverkehr zurückgedrängt.

Dank verbesserter und immer leichterer zu bedienender Foto- und Filmkameras konnte man Sehenswürdigkeiten auf Zelluloid bannen, man benutzte sie aber auch ausgiebig, um das eigene Leben zu verewigen, Höhepunkte und Triviales. Was früher unerreichbar gewesen war, nur den Gebildeteren durch Bücher und Reproduktionen bekannt – berühmte Kunst- und Bauwerke, landschaftliche Schönheiten –, sahen nun Millionen mit eigenen Augen und nahmen es, sicher verwahrt in der eigenen Filmrolle, auch noch mit nach Hause. Die Produktion von Fotobänden und Ansichtskarten wurde durch diese private Konkurrenz auch langfristig keineswegs beeinträchtigt. Dank perfektionierter Reproduktionstechniken konnte sich beides behaupten und sogar von der Reiselust profitieren. Neben dem individuellen Reiseverkehr brachten auch organisierte Gruppenreisen jedes Jahr Hunderttausende an berühmte Orte, erst noch vor allem in Europa und Amerika, in späteren Jahrzehnten in allen Teilen der Welt. Daß aus diesen Gründen auch überall die Souvenirindustrie aufblühte, läßt sich denken, und das authentische einheimische Kunsthandwerk – Keramik, Kunstschmiedearbeiten, Holzschnitzereien, Trachten – wurde durch gewaltige Mengen billiger Imitate verdrängt. Bei fast allen Sehenswürdigkeiten, vom Nordkap bis Sizilien, schossen die Läden und Buden mit allerlei Schnickschnack und Kitsch wie Pilze aus dem Boden.

Die Verwendung des verfügbaren Einkommens und die Eßgewohnheiten erfuhren ebenfalls eine tiefgreifende Veränderung, die sich wiederum günstig auf Konsum und Tourismus auswirkte. Es war eine Verschiebung, die unverkennbar auf eine Zunahme des Wohlstandes hindeutete. Man gab einen immer geringeren Teil des Einkommens für Nahrungsmittel aus. Während im neunzehnten und noch bis ins zwanzigste Jahrhundert bei den ärmeren Bevölkerungsgruppen bei weitem der größte Teil des Einkommens (bis zu achtzig Prozent) für Nahrung gebraucht wurde, der Rest für Wohnen und Brennstoffe, behielten ab den fünfziger Jahren auch die kleinen Leute einen immer größeren Teil ihres wachsenden Einkommens für weniger elementare Dinge übrig, nicht zuletzt weil das Netz der sozialen Sicherungen sie vor der nackten Armut bewahrte, die früher als Schreckgespenst die Besitzlosen geängstigt hatte. In Deutschland zum Beispiel gab der Durchschnittsbürger um 1860 noch fünfundsechzig Prozent seines Einkommens für Essen, Getränke und Tabak aus. 1960 waren es nur noch etwa sechsunddreißig Prozent. Die allgemeine Verbreitung medizinischer Erkenntnisse über Zeitschriften und populäre Illustrierte und die Automatisierung des Haushalts förderten das Entstehen anderer Eßgewohnheiten. Jeder hörte von Vitaminen und Kalorien. Man konsumierte weniger Getreideprodukte und Brot, vor allem auch weniger Kartoffeln, und dafür mehr Milch, Fleisch, Fisch und Gemüse, was dank des Kühlschranks und verbesserter Konservierungsmöglichkeiten kein Problem mehr war. Von Amerika übernahm man praktische, zeitsparende Rezepte und ein ganzes Sortiment von Fertiggerichten aus der Fabrik. Auch hier blieben deutliche Unterschiede zwischen Ländern und Bevölkerungsgruppen bestehen, aber auf die Dauer gab es fast keine Gruppe oder Region, die von dieser Entwicklung nicht beeinflußt worden wäre.

Die Vorteile eines vernünftigeren, vitaminreichen Speiseplans wurden jedoch dadurch wieder aufgehoben, daß man sich körperlich viel weniger anstrengte. Schwere Arbeit wurde seltener, und ein wachsender Anteil der Bevölkerung arbeitete im sogenannten dritten und vierten Sektor (Verwaltung und Dienstleistung), saß also den ganzen Tag am Schreibtisch. Die Menschen wurden dicker, zumal sie sich außerdem am liebsten motorisiert fortbewegten. Zum Teil konnte der Sport hier für einen Ausgleich sorgen. Gefördert wurde sportliche Betätigung in den meisten Ländern durch die Verkürzung der Wochenarbeitszeit, in den sechziger Jahren auf vierzig Stunden; in verschiedenen Ländern wurde auch für fast alle Institutionen und die

Schulen der freie Samstag eingeführt. Nicht nur, daß sich der Bereich des Profisports ständig ausweitete und immer mehr Fußball-, Tennis-, Hockey-, Ruder- und Segelvereine für junge Sportbegeisterte entstanden, auch gesetzte Familienoberhäupter rannten und sprangen von jetzt an in ihrer Freizeit über den grünen Rasen oder die Aschenbahn, hauptsächlich, um Kondition zu bewahren und Fett loszuwerden. Sportliche Betätigung bekam den Status einer moralisch wie ästhetisch begründeten Verpflichtung. Das nach wie vor gültige Ideal der Schlankheit und Jugendlichkeit wurde immer mehr auch von den Illustrierten und der allgegenwärtigen Bildreklame verkündet, die in endloser Variation gebräunte jugendliche Schönheiten beiderlei Geschlechts zeigten, die sich so mancher heimlich zum Vorbild nahm. Hatten in den zwanziger und dreißiger Jahren Film und Revue mit ihren schönen Stars die erotische Phantasie angeregt, so waren es jetzt die Magazine mit ihren Farbfotos von ausgesuchten Modellen und Mannequins, die man zu Hause betrachten konnte. Allerdings trug die Allgegenwärtigkeit anziehender körperlicher Schönheit in den vielen Illustrierten zur Beunruhigung der Kirchen wegen angeblicher Sittenlosigkeit und Verführung der Jugend bei. Die Erosion des sexuellen Tabus schien noch weiter voranzuschreiten. Eine Verallgemeinerung ist hier jedoch nicht möglich. Erstens beachtete man bis in die sechziger Jahre noch bestimmte Schamnormen, und die Grenze zur Pornographie wurde scharf bewacht. Das kommerzielle Interesse stand an erster Stelle, und schon deswegen durfte man keinen Anstoß erregen, um den Normalverbraucher nicht in Gewissenskonflikte zu stürzen. Das war ein Grundsatz für alle Werbung und jedes erfolgreiche Blatt. Von einer offenkundigen Zunahme oder gar einem Ausbruch sexueller Freizügigkeit in den fünfziger Jahren kann deshalb auch nicht die Rede sein, eher von selbstverständlicher, allgemeiner Anpassung an bürgerliche Anstandsnormen. Im Film, im Rundfunk und bei der neuen Attraktion, dem Fernsehen, wurden gerade die Durchschnittsfamilie und ihre Freuden und Sorgen zum beliebten Thema von Serien, die in allen Ländern Millionen unterhielten.

Der Krieg und seine Folgeerscheinungen hatten beim größten Teil der Kriegs- und Nachkriegsjugend vor allem den Wunsch nach einem gesicherten und geordneten Leben und eine Aversion gegen ideologische und politische Parolen und kollektivistische Bewegungen geweckt. Das Hauptinteresse galt dem Eigenen, Persönlichen und Nahen. Die Ideen des Personalismus und der Katharsisgedanke der Kirchen stimmten mit diesen Neigungen überein, förderten sie vielleicht sogar. In einer unsicheren Welt voller Ungewißheiten boten verwandtschaftliche und familiäre Bindungen materiell und psychisch Schutz. Und gerade der beginnende Wohlstand mit allem, was dazugehörte – kleinere und größere Anschaffungen, Auto, Tourismus –, hat vielleicht aus rein finanziellen und praktischen Gründen diese häuslichen Bindungen und den Zusammenhalt zunächst noch verstärkt. In der gewaltigen Informationsflut der Medien fehlte außerdem alles, was aufwieglerisch oder revolutionär hätte wirken können. Der Ost-West-Konflikt hatte auf dem indirekten Weg ideologischer Mobilmachung über die Medien dafür gesorgt, daß alles, was irgendwie an Rebellion grenzte, tabu war und daß für alle Schichten und Altersgruppen Einmütigkeit das unausgesprochene Gebot war als Voraussetzung für die Verteidigung der Freiheit. Der Gedanke an die russischen Panzer und Divisionen, die mitten in Europa standen, trug somit indirekt zum Konsens und zu dieser weitgehenden Übereinstimmung in Mentalität und Verhalten bei, deren Notwendigkeit auch von den Jüngeren akzeptiert wurde.

Alle hier aufgezählten Erscheinungen trugen in einer Wechselwirkung verstärkt zum Abbröckeln der sozialen und mentalen Hierarchie und zum Entstehen eines neuen Konformismus bei, und auch die auf soziale Reformen ausgerichtete und emanzipatorische Politik der Nachkriegsstaaten begünstigte diese Entwicklung. So sprach man nun, mit dem amerikanischen Vorbild vor Augen, von der »klassenlosen Gesellschaft«. Ganz angemessen ist diese Bezeichnung nicht, da ja die alten, von Standestraditionen und Bildung bedingten Unterschiede in Umgangsformen, Sprache, Geschmack und auch Vorlieben für bestimmte Vergnügungen und Sportarten nicht verschwanden, wobei manche Unterschiede auch mit den Nationalkulturen zusammenhingen. Europa konnte nicht leugnen, daß es eine Vergangenheit hatte, eine historische Dimension, die den Vereinigten Staaten fehlte, hier jedoch die Entwicklung zu vollständiger Nivellierung bremste. Wählt man hingegen die traditionellen Grenzen zwischen oberen und unteren Mittelklassen und vor allen zwischen Bürgertum und Proletariat zum Vergleichsmaßstab, so gibt der Ausdruck »Mittelklassengesellschaft« die neuen Verhältnisse recht gut wieder. Das Proletariat im alten Sinne – eine knapp über dem Existenzminimum lebende Arbeiterklasse, in Fabriken schuftende Maschinensklaven – war in den meisten westeuropäischen Ländern so gut wie verschwunden. Nur theoretisch spielte es noch eine Rolle als unentbehrliches

Standardschreckgespenst oder als ausgebeutete Klasse in ideologischen Darstellungen linker, marxistischer Prägung. In Wirklichkeit war eine einzige riesige Mittelklasse entstanden, in der obere und untere Stände aufgegangen waren, einschließlich aller Facharbeiter. Es war eine Mittelklasse, die ohne Gegendruck sozialer Ober- oder Unterschichten die Richtung bestimmte. Immer mehr Kinder wechselten zu mittleren und höheren Schulformen über, immer mehr junge Erwachsene absolvierten eine Ausbildung auf mittlerem oder höherem Niveau. Dank der sozialen Mobilität erreichten Menschen aus unteren Schichten die höchsten Positionen in Politik, Wirtschaft und Wissenschaften. Die Automatisierung prägte den Alltag jedes einzelnen. Jeder machte sich vom aktuellen Geschehen ein Bild, das von der Informationsflut der Medien bestimmt war, und grundsätzlich hatte jeder im gleichen Maße Zugang zu den schönen Künsten, zur Musik, zu popularisierten wissenschaftlichen Erkenntnissen, zu Sport und Unterhaltung. Jeder bekam die gleiche Werbung vorgesetzt. Das alles mußte zu größerer Übereinstimmung in Verhalten und Geschmack führen. Zwischen der äußeren Erscheinung eines Ministers und der seines Chauffeurs fiel jeder Unterschied weg; noch in den dreißiger Jahren wäre so etwas undenkbar gewesen. Die Wohlstandsgesellschaft, die sich am Ende der fünfziger Jahre herausbildete, brauchte auch neue Berufe, und der sogenannte vierte Sektor, der Dienstleistungsbereich, wuchs stark. Dadurch entstanden wiederum neue Ausbildungswege. Für die ordnungsgemäße Ausführung der sozialen Maßnahmen, die allen ein sicheres und gesundes Leben garantieren sollten, brauchte man im Staatsdienst und auch bei privaten Institutionen immer mehr geschulte Kräfte. Es kam zu einer fortschreitenden Verschiebung innerhalb der erwerbstätigen Bevölkerung: Immer mehr Menschen wechselten aus Landwirtschaft und Industrie in die Büros, bis schließlich der größte Teil keine körperliche Arbeit mehr verrichtete. Da auch die Landwirtschaft mechanisiert wurde, galt dies zum Teil sogar für den ältesten Beruf, den des Bauern.

Daß sich derartige Umwälzungen, von denen beinahe alle Bereiche betroffen waren, auch auf alle kulturellen Erscheinungen auswirkten, liegt nahe.

5 Kultur als Ware

Die Wohlstandsgesellschaften Westeuropas wurden bald als »Konsumgesellschaft« bezeichnet. Hier ist eine kleine Randbemerkung angebracht. Der Ausdruck war von Soziologen in Umlauf gebracht worden. Durch das unaufhaltsam wachsende Angebot an neuen, verführerischen Dingen, die das Leben angenehmer machten oder zu machen versprachen – dies galt sowohl für rein Materielles als auch für das Gebiet des Wissens, der Künste und der Unterhaltung –, wurden in ungeahntem Ausmaß Kauflust und Besitzinstinkt geweckt. Kultur wurde zu etwas, das man besitzen konnte, zu einer für alle erschwinglichen Ware. Anhänger der bekannten Libidotheorie Freuds, für die noch der Geschlechtstrieb die Urbegierde gewesen war, könnte dies dazu anregen, eine interessante Korrektur vorzunehmen und den Besitzinstinkt an die Stelle des Geschlechtstriebs zu setzen – eine Verschiebung, die mit dem Verschwinden des großen sexuellen Tabus aus den Tagen Freuds zusammenhängt, das seine ganze Lehre geprägt hatte. Wenn orthodoxe Freudianer nach wie vor behaupten, daß auch das Besitzverlangen nur eine Äußerung oder eine getarnte Form des Geschlechtstriebs sei, so kann man die Dinge auch umkehren. Außer an den Besitzinstinkt appellierte das Warenangebot aber auch an das Statusgefühl. Weil die verschiedenen sozialen Gruppen oder Stände, die mit ihren eigenen Normen und ihrem eigenen Geschmack immer noch ein Gegengewicht zum uniformierenden Lebensstil gebildet hatten, verschwunden waren oder ihre klaren Konturen verloren hatten, bekam das Statuselement besondere Bedeutung. Die Gleichförmigkeit weckte nämlich das Bedürfnis nach einem Gegenmittel, den Wunsch, sich wieder irgendwie vom Rest abzuheben. Andererseits orientierte sich die Werbung ganz an der Neigung zum Konformismus, zur Anpassung an die Mode, einer Neigung, die sie selbst ganz gezielt förderte. Daß »viele« einen bestimmten Gegenstand anschafften, war ein ausschlaggebendes Argument. Bei rein materiellen Gebrauchsartikeln war dies noch zu verstehen (konnte der Verkaufserfolg doch eine gewisse Garantie für Qualität bieten), aber es galt nicht weniger für eher Immaterielles – für bestimmte Farben, für Bücher oder Schallplatten. Massenhafte Verbreitung wurde somit, nach amerikanischem Vorbild, zu einem Zeichen für Qualität, da auch hier die früher durch Überlieferung und Bildung festgelegten Qualitätskriterien im Schmelztiegel der neuen Mittelklassengesellschaft verlorengegangen waren. Der Bürger wurde jetzt in erster Linie als »Konsument« angesehen. Konsum wurde zu seiner wichtigsten Funktion, denn der war die Voraussetzung für weiteres Wachstum und damit für die Wahrung des Wohlstands. Trotzdem ist die Bezeichnung »Konsumgesellschaft« irreführend. Sie verschleiert nicht zufällig aus der Perspektive der Werbung das tatsächliche Verhältnis der unterschiedlichen Interessen. Natürlich richtete sich der Verkäufer auf den Käufer aus oder der »Produzent« auf den »Konsumenten« (wie es von jetzt an in jener glatten Sprache ausgedrückt wurde, die mit dem Wohlstand aufkam und die betreffenden Handlungen weniger trivial erscheinen ließ). Aber der Konsument war vom Angebot abhängig, und obwohl sich Industrie und Handel, in einen unbarmherzigen Konkurrenzkampf verwickelt, im voraus auf seine Wünsche einzustellen suchten, lief es doch darauf hinaus, daß sie ihm ihre Waren aufdrängten. Diese Gesellschaft, für die der Überfluß des Angebots charakteristisch ist, wurde vor allem in dem bekannten, 1958 veröffentlichten Buch *Die Überflußgesellschaft* des Amerikaners John Kenneth Galbraith beschrieben. Galbraith setzte ohne weiteres die Gesellschaft des Westens insgesamt mit den Vereinigten Staaten gleich, und zum Teil trifft seine Analyse deshalb auch nicht auf Europa zu. Mißtrauen gegenüber dem Staat, mangelnde Bereitschaft zu Investitionen im kollektiven Sektor und als Folge eine Störung des gesunden Gleichgewichts, einseitiges Wachstum des individuellen Sektors – diese von Galbraith kritisierten Erscheinungen kennzeichneten vor allem Amerika mit seiner Verherrlichung des freien Marktes und mit der traditionellen liberalen Abneigung gegen den Sozialstaat, der in Westeuropa gerade die Voraussetzungen für allgemeinen Wohlstand und das Verschwinden der Armut geschaffen hatte. Auch hier galt aber Galbraiths Feststellung, daß die Sättigung des Marktes, ja der Überfluß an Gütern aggressive Werbung immer notwendiger machte, wollte man all die Waren an den Mann bringen, so daß der Normalbürger in erster Linie zum Abnehmer, zum Konsumenten wurde. Die Werbung bediente sich immer raffinierterer ästhetischer und psychologischer Mittel, um den Käufer zu überreden, zumal sich die Produkte der Firmen auf die Dauer qualitativ kaum noch voneinander unterschieden. Im Jahre 1957 hatte Vance Packard – nicht zufällig wieder ein Amerikaner – in seinem heftig umstrittenen Buch *Die geheimen Verführer* die Methoden der Werbung an den Pranger gestellt. Dabei hatte er darauf hingewiesen, daß die Wissenschaft, in diesem Fall vor allem die Psychologie, von der mächtigen Werbeindustrie benutzt wird, um die Menschen zu beeinflussen, indem man zum Beispiel an verborgene Sehnsüchte und Ängste appelliert: Angst vor dem Alter, vor Impotenz, vor Versagen, Sehnsucht nach körperlicher und sexueller Attraktivität – das sind Emotionen, auf die sich die Werbung mit ihren Texten und Bildern direkt einstellt. Man warf Packard Vereinfachung und Einseitigkeit vor. Daß er manches stark vergröbert dargestellt hat, ändert aber nichts an der Signalfunktion, die sein Buch haben sollte. Und daß man vor allem in der Werbebranche und der Werbepsychologie Zeter und Mordio schrie, weil Packard es an feinsinniger Nuancierung fehlen ließ, kann man sich denken. König Kunde konnte jedoch tatsächlich immer zum Gefangenen des Angebots, der Werbung und des gesamten Produktionssystems werden. Diese dialektische Umkehrung war schon lange ein Steckenpferd der Kapitalismuskritiker, nicht nur bei Marxisten, sondern auch bei Soziologen wie Sombart, und sie wurde jetzt besonders deutlich von Herbert Marcuse in seinen Büchern *Eros und Kultur* (1955) und *Der eindimensionale Mensch. Studien zur Ideologie der fortgeschrittenen Industriegesellschaft* (1964) angeprangert. Freud und Marx hatten bei Marcuses grundlegender Analyse Pate gestanden. Im Grunde muß man von einer Wechselwirkung und einer Verflechtung von Produktion und Konsum sprechen, wobei sich das Gewicht vom Produzenten zum Konsumenten und umgekehrt verschieben konnte. Die Sucht des Konsumenten war zwar gewissermaßen eine freiwillige Abhängigkeit, in die er sich begab, weil sie seine Bequemlichkeit und sein Wohlbefinden steigerte oder zu steigern versprach. Aber die Entscheidung war weniger frei, als es den Anschein hatte, da man sich ohne Konsum auf die Dauer gesellschaftlich isolierte. Der Kaufzwang hatte auch einen sozialen Aspekt. Deshalb ist der Ausdruck »Produktionsgesellschaft« angemessener. Die Produktion, der Warenstrom, war das, was die Gesellschaft veränderte und worauf die anerkannte Wachstumstheorie basierte. Die Produktion wurde auch zum selbstverständlichen Maßstab für das Wachstum und den materiellen Fortschritt. Dabei kam man zu dem unbestreitbaren Ergebnis, daß der durchschnittliche Lebensstandard beträchtlich höher als zu irgendeiner Zeit vor dem Krieg und daß der Lebensstandard der Armen im Vergleich zu dem der Armen am Beginn des Jahrhunderts oder in anderen Teilen der Welt geradezu glänzend war. Die Sorge um das nackte Überleben war fast überall der Sorge um den Erhalt oder besser noch die Steigerung des Wohlergehens gewichen. Hunger und blanke Not waren aus der Gesellschaft Westeuropas verschwunden.

Die Folgen für die immateriellen Bereiche der Kultur waren allerdings zwiespältig. Produkte des Geistes wie Kunstwerke wurden im großen Maßstab zu Symbolen von Besitz und Status, den segensreichen technischen Errungenschaften entsprechend. Reise- und Kunsterlebnisse (Besuche der Akropolis, der Alhambra, der Tempel von Karnak) sammelte man wie Trophäen. Fotografieren wurde oft wichtiger als Sehen; der Akzent verschob sich auf das Registrieren, das Mumifizieren des Augenblicks für die häusliche Sammlung. Dank der Schallplatte und des jetzt aufkommenden Tonbandgeräts verfügte man nach Belieben über Musik aller Zeiten und Gattungen. Beim Fensterputzen oder Rasieren oder beim Gespräch mit Gästen, zur Hebung der Stimmung, konnte im Hintergrund Rubinstein Chopin spielen oder Bruno Walter eine Mozartsymphonie dirigieren, vollständig oder teilweise, laut oder leise, je nach Wunsch. In Läden oder Cafés, in Werkstätten, bei Straßenarbeiten und schließlich auch im Auto ließ man zum Teil schon ununterbrochen Musik erklingen. Für eine Generation, die nichts anderes gewöhnt war, bekam Stille etwas Beklemmendes, denn sie warf das Ich ganz auf sich selbst zurück. Wiederum nach amerikanischem Vorbild fanden jetzt auch abwechslungsreiche Menüs auf Schallplatte reißenden Absatz: populäre Fragmente aus verschiedenen Stücken verschiedener Komponisten. Große Werke wurden auszugsweise wie konzentrierte Fruchtsäfte feilgeboten. Eine solche nur aus Höhepunkten oder eingängigen Passagen bestehende Zusammenstellung sollte den Genuß erhöhen. Das hatte auch eine pädagogische Seite: Es brachte viele mit einer Art von Musik in Berührung, die früher jenseits ihres Horizonts gelegen hatte. Dem Prinzip der gesteigerten ökonomischen Effizienz, auf dem Technik und Wirtschaft beruhten, wurden auf diese Weise auch die Künste unterworfen, besonders die Musik. Nun war das musikalische Potpourrikonzert an sich auch in früheren Jahrhunderten üblich gewesen. Der Unterschied lag in der Vervielfältigung durch die Platte, die das Konzert in perfekter Wiedergabe ins Haus brachte, so daß jeder in jedem Augenblick darüber verfügen konnte. Auch die Werbung bemächtigte sich unbekümmert der alten Meister und benutzte sie, um den Wert der angebotenen Ware zu erhöhen. So konnte man ein Fragment Schubert, Bizet oder Tschaikowski hören, während eine neue Hautcreme oder ein Erfrischungsgetränk angepriesen wurde. Der David von Michelangelo konnte einen Herrenslip vorführen, und das Lächeln der Mona Lisa schien wie geschaffen für eine Kaffeemarke. Dieser Vulgarisierung und Profanierung hatten allerdings schon Dada und die Absurdisten mit ihrer Verhöhnung des bürgerlichen Kunstkanons den Weg bereitet; so hatten zum Beispiel ein Duchamp oder Dalí bekannte Meisterwerke lächerlich zu machen versucht. Daß sich die Souvenirindustrie auf die Großen der Geschichte stürzte – Napoleon als Pfefferstreuer oder Beethoven als Teewärmer – war schon längst nichts Neues mehr. All das zusammen konnte nur eine allgemeine Abstumpfung fördern. Die Distanz zum Sublimen wurde aufgehoben, und das Ergebnis war eine Inflation des Schönen. Dieser ungeheure Kulturmischmasch mit seinem lässigen Eklektizismus spiegelte die Gesellschaft wider: eine Mittelklasse, in der alle Gruppen verschmolzen waren.

Immer wieder regte sich jedoch auch Widerstand gegen diese hemmungslose Prostituierung der Kunst. Er mußte nicht unbedingt mit den überlieferten Normen bestimmter Stände zusammenhängen, wenn sie auch eine Rolle spielen konnten. Die Vulgarisierung an sich machte nämlich auch vor den höchsten Kreisen nicht halt, und umgekehrt konnten sich Menschen aus den ursprünglich weniger gebildeten Schichten vom Vulgären befreien. Das Verlangen nach Kunst als Mittel der Sublimierung und der Sinngebung, als Weg, sich über das Banale zu erheben, war nicht auszurotten. So erlebte der Konzertbetrieb trotz des massenhaften Schallplattenkonsums keinen nennenswerten Rückgang. Auf die Dauer konnte offensichtlich Musik von der Platte das Konzerterlebnis nicht ersetzen. Viele wurden auch gerade von der Platte in den Konzertsaal oder die Oper gelockt. Der Museumsbesuch nahm sogar einen lebhaften Aufschwung. Direkt nach dem Krieg war das verständlich, weil man viele Meisterwerke aus Sicherheitsgründen oder wegen des großangelegten Kunstraubs durch den Besatzer lange nicht hatte sehen können. Aber allmählich, in dem Maße, wie die Bestände wiederhergestellt wurden, ging jedes Museum, das etwas auf sich hielt, dazu über, regelmäßig Ausstellungen zu organisieren, die jeder Bürger, der etwas auf sich hielt, besuchte. So zogen jährlich Hunderttausende in den großen Museen an den Meisterwerken aller Jahrhunderte vorbei, von Giotto und Memling bis Kokoschka und Chagall. Der Film dagegen geriet durch das Aufkommen des Fernsehens ab den sechziger Jahren in große Schwierigkeiten. Der Kinobesuch ging dramatisch zurück, und viele Filmtheater verschwanden (in England, wo es immer ein sehr großes Kinopublikum gegeben hatte, mußte ungefähr ein Drittel der Kinos schließen). Die Zahl der Neuproduktionen verringerte sich deshalb erheblich. Versuche mit technischen Neuerungen wie dem dreidimensionalen Film waren offenbar keine überzeugende Antwort. Trotzdem machte das neue Medium den Film nicht überflüssig. Vom Reiz des Ausgehens abgesehen, lag dies auch daran, daß von der Leinwand eine besondere Wirkung ausging (allein schon wegen des Formats), die das Fernsehen nicht erreichen konnte. Außerdem war das Fernsehen für seine abendfüllenden Programme auf Kinofilme angewiesen. Das Hörspiel erlebte während des Krieges und danach (bis zur Einführung des Fernsehens) eine Blütezeit. Weil die Ablenkung durch Filmbilder oder Bühnengeschehen fehlte, bekamen das gesprochene Wort und die Stimme der Sprecher eine ganz besondere Bedeutung, und dies gab dem Genre auch in geistiger Hinsicht einen einzigartigen Reiz. Für Schriftsteller bot sich deshalb hier ein neues Betätigungsfeld, das in den vierziger und fünfziger Jahren einige unter den Jüngeren anzog (in den Niederlanden Annie M. G. Schmidt, in der Schweiz Max Frisch und Friedrich Dürrenmatt, in Deutschland Heinrich Böll und die gebürtigen Österreicherinnen Ingeborg Bachmann und Ilse Aichinger). Gegen das Fernsehen, das Phantasie und Konzentrationsvermögen so viel weniger beansprucht, konnte sich das Hörspiel allerdings auf die Dauer nicht behaupten. Das Theater war schon seit dem Aufkommen des Films in Bedrängnis geraten und hat die Krise im Grunde nie überwunden. Gegen den suggestiven Realismus des Films zog es den kürzeren, und deswegen schien das naturalistische Drama auf der Bühne nicht mehr zeitgemäß. Nur durch Formen von Symbolismus, Expressionismus oder das absurde Stück konnte das Theater dieser mißlichen Lage entkommen und sich einen Platz sichern, an dem es nicht zu ersetzen war. Das bedeutete aber auch, daß die interessanten Stücke in der Regel höhere Anforderungen stellten und ein vergleichsweise begrenztes Publikum anzogen. Nach einem vorübergehenden Aufleben in den späten vierziger Jahren, das mit der Sehnsucht nach vertrautem Kunstgenuß nach den mageren Kriegsjahren zusammenhing, auch mit der zeitbedingten Faszination, die vom französischen Existentialismus und den Stücken Sartres ausging, blieb die Popularität des Theaters im hohen Maße von einzelnen wegweisenden Stücken und einzelnen Autoren abhängig. Welches Ausmaß die Theaterkrise hatte, zeigten die oft verzweifelten Versuche von Regisseuren und Autoren, klassische Werke zu aktualisieren, nicht nur durch Regie und Ausstattung, sondern auch durch teilweise einschneidende modernistische Bearbeitungen des Textes. So konnte es geschehen, daß man Shakespeare und andere Klassiker in Ermangelung zeitgenössischer Stücke von Bedeutung schweren plastisch-chirurgischen Eingriffen unterzog.

Inzwischen hatte auch die politische Konstellation sehr günstige Bedingungen für den neuen Lebensstil dieser breiten Mittelklasse geschaffen, die wie nie zuvor über materielle und immaterielle Güter verfügte. Der Brennpunkt des Kalten Krieges verschob sich in den fünfziger Jahren in andere Teile der Welt. Das begann schon mit dem Krieg, der 1950 in Korea ausbrach, obwohl dieser zunächst auch in Europa das Angst- und Krisengefühl verstärkte und die Aufrüstung beschleunigte. Aber nach Stalins Tod im Jahre 1953 gab es in der Sowjetunion erste Anzeichen einer vorsichtigen Lockerung, und Stalins Nachfolger Nikita Chruschtschow verkündete eine Politik der Koexistenz von Kommunismus und Kapitalismus. Man sprach von politischem Tauwetter. In Europa lagen die Fronten fest, und die Verhältnisse hatten sich stabilisiert. Die Teilung war allmählich Normalität geworden. Zwar kamen noch dramatische Augenblicke wie der ungarische Volksaufstand im Herbst 1956, der von russischen Panzern brutal niedergewalzt wurde, in Westeuropa jedoch ließ die Furcht vor einem großen Konflikt und vor sowjetischer Aggression gegen Ende des Jahrzehnts stark nach. Die Untergangsstimmung schwand. Die Mehrheit, die sich aus Gründen des Selbstschutzes innerlich, soweit es ging, gegen all das Bedrohliche abgeschirmt hatte, wandte sich jetzt unbeschwerter alltäglichen Angelegenheiten zu.

Die Idole der Jugend und der Masse stammten wie in der Zwischenkriegszeit zunächst noch aus der Welt des Films und der leichten Musik, des Songs oder Schlagers, mehr und mehr aber auch aus dem Sport, und die Medien erhöhten den Bekanntheitsgrad all dieser Stars beträchtlich. Auch deshalb nahm der Sport in der Öffentlichkeit und im persönlichen Leben immer mehr Raum ein. Neben den schon erwähnten Faktoren – mehr Freizeit dank der Automatisierung und mehr Interesse für Gesundheit und Kondition – hatte auch das Fernsehen entscheidenden Anteil daran, daß er noch mehr Popularität erlangte. Vom bequemen Sessel im geheizten Zimmer aus konnte jeder die besten sportlichen Darbietungen besser verfolgen und kommentieren als auf einer zugigen Tribüne, Dutzende Meter vom Geschehen entfernt. Dies galt für den Fußball noch mehr als für alles andere. Dank des Fernsehens konnte er auch Ältere oder weniger Interessierte in seinen Bann schlagen. Fußball dominierte die anderen Leistungssportarten – wie Tennis, Hokkey, Pferdesport, Eis- oder Wassersport –, obwohl auch diese von dem neuen

Medium profitierten. Von den sechziger Jahren an gehörten Fußballstars zu den populärsten Helden. Sie wechselten von den Sportseiten auf die Titelseiten der Zeitungen, erreichten einen höheren Bekanntheitsgrad als Politiker oder Künstler, und bei wichtigen Punktspielen oder Länderspielen saßen von nun an Millionen gebannt vor dem Fernseher. Die ungeheure Faszination, die vom Leistungssport ausging, vor allem vom Fußball, kann psychologisch auf Chauvinismus, auf ein Gruppenbewußtsein zurückgeführt werden, dessen Kehrseite ein tiefverwurzeltes Konfliktbedürfnis ist; hier bot der Sport eine Kompensation, war doch ein Krieg in Europa durch den Ost-West-Konflikt unmöglich geworden. Die Kraftprobe der Nationen wurde auf dem Fußballfeld ausgetragen. Chauvinistische Begeisterung konnte aber ebensogut einem lokalen Verein gelten; wieviel Erregung ein Spiel auslöste, hing nicht immer davon ab, ob Nationalmannschaften gegeneinander antraten. Außerdem wurde Fußball weltweit zum Ereignis, auch in Regionen, in denen Krieg keineswegs der Vergangenheit angehörte. Dennoch bestand in Europa für weite Teile der Bevölkerung ein Zusammenhang zwischen der Leistung der Nationalmannschaft und dem Status der Nation, und Siege konnten hysterische Begeisterung auslösen. Spitzenspieler, auch in einigen anderen Sportarten, erhielten schließlich sogar nationale Auszeichnungen wie früher nur Politiker, Künstler oder Wissenschaftler. Ihr Freud und Leid lieferte Schlagzeilen von nationaler Bedeutung.

In den fünfziger Jahren brachte vor allem noch die Leinwand Idole hervor. Die Stars des Chansons oder Schlagers, die dank der Plattenindustrie ein Millionenpublikum eroberten, bildeten ein Reservoir, aus dem die Filmproduzenten in der sicheren Erwartung eines Kassenerfolgs schöpfen konnten. Manchmal wurde ein Film populär, weil man ihn um einen Sänger oder eine Sängerin drapiert hatte, und umgekehrt kam manchmal ein Schauspieler durch seine Filmlieder zu Erfolg auf dem Plattenmarkt und Bekanntheit bei der Masse.

Die Filmkunst erlebte nach ihrem ersten großen Durchbruch in den zwanziger Jahren jetzt eine zweite Blüte. Dies war vor allem Italien, Frankreich und Schweden zu verdanken. In der Nachkriegszeit sorgten zunächst, begünstigt durch den Sieg der Alliierten, britische und amerikanische Filme für volle Kinosäle, zum Beispiel *Mrs. Minniver* – eine Ode an das normale englische Familienleben in der Zeit des Krieges. Der eigentliche Kriegsfilm sollte auch dank der ausführlichen Dokumentarfilme ein Genre für sich werden. Neben den zahlreichen Machwerken, die noch vom Geist der Kriegspropaganda beherrscht waren und in denen als Gegner der sympathischen alliierten Helden natürlich immer wieder Deutsche auftraten, die wie militärische Roboter handelten, Filmen, in denen vor allem der SS-Mann als schwarzer Standardschurke beliebt war, kamen in den späteren fünfziger Jahren auch realistischere Produktionen auf den Markt, wie zum Beispiel Bernhard Wickis Film *Die Brücke* (1959) über die sinnlose Opferung von Schülern in Soldatenuniform. Auch Michael Curtiz' schon 1942 entstandener Film *Casablanca*, der etwas von den Konflikten zwischen Vichy-Anhängern und Anhängern des Freien Frankreich in Nordafrika durchscheinen läßt, war in dieser Zeit ein großer Erfolg. In der Regel wurden in solchen Filmen die Härte und Dramatik des Kampfes wie auch der Mut oder die Entbehrungen der Kämpfenden in den Vordergrund gestellt, ohne antimilitaristische Tendenz, aber auch ohne nationalistische Verherrlichung, die inzwischen unglaubwürdig geworden war.

In Italien erwies sich der Film als ein Medium, das überraschend gut geeignet war, dem von Skeptizismus und Ernüchterung bestimmten Geist der Nachkriegszeit Ausdruck zu verleihen, und es waren vor allem italienische Regisseure wie Vittorio de Sica und Roberto Rossellini und später Federico Fellini und Luchino Visconti, die für eine Erneuerung sorgten. In einer Reaktion auf den bombastischen Heldenkult, der unter dem Faschismus auch das Geschehen auf der Leinwand bestimmt hatte, zeigten sie sich als Meister eines Neorealismus, der gerade durch seine subtile, alles Aufdringliche vermeidende Erzählweise das alltägliche Leben von einfachen Leuten oder Menschen am Rande der Gesellschaft besonders eindringlich ins Bild brachte, wie etwa in Rosselinis *Rom, offene Stadt* (1945), oder in *Fahrraddiebe* (1948) und *Das Gold von Neapel* (1954) von de Sica. Um die realistische Wirkung zu verstärken, ließen sie mitunter Laien auftreten, authentische Typen der jeweiligen Region. All dies bedeutete auch eine gründliche Abrechnung mit dem Expressionismus, inhaltlich wie auch im schauspielerischen Stil. Wie der italienischen Literatur der Zeit ging es auch dem Film um eine Demaskierung der Oberschichten, die mit dem Faschismus kollaboriert, sich aber noch rechtzeitig zu Anhängern der Demokratie gewandelt und ihre Schäfchen ins trockene gebracht hatten; ein Beispiel hierfür ist Fellinis *Das süße Leben* (1959). Von den französischen Produktionen, die weniger naturalistisch waren, sollte Marcel Carnés *Die Kinder des Olymp* (1943–45)

Furore machen. Als die neorealistische Bewegung in den sechziger Jahren Ermüdungserscheinungen zeigte und das Fernsehen als gefährlicher Konkurrent den Film zurückdrängte, waren es vor allem französische Regisseure wie Jean-Luc Godard, François Truffaut und Alain Resnais, die das Kino aus der Sackgasse zu manövrieren suchten. Sie verzichteten auf eine erkennbare Geschichte und lösten die Wirklichkeit in eine Reihe von Bildern auf, die vor allem die Funktion hatten, eine Atmosphäre von unbestimmter Melancholie zu schaffen, in der sich Gegenwart und Vergangenheit wie im Traum vermischten. Es ging weniger um die tatsächlichen Geschehnisse als um ihre Spuren im Bewußtsein und um ein geheimnisvolles Netz von Assoziationen im Hintergrund. Produktionen wie Resnais' *Hiroshima – mon amour* (1959) oder *Letztes Jahr in Marienbad* (1960) repräsentierten diese Strömung, die als *Nouvelle vague* bekannt wurde. Auch der schwedische Film, mit Regisseuren wie Arne Mattsson und seinem Film *Sie tanzte nur einen Sommer* (1951) oder Ingmar Bergman und *Das Schweigen* (1963), bildete ein Gegengewicht zum italienischen Naturalismus. Hier erschienen Menschen als kleiner Teil eines ungreifbaren Ganzen, mysteriösen Kräften oder einer großartigen, übermächtigen Natur unterworfen. Dabei trat ein Thema in den Vordergrund, das in der skandinavischen Literatur Tradition hatte: der Konflikt zwischen einer in hohlen Konventionen erstarrten Gesellschaft und dem vereinsamten Individuum, hin- und hergerissen zwischen der Zivilisation und der Urgewalt einer offenen, aber schwermütigen Landschaft. Vor allem der Zusammenstoß der verlogenen Gesellschaft und des einzelnen, der schon bei Ibsen eine so bedeutende Rolle gespielt hatte, bekam im schwedischen Film eine eigenartige Aktualität. Dies hing mit der modernen schwedischen Gesellschaft zusammen.

Schweden war vom Krieg verschont geblieben, und dies hatte dem Land ökonomisch beträchtliche Vorteile gebracht. Früher und konsequenter als anderswo wurde hier ein sozialer Wohlfahrtsstaat aufgebaut und das gesamte System weitgehend demokratisiert; Schweden war vorbildhaft fortschrittlich auf dem Gebiet des Bildungswesens, des Gesundheitswesens, der sexuellen Normen, der sozialen Sicherung und der politischen Mündigkeit der Bevölkerung. Außerdem hatte es eine offene Gesellschaft, deren Fundament ein allgemeiner Konsens bildete. Die Kehrseite war eine sehr weit gehende gegenseitige Kontrolle. So mußten zum Beispiel die Finanzämter auf Wunsch jede Steuerveranlagung offenlegen. Es war eine Gesellschaft von gläsernen Menschen, deren persönlicher, intimer Bereich klein geworden war. Die Grenze zwischen dem Persönlichen und dem Öffentlichen war hauchdünn. Für die Außenwelt war Schweden in vielerlei Hinsicht zum Modell einer friedlichen und blühenden Gesellschaft geworden, die jahrhundertealte Konflikte und das Problem der Ungleichheit gelöst hatte. Um so bemerkenswerter war der Kontrast zwischen diesem Bild von Harmonie und Wohlstand und der eher schwermütigen, verdunkelten Welt des schwedischen Films. Daß das allgemeine Einvernehmen nicht so vollkommen war, wie es den Anschein hatte, zeigte sich schon in den fünfziger Jahren, als sich in Schweden die ersten rebellischen Jugendbanden bildeten, was eine bekannte Grundüberzeugung der pädagogischen Reformbewegung und der Psychologie in Frage stellte, nämlich, daß jugendliche Aggression und rebellisches Verhalten eine Reaktion auf autoritäre Erziehung mit Körperstrafen und anderen Zwangsmethoden seien. In kaum einem anderen Land wäre eine solche Reaktion so überflüssig gewesen. Außerdem gab es hier trotz der besonders hohen Preise für alkoholische Getränke außergewöhnlich viel Alkoholismus. Beide Phänomene schienen Anzeichen dafür zu sein, daß eine so weitgehende Verinnerlichung der demokratischen Disziplin und der allgemeinen Normen, wie die offene Gesellschaft sie verlangte, ihren Tribut forderte und die Frustrationen und problematischen Spannungen verursachen konnte, von denen die Filme erzählten. Andererseits war die normale Kriminalität in Schweden verhältnismäßig gering, und es war zweifellos den fortschrittlichen, freien Auffassungen auf sexuellem Gebiet zu verdanken, die allerdings für ganz Skandinavien charakteristisch waren, daß Pornographie und Prostitution keine nennenswerte Rolle mehr spielten.

Der europäische Film bewies mit den besten Produktionen der ersten Nachkriegsjahrzehnte auf jeden Fall, daß er fähig war, mit seinen eigenen, besonderen Mitteln dem veränderten Lebensgefühl Ausdruck zu verleihen. In manchen Filmen wurde aber der feste Zusammenhang einer Geschichte zugunsten einer etwas gezwungen wirkenden Zurschaustellung von Stimmungen, äußerst subjektiven Erfahrungen oder Bildern, die Traum und Wirklichkeit vermischten, aufgelöst, und solche Versuche konnten nur eine kleine Schar von Cineasten fesseln; dieses Genre verzichtete auf den stärksten Trumpf des Films gegenüber dem Theater und der Dichtung, seine Fähigkeit, dank des direkten, objektivierenden Blicks der Kamera den Eindruck eines realen Geschehens hervorzurufen. Die Kinos wurden von der unerschöpflichen Produktion der Filmfabrik Hollywoods beherrscht, die auch immer wieder europäische Schauspieler verpflichtete, oder von europäischen Filmen mit ähnlicher Tendenz und ähnlichem Anspruch: Filmen, die unterhalten und möglichst auch die vertrauten Normen bestätigten wollten. Man ließ sich lieber aufmuntern, sah lieber eine Welt voll spannender oder exotischer Abenteuer, die immer ein gutes Ende nahmen, als daß man sich ständig mit Unangenehmem, mit Unrecht oder den psychischen Problemen gequälter Menschen in einem beängstigenden Kosmos konfrontieren ließ. Es waren die bombastischen Ausstattungsfilme zu historischen oder mythologischen Themen, mit Hunderten von Statisten, die Schnulzen, Thriller oder farbenfrohen Romanzen, inzwischen schon mit einer Prise Erotik gewürzt, die das Millionenpublikum anlockten und die bekanntesten Stars hervorbrachten. Brigitte Bardot, Marilyn Monroe, Sophia Loren, Frank Sinatra, Jean-Paul Belmondo, Marlon Brando und viele andere traten hier in die Fußstapfen einer Garbo, Dietrich oder eines Clark Gable. Während ein schwedischer Film schon eine freizügige erotische Szene mit einem halbnackten Liebespaar zu zeigen gewagt und damit viel Anstoß erregt hatte, zeichneten sich die Hollywoodproduktionen dadurch aus, daß sie sich formal immer an die geltenden Anstandsnormen hielten (auch um Schwierigkeiten mit den Kirchen und anderen Instanzen zu vermeiden). Trotzdem lebten natürlich nicht wenige dieser Filme von der sexuellen Anziehungskraft bestimmter Schauspielerinnen und Schauspieler. Die Kamera wurde nicht müde, diese von ihrer besten Seite zu zeigen, war aber so geschickt, vor den tabuisierten Körperzonen haltzumachen. Einem Risiko, wie Ingmar Bergman es mit seinem Film *Das Schweigen* eingegangen war, ging man aus dem Weg.

Vom konventionellen Modell des gesellschaftlich erfolgreichen Filmhelden entfernte sich als erster der junge Amerikaner James Dean, der Erotik und rauhe Rebellion auf überzeugende Weise in sich vereinte und auch durch seinen Tod im Alter von vierundzwanzig zu einem neuen Jugendidol wurde. In der Aufregung um seine Person begann sich Mitte der fünfziger Jahre schon eine ganz neuartige Gegenbewegung zum konformistischen Kulturmarkt anzukündigen, eine Strömung, die sich gegen die ästhetischen Vorbilder und den Geschmack richtete, die auch in Film und Unterhaltung deutlich von der wohlhabenden Mittelklasse geprägt waren. Deren Auffassungen waren inzwischen zur Norm für den Lebensstil der Mehrheit geworden und beherrschten den Markt. Daß sich hier eine Wende vollzog, wurde noch klarer erkennbar, als eine neue Art von Sänger und eine neue Art von Musik in Erscheinung traten. Bei der leichten Muse, der Unterhaltungsmusik, hatte die Operette nach dem Krieg der musikalischen Revue, dem Chanson und den vielen Arten von afroamerikanischer Musik und Jazz das Feld geräumt. Im Jazz war trotz seines weltweiten Triumphzugs immer noch etwas von seinen Ursprüngen hörbar, vom Schmerz eines versklavten Volkes – Klänge, die eine leidenschaftliche Anklage ausdrückten. Die Anziehungskraft des ausdrucksvollen harten Rhythmus und des Primitivismus auf die Welt der Weißen hing von Anfang an mit einer Übersättigung durch die eigene Kultur und ihre musikalische Tradition zusammen. Darum bedeuteten Jazz und afroamerikanische Musik zwangsläufig zumindest verdeckten Protest gegen die herrschenden Normen, und dies war einer der Gründe dafür, daß sie schon immer auch gerade die jungen Generationen fasziniert hatten. Es waren jetzt vor allem zwei weiße amerikanische Sänger, Bill Haley und Elvis Presley, die, angeregt vom Jazz und bestimmten amerikanischen Musikgenres wie Blues, um 1955 eine neue Art von Gesang mit Gitarrenbegleitung einführten: Texte, die die Sehnsüchte, den Schmerz oder die Ratlosigkeit einer Generation hinausschrien, die im Amerika des materiellen Überflusses, der knallharten Ellenbogenmentalität und des Leistungszwangs aufgewachsen war; ein Gesang, der mit den immer noch gängigen traditionellen Vorstellungen von Gesang nur noch wenig gemeinsam hatte. Dieses bald als »Popmusik« bezeichnete Genre sollte sich überraschend schnell durchsetzen. Vor allem Presley versetzte sein jugendliches Publikum in Ekstase, wenn er seinen wimmernden Klagegesang mit provozierendem Hüftschwung akzentuierte, dessen sexuelle Anspielung niemandem entgehen konnte. Mit der Rock 'n' Roll-Musik entwickelte sich auch eine neuer, wilder Tanz gleichen Namens, der bald nach Europa gelangte; hierzu gehörten die gleichen Szenen ausgelassener Raserei, die man von Presleys Auftreten kannte. Eine Schar von Popsängern nach Presley führte eigene Varianten ein. Die bekanntesten wurden die Beatles aus Liverpool, eine Gruppe von vier Jungen einfacher Herkunft, die ab 1958 die Bühnen in Großbritannien und dann auch auf dem Kontinent und in Amerika im Sturm eroberten; mit ihren langen Haaren sollten sie außerdem eine ganz neue Mode einführen. Die Musik, die die Beatles und eine zweite, ebenso erfolgreiche Gruppe, die Rolling Stones, populär machten, wurde wegen ihrer harten Aggressivität bald als Beat bezeichnet.

Was hier geschah, mit Presley, Haley, den Beatles und den Stones als den bekanntesten Akteuren, hatte für die Gesellschaft etwas Überraschendes. Die Transformation des klagenden und auch heftig anklagenden Liedes der amerikanischen Schwarzen zum harten, ebenso klagenden und anklagenden Pop- und Beatsong bedeutete Protest gegen die gängigen Normen, auch die ästhetischen. Und dieser sprach der jungen Generation offenkundig aus dem Herzen – ein Protest, der weniger in den teilweise sentimentalen, trivialen und völlig unpolitischen Texten über Liebe, Schmerz und Einsamkeit als in der schrillen Form des Ausdrucks lag. Neu war vor allem auch die wilde Hysterie, die die Popsänger bei ihren Zuhörern auslösten. Mädchen fielen in Ohnmacht, Jungen schlugen in ihrer Ekstase die Einrichtung kurz und klein. Um das Gesangsidol spielten sich Szenen ab, die an Heiligenverehrung erinnerten, auch weil das Verhältnis der Fans zur Kleidung und zu persönlichen Gebrauchsgegenständen der Stars etwas Fetischistisches hatte, das dem Reliquienkult ähnelte. Die Pop- und Beatstars waren fast alle junge Männer einfacher Herkunft. Auch dies trug dazu bei, daß ihre Musik und ihr Auftreten etwas Rebellisches an sich hatten und in scharfem Gegensatz zum konventionellen Geschmack standen. Sie appellierten bei Jugendlichen sowohl an Unzufriedenheits- und Verlorenheitsgefühle als auch an ihr Verlangen nach einer Gegenautorität im Sinne eines anbetungswürdigen Idols. Zunächst wurde die Bewegung von denen, die in der Unterhaltungsbranche und in der Presse das Sagen hatten, als Verirrung und minderwertige Modeerscheinung abgetan. Sie waren der Meinung, daß mit dem obszönen Hüftschwingen nicht nur die Grenzen des guten Geschmacks, sondern auch die des Anstands überschritten wurden. Für sie war Presley ein schamloser Schreihals, dessen Gejaule nur bewies, daß ihm jegliches Gesangstalent fehlte. Aber bald schon lockte die Popmusik Hunderttausende von Jugendlichen und wurde damit zu einer Goldmine für die Plattenindustrie, die in der jungen Generation ihre wichtigsten Abnehmer fand. Auch die Filmbranche begann sich für das neue Idol, den Popsänger, zu interessieren, der ganz offensichtlich unerhörte Emotionen auslösen konnte und sich nicht im geringsten um die geltenden Gesetze der Werbung kümmerte.

Das Phänomen der Massenekstase bei Pubertierenden und jungen Erwachsenen hat in soziologischer und sozialpsychologischer Hinsicht zwangsläufig Fragen aufgeworfen. Rebellion gegen die anerkannten ästhetischen Normen einer Gesellschaft war im zwanzigsten Jahrhundert nicht neu

– man denke an die Jugendbewegung oder an den Avantgardismus und Dada in den Künsten. Diese Rebellion war einer der Aspekte, und ihre Bedeutung wurde durch den sozialen Hintergrund der bekanntesten Popsänger erhöht, jungen Männern aus einfachen oder zerrütteten Verhältnissen, die deshalb für die weniger Wohlhabenden und Satten in der Überflußgesellschaft standen. Sie gaben in erster Linie dem Lebensgefühl von Jugendlichen aus ähnlichem Verhältnissen Ausdruck, und bei Jugendlichen aus anderen Kreisen konnte dann Solidarität mit den Angehörigen der eigenen Generation eine Rolle spielen. In dieser Hinsicht gehörte zu dieser Bewegung auch sozialer Protest, der sich gegen die Etablierten richtete. Damit geriet eine auf den ersten Blick verborgene Kehrseite des Wohlstandes und der konformistischen Mittelklassenkultur in den Blick. Die zunehmende Nivellierung und Emanzipation hatten dazu geführt, daß nun gerade die noch übriggebliebenen, nicht zu verleugnenden Unterschiede in Standesbewußtsein, Wohlstand und Milieu deutlicher hervortraten. Es ist ein bekanntes sozialpsychologisches Phänomen, daß Liberalisierung und ein Zuwachs an Mündigkeit die Normen verändern, damit wiederum das Verlangen nach noch schnellerer und noch weiter gehender Liberalisierung und Emanzipation zusätzlich anstacheln und zu Revolutionen führen können. Für die im Westen aufwachsende Generation gehörten materielle Not und Mangel inzwischen der Vergangenheit an, und sie hatte Zugang zum ganzen technischen und kulturellen Angebot. In der Gesellschaft herrschte ein weitgehender politischer und ideologischer Konsens, der seine Erhaltung dem Ost-West-Gegensatz verdankte. Die Erwachsenen über dreißig wurden durch die Auseinandersetzung mit den Folgen des Krieges, durch den Wiederaufbau und die Festigung des Wohlfahrtsstaates in Anspruch genommen, wie auch durch die politische und geistige Abwehr des Kommunismus. Sie wollten ihren Kindern eine gute Ausbildung ermöglichen und ihnen die Werte vermitteln, die sie selbst als unverzichtbar für eine freie, friedliche Gesellschaft erkannt hatten, oft nach bitteren Erfahrungen und harten Prüfungen durch Depression, Krieg und Diktatur. Wegen dieser Prüfungen hielten sie sich für berechtigt und sogar moralisch verpflichtet, die Jugend zu führen. Aber diese Jugend war durch den starken Geburtenzuwachs der Nachkriegsjahre so zahlreich geworden, daß sie die demographischen Verhältnisse verändert hatte, und während sie einerseits wegen der ausgedehnten Schulpflicht und verlängerter Ausbildungszeiten länger unselbständig blieb, wurden andererseits ihr Freiheitsdrang und ihr Selbstbewußtsein durch den Zuwachs an Kommunikation und Information und durch bessere Ausbildung ganz erheblich gestärkt. In der zweiten Hälfte der fünfziger Jahre zeigte sich, daß hier eine Generation heranwuchs, die nicht mehr vom Verlangen nach Normalität, von Karrierestreben, Nüchternheit und Skeptizismus beherrscht wurde. In den Städten bildeten sich Gruppen von Jugendlichen, meistens zwischen fünfzehn und zwanzig Jahren, die deutlich demonstrierten, daß sie sich den Normen von Anstand und Ordnung nicht zu fügen gedachten. Motorrad oder Moped, die sie jetzt erwerben konnten, gaben ihnen ein erregendes Machtgefühl, und so machten diese Jugendlichen in provozierender Lederkleidung und mit unkonventioneller Haartracht die Städte unsicher, sorgten für Unruhe und stärkten auf diese Weise ihr eigenes Selbstbewußtsein. Daß diese Jugendbanden, die sich bewußt gegen die geordnete Gesellschaft abgrenzten, etwa zur gleichen Zeit wie die Popmusik aufkamen, weist auf einen tieferen Zusammenhang hin. Bei der Hysterie, die von den Popidolen ausgelöst wurde, spielte noch etwas anderes eine Rolle: ein emotionaler Mangel, Hunger nach einem orgiastischen Gemeinschaftserlebnis, bei dem der einzelne sich selbst vergessen konnte, also etwas, das mehr war als normale Unterhaltung. Die orgiastische Gemeinschaftserfahrung ist nicht vom Drang nach Anbetung zu trennen, und insofern geht sie auf ein ähnlich elementares Verlangen zurück wie die religiösen Ekstasen einschließlich des Reliquienkults und alles anderen, was dazu gehören kann. Charakteristische Merkmale der Gemeinschaftserfahrung und zugleich Voraussetzung für die Enthemmung sind sowohl die Idolatrie als auch deren kollektiver Charakter. Man ist Masse und fühlt sich dadurch in der Wahl seines Anbetungsobjekts bestätigt, die massenhafte Anbetung bekräftigt die Legitimität des Götzen, der offenbar allgemein anerkannt wird. Die gleiche kollektive Idolatrie und Hypnose, die ein religiöses Verlangen befriedigen, waren auch bei den gewaltigen Huldigungskundgebungen und im Personenkult der Diktaturen unter Hitler, Mussolini, Stalin und Mao Zedong im Spiel. Obwohl es sich dabei um bewußte Inszenierungen zu bestimmten politischen und ideologischen Zwekken handelte, wurden in psychologischer Hinsicht ähnliche Register gezogen wie bei der spontanen Hysterie um die Popidole. Die westliche Demokratie bot nun einmal wenig Gelegenheiten zu derart emotionsgeladenen Massenfeiern, allenfalls mehr oder weniger gedämpft beim Wahlsieg einer Partei (noch am ehesten in den Vereinigten Staaten beim Spektakel der Präsidentschaftswahlen).

Jede Erklärung eines solchen Phänomens bleibt fragwürdig, die erwähnten Faktoren können es aber wenigstens zum Teil enträtseln. Daß beim Popkult Aufbegehren gegen die herrschenden ästhetischen Konventionen und die Welt der Erwachsenen mit verdeckter sozialkritischer Rebellion einherging, daß vor allem aber eine ganze Reihe unbefriedigter Sehnsüchte – nach Glauben, nach Gemeinschaftserlebnissen, nach Befreiung – und sexuelle Impulse eine Rolle spielten, deutet jedenfalls darauf hin, daß die tradierte Kultur vielen Jugendlichen nicht das gab, nicht das geben konnte, was sie suchten. Das überwältigende Angebot an Kulturgütern aus allen Zeiten und Ländern, eine Folge der Kommerzialisierung der Kultur und des materiellen Überflusses, konnte sogar Widerwillen erregen. Wenn man Mozart beim Abwasch hörte und van Goghs Pfirsichbäumchen auf einem Bierdeckel wiederfand, verlor große Kunst ihre Einzigartigkeit. In den Augen einer Generation, die auf diese Weise mit ihr in Berührung gebracht wurde, verlor sie vor allem ihre Würde. Eher löste sie Irritation aus, die sich gegen die Kultur insgesamt wenden konnte, und in dieser Hinsicht kann man eine Verbindungslinie von der Popmusik zu Dada ziehen und zur avantgardistischen Begeisterung für das Primitive als Gegenkraft zur europäischen Kultur.

Mit dieser Übersättigung hing noch ein anderes, viel allgemeineres Kulturphänomen zusammen: der Puerilismus. In ihm äußern sich Reaktionen auf einen ganzen Komplex unterschiedlicher Aspekte der Moderne. Seine Ursprünge lagen offenkundig in der Zeit zwischen den Weltkriegen. Erstens war er eine Reaktion auf die Automatisierung des Lebens und die Triumphe der Technik. Nicht zufällig war er aus den Vereinigten Staaten herübergeweht, die einen Vorsprung auf technologischem Gebiet hatten. Dort waren noch einige andere Faktoren hinzugekommen: die verhältnismäßig schwachen Wurzeln der vielen Immigranten, die die amerikanische Gesellschaft zu einem Schmelztiegel machten, die ausgeprägte Mobilität der Bevölkerung, die hektische, ganz auf Gegenwart und Zukunft ausgerichtete Lebensweise und der gewaltige Erfolgs- und Leistungszwang. All dies weckte Sehnsucht nach Nestwärme. Die schnell durchlaufene Kindheitsphase, die offenbar unverarbeitete Reste zurückließ, machte ihre Ansprüche geltend. In einer rationalisierten Gesellschaft, die hohe Wissensanforderungen stellte, bekam das infantile Weltbild einen zusätzlichen, nostalgischen Reiz und erfüllte vernachlässigte psychische Bedürfnisse. Die Zeichentrickfilme Walt Disneys, unter anderem die Abenteuer von Mickey Mouse, wurden zu weltweit bekannten und beliebten Repräsentanten dieses Puerilismus, der bald auch in Europa um sich greifen sollte, aus den gleichen Gründen. Mickey Mouse – das bekannte, rührende Symbol für den Kleinen und Schwachen, der am Ende doch Glück hat oder die Starken überlistet – fand ganze Scharen von Nachahmern in vielen Ländern. Was zuerst charakteristisch für Amerika gewesen war, prägte ja immer stärker auch Europa: Eine Umgebung aus Apparaten entfachte das Heimweh nach kindlich vereinfachender Wahrnehmung der komplizierten Welt. In der sentimentalen Vorliebe für Plüschtiere, Wohnzimmer- und Automaskottchen für Erwachsene, gingen die Neigung zur modernen Welt der Fließbandprodukte und rückwärtsgewandte Sehnsucht nach der emotionalen Wärme des Kindergartenalters eine eigenartige Verbindung ein: Hier mußte inzwischen psychisch und geistig einiges brachliegen.

Die Kirchen trugen immer weniger dazu bei, diese emotionale Leere zu füllen. Die Gotteshäuser wurden selbst immer leerer. Seit den späteren fünfziger Jahren ging der Kirchenbesuch in allen Ländern, wenn auch in unterschiedlichem Grade, stark zurück; der Trend der Vorkriegszeit hatte sich also verstärkt. Nicht, daß sich im gleichen Verhältnis eine Abwendung vom Glauben vollzogen hätte, aber für eine wachsende Zahl von Menschen war die Kirche nicht mehr der unentbehrliche Raum für religiöse Offenbarung und Besinnung, der sie früher ganz selbstverständlich gewesen war. Es wurde immer deutlicher, wie groß die Entfernung zwischen dem wissenschaftlichen Weltbild und grundlegenden christlichen Glaubenswahrheiten war, wie die Kirchen sie weiterhin verkündeten. Und das wissenschaftliche Weltbild erreichte jetzt, durch die vermehrten Informationsmöglichkeiten, zum Beispiel über die Medien, alle sozialen Schichten. Eine zweite, nicht zu unterschätzende Ursache war der Wohlstand selbst: Er brachte Unterhaltung für die Massen, weshalb der regelmäßige Kirchenbesuch, besonders bei den Jüngeren, verlockenderen Betätigungen Platz machte, und er brachte neue Kommunikationsmöglichkeiten und Tourismus, so daß Menschen die Grenzen ihres eigenen Kreises überschreiten konnten. Anders als in der Vergangenheit kamen nicht nur die Gebildeten mit anderen Kulturen in Berührung. Aber die katholische Kirche blieb unter dem Pontifikat Pius' XII. ein Bollwerk der Orthodoxie und des Widerstandes gegen die Moderne. Alle theologischen Modernisierungsbewegungen und alle Versuche, die Kluft zwischen Christentum und Wissenschaft zu verringern, wie sie im protestantischen Lager unternommen wurden, zum Beispiel von Bultmann mit seiner Entmythologisierung des Evangeliums, wurden von der katholischen Kirche verdammt. So war auch weiterhin alle Lektüre verboten, die als unmoralisch oder als schädlich für das reine katholische Gemüt galt und Zweifel an den Glaubenswahrheiten sähen konnte; dem entsprach verstärkter Widerstand gegen ungehinderten Umgang mit anderen, eine deutliche Abgrenzung der eigenen Glaubensgemeinschaft auf allen Ebenen. Vor allem die Ehe- und Familienpolitik, das unumstößliche Verbot der Ehescheidung und das Festhalten an sexuellen Tabus griffen in das persönliche Leben von Millionen ein, mit allen entsprechenden Frustrationen und Gewissenskonflikten.

Für den Vatikan war der Kommunismus von Anfang an der Erzfeind und die große teuflische Gefahr gewesen. Das war ein Hauptgrund für seine entgegenkommende Haltung zum Faschismus und Nationalsozialismus. Die siegreiche Sowjetunion und das machtvoll vordringende stalinistische System hatten begreiflicherweise sein Verlangen gesteigert, die katholischen Bastionen zu verstärken. Die politische und geistige antikommunistische Mobilmachung des Westens verlief in den ersten Nachkriegsjahren in vieler Hinsicht parallel zu diesem Kurs. In der unmittelbaren Nachkriegszeit mit ihren Auflösungserscheinungen und ihrer Not hatten die Kirchen angesichts des Verlangens nach Orientierung eine bedeutende Rolle spielen können. Die Gründung der christlich-demokratischen Parteien und das politische Gewicht und die Macht, die sie bald erlangen sollten, vor allem in der europäischen Bewegung, schienen ein Beweis für die unverminderte Lebensfähigkeit und die wiedergewonnene Ausstrahlung des Christentums zu sein. Der Katholizismus sah im europäischen Gedanken die Möglichkeit, der Idee des christlichen Abendlandes neues Leben einzuhauchen. Machte dieses (westliche) Europa jetzt nicht abermals Front gegen die Ungläubigen, so daß auch der Kirche eine neue, bedeutendere Rolle zukam? Hoffnung und Gefahr waren eng verflochten, und das zeigte sich besonders deutlich, als mit der unmittelbaren Gefahr auch die Hoffnung verflog. In seinem Drang, vor allem die antikommunistischen Kräfte zu unterstützen, und in seinem Abscheu gegen alles Sozialistische hatte sich der Vatikan unter dem schroffen Aristokraten Pius XII. überall mit den konservativen, wenn nicht reaktionären politischen Kräften verbündet. Dies führte jedoch zu einem Gegensatz zwischen dem höheren Klerus, der zur Zusammenarbeit mit den politischen Eliten tendierte – der alte Bund von Thron und Altar lebte in einer moderneren Variante wieder auf –, und dem niederen, der mitten unter der ärmeren Bevölkerung tätig war. Die soziale Herkunft der Priester selbst entsprach in vielen Fällen ihrer Zugehörigkeit zu dem einen oder dem anderen Lager. Besonders in Frankreich und Italien, katholischen Ländern, in denen die sozialen Unterschiede noch stärker ausgeprägt waren und länger erhalten blieben als in den gemischten oder überwiegend protestantischen Regionen, wuchsen Unzufriedenheit und Kritik bei den niederen Geistlichen, die sich für die Schwachen verantwortlich fühlten. Unter ihnen waren sozialistische und sogar einige kommunistische Priester. Als Pius XII. 1958 starb, folgte ihm mit Johannes XXIII. ein Priester, der selbst einfacher Herkunft war, und er war überzeugt, daß die Zeit reif für Reformen sei. In den fünf Jahren, die ihm vergönnt waren, bewirkte er innerhalb des Katholizismus einen wahren Erdrutsch. Er machte die Modernisierung, das *Aggiornamento*, zum Leitmotiv und ermutigte damit zum ersten Mal zum offenen Dialog zwischen den fortschrittlichen und den konservativen Kräften in der Kirche. Im von ihm 1962 einberufenen Zweiten Vatikanischen Konzil kamen die dringlichsten Probleme zur Sprache, zum Beispiel die sozialen Aufgaben der Kirchen, das Verhältnis von Priester und Laien, die Beziehungen zu anderen Religionen und die kirchliche Organisation. Die Delegierten aus anderen Teilen der Welt, vor allem aus Lateinamerika, wo Armut und Unterdrückung an der Tagesordnung waren, erhoben mit Nachdruck ihre Stimme. Gerade sie hatten erkannt, daß die Kirche ihre sozialen Aufgaben und ihre Verbindung zu den Bedürftigen nicht um rigider dogmatischer Profilierung willen und zugunsten des Kampfes gegen feindliche Mächte vernachlässigen durfte. Es gelang, in die bis dahin uneinnehmbare streng orthodoxe Bastion des hohen Klerus einzudringen, der vor allem aus den romanischen Ländern stammte. Der Tod Johannes' im Jahre 1963 gab den Gegnern jedoch die Gelegenheit zu einer Gegenoffensive, und unter Papst Paul VI., einem vorsichtigen Konservativen, wurde ein mittlerer Kurs eingeschlagen; dies bedeutete zwar keine Rückkehr zur Orthodoxie, aber die Reformen wurden abgebremst und gingen längst nicht so weit, wie die Fortschrittlichen hofften. Trotzdem hatte das kurze Pontifikat Johannes' XXIII. – dieses mutigsten und warmherzigsten unter den Päpsten, der sich mit seinen Enzykliken *Mater et Magistra* und besonders *Pacem in Terris* ausdrücklich nicht nur an die eigenen Gläubigen, sondern an alle Gutwilligen gerichtet hatte – in der katholischen Bevölkerung aller Länder vieles in Bewegung gebracht; es sollte zu einiger Unruhe und zu Veränderungen kommen, angesichts deren sich viele seiner Vorgänger im Grabe umgedreht hätten.

Daß die Emanzipation ein freieres, die Werbung ein angenehmeres Leben für alle versprach, daß außerdem wissenschaftliche Erkenntnisse und Entdeckungen, die die Glaubenswahrheiten in Frage stellten, unaufhaltsam das Weltbild veränderten, all dies mußte zu Spannungen führen. Die These, daß die wesentliche Bedeutung des Glaubens immer in der Deutung der menschlichen Existenz und in seiner tröstenden Wirkung liegt, darf als ebenso alter Gemeinplatz gelten wie die Erkenntnis, daß das Verlangen nach solcher Deutung und nach Trost gewöhnlich um so stärker abnimmt, je größer der Wohlstand wird, je sicherer Menschen sich fühlen und je besser sie den Tod fernhalten zu können glauben. In der Wohlstandsgesellschaft mit ihrer längeren Lebenserwartung bedarf die Abwendung vom Glauben deshalb auch kaum zusätzlicher, spitzfindiger Erklärungen. Daß vor allem ältere Menschen in die Kirche gehen (bei Katholiken wie Protestanten) ist statistisch ebensogut nachgewiesen wie die Tatsache, daß Frauen unter den Kirchgängern überrepräsentiert sind. Ob dies mit der traditionellen Rolle der Frau zusammenhängt und sich dank der Emanzipation und der ökonomischen Selbständigkeit der Frauen verändern wird, bleibt vorerst noch eine offene Frage. Es gibt jedoch noch einen Faktor, der erklärt, warum vor allem die Jüngeren der Kirche fernblieben – abgesehen von ihrer größeren Empfänglichkeit für neue Auffassungen und der naheliegenden Tatsache, daß ihr Interesse vor allem dem Leben gilt, das zum größten Teil noch vor ihnen liegt: Die strengen, mit der Androhung von Hölle und Verdammnis verknüpften kirchlichen Gebote im Hinblick auf Sexualität, Ehe und Ehescheidung mußten in erster Linie die Jüngeren aufbegehren lassen. Der Glaube an die Schöpfungsgeschichte, den Teufel, die Unsterblichkeit der Seele, das Jenseits, die Bedeutung der Sakramente konnte all dem kaum standhalten, was inzwischen jeder über Zeit und Raum wußte, über das Universum, die Entwicklung der Erde und der Organismen, die Funktionsweise des Gehirns, die Psyche, den Geschlechtstrieb. Man ging immer weniger zur Beichte, und bei der Priesterausbildung kam es zu einem drastischen Rückgang.

Die Kluft zwischen den kirchlichen Geboten und der Realität der Wohlstandsgesellschaft war offensichtlich für viele zu groß geworden. Die Möglichkeiten und Verlockungen eines angenehmen Lebens ließen den christlichen Himmel und seinen Gott hinter einer irdischen Zukunft mit der

Aussicht auf die Bändigung und Nutzung ungeahnter Naturgewalten durch Wissenschaft und Technik verschwinden. Aber diese Perspektive brachte viele in der jüngeren Generation auch dazu, aufzubegehren und die Erfüllung unbefriedigter emotionaler Bedürfnisse zu suchen.

6 Von der Philosophie zur Soziologie. Die Gesellschaft im Brennpunkt

Besitzt die Kultur einer bestimmten Epoche ein dominantes charakteristisches Merkmal, das sie von früheren Epochen unterscheidet? Sind solche Unterschiede vielleicht der Grund dafür, daß wir von verschiedenen Epochen sprechen? Ein unlösbares Problem für jede Kulturgeschichte. Dieses dominante Merkmal muß man sich dann als heimlichen Ausgangspunkt allen Denkens vorstellen, als eine Art Basisnorm, die vielleicht nicht allen, aber doch den wichtigsten Aktivitäten in Künsten und Wissenschaften die Richtung weist und ein Ziel setzt. Seit den fünfziger Jahren wird solch ein neuer, dominierender Ansatz sichtbar. Es geht darum, daß sich in den Geisteswissenschaften das Interesse vom Individuum oder der Person zur Gesellschaft verschob, und im Zusammenhang damit vom Prozeß zum System, von der Entwicklung zur Struktur, vom Ding zu seiner Funktion, vom Objekt zur Beziehung und zum Beziehungsnetz, von der Sache selbst zu ihrem Platz in einem Ganzen. In allen Geisteswissenschaften stoßen wir auf diese Verschiebung, von der Philosophie bis zur Sprachwissenschaft, von der Geschichte bis zur Ästhetik. Eine entsprechende Verlagerung des Interesses äußert sich in den verschiedenen Künsten: vom Kunstwerk als unabhängigem Artefakt zu seiner Konzeption und zur Rezeption durch die anderen, vom Schöpfer zu seinem Publikum, das im Entstehungsprozeß des jeweiligen Produkts – Gedicht, Roman, Skulptur, Gemälde, Komposition – eine unverzichtbare Rolle spielt.

Wiederholt ist schon darauf hingewiesen worden, daß die Erschütterungen durch die Weltkriege, durch Faschismus und Nationalsozialismus, wie auch das dann folgende überraschende Wachstum des Wohlstands im westlichen Teil Europas die Emanzipation der Masse beschleunigt haben. Der Erste Weltkrieg hatte dieser Entwicklung schon einen kräftigen Schub gegeben, und Faschismus und Nationalsozialismus waren dann auch Versuche gewesen, die verstärkte Emanzipation und Politisierung großer Massen einem bestimmten Ideal entsprechend zu lenken. Das war geschehen, indem man die Massen in eine feste, autoritäre Form goß, die man nationale Gemeinschaft oder Volksgemeinschaft nannte, und sie damit in geistige Unmündigkeit zurück zwang. Auf ihre Weise haben die Regime die soziale Mobilität dennoch gefördert. Die Politisierung war zwar letztlich nur intensive Indoktrination, hatte aber trotzdem große, zuvor passive Bevölkerungsgruppen zum ersten Mal in die Politik einbezogen und mobilisiert – eine Entwicklung, die in den parlamentarischen Demokratien derselben Periode wegen der noch keineswegs verschwundenen alten Standesunterschiede und sozialen Barrieren zäher und langsamer verlief. Daß die Diktaturen Anspruch auf begeisterte Unterstützung durch das gesamte Volk erhoben, hatte aber auch gezeigt, daß Politik und Gesellschaftsordnung inzwischen alle angingen.

Hieraus die richtigen Konsequenzen zu ziehen, mußte vor allem den Intellektuellen am Herzen liegen, in mancher Hinsicht auch den Künstlern. Die Lage östlich des Eisernen Vorhangs zeigte überdies täglich, wie aktuell diese Frage war. Das Dritte Reich hatte bewiesen, das jeder Versuch einer strikten Trennung zwischen Wissenschaft oder Kunst und Politik illusorisch geworden war. Wer sich in seinen eigenen Bereich zurückgezogen hatte, als wäre dieser ein abgeschirmter Zufluchtsort, an dem man sich ausschließlich seinem Fach, dem Musizieren oder Malen widmen könnte, war dennoch benutzt worden als Aushängeschild oder Beweis dafür, daß Wissenschaft und Kunst florierten, so daß er indirekt dem Prestige des Regimes genützt hatte. So wurden nach der deutschen Niederlage auch prominente Persönlichkeiten aus Künsten und Wissenschaften als Kollaborateure aus dem öffentlichen Leben ausgeschlossen oder zumindest zur Verantwortung gerufen, in Deutschland genauso wie in den ehemals besetzten Gebieten. Das Problem betraf alle, aber den Schriftsteller oder Sozialwissenschaftler mehr als den Musiker oder Mathematiker. Der totalitäre Staat hatte die meisten in ihren Schlupfwinkeln aufgespürt und mit der harten Entscheidung für oder gegen ihn konfrontiert. Die Erfahrung, keine Rückzugsmöglichkeit zu haben, hatte viel zur allgemeinen Erkenntnis beigetragen, daß die Gesellschaft das Schicksal jedes einzelnen war. Dieser einzelne war somit in erster Linie ein soziales Wesen geworden. Die Autonomie des Individuums, das klassische liberale Dogma, auf dem die gesamte liberale Staatslehre beruhte und das die Entstehung der parlamentarischen Demokratie gefördert hatte, wurde zur Fiktion. Das Individuum war offenbar weitgehend Produkt seiner Gesellschaft.

Im Hinblick auf die Philosophie dieser Zeit muß wieder in Erinnerung gerufen werden, was für alle Philosophie gilt: Bei einer knappen Charakterisierung oder Kategorisierung eines Philosophen kommen wir über die Vorhalle seines Hauses nicht hinaus. Wer weitergeht, sieht alles aus einer anderen Perspektive, und nicht jeder sieht dann das gleiche. Nur kommen wir, wenn wir die Vorhalle umgehen wollen, gar nicht erst ins Innere. Sartre ist (wie jeder wirkliche Magier) nie eindeutig, nie wirklich greifbar, genausowenig wie Heidegger, und sein Werk ist voller Widersprüche und von allerlei Verschiebungen geprägt. In *Das Sein und das Nichts* hatte er die vollkommene Einsamkeit und Autonomie des menschlichen Bewußtseins deklariert. Dies unterscheide den Menschen von der bewußtseinslosen Welt der Dinge. Sein Ich sei ein Nichts, ein bloßer Entwurf, für dessen Verwirklichung jeder einzelne allein verantwortlich sei. Aber was die Existenz kennzeichnet, ist laut Sartre gerade, daß der Mensch (das Ich) diese Verwirklichung nie erreicht. In seinem Streben empfindet er außerdem den anderen als etwas, das die eigene autonome Entwicklung behindert. »Die Hölle, das sind die anderen«, wie es in seinem Stück *Bei geschlossenen Türen* heißt. Nach dem Krieg wurde der Existentialist Sartre Marxist, wenn auch ganz eigener, komplexer Prägung. Denn wenn seine Theorie der unentrinnbaren und gnadenlosen individuellen Freiheit zu irgend etwas im Widerspruch steht, dann ist das der marxistische Determinismus. Diesen lehnte er auch ab, aber den revolutionären Klassenkampf begrüßte er als einzigen Weg, die verabscheuenswerte bürgerliche Herrschaft mit ihren falschen Autoritäten, ihren ideellen Trugbildern und ihrer Unterdrückung zu überwinden. Sein Verhältnis zum Kommunismus blieb höchst verschwommen und undurchsichtig, was auch mit taktischen Erwägungen und Tricks zusammenhing. Er distanzierte sich keineswegs deutlich vom Sowjetregime und brachte erst nach der Niederschlagung des ungarischen Volksaufstands von 1956 eine Verurteilung des Stalinismus über die Lippen. Zweifellos hatte dieser Widerwille gegen eine Distanzierug die bekannten taktischen und psychologischen Gründe, die bei so vielen Sympathisanten eine Rolle spielten: Man wollte den seit jeher als Erzfeinde betrachteten reaktionären Kräften nicht in die Hände arbeiten. Diese Haltung brachte Sartre nicht nur immer wieder mit dem humanistischen Philosophen und Soziologen Raymond Aron in Konflikt, einem skeptischen und doch unerschütterlichen Verteidiger der liberalen Demokratie, sondern auch mit dem Philosophen Maurice Merleau-Ponty, der zunächst wie Sartre Anhänger des Kommunismus und Mitarbeiter seiner Zeitschrift *Les Temps modernes* gewesen war. Nach dem Koreakrieg (1950–1953) wurde Merleau-Ponty jedoch zum entschiedenen Antistalinisten. Auch Camus distanzierte sich immer deutlicher von Sartre, dem er einen narzißtischen intellektuellen Stil und eine entsprechende Haltung vorwarf, Verliebtheit in die eigenen utopischen Entwürfe und dialektische Nabelschau. Für Camus war politisches Engagement schließlich eher ein notwendiges Übel denn eine Tugend des Philosophen, und er hatte wegen der unverkennbar antihumanen Praktiken schon früher mit dem Kommunismus gebrochen. In *Der Mythos des Sisyphos* hatte er sein Glaubensbekenntnis festgehalten, dessen Kern die Absurdität der Existenz bildet: Der Mensch ist in eine sinnlose Welt gesetzt, verdammt zum endgültigen Tod, zum Nichts. Seinem Verlangen nach Sinn und Transzendenz sind alle Utopien und messianischen Erwartungen zuzuschreiben. Aber er hat die Freiheit zur Revolte, und er kann Anstand bewahren. Die Kernfrage, wie sich dieser Anstand, für Camus offensichtlich ein Wert an sich, zu einer grundsätzlich sinnlosen Existenz verhält, ja wie die Idee des Werts möglich ist und woher sie kommt, bleibt hierbei offen.

Merleau-Ponty, der zunächst einige Jahre eng mit Sartre zusammenarbeitete, setzte in seiner Philosophie von Anfang an ganz andere Akzente. Im Grunde knüpft er eher an die Phänomenologie Husserls an, vor allem wenn er sich gegen den berühmten kartesianischen Subjekt-Objekt-Dualismus wendet. Dieser Dualismus taucht auch bei Sartre noch auf, wenn er dem menschliche Bewußtsein die bewußtseinslose Objektwelt gegenüberstellt, ein Ausgangspunkt seiner gesamten ontologischen Lehre. Für Merleau-Ponty kann das Bewußtsein (wie für sein Vorbild Husserl) nichts ohne eine Welt sein, ohne Dinge, die es füllen. Mehr noch, er scheint im Bewußtsein eher eine Art Sprachrohr der Welt zu sehen als die konstitutive Kraft, die es für Husserl noch gewesen war. Wie sonst sollte seine These zu verstehen sein, daß »die Dinge uns besitzen«, ein Gedanke, der mit der Auffassung des späten Heidegger verwandt ist, aus dem Mund des Dichters spreche die Sprache selbst?[17] Goethe hatte anderthalb Jahrhunderte früher schon von seinen Gedichten gesagt: »Ich hab' nicht sie, sie haben mich gedichtet.« Gegenüber Sartres Theorie der vollkommenen Vereinsamung des Bewußtseins, bedingt durch seine vollkommene Autonomie – eine ganz besondere, extreme Konsequenz des kartesianischen *Cogito* –, vertritt Merleau-Ponty die Gegenposition: Er geht von der Annahme aus, daß das Bewußtsein die Dinge nicht zufällig genau so widerspiegelt, wie es dies tut, und daß die Welt deshalb durchaus so sein könnte, wie wir sie gewöhnlich wahrnehmen.

Der religiöse Denker und Dramatiker Gabriel Marcel wird oft als katholischer Vertreter des Existentialismus bezeichnet. Er selbst hielt nicht sehr viel von diesem Etikett. Anders als der von ihm entschieden abgelehnte Atheist Sartre sah Marcel, in dieser Hinsicht Kierkegaard eng verwandt, als einzigen Weg aus der Absurdität und Verlorenheit der menschlichen Existenz den Sprung zum Glauben – eine Auffassung, die viele Menschen, auch dank Marcels literarischem Werk, durch den unmittelbaren Bezug zur persönlichen Lebenssituation ansprach und deswegen auch mit dem Existentialismus in Zusammenhang gebracht werden konnte. Marcels Weltsicht war an sich pessimistisch genug: Die Menschheit war dem Materialismus verfallen, und daß sie, angetrieben durch den Irrsinn des technischen Konkurrenzkampfs, ihren eigenen Untergang herbeiführen würde, war in jeder Hinsicht wahrscheinlich. Der Atheismus nahm ihr alle Hoffnung. Laut Marcel bleibt ihr jedoch der rettende Ausweg des Glaubens.

Im Vergleich zu dieser doch so deutlich auf die Situation des Menschen bezogenen Philosophie erschienen der Neupositivismus und die Logistik, die sich mit dem Sinn oder Unsinn unserer Begriffe beschäftigten, als Exerzitien eines übersteigerten Scharfsinns, geprägt von akademischer Inzucht und weit entfernt von der Alltagswirklichkeit und den Nöten der Menschen. Da die wichtigsten Repräsentanten, wie etwa die Angehörigen des Wiener Kreises, aus dem Machtbereich des Dritten Reiches vertrieben worden waren, lagen die Zentren dieser Philosophie jetzt in der angelsächsischen Welt, vor allem in England. Einer der wichtigsten Philosophen der Vorkriegsgeneration, der unzugängliche, zerquälte Wittgenstein, hatte sich publizistisch lange in Schweigen gehüllt. Sein von strengen, apodiktischen Urteilen geprägtes Werk, in dem er schließlich der Philosophie selbst einen philosophischen Totenschein ausstellte, sollte erst nach seinem Tod im Jahre 1951 allmählich bekanntwerden, vermittelt von einer kleinen erlesenen Schar von Experten. Ein Weg von der umfassenden Sprachanalyse, mit der sich die neuen Vertreter der neupositivistischen Schule wie zum Beispiel John Langshaw Austin und Alfred Jules Ayer beschäftigten, zu den großen ethischen und ideologischen Fragen, die die Gesellschaft bewegten, war für die meisten Menschen nicht unmittelbar erkennbar. Der alte Russell trat zwar mit unermüdlicher Kraft als leidenschaftlicher Pazifist und Kämpfer gegen die Atomrüstung und die westliche Politik des Kalten Krieges in die öffentliche Arena, aber zwischen seiner Geradlinigkeit und seinem Engagement einerseits und der subtilen, teilweise skurril wirkenden Problematik der Sprachlogik andererseits schien zu wenig Zusammenhang zu bestehen, um Russell als Philosoph stärkere Resonanz zu sichern. Was sollte eine Generation im Schatten der atomaren Katastrophe und in einer sich dramatisch verändernden Welt mit einer Philosophie anfangen, die erklärte, daß ein Satz wie »Den goldenen Berg gibt es nicht« einer anderen logischen Kategorie angehöre als der Satz »Das runde Quadrat gibt es nicht«?[18] So richtig dies auch ist, es schien doch keineswegs mehr Licht in all das zu bringen, was es unbestreitbarerweise eben doch gab und womit man gerade seine Probleme hatte.

Dennoch ist der Neupositivismus, den man von jetzt an auch Analytische Philosophie nannte, in einem größeren Zusammenhang als symptomatisch für die Verschiebungen in den Grundlagen des Denkens anzusehen. Sein selbstverständlicher Ausgangspunkt war die grundsätzliche Ablehnung jeglicher Metaphysik. Nach dem Vorbild Wittgensteins erklärte er die gesamte westliche Philosophietradition für schrottreif, weil ihre Sprache, ihre Begriffe ganz von jenem trügerischen metaphysischen Denken durchtränkt seien, das sie letztlich zu bloßer Schaumschlägerei mache. Es gehe darum, all diesen Humbug aus der Philosophie zu entfernen. Sobald der Philosoph das Gebiet des Empirischen, der erkennbaren Tatsachen, verlasse, entarte seine Arbeit zu eitler Phrasendrescherei, zu inhaltslosem Gerede. Im Grunde implizierte dies die Überzeugung, daß die Philosophie das Zepter am besten an die Wissenschaften als die einzigen verläßlichen Führer übergeben sollte; sie selbst war durch den Fortschritt bei den Erkenntnissen und Fähigkeiten der Wissenschaft überflüssig geworden. Mit diesem vernichtenden Urteil über die traditionelle Philosophie näherte sich die Analytische Philosophie aber plötzlich ihrem Gegenpol, dem Existentialismus. Sowohl Heidegger als auch Sartre hatten auf ihre Weise ebenso deutlich das Ende der bisherigen Philosophie verkündet. Auch sie hatten besonders die metaphysische Tradition attackiert, obwohl Heidegger mit seiner Vorstellung des Nichts wieder ein metaphysisches Element, das viel von einer Gottesvorstellung hatte, durch die Hintertür einschmuggelte. Mochte sich die Analytische Philosophie auch abseits halten und nach innen richten, durch die rigorose Liquidierung der Metaphysik und die Forderung, sich allein an empirische Daten, an die wahrnehmbare Realität zu halten, weil alles andere auf hochtrabendes Gewäsch hinauslaufen mußte, hatte sie eine Signalfunktion und machte sichtbar, welcher Prozeß sich im Denken der Zeit vollzog: die Abschaffung des Himmels oder dessen, was von ihm noch übrig war. Dies galt um so mehr, als sie die moderne Wissenschaft zum Thronfolger einsetzte. Dennoch sollte die Philosophie vor Abkapselung, Inzest und Nabelschau bewahrt werden, und zwar von den Philosophen, die einen deutlichen Zusammenhang zwischen ihrem Denken und der historischen und politischen Wirklichkeit herstellten. Das bedeutete, daß sie sich im Grenzgebiet von Philosophie, Ethik und Gesellschaft bewegten. Zum Hauptgegenstand wurde im Zusammenhang mit der Verwissenschaftlichung der gesamten Gesellschaft die Analyse der Begriffe und Grundlagen der angewandten und theoretischen Wissenschaften, nicht zuletzt auch der Geschichtswissenschaft.

Karl Popper, aus Österreich nach England emigriert, kam von der neupositivistischen Schule her. Mit seinem (zunächst lange Zeit kaum bekannten) Buch *Logik der Forschung*[19] aus dem Jahre 1935 wandte er sich entschieden gegen den Relativismus des historisierenden Ansatzes, der sich sowohl in der Soziologie Karl Mannheims als auch bei dialektischen Gesellschaftskritikern wie Theodor W. Adorno findet. Popper richtete seine Angriffe gegen verschiedene Ziele. Gegen den Anspruch, die Philosophie und das wissenschaftliche Denken aus dem veränderlichen gesellschaftlichen Kontext herleiten zu können, einen Anspruch, der jetzt vor allem von der Soziologie gern erhoben wurde, verteidigte er energisch das autonome Gebiet einer überzeitlichen, universalen Logik – man erinnert sich hier an Husserl – als Grundlage der wissenschaftlichen Methode. Zugleich steckte er mit seinem negativen Wahrheitskriterium sehr genau die Grenze der menschlichen, also auch wissenschaftlichen Erkenntnisfähigkeit ab: Gewißheit können wir nur über das erlangen, was nicht wahr ist. Hieraus entwickelte sich die später berühmt gewordene Falsifikationsthese Poppers und Carl Hempels. Sie besagt, daß sich jede wissenschaftliche Theorie dem Versuch der Widerlegung unterziehen muß und nur gilt, wenn und solange sie diesen Test besteht. Die Beseitigung von Fehlern ist das Äußerste, was man erreichen kann. Dies implizierte zumindest die Möglichkeit, sich der Wahrheit anzunähern: Wir können wissen, was nicht wahr ist, wie Popper mit milder Resignation folgerte. Aber mit unserem Wissenshorizont dehnt sich gleichzeitig logischerweise auch das Gebiet des Rätselhaften aus, das jenseits dieses Horizonts liegt. Aus der Falsifikationsthese folgt auch die Ablehnung jedes psychologisierenden Ansatzes, des Freudianismus und der Psychoanalyse. Die psychologische Erklärung entzieht sich naturgemäß jeder Prüfung, sie ist nicht falsifizierbar. Poppers Lehre hatte auch offenkundige Konsequenzen für Politik und Ideologie. Die Forderung, jede vermeintliche Gewißheit der Falsifikationsprüfung zu unterziehen, implizierte schließlich auch, daß freie Kommunikation und Diskussion die unverzichtbare Grundlage aller wissenschaftlichen Betätigung sind und daß die Demokratie und eine »offene Gesellschaft« den ebenso unverzichtbaren Rahmen für die freie Diskussion bilden.[20] Das bedeutete die Verurteilung jeder Art von totalitärer Macht, nicht weniger aber jeglichen totalitären Denkens. Hierzu zählte Popper die Geschichtsphilosophen, die uns die Gesetze und den Verlauf des historischen Prozesses offenbaren wollen, von Hegel bis zu den zeitgenössischen marxistischen Theoretikern. In seinem vielgelesenen Buch *Das Elend des Historismus* aus dem Jahre 1957 geht er äußerst scharf mit all diesen Propheten im weißen Kittel des Wissenschaftlers ins Gericht.[21] Als streitbarer Denker geriet er in den sechziger und siebziger Jahren, als der Neomarxismus wieder salonfähig geworden war, zwangsläufig in Konflikt mit Antipoden wie Adorno und Marcuse. Jetzt sollte seine Lehre als großer Gegenentwurf zu jeder Vermischung von Ideologie und Philosophie und zu den totalitären Ansprüchen, die sich hinter der Historisierung der Ratio verbargen, auf einmal höchste Aktualität erlangen.

Von den älteren Philosophen meldete sich Karl Jaspers regelmäßig zu Wort. Er stellte sich mit aller Entschiedenheit hinter die entschlossene antisowjetischen Politik des Westens. Überzeugt, daß sich der Philosoph nicht abseits halten dürfe, wollte er den Deutschen ein Beispiel für kritisches staatsbürgerliches Engagement geben – ganz im Gegensatz zu seinem früheren philosophischen Weggefährten Heidegger, der nach seinem Flirt mit dem Nazismus die Rolle des unnahbaren, über das Weltgetümmel erhabenen Sehers wählte. Auf jeden Fall kann nach der kurzen Blütezeit des französischen Existentialismus nach dem Krieg nicht mehr von einer Philosophie oder einer philosophischen Schule im klassischen Sinne gesprochen werden, also einer Schule mit großer kultureller Ausstrahlung.

Die Politisierung und Emanzipation, die dazu geführt hatten, daß nun so gut wie alle Gruppen der Bevölkerung als wichtig galten und als gesellschaftliche Kraft zählten, brachten eine einschneidende Veränderung des Menschen- und Weltbildes mit sich: In beiden verlor das Individuum an Bedeutung. Hierbei spielte die Soziologie eine Hauptrolle. Beeinflußt durch die Entwicklungen in Amerika und durch den amerikanischen Pragmatismus, übernahm die Soziologie teilweise das Gebiet, das bis dahin in der Hand der Philosophie und Kulturphilosophie gewesen war. Mehr als je zuvor hatte man es mit einer Gesellschaft prinzipiell Gleichwertiger und Gleichberechtigter zu tun, und darum geriet diese Gesellschaft an und für sich, als elementare Voraussetzung und als Grundlage allen menschlichen Handelns, in den Brennpunkt des Interesses. Nicht »Nation«, »Gemeinschaft«, »Existenz«, »Person«, sondern »Gesellschaft« war von jetzt an der Hauptbegriff. Der schon beiläufig erwähnte deutsche Soziologe Helmut Schelsky sagte es unumwunden: Die Soziologie hat von der Geschichtswissenschaft die führende Rolle als Schlüssel zu den andern (Geistes-)Wissenschaften übernommen.[22] Die seit dem neunzehnten Jahrhundert unaufhaltsam fortschreitende Historisierung des Denkens im allgemeinen, die auch die anderen, verwandten Disziplinen erfaßt hatte, mündete in eine Vergesellschaftung des Denkens, die von der Soziologie aus nun auch und gerade in die Geschichtswissenschaft Eingang fand. Die Soziologie als Wissenschaft von der Gesellschaft und den gesellschaftlichen Beziehungen hatte den Menschen von Anfang an als soziales Wesen aufgefaßt, wie der Marxismus. Aus dem Positivismus des neunzehnten Jahrhunderts hervorgegangen, wollte sie – rein rational und wertfrei – die Gesetzmäßigkeiten erforschen, denen die Gesellschaft und ihre Entwicklung unterliegen. Der positivistische Kulturphilosoph Hippolyte Taine hatte in einem berühmten Aperçu den individuellen Charakter schon als Produkt von *race, milieu et moment* bezeichnet, und die Soziologie machte vor allem den zweiten Faktor zu ihrem Arbeitsgebiet. So konzentrierte sie sich auf Gruppen, Gruppenverhalten, Gruppenbeziehungen; das Individuelle als solches gehörte grundsätzlich zu den Dingen jenseits ihres Horizonts. Wie alle anderen Geisteswissenschaften konnte natürlich auch die Soziologie, trotz ihres positivistischen Ursprungs und Wissenschaftsideals, eine metawissenschaftliche Dimension nicht verleugnen, eine Ebene politisch-gesellschaftlicher Konsequenzen. Vereinfacht kann man sagen, daß die Analyse der gesellschaftlichen Kräfte und Beziehungen – so rational und neutral sie auch angelegt sein mochte – immer auf eine von zwei Möglichkeiten hinauslaufen mußte: Entweder waren diese Kräfte und Beziehungen notwendigerweise so, wie sie waren (was man zufrieden oder resignierend feststellen konnte), oder nicht. Waren sie es nicht, lag darin natürlich eine Herausforderung oder ein Antrieb zur Veränderung. Deshalb konnte die Soziologie grundsätzlich eine konservative oder eine reformistisch-revolutionäre Tendenz haben. Aber es war die kritische Haltung und somit auch der Wille zur Veränderung, was am Anfang der Soziologie gestanden und die – für die Soziologie gewissermaßen natürliche – Tendenz bestimmt hatte. Es ist die Unzufriedenheit, das Unbehagen, was gewöhnlich dazu anspornt, dem Unbefriedigenden auf den Grund zu gehen. Den Marxismus kann man als eine ganz eigenständige, mächtige Richtung der Soziologie ansehen, die eindeutig der revolutionären Veränderung diente. Die marxistische Gesellschaftsanalyse brachte Mängel und Mißstände ans Licht; diese waren allerdings der Ausgangspunkt der Analyse und nicht ihr Ergebnis. Hätte sie sie nicht nachgewiesen, wäre sie der marxistischen Philosophie zufolge mangelhaft gewesen. Für jede andere Richtung galt aber das gleiche. Jede ergab sich zwangsläufig aus einer bestimmten Gesellschaftsauffassung, die Richtung und Fragestellung diktierte.

Man liegt nicht verkehrt, wenn man von einer Zweiteilung der Soziologie spricht: Um die Jahrhundertwende war es zu einer Spaltung in Marxisten und Nichtmarxisten gekommen, und diese nannten sich Soziologen und gelten als die Repräsentanten der aufkommenden Gesellschaftswissenschaft. Zu den Hauptanliegen fast aller bahnbrechenden Soziologen um 1900 – Pareto, Durkheim, Simmel, Sombart, Max Weber – gehörte der Kampf gegen den Marxismus oder gegen bestimmte marxistische Thesen, so daß man durchaus sagen kann: Ein bedeutender Teil dessen, was künftig als Soziologie betrachtet werden sollte, grenzte sich gegen Marx ab und wollte seine Theorien widerlegen. Das bedeutet keineswegs, daß die Soziologie deswegen im Zeichen der Bewahrung des sozialen Status quo gestanden hätte. Mit dem Marxismus hatte sie gemein, daß sie die Menschen, was ihre Eigenschaften und ihr Verhalten angeht, als gesellschaftliche Wesen erforschte, sich also nicht für Individuen und ihre Psyche, sondern für Gruppen, Gruppenbeziehungen und Gruppenverhalten interessierte, die zusammen die Gesellschaft als Ganze konstituieren. Dieser Ansatz basierte auf zwei Grundüberzeugungen: daß in dieser Gesellschaft auch die wichtigsten und bestimmenden Kräfte zu suchen sind, die in der Entwicklung oder der Gesamtkonstellation wirksam sind, und daß es auch tatsächlich solche wirkenden Prinzipien gibt, also treibende Kräfte, die nicht dem Zufall unterworfen sind. Das heißt nicht, daß alle hier erwähnten Soziologen oder ihre Anhänger geleugnet hätten, daß das Individuum und der Zufall in der Geschichte auch ihre Rolle spielen können. Es impliziert allerdings, daß die Soziologie diesen Aspekt, der sich naturgemäß generalisierenden Aussagen und Theorien entzieht, der Geschichtsschreibung überließ. Es implizierte auch – und darum geht es hier –, daß »die Gesellschaft« als die fundamentale Realität der Welt des Menschen in den Brennpunkt des Interesses und des Denkens rückte. Mit anderen Worten: Die Gesellschaft wurde zu einer primären Größe, man sah sie nicht als Ableitung oder Widerspiegelung einer anderen Wirklichkeit. Vielmehr waren alle Phänomene – religiöse, kulturelle, soziale oder materielle – von der Gesellschaft abgeleitet, und sie konnten oder mußten von ihrer gesellschaftlichen Bedeutung oder Funktion aus verstanden werden. Diese Konsequenz, mit der sich die Soziologie im Grunde als die neue Mutterwissenschaft präsentierte, wurde nicht sofort und nicht in aller Deutlichkeit erkannt, vor allem nicht in den verwandten Disziplinen, die bis dahin diese Rolle für sich beansprucht hatten. Die älteste Mutterwissenschaft, die Theologie, die Gott als Quelle aller Erkenntnis voraussetzte und verehrte, war zwar innerhalb des Gebiets der Geisteswissenschaften immer mehr ins Abseits und in die Defensive geraten, aber die Philosophie, die die Vernunft, und die Geschichtswissenschaft, die den historischen Prozeß zum Ausgangspunkt oder zur Urquelle der Erkenntnis erklärten, standen in hohem Ansehen. Außer ihnen erhob noch die Psychologie, vor allem seit Freud, den Anspruch, Verwalterin jener Urquelle zu sein. Für sie war dies die menschliche Psyche als nicht weiter ableitbare, nicht historisch bedingte Einheit. Religiöse, christliche Überzeugungen, aber auch die idealistische Philosophie, der Historismus in der Geschichtswissenschaft und das liberale, individualistische Menschenbild – von all diesen Ausgangspunkten aus wurde kollektivistisches Denken entschieden abgelehnt, wenn auch aus ganz verschiedenen Gründen. Es galt als Bedrohung für die Würde der Persönlichkeit, für die autonome Vernunft, für die Willensfreiheit und die individuelle Verantwortung. Zur Ablehnung des Kollektivismus gehörten aber auch gewisse Vorbehalte gegen die soziologische Wissenschaft, die mit ihrem Ansatz leicht einem solchen kollektivistischen Denken Vorschub leisten konnte. Für Konservative lag die neue Disziplin in gefährlicher Nähe zum Marxismus, und sie setzte sich dem Verdacht aus, die Gesellschaft verändern zu wollen. Gegen die soziologische Erforschung von Traditionen, Einstellungen und hierarchischen Beziehungen und gegen die Analyse von Werten und Normen nach dem Gesichtspunkt ihrer gesellschaftlichen Funktion und Bedeutung mußten alle, die in jenen Traditionen und Werten verwurzelt waren und sie repräsentierten, instinktiv Widerwillen empfinden, als handelte es sich um einen Angriff auf die Grundlagen ihrer Existenz. Die diktatorischen Staaten hatten in der Soziologie deshalb eine in jeder Hinsicht schädliche Wissenschaft gesehen, entwürdigend, destruktiv, das ärgerliche Produkt verantwortungsloser, vaterlandsloser Intellektueller, die für das Dritte Reich noch dazu entweder Juden oder vom jüdischen Geist infizierte Subjekte waren. Daß Juden in der Anfangszeit der Soziologie eine so wichtige Rolle spielten, hing natürlich eng mit ihrer gesellschaftlichen Randposition und mit der Bedeutung zusammen, die die positivistische moderne Wissenschaft für sie erlangt hatte, denn sie ersetzte den Glauben der Väter, der für die Assimilierten nicht mehr akzeptabel war.

Die Nachkriegssituation und nicht zuletzt der amerikanische Einfluß verhalfen der soziologischen Perspektive zum entscheidenden Durchbruch. Unabhängig davon war schon die Erkenntnis, wie sehr die Wissenschaften in den totalitären Staaten verseucht worden waren, eine günstige Voraussetzung für die Entwicklung einer antiideologischen Einstellung. Gerade jetzt, da die Gesellschaft so stark politisiert war, brauchte man eine Wissenschaft, die rein empirisch, in gewisser Weise klinisch die Mechanismen dieser Gesellschaft erforschte. Ganz allgemein kann man hier drei Richtungen unterscheiden. Die marxistische gesellschaftskritische Soziologie war durch den Kalten Krieg und den antikommunistischen Konsens des Westens in eine schwierige Lage geraten. Der auf viele verteilte Wohlstand, die weit vorangeschrittene soziale Nivellierung, die den Klassenkampfgedanken als überholt erscheinen ließ, beraubten ihre Kritik teilweise der vertrauten Grundlage. Erst als die Schattenseiten von Wachstum und Überfluß deutlicher zutage traten und eine unzufriedene junge Generation zu murren begann, wurde diese Kritik von neuem aktuell und sollte wieder viele überzeugen und beeindrucken, wie das schon erwähnte Buch Marcuses über den eindimensionalen Menschen zeigte. Das Aufleben des Neomarxismus gehört aber in einen späteren Zusammenhang.

Daneben hatte die Soziologie seit jeher eine kulturphilosophische Variante. Eigentlich war die Soziologie als besondere Wissenschaft aus der Kulturphilosophie des Positivismus hervorgegangen. Umgekehrt kann man auch sagen, daß die philosophische Kulturkritik seit jeher einen starken soziologischen Einschlag hatte. Mit ihren Betrachtungen zu Verfall und Krise der Kultur bewegten sich Theoretiker wie Sorel, Spengler, Rathenau, Ortega, Huizinga, Jaspers oder Klages im Grunde schon auf soziologischem und historischem Gebiet, auch wenn sie keine Forschung nach empirischen soziologischen Methoden betrieben und deshalb keine soziologischen Fachwissenschaftler waren. Außer Durkheim waren sogar die bahnbrechenden Soziologen der ersten Jahrhunderthälfte, Simmel, Sombart und Weber, nach ihrer formalen Qualifikation noch Ökonomen, Juristen, Philosophen oder Historiker. Vor allem in Deutschland gab es auch nach 1945 unter den älteren Soziologen noch Repräsentanten dieser umfassenden kulturphilosophischen Betrachtungsweise – nicht unverständlich nach dem katastrophalen kulturellen Kahlschlag, den gerade Deutschland erlebt hatte. Ausgangspunkt war hierbei noch die Entwicklung des Menschen als geistiges Wesen, so daß man diese Richtung zugleich als eine Form der philosophischen Anthropologie bezeichnen kann – einer Synthese von Philosophie, Anthropologie und Soziologie. Bei dieser Betrachtungsweise kam man zu der bekannten antimodernistischen Kritik an der Herrschaft der Technik in der hochindustrialisierten Gesellschaft. So entwarf Alfred Weber 1953 in *Der dritte oder der vierte Mensch* ein weiträumiges Panorama der gesamten Menschheitsentwicklung aus anthropologischer Perspektive. Die dritte Phase, die des heutigen, uns bekannten Kulturmenschen und der gesamten westlichen Zivilisation, näherte sich laut Weber ihrem Ende; der dritte werde dem vierten Menschen Platz machen, dem Roboter in einer vollständig von der Maschine, von der Automatisierung beherrschten Zukunft. Zu einem recht kritischen und pessimistischen Urteil über die moderne industrialisierte Gesellschaft kam auch Arnold Gehlen, neben Scheler und Plessner der wichtigste Repräsentant der philosophischen Anthropologie. Gehlen, der wegen seiner antimodernistischen und antiliberalen Einstellung wie so viele andere zunächst mit dem Nationalsozialismus sympathisiert hatte, plädierte in *Urmensch und Spätkultur* aus dem Jahre 1956 für starke gesellschaftliche Institutionen, die den Menschen vor den Folgen seiner Entfremdung und vor seinem eigenen Anarchismus schützen sollten. In seiner Kritik an den Konsequenzen der Verwissenschaftlichung und der Herrschaft der Technologie, das heißt an der emotionalen Verarmung und Seelenlosigkeit des modernen Menschen, erkennt man mühelos einige feste Topoi der älteren Kulturkritik. Wie bei Alfred

Weber erscheint der Roboter als neuer Menschentyp der Zukunft am Horizont. Man hat es hier mit einer historischen, auf den Menschen, nicht auf die Gesellschaft ausgerichteten Soziologie zu tun.

Als Gegenströmung zu dieser pessimistischen drang eine sehr praxisnahe amerikanische Soziologie nach Europa, eine hoffnungsfrohe Soziologie, die vom Zeitalter der technologischen Welt keineswegs Verfall und Entfremdung erwartete, sondern eher die Vollendung einer Aufwärtsentwicklung, die Spannungen und Probleme lösen und die Menschheit in ein neues Stadium führen würde, höher als alle früheren. Von dieser Soziologie wurde unter dem Eindruck der gewaltigen technischen und wissenschaftlichen Veränderungen die Gesellschaft selbst als eine Art von gigantischem technischen Apparat aufgefaßt. Der Technik entnahm man die Metaphern, und damit bestimmte sie auch die Fragestellung und die Perspektive. Daß Amerika hier voranging, bedarf angesichts seiner Geschichte, seiner demokratischen Werte und seiner technischen Potenz keiner weiteren Erklärung. Die Vorstellung der Gesellschaft als eines technischen Apparats implizierte, daß man sie letztlich auch als Produkt der menschlichen Ratio studieren konnte, daß sie rational analysierbar und lenkbar sein mußte – eine Auffassung, die gut zum tiefverwurzelten amerikanischen Optimismus paßte, zum Glauben des Pioniers, daß der Mensch sein Schicksal selbst in der Hand habe. Die Situation der fünfziger Jahre und die neue Machtstellung der Vereinigten Staaten schienen ein schlagender Beweis für den Fortschritt zu sein. In der ersten Zeit nach dem Krieg dominierten in der amerikanischen Soziologie Talcott Parsons und Robert Merton mit ihrer Theorie der rational zu steuernden und zu gestaltenden Gesellschaft.[23] Die gesamte Geschichte wurde als Entwicklung sozialer Systeme verstanden, wobei man natürlich die zeitgenössische hochindustrialisierte Gesellschaft als Maßstab wählte, denn in ihr waren die alten Gegensätze überwunden und ein Gleichgewicht der sozialen Kräfte erreicht. So sah man eine neue, verlockende historische Perspektive: Es gab einen Weg, den alle Völker zurücklegen mußten, von einem primitiven Stadium über eine agrarisch-feudale und eine autokratische zu einer bürgerlich-kapitalistischen Entwicklungsstufe und schließlich zu einer Phase der Hochindustrialisierung. Diese Entwicklung betrachtete man als die normale, die auf einer universal gültigen Gesetzmäßigkeit beruhte. Es kam darauf an, das erforderliche Gleichgewicht der Kräfte zu garantieren. Bei dieser Aufgabe war die Soziologie die geeignete Führerin, jedenfalls wenn sie die

Wirkung der verschiedenen gesellschaftlichen Kräfte und Gruppen, ihre Beziehungen und Funktionen völlig objektiv analysierte und so feststellte, wo die Schwierigkeiten lagen. Die entscheidenden Fragen waren, wie dieses System, der demokratische Wohlfahrtsstaat der Gegenwart, zu sichern sei und welche Faktoren seine Herausbildung erschweren oder verhindern konnten. Was dies anging, stellte sich auch der Geschichtswissenschaft eine klare Aufgabe. Die Frage nach den Ursachen für das Scheitern der Demokratie in vielen Ländern, für die Stagnation oder Verzögerung der Industrialisierung oder für die Katastrophen, die zum Entstehen von Diktaturen geführt hatten, wurde für den Historiker zu einer Schlüsselfrage. Die Frage nach dem Sinn der persönlichen Existenz als solcher verschwand dagegen aus dem Blickfeld dieses pragmatischen, instrumentellen Denkens. Es war ganz auf die Wirkungsweise gesellschaftlicher Kräfte ausgerichtet; die Soziologie sollte Anleitungen zur Behebung von Störungen liefern. Die Gesellschaft war instandzuhalten, wie eine Maschine gewartet und geschmiert wird. Der Soziologe wurde zum sozialen Mechaniker.

Die Anziehungskraft dieses optimistischen, unerschütterlichen Machbarkeitsglaubens, der durch die neue Situation legitimiert schien, erweist das Werk des in die Vereinigten Staaten emigrierten Soziologen Karl Mannheim. Wie bei anderen deutschen Immigranten löste die Begegnung mit der amerikanischen Demokratie bei ihm eine bemerkenswerte Entwicklung aus. In der späteren amerikanischen Bearbeitung seines Buches *Mensch und Gesellschaft im Zeitalter des Umbaus* war seine ursprünglich nicht sehr zuversichtliche Vorstellung eines Zeitalters der von Emotionen beherrschten und leicht verführbaren Massen – der bekannte kulturpessimistische Topos – um einiges positiver gefärbt.[24] Mannheim plädierte jetzt für weitreichende soziale Planung, um die Konsumgesellschaft zu lenken und die sozialen Ungerechtigkeiten zu beseitigen. Sie müsse von Experten (das heißt zum Beispiel Soziologen) in die Hand genommen werden; die Politik sei zurückzudrängen, damit die sozialen Steuerkünstler mehr Handlungsspielraum hätten – ein recht ehrgeiziges Programm, in dem zwar noch etwas von früherer, europäischer Besorgnis, ja Alarmstimmung spürbar ist, das aber doch die Möglichkeit voraussetzt, die hochgefährlichen gesellschaftlichen Kräfte zu bändigen. In Mannheims Idee, Politiker (teilweise) durch soziale Experten als künftige Führer zu ersetzen, tritt auf einmal wieder das alte Ideal Saint-Simons hervor, ein Zukunftsstaat, gelenkt durch Ingenieure.

Die rational formbare Gesellschaft – sie schien keine Utopie mehr zu sein. Paradoxerweise kehrte in dieser pragmatisch-empirischen Soziologie ein Ideal der totalitären Regime, des Nationalsozialismus und des stalinistischen Bolschewismus, zurück, jetzt in das demokratische Gewand des technologischen Wohlfahrtsstaates gehüllt. Der Ansatz war rein funktionalistisch: Das Individuum wurde im Grunde zum molekularen Bestandteil einer gesellschaftlichen Gruppe oder Kategorie reduziert, und es ging nur um seine Funktion in dieser Gruppe und die Funktion der Gruppe innerhalb des Ganzen. Ethos, Glaube, Normen, Traditionen und Ideale wurden im Hinblick auf ihre Funktion in der Gesellschaft untersucht, katalogisiert und bewertet. Sie galten nicht mehr als autonome Phänomene über- oder außergesellschaftlichen Ursprungs. Die ausbalancierte Gesellschaft, in der man alle nennenswerten Konflikte und Spannungen unter Kontrolle hat, war somit ein Ideal, das keiner weiteren Rechtfertigung bedurfte. Aus dieser Auffassung, die in der damaligen westlichen Gesellschaft mit ihren eingedämmten oder beruhigten sozialen Konflikten so plausibel war, folgte dann der Schluß, daß die ideologischen Kontroversen einer überwundenen Vergangenheit angehörten. Soziologen wie Daniel Bell und Seymour Martin Lipset brachten diese frohe Botschaft nach Europa. Vor allem der internationale Soziologenkongreß von Mailand im Jahre 1955 stand im Zeichen einer »End of ideology«-Stimmung. Mit der spätkapitalistischen Phase hatte die Geschichte ihren Endpunkt erreicht. Weitere technologische und gesellschaftliche Entwicklungen würden sich innerhalb des weiten, aber stabilen Rahmens der Wohlfahrtsdemokratie vollziehen. Nicht daß Konflikte und Gegensätze verschwinden würden, aber sie konnten beherrscht und gelenkt werden. Damit gab diese Theorie auch gleich eine Antwort auf die Herausforderung durch den Marxismus und das Sowjetsystem. Die Phase des Klassenkampfs konnte nämlich als überwundenes Stadium betrachtet werden, das vielleicht sogar überflüssig gewesen war. Von marxistischer Seite kam deshalb auch umgehend der Vorwurf, dieser Funktionalismus wirke systemerhaltend und sei, ob er wolle oder nicht, konservativ. Der Begriff »Funktion« entstammt der technischen Welt der Maschine, und sein Gebrauch verrät eine utilitaristische und zugleich statische Wirklichkeitsauffassung. »Funktionen« dienen der Erhaltung des Ganzen, die somit unbesehen als etwas unbestreitbar Notwendiges vorausgesetzt wird. Das »Dysfunktionale« ist im funktionalistischen Denken logischerweise auch das Falsche, es wird als etwas Negatives bewertet, und jede Veränderung geht auf Störungen des Gleichgewichts zurück, also auf »dysfunktionale« Faktoren. Man kann in der Theorie vom »Ende der Ideologien« kaum etwas anderes sehen als die Feststellung, daß wesentliche Veränderungen überflüssig sind.

Die europäischen Soziologen beeindruckte diese funktionalistische Auffassung. Was Zukunftserwartungen angeht, nahmen sie allerdings in der Regel eine zurückhaltendere und weniger überschwengliche Haltung ein. Europa hatte eben eine Vergangenheit mit gewaltigen Machtkonflikten und tiefen kulturellen Gegensätzen, die nicht so einfach als Verirrung oder als Abweichung vom geraden Weg zur hochkapitalistischen Gesellschaft abgetan werden konnten. So warfen der Engländer David Lockwood und der Deutsche Ralf Dahrendorf den Funktionalisten vor, daß sie mit einem organologischen, der Biologie entnommenen Modell arbeiteten. Dahrendorf übernahm die funktionalistische Auffassung nur mit starken Vorbehalten.[25] Er bezweifelte, daß man es hier mit einem universalen Entwicklungsmodell zu tun hatte. Andererseits besaß die funktionalistische Auffassung jetzt, da Westeuropa so vieles mit Amerika verband, die früheren Klassengegensätze verschwanden und eine große Mittelklasse entstand, eine fast unwiderstehliche Überzeugungskraft. Die Soziologie und die soziologische Perspektive, mit der Gesellschaft als Anfangs- und Endpunkt und als Fundament aller kulturellen Erscheinungen, setzten sich jedenfalls überall durch. Die Soziologie bot eine angemessene Sicht der noch so wenig bekannten hochindustrialisierten Phase, warf ein anderes Licht auf die Geschichte, gab den Historikern einen neuen Maßstab an die Hand und zeigte ihnen einen roten Faden, den sie bisher nicht entdeckt hatten. Die funktionalistische Richtung war eine vollkommene Widerspiegelung der instrumentalistischen Denkweise im Reich der Technik. Die Ausstrahlung dieser Orientierung wurde dann auch über die Soziologie hinaus in der Philosophie und der Geschichtswissenschaft spürbar, und indirekt in der Psychologie, der Literatur und in der öffentlichen Diskussion.

Die Soziologie erhielt bei ihrem Vordringen und ihrer Expansion in andere geisteswissenschaftliche Gebiete entscheidende Unterstützung durch die Kulturanthropologie; mit diesem Ausdruck bezeichnete man jetzt die frühere Völkerkunde oder Ethnologie. Vor allem dank der Kulturanthropologie wurde nämlich ein Begriff eingeführt, der aus dem Vokabular der Geisteswissenschaften bald nicht mehr wegzudenken war und als zentraler Begriff die Vorstellung von der Wirklichkeit verändern sollte: »Struktur«. Der Strukturbegriff gehörte von jetzt an zu den Schlüsselbegriffen, die für sich genommen schon erklärungsmächtig sind, wie der Begriff »Entwicklung«, der seit dem frühen neunzehnten Jahrhundert ein solcher Schlüsselbegriff gewesen war. »Struktur« war im Grunde der dazugehörige Gegenbegriff. Wie der Ausdruck »Entwicklung« als Bezeichnung für das Dynamische unentbehrlich geworden war, da er dem Bewußtsein der Veränderung entsprach, das die Menschen seit der Romantik so sehr beherrschte, so entsprach der Ausdruck »Struktur« der Vorstellung einer statischen Ordnung. Im verborgenen stoßen wir hier auf eine Kernfrage der gesamten Kosmologie, eine Frage metaphysischen, religiösen Charakters, nämlich, inwiefern man sich alle Veränderungsprozesse, nicht nur die der menschlichen Geschichte, so vorstellt, als seien sie notwendigerweise in eine ewige Ordnung eingebettet, so daß Anfang und Ende einander in einer Kreisbewegung die Hand reichen. Die Historisierung und die Evolutionslehre haben den bis zur Aufklärung vorherrschenden Glauben an einen statischen Kosmos verdrängt, aber in der gewaltigen Anziehungskraft des Begriffs »Struktur«, der bald in vielen Bereichen angewandt wurde, könnte man ein Anzeichen dafür erkennen, daß dieser Glaube auch in der neueren Zeit heimlich weiterbesteht. Die Strukturvorstellung schloß das Dynamische nicht unbedingt aus. In den Wissenschaften konnte man auch die Gesetzmäßigkeiten von Entwicklungen als »Strukturen« auffassen. Trotzdem wurde mit dieser Vorstellung das Dynamische auf einer höheren Ebene wieder in die Idee eines Musters eingebunden, das als solches nur als etwas Statisches zu denken ist. Eigentlich hatte man den Strukturbegriff den Naturwissenschaften entnommen, den Disziplinen, die sich mit der nichtmenschlichen Natur beschäftigen. Sein Erfolg zeigt wieder, welchen Einfluß das naturwissenschaftlich-technische Weltbild erlangt hatte. Als Gegenbegriff zu »Entwicklung« hatte er gerade wegen des modernen Zeitgefühls, wegen des Bewußtseins der Dynamik und der unaufhaltsamen Veränderung eine fast magische Wirkung. »Strukturen« zu erkennen, bedeutete schließlich, Ordnung herzustellen, gab ein klein wenig rational zu begründende Gewißheit und versprach die Möglichkeit, das Unüberschaubare in den Griff zu bekommen. All dies trug fraglos dazu bei, daß der Begriff unentbehrlich wurde.

In die Geisteswissenschaften war der Begriff ursprünglich eigentlich nicht von der Kulturanthropologie, sondern von der Sprachwissenschaft übernommen worden. Der französischsprachige Schweizer Ferdinand de Saussure führte ihn in seinem bahnbrechenden Werk *Grundfragen der allgemeinen Sprachwissenschaft*[26] aus dem Jahre 1916 ein. Er ging von der Existenz eines Sprachsystems (*Langue*) aus, das als eine Art unsichtbares Gefüge von Zeichen und Regeln hinter der gesprochenen Sprache liegt, der Sprachverwendung (*Parole*), und deren Eigenschaften erklärt; für das Regelsystem gebrauchte er den Ausdruck »Struktur«, und damit war der sogenannte Strukturalismus in der Sprachwissenschaft geboren. In der gleichen Periode kamen auf ihrem Gebiet nicht weniger bahnbrechende Anthropologen wie Bronislaw Malinowski und Ruth Benedict bei der Erforschung von »primitiven« Völkern in Melanesien und auf den Trobriandinseln und von Indianervölkern auf die Idee, daß alle Kulturäußerungen eines Volkes oder Stammes einen organischen Zusammenhang haben, eine Art von verborgener Logik, die auf einem eigenen Wertesystem beruht. Dies trug zu einer Erweiterung des Kulturbegriffs bei. Die in Europa und Amerika übliche Gleichsetzung von Kultur mit einer höheren Entwicklungsstufe – den eigenen, europäischen Normen entsprechend – wurde dadurch fragwürdig. Der Ausdruck Struktur drückte am deutlichsten aus, daß man es bei der Kultur dieser Völker mit einem innerlich zusammenhängenden organischen Ganzen zu tun hatte, dessen Verständnis mehr Licht in die eigenartigen und rätselhaften Kulturphänomene bringen konnte.

Es war vor allem der französische Anthropologe Claude Lévi-Strauss, der in Studien wie *Die elementaren Strukturen der Verwandtschaft* aus dem Jahre 1949 dem Begriff Struktur besondere Aussagekraft verlieh und zu seinem Durchbruch ins Standardvokabular der Wissenschaften beitrug. In seinem Einsatz für den Strukturalismus als neue Methode der Annäherung an Mensch und Welt drückte sich auch unmißverständlich seine Ablehnung von Philosophien wie Sartres Existentialismus aus, die besonders in Frankreich noch viele Anhänger hatten. Saussure war nützlicher als Sartre, so Lévi-Strauss.[27] Er wies darauf hin, daß auch in der eigenen, westlichen Zivilisation, wie bei sogenannten Primitiven, feste Systeme und verborgene Regeln existieren, aus denen die Normen hergeleitet werden, die das Verhalten in bestimmte, weitgehend unveränderliche Bahnen lenken.

Der Strukturbegriff und der Strukturalismus entwickelten auch im Hinblick auf grundlegende Fragen ein bemerkenswertes Erklärungspotential und wurden deshalb von anderen Fachgebieten so begierig übernommen, daß »Strukturalismus« in einem weiteren Sinne, vor allem in Frankreich, zum Teil die Rolle der Philosophie übernahm und den Existentialismus verdrängte. Diese Betrachtungsweise, bei der es um das Entdecken von Strukturen geht, war offenbar in den Wissenschaften nahezu universell anwendbar und wirkte inspirierend. Sie korrigierte den älteren, auf historische Entwicklungen ausgerichteten Ansatz, indem sie Verwandtschaftsbeziehungen zwischen zeitlich weit entfernten Phänomenen entdeckte, Beziehungen, die nicht mit einer Kausalkette oder genetischen Abfolge, in der sich ein Phänomen immer aus dem vorigen ergibt, erklärt werden konnten. In der Literaturwissenschaft war es der Linguist und Essayist Roland Barthes, der eine Theorie zur Mehrschichtigkeit eines literarischen Textes entwickelte, die ohne den Begriff »Bedeutungsstruktur« nicht möglich wäre. Barthes wandte sich damit gegen die ausschließlich von ästhetischen Kriterien bestimmte, scheinbar objektive Textinterpretation, die in der Literaturwissenschaft hohes Ansehen genoß, denn wenn man sich auf sie beschränkte, konnte der ganze heikle Komplex des Ideologischen und Biographischen ausgeklammert werden – eine Strategie, die Literaturwissenschaftler vor allem in den Ländern ansprach, in denen sie früher oder noch immer mit totalitären Regimen konfrontiert waren. Die Analyse der Tiefenstruktur eines Textes war wie ein Augenspiegel, der den Untergrund sichtbar machen konnte. Der Russe Wladimir Propp entdeckte eine feste Erzählstruktur des Märchens. Die Literatur schlug auch Lévi-Strauss in ihren Bann, als er verwandte Strukturen in Mythen und literarischen Werken entdeckte. Auch im marxistischen Lager setzte sich der Strukturalismus in Literatur- und Sprachwissenschaft durch, zum Beispiel bei dem französischen Literatursoziologen Lucien Goldmann, der eine Analogie zwischen der Struktur des Romans und dem sozioökonomischen »Kontext« der jeweiligen Zeit entdeckte.[28] In der Sprachwissenschaft führte der Strukturalismus zu einer wahren Revolution, die man vor allem mit dem Amerikaner Noam Chomsky und seiner sogenannten Generativen Transformationsgrammatik verbindet.[29] Auch diese Theorie ist ohne den Strukturbegriff nicht denkbar. Grundsätzlich knüpfte sie an den bahnbrechenden Entwurf de Saussures an, und sie besagt (vereinfacht dargestellt), daß Menschen eine Sprache erwerben können, weil allen Sprachen die gleichen Universalien zugrunde liegen, die die Herausbildung grammatischer Regeln und somit sprachliche Kommunikation erst möglich machen. Alle kulturellen Unterschiede, alle Besonderheiten der Einzelsprachen sind sekundär, das universale Muster ist angeboren und hat eine Art von neurologischer Basis im menschlichen Gehirn. Indirekt nahm Chomsky hiermit auch eine Gegenposition zum gerade in Amerika so weitverbreiteten Behaviorismus ein, der allein das Verhalten, die empirisch überprüfbare Außenseite, als wissenschaftlich relevant gelten ließ. Die Annahme irgendeines psychischen Zentrums (einer Basiseinheit, einer Seele, eines Charakters, eines inneren Ursprungs des Verhaltens) war für die Behavioristen (metaphysische) Spekulation. Man kann den Strukturalismus insgesamt als Strömung ansehen, die den Behaviorismus, diesen extremen Ausläufer des Positivismus, ablehnte und widerlegte.

Für die Psychologie wurde die strukturalistische Betrachtungsweise von Jacques Lacan fruchtbar gemacht. Die Geschichtswissenschaft – naturgemäß gerade die Disziplin, die die historischen Erscheinungen aus ihrer Zeit heraus und in ihrer Veränderlichkeit zu verstehen sucht – sollte sich den Strukturalismus ebenfalls begierig aneignen, und dies hatte Konsequenzen für den Umgang mit der Vergangenheit, wie wir noch sehen werden. Kurz und gut, der Begriff »Struktur« wirkte wie eine Zauberformel, die auf einmal die Tore zu weit von einander entfernten Gewölben im Reich der Geisteswissenschaften öffnete, auch wo man es gar nicht erwartete.

7 Die ungreifbare Wirklichkeit in der Literatur

Das auffälligste Merkmal der europäischen Literatur in der zweiten Hälfte des zwanzigsten Jahrhunderts ist das von Pessimismus, Orientierungslosigkeit, Zynismus und Protest bestimmte Lebensgefühl der wichtigsten Schriftsteller, stand es doch in einem eigenartigen Kontrast zu dem beispiellosen Wohlstand und zu der Tatsache, daß nun grundsätzlich alle an den neuesten Errungenschaften von Wissenschaft und Technik und am kulturellen Erbe teilhaben konnten. Dieses Kontrastbild wird zu einem Charakteristikum der meisten richtungweisenden Werke – ein Paradox, auf das wir schon im Zusammenhang mit dem schwermütigen schwedischen Film der Nachkriegszeit und der augenscheinlich so erfolgreichen, harmonischen schwedischen Gesellschaft gestoßen sind. Während die westliche Gesellschaft eine systematische Sicherung der Existenz und ungeahnten sozialen und materiellen Fortschritt erlebte, erschien die Welt im Spiegel vieler literarischer Werke als etwas Sinnloses und Rätselhaftes. Die Literatur war von der Vorstellung eines umfassenden geistigen Bankrotts beherrscht, als wollten die Schriftsteller die Theorien einflußreicher Wissenschaften wie der Soziologie und Psychologie, die vorgaben, Probleme lösen zu können, entkräften. Das galt nicht nur für die ersten Nachkriegsjahre, als es genügend Gründe für eine Krisen- und Untergangsstimmung gab, sondern auch noch für die Zeiten blühenden Wohlstands. Diese pessimistische Einstellung hat offensichtlich tiefere Wurzeln. Man erkennt hier einen Grundton von Verzweiflung, der schon am Ende des neunzehnten Jahrhunderts immer wieder zu hören war, aber im zwanzigsten Jahrhundert und vor allem nach dem Zweiten Weltkrieg in der Literatur immer deutlicher hervortreten sollte. Es war ein Phänomen, das nicht auf die Literatur beschränkt blieb, sondern die Künste allgemein beherrschte. Die Weltsicht hatte sich verändert: Man empfand die Welt als chaotisch, unharmonisch, beängstigend, rätselhaft, sinnlos, ja grausam, und eine Darstellung, die diese Realität verschleierte oder leugnete, galt schnell als verlogen oder trivial. Während der große Schriftsteller des neunzehnten Jahrhunderts hinter allem Elend und allen Schrecken, die er schildern konnte, am Ende meist doch einen höheren Sinn oder eine höhere Ordnung erahnen ließ, die etwas Versöhnliches hatten und seinem Werk eine moralische Bedeutung verliehen – man denke an die Romane Tolstois, Turgenjews, selbst Dostojewskis, und gewiß die eines Dickens, Hugo und Zola –, wurde nun jeder erbauliche Beiklang als Zeichen von Oberflächlichkeit und unzeitgemäßem Illusionismus verschmäht, es sei denn, das Werk hatte noch eine religiöse Tendenz und war Ausdruck einer Bekehrung, wie bei Eliot oder Marcel. Diese waren aber eben nicht repräsentativ für die vorherrschende Richtung der Literatur. An die Stelle der positiven Einstellung, die im achtzehnten und neunzehnten Jahrhundert – Jahrhunderten des Fortschrittsglaubens und der Zivilisierung – dominiert hatte, trat eine von Enttäuschung beherrschte, negativistische Stimmung. Die Erfahrungen mit Weltkriegen, diktatorischen Regimen und Terror hatten zweifellos tiefe Spuren hinterlassen, und dazu kam noch der Gedanke, daß es einen ursächlichen Zusammenhang zwischen Fortschritt und Zivilisierung einerseits und den unerwarteten Exzessen von Bestialität andererseits geben könne. Wirklichkeit und Harmonie, so mußte man aus alledem folgern, schlossen einander aus. Nur in der anspruchslosen Unterhaltungsliteratur gab es immer noch Sonnenschein und blauen Himmel. Man kann es sogar umkehren: Wo die Sonne schien, hatte man es nicht mit ernsthafter Literatur zu tun. Der Unterschied zwischen dem Unterhaltungsroman und dem, der eine neue, tiefere Wahrheit sucht, kam treffend in einem Dialog zwischen Proust und seinem Hausmädchen zum Ausdruck. Er hatte sie gefragt, ob sie manchmal Romane lese, und als sie dies bejahte, fragte er: »Und warum liest du sie, Céline?« »Weil sie mich von mir selbst ablenken.« Worauf Proust antwortete: »Sie sollten dich gerade zu dir hinführen.«[30]

Mit der veränderten Weltsicht hängt auch zusammen, daß man sich in den Künsten angesichts einer Realität, die man nun vor allem als unergründlich und verworren empfand, von der abgerundeten, großen Form abwandte, die früher auch Widerspiegelung einer geschlossenen und geordneten Welt gewesen war. Die abgerundete Form weckte sogar heimliches Mißtrauen. Charakteristisch für die neue Sichtweise ist die bewußte Entscheidung für das Fragmentarische: Die Skizze, das Experiment, den Entwurf, das Vorläufige, alles, was nicht den Anspruch erhob, »fertig« zu sein, bekam jetzt ungeahnte Überzeugungs- und Anziehungskraft. Der Schweizer Schriftsteller Max Frisch nannte die Skizze den einzig möglichen Ausdruck »eines Weltbildes, das sich nicht mehr schließt oder noch nicht schließt«.[31] Dies galt nun sogar für die Kunst der Vergangenheit, so daß sich die Skizzen, Versuche und unvollendeten Werke berühmter Meister plötzlich wachsenden Interesses erfreuten und Kenner und Liebhaber oft eher ansprachen als die kanonisierten Standardwerke. Vom Verlust der Ordnung eines geschlossenen Kosmos abgesehen, ist diese Verschiebung auch noch auf etwas anderes zurückzuführen: auf die Übersättigung, das überwältigende Angebot an Kunst aller Zeitalter und Länder, das auf den Betrachter oder Leser abstumpfend wirken konnte. Das Unvollendete, Skizzenhafte dagegen konnte seine Phantasie wieder anregen und ihn zum aktiven Mitspieler machen, der sogar das Fehlende ergänzte – gleichgültig, ob es um ein Werk der bildenden Kunst oder der Literatur ging. Nur in der Musik liegen die Dinge etwas anders. In den Vorbehalten gegenüber dem vollendeten und abgeschlossenen Kunstwerk kann man sogar so etwas wie einen emanzipatorischen Zug erkennen. Der Künstler verläßt das Podest des allmächtigen Schöpfers und lädt sein Publikum zur aktiven Mitarbeit ein, sozusagen zu einem Dialog – eine Auffassung, die nach den sechziger Jahren auf einmal sogar zu einer neuen Kunstphilosophie erhoben werden sollte.

Der Roman war im neunzehnten Jahrhundert die Gattung gewesen, die die Epoche des Aufstiegs und der Herrschaft des Bürgertums und das bürgerliche Weltbild am deutlichsten widergespiegelt hatte. In der ersten Hälfte des zwanzigsten Jahrhunderts hatten einige Autoren als Erben des großen Romans des neunzehnten Jahrhunderts in ihrem Werk ein umfassendes Zeitbild entworfen, ganz bewußt vor allem Proust, Thomas Mann, Hesse und Musil. Aber der allwissende Erzähler, der mit dem Überblick, den ihm seine olympische Position gewährte, solch ein weiträumiges Panorama entfaltete, sah sich mit neuen Fragen konfrontiert. Bei Musil, Proust und Gide, vor allem aber bei Joyce, wurde schon eine andere Wirklichkeitserfahrung erkennbar, für deren Wiedergabe die eindimensionale Erzählweise nicht mehr geeignet schien. Joyce zerlegte das Instrument des Schriftstellers, die Sprache selbst, in ihre Bestandteile und sägte an dem bequemen Stuhl, auf dem sich der Erzähler niederzulassen pflegte. Außerdem gab es nicht nur eine Perspektive (die des Erzählers), sondern verschiedene, die einander überlagerten. Kurz und gut, der traditionelle Roman wurde jetzt als problematisch empfunden, und dieses Gefühl forderte dazu heraus, von neuem über das Schreiben als solches nachzudenken. Besonders deutlich hatte sich dieses Interesse in Gides *Paludes* gezeigt, einem Roman über die Entstehung eines Romans. Es war ein Thema, das übrigens auch in anderen Werken Gides, wie in *Die Falschmünzer*, eine Rolle spielt; die Ebene der fiktiven Erzählung und die des Schreibens gehen immer wieder ineinander über, so daß wir uns in zwei auf verschiedenen Stufen gelegenen, aber miteinander verschlungenen Wirklichkeiten bewegen. Ansätze zu einer solchen doppelten Perspektive gab es auch bei anderen. Der Autor lenkt die Aufmerksamkeit auf seine Tätigkeit am Schreibtisch – ein Hinweis darauf, daß das Schreiben schon viel von seiner früheren Selbstverständlichkeit verloren hat. Hierzu gehört auch, daß die feste Grenze zwischen Fiktion und nichtfiktionaler Literatur durchlässig wird. Wir haben es hier aber mit einem viel allgemeineren Phänomen zu tun, das auch in den bildenden Künsten und in den Wissenschaften zu erkennen ist, vor allem in den Geisteswissenschaften: mit der Verlagerung des Interesses vom Objekt zum Subjekt, der Selbstreflexion, dem Werk, das gewissermaßen sich selbst zum Inhalt hat. Wissenschaftler dachten immer intensiver über die Grundlagen ihres Fachs nach, so daß Metawissenschaften als neue Spezialgebiete entstanden. Für die Künstler – Maler, Bildhauer und Musiker –, wurde die Kunsttheorie in vielen Fällen unverzichtbar, um ihre Aktivitäten zu rechtfertigen oder zu erklären, und auch hier hatte mehr und mehr das Werk ebendieses Werk zum Gegenstand.

Von immenser Bedeutung für die gesamte Prosaliteratur war aber noch ein anderes Problem: Der Schriftsteller sah sich immer mehr mit der Konkurrenz eines überwältigenden Informationsangebots in der Presse und anderen Medien konfrontiert, die das Publikum mit Nachrichten, Kommentaren und Analysen auf vielerlei Niveau unterhielten. Die moderne Reportage mit ihrem knappen, schmucklosen Stil und einer Überfülle an sensationellen, schockierenden und nicht erfundenen Vorfällen bewirkte beim Publikum allmählich eine Wandlung des Realitätsgefühls und eine Neuordnung des emotionalen Haushalts. Es handelte sich um eine ganz allgemeine Veränderung der Mentalität, eine Verinnerlichung von Gefühlen. Man hatte eine Reihe von katastrophalen Umwälzungen erlebt, zum Teil unmittelbar, zum Teil über die Medien, und dies führte dazu, daß man mit Gefühlsäußerungen in gewissem Grade sparsamer umging, sich eher Disziplin und Zurückhaltung auferlegte; auch die Gewöhnung an Sensationen spielte hier eine Rolle. Theater und Film, die menschliches Verhalten in bestimmten Situationen ganz unmittelbar abbilden, sind ein interessanter Maßstab, an dem man solche mentalen Veränderungen ablesen kann, wie sie sich im Erscheinungsbild und im üblichen Verhalten äußern. Ein Vergleich mit dem älteren schauspielerischen Stil der großen Gesten, der auch im frühen Film noch klar dominierte, ist hier lehrreich. Der Ausdruck wird im Laufe des Jahrhunderts viel zurückhaltender und beherrschter, es fließen weniger Tränen, man stellt Emotionen wie Wut, Entzücken oder Schmerz nicht mehr so deutlich zur Schau, und ihre Heftigkeit nimmt stark ab. Zweifellos war eine gewisse Verstärkung des Ausdrucks in Stimme und Gestik früher auch eine Folge äußerer, technischer Umstände. Aber dies erklärt nicht alles. Es gibt keinen Grund anzunehmen, daß nicht auch das ältere Theater und der frühe Film die wirklichkeitsgetreue Darstellung menschlichen Verhaltens angestrebt hätten, um glaubwürdig zu sein. Dann aber kann man tatsächlich folgern, daß der Ausdruck in Mimik und Diktion zu früheren Zeiten im allgemeinen intensiver und weniger kontrolliert gewesen sein muß. Dies wird nicht nur durch den älteren Roman, sondern auch durch persönliche Aussagen, Memoiren, Autobiographien und Briefe aus dem neunzehnten und vom Beginn des zwanzigsten Jahrhunderts bestätigt; sie alle bezeugen, daß es viel schneller zu heftigen Gefühlsausbrüchen kam, vor allem solchen, bei denen Tränen fließen – Tränen des Schmerzes, der Rührung, der Freude –, auch bei Männern. All das war offensichtlich ganz normal.

Für die Literatur und den literarischen Stil blieben die Expansion im Bereich von Reportage und Journalistik und die Durchsetzung des knappen journalistischen Stils nicht ohne Folgen. Der Autor konnte theoretisch zwei Wege beschreiten: Er konnte auf den Spuren des Realismus wandeln, sich an der journalistischen Praxis orientieren und sich als Reporter und Augenzeuge, nur mit etwas sublimeren Mitteln, eng an die Alltagswirklichkeit halten, oder er konnte sich hiervon deutlich distanzieren, indem er den Leser auf eine völlig andere Ebene führte, eine Ebene der bedeutsamen Symbole oder einer phantastischen, traumartigen Atmosphäre, wo man mit der trivialen, vertrauten Alltagswirklichkeit so wenig wie möglich in Berührung kam. Natürlich gibt es viele Möglichkeiten zwischen diesen Extremen.

Auch in der Literatur zeigte sich der Einfluß Amerikas; den kurzen, präzisen Reportagestil hatte vor allem Ernest Hemingway in die amerikanische Literatur eingeführt. Das größere politische Engagement vieler Schriftsteller und ihre Erfahrungen mit Krieg und Revolution hatten schon in der Zeit zwischen den Weltkriegen zur Entstehung eines neuen Genres geführt, in dem Roman und Reportage eine Verbindung eingingen und die Grenze zwischen Fiktion und Nichtfiktionalem unsichtbar wurde. Nach dem Zweiten Weltkrieg gelangte eine wahre Flut von Selbstzeugnissen und Berichten aus allen Bevölkerungsschichten an die Öffentlichkeit. Die Erlebnisse, Abenteuer und Schrecken, von denen einfache Soldaten, Piloten oder Seeleute, Widerstandskämpfer, Gefangene, Deportierte, Spione, Untergetauchte oder Zwangsarbeiter jetzt berichteten, übertrafen oft die kühnste dichterische Phantasie. Angesichts all dieser bizarren Tatsachen, mit denen auch der Dokumentarfilm jeden ganz unmittelbar konfrontieren konnte, schienen eine schlichte, zurückhaltende Erzählweise und die Beschränkung auf möglichst exakte Beschreibung der Dinge am angemessensten. Die Bilderflut zwang das Wort zur Bescheidenheit. Subjektive, emotionale Kommentare, die Erschütterung ausdrückten oder moralisierten, wurden überflüssig. Höhere literarisch-ästhetische Ansprüche, das, was gerne als schöner Stil bezeichnet wird, bekam jetzt etwas von einem falschen Ton. Viele Autoren spürten deshalb auch, daß sie nichts Besseres tun konnten, als sich so sachlich und gewissenhaft wie möglich an die Wirklichkeit zu halten, die schließlich mehr als genug an fesselndem und rätselhaftem Stoff enthielt und alle dichterische Phantasie und Fiktion übertraf.

Der Schriftsteller sah sich aber inzwischen noch mit einer dritten einschneidenden Veränderung konfrontiert. Die Popularisierung wissenschaftlicher Kenntnisse mitsamt dem dazugehörigen Vokabular, vor allem aus dem Bestand der Psychologie und Soziologie, hatte dazu geführt, daß viele abstrakte Begriffe in das allgemeine Denken und Sprechen gelangten. Diese Begriffe waren wegen ihres abstrahierenden und generalisierenden Charakters für die Wissenschaften unentbehrlich. Sie dienten natürlich auch dazu, Distanz zu schaffen und auf diese Weise die Wirklichkeit in den Griff zu bekommen. Daß sich immer mehr Menschen dieser Sprache bedienten, führte aber in Sprache und Denken zu einer Zurückdrängung der intensiven sinnlichen Wahrnehmung und des persönlichen, subjektiven Erlebens der Dinge – einer Art Abnutzung, zu der die Medien beitrugen, weil auch sie diesen Sprachgebrauch übernahmen. Hier lag Brachland für die Literatur, eine neue Aufgabe. Der Schriftsteller konnte einen eigenen Zugang zur Wirklichkeit öffnen, indem er zu einem ursprünglichen, sinnlichen Erleben alltäglicher Handlungen und Dinge und zu entsprechender Darstellung zurückkehrte. Es war an ihm, die Dinge wieder unmittelbar erfahrbar zu machen, neu und greifbar. Wie die Filmkamera aus nächster Nähe eine Hauswand mit abgeblätterter Farbe, eine Vase mit Blumen oder die Poren einer Hand aufnahm, um zu zeigen, daß die Oberfläche der Gegenstände ihre eigenen Geheimnisse hat und viel mehr als bloße Oberfläche sein kann, und auf diese Weise wieder für das Alltägliche sensibilisierte, so wandte sich die literarische Beschreibung jetzt ebenfalls dem sinnlich Wahrnehmbaren zu, vielfach bis in kleinste Einzelheiten. Damit machte sie indirekt deutlich, daß mit dem sinnlich Wahrnehmbaren alles beginnt und daß die übliche Unterscheidung zwischen der Oberfläche und dem sogenannten Wesen eines Dings, die durch das wissenschaftliche, abstrahierende Denken zur Gewohnheit geworden war, fragwürdig ist. Diese Rückkehr zu einem intensiven sinnlichen Erleben von Farben, Geräuschen und Düften, die genaue Beobachtung nach dem Vorbild der Filmkamera, unterscheidet die Prosa vieler Romane und Erzählungen der zweiten Hälfte des zwanzigsten Jahrhunderts von der ihrer Vorgänger. Der ältere Erzähler, besonders der des neunzehnten Jahrhunderts, drückte sich in dieser Hinsicht gewöhnlich in allgemeineren Begriffen aus, und wir finden bei ihm weniger unmittelbare visuelle Eindrücke, keine so große Nähe zu den Dingen; er kannte noch kaum die Konkurrenz, die der Literatur jetzt mit den popularisierten Wissenschaften erwachsen war, besonders der Psychologie. In der neuen Prosa ist der Einfluß des Films und der modernen Malerei, soweit diese den Blick für die Natur der Gegenstände geschärft hatte, deutlich spürbar.

Inhaltlich bewegte sich die Literatur natürlich weitgehend innerhalb der verschiedenen nationalen Kulturen und der entsprechenden Erfahrungen, so daß man sie in dieser Hinsicht nicht auf einen Nenner bringen kann. Soweit sie sich nicht auf die Ebene phantastischer Fiktion begab, die weit von der vertrauten alltäglichen Welt entfernt war, spielte die Erfahrung von Krieg und Gewalt, zumindest im Hintergrund, meist auf irgendeine Weise mit. Man kann von einem übernationalen politisch-moralischen Konsens sprechen, einer nahezu universalen Norm, die auch vom Schriftsteller von jetzt an nicht mehr in Frage gestellt werden konnte, wollte er Verleger für sein Werk finden und sich nicht selbst als geistig Aussätzigen aus der Gesellschaft ausschließen: Für offene Bekenntnisse zu faschistischen oder gar nazistischen Ideen, für die Verherrlichung der weißen Rasse, Führerkult und grundsätzliche Ablehnung der Demokratie war kein Platz mehr. Die Autoren, die in der Vergangenheit allzu auffällig mit solchen Ideen sympathisiert oder kokettiert hatten, versuchten sich anzupassen, oder sie wurden zum Schweigen verurteilt und gebrandmarkt. Céline, der zu den wenigen Ausnahmen gehörte, sich auch nach seinen hemmungslos antisemitischen und pronazistischen Veröffentlichungen der Kriegszeit weigerte, das Büßerkleid anzuziehen, und auf scharfe und gehässige Weise die französische Gesellschaft als heuchlerische Masse entlarven wollte, blieb ein Außenseiter und wurde lange ignoriert.

In England, wo in der Zeit zwischen den Weltkriegen progressiv-kritisches Engagement für die meisten prominenten Schriftsteller einfach zum guten Ton gehört hatte, überwogen unter Intellektuellen nach dem so teuer erkauften Sieg Enttäuschung und Entmutigung, was zunächst eine Abkehr von der Politik zur Folge hatte. Die Labourregierung hatte mit ihren einschneidenden Maßnahmen den sozialen Problemen die Spitze nehmen können, zugleich aber das alte sozialistische Feuer verloren, an dessen Stelle die Langeweile des bürokratischen, reglementierenden Staates getreten war. Die traditionellen hierarchischen Standesbeziehungen waren außerdem noch keineswegs verschwunden. Die erfolgreichen Autoren behandelten deshalb allgemeine religiöse und moralische Fragen, oft mit symbolistisch anmutender Ausschmückung, zum Beispiel der schon zu den Älteren gehörende T. S. Eliot mit seinen Theaterstücken oder Graham Greene mit einem Roman wie *Das Herz aller Dinge* aus dem Jahre 1948. Die erneuernde Kraft, die das poetische Theater Christopher Frys zunächst zu besitzen schien, hatte sich bald erschöpft. Frys brillante, manchmal aber auch manieriert wirkenden Einfälle und Wortspiele hatten zu wenig Substanz und Tragkraft, um mehr als einen Überraschungseffekt erzielen zu können. Erst in der Mitte der fünfziger Jahre bekam die Literatur neue Impulse, und zwar durch die Rebellion einer jungen Garde von Autoren, der »zornigen jungen Männer« – ein Begriff, der auch außerhalb Englands populär wurde, weil er die Unzufriedenheit einer neuen Generation benannte. Aufbegehren gegen die sogenannte *Upper class* und deren noch nicht wesentlich verringerte Macht, aber auch gegen den reglementierenden Staat, Abscheu vor der Verbürgerlichung der Labour Party und dem Wohlstand, all dies waren ihre Motive. Mit seinem Stück *Blick zurück im Zorn* von 1956 führte John Osborne den Angriff an. Vor allem der Titel sollte künftig Nachahmung finden; immer wieder gab es einen Publizisten, der in irgendeiner Art »zurückblickte«. Osborne äußerte seinen rebellischen Zorn in einer rohen, plebejischen Sprache – eine bewußte Verletzung der literarischen Anstandsnormen. Er verlieh einer verbreiteten Stimmung Ausdruck und machte Furore, weil er offensichtlich im richtigen Augenblick lautstark Aufmerksamkeit erregte. Sein späteres Werk stand im Schatten dieses ersten Volltreffers, mit dem eigentlich alles gesagt war, was er zu sagen hatte. Einen längeren Atem hatte das Theater Harold Pinters, der neue Ausdrucksmöglichkeiten für das absurde Lebensgefühl fand, zum Beispiel in *Die Geburtstagsfeier* von 1958. Eigentlich waren die zornigen jungen Männer nur eine sehr kleine Gruppe, aber die starke Resonanz beweist ihre Repräsentativität. Ihr Erscheinen fiel keineswegs zufällig in die gleiche Zeit, in der die ersten Anfänge der Popkultur zu erkennen waren. Es war die literarische Variante der gleichen Unzufriedenheit mit einer Gesellschaft des reglementierten, auf Hochglanz polierten Wohlstands, die von Jüngeren als heuchlerisch, kleinkariert und ungerecht empfunden wurde, und es war der Vorbote der revolutionären Kulturbewegung der sechziger Jahre.

In Italien stand die Nachkriegsliteratur vor allem im Zeichen des unverminderten Kontrasts zwischen Arm und Reich, zwischen den herrschenden Oberschichten, die sich geschickt jeder Zeit anpassen, und dem schwer arbeitenden Volk – eine Thematik, die deutliche Parallelen zum schon besprochenen neorealistischen Film aufweist. Das Ausbleiben der politischen Abrechnung mit den Nutznießern des Faschismus und vor allem die allgemeine Korruption waren hervorragend geeignet, in Romanen behandelt zu werden. Auch hier standen die wichtigsten Autoren links. Ignazio Silone –

»ein Christ ohne Kirche, ein Sozialist ohne Partei« wurde er genannt – hatte sich vom Kommunisten nicht nur zum Antifaschisten, sondern auch zum Antistalinisten entwickelt. In seinem Werk, das den Kampf des einzelnen mit dem Machtapparat und – wie in dem 1936 erschienenen Roman *Brot und Wein* – das Leben unterdrückter Bauern schildert, äußert sich ein humanes, kirchenfernes Christentum. Bei Elio Vittorini und Vasco Pratolini ist die soziale Anklage noch schärfer und läßt Sympathie für den Kommunismus erkennen. Diese beiden gelten in der Romanliteratur als die Neorealisten schlechthin. Bei Vittorini ist es die Erfahrung des Spanischen Bürgerkriegs und des aktiven Widerstands gegen den Faschismus, was sein Werk prägt, wie etwa in *Dennoch Menschen* von 1945. Er wurde zwar Kommunist, ging später aber wieder auf Distanz zur Partei und spielte mit einer Utopie, die Humanismus und Revolution vereinte. Armut und Faschismus beschäftigten auch Pratolini, und er entwarf einen Romanzyklus zur gesamten Geschichte des modernen Italien, mit dem Verhältnis von Individuum und Gesellschaft als übergreifendem Thema. Wie Vittorini ist er ein Vertreter des humanistischen Marxismus, der sich außer in Frankreich auch in Italien innerhalb des Kommunismus noch immer behaupten konnte, gerade wegen der empörenden sozialen Gegensätze in diesem Land. Auch Alberto Moravia, ebenfalls Antifaschist, schilderte in seinen älteren Werken den moralischen Verfall der Oberschichten, ihn faszinierten allerdings eher individuelle, psychologische Probleme. In den besten Romanen, sosehr sie auch von spezifisch italienischen Problemen und sozialen Konflikten geprägt sind, geht es zugleich um universelle Fragen wie die Entfremdung des modernen Menschen und die Spannungen zwischen dem einzelnen und dem Staat.

Die französische Literatur wurde nach dem Krieg zunächst mehr als jede andere vom Existentialismus beherrscht, der außer von Sartre und Camus auch von der Schriftstellerin Simone de Beauvoir, Sartres Freundin, repräsentiert wurde; auch ihr Denken war marxistisch und atheistisch geprägt. Ihre Bücher *Die Mandarins von Paris* (1954) und *Das andere Geschlecht* (1949) wurden von der katholischen Kirche auf den Index gesetzt, vor allem wegen ihrer Auffassungen über freie Liebe und Sexualität. Der Schlüsselroman *Les mandarins* (den man schon eine »Chronik des Existentialismus« genannt hat) entwirft ein anschauliches Bild der linksintellektuellen Szene im Frankreich der Nachkriegszeit, mit all ihren internen Konflikten; die Autorin vertritt ohne jede Einschränkung Sartres Position und Philosophie, ist aber nicht blind gegenüber der Machtlosigkeit des Literaten und der Problematik des politischen Engagements, das ein gespanntes Verhältnis zur Wahrheit zur Folge hat. Außerdem wird in diesem pessimistischen Werk die innere Leere und Unsicherheit der Intellektuellen und die Sehnsucht nach der Zeit der Résistance spürbar, als man eine klare moralische Position beziehen konnte – wobei die Vergangenheit natürlich mythisiert wird. Beauvoir gab die linksextreme Zeitschrift *L'Idiot international* heraus. Für den französischen Intellektuellen kam nach den Erfahrungen mit Faschismus und Nazismus im Grunde nur noch die politische Linke in Frage. So bildete sich auch unter katholischen Intellektuellen eine ausgesprochen linke, mit dem Kommunismus sympathisierende Strömung um die Zeitschrift *Esprit*. Der geradezu überwältigende Eindruck, den Sartres Theaterstücke anfangs hinterließen, war zum Teil dadurch zu erklären, daß sie Assoziationen mit der noch so aktuellen Problematik von Besatzung und Widerstand weckten. Sie gaben dem stark angeschlagenen französischen Selbstbewußtsein philosophisch und moralisch neuen Halt. Aber der implizite Aufruf zum Engagement verlor in den fünfziger Jahren viel von seiner Überzeugungskraft, die er nicht zuletzt der Résistance verdankt hatte. Im französischen Roman kam es deshalb wie im Drama zu einer Abkehr von Ideologie und Politik, die angesichts der erstarrten Fronten des Kalten Krieges inzwischen ihre Anziehungskraft auf junge Menschen eingebüßt hatten. Mit den ideologischen Debatten, den sozialen Anliegen und der spitzfindigen Dialektik, mit der all das gern ausstaffiert wurde, wollte eine jetzt aufkommende neue Strömung nichts mehr zu tun haben. Der *Nouveau Roman*, wie er besonders durch das Werk Alain Robbe-Grillets, Michel Butors und Nathalie Sarrautes bekannt wurde, brach nach dem Vorbild Prousts, vor allem aber Joyces, mit der Vorstellung einer kohärenten, von einem einzigen festen Standort aus zu überblickenden Wirklichkeit und dem über seinem Stoff schwebenden, allwissenden Erzähler. Von irgendeinem philosophischen Anspruch oder einer moralischen Tendenz konnte erst recht keine Rede sein und ebensowenig von einer zusammenhängenden Erzählung. Die eigentliche Aussage und Moral lag gerade in der ausdrücklichen Ablehnung all dessen. Eine zusammenhängende Erzählung empfand man als kosmetische Verfälschung der zusammenhanglosen Realität. Im Grunde schrieben diese Schriftsteller ganz bewußt Antiromane: Zufall, Willkür, Chaos und völlig widersprüchliche, rätselhafte Umstände bestimmten das Leben. Für Personen mit erkennbaren psychologischen

Konturen oder soziale Probleme war in diesem kaleidoskopischen Gewirr kein Platz. Zu Recht sprach Barthes von einer großen Krise der Literatur, einem Nullpunkt, da dieser Antiroman auch antikommunikativ war. Die Ähnlichkeit mit der etwa zur gleichen Zeit aufkommenden *Nouvelle vague* im Film ist augenfällig.

Das französische Theater erlebte eine ähnliche Entwicklung. Für die Popularität des Existentialismus war dank Sartres außergewöhnlichem Talent, seinen philosophischen Thesen in wirkungsvollen Dialogen und fesselnden Situationen Leben einzuhauchen, nichts so förderlich gewesen wie das Theater; das heißt allerdings nicht, daß es auf der Bühne nichts anderes als Existentialismus gegeben hätte. Auch ohne ihn gehörte das französische Drama zum fruchtbarsten und meistgespielten in Europa, und nur Brecht konnte sich vorerst eines gleich großen Ruhms erfreuen. In den dreißiger Jahren schon waren die geistsprühenden Stücke Jean Giraudoux' entstanden, die vor allem nach dem Zweiten Weltkrieg in vielen Ländern sehr erfolgreich waren, wie zum Beispiel *Der trojanische Krieg findet nicht statt*. Während des Krieges und danach kam das umfangreiche Werk Jean Anouilhs hinzu – vitales Theater im allerbesten Sinne, ohne dick aufgetragene politische oder philosophische Aussage, aber packend durch spannungsvollen Aufbau, Vielschichtigkeit, psychologisches Raffinement und geistreiche, meist ironisch gefärbte Dialoge. Auch in Anouilhs Welt herrschten jedoch Freudlosigkeit und Desillusionierung vor. Seine sogenannten *Pièces noires* stehen ganz in düsterem Moll, während seine *Pièces roses* in einem spielerisch-leichten Ton gehalten sind, der allerdings die trübselige Grundstimmung kaum verhüllt. Soweit man sagen kann, daß seine Stücke eine Art Hauptthema gemeinsam haben, ist dies die menschliche Unfähigkeit zu wirklicher Gemeinsamkeit und Kommunikation. Der Mensch sehnt sich nach dem anderen, aber soziale und psychische Gegensätze versperren immer wieder den Weg. Anouilhs Œuvre steht insofern noch ganz in der großen Tradition des europäischen Theaters, als hier eine konsistente Wirklichkeit, erkennbare Ereignisse und Handlungen in zusammenhängenden Dialogen auf die Bühne gebracht werden.

Dies galt nun gerade nicht für das sogenannte absurde Theater, wie es in den fünfziger Jahren mit den Stücken Eugène Ionescos, Samuel Becketts und Arthur Adamovs die Theaterwelt schockierte, verblüffte, faszinierte und erregte. Hier fällt wiederum eine Verwandtschaft mit dem *Nouveau Roman* auf, insofern als man von einem Angriff auf das traditionelle Theaterstück sprechen kann, ähnlich wie bei dieser Art des Romans motiviert durch die Leugnung einer sinnvollen, geordneten und übersichtlichen Wirklichkeit. Die Wurzeln dieses Absurdismus lagen – es wurde schon erwähnt – in der Dadabewegung und im Surrealismus. Auch der Existentialismus, wie ihn Camus verstand, hatte ihm mit der These, daß der Mensch in einem absurden Kosmos lebe, in gewissem Sinne den Weg bereitet. Auf den Brettern stellte er sich aber erst mit dem Werk der genannten Autoren vor. Der aus Rumänien stammende Eugène Ionesco läßt seine Personen, zum Beispiel in *Die kahle Sängerin* (1950) oder in *Opfer der Pflicht* (1952) Dialoge halten, die an das Sprechen Geistesgestörter erinnern; sie sollen den völligen Zusammenbruch der Kommunikation und die Sinnlosigkeit des Vokabulars demonstrieren, wie es im sozialen Verkehr gebräuchlich ist. Die Menschen sind hier lächerliche Puppen in einer grotesken Scheinrealität, einer borniert-bürgerlichen Sphäre im Zerrspiegel. Jeder Sinn und jeder rationale Zusammenhang von Worten und Handlungen – ohne die ja auch das traditionelle Drama nicht auskommt – beruhen auf Illusion, so Ionescos betont provozierende Aussage. Der in Irland geborene, aber ebenfalls nach Frankreich ausgewanderte und Französisch schreibende Samuel Beckett wurde vor allem mit seinem 1952 veröffentlichten Stück *Warten auf Godot* weltweit bekannt. Auch in Becketts Stücken und in seinen (weniger bekannten) Romanen ist die Welt ein einziges Irrenhaus und der Mensch ein austauschbares Wesen, eine Unperson; für Beckett gehört jede Charakterzeichnung und überhaupt die ganze Psychologie auf den Müll. Das konventionelle Gespräch, ja die gesamte menschliche Kommunikation ist nicht mehr als Clownerie, und im Hintergrund lauert Verzweiflung. Daß wirkliche Kommunikation unmöglich und der Mensch damit zu vollkommener Einsamkeit verurteilt sei, dieser Gedanke bildet auch den roten Faden im dramatischen Werk Arthur Adamovs (zum Beispiel in *Ping-Pong* von 1954), des dritten maßgeblichen Repräsentanten des absurden Theaters, der auffälligerweise auch nicht in Frankreich geboren, sondern russisch-armenischer Herkunft ist. In seinen späteren Stücken verschiebt sich die Problematik der gestörten zwischenmenschlichen Beziehungen und der Einsamkeit auf eine eher überindividuelle, gesellschaftliche Ebene. Bei Pinter spielt die Verrücktheit der konventionellen Kommunikation ebenfalls eine wichtige Rolle. In der Regel erscheint aber die absurde Art, wie Menschen aneinander vorbeileben, bei dem englischen Autor durch die humoristische Darstellung in einem milderen Licht.

Zwei völlig unterschiedliche Aspekte fallen beim absurden Theater besonders auf. Erstens ist es im Hinblick auf die Tendenz – zu der ja auch heftiger Protest gegen das konventionelle Theater gehört – bemerkenswert, daß die Verrücktheit der menschlichen Existenz vor allem durch die Hilflosigkeit des Wortes, den nichtssagenden Dialog demonstriert wird: Gerade die Sprache verschleiert die Realität, läßt sie hinter Plattheiten und Klischees verschwinden! So gibt es auch eine Verbindung von diesen Absurdisten zur Philosophie, in der das Sprachproblem im Laufe des Jahrhunderts eine immer bedeutendere Rolle spielte. Hier drängt sich die pikante Frage auf, inwiefern das Gefühl, zwischen Sprache und Realität klaffe ein verhängnisvoller Abgrund, bei den erwähnten Autoren mit ihrer ausländischen Herkunft und der Aneignung einer zweiten Schreibsprache zusammenhängt. Dies gilt auch für den großen Anreger Joyce, der zwischen dem Irischen und dem Englischen aufgewachsen war. Die selbstverständliche Identifizierung des Wortes mit dem Gegenstand war in einem solchen Fall weniger selbstverständlich. Ein ganz anderer und rein äußerlicher Aspekt fällt nicht nur, aber doch in erster Linie beim absurden Theater auf: Es handelt sich immer um verhältnismäßig kurze Stücke. Das ungekürzte klassische Drama früherer Jahrhunderte – Shakespeare, Calderón, Racine, Molière, Schiller – nahm gewöhnlich drei oder mehr Stunden in Beschlag und füllte einen langen Abend. Es hatte einen systematischen Aufbau mit Exposition, Intrige, Krise, Auflösung – einem ganzen Entwicklungsprozeß. So war es auch noch bei Ibsen. Aber im zwanzigsten Jahrhundert sind die Stücke in der Regel kürzer, und bei Pinter, Ionesco, Beckett und Adamov handelt es sich meist nur um wenige Szenen, knappe, bruchstückhafte Situationsskizzen. Angesichts des absichtlichen Verzichts auf inneren Zusammenhalt und der oft jeglichen sinnvollen Zusammenhangs entbehrenden Dialoge, die keine Dialoge sind, wird die Aufnahmefähigkeit des Zuschauers trotz der Kürze der Stücke voll ausgeschöpft. Die Aussage ist deutlich genug. Aber mit der oft karikaturistisch verzerrten Darstellung von Menschen und Situationen und der allem zugrunde liegenden Philosophie, der es in erster Linie um entlarvende, vernichtende Kritik an Konventionen ging, konnte das absurde Theater – nach den auch der Schockwirkung zu verdankenden Anfangserfolgen – doch nicht mit einem Theater konkurrieren, bei dem der Zuschauer einer vertrauten Wirklichkeit und aktuellen sozialen, psychologischen oder ethischen Problemen begegnete. In den sechziger und siebziger Jahren sollte gerade dieses eher konventionelle Theater das verlorene Gelände zurückerobern.

In Deutschland war in der Literatur seit 1933 durch die (freiwillige oder erzwungene) Auswanderung der wichtigsten Autoren ein tiefer Riß entstanden. Die Blüte der deutschen Literatur lebte bis auf ganz wenige Ausnahmen wie den alten Hauptmann, Benn oder Jünger im Exil. Damit war eine ungewöhnliche Situation entstanden: Deutschland und das Territorium der deutschen Literatur fielen nicht mehr zusammen. In einer neuen Umgebung, ihres angestammten Resonanzbodens beraubt, waren ihre besten Repräsentanten ganz unterschiedlichen Einflüssen des Gastlandes und seiner Sprache ausgesetzt. Aber die meisten, besonders die älteren, blieben natürlich deutsche Autoren. Sie hatten das literarische Deutschland der Zeit vor 1933 in ihrem Gepäck mitgenommen, und sie bewahrten in ihrem Werk auch seine Sprache. Aber es war ein Deutschland und ein Deutsch, das allmählich Geschichte wurde, da sich Land und Sprache im Dritten Reich anders entwickelten. Nach 1945 kam es durch die deutsche Teilung noch zu einer zweiten Spaltung.

Begreiflicherweise konnten die deutschen Schriftsteller weniger als alle anderen über die nationale und moralische Katastrophe des Nationalsozialismus hinweggehen. Was in Westdeutschland und der jungen Bundesrepublik für die gesamte Bevölkerung galt, spiegelt sich in gewissem Grade auch in der deutschen Nachkriegsliteratur: Man war jahrelang geistig isoliert. Zu den großen Autoren der Exilliteratur – den Brüdern Mann, Brecht, Döblin, Werfel, Stefan und Arnold Zweig und vielen anderen, die zum Teil auf dem Umweg über irgendeine Übersetzung bekannt wurden und repräsentativ für das »andere Deutschland« waren – hatte man den Kontakt verloren. Sie wurden jetzt importiert, und daran mußte man sich gewöhnen, man konnte sie nicht mehr als wirklich Eigenes akzeptieren. Das Lesepublikum fühlte sich von Natur aus mit denen verbunden, die im Dritten Reich geblieben waren, nicht mit den Geflohenen. Die Emigranten waren ein stiller Vorwurf, sie erinnerten, wie auch immer, an die moralische Verirrung. Außerdem entfachte der Kalte Krieg in der Bundesrepublik, Frontgebiet an der Grenze zum Kommunismus, Mißtrauen gegenüber linken Autoren, und viele Emigranten standen ziemlich weit links, waren Pazifisten, Sozialisten oder Marxisten. Es ist bemerkenswert, daß manche von ihnen, sogar die weniger Radikalen wie etwa Thomas Mann, zunächst zögerten, im Konflikt von Ost und

West klar Partei zu ergreifen. Sie betrachteten die Bundesrepublik wegen des geringen Eifers, alte Nazis aus dem öffentlichen Leben zu entfernen, und wegen der restaurativen Tendenzen mit Argwohn, und sie glaubten, daß man in der DDR den ernsthaften Versuch unternahm, reinen Tisch zu machen – in Westdeutschland ein zusätzlicher Grund, ihnen mit Zurückhaltung zu begegnen. René Schickele hatte es 1933 prophezeit: »Wenn es Goebbels gelingt, unsere Namen von den deutschen Tafeln zu löschen, sind wir tot. Gespenster in der Diaspora (…) Schon die nächste Generation wird nichts mehr von uns wissen.«[32] Erst eine spätere Generation, nach den sechziger Jahren, sollte diese trübsinnige Erwartung endgültig entkräften.

Die Kontinuität war auf jeden Fall zerstört. Die Autoren in der Tradition des in Deutschland weitverbreiteten völkischen Kults, die in ihren Büchern unverhohlen rassistische Ideen verkündet und eine mystische germanische Blutsgemeinschaft besungen hatten, waren jetzt als offenkundige Nazisympathisanten kaltgestellt. Soweit es sich nicht ohnehin eindeutig um Nullen handelte, waren sie nur noch ein eher peinliches Kapitel der deutschen Literaturgeschichte. Die Autoren von einem gewissen Niveau, die in Deutschland geblieben waren, hatten nicht zur lautstark jubelnden Anhängerschaft des Regimes gehört – ein Umstand, der sich ganz natürlich aus der unüberbrückbaren Diskrepanz zwischen der nationalsozialistischen Doktrin und dem Individualismus des Schriftstellers ergab. Sie hatten einen Mittelweg zwischen offener und deshalb gefährlicher Opposition und blinder Gefolgschaft gesucht, indem sie in ihrem Werk auf Unpolitisches auswichen, auf Themen von zeitloser, universeller Bedeutung oder auf weltabgewandte, subtile Verinnerlichung. Sogar Jünger, der große Repräsentant eines heroischen, prinzipiell antiliberalen Weltbildes, hatte es verstanden, kühle Distanz zu den Nazis zu halten, die sich eigentlich kein besseres Aushängeschild hätten wünschen können. Viele dieser Schriftsteller, zum Beispiel Werner Bergengruen, Manfred Hausmann, Ricarda Huch, Stefan Andres, Ina Seidel oder Hans Carossa, wurden jetzt zu Autoren der »inneren Emigration« erklärt, im Unterschied zu den wirklichen Emigranten. Damit bekamen sie eine sehr reizvolle Alibifunktion, hatten sie doch zugleich Deutschlands Los geteilt, obwohl man Thomas Manns sarkastische Bemerkung, daß die »innere Emigration« Deutschlands Los auch im Falle von Hitlers Sieg solidarisch geteilt hätte, nicht als irrelevant abtun kann. Hier lag und liegt das entscheidende moralische Problem des Mittelwegs zwischen Opposition und Kollaboration: Die Entscheidung wird letztlich auf die Geschichte abgeschoben, den künftigen Ausgang der Ereignisse. Auf jeden Fall war von den erwähnten Autoren (und den nicht erwähnten, aber geistesverwandten) angesichts ihrer politischen Enthaltsamkeit oder subtilen, undeutlichen Distanz zum Naziregime kaum das Bemühen um Katharsis und direkte, offene Konfrontation mit der eigenen Vergangenheit zu erwarten, die sie zu Vorbildern hätten machen können. Lieber verschoben sie das Problem von Schuld und Versagen, wie die allermeisten Intellektuellen ihrer Generation, in die Sphäre allgemeinen menschlichen Leidens und einer übermächtigen Schicksalsdramaturgie. Es waren Jüngere, die dem Bewußtsein eines endgültigen Bruchs mit der Vergangenheit, der Ratlosigkeit und dem verzweifelten Verlangen nach einer neuen Möglichkeit der Sinngebung inmitten der Trümmerberge Ausdruck gaben, wie zum Beispiel Wolfgang Borchert, dessen Stück *Draußen vor der Tür* von 1947 für kurze Zeit zum Symbol für die Verwirrung und Heimatlosigkeit des jungen, enttäuschten Frontsoldaten wurde. Die meisten Erzählungen, Hörspiele, Theaterstücke und Gedichte des ersten Nachkriegsjahrzehnts stehen natürlich im Zeichen der Kriegsschrekken, der Not und des Untergangs der vertrauten Welt. Das eigene, deutsche Schicksal bestimmte die Perspektive, und auch hier fällt wieder die Neigung auf, diesem Schicksal universale Bedeutung zuzumessen oder es als symbolisch aufzufassen. Die Frage »Was ist Wirklichkeit, was Traum?« steht im Mittelpunkt des Romans, der in dieser ersten Periode am meisten Aufsehen erregte, *Die Stadt hinter dem Strom* aus dem Jahre 1947, von einem älteren Autor, der 1933 Publikationsverbot erhalten hatte, Hermann Kasack. Das von ihm geschilderte Dasein in einem Zwischenreich an der Grenze von Leben und Nichts wurde schon bald als Abbildung der Existenz mechanisch funktionierender, seelenloser Menschen in einem totalitären Staat gedeutet. 1947 bildete sich eine Gruppe jüngerer Autoren, die angesichts der Erfahrung des radikalen Bruchs der »Stunde Null« eine Erneuerung der Literatur in demokratischem Geist anstrebte. Zum bekanntesten und erfolgreichsten Autor dieser »Gruppe 47«, zu einem richtigen Volksschriftsteller, wurde Heinrich Böll. Seine Erzählungen und Romane, in eingängiger und anschaulicher Prosa geschrieben, obwohl nicht frei von Manierismen, zeugen durch die Art, wie er die Kriegsschrecken, später aber auch die Mißstände und die Heuchelei der neuen Wohlstandsgesellschaft beschreibt, von der Leidenschaft des Moralisten. Mehr als irgendein anderer repräsentiert Böll in der

Literatur die junge Kriegsgeneration, die sich betrogen fühlte und einen Neubeginn wollte in der Erkenntnis, daß auch der Schriftsteller eine soziale Aufgabe und soziale Verantwortung hatte und sich nicht mehr im Elfenbeinturm der künstlerischen Subjektivität oder eines erhabenen, unverbindlichen Symbolismus verschanzen durfte. Hierin liegt Bölls Bedeutung, weniger in geistiger Tiefe oder aufsehenerregenden literarischen Neuerungen. Jene Erkenntnis bestimmte auch das Werk einer etwas jüngeren Generation. Die große Distanz zwischen dem Reich des Schriftstellers und der gesellschaftlichen und politischen Realität, die (im Unterschied zu anderen Ländern) so charakteristisch für die deutsche Kultur gewesen war und zur Zeit der Naziherrschaft dann wieder manchen vor dem zudringlichen totalitären Staat geschützt hatte, diese Distanz mußte überwunden werden. Während in Frankreich und England in den späten fünfziger Jahren bei den tonangebenden Schriftstellern eine gewisse Entideologisierung und Entpolitisierung zu erkennen war, wurden die maßgeblichen Autoren in der Bundesrepublik nun gerade zu kritischen, gesellschaftlich orientierten Intellektuellen in der Tradition des Westens. Von den sechziger Jahren an war auch die Konfrontation mit der eigenen Vergangenheit für diese jüngeren Autoren (die selbst keinen braunen Dreck am Stecken haben konnten) nicht mehr tabu. Diese Konfrontation konnte jedoch auch dazu führen, daß die politische Tendenz und das eigentlich Literarische einander in die Quere kamen, wie in Rolf Hochhuths aufsehenerregendem Drama *Der Stellvertreter* aus dem Jahre 1963, das mit der passiven Haltung Papst Pius' XII. angesichts der Shoah scharf ins Gericht geht. Hochhuth, im Grunde kein großer Schriftsteller, schaffte es aber auf diese Weise, die deutsche Literatur zu direkter, kritischer Hinwendung zur Vergangenheit zu bringen. Originell und phantasievoll in Sprache und Perspektive ist das Werk von Günter Grass, der vor allem in Romanen wie *Die Blechtrommel* (1959) und *Hundejahre* (1963) die jüngste deutsche Geschichte vor dem Auge des Lesers erscheinen läßt, gebrochen durch das Prisma einer tragikomischen Weltsicht. Seine kritische Haltung bewog Grass auch zu offenem Engagement. Eine solch kritische Haltung ist auch bei Siegfried Lenz zu erkennen. In seinem Werk werden Versagen, Schuld und Verantwortung des modernen Menschen auf leicht satirische Weise behandelt, aber er hat es, wie in dem Roman *Das Vorbild* (1973), vor allem auf die Entlarvung falscher Werte abgesehen. Gegen hohle Konventionen und schönen Schein, die das Leben in der neuen bundesrepublikanischen Wohlfahrtsgesellschaft bald beherrschen sollten, wandte sich auch Martin Walser in verschiedenen Romanen. In ihren wichtigsten Autoren fand die westdeutsche Gesellschaft somit scharfe Kritiker und erklärte Gegner aller restaurativen Tendenzen, aller Bestrebungen, die dunkle Vergangenheit zu verbergen oder zu beschönigen. Der deutsche Schriftsteller nahm in der öffentlichen Diskussion bewußt eine deutliche Position ein. Das war eine indirekte Konsequenz, eine »Lehre«, wenn man so will, aus der Erfahrung mit der politischen Unmündigkeit und der Kollaboration der Intellektuellen im Dritten Reich. In diesem veränderten geistigen Klima wurde nun auch das Werk eines in Schweden lebenden jüdischen Emigranten, Peter Weiss, als deutsche Literatur aufgenommen. Stücke wie *Die Verfolgung und Ermordung Jean Paul Marats* (1964) und *Die Ermittlung* (1965) gehörten zu den eigenständigsten und erfolgreichsten des europäischen Theaters der Nachkriegszeit. In *Marat* hält Weiss dem Publikum einen raffinierten Spiegel vor, indem er den Marquis de Sade mit Patienten eines Irrenhauses den historischen Mord an Marat nachspielen läßt: der fanatische Weltverbesserer und seine ebenso fanatische Mörderin mit den Augen des berühmten psychopathischen Egomanen Sade gesehen. In dieser historischen Aufführung einer Art Theater auf dem Theater ist der Gegensatz von totalitärem Kollektivismus und asozialem Individualismus deutlich wiedererkennbar, aber auch der (in eine andere Zeit verlegte) Versuch, mit einer gewalttätigen Vergangenheit ins reine zu kommen. Im zweiten Stück bringt Weiss den Prozeß gegen die Massenmörder von Auschwitz auf die Bühne und macht dabei reichlich von authentischem dokumentarischen Material Gebrauch. Hier wird Theater zu aktueller Reportage oder, besser gesagt, Reportage wird Theater, und im Grunde tritt die Fiktion dabei gegenüber dem Nichtfiktionalen zurück. Die Realität, kann das nur heißen, duldet keine literarische Gestaltung mehr. Sie hat den traditionellen Dramatiker überflüssig gemacht. Nirgendwo ist die Verquickung von Literatur und exakter Reportage enger als hier.

Zur deutschsprachigen Literatur zählen auch die schweizerischen und österreichischen Schriftsteller. Zwei Schweizer gehören zu den bedeutendsten Nachkriegsautoren. Obwohl sie Bürger eines Landes sind, das den Krieg unversehrt überstanden hatte, oder vielleicht gerade deshalb, zeugt ihr Werk auf bemerkenswerte Weise von der veränderten Wirklichkeitswahrnehmung in der europäischen Literatur. Der Vollblutdramatiker Friedrich Dürrenmatt entlarvt auf satirische und burleske Art Konventionen und gängige Idole, andererseits knüpft er als Theatermann an eine lange Tradition von Aristophanes bis Wedekind an, grimmigen und scharfen Satirikern, die der Welt einen Zerrspiegel vorhielten. Mehr geistige Tiefe als Spitzfindigkeit zeichnete Max Frisch aus, wenn er die ideologischen Trugbilder und gesellschaftlichen Scheinordnungen entlarvte, mit denen man menschliche Zerrissenheit und Hilflosigkeit zu tarnen versucht. Die Paradoxien und Unvollkommenheiten illusionslos hinzunehmen, ist Voraussetzung für eine menschenwürdige Haltung, so könnte man die Moral seines Werkes zusammenfassen. Damit repräsentiert Frisch auf seine Weise einen neuen Humanismus, der in allen Idealen Trugbilder vermutet, und hierin ist sein Werk mit dem Absurdismus Camus' verwandt, wenn auch der Ton bei Frisch weniger scharf und aggressiv ist.

Die Hauptthemen, die die europäische Literatur beherrschen – eine ungreifbar werdende Wirklichkeit voller Paradoxien und Geheimnisse, eine heuchlerische Gesellschaft, die sich hinter leeren Konventionen und fragwürdigen Idolen versteckt, der heimatlos gewordene, vereinsamte einzelne – sie werden in zahlreichen bekannteren und weniger bekannten Romanen und Theaterstücken und in vielen Varianten behandelt – Varianten, die in der Regel eng mit den besonderen literarischen Traditionen und historischen Erfahrungen der verschiedenen Nationen zusammenhängen; dies gilt selbstverständlich auch für die kleineren Länder, deren Autoren nicht in ganz Europa bekannt wurden, weil die weniger bekannte Sprache ein Hindernis bildete. Nur wenigen gelang es, diese Sprachbarriere zu durchbrechen. Auch die enge thematische Bindung an Probleme und Besonderheiten der eigenen Nation minderte die übernationale Ausstrahlungskraft. So steht zum Beispiel das Werk der bekanntesten niederländischen Autoren dieser Periode vor allem im Zeichen von Rebellion und Ausbruchsversuchen, Rebellion gegen die so typisch niederländische, engstirnig-christliche Erziehung, den Provinzialismus, die Starrheit einer in isolierte weltanschauliche Lager geteilten Gesellschaft – nichts, was in anderen Ländern ohne weiteres wiederzuerkennen gewesen wäre und deshalb auf Resonanz hätte stoßen können. Der größte Romanerfolg der Nachkriegszeit, Gerard van het Reves *Die Abende* von 1947, schlug in den Niederlanden ein, weil die erwähnte Thematik darin eine große Rolle spielt, war aber aus den gleichen Gründen für das Ausland vergleichsweise irrelevant und mußte deshalb weitgehend unbeachtet bleiben. In Willem Frederik Hermans' schon erwähntem Roman *Die*

Dunkelkammer von Damokles aus dem Jahre 1958 und auch in seinen anderen Werken, wie etwa *Die Tränen der Akazien* (1949) oder der Essaysammlung *Das sadistische Universum* (1964), wird das bekannte Thema der ungreifbaren Realität und der Verlorenheit des Menschen in einem irrsinnigen Kosmos mit solcher Direktheit behandelt wie nur bei wenigen Autoren aus anderen Ländern. Die Grundstimmung ist Niedergeschlagenheit, gemildert durch bitteren Humor.

Es bedarf keiner weiteren Erörterung, daß die hier betonten universellen Merkmale der europäischen Literatur dieser Zeit – der abwärts gerichtete Blick, Pessimismus, Absurdismus, Zynismus, der Eindruck eines gestörten Verhältnisses zur Realität – auf nichts anderes als ein sehr ausgeprägtes Normbewußtsein und unerschütterliche moralische Grundsätze zurückgehen. Nur wenn man solch einen verborgenen Maßstab von Vernunft, Moral und festen Werten anlegt, können Welt und menschliche Gesellschaft sinnlos erscheinen. Der Absurdismus beruhte deshalb, sofern er nicht halb pubertäre, ausgelassene Verspieltheit und Aufsässigkeit war – wie vielfach bei Dada –, sondern bitterer Ernst wie bei Camus oder auch Frisch oder Hermans, auf nichts anderem als einer solchen unbeirrbaren Moral. Die Darstellung der Wirklichkeit als verrückt, sadistisch oder leer impliziert ein negatives Urteil, das nicht ohne einen Ausgangspunkt möglich ist, das Gegenmodell einer Wirklichkeit der Vernunft und Harmonie. Gegen dieses Modell, die berühmte Grundüberzeugung des Philosophen Leibniz, daß diese Welt die beste unter allen möglichen Welten sei, oder die Hegels, daß in der Geschichte die Vernunft zur Herrschaft gelange, wendet sich die moderne Literatur, die wir hier im Blick haben, in ihren unterschiedlichen Ausdrucksformen und Varianten. Dies bedeutet aber auch, daß die betreffenden Autoren selbst auf irgendeine Weise, sei es auch nur halb bewußt, noch mit diesem Modell aufgewachsen waren. In vielen Fällen ist das ganz konkret daran zu erkennen, daß sie aus einem strenggläubigen oder sehr patriarchalischen, autoritären Milieu stammten, wie etwa Hermans. Aber auch wenn dies nicht der Fall war, waren sie doch in einer Kultur aufgewachsen, die ihnen selbstverständliche moralische und rationale Leitlinien für ihr späteres Leben gegeben hatte. Ohne die Idee eines sinnvollen, guten Kosmos kann man unmöglich feststellen, daß der Kosmos absurd und sadistisch ist. Deshalb kann man auch behaupten, daß dem Wirklichkeitsbild dieser Autoren letztlich vor allem Enttäuschung zugrunde liegt. Diese Enttäuschung konnte aber auch wieder zu einer Modeerscheinung werden, und dadurch schlich sich in so manches Werk etwas Unwahrhaftiges ein. Düstere, depressive Philosophie und schockierende Aufsässigkeit waren literarisch wirkungsvoll und wurden beim gebildeten Publikum zu einem gefragten Artikel. Wie immer schleppten die erwähnten literarischen Neuerer deshalb in ihrem Kielwasser einen ganzen Schwarm von minderrangigen Talenten und Imitatoren mit.

8 Die Künste: Experiment und Emotion

Eine Geschichte der bildenden Künste und der Musik im zwanzigsten Jahrhundert beschäftigt sich gewöhnlich mit dem, was als Moderne oder Avantgardismus gilt, und mit den Veränderungen der Idee der Kunst und ihrer Funktion. Geschmack und ästhetische Normen der meisten Menschen sind jedoch durch die Meister der Vergangenheit geformt worden, die trotz allem, was an ihrer Anschauungsweise ganz persönlich war, eine wiedererkennbare Welt dargestellt hatten. Künstler, die mit ihrem Werk in den Spuren dieser Tradition blieben, galten vielen maßgeblichen Kunsthistorikern dagegen als uninteressant, weil überholt. Sie eigneten sich weniger für theoretische Betrachtungen. Zu dieser Tradition muß auch die inzwischen allgemein akzeptierte impressionistische Malweise gezählt werden. Die in den Rang von Klassikern erhobenen großen Meister des Impressionismus, Manet, Monet, Renoir, Degas, Cézanne, Pissarro, Seurat, hatten längst zahlreiche große und kleinere Nachahmer gefunden. Wenn man die traditionelle Malerei ignoriert, entsteht jedoch hinsichtlich der Bedeutung der Kunst für die Menschen ein schiefes Bild, da gerade die Kunst früherer Epochen in einem Ausmaß wie nie zuvor Teil der Allgemeinbildung wurde. Die Gemälde von Giotto bis van Gogh, die Musik von Palestrina bis Mahler, all dies ist zum integralen Bestandteil der zeitgenössischen Kultur geworden, nicht nur als unerschöpfliche Inspirationsquelle für heutige Künstler, sondern als einzigartige Quelle des Genusses und der bereichernden Erfahrung für den Betrachter oder Hörer. Dies wird von den Theoretikern, in deren Denken nur Platz für aufsehenerregende Neuerer ist, gewöhnlich nicht berücksichtigt. Diese Kunsttheoretiker und Kunstkritiker hatten sich, wie schon bemerkt, als eine Art inoffizielle, aber überall deutlich präsente Klasse von Kunstmandarinen zwischen Künstler und Publikum geschoben.

Für die Kunstschaffenden wurden sie zu einer kaum zu ignorierenden Macht – Feinde, Saboteure oder unverzichtbare Verbündete und Förderer, je nachdem. Obwohl die erste Generation der Avantgardisten im neunzehnten Jahrhundert zunächst auf eine Mauer des Unverständnisses und der Feindseligkeit gestoßen war, hatte sie sich schließlich doch Anerkennung verschafft und damit eine Änderung der Maßstäbe erzwungen. Die Reihen der Kunstkritiker waren und blieben erst noch gespalten, aber vom Ersten Weltkrieg an hatten sie sich in beträchtlicher und stetig wachsender Zahl zu leidenschaftlichen Fürsprechern und Propagandisten der Moderne gewandelt und sahen es als ihre Aufgabe, als Vermittler und Führer für das breite Publikum zu wirken. Erläuterungen und theoretische Darstellungen der vielen gelehrten Ismen-Kommentatoren wurden sogar unentbehrlich, und ohne sie ist der unaufhaltsame Eroberungszug der Moderne, bei dem sie nach und nach auf dem ganzen Erdball in die Museen, Kunstbücher und kunsthistorischen Studien vordrang, gar nicht denkbar.

Es war schon die Rede von der paradoxen Tatsache, daß sich die Avantgardisten, die revolutionären Neuerer der Künste, als natürliche Verbündete all derer betrachteten, die für eine umfassende Erneuerung der Kultur und Gesellschaft kämpften, und deshalb vielfach mit den Parteien sympathisierten, die als Befreier und Anwälte der unterdrückten Massen auftraten, während ihr Werk eher zur Entfremdung zwischen ihnen und diesen Massen beitrug. Wenn es jemals eine exklusive Maler- und Bildhauerelite gab, die sich um den Geschmack des Laien, des Durchschnittsmenschen, nicht kümmerte, dann waren es die Fauvisten, Kubisten, Surrealisten und Vertreter der abstrakten Kunst. Sie hatten völlig neue Kriterien eingeführt, an denen ihre Werke künftig zu messen waren: ihre subjektiven Intentionen und ihre persönliche Erlebniswelt. Nicht die überlieferten ästhetischen Normen, Normen der Schönheit und Harmonie, nicht die Ähnlichkeit mit der sichtbaren Natur, die gelungene Mimesis, durften wie bisher als Maßstäbe zur Beurteilung ihres Werks dienen. All diesen traditionellen Prinzipien stellten sie künftig ihre Souveränität entgegen, ihre persönliche Freiheit und Autonomie gegenüber der sichtbaren Wirklichkeit. Jedes von außen an die Kunst angelegte, traditionalistische Kriterium hätte ja im Widerspruch zur Freiheit des Künstlers gestanden.

Daß die Vorstellung einer objektiven, erkennbaren Wirklichkeit fragwürdig geworden war, wie in der Philosophie und Literatur, hatte gerade für die Künste weitreichende Konsequenzen. Letztlich wurden nicht nur die überlieferten Normen als einseitig angefochten, sondern man empfand im Grunde jeden normativen Kunstbegriff als fragwürdig. Eine Anwort auf die entscheidende Frage »Was ist Kunst?« wurde damit unmöglich. Alle üblichen Kriterien zeigten auf einmal Schwächen. Alle Versuche von Philosophen oder Kunsttheoretikern, das Wesen der Kunst zu bestimmen, von Platon bis Heidegger, von Vasari bis zu dem Amerikaner Clement Greenberg – Kunst als Nachahmung oder gerade als persönlicher Ausdruck, als Offenbarung einer höheren Wahrheit oder als Mittel der Katharsis, als Welt der Symbole oder als Erfüllung eines Verlangens nach Schönheit und Harmonie –, all diese Versuche erwiesen sich als mangelhaft. Seit der Renaissance hatten Maler und Bildhauer in erster Linie objektive Abbildung, Nachahmung der sichtbaren Natur erstrebt. Mit den Impressionisten kam der erste aufsehenerregende Bruch: Sie bezogen die optischen Eigenschaften des Auges und den subjektiven Eindruck als wesentliche Faktoren jeder visuellen Wahrnehmung in ihr Werk ein. Die Expressionisten und die Vertreter der nichtgegenständlichen Kunst verlegten den Schwerpunkt noch radikaler: Sie sahen in der Natur die Projektionsfläche für persönliche Emotionen oder zerlegten die sichtbare Natur in Elemente, die sie als Grundmuster hinter dem trügerischen Schein des Äußeren, als die Essenz, zu erkennen glaubten. Damit verschob sich der Akzent ganz von selbst auf das subjektive Wahrnehmungsvermögen und seine Eigentümlichkeiten. In einem weiteren Schritt führte die Ablehnung der als irreführend und unwahrhaftig empfundenen Naturnachahmung zu einer Wende, bei der die Kunst zu ihrem eigenen Gegenstand wurde. Maler suchten jetzt weniger Objekte der Außenwelt, sie malten ihre eigene Kunst. Der Betrachter sollte nicht in erster Linie an Gesichter, Kiefern im Nebel oder einen glühenden Abendhimmel denken, sondern an Leinwand, rote, gelbe oder violette Farbkleckse, Spachtel, Leim, Öl und erregte Pinselstriche, das Autogramm des Malers. Dadurch sollte das Gemälde seine Authentizität wiedererlangen: Es durfte nichts anderes sein wollen als ein Gemälde – in gewissem Sinne liegt hier eine Parallele zum epischen Theater eines Brecht, der ebenfalls der Illusion den Krieg erklärte, indem er den Zuschauer ständig daran erinnerte, daß er auf den Brettern keine Prostituierten, Soldaten oder Gangster sah, sondern Schauspieler, die ihre Rollen spielten. Nicht um die sensiblen Damen zu beruhigen, wie Zettel in Shakespeares *Sommernachtstraum*, sondern um jeden zum Nach- und

Mitdenken aufzufordern. Die Werke der frühen Avantgardisten, die perspektivische Deformation von Körpern und Gegenständen, das Bruchstückhafte und Karikaturistische verlangten vom Betrachter zwangsläufig mehr Anstrengung der Phantasie als das vertraute Gemälde, das eine naturgetreue Abbildung bot und den Eindruck von Tiefe erweckte, wo keine Tiefe sein konnte. Angesichts des ermüdenden Überangebots an Reproduktionen klassischer Meisterwerke und an fotografischen Abbildungen, an die man sich gewöhnte, hatte das Werk der Avantgardisten eine erfrischende, stimulierende Wirkung. Unwillkürlich und spontan mußte der Betrachter jetzt das Fehlende hinzufügen, die Verzerrung korrigieren und das nur Angedeutete ergänzen. Bei den Expressionisten, Kubisten und den Vertretern der nichtgegenständlichen Kunst verwiesen die Farben und Formen allerdings noch auf ein bestimmtes Wirklichkeitsbild oder, wie etwa bei Klee, Chagall oder Mondrian, auf die Phantasievorstellung des Künstlers. Sie sollten eine bestimmte ästhetische Wirkung oder ein anderes Ergebnis erzielen; es ging weniger um das »Wie« als um das »Was«. Aber mit einigen Surrealisten, den ersten Collagen Duchamps, einigen Werken Max Ernsts und Massons wurde in einem folgenden Schritt die Tätigkeit des Malers in den Vordergrund gestellt. Seine Handlungen, sein Experimentieren mit Material, die Bedingungen seiner Arbeit in Atelier oder Werkstatt sollten erkennbar werden. Nach einer neuen, recht bombastischen Kunsttheorie war damit die Phase der reinen Malerei angebrochen, die jede sklavische Abhängigkeit von der Wirklichkeit und den Wunsch nach Abbildung völlig überwunden hatte, nichts anderes suchte als sich selbst und nichts anderes sein wollte als sie selbst.[33] Dies lief auf einen doktrinären Antiillusionismus hinaus. Jede Art von Nachahmung war nach dieser Auffassung fortan von Übel.

Etikettierungen sind ein akademisches Hilfsmittel, auf das man nur schwer verzichten kann, wenn man im verwirrenden Reichtum der Kunstwerke Ordnung schaffen will, und es ist zu Recht bemerkt worden, daß so gut wie kein Künstler jemals das Etikett irgendeines Ismus für sich selbst als angemessen betrachtet habe.[34] Was unter den akademischen Begriff Surrealismus fällt, ist eine außergewöhnlich heterogene Gruppe, die Kunsthistoriker vor entsprechende Schwierigkeiten stellt. Viele – zum Beispiel Dalí, De Chirico, Delvaux, Magritte, Miró –, die immer dieser Strömung zugeordnet werden, zeichneten sich gerade durch eine realistische, fotografisch exakte Abbildung bekannter und erkennbarer Dinge aus, die sie aus ihrem normalen Zusammenhang lösten und in ein unmögliches oder phantastisches Universum setzten, um so die Absurdität und das Zufällige der realen Welt anzuprangern oder lächerlich zu machen. Viele dieser Werke kann man auch mit dem Etikett »naturalistischer Absurdismus« oder »magischer Realismus« versehen, das man gewöhnlich für das Œuvre Carel Willinks gebraucht.

Der Angriff des Avantgardismus und seiner Anhänger auf die traditionellen Kunstvorstellungen führte schließlich zu völliger Verunsicherung, gerade beim kunstbegeisterten Teil der Öffentlichkeit, weil nicht mehr das Werk, das Artefakt, sondern einzig der Wille und die Konzeption des Künstlers bestimmten, was Kunst war. Die Kunstnorm, die jetzt alle anderen ersetzte, war vollkommen subjektiv, und das bedeutet, daß diese Norm logischerweise auch sich selbst als Norm außer Kraft setzte. Der entscheidende Anlauf zu diesem revolutionären Durchbruch zur Normlosigkeit hatte im Grunde schon an dem Tag des Jahres 1917 begonnen, an dem Duchamp in New York unter dem Titel »Fountain« ein Urinoir ausgestellt und provokativ erklärt hatte, dies sei »Kunst« – man müsse es nur auf eine ganz bestimmte Weise sehen. Grundsätzlich konnte von diesem Augenblick an jeder denkbare Gegenstand mit dem Etikett »Kunst« versehen werden, von Rembrandts *Nachtwache* bis zur zerdrückten Bierdose oder einem Stapel Kartons. Was Kunst war, wurde zu einer Frage der Auffassung und Intention und damit zu einem semantischen Problem.

Das plötzliche Entstehen einer Vielzahl neuer Kunstrichtungen vor und nach dem Ersten Weltkrieg fand nach 1945 vorerst keine Entsprechung. Man hat zwar festgestellt, daß sich Entwicklungen beschleunigt hätten, daß etliche neue Stile zur gleichen Zeit aufgetreten seien, aber bei näherem Hinsehen zeigt sich, daß man es in den ersten Jahrzehnten hauptsächlich mit Variation, Nachahmung und vor allem Verbreitung dessen zu tun hat, was spätestens seit den zwanziger Jahren zur Essenz der modernen Kunst erklärt worden war: mit abstrakten Darstellungen und allen Formen von Surrealismus, Konstruktivismus und Expressionismus.[35] Die Ideen und Prinzipien, die diesen Richtungen zugrunde lagen, boten genug Möglichkeiten. Vor allem der Grundsatz Dadas und der Surrealisten, daß Kunst keinen festen ästhetischen Maßstab zu akzeptieren brauche, daß moderne Kunst rebellische Antikunst (in der üblichen Bedeutung dieses Begriffs) zu sein habe, war ein Freibrief für alle denkbaren Experimente. Der Boden für all das, was die Jahrzehnte nach 1945 hervorbrachten, war in den zwanziger

Jahren bereitet worden. Es stimmt allerdings, daß die vielen Kunstrichtungen und -stile jetzt gleichzeitig und üppiger als zuvor wucherten und sich miteinander verflochten.

Allmählich wurde der gewaltige Einfluß von drei Phänomenen erkennbar, die schon seit den Anfängen der Moderne in den bildenden Künsten eine Rolle gespielt hatten: Naturwissenschaften, Technik und Fotografie. Die sichtbare moderne Welt war ohne die Ergebnisse und Hervorbringungen von Wissenschaft und Technik und ohne die tausendfache Abbildung durch die Fotografie nicht denkbar. Und diese sichtbare moderne Welt blieb für Maler und Bildhauer die elementare Realität und Inspirationsquelle – auch wenn sie jeden Naturalismus ablehnten und etwas anderes als Mimesis anstrebten. Da die Naturwissenschaften einen zuvor unbekannten Makro- und Mikrokosmos zugänglich gemacht hatten, verlor das gewöhnliche Bild der Dinge seine absolute Gültigkeit. Es zeigte sich, daß die Materie aus wundersamen Strukturen, Zellen, Kernen, einem Wirrwarr von Linien, Punkten, Kreisen, Wellen und Flecken besteht, und Mikroskop und Teleskop machten völlig andere Formen und Phänomene sichtbar, als das Auge zu sehen gewohnt war; die Grenze zwischen dem Realen und dem Surrealen, so schien es, war nur mehr oder weniger willkürlich zu ziehen. Auch die Technik hatte den Blick und den Verstand für eine neue Seh- und Wahrnehmungsweise geschärft. Natürliche Organismen wurden in Analogie zu Apparaten als Mechanismen beschrieben und aufgefaßt, ganz abgesehen von der Tatsache, daß technische Apparate und Maschinen das Leben mehr und mehr beherrschten. Das zweckmäßige Design eines Rennwagens oder Flugzeugs, die Stromlinienform und hell glänzendes Metall, wurde zum Ausgangspunkt einer neuen Ästhetik. Dies bestätigte die alte Erfahrung, daß zwischen dem praktischen Zweck eines Gegenstandes und unserem Schönheitsgefühl, zwischen Nützlichkeit und Ästhetik ein enger Zusammenhang besteht. Die Fotografie schließlich, die zunächst die Malerei auf eine andere Ebene verdrängt hatte, war erstens das Medium, das die Entdeckungen der Naturwissenschaften im Makro- und Mikrokosmos sichtbar machte, zweitens schuf sie aber durch Detailvergrößerungen, Experimente mit Tele- und Weitwinkelobjektiven, Belichtung, Licht und Farben und mit ihren unbegrenzten Möglichkeiten der Collage und der raffinierten Retusche neue Perspektiven. Sie konnte mit ihren Gegenständen auch spielen, Körperteile isolieren oder auf ungewöhnliche Weise zusammenfügen. All dies ließ die Maler und Grafiker nicht unberührt, sondern beeinflußte die Kunst der Nachkriegsepoche nachhaltig. Auch auf diesem Gebiet war der amerikanische Einfluß erkennbar. Das hing damit zusammen, daß die Vereinigten Staaten aus ganz praktischen Gründen eine starke Anziehungskraft auf Europäer allgemein und auf Künstler im besonderen ausübten, von denen sich viele dort niederließen. In den Künsten hatte man es von jetzt an mit einem amerikanisch-europäischen Amalgam zu tun. Eine Kunstgeschichte, die sich strikt allein auf Europa beschränkte, wäre deshalb der Zeit nach 1945 nicht mehr angemessen. Die Unterschiede zwischen der Neuen und der Alten Welt sind nicht bedeutender als die zwischen den einzelnen westeuropäischen Ländern, und der Eiserne Vorhang unterbrach auch auf diesem Gebiet die Verbindung zu Osteuropa.

Daß der Avantgardismus im Machtbereich der Nazis als »entartet« gebrandmarkt worden war, hatte den Avantgardekünstlern so etwas wie die Aureole des Märtyrers verschafft, auch weil man prominente Künstler vertrieben oder kaltgestellt hatte. Dadurch erhielt er in den Augen der Gebildeten und Kunstbegeisterten eine zusätzliche ideologische und moralische Rechtfertigung, die sich auch auf die erwähnte Tatsache gründete, daß viele bekannte Avantgardisten Antifaschisten waren oder mit revolutionären Bewegungen sympathisierten. Daß dies allerdings nicht für alle ein geheiligtes Gebot war, hatten Künstler wie Derain, de Vlaminck oder Maillol gezeigt, die unbekümmert in Nazideutschland ausstellten, sobald sie die Möglichkeit dazu erhielten.[36] Künstler und Kunstkenner, die Antimodernisten und Konservative aus Prinzip waren, gerieten jedoch nach 1945 leicht in verdächtige Gesellschaft. Der Kunsthistoriker Hans Sedlmayr zum Beispiel, der die gesamte Moderne ablehnte, war ganz offenkundig nicht immun gegen den ästhetischen Katechismus des Nationalsozialismus gewesen. Wer sich auf den Geschmack des Durchschnittsmenschen berief, weil der nicht mit dem übereinstimmte, was die Modernen und ihre Anhänger unter wahrer zeitgenössischer Kunst verstanden, konnte von jetzt an durch den Verweis auf die Blut- und Bodenmystik und die Naziparole vom »gesunden Volksempfinden« diskreditiert werden.

Nach dem Zweiten Weltkrieg lebten und arbeiteten noch einige der bekanntesten modernen Künstler: Braque, Matisse, Chagall, Kokoschka, Beckmann. Ihr Werk galt inzwischen weltweit als exemplarisch für die moderne Kunst. Der Bekannteste und das Chamäleon unter den Modernen, Pablo Picasso, produktiv bis über sein neunzigstes Jahr hinaus, sollte die Kunstwelt noch drei Jahrzehnte mit immer neuen Metamorphosen in seinem Bann halten. Er äußerte sich mit mühelosem Eklektizismus in allen Stilen und parodierte sie damit zugleich. Stil verlor die innere Notwendigkeit, die ihm seit jeher seine Überzeugungskraft verliehen hatte. Er wurde hier zur »Manier«, der Picasso sich auf virtuose Weise bediente, und in der Mühelosigkeit seiner demonstrativen Verwandlungen übertraf er jedes Originalitätsstreben. Dabei machte er die Grenze der Kunst sichtbar, dort, wo der Nihilismus beginnt.

Die Vorkämpfer des Dadaismus und Surrealismus – Duchamp, Magritte, Masson, Dalí, Giacometti – waren ebenfalls noch voll und ganz präsent, produktiv und in den Augen des kunstbegeisterten Publikums außerdem durch den Bannfluch der Diktatur geheiligt. Abstrakte Kompositionen, Surrealismus und Konstruktivismus gaben somit auch in den vierziger und fünfziger Jahren den Ton an; natürlich machten immer wieder neue Persönlichkeiten von sich reden. Wer als moderner Künstler zählen wollte, wandte sich auf jeden Fall entschieden von jeglichem Naturalismus ab. Diese Tendenz und auch die zunehmende Unsicherheit des Publikums wurden erheblich durch die Erinnerung daran verstärkt, wie es in früheren Epochen den großen geschmähten Avantgardisten ergangen war. Hatte man nicht auch die Impressionisten und van Gogh zuerst beschimpft? War das Unverständnis der Welt für das ungewöhnliche Kunstwerk nicht ein Beweis für Genialität? Und bedeutete dies dann nicht, daß ein Kunstwerk um so genialer sein mußte, je mehr es die Menschen verblüffte?! Gerade deshalb wagte es von jetzt an niemand mehr ohne weiteres, die vielen mit Farbe und Leimtopf experimentierenden Künstler zu kreuzigen, was jedoch ironischerweise zur Folge hatte, daß deren Anspruch auf künftige Heiligsprechung zu verfallen drohte. Märtyrertum bleibt eine wesentliche Bedingung für die Heiligsprechung, auch in der Kunst. Malerei als getreue Nachahmung oder Abbildung der Wirklichkeit war obsolet geworden. Nicht, daß es keine Künstler mehr gegeben hätte, die nach der Natur arbeiteten. So schätzte man zum Beispiel trotz der Fotografie immer noch das (gemalte oder gezeichnete) Porträt, das der äußeren Erscheinung des Porträtierten, ob es ihm ähnlich ist oder nur knapp ein Wiedererkennen ermöglicht, eben doch etwas Besonderes hinzufügt, etwas vom Künstler selbst. Auch die traditionellen Landschaftsgemälde verschwanden keineswegs aus dem Handel und den Wohnzimmern.

Ein großer Teil des kaufkräftigen Publikums blieb im Grunde seines Herzens der mehr oder weniger naturalistischen oder impressionistischen Wiedergabe treu. Allerdings galt von jetzt an immer mehr: Wer als Kunstkenner auf der Höhe der Zeit sein wollte, hängte avantgardistische Werke an die Wand, auch wenn unmöglich festzustellen ist, wieviel genau an modernen und traditionellen Werken die Wohnzimmer und Salons zierte. Die ursprüngliche Distanz zwischen den Avantgardisten und dem breiten Publikum hatte sich im Laufe der Zeit auch ganz offensichtlich verringert. Man gewöhnte sich an das, was man am Anfang als bizarr, schockierend oder lächerlich empfunden hatte. Es war nicht zu bestreiten, daß Expressionisten, Kubisten und Konstruktivisten – wie auch immer man ihr Werk als Kunst einschätzte – zusammen mit der Fotografie und auch dank deren gewaltigem Aufschwung zur Entwicklung einer anderen Sehweise beigetragen und den Blick für die Gegenstände und ihre Details geschärft hatten. Die soziale Mobilität und das höhere Bildungsniveau begünstigten diese Gewöhnung, die durch ein modernes Museums- und Ausstellungswesen auch didaktisch unterstützt wurde. Eine neue Generation wuchs heran, für die Picasso, Chagall, Kokoschka, Matisse und Mondrian bekannte Namen waren, die sie ganz selbstverständlich als die großen Meister der modernen Kunst betrachtete. Daß trotz dieser Gewöhnung bei vielen Menschen eine gewisse innere Distanz zur Moderne nicht verschwand, könnte man aus dem nach wie vor überwältigenden Zustrom zu Museen und Ausstellungen mit den Meistern der Vergangenheit schließen, und van Gogh und die frühen Expressionisten waren vielleicht die letzten Vertreter dessen, was unumstritten war und von Menschen aus allen Schichten spontan als Kunst bezeichnet wurde.

In der verwirrenden Mannigfaltigkeit von Malern, die die avantgardistischen Traditionen fortsetzten, kann man eine grobe Einteilung in zwei Richtungen vornehmen, eine eher intellektuelle und eine ausgesprochen vitalistische – ein Dualismus, der die künstlerische Moderne von Anfang an beherrscht hatte. Zwischen dem Versuch eines Klee oder Kandinsky, die hinter den Phänomenen liegenden Muster oder höheren Ideen sichtbar zu machen und die Malerei aus ihrer Bindung an das Grobe, Äußere der Materie zu befreien, und der festlich-ausgelassenen Verherrlichung des sinnlich wahrnehmbaren Äußeren der Dinge bei de Vlaminck, Derain und anderen bestand ein Gegensatz, in dem sich ebenjener Dualismus schon gezeigt hatte: der Gegensatz zwischen vergeistigtem abstrakten und expressionistischem Werk. Dabei konnten auch innerhalb eines Stils, wie etwa des abstrakten, nichtgegenständlichen, noch ganz unterschiedliche Impulse und Intentionen im Spiel sein. War es dem Intellektuellen Kandinsky aus unverkennbar kulturpädagogischen Absichten um Vergeistigung der Kunst gegangen, so hatte bei Klee die abstrakte Komposition, sein sensibles Spiel mit Farben und Figuren, auch etwas mit Flucht zu tun. Er brachte dies unmittelbar mit den erschütternden Ereignissen seiner Zeit in Zusammenhang: »Je schreckensvoller diese Welt (wie gerade heute), desto abstrakter die Kunst, während eine glückliche Welt eine diesseitige Kunst hervorbringt.«[37] Kunst sollte, wiederum nach Klees Ansicht, das Unsichtbare sichtbar machen.

In der Nachkriegszeit erweist sich nun voll und ganz die faszinierende Wirkung der Technik, zum Beispiel in den abstrakten Stilleben und rein geometrischen Konstruktionen des Engländers Ben Nicholson, der sowohl von Mondrian als auch vom Picasso der kubistischen Phase beeinflußt war. Die Motive des Franzosen Pierre Soulages, eines anderen bekannten Repräsentanten einer Richtung, die man als konstruktivistisch-abstrakt bezeichnen kann – häufig Kompositionen mit dunklen Balken oder Streifen vor einer helleren Fläche – gehen zum Teil auf die romanische Baukunst zurück. Wie Mondrian ging es Soulages um die verborgene Struktur, den Rhythmus. Eine einsame Sonderstellung unter all den vielen Stilen nimmt der niederländische Grafiker und Designer Maurits Cornelis Escher ein, der ein technisch-konstruktivistisches Interesse mit surrealistischer Phantasie verband. So schuf er eine ganz einzigartige Welt, in der eine logische Antilogik gilt, so daß man seine Kunst noch am treffendsten als absurden Realismus charakterisieren kann. Nur ganz allmählich haben die ungewöhnlichen Aspekte und die Rätsel seines scheinbar so simplen und anspruchslosen Werks allgemein Aufmerksamkeit gefunden, weil sie außerhalb des eigentlichen Gebiets der bildenden Künste liegen.

Als Gegenbewegung zu der kühlen, intellektualistischen, auf Konstruktion und Dekonstruktion konzentrierten Richtung und der damit verbundenen Theoretisiererei bildete sich im Jahre 1948 die Gruppe Cobra (abgekürzt aus Kopenhagen, Brüssel, Amsterdam, wegen der niederländisch-belgisch-dänischen Zusammensetzung), Maler, die zu einem spontanen Erlebnis der sinnlich wahrnehmbaren Welt der Formen und Farben zurückwollten, wie Kinder sie empfinden. Männer wie Karel Appel, Asger Jorn, Christian Dotremont und Constant zeigten sich mit ihrer kräftigen Malweise und ihrem direkten Ausdruck ungewöhnlicher Vitalität in gewissem Sinne als Erben der frühen Expressionisten. Die Gruppe löste sich schon 1951 auf – inzwischen nichts Ungewöhnliches mehr bei dieser Art von programmatisch bestimmten Künstlerallianzen. Eher auf einer Linie mit den Surrealisten lag das Werk Graham Sutherlands – phantastische pflanzenhafte oder mineralische Ungetüme und Polypen, Wucherungen einer unheimlichen Natur oder unwirkliche, nicht weniger beängstigende technische Apparate, von denen eine unbestimmte Drohung auszugehen schien.

Die Akzentverlagerung vom Ergebnis auf den Schöpfer und sein Experimentieren mit Farbe und Material, die schon bei Max Ernst und Masson eine Rolle gespielt hatte, führte schließlich zum Entstehen von Schöpfungen, deren Wert man gerade in ihrer Unvorhersehbarkeit sah und in der spontanen Hervorbringung, die mitunter sogar Folge eines durch Drogen erreichten Trancezustands des Malers war. Nicht das Werk zählte, sondern die schöpferische Tätigkeit selbst. Wichtige Impulse kamen von der anderen Seite des Atlantiks, wie etwa die sogenannten »Drippings« des Amerikaners Jackson Pollock, die die Kunstwelt ab 1956 beschäftigten. Der Franzose Georges Mathieu hatte ähnliche Auffassungen wie Pollock, denen von Paul Klee diametral entgegengesetzt. Er bezeichnete es als Aufgabe der Malerei, Signale von Emotionen und psychischen Energien auszusenden.[38] So wurde Malen zu einer Art Leibesübung mit Pinseln über einem flachen Untergrund, auf den der Maler, im Rauschzustand springend und sich windend, seine Farbkleckse spritzte. »Die wesentliche Gebärde des Malers ist das Streichen und Schmieren; die zufälligen Kleckse, ungeschickten Fehler, Formen, die eindeutig nicht stimmen und der Wirklichkeit widersprechen, ich akzeptiere sie, weil man sich ihretwegen der Hand des Malers bewußt bleibt«, erklärte der französische Künstler Jean Dubuffet.[39] Man sang das Lob der bacchantischen Gemütsverfassung als der wahrhaft kreativen. Willem de Kooning, ein amerikanischer Niederländer, sprach vom Pinselstrich aus Fleisch und Blut, und seine Gemälde mit dicken, breiigen Strichen zeigen etwas, das gewöhnlich als abstrakter Expressionismus umschrieben wird.[40] Es sind undeutlich zu erkennende Figuren, zum Teil karikaturistisch oder schauerlich, zum Beispiel in seinen verschiedenen als »Women« auf den Markt gebrachten Schöpfungen. Wie schon bei den frühen Surrealisten übte die Welt des Unbewußten, des Paranormalen und Psychopathischen große Anziehungskraft aus. Die Psychiatrie hatte die therapeutische Wirkung des Malens und anderer künstlerischer Betätigungen wie Musizieren und Tanzen inzwischen anerkannt, und in den Werken von Patienten erkannten Künstler jene geheimnisvolle oder von Emotionen beherrschte primitive Erlebniswelt hinter oder unter der Normalität, die auch sie selbst suchten, um ihre Ursprünglichkeit und Kreativität zu erhalten. Der abwärts gerichtete Blick führte sie geradewegs in die Senkgrube des Menschlichen: zu Verbrechen, Sadomasochismus, Armut, Sucht, Schmutz, Krankheit und Tod. Von der überschwenglichen Vitalität der Expressionisten oder auch der Cobra-Gruppe, die etwas Festliches gehabt hatte, blieb dabei nur wenig übrig.

Die Faszination des Abgrunds hatte mehrere Ursachen. In dem Drang, in die Tiefe unbeherrschbarer, dunkler Kräfte hinabzutauchen, zu dem, was die auf Ordnung, Anstand und Hygiene bedachte Gesellschaft ausstieß, spielte zweifellos auch Unbehagen gegenüber einem immer mehr von der Technik beherrschten, immer stromlinienförmiger werdenden Dasein eine Rolle. Diese Faszination entsprach vollkommen der rebellischen, antibürgerlichen Tradition. Die Fähigkeit zu schockieren empfand man in der künstlerischen Moderne fast schon als obligatorisch. Hinzu kam der allgemeine Originalitätszwang. Originalität war unter der gewaltigen Last der Tradition, der Allgegenwart der für jeden zugänglichen klassischen Kunstwerke, zu einem unbedingten Gebot geworden – ein Problem, das schon seit Anfang des Jahrhunderts immer drückender auf den Schultern jedes modernen Künstlers lasten mußte. So geht man auch kaum zu weit, wenn man hinter der intensiven Beschäftigung mit dem Wahnsinnigen, Kriminellen und Widerwärtigen in vielen Fällen Ratlosigkeit sieht, das Bewußtsein, daß in der Malerei alles andere im Grunde schon gesagt war. Nur bis zum Boden der Grube vorzudringen, hatte man bisher noch nicht gewagt. Es kam aber noch etwas Wesentliches hinzu, und das waren die Informationen über das Inferno der Lager und Todesfabriken mit ihren satanischen Torturen. Hier hatte sich die Senkgrube des Menschlichen tatsächlich weit geöffnet, und das Wissen davon gehörte inzwischen zur Kultur und zum geistigen Rüstzeug jedes gebildeten Menschen. Was schon in den zwanziger Jahren einige Filme, Gemälde und literarische Äußerungen als düstere surrealistische Phantasmagorie heraufbeschworen hatten, war mit dem Terror der Diktatur in unvorstellbarem Ausmaß Wirklichkeit geworden. Ein Tabu, mit dem man das zügellose Monster im Menschen belegt hatte, war damit gebrochen worden. Es wäre naiv, die offenkundige Anziehungskraft zu leugnen, die sadomasochistische Lüste, Schamlosigkeiten und blutige Greuel künftig auf Künstler ausüben sollten, hinter der Fassade des Abscheus, zu dem die Moral jeden Menschen verpflichtet. Zwischen ihrer Phantasie und den inzwischen bekanntgewordenen Praktiken in Polizeiverliesen und Lagern gibt es direkt Verbindungen.

Die Kunsttheorie, die jede Art von Schein aus der Kunst verbannen wollte, eine in tieferen Schichten wurzelnde Ratlosigkeit, das Gefühl, daß die zweidimensionale Darstellung den Endpunkt ihrer Entwicklung und ihrer Möglichkeiten erreicht habe – das alles zusammen führte zum Entstehen einer neuen Kunstauffassung, der es nur noch um die (körperliche) Aktivität des Künstlers ging, dessen Warenzeichen nun seine frei und zwanglos produzierten Farbkleckse waren, was als Zeichen von Ehrlichkeit galt; aber dies war noch nicht alles: Schon mit den Collagen hatte ein Übergang von der rein malerischen Abbildung, die ja Nachahmung und damit illusionistisch war, zu (kleineren) Objekten in Natura stattgefunden. Die Grenze zwischen Zwei- und Dreidimensionalität verschwamm. Dabei drang die Welt des Kommerz, der Werbung und der alltäglichen Gebrauchsartikel in die Künste vor. Nun hatte sich zwar die moderne Werbung fast von Anfang an des Künstlers und seiner ästhetischen Verführungskünste bedient. Maler und vor allem Grafiker hatten mit dem Entwerfen von Plakaten regelmäßig ihren Lebensunterhalt verdient. Aber es hatte doch niemand die Ware, ein Abendkleid, eine Krawatte oder eine Flasche Wein, mit dem Plakat, das sie abbildete, und seiner möglichen künstlerischen Qualität verwechselt. Bei den Collagen wurden jetzt aber Streichholzschachteln, Bindfäden oder Stofflappen Teil eines Arrangements, das man als Kunstwerk präsentierte, als ob es sich um einen Rembrandt oder Cézanne handelte. Und damit wurde der Weg frei für die Pop-Art, die in den sechziger Jahren den Markt und die Ausstellungshallen erobern sollte, zuerst in Amerika, wo die Werbeindustrie das Alltagsleben früher und vollständiger in den Griff bekommen hatte als in Europa und wo diese Kunst nicht auf historisch bedingte Vorbehalte gegen eine platt materialistisch orientierte Gesellschaft stieß.

Der Avantgardismus in der Skulptur entwickelte sich mehr oder weniger in Entsprechung zur Malerei. Auch hier war das Zeitalter subjektivistischer Freiheit angebrochen: Der Schöpfer brauchte keine andere Legitimation als das Diktat seiner Phantasie. Bei den frühen Expressionisten ging es noch um den Kampf gegen den klassizistischen Akademismus, zum Beispiel bei Maillol, Lehmbruck, Barlach oder Kollwitz. Nach dem Vorbild Rodins hielten sie noch an der erkennbaren Figur fest, konzentrierten sich dabei jedoch ganz auf den Ausdruck, dem sie die (anatomische) Richtigkeit unterordneten. Barlach und Kollwitz stellten vor allem den leidenden Menschen dar, die Unterdrückten, das Proletariat, ihr hartes Los. Künstler wie der in Frankreich arbeitende Russe Ossip Zadkine oder der aus dem Baltikum stammende Jacques Lipchitz verzichteten auf jeden naturalistischen Schein zugunsten elementarer, eindeutig kubistischer Formen, und Archipenko, Boccioni und Duchamp wollten schon vor dem Ersten Weltkrieg sowohl das von Natur aus Statische der Skulptur als auch ihre selbstverständliche Identifikation mit dem Material überwinden. Sie erzielten bei einem Körper den Eindruck von Bewegung, indem sie wogende Körperteile gegeneinander verdrehten und so verschiedene Bewegungsstadien zugleich darstellten, und bezogen den leeren Raum als unverzichtbaren Bestandteil in die Komposition ein. Im großen und ganzen kann man die moderne Skulptur von da an in zwei verschiedene Richtungen einteilen: in Gegenständlich-Expressionistisches und rein Abstraktes; viele Künstler äußerten sich auch in beiden Stilen. Die expressionistische Skulptur verzichtete nicht auf die Verbindung zur Natur oder den Verweis auf die Natur. Die Deformation von Figuren und Haltungen oder ihre Reduzierung auf elementare plastische Formen – Kugel, Kubus, Quader, Zylinder – sollte die Aufmerksamkeit des Betrachters, statt sie mit äußeren Einzelheiten in Anspruch zu nehmen, auf das lenken, was der Schöpfer als das Wesentliche herausstellen wollte: das Spirituelle, die Idee (bei Lehmbruck zum Beispiel), oder gerade das Kompakte und Massive eines nackten Körpers (Rumpf, Gesäß oder Wellengestalt der *Serpentine* von Matisse) oder aber das Charakteristische einer Handlung oder einer Figur. Das Wesentliche wurde vergrößert. Radikale Vereinfachung, Akzentuierung des Symbolhaften, manchmal auch das Auslösen von Assoziationen mit etwas völlig anderem, Assoziationen, durch die der Gegenstand in einem universellen Zusammenhang erscheint, wie zum Beispiel bei dem Rumänen Constantin Brancusi, dessen Jünglingstorso eher einem Baumstamm mit zwei abgehackten Wurzeln gleicht – all das wurden Merkmale dieses plastischen gegenständlichen Expressionismus. Einige Künstler, wie etwa Brancusi und Barlach, griffen auf die primitive Kunst, vor allem aus Afrika, zurück, in der sie diese Konzentration auf das Wesentliche und die elementare Kraft und Einfachheit fanden, die sie suchten.

Die abstrakte Skulptur wiederum verzichtete auf jeden Verweis auf bekannte konkrete Gegenstände. Die Materie sollte die Visionen oder die verspielte Phantasie des Künstlers ausdrücken oder – ähnlich wie bei den surrealistischen Farbexplosionen – sich selbst und das für sie Charakteristische betonen, beispielsweise das Spiel von Licht und Schatten auf ihrer Oberfläche. Die Bildhauer experimentierten auch immer häufiger mit neuen Materialien: Neben den klassischen – Marmor und anderem Stein, Bronze, Holz, Ton und Gips – gebrauchten sie Stahl, Glas, Karton und allerlei andere buntgefärbte Stoffe. Damit hatte schon Archipenko begonnen.

Wir können in der Skulptur den gleichen Gegensatz erkennen wie in der Malerei: Das Konstruktivistische, Verstandesbetonte stand dem Vitalistischen gegenüber. Bis zu einem gewissen Grade deckt sich dieser Gegensatz mit dem eben schon erwähnten zwischen Expressionistischem und Abstraktem, obwohl man es hier nicht immer mit klar gegeneinander abzugrenzenden Erscheinungen zu tun hat (was übrigens auch für die Malerei gilt). Außer den traditionellen Inspirationsquellen der Natur gab es die der Technik, in deren Bann nun auch die Bildhauer gerieten. Das Abstrakte war letztlich oft nichts anderes als eine bizarre Mutation maschinenhafter Objekte, manchmal mit parodistischem Einschlag. Mit den Collagen hatte man ein Gebiet zwischen der Zwei- und Dreidimensionalität entdeckt. Der berühmteste englische Bildhauer, Henry Moore, ließ sich sowohl von technischen Apparaten als auch von mexikanischer Kunst und sumerischer Archaik inspirieren. Er verband konstruktivistische mit gegenständlichen Motiven. Zwischen dem Abstrakten und Gegenständlichen stand auch das Werk des französisch-schweizerischen Künstlers Hans (Jean) Arp, der gerne auf die Variationsmöglichkeiten und Effekte fließender Urformen zurückgriff: Kugel, Welle, Zylinder oder Ei. Die runden, glatten, vollen und prallen Figuren in Marmor oder anderem Stein, wie sie zum Beispiel Moore oder Arp schufen, verweisen auf die organische Natur, auf Körper und Körperteile. Deutlicher und betonter als bei Moore war der Rückgriff auf die archaische Kunst bei dem Italiener Marino Marini, so daß man bei ihm schon von Neoprimitivismus sprechen kann. Einen scharfen Kontrast hierzu bilden hingegen konstruktivistische Schöpfungen, die aussehen, als seien sie von Maschinenbaubetrieben ausrangiert worden, wie etwa bei dem russischen Emigranten Antoine Pevsner, oder die scharfen und spitzen metallenen Menschenfiguren des spanisch-französischen Künstlers Julio González. Die neuen industriell gefertigten Güter und

Apparate, die Europa überschwemmten, inspirierten viele Bildhauer zu phantastischen Konstruktionen, zum Teil in parodistischer Absicht, zum Teil als Experiment mit verschiedenen Materialien – abstrakte Kompositionen in Analogie zu abstrakten Gemälden, allerdings gleichzeitig konkret-stofflich und plastisch. In der Skulptur war offensichtlich der Freiraum für die Phantasie wahrhaft uferlos, weil man nicht an die Zweidimensionalität gebunden war, und das Spektrum reichte hier vom fächerartigen Spinngewebe Naum Gabos (Pevsners Bruder) bis zu einem scheinbar endlos rotierenden Band von Max Bill. Die traditionelle Skulptur verwandelte sich so zu einem unbegrenzten freien Spiel mit Formen und Material. So gab es auch bei dieser Kunst bald einen fließenden Übergang von Subjektivismus zu Humbug und Scharlatanerie. Der wurde oft durch scheinbar tiefsinnige oder Heiterkeit erregende Titel kaschiert oder betont, die den Betrachter verblüffen oder verwirren sollten. Der Durchbruch dieser Stilmittel in der Pop-Art der sechziger Jahre fiel also nicht vom Himmel. In den karikaturhaften Menschengestalten des Schweizers Alberto Giacometti – komisch ausgemergelte und absurd in die Länge gezogene Figuren, deren drahtige Körper nur geschaffen zu sein scheinen, um eine bestimmte Gebärde darzustellen – kann man fast Illustrationen zum absurden Theater sehen, beispielsweise in der Figurengruppe *Der Platz*, wo unwirkliche Wesen nicht miteinander, sondern aneinander vorbei kommunizieren, wie die Personen in Stücken Ionescos.

Neben den Schöpfern avantgardistischer Skulpturen und surrealistischer Konstruktionen gab es auch zahlreiche Bildhauer, die einer realistischen Darstellung treu blieben. Mehr als Maler oder Grafiker waren die Bildhauer auf den öffentlichen Raum angewiesen, auf Plätze und Parks, wo jeder ihre Schöpfungen sah, und Auftraggeber, kommunale Verwaltungen oder Komitees mußten darum oft Rücksicht auf die Bevölkerung nehmen. Dennoch machten sich allmählich gerade diese Organe zu Fürsprechern des Avantgardismus, vermutlich weniger aus innerer Überzeugung als aus Unsicherheit und Angst, von der Nachwelt als engstirnig und bürgerlich angesehen zu werden. Darum gewöhnten die Menschen sich nach und nach an moderne plastische Objekte auf Rasenflächen und in Grünanlagen oder bei repräsentativen Gebäuden, Objekte, die ihnen oft unverständlich waren und die sie in anderer Umgebung für kaputte Gebrauchsgegenstände gehalten hätten.

In der Musik kam es wie in der bildenden Kunst zu einer Spaltung in rationales, theorieorientiertes Komponieren und eine Richtung, der es in erster Linie um den Ausdruck von Emotionen ging. Die Voraussetzungen für das Entwerfen einer konsequent auf rein formalen Prinzipien aufgebauten Kunstform waren nirgendwo so gut wie in der Musik, wie Schönberg schon bewiesen hatte. Dies hing mit ihrer immateriellen Natur zusammen. Darum hatte die Musik auch immer schon faszinierende Übereinstimmungen mit der reinen Mathematik erkennen lassen, und in der Antike und im Mittelalter hatte sie zusammen mit Arithmetik, Geometrie und Astronomie zum Quadrivium gehört, zur gleichen wissenschaftlichen Fakultät. Zahlen und Zahlensymbolik hatten noch in der Zeit des Barocks, zum Beispiel bei Bach, eine kosmisch-religiöse Bedeutung gehabt. Klare mathematische Logik und mystische Glaubenswahrheiten – für das moderne Denken auf den ersten Blick zwei Extreme – reichten einander auf einer tieferen Ebene die Hand. Und auch beim Begründer einer neuen, extrem verstandesbetonten Musik, dem Franzosen Olivier Messiaen, spielte der mystische, religiöse Hintergrund eine wichtige Rolle. Inspiriert von griechischer und indischer Musik, gab Messiaen den Anstoß zur Erarbeitung eines strengen Regelsystems, der sogenannten seriellen Musik, die nicht auf dem Zwölftonsystem beruhte, sondern allein auf besonderen Reihen (»Serien«), die, abhängig vom Einfallsreichtum des Komponisten, für eine Komposition Toneigenschaften wie Tonhöhe, Tondauer, Klangfarbe und Intensität vorgaben. Anknüpfend an Kompositionen des späteren Anton Webern, wandten nach Messiaen vor allem die Komponisten Karlheinz Stockhausen, Pierre Boulez und Luigi Nono die serielle Kompositionstechnik an. Hier schien sich ein Ausweg aus der Sackgasse zu bieten, in die das tonale System und der Komponist durch die erdrückende Präsenz der klassischen Vorgänger geraten waren. In der Musik ist also eine ähnliche Intention wie bei der abstrakten Malerei und Skulptur zu erkennen, insofern als die Musik von jeglicher Bindung an materielle, »uneigentliche« und vor allem auch emotionale Elemente befreit werden und nichts anderem mehr unterworfen sein sollte als den Gesetzen eines gleichsam mathematischen, logisch aufgebauten Systems. Auch hier war die Technik von großem Einfluß. Die Maschine hatte nicht nur das Auge an neue Formen, sondern auch das Ohr an neue Geräusche gewöhnt. Wie sich Maler und Bildhauer von der Konstruktion und dem Material von Maschinen inspirieren ließen und die Welt der technisierten Gesellschaft und ihrer Werbung in ihr Gebiet einbezogen, so bemühten sich auch Komponisten, die Möglichkeiten der Technik zu nutzen. Vor allem in Experimenten mit neuen Geräuschen und Klangkombinationen sahen sie die Chance, Neuland zu betreten und drohender Stagnation und dem gefürchteten Epigonentum zu entgehen. In diesem Interesse am Phänomen des Klangs an sich kann man den bedeutsamsten Charakterzug moderner Komponisten sehen (er ist dem Interesse am Phänomen der Farbe bei avantgardistischen Malern verwandt). Dieses Interesse verdankte seine Entstehung technischen Erfindungen, dem Radio und vor allem dem Plattenspieler. Mit ihnen hängt auch eine Veränderung der Aufführungspraxis zusammen, da die Gewöhnung an Musik ohne sichtbare, anwesende Spieler wie etwa bei der Schallplatte zwangsläufig zu einer anderen Art des Hörens führte. In Frankreich propagierte Pierre Schaeffer eine sogenannte *Musique concrète*. Darunter verstand er eine Musik, die ganz normale Geräusche aus der Natur und der Welt der Maschine übernehmen sollte. Experimente mit Klängen, zum Teil nach Methoden der akustischen Wissenschaft, waren für Komponisten von jetzt an ein wesentliches Teilgebiet ihres Fachs. So veränderte zum Beispiel der Amerikaner John Cage den Klavierklang mittels Kork, Textilien, Glas, Metall oder Holz.

Im Bereich des reinen, asketischen Stils, der ausschließlich auf dem strengen Prinzip elementarer Reihen beruhte, schuf man zum Ausgleich Freiräume auch für den Interpreten. Bei Boulez konnten verschiedene Teile einer Komposition ausgetauscht werden, und man konnte eine Auswahl treffen. Dieses als »Aleatorik« charakterisierte Kompositionsverfahren (von lateinisch *alea*, Würfel, weil man das Ergebnis zum Teil dem Zufall überließ) läßt seine Verwandtschaft mit der malerischen Praxis der spontanen Farbkleckserei erkennen. Hier berührten einander die Extreme des rein Verstandesmäßigen und des Mystischen. Boulez und Cage versuchten nämlich auch, an Musik östlicher Kulturen anzuknüpfen, in der freie Improvisation in einem System fester Regeln üblich ist; bei Boulez kann auch die Instrumentation Assoziationen mit diesen Musikkulturen auslösen. Die Faszination, die von Religionen des Ostens ausging (bei Cage war es der Zenbuddhismus), war eine keineswegs bedeutungslose Begleiterscheinung, genau wie bei manchen Surrealisten.

War schon bei den Kompositionen in strenger Zwölftontechnik die Beziehung zu dem, was man seit jeher unter Musik verstanden hatte, recht kompliziert geworden, bei der seriellen Musik wurde diese Verbindung praktisch ganz aufgelöst. Wie durch die Entwicklung in den bildenden Künsten der Begriff »Kunst« ausgehöhlt wurde, so wurde auch der Begriff »Musik« problematisch. Hatte man es hier noch mit dem zu tun, was die Menschen seit der Antike und in allen Regionen mit dem Wort Musik verbunden hatten, mit dem Phänomen, dessen natürliche Quelle die menschliche Singstimme und das Lied gewesen waren, woraus alles andere entsprang? Handelte es sich nicht ausschließlich um Klangexperimente nach ausgeklügelten, strikt formalen Regeln, die nicht mehr dem unermeßlichen Kosmos harmonischer und rhythmischer Spannung und Spannungsauflösung entstammten, die in der menschlichen Seele Freude, Schmerz, Melancholie oder Rührung hervorrufen können? Konnte man von Musik sprechen, wenn, wie bei der elektronischen Musik, nicht einmal mehr Musiker beteiligt waren (höchstens ein Techniker) und damit das menschliche Medium wegfiel? Es ist bemerkenswert, daß nur technische Apparate, nicht Musiker, die seriellen Klangexperimente völlig einwandfrei den Regeln entsprechend wiedergeben konnten. Und es ist wohl kaum ein Zufall, daß Schaeffer, der Initiator der *Musique concrète*, von Haus aus Ingenieur war. Starke und dauerhafte Publikumsresonanz zu finden, ist der seriellen und elektronischen Musik, die zu sehr den Erfindungen aus den Laboratorien von Ingenieuren gleichen, nicht gelungen. Eine sogenannte Komposition wie John Cages *4' 33" [tacet]* von 1952 – der Pianist sitzt einige Augenblicke schweigend am Flügel – demonstrierte schon nichts anderes mehr als ein Umschlagen vom Experiment in Idiotie oder Clownerie, was allerdings Theoretiker der Moderne keineswegs davon abhielt, diese Hochstapelei mit Kabinettstückchen abstrakter Pseudophilosophie zu beehren. Die Konzertsäle waren weniger als die Museen von Direktoren oder Managern abhängig, die gerne etwas Neues und Ungewöhnliches bringen wollten, sie brauchten vor allem ein Publikum und ausführende Musiker. Die experimentelle Richtung florierte deshalb auch hauptsächlich dank eines snobistisch angehauchten Kreises von Geldgebern, dank der prinzipiell avantgardistisch gesinnten Kunstmandarine und der Presse. Komponisten wie Boulez, Nono und Stockhausen sollten im übrigen von der strengen Anwendung ihrer formalistischen Prinzipien teilweise wieder abkommen. Nono sah in der Musik schließlich sogar in erster Linie ein soziales Medium, das den Unterdrückten zu dienen habe. Sein Engagement äußerte sich in Werken wie *Sul porte di Hiroshima* und *Intolerance*. Er war Kommunist und fügte in manche Kompositionen gesprochene Texte ein, die in einer sozialrevolutionären Tradition standen. Für die Musik insgesamt viel fruchtbarer als das serielle Prinzip war die Verwendung neuer Instrumente und Instrumentenkombinationen. Vor allem ungewöhnliches Schlagwerk, Vibraphon, Marimbaphon und Gitarre sorgten für ein anderes Klangbewußtsein, wie etwa in *Le marteau sans maître* und anderen Werken von Boulez.

Neben den Radikalen, die die Grenzen dessen, was man normalerweise unter Musik verstand, überschritten, gab es auch Komponisten, die im Kielwasser jener eher vertrauten Moderne blieben, wie sie dank Strawinsky, Strauss und vielen anderen vor dem Krieg Einzug in die Konzertsäle gehalten hatte, Musik, aus der Tonalität und rhythmische Transparenz nicht verschwunden waren. Recht populär als Komponist von Vokalwerken wurde vor allem Benjamin Britten mit seinem *War Requiem* und einigen Opern. Es war jedoch hauptsächlich die zeitgenössische populäre Musik, die allgemein Resonanz fand und Erfolg hatte, weil sie offensichtlich den wirklichen emotionalen Bedürfnissen und musikalischen Vorstellungen der meisten Menschen entsprach. Das französische Chanson erlebte mit Edith Piaf und Patachou auch international eine neue Blüte. Und das amerikanische Musical eroberte mit *My Fair Lady*, *Annie Get Your Gun* und *West Side Story* auch Westeuropa. Das Musical mit seiner rauhen, unbefangenen Emotionalität und entsprechend handfestem Humor, ein Genre, das die Schönheitsfehler des Daseins nicht zu verbergen sucht, löste die europäische Operette ab, deren gewöhnlich etwas plüschige Sentimentalität und Bravheit der inzwischen vergangenen Zeit einer von bürgerlichen Anstandsnormen geprägten Welt angehörte.

9 Osteuropa: Kultur im Dienst von Partei und Doktrin

Die rigorose Abriegelung aller Länder, die in den Machtbereich der Sowjetunion und der Roten Armee geraten waren, führte außer auf politischem und wirtschaftlichem Gebiet auch kulturell zu tiefer Entfremdung zwischen West- und Osteuropa. Im Unterschied zum westlichen Teil des Kontinents, der zwar amerikanischem Einfluß ausgesetzt war, ja sogar unter amerikanischer Vormundschaft stand, sich im Grunde aber in der Auseinandersetzung mit der eigenen Vergangenheit und der gegenwärtigen Lage selbständig und frei entfalten konnte, wurde der östliche Teil von der Sowjetunion unerbittlich an die Kandare genommen und ohne Rücksicht in die eine vorgesehene Richtung gelenkt, die des sowjetrussischen Vorbilds, der kommunistischen

Parteidiktatur. Die Übernahme dessen, was man unter dem Begriff »Amerikanismus« zusammengefaßt hat, geschah im Westen freiwillig, und auch daß man die militärische und politische Führung durch Amerika akzeptierte, war in erster Linie durch die Erkenntnis der eigenen Schwäche und durch Schutzbedürfnis motiviert. Nicht das Diktat Washingtons, sondern das Fehlen überzeugender Alternativen schränkten bei den westlichen Staaten Freiheit und Freiwilligkeit ein. Es war eine Frage des eigenen Interesses. Dies war der entscheidende Unterschied, der bei der westlichen Selbstkritik, wie sie vor allem in den sechziger und siebziger Jahren in progressiven Kreisen sehr beliebt war, mehr oder weniger aus den Augen verloren wurde. Was nicht heißt, daß es, von einem späteren, makrohistorischen Standpunkt aus gesehen, gar keine gemeinsamen Trends gegeben hätte. Zum Beispiel führte das Nachrücken einer jüngeren Generation, deren Angehörige den Krieg entweder als Kind oder gar nicht erlebt hatten, in den sechziger Jahren nicht nur im Westen, sondern auch im Osten zu Veränderungen, und auch im Osten erhob sich Kritik an der herrschenden politischen und kulturellen Situation. Im Bewußtsein der Zeitgenossen waren jedoch die Polarität, die unüberbrückbaren Gegensätze das Ausschlaggebende, und dieses Bewußtsein bestimmte ihr Denken und Handeln auch noch in den rein kulturellen Sektoren.

Der Eiserne Vorhang hatte nicht nur die Funktion, dem Westen, der nach wie vor als imperialistische Bedrohung galt, als natürlicher Feind, alle Informationen vorzuenthalten und jeglichen Zugang zu verwehren; mindestens ebenso wichtig war es, die betroffenen osteuropäischen Völker, an erster Stelle das eigene russische Volk, vollkommen abzuschirmen und alle Kontakte unmöglich zu machen, die Zweifel an der Unvergleichlichkeit, Vortrefflichkeit und Überlegenheit der sozialistisch-kommunistischen Gesellschaft hätten säen können. Dies deutet auf eine realistische Einschätzung des westlichen Vorsprungs hin. Aber der Sowjetgesellschaft gehörte die Zukunft, und die Verheißung des unvermeidlichen Zusammenbruchs des Kapitalismus war ein zentraler Glaubensartikel der kommunistischen Doktrin und ein Lieblingsthema der Propaganda. Und natürlich blieb die Unterminierung dieses zum Untergang verurteilten Kapitalismus und die Unterstützung der Kräfte, die ihn von innen oder außen bekämpften, politisches Gebot. Das Sowjetimperium, das nach außen hin so bedrohlich und expansionistisch wirkte, wurde in erster Linie zu einer gigantischen Festung. Die

Politik Stalins blieb von seinem paranoiden Argwohn bestimmt, daß man seine Herrschaft untergraben wolle. Daran konnte auch die gewaltige Machterweiterung seines Reiches und die beispiellose Verherrlichung seiner Person als des triumphierenden Kriegsherrn, inzwischen geradezu eine Vergöttlichung, nichts ändern.

Bei diesem doktrinären antiwestlichen Kurs ging es in erster Linie um die Sowjetunion selbst. Hatte man während des Krieges die Zügel gelockert, was bei den Intellektuellen auch im Ausland Hoffnungen auf eine künftige Liberalisierung hatte aufblühen lassen, nach Kriegsende wurden sie mit eiserner Hand straffer angezogen als je zuvor. Wieder spielte Schdanow eine entscheidende Rolle: Verantwortlich für die gesamte Kulturpolitik, nahm er Anfang 1946 mit fanatischem Eifer die rigorose Reideologisierung der Künste und Wissenschaften und des öffentlichen Lebens in die Hand. Sein Tod im Jahre 1948 änderte nichts an dieser starren Linie. Natürlich kann der schon vor der deutschen Kapitulation entstandene Streit mit dem Westen, will man diese innenpolitische Verschärfung verstehen, nicht unberücksichtigt bleiben, aber das Entscheidende war doch die Überlegung, daß jetzt, da der faschistische Aggressor ausgeschaltet war, auch das diktatorische Regime als solches etwas von seiner Legitimation verlieren würde, wenn nicht ein neues Schreckbild auftauchte, das zur Wachsamkeit und zum Schließen der Reihen zwang. Dieses Schreckbild heraufzubeschwören gelang dank der marxistisch-leninistischen Doktrin und des grundsätzlichen Antagonismus von Sozialismus und Kapitalismus auf überzeugende Weise. Vermutlich (noch immer sind wir über die Motive des Kreml in diesen Jahren nur lückenhaft informiert) bestand auch die Sorge, daß die neuen Kriegshelden, die siegreichen Marschälle und die ruhmreiche Armee, eine allzu selbständige und populäre Macht neben der Partei werden könnten. Auch Kontakte mit der Bevölkerung der besetzten Territorien und mit deren Lebensstandard konnten die Disziplin untergraben und der Propaganda entgegenwirken, die das sozialistische Vaterland immer als Paradies darstellte und ein düsteres Bild von der Lage der Unterdrückten in anderen Teilen der Welt zeichnete. Trotz der strengen Isolation des russischen Soldaten sorgte Moskau für regelmäßigen Austausch der Besatzungstruppen, um einer möglichen geistigen Infektion durch den Auslandsaufenthalt vorzubeugen. Der kleine Arbeiter aus einer sibirischen Fabrik oder von einer Sowchose in Kasachstan fand in Wien oder Berlin, trotz aller Kriegszerstörungen und allen Mangels, eindeutige Spuren einer Welt, mit der verglichen seine eigene höchst rückständig und primitiv war.

Die Kulturpolitik war eine – soweit möglich – noch verschärfte Fortsetzung dessen, was in den dreißiger Jahren begonnen hatte. Das Werk von Intellektuellen, Schriftstellern, Publizisten und Geisteswissenschaftlern hatte ausschließlich, so lautete die unerbittliche Forderung, dem Kampf und der Zukunft des »Sozialismus« zu dienen, das heißt des Marxismus-Leninismus, wie die Führung ihn interpretierte, auch wenn es dabei wie vor dem Krieg immer wieder zu unerwarteten Schwenks und Korrekturen kam. Parteilichkeit im Sinne von kämpferischem Einsatz für Partei und Volk wurde ausdrücklich zum moralischen, wissenschaftlichen und künstlerischen Gebot erhoben. Was nicht dem allgemeinen Interesse und der Lobpreisung Sowjetrußlands, des Volkes und seiner Führer diente – das lief mehr denn je auf byzantinistische Beweihräucherung Stalins hinaus –, also die individuellen oder allgemeinmenschlichen Probleme und Themen und alles Streben nach »Objektivität« im Sinne von Überparteilichkeit, wurde als wertlos und irrelevant verurteilt. Es galt als Zeichen bürgerlicher Dekadenz, wenn Schriftsteller und Künstler sich mit solchen Dingen beschäftigten, ohne dabei eine Beziehung zur großen Sache des Volkes und des sozialistischen Kampfes herzustellen. Russischer Nationalismus, Leninismus und Stalinismus wurden zu einer unteilbaren Einheit – eine Verbindung, die der Kriegspatriotismus schließlich noch gefestigt hatte. Es war ein wirklicher nationaler Sozialismus, und diese Bezeichnung wäre viel korrekter hier anzuwenden als im Falle der deutschen Bewegung, die darunter ein für allemal in die Geschichte eingegangen ist. Deshalb wäre es auch kurzsichtig zu verkennen, daß mit all dem Aufwand an lautem nationalistischen Pathos ganz natürliche, tief eingewurzelte Empfindungen bei allen Menschen angesprochen wurden. Die Wunden, die die deutsche Aggression geschlagen hatte, Zerstörungen und Millionen Tote, waren viel zu schrecklich und das Leiden daran zu allgemein, um nicht das Gefühl nationaler Zusammengehörigkeit zu vertiefen. Im Westen, wo die deutsche Besatzung – obwohl sie sich dort längst nicht durch so barbarische und systematische Unterdrückung wie im Osten ausgezeichnet hatte – ebenfalls für lange Zeit ihre Spuren im Gedächtnis hinterlassen hat, wurde wegen des Kalten Krieges und der Furcht vor der kommunistischen Diktatur lange übersehen, unter welchen Traumata und Schreckbildern die russische Bevölkerung leiden mußte. Die Erfahrungen mit dem Feind lehrten, daß man der Außenwelt nicht vertrauen konnte und daß bleibende Wachsamkeit geboten war. Dies galt auch und in erster Linie für die Parteiführung selbst. Die rigorose Indoktrination und das Rühren der chauvinistischen Trommel hatten nicht nur instrumentellen Charakter, waren nicht nur vom Kreml erdachte Propagandastrategie; was hier instrumentalisiert wurde, waren vielmehr auch die eigenen Anschauungen und Feindbilder. Auch auf amerikanischer Seite und im Westen allgemein wurden die – an sich völlig echte – Beklemmung und Angst vor sowjetischer Expansion bald instrumentalisiert. Die Grundüberzeugung, daß das eigene System das einzig richtige sei, weil es sich wie kein anderes auf universelle menschliche Werte und eine universelle Moral gründet, führte dazu, hinter der Politik des Gegners nichts als heimtückische Machenschaften gewissenloser Usurpatoren zu sehen – wobei man unbewußt davon ausging, daß die Usurpatoren im Grunde die gleichen Werte und die gleiche Moral anerkennen mußten, denn diese waren schließlich universell –, während die Gegner, weil sie eben nicht die gleichen Werte anerkannten, ihre Politik auch nicht amoralisch finden konnten. Der Unterschied zwischen einem demokratischen System und einer Diktatur wird dadurch aber nicht kleiner. So, wie Feindbilder und aufrichtige patriotische Empfindungen von der Sowjetführung instrumentalisiert wurden, konnte es nicht den geringsten Freiraum für Diskussion oder auch nur für alternative Vorstellungen zu den Methoden des Kampfes gegen den stigmatisierten Feind geben. Jede Abweichung vom diktierten Kurs und jeder Zweifel wurde als verbrecherisch und verräterisch abgestempelt, mit allen entsprechenden Konsequenzen. Durch diese im Grunde defensive Haltung bedingt, erreichte die Verklärung der Nation und ihrer ruhmreichen Vergangenheit in der mit fester Hand gelenkten öffentlichen Meinung komische, absurde Ausmaße. Immer mehr bahnbrechende wissenschaftliche Entdeckungen und technische Erfindungen der Geschichte erwiesen sich jetzt als das Werk von Rußlands Söhnen. Wie kein anderes Land hatte Rußland Zivilisation und Fortschritt vorangebracht. Die Ausgeburten dieses lächerlichen Chauvinismus wurden natürlich zum Gegenstand entsprechender Witze, wenn auch vor allem im Ausland oder im geschlossenen, vertrauten Kreis. Aber die Feindschaft gegenüber dem Westen und die Betonung des Gegensatzes westlicher und russischer Werte – wenn diese jetzt auch fest in leninistischen Jargon verpackt waren – hatten eine lange Tradition und wurden auch von der Intelligenzija nicht abgelehnt. Wie immer fügte sie sich um der Selbsterhaltung willen. Und bei aller Knebelung und Kontrolle gab es auch Dinge, auf die alle stolz sein konnten, wie etwa der großartige Sieg über Hitlers Armeen. Außerdem wurde der gewaltige Rückstand nach den schrecklichen Zerstörungen bald aufgeholt, und im Jahre 1947 hatte die industrielle Produktion wieder das Vorkriegsniveau erreicht.

Den Naturwissenschaftlern und der technischen Elite stellte der Staat alle möglichen Mittel zur Verfügung: Der Kalte Krieg und der Wettlauf mit Amerika ließen deutlicher denn je erkennen, daß der Stand der technischen Entwicklung der entscheidende Machtfaktor war. Weil die Aufholjagd unbedingt gelingen mußte, konnte man auch nichts anderes tun, als den Experten freie Hand zu lassen. Deshalb reichte es, wenn sie zu gegebener Zeit die Standardformeln des kommunistischen Glaubensbekenntnisses hörbar rezitierten und ihre grenzenlose Verehrung für den großen Führer bekundeten, um sich nach dieser Pflichtübung wieder der eigenen Forschung zu widmen. Die Atomphysik hatte hier natürlich höchste Priorität, und im Jahre 1949, vier Jahre nach Hiroshima, verfügte auch die Sowjetunion über die Superwaffe, was das militärische Kräfteverhältnis mit einem Schlag veränderte. Ob hierbei geheime, von Spionen weitergegebene Informationen eine ausschlaggebende Rolle gespielt haben, ist noch ungeklärt. Im Wettlauf mit den Vereinigten Staaten unternahm man unverminderte Rüstungsanstrengungen und finanzierte alles, was mit der Entwicklung der neuen Waffentechnik zu tun hatte, auf Kosten aller anderen Sektoren und somit auch des allgemeinen Lebensstandards. Die Sowjetbürger fristeten trotz der unbezweifelbaren Fortschritte und der wirtschaftlichen Gesundung immer noch ein unvergleichlich viel ärmlicheres und kargeres Dasein als die Menschen in Westeuropa und sogar in den anderen osteuropäischen Ländern. Große Familien, die nur ein einziges Zimmer zur Verfügung hatten, waren keine Ausnahme, auch nicht unter Menschen mit höherer Bildung. Bei Kleidung und Nahrungsmitteln beschränkte man sich auf das Nötigste, und lange Schlangen vor den Geschäften gehörten zum Alltagsbild. Andererseits tat der Staat viel für Erziehung und Ausbildung, und die Zahl derer, die ein Universitätsstudium oder eine höhere Berufsausbildung absolvierten, nahm gewaltig zu. So wuchs stetig eine breite Schicht vor allem technisch-naturwissenschaftlicher, hervorragend ausgebildeter Spezialisten heran, die als die unentbehrlichen Stützen der kommunistischen Zukunftsgesellschaft fungierten. Dreißig Prozent der Bevölkerung bestanden aus Arbeitern, zwanzig Prozent aus technisch ausgebildeten Experten. Es entstanden allerdings nach und nach krasse Gegensätze zwischen dem Normalbürger und der Parteielite, den höheren Kadern der Apparatschiks, die auf Staatskosten zahlreiche materielle Vorteile und Privilegien genossen, beispielsweise Zugang zu besonderen Läden und Restaurants mit teuren, teilweise aus dem Westen importierten Waren, Sonderzuteilungen bei Nahrungsmitteln und Kleidung, teurere Autos und großzügige Landhäuser, die Datschen. Im Grunde war unter Hammer und Sichel eine neue Ständegesellschaft im Entstehen begriffen, die in vieler Hinsicht kaum hinter der einer fernen Vergangenheit zurückstand, mit der Einschränkung, daß die neue Klasse mächtiger Funktionäre, diese »proletarische Parteiaristokratie«, das Staatseigentum nur formal verwaltete und nicht wie der frühere Adel in erblichem Besitz hatte. Da unter dem Zarismus der hohe Adel die Kosten, die seine prestigeträchtigen Ämter mit sich brachten, zum größten Teil selbst hatte tragen müssen, war dieser Unterschied allerdings eher eine Frage der Etikettierung. Auch führende Wissenschaftler und besonders die unentbehrlichen technisch-wissenschaftlichen Spezialisten genossen besondere Förderung. Ihre Arbeit hatte Vorrang vor allem anderen, und die sowjetische Wissenschaft als Ganze bot deshalb auch den Anblick eines zerbrechlichen Körpers mit technologischem Wasserkopf. Alle Disziplinen, die nicht dem materiellen Wettbewerb mit dem Westen dienten, waren nämlich weitgehender Einmischung und Lenkung durch die Partei unterworfen.

In der Biologie blieb Stalins Favorit Lyssenko mit seiner Theorie, nach der genetische Eigenschaften durch das Milieu bestimmt sein sollten, bis zum Tod des Diktators als großes Orakel unangefochten. Dann bekamen die bis dahin zum Schweigen verurteilten Kritiker ihre Chance: Sie ließen an Lyssenkos System kein gutes Haar und versuchten, wieder Anschluß an den Westen zu finden. Da nach der Parteilehre auch die menschliche Psyche durch Gesellschaft und Klasse bedingt sein mußte, waren der Psychologie die Ausgangspunkte vorgegeben und unverrückbare Grenzen gesetzt. Der wahre klassenlose Sowjetmensch der Zukunft würde außerdem keine Traumata oder neurotischen Störungen und keinen Streß mehr kennen, so daß dieses ganze Fach zum Relikt einer bürgerlich-kapitalistischen Epoche wurde. Freud und die Psychoanalyse waren nach wie vor im Bann. Von großer Bedeutung, nicht zuletzt politisch, blieb hingegen die Erforschung menschlicher Reaktionsweisen auf der Grundlage einer Theorie, die von der Automatismenlehre Pawlows ausging. In den Wirtschaftswissenschaften ging es hauptsächlich um die korrekte Anwendung der vom Marxismus ein für allemal beschriebenen Gesetzmäßigkeiten. Einer der maßgeblichsten Ökonomen, Eugen Varga, kam im Jahre 1946 mit Bedauern zu der Feststellung, daß der große Zusammenbruch des Kapitalismus entgegen der Erwartung nicht vor der Tür stehe, daß man im Gegenteil erst mit einem Aufschwung rechnen müsse. Auch hielt er eine flexiblere Politik der Kapitalisten und Kompromißbereitschaft gegenüber den Arbeitern keineswegs für undenkbar. Diese, wie sich bald zeigen sollte, sehr zutreffende Erwartung kam der Parteiführung außerordentlich ungelegen. Sie stand in krassem Widerspruch zum Bild der rücksichtslosen Ausbeutung im Kapitalismus und damit zu den politischen Prämissen des Kreml. Varga wurde heftig kritisiert und fiel in Ungnade.

Den Geisteswissenschaften, Philosophie, Literatur-, Sprach- und Geschichtswissenschaft, war der Weg durch die Staatsdoktrin genau vorgezeichnet. Hier wimmelten die Veröffentlichungen von Zitaten aus Werken Marx', Lenins und Stalins, deren absolut unantastbare Lehre als Richtschnur diente. Die Aufgabe der Experten bestand nur darin, die Richtigkeit dieser Doktrin zu unterstreichen. Die Philosophie wurde als selbständige geistige Tätigkeit eigentlich überflüssig. Da der Marxismus-Leninismus ja schon im Besitz der Wahrheit war, konnte sie nichts anderes als Philosophiegeschichte sein, und man ersetzte sie durch die allgemeine obligatorische Schulung in korrektem marxistischen Denken. Obwohl man nicht ausschloß, daß der Marxismus-Leninismus als Methode grundsätzlich noch weiterentwickelt werden könne, standen die Endziele unverrückbar fest. Der wichtigste Auftrag der Philosophen war vielleicht noch, Lenins Kritik am Positivismus, seinen berühmten Empiriokritizismus, der aus der Zeit vor 1914 stammte, mit den Entdeckungen der modernen Naturwissenschaft in Einklang zu bringen. Damit standen sie vor einer ähnlich heiklen Aufgabe wie im Westen die Theologen, die versuchen mußten, diese Entdeckungen mit den christlichen Glaubensvorstellungen zu versöhnen, wenn auch die sowjetischen Philosophen nur den Abstand eines halben Jahrhunderts überbrükken mußten und nicht, wie die katholischen Theologen, die es mit den vatikanischen Lehrsätzen zu tun hatten, zwei Jahrhunderte. In anderer Hinsicht war die Arbeit der sowjetischen Philosophen allerdings wieder schwieriger, da sich die Philosophie im Westen um die Theologie weiter nicht zu kümmern brauchte, während sie in der Sowjetunion immer auf die Zustimmung der Partei angewiesen war. Damit mußten die Philosophen umzugehen lernen. Wenn Erstarrung drohte, sorgte die Parteiführung im übrigen mit ihren sporadisch vorkommenden plötzlichen Kurswechseln und neuen Direktiven für Abwechslung. Die Geschichtswissenschaft lag der politischen und ideologischen Zone noch am nächsten. Sie war unverzichtbar für das Entwerfen des erwünschten Bildes vom eigenen und von den anderen Ländern und für das nationale und sozialistische Selbstbewußtsein. Darum hatte sie die heikle Aufgabe, die Vergangenheit und somit auch das aktuelle Geschehen so zu beschreiben, daß letztlich alles auf den Sowjetstaat und seine Leistungen hin ausgerichtet schien. Auch den Historikern boten Marx, Lenin und Stalin mit ihren Urteilen die Richtschnur, mit deren Hilfe sie sich durch die Geschichte tasten mußten. Das heißt nicht, daß auf diesem genau vorgezeichneten Weg keine brauchbare wissenschaftliche Forschung verrichtet worden wäre. Auf dem unermeßlichen Feld der menschlichen Vergangenheit oder allein schon der eigenen, russischen Geschichte gab es noch genug unbekannte Zonen, wo sorgfältige Archivforschung das Wissen vermehren konnte. Bei einer weiter entfernten Epoche konnte man auch wenigstens teilweise auf die obligatorische politische Aussage und entsprechende Rhetorik verzichten. Außerdem konnte die marxistische Perspektive den Blick für zuvor vernachlässigte Aspekte und früher nicht gestellte Fragen schärfen, auch wenn das Ergebnis dann meistens wieder durch die dicke propagandistische Soße, die man unbedingt darübergießen mußte, verdorben wurde. Vor allem die Geschichtsschreibung über den Krieg enthielt viele nützliche Basisinformationen. Das heroische Pathos schloß die zutreffende Wiedergabe militärischer Fakten nicht aus. Als sowjetische Historiker wieder bei internationalen Kongressen erscheinen durften, traten sie allerdings in geschlossener Formation auf, sprachen alle wie aus einem Mund und gaben vorwiegend Standardformeln von sich; ihr Vorgehen wurde offensichtlich gelenkt und machte die Versammlung zum Propagandaforum. Ihre Haltung verhinderte jedes offene wissenschaftliche Gespräch. Vor allem die jüngste Geschichte seit der Revolution wurde auf die gröbste Weise zur höheren Ehre Stalins und seines Regimes verfälscht. Immer wieder steht man vor der Frage, inwieweit sich die betreffenden Historiker dessen bewußt waren. Bei den jüngeren, die im Geist der stalinistischen Wahrheit erzogen worden waren, konnten sich bestimmte Fragen gar nicht erst stellen oder irgendwie von der offiziellen Version abweichen, zum Beispiel Fragen nach der wirklichen Rolle Trotzkis und anderer von Stalin liquidierter Persönlichkeiten. Aber sogar innerhalb des allgemeingültigen, von ihnen gewiß als richtig akzeptierten marxistisch-leninistischen Rahmens mußten die Historiker hin und wieder mit Eingriffen höherer Stellen rechnen, die ihnen bestimmte Verdrehungen aufzwingen wollten. Die Entscheidung zwischen Wahrheit und Fügsamkeit wurde dann zu einer ganz persönlichen. Die vielen, die sich aus Gründen der Selbsterhaltung für den Gehorsam entschieden, konnten ihr Gewissen mit dem Gedanken beruhigen, daß die Partei letztlich am besten wissen müßte, welche besondere Geschichtsversion im Interesse des großen Ziels unumgänglich war.

Für die Literatur gab es nur eine einzige Aufgabe: ein heiteres Bild der Sowjetgesellschaft zu verbreiten, und zwar auf eine für das ganze Volk leicht faßliche Weise. Was aus diesem Rahmen fiel, und vor allem, was den Leser mit problematischen Aspekten des Lebens konfrontierte, war völlig fehl am Platz, denn es trug nichts zur Bereitschaft bei, entschlossen für die sozialistische Zukunft zu kämpfen. Gut und Böse waren so deutlich voneinander zu unterscheiden wie Tag und Nacht. Die unmittelbaren Kriegserfahrungen hatten zunächst noch ihren Niederschlag in Romanen gefunden, die ohne aufdringliche Tendenz ein realistisches Bild zeichneten. Aber Autoren von Rang, die etwas Persönliches zu sagen hatten, wie Anna Achmatowa oder Boris Pasternak, kamen bald auf den Index, wenn sie nicht schon indiziert waren. Andere wurden gezwungen, Teile ihrer Bücher umzuschreiben, wenn sie den Weg in den Buchhandel finden wollten. Gerade das Wertvollste konnte deshalb auch nicht veröffentlicht werden. Nicht alle Schriftsteller, die sich unterwarfen, waren jedoch unbedeutend. Obwohl beispielsweise Scholochow, ein Anhänger des Regimes, das Niveau seines früheren Werks wie etwa des monumentalen Romans *Der stille Don* nicht mehr erreichen sollte, konnte er sein Talent doch nicht verleugnen. Den vielen von trübseligem Skeptizismus, Aufsässigkeit, Zynismus oder bohrender Selbstkritik getränkten Werken im blühenden Westen, einer Literatur des abwärts gerichteten Blicks, stand in der Sowjetunion, wo das Alltagsleben von Mangel und Beschränkung gezeichnet war, eine Literatur des auf Kommando himmelwärts gerichteten Blicks gegenüber, eine literarische Monotonie, die sich durch forcierten Optimismus und eine simple Kinderbuchmoral auszeichnete.

In den übrigen Künsten war es grundsätzlich kaum anders. Auch sie hatten nichts anderes zu leisten, als auf ihre Weise die Größe Rußlands in Gegenwart und Vergangenheit zu feiern, die blühende Gesundheit des Sowjetvolkes und das Privileg, in einer sozialistischen Gesellschaft zu leben. Nicht nur der Stil, auch die Themen wurden von der Partei genau vorgegeben. Schriftsteller und Künstler, die Anschluß an die Entwicklungen im Westen suchten und sich empfänglich für westliche Einflüsse zeigten, wurden als »Kosmopoliten« an den Pranger gestellt. »Kosmopolitismus« wurde zum neuen Schimpfwort einer Kulturpolitik, die Slawophilie und leninistische Orthodoxie zur einzigen für jeden Intellektuellen oder Künstler erlaubten Gesinnung und den sozialistischen Realismus zum einzigen angemessenen Stil für jeden Maler oder Bildhauer erklärte. Auch dies wiederum soll keineswegs heißen, daß jedes Kunstwerk und jede Komposition, die vor den Augen der kompromißlosen Zensoren Gnade fanden, deshalb im Vergleich zu den Schöpfungen westlicher Künstler minderwertig gewesen wären. Für die Künste gelten naturgemäß viel weniger strenge und weniger klare Maßstäbe als für die Wissenschaften. Anders als viele Machwerke, die, begünstigt durch die beinahe unbegrenzte Dehnbarkeit des Kunstbegriffs, in dieser Periode im Westen entstanden, zeichnete sich die offizielle Sowjetkunst zumindest durch handwerkliches Können aus. Sie war dem naturalistischen Geschmack und dem Schönheitsempfinden der einfachen Leute näher als der Avantgardismus. Der Sowjetkunst mochten die schrankenlose Phantasie, der Forscherdrang und der frische Blick der bahnbrechenden Avantgardisten völlig fehlen, man kann ihr andererseits auch keine Scharlatanerie oder billige Originalitätssucht zur Last legen, wie nicht wenigem von dem, was im Westen auf den Wellen der Moderne auf den Markt geschwemmt wurde. Die russischen Bildhauer erlebten insofern gute Zeiten, als Krieg und Sieg ungeahnte Nachfrage nach Standbildern auslösten. In ganz Ost- und Mitteleuropa, bis Berlin, erhoben sich bald Monumente zum Gedächtnis, vor allem aber auch zur Verherrlichung und Verewigung des sowjetischen Kämpfers, meist in naturalistischem Stil mit einem gewissen Anteil von Expressionismus, manchmal beeindruckend durch ein heroisches Pathos, oft aber auch von jener grobschlächtigen Kolossalität, die im zwanzigsten Jahrhundert die unverwechselbare Handschrift jeder diktatorischen Ordnung war. In der Architektur herrschte der megalomane, neoklassizistisch angehauchte Stil vor, der traditionelle ästhetische Normen mit der Zurschaustellung moderner Technik und Macht verband und oft geringschätzig als Zuckerbäckerstil bezeichnet wurde. Das Ergebnis waren in Höhe und Ausdehnung imponierende Bauwerke wie die Moskauer Universität, das weithin sichtbare Wahrzeichen eines Imperiums, daß sich mit Nachdruck als Imperium des Volkes und für das Volk präsentieren wollte.

Die Komponisten mußten sich bei ihrer Arbeit an den Stil der russischen Volksmusik oder an konventionelle musikalische Mittel halten und auf jeden Fall etwas bieten, was leicht zu erfassen und zu akzeptieren war. Denkt man an die Auswüchse der experimentellen Musik, die den Zuhörer mit Kakophonie der schrillsten Art konfrontierte, kann man dieser Richtlinie nicht jeden Sinn absprechen. Alles in allem bieten die künstlerischen Hervorbringungen des sozialistischen Realismus in dieser Periode dennoch einen Anblick, der von Kraftlosigkeit, Klischee und Unwahrhaftigkeit geprägt ist. Und in den offiziell anerkannten musikalischen Werken konnten die bedeutendsten Komponisten niemals das ausdrückten, was sie ausdrücken wollten, und viele emigrierten in den Westen oder hielten sich zumindest auf Dauer dort auf.

Mit Stalins Tod im Jahre 1953 wurde unüberhörbar ein neues Zeitalter eingeläutet. Keiner seiner Nachfolger erlangte mehr eine Machtstellung, die mit der seinen vergleichbar gewesen wäre. Daß er durch einen Führer ersetzt wurde, der zwangsläufig eher Primus inter pares sein mußte, brachte auch ein weniger hartes Regime und infolgedessen Ansätze zu einer Lockerung der doktrinären Fesseln, die den Künsten und Wissenschaften angelegt worden waren. Diese Veränderung hatte vor allem zwei Gründe: Stalins Regime war auch wegen seiner sich immer weiter verschlimmernden Paranoia gerade für die Partei einschließlich der höchsten Kader zu einer Schrekkensherrschaft entartet; keine Position war sicher. Für seine Diadochen wurde es zum Hauptanliegen zu verhindern, daß sich jemals wieder jemand solch absolute Macht aneignen könnte. Der gefährliche Polizeichef Lawrentij Berija, den man derartiger Ambitionen verdächtigte, wurde deshalb von seinen Konkurrenten gemeinsam zu Fall gebracht und abgeurteilt. Außerdem weckte der Tod des allmächtigen Diktators vor allem unter Künstlern und Intellektuellen die Hoffnung auf Veränderung, und der Unmut über die ständige Einmischung der Bonzen äußerte sich deutlicher. Schließlich war es Nikita Chruschtschow, der aus einem einjährigen Tauziehen im Politbüro als stärkster Mann und unangefochtener Führer hervorging, ein robuster, energischer Politiker, bei dem sich Bauernschläue mit Kühnheit und Weitblick paarte. Da nun niemand Stalins blutige Säuberungspraktiken fortsetzen wollte oder konnte, mußte der neue Führer mehr Rücksicht auf das nehmen, was Partei und Bevölkerung bewegte; eine Lockerung war notwendig, die auch weiter unten spürbar wurde. Außerdem fand man internationale Entspannung wünschenswert, da der Rüstungswettlauf nur auf Kosten des allgemeinen Lebensstandards durchzuhalten war. Chruschtschow erhob darum Koexistenz zur neuen Devise: Kapitalismus und Kommunismus sollten in friedlichem Wettstreit nebeneinander existieren. Es war ein Signal, das auf amerikanischer und allgemein auf westlicher Seite mit angemessener Vorsicht beantwortet wurde. Es war eine sowohl von Realismus zeugende als auch in vieler Hinsicht spektakuläre Geste. Weil ein Atomkrieg heller Wahnsinn gewesen wäre, war Entspannung die einzig sinnvolle Politik. Aber das Eintreten für friedliche Koexistenz von Kapitalismus und Kommunismus hätte für Moskau eigentlich bedeutet, daß ein elementarer Glaubensartikel der marxistisch-leninistischen Doktrin und der massiven Propaganda, die den antiwestlichen Kurs des Kreml gerechtfertigt hatte, korrigiert werden mußte. Deshalb lag es nahe, in Chruschtschows Initiative in erster Linie einen taktischen Zug zu sehen oder zumindest eher eine durch die Pattstellung erzwungene, vorübergehende Änderung der Strategie als eine grundsätzliche ideologische Wende. Dieser Argwohn des Westens wurde noch dadurch genährt, daß die gewohnten antiimperialistischen Sticheleien keineswegs aus Presse und Parteijargon verschwanden. Außerdem trat die Sowjetunion nach wie vor in der ganzen Welt als natürliche Verbündete aller antikolonialen und revolutionären Bewegungen auf, die sich gegen die amerikanisch-westliche Weltordnung richteten. Aber ein flexiblerer Kurs und der Wille zur Eindämmung der gefährlichsten Konflikte war unverkennbar, wobei man es für eine sekundäre Frage halten konnte, was genau die Motive der neuen Führung waren.

Das Sowjetregime sah sich hier mit einem grundlegenden Problem konfrontiert. Die Lockerung, ein Ergebnis des Säuberungstraumas und der Erkenntnis, daß man dem Volk zusätzliche Gründe bieten müßte, sich mit dem Regime zu identifizieren, durfte die Parteidiktatur als solche – das Fundament des leninistischen Systems – nicht untergraben. Sobald jedoch der Druck nachließ, begann es überall zu rumoren. Das galt noch nicht so sehr für die Sowjetunion selbst, wo die Bevölkerung in Jahrzehnten gelernt hatte, sich mit einem System wie diesem zu identifizieren, wohl aber für die Satellitenstaaten. Die Hoffnung, die dort von den ersten Anzeichen milderer Luft geweckt wurde, entfachte den glimmenden Funken verdeckter Opposition bald zu einer hell lodernden Flamme. Das Grundmuster eines neuen Teufelskreises bildete sich heraus: von der Spitze ausgehende, vorsichtige Reformen, umgehend auflebende Opposition mit wachsender Dynamik, drohender revolutionärer Ausbruch, erneute Unterwerfung und reaktionärer Rückfall! Im Grunde war das Sowjetregime damit in offenkundigem Widerspruch zu seinem ideologischen Ursprung und seiner Rhetorik zu einem starren Konservatismus verurteilt, wenn es nicht Selbstmord begehen wollte – eine verhängnisvolle Lage, in die allerdings die meisten reaktionären Regime in der Geschichte irgendwann geraten waren. Die ständige Konfrontation mit diesen zwei Extremen, harte Diktatur oder offene Rebellion, stellte Moskau vor eine Aufgabe, die sich als unlösbar erweisen sollte. Schon 1953 (dem Jahr von Stalins Tod) kam es in Ostberlin zu einem Arbeiteraufstand gegen das Regime Ulbrichts, dieser engstirnigen, mürrischen Marionette Moskaus, einem Aufstand, der nur mit Hilfe russischer Panzer niedergeschlagen werden konnte. 1956 sollten Polen und Ungarn und 1968 die Tschechoslowakei folgen. Der Ablauf war grundsätzlich immer gleich, so unterschiedlich jeweils auch die konkreten Anlässe und Umstände sein mochten.

1956 glaubte Chruschtschow fest genug im Sattel zu sitzen, um – wenn auch erst noch ganz im geheimen und nur in der Parteispitze – die Abrechnung mit den Gewaltmethoden des toten Diktators und einen Angriff auf dessen Personenkult zu wagen. Dieser Kurs, der als »Entstalinisierung« bekannt wurde, war letztlich eine Flucht nach vorn, ein Versuch, die mittlerweile besorgniserregende Kluft zwischen Partei und Bevölkerung zu schließen und den gesellschaftlichen Kräften, die weniger Bevormundung durch die Partei forderten, den Wind aus den Segeln zu nehmen. Eine Änderung der Prioritäten und die Bemühung, den allgemeinen Lebensstandard zu erhöhen, waren sinnvolle Bestandteile dieser Politik. Das kommunistisch-leninistische Ideal wurde dabei nicht angetastet. Im Jahre 1960 ging Chruschtschow noch einen Schritt weiter: Er deckte Untaten Stalins auf, beschuldigte ihn grober Fehler und trat für eine Rehabilitierung von Opfern ein, die allerdings auf gläubige Kommunisten beschränkt blieb. Wirkliche Meinungsfreiheit wurde nicht gewährt, und Kritiker blieben in Gefangenschaft oder wurden strenger Überwachung unterworfen und auf diese Weise mundtot gemacht. Die Straflager blieben bestehen, von jetzt an landeten unliebsame Elemente aber auch in psychiatrischen Kliniken, während sie zuvor entweder spurlos verschwanden oder nach Scheinprozessen erschossen wurden. Dennoch wagten sich diese unliebsamen Kritiker, jetzt Dissidenten genannt, nach Chruschtschows Abrechnung mit Stalin weiter vor. Schriftsteller und andere Intellektuelle traten mit Gedanken an die Öffentlichkeit, die nicht im Rahmen dessen blieben, was die Instanzen verordneten, und lockten bei offenen Diskussionsveranstaltungen Tausende von Interessenten an. Eine jüngere Generation meldete sich zu Wort, die nicht einsah, warum man von der Bürokratie an so kurzer Leine gehalten wurde. Dabei ging es keineswegs um ketzerische oder antikommunistische Ideen. Höchstens behandelte man literarische oder allgemeine Themen, die nicht auf der Liste der obligatorischen Programmpunkte standen. Was sich hier offenbarte, war das Streben nach einer erneuerten, menschlicheren kommunistischen Gesellschaft. Der Kreml hatte einen Eiertanz begonnen: Gab er einerseits von offiziellen Instanzen nicht gelenkten Aktivitäten mehr Raum, faßte er die selbständigen Intellektuellen andererseits wieder hart an, sobald sie sich offenkundig zu weit von der Orthodoxie entfernten.

Chruschtschows Vorgehen lief sowohl im Inneren als auch in der Außenpolitik auf einen riskanten Erkundungszug hinaus, bei dem es immer wieder zu hochgefährlichen Situationen kam, die er dann wieder zu beruhigen suchte. Es war eine Politik der ausgestreckten Hand und der geballten Faust, beides wechselte sich ständig ab. Er brachte Bewegung in die erstarrten Fronten, in das auch auf westlicher Seite phantasielose, in den Kategorien des Kalten Krieges befangene Denken, aber er riskierte auch mehrmals eine Konfrontation mit den Vereinigten Staaten. Das begann, als er im Jahre 1958 die Verwaltung der sowjetischen Zone Berlins der DDR übertrug und von den Westmächten forderte, sich ebenfalls aus Berlin zurückzuziehen, was natürlich das Ende der Freiheit Westberlins bedeutet hätte. Gefährlich wurde es aber vor allem, als er im Oktober 1962 von Kuba aus, das nach der Revolution Fidel Castros kommunistisch geworden war, Amerika mit Raketen bedrohen wollte. In beiden Fällen mußte er klein beigeben. Die Westalliierten ließen sich von seinem Berlin-Ultimatum nicht einschüchtern, und als die geheimen Raketenabschußrampen auf Kuba entdeckt wurden, blieb den Sowjets nach entsprechenden Drohungen des amerikanischen Präsidenten Kennedy nichts anderes übrig, als sie wieder abzubauen, wenn sie es nicht auf eine bewaffnete Auseinandersetzung ankommen lassen wollten. Und dies wollten und konnten sie nicht. Die Kubakrise brachte die Welt näher an den Rand eines Atomkrieges als irgendeine andere. Gerade das Bewußtsein, daß man einen Moment in den dunklen Abgrund geblickt hatte, führte jedoch eine Wende herbei. Washington und Moskau richteten eine direkte Telefonverbindung ein für den Fall, daß in der Zukunft noch einmal eine ernste Krise eintreten sollte. Nachdem Chruschtschow mit der Entstalinisierung schon einige innere Unruhe und Aufregung verursacht hatte, wurden ihm der Rückzug und die offene politische Niederlage schließlich zum Verhängnis. 1964 brachte man ihn zu Fall. Das neue Führungsduo Leonid Breschnew und Alexei Kossygin (mit dem ersten als dem starken Mann) war vor allen Dingen auf Stabilisierung aus. Die Entstalinisierungspolitik wurde beendet und in der gewiß realistischen Einschätzung, daß weitere Reformen die Fundamente erschüttern würden, durch ein starres Regime ersetzt. So bot der Sowjetstaat von der zweiten Hälfte der sechziger Jahre an nach außen hin das Bild ideologischer und politischer Unbeweglichkeit. Die dynamischen Kräfte – im Westen, vor allem in der Dritten Welt, in den entkolonisierten Ländern, und innerhalb des Sowjetimperiums selbst – störten jedoch ständig die Ruhe und bedrohten die Stabilität.

Die Veränderungen unter Chruschtschow, besonders die Rehabilitation von Opfern Stalins wie etwa der Autoren Babel und Bulgakow und die großzügigere Zulassung westlicher Literatur, hatten unter Intellektuellen, Schriftstellern und Künstlern den Drang zu freierer Äußerung enorm verstärkt. Zum ersten Mal wurde deutlicher Widerstand spürbar, nicht gegen den Marxismus-Leninismus, aber gegen die Bevormundung durch die Partei. So behandelte Wladimir Dudinzew 1956 in *Der Mensch lebt nicht vom Brot allein* den Gegensatz von technischer Intelligenz und Parteibonzen, die er als Klasse für sich darstellte. Zahlreiche junge, talentierte Schriftsteller sorgten in Lyrik und Prosa für frischen Wind. Die literarischen Zeitschriften beschäftigten sich wieder mit Formfragen, statt immer nur die Weisheiten Lenins, Stalins und der Partei wiederzukäuen. Aber bald zeigte sich auch, wie begrenzt die Freiheit der selbständig Denkenden noch war. Der große Roman Pasternaks, *Doktor Schiwago* – ein politisch neutraler Held, weder Kommunist noch Antikommunist –, konnte zunächst (1957) nur in italienischer Übersetzung veröffentlicht werden. Pasternak mußte 1958 den Nobelpreis ablehnen, der ihm vor allem für dieses Buch zuerkannt worden war, und wurde von der Presse und vom Sowjetischen Schriftstellerverband übel verleumdet und als Verräter beschimpft. Andere Autoren, die von der Linie des Erlaubten abwichen und deshalb nur im Westen publizieren konnten, wie Juli Daniel und Andrei Sinjawski, wurden im Jahre 1966, als die Entstalinisierung abgebrochen worden war, zu mehrjähriger Zwangsarbeit verurteilt. Dennoch war die jüngere Generation offensichtlich weniger folgsam, weniger bereit, sich den offiziellen Direktiven zu fügen. Lyriker wie Jewgeni Jewtuschenko bekannten sich zu ihrem Individualismus und wurden auch im Westen bekannt. Der Schriftsteller Juri Kasakow schrieb statt eines Epos über das gesegnete Dasein des Sowjetmenschen eine Erzählung über einen blinden Hund, was kein überzeugender Beitrag zur Verwirklichung des kommunistischen Ideals war. Die offiziellen Repräsentanten der schreibenden Zunft und die alten Stalinisten unter den Autoren wüteten heftig gegen diese Art unerwünschter Literatur, aber das Rad konnte nicht zurückgedreht werden. Das prominente Sprachrohr der Partei im Schriftstellerverband, Alexander Fadejew, beging Selbstmord. Das weitaus meiste Aufsehen erregte Alexander Solschenizyn 1962 mit der Veröffentlichung seines Buches *Ein Tag im Leben des Iwan Denissowitsch*, das weltweit viel Resonanz fand. Zum ersten Mal wurde in der sowjetischen Literatur das System der Straflager angeprangert, ja die Existenz dieser Lager überhaupt erwähnt – ein unmißverständliches Zeichen der mentalen Veränderung. Die Veröffentlichung löste zwar eine wütende Reaktion der zuständigen Instanzen aus, die 1964 Solschenizyns nächstes Werk, *Der erste Kreis der Hölle* (ebenfalls über die Lager), beschlagnahmten, aber der Autor war mit einem Schlag berühmt geworden, und sein Buch wurde im Westen veröffentlicht. Das Aufsehen, das Solschenizyns Bücher im Ausland erregten, hat gewiß dazu beigetragen, daß man ihn nicht gleich so hart anfaßte wie andere Autoren. Kämpferisch und unbeugsam wie er war, nutzte er seine Position, um sich für Freiheit und Menschenrechte einzusetzen. Nach entsprechenden Schikanen brachte ihm dies 1974 schließlich doch noch eine Verhaftung ein, aber er war inzwischen schon zu einer solchen Symbolgestalt geworden, daß man ihn bald in den Westen abschob. Seinen weltweiten Ruhm verdankt Solschenizyn letztlich weniger der literarischen Qualität oder visionären Kraft seines Werkes als den gnadenlosen Enthüllungen über das System der Lager, das dank seines Dokumentarwerks von jetzt an allgemein unter dem Namen Archipel GULag bekannt war. Solschenizyn behauptete auch, daß das Lagersystem schon von

Lenin geschaffen worden sei. Dies widersprach der offiziellen Geschichtsversion völlig, denn zu dieser gehörte die grundsätzliche Unterscheidung zwischen dem Werk des nach wie vor sakrosankten Staatsgründers und den üblen Praktiken Stalins, eine Unterscheidung, die nach der Entstalinisierung besonders für Marxisten und Fellow-travellers im Westen noch zu den Glaubensartikeln gehörte. Die Kontinuität, auf die Solschenizyn hinwies, ist inzwischen von der Mehrheit der Historiker in Ost und West – wenn auch mit unterschiedlichen Akzenten – anerkannt worden. Solschenizyn wurde als unschätzbarer Kronzeuge des westlichen Antikommunismus gefeiert. Sein Ruhm demonstriert die Politisierung der Literatur im zwanzigsten Jahrhundert, die leicht zur Verwechslung literarisch-künstlerischer mit ideologisch-politischen Kriterien führen kann. Es zeigte sich übrigens, daß Solschenizyn die westliche Gesellschaft beinahe mit der gleichen Strenge verurteilte. Sein kompromißloses und unbestechliches Ethos war offensichtlich nicht von kosmopolitischem Humanismus oder aufgeklärtem Liberalismus inspiriert, sondern eher von nationalistisch-panslawistischer Religiosität und dem entsprechenden Sendungsbewußtsein. Die Sowjetliteratur allgemein bot indessen in den sechziger und siebziger Jahren, allen antimodernistischen Invektiven und Zwangsmitteln zum Trotz, wie die anderen Künste einen erheblich farbigeren Anblick.

Dies galt auch für Malerei und Skulptur. Die Künstler orientierten sich mehr am Westen und hatten offensichtlich genug vom sozialistischen Realismus. Chruschtschow geriet in Zorn, als ihm klar wurde, wohin dies alles führte, und 1962 überschüttete man die dreisten Künstler mit unflätigen Beschuldigungen und zog die Zügel wieder an. Die unorthodoxen Maler und Bildhauer führten einen nach westlichen Maßstäben frühexpressionistischen Stil ein, und dank privater Unterstützung konnten die so scharf getadelten Künstler auch ohne staatlichen Zuschuß arbeiten und ausstellen. In der Musik brach eine Zeit an, in der führende Komponisten wie Prokofjew, Mjaskowski und Schostakowitsch wieder bedeutende symphonische Werke komponieren und zu Gehör bringen durften. Überdies standen das russische Musikleben und besonders die Konservatorien technisch und künstlerisch auf sehr hohem Niveau, und das bekannte klassische und romantische Repertoire wurde jetzt um moderne Werke westlicher Komponisten ergänzt. Virtuosen wie David Oistrach, Swjatoslaw Richter und Mstistlaw Rostropowitsch zählten zur Weltspitze. Der Donkosaken-Chor war im Westen eine

Attraktion und diente wie das Bolschoi-Ballett als wirkungsvolles Aushängeschild. Beim Film kamen jetzt spannendere Produktionen heraus, die auch im Westen Eindruck machten, wie etwa Michail Kalatosows *Wenn die Kraniche ziehen* (1957) und *Die Ballade vom Soldaten* (1959) von Grigori Tschuchrai. Als die für jedes Kunstwerk obligatorische doktrinäre Glasur weniger dick aufgetragen wurde, gelang es, die Erfahrungen mit dem Krieg und seinen Folgen und allgemeinmenschliche Erfahrungen von Schmerz und Verlangen überzeugend darzustellen.

Die osteuropäischen Länder unter sowjetischer Herrschaft, die nach einer Übergangsperiode, in der andere linke Parteien noch geduldet waren, von 1947/48 an schließlich alle der stalinistischen Parteidiktatur unterworfen wurden, hatten sehr unterschiedliche nationale Traditionen und Kulturen. Trotz der äußerlichen Einförmigkeit der von Moskau eingesetzten Regime, die im großen und ganzen alle die gleichen ideologischen und praktischen Richtlinien befolgen mußten, ließen sich die historischen Unterschiede in Tradition und Mentalität nicht ausmerzen. Was für die Menschen in der Sowjetunion wenigstens ein aus der eigenen Geschichte, der eigenen Revolution hervorgegangener Staat war – ein Wissen, das zusammen mit dem Stolz auf den Sieg über Nazideutschland und die unverkennbaren Fortschritte auf dem Gebiet von sozialer Emanzipation, Modernisierung und Technik der Unfreiheit etwas von ihrer Härte nahm –, konnte für die anderen nur ein Regime sein, das ihnen von einem übermächtigen ausländischen Staat aufgezwungen worden war.

Polen hatte während der deutschen Besatzung den ungeheuerlichsten Terror und eine drastische Veränderung des staatlichen Territoriums erduldet. Hier gab es eine historisch bedingte Russophobie, das Land war stark auf Frankreich und die französische Kultur ausgerichtet und hatte im Kampf gegen Nazideutschland Hunderttausende von Menschen verloren, darunter Soldaten in den alliierten Armeen und viele, die sich am Widerstand beteiligt hatten. Stalin hatte die Londoner Exilregierung und ihre Anhänger ausschalten können, die zusammen mit der nationalen Widerstandsbewegung den weitaus größten Teil des Volkes repräsentierten. SS und Wehrmacht wiederum hatten 1944, nach dem großen Warschauer Aufstand, durch die Vernichtung des hervorragend organisierten bewaffneten Widerstands Stalins gefürchtetsten innerpolnischen Konkurrenten aus dem Weg geräumt. Ein großer Teil der Intellektuellen der Vorkriegszeit und der potentiellen polnischen Führungselite war schon von Hitlers Handlangern und in dem von den Sowjets übernommenen Gebiet von denen Stalins ausgerottet worden. Drei Millionen polnische Juden waren ermordet worden. Kein anderes Land hatte, was den Anteil der Opfer an der Bevölkerung angeht, einen so grauenhaften Tribut gezahlt. Obwohl es unbeweisbar ist, bleibt es äußerst unwahrscheinlich, daß in diesem Land mit seiner katholischen Bevölkerung bei freien Wahlen die vollkommen moskauhörigen Kommunisten jemals an die Macht gekommen wären. Dank der Panzer der Roten Armee konnten sie jetzt nach und nach alle Konkurrenten ausschalten. Wie zuvor in der deutschen Literatur entstand nun auch in der polnischen ein tiefer Riß, denn ein Teil der Schriftsteller verließ das Land oder hatte es schon verlassen. Dieses Phänomen war auch in anderen osteuropäischen Ländern zu beobachten. Emigrantenliteratur ist eine Begleiterscheinung jeder Diktatur und darum auch ein charakteristisches Merkmal der Kultur im zwanzigsten Jahrhundert. Dies bedeutet jedoch nicht, daß es unter dem Regime keine eigenständige Entwicklung gegeben hätte. So fühlten Schriftsteller sich jetzt zur Abrechnung mit der stark rechtslastigen, autoritären und wenig demokratischen Vorkriegsgesellschaft ermutigt, etwas, das sozial Engagierten tatsächlich am Herzen lag. Bücher wie Tadeusz Borowskis Erzählungen über die (deutschen) Lager, Jerzy Andrzejewskis *Asche und Diamant* (1948, verändert 1956) oder Tadeusz Brezas *Die Mauern von Jericho* (1946), ein Roman über die polnischen Verhältnisse in der Vorkriegszeit, paßten zu dieser Tendenz zu literarischer Demaskierung der älteren Generation und der bürgerlichen Gesellschaft, wie sie auch in Westeuropa Beifall fand. Die kulturellen Bindungen an den Westen wurden im übrigen niemals völlig zerstört. Nach Stalins Tod meldeten sich kritische Intellektuelle und andere Unzufriedene lauter und furchtloser zu Wort, innerhalb wie außerhalb der Partei. Im Jahre 1956 löste der marxistische Reformer Wladyslaw Gomulka die harten Stalinisten in der Führung ab, und die Folge war eine kräftige kulturelle Belebung und Erneuerung. Jetzt zeigte sich, daß der westliche Avantgardismus nicht an den polnischen Intellektuellen und Künstlern vorübergegangen war. Der Dichter Adam Wazyk, dessen Werk stark vom französischen Surrealismus beeinflußt war, beschrieb 1955 in *Ein Gedicht für Erwachsene* freimütig die Mißstände in der polnischen Gesellschaft. Ein anderer Autor, Slawomir Mrozek, hatte sogar schon früher, seit 1951, unter anderem in absurden Theaterstücken in scharfem satirischen Ton die Ideologisierung der Gesellschaft und die Politik lächerlich gemacht. Später ließ er sich wie viele andere im Westen nieder. Dies galt ebenso für Marek Hlasko, auch als zorniger junger Mann Polens bezeichnet, der die polnische Realität anprangerte und dabei (wie John Osborne) nicht zuletzt durch seine rohe, vulgäre Sprache provozierte. Er erhielt 1957 schließlich Publikationsverbot.[41] Was bei aller Unterschiedlichkeit in diesen und anderen literarischen Werken im Vordergrund stand, war vor allem das alltägliche Elend, das Leiden der Menschen und ihre Sehnsucht nach Glück.

Der Belebung der Literatur, dem Bemühen, Anschluß an die westliche Moderne zu finden, entsprach die Entwicklung in den anderen Künsten. Der neue antistalinistische Parteiphilosoph Adam Schaff war sogar der Ansicht, die Kontrolle der Partei solle sich auf die Sozialwissenschaften beschränken. Maßgebliche Wissenschaftler hatten darauf hingewiesen, daß die Wissenschaften, eingezwängt in das Korsett eines starren Dogmatismus, ernstlich Schaden nehmen mußten. Westliche Zeitungen und Buchveröffentlichungen waren in Polen bald verhältnismäßig gut zugänglich. Was die Liberalisierungstendenzen und die Entstalinisierung anging, war Polen eindeutig führend, und in Moskau sah man diese Toleranz mit Besorgnis. Außerdem war die katholische Kirche nach wie vor eine Macht, mit der man rechnen mußte. Der Staat hatte sie zwar aus den öffentlichen Institutionen und dem Bildungswesen, aber keineswegs aus den Herzen der Polen und aus dem Alltagsleben entfernen können und sie deshalb innerhalb mühsam abgesteckter Grenzen auch immer toleriert. Wie die Sowjetführer fürchtete bald aber auch Gomulka eine völlige Veränderung der Verhältnisse, und seit 1957 zog er die Zügel wieder straffer an; von da an begegnete man den unabhängigen Klubs und Verbänden, zu denen sich viele Künstler und Intellektuelle zusammengeschlossen hatten, mit größerer Strenge. Dieser westlich orientierten, oppositionellen Bewegung trat eine Kaste harter Parteibürokraten entgegen, denen es letztlich weniger um die Ideologie als um die Macht als solche ging. In ihrer Mentalität äußerte sich ein Nationalismus, den man genausogut rechts wie doktrinär-marxistisch nennen kann. Nicht zufällig ging er mit Antisemitismus einher, der in der nationalistischen Tradition Polens immer sehr stark gewesen war. Wie in der Sowjetunion selbst gehörte zum Stalinismus in erster Linie der autoritäre Nationalstaat und damit die Staatsbürokratie. Die Verfechter dieser strammen Linie standen letztlich eher in der konservativen, rechten und nationalistischen als in der linken, revolutionären Tradition. Die marxistisch-leninistische Doktrin hatte schon vor Stalin vor allem der ideologischen Legitimation und rhetorischen Einkleidung der Macht gedient. So geriet der liberale Marxist Schaff in seiner Partei unter schweren Beschuß. Die Periode der Reaktion erreichte 1968 ihren Höhepunkt, als eine Protestdemonstration von Studenten eine Welle von Verhaftungen und Zwangsmaßnahmen auslöste. Die Reaktion richtete sich dabei ganz offen gegen die Juden, die man einer unzuverlässigen, kosmopolitischen Gesinnung bezichtigte und unter diesem Vorwand aus öffentlichen Ämtern entfernte. Neuerliche Unterdrückung machte den so kräftig auflebenden Bemühungen um Selbständigkeit und Freiheit in Künsten und Wissenschaften ein Ende.

Nicht sehr viel anders, im großen und ganzen zumindest, lagen die Dinge in benachbarten Ländern. In Ungarn hatte es das stalinistische Regime nach 1945 ebenfalls mit einer rechten, nationalistischen Tradition mit antisemitischem Einschlag zu tun. Die anfängliche Schwäche der kommunistischen Kräfte, auf die die Sowjetunion bauen konnte, zum größten Teil zurückgekehrte Emigranten, zwang die Partei zu besonderen Anstrengungen und einer unnachgiebigen Politik. Über den spektakulären Schauprozeß der Jahre 1948/49, in dem Kardinal Josef Mindszenty, der Repräsentant des oppositionellen Klerus, zu lebenslanger Haft verurteilt wurde, berichtete die westliche Presse ausführlich, er wurde zum Symbol der stalinistischen Methoden. Liberale Marxisten wie der renommierte Literaturhistoriker und Philosoph Lukács konnten an diesem Gesamtbild wenig ändern. Die berüchtigte Staatspolizei des Rákosi-Regimes, auch blaue Gestapo genannt (wegen ihrer Uniformen), stand in ihren Terrorpraktiken nicht hinter dem sowjetischen NKWD zurück. Der Widerstand unter Intellektuellen, wie etwa im geheimen Petöfi-Kreis, und unter Studenten lebte 1955 auf und führte dazu, daß Mátyás Rákosi die Macht an den etwas flexibleren Ernö Gerö übergeben mußte. Daraufhin kam es im Sog der polnischen Reformen zu einer raschen und dramatischen Eskalation, die im Oktober 1956 schließlich in offenen Aufstand mündete. Ungarn gelang es als erstem Land in der Geschichte, ein modernes diktatorisches Regime zu Fall zu bringen. Es war im Begriff, ganz aus dem Sowjetimperium auszubrechen. Für Moskau war das nicht akzeptabel. Nach einer Woche des Zögerns griffen die Sowjets ein, und ihre Panzer walzten den Aufstand und die Aufständischen nieder. Unter dem neuen kommunistischen Regime János Kádárs folgten strenge Strafmaßnahmen, allerdings gab es, Chruschtschows Kurs entsprechend, nicht viele Todesurteile. Ganz allmählich bekamen Schriftsteller und Intellektuelle im folgenden Jahrzehnt wieder größere Freiheit. Nach den blutigen Erfahrungen der Rebellion gewann sowohl bei der Partei als auch bei ihren Gegnern eine pragmatische Einstellung an Boden, und so demonstrierte Ungarn die Möglichkeit einer in kultureller Hinsicht verhältnismäßig duldsamen kommunistischen Parteiherrschaft. In den Künsten wie in der Literatur konnten sich deshalb moderne Ideen und Ansichten durchsetzen. International tonangebend war Ungarn jedoch nur in der Musik; nach dem 1945 verstorbenen Bartók gehörte Zoltán Kodály zu den bedeutendsten Komponisten.

Auch in der Tschechoslowakei konnte sich unter der Glasglocke der Parteidiktatur mit ihren geisttötenden Direktiven in Literatur und Künsten nichts Ursprüngliches und Lebendiges entwickeln. In diesem seit jeher westlichsten und demokratischsten all der Länder, die jetzt hinter dem Eisernen Vorhang lagen, herrschte nach dem Staatsstreich von 1948 depressive, mutlose Resignation bei denen vor, die nicht mit dem Regime paktieren wollten, und die nach oben gespülten Anhänger und Opportunisten waren nicht imstande, Originelles und Interessantes hervorzubringen. Prominente Gelehrte und Künstler, die nicht bereit waren, der Partei Treue zu schwören, mußten in Fabriken arbeiten oder andere niedrige Arbeit verrichten. In den sechziger Jahren erst ließ eine erstarkende innerkommunistische Reformbewegung um Alexander Dubček die Hoffnungen wieder aufleben. Wie in anderen Ländern hing dies, abgesehen vom allgemeinen Klimawandel im Ostblock, mit dem Antreten einer neuen Generation zusammen, auch bei den Kommunisten selbst. Der Sturz des stalinistischen Novotný-Regimes wurde 1968 von den Studenten ausgelöst, die wie überall auf der Welt in dieser Epoche gegen die bestehenden Verhältnisse protestierten. Im tschechischen Fall waren ihre Protestaktionen der Anlauf zum sogenannten Prager Frühling: Dubček wollte die Parteidiktatur unter Beibehaltung der sozialen Errungenschaften durch ein demokratisiertes System auf marxistischer Grundlage ersetzen. Wie dieses System sich tatsächlich entwickelt hätte und inwieweit Marxismus und Demokratie auf die Dauer miteinander zu vereinbaren gewesen wären, bleibt eine offene Frage. Sicherlich orientierte sich die tschechische Reformbewegung an dem alten Ideal eines humanen und demokratischen Marxismus, das auch im Westen seit der bolschewistischen Oktoberrevolution immer wieder die Gemüter bewegt hatte. Äußerlich waren die

Ereignisse in Prag eine mildere Wiederholung des militanten ungarischen Aufstands, für das Sowjetimperium aber dennoch ein unerträgliches Experiment. Im August 1968 wurde die Regierung Dubček durch das gemeinsame militärische Eingreifen der Staaten des Warschauer Pakts, die jetzt alle ihre diktatorischen Strukturen durch die tschechischen Reformen bedroht sehen konnten, gestürzt. Rigorose Unterdrückung, die viele ins Gefängnis brachte, bescherte dem Land in kultureller Hinsicht wieder für lange Zeit trübselige Friedhofsruhe.

Ostdeutschland – ab 1949 die Deutsche Demokratische Republik – hatte innerhalb des Sowjetimperiums eine Sonderstellung. Als kleinerer Teil einer zerschlagenen Großmacht, die kulturell, politisch und ökonomisch gerade Mittel- und Osteuropa immer sehr stark beeinflußt hatte, war Ostdeutschland ein völlig neuer Staat. Auch, ja vor allem in diesem Land ging es Moskau um die Ausschaltung alter Oberschichten und kapitalistischer und reaktionärer Elemente und um die Förderung der Kommunisten. Dabei kam den Sowjets zugute, daß ganz allgemein die Schaffung eines anderen Deutschland gefordert wurde, denn – und das war das Entscheidende – auch viele Nichtkommunisten in Deutschland hielten das für notwendig. Der erwünschte endgültige Bruch mit der nazistischen Vergangenheit und der von autoritären, militaristischen und nationalistischen Werten bestimmten Tradition schien vielen am besten gewährleistet, wenn man auf ein Deutschland sozialistischer Prägung hinsteuerte. Mit diesem Kurs handelte man grundsätzlich im Sinne der antifaschistischen Strömungen und der Opfer, im Sinne des ewig erfolglosen linken, »guten« Deutschland. Angesichts der zunächst verhältnismäßig großzügigen Kulturpolitik der Sowjets und der noch sehr undurchsichtigen inneren Entwicklung Westdeutschlands empfanden vor allem prominente Emigranten (von denen ohnehin viele linksgerichtet waren) Sympathie für das viel beherztere Vorgehen im Osten. Es waren nicht die Unbedeutendsten, die nach Ostdeutschland gingen, wie etwa Bertolt Brecht, Ernst Bloch, Arnold Zweig, Anna Seghers, Theodor Plievier und Alfred Kantorowicz; hier glaubten sie auf eine gründliche Erneuerung und Abrechnung mit der Vergangenheit hoffen zu dürfen. Nach der Besiegelung der deutschen Teilung und besonders nach der Gründung der DDR steuerte die sowjetische Politik jedoch wie in den anderen Ländern auf das stalinistische Modell hin. Angesichts des Vorgehens der Roten Armee und ihrer Repressalien hätte sich ohnehin nur ein Regime behaupten können, das ganz von Moskau geprägt und bereit war, die Stalinisierung und die erzwungene Abtretung großer Gebiete an Polen und die Sowjetunion zu unterstützen. Die Sozialdemokraten, zunächst zur Vereinigung mit den Kommunisten gezwungen, mußten sich bald völlig unterwerfen. Die verkrampfte Härte, die das vom Besatzer in den Sattel gehobene Regime des Parteiführers Ulbricht auszeichnete, hatte allerdings noch besondere Ursachen. Das Land war von den Sowjets unbarmherzig ausgebeutet worden, als ob es ganz allein für die Reparationen aufzukommen hätte. Von der Bundesrepublik mit ihrem schnellen, erstaunlichen wirtschaftlichen Aufschwung hob sich der »Arbeiter- und Bauernstaat«, wie er sich selbst anpries, deutlich ab, und zwar als armes und unterentwickeltes Land. Und es lag näher, nach Westen zu blikken, als den Vergleich mit dem Osten anzustellen, bei dem die DDR längst nicht so eine kümmerliche Figur abgab. Berlin war wegen seines Sonderstatus ein Loch im Eisernen Vorhang. Tausende zogen Jahr für Jahr über Berlin in die wohlhabende und freie Bundesrepublik. Die Ironie lag darin, daß diese Massenauswanderung durch eine stalinistische Politik ausgelöst wurde, die gerade wegen der prekären Frontstellung der DDR geboten schien. In den fünfziger Jahren drohte geradezu ein Ausbluten, hauptsächlich unter den Gebildeten und gut Ausgebildeten, was fatale Folgen für die Gesellschaft haben mußte. In dieser Situation entschied sich das Regime für einen radikalen Eingriff und ließ im August 1961 in aller Eile eine Betonmauer quer durch Berlin ziehen. Damit war das Loch abgedichtet. Fluchtversuche an der Mauer sollten im Laufe der kommenden Jahrzehnte immer wieder Todesopfer fordern.

Die Mauer wurde weltweit zum Symbol für die Teilung Deutschlands und Europas und für den Ost-West-Gegensatz. Für den Westen war sie eine Gefängnismauer, an der die Freiheit endete, für den Osten ein Schutzwall gegen imperialistische Anschläge auf den Arbeiter- und Bauernstaat. So zumindest sah es in der Propaganda aus. Die Bundesrepublik wurde als Herd des Revanchismus dargestellt, wo der Geist der unseligen faschistischen Vergangenheit unter amerikanischem Schutz wieder ungestört gedeihen konnte. Wie die DDR für die schwersten Reparationen hatte aufkommen müssen, so machte man die Bundesrepublik nun allgemein für die Vergangenheit ganz Deutschlands haftbar, bemerkenswerterweise nicht nur im Osten, sondern auch im Westen. Während in der Bundesrepublik eine offene und darum mühsame Auseinandersetzung mit der eigenen Geschichte in Gang kam, mit all den Verdrängungsversuchen, Konflikten und Problemen, die ein solcher Verarbeitungsprozeß mit sich bringt, zog die DDR hier einen ebenso deutlichen wie praktischen Schlußstrich: Mit dieser deutschen Vergangenheit hatte sie als völlig neuer Staat, als Schöpfung von Arbeitern und Bauern nichts zu tun, und jede Verantwortung dafür wies sie zurück. In rein materieller Hinsicht war dies angesichts der ihr allein aufgebürdeten, gewaltigen Ersatzleistungen nicht unbillig. Wie in den anderen kommunistischen Staaten bemühte sich das Regime mit einem großzügigen, modernen Bildungssystem um die Emanzipation der Unterschichten und die Heranbildung einer proletarischen Intelligenz. An der Oberfläche wurde in politischer und ideologischer Hinsicht radikal aufgeräumt und mit der nationalen Vergangenheit gebrochen, und die alten Ideale wurden durch die marxistisch-leninistischen ersetzt. Auf einer tieferen Ebene, auch im psychologischen Sinne, knüpfte das stalinistische Regime eher an vertraute, autoritäre Denkweisen an. Rote Parteidiktatur und Indoktrination traten an die Stelle der braunen. Geographisch zum Teil Erbin des alten Preußens, konnte die DDR auch an das preußische Arbeits- und Pflichtethos appellieren. Eine junge Generation wuchs heran, die – wie ihre Eltern im Dritten Reich – im Glauben an eine Heilslehre einschließlich des dazugehörigen Feindbildes erzogen und in einem autoritären System diszipliniert wurde. Auch andere verwandte Züge springen ins Auge. So gründete man 1946 die Freie Deutsche Jugend, die staatliche, für die Uniformierung der Gesinnung zuständige Jugendorganisation, die viel von der Hitlerjugend hatte. Die Gestapo fand in der Stasi ihre Nachfolgeorganisation. Das offizielle Zeremoniell, die Parteikundgebungen, Aufmärsche mit Flaggen und Spruchbändern, die Orden, die Uniformen der gestiefelten Vopos und der Volksarmee – in allem konnte man Varianten eines älteren Deutschlands erkennen. Ausgesprochen preußisch-militaristische Rituale erlebten unter der Flagge antimilitaristischer Ideologie ihre sonderbare Auferstehung; am verblüffendsten war dies bei der Wache am Berliner Ehrenmal für die Opfer von Faschismus und Militarismus. Auch die Straflager wurden von den Nazis übernommen, wenn auch die Behandlung viel weniger grausam war; sie blieben unverzichtbar für ein System, das durch strenge Zensur und Beaufsichtigung korrektes Verhalten erzwingen wollte.

So künstlich die DDR ihrem Ursprung nach auch war, sie entsprach einem in der Bevölkerung sehr verbreiteten Bedürfnis und Wunsch nach einem Neubeginn und schien hierfür Voraussetzungen zu bieten, die demokratisch

Gesinnte in der Bundesrepublik noch längere Zeit vermißten. Dort wurde vieles mit dem Mantel kollegialer Barmherzigkeit zugedeckt, und viele Personen mit einer alles andere als reinen Weste spielten im öffentlichen Leben wieder eine Rolle. In dieser Hinsicht hatte die von den Kommunisten erhobene Anschuldigung, die Bundesrepublik sei ein Hort des Revanchismus und verkappten Faschismus, einen wahren, in einzelnen Fällen sogar beachtlichen Kern. Auch der Teil der Bevölkerung, der keinerlei Sympathien für das Ulbrichtregime empfand und sich nur gezwungenermaßen an die schwierigen Umstände anpaßte, konnte aus der fragwürdigen Erneuerung und halbherzigen Säuberung in der Bundesrepublik etwas Trost schöpfen, zumal all dies von der Propaganda noch karikaturistisch überzeichnet wurde. So konnten sich ein gewisses Selbstbewußtsein und auf die Dauer sogar eine Bindung an die eigene Gesellschaft entwickeln, die trotz aller Rückschläge immerhin etwas Neues aufgebaut hatte. Denn ungeachtet schwerer Hemmnisse brachten Wirtschaftswachstum und Wiederaufbau die DDR nach den mühevollen fünfziger Jahren an die Spitze des osteuropäischen Blocks, innerhalb dessen sie ökonomisch eine ebenso starke Position innehatte wie die Bundesrepublik im westlichen Block – so schwach sie im Vergleich zu dieser auch war. Es war deshalb auch nicht so, daß die unterdrückte Opposition und kritische Intellektuelle die liberal-kapitalistische Bundesrepublik als segensreiche Alternative betrachtet hätten. Diejenigen unter ihnen, die von Haus aus überzeugte Sozialisten und Antimilitaristen waren, lehnten den nach ihrer Auffassung in politischer Hinsicht militaristischen Partner und Schutzbefohlenen der NATO ebensosehr ab wie den zumindest in ideologischer Hinsicht antimilitaristischen eigenen Staat. Obwohl die Partei ständig betonte, daß die DDR ein Neubeginn sei, brauchte sie doch eine historische Legitimierung. Sie konnte aber – anders als beispielsweise Russen, Polen und Ungarn – kaum den Marxismus mit nationalen Mythen und Gefühlen verbinden. Deshalb präsentierte sie ihren Staat als Hervorbringung und Triumph der in der deutschen Geschichte immer unterdrückten, verborgenen proletarischen Bewegung, und dieser Sichtweise entsprechend versuchte sie sich allerlei Berühmtheiten als Vorgänger und Wegbereiter anzueignen. Die praktische Elastizität der marxistischen Methode auch in der Geschichtsdeutung machte das möglich. Was im Hinblick auf die marxistische Geschichtsschreibung schon gesagt wurde, gilt auch für die DDR: Dank dieses Ansatzes wurden vernachlässigte Aspekte der deutschen Geschichte beleuchtet. So einseitig er auch war und so verzerrt die dekretierte Perspektive, nicht alles, was auf diese Weise aufgedeckt wurde, kann man als unrichtig oder nutzlos abtun. Weil sich die DDR in eine radikaldemokratische, idealistische Tradition stellte und vor allem weil sie so deutlich mit der nationalen Vergangenheit brach, genoß sie unter Intellektuellen trotz der Unbeliebtheit des Regimes eine gewisse Sympathie. Sie hofften, man könne noch den Weg zu einem demokratischen Sozialismus finden, frei von stalinistischem Zwang und frei von den offenkundigen Schattenseiten des liberalen Kapitalismus im Westen. Als sich das Blatt überall wendete, meldeten sich die oppositionellen Kräfte auch hier deutlicher zu Wort, aber das Regime gab nicht nach. In Anbetracht der Künstlichkeit dieses staatlichen Gebildes und der heiklen, unglücklichen Lage direkt neben der Bundesrepublik konnte es auch nur in seinem stalinistischen Harnisch eine ernsthafte Gefährdung abwehren. Darum sollte die DDR bis zu ihrem Ende der Eckstein des Sowjetimperiums bleiben.

Die schleppende materielle Erholung und der lange anhaltende deprimierende Mangel schlossen einen allgemeinen Hunger nach Literatur und Kunst keineswegs aus. Im Gegenteil, er war offenbar noch größer, weil die materiellen Ablenkungen und Verführungen, das berauschende Angebot des westlichen, vor allem bundesrepublikanischen Wohlstands, fehlten. Wegen der dezidiert antifaschistischen Position des Staates gab es viel Freiraum für Literatur über Lager und Nazigreuel; ein Beispiel ist der Roman *Nackt unter Wölfen* (1958) des kommunistischen Autors und ehemaligen Buchenwald-Gefangenen Bruno Apitz. Auch im Umgang mit literarischen Zeitschriften und Verlegern war man anfangs (nach dem Vorbild der sowjetischen Politik der ersten Nachkriegszeit) noch etwas großzügiger und fortschrittlicher, und was hier publiziert wurde, bildete ein Gegengewicht zu vielen beschönigenden oder apologetischen Büchern über die Vergangenheit, die in der Bundesrepublik auf den Markt kamen. Aber auch hier wurden die Daumenschrauben angezogen, spätestens nach dem Aufstand von 1953 – eine Entwicklung, die der in diesem Jahr in anderen Ländern einsetzenden Entstalinisierung entgegenlief. Das Theater erlebte dank Brecht und seiner Frau Helene Weigel mit dem »Berliner Ensemble« für einige Zeit eine Blüte, die ihm internationale Bedeutung verlieh. Der marxistische Dichter distanzierte sich vom Parteiregime auf die doppelbödige, sarkastische Art, die nur ihm eigen war: »Wäre es da/Nicht doch einfacher«, schrieb er nach dem Aufstand von 1953 höhnisch, »die Regierung/Löste das Volk auf und/Wählte ein anderes?«[42] Angesichts seines Rufes wagte man nicht, ihn hart anzufassen, seine Stücke wurden jedoch zensiert, obwohl sie im Sinne einer sozialistisch-revolutionären Pädagogik geschrieben waren. Von den ursprünglichen Sympathisanten wie Bloch, Kantorowicz oder Plievier ging einer nach dem anderen enttäuscht in den Westen. Für unabhängige Denker war in der DDR auf die Dauer kein Platz mehr, auch wenn sie nur von der Parteilinie abweichende Marxisten waren. So fiel 1962 auch der prominente Lyriker und Publizist Peter Huchel in Ungnade; später wählte er den Weg nach Westen. Auch Christa Wolf, die sich mit ihrem Roman *Der geteilte Himmel* von 1963 einen Namen machte, geriet in Schwierigkeiten. Andere, wie Johannes Bobrowski, wichen in ihrem Werk auf die unpolitische Beschäftigung mit osteuropäischen Landschaften und Menschen aus. Der Philosoph Robert Havemann wurde wegen seiner unorthodoxen marxistischen Auffassungen entlassen; auch ihn wagte man jedoch wegen seiner Reputation nicht zu verhaften. So entfernte und diskreditierte das Regime nach und nach immer mehr idealistisch gesinnte Prominente, die im Osten am Aufbau eines ganz neuen Deutschlands hatten mitwirken wollen. Der kritische Lyriker und Sänger Wolf Biermann, der in seinen Liedern hart mit dem Regime ins Gericht ging, wurde nach Parteiausschluß und Auftrittsverboten 1976 schließlich ausgebürgert.

Nichts offenbarte die geistige Verarmung, die erstarrte Orthodoxie auf die Dauer so deutlich wie die offizielle Sprache, ist die Sprache doch in dieser Hinsicht das zuverlässigste und empfindlichste Meßinstrument. Man verbarg die Wirklichkeit gewaltsam hinter einer Mauer vorhersehbarer Standardformeln und Klischees aus dem marxistisch-leninistischen Wortschatz, dem immateriellen Pendant der Betonmauer, die Berlin in zwei Teile schnitt. Der von nervender Monotonie geprägte Sprachgebrauch beherrschte nicht nur die Politik, sondern auch die Geisteswissenschaften, die Geschichtsschreibung, die Presse. Die offizielle Sprache verkam zwangsläufig zu einer Ansammlung kommunikativer Leerformeln. Durch die Spalten und Ritzen dieses dekretierten Jargons konnte jedoch manchmal auch sehr Persönliches sichtbar werden. Der Verlust des Kontakts mit der Wirklichkeit kam in Uwe Johnsons Roman *Mutmaßungen über Jakob* – 1959, dem Jahr der Übersiedlung des jungen Autors nach Westberlin, im Westen erschienen – auf literarisch faszinierende Weise zum Ausdruck. Johnson reagierte mit diesem Buch, in dem es sich für den Erzähler als unmöglich erweist, aus unterschiedlichen Perspektiven eine deutliche Vorstellung von der Person Jakobs zu gewinnen, auf die Wahrheitsfälschung durch das System, aber auch auf die wechselseitige ideologische Verketzerung der beiden deutschen Staaten, die einer solchen Fälschung Vorschub leistete. Außerdem aber thematisierte der Roman, auch durch seine ungewöhnliche, verfremdende Sprache – ihr vor allem verdankt er seine große Resonanz –, das Problem einer zunehmend ungreifbaren Wirklichkeit, das die europäischen Schriftsteller beschäftigte. In diesem Sinne erlangte die Konfrontation zweier so gegensätzlicher Bilder der politischen Realität, wie sie ein deutscher Schriftsteller unmittelbar auf der Schnittlinie von West und Ost erleben mußte, universelle Bedeutung.

Wie bei den kommunistischen Nachbarländern fiel die Bilanz der DDR nicht nur negativ aus. Das Regime entfernte soziale Barrieren, verschaffte grundsätzlich allen Zugang zu höheren Ausbildungen und bemühte sich, die Massen mit den großen kulturellen Schätzen der Vergangenheit in Kontakt zu bringen. Deren Banalisierung durch Reproduktionen und Werbung konnte nicht das gleiche Ausmaß und den gleichen Grad wie im Westen erreichen, weil Reproduktionstechniken weniger weit entwickelt waren und Werbung sogar weitgehend fehlte. Der Staat sicherte die materielle Existenz durch Kranken- und Rentenversicherung und durch ein Arbeitsbeschaffungsprogramm, auch wenn es manchmal Beschäftigungen ohne erkennbaren Sinn gab und allgemein auch weiterhin große Genügsamkeit geboten war. Der selbstverständliche Preis für all die staatlichen Segnungen war strikter, gläubiger Gehorsam. Ein umfangreicher Kontrollapparat von Geheimagenten und Informanten sorgte dafür, daß selbständig Denkende entdeckt und kaltgestellt wurden. Und auch hier sollte das Aufkommen einer privilegierten Kaste von Parteibonzen dem offiziell so lautstark verkündeten Gleichheitsideal Hohn sprechen. So herrschte in der DDR bald eine Atmosphäre von Verdrossenheit, Verbitterung und Frustration, die auch nach außen hin das Bild des Landes bestimmte.

10 Die unaufhaltsame Technik

Die Zündung von Atombomben über Hiroshima und Nagasaki im August 1945 ist als eine Zäsur, als Beginn des Atomzeitalters in die Geschichte eingegangen, und die Menschen begriffen schnell, daß Naturwissenschaft und Technik von entscheidender Bedeutung für die Zukunft der Menschheit insgesamt waren, aber auch für die Macht des einzelnen Landes. Es schien, als habe man einen mächtigen Geist aus der Flasche gelassen. Der alte Bernard Shaw sagte, er habe gleich an Goethes Zauberlehrling denken müssen, der die Geister, die er rief, nicht mehr bannen konnte. Naturwissenschaft und Technik waren fortan unwiderruflich mit der Weltpolitik und dem weltweiten Machtkampf verknüpft. Die Forschungsstätten der Atomphysiker und all derer, die irgendwie mit der neuen Technik zu tun hatten, wurden zu streng geheimen und sorgfältig gehüteten Schatzkammern des Staates, und die einschlägige Forschung hatte höchste Priorität. Die Entdeckung der Kernenergie wurde zum Symbol für das Janusköpfige der Naturwissenschaft und Technik: Sie eröffnete ungeahnte Möglichkeiten der Energiegewinnung und unabsehbare Vernichtungsmöglichkeiten.

Wissenschaftler und Techniker sahen sich unmittelbar mit dem moralischen Problem konfrontiert, daß sie gleichermaßen dem Guten wie dem Bösen dienen konnten und daß diese Entscheidung nicht nur bei ihnen selbst lag. Dies, die Übertragung der Verantwortung auf die Politiker, diente als Rechtfertigung dafür, daß man sich ganz dem weiteren Fortschritt der eigenen Wissenschaft widmete, alle Unterstützung des Staates in Anspruch nahm und die Augen vor den politischen und moralischen Konsequenzen verschloß. Die Teilung der Verantwortung, die Trennung zwischen dem wissenschaftlichen und dem allgemeinen Ethos, gehört zu den Kennzeichen der modernen Wissenschaft und hängt mit ihrer Aufsplitterung zusammen. Eine extreme und perverse Variante dieses Phänomens waren unter dem Naziregime die medizinischen Experimente an Gefangenen gewesen, ausgeführt von deutschen Ärzten, die mit emotionaler Kälte ihre Arbeit verrichteten. Für andere Forscher, vor allem Atomphysiker, war das moralische Dilemma allerdings durchaus ein Problem, wie sich wiederholt zeigen sollte, denn sie erkannten, daß sie niemals ganz von der Verantwortung für die Folgen ihrer Arbeit freizusprechen waren. Einsteins aktiver Pazifismus hing, wenigstens zuletzt, unmittelbar mit der Erkenntnis seiner Verantwortlichkeit und mit seinen Gewissenskonflikten zusammen, aber andererseits hatten ihn gerade diese während des Krieges auch dazu bewogen, beim US-Präsidenten Roosevelt auf die Entwicklung der Atombombe zu drängen – im Interesse des Kampfes gegen das Böse, das Hitler hieß. Weil Macht unverzichtbar war, wenn man für die eigenen Werte und existentiellen Interessen aufkommen wollte, fühlten sich vor allem die Führer der beiden feindlichen

Machtblöcke, die Vereinigten Staaten und Sowjetrußland, auch moralisch legitimiert und verpflichtet, zum Nutzen ihrer militärischen Schlagkraft alle Mittel einzusetzen. Der Kalte Krieg blieb schließlich gerade wegen der Atomwaffe kalt, da angesichts ihrer Vernichtungkraft ein Krieg zwischen den Supermächten absurd gewesen wäre. Für beide war es darum allerdings oberstes Gebot, dem anderen keinen Vorsprung zu lassen, der für ihn das Risiko eines Konflikts gemindert hätte. Ein unverzichtbarer Bestandteil der Abschreckung war somit die Demonstration der eigenen Stärke. So geheim die Waffenrezepte bleiben mußten, so deutlich zeigte man zu bestimmten Zeiten die tödliche Waffe selbst, um dem Gegner zu imponieren und die eigene Bevölkerung zu beruhigen. Ein Bild Europas mit allen kulturellen und gesellschaftlichen Aspekten der Nachkriegszeit wäre unvollständig ohne das unaufhaltsame Vordringen von Physik und Technik, die ständige Bedrohung, die von ihnen ausging, und die Versprechen, die ihre Fortschritte bargen. Der Atompilz jedenfalls war ständig irgendwo über dem Horizont sichtbar.

Die verbissene Konkurrenz der beiden Supermächte in der Atomrüstung erstreckte sich auch auf Bereiche, in denen es nicht nur und nicht in erster Linie um militärische Abschreckung ging, Bereiche, die von jener Dynamik beherrscht waren, die der Wissenschaft selbst eigen ist. Dies galt zum Beispiel für die Erkundung des Makrokosmos, die Reise ins All. Uralte Wunschträume, die schon mit der Erfindung des Flugzeugs Wirklichkeit geworden waren, fanden jetzt eine atemberaubende Fortsetzung (atemberaubend auch im wörtlichen Sinne, da man in Höhen gelangte, in denen das Atmen nur dank technischer Apparate möglich ist). Die Luftfahrt entwickelte sich zur Raumfahrt. Zum ersten Mal drangen von Menschen geschaffene Projektile und schließlich auch Menschen selbst in die äußersten Schichten der Atmosphäre und in den Weltraum vor und verließen das Gravitationsfeld der Erde. Die Verknüpfung mit der Machtfrage gab der Raumfahrt wichtige Impulse. Voraussetzung für ihre Leistungen waren die Milliarden, die die Regierungen für sie bereitstellten, also anderen Bereichen entzogen, weil die Vorherrschaft im All von wesentlicher Bedeutung für die militärische Macht und das Prestige des Staates war.

Die Naturwissenschaften, die den Vormarsch der Technik ermöglichten, wurden ihrerseits durch die Perfektionierung der technischen Apparate, vor allem in Fotografie und Meßtechnik, vorangebracht. Durch fortschreitende Spezialisierung waren sie für den Außenstehenden noch viel unverständlicher und unübersichtlicher geworden, als sie es schon in der Zeit zwischen den Weltkriegen gewesen waren. Den zentrifugalen Tendenzen standen jedoch auch zentripetale gegenüber. Der berühmte Physiker Niels Bohr hatte schon seiner Hoffnung auf eine universelle Wissenschaft Ausdruck verliehen, die einmal Natur- und Geisteswissenschaften umfassen würde. Diese Hoffnung äußerte sich auch in wachsenden Anstrengungen bei der Suche nach einer Synthese, nach allgemeinen Grundprinzipien. Im Jahre 1958 stellte der Atomphysiker Werner Heisenberg in diesem Zusammenhang eine »Weltformel« vor, eine einheitliche Feldtheorie der Materie, die allerdings experimentell noch nicht gesichert war. Wir können hier nur auf jene Ergebnisse naturwissenschaftlicher Forschung eingehen, die für die gesamte Gesellschaft am bedeutsamsten waren, weil sie auch unmittelbar das Bewußtsein der Allgemeinheit beeinflußten.

Vor allem auf drei Gebieten gab es aufsehenerregende Ergebnisse, die jeden angingen: Raumfahrt und Raumforschung, die es ermöglichten, die Geheimnisse des Universums zu erschließen, die beängstigende Atombewaffnung, die der Machtpolitik und den militärischen Konzeptionen ein neues Gesicht gaben, und schließlich die kaum weniger verblüffenden Fortschritte der Medizin, ermöglicht durch die Erkundung des Mikrokosmos, mit weitreichenden Folgen für das Individuum.

Daß sich die Physik einer Grenze näherte, an der sie den Wissenschaftlern über den Kopf zu wachsen drohte, wurde Eingeweihten klar, als die Amerikaner am 1. November 1952 im Pazifik die erste Wasserstoffbombe zündeten – mit der Zerstörungskraft von sechshundert Hiroshima-Bomben. Die Wirkung übertraf die Erwartungen der Experten bei weitem; im Radius von zweihundertfünfundfünfzig Kilometern wurde die Atmosphäre radioaktiv verseucht, und zweihundertsiebenundachtzig Menschen (vor allem japanische Fischer) erlitten ernsthafte Verletzungen. Der Forderung Japans nach internationaler Kontrolle der Kernwaffenversuche schenkten die Vereinigten Staaten vorerst keine Beachtung. Im Juli 1955 wandten sich führende Wissenschaftler (unter anderem Einstein, Russell, Hahn, Heisenberg, Born und der Biochemiker Adolf Butenandt) mit der nachdrücklichen Warnung vor einem Atomkrieg an die Weltöffentlichkeit. Daß im November desselben Jahres auch die Sowjetunion einen H-Bomben-Test vornahm, verlieh dem Appell besondere Dringlichkeit. Die Führungskreise und die Öffentlichkeit in Amerika waren schockiert, jedoch weniger von jenem Appell als vom technischen Aufholen des Gegners, und das Ergebnis waren verstärkte Anstrengungen zur Bewahrung des eigenen Vorsprungs. Im Jahre 1957 plädierten zweitausend amerikanische Forscher (darunter der bekannte Chemie-Nobelpreisträger Linus Pauling) für eine Einstellung aller Atomtests – ein Beweis dafür, daß man sich in der wissenschaftlichen Elite des moralischen Dilemmas durchaus bewußt war; die Reaktionen zeigten aber auch, daß die Staaten, unabhängig davon, welches System sie repräsentierten, vorläufig der Rüstung und dem Machtbesitz Vorrang einräumten. Hier war das Hemd näher als der Rock, die Sicherung des eigenen Landes und des eigenen Wertesystems wichtiger als das Zukunftsproblem einer Zerstörung der Atmosphäre.

Zusätzliche Sorgen bereitete die Möglichkeit, daß mehr Staaten in den Besitz der Atombombe gelangen konnten. Daß dies irgendwann nicht mehr zu verhindern war, schon allein wegen der gewaltigen Zahl derer, die auf verschiedenen Ebenen an der Kernwaffenentwicklung beteiligt waren, lag auf der Hand. Die Furcht vor der Verbreitung von Kernwaffen schuf eine paradoxe Interessengemeinschaft, lag doch beiden Supermächten daran, ihr Geheimnis nicht mit Dritten zu teilen. Großbritannien war von Anfang an als engster Verbündeter im Krieg an der amerikanischen Forschung beteiligt gewesen und gehörte auch zum erlesenen Kreis der Eingeweihten, war aber weder politisch noch wirtschaftlich in der Lage, eine Position als unabhängige dritte Partei neben Amerika und der Sowjetunion einzunehmen. Ein wenig anders lagen die Dinge im Falle Frankreichs. De Gaulle, 1958 wieder an die Macht gelangt und von der Idee beseelt, daß für Frankreich nur seine klassische Großmachtrolle in Frage kam, trieb die Entwicklung einer eigenen Atombombe voran. Nichts zeigt deutlicher, daß ihr Besitz in erster Linie ein Machtsymbol und eine Prestigefrage war. Als Frankreich Anfang 1960 seine erste Atombombenexplosion melden konnte, telegrafierte de Gaulle voller Jubel: »Hurra für Frankreich. Seit heute morgen ist Frankreich noch größer und stolzer!«[43] Aber in der Bevölkerung, die regelmäßig mit neuen Versuchen und Warnungen vor deren Folgen konfrontiert wurde, wuchs allmählich eher Beunruhigung, die sich in Demonstrationen und Protestaktionen äußerte, so etwa in dem Marsch von zehntausend Menschen, der in London im April 1958 unter dem Motto »Ban the bomb« stattfand. Sowohl in Washington als auch in Moskau erkannte man durchaus die Ausmaße des Problems und suchte von jetzt an nach Wegen, die bedrohliche Eskalation der Atomrüstung unter Kontrolle zu bekommen, ohne der eigenen Macht und Sicherheit zu schaden. Damit glich Machtpolitik – und dies war ein historisches Novum – immer mehr dem Versuch, die Quadratur des Kreises zu finden. Die Furcht vor der Weiterverbreitung von Kernwaffen und die zunehmende Besorgnis wegen unkontrollierbarer Folgen der Versuche führten schließlich im August 1963 zum Abschluß eines amerikanisch-sowjetischen Abkommens, das die Einstellung von Atomwaffenversuchen zu Lande, in der Luft und unter Wasser vorsah. Die Strategie hatte sich jedoch inzwischen ein wenig geändert: Nicht die Herstellung immer schwererer Bomben schien am dringlichsten (der existierende Vorrat war Eingeweihten zufolge mehr als ausreichend, um alle lebenden Organismen auf der Erde auszurotten), es ging jetzt um die Geschwindigkeit, mit der man den anderen treffen konnte, und um die Reichweite, also um den Transport des atomaren Todes und eine wirksame Abwehr. Ob es einen Atomkrieg geben würde, hing von der Möglichkeit eines Überraschungsschlags und von der Fähigkeit ab, einem solchen Schlag zuvorzukommen. Und damit rückten für die Militärs die Rakete und die Raumfahrt in den Mittelpunkt des Interesses.

Die Erfindung der Rakete geht auf eine alte Idee zurück, und obwohl auch ihre Weiterentwicklung stark von militärischen Interessen vorangetrieben wurde, ist die Erkundung des Alls an und für sich eine Sache allgemeiner wissenschaftlicher Neugier und des Erkenntnisdrangs.[44] Europäische Forscher und Techniker waren an der Entwicklung der Rakete von Anfang an beteiligt gewesen. In Deutschland hatte man ihr schon in der Zeit zwischen den Weltkriegen von staatlicher Seite einen hohen Stellenwert eingeräumt, weil die Rakete noch nicht zur konventionellen Bewaffnung gehörte und deshalb ein militärisches Überraschungsmittel sein konnte. Daran hatte man in Peenemünde mit aller Kraft gearbeitet, und mit der sogenannten V2 konnten die Deutschen im Krieg schon eine sehr bedrohliche Waffe einsetzen. Damit war ein wichtiger Ausgangspunkt für die weitere Entwicklung geschaffen. Einer der führenden Köpfe hinter dieser Erfindung, Wernher von Braun, wurde nach dem Krieg umgehend nach Amerika geholt, um dort eine Hauptrolle bei der Vervollkommnung der Rakete zu spielen. Da der Raketenbau ungeheure Kosten verursachte und viele Experten und Hilfsmittel erforderte, wurde er ausschließlich zu einer Angelegenheit Amerikas und seines Antipoden Sowjetrußland.

Zwar war das gesamte wissenschaftliche und auch wirtschaftliche Potential der Sowjetunion geringer als das der Vereinigten Staaten, aber andererseits konnte dieser diktatorische Staat, von der öffentlichen Meinung viel weniger abhängig als eine Demokratie, auch leichter alle Mittel auf Atomforschung, Raumfahrt und Raketenbau konzentrieren. So zeigten die Sowjetrussen Leistungen, die sie doch noch zu einem gleichwertigen Gegenspieler der Amerikaner machten. Im Jahre 1957 bauten sie eine Interkontinentalrakete, die eine Entfernung von fünftausend Kilometern zurücklegen konnte. Zum ersten Mal in ihrer so glücklich verlaufenen Geschichte waren die Vereinigten Staaten auf ihrem eigenen Territorium verwundbar, was erneut einen Schock verursachte und eine Revision ihrer Strategie und Politik notwendig machte, da es ihre scheinbar selbstverständliche Unangreifbarkeit in Frage stellte. Außerdem startete die Sowjetunion am 4. Oktober desselben Jahres zur allgemeinen Überraschung den ersten Satelliten, Sputnik I, der die Erde in fünfundneunzig Minuten umrundete – eine Weltsensation. Ein zweiter Sputnik wiederholte das Kunststück kurz darauf, diesmal mit der Hündin Laika an Bord. Da diesen Erfolgen einige fehlgeschlagene amerikanische Raketenversuche gegenüberstanden, war die Niedergeschlagenheit groß, bis im Februar 1958 auch ein amerikanischer Satellit seine Bahn um die Erde zog. In den kommenden Jahren überboten sich beide Seiten gegenseitig mit einer Folge immer großartigerer Leistungen (so daß sich die Weltöffentlichkeit, trotz aller Aufmerksamkeit, die man diesen Ereignissen in den Medien selbstverständlich schenkte, an soviel technische Großtaten und die Häufung von Superlativen gewöhnte). Hier können nur einige Höhepunkte erwähnt werden.

Nach den Satellitenstarts war der nächste Schritt der Durchbruch in die Exosphäre und den interplanetaren Raum. Man nahm jetzt den »echten« Erdsatelliten, den Mond, als Landeplatz ins Visier, den Himmelskörper, der auf die Menschheit neben der Sonne seit ältesten Zeiten eine besondere Faszination ausübt, die ihre Spuren in Religion, Mythologie, Kunst und Literatur hinterlassen hat. Im Januar 1959 startete die Sowjetunion den ersten Satelliten (Luna I), der das erdmagnetische Feld verließ, und im Mai schossen sie zwei Affen in einem Raumflugkörper in eine Höhe von fünfhundert Kilometern; diese Affen, die wohlbehalten von ihrer Reise zurückkehrten, waren damit die ersten irdischen Lebewesen in der Exosphäre, an der Grenze zum eigentlichen Weltraum. Im August starteten die Amerikaner einen Satelliten zur Erforschung von Radiowellen und Strahlungsverhältnissen im All (Explorer IV). Von jetzt an konnten mit Spezialkameras ausgerüstete Satelliten Fotos von der Erde aufnehmen und an Bodenstationen funken. So fotografierte im September ein sowjetischer Satellit (Luna III) die Rückseite des Mondes. Am 12. April 1961 kreiste der erste Mensch, der Russe Juri Gagarin, in einem Raumflugkörper in einer Entfernung zwischen hundertdreiundsiebzig und dreihundertsiebenundzwanzig Kilometern um die Erde. Wieder war den Sowjets ein aufsehenerregender Durchbruch gelungen, aber die Amerikaner blieben nicht lange zurück: John Glenn bestand 1962 das gleiche Abenteuer. Im Dezember passierte eine amerikanische Sonde (Mariner II) den Planeten Venus in Richtung Sonne. Im März 1965 schwebte zum ersten Mal ein Mensch, der Russe Alexei Leonow, außerhalb seines Flugkörpers im Raum, zehn Minuten lang, und wenig später näherten sich zwei bemannte amerikanische Raumflugkörper (Gemini VI und VII) bei ihrer zehntägigen Erdumrundung bis auf wenige Meter Abstand.

Nachdem mehrere Mondsonden wichtige Meßdaten zur Erde gefunkt hatten (einige dieser Sonden wurden bei »harten« Landungen zerstört), fand am 16. Juli 1969 schließlich die erste bemannte Mondlandung statt, bei der die Amerikaner Neil Armstrong und Edwin Aldrin den Mond betraten und die amerikanische Flagge in sein ödes Gestein pflanzten – eine Tat, die als Beitrag zum Frieden und zum Wohlergehen der ganzen Menschheit gepriesen wurde. Dieses beispiellose wissenschaftlich-technische Ereignis hatte man auch mit jenem Gefühl für Effekte inszeniert, das nur die Amerikaner besaßen. Schätzungsweise sechshundert Millionen Erdbewohner konnten das spektakuläre Geschehen direkt über Fernsehen und Radio verfolgen, eine Meisterleistung der Telekommunikationstechnik, die kaum weniger phantastisch war. Die synchrone Übertragung des Mondabenteuers war ein wesentliches Element des Abenteuers selbst. Fast ebenso bemerkenswert und vielsagend ist, daß dieses Ereignis – nach Milliarden von Jahren des Lebens auf der Erde gelang es irdischen Lebewesen, dem Menschen, zum ersten Mal, diese Erde zu verlassen und einen anderen Himmelskörper zu betreten – so leicht wie jede andere Sensation Eingang ins Bewußtsein der Menschen fand.

Europa war bei diesem Wettrennen zum Mond und zu weiter entfernten Zielen im All vorerst noch Zuschauer geblieben. Kein Land verfügte hier über die wissenschaftlichen, technischen und wirtschaftlichen Mittel, sich mit den beiden Giganten zu messen. Außerdem konnten all diese Leistungen, sosehr sie auch mit strategischen und machtpolitischen Interessen und dem nationalen Prestige Amerikas und Sowjetrußlands verknüpft waren, als Leistungen der gesamten Menschheit angesehen und gefeiert werden. Seit 1958 umkreisten eine ganze Reihe amerikanischer und russischer Satelliten die Erde, nahmen Messungen vor und sammelten eine Vielzahl neuer Informationen über die Atmosphäre. Später hatten auch europäische Länder ihre Satelliten, vor allem zur Wetterbeobachtung und zur Perfektionierung der Kommunikation. Die Raumfahrt sollte ab den achtziger Jahren so stark zunehmen, daß hier allmählich neue Probleme auftauchten. Man erkannte nämlich die Notwendigkeit internationaler Regelungen und einer Klärung von Eigentumsrechten. Wem gehörten der Mond und der erdnahe Raum eigentlich, da sie ja nun erreichbar geworden waren? Und wie verhielt es sich mit der Freiheit privater Initiativen und mit privaten Rechten, wenn nicht nur Staaten, sondern auch große Unternehmen anfingen, Satelliten zu unterhalten und den Raum zu durchqueren?[45]

Die Erkundung des Weltraums, durch die auch die Astrophysik außergewöhnliche Bedeutung erlangte, ist natürlich nicht ohne Auswirkungen auf das physikalische Weltbild geblieben und hat damit auch Religion und Philosophie, soweit sie von diesen Fragen berührt werden, vor neue Herausforderungen gestellt. Das All erwies sich als viel unermeßlicher, als die Physik bisher angenommen hatte, und dank der neuen Instrumente und neuen Möglichkeiten der Datensammlung entdeckte man zuvor unbekannte Phänomene, wie zum Beispiel die sogenannten schwarzen Löcher. Schon einige Jahrzehnte zuvor waren Astronomen und Physiker aufgrund bestimmter Beobachtungen und Messungen zu der Annahme gelangt, daß sich das Universum ausdehnt. Diese Annahme und die mit ihr zusammenhängende Theorie über die Entstehung des Kosmos in einer gewaltigen Explosion, die Urknalltheorie, wurden jetzt durch die Entdeckung der kosmischen Hintergrundstrahlung bestätigt. Mit dieser Theorie scheint in das astrophysikalische Denken die religiöse Schöpfungsidee in einer modernen Variante zurückzukehren, die Vorstellung von einer in einem bestimmten Augenblick in der Zeit auf welche Weise auch immer entstandenen Welt – ein Gedanke, hinter dem vielleicht etwas wie eine Denknotwendigkeit steckt, an der der Mensch nicht vorbeikommt. Nur gebraucht die Naturwissenschaft statt des Begriffs »Schöpfung«, der auch die Handlung eines Schöpfers voraussetzt, den Begriff »Explosion«, wobei es dahingestellt bleibt, auf welche Ursache diese Kraftwirkung zurückgeht.

Der aufsehenerregende Fortschritt in der Medizin wäre ohne die Entdeckungen am anderen Ende des physischen Universums, im Mikrokosmos, undenkbar gewesen. Sie waren hauptsächlich der Verbindung von Biologie und Chemie in Molekularbiologie und Biochemie zu verdanken.[46] Zunächst ermöglichten diese ein besseres Verständnis der lebenden Organismen, der Zusammensetzung, des Aufbaus und der Funktionsgesetze der Zellen, und hier sollte vor allem die Entdeckung der sogenannten DNS die gesamte Evolutions- und Vererbungstheorie entscheidend verändern; viel früher war in diesem Zusammenhang schon die Bedeutung der Chromosomen nachgewiesen worden. Der Nachweis der DNS, in der die genetischen Informationen lokalisiert sind, die als einzige für die Ausbildung bestimmter Eigenschaften verantwortlich sind, also erbliche Eigenschaften weitergeben, widerlegte die alte lamarckistische und darwinistische Theorie über die Erblichkeit erworbener Eigenschaften. Diese Theorie hatte, wie erwähnt, noch in dem sowjetischen Biologen Lyssenko einen modernen Verfechter gefunden, dessen Lehre in der Zeit des Stalinismus zur sakrosankten Wahrheit erklärt worden war, weil sie das marxistische Dogma stützte, nach dem der Mensch in erster Linie das Produkt der Umstände ist. Die Forschungen zur DNS kollidierten aber auch mit dem vor allem in Amerika dominierenden Behaviorismus und der Idee der rational formbaren Gesellschaft: Nicht durch äußere Faktoren, sondern allein durch Mutationen, also Veränderungen der genetischen Informationen der DNS, können nach den neuen Erkenntnissen erbliche Eigenschaften verändert werden, Mutationen, die spontan auftreten oder durch sogenannte Mutagene ausgelöst werden, auf chemischem Wege oder durch Strahlungseinwirkung. Durch die Nutzung von Kernenergie und radioaktive Verseuchung von Atomtestgebieten hatte diese Möglichkeit zusätzliche Aktualität gewonnen. Der Neodarwinismus paßte seine Lehre zur Entstehung der Arten diesen Erkenntnissen an: Das Zustandekommen der Artenvielfalt wird durch Variation in kleinen Schritten erklärt. Alle Arten von Lebewesen gehen nach dieser Theorie auf wenige Grundformen zurück, und als Evolutionsfaktoren gelten außer der Selektion die Mutation, Rekombination, Isolation und der Zufall. Mit diesem streng positivistischen und empiristischen Ansatz verabschiedete man sich von der alten Vorstellung, eine Art Plan liege der gesamten Evolution zugrunde. Ein solcher Plan ist nämlich empirisch nirgendwo nachzuweisen, ja nicht einmal eine geschlossene Kausalkette. Die Entwicklung, Veränderung und Aufspaltung der Arten läßt einen völlig willkürlichen Verlauf erkennen, sie war eine Frage des Zufalls. Die Hervorhebung des Faktors Zufall war, wie sich zeigen sollte, nicht ohne Bedeutung für die Philosophie und die neuen Chaostheorien, die hierbei sowohl der Astrophysik als auch der Evolutionslehre viel zu verdanken haben.

Die Ergebnisse der intensiven biochemischen Zellforschung waren auch für die Medizin von Bedeutung, weil sie ein besseres Verständnis der Ursachen des Alterns, der Entstehung von Krebs und der Funktionsweise des Gehirns ermöglichten. Dadurch, daß das 1928 von Alexander Fleming entdeckte Penicillin von Howard Florey und Ernst Chain schon während des Krieges therapeutisch nutzbar gemacht worden war, hatte die Bekämpfung bakterieller Infektionen inzwischen gewaltige Fortschritte gemacht. Tuberkulose, seit jeher eine der häufigsten tödlichen Krankheiten, deren Verbreitung durch den Krieg und durch die Zustände in den Lagern noch stark zugenommen hatte, konnte in den Nachkriegsjahrzehnten fast völlig besiegt werden, auch dank der in den meisten Ländern staatlich eingeführten Kontrollen. Mit weiteren Antibiotika konnte man diese wirkungsvolle Offensive noch auf zahlreiche andere Infektionskrankheiten ausweiten. Das Elektronenmikroskop und die später erfundenen Sonographen, Geräte zur Ultraschalldiagnostik, ermöglichten eine außergewöhnliche Verfeinerung und Präzisierung bei der Untersuchung des Gehirns, des Herzens, der Lungen, der Nieren und anderer innerer Organe. Dies wiederum nützte der Chirurgie, die mit Organtransplantationen die erstaunlichsten Ergebnisse erzielte. 1969 führte der südafrikanische Herzchirurg Christiaan Barnard sogar schon die erste Herztransplantation durch. Seit dieser Zeit sind Organtransplantationen oder der Ersatz von Organen und Gelenken durch künstliche Substitute schon Routine geworden.

Von nicht zu unterschätzender Bedeutung war der Umstand, daß sich der Staat in den meisten europäischen Ländern mit zahlreichen Institutionen, Vorschriften und Maßnahmen immer mehr um die Erhaltung und Verbesserung der Volksgesundheit kümmerte; dabei ging es nicht nur um die Bekämpfung und Heilung von Krankheiten, sondern auch um Prävention, zum Beispiel durch eine Erweiterung der Impfprogramme. Neben dem wachsenden Heer medizinischer Spezialisten entstand ein noch viel zahlreicheres von nichtärztlichen medizinischen Helfern, Laboranten und Physiotherapeuten. Allmählich begann man außer der Krankheit und ihren unmittelbaren klinischen Ursachen auch der Bedeutung der Umwelt und der Lebensumstände Aufmerksamkeit zu schenken, und so kam die Sozialmedizin auf. Die Ergebnisse all dieser Entwicklungen konnten sich sehen lassen: Außer der Tuberkulose verschwanden auch andere Krankheiten fast vollständig aus Westeuropa oder wurden dank der Antibiotika ungefährlich. Allerdings erwies sich dieser Sieg langfristig als nicht endgültig, da einige Krankheiten, die in anderen Teilen der Welt weiterhin vorkamen, durch die Einwanderungswellen und den Tourismus in den siebziger und achtziger Jahren wieder nach Europa eingeschleppt werden sollten. Außerdem wurden bestimmte Krankheitserreger auf die Dauer resistent gegen Medikamente und Impfstoffe. Die Armee der Bakterien und Viren ging zum Gegenangriff über, und nicht immer ohne Erfolg. Aber die durchschnittliche Lebenserwartung stieg vor allem im Westen in der zweiten Jahrhunderthälfte um einen Mittelwert von fast acht Jahren auf über siebzig Jahre. Typische Altersleiden, vor allem Herz- und Gefäßkrankheiten und Altersdemenz, wurden dadurch zu einem größeren Problem.

Außer auf die Erfolge der medizinischen Wissenschaft und der allgemeinen Gesundheitsfürsorge war der Fortschritt auch auf verbesserte Kenntnisse des Durchschnittsbürgers zurückzuführen, besonders bei der Ernährung. Bei der Aufklärung auf diesem Gebiet spielten Zeitschriften und andere Medien eine große Rolle, auch wenn immer wieder fragwürdige oder falsche Informationen in Umlauf gebracht wurden – ein nahezu unvermeidbares Risiko der Massenpublizistik. Die Spezialisierung, ein Bedeutungszuwachs des Spezialisten gegenüber dem Hausarzt, die Entwicklung einer Pars-pro-toto-Mentalität bei vielen Ärzten, die sich ausschließlich auf die Behandlung des erkrankten Organs ausrichteten, das ihr eigenes Spezialgebiet war – all dies warf jedoch noch andere Fragen auf. Medizinische Behandlung konnte leicht den Charakter bloßer Reparaturmaßnahmen bekommen, weil sich angesichts der erstaunlichen Transplantations- und Ersatzmöglichkeiten, der auf fast allen Gebieten unverzichtbaren technischen Hilfsmittel und der verbesserten Medikamente im Umgang mit dem Patienten ganz von selbst ein eher technologischer und somit auch mechanistischer Ansatz durchsetzte, legitimiert durch unbestreitbare Erfolge. Daß man dem Gesamtzusammenhang der jeweiligen Krankheit, der Umwelt und der psychischen und sozialen Situation des Patienten, mehr Interesse zu widmen begann, war ein Versuch, diesen mechanistischen Tendenzen entgegenzuwirken.

Mittlerweile ergab sich jedoch für die Medizin aus der gewaltigen Verbesserung ihrer Fähigkeiten und ihrer technischen Hilfsmittel noch ein ganz anderes Problem, das seit den siebziger Jahren auch immer mehr die Öffentlichkeit beschäftigen sollte. Ein Vergleich mit der Situation des Physikers, vor allem des Atomphysikers, drängt sich auf. Auch die medizinische Wissenschaft näherte sich einer Grenze, an der ein ethisches Problem auftauchte, allerdings eines, das dem des Physikers genau entgegengesetzt war. Es ging nicht um die absichtliche Vernichtung von Leben, sondern um seine Erhaltung: Galt das Grundgesetz der Medizin, der hippokratische Eid, der den Arzt verpflichtet, mit all seinen Mitteln dem Leben zu dienen und den Tod zu bekämpfen, auch für die Behandlung von Menschen, die infolge von Krankheit oder altersbedingtem Verfall weder in körperlicher noch in geistiger Hinsicht als das zu erkennen waren, was man sich gewöhnlich unter einem menschlichen Wesen vorstellt? Was Grundsätze für den Umgang mit Behinderten oder psychisch Kranken anging, hatte sich zumindest in Europa und der westlichen Welt ein allgemeiner Konsens herausgebildet, wenn man auch wiederholt gegen diese Grundsätze verstoßen hatte – nicht nur unter dem Naziregime. Aber jetzt ging es um die neuen Möglichkeiten des Arztes, ein durch Verletzung, Krankheit oder Verfall eigentlich schon ausgelöschtes Leben mittels hochentwickelter technischer Geräte künstlich zu verlängern, ohne Aussicht auf Genesung. Menschen im Koma konnten durch künstliche Ernährung und Beatmung am Leben erhalten und das Ende todkranker Patienten hinausgeschoben werden, ohne daß dabei auch ihr Leiden erleichtert worden wäre. Besonders bedrückend wird dieses Dilemma, wenn der Patient (und dies ist häufig der Fall) selbst nicht mehr in der Lage ist, über sein Schicksal zu entscheiden. Da wegen der wachsenden Zahl komplizierter Eingriffe bei Fällen, die früher hoffnungslos gewesen waren, und vor allem wegen der starken Zunahme von Verkehrsunfällen auch die Zahl langwieriger Komafälle stieg, waren keineswegs nur alte Menschen betroffen. Der mechanistische Ansatz im Umgang mit dem Patienten konnte zu einem Konflikt zwischen medizinisch-wissenschaftlichem und religiös-humanitärem Ethos führen. Es gab hier keine deutliche Grenzlinie. Der absichtliche Verzicht auf künstliche Lebensverlängerung bei einem todgeweihten Kranken wurde oft gerade auch von kirchlicher oder staatlicher Seite verurteilt, während sich andererseits der Arzt aufgrund eines nicht weniger humanen Ethos seines Eides entbunden fühlen konnte, wenn er sich mit unerträglichem Leiden konfrontiert sah. Noch komplizierter wurde die ganze Frage, weil auch die bis dahin unproblematische Definition des »Todes« zu verschwimmen begann. Die Tätigkeit von Herz und Gehirn brauchte beim Einsatz von Apparaten nicht unbedingt gleichzeitig auszusetzen. Außerdem blieb die Frage offen, was genau unter künstlicher Lebensverlängerung zu verstehen ist, welche medizinischen Maßnahmen dazu zählen und welche nicht.

Die hier nur kurz berührten Höhepunkte in der jüngeren Geschichte der Naturwissenschaften und der Medizin sind das Werk einer internationalen Elite von Tausenden Forschern und Ärzten, und so hat es immer mehr etwas Willkürliches und Unbefriedigendes, nur einige wenige Namen zu nennen – ein Problem, das sich unter anderem auch bei der Zuerkennung der Nobelpreise offenbart. Kann diese Ehre doch oft nur den Leitern eines ganzen Teams zuteil werden, dessen Mitglieder die gewürdigte Forschungsleistung gemeinsam erbracht haben. Es fällt dabei auf, daß bei den Nobelpreisen auch wieder die großen Länder überrepräsentiert sind, mit Amerika als eindeutigem Spitzenreiter.

VIII

Kulturelle Turbulenzen

1 Fronten in Bewegung

Am 2. Dezember 1964 ereignete sich an der Universität von Berkeley in Kalifornien ein ungewöhnlicher Vorfall. Rund tausend Studenten besetzten einen großen Hörsaal und proklamierten eine »freie Universität«. Ein langes Leben war ihr nicht vergönnt. Am folgenden Tag räumten Polizisten das Gelände, das heißt – da die Betroffenen keinerlei Bereitschaft zu körperlicher Mitwirkung zeigten –, sie trugen einen Besetzer nach dem anderen hinaus, und so brach die neue Universität, eine Einnachtsfliege, wahrscheinlich alle Rekorde an Kurzlebigkeit. So unbedeutend diese lokal begrenzte, ziemlich clowneske Aktion unter all den Ereignissen, die täglich in die Zeitungen und Nachrichten der Welt kamen, auch zu sein schien, so war sie, wie sich später zeigen sollte, doch ein Signal. Eine ungewöhnliche Form des Protests der jungen Generation gegen die etablierte Ordnung, die erste leichte Erschütterung zu Beginn eines kulturellen Erdbebens, das von Westen her ganz Europa beiderseits des Eisernen Vorhangs erfassen und auch in anderen Teilen der Welt (unter anderem in Japan) spürbar sein sollte. Mit dem Zwischenfall von Berkeley begannen sich Turbulenzen abzuzeichnen, die bald in Gestalt einer Studentenrevolte überall Aufmerksamkeit erregten. Aber wenn der Aufstand der Studenten auch eine ganz eigenständige Bewegung mit ganz spezifischen Merkmalen und Zielen darstellte, so war er doch Symptom eines allgemeinen Generationskonflikts und eines Gärungsprozesses in der Tiefe der Gesellschaft. Seine Auswirkungen reichten deshalb auch weit über die Universität hinaus. Gut ein Jahrzehnt später hatte sich die gesamte kulturelle Landschaft von Grund auf verändert.

Diese kulturelle Umwälzung war eine der zahlreichen großen Überraschungen des Jahrhunderts. Weil sich in vielen Ländern neben den Organisationen der Studentenbewegung weitere Aktionsbündnisse mit zum Teil sehr radikalen politischen und gesellschaftlichen Zielsetzungen bildeten, blieb es nicht bei ein paar Krawallen und Aktionen. Die Umwälzung erfaßte immer mehr Bereiche und Personen, unabhängig von Alter, Rasse, Nationalität oder Klasse. Die Wirkungen zeigten sich in der Politik, aber vor allem im Alltag, in den Umgangsformen, den Künsten, der Mode, dem Geschmack, der Sexualität, den moralischen Maßstäben. Natürlich hingen die Turbulenzen in den verschiedenen Ländern auch mit spezifischen Verhältnissen dort zusammen. Diese waren in manchen Fällen ihr unmittelbarer Auslöser, wenn wir auch die Bedeutung der internationalen Vorbilder und des Nachahmungsdrangs, die dabei mitspielten, nicht übersehen dürfen. Will man dennoch eine allen gemeinsame Stoßrichtung und ein Ideal benennen, etwas, das diese Bewegung überall kennzeichnete, dann ist dies die ebenso naheliegende wie simple Feststellung, daß die bestehende Ordnung nichts tauge und durch eine freiere und gerechtere Welt ersetzt werden müsse. Von vielen wurde schon »Ordnung« als solche abgelehnt; sie galt als verwerflich, als System auferlegter Zwänge, und die Vorstellung, sie sei notwendig, als irrig. Zehn Jahre nach dem schon erwähnten Soziologenkongreß des Jahres 1955, auf dem das Ende der Ideologien verkündet worden war, wurde die jüngere Generation von einer mächtigen Ideologisierungswelle erfaßt, und die Ideologie wurde wieder zu einer unverzichtbaren Orientierungshilfe auf dem Weg zur Erlösung, in einem Maße wie selten zuvor. Das galt vor allem für den Westen, für Amerika und Westeuropa. Aber all das blieb auch in Osteuropa und anderen Teilen der Welt nicht ohne Echo. Erstens gehörten die Veränderungen, die im Osten mit der Entstalinisierung eingesetzt hatten, zu den Grundvoraussetzungen der Turbulenzen im Westen, und außerdem wurde bei der osteuropäischen Entwicklung ein ähnliches Protestverhalten erkennbar, das ebenfalls mit dem Vordringen einer neuen Generation zusammenhing. Aber die schnelle Verbreitung, ja das zum Teil fast simultane Ausbrechen der Studentenunruhen in verschiedenen Ländern von 1967/68 an war außerdem die Folge einer Ausweitung und Beschleunigung der weltweiten Kommunikation, die das Überspringen des Funkens so sehr erleichterte.

Die ersten Ansätze zur Rebellion einer jungen Generation waren schon Mitte der fünfziger Jahre erkennbar. Es waren die Jahre, in denen in den Städten die Halbstarken auftauchten und die neuen Popsänger gefeiert wurden – Zeichen an der Wand, Anzeichen dafür, daß die Kinder der äußerlich so stabilen Konsum- und Wohlfahrtsgesellschaft deren Errungenschaften keineswegs so dankbar begrüßten, wie ihre Väter sich das vorgestellt hatten. Denen erschien nach ihren eigenen Erfahrungen mit Wirtschaftskrise und Krieg Dankbarkeit der Jüngeren nur recht und billig. Was waren die Ursachen dafür, daß sich die Kluft zwischen den Generationen immer weiter auftat?

Zunächst einmal hatte im Westen die Geburtenwelle der späten vierziger Jahre – eine Reaktion auf den Krieg – die demographischen Verhältnisse verändert. Es gab nicht nur mehr Menschen, es gab vor allem mehr Jugend. Diese Jugend hatte in der neuen Gesellschaft bei verhältnismäßig geringer Arbeitslosigkeit und umfangreichen Vorkehrungen zur materiellen Absicherung zwangsläufig andere Zukunftserwartungen als ihre Eltern. Sie stellte andere Forderungen an das Leben als diese Eltern, die von Mangel, Depression und Krieg geprägt worden waren. Sie wuchs mit einem reichen, verführerischen Warenangebot und technischem Komfort auf. Produzenten wandten sich mit ihrer Werbung bald gerade an die Jüngeren, vor allem auch an Schüler und Jugendliche allgemein. Die Grundbedürfnisse waren ohnehin befriedigt. Außerdem hatte sich der Horizont der Jugendlichen dank der Medien beträchtlich erweitert. Eltern, Lehrer, Geistliche und Ausbilder verloren dadurch etwas von ihrer Autorität und erfüllten nicht mehr so selbstverständlich wie bisher die traditionelle Funktion des Mentors auf dem Weg zum Erwachsensein und zum Beruf. In einer Gesellschaft, in der sich das Alltagsleben durch immer neue Geräte und Erfindungen veränderte und jeder immer abhängiger von all den Innovationen wurde, nahm ihr natürlicher Wissensvorsprung ab. Angesichts all des Neuen, mit dem die Jugendlichen aufwuchsen, zählte der Vorsprung an Erfahrung und Bildung weniger. Die Jugend gewöhnte sich daran, daß eine wissenschaftlich-technische Spitzenleistung auf die andere folgte, von Kernenergie, Raketen, Raumfahrt und Mondlandung bis zu den medizinischen Kunststücken, Organtransplantationen und anderen Eingriffen, die das Leben verlängern konnten. Und gerade für Jugendliche einfacher Herkunft besaßen die für alle erschwinglichen Apparate besondere Anziehungskraft, denn auf diesem Gebiet brauchten sie hinter den Bessergestellten nicht zurückzustehen. Mit Radio, Plattenspieler, Kopfhörer, Fernseher und Moped konnten sie genauso gut umgehen. Allgemeinbildung, das kulturelle Rüstzeug, das früher Voraussetzung für den sozialen Aufstieg aus den unteren Schichten gewesen war, wurde nun überflüssig. Das Selbstbewußtsein der Jugend, die ja auch einen immer höheren Anteil an der Gesamtbevölkerung hatte, wuchs somit ständig, während andererseits wegen der Verlängerung der Ausbildung für immer mehr junge Menschen der Augenblick wirklicher Unabhängigkeit später kam. Das konnte leicht

Unzufriedenheit wegen einer als überflüssig empfundenen Bevormundung auslösen und auch dazu führen, daß man einen Mangel an Herausforderungen empfand und sich deshalb nach neuen, aufregenden Erlebnissen sehnte. Das neue Phänomen der lärmenden Halbstarken und das Aufkommen der Popmusik und neuer Jugendidole mit den bekannten Szenen von Massenhysterie und kollektiver Anbetung waren schon Anzeichen dafür, daß eine jüngere Generation aus einer gewissen Unzufriedenheit heraus ein gesondertes Gebiet für einen ganz eigenen Kult absteckte und aus den Konventionen eines braven, geregelten Lebens ausbrach. Dieser Ausbruch war allerdings noch völlig un-, ja antipolitisch.

Ganz anders geartet war der Protest der sogenannten *Beatniks*, ursprünglich eine Gruppe amerikanischer Schriftsteller um Allen Ginsberg, die in der zweiten Hälfte der fünfziger Jahre eine radikale Abwendung von der stromlinienförmigen, einzig vom Streben nach Gewinn, Erfolg und materiellen Gütern beherrschten amerikanischen Gesellschaft predigte. Hinsichtlich der Bedeutung des Begriffs besteht einige Unklarheit; »Beat« wird in diesem Zusammenhang sowohl mit »Ekstase« als auch mit »Erschöpfung« in Zusammenhang gebracht. Wie die große Jugendbewegung in ihrer Anfangsphase wandten sich die Beatniks von der Gesellschaft ab, und auch in ihrer Ablehnung der »Rationalisierung« und des platten Materialismus, dem Grund ihres Protests, waren sie dem einstigen Wandervogel verwandt. Allerdings äußerte sich das Verlangen nach anderen, immateriellen Werten ein halbes Jahrhundert später und in einem so völlig anderen Land nicht in romantischem Naturerlebnis mit Lagerfeuer und Zelt und in einem Wiederaufleben folkloristischer Traditionen (der ethnische Schmelztiegel Amerikas bot hier auch wenig brauchbare Anknüpfungspunkte), sondern eher in der Suche nach intensivem Erleben, ja in gewisser Weise nach mystischer Erfahrung, und im Streben nach völliger Befreiung aus der Zwangsjacke der hochentwickelten Technologiegesellschaft und ihres Materialismus. Man suchte Reinheit weniger in der Vergangenheit als in höheren Bewußtseinssphären. In diesem Streben ist wieder das bekannte Phänomen zu erkennen, daß man Vorstellungen aus einem völlig andersartigen, als noch unverdorben geltenden Kulturkreis vorindustrieller Prägung als heilkräftiges Mittel gegen die Krankheit der eigenen Gesellschaft aufgreift. Die Beatnikbewegung wurde vom Zenbuddhismus beeinflußt. Andererseits wurden Narkotika sehr beliebt, um befreiende und bewußtseinserweiternde Visionen auszulösen. Anders als der Jugendbewegung ging es den Beatniks nicht sosehr um kameradschaftliche Gemeinschaft als um persönliche Freiheit und Lösung aus traditionellen Bindungen, und sie predigten eine Art von Anarchismus – ein Unterschied, der eng mit dem liberal-individualistischen Credo Amerikas im Gegensatz zur europäischen und vor allem auch deutschen Gemeinschaftsidee zusammenhängt. Als Gruppe, die sich ganz betont absonderte und einer als gefühllos und vergiftet empfundenen Gesellschaft den Rücken kehrte, um ein neues, paradiesisches Land der Träume zu schaffen, hatten die Beatniks einerseits Ähnlichkeit mit vielen kleinen religiösen Sekten, andererseits waren sie wegen ihres ausgesprochen jugendlichen Charakters eine der frühen Protestbewegungen, die den Boden für die kulturelle Umwälzung der sechziger Jahre bereiteten.

Da die geräuschvollsten Äußerungen des Protests, die den Umbruch ankündigten, in Amerika zu hören waren, übernahm Europa mit der Protestbewegung vielfach auch die entsprechende amerikanische Terminologie. Die westeuropäischen Sprachen hatten dem Einfluß des Englischen, der auf die dominierende Rolle Amerikas auf wissenschaftlichem und technischem Gebiet zurückzuführen ist, auch vorher schon wenig Widerstand entgegengesetzt. Von den sechziger Jahren an wurden aber bestimmte amerikanische Begriffe so sehr Gemeingut, daß eine Übertragung in die eigene Sprache nur künstlich gewirkt hätte. Dies galt auch für Wörter wie *Beatniks*, *Beat* und die jetzt eingeführten Ausdrücke *Hippies* und *Happening*, die sich international durchgesetzt haben. Die jugendlichen Anhänger der Beatniks verkündeten als Heilmittel gegen den Kalten Krieg, den Rüstungswettlauf und die atomare Bedrohung ihre eigene frohe Botschaft – Liebe, Freude und Gewaltlosigkeit –, und schickten sich an, mit allen konventionellen Umgangsformen zu brechen. Das Leben sollte schön und poetisch werden. Sie schmückten sich mit Blumen, Symbol von Sanftheit und Schönheit, und mit ihrem ungewöhnlichen und provozierenden Äußeren, langem Haar und lässiger, ungepflegter Kleidung, drückten sie aus, daß ihnen »korrekte« Erscheinung und Prestigedenken völlig gleichgültig waren. Bedeutsam wurden sie vor allem als Inspiratoren der Hippiebewegung, die bald auch in Europa aufkam und ihre Anhänger in verschiedenen sozialen Schichten rekrutierte, vor allem aber in den mittleren. Anders als die Jugendbewegung, aber auch anders als die Beatniks, flüchtete die Hippiebewegung nicht einfach aus der verkehrten Welt der Erwachsenen, sie hatte vielmehr auch missionarische Züge.

In dieser Hinsicht erwies sie sich als Kind der modernen Gesellschaft mit ihren Werbetechniken und ihrem Hang zur Politisierung. Mit Sprüchen und Schlagworten auf Buttons oder auf dem eigenen, bemalten Körper, den sie zu einer auffälligen lebenden Litfaßsäule machten, verkündeten die Jünger im Stil von Sekten Liebe und Erlösung, oft unter Berufung auf Jesus. Dessen Name gelangte in diesen Gruppen auf überraschende Weise wieder zu Geltung – ein kirchenfernes und unorthodoxes Wiederaufleben christlicher Vorstellungen. Es war ein Zeichen des religiösen Einschlags dieser ganzen Bewegung und ein Zeichen dafür, daß die offiziellen Kirchen und das von ihnen repräsentierte Christentum jüngere Menschen nicht mehr ansprach. Bemerkenswerterweise war es – nicht zum ersten Mal natürlich – die Gestalt Jesu, die der Gesellschaft hier als Leitbild eines exzentrischen, gegen diese Gesellschaft gerichteten Protests vorgehalten wurde. Selbstverständlich geht es hier nicht um die Frage, ob das in theologischer oder historischer Hinsicht legitim war, sondern um das Phänomen, daß protestierende Jugendliche den Jesus der Bergpredigt als Mittel gegen alles Übel und alle Leiden entdeckten, wie auch immer sie sich dies vorstellen mochten. Die Beatniks und Hippies waren jedoch kein religiöses, sondern ein soziales und kulturelles Phänomen; sie verwarfen die existierende Gesellschaft, ihre Parolen und ihre Ideologie, und das Religiöse, die Berufung auf Jesus und seine Liebesbotschaft, war nur ein Ton in dem Akkord, den sie anstimmten. Es kam ihnen hauptsächlich darauf an, ein freies und entspanntes Leben ohne Leistungszwang zu propagieren, und hier waren »primitive« Naturvölker und ihre Glaubensvorstellungen die Inspirationsquelle.

Zusammen mit den Beatniks und Hippies kam das Phänomen des Happenings auf, das in den sechziger Jahren Aufsehen erregen sollte. Dieses Wort bezeichnete ursprünglich eine ungewöhnliche Aktion, ein spektakuläres Ereignis in der Kunst. Die einschneidenden Veränderungen, die sich dort vollzogen, verdienen es, gesondert behandelt zu werden; weil sie aber Protest gegen die gängigen Normen und damit gegen die Gesellschaft insgesamt implizierten, reichte ihr Einfluß weit über die Kunst hinaus. Schon in den fünfziger Jahren sind einzelne Beispiele für künstlerische Happenings zu beobachten, aber von den sechziger Jahren an gab es Aktionen dieser Art in Hülle und Fülle.[1] Die Happenings bereiteten wie das Auftreten der Beatniks und Hippies den Boden für eine kulturelle Umwälzung, ja sie gehörten schon zu ihr. Als eines der ersten Happenings gilt eine ungewöhnliche Veranstaltung des Künstlers Allan Kaprow, bei der im Oktober 1959 in New York ein farbenfrohes Potpourri von Skulpturen und Wandkonstruktionen, Musik, angedeuteter Bühnenhandlung, Diaprojektionen und spontanen Malaktionen geboten wurde, eingeteilt in achtzehn Einzelaktionen (Happenings), Szenen gewissermaßen – kurz, eine Fusion von Künsten und Technik, bei der alle Gattungsgrenzen demonstrativ aufgehoben wurden und die natürlich als provokativer Verstoß gegen die hergebrachten Kunstnormen gedacht war. Die Quintessenz bestand darin, daß das Publikum aktiv in die Veranstaltung einbezogen werden sollte. Ganz neu war diese Idee nicht. Sowohl die Dadaisten als auch die Surrealisten hatten die Kunstwelt schon bei verschiedenen Gelegenheiten mit ausgefallenen Darbietungen verblüfft und verwirrt. Auch dabei verfolgte man schon die Absicht, die übliche Trennung von Künstler und Publikum aufzuheben. Seit 1959/60 kam es jedoch zu einer wahrhaft explosiven Vermehrung von Aktionen dieser Art, unter der neuen Bezeichnung Happening. Jean-Jacques Lebel und Wolf Vostell waren die ersten, die diese Neuerung nach Europa, Frankreich und Deutschland, importierten.[2] Von 1960 an wurde das Happening aber – ganz unabhängig von eigentlich künstlerischen Intentionen – bei der Jugend einfach als auffälliges Spektakel populär, das aus dem Rahmen der gängigen Formen und Normen fiel. Es entstand ein Klima, das für Happenings aller Art äußerst günstig war, und diese Happeningkultur begünstigte wiederum das Aufkommen der Hippiebewegung. Diese verleugnete insofern nicht ihre Herkunft aus – in gewissem Sinne – künstlerischen Aktionen, als die Hippies ja ein Leben wollten, das nicht nur friedlich und frei, sondern auch eine Art Kunstwerk sein sollte, und sich dem freien Künstler verwandt fühlten.

Außer den gesellschaftlichen Verschiebungen im Westen, deren Ursachen in den demographischen Verhältnissen, in Massenkonsum und Massenkultur lagen, spielten auch die Veränderungen in der internationalen politischen Konstellation eine Rolle. Die Teilung Europas war allmählich, zumindest für diejenigen, die in den fünfziger Jahren zu den Jüngeren zählten, etwas Normales geworden – obwohl Politiker, Parteien und politische Kommentatoren in der Presse und anderen Medien auch weiterhin ihre Klagelieder anstimmten und immer wieder betonten, daß die Teilung eben nichts Normales sei und es niemals werden dürfe. Es galt in der Politik als moralische Pflicht, das Bewußtsein der Abnormität eines gespaltenen Europas wachzuhalten, ganz besonders natürlich in der Bundesrepublik Deutschland, etwas zurückhaltender aber auch bei den Verbündeten. Trotzdem lagen die Grenzen zwischen Ost und West unverrückbar fest, und niemand wußte, wie sie ohne tödliches Risiko zu überwinden wären. Hinter der offiziellen Rhetorik verbarg sich auch schon wachsende Bereitschaft, sich mit der Situation abzufinden, nicht nur weil sie nun einmal eine Tatsache war, sondern auch weil man vor dem Gedanken an tatsächliche Veränderung zurückschreckte. So gut wie niemand – und dies galt sogar für die Deutschen – hätte all die Errungenschaften wieder aufs Spiel setzen wollen, und niemand außerhalb Deutschlands, vor allem niemand in Frankreich, beklagte im Grunde die deutsche Teilung. Chruschtschows Entstalinisierung und seine Parole von der Koexistenz taten ein übriges. Obwohl es immer wieder erschütternde Ereignisse gab – an erster Stelle stand hier die brutale Niederschlagung des ungarischen Aufstands im Jahre 1956 –, war der sowjetische Koloß nicht mehr so beängstigend, denn einerseits kannte man ihn inzwischen besser, so daß man seine Reaktionen eher vorhersehen konnte, während er andererseits, weil er über Atombomben und Raketen verfügte und so spektakuläre Erfolge in der Raumfahrt erzielte, ein nahezu gleichwertiger Gegner der Vereinigten Staaten geworden war. Als die Sowjets 1957 als erste einen Satelliten, den Sputnik, starteten, hatte dies im Lager der amerikanischen Militärs und Waffenexperten leichte Panik ausgelöst. Der von beiden Seiten ständig vorangetriebene, Milliarden verschlingende Rüstungswettlauf warf aber auch neue Probleme auf und stärkte das Verlangen nach Entspannung, vor allem nach der Kubakrise von 1962. Der Antikommunismus, auf dem der Konsens des Westens und die Politik des Kalten Krieges beruht hatten, begann deshalb etwas von seiner Selbstverständlichkeit und Überzeugungskraft zu verlieren.

Nun hatte der Pazifismus nach dem Zweiten Weltkrieg, anders als nach dem Ersten, keinen besonderen Auftrieb erhalten, ja er war sogar ein wenig in den Hintergrund geraten. Dafür gab es, abgesehen von Ernüchterung und Skeptizismus, die in weiten Teilen der Bevölkerung herrschten, zwei Gründe. Erstens war man sich überall darüber im klaren, daß der Nazismus mit all seinen Schrecken nur durch Krieg hatte vernichtet werden können und daß die so verbreitete Antikriegsstimmung in den dreißiger Jahren Hitler sehr zustatten gekommen war und den Widerstand gegen seine Aggression gelähmt hatte. Zusammen mit dieser Erkenntnis hatte dann die Furcht vor der Sowjetunion und ihren Absichten erneute Wachsamkeit und Bereitschaft, die eigene Freiheit zu verteidigen, zum obersten Gebot gemacht. Daß es zum Kalten Krieg kam, war unter anderem darauf zurückzuführen, daß man Lehren aus den Entwicklungen der dreißiger Jahre zog, und es war eine Ironie der Geschichte, daß dies nicht nur für den Westen, sondern auch für den Osten galt. Den Pazifisten war damit ein wichtiges Argument genommen worden. Eine phantasielose Politik, die in der Spirale des Wettrüstens, der gegenseitigen Abschreckung auf immer höherem Niveau, die einzige Garantie gegen die atomare Katastrophe zu sehen schien, löste jedoch in der veränderten Situation Zweifel und Kritik aus. Die veränderte Stimmung und die ersten Ansätze zur Entspannung ermutigten in den späten fünfziger Jahren daher wieder pazifistische Strömungen. Für viele Jüngere verlor die Dämonisierung Sowjetrußlands an Glaubwürdigkeit, auch wegen der Entstalinisierung. Offener Aggression außerhalb seiner stillschweigend akzeptierten Machtsphäre konnte man Moskau bei näherem Hinsehen auch kaum beschuldigen.

Außerdem erregte in ebendieser Epoche (Ende der fünfziger und Anfang der sechziger Jahre) die sogenannte Dritte Welt, die früheren Kolonien, immer stärker die Aufmerksamkeit Europas. Die These, hinter revolutionären Befreiungsbewegungen stecke Moskau, eine These, die das praktische Schwarzweißschema des Kalten Krieges nahelegte, erregte allmählich Skepsis und erwies sich in vielen Fällen als stark überzogen, vor allem als die Sowjetunion im kommunistischen China einen Rivalen bekommen hatte und der scharfe russisch-chinesische Gegensatz nicht mehr verschleiert werden konnte. Die immer als ungeheuer bedrohlich dargestellte monolithische Einheit des Kommunismus gehörte der Vergangenheit an. Diese nuanciertere Darstellung der Verhältnisse war vielfach Auslandskorrespondenten zu verdanken; längst nicht immer gelang es den Redaktionen oder Regierungsfunktionären, die am bewährten Schwarzweißbild festhalten wollten, solche Journalisten zu disziplinieren oder ihre Berichte zu zensieren. Das Blutvergießen, das mit dem Rückzug einiger Kolonialmächte aus Afrika und Südostasien einherging, wie etwa in Algerien und im früheren Indochina, gab obendrein dem kommunistischen und marxistischen Standardvorwurf, der Westen sei imperialistisch, neue Nahrung. Mit den militärischen Niederlagen und dem Rückzug des Westens wuchsen auch die Zweifel an der moralischen und historischen Legitimierung der früheren Kolonialherrschaft. Es ist ein bekanntes Phänomen: Eine Niederlage wird leichter verkraftet, wenn man in ihr eine höhere Rechtfertigung erkennt, weil einen das mit dem Lauf der Dinge versöhnen kann. Auf jeden Fall kommen wir nicht an der Tatsache vorbei, daß es in den kolonialistischen Nationen – Großbritannien, Frankreich, den Niederlanden, Belgien – erst in dem Augenblick allgemein üblich und – vor allem in der Geschichtsschreibung – fast selbstverständlich wurde, den europäischen Kolonialismus und Imperialismus zu kritisieren und zu verurteilen, als diese Länder, eins nach dem anderen, klein beigegeben hatten. So drängt sich einem die hypothetische Frage auf, ob sich auch im Falle des Fortbestands der Kolonialherrschaft eine ebenso kritische Beurteilung des Kolonialismus durchgesetzt hätte. Was zu einer Veränderung der Einstellung beitrug, war auch der Reichtum der westlichen Länder – der Verlust von Kolonialgebieten erwies sich keineswegs als die wirtschaftliche Katastrophe, die viele Experten und Politiker der Kolonialmächte vorausgesagt hatten! – im Gegensatz zu der bitteren Armut in vielen ehemaligen Kolonien und den Ländern der Dritten Welt allgemein. Diese Erkenntnis verstärkte das moralische Unbehagen und konnte vor allem bei Jüngeren noch mehr Argwohn gegenüber der Politik der älteren Generation, gegenüber ihren Argumenten und Normen erregen. Den kritischen Punkt erreichte der wachsende Unmut ganz offensichtlich wegen Vietnam.

Die Vereinigten Staaten, die sich prinzipiell immer als Gegner des Kolonialismus gezeigt hatten, verstrickten sich in Vietnam von 1964 an immer weiter in Konflikte, die Folgeerscheinungen der dortigen Kolonialherrschaft Frankreichs waren, weil der Kampf gegen den Kommunismus für sie höchste Priorität hatte – unabhängig davon, ob die kommunistischen Bewegungen in manchen Ländern Anteil an der Befreiung von der Kolonialherrschaft hatten. Darum unterstützten sie jede antikommunistische Regierung, auch wenn sie undemokratisch war und nicht von der Bevölkerungsmehrheit getragen wurde. Im Dschungel Vietnams rutschten sie immer tiefer in einen Guerillakrieg hinein, den ersten Krieg in ihrer Geschichte, den sie nicht gewinnen konnten, trotz ihrer enormen militärtechnischen Überlegenheit. Die amerikanischen Militärs griffen in ihrer Ratlosigkeit schließlich auch zu Vernichtungswaffen, die das Stigma des ethisch nicht Vertretbaren trugen, wie Napalm und chemischen Entlaubungsmitteln, was auch im Westen Kritik und Empörung auslöste. Die Tatsache, daß die Amerikaner selbst mit den modernsten Waffen und ihrer erdrückenden Übermacht nicht in der Lage waren, die einheimischen Partisanen in die Knie zu zwingen, ihre abscheulichen Kampfmethoden, der immer höhere Tribut an vietnamesischen und amerikanischen Menschenleben – all das zusammen ließ die öffentliche Meinung umschlagen. Es löste vor allem bei jüngeren Menschen in Europa, die das Ausbrechen des Kalten Kriegs nicht erlebt und die Furcht vor der Roten Armee nicht mitempfunden hatten, politischen Antiamerikanismus aus. Das bis dahin so positive Bild der Vereinigten Staaten wurde in der zweiten Hälfte der sechziger Jahre zerstört, was allerdings dem mächtigen kulturellen Einfluß und der Vorbildfunktion in keiner Hinsicht Abbruch tat, auch nicht bei der westeuropäischen Jugend.

Im Gegenteil. Die kritische Haltung hatte man von der jüngeren Generation in den Vereinigten Staaten selbst übernommen, wo Vietnam zum Symbol für verbrecherisches Versagen des Establishments wurde. Ein besonderer Faktor trug zusätzlich zu der Erkenntnis bei, daß sich eine Kluft zwischen den Generationen auftat: die unvollendete Amtszeit des amerikanischen Präsidenten Kennedy. John F. Kennedy hatte es mit Hilfe sehr professioneller Publicity geschafft, zur Verkörperung einer jüngeren Generation zu werden. Er schien die überall erstarrten Fronten wieder in Bewegung zu bringen, und er spielte nach der von Stagnation gekennzeichneten Amtsperiode des ermatteten Kriegshelden Eisenhower mit viel Elan die Rolle des dynamischen Reformers. Seine Präsidentschaft wurde von der Öffentlichkeit auch in Europa, wo man es inzwischen mit autoritären Patriarchen wie de Gaulle und Adenauer zu tun hatte, als belebende Verjüngungskur begrüßt. Die Ermordung Kennedys im November 1963 verursachte deshalb auch weltweit einen außergewöhnlichen Schock. Nach Sarajevo bekam kein anderer der mit den politischen Morden des Jahrhunderts verbundenen Ortsnamen einen so ominösen Klang wie Dallas. Ein Vergleich zeigt allerdings deutlich, welcher Abstand zwischen 1914 und 1963 liegt. Während der eine Mord zunächst nicht viel mehr als eine interne österreichisch-habsburgische Tragödie zu sein schien, dann aber zum Auslöser eines Weltkriegs wurde und einen entsprechenden Platz in der Geschichte bekam, ereignete sich der zweite im Medienzeitalter vor den Augen von Millionen Fernsehzuschauern, so daß er sofort als Ereignis von historischer Tragweite erschien. Bei näherer Betrachtung erweist es sich jedoch als sehr unwahrscheinlich, daß er die amerikanische Politik wesentlich verändert hat. Denn die ersten Entscheidungen, die schließlich zu der verhängnisvollen Intervention in Vietnam führten, waren schon in Kennedys Amtszeit gefallen. Im Unterschied zu den ungeheuerlichen Folgen von »Sarajevo« blieben die Auswirkungen des Mordes von Dallas weitgehend auf die psychologische Ebene der Politik beschränkt, die allerdings durchaus ihre Bedeutung hat. Mit Kennedy verschwand der populäre Wegbereiter einer neuen Generation. Das verstärkte die Enttäuschung bei jüngeren Menschen und die Überzeugung, daß eine entscheidende Wende notwendig sei, vor allem als das Land im Sumpf des Vietnamkrieges versank.

In Europa schrieb man Vietnam den gleichen Symbolwert zu, und so entwickelte sich hier ebenfalls eine kritischere Haltung gegenüber den eigenen politischen Eliten, die sich so brav der Führung Amerikas unterworfen hatten. Mehr noch – der Gedanke, daß dieses katastrophale Abenteuer durchaus auf einen Geburtsfehler des westlichen, kapitalistischen Systems zurückgehen könnte, gewann an Überzeugungskraft. Damit änderten sich fast unmerklich die Vorzeichen: Da sich jetzt gezeigt hatte, daß Amerika und der Westen nicht so makellos weiß waren, wirkten ihre Gegner zwangsläufig nicht mehr so schwarz. Als Auslöser für den gesellschaftlichen Aufruhr, der nach dem Zwischenfall von Berkeley auch auf Europa übergreifen sollte, waren all diese politischen Veränderungen von kaum zu unterschätzender Bedeutung.

2 Angriff auf die Autorität und sexuelle Revolution

Die Unzufriedenheit der jungen Generation hatte sich zuerst in der Abwendung von der stromlinienförmigen, gewinn- und leistungsorientierten Gesellschaft und in der Abgrenzung eines eigenen Bereichs geäußert, wie bei den Beatniks und Hippies und auf ganz andere Weise wiederum bei den Großereignissen der Popkultur. Diese Popkultur implizierte zwar an sich nicht notwendigerweise die bewußte Isolation vom Rest der Gesellschaft, aber ihr Aufkommen war ein eindeutiges Indiz dafür, daß alles, was der Markt zuvor geboten hatte, viele Jugendliche nicht ansprach oder emotional befriedigte. Die wichtigste Ursache dieser ganzen kulturellen Umwälzung war folglich keine sozioökonomische, sondern eine sozialpsychologische. Nicht die materiellen, sondern die psychischen Bedürfnisse kamen in der westlichen Demokratie zu kurz. Die Kriegsgeneration war noch voll und ganz mit dem Wiederaufbau beschäftigt gewesen, mit dem Aufholen verlorener Jahre und politisch mit der Bildung einer starken antikommunistischen Front. Den Jugendlichen, die in dieser neuen Gesellschaft aufgewachsen waren, fehlten die großen Herausforderungen und die gemeinsamen ideellen Ziele. Die Freiheitsparolen, die den Kalten Krieg rechtfertigten, hatten sich in ihren Augen abgenutzt, angesichts der Geschehnisse in Vietnam wirkten sie sogar verlogen. Die Kombination von Überfluß und einem Gefühl der eigenen Entbehrlichkeit war eine der Ursachen der kulturellen Turbulenzen. Das war etwas Neues in der Geschichte, und deshalb konnte es zu allerlei schiefen und unangemessenen Vergleichen Anlaß geben, die noch zur Sprache kommen werden. Die Hysterie, die Großveranstaltungen der Popkultur auslösen konnten, hatte schon in den fünfziger Jahren ein Verlangen nach verbindenden kollektiven Erlebnissen offenbart. Seit Mitte der sechziger Jahre begannen aber die traditionellen Autoritäten wegen der eingerosteten Ost-West-Beziehungen und des Vietnamkrieges in den Augen der Jugend auch auf politisch-ideologischem Gebiet ihre Legitimation zu verlieren. Und als Führer in Fragen der Lebenspraxis schienen die Älteren in der Wohlfahrtsgesellschaft nicht mehr unbedingt gebraucht zu werden.

Inzwischen hatte sich noch ein Problem herauskristallisiert, das mit der fortschreitenden Ausbeutung der Natur als Folge der technischen und industriellen Entwicklung zusammenhing. Im Jahre 1972 hatte eine Gruppe von Experten, der sogenannte Club of Rome, einen beunruhigenden Bericht veröffentlicht, in dem sie die verheerenden Folgen eines bedenkenlosen Konsums darstellten: die Luftverschmutzung, Folge der unaufhörlichen Emission gewaltiger Mengen giftiger Gase durch Industrie und ungezügelten Autoverkehr, die ebenso hemmungslose Ausbeutung von Rohstoffen, die zerstörerischen Eingriffe in die Landschaft und das Dahinsiechen der natürlichen Flora, die Verseuchung von Flüssen und Meeren und das dadurch verursachte, ungeheure Ausmaße erreichende Fischsterben. All das waren nicht mehr zu leugnende Konsequenzen der neuen Möglichkeiten und des unbezähmbaren Drangs, das Dasein immer komfortabler zu machen und die Effizienz immer weiter zu steigern, des Konkurrenz- und Profitzwangs einer Wirtschaft, in der Milliarden im Spiel waren und die viele reich machte. Die technologische Dynamik drohte Mutter Erde zum ersten Mal in der langen Geschichte ihrer ruhelosen Kinder ernsthaft und vielleicht irreparabel zu schädigen. Der Preis des wachsenden Wohlstands konnte am Ende durchaus eine sterbende Natur und die Unbewohnbarkeit des Planeten sein. Diese besorgniserregenden Zukunftsprognosen widersprachen verständlicherweise den elementaren Interessen der mächtigen

Industriekonzerne, deren Erfolg wiederum eng mit dem Gedeihen der Weltwirtschaft insgesamt verknüpft war. Sie widersprachen nicht weniger den alltäglichen Gewohnheiten mit all den Bequemlichkeiten und Konsumgütern, die den Menschen lieb geworden waren. Wie zu erwarten, wurden die Voraussagen in allerlei Punkten angegriffen. Dennoch sollte in den folgenden Jahren allmählich größeren Bevölkerungsgruppen klarwerden, daß hier eine ungeheure, früher unbekannte Gefahr lauerte. Ein neues Thema, die Umwelt, war geboren und begann die Öffentlichkeit immer stärker zu beschäftigen, vor allem als man erkannte, daß die beschriebene Entwicklung Folgen für die Gesundheit jedes einzelnen haben konnte. Der offenkundige Raubbau am Planeten Erde wurde von jetzt an als ein weiterer der vielen ernsten Mißstände der bestehenden Gesellschaft angeprangert als Folge ihrer einseitig materialistischen Orientierung und Profitgier.

Der Unmut über die Verhältnisse äußerte sich allmählich nicht mehr nur in unpolitischer Abwendung von der Gesellschaft (in dieser Hinsicht war die Protestbewegung noch der frühen Jugendbewegung verwandt gewesen), sondern immer stärker in einer provokativen und aggressiven Haltung. Während die Halbstarken und die Anhänger der frühen Popstars überwiegend Jugendliche einfacher Herkunft und geringerer Bildung gewesen waren, kam es in der Phase der Politisierung zu einer deutlichen sozialen Verschiebung zu den höheren Schichten, einem gebildeteren Milieu, vor allem Studenten. Der Protest, von neuen, intellektuell viel besser ausgerüsteten Gruppen getragen, fand jetzt auch eine ideologische Artikulation. Wegen des Autoritätsverlusts der Älteren und der tonangebenden Eliten wurde das ganze Gebäude der gängigen Normen verdächtig.

Ein Pionier der Bewegung, die sich nun anschickte, die Fundamente dieses Gebäudes zu untergraben, und ein farbenfrohes Phänomen noch dazu, war die Amsterdamer »Provo«-Bewegung, die international bekannt wurde, weil sie sich mit Erfolg der tödlichsten Waffe bediente: der Verhöhnung. Indem die Provos die Träger der Gewalt lächerlich machten, entlarvten sie sie als Papiertiger. Provo verdankte seinen Namen dem Soziologen Buikhuisen, der damit das bewußt provokative Auftreten im Unterschied zum Verhalten der früheren Halbstarken als charakteristisches Merkmal dieser Bewegung herausstellen wollte. Sie hatte unverkennbar niederländische Züge, und ihr kurzlebiger Ruhm war einigen Besonderheiten der niederländischen Gesellschaft zu verdanken. Diese hatte, weil das Land als kleine

Nation die Rolle eines Zuschauers im Windschatten der großen Weltpolitik spielte, eine Tradition vorsichtiger Entscheidungsprozesse und pragmatischer Toleranz entwickelt, zu der auch Abscheu vor jeglicher Gewalt gehörte. Daß man hier nicht mit harter Hand zu regieren pflegte, wurde von der Bevölkerung und den Medien gewöhnlich durch Vertrauen auf die Weisheit der gewählten Führer honoriert. In diesem Klima eines religiösen und weltanschaulichen Pluralismus gab es immer ein gewisses Maß von Narrenfreiheit. Es kam Provo zugute, daß die niederländischen Autoritäten keine Erfahrung im Umgang mit echter Rebellion hatten, und diese Autoritäten wurden noch zusätzlich dadurch gehemmt, daß sie viel Wert auf ein sympathisches und liberales Image legten. Auch der Einfluß moderner Medien kam Provo zugute, und dies war für den kommenden kulturellen Aufruhr von kaum zu überschätzender Bedeutung. Die Anhänger stammten zum Teil aus dem studentischen Milieu und waren mit soziologischer Sprache und Denkweise vertraut, die sie auch auf sich selbst anwandten; sie nahmen sich selbst als soziales Phänomen wahr, wie schon die Übernahme der von einem Soziologen geprägten Bezeichnung zeigt. All das gab ihrem Auftreten etwas eigenartig Doppelbödiges und einen Anflug von Spiel und Maskerade.

Es war die neue Sorge um die Umwelt, die Provo bewegte, jedenfalls war die Umweltproblematik eines der wichtigsten Themen. Die Provos verpackten ihren Protest gegen die Welt des Kapitals, der Profitgier und des Wettrüstens in Albernheit, um auf diese Weise die Idiotie der Autoritäten und die Überflüssigkeit und Sinnlosigkeit der geltenden Gesetze und Regeln zu demonstrieren. Mit der Proklamation von Gewaltlosigkeit und individueller Freiheit traten sie in die Spuren der Hippies, ebenso mit dem Konsum von Haschisch und LSD als Mitteln zur Bewußtseinserweiterung. Ihr Streben – Programm wäre ein zu gewichtiger Begriff – war inhaltlich von einer Mischung aus Pazifismus, Verbrüderungsutopie, Umweltschutz, Gesundheitsvorsorge (sie starteten auch eine Antirauchkampagne) und anarchischem Individualismus bestimmt. Mindestens ebenso bedeutsam waren das betont ungewöhnliche Verhalten und die extravagante Kleidung, mit denen Provo dazu ermuntern wollte, die herrschenden Konventionen nicht allzu ernst zu nehmen; das Wort »verspielt« war plötzlich in aller Munde. Auch dies wäre ohne das Vorbild der Hippiebewegung kaum denkbar gewesen. Das närrische Verhalten hatte auch eine Schutzfunktion. Dahinter verbarg sich aber zweifellos auch ein tiefer Pessimismus. Weil man eigentlich keine

Hoffnung hatte, die bestehende Gesellschaft wirklich verändern zu können, wählte man das Narrenkostüm. Als die Autoritäten, von den unverkennbar rebellischen Untertönen in Nervosität versetzt, die Polizei rigoros gegen die Provos vorgehen ließen, verschafften sie der Bewegung viel öffentliche Aufmerksamkeit und Sympathie. Sie bestätigten die Vorstellung, daß hier gewalttätige Rohlinge friedlichen und fröhlichen jungen Menschen gegenüberstanden, die die Welt nur in einen freundlicheren Ort verwandeln wollten. Unter der Narrenkappe Provos zeigten sich jedoch schon bald ganz unterschiedliche Gesichter: notorische Hanswurste, studentische Witzbolde, Idealisten und Pazifisten, Anarchisten und radikale Ideologen. Das Neue und Bemerkenswerte an der Provo-Bewegung war, daß sie zur Untergrabung der Autorität und zur Erschütterung der politischen Grundüberzeugungen beitrug. Dabei offenbarte sich plötzlich bei den Älteren eine Ungewißheit in moralischen Fragen, die es Provo möglich machte, den vertrauten Gegensatz von normalem und abnormem Verhalten, von Ernsthaftem und Verspieltem in Frage zu stellen oder den Maßstab sogar umzukehren. Es entstand eine Atmosphäre, in der sich auch früher als Sonderlinge geltende Figuren auf einmal als Pioniere auf dem Weg in eine bessere Gesellschaft hervortun konnten.

Es ist üblich, von einem Atomzeitalter zu sprechen, das mit der Kernspaltung von 1945 begann. Die spektakulären Erfolge der Raumfahrt – der Start von Raketen und Satelliten und die Mondlandungen – und andere erstaunliche wissenschaftlich-technische Leistungen in der zweiten Hälfte des zwanzigsten Jahrhunderts haben den Horizont auf eine Weise verändert, die sich frühere Geschlechter nicht hätten träumen lassen – eine Entwicklung, über deren künftige Folgen man nur vage Vermutungen anstellen kann. Andererseits spielt sich all das außerhalb der eigentlichen Erlebniswelt des Durchschnittsmenschen ab, im wörtlichen und übertragenen Sinne weit weg. Man kann sogar von einer gewissen Abstumpfung sprechen; eine solche Häufung technischer Sensationen führt dazu, daß sie viel von ihrer atemberaubenden Wirkung verlieren. Von ganz unmittelbarem Interesse für die junge Generation war dagegen ein Produkt, das im Laufe der sechziger Jahre ohne Beschränkungen in den Handel kam: »die Pille«, wie das orale Verhütungsmittel, eine amerikanische Erfindung von 1956, ganz einfach genannt wurde. Es bot sicheren Schutz vor Schwangerschaft ohne nennenswerte Probleme für die Frau. Die Angst vor unerwünschter Schwangerschaft, die seit Menschengedenken die Geschlechterbeziehungen und damit auch Normen und Moral der ganzen Gesellschaft so stark geprägt hatte, und das ewige Kopfzerbrechen über mehr oder weniger sichere oder unschädliche Verhütungsmittel waren mit einem Schlag hinfällig. Für das Intimste im menschlichen Leben, die Sexualität, brach eine neue Zeit an. Nicht was die Menschheit insgesamt und die großen Entwicklungslinien angeht, wohl aber, was das Leben des einzelnen betrifft, markiert die Erfindung der »Pille« für Millionen einen Wendepunkt.

Daß sexuelle Kontakte nun ohne besonderes Risiko möglich wurden, hatte Konsequenzen für das Verhältnis zwischen Jugendlichen und Älteren, die Ehe, die gesellschaftliche und psychologische Situation der Frau, die herrschenden Auffassungen über Hetero- und Homosexualität und im Zusammenhang damit auch für die Frage der Toleranz gegenüber Minderheiten im allgemeinen. Da junge Menschen dank der Pille weniger Rücksicht auf Eltern und Gesellschaft zu nehmen brauchten, konnten sie früher und unbekümmerter ihre ersten sexuellen Erfahrungen machen. So verloren auch die Älteren in diesem intimen Bereich ihren Erfahrungsvorsprung. Für Paare war die formale Verbindung durch die Ehe nun von geringerer Bedeutung, und die Partner bewahrten – wenn oder solange sie keine Kinder wollten – auch größere Unabhängigkeit voneinander. Freie Partnerschaft sollte deshalb auch zu einem weitverbreiteten Phänomen werden. Andererseits brachte dies die Möglichkeit eines rascheren Partnerwechsels und damit einer Verflachung des erotischen Gefühlslebens und der menschlichen Beziehungen mit sich. Die traditionellen Hindernisse für das Ausleben der Sexualität hatten auch zur Intensivierung des Erlebens beigetragen. Mädchen konnten Jungen jetzt mit weniger Scheu begegnen. Für die feministische Bewegung bedeutete all das ebenfalls einen tiefen Einschnitt. Erst jetzt konnten Frauen, genau wie Männer, ein Berufsleben und gleichzeitig ein Sexualleben haben. Auch in dieser Hinsicht waren sie gleichwertig geworden. Nur die Mutterschaft konnte ihnen hier in die Quere kommen, aber die Entscheidung für oder gegen sie hatten die Frauen nun selbst in der Hand. Der neuerlangten Gleichstellung und dem raschen Anwachsen der Zahl unverheirateter Frauen – nicht nur, aber doch teilweise dank der Pille – entsprach auch die in einigen Ländern bald eingeführte Möglichkeit, bei der Eheschließung den Geburtsnamen zu behalten. Hier verlor der Mann wieder ein wenig von seiner Vorherrschaft, diesmal in rechtlicher und verwaltungstechnischer Hinsicht, aber auch das konnte psychologisch bedeutsam sein. Was das Verhältnis zu den Kindern und formale Kennzeichen der Abstammung anging, verbargen sich hier neue Probleme – und dies gilt noch immer –, auch wenn bei voller Berufstätigkeit beider Eltern der Mann Aufgaben übernahm, die traditionell der Frau zukamen. Auf jeden Fall verblaßte der Gegensatz zwischen den Geschlechtern. Frauen näherten sich im Verhalten den Männern an, was äußerlich schon in der Mode zum Ausdruck kam. Die Hose als Kleidungsstück der Frau – vor dem Krieg noch Zeichen einer betont modernen Einstellung und nur in mondänen Kreisen toleriert – wurde etwas Normales. Die Zahl der rauchenden Frauen sollte bald die der rauchenden Männer erreichen, wenn nicht übersteigen. Umgekehrt übernahmen viele junge Männer nicht nur »weibliche« Aufgaben, sondern auch traditionell weibliche Attribute wie (schulter)langes Haar, Halskettchen, Armbänder und Ohrringe. Der Sport und das Schlankheitsideal hatten schon früher dazu beigetragen, daß sich auch im Physischen eine gewisse Angleichung vollzog. Andererseits wurde bei Männern, die nun wieder den Geschlechtsunterschied betonen wollten, von neuem der Bart beliebt, der in den Generationen nach dem Ersten Weltkrieg, außer im Künstlermilieu, nahezu verschwunden war.

All diese Erscheinungen machten sich in den folgenden Jahrzehnten nach und nach bemerkbar, wenn auch längst nicht überall und in allen Gruppen und Schichten der Bevölkerung im gleichen Maße. In den nördlichen, seit der Reformation überwiegend protestantischen Ländern und in kirchenfernen, liberalen, freigeistigen oder sozialistischen Kreisen hatte sich die Frau in der Regel schon früher und weiter aus ihrem alten, auf Haus und Kinder beschränkten Bereich gelöst. Im gläubigen Milieu, sowohl dem katholischen als auch dem streng kalvinistischen oder lutherischen, war der Widerstand gegen eine neue Aufgabenteilung viel stärker. Außerdem legten Männer und Frauen unabhängig von ihrem Glauben oder Unglauben durchaus auch weiterhin Wert auf die vertrauten Unterschiede. Aber der Unterschied, der immer als ein von der Natur selbst festgelegter gegolten hatte, beruhte nach den neuen Auffassungen auf einmal nur auf »Rollenverteilung«. Beide Geschlechter spielten Rollen, die aber können sich ändern.

In mehreren Schüben war im Laufe des Jahrhunderts das sexuelle Tabu abgebaut worden, und besonders die beiden Weltkriege hatten zu einer Lockerung der Normen und größerer Eigenständigkeit der Frau beigetragen. Aber es hatte immer wieder Gegenströmungen gegeben. Die faschistischen und nationalsozialistischen Diktaturen hatten von neuem und ganz entschieden den traditionellen Gegensatz und die Dominanz des Mannes betont, und die Kirchen, hauptsächlich die katholische, doch auch die orthodox-kalvinistische, hatten dies eigentlich nur begrüßt. Die Kriegsgeneration und diejenigen, die im ersten Nachkriegsjahrzehnt Schule und Berufsausbildung abschlossen, hatten andere Prioritäten gehabt (wie etwa das Aufholen des Zeitverlusts, Normalisierung und Wiederaufbau), und so hatte es in diesen Generationen kein nennenswertes Aufbegehren gegen die gängigen sexuellen Normen gegeben. Eher neigte man im Hinblick auf sexuelle Kontakte und Ehe zu konventionell-bürgerlichem Verhalten.

Dem bereitete die Pille ein Ende. Die nun beginnende sexuelle Revolution kann zwar nicht ausschließlich auf diese eine Erfindung zurückgeführt werden. Daß es zu dieser Erfindung kam, ist vielmehr ein Beweis für die permanenten Bemühungen (und somit das Bedürfnis), die Hindernisse aus dem Weg zu räumen, die größerer sexueller Freizügigkeit im Weg gestanden hatten. Katholizismus und orthodoxer Protestantismus lehnten all dies grundsätzlich ab, was auch kaum überrascht. Aber vor allem die katholische Kirche war mit ihrer Verdammung jeglicher Lust, die nicht der Fortpflanzung diente, schon im neunzehnten Jahrhundert auf immer mehr Schwierigkeiten und Widerstand gestoßen. Zum Teil war dieser Widerstand auf die medizinischen und biologischen Erkenntnisse und das Aufkommen verbesserter Verhütungsmittel zurückzuführen, zum Teil aber auch auf neomalthusianistische Theorien und das entschiedene Eintreten von Ökonomen und Demographen für Geburtenregelung. Die von der Kirche so streng verurteilte Trennung von Sexualität und Fortpflanzung war in Wirklichkeit durch all das nur gefördert worden. Die Pille wurde jetzt zu einer gewaltigen Herausforderung für die Kirche. Nach einer Phase, in der sie zwischen ihrer strengen Lehre und pragmatischer Flexibilität zu schwanken schien, machte die Enzyklika *Humanae vitae* im Jahre 1968 aller Unklarheit ein Ende: Die Verurteilung jeder Art von Eingriff, der eine Befruchtung erschwerte, als widernatürlich und gottlos – nur vorübergehende Enthaltsamkeit wurde erlaubt –, bedeutete ein Veto gegen die Pille. Was die tatsächlichen Folgen für Millionen von Katholiken und damit für den Katholizismus als solchen waren, ist nicht leicht festzustellen. Aber es kann keinem Zweifel unterliegen, daß dieses Veto zu weiterer Abwendung vom Glauben, wenigstens zur Entfremdung von der Kirche bei den jüngeren Generationen beitrug und daß es innerhalb der Kirche die progressive Strömung stärkte, die für pragmatische Anpassung an die moderne Gesellschaft eintrat. Die Priesterschaft, die engen Kontakt mit den durchschnittlichen Männern und Frauen hatte und ständig mit deren Gewissens- und Seelennöten konfrontiert war, war offenkundig realistischer und anpassungsfähiger als der hohe Klerus im und um den Vatikan.

Als sexuelle Freizügigkeit im Kontakt zwischen den Geschlechtern weniger riskant wurde und damit eine Veränderung der Normen in Gang kam, hatte dies auch Folgen für das heikelste Gebiet der menschlichen Libido, die immer verschleierte Homosexualität. Jahrhundertelang war die gleichgeschlechtliche Liebe von den Kirchen als die grauenhafte Sünde schlechthin verdammt worden, sie hatten das Phänomen sogar aus der Sprache und damit aus dem Bewußtsein verbannt und sich allenfalls bereit gefunden, seine Existenz einzugestehen, indem sie es mit undeutlichen Bezeichnungen wie »Sodomie«, »Crimen nefandum« und »widernatürliche Sünde« belegten. An die Stelle solcher Verdammung war seit dem Ende des neunzehnten Jahrhunderts schon eine eher rationale, medizinisch-wissenschaftliche Betrachtungsweise getreten. Dabei war »Sünde« zu »Krankheit« und das »Verworfene« zum »Perversen« geworden. Neue Begriffe wie »Uranier« und auch schon »Homosexueller« zeigten, daß man Homosexualität nun eher als psychische Anomalie auffaßte, und es entwickelte sich eine eingehende Diskussion über die Frage, ob und inwieweit es sich um eine angeborene Anomalie handele und ob sie heilbar sei.[3] Für die Kirchen blieb die Frage nach wie vor mit einem Bann belegt, nur konnten sie die allmähliche Durchsetzung der modernen medizinisch-psychologischen Sichtweise nicht verhindern. Wie tief die christlichen Normen die Moral und die gesamte Kultur geprägt hatten, zeigte sich aber nirgendwo so deutlich wie bei der Säkularisierung dieses Themas und bei der Entwicklung der medizinischen und psychologischen Betrachtungsweise. Obwohl man Homosexualität so objektiv und wissenschaftlich wie möglich zu erklären versuchte, stand es sogar für einen wegweisenden Forscher wie Richard von Krafft-Ebing, der 1886 die Studie *Psychopathia sexualis* herausbrachte, völlig außer Zweifel, daß man es hier mit einer Perversion, einer an sich bedauerlichen Anomalie, zu tun habe, nur folgte für ihn daraus nicht, daß Homosexuelle minderwertig seien oder einen gefährlichen Charakter hätten. Auch der große Entlarver Sigmund Freud sah Homosexualität als eine psychische Störung an, wenn er auch lehrte, daß jeder Mensch im Grunde bisexuell veranlagt sei. Homosexualität war in der Zeit zwischen den Weltkriegen und später ein Phänomen, das zwar in medizinischen und psychologischen Fachkreisen und allgemein in aufgeklärtem Milieu nicht mehr angstvoll totgeschwiegen oder verdammt wurde, galt aber nach wie vor als Perversion und peinliche Verirrung. In mehreren Ländern blieben homosexuelle Handlungen strafbar, weil man glaubte, daß sie Moral und gute Sitten unterminierten, und fast allgemein herrschte noch die vom Christentum herkommende Vorstellung, man habe es hier mit etwas zu tun, das eine gesunde Gemeinschaft gefährden und zersetzen müßte. Diese Stigmatisierung brachte es mit sich, daß Homosexuelle erpreßbar waren und homosexuelle Praktiken in Illegalität und Heimlichkeit verbannt blieben. Auch in der Literatur, in Biographien und in der Geschichtsschreibung wurde das Thema gewöhnlich noch mit großer Behutsamkeit und in verhüllender Sprache behandelt. Offenherzige literarische Bekenntnisse, wie im Werk André Gides oder des Niederländers Jacob Israël de Haan, lösten keinen offenen Skandal mehr aus, wurden aber in der Öffentlichkeit als peinliche Kuriositäten bagatellisiert und zur Seite geschoben. Die Emotionen, die das Thema weckte, reichten von Abscheu bis Mitleid und Ratlosigkeit. Die tief eingewurzelte Ablehnung bestimmte in hohem Grade auch das Selbstbild der Homosexuellen. Dies führte zu der bekannten Sublimierung und Ästhetisierung. Homosexuelle verwandelten ihre Neigung in platonisches Verlangen nach reiner Freundschaft und Schönheit, was eine homoerotische Beziehung vor der Verurteilung bewahrte. Oft konnte die homosexuelle Veranlagung auf poetische Weise so transformiert werden, daß sie keinen Anstoß mehr erregte. Auch in der Jugendbewegung und den vielen Jugendorganisationen hatte das idealisierte und sublimierte homoerotische Verhältnis zwischen Jungen eine große Rolle gespielt, Idealisierung war allerdings auch die Bedingung dafür, daß ein solches Verhältnis akzeptiert wurde; dies galt nicht nur für die Umwelt, sondern vor allem für die Betroffenen selbst.

Auch die Wissenschaft betrachtete Heterosexualität und die Geschlechterpolarität als das einzig Normale. Der Homosexuelle wurde als ein sentimentaler, weiblicher Typus des Mannes angesehen. Dieses Bild bot eine Erklärung: Der Homosexuelle fühlt sich zu Männern hingezogen, weil er selbst psychisch eine verkappte oder mißglückte Frau ist. Daß es immer wieder sehr virile Männer mit unverkennbar homophiler Veranlagung gab, ließ man dabei ebenso außer acht wie das homoerotische Element bei betont männlicher Kameradschaft und im militärischen Milieu. Hinter der Verfolgung Homosexueller unter der nationalsozialistischen Diktatur steckte wahrscheinlich eine Kombination verschiedener Motive. Die Ideologie legte besonderen Nachdruck auf die konventionellen bürgerlichen Normen und die übliche Vorstellung von der Geschlechterpolarität. Dies implizierte zwangsläufig auch die traditionelle Ansicht über Homosexuelle. Ein zusätzliches Motiv war vielleicht noch, daß sowohl das nazistische als auch das faschistische Regime vom machtpolitischen und nationalistischen Blickpunkt aus dem Bevölkerungswachstum große Bedeutung beimaßen und Fruchtbarkeit sogar prämierten. Aus dieser Perspektive betrachtet, waren Homosexuelle nutzlos. Schlimmer noch, als weibische Degenerierte bildeten sie eine Gefahr für die kriegerische, starke Rasse. Die Verteufelung diente aber außerdem ganz offensichtlich auch der Verschleierung. Gerade die Nazibewegung, die so deutlich von übersteigerter Wertschätzung des Männlichen geprägt war und maskulinen Werten anhing, hatte einen stark homoerotischen Einschlag. Dieser hatte einen Vorwand für das blutige Massaker an SA-Leuten im Jahre 1934 abgegeben: Die Homosexualität in den Reihen der Partei mußte ausgerottet werden. Hinter der Verfolgung verbarg sich das Bedürfnis nach Selbstschutz. Die weibliche Homosexualität, vorzugsweise als »lesbische« oder »sapphische« Liebe bezeichnet, hatte immer mehr oder weniger im Schatten dieser ganzen Problematik gestanden. Wegen der schwächeren sozialen Position der Frau und ihres weniger offensiven Sexualverhaltens hatten lesbische Beziehungen die Gesellschaft nie so stark beschäftigt, wenn sie auch aus christlichem Blickwinkel grundsätzlich ebenso verabscheuenswert waren. Sie waren leichter als innige Freundschaft zu tarnen, auch für die Betroffenen selbst.

Ein erster Ansatz zur Veränderung der wissenschaftlichen Position, die später eine Veränderung der allgemeinen Anschauung nach sich ziehen sollte, war auch in diesem Fall aus Amerika gekommen. Der Biologe Alfred Charles Kinsey veröffentlichte nach jahrelangen Forschungen zwei Studien über das Sexualverhalten von (weißen) Amerikanern, Männern und Frauen.[4] Damit löste er einen kleinen Schock aus. Die Untersuchungen machten deutlich, wie wenig die offiziellen Normen mit der intimen Wirklichkeit übereinstimmten. Zwei Enthüllungen waren es vor allem, die für Aufregung sorgten: Fast alle Männer und die meisten Frauen hatten kürzere oder längere Zeit masturbiert, und ein Drittel der (erwachsenen) Männer hatte irgendwann homosexuellen Verkehr mit Orgasmus gehabt. Alle scharfe und relativierende Kritik an Kinseys Methode und Befunden änderte nichts an der entscheidenden Erkenntnis – die beiden seit jeher besonders heftig verurteilten Handlungen, Masturbation und homosexueller Verkehr, waren offensichtlich zumindest so weit verbreitet, daß es fragwürdig gewesen wäre, hier noch ohne weiteres von krankhafter Abweichung zu sprechen. Daß sich Norm und Normalität deckten, war nicht mehr selbstverständlich. Das Tabu geriet ins Wanken, da nun auch die Betroffenen selbst erfuhren, daß sie nicht zu einer kleinen Minderheit von Anormalen gehörten. Und dies galt natürlich auch für andere Länder, auch dann, wenn dort wegen anderer Verhältnisse im gesellschaftlichen oder religiösen Bereich die Ergebnisse einer solchen statistischen Untersuchung nicht genau die gleichen gewesen wären wie in Amerika.

Veröffentlichungen wie der Kinsey-Report führten jedoch – so sensationell sie auch waren – nicht auf einen Schlag eine revolutionäre Veränderung herbei. Die religiösen, moralischen und mentalen Widerstände waren noch so stark, daß die Ergebnisse solcher Studien ignoriert, verdrängt oder auf allerlei Weise bagatellisiert wurden. Das konservative Milieu – orthodoxe kirchliche Kreise oder die Oxfordbewegung und der amerikanische *National Counsel of Women* – betrachtete die Resultate als Beweis für den moralischen Verfall des gegenwärtigen Geschlechts und als Ansporn zum Kampf gegen diese Übel. Dennoch wurden die alten Normen immer fragwürdiger. Für die Revolution, die die Pille schließlich möglich machen sollte, war der Boden schon bereitet.

Der Protest der Jugend gegen die herrschenden Normen, nach alter Tradition im Zeichen von Freiheit und Gleichheit, implizierte theoretisch die Verurteilung jeglicher Machtausübung, zumindest aber der Herrschaft einer Mehrheit über Minderheiten. Für die Sexualität bedeutete dies, daß abnormes Verhalten ebensoviel Existenzberechtigung wie das normale hatte. Damit wurden Homosexuelle zu einer diskriminierten Minderheit. Denn die jüngere Generation, politisch vor allem durch Vietnam wachgerüttelt, sollte sich in ihrer Rebellion gegen die Vätergeneration und die Autorität von nun an mit den Unterdrückten identifizieren, den kolonisierten Völkern und den Minderheiten der eigenen Gesellschaft. Der Impuls ging hierbei von der Bürgerrechtsbewegung der schwarzen Amerikaner aus, die noch immer Bürger zweiter Klasse waren. Eine solche ethnische Minderheit fehlte in Europa, aber die Emanzipationsbewegung der schwarzen Bevölkerung Amerikas bewirkte, daß die Minderheitenfrage auch in Europa plötzlich auf die Tagesordnung kam. So begann man auch Homosexuelle als Minderheit in einem anderen Licht zu sehen. Zum ersten Mal wandten sie sich an die Öffentlichkeit und forderten Anerkennung.

3 Die Studentenrevolte

Der Studentenprotest der Zeit ab 1967, einige Jahre nach dem Zwischenfall von Berkeley, verlieh dem Generationskonflikt und dem schwelenden Unmut der Nachkriegsjugend auf einmal deutliche Züge und politisch-ideologischen Ausdruck. Es war ein Wirbelsturm, der von Amerika aus über die Bundesrepublik und Frankreich raste, noch andere Länder erfaßte und gleichzeitig in der Tschechoslowakei, Polen, Jugoslawien und Japan aufkam, die politischen und universitären Autoritäten überraschte und aus dem Gleichgewicht zu bringen schien. Demonstrationen mit Spruchbändern, Versammlungen, bei denen man antiautoritäre Parolen skandierte und unbekannten Sprechern lauschte, die sich plötzlich aus der Menge gelöst hatten und am Mikrofon bemerkenswerte rednerische und demagogische Fähigkeiten erkennen ließen, Boykottaktionen, Besetzungen von Universitätsgebäuden, eine Unzahl von Diskussionsgruppen und politischen Zirkeln, eine Flut von Pamphleten, Manifesten, ultimativen Forderungen an die Verwaltungsorgane – niemand konnte sich erinnern, an den Universitäten, diesem achtbaren Hort von Ernst und Gelehrsamkeit, jemals etwas Derartiges erlebt zu haben. Eine Zeitlang hätte es dem Außenstehenden so scheinen können, als sei eine unerklärliche epidemische Besessenheit ausgebrochen, die ruhige und fügsame junge Menschen mit einem Schlag in überdrehte Revolutionäre verwandelt hatte, in deren Augen ein heiliger Fanatismus flackerte.

Nun waren Studenten immer schon eine besondere soziale Kategorie gewesen. Als Angehörige der künftigen wissenschaftlichen und intellektuellen Elite konnten sie in der Regel eine gute Position erwarten, sie standen als vorübergehend Freigestellte mit einem Bein außerhalb der Gesellschaft und neigten schnell dazu, diese ein wenig spöttisch und herablassend zu behandeln. Seit der Romantik war es der engstirnige Spießer, wogegen sich die Studenten abgrenzten, die sich gern frei und unabhängig gaben und ursprünglich noch die Allüren junger Adliger hatten. Auch als schon längst fast alle Studenten aus dem Mittelstand stammten, wurden dieser halb aristokratische Stil und die entsprechenden Rituale in zahlreichen studentischen Verbindungen bewahrt, kultiviert und an die nächste Generation weitergegeben. Die Studenten hatten sich jedoch auch immer wieder berufen und wegen ihres privilegierten Status berechtigt gefühlt, politisch mitzureden. Dabei mischten sich intellektuelles Selbstbewußtsein und Idealismus, und wegen der privilegierten gesellschaftlichen Position empfand man auch eine moralische Verpflichtung zum Handeln. Bei einigen Revolutionen, zum Beispiel 1848, hatten Studenten eine bedeutende Rolle gespielt, und auch in den großen liberalen und nationalen Bewegungen des neunzehnten Jahrhunderts waren sie eine treibende Kraft gewesen. Daß sie dabei oft auf der Seite des fortschrittlichen Lagers standen, ist angesichts ihrer Ausrichtung auf die Zukunft nicht verwunderlich, wenngleich auch die reaktionären und konservativen Parteien immer kämpferische Anhänger unter den Studenten fanden.

Daß Studenten sich jetzt auf beiden Seiten des Eisernen Vorhangs zu rühren begannen, obwohl die politischen Systeme und die Bedingungen, unter denen sie lebten und studierten, so gegensätzlich waren, zeigt, daß man es hier mit einem systemübergreifenden, generationsbedingten Phänomen zu tun hat und daß beide Systeme samt ihrer rhetorischen Legitimation bei den Jüngeren ihren Kredit teilweise verspielt hatten. Dies schließt keineswegs aus, daß bei den Studenten der Nachahmungsdrang eine Rolle spielte und ihnen einen direkten Anstoß zum Handeln gab. Dieser Nachahmungsdrang offenbart aber auch eine neue weltweite Solidarität. Studenten aus allen Ländern erkannten einander offensichtlich als Schicksalsgenossen, ungeachtet aller nationalen und ideologischen Unterschiede. Der unmittelbare Anlaß zum Protest und die praktischen Ziele konnten aber, je nach Land und Ort, sehr unterschiedlich sein. Die tieferen Ursachen der Unzufriedenheit waren in West- und Osteuropa in gewissem Sinne sogar genau entgegengesetzt. In den kommunistischen Staaten waren die Studenten ständig der Indoktrination durch eine starre Ideologie ausgesetzt. Sie mußten an Schulungen in Marxismus-Leninismus teilnehmen, zeitweise Arbeitsdienst leisten, und viele Fächer, besonders im Bereich der Geistes- und Sozialwissenschaften, waren inhaltlich ganz und gar von der Doktrin geprägt. Sie sehnten sich deshalb nach größerer Freiheit und nach Entideologisierung ihres Studiums. Was die Studenten im Westen als Problem empfanden, war dagegen die ungeheure Zersplitterung der Wissenschaften, die Notwendigkeit, sich immer speziellere Kenntnisse auf winzigen Einzelgebieten anzueignen. Sie hatten es mit dem streng abgegrenzten Feld des Experten zu tun, der Fragen nach dem Hintergrund und dem Sinn seines Spezialgebiets, nach dessen Funktion und Bedeutung in der Gesellschaft und im Gesamtzusammenhang der Wissenschaften gewöhnlich für irrelevant hielt und ignorierte und sich außerhalb seines kleinen Fachgebiets im Grunde als hilflos und unwissend erwies, also keinerlei Orientierungshilfe für das Leben geben konnte. Den Studenten ging es in dieser Phase ihrer Entwicklung aber nicht nur um bloßes Wissen, sondern sie wollten sich auch Rechenschaft über Sinn und Bedeutung ihres Studiums geben und ihren Platz in der Gesellschaft bestimmen. Die Spezialisierung der Experten war jedoch mit einer Verengung des Blicks verbunden. Kurz und gut, es verlangte die Studenten nach allgemeinen Orientierungshilfen, nach Idealen, nach einer Ideologie, und in ihren Augen waren ihre Lehrer verstaubte, kurzsichtige Fachidioten. Der Widerstand gegen das herrschende System führte logischerweise dazu, daß man im Westen und im Osten gegensätzliche Standpunkte einnahm, ja gewissermaßen die Plätze tauschte: Die Studenten in den kommunistischen Ländern wünschten eine bessere Ausstattung der Hochschulen, vor allem aber mehr Freiheit und demokratischere Verhältnisse. Das sicherte ihnen zwangsläufig die Sympathie der maßgeblichen Politiker und aller antikommunistischen Kreise im Westen. Die politischen Führer und die Partei in den Ostblockländern dagegen bezeichneten die Ungehorsamen – soweit man nicht nach bewährtem Muster die Unruhe an den Universitäten einfach totschwieg – als Konterrevolutionäre oder Agenten des kapitalistischen Westens, eine Meinung, die auch die kommunistischen Parteien im Westen übernahmen. Andererseits identifizierten sich die rebellischen Studenten im Westen gerne mit den linken Revolutionsbewegungen der Dritten Welt und zeigten sich häufig sehr empfänglich für marxistische Kapitalismuskritik. Die Konservativen und entschiedenen Antikommunisten im Westen konnten in diesen Rebellen deshalb zunächst auch nichts anderes als Agenten und Infiltranten des Kommunismus sehen – eine auffällige Symmetrie der Denkweise und der Feindbilder. Die eigentlichen Wurzeln der Studentenbewegung wurden daher wegen der gängigen Denkmuster des Kalten Krieges, für die es nur die Polarität von Ost und West gab, auf beiden Seiten verkannt. Diese Denkmuster ließen erst einmal keine andere Erklärung der Turbulenzen zu, als daß hinter alledem eine Verschwörung des Gegners stecken mußte.

War den Studenten auf beiden Seiten auch das Verlangen nach einer Veränderung des Systems gemeinsam, der Verlauf und das Ergebnis des Aufstands waren diesseits und jenseits des Eisernen Vorhangs völlig unterschiedlich. Eine Übereinstimmung fällt dennoch auf: Die Studenten begannen mit Demonstrationen in der Öffentlichkeit, um ihren Wünschen Nachdruck zu verleihen, und überall reagierten die überraschten Autoritäten schon bald mit verbissener Repression, mit dem Gummiknüppel der Polizei. Damit erreichten sie zunächst einmal genau das Gegenteil dessen, was sie erreichen wollten. Sie verschafften den Aktionen der Studenten im ganzen Land Bekanntheit und Sympathien in der Bevölkerung. Von da an entwickelten sich die Dinge in Ost- und Westeuropa jedoch unterschiedlich. In den kommunistischen Staaten war jede eigenständige Bewegung und jede Abweichung von der Parteilinie verboten. In den Diktaturen mit ihrem schwerbewaffneten Polizeiapparat, der nicht davor zurückschreckte, die Ordnung außer mit dem Knüppel wenn nötig auch mit der Schußwaffe zu bewahren, hatten die rebellischen Studenten letztlich wenig Chancen. Die Regime machten auch nicht viel Federlesens mit den Protestierenden. Dennoch hatten die Studenten in Prag am Anfang noch erstaunlichen Erfolg. Zwar war der unmittelbare Anlaß für ihr Aufbegehren Ende 1967 ganz einfach die schlechte materielle Ausstattung gewesen, aber dank des brutalen Vorgehens der Staatsmacht erwuchs aus den Protesten eine politische Reformbewegung, die viele gesellschaftliche Gruppen umfaßte und schließlich den berühmten, kurzlebigen »Prager Frühling« der neuen Regierung Dubček möglich machte. Aber in Polen und anderen osteuropäischen Ländern wurde die Bewegung gleich mit aller Härte unterdrückt. In Belgrad, im Jugoslawien Titos, konnten die Studenten den Autoritäten einige Konzessionen abtrotzen, aber der diktatorisch regierende Präsident brachte sie dann mit sanfter Gewalt wieder zur Räson. Im großen und ganzen wurde die Rebellion in Osteuropa – mit Ausnahme der Tschechoslowakei – erstickt, bevor sie weitreichende politische Konsequenzen haben konnte.

Ganz anders im Westen – dort konnte sich die Studentenbewegung voll entfalten. Zwei Faktoren hatten die Situation an den Universitäten in den Nachkriegsjahrzehnten verändert: der massenhafte Zustrom und die damit zusammenhängende neuartige soziale Zusammensetzung der Studentenschaft sowie die gewandelte Stellung des Akademikers in der Gesellschaft. Der gewaltige Zustrom war auf die Geburtenwelle der Nachkriegszeit zurückzuführen, im gleichen Maße aber auf die fortschreitende soziale Emanzipation und die Verwissenschaftlichung der gesamten Gesellschaft. Auch Kinder aus niedrigeren sozialen Gruppen erlangten die Hochschulreife, und gleichzeitig stieg der Bedarf an Menschen mit akademischer Ausbildung. Nicht mehr nur Angehörige der höheren Klassen strebten ein Universitätsstudium wie selbstverständlich als krönenden Abschluß des Bildungsgangs an. In verschiedenen Ländern verfolgte man mit der Gesetzgebung im Bildungsbereich den Zweck, so viele junge Menschen wie möglich zu einem hohen Bildungsabschluß zu führen. Da aber ein akademischer Grad immer mehr zur Voraussetzung für eine höhere Laufbahn wurde, änderte sich für viele Studenten die Motivation. Studieren wurde von einem Privileg beinahe zu einer Verpflichtung, und damit verlor der Student an Status. Der gewaltige Zuwachs an Studierenden ließ die alte Universität aus allen Nähten platzen. Organisatorisch und im Umgang mit den Studenten paßte sie sich den neuen Umständen nur langsam und mit Mühe an. Unzulänglich ausgestattet, verwandelten sich die ehrwürdigen Institutionen in unpersönliche Studienfabriken mit überfüllten Hörsälen. Die Entfernung zwischen Studenten und Dozenten wuchs. Die Macht der Professoren, in der alten Universität selbstverständlich, verlor ihre Legitimation, auch weil das, was traditionell als Ausgleich für die bedingungslose Unterordnung gedient hatte, das fröhliche, standesbewußte Studentenleben, aus der Mode gekommen war. In vielen Fächern stiegen außerdem die Anforderungen, und die Studiendauer nahm dementsprechend zu. Vor dem Hintergrund der allgemeinen Normveränderungen und eines schleichenden Autoritätsverlusts der älteren Generation wirkten diese Verschärfung der Studienanforderungen bei gleichzeitiger Verschlechterung der Rahmenbedingungen und die Verwandlung des Studenten zur bloßen Nummer besonders provozierend. Natürlich gab es gewaltige Unterschiede zwischen den einzelnen Universitäten, und außerdem waren akademische Ausbildung und Hochschulsystem in den verschiedenen Ländern keineswegs gleich. Aber die beschriebene Tendenz war allgemein erkennbar, auch wenn die tatsächlichen Mißstände und Schwierigkeiten längst nicht überall mit gleicher Deutlichkeit zutage traten.

In Amerika war der Ruf nach Reformen seit dem Zwischenfall von Berkeley im Jahre 1964 immer lauter geworden, und die Unruhe hatte sich verstärkt, auch wegen des Vietnamkrieges, der gerade die Studenten direkt anging. Der Widerstand gegen den sich immer weiter hinziehenden Krieg stärkte im universitären Milieu linke politische Strömungen, die auch in Europa aufkamen. Dies hing mit dem allmählichen Verschwinden echter parlamentarischer Opposition zusammen. Die sozialistischen Parteien hatten sich überall, auch um im Kalten Krieg Position zu beziehen und sich unzweideutig vom Kommunismus zu distanzieren, von ihren früheren revolutionären Zielen verabschiedet und ihren unverkennbaren Anteil am Aufbau des Wohlfahrtsstaates gehabt. Sie trugen dazu bei, den ideologischen Konsens zu wahren, und verteidigten das westliche Gesellschaftsmodell. Politische Auseinandersetzungen schrumpften zu rhetorischen Automatismen und parlamentarischen Balgereien. Die Schwächung des Sozialismus, der immer die Laus im Pelz der Mächtigen, gerade in der Wirtschaft, und der Vorkämpfer einer besseren Zukunft für die Ärmeren gewesen war, hinterließ eine Lücke und ließ die Jüngeren den Mangel an inspirierenden Idealen noch stärker empfinden. Die soziale und wirtschaftspolitische Aufgabe des Sozialismus mochte im Wohlfahrtsstaat nicht mehr so dringlich sein, ein Bedürfnis nach dem, was er auf der ideellen und psychologischen Ebene bedeutet hatte, bestand offensichtlich durchaus noch. So sollte in den sechziger Jahren die sogenannte neue Linke aufkommen, zunächst eine Reformbewegung, die dem kraftlosen sozialistischen Gedanken neues Leben einhauchen, ihm ideologisch wieder Farbe geben und seine Anhänger mobilisieren wollte. Ihre Repräsentanten betrachteten auch die Politik des Kalten Krieges angesichts der Entstalinisierung und der Entspannungsbemühungen als überholt, und teilweise tendierten sie zu einem neuen Pazifismus.

Aus diesem Lager kamen bald radikalere Töne. Diejenigen, die an der Unübertrefflichkeit der westlichen Demokratie zu zweifeln begannen und nach revolutionärer Aktion fieberten, sahen in den revolutionären Führern der Dritten Welt ihre inspirierenden Vorbilder. Kämpften diese nicht gegen die gleichen bösen Mächte, die ihnen selbst ein ständiges Ärgernis waren, die von Egoismus und Profitgier beherrschten westlichen Staaten? Waren vor allem die Studenten und die jungen Menschen nicht eigentlich die Proletarier, die Besitzlosen und Abhängigen der Wohlstandsgesellschaft und somit die natürlichen Verbündeten der Armen und Aufständischen in den ehemaligen Kolonien oder von Europa abhängigen Ländern? Es war die Konstruktion dieser reizvollen, im Grunde aber völlig irrealen Analogie, die zum

Wiederaufleben des Marxismus führte. Daß die Marxisten im Westen, vor allem in den Vereinigten Staaten, mit dem Bann belegt waren, empfand die junge, mißtrauisch gewordene Generation eher als Empfehlung. Der Marxismus bot eine klare Theorie, die alle früher undurchsichtig wirkenden Probleme auf einmal richtig einordnen zu können schien. Er entlarvte die westliche Wohlstandsgesellschaft auf eine Weise, die verführerisch einfach und ebenso logisch war. Der südamerikanische Guerillakämpfer Che Guevara, der kubanische Führer Fidel Castro und der chinesische Parteichef Mao waren die neuen Helden, und ihre Fotos zierten die Wände von Studentenbuden und Kneipen. Die Studenten sehnten sich nach sinnvollem Handeln in einer Gesellschaft, die sie anscheinend nur zu reibungslos funktionierenden Spezialisten machen wollte mit einer Ausbildung, die durch überlaufene Lehrveranstaltungen und hohe Examenshürden gekennzeichnet war. Während die einen vor allem Maos Leitfaden für revolutionäre Aktion und Strategie studierten, ließen sich die anderen von unorthodoxen marxistischen Theoretikern wie Antonio Gramsci, Georg Lukács, dem fast vergessenen Sexologen Wilhelm Reich oder den Soziologen der Frankfurter Schule leiten, die für sie den wahren Marxismus repräsentierten.

Hilfstruppen der Radikalen und der unruhig gewordenen Studenten kamen aus dem Milieu sozialer Randgruppen, die in diesen Jahren ebenfalls auf der politischen Bühne erschienen. Dieses Phänomen hing mit der erfolgreichen Zurückdrängung der Armut und der Verbesserung der sozialen Sicherung zusammen. Das Verhältnis zur Arbeit veränderte sich. Brot und Arbeit waren nicht mehr zwangsläufig dasselbe. Schon die Beatniks und Hippies hatten eine alternative, sorglose, einfache Lebensweise propagiert. In ihren Spuren wandelten jetzt in Europa immer mehr Menschen, die sich von der Leistungsgesellschaft mit ihren Anforderungen und Regeln verabschiedeten, eine neue Klasse von Streunern, »Gammlern«, Musikanten, die mit kaum mehr als einer Gitarre umherzogen; häufig waren sie von Rauschgiften wie LSD abhängig, sie waren langhaarig, trugen mit Absicht zerlumpte Kleidung und gründeten ihre Existenz bewußt oder unbewußt auf das Wort des Evangeliums, das besagt, daß der himmlische Vater auch die Vögel des Himmels speist. In der eigenartigen Grauzone zwischen diesen Aussteigern und den politisch Radikalen entstanden Kommunen auf anarchistisch-kommunistischer Grundlage, die in jeder Hinsicht mit dem Prinzip des Gemeinschaftsbesitzes Ernst machen wollten. Sie predigten Freiheit, Brüderlichkeit und Gewaltlosigkeit, einen ideologischen Cocktail aus Jesus, Marx und Buddha. Aus diesen Kreisen kamen in der Bundesrepublik die jungen Leute, die nach dem Vorbild der Amsterdamer Provos mit allerlei Aktionen die Autoritäten in Harnisch brachten. Berlin wurde im Jahre 1967 zum ersten Brandherd – Berlin, diese einzigartige westliche Enklave innerhalb der DDR und des Sowjetimperiums, für den Westen Symbol des Freiheitskampfes gegen die kommunistische Diktatur. Seit dem Bau der Mauer hatte Berlin als Frontstadt westliche Politiker dazu herausgefordert, gerade hier die Entschlossenheit und Solidarität des Westens zu demonstrieren. Aber darum war es auch besonders für demonstrative Provokationen geeignet. Zuerst versuchten einige Kommunarden die Staatsgewalt durch ein Scheinattentat (mit Puddingbomben) auf den amerikanischen Vizepräsidenten Hubert Humphrey lächerlich zu machen. Dann führte ein Besuch des Schahs von Persien, für linke Gruppen der Exponent eines reaktionären Feudalsystems, zu einem kleinen Tumult; dabei ging die Polizei sehr unbeherrscht vor, und ein unbeteiligter Student wurde von einem Polizisten erschossen. Diese Tat hatte eine ungeheuer provozierende Wirkung, sie schien den autoritären Kern des Staates sichtbar zu machen, die geballte Faust im eleganten demokratischen Handschuh. Die Folgen waren verstärkter Zulauf zu den linken, sozialistischen Studentengruppen und deren Radikalisierung. Dazu kam noch die Erregung wegen der Notstandsgesetze. Der aus der DDR geflohene Rudi Dutschke trat als fanatischer Ideologe und geschickter Demagoge an die Öffentlichkeit. Gerade Dutschke verkörperte den Protest, der sich sowohl gegen die kommunistische Diktatur im Osten als auch gegen die parlamentarische Demokratie des Westens richtete. Beide Systeme, so der Vorwurf, machten sich auf ihre Weise der Unterdrückung und Ausbeutung schuldig. Aus dem Unmut über die Verhältnisse an den Universitäten und dem konkreten Reformstreben entwickelte sich schon bald grundsätzliche Opposition gegen das gesamte System: In ihm suchte man nun auch die Ursachen der universitären Mißstände. Für die Rebellen, die sich gern auf Marx beriefen, war der Kapitalismus die Wurzel des Übels. In der parlamentarischen Demokratie sahen sie eine Scheindemokratie, eine Fassade, hinter der Konzerne und Rüstungsindustrie ihre Interessen verfolgten. Mit den sogenannten Notstandsgesetzen und ihrem brutalen Vorgehen gegen gewaltlose Demonstranten zeigte sie ihr wahres Gesicht. Aber auch die Wissenschaft, der gesamte kulturelle und ideologische Überbau, diente den Herrschenden. So verband die neue Protestphilosophie die politischen

Attacken mit dem Angriff auf die universitären Institutionen und ihre talartragenden professoralen Repräsentanten, verkalkte Symbole des Vergangenen. Diese Vorstellung sprach natürlich die simplen Gemüter unter den Studenten an und forderte zu allerlei Aktionen heraus. Dank seiner kritischen Analyse der konsumorientierten Wohlstandsgesellschaft wurde vor allem Herbert Marcuse zum Philosophen der Bewegung. Neben Marx sorgte er für das ideologische Werkzeug, das sie brauchte, um Universität und Gesellschaft aus ihren verrosteten Angeln zu heben. Daß die Studentenbewegung gerade in der Bundesrepublik so radikalisiert wurde, hatte noch einen besonderen Grund: Die Kluft zwischen den Generationen hatte sich hier wegen der Verdrängung der Vergangenheit, der vielfach totgeschwiegenen Rolle der Väter im Dritten Reich, noch vertieft. Die Kinder begannen Fragen zu stellen und den Älteren die moralische Autorität abzusprechen. Der Vorwurf des verkappten Faschismus, den die Radikalen aus der kommunistischen Propaganda des Kalten Krieges übernahmen, schien hier eher berechtigt zu sein als in anderen Ländern.

Anders als zu erwarten, beschäftigte sich die Öffentlichkeit, und nicht nur in der Bundesrepublik, von den sechziger Jahren an wieder mehr mit der Vergangenheit. Einer der Anlässe hierfür war der 1961 in Jerusalem stattfindende Prozeß gegen Adolf Eichmann, einen der führenden Organisatoren des Völkermords an den Juden, von den Israelis auf sensationelle Weise aus Argentinien entführt. Auf diesen Prozeß, der weltweit im Brennpunkt des Medieninteresses stand, folgte eine Reihe weiterer Prozesse gegen Naziverbrecher. So wurden die Jüngeren in den Medien mehr als zuvor mit den Untaten des Naziregimes konfrontiert, was indirekt, vor allem in Deutschland, das Mißtrauen gegenüber der Vätergeneration vertiefte.

Die eigentliche Studentenrevolte kam jedoch im Mai 1968 in Paris auf spektakuläre Weise zum Ausbruch. Wieder einmal bewies diese Stadt ihre Prädisposition für Revolutionen. In Frankreich war es vor allem das seit napoleonischer Zeit straff zentralisierte Bildungssystem, was zu Protesten herausforderte. Anders als in Deutschland und anderen Ländern gab es hier weniger den Konflikt zwischen Studenten und Dozenten als den zwischen diesen beiden Gruppen und der Staatsmaschinerie. Das gab der Situation in Frankreich ihren besonderen Charakter. Aber auch hier hatte der Protest eine tiefere politische Ursache. Das blutige Drama in Algerien und seine Folgeerscheinungen hatten die Kluft zwischen links und rechts wieder sichtbar gemacht. Die Tatsache, daß nur die Autorität de Gaulles, Vorkämpfer des rechten Frankreichs, den Konflikt hatte eindämmen können und daß seine patriarchalische Herrschaft das Land aus dieser Verstrickung gelöst hatte, war für Sozialisten, Gewerkschaften und alle linken Kräfte eine schmerzhafte und beschämende Erfahrung. Der Ruf nach mehr Freiheit und Demokratie, zuerst innerhalb des dirigistischen Universitätssystems, hatte im Munde junger Franzosen deshalb auch einen besonderen Klang, ganz abgesehen von den historischen Assoziationen, die der Protest im Mutterland der Revolution wachrief. Nach vielen Streiks, Demonstrationen, Strafmaßnahmen von seiten der Autoritäten, Besetzungen und Räumungen in verschiedenen Universitätsstädten erreichte der Protest schließlich in Paris in einem Marsch Hunderttausender Menschen aus allen Bevölkerungsschichten, angeführt von den Studenten, seinen Höhepunkt. Da platzte die Bombe. Die Polizei griff zum Knüppel, Tränengas behinderte die Sicht und das Atmen, Pflastersteine flogen durch die Luft, im Nu waren Barrikaden errichtet, und was als friedliche Demonstration begonnen hatte, verwandelte sich mit einem Schlag in eine Revolte. Wie sich in Berlin Dutschke zum Anführer aufwarf, so wurde in Paris der Student Daniel Cohn-Bendit zur zentralen Figur. Was ihre Persönlichkeit anging, konnte es allerdings kaum einen größeren Kontrast geben als den zwischen dem bleichen und verbissenen Dutschke, einem Savonarola des Anarchismus, und dem rothaarigen, heiteren Cohn-Bendit (deutsch-jüdischer Herkunft), der den Aufstand eher als Befreiungsfest auffaßte. Als die verblüfften Autoritäten zunächst klein beigaben, kam es den Studenten einen Augenblick so vor, als öffnete sich der Himmel. Mit ihrer Parole »die Phantasie an die Macht« gaben sie einem entwaffnenden Glauben Ausdruck, dem Glauben an den Sieg von Gewaltlosigkeit, Demokratie und Jugend; auf einmal träumte man wieder den ewigen Traum von einer besseren Welt unter dem Pflaster der grauen Alltagswirklichkeit. Der alte Traum vom kommenden Paradies gab dem als Mairevolution bekanntgewordenen Aufstand in Paris einen unverwechselbaren Glanz und weckte in dieser Stadt, deren Plätze und Boulevards die Erinnerung an die große revolutionäre Vergangenheit bewahrten, noch zusätzlich Emotionen. Nur kam es dann doch anders, wenn auch die Flügel der begeisterten Ikaruskinder nicht in der Sonne schmolzen, sondern eher in der Eiseskälte der nüchternen politischen Routine zerbrachen. Das linke Lager, Partei- und Gewerkschaftsführer, sahen in der Studentenrebellion eine unverhoffte Gelegenheit, der gaullistischen Regierung zu Leibe zu rücken. Die Studenten, die sich auch hier mit den wirklichen oder vermeintlichen Unterdrückten identifizierten, wie sie lautstark bekundeten, und vor allem – dem sozialistischen Mythos getreu – in den Arbeitern ihre natürlichen Verbündeten sahen, hatten dies in gewisser Weise selbst herausgefordert. Nicht die Sozialisten und die Gewerkschaften, sondern die Studenten waren es, die von den Arbeitern als Anführer bejubelt wurden. Der Versuch der antigaullistischen Parteien, die Revolution rasch selbst in die Hand zu nehmen und über die Köpfe der Studenten hinweg ihr eigenes Programm durchzusetzen, sollte jedoch mißlingen. De Gaulle, der dem Idealismus studentischer Himmelsstürmer einen Augenblick lang ratlos gegenüberstand, hatte keine Schwierigkeiten mit den banalen Manövern herkömmlicher Politiker. Der große alte Mann konnte sich bei den schnell angesetzten Wahlen noch halten, aber die Studentenbewegung hatte durch all das politische Hickhack ihr Feuer und ihren Schwung verloren.

Die Pariser Mairevolution machte international großen Eindruck. Studenten in anderen Ländern kamen in Bewegung, auch in einigen kleineren wie den Niederlanden. Es kam zu Demonstrationen, Protestversammlungen und Besetzungen, überall forderte man vollständige »Demokratisierung« (ein Begriff, der jetzt endgültig in den allgemeinen Sprachgebrauch Eingang fand), also Mitbestimmung der Studenten in der Verwaltung und im Bereich der Lehre, wenn nicht sogar volles Stimmrecht, während radikalere Gruppen eine grundlegende Reform der Universitäten nur als Mittel zur Veränderung der gesamten Gesellschaft sahen: Abschaffung aller hierarchischen Strukturen und Herrschaftsverhältnisse, Überwindung des Kapitalismus zugunsten einer Art von demokratischem Kommunismus oder eines libertären Anarchismus. Das waren die Parolen, die jetzt kursierten, die Utopien, die in mehr oder weniger artikulierter Form die Köpfe beherrschten. Nach den ehrgeizigsten Plänen sollten aber auch die Wissenschaften einer kritischen Prüfung unterzogen und gesäubert werden. Das Ideal neutraler und wertfreier Forschung taugte nichts, denn es war systembejahend und damit konservativ, während die Wissenschaft doch der Veränderung und der notwendigen Revolution zu dienen hatte. Es waren altbekannte Auffassungen, die trotzdem für diejenigen, die sie kundtaten, die Frische und die magische Kraft einer Offenbarung besaßen!

Die Auswirkungen des Aufruhrs an den Universitäten waren schließlich von Land zu Land unterschiedlich. In den Niederlanden, wo die politische

Kultur schon seit langem von einer Scheu vor harten Konfrontationen und einer Tradition des Schlichtens und des Ausgleichs geprägt war, kam man den Studenten am weitesten entgegen. Bei der rasch durchgeführten Universitätsreform bekamen sie eine Stimme in der Universitätsverwaltung und in Gremien, die über Fragen der Lehre entschieden, so daß den überkommenen hierarchischen Verhältnissen und der akademischen Etikette ein Ende bereitet wurde. Diese Politik war ein Musterbeispiel für das, was die Radikalen jetzt hämisch »repressive Toleranz« nannten. Man dichtete den Autoritäten strategische Berechnung an, wo man es eigentlich eher mit Unsicherheit und Furcht vor gefährlichen Zusammenstößen zu tun hatte. Ernsthafte Unruhen innerhalb ihrer Mauern blieben den Universitäten auf diese Weise erspart, und dadurch, daß die Universitätsleitung die Studenten eilends in die Entscheidungsprozesse einbezog, gerieten die extremen Gruppen, die viel weiter gehen wollten, in die Isolation. Der Ideologie der radikalen Studenten lag die Überzeugung zugrunde, daß die Studenten das Proletariat des universitären Systems bildeten, aber sie wurde durch die praktische Zusammenarbeit entkräftet: Die Interessen der Studenten widersprachen denen der Dozenten nämlich nicht, sondern waren nur teilweise von anderer Art. Die »Macht« der Dozenten, die es angeblich zu bekämpfen galt, hatte nichts mit dem schon etwas abgenutzten marxistischen Klassenbegriff oder der so suggestiven Ausbeutungstheorie zu tun, sondern gehörte zu ihrer Stellung als Lehrer, die auch die Studenten nicht abschaffen konnten, ohne ihren eigenen Interessen zu schaden. Beiden mußte an einem angemessenen Niveau der Lehre gelegen sein. Nach und nach dämpfte diese Tatsache die Begeisterung der Studenten für die Verwaltung einer Institution, die in ihrem Leben nur vorübergehend eine Rolle spielte. Die Kehrseite dieser wohlwollenden, pragmatischen Politik des Interessenausgleichs war, daß die zermürbenden Verhandlungen nie ein Ende fanden, so daß Forschung und Lehre – die beiden Hauptsachen – in den Hintergrund zu geraten drohten. Die Institutionen mühten sich mit ihren demokratischen Entscheidungsprozessen ab, ohne recht von der Stelle zu kommen. Im Laufe der siebziger Jahre sollte eine neue Kaste von Managern die Leitung übernehmen; der Prozeß, der die Universitäten in Ausbildungsfabriken mit Massenbetrieb verwandelte, war allerdings nicht mehr aufzuhalten.

In Deutschland leisteten Staat und Universität zäheren Widerstand. Dies führte zu Tumulten und Zwischenfällen, Dozenten wurden ausgebuht und besudelt, und man agitierte in bösartiger Weise. Die Reformen kamen den Forderungen der Studenten längst nicht so weit entgegen. Das spektakuläre Wachstum der Universitäten machte jedoch ohnehin eine Reorganisation notwendig, und so kam es zu einem Umformungsprozeß, der sich letztlich nicht wesentlich von der Bürokratisierung in den Niederlanden unterschied. In den skandinavischen Ländern, in Großbritannien, Belgien, Italien – überall handelten die Studenten im gleichen Geist und forderten eine offenere, demokratischere Universität, und überall bildeten sich dabei revolutionäre Splittergruppen mit viel ehrgeizigeren Zielen. Bedingt durch die jeweiligen Umstände und entsprechende Forderungen, waren die Ergebnisse unterschiedlich; so gaben zum Beispiel in Belgien das Sprachenproblem und der flämisch-wallonische Gegensatz den studentischen Aktionen wieder eine ganz spezifische Richtung. Alles in allem trug die Studentenbewegung überall in hohem Maße dazu bei, eine einschneidende Reorganisation in Gang zu bringen, die das rasche Wachstum der Universitäten und die Veränderung der gesellschaftlichen Funktion von Wissenschaft und Wissenschaftlern notwendig gemacht hatten. Ohne die Studenten wäre diese Reorganisation sehr wahrscheinlich nicht, zumindest nicht auf diese Weise, in Angriff genommen worden. Und fast überall zeichnete sich dann eine Zersplitterung der Bewegung ab. Das hing nicht nur mit den Reformen zusammen, die inzwischen manche kritisierte Mißstände beseitigten, sondern auch mit dem schnellen Generationswechsel. Nach jeweils fünf oder sechs Jahren hat sich die Studentenschaft zum größten Teil erneuert. Für immer mehr Studenten war die Revolte einfach erledigt, ihr Hauptinteresse galt wieder dem Studium. Eine kleine Minderheit radikalisierte sich, isolierte sich damit und ging schließlich in kommunistischen oder anarchistisch-sozialistischen Oppositionsgruppen auf. In der Bundesrepublik hatte diese Entwicklung allerdings noch weitreichende Folgen.

Dort radikalisierten sich Studenten aus verschiedenen Gründen mehr als in anderen Ländern. Einerseits lag dies an der unnachgiebigen Haltung des Staates und der universitären Autoritäten. Nirgendwo hatten nämlich die Universität und der Professor ein höheres Ansehen und darum auch nirgendwo mehr Symbolwert für das kulturelle Selbstbewußtsein gehabt als im Deutschland des neunzehnten Jahrhunderts, und nach der Hitlerkatastrophe war die Wissenschaft eines der Gebiete, auf dem die Deutschen hoffen durften, international wieder Anerkennung zu finden. Dies kann erklären, daß die so hoch respektierten Bastionen der Wissenschaft so erbittert verteidigt wurden, was wiederum die Theorie der Radikalen zu stützen schien, nur eine revolutionäre Umwälzung könne Veränderung bringen. Das war aber nicht die einzige Erklärung für die stärkere Radikalisierung. Die Kluft zwischen den Generationen war in Deutschland wegen der belasteten Vergangenheit der Vätergeneration tiefer. Nach Auffassung jugendlicher Idealisten konnte nur eine Veränderung, die auch die mentalen und strukturellen Wurzeln der Gesellschaft ergreifen würde, ein wirklich neues und demokratisches Deutschland schaffen. Seit 1945 war den Jüngeren die Notwendigkeit vor Augen gehalten worden, mit der Vergangenheit zu brechen und ein neues Deutschland aufzubauen; dies waren ein Ideal und ein Auftrag, die sie auf ihre Weise ernst nahmen. In der Bundesrepublik, die ohnehin nicht auf eine lange parlamentarische Tradition zurückblicken konnte, wurde die Enttäuschung über das parlamentarische System noch durch die große Koalition verstärkt, die neue Zusammenarbeit zwischen Christdemokraten und Sozialdemokraten, die im Grunde jede wirksame Opposition unmöglich machte. Dies ließ nicht nur in studentischen Kreisen den Ruf nach einer außerparlamentarischen Opposition lauter werden. Für die radikalen Studenten waren Anarchismus und Neomarxismus als direkte Antipoden von Faschismus und Kapitalismus ideologisch am verführerischsten. Dutschke – er wurde bald durch einen Mordanschlag so schwer verletzt, daß er sich teilweise aus der Politik zurückziehen mußte – predigte systematische Infiltration, den »Marsch durch die Institutionen«, der die korrumpierte Gesellschaft von innen her reif für den großen Zusammenbruch machen sollte. Gewalt wurde abgelehnt. Als die geforderte Umwälzung ausblieb und der Staat mit härteren Maßnahmen gegen die Radikalen vorging, löste die Frustration bei einigen extremistischen Splittergruppen den bekannten Mechanismus aus: Die radikale Theorie wurde zu gewalttätiger Aktion. Eine der rabiatesten Gruppierungen, inspiriert von der bolschewistischen Revolution und den Revolutionären der Dritten Welt, nannte sich Rote Armee Fraktion (RAF).

Ihr harter Kern versuchte nach dem Vorbild des internationalen Terrorismus im Laufe der siebziger Jahre mit Attentaten auf Prominente die Fundamente des Staates zu erschüttern. Geiselnahmen und Mordanschläge sollten nun doch noch das Signal zur Revolution geben, und die Bundesrepublik war einige Jahre lang ganz im Bann dieser mörderischen Aktionen. Die Anführer begingen nach ihrer Verurteilung und nach mißlungenen Freipressungsversuchen Selbstmord – fast alle waren sie verzweifelte Idealisten, nicht zufällig aus gebildetem liberalem Milieu, erzogen im Geiste eines hohen ethischen Anspruchs. Ihr Tod war der End- und Tiefpunkt einer Bewegung, die auch in der Bundesrepublik zunächst einen gewaltigen idealistischen Elan besessen hatte, wobei Glaube und Aggressivität eine sonderbare Einheit bildeten.

Die Studentenbewegung bleibt als kulturelles und gesellschaftliches Phänomen außergewöhnlich, und deshalb ist ihr auch hier einige Aufmerksamkeit gewidmet worden, obwohl es sich natürlich innerhalb des sozialen Ganzen nur um eine kleine Gruppe handelte. Daß sie sich schließlich sang- und klanglos verabschiedete, lag daran, daß gerade durch ihr Zutun einschneidende kulturelle Veränderungen in Gang gebracht worden waren und daß sich die Universitäten in vielen Ländern den veränderten Umständen angepaßt hatten. An den utopischen Forderungen und naiven Erwartungen ihrer Vorkämpfer gemessen, war die Studentenbewegung gescheitert, und etwas anderes wäre auch gar nicht möglich gewesen, aber der Anstoß, den sie gegeben hatte, wirkte auf das gesamte Bildungswesen. In diesem Sinne war der Aufruhr der Studenten ein spektakulärer Wendepunkt, der Höhepunkt der jugendlichen Rebellion gegen das Nachkriegssystem. Vor allem in zweierlei Hinsicht verdient der studentische Protest Interesse. Erstens war er ein überraschender Ausbruch kollektiver Begeisterung und kollektiven Fanatismus, und dies obendrein bei der jungen Garde der Bildungselite, die (nicht zum ersten Mal in der Geschichte) besondere Empfänglichkeit für dogmatisches Denken und radikale Lösungen erkennen ließ. Nicht nur handelte es sich um die künftige intellektuelle Elite, die führenden Köpfe kamen in der Regel aus gebildeten, liberalen Kreisen. Ihr Protest richtete sich deshalb auch nicht sosehr gegen die Normen, mit denen sie aufgewachsen waren, als gegen die in ihren Augen halbherzige oder verfälschende Umsetzung dieser Normen in der gesellschaftlichen Realität. Die Aktivisten trieb es von einer Forderung zur nächsten, bis sie glaubten, die Beseitigung der universitären Mißstände werde erst mit der revolutionären Veränderung der Gesellschaft insgesamt enden. Mit ihren großen Besetzungsaktionen und Massendemonstrationen führten sie in die politische Kultur die Kampfmethode des gewaltlosen Widerstands ein, die zum ideologischen und taktischen Prinzip erhoben wurde. Ihr Vorteil hatte sich schon bei den Provos und anderen Protestgruppen erwiesen: Die staatlichen und universitären Autoritäten mußten Farbe bekennen. Nur mit Gewalt konnte die Staatsmacht sich der zahlenmäßigen Übermacht der Studenten erwehren, aber damit festigte sie ihr negatives, undemokratisches Image und verspielte viel Sympathie. Die Unterlegenen wurden zu moralischen Siegern. Während die diktatorischen Staaten auf die öffentliche Meinung keine Rücksicht zu nehmen brauchten, konnte die parlamentarische Demokratie sie kaum ignorieren – und die Universitäten waren auf diese Art Schwierigkeiten überhaupt nicht vorbereitet. Die angestrebte gesellschaftliche Umwälzung konnte jedoch gleichfalls nicht ohne Machtmittel erreicht werden, und hier lag die grundsätzliche Schwäche der Studentenbewegung, die deshalb letztlich zum Scheitern verurteilt war.

Ein zweiter wesentlicher Aspekt war die Tatsache, daß der radikale Veränderungswille und die Verurteilung von Unterdrückung und Gewalt tatsächlich einen empfindlichen Nerv der westlichen Gesellschaft trafen. Dies kann die Verwirrung und die intellektuelle und moralische Verunsicherung bei den Autoritäten und den etablierten Eliten erklären, die seit 1945 Freiheit und Demokratie immer wieder zu Grundlagen der Gesellschaft erklärt hatten. Es waren genau die Ideale, deren kompromißlose Verwirklichung die rebellierenden Studenten jetzt forderten. Mit ihrem Glauben an eine freie Welt ohne strukturelle Gewalt appellierten sie an romantische Gefühle, die jede Generation kennt oder gekannt hat, die aber gewöhnlich durch Erfahrung und die Erkenntnis der Komplexität gesellschaftlicher Verhältnisse zum Schweigen gebracht werden. Ursprünglich war die Bewegung vor allem von einem libertären Anarchopazifismus geprägt. Erst in einem folgenden Stadium setzte sich der Marxismus durch, da er eine ideologisch und praktisch viel wirksamere Waffe war. So kam es zu sporadischen Kontakten mit kommunistischen Parteien, die den Aufstand gegen das westliche System zögernd begrüßten. Sie versuchten die Rebellen natürlich vor ihren eigenen Karren zu spannen, spürten aber, daß sie es hier mit ganz andersgearteten Verbündeten zu tun hatten. Im Grunde standen sie dem ganzen Phänomen ebenso ratlos gegenüber wie andere. In welchem Maße der utopische Idealismus der Studenten bei den linken europäischen Intellektuellen alte romantische Illusionen wieder lebendig werden ließ, zeigt sowohl die Sympathie ergrauter linker Idole wie Sartre, Beauvoir und anderer für die inhaftierten RAF-Terroristen als auch die ganz allgemeine Kritik des pazifistisch-sozialistischen Milieus an den Maßnahmen gegen die Radikalen in der Bundesrepublik. Man hatte hier offensichtlich Schwierigkeiten mit der Unterscheidung zwischen Idealismus und Kriminalität.

4. JANUAR 1947

DER SPIEGEL

PREIS 1 RM

1. JAHRGANG • NR. 1

ERSCHEINT JEDEN SONNABEND

MIT DEM HUT IN DER HAND –

WIRD MAN EIN BEFREITES LAND. ÖSTERREICHS GESANDTER Dr. KLEINWÄCHTER VOR DEM WEISSEN HAUS (SIEHE „AUSLAND")

Der Spiegel, erste Ausgabe vom 4. Januar 1947

Christian Dior mit zwei seiner Modelle, 1954

Camping kommt in Mode, fünfziger Jahre

Fernseher, fünfziger Jahre

Szene aus dem Film *Die Brücke* von Bernhard Wicki, 1959

Anita Eckberg in *Das süße Leben* von Federico Fellini, 1959

Marilyn Monroe in einer Aufnahme zum Film *Wie angelt man sich einen Millionär*, 1953

Bill Haley (1925–1981) und Elvis Presley (1935–1977)

The Beatles (1960–1970)

Skulptur von Henry Moore
(1898–1986)

Constantin Brancusi (1876–1957),
Der Kuß, 1908

Jacques Lipchitz (1891–1973), *Matrose mit Gitarre*, 1914

Mick Jagger (geboren 1943)

Nina Hagen (geboren 1955)

Szene aus der amerikanischen TV-Serie *Dallas*

Postmoderne Architektur: Staatsgalerie Stuttgart

Christa Wolf (geboren 1929)

Günter Grass (geboren 1927)

Titelbild des Romans *Der Butt* von Günter Grass, 1977

Aber vor allem der Vorwurf, die Wissenschaften dienten der Konservierung der bestehenden Verhältnisse, berührte ein ewiges Problem, das besonders in den Geisteswissenschaften eine Rolle spielte. Nicht zufällig waren gerade dort die Herde des studentischen Aufruhrs zu finden. Soziologie, Philosophie, Geschichte und Psychologie boten durch Inhalt und Charakter ihrer Forschung besonders brisantes Material für rebellische Ideologen. Sich auf deren eindimensionale Logik und Demagogie einzustellen, fiel den Wissenschaftlern vielfach schwer, waren sie doch nicht im geringsten darauf vorbereitet, daß die Grundlagen ihres Fachs auf solche Weise in Frage gestellt wurden und daß man ihnen eine politisch-ideologische Debatte aufdrängte. Der Angriff auf die akademische Wissenschaft, der man nun vorwarf, systemerhaltend zu sein, legte einen neuralgischen Punkt frei, denn er zeigte, daß die Vorstellung, die Wissenschaften seien vollkommen wertfrei, auf einer Illusion beruhte. Damit zwang die Kritik die Repräsentanten der Wissenschaften dazu, die Stellung und die Funktion ihres Fachs in der veränderten Gesellschaft genauer zu überdenken, und brachte so eine neue Diskussion in Gang.

4 Die Entweihung der Künste

Beim Generalangriff auf das System bildeten die Künste die Vorhut; ein schon erwähntes Beispiel ist die Einführung des Phänomens Happening mit der aufsehenerregenden New Yorker Veranstaltung im Oktober 1959. Die ersten Anfänge des Aufruhrs in der Welt der Künste lassen sich bis zum Dadaismus und Surrealismus zurückverfolgen. Beide Bewegungen hatten die Stellung der Kunst und des Künstlers in der modernen Gesellschaft so offen in Frage gestellt wie keine andere. Dafür gab es drei Gründe. Erstens war man von dem Gefühl beherrscht, daß die Künste einen Endpunkt erreicht hätten, daß in Malerei, Skulptur und Musik innerhalb der Grenzen der allgemein anerkannten ästhetischen Normen alles schon gesagt sei und daß den Künstlern in der Zukunft nur noch eine Epigonenrolle zukomme. Der Avantgardismus hatte zwar den Weg in neue Regionen mit neuen Möglichkeiten des Sehens, Hörens, Fühlens und Denkens geöffnet, aber dies hatte der Kunst auch eine Sonderstellung gegeben, ausgesprochen exzentrisch und weit entfernt von der Alltagswirklichkeit. Die moderne Kunst war in Gefahr, zum Hätschelkind von Kunsttheoretikern und Snobs zu werden, während die großen Kunstwerke der Vergangenheit auch weiterhin als Maßstab galten. Dank der modernen Reproduktionstechniken wurden sie für die Massen sogar besser erreichbar denn je. Zweitens stand nun dieser ein wenig entmutigenden Realität ein alter Traum gegenüber, dessen Ursprünge schon in der Romantik lagen, der Traum von der Beseitigung der üblichen Barrieren zwischen den Künsten, von einer Synthese von Bild und Klang, Raum und Zeit, von einer neuen totalen Kunst.[5] Die von Zeit zu Zeit unternommenen Anläufe und auch eine partielle Verwirklichung wie in Richard Wagners Gesamtkunstwerk, die Verschmelzung von Dichtung, bildender Kunst und Musik in der Oper, waren in der Zeit um den Ersten Weltkrieg erneut auf Interesse gestoßen. Kandinsky, Schönberg, Kokoschka und viele andere moderne Künstler suchten nach Möglichkeiten, räumliche Kunst mit Kunst, die sich im Ablauf der Zeit verwirklicht, zu verbinden, und sie betätigten sich auf verschiedenen Gebieten. Die Experimente, die Malerei, Theater, Tanz und Musik kombinierten, waren charakteristisch für die expressionistische Bühnenkunst und den Futurismus. Bei Dada und Surrealisten wie Dalí, Ball, Ernst, Picabia, Man Ray und Duchamp gingen visuelle, dramatisch-dynamische und literarische Ideen teilweise ineinander über. Außerdem hatte inzwischen auch der Film seine Eignung für solche Experimente bewiesen. Kurt Schwitters vermischte in seinem berühmt-berüchtigten »Merz«-Werk Architektur, Theater, Musik und Malerei auf provozierende Weise. In der nun wieder aufgetauchten Idee einer großen Synthese der Künste sah man aber nicht nur das Ideal und den Endpunkt des langen Weges, den die Einzelkünste zurückgelegt hatten, sondern es schien auch gleich einen Ausweg aus ihrer Krise zu bieten. Im Jahre 1946 hatte der argentinisch-italienische Künstler Lucio Fontana in einem Manifest eine totale Kunst gefordert, eine Art psychophysischen Holismus, der die Kluft zwischen Mensch und Natur überbrücken sollte.[6] Dieses Ideal stand im Zusammenhang mit einer dritten Frage, die verschiedene avantgardistische Künstler beschäftigte, der Frage nämlich, wie Mensch und Welt zu erneuern seien. Den Künstlern kam dabei ihrer Meinung nach eine wesentliche Aufgabe zu, sie sollten inspirierend wirken und damit auch ihre Isolation überwinden. Der Künstler wäre dann, statt nur Hätschelkind einer kleinen snobistischen Elite zu sein, wieder fest in der Gesellschaft verankert. Gerade in der frühen, revolutionären Sowjetunion hatten Persönlichkeiten wie Majakowski, Stanislawski, Sergei

Eisenstein und Kasimir Malewitsch die Aufgabe des Künstlers in ähnlicher Weise umschrieben: Er sollte die Trümmer der Tradition beseitigen und die Menschen ins gelobte Land des Sozialismus führen. Der Gedanke einer Synthese der Künste, die die Barrieren zum Verschwinden bringen und die Distanz zwischen Publikum und Künstler aufheben würde, fand im Beispiel exotischer oder archaischer Kulturen zusätzliche Nahrung. Die Krise der Künste hing, so dachte man jetzt, vielleicht auch damit zusammen, daß der Künstler als typisches Phänomen der europäischen Zivilisation unzeitgemäß wurde. Wie die Künste ursprünglich in der Religion, in magischen Ritualen und Feiern, verwurzelt gewesen waren, wie Tanz, Musik, Theater und Dichtkunst dabei noch ein Ganzes gebildet und die Aufgabe der Läuterung oder Beschwörung erfüllt hatten, ähnlich wie Ikonen, so sollte auch der Künstler der Zukunft wieder ein Priester oder Magier werden. Die übliche Trennung zwischen den Künsten wie auch zwischen Kunst und gesellschaftlicher Wirklichkeit mußte aufgehoben werden.[7]

In den Versuchen, das Gemälde gewissermaßen aus der zeitlosen Unveränderlichkeit zu befreien, die ihm nun einmal eigen ist, und es in Bewegung und Aktion zu transformieren, wie bei Jackson Pollock und Georges Mathieu, offenbarte sich die neue Tendenz; man wandte sich gegen die übliche Ansicht, nur das Ergebnis zähle, das vollendete, fertige Produkt. Diese Auffassung wurde nun immer heftiger als typischer ästhetischer Irrtum einer etablierten Elite angegriffen, als Irrtum, den man als repräsentativ für die ganze, nur auf Leistung und fertige Produkte ausgerichtete Konsumgesellschaft betrachtete. Weil es aber um den Prozeß des Malens und nicht um das fertige Produkt, das Gemälde, gehen sollte, malte Mathieu im Beisein von Zuschauern, ausstaffiert mit wechselnden Kostümen, um die Darbietung fesselnder zu gestalten. Diese neue Kunstanschauung wurde von dem Architekten John Johansen deutlich formuliert: »Mich interessieren eben Prozesse mehr als Endgültiges, Improvisation mehr als Vorherbestimmtes, menschliche Unvollkommenheit mehr als Idealismus.«[8] Die Abneigung gegen das Vollendete und Fertige war das Motiv hinter der bewußten Entweihung, die Abneigung gegen Kunst mit hohem Anspruch, gegen den gesellschaftlichen Fetisch, zu dem die großen Kunstwerke der Vergangenheit geworden waren. Der österreichische Maler und Grafiker Friedensreich Hundertwasser veröffentlichte im Jahre 1958 sein *Verschimmelungsmanifest gegen den Rationalismus in der Architektur*, und Yves Klein bot den staunenden Besuchern einer

Ausstellung in Paris einen leeren Raum. Hundertwasser und Bazon Brock zeichneten in der Hamburger Kunstakademie eine sogenannte »unendliche Linie«, und nach Kaprow organisierte Red Grooms in New York ein weiteres aufsehenerregendes Happening, *The Burning Building*.[9] Der Schweizer Jean Tinguely führte in Paris seine Zeichenmaschine vor, ironisierende Nachahmung des zeichnenden Menschen und Ersatz für den Künstler. Die als Happenings bezeichneten Aktionen, bei denen die Besucher allerlei phantastische Gebilde und Vorführungen zu sehen und zu hören bekamen und in ein ungewohntes Bad aus Farben, Klängen, Gerüchen, Schreien und Bewegungen getaucht wurden, das ihnen zu neuen sensorischen Erlebnissen verhelfen und die übliche Kunstrezeption lächerlich machen sollte, folgten einander jetzt weltweit in raschem Tempo. Um die mißbilligte Trennung von Künstler und Publikum und von Kunst und Wirklichkeit aufzuheben, sollte der Betrachter in den Schöpfungsprozeß einbezogen, dieser sollte zu einer gemeinschaftlichen Unternehmung von Künstler und Betrachter werden. So konnte man bei Robert Rauschenbergs Komposition *Soundings* bestimmten Klängen selbst bestimmte Farben zuordnen. Bei einem tschechischen Film mußte das Publikum per Abstimmung einen Schluß auswählen.[10]

Was sich bis 1960 nur in einem kleinen exzentrischen Kreis abgespielt hatte, fand von jetzt an immer mehr öffentliche Aufmerksamkeit. Im Jahre 1962 berichtete die einflußreiche amerikanische Zeitschrift *Time* noch mit größtem Befremden über eine Gruppe von Malern und Grafikern, die die profansten Gegenstände abbildeten und auch noch der Meinung waren, es handle sich dabei um »Kunst«.[11] Man nannte hier im besonderen Roy Lichenstein, James Rosenquist und Andy Warhol. Von diesem war ein Foto mit nichts als Suppendosen – wie auf seinem bekannten Siebdruck – und dem Suppe löffelnden Künstler selbst zu sehen: Suppenwerbung und zugleich fröhliche Verhöhnung der Kunstnormen! Im April 1964 stapelte derselbe Warhol bei einer Ausstellung in der New Yorker Stable Gallery unter eigenen grafischen Werken einige »Brillo«- Waschmittelkartons auf.[12] Bei genauerer Betrachtung erweist er sich damit als Nachahmer Duchamps, der die Kunstwelt im Jahre 1917 mit der Ausstellung eines Urinoirs schockiert hatte (der Gegenstand selbst war bei Warhol sogar weniger provozierend), aber die Bedeutung einer solchen Aktion war nun – durch all die Aktivitäten, die in der Zwischenzeit schon zur Entweihung der Kunst beigetragen hatten, und die gesellschaftliche Unruhe – eine ganz andere geworden.

Die Bezeichnung »Pop Art« – sie wird dem englischen Kritiker Lawrence Alloway zugeschrieben – verweist auf den Zusammenhang mit der Popmusik, die in der zweiten Hälfte der fünfziger Jahre aufgekommen war und dem Lebensgefühl von Jugendlichen Ausdruck verlieh, die all das, was der Markt bis dahin zu bieten hatte, nicht mehr befriedigen konnte. Anders als die – eindeutig als Vorläufer erkennbaren – Dadaisten und Surrealisten waren die Pop-Art-Künstler kein exklusiver Zirkel. Vielmehr verliehen sie mit ihrem Werk einem weitverbreiteten neuen Lebensgefühl Ausdruck. Die Kluft zwischen Kunst und Wirklichkeit zu überbrücken, bedeutete jetzt, die von der Technologie beherrschte Konsumgesellschaft als einzige und unvermeidliche Lebenswirklichkeit zu akzeptieren. In dieser Gesellschaft waren die Künstler der Pop Art verwurzelt. Ihr Werk war auch eine Reaktion auf jene Strömung innerhalb der Moderne, die vor allem vom Paranormalen und Alptraumhaften fasziniert war. Besonders die Verbindung von Kunst und Reklame bezeichnete man als Pop Art. Dabei machte sich auch der Einfluß der Fotografie bemerkbar, die eine völlig nüchterne und objektive Wiedergabe der Gegenstände ermöglicht hatte; man wollte diese Reproduktionsfähigkeit gewissermaßen von der Fotografie zurückerobern, und das Ergebnis war eine Form von Neorealismus. Einige Künstler, beispielsweise Philip Pearlstein, Howard Kanovitz und Jasper Johns, wollten den Betrachter die unterschiedlichsten Objekte – ob es nun ein Aktmodell oder eine Flagge war – auf neue Weise sehen lassen: Ihr Werk zeigt, in welchem Maße das fotografische Interesse für das materielle Detail und die erst vom Mikroskop erschlossenen Welten den Blick des Malers für die Materie, für das Muster von Fasern, ausgefranste Baumwolle oder das Farbenspiel auf faltiger Haut, geschärft und beeinflußt hatte.[13]

Soweit sich in der Pop Art Protest verbarg, war es Protest gegen die übliche moralisch und ästhetisch begründete Ablehnung des Materialismus und der Mentalität der Konsumgesellschaft durch die tonangebenden künstlerischen und intellektuellen Kreise. Und damit war es auch Protest gegen die geltenden, als elitär gescholtenen Kunstnormen, die die Alltagswirklichkeit des Durchschnittsmenschen mißachteten. Auch die Popmusik hatte im Grunde diese doppelte Tendenz: Sie richtete sich gegen die geltenden Maßstäbe der Gesellschaft, in diesem Fall in der Musik, aber sie bejahte ihre materiellen und technischen Errungenschaften, die alle, die mit ihnen aufgewachsen waren, als etwas Selbstverständliches und nicht mehr als Luxus betrachteten. Und auch im Falle der Pop Art überrascht es wohl kaum, daß sie in Amerika entstand, dem Mutterland von Massenkonsum und aggressiver Werbung. Die Pop Art grenzte sich somit gegen die gängige Vorstellung von Kunst ab, in der die Kunst immer scharf vom Prosaischen und Banalen getrennt gewesen war. Nicht weniger deutlich grenzte sie sich gegen nichtgegenständliche und surrealistische Kunst ab, die zu Erklärung und Deutung herausforderte und von den elitären Kunstschwärmern und Snobs bewundert und gekauft wurde. Pop Art wollte sich im Bereich der vertrauten alltäglichen Wirklichkeit mit ihrer Werbung und ihrer Massenware bewegen, in der Welt von Plastik, Freizeithemden und Coca-Cola – und der Welt des modernen Erlebens, zu der Sex, Sport und Verkehr gehörten. Und zu Verkehr und Sport wiederum gehören Aggressivität und Gefahr, der krachende Zusammenstoß, das Bild von zerbeultem Blech und Unfallopfern.[14] Jetzt, da die Werbung sich die Kunst dienstbar gemacht hatte, wurde sie selbst von den Pop-Art-Künstlern zur Kunst erklärt, und die Kunst wurde zu einer Form von Werbung und nach kommerziellen Grundsätzen vermarktet. Einige der Künstler kamen direkt aus der Welt der Werbung. »Pop Art ist Freude an Dingen«, erklärte Warhol, der damit auch das Grundgesetz aller Werbung formulierte. Richard Lindner brachte die Pop Art vielleicht auf die kürzeste Formel: »Alles ist schön.«[15] In diesem Sinn spiegelte die amerikanische Popkunst jene Verbindung von heiterem Materialismus und Optimismus wider, die nach wie vor die Grundtonart der politischen Rhetorik und Ideologie Amerikas war – fast, als sei dies so vorgeschrieben –, wenn auch mit einem zynischen Beiklang, der in dieser Rhetorik nun nie mehr fehlen sollte. Die Pop Art ging von dem Gedanken aus, daß die Werbewelt des schönen Scheins und der manipulierten Wirklichkeit für die Masse an die Stelle der eigentlichen Wirklichkeit getreten sei.

Damit drückte sich in der Pop Art eine Verwechslung aus, die charakteristisch für die Konsumgesellschaft wurde, die Verwechslung des Dings mit seinem Image. Popkunst spiegelte den Menschen als Konsumenten und demaskierte ihn gleichzeitig voller Hohn. Lichtenstein bediente sich des Stils der populären Bildergeschichten, der Comics, die in allen Massenblättern einen wichtigen Platz einnahmen und von ausschlaggebender Bedeutung für die Auflagenzahlen waren. Die Comics waren in der amerikanischen Öffentlichkeit zu einem Machtfaktor geworden, und in den europäischen Ländern ging die Entwicklung in die gleiche Richtung. Sie erreichten alle Bevölkerungsschichten und sprachen jeden an, den Bankdirektor und den Mechaniker, jung und alt, und das Bild der Welt, das sie entwarfen, beeinflußte unterschwellig, unmerklich, das Weltbild von Millionen. Der Comic hatte insofern eine demokratisierende und egalisierende Wirkung, als er auf dem gemeinsamen Nenner der ästhetischen und moralischen Normen beruhte. Sein Kennzeichen und Erfolgsgeheimnis war die Reduktion: Er reduzierte die verwirrende Realität auf die Abenteuer einer begrenzten Auswahl feststehender, leicht wiedererkennbarer Typen – gut und schlecht, hübsch und häßlich, stark und schwach, mutig und feige, dumm und schlau. Dadurch, daß er plakative Abbildung und kurzen, prägnanten Text kombinierte, erforderte er bei einem Maximum an Klarheit ein Minimum an geistiger Anstrengung. Unmerklich schob sich seine Klischeewirklichkeit, besonders seine klischeehafte Erotik, vor die eigentliche, komplexe Wirklichkeit, und er bekam eine ähnliche Funktion wie die Werbung.

Die Pop Art war in jeder Hinsicht das Kind der konsumorientierten Massengesellschaft und der Technologie. Auch die neuesten Druck- und Reproduktionstechniken inspirierten ihre Wegbereiter. Die Möglichkeiten der Collage oder der Montage von Abbildungen aller Art, von Porträts, von Fotos und Texten, schienen jetzt unbegrenzt zu sein, und die Künstler konnten sich aus dem bunten kulturellen Angebot der Gegenwart und Vergangenheit bedienen. Manchmal wurde ein berühmtes Gemälde mit Hilfe dieser Techniken nur ein wenig verfremdet und auf diese Weise als kanonisiertes Meisterwerk gleichsam ironisierend in Anführungszeichen gesetzt. Und nicht nur konnten die unterschiedlichsten Gegenstände, von klassischen Skulpturen bis zu Damenschuhen, in einer Zeichnung, auf einem Plakat miteinander verbunden oder vermischt werden, in verschiedenen Farben und Techniken, von jedem Werk konnten auch gleich ganze Serien in den Handel gebracht werden. Warhol, der erfolgreichste Pop-Art-Künstler, verwandelte sein Atelier in eine kleine Fabrik mit einem Team von Mitarbeitern. Er arbeitete gern mit dem Serieneffekt. Dieser beruht auf der Macht der großen Zahl, der Überzeugungskraft der Monotonie, die von der Werbung und ebenso von der politischen Propaganda schon entdeckt und mit großem Erfolg genutzt worden war, vor allem bei den diktatorischen Regimen, unter denen die Nationalsozialisten zu den Pionieren gehört hatten. Von einer Abbildung, die im Druck mehrere oder viele Male nebeneinander wiederholt wird, mit Vorliebe in großem Format, wie bei Warhols Köpfen von Mao, Elvis Presley oder Elizabeth Taylor, geht eine suggestive Wirkung auf den Betrachter aus, etwas Drängendes, Forderndes. So wurde die Wiederholung auf dem Weg über die Werbung in Analogie zur Musik und Dichtung auch in der bildenden Kunst als Formprinzip entdeckt. Es ist das gleiche Prinzip wie bei der permanenten Wiederholung bestimmter Elemente in einem Gebet oder einer Rede, wie beim Refrain eines Gedichts oder in noch viel deutlicherer Ausprägung beim Rhythmus in der Musik, dem ständig wiederholten Schlag oder dröhnenden Baß. Gerhard Richter stellte zum Beispiel fünf völlig gleiche Türen nebeneinander.[16] Die Häufung wird hier zu einem Wert an sich, Quantität tritt an die Stelle von Qualität – ganz im Sinne eines Zeitalters des Massenkonsums.

Die unbekümmerte Vermischung von Kunstformen und Ausdrucksmitteln – Gemälden, Grafiken, Fotos, Comics, Texten, Slogans – lief auf eine Trivialisierung der überlieferten Kunstformen einschließlich ihres Anspruchs auf den andächtigen Respekt des Betrachters hinaus. Die Pop Art bot eine Welt in Plakatform; einige Künstler bevorzugten auch deutlich die grellen Farben und primitiven, schematischen Abbildungsformen, die in der Werbung üblich waren. Die unbegrenzte Kombination grafischer, fotografischer und malerischer Techniken, teilweise noch unter Verwendung von Slogans oder Comictexten, trug dazu bei, daß die jeweiligen Objekte viel von ihrem Eigenwert verloren. Hier hatte die Malerei der Moderne, besonders der Dadaismus, ebenfalls schon den Weg bereitet. Der Gegenstand der Abbildung – ob es sich nun um ein Aktmodell, eine elegante Gesellschaft oder ein Fußballspiel handelte – wurde ganz und gar zu dem, was die Reproduktionstechnik aus ihm machte, abhängig von der Wiedergabe in Farbe oder Schwarzweiß, in Unter- oder Überbelichtung, mit scharfen oder verschwimmenden Umrissen. Auch die verschiedenen Stadien der Wiedergabe hatten nun ihren eigenen Wert und wurden gerne nebeneinander dargestellt. Diese Technik zeigte aber vor allem, wie man den Triumph über Mensch und Materie auskostete, deren Abbild man nun nach Belieben manipulieren konnte. Diese triumphierende Haltung offenbart sich ebensosehr in der Anwendung der Collagetechnik und im Parodistischen – beides ebenfalls von den Dadaisten übernommen. Die Werke zeigten, daß die üblichen Grenzen zwischen den verschiedenen Gattungen und Stilen überwunden waren; damit verlor jedoch die besondere, so eng mit dem handwerklichen Können zusammenhängende Ausdruckskraft der einzelnen Kunstgattung – Gemälde, grafisches

Werk, Fotografie – ihre Bedeutung. Stil als innere und deshalb überzeugende Einheit eines Werkes, als Entsprechung zum Auge des Künstlers, das eine Welt auf ganz persönliche Weise aufnimmt, verschwand. Die Kunstprodukte wurden buchstäblich stillos, nämlich panstilistisch. Dieses Spiel mit technischen Möglichkeiten und die Verspottung der herrschenden Kunstauffassung konnten auch zu einem scheinbaren Hyperrealismus führen, der aber im Grunde eine Parodie der Wirklichkeit war. Alle technischen Möglichkeiten wurden genutzt, um die Realität so täuschend wie möglich nachzuahmen, beispielsweise bei Claes Oldenburgs Brötchen mit Mayonnaise oder bei John de Andrea, der eine nackte Frau auf einem Diwan modellierte.[17] Die alte Idee der naturgetreuen Abbildung wurde dadurch aber ad absurdum geführt. Ein bloßes Duplikat des Vorbilds (wenn auch die Brötchen nicht eßbar und die Frau leblos waren) verliert jeden Sinn, es erweckt nur die Begierde, ganz wie ausgestellte Ware.

Viel folgenreicher war die Tatsache, daß auf diese Weise auch jegliche Wertehierarchie überflüssig wurde. Schließlich konnte alles mit allem kombiniert werden, wie schon die Werbung gezeigt hatte. Wenn man Anspielungen auf bekannte Gipfelpunkte der Kunstgeschichte mit banalen Dingen vermischte, so mußte dies zu einer Verflachung des ästhetischen Empfindens führen. Wenn Michelangelos Adam die Hand nicht nach seinem Schöpfer, sondern nach einer Flasche Coca-Cola ausstreckt oder wenn die Figuren in Rembrandts *Nachtwache* die Köpfe von Fußballspielern haben, verschwinden alle Niveau- und Zeitunterschiede. Alles kann die frohe Botschaft verkünden, daß alles »schön« sei und daß die Begriffe »schön« und »häßlich« aus einem veralteten, elitären und undemokratischen Wörterbuch stammen. Worauf es ankommt, ist nicht mehr die Gestaltungskraft, die sich in einem Werk offenbart, oder seine Fähigkeit, etwas Wesentliches bewußtzumachen, sondern nur noch der augenblickliche Reiz, also in erster Linie sein Überraschungseffekt. Bekannte Pop-Art-Künstler faßten deshalb ihre Produktionen auch bewußt als Wegwerfkunst auf; sie arbeiteten nur für den Augenblick, wie der Eisverkäufer. Die Theorie, Kunst habe vor allem Aktion zu sein, ein Prozeß, implizierte logischerweise schon, daß Kunstprodukte zu Wegwerfprodukten wurden. Auch das Handwerkliche wurde abgewertet, und diese Abwertung war geeignet, die Distanz zwischen Künstler und Publikum aufzuheben. Schon Mondrian hatte eine Zeit vorausgesagt, in der der Künstler überflüssig sein werde; jeder werde dann sein eigener Künstler sein. In letzter Konsequenz folgte aus der Theorie der Pop Art, daß zwischen Kunst und Wirklichkeit kein Unterschied besteht. Indem sie qualitative Kriterien und Abstufungen für überholt und irrelevant erklärte und eine Wirklichkeit präsentierte, die jeder als seine eigene Alltagswirklichkeit, die der Konsumgesellschaft, erkennen konnte, verkündigte die Pop Art das neue Evangelium der demokratischen Gleichheit. Geschmack und Werte der etablierten Eliten mit ihrem Respekt vor der Tradition, auch in den Künsten, zählten nicht mehr. Die Pop Art war respektlos aus Prinzip und feierte das Banale, denn das Banale war auch demokratisch, das, woran jeder Anteil hatte. So repräsentierte sie auf ihre eigene Weise die Rebellion der Jugend gegen die bestehenden Verhältnisse. Wie bei jeder künstlerischen Strömung kann man auch im Falle der Pop Art lang und breit darüber diskutieren, was genau zu ihr zu zählen sei. In ihrer engen Verknüpfung mit der Welt der Werbung und in der ungenierten Banalisierung offenbarte sie typisch amerikanische Züge, und Pop Art war auch tatsächlich die amerikanische Variante des Großangriffs auf die traditionelle Kunst und ihre Maßstäbe. In Europa wurde dieser Angriff nicht ganz auf die gleiche Weise geführt, und vor allem kann nicht alles, was zu der allgemeinen Protest- und Erneuerungsbewegung gehört, als Pop Art im amerikanischen Sinn bezeichnet werden.

Die Absicht, die Trennwand zwischen Kunst und Wirklichkeit niederzureißen, konnte Künstler zu hyperrealistischer Nachbildung führen, andererseits aber auch dazu, daß sie den Nachahmungsgedanken ganz fallenließen. Kunst als Schein und visuelle Täuschung galt in dem Fall als zu überwindendes Übel – eine Maxime, der wir auch schon bei den frühen Modernen begegnet sind. Statt von täuschenden Duplikaten in eine Scheinrealität versetzt zu werden, sollte der Betrachter in eine »echte« Wirklichkeit geholt werden. Einige Künstler arbeiteten mit Arrangements aus lebendigen Menschen oder Tieren und knüpften damit an die Tradition des Tanzes an, bei dem plastische Kunst, Theater und Bewegung eins waren. P. Lind stellte in Stockholm Menschen wie zu besichtigende Skulpturen aus. In Rom konnte man in einer Kunsthalle zwölf stampfende, Pferdeäpfel produzierende Rosse bewundern, ein Einfall des Künstlers Jannis Kounellis, der auf diese Weise den Unterschied zwischen Ausstellungsraum und Stall aufhob. Ein anderer Künstler erklärte sich selbst zum Gedicht, während er sich vor dem Publikum auf dem Boden ausstreckte.[18] Zu recht ungewöhnlichen Mitteln, die Scheinwelt der zweidimensionalen Malerei zu überwinden, griffen die Österreicher Günter

Brus und Otto Muehl; beide waren ursprünglich Maler, arbeiteten jetzt aber vorzugsweise mit lebendigen Körpern, Blut und Exkrementen, nach eigener Darstellung, um dem Publikum einen möglichst starken Schock zu versetzen und dadurch die Intensität seines Erlebens zu steigern.[19] Brus verschnürte eine liegende Frau zu einem silberglänzenden Paket. Muehl präsentierte eine nackte Frau, eingebunden in Lumpen, die er zuvor in ein Bad aus Farbe und Schlamm getaucht hatte. Er nannte dies *Materialaktion*. Sein Landsmann Hermann Nitsch war ebenfalls im höchsten Maße von Schweinereien und Sadismus fasziniert, und er inszenierte – in Anspielung auf kultische Orgien – Reinigungszeremonien mit wirklichen rituellen Schlachtungen einschließlich Gekreisch und anderem ohrenbetäubenden Lärm, und bot den Anwesenden reichlich Blut, Urin und Fäkalien. Man müsse all dies so realistisch wie möglich selbst durchleben, lehrte Nitsch, der damit auch gleich die Grenze zwischen drastisch-plastischer künstlerischer Darstellung und sektiererischer Idiotie beseitigte. Der auffällig hohe Stellenwert der Sexualität und besonders des Sadomasochismus in vielen dieser Darbietungen spiegelt die sexuelle Revolution und den allgemeinen Normenwandel, die sich in dieser Zeit vollzogen. In den Aktionen, die angeblich der braven Spießergesellschaft eine besonders sensationelle und schockierende Lektion erteilen sollten, äußerte sich in erster Linie der Selbstbefreiungsdrang des betreffenden Künstlers.[20] Daß Aktionen wie die von Muehl oder Nitsch, die von vornherein als Provokation und Verletzung ästhetischer, aber auch ethischer Normen gedacht waren, ohne behördliches und polizeiliches Einschreiten stattfinden konnten, da man solche Darbietungen inzwischen in die Rubrik der künstlerischen Schöpfungen einordnete, rechtfertigt hier ihre Erwähnung. Sie wurden toleriert und von professioneller Seite sogar höchst ernsthaft kommentiert, weil im Hinblick auf das Phänomen Kunst tiefe Verwirrung und Ratlosigkeit entstanden war, und so bleiben sie eine bemerkenswerte Fußnote in der Geschichte der kulturellen Turbulenzen jener Zeit.

Initiiert von Wolff Vostell, formierte sich die internationale, aber vor allem in Deutschland aktive Fluxus-Bewegung – inspiriert von der Happeningwelle und der amerikanischen Pop Art –, die schon in ihrem Namen auf das grundsätzlich Prozeßhafte und Vergängliche von Kunst verweisen wollte. Mit Happenings, Ausstellungen und Manifesten blies Fluxus zum Angriff auf den Kunstbetrieb, vor allem die etablierten Akademien. Zum wichtigsten europäischen Repräsentanten einer grundlegenden Wandlung des Kunstbegriffs wurde Joseph Beuys, der anfänglich mit der Fluxus-Gruppe zusammenarbeitete. Beuys entwickelte sich nicht nur zum radikalen Kunstreformer. Er ging weit darüber hinaus und setzte sich mehr als irgend jemand sonst für eine ebenso radikale Erneuerung der Gesellschaft ein, für die Schaffung eines neuen Menschen, und er verkörperte den tieferen Zusammenhang zwischen der Rebellion in den Künsten und der Rebellion in der Gesellschaft. Stark fasziniert von archaischen und antiken Kulturen und von der Anthroposophie Rudolf Steiners, sah er in der Kunst das Gebiet, auf dem die Menschheit auf eine neue, höhere Stufe der Erfahrung und zu einer entsprechenden Gesellschaftsordnung gelangen könne.[21] Damit wurde er zugleich bewußt zum Pädagogen, Ideologen und Reformer; er gründete eine »Partei für direkte Demokratie«, die dem Volk wirkliche Entscheidungsbefugnis geben wollte, anders als in der »formalen« Demokratie, die nur Repräsentanten kennt, die in Wirklichkeit Partei- und Gruppeninteressen dienen. Seine Ideen waren denen der radikalen Ideologen aus der Studentenbewegung verwandt. Letztlich ging es ihm aber noch um mehr: um eine Synthese von Wissenschaft und Kunst, von diskursivem, rationalem Denken und emotional-intuitivem Erleben, um die Befreiung des Individuums aus dem, was er als erstarrte ethische und ästhetische Denk- und Gefühlsmuster ansah.[22] Deshalb wollte er mit Schockeffekten zu einer Erweiterung des Bewußtseins beitragen, und zu diesem Zweck arbeitete er bewußt mit vielen Materialien, die nach konventionellen ästhetischen Begriffen minderwertig sind – Lumpen, Abfall, verfaulenden Organismen, vor allem mit Fett als Symbol für das Fließende, Veränderliche, das dem Organischen eigen ist. Unter Kunst verstand er die kreative Potenz des Menschen und seine Fähigkeit zur Selbstentwicklung und -befreiung, und darum steckte nach seiner Ansicht in jedem Menschen ein Künstler.[23] Seine eigene Kunst sollte nur das Mittel zu dieser Bewußtseinserweiterung sein. Beuys trat mit zahlreichen Solodarbietungen auf, echten Happenings, und zwar gleichzeitig als bildender Künstler, Schauspieler, Clown und Verkünder einer neuen Kunst- und Lebensanschauung, die als Theorie gegen die Kunsttheorie im konventionellen Sinne gedacht war. Er wollte mit seinen bizarren Einfällen die Phantasie entzünden. Gerade durch das Absurde und Unlogische seiner Handlungen sollten beim Publikum neue Assoziationen und emotionale Reaktionen ausgelöst werden, unbewußte Vorstellungen, die den üblichen und bewußten widersprechen, und all dies gewissermaßen zu therapeutischen Zwecken.

Eines seiner Happenings (»Aktionen«) wird folgendermaßen geschildert: »Auf der Bühne stehen ein Flügel mit einem Notenständer und ein Mikrofon. Auf dem Flügel zwei Geigen (eine grün angestrichen), eine Kinderflöte, ein Fläschchen Nasentropfen und eine Packung Hustenmedizin. Auf dem Boden ein Koffer mit Gummibällen. Beuys nimmt den Hustensaft und führt sich die Nasentropfen ein, während Christiansen ein Tonband einschaltet, auf dem eine Männerstimme ›Ja, ja, ja, ja, nee, nee, nee, nee‹ murmelt. Vogelstimmen ertönen sowie Sirenengeheul, Straßengeräusche und elektronische Klänge. Beuys spielt dazu auf einer Kinderflöte oder auf dem Klavier, nimmt wieder die Hustenmedizin, hustet ins Mikrofon und streut Sauerkraut über den Notenständer.«[24] Nicht einmal ansatzweise nachvollziehbare Handlungen, die jedem normalen und sinnvollen Verhalten widersprechen. Die Person Beuys' steht auf einer Schnittfläche von Kunst, Pädagogik und Ideologie und unterscheidet sich vor allem von den amerikanischen Pop-Art-Künstlern durch die missionarischen Intentionen, die weit über deren Absichten hinausreichen, und durch einen typisch deutschen Zug, die philosophische Fundierung.

Bei den Großveranstaltungen der Popmusik gerieten seit den frühen sechziger Jahren immer wieder Tausende von Zuschauern, zum größten Teil Jugendliche, in einen Rauschzustand, es kam dabei zu Szenen höchster Erregung und schwärmerischer Hysterie. Sie wurden auf die Dauer zu einem Phänomen der Jugendkultur, an das man sich gewöhnte. Für Millionen von Jugendlichen bedeuteten sie in der wichtigsten Phase ihrer Entwicklung, dann, wenn sie am empfänglichsten waren, ekstatische Höhepunkte ihrer Existenz. Für die Plattenindustrie brach ein goldenes Zeitalter an. Popmusik wurde bald die Sparte, die am meisten Gewinn brachte. Viele auf Popmusik spezialisierte Geschäfte wurden eröffnet, und im Westen war sie außerdem in allen Warenhäusern und Supermärkten erhältlich. Die Werbeindustrie profitierte nicht weniger von dieser neuen Goldmine; auch das trug zur Kommerzialisierung bei. Da es hier für die Plattenindustrie um Millionen Dollar ging, hatten die Produzenten größtes Interesse an einem gleichbleibend großen Angebot. Popmusik wurde zu einem typischen Kind der Konsumgesellschaft, nämlich zu einem Wegwerfprodukt. Man verlangte immer wieder nach neuen Gruppen und Stars, und diese, ihre Manager und die Werbeindustrie waren durch ein gemeinsames Interesse aneinander gebunden und voneinander abhängig. Nicht nur konnten Bands den Markt erobern, wenn sie die Plattenindustrie für ihre Musik interessierten, manchmal war es auch umgekehrt, die Industrie schuf neue Bands, wenn sie ein neues Angebot brauchte.

Die Entwicklung der Popmusik ging dabei in die Richtung immer größerer Lautstärke, ohrenbetäubender Klangdetonationen, obwohl in den siebziger und achtziger Jahren mit vielen neuen Gruppen auch eine gewisse Vielfalt entstand. Der Charakter der Musik und der Bühnenshows wurde jedoch weitgehend von den neuen technischen Möglichkeiten, zum Beispiel der elektronischen Klangverstärkung, bestimmt.[25] Die Verquickung von Sexualität und Technik hatte in der Popmusik von Anfang an eine Hauptrolle gespielt. Die elektrische Gitarre symbolisierte mit ihrem Dauerangriff auf das Hörorgan Macht und Aggression. Teilweise wurde das wimmernde Instrument weniger gespielt als herumgeschleudert und in gewissem Sinne sogar – als eine Art Ersatz-Lustobjekt – vergewaltigt. Im Vergleich zu den späteren Hits waren die frühen Songs aus der Zeit Elvis Presleys und der Beatles, die in den fünfziger und sechziger Jahren einen solchen Schock ausgelöst hatten, textlich und musikalisch beinahe sensible Herzensergießungen, bei denen noch das Gesangliche im Vordergrund stand. Vielen Kreationen ihrer Nachfolger fehlte ein erkennbarer innerer Zusammenhang, und was man in Ermangelung eines anderen Begriffs immer noch zur Musik zählt, war nicht viel anderes als ein akustisches Bombardement – Eruptionen unzusammenhängender, kreischender, knallender und knatternder Geräusche, mit Texten, in denen Sex und Gewalt die zentrale Rolle spielten. Der akustische Terror wurde nicht nur zum unverzichtbaren Attribut vieler Darbietungen, sondern trug wesentlich zu ihrer Legitimierung bei. Er führte einen Trancezustand herbei, in dem das Publikum sich selbst vergessen konnte. Der Lärm war ein Rauschmittel und konnte, da es an Inhaltlichem fehlte, auch nicht viel anderes sein. Auch die Texte, oft nur jaulende Ausrufe, und die Gesangsidole selbst waren letztlich für das Publikum ein Mittel, in diesen Zustand ekstatischer Verzückung zu geraten. Ebenso wichtiges Mittel zu diesem Zweck waren die glitzernden, sexuell erregend wirkenden Kostüme der Bühnenstars und die bunten Lichteffekte, die der Betäubung noch ein entsprechendes Maß an Blendung hinzufügten. Der Begriff »Popmusik« wird dieser Art von Darbietungen, die sehr viel mehr umfaßten, eigentlich nicht gerecht. Sie waren auf ihre Weise eine Vermischung von Klängen, Farben und Bewegung zu einem totalen sensorischen Pandämonium.

Auf die Übereinstimmungen mit Massenkundgebungen und Erscheinungen von Massenhysterie unter totalitären Regimen habe ich schon hingewiesen. Wie der Diktator wurde auch das Popidol für die Menge zum Götzen und stillte so ein religiöses Verlangen, das Bedürfnis nach Anbetung. In beiden Fällen identifizierte man sich heimlich mit dem Idol. Die Diktatur förderte diese Identifikation, indem sie den Diktator als »Mann aus dem Volk«, als »normal« und »menschlich« darstellte, und auch die Identifikation, auf der die Anbetung des Popidols beruhte, wurde entsprechend erleichtert, denn die einfältigen Texte und der in musikalischer und technischer Hinsicht teilweise primitive Umgang mit Instrument und Stimme hob die Distanz zwischen Idol und Verehrer auf. Dieser hieß nun international »Fan«, und die Bezeichnung verlieh ihm beinahe etwas wie einen Status. Der Fan wurde für den Popstar, was der fanatische, ideologisierte Anhänger für den Diktator war. Umgekehrt erfüllt das Idol für den Fan eine pseudoreligiöse Funktion. Dem Idol verdankt der Fan seine Identität (wenigstens zu einem wesentlichen Teil), und das Massenerlebnis, das Bacchanal, in das eine Popveranstaltung mündet oder münden sollte, festigt seine Identität und erlöst ihn aus seiner unerträglichen Isolation. Dies erklärt, daß der Verlust des Idols (wie etwa beim Tod Elvis Presleys) ein Angriff auf das Ego des Fans ist und zu hysterischen Ausbrüchen von Trauer führt, vergleichbar mit den bei manchen Völkern üblichen kultischen Formen kollektiver Trauer um eine Gottheit oder einen Heiligen. Mit dem wesentlichen Unterschied, daß das verstorbene Gesangsidol als sterbliches Individuum für immer verschwunden ist und nicht in kultischen Handlungen eine Wiedergeburt als transzendente Macht erlebt. Wie in der Religion die Glaubensvorstellungen und im totalitären Staat der Nationalismus oder eine andere Ideologie die bindenden Elemente sind, die das Kollektiv mit seinem Wir-Gefühl konstituieren und gegen die anderen abgrenzen, so ist das Bindende im Falle der Popmusik die Jugend und der Glaube, als Jugend ein Recht auf eine eigene Welt zu haben. Da der Popstar sowohl Idol als auch Identifikationsobjekt für den jugendlichen Fan sein mußte, hatte er ihm auch ähnlich zu sein. Das von der Werbung zum Götzen erhobene Individuum brach oft unter der Last dieser unlösbaren Aufgabe zusammen, da es ihm selbst an echter Persönlichkeit fehlte; es war ganz und gar Produkt der Werbeindustrie und der Fans. Die Abhängigkeit war in jeder Hinsicht wechselseitig.

Daß ständig neue Gruppen mit Wegwerfprodukten auf den Markt drängten, die sich in Ermangelung eines Inhalts gegenseitig mit immer stärkeren äußerlichen Superlativen überbieten mußten, eine Folge der Kommerzialisierung, hat jedoch zu einer gewissen Entwertung geführt und der Popmusik in den folgenden Generationen viel von ihrer pseudoreligiösen Bedeutung genommen. In vielen Fällen war es die ganze Gruppe, das unpersönliche Kollektiv, das die Begeisterung weckte. Die Beatles und die Rolling Stones waren schon Beispiele für dieses Phänomen. Hier läßt die Popkultur eher schon eine Verwandtschaft mit dem Sport erkennen, wo das Team als Ganzes (vor allem im Fußball) die Emotionen des Publikums aufpeitscht und Gegenstand der Bewunderung wird.

In der Entwicklung des Theaters zeigte sich die Wirkung der neuen antiautoritären Lehre speziell in dem Wunsch, die Trennung zwischen Künstler und Publikum aufzuheben. Schon in den zwanziger Jahren hatten Erwin Piscator und das revolutionäre Theater neue Praktiken eingeführt und mit der üblichen Hierarchie gebrochen, in der Regie und Schauspieler gegenüber einem unantastbaren Text nur eine dienende Rolle spielten. Die Aufführung sollte die gemeinsame Schöpfung aller Beteiligten sein, einschließlich Bühnenmalern und musikalischen Begleitern. Piscator machte auch schon von Fotomontagen und Tonaufnahmen Gebrauch, schob Filmausschnitte ein und drängte auf diese Weise das Literarische, das das traditionelle Theater beherrschte, zurück. Außerdem wollte er weg von der Guckkastenbühne, bei der sich alles am selben Ort abspielte, und experimentierte mit beweglichen Bühnenformen. Dank neuer technischer Hilfsmittel wie verschiebbarer Hintergründe, Projektionen und Lichteffekte konnte die vielgestaltige Wirklichkeit noch täuschender nachgeahmt werden. Bei dem linken, revolutionär gesinnten Piscator offenbarte sich somit schon eine antihierarchische, egalitäre Philosophie, die in die festgelegten Beziehungen zwischen Autor, Regisseur, Schauspielern, Hilfskräften und Zuschauern so viel Bewegung wie möglich bringen wollte. In den sechziger Jahren war man für diese Ideen, die sich in der Zwischenzeit noch nicht auf die Theaterpraxis ausgewirkt hatten, empfänglich. Theater hatte von jetzt an eine kollektive Unternehmung zu sein. Auch der Zuschauer sollte deshalb stärker in die Aufführung einbezogen werden, er durfte nicht mehr nur als passiver Konsument Darstellern gegenübersitzen, die ihm auf der Bühne ein fertiges Stück vorsetzten, denn damit degradierten sie ihn zu einem unmündigen Wesen, das nur das Diktat des Autors und der Schauspieler kannte. Wie sich die Spieler vom Text des Autors emanzipieren, ihn nicht mehr als bindend, sondern eher als Entwurf auffassen sollten, der ganz allgemein die Richtung vorgab, aber individuell weiterentwickelt werden konnte, so hatte das Publikum die Aufführung als Entwurf, ja in gewisser Weise als eine Art Ergänzungsübung zu betrachten. Theater war in erster Linie ein Prozeß, der immer wieder von vorne begann und in einen aktiven Dialog zwischen Sender und Empfänger münden sollte. Improvisation war in übertriebenem Bemühen um Authentizität und heiliger Scheu vor dem gedruckten Wort zu Unrecht verbannt worden. Dies war eine Auffassung, die auf das revolutionäre Theater Majakowskis zurückging. Auch Brecht hatte die Distanz zwischen Stück und Zuschauer überwinden wollen, indem er das Publikum mit Nachdruck daran erinnerte, daß die Welt auf der Bühne nur eine Scheinwelt ist, und manchmal auch, indem er den Zuschauer explizit aufforderte, ein Urteil abzugeben. In den sechziger Jahren traten neue Theatergruppen auf, die die neuen Grundsätze in eine Theaterkonzeption integrieren wollten, die sie »offenes Theater« nannten. An die Stelle des Autors und des vorgegebenen, unveränderlichen literarischen Textes trat die Teamarbeit. Theater hatte vor allem eine gesellschaftliche Aufgabe und konnte aktuelle Fragen behandeln. Die Improvisation sollte dem nicht auf eine bestimmte Richtung festgelegten Spiel Dynamik verleihen, und bisweilen steuerte man sogar auf eine regelrechte Diskussion mit dem Saal zu. Um die Trennung von Spieler und Zuschauer zu überwinden, spielte man manchmal mitten im Publikum. Peter Brook und Charles Marowitz gaben ihre Vorstellungen in London deshalb auch nicht mehr in Theatern. Schauplatz des niederländischen Stücks *Zustände* aus dem Jahre 1972, das auf einem Buch des Psychiaters Jan Foudraine beruhte, war eine psychiatrische Klinik, und die Zuschauer spielten die stumme Rolle der Patienten.[26] Viele der Experimente, die einem stark ideologisch gefärbten Reformeifer entsprangen, bewirkten letztlich nicht den radikalen Umbruch, den ihre Verfechter erwartet hatten, haben aber durchaus Spuren in der Aufführungspraxis hinterlassen. Neben dem traditionellen Theaterspiel, dessen Grundlage feste Rollen und die Darstellung klar umrissener Figuren bildeten, und als Gegenmodell zu diesem entwickelte sich folglich in den siebziger Jahren ein Theater, bei dem der Autor sich selbst eine bescheidenere Rolle zuwies, wie es beispielsweise Heiner Müller mit seinem Stück *Hamletmaschine* tat, in dem vieles den Ausführenden überlassen bleibt.[27] Von der Berliner »Schaubühne am Halleschen Ufer« wurde das Ideal kollektiver Theaterproduktion am konsequentesten verwirklicht. Teilweise fanden die Vorstellungen auch in einer für Theateraufführungen sehr ungewöhnlichen Umgebung (wie Filmstudios oder Stadien) statt oder sogar an mehreren verschiedenen Orten, so daß das Publikum während der Aufführung längere Wege zurücklegen mußte. Um die Beweglichkeit der Bühne zu erhöhen und den Zuschauer stärker zu aktivieren, entwarf man in einigen Fällen Räume, in denen Spieler und Publikum immer wieder auf andere Weise miteinander in Kontakt treten konnten.

Abgesehen von den stark ideologisch gefärbten Motiven – antihierarchischen, kollektivistischen Prinzipien, dem Wunsch nach Abschaffung konventioneller Trennlinien und Rollenverteilungen –, ist dieser Erneuerungsdrang natürlich auch durch die veränderte Situation des Theaters zu erklären, das durch den Film, das Fernsehen und neue Attraktionen wie die Massenveranstaltungen der Popkultur an Anziehungskraft verloren hatte. Man mußte ihm deshalb eine andere und vielfältigere Aufgabe geben und konnte dabei die technischen Möglichkeiten nutzen, die es vor dem Zweiten Weltkrieg noch nicht gehabt hatte. Auch wenn man das klassische Repertoire spielte, glaubte man nur durch teilweise radikale Eingriffe und Hinzufügung vieler moderner Elemente, die deutlich erkennbare aktuelle Probleme in das Stück hineinzauberten, das Theater am Leben erhalten zu können. Oft lieferte der ursprüngliche Text nicht mehr als das Ausgangsmaterial für die Arbeit des Regisseurs und der Darsteller.

5 Das veränderte Normbewußtsein

Es waren auf den ersten Blick sehr unterschiedliche Faktoren, die die Gesellschaft in Unruhe und in Bewegung versetzt hatten: Zweifel am politisch-ideologischen Standpunkt des Westens, Enttäuschung über das Verlöschen des alten sozialistischen Feuers bei einer Strömung, die sich als neue Linke bezeichnete, wiederauflebender Pazifismus und Kritik am Rüstungswettlauf, Besorgnis wegen der Ausbeutung der Natur und der Umweltzerstörung durch eine gierige Wohlstandsgesellschaft, die aufsehenerregende sexuelle Revolution. Die Folgen waren Gleichberechtigung der Frau und die Aufhebung des Banns, mit dem die Homosexualität belegt war, die Studentenrevolte und die Bildung von Aktionsbündnissen, die radikale Demokratisierung und revolutionäre Utopien auf ihre Fahnen schrieben, und unabhängig davon eine ebenso revolutionäre Strömung in den Künsten, die die Kluft zwischen Kunst und Gesellschaft überwinden wollte und sich gegen die geltenden ästhetischen Normen wandte. All diesen heterogenen Bewegungen, die zum Angriff auf die alte Ordnung ansetzten, war eines gemeinsam: Sie wurden von einer jungen Generation getragen, für die der Krieg, den die meisten Jüngeren ohnehin nicht erlebt hatten, nicht mehr die alles beherrschende Erfahrung und Zäsur bedeutete, die er für die Älteren gewesen war. Das heißt nicht, daß überall nur Menschen zwischen zwanzig und dreißig die führenden Köpfe hinter den Aktionen waren, die all jene Turbulenzen auslösten. Ältere teilten den Unmut der Jüngeren, sie waren in all den Bewegungen zu finden, auch auf der höchsten Ebene, und sie hatten ihnen mit ihrer Opposition gegen bestimmte Aspekte des Systems schon den Weg bereitet. Vor allem in den Künsten hatten die jungen Propagandisten einer neuen Philosophie ihre Vorläufer. Aber die abweichenden Ideen der Älteren gelangten erst zu Einfluß, als sie sich Mitte der sechziger Jahre mit dem starken Selbstbewußtsein einer nachrückenden Generation verbinden konnten, das dem Autoritätsverlust der Elterngeneration zu verdanken war. Die Rebellion und das Selbstgefühl dieser Generation wurden eins, so wie umgekehrt die ältere Generation als Verkörperung eines verdorbenen Systems von dieser Zeit an mit dem Etikett »Establishment« versehen wurde.

Der Jugendkult und das ausgeprägte Selbstbewußtsein der jungen Generationen hatten der Kultur vom Beginn des zwanzigsten Jahrhunderts an wie nie zuvor in der Geschichte ihren Stempel aufgedrückt, und sie hatten von Zeit zu Zeit besondere Gipfelpunkte erreicht, aber nie wirklich international und nie so spektakulär wie dank der modernen Massenmedien in den sechziger Jahren. Daß die kulturelle Umwälzung im Zeichen der Jugend stand und als Jugendrebellion verstanden wurde, erklärt auch die Idee und den Erfolg des amerikanischen Musicals *Hair*, das in New York im Jahre 1968 uraufgeführt wurde, als die Unruhen auf ihrem Höhepunkt waren.[28] Haar wurde hier als das alte Symbol von Jugend, Vitalität und Freiheit gefeiert. Kahlheit bedeutet Verschleiß. Kurzes Haar wiederum deutet auf Zucht und Disziplin hin. In fast allen Ländern wurden Soldaten und Gefangene zum Zeichen ihrer eingeschränkten Freiheit erst einmal geschoren. Es galt jedoch auch als Beweis für harte Männlichkeit, so wie langes Haar als typisch weibliches Attribut für Sanftheit und Verführung stand. Vor allem in Diktaturen, die das Maskuline und Kriegerische predigten, galt langes Haar als unmännlich und war noch dazu verdächtig, denn es konnte Ausdruck von Freiheitswillen und Protest sein. Deshalb war langes Haar oft in revolutionären Zeiten Mode gewesen, und auch Künstler trugen es, um sich gegen beschränkte, konformistische Bürgerlichkeit abzugrenzen. Haar kann also immer zweierlei Bedeutung haben. Für die Jugend, die sich in *Hair* wiedererkannte, bedeutete langes Haar offensichtlich Freiheit und Protest, und als Symbol von Sanftheit entsprach es außerdem der Ideologie ihrer Rebellion, zu der ja die Verurteilung von Gewalt und Kaltem Krieg gehörte. Als Provokation war es schon von den ersten Popidolen eingeführt worden. In den späten sechziger Jahren wurde es Mode und war in der männlichen Jugend weit verbreitet, die damit gleichzeitig die Solidarität der Geschlechter betonte. Es ist kaum Zufall, daß das Haar bei der nächsten Generation, als die große Zeit der jugendlichen Himmelsstürmer zu Ende ging und die Unruhen verebbten, allmählich wieder kürzer wurde, auch wenn hier und da kleine Inseln nostalgischer Langhaariger übrigblieben.

All diese rebellischen Bewegungen hatten aber noch etwas gemeinsam, und das war eine neue Grundüberzeugung, die als solche immer dem Zugriff der Kritik entzogen ist, weil sie die unverzichtbare und deshalb sakrosankte Voraussetzung aller Kritik bildet, gewissermaßen die Urnorm einer Gesellschaft, von der die anderen Normen abgeleitet sind. Eine Veränderung dieser Urnorm – dessen, was Michel Foucault als *Episteme* oder Thomas S. Kuhn als »Paradigma« einer Epoche bezeichnen würden – wird durch einschneidende existentielle Erfahrungen bewirkt. Diese machen eine Revision notwendig, um die Menschen besser gegen neue Gefahren zu wappnen oder als hemmend oder überflüssig empfundene moralische Beschränkungen aufzuheben. Die neue Urnorm lief auf die Verurteilung jeglicher Hierarchie hinaus. Auf der politischen und gesellschaftlichen Ebene äußerte sich das am deutlichsten im Ruf nach vollständiger Demokratisierung und Gleichheit, der die Verurteilung von Macht und Machtstrukturen einschloß, und es war vor allem die radikale Studentenbewegung, die diese Forderungen stellte, aber sie war damit keineswegs allein. Der Wunsch nach Demokratie und Gleichheit zeigte sich im Ärger über die opportunistische Anpassung des Sozialismus und in der Sympathie für die nationalrevolutionären Bewegungen und ihre Führer in der Dritten Welt, in der Kritik am Kolonialismus und der Vorherrschaft des Westens oder in der neuen Solidarität mit den Schwachen und Machtlosen auf der ganzen Welt. Auf der Ebene der sozialen Beziehungen äußerte sich die Verurteilung von Hierarchie und Macht im Abbau der traditionellen gesellschaftlichen Hindernisse auf dem Weg zur erstrebten sexuellen Freizügigkeit, im Kampf gegen die in vielen Bereichen immer noch bestehenden Privilegien des Mannes und ganz allgemein im Interesse für Minderheiten wie Homosexuelle, die von der Mehrheit stigmatisiert wurden.

Der Begriff »Minderheit« und damit auch das Minderheitenproblem als solches gelangten erst mit dem Sturm auf die Autoritäten ins Bewußtsein einer breiteren Öffentlichkeit und in die Diskussion. In direktem Zusammenhang hiermit kam auch der Begriff »Diskriminierung« allgemein in Gebrauch. Benachteiligte Gruppen, die man früher nicht wahrgenommen hatte, gerieten jetzt als »diskriminierte Minderheiten« in den Mittelpunkt des Interesses, und dies galt nicht nur für die Gegenwart, sondern rückwirkend auch für die Vergangenheit. Auf das Minderheitenproblem war man vor allem durch die Bürgerrechtsbewegung der benachteiligten schwarzen Bevölkerung in den Vereinigten Staaten aufmerksam geworden, durch sie hatte es Aktualität erlangt; daß man sich des Phänomens der Diskriminierung bewußt wurde, bedeutete deshalb auch und in erster Linie, grundsätzlich jegliche Benachteiligung aufgrund der Rasse und den Rassismus überhaupt abzulehnen. Das Entsetzen über den Völkermord des Naziregimes an Juden und Zigeunern, eine extreme Konsequenz des Rassismus, hatte nach dem Zweiten Weltkrieg nicht gleich dazu geführt, daß man allgemein alle rassistischen Ideen abgelehnt hätte; noch hielt sich die Vorstellung, daß die eine Rasse mehr Anrecht auf Führerschaft und Macht habe als die andere, daß es natürliche qualitative Unterschiede gebe und daß es deshalb auch berechtigt sei, Menschen aufgrund ihrer Rasse ungleich zu behandeln. Obwohl es nach der Shoah in Europa nicht mehr opportun war, solche Ideen laut und nachdrücklich zu vertreten, empfand man sie in gemäßigter Version noch nicht als so schlimm, daß sie gleich die Öffentlichkeit alarmiert hätten. Diese Zurückhaltung hing auch damit zusammen, daß die Kolonialmächte noch nicht bereit waren, ihren Besitz und ihre Machtposition ganz aufzugeben, diese aber waren nur durch das Gefühl der Überlegenheit legitimiert. Im Gegensatz zum Antisemitismus gehörte Rassismus im allgemeinen deshalb in der politischen Arena Europas noch nicht zu den Phänomenen oder Begriffen, die entschieden geächtet waren. Außerhalb der soziologischen, anthropologischen oder historischen Wissenschaft wurde der Begriff kaum gebraucht. Das änderte sich, als man auf das Minderheitenproblem aufmerksam wurde. Rassismus als eine der verwerflichsten Formen der Diskriminierung stand von jetzt an auf dem politisch-ideologischen Index weit oben. Einen Gegner des Rassismus zu beschuldigen, wurde damit zu einem wirksamen Mittel der politischen Polemik.

Das Streben nach mehr Demokratie und Beseitigung noch existierender Hierarchien steckte auch hinter dem Aufruhr in der so ganz anderen Welt der Künste. Hier waren es der geltende ästhetische Maßstab und die Wertehierarchie, die in die Schußlinie gerieten. Die Pop-Art-Künstler wollten eine Kunst, in der der Durchschnitt auch seine alltägliche durchschnittliche Welt wiedererkennen konnte, und hinter ihrem Versuch, die Distanz zwischen Künstler und Publikum, Kunst und banaler Realität zu überwinden, steckte ebenfalls die Ablehnung jedes ungleichen, von einseitigem Einfluß bestimmten Verhältnisses, das als Abhängigkeitsverhältnis bezeichnet werden konnte. Der Künstler sollte das Publikum deshalb in seine Arbeit einbeziehen, die eine gemeinschaftliche Unternehmung zu sein hatte. Maler sollten in erster Linie malende Menschen und nicht Lieferanten fertiger Bilder sein, die man nur passiv betrachten kann. Mit Collagen und Montagen nahmen die Popkünstler dem Werk den Nimbus der Erhabenheit, der die klassischen Meisterwerke umgab, und beseitigten damit die überkommene kulturelle Wertehierarchie. Sie ließen die modernen Techniken triumphieren und zeigten, daß Talent dadurch überflüssig wurde. Mit ihren Happenings wollten sie die Zuschauer aus den üblichen Formen des Kunsterlebnisses losreißen, die für sie Einschränkung der Freiheit und der sinnlichen Wahrnehmungsmöglichkeiten waren. Beim Theater sollte der Schauspieler nicht mehr dem Diktat des Autors unterworfen sein, das Publikum wiederum nicht der Darstellung durch den Schauspieler. Die Bühne – äußeres Zeichen einer Trennung, wenn nicht gar einer hierarchischen Beziehung – sollte verschwinden, um einen Dialog auf gleicher Ebene zu ermöglichen. Die Popmusik förderte zwar die Erhebung von Sängern zu Idolen, aber die Idole rebellierten gegen die überlieferten ästhetischen Normen der Musik und des Gesangs und gegen die etablierten musikalischen Autoritäten. Der durchschnittliche Jugendliche konnte sich mit ihnen identifizieren, und ihre Auftritte stillten das Verlangen nach kollektiver Ekstase. Damit boten die neuen Götzen, nach denen man verlangte, auch eine heimliche Kompensation für die Beseitigung traditioneller Hierarchien. Dies galt nicht nur für die Popmusik; Sporthelden, junge Männer einfacher Herkunft, wurden als Idole gleichermaßen unentbehrlich – gerade für eine Generation, die sich so entschieden und grundsätzlich gegen Ränge und Stände jeder Art wandte.

In den Theorien, die all diese Umwälzungen und Aktivitäten begleiteten und kommentierten, nahm das Verhältnis von Künstler und Publikum, der Aspekt der Rezeption als etwas untrennbar mit dem Kunstwerk Verbundenen, plötzlich einen wichtigen Platz ein. Obwohl Künstler natürlich immer den Gedanken an die Aufnahme ihres Werkes, an die Reaktionen und den Geschmack ihres Publikums, bewußt oder unbewußt in den Schaffensprozeß einbezogen hatten, war diese Akzentverlagerung auf den Empfänger und vor allem die Motive, die dahintersteckten, etwas Neues. In gewisser Weise kam es sogar zu einer Umkehrung: Die Abhängigkeit des Künstlers vom Publikum galt zuvor eher als unvermeidliches Übel, während man jetzt erklärte, sie sei dem Kunstwerk selbst inhärent. Das plötzliche Interesse am Phänomen der Rezeption sollte sich schließlich auch auf die Wissenschaften erstrecken, wie wir noch sehen werden.

Die Auflösung der in Verruf geratenen hierarchischen Beziehungen wirkte sich auf die allgemeinen Umgangsformen aus, auf das Verhältnis zwischen Älteren und Jüngeren, Eltern und Kindern, Lehrern und Schülern. Sie wurde durch den starken Einfluß Amerikas, das auch hier Vorbild war, begünstigt. Dort hatte es historisch verwurzelte Hierarchien und Standesunterschiede wie in Europa niemals gegeben. Die egalitären Normen hatten auch die Umgangsformen geprägt, und dies war einer der Aspekte der amerikanischen Gesellschaft gewesen, die Europäern gewöhnlich sofort auffielen. Für den Europäer zeugten sie von einem Mangel an Manieren und Vornehmheit. Diese aber waren die unverkennbaren äußeren Zeichen von Kultur und charakteristisch für die hierarchisch geordnete Ständegesellschaft. In der europäischen Kritik am »Amerikanismus« spielte der unterstellte Mangel an guten Manieren in der Regel ebenfalls eine Rolle. Mit dem Wachsen der europäischen Abhängigkeit und des amerikanischen Einflusses auf die europäische Wohlstandsgesellschaft der Nachkriegszeit begann diese Kritik allmählich zu verstummen. Der amerikanische Egalitarismus erhielt jetzt durch die veränderte »Urnorm« eine gewisse moralische Legitimation. Waren die traditionellen europäischen Umgangsformen und Manieren nicht auch das Erbe verwerflicher und überholter Herrschaftsverhältnisse? Wie der Mann nun seine traditionelle Rolle als Familienoberhaupt, als König der Familie, ausgespielt hatte – eine Folge der Frauenemanzipation –, so verlor auch die Position des Vaters und, allgemeiner, die der Eltern gegenüber den Kindern viel von der zuvor selbstverständlichen Unantastbarkeit. Moderne Väter und Mütter verhielten sich lieber wie Kameraden und ältere Freunde ihrer Kinder statt wie Respektspersonen, und der Jugendkult, der Wunsch, möglichst lange nicht als alt angesehen zu werden, spielte dabei natürlich auch eine Rolle. Auch hier erkennt man also das in allen Bereichen zu beobachtende Bemühen, eine Distanz zu überbrücken. Bei Lehrern und Ausbildern machte sich eine ähnliche Tendenz bemerkbar. Überall verringerte sich im Umgang zwischen Älteren und Jüngeren die Distanz – eine Entwicklung, die für viele Ältere auch ein Beweis für ihr modernes, demokratisches Bewußtsein und ihre unverminderte jugendliche Vitalität war. In der Mode gaben die Jüngeren mehr als zuvor den Ton an. Ungeahnte Freizügigkeit und ungeahnter Einfallsreichtum in der Art, sich zu kleiden oder nicht zu kleiden, wurde mehr und mehr akzeptiert. Knallbunte Hemden nach amerikanischem Vorbild, verziert mit Aufschriften und Abbildungen im Stil der Werbung, grellfarbige Mützen und Hosen, die in den fünfziger Jahren heftigen Anstoß erregt hätten, gehörten jetzt bald zum normalen Straßenbild. Auch das Verhältnis zum eigenen Körper veränderte sich. Er konnte wie eine Ware zur Schau gestellt oder wie eine Puppe bemalt werden. Dies waren zwar nur Extremfälle, die auf eine Minderheit beschränkt blieben, aber sie wurden toleriert. Zwischen Vorgesetzten und Untergebenen begann sich eine weniger distanzierte, bis zu einem gewissen Grade kameradschaftliche Art des Umgangs zu entwickeln. Diejenigen, die an traditioneller Förmlichkeit festhielten, gerieten leicht in ein ungünstiges Licht und galten als steife, altmodisch-bürgerliche oder sogar autoritäre Zeitgenossen. Das Duzen wurde nun in vielen sozialen Gruppen üblich und bewies Zwanglosigkeit und eine zeitgemäße Einstellung. Der Einfluß der Hegemonialmacht USA war offensichtlich stärker als die europäische Reserviertheit und die europäischen Normen, auch im Umgang.

Daß man sich, dem neuen Demokratieverständnis entsprechend, von traditionellen Umgangsformen und hierarchischen Verhältnissen verabschiedete, führte jedoch auch zu einer unbestreitbaren allgemeinen Vulgarisierung. Sie war schon in der Pop Art mit ihrer Rücksichtslosigkeit gegenüber ästhetischen Maßstäben und Empfindlichkeiten deutlich zu erkennen, und sie ergab sich aus der Autoritätskrise, die auch eine Krise der Werte war. Die Masse und ihr Geschmack, ihre Umgangsformen und ihre Erlebniswelt wurden ja nun nach demokratischem Grundsatz allgemein als Norm und Richtschnur angesehen, und darum war eine Vulgarisierung unvermeidlich. Sich dagegen zu wehren, galt als Zeichen einer reaktionären, elitären Gesinnung, und der Begriff »elitär« war bald ausgesprochen negativ besetzt. Um einem solchen Verdikt zu entgehen, suchten sich gerade die gehobenen Kreise dem Niveau der Mehrheit, der Masse, anzunähern. Mit der Vulgarisierung des Geschmacks und der Umgangsformen vollzog sich eine bemerkenswerte Umkehrung im langen Prozeß der Zivilisation und Emanzipation in Europa. Es waren immer die höheren Stände, die politischen und kulturellen Eliten gewesen, die den Ton angegeben und für die sozial Aufsteigenden den Maßstab gesetzt hatten. Bis zum Erscheinen von Massenbewegungen wie Kommunismus, Faschismus und Nationalsozialismus auf der historischen Bühne, ja bis zur Entstehung der Wohlstandsgesellschaft hatte man den Blick emporgerichtet. Emanzipation bedeutete, das Kulturniveau der sozial höherstehenden Klasse zu erreichen und deren Normen zu verinnerlichen. Dieser aufwärts gerichteten Entwicklungstendenz war schon unter den totalitären Diktaturen ein Ende bereitet worden. Die mächtigen Führer dieser Systeme waren selbst von einfacher Herkunft, und sie erklärten das »Volk« oder das »Proletariat« zum Kern der Nation. Das implizierte eine Normverlagerung. Die Konsumgesellschaft trieb diese Entwicklung unter dem Banner der Demokratisierung weiter voran; man wandte den Blick jetzt nach unten, der Durchschnitt setzte in kultureller Hinsicht den Maßstab. Soziale Emanzipation bedeutete nicht mehr Anpassung an die Eliten, im Gegenteil, die Eliten paßten sich der Masse und ihren Werten an.

Die Vulgarisierung erfaßte auch die Sprache. Was bis zu den sechziger Jahren unter kultivierten Menschen und in Presse und Literatur als platte und unanständige Sprache gegolten hatte, wie sie für den unteren Rand der Gesellschaft typisch war, mit ordinären Ausdrücken aus dem analen und genitalen Bereich, wurde bald auch in den höchsten Kreisen bedenkenlos übernommen. Die sexuelle Revolution und die Befreiung von überkommenen Tabus hatten dieser Vulgarisierung den Weg bereitet. Die Sexualität entwickelte sich zu einem Thema, das im Film, in Theater und Tanz, in populärer Literatur, in Zeitschriften und Illustrierten offen behandelt wurde, was zum Beispiel die alte Unterscheidung zwischen erotischem Realismus und Pornographie im Grunde sinnlos machte. Und Aggression und Gewalt, häufig mit Sex verknüpft, erlangten in den Medien ungeahnte Popularität. Diese

Vorliebe für Aggression und Gewalt in Wort und Bild schien ein Ausgleich für den ideologisch begründeten Kampf gegen die politische und strukturelle Gewalt des Staates zu sein, der in der radikalen Theorie einen so hohen Stellenwert hatte. Befreiung und Abschaffung moralischer und ästhetischer Normen und Beschränkungen hatten auf jeden Fall zur Folge, daß man hinsichtlich der Äußerung elementarer Emotionen alle Scheu ablegte, was immer als Zeichen von Unkultiviertheit gegolten hatte. Ein Mangel an Schamgefühl war salonfähig geworden, denn er galt als Beweis für Unabhängigkeit und demokratische Toleranz.

Aber was im Hinblick auf die kulturelle Umwälzung als Ganze schon festgestellt wurde, gilt natürlich auch für die Vulgarisierung und allgemein für die Wandlungen des Normbewußtseins und der Umgangsformen: Unterschiede zwischen den einzelnen Ländern und Nationalkulturen blieben erhalten, und die Veränderungen vollzogen sich nicht überall gleichzeitig und gingen nicht überall gleich weit. Die allgemeine Tendenz war jedoch in allen Ländern zu erkennen, und in vielen Bereichen waren die Veränderungen wahrhaft revolutionär. Gesellschaft und Alltag boten nach 1975 zumindest in Westeuropa und Amerika ein völlig anderes Bild als in der Zeit vor 1965.

IX

Kultur ohne Kompaß

1 Kalter Friede und Zusammenbruch des Sowjetimperiums

In vielerlei Hinsicht waren die siebziger Jahre in Westeuropa vom Nachklang der kulturellen Turbulenzen und der Jugendrebellion des vorangegangenen Jahrzehnts beherrscht. Diese hatten die Veränderung der geltenden Normen und der alltäglichen Umgangsformen in Gang gebracht. Die Grundpfeiler der parlamentarischen Demokratie waren jedoch nicht erschüttert worden, trotz der radikalen Ideologen unter den Rebellen, die auf eine völlige Umwälzung aus waren und die sogenannte direkte Demokratie anstrebten; in ihr sollte der Volkswille die Politik in permanenter Entscheidungsfindung unmittelbar bestimmen. Das politische System als solches und die Machtzentren, in denen Politik gemacht wird, waren unberührt geblieben. Der Kalte Krieg war, zumindest in Europa, ganz allmählich in einen kalten Frieden übergegangen. Von den siebziger Jahren an war die Lage von stillschweigendem Einvernehmen zwischen dem westlichen und dem östlichen Block bestimmt, von der gemeinsamen Überzeugung, daß der Friede bewahrt werden mußte. Man verdächtigte die Gegenseite eigentlich nicht mehr, Vernichtungspläne zu schmieden – dieser Verdacht war charakteristisch für den Kalten Krieg –, auch wenn Propaganda und politische Rhetorik vor allem in den kommunistischen Diktaturen auf das vertraute Feindbild nicht verzichten konnten. Niemand konnte andererseits Europa oder die Welt im aktuellen Zustand konservieren, sowohl wegen der Eigengesetzlichkeit und Dynamik des technischen Fortschritts, auch bei der nuklearen Bewaffnung, als auch wegen der Spannungen im Nahen Osten oder in der Dritten Welt, die die Interessen der großen Antipoden berührten. Deshalb löste jede Veränderung oder Vergrößerung des Machtpotentials bei dem einen eine Gegenbewegung beim anderen aus, der dann versuchte, das prekäre Gleichgewicht, das den Frieden garantierte, wiederherzustellen. Hinter den Kulissen versuchten sowohl die Supermächte als auch ihre europäischen Verbündeten, das Gespräch in Gang zu halten, um dem Teufelskreis zu entrinnen.

Seit 1973 verhandelten die europäischen Staaten unter Schirmherrschaft der Sowjetunion, der USA und Kanadas über ein Abkommen, das den Frieden durch wechselseitige Anerkennung der existierenden Grenzen und der Souveränität und Gleichberechtigung aller europäischen Staaten und durch die Verpflichtung sichern sollte, Konflikte auf friedliche Weise zu lösen und die Menschenrechte und das Selbstbestimmungsrecht der Völker überall zu respektieren. Im August 1975 wurde diese wunderschöne Charta für Sicherheit und Zusammenarbeit in Europa, die KSZE-Schlußakte, in Helsinki unterzeichnet. Sie bekräftigte den Friedenswillen beider Seiten und bestätigte völkerrechtlich den Status quo – ein Ergebnis, dem man eine günstige Auswirkung auf das gesamte politische Klima nicht absprechen konnte. Im Osten legte man vor allem Wert auf die Anerkennung der Grenzen und der völkerrechtlichen Souveränität aller osteuropäischen Staaten, während der Westen die grundsätzliche Anerkennung der Menschenrechte als entscheidenden Gewinn betrachtete. Freizügigkeit und Selbstbestimmung des einzelnen und andere Menschenrechte blieben jedoch ein heikles Thema und waren mit dem System der kommunistischen Diktaturen kaum zu vereinbaren. Was den problematischen Gehalt von Begriffen wie »Volk« und somit auch »Selbstbestimmungsrecht« anging, barg das Abkommen aber ebenfalls für einige westliche Staaten Schwierigkeiten, sofern es dort ethnische Minderheiten gab, die Anerkennung und Autonomie, wenn nicht gar einen eigenen Staat forderten (beispielsweise Basken, Südtiroler, katholische Nordiren). Wie bei vielen früheren Gelegenheiten waren die praktischen Konsequenzen des Abkommens eine Frage der Interpretation, und die war oft ein Spiel mit Worten, doch als politisches Druckmittel hatte die Charta in bestimmten Situationen dennoch ihren Wert. Jedenfalls konnte sie allzu offensichtliche Verstöße gegen die Grundsätze der KSZE verhindern. Die Bundesrepublik hatte sich, hierin die Schlußakte von Helsinki schon vorwegnehmend, unter der Führung des Sozialdemokraten Willy Brandt um ein besseres Verhältnis zur DDR und anderen osteuropäischen Ländern bemüht. Man ging in Bonn mittlerweile von der Unveränderlichkeit der bestehenden Grenzen aus und versuchte die vor allem in Polen und der Tschechoslowakei (mit ihren ehemals deutschen Gebieten) noch vorhandene Furcht vor westdeutschem Revanchismus zu zerstreuen. Und schließlich hatte man die DDR im Jahre 1973 vertraglich als zweiten deutschen Staat anerkannt in der Hoffnung, Kontakte zwischen der Bevölkerung beider Länder zu erleichtern und die berüchtigte Mauer durchlässiger zu machen. Ganz unabhängig von alledem räumten in Europa einige ausgesprochen reaktionäre und undemokratische Regime das Feld, wie 1974 die Militärjunten in Griechenland und Portugal, so daß auch dort eine Entwicklung in Richtung auf freiheitliche Verhältnisse einsetzte. Im Jahre 1975 schließlich kam mit Francos Tod das Ende der langen Diktatur in Spanien, das nun zu einer parlamentarischen Monarchie wurde. Damit war der Westen von einer in ideologischer Hinsicht immer sehr unbequemen Last befreit. Die enge Beziehung zu den genannten, als faschistoid gebrandmarkten Staaten (Griechenland und Portugal waren NATO-Mitglieder, Spanien zumindest unverzichtbarer Teil des antikommunistischen Verteidigungssystems) war nämlich immer Zielscheibe der Kritik aus linken, oppositionellen Kreisen gewesen – ganz zu schweigen von der kommunistischen Propaganda – und hatte die Glaubwürdigkeit der vom Westen propagierten demokratischen Grundsätze erschüttert.

Daß der Friede dennoch ein kalter Friede blieb und daß es zwischen West und Ost nicht zu wirklicher Entspannung kam, hatte vor allem zwei Gründe. Erstens war dieser Friede im Grunde immer noch nicht mehr als lediglich eine Negation des Krieges, der wegen der gegenseitigen Abschreckung keine Alternative war. Zweitens konnte das eigene System besonders von den beiden Supermächten nur als Modell von universeller Geltung, als Modell für die ganze Welt, angesehen werden, trotz Entspannungsversuchen, Koexistenzformeln und Helsinki. Damit geriet man in ein Dilemma: Jede Annäherung, jede staatliche Anerkennung implizierte, daß man den anderen auch in ideologischer Hinsicht stillschweigend akzeptierte und so wiederum zur Erhöhung seines moralischen Status beitrug. Das Problem als solches war viel älter, es war im Grunde mit der Ideologisierung der Politik und der Politisierung der Bevölkerung sichtbar geworden. Vor allem Nazideutschland hatte der Welt hier eine historische Lektion erteilt, die unter dem Namen »München« tiefen Eindruck hinterlassen hatte. Hatte man nicht Hitler geholfen, allein schon, indem man mit ihm auf normalem diplomatischem Wege verhandelt und damit sein Regime anerkannt hatte?! Man hatte es hier mit einigen politisch nach wie vor bedeutsamen Fragen zu tun: Wie sollte man mit dem Teufel umgehen, wenn man keinen Krieg mit ihm wollte? Konnte man in den internationalen Beziehungen alle moralischen und ideologischen Aspekte einfach beiseite lassen? War es aber umgekehrt möglich, solche Aspekte zur Grundlage der eigenen Politik zu machen, wenn man um des

Friedens willen mit dem anderen im Gespräch bleiben wollte? In einem Zeitalter, in dem die Öffentlichkeit politische Fragen immer mehr nach moralischen Kriterien beurteilte, mußte dieses Dilemma zu einem Eiertanz führen, zu endlosem Taktieren zwischen Prinzipien und Interessen und sogar zwischen verschiedenen Prinzipien. Es spielte vor allem in der westdeutschen Auseinandersetzung mit dem Phänomen DDR eine Rolle. Formale, völkerrechtliche Anerkennung bedeutete für die Gegner des von Brandt eingeschlagenen Kurses, die vor allem im eher konservativen Lager um die CDU/CSU zu finden waren, Rückenstärkung für das kommunistische Regime. Die Befürworter der Anerkennung meinten dagegen, die Annäherung werde – abgesehen davon, daß sie der Bevölkerung möglicherweise direkt Vorteile brachte – auf die Dauer gerade die demokratischen Kräfte stärken und zur Aushöhlung des DDR-Systems von innen her beitragen; sie brachten dies auf die Formel »Wandel durch Annäherung«.

Der Weg zu wirklichem Frieden blieb mühsam, vor allem als die Spannungen zu Beginn der achtziger Jahre wieder zunahmen, obwohl sich die beiden Supermächte 1979 nach zähen Verhandlungen auf eine Begrenzung des strategischen Kernwaffenpotentials geeinigt hatten (das SALT-II-Abkommen). Zunächst sank die Temperatur schon dadurch, daß die Sowjets eine neue Mittelstreckenrakete (SS 20) stationierten, die nur Westeuropa bedrohte, so daß den Amerikanern für den Fall eines nuklearen Krieges in Europa gewissermaßen ein Entkommen ermöglicht wurde, da dieser nun tatsächlich auf Europa beschränkt bleiben konnte. Das Vertrauen Westeuropas zu Amerika bekam dadurch einen kleinen Riß, denn es beruhte zum Teil auf der Überzeugung, daß Amerika seinen Verbündeten automatisch zu Hilfe eilen werde, im Falle des Einsatzes von Atomwaffen aber auch das eigene Land zum Schauplatz eines totalen Atomkriegs machen müsse. Die NATO reagierte 1979 – nicht ohne heftigen Widerstand des linken und pazifistischen Lagers in einigen westeuropäischen Ländern wie den Niederlanden und der Bundesrepublik – mit einem Beschluß, der zur Abwendung der Gefahr die Stationierung eigener Mittelstreckenraketen (Cruise Missiles und Pershing II) vorsah. Noch tiefer sank die Temperatur, als sowjetische Truppen Ende 1979 in das Nachbarland Afghanistan einmarschierten, wo das moskautreue kommunistische Regime durch landesweiten, teilweise bewaffneten Widerstand in Bedrängnis geraten war – eine Militäraktion, die im Westen für einige Zeit wieder das Bild des gefährlichen Moskauer Aggressors heraufbeschwor. Schließlich meldeten sich in Polen die oppositionellen Kräfte immer offener zu Wort, vor allem in dem unabhängigen Gewerkschaftsverband Solidarność unter Führung des Werftarbeiters Lech Walesa. Wieder schien sich in diesem Land alles auf einen Sturz des kommunistischen Regimes hin zu entwickeln, und die Wahrscheinlichkeit war nicht gering, daß es nach dem fatalen tschechischen Vorbild von 1968 zu erneutem militärischem Eingreifen Moskaus und seiner Satelliten kommen würde. Diese Gefahr wurde zwar durch General Wojciech Jaruzelski abgewendet, der 1981 einen Militärrat als diktatorische Notstandsregierung einsetzte, das Kriegsrecht verhängte und so den polnischen Kommunismus vor einer schmählichen Niederlage und das Land vor einer militärischen Invasion der Nachbarn bewahrte. Das Zusammentreffen all dieser Ereignisse dämpfte aber den Optimismus, der während der Konferenz von Helsinki geherrscht hatte, und gab allen wieder das deutliche Gefühl, daß man sich in Europa wie in anderen Teilen der Welt mit einer unwiderruflichen Spaltung abfinden müsse.

Die wichtigsten politischen Parteien in den westeuropäischen Ländern hatten die Rebellion der Jugend und alle von den Radikalen unternommenen Angriffe auf das System in den sechziger und frühen siebziger Jahren äußerlich weitgehend unbeschadet überstanden. Grundsätzlich hatte sich überall schon längst ein Dualismus herausgebildet: Den eher konservativen christdemokratischen standen die sozialistischen Parteien gegenüber; als schwächere dritte Kraft gab es die Liberalen verschiedener Schattierungen. Die Namen der Parteien, ihre jeweiligen Stammbäume und ihre bevorzugte rhetorische Schminke konnte sich von Land zu Land unterscheiden und spezifisch nationale, historisch bedingte Merkmale haben, aber die wesentlichen Standpunkte und Kontroversen waren die gleichen. Bei den Christdemokraten verrieten diese Standpunkte im allgemeinen eine stärkere Bindung an Traditionen, traditionelle Werte und soziale Hierarchien und Vorbehalte gegen die wuchernde, alles regulierende Staatsbürokratie. Dementsprechend setzten sie sich für eine möglichst wenig regulierte Marktwirtschaft ein und vertraten die Interessen von Wirtschaft und Arbeitgebern. Dies galt natürlich vor allem auch für die Liberalen. Die Sozialisten machten sich, ebenfalls getreu ihrer Tradition, für die Interessen der Arbeitnehmer und ganz allgemein der Schwächeren stark. Sie wollten weitergehende Umverteilung des Wohlstands und mehr soziale Gleichheit. Es handelte sich aber um Kontroversen, die weniger auf unüberbrückbaren Gegensätzen als auf unterschiedlichen Gewichtungen in konkreten Fragen beruhten, oft dramatisiert und rhetorisch aufgeblasen, damit sich die Parteien als solche profilieren konnten, auch im Hinblick auf den notwendigen Erfolg bei den Wählern. Die Christdemokraten und Liberalen stützten sich auf die eher traditionalistischen Mittelschichten und die ökonomischen Eliten, auf die Wirtschaft, die Sozialisten eher auf die Gewerkschaften, die Arbeitnehmer und sozial Schwächeren, ohne daß dies nun überall zwangsläufig eine Zweiteilung des Wahlvolks nach diesem Muster zur Folge hatte. Dafür wurden die genannten Faktoren oft zu sehr von anderen, teilweise spezifisch nationalen oder regionalen Problemen überlagert, die die Menschen beschäftigten und in ihrem Wahlverhalten bestimmen konnten. Das ist im übrigen ein Zeichen dafür, daß in den großen Fragen, innen- wie außenpolitisch, weitgehend Übereinstimmung herrschte. Unter den tonangebenden Parteien war keine, die noch ein völlig anderes Gesellschaftsmodell propagiert hätte. Zwar hatten sich im Zuge des Normenwandels seit den sechziger Jahren auch neue, meist kleine Parteien gebildet, aber diese veränderten nirgendwo die Grundform der vertrauten Parteienlandschaft.

Im Grunde hatten der traditionelle Klassenbegriff und das Modell der Klassengesellschaft im neuen Sozialstaat kaum noch Bedeutung, sie trugen nichts mehr zum Verständnis der wirklichen Probleme bei und verloren damit ihre politisch-ideologische Überzeugungskraft. Deshalb war die neomarxistisch inspirierte Gesellschaftskritik und -analyse der Radikalen so unrealistisch und ihre Versuche, die Arbeitnehmer, das »Proletariat«, zu mobilisieren, von vornherein zum Scheitern verurteilt. Auch die unter Studenten beliebte Idee, einfach sich selbst als das neue Proletariat zu sehen, konnte den Bedeutungsverlust der alten Denkmuster nicht verschleiern. Dagegen zeichneten sich ganz neue Trennlinien und Gegensätze ab, die viel überzeugender als »Minderheitenprobleme« beschrieben werden konnten, was die erwähnte rasche Durchsetzung des Begriffs »Minderheit« wie auch die des Begriffs »Diskriminierung« erklärt, der von jetzt an fast als fester Begleiter des Minderheitenbegriffs auftritt. Nicht Gegensätze zwischen Arbeitnehmern und Arbeitgebern, sondern zwischen Arbeitenden und nicht Arbeitenden, Aktiven und (wegen Krankheit, Behinderung oder aus anderen Gründen) Arbeitsunfähigen wie auch zwischen Alten und Jüngeren erlangten entscheidende Bedeutung. In den Sozialwissenschaften kam unter dem Einfluß der feministischen Bewegung der Begriff »Gender« für das Geschlecht auf, der auch dazu diente, die Frauen als diskriminierte Gruppe zu beschreiben. Der Gegensatz zwischen den Staatsbürgern des eigenen Landes und Ausländern anderer »Rasse« und ganz anderer Kultur wurde als bisher kaum bekanntes Problem ebenfalls erkennbar; zur Bezeichnung dieses Gegensatzes verwendete man in einigen Ländern schon bald Begriffe wie »Autochthone« und »Allochthone« oder »Migranten«. Es waren diese Gegensätze und Trennlinien, die politisch, vor allem gesellschaftspolitisch, in den Mittelpunkt des Interesses rückten und von jetzt an die öffentliche Diskussion beherrschen sollten. Wirklich neu waren diese Trennlinien natürlich keineswegs. Das Neue war, daß sie durch die Umbrüche in der Wohlstandsgesellschaft deutlicher erkennbar und bedeutsamer geworden waren. Durch die Überalterung der Bevölkerung wuchs die Gruppe der Ruheständler, unter denen viele auf soziale Unterstützung angewiesen sind. Immigranten waren nichts Neues, der massenhafte Zustrom, der in den späten fünfziger Jahren eingesetzt hatte, schuf aber neue Probleme. Auch das noch bestehende Machtgefälle zwischen den Geschlechtern wurde mehr als zuvor als Mißstand begriffen. Im Umgang mit Behinderten galt nun jede geringschätzige Behandlung, auch sprachlicher Art, als Diskriminierung. Gerade auf diesen Gebieten zeigen sich die Nachwirkungen der kulturellen Umwälzung und vor allem des antihierarchischen Evangeliums, das allenthalben verkündet worden war.

Die verfassungsmäßigen Rahmenbedingungen waren dieselben geblieben, doch innerhalb dieses Rahmens entwickelten sich andere Gegensätze und Schichtungen. Allein schon das Nachrücken einer jüngeren Generation in allen Bereichen von Politik und Gesellschaft, einer Generation, die mit den technischen Errungenschaften der fünfziger und sechziger Jahre, mit Popmusik, Pop Art und Sportrausch, mit größerer sexueller Freizügigkeit und zwangloseren Umgangsformen aufgewachsen war, brachte zwangsläufig eine Veränderung des politischen Stils, aber auch des politischen Denkens und der Argumentation, und explizit oder unausgesprochen auch neue Grundüberzeugungen. Der Angriff auf die Hierarchien und auf das Prinzip des Hierarchischen selbst wirkte politisch in den Reihen der Sozialdemokraten noch nach, denn dort mußte man sich durch die radikale Systemkritik am stärksten herausgefordert fühlen. Obwohl sich die sozialistischen Parteien unzweideutig von den anarchistischen und neomarxistischen Ideen und dem Angriff auf die parlamentarische Demokratie distanzierten, rückten sie, gewiß auch unter dem Einfluß der Radikalen, größere soziale Gerechtigkeit und Gleichheit in der neuen Wohlstandsgesellschaft wieder stärker in den Vordergrund. Und der Ruf nach Beendigung des Wettrüstens, die Kritik an der Verflechtung wirtschaftlicher und strategischer Interessen, von den Radikalen als »militärisch-industrieller Komplex« der NATO-Staaten bezeichnet, die pazifistische Bewegung und die Bewegung gegen die Atomrüstung – all dies berührte bei allen, die sich progressiv oder sozialistisch nannten, eine empfindliche Saite, es war ihnen schon durch die Geschichte der sozialistischen Bewegung vertraut. Vor allem die Bewegung gegen die Atomrüstung fand bei den Menschen starke Resonanz. In vielen Ländern waren Sozialdemokraten am Ruder, die versuchten, aus dem wild wuchernden revolutionären Gedankengut brauchbare Elemente zu retten und vernünftig mit dem alten Gleichheitsideal umzugehen: Antirassismus, Feminismus, Emanzipation und Gleichbehandlung von Minderheiten, Reform des Bildungswesens einschließlich der Universitäten, das waren die Themen, die inzwischen oben auf der Tagesordnung standen, und die linken Parteien waren naturgemäß die Wortführer der Reformkräfte. Deren Programm mußte zu vermehrtem staatlichen Eingreifen und noch stärkerer Ausweitung des Sozialwesens führen. Der Staatsapparat wuchs deshalb auch weiter an, und außerdem gab es überall bald ganze Heerscharen von spezialisierten Helfern eines neuen Typs (oft mit sozialpädagogischer oder psychologischer Ausbildung), Sozialarbeitern und Beratern, die für staatliche oder private Institutionen arbeiten. Bei der erwerbstätigen Bevölkerung vollzog sich eine unaufhörliche Verschiebung vom sogenannten ersten und zweiten Sektor (Landwirtschaft und Industrie), in denen alle lebensnotwendigen materiellen Güter produziert werden, zum dritten und nun auch zum vierten (Bildung und Verwaltung). Dank der fortschreitenden Automatisierung konnten Landwirtschaft und Industrie mit weniger Arbeitskräften die gleiche oder sogar eine höhere Produktivität erzielen. Trotz aller Unterschiede zwischen den einzelnen Ländern, die man nicht unterschätzen darf – besonders zwischen den nord- und den südeuropäischen –, war die allgemeine Tendenz überall gleich.

Diese Verschiebung wurde durch den massenhaften Zustrom von »Gastarbeitern«, die wiederum vor allem im zweiten Sektor arbeiteten, erheblich begünstigt. Nicht nur wurden weniger Arbeiter im klassischen Sinne gebraucht, auch der Anteil der Ausländer an der Arbeiterschaft stieg. Während es sich zunächst noch um Südeuropäer handelte, die nördlich der Alpen mehr verdienen konnten, so kam später ein allmählich anschwellender Strom von Immigranten aus der Türkei, Marokko und anderen armen, vor allem afrikanischen und asiatischen Ländern. Das reiche Westeuropa besaß unwiderstehliche Anziehungskraft. Der »Gastarbeiter« (der ursprünglich nur für begrenzte Zeit kommen wollte, um irgendwann mit ausreichend gespartem Geld heimzukehren) wurde zum »ausländischen Mitbürger«. Gewöhnlich folgte ihm nämlich seine Familie, er blieb, und eine zweite Generation wuchs heran, die dann zweisprachig war, oft aber auch zwischen der Heimat der Eltern und dem Land, in dem sie aufwuchs, in einem kulturellen und mentalen Niemandsland steckenblieb. Damit entstand ein zuvor unbekanntes, gewaltiges Problem. Es gab einen deutlichen Unterschied zu früheren Immigranten; bei ihnen hatte es sich gewöhnlich um eine verhältnismäßig kleine Zahl von Menschen gehandelt, die aus religiösen oder politischen Gründen aus ihrem Land vertrieben worden waren. In sozialer und kultureller Hinsicht gab es unter den Immigranten vergangener Epochen große Unterschiede. Wir finden darunter hochgebildete und einfache Menschen, so daß sich die Integration in die neue Gesellschaft auf verschiedenen Niveaus vollzog. Außerdem hatte es sich in der Regel um Europäer und Weiße gehandelt. Jetzt dagegen kamen die Fremden ausschließlich um der Arbeit willen, und zwar der einfachen, schlechtbezahlten, die trotzdem der Armut zu Hause noch vorzuziehen war. Während die einheimische Arbeiterschaft in dem Maße, wie sich der Sozialstaat weiterentwickelte, in der großen Mittelklasse aufging, entstand ein Pseudoproletariat von Migranten, die durch Sprache, Religion und Bildungsschranken deutlich von der autochthonen Bevölkerung getrennt blieben, deutlicher noch, als das frühere Proletariat vom Bürgertum getrennt gewesen war, da es sich oft um Fremde aus einer nichteuropäischen, meist islamischen Kultur handelte. Als billige Arbeitskräfte waren sie sehr attraktiv für europäische Arbeitgeber, die ihre schwache Rechtsstellung zum Teil gewissenlos ausnutzten.[1] Viele Tausende zogen von den späten fünfziger Jahren an in die blühenden europäischen Länder oder wurden sogar angeworben. Wegen des massenhaften Zustroms schuf man neue gesetzliche Regelungen für die Einwanderung, und dies wiederum hatte zur Folge, daß immer mehr illegale Arbeitskräfte beschäftigt wurden, die – rechtlos und ohne soziale Absicherung – besonders billig waren. Sowohl wegen ihrer religiösen und kulturellen Normen als auch wegen ihrer schwachen ökonomischen und sozialen Position bildeten viele Neuankömmlinge geschlossene

Gemeinschaften, abgesondert von der übrigen Bevölkerung. Häufig wohnten sie dicht beieinander in den billigsten Vierteln und teilweise in Häusern, die die Einheimischen unbewohnbar fanden, und auch das behinderte ihre Integration ins Gastland.

Das Anwachsen geschlossener, sich betont uneuropäisch gebender und außerdem verhältnismäßig wenig gebildeter und armer Gruppen stellte die westeuropäischen Länder vor ungeahnte Fragen, Fragen sowohl rein praktischer als auch eher prinzipieller Natur. Die Minderheitenfrage und damit auch die Frage der Toleranz war keineswegs mehr eine rein theoretische und ideologische. Wer in Rotterdam, Berlin oder Kopenhagen verschleierten Frauen wie in Beirut oder Damaskus begegnete und vor allem wer mit fremdartigen Gewohnheiten im Bereich von Familie, Erziehung und Heirat konfrontiert wurde, die von einer islamischen Kultur geprägt waren und im Widerspruch zu den modernen europäischen Anschauungen standen, mußte sich fragen, ob unbegrenzte Toleranz nicht in Verleugnung oder Aushöhlung der eigenen Werte und der eigenen Kultur umschlagen kann. Das gilt besonders, wenn es um Tolerierung von Intoleranz geht, wie beim religiösen Fundamentalismus. Und damit erhob sich zwangsläufig die Frage, ob ein Land auf seinem Territorium fremde Normen den eigenen vollkommen gleichstellen sollte, mit anderen Worten, ob die wirklich multikulturelle Gesellschaft, dem Gleichheitsideal entsprechend, der Integration des Fremden in die eigene Kultur vorzuziehen sei, wie sie in der Vergangenheit üblich war. Jetzt, da in Europa in der Sexualität, im Verhältnis der Geschlechter und in der Erziehung frühere Tabus und Beschränkungen verschwunden waren, war der Kontrast zu den Sitten und der Denkweise von Menschen aus einer ganz andersartigen Kultur um so auffälliger. Angesichts des hohen Stellenwerts, den Toleranz, Antirassismus und die Emanzipation von Minderheiten im offiziellen Moralkodex seit den sechziger Jahren hatten – wobei die Erinnerung an Faschismus und Nationalsozialismus in den tiefen Schichten des kollektiven Bewußtseins eine nicht zu unterschätzende Rolle spielte –, verstrickte man sich hier in ein verzwicktes, paradoxes Problem. Gerade diejenigen, die sich mehr als andere und aus Prinzip für Emanzipation und Rechtsgleichheit stark machten, mußten die Ungleichheit (nach den eigenen Maßstäben also die Diskriminierung), die untergeordnete Position der Frau und die ganze patriarchalische Familienstruktur in den islamischen Gemeinschaften verurteilen. Nach dem ebenso bedeutsamen Toleranzprinzip dagegen, das auf dem Gedanken der Gleichwertigkeit der verschiedenen Religionen und Kulturen beruht, mußten sie all dies respektieren. Es ist nicht verwunderlich, daß Regierungen und Öffentlichkeit diese Grundsatzfragen am liebsten vor sich her schoben. Der Strom von Einwanderern anderer »Rasse« und anderen Glaubens war Anlaß für das Aufflackern von Fremdenhaß und rassistischen Emotionen. Es konnte kaum ausbleiben, daß diese Emotionen auch im Programm politischer Parteien ein Ventil fanden. Dies führte zum Aufkommen eines neuen Rechtsextremismus – wenn wir unter »rechts« hier den Ruf nach einer ethnisch einheitlichen, durch Glauben und Geschichte geeinten nationalen Gemeinschaft verstehen, die Fremde abwehrt. Vor allem in Frankreich und später auch in Belgien fanden Parteien mit dieser Ideologie viele Anhänger, aber beinahe überall, wo Migranten einen hohen Anteil an der Bevölkerung hatten, machten sich Fremdenfeindlichkeit und Rassismus bemerkbar.

Die Präsenz und der unaufhörliche Zustrom neuer Immigranten vor allem aus der islamischen Welt bekamen durch die Rezession und die Ölkrise, die Europa im Jahre 1973 heimsuchten, noch größeres Gewicht. Zur sogenannten Ölkrise kam es durch eine Blockade des Erdölexports, Folge der Spannungen und Konflikte im Nahen Osten. Die Rohstoffpreise stiegen, Unternehmen brachen zusammen, und die Arbeitslosigkeit stieg sprunghaft an. Wollte ein Land einen gewissen Wohlstand für alle gewährleisten, war es zu einer ganz erheblichen Ausweitung der sozialen Vorkehrungen und damit der Staatsausgaben gezwungen. Die sozial- und gesellschaftspolitischen Programme und Vorhaben bekamen unerwartet Gegenwind und mußten entsprechend angepaßt werden, vor allem als im Jahre 1979 eine zweite Ölkrise ausbrach. Durch ein Zusammentreffen verschiedener Umstände veränderte sich so auch das gesamte politisch-ideologische Klima. Die Möglichkeiten des Staates, den erreichten Lebensstandard für alle zu wahren, schienen ausgeschöpft. Theoretisch hätte nur eine rigorose Umverteilung von Besitz und Einkommen nach dem schon etwas abgenutzten Gleichheitsprinzip einen Ausweg eröffnen können. Damit wäre man nicht nur auf unüberwindliche Widerstände gestoßen und hätte revolutionäre Erschütterungen ausgelöst, man konnte einen solchen Eingriff auch grundsätzlich als sinnlos betrachten. Einen wachsenden Bevölkerungsanteil vom Rest unterhalten zu lassen, schien nicht der richtige Weg, die Ungleichheit zu beseitigen. Aber auch davon abgesehen, ließen die sozialen Ideale inzwischen gewisse Abnutzungserscheinungen erkennen. Und die terroristischen Aktionen von Gruppen, die aus der linksradikalen Bewegung hervorgegangen waren, trugen auch dazu bei, daß sich Ernüchterung breitmachte und man in großen Teilen der Bevölkerung Abneigung gegen die Weltverbesserer und ihren missionarischen Eifer entwickelte. In dieser Situation konnten neoliberale Theorien rasch an Boden gewinnen: Nur größere Bewegungsfreiheit für die Unternehmen und für die ökonomisch Starken und Aktiven allgemein könne den Karren wieder aus dem Dreck ziehen und der Wirtschaft neues Leben einhauchen, was dann wiederum auch den Schwächeren zugute kommen werde. Außerdem verbreitete sich ein gewisser Widerwille gegen die ständig expandierende, reglementierende Staatsbürokratie. Gleichzeitig mit diesen neoliberalen Tendenzen war eine eigenartige Zunahme des Interesses an den eigenen nationalen Traditionen zu erkennen, ja geradezu eine Sehnsucht nach solchen Traditionen. Dies war, ganz unabhängig von allen ökonomischen Theorien, eine psychische Reaktion auf den penetranten Egalitarismus linker Ideologen, den Idealismus der Dritte-Welt-Aktivisten und die dazugehörige Kapitalismuskritik. Und es war mindestens im gleichen Maße eine Reaktion auf die Verlagerung politischer und ökonomischer Macht auf überstaatliche oder internationale Organisationen, die für den Durchschnittsbürger fremd und schemenhaft blieben.

Die Europäische Wirtschaftsgemeinschaft (EWG) entwickelte sich zu einem so erfolgreichen Wirtschaftsbund, daß ihm neue Staaten (beispielsweise Großbritannien und Dänemark) beitraten. Bei den zentralen europäischen Institutionen in Brüssel entstand eine umfangreiche Bürokratie, die das Gesicht der Gemeinschaft prägte. Als ausgesprochen technokratische Kaste waren die Brüsseler Beamten kaum geeignet, bei der Bevölkerung Begeisterung oder große Sympathien zu wecken. Der Prozeß der politischen Einigung stagnierte in den siebziger Jahren. Dennoch fand 1979 die erste Direktwahl zum Europäischen Parlament in Straßburg statt. Obwohl auch sie die Bevölkerung wenig interessierte – zum Teil, weil das Vertrauen zu diesem Parlament wegen seiner begrenzten Befugnisse gering war –, zwang diese Institution die politisch verwandten Parteien zur Zusammenarbeit auf überstaatlicher Ebene, vor allem die Christdemokraten, Sozialisten und Liberalen. Und in den achtziger Jahren wurde die politische Einigung mit mehr Elan vorangetrieben, besonders dank der Energie des Franzosen Jacques Delors. Trotz aller Vorbehalte und Bremsmanöver der Mitgliedsstaaten, die ungeachtet ihrer grundsätzlichen Zustimmung zum Einheitsgedanken in der politischen Praxis verständlicherweise nur zögernd auf Souveränität und Macht verzichteten, wurde die Zusammenarbeit intensiviert, und hier fungierte die französisch-deutsche Partnerschaft als Antriebswelle. Andererseits wurde es gerade wegen der Erweiterung der Gemeinschaft durch die sehr verschiedenen Interessen und großen Unterschiede der politischen Kulturen schwieriger, eine gemeinsame Politik zu entwickeln. Dabei wurde auch ein Kontrast zwischen den nördlichen und südlichen Mitgliedsstaaten erkennbar. Gegensätze, deren Wurzeln tief in die Geschichte hinabreichen, wie die zwischen den protestantischen und germanischen Ländern einerseits und den katholischen und romanischen andererseits, gehörten offenbar trotz der rapiden Veränderungen und der allgemeinen Modernisierung noch keineswegs der Vergangenheit an.

Die Beschleunigung des Einigungsprozesses auf der administrativen und politischen Ebene und die Gewichtsverlagerung in Richtung auf die europäischen Institutionen können das neue Interesse an den eigenen nationalen Werten und Traditionen erklären, das zusammen mit dem Neoliberalismus und der Kritik an der Staatsbürokratie aufkam. Gegenüber der ständig beschworenen sozialen Gerechtigkeit und sozialen Verpflichtung gewann der Gedanke der Privatinitiative wieder an Popularität. In den Vereinigten Staaten trug diese Strömung den früheren Hollywoodschauspieler Ronald Reagan ins Weiße Haus. Wegen der Katerstimmung nach Vietnam, der Watergate-Affäre, die der Präsidentschaft Richard Nixons ein Ende bereitet hatte, und der schwachen Regierung Jimmy Carters gab es in den USA ein Verlangen nach nationalem Selbstvertrauen und Glauben an die eigenen Werte. Die Person Reagans entsprach den Vorstellungen und traditionalistischen Werten des Durchschnittsamerikaners wie auch den Interessen der Wirtschaft. Reagan wollte den romantischen Traum von der freien Pioniergesellschaft wiederbeleben. Neoliberalismus (vor allem das Bemühen, die Staatsbürokratie zurückzudrängen) und konservativer Chauvinismus gingen während seiner Amtsperiode Hand in Hand. Der Chauvinismus wurde durch die Abkühlung in den Ost-West-Beziehungen noch angefacht, und Reagan fiel prompt in die Rhetorik des Kalten Krieges einschließlich missionarischer Züge zurück, wenn er beispielsweise die Sowjetunion als »Reich des Bösen« apostrophierte. Großbritannien fuhr zur gleichen Zeit unter der straffen Herrschaft der »eisernen Lady« Margaret Thatcher ebenfalls einen neoliberalen, neokonservativen und nicht zuletzt von Nationalstolz diktierten Kurs. Der militärische Sieg über Argentinien im kurzen Krieg um die Falklandinseln oder Malwinen löste sogar für kurze Zeit einen chauvinistischen Taumel aus, als würde zum letzten Mal oder sozusagen postum der alte Ruhm wiederaufleben, als gelte noch einmal: *Britannia, rule the waves* – in einer Welt, in der Großbritannien inzwischen zu den pensionierten Großmächten gehörte. Auch auf dem Kontinent gab es die Tendenz zu einem neoliberalen Kurs, verstärkt durch den wirtschaftlichen Rückgang, die ständig zunehmende Arbeitslosigkeit und den Anstieg der Staatsschulden; seine Befürworter waren allem ideologisch gefärbten Idealismus und ehrgeizigen gesellschaftspolitischen Projekten abgeneigt. Ihre Gegenbewegung führte allerdings nicht zu einem tiefgreifenden Wandel der Parteienlandschaft und drängte die Staatsbürokratie im Grunde kaum zurück. Überall sah man jedoch in Privatisierungen und einer Stärkung des freien Marktes Heilmittel gegen die Krise. Wie zu erwarten, gehörte zu diesem Kurs eine ideologisch-moralische Rehabilitierung des privaten Sektors, der Privatinitiative und des freien Wettbewerbs. Von dem Makel, mit dem sie als typische Merkmale des Kapitalismus in den späten sechziger und den siebziger Jahren behaftet gewesen waren, wurden sie jetzt rasch befreit. So hoffte man in Westeuropa die besorgniserregende Arbeitslosigkeit zu bekämpfen, ohne dabei die vielen Errungenschaften der Wohlstandsgesellschaft zu opfern, und die Staaten suchten nach einem Mittelweg zwischen staatlich reguliertem und freiem Markt.

All diese Probleme wurden jedoch von einer völlig unerwarteten Wende in Osteuropa in den Hintergrund gedrängt, einer Wende, wie sich bald zeigen sollte, von weltgeschichtlicher Bedeutung. Das vertraute Zukunftsbild, die Erwartung, Europa werde für unabsehbare Zeit durch den Antagonismus von Ost und West geprägt sein, wurde auf beinahe wundersame Weise widerlegt.

Es begann 1985 noch recht unspektakulär mit einer Wachablösung im Kreml. Nach dem Tod Leonid Breschnews war die verkrampfte, starre Politik versteinerter Parteibonzen noch für einige Zeit fortgesetzt worden, aber dann kam mit Michail Gorbatschow die jüngere Garde an die Macht. Schon bald zeigte sich, daß der neue Mann das Ruder herumzuwerfen begann. Der rigide Kurs seiner Vorgänger, die allen oppositionellen und reformerischen Kräften innerhalb und außerhalb der Partei immer wieder ängstlich den Mund stopften, hatte das Land in eine Sackgasse geführt. Vor allem wegen der unablässigen Anstrengungen, die erforderlich waren, um beim Rüstungswettlauf mitzuhalten, und wegen des Vorrangs, den deshalb alles Militärische, die Atomforschung und die prestigeträchtige Raumfahrt genossen, war der Staatshaushalt aus dem Lot geraten. Als die Amerikaner ihr sogenanntes *Star-wars*-Projekt ankündigten und so mit einer weiteren Phase des Wettrüstens zu beginnen drohten, mit ganz neuartigen und äußerst kostspieligen, im Weltraum stationierten oder von dort aus gesteuerten Waffen, zeigte sich, daß die Sowjetunion ökonomisch nicht mehr in der Lage war, das technische Wettrennen noch länger durchzuhalten. Ob dieses amerikanische Projekt den Ausschlag für die Wende gegeben hat (wie später im Westen in manchen Kreisen mehr oder weniger triumphierend behauptet wurde), bleibt übrigens eine offene Frage. Wie meistens kamen mehrere Faktoren zusammen, denn schon unter Gorbatschows unmittelbarem Vorgänger Juri Andropow hatte es erste Anzeichen für eine Veränderung im Inneren gegeben. Schlendrian, die Gewöhnung an roboterhaftes, automatisches Funktionieren und Vogel-Strauß-Mentalität hatten die kolossale Staatsbürokratie auf allen Ebenen vergiftet und zynischem Karrierismus Vorschub geleistet. Zwischen den offiziellen Zahlen zur industriellen und agrarischen Produktion und der Realität klaffte oft ein Abgrund. Vieles deutet darauf hin, daß man schon lange auf einen Wechsel an der Spitze gewartet hatte, um endlich die unvermeidlich gewordenen Reformen durchführen zu können. Daß Gorbatschow von den dynamischen Kräften, die er entfesselte, schließlich fortgerissen und gezwungen wurde, viel weiter zu gehen, als er es jemals beabsichtigt hatte, ist gewiß; die weltgeschichtliche Bedeutung seines Handelns wird dadurch nicht geringer. Er tat, was bis dahin bei keiner modernen Diktatur für möglich gehalten worden war: Er wagte eine weitreichende Reform und Liberalisierung von oben. Es war das, was Chruschtschow zwanzig Jahre zuvor nicht mehr weitergeführt hatte, als die ersten Reformschritte seine Macht in bedenklichem Maße zu untergraben drohten. Gorbatschow bewies – und dies ist seine historische Tragik und sein historisches Verdienst –, daß sich ein diktatorisches Regime nicht von Grund auf erneuern und liberalisieren kann, ohne damit auch für sich selbst die letzte Runde einzuläuten. Auf jeden Fall stellte er sich unmißverständlich auf die Seite all derer, die nur unter der Voraussetzung, daß die Parteidiktatur abgeschafft würde, für den Kommunismus noch eine Zukunft und einen Ausweg aus der Sackgasse eines Systems sahen, in dem Einschüchterung, Korruption und Denkverbote zu

Bewußtseinsspaltung, Realitätsverlust und völliger politischer Erstarrung geführt hatten. Wenn man das System von Grund auf erneuern wollte, mußte das Regime eine breitere Basis in der Bevölkerung finden, und es durfte das Gespräch mit oppositionellen Kräften nicht scheuen. Dementsprechend propagierte Gorbatschow »Öffentlichkeit« – öffentliche Diskussion über Mißstände und Lösungen, Transparenz der Entscheidungsprozesse, freie Meinungsäußerung – und »Umgestaltung«. Die russischen Wörter hierfür, »Glasnost« und »Perestroika«, wurden im Handumdrehen in der ganzen Welt populär. Diese sensationelle Wendung ging mit der Forderung nach internationaler Entspannung und weiterer Begrenzung des Wettrüstens einher.

Der Kurswechsel war so überraschend, auch für fast alle scharfsinnigen Kremlexperten des Westens, daß man dort zunächst völlig perplex reagierte. Auch der Verdacht, man habe es hier mit einem außergewöhnlich raffinierten Täuschungsmanöver des neuen Manns in Moskau zu tun, fehlte nicht – ein Zeichen dafür, wie sehr man inzwischen auch im Westen an jenes Denken in Antagonismen gewöhnt war, das jahrzehntelang die gesamte Außenpolitik beherrscht hatte. Außerdem hatte in Amerika mit Reagans konservativer Präsidentschaft gerade wieder ein härterer Antikommunismus an Boden gewonnen, und in Europa waren in verschiedenen Ländern neoliberale Christdemokraten ans Ruder gelangt, von Haus aus nicht die Bereitwilligsten, wenn es um Annäherung an die Sowjetunion ging. Die Auswirkungen der Politik Gorbatschows waren jedoch so bemerkenswert, daß die Zurückhaltung im Westen zu schwinden begann. In Osteuropa entstanden überall reformistisch-liberale Bewegungen, von Moskau inspiriert, und in den späten achtziger Jahren erfaßte eine mächtige Reformwelle die erstarrten kommunistischen Regime in den Satellitenstaaten. Gleichzeitig gelang es Gorbatschow, das Mißtrauen der Amerikaner so weit zu überwinden, daß ihre Verhandlungsbereitschaft wieder wuchs. Im Jahre 1987 konnte Moskau mit Washington einen neuen Vertrag über den Abbau aller nuklearen Mittelstreckenwaffen (INF) schließen. Von 1988 an begann sich der Wandel innerhalb der Sowjetunion und des Ostblocks dramatisch zu beschleunigen. Die Kräfte, die schon zur Zeit der Entstalinisierungspolitik Chruschtschows gut dreißig Jahre zuvor das Sowjetimperium zu erschüttern drohten und deshalb eilig und gewaltsam unterdrückt worden waren, gewannen nun die Oberhand: Die Satellitenstaaten lösten sich aus dem Bündnis, die kommunistischen Diktaturen fielen wie Dominosteine und überließen das Feld reformwilligen Regierungen, legitimiert durch freie Wahlen. Vielerorts entlud sich der unterdrückte Haß auf die kommunistische Herrschaft in antisowjetischen Parolen und Demonstrationen. Standbilder wurden zerstört, die Lenins und Stalins von ihren Sockeln geholt, und aus den Flaggen und Emblemen verschwanden Hammer und Sichel, die geheiligten Symbole des Weltproletariats und seines revolutionären Kampfes. Im Jahre 1989 kam der Höhepunkt. Der Stacheldraht zwischen Ungarn und Österreich wurde beseitigt, der Eiserne Vorhang öffnete sich.

Honeckers DDR-Regime hatte als einziges noch an einem im wesentlichen stalinistischen System festgehalten – eine Politik, die eng mit der besonders exponierten Frontstellung der DDR als schwächerer der beiden deutschen Staaten und Gegenstück zur wohlhabenden, einflußreichen Bundesrepublik zusammenhing. Wegen dieser Verwundbarkeit hatte sich die DDR, mehr als jeder andere Staat eine Schöpfung Sowjetrußlands und des Stalinismus, von allen Ostblockländern immer am strengsten an die orthodoxe Linie gehalten. Trotz beachtlicher wirtschaftlicher Fortschritte und eines höheren internationalen Ansehens blieb die Bundesrepublik für sie eine permanente Herausforderung, um so mehr, als westliche Fernsehsendungen der Bevölkerung ein völlig anderes Bild der Wirklichkeit vermittelten. Jetzt drohte von neuem massenhafte Abwanderung, diesmal über die freieren Nachbarländer. Gorbatschow drängte auf Reformen und verweigerte militärische Unterstützung. Kurz nach den aufwendigen Feiern zum vierzigjährigen Bestehen der DDR im Herbst 1989 gingen die Menschen in Massen auf die Straße, forderten Reformen und Demokratie. Der friedliche, aber starke und anhaltende Druck der Bevölkerung zwang das Regime schließlich zum Nachgeben, Honecker und andere Stalinisten mußten abtreten. Das war, zusammen mit der »samtenen Revolution« in der Tschechoslowakei, etwas Einzigartiges im Jahrhundert der Diktaturen und der endgültige Beweis dafür, daß die SED Herrscherin von Moskaus Gnaden gewesen war. Am 9. November 1989 wurde nach einigen Mißverständnissen innerhalb der verunsicherten Parteiführung die Mauer geöffnet, spektakulärer Höhepunkt der gesamten Entwicklung. Im Grunde war das Schicksal des zweiten deutschen Staates damit schon besiegelt. Dank der taktisch geschickten Politik Helmut Kohls und der Zustimmung Gorbatschows konnte im Oktober 1990 die Wiedervereinigung stattfinden, die DDR wurde Teil der Bundesrepublik. Es war der demonstrative Schlußstrich unter die Spaltung Europas, deren widernatürlichster Aspekt die deutsche Teilung gewesen war. Der Beitritt war allerdings ein Ergebnis, das von einem Teil der Oppositionellen der ehemaligen DDR und den Wortführern des gewaltlosen Volksaufstands ursprünglich so nicht beabsichtigt war. Ein offener, demokratischer Sozialismus – dieses alte Ideal des humanistischen linken Lagers –, eine Gesellschaftsordnung, in der die sozialen Errungenschaften der DDR bewahrt blieben, verdiente nach Auffassung vieler den Vorzug, auch als Gegengewicht zur liberal-kapitalistischen Bundesrepublik. Aber der Sog des westdeutschen Wohlstands, durch die starke Mark symbolisiert, hatte größere Kraft als dieses Ideal, hinter dem weder eine bedeutende historische Tradition noch ein System mit gesundem wirtschaftlichem Fundament oder eine gut organisierte Anhängerschaft stand.

Die Auflösung des Sowjetimperiums ging jedoch noch weiter, denn inzwischen begann die Sowjetunion selbst zu zerfallen. Da Gorbatschow freie Meinungsäußerung und mehr Demokratie und Selbstbestimmung befürwortete, bildeten sich überall nationale Unabhängigkeitsbewegungen. Die drei baltischen Staaten lösten sich als erste aus der Union und erklärten ihre Unabhängigkeit. Nun gab es kein Halten mehr: Eine Teilrepublik nach der anderen erklärte sich für selbständig und souverän, obwohl sie innerhalb einer Staatengemeinschaft (GUS) sowohl aus wirtschaftlichen als auch aus strategischen Gründen mit Moskau verbunden blieben. Schließlich zeigte sich, daß sich nach all den einschneidenden Reformen auch die kommunistische Regierung in Moskau nicht mehr behaupten konnte. Sie verlor die Kontrolle über das Land, in dem wirtschaftliches Chaos, geistige Orientierungslosigkeit und bürokratische Anarchie um sich griffen. Der Auflösungsprozeß war nicht mehr aufzuhalten. Das alte System strenger ökonomischer Planung hatte einer gemischten Wirtschaftsform Platz gemacht, es gab in Teilbereichen einen freien Markt, und private Unternehmen waren zugelassen. Amerika und der Westen erkannten, daß der Sowjetkommunismus zusammengebrochen war, und wollten nun Gorbatschow und die demokratischen Kräfte unterstützen, um vollständiges Chaos oder eine Reaktion von orthodox-stalinistischer Seite zu verhindern. Im Versuch, aus all dem Durcheinander eine neue Demokratie entstehen zu lassen, wurden Washington und Westeuropa plötzlich und überraschenderweise Verbündete des neuen Moskau. Die notwendige Wirtschaftshilfe erforderte jedoch eine Anpassung an die westliche kapitalistische Wirtschaftsform. Enttäuschung, Wut und Hoffnungslosigkeit hatten viele Menschen ergriffen; die ungewohnte und deshalb längst nicht für alle in gleichem Maße erstrebenswerte Freiheit bedeutete für viele in erster Linie Unsicherheit und eine Verschlimmerung ihrer persönlichen Situation. Die Hunderttausende von Apparatschiks und Parteibonzen, die Träger des alten Systems, fühlten sich natürlich schlecht behandelt und verkannt, und hier entstand ein Nährboden für Rachegefühle und ein Reservoir reaktionärer Kräfte. In der Armee war es nicht anders. Weil das Sowjetimperium wie ein Kartenhaus zusammengebrochen war, machte sich in vielen Gruppen, besonders unter den Offizieren, Verbitterung und ein durch Frustration angeheizter Nationalismus breit. Im Jahre 1991 mußte Gorbatschow das Feld räumen, nachdem ihm die Entwicklungen offensichtlich über den Kopf gewachsen waren. Da man ihm die Hauptschuld an der Verwirrung gab, hatte er alle Unterstützung verloren. Nach der Abtrennung der meisten in ethnischer Hinsicht nichtrussischen Teilrepubliken entstand ein neues, auf das Kerngebiet der alten Union reduziertes Rußland mit einem halbparlamentarischen Mehrparteiensystem. Der derbe Populist Boris Jelzin, der relativ früh schon gegen das alte System opponiert und im August 1991 den Widerstand gegen einen Putsch reaktionärer Kräfte organisiert hatte, wurde nach dessen Scheitern zum neuen starken Mann. Er zwang Gorbatschow zum Rücktritt und entmachtete die Kommunistische Partei.

Soviel in Kürze zu dem politischen Erdbeben, das Europa seit 1989/90 mit einer vollkommen neuen, von niemandem vorhergesehenen Situation konfrontierte. Der Zusammenbruch des Sowjetimperiums und des Kommunismus (zumindest in Europa) bedeutete das Ende einer Epoche, die trotz aller Veränderungen, einschließlich der kulturellen Turbulenzen der sechziger Jahre, immer im Zeichen der politisch-ideologischen Polarität von West und Ost gestanden hatte. Das Ende dieser Konstellation war auch für die Kultur eine folgenreiche Wende. Man begriff allgemein, daß der Kalte Krieg zu Ende war und daß dieses Ende als Sieg des Westens und des amerikanisch-westlichen politischen Systems betrachtet werden konnte – wenn das Sowjetimperium und der Kommunismus auch durch eigene, innere Mängel und Widersprüche zu Fall gebracht worden waren, ohne daß der Westen direkt die Hand im Spiel gehabt hätte. So stand Europa, als das letzte Jahrzehnt des zwanzigsten Jahrhunderts begann, am Beginn einer neuen Epoche.

2 Gesellschaft in unfreier Freiheit

Die Ideale und politischen Parolen der eifrigsten Gesellschaftsreformer der sechziger Jahre waren utopisch oder schlichtweg töricht gewesen, und Demonstrationen, Besetzungen und andere turbulente Begleiterscheinungen des Protests hatten nach einiger Zeit ihre schockierende Wirkung verloren. Das Scheitern der revolutionären Hoffnungen hatte viele zu der Einsicht gebracht, daß man die Welt nicht ohne weiteres nach Wunsch verändern konnte, und allgemein hatte sich Widerwille gegen unverbindliches, ideologisches Theoretisieren breitgemacht. Allmählich entstand eine neue Mentalität; man betonte ganz offen die Berechtigung von Einzelinteressen, vor allem materiellen Interessen. Wirtschaftliche Rückschläge und steigende Arbeitslosigkeit zwangen gerade die Jüngeren, sich den veränderten Bedingungen anzupassen. Für sie war eine materiell gesicherte Zukunft nicht mehr selbstverständlich. Und dennoch hatten die kulturellen Turbulenzen, vor allem durch die Beseitigung äußerlicher Unterschiede, die allgemeinen Normen und Umgangsformen einschneidend verändert. Sie waren zu egalitären Normen und Umgangsformen geworden, oder – um es wie von jetzt an üblich und positiver auszudrücken – sie hatten sich »demokratisiert«. Das Leben wurde auch weiterhin ständig um technische und andere Neuheiten bereichert – Kassetten- und Videorecorder, CD, Mountainbike, Skateboard oder Surfbrett –, und in den meisten Ländern setzte sich mit dem neuen Artikel zusammen auch die englische Bezeichnung durch, so daß man von einer fortschreitenden Anglisierung oder besser Amerikanisierung der Sprache, vor allem auf dem Gebiet der Technik, sprechen kann. Alle technischen Neuerungen sollten jedoch vom Computer in den Schatten gestellt werden – eine Entwicklung, deren weitreichende Folgen für die Zukunft der Kultur insgesamt sich allmählich abzuzeichnen begannen. Der Begriff »Computerzeitalter« als Nachfolger des Ausdrucks »Atomzeitalter« tauchte auf. Aber auch der Absatz der älteren Errungenschaften wie Auto, Fernseher, Kühlschrank, Moped oder Motorroller stieg unvermindert. Dank der vielfältigen Abzahlungsmöglichkeiten für die weniger Begüterten wurden all diese Dinge für die meisten erschwinglich. Man konnte aus einem ständig wachsenden Angebot an Apparaten wählen, die für mehr Bequemlichkeit sorgten und versprachen, den Alltag angenehmer zu machen.

Auf einem Gebiet vor allem bewirkte der Dammbruch der sechziger Jahre eine bleibende Veränderung, die tief ins Persönliche hineinwirkte. Die sexuelle Revolution und die antiautoritäre Bewegung hatten das Verhältnis zwischen Männern und Frauen dauerhaft verwandelt. Das bedeutet nicht, daß es keine Diskrepanz zwischen der jetzt in den westeuropäischen Ländern prinzipiell allgemein anerkannten Gleichheit und der alltäglichen Realität gegeben hätte. Aber offene Leugnung der Gleichheit oder offener Kampf gegen die Gleichstellung waren von jetzt an tabu. Wie jede Form von Rassismus war nun auch das, was man seither »Sexismus« nennt, in der modernen Gesellschaft indiskutabel. Die feministische Bewegung erzwang nicht nur in Gesellschaft und Politik, sondern auch in den Wissenschaften die Anerkennung der Gleichwertigkeit und Eigenständigkeit der Frau. Berufe, die Frauen de facto immer verschlossen geblieben waren, wie bei der Polizei, wurden jetzt zugänglich, und in einigen Ländern und in bestimmten Bereichen begann man mit einer Politik aktiver Frauenförderung, zu der es gehört, daß Frauen bei der Stellen- oder Postenvergabe bevorzugt wurden. In der Politik traten Frauen mehr und mehr in einflußreichen Positionen in Erscheinung. In einigen Regionen wurden im offiziellen Sprachgebrauch, in den Medien und bei Stellenausschreibungen von nun an mehr oder weniger gewissenhaft maskuline durch neutrale Bezeichnungen oder Doppelnennungen wie »er oder sie« ersetzt – ein überzeugender Beweis für den Normenwandel. In den Humanwissenschaften entstanden feministische Spezialgebiete, die die Wissenschaften allgemein kritisch unter die Lupe nehmen und ihre Ergebnisse in vielen Fällen anfechten sollten: So manche Theorie beruhte offensichtlich auf einer einseitig männlichen Sicht! Diese Verschiebung der Perspektive konnte weitreichende Konsequenzen haben, denn letztlich veränderte sie das tradierte Menschenbild. Sie hatte Konsequenzen für die Theologie, die Religion und die anthropomorphen Gottesvorstellungen, die jahrhundertelang das Denken und vor allem das Empfinden beherrscht hatten und in denen das höchste Wesen immer ein Mann gewesen war, ob dies nun ausgesprochen wurde oder nicht. Es entstand spezielle wissenschaftliche Literatur, die sich aus weiblicher Perspektive mit dem Wesen der Frau und ihrer gesellschaftlichen Position beschäftigte. Allerdings hatte es auch hier Vorläufer gegeben, beispielsweise Simone de Beauvoir mit ihrem 1949 veröffentlichten, aufsehenerregenden Buch *Das andere Geschlecht*.[2] Nach der sexuellen Revolution jedoch brach eine Flut von Veröffentlichungen zu all diesen

Fragen herein, zum weitaus größten Teil von Frauen verfaßt, wie ja auch die feministische Bewegung insgesamt zwar mit Verständnis und Sympathie von männlicher Seite rechnen konnte, aber dennoch vorrangig eine Sache von Frauen blieb. Vor allem der amerikanische Hite-Report aus dem Jahre 1976 – benannt nach der Initiatorin, der feministischen Soziologin Shere Hite – fand weltweit Resonanz als eine Art Ergänzung, jedoch auch von der weiblichen Perspektive bestimmtes Gegenstück zum berühmten Kinsey-Report aus den vierziger und fünfziger Jahren. Hite stellte die These auf, daß die Frau die Sexualität auf andere Weise erlebe und daß der Geschlechtsakt für sie nicht zwangsläufig der Gipfelpunkt des sexuellen Erlebens sei, womit sie das von männlichen Sexualforschern skizzierte Bild korrigierte.[3] Sehr umstritten war das populärwissenschaftliche Buch *Intimate Strangers* (1983) von Lilian Rubin, das sich aber immerhin durch den Versuch auszeichnet, die Gegensätze zwischen der weiblichen und männlichen Betrachtungsweise zu überbrücken.[4] Ein Ergebnis der sexuellen Revolution, das auch in vielen Büchern über das Sexualleben der Frau erkennbar wurde, war die Offenherzigkeit, mit der von nun an eigene sexuelle Erfahrungen geschildert wurden, oft auf eine Weise, die man früher als krankhaft exhibitionistisch abgestempelt hätte. Ebenso bemerkenswert war im Zusammenhang mit der feministischen Offensive, die die gesellschaftliche Position der Frau so nachhaltig veränderte und stärkte, die Passivität auf männlicher Seite. Nirgendwo in Europa ließ das Vordringen der Frau eine nennenswerte antifeministische Bewegung entstehen. Zu eng waren die Ziele des Feminismus mit dem allgemeinen Emanzipations- und Gleichheitsgedanken verknüpft, der nicht mehr ernsthaft in Frage gestellt werden konnte, so daß auch Widerstand gegen die Frauenopposition als Ausdruck reaktionären und überholten Denkens gebrandmarkt wurde.

Auf einer ganz anderen, infantilen Ebene wurde die Nachwirkung der kulturellen Turbulenzen in einem doppelten Sinne buchstäblich sichtbar: in der Graffiti-Invasion aus Amerika. Das Straßenbild vieler europäischer Städte erinnerte bald an die knallbunte Fröhlichkeit eines Jahrmarkts, weil Wände und Zäune entlang von Straßen, auf Plätzen, unter Viadukten und in Bahnhöfen bis zum letzten Quadratmeter mit vielfarbigen Mustern, Geheimzeichen und Parolen vollgesprüht wurden. Es war Zurschaustellung von Protest, obwohl nicht recht deutlich wurde, wogegen sich dieser Protest eigentlich richtete, außer gegen die übliche Ansicht, daß Straße und öffentliche Gebäude nicht der Ort sind, die Gesellschaft auf den ganz persönlichen Drang zu kreativem Ausdruck aufmerksam zu machen. In diesem Sinne waren die Graffiti einfach Protest gegen eine gültige Norm und besagten: Jeder hat das Recht, dem öffentlichen Raum nach eigenem Gutdünken Farbe zu geben!

Ein zweites, wichtigeres unter den sichtbaren Vermächtnissen der sechziger Jahre gehörte in den Bereich der Mode, wo ebenfalls, der neuen Freiheit entsprechend, die ungehemmte Entfaltung des Ego möglich sein mußte. Die Mode ist wie kein anderes Gebiet von Konformismus beherrscht. Nichts löst so spontan Irritation und Ärger aus wie ein eigenwilliges Äußeres, das gleich als Zeichen für verdächtige Aufsässigkeit gedeutet werden kann. Als die Verwunderung oder der Spott, mit dem der Durchschnittsbürger auf das lange Haar und den wilden Bart von Revolutionären und missionarischen Weltverbesserern reagiert hatte, der Gewöhnung gewichen waren, bestand bei Jugendlichen offenbar ein Bedürfnis nach neuen Möglichkeiten der Provokation. Von 1976 an drang von England aus die sogenannte Punkmode vor, hinter der Protest gegen die allmähliche »Verbürgerlichung« der gesellschaftlich immer mehr akzeptierten Popmusik und der Popfans steckte. Wie nichts anderes hatte ja die Popmusik den Drang der Jugend symbolisiert, sich gegen die Welt der Erwachsenen und ihren Konformismus abzugrenzen. Sie war die im wörtlichen und übertragenen Sinne sehr lautstarke Autonomieerklärung der Jugend gewesen, aber die Plattenindustrie und die Medien hatten sich ihrer bemächtigt und sie zu einer gewinnbringenden Ware und einem bedeutenden Wirtschaftsfaktor gemacht. Daß die Punker aus England kamen, dem Land der Beatles, hing vielleicht mit einer traditionellen Besonderheit der britischen Gesellschaft zusammen: Einerseits herrschten dort seit jeher, was unkonventionelles und exzentrisches Verhalten anging, eine beispiellose Narrenfreiheit und Liberalität, andererseits aber ein starrer Konformismus, und man legte viel Wert auf die archaischen Rituale einer konservativen Elite, deren uneinnehmbare Bastion das Königshaus selbst war. Dieser Widerspruch provozierte heftigen Protest, der sich oft durch aggressiven Übermut auszeichnete. Die Punker hatten eine Vorliebe für bizarre Frisuren. Plötzlich schienen Federn, Schnüre, Bürsten oder dicke Wollfäden in vielen Farben auf den Köpfen zu wachsen, teilweise über leuchtend orange, lila oder giftgrün bemalten Gesichtern. Sie trugen lockere, durchsichtige Kleidung mit vielen Ketten, Einschnitten, Ohrgehängen und

Ringen und wirkten wie bunte Kreuzungen aus Clowns, Seeräubern und Prostituierten. Sie verkündeten, daß ihnen alle Konventionen gestohlen bleiben konnten und daß sie sich das Recht nahmen, sich zu kleiden und den eigenen Körper zu präsentieren, wie sie es wollten – ein Recht, das sie mit ihrem extrem bizarren und aufsehenerregenden Äußeren auch gleich bekräftigten. Außerdem fand die Hippiebewegung neue Anhänger, die sich jetzt häufig auf makrobiotische Ernährung verlegten, weiterhin aber Haschisch und Marihuana als bewußtseinserweiternde Mittel gebrauchten – manchmal auch heimlich Hanf anbauten – und für östliche Mystik schwärmten. Der Einfluß dieser Bewegungen auf die Jugendkultur nahm jedoch gegen Ende der siebziger Jahre und im folgenden Jahrzehnt immer mehr ab. Beeinflußt von einer Geisteshaltung, die von Erfolgsstreben, Nüchternheit und geschmeidiger Anpassung geprägt war, einer mentalen Gegenbewegung, kam in den achtziger Jahren sogar ein neuer Typus des jungen Erwachsenen auf, der sogenannte Yuppie (*young urban professional*). Tadellos gekleidet und frisiert, zielstrebig und ehrgeizig, suchte er den schnellsten Weg nach oben, zu Erfolg und Reichtum; außerdem pflegte er bewußt ein bestimmtes Image, zu dem Angepaßtheit und selbstbewußtes Auftreten gehörten.

Soweit der entscheidende Anstoß zur kulturellen Rebellion von antiautoritären Überzeugungen und dem Wunsch nach dem Abbau von Hierarchien ausgegangen war, hatte sie dennoch bleibende, unumkehrbare Folgen. Aus zwei Gründen konnte sich der neue Egalitarismus durchsetzen und die Normen beeinflussen. Erstens, weil alle gesellschaftlichen Gruppen und Klassen immer mehr in der klassenlosen Gesellschaft aufgingen. In ihr waren Unterschiede in Macht, Einfluß, Besitz und Bildung zwar nicht verschwunden, aber auch nicht mehr an die traditionellen, teilweise erblichen, teilweise durch das jeweilige Milieu bedingten Faktoren gebunden. Vielmehr befand sich die Gesellschaft in unaufhörlicher Bewegung, die immer wieder neue Figuren nach oben spülte und andere wieder absinken ließ – in Politik, Wirtschaft, Künsten, Unterhaltung und Sport. Aufstieg und Abstieg konnten mit verblüffender Geschwindigkeit vor sich gehen. Vor allem Politiker und Stars aus dem Unterhaltungssektor und dem Sport konnten national und manchmal auch international im Handumdrehen bekanntwerden und ebenso schnell wieder aus dem Scheinwerferlicht verschwinden. Zweitens bekam jeder von den Medien, vor allem dem Fernsehen, im großen und ganzen die gleichen Informationen, die gleiche Art von Unterhaltung und das gleiche

Bild der Wirklichkeit vorgesetzt. Weil man mehr Freizeit hatte, verbrachte man mehr Zeit vor dem Fernseher. Bei manchem ersetzte das Fernsehen zum Teil sogar persönliche Kontakte. Das hatte bemerkenswerte Konsequenzen: Wissen hatte früher als wichtigste Voraussetzung für die Entwicklung zum kultivierten Bürger und zum freien, selbständigen Individuum gegolten. Diese Überzeugung war schon seit dem neunzehnten Jahrhundert einer der grundlegenden Glaubensartikel des Liberalismus und seiner Kulturmission gewesen. Die Herrschaft der Technologie und die Häufung von Erfindungen, die das Alltagsleben in immer schnellerer Folge veränderten, erhöhten die praktische Bedeutung von Wissen noch erheblich. Aber gerade die Geschwindigkeit der Innovation und die Erweiterung des Wissenshorizonts des Normalbürgers durch die Medien erschwerte eine Verarbeitung und aktive Aneignung des Wissens, durch die es erst zu geistigem Besitz wird, immer mehr. Wissen wurde durch Information ersetzt und mit ihr verwechselt. Das Wort »Information« bekam einen beinahe magischen Klang, und wenn man nach Schlagworten zur Bezeichnung der Epoche sucht, erscheint »Informationszeitalter« neben »Computerzeitalter« nicht abwegig. Nicht der im Sinne des alten Bildungsideals gebildete, sondern der »informierte« Mensch wurde zum Leitbild des freien, selbständigen Menschen. Aber dieser informierte Mensch gleicht einem Koch, der ununterbrochen Nahrungsmittel hamstert und nicht zum Kochen kommt, denn die Informationsfülle nahm überwältigende Ausmaße an. Außerdem ist alle Information, die den Menschen über Massenmedien, Zeitschriften und Bücher erreicht – so viel dies auch ist –, immer nur eine in der Regel nach unbekannten und wechselnden Kriterien getroffene Auswahl. Dennoch ist Informiertsein für nahezu alle Berufe und Funktionen im politischen und öffentlichen Bereich unverzichtbar. Mittel und Wege der Orientierung in dieser Informationsflut bot seit Mitte der sechziger Jahre eine neue Disziplin, die Informatik, die als Wissenschaft und Technik der Informationsverarbeitung und -übermittlung ihren Platz an den Universitäten und in den technischen Studiengängen eroberte. Ihre Entwicklung wurde erheblich durch die schnelle Verbreitung des Computers gefördert, der in immer mehr Bereichen zum unentbehrlichen Hilfsmittel für die schnelle Beschaffung und Speicherung von Informationen wurde. Das Sammeln von Informationen (egal auf welchem Gebiet) wurde jedoch unmerklich von einem Mittel oder einer Voraussetzung zum Selbstzweck. Die inhaltliche Bewertung und geistige Verarbeitung wurde immer mehr in den Hintergrund gedrängt. Es fehlten überlieferte Maßstäbe, nach denen zum Beispiel der Fernsehkonsument all die Informationen, die Werbung und das Unterhaltungsangebot hätte bewerten können. Da alle die gleichen allgemein zugänglichen Informationsquellen hatten, führte das Fehlen solcher Maßstäbe zur Verbreitung gleichförmiger, oberflächlicher Vorstellungen vom Wesentlichen und Unwesentlichen, verstärkte aber auf einer tieferen Ebene auch das Gefühl der Unsicherheit.

Die Zeit von den siebziger Jahren an wird nach einer deprimierenden Diagnose des amerikanischen Kultursoziologen Christopher Lasch auch häufig mit dem Etikett »Zeitalter des Narzißmus« versehen.[5] Obwohl es sich speziell auf die amerikanische Gesellschaft bezieht, könnte man Laschs Urteil mit leichten Abwandlungen auch auf Westeuropa beziehen. Sein Buch steht in der bekannten Tradition kulturpessimistischer Gesellschaftskritik aus konservativer Sicht, wie sie seit dem ausgehenden neunzehnten Jahrhundert in Europa immer wieder vorkam. Neu und bemerkenswert war, daß sie jetzt auch in Amerika laut wurde, dem Land der unbegrenzten Möglichkeiten und des bis dahin ungebrochenen Zukunftsoptimismus. Die mit der Rolle der hegemonialen Weltmacht zwangsläufig verbundenen Schwierigkeiten und Machtkonflikte und die hieraus erwachsenden Enttäuschungen, vor allem das Vietnamtrauma, hatten Risse im amerikanischen Selbstbewußtsein entstehen lassen, und nun gab es auch hier Auffassungen, die den düsteren europäischen Visionen ähnelten. Lasch skizziert einen Menschen, der aus vertrauten, besonders familiären, Bindungen herausgerissen ist, und für diese Bindungslosigkeit macht er die liberalen Reformer und all diejenigen in Amerika verantwortlich, die die Gesellschaft beliebig modellieren zu können glaubten. Das bindungslose Individuum wendet sich ganz dem eigenen Ich zu, es wird narzißtisch. Seine These war ein massiver Angriff sowohl auf die Soziologen der späten fünfziger Jahre, die den Gedanken der formbaren Gesellschaft vertraten, als auch auf die radikalen Rebellen der sechziger Jahre und ihre antihierarchischen, anarchistischen Parolen. Natürlich stand Lasch mit seiner Diagnose und Kritik keineswegs allein, wie schon die rasche Verbreitung des Begriffs »Zeitalter des Narzißmus« für die siebziger und achtziger Jahre beweist. Trotzdem ist die Charakterisierung unvollständig, wie meistens bei derartigen Verallgemeinerungen. Man kann sogar eine Vielzahl von Indizien für das Aufkommen eines neuen Kollektivismus anführen.

Zwar trifft es zu – und das könnte für die Bezeichnung Zeitalter des Narzißmus sprechen –, daß der Angriff auf die alten Hierarchien die Befreiung des Individuums zum Ziel hatte. Es ist nicht zu bestreiten, daß der Abbau von Hierarchien zusammen mit dem Angebot an Technik und Informationen die Freiheit des einzelnen, das heißt seine Möglichkeiten der Lebensgestaltung, ganz erheblich vermehrt hatte. Jüngere waren weniger von Älteren abhängig und hatten im Umgang mit neuen Techniken und Geräten sogar einen Vorsprung. Man war viel weniger an vorgeschriebene Verhaltensregeln gebunden. Es gab viel mehr Möglichkeiten, seine Wünsche, Bedürfnisse und Vorlieben – die materiellen wie die körperlichen und ästhetischen – zu befriedigen, und, was noch wichtiger war – in diesem Streben nach Befriedigung wußte man sich durch die weitverbreitete Überzeugung bestätigt, daß jeder das gleiche Anrecht auf all das Gute habe, das die Welt und besonders die Technik bieten konnten. In der Wohlstandsgesellschaft, vor allem im sozialistischen Lager, kam der Begriff »Lebensqualität« in Mode, bei dem man vor allem, wenn nicht ausschließlich, an materielle Güter als Voraussetzung und Grundlage des Glücks jedes einzelnen dachte. Diese materialistische Orientierung wurde noch dadurch begünstigt, daß die Kirchen unaufhaltsam an Autorität und die christliche antimaterialistische Ethik an Geltung verloren. Das Pendant zum antiautoritären Gleichheitsideal war die Überzeugung, daß es das gute Recht des Individuums sei, seine Freiheit zu verteidigen. Dies paßte wiederum genau zur neuen neoliberalen Ideologie, deren Verfechter die Einmischung des Sozialstaats zugunsten des freien Marktes, der Privatinitiative, der Unternehmen und des Wettbewerbs zurückdrängen wollten. Obwohl der Neoliberalismus in jeder anderen Beziehung eine Gegenbewegung zum Denken der antikapitalistischen und antiautoritären Ideologen war, denn das war auch ein gemeinschaftsorientiertes Denken, vollendete er in dieser einen Hinsicht das Zersetzungswerk. Er proklamierte eine Moral des »jeder für sich«. Insofern kann man doch von einem Zeitalter des Narzißmus sprechen.

Diese Ichbefreiung oder dieser Narzißmus darf jedoch nicht mit Individualismus im Sinne des neuhumanistischen oder des alten liberalen Menschenbildes oder mit dem Ideal des Personalismus verwechselt werden, der kurz nach dem Zweiten Weltkrieg als neue Variante des Individualismus entstanden war, denn hier hatte man allen Nachdruck auf die allseitige Entfaltung einer unabhängigen, freien Persönlichkeit gelegt. Jetzt dagegen könnte man mit gleichem Recht von einem Zeitalter der Ichschrumpfung als Folge einer inneren Orientierungslosigkeit und Verunsicherung des einzelnen sprechen. Sie ließen den meisten kaum eine andere Möglichkeit, als sich der schnell wechselnden Mode anzupassen, der Norm, wie sie von der Werbung und den Medien definiert wurde. Diese hatten die Aufgabe älterer Autoritäten, Kirche und Schule, übernommen – eine Folge der Informationsflut, die auch die Bezeichnung »Informationszeitalter« rechtfertigt. An die Stelle der alten Bindungen trat eine Art massenhafter Anpassung, verstärkte Abhängigkeit vom anderen, der Umgebung, der öffentlichen Meinung, in Verhalten und Denkweisen. Was neue Bindungen schuf, war die Solidarität mit der eigenen Generation – jetzt, da die Autorität der Älteren geschwunden war und die Generationenhierarchie sich aufgelöst hatte –, es waren der penetrante Sirenengesang der Werbung, die allen die gleichen Waren als unentbehrlich zum Erlangen des Seelenfriedens aufdrängte, Ausbildung und Beruf, für die ein eigener Verhaltenskodex galt, die gesellschaftliche Stellung, die Freizeitgestaltung, die Unterhaltung, die für viele längst viel mehr als nur Entspannung nach der Arbeit bedeutete. Vor allem die Medien fungierten als Autorität und entscheidende Instanz in Geschmacksfragen. Da es wegen der egalitären, antihierarchischen Norm keinen anderen Maßstab geben konnte, diente die öffentliche Meinung als Maßstab und wurde zur neuen Grundlage von Autorität ganz in Übereinstimmung mit dem Prinzip der Demokratie. Und es waren die Medien, wo die öffentliche Meinung in undurchschaubarer, aber permanenter Wechselwirkung zwischen dem anonymen Publikum, den Journalisten und den Rundfunk- und Fernsehmoderatoren artikuliert wurde.

Zum vielleicht allerwichtigsten Merkmal der egalitären Ideologie und, allgemeiner noch, der Technologiegesellschaft wurde die Autorität der Zahl. In einer Welt, die ihre transzendente, religiöse Dimension verloren hatte und von Naturwissenschaften und Technik verwandelt worden war, wurde die Zahl als das einzig Objektive und Unanfechtbare, als die einzige empirisch gegebene Größe zum Maßstab. Seit den fünfziger Jahren, als man Wirtschaftswachstum als unabdingbare Voraussetzung für Wohlstand und Fortschritt anzusehen begann, trat die Quantität als universeller, zuverlässiger Anhaltspunkt auch auf anderen Gebieten als der Wirtschaft an die Stelle der Qualität. Auflagenhöhen und Einschaltquoten entschieden über das Schicksal von Büchern, Zeitungen und Programmen. Meinungsforschung – von

Soziologen und Politologen eingeführt, um Einstellungen zu ermitteln und Entwicklungstendenzen zu erkennen – wurde zu einer geschätzten, wenn nicht gar unentbehrlichen Orientierungshilfe, nicht nur für Politiker und Parteien, sondern auch für die Medien und die mächtige Werbeindustrie. So waren Urteil und Selbstbewußtsein des Individuums eher abhängiger von den Reaktionen der Gesellschaft, zumal das einst feste Fundament des Glaubens erschüttert war und auch ein humanistisches Ethos als unabhängiger Maßstab an Bedeutung verloren hatte. Das Fernsehen schuf ein Forum für Millionen von Zuschauern und machte Moderatoren und Kommentatoren zu einer neuen meinungsbildenden Kaste. Quizmaster und Nachrichtensprecher wurden zu Prominenten, weil sie regelmäßig in allen Wohnzimmern zu sehen waren. Da viele Menschen solche Bekanntheit mit wirklicher Bedeutung verwechselten, wurde die normale Kausalbeziehung umgekehrt. Das Fernsehen erhöhte die Bedeutung des (vor allem mit visuellen Mitteln geschaffenen) Bildes einer Person. Bei Politikern, aber auch anderen Menschen, die stark von der öffentlichen Meinung abhängig sind, entschied manchmal schon das Image in den Medien, vor allem im Fernsehen, über den Erfolg. Diese Entwicklung konnte leicht dazu führen, daß die Persönlichkeit zugunsten des Images verkümmerte – ein Phänomen, das der amerikanische Soziologe David Riesman in seiner Theorie des sozialen Wandels als Verdrängung des »innengelenkten« durch den »außengelenkten« Menschen beschrieben hatte.[6] Was bei Filmstars und anderen Idolen aus dem Kunst- und Unterhaltungsbetrieb schon früher der Fall gewesen war, betraf jetzt in viel mehr Bereichen zahlreiche Menschen, die von Berufs wegen im Scheinwerferlicht standen: Das Selbstbild war mehr und mehr vom Image abhängig. Man war das, was Medien und Öffentlichkeit aus einem machten. Wie groß der Einfluß des Fernsehens genau ist, bleibt trotz aller Untersuchungen zu dieser Frage umstritten, aber daß es stark auf den Geschmack, den Sprachgebrauch, die Meinungen und das Weltbild von Millionen Zuschauern einwirkt, ist kaum zu bezweifeln. Das Bild der Wirklichkeit wird permanent so manipuliert, daß es in manchen Fällen zu einer Umkehrung des Verhältnisses zwischen der Realität und ihrem Bild kommen kann. Die Realität liegt nicht mehr dem Bild zugrunde, das von ihr entworfen wird, sondern das Bild (vor allem im Fernsehen) schafft Realität: Was sich auf dem Bildschirm abspielt (manipuliert oder nicht), ist das, was zählt, auch bei politischen Konflikten. Das Fernsehen war allerdings gezwungen, sich auf die Masse auszurichten, auch wegen finanzieller Abhängigkeit von Wirtschaft und Werbung. Das galt für alle Länder außer für diejenigen mit Staatsfernsehen wie in den Staaten mit kommunistischer Diktatur, aber auch im von de Gaulle geprägten Frankreich, das im Westen eine Ausnahme bildete, denn in den meisten westeuropäischen Ländern war man der Auffassung, daß ein zentralisierter staatlicher Rundfunk demokratischen Grundsätzen widerspreche. Daß das Fernsehen die Mehrheit ansprechen mußte und darum sein Niveau dieser Mehrheit anpaßte, vor allem im Unterhaltungssektor, der durch die vermehrte Freizeit kommerziell so bedeutsam geworden war, stimmte dagegen mit den demokratischen Grundsätzen vollkommen überein. Diese Anpassung führte zu einer Infantilisierung des Programmangebots, aber es waren die Einschaltquoten, die zählten.

Unterhaltung wurde für Millionen Menschen etwas, das ihnen Erfüllung versprach, oft mehr als alle anderen Dinge. Zu denen, die auch früher schon für Unterhaltung gesorgt hatten – Revuestars, Musikern, Schauspielern, Filmregisseuren, Entertainern oder Kabarettisten –, kamen die Rundfunk- und Fernsehmoderatoren, Programmgestalter, Quizmaster, Sportkommentatoren und andere Unterhaltungsspezialisten vor allem des Fernsehens, das auch hier eine dominierende Stellung einnahm. Besondere Attraktionen, die regelmäßig Hunderttausende in ihren Bann schlugen, waren die wie so vieles andere aus der angelsächsischen Welt importierten *Soaps*, monate- oder jahrelang laufende Serien, die weitgehend die Rolle des alten Kolportageromans übernahmen. Hauptsächlich die endlosen Familienserien (*Dallas*, *Denver Clan*, *Coronation Street*, *Peyton Place*, *Schwarzwaldklinik*) fesselten von jetzt an Massen an den Bildschirm, die hier ihre eigene Welt wiedererkannten, allerdings appetitlich zubereitet und romantisiert und vor allem ohne Bezug zu irgendwelchen sozialen oder politischen Fragen. Diese Serien konzentrieren sich auf alltägliche Situationen, und der Zuschauer kann für die Sympathischen und gegen die Unsympathischen Partei ergreifen, was ihm die starken Kontraste zwischen den Personen erleichtern. Sie bieten eine geistig anspruchslose, abwechslungsreiche Geschichte, die an Gefühle appelliert und die herrschende Moral bestätigt. Sie sind zwar von der Kultur des Herkunftslandes geprägt, können aber offensichtlich trotzdem ein internationales Publikum fesseln, da sie überall die gleiche Unterhaltungsfunktion erfüllen und man in ihnen überall auch etwas von der eigenen Kultur wiedererkennen kann. Sie versetzen den Zuschauer in eine Welt, die ihm die Identifikation mit bestimmten Figuren ermöglicht und seine Ansichten bestätigt. Dabei ist einem Teil des Publikums sehr wohl bewußt, daß man es mit einer romantisierten Scheinwelt zu tun hat und daß diese Serien den Ansprüchen eines kultivierten Geschmacks und den Normen der Kritik nicht im mindesten entsprechen.[7] Daß man ihnen dennoch treu bleibt, deutet auf einen Widerstreit zwischen Kopf und Herz hin. Die moderne Gesellschaft mit ihren langen Ausbildungszeiten und ihrem Informationsbombardement stellt auch an Erwachsene so hohe Anforderungen, daß das Gefühlsleben offenbar teilweise zu kurz kommt, so daß man einen Ausgleich sucht, den die romantisch-emotionale Perspektive der Pubertät bieten kann, wie man sie auch in vielen populären Romanen findet. Die sogenannte ernsthafte Literatur kann für dieses Publikum die Distanz zwischen dem Intellektuellen und dem Emotionalen nicht überbrücken, weder im Roman noch im Drama. Der komplexen Welt dieser Literatur zieht die Mehrheit die zur Schablone vereinfachte Welt, aus der alles Beunruhigende wegretuschiert ist, vor.

Die Großveranstaltungen der Popmusik hatten schon gezeigt, welch vorherrschende Rolle die Unterhaltung nun spielte. Die Blütezeit des wilden Rock 'n' Roll, des Beat und Rock war inzwischen vorbei. Obwohl in den verschiedenen Ländern immer wieder neue Rockgruppen und -sänger auftraten und bei Massenveranstaltungen Furore machten, trug die Kommerzialisierung dieser ganzen Szene dazu bei, daß der Protest und das Provozierende allmählich dem Epigonentum und der Routine Platz machten. Die Generation der ersten Popfans kam in die Jahre; damit änderte sich auch die sozialpsychologische Funktion der Popmusik, die nun kaum noch als Teil der Identität einer rebellischen Jugend anzusehen war. Seit den achtziger Jahren hatten die Popveranstaltungen deshalb auch nicht mehr die frühere Bedeutung, nicht mehr den zentralen Platz, den sie zwanzig Jahre zuvor im Leben der jüngeren Generation eingenommen hatten. Außer dem Fernsehen faszinierte nun auch der Computer viele Jugendliche zwischen zehn und Anfang zwanzig, und beidem widmeten sie viel Zeit.[8] Dennoch blieb für einen Teil der jüngeren Generation, unabhängig vom sozialen Hintergrund, die Popmusik als Ausdruck des Lebensgefühls etwas, das aus ihrem Leben nicht wegzudenken war. Es entwickelte sich eine andere Art des Hörens, für die auch leicht erschwingliche technische Neuerungen wie Kassetten, tragbare Radiorecorder und Kopfhörer von Bedeutung waren. Radiomusik im Hintergrund war schon in den fünfziger Jahren für viele Menschen so unentbehrlich geworden, daß sie sich ohne sie nicht mehr wohl fühlten; jetzt war es möglich, den ganzen Tag, unterwegs und wo immer man sich gerade aufhielt, die eigene Lieblingsmusik zu hören. In vielen Läden und Betrieben gehört seither Dauerbeschallung gewissermaßen zum Service, vor allem für das eigene Personal. Die Vertreibung der Stille aus dem persönlichen Bereich und die Gewöhnung vieler Jugendlicher an permanentes, rhythmisch einförmiges Dröhnen konnten kaum ein anderes Ergebnis als eine gewisse sensorische und emotionale Abstumpfung haben. Das Trommelfeuer von Lärm, mit dem die neue Artillerie der Pop- und Rockmusik bei Konzerten, aber auch bei privaten Festen das Gehör zermürbte, hing zum Teil auch mit dem Bedürfnis nach immer stärkeren Reizen zusammen – eine Folge der täglichen Gewöhnung an ununterbrochenes Hintergrundgestampfe. All dies wirkte sich auf die Fähigkeit des Zuhörens aus.

In einer scharfsinnigen Analyse des Phänomens Popmusik hat schon Adorno auf den entscheidenden Unterschied zur klassischen Musik hingewiesen.[9] Während in ihr jedes Element, jedes Motiv seinen besonderen Platz in einem organischen Ganzen hat und dadurch dem Hörer Aufmerksamkeit abverlangt, liegt einem Stück der Popmusik wie im Jazz ein Schema zugrunde, das einem mechanischen Bauplan entspricht. Die Details oder Varianten (die manchmal viel raffinierter als beispielsweise in der Barockmusik sind) können wie die Teile einer Maschine ausgetauscht werden, ohne das Ganze entscheidend zu verändern, und weil der Hörer dies intuitiv erkennt, erfordert das Hören nur geringe Anstrengung. Es vertreibt aber die Langeweile, und dies ist seine wichtigste Funktion. Adorno bringt den überwältigenden Erfolg der Popmusik – der an den früheren Siegeszug des Jazz erinnert – unmittelbar mit der Mechanisierung der Arbeit in Zusammenhang, die auch eine Mechanisierung und damit Banalisierung der Unterhaltung nach sich ziehe. Obwohl er dabei (vielleicht wegen der bedeutsamen Rolle des Marxismus in seinem Denken) speziell den Industriearbeiter als Beispiel nennt, war die ganze technologisch orientierte Gesellschaft mit ihrem von Apparaten geprägten Alltag ein guter Nährboden für eine Musik, die selbst auf mechanischen, gleichsam automatischen Abläufen beruht und deshalb Entspannung ohne Anstrengung ermöglicht. Die hysterischen Szenen, die die Popveranstaltungen begleiteten, hatten ihre Ursachen deshalb auch nicht im rein musikalischen Erlebnis, sondern darin, daß das Musikalische einen außermusikalischen Gehalt transportierte, eine oft aggressive Aussage, für die es gerade dank des festen, einfachen Grundschemas sehr viel Raum bot. Gewöhnlich gehörten hierzu auch sexuelle Signale. Der Körper des Sängers, seine ganze Aufmachung, die Bühnenshow – alles zusammen ist wichtig, um die beabsichtigte Erregung hervorzurufen. Die Rockgruppen drückten vor allem emotionale Anklage gegen die Gesellschaft oder das Leben allgemein aus, aber neben dieser Art Musik florierte als eine Art Gegengewicht auch der samtweiche Schmachtfetzen. Von der Plattenindustrie herangezüchtete, etwas künstlich wirkende Gesangsidole erreichten mit ihren Aufnahmen Millionenauflagen, weil ihre Musik auch Ältere ansprach, die mit der Rockmusik ihre Schwierigkeiten hatten, und weil hier die rebellisch-erotische Aggressivität der Rockmusik fehlte. Vor allem bei diesem Genre waren Aufmachung und Werbung ausschlaggebend, und die Schlagersänger dieses sentimentalen Typs, wie etwa ein Rex Gildo, waren Musterbeispiele für die psychischen Probleme, die entstehen, wenn ein Ich, um das Image des strahlenden, ewig jugendlichen Idols aufzubauen, von Werbung und Medien überdimensional aufgeblasen wird. Unter gefeierten Gesangs-, Film- oder Sportidolen ist der Anteil derer, die durch solche idealisierende Vergrößerung in eine psychische Notlage gerieten und zusammenbrachen oder sich mit Hilfe von Drogen aufrechtzuhalten versuchten, viel zu hoch, als daß man hier von bloßem Zufall sprechen könnte.

Einen großen, wenn nicht den größten Beitrag zu Unterhaltung und Entspannung leistet der Sport. Für viele, die zum Beispiel in den so stark ausgeweiteten Sektoren Bildung, Verwaltung und Beratung vorwiegend im Sitzen arbeiten, ist Sport nicht nur Freizeitbetätigung; bei einem Geschlecht wohlgenährter Menschen, die unter Bewegungsmangel leiden, weil sie sich meist mit dem Auto fortbewegen, dient er vor allem der Gesundheit. Sport hatte sich auch zu einem Spektakel entwickelt, das man auf Tribünen oder am Bildschirm verfolgt, was vor allem für den seit jeher populärsten Sport gilt, den Fußball. Fußballer war zu einem gutbezahlten Beruf geworden, und die Fußballhelden verdrängten Prominente anderer Bereiche nicht nur aus den Herzen der Masse, sondern teilweise auch von den Titelseiten der Zeitungen und Illustrierten. Es entwickelte sich ein heftiger Konkurrenzkampf der Profivereine um Spitzenspieler und -trainer – ein Handel, bei dem es um Millionenbeträge geht.

Es scheint so zu sein, daß die massenhafte Erregung und die Emotionen, die von Fußballspielen ausgelöst werden, das Bedürfnis nach einer Gruppenerfahrung, nach dem Erleben eines Wir-Gefühls befriedigen. Da der Nationalismus, dem man die Schuld für die großen Katastrophen des Jahrhunderts gab, nach dem Zweiten Weltkrieg in Westeuropa an Bedeutung verloren hatte, war hier eine Art Vakuum entstanden. Das Wir-Gefühl fand im Nationalbewußtsein nicht mehr die Nahrung, die es dort noch in der ersten Jahrhunderthälfte gefunden hatte (jedenfalls nicht mehr im gleichen Maße) –, und noch weniger in der Zugehörigkeit zu einer Konfession. Fußball erfüllte von jetzt an bei einem großen Teil des Publikums (genauere Angaben sind hier nicht möglich und wären auch irreführend) zweifellos dieses Bedürfnis nach emotionsgeladenem Gruppenerlebnis, nach Spannung und kollektivem Triumph. Vereinschauvinismus ersetzte den nationalen Chauvinismus. Die meisten Vereine, bis hinunter zu kleineren Orten, haben ihre feste Anhängerschaft, die sich völlig mit dem Erfolg (oder Nichterfolg) ihrer Elf identifiziert. Dieser Chauvinismus kann bisweilen nationalistische Züge annehmen, wenn es um Begegnungen zwischen Nationalmannschaften geht. Das gilt gewiß für viele außereuropäische Länder, in denen Fußball in Ermangelung politischer und militärischer Macht nicht weniger als die Nation repräsentiert. Im Westen war jedoch der Vereinschauvinismus zum größten Teil an die Stelle dieser Art von Nationalismus getreten, und da bei den besten Mannschaften Spieler anderer Nationalität etwas völlig Normales wurden, hat dieser Vereinsfanatismus im Grunde nur noch wenig mit echtem Nationalismus zu tun. Fußball entwickelte sich zu einem internationalen Markt, auf dem Spieler und Trainer wie teure Ware gekauft oder verkauft werden. Der Ballvirtuose wurde zu einer Art Leibeigenen, wenn diese Leibeigenschaft natürlich auch zeitlich begrenzt ist und er grundsätzlich die Freiheit hat, ihr ein Ende zu setzen. Seine Ketten sind nicht aus Stahl, sondern aus Banknoten, können sich aber als sehr fest erweisen. Die ehernen Gesetze des Erfolgs bestimmen seine Laufbahn, und er ist dem Diktat von Trainer und Manager unterworfen. Welche emotionale Bedeutung der Vereinschauvinismus hat, zeigt vor allem die Gewalttätigkeit, von der immer mehr Spiele begleitet waren. Ständig kam es zu Schlägereien zwischen erregten Anhängern. Politische Gegensätze verursachten nirgendwo mehr eine Erregung, die mit dieser auch nur im entferntesten zu vergleichen gewesen wäre. Die Fans identifizieren sich mit dem eigenen Verein, wie man sich früher mit der Nation identifiziert hatte. Sie schmücken sich mit den entsprechenden Farben und Emblemen, und die Anhänger der Gegenseite sind der Feind.

Der zunehmende Fußballwandalismus sorgte nicht nur für zerstörte Tribünen und Verkehrsmittel oder geprellte Rippen, sondern forderte in einigen Fällen auch Todesopfer. Die Spiele zogen eine neue Art von streitsüchtigen Schlägern an und lieferten ihnen einen Vorwand, einen äußeren Anlaß für das Ausleben purer Zerstörungswut. Anhänger oder Krawallmacher, die nur auf Gewalt aus waren, reisten ihrer Elf auch ins Ausland nach, um die Gegenseite schon vor dem Spiel auf ihre Weise einzuschüchtern, oft in betrunkenem Zustand, mit Knüppeln, Ketten oder Schlagringen. Ohne massiven Polizeieinsatz und andere Sicherheitsmaßnahmen waren wichtige Spiele in den achtziger Jahren nicht mehr denkbar.

Zweifellos hängt dieser Wandalismus mit dem wirtschaftlichen Rückschlag und der Arbeitslosigkeit zusammen, denn sie ließen bei einem gewissen Anteil der Jugendlichen ein Potential an Verdrossenheit und Aggressivität entstehen, die – zum Beispiel politisch – nicht oder nur unzureichend kanalisiert werden konnten. Die Entstehung von Fremdenhaß und Rassismus und der Erfolg rechtsextremer Parteien sind zum Teil ebenfalls auf die Bedingungen dieses Milieus zurückzuführen, in dem Jugendliche ohne Ausbildung und feste Stelle ein recht ziel- und aussichtsloses Dasein fristeten. Die Ursachen des Wandalismus sind jedoch nicht ausschließlich sozioökonomischer Art. Die Technologiegesellschaft, eine klinisch nüchterne Umgebung aus Glas, Beton und Kunststoffen, der Sozialstaat, der die Existenz äußerlich absichert – all dies weckte allgemein ein schlummerndes Verlangen nach Spannung und Gefahr. Dieses Phänomen war nicht an eine bestimmte (schwächere) soziale Gruppe und nicht einmal an ein bestimmtes Alter gebunden. Bei der Revolte in den Künsten war es schon früher erkennbar gewesen, und zwar in der Faszination, die hier offenbar von Sadomasochismus, Schmutz und Irrsinn ausging. Das Verlangen nach aufregenden Erlebnissen konnte noch durch die ausführliche Berichterstattung über gewaltsame Konflikte, meist in der Dritten Welt, und ganz allgemein durch die fiktive oder reale Gewalt angefacht werden, die vom Fernsehen in die Wohnzimmer gebracht wurde. Die schon erwähnten Meinungsverschiedenheiten über den tatsächlichen Einfluß des Fernsehens hängen mit dem Umstand zusammen, daß gewöhnlich noch andere Dinge hinzukommen, die die Wirkung von Gewaltszenen entweder neutralisieren oder gerade verstärken. Milieu, soziale Verhältnisse, nationale Besonderheiten, Alter, Bildungsniveau und die im Hinblick auf Gewalt geltenden moralischen Normen werden neben ganz individuellen Faktoren immer eine Rolle spielen. Dennoch zeigte sich regelmäßig, daß vor allem Jugendliche von Gewalt, die man im Fernsehen zu sehen bekam, zu allerlei Untaten bis hin zu Mord angeregt wurden.

In fast allen westeuropäischen Ländern nahm die Kriminalität zu, schwerere wie leichtere, so daß ältere Theorien, die zwischen Kriminalität und Armut einen logischen Zusammenhang sahen, an Überzeugungskraft verloren. Obwohl man annehmen darf, daß in den sozial schwächsten Gruppen mit der geringsten Bildung ein höheres Kriminalitätspotential vorhanden ist, hatte die Gewalt offensichtlich auch noch ganz andere Wurzeln; hier wirkten die Künstlichkeit der modernen Welt, das in materieller Hinsicht risikoarme Leben und eine gewisse Gewaltverherrlichung im Fernsehen zusammen, die selbst wiederum eine Reaktion auf Wohlstand und materielle Sicherheit war. Nicht zu unterschätzende Faktoren waren jedoch auch die fortschreitende Humanisierung der Strafjustiz und die Toleranz der Gesellschaft; man sah den Verbrecher immer mehr als psychologisches und nicht mehr ausschließlich als moralisches Problem. Die egalitäre Lehre, nach der jeder das Recht und die Freiheit haben muß, sein Leben nach eigenem Gutdünken zu gestalten, mußte von vielen auch als heimliche Aufforderung verstanden werden, dem eigenen Ich ohne alle Hemmungen Geltung zu verschaffen. Die Grenze, an der das Verbrechen beginnt, wurde verwischt. Eine nachweisbare Ursache für die Zunahme der leichteren Kriminalität, Diebstahl und Einbruch, war der blühende Drogenhandel, und der Drogenkonsum wiederum war ein Vermächtnis der Jugendrebellion und der Hippiebewegung. Daß nun gerade in der Wohlstandsgesellschaft die Kriminalität zunahm, kann deshalb nicht allein auf wirtschaftliche Rückschläge und die Arbeitslosigkeit vieler Jugendlicher zurückgeführt werden. Der Abbau von Hierarchien nicht nur in sozialen Beziehungen und Umgangsformen, sondern auch in bezug auf moralische Werte und die antiautoritäre Bewegung hatten für eine Senkung der Gewaltschwelle und der Schamschwelle gesorgt.

Welche Bedeutung Sport und Spitzensportler für die Bevölkerung erlangt hatten, nicht nur für die Jugend, offenbarte auch das gewaltige Spektakel der Olympischen Spiele. Ihnen wurde in Medien und Öffentlichkeit außerordentlich viel Aufmerksamkeit geschenkt, die sich alle vier Jahre noch steigerte. Hier zeigte sich deutlich, daß der Sport für das Wir-Gefühl die Rolle des Nationalismus übernommen hatte. Seit 1894, als der Franzose Pierre de Coubertin die Spiele begründet hatte, und 1896, als die ersten Olympischen

Spiele der Neuzeit zu Ehren des antiken Griechenland in Athen eröffnet worden waren, hatten sich auch hier jene Veränderungen vollzogen, die bei jeder Institutionalisierung im großen Maßstab unvermeidlich sind. Coubertins Ideal hatte zwei Seiten gehabt; es war von der neuhumanistischen pädagogischen Reformbewegung jener Tage und der Furcht vor möglichen Folgen nationaler Gegensätze beeinflußt: Sport sollte zur Entwicklung eines gesunden Körpers und eines harmonischen Menschen und zur Verbrüderung der Völker beitragen. Es wäre äußerst kurzsichtig und ungerecht zu leugnen, daß die Olympischen Spiele von großer Bedeutung für die Verbreitung des Sports gewesen sind, der vielen Menschen zu mehr Gesundheit und Schönheit verhilft. Es gab bewunderungswürdige Leistungen, Beispiele für ungewöhnliche Energie und Willenskraft und erstaunliches Durchhaltevermögen. Für Tausende junger Männer und Frauen waren die Spiele festliche Höhepunkte ihres Lebens. Es wäre ebenso ungerechtfertigt zu leugnen, daß dabei auch auf der persönlichen Ebene regelmäßig internationale Kontakte und Freundschaften entstanden. Daß die Spiele einen nennenswerten Beitrag zur internationalen Verbrüderung und zur Eindämmung von Machtkonflikten erbracht hätten, kann dagegen kaum behauptet werden. Entgegen der ursprünglichen Intention standen diese Begegnungen vor allem im Zeichen des nationalen Prestiges. Eher haben sie vorübergehend chauvinistische Gefühle geschürt, als daß sie eine Verbrüderung bewirkt hätten. So, wie die Spiele angelegt waren (jeder Teilnehmer trat als Vertreter seines Landes und unter der Nationalflagge an), machten sie von Anfang an deutlich, daß es hier um einen Wettstreit der Nationen und die Identifikation mit Nationen ging. Die Spiele wurden zum Statussymbol: Staaten konkurrierten um die Austragung, und dabei spielten Geld und Ansehen eine immer größere Rolle, weil der Umfang der Veranstaltung hohe Anforderungen an die Organisatoren stellten, so daß eigentlich nur wirtschaftlich starke Länder oder Städte diese Last ohne Furcht vor nachteiligen Folgen auf sich nehmen konnten. Das Grundprinzip der Spiele, das Sport als Liebhaberei und nicht als Beruf definiert, so daß nur Amateure zugelassen sind, führte vor allem nach dem Zweiten Weltkrieg zu Spannungen, als sich die Leistungen immer schneller steigerten und in zahlreichen Einzelsportarten, etwa in der Leichtathletik, ein Rekord nach dem anderen gebrochen wurde. Spezialisierung war auch hier schon längst zur Voraussetzung für Erfolg geworden, und angesichts der intensiven Vorbereitung und Betreuung durch Trainer, Psychologen, Sportmediziner und Physiotherapeuten, die notwendig ist, um mithalten zu können, wurde die Etikettierung als »Amateur« in vielen Fällen zur Farce. Wegen der ungeheuren Beträge, die für die ganze Organisation mit Hunderten von Betreuern, Schiedsrichtern, Jurymitgliedern und Organisatoren erforderlich sind, machte sich Korruption breit; Sponsoren wurden unverzichtbar, Unternehmen nahmen die günstige Gelegenheit wahr, sich mit Werbung ins Blickfeld zu drängen, und Teilnehmer versuchten ihre Leistungen mit allerlei Aufputsch- und Aufbaumitteln zu steigern, wie sie es auch außerhalb der Spiele taten. Das strenge Dopingverbot wurde immer wieder unterlaufen.

Von einem Ereignis wie den olympischen Spielen konnte natürlich auch die Politik nicht ferngehalten werden. Das hatte sich schon 1936 bei den Spielen in Berlin gezeigt – die Gelegenheit, der Welt mit den Leistungen und der Prachtentfaltung des Dritten Reiches zu imponieren, hatte das Naziregime begierig ergriffen, und nicht ohne Erfolg. Der Kalte Krieg führte auf dem Gebiet des Sports zu einem ebenso eindrucksvollen wie eigenartigen Konkurrenzkampf zwischen den beiden großen Antagonisten. Es waren die USA und die Sowjetunion, die jahrzehntelang, als gäbe es dazu ein Geheimprotokoll, die weitaus meisten Medaillen gewannen und einander den Rang abzulaufen versuchten, unerreichbar für den Rest. Und nach dem Zusammenbruch des Sowjetimperiums ging es auch gleich mit dem russischen Sportruhm bergab. Die Politik mischte sich aber auch unmittelbar in die Spiele ein, beispielsweise bei den Konflikten um das Antreten zweier deutscher und zweier koreanischer Mannschaften und um den jahrelangen Ausschluß des kommunistischen China zugunsten von Taiwan. Wer repräsentierte hier sein Volk? Wiederholt kam es zum Boykott von Spielen durch bestimmte Länder, die damit gegen die Aggression eines anderen Landes protestierten. Staaten mischten sich also durchaus auch direkt in dieses für ihr Prestige so bedeutsame Geschehen ein. Bei den kommunistischen Diktaturen war der Sport ganz in den Händen von Staat und Partei, und die Grenze zwischen Profisportler und Amateur verschwand hier völlig. Das gigantische Fest konnte auch ein günstiges Ziel für Anschläge sein, wie sich 1972 in München zeigte, wo die israelische Mannschaft palästinensischen Terroristen zum Opfer fiel.

Das Verlangen nach Helden, mit denen man sich heimlich identifizieren konnte, war dadurch, daß Staat und Polizei, Kirchen, Eltern und Lehrer viel von ihrer früheren Macht und Autorität verloren hatten, gewachsen.

Es wurde von den Medien befriedigt, indem sie unaufhörlich für neue Idole sorgten. Im Sport begann neben Fußball auch Tennis, wofür sich zunächst vor allem die Wohlhabenderen interessiert hatten, viele Zuschauer anzuziehen, und auch immer mehr andere Sportarten hatten ihre Stars; Großereignisse wie die Tour de France finden in den Zeitungen und im Fernsehen viel Aufmerksamkeit. Verletzungen von Sporthelden werden nicht mehr nur in Sportrubriken gemeldet. Aber auch außerhalb des Sports gab es weiterhin Idole, vor allem in der Popmusik, während der Filmstar jetzt, da das Fernsehen größtenteils die Funktion des Kinos übernommen hatte, immer mehr in den Hintergrund geriet. Viele Sport- und Boulevardblätter verdanken ihren Erfolg dem Klatsch über das Leben der Idole; ihr Liebesleben, ihre psychischen Probleme, ihre Gesundheit, ihr Geschmack und ihre Weltanschauung oder was man dafür ausgibt – alles kommt zur Sprache. Die egalitären Normen verstärkten das besondere Interesse am Intimen, in dem sich dann doch jeder wiedererkennen kann.

Die Dynamik der industriellen Entwicklung sorgte für unaufhörlichen Zuwachs an Geräten und anderen neuen Produkten, und Wirtschaft und Werbung waren deshalb auch ganz von dem ehernen Gesetz beherrscht, das dazu zwingt, ständig Neues auf den Markt zu bringen. Dies führte zu einer ganz bemerkenswerten Verschiebung. Bei immer mehr Gebrauchsartikeln war keine lange Lebensdauer mehr vorgesehen. Reparaturen wurden vielfach unrentabel, und der Niedergang des Reparaturwesens zwang den Konsumenten vor allem beim Defekt technisch komplizierter Geräte (Fernseher, Video, Computer) zu einer Neuanschaffung. Damit wurde das Wegwerfprodukt zu einem charakteristischen Merkmal der Wohlstands- und Konsumgesellschaft. Eine Generation wuchs heran, für die es selbstverständlich war, daß Gebrauchsgegenstände schnell verschleißen und veralten, während Reparatur und Wartung nicht unbedingt mehr für sinnvoll gehalten wurden. So änderte sich das Verhältnis zu den materiellen Dingen, die einer raschen Entwertung unterlagen, und ein wachsender Bevölkerungsanteil hatte das Verlangen, ständig das Allerneueste zu kaufen. Die Neuerungswut war ein allgemeines Phänomen und beherrschte beinahe jeden Wirtschaftszweig. Sie erfaßte auch die immateriellen Bereiche. Das erwähnte Bedürfnis nach Idolen und das Bemühen der Medien, es zu erfüllen, führte zu permanenter Fluktuation; man suchte und schuf ständig neue Stars, und fast jeder wurde zu einer Art Wegwerfidol; einige allerdings wußten sich für längere Zeit als Superstars und wahrhafte Götzen einer großen internationalen Fangemeinde zu behaupten.

Neu auf dem Buchmarkt und wichtig für die Verlage war eine Kategorie von Publikationen, die nur für den Augenblick bestimmt sind, in hohen Auflagen produzierte Wegwerflektüre, und das oft gerade wegen ihres hohen Aktualitätsgehalts. Man denke hier an die vielen Ratgeber, die Menschen durch das Labyrinth des modernen Lebens führen wollen, wie etwa Bücher zu Steuern, zu medizinischen, pädagogischen und psychologischen Fragen, und an Reiseführer und Bücher über Kochen, Haushalt und Garten. Karten, Wörterbücher und Lexika veralten schneller als früher. Schon seit längerem waren populärwissenschaftliche Werke unentbehrliche Mittler zwischen dem gebildeteren Publikum und dem rasch weiter expandierenden Universum der Wissenschaften, und diese schnelle Expansion verstärkte den Wunsch nach neuen, verständlichen Popularisierungen. Eine Sparte für sich bilden Bücher über Persönlichkeiten des öffentlichen Lebens. Politiker, die plötzlich Bedeutung erlangen, oft aber nur Eintagsfliegen sind, bekommen ein eilig, mit mehr oder weniger journalistischem Geschick zurechtgebasteltes Porträt, und für Prominente, die auf anderen Gebieten gerade in Mode sind, gilt das gleiche. Das Verlagswesen mußte sich auf dieses oft gewinnträchtige Augenblicksprodukt einstellen, das gewöhnlich spätestens nach wenigen Jahren jeden Wert verloren hat und schnell verramscht wird.

Daß man die Freiheit des Individuums zur höchsten Norm erhoben hatte, führte zu innerer Unsicherheit, die nicht nur das Verlangen nach Idolen und einen neuen Konformismus entstehen ließ, sondern auch ein Bedürfnis nach Hilfe weckte. Dies kann den Erfolg von Veröffentlichungen erklären, die den Lesern Mut und Selbstvertrauen schenken wollen und darlegen, wie man sein Leben selbst in die Hand nehmen kann; ein frühes Beispiel ist der 1967 erschienene Bestseller *Ich bin o.k., du bist o.k.* von dem amerikanischen Psychiater Thomas Harris.[10] Harris sah ein immer wiederkehrendes Muster von Mißverständnissen und Kommunikationsstörungen, die überwunden werden können, als Ursache vieler psychischer Probleme. Sein Buch war ein Musterbeispiel für die rein instrumentalitische und utilitaristische Psychologie und Philosophie, die charakteristisch für die amerikanische Kultur waren, aber auch auf Europa Anziehungskraft ausübten. Solche praktischen Ratgeber für das Seelenleben waren eine Reaktion auf Kulturkritik und Pessimismus und dienten als eine Art Gegengift. Sie verweisen aber auch auf das

Vakuum, mit dem sich der befreite, aber ratlose Einzelmensch konfrontiert sah, weil die traditionellen Autoritäten an Geltung verloren hatten.

Denn diese Autoritäten, besonders der Staat, hatten zwar den antiautoritären Angriff äußerlich unbeschadet überstanden, aber ihr Status und Prestige hatten gelitten. Die überall zunehmende Kriminalität, Kehrseite der egalitären Gesellschaft und der Emanzipation des Individuums, löste bei zahlreichen Menschen ein Gefühl von Unsicherheit aus. Der Schutz, den der Staat gewöhnlich gewährt hatte, wies Lücken auf. Daß der Staat mit seiner stark gewachsenen Beamtenkaste dem Bürger so fern zu stehen schien, führte zu wachsender Gleichgültigkeit gegenüber der Politik; die Wahlbeteiligung sank allgemein. Sowohl nach oben hin, im Verhältnis zu den europäischen und internationalen Institutionen, als auch im Verhältnis zu den Bürgern verlor der Nationalstaat an Macht und Prestige. Abneigung gegen die undurchschaubare Mammutbürokratie, nicht nur in Brüssel, sondern auch im eigenen Land, ließ einen neuen Regionalismus entstehen, und das Interesse an der Heimatregion, ihrer Geschichte, ihrem Charakter und ihren Eigentümlichkeiten nahm zu. In einigen Ländern ging die Entwicklung darüber weit hinaus; historische Gegensätze und lange unterdrückte Gefühle nationaler Identität ließen Autonomiebewegungen aufkommen oder stärkten seit langem bestehende Bewegungen dieser Art, die ihre Ziele teilweise mit terroristischen Mitteln zu verwirklichen suchten, wie in Nordirland und im Baskenland. Aber auch wo dies nicht der Fall war, kam es zu einer Erosion des Nationalstaats und seiner Macht, ohne daß eine anerkannte Autorität zu erkennen gewesen wäre, die diese Rolle übernehmen konnte. Die europäische Einigung vollzog sich auf einer Ebene, mit der die Durchschnittsbevölkerung nicht in Berührung kam, und blieb vielen deshalb gleichgültig.

Außer den Migranten, die im Grunde Bürger zweiter Klasse waren, sorgten die Arbeitslosen, darunter viele jüngere Menschen, und der wachsende Bevölkerungsanteil der Älteren, der Ruheständler, für neue Probleme wirtschaftlicher, aber auch psychologischer Natur.

Alles in allem boten die westeuropäische Gesellschaften in den siebziger und achtziger Jahren ein eigenartig verworrenes, von gegensätzlichen Strömungen geprägtes Bild: Einerseits herrschte in Geschmack, Lebensstil und Verhalten weitgehender Konformismus, der vor allem auf den Einfluß der mächtigen Gleichmacher zurückzuführen ist, zu denen sich die Medien und die Werbung entwickelt hatten. Andererseits kam es zu Zersplitterung und

Auflösung im Namen individueller Rechte und Freiheiten, wobei sich manche Gruppen als unzufriedene Minderheiten profilierten. Neue Trennlinien zwischen diesen Minderheiten und der Mehrheit und zwischen Arbeitenden und nicht (mehr) Arbeitenden waren an die Stelle alter sozialer und mentaler Unterschiede getreten. Und doch hat dies alles die Einheit der neuen, den größten Teil der Bevölkerung umfassenden Mittelklasse mit ihrer nie dagewesenen Mobilität nicht wirklich beeinträchtigt, und auch das hohe Wohlstandsniveau, das in der Geschichte ohne Beispiel war, geriet nicht ernsthaft in Gefahr.

3 Gesellschaftskritik und Gegenkritik

Seit dem Zweiten Weltkrieg leitete die Philosophie ihre Existenzberechtigung immer mehr aus ihrer neuen Ausrichtung auf die Gesellschaft und ihrer Relevanz für soziale Fragen ab, und dieser Ausrichtung verdankte sie seitdem auch ihre Anziehungskraft. Dies hing damit zusammen, daß die Erfahrungen mit Nationalsozialismus, Krieg, Terror und Massenmorden für das Menschenbild und die ganze Aufklärungstradition Europas eine beispiellose Herausforderung darstellten, zweitens aber auch damit, daß die neue Mutterwissenschaft, die Soziologie, so sehr an Einfluß und Bedeutung gewann, was indirekt wieder mit jener Herausforderung zu tun hat. Die maßgeblichen Repräsentanten der Philosophie tendierten deshalb von jetzt an zur »Sozialphilosophie«. Mit diesen Begriff hatte der Soziologe Max Horkheimer in den dreißiger Jahren die von einem marxistischen Ansatz ausgehende Arbeit seines Frankfurter Instituts für Sozialforschung umschrieben. Er und Theodor W. Adorno, beide Juden, waren nach Amerika emigriert, wo sie erst noch mehr oder weniger Außenseiter blieben. Adorno, überzeugter Anhänger Schönbergs, hatte sich vor allem als Musiksoziologe mit der kulturellen Bedeutung der Musik beschäftigt.[11] Auch unter dem Einfluß des amerikanischen Pragmatismus betonte er in seinem späteren Werk wie Horkheimer vor allem die Untrennbarkeit von Theorie und Praxis.[12]

Bei der Analyse ihrer eigenen Epoche stießen sie auf eine Frage, die gerade jetzt zum vielleicht faszinierendsten Problem der Kulturphilosophie werden sollte, ja sogar die Wissenschaftsethik ganz allgemein betraf, wenn sie auch schon in der Vergangenheit, sogar im neunzehnten Jahrhundert, in kulturhistorischen Betrachtungen und Prognosen immer wieder wie ein schwacher Lichtschein am Horizont aufgetaucht war. Es geht um die Feststellung, daß die Aufklärung – nach Kants berühmten Worten der Ausgang des Menschen aus seiner selbstverschuldeten Unmündigkeit –, indem sie die Autonomie der menschlichen Vernunft postulierte, das Entstehen einer Kluft zwischen den wissenschaftlich-technischen Fähigkeiten und der dahinter zurückbleibenden moralischen Entwicklung herbeigeführt hat. Schlimmer noch, die Erfolge der technischen Ratio bedrohten das ethische Normbewußtsein, so daß das Vermächtnis der Aufklärung in zwei auf beängstigende Weise gegensätzliche Kräfte zerfiel. Natürlich war die Erkenntnis dieser Entwicklung an sich nicht so neu. In fast allen – meist konservativ gefärbten – kulturpessimistischen Betrachtungen und in den religiösen Klageliedern über den moralischen Verfall war das Grauen vor einer Zukunft, in der die Menschheit gerade wegen ihrer technischen Fähigkeiten völlig aus dem Gleis geraten würde, etwas wie ein Leitmotiv. Gewöhnlich wurde dabei jedoch die Aufklärung mit ihrem Glauben an die Vernunft als Wurzel des Übels dargestellt, und man bekämpfte sie mit Thesen, in denen meistens Instinkte, irrationale Kräfte, Religion, Mystik, das (kollektive) Unbewußte und ein romantisches Lebensgefühl eine Rolle spielten oder gar ausdrücklich gegen Aufklärung und Rationalismus ausgespielt wurden. Aber mit dem Anbruch des Atomzeitalters trat auch diese ganze Problematik in eine neue Phase. Horkheimer und Adorno kamen zu dem Schluß, daß jetzt auch für diejenigen, die immer entschieden als Erben der Aufklärung aufgetreten waren und die antiaufklärerischen Strömungen bekämpft hatten, wie etwa die marxistischen und andere linke Denker, die Stunde gekommen sei, all diese Fragen neu zu überdenken. In ihrem 1947 gemeinsam veröffentlichten Buch *Dialektik der Aufklärung* brachten sie sehr offen – wenn auch in jener höchst anspruchsvollen und teilweise kaum lesbaren, abstrakten Prosa, die ihr Markenzeichen war – die Spaltung des aufklärerischen Denkens zur Sprache, den Antagonismus von technischer Ratio und Vernunft im Sinne von Kants apriorischem Verantwortungsbewußtsein. Es wurde zu einem Bekenntnis marxistisch-sozialistischer Enttäuschung, denn beide stellten fest, daß die heilbringende Revolution unzweifelhaft ausgeblieben sei und daß der Mensch mit allen Versuchen, die Welt zu verbessern, das Gegenteil erreicht habe. Aufklärung wurde jetzt im allerweitesten Sinne als die menschliche Fähigkeit verstanden, sich aus einem primitiven, halb tierischen Naturzustand zu befreien; der Prozeß der Aufklärung in diesem Sinne hätte also eigentlich schon mit der Erfindung der ersten Werkzeuge begonnen. Die ständige Erweiterung dieser Fähigkeiten ging jedoch mit der Unterdrückung der menschlichen Natur – in marxistischer und freudianischer Terminologie »Entfremdung« – und mit psychischer Korrumpierung der Arbeiterklasse einher, und auf diese Weise erhielt das System sich selbst, wobei die Verfolgung ausgegrenzter Minderheiten (beispielsweise der Juden) als Ventil für Unzufriedenheit diente. Mit diesem ziemlich pessimistischen Fazit setzten Horkheimer und Adorno gewissermaßen die Todesanzeige der Revolution auf.

Ihre Bilanz der Entwicklungen in den Nachkriegsjahrzehnten mußte, ganz im Sinne der *Dialektik der Aufklärung*, zu zwei Schlußfolgerungen führen. In der Technologie- und Wohlstandsgesellschaft des Westens waren die alten Klassengegensätze verschwunden. Der Klassenbegriff hatte seinen Sinn verloren; die Arbeiterklasse als befreiende historische Kraft hatte sich als Mythos erwiesen. Das war das eine. Die andere Folgerung lautete, daß man beim Versuch einer Verwirklichung des Kommunismus nach den Grundsätzen des Marxismus auf einem Irrweg sei. Bolschewismus und Stalinismus hätten den Kommunismus auf ungeheuerliche Weise verfälscht, und der Marxismus diene ihnen nur als Feigenblatt, das neue Herrschaftsverhältnisse und die Unterdrückung durch eine Kaste von Parteibonzen verdecken sollte.

Diese Bilanz war für unabhängige marxistische Denker ebenso überzeugend wie für nichtmarxistische. Strittig war seit jeher, ob die Pervertierung schon in der Lehre selbst angelegt oder eine Folge der spezifisch sowjetrussischen Entwicklung war. Natürlich bemühten sich diejenigen, denen an Marxens Vermächtnis gelegen war, um die unumgänglich gewordene Revision und Anpassung, wobei sie die inspirierenden Kerngedanken und vor allem die dialektische Methode retten wollten. Deshalb ist es vertretbar, diese Strömung als Neomarxismus zu bezeichnen, vorausgesetzt, daß man dabei das Wesentliche, das die Vertreter dieser Richtung vom klassischen Marxismus trennt, nicht aus den Augen verliert. Alle Neomarxisten standen den kommunistischen Parteien fern und lehnten den offiziellen Parteikurs ab. Horkheimer, Adorno, Marcuse, Lukács und Bloch hatten sich außerdem schon in den dreißiger Jahren von dem beengenden Klassenmodell gelöst und eine erheblich vielseitigere Auffassung der gesellschaftlichen Gegensätze entwikkelt. Gerade deshalb beriefen sie sich weiterhin auf Marx als denjenigen, der die Gesellschaft prinzipiell kritisiert hatte, indem er von der Grundüberzeugung ausging, daß die konkrete Realität letztlich immer Negation ihrer Möglichkeiten oder ihres idealen Zieles sei. Sie muß also an diesen Möglichkeiten gemessen werden. Ausgangspunkt dieser kritischen Philosophie war in den Worten Horkheimers (wie bei Marx) das Bewußtsein der sozialen Ungerechtigkeit, und sie hatte dem Kampf gegen diese Ungerechtigkeit zu dienen.[13] Auch nach dem Wandel der Verhältnisse, dem Verschwinden historischer Gegensätze, sahen es die Neomarxisten als Aufgabe der Philosophie, die Gesellschaft mit einem normativen Zukunftsideal zu konfrontieren, ihr gleichzeitig einen Spiegel vorzuhalten und sich für Veränderung einzusetzen. Da die Frankfurter Schule aus Prinzip für gesellschaftliches Engagement eintrat, stand sie schon in den dreißiger Jahren in scharfem Gegensatz zum Neupositivismus und zur mathematisierten Logik eines Schlick, Carnap, Russell oder auch Wittgenstein, die aus mindestens ebenso grundsätzlichen Erwägungen jegliche Vermischung von Philosophie und Politik, von Logik und Moral verwarfen: Ausgehend von den empirischen Naturwissenschaften, mußte sich die Philosophie an das wirklich der Erkenntnis Zugängliche und an das Problem der Erkenntnis als Grundlage aller Wissenschaft halten, wenn sie nicht bei Unkontrollierbarem, bloßem Humbug oder bodenloser Metaphysik landen wollte. Der Entwurf eines gesellschaftlichen Gegenmodells, einer idealen Zukunft – Ausgangspunkt der Neomarxisten –, hatte nach Ansicht der Neupositivisten nichts mit Wissenschaft und somit auch nichts mit sinnvollem Philosophieren zu tun.

Die alte Kontroverse zwischen gesellschaftskritischer und wertfreier, logizistischer Philosophie wurde im Laufe der fünfziger und sechziger Jahre von einer ganz anderen und neuen in den Hintergrund gedrängt, nämlich der zwischen dem Neomarxismus und der empirisch-pragmatischen Soziologie, die sich von Amerika aus auch in Westeuropa verbreitete; einige Repräsentanten dieser Richtung hatten in den fünfziger Jahren das »Ende der Ideologien« verkündet. Mit der Technologie- und Wohlstandsgesellschaft hatte die historische Entwicklung nach ihrer Ansicht ein Endstadium erreicht, so daß es jetzt hauptsächlich um erfolgreiches »Krisenmanagement« ging – ein Begriff, der sich bald auch in anderen Ländern und Sprachen durchsetzte. Die moralische und rationale Legitimität dieser Gesellschaft an sich stand nicht zur Diskussion. Sie war für die empirisch-pragmatisch orientierten Soziologen selbstverständlich, und in ihren Augen wurde der Philosoph überflüssig, denn die Instrumente für die Lenkung der gesellschaftlichen Kräfte bereitzustellen, war Aufgabe des Soziologen. Noch bevor die Protestbewegung in der zweiten Hälfte der sechziger Jahre entstand, hatte sich die neomarxistische Gesellschaftskritik gegen diese Soziologie der Übersättigung gewandt. Auch in nichtmarxistischen Kreisen waren Zweifel an der Brauchbarkeit des Harmoniemodells laut geworden, von dem dieses rein instrumentalistische Denken ausging.[14] Der eigensinnige amerikanische Soziologe Charles Wright Mills sprach höhnisch von »*NATO-intellectuals*« und bemerkte zu Recht, daß die These vom Ende der Ideologien selbst eine Art Ideologie sei. Seiner Ansicht nach brauchte man durchaus eine Utopie, einen Maßstab, den man nicht ohne weiteres und aus purer Phantasielosigkeit mit den bestehenden Verhältnissen gleichsetzen durfte.[15]

Diese Kontroverse machte auch noch ein ganz anderes Problem sichtbar, nämlich das des Verhältnisses der Technologiegesellschaft zur Demokratie. Im Grunde war dies der große Stein des Anstoßes für die radikalen Rebellen, die nur das Wort »Technologie« durch »Kapitalismus« ersetzten, womit sie in die Denkmuster des klassischen Marxismus mit seinem inzwischen überholten Klassenbegriff zurückfielen. Aber was sich in Wirklichkeit mit weitreichenden Folgen für die Demokratie ergeben hatte, war eine immer stärkere Abhängigkeit von den technischen Entwicklungen, von den Experten und damit auch von der Werbung und vom Angebot an Konsumgütern. Hier geriet der einzelne in zuvor unbekannte, noch mehr oder weniger verdeckte Abhängigkeiten – ein goldener Käfig vielleicht, aber dennoch ein Käfig. Die Spezialisierung auf beinahe allen Gebieten, vor allem aber auf dem wissenschaftlich-technischen, schuf neue Abstufungen von Einfluß und Macht, die die Demokratie im ursprünglichen Sinne aushöhlten. Diese Demokratie, Vermächtnis des liberalen Menschenbildes, gründete sich auf das im neunzehnten Jahrhundert entworfene Modell eines Staates von freien Bürgern, die man für fähig halten durfte, die Verhältnisse zu überblicken und Regierung und Parlament zu kontrollieren. Wegen der gewaltigen Veränderungen, der Ausweitung des technisch-wissenschaftlichen Spezialistentums, war Überblick über das Ganze – Voraussetzung dafür, daß der Staatsbürger seine Kontrollfunktion aktiv und kritisch ausüben kann – natürlich längst illusorisch geworden, während es andererseits auch nicht zur Konzentration von Macht in einer Hand oder in einer klar identifizierbaren Gruppe gekommen war. Der Spezialist ist außerhalb seines eng eingegrenzten Spezialgebiets selbst von anderen Spezialisten abhängig. Wenn man diese ganze Kaste von Technologen unter dem Oberbegriff »Technokratie« zusammenfaßt oder (wie Mills) von einer neuen Machtelite spricht, muß man bedenken, daß es sich hier um eine ziemlich heterogene Gruppe handelt. Innerhalb dieser Gruppe spielen allenfalls die politischen Strategen eine Führungsrolle, wobei auch sie wiederum von den Spezialisten abhängen, von denen sie mit Informationen versorgt werden. In dieser Gesellschaft, geprägt von hochgradiger Spezialisierung, deren Hauptmerkmal die Unübersichtlichkeit ist, wurde die ursprüngliche Demokratievorstellung zur Utopie, und das demokratische System – mit freien Wahlen und Regierungen, die dem gewählten Parlament verantwortlich sind – verkümmerte zur rein formalen Demokratie, zu einer leeren Hülse. In der Dominanz der technokratischen Elite sahen die kritischen Soziologen und Neomarxisten ein Phänomen, das die Grenze zwischen Ost und West überschritt, weil es sowohl die parlamentarische Demokratie als auch die kommunistische Diktatur prägte.

Es waren diese sich ständig ausweitende Macht der Technokratie und ihre intellektuellen Fürsprecher, die erwähnten empirisch-pragmatischen Soziologen, wogegen vor allem Herbert Marcuse seine Angriffe richtete. Er wurde ab den sechziger Jahren zum maßgeblichen Repräsentanten der neomarxistischen Philosophie. Eine der Intentionen der Frankfurter Schule war eine innovative Erweiterung des marxistischen Ansatzes gewesen, die Einbeziehung vieler Einzeldisziplinen. Dabei war es eine besondere Herausforderung, eine Verbindung zwischen den beiden Giganten herzustellen, die, abgesehen von Nietzsche, wie niemand sonst das Menschenbild des Jahrhunderts geprägt hatten, Marx und Freud – zwischen dem Denker, der von den historischen und gesellschaftlichen Verhältnissen als Basis jeder weiteren Erklärung ausgegangen war, und jenem, für den die transhistorische psychische Beschaffenheit des Menschen diese Grundlage gebildet hatte. Letztlich ist dies der Versuch, das Unvereinbare zu vereinbaren, zumindest wenn man von einer Kausalkette mit einer einzigen letzten Ursache ausgeht. Schließlich kann man, der Marxschen Doktrin folgend, Freuds ganzes Werk als eine von der besonderen historischen Situation der spätbürgerlichen Kultur geprägte und bedingte Lehre auffassen und damit seinen Wert relativieren. Umgekehrt kann man, ausgehend von Freuds Menschenbild und Kulturverständnis, in der Marxschen Philosophie die Projektion und Rationalisierung von Konflikten erkennen, die in überzeitlichen, universalen Tiefenschichten der menschlichen Psyche wurzeln. Dennoch und gerade darum war es eine faszinierende Herausforderung, die bekannte Freudsche Trias von Es, Ich und Über-Ich, und ganz besonders das zuletzt Genannte, die Verinnerlichung moralischer Normen, die kulturelle Disziplinierung, den »Selbstzwang«, mit der ebenso bekannten marxistischen Theorie des geistigen, kulturellen Überbaus und seines komplizierten Verhältnisses zur materiellen Basis in Verbindung zu bringen. Die Vorstellung einseitiger Abhängigkeit des Überbaus von der Basis war für die marxistischen Philosophen längst überholt, die Metapher als solche war jedoch so fest eingebürgert und hatte eine so suggestive Wirkung, daß man an ihr nicht mehr vorbeikam. Deshalb mußte man beständig gegen die schiefe Vorstellung einer einseitigen Kausalbeziehung ankämpfen, die nun einmal in dem aus der Architektur entlehnten Bild von Basis und Überbau angelegt ist.

Marcuses 1955 veröffentlichtes Buch *Eros und Kultur* war der provozierendste Versuch einer Synthese von Marx und Freud.[16] Marcuses Argument für die Synthese des gesellschaftlichen und des individualpsychologischen Prinzips ist bemerkenswert: In der modernen Gesellschaft seien psychische Probleme zu politischen geworden, weil das Individuum, das für Freud ganz selbstverständlich Zentrum und Ausgangspunkt seiner gesamten Kulturphilosophie bildete, vollkommen von seiner gesellschaftlichen Funktion absorbiert sei. Persönliche, individuelle Spannungen (Freuds Ausgangspunkt) seien deshalb nur noch Äußerung kollektiver, gesellschaftlicher Spannungen (Marx' Ausgangspunkt).[17] Ausgehend von Freuds Kulturphilosophie – Kultur ist Sublimierung, Herrschaft des »Realitätsprinzips«, das die notwendige Unterdrückung der primitiven, von der Libido gelenkten menschlichen Natur und ihres »Lustprinzips« bewirkt –, behandelt Marcuse das, was er die systematische Unterdrückung des Eros (Freuds Lustprinzip) durch die Kultur (Freuds Realitätsprinzip) nennt. Während für Freud die Unterdrückung der Triebe noch ein notwendiges Übel war, notwendig, um die barbarische Natur zu bezähmen und einen Zustand der Anarchie zu vermeiden, ist Marcuse der Ansicht, daß diese Repression weit über das Ziel hinausgeschossen sei. Was für Freud universelle, also in jeder Kultur zu allen Zeiten notwendige innere Disziplinierung war, bringt Marcuse in unmittelbaren Zusammenhang mit historisch bedingter ökonomischer und politischer Unterdrückung und konkreten Erscheinungsformen von Herrschaft, und er sieht außerdem die Unterdrücker selbst als Opfer der Unterdrückung ihrer Natur.

Die Repression dient Marcuse zufolge nicht nur der Bekämpfung von Anarchie, sondern auch der Legitimierung und Bewahrung historisch gewachsener Herrschaftsverhältnisse.[18] Die Instrumentalisierung der Dinge hat zu einer Instrumentalisierung der Menschen geführt. So entsteht ein Teufelskreis: Die Technologiegesellschaft erzeugt eine instrumentalistische Mentalität, und diese wiederum stabilisiert die Technologiegesellschaft. Basis und Überbau sind gleichwertig und stehen miteinander in Wechselwirkung. Dies sind Gedanken, die Marcuse in seinem 1964 veröffentlichten Buch *Der eindimensionale Mensch* noch weiter ausgearbeitet hat. Nach seiner Darstellung ist es zu vollständiger Entfremdung gekommen, weil Menschen nicht mehr ihr Leben leben, sondern auf ihre gesellschaftliche Funktion als Arbeitende reduziert sind. Die Technik ist ins Leben jedes einzelnen vorgedrungen, bis in den Kern. Dadurch ist der private Bereich verschwunden, der früher neben dem öffentlichen existierte und sowohl kritische Distanz zu diesem öffentlichen Bereich als auch die Entwicklung neuer Normen und Lebensformen ermöglichte. Deshalb sind es auch nicht mehr die ökonomischen Verhältnisse, bei denen die kritische Analyse beginnen muß, sondern die soziokulturelle Sphäre. Nicht zwischen Kapitalisten und Proletariern liegen die großen Gegensätze, sondern zwischen denen, die die Politik bestimmen, und den anderen, die deren Entscheidungen unterworfen sind. Die Technokraten beherrschen das Leben des einzelnen im Osten und Westen gleichermaßen, wenn auch über politische Systeme, die äußerlich extrem gegensätzlich und verfeindet sind. Durch die technokratische Herrschaft ist auch die westliche Demokratie ausgehöhlt worden, denn es gibt in dieser »eindimensionalen« Wirklichkeit keine Wahlfreiheit und keine Alternativen mehr. Nur ein totaler Boykott dieser Gesellschaft kann die Repression wirksam bekämpfen, einen Ausweg aus der verhängnisvollen Entwicklung eröffnen und den Sprung ins Reich der Freiheit ermöglichen.

Diese Ideen waren das, was der schwelenden Unzufriedenheit und Unruhe unter den Jüngeren (den jungen Menschen mit höherer Bildung, den Studenten) zu einer überzeugenden ideologischen Fundierung verhalf. Plötzlich war ihnen alles ganz klar, und Marcuse, der Philosoph, der das große Nein zur Gesellschaft als Voraussetzung der Befreiung predigte, wurde ihr Prophet. Diese Befreiung würde auf einen Schlag die gesellschaftliche und individuelle Repression beseitigen, deren engen Zusammenhang Marcuse nachgewiesen hatte. Denn seine Betrachtungen zum unterdrückten Eros zeigten auffällige Parallelen zu den Zielen der sexuellen Revolution. Man konnte sich auf ihn berufen, wenn man die Ehe, die Monogamie und andere Normen und Restriktionen auf sexuellem Gebiet Elemente einer repressiven Kultur nannte, die in der menschlichen Natur keineswegs so angelegt waren. In diesem Zusammenhang entdeckten die Radikalen den fast vergessenen marxistischen Psychoanalytiker Wilhelm Reich wieder, der schon dreißig Jahre zuvor Freud mit Marx verbunden hatte. Reich stellte einen noch viel großzügigeren Freibrief aus als Marcuse. Nach seiner Auffassung entspringen alle psychischen Probleme sexueller Unterdrückung.[19] Er vertritt eine Art Pansexualismus, den Marcuse als naiv und simplifizierend verurteilte.[20] Reich setzt Freiheit kurzerhand mit sexueller Freiheit gleich und übersieht, so Marcuse, die anderen Kräfte, die in der Gesellschaft und auch im einzelnen wirken. Daß gerade diese monokausale Simplizität und Reichs Glaube an die sexuelle Freiheit als Allheilmittel und Wegbereiterin der völligen Befreiung von so manchem mit großer Freude, Erleichterung und Zustimmung begrüßt wurde, ist nicht verwunderlich. Marcuse indessen hielt gar nichts von der Art, wie die radikalen Studenten seine eigene Theorie benutzten, um zu aktivem revolutionärem Handeln aufzurufen, und wandte sich verärgert von ihnen ab. Aus seinem konsequenten Nein zur repressiven technokratischen Gesellschaft hatten sie nämlich ein radikales Nein zur Demokratie gemacht, die sie nun höhnisch als »formale« oder »Scheindemokratie« bezeichneten. Allerdings ist kaum zu erkennen, auf welche andere Weise man seine Theorie in die politische Praxis hätte umsetzen sollen, da er auch gerade die entfremdende Wirkung der westlichen Demokratie so scharf verurteilt hatte. Zunächst einmal ist der Einwand nicht von der Hand zu weisen – so banal er auch scheinen mag –, daß diese eindimensionale Gesellschaft trotz aller von ihr verschuldeter Entfremdung offensichtlich Raum für Unbehagen, Protest und kritische Analyse gelassen hatte, wofür Marcuses eigenes Werk das überzeugendste Beispiel war. Zweitens fehlt jede halbwegs greifbare Alternative zu dieser Gesellschaft. Marcuse kommt im Grunde über die Verurteilung nicht hinaus, und das Gesicht der Zukunft bleibt (ganz anders als beim orthodoxen Marxismus) hinter dem rhetorischen Nebel allgemeiner Begriffe wie »Freiheit« oder »überwundene Entfremdung« verborgen.

Der Versuch, Marx und Freud zu verbinden, mußte nicht unbedingt zu radikaler Gesellschaftskritik führen, wie die vielgelesenen Schriften des Psychoanalytikers Erich Fromm zeigen, der ebenfalls der Frankfurter

Schule nahestand und nach Amerika emigrierte. Fromm war in mancher Hinsicht das genaue Gegenteil Marcuses: Schon in seinen älteren Büchern, beispielsweise *Die Furcht vor der Freiheit* (1941), hatte er deutlich gemacht, daß der Weg zur Freiheit für ihn in der westlichen Demokratie mit ihrer Möglichkeit zu offener Diskussion liege.[21] Fromms Ausgangspunkt war die Persönlichkeitsstruktur; er konnte hier an eine bekannte Studie Adornos und anderer, *Die autoritäre Persönlichkeit* (1950), anknüpfen, in der diese Persönlichkeit ganz im Sinne Freuds als nicht geschichtlich bedingter Typus aufgefaßt wurde.[22] Die Studie Adornos und seiner Kollegen war nicht nur von Freud beeinflußt gewesen, sondern auch noch vom Krieg gegen Nazideutschland. Sie war als Psychopathologie der Diktatur gedacht und sollte die psychischen Deformationen nachweisen, die durch die Diktatur bedingt sind und sogar eine Voraussetzung für ihr Entstehen und Funktionieren bilden. Dieser Ansatz, bei dem ein politisches System aus einer bestimmten psychologischen Anlage von Individuen abgeleitet oder zumindest direkt damit in Zusammenhang gebracht wird, blieb auch in den viel später veröffentlichten Büchern Fromms erkennbar. Er schrieb über historische Erscheinungsformen von Aggression, Destruktivität, Konformismus oder autoritärem Verhalten, über Wechselbeziehungen von individueller Psyche und Gesellschaft, und der Schwerpunkt verschob sich ein wenig zu den gesellschaftlichen Bedingungen und Einflüssen. Aber Fromm blieb in erster Linie Psychiater, und im Gegensatz zu Marcuse interessierten ihn die historischen Entwicklungen nur wegen ihrer Folgen für die individuelle Psyche.[23] Im Grunde war für ihn die gesamte historische Entwicklung von neurotischen Störungen bestimmt, die bis heute das Reifen der harmonischen Persönlichkeit behindern. Erst der wirklich erwachsene Mensch empfindet keine Furcht mehr vor seiner eigenen Freiheit. Letztlich kommt Fromm über dieses in gewissem Sinne eindimensionale pädagogische Bekenntnis nicht hinaus. Seine Vorstellung einer freien und reifen Persönlichkeit impliziert die idealistische Negation des konkreten historischen Menschen. Die wesentliche Frage nach dem Sinn und dem Wesen der Freiheit und des sogenannten Erwachsenseins stellt er nicht. Die transzendente Dimension fehlt. Es fällt auf, daß besonders jüdische Denker so von dem Gedanken fasziniert waren, Marx und Freud miteinander in Einklang zu bringen. Vielleicht hängt das damit zusammen, daß die jüdische Intelligenz in der marxistischen Theoriebildung und in der psychoanalytischen Schule überrepräsentiert war. Die Synthese des historisch-gesellschaftlichen mit dem psychologischen Evangelium entsprach in diesen Kreisen offensichtlich einem besonderen Bedürfnis; sie konnte im Namen der Wissenschaft an die Stelle des jüdischen Monotheismus treten.

Zum wichtigsten Repräsentanten der sozialkritischen Richtung sollte von den siebziger Jahren an der Philosoph Jürgen Habermas werden. Auch für Habermas, der in dieser Hinsicht in der Tradition von Marx stand, war die Vorstellung von der Unvollkommenheit der Gesellschaft und damit der Notwendigkeit einer Veränderung die treibende Kraft hinter seinem ganzen Denken. Noch stärker als die älteren Neomarxisten empfand er aber die Notwendigkeit, sich auf die veränderten Verhältnisse einzustellen und neue Begriffe und Argumente für die notwendige Veränderung zu entwickeln. Die früher so deutlich erkennbaren Gegensätze und Konflikte zwischen Herrschenden und Beherrschten waren (zumindest in den westlichen Demokratien) verschwunden. In Übereinstimmung mit Marcuses These in *Der eindimensionale Mensch* verweist auch Habermas auf die unpersönlich gewordenen, anonymen gesellschaftlichen Zwänge. Die Betroffenen werden so manipuliert, daß sie ihre Unfreiheit nicht einmal erkennen; die Errungenschaften der Technologie- und Wohlstandsgesellschaft haben einen Konsens in allen Grundsatzfragen entstehen lassen. Damit stellte sich die in gewissem Sinne neue Frage, wie die prinzipiell für notwendig erachtete Veränderung realisiert werden sollte, da ja der Hebel, mit dem alle einschneidenden Reformen und alle Revolutionen in der Geschichte ins Rollen gebracht worden waren, nämlich eine unzufriedene, unterdrückte Schicht oder Klasse, jetzt fehlte. Mit zufriedenen Menschen läßt sich keine Umwälzung, kein wirklicher Fortschritt erreichen, auch wenn diese Zufriedenheit, wie Habermas behauptet, ein Zeichen der Entfremdung ist, auf Täuschung und nicht auf Verhältnissen beruht, die den wahren Interessen der Betroffenen entsprechen. Während Marcuse letztlich nicht über den Gedanken des totalen Boykotts, über das theoretische Nein zu dieser Gesellschaft hinauskam (das in politisches Handeln umgesetzte Nein der radikalen Studenten war für ihn nur töricht), entwickelte Habermas eine neue Wissenschaftsphilosophie, die gesellschaftliche Veränderung legitimieren sollte. Auch er war, nach Marcuse, von den rebellierenden Studenten auf den Schild gehoben worden, stimmte aber mit ihnen ebensowenig überein. Diese Erfahrung hat sein Denken deutlich geprägt und erklärt seine Suche nach überzeugenderen Argumenten für die

Forderung nach Veränderung.[24] Er unterscheidet einen Bereich des technischen und einen des praktischen Handelns, wobei er (in Erinnerung an Max Weber) beim technischen Handeln an die rein rationale oder auch instrumentale Beziehung von Zweck und Mitteln denkt, beim praktischen aber an die Werte und Normen, die Zwecke und Ziele festlegen. Habermas setzt diesen Dualismus in Beziehung zum Dualismus von Naturwissenschaften und Technik einerseits und Geisteswissenschaften (er spricht auch von hermeneutischen Wissenschaften) andererseits, denen es um Sinngebung und die Deutung von Werten geht. Bei seiner Suche nach einer unanfechtbaren, gewissermaßen metawissenschaftlichen Grundlage für die hermeneutischen Wissenschaften, nach einem Apriori im Sinne Kants, das selbst der Kritik entzogen ist, weil es die Voraussetzung für alle Kritik bildet, stößt Habermas auf den Drang nach Befreiung und Emanzipation – für ihn ein universales, überzeitliches Phänomen, das zum Menschen gehört. Die besondere Aufgabe der sogenannten kritischen Wissenschaften ist es, im Diskurs der Geistes- oder hermeneutischen Wissenschaften den Weg zu weisen; dieser Diskurs wird von den wechselnden Formen, die das Emanzipationsstreben in der Geschichte annehmen kann, geprägt. Der Wille zur Befreiung steht als das universale Agens der Geschichte und der Veränderung für Habermas weiter nicht zur Diskussion. Er sieht in herrschaftsfreier Kommunikation die notwendige Bedingung dafür, daß man jeweils die richtigen oder besten Leitlinien für das praktische Handeln ermitteln kann. Damit verteidigte er die Demokratie als unverzichtbare Grundlage für jede auf Emanzipation ausgerichtete Kommunikation und Veränderung gegen die revolutionären Radikalen (wenigstens theoretisch), während er gleichzeitig die bestehenden Verhältnisse als grundsätzlich unbefriedigend und Veränderung im Sinne von Emanzipation als notwendig darstellen konnte. Es bleibt die Frage, ob und inwieweit sein Apriori des Emanzipationsstrebens tatsächlich so überzeitlich und universal ist; zu deutlich ist der Bezug zur historischen Situation und zur Diskussion der sechziger und siebziger Jahre erkennbar. Auf jeden Fall aber hielt Habermas an der prinzipiellen Ablehnung der bestehenden Verhältnisse fest und fühlte sich verpflichtet, die Rechtfertigung dieser Verhältnisse, wie die empirisch-pragmatische Soziologie sie versuchte, als Ausdruck eines falschen Bewußtseins (einer Ideologie im marxistischen Sinne) zu entlarven. Der gegen die empirisch-pragmatischen Soziologen erhobene marxistische Vorwurf, sie festigten den gesellschaftlichen Status quo und beraubten damit die Gesellschaft möglicher Alternativen, ist kaum zu widerlegen. Nur war der Neomarxismus nicht die einzige Alternative zu einem eindimensionalen instrumentalistischen Denken.

Bei alledem fand die alte Fehde des sozialkritischen Marxismus mit dem Neupositivismus eine Fortsetzung, die zugleich die unaufhaltsame Verlagerung des Schwergewichts von der Philosophie zur Soziologie vor Augen führt, denn die Auseinandersetzung stand jetzt meist unter soziologischem Vorzeichen.[25] In zweierlei Hinsicht waren sich beide Parteien, Neomarxisten (oder »dialektische Sozialkritiker«, wie sie sich selbst vorzugsweise nannten) einerseits und Neupositivisten und kritische Rationalisten andererseits, einig: Sowohl die rein instrumentalistische Soziologie amerikanischen Zuschnitts als auch die relativistische sogenannte Wissenssoziologie Mannheims und jede Psychologisierung der Wissenschaften sind abzulehnen. Die eine, weil sie unreflektiert und unkritisch die existierende Technologiegesellschaft als geglückt betrachtet, ja als eine Selbstverständlichkeit akzeptiert und die Menschen wie eine Art von hochentwickelten Termiten behandelt, und die andere, weil sie, leicht vereinfachend gesagt, die Existenz einer metahistorischen Wahrheit und damit einer sicheren Grundlage für objektive wissenschaftliche Erkenntnis leugnet. Dieser Einwand lag für die Neupositivisten und kritischen Rationalisten näher als für die Neomarxisten, die ja lehrten, daß das Denken durch die gesellschaftlichen Verhältnisse bedingt sei. Adorno warf den Neupositivisten gerade vor, sie würden die subjektivistische und gesellschaftlich bedingte Beschränkung ihrer Kriterien für Wissenschaftlichkeit nicht sehen wollen oder stillschweigend übergehen. Der Richtung Mannheims aber warf er vor, daß sie im Grunde den Unterschied zwischen Wahrem und Unwahrem beseitige. Damit verlor nämlich – und das war für den Neomarxismus das Wesentliche – der Begriff »Ideologie« im Sinne von »falschem Bewußtsein« seinen Sinn.[26] Dieser Ideologiebegriff von Marx, der natürlich die Existenz einer richtigen Anschauungsweise (nämlich der zukunftsorientierten der Klasse des Fortschritts) voraussetzt, blieb für den Neomarxismus unverzichtbar.

Dem stellten Karl R. Popper, Hans Albert und andere kritische Rationalisten nun ihre Überzeugung entgegen, daß die historische und gesellschaftliche Bedingtheit des Wissenschaftlers – die sie keineswegs bestritten – nichts an der Existenz einer universalen, nicht historisch bedingten Logik als Voraussetzung jeder wissenschaftlichen Kommunikation und jeder wissenschaftlichen Methode ändert. Mit anderen Worten: Wenn Adorno diese an der Logik orientierte Philosophie als unvollständig abqualifizierte, weil sie die gesellschaftliche Basis aus den Augen verliere, konnten Neupositivisten und kritische Rationalisten dagegen vorbringen, daß Adornos Theorie zur gesellschaftlichen Basis selbst nur dank eines Denkens möglich sei, daß in jener über dem Gesellschaftlichen stehenden Ratio wurzelt.[27] Neupositivisten und kritische Rationalisten lehnten jegliche Vermischung sozialen Engagements, also eines von Werten bestimmten und auf Veränderung abzielenden Handelns, mit Wissenschaft und darum auch mit Philosophie ab. Die Philosophie habe sich auf die Grundlagen unserer Erkenntnismöglichkeiten zu beschränken und sich um eine einwandfreie Methode zu bemühen, die – in einem unendlichen Diskurs – jede Erkenntnis und jede Wissenschaft erst möglich mache. Diese Forderung nach einer wertfreien, strikt an der Logik orientierten Philosophie wurde in extremer Form von dem Österreicher Ernst Topitsch vertreten. Philosophie war für Topitsch fast ausschließlich eine Frage der Methode. Bei ihm wird auf eigenartigen Umwegen wieder ein Phänomen sichtbar, das von dieser Diskussion scheinbar weit entfernt ist – jene Verlagerung des Interesses vom Inhalt zur Beziehung, die für das Denken im zwanzigsten Jahrhundert so charakteristisch ist. Man könnte sagen, daß die neupositivistische und kritisch-rationalistische Philosophie einen Schritt zurücktrat und damit einen Übergang vom Essentialismus zum Nominalismus vollzog: Statt der Frage nach der Erkenntnis selbst wandte sie sich der Frage zu, wie wir Erkenntnis erlangen, also der Methode, der Beziehung des Denkens zu seinem Objekt.

Letztlich stand bei dieser ganzen Kontroverse ethisches Gebot gegen ethisches Gebot. Für die sozialkritischen Philosophen blieb die Veränderung einer ungerechten Gesellschaft das Endziel, und eine Philosophie, die dies aus den Augen verlor, mußte auch ihren eigentlichen Sinn verlieren. Für die Neupositivisten und kritischen Rationalisten dagegen hatte die Reinheit der Methode, also die Richtigkeit des Denkens und der Beobachtung, als einzige Legitimation der Philosophie und Wissenschaft Vorrang vor allen anderen Intentionen. Beide Parteien konnten sich hierbei auf das Vermächtnis der Aufklärung berufen, und beide stützten sich auf eine metahistorische, universale Idee – die der Vernunft, die sowohl die Gerechtigkeit als auch die Logik umfaßt. Zwei der großen Fragen, die für Kant gemeinsam am Anfang der Philosophie stehen – »Was können wir wissen?« und »Was sollen wir tun?« – hatte man voneinander getrennt. Die dritte – »Was dürfen wir hoffen?« – war als unbeantwortbar aus der Diskussion verbannt worden.

In Osteuropa hatte die Entwicklung des Denkens trotz äußerer Erstarrung des Systems nicht stillgestanden. Die Ausgangssituation war der im Westen insofern diametral entgegengesetzt, als die Verlagerung der Schwerpunkte zur Sozialphilosophie und zur gesellschaftlichen Orientierung von der marxistisch-leninistischen Doktrin schon vorgegeben war und von seiten des Staates dekretiert wurde. In Polen, Ungarn, der Tschechoslowakei und der DDR hatte sich der Marxismus in seiner leninistischen Form seit den sechziger Jahren jedoch immer mehr zu einer ideologischen Fassade gewandelt; er war zu Ritualen mit feststehenden Phrasen verkümmert, und bei allen offiziellen Anlässen war es, als werde eine Langspielplatte mit einschläfernd monotonen Formeln zur Legitimierung von Parteikurs und Regime abgespielt. Die für die Jugend obligatorischen Schulungen in Marxismus-Leninismus und die Parteimitgliedschaft – Voraussetzung für beruflichen Erfolg und sozialen Aufstieg – bewirkten bei vielen Menschen eine Art Bewußtseinsspaltung: Zwischen der öffentlich bekannten Rechtgläubigkeit und der privaten Überzeugung entstand ein tiefer Riß. Es wurde üblich, in wissenschaftlichen Publikationen und in der Öffentlichkeit keine eigene Meinung zu äußern und statt dessen gehorsam die offizielle Doktrin herunterzubeten – mit Formeln wie »der Marxismus-Leninismus lehrt, daß ...« –, womit man sich von den folgenden Aussagen distanzieren konnte. Man dachte und sprach im privaten Kreis anders als außerhalb. Für die Generationen, die in diesem System aufwuchsen und nichts anderes kannten, wurde das zur zweiten Natur. Das Verschwinden des Unterschieds zwischen dem öffentlichen und dem privaten Bereich hatte Marcuse als eine der verhängnisvollen Entwicklungen in der westlichen Konsumgesellschaft genannt, als eine Ursache der »Eindimensionalität« des Menschen. Paradoxerweise waren gerade die kommunistischen Staaten, wie alle Diktaturen, Musterbeispiele für Gesellschaften mit deutlichem Abstand zwischen diesen beiden Sphären. Die beschriebene Gespaltenheit blieb nicht auf Menschen mit höherer Bildung beschränkt. Ohnehin war die Bildungspolitik von Anfang an ganz bewußt darauf ausgerichtet worden, das Bildungsgefälle zu beseitigen, soweit dies überhaupt möglich war; auf diesem Gebiet hatten die Regime versucht, das alte Gleichheitsideal zu verwirklichen und Klassen im traditionellen Sinn abzuschaffen, und Kinder aus einfachen Verhältnissen hatten grundsätzlich die gleichen Chancen wie andere. Nur wurde diese Gleichheit dadurch wieder zunichte gemacht, daß die Parteidiktatur eine allmächtige Bürokratie und eine neue Kaste von Privilegierten schuf, die ihre Vorrechte (wirklicher oder vorgeblicher) politischer Rechtgläubigkeit und Zuverlässigkeit verdankten. Aus schon erwähnten Gründen war das System in Polen und Ungarn liberaler und flexibler als in der Tschechoslowakei nach 1968 und in der DDR. Die Bewußtseinsspaltung war jedoch überall erkennbar, sogar auf der Ebene der hohen Parteikader, wo sich besonders nach der Entthronung Stalins und des Stalinismus ein zynischer Machiavellismus ausbreitete. Vor erstaunten westlichen Besuchern ließen Prominente durchblicken, daß kein vernünftiger Mensch mehr ernsthaft die Werke von Marx und Lenin studiere oder als Richtschnur betrachte. Sie schmückten ungelesen, als eine Art intellektueller Identitätsnachweis, die Regale in allen staatlichen Einrichtungen und öffentlichen Bibliotheken, auch als man die sogenannten Gesammelten Werke Stalins entfernt hatte. Während die unzufriedene akademische Jugend des Westens wieder Interesse am lange Zeit diskreditierten Marxismus bekundete, war dieser im Osten zur leeren Hülse verkümmert und blieb dennoch ein unentbehrliches Machtinstrument. Es ist kaum zu bezweifeln, daß die kommunistischen Regime schon längst zu einschneidenden Reformen gezwungen oder sogar zu Fall gebracht worden wären, wenn die Macht der Sowjetunion in Gestalt der Roten Armee dies nicht verhindert hätte; die Ereignisse der Jahre 1953 (Berlin), 1956 (Ungarn), 1968 (Tschechoslowakei) und 1980 (Polen) waren eine Lehre. Die Schicht der einheimischen Bevölkerung, auf die sich ein orthodoxes Parteiregime ohne die Deckung durch die russische Militärmacht hätte stützen können, war dünn.

Allerdings hatte sich in der kritischen Intelligenz Osteuropas ein revisionistischer Marxismus entwickelt, der sich am alten Ideal eines humanen Kommunismus orientierte, ein Marxismus im Sinne einer allgemeinen Befreiungslehre. Wie westliche Neomarxisten griff man vor allem auf den jungen Marx und jene philosophischen Quellen zurück, die von der leninistischen Doktrin und den kommunistischen Parteien unterschlagen oder verfälscht worden waren. Außerdem war das, was sich im Westen in den Natur- und Sozialwissenschaften tat, keineswegs unbekannt. Durch westliche Veröffentlichungen waren die führenden Forscher, Gelehrten und Autoren in Ostdeutschland, Polen, Ungarn und der Tschechoslowakei mit den entsprechenden Diskussionen vertraut. Die Verarbeitung all dessen war stark von ihren so ganz andersartigen Erfahrungen beeinflußt – Erfahrungen mit kommunistischer Herrschaft. Offiziell wurde alle Forschung zentralistisch von den staatlichen Akademien der Wissenschaften organisiert, die in Übereinstimmung mit dem Parteikurs die Richtlinien und Fragestellungen vorgaben. Sie waren Hochburgen der marxistisch-leninistischen Orthodoxie, wie in der Sowjetunion selbst. Westliche Ideen waren tabu. Die Universitäten sollten nichts als Ausbildungsinstitute sein. Aber abgesehen davon, daß sich auch hier in der Praxis auf manchem Gebiet eine gewisse Toleranz entwickelt hatte, waren außerhalb der staatlichen Einrichtungen Forschungszentren entstanden, in denen es mehr Freiraum gab, sogar in der Sowjetunion, beispielsweise in Tallinn (Hauptstadt der ehemaligen Republik Estland), wo nach dem Vorbild der westlichen Sozialwissenschaften ausgiebig empirische Forschung betrieben wurde.[28] In anderen kommunistischen Ländern gab es zahlreiche Institutionen, in denen man von der offiziellen Marschroute der Akademien abwich und in der Forschung den vorgeschriebenen marxistisch-leninistischen Schematismus umging. So entstand also hinter der Fassade des nur scheinbar monolithischen Systems in den Geisteswissenschaften, die zur Zeit des Stalinismus mehr als andere durch Dirigismus gelähmt und gewaltsam dressiert worden waren, ein vielfältiger Dialog, in den man auch den Westen einbezog. Obwohl die Kräfte, die sich um eine Erneuerung und Humanisierung des Marxismus bemühten, Verwandtschaft mit der sozialkritischen Richtung im Westen erkennen ließen, bedingten der ganz andere Hintergrund und die andere Ausgangsposition auch entsprechende Unterschiede. Die Revisionisten im Osten ließen sich vor allem von der ganz konkreten Hoffnung leiten, auf die Dauer das System im eigenen Land reformieren zu können. Nicht der materialistische Konsens der Konsumgesellschaft, sondern der oktroyierte ideologische Konsens und der Dirigismus der Staatsbürokratie waren hier die großen Steine des Anstoßes. Die Gesellschaft war im Vergleich zum Westen rückständig, die sozialistische Kultur im Grunde ausgesprochen engstirnig und kleinbürgerlich – eine seltsame postume Bestätigung für Marxens These, das Proletariat müsse auf seinem Weg in eine kommunistische Zukunft zunächst durch eine bürgerliche Phase hindurch. In kultureller und ästhetischer Hinsicht, in bezug auf Geschmack, Normen und Kunstauffassungen, war die kommunistisch gelenkte Gesellschaft in der Sowjetunion und ihren Satellitenstaaten geradezu ein Musterbeispiel für Verspießerung. Man muß jedoch bedenken, daß sich die osteuropäischen Länder (abgesehen von der DDR und der Tschechoslowakei), als die Kommunisten hier nach 1945 die Macht übernahmen, sozioökonomisch und politisch noch in einem Stadium befanden, das die meisten westeuropäischen Länder hinter sich gelassen hatten; was die »Modernisierung« angeht, war das neunzehnte Jahrhundert in diesen Ländern noch nicht wirklich vorbei. Im Kreis um Philosophen wie Adam Schaff in Polen oder Agnes Heller in Ungarn kam es nun jedoch zu einem wirklichen Dialog mit den neuen geisteswissenschaftlichen Strömungen im Westen. Jugoslawien, als verhältnismäßig neutral zwischen den Blökken lavierender Staat, bot wie kein anderer Voraussetzungen für Kontakte, und so fanden zum Beispiel auf der Insel Korčula Begegnungen zwischen Marxisten aus Ost und West statt.[29]

Von den Revisionisten wurde der polnische Philosoph Leszek Kolakowski der Bekannteste. Auf seine kritischen Äußerungen hin 1966 aus der Partei entfernt und 1968 seiner Professur enthoben, ging er nach Amerika und später nach England, wo er sich schließlich ganz vom Marxismus als einer von der Geschichte überholten Doktrin lossagte, überzeugt, daß das antihumane und totalitäre Element schon in der Lehre selbst enthalten sei und daß auch ein inhaltlich erneuerter Marxismus keine Lösungen für die bedrückenden aktuellen Probleme mehr bieten könne.[30] Die marxistische Idee einer vollständigen Befreiung des Menschen, die einen starken Staat überflüssig machen würde, betrachtete er jetzt als Utopie, denn die Voraussetzung, die Harmonie von Individuum und Gesellschaft, die Marx sich vorstellte, sei unmöglich.[31] Kolakowski wandte sich in seinem späteren Werk auch gegen den Cartesianismus (und damit im Grunde gegen die Grundüberzeugungen des Liberalismus), weil der Cartesianismus das Subjekt der objektiven Welt gegenüberstelle und damit den einzelnen isoliere. Das Individuum, so betont er, sei in der Gesellschaft verwurzelt und auch als Individuum nicht unabhängig von den anderen denkbar. Kolakowskis Denken unterscheidet sich von dem der tonangebenden Philosophen im Westen auch darin, daß er die prinzipiell antimetaphysische Ausrichtung kritisiert, die dort geradezu obligatorisch geworden war, sowohl im Lager der kritischen Rationalisten und Neupositivisten als auch bei den sozialkritischen Philosophen. Ein auffallender Unterschied: Der Exmarxist osteuropäischer Herkunft, aufgewachsen in einem unfreien, erheblich ärmeren Land, in dem der hier so selbstverständlich gewordene Überfluß noch nicht Einzug gehalten hatte, verweist auf die transzendente Dimension, in der all unsere Werte und unsere Moral wurzeln und die den kritischen Denkern in der westlichen Konsumgesellschaft zur gleichen Zeit immer weniger relevant erschien.

4 Der Szientismus und seine Grenzen

Auguste Comte hatte ein Jahrhundert zuvor verkündet, nach dem Zeitalter der Philosophie werde das Zeitalter der Wissenschaft anbrechen, und Saint-Simon hatte die Ingenieure zu den wahren Führern der künftigen Menschheit erklärt. Die Entwicklung schien beide inzwischen auf das Schönste zu bestätigen. Die grundlegende Veränderung der Welt durch Naturwissenschaften und Technik, eine Veränderung, die unaufhörlich und sogar mit immer höherer Geschwindigkeit weiterging, hatte, wie oben skizziert, dazu geführt, daß sich die wichtigsten Philosophen seit den fünfziger Jahren in zwei Lagern gegenüberstanden, die beide der Philosophie eine bescheidenere Aufgabe zuwiesen und ihr die Vorherrschaft streitig machten, das eine Lager zugunsten der Naturwissenschaften, das andere zugunsten der Sozialwissenschaften – besonders Soziologie, Anthropologie, Psychologie und Sprachwissenschaft –, die als Speerspitze der Geisteswissenschaften von nun an eine maßgebliche Rolle spielten. Die Neupositivisten, die vor allem die Funktionsgesetze von Sprache und Logik analysierten, zogen eine deutliche Grenze zwischen der nur über empirisch gesicherte Daten objektiv erkennbaren Wirklichkeit – der Welt der Naturwissenschaften also –, und allem anderen, das nach ihrer Auffassung außerhalb des Bereichs sinnvoller Aussagen und wissenschaftlich fundierter Erkenntnis liegt. Für die neomarxistischen Sozialkritiker dagegen war der wahre Philosoph eigentlich ein Sozialwissenschaftler, der den Weg zur notwendigen Veränderung zu zeigen hatte. In beiden Fällen verwies die Philosophie den Erkenntnissuchenden an die Wissenschaft. Diese war von nun an die unangefochtene Autorität, hatte das letzte Wort und war auch für Politik und Ideologie unentbehrlich geworden, weil sie allen Plänen und Entscheidungen den allerhöchsten Segen gab – *Roma locuta, causa finita*. Die unvermeidliche Folge war, daß eine wechselseitige Abhängigkeit entstand und daß die Politik ihrerseits die Wissenschaft zu lenken versuchte – in den kommunistischen Staaten ohne Hemmungen und mit straffem Zügel, in den Demokratien hin und wieder vorsichtig, wenn lebenswichtige Interessen des Staates berührt schienen. Für Medien und Öffentlichkeit war der Experte, auf welchem Gebiet auch immer, zu der Instanz geworden, bei der die richtigen Einsichten zu finden sind. Der Vorwurf der Inkompetenz oder des Dilettantismus war jetzt ebenso vernichtend wie einige Jahrhunderte zuvor der des Atheismus oder der Hexerei.

Obwohl der Gegensatz zwischen Neomarxisten und Neupositivisten nicht einfach deckungsgleich mit dem Dualismus von Geistes- und Naturwissenschaften ist, bestand zwischen beidem schon ein Zusammenhang. Dieser Dualismus war 1959 von neuem zur Diskussion gestellt worden, als der britische Schriftsteller und Physiker Charles Percy Snow (also jemand, der auf beiden Gebieten aktiv war) in einem aufsehenerregenden Vortrag über die »zwei Kulturen« sprach, in die die westliche Gesellschaft gespalten sei, nämlich die der Wissenschaft und die des literarischen Geistes.[32] Unter Wissenschaft verstand er ausschließlich die exakten Wissenschaften, die *Sciences*, die die technische und damit die allgemeine Entwicklung beherrschen. Die Beziehungslosigkeit beider Kulturen müsse überwunden werden. Für die Zukunft, für den Fortschritt sei selbstverständlich eine wissenschaftliche (szientistische) Denkweise notwendig. Man hat zu Recht darauf hingewiesen, daß dieses Plädoyer auch mit den machtpolitischen Verhältnissen jener Zeit zu tun hatte, mit dem Bedeutungsverlust Europas, besonders auch Großbritanniens, im Verhältnis zu Amerika und der Sowjetunion, den beiden Supermächten, die so überzeugend den engen Zusammenhang zwischen technisch-wissenschaftlichem Vorsprung und Macht demonstrierten.[33] Eine Gesellschaft, die in der naturwissenschaftlich-technischen Kultur den Anschluß verpaßte, würde bald zur Nachhut gehören, so Snow. Es war die wissenschaftliche Revolution, die jene moderne Welt geschaffen hatte, die inzwischen auch für die Länder der Dritten Welt zum Ideal geworden war. Die eingehenden Erwiderungen auf Snows Darlegungen und die Aufregung, die er verursachte, zeigen deutlich, daß er einen empfindlichen Nerv getroffen hatte, indem er die Geisteswissenschaften, die sich immer zu Hüterinnen des kulturellen Erbes und des menschlichen Geistes allgemein berufen gefühlt hatten, als konservative, fortschrittshemmende Kräfte darstellte. Es war ein Vorwurf, der seit langem schon am Selbstbewußtsein vieler Geisteswissenschaftler nagte, die ja selbst die gewaltigen Leistungen der Naturwissenschaften sahen. Zu verdanken waren diese Leistungen der Wertfreiheit naturwissenschaftlicher Forschung, ihrer Objektivität und ihrer Methode, der Verbindung von Beobachtung, Hypothese und Experiment. Während die Position der Naturwissenschaften auf unablässiger Akkumulation von Wissen und Können beruht, also auf Fortschritt, war es fraglich, ob es in den Geisteswissenschaften etwas wie Fortschritt gab. Vor allem war ihr Nutzen für die Gesellschaft und das Wohlergehen des einzelnen längst nicht so greifbar und meßbar. Wegen der engen Beziehung zwischen Naturwissenschaft, Technik, Macht und Wohlstand kam seit Generationen der größte Teil der für Wissenschaft aufgewendeten Mittel des Staates und der Wirtschaft den Naturwissenschaften zugute.

In der Aufregung um die These von den zwei Kulturen wurde der Antagonismus erkennbar, der schon seit der industriellen und technischen Revolution des neunzehnten Jahrhunderts, ja sogar schon früher, seit den Anfängen des naturwissenschaftlichen Denkens im siebzehnten Jahrhundert, die größten Denker wie etwa Pascal oder Kant beschäftigt hatte, ein Antagonismus, der auf einer tieferen Ebene lag, so daß der Dualismus von Natur- und Geisteswissenschaften im zwanzigsten Jahrhundert vielleicht nur das am deutlichsten sichtbare Symptom ist. Im Grunde ging es um den uralten Mythos vom Baum der Erkenntnis, das Schaudern vor den Folgen, die die Hybris des menschlichen Erfindungsgeists für die Menschheit haben würde. Dadurch, daß der Mensch Gott gleich wurde (womit sich das Versprechen der Schlange erfüllte), war Gott ja überflüssig geworden, und Gläubige wie Ungläubige können in diesem Zusammenhang auf die unübersehbare Parallelität des Fortschritts in Naturwissenschaften und Naturbeherrschung und des Verschwimmens der Gottesvorstellung im zwanzigsten Jahrhundert verweisen. Wenn Wissenschaft oder Technik einen spektakulären Schritt nach vorn machten, waren in phantastischen Erzählungen oder beschwörend mahnenden Prophezeiungen, in Film oder Literatur regelmäßig Visionen einer seelenlosen, von Robotern beherrschten künftigen Gesellschaft verkündet worden. In der Science-fiction war das sogar ein sehr dankbares und beliebtes Thema. Dieses Genre hatte von der angelsächsischen Welt aus die Literatur erobert. Es war die moderne Variante des phantastischen Abenteuerromans, eine neuromantische Geschichte von Ingenieur und Astronaut, Rakete und Reagenzglas, und als solche ein Anzeichen dafür, in welchem Grade die Allmacht der Wissenschaft inzwischen die Phantasie beschäftigte und wie sehr man von dieser Allmacht beeindruckt war. Der vollkommen technische Mensch war, ganz anders als früher bei Saint-Simon, in Literatur und Kunst vielfach zum Inbegriff des Unmenschen geworden, ähnlich dem Frankenstein-Monster im Film. Natürlich stand längst nicht alle Science-fiction im Zeichen dieser Angst und Aversion; zum Ausgleich gab es immer wieder optimistische Ausblicke nach Art eines Jules Verne und den Glauben an die Segnungen des technisch-wissenschaftlichen Fortschritts. Insgesamt jedoch wurde der Tenor schon seit den zwanziger und dreißiger Jahren pessimistischer. Nach 1945 gab die Atombombe diesem Pessimismus noch zusätzlich Nahrung. Für einen Orwell oder Gheorghiu waren die totalitären Regime schon die Vorboten einer Welt von Robotern. Der Faschismus schien einen schrecklichen Vorgeschmack auf die Welt des futuristischen Maschinenmenschen zu geben und gleichzeitig von ausgesprochen reaktionären, obskurantistischen Gegenkräften beherrscht zu sein. Auch Huxleys *Schöne neue Welt* lag auf der Linie der pessimistischen Visionen; hier ist die Menschheit der technischen Entwicklung wie einem rasenden Gefährt ohne Bremsen ausgeliefert. Eine Welt, beherrscht von einer hypertrophen Technologie und ihren Experten, wäre vielleicht das Ende des Menschen als eines Wesens, das Schönheit und Liebe kennt, und würde seinen Abstieg zu einem maschinenhaften Wirbeltier besiegeln, wie man bei Clive Staples Lewis lesen konnte.[34] Das Ideal Comtes war zu einem Alptraum geworden. Letztlich hat man es bei dieser ganzen Problematik auch mit dem Konflikt zweier gegensätzlicher psychischer Grunddispositionen zu tun, die in der Geschichte immer wieder in Erscheinung getreten sind – einerseits als eher rationale und technische, andererseits als überwiegend künstlerische und literarische Veranlagung. Weil das Denken in Antinomien oder Polaritäten eine Eigenart des menschlichen Geistes ist, begegnen wir ihnen auch in den Kulturdiagnosen des zwanzigsten Jahrhunderts immer wieder, Polaritäten, die als roter Faden in der gesamten Entwicklung angesehen werden, wie es auch in Snows Theorie der zwei Kulturen oder geistigen Dispositionen der Fall ist. Diese Feststellung mindert allerdings nicht die Überzeugungskraft dieses Denkens in Gegensätzen, und darauf kommt es hier an.

Zu den entschiedenen Gegnern des von Snow propagierten Szientismus gehörten nicht nur Literaten und Künstler, sondern auch Sozialkritiker wie Marcuse, der gerade diesen Szientismus als eines der schlimmsten Symptome der Entfremdung ansah; für Marcuse gehörte er zu dem, was schon Marx die Verdinglichung der Welt genannt hatte. Marx und Marcuse gaben dem Begriff Fortschritt eine ganz andere Bedeutung; in der szientistischen

Denkweise sahen sie ein Hindernis, etwas Überholtes. Dennoch blieben Anziehungs- und Überzeugungskraft des Szientismus für alle Wissenschaften unwiderstehlich, zumal die marxistische Sozialkritik im Lichte des Kalten Krieges und des Ost-West-Gegensatzes vielen verdächtig erschien. Und der für das ganze neunzehnte Jahrhundert selbstverständliche Zusammenhang von Fortschritt und Naturwissenschaften plus Technik – diese beiden galten auch in humanitärer Hinsicht als wichtigste Vehikel des Fortschritts – war längst nicht für jeden obsolet geworden. Den vielen Kassandren mit ihren technikfeindlichen Horrorvisionen standen Menschen gegenüber, die einzig von einem vollkommen rationalen, auf wissenschaftliche Erkenntnisse gestützten Denken Rettung erwarteten – Neupositivisten wie Bertrand Russell und Alfred Ayer und ganz allgemein diejenigen, die sich als Erben der Aufklärung und des Liberalismus fühlten und deshalb unerschütterlich Irrationalismus, religiösen Dogmatismus und Mystizismus als Hauptgefahren bekämpften. Während bei maßgeblichen Repräsentanten der modernen Literatur, der Kunst und der Philosophie die Wirklichkeit rätselhafter bis hin zum vollends Ungreifbaren wurde, für manche auch beängstigender, war doch für alle sichtbar und spürbar, daß die Naturwissenschaften eine immer weiter gehende Naturbeherrschung ermöglicht hatten, deren Vorteile jeder, auch der skeptischste oder nihilistischste Denker, täglich ohne Hemmungen nutzte. Auch die jungen Rebellen, die, wie sie behaupteten, der verdorbenen kapitalistischen Wohlstandsgesellschaft empört den Rücken kehrten, die Hippies und ihre Verwandten, verschmähten Auto und Fernseher keineswegs. Flugzeug, Kernenergie und Computer waren Errungenschaften, deren Existenz man nicht leugnen konnte, ebensowenig wie die Tatsache, daß sie Ergebnisse der wissenschaftlichen Revolution waren. Die exakten Wissenschaften wurden deshalb gern zum Vorbild für die Wissenschaften insgesamt erhoben. Neu war das nicht, denn der Positivismus eines Comte, Buckle, Taine und Lamprecht hatte im neunzehnten Jahrhundert schon die Vereinigung aller Wissenschaften auf der Grundlage einer einheitlichen Methode und eines objektivistischen Ansatzes propagiert.

Das naturwissenschaftliche, szientistische Modell war innerhalb der Geisteswissenschaften seitdem immer in der Diskussion gewesen, aber im Atom- und Raumfahrtzeitalter besaß diese Frage größere Dringlichkeit, wie Snows Vortrag und die Reaktionen zeigten. In den Sozialwissenschaften hatte sich die empirische Soziologie, die ja der quantifizierenden Forschung, beispielsweise mittels Befragungen, große Bedeutung als rein objektiver Methode beimißt, schon vom naturwissenschaftlichen Modell leiten lassen. In Psychologie und Linguistik machte es seinen Einfluß im Behaviorismus wie auch bei dessen Antipoden geltend, dem Strukturalismus, von dem auch Chomsky ausging. Dessen Theorie eines der menschlichen Sprach- und Sprechfähigkeit zugrundeliegenden universalen Musters und einer Tiefenstruktur als Basis jeder Sprache beruhte teilweise auf Erkenntnissen der Hirnforschung. Und die vom Behaviorismus kommenden experimentellen Psychologen und Biologen wie etwa der Amerikaner Burrhus Frederic Skinner, die die Idee einer Seele oder Psyche als unbrauchbares Relikt der Metaphysik ablehnten, gingen von den rein physischen Voraussetzungen des Bewußtseins aus, wobei sie unmittelbar an die experimentelle Neurologie anknüpften. Auch hierbei kann man wieder auf Vorgänger verweisen, beispielsweise auf Taine mit seinem bekannten Diktum, das Gehirn produziere Gedanken wie der Körper bestimmte Stoffe. Menschliches Verhalten – und dies war für die Behavioristen das einzig Reale, weil Nachweisbare, empirisch Abzusichernde – kann durch Impulse von außen beeinflußt werden wie die Materie. Der Behaviorismus sah deshalb auch die alte mythologische Vorstellung des Homunkulus in der neuen Gestalt des künstlichen Gehirns und des Computermenschen, der dem biologischen Menschen in seinen Leistungen auf allen Gebieten gleichkommen, ihn vielleicht gar übertreffen kann, als Idee, deren künftige Verwirklichung keineswegs undenkbar war, ja sogar nützlich wäre, ein Triumph der Wissenschaft – zum Entsetzen des antiszientistischen Lagers. In der behavioristischen Denkweise wurde die Trennung von Natur- und Geisteswissenschaften aufgehoben. Der Strukturalismus (der Strukturbegriff stammte ursprünglich aus der Physik und Technik) hatte von der Sprachwissenschaft und der Anthropologie aus inzwischen die Sozialwissenschaften in ihrer ganzen Vielfalt nachhaltig beeinflußt. Allerdings setzte er im Gegensatz zum Behaviorismus und der experimentellen Psychologie eines Skinner eine hinter den Phänomenen liegende Einheit und Gesetzmäßigkeit voraus. Man kann den Strukturalismus in der Anthropologie von Lévi-Strauss deshalb auch als einen Erben des organologischen Ansatzes bezeichnen, der sogar auf die Romantik zurückverwies – angepaßt an den neuen wissenschaftlichen Standard und das entsprechende metaphorische Vokabular.[35] Der große und bezeichnende Unterschied ist, daß die organologische Sichtweise der Romantik der Biologie verpflichtet war, der strukturalistische eines Lévi-Strauss und verwandter Forscher dagegen der inzwischen tonangebenden Physik und Technik. Der Strukturalismus implizierte auch ein deterministisches Menschen- und Kulturbild: Alle kulturellen und sozialen Phänomene sah er als Elemente eines großen Zusammenhangs, eines Systems, in dem der Mensch gefangen ist. Dies war die bahnbrechende Erkenntnis, zu der Lévi-Strauss gelangt war, indem er an ältere Anthropologen wie Malinowski anknüpfte, und sie hatte weitreichende Konsequenzen für die anderen Sozialwissenschaften. Der Strukturalismus hatte aber vor allem auch Konsequenzen für das Selbstbild des Westens und damit wiederum politisch-gesellschaftliche Implikationen: Er mußte logischerweise jede Art von wertenden Aussagen über Kulturen ausschließen, weil auch die westliche Kultur und die westliche Ethik durch die ihnen zugrundeliegenden strukturellen Eigenschaften determiniert sind. Und damit wurde der Strukturalismus, im Prinzip wenigstens, zu einer Theorie, die sich nun insofern auch gegen den Szientismus und die wissenschaftliche Revolution wandte, als er die westliche Kultur mit all ihren Errungenschaften wie rationalem Denken und Demokratie nicht als – den sogenannten primitiven Kulturen – überlegen ansehen konnte. In dieser Position waren somit sehr gegensätzliche Konsequenzen angelegt. Die Erkenntnisse und der Kulturrelativismus der Anthropologie paßten zur Kritik der rebellischen Jugend am Westen und zu ihrer Sympathie für die Länder der Dritten Welt. Sie berührten sich auch mit älterer, marxistisch gefärbter Kritik am Westen, wie sie beispielsweise in den Niederlanden von dem Historiker Jan Romein oder dem Soziologen Willem Frederik Wertheim vorgebracht worden war. Aber hinter der Forderung nach Emanzipation und Modernisierung der unterentwickelten Länder steckten die Ideen der Aufklärung und die Überzeugung, daß diese Ideen, die wissenschaftliche Revolution und die Demokratie eine überlegene, ja sogar universell gültige Norm repräsentierten. Die westlichen Intellektuellen, soweit sie – wie es in Europa und Amerika gewöhnlich der Fall war – eher zur Perspektive des linken, progressiven Lagers tendierten, zu Selbstkritik und zum Engagement für die Emanzipation der unterentwickelten Völker oder der Schwachen der eigenen Gesellschaft, konnten sich hier leicht in ethische und logische Widersprüche verstricken. Der Normenrelativismus konnte schließlich auch gegen den Emanzipationsgedanken, dieses Kind der ganz und gar westlichen Aufklärungstradition, ausgespielt werden. So ergaben sich Parallelen zu konservativer Kulturkritik, die sich gegen den Szientismus und die Vorherrschaft von Naturwissenschaften und Technik wandte, und zu neomarxistischer Kritik an der »Entfremdung«. Sollte man den Völkern in Afrika, Asien und Lateinamerika diese unselige westliche Zivilisation mit ihren materialistischen Werten aufdrängen? Wer die nichteuropäischen Kulturen bewunderte und verherrlichte, übersah allerdings, daß sich die Mehrheit der betreffenden Völker selbst inzwischen gerade vom westlichen Weg Heil und Glück versprach.

Das szientistische Modell war trotz dieser kontroversen Diskussion in den sechziger und siebziger Jahren in den Sozialwissenschaften, auch in der Geschichtsschreibung, vorherrschend geworden, und der Strukturalismus hatte sich bei der großen Mehrheit der Fachwissenschaftler hier und in den Nachbardisziplinen durchgesetzt, in der Terminologie und in der Denkweise; er bot Möglichkeiten weitgehend objektiver und vor allem unideologischer Forschung. Die große Schwäche der Sozial- und Geisteswissenschaften gegenüber den Naturwissenschaften war, daß sie nicht über das Mittel des Experiments verfügen und darum keine Gesetze formulieren können, die allgemeingültige Aussagen und Vorhersagen ermöglichen. Der Verifikations- oder Falsifikationstest, nach Popper und Hempel das Kriterium für echte wissenschaftliche Forschung, war also unmöglich, wenigstens wenn man die gleichen strengen Maßstäbe wie in den Naturwissenschaften anlegt. Man war gewöhnlich auf Wahrscheinlichkeitsberechnungen auf der Grundlage statistischer Daten angewiesen. Um sich dem szientistischen Modell so weit wie möglich anzunähern, führte man deshalb, wo immer es ging, statistische und quantifizierende Forschung ein, die objektivste und am wenigsten persönlich gefärbte, und paßte die Fragestellungen des betreffenden Faches daran an. Der Strukturbegriff eignete sich gut für zumindest formal wertneutrale Erklärungen. Er eliminierte soweit wie möglich das individuell-subjektive Element, das so leicht auch Emotionen des Forschers ins Spiel bringt. Man kann in dem Verlangen, ideologische und emotionale Faktoren aus der Forschung zu verbannen, auch eine Reaktion auf die neomarxistische Sozialkritik und den linken Radikalismus der späten sechziger und der siebziger Jahre sehen, den Wunsch, sich von alledem deutlich zu distanzieren. Diese Reaktion ist auch ein Zeichen für den Machtwechsel von der Philosophie zur Wissenschaft. Das Wort »Struktur« fand auch Eingang in die Alltagssprache. In der Kunsttheorie war es bald unverzichtbar, schließlich auch in der Sprache der Presse und der anderen Medien. In vielen wissenschaftlichen oder populärwissenschaftlichen Veröffentlichungen konnte man den Begriff von den späten sechziger Jahren an auf fast jeder Seite antreffen. In ihrer Fixierung auf das naturwissenschaftliche Modell und ihrem Eifer, den Sozialwissenschaften zu einem nach szientistischen Maßstäben gleichwertigen Status zu verhelfen, sahen die entschiedensten Befürworter dieses Ansatzes häufig nichts anderes mehr als die Methoden und so augenfälligen Erfolge ihrer Kollegen in den Laboratorien. Sie vergaßen, daß auch in den Naturwissenschaften das Zufallselement und das Unerklärliche eine Rolle spielen und daß sich gerade die berühmtesten Forscher dieser Tatsache immer deutlich bewußt waren. Selbst zwischen dem Reich der Naturwissenschaften und dem der Religion und Mystik herrschte kein so absoluter Gegensatz, wie die meisten annehmen; die Naturwissenschaft war, was man oft übersah, aus der Theologie und Alchimie hervorgegangen. Große Naturwissenschaftler wie Planck, Einstein, Lorentz, Born und Bohr empfanden das, was an der von ihnen selbst erreichten Grenze ihrer Wissenschaft lag, als unlösbares Rätsel. Der Physiker Carl Friedrich von Weizsäcker nannte die Mystik eine der großen Entdeckungen der Menschheit.[36]

Während in den Sozial- und Geisteswissenschaften das szientistische Modell den Ton angab und quantifizierende Forschung als Garantie für Wissenschaftlichkeit in hohem Ansehen stand, begann sich schon eine andere Strömung anzukündigen. Vom strukturalistischen Ansatz her konnte nämlich schon theoretisch die Gültigkeit des szientistischen Wissenschaftsmodells als typische Hervorbringung des westlichen Denkens relativiert werden. Es war der amerikanische Physiker und Wissenschaftstheoretiker Thomas S. Kuhn, der 1962 in seinem Buch *Die Struktur wissenschaftlicher Revolutionen* dieses Modell einer auf reine Empirie gegründeten universalen Objektivität der Naturwissenschaften unter die Lupe nahm.[37] Daß auch naturwissenschaftliche Forschung nicht unabhängig von der historischen Entwicklung ist und ihre Ergebnisse auch von dieser bedingt sind, war keine so aufsehenerregende und neue Erkenntnis. Aber Kuhn zeigte, daß naturwissenschaftliche Forschung von einer gewöhnlich stillschweigend vorausgesetzten Grundvorstellung abhängt, die er »Paradigma« nannte. Ein solches Paradigma beherrscht eine gewisse Zeit das Denken auch in den exakten Wissenschaften und begrenzt damit ihren empirischen Horizont, bis (manchmal zunächst unbemerkt) eine Verschiebung eintritt, ein Paradigmenwechsel, der eine Wende zur Folge hat, eine wissenschaftliche Revolution. So ein Paradigmenwechsel vollzog sich zum Beispiel an der Schwelle vom Mittelalter zur Renaissance, im siebzehnten Jahrhundert mit dem Aufkommen von Rationalismus und moderner experimenteller Wissenschaft und zwischen Aufklärung und Romantik. Man könnte zwar gegen Kuhns Paradigmentheorie den bekannten Einwand erheben, sie beruhe auf einem Zirkelschluß: Das Strukturmodell, mit dessen Hilfe Kuhn das Phänomen des Paradigmenwechsels als solches sichtbar gemacht und wissenschaftliche Revolutionen beschrieben hat, und die bereitwillige Aufnahme dieses Modells in den Sozialwissenschaften, der Geschichte und Kulturphilosophie seien schließlich selbst ein Musterbeispiel eines Paradigmas. Da aber jede Konzeption von einer übergeordneten Position aus wieder relativiert werden kann, ändert dieser Einwand nichts daran, daß der Paradigmenbegriff neue Einblicke in das Wesen umwälzender Veränderungen innerhalb der Wissenschaften ermöglicht hat. Kuhns Paradigmentheorie hatte übrigens einen einsamen, auf den ersten Blick völlig andersartigen Vorläufer in einer Theorie des niederländischen Psychiaters Jan Hendrik van den Berg, nämlich seiner Lehre von den wissenschaftlichen Veränderungen (*Metabletica*).[38] Von der Frage ausgehend, warum bestimmte psychische Phänomene, beispielsweise Neurosen oder Infantilität, erst in einem bestimmten geschichtlichen Augenblick entdeckt und benannt wurden (was in diesem Fall das gleiche ist), äußerte er die Vermutung, daß es sie zuvor vielleicht so auch gar nicht gegeben habe. Sie wären dann also weniger »entdeckt« als »erfunden« worden; hiermit betonte van den Berg auf seine Weise die Standortgebundenheit von Wissenschaft und die konstitutive Bedeutung der Sprache für die wissenschaftliche Wahrnehmung der Erscheinungen. Van den Bergs Lehre wurde von positivistischer Seite gleich nach dem Erscheinen seiner Studie, Mitte der fünfziger Jahre, als unwissenschaftlich und typisch literarisch bezeichnet und heftig bekämpft. Diese Heftigkeit deutet natürlich darauf hin, daß der Autor eine Schwachstelle des szientistischen Denkens entdeckt hatte. Seine Lehre paßte zu der permanenten Gegenströmung zum Szientismus, die vor allem in der Philosophie Heideggers und seiner Jünger Ausdruck gefunden hatte. Sie implizierte aber auch schon den Gedanken des Paradigmenwechsels, ohne ihn so zu nennen. Kuhns weniger provozierende und weniger hypothetische, weil sehr gezielte und klar eingegrenzte Analyse des Wesens naturwissenschaftlicher Revolutionen fand viel mehr Resonanz und bot auch weniger Angriffspunkte für Kritik.

Der gesamte Szientismus, also auch der neupositivistische und strukturalistische Ansatz in den Sozial- und Geisteswissenschaften, ging von der Grundüberzeugung aus, daß in oder hinter den zu untersuchenden Phänomenen eine erkennbare, objektive Ordnung liege, außerhalb des menschlichen Bewußtseins und von ihm unabhängig. Man muß hier gleich hinzufügen, daß diese Grundüberzeugung der ganzen westlichen Wissenschaftstradition zugrunde gelegen hat. In der Philosophie hatte man immer die Frage nach der Erkennbarkeit dieser außerhalb des Bewußtseins existierenden Ordnung gestellt. Es waren aber, wie wir gesehen haben, auch schon Zweifel an einer solchen Ordnung aufgekommen. In der Literatur nach der Jahrhundertwende und in den bildenden Künsten war die überlieferte Wirklichkeitsvorstellung in Frage gestellt worden, wie bei Joyce, Kafka, Pirandello, den Surrealisten und Absurdisten. Der alles revolutionierende Nietzsche hatte auch mit seinem Zweifel, ob es so etwas wie Wahrheit gebe, eine Bresche in scheinbare Gewißheiten geschlagen. Die Existentialisten hatten dem Wahrheitsbegriff einen anderen Inhalt gegeben. So waren immer wieder von anderer Seite Anschläge auf die genannte Grundüberzeugung verübt worden. Sie war jedoch immer wieder wie ein Korken im Wasser an die Oberfläche gekommen, und die Naturwissenschaften hatten sie glänzend rehabilitiert. Das szientistische Modell schien Natur- und Geisteswissenschaften zu verbinden, seine Überzeugungskraft ließ jedoch in den Geisteswissenschaften im Laufe der achtziger Jahre wieder nach. Auch dies war ein schönes Beispiel für einen Paradigmenwechsel.

Bei dieser Wende trafen zwei völlig verschiedene Probleme aufeinander, die plötzlich von einem ganz neuen Gesichtspunkt aus miteinander in Zusammenhang gebracht wurden: das Problem der Macht und das Sprachproblem. Die neue Verbindung zeigt auch, daß diese wissenschaftliche Debatte nicht ohne ihren ganz besonderen politischen und gesellschaftlichen Hintergrund vorstellbar gewesen wäre. Das Thema Macht hatte man zuvor immer der politisch-gesellschaftlichen Sphäre zugerechnet. Es wurde naturgemäß in allen politischen Theorien behandelt und gehörte in jedes Wörterbuch von Historikern, Soziologen, Anthropologen und Politologen. Sofern es in der Philosophie auftauchte, geschah dies ebenfalls im Zusammenhang mit dem Thema der Gesellschaftsordnung, mit dem sich Philosophen von Platon bis Popper, Marcuse und Habermas immer wieder beschäftigt hatten. Daß »Macht« jetzt in Wissenschaft und Philosophie eine viel weitere Bedeutung bekam und als wesentlicher Aspekt praktisch aller menschlichen Beziehungen aufgefaßt werden konnte, verrät den Einfluß der Jugendrebellion und des Neomarxismus und hängt mit dem so drängenden Problem des Gegensatzes zwischen reichen und armen Ländern zusammen, das heißt mit der Erfahrung, daß mit dem formellen Ende des Kolonialzeitalters keineswegs auch das Ende der Abhängigkeit und Unselbständigkeit ehemaliger Kolonien gekommen war. Es verrät außerdem das Unbehagen, das kritische Köpfe angesichts der realen Verhältnisse in der westlichen parlamentarischen Demokratie empfanden. Mit anderen Worten: Macht konnte nach den neuen Auffassungen auch in Form von technischer Überlegenheit in Erscheinung treten, als Wissensvorsprung, in rein ökonomischen Beziehungen, sogar wenn diese Beziehungen den Charakter von Wirtschaftshilfe hatten. Das war an sich auch wieder kein origineller oder überraschender Gedanke. Der Marxismus hatte, indem er das Modell von Basis und Überbau und seine Klassenlehre einführte und die ökonomische Bedingtheit von Bewußtsein und Gesellschaft betonte, nichts anderes getan, als auf den Machtaspekt der ökonomischen Verhältnisse hinzuweisen, und marxistische Theoretiker und Psychologen wie Adorno oder Fromm hatten auch deren Auswirkungen auf die individuelle Psyche beleuchtet. Aber durch die so aktuellen Probleme der Dritten Welt und der Demokratie bekam das Thema »Macht« in der öffentlichen Diskussion besonderes Gewicht.

Das andere Problem, die Sprache, hatte die Philosophen während des ganzen zwanzigsten Jahrhunderts immer stärker beschäftigt, in solchem Maße sogar, daß das klassische Erkenntnisproblem für manche hauptsächlich zu einem Sprachproblem wurde. Sowohl bei Heidegger und Merleau-Ponty als auch in Neupositivismus und Logistik und bei Wittgenstein stand es im Vordergrund – wegen der Bedeutung der Sprache als Mittel und Voraussetzung aller Kommunikation und wegen der faszinierenden Beziehung von Sprache und Denken. Im Zusammenhang mit dieser Beziehung hatten die Vertreter der Logistik, unter anderem Bertrand Russell und Alfred Ayer, mit dem Gedanken einer mathematischen Formelsprache als eines reinen und objektiven Instruments der Erkenntnis gespielt. Für sie war die Sprache, ihrer Funktion in den Naturwissenschaften entsprechend, in erster Linie ein unentbehrliches Werkzeug, deren mögliche Mängel durch disziplinierte, korrekte Verwendung so weit wie möglich verringert werden sollten. In dieser Frage offenbarte sich ein wesentlicher und eigentlich unüberbrückbarer

Gegensatz zwischen dem Szientismus und dem Antiszientismus, der gerade die konstitutive Bedeutung der Sprache für unser Denken hervorhob – eine Haltung, die von den Neupositivisten als unwissenschaftlich bekämpft und ins Reich der Literatur verwiesen wurde.

5 Postmoderne, von der Wirklichkeit zum Text

Im Jahre 1979 veröffentlichte Jean-François Lyotard, französischer Wissenschaftsphilosoph und Regierungsberater, einen Bericht mit dem Titel *Das postmoderne Wissen*.[39] Der Begriff »postmodern« fand im folgenden Jahrzehnt ungewöhnlich viel Anklang; er wurde zum Auslöser einer babylonischen Sprachverwirrung und Diskussion unter den westlichen Intellektuellen, an der sich später, vor allem nach der großen Wende von 1990, auch ein Teil der osteuropäischen beteiligte. Hierbei muß man bedenken, daß alles Neue in der Philosophie oder Wissenschaft durch den Wissenschaftsbetrieb und die modernen Kommunikationsmittel gleich in tausendfacher Vervielfältigung verbreitet wird; dies führt dazu, daß gerade im Vergleich zu früheren Epochen die geistige Tiefe und die Bedeutung dieses Neuen, das jetzt so viel Aufregung verursacht, leicht verzeichnet und überschätzt werden. Besonders in den Künsten und den Geisteswissenschaften in Frankreich und Amerika wurde die Postmoderne zu einer neuen intellektuellen Mode, vergleichbar mit dem Existentialismus nach 1945. Man griff häufig auf deutsche Denker zurück, auf Kant, Hegel, Marx, Nietzsche, Freud und Heidegger, die in Frankreich erst nach dem Krieg wirklich entdeckt wurden, während sie in Amerika schon früher von deutschen Emigranten in die Diskussion gebracht worden waren. Der verspätete Einfluß der deutschen Philosophie und Soziologie auf das westliche Denken allgemein – ein Einfluß, der oft englischen Übersetzungen zu verdanken war (man denke auch an die Rezeption Max Webers auf dem Umweg über amerikanische Soziologen) und sich zu einer Zeit geltend machte, da die kulturellen und gesellschaftlichen Verhältnisse völlig andere geworden waren – ist eines der vielen Beispiele dafür, daß kulturelle Einflüsse sehr gewundenen Pfaden folgen können, bevor sie einen geistigen Wandel herbeiführen. Das gleiche gilt für die Rezeption des russischen Kulturhistorikers Michail Bachtin, der unter Stalin wegen seiner unorthodoxen Vorstellungen verurteilt worden war und jetzt wiederentdeckt wurde. In den anderen Ländern waren Geisteswissenschaftler und Kommentatoren des Zeitgeists gleich sehr aufgeschlossen für den frischen Begriff »Postmoderne«. Er schien ein terminologischer Glücksfall zu sein, ein Begriff, der wie ein Blitz ganz plötzlich die geistige Situation, in der sich Westeuropa und Amerika seit den siebziger Jahren befanden, in gleißendes Licht tauchte. Da aber derartige allgemeine Bezeichnungen nicht patentierbar sind, wurde er auch zu einem Etikett, mit dem man nach und nach jedes Phänomen versah, das sich angeblich von seinen Vorgängern unterschied: Gemälde und Gebäude, Möbel, das Layout von Druckwerken, Theater, Fernsehen und Film, die Mode, wissenschaftliche Fragestellungen und Ansätze – kurz alles, was neu war, wurde in den achtziger Jahren bald schon »postmodern« genannt; das Adjektiv bekam eine Werbefunktion und wurde (entgegen seiner Bedeutung) zu einem Synonym von »modern« oder sogar »hypermodern«, denn es drückte aus, daß eine Epoche zu Ende sei und eine neue begonnen habe. Das ist bemerkenswert, weil erst 1989 und 1990 die große historische Wende kam, als der Zusammenbruch des Sowjetimperiums ein Zusammenwachsen der auseinandergerissenen Teile Europas möglich machte. Da erkannte man allgemein, daß man eine historische Zäsur erlebte und an der Schwelle einer neuen Epoche stand, und in den neunziger Jahren sollten alle Kommentare und Zeitdiagnosen im Zeichen dieser Erkenntnis stehen. Insofern nahmen die Apostel der Postmoderne mit ihrer Feststellung, daß in den Künsten und Geisteswissenschaften eine Epoche zu Ende gegangen sei, die allgemeine große Wende vorweg. Der Seismograph reagierte hier eher als in der für jeden so deutlich sichtbaren machtpolitischen Arena.

Die Postmoderne im engeren und ursprünglichen Sinn war eine ganz bestimmte Richtung in den Künsten und Geisteswissenschaften, der es sowohl um künstlerische Fragen als auch um Kulturkritik ging und die dem Gefühl entsprach, daß sich das geistige Klima verändert habe. Es ist recht unergiebig, die Angemessenheit dieser Bezeichnung zur Diskussion zu stellen oder – was allerdings getan wurde – eine echte und eine unechte Postmoderne zu unterscheiden.[40] Man konnte sich mit dem Begriff auf allen Gebieten deutlich gegenüber der Vergangenheit abgrenzen, und er gab der Gegenwart auf einmal ein Gesicht, eine Identität. Danach verlangte man also. Auf die Periode der kulturellen Umwälzung und des Sturms auf die Autoritäten, die Periode der utopischen Entwürfe, war eine Zeit der Phantasielosigkeit gefolgt, beherrscht von einer Mentalität, die nur Realpolitik und materielle Interessen gelten ließ. Dieser Wandel hatte zu Enttäuschung unter den Intellektuellen geführt, und so ist das postmoderne Denken auch dem Gefühl entsprungen, daß der Traum von der kulturellen und gesellschaftlichen Befreiung ausgeträumt war. Tonangebende Repräsentanten der Postmoderne kamen aus dem marxistischen Lager oder zumindest aus der Linken, und ihre Sympathie galt auch weiterhin allen, die sich für die Emanzipation von Minderheiten im weitesten Sinne stark machten. Der ideologische Radikalismus des hoffnungsvollen Aufbaus schlug in einen antiideologischen Radikalismus der Zerstörung und Demontage aller früheren Götzen- und Trugbilder um. Die Wirklichkeit mußte »dekonstruiert« werden, so lautete die neue Devise; unsere Vorstellung von ihr beruht auf Vorspiegelungen ohne Wesenskern. »Dekonstruktion«, »Dekodierung«, »Repräsentation«, »Simulation«, »Mimesis«, »Konvention«, »Pastiche«, »Klischee«, »Code«, »Zeichen«, »Signal« wurden zu zentralen Begriffen des postmodernen Vokabulars und deuteten an, worauf sich jetzt das Interesse richtete und in welcher Weise sich das Bewußtsein verändert hatte. »Macht«, »Diktat«, »Ordnung«, »Bevormundung«, »Rang«, »Objektivismus« bilden den negativen Pol, sind die Kennzeichen einer falschen Norm, nicht nur in gesellschaftlicher und politischer Hinsicht, sondern auch im Denken. Die Maßstäbe der kulturellen Rebellion blieben gültig, nur stand den realen Verhältnissen keine Utopie als neue Norm mehr gegenüber, wie bei den enthusiastischen Weltverbesserern.

Der Begriff postmodern selbst war übrigens schon früher aufgetaucht, bei Arnold Toynbee, der die Neuzeit, englisch: *Modern Age*, in seiner großen Periodisierung der Geschichte von 1475 bis 1875 dauern läßt und die darauf folgende Periode dann notgedrungen *postmodern* nennt.[41] Damals hatte sich der Begriff nicht durchgesetzt, weil noch nicht das Gefühl einer entsprechenden Wende verbreitet war und weil diese Einteilung von einer nicht mehr zeitgemäßen und eigenartig engen, eurozentrischen Perspektive bestimmt war. Am Ende der sechziger Jahre hatte sich aber in der Kunstwelt, was den Avantgardismus mit seinem grenzenlosen Experimentieren und seinem Wildwuchs ständig neuer Richtungen anging, Übersättigung breitgemacht. Die Bezeichnung »Avantgardismus« war, wie Lyotard feststellte, ohnehin schon seit dem Zweiten Weltkrieg ein reichlich abgenutztes und irreführendes Etikett, mit dem sich nicht mehr die unabhängigen

Pioniere schmückten (die den gesellschaftlichen Normen trotzten), sondern jeder Durchschnittskünstler, der zeigen wollte, daß er auf der Höhe der Zeit sei.[42] Die Pop Art, die das Lob der banalen Alltagsrealität mit ihrer Technik und grellen Werbung sang, war schon eine Reaktion auf den oft gekünstelten und gezierten Tiefsinn der sogenannten Avantgardisten gewesen, und sie hatte auf diese Weise auch die Idee der bedeutenden Kunst als solche lächerlich machen wollen. Diesen Angriff auf den ästhetischen Maßstab, der auch Rebellion gegen die herrschenden Autoritäten war, hatten amerikanische Kunsttheoretiker wie Leslie Fiedler, Frederik Jameson und Susan Sontag deshalb schon als »postmodern« charakterisiert. Man zielte damit auf das Fröhlich-Verspielte einer Kunst, für die nur die Oberfläche der Dinge und der äußere Schein zählten.[43] Der Amerikaner Charles Jencks gebrauchte den Begriff 1977 in seinem Buch *Die Sprache der postmodernen Architektur* für eine neue Bewegung, die sich gegen die moderne Architektur mit ihren kühlen Glas- und Stahlkonstruktionen wandte.[44] Der neue Begriff, wie die Kunsttheoretiker ihn verwendeten, brachte die Überzeugung zum Ausdruck, daß die Zeit der Moderne (oder Avantgarde) in den Künsten abgelaufen und daß keine wesentlichen neuen Impulse aus dieser Richtung mehr zu erwarten seien. Der Fortschrittsgedanke und die Originalitätssucht beruhten auf einer Illusion. Man durfte ruhig auf viel ältere Formen und Stile zurückgreifen, denn nirgendwo stand geschrieben, daß der Künstler oder Architekt an seine unmittelbaren Vorgänger anknüpfen müsse. Architekten kombinierten Elemente und Formen aus verschiedenen älteren Stilen und schufen so einen »Neo«-Stil; man könnte von einem selektiven Historismus sprechen. Daß man sich jetzt keinem Modernismus mit der ihm inhärenten Originalitätssucht mehr verpflichtet fühlte, sich dagegen in der so gewonnenen Freiheit von älteren Formen und Strömungen inspirieren ließ und ihnen nach Belieben die unterschiedlichsten Elemente entnahm, machte für viele Kunsttheoretiker das Wesen der Postmoderne aus. Der neue unbekümmerte Eklektizismus hielt Einzug in alle Künste und in die Mode. Tonangebende Modezentren wie Paris verloren in den siebziger Jahren viel von ihrer einstigen Magie; auch auf diesem Gebiet griffen Designer auf Muster und Modelle aus verflossenen Zeiten zurück.[45]

Als man in den Künsten den Beginn des postmodernen Zeitalters verkündet hatte, sorgte vor allem Lyotards Veröffentlichung für die Verbreitung des postmodernen Denkens in Philosophie und Geisteswissenschaften. Das geistige Erbe der Himmelsstürmer aus den sechziger Jahren spielte auch in diesem neuen Denken noch eine Rolle, zum Beispiel die antiautoritäre Ausrichtung, das Bedürfnis nach Demaskierung von Macht im weitesten Sinne, das Eintreten für Freiheit und gegen alle Erscheinungsformen von Hierarchie und Ordnung.

Keine Postmoderne ohne vorangegangene Moderne. Die Wahl der Bezeichnung »postmodern« wurde von dem Inhalt bestimmt, den man dem Begriff der Moderne gab, und auch hier liegt eine Ursache der Verwirrung. Dieser Begriff und die ihm eigene Doppeldeutigkeit, eine Folge der Vermischung der rein temporalen mit einer inhaltlich-wertenden Bedeutung, sind schon zur Sprache gekommen. Die Verwirrung wurde dadurch nicht geringer, daß in vielen Ländern neben Begriffen vom Typ *Modernism(e)* oder *Modernité* auch der deutsche Begriff, das substantivierte Adjektiv Moderne, als Fremdwort bekannt ist, das viel deutlicher die Vorstellung einer ganz spezifischen kulturellen Erscheinung oder Richtung wachruft. Außerdem wurden infolge der starken Ausweitung der internationalen Kommunikation Begriffe aus der einen Sprache (vor allem dem Englischen) zum Teil unverändert in andere übernommen. Durch ihre wertenden Konnotationen implizieren Begriffe wie *Modernité*, *Modernism*, Moderne, modern außerdem die Vorstellung, daß die von ihnen bezeichneten Strömungen auf die zu erwartende Zukunft ausgerichtet seien, so daß sie Gegenwart und Zukunft zu einem großen Entwicklungsprozeß verbinden. Das »Moderne« als das »Neueste« kann logischerweise niemals Vergangenheit werden. Man befindet sich immer mitten in einer definitionsgemäß unvollendeten Moderne. Noch dazu ist dieser Vorstellung der Glaube an unaufhörlichen technischen, wissenschaftlichen und gesellschaftlichen Fortschritt inhärent, an einen ständigen Zuwachs an Mündigkeit und individueller Freiheit. Habermas hatte mit seiner Philosophie der notwendigen gesellschaftlichen Veränderung dieses Thema erneut mit Nachdruck in die Diskussion gebracht: Er sprach vom »unvollendeten Projekt der Moderne«. Damit zielte er auf das nie verwirklichte Ideal der Aufklärung, wie Kant sie definiert hatte. Die Aufklärung und mit ihr die Moderne implizierten nach Habermas' Auffassung auch weiterhin ein Leitbild für die Zukunft, einen Auftrag. Aber Moderne als allgemeine Bezeichnung für die neuere Zeit konnte natürlich noch viel mehr bedeuten, je nachdem, wann man diese neuere Zeit beginnen ließ. Mit der Aufklärung und der Frühzeit der Industrialisierung? Mit dem Durchbruch der Technik in der zweiten Hälfte des neunzehnten Jahrhunderts? Mit der Relativitätstheorie oder der Avantgarde zu Beginn des zwanzigsten? Oder schon im sechzehnten oder siebzehnten mit dem Entstehen des naturwissenschaftlichen Weltbildes? Mehr als genug Möglichkeiten also, die im Konzert der Historiker und Kulturphilosophen für entsprechende Dissonanzen sorgten. Auf jeden Fall bedeutete »Moderne« für viele, wie wir gesehen haben, auch Vermassung, Verfall des Glaubens und Auflösung fester Bindungen, Vulgarisierung ästhetischer und ethischer Normen, Sittenverfall und andere betrübliche Entwicklungen. Es gibt keinen Konsens im Hinblick auf das Wesen der Moderne. Und damit fehlt der Postmoderne ein allgemein anerkannter und für alle gleichermaßen deutlicher Bezugspunkt.

Die Verkünder der Postmoderne erklärten jedenfalls die Epoche der Moderne als Fortsetzung der Aufklärung – wie sie ja unter anderem auch von Habermas verstanden wurde – für beendet. Der Fortschrittsglaube und alle anderen Ideen, die zum Erbe der Aufklärung gehörten, hätten ihre Gültigkeit verloren, ihre Zeit sei zu Ende. Den postmodernen Denkern zufolge war das Projekt der Moderne vollendet, was aber soviel hieß wie gescheitert: Es hatte sich als Illusion erwiesen. Lyotard sprach vom Ende der großen Erzählungen, womit er die verschiedenen teleologischen Vorstellungen meinte, die im Christentum, im Humanismus, Liberalismus und Sozialismus und bei allen Geschichtsphilosophen von Hegel, Saint-Simon und Marx bis zu den Ideologen des zwanzigsten Jahrhunderts zu finden waren. All diesen Konzeptionen, ob rechts oder links, ob demokratisch oder totalitär, hatte nämlich der Gedanke einer sinnvollen Kontinuität zugrunde gelegen, aus dem ihre Verfechter und Anhänger die Maximen für ihr Handeln abgeleitet hatten. Diesen Gedanken bezeichnete Lyotard als überholt. Daß er hier von »Erzählungen« statt von Ideen oder Geschichtssystemen sprach, verriet auch gleich eine Grundüberzeugung des postmodernen Denkens und vor allem seine Herkunft aus Sprachphilosophie und Literaturwissenschaft. Diese übernahmen bei der Postmoderne das Zepter von den Sozialwissenschaften und verdrängten den Szientismus – ein Wechsel des Modells oder, nach Kuhn, ein Paradigmenwechsel: Was wir Wirklichkeit zu nennen pflegen, ist eine sprachliche Konstruktion.

Von bahnbrechender Bedeutung für diese Wende, bei der die Idee einer Realität, die objektiver Erkenntnis zugänglich ist – der Ausgangspunkt des Szientismus –, angegriffen wurde, war das Werk Michel Foucaults. Bei ihm verschwimmen gleich von Anfang an die Grenzen zwischen den verschiedenen Disziplinen, denn man kann diesen französischen Denker ebensogut als Philosophen wie als Kulturhistoriker, Sozialpsychologen und Literaten – in der französischen intellektuellen Tradition – bezeichnen. Fasziniert vom Phänomen des Wahnsinns und von der Art, wie sich im Wechsel der Zeiten die Auffassungen über den Wahnsinn und die Behandlungsweisen veränderten,[46] entwickelte er in einer Reihe aufsehenerregender Veröffentlichungen ein Geschichts- und Wirklichkeitsbild, das Gemeinsamkeiten sowohl mit dem Absurdismus und Nihilismus als auch mit dem Freudianismus, dem anthropologischen Strukturalismus von Lévi-Strauss, dem Neomarxismus und Kuhns Theorie der wissenschaftlichen Revolutionen hat. Daß es eine solche Vielzahl von Berührungspunkten gibt, bedeutet allerdings keineswegs, daß wir es hier mit einem virtuosen Eklektiker zu tun hätten. Im Gegenteil: Foucault verschmilzt alles zu einer ganz persönlichen, rücksichtslos provozierenden Aussage und verhöhnt letztlich alle traditionellen Vorstellungen vom Menschen, von Wahrheit, Freiheit und Sinngebung, die nach seiner Auffassung nur der Mystifikation dienen. In seinem vielleicht bekanntesten Werk, *Die Ordnung der Dinge* aus dem Jahre 1966, gelangt er im Hinblick auf die Geschichte des Denkens und der Geisteswissenschaften zu einer These, die der Kuhns verwandt ist, aber weit über diese hinausgeht. Foucault spricht von einer Episteme, einer hinter allem Denken und allen wissenschaftlichen Fragestellungen einer Zeit liegenden apriorischen Überzeugung. Diese prägt und umfaßt alles, was innerhalb des von ihr begrenzten intellektuellen Horizonts einer bestimmten Epoche liegt, und es ist die Auflösung einer solchen Episteme und das Entstehen einer neuen, worauf die wesentlichen Umbrüche und Zäsuren in der Geschichte zurückzuführen sind. Wegen des universalen Charakters der Episteme Foucaults (im Unterschied zu Kuhns auf die Naturwissenschaften beschränktem Paradigma) läuft dieses Modell auf eine totale Historisierung und damit auch Relativierung jeglichen Wissens hinaus; die Vorstellung einer außerhalb des menschlichen Bewußtseins existierenden, objektiv erkennbaren Realität wird zur Fiktion erklärt. Diese Historisierung und Relativierung des Denkens waren zwar allmählich zu einem Charakteristikum des historischen Bewußtseins im zwanzigsten Jahrhundert geworden. Besonders die von Mannheim propagierte »Wissenssoziologie« hatte hierzu beigetragen und war deshalb heftig angegriffen worden. Aber bei Foucault verschwindet gewissermaßen die

Realität als ein außerhalb des subjektiven Bewußtsein gelegenes, autonomes Phänomen ganz und gar, womit er erheblich weiter geht als Mannheim. Es war auch vor allem Foucault, der in späteren, ebenso viel Aufsehen erregenden Studien dem Machtbegriff mit seiner Theorie der allgemeinen sozialen Disziplinierung einen neuen, weit über die übliche Bedeutung hinausreichenden Inhalt gab. Seine Vorstellung erinnert an die der Verinnerlichung von Normen bei Freud, an das »Über-Ich«, und auch an Marcuses damit verwandten Entfremdungsgedanken.[47] Keine Gesellschaft, in welcher Zeit auch immer, existiert ohne strenge Disziplinierung, also Ausübung von Macht, die laut Foucault alle menschlichen Beziehungen durchdringt und prägt.

Dank der Vielfalt der behandelten Aspekte, seiner Radikalität und nicht zuletzt dank des rhetorischen Feuerwerks der Darstellung sorgte dieses Œuvre seit den siebziger Jahren vor allem in Frankreich und Amerika unter Intellektuellen für solche Erregung wie das keines französischen Philosophen und Literaten seit Sartre. Dessen Lehre der menschlichen Autonomie und Freiheit ist nach Foucaults Auffassung das Produkt der Spätphase eines Menschentyps und eines Menschenbildes, die zum Verschwinden verurteilt sind. Wir nähern uns, so verkündet er, einer neuen Epoche mit einer neuen Episteme, die unsere vertraute Vorstellung einer außerhalb des Bewußtseins existierenden Wirklichkeit ersetzen und hierbei der Sprache eine wesentliche Rolle zuweisen wird. Sprache ist dabei, so scheint es fast, nicht Zugang zur Wirklichkeit oder ihr Transformator, sondern tritt an die Stelle der Vorstellung, daß eine solche Wirklichkeit existiere. Solch schonungsloses Gemetzel im Haus der Philosophie, der Humanität und Moral, wie Foucault es – nicht ohne boshaftes Vergnügen an der Zerstörung – anrichtete, mußte viel Beachtung finden.

In seiner Vorstellung von Macht und der neuen Bedeutung, die er dem Begriff in seiner Disziplinierungstheorie gab, ist unschwer der Einfluß der politischen Jugendrebellion zu erkennen, des Angriffs auf die Autoritäten und das Prinzip der Hierarchie. Diesem antihierarchischen Prinzip gaben die postmodernen Denker eine höhere intellektuelle Weihe, wobei nun die Sprachphilosophie als Wegweiser diente. Man knüpfte an Heidegger und Merleau-Ponty an, die gelehrt hatten, daß die Sprache als eigenständige Macht uns präge, nicht wir die Sprache. Der bekannte polnische Dichter Witold Gombrowicz, ein Repräsentant des experimentellen neuen Romans, hatte schon 1947 erklärt, nicht wir besäßen die Wörter, sondern die Wörter uns.[48] Vor allem Roland Barthes betonte den Zwang, den die Sprachstruktur auf unser Denken ausübe; er konstruierte sogar, nicht ohne eine gewisse Demagogie, eine Analogie zum politischen Zwangssystem des Faschismus. Der Vergleich mit dem Faschismus war nämlich seit den sechziger Jahren die wirksamste Art, eine Person oder Sache zu diskreditieren. Nach Barthes' Theorie ist das Verhältnis zwischen Leser und Autor von Macht bestimmt, und der Leser kann sich nur befreien, indem er sich der Diktatur des Autors widersetzt. Hinter der vom Autor intendierten Bedeutung verbergen sich noch ganz andersartige Bedeutungen, die durch die Interpretation des Lesers freigelegt werden können – eine Analogie zu Freuds Lehre vom Unbewußten. Hiermit wurde das, was in den hermeneutischen Wissenschaften bisher gewöhnlich als ein »Hineininterpretieren« abgelehnt wurde, legitimiert. Barthes weist der Interpretation gewissermaßen die Rolle der Psychoanalyse zu. Er ergänzt Freuds Lehre des Unbewußten um Marxens Theorie von der Ideologie als einem klassenbedingten »falschen Bewußtsein«, das ja ebenfalls dafür verantwortlich sein soll, daß man den wahren Ursprung seines Denkens nicht erkennt. Die Bausteine dieses neuen Modells mit seiner Verschmelzung von Macht und Sprache waren also schon früher zusammengetragen worden.

Zu maßgeblichen Repräsentanten der Postmoderne wurden in den achtziger Jahren vor allem der Franzose Jacques Derrida und der Amerikaner Richard Rorty. Dem Strukturalismus stellten sie den »Dekonstruktivismus« entgegen: Die Vorspiegelung einer geordneten Realität – in Texten eine Folge der grammatischen Diktatur der Sprache mit ihren universalen, abstrakten Begriffen – soll durch Dekonstruktion überwunden werden. Hinter den universalen Begriffen stecke noch das unglückselige metaphysische Denken, diese schlimmste von allen Verirrungen im Reich der modernen Philosophie. Derrida verwies auf die Herrschaft von Begriffspaaren, die ein Denken in Gegensätzen vorgeben, positiv-negativ, gut-schlecht, wahr-unwahr, hell-dunkel, männlich-weiblich. Mit ihnen werden Wertehierarchien geschaffen, und diese sollen nun gerade als Ergebnisse des Machtstrebens entlarvt werden.[49] Mit der Leugnung einer objektiven Realität hing auch zusammen, daß man die Bedeutung des Autors relativierte. Dessen Person und Intention, von der konventionellen Textanalyse geheiligt – als das, was letztlich immer den Ausschlag zu geben hatte –, verloren für Barthes oder Derrida ihre Autorität. Derrida postulierte einen »Architext« als Hintergrund jeden Textes, und seine provozierendste These lautete schließlich: »Alles ist Text. Es gibt nichts außerhalb der Texte.« Text ist hier jede Art von Aussage, also auch in nichtliterarischen Kunstäußerungen und im Grunde in jeder Form menschlicher Kommunikation. Die Geschichte, ja die Welt als Ganze werden hier auf Texte reduziert, die prinzipiell unbegrenzte Interpretationsmöglichkeiten bieten! In dieser These offenbart sich die entscheidende Transformation des uralten Erkenntnisproblems zum Sprachproblem. Derrida kann dem Leser und Interpreten unbeschränkte Vollmacht ausstellen, weil es nach seiner Auffassung eigentlich überhaupt kein Kriterium gibt, nach dem bessere von weniger guten Interpretationen zu unterscheiden wären, da die Rezeption jedes Textes, jeder Aussage, von der individuellen Erlebniswelt bestimmt ist. Jeder Systemzwang und die Vorstellung einer geordneten, hinter den Texten liegenden Wirklichkeit, die hier als das Kennzeichen der Moderne bezeichnet werden, können – so meint Derrida auch in Anknüpfung an das Werk Foucaults – entlarvt werden, nach der neuen Terminologie »dekonstruiert«. Man habe es letztlich mit einer Verknüpfung von »Erzählungen« zu tun. Daß sich hieraus logischerweise auch die Möglichkeit einer Dekonstruktion oder Entkleidung des Dekonstruktivismus ergibt (entsprechend der bekannten Aufhebung des Relativismus durch den Relativismus), ist Derrida anscheinend nicht völlig entgangen, denn auch die Postmoderne scheint er zuweilen augenzwinkernd als eine Art Spiel zu deuten.[50] Damit hätte das Individuum seine Freiheit vollständig wiedergewonnen. Jede Erzählung setzt ja einen Erzähler voraus, der dann die *prima causa* ist, obwohl gerade seine Autorität auch wieder geleugnet wird. Nach dem Vorbild Heideggers führte Derrida auch gern neue Wörter ein oder gab bekannten Wörtern eine andere Bedeutung, seinem Wunsch entsprechend, sich von der Tyrannei der konventionellen Sprachstruktur zu befreien. Deutlichkeit und Klarheit seien fragwürdig, weil sie nach seiner Ansicht etwas vorspiegeln, das nicht existiert, und eine falsche Vorstellung von Wirklichkeit suggerieren. Der in Österreich geborene, 1958 nach Amerika berufene Philosoph und Publizist Paul Feyerabend, ein unkonventioneller, rebellischer Denker, brachte den postmodernen Glauben ganz unverblümt auf die populär gewordene Formel *Anything goes*.[51] Gerade hier zeigt sich die unverkennbare Verwandtschaft von Postmoderne und kultureller Rebellion. Während viele der politischen Radikalen beim Neomarxismus festen Halt suchten, weil er im Geschichtsprozeß einen Sinn und eine Gesetzmäßigkeit entdeckte, von der sie klare Erwartungen und Leitlinien für ihr Handeln ableiten konnten, fand ihre allem zugrundeliegende anarchistische und antiautoritäre Einstellung, ihr Gefühl, daß die überkommenen Regeln und Normen das Recht jedes einzelnen auf Glück und Freiheit in unzulässiger Weise beschränkten, in diesen postmodernen Maximen ihren konsequentesten Ausdruck.

Der Versuch der postmodernen Denker, alle Spuren von Macht und Hierarchie freizulegen, machte sie zu potentiellen Verbündeten und Führern all der Emanzipationsbewegungen und antiautoritären Bewegungen, die die Gesellschaft der sechziger Jahre hervorgebracht hatte. Der Unterschied zwischen bedeutenden und weniger ernst zu nehmenden Kultur- und Kunstäußerungen, zwischen Elite und Masse, konnte verwischt werden, da man die konventionellen ästhetischen Normen für ungültig erklärte. Vor allem der militante Feminismus, der innerhalb der Sozialwissenschaften ein eigenes Gebiet für sich abgesteckt hatte, begrüßte in der Postmoderne einen wichtigen Verbündeten. Feministinnen sahen es ja als ihre Hauptaufgabe an, die getarnte oder offene Herrschaft des Mannes und der männlichen Perspektive in allen Bereichen der Kultur und in der Geschichte anzuprangern. Da nun der Leitsatz galt, daß nur der Leser bestimmt, was in einem Text steht, konnten die Theorien großer Denker nach und nach als einseitige Ergebnisse typisch männlichen Denkens entlarvt und angefochten werden. Auch die scharfe Kulturkritik Jean Baudrillards gab all denen Argumente an die Hand, die die Existenz einer autonomen Realität leugneten. Baudrillard war vor allem von Konsummentalität und Werbung fasziniert. In dieser Hinsicht ist seine Kritik mit den Manipulationstheorien von Marcuse und Habermas vergleichbar. Der französischen Tradition entsprechend, ist er aber viel stärker literarisch orientiert, und dies gibt seiner Analyse ein ganz anderes Gesicht. Die moderne Werbung hat nach Ansicht Baudrillards die Wirklichkeit nicht verfälscht oder in den Hintergrund gedrängt, sondern schlicht und einfach ersetzt. Medien und Konsumangebot sorgen dafür, daß die Menschen in einer manipulierten Scheinwirklichkeit aus lauter Klischees leben, hinter denen sich gar keine echte Realität mehr verbirgt. Sie bewegen sich in einem Reich aus Kulissen und Simulationen.[52] Gewiß spielt bei Baudrillard auch der gerade in Frankreich nie ganz verschwundene Antiamerikanismus eine Rolle. Denn die Werbung, die die Menschen in eine Scheinwirklichkeit versetzt, war nirgendwo so perfektioniert worden und besaß nirgendwo solche Macht wie in den Vereinigten Staaten, die in dieser Hinsicht Wegbereiter geworden waren.

Bei dem Philosophen Richard Rorty ist der Dekonstruktivismus vor allem ein Mittel, dessen er sich für seine Angriffe auf das szientistische Modell und die Vorstellung einer objektiven Ordnung, also den philosophischen »Essentialismus«, bediente. Nach Rortys Auffassung knebeln Positivismus, Logistik und kritischer Rationalismus den Geist, indem sie ihn in diktatorischer Manier Gesetzen unterwerfen. Der Begriff »Essentialismus« hat bei Rorty eine andere Bedeutung als bei Popper und seinen kritisch-rationalistischen Mitstreitern, die ja auch einen »Essentialismus« bekämpft hatten, der sich um die Erkenntnis eines »Wesens« der Dinge bemüht. Aber sie hatten dabei keineswegs die Existenz einer objektiven Realität leugnen wollen; sie lehnten nur die Verwechslung und Gleichsetzung allgemeiner Vorstellungen und Begriffe (»platonischer Ideen«) mit der Wirklichkeit ab und kritisierten die Folgen dieses Denkens. Rorty greift wie Derrida den Gedanken einer objektiven Realität und die positivistische Wissenschaft als solche an, weil er in ihnen einen unberechtigten und diktatorischen Wahrheitsanspruch zu erkennen glaubt. So ist es nur konsequent, daß er auch alle Erkenntnis als zufällig und historisch bedingt, also vergänglich bezeichnet.[53] Weil in seinen Augen die menschliche Erkenntnis und die ganze Erkenntnisphilosophie, die Epistemologie, auf Treibsand gebaut sind, sieht Rorty nur noch in »Konversation« im Sinne von Dialog und Kommunikation einen Sinn. Allerdings bleibt unklar, wie irgendeine sprachliche Kommunikation möglich sein sollte, ohne daß man sich dem Diktat der sprachlichen Regeln unterwirft[54] und eine gemeinsame Wirklichkeit voraussetzt, denn hierauf beruht alles verständliche Sprechen.

Einen eigenständigen Beitrag erbrachte der Geschichtsphilosoph Hayden White, der die These, daß wir ausschließlich von Texten und nicht von irgendeiner objektiven Realität sprechen können, auf die Geschichtsschreibung und die großen Geschichtsentwürfe anwandte. Das war ein lohnendes Gebiet, weil die Vergangenheit gerade in Texten und nur über Texte sichtbar werden kann. Auch Bauwerke, Denkmäler, alte Gebrauchsgegenstände und Artefakte ganz allgemein identifizieren wir nur dank eines bekannten Zusammenhangs, der uns wiederum über Texte bekannt geworden ist – ein Faktum, das von dem niederländischen Geschichtsphilosophen Frank Ankersmit betont wurde, der auch Derridas Texttheorie als Ausgangspunkt wählte[55]. White versuchte zu zeigen, wie sehr Geschichtsvorstellungen von der Sprache abhängen, besonders von rhetorischen und literarischen Mitteln

– wie zum Beispiel der Metapher –, die ja von grundlegender Bedeutung für das historische Denken sind.[56] Was wir Geschichte nennen, kann laut White nichts anderes als eine subjektive Textkonstruktion sein. Die Kulturanthropologie, die zusammen mit der Linguistik Nährboden und Modell für den Strukturalismus gewesen war, beeinflußte auch Postmoderne und Dekonstruktivismus, und zwar dank des Werks des Amerikaners Clifford Geertz. Geertz wandte sich dem hermeneutischen Problem bei der Deutung fremder Kulturen zu. All unsere Versuche, exotische Kulturen zu verstehen, bleiben nämlich in Ermangelung irgendeines objektiven Wahrheitskriteriums zwangsläufig subjektiv und historisch bedingt. Wir können nichts anderes tun, als alle Phänomene solcher Kulturen in etwas zu transformieren, das in unser eigenes Denkmuster paßt. Relativismus ist deshalb auch bei dieser Strömung der Anthropologie unvermeidlich.

Dank der raschen internationalen Verbreitung postmodernen Denkens gelangte die Zäsur, die seine Repräsentanten setzten, verstärkt ins Bewußtsein der Öffentlichkeit und wurde auch entsprechend dramatisiert. Für die konstituierende Bedeutung der Sprache, auf die Barthes oder Derrida hinwiesen, ist der Begriff »Postmoderne« selbst ein schönes Beispiel. Nimmt man Derridas Theorie wörtlich, kann man nur folgern, daß weder Moderne noch Postmoderne als zwei reale Phasen in einem historischen Prozeß existieren. Wer alles auf subjektive Konstruktionen reduziert, entzieht jeder Kommunikation und auch dem eigenen Standpunkt die Grundlage. Die Ausrufung der Postmoderne als solche beweist jedenfalls, daß auch postmoderne Denker nicht ohne universale, abstrakte Begriffe auskommen.

Trotz der Unterschiedlichkeit der als postmodern bezeichneten Strömungen springen einige gemeinsame Tendenzen ins Auge. Erstens war die Postmoderne in den Geisteswissenschaften eine Reaktion auf den Strukturalismus und das alles beherrschende streng szientistische Modell, das mit der Forderung nach möglichst objektiver Beschreibung, sprachlicher Abstraktion und quantifizierender Forschung das Humane aus den Humanwissenschaften zugunsten von Zahlen und reduktionistischen Begriffen zu verdrängen drohte, zu denen auch der Begriff »Struktur« selbst gehört. Allerdings blieb das Verhältnis zum Strukturalismus ambivalent. Nicht alle postmodernen Denker verzichteten auf den Strukturbegriff, der zum Beispiel gerade in der Sprachphilosophie Barthes' und Derridas noch eine Rolle spielte. Auch bei ihnen verschwand in gewissem Sinne der Mensch hinter der Struktur des

Textes. Dank des Dekonstruktivismus konnte jedoch das Subjekt als Person, in der man sich wiedererkennen kann, mit ihren Emotionen und ihrer nie durch ein Schema zu erfassenden psychischen Komplexität wieder zu einem legitimen Gegenstand der Wissenschaft werden. Leicht vereinfachend kann man sagen, daß die Postmoderne den Text und die Sprachcodes zum zentralen Forschungsobjekt erklärte, und zu diesem Wandel gehörte die Rehabilitation von Dingen wie Gefühl, Phantasie, dem Unbewußten, Sinneserfahrung, Traumwelt und Poesie – man denke auch an den Begriff der »Erzählung« –, die alle aus der Wissenschaft verbannt worden waren. Nach »Postmoderne« fand nun der schöne Begriff »Narrativismus« rasche Verbreitung, und in manchen Ländern sprachen gebildete Laien, Medien und populäre Politiker auf einmal von *Narratives*, wo sie vorher von »Systemen« oder einfach »Phänomenen« gesprochen hatten.

Zu dieser antiszientistischen und antirationalistischen Bewegung paßt ferner, daß in der Philosophie jetzt wieder das Interesse am Ästhetischen und auch am Körperlichen erwachte, da man Wissen nicht mehr nur als etwas rein Intellektuelles auffaßte, sondern auch als Ergebnis von Sinneserfahrung. Der Körper wurde als neues Thema entdeckt, beispielsweise in dem 1997 erschienenen Buch *Re-forming the Body* von Philip Mellor und Chris Shilling.[57] In der feministischen Wissenschaft erfreute sich der Körper aus naheliegenden Gründen großen Interesses: Zur Befreiung von dem, was als patriarchalische Herrschaft und patriarchalische Normen betrachtet wird, gehört auch ein ganz anderer, befreiender Umgang mit dem Körperlichen. Dieses Interesse entsprach auch dem Trend in der Mode, dem Gebiet, auf dem sich immer alles um den Körper dreht.[58] Jede von den Designern dekretierte Neuerung dient ja in erster Linie dem Zweck, die Aufmerksamkeit auf den Körper zu lenken. Der antiautoritäre Protest richtete sich gegen die Vorschriften von Modekönigen in Paris und anderen Metropolen und gegen jeden Konformismus, und seit den sechziger Jahren war die Freiheit, sich auf ganz persönliche Weise zu kleiden, allgemein immer größer geworden. Nie zuvor war Kleidung so betont als Mittel zur Präsentation des eigenen Körpers und damit zugleich der eigenen Individualität eingesetzt worden. Selten auch hatte die Mode ein so farbenfrohes Bild geboten, und man kombinierte munter Kleidung aus unterschiedlichen Zeiten; dezente Schnürstiefel und Faltenröcke konkurrierten mit Jeans und Sportschuhen, und das viktorianische London und das Texas der Nachkriegszeit konnten einander auf der

Straße begegnen. Der Drang, in der Kleidung seine Individualität zu demonstrieren, der weitverbreitete modische Nonkonformismus, kann allerdings ebensogut ein Indiz dafür sein, daß man es eher mit einem allgemeinen Mangel an Individualität zu tun hat. Auf jeden Fall machte sich auch in der Mode jener Eklektizismus bemerkbar, der als ein Merkmal der postmodernen Kunst gilt. Für die antihierarchischen, emanzipatorischen Bewegungen von Feministinnen und anderen waren Barthes, Foucault, Derrida und Rorty durch die Art, wie sie den Begriff »Macht« gebrauchten und in ihre Sprach- und Disziplinierungstheorien aufnahmen, willkommene philosophische Verbündete. Der Aufruf zur »Dekonstruktion« von überlieferten Regeln und Denkformen, von Tradiertem allgemein, entsprach zweifellos dem Geist der Jugendrebellion und der kulturellen Turbulenzen der sechziger Jahre.

In der Verwendung des Begriffs »Postmoderne« konnte jedoch auch ein allgemeines Krisengefühl zum Ausdruck kommen, das nicht direkt mit den wissenschaftlichen Diskussionen, dem Modell- oder Paradigmenwechsel, zu tun zu haben brauchte, und auch nicht mit den gesellschaftlichen und politischen Emanzipationsbewegungen. Es ist schon daran erinnert worden, daß ein solches Krisengefühl seit der Aufklärung und der großen Revolution ein fester Bestandteil der europäischen Kultur war und in fast jeder Generation zutage trat. Jedesmal wurde dann verkündet, man stehe an der Schwelle einer völlig anderen Welt, die mit nichts in der Vergangenheit zu vergleichen sein werde, am Beginn einer Wende, viel radikaler als alles, was die Menschheit zuvor an Wandlungen erlebt habe. Zu solch exaltierter Dramatisierung der eigenen Zeit, solcher Überbewertung der natürlichen Grenze, die immer das bekannte Gestern vom unbekannten Morgen trennt, konnte es dank des dehnbaren Begriffs »Postmoderne« auch jetzt wieder kommen, wie etwa bei dem amerikanischen Kulturphilosophen Arthur Danto, der erklärte, daß die Moderne tot sei und daß mit der Postmoderne eine neue Epoche beginne.[59] Diese Behauptung paßte zu Dantos früherer Kunsttheorie, mit der er, tief beeindruckt von Warhols Brillo-Kartons, das Zeitalter der »Kunst« in der üblichen Bedeutung für beendet erklärte.

All die Strömungen in den Geisteswissenschaften, die sich seit den achtziger Jahren als postmodern anpreisen, verbindet außerdem, daß sie eine objektive, außerhalb des Bewußtseins existierende Realität und die Möglichkeit einer universellen Wahrheit in Zweifel ziehen und den Anteil des Subjektiven an wissenschaftlicher Erkenntnis betonen; alles Wissen und alle Vorstellungen gelten ihnen letztlich als sprachliche Konstruktion und jede Erkenntnis als endloser Prozeß der Interpretation solcher Konstruktionen, also der »Texte«. Auch historische Kontinuität und Tradition werden nicht als unabhängig vom interpretierenden Bewußtsein gegebene, reale Phänomene aufgefaßt, sondern als sprachliche Konstruktionen. Vor allem in der Geschichtswissenschaft sollte diese Auffassung eine Rolle spielen. Seit den späten achtziger Jahren wird auf einmal viel von einer »Erfindung von Traditionen« gesprochen. Mit anderen Worten: Was man zuvor unter Tradition verstand – stetige Überlieferung von Gebräuchen, Denkgewohnheiten, Normen, gesellschaftlichen Verhältnissen –, wurde jetzt vielfach als Projektion einer bestimmten Gegenwart auf die Vergangenheit aufgefaßt, als sprachliche Konstruktion. In dieser neuen Theorie wirkt offensichtlich noch eine bestimmte historische Erfahrung fort, nämlich die Erfahrung mit dem Totalitarismus. In den totalitären Staaten wurde bekanntlich die Geschichte gewaltsam umgeschrieben, wurden Mythen und Traditionen ganz eindeutig zu aktuellen politischen Zwecken erfunden. Besonders der Stalinismus, dessen Herrschaft sich über mehrere Generationen erstreckte, hat krasse Beispiele für solche Geschichtsfälschung hervorgebracht. Für Osteuropäer war diese Theorie also sehr überzeugend, weil sie in ihr viel Bekanntes wiedererkennen konnten. Aber auch im Westen trug ganz offensichtlich die Erfahrung mit der totalitären Propaganda und der Pervertierung des Wortes, das die Wirklichkeit nach Belieben (oder besser gesagt nach den Erfordernissen der Ideologie und der Parteidiktatur) veränderte, zu dem gesteigerten Interesse an der Sprache und an ihrem Einfluß auf das Denken bei. Der Verweis auf den Faschismus, wie etwa bei Barthes, hat hier seinen Ursprung. Auch wo man nicht, wie unter den totalitären Regimen, mit Gewalt eine bestimmte Geschichte und Realität konstruiert und Traditionen erfindet, wird ja die Vergangenheit ständig neu interpretiert und das Bild des aktuellen Geschehens in hohem Grade von den Medien geprägt. Einige postmoderne Denker, wie Baudrillard, wiesen auf die Manipulation hin, die dabei stattfindet. In dem Wirbelsturm oberflächlicher Information wird eine eindeutige Wahrheit ungreifbar, und dies gab der postmodernen Überzeugung Nahrung, daß es sinnlos sei, überhaupt von etwas wie Wahrheit zu sprechen. Wenn postmoderne Denker betonen, daß wir in einer Scheinwelt leben, die fortwährend von Medien und Werbung hervorgebracht wird und in der das Klischee, die Simulation und das Pastiche eine große Rolle spielen, so ist dies eine These, die auch von Jacques Lacan beeinflußt wurde. Lacan hatte sich eingehend mit der Bewußtseinsentwicklung bei Kindern beschäftigt und in diesem Zusammenhang die Bedeutung des Spiegels betont, da das von diesem reflektierte Bild der eigenen Person von wesentlicher Bedeutung für die Entstehung eines Ichbewußtseins sei. Nicht das Subjekt, sondern sein Spiegelbild galt hier als Grundlage oder Voraussetzung der Identitätsvorstellung. Das war Wasser auf die Mühle der Postmodernen.

Mit dem besonderen Interesse für das Phänomen der Macht und mit dem antiautoritären Einschlag hing ein weiteres, nicht weniger bedeutsames Merkmal der Postmoderne zusammen: die scharfe Ablehnung von Universalien und von Gesetzmäßigkeiten in Philosophie und Wissenschaften; auch sie wurden nun als reine Gedanken- und Sprachkonstruktionen entlarvt. Zu Hierarchien gehören Unterwerfung und Herrschaftsverhältnisse. Dies gilt dem postmodernen Denken zufolge auch für kausale Hierarchien, auf denen alle wissenschaftlichen Erklärungen beruhen. Das Verschwinden fester Hierarchien ermöglicht in ungeahntem Maße Befreiung und Emanzipation des Subjekts, leistet aber nicht weniger auch dem Chaos Vorschub. So ergibt sich auch die Vorstellung, daß in allem Chaos und Zufall herrschen, ganz folgerichtig aus einer Theorie, die Dekonstruktion predigt und jede Art von Ordnung und Gesetzmäßigkeit als illusionäre Konstruktion demaskieren will. Auffällig ist die Analogie zu den Chaostheorien, die gleichzeitig in der naturwissenschaftlichen Diskussion aufkamen, vor allem in der Astrophysik, und zur Quantenmechanik; diese hatte ja schon viel früher die Annahme einer die gesamte physische Realität beherrschenden Kausalität in Frage gestellt. Wie es angesichts der Dehnbarkeit und fast universellen Anwendbarkeit des Begriffs »Postmoderne« in den Wissenschaften und seit 1990 auch in der Diskussion über die gesellschaftlichen und politischen Verhältnisse nicht anders zu erwarten ist, sind die hier genannten Merkmale – Leugnung einer objektiven Realität hinter der Wirklichkeit von Sprache und Text, antihierarchische Prädisposition, anarchistische Chaos- und Zufallstheorien – längst nicht überall oder überall im gleichen Maße für alle Strömungen charakteristisch, die sich postmodern nennen oder von anderen so genannt werden. Da sich die Erfahrungen und Verhältnisse im Osten so sehr von denen im Westen unterschieden, hat man den Erfolg der Postmoderne in den osteuropäischen Ländern in der Zeit nach 1990 vor allem mit dem tiefen Einschnitt in Zusammenhang gebracht, den der Fall des Stalinismus und des ganzen kommunistischen Systems auf jedem Gebiet hinterließ.

Im Westen, wo der Begriff schon zehn Jahre früher aufgekommen und Postmoderne zu einer intellektuellen Mode geworden war, lagen die Dinge natürlich anders. Hier kann das Antihierarchische und Anarchistische hinter dem postmodernen Denken zwar auch als verspätete oder jedenfalls späte Reaktion auf die Erfahrung mit dem Totalitarismus verstanden werden, außerdem und vor allem aber als Vermächtnis der kulturellen Rebellion der vorangegangenen Jahrzehnte. Letztlich war die Postmoderne Ausdruck eines Gefühls von Ratlosigkeit, aber auch eines im Grunde sehr realistischen Wunsches, den Geisteswissenschaften und den Intellektuellen, die gegenüber der Technologie und dem Szientismus in die Defensive geraten waren, eine neue Legitimation zu verschaffen. Die Lehre vom Chaos und von der Beliebigkeit oder Bedeutungslosigkeit alles menschlichen Treibens war provozierend und spiegelte, teilweise unbeabsichtigt, die geistige Situation der westlichen Intellektuellen in der Konsumgesellschaft, als die utopischen Träume der rebellischen Generation ausgeträumt waren. Es gab einen inneren Zusammenhang zwischen dieser Lehre und dem Fehlen großer, existentieller Herausforderungen in der Wohlstandsgesellschaft. In gewissem Sinne war die Postmoderne deshalb auch eine Philosophie des Luxus, nicht frei von Manierismus und Originalitätssucht. Bei näherem Hinsehen erkennt man mancherlei Vorstellungen, denen wir schon viel früher begegnet sind. Dies gilt nicht nur für das bekannte Krisenbewußtsein und die Überzeugung, eine in der Geschichte beispiellose Zäsur erreicht zu haben. Der Wahrheitsrelativismus oder die These, die Wirklichkeit sei der Erkenntnis nicht zugänglich, hat sogar im Neopyrrhonismus des frühen achtzehnten Jahrhunderts schon einen Vorläufer. Daß man den Fortschrittsglauben bekämpfte und das gesamte Projekt der Aufklärung für gescheitert erklärte, war ebenfalls nicht neu. Hier fällt wiederum eine Analogie zur Romantik auf, und wie schon so oft in diesem Jahrhundert ist eine neuromantische Tendenz nicht zu leugnen; sie äußert sich schon darin, daß der subjektiven Textinterpretation solche Bedeutung beigemessen wird, wobei man den Text vor den Hintergrund einer unendlichen Bewegung und einer unergründlichen Erlebniswelt stellt. Wichtig und originell waren vor allem die Sprachanalyse, die man an die Stelle der üblichen Analyse der Wirklichkeit setzte, die Beschäftigung mit der Funktion des Zeichens (in der Semiotik), die Vorstellung, daß wir in einem Kosmos aus Codes leben. Es ist kaum ein Zufall, daß das Interesse für das Zeichen, den Code, die sprachliche Repräsentation der Dinge und für Sprache überhaupt gerade in

Frankreich zum Durchbruch der Sprachphilosophie und des postmodernen Denkens geführt hat, wenn man bedenkt, welche Bedeutung Repräsentation und sichtbare Form, das Ästhetische, das Äußere der Dinge in der französischen und allgemeiner noch in den katholischen südeuropäischen Traditionen und politischen Kulturen immer gehabt haben. Außerdem ist aber in der Verlagerung des Interesses und des Schwerpunkts auf Sprache, Wiedergabe, Repräsentation, Zeichen, Code und Symbol auch jene ganz allgemeine Veränderung im Bewußtsein des zwanzigsten Jahrhunderts wiederzuerkennen, auf die schon mehrmals hingewiesen wurde: die Verlagerung des Interesses von der Substanz auf die Beziehung, vom Ding auf seine Wiedergabe und Wahrnehmung. Mit ihrem Aufbegehren gegen das strenge szientistische Modell eröffneten die postmodernen Denker neue Ausblicke. Sie trugen zur Rehabilitierung des Ästhetischen und Sinnlichen und der Phantasie in den Geisteswissenschaften bei, und dies konnte befreiend und befruchtend wirken.

6 Literarische Spiegel und Alternativen

Der Charakter der Literatur und ihr Platz in der Gesellschaft waren von den gewaltigen Veränderungen vor allem in der Zeit nach dem Zweiten Weltkrieg nicht unberührt geblieben. Reportagen, Reisebeschreibungen, Memoiren, Biographien, historische und populärwissenschaftliche Werke hatte es neben der schönen Literatur immer schon gegeben, aber mit dem Anstieg des Bildungsniveaus und dank des fortgeschrittenen Emanzipationsprozesses erhöhte sich der Anteil nichtfiktionaler Literatur erheblich. Nicht nur die Zahl der Leser, auch die der Schreibenden war gewachsen. Die Grenze zwischen Phantasie und Wirklichkeitsdarstellung, zwischen fiktionaler und nichtfiktionaler Literatur liegt nicht fest. Romanautoren konnten schon immer reale Situationen und Personen hinter einer hauchdünnen Maske aus erfundenen Namen oder in freier Gestaltung der Ereignisse beschreiben. Ohne die Inspirationsquelle persönlicher Erfahrungen und ohne einen Bezug zu einer wiedererkennbaren Welt wäre der überwiegende Teil aller Romane nie entstanden. Umgekehrt gehören zu nichtfiktionalen Texten unvermeidlich literarische Elemente wie Stil, Ordnung, Stoffauswahl, Wortwahl. Der Titel von Goethes Autobiographie, *Dichtung und Wahrheit*, kennzeichnet das Urproblem, das auch den Roman betrifft.

Der Schriftsteller wurde nach dem Zweiten Weltkrieg mehr als zuvor mit dem Problem konfrontiert, daß auch sein eigenes Werk in der Überfülle von Information aufging. Schwerwiegend war vor allem die Konkurrenz des farbenreichen Genres autobiographischer Zeugenberichte, der Selbstzeugnisse. Dieses Phänomen ging auf die allgemeine Demokratisierung und das Wachsen eines politischen Bewußtseins auch bei denen zurück, die sich früher mit Stift und Papier schwergetan hatten, und auf die Katastrophen, die Kriege, den Terror, die Massenmorde, den Nationalsozialismus, den Kommunismus.[60] Da es Millionen von Opfern gegeben hatte, wurden nun auch Texte veröffentlicht, in denen Menschen ohne jeden literarischen Anspruch ihre Geschichte erzählten, gedrängt von ihren furchtbaren oder außergewöhnlichen Erfahrungen. Wie nach dem Ersten Weltkrieg die Flut der Kriegsromane und Berichte über Fronterfahrungen nicht unmittelbar nach Kriegsende einsetzte, mußte offensichtlich auch diesmal für viele Opfer und Zeugen erst eine gewisse Zeit vergehen, bevor sie sprechen konnten. Dabei trat der bekannte Schneeballeffekt ein: der eine Zeugenbericht löste den nächsten aus. Auch die Aufgeschlossenheit der Medien und die politischen Verhältnisse ermutigten zur Veröffentlichung von Erinnerungen, da die Prozesse gegen Kriegsverbrecher, der Umgang mit den Opfern, die Spionageaffären und die Frage nach Amnestie und Verjährung immer wieder die Politik, die Justiz und damit auch die Öffentlichkeit beschäftigten. Ein flüssiger, schlichter Stil, die Perspektive des Journalisten und die Direktheit vieler persönlicher Zeugnisse machten es den meisten Menschen auch leichter, ihre eigene Welt wiederzuerkennen, als Sprach- und Gedankenexperimente oder der Nihilismus und Absurdismus, die bei vielen modernen Romanautoren zur Grundstimmung gehörten. Das hatte zweierlei Folgen für die schöne Literatur – eine Bezeichnung, die im Hinblick auf Werke, die durch das Bewußtsein des Katastrophalen oder Tragischen der Zeit geprägt waren, ohnehin etwas irreführend ist. Manche Autoren versuchten bewußt, ein eigenes Gebiet abseits vom Strom der nichtfiktionalen Prosa abzustecken. Andere dagegen sahen gerade in der Annäherung an die Reportage oder den autobiographischen Bericht einen vielversprechenden Weg. In Werken wie Primo Levis *Ist das ein Mensch?* (1947), Elias Canettis *Die gerettete Zunge* (1977), Manès Sperbers *Wie eine Träne im Ozean* (1949), Elie Wiesels *Les portes de la forêt* (1964), György Konráds *Der Komplize* (1980), um nur einige der bekanntesten Autoren und Bücher zu nennen, äußert sich unverhüllt das Katastrophenbewußtsein des zwanzigsten Jahrhunderts. Nicht zufällig handelt es sich hier, angesichts der alles überschattenden Erfahrung der Shoah, vielfach um jüdische Autoren. Schriftsteller traten auch als Berichterstatter auf, wie Abel Herzberg und Harry Mulisch beim Eichmannprozeß im Jahre 1961. Kurz, die alte Trennlinie zwischen schöner Literatur und Reportage wurde verwischt. Die Erfahrung der Wirklichkeit und ihre Herausforderung waren so überwältigend, daß im Vergleich hierzu alle literarische Phantasie zu verblassen schien oder künstlich wirkte. Der Schriftsteller sah deshalb nun seine Aufgabe darin, ein zuverlässiger und schlichter Protokollant der Realität zu sein. Dem stand noch immer ein erdrückendes Angebot an Trivialliteratur gegenüber, die flott geschriebene Geschichte, die ausschließlich entspannen, ablenken und unterhalten will, der Thriller, der Krimi, die gefühlvolle Liebesromanze, Erotisches, Texte, in denen der Leser seine vertrauten Maßstäbe von Gut und Böse in einer geordneten Welt wiederfand. Diese normale Welt bildete stillschweigend auch den Bezugspunkt für den erregenden Kontrast, den eine phantastische Science-fiction-Geschichte bieten konnte.

Trotz der Verschiedenheit der europäischen Literatur im jeweiligen nationalen Kontext, in Thematik und Stil, fallen in den für ihre Zeit besonders typischen Werken seit den sechziger Jahren einige Eigenheiten auf, die eine gemeinsame, grenzüberschreitende Veränderung der Weltsicht, eine verbindende Grundhaltung offenbaren. Zunächst zeigte sich die langfristige Wirkung der Erfahrungen mit dem Totalitarismus, die den Menschen in neuem Licht erscheinen ließen. Im Zusammenhang mit diesen Katastrophen, auch angesichts der inzwischen durch eine Flut von Dokumentationen ans Licht gebrachten Verstrickung und Mitschuld von Millionen, verloren Begriffe wie Gut und Böse, Schuld und Verantwortung, Freiheit und Determiniertheit ihre Eindeutigkeit und Selbstverständlichkeit; sie wurden mehrdeutig und problematisch. Die menschliche Psyche und ihre Vielschichtigkeit empfand man als rätselhaft. Beschäftigte sich Literatur mit den Opfern oder gerade mit denjenigen, deren Handeln von Grausamkeit, Fanatismus und sinnloser Mordlust zeugte, wirkte dabei nach allem, was man erfahren hatte, nichts mehr unwahrscheinlich oder gesucht. Auch in dieser Hinsicht bekam der Eichmannprozeß durch das Erscheinen eines neuen Typus eine Symbolfunktion – den Typus des Schreibtisch-Massenmörders, ebenso korrekt wie gefühllos.

Zudem gab es jenes andere, nicht moralische, sondern kognitive Problem einer Realität, die, noch abgesehen von allen ethischen Fragen, ungreifbar geworden zu sein schien: Es hatte schon seit Beginn des Jahrhunderts Philosophen und Künstler beschäftigt, ganz besonders den Schriftsteller, weil das Rätselhafte der Wirklichkeit immer mehr auch als Sprachproblem erschien. Niemanden ging es deshalb mehr an als den Schriftsteller. Eine dritte Gemeinsamkeit war, daß vor allem seit den sechziger Jahren einem großen Teil der Intellektuellen klar wurde, welch tiefen Einschnitt in der Geschichte Europas die Auflösung der Kolonialreiche bedeutete. Die Erkenntnis der historischen Rolle Europas führte zu einem Wertewandel und war Teil der Kritik der jüngeren Generation an der bestehenden Ordnung. Die Geschichte bekam ein anderes Gesicht. Sie zeigte sich jetzt als Geschichte einer unrechtmäßigen Vorherrschaft der weißen europäischen Rasse. Dieses Urteil hatte noch viel weiter reichende Konsequenzen, denn es galt jeder Form von Machtausübung, es galt der patriarchalischen Kultur, der Herrschaft des Mannes, und implizierte die Forderung nach der Befreiung von Minderheiten. Bei diesem Befreiungsstreben war der schnelle Abbau der restlichen sexuellen Tabus besonders provokativ. Die Anerkennung von Homosexuellen und, viel allgemeiner noch, die Offenheit, mit der Sexualität von nun an in der Öffentlichkeit behandelt wurde, und das entschlossene Senken der Schamschwelle gehörten auch zu der neuen Moral. Der machtpolitische Niedergang Europas hatte zu einer verstärkten kritischen Prüfung einiger Grundüberzeugungen geführt, auf denen die europäische Selbstwahrnehmung und die ihr innewohnende Vorstellung von der Geschichte beruht hatten, die nun als einseitige Sichtweise der weißen männlichen Siegerrasse erschienen. Es galt als Frage der Gerechtigkeit und Wahrheit, dieser Sichtweise die Geschichte der Unterdrückten und zum Schweigen Verurteilten entgegenzusetzen. Mehr noch, es war gut, das scheinbar selbstverständliche Monopol der faktischen Geschichte und der Realitätsvorstellung, die mit ihr so stark verwachsen war, zu brechen und eine andere, potentielle Geschichte zu entwerfen. Dieser alternative Entwurf konnte kaum Sache von Fachhistorikern sein, die von Amts wegen verpflichtet und darin geübt sind, genau und zuverlässig zu registrieren, was geschehen ist, und nicht, was hätte geschehen können oder sollen. Deshalb hatten die Geschichtsschreiber allerdings von sich aus die Neigung, die Geschichte des Siegers zu schreiben, und sie hatten auf diese Weise zugleich, ob bewußt oder nicht, an einer großen Theodizee mitgewirkt. Ihr Erklärungsdrang mußte zwangsläufig zu der Schlußfolgerung führen, daß die Dinge nicht anders hätten verlaufen können, als sie verlaufen waren. »Sobald ein großer Sieg errungen ist, beherrscht er nicht nur die Zukunft, sondern auch die Vergangenheit. Hoffnungen, die zunichte gemacht, Leidenschaften, die unterdrückt, Opfer, die sinnlos wurden, all das wird aus dem Reich der Wirklichkeit gefegt«, hatte Winston Churchill 1931 geschrieben.[61] Jede historische Erklärung hat schon den Wurm des Determinismus in sich, und diesen Determinismus zu entkräften, wurde nun zum Vorrecht des Schriftstellers. Dieser sah sich als notwendigen Gegenhistoriker, der vor der banalen historischen Wirklichkeit nicht in die Knie geht. Womit der klassische Ausspruch des Aristoteles wieder aktuell wurde: Die Dichtkunst zeige das Wesentliche, das Wahre, während die Geschichtsschreibung nur das Zufällige und Faktische beachte. Dieses Propagieren einer kontrafaktischen Geschichte, gegen die historische Realität und ihre professionellen Buchhalter gerichtet, offenbarte aber paradoxerweise gerade ein Denken, das doch wieder jener historischen Realität Tribut zollte: Jetzt, da die Epoche der Herrschaft des weißen paternalistischen Europa offenkundig zu Ende war und die Emanzipation von Minderheiten und von Völkern in anderen Weltteilen begonnen hatte, lief der Angriff auf die europäische Siegergeschichte auf eine Anpassung an die neuen Entwicklungen und wieder einmal auf eine Verurteilung der Verlierer hinaus. Die historische Aktualität beherrschte dialektisch die neue, kontrafaktische, angeblich gegen die historische Wirklichkeit gerichtete Strömung in der Literatur, die eine Folge neuer Machtverhältnisse war. Die Leugnung eines sinnvollen oder gesetzmäßigen Geschichtsprozesses durch die postmodernen Philosophen und die Vorstellung von der Herrschaft des Zufalls können allerdings auch als Folgeerscheinungen eines intellektuellen Katers des Eurozentrismus gesehen werden. Vereinfacht ausgedrückt: Europas Niedergang bewies, daß der historische Prozeß keinen Sinn haben konnte!

Alle diese zeitgeschichtlichen und mentalen Rahmenbedingungen spiegeln sich deutlich in der Romanliteratur. Diese kann man aufgrund einiger gemeinschaftlicher Züge »postmodern« nennen, und die Verwandtschaft mit postmodernen philosophischen Ideen ist in vielen Fällen unverkennbar, dennoch handelt es sich um Literatur, die sich organisch aus der vorangehenden, als »modern« bezeichneten Literatur entwickelt hat. Wie der Avantgardismus (der seinen Namen schon lange zu Unrecht trug) in den bildenden Künsten und der Architektur nach den sechziger Jahren zu Übersättigung führte und Kritik auslöste, kann man auch in der Literatur eine Reaktion auf den französischen Nouveau Roman feststellen, der ja die geordnete Erzählung, in der die Wirklichkeit entlang einer zweidimensionalen Zeitlinie zwischen den Polen des Früheren und Späteren und von einem klaren Standpunkt aus wiedergegeben wird, bewußt vermieden hatte. Am Aufkommen der literarischen Moderne, vor allem soweit sie den Spuren von Joyce folgte, hatte die Konkurrenz nichtfiktionaler Texte und der Trivialliteratur durchaus ihren Anteil gehabt. Diese Konkurrenz hatte den Schriftsteller zur Suche nach einem eigenen Gebiet angespornt, auf dem er sich auszeichnen konnte. Nun aber wurde die geordnete Erzählung rehabilitiert, entsprechend der neuen postmodernen Glaubensformel, nach der unsere gesamte Realitätsvorstellung nichts anderes als eine Erzählung ist und deshalb auch nichts anderes als unsere individuelle, subjektive Konstruktion. Diese Überzeugung legitimierte den Schriftsteller noch zusätzlich, weil der Unterschied zwischen Fiktionalem und Nichtfiktionalem hiermit praktisch verschwand.[62] Sein Privileg, beides ungehindert zu vermischen, wurde von der Philosophie bestätigt.

Vor allem die Erzählung vor einem historischen Hintergrund bot dem Schriftsteller die Möglichkeit, der Wirklichkeit ihre Grenzen zu zeigen, mit der tatsächlichen Geschichte oder vielmehr ihrem gängigen Bild zu brechen und sie gewissermaßen wegen ihres willkürlichen und widersinnigen Verlaufs anzuprangern. Die Vergangenheit konnte damit dank zeitgenössischer Erfahrungen ein anderes Aussehen bekommen und wieder aktuell werden. Weil das Vergangenheitsbild auch in der Geschichtswissenschaft den Normen der jeweils eigenen Zeit unterworfen ist und deshalb immer wieder neu geschaffen und verändert wird, war für den Schriftsteller das persönliche Eingreifen, das Phantasie und Wirklichkeit vermischt, die Chronologie verändert und die totgeborene Zukunft, die nie verwirklichten utopischen Träume und das Mögliche ausgräbt, nicht weniger legitim. Die faktische Verfälschung des geschichtlichen Hergangs, die dabei stattfindet, ist gerechtfertigt – so kann man argumentieren –, wenn die geschichtlichen Ereignisse selbst ungerecht sind und die offizielle Geschichtsschreibung auf moralische Verfälschung hinausläuft, indem Ungerechtigkeit beschönigt oder eine innere Anpassung an die tatsächlichen Ereignisse vollzogen wird. Das auffällige Verlangen nach einem historischen Hintergrund hängt aber zweifellos auch mit dem veränderten Horizont, dem breiteren Wissen des Publikums und seiner Gewöhnung an Filme und Reportagen zusammen, die einen genauen, realistischen Eindruck von anderen Völkern und Verhältnissen vermittelten.

Der moderne Leser stellte deshalb andere Anforderungen an die Glaubwürdigkeit als früher, und diese konnte durch die Einfügung historischer Details erhöht werden; die Vergangenheit bot hier ein unerschöpfliches Reservoir. Der historische Hintergrund ist viel mehr als bloße Dekoration, weil er dazu dient, die Einseitigkeit des gängigen Geschichtsbildes aufzudecken und seine Unzulänglichkeit zu zeigen. Bei dieser Vorliebe für den historischen Kontext spielt schließlich noch etwas anderes eine Rolle, und das ist die erdrückende Gegenwart der Vergangenheit, ihrer großen Dichter, Künstler und Denker im gesamten kulturellen Leben, dank Neuauflagen, Popularisierungen, Ausstellungen und Reproduktionen für ein breites Publikum. Inwiefern dabei regelmäßig Mißverständnisse, Verfälschungen, Irrtümer und Verzerrungen vorkommen, ist hier nicht wichtig. Jedenfalls zeugte das Werk vieler moderner Schriftsteller auch von einer ständigen heimlichen Konfrontation mit dem belastenden Erbe, teilweise – angesichts der Anspielungen, Zitate und Verweise, von denen viele Texte durchsetzt waren – auch von dem Versuch, mit diesem Vermächtnis fertig zu werden, indem man es gleichsam ins eigene Werk integrierte, zugleich aber persiflierte und die Fragwürdigkeit seiner Geltung für die eigene Zeit hervorhob. Die Konfrontation vollzieht sich bei vielen, wie etwa Günter Grass und Louis Ferron, im Schatten des Faschismus, hier wie meistens praktisch gleichbedeutend mit Nationalsozialismus. Heimliche Kernfrage war nämlich, inwiefern jenes große kulturelle Vermächtnis nach den Erfahrungen mit den Vernichtungslagern noch Gültigkeit besaß und der gegenwärtigen Menschheit zur geistigen Orientierung dienen konnte.

All die genannten Eigenheiten unterschieden das Werk tonangebender neuer Autoren wie Julian Barnes, Peter Ackroyd, Ishmael Reed, Günter Grass, Christa Wolf oder Louis Ferron vom historischen Roman im herkömmlichen Sinn, der vor allem in der ersten Hälfte des zwanzigsten Jahrhunderts in Blüte stand. Der war noch von romantischer Verherrlichung der Vergangenheit geprägt, von nostalgischer Abwendung von der eigenen Zeit, wobei jene Vergangenheit folgerichtig der Gegenwart als Beispiel vorgehalten wurde – als Kontrast und meistens als Modell. Dies ging bei den besseren Werken mit dem Streben nach wahrheitsgetreuer historischer Rekonstruktion einher, wobei den Tatsachen keine Gewalt angetan wurde. Der Roman konnte als Ergänzung oder lebendigere Alternative zu Fachpublikationen gelesen werden, die wegen ihrer Sachlichkeit und ihres akademischen oder theoretischen Stils in den Augen des breiten Publikums trokken und zäh waren und der Geschichte kein Leben einhauchten. Die Fakten blieben immerhin das feste und unverrückbare Gerüst, innerhalb dessen der Autor des historischen Romans sich bewegte. Die Grenze zur stark literarisierten Monographie eines Historikers konnte sogar verschwimmen. Das Genre des historischen Romans lockte auch jetzt immer wieder Autoren, die zu ihrer Vorbereitung gewissenhafte Nachforschungen anstellten. So ist die niederländische Schriftstellerin Hella Haasse ein Beispiel für die unverminderte Anziehungskraft des historischen Stoffs als Inspirationsquelle der Phantasie. Bei dem hier ins Auge gefaßten neuen Roman ging es nun aber weniger um den historischen Stoff als solchen oder um die Vergegenwärtigung einer bestimmten Vergangenheit als um eine Korrektur der Geschichtsschreibung, ausgehend von einer veränderten Wirklichkeitsvorstellung. Dabei konnte sogar das Phänomen der Zeit und damit der Abstand zwischen früher und heute als ein besonderes Problem oder als irrelevant erscheinen. Personen aus verschiedenen Jahrhunderten kamen auf verwirrend surrealistische Weise miteinander in Kontakt, wie in *Der Fall des Baumeisters* von dem Engländer Peter Ackroyd, wo sich ein Detektiv aus dem zwanzigsten Jahrhundert in einem bestimmten Augenblick als identisch mit jener Gestalt aus dem achtzehnten Jahrhundert erweist, der seine eigenen Nachforschungen gelten.[63] Besonders provozierend war die Art, wie in Julian Barnes' *Eine Geschichte der Welt in 10½ Kapiteln* aus dem Jahr 1989 der Boden unter der tatsächlichen Geschichte (und dem traditionellen historischen Roman) weggezogen wurde. In einer Folge einzelner zusammenhangloser Episoden, teils historisch dokumentiert, teils mythologisch oder frei erfunden, verspottet der Autor die Vorstellung von sinnvoller Kontinuität und den wissenschaftlichen Drang zu archäologischer Detektivarbeit, der zu verrückten Irrtümern führen kann. Zugleich führt er – hierbei ganz nach modernistischer Methode – verschiedene Erzähler ein, zu denen auch ein Holzwurm gehört, um die Egozentrik und die Relativität der gängigen historischen Perspektive zu betonen. Daß diese gewöhnlich die der Herrschenden war, der weißen männlichen Rasse, der Oberschichten, lud zu einer Umkehrung der Erzählperspektive ein, zu einer Betrachtung der Geschichte von einer imaginären Unterseite aus. In Ishmael Reeds *Mumbo Jumbo* (1972) oder in *Der Butt* (1977) von Günter Grass ist es der Blickwinkel Afrikas beziehungsweise der Frau, der diese neue Sicht ermöglicht.[64] Bei

Reed geht es im besonderen um die Vernichtung der Kultur eines bestimmten Volkes durch eine herrschende Rasse, wobei die Unterschlagung eines heiligen Buches dazu dienen soll, diese Kultur auszulöschen. Die Wiederentdeckung des Buches löst eine kulturelle Auferstehung aus. Das geschriebene Wort, so lautet die Botschaft, ist die Voraussetzung für das Überleben einer Kultur, und ihre Macht beruht auf der Monopolisierung des Geschichtsbildes durch das Wort. Grass machte ein Geschlecht von Köchinnen zur treibenden Kraft der Geschichte, wobei seine barocke Phantasie ein kaleidoskopisches Panorama ganzer Jahrtausende einbezieht. In ihrer Erzählung *Kassandra* von 1983 wendet sich Christa Wolf gegen die männliche Kultur und macht die berühmte trojanische Seherin zur Erbin eines untergegangenen Matriarchats. Ein Beispiel für die Vermischung verschiedener historischer Perioden ist Louis Ferrons *Türkenvesper* (1977), wo die Belagerung Wiens durch die Türken im Jahre 1683, das Wiener Fin de siècle und das Dritte Reich miteinander verschlungen sind und der Autor in einem unverkennbaren Verweis auf Robert Musil eine Art Meta-Erzählebene einführt. Die Geschichte wird zu einem Schleier aus Erzählungen innerhalb einer neuen Erzählung. Zweifel an der Zuverlässigkeit unserer Erkenntnis war zwar kein neues Thema für die Literatur, aber die Expansion der Wissenschaften, auch der Geisteswissenschaften, der Soziologie, der Archäologie, der Sprachwissenschaft, war für den Schriftsteller eine Herausforderung, ihre Grenzen und Beschränkungen zu erkunden, meistens mit dem Mittel der Parodie. Ohne Zeugnis seiner Bildung, ohne Nachweis seiner theoretischen Beschlagenheit und umfassenden Kenntnisse konnte sich ein seriöser Autor nicht mehr in die Öffentlichkeit wagen. Manche übernahmen deshalb auch mehr oder weniger wissenschaftliche Fragen und Methoden oder machen sie ausdrücklich zu ihrem Thema.

Kein postmoderner historischer Roman hatte einen solchen Erfolg wie *Der Name der Rose* (1980) von dem italienischen Semiotikprofessor Umberto Eco, der innerhalb kurzer Zeit in zahlreichen Übersetzungen erschien. Eco schildert in Form eines Kriminalromans einen mittelalterlichen Mordfall in einem Kloster, und es geht ihm in dieser Geschichte im wesentlichen um den zeitlosen Konflikt zwischen Dogmatismus und Ketzerei. Dabei steht der kirchliche Dogmatismus für Totalitarismus und dessen Rechtfertigung des Terrors und die ketzerische Heterodoxie für liberale Humanität. Genau wie in Reeds *Mumbo Jumbo* geht es hier letztlich um einen verschollenen Text (in diesem Fall von Aristoteles), der als die geheime Kraftquelle der Kultur gilt. Daß dem geschriebenen Wort, hier einem alten, legendären Text, eine solche Bedeutung beigemessen wird, erinnert nicht bloß zufällig daran, daß die Postmoderne den Text, die Erzählung, zur einzigen Realität erklärt. Die Anziehungskraft einer Zeit und einer Kultur, in denen das Wort magische Kraft besaß, beruht vermutlich auch auf dem Widerwillen gegen die Vorherrschaft der Zahl in der Technologiegesellschaft der eigenen Zeit.

Die Wirklichkeit, auch und vor allem die historische, wird in vielen solcher Romane von verschiedenen Standpunkten aus oder von verschiedenen Ich-Erzählern wiedergegeben und zeigt sich als etwas, das der Erkenntnis nicht als autonome und objektive Größe zugänglich ist. Die Unmöglichkeit des Erkennens und auch das Multiperspektivische waren, wie wir gesehen haben, kein neues Thema in der Literatur. Doch während bei Proust, Musil, Gide, zuweilen bei Thomas Mann und anderen, das Multiperspektivische und die Rätselhaftigkeit der Existenz und auch der Autorschaft in Dialogen und Betrachtungen innerhalb des Romans als Kommentar des Erzählers oder einer seiner Figuren zum Ausdruck kamen, bestimmen sie bei Autoren wie Ackroyd, Barnes oder Ferron die Form des Romans selbst.[65] Der Leser hat es nicht mit einer Stellungnahme – vom festen, als solchem erkennbaren Standpunkt des Autors aus – zu tun, sondern er wird direkt mit diesen Fragen konfrontiert in einer Erzählung, in der Gegenwart und Vergangenheit, Zeit, Ort und Identität der Personen ungreifbar werden.

Bei den Bühnenautoren gab es ähnliche Auffassungen. Hier hatte das absurde Theater Ionescos und Becketts schon mit der Vorstellung einer geordneten und begreifbaren Welt und vernünftiger menschlicher Kommunikation Schluß gemacht. In dessen Nachfolge thematisierte unter anderem der Österreicher Peter Handke in seinem Stück *Kaspar* aus dem Jahre 1968 (über den berühmten, nie identifizierten Kaspar Hauser) das Verhältnis von Sprache und Wirklichkeit auf eindringlich-radikale Weise. Die Gestalt eines sprachlosen Geschöpfs, das man in die normale Welt aufzunehmen versucht, indem man es Wörter lernen läßt, eignete sich ganz besonders für eine Auseinandersetzung mit dem Rätsel, wie das Bewußtsein durch Sprache eine Wirklichkeit erkennen kann und in diese eintritt. Handke demonstrierte hierbei die berühmte These Wittgensteins, daß die Grenze der Sprache auch die Grenze unserer Welt sei. Er war außerdem vielleicht der aggressivste Entlarver konventioneller gesellschaftlicher Werte. Diese Aggressivität ist nicht ohne den Hintergrund der österreichisch-deutschen Geschichte zu verstehen, ohne die Verdrängung der nationalsozialistischen Vergangenheit, besonders in Österreich, wo der Autor aufgewachsen war.

7 Zersplitterung und Holismus

Während in Philosophie und Geisteswissenschaften mit viel Getöse die Flagge der Postmoderne gehißt wurde und die Frage, was genau nun eigentlich unter Postmoderne zu verstehen sei, die Gemüter erhitzte, stellten Naturwissenschaft und Technik die Menschheit in den siebziger und achtziger Jahren vor Fragen von ganz anderem Kaliber. Die immer weiter voranschreitende Erschließung des Makro- und Mikrokosmos durch Astrophysik und Raumfahrt auf der einen und Genetik und medizinische Wissenschaft auf der anderen Seite löste Zukunftserwartungen aus, bei denen kühne Hoffnungen, Optimismus, Beunruhigung und Schauder einander mehr oder weniger die Waage hielten. Was die Erkundung des Weltalls und die Raumfahrt anging, ließ das Interesse infolge einer gewissen Gewöhnung allmählich nach, zumal diese Forschung – auch buchstäblich – weit von der Alltagsrealität der Menschen entfernt war und man nur über die Medien mit ihr in Berührung kam. Dagegen hatten die Satelliten, die eine blitzschnelle Verbreitung von Bild- und Toninformationen ermöglichten, einen für jeden erkennbaren Nutzen. Spezielle Wettersatelliten unterstützten die Meteorologie, und auch dies ging alle an. Aber die anderen Ergebnisse der Forschungen in diesem Bereich berührten die Bevölkerung höchstens indirekt, beispielsweise die Verbesserung der Raketenwaffen in der Zeit des ungebremsten Wettrüstens von West und Ost oder die neuen Erkenntnisse der Geowissenschaften, der Astronomie, der Kern- und Astrophysik.

Ganz anders verhielt es sich mit der Umweltverschmutzung und den Entwicklungen in Biochemie und Medizin, die die Öffentlichkeit mehr und mehr beschäftigten und in verschiedene Lager spalteten. Die Schädigung von Luft, Boden und Wasser durch Industrie und Verkehr in den hochindustrialisierten Ländern war eine der Ursachen der Jugendrebellion in den sechziger Jahren gewesen – dies galt beispielsweise für Provo –, weil man hierin die üblen Früchte von Kapitalismus und maßloser Profitgier erkannte. Da aber der Umgang mit Ressourcen und Abfallstoffen im Ostblock ebenso leichtfertig war, hatte man es hier offensichtlich mit einer Dynamik zu tun, die der Modernisierung als solcher eigen war, unabhängig vom politischen System. Der liberale Kapitalismus im Westen und der Kommunismus im Osten, der zu Recht auch als Staatskapitalismus bezeichnet wurde, standen einander auf diesem Gebiet nicht nach. Die Umweltverschmutzung blieb jedoch nicht auf Europa beschränkt, sie wurde weltweit zum Problem, denn gerade in den Ländern der Dritten Welt, die vom Rohstoffexport in die reichen Länder abhingen, nahm der Raubbau an der Natur, beispielsweise die Abholzung der Regenwälder, immer ernstere Formen an. Zur drohenden Erschöpfung der natürlichen Ressourcen durch fortschreitende Ausbeutung kam noch die von Experten beobachtete allmähliche Erwärmung der Erdatmosphäre hinzu – bald allgemein als »Treibhauseffekt« bezeichnet –, die der Emission von Spurengasen zugeschrieben wird. Es zeigte sich, daß auch die Ozonschicht, die die Erde vor gefährlicher (ultravioletter) Strahlung schützt, geschädigt wurde und sogar schon großflächige Löcher aufzuweisen begann.

Diese beunruhigenden Befunde blieben nicht ohne Auswirkungen; nachdem sich erst viele kleinere, unabhängige Gruppen gebildet hatten, die vor den Folgen einer rücksichtslosen, durch wirtschaftliche Interessen und Konkurrenz vorangetriebenen Ausbeutung der Erde warnten und entsprechende Aktionen durchführten, wurden in den achtziger Jahren in mehreren Ländern politische Parteien gegründet, die den Schutz und die Erhaltung von Umwelt und »Natur« zu ihrem wichtigsten Ziel erklärten, die »grünen« Parteien. Während die Umweltbewegung ein internationales Phänomen ist, agieren die grünen Parteien vor allem in Westeuropa. Als Kämpfer gegen die Profitgier der kapitalistischen Industrie, die als Hauptursache der Verseuchung galt, waren die Grünen die ideologischen Erben der Protestbewegung der sechziger und siebziger Jahre, und man wies ihnen deshalb auch gleich einen Platz am äußersten linken Rand der Parteienlandschaft zu. Hier erwiesen sie sich bald als Laus im Pelz des Systems; die kommunistischen Parteien, zu unbedeutenden Fossilien geworden, hatten diese Rolle schon längst aufgeben müssen. Obwohl die Bewahrung der Natur und die Beschränkung des Einflusses und der Macht der gefährlichsten Übeltäter – des militärisch-industriellen Komplexes, der Allianz von Staat und Großunternehmen – im Programm der grünen Parteien an erster Stelle standen und ihnen ihre Existenzberechtigung gaben, war der Kampf für diese Ziele nur Teil eines allgemeinen Protests gegen das ganze, auf Profit ausgerichtete und auf materialistischem Denken beruhende System, eines Protests, in dem die frühere Jugendrebellion noch nachwirkte, auch in dem manchmal provozierenden Auftreten und der unangepaßten Kleidung. Auf der gleichen Linie lag die Kritik am Wettrüsten und den Atomwaffenversuchen, so daß die grünen Parteien auch das Erbe von pazifistischen Gruppen und Kleinparteien antraten. In ihnen trafen oppositionelle Idealisten und Vorkämpfer für alternative, gesündere Lebensweisen zusammen, Veteranen und Jüngere unterschiedlicher ideologischer Herkunft, aber auch Rebellen und Außenseiter aus Prinzip, die hier nun eine Heimstatt fanden. Da zwischen den anderen Parteien in allen Grundfragen weitgehender Konsens herrschte, wurden die Grünen zur einzigen wirklichen Opposition. Nach lokalen und regionalen Wahlerfolgen drangen sie in verschiedenen Ländern schließlich auch in die Parlamente vor. Sie waren allerdings nicht die einzigen, die für die Erhaltung der natürlichen Umwelt kämpften; auch nicht parteigebundene internationale Organisationen wie Greenpeace meldeten sich regelmäßig mit Aktionen zu Wort.

Die politische Praxis offenbart in diesem Zusammenhang vor allem zwei Probleme. Das erste ist der Konflikt zwischen engagierten Umweltschützern und der Industrie, deren ökonomische Interessen mit volks- und weltwirtschaftlichen Interessen verknüpft sind, also auch mit der Frage des allgemeinen Wohlstands zusammenhängen. Es ging dabei im Grunde nicht nur um private Profite, sondern auch um Güter, die in der modernen Gesellschaft als unverzichtbar galten. Dieses Problem betraf folglich die gesamte Gesellschaft. Niemand hatte grundsätzlich etwas gegen eine sauberere Umwelt, aber jeder sah sich letztlich vor die Frage gestellt, ob er bereit war, für dieses Ziel auf angenehme und für manche unentbehrliche Errungenschaften zu verzichten, wie etwa das Auto mit seinen schädlichen Abgasen – für Millionen insofern unentbehrlich, als sie sich auch beruflich ganz auf das Auto eingestellt hatten, so daß es unmöglich war, ohne die größten Schwierigkeiten einfach zu einem ruhigen Zeitalter von Fahrrad und Zug zurückzukehren. Es wurde bleifreies, weniger schädliches Benzin eingeführt, und in einigen Ländern verlangsamte sich die Zunahme des Autoverkehrs. Als wirksamste Bremse erwies sich diese Zunahme selbst, die auf die Dauer zu einer solchen Verstopfung der Straßen führte, daß viele Städte die Autofahrer mit autofreien Zonen und Parkverboten zum Umsteigen auf andere Verkehrsmittel zwangen. Der Siegeszug des Autos wurde zu einem Musterbeispiel für einen dialektischen Prozeß, in dem ein Vorteil sich selbst aufhebt. Bei der Frage der Atomrüstung ging es bis 1989/90 um die Konfrontation der Machtblöcke und die nationale Sicherheit. Die Antiatombewegung griff die militärische und politische Führung der USA und der europäischen NATO-Länder an, die ihrerseits jede einseitige Rüstungsbeschränkung für verhängnisvoll hielt und Abrüstung nur über Abkommen mit dem Gegner erreichen wollte. Der Widerstand der Wirtschaft, vor allem der außerordentlich wichtigen chemischen Industrie, gegen die radikalen Maßnahmen, die von den engagierten Umweltschützern gefordert wurden, stieß in vielen Fällen bei den führenden Politikern auf Verständnis, was angesichts der Interessenverflechtungen nicht verwundert.

Rückenstärkung erhielt die Umweltbewegung vom Club of Rome, der zuerst 1972 Alarm geschlagen und auf die Gefahren der Verseuchung und der Plünderung der Erde aufmerksam gemacht hatte. Systematische Forschungen und Messungen hatten seine Erkenntnisse nur bestätigt. In wichtigen Einzelheiten gab es jedoch Meinungsunterschiede und Unsicherheiten. Der ursächliche Zusammenhang zwischen industrieller Produktion, Vergiftung und größeren Veränderungen der Erdatmosphäre war nicht in allen Fällen nachweisbar. Experten stellten unterschiedliche Hypothesen auf und erklärten, zu einigen Punkten noch keine gesicherten Aussagen machen zu können. Das war Wasser auf die Mühle von Unternehmen und Politikern, die unter Berufung auf die eine wissenschaftliche Studie die andere anfechten konnten, was im Lager der Umweltbewegung gleich den Verdacht entstehen ließ, hier würden Experten gekauft. Daß dies nie der Fall war, wäre eine allzu naive Annahme, schließlich waren Milliarden im Spiel, und es ging nicht nur um rein wirtschaftliche und finanzielle Interessen, sondern auch um heikle politische Fragen, nationale Macht und Sicherheit. Andererseits konnte es auch gerade deshalb bei einem Problem, bei dem Interessen und Emotionen so miteinander verknüpft waren, leicht zu paranoiden Reaktionen kommen. Die alarmierenden Berichte in den Medien, wo alle Informationen leicht zu Sensationen werden und notorische Oberflächlichkeit herrscht, sorgten jedenfalls dafür, daß bei dem neuerwachten Interesse an der Umweltproblematik viele Emotionen mitspielten. Für alle jedoch stellte sich die Frage nach den Prioritäten: Die Profitgier von Großunternehmen und den verantwortungslosen Umgang mit giftigen Abfallstoffen zu verurteilen, war das eine, entschlossen auf das Auto und andere Annehmlichkeiten des modernen Alltags zu verzichten, war etwas anderes! Natürlich neigte man im allgemeinen dazu, sich an die Informationen zu halten, mit denen die eigene Bequemlichkeit und die eigenen Interessen am besten in Einklang zu bringen waren. Die Landwirtschaft war in hohem Maße abhängig von Insektiziden und ertragssteigernden chemischen Präparaten geworden. Aber es zeigte sich, daß das ständige Eingreifen in den Naturhaushalt, die Störung des Gleichgewichts, nicht ohne Folgen blieb; die Vegetation verarmte. Ein vor allem ethisches Problem ergab sich durch die Massentierhaltung in jenem Zweig der Landwirtschaft, der auch als Agrarindustrie bezeichnet wird. Die Proteste der Tierschützer gegen die grausame Gleichgültigkeit, die jeden Tag Millionen Tiere zu erbärmlichem Dahinvegetieren verurteilt, konnten jedoch gegen die ökonomischen Interessen der Fleischbranche und die Gewohnheiten der Konsumgesellschaft meist wenig ausrichten.

Wichtiger als die Einzelheiten des Tauziehens zwischen Anhängern und Gegnern der Umweltbewegung bleibt die Tatsache, daß diese Bewegung trotz aller schwerwiegenden wirtschaftlichen und finanziellen Interessen einen Wandel der Mentalität bewirkte. Umweltschutz wurde in vielen Ländern zu einem Gebot, das bald Teil der allgemeinen Moral war und auch in der Erziehung eine Rolle spielte. Daß gegen die neuen Normen sowohl von Unternehmen und Institutionen als auch von einzelnen unbekümmert verstoßen wurde, wie es bei fast jeder neuen moralischen Vorschrift zunächst der Fall ist, schmälert nicht die Bedeutung dieser mentalen Veränderung. Eine Generation wuchs heran, die die Umwelt als etwas zu begreifen lernte, worauf der Mensch achtgeben muß. Auch Regierungen und etablierte Parteien setzten den Umweltschutz auf die Tagesordnung, allerdings blieb er ein Desiderat unter anderen, teilweise ganz gegensätzlichen.

Auf höchster Ebene, in den Institutionen der Europäischen Gemeinschaft, wurden Maßnahmen ergriffen und ein ganzes System von Gesetzen entwickelt, die die Mitgliedsstaaten an neue, strengere Umweltvorschriften binden, der Industrie Zügel anlegen und Verstöße ahnden sollen. Daß auch hier die politische Realität hinter den Wünschen zurückblieb, daß gegensätzliche nationale Interessen eine einheitliche Politik erschwerten – auch weil restriktive Maßnahmen für das eine Land wegen seiner besonderen wirtschaftlichen Bedingungen schmerzhafter und nachteiliger als für das andere sind –, änderte nichts an dem zunehmenden politischen Willen, die Umwelt zu schützen und den früher ungehinderten Raubbau und die Verseuchung von Erde, Luft und Wasser zu bekämpfen. Das Einbringen gefährlicher Stoffe ins Meer oder in Flüsse konnte fortan mit schweren Bußen belegt werden, für landwirtschaftliche Verfahren, die der Flora insgesamt schaden, wurden Auflagen eingeführt, und nach einiger Zeit zeigte zum Beispiel die Qualität des Wassers in Flüssen, teilweise auch der Zustand der Vegetation, daß die strengere Politik erste Früchte trug. Im privaten Haushalt entwickelte sich ein neues Ethos, man bevorzugte nun Artikel, die als umweltfreundlich gelten – auch dies eine Verschiebung von Prioritäten. All diese Veränderungen waren vorerst nur Tropfen auf den heißen Stein und konnten die große Gefahr keineswegs bannen, aber es war nicht zu verkennen, daß die Umwelt auf europäischer Ebene und weltweit in den Brennpunkt des Interesses rückte.

Während die Umweltfrage die Handelnden weniger mit ethischen als mit ganz praktischen Problemen konfrontierte, brachten die Entwicklungen in der Medizin und besonders in Biochemie und Genetik die Menschheit allmählich in ein moralisches Dilemma. Als das sexuelle Tabu verschwunden war und Menschen sich zu Neigungen bekannten, die früher als sündhaft oder pervers gebrandmarkt worden waren, wurde auch der Wunsch nach Geschlechtsumwandlung geäußert, die die medizinische Wissenschaft inzwischen mit Hormonbehandlung und plastisch-chirurgischen Eingriffen ermöglichte. Durch diese Eingriffe konnten Männer zu Frauen und Frauen zu Männern werden. Die elementare, naturgegebene Zweiteilung, der auch die Spezies Mensch unterworfen ist, war offenbar kein unüberwindliches Hindernis; allerdings blieb die Zahl der Inter- und Transsexuellen sehr gering. Viel mehr Beachtung fanden jene viel folgenreicheren Entwicklungen, die Fragen im Zusammenhang mit Beginn und Ende des menschlichen Lebens berühren. Es geht auf der einen Seite um das Problem der Sterbehilfe, auf der anderen um Schwangerschaftsabbruch und die neuen Möglichkeiten der Reproduktionsmedizin mit Insemination und In-vitro-Techniken. Und schließlich konnten auch die raschen Fortschritte bei der Transplantation menschlicher und tierischer Organe, die Leben retten oder verlängern, moralische und religiöse Bedenken auslösen.

Für die Kirchen, vor allem die katholische, blieb jeder menschliche Eingriff in das, was man als natürliche Fortpflanzung und natürliche Entwicklung menschlichen Lebens ansah, etwas Verhängnisvolles. Das galt schon für Verhütungsmittel wie die Pille; Schwangerschaftsabbruch betrachtete man als eine Form von Mord. Dennoch gelangte dank der medizinischen Fortschritte, die das Risiko eines Eingriffs minimierten, und dank der Emanzipation der Frau und des Aufkommens der freien Partnerschaft das Recht auf Abbruch einer unerwünschten Schwangerschaft in die öffentliche Diskussion. Es war ein heißes Eisen. »Mein Bauch gehört mir« lautete in allerlei Varianten und Tonarten das Schlagwort, mit dem moderne Frauen weltweit ganz unverblümt dieses Recht beanspruchten – ein Schlagwort, das nicht nur die neue Moral, sondern auch die neue Vorliebe für provozierend direkte Sprache widerspiegelte. Der Ansicht der Kirchen, daß Schwangerschaftsabbruch Mord sei, stand die praktisch-empirische Auffassung gegenüber, daß etwas, das man als Menschen bezeichnen kann, erst vom Zeitpunkt der Geburt an existiere. Die ganze Problematik bekam noch einen zusätzlichen Aspekt, als die Gynäkologie in der Lage war, schon beim Embryo Schädigungen festzustellen. Sollte man ein schwerbehindertes Kind zur Welt kommen lassen? Eine Aufhebung des gesetzlichen Verbots des Schwangerschaftsabbruchs war nicht nur für die Kirchen, sondern auch für die konservativen politischen Parteien und allgemein für diejenigen, die traditionelle Werte hochhielten, nicht tolerierbar, und an diesem Streitpunkt schieden sich die Geister überall. So war es auch im Falle der Sterbehilfe, der Möglichkeit, bei unerträglichem und hoffnungslosem Leiden das Leben des Patienten auf seinen Wunsch zu beenden; hier stand grundsätzlich das gleiche Prinzip – die Unzulässigkeit eines gegen das Leben gerichteten medizinischen Eingriffs – zur Diskussion. Die Frage wurde noch dadurch kompliziert, daß die Ärzte, deren Gelöbnis die Bekämpfung des Todes mit allen verfügbaren Mitteln vorschreibt, dank neuer Techniken wie künstlicher Beatmung und Ernährung auch Komapatienten lange am Leben erhalten können. Dürfen in einem solchen Fall die Angehörigen entscheiden, und darf der Arzt einer Bitte um Sterbehilfe nachkommen? Die traditionelle, vor allem die christliche Ethik verurteilt Sterbehilfe aus den gleichen Gründen wie Schwangerschaftsabbruch, nämlich als vermessenes menschliches Eingreifen in die göttliche Schöpfung – unabhängig von der Frage, wer die Entscheidung trifft. Die eher rational orientierten Befürworter von Sterbehilfe können argumentieren, Ratio und Wissenschaft seien dem Menschen ebenfalls gegeben und gehörten zu seinem Wesen, und im Grunde habe mit der Zähmung des Feuers und der Erfindung des Rades das Eingreifen in die Natur schon begonnen. Darum habe jede im Verlauf dieses langen Prozesses gezogene Grenze etwas Willkürliches, während umgekehrt gerade die Verlängerung einer nur noch vegetativen Existenz (etwa bei Komapatienten) mit Hilfe medizinischer Apparate als unzulässiger, weil sinnloser Eingriff in die Natur betrachtet werden könne, der gegen die Menschenwürde verstoße. Man nimmt auch eine feine Unterscheidung zwischen aktiver und passiver Sterbehilfe vor; bei der passiven wird nur auf lebensverlängernde Hilfsmittel verzichtet. Aber auch diese Unterscheidung bleibt natürlich anfechtbar, denn theoretisch gehören alle Mittel der Medizin in die Kategorie der Hilfsmittel und Eingriffe. Obwohl der zunächst heftige Widerstand gegen die Zulassung von Schwangerschaftsabbruch und Sterbehilfe schwächer wurde und man in einigen Ländern die gesetzlichen Bestimmungen lockerte, beschäftigte dieser Gegenstand die Menschen auch weiterhin. Man hat es hier mit rational nicht lösbaren Problemen zu tun, denn es geht um die letzten großen Fragen, die Frage nach dem Sinn der Existenz, der Wissenschaft, der Moral, die Frage nach Gott. Weniger emotional belastet war die Diskussion um die Möglichkeiten der Reproduktionsmedizin, um Insemination und In-vitro-Fertilisation. Da Zeugung durch Geschlechtsverkehr und Empfängnis im Mutterschoß seit Urbeginn zur menschlichen Natur gehörten, kam man auch in diesem Fall nicht an der Frage vorbei, inwiefern hier etwas dieser Natur Wesentliches berührt werde, aber die öffentliche und politische Diskussion war dabei entschieden weniger heftig.

All diese erstaunlichen Leistungen der medizinischen Wissenschaft, die bis dahin unverrückbare Grenzen des menschlichen Lebens zu verschieben begannen, waren wie Raumfahrt, Kernenergie oder Mikroelektronik Teil des umfassenden wissenschaftlich-technologischen Entwicklungsprozesses und Ergebnis jener empirisch-materialistischen Denkweise, die das Entstehen der moderne Welt ermöglicht hatte. Es waren Leistungen, die auch die kühnste Phantasie zu Beginn des zwanzigsten Jahrhunderts nicht hätte vorhersagen können. Immer wieder wurde aus Science-fiction Wirklichkeit. Die Welt der Naturwissenschaft und Technologie versorgte Alltagssprache und Alltagsdenken unaufhörlich mit neuen Begriffen. Das zeigte sich vor allem bei der Einführung des Computers, die auf dem Gebiet der Information, der Verwaltung, der Kommunikation, der Regelung und Steuerung von Apparaten, der Luftfahrt und des Verkehrswesens allgemein, der Energieversorgung, ja der gesamten Wirtschaft eine wahre Revolution auslöste. Der Computer entwickelte sich zum künstlichen Gehirn der modernen Gesellschaft, wobei man all die Folgen, die mögliche Störungen des Hirns für den

Körper haben können, in Kauf nehmen mußte. Diese moderne Gesellschaft ist das Produkt des kollektiven menschlichen Erfindungsgeistes, der dank der unzähligen Spezialgebiete den Erfindungsgeist und das Auffassungsvermögen des einzelnen bei weitem übertrifft. Die Arbeit der meisten Menschen wurde immer stärker von unentbehrlich gewordenen abstrakten, häufig technischen Begriffen geprägt, von Abkürzungen, Codes, Symbolen und Formeln, besonders im dritten und vierten Sektor, deren Anteil an der Gesamtwirtschaft weiter stieg. Das Büro, ausgestattet mit der neuesten Informations- und Kommunikationstechnik, wurde für zahllose Erwachsene zum täglichen Aufenthaltsort.

Die Kirchen befanden sich nicht nur seit langem in einem schwierigen Rückzugsgefecht, da die greifbaren und blendenden Erfolge der Naturwissenschaft offensichtlich die wissenschaftlich-technische Wirklichkeitsauffassung bestätigten, sie waren auch infolge ihrer traditionellen Bindung an den Nationalstaat mitverantwortlich für nationalistische Exzesse, Kriegsfanatismus und Diktatur. Als etablierten Institutionen war es ihnen nicht gelungen, dieser Verstrickung zu entgehen. Zwar hatte es kurz nach dem Krieg eine Art Erneuerungsbewegung gegeben, und die Kirchen hatten vor dem Hintergrund der beängstigenden Zukunftserwartungen, der kommunistischen Bedrohung und all dessen, was sie als Verwilderung betrachteten, eine Rückkehr zu den christlichen Werten propagiert, aber als in Westeuropa Wohlstand und Stabilität triumphierten, hatte sich ihre neue Energie rasch erschöpft. Das ängstliche Bemühen um die Bewahrung des eigenen Bollwerks inmitten der sozialen und politischen Turbulenzen war ihnen häufig wichtiger als der Versuch, mit dem Empfinden und Denken der Menschen Fühlung zu halten. Nur außerhalb Europas war der Mission Erfolg beschieden. Dies soll nicht heißen, daß die auf Bewahrung ausgerichtete Strategie der Kirchen die Hauptursache der in fast allen Ländern fortschreitenden Entkonfessionalisierung gewesen sei. Innerhalb der Kirchen hatte man – im Bewußtsein, daß man den Kontakt mit der modernen Welt zu verlieren drohte – auch Erneuerungsversuche unternommen. Der spektakulärste Versuch dieser Art war im Katholizismus das von Papst Johannes XXIII. initiierte Zweite Vatikanische Konzil (196–1965) mit all seinen Folgeerscheinungen gewesen. Im Protestantismus mit seinen unterschiedlichen Richtungen hatte es von Anfang an mehr Spielraum für eine moderne, liberale Theologie gegeben, aber dadurch wurde andererseits wieder die Existenzberechtigung einer Kirche in Frage gestellt, die mit Glaubenswahrheiten auf so gegensätzliche Weise umging und zum Teil schon bei einer rein allegorischen Deutung der Evangelientexte angelangt war.

Hauptursache der Entkonfessionalisierung blieb die Diskrepanz zwischen den wesentlichen Glaubenslehren und dem naturwissenschaftlichen Weltbild, ein Gegensatz, den die Kirchen vergebens durch allerlei Umdeutungsversuche und kleine Konzessionen an die neuen Erkenntnisse zu überbrücken versuchten. Wenn man den Kern berührte – die unantastbare Autorität der vier kanonisierten Evangelien und die Lehre von der Erlösung der sündigen Menschheit durch den Opfertod eines historischen Jesus, der zugleich Gottes Sohn war – erschütterte man im Grunde das Fundament des ganzen Gebäudes. Trotzdem konnte die Theologie an den Erkenntnissen der historischen Wissenschaft und an sensationellen archäologischen Entdeckungen wie den 1945 am Nil gefundenen Nag-Hammadi-Schriften und den zwischen 1947 und Mitte der sechziger Jahre bei Khirbet Qumran am Toten Meer ausgegrabenen Schriftrollen nicht vorbeigehen. Diese Entdekkungen rückten die historische Jesusgestalt und die Entstehungsgeschichte des Urchristentums in ein neues Licht: Die Geschichte der heiligen Texte, der Kirche und ihrer offiziellen Lehre in den ersten Jahrhunderten konnte nun als eine Geschichte von Legenden, einseitiger Auslegung des Überlieferten und zum Teil auch gezielter religiöser Propaganda angesehen werden. Uralte verdrängte oder tabuisierte Überlieferungen, zu denen beispielsweise das Thomasevangelium gehörte, gelangten zu neuer Bedeutung und Glaubwürdigkeit.[66] Im Licht dieser Entdeckungen erschien nun auch die alte gnostische Interpretation der Lehre Jesu, die von der Kirche seit Jahrhunderten als ketzerisch abgetan wurde, weniger abwegig, und es zeigte sich, daß der Mann aus Nazareth möglicherweise eher ein religiöser Lehrer, Sektenführer und Prophet als ein radikaler Rebell gewesen war, der sich gegen das gesamte Judentum gewandt hätte – ganz zu schweigen von der kanonisierten, kirchenoffiziellen Interpretation des Evangeliums.[67] Wie zu erwarten, lösten die neuen Deutungen in der theologischen Welt eine erregte Debatte aus, und sie bildeten den Ausgangspunkt für eine Strömung, die einzelne als wesentlich erkannte christliche Vorstellungen aus dem historisch so fragwürdig gewordenen Gewirr von Mystifizierungen, Legenden und Dogmen zu destillieren versuchte, wie es der kalvinistische niederländische Theologe Harminus Kuitert vorführte. Allerdings kommt man dabei an der Frage nicht vorbei, inwieweit in diesem Fall noch von Christentum gesprochen werden kann.

Daß die Entkonfessionalisierung nicht noch viel weiter voranschritt, lag an der Einbindung von Christentum und Kirchen in ein jahrhundertealtes System von Traditionen, Ritualen, Festen, Symbolen und ästhetischen Maßstäben, die bei Millionen Menschen von Kindesbeinen an Lebensrhythmus und Normen in solchem Maße beeinflussen und in sozialer und mentaler Hinsicht eine so eminente Bedeutung haben, daß viele ein vertrautes Stück ihres eigenen Daseins, ihrer Identität verlören, wenn sie mit alledem konsequent und radikal brächen. So besteht zweifellos eine Diskrepanz zwischen Verhalten und Glauben, die das wahre Ausmaß der Abwendung vom Glauben verschleiert, so daß ein für die Kirchen zu günstiges Bild entsteht. Daß jedoch andererseits von dem statistisch erwiesenen Rückgang des Kirchenbesuchs und den hohen Kirchenaustrittszahlen nicht auf entsprechendes Nachlassen religiösen Empfindens als solchem oder des Verlangens nach einer immateriellen oder mystischen Dimension geschlossen werden darf, bewies die Blüte der zahlreichen kleineren religiösen oder weltanschaulichen Gemeinschaften und Sekten. Bei vielen von ihnen war die christliche Herkunft noch deutlich erkennbar, und ihnen ging es eigentlich um eine unorthodoxe, alternative Deutung des Evangeliums oder der Gestalt Jesu, manchmal vermischt mit Elementen aus östlichen Religionen und der Mystik. Auch bestimmte Gruppen der jungen Rebellen bedienten sich der Jesusgestalt gern zur Verbreitung ihrer verschwommenen Liebesbotschaft. Daneben aber machte eine andere Reaktion auf die »Rationalisierung« der modernen Welt von sich reden, eine provozierendere Reaktion: der Fundamentalismus.

Es hatte immer kleinere Gruppen gegeben, vor allem in Amerika, die an einem wortwörtlichen Verständnis der Bibel oder bestimmter Dogmen festgehalten hatten und darum das gesamte moderne Denken seit der Aufklärung als Verirrung und Ergebnis teuflischer Einflüsterung verwarfen. Bei einigen Sekten gehörte dazu, daß man die Benutzung bestimmter moderner Erfindungen (Telefon, Rundfunk- und Fernsehgerät) ablehnte und auch keine Nahrungsmittel akzeptierte, die aus der Agrarindustrie oder auch nur der mechanisierten Landwirtschaft stammen. Diese biblizistischen, fundamentalistischen Bewegungen erlebten in den siebziger und achtziger Jahren einen kleinen Aufschwung, aber die größte Herausforderung sollte von nun an vom Islam ausgehen. Nach der »islamischen Revolution« von 1979 und der Errichtung eines theokratischen Regimes im Iran hatte eine fundamentalistische Richtung des Islam eine weltweite Offensive begonnen. Wegen des unverminderten Zustroms von Immigranten aus der islamischen Welt wurde auch Europa mit dem fundamentalistischen Glauben konfrontiert, dessen Dogmen in diametralem Gegensatz zur europäischen Aufklärungstradition und zum naturwissenschaftlichen Weltbild stehen. Der Fundamentalismus ist im Grunde die Reaktion der noch zutiefst traditionalistischen, in einer anderen Epoche wurzelnden arabischen Welt auf die Entkolonialisierung und das gleichzeitige Eindringen der Moderne vom Westen her. Dies weckte und verstärkte das Verlangen, die eigene Identität zu betonen und der eigenen Kultur Geltung zu verschaffen, gerade jetzt, da sich die Verhältnisse gewandelt und die europäischen Länder ihre Macht verloren hatten, während die internationale wirtschaftliche Verflechtung weiter zunahm. Der Herausforderung durch die Moderne begegnete der islamische Fundamentalismus deshalb mit einer besonders unerbittlichen und kämpferischen Abwehroffensive.

Der Modernisierungsprozeß, der in Amerika, Europa und Japan am weitesten vorangeschritten war (von wenigen Ausnahmen in anderen Teilen der Welt abgesehen), war allerdings etwas, an dem kein Land vorbeikam, das nicht politisch handlungsunfähig werden und in Armut versinken wollte. Das Paradoxe am islamischen Fundamentalismus ist, daß er (im Gegensatz zu den erwähnten christlichen Sekten) die Ergebnisse der technologischen Modernisierung – Kernenergie und Kernwaffen, Elektronik, Computer und andere Errungenschaften – nicht ablehnt, im Gegenteil. Soweit sie für Machtpolitik und eine moderne, starke Wirtschaft unverzichtbar sind, übernahm man sie begierig. Aber dem kritischen, diskursiven Denken, von entscheidender Bedeutung in dem langen Entwicklungsprozeß, auf den alle technisch-naturwissenschaftlichen Fortschritte zurückgingen, und vor allem dem Menschenbild und der Ethik, die mit diesem Denken untrennbar verbunden waren, stellen die Fundamentalisten das monolithische Gesetz des Korans gegenüber. Diesen erklären sie zur einzigen Wahrheit, zur einzigen Offenbarung, zum einzigen Gesetz, einem Gesetz, das buchstabengetreu zu befolgen ist. Gerade dieser rigorose Dogmatismus in seiner Einfachheit gibt den Gläubigen unerschütterliche Gewißheit und wird so zum Felsen in der Brandung bedrohlicher Desorientierung, der die Zersetzung des Glaubens in der Konfrontation mit dem modernen Denken verhindern kann. Das kann erklären, warum sich gerade in diesen Jahren der Fundamentalismus gegen die toleranten und liberalen Strömungen innerhalb des Islam durchsetzte. Aber jede Monopolisierung von Wahrheit impliziert logischerweise prinzipielle Intoleranz, und dies vergrößerte in Europa die Schwierigkeiten im Verhältnis von fundamentalistischen islamischen Migranten und einheimischer Bevölkerung. Zwischen dem fundamentalistischen Glauben und der von aufgeklärtem und humanistischem Denken geprägten Vorstellung einer »multikulturellen«, also prinzipiell toleranten Gesellschaft gibt es keinen gangbaren Weg.

Nun war dies eine Herausforderung von außen – was allerdings nichts daran ändert, daß sie gewaltige politische, kulturelle und moralische Probleme aufwirft. Es entstand aber auch eine westliche, keineswegs fundamentalistische Gegenbewegung zur »Rationalisierung« der Technologiegesellschaft. Bemerkenswert ist, daß sich in den Naturwissenschaften, die die Grenzen der erkennbaren physischen Wirklichkeit immer weiter hinausgeschoben hatten, gerade aus diesem Grunde viele Forscher auch des Mysteriums bewußt sind, das hinter jenen Grenzen beginnt und sich uns bei jeder Grenzverschiebung entzieht. Der Zersplitterung der Wirklichkeit, Folge der extremen Spezialisierung, steht der metaempirische Glaube gegenüber, daß alles Seiende letztlich ein Ganzes bilde und daß das Wissen um diese Einheit verlorengegangen sei. Die Kritik an der Spezialisierung und der mit ihr einhergehenden Zersplitterung hat den Prozeß der Spezialisierung von Generation zu Generation begleitet. In ganz unterschiedlichen Disziplinen gab es nun gleichzeitig Ansätze mit einer gewissen holistischen Tendenz. Der russisch-belgische Chemiker Ilya Prigogine, Experte auf dem Gebiet der Thermodynamik, wurde mit seiner auch einer breiteren Öffentlichkeit bekannten neuen Systemtheorie berühmt: Die Evolution in biologischen und sozialen Systemen führt nicht zum Chaos – diese These widerspricht also den auch bei den postmodernen Denkern so beliebten Chaostheorien –, sondern zu höheren Graden von Organisation und Ordnung. In dem Buch *La nouvelle alliance. Metamorphoses de la science*, das er 1988 zusammen mit der belgischen Chemikerin Isabelle Stengers veröffentlichte, stellte er die Hypothese auf, daß es in der Welt der lebenden Organismen Systeme gebe, die den Systemen in der Thermodynamik entsprechen. Gegensätzliche Ausgangspunkte (oder Paradigmen) von Physik und Biologie nähern sich einander an.

Prigogine und Stengers gingen wieder von der Vorstellung einer kontinuierlichen Evolution aus. In der Psychologie entwickelte der Italiener Roberto Assaglioli, stark von C. G. Jung beeinflußt, seine »Psychosynthese«, eine Theorie, die dem Willen und der Phantasie entscheidende Bedeutung für das Seelenleben beimißt. Freud und die Psychoanalyse hatten nach seiner Ansicht der Libido und dem Unbewußten eine allzu beherrschende Rolle zugewiesen. Eine holistische Tendenz ist auch im populären Werk des amerikanischen Psychologen Abraham Maslow zu erkennen. Er propagierte eine Psychologie, die er als »humanistisch« bezeichnete und die auf der Vorstellung einer psychosomatischen Einheit beruht; sowohl den Behaviorismus als auch den Freudianismus lehnte er ab. Der stark hypothetische Charakter seiner Lehre und die mangelhafte Untermauerung durch empirische Forschung, die für die etablierten Schulen die einzige akzeptable Basis für wissenschaftlicher Theoriebildung ist, machten es Maslows Kritikern allerdings leicht. Dies sind nur einige Beispiele, aber sie zeigen, daß die durch Spezialisierung bedingte Zersplitterung auch für viele Wissenschaftler problematisch und unbefriedigend war.

Von ganz anderem, ausgesprochen esoterischem Charakter war die ein wenig diffuse *New-Age*-Bewegung, die sich gegen das materialistische und rationalistische Menschen- und Weltbild wandte. Sie entstand eigentlich im Jahr 1980, als die amerikanische Astrologin Marilyn Ferguson das Buch *Die sanfte Verschwörung* veröffentlichte. Das Zeitalter des Wassermanns sei angebrochen, womit nach Ansicht dieser Spiritualistin auch für die Menschheit eine neue Epoche begann. Die bald schon international in Erscheinung tretende Bewegung, die ihren Namen von dieser Verkündigung ableitete, bestand allerdings aus verhältnismäßig locker zusammenhängenden, sehr heterogenen Richtungen, beeinflußt von älteren spiritistischen, okkulten und esoterischen Traditionen wie auch von östlicher Weisheit, von Hinduismus, Buddhismus und Schamanismus. Im Grunde lebten hier unter veränderten Bedingungen religiöse Strömungen und Ideen wieder auf, die sich auch in der Vergangenheit – eher am Rande der europäischen Kultur – bemerkbar gemacht hatten, wobei die Bewegung nun von Anhängern oder Erben der alternativen Subkultur jener Jugendrebellion verstärkt wurde, deren Energie sich längst erschöpft hatte. Vor allem Gedanken aus der Anthroposophie Rudolf Steiners sind in der neuen holistischen Kosmologie wiederzuerkennen. Aber auch mit der Umweltbewegung (für viele aus der alternativen Subkultur die neue Heimstatt) war New Age durch die antimaterialistische Einstellung verbunden. Von einem Programm oder einer deutlich umrissenen Lehre kann man hier nicht sprechen; ein Programm hätte auch grundsätzlich im Widerspruch zu der religiösen und antirationalen Tendenz gestanden. Kern des New-Age-Weltbildes ist die Vorstellung, Mensch und Kosmos bildeten eine organische Einheit innerhalb eines großen Evolutionsprozesses, der nicht mit den Mitteln der Wissenschaft und des Verstandes begriffen, sondern nur intuitiv erfaßt werden könne.

8 Angepaßte Geschichtswissenschaft

Historiker bilden das Schlußlicht. Sie kommen an die Reihe, wenn die anderen ihre Arbeit getan haben. Das mag rechtfertigen, daß wir hier zum Abschluß der Geschichtswissenschaft als letztem Bereich einige Aufmerksamkeit schenken. Aber anders als bei der Philosophie, die nach Hegels vielzitiertem Ausspruch wie Minervas Eule erst in der Abenddämmerung ihren Flug beginnt, ist die für die Geschichtsschreibung erwünschte Abendsonne eine künstliche. Historiker arbeiten bei vollem Tageslicht, denn die Geschichte selbst macht nie eine Pause. Der Augenblick, von dem aus Historiker auf die Vergangenheit zurückblicken, ist morgen selbst wieder Vergangenheit, und das gilt nicht weniger für denjenigen, der die Geschichte der Geschichtswissenschaft behandelt und zu diesem Zweck noch einen weiteren Schritt zurücktritt. Historiker wissen ebensowenig wie alle anderen, wie es weitergehen wird, und sind abhängig vom Denken und den Normen ihrer eigenen Zeit. Ausgangspunkt ihrer Erzählungen ist das Heute, und deshalb modernisiert jede Zeit die Vergangenheit.

Die europäischen Katastrophen und die Wandlungen, die die Welt danach erlebte, hatten großen Einfluß auf die Art, wie die Geschichtswissenschaft an diese Welt heranging, und auf die von ihr gestellten Fragen. Von Bedeutung war außerdem der Einfluß anderer Wissenschaften, besonders verwandter Fächer wie Soziologie und Anthropologie. Technische Grundlage geschichtswissenschaftlicher Forschung blieb allerdings weiterhin das Sammeln, das Studium und die kritische Sichtung der Quellen von den ältesten Zeiten bis zur Gegenwart. Wie früher arbeiteten Historiker vor allem in Bibliotheken und Archiven. Weil ständig neues Material hinzukam und die

Fachliteratur entsprechend anschwoll, schritt auch hier die Spezialisierung unaufhaltsam voran. Der Gegensatz, der sich schon in der Zeit zwischen den Weltkriegen abgezeichnet hatte, nämlich zwischen Forschern, die unmittelbar anhand der Quellen ihre Entdeckungen in detaillierten Studien verarbeiteten, und anderen, die – zum Teil auf die Feldforschung gestützt – ein historisches Panorama entwarfen oder umfangreichere Themen und größere Zusammenhänge behandelten, vertiefte sich. Außerdem vergrößerte sich der Abstand zwischen Altertumsforschern, Mediävisten und Spezialisten für neuere Geschichte, und dies galt auch für die verschiedenen Teilgebiete wie politische Geschichte, Wirtschafts-, Sozial-, Rechts- und Kulturgeschichte und die Geschichtstheorie. Neue Quellen zur jüngsten Vergangenheit boten sich auch in Gestalt von Film- und Rundfunkreportagen, die wieder einen anderen Zugang zur Vergangenheit eröffneten. Die äußere Erscheinung und die Stimmen von Personen der Zeitgeschichte wurden nun für die Nachwelt konserviert. Weitere reiche Quellen erschloß die sogenannte *Oral History* nach dem Vorbild des Journalismus mit der Befragung von Zeitzeugen, der Auswertung von Interviews und Gesprächsprotokollen, wenn dies auch, genauer betrachtet, nicht gar so neu war; wer die Geschichte der eigenen Zeit schrieb, hatte immer schon von solchen persönlichen Informationen Gebrauch gemacht.

Bis zum Zweiten Weltkrieg hatte die etablierte, traditionelle Geschichtswissenschaft größtenteils noch im Zeichen der politischen Geschichte gestanden und sich dabei, soweit es um die Neuzeit ging, hauptsächlich auf das Entstehen von Staaten und Nationen konzentriert. Es waren der neuzeitliche Staat als naheliegender Ausgangspunkt für die Reise durch die Vergangenheit und die politische Arena, in der über das Wohl und vor allem das Weh der Menschheit entschieden wurde, die im Brennpunkt des Interesses gestanden hatten. Die anderen Spezialgebiete blühten noch mehr oder weniger im Schatten der politischen Geschichte, besonders für das breitere Lesepublikum, das hauptsächlich hier die Antworten auf bedrückende Fragen suchte. Vor allem nach den Erfahrungen mit dem Krieg und seinen Schrecken fragte man in der Öffentlichkeit nach der Rolle der Verantwortlichen, nach Helden und Schuldigen, und wollte wissen, was genau sich hinter den Kulissen abgespielt hatte. Die in großer Zahl veröffentlichten Erinnerungen und anderen Selbstzeugnisse entsprachen diesem Bedürfnis. Die politische Geschichte orientierte sich naturgemäß an der Chronologie, der zeitlichen Abfolge der Ereignisse. So war die historische Rekonstruktion eine Reise durch die Zeit, vergleichbar mit dem Erzählen im traditionellen Roman. Das Muster von Früher und Später, von Ursache und Folge blieb das beliebteste im Gewebe der historischen Darstellung, wenn daneben auch das thematische Vorgehen nicht unbekannt war. Alternative Ansätze wie die der französischen Annales-Gruppe oder der Schule des polnisch-englischen Historikers Lewis Namier, die strukturalistische Methoden anwandten und beispielsweise untersuchten, an welche unveränderlicher Rahmenbedingungen die Politik eines Staates gebunden ist und welchen Einfluß das Überindividuelle, Konventionen oder traditionelle Bindungen haben, hatten dem Fach und seinen Fragestellungen insgesamt noch nicht ihren Stempel aufgedrückt.

Wie in der Zeit nach 1918 gehörten nach 1945 in allen Ländern die tonangebenden akademischen Lehrer naturgemäß einer Vorkriegsgeneration an, bei der jene sowohl nationale als auch staatlich-politische Ausrichtung noch vorherrschte. Dieser politische Blickwinkel bestimmte ihre Auseinandersetzung mit dem Krieg, den Massenmorden und den folgenden Umwälzungen und neuen Bedrohungen. Und natürlich wurde bei einem sehr großen Teil der Forschung, vor allem zu früheren Epochen, erst einmal die Arbeit der Vorkriegszeit fortgesetzt. Dennoch konnten sich die jüngsten Erfahrungen, die die Menschheit bis ins Innerste erschüttert hatten, auch bei der Behandlung älterer Epochen bemerkbar machen. Allgemeine Begriffe wie »Demokratie«, »Diktatur«, »Unterdrückung«, »Eroberung«, »Freiheit der Meinungsäußerung«, »Demagogie«, »Völkermord« und »Fremdherrschaft« hatten einen ganz neuen Gehalt und neues Gewicht bekommen. Kalter Krieg und Antikommunismus sorgten in Westeuropa dafür, daß die marxistische Geschichtsdeutung, die auch zuvor in der akademischen Zunft der meisten Länder niemals anerkannt worden war, nun jeglichen Kredit verlor. Der Kadavergehorsam und die stereotype Argumentation der offiziellen Sowjethistoriker und ihrer osteuropäischen Kollegen, an denen jeder Versuch einer wirklichen Diskussion abprallte wie an Stahlbeton, diskreditierte auch die unabhängige marxistische Geschichtsschreibung. Im Westen waren historische Publikationen, soweit sie sich nicht ganz auf heuristische Detailforschung beschränkten, entweder von einer liberalen und sozialdemokratischen oder einer eher konservativen, christlich gefärbten Sicht bestimmt. Allerdings war der Nationalismus – dem allgemein die Schuld an den Weltkriegen zugeschrieben wurde, vor allem wegen seiner Verkörperung in Faschismus und Nationalsozialismus – für die meisten fragwürdig geworden. An die Stelle der nationalen Orientierung konnte jetzt, da Westeuropa die Reihen zu schließen begann, eine eher europäische und atlantische Ausrichtung treten. Ein Unterschied zur Vorkriegszeit war auch, daß die meisten Historiker einen Finalismus ablehnten, für den die Geschichte immer zwangsläufig in die Konstellation und die Verhältnisse der eigenen Zeit mündete. Das brachte in der Regel auch eine andere Argumentationsweise mit sich, gemäßigter und vorsichtiger, ohne das selbstbewußte Pathos oder den behaglichen, weitschweifigen oder feierlichen Tonfall vieler Geschichtswerke der Vorkriegszeit. Für manche blieb das Studium der Vergangenheit, wie zu jeder Zeit, auch eine akzeptable Art, dem aktuellen Geschehen den Rücken zu kehren. Historiker, die sich an großzügige Entwürfe heranwagten, wie etwa Toynbee, blieben eine Ausnahme in der Zunft, die noch stärker als in der Zeit zwischen den Weltkriegen dazu neigte, diese Art von makrohistorischen Panoramen für unvereinbar mit gewissenhafter empirischer Forschung zu halten, und so etwas deshalb lieber Kulturphilosophen zu überlassen.

Da die meisten europäischen Länder Krieg oder Besetzung erlebt hatten, gab es fast überall einen Bruch in den nationalen Traditionen, und es war schwierig, wieder ein Gefühl der Kontinuität zu schaffen. Bis auf Großbritannien und ein paar neutrale Staaten waren alle auf ihre Weise Verlierer gewesen; sogar England war sehr geschwächt aus dem Kampf hervorgegangen, und sein koloniales Imperium gehörte endgültig der Vergangenheit an. Das zwang in gewissen Grenzen zur Revision der eigenen Geschichte. Viel Grund zu Triumph oder selbstbewußtem Vertrauen auf eine höhere Macht, die das eigene Volk unversehrt durch dieses Meer von Blut geführt hätte, gab es nirgendwo, wenn die Historiker vielfach auch dazu neigten, vor allem die Leistungen der eigenen Seite im Krieg und die Aktionen der Widerstandsbewegungen hervorzuheben, um das angeschlagene Selbstvertrauen einigermaßen wiederherzustellen. Das Entsetzen über die Untaten des Nationalsozialismus führte nicht nur dazu, daß man Deutschland einhellig verurteilte, sondern stimmte von Anfang an viele auch sehr nachdenklich. Löste all dies doch die Frage aus, wie es um die Zivilisation bestellt sei, besonders in Europa, wenn ein Volk aus der Mitte Europas zu solchen Untaten fähig war. Noch peinlicher war die konkrete Frage, wie die anderen es hatten zulassen können, daß Hitler so mächtig wurde, und so begann man außerhalb

Deutschlands auch nach der eigenen Mitschuld zu fragen. Die Politik in der Zeit zwischen den Weltkriegen wurde äußerst kritisch durchleuchtet, und »Appeasement« galt jetzt als höchst verachtenswertes politisches Prinzip. Da diese Dinge auch im Zusammenhang mit aktuellen Entwicklungen und Problemen von Bedeutung waren, zum Beispiel der Haltung gegenüber der vermeintlichen neuen Gefahr sowjetischer Expansion, stand die politische Geschichte zunächst noch im Mittelpunkt des Interesses. Für die deutschen Historiker war der Bruch schlichtweg erschütternd. Anders als in der Zeit nach 1918 war jetzt, angesichts der vollständigen militärischen Niederlage und des Infernos der Lager und Gaskammern, weder in moralischer noch in politischer Hinsicht irgendeine Verteidigung möglich. Der Faden der eigenen Geschichte war brutal zerrissen worden, und die Vergangenheit bot keinen Halt. Im Gegenteil, sie erschien als eine verhängnisvolle Verirrung. Die etablierten Historiker, überall dazu berufen, die nationale Geschichte zu einer geistigen Heimstatt der Nation zu machen, gehörten (wie jeder über vierzig) zu der Generation, die erlebt hatte, wie der Nationalsozialismus zur Macht gelangte, die ihn bejubelt hatte und tief in die Schuld des Dritten Reiches verstrickt war. Wie auch bei den anderen deutschen Intellektuellen konnten sich nur sehr wenige überzeugend als Regimegegner ausweisen. Von den ohnehin nicht zahlreichen emigrierten Historikern kehrten nur einzelne zurück. Aus all diesen Gründen war für die deutsche Geschichtsschreibung gleich nach 1945 eine sehr variable Mischung aus Anerkennung und Abwälzung der Schuld charakteristisch; es gab eine ausgeprägte Neigung, zwischen Deutschland und Hitler zu unterscheiden und sich (wie die Mehrheit der Deutschen) getäuscht und betrogen zu fühlen. Vor allem aber herrschte völlige Ratlosigkeit; wenn sie nicht ganz einfach zu Sprachlosigkeit führte, nahm man seine Zuflucht zu einer religiös-metaphysischen Sicht. Dennoch setzte sich bald die Erkenntnis durch, daß man als deutscher Historiker seine Normen revidieren mußte, und ein einzelner – Friedrich Meinecke, der alte Doyen der Zunft – rief schon 1946 dazu auf, die gesamte deutsche Geschichte seit Bismarck einer kritischen Revision zu unterziehen. Die meisten waren in der Folgezeit eifrig bemüht, in dieser befleckten Vergangenheit die Spreu vom Weizen zu trennen – unvergängliche, wertvolle Traditionen und Elemente, die auf eine demokratische Entwicklung vorausdeuteten, von den fragwürdigen Traditionen, in denen die spätere Verirrung vorgezeichnet war – und so aus dem Konkurs zu retten, was zu retten war. Es ist überflüssig zu sagen, daß die Diskussion gerade in dieser Frage nie zu einer Übereinstimmung zwischen der seit jeher konservativen Mehrheit der Akademiker und ihren linken, sozialistischen Opponenten führen konnte. Zwischen dem deutschen Umgang mit der Geschichte, auch dem selbstkritischen, und der Geschichtsschreibung der anderen Länder herrschte außerdem ein tiefer mentaler Gegensatz. Die Ansicht war weit verbreitet, daß das deutsche Volk als Ganzes wenn schon nicht schuldig, so doch zumindest verantwortlich sei. Vor diesem Hintergrund fand bei vielen prominenten Historikern außerhalb Deutschlands die These Zustimmung, die Wurzeln des Nationalsozialismus reichten tief in die deutsche Geschichte hinab; dies bedeutete, daß die deutsche Geschichte vom Weg der europäischen abgeirrt war. Sie erschien nun einschließlich ihrer großen Gestalten in einem trüben Licht, das die künftige Katastrophe schon weit im voraus ankündigte. Die alte Vorstellung eines fundamentalen Gegensatzes zwischen Deutschland und den anderen Ländern, die in der Zeit des Ersten Weltkriegs soviel Resonanz gefunden hatte – auch und vor allem auf deutscher Seite, natürlich mit umgekehrten Vorzeichen –, schien durch die jüngste Vergangenheit bestätigt. Gegen diese Kontinuitätsthese erhob man nun wieder in Deutschland Protest und bestritt, daß die Ursachen der Katastrophe so weit zurückreichten. Wenn auch niemand in der deutschen Historikerzunft den Nationalsozialismus verteidigte, so fiel die entscheidende Zäsur für die ältere Generation entgegen ihrer These, Hitler bedeute einen Bruch in der nationalen Geschichte, dem Gefühl nach doch eher in das Jahr 1945 als in das der Machtergreifung.

Auch in der Geschichtswissenschaft machte sich allmählich die überall erkennbare Akzentverlagerung bemerkbar – hier als die neue Ausrichtung auf die ganze Gesellschaft als Basis, aus der alles andere abzuleiten war. In einer Demokratie, in der im Prinzip die Mehrheit herrscht – eine Einsicht, mit der auch die Durchsetzung der soziologischen Perspektive zusammenhing –, empfand man die rein politische Geschichte, die sich immer auf die Mächtigen und die Eliten konzentrierte, als veraltet und einseitig. Die Sozialgeschichte und ihre Wegbereiter gewannen rasch an Ansehen. In der Epoche des Sozialstaats und der materiellen Umverteilung war es auch ganz natürlich, daß man der Wirtschaftsgeschichte mehr Aufmerksamkeit schenkte. Wie immer wirkten sich diese Verschiebungen der Perspektive auch auf die Forschung zu früheren Epochen aus, und man begann die Vergangenheit im Spiegel der veränderten gegenwärtigen Interessen zu sehen. Eine jüngere

Generation von Historikern, die in den späten fünfziger Jahren nachrückte, zeigte sich empfänglich für den Strukturalismus, der in der Anthropologie und in anderen Sozial- und Geisteswissenschaften inzwischen für ein neues Paradigma gesorgt hatte. So übernahm die Annales-Schule, die von Anfang an den einseitigen staatlich-politischen Ansatz heftig bekämpft hatte, eine Führungsrolle. Vor allem Fernand Braudel, der in Frankreich das Zepter von älteren Kollegen wie Lucien Febvre und dem im Krieg als jüdischer Widerstandskämpfer von der Gestapo ermordeten Marc Bloch übernommen hatte, wurde zur überragenden Autorität. Er verband das strukturalistische Denken mit der speziellen Berücksichtigung materieller, ökonomischer Faktoren. Mit seiner Schichtenmetapher – er unterschied Schichten geologisch-physischer, ökonomischer und politischer Faktoren mit lang-, mittel- und kurzfristigen Wirkungen – entwarf er ein suggestives Bild, das jetzt als verbesserte Alternative zum marxistischen Modell von Basis und Überbau besonders willkommen war. Es entsprach dem überall erwachten Wunsch der Historiker nach einer umfassenden Theorie und, in direktem Zusammenhang damit, nach besserer wissenschaftlicher Fundierung ihres Fachs. Man kann die Empfänglichkeit für den Strukturalismus und die Theorien der Annales-Richtung auch mit der kompensatorischen Funktion der neuen Ansätze erklären, denn das Mißtrauen gegenüber spekulativen Geschichtsentwürfen hatte eine Art Vakuum entstehen lassen. Die Spezialisten, die sich ganz auf empirische Forschung beschränkten, oder diejenigen, deren Ausgangspunkte ideologisch bestimmt waren, hatten diese Leere nicht ausfüllen können. In den sechziger Jahren wurde deshalb allenthalben der Ruf nach theoretischer Besinnung laut – Ausdruck eines Minderwertigkeitskomplexes, der schon lange Geisteswissenschaftler und Historiker plagte, vor allem wenn sie sich mit den Naturwissenschaftlern verglichen! Nicht literarische Vergegenwärtigung der Vergangenheit in fesselnder Erzählung, sondern Erklärung anhand eines theoretischen Modells und gezielter Fragen, möglichst gestützt durch objektive, quantifizierbare Fakten, lautete die Forderung des Tages. Und hier war der Einfluß der Soziologie und der Wirtschaftswissenschaften mit ihren Statistiken und Tabellen ebensowenig zu verkennen wie der Einfluß der Anthropologie, die gelehrt hatte, die Beziehungsgeflechte zu erkennen, die Gesellschaften und Kulturen zusammenhalten. Der Wirrwar von Ereignissen und individuellen Handlungen sollte vor der Folie der alles bestimmenden festen Muster durchschaubar gemacht werden. Nur so waren fundierte Erklärungen möglich, und es ging nun nicht mehr in erster Linie um ein Verstehen der historischen Personen oder Identifikation mit ihnen – für ältere, historistisch orientierte Geschichtsschreiber immer noch Grundbedingung wahrhaft historischen Denkens.

Der Siegeszug des Strukturalismus und der gesellschaftlichen Orientierung war eine internationale Erscheinung, auch weil er mit einem Generationswechsel zusammenfiel. Beides bot außerdem den Jüngeren in ihrem Bemühen, sich von der Kriegsgeneration und dem überall kritisierten Nachkriegsestablishment zu distanzieren, einen Ausgangspunkt und eine theoretische Grundlage. Die nationale Geschichte konnte nun im Licht der neuen Fragestellungen anders beschrieben werden. Trotz eines modischen Dogmatismus, wie er sich gewöhnlich bei denen bemerkbar macht, die solch ein neues Paradigma begrüßen, als handle es sich um eine Offenbarung, war der Paradigmenwechsel für das Fach im ganzen fruchtbar und von bleibender Bedeutung. Vor allem in Deutschland, wo die Auseinandersetzung mit der Vergangenheit so schwierig war, ermöglichte die neue Richtung eine großangelegte kritische Revision. Die These einer negativ zu bewertenden Abweichung vom europäischen Weg, des »deutschen Sonderwegs«, wurde jetzt auch von deutschen Historikern mit makrohistorisch-sozialgeschichtlicher Orientierung übernommen, wie etwa von Hans-Ulrich Wehler und seiner Schule. Wenn dieser neue Dogmatismus auch Kritik auslöste, so war die Distanz zur Geschichtsschreibung in den Nachbarländern doch überbrückt, und von einer Rückkehr zur älteren Tradition konnte keine Rede mehr sein. Nicht zufällig fiel dieser Wandel mit der mentalen und politischen Umorientierung derselben jüngeren Generation in der Bundesrepublik zusammen, für die nun die westliche Demokratie zum Leitbild wurde.

Die Durchsetzung strukturalistischer und neupositivistischer Ansätze in der Geschichtswissenschaft wurde in den sechziger Jahren durch die inzwischen ausgebrochene Jugendrebellion und die kulturellen Turbulenzen der Zeit begünstigt. Die Akzentverlagerung vom Individuum auf die Gesellschaft entsprach dem lauten Ruf nach Demokratisierung und Emanzipation und den antielitären Parolen. Die Kamera wandte sich von den Mächtigen, von den Eliten der Vergangenheit, ab und den ganz normalen Menschen zu, die immer so wenig Beachtung gefunden hatten. Der ganz normale Mensch war nämlich zum wahren und einzigen Helden der Demokratie geworden, zum Maßstab und zur Norm, und die historische Forschung berücksichtigte diesen Wandel. Damit verlor auch das historische Individuum an Bedeutung, denn die moderne Massendemokratie lehrte gerade, daß der einzelne einschließlich der politischen Führer wenig Freiraum besitzt und in hohem Maße vom Ganzen, von wirtschaftlichen Kräften, sozialen Systemen, herrschenden Normen, abhängig ist. Warum sollte dies in der Vergangenheit anders gewesen sein?! Diese neue Perspektive trug zu einer teilweisen Rehabilitierung der marxistischen Theorie bei, und hier spielte auch die veränderte politische Konstellation als Motiv eine wichtige Rolle. Der Marxismus hatte immer schon eine den neuen Ansätzen verwandte Geschichtsauffassung vertreten, denn auch er legte den Schwerpunkt auf Strukturen, in seinem Fall die vom Klassenkonflikt bestimmten ökonomischen Verhältnisse; außerdem lag ihm eine antielitäre Ethik zugrunde. Für die Gesellschaftsreformer, vielfach Neomarxisten, hatte die Geschichtswissenschaft letztlich die Aufgabe, einen Beitrag zum gesellschaftlichen Wandel zu leisten.

Die Folge war ein eigenartiges Paradox. Voraussetzungen dafür, daß die Geschichtswissenschaft ihre nützliche Rolle im Dienst des Fortschritts spielen konnte, waren ihr wissenschaftlicher Status und ein solides wissenschaftliches Fundament. In dieser Hinsicht konnte die neomarxistische Richtung die Übernahme des strukturalistischen Ansatzes, die antiliterarische Tendenz und die Vorliebe für quantifizierende Methoden, die für eine objektive wissenschaftliche Basis sorgten, nur begrüßen. Auch daß die materiellen Faktoren nun stärker berücksichtigt wurden, paßte zum marxistischen Ausgangspunkt. Mehr Wissenschaftlichkeit bedeutete jedoch auch weitere Akademisierung und Spezialisierung. Dies und die neuen Ansätze, die strukturalistische Sichtweise und die Ächtung eines als literarisch und unwissenschaftlich diskreditierten erzählenden Verfahrens veränderten zwangsläufig auch die Normen, denen Fachpublikationen zu genügen hatten, und ihren Stil. Historische Werke waren für den gebildeten Laien immer viel leichter verständlich gewesen und angenehmer zu lesen als die anderer Wissenschaften. Leider hatten aber die neuen Helden, die Durchschnittsmenschen der Vergangenheit, »die im Dunkeln«, um mit Brecht zu sprechen, kein Gesicht. Sie wurden überhaupt nur über Statistiken und abstrakte Begriffe sichtbar. So entstand eine Geschichte ohne Gesichter; vielfach traten anonyme Massen und überindividuelle Faktoren an die Stelle klar umrissener Gestalten. Das bewußt distanzierte Verfahren anstelle einer Verlebendigung der Vergangenheit und der Umstand, daß die Geschichtsschreibung nun, ausgehend von einer ganz speziellen Theorie, Antworten auf ganz spezielle Fragen suchte, vergrößerten die Distanz zu den Lesern. Das Bemühen um einwandfreie empirische Untermauerung der jeweiligen Hypothesen, für die vor allem quantifizierende Forschung mit Berechnungen und Tabellen sorgen mußte, trug nicht zu besserer Lesbarkeit bei. Mit anderen Worten: Bei der angestrebten Instrumentalisierung des Fachs konnte man nicht auf viel gesellschaftliche Resonanz hoffen. Vielmehr blieb in der breiten Öffentlichkeit und den Medien ein traditionelles Geschichtsbild erhalten. Kann bei alledem von einer gewissen Ähnlichkeit zwischen der strukturalistischen und der neomarxistischen Strömung gesprochen werden? In einer Hinsicht wandten sich die Gesellschaftsreformer ganz entschieden gegen den Strukturalismus, gerade weil dieser eine wertfreie, distanzierte Geschichtswissenschaft anstrebte. Wie in der Debatte zwischen positivistischen und gesellschaftskritischen Soziologen und Philosophen warfen die neomarxistischen Historiker dem jetzt vorherrschenden Neupositivismus und Strukturalismus vor, den gesellschaftlichen Status quo zu festigen.

Ein großer Teil der historischen Forschung bewegte sich indessen unbeirrt in den bekannten Gleisen. Die traditionelle politische Geschichte verschwand keineswegs von der Bühne. Sie hatte sogar, was die jüngste Vergangenheit betraf, einen Aufschwung erlebt, weil in einem Ausmaß wie nie zuvor Dokumente freigegeben und publiziert worden waren, die die vielen Selbstzeugnisse ergänzten. Die wichtigsten Archive des geschlagenen Deutschlands waren von den Siegern beschlagnahmt und außer Landes geschafft worden. Nicht zuletzt wegen der Kriegsverbrechen und der Prozesse gegen die Verantwortlichen wurden das Gerüst, die Mechanismen, die ganze innere Struktur des Dritten Reiches auf eine Weise freigelegt, die in der Geschichte ohne Beispiel ist. Die anderen Staaten sahen sich später angesichts der kritischen Fragen nach ihrer Politik in den dreißiger Jahren und dann im Kalten Krieg ebenfalls gezwungen, Rechenschaft abzulegen, so daß auch dort umfangreiche Dokumentationen entstanden – natürlich mit ausgewähltem Material –, und dies hatte dann wieder einen Schneeballeffekt. Bei der Frage nach den treibenden Kräften hinter der Veröffentlichung brisanter Dokumente darf auch nicht übersehen werden, daß die Bedeutung des kritischen Journalismus und der öffentlichen Meinung enorm gewachsen war. Für die Historiker des zwanzigsten Jahrhunderts war bald nicht der Mangel, sondern die überwältigende Fülle an Material das große Problem. Statt zu der erwünschten Klarheit zu verhelfen, machte die Masse von Dokumenten es auf die Dauer immer schwieriger, zu einer deutlichen Vorstellung und einem Konsens zu gelangen. Gerade die beispiellose Durchleuchtung des Deutschlands der Jahre 1933–45 zeigte: Mit der Menge der Informationen wuchs die Zahl der offenen Fragen, moralischer wie psychologischer, und beinahe im gleichen Maße, in dem das Wissen sich vermehrte, verschwammen die Konturen.

Die einschneidende Veränderung des westlichen Selbstbildes in den sechziger Jahren war besonders für die Historiker eine Herausforderung. Sie waren für dieses Bild zwar längst nicht als einzige oder mehr als andere verantwortlich, hatten aber doch immer für die wissenschaftliche Basis des Selbstbildes gesorgt, das den herrschenden Auffassungen ihrer Zeit entsprach. Die mittlerweile üblich gewordene Verurteilung von Imperialismus und Kolonialismus zwang auf jeden Fall zur Revision der gesamten Geschichte der europäischen Expansion, auch wenn gerade das Berufsethos des Historikers Nuancierung und Verständnis für den anderen »Zeitgeist«, die Denkweise früherer Generationen fordert. Die Veränderung der Perspektive hatte den Blick auf die sogenannten Durchschnittsmenschen der Vergangenheit gelenkt, und dem entsprach nun das aktuelle Interesse an Unterdrückten und Minderheiten. Neue Spezialgebiete wie Frauengeschichte kamen auf, und die zentrifugalen Kräfte, die in jeder Wissenschaft für immer weitere Auffächerung sorgen, waren auch hier wirksam. Gleichzeitig aber verschwanden Schranken zwischen Fachgebieten. Man kann von einer Universalisierung der Geschichtsschreibung sprechen, die sich in der Phase ihres großen Aufschwungs als unabhängige Wissenschaft im neunzehnten Jahrhundert zunächst auf den staatlich-politischen Bereich beschränkt hatte und jetzt immer mehr Aspekte zu ihrem Arbeitsgebiet zählte. Der Strukturbegriff hatte den Blick für den Zusammenhang gesellschaftlicher Phänomene und die verborgenen Muster ihrer Verknüpfungen geschärft. An dieser neuen Sichtweise kam von jetzt an kein Historiker mehr vorbei, aber es gab doch noch große individuelle Unterschiede. Sollte man die Gesellschaft als eine Art Stamm und alle moralischen, religiösen, kulturellen, politischen Phänomene als seine Zweige sehen, oder hatte der Begriff eher die praktische Funktion, all diese Gebiete in einen Zusammenhang zu bringen, ohne deutliche Abhängigkeitsbeziehungen zu postulieren und ohne ihnen ihre teilweise Autonomie, ihre unterschiedlichen Ursprünge und ihre Eigendynamik abzusprechen? Vor allem die Vertreter der zuerst genannten

Auffassung propagierten eine »Sozialgeschichte«, die die Führungsrolle von der politischen Geschichte übernehmen sollte. Sie faßten Sozialgeschichte in erster Linie als Geschichte der sozioökonomischen Verhältnisse auf. Indem sie den Zusammenhang der ökonomischen und sozialen Verhältnisse zum Ausgangspunkt wählte, verleugnete diese Sozialgeschichte auch keineswegs ihre Ursprünge, die sowohl in der gesellschaftskritischen Bewegung der sechziger Jahre als auch im Marxismus lagen. Nicht zufällig standen viele ihrer Repräsentanten links.

Weil die einseitige Ausrichtung auf Materielles und Quantifizierbares aber den Menschen als fühlende und denkende Spezies allzusehr in den Hintergrund zu drängen drohte, kam nun wiederum eine Richtung auf, die ihr Interesse zusätzlich dem Phänomen »Mentalität« zuwandte – jener schwierig zu definierenden Einheit von Traditionen, Werten und Glaubensvorstellungen, die zusammen das Charakteristische einer gemeinsamen Attitüde ausmachen, durch die sich Völker, aber auch Epochen, deutlich voneinander unterscheiden. Auch diese Mentalitätsgeschichte war nicht zuletzt einem wichtigen Impuls aus dem Kreis der Annales zu verdanken. Die Studien des französischen Historikers Emmanuel Le Roy Ladurie über einen mittelalterlichen Inquisitionsprozeß im südfranzösischen Dorf Montaillou und des Italieners Carlo Ginzburg über einen Müller aus dem sechzehnten Jahrhundert erregten weit über die engen Fachkreise hinaus Aufsehen. Hier wurde ein Mikrokosmos des Alltags beschrieben, der Zugang zur ganzen Erlebniswelt und zur Kosmologie einer vergangenen Epoche gewährte, wie eine Regenpfütze ein Stück Himmel widerspiegeln kann. In dieser Methode kann man die Ergänzung zu einer Schule sehen, die hauptsächlich das wissenschaftliche Ansehen des Fachs durch die Konzentration aufs Zählen und Registrieren erhöhen wollte, was den Historiker leicht zum Buchhalter reduzierte, während der Erkenntnisgewinn umstritten blieb. In dem starken Widerhall und dem Beifall, der diesen Studien zuteil wurde, äußerte sich vor allem ein vielleicht nur halb bewußtes Unbehagen an der ganzen Technologiegesellschaft und ihrer Nützlichkeitsmanie, die der Wirklichkeit allen poetischen Glanz nahmen. Da in der Wissenschaft alles, was auch nur entfernt an Metaphysik erinnerte, mit einem Tabu belegt war, bot die Beschäftigung mit dem vom Glauben an transzendente Mächte und Magie durchtränkten Bewußtsein früherer Jahrhunderte hier den einzigen akzeptierten und intellektuell befriedigenden Ersatz.

Der Neupositivismus der Sozialgeschichte hatte die Historiker von neuem mit der uralten Frage nach dem Wesen ihres Fachs konfrontiert, und so erlebte die Geschichtsphilosophie goldene Zeiten, zumal die Geschichte angesichts der Historisierung des Denkens und des Abschieds von der Metaphysik nun auch für die Philosophie der einzige Bereich war, wo sie noch festen Boden unter den Füßen spürte. Es entwickelte sich die amphibische Spezies der Geschichtstheoretiker, Verbindungsleuten zwischen Philosophen und spezialisierten Fachhistorikern. Bei der großen Frage nach dem Wesen des Fachs ging es im Grunde um die bekannte Kontroverse, an der sich schon zu Beginn des zwanzigsten Jahrhunderts die Geister geschieden hatten: zwischen Geistes- und Naturwissenschaften oder idiographischen (beschreibenden) und nomothetischen (erklärenden, allgemeine Gesetze formulierenden) Wissenschaften. Natürlich waren inzwischen andere Begriffe, Metaphern und Erkenntnisse im Spiel. Viele Neuerungen – daß sich der Schwerpunkt auf die Gesellschaft als Ganze verlagerte, daß man dem Individuum nur noch einen stark beschränkten Freiraum zuerkannte und seine Autonomie leugnete, daß man sich den wirtschaftlichen Kräften, den Organisationsstrukturen und der sozialen Kontrolle zuwandte – hatten die Frage nach dem Sinn des Fachs und seinen Möglichkeiten, wertfreie Forschung zu betreiben und damit für die Gesellschaft wertvolle Erkenntnisse zu gewinnen, um wesentliche Aspekte ergänzt. Die Frage, ob man aus der Vergangenheit lernen könne – was zumindest etwas wie erkennbare und darum anwendbare historische Gesetzmäßigkeiten voraussetzt –, hatte durch die Katastrophen des Jahrhunderts eine ganz praktische Bedeutung bekommen. Vereinte Nationen, Menschenrechte, Kriegsverbrecherprozesse, Europäische Gemeinschaft, das Ideal der Demokratie, Antirassismus, die politischen Leitprinzipien des Westens – all dies waren Ergebnisse der Lehren, die man aus der jüngsten Geschichte gezogen hatte. Es ist ein Gemeinplatz, daß die Politik ständig zurückblickt, um die Fehler von gestern zu vermeiden. Inwieweit konnte die Geschichtswissenschaft hier mit Ratschlägen helfen? Diese praktische Frage bekam noch einen ebenso praktischen zusätzlichen Aspekt: Die gewaltige Ausweitung des Fachs von den sechziger Jahren an zwang die Historiker mehr als zuvor, den Sinn ihrer Tätigkeit zu erklären. Der Nachweis der »gesellschaftlichen Relevanz« – so lautete die Standardformel – war für die Wissenschaften notwendig, um den Geldhahn zu öffnen, und auch darum mußten sich die Historiker mit dem bekannten Objektivitätsproblem auseinandersetzen. Im allgemeinen galt vor allem die Sozialgeschichte als relevant, deren Repräsentanten den neupositivistischen Standpunkt vertraten und am Bemühen um gesicherte, objektive Erkenntnisse festhielten, die gleichzeitig dem gesellschaftlichen Fortschritt dienen konnten.

Mit dem Aufkommen der Postmoderne zeichnete sich jedoch eine Wende ab. Für kein Fach hatte die These, daß es für uns nur Texte und keine greifbare Wirklichkeit gebe, solche Bedeutung wie für die Geschichtswissenschaft. Wenn es irgend etwas gibt, das nur in Texten existiert, in sprachlicher Gestalt, dann ist dies die Vergangenheit (Artefakte bleiben ohne Texte stumm). So wurde das ästhetisch-literarische Element historischer Darstellungen als etwas Unverzichtbares rehabilitiert. Die neue Theorie des »Narrativen« setzte den erzählenden Historiker wieder in seine alten Rechte ein. Es kam noch hinzu, daß eine Historiographie, die eine Geschichte von Menschen aus Fleisch und Blut erzählte, statt alles in abstrakte Größen, Strukturen und Faktoren aufzulösen, die Distanz zu den Lesern verringern und damit auch die Frage nach dem gesellschaftlichen Nutzen ein wenig relativieren konnte. Historische Erklärungen – ein bekanntes Problem – können sowohl von einem streng neupositivistisch-logizistischen Standpunkt als auch von dem der postmodernen Sprachphilosophie aus als höchst fragwürdig bezeichnet werden, weil eine Verifizierung von Hypothesen und die Formulierung allgemeiner Gesetze wie in den Naturwissenschaften nicht möglich ist. Vor allem aber waren die gewaltigen Überraschungen, deren Zeuge man als Zeitgenosse immer wieder geworden war, Anlaß zu einer gewissen Bescheidenheit. Und die uferlosen Debatten unter den Fachleuten mit ihren gegensätzlichen Auffassungen über fast alle bedeutsamen Ereignisse waren nicht weniger ein Grund, hinsichtlich der Reichweite historischer Erkenntnisse und historischer Gewißheiten skeptisch zu sein. Welchen Wert hatten Erklärungen denn noch angesichts all dieser Erfahrungen? Diese Skepsis machte nun in den achtziger Jahren Historiker empfänglich für die postmoderne Überzeugung, daß der Zufall herrsche, oder, um es gelehrt auszudrücken, für Kontingenztheorien. Es war eine Tendenz, die durch die allergrößte Überraschung, die Implosion des Sowjetimperiums und des Kommunismus in den Jahren 1989/90, noch verstärkt wurde. Die Erlebniswelt von Menschen war nach all der Verfremdung und Entpersönlichung der Vergangenheit, Folgen des Wissenschaftlichkeitsfetischismus, ein legitimer und faszinierender Gegenstand. Nicht, daß man vom Denken in Strukturen wieder abgekommen wäre, aber als Ausgangspunkt diente nun gerade die farbenreiche, wiedererkennbare Miniaturwelt des Alltäglichen. Diese Rückkehr zum Kleinen, Konkreten und Nahen wurde in den achtziger Jahren noch durch einen ganz anderen, allgemeinen Trend begünstigt, in dem man eine Reaktion auf die Globalisierung und Bürokratisierung der Politik und die Entwicklungen in der Europäischen Gemeinschaft sehen kann. All dies drohte eigene, nationale Traditionen und vieles Identitätsstiftende zu verdrängen. Die Folge war ein wiederauflebendes Interesse an nationaler, regionaler und lokaler Geschichte.

Seit den siebziger Jahren hatte die fortschreitende Spezialisierung wie bei den anderen Wissenschaften die Tendenz zur Teamarbeit verstärkt. Ursprünglich waren Historiker Solisten. Zusammenarbeit hatte sich früher meist darauf beschränkt, daß man individuelle Beiträge zu umfangreichen Handbüchern oder Reihen zusammenfaßte, wenn auch Historiker in führenden Positionen Hilfskräfte für rein Technisches oder untergeordnete Detailforschung in Anspruch nahmen. Sowohl die Fülle des Materials als auch der quantifizierende Ansatz verstärkten die Neigung zum Delegieren von Aufgaben, so daß sich Forschung in Projektgruppen durchsetzte. Umfangreiche Themen wurden von jetzt an im Expertenteam untersucht. Die Entpersönlichung der Geschichte fand eine Entsprechung in der Entpersönlichung der Geschichtsschreibung, da Gruppenarbeit zur Anpassung in der Methode und im Denken und zum Bemühen um Konsens zwingt. Diese Annäherung an naturwissenschaftliche Arbeitsweisen erhöhte allerdings das wissenschaftliche Ansehen, und wo die Finanzierung von Projekten gesichert werden mußte, konnte das nur von Vorteil sein. Aber all das ließ die Einzelgänger noch nicht verschwinden, und unter ihnen gab es immer wieder Autoren, die mit ihren Büchern oder auch über die Medien das Geschichtsbild der Öffentlichkeit prägten. Die Entpersönlichung sollte in der Historikerzunft sogar noch einen eigenartigen Bumerangeffekt haben. Auch der Historiker, der eine breitere Öffentlichkeit erreichen wollte, konnte in der Konsumgesellschaft inzwischen nicht mehr auf Werbung verzichten, und so strebte man mehr und mehr danach, sich zu profilieren, gerade auch in den Augen von Außenstehenden. Da der Historiker nicht mit aufsehenerregenden Erfindungen aufwarten kann, muß er sich auf sensationelle Enthüllungen und Entlarvungen verlegen. Die Konkurrenz des Journalismus und des aktuellen Sachbuchs und die Strategien der Verleger spielten dabei keine geringe Rolle. All das förderte eine Neigung, mit provozierend zugespitzten Thesen an die Öffentlichkeit zu treten, vorzugsweise angeblichen Widerlegungen von Standardvorstellungen. So erhielt Entmythologisierung einen erhöhten Werbewert, war aber zwangsläufig auch der Inflation unterworfen. Da die postmodernen Denker einen Freibrief für jede Art von subjektiver Interpretation ausgestellt hatten, konnte eine aufsehenerregende Theorie mehr Gewicht bekommen als eine fundierte. Alles in allem bot die weiter expandierende Geschichtswissenschaft ein sehr uneinheitliches Bild, begrenzt von zwei Extremen: dem völlig auf die Fachwelt beschränkten, akademischen Diskurs der Spezialisten und dem Virtuosentum einzelner, die auf öffentliche Wirkung aus waren, am liebsten mit kühnen Behauptungen von sich reden machten, auf diese Weise aber auch ein großes Publikum erreichten.

Dennoch galt Skepsis im Hinblick auf den »Sinn« des historischen Prozesses weitgehend als angebracht. Makrohistorische Panoramen und Erklärungsmodelle waren verdächtig, und die Überzeugung, daß ein metaphysisch infizierter Begriff wie »historische Wahrheit« besser aus dem Vokabular der modernen Geschichtswissenschaft gestrichen werden sollte, gehörte fast schon zum Glaubensbekenntnis vieler Historiker. Es war ein Zeichen für Glaubwürdigkeit und Seriosität, wenn man Ausrufezeichen durch Fragezeichen ersetzte. Historiker, so lautete die jetzt gewonnene Überzeugung, können nur ganz spezielle Antworten auf ganz spezielle Fragen geben. So bekommt die Geschichtswissenschaft allerdings etwas Inzestuöses; Historiker schreiben in erster Linie füreinander, wie andere Wissenschaftler. Dennoch hatte die Skepsis die alte Vorstellung eines fortlaufenden universellen Prozesses, einer Entwicklungslinie, noch nicht ganz verdrängt. Im Gegenteil, es galt im großen und ganzen als ausgemacht und unbestreitbar, daß die Menschheit eine Entwicklung über bestimmte Stufen durchläuft, die einander überall mehr oder weniger entsprechen: von primitiv-magischen über religiös-feudale Phasen zum Stadium der rationalen Wissenschaft, der Moderne, der liberalen Demokratie, wie sie sich im Westen herausgebildet hatte, und der Technologiegesellschaft. Dies ist der Weg, den letztlich alle Völker zurückzulegen haben, wenn auch nicht immer genau auf die gleiche Weise, in der gleichen Reihenfolge oder innerhalb der gleichen Zeiträume. Die eigene, westliche, europäische Gesellschaft blieb, ohne daß man dies ausgesprochen hätte, die allgemeine Norm, gab also die Richtung und das Ziel des historischen Prozesses vor. Auch für das historische Denken war die Gesellschaft damit zum Schlüsselbegriff und Ausgangspunkt geworden.

X

Zu einer neuen Epoche

Mit dem Ende des Kalten Krieges, dem Zusammenbruch des Sowjetimperiums und der Überwindung der europäischen Teilung war eine Epoche zu Ende gegangen. Obwohl es bei den Entwicklungen in Künsten und Wissenschaften und im gesellschaftlichen Leben keine scharfen Brüche gibt, schon gar nicht auf allen Gebieten gleichzeitig, war dieses gewaltige Erdbeben auch in den entferntesten Winkeln zu spüren, und im Hinblick auf Osteuropa ist es auch nicht übertrieben, von einem »Bruch« zu sprechen. Als das Volk dort in den Jahren 1989 und 1990 in einem gewaltigen Befreiungsrausch die Straßen gefüllt und so manchen Genossen Diktator von seinem Sockel geholt hatte, begann eine neue Epoche. Wir stehen heute noch an ihrem Anfang. Hier beginnt die Gegenwart, und der Historiker kann nicht mehr den Anspruch erheben, als Historiker zu sprechen. Natürlich konnte er aber auch schon bei der Darstellung der Nachkriegsepoche das Handikap des geringen Abstands nicht verbergen. Immer machen wir uns ein zeitbedingtes Bild von historischen Epochen, aber die eigene Zeit entzieht sich mehr als andere dem Versuch, zu einer deutlichen Vorstellung zu gelangen, und das hat zuweilen zu dem Irrtum geführt, man sei gerade in eine besonders chaotische und unübersichtliche Periode geraten.[1] Konturen können wir jedoch immer erst aus einiger Entfernung erkennen, und auch für die Kultur und diejenigen, die sie tragen, ist die Zukunft der höchste Richter, der zu einer ganz anderen Einschätzung kommen kann als die Zeitgenossen.

Es ist kein Buch vorstellbar, das besser zum Zeitpunkt der großen Umwälzung gepaßt hätte als das von dem Amerikaner Francis Fukuyama 1990 veröffentlichte Werk *Das Ende der Geschichte*, die Ausarbeitung eines schon etwas früher erschienenen Artikels.[2] Obwohl aufsehenerregende Veränderungen in der Luft zu liegen schienen, seit Gorbatschow Glasnost zum Prinzip seiner Reformpolitik erklärt hatte, konnte der Autor deren Auswirkungen noch nicht gänzlich überblicken; allerdings kann man erst recht nicht von einem bloß zufälligen Zusammentreffen sprechen. Jedenfalls war der Augenblick des Erscheinens ausschlaggebend für die gewaltige Resonanz, die unter anderen Umständen erheblich geringer gewesen wäre. Fukuyamas Theorie vom Ende der Geschichte ist an sich nämlich eine eigenartige Transposition eines Kommentars zu Hegel, den der russisch-französische Philosoph Alexandre Kojève in den dreißiger Jahren verfaßt hatte; sie ist zweimal übermalter Hegel. Hegel hatte im Zusammenhang mit seiner berühmten These, die Weltgeschichte werde zur Vollendung gelangen, wenn die absolute Vernunft die stoffliche Welt ganz durchdrungen habe, schon durch eigene Äußerungen, die darauf hindeuteten, daß er bei der Vollendung sowohl an Napoleon (den »Weltgeist zu Pferde«) als auch an den preußischen Staat dachte, für einige Unklarheit gesorgt. Für Fukuyama, der hier an Kojève anknüpft, ist jener Endpunkt jedoch mit dem Ende der großen ideologischen Auseinandersetzungen erreicht, die schon mit der Französischen Revolution in ein Endstadium eintraten und jetzt abgeschlossen sind. Das Ende der ideologischen Auseinandersetzungen hatte schon Lyotard verkündet. Die Geschichte als die von alters her andauernde Kontroverse über die Frage nach der besten Gesellschaftsform sei vorbei. Als überlegene Gesellschaftsform habe sich die liberale Demokratie erwiesen, weil sie die Wünsche und Bedürfnisse des Menschen, die geistigen wie die materiellen, am besten befriedigen könne. Grundlage der gesamten Argumentation ist die bekannte Theorie vom Weg ohne Alternativen, der zur modernen amerikanisch-westlichen Gesellschaft führt. Fukuyama wendet sich gegen die populäre Chaoslehre der postmodernen Denker mit dem beherzigenswerten Argument, daß sie totalitären und fundamentalistischen Bedrohungen nichts entgegenzusetzen habe. Er stellt ihr sein stromlinienförmiges Zukunftsmodell der weltweiten liberalen Demokratie gegenüber. Es ist klar, daß dies in dem Augenblick, als der große Antipode der liberalen Demokratie zusammenbrach, zwangsläufig wie Triumphgesang klang und durch die Umstände sehr an Überzeugungskraft gewann. Ebenso klar ist, daß aus dieser Argumentation der resolute Pragmatismus und Utilitarismus Amerikas sprechen, die materielle und geistig-psychische Phänomene auf der gleichen Ebene anzuordnen pflegen, wo sie einander höchst praktisch ergänzen; sie sind wie Puzzles, deren Lösung die liberale Demokratie garantiert. Fukuyamas Theorie basiert auf der unausgesprochenen Voraussetzung, daß der ideologische Konflikt, der in den Kalten Krieg mündete, der rote Faden der Geschichte sei. Daß die Staatsform der liberalen Demokratie mehr Entfaltungsmöglichkeiten für das Individuum, mehr Freiraum für Künste, Wissenschaften und Technik und bessere Voraussetzungen für ein Klima von Offenheit und Toleranz bietet als totalitäre oder reaktionäre Diktaturen oder fundamentalistisch-theokratische Regime, bedarf keiner weiteren Erörterung. Es waren und sind keine Staatsformen zu erkennen, die für eine moderne Industriegesellschaft im gleichen Maße geeignet wären, und der grauenhafte Tribut, den manche vermeintliche Alternativen der Menschheit im zwanzigsten Jahrhundert abverlangt haben, macht es recht leicht, dieser Folgerung zuzustimmen.

Hier sind zwei wesentliche Ergänzungen notwendig. Wenn man mit Fukuyama und anderen im Konflikt zwischen Ideologien, zwischen liberaler Demokratie und Diktatur (kommunistischer oder faschistischer!), *das* Agens der Geschichte des neunzehnten und zwanzigsten Jahrhunderts sehen will, das Entscheidende, neben dem alles andere verblaßt, kann man angesichts des Fehlens einer dritten Alternative tatsächlich die Ansicht vertreten, daß mit dem Fall des Kommunismus die Geschichte *in diesem Sinne* zu Ende gegangen sei. Fukuyama verdunkelt allerdings sein Zukunftsbild, indem er der Menschheit für jene künftige weltweite Demokratie, in der die Herausforderungen fehlen, eine Epoche grauer Langeweile in Aussicht stellt. Die Ereignisse im letzten Jahrzehnt des zwanzigsten Jahrhunderts lassen indessen diese Furcht unbegründet erscheinen. Aber ist dieser ideologische Konflikt wirklich der rote Faden? Die Geschichte der letzten beiden Jahrhunderte kennt noch ganz andere, tiefer verwurzelte Gegensätze, soziale, mentale, ethnisch-kulturelle Konflikte, die zwar manchmal in der ideologischen Auseinandersetzung ihren Ausdruck fanden, deren Fronten manchmal aber auch quer zur ideologischen Trennlinie verliefen. Man kann in beiden polaren Ideologien einen Versuch sehen, jene anderen Gegensätze und Spannungen zu überwinden oder zu neutralisieren, wobei unter bestimmten Verhältnissen – aus heutiger Sicht vielleicht Übergangsstadien – die (kommunistische oder faschistisch-nationalsozialistische) Diktatur über wirksamere Methoden als die liberale Demokratie verfügte oder zu verfügen schien. Dies erklärt ihre Erfolge. Mit dem Sieg der Demokratie sind aber all die anderen Spannungen und Gegensätze nicht von selbst verschwunden.

Die zweite Ergänzung folgt direkt aus der ersten: Die Demokratie als Staatsform kann den Rahmen für sehr verschiedene Gesellschaften bilden, was im übrigen auch für die Diktatur gilt – Gesellschaften, die sich im Hinblick auf Kultur, nationale Traditionen, Mentalität, die sozialen Verhältnisse, den Wohlstand oder das technisch-wissenschaftliche Niveau unterscheiden. Nicht die Staatsform als solche prägt die Gesellschaft, sondern umgekehrt gibt die Gesellschaft der Staatsform ihr Gesicht. Besonders in Amerika war es üblich, das demokratische System einfach mit dem System der eigenen kulturellen und moralischen Werte zu identifizieren, und der Irrtum, man werde zusammen mit der demokratischen Staatsform notwendigerweise auch jene Werte exportieren, hat immer wieder zu Enttäuschungen und Mißverständnissen geführt. Doch wenn die liberale Demokratie auch grundsätzlich bessere Chancen zur Überwindung oder Entschärfung von Spannungen und Konflikten und vor allem humanere Rahmenbedingungen bietet als andere Staatsformen, sobald sie als System weltweit ohne Konkurrenz ist, verliert ihr Wert als das beste denkbare System seine Relevanz. Die Frage der Staatsform oder Ideologie wird von dem Augenblick an für die Art, wie Menschen ihre Konflikte sehen und austragen, nebensächlich. So war es auch vor dem Aufkommen moderner Ideologien. Ob es ganz ausgeschlossen ist, daß ein reformierter Kommunismus oder andere alternative Staatsformen dem alten Konflikt irgendwann doch wieder neues Leben einhauchen, steht im übrigen noch dahin – ganz zu schweigen von der Herausforderung durch die fundamentalistische Erweckungsbewegung. Und im Westen degeneriert die parlamentarische Demokratie zusehends zu einer Fassade, hinter der mehr oder weniger unangreifbare Ungetüme – Wirtschaftsverbände, Bürokratien, Parteien – die eigentliche Macht besitzen. Es kommt noch hinzu, daß die Souveränität des Nationalstaates schrumpft. Seine Macht unterliegt der Erosion, ethnische und kulturelle Spannungen werden erkennbar, neue Randgruppen oder Gruppen von Deklassierten treten auf, und dies sind Probleme, die der Nationalstaat vorerst nicht in den Griff bekommt; die demokratische Staatsform als solche verliert damit aber an Bedeutung. Fukuyamas Theorie verabsolutierte, wie es so oft geschieht, ein zeitspezifisches Problem.

Fast sofort nach dem Zusammenbruch des Kommunismus wurde Europa mit Folgeerscheinungen wie Ausbrüchen von fanatischem Nationalismus und Feindseligkeit zwischen verschiedenen Ethnien auf dem Balkan und in der früheren Sowjetunion konfrontiert, die die euphorische Begeisterung über die Wiedervereinigung des Kontinents in Unsicherheit verwandelten. Grausamkeiten, wie sie hier nach dem Zweiten Weltkrieg nicht mehr vorgekommen waren, brachten die Vereinten Nationen, besonders aber die Europäische Gemeinschaft in schwierige Situationen, nötigten zu Interventionen und zum Einsatz von Waffengewalt. Mit dieser überraschenden

Eruption eines primitiven Nationalismus, von dem man nach 1945 schon geglaubt hatte, er gehöre endgültig der Vergangenheit an, wurde auch eine scheinbar neue, im Grunde aber sehr alte Grenzlinie sichtbar, die der inzwischen beseitigte Eiserne Vorhang verborgen hatte. Der Gegensatz zwischen dem östlichen und dem westlichen Block hatte vier Jahrzehnte lang auch das historische Denken beherrscht, so daß man in Westeuropa den Unterschied zu Mittel- und Osteuropa bis weit in die Vergangenheit hinein als Unterschied zwischen bürgerlichen Industriegesellschaften und eher feudal und agrarisch geprägten Gesellschaften auffaßte. Wenn auch nicht mit zwei klar getrennten Blöcken, sondern mit Übergängen und Abstufungen zwischen den Extremen an Atlantik und Ural. Jetzt kam aber jene andere, ältere Grenze wieder zum Vorschein, zwischen dem Europa von Katholizismus und Reformation, Renaissance und Aufklärung und dem Europa der orthodoxen Kirchen und der jahrhundertelangen islamischen Herrschaft, auf einer Linie, die, grob gesagt, Rußland, Rumänien und die Balkanländer vom Rest trennt. Und so erhob sich auch gleich die alte Frage, wo Europa aufhört und was Europa zu Europa macht. All diese Spannungen sollten die neunziger Jahre beherrschen. Die Frage nach dem Wesen der europäischen Kultur – vor dem Hintergrund der Frage, wo die Menschheit steht und wohin sie sich bewegt – führt uns deshalb in eine andere Dimension als die Alternative zwischen liberaler Demokratie oder Diktatur, selbst wenn man im Hinblick auf das Streben des Menschen nach Glück und Befriedigung seiner Wünsche (der materiellen wie der immateriellen) die demokratische Staatsform als die weitaus beste und sympathischste anerkennt. Nach Fukuyamas Studie mit ihrem eindimensionalen Zukunftsmodell sind inzwischen auch ganz andere Prognosen erschienen. Für Immanuel Wallerstein etwa ist der Kapitalismus keineswegs der große Sieger, vielmehr wird er das Schicksal des Kommunismus erleiden – in einem Prozeß der völligen Zerstörung und Veränderung weltumspannender Systeme, in dessen Verlauf sich die Massen gegen den Staat wenden werden. »Wir wissen nicht, ob sich die Dinge dann zum Besseren oder zum Schlechteren wenden.«[3] Auch die Publikationen Samuel Huntingtons und Robert Kaplans zeigen, daß die Autoren eine ganz andere Welt erwarten als Fukuyama, eine Welt, die vom Zusammenstoß der großen Kulturen und von weltweiter Anarchie geprägt ist.

Eine Kultur wird immer zuerst als ihr eigenes Spiegelbild sichtbar. Der Kulturphilosoph oder Kulturhistoriker der eigenen Zeit ist selbst Teil dessen, was er beschreibt, und insofern gleicht er einem Maler, der beim Malen unbeabsichtigt selbst auf dem Bild erscheint. Eine andere Zeit, ein anderes Jahrhundert wird von einem anderen Standpunkt aus ein neues und andersartiges Porträt daraus machen. Während des ganzen zwanzigsten Jahrhunderts waren Selbstreflexion und Selbstanalyse, das Nachdenken über die eigene europäische Kultur (die man, was die zweite Jahrhunderthälfte angeht, auch als allgemeine »westliche« Kultur bezeichnen kann), ein integraler Bestandteil ebendieser Kultur. Schriftsteller und Philosophen, Theologen, Soziologen, Psychologen und Historiker suchten einen roten Faden, der auch in die Zukunft führt, denn jede Kulturanalyse ist zugleich Zukunftsprognose. Dabei sind wir immer wieder auf eine Art Kanon von Merkmalen gestoßen, die allgemein als charakteristisch galten. Ausgangspunkt war das Gefühl, in einer Zeit rasender wissenschaftlich-technischer Fortschritte zu leben, die auch den Alltag beherrschten und erleichterten. Ein umfassender Prozeß sozialer Emanzipation kam in Gang, der für die Zukunft noch mehr individuelle Freiheit und Entfaltungsmöglichkeiten versprach, zugleich aber vertraute Bindungen zerstörte. Immer mehr Menschen wurden geistig und politisch immer »mündiger«. Die Scheuklappen des religiösen Dogmatismus und des Aberglaubens fielen ab, und engstirnige Moralvorstellungen und Tabus verschwanden. Die Wissenschaften eröffneten neue Ausblicke in unermeßliche Räume. Dies alles bildete die positive Seite des Selbstbildes. Aber die Beunruhigung über seine Kehrseite folgte wie eine obligatorische Gegenstimme. Als die vertrauten Vorstellungen von einem göttlichen Himmel oder einer kosmischen Ordnung verschwanden, Vorstellungen, die die Gesellschaft gewissermaßen wie eine schützende Schicht umhüllt hatten, wurde bei den kulturellen Eliten zugleich das Vertrauen in die Modernisierung als Garantie für Fortschritt erschüttert. In dem Maße, wie Naturwissenschaften und Technik dem Menschen die Materie dienstbar machten, so daß immer größere Gruppen Nutzen daraus ziehen konnten, wuchs unter Intellektuellen die Beunruhigung; ein Gefühl ergriff von ihnen Besitz, das man von alters her als Horror vacui kannte, als Angst vor dem Nichts. Das Universum war offensichtlich viel komplexer, als man je vermutet hatte, und die menschliche Psyche entzog sich vertrauten Schablonen. Angesichts einer Vielzahl möglicher Standorte verloren der menschliche Standort und das menschliche Bewußtsein ihre frühere absolute Geltung und Legitimation. Künstler führten eine neue Art des Sehens und des Hörens ein und brachen auf ihre Weise mit einer überlieferten ästhetischen Ordnung und Harmonie. In der Literatur galt die gewohnte Übereinstimmung von Sprache und Wirklichkeit nicht mehr als selbstverständlich. Bei manchen spielte auch Heimweh nach der Sicherheit der früheren, vormodernen Welt eine Rolle. Die beiden großen Katastrophen des Jahrhunderts lehrten, daß die destruktiven Fähigkeiten des Menschen und seiner Technik hinter den konstruktiven keineswegs zurückstanden. Hatte durch den Ersten Weltkrieg der Fortschrittsglaube schweren Schaden genommen, weil die so hoch eingeschätzte europäische Zivilisation ihn nicht hatte verhindern können, so hinterließen im Falle des Zweiten vor allem die ungeheuerlichen Mordfabriken des Naziregimes im kollektiven Bewußtsein, in Geisteswissenschaften, Literatur und Künsten unvergängliche Narben. Daß man die physische Natur immer mehr beherrschte, hatte keine Humanisierung der Gesellschaft herbeigeführt. Alle Warnungen und der Verlust der alten Illusionen über die Zivilisation hatten das Blatt nicht wenden können; Einsicht hatte nichts ausgerichtet, das Wort war machtlos geblieben. Die eifrigen Versuche der Nationen und ihrer politischen Führer, nach dem einen Weltkrieg den Krieg auf immer zu bannen, hatten den folgenden nicht verhindern können, und die neuerlichen und verstärkten Anstrengungen nach diesem folgenden hatten nur dank der Atombombe nicht noch zu einem dritten geführt. Allerdings verhalf gerade die Perfektionierung der Vernichtungstechnik auch der Vernunft zum Durchbruch.

In zahlreichen mehr oder weniger tiefschürfenden Analysen ist all dies festgestellt und beschrieben worden, in vielerlei Varianten, doch immer mit pessimistischem Beiklang. Kulturpessimismus scheint die natürliche Tendenz der Kulturdiagnose gerade in dem Jahrhundert zu sein, in dem die Menschheit ihre Herrschaft über die Materie ausbaute und Beschränkungen und Bedrohungen des Lebens zurückdrängte wie nie zuvor. Optimistischere Stimmen und Vertrauen auf den Fortschritt gab es bei Naturwissenschaftlern oder technischen Experten, da man auf diesen Gebieten weitere segensreiche Neuerungen erwartete. Auch politische Führer können sich in der Öffentlichkeit keine entmutigenden Prognosen oder Jeremiaden erlauben, wenn sie das Vertrauen der Bevölkerung gewinnen wollen. Man legt sein Schicksal keinem Zweifler oder Schwarzseher in die Hände (es sei denn, er preist mit großen Worten verführerische Alternativen an). Die kritische, negativistische Sichtweise ist offenbar etwas, worauf Geisteswissenschaftler ein Patent haben, eine Eigentümlichkeit von Intellektuellen, die es sich leisten können, die Distanz des Zuschauers zu wahren, und daraus auch ihre Legitimation herleiten. Eine Erklärung für diese kritische Haltung ist die unumstößliche Tatsache, daß wir und unsere Normen immer in der uns bekannten Vergangenheit wurzeln, die deshalb, uns unbewußt, Vergleichsmaßstab für jede Kulturdiagnose bleibt. Veränderungen, die im Widerspruch zu den von der Vergangenheit gesetzten Normen stehen, werden leicht als Wendung zum Schlechten empfunden.

Was bei einem Vergleich mit früheren Jahrhunderten auffällt, ist eine Zunahme der Kontraste. Für Millionen Menschen gibt es deutliche Verbesserungen im materiellen Bereich, im Alltagsleben und auch im Hinblick auf Rechte und Mündigkeit. Bei den politischen Eliten ist das Streben nach Frieden nicht zu verkennen, nach Humanisierung des Strafrechts (die Todesstrafe wurde in vielen Ländern abgeschafft) und nach weltweiter Verbesserung der Lebensbedingungen. Der Krieg hatte seit dem Ersten Weltkrieg viel von seinem heroischen Nimbus verloren. All dem standen Ausbrüche offensichtlich völlig unkontrollierbarer Gewalt und eine auch bis dahin nicht für möglich gehaltene Perfektionierung des Terrors unter den totalitären Regimen gegenüber. Die Kombination von teuflischer Grausamkeit und technischer Effizienz, von Peitsche und Zykon B, war etwas Neues. Ganze Bücherregale hat man mit Studien gefüllt, die dies zu erklären suchen, indem sie die Bestialitäten einem spezifischen Nationalcharakter oder einer ganz bestimmten Mentalität zuschreiben, besonderen Umständen oder historischen Entwicklungen. Die Argumentationen sind oft durchaus stichhaltig, sofern sie nicht verallgemeinern und die Vielfalt der Faktoren berücksichtigen, die menschliches Verhalten und Denken immer und überall bestimmen. Aber sie haben mit jeder Antwort auch neue Fragen aufgeworfen, und gerade die Erklärungen auf der Grundlage besonderer Faktoren ändern nichts an der allgemeinen Bilanz: Was das Verhalten des Kollektivs und im Kollektiv angeht, scheinen die Extreme eine immer größere Rolle zu spielen, im Menschlichen wie im Unmenschlichen. Ob man im großen Stil humanitäre Hilfe oder abscheuliche Grausamkeiten organisierte, das Pendel schlug weiter aus als früher. Und damit stoßen wir gleich auf eine weitere Ungereimtheit: Die Förderung von Mündigkeit und die Befreiung des Individuums von älteren Bindungen haben dessen Autonomie und Unabhängigkeit nur scheinbar vergrößert, weil neue Kollektive – Nationen, Parteien, Klassen,

Organisationen, ideologisch gebundene Gruppen, Sekten – ihm auch neue psychische und soziale Fesseln anlegten. Vieles hiervon ist in zahlreichen philosophischen, historischen und psychologischen Studien auf intelligente Weise dargestellt worden, und in gefilterter Form haben diese Erkenntnisse ganz allgemein die geistige Auseinandersetzung mit der Kultur des zwanzigsten Jahrhunderts geprägt. In jeder neuen Analyse sind deshalb auch die Spuren zahlreicher analysierender Vorgänger zu finden. Bei alledem fällt oft eine Verzerrung auf, die eine Folge der bekannten perspektivischen Verkürzung ist: Die eigene Zeit erscheint fast immer vergrößert, vor allem im Bösen. Wer die Geschichte kennt, weiß jedoch, daß Exzesse von phantasievollem Sadismus nichts Neues sind und daß es keinen Grund gibt anzunehmen, Menschen wären jetzt zu schlimmeren Grausamkeiten oder, umgekehrt, zu größerer Aufopferung imstande als früher. Die Extreme in ihrer ungeahnten Ausprägung und die Vervollkommnung der Mittel, die den Menschen für ihre Zwecke, die guten und die bösen, im zwanzigsten Jahrhundert zur Verfügung standen, sind das, was uns hier so leicht in die Irre führt.

Trotzdem gibt es in der europäischen Geschichte dieses Jahrhunderts eine deutliche Zäsur kurz vor der Jahrhundertmitte, eine andere als die von 1914, als eine Welt der Stabilität, des Überlegenheitsgefühls und des Fortschrittsoptimismus zusammenstürzte. Davon konnte 1945 keine Rede mehr sein, aber die westliche Hälfte des Kontinents erlebte anschließend Jahrzehnte eines ungeahnten Wohlstands und Friedens. Die östliche Hälfte hatte viel weniger Glück. Daß für den Westen tatsächlich eine Epoche der Prosperität anbrach, wie es sie seit 1914 nicht mehr gegeben hatte – einer Prosperität außerdem, an der anders als damals die meisten teilhatten –, ließ jedoch die Kulturdiagnosen nicht hoffnungsvoller werden. Eher schien es, als begehrten die Nachkriegsgenerationen gegen alles auf, was ihre Vorgänger ihnen hinterlassen hatten, ein moralisches, ideologisches, politisches Erbe mit vielen offenen Rechnungen und Traumata. Diese Auseinandersetzung hat zusammen mit der Verbesserung der Lebensbedingungen und der äußeren Existenzsicherung zu größerer Sensibilität und Wachsamkeit gegenüber Zwang und Terror geführt. Im Hinblick auf selbstverständliche Menschenrechte wurden die Maßstäbe strenger, auch durch den Einfluß der Medien, die Not und Unterdrückung viel schneller und direkter anprangerten. Die erhöhte Sensibilität für Unrecht und Untaten von Staaten und Regierungen verhinderte jedoch nicht, daß die individuelle Kriminalität, genau wie die von Banden und mafiosen Organisationen, eher zunahm. Die Gewalt, in den westlichen Ländern auf der Ebene der Politik gebannt, fand private Schlupfwege und verlagerte sich nach unten. Staatlicher Terror verschwand im Westen, bekam aber einen Nachfolger in Gestalt des sektiererischen oder individuellen Terrorismus und des organisierten Verbrechens.

In der Literatur – zumindest soweit sie mehr als unterhalten und entspannen wollte – herrschte ein Drang zur Demontage vor: Demontage von Illusionen, falschen Gewißheiten und Traditionen – Kulissen, die Menschen zwischen ihrer Existenz und einer Wirklichkeit errichten, die man jetzt als ungreifbar, sinnlos oder beides darstellte. Ein Einschlag von Nihilismus, Absurdismus und Skepsis, Folge der Enttäuschung von 1914, die von den späteren Erfahrungen verstärkt worden war, machte sich auch noch in den besonders charakteristischen und maßgeblichen Strömungen der Zeit nach 1945 deutlich bemerkbar, obwohl auch hier jede Verallgemeinerung unangebracht ist. Hinter dem Nihilismus verbargen sich im Grunde ein gebrochener Idealismus oder Moralismus und die Enttäuschung oder der Zorn darüber, daß die Welt nicht dem Maßstab entsprach, den man als eine Art von angeborenem moralischen Wegweiser mitbekommen hatte. Charakteristisch wurde jedenfalls die Souterrainperspektive, das Interesse wandte sich der Unterseite der Dinge zu. So konnte aber der Hang zur Demontage in der zweiten Jahrhunderthälfte auch leicht zur intellektuellen Attitüde werden, was unvermeidlicherweise eine inflationäre und trivialisierende Wirkung hat. Es war, als bewegte sich der Schreibstift des Schriftstellers von Natur aus zur Nachtseite der Existenz und zum Ekelerregenden hin, wie jene Art Avantgardismus in den Künsten, die, weil feste Kriterien fehlten, zu bloßem Humbug ohne wirkliches Wagnis entarten konnte. Auch in den bildenden Künsten und der Musik herrschte eine Sucht nach Demontage – von Konventionen, ästhetischen Normen, Hierarchien. Die Popkunst, vor allem die Popmusik, machte unter anderem dank ihrer provozierenden Aggressivität Furore. Eine geordnete, normale oder sogar glückliche Welt darzustellen, überließ man vorzugsweise der populären, unterhaltsamen Literatur, die deshalb auch bei weitem die höchsten Umsätze erzielte. Hier wurde im übrigen eine bemerkenswerte Schizophrenie bei einem Teil der gebildeten Leser erkennbar: Man las die vielgepriesenen Bücher über schlimme Zustände und Probleme aus Gewissens- und Statusgründen und die populären über eine schöne Welt zum Vergnügen, mehr oder weniger verschämt.

Die skeptische, rebellische oder vorwurfsvolle Haltung in vielem, was in Philosophie, Literatur und Künsten zum Einflußreichsten und für diese Zeit Repräsentativen zählt, steht in auffälligem Kontrast zum gleichzeitigen Wohlstand in Westeuropa. Ich habe schon darauf hingewiesen, daß dies außer mit Enttäuschung auch mit dem Fehlen existentieller Herausforderungen und mit einem heimlichen schlechten Gewissen zusammenhängen kann. Diese Haltung wurde zu einem intellektuellen Luxusartikel. Eine wichtige Funktion großer Kunst in früheren Zeiten, nämlich zu trösten und den Blick mitten in einem kurzen und von vielerlei Nöten und Gefahren bedrängten Dasein auf Höheres zu lenken, schien jetzt weniger wichtig. Außerdem wurde diese angestammte Funktion der Kunst immer noch in höherem Maße von der Kunst der Vergangenheit erfüllt, weil diese im Leben des Menschen des zwanzigsten Jahrhunderts in ungeahntem Ausmaß präsent war: in Museen, mit Ausstellungen und im unüberschaubaren Angebot an Reproduktionen, in Konzertsälen, Opernhäusern und auf Milliarden Platten, Kassetten und CDs – Meisterwerke, die nach Belieben verfügbar waren. Mit Einschränkungen galt dies für die immer an die Normen und Verhältnisse der eigenen Zeit gebundene Literatur aus früheren Jahrhunderten, obwohl auch sie für eine gebildete Leserschar lebendig blieb wie eh und je. Zeitgenössische Künstler empfanden die Kunst vergangener Zeiten in ihrer Allgegenwart oft als so belastend, daß dies den Drang erklären kann, sich durch närrische Experimente oder auf Provokation und Schockwirkung angelegte Arbeiten aus ihrem gewaltigen Schatten zu lösen. Immer lauerte die Gefahr des Epigonentums, und manchem bot die Persiflage einen Ausweg. All diese in den westlichen Künsten auffallenden Merkmale hoben sich scharf von der braven Zufriedenheit und dem banalen Optimismus ab, die von den gelenkten Künsten im totalitären Staat zur Schau gestellt werden mußten, damit auch sie dazu beitrugen, die Bevölkerung unter Kontrolle zu halten – einer Kunst des pflichtgemäßen Beifalls, die alle Kunst dieser Art in Mißkredit gebracht hat.

Fragen wir nach einer Entwicklung, die sich durch das ganze Jahrhundert verfolgen läßt, dann ist das die Emanzipation aller benachteiligten Gruppen und der entsprechende Abbau von Hierarchien – sozialen, aber auch ästhetischen und kulturellen. Auch die modernen diktatorischen Regime, die kommunistischen, das faschistische und das nationalsozialistische, trugen auf ihre Weise zu diesem universellen Trend bei. Dabei trat das autoritäre Prinzip – Führungsrolle der Partei oder Führerprinzip – an die Stelle der früheren Führung durch die höheren Stände. Diese Aufwärtsbewegung der unteren Schichten führte zwangsläufig zu einer Abwärtsbewegung der Eliten und Oberschichten, die mit dem Abbau von Schamgrenzen und allgemeiner Liberalisierung und Vulgarisierung in Sprache und Umgangsformen einherging – eine Entwicklung, die wiederum von der Werbung vorangetrieben wurde. Sie war eine unausweichliche Folge der Umsetzung des demokratischen Prinzips, zu dem es gehört, daß die größere Zahl, also die Mehrheit, ihr Lebensgefühl und ihr Geschmack, den Ausschlag gibt. Ein Ethos, das Ungezwungenheit und Offenherzigkeit zu hohen demokratischen Tugenden erklärte, barg auch die Gefahr eines Umschlagens in Indiskretion und Exhibitionismus, die schließlich von den Medien in hohem Maße gefördert wurden. Der von den sechziger Jahren an beschleunigte und verstärkte Abbau von Hierarchien ging Hand in Hand mit dem Verlust von Maßstäben, äußeren und inneren, die mit diesen Hierarchien eng verbunden waren. Der Kultur kam der Kompaß abhanden, der zu einem anderen Pol als dem des Mittelmaßes und der öffentlichen Meinung gewiesen hatte. Das galt für die Politik, für die Künste, den Geschmack und auch die Moral. Die Trennlinie zwischen dem Persönlichen und dem Öffentlichen verblaßte, denn jenseits der öffentlichen Meinung gab es keine anerkannte moralische Autorität, die dem einzelnen zur Orientierung und Inspiration dienen konnte. Das hing auch mit der Säkularisierung und der unaufhaltsamen Durchsetzung des naturwissenschaftlich-technischen Denkens zusammen, das keine andere Realität als die empirisch-materielle und keinen anderen Führer als die Ratio gelten ließ. Philosophie und Geisteswissenschaften hatten sich auf ihre Weise angepaßt, indem sie die Metaphysik tabuisierten. So war das Gegenstück zur fortschreitenden Erkundung des Universums, der Expansion im Äußeren, der innerliche Rückzug auf das Empirische, auf die physische Existenz, die als einzig sichere Basis, als das einzige Gewisse im Menschenleben empfunden wurde. Das Jenseits wurde abgeschafft. Damit waren aber jene Ur-Regungen, die den Menschen auf etwas jenseits der Erfahrung verweisen, nicht zum Schweigen gebracht. Sie galten nur den tonangebenden intellektuellen Kreisen nicht mehr als ernst zu nehmender Diskussionsgegenstand. Da der Mangel an Transzendenz, eine Konsequenz dieser Verbannung, offenbar nach Kompensation verlangte, blühten sektiererische religiöse Gemeinschaften und alternative Strömungen mit mehr oder weniger mystischem oder holistischem Einschlag, beispielsweise die New-Age-Bewegung. Und im Fundamentalismus erwuchs dem rationalistischen Weltbild ein furchterregender Herausforderer von weltweiter Bedeutung.

Eine ganz andere, viel häufigere Reaktion auf das Diktat von Ratio und Zahl war der für die westliche Kultur so charakteristische Infantilismus, der schon in der Figur der Mickey Mouse seinen ersten weltweiten Triumph gefeiert hatte. Er sorgte für den Ausgleich eines in der Technologiegesellschaft offenbar verbreiteten emotionalen Defizits. In der enormen Popularität dieser sentimentalen Kinderwelt mit ihren Maskottchen und Plüschtieren äußert sich das Heimweh nach den verlorenen Gewißheiten des Märchens, die der Glaube nicht mehr bietet, und nach magischem Schutz. Da andere Autoritäten fehlten, hatte die öffentliche Meinung nach und nach faktisch eine Monopolstellung als moralische Distanz erlangt, nach der sich alle zu richten hatten, die Erfolg haben wollten, besonders jeder Politiker. Diese öffentliche Meinung ist aber nichts Greifbares und keine Instanz, die man für irgend etwas verantwortlich und haftbar machen könnte. Sie ist immer im Fluß, sie ist der größte gemeinsame Nenner einer Unzahl von Privatmeinungen, die jedoch selbst wiederum von diesem gemeinsamen Nenner beeinflußt werden. Die abweichende individuelle Meinung ist deshalb noch nicht ausgeschaltet, nur kann sie auf die öffentliche Meinung erst verändernd einwirken, wenn sie breite Unterstützung findet.

Neben der Emanzipationstendenz fällt in der Geschichte des Jahrhunderts noch ein anderer roter Faden auf: Seit dem späten neunzehnten Jahrhundert war in allen Generationen regelmäßig die Klage über zunehmenden Materialismus laut geworden, vor allem auf seiten der Kirchen; über Materialismus als Folge der Industrialisierung und der Technisierung, die für immer mehr Bequemlichkeit sorgte. Diese Klage oder Feststellung kehrte auch in zahlreichen kulturphilosophischen Zeitdiagnosen immer wieder, und der diagnostizierte Materialismus war einer der Gründe für den Kulturpessimismus. Auch hier (wie im Falle von Gewalt und Krieg) blieb die einhellige moralische Verurteilung – nicht nur durch die Kirchen, sondern auch durch namhafte und einflußreiche Schriftsteller, Philosophen und Pädagogen – ohne Wirkung. Dieser wuchernde Materialismus trat besonders deutlich in Erscheinung, als in der zweiten Jahrhunderthälfte im Westen allgemeiner Wohlstand Einzug hielt. Es war, als würde der Materialismus die Menschen auch gegen ihren Willen mit sich fortreißen, wie eine Naturgewalt. Das einzige, was seit den letzten beiden Jahrzehnten auf eine mögliche Wende hindeutet, ist der Umstand, daß die Umweltprobleme der Verschwendung Grenzen zu setzen begannen. Genau besehen handelt es sich also darum, daß ein materielles Interesse eine weniger materialistische Einstellung erfordert. Problematisch an der allgemeinen Klage über den Materialismus ist die Verschwommenheit dieses Phänomens; was man unter Materialismus versteht, hängt von subjektiven Normen und Eindrücken ab. Dennoch kann man feststellen, daß die enorme Verbesserung der wirtschaftlichen Bedingungen und vor allem des Angebots und der Kaufkraft in einem Maße wie nie zuvor die Befriedigung materieller Bedürfnisse ermöglicht hat, und ihre Befriedigung weckt wiederum den Wunsch nach noch mehr. Industrie und Werbung schüren dieses Verlangen – eine der Hauptursachen der materialistischen Orientierung. Immer mehr Berufe dienen ausschließlich dem Zweck, Begierden zu erwecken und eine Scheinwelt käuflichen Glücks zu entwerfen; die Kunst der raffinierten Verführung ist mittlerweile ein Spezialgebiet für sich. Begünstigt wurde diese Entwicklung durch ein Weltbild, das nur das Materielle als real anerkennt. An Immateriellem orientierte oder antimaterialistische Normen hatten keine stabile Grundlage mehr. Dieses Gebiet war von der Religion teilweise aufgegeben oder einer anpassungsfähigen individuellen Ethik überlassen worden, die nicht weit über das Streben nach Emanzipation und nach dem Wohl der größtmöglichen Zahl von Menschen hinausreicht, einer Ethik also, die ebenfalls rein diesseitig orientiert ist.

In einem eigenartig dialektischen Verhältnis zu diesem alltäglichen Materialismus steht der Wandel in der Realitätsauffassung der Wissenschaften, an dem gerade die Auflösung der Materie als fester Substanz zugunsten der Energie, der Dynamik, der Kommunikation, der Relation, des Systems so auffällig ist. Diese Akzentverlagerung war nicht nur in den Wissenschaften, sondern auch in der Gesellschaft zu beobachten. Personen verschwanden in und hinter Beziehungsgeflechten. Land und Luft wurden Verbindungen, Verkehrswegen und Kontakten untergeordnet. Bewegung entwickelte sich vom Mittel zum Zweck. So vollzieht sich also in gewissem Sinne eine Entmaterialisierung, während Menschen sich um so krampfhafter an die Materie als das einzig Verläßliche klammern.

Entwicklungen, die seit den achtziger und neunziger Jahren erkennbar wurden, werden die Welt im neuen Jahrhundert vor Fragen und Probleme stellen, deren Komplexität und Ausmaß sich heute schon durch die Nebel der Zukunft hindurch abzeichnen. Welche Folgen hat es für eine Gesellschaft, wenn der Ansturm der Innovationen die Menschen immer mehr dazu nötigt, in einer neuen Sprache aus Codes und Formeln, einer Art Computersprache, zu denken? Hier lauert eine neue Art von Totalitarismus; ein Totalitarismus im Schafspelz der Demokratie, der das Denken vor allem im Dienste des materiellen Wachstums steuert, des Profits und der technischen Innovationen, die Glück vorspiegeln. Gehört zu der Uniformierung des Denkens und der Sprache und der Reduzierung der Denk- und Sprachfähigkeit, die das mit sich bringen könnte, auch eine Verarmung und schleichende Verödung des Gefühlslebens, das dann nicht mehr weit über das Meßbare und Berechenbare hinausreichen würde? Oder stieße eine solche internationale Monokultur auf vitalen Widerstand, der selbst wiederum einen Rückfall ins Animalische bewirken könnte? Kann die Technik in ihrer Eigendynamik, wo sie zu schleichender Zerstörung und Verseuchung oder zu großen globalen Katastrophen führt, aufgehalten werden? Das elementare Verlangen nach Selbsterhaltung kann hier immerhin eine Veränderung der Mentalität und der Politik herbeiführen. Ferner: Wie weit werden Menschen ins All vordringen, und werden sie dabei möglicherweise andere Lebensformen entdecken? Vor allem jedoch ist an das Problem der Sterbehilfe und an die Möglichkeiten der Genetik zu denken, an die genetische Veränderung und das Klonen von Lebewesen. Wird sich die Spezies Mensch verändern, wie schon vorhergesagt wurde?[4]

Fragen, viele Fragen, die die Grenze berühren, an der die Geschichte heute aufhört. Und damit stoßen wir auf ein letztes bemerkenswertes Paradox: Durch den gewaltigen Zuwachs an Wissen hat sich unsere Sichtweite, wenn es um künftige Entwicklungen geht, nicht vergrößert, sondern verringert. Die Geschwindigkeit der Veränderungen, die auf Fortschritte in Wissenschaft und Technik zurückgehen, erschwert alle Prognosen; dies hat sich in den letzten Jahrzehnten des zwanzigsten Jahrhunderts wieder und wieder gezeigt. Die Informationen in ihrer beispiellosen Fülle verdichten sich zu einem Nebel, der die Zukunft unseren Blicken entzieht. Immer wenn die Technik neue Möglichkeiten eröffnet, halten Triumphgefühle und Schauder einander die Waage, und vielleicht ist dieser Schauder als eine Form von Frömmigkeit unentbehrlich. Auf jeden Fall ist er ein Zeichen dafür, daß sich die menschliche Spezies, wie sie seit Jahrtausenden mit all ihren Widersprüchen und Ungereimtheiten in Erscheinung trat, nicht von sich selbst verabschieden möchte. Und vielleicht bietet das auch eine Gewähr dafür, daß jede Generation die Horrorszenarien der vorigen schließlich doch widerlegen wird.

Anmerkungen

V Die dreißiger Jahre: Scheinparadiese und Ordnung

[1] So Nolte 1963.
[2] Siehe hierzu und zum Thema der Nationalbolschewisten insgesamt vor allem Schüddekopf. Zu den Zahlen S. 240.
[3] »Das Schrifttum als geistiger Raum der Nation«, Rede vom 10. Januar 1927. Vgl. Schüddekopf, S. 205 ff.
[4] Siehe hierzu van Arkel, S. 40 ff.
[5] Siehe Gordon, S. 8 ff.
[6] Vgl. Frank 1981, S. 30 ff. Siehe auch zu diesem Thema in seiner Gesamtheit von der Dunk 1999.
[7] Vgl. Mosse 1978.
[8] Siehe Dreyfus, passim.
[9] Alter 1999. Hierin besonders Mosse, »Die Juden im Zeitalter des modernen Nationalismus«, S. 15 ff.
[10] Mosse 1978, S. 58–62.
[11] Hierzu vor allem Jarausch 1982.
[12] Hierzu Gordon, S. 28 ff. Auch von der Dunk 1999, S. 88.
[13] Siehe Schulin 1999, S. 243 ff.
[14] Reinharz, besonders S. 90 ff.
[15] Heid, S. 93 ff.
[16] Gordon, S. 28 ff.
[17] Von der Dunk 1999, S. 121. Auch Schulin 1979, S. 62 ff.
[18] Siehe Kracauer.
[19] Siehe Kershaw.
[20] Hierzu u. a. Haffner.
[21] Dies erweisen Goebbels Tagebücher.
[22] Siehe hierzu Klee 1983, S. 17 ff.
[23] Siehe N. Frei, S. 117 ff.
[24] Angaben nach Snelders.
[25] Siehe Snelders, S. 70.
[26] So unter anderem bei Golo Mann 1958, S. 842 ff.
[27] Siehe Bullock, S. 193 ff.
[28] Siehe Bullock, S. 288 ff.
[29] Conquest (1968, S. 74) weist darauf hin, daß der unscharfe Begriff »Kulake« hier pour besoin de la cause gebraucht wurde.
[30] Die bekannten, ein wenig unbestimmten Schätzungen Conquests, der auf ungefähr sieben Millionen kommt, sind nach den jetzt zugänglich gewordenen, detaillierteren

Informationen offenbar viel zu hoch. Vgl. Werth, S. 207.

31 Exakte Schätzungen sind wahrscheinlich nicht mehr möglich. Werth kommt aufgrund der neuesten Archivfunde zu dieser Zahl.

32 Conquest setzt wahrscheinlich auch hier die Zahl der Opfer viel zu hoch an. Siehe Werths Angaben, gestützt auf neuere Informationen, S. 210.

33 Hierauf hat Werth hingewiesen, siehe S. 215.

34 Conquest 1968.

35 Siehe hierzu besonders Beyrau.

36 Beyreau, S. 27.

37 Siehe auch Joravsky, S. 122 ff.

38 Zitiert bei Beyreau, S. 56 f.

39 Siehe Beyreau, S. 39 ff. Außerdem Barber 1979, S. 141 ff. und Barber 1981.

40 Graf, S. 36.

41 Vgl. Furet 1996, S. 50.

42 Die Diskussion wurde durch die These des deutschen Historikers E. Nolte entfesselt, der Nationalsozialismus sei, auch was den Terror angehe, vor allem eine Reaktion auf den Bolschewismus gewesen.

43 Siehe hierzu Werth, S. 83 ff.

44 Zitiert nach Furet 1996, S. 394.

45 Siehe Bloch 1962, S. 164. Der betreffende Artikel ist von 1924.

46 Siehe hierzu Courtois/Panne, S. 199 ff. Trotz des polemischen und einseitig selektiven Herangehens bietet dieser Artikel viele brauchbare Informationen.

47 Ebda.

48 Dennoch ist die Darstellung in dieser Hinsicht bei Courtois und Panne, S. 365 ff., viel zu negativ, da die faschistische Intervention mit keinem Wort erwähnt wird.

49 Eine sehr detaillierte Darstellung findet sich bei Thomas.

50 Siehe Courtois/Panne, S. 370.

51 Courtois/Panne, S. 365.

52 Zitiert bei Courtois/Panne, S. 370.

53 Siehe Thomas, S. 926 ff., außerdem Johnson, S. 339 ff.

54 Thomas, S. 328 ff.

55 Thomas, S. 291.

56 Siehe Johnson, S. 336.

57 Hier ist die Darstellung Furets sehr überzeugend: Furet 1996, S. 348 ff.

58 BBC-Interview vom 6. Juni 1957, zitiert bei Todd 1981, S. 156.

VI Der Zweite Weltkrieg

1 Vgl. Johnson, S. 249.

2 Diese These ist nach dem Zusammenbruch der Sowjetunion auf russischer Seite in wenigen Studien noch einmal aufgewärmt worden. Nicht nur ist sie kaum mit der

anfänglichen katastrophalen Unterlegenheit der Roten Armee in Einklang zu bringen. Daß Stalin aus heiterem Himmel einen Krieg gegen Hitler entfesselt hätte, der halb Europa beherrschte und dessen Wehrmacht sich bis dahin als unaufhaltsam erwiesen hatte, stünde im Widerspruch zu jeder politischen Logik, vor allem aber zu Stalins vorsichtiger und realistischer Politik und seinem offenkundigen Respekt vor Deutschlands militärischer Stärke. Daß sein Stab auch Angriffspläne in der Schublade hatte, ist jedoch denkbar. Jeder Stab verfügt über solche Pläne als Teil theoretischer Szenarien.

3 Übersetzt nach Gilbert/Churchill, S. 913 f.

4 Sowohl von Göring als auch vom Kommandanten von Auschwitz, Rudolf Höß, gibt es Aussagen, nach denen der Führer schon vor dem Angriff auf die Sowjetunion die physische Ausrottung aller europäischen Juden beschlossen hatte. Einen schriftlichen Befehl gab es nicht.

5 Die Datierung auf den 1. September 1939 hat sich als Vordatierung erwiesen, durch die der direkte Zusammenhang mit dem Krieg betont werden sollte. Siehe Mildt, S. 50.

6 Eine genaue Berechnung ist schwierig, weil die Todesursache in vielen Fällen nicht mehr zu ermitteln ist.

7 Rede vor SS-Offizieren in Poznan, Oktober 1943. Vgl. Gilbert 1986, S. 615.

8 Zum Beispiel Arendt 1963.

9 Pacher, S. 184.

10 Zitiert nach Pacher, S. 197.

11 Passeron, S. 13 f.

12 Passeron, S. 16.

13 Ein Beispiel ist Boot. Siehe Literaturhinweis.

14 Klemperer, passim.

15 Hillesum, passim.

VII Ein gespaltenes Europa

1 Vgl. Harkness, S. 17.

2 Van der Wee 1983, S. 7 f.

3 »Wir sind zum Letzten gezwungen und darum zum Letzten entschlossen … wir werden als die größten Staatsmänner in die Geschichte eingehen oder als ihre größten Verbrecher.« In: Das Reich, 14. 11. 1943.

4 Zum Folgenden siehe van der Wee 1983.

5 Siehe van der Wee 1983, S. 207 ff.

6 Van der Wee 1983, S. 29 ff.

7 Zum Beispiel E. Lundberg und F. Jánossy, siehe van der Wee 1983, S. 28.

8 Siehe Lipgens, Bd. 1, S. 39 ff.

9 Schneider. Siehe auch Glaser 1990, Bd. 1, S. 91 ff.

10 In: Neue Zeitung 25. 10. 1945. Vgl. Glaser 1990, Bd. 1, S. 93.

11 Chambers.

[12] Arendt 1951.
[13] Talmon 1961.
[14] Huizinga, Mensch en menigte in Amerika.
[15] Aron/Dandieu.
[16] Vgl. Fraser, S. 63.
[17] Zu Sartre, Camus und Merleau-Ponty siehe u. a. Sperna Weiland 1999, S. 194 ff. Die hier zitierten Worte Merleaus findet man auf S. 253.
[18] Russell, S. 746.
[19] Das Buch wurde viel später in englischer Sprache veröffentlicht: Popper 1959.
[20] Vgl. Popper 1962.
[21] Auch dieses Buch war schon 1935/36 auf deutsch geschrieben worden, erschien aber erst 1957 in englischer Sprache.
[22] Vgl. Glaser 1990, Bd. 2, S. 192.
[23] Siehe zur allgemeinen Einführung van Houten 1979, S. 53 ff. Außerdem Jonker.
[24] Mannheim. Ebenso Jonker, speziell S. 44 ff.
[25] Dahrendorf. Auch Jonker, S. 77 ff.
[26] Saussure, siehe Literaturhinweis.
[27] In seinem Buch »Tristes tropiques« aus dem Jahre 1955. Vgl. Fokkema/Ibsch, S. 5.
[28] Siehe hierzu Fokkema/Ibsch, S. 9 f.
[29] Chomsky 1966 und 1968.
[30] Zitiert nach Levine, S. 108.
[31] In seinem Tagebuch 1946–1949. Zitiert nach Martini, S. 667.
[32] Zitiert nach H. A. Walter, Bd. 1, S. 14.
[33] Zum Beispiel bei dem amerikanischen Kunsthistoriker Clement Greenberg. Siehe Danto.
[34] Kultermann 1969, S. 9.
[35] Siehe de Visser.
[36] Vgl. Vincent, S. 180.
[37] In seinen Tagebüchern; zitiert nach Schroevers, Bd. 1, S. 48.
[38] Kultermann 1969, S. 13.
[39] Zitiert bei G. van den Brink, Kunst en tijdgeest. Unveröffentlichter Vortrag bei einem Symposium am 11. 1. 1999 im Museum »Beelden aan zee« in Scheveningen.
[40] Van den Brink.
[41] Was die Literatur Osteuropas angeht, verdanke ich vieles Wilpert und Bachrach.
[42] Im Gedicht »Die Lösung« aus den Buckower Elegien.
[43] Zitiert nach Hinz, S. 876.
[44] Zum Folgenden siehe die Einleitung in van Diggelen, S. 627 ff.
[45] Siehe zu dieser Frage F. G. von der Dunk.
[46] Ich stütze mich im Folgenden vor allem auf die Einführungen Campagnes und Luyendijk-Elshouts in die Molekularbiologie und Biochemie und in die Medizin, S. 283 ff. und 368 ff.

VIII Kulturelle Turbulenzen

1 1953 wurde zum Beispiel der Dichter Lucebert im Stedelijk Museum von Amsterdam zum »König der fünfziger Jahre« ausgerufen.
2 Vostell hatte sogar schon 1958 eine Veranstaltung in der Art eines Happenings organisiert.
3 Siehe zur allgemeinen Einführung Tielman, S. 16 ff.
4 Kinsey 1948 und 1965.
5 Zum Folgenden siehe u. a. Kultermann 1979.
6 Siehe Kultermann 1969, S. 51.
7 Kultermann 1969, S. 33 ff.
8 Übersetzt nach Kultermann 1979, S. 12.
9 Kultermann 1979, S. 43.
10 Kultermann 1979, S. 103 ff.
11 Vgl. Sabin, S. 48.
12 Sabin, S. 74 ff.
13 Kultermann 1969, S. 7 ff.
14 Z. B. Andy Warhols Orange Car Crash oder Saturday Disaster von 1963 und 1964 oder Jacques Monorys Ariane von 1967. Siehe Kultermann 1969, S. 108 f. und Abb. XII. Ein anderes Beispiel ist Roy Lichtensteins Whaam!, siehe Kultermann 1969, Abb. XIII.
15 Sabin, S. 8.
16 Siehe Kultermann 1969, S. 38, 40 und 104.
17 Siehe Pischel, S. 711 und 715.
18 F. Tiziano, Io sono una poesia, siehe Kultermann 1979, S. 96.
19 Siehe Kultermann 1979, Abb. 122–124 und 129–133.
20 So schuf beispielsweise der Amerikaner Nam June Paik eine Young Penis Symphony; siehe Kultermann 1979, S. 81
21 Siehe Adriani; außerdem Burgbacher-Krupka.
22 Adriani, besonders S. 76 ff.
23 Adriani, S. 183.
24 Adriani, S. 218 ff.
25 Vgl. den polemischen, aber der Sache sehr angemessenen Essay von Scruton, S. 46 ff.
26 Vgl. Schoenmakers, S. 81.
27 Siehe Schoenmakers, S. 82.
28 Eine Produktion von Jerome Ragni und James Rado mit Musik von Galt McDermott. Siehe Kultermann 1979, S. 11.

IX Kultur ohne Kompaß

1 Vgl. besonders die entlarvende Darstellung von Wallraff.
2 Beauvoir.

[3] Hite.
[4] Rubin.
[5] Lasch.
[6] Riesman.
[7] Vgl. Christine Geraghty in: Storey, S. 317 ff.
[8] Vgl. den Artikel von L. Grossberg in: Storey, S. 183 ff.
[9] In: Storey, S. 202 ff.
[10] Harris.
[11] Siehe Adorno 1955.
[12] Störig, S. 632 ff.
[13] Siehe Horkheimers Artikel »Traditionelle und Kritische Theorie« von 1937. Zitiert bei Störig.
[14] Z. B. bei C. W. Mills. Siehe auch Lichtheim, S. 333.
[15] Vgl. Jonker, S. 75. Mills' Bemerkungen findet man in »Letter to the New Left«, in: New Left Review, 5, 1960.
[16] Marcuse 1955.
[17] Ebd., S. XVII.
[18] Ebd., S 50 ff.
[19] Reich.
[20] Marcuse 155, S. 218.
[21] Fromm 1941.
[22] Adorno 1950.
[23] Siehe auch Fromm 1963 und 1973.
[24] Seine wichtigsten Werke zu diesen Fragen sind: Zur Logik der Sozialwissenschaften (1967), Erkenntnis und Interesse (1968) und Theorie des kommunikativen Handelns (1981). Vgl. Störig, S. 634 f., außerdem Lichtheim S. 344 ff., und Sperna Weiland 1999, S. 293 ff.
[25] Besonders scharf prallen die Ansichten der wichtigsten Kontrahenten anläßlich einer Tagung in dem von Adorno 1975 herausgegebenen Band zum Positivismusstreit aufeinander.
[26] Adorno 1975, S. 29.
[27] Adorno 1975, S. 103 ff.
[28] Vgl. Iggers 1999, S. 295 ff.
[29] Ebd.
[30] Vgl. Kolakowski 1976, S. 7 ff.
[31] Vgl. Kolakowski 1976, S. 287 ff.
[32] Snow.
[33] Vgl. Lichtheim, S. 361.
[34] In seiner Cosmic Trilogy (1938–45). Vgl. Stromberg 1975, S. 148.
[35] Hierauf hat Iggers hingewiesen, vgl. Iggers 1999, S. 299 ff.
[36] Zitiert bei Stromberg 1975, S. 169.
[37] Deutsch 1967.

[38] Van den Berg.
[39] Lyotard.
[40] Bertens unterscheidet drei Arten von Postmoderne. Siehe Bertens, S. 111 ff.
[41] In: A Study of History (gekürzte Fassung Oxford 1958, Bd. I–VI), S. 39.
[42] Vgl. den Artikel von D. Hebdige in: Storey, S. 384.
[43] Vgl. Bertens, S. 114 ff.
[44] Vgl. Sperna Weiland 1999, S. 347.
[45] Siehe Elisabeth Wilson in: Storey, S. 403 ff.
[46] Vor allem in: Foucault 1960.
[47] Besonders in: Foucault 1975.
[48] Siehe Skalmowski, S. 87.
[49] Vor allem Derrida 1976 und 1967. Vgl. auch Skalmowski, siehe Anm. 48, ebenso Sperna Weiland 1999, S. 346 ff.
[50] Vgl. Stromberg 1990, S. 320 ff.
[51] Siehe u. a. Feyerabend.
[52] Baudrillard 1970 und 1981.
[53] Vgl. Rorty 1980 und 1988. Siehe auch Nuchelmans, S. 19 ff.
[54] Hierauf hat Grice in Logic and Conversation (1967) sehr zu Recht hingewiesen. Siehe Nuchelmans, S. 22.
[55] Ankersmit 1983.
[56] White.
[57] Siehe Domanska, S. 274 ff.
[58] Siehe hierzu Wilson, vgl. Anm. 45.
[59] Zitiert bei Domanska, S. 269.
[60] Für diese Art des persönlichen Dokuments ist in den Niederlanden meines Wissens von Jacques Presser der Begriff »ego-document« eingeführt worden.
[61] W. Churchill, If Lee had won the Battle of Gettysburg. Übersetzt nach: Squire, S. 173 f.
[62] Kibedi Varga, S. 9 ff.
[63] Vgl. Todd 1990, S. 387 ff.
[64] Vgl. Wesseling 1991, S. 23 ff.
[65] Hierzu u. a. E. Ibsch in: Breekveld, S. 346 ff.
[66] Siehe u. a. Quispel.
[67] Siehe hierzu u. a. Baigent und Leigh.

X Zu einer neuen Epoche

[1] Siehe z. B. Huizinga 1950, S. 192 ff.
[2] Fukuyama 1992.
[3] Wallerstein. Übersetzt nach van der Woude, S. 27.
[4] U. a. von dem spanisch-französischen Schriftsteller und Philosophen Jorge Semprún in seinem Huizinga-Vortrag im Dezember 1999.

Literatur

Adler, A., Praxis und Theorie der Individualpsychologie. Vorträge zur Einführung in die Psychotherapie für Ärzte, Psychologen und Lehrer, München 1920.

Adorno, Th. W., u. a., Der Positivismusstreit in der deutschen Soziologie, Darmstadt 1975.

Adorno, Th. W., »Das Altern der neuen Musik«, in: Dissonanzen 1969.

Adorno, Th. W., Prismen. Kulturkritik und Gesellschaft, Frankfurt 1955.

Adorno, Th. W., Studien zum autoritären Charakter, Frankfurt 1973

Adriani, G., u. a., Joseph Beuys. Leben und Werk, Köln 1981.

Allaryce, G. (Hg.), The Place of Fascism in European History, New Jersey 1971.

Allen, W., Germany and Europe, London 1914.

Alter, P. (Hg.), Die Konstruktion der Nation gegen die Juden, München 1999.

Alter, P. (Hg.), Nationalismus. Dokumente zur Geschichte und Gegenwart eines Problems, München 1994.

Ambrosius, L. E., »Wilson, the Republicans and French Security after World War I«, in: Journal of American History 1972/73, 59.

Ankersmit, F. R., und A. Kibédi Varga (Hg.), Akademische beschouwingen over het postmodernisme. Tien voordrachten over de betekenis van het postmodernisme op vijf gebieden van wetenschappelijk onderzoek, Amsterdam 1993

Ankersmit, F. R., Narrative Logic. A Semantic Analysis of Historian's Language, Den Haag 1983.

Antoni, C., Vom Historismus zur Soziologie, Stuttgart 1950.

Arendt, H., und K. Jaspers, Briefwechsel 1926–69, München 1985.

Arendt, H., Eichmann in Jerusalem. Ein Bericht von der Banalität des Bösen, München 1986.

Arendt, H., Elemente und Ursprünge totalitärer Herrschaft, Frankfurt 1955.

Ariès, Ph., Geschichte des Todes, München 1980.

Arkel, D. van, »De groei van het anti-joodse stereotype. Een poging tot hypothetisch-deductieve werkwijze in historisch onderzoek«, in: Tijdschrift voor Sociale Geschiedenis, 33, 1984.

Armengaud, A., Geschiedenis van de wereldbevolking, Bussum 1975.

Arnold, A., »Lyrik u. Prosa«, in: L. Richard (Hg.), Lexikon des Expressionismus, Köln 1997.

Aron, R., und A. Dandieu, Le cancer américain, Paris 1931.

Aron, R., Introduction à la philosophie de l'histoire, Paris 1948.

Aron, R., La société industrielle et la guerre, Paris 1959.

Bachrach, A. G. H., u. a. (Hg.), Moderne Encyclopedie van de Wereldliteratuur, 10 Bde., Haarlem/Antwerpen 1980–1984.

Baigent, M., und R. Leigh, Verschlußsache Jesus, München 1991.

Bainville, J., La troisième République 1870–1935, Paris 1935.

Bakvis, C., »Poolse letterkunde«, in: Grote Winkler Prins, Bd. 15, Amsterdam 1972.
Bank, J., »Televisie in de jaren zestig«, in: H. W. von der Dunk u. a., Wederopbouw, Welvaart en Onrust, Houten 1986.
Barber, J., »The Establishment of Intellectual Orthodoxy in the USSR, 1928–34«, in: Past and Present 1979, 83.
Barber, J., Soviet Historians in Crisis 1928–1932, Birmingham 1981.
Barea, I., Vienna, New York 1966.
Baron, H. (Hg.), Deutscher Geist und Westeuropa, Tübingen 1925.
Barrès, M., L'âme française et la guerre, Paris 1915.
Barrière, P., La vie intellectuelle en France du XVIe siècle à l'époque contemporaine, Paris 1961.
Barth, H., Masse und Mythos. Die Ideologische Krise an der Wende zum 20. Jahrhundert und die Theorie der Gewalt: Georges Sorel, Hamburg 1959.
Barth, K., Der Römerbrief, München 1923.
Barthas, L., Les carnets de guerre de Louis Barthas, tonnelier: 1914–1918, Paris 1997.
Barthes, R., Am Nullpunkt der Literatur, Hamburg 1959.
Baudrillard, J., La société de consommation, Paris 1970.
Baudrillard, J., Simulacres et simulation, Paris 1981.
Bauer, J., The Holocaust in Historical Perspective, Seattle 1978.
Bauer, R., »Enkele bedenkingen rondom het fenomeen film«, in: Media, Dez. 1975.
Baum, R. C., The Holocaust and the German Elite. Genocide and National Suicide in Germany 1871–1945, New Jersey 1981.
Baumeister, T., De filosofie en de kunsten: van Plato tot Beuys, Budel 1999.
Beard, G., American Nervousness, New York 1881.
Beauvoir, S. de, Das andere Geschlecht. Sitte und Sexus der Frau, Reinbek 1968.
Becker, C. L., The Heavenly City of the 18th-century Philosophers, Yale 1932.
Becker, H., German Youth: Bond or Free, London 1946.
Beller, S., »Hoe modern was het Weense modernisme?«, in: Nexus 1995, II, S. 67 ff.
Benda, J., Le Bergsonisme, Paris 1917.
Benjamin, W., Gesammelte Schriften, Bd. 2, Frankfurt 1967.
Benjamin, W., Sprache und Geschichte. Philosophische Essays, Stuttgart 1992.
Berg, J. H. van den, Metabletica, Nijkerk 1956.
Berghahn, V., und M. Kitchen (Hg.), Germany in the Age of Total War, London 1981.
Berghahn, V., Imperial Germany 1871–1914. Economy, Society, Culture and Politics, Oxford 1994.
Bergson, H., Das Lachen, ein Essay über die Bedeutung des Komischen, Darmstadt 1988.
Bergson, H., Die beiden Quellen der Moral und der Religion, Olten 1980.
Bergson, H., Durée et simultanéité. A propos de la théorie d'Einstein, Paris 1968.
Bergson, H., La signification de la guerre, Paris 1915.
Bergson, H., Schöpferische Entwicklung, Jena 1912/1930.
Bernhardi, F. von, Deutschland und der nächste Krieg, Berlin 1912.
Bertens, H., »Drie Postmodernismen en hun modernistische antecedenten«, in: D. Fok-

kema und F. de Ruiter, Innovatie, Amsterdam 1990.
Besançon, A., »La Russie et la Révolution française«, in: F. Furet und M. Ozouf (Hg.), The French Revolution and the Creation of Modern Political Culture, Oxford 1989.
Beyrau, D., Intelligenz und Dissens. Die Russischen Bildungsschichten in der Sowjetunion 1917–1985, Göttingen 1993.
Bigler, R. R., Enteignet Deutschland. Der Bankrott des Marxismus oder der Aufstand der Studenten, Wien/München/Zürich 1968.
Bloch, E., Erbschaft dieser Zeit, Frankfurt 1962.
Bloch, E., Freiheit und Ordnung. Abriß der Sozialutopien, Frankfurt 1969.
Bloch, J. von, Der zukünftige Krieg in seiner technischen, wirtschaftlichen und politischen Bedeutung, Berlin 1899.
Blüher, H., Wandervogel. Geschichte einer Jugendbewegung, Berlin 1912.
Bock, M., Soziologie als Grundlage des Wirklichkeitsverständnisses, Stuttgart 1980.
Boer, P. den, »Existentiële geschiedenis. Enkele Franse studies over dood en angst«, in: Tijdschrift voor Geschiedenis 1981, 29.
Boer, P. den, Geschiedenis als beroep. De professionalisering van de geschiedbeoefening in Frankrijk 1818–1914, Nijmegen 1987.
Boer, W. den, F. W. N. Hugenholtz und Th. J. G. Locher, Gestalten der geschiedenis. Van Thucydides tot Toynbee, Haarlem 1977.
Bollnow, O. F., Rilke, Stuttgart 1951.
Boot, J. J. G., Burgemeester in bezettingstijd, Apeldoorn 1981.
Boterman, F. und W. Melching, De Duitse Phoenix, Amsterdam 1996.
Boterman, F., Oswald Spengler en »Der Untergang des Abendlandes«. Cultuurpessimist en politiek activist, Assen 1992.
Bouman, P. J., Een handvol mensen. Uit de tijd der beide oorlogen, Assen 1972.
Bouman, P. J., Revolutie der eenzamen. Spiegel van een tijdperk, Assen 1953.
Bournan, P. J., Cultuurgeschiedenis van de twintigste eeuw, Amsterdam 1977.
Boutroux, E., L'Allemagne et la Guerre, Paris/Nancy 1915.
Boveri, M., Der Verrat im 20. Jahrhundert. Für und gegen die Nation, Hamburg 1976.
Bracher, K. D., Die Auflösung der Weimarer Republik. Eine Studie zum Problem des Machtverfalls, Villingen 1955.
Bracher, K. D., Die Krise Europas 1917–1945, in: Propyläen Geschichte Europas, Bd. 6, Frankfurt 1976.
Bradley, F. H., Erscheinung und Wirklichkeit, Leipzig 1928.
Brainton, R. H., Christian Attitudes towards War and Peace, New York 1960.
Braudel, F., Positions de l'histoire, Paris 1950.
Braudel, F., Schriften zur Geschichte, 2 Bde., Stuttgart Paris 1992/93.
Braungart, W., Ästhetischer Katholizismus. Stefan Georges Rituale der Literatur, Tübingen 1997.
Brecht, Bertolt, Schriften zum Theater, Frankfurt 1957.
Breekveldt, W. F. G. (Hg.), De achtervolging voortgezet. Opstellen over moderne letterkunde, aangeboden aan Margaretha H. Schenkeveld, Amsterdam 1989.

Breuilly, J., Nationalismus und moderner Staat. Deutschland und Europa, Köln 1999.
Brogan, D. W., The Development of Modern France 1870–1939, London 1944.
Brombert, V., The Intellectual Hero, New York 1961.
Brouwer, Sj. (Hg.), November 1918. Einde van de oorlog. Einde van een tijdperk, Studium Generale-serie, Utrecht 1994.
Brunner, O., W. Conze und R. Koselleck, Geschichtliche Grundbegriffe. Historisches Lexikon zur politisch-sozialen Sprache in Deutschland, 7 Bde., Stuttgart 1992.
Brunschwig, H., Mythes et réalités de l'imperialisme colonial français, 1871–1914, Paris 1960.
Brzezinski, Z. K., The Permanent Purge: Politics in Soviet Totalitarianism, Cambridge, Mass. 1956.
Büchner, L., Am Sterbelager des Jahrhunderts. Blicke eines freien Denkers aus der Zeit in die Zeit, Gießen 1898.
Buikhuisen, W., Achtergronden van nozemgedrag, Assen 1965.
Bullock, A., Hitler and Stalin. Parallel Lives, London 1991. (Dt. Ausg.: Hitler und Stalin. Parallele Leben, Berlin 1991)
Burgbacher-Krupka, I., Prophete rechts, Prophete links. Joseph Beuys, Nürnberg 1977.
Burns McNall, E., Ideas in Conflict. The political Theories of the Contemporary World, London 1960.
Bury, J. B., The Idea of Progress, New York 1932.
Busch, F., Aus dem Leben eines Musikers, Zürich 1949.
Buthman, W. C., The Rise of Integral Nationalism in France, New York 1939.
Campagne, R. N., »Moleculaire biologie en biochemie«, in: Joh. A. H. Jansen (Hg.), Universele Wereldgeschiedenis, Bd. 11, Den Haag 1979.
Canetti, E., Masse und Macht, Frankfurt 1980.
Capra, F., Wendezeit. Bausteine für ein neues Weltbild, Bern/München/Wien 1986.
Carnap, R., »Truth and Confirmation«, in: H. Feigl und W. Sellars (Hg.), Readings in Historical Analysis, New York 1972.
Carr, E. H., Die russische Revolution. Lenin und Stalin 1917–29, Stuttgart/Berlin/Köln/Mainz 1980.
Carsten, F., Der Aufstieg des Faschismus in Europa, Frankfurt 1969.
Carsten, F., Revolution in Mitteleuropa 1918–1919, Köln 1973.
Caute, D., Communism and the French Intellectuals 1914–1960, London 1964.
Caute, D., The Fellow Travellers. A Postscript to the Enlightenment, London 1973.
Ceadel, M., Pacifism in Britain 1914–1945. The Defining of a Faith, Oxford 1980.
Chabod, F., A History of Italian Fascism, London 1963.
Challenger, R. D., The French Theory of the Nation in Arms, New York 1955.
Chambers, Whittaker V., Witness, New York 1952.
Chesterton, G. K., The Barbarism of Berlin, London/New York 1914.
Chomsky, N., Sprache und Geist, Frankfurt 1970.
Chomsky, N., Thesen zur Theorie der generativen Grammatik, Frankfurt 1974.
Churchill, W., Der Zweite Weltkrieg, 6 Bde., Bern 1948–1954.

Clark, R. W., Sigmund Freud, Frankfurt 1981.
Clarke, P., Hope and Glory. Britain 1900–1990, London 1996.
Cliteur, P. B., Conservatisme en cultuurrecht. Over de fundering van recht in rechtsbeginselen, Amsterdam 1989.
Cobban, A., The Nation State and National Self-determination, New York 1969.
Cohen, E. A., De negentien treinen naar Sobibor, Amsterdam 1979.
Cohen, E. A., Human behaviour in the Concentration Camp, New York 1954.
Conquest, R., The Great Terror. Stalin's Purge of the Thirties, London 1968. (Dt. Ausg.: Der große Terror. Sowjetunion 1934–1938, München 1992)
Conquest, R., The Harvest of Sorrow. Soviet collectivization and the terror famine, London 1986.
Contamine, H., La Revanche, Paris 1957.
Conze, W., und J. Kocka (Hg.), Bildungsbürgertum im 19. Jahrhundert, Stuttgart 1985.
Cook, P., Architecture, Action and Plan, London 1967.
Courtois, S., und J. L. Panne, »Le Komintern à l'action«, in: S. Courtois, Le livre noir du communisme, Paris 1997. (Dt. Ausg.: Das Schwarzbuch des Kommunismus. Unterdrükkung, Verbrechen und Terror, München 1992)
Couwenberg, S. W. (Hg.), Opstand der burgers. De Franse revolutie na 200 jaar, Kampen 1988.
Czaky, M., »Die Moderne«, in: E. Brix und P. Werkner (Hg.), Die Wiener Moderne, München 1990.
Dahrendorf, R., Soziale Klassen und Klassenkonflikt in der industriellen Gesellschaft, Stuttgart 1957.
Daisne, J., Wat is magisch-realisme, Arnsterdam/Brüssel 1973.
Danto, A. C., Das Fortleben der Kunst, München 1999.
Davies, P., Gott und die moderne Physik, München 1989.
Deakin, F. W., Die brutale Freundschaft. Hitler, Mussolini und der Untergang des italienischen Faschismus, Köln/Berlin 1964.
Decandin, M., »Les écrivains de la guerre«, in: Histoire littéraire de la France, Bd. II, 1913–1939, Paris 1979.
Deelen, A. G. van, Sinds Godard, Amsterdam 1969.
Dehio, L., Gleichgewicht oder Hegemonie. Betrachtungen über ein Grundproblem der neueren Staatengeschichte, Darmstadt 1996.
Deleuze, G., Bergson zur Einführung, Hamburg 1997.
Derrida, J., De la Grammatologie, Paris 1967. (Dt. Ausg.: Grammatologie, Frankfurt 1974)
Derrida, J., Eperons, Paris 1976.
Deutsch, K., Nationalism and Social Communication, Cambridge 1953.
Deutscher, I., Stalin. Eine politische Biographie, Stuttgart 1962.
Deutscher, I., Trotzki. Der bewaffnete Prophet, 1879–1921, Stuttgart 1962.
Deutscher, I., Trotzki. Der unbewaffnete Prophet, 1929–1940, Stuttgart 1962.
Deutscher, I., Trotzki. Der verstoßene Prophet, 1921–1929, Stuttgart 1963.
Diehl, J., The Organization of German Veterans 1917–1919, Archiv für Sozialgeschichte XI, Hannover 1971.

Diggelen, J. van, »Astronomie, ruimteonderzoek en ruimtevaart«, in: Joh. A. H. Jansen (Hg.), Universele Wereldgeschiedenis, Bd.11, Den Haag 1979.
Dittrich, Z. R., Uitgestelde bevrijding. Volkeren van Oostelijk Europa na de Tweede Wereldoorlog, Utrecht 1991.
Djilas, M., Die neue Klasse. Eine Analyse des kommunistischen Systems, München 1963.
Domanska, E., »After Postmodernism, a Dream of Transformation«, in: B. Stråth und N. Witoszek (Hg.), The Postmodern Challenge, Amsterdam 1999.
Dresden, S., »De rol der kunst bij Marcel Proust«, in: Bezonken avonturen, Amsterdam 1949.
Dresden, S., »Kunst en leven bij Marcel Proust«, in: Het vreemde vermaak dat lezen heet, Amsterdam 1997.
Dresden, S., »Paul Valéry – een methode van dichterschap«, in: Bezonken avonturen, Amsterdam 1949.
Dreyfus, F. G., »Antisemitismus in der dritten französischen Republik«, in: B. Martin und E. Schulin (Hg.), Die Juden als Minderheit in der Geschichte, München 1981.
Dubarle, D., Humanisme scientifique et raison chrétienne, Paris 1953.
Dunk, F. G. von der, Private Enterprise and Public Interest in The European »Spacescape«: towards harmonized National Space Legislation for private Space Activities in Europe, Diss., Leiden 1998.
Dunk, H. W. von der, »De kentering in het politieke denken van Thomas Mann«, in: Cultuur en Geschiedenis. Negen opstellen, Den Haag 1990.
Dunk, H. W. von der, »De koude oorlog en de verandering van het historisch perspectief«, in: Bijdragen en Mededelingen van het Historisch Genootschap, 1970, 1.
Dunk, H. W. von der, »Het fascisme, een tussenbalans«, in: Internationale Spectator, 29, 1975.
Dunk, H. W. von der, »Weimar en de crisis van het burgerlijke bestel«, in: Cultuur en Geschiedenis. Negen opstellen, Den Haag 1990.
Dunk, H. W. von der, Conservatisme, Bussum 1976.
Dunk, H. W. von der, Voorbij de verboden drempel. De Shoah in ons geschiedbeeld, Amsterdam 1999.
Dunk, H. W. von der, Walther Rathenau. Ein Leben zwischen Anpassung und Kritik, Leipzig 1999.
Dunk, H. W. von der, Zum Problem des Nationalismus in Europa, (Reihe »Nachbarn«) Bonn 1970.
Dutschke, G., Rudi Dutschke. Wir hatten ein barbarisches, schönes Leben, Köln 1996.
Duyn, R. van, Provo: de geschiedenis van de provotarische beweging 1965–67, Amsterdam 1985.
Ehrenburg, I., Menschen, Jahre, Leben. Autobiographie, München 1962.
Eijbersen, R. R. (Hg.), De kwestie Vietnam. Feiten en achtergronden, Amsterdam 1966.
Eisenhower, D. D., Kreuzzug in Europa, Amsterdam 1948.
Eksteins, M., Tanz über Gräben. Die Geburt der Moderne und der Erste Weltkrieg, Reinbek 1990.

Engelmann, B., und G. Wallraff, Ihr da oben, wir da unten, Köln 1967.
Erdmann, K. D., Der Erste Weltkrieg, München 1980.
Eschenhagen W. (Hg.), Die »Machtergreifung«. Tagebuch einer Wende, Darmstadt 1982.
European Resistance Movements 1939–1945, International Conference of the Resistance Movements, Oxford 1960–1964.
Eyck, E., Das persönliche Regiment Wilhelms II. Politische Geschichte des deutschen Kaiserreiches von 1890 bis 1914, Zürich 1948.
Faulenbach, B., »Deutsche Geschichtswissenschaft nach 1945«, in: Tijdschrift voor Geschiedenis 1981, 29.
Fein, H., Accounting for Genocide. National Responses and Jewish Victimization during the Holocaust, New York 1979.
Feis, H., Churchill, Roosevelt, Stalin. The War they waged and the Peace they sought, Princeton 1957.
Felken, D., Oswald Spengler. Konservativer Denker zwischen Kaiserreich und Diktatur, München 1992.
Ferguson, N., The Pity of War. Explaining World War I, London 1998. (Leicht gek. u. überarb. dt. Ausg.: Der falsche Krieg. Der Erste Weltkrieg und das 20. Jahrhundert, München 2001)
Fest, J., Hitler. Eine Biographie, Frankfurt 1973.
Feyerabend, P., Zeitverschwendung, Frankfurt 1995.
Fiedler, G., Jugend im Krieg, Köln 1989.
Field, F., Three French Writers and the Great War. Studies in the Rise of Communism and Fascism, Cambridge 1975.
Finer, S. E., The Man on Horseback. The Role of the Military in Politics, London 1962.
Fischer, F., Griff nach der Weltmacht. Die Kriegszielpolitik des Kaiserlichen Deutschland, Düsseldorf 1961.
Fischer-Galati, S. (Hg.), Man, State and Society in East European History, London 1970.
Flechtheim, O., Weltkommunismus im Wandel, Köln 1965.
Flender, R., und H. Rauhe, Popkunst. Geschichte, Funktion, Wirkung und Ästhetik, Darmstadt 1989.
Fokkema, D., und E. Ibsch, »Algemene Literatuurwetenschap«, in: Joh. A. H. Jansen (Hg.), Universele Wereldgeschiedenis, Bd. 12, Den Haag 1979.
Fokkema, D., und H. Bertens (Hg.), Approaching Postmodernism, Amsterdam/Philadelphia 1986.
Foucault, M., Folie et déraison. Histoire de la folie à l'âge classique, Paris 1960. (Dt. Ausg.: Wahnsinn und Gesellschaft. Eine Geschichte des Wahns im Zeitalter der Vernunft, Frankfurt 1973)
Foucault, M., Surveiller et punir. Naissance de la prison, Paris 1975. (Dt. Ausg.: Überwachen und Strafen. Die Geburt des Gefängnisses, Frankfurt 1976)
Frank, A., Die Tagebücher der Anne Frank, Frankfurt 1988.
Frank, K. S., »Adversus Judaeos in der alten Kirche«, in: B. Martin und E. Schulin (Hg.), Die Juden als Minderheit in der Geschichte, München 1981.

Franke, R., Die Kleinbürger. Begriff, Ideologie, Politik, Frankfurt 1988.
Fraser, R., 1968: A Student Generation in Revolt, London 1988.
Frei, N., Der Führerstaat. Nationalsozialistische Herrschaft 1933 bis 1945, München 1987.
Freud, S., Das Unbehagen in der Kultur, Frankfurt 1963.
Freud, S., Der Mann Moses und die monotheistische Religion, Amsterdam 1939.
Freud, S., Die Traumdeutung, Frankfurt 1968.
Freud, S., Die Zukunft einer Illusion, Frankfurt 1968.
Freud, S., Drei Abhandlungen zur Sexualtheorie, Frankfurt 1961.
Freud, S., Totem und Tabu, Frankfurt 1964.
Freud, S., Zeitgemäßes über Krieg und Tod, Wien 1924.
Friedell, E., Kulturgeschichte der Neuzeit, 2 Bde., München 1976.
Friedrich, H., Die Struktur der modernen Lyrik, Hamburg 1956.
Friedrich, J., Das Gesetz des Krieges. Das deutsche Heer in Rußland 1941 bis 1945: Der Prozeß gegen das Oberkommando der Wehrmacht, München 1993.
Friedrich, J., Freispruch für die Nazi-Justiz. Die Urteile gegen NS-Richter seit 1948, Hamburg 1983.
Frischauer, P., Von Paris bis zur Pille, München 1968.
Frith, S., Sound Effects: Youth, Leisure and the Politics of Rock 'n' Roll, New York 1981.
Frobenius, E., Mit uns zieht die neue Zeit. Eine Geschichte der deutschen Jugendbewegung, Berlin 1927.
Fromm, E., Beyond the Chains of Illusion, New York 1963.
Fromm, E., Escape from Freedom, New York 1941. (Dt. Ausg.: Die Furcht vor der Freiheit, Frankfurt 1966)
Fromm, E., The Anatomy of Human Destructiveness, New York 1973. (Dt. Ausg.: Anatomie der menschlichen Destruktivität, Stuttgart 1974)
Fukuyama, F., Das Ende der Geschichte: wo stehen wir?, München 1992.
Furet, F., Le passé d'une illusion. Essay sur l'idée communiste au XXe siècle, Paris 1995. (Dt. Ausg.: Das Ende der Illusion. Der Kommunismus im 20. Jahrhundert, München 1996)
Fussell, P., The Great War and Modern Memory, Oxford 1975.
Gall, L. (Hg.), Stadt und Bürgertum im Übergang von der traditionellen zur modernen Gesellschaft. Beihefte Hist. Zeitschrift, N. F. 16, München 1993.
Gall, L., und R. Koch (Hg.), Der europäische Liberalismus im 19. Jahrhundert. Texte zu seiner Entwicklung, Berlin 1981.
Gay, P., Die Republik der Außenseiter. Geist und Kultur in der Weimarer Zeit, Frankfurt 1970.
Gay, P., The Bourgeois Experience, Oxford 1984. (Dt. Teilausgabe: Erziehung der Sinne. Sexualität im bürgerlichen Zeitalter. München 1986.)
Gayraud, A., Les jeunes filles d'aujourd'hui, Paris 1961.
Geissmar, B., Musik im Schatten der Politik, Zürich 1945.
Gellner, E., Postmodernism, Reason and Religion, London 1992.
Gérard, A., La Révolution Française, mythes et interprétations 1789–1970, Paris 1970.

Gerhard, U., Verhältnisse und Verhinderungen. Frauenarbeit, Familie und Rechte der Frauen im 19. Jahrhundert, Frankfurt 1978.

Gerlach, W., »Fysica en chemie«, in: Joh. H. A. Janssen (Hg.), Universele Wereldgeschiedenis, Bd. 9., Den Haag, 1978.

Geyl, P., Debates with Historians, Groningen 1955.

Geyl, P., Die Diskussion ohne Ende, Darmstadt 1958.

Geyl. P., »Sovjet-historici als werktuigen van het regime«, in: Figuren en Problemen, Bd. 2, Amsterdam 1964.

Giddens, A., Die Klassenstruktur fortgeschrittener Gesellschaften, Frankfurt 1979.

Gilbert, E., The End of the European Era, 1890 to the present, New York 1970.

Gilbert, M., und R. S. Churchill, Winston Churchill, 4 Bde., London 1966.

Gilbert, M., The Holocaust. The Jewish Tragedy, London 1986.

Gillis, J. R., Youth and History. Tradition and Change in European Age Relations, London/New York 1968. (Dt. Ausg.: Geschichte der Jugend. Tradition und Wandel im Verhältnis der Altersgruppen und Generationen in Europa von der zweiten Hälfte des 18. Jahrhunderts bis zur Gegenwart, Weinheim/Basel 1980)

Glaser, H., Kulturgeschichte der Bundesrepublik Deutschland, 3 Bde., Frankfurt 1990.

Glaser, H., Eros in der Politik. Eine sozialpathologische Untersuchung, Köln 1967.

Glees, A., Reinventing Germany. German Political Development since 1945, Oxford 1996.

Goebbels, J., Tagebücher, 4 Bde., E. Fröhlich (Hg.), München 1987.

Gorbatschow, M., Perestroika, Köln 1988.

Gordon, S., Hitler, Germans and the »Jewish Question«, Princeton 1984.

Graf, A., Schülerjahre. Erlebnisse und Urteile namhafter Zeitgenossen, Berlin 1912.

Graf, O. M., Reise in die Sowjet-Union 1934, Darmstadt 1974.

Graves, R., Goodbye to All That, New York 1957. Erstmals erschienen 1929.

Green, M., Children of the Sun. A Narrative of »Decadence« in England after 1918, London 1977.

Grice, P., Studies in the Way of Words, Cambridge, Mass., 1989.

Griep, W., Kleine Kunstgeschichte des deutschen Bürgertums, Darmstadt 1985.

Grinten, H. van der, »Der Holzschnitt an der Schwelle der klassischen Moderne«, in: Die Frühzeit des modernen Holzschnitts, Moyland 1992.

Groppe, C., Die Macht der Bildung. Das deutsche Bürgertum und der George-Kreis 1890–1933, Köln 1997.

Guardini, R., Rainer Maria Rilkes Deutung des Daseins. Eine Interpretation der Duineser Elegien, München 1953.

Haeckel, E., Die Welträtsel, Gießen 1899.

Haffner, S., Anmerkungen zu Hitler, München 1978.

Hanegraaff, W., New Age Religion and Western Culture Esotericism in the Mirror of Secular Thought, Leiden 1995.

Harászti, M., The Velvet Prison. Artists under State Socialism, London 1989.

Harkness, D., The Post-War World, London 1974.

Harris, E., My Life and Loves, 3 Bde., New York 1923–1927.

Harris, Th. A, Ich bin o.k., du bist o.k., Reinbek 1973.
Heid, L., »Sozialistischer Internationalismus, sozialistischer Zionismus und Antisemitismus«, in: P. Alter (Hg.), Die Konstruktion der Nation gegen die Juden, München 1999.
Heidegger, M., Erläuterungen zu Hölderlins Dichtung, Frankfurt 1981.
Heidegger, M., Holzwege, Frankfurt 1950.
Heidegger, M., Sein und Zeit, Tübingen, 1927/1963.
Heinemann, R., Untersuchungen zur Rezeption der seriellen Musik, München 1967.
Helwig, W., Die blaue Blume des Wandervogels. Vom Aufstieg, Glanz und Sinn einer Jugendbewegung, Gütersloh 1960.
Hermann, K., Die Revolte der Studenten, Hamburg 1967.
Herzfeld, H., Der Erste Weltkrieg, München 1982.
Herzfeld, H., Die moderne Welt 1789–1945, Braunschweig 1969.
Heussi, K., Die Krisis des Historismus, Tübingen 1932.
Hey'l, B., Geschichtsdenken und literarische Moderne. Zum historischen Roman in der Zeit der Weimarer Republik, Tübingen 1994.
Hilberg, R., Die Vernichtung der europäischen Juden. Die Gesamtgeschichte des Holocaust, Berlin 1982.
Hildebert Boehm, M., Ruf der Jungen, Berlin 1920.
Hildebrandt, K., »Imperialismus, Wettrüsten und Kriegsausbruch 1914«, in: Neue Politische Literatur, 1975, 2.
Hillesum, E., Das denkende Herz. Die Tagebücher von Etty Hillesum 1941–1943, hg. u. eingel. v. J. G. Gaarlandt, Reinbek 2001.
Hinz, F.-L. (Hg.), Chronik des 20. Jahrhunderts, Dortmund 1983.
Hirschfeld, M., Sittengeschichte des Weltkrieges, Leipzig/Wien 1930.
Hite, S., Hite-Report. Das sexuelle Erleben der Frau, München 1977.
Hobsbawm, E., »The Ritual of Social Movements«, in: Primitive Rebels, New York 1965.
Hobsbawm, E., Das Zeitalter der Extreme. Weltgeschichte des 20. Jahrhunderts, München 1995.
Hobsbawm, E., Europäische Revolutionen, München 1978.
Hodos, G. H., Schauprozesse. Stalinistische Säuberungen in Osteuropa 1948–1954, Frankfurt 1988.
Hofer, W., Die Entfesselung des Zweiten Weltkrieges. Eine Studie über die internationalen Beziehungen im Sommer 1939. Mit Dokumenten, Frankfurt 1964.
Hoffmann, W., De schilderkunst van de twintigste eeuw, Utrecht 1959.
Hofstadter, D. R., Gödel, Escher, Bach. Ein endloses geflochtenes Band, Stuttgart 1985.
Hofstätter, H., Geschichte der europäischen Jugendstilmalerei, Köln 1963.
Höhne, H., Die Machtergreifung. Deutschlands Weg in die Diktatur, Hamburg 1983.
Hole, Chr., English Folklore, London 1940.
Hole, Chr., English Sports and Past Times, London 1949.
Holthoon, F. L. van, The Road to Utopia. A Study of John Stuart Mill's social thought, Assen 1971.
Hondius, D., Terugkeer. Antisemitisme in Nederland rond de bevrijding, Den Haag 1990.

Hornung, K., Das totalitäre Zeitalter. Bilanz des 20. Jahrhunderts, Berlin/Frankfurt 1993.
Horowitz, J., Understanding Toscanini, London 1987.
Höß, R., Kommandant in Auschwitz. M. Broszat (Hg.), München 1963.
Housman, L., War Letters of Fallen Englishmen, London 1930.
Houten, B. C. van, »De ontwikkeling van de sociologie sinds deze wereldoorlog«, in: Jjoh. A. H. Jansen (Hg.) Universele Wereldgeschiedenis, Bd. 12., Den Haag 1979.
Hughes, S. H., Consciousness and Society. The Reorientation of European Social Thought 1890–1930, New York 1961.
Huizinga, J., Im Schatten von morgen. Bern/Leipzig 1935.
Huizinga, J., Mensch en menigte in Amerika. Vier essays over moderne Beschavingsgeschiedenis, Verzamelde Werken V, Haarlem 1949.
Huizinga, J., Over vormverandering in de geschiedenis, Verzamelde Werken VIII, Haarlem 1950.
Huizinga, J., Twee worstelaars met den Engel, Verzameide Werken IV, Haarlem 1949.
Huntington, S., Der Kampf der Kulturen. Die Neugestaltung der Weltpolitik im 21. Jahrhundert, München 1996.
Huppert, H., Wladimir Majakowski, Stücke, Frankfurt 1960.
Huussen, A. H., E. H. Kossmann und H. Renner (Hg.), Historici van de twintigste eeuw, Antwerpen/Utrecht 1981.
Iggers, G., »Historiography and the Challenge of Postmodernism«, in: B. Stråth und N. Witoszek (Hg.), The Postmodern Challenge, Amsterdam 1999.
Iggers, G., Deutsche Geschichtswissenschaft. Eine Kritik der traditionellen Geschichtsauffassung von Herder bis zur Gegenwart, München 1971.
Inglehart, R., The Silent Revolution. Changing Values and Political Styles Among Western Publics, Princeton 1977.
Inkeles, A., Social Change in Soviet Russia, Cambridge, Mass., 1968.
Jäckel, E., Hitlers Weltanschauung. Entwurf einer Herrschaft, Tübingen 1969.
Jaffé, H., »De Stijl«, in: Grote Winkler Prins, Bd. 18, Amsterdam 1974.
Jaffé, H., De Stijl 1917–1931. The Dutch Contribution to Modern Art, Amsterdam 1956.
Jaher, J. F. C. (Hg.), The Rich, the Well Born, and the Powerful. Elites and Upper Classes in History, Urbana 1973.
Janik, A., und St. E. Toulmin, Wittgenstein's Vienna, New York 1973. (Dt. Ausg.: Wittgensteins Wien, Wien 1998)
Janssen, J., und J. Voestermans, Studenten in beweging. Politiek, universiteit en student, Baarn 1984.
Janßen, K. H., Macht und Verblendung. Kriegszielpolitik der deutschen Bundesstaaten 1914–1918, Berlin 1963.
Jarausch, K., Students, Society and Politics in Imperial Germany. The Rise of Academic Illiberalism, Princeton 1982.
Jarausch, K., The Transformation of Higher Learning 1860–1930. Expansion, Diversification, Social Opening, and Professionalization in England, Germany, Russia, and the United States, Stuttgart 1983.

Jaspers, K., Die Atombombe und die Zukunft des Menschen. Politisches Bewußtsein in unserer Zeit, München 1958.
Jaspers, K., Die geistige Situation der Zeit, Berlin 1932.
Jaspers, K., Die Schuldfrage, München 1947.
Jaspers, K., Einführung in die Philosophie. Zwölf Radiovorträge, Zürich 1950.
Jaspers, K., Existenzphilosophie, Berlin 1956.
Jaspers, K., Philosophie, 3 Bde., Heidelberg/Berlin 1956.
Jaspers, K., Über das Tragische, München 1954.
Johnson, P., Modern Times. The World from the Twenties to the Eighties, New York 1983.
Jonker, E., De sociologische verleiding. Sociologie, sociaal-democratie en de welvaartsstaat, Groningen 1988.
Joravsky, D., »Soviet Scientists and the Great Break«, in: R. Pipes (Hg.), The Russian Intelligentsia, New York 1961.
Jung, C. G., Psychologische Typen, Zürich 1921.
Kandinsky, W., Über das Geistige in der Kunst, Bern 1952.
Kaplan, R. D., The Coming Anarchy. Shattering the Dreams of the Post Cold War, New York 2000.
Keilson-Lauritz, M., Von der Liebe, die Freundschaft heißt. Zur Homoerotik im Werk Stefan Georges, Berlin 1987.
Kelly, A., The descent of Darwin. The Popularization of Darwinism in Germany 1860–1914, Chapel Hill 1981.
Kemp, T., Theories of Imperialism, London 1976.
Kennedy, P., The Rise and Fall of the Great Powers: Economic Change and Military Conflictf from 1500 to 2000, London 1989.
Kennedy, P., The Rise of the Anglo-German Antagonism 1860–1914, London 1980.
Kern, S., The Culture of Time and Space 1880–1918, Cambridge, Mass., 1983.
Kershaw, I., Der Hitler-Mythos. Führerkult und Volksmeinung, Stuttgart 1999.
Kershaw, I., Hitler, 2 Bde., Stuttgart 1998/2000.
Kessler, H., Gesichter und Zeiten. Erinnerungen, Frankfurt 1962.
Kessler, H., Tagebücher 1918–1937, Frankfurt 1961.
Kessler, H., Walther Rathenau. Sein Leben und sein Werk, Wiesbaden 1967.
Key, E., Das Jahrhundert des Kindes, Berlin 1902.
Kibédi Varga, A., »Postmodernisme in de Literatuur«, in: Akademische beschouwingen over het postmodernisme, Amsterdam 1993.
Kielmansegg, P., Deutschland und der Erste Weltkrieg, Frankfurt 1968.
Kinsey, A. C., Sexual behavior in the human female, New York 1965. (Dt. Ausg.: Das sexuelle Verhalten der Frau, Frankfurt 1970)
Kinsey, A. C., Sexual behavior in the human male, New York 1948. (Dt. Ausg.: Das sexuelle Verhalten des Mannes, Reinbek 1970)
Kirk, R. A., The Conservative Mind. From Burke to Santayana, Chicago 1953.
Kitchen, M., Fascism, London 1976.

Klee, E., »Euthanasie« im NS-Staat. Die »Vernichtung lebensunwerten Lebens«, Frankfurt 1983.

Klee, P., Tagebücher, Köln 1957.

Klein, H. M., Literarische Reaktionen auf den Ersten Weltkrieg, Berlin 1981.

Klemperer, V., Ich will Zeugnis ablegen bis zum letzten. Tagebücher, 2 Bde., Berlin 1995/96; Und so ist alles schwankend. Tagebücher Juni bis Dezember 45, Berlin 1996.

Klepper, J., Unter dem Schatten deiner Flügel. Aus den Tagebüchern der Jahre 1932–1942, Stuttgart 1956.

Klukhuhn, A. (Hg.), Eeuwwende 1900. Geschiedenis en Kunsten, Utrecht, Studium Generale-serie, 1993.

Koch, T., Die goldenen zwanziger Jahre, Frankfurt 1970.

Koestler, A., Sonnenfinsternis, Frankfurt 1983.

Kogon, E., Der SS-Staat. Das System der deutschen Konzentrationslager, Frankfurt 1974.

Kohn, H., Making of the Modern French Mind, Princeton 1955.

Kohn, H., Nationalism: Its Meaning and History, Princeton 1955.

Kohn, H., Propheten ihrer Völker. Mill, Michelet, Mazzini, Treitschke, Dostojewski; Studien zum Nationalismus des 19. Jahrhunderts, Bern 1948.

Koktanek, A. M., Oswald Spengler in seiner Zeit, München 1968.

Kolakowski, L., Der Mensch ohne Alternative. Von der Möglichkeit und der Unmöglichkeit, Marxist zu sein, München 1976.

Kolakowski, L., The Myth of Human Self-Identity, London 1973.

Kolko, G., The Politics of War. Allied Diplomacy and the World Crisis of 1943–1945, London 1969.

König, R., und P. W. Schuppiser, Die Mode, Zürich 1958.

Kortner, F., Aller Tage Abend, Frankfurt 1959.

Koselleck, R., und K. Schreiner (Hg.), Bürgerschaft. Rezeption und Innovation der Begrifflichkeit vom Hohen Mittelalter bis ins 19. Jahrhundert, Stuttgart 1994.

Koselleck, R., Kritik und Krise. Eine Studie zur Pathogenese der bürgerlichen Welt, Frankfurt 1978.

Kracauer, S., Von Caligari bis Hitler. Ein Beitrag zur Geschichte des deutschen Films, Hamburg 1958.

Kranzbühler, O., Rückblick auf Nürnberg, Hamburg 1949.

Kraus, K., Auswahl aus dem Werk, Frankfurt 1957.

Kuhn, Th. S., Die Struktur wissenschaftlicher Revolutionen, Frankfurt 1967.

Kultermann, U., Leben und Kunst. Zur Funktion der Intermedia, Tübingen 1979.

Kultermann, U., The New Painting, London 1969.

Kwant, C., »Beeld en verbeelden«, in. G. Rijntjes (Hg.), Zoeken naar het mensbeeld. Een peiling aan het eind van de 20e eeuw, Utrecht 1995.

Lammers, C. J., »Studenten, politiek en universitaire democratie«, in: J. J. A. van Doorn und A. Peper (Hg.), Universitaire actualiteiten, Rotterdam 1970.

Landes, D. S., Der entfesselte Prometheus. Technologischer Wandel und industrielle Entwicklung in Westeuropa von 1750 bis zur Gegenwart, München 1983.

Langguth, G., Die Protestbewegung in der Bundesrepublik Deutschland 1968–1976, Köln 1976.

Lantink, F. W., Oswald Spengler oder die »zweite Romantik«. Der Untergang des Abendlandes: ein intellektualer Roman zwischen Geschichte, Literatur und Politik, Utrecht 1995.

Laqueur, W. (Hg.), The Human Rights Reader, New York 1979.

Laqueur, W., Die deutsche Jugendbewegung. Eine historische Studie, Köln 1978.

Laqueur, W., Europa aus der Asche, München/Zürich/Wien 1970.

Laqueur, W., Terrorismus. Die globale Herausforderung, Frankfurt 1987.

Laqueur, W., Was niemand wissen wollte. Die Unterdrückung der Nachrichten über Hitlers »Endlösung«, Frankfurt 1982.

Laqueur, W., Weimar. Die Kultur der Republik 1918–1933, Frankfurt/Berlin/Wien 1976.

Lasch, Chr., Das Zeitalter des Narzißmus, München 1980.

Le Bon, G., Psychologie der Massen, Stuttgart 1982.

Leonhardt, W., Sowjetideologie heute, Bd. 2, Frankfurt 1962.

Lester, J. A., Journey through Despair 1880–1914. Transformations in British Literary Culture, New Jersey 1968.

Levine, L. W., Highbrow, Lowbrow. The Emergence of Cultural Hierarchy in America, Cambridge, Mass./London 1988.

Lewin, M., Russian Peasants and Soviet Power: A Study of Collectivization, London 1968.

Lichtheim, G., Europe in the twentieth century, London 1972. (Dt. Ausg.: Europa im zwanzigsten Jahrhundert. Eine Geistesgeschichte der Gegenwart, München 1979.)

Ligt, B. de, Wereldcrisis en Wijsbegeerte, Arnhern 1928.

Lipgens, W., Die Anfänge der europäischen Einigungspolitik 1945–50, Stuttgart 1977.

Lipton, D. R., Ernst Cassirer. The dilemma of a liberal intellectual in Germany 1914–1933, Toronto 1978.

List, F., Kleinere Schriften, Bd.1, Jena 1926.

Lukács, G., Der historische Roman, Berlin 1935/1965.

Luyendijk-Elshout, A. M., »Geneeskunde«, in: Joh. A. H. Jansen (Hg.), Universele Wereldgeschiedenis, Bd. 11, Den Haag 1979.

Lynar, E. W., und F. Fischer, Deutsche Kriegsziele 1914–1918. Eine Diskussion, Frankfurt 1964.

Lyotard, J. F., La condition postmoderne. Rapport sur le savoir, Paris 1979. (Dt. Ausg.: Das postmoderne Wissen: ein Bericht, Graz/Wien 1986)

Lyttelton, A., The seizure of power. Fascism in Italy 1919–1929, London 1973.

MacNeill, W. H., America, Britain and Russia. Their Co-operation and Conflict 1941–1946, London 1953.

Malraux, A., Anti-Memoiren, Frankfurt 1971.

Mandelstam, N., Das Jahrhundert der Wölfe. Eine Autobiographie, Frankfurt 1971.

Mann, Golo, Deutsche Geschichte des neunzehnten und zwanzigsten Jahrhunderts, Frankfurt 1958.

Mann, Golo, Erinnerungen und Gedanken. Eine Jugend in Deutschland, Frankfurt 1986.
Mann, Thomas, Briefe 1, 1889–1936, Frankfurt 1962.
Mann, Thomas, Gesammelte Werke, 13 Bde., Frankfurt 1960–1974.
Mann, Thomas, Tagebücher 1918–1921, Frankfurt 1979.
Mannheim, K., Man and Society in an Age of Reconstruction, New York 1988. (Dt. Ausg.: Mensch und Gesellschaft im Zeitalter des Umbruchs, Darmstadt 1958.)
Manning, D. J., Liberalism in Europe, London 1976.
Marc, F., Briefe aus dem Feld, München 1982.
Marcuse, H., Eros and Civilization. A Philosophical Inquiry into Freud, New York 1955. (Dt. Ausg.: Triebstruktur und Gesellschaft. Ein philosophischer Beitrag zu Sigmund Freud, Frankfurt 1965.)
Marcuse, H., One-Dimensional Man. Studies in the Ideology of Advanced Industrial Society, London 1964. (Dt. Ausg.: Der eindimensionale Mensch. Studien zur Ideologie der fortgeschrittenen Industriegesellschaft, Neuwied/Berlin 1967)
Marko, K., Dogmatismus und Emanzipation in der Sowjetunion, Stuttgart 1971.
Marko, K., Sowjethistoriker zwischen Ideologie und Wissenschaft, Stuttgart 1973.
Marriot, J., Queen Victoria and her Prime Ministers, New York 1934.
Martin, B., und E. Schulin (Hg.), Die Juden als Minderheit in der Geschichte, München 1981.
Martini, E., Deutsche Literaturgeschichte. Von den Anfängen bis zur Gegenwart, Stuttgart 1984.
Matza, D., »Position and Behavior Patterns of Youth«, in: E. Favis (Hg.), Handbook of Modern Sociology, Chicago 1964.
May, A. J., The Habsburg Monarchy, Cambridge, Mass., 1951.
Mayer, A. J., Dynamics of Counterrevolution in Europe 1870–1956, New York 1971.
Mayer, A. J., Politics and Diplomacy of Peacemaking. Containment and Counterrevolution at Versailles 1918–1919, London 1968.
Mazower, M., Europe's Twentieth Century, London 1998.
McLuhan, M., Die magischen Kanäle: Understanding media, Düsseldorf/Wien 1968.
Meer, Q. L. Th. van der und H. A. Bergman (Hg.), Onderwijskundigen van de twintigste eeuw, Groningen 1977.
Meerssche, P. van de, De Europese integratie 1945–1970, Antwerpen 1971.
Mehrma, J., und H. Rechenberg, »Natuurkunde in de 20ste eeuw«, in: Joh. A. H. Jansen (Hg.), Universele Wereldgeschiedenis, Bd. 12, Den Haag 1979.
Meinecke, F., Die deutsche Katastrophe. Betrachtungen und Erinnerungen, Wiesbaden 1947.
Menuhin, Y., Unvollendete Reise, München 1979.
Merton, R. K., Mass Persuasion. The Social Psychology of War Bond Drive, New York 1946.
Messer, A., Die freideutsche Jugendbewegung, Langensalza 1923.
Metcalfe, Ph., Berlin 1933. Das Jahr der Machtergreifung; Lebensläufe zu Beginn des Nationalsozialismus, Stuttgart 1989.

Metz, J. B., »Theologie angesichts der späten Moderne«, in: Merkur 1983, Heft 422.
Meyer, A. J., Why did the Heavens not darken? The »Final Solution« in History, New York 1958.
Michelet, J., Le peuple, Paris 1846.
Mijnhardt, W. W. (Hg.), Kantelend geschiedbeeld. Nederlandse Historiografie sinds 1945, Utrecht 1983.
Mikolajczyk, S., Verkracht volk. In de greep van Soviet Rusland, Bilthoven 1949.
Mildt, D. W. de, In the Name of the People. Perpetrators and Genocide in the Reflection of their Post-War Prosecution in WestGermany. The »Euthanasia« and »Aktion Reinbard« Trial Cases, Den Haag 1996.
Mills, C. W., Die amerikanische Elite. Gesellschaft und Macht in den Vereinigten Staaten, Hamburg 1962.
Moeller van den Bruck, A., Das Dritte Reich, Hamburg 1931.
Mohler, A., Die Konservative Revolution in Deutschland 1918–1932, Stuttgart 1950.
Mommsen, W. J., »Max Weber. Ein politischer Intellektueller im Deutschen Kaiserreich«, in: G. Hübinger und W. J. Mommsen, Intellektuelle im Deutschen Kaiserreich, Frankfurt 1993.
Mommsen, W. J., Das Ringen um den nationalen Staat. Die Gründung und der innere Ausbau des Deutschen Reiches unter Otto von Bismarck, 1850 bis 1890, Berlin 1993.
Mornet, D., Les origines intellectuelles de la Révolution Française, 1715–1787, Paris 1933.
Morus (R. Lewinsohn), Eine Weltgeschichte der Sexualität, Hamburg 1957.
Mosse, G. L., »Die Juden im Zeitalter des modernen Nationalismus«, in: P. Alter (Hg.), Die Konstruktion der Nation gegen die Juden, München 1999.
Mosse, G. L., Die Nationalisierung der Massen: Politische Symbolik und Massenbewegungen in Deutschland von den Napoleonischen Kriegen bis zum Dritten Reich, Frankfurt 1976.
Mosse, G. L., Toward the Final Solution. A History of European Racism, London 1978. (Dt. Ausg.: Rassismus. Krankheitssymptom in der europäischen Geschichte des 19. und 20. Jahrhunderts. Königstein 1978)
Muchow, H. H., Jugend und Zeitgeist. Morphologie der Kulturpubertät, Hamburg 1962.
Mulisch, H., De zaak 40/61. Een reportage, Amsterdam 1963.
Munro, T., Evolution in the Arts and other Theories of Culture History, Ohio 1963.
Neulen, H. W., Eurofaschismus und der Zweite Weltkrieg. Europas verratene Söhne, München 1980.
Nipperdey, Th., Deutsche Geschichte 1866–1918, München 1990.
Nipperdey, Th., Nachdenken über die deutsche Geschichte, München 1986.
Nolte, E., Der Faschismus in seiner Epoche. Die Action Française, der italienische Faschismus, der Nationalsozialismus, München 1963.
Nolte, E., Die faschistischen Bewegungen. Die Krise des liberalen Systems und die Entwicklung der Faschismen, München 1971.
Nolte, E., Die Krise des liberalen Systems und die faschistischen Bewegungen, München 1966.

Nuchelmans, G., »De post-epistemologische filosofie van Richard Rorty«, in: Akademische beschouwingen over het postmodernisme, Amsterdam 1993.
O'Sullivan, N., Conservatism, London 1976.
Olenhusen, L von, Jugendreich, Gottesreich, Deutsches Reich. Junge Generation, Religion und Politik 1828–1933, Köln 1987.
Ortega y Gasset, J., Der Aufstand der Massen, in: Gesammelte Werke Bd. 3, Stuttgart 1978.
Orwell, G., Mein Katalonien, Zürich 1982.
Osta, J. van, De Europese monarchie in de negentiende eeuw, Alphen 1982.
Paap, W., Muziek modern en klassiek, Utrecht/Antwerpen 1961.
Paetel, K. O., Jugendbewegung und Politik, Bad Godesberg 1961.
Parkinson, R., Tormented Warrior. Ludendorff and the Supreme Command, London 1978.
Pascal, P., Mon journal de Russie 1916–1918, Paris 1975.
Passeron, R. (Hg.), Einleitung Lexikon des Surrealismus, Köln 1997.
Paulsen, Fr., Aus meinem Leben. Jugenderinnerungen, Jena 1909.
Payne, S. G., The Spanish Revolution, New York 1970.
Perrot, M. (Hg.), Geschichte des privaten Lebens, Bd. 4, Frankfurt 1992.
Peukert, D. J. K., Die Weimarer Republik. Krisenjahre der Klassischen Moderne, Frankfurt 1987.
Peursen, C. A. van, Filosofen van de 20e eeuw, Amsterdam/Brüssel 1972.
Piatigorsky, G., Mein Cello und ich, München 1975.
Pinthus, K. (Hg.), Menschheitsdämmerung. Ein Dokument des Expressionismus, Hamburg 1959.
Pirker, T., Komintern und Faschismus. Dokumente zur Geschichte und Theorie des Faschismus, Stuttgart 1965.
Pischel, G., Große Weltgeschichte der Skulptur, München 1963.
Pogge, W., Bilder aus dem Wandervogelleben, Köln 1986.
Poliakov, L., Geschichte des Antisemitismus, 8 Bde., Worms 1977–1988.
Popper, K. R., Alles Leben ist Problemlösen, München 1994.
Popper, K. R., The Logic of Scientific Discovery, London 1959. (Erw. dt. Ausg.: Logik der Forschung, Tübingen 1984)
Popper, K. R., The open Society and its Enemies, London 1962. (Dt. Ausg.: Die offene Gesellschaft und ihre Feinde, München/Bern 1980)
Popper, K. R., The Poverty of Historicism, London 1957. (Nachdr. d. dt. Ausg. von 1935/36: Das Elend des Historizismus, Tübingen 1965)
Pot, J. H. J. van der, Die Bewertung des technischen Fortschritts. Eine systematische Übersicht der Theorien, 2 Bde., Assen 1985.
Pötzsch, H., Deutsche Geschichte von 1945 bis zur Gegenwart. Die Entwicklung der beiden deutschen Staaten, München 1998.
Priestley, J., The Edwardians, New York 1971.
Pros, H., Jugend, Eros, Politik. Die Geschichte der deutschen Jugendverbände, Bern 1964.
Quispel, G., Het evangelie van Thomas, Baarn 1971.

Rathenau, W., Gesammelte Schriften, 6 Bde., Berlin 1929.
Rathenau, W., Nachgelassene Schriften, 2 Bde., Berlin 1928.
Rathenau, W., Tagebuch 1907–1922, Düsseldorf 1967.
Read, H., Geschichte der modernen Malerei, München 1959.
Redlich, J., Kaiser Franz-Joseph von Österreich, Berlin 1929.
Reich, W., Der Einbruch der Sexualmoral. Zur Geschichte der sexuellen Ökonomie, Wien 1931.
Reiche, R., Sexualität und Klassenkampf. Zur Abwehr repressiver Entsublimierung, Frankfurt 1969.
Reinharz, J., Fatherland or Promised Land; The Dilemma of the German Jew 1893–1914, Ann Arbor 1975.
Reitlinger, G. R., Die Endlösung. Hitlers Versuch der Ausrottung der Juden Europas 1939–1945, Berlin 1956.
Remarque, E. M., Im Westen nichts Neues, Frankfurt 1929/1982.
Renan, E., La réforme intellectuelle et morale, Œuvres complètes, Bd. 1 und 2, Paris 1947.
Richard, L. (Hg.), Einleitung Lexikon des Expressionismus, Köln 1997.
Riesman, D., Die einsame Masse. Eine Untersuchung der Wandlungen des amerikanischen Charakters, Darmstadt/Berlin/Neuwied 1956.
Righart, H., De eindeloze jaren zestig. Geschiedenis van een generatieconflict, Amsterdam 1995.
Rijntjes, G. (Hg.), Zoeken naar het mensbeeld. Een peiling aan het eind van de 20e eeuw, Utrecht 1995.
Ringer, F. K., Die Gelehrten. Der Niedergang der deutschen Mandarine 1890–1933, München 1987.
Ritter, G., Europa und die deutsche Frage. Betrachtungen über die geschichtliche Eigenart des deutschen Staatsdenkens, München 1948.
Ritzhaupt, A., Die neue Schar in Thüringen, Jena 1921.
Roberts, R., The Classic Slum. Salford Life in the First Quarter of the Century, Manchester 1971.
Rogger, H., und E. Weber, The European Right. A Historical Profile, Berkeley/Los Angeles 1965.
Romein, J., Historische lijnen en patronen, Amsterdam 1971.
Romein, J., In de ban van Prambanan, Amsterdam 1954.
Romein, J., Op het breukvlak van twee eeuwen, Bd. 1, Amsterdam 1967.
Rooy, P. de, »Vetkuifje waarheen? Jongeren in Nederland in de jaren vijftig en zestig«, in: H. W. von der Dunk u. a., Wederopbouw, Welvaart en Onrust. Nederland in de jaren vijftig en zestig, Houten 1986.
Rorty, R., Der Spiegel der Natur. Eine Kritik der Philosophie, Frankfurt 1981.
Rorty, R., Kontingenz, Ironie und Solidarität, Frankfurt 1989.
Rosenblum, R., Der Kubismus und die Kunst des 20. Jahrhunderts, Stuttgart 1960.
Rossem, M. van, E. Jonker und L. Kooijmans, Een tevreden natie. Nederland van 1945 tot nu, Baarn 1993.

Rössler, W., Die Entstehung des modernen Erziehungswesens in Deutschland, Stuttgart 1961.
Rougemont, D. de, Penser avec les mains, Paris 1936.
Rubin, L. B., Intimate strangers. Men and Women together, New York 1990.
Ruggiero, G. de, Geschichte des Liberalismus in Europa, München 1930.
Ruppert, H. J., New Age, Endzeit oder Wendezeit, Wiesbaden 1985.
Ruppert, W., Der moderne Künstler. Zur Sozial- und Kulturgeschichte der kreativen Individualität in der kulturellen Moderne im 19. und frühen 20. Jahrhundert, Frankfurt 1998.
Russell, B., Denker des Abendlandes. Eine Geschichte der Philosophie, München 1981.
Sabin, S., Andy Warhol, Hamburg 1992.
Sackville-West, V., The Edwardians, London 1930.
Safranski, R., Ein Meister aus Deutschland. Heidegger und seine Zeit, München 1994.
Saussure, F. de, Grundfragen der allgemeinen Sprachwissenschaft, Berlin 1986.
Schelsky, H., Die skeptische Generation. Eine Soziologie der deutschen Jugend, Düsseldorf/Köln 1958.
Schelsky, H., Soziologie der Sexualität. Über die Beziehungen zwischen Geschlecht, Moral und Gesellschaft, Hamburg 1955.
Schenk, H. G., Geist der europäischen Romantik. Ein kulturhistorischer Versuch, Frankfurt 1970.
Schieder, Th., Staatensystem als Vormacht der Welt 1848–1918, Frankfurt 1977.
Schifferli, P., Das war Dada. Dichtungen und Dokumente, München 1963.
Schmidt, P., Statist auf diplomatischer Bühne, 1923–1945. Erlebnisse des Chefdolmetschers im Auswärtigen Amt mit den Staatsmännern Europas, Bonn 1949.
Schmutzler, R., Art nouveau – Jugendstil, Stuttgart 1962.
Schneede, U. M. (Hg.), Die zwanziger Jahre. Manifeste und Dokumente der Künstler, Köln 1979.
Schneider, R., Das Unzerstörbare, Freiburg 1945.
Schoenbaum, D., Die braune Revolution. Eine Sozialgeschichte des Dritten Reiches 1933–1939, Köln/Berlin 1968.
Schoenmakers, H., »Innovatie in de theatrale kunsten«, in: D. Fokkema und F. Ruiter (Hg.), Innovatie, Amsterdam 1990.
Schofield, M., Das sexuelle Verhalten junger Leute, Reinbek 1969.
Schorske, C. E., Wien. Geist und Gesellschaft im Fin de siècle, Frankfurt 1982.
Schroevers, M., De twintigste eeuw. Een cultuurgeschiedenis van het westen, 3 Bde., Amsterdam 1995.
Schüddekopf, O.-E., Linke Leute von Rechts, Stuttgart 1960.
Schulin, E., u. a., Deutsche Geschichtswissenschaft nach dem Zweiten Weltkrieg, 1945–1965, München 1989.
Schulin, E., »Doppelnationalität?«, in: P. Alter (Hg.), Die Konstruktion der Nation gegen die Juden, München 1999.
Schulin, E., Die Französische Revolution, München 1989.

Schulin, E., Walther Rathenau. Repräsentant, Kritiker und Opfer seiner Zeit, Göttingen 1979.
Schulze, H., Weimar. Deutschland 1917–1933, Berlin 1960.
Schwabe, K., »Zur politischen Haltung der deutschen Professoren im I. Weltkrieg«, in: Historische Zeitschrift 1961, S. 601 ff.
Scruton, R., »De culturele betekenis van popmuziek«, in: Nexus, 22, 1998.
Segal, J., »Krieg als erlösende Perspektive der Kunst«, in: W. J. Mommsen (Hg.), Kultur und Krieg. Die Rolle der Intellektuellen, Künstler und Schriftsteller im Ersten Weltkrieg, München 1996.
Segal, J., Krieg als Erlösung. Die deutschen Kunstdebatten 1910–1918, München 1997.
Selleck, R. J. W., The New Education 1870–1914, London 1968.
Serge, V., Souvenirs d'un révolutionaire, Paris 1951.
Seton-Watson, H., »Oost-Europa en de Sovjet-Unie«, in: Joh. A. H. Jansen (Hg.), Universele Wereldgeschiedenis, Bd. 10, Den Haag 1979.
Seton-Watson, H., Weltgeschehen seit Hiroshima. Das Kräftespiel der großen Kräfte, Graz/Wien/Köln 1962.
Shirley, D., Politics and progressive education. The Odenwaldschule in Nazi Germany, Cambridge, Mass., 1992.
Shorter, E., »Illegitimacy, Sexual Revolution and Social Change in Modern Europe«, in: Journal of Interdisciplinary History, 2, 1971.
Siegfried, A., Tableau politique de la France de l'Ouest sous la IIIème République, Paris 1964.
Skalmowski, W., »Literary Deconstruction as a ›Newspeak‹« in: B. Stråth (Hg.), The Postmodern Challenge, Amsterdam 1999.
Sloterdijk, P., Kritik der zynischen Vernunft, 2 Bde., Frankfurt 1983.
Smijers, A., u. a., Algemene muziekgeschiedenis, Utrecht 1940.
Smith, A. (Hg.), Television and Political Life. Studies in Six European Countries, London 1979.
Snelders, H., »De natuurwetenschappen in het interbellum«, in: K. Dittrich (Hg.), Berlijn-Amsterdam 1920–1940. Amsterdam 1982.
Snell, J., u. a., The Meaning of Yalta, Baton Rouge 1956.
Snow, C. P., Die zwei Kulturen. Literarische und naturwissenschaftliche Intelligenz, Stuttgart 1967.
Sontheimer, K., Antidemokratisches Denken in der Weimarer Republik, München 1962.
Spengler, O., Der Untergang des Abendlandes, 2 Bde., München 1919.
Spengler, O., Jahre der Entscheidung, München 1961.
Sperna Weiland, J., »Het Christendom in de twintigste eeuw«, in: Joh. H. A. Janssen (Hg.), Universele Wereldgeschiedenis, Bd. 10, Den Haag 1979.
Sperna Weiland, J., De mens in de filosofie van de twintigste eeuw, Amsterdam 1999.
Spierling, V. (Hg.), Lust an der Erkenntnis. Die Philosophie des 20. Jahrhunderts. Ein Lesebuch, München 1986.
Squire, J. C., If It Had Happened Otherwise, London 1931.

Stearns, M. W., Jazz, Utrecht 1961.
Steffens, W., »Drama«, in: L. Richard (Hg.), Lexikon des Expressionismus, Köln 1997.
Steiner, G., Martin Heidegger. Eine Einführung, München 1989.
Steinmetz, S. R., Het feminisme, Leiden 1899.
Stern, F. (Hg.), Geschichte und Geschichtsschreibung. Möglichkeiten, Aufgaben, Methoden; Texte von Voltaire bis zur Gegenwart, München 1966.
Stern, F., Kulturpessimismus als politische Gefahr: eine Analyse nationaler Ideologie in Deutschland, München 1986.
Stern, J., Hitler. Der Führer und das Volk, München 1978.
Sternberger, D., Über Jugendstil, Frankfurt 1977.
Stettinius, E. R., Roosevelt and the Russians. The Yalta Conference, New York 1949.
Stolberg-Wernigerode, O. zu, Die unentschiedene Generation. Deutschlands konservative Führungsschichten am Vorabend des Ersten Weltkrieges, München 1968.
Storey, J. (Hg.), Cultural Theory and Popular Culture, New York 1994.
Störig, H.-J., Weltgeschichte der Philosophie, Stuttgart/München 1985.
Stråth, B., und N. Witoszek (Hg.), The Postmodern Challenge, Amsterdam 1999.
Streit, Chr., Keine Kameraden. Die Wehrmacht und die sowjetischen Kriegsgefangenen 1941–1945, Stuttgart 1978.
Stromberg, R. N., After everything, New York 1975.
Stromberg, R. N., European Intellectual History since 1945, New York 1990.
Talmon, J. L., Die Ursprünge der totalitären Demokratie, Köln/Opladen 1961.
Talmon, J. L., Politischer Messianismus. Die romantische Phase, Köln 1963.
Tannenbaum, E. R., 1900. Die Generation vor dem großen Krieg, Frankfurt/Berlin/Wien 1978.
Taylor, A. J. P., Die Ursprünge des Zweiten Weltkrieges. Die Jahre 1933–1939, München 1980.
Taylor, A. J. P., The Course of German History, London 1946.
Taylor, A. J. P., The Habsburg Monarchy 1809–1918, London 1948.
Taylor, A. J. P., The Struggle for Mastery in Europe 1848–1918, Oxford 1954.
Taylor, A. J. P., The War Lords, London 1977.
Taylor, E., Der Untergang der Dynastien. Habsburg, Hohenzollern, Osmanen, Romanow, München/Wien/Basel 1963.
Taylor, G. T., Kulturgeschichte der Sexualität, Frankfurt 1977.
Telpuchowski, B. S., Die sowjetische Geschichte des großen vaterländischen Krieges, m. e. Kommentar von A. Hillgruber und H. A. Jacobsen, Frankfurt 1961.
Tenfelde, K., und H. U. Wehler (Hg.), Wege zur Geschichte des Bürgertums, Göttingen 1994.
Teurberg, H. J. (Hg.), Durchbruch zum Massenkonsum. Studien zur Geschichte des Alltags, Münster 1987.
Thomas, H., The Spanish Civil War, Harmondsworth, Middlesex 1965. (Dt. Ausg.: Der Spanische Bürgerkrieg, Berlin/Frankfurt/Wien 1962)
Thomson, D., Democracy in France. The Third and Fourth Republics, London 1958.

Thomson, D., England in the Nineteenth Century, 1815–1914, Harmondsworth 1977.
Thomson, D., England in the Twentieth Century, 1914–1963, Harmondsworth 1978.
Tielman, R., Homoseksualiteit in Nederland. Studie van een emancipatiebeweging, Meppel/Amsterdam 1982.
Todd, O., Un fils rebelle, London 1981.
Todd, R., »De nieuwe historische roman en de pluriforme samenleving«, in: De Gids 1990, 5.
Toynbee, A. J., A Study of History, gek. Ausg. in 6 Bdn. Oxford 1958. (Dt. Ausg.: Der Gang der Weltgeschichte. Aufstieg und Verfall der Kulturen. Kulturen im Übergang, Stuttgart/Zürich/Wien 1952, Nachdr. München 1970)
Troeltsch, E., Der Historismus und seine Probleme, Tübingen 1922.
Tropp, A., The School Teachers. The Growth of the Teaching Profession in England and Wales from 1800 to the Present Day, London 1957.
Tschudi-Madsen, S., Jugendstil, München 1967.
Tuchman, B. W., Der stolze Turm. Ein Porträt der Welt vor dem Ersten Weltkrieg 1890–1914, München 1981.
Tuynman, H., Full-time Provo, Amsterdam 1966.
Uexküll, J. von, Umwelt und Innenwelt der Tiere, Berlin 1909.
Ulam, A. B., Expansion and Coexistence. The History of Soviet Foreign Policy 1917–1967, London 1968.
Vansittart, P., Voices from the Great War, London 1983.
Verkuyl, J., De New Age-beweging, Kampen 1989.
Vincent, G. (Hg.), Geschichte des privaten Lebens, Bd. V, Frankfurt 1993.
Visser, A. de, De tweede helft. Beeldende kunst na 1945, Nijmegen 1998.
Vlekke, B. H. M., Tweespalt der Wereldrijken, Haarlem 1953.
Vloemans, A., Bergson, Den Haag 1966.
Vondung, K. (Hg.), Kriegserlebnis. Der Erste Weltkrieg in der literarischen Gestaltung und symbolischen Deutung der Nationen, Göttingen 1980
Vreugdenhil, C., De Führungslehre van Petersen, 2 Bde., Groningen 1992.
Wagner, N., Geist und Geschlecht. Karl Kraus und die Erotik der Wiener Moderne, Frankfurt 1982.
Waite, R., Vanguard of Nazism: The Free Corps Movement in Postwar Germany 1918–1923, New York 1969.
Wallerstein, I., Utopistics or Historical Choices of the Twenty-first Century, New York 1998.
Wallraff, G., Ganz unten, Köln 1985.
Walter, B., Thema und Variationen. Erinnerungen und Gedanken, Frankfurt 1950.
Walter, H. A., Deutsche Exilliteratur 1933–1950, 3 Bde., Darmstadt 1972.
Watkins, G., Pyramids of the Louvre. Music, Culture and Collage from Strawinsky to the Postmodernist, Cambridge, Mass., 1994.
Weber, E., Action Française. Royalism and Reaction in Twentieth-Century France, Stanford 1962.
Weber, E., The Nationalist Revival in France, 1905–1914, Berkeley 1959.

Weber, M., Max Weber. Ein Lebensbild, Tübingen 1926.
Weber, Max, Die protestantische Ethik und der Geist des Kapitalismus, Archiv für Sozialwissenschaft und Sozialpolitik. Bd. 21, S. 74ff.
Weber, Max, Gesammelt Aufsätze zur Soziologie und Sozialpolitik, Stuttgart 1924.
Weber, Max, Gesammelte Aufsätze zur Sozial- und Wirtschaftgeschichte, Stuttgart 1924.
Weber, Max, Gesammelte Aufsätze zur Wissenschaftslehre, Stuttgart 1951.
Weber, Max, Gesammelte Politische Schriften, Stuttgart 1921.
Wee, H. van der (Hg.), The Great Depression Revisited, Den Haag 1972.
Wee, H. van der, De gebroken welvaartscirkel. De wereldeconomie 1945–1980, Leiden 1983.
Wehler, H. U., Deutsche Gesellschaftsgeschichte, Bd. 3: Von der »Deutschen Doppelrevolution bis zum Beginn des Ersten Weltkrieges 1849–1914, München 1995.
Wehler, H. U., Geschichte als Historische Sozialwissenschaft, Frankfurt 1973.
Wehr, G., Carl Gustav Jung. Leben, Werk, Wirkung, Zürich 1988.
Weinberg, G. L., The Foreign Policy of Hitler's Germany. Bd. 1, Diplomatic Revolution in Europe 1933–1936, Chicago 1970.
Weinberg, I., The English Public Schools: The Sociology of Elite Education, New York 1967.
Weininger, O., Geschlecht und Charakter, Wien 1903.
Weiss, J., Conservatism in Europe 1770–1945. Traditionalism, Reaction and Counter Revolution, London 1977.
Wendorff, R., Zeit und Kultur. Geschichte des Zeitbewußtseins in Europa, Opladen 1980.
Wentinck, Ch., De moderne beeldhouwkunst in Europa, Zeist 1958.
Werner, B. E., Die zwanziger Jahre. Von morgens bis mitternachts, München 1962.
Werth, N., »Un état contre son peuple«, in: S. Courtois, Le livre noir du communisme, Paris 1997. (Dt. Ausg.: Das Schwarzbuch des Kommunismus. Unterdrückung, Verbrechen und Terror, München 1992)
Wertheim, W. F., De lange mars der emancipatie, Amsterdam 1977.
Wesseling, H. L., Soldaat en Krijger. Franse opvattingen over leger en oorlog 1905–1914, Assen 1969.
Wesseling, L., »De politiek van het postmodernisme: utopie en geschiedenis«, in: Forum der Letteren, 1991, 32.
Wetter, G. A., Sowjetideologie heute, Bd. 1, Frankfurt 1962.
White, H. V., Metahistory. The Historical Imagination in Nineteenth-Century Europe, Baltimore 1973.
Wilhoite, F. H, Beyond Nihilism, Baton Rouge 1968.
Wilkinson, R., The Prefects: British Leadership and the Public School Tradition. A Comparative Study in the Making of Rulers, London 1964.
Williams, R., Drama from Ibsen to Brecht, London 1968.
Williams, R., The Country and the City, London 1973.
Wilmot, C., Der Kampf um Europa. Von Dünkirchen bis Berlin, Frankfurt 1960.
Wilpert, G. von (Hg.), Lexikon der Weltliteratur, 4 Bde., München 1997.

Wilson, B. R., The Youth Culture and the Universities, London 1970.
Witkop, Ph. (Hg.), Kriegsbriefe gefallener Studenten, München 1928.
Wittgenstein, L., »Vermischte Bemerkungen«, in: G. H. von Wright (Hg.), Engels: Culture and Value, Oxford 1979.
Wittgenstein, L., Philosophische Grammatik, Frankfurt 1973.
Wohl, R., The Generation of 1914, Cambridge, Mass., 1979.
Wolff, L.-W., Puppchen, du bist mein Augenstern. Deutsche Schlager aus vier Jahrhunderten, München 1983.
Wolfswinkel, R., De Engelse War-Poets, unveröffentlichtes Typoskript.
Wootton, G., The Politics of Influence: British Ex-Servicemen, Cabinet Decisions and Cultural Change 1917–1957, London 1963.
Worbs, H. Chr., Der Schlager, Bremen 1963.
Woude, A. van der, Hoezo geschiedenis?, Wageningen 2000.
Ziekursch, J., Politische Geschichte des neuen deutschen Kaiserreiches, Frankfurt 1925.
Zuckmayer, C., Als wär's ein Stück von mir, Frankfurt 1969.
Zwaan, T., u. a., Het Europees labyrint. Nationalisme en natievorming in Europa, Amsterdam 1991.
Zweig, S., Die Welt von Gestern. Erinnerungen eines Europäers, Frankfurt 1970.

Bildnachweis

Bildteil Band I: Bildarchiv Monheim: Seite 19; KEYSTONE: Seite 25 oben rechts, 32 oben links; ullstein bild: Seite 13 unten.
Bildteil Band II: Bildarchiv Monheim: Seite 31; The Bridgeman Art Library: Seite 8; KEYSTONE: Seite 7 unten, 15 oben; ullstein bild: Seite 26 oben rechts und unten links.
Alle anderen Abbildungen: Interfoto Pressebildagentur, München
© VG Bild-Kunst, Bonn 2004: Constantin Brancusi, Otto Dix, John Jasper, Wassily Kandinsky, Käthe Kollwitz, Roy Lichtenstein, René Magritte
© Salvador Dalí, Foundation Gala-Salvador Dalí / VG Bild-Kunst, Bonn 2004: Salvador Dalí
© The Heartfield Community of Heirs / VG Bild-Kunst, Bonn 2004: John Heartfield
© Successió Miró / VG Bild-Kunst, 2004: Joan Miró
© Succession Picasso / VG Bild-Kunst, Bonn 2004: Pablo Picasso
© Estate of Jacques Lipchitz, Courtesy Marlborough Gallery, New York: Jacques Lipchitz
© 2004 Mondrian / Holtzman Trust c/o hcr@hcrinternational.com: Piet Mondrian
© The Henry Moore Foundation: Henry Moore
© 2004 Andy Warhol Foundation / ARS, NY / TM Licensed by Campbell's Soup Co. All rights reserved: Andy Warhol

Personenregister

Achmatowa, Anna II: 116 f., 408
Ackroyd, Peter II: 602 f., 605
Acton, William I: 44
Adam, Paul I: 230
Adamov, Paul II: 370 ff.
Adenauer, Konrad II: 276, 278, 452
Ader, Clément I: 194
Adler, Alfred I: 487
Adler, Victor I: 124
Adorno, Theodor W. I: 550 f.; II: 345 f., 538, 548 ff., 557, 560 f., 570
Aichinger, Ilse II: 323
Alain-Fournier (Henri Alban Fournier) I: 307
Albers, Hans I: 460, 462
Albert, Charles I: 432
Albert, Hans II: 560
Aldington, Richard I: 282, 309
Aldrin, Edwin E. II: 435
Alembert, Jean-Baptiste Le Rond d' I: 16
Alexander, Samuel I: 518
Allen, J. W. I: 268
Alloway, Lawrence II: 485
Andersen, Lale II: 224
Andrea, John de II: 489
Andres, Stefan II: 226, 374
Andropow, Juri V. II: 521
Andrezejewski, Jerzy II: 418
Angell, Norman I: 247
Ankersmit, Frank II: 589
Annunzio, Gabriele d' I: 187; II: 14, 35
Anouilh, Jean II: 370
Ansor, Guillaume I: 375
Apitz, Bruno II: 426
Apollinaire, Guillaume I: 307, 342
Appel, Karel II: 389
Aragon, Louis I: 399, 402, 410; II: 163, 229 f.
Archipenko, Alexander I: 231, 342, 565; II: 119, 393 f.
Arendt, Hannah II: 215, 305
Aristophanes II: 378
Aristoteles I: 584; II: 600, 605
Armstrong, Neil II: 435
Arndt, Ernst Moritz I: 61
Arnold, Eberhard I: 370
Aron, Raymond II: 342
Aron, Robert II: 306
Arp, Hans (Jean) I: 397, 399, 405, II: 394
Assaglioli, Roberto II: 619
Attlee, Clement Richard II: 243
Auden, Wystan Hugh I: 561, 563, 573; II: 163 f.
Auer, Leopold II: 120
Augstein, Rudolf II: 309
Augustinus I: 205, 330
Augustus, Kaiser I: 13
Aulard, Alphonse I: 184, 340
Austin, John Langshaw II: 343
Avenarius, Richard I: 526, 546
Ayer, Alfred Jules II: 343, 570, 577

Babel, Isaak II: 117, 414
Babeuf, François-Noël I: 25
Bach, Johann Sebastian I: 418 f., 491; II: 396
Bachmann, Ingeborg II: 323
Bachofen, Johann Jakob I: 472 f., 486
Bachtin, Michail II: 578
Backhaus, Wilhelm I: 419
Baden-Powell, Robert I: 174 f., 183
Baker, Joséphine I: 461, 492
Baker-Eddy, Mary I: 504 f.
Ball, Hugo I: 283 f., 397; II: 482
Balz, Bruno I: 460
Balzac, Honoré de I: 585
Barbusse, Henri I: 283, 309, 341; II: 226
Bardot, Brigitte II: 329
Barlach, Ernst Heinrich I: 402; II: 82, 393
Barnard, Christiaan Neethling II: 438
Barnes, Julian II: 602 f., 605
Barrès, Maurice I: 185, 250, 283, 566
Barth, Karl I: 496–499, 520; II: 295 f.
Barthes, Roland II: 358, 370, 586, 590, 592 f.
Bartók, Béla I: 418; II: 421
Bassermann, Albert II: 80
Bataille, Henry I: 283
Baudelaire, Charles I: 404; II: 288
Baudrillard, Jean II: 588, 593
Bauer, Otto I: 124
Beard, George I: 206
Beatles, The II: 330 f., 494, 496, 529
Beaumarchais, Pierre-Augustin C. de I: 42
Beauvoir, Simone de II: 368 f., 480, 527

Bebel, August I: 126, 128, 151
Becher, Johannes R. I: 404
Beckett, Samuel II: 370 ff., 605
Beckmann, Max I: 408; II: 82, 386
Becquerel, Henri I: 58
Beethoven, Ludwig van I: 51, 393, 466, 585
Bell, Daniel II: 354
Belmondo, Jean-Paul II: 329
Belyj, Andrej I: 342; II: 116
Benatzky, Ralph I: 460 f.
Benda, Julien II: 273
Benedict, Ruth Fulton II: 357
Beneš, Edvard II: 259
Benigni, Umberto I: 138
Benjamin, René I: 286
Benjamin, Walter I: 308
Benn, Gottfried I: 404, 573; II: 90, 94, 373
Berdjajew, Nicolai A. II: 114
Berg, Alban I: 233, 417
Berg, Jan Hendrik van den II: 575
Bergengruen, Werner I: 580; II: 90, 374
Bergman, Ingmar II: 327, 329
Bergson, Henri Louis I: 162, 185, 216–220, 229, 240, 269, 468, 516; II: 33
Berija, Lawrentij P. II: 410
Berlage, Hendrik Petrus I: 82, 230
Bernanos, Georges I: 567; II: 165
Bernard, Jean-Marc I: 307
Berneri, Camillo II: 161
Bernhardi, Friedrich von I: 247 f., 268
Bernstein, Eduard I: 124, 540
Berr, Henri I: 593
Bertram, Ernst I: 559
Besant, Annie I: 507
Beumelburg, Werner I: 285
Beuys, Joseph II: 492 f.
Biermann, Wolf II: 427
Bill, Max II: 395
Binding, Rolf I: 310; II: 90
Bismarck, Otto von I: 268, 273, 320; II: 58, 60, 76, 190, 296 f., 624
Bizet, Georges I: 458; II: 321
Blanc, Louis I: 26 f.
Blanqui, Louis-Auguste I: 27
Blaschko, Alfred I: 432
Blavatsky, Helena I: 507
Blei, Franz I: 492
Bleuler, Eugen I: 387
Bloch, Ernst I: 549; II: 80, 152 f., 422, 427, 550
Bloch, Iwan I: 432
Bloch, Johann von I: 252
Bloch, Marc I: 593; II: 626
Blok, Alexander I: 342; II: 116
Blüher, Hans I: 181
Blum, Léon I: 151
Blunden, Edmund I: 281 f.; II: 163
Blunt, Anthony Frederick II: 165
Bobrowski, Johannes II: 427
Boccioni, Umberto I: 230 f., 236; II: 393
Boeke, Kees I: 171, 361
Bogdanow, Alexander I: 405
Bohr, Niels I: 383, 385; II: 431, 574
Böll, Heinrich II: 323, 375 f.
Bollnow, Otto Friedrich I: 323
Bölsche, Wilhelm I: 122
Boltzmann, Ludwig I: 530
Bolyai, Janós I: 528
Bon, Gustave le I: 67, 467, 475, 477, 480, 482
Bonald, Louis G. A. de I: 23
Bonhoeffer, Dietrich II: 235
Borchert, Wolfgang II: 375
Born, Max I: 385; II: 80, 96, 431, 574
Borowski, Tadeusz II: 418
Bosch, Carl II: 96
Bosch, Hieronymus I: 226, 412
Boulanger, Georges-E.-J.-M. I: 340
Boulez, Pierre II: 396–399
Bouman, Pieter Jan II: 304
Bourget, Paul I: 567
Boutens, Pieter Cornelis I: 561
Boutroux, Émile I: 268, 525
Bouwmeester, Louis I: 453
Braddon, Mary Elizabeth I: 196, 199
Brahms, Johannes I: 199
Brailsford, Henry Noel I: 346
Brancusi, Constantin II: 393
Brando, Marlon II: 329
Brandt, Willy II: 164, 508, 510
Braque, Georges I: 227; II: 386
Braudel, Fernand II: 626
Braun, Wernher M. M. von II: 433
Brecht, Bertolt I: 335, 341, 403, 407, 417, 578; II: 80, 370, 373, 382, 422, 426, 497, 628
Bredero, Gerbrant I: 585
Breschnew, Leonid I. II: 414, 520
Breton, André I: 399 f., 402, 409 f., 412; II: 230 f.
Breza, Tadeusz II: 418
Briand, Aristide II: 36, 274
Britten, Benjamin II: 399

Broch, Hermann I: 411, 578 f., 582; II: 33
Brock, Bazon II: 484
Broglie, Louis-Victor de I: 382
Bronnen, Arnolt I: 159, 406
Brook, Peter II: 497
Brooke, Rupert I: 281, 307
Bruckner, Anton I: 199
Brus, Günter II: 490 f.
Buber, Martin I: 499
Bucharin, Nikolai I. II: 103
Büchner, Ludwig I: 68
Buckle, Henry Thomas I: 515; II: 570
Buikhuisen, Wouter II: 455
Bulgakow, Michael A. II: 414
Bultmann, Rudolf I: 498 f.; II: 295, 366
Buñuel, Luis I: 414, 446
Buonarotti, Filippo Michele I: 25
Burckhardt, Carl Jacob II: 273
Burckhardt, Jacob I: 67
Burgess, Guy II: 165, 303
Burke, Edmund I: 23
Busch, Adolf I: 419; II: 80
Busch, Fritz I: 419; II: 80
Butenandt, Adolf F. J. II: 431
Butor, Michel II: 369

Cäsar, Julius I: 13; II: 16, 186
Cage, John II: 397 f.
Cáhen, Fritz I: 329
Calderón de la Barca, Pedro II: 372
Calvin, Johannes I: 497
Campert, Jan II: 234
Camus, Albert I: 524, 534; II: 231–234, 285 f., 342, 368, 371, 378 f.
Canetti, Elias II: 597
Capone, Al II: 307
Carnap, Rudolf I: 526 f., 531 ff.; II: 94, 551
Carossa, Hans II: 90, 374
Carpenter, E. I: 432
Carter, Jimmy II: 519
Casals, Pablo I: 419
Cassirer, Ernst I: 517
Castro, Fidel II: 413, 471
Céline, Louis-Ferdinand (Destouches) I: 309, 574 f., 578; II: 147, 361, 366
Cézanne, Paul I: 224, 227, 230, 235, 241, 395; II: 380, 392
Chagall, Marc I: 228, 230, 416; II: 119, 322, 383, 386, 388
Chamberlain, Houston Stewart I: 179; II: 65, 76
Chamberlain, Neville II: 169 ff., 175, 184
Chambers, Whittaker II: 303
Chaplin, Charlie I: 203, 454
Charcot, Jean Martin I: 387
Chateaubriand, François-René de I: 23
Chesterton, Gilbert Keith I: 268
Chirico, Giorgio de I: 401, 412; II: 383
Chomsky, Noam II: 358 f., 571
Chruschtschow, Nikita II: 324, 410–414, 416, 421, 449, 521 f.
Churchill, Winston II: 151, 181, 184 f., 188 f., 194, 199, 243, 245 f., 250, 267, 275, 600
Cicero I: 9
Clair, René I: 448
Claudel, Paul I: 567, 576, 578; II: 165
Clemenceau, Georges I: 289 f., 318, 320, 338; II: 169
Cocteau, Jean I: 565
Codreanu, Corneliu Zelea II: 151
Cohen, Hermann I: 517
Cohn-Bendit, Daniel II: 474
Comte, Auguste I: 29, 212, 513, 590; II: 566, 569 f.
Condorcet, Marie-Jean-A.-N. de I: 16, 25
Conrad, Joseph I: 219
Constant (Constant A. Nieuwenhuys) II: 389
Corradini, Enrico I: 187
Correns, Carl Erich I: 389
Corti, Egon Cäsar Graf I: 585
Cortot, Alfred I: 419
Costa, Isaac da I: 74
Coubertin, Pierre de II: 542 f.
Coudenhove-Kalergi, Richard Nikolaus Graf II: 274
Courant, Richard II: 96
Courths-Mahler, Hedwig I: 196, 199
Crevel, René I: 410
Croce, Benedetto I: 187; II: 21
Cummings, Edward Estlin I: 309
Cunard, Nancy I: 492
Curie, Marie I: 58, 383
Curie, Pierre I: 58
Cyon, Elias I: 209

Dahrendorf, Ralf Gustav II: 355
Dalí, Salvador I: 401 f., 413 ff., 446; II: 230, 322, 383, 387, 482
Dandieu, Arnaud II: 306
Daniel, Juli M. II: 415
Danilewski, Nikolai J. I: 68, 350

Dante Alighieri I: 558
Danto, Arthur II: 592
Danton, Georges Jacques I: 340
Darwin, Charles I: 37 ff., 58, 68, 163, 210, 389, 482, 486, 552; II: 63
Davids, Louis I: 202
Dean, James II: 329
Debussy, Claude I: 199, 232, 459, 490
Decroly, Ovide I: 170
Degas, Edgar I: 49; II: 380
Degrelle, Léon J. M. I. II: 150, 200
Dehmel, Richard I: 283
Delaunay, Robert I: 227
Delluc, Louis I: 283
Delors, Jacques II: 518
Delvaux, Paul I: 401; II: 383
Denikin, Anton I. I: 338
Derain, André I: 227; II: 386, 388
Derrida, Jacques II: 586 f., 589 f., 592
Descartes, René I: 18, 73, 515, 517
Destutt de Tracy, Antoine-L. C. I: 539
Dewey, John I: 164 ff.
Deyssel, Lodewijk van I: 237
Diaghilew, Sergei I: 489, 565 f.
Dickens, Charles I: 53, 565; II: 360
Diderot, Denis I: 25
Dietrich, Marlene I: 453, 460 f.; II: 80, 224, 235, 329
Dilthey, Wilhelm I: 55, 212 f., 514, 517
Disney, Walt II: 334
Disraeli, Benjamin I: 320, 585
Dix, Otto I: 436; II: 82
Döblin, Alfred I: 578; II: 80, 373
Doesburg, Theo van I: 399, 405, 409
Dongen, Kees van I: 227 f.
Dönitz, Karl II: 250
Dorgelès, Roland I: 309
Doriot, Jacques II: 150
Dos Passos, John I: 309
Dostojewski, Fjodor I: 53, 68, 350, 489, 520; II: 28, 30, 114, 360
Dotremont, Christian II: 389
Drieu la Rochelle, Pierre II: 147
Dserschinski, Felix I: 356
Dubček, Alexander II: 421 f., 468
Dubuffet, Jean II: 390
Duchamp, Marcel I: 397, 412; II: 322, 383 f., 387, 393, 482, 484
Dudinzew, Wladimir D. II: 414
Dufy, Raoul I: 227
Duncan, Isidora I: 345
Durkheim, Émile I: 184, 211; II: 348, 351
Dürrenmatt, Friedrich II: 323, 377
Dutschke, Rudi II: 472, 474, 478

Eastman, Max I: 339
Eberstadt, Rudolf I: 82
Ebert, Friedrich I: 300
Eckhart, Meister I: 362
Eckmann, Otto I: 231
Eco, Umberto II: 604
Eddington, Arthur I: 384
Edison, Thomas I: 59, 202
Edward VII., König I: 91
Eeden, Frederik van I: 238, 360
Ehrenburg, Ilja I: 342, 352; II: 118, 198
Ehrenfest, Paul I: 385
Ehrlich, Paul I: 437
Eichmann, Adolf II: 473, 598
Einstein, Albert I: 208 ff., 240, 360, 383 ff., 390; II: 80, 95 f., 429, 431, 574
Eisenhower, Dwight David II: 243, 452
Eisenstein, Sergei M. II: 483
Eisler, Hanns I: 417; II: 83
Eisner, Kurt I: 326
El Greco I: 226, 412
Elgar, Edward I: 232
Elias, Norbert II: 94
Eliot, Thomas Stearns I: 404, 411; II: 163, 360, 366
Elisabeth, Kaiserin von Österreich I: 585
Éluard, Paul II: 163, 229 f.
Enescu, George I: 419
Engels, Friedrich I: 27, 145, 150 f., 343, 354, 541–545; II: 27, 110, 127
Ensor, James I: 228
Erasmus, Desiderius I: 330
Erhard, Ludwig II: 271
Ernst, Max I: 399, 401 f., 412 f., 415; II: 230, 383, 390, 482
Erró (Gudmundur Gudmundson) I: 416
Escher, Maurits Cornelis II: 389
Eschstruth, Nataly von I: 197
Eucken, Rudolf Christoph I: 270, 273
Eulenburg, Philipp zu I: 440

Fadejew, Alexander 118, 227, 415
Falkenhayn, Erich von I: 277, 289
Faraday, Michael I: 58
Febvre, Lucien I: 593; II: 626

Fechner, Gustav I: 216
Fellini, Federico II: 326
Ferguson, Marilyn II: 619
Ferron, Louis II: 602, 604 f.
Feuchtwanger, Lion I: 341, 580
Feuerbach, Ludwig I: 539
Feuermann, Emanuel II: 80
Feyerabend, Paul II: 587
Fichte, Johann Gottlieb I: 21, 166 f., 273, 375
Fiedler, Leslie II: 581
Fischer, Edwin I: 419
Fischer, Karl I: 176, 182
Fitzgerald, George Francis I: 208, 383
Flaubert, Gustave I: 53, 199, 221
Fleming, Alexander II: 438
Flesch, Carl I: 419
Flex, Walter I: 284, 310
Foch, Ferdinand I: 289, 302
Foerster, Friedrich Wilhelm I: 166
Fontana, Lucio II: 482
Fontane, Theodor I: 53, 105, 199, 221
Ford, Henry I: 423
Ford, Madox I: 268
Forel, Auguste I: 433; II: 64
Foucault, Michel II: 500, 583 ff., 587, 592
Fouché, Joseph I: 585
Foudraine, Jan II: 497
Fourier, Charles I: 26 f.
France, Anatole I: 184, 340 f., 344 f., 348, 567
Franck, James I: 385; II: 96
Franco, Francisco I: 563, 568; II: 157–161, 163, 165, 192, 509
Frank, Anne II: 239
Frank, Bruno I: 580
Frank, Leonhard I: 284 f., 360; II: 80
Franklin, Benjamin I: 205
Franz Joseph, Kaiser I: 77, 459, 585
Frege, Gottlob I: 527
Freud, Sigmund I: 73, 159 f., 387 f., 410, 433 f., 480–487, 515, 518, 537, 552; II: 93 f., 122, 128 ff., 167, 297, 318, 320, 349, 405, 461, 553 f., 556 f., 578, 585 f., 619
Freytag, Alexandre I: 503
Frick, Wilhelm II: 73
Fried, Ferdinand II: 32
Friedrich der Große, König von Preußen II: 58, 60
Frisch, Max II: 323, 361, 378 f.
Fritsch, Willy I: 460 f.
Fromm, Erich I: 488; II: 556 f., 577
Fry, Christopher II: 366 f.
Fuchs, Klaus E. J. II: 303
Fukuyama, Francis II: 636–640
Furtwängler, Wilhelm I: 419
Fustel de Coulanger, Numa Denis I: 583

Gable, Clark II: 329
Gabo, Naum II: 395
Gagarin, Juri II: 435
Galbraith, John Kenneth II: 319
Galen, Clemens August Graf von II: 210
Galton, Francis II: 64 f.
Garbo, Greta I: 453, 460; II: 224, 329
Gauguin, Paul I: 227, 235, 489
Gaulle, Charles de I: 568; II: 191, 302, 432, 452, 474 f., 536
Geertz, Clifford II: 590
Geheeb, Paul I: 166 ff., 173, 374 f.
Gehlen, Arnold I: 537 f.; II: 351
Gentz, Friedrich von I: 23
Georg V., König I: 91
George, Stefan I: 234, 271, 557–561, 563, 567, 576
Géraldy, Paul I: 560
Gerlach, Arthur von I: 414, 446
Gerö, Ernö II: 420
Gestel, Leo I: 228
Geyl, Pieter C. A. II: 283
Gheorghiu, Constantin Virgil II: 285, 304, 569
Giacometti, Alberto II: 387, 395
Gide, André I: 340, 411, 487, 567 f., 576 ff.; II: 284, 362, 462, 605
Gieseking, Walter I: 419
Gilbert, Robert I: 460 f.
Gildo, Rex II: 539
Ginsberg, Allen II: 445
Ginzburg, Carlo II: 631
Giolotti, Giovanni I: 186, 188
Giono, Jean I: 309
Giotto II: 322, 380
Giraudoux, Jean II: 370
Givardi, Alexander I: 202
Gladstone, William Ewart I: 320
Glenn, John Herschel II: 435
Gneisenau, August W. A. Graf Neidhardt von II: 58
Gobineau, Joseph Arthur de I: 39, 465; II: 65
Godard, Jean-Luc II: 327
Godwin, William I: 26

Goebbels, Joseph I: 274; II: 59 ff., 73, 84, 155, 195, 208, 222 f., 225, 241, 245, 254, 305, 374
Goethe, Johann Wolfgang von I: 155, 268, 331, 375, 508, 585; II: 58, 297, 342, 429, 596
Gogh, Vincent van I: 227, 395; II: 334, 380, 387 f.
Gogol, Nikolai I: 489
Goldberg, Szymon II: 80
Goldmann, Lucien II: 358
Goll, Iwan und Claire I: 397
Gollancz, Victor II: 163
Gombrowicz, Witold II: 585
Gomulka, Wladyslaw II: 418 f.
González, Julio II: 394
Gorbatschow, Michail II: 520–525, 636
Göring, Hermann II: 73, 198, 256
Gorki, Maxim I: 238, 344; II: 116
Gorter, Herman I: 238
Goya, Francisco de I: 226, 412
Grabowsky, Adolf I: 348
Gramsci, Antonio II: 471
Grass, Günter II: 376, 602 ff.
Graves, Robert I: 281 f., 309; II: 226
Greenberg, Clement II: 382
Greene, Graham II: 366
Griesinger, Wilhelm I: 387
Grooms, Red II: 484
Gropius, Walter I: 231, 401, 408; II: 80
Grosz, George I: 346, 399, 401, 405, 436; II: 82
Grünewald, Matthias I: 412, 226
Grynszpan, Herschel II: 208
Guardini, Romano II: 288, 294, 296
Guevara, Che II: 471
Guilbert, Yvette I: 202
Gundolf, Friedrich I: 559
Guyau, Jean-Marie I: 212, 216

Haan, Jacob Israël de II: 462
Haasse, Hella II: 603
Haber, Fritz I: 293; II: 54, 80, 96
Habermas, Jürgen II: 558 f., 576, 582 f., 588
Haeckel, Ernst I: 68, 122; II: 65
Haecker, Theodor I: 520
Hahn, Kurt I: 376
Hahn, Otto I: 385; II: 96, 431
Haifetz, Jascha II: 120
Haig, Douglas I: 276 f., 289
Haley, Bill II: 330 f.
Haller, Carl Ludwig von I: 23
Hamsun, Knut I: 411, 577
Handke, Peter II: 605
Harden, Maximilian I: 440
Hargrave, John I: 373 f.
Harris, Thomas A. II: 546
Hartmann, Nicolai I: 518
Harvey, Lilian I: 460 f.
Hasenclever, Walter I: 159
Hata, Sahachiro I: 437
Hauptmann, Gerhart I: 238, 270, 406; II: 80, 373
Haushofer, Albrecht II: 234
Hausmann, Manfred II: 374
Havemann, Robert II: 427
Haycraft, John II: 64
Haydn, Joseph I: 87
Heartfield, John I: 399, 401, 405
Heckel, Erich I: 228
Heemskerck, Jacoba van I: 230
Heesters, Johannes II: 225
Hegel, Georg Wilhelm Friedrich I: 21 f., 27, 215, 513, 537, 542, 547, 550; II: 346, 379, 578, 583, 620, 637
Heidegger, Martin I: 476, 498, 519–524, 527, 529, 532 ff., 549; II: 94, 232, 341 f., 344, 346, 382, 575, 577 f., 585, 587
Heijermans, Herman I: 201, 238, 406
Heine, Heinrich I: 61; II: 53
Heisenberg, Werner I: 385; II: 431
Heller, Agnes II: 565
Hemingway, Ernest II: 163 f., 228, 364
Hempel, Carl Gustav II: 345, 573
Heraklit I: 24
Herbert, Alan Patrick I: 309
Herder, Johann Gottfried I: 22, 530
Hermans, Willem Frederik II: 235, 378 f.
Hertz, Gustav I: 386
Hertz, Heinrich I: 58, 531
Hervé, Gustave I: 266
Herzberg, Abel II: 235, 598
Herzfelde, Wieland I: 399, 405
Hess, Myra I: 419
Hess, Rudolf II: 73
Hesse, Hermann I: 267, 411, 569, 576 f.; II: 33, 362
Heydrich, Reinhard II: 73, 205, 210
Heym, Georg I: 250
Heymann, Werner Richard I: 460 ff.
Hilferding, Rudolf I: 124
Hillesum, Etty II: 237, 239

Himmler, Heinrich II: 73 f., 195, 200 f., 205 f., 211, 237, 254
Hindemith, Paul I: 418, 490 ff.; II: 80, 83, 85
Hindenburg, Paul von I: 289, 297, 302; II: 37 f.
Hirschfeld, Magnus I: 438
Hiss, Alger II: 303
Hite, Shere II: 528
Hitler, Adolf II: 35, 37–44, 55 ff., 59–63, 65–71, 73, 78, 80 ff., 84, 86, 90 ff., 94, 96–99, 103 f., 111 f., 118 f., 129, 134, 137 f., 141, 144 ff., 148, 151–159, 162, 164 f., 167 f., 170–177, 180–198, 201, 203, 206, 208 ff., 212, 217–220, 241 f., 244, 246, 248 ff., 253–258, 260, 287, 296, 298, 305, 333, 374, 404, 418, 429, 449, 509, 623 ff.
Hlasko, Marek II: 419
Hobbes, Thomas II: 129, 284
Hobson, John Atkinson I: 545
Hochhuth, Rolf II: 376
Hoffmann, Christoph I: 504
Hoffmann, E. T. A. I: 414
Hoffmann, Hermann I: 176
Hoffmann, Josef I: 231
Hofmannsthal, Hugo von I: 559, 566; II: 33 f., 273
Holbach, Paul H. T. d' I: 25
Hölderlin, Friedrich I: 404, 522, 560
Holitscher, Arthur I: 346
Hollaender, Friedrich I: 461
Honecker, Erich II: 523
Honegger, Arthur I: 490
Horaz I: 261
Horkheimer, Max I: 550 f.; II: 548–551
Horowitz, Vladimir I: 419; II: 120
Huberman, Bronislaw I: 419
Huch, Ricarda II: 374
Huchel, Peter II: 472
Hugenholtz, J. B. Th. I: 361
Hugo, Victor I: 53; II: 360
Huizinga, Johan I: 330, 332, 476–479, 586; II: 147, 273, 306, 351
Hülsenbeck, Richard I: 397, 399
Humboldt, Wilhelm von I: 165 f., 375, 530
Hume, David I: 25, 208, 516
Humphrey, Hubert Horatio II: 472
Hundertwasser, Friedensreich II: 483 f.
Huntington, Samuel II: 640
Husserl, Edmund I: 73, 518 f., 521 f., 534 f.; II: 342, 345
Huxley, Aldous I: 330, 564; II: 284, 569

Ibsen, Henrik I: 53, 221, 238; II: 327, 372
Inayat Khan, Hazrat I: 506
Inge, William Ralph I: 308
Ionesco, Eugène II: 370 ff., 395, 605
Isherwood, Christopher I: 561, 563; II: 163

Jacobs, Aletta I: 148
Jacobs, Eduard I: 201
Jahn, Friedrich Ludwig I: 190
James, William I: 164, 208
Jameson, Frederik II: 581
Janáček, Leos I: 459
Janet, Pierre I: 216
Jannings, Emil I: 461
Jaruzelski, Wojciech Witold II: 511
Jaques-Dalcroze, Émile I: 489
Jaspers, Karl I: 388, 476 ff., 519–522; II: 95, 147, 232, 288, 295 f., 346, 351
Jaurès, Jean I: 127, 263f.
Jelzin, Boris II: 525
Jencks, Charles Alexander II: 581
Jessenin, Sergei A. I: 342; II: 116 f.
Jewtuschenko, Jewgeni A. II: 415
Jewreinow, Evreinov I: 353
Joffre, Joseph J. C. I: 276, 289
Johannes XXIII., Papst II: 337, 614
Johansen, John II: 483
Johns, Jasper II: 485
Johnson, Uwe II: 427
Jolson, Al I: 460
Jong, Adrianus Michael de I: 585
Jorn, Asger II: 389
Joyce, James I: 219 f., 229, 240, 411, 577 f.; II: 362, 369, 372, 576, 601
Judenitsch, Nikolai. N. I: 338
Jung, Carl Gustav I: 485 ff.; II: 619
Jünger, Ernst I: 285, 310, 404, 574; II: 22, 30, 89, 373 f.
Jünger, Friedrich Georg II: 30, 89

Kádár, János II: 420
Kafka, Franz I: 221, 404, 411; II: 235, 576
Kainz, Joseph I: 453
Kaiser, Georg I: 222, 406, 417
Kalatosow, Michail II: 417
Kálmán, Emmerich I: 459
Kamenew, Lew B. II: 103
Kandinsky, Wassily I: 225, 228, 230, 234, 236, 398, 401, 408 f.; II: 388 f., 482
Kanovitz, Howard II: 485

Kant, Immanuel I: 21 f., 210, 212 f., 215, 268, 375, 464, 481, 515 f., 521, 525, 528, 530, 532; II: 549, 559, 561, 568, 578, 582
Kantorowicz, Alfred II: 422, 427
Kantorowicz, Ernst I: 559
Kaplan, Robert II: 640
Kaprow, Allan II: 448, 484
Karl der Große I: 13
Kasack, Hermann II: 375
Kasakow, Juri II: 415
Kautsky, Karl I: 126, 349
Keaton, Buster I: 454
Kennan, George Frost II: 304
Kennedy, John F. II: 413, 452 f.
Kerschensteiner, Georg I: 165 f., 170
Key, Ellen I: 154, 160, 168
Keynes, John Maynard II: 266
Kierkegaard, Søren I: 476, 497, 520, 522; II: 232, 343
Kinsey, Alfred Charles I: 432; II: 463 f., 528
Kipling, Rudyard I: 562
Kipura, Jan I: 461
Kirchner, Ernst Ludwig I: 228; II: 82
Kirow, Sergei M. II: 139
Kitchener, Lord Horatio Herbert I: 262
Klages, Ludwig I: 472 ff., 479, 486, 519, 560; II: 33, 351
Klee, Paul I: 230, 236, 408, 416; II: 80, 82, 383, 388 ff.
Kleiber, Erich I: 419; II: 80
Klein, Yves II: 483
Klement, Rudolf II: 155
Klemperer, Otto I: 419; II: 80
Klemperer, Victor II: 237
Klerk, Michel de I: 82, 230
Klimt, Gustav I: 231
Kloos, Willem I: 237
Koch, Robert I: 58
Kodály, Zoltán II: 421
Koestler, Arthur II: 163, 284, 304 f.
Kohl, Helmut II: 523
Kojève, Alexandre II: 637
Kokoschka, Oskar I: 230, 399, 402, 408, 418, 491; II: 80, 82, 322, 386, 388, 482
Kolakowski, Leszek II: 565
Kollwitz, Käthe II: 82, 393
Koltschak, Alexander V. I: 338
Konrád, György II: 597
Kooning, Willem de II: 390
Kossygin, Alexei N. II: 414
Kounellis, Jannis II: 490
Kolumbus, Christopher I: 314
Kopernikus, Nikolaus I: 38
Kracauer, Siegfried II: 58
Kraepelin, Emil I: 387
Krafft-Ebing, Richard F. J. von I: 441; II: 461
Kraus, Karl I: 295, 334 f., 464 f., 485, 530; II: 89, 281
Krawtschenko, Victor II: 285
Kreisler, Fritz I: 419
Krishnamurti, Prinz I: 507
Kropotkin, Piotr A. I: 27, 163
Kuhn, Thomas Samuel II: 500, 574 f., 583 f.
Kuiert, Harminus Martinus II: 615
Kun, Béla I: 326; II: 155

Lacan, Jacques II: 359, 593 f.
Lagarde, Paul Anton de I: 179
Lagrange, Joseph Louis I: 15, 58
Lamarck, Jean-Baptiste P. A. de Monet I: 21, 57, 388, 486
La Mettrie, Julien Offray de I: 25
Lamprecht, Karl I: 515, 590; II: 570
Landauer, Gustav I: 326, 369
Landowska, Wanda I: 419
Lang, Fritz I: 446, 448
Langbehn, Julius I: 179; II: 65
Laplace, Pierre Simon de I: 15, 58, 122
Lasch, Christopher II: 532
Lassalle, Ferdinand I: 27
Laski, Harold Joseph I: 339
Laue, Max T. F. von I: 385; II: 96
Laval, Pierre J. M. II: 183
Lavisse, Ernest I: 184
Lawrence, David Herbert I: 437, 564 f.
Leander, Zarah I: 460; II: 224
Lebel, Jean-Jacques II: 448
Leck, Bart van der I: 409
Le Corbussier (Charles-Édouard Jeanneret) I: 231; II: 119
Le Fort, Gertud von II: 90
Léger, Fernand I: 342, 491
Lehár, Franz I: 459
Lehmbruck, Wilhelm II: 393
Leibniz, Gottfried Wilhelm von I: 15 f., 268; II: 379
Leiden, Jan van I: 363
Lenard, Philipp II: 96
Lenin, Vladimir I. I: 292, 315, 326, 337 ff., 343–346, 348 f., 350 ff., 354–358, 360, 362,

399, 541, 544–547; II: 17 f., 21, 26–29, 58, 65, 100–106, 109–113, 115 f., 118, 120 f., 123 ff., 127, 134, 138, 140, 152, 178, 192, 219, 248, 406 f., 414, 416, 523, 563
Lenz, Siegfried II: 376
Leo XIII., Papst I: 137
Leoncavallo, Ruggiero I: 459
Leonow, Alexei A. L. II: 435
Lessing, Theodor I: 466, 592
Levi, Primo II: 597
Lévi-Strauss, Claude II: 357 f., 571 f., 584
Lewis, Clive Staples II: 569
Lichtenstein, Alfred I: 307
Lichtenstein, Roy II: 486
Liebig, Justus I: 57
Lietz, Hermann I: 166 f., 171, 173, 375
Ligt, Bart de I: 361
Ligthart, Jan I: 168
Lind, P. II: 490
Linder, Max I: 203
Lindner, Richard II: 486
Lipchitz, Jacques II: 393
Lippmann, Walter II: 263
Lipset, Seymour Martin II: 354
Lissauer, Max I: 275
List, Friedrich I: 60
Litt, Theodor II: 296
Lloyd, Harold I: 454
Lloyd, Marie I: 202
Lloyd George, David I: 252, 297, 320, 338; II: 151
Lobatschewski, Nikolai I. I: 525
Locke, John I: 16, 25
Lockwood, David II: 355
Lofan, Boris II: 119
Löhner, Franz I: 460
Loos, Adolf I: 231
Loren, Sophia II: 329
Lorentz, Hendrik Antoon I: 208, 383, 385; II: 95, 574
Lothian, Lord Philip H. K. II: 159
Lubitsch, Ernst I: 448
Ludendorff, Erich F. W. von I: 290, 297 ff., 445; II: 35, 54, 178, 195
Ludwig, Emil I: 585
Ludwig II., König I: 214
Ludwig XIV., König I: 72
Lukács, György I: 549 f.; II: 420, 471, 550
Lumière, Auguste M. L. N. und Louis J. I: 202
Lunatscharski, Anatoli V. II: 115
Luther, Martin I: 272, 497, 530; II: 58, 76
Luxemburg, Rosa I: 349, 360
Lyotard, Jean-François II: 578, 580 f., 583, 637
Lyssenko, Trofim D. II: 121, 144, 405, 437

Mach, Ernst I: 207 f., 526, 546
Macke, August I: 307, 491
Maclean, Donald II: 165, 303
Maeterlinck, Maurice I: 237
Magritte, René I: 401, 412; II: 230, 383, 387
Mahler, Gustav I: 199, 232, 419; II: 380
Maillol, Aristide II: 386, 393
Maistre, Joseph-Marie de I: 23
Majakowski, Wladimir I: 352 f., 406; II: 116 f., 482, 497
Malewitsch, Kasimir II: 119, 483
Malinowski, Bronislaw Kaspar II: 357, 572
Mallarmé, Stéphane I: 229 f., 558
Malraux, André I: 568; II: 163 f.
Malthus, Thomas Robert I: 28
Man, Hendrik de II: 149
Mandelstam, Ossip II: 116 f.
Manet, Edouard I: 49, 359; II: 380
Mann, Heinrich I: 283, 341, 360, 461; II: 80, 373
Mann, Thomas I: 159, 220 f., 237, 270, 272, 411, 571 ff., 576 ff.; II: 33, 80, 239 f., 273, 297, 362, 373 f., 605
Mannheim, Karl I: 556; II: 147, 345, 353, 560, 584 f.
Mao Zedong II: 333, 471, 488
Marat, Jean-Paul II: 377
Marc, Franz I: 228, 236, 307
Marcel, Gabriel I: 524; II: 343, 360
Marcuse, Herbert I: 488, 534; II: 320, 346, 350, 473, 550, 553–558, 562, 569, 576, 585, 588
Marholm, Laura I: 152
Marie Antoinette, Königin I: 585
Marinetti, Filippo Tommaso I: 187 f., 228, 230, 236, 398; II: 21
Marini, Marino II: 394
Marlitt, Eugenie I: 197, 199
Marowitz, Charles II: 497
Marx, Karl I: 27, 29 f., 38, 68, 124, 129, 150 f., 330, 343, 354, 468, 482, 487, 513, 539 ff., 541–548, 550 ff.; II: 18, 27, 65, 100 f., 110, 125, 127, 320, 348, 406 f., 472 f., 550 f., 553 f., 556 ff., 560, 563 ff., 569, 578, 583, 586
Masereel, Frans I: 436
Maslow, Abraham Harold II: 619

Massis, Henri I: 184
Masson, André I: 401 f., 413, 415 f.; II: 383, 387, 390
Mathieu, Georges II: 390, 483
Mathiez, Albert I: 340
Matisse, Henri I: 227; II: 386, 388, 393
Matteotti, Giacomo II: 16
Maurois, André I: 585
Maurras, Charles I: 185, 250, 469, 567
Mauthner, Fritz I: 529 f.
Maxwell, James Clerk I: 58
May, Karl I: 198 f.
Mayer, Eduard I: 332
Mazzini, Giuseppe I: 158
McCarthy, Joseph R. II: 303
Meijer, Arnold II: 150
Meinecke, Friedrich I: 270; II: 297, 624
Meitner, Lise I: 385; II: 80, 96
Mellor, Philip A. II: 591
Memling, Hans II: 322
Mendel, Gregor I: 388 f.; II: 64
Mendelssohn Bartholdy, Felix II: 53, 83
Mengelberg, Willem I: 419
Menuhin, Yehudi I: 419
Mereschkowski, Dmitri S. II: 117
Merleau-Ponty, Maurice II: 342 f., 577, 585
Merton, Robert King II: 352
Messiaen, Olivier II: 396
Metternich, Klemens, W. N. L. von I: 585; II: 14
Metzendorf, Georg I: 82
Meyerhold, Wsewolod E. I: 352, 406; II: 117
Michelangelo I: 553, 585; II: 321, 489
Michelet, Jules I: 61
Michels, Roberto I: 467
Mielke, Fred II: 297
Mierop, Lodewijk van I: 361
Mies van der Rohe, Ludwig I: 231
Milhaud, Darius I: 419, 490
Mill, John Stuart I: 151
Millerand, Alexandre I: 71, 126
Mills, Charles Wright II: 552 f.
Mindszenty, Josef II: 303, 420
Minkowski, Hermann I: 385
Miró, Joan I: 401 f., 413, 416; II: 230, 383
Mitscherlich, Alexander II: 297
Mjaskowski, Nikolai M. II: 416
Möbius, Paul Julius I: 151
Modigliani, Amedeo I: 342
Moeller van den Bruck, Arthur II: 30 f.
Möhring, Bruno I: 82
Moissi, Alexander I: 453
Molière (Jean-Baptiste Poquelin) I: 340; II: 372
Molotow, Wjatscheslaw M. II: 181
Moltke, Helmuth K. B. Graf von I: 206
Mondrian, Piet I: 228, 409; II: 383, 388 f., 489
Monet, Claude I: 49, 224; II: 380
Monnet, Jean II: 277
Monroe, Marilyn II: 329
Montaigne, Michel de I: 155, 340
Montesquieu, Charles-Louis de I: 18, 488
Montessori, Maria I: 169 f.
Montgomery, Bernard Law II: 243
Montherlant, Henri Million de I: 574; II: 231
Moore, George Edward I: 527–531
Moore, Henry II: 394
Moravia, Alberto II: 368
Morgan, Charles Langbridge II: 163
Morgan, Lewis Henry I: 60
Morris, William I: 238
Mosca, Gaetano I: 40, 67, 187, 467, 475
Mosley, Oswald Ernald II: 150
Mozart, Wolfgang Amadeus II: 334
Mrozek, Slawomir II: 418
Muck-Lamberty, Friedrich I: 362 f.
Muehl, Otto II: 491
Mühsam, Erich I: 326; II: 80
Mulisch, Harry II: 598
Müller, Adam Heinrich I: 23
Müller, Heiner II: 497
Müller, Ludwig II: 79
Müller, Otto II: 82
Müller, Renate I: 460
Munch, Edvard I: 228, 416
Münchhausen, Börries von I: 285
Münzenberg, Willi II: 155
Murnau, Friedrich Wilhelm I: 414, 446, 448
Musil, Robert I: 11, 411, 571–574, 578 f., 582; II: 362, 604 f.
Mussert, Anton II: 150, 200
Mussolini, Benito I: 469, 563; II: 14–18, 20 f., 23 f., 27, 34 f., 37, 39, 42 f., 56 ff., 67, 78, 84, 103 f., 129, 133, 141, 143, 145 f., 148 f., 156 ff., 162 f., 169 f., 183, 186, 192, 195, 219, 298, 333
Mussorgski, Modest I: 489
Muybridge, Eadweard I: 202

Nabokov, Vladimir II: 117
Namier, Lewis Bernstein II: 622

Napoleon III. I: 62, 320
Napoleon Bonaparte I: 16 f., 70, 189, 245, 539, 585; II: 59, 187, 191, 322, 637
Natorp, Paul I: 270, 273, 517
Neisser, Albert I: 437
Nenni, Pietro II: 164
Nernst, Walther Hermann I: 383
Neumann, Franz II: 155
Neurath, Otto I: 526; II: 94
Neville, Wilfred I: 281
Newton, Isaac I: 15 f., 58, 122, 207, 383
Nicholson, Ben II: 389
Nikolaus I., Zar II: 100
Nikolaus II., Zar I: 91
Niekisch, Ernst II: 31
Nielsen, Asta I: 453, 460
Niemöller, Martin II: 79
Nietzsche, Friedrich I: 67 f., 95, 162, 213, 215–219, 229, 240, 250, 268, 273, 467 f., 471 ff., 475 f., 480 f., 489, 498, 514, 516, 520, 522 f., 552, 558, 560; II: 18 f., 33, 58, 63, 65, 240, 553, 576, 578
Nijinski, Waslaw I: 491, 565
Nitsch, Hermann II: 491
Nixon, Richard II: 519
Nolde, Emil II: 82
Nono, Luigi II: 396, 398
Nordau, Max I: 464; II: 89
Novotný, Antonin II: 421

Offenbach, Jacques I: 459
Oistrach, David II: 416
Olbrich, Joseph Maria I: 231
Oldenburg, Claes II: 489
Orff, Carl II: 84
Ortega y Gasset, José I: 330, 474 f., 477 f., 519, 586; II: 273, 288, 351
Orwell, George I: 563 f.; II: 163 f., 284, 304 f., 569
Osborne, John II: 367, 419
Ossietzky, Carl von II: 80
Ostaijen, Paul van I: 229
Oud, Jacobus J. P. I: 409
Owen, Robert I: 34
Owen, Wilfred I: 281, 307

Pabst, Georg Wilhelm I: 448
Packard, Vance II: 319 f.
Palestrina, Giovanni Pierluigi da I: 491; II: 380
Pallas, Peter Simon I: 21
Pankhurst, Mrs. Emmeline I: 146
Papini, Giovanni I: 186
Pareto, Vilfredo F. D. I: 40, 67, 187, 467, 475; II: 348
Parkhurst, Helen I: 171
Parsons, Talcott II: 352
Pascal, Blaise II: 568
Pasternak, Boris II: 116 f., 408, 414
Pasteur, Louis I: 57 f.
Patachou (Henriette Ragon) II: 399
Paul VI., Papst II: 337
Pauling, Linus II: 432
Pawlow, Iwan P. I: 390; II: 406
Pearlstein, Philip II: 485
Péguy, Charles I: 185, 250, 283, 307, 469, 566
Perrin, Jean Baptiste I: 383
Persien, (Mohammed Reza Pahlawi) Schah von II: 472
Pestalozzi, Johann Heinrich I: 157, 167
Pétain, Philippe I: 289, 302; II: 183, 302
Peter der Große, Zar I: 345
Petersen, Peter I: 171, 375
Petersen, Richard I: 83
Petljura, Symon I: 357
Pevsner, Antoine II: 394 f.
Pfemfert, Franz I: 295
Philby, Harold A. R. II: 165, 303
Piaf, Edith II: 399
Piatigorsky, Gregor I: 419
Picabia, Francis I: 412; II: 482
Picasso, Pablo I: 225, 227, 238, 241, 342, 398, 402, 416, 491, 565; II: 162, 387 ff.
Pilnjak, Boris II: 117
Pinter, Harold II: 367, 371 f.
Pirandello, Luigi I: 222, 579; II: 236, 576
Piscator, Erwin I: 341, 399, 406 f.; II: 496
Pissarro, Camille I: 49; II: 380
Pius IX., Papst I: 74
Pius X., Papst I: 137
Pius XII., Papst I: 538; II: 216, 218, 335 ff., 376
Planck, Max I: 72, 383, 385, 518; II: 96, 574
Platon I: 165, 375, 378, 516, 521 f., 528; II: 382, 576
Plessner, Helmuth I: 537 f.; II: 94, 351
Plievier, Theodor II: 228, 422, 427
Poe, Edgar Allen I: 414
Poincaré, Henri I: 209, 525
Poincaré, Raymond I: 207, 338; II: 36, 169
Pokrowski, Michail II: 123
Pollock, Jackson II: 390, 483

Popper, Karl I: 484; II: 94, 345 f., 560, 573, 576, 589
Poulenc, Francis I: 490
Pound, Ezra II: 163
Pratolini, Vasco II: 368
Presley, Elvis II: 330 f., 488, 494 f.
Prévost, Marcel I: 432
Prezzolini, Giuseppe I: 186, 188
Prigogine, Ilya II: 618 f.
Primo de Rivera, José Antonio II: 150
Prokofjew, Sergei II: 120, 416
Propp, Wladimir J. II: 358
Price, Philips I: 339
Proudhon, Pierre-Joseph I: 26 f., 468
Proust, Marcel I: 11, 219, 411, 565, 576 f.; II: 361 f., 369, 605
Psichari, Ernest I: 185, 283, 307
Puccini, Giacomo I: 232, 459, 490

Quisling, Vidkun II: 151, 200

Rabelais, François I: 340
Rachmaninow, Sergei V. I: 232; II: 120
Racine, Jean II: 372
Raffael I: 223
Rajk, László II: 164
Rákosi, Mátyás II: 420
Ranke, Leopold von I: 31, 589
Ransome, Arthur I: 339
Rathenau, Walther I: 292, 469–472, 474, 519; II: 33, 54, 351
Rauschenberg, Robert II: 484
Ravel, Maurice I: 232, 490, 565
Rawson, Wyatt I: 375
Ray, Man I: 414, 446; II: 230, 482
Reagan, Ronald II: 519, 522
Reddie, Cecil I: 167
Reed, Ishmael II: 602 ff.
Reed, John I: 339
Rees, Otto van I: 397
Reich, Wilhelm II: 471, 556
Reinhardt, Max II: 80
Reiss, Ignaz II: 155
Remarque, Erich Maria I: 309; II: 226
Rembrandt I: 585; II: 384, 392, 489
Renan, Ernest I: 61, 184, 340, 468, 496
Renger-Patzsch, Albert I: 449
Renoir, Auguste I: 49; II: 380
Resnais, Alain II: 327
Reve, Gerard Kornelis van het II: 378
Ribbentrop, Joachim von II: 174, 181
Ricardo, David I: 28
Richards, Frank I: 197, 199, 309
Richter, Gerhard II: 488
Richter, Swiatoslaw II: 416
Rickert, Heinrich I: 55, 517, 554
Riesman, David II: 535
Rietveld, Gerrit I: 409
Rilke, Rainer Maria I: 267, 411, 559, 576
Rimbaud, Arthur I: 229, 404
Robbe-Grillet, Alain II: 369
Robespierre, Maximilien de I: 340
Robins, Raymond I: 339
Rocque, François de la II: 150
Rodin, Auguste II: 393
Rohan, Herzogin von I: 104
Röhm, Ernst II: 73
Rökk, Marika I: 460
Roland Holst, Henriëtte I: 238
Rolland, Romain I: 267, 340, 344, 360, 585; II: 273
Rolling Stones, The I: 11; II: 330, 496
Romein, Jan II: 284, 572
Röntgen, Wilhelm Conrad I: 58
Roosevelt, Franklin D. II: 148, 169, 191, 193, 242 f., 246 f., 249, 429
Rorty, Richard II: 586, 589, 592
Rosenberg, Alfred II: 42, 73
Rosenberg, Isaac I: 282, 307
Rosenberg, Julius und Ethel II: 303
Rosenquist, James II: 484
Rosenzweig, Franz I: 499
Rossellini, Roberto II: 326
Rostand, Edmond I: 283
Rostropowitsch, Mstislaw II: 416
Rotten, Elisabeth I: 375
Rotter, Fritz I: 460
Rougemont, Denis de II: 288
Rousseau, Jean-Jacques I: 155, 157, 167, 170, 330
Roy Ladurie, Emmanuel Le II: 631
Rubens, Peter Paul I: 394, 399
Rubin, Lilian II: 528
Rubinstein, Arthur II: 321
Rühmann, Heinz I: 460 f.; II: 223
Ruska, Ernst A. F. I: 384
Russell, Bertrand I: 339, 345 f., 527–533; II: 344, 431, 551, 570, 577
Russell, Charles Taze I: 502 f.
Rutherford, Joseph Franklin I: 502
Rutherford, Ernest I: 379, 383, 385

Ruysdael, Jacob van I: 223
Rykow, Alexei I. II: 103

Sade, Marquis de II: 377
Saint-Exupéry, Antoine de I: 574; II: 163, 226 f., 231
Saint-Simon, Henri de I: 26, 212; II: 353, 566, 568, 583
Salandra, Antonio I: 188
Salgari, Emilio I: 198
Sarraute, Nathalie II: 369
Sartre, Jean-Paul I: 524, 534; II: 166, 232 ff., 285 f., 323, 341–344, 357, 368 ff., 480, 585
Sassoon, Siegfried I: 281 f., 309
Saussure, Ferdinand de II: 357 f.
Schaeffer, Pierre II: 397 f.
Schaff, Adam II: 419 f., 565
Scharnhorst, Gerhard J. D. von II: 58
Schdanow, Andrei A. II: 117, 401
Scheler, Max I: 270, 273, 535 ff.; II: 351
Schelling, Friedrich von I: 21
Schelsky, Helmut II: 290, 347
Schickerle, René II: 374
Schiller, Friedrich von II: 372
Schlegel, Friedrich I: 39
Schleiden, Matthias Jakob I: 57
Schleiermacher, Friedrich I: 495
Schlemmer, Oskar I: 492
Schlick, Moritz I: 526; II: 551
Schmidt, Annie M. G. II: 323
Schmidt-Rottluff, Karl I: 228; II: 82
Schmitt, Carl II: 94
Schmitz, Bruno I: 245
Schnabel, Arthur I: 419; II: 80
Schnack, Anton I: 284
Schneider, Reinhold II: 294 f.
Schnitzler, Arthur I: 105, 222 f., 430
Scholochow, Michail A. II: 118, 408
Schönberg, Arnold I: 230, 232 ff., 236, 240, 417, 491; II: 83, 120, 396, 482, 548
Schopenhauer, Arthur I: 21 f., 51, 67, 217, 240, 480 f.
Schostakowitsch, Dimitri II: 120, 416
Schrödinger, Erwin I: 385; II: 96
Schtschussew, Alexander V. II: 127
Schubert, Franz II: 321
Schukow, Georgi K. II: 243
Schuler, Albert I: 472 f., 479, 486, 560; II: 65
Schuman, Robert II: 277
Schuschnigg, Kurt von II: 168
Schwann, Theodor I: 57
Schweitzer, Albert I: 142, 496
Schwitters, Kurt I: 399, 405, 412; II: 482
Sedlmayr, Hans II: 386
Seghers, Anna II: 422
Seidel, Ina I: 580 ff.; II: 374
Seignobos, Charles I: 184
Seiwert, Franz Wilhelm I: 404 f.
Serge, Viktor II: 137
Seurat, Georges I: 224
Seuse, Heinrich I: 362
Severen, Joris van II: 150
Shakespeare, William II: 323, 372, 382
Shaw, George Bernard I: 127, 339, 348; II: 148, 429
Shelley, Percy Bysshe I: 585
Shilling, Chris II: 591
Sica, Vittorio de II: 326
Signac, Paul I: 224
Silone, Ignazio II: 284, 367
Simmel, Georg I: 270; II: 348, 351
Simonov, Konstantin II: 227
Sinatra, Frank II: 329
Sinjawski, Andrei D. II: 415
Sinowjew, Grigori J. I: 346; II: 103
Sitte, Camillo I: 82, 230
Sjöström, Victor I: 447
Skinner, Burrhus Frederic II: 571
Sluyters, Jan I: 227 f.
Snow, Charles Percy II: 567, 569 f.
Sokrates I: 67
Solschenizyn, Alexander II: 415 f.
Solvay, Ernest I: 382
Sombart, Werner I: 270, 274, 554; II: 54, 65, 320, 348, 351
Sommerfeld, Arnold J. W. I: 383
Sontag, Susan II: 581
Sorel, Georges I: 131, 185, 468 f., 472, 479, 519; II: 18 f., 65, 351
Sorge, Reinhard I: 159
Sorley, Charles Hamilton I: 281, 307
Soulages, Pierre II: 389
Soupault, Philippe I: 399, 410
Spaak, Paul-Henri II: 277
Speenhoff, Jakob Hendrik I: 202
Speer, Albert II: 82, 119
Spencer, Herbert I: 39 f., 58, 155
Spender, Stephen I: 561, 563; II: 163, 284
Spengler, Oswald I: 330–335, 421, 465, 472,

474, 477, 519, 560, 586 f.; II: 30, 33, 95, 281–284, 351
Sperber, Manès II: 597
Spinoza, Benedictus de I: 409
Spire, André I: 283
Spranger, Eduard I: 365, 556
Stadler, Ernst I: 307
Stalin, Josef I: 337, 344; II: 39, 84, 102–113, 117–120, 122–125, 127, 129, 132, 134, 139 ff., 144, 146, 148, 154 f., 159 f., 165, 172–175, 177, 181 f., 185, 188, 190 f., 193 f., 197, 243, 245–250, 253, 259 ff., 284, 305, 324, 333, 401 f., 405–408, 410–418, 420, 523, 563, 578
Stanislawski, Konstantin II: 117, 482
Stark, Johannes II: 96
Steen, Jan I: 223
Stein, Gertrude I: 305
Steiner, Rudolf I: 171, 376 f., 507 f., 538; II: 492, 619
Stengers, Isabelle II: 618 f.
Stikker, Dirk Uipko II: 277
Stiller, Mauritz I: 447
Stockhausen, Karlheinz II: 396, 398
Stokowski, Leopold I: 419
Stolz, Robert I: 459
Strachey, Lytton I: 585
Strasser, Gregor II: 73
Straus, Oscar I: 459
Strauss, Richard I: 232, 235, 418 f., 459; II: 80, 84, 399
Strawinsky, Igor I: 235, 417 ff., 459, 489, 491, 565; II: 85, 120, 399
Streicher, Julius II: 56, 73
Stresemann, Gustav II: 36, 171
Strindberg, August I: 221 f.
Stuart, Maria I: 585
Sutherland, Graham II: 390
Swift, Jonathan I: 330
Szálasi, Ferenc II: 151
Székely, Ádámos von I: 436

Taine, Hippolyte I: 184; II: 347, 570 f.
Talleyrand, Charles Maurice I: 76; II: 92
Talmon, Jacob Laib II: 305
Tarde, Alfred de I: 184
Tarde, Gabriel I: 67
Tatlin, Vladimir II: 119
Tauber, Richard I: 456
Taut, Bruno I: 231
Taylor, Elizabeth II: 488
Taylor, Frederic Winslow I: 81
Teilhard de Chardin, Pierre I: 537 f.
Thatcher, Margaret II: 519
Thibaud, Jacques I: 419
Thomson, Joseph John I: 210
Tillich, Paul I: 498 f.
Tinguely, Jean II: 484
Tirpitz, Alfred von I: 246
Tito (Josef Broz) II: 164, 259 f., 468
Tizian I: 394
Tocqueville, Alexis de II: 282, 306
Toller, Ernst I: 283 f., 326, 341, 406; II: 80
Tolstoi, Alexei N. I: 342; II: 116, 118, 227
Tolstoi, Leo I: 53, 105, 199, 221, 238, 489, 531, 570; II: 117, 360
Tönnies, Ferdinand I: 366 f.; II: 65
Topitsch, Ernst II: 561
Toscanini, Arturo I: 419
Toynbee, Arnold Joseph II: 282 ff., 580, 623
Trakl, Georg I: 307, 404
Treitschke, Heinrich von I: 45, 268
Trevelyan, George Macaulay I: 339
Troelstra, Pieter Jelles I: 326
Troeltsch, Ernst I: 270, 514
Trotzki, Leo I: 346, 349, 352; II: 102 ff., 155, 408
Truffaut, François II: 327
Truman, Harry S. II: 243
Tschermak, Erich I: 389
Tschaikowski, Peter Iljitsch I: 199; II: 321
Tschuchrai, Grigori II: 417
Turgenjew, Iwan I: 53, 113, 158 f., 221, 489; II: 360
Tzara, Tristan I: 397 f., 405; II: 163, 229

Uexküll, Jakob Johann von I: 209 ff., 390
Ulbricht, Walter II: 164, 412, 423, 425
Undset, Sigrid I: 581; II: 295
Unruh, Fritz von I: 283, 285, 407

Vacher de Lapouge, Georges II: 50
Valentino, Rudolph I: 453, 460, 565
Valéry, Paul I: 411, 566, 576
Varga, Eugen II: 406
Vasari, Giorgio II: 382
Velde, Henry van der I: 232
Verdi, Giuseppe I: 52, 458 f.
Verhaeren, Émile A. G. I: 238
Verkade, Eduard I: 453
Verlaine, Paul I: 229

Verne, Jules II: 569
Verwey, Albert I: 560 f.
Vestdijk, Simon II: 235
Vicq d'Azyr, Félix I: 21
Victoria, Königin I: 90, 585
Vignes Rouges, Jean des I: 286
Vinci, Leonardo da I: 223
Virchow, Rudolf I: 57
Visconti, Luchino II: 326
Vittorini, Elio II: 163, 368
Viviani, René I: 264
Vlaminck, Maurice de I: 227; II: 386, 388
Vollenhoven, Cornelis van I: 245
Voltaire (François Marie Arouet) I: 340
Vostell, Wolf II: 468, 491
Vries, Hugo de I: 388
Vries, Theun de I: 585

Wagner, Richard I: 52, 199, 233, 459; II: 65, 76, 225, 482
Walden, Herwarth I: 236, 578
Walesa, Lech II: 511
Walldorff, Cläre I: 202
Wallerstein, Immanuel Maurice II: 650
Walpole, Hugh Seymour I: 580
Walser, Martin II: 377
Walter, Bruno I: 419; II: 80, 321
Warhol, Andy II: 484, 486 f., 592
Warwick, Lady I: 102, 104
Wassermann, Jakob I: 159
Waugh, Evelyn I: 563; II: 163
Wazyk, Adam II: 418
Webb, Sidney und Beatrice I: 127, 339, 348
Weber, Alfred II: 273, 351 f.
Weber, Carl Maria von I: 458
Weber, Max I: 41, 402, 479, 551–557; II: 273, 348, 351, 559, 578
Webern, Anton I: 233, 241, 417; II: 396
Wedekind, Frank I: 222 f., 430; II: 378
Wegeleben, Siegfried I: 309
Wegener, Paul I: 447
Wehler, Hans-Ulrich II: 627
Weigel, Helene II: 426
Weill, Kurt I: 417; II: 83
Weingartner, Felix Paul von I: 419
Weininger, Otto I: 151, 465 f., 470
Weiss, Peter II: 377,
Weizsäcker, Carl Friedrich von II: 574
Wellington, Arthur Wellesley I: 189
Wells, Herbert George I: 250, 321, 339, 345, 421, 564, 586; II: 163, 179
Werfel, Franz I: 283, 404; II: 373
Werth, Léon I: 309
Wertheim, Willem Frederik II: 572
White, Andrew Dickson I: 137
White, Hayden II: 589 f.
Whitehead, Alfred North I: 518, 527
Wiechert, Ernst II: 90, 235
Wiesel, Elie II: 597
Wilde, Oscar I: 237, 440, 562
Wilder, Thornton II: 296
Wilhelm II., Kaiser I: 90 f., 245, 265, 272, 276, 290, 298 f., 440, 585; II: 252, 254
Willink, Albert Carel I: 412; II: 384
Wilson, Woodrow I: 298, 303, 313, 315 f., 318, 320; II: 193, 242
Windelband, Wilhelm I: 55, 517
Winnington-Ingram, Arthur Foley I: 274
Wirsing, Giselher II: 32
Wittgenstein, Ludwig I: 529–533; II: 343 f., 551, 577, 605
Wolf, Christa II: 427, 602, 604
Wolfskehl, Karl I: 559
Wolters, Friedrich I: 559
Wood, Mrs. Henry I: 196
Woolf, Virginia I: 577
Wrangel, Peter N. I: 338
Wundt, Wilhelm I: 160, 216, 387
Wygotsky, Lew S. I: 171
Wyneken, Gustav Adolf I: 167, 179 f., 182, 374 f.

Zadkine, Ossip I: 342; II: 119, 393
Zarathustra I: 505 f.
Zeher, Hans II: 32
Zernike, Frits I: 384
Zévaco, Michel I: 198
Zille, Heinrich I: 82
Zöberlein, Hans I: 285
Zola, Émile I: 53, 199, 221; II: 360
Zweig, Arnold I: 341; II: 373, 422
Zweig, Stefan I: 76 f., 267, 360, 585; II: 273, 373